《中国教育年鉴》编辑部

中国教育年鉴

（2009）

《中国教育年鉴》编辑部

人民教育出版社
·北京·

图书在版编目（CIP）数据

中国教育年鉴．2009/《中国教育年鉴》编辑部编．
北京：人民教育出版社，2009
ISBN 978－7－107－22324－2

Ⅰ．中…
Ⅱ．中…
Ⅲ．教育事业－中国－2009－年鉴
Ⅳ．G52－54

中国版本图书馆 CIP 数据核字（2009）第 228768 号

人民教育出版社出版发行
网址：http://www.pep.com.cn
山东新华印刷厂德州厂印装　全国新华书店经销
2009 年 10 月第 1 版　2009 年 12 月第 1 次印刷
开本：890 毫米×1 240 毫米　1/16　印张：72　插页：60
字数：2000 千字　印数：0 001～2 000 册
ISBN 978－7－107－22324－2　定价：290.00 元
如发现印、装质量问题，影响阅读，请与本社出版科联系调换。
（联系地址：北京市海淀区中关村南大街 17 号院 1 号楼　邮编：100081）

编 辑 说 明

一、《中国教育年鉴》是中华人民共和国教育部组织编纂的逐年反映全国教育改革和发展情况的资料性工具书。它是各级教育行政部门、各级各类学校执行党和国家的教育法律法规与方针政策、做好教育工作的经验总结，是中国教育事业发展进程的真实记录。编纂本书是为教育管理决策、教育科研提供参考；为教育战线沟通信息、交流经验开辟园地；为宣传中国教育改革与发展成就设立窗口；并为热心关注和研究中国教育的读者提供信息资料。

二、年鉴的基本栏目有：教育部领导同志有关教育工作的重要讲话，国家教育行政部门负责人的讲话或专文，党和国家领导人有关教育活动的报道，综述，年度教育工作要点，教育系统抗震救灾，教育发展统计，教育综合管理，重要教育活动，基础教育，职业教育与成人教育，高等教育，师范教育，民族教育，民办教育，学校体育、卫生、艺术与国防教育，教育信息化建设与远程教育，教育考试，教育人事管理，先进人物，教育财务与审计，国际及与港、澳、台教育合作交流，语言文字工作，教材建设与教学仪器研究，教育科研、学术活动，教育新闻媒体，各省、自治区、直辖市教育（按行政区划顺序排列），香港、澳门特别行政区教育情况简介，教育工作文件选编，资料汇编，教育大事记。

三、按目前国际国内通例，当年的年鉴反映上一年教育工作的基本情况；某些多年才能完成的工作任务，主要记述当年此项工作的进展情况。

四、年鉴发布的统计数据，均由教育部发展规划司统计处提供，引用应以此为准。某些条目中的数据，因统计口径不一，可能有不尽一致之处，请读者使用时注意。

五、年鉴的统计数据未包括香港、澳门特别行政区和台湾地区。

六、在年鉴编纂过程中，虽力求做到内容全面系统，资料准确无误，文字简明精炼，但由于我们水平所限，仍有需要改进之处，欢迎读者批评指正。

《中国教育年鉴》编辑部

2009年7月

目　　录

Contents

深入学习实践科学发展观，促进教育事业优先发展科学发展

——在教育部2009年度工作会议上的讲话

（2008年12月21日）

周　济

2009年度教育工作会议的主要任务是：深入贯彻落实科学发展观，回顾和总结2008年工作，研究和部署2009年工作。明天上午，中共中央政治局委员、国务委员刘延东同志将亲临会议听取同志们发言并发表重要讲话，我们要认真学习领会，坚决贯彻落实。

一、关于2008年教育工作回顾

2008年是党和国家工作极不平凡的一年，也是教育工作极不平凡的一年。在党中央、国务院的正确领导下，教育系统广大干部和师生员工振奋精神，齐心协力，锐意进取，各项工作扎实推进，取得了新的成绩。

——学习贯彻落实党的十七大精神不断深入，深入学习实践科学发展观活动积极展开，高举中国特色社会主义伟大旗帜，继续解放思想，坚持改革开放，更加自觉、更加主动、更加坚定地推动教育事业优先发展、科学发展。

——城乡免费义务教育全面实现。2008年9月1日，免除了全国城市2 800万义务教育阶段学生学杂费，至此，全国城乡义务教育阶段1.6亿多名学生的学杂费全部免除，这是继农村免费义务教育全面实现之后，我国教育发展史上的又一个里程碑，是一个伟大的历史性成就。

——广大师生表现出高度的政治觉悟、强烈的爱国热情和过硬的综合素质，特别是在抗震救灾和举办北京奥运会等重大事件中，我们可敬的老师用伟大的师爱和无私的奉献践行了人民教师的高尚师德和神圣职责，我们可爱的孩子用非凡的勇气和可贵的爱心展现了当代青年的良好精神风貌。教育系统抗震救灾和灾区学校如期复学开课，为夺取全国抗震救灾和灾区恢复重建取得阶段性重大胜利作出了重要贡献。

——人民群众对教育工作满意度进一步提高，教育事业持续协调发展，结构进一步优化，加强学校德育、教学内容方法、招生考试评价、师范生免费教育和义务教育经费保障机制等项改革深入推进，高校阳光招生、毕业生就业、家庭经济困难学生资助、稳定高校学生伙食价格和治理教育乱收费等项工作有序推进、成效显著。

——国务院正式启动了《国家中长期教育改革和发展规划纲要》研究制定工作，将对未来12年我国教育改革和发展作出全面规划和部署，这是进入新世纪后我国第一个教育中长期规划，标志着教育宏观政策和战略研究进入到新的阶段，必将对我国教育事业产生深远的历史影响。

教育战线的努力工作，为党和国家成功办成大

事、妥善应对难事作出了重要贡献。

一年来，我们以科学发展观统领全局，全面落实中央各项部署，着力抓好《政府工作报告》提出的办好义务教育、职业教育、高等教育三大任务和全面实施素质教育、加强教师队伍建设、加大教育投入三项工作，付出了巨大努力，做了大量工作。

（一）认真落实“三大任务”，切实办好各级各类教育

第一，以加强农村义务教育为重点，普及和巩固义务教育。在全国城乡全面实现了免费义务教育。将免费提供教科书扩大到全国农村义务教育阶段所有学生，普遍提高了家庭经济困难寄宿学生生活补助标准和农村中小学校生均公用经费标准。通过实施农村寄宿制学校建设工程二期、农村中小学现代远程教育工程、中西部农村初中校舍改造工程和新农村卫生新校园建设工程等国家重大工程项目，农村学校办学条件得到进一步改善。化解农村“普九”债务试点工作全面展开。深入开展了义务教育均衡发展、规范教育收费、农民工子女接受义务教育和农村留守儿童等问题的研究，取得了重要工作成果。教育督导进一步加强。积极推进区域内义务教育均衡发展，涌现出一批先进典型和先进经验，起到了很好的带头和示范作用。

第二，把中等职业教育作为战略突破口，大力发展职业教育。2008 年，中等职业教育招生规模进一步扩大，教育宏观结构调整目标基本实现。成功举办了全国职业院校职业技能大赛，充分展示了近年来我国职业教育改革发展的丰硕成果。以就业为导向，大力推进校企合作、工学结合、顶岗实习和弹性学习制度，职业教育管理、办学、投入体制改革进一步深化。充分发挥职业院校的作用，现代制造业与服务业急需的技能型人才培养得到进一步加强，进城务工人员、农村实用人才和未升学高中毕业生的职业教育和培训广泛开展。职业教育实训基地计划、县级职教中心建设计划、示范性中等职业学校建设计划和教师素质提高计划深入实施，示范性高等职业学校建设深入推进，基础能力建设得到加强，办学水平进一步提高，为经济社会服务能力进一步增强。

第三，以培养高素质人才为着力点，努力提高高等教育质量。加大宏观调控力度，相对稳定高校招生规模，2008 年全国普通高校本专科招生 607.66 万人，加强了紧缺人才培养力度，加大了对中西部地区支持力度。适应经济社会发展和国家发展战略需求，通过校企合作建设了一批培养国家重点发展领域紧缺人才的学科专业，高校学科专业设置进一步优化。高校教学质量与教学改革工程深入推进，研究生培养机制改革正在进入全面推进的新阶段。顺利完成了第一轮本科教学评估工作，质量保障体系进一步健全，对高校建设、改革、发展和提高质量起到了重要的推动作用。重点学科和高水平大学建设进展良好，“211 工程”三期建设全面展开，“985 工程”二期建设项目基本完成。高校共建工作深入推进。高校自主创新和服务能力进一步提高，涌现了一批具有国际水平和广阔应用前景的科技创新成果，哲学社会科学研究进一步繁荣和发展。

第四，坚持统筹兼顾、全面推进，切实办好各级各类教育。支持发展民族地区教育，双语教学及教师培训工作得到加强，少数民族高层次骨干人才培养工作得到加强，民族地区教育事业快速发展。普通高中教育持续发展，质量进一步提高。重视学前教育，乡镇幼儿园建设得到加强，学前教育特别是农村学前教育事业有了较大发展。关心特殊教育，中西部地区特殊教育学校建设工程全面启动。成人继续教育和远程教育持续健康发展。

（二）重点做好“三项工作”，促进教育事业持续协调发展

第一，深入推进教育改革创新，全面实施素质教育。大学生思想政治教育特别是思想政治理论课建设成效显著，中小学德育课程教材建设取得新的成绩，学校德育工作进一步加强。基础教育课程改革继续深入推进，义务教育学科课程标准修订工作基本完成，普通高中课程改革实验扩大到 21 个省份。初中毕业生学业考试与综合素质评价相结合的高中阶段招生改革全面实施，中考改革全面推进到制度建设的新阶段。以素质教育为导向、与高中课改相衔接的高考内容改革取得新的进展，普通高中课改试点省份高考综合改革深入推进。以北京奥运会为契机，全国亿万学生阳光体育运动广泛开展，

每天锻炼一小时的要求逐步落实，学校体育卫生工作得到全面加强。

第二，完善教师工资、津贴补贴制度，切实加强教师队伍建设。经过深入调研论证和广泛征求意见，国务院颁布了《关于义务教育学校实施绩效工资的指导意见》，这项分配制度的改革举措，对于提高教师待遇、加强教师队伍建设具有非常重要的意义。继续把师德建设放在首位，大力弘扬伟大的抗震救灾精神，积极开展了教育系统抗震救灾英雄（先进）集体和英雄（先进）个人宣传表彰活动。颁布实施了新修订的《中小学教师职业道德规范》。农村教师培养和补充机制不断创新，教师特设岗位计划、西部志愿者计划、城镇教师支援农村教育和师范生实习支教计划深入实施，取得新的进展。中小学教师培训工作得到进一步加强。2008年，部属师范大学师范生免费教育招生情况良好，考生报考踊跃，生源质量继续提高。职业院校“双师型”教师队伍建设继续得到加强。深入实施高校“人才强校”战略，学科带头人、中青年学术骨干、优秀人才和创新团队建设得到切实加强，高层次人才队伍建设有了新的进展，高校人才队伍和教师队伍建设取得新的成绩。

第三，推动和落实中央出台的政策措施，加大对教育事业的投入。2008年，中央财政用于农村义务教育保障机制经费达到527亿元，地方财政也投入了大量资金以落实保障机制，小学和初中生均公用经费基准定额分别提高到150元和250元；向所有农村孩子免费提供教科书，小学和初中生均补助标准分别提高到90元和140元；免除城市义务教育阶段学生学杂费，安排了专项资金40.1亿元。同时，教育系统抗震救灾和灾后重建专项资金以及各项教育重大改革项目与工程项目经费得到全面落实，还推动中央财政安排专项资金20.6亿元，帮助解决北方高寒地区冬季取暖费问题。坚持勤俭办教育、办学校，节约型校园建设全面推进。

第四，坚持教育公益性和促进公平，切实办好各级各类教育。城乡义务教育免费政策和国家奖学金、国家助学金得到进一步落实。积极推进政务公开，校务公开，高校招生“阳光工程”深入实施，确保了高考招生录取公平公正。依法治教、依法治校深入推进。治理教育乱收费取得新的成效。全面做好高校毕业生就业工作，毕业生离校时就业率截至2008年9月1日达到73.8%，就业人数有较大幅度的增加。

一年来，我们在教育体制改革、教育对外开放、教育法制建设、语言文字工作、教育系统党的建设和部机关建设等方面，也取得了新的重要进展。

2008年是改革开放30周年。这30年，是我们党和国家面貌发生翻天覆地巨大变化的30年，也是我国教育面貌发生翻天覆地巨大变化的30年。党中央、国务院确立了教育优先发展的战略地位，把一个有着2亿5千多万学生的世界上最为庞大的教育体系以崭新的面貌带入了新时期新阶段，我国从人口大国转变为人力资源大国，正在向人力资源强国迈进。

30年来，我国教育改革发展成就归结起来可以用“两个跨越”、“一个突破”、“一个重大步伐”和“一个确立”来概括。“两个跨越”，一个是实现了全面普及九年义务教育，2007年全国义务教育人口普及率达到99%，这是一个伟大的历史性成就；一个是高等教育进入到大众化发展阶段，2007年毛入学率达到23 %，在校学生超过2 700万，居世界第一，这是又一个伟大的历史性成就。“一个突破”，就是职业教育改革发展取得历史性突破，形成了大规模培养技能型人才的能力。2008年，全国中等职业教育和高等职业教育招生总规模达到1 100万人，在校生超过3 000万，分别占据了高中阶段教育和高等教育的半壁江山。“一个重大步伐”，就是实现教育公平迈出了重大步伐，城乡儿童、青少年和人民群众享有了更加平等的教育机会、更加优质的教育资源，让“全体人民学有所教”和“人人享有接受良好教育机会”成为新时期教育工作的教育理想，“让所有的孩子都能上得起学、上好学”成为教育战线的奋斗目标。“一个确立”，就是作为一个社会主义大国，通过与时俱进地推进教育改革创新，确立了中国特色社会主义教育体制的基本框架；就是作为一个发展中的大国，我们在经济基础薄弱，人口众多，穷国办大教育的情况下，实现了教育大国的崛起，走出了一条中国特色社会主义教育发展道路。

30年来，我国教育体制改革及相关制度建设也取得了重要进展，主要有：改革基础教育管理体制，在全国城乡建立了免费义务教育制度；改革高等教育管理体制，形成了突出重点、带动整体的发展格局；改革职业教育管理体制，教育正在成为面向全社会、面向人人的教育；改革教育行政管理体制，学校自主办学、自我发展机制初步形成；改革办学体制，公办学校与民办学校共同发展格局基本形成；改革教育投入体制，以政府投入为主、多渠道筹措教育经费的体制机制基本形成；建立健全学生资助体系和制度，家庭经济困难学生接受良好教育的机会得到切实保障；扩大教育对外开放，我国教育的国际地位和影响力得到显著提升；健全教育法律法规体系，为教育事业改革发展提供了强有力的法制保障。

教育工作取得的成绩，是党中央、国务院坚强有力正确领导的结果，是各地区、各部门和社会各方面关心支持的结果，也是教育工作者忠诚奉献、艰苦奋斗、奋力拼搏的结果。30年来，一代又一代教育工作者，以一往无前的进取精神和波澜壮阔的创新实践，为我国教育事业改革发展作出了不可磨灭的重要贡献。借此机会，我代表教育部党组向全国教育工作者和所有为教育事业作出贡献的同志们表示衷心的感谢和崇高的敬意！

在充分肯定成绩的同时，我们必须清醒地认识到，教育事业改革发展和教育工作还存在不少问题，国内外形势发展变化使我们的工作面临着诸多新的挑战。

——教育服务于现代化建设的能力迫切需要进一步增强。从总体上看，教育发展仍然不全面、很不平衡，教育发展的水平，人才培养的质量、数量、规模和结构等还不能满足现代化建设和人民群众对教育的需求，特别是急需人才紧缺与结构性过剩问题并存，创新型人才特别是拔尖创新人才培养还不能适应经济社会发展强烈需求，学校的知识贡献力度有待进一步增强。

——教育质量迫切需要进一步提高。推进素质教育、提高教育质量的政策措施还不够有力，仍面临很大的困难和阻力，教育教学改革有待进一步深化，教育质量的评价标准和机制有待完善，片面追求升学率的倾向还很严重，中小学学生课业负担过重，德育的实效性有待进一步增强，学生全面发展、健康成长的社会环境有待进一步完善。

——教师队伍建设迫切需要进一步加强。加强教师队伍建设特别是农村教师队伍建设的政策措施和制度仍然滞后，教师准入机制、激励机制和竞争机制还不完善，教师工资、医疗、养老、住房等保障政策还不健全，师德建设还需要进一步加强，各级各类学校领导干部选拔任用机制有待改进，广大教师的积极性、主动性和创造性还没有真正得到充分发挥。

——教育公平迫切需要进一步推进。城乡之间、区域之间教育发展不协调，区域内义务教育发展不均衡问题突出，农村教育基础仍然薄弱，办学条件亟待改善；涉及群众利益的问题需要进一步解决，对义务教育阶段择校问题群众意见很大，在进城务工人员子女接受义务教育、农村留守儿童、高校毕业生就业、幼儿教育收费、学校安全等方面还有不少问题需要认真加以解决。

——教育改革迫切需要进一步深化。教育行政管理方式还不适应教育改革发展和转变政府职能的要求，发挥地方和基层积极性还不够，教育督导需要尽快得到加强；政府和学校关系还需要进一步理顺，学校办学自主权尚未很好落实，高校自我发展、自我约束的机制尚未很好形成；动员行业、企业和社会力量共同发展教育的政策体系有待完善，公办教育和民办教育共同发展的制度环境有待改善；教育对外开放层次有待提高，国际合作与交流的针对性、有效性需要增强。

——教育优先发展迫切需要进一步落实。促进教育优先发展宣传引导不够，还没有营造出全社会共同关心支持教育的浓厚氛围；落实教育优先发展的基础性工作需要进一步加强，教育发展的重点需求和教育投入的政策项目还缺乏系统规划和整体设计；推动教育优先发展的体制机制还不健全，推动地方政府加大财政性教育投入还缺乏有效机制，各级各类教育仍然不同程度面临着经费不足的问题。

我们一定要保持清醒头脑，增强忧患意识，以科学发展观为指导，树立新的思想观念、加强新的战略思考、推出新的政策举措，更加兢兢业业、扎扎实实地做好教育改革和发展各项工作。

二、关于深入学习实践科学发展观

2009年，是新中国成立60周年，是全面贯彻党的十七大精神、推进教育改革发展的关键一年。党的十七届三中全会和中央经济工作会议，为教育事业改革发展进一步指明了方向。按照中央的要求和部署，做好2009年的教育工作，对于促进经济社会又好又快发展、维护改革发展稳定大局、实现“十一五”规划确定的目标任务，具有十分重要的意义。

2009年教育工作的总体要求是：全面贯彻党的十七大和十七届三中全会精神，以邓小平理论和“三个代表”重要思想为指导，深入贯彻落实科学发展观，全面贯彻党的教育方针，继续解放思想，坚持改革开放，谋划发展，提高质量，促进公平，加强管理，办好人民满意教育，努力建设人力资源强国。

落实2009年教育工作总体要求，做好各项教育工作，必须深入学习实践科学发展观。当前，我国教育事业正站在新的历史起点上，进入到改革发展的关键阶段。经过新中国建立近60年、改革开放30年的艰辛努力，我们国家实现了从人口大国向人力资源大国的历史性转变；今后的目标，是按照党的十七大要求，实现从人力资源大国向人力资源强国的新的历史性转变。在这样一个重要的历史关头，面对更加繁重而艰巨的任务，我们必须坚定不移地贯彻落实科学发展观，把以人为本、全面协调可持续的要求，转化为推进教育科学发展的坚强意志、转化为谋划教育科学发展的正确思路，转化为领导教育科学发展的实际能力，转化为促进教育科学发展的政策措施，更好地推动教育优先发展、科学发展，为实现党的十七大提出的宏伟蓝图和行动纲领作出新的贡献。

2009年，我们要以开展深入学习实践科学发展观活动为主线，进一步增强贯彻落实科学发展观的自觉性、主动性，进一步谋划教育事业优先发展科学发展，进一步解决好人民群众关心的教育热点难点问题，促进教育事业又好又快发展。

（一）把开展深入学习实践科学发展观活动作为首要任务，确保学习实践活动取得实效

要深刻认识开展深入学习实践科学发展观活动的重大意义，坚决把思想和认识统一到中央的决策和部署上来。在全党开展深入学习实践科学发展观活动是党的十七大作出的战略决策，是实现党的十七大提出的宏伟蓝图和行动纲领的重大举措。按照中央的安排和部署，从2008年9月开始，用1年半的时间，自上而下地分三批在全党开展深入学习实践科学发展观活动。教育部直属机关和省级教育行政部门作为首批活动单位，学习实践活动已经全面展开，将在2009年2月基本完成。高等学校和中等专业学校作为第二批活动单位，中小学作为第三批活动单位，将先后于2009年3月和9月启动学习实践活动。全面贯彻落实党的十七大精神，要求我们更加深刻认识深入学习实践科学发展观的重大现实意义和深远影响，进一步增强贯彻落实科学发展观的责任感和紧迫感，不断把学习实践科学发展观活动引向深入；要求我们更加深刻地认识到学习实践科学发展观是深入推进改革开放、推动经济社会又好又快发展、促进社会和谐稳定的迫切需要，是提高党的执政能力、保持和发展党的先进性的必然要求，是推动教育事业优先发展、科学发展的根本要求；要求我们更加自觉地把深入学习实践科学发展观摆在突出位置，为办好人民满意教育、建设人力资源强国，奠定更加坚实的基础，提供更加强大的动力。

要“以谋划教育事业科学发展、努力办好人民满意教育”为载体，坚持突出实践特色。紧密联系实际，努力在解决群众反映强烈、影响和制约科学发展的突出问题上取得新突破，是这次学习实践活动的鲜明特点。紧紧围绕“党员干部受教育、科学发展上水平、人民群众得实惠”这一总体要求，从教育改革发展的实践要求出发，教育部党组在直属机关的学习实践活动中，明确提出以“谋划教育事业科学发展、努力办好人民满意教育”为载体，着力转变不适应、不符合教育事业科学发展要求的思想观念，着力解决制约教育事业科学发展和群众反映强烈的突出矛盾，着力构建有利于教育事业科学发展的体制机制，进一步提高领导教育事业优先发展、科学发展的能力。

紧密联系教育实际，深入学习实践科学发展观，必须坚持发展这个第一要义，深入实施科教兴国战略、人才强国战略和可持续发展战略，坚持教育优先发展、科学发展；必须贯彻以人为本这个核心理念，坚持教育以育人为本、以学生为主体，办学以人才为本、以教师为主体，努力办好人民满意教育；必须落实全面协调可持续发展这个基本要求，推进各级各类教育、城乡教育和区域教育协调发展；必须按照统筹兼顾的根本方法，统筹教育的规模、结构、质量和效益，统筹人才培养、科技创新和社会服务，统筹教育发展、改革和稳定。

从新的历史起点出发，深入学习实践科学发展观，实现教育事业新的发展，就是要用科学发展观这个发展的世界观和方法论总结过去、研究现在、谋划未来，深入思考“办什么样的教育、怎样办好教育”和“培养什么样的人、怎样培养人”这样两个根本问题，走中国特色社会主义教育发展道路；就是要以改革为动力，以加强薄弱环节为重点，集中力量办一些让社会公众满意、给教育发展增添动力的事情，聚精会神搞建设、一心一意谋发展；就是要“制定出一个面向未来、面向世界、面向现代化，立足基本国情，体现优先发展、促进公平、改革创新精神的规划纲要”，把党的十七大对教育提出的新要求贯彻好，把人民群众对教育的新期盼落实好。

要全面贯彻落实学习实践活动的指导思想、目标要求和主要原则，切实加强对学习实践活动的组织领导。开展学习实践活动，是全党政治生活中的一件大事，是2009年教育工作的首要任务。各级教育行政部门和大中小学要高度重视，切实加强组织领导，做到精心组织，周密部署，扎实推进，狠抓落实，务求实效。要落实领导责任，建立领导机构和工作机构，主要负责同志要认真履行第一负责人的职责，确保全体党员全员全程参加。要着力抓好落实，严格落实学习实践活动的主要内容和方法步骤，扎实开展好学习调研、分析检查、整改落实三个阶段的工作。要确保取得实效，做到深入学习、提高认识贯穿始终，解放思想、改革创新贯穿始终，解决问题、完善体制机制贯穿始终，依靠群众、发扬民主贯穿始终。要坚持统筹兼顾，把学习实践活动同贯彻党的十七大和十七届三中全会精神结合起来，同开展纪念新中国成立60周年活动结合起来，同做好2009年教育各项工作结合起来，努力把贯彻落实科学发展观提高到一个新水平。

（二）以科学发展观为指导，努力制定一个体现时代发展要求，符合中国国情、人民群众满意的高质量的规划纲要

要把研究制定高质量的规划纲要作为开展学习实践活动的重大任务。研究制定《国家中长期教育改革和发展规划纲要》是党中央、国务院的重大决策，是贯彻落实党的十七大精神和深入落实科学发展观的迫切要求。胡锦涛总书记对这项工作非常关心，温家宝总理亲自担任领导小组组长，刘延东国务委员担任工作小组组长。制定一个高质量的规划纲要，对未来12年我国教育改革发展作出全面规划和部署，是党中央、国务院交给我们的光荣使命，是历史赋予我们的重大责任，是一项重要而紧迫的任务。面向未来、面向世界、面向现代化，我们一定要把学习实践活动与研究制定规划纲要紧密结合起来，把科学发展观作为制定规划纲要的重要指导方针和重大战略思想，制定出一个高水平的规划纲要。要全力以赴把这件关系教育事业长远发展、科学发展的大事办好，做到两手抓、两促进、两不误，并以此作为检验我们学习实践活动是否取得实效的一个重要标准。

要把研究制定规划纲要的过程作为解放思想、形成共识、推进工作的过程。中央明确要求，研究制定规划纲要应当成为一个发扬民主、集思广益的过程，成为统一思想、凝聚共识的过程。要在提高思想认识上下功夫，坚持用中国特色社会主义理论体系武装头脑，把深入学习实践科学发展观与继续解放思想、坚持改革开放、抓住教育发展机遇、明确教育发展方向有机结合起来，在新的思想高度上形成推动教育优先发展、科学发展的共识。要在解决突出问题上下功夫，广泛开展教育大调研、大讨论活动，找准突出存在的矛盾和问题，找到解决难题的突破口，把科学发展观的要求转化为制定规划纲要、谋划科学发展的正确思路和政策措施。要在创新体制机制上下功夫，加快推进教育发展的重点领域和关键环节的改革，建立健全充满活力、富有

效率、更加开放、有利于科学发展的中国特色现代化教育体制和机制。

要把学习实践活动作为全面规划和部署未来12年我国教育改革发展的过程。要坚持教育优先发展，把发展教育摆在经济社会发展的突出位置，落实好教育规划优先、财政投入优先、公共资源配置优先。要坚持教育服务国家、服务人民，全面贯彻党的教育方针，为社会主义现代化建设服务、为人民服务，促进教育同经济社会发展紧密结合，为建设人力资源强国和创新型国家作贡献。要坚持质量为核心，全面实施素质教育，培养学生的创新精神和实践能力，造就德智体美全面发展的社会主义建设者和接班人。要坚持教育改革开放，深入推进教育体制改革，合理布局、优化结构，改革教育教学模式，创新教育发展道路，提高教育现代化水平。要坚持促进公平，把教育公平作为社会公平的重要基础，坚持教育公益性，保障人民群众接受良好教育的机会，努力办好人民满意的教育。

今年8月29日，国家科技教育领导小组第一次会议通过了《国家中长期教育改革和发展规划纲要工作方案》，正式启动了规划纲要研究制定工作。贯彻落实中央的部署和要求，规划纲要研究制定工作安排了11个重大战略专题调研组和总体战略研究组，组织了有关国内机构和国际组织进行调查研究，还将开展社会公开讨论，广泛征求人民群众的意见和建议，力争在深入调研、广纳群言的基础上制定一个高质量的规划纲要。各地各校在学习实践活动中，也要组织力量，进一步加强宏观思考和战略谋划，对本地本校未来教育的改革和发展进行全面规划和部署。

（三）以开展学习实践活动为契机，集中力量办好一些让社会公众满意、给教育发展增添动力的事情

要把学习实践活动与贯彻落实中央经济工作会议精神结合起来，保质保量完成中央新增教育投资项目。中央经济工作会议提出，2009年经济工作的首要任务是保持经济平稳较快发展，强调要把改善民生作为保增长的出发点和落脚点。优先发展教育是改善民生的首要任务。应对当前经济形势，党中央、国务院出台了进一步扩大内需，促进经济增长的十项措施，到2010年中央拟安排1.18万亿元。2008年第四季度，中央新增加安排的1 000亿资金中，追加教育投入达到44亿元，主要用于加快农村初中校舍改造、特殊教育学校建设和中等职业教育基础能力建设。各地要把思想和认识统一到中央经济工作会议的精神上来，深刻认识到加大教育投入，提高教育水平，既能为群众排忧解难，也是扩大消费、拉动内需的重要举措。一方面，要切实落实好中央新增教育投资项目，加强组织管理和领导，加强责任意识和制度建设，在阳光下实施、阳光下运作，首先打好今冬明春这一仗，并把抓质量、抓进度贯穿始终。进而，要集中力量做好2009年和今后一个时期教育的规划和部署工作，积极争取在优化投资结构、着力改善民生中，进一步落实优先发展教育的要求。另一方面，要全力以赴做好高校毕业生就业工作，加强返乡农民工的职业培训，高度重视和切实维护教育系统的稳定，为促进社会和谐稳定和经济社会持续发展服务。

要把学习实践活动与贯彻落实党的十七届三中全会精神结合起来，坚持把农村教育放在教育工作重中之重的战略地位。党的十七届三中全会提出了“大力办好农村教育事业”的总体要求，提出了实现“农村人人享有接受良好教育机会”的历史性任务。党的十六大以来，中央把发展农村教育作为农村工作的重点，作为教育工作的重中之重，我国农村教育面貌发生了深刻变化。但是，必须清醒地认识到，农村教育仍然是我国教育事业最薄弱的环节。认真贯彻落实十七届三中全会精神，就是要继续坚持农村教育重中之重的战略地位，在加快发展农村公共事业、促进农村社会全面进步新的历史条件下，努力推动农村教育改革发展实现新的突破。一要以提高质量为核心，巩固农村义务教育普及成果。二要以深化改革为动力，大力加强农村教师队伍建设。三要以中等职业教育为重点，加快普及农村高中阶段教育。四要以服务“三农”为方向，加大高等学校的人才支持和知识贡献。五要以强化政府责任为关键，形成大力办好农村教育事业的合力。

三、关于2009年教育重点工作

全面完成教育工作中心任务，深入推进教育事

业科学发展，2009年还要重点抓好以下九项工作：

（一）切实推进素质教育，着力培养高素质人才

胡锦涛总书记强调指出，“全面实施素质教育，核心是要解决好培养什么人、怎样培养人的重大问题，这应该成为教育工作的主题。”实施素质教育是贯彻落实以人为本的科学发展观、贯彻落实党的教育方针的集中体现。坚持教育以育人为本、以学生为主体，要在新的历史起点上，把国家发展的需要、时代发展的要求和学生个人发展的期盼进一步统一到素质教育的实践中，认真做好以下四个方面工作：

第一，加快推进区域内义务教育均衡发展。要推动素质教育取得新的突破，必须坚决克服“应试教育”的错误倾向，下大决心、下大力气使义务教育阶段学生从过重的课业负担中解放出来，实现德智体美全面发展，实现主动地生动活泼地发展。为此，必须采取综合配套的改革措施，解决好义务教育阶段“择校”问题，促进义务教育均衡发展：一是均衡配置资源，加强薄弱学校改造和建设，努力办好每一所学校；二是均衡配置教师，完善相关政策和制度，积极推进校长、教师定期交流；三是全面推行把示范高中的大部分招生指标均衡分配到区域内初中的办法，全面推动中考改革和学生评价方式改革；四是在清理和规范义务教育阶段办学行为的基础上，继续支持和办好一批民办义务教育阶段学校；五是建设和完善有利于推动素质教育的教育教学评价、监测和督导机制。

近年来，许多地方在推进义务教育均衡发展方面，进行了许多卓有成效的改革实践，受到全社会广泛关注和好评。要认真总结和推广这些先进经验，开展创建义务教育均衡发展示范区活动，努力形成以点带面、全面推进的工作格局。

第二，继续抓好实施素质教育目标的两大重点。一是坚持育人为本、德育为先，把立德树人作为教育根本任务。2009年是新中国成立60周年，要紧紧围绕庆祝新中国成立60周年这个主题，切实做好学校德育工作，切实落实加强和改进学校德育的各项重大政策举措。继续抓好德育课程教材建设，落实教育教学全过程育人的要求，将德育有机地融入学科教学中。加强学生世情、国情和社情教育。研究加强和改进研究生思想政治教育的意见。加强中小学班主任和高校辅导员队伍建设。二是着力培养学生创新精神和实践能力，这是提高我国教育质量的紧迫任务。要在继承和弘扬我国教育传统优势、夯实学生科学文化知识基础的同时，借鉴国外的先进经验，加大教育改革与创新的力度，进一步提高教育质量，着力培养学生的创新精神和实践能力。深入推进基础教育课程改革和教育教学改革，继续做好义务教育课程标准教材修订工作，扩大普通高中新课程改革实验范围。大力倡导启发式教学和探究式学习，进一步落实学生的学习主体地位，培养勤奋的学习习惯和良好的学习能力，促进学生积极主动、生动活泼地全面发展。

第三，巩固和发展实施素质教育三项重要成果。一是广泛开展亿万学生阳光体育运动，全面落实好每天锻炼一小时的要求。牢固树立“健康第一”的思想，让广大青少年学生走向操场、走进大自然、走到阳光下，跑起来、跳起来、动起来，强身健体，磨练意志，快快乐乐地成长。引导学生养成健康的生活方式和良好的卫生习惯，抓好科学营养和预防近视工作，促进青少年学生健康成长。二是深入推进招生评价制度改革。坚持义务教育就近、免试入学，全面推进中考招生和学生评价方式改革。发挥高考命题的素质教育导向作用，深入推进高校招生考试内容改革，全面推行平行志愿等录取方式改革。做好重点建设高校自主选拔录取改革和示范性高等职业院校单独招生考试改革工作。三是大力加强教育督导工作。《教育督导条例》即将提交国务院常务会议审议。审议通过后，各地要抓紧做好学习、贯彻和实施工作。继续开展部分省（区）“两基”国检工作，做好“两基”巩固提高督导复查工作。加强义务教育经费保障机制等重点专项督导检查，抓好义务教育均衡发展评估试点。积极推进县级政府教育工作督导评估制度建设。健全基础教育质量监测制度，开展义务教育阶段学生学习质量测试。

第四，营造有利于青少年学生成长的良好环境。积极推动校外活动场所和爱国主义教育基地建设，优化青少年成长环境。加大校园周边环境综合

治理力度，进一步净化网络环境和社会环境。鼓励青少年积极参加社区服务。传播家庭教育正确理念和科学方法。建立健全齐抓共管的体制机制，促进形成家庭、社会和学校共同推进素质教育的格局。

（二）统筹城乡教育发展，着力办好农村义务教育

大力办好农村教育事业，重中之重是办好农村义务教育。目前，义务教育虽然已经基本实现了全面普及，但是，农村义务教育基础薄弱的状况仍然没有得到根本改变，当前和今后一段时期内，农村义务教育仍然是教育工作的重中之重和新增教育投入的重点。继续巩固和发展普及农村义务教育已有成果，要重点提高农村义务教育保障水平和质量，切实抓好三件大事：

第一，进一步健全义务教育经费保障机制。全面落实在全国城乡实行免费义务教育的各项政策，进一步提高农村中小学公用经费标准；加强和落实省级政府统筹规划实施义务教育的责任，建立健全经费拨付使用和管理责任追究制度；健全中小学预算制度。加大化解农村“普九”债务工作力度，争取在三年内基本化解这个历史欠账。认真解决农民工子女在流入地免费接受义务教育问题。加强农村留守儿童教育工作研究和工作力度。加快发展农村学前教育和特殊教育。

第二，启动实施中小学校舍安全工程。要对全国校舍特别是城乡中小学校舍进行全面安全排查，对不符合要求的尽快组织维修、加固和改造，确保学校校舍安全。同时，抓好地震灾区学校恢复重建。经过若干年的努力，把学校建成最牢固、最安全、最让家长放心的地方。

第三，加快推进义务教育薄弱环节建设。进一步加大中西部农村初中校舍改造和特殊学校建设，积极推进农村寄宿制学校建设。新增教育经费主要用于农村，重点支持贫困地区、民族地区、边境地区、革命老区和中西部地区新建和改造学生宿舍、食堂和厕所等学生生活设施，为农村学生和留守儿童提供更好的学习生活条件，促进贫困地区和民族地区教育事业发展。改善农村中小学办学条件，提高实验装备水平和图书体育器材配备质量，加强体育卫生设施建设。

第四，进一步加强农村中小学现代远程教育。扩大农村现代远程教育网络覆盖面，大力推进“班班通、堂堂用”，丰富农村学校文化生活和精神生活，使广大农村孩子共享优质教育资源，让人类文明的光辉照亮每一个角落。加强基础教育信息资源建设，做好教学应用指导和技术支持服务工作。坚持应用为主，把远程教育与推动实施素质教育、加强教师培训、促进农科教结合和提高农民素质进一步密切结合起来。

（三）大力发展职业教育，重点加快发展农村中等职业教育

党的十七届三中全会通过的《决定》明确指出，加快普及农村高中阶段教育，要重点加快发展农村中等职业教育并逐步实行免费。要继续坚持把发展中等职业教育作为实现教育科学发展的战略突破口，在全面普及义务教育的基础上，重点发展和加强农村中等职业教育。

第一，继续大力推进职业教育发展，重点加强农村中等职业教育。中央已经决定，2009 年起对中职农村家庭经济困难学生和涉农专业学生实行免费，同时开展农村中等职业教育免费政策试点，争取若干年内对所有农村生源实现免费。这是大力办好农村教育事业特别是发展农村中等职业教育的重大改革举措，要切实抓紧抓好这项改革试点。

要继续扩大中等职业教育招生规模，努力实现 2009 年招生 840 万人的目标，这既是经济社会和人民群众对教育的需求，也是巩固和发展普及义务教育成果的需要。要创新办学模式和体制机制，加快推进职业教育集团化办学，大力支持和深入推进东西部之间、城乡之间职业院校合作办学、联合招生，进一步增强职业教育发展的生机和活力。促进民办职业教育健康发展。

第二，以就业为导向深化职业教育改革，重点提高实践能力。近年来，坚持以服务为宗旨、以就业为导向，大力推行校企合作、工学结合，积极推行半工半读、工学交替，职业教育的办学特色更加鲜明，学校发展充满生机活力。今后，要重点抓住顶岗实习这个关键点，集中力量解决这个难点问题，认真总结和大力推广先进经验，进一步完善相关的政策和制度，切实落实中等职业教育学生顶岗

实习一年和高等职业教育学生顶岗实习半年的要求，完善弹性学习制度和学生学籍管理办法，探索建立学生实习保险制度，全面提高学生的实践能力和就业创业能力。

第三，健全县域职业教育培训网络，深入推进实施“一网两工程”。要以县级职教中心为主要基地，充分发挥各级各类农村学校和中小学现代远程教育的作用，推动形成覆盖县、乡、村的职业教育与培训网络。进一步加强“三教统筹”，促进农科教结合。深入实施新型农民培养培训工程和农村劳动力转移培养培训工程。

第四，加强中等职业教育基础能力建设，加大对农村职业教育的支持力度。加快县级职教中心建设。实行职业教育实习实训基地、示范性中等职业学校、示范性高等职业技术学院等建设计划向农村倾斜政策。启动中等职业教育改革发展示范学校建设计划，全面加强中等职业教育基础能力建设，引领和推动职业教育持续健康发展。

第五，把德育工作放在更加突出位置，全面提高职业学生的素质。进一步加强和改进职业院校德育工作，全面实施新一轮中等职业教育德育课程改革方案，深入推进以敬业和诚信为重点的职业道德教育，把立德树人的任务落实到培养高素质劳动者和技能人才的各个环节，落实到以就业为导向深化职业教育教学改革的各个环节。

这里，我要特别强调：巩固职业教育发展成果必须把重点放在提高质量上。职业教育承担着为社会主义现代化建设培养高素质劳动者和高技能专门人才的重要使命，我们要始终保持清醒的头脑，在推动职业教育加快发展、深化改革和加强建设的进程中，始终坚持“育人为本、德育为先。”各级各类教育都必须全面贯彻党的教育方针，全面推进素质教育，面向全体学生，促进学生生动活泼、全面健康发展，成为有理想、有道德、有文化、有纪律的一代新人，成为中国特色社会主义事业的建设者和接班人。

（四）提高高等教育质量，着力增强培养高素质人才、科技创新和社会服务能力

提高质量是深入贯彻落实科学发展观的必然要求，是新阶段高等教育改革和发展的使命和责任。但是，目前有些地方有些同志依然热心于“规模发展”，扩大高等教育规模的冲动非常强烈，这是不符合科学发展观要求的，务必要转变观念、深化认识，切实把工作重点放在提高质量上，坚持以社会需求为导向，进一步深化高等教育改革。

第一，走内涵发展道路，优化学科专业结构。要继续稳定招生规模，认真做好2009年全国高等教育招生计划安排和管理工作，进一步加大紧缺人才培养力度，加大支援中西部地区招生力度。各类高校要以就业和社会需求为导向办学，立足校情，找准办学定位，突出办学特色，更加主动地根据社会需求调整学科专业设置。各地要紧紧围绕经济社会发展对人才培养的规模、结构和质量的需求，科学规划高等教育的发展和布局；还要制定鼓励学校科学定位、办出特色的政策措施，努力使各类学校各得其所、各展所长、充分发展，为祖国、为人民作出各自的贡献。

第二，深化人才培养模式改革，健全提高质量的体制机制。深入实施高等学校本科教学质量与教学改革工程，大力支持以就业为导向的高等职业院校改革与建设，全面推进以导师负责制为核心的研究生培养机制改革。加快人才培养模式改革，下大力气在课程体系、教学内容和教学方法上，在知识更新、实践教学、创新创业教育等关键环节上，深化教育教学改革，进一步提高学生的实践能力、就业能力、创新能力和创业能力。学校各项工作要聚焦创新人才培养，统筹好人才培养、科技创新和社会服务，大力加强教学科研能力建设。规划和启动新一轮教学评估工作，进一步加强分类指导，坚持以评促建、以评促改、以评促管，健全高等教育质量保障体系。全面推进高校学风建设。

第三，加强统筹规划和组织协调，提高高校自主创新能力。加大高校科技创新组织、培育和协调力度，加强高校科技领军人才和创新团队建设，积极推动高校积极承担国家重大科技攻关任务。支持高校设立科技创新基金，鼓励开展自主科研。启动高校国家重大科技基础设施建设。加强国家（重点）实验室、国家工程（技术）实验室等创新基地建设和管理，进一步完善高校创新体系。深化与企业和科研院所的合作，完善国家大学科技园的区域

布局，深入推进产学研结合和行业产业创新联盟建设，促进高新技术产业化。启动高校哲学社会科学中长期重大专项，继续实施高校哲学社会科学繁荣计划，全面推进高校哲学社会科学重点研究基地、基础设施和信息化建设。

第四，继续推进高水平大学和重点学科建设，提升我国高等教育竞争力。坚持以学科建设为核心，全面实施“211工程”三期建设，启动“985工程”三期建设，支持优势学科创新平台建设，加快创建高水平大学步伐，努力使更多的学科达到国际先进水平，增强为建设创新型国家服务和人力资源强国服务的能力。

（五）积极发展成人继续教育，着力建设终身学习的支撑平台

党的十七大提出了“现代国民教育体系更加完善，终身教育体系基本形成”的奋斗目标，提出了“发展远程教育和继续教育，建设全民学习、终身学习的学习型社会”的要求，为成人继续教育发展指明了方向。建设终身教育体系，推进学习型社会形成，实现教育事业科学发展，各级各类教育要全面协调持续发展，成人继续教育首先要实现又好又快发展。

第一，以职业培训为重点大力发展成人继续教育。2009年，要重点抓好返乡农民工职业技能培训，做好两项工作，一是广泛开展面向青年农民、乡镇企业职工、退役士兵、进城农民工和下岗轮岗职工的职业教育与培训，为促进经济持续较快增长服务。二是完成3 000万人次的农村劳动力转移培训和6 000万人次的农村实用技术培训任务，进一步加强和发展农民技能培训，为建设社会主义新农村服务。继续促进企业行业职工教育发展。

第二，努力建设覆盖全民的终身教育支撑平台。按照全民学习、终身学习的要求，以现代国民教育体系为基础，充分利用现代教育技术的手段，办好广播电视大学，完善自学考试制度，支持和引导各级各类教育面向全社会、实行更加灵活多样的办学形式。进一步总结经验、抓好试点、完善政策、理顺体制，科学设计和统筹规划教育体系和结构布局，充分发挥全社会教育文化科技资源的作用，形成开放立交的教育网络，建设全民学习、终身学习的支撑平台，努力使人人享有终身学习的机会。

（六）全面提高教师素质，着力加强农村教师队伍建设

百年大计，教育为本；教育大计，教师为本。没有高水平的教师，就没有高质量的教育。提高教育质量乃至整个教育事业的成败，从根本上讲，取决于教师队伍的素质。坚持办学以人才为本，以教师为主体，就是要全心全意依靠人民教师，努力建设高素质的教师队伍。

第一，实施义务教育绩效工资制度，深入推进教师人事制度改革。国务院决定，在全国义务教育学校实施绩效工资，这是贯彻落实义务教育法和加强教师队伍建设的重大战略举措，对于吸引和鼓励各类优秀人才长期从教、终身从教，对于促进教育事业优先发展科学发展，必将产生重大而深远的影响。要集中力量把这件好事办好，认真贯彻国务院办公厅转发的《关于义务教育学校实施绩效工资的指导意见》，大力加强政策落实和思想政治工作，确保中央的决策和各项部署落实到位，及时研究解决实施中出现的各种困难和问题，妥善处理好各种关系，积极稳妥做好这项重点工作。

要把实施绩效工资与深化教师人事制度改革结合起来，开展统一中小学教师职务制度改革试点，进一步完善和调整农村学校编制，强化学校岗位设置管理，严格教师资格制度，建立健全教师准入机制、竞争机制和激励机制，促进教师不断提高素质，建设高水平的教师队伍。

第二，继续探索和创新农村中小学教师补充机制。2009年，国家将继续实施并扩大农村义务教育阶段学校教师特设岗位计划，招募高校毕业生到中西部农村义务教育阶段学校任教，各地也要积极推进教师特设岗位计划，争取全国义务教育阶段特设岗位达到20万人。完善和扩大实施农村学校教育硕士培养计划，努力探索教育硕士培养与特设岗位计划相结合的新机制。全面推进师范生实习支教行动计划。健全城乡教师交流机制，选派城镇教师下乡支教。

第三，全面提高教师素质特别是农村教师素质。要着力抓好三件事：一是抓教师培养。启动实

施国家教师教育创新平台建设计划，落实好部属师范大学师范生免费教育的示范性举措，支持地方试行师范生免费教育。二是抓教师培训。启动实施新一轮中小学教师培训规划，巩固和发展教师教育网络联盟计划，大规模地开展形式多样的中小学教师培训。三是抓师德建设。贯彻新的《中小学教师职业道德规范》，把师德作为教师资格认定和新教师聘用的重要依据，引导广大教师努力成为受学生爱戴、让人民满意的教师。

第四，进一步加强职业教育教师队伍建设。以“特岗、特聘和特邀”为重点，进一步加强“双师型”教师队伍建设，加大从企事业和社会招聘教师的工作力度。完善以企业实践为重点的教师继续教育制度，全面落实职业学校教师到企业、到生产第一线实践的要求。继续实施中等职业学校教师素质提高计划。扩大中等职业学校教师在职攻读硕士学位规模。

第五，加大高校高层次人才队伍建设力度。启动实施新一轮高层次创新人才计划，通过组织实施长江学者和创新团队等项目，做好吸引和培养一流的学术大师和学术带头人工作，努力形成“大师＋优秀团队”的高校人才队伍建设格局。研究制定教育人才发展规划。继续加强引智基地建设和管理，深入推进海外高层次人才引进工作。

办好教育、办好学校，必须建设一支高水平中小学校长和高校领导干部队伍。要按照依靠教育家办学的要求，积极推动校长选拔、任用、培养和管理机制改革，进一步加强中小学和职业学校校长培训。按照社会主义政治家和教育家的要求，进一步加强高校领导班子建设。

（七）坚持促进教育公平，着力落实教育惠民政策

坚持教育公益性质和促进教育公平，是国家的基本教育政策，是办好人民满意教育的基本要求，也是教育事业贯彻落实科学发展观的基本价值取向。2009年，要继续着力落实好以下几项教育惠民举措和重要政策：

第一，全力以赴做好2009年的高校毕业生就业工作。就业是民生之本。2009年全国高校毕业生规模达到611万，比2008年增加52万人。做好2009年的高校毕业生就业工作，努力使大批高素质人才能够及时进入社会生产、管理、服务等各个领域发挥作用，对实现经济社会又好又快发展、维护我国改革发展稳定具有重要意义。要从党和国家工作全局的高度，以对人民群众高度负责的精神，带着满腔热情，千方百计地做好这项工作。

2008年国务院颁布的部门“三定”方案，对高校毕业生就业工作职能进行了调整，明确了由人力资源和社会保障部牵头，会同教育部等部门拟定毕业生就业政策，负责毕业生离校后的就业指导和服务工作；教育部负责毕业生离校前的就业指导和服务工作。这是一项促进毕业生充分就业的重大举措，充分体现了党中央、国务院对高校毕业生就业工作的高度重视。贯彻落实中央的精神和部署，积极应对当前高校毕业生就业形势，教育部成立了高校毕业生就业工作领导小组，负责统筹协调推动教育系统高校毕业生就业工作，不久前还专门召开会议对做好2009年高校毕业生就业工作作出了新的部署，同时下发了《教育部关于当前形势下做好普通高等学校毕业生就业工作的通知》。

各地教育行政部门和高等学校要认真贯彻落实《通知》精神，以社会需求为导向深化高等教育改革，广泛开展就业创业教育、实习实践和职业技能培训，从根本上提升毕业生就业竞争力。要尽快适应新时期高校毕业生就业工作的需要，把毕业生就业指导服务体系建设作为教育事业发展的重要内容，进一步加强领导、落实责任，加大就业服务网络建设，全面提高毕业生就业服务水平。要采取更加积极的措施，主动争取财政投入，完善和落实促进就业的各项政策，并加强思想教育，大力引导和推动毕业生到农村、到基层、到部队、到西部，到祖国最需要的地方建功立业。

第二，切实做好地震灾区学校灾后恢复重建各项工作。确保2009年秋季开学时大部分学生回到新建校舍学习生活，是中央对地震灾区学校恢复重建提出的明确要求。要按照国务院的要求和部署，切实落实《汶川地震学校灾后重建规划》，以义务教育和中等职业教育为重点全面推进灾区学校灾后重建。在全面落实城乡免费义务教育的同时，继续实施地震重灾区非义务教育阶段家庭经济困难学生

特别资助政策。加大地震灾区教育对口支援组织协调工作力度，根据灾区教育系统恢复重建的需要，有计划、有组织地做好教育对口支援工作，为灾区学校恢复重建提供形式多样的支持和服务。

第三，全面落实好家庭经济困难学生资助政策。目前，家庭经济困难学生资助体系基本形成，覆盖了大中小学和各级职业院校，今后的工作重点是要全面抓落实。在义务教育阶段，全面落实好城乡免费义务教育，对全国农村学生免费提供教科书，加大对寄宿制家庭经济困难学生生活费补助力度，以及改善农村中小学学生营养状况和解决北方农村学校冬季取暖问题等项政策措施。在非义务教育阶段，全面落实好普通本科高校、高等职业学校和中等职业学校国家奖学金和助学金政策，以生源地信用贷款为重点扎实推进高校国家助学贷款，扩大贷款覆盖面，完善和落实普通高中家庭经济困难学生资助政策。

第四，继续支持民族地区教育发展。党和国家高度重视民族地区教育事业发展，在经费投入、项目安排、学校设置、招生就业和人才培养等方面制定和采取了一系列倾斜政策。今后，我们要继续坚持和落实好这些政策。办好西藏班、新疆高中班，办好高校民族班、预科班。继续实施少数民族高层次骨干人才培养计划。积极推进“双语”教学，加强“双语”教师建设，加强民族文字教材建设。切实做好支援西藏、新疆等西部地区教育工作。

第五，继续实施高校阳光招生政策。进一步加大信息公开力度，规范和细化信息公开内容，完善多渠道信息公开体系。做好高考命题、试卷的安全保密工作。有效防范和打击危害考试安全和录取公正的行为，综合治理高考移民和民办高校违规招生行为。加强研究生、成人高校招生管理和监督。

第六，继续规范办学行为和教育收费。继续规范义务教育办学行为，做好改制学校清理规范工作。严格执行高中招生“三限”政策。取消10项教育行政事业收费项目。规范教育收费行为，研究和制定幼儿教育收费政策。全面推行教育收费公示制度，深化政务公开和校务公开。坚决制止乱收费。推行教育行风评议制度，接受群众和社会监督。

第七，努力建设平安健康文明和谐校园。和谐凝聚人心，和谐团结力量，和谐发展事业。要坚持以人为本，努力把学校建设成为学生喜欢、家长放心、社会满意的和谐校园。首先要确保学生安全、让家长安心，“生命不保，何谈教育。”各级教育行政部门和学校主要负责同志要时刻把学生健康成长放在心上，始终把学生安全放在第一位，凡是涉及学生安全的问题，必须亲自抓、抓落实。要建立和完善安全责任制和责任追究制，大力加强安全教育，上好“开学安全第一课”，普遍开展安全演练活动，重点抓好学校校舍、公共卫生、冬季取暖、寄宿制学校和交通安全等方面的安全管理，把各项安全措施和制度落到实处。

要大力开展校园植树活动，积极建设绿色校园，努力使每一个校园绿树成荫、鲜花盛开。

要大力倡导和培育尊敬师长、关心同学、热爱学校、热心公益的优良校风，让讲文明、树新风蔚然成风，形成蓬勃向上、文明和谐的校园文化，使学校成为精神文明建设和引领社会和谐稳定发展的重要基地。

（八）深入推进改革开放，着力提高教育管理水平

改革开放是推动教育事业发展的强大动力。实现科学发展，要在新的思想高度上，形成深化教育改革开放的共识。过去的发展靠改革开放，今后的发展还要靠改革开放。进入发展新阶段，面临发展新形势、新任务，开拓发展新局面，必须高举改革的旗帜不动摇，更加重视教育体制机制创新，更加重视提高教育管理水平，加大力度、加快进度，进一步推进改革开放，着力解决影响教育事业科学发展的深层次矛盾和问题。

第一，深入推进教育体制改革。巩固和发展义务教育、职业教育、高等教育管理体制改革成果，积极支持地方开展义务教育均衡发展、职业教育综合改革和城乡教育一体化等区域教育综合改革实验。深入推进直属高校与地方政府、部门、企业集团开展形式多样的共建活动。鼓励和规范社会力量兴办教育，切实做好规范独立学院和民办幼儿园发展和管理工作。加强语言文字应用和管理。继续加强教育宏观管理，运用法律、规划、拨款、督导评

估、政策指导、信息服务等宏观调控手段，进一步提高教育行政管理水平。

第二，大力加强教育法制建设。加快《职业教育法》修订进程，力争在2009年上报国务院审议。积极配合国务院法制办，继续做好《考试法》的修订工作。全面启动《终身学习法》起草工作，深入落实我部制定的教育立法规划。全面落实教育系统“五五”普法规划。加大对教育法律贯彻实施和执法监督检查力度，大力推进依法治教、依法治校。

第三，深化学校内部管理体制改革。巩固和发展学校内部管理体制改革成果，推动形成自我发展、自我管理、自我约束的机制。坚持和完善高校党委领导下的校长负责制。进一步健全中小学校长负责制。大力推进科学民主办学和依法办学，继续深化校务公开，保障教职工和学生参与学校民主管理的权利。全面实施和切实落实教师资格制度、职务制度和聘任制度。进一步改进和完善学校后勤保障体系，办好高校学生食堂。深入推进节约型校园建设。

第四，进一步扩大教育对外开放。坚持把教育对外开放作为推动我国教育改革和发展的战略措施，统筹好国际国内两个大局，扎扎实实办好自己的事情。深化与外国政府和联合国教科文组织、欧盟等国际组织的教育高层磋商机制，继续推进与其他国家和地区的学历学位互认，强化实质性教育交流与合作。改进和完善公派出国留学机制，深入推进国家建设高水平大学公派研究生项目，加强高层次创新人才培养。积极发展来华留学事业，扩大中国政府奖学金规模，提高来华留学教育质量。做好“俄语年”各项工作。研究制定《汉语国际推广中长期规划》，设立孔子学院奖学金，做好以孔子学院为龙头的汉语国际推广工作，为提高国家软实力服务。支持公民出国自费留学。加强教育涉外活动的监管和引导。继续做好与港澳台教育交流工作。

（九）加强教育系统党的建设，着力提高领导教育科学发展的能力

在刚刚结束的第十七次全国高校党的建设工作会议上，习近平同志强调指出，要以开展深入学习实践科学发展观活动为主线，以培养中国特色社会主义合格建设者和可靠接班人为目标，加强高校党的建设工作，为教育系统党的建设进一步指明了方向。站在新的历史起点上，要以改革创新精神加强教育系统党的建设，为教育事业改革发展提供坚强的政治保证和组织保证，努力提高领导教育科学发展的能力。

第一，切实抓好教育系统党的建设工作。坚持以人才培养为根本的办学理念，用中国特色社会主义理论体系武装党员干部、教育广大师生，牢牢掌握学校意识形态领域的主动权。大力加强学校领导班子思想政治建设，完善高校党委领导下的校长负责制，健全中小学校长负责制，努力把学校领导班子建设成为善于领导学校科学发展的坚强集体。研究制定体现科学发展观要求的领导班子和领导干部综合考核评价办法。做好直属高校巡视工作。全面加强学校党的基层组织和党员队伍建设，做好普通高校党的基层组织工作条例的修订工作，进一步增强党的基层组织的凝聚力和战斗力。继续加强民办高校党建工作，健全民办高校党的组织体系，努力实现党组织全覆盖。扎实推进新一轮大规模培训干部工作，全面提高教育系统干部队伍素质。

第二，进一步加强教育系统党风廉政建设。教育是培养人的事业，党风廉政建设尤为重要。要坚持标本兼治、综合治理、惩防并举、注重预防的方针，切实落实《建立健全惩治和预防腐败体系2008—2012年工作规划》，建立健全反腐倡廉的长效机制，从源头上预防和治理腐败。紧紧抓住财务、基建、招生、采购、校办企业等重点领域和薄弱环节，大力推进校务公开，进一步加强监督监管，深入推进反腐倡廉各项工作。完善和落实党风廉政责任制，深入推进廉洁教育和廉政文化进校园，狠抓各项制度落实，加大惩治腐败力度，营造风清气正的教育改革发展环境。

第三，切实维护教育系统和谐稳定。教育的改革发展需要稳定的环境来保障。多年来，教育系统保持稳定，不仅保证了教育事业改革发展，而且为全社会稳定作出了巨大贡献。稳定压倒一切。2009年的重大政治活动多，敏感期相对集中，再加上当前经济形势严峻，维护稳定工作任务相当繁重。一段时期以来，部分省市先后出现的教师因绩效工资待遇问题、民办教师遗留问题和代课人员问题而聚

集、上访等群体性事端，给我们敲响了警钟。必须始终保持清醒的认识和高度的重视，不能有丝毫的放松和麻痹大意，切实把维护稳定作为全局工作的重中之重。一要充分发挥思想政治教育的重要作用，以庆祝新中国成立60周年为契机，广泛开展世情、国情和社情教育，加强热爱党、热爱社会主义、服务祖国、服务人民的教育，把青少年学生的爱国热情保护好、引导好。二要做好各项关系群众切身利益的教育工作，通过教育事业改革和发展，进一步提高学生对教育的满意度，提高人民群众对教育的满意度，夯实维护稳定的基础。三要加强排查和化解各种矛盾和问题，积极有效应对社会思想多元化、互联网普及、高校毕业生就业和校园安全形势复杂化等多种安全隐患，做到形势判断准、工作部署早、落实抓得快。四要加强综合防控体系和应急管理体系，进一步提高各类突发事件预警、防范和处置能力，及时妥善处置各类突发群体性事件和不稳定隐患，切实维护教育系统稳定，为全社会的和谐稳定继续作出贡献。

同志们，元旦、春节即将来临。这里，我代表教育部，向在座的同志们和全国教育战线的广大干部、师生员工，致以节日的祝贺！新的一年里，我们要在以胡锦涛同志为总书记的党中央领导下，振奋精神、坚定信心，扎实工作，把我国教育改革发展事业继续推向前进。

坚定不移地继续解放思想

袁贵仁

一

胡锦涛同志在十七大报告中强调：“解放思想是发展中国特色社会主义的一大法宝，改革开放是发展中国特色社会主义的强大动力。”这是深刻总结改革开放30年历史经验得出的正确结论。

“解放思想”和“改革开放”有着内在联系。真理标准问题讨论，用邓小平同志的话说，“实际上也是要不要解放思想的争论”。30年前，正是真理标准问题讨论，推动了全国性的思想解放运动，为我们党重新确立马克思主义思想路线奠定了理论基础，为我们国家迈向改革开放新时期作了思想准备，为我们党和国家坚持和发展中国特色社会主义提供了精神动力。解放思想是因，改革开放是果。改革开放的历史，也是解放思想的历史。30年来，理论上每一突破，体制上每一创新，战略上每一调整，事业上每一发展，都是在不断解放思想中取得的，都闪烁着解放思想的光芒。

今天，我们已经站在新的历史起点上。新的起点，意味着新的机遇，新的挑战。机遇前所未有，挑战前所未有。怎样抓住机遇，应对挑战？十七大报告提出，继续解放思想，坚持改革开放。这一方面表明，解放思想是一个不断发展的过程，不可能一蹴而就，不可能一劳永逸。继续解放思想，既是一个具有普遍意义、朴素而永恒的马克思主义哲学的基本理论命题，更是一个引导人们不断认识新事物适应新形势完成新使命、具有很强现实针对性的思想武器。在新的历史起点上，抓住机遇需要继续解放思想，应对挑战需要继续解放思想，夺取全面建设小康社会新胜利、开创中国特色社会主义事业新局面需要继续解放思想。另一方面表明，思想是行动的先导，解放思想是改革开放的前提，解放思想、改革开放，首先是解放思想。只有继续解放思想，才能进一步深化改革开放，进一步统一改革开放思想，凝聚改革开放共识，坚定改革开放决心，坚持改革开放方向，不失时机地在一些重大领域和关键环节上实现新的突破，解决前进中的矛盾和问题。

解放思想和改革开放本质上是相通的。解放思想，是思想的变革、思想的开放，是“知”的改革开放，它要求转变思维方式，改造主观世界，实现理论创新；改革开放，是“行”的解放，它要求转变生产生活方式，改造客观世界，实现制度创新、实践创新。改革开放是动力，解放思想也是动力，一个是现实动力，一个是精神动力。马克思主义认为，真理是过程，要通过实践发现真理，通过实践证实和发展真理，实践、认识、再实践、再认识，循环反复以至无穷。这其中“再认识”，就蕴涵着解放思想；“再实践”就蕴涵着改革开放。马克思主义的知行统一观、理论和实践相统一、改造主观世界和改造客观世界相统一的思想，要求我们始终坚持解放思想和改革开放相统一。

二

实践永无止境，解放思想永无止境。邓小平同志曾经指出：“今后，在一切工作中要真正坚持实事求是，就必须继续解放思想。”30年前，我们解放思想，突破“两个凡是”的束缚，实现了全党全国工作重心的转移，从以阶级斗争为纲到以经济建设为中心，后来又实现了从计划经济到社会主义市场经济的转变，都强调“先发展起来”，由此开启了改革开放的历史新时期、新阶段，取得了举世瞩目的发展成就。今天，我们继续解放思想，主要是围绕“实现什么样的发展、怎样发展”这一基本问题，在坚持以经济建设为中心、把发展作为我们党执政兴国第一要务的同时，更加注重“发展起来以后”的问题，也就是坚持以人为本的重要原则，用统筹兼顾的根本方法，实现全面协调可持续的基本要求。邓小平同志在 1993 年就说过：“过去我们讲先发展起来。现在看，发展起来以后的问题不比不发展时少。”继续解放思想，就是要科学分析我国全面参与经济全球化的新机遇新挑战，全面认识工业化、信息化、城镇化、市场化、国际化深入发展的新形势新任务，深刻把握我国发展面临的新课题新矛盾，深入了解人民群众的新要求新期盼，更加自觉地走科学发展的道路，构建社会主义和谐社会。这就是十七大报告所讲的推动科学发展、促进社会和谐。

继续解放思想，就是永远不僵化、不迷信、不为过去的思维习惯所束缚，永远不因循守旧、不为传统的行为模式所局限，永远不安于现状、不为已有的经验成绩而自满，并着力转变不适应不符合科学发展的思想观念，解决影响和制约科学发展的突出问题，构建充满活力、富有效率、更加开放、有利于科学发展的机制体制。继续解放思想，就是牢固树立以人为本、全面协调可持续发展的理念，树立科学发展、和谐发展、和平发展的理念，树立社会主义经济、政治、文化、社会全面发展和人的全面发展的理念，树立社会主义民主法治、自由平等、公平正义的理念，树立科学执政、民主执政、依法执政的理念，树立生态文明的理念，等等。继续解放思想，就是大胆实践、大胆探索，勇于变革、勇于创新，着力把握发展规律、创新发展理念、转变发展方式、破解发展难题、提高发展质量和效益，实现又好又快发展，夺取全面建设小康社会新胜利，谱写人民群众美好生活新篇章。

社会和谐是中国特色社会主义的本质属性。科学发展和社会和谐是内在统一的。科学发展是前提，社会和谐是结果。事实已经证明并将继续证明，只有推动科学发展，才能促进社会和谐，没有科学发展就没有社会和谐，同样没有社会和谐也难以实现科学发展。

科学发展、和谐社会，这是继续解放思想以及改革开放的指向之所在，也是党在新的历史起点上使命之所在。我们要把继续解放思想贯彻到改革开放之中，把继续解放思想、坚持改革开放落实到推动科学发展、促进社会和谐上来。并以推动科学发展、促进社会和谐的实际成效来衡量、判断是否真正做到了继续解放思想和坚持改革开放。

三

解放思想，不是随心所欲、胡思乱想，必须有所遵循。要立足中国国情，放眼世界潮流，尊重人民群众实践，反映人民群众意愿，始终坚持以马克思主义基本原理为前提，用发展着的马克思主义指导新的思想解放。邓小平同志指出：“解放思想，就是使思想和实际相符合，使主观和客观相符合，就是实事求是。”他还特别强调：“我们讲解放思想，是指在马克思主义指导下打破习惯势力和主观偏见的束缚，研究新情况，解决新问题。”今天我们要继续解放思想，就要高举中国特色社会主义伟大旗帜，以邓小平理论和“三个代表”重要思想为指导，深入贯彻落实科学发展观。中国特色社会主义，是我们党在改革开放和社会主义现代化建设历史时期一以贯之的理论主题和实践主题。解放思想、改革开放，科学发展、社会和谐，都围绕一个主题，贯穿一条红线，这就是中国特色社会主义。十七大报告指出：“解放思想是发展中国特色社会主义的一大法宝，改革开放是发展中国特色社会主义的强大动力，科学发展、社会和谐是发展中国特色社会主义的基本要求。”离开中国特色社会主义，解放思想、改革开放就会迷失方向，就会走上歧途，也无法实现科学发展和社会和谐。30 年来，解放思想的最大成果，是形成了中国特色社会主义；发展中国特色社会主义，还要继续解放思想；而继续解放思想，最根本的就是坚持中国特色社会主义道路和中国特色社会主义理论体系，深入贯彻落实科学发展观。

科学发展观是立足社会主义初级阶段基本国情，总结我国发展实践，借鉴国外发展经验，适应新的发展要求提出来的。它继承和发展了党的三代中央领导集体关于发展的主要思想，是中国特色社会主义理论体系的重要创新成果，科学地回答了什么是发展、为什么发展、怎样发展、发展为了谁、发展依靠谁、发展成果由谁享有等重大问题。十七大报告明确提出，科学发展观是“发展中国特色社会主义必须坚持和贯彻的重大战略思想”。在继续解放思想中，切实增强贯彻落实科学发展观的自觉性和坚定性，把全社会的发展积极性引导到科学发展上来，把科学发展观贯彻落实到经济社会发展各个方面，就是对邓小平理论和“三个代表”重要思想的最好坚持，就是对中国特色社会主义理论体系的最好实践。

总之，继续解放思想的前提，是高举中国特色社会主义伟大旗帜，以邓小平理论和“三个代表”重要思想为指导，深入贯彻落实科学发展观。继续解放思想的目的，是坚持改革开放，进而推动科学发展，促进社会和谐，夺取全面建设小康社会新胜利。

在驻外使领馆教育处组工作会议上的讲话(摘要)

章 新 胜

这次驻外使领馆教育处组工作会议，是在我们国家经历了2008年一系列重大考验，国家各项事业在迎难攻坚中继续保持了快速健康发展的大背景下召开的。2008年是我们国家发展进程中极不平凡的一年。在党中央、国务院的领导下，在全国人民的共同努力下，我们战胜了罕见的低温冰冻灾害，成功举办了北京第29届奥运会和北京残奥会，粉碎了“3・14”西藏暴乱、夺取了“5・12”汶川大地震抗震救灾伟大胜利，成功反击了奥运火炬境外传递过程中西方某些势力的干扰和破坏，圆满完成了神舟七号载人航天飞行，实现了空间技术发展具有里程碑意义的重大跨越，克服了国际经济环境重大变化的不利影响，特别是美国次贷危机所引发的全球性金融危机的影响，加强和改善宏观调控，保持了经济社会发展的良好势头。

2008年是中国改革开放30周年，改革开放是决定当代中国命运的关键抉择，是实现中华民族伟大复兴的必由之路。改革开放，先声是从教育开始的。1978年6月23日，邓小平同志听取教育部关于清华大学工作等汇报时，做出了关于留学工作的那段具有历史意义的重要论述，从此开始了我国新时期的出国留学事业。

第一部分 改革开放特别是近年来教育外事工作发展的回顾

改革开放30年来，中国经济社会发展取得了巨大成就，教育事业也取得了显著成绩。目前，我国已经建立起了一个基本适应社会主义现代化建设需要、世界上最大规模的教育体系。中国已经由人口大国变成了人力资源大国，正在向人力资源强国迈进。

中国教育事业的显著成绩得益于改革开放，得益于经济发展和综合国力的不断增强，也得益于外交工作的全面拓展。通过改革开放，我们实现了教育观念的转变和教育体制的创新，学习借鉴了各国发展教育的成功经验。改革需要开放，开放促进改革。

我国教育坚持对外开放，坚持面向世界培养人才，密切关注世界教育发展的大趋势，积极吸引人类文明的一切优秀成果。当前，我国教育界同国际教育界的合作与交流日益加强，全方位、多层次、宽领域的教育对外开放格局已基本形成，为进一步推动教育事业改革与发展奠定了良好的基础。

一、改革开放30年来我国教育对外开放的总体特点及经验

(一) 总体特点主要体现在：一是开放时间早，持续时间长。出国留学事业引领我国对外开放风气之先，并伴随着中国改革开放和现代化进程持续发展。二是开放范围广，呈现出出国留学、来华留学、中外合作办学、汉语国际推广、校际合作、学术交流等全方位、宽领域、多层次发展的格局。三是不断向更高层次、更高效率、更高质量发展，公派出国人员层次不断提升，留学人员回国和为国服务工作不断加强，强强合作、强项合作蓬勃开展，中外合作办学稳步推进。四是坚持以我为主，谋求互利共赢，“引进来”和“走出去”协调推进，发展成效显著，与外国政府间教育磋商机制陆续建立，同联合国教科文组织等国际组织的多边合作得

到加强，已与33个国家签订了学历学位互认协议，建立了中外大学校长论坛等多种形式的双边和多边以及区域性合作平台，来华留学、孔子学院已经成为我国教育走向世界的品牌，成为世界了解中国的窗口。

（二）主要经验：一是教育对外开放必须始终在我国整个改革开放事业和国家整体发展战略中找准定位。要始终坚持“三个面向”，即面向现代化，面向世界，面向未来，始终坚持“三个服务”，即为我国教育事业改革与发展服务，为我国经济建设和社会发展服务，为国家整体外交工作服务。二是必须高度重视发挥教育对外开放在教育、科技事业改革与发展中的基础性、前瞻性和引领性作用。要在确保落实教育优先发展的地位，实施科教兴国战略和人才强国战略，基本实现教育现代化，基本形成学习型社会，基本建成人力资源强国中实现发展。三是必须坚持解放思想，博采众长。要以博大胸襟、开阔视野和科学态度，吸收和借鉴世界各国先进科学技术、有益管理经验和一切优秀文化成果。以发展作为根本标准，不断改革创新，提高发展质量。四是必须始终把改革创新作为根本手段，把发展作为衡量教育对外开放的标准，不断提高教育对外开放的水平和质量。

二、改革开放30年来特别是新世纪以来教育外事工作取得的成就

（一）坚持教育外事工作“三个服务”原则，双边和多边、区域性和次区域性教育合作与交流不断扩大，建立起稳定的合作机制

1. 加强教育高层互访，建立和巩固教育交流磋商机制，推动机制化建设成为重要目标。通过推动教育高层互访，拓展了教育国际合作与交流的渠道和领域，提升了我国作为教育大国的国际地位，加深了国际社会对我国教育改革与发展成就的了解。

认真落实习近平副主席、刘延东国务委员会见国外知名大学校长等重要外交国务活动的各项组织工作，圆满完成了刘延东国务委员先后对俄罗斯、英国、瑞士等国的重要访问，以及陈至立副委员长赴美出席“第二次白宫全球扫盲研讨会”等项活动。

今年3月，经中美双方共同努力，突破性地建立了中美教育交流高级别工作磋商机制。同时，中俄“国家年”、“语言年”等教育领域机制化项目得到进一步延续和发展。

同时，与外交部、商务部等部门紧密配合，谋划和构建教育国际合作与交流的整体布局，充分发挥教育外交对政治、经济外交的特殊作用和影响力。

2. 搭建国际合作与交流平台，建立起稳定的合作机制。成功举办“首届中国—东盟教育交流周”，建立和推动了中俄人文合作委员会第九次会议、上海合作组织成员国第二次教育部长会议、中俄教育合作分委会第八次会议、中俄大学校长论坛、中欧教育政策对话、中澳国际学生管理及服务研讨会、中美数学研讨会、中加农业大学校长论坛等区域性教育合作与交流的机制和平台。

3. 落实政府间交流合作项目。启动为发展中国家高级行政管理人员培养硕士人才项目（MPA硕士班），新建10个教育援外基地。继续落实好中美网络语言教学项目、古巴单方奖学金项目、中欧语言交流项目、中英西南基础教育项目、中英大学生赴英工作实习项目、中英高校科研合作项目、沙特国王图书馆项目、中国—埃塞俄比亚职业技术学院国家级项目、高中生赴日访问等政府间重要交流与合作项目。扎实推进巴基斯坦—中国工程技术大学的建设工作。

4. 积极推动学历学位互认工作。完成与加拿大最后一个省纽芬兰省签署学历学位互认协议工作。与古巴政府签署了旨在相互承认本国公民在对方国家获得的高等教育学历证书的协议，在与拉美地区促进学历学位互认工作进程中迈出了可喜的一步。

5. 贯彻党的十七大关于“积极参与多边事务，承担相应国际义务，发挥建设性作用，推动国际秩序朝着更加公正合理的方向发展”的指导方针，积极并建设性地参与政府间国际组织和重要非政府组织活动，维护国家核心利益，逐步增强我国对国际规则制定的发言权和影响力。今年1月，我国与美国、秘鲁联合筹备APEC教育部长预备会议，参与设定会议议题，并在随后召开的第四次APEC

教育部长会议上，通过发言弥合各方分歧、建立共识，提出的倡议被写入《部长声明》，确定了我方将在未来4年中牵头APEC成员在职业教育领域的研究与合作，取得积极成果。经积极争取，我国还参与了第一届亚欧教育部长会议工作组的相关工作，研究会议的工作机制和策略，并以协办国身份参加会议，充分显示了中国的软实力和在国际组织中的影响力。

同时，我们还加强了与联合国机构、经济合作与发展组织（OECD）和国际大学生体育联合会（FISU）等多边区域性国际组织的教育合作与交流，积极落实已签署的各项教育合作协议。

（二）出国留学事业成就显著

在党中央、国务院的领导下，教育部配合、协调其他相关部门，遵循解放思想、实事求是、开拓进取、以人为本的工作方针，始终把培养优秀留学人才作为人才培养工作的重要组成部分，统筹发展国家公派和自费留学工作，紧紧抓住出国留学、国外管理和留学回国三个环节，构建了较为完善的管理服务体系，我国留学工作取得长足发展。截至2007年底，出国留学生总数突破120万人，回国留学人员总数达32万人。无论出国还是回国，最近6年的人数占了一半以上。

1. 出国留学规模显著扩大，留学质量大幅提升。

我国出国留学规模由1978年的860人到2007年的14.45万人，30年扩大了167倍；仅2002—2007年的6年间，我国出国留学人数占改革开放30年出国留学总人数的62%。

改革开放以来，特别是近10年来，我国在全球范围内大力推进教育国际合作与交流，为出国留学工作开拓出更加广阔的空间。大力推进教育国际合作与交流是进一步挖掘出国留学工作潜力的重要前提保证。

国家公派出国留学方面，在“扩大规模，提高层次，保证重点，增强效益”的工作思路基础上，教育部于2005年提出了“三个一流”的选派原则，即选拔一流的人员，派到（国外）一流的学科专业，师从一流的导师，进一步加大了重点选派符合国家发展战略需求的高层次人才力度。

除继续巩固和发展原有公派留学项目外，经国务院批准，2007年教育部设立了“国家建设高水平大学公派研究生项目”，计划从2007年至2011年每年选派5 000名博士研究生赴国外深造，进一步提高了国家公派出国留学的层次和规模。2007年度录取国家公派留学人员首次突破1万人，达到1.2万人。这个项目的实施，也增强了高校培养高层次人才的责任感和使命感，促进了项目与高校创建高水平大学以及世界一流大学的结合，为高校的国际合作与交流赋予了实质内容。

与此同时，自费出国留学市场得到进一步繁荣。2002年，我国自费出国留学人员首次超过10万人，并保持稳步增长趋势。在自费出国留学人数稳步增长的同时，为促进人才培养质量，鼓励在外自费留学人员努力学习，教育部2003年设立了“国家优秀自费留学生奖学金”项目。项目实施5年来，共有1 100余名在外优秀自费留学人员获奖，在获奖者中涌现出一批具有较高学术水平和发展潜力的优秀人才，在国内外均取得良好的社会反响。

2. 留学回国政策和环境进一步改善，留学回国工作取得新进展。

据统计，2002—2007年的6年间，共有19万留学人员学成回国，占改革开放30年留学回国总人数的58%。

留学回国人员规模的扩大和层次的提高，得益于我国综合实力的不断增强和国内科研环境、工作环境的持续改善，也得益于国家鼓励回国和吸引人才政策的不断完善。经国务院办公厅批准，2007年教育部制定了《关于进一步加强引进海外优秀人才工作的若干意见》。与此同时，教育部不断加强对“中国留学人员广州科技交流会”、“中国海外学子辽宁（大连）创业周”和北京“科博会”等活动的组织和支持力度，为留学人员回国创业搭建平台。教育部还于2007年征集了国内高水平大学和部分科研院所引进优秀留学人才需求信息9 100余条，并通过多渠道对外发布，为国内招聘单位和留学人员双方提供良好的信息服务。近年来，越来越多具有国际视野和国际竞争力的创新型留学人员选择回国工作或以多种方式为国服务。

3. 留学回国人员投身科教战线，成为实施科教兴国战略和建设创新型国家的强大依托。

建设创新型国家的核心就是把增强自主创新能力作为发展科学技术的战略基点，留学人员历来就是科技自主创新的先锋，他们在科技创新、人才培养和服务社会中作出了卓越贡献。据统计，80.49%的“两院”院士，77.61%的教育部直属高校校长，77.65%的国家重点实验室和教学研究基地主任，94%的长江学者，72%的国家“863计划”、“973计划”首席科学家，都具有出国留学经历。

4. 留学回国人员为我国知识经济相关产业的跨越式发展作出突出贡献。

留学人员在引领知识经济发展中扮演了重要角色，他们创办的大批高新科技企业成为中国知识经济发展的旗帜，使我国在信息、生物、新材料、新能源、先进制造以及环境保护等领域实现跨越式进步，及时跟上了世界发展的最新步伐。据不完全统计，全国各地共创建留学人员创业园115家，园内在孵的留学人员企业近5 200家，全国留学人员创办的企业数量超过10 000家。

5. 留学回国人员为我国尖端技术领域的突破与发展作出卓越贡献。

新一代优秀留学人员在我国尖端科技突破发展中贡献非凡。我国航天事业取得了世人瞩目的成就，特别是“神舟”载人飞船的发射成功，圆了中华民族的千年飞天梦。这一成就的取得，和我国留学回国人员的贡献是分不开的。中国航天科技集团公司总经理、长征2号F运载火箭副总设计师张天卫，担任“长城二号捆绑火箭”控制系统主任设计师和“长2丙”（改进型）总指挥李明华，被称为“航天少帅”；中国空间技术研究院院长、中国载人航天工程飞船系统总指挥袁家军，中国航天局局长孙来燕等一大批航天领域的领军人物均具有出国留学背景。

6. 广大留学人员在我国对外宣传和国际合作与交流工作中发挥了重要作用。

广大留学人员既是改革开放政策的受益者，更是坚定拥护者和实践者，他们广泛参与国际合作与交流，在提升国家软实力、传播中华文化等方面都担当着不可替代的重要角色。同时，留学人员积极配合国家整体外交，主动推动民间外交，他们在维护中国利益和形象、争取国际理解和支持上是非常重要的群体力量。在今年应对拉萨“3·14”事件、维护北京奥运圣火传递、支持国内抗震救灾等重要时刻，海外留学人员表现出高昂的爱国主义精神，发挥了重要作用。

（三）来华留学教育发展一直保持良好势头，来华留学人数增长迅速，分布更广，层次不断提高

1. 截至2007年，我国已累计接受来华国际学生124万余人次。随着我国综合国力的提升和国际影响力的增强，越来越多的国家将中国作为派遣留学生的主要目的国。2007年，共有来自188个国家（地区）的19万余名国际学生在我国544所高校和其他教学、科研机构学习。其中，攻读学位者占来华国际学生总数的比例达到34.89%。这些来华学生不仅关心学习中国文化，而且关心学习中国的发展模式。

2. 目前，《关于在“十一五”期间扩大中国政府奖学金规模的报告》已获国务院批准，到2010年，中国政府奖学金名额将达2万名，2008年全年接近1.5万名，奖学金生活费标准也得到提高。同时，改革了中国政府奖学金生的招生办法，将一部分名额分配给有关边境省份和高校，体现“从我需要出发，以高层次学生为主”的奖学金使用新原则。2008年全年在华留学生人数预计将在2007年19.5万人基础上有所增长。

3. 加强和完善来华留学工作法规建设，初步确定了来华留学工作长期发展规划。到2020年，当年在华留学生总数将达到50万人。

（四）中外合作办学作为引进国外优质教育资源和先进办学经验的重要渠道发展迅速

作为改革开放后我国教育办学体制改革的一种有益尝试，经过10多年的发展，中外合作办学的层次逐渐提高，规模不断扩大，形式日益多样化，政策法规也日趋完善。截至2007年底，全国中外合作办学机构和项目共有1 000多个，分布在28个省、自治区、直辖市。中外合作办学在深化教育改革、创新办学模式、促进学科建设、提高师资水平、拓宽人才培养途径等方面发挥了积极作用，进

一步满足了人民群众对多样化教育的需求。

目前，我们正在重点推动加强中外合作办学行政监管的4项措施，即建立中外合作办学监管工作信息平台、中外合作办学颁发证书认证工作平台、制定中外合作办学质量评估工作方案、进一步明确省级教育部门的监管职责等。

（五）依法开展涉外教育监管成效明显，引导开发国外优质教育资源，切实保障我国公民出国留学权益

按照“依法、宏观、间接”的总体思路，坚持一手抓发展，一手抓规范。设立了教育涉外监管机构，会同公安和工商行政管理等部门，加强了对自费出国留学中介服务、国际教育展览等活动的行政监管，建立有序的自费出国留学中介服务市场，创设了教育涉外监管网，及时发布留学预警，适时公布境外院校资质、违规留学中介活动情况、外国留学政策等内容。积极推进与外国政府建立教育涉外监管的定期磋商机制。

教育涉外监管信息网访问人数继续增长，日访问量达5万人，累计已达5 900万人次，在国务院部委网站中为点击量比较高的。2008年先后就自费出国留学中的突出问题发布留学预警4期，累计发布预警41期。

（六）国家高度重视汉语国际教学工作，汉语国际推广工作进入快速发展时期

2007年3月，孔子学院总部在北京成立，并举行揭牌仪式。迄今在全球78个国家建立了305所海外孔子学院（含孔子课堂）。目前，我国已在37个国家和地区设立了161个汉语水平考试（HSK）考点，海外考生数量累计40万人次；在26个省、自治区、直辖市建立105个基地，培训40个国家的汉语教师2万人，向105个国家派出汉语教师2 000余人，向46个国家派出了国际汉语教师志愿者1 700余人；出版了多种外语版的汉语教材。2005年7月，中国政府在北京召开了首届世界汉语大会，标志着汉语国际推广工作步入新的阶段。汉语国际推广成为提升我国软实力的重要途径。

（七）积极参与《国家中长期教育改革和发展规划纲要》调研，教育对外开放子课题研究取得重要阶段性成果

组织驻外使领馆教育处组、常驻联合国教科文组织代表团、驻欧盟使团教育文化处等21个驻外教育机构，结合所在国家与国际组织的情况，对国际教育发展的宏观趋势，新思想、新理念，发达国家和新兴国家教育发展过程，各国优先发展教育的战略规划、措施及其成效，国际教育政策案例，以及我国教育的国际地位与竞争力比较研究等专题进行深入调研。按照10个重大战略专题对驻外教育处组近年报回的调研报告进行了整理，精选调研文章800余篇，编辑整理了《国际教育发展战略规划简介以及相关建议》，提供参加重大战略课题组500余位专家及工作人员参考。同时，国际合作与交流司承担的“教育对外开放研究”子课题，在广泛调研的基础上已完成研究报告初稿的撰写工作，正在进一步修改完善。

（八）落实中央领导批示，做好教育对外宣传工作

配合中央外宣办、中央610办、外交部，做好针对“藏独”、“疆独”、“法轮功”的境外斗争工作，充分发挥我海外留学人员在对外宣传工作中的作用。完成宣传材料《中国教育概况》（2008年版）的修订工作。积极参与和组织“中国对外开放30周年回顾展”，以“扩大教育对外开放，建设人力资源强国”为主题，做好教育系统的成果展示。

第二部分　当前工作中面临的新形势、新问题以及机遇和挑战

一、形势分析

党的十七大对我国新世纪外交思想进行了高度的概括和总结，提出“推动建设持久和平、共同繁荣的和谐世界”的宏伟目标。如何将实现这一宏伟目标与中国自身实现和平发展的长远战略相结合，始终是当前和今后一个时期教育外事工作者应当深入思考和自觉实践的重要问题。深入学习贯彻党的十七大精神，研究、找准结合点、切入点、着力点，以科学发展观统领教育外事工作，推动教育国际合作与交流的新发展，将是我们今后一个时期的重要任务。

今年北京奥运会前后，国际形势变化很大、很

激烈，出现一些值得关注的新动向。种种迹象表明，国际关系和世界格局正在发生自冷战以来最深刻、最复杂的变化。国际形势正在继续发生复杂深刻的演变，世界经济金融环境转趋严峻，各种力量此消彼长，既相互借重又相互制约，将进一步分化组合，争取较长时期的和平发展环境和良好周边环境仍是我们当务之急的主要任务。

面对当前纷繁复杂的国际形势，我们应清醒地认识到，当今中国仍然面临各种严峻挑战和复杂问题。“后奥运时代”的中国仍然是世界上最大的发展中国家，这一点并未改变。我们在发展中遇到的矛盾和问题，无论是规模还是复杂性，都是世所罕见的。中国要全面建成惠及十几亿人口的更高水平的小康社会，进而基本实现现代化、实现全体人民共同富裕，还有很长的路要走，还要继续艰苦奋斗。

当代中国同世界的关系发生了历史性变化，中国的前途命运同世界的前途命运日益紧密地联系在一起。一方面，中国的发展与世界发展的关联度空前增强。经过历史上前所未有的大改革、大开放，我国形成了全方位、多层次、宽领域的对外开放格局，日益全面、深入地参与国际经济、政治、安全等事务，成为国际体系的重要参与者和积极建设者，我国的发展和安全也越来越受国际因素的影响。另一方面，我国国家利益进一步向海外延伸和拓展。我国对外交往不断扩大，“走出去”战略日渐推进，海外利益在地域和内涵上持续拓展。进入21世纪以来，随着经济全球化的加速发展和国际竞争的日趋激烈，以创新精神和国际竞争能力为核心的国民素质，成为影响国家发展和民族生存的根本因素。教育、科技在促进经济社会发展、实现教育现代化、形成学习型社会、建成人力资源强国、构建社会主义和谐社会、全面建设小康社会进程中的作用日益突出，教育对外开放已成为提高我国教育国际竞争力和增强综合国力的关键环节之一。教育对外开放既要博采众长，学习世界各国先进的教育、科技、文化和管理经验，引进世界各国优质教育资源和高层次人才，也要全面主动参与国际教育服务，扩大我国教育的国际竞争力和影响力，为建设持久和平、共同繁荣的和谐世界作出贡献。

大家应该认识到，奥运后的中国依然面临各种严峻挑战和复杂问题。能否抓住机遇、化解挑战，关键在于我们自身的工作。当前和今后一个时期，要着重做好以下几方面的工作：要坚持韬光养晦、有所作为战略方针不动摇；要坚持统筹国内国际两个大局；要坚持完善外交布局、推进全方位外交；要坚持以人为本，坚持教育外事工作面向“三个服务”的方针；要坚持营造客观友善的国际舆论环境；要坚持加强对重大理论和战略问题的研究。

二、当前工作中存在的主要问题

改革开放30年来，教育对外开放事业取得了显著成绩，积累了宝贵经验。但同时也应看到，教育的对外开放还不能完全适应我国在经济全球化进程中全面参与国际竞争的需要，特别是在引进世界先进的教育制度、教育理念、办学模式、管理经验、尖端学科和特色教材以及培养能够参与国际竞争的高层次创新人才等方面，还不能满足我国教育、科技事业改革与发展的需要，与国家经济建设和社会发展的需求还相差甚远，还应该在更大的范围和更高的层次发挥应有的潜力，主要表现在：一是未能将教育对外开放提到更高的战略地位。不识庐山真面目，只缘身在此山中，在世界纷纷看好中国在21世纪发展前景的形势下，我们自己没有做好准备，而发达国家纷纷将国际教育视作国家行为，将应对未来全球竞争人才的培养纳入国家战略，通过国际教育来拓展国家利益，促进国家教育的能力建设。二是教育对外开放缺乏发展战略、规划以及运作策略，对国别及地区政策性研究不够，资源整合不够，政府部门间协调不够。三是能力建设尚待加强。包括加强外事队伍的能力建设，培养懂得国际语言、沟通习惯，能够参与国际规则制定，并在国际性教育活动中具有相当影响力的中国教育外事队伍；加强通过国际交流合作、引进国外优质教育资源来提升我国教育发展水平的思想认识等等。就几个具体问题而言：

（一）关于公派出国留学

国家公派出国留学工作在统筹国家、地区和行业部门发展的重大战略需求的同时，还需注重对中西部、东北等欠发达地区实行地域性倾斜。目前，人才派出的结构尚不合理，对地方高校师资培养的支持力度不足，少数民族公派留学生比例有待提高。

国家建设高水平大学公派研究生项目实施中出现了新的问题。一些高校反映，该项目实施两年来虽然学校采取了许多措施，但仍未完成立项时确定的选派50%全过程培养博士生的目标；国内大多数导师的积极性不高，不愿意推荐最优秀的学生出国，尤其是科研课题较多的导师担心好学生都出国，会影响自己的科研工作。特别是在部分高校每年都有相当数量的优秀应届毕业生获得国外全额奖学金出国留学的情况下，国家再大规模选派优秀学生到国外攻读博士学位，一些高校和导师认为会降低学校自身的博士生源质量，进而影响到国内研究生教育的培养质量；国内高校特别是省属高校与国外院校具有实质内容的国际交流与合作尚不多，派出渠道不如预想的那样畅通；部分选派的学生特别是西部高校的学生，虽然专业水准不低，但外语成绩在短时间内尚达不到外方高校的入学标准；部分理工科专业在第一年很难获得国外知名大学的学费资助，人文社会科学等专业则更难获得学费资助，部分国外高校、实验室已表示，很难保证持续免除学费接受我公派研究生。

（二）关于自费出国留学

目前，对自费留学人员的管理与服务体系，尚不健全，特别是为自费留学人员在国外的学习、生活提供咨询和投诉的渠道尚不够便捷。随着自费留学生的大量增加，留学生群体年龄下降，缺乏阅历，承受压力能力不足，自我保护意识单薄，涉及人身安全等突发事件增多，驻外使领馆教育处组的工作压力陡然增加。同时，目前对自费留学生的资助政策尚不完善，对高素质、高水平自费留学生的鼓励、吸引措施有待加强。一些高校在组织开展与国外合作项目时，因为费用问题，来自经济困难家庭的学生难于获得机会，一定程度也造成了新的不公平。

同时，一些地方教育行政部门反映，尽管国家近年来采取很多措施，加强对自费出国留学的政策引导，但学生及其家长在自费出国留学问题上仍带有一定盲目性；几年前国务院清理行政审批项目时取消了对自费出国留学中介服务机构跨省经营的审批，北京等地的自费出国留学中介服务机构通过各种方式到外地开展经营活动，由于缺乏相应的政策规定，当地教育行政部门难以实施有效监管；一些非法中介机构仍然存在，学生上当受骗的事件时有发生，有些非法中介机构甚至以自费出国留学为名从事非法移民活动，严重扰乱了自费出国留学中介服务市场的管理秩序，对外给国家造成了不良影响。

（三）关于来华留学

来华留学生规模和层次有待进一步扩大和提高，整体规模相对于中国高校在校生的规模太小，目前比例不足1%。对来华留学生教育培养质量的评估工作尚未全面开展，致使难以对高校接受来华留学生的层次进行明确的分类指导。

一些地方教育行政部门和高校反映，近年来，来华学习的外国留学生规模大幅度扩大，层次逐步提高，生源国别、学科专业等结构进一步优化。但地方政府和高校对来华留学教育的投入亟待加强，接受外国留学生高校的师资水平特别是使用英语授课的能力亟待提高，对外国留学生的招生体制、人才培养模式（涉及课程体系、学制、学分制度、考试制度等）等亟待改革。

（四）关于吸引海外留学人才回国

目前对留学回国人员创新创业资助力度与实际需求相比，尚有较大差距，引导留学人才到教育部门等国家最需要的行业、地区和单位工作的政策措施尚不完全配套。高层次人才回国服务的软环境还有待改善。此外，目前地方政府和有关部门派出的海外招聘团过于频繁，形式单一，缺乏统筹，效果不够明显。目前鼓励回国服务、为国服务的方针，还难以适应那些已经取得其他国家国籍但仍愿意为我国服务的留学生的需要，国民待遇问题仍是制约高层次人才回国工作的瓶颈。目前国内大学开展来华教育需要能够用英语授课的师资，应该大量吸引已经在外从事教学的留学人才。

（五）关于汉语国际推广工作

一是教师、教材和教学法问题仍是制约瓶颈。长期以来，对外汉语教师的培养模式和教学内容主要是针对来华留学生教育的，对“走出去”在非母语环境中推广汉语缺乏经验，合格师资短缺，教材和教学资源不适应外国人的思维、生活和习惯，缺乏外国人易于接受的介绍中华文化的书籍和资料。“汉语难学、难教”的问题还没有得到根本性解决。近年来，我们在这方面虽然下了很大力气来抓，但要明显见效还需要长期不懈的努力。二是“汉语热”正在升温，但世界各国汉语推广基础薄弱。以美国为例，全美中小学生中学习西班牙语、法语、德语、拉丁语等外语的比例占99%，学习汉语的学生仅为0.5%。联合国将汉语列为工作语言，但是在各种国际会议上，真正把汉语作为通用语言的几乎没有，汉语在外交、贸易、科技、教育等国际交流领域的使用范围十分有限，这与目前我国作为世界第四大经济体的形象极不相称。形势发展还要求更加注重发展模式，应从目前基本上以官方形式为主，向更多地发展民间形式、基金形式等的方向转变。

三、机遇和挑战

（一）当今世界经济全球化，促使各种资源要素在世界范围内越来越频繁地流动，全球教育资源和人力资源的国际竞争日益加剧。优化配置教育资源和人力资源，成为一个国家提升国际竞争力和可持续发展能力的决定性因素。因此，世界发达国家致力于通过教育资源输出和人才争夺等方式，开拓经济增长的新资源，在国际教育服务大环境下谋求经济发展的新优势。

中国30年的改革开放成效显著，综合实力和国际地位显著提升，人民的经济能力和生活质量不断改善，越来越多的人选择出国留学作为提高学历和增强就业发展能力的途径。同时，我国实施全面建设小康社会的总体目标和建设创新型国家的国家发展战略，对海外优秀留学人才的需求越发热切，特别是影响国家现代化建设全局的高新技术学科建设，如信息技术、生物技术、新材料技术、先进制造技术、航空航天技术以及金融、法律、国际贸易和管理等领域的建设和发展，十分需要广大留学人员发挥聪明才智。这些都为我国的留学工作提供了良好的发展机遇。

然而，机遇也伴随着挑战。随着经济全球化和知识经济的不断发展，国家之间和地域之间的屏障逐渐消除，人力资源的跨国和跨地区流动迅速加剧。一些发达国家不断制定新的移民政策，放宽限制，加大了对高科技人才的引进力度，优质人才资源在全球范围的流动已成为趋势。同时，境外反华敌对势力也加紧对我留学人员进行意识形态的渗透，不断拉拢分化我留学人员。因此，如何进一步完善我国留学工作体系，更加有效地培养和吸引更多的高层次留学人才，依然是一个极具挑战性的问题。

（二）中外教育交流中的非均衡现象需要扭转。每年十余万公派、自费生出国学习，聘请万余计的外籍教师、专家来华任教，中外合作办学从国外引进千余专业和项目，我国是当今全球最大的教育输入国。中外教育交流中的非均衡现象是一个需要面对的现实。这是一种历史现象，存在许多现实问题。既是中国走向现代化过程中所必然经历的过程，也是当今世界政治经济和文化秩序不平等的表现。如何去扭转这种非均衡状态，是一个沉重而又迫切的课题，需要我们下大力气去研究与实践。

（三）在世界政治多极化、经济全球化、文化多元化不断发展的趋势下，我国既要借鉴和吸收世界各国教育发展的成功经验和优秀文化，也要抵制外来腐朽没落的思想，这对教育对外开放提出了更高的要求。此外，高校已经成为西方敌对势力实施渗透的重点目标，特别是一些境外非政府组织，他们频繁地在我高校以所谓学术交流、培训为幌子开展活动，组织开展对我国社会问题的调研，宣传其理论、意识形态、价值观念，甚至开展宗教渗透，达到其“西化”、“分化”的目的，直接威胁到我国国家安全。

第三部分　当前教育外事工作的指导思想和主要任务

中央决定近期在全党开展深入学习实践科学发展观活动，驻外使领馆教育处组也在使领馆党委的统一部署下同步进行。学习实践科学发展观活动，是在深刻变化的国际环境中推动我国各项事业发展的迫切需要，是落实全面建设小康社会奋斗目标新要求的迫切需要，是以改革创新精神全面推进党的建设新的伟大工程的迫切需要。

科学发展观集中回答了在新的形势下发展为了什么和如何发展的重大问题，高度概括，言简意贼，既具有统摄全局的战略高度，又具有指导具体工作的实践意义。深入学习实践科学发展观，需要我们切实转变工作方式和工作作风，深入实践，调查研究，准确把握当前发展所面临的新形势、新问题；需要我们以科学发展观为指导，全面、系统地分析造成这些问题的深层次原因和体制性因素，找准问题的症结和解决问题的关键；需要我们进一步解放思想，勇于破除与事业发展的客观要求不相符合的思想观念、政策措施，改变发展思路，创新体制和机制，切实解决实践中影响事业发展的重大问题和人民群众最为关心的突出问题；也需要我们进一步提高思想认识，真正树立以人为本的观念，以实事求是的态度，立足国情，把握好发展的节奏和方法，实现全面协调可持续的发展。

在全党开展深入学习实践科学发展观活动，是用中国特色社会主义理论体系武装全党的重大举措，也是我们进一步用科学发展观统领教育对外开放工作，更好地为科学发展服务的内在需要和重要契机。

当前教育外事工作的指导思想是：以邓小平理论和“三个代表”重要思想为指导，深入贯彻落实科学发展观，坚持“面向现代化、面向世界、面向未来”，坚持为我国教育改革和发展服务，为我国经济建设和社会发展服务，为我国外交工作全局与和平发展服务的工作方针，为建设人力资源强国和创新型国家，为增进人类理解、建设和谐世界作出贡献。遵循这一指导思想，当前教育外事工作的主要任务有以下六个方面：

一、全面总结改革开放30年出国留学工作取得的经验成果，站在新的起点上，用科学发展观指导新时期出国留学工作，促进出国留学工作又好又快发展。

第一，继续积极发展，不断扩大规模，仍然应当成为今后来华与出国留学工作的主题。今后相当长的时期内，留学工作中发展仍是第一要务。要根据我国新阶段发展的新特点、新要求，充分认识扩大留学规模，培养大批具有全球视野和国际交往能力的高素质人才的重要性和紧迫性，积极探索、创新扩大留学规模的制度措施。要继续坚持鼓励留学的政策，积极扩大公派出国留学的数量与途径，采取措施支持和鼓励自费留学。同时，也要大力完善吸引海外来华留学生的政策措施，争取使我国尽快成为亚太地区最具吸引力的留学目的地国，并在2020年实现吸引50万海外留学生的目标。

第二，坚持以人为本，突出服务意识，应当成为今后统领留学工作，改革和完善相关体制、机制的指导思想。在留学工作中体现以人为本，就是要以留学生的切身利益和需求为本，在制定政策与措施时，要充分考虑留学生群体的特点与需要，使之真正符合留学生的需要，受到留学生的欢迎。突出服务意识就是要适应留学工作形势的变化，进一步推进政府相关职能转变，切实提高政府及学校在出国留学和来华留学各个环节的服务水平。当前，自费留学已成为家庭和学生追求优质教育资源，实现自身最好受教育机会的一种自主选择，同时也成为教育外事工作中人民群众最为关心的突出问题。因此，牢固树立以人为本的理念，通过提供信息服务、完善配套措施、改善服务机制、健全市场监管等措施，对自费留学加以引导和保障，特别是要在观念上、政策上把自费留学生视为留学生群体的重要组成部分，给予与公费留学生同样的重视和服务。

第三，择优资助扶持，切实提高质量，是促进留学工作全面协调可持续发展的核心要素。留学工作全面协调可持续发展，根本的标志和保证是人才培养的质量。从出国留学来讲，要有更多的学生进入世界一流学校、一流专业就读，取得具有世界领先水平的研究成果；对来华留学而言，则是要吸引更多高素质、高水平的留学生到我国高校接受学历教育，而且结构要更为合理、分布要更为广泛，不断提高我国高等教育的国际声誉。择优资助扶持，在出国留学方面，就是要根据出国留学人员群体的特征，适当进行分类，对符合高质量人才特征的，给与相应的资助，特别要是对自费出国留学人员中的优秀人才，要进一步加大资助的范围与力度；在来华留学方面，则要积极扶持在吸引来华留学生方面具有优秀传统优势、区域优势和比较优势的学校、学科，加大吸引海外优秀学生的支持力度，真正使海外学生在提高我国高校办学水平，创建世界一流大学的过程中发挥作用。

第四，强调统筹协调，兼顾各方需求，要成为促进留学工作发展的根本方法。出国留学和来华留学工作中政府行为与民间活动，国际规则与国内特点，国家战略与地方需求、个人利益，经济利益与教育规律，发展规模与质量效益等等，各种关系错综复杂。诸如如何改革高校的教师聘任体制，吸引优秀留学人员回国任教，改善教师队伍结构；如何扫除各种影响吸引和使用好留学人员回国建功立业的障碍；如何推进招生体制改革，在招收海外留学生方面给予高校更多自主权；如何利用市场和政府两方面的力量，加强对自费出国留学的引导与服务；如何使高校自觉增强吸引海外留学生的意愿与能力等涉及留学工作进一步发展的重大问题，都不仅涉及留学工作自身政策措施的调整，而且需要推进相关政策的改革。要处理好这些问题，保证留学工作又好又快发展，就必须自觉运用统筹兼顾的方法，把留学工作放在经济体制、社会制度和教育体制改革的整体布局中，全盘思考，重点推进，使留学工作在推进教育事业发展中发挥更大的作用。

二、继续推进来华留学事业的发展，努力使我国成为亚太地区最具吸引力的留学目的地国。坚持“扩大规模、提高层次、保证质量、规范管理”的原则，进一步扩大中国政府奖学金规模，提高来华留学教育质量，不断优化来华留学生的学习和生活环境，利用信息化手段完善来华国际学生服务体系和教育培养质量保证体系，提高教育国际服务质量。

第一，解放思想、开拓创新，科学制订中长期发展规划目标。根据近年来来华留学工作发展的趋势特点以及国际国内各方面情况的分析，初步确定到2020年争取将来华留学生的规模扩大到50万人，其中中国政府奖学金规模达到4万名；继续推广来华留学管理信息系统，争取覆盖全部接受来华留学生的高校；继续推动留学毕业生工作，争取在国外建立100个左右的留华毕业生联合会。

第二，完善规章制度，规范管理，健全突发事件应急机制。在致力于扩大来华留学生规模的同时，继续加强管理和规范工作。对现行的教育部、外交部、公安部2000年发布的《高等学校接受外国留学生的规定》（9号令）等规章制度进行修改和完善；研究制定如何进一步提高来华留学生教育质量的办法，使来华留学工作管理、培养更加规范、科学和透明。同时，将继续完善来华留学生保险制度和突发事件应急机制，确保来华留学工作稳步发展、科学发展。

第三，放眼未来，加强国际学生流动趋势相关问题的研究和预测。目前中国已经进入“后奥运时代”，加之世界范围内金融危机的影响，为国际学生的流动及来华留学工作的发展带来了更多的不确定因素。对此，我们必须积极参与国际学生流动及来华留学相关问题的研究，做好市场分析，有效预测和把握国际教育市场的需求和变化动态，及时、主动地推出应时的政策和措施，拓展来华留学的领域、途径和方式，确保来华留学事业的可持续发展。

第四，深化改革，创新工作思路，努力扩大来华留学生的规模，注重教育教学质量。进一步做好对外宣传工作，研究改进来华留学招生和宣传推介工作。完善政府奖学金工作，采取中央与地方相结合、政府奖学金由地方配套的方式扩大奖学金的规模，并发挥其龙头和引导作用。加强学生的互换和交流，推动高校加强主打和特色学科专业建设，在条件具备的情况下开设更多的英文授课专业，并将留学生教育纳入高校的教学评估范畴。做好留华毕业生工作，通过他们扩大影响力，吸引更多的生源。

三、充分认识教育外事工作在我国教育改革发展以及国家对外开放和经济社会发展中的重要地位，树立全局意识和战略意识，巩固和发展双边和多边教育合作与交流的成果，完善与外国政府和联合国教科文组织、欧盟等已经建立的教育高层磋商机制，构建区域性教育交流与合作平台，推动教育国际合作与交流的全方位、多层次、宽领域发展。

第一，完善与外国政府和国际组织等教育高层工作磋商机制，构建双边、多边教育合作与交流平台。设立高层次人才合作培养项目，着重为我高校培养高层次教学、科研和管理人才；吸收和借鉴国际先进的教育理念和管理经验，加紧我国的人力资源能力建设和开发，促进我国高等教育发展标准建设和学生学习成绩评估与监测研究，以及职业技术教育和基础教育领域对外合作项目的实施。建立合作平台要未雨绸缪，早做工作，争取主动。

第二，按照中央对俄及上海合作组织成员国的工作方针，不断完善上海合作组织教育部长磋商机制，深化和扩大中俄人文合作框架下的教育合作成果。2009年是中俄建交60周年。2009年将在中国举办“俄语年”活动，2010年将在俄罗斯举办“汉语年”活动。中俄双方将以此为契机，以举办中俄“语言年”为重点，以实施中俄“国家年”教育领域机制化项目为保障，着重落实好教育的各项工作。

第三，加强与东盟等周边国家的教育合作与交流，探索和完善教育援非工作的科学性、战略性和可持续性。巩固和推动中国—东盟教育交流周、中阿“10＋1”高教合作研讨会等交流机制的成果，为我教育机构开发东南亚等国汉语教学、来华留学以及中外合作办学的市场创造条件和合作机会，使其成为我教育机构“走出去”参与国际竞争的主导及最活跃的地区。教育援外工作力求稳中求变，加强示范性教育援外基地建设，推动为发展中国家特别是非洲国家培养人才项目建设。

第四，充分利用多边外交舞台，建设性参与国际事务和重大热点问题的解决，逐步增强我在国际规则制定的发言权和影响力。加强与联合国机构、亚太经济合作组织、经济合作与发展组织、亚洲开发银行和国际大学生体育联合会等多边区域性国际组织的教育合作与交流，积极落实已签署的各项教育合作协议。

四、加强对中外合作办学的规划和政策引导，努力引进世界各国优质教育资源，提高中外合作办学的水平和质量。积极推动我国高等学校与世界知名大学的“强强合作”和“强项合作”。

第一，积极搭建平台，发挥高校在师资、学科建设等方面的优势，与世界知名大学和科研机构开展“强强合作”和“强项合作”。推动建立高水平的、具有实质性内容的科研合作项目，设立联合研究所（中心）、联合实验室，提高我国高校的教学、科研水平和科技创新能力。推动我国高等教育“走出去”战略的实施，积极稳妥推进和落实境外办学项目。同时，要创新引进国外智力工作机制，提高师资和管理人员的国际化程度，增强我国高校的国际化办学能力。

第二，不断创新与跨国公司的合作模式。鼓励以合作科研及开发实用软件、建立联合实验室和计算机教室、培训师资及管理人员、举办教育及科研学术会议等多种形式的合作。在地域上应侧重为我国实施西部大开发战略和振兴东北老工业基地提供更多知识和技术支持。

第三，稳步推进中外合作办学，加强涉外教育质量监管。中外合作办学必须坚持引进优质教育资源的政策导向，增强我国教育机构吸收、消化、利用、创新的能力，努力提高办学水平、教学质量和人才培养能力。教育部已决定2009年上半年在部分省市开展中外合作办学评估试点工作，争取下半年在全国铺开，目的是以评促建，规范办学，提高质量。

五、落实中央领导同志重要批示，立足当前国内国际形势的发展变化，深入研究解决孔子学院的定位、质量、管理和队伍建设问题，提高孔子学院的办学质量，充分调动各方积极性，努力推动孔子学院建设和汉语国际推广工作进入新阶段，到达新水平。

第一，控制新建孔子学院数量，进一步明确办学定位。要以注重质量为前提，统筹规划，把新建孔子学院的重点放在世界高水平大学和尚未建立孔子学院的国家，工作重心由兼顾文化推介活动转向尽快以教授汉语为主要任务。

第二，组织实施“孔子学院质量工程”，重点抓好一批示范孔子学院建设。针对目前国际汉语教师数量少、质量差的状况，加快国际汉语师资队伍建设。要加强对孔子学院院长和教师的全员培训，在具备条件的孔子学院开设汉语师资班，加快建设一支政治素质高、了解不同文化、掌握外国学习者学习心理、思维习惯的教师队伍。要狠抓教材和教学资源的开发与推广，根据不同国家和地区的需求和特点，充分利用现代化信息技术，开发一批资源型、组合型的汉语学习读物和文化产品，创新汉语教学资源推广模式，拓宽海外汉语教材销售渠道。并充分利用网络和多媒体技术，最大限度地提供汉语教学资源服务，办好网络孔子学院。

第三，进一步健全体制机制，加强孔子学院总部能力建设，努力提高管理水平。以科学发展观为指导，根据国家经济和社会发展的需要，研究制定《汉语国际推广中长期发展规划》，科学论证并确定未来12年汉语国际推广工作的奋斗目标、重点任务及步骤和措施。

六、保持高度的政治警觉性，在教育对外开放中注重维护国家教育主权和利益，注意一手抓发展，一手抓防范，创造教育国际合作与交流的健康发展环境。

第一，随着我国教育对外开放的进一步发展，教育国际合作与交流空前活跃，必然使我们与敌对和分裂势力的斗争，使思想政治和意识形态领域的斗争更加复杂化。在进一步开放中，我们要保持高度的政治警觉性，一手抓发展、抓开放，一手抓规范、抓防范，做到两手都要硬。要特别注意防止西方敌对势力进行“西化”、“分化”的图谋，更加坚决、有效地开展与“台独”、“藏独”、“疆独”分子、法轮功邪教组织的斗争。要采取切实措施，防患于未然，把问题解决在萌芽状态，不断提高开放环境下的防范能力。

第二，加强宏观监管，创造教育合作与交流的健康发展环境。把握发展、改革和稳定的关系是我国改革开放以来的一条成功经验，只有及时解决发展中遇到的各种问题才能更好、更快地发展。当前，要对自费出国留学中介服务、中外合作办学、涉外教育考试、来华教育展等领域的经验和问题进行阶段性的梳理，对存在的无序竞争和混乱现象采取有力措施加以解决，切实维护教育国际合作与交流的良好环境。

最后，对今后工作提几点希望和要求。

关于加强驻外使领馆教育处组管理和队伍建设的问题，在接下来的会议日程中卫红同志将提出明确要求。这里我讲一下加强四个机制建设的问题。

一是能力建设机制。驻外使领馆教育处组要按照科学发展观的要求，以党的执政能力建设和先进性建设为主线，以坚定理想信念为重点加强驻外干部队伍思想建设，以造就高素质党员干部队伍为重点加强组织建设，不断增强教育驻外工作的政治、责任、忧患意识，增强教育驻外工作的大局、协调、服务意识，提高分析判断形势的能力、改革创新推动工作的能力、对外交往争取主动的能力、应对突发事件妥善处理问题的能力和组织协调规范管理的能力。

二是和谐发展机制。要加强科学的内部管理，不断完善现有的内部管理和队伍建设的各项制度，使之更加科学合理、明确规范，更好地适应国际国内形势的变化，更好地适应我国教育改革和发展战略重点任务的调整和新的工作的要求。

要充分发挥支部的带动作用，推进教育处组内部民主建设，开好处组会、支部会和业务交流会，在教育处组内形成善于学习、掌握政策、推动工作、团结协作的良好风气，培养一支政治素质高、业务能力强、组织纪律严、经得起风浪考验的外事干部队伍。

三是沟通协调机制。外事工作既要见物，更要见人，最根本的是做好人的工作。驻外干部要加强与驻在国政府部门、教育机构的沟通，要广交、深交朋友。既做好主流社会的工作，以增进他们对中国的了解、培养他们对中国的感情，不断壮大对华友好队伍，又要面向广大留学人员、爱国华侨广泛争取民心，关心他们的学习、工作和生活，激发他们的爱国热情。要掌握关键时刻“找得到人、说得上话、办得成事”的重要人脉。

四是量化考核机制。目前，国际合作与交流司正在会同人事司、财务司等部内有关司局和直属单位，建立驻外使领馆教育处组留管、交流工作的业务考核指标体系，围绕教育外事重点工作，将推动双边和多边合作与交流、出国留学、来华留学、汉语国际推广等项工作的指标量化，作为对驻外干部业务能力考核的重要内容。量化考核将与各使领馆的年度考核工作相互配合，从实际出发，注重考核标准的同类别比较及自身的百分比。

走出高水平特色型大学发展新路

赵沁平

国家和社会对高等教育的需求是多方面的，因此成熟的高等教育一定是多样化的，大学的类型和形态也必然是多样化的。特色型大学是重要的大学形态，我国的特色型大学为我国的经济建设、社会发展作出了重大的历史和现实贡献。我们要总结经验、分析形势，在新的历史时期开拓创新，走出我国高水平特色型大学发展的新路子。

一、特色型大学是重要的大学形态

历史上的特色型大学。考察现代大学演变的道路和轨迹，一般认为最早的大学是欧洲中世纪教会控制的以神学教育为主的大学，以现在的观点来看，这应该算是最早的以神学教育为主的特色型大学。后来，经过面向市民的世俗化变革，科学技术和自然科学教育进入大学，神学教育转变为哲学社会科学教育，现代文理综合型大学也就诞生了。有一些专家认为我国历史上出现的书院是世界上最早的大学，按照这一观点，最早的大学也应该是以人文教育为主的特色型大学。因此可以说，最早的大学就是特色型大学。

我国的特色型大学。新中国建立以来，我国大学形态的发展变化主要经历了三个重要的历史时期：一是上世纪50年代的院系调整，二是70年代的下放搬迁，三是90年代的高校合并。行业院校的出现主要集中在50年代院系调整时期，成为当前我国特色型大学的前身。院系调整所产生的一批行业高校，为我国第一个科学技术发展规划的成功实施和前几个五年计划的顺利完成培养了大批急需的实用专门人才。到90年代中期，行业院校的数量、在校生规模等已达到全国总数的1/3左右，成为我国高等教育事业的重要组成部分，在国家经济建设和社会发展过程中发挥了重要的作用。

特色型大学特色多样。大学演变到现在，拥有了多样化的形态。就办学目标而言，分为研究型和教学型；从学科分布的角度看，分为宽广型和集中型，这里称为综合型和特色型。按照这两种分类进行组合，便有多种类型的大学划分：综合研究型、特色研究型、综合教学型、特色教学型，还有现在许多大学所说的一些中间形态，如教学研究型等。更细的分类可以从办学层次（博士、硕士、本科、专科）和学科角度（人文、社科、理、工、农、医、艺、特）划分，包括这两种分类角度的不同组合。我们所说的特色型大学主要着眼于学科分布，强调学科分布相对集中，如以工为主，以农为主等。

称行业高校，强调的是学校的服务面向；称特色型大学，强调的是学校的学科分布特点，所说的是同一类大学。特色型大学是重要的大学形态，是高等教育适应社会发展需要的产物，是又好又快培养社会所需专门人才的产物，是为行业发展服务、发展行业所需共性技术的产物。

二、高水平特色型大学的特点

专才型人才培养理念。特色型大学主要培养行业发展所需的专门人才，强调应用型人才的培养。在课程设置上与通识教育相区别，更加注重专业类、应用类课程的设置，提高学生的实践能力。高水平特色型大学强调培养行业精英人才的理念和相应的大学文化，包括宽口径的专才培养机制。虽然不是通识教育，但更重视公共课、专业基础课的设置，拓宽学生视野，培养比较宽口径的人才。

学科分布相对集中。这是特色型大学的基本特点。特色型大学在长期为行业培养人才和从事行业科学技术研究的过程中，形成了与该行业有关的较为集中的学科专业体系。高水平特色型大学的优势学科在国内乃至国际上处于领先地位，这些学科有很强的行业背景，排位靠前突出，群体优势明显。

科研重点是行业共性技术。特色型大学注重应用研究和科研成果转化，为发展行业共性技术和解决关键问题提供条件和基础。高水平特色型大学是行业共性技术的研究中心和基地，能够持续解决本行业共性技术、战略高技术及前瞻性关键技术问题。同时，也是国家的行业发展战略研究基地和智囊，在制定行业发展规划、促进行业产业结构调整和产业升级过程中发挥着重要作用。

具有密切的行业领域产学研合作的历史。有与行业企业、行业主管部门广泛联系的历史，学生培养具有行业技能的实训条件和基地。高水平特色型大学在为行业服务、满足行业需求的同时还能够发展行业创新文化，是发展行业创新文化的中心。

三、高水平特色型大学的发展

建设高水平特色型大学，有关学校要充分发挥自身优势，根据自己的发展历史、行业背景等条件探索各自的发展路子，努力提高人才培养质量、科技创新能力和为社会与行业服务的水平。

1. 高水平特色型大学要注重为行业培养精英人才

在培养目标上，以培养具有国际能力的民族行业精英人才为主，培养的人才既是国际化的，更是民族的，还是行业的精英人才。随着经济全球化，与特色型大学相关的行业面临激烈的国际竞争，需要国际化的具有专业能力的人才，这种精英人才要能够带领团队走出国门，在国际上开拓、竞争、发展。国际化的人才首先要是民族的、国家的，是民族的优秀人才，要为国家服务，这是国际化精英人才立足的根本。培养这样的人才是目前我们需要研究的一个重大课题。

在培养方式上，应该考虑到几个问题：(1) 教师学生互动。这是各类大学都要做的，包括综合型大学和特色型大学，教师应该主动调动学生探求知识的积极性。(2) 课内课外结合。重视开展学生的课外活动以及学生实践技能的培养等。(3) 校内校外结合。加强与企业、行业的合作，提供条件让学生能够到生产一线进行教学实践的锻炼。(4) 国内国外结合。加强学校同国外院校和企业的合作，采取“引进来，走出去”的方式增进学生对国外的了解，培养学生跨文化的适应能力。(5) 教学科研结合。要尽可能让学生比较早地进入到科研实验室，参与老师的科研课题，通过科技活动培养学生的创新能力。(6) 科学人文结合。既重视培养学生的科学素养，也注重培养学生的人文素养，只有这样才有利于产生高素质领军人才。

真正达到以上所述要求是不容易的，需要经过多方面、长期的不懈努力和不断地改革创新。

2. 高水平特色型大学要强调行业共性技术研究

高水平特色型大学要根据国家的战略需要，瞄准行业科技发展的前沿，成为行业基础研究、共性技术研究开发的中心和大型中试基地。要围绕行业科技的需求，将基础研究与共性技术研究相结合，共性技术研究与专门技术研究相结合，专门技术研究与中试工程相结合，中试工程与成果推广相结合。充分发挥学校的学科优势、综合行业技术优势和人才优势，为行业和国家的科技进步做出贡献。

3. 高水平特色型大学要成为行业创新体系的基础

企业是技术创新的主体，各行业中企业科技创新能力的提升，一靠创新人才，二靠行业科技创新体系的建立和完善。高水平特色型大学要充分发挥自身人才和学科的优势，起到先导性作用，建立起稳定、有效的行业产学研结合机制和广泛的行业企业合作网络，形成有利于提高企业技术创新能力，有利于技术创新和成果转化，适应市场经济和科技发展需要的行业技术创新体系。要积极参与行业发展战略规划及有关行业标准的制订工作，也要主动参与制订大型企业的发展战略，成为国家的行业发展战略智囊。同时，既要鼓励教师到相应的行业部门和企业兼职，又要吸引企业的管理人员和技术人员到学校讲学、兼职，不断密切学校与行业及企业间的联系。

4. 高水平特色型大学要培育和发展行业创新文化

在新的历史时期，我们强调大学要成为发展文化的中心，担负起培育和发展社会创新文化的责任，这是历史赋予大学的使命。如果说大学发展与社会发展互动是大学发展的一个规律，那么特色型大学与所属行业发展的关系则表现得更加直接和紧密。特色型大学在长期办学过程中与行业发展相结合，形成了有自身特色的办学目标、办学理念、人文精神、优势学科，这些为营造大学的个性文化奠定了良好的基础，有利于大学创新文化的建设，减少大学文化趋同的现象，符合高等教育多样化发展的要求。前面提到，高水平特色型大学具有为行业培养精英人才、站在行业科技发展前沿，参与制订行业发展战略的特点，因此，有条件、有能力培育和发展具有行业特色的创新文化，在相关行业中发挥引领创新文化的作用。

5. 高水平特色型大学要有较高的研究生比例和较低的生师比

高水平特色型大学的“高水平”一般体现在三个方面：一是培养高质量行业所需高层次人才；二是实现国家和行业的重大科技目标；三是优势学科群和整体实力具有国际竞争力。高水平特色型大学一般都是研究型大学，因此应当和国内外其他研究型大学一样，具有较高的研究生比例和较低的生师比，这样才能真正实现自己的办学目标。

6. 高水平特色型大学的学科发展之路

选择什么样的学科发展道路是高水平特色型大学发展中必须重点思考的问题。有关高校应结合自己的发展现状、相关行业发展需求、国际同类行业发展趋势，以及可能获得的发展资源等，规划自己具有个性特色的学科发展路子。由于工作关系，我在这方面也有一些思考和建议提出来供参考。

针对优势学科持续发展的四点建议。概括为立行业需求之地，顶国际领先之天，发原子裂变之能，避黑洞通吃之忧。意思是高水平特色型大学的优势学科要始终立足本行业，为行业发展提供有力的支撑；要瞄准行业科技前沿，冲击国际领先地位；要发挥自身的能量，裂变出一些新的优势学科或学科方向；要有意识地避免强势学科成为“黑洞”，把学校的人才资源、科技资源全都吸入，使学校的学科分布过于单一。

针对学科整体布局的几点建议。对高水平特色型大学来说，比较好的学科布局应该是五星红旗型或太阳系型，不要成为晴天白日型或黑洞型。一是始终保持优势学科在国内甚至国际上的领先地位，并不断达到新的高度。二是培育并产生新的优势学科。可以通过拓展已有优势学科的科研方向、促进优势学科与其他学科交叉，产生新的优势学科方向，以及引进高水平学科带头人等办法，逐步形成新的优势学科。三是根据行业和行业科学技术的发展需求建立新学科。始终把握行业发展对人才需求的变化以及科学前沿的动态，提高学科设置的前瞻性，有预见地建立新学科。四是根据人才培养需要，从有利于培养行业高层次高素质领军人才的角度考虑建立新学科。例如工科特色型大学可以适度发展一些有利于人才成长的人文素质养成的学科。

特色型大学，特别是高水平特色型大学是我国高等教育体系的重要组成部分，政府、有关行业和教育主管部门应当予以高度重视，加强分类指导，加大支持力度，积极创造有利于特色型大学发展的良好的外部环境。高水平特色型大学要抓住机遇，认真思考学校定位，制定发展战略，进一步提高为行业和国家经济建设、社会发展服务的能力，走出一条具有自己特色的高水平特色型大学的发展新路，在建设高等教育强国的进程中发挥应有的作用，作出更大的贡献。

深入学习贯彻党的十七大精神 全面推进基础教育改革与发展

陈 小 娅

我们这次基础教育工作会议，主要任务是深入学习贯彻党的十七大精神，总结过去几年的基础教育工作，分析当前基础教育新形势，重点研究基础教育内涵发展问题，进一步开阔思路，谋划和部署今后一个时期基础教育改革与发展工作。

一、过去5年以农村教育为重点，基础教育取得了历史性成就

改革开放30年来，我们走出了一条中国特色义务教育发展的路子，实现了历史性跨越，为世人所瞩目。自1986年开始，经过中央和地方各级政府、广大人民群众的不懈努力，付出了巨大艰辛，到2000年基本普及了九年义务教育和基本扫除青壮年文盲。进入新世纪后，农村教育继续得到各级政府和全社会的普遍关注和支持，成为新时期教育发展的一大亮点，特别是普惠了广大农村孩子。2003年，国务院专门召开农村教育工作会议，颁布了加强农村教育工作的决定，明确提出新增教育经费主要用于农村。2004年国家启动实施西部“两基”攻坚计划，2005年开始建立农村义务教育经费保障机制并在西部地区试行，2006年农村义务教育经费保障机制推广到全国。2007年，又对全国的农村义务教育阶段学生免除课本费，提高寄宿生补助标准。工作在第一线的同志，都能深切体会到，农村教育年年都是重点，年年都有亮点。

（一）以“两基”攻坚计划完成为标志，义务教育从基本普及提高到了全面普及

2002年全国义务教育人口覆盖率到90％时，整个西部地区“两基”人口覆盖率仅为77％，全国410个未实现“两基”的县中310个县是少数民族县，几乎都是西部贫困县，多分布在高原高寒高山及荒漠、半荒漠地区，人口虽然只有3 800多万，但占了国土面积的40.6％。为实现西部地区“两基”攻坚目标，国家实施了投入100亿元的农村寄宿制学校建设工程，改造了7 700多所寄宿制学校。实施了农村中小学现代远程教育工程，投入了110亿元，其中中央财政50亿元，覆盖了农村36万多所学校。国家还先从西部试点、继而在全国农村实施了义务教育经费保障机制，全面实行了对广大农村学生“两免一补”等一系列措施与政策。西部的同志们很不容易，付出了艰辛的努力，几年来涌现出许多非常感人的先进人物和事迹。2007年，随着西部地区“两基”攻坚计划的胜利完成，西部地区“两基”人口覆盖率达到了98％，全国普及九年义务教育地区人口覆盖率由2000年的85％提高到了99％，青壮年文盲率由5％下降到了3.58％，我国义务教育实现了由基本普及向全面普及的历史性转变。

（二）以农村义务教育经费保障机制改革为标志，义务教育全面纳入了公共财政保证范围

我国80％的学生在县城和农村地区，农村教育是重中之重。2006年《义务教育法》的修订颁布，从法律上明确了义务教育的政府责任。农村义务教育经费保障机制改革将农村义务教育全面纳入了公共财政保障范围，这是一件载入史册的根本性

的制度建设，是我国教育发展史上的一个重要里程碑。从西部农村到中部农村，由中央政府拿大头，国家已投入 1 100 多亿元用于建立农村义务教育经费保障机制。中央还启动了中西部农村中小学教师特设岗位计划，建立了校舍维修改造长效机制，完善了教师工资经费保障办法，还要通过试点免除城市义务教育阶段的学杂费，这对我国教育事业的发展和社会进步必将产生重大而深远的影响。

（三）高中教育实现了稳步发展，幼儿教育和特殊教育摆上更加重要的位置

各地因地制宜积极发展高中阶段教育，进行了很好的探索，积累了很多经验，普通高中教育呈现良好态势。一是事业稳步发展。2002 年普通高中在校生是 1 683 万人，招生为 676 万人，到了 2007 年普通高中在校生是 2 522 万人，招生是 840 万人，同时在宏观结构上实现了与中等职业教育的协调发展。二是办学条件普遍改善。几年来，普通高中教师的补充较快，生师比有所下降，现为 17.4∶1。高中教师的学历层次得到提升，本科学历已达 80%以上。高中的生均校舍面积达到 15 平方米，82%以上的理科实验室基本达标。三是课程改革稳步推进。2004 年有 4 个省区启动高中课程改革，到 2007 年共有 16 个省份进入高中课改，与之相适应的高考改革也不断深化。高中课改带来了教育观念上的革新，促进了高中人才培养模式的改革，也推动了高等师范院校教师教育模式的变革。

幼儿教育走出低谷并且有了新的回升，在深化改革中规模持续增长，普及水平进一步提高。2007 年全国幼儿园数达 12.9 万所，在园幼儿 2 348.8 万人；学前教育毛入学率达到 44.6%，比 2002 年提高了 7.8 个百分点。2007 年东部地区小学招生中接受过学前教育的比例为 94%，中部地区为 90%以上，西部地区也达到了 76%。目前，农村地区特别是西部农村地区在园幼儿数快速增长。

特殊教育事业备受关注，呈现出良好发展势头。2007 年，全国特殊教育学校已达 1 618 所，在校学生达到 41.3 万多人，比 2000 年增加 8.8 万人。以特殊教育学校为骨干、普通学校特教班和残疾儿童少年随班就读为主体的特殊教育格局已经基本形成。同时，特殊教育学校的办学条件明显改善，办学质量有所提高。2007 年教育部和有关部门联合启动了特殊教育工程，帮助中西部地区建设高标准的特殊教育学校。

过去的 5 年里，在以农村义务教育为重点的基础教育发展取得历史性成就的同时，各地在学校德育、课程改革、义务教育均衡发展、规范办学行为、加强学校安全管理等方面也都做了积极探索，取得显著成绩。这些都为基础教育在新的起点上继续科学发展奠定了坚实基础。

二、深刻领会党的十七大精神，明确今后基础教育主要任务

党的十七大报告把教育作为民生问题之首，提出“要优先发展教育，建设人力资源强国”，要“学有所教”和“现代国民教育体系更加完善，终身教育体系基本形成，全民受教育程度和创新人才培养水平明显提高”的重大战略任务。基础教育工作者责任很重，必须深入调查研究，科学决策，带着忧患意识工作，提高适应新形势、新要求的能力和水平，把握在新的历史条件下基础教育改革与发展的规律，进一步增强工作的前瞻性和预见性，谋全局、想大事、求实效。

在新的起点上推进基础教育的科学发展，必须从我们的基本国情出发，很好地把握和分析现阶段中存在的突出矛盾和问题。比如，义务教育的全面普及和城乡间、区域间以及区域内义务教育阶段学校不均衡的状况并存；义务教育经费保障机制逐步完善与高中教育、学前教育体制的不太完善同时存在；教育水平不断提升，优质教育资源不断扩大，与教育质量、优质资源仍不能满足人民群众需求、不能满足创新型国家和经济社会发展需要的情况并存；基础教育课程改革不断推进，但教学方式、教师水平、评价制度还有诸多不适应；素质教育取得重要进展，但现实社会上升学竞争却愈演愈烈；不断加强和促进办学行为规范化、制度化，同时某些潜规则和不规范行为不断出现。此外，城镇化、劳动力转移等，带来了新时期农民工子女就学、新一轮学校布局调整等问题。这些问题综合起来看，就是机遇前所未有，挑战也前所未有。美国、德国等多数西方国家普及九年义务教育都用了上百年时间，而我国 20 年就普及了九年义务教育。发达国

家教育普及漫长过程里遇到的矛盾是逐步化解和解决的，我们在较短时间内实现了教育历史性跨越，相对而言，各种矛盾和问题也就更加集中出现了，因而有些问题和矛盾比较尖锐，解决起来有相对难度。中国的国情决定着必须走中国特色的教育发展道路，决定了发展道路是曲折的。所以，需要我们不断探索，不断创新，始终坚持中国特色，利用后发优势，实现基础教育又好又快发展。

贯彻十七大精神，深入落实科学发展观，就要坚定不移地用科学发展观武装基础教育系统同志的头脑，把科学发展观作为思考基础教育问题的坐标，将科学发展观落实到基础教育改革和发展的各项工作中。

（一）要更加重视教育公平，大力推进义务教育均衡发展

十七大报告指出，“教育公平是社会公平的重要基础”，要“促进义务教育均衡发展”。促进教育的公平公正，有利于平衡和缓和社会矛盾，融洽各种社会关系，有利于构建和谐社会。在物质条件基本满足后，人民群众对社会公平、特别是教育公平的愿望更加迫切。义务教育均衡发展体现了科学发展观在教育工作领域的客观要求，是人民群众共享教育发展改革成果的根本保障，是促进教育公平最直接和最重要的途径。通过推进义务教育均衡发展，让每一个孩子都能够平等接受义务教育，应作为实现基本公共服务均等化的重点和优先领域。在义务教育实现普及之后，保障教育公平，推动义务教育均衡发展，必须保证公共财政对义务教育的投入，重点扶持农村地区、贫困地区和少数民族地区义务教育的发展。

面向未来，在更加关注公平、更加关注民生的大环境下，必须更加重视解决城乡之间、区域之间，特别是区域内校际之间差别过大的问题。从全局看，要坚持把发展农村教育作为重中之重，把缩小城乡差距和地区之间发展差距作为推进均衡发展的主要任务；从区域看，要把缩小校际差距、办好每一所学校作为工作重点。对义务教育均衡发展，我们要大力推进，同时要作深刻思考。义务教育均衡发展是相对的、动态的，是一个螺旋上升和不断发展提高的过程。义务教育学校不应削峰填谷，所有学校都要随着社会经济发展不断提高办学水平；义务教育均衡发展不能千篇一律，应让学校办出特色，呈现出百花齐放的姿态；义务教育均衡发展不能只重硬件建设，应当突出提高质量。

（二）要更加重视素质教育，大力促进基础教育内涵发展

十七大要求“全面贯彻党的教育方针，坚持育人为本、德育为先，实施素质教育，提高教育现代化水平，培养德智体美全面发展的社会主义建设者和接班人，办好人民满意的教育”。全面推进素质教育，关系党和国家教育方针的贯彻落实，关系青少年的健康成长，关系国家和民族的未来。推进素质教育工作，是我国教育事业的一个重大课题，是一项事关全局、影响深远和涉及社会各方面的系统工程。基础教育是推进素质教育的重要阶段，全面推进素质教育是新时期基础教育的核心任务。

素质教育强调学生全面发展，努力培养德智体美全面发展的社会主义建设者和接班人。新时期、新阶段，要进一步把立德树人作为中小学的根本任务，将社会主义核心价值体系融入学校教育的全过程。要深化教育教学改革，逐步形成符合素质教育要求的课程实施与管理制度、满足学业质量不断提高的评价与指导制度、激励教师专业能力不断增强的教研制度。

素质教育强调学生主动发展，努力培养学生兴趣，减轻他们的课业负担。由于受多种因素的影响，减负工作很不容易，但再难也要设法逐步推进。义务教育阶段要率先减负，积极开展启发式教学，努力优化教学过程；注重实施因材施教，尊重学生的年龄阶段特征和个体差异；不断调动学生参与，保护学生的求知欲、好奇心，让学生感受到成功的喜悦。那种靠加重学生课业负担、损害学生身体健康来谋求学生“发展”的做法不符合科学发展观的要求。

素质教育强调不断提高质量，基础教育要让年轻一代都能接受良好教育。在人人“有学上”和“上得起学”之后，“上好学”已经成为人民群众对教育的迫切期待，这是一个历史发展的必然趋势。今后大家都要集中更多精力认真研究、切实做好提高基础教育质量的工作，安下心来办学，潜下心来

育人。教育行政管理部门的同志，要走进学校，走进课堂，体察教师的需要，了解学生的关切，提供更好的保障和支持。基础教育研究部门的同志要切忌浮躁，甘于寂寞，潜心研究，掌握教育规律，熟悉课堂实际，加强对新课程实施背景下教学工作的指导，研究解决教学中的实际问题。中小学校长更要把抓好教学摆在第一位，走进课堂，加强教学管理，推动广大教师切实改进教学方式、提高课堂教学效率。教师教育机构的同志要深入学校教育的第一线，积极参与教育课程改革，加强教师培训针对性，推进教师专业化发展。

（三）要更加重视统筹兼顾，大力促进基础教育协调发展

十七大对各级各类教育的协调发展给予充分关注和全面部署，体现了全面、协调、可持续发展的科学发展观。对基础教育来说，全面，关键是全面贯彻党的教育方针，把培养德智体美全面发展的高素质人才摆到更加突出的战略位置。协调，关键是在抓好义务教育这个战略重点的同时，还要促进高中教育、学前教育和特殊教育的发展。可持续，关键是深化改革，与时俱进，建立有利于基础教育持续健康发展的体制机制。

全面协调可持续发展，仍然要注意突出工作重点。要充分认识到我国是发展中国家，处于并将长期处于社会主义初级阶段，虽然已实现了普及九年义务教育的奋斗目标，但义务教育的发展总体上仍是低水平和不均衡的。因此，要把全面普及和巩固提高九年义务教育特别是继续加强农村义务教育作为新时期教育工作的重点，进一步抓紧抓好。各地都要加强统筹规划，从各地的实际出发，确定不同的目标任务，加快推进义务教育均衡发展。区域内应该有体现当地经济社会发展水平和趋势的基本标准，对不符合标准的薄弱学校要限期改造，实现区域内的义务教育的城乡一体化发展。

十七大要求加快高中教育发展，我们要采取切实有效措施加快高中教育发展步伐，优化高中阶段教育的宏观结构，鼓励中等职业技术教育发展。普通高中要进一步深化改革，提升质量，满足人民群众对优质教育日益增长的需求。要按照教育的公益性要求，加大政府责任，增加对普通高中的投入，同时进一步规范高中的办学行为和收费行为，不能把高中教育发展简单地推向社会。要积极探索完善普通高中教育发展的运行机制和成本分担机制，通过多种模式和途径促进普通高中教育的发展。要深化普通高中的办学体制改革和办学模式创新，鼓励学校办出特色，为各类创新人才培养奠定基础。

十七大要求更加重视学前教育，我们要深入研究新形势下学前教育的管理体制，整体谋划未来幼儿教育的改革与发展。要承担起政府责任，加大对幼儿教育的财政投入，充分发挥公办幼儿园的骨干和示范作用。要调动多方积极性，同时也要加强对民办幼儿园的规范和引导。

十七大要求关心特殊教育，我们要在义务教育经费保障机制改革中，优先保障特殊教育发展的需要，把特殊教育全面纳入保障范围。中西部地区要实施好去年国家启动的特殊教育建设工程，为特殊儿童创设更好的受教育条件。

三、切实加强学校管理，推进基础教育健康发展

科学推动基础教育改革和发展，必须立足新的形势，把握发展规律、创新发展理念、转变发展方式、破解发展难题。在发展内涵上，要在继续推进基础教育规模发展的同时，坚持以提高质量为中心；在发展重点上，要在进一步完善基础教育的硬件的同时，更加重视加强软件建设特别是教学、教师和管理制度的建设；在发展机制上，要坚持多渠道筹措教育经费的同时，转变到基础教育经费主要依靠公共财政来支撑；在发展形态上，从过度单一的教育供给，转变到公办和民办共同发展，满足多样化的教育需求。在新的起点上，全国基础教育战线的同志要以党的十七大精神为指导，深入落实科学发展观，确立新的发展追求，构筑新的发展优势，其中，要特别重视抓好管理工作。

各级教育行政部门要切实提高科学管理的水平。要牢固树立依法行政、依法治教、依法办学的意识，根据国家法律法规和当地经济社会状况，科学界定基础教育公共服务的边界，明确当地公共服务的内容和标准并向社会公示，使管理工作规范有序。凡是属于国家规定的教育教学活动，都要纳入公共财政体系予以保障，并以此作为制定各地生均

拨款的依据。要进一步端正办学指导思想，坚持基础教育的公益性原则，纠正学校管理中各方责权不明、程序不清、有章不循现象以及各种违反教育规律的做法，切实改变学校管理中存在的缺位、错位或越位现象，努力提高教育公共服务的质量和水平。

要切实规范中小学办学行为。随着国家对义务教育的投入不断加大，义务教育经费保障机制建立以及“管理以县为主、财政分级负担”机制逐步确立，为新时期义务教育健康发展奠定了坚实基础。各省级教育行政部门有必要结合当地实际情况，制定和完善、规范义务教育办学行为的规定，明确政策界限，把握政策尺度，指导和督促市、县、区教育部门依法规范义务教育办学行为。县级教育部门负有规范本行政区域内所有义务教育阶段学校办学行为的直接管理责任，应严格执行有关法律法规和政策，及时纠正各种违法办学行为。要纠正随意加课、减课、停课行为，制止利用双休日和节假日给学生集体补课或上新课的做法，切实加强教学秩序管理，维护正常的教学秩序。要加强招生管理，建立健全电子学籍管理制度，全面掌握学生的基本信息和流动情况，完善义务教育阶段学生免试就近入学的办法。要依法加强义务教育阶段学校的班级设置管理，合理配置教育资源，不以任何名义分设重点校和重点班，对所有学生一视同仁。要进一步规范教育收费，治理一些地方和学校存在的乱收费行为。

学校安全责任重于泰山。各地要牢固树立“安全第一”思想，坚持科学预防、积极预防的方针，关注细节，防患于未然，切实加强安全管理，尽最大努力为广大中小学生创设安全、文明、卫生、和谐的成长环境。

希望各地根据这次会议的精神，结合实际，创造性地开展工作。东部和发达地区教育行政部门要积极探索，总结经验，努力在城乡统筹、内涵发展、教育评价、教育结构上以及教育体制等方面早日实现现代化。中部地区要针对教育需求较高但教育支撑能力相对较弱、又是农业大省的实际，加大分类指导，在新形势下探索出更科学的发展道路。西部的重点仍然是农村教育，要努力把农村学校都办成合格学校，保证基本教育质量，让孩子们完成国家要求的基本学习任务。

同志们，今年是全面贯彻十七大精神的第一年，也是新一届政府成立、纪念改革开放30周年和北京举办奥运会的重要年份。让我们紧密团结在以胡锦涛同志为总书记的党中央周围，高举中国特色社会主义伟大旗帜，以邓小平理论和“三个代表”重要思想为指导，深入贯彻落实科学发展观，为科学推进基础教育改革与发展，把我国建设成为人力资源强国而努力奋斗！

落实“育人为本、德育为先”要有新突破

李卫红

党的十七大对大学生思想政治教育提出了新的明确要求。报告指出，要“切实把社会主义核心价值体系融入国民教育和精神文明建设全过程，转化为人民的自觉追求”；要“加强和改进思想政治工作，注重人文关怀和心理疏导，用正确方式处理人际关系”；要“全面贯彻党的教育方针，坚持育人为本、德育为先，实施素质教育，提高教育现代化水平，培养德智体美全面发展的社会主义建设者和接班人，办好人民满意的教育”。这些论述既对加强大学生思想政治教育进一步提出了要求，也进一步明确了思想政治教育在教育工作中的重要地位，为我们开展大学生思想政治教育工作进一步指明了方向。

培养什么人、如何培养人，是我国社会主义教育事业发展中必须解决好的根本问题。以胡锦涛同志为总书记的党中央高度重视大学生思想政治教育。2004年8月，中共中央、国务院下发《关于进一步加强和改进大学生思想政治教育的意见》（即中央16号文件），对大学生思想政治教育作出全面部署；2005年1月，中央召开加强和改进大学生思想政治教育工作会议，对切实加强和改进新形势下大学生思想政治教育工作提出要求；2006年8月29日，胡锦涛同志在中共中央政治局第三十四次集体学习的讲话中强调，要坚持育人为本、德育为先，把立德树人作为教育的根本任务；2007年8月31日，胡锦涛总书记在全国优秀教师代表座谈会上的讲话中再次强调，“要坚持育人为本、德育为先，把立德树人作为教育的根本任务，加强爱国主义教育，深入开展理想信念教育，加强和改进学生思想政治工作，把社会主义核心价值体系融入国民教育体系，引导学生树立正确的世界观、人生观、价值观、荣辱观，努力培养德智体美全面发展的社会主义建设者和接班人”；这次，又将“坚持育人为本、德育为先”写入十七大报告。回顾这一历程，我们能够深切感受到党中央对大学生思想政治教育工作的高度重视，也能感受到“学校教育、育人为本，德智体美、德育为先”这一原则在教育工作中的重要地位。

党的十六大以来，特别是中央16号文件颁发以来，各地各高校认真贯彻党的教育方针，以邓小平理论和“三个代表”重要思想为指导，深入贯彻落实科学发展观，坚持把立德树人作为根本任务，积极制定政策，创新工作途径和方法，大学生思想政治教育工作在改进中加强，在创新中发展，育人为本、德育为先的思想观念初步确立，整体工作全面推进，重点工作取得突破性进展。加强和改进大学生思想政治教育工作取得了新进展新成效，主要表现在：

学科和教材建设全面推进，思想政治理论课主渠道作用日益凸显。高校思想政治理论课教育教学呈现出新气象，完善了课程体系，确定了新课程方案，加强了教材建设。经中央审定的《思想道德修养与法律基础》、《毛泽东思想、邓小平理论和“三个代表”重要思想概论》、《中国近现代史纲要》、《马克思主义基本原理概论》等四本思想政治理论课教材已经出版发行，540万2006级大学生全部使用新教材，有力地推进了马克思主义中国化最新成果进教材、进课堂、进头脑工作。高校哲学社会

科学学科和教材建设有了新发展。设立了马克思主义理论一级学科及其所属二级学科，高校的马克思主义理论研究和教学力量得到加强。全面开展了马克思主义理论研究和建设工程高校哲学社会科学重点教材建设工作，通过制订国家重点教材建设规划，实施教育教学改革计划和工程，编写出版了高水平的哲学社会科学教材，基本形成了适应各科类层次人才培养需要的哲学社会科学教材体系。

队伍建设迈出新的步伐，为大学生思想政治教育提供了较好的组织保障。大力加强高校辅导员队伍建设，从思想认识、体制机制、明确政策、培养人才等方面制定措施，开展工作，调动广大辅导员的积极性，提高辅导员工作的水平，辅导员队伍建设取得了新的突破。2006 年召开了全国高校辅导员队伍建设工作会议，对辅导员队伍建设做出全面部署。制定了《普通高等学校辅导员队伍建设规定》和《2006—2010 年普通高等学校辅导员培训计划》，进一步明确了辅导员队伍建设的相关政策。建立了教育部高校辅导员培训和研修工作基地，加大了辅导员培养培训力度。同时，注重发掘、培育、表彰和宣传辅导员中的优秀典型，强化工作导向，营造了辅导员队伍建设的良好氛围。目前全国专职辅导员总数达到了 7 万多人，学历构成水平明显提升，辅导员队伍不断壮大。同时，加大了思想政治理论课教师和哲学社会科学教学科研骨干教师培训力度。中宣部、教育部联合举办高校思想政治理论课骨干教师研修培训，目前已培训全国骨干 600 名。各地教育部门也对全国近 5 万名思想政治理论课教师进行了全员培训。中宣部、教育部等五部委联合举办了 18 期全国高校哲学社会科学骨干研修班，培训骨干教师近 1 900 人，各省（自治区、直辖市）举办了 200 余期研修班，培训教师近两万人，此培训已纳入中央“十一五”干部培训计划，成为队伍建设的品牌项目。

方法和途径不断创新，大学生思想政治教育的针对性、实效性进一步增强。一是校园文化建设蓬勃开展。以培育和凝练大学生精神为重点，以开展主题教育活动为主线，系统推进高校校园文化建设，努力建设体现社会主义特点、时代特征和学校特色的校园文化，为大学生健康成长营造了良好环境。发掘、培养和宣传优秀大学生典型，组织全国大学生先进事迹报告团，用大学生身边的榜样教育感染大学生。近年来，优秀大学生不断涌现，在社会上产生了良好反响。二是心理健康教育进一步加强，促进了大学生心理素质的提高。各地各高校积极建立和完善工作机制、工作体系和相关配套措施，改进心理健康教育内容与形式，开展丰富多彩的大学生心理健康教育活动，加强心理健康教育工作队伍建设，大学生心理健康工作取得了长足进步。目前，全国大多数高校配备了至少一名专职心理健康教育教师，其中教育部直属高校全部配备了专职心理健康教育教师。三是社会实践深入开展，为大学生了解国情、增长才干、奉献社会提供了有效途径。各地各高校加强社会实践活动规范化建设，逐步完善了社会实践与专业学习相结合、与服务社会相结合、与勤工助学相结合、与择业就业相结合、与创新创业相结合的管理体制。目前，各高校普遍将社会实践活动纳入教育教学总体规划，成为加强大学生思想政治教育的重要环节。四是开展网络思想政治教育，拓展大学生思想政治教育的渠道和空间。通过加强校园网站建设，为大学生提供了更多更好的网络文化产品和服务。组织开展全国高校百佳网站网络评选活动，加强了对高校校园网建设的引导。推动各高校发挥校园网络在校务公开、信息发布、政策解读和学生教育、管理、服务方面的作用，使校园网日益成为学生学习、生活的“网上家园”。

在看到进展和成效的同时，我们也要清醒地认识到，大学生思想政治教育是一个系统工程，需要长期努力、坚持不懈。目前，我们的工作离中央的要求、人民的期待还有不少差距，也面临不少困难和问题。从大的方面讲，大学生思想政治教育工作内在运行机制还不够完善，全员、全方位、全过程育人局面的形成还需再下工夫；大学生思想政治教育工作外部环境氛围仍需优化，全社会育人合力的形成还需再下工夫；大学生思想政治教育工作在科学的考核评价机制方面有待加强，有关文件精神贯彻落实还需再下工夫。具体来讲，课堂教学主导作用的发挥尚不够充分，还需要结合十七大精神的贯彻落实进一步加强。辅导员队伍建设的长效机制尚未完全形成，还需要进一步把相关政策措施落到实处。大学生思想政治教育的途径还需要进一步丰富和拓展，对一些热点难点问题的研究、破解还需要进一步加强。当前，我们首要的任务就是要把十七大精神真正落到实处。对于高校思想政治教育工作战线来讲，就是要坚持育人为本、德育为先，紧紧抓住立德树人这一根本任务，进一步加强和改进大学生思想政治教育工作，深入推动中央16号文件的贯彻落实，把社会主义核心价值体系融入教育全过程，加强中国特色社会主义道路和中国特色社会主义理论体系教育，引导大学生树立正确的世界观、人生观、价值观和荣辱观，努力培养德智体美全面发展的社会主义建设者和接班人。当前和今后一段时间，要着重在以下几个方面取得新的突破。

一是要充分发挥课堂教学在大学生思想政治教育中的主导作用，切实抓好党的十七大精神进教材、进课堂、进学生头脑的工作。要在高质量全面实施高校思想政治理论课新课程方案上下功夫，组织专家学者对思想政治理论课教材进行修订，充分体现党的十七大报告确立的重大理论观点、重大战略思想、重大工作部署。加大学科建设力度，加强师资培养培训，大力推进教学方法改革，努力实现胡锦涛总书记提出的力争在几年内使思想政治理论课教学状况有明显改善的目标，把思想政治理论课建成为大学生真心喜爱、终身受益的优秀课程。

二是要继续加大高校辅导员队伍建设力度，着力建设一支专业化、高水平的辅导员队伍。要继续推动全国高校辅导员队伍建设工作会议精神和《普通高等学校辅导员队伍建设规定》的贯彻落实，采取有力措施，抓好高校辅导员队伍建设。要加强教育部高校辅导员培训和研修基地的建设，依托辅导员基地开展多层次的辅导员培养培训，做好辅导员在职攻读思想政治教育专业硕士、博士学位工作。要积极搭建辅导员交流平台，进一步促进广大辅导员之间的沟通，交流好的做法和经验，不断提高辅导员队伍的整体工作水平。要加大对优秀辅导员的表彰宣传力度，发掘、培育辅导员中的优秀典型，加大宣传力度，强化工作导向，营造辅导员队伍建设的良好氛围。

三是要积极拓展有效途径，加强大学生的日常思想政治教育。要充分发挥先进典型的教育引导作用，大力发掘、培育、宣传优秀大学生典型，为大学生树立可亲、可敬、可学的身边榜样，充分发挥典型的示范带动作用。要发挥校园文化在陶冶情操、全面提高大学生综合素质方面的作用，深入开展校风、教风和学风建设，大力加强人文素质和科学精神教育，精心组织校园文化活动。要把解决思想问题与解决实际问题相结合，针对大学生在学习、生活当中存在的实际困难，进一步加强大学生心理健康教育和咨询工作，进一步做好资助家庭经济困难大学生、毕业生就业服务与指导等解决大学生实际问题的工作，不断提高思想政治教育的针对性、实效性。进一步加强网络思想政治教育新阵地建设，加强网络文化产品创作生产，为大学生提供丰富的校园网络精神文化产品。

四是要加强工作总结和研究，推动大学生思想政治教育不断开创新的局面。中央16号文件下发3年多来，出台了一系列配套文件，召开了贯彻落实的专门会议，组织了专项督查，可以说推进工作开展的常规做法都已经到位了，大学生思想政治教育已经进入了新的发展阶段。党的十七大对大学生思想政治教育提出了更高的要求，大学生思想政治教育工作自身也存在着一些亟待解决的突出问题。这就要求我们要进一步加强工作总结，把实践中形成的好做法、好经验及时总结出来，推广开去，并进而提升为规律，指导全局工作。这也要求我们要针对目前工作中存在的瓶颈问题，组织专门力量，加强工作研究，开展攻关试验，将矛盾逐一破解，将困难逐一克服，从深层次上解决问题，全面推进工作。

大学生思想政治教育是一项事关全局的战略任务，也是一项光荣而艰巨的事业。我们要以党的十七大精神为指导，以高度的政治责任感和历史使命感，再接再厉，扎实工作，开拓创新，坚定不移地贯彻落实好“育人为本、德育为先”的办学理念，不断推动大学生思想政治教育工作取得新的更大的成绩！

贯彻中央9号文件，加强高校党风廉政建设

田淑兰

同志们：

从2005年起，教育部每年都举办一次直属高校纪委书记研讨班，围绕高校反腐倡廉工作，进行专题交流和研讨。总的看，效果很好。直属高校纪委书记研讨班已经成为教育纪检监察战线干部培训工作的一个品牌，是加强高校纪检监察干部队伍建设，提高高校纪检监察工作专业化水平的一项重要举措。这次研讨班的主题是：深入贯彻党的十七大和十七届中央纪委第二次全会精神，学习贯彻落实中央9号文件——《建立健全惩治和预防腐败体系2008—2012年工作规划》，结合高校实际，进一步加强高校反腐倡廉建设。本次研讨班得到了山东省纪委、省教育厅的大力支持，山东省在大量调研的基础上，加强高校反腐倡廉建设方面先行一步，为我们提供了很好的经验。中国海洋大学为这次培训班做了大量的组织接待工作，在此我代表教育部、中央驻部纪检组向山东省纪委、省教育厅、中国海洋大学表示衷心的感谢！

借此机会，就近期的有关工作讲三点意见。

一、深入学习中央9号文件，全面准确把握文件精神

2008年5月13日，中央以9号文件正式印发了《建立健全惩治和预防腐败体系2008—2012年工作规划》（以下简称《工作规划》）。5月23日，中央召开了贯彻落实《工作规划》电视电话会议，贺国强、何勇同志出席会议并讲话，会议要求各级党委（党组）切实担负起全面领导惩治和预防腐败体系建设的政治责任，采取切实有效措施，以改革创新精神抓好《工作规划》的贯彻落实。

《工作规划》是按照2005年中央印发的《建立健全教育、制度、监督并重的惩治和预防腐败体系实施纲要》（以下简称《实施纲要》）的基本精神和总体要求，在认真总结实践经验的基础上，根据形势和任务的发展变化，进一步明确了今后5年惩治和预防腐败体系建设的指导思想、基本要求、工作目标，制定了坚决惩治和有效预防腐败的相关措施，是对《实施纲要》的继承、发展和创新，是推进惩治和预防腐败体系建设的指导性文件，也是落实党的十七大提出的重大理论观点、重大战略思想、重大工作部署的具体体现和重要保证。概括起来就是今后一个时期，党风廉政建设和反腐败斗争坚持什么，抓什么，怎么抓的问题。我们要认真学习文件，全面准确把握精神实质。

（一）《工作规划》是党中央的工作部署

2005年1月，中央以3号文件印发了《实施纲要》。今年5月，中央又以9号文件印发了《工作规划》。在三年多的时间内，中央就惩治和预防腐败体系建设专门下发两个文件，这在党的历史上还是第一次。对制定和实施《工作规划》，中央党建工作领导小组、中央政治局常委会、中央政治局都专门进行过专题研究，胡锦涛总书记多次作出重要指示，提出明确要求。当前，全党全军全国人民正在进行一场抗震救灾的伟大斗争，抗震救灾是当前的首要任务。在这种情况下，经中央同意，5月23日召开了全国电视电话会议和专门工作会议，请各省省委书记、省长和国务院各部门主要负责同志参加，由何勇同志主持会议，贺国强同志代表党中央对贯彻落实《工作规划》进行动员部署。会

上，三位省委书记、三位部长进行发言，重点是如何贯彻中央9号文件。这些都体现了党中央对党风廉政建设和反腐败斗争的高度重视。

（二）《工作规划》明确了反腐倡廉建设的责任主体

《工作规划》明确提出各级党委（党组）是反腐倡廉建设的责任主体，负有全面领导惩治和预防腐败体系建设的政治责任。要以高度的政治责任感和使命感，把贯彻《工作规划》列入党政重要议事日程，同业务工作一起部署、一起落实、一起检查。要求严格执行党风廉政责任制，党委（组）书记负总责，领导班子其他成员根据分工抓好职责范围内的工作，实行党政齐抓共管。要把工作体现在深入思考、真正理解、狠抓落实上，特别要抓好任务分工，明确每一项任务的时间进度、工作要求和具体责任。中央要求要把贯彻落实《工作规划》情况列入对领导班子和领导干部的考核评价范围，严格责任考核，强化责任追究。

纪委是深入推进反腐倡廉建设的职能机关，一定要转变思想观念，创新工作思路，更加注意用全面系统的思想方法加强惩治和预防腐败体系建设。要积极主动向党委汇报请示工作，协助党委搞好任务分解，加强组织协调，出好主意，当好参谋，依靠各部门的力量，共同抓好落实，进一步巩固和发展全党抓反腐倡廉的良好局面。要加强调查研究和监督检查，为《工作规划》的贯彻落实提供制度保障。要把贯彻落实《工作规划》的情况作为纪委领导班子工作考核的重要内容。

（三）《工作规划》突出强调了改革创新精神，把反腐倡廉建设融入本部门本行业的业务工作中，增强体系建设的科学性、系统性、实效性

我国改革发展已进入关键阶段，经济、政治、文化、社会建设和党的建设中面临不少新情况和新问题。《工作规划》着眼于这些问题的解决，坚持把反腐倡廉建设融入经济建设、政治建设、文化建设、社会建设和党的建设各个方面，提出了一系列改革创新和制度建设的任务。何勇同志要求，党委和政府职能部门要充分发挥作用，把《工作规划》提出的任务贯穿于制定经济、文化、社会发展政策的全过程，融入本部门本行业的实际工作中，与各项改革紧密结合，积极查找容易诱发不廉洁行为和腐败现象的部位和环节，有针对性地研究提出预防和治理的措施。要针对案件中暴露出苗头性和薄弱环节，及时制定制度规定，堵塞漏洞；要通过深化改革，创新制度，进一步加大预防力度，不断消除腐败滋生的土壤，努力把腐败现象减少到最低限度。

要坚持整体推进，突出重点。《工作规划》在总结以往实践经验的基础上，提出要把改革的推动力、教育的说服力、制度的约束力、监督的制衡力、惩治的威慑力结合起来，增强惩治和预防腐败体系建设的综合效能。同时要坚持突出重点，抓住关键，以重点工作的成效带动全局工作的发展，以关键环节的突破带动整体建设的推进。要坚持以领导干部为重点，以规范和制约权力为核心，以容易滋生腐败现象的重点领域和关键环节为突破口，认真解决群众最关心的、涉及群众切身利益的问题。

（四）注意研究新情况，解决新问题

《工作规划》准确把握当前反腐倡廉建设面临的形势和任务，紧紧抓住党风廉政建设中存在的突出矛盾和问题，从治标和治本两个方面提出了具体的解决措施和办法，更加具有针对性和可操作性。提出要突出抓好党的政治纪律，着力解决重点领域和关键环节存在的腐败问题，认真解决人民群众最关心、最直接、最现实的利益问题，明确提出要深化教育收费的专项治理。要积极探索新形势下开展工作的特点和规律，针对这些领域和环节存在的苗头性倾向性问题，认真分析原因，努力从源头上进行预防和治理。

（五）《工作规划》进一步明确了反腐倡廉建设的六个方面

《工作规划》把增强惩治和预防体系建设的科学性、系统性、前瞻性作为一项基本要求，提出整体推进教育、制度、监督、改革、纠风、惩治六个方面，惩治和预防腐败体系的构成进一步扩展，内涵进一步丰富，推进工作的思路更加明确，视野更加开阔。

二、联系教育系统实际，认真抓好贯彻落实

《工作规划》对过去工作评价及对今后工作部署完全符合教育系统实际，为我们今后工作深入指

明了方向。我们要增强落实的自觉性和责任感，在普遍学习贯彻的同时，特别关注文件中涉及教育系统的要求。

1. 在“加强领导干部党风廉政教育”中，提出要切实改进高等学校领导人员作风，提高民主决策和校务公开制度化、规范化水平。

2. 在“加强廉政文化建设”中，提出要按照《关于在大中小学全面开展廉洁教育的意见》，在学校德育教育中深入开展廉洁教育，丰富青少年思想道德实践活动。

3. 在“加强对领导机关、领导干部特别是各级领导班子主要负责人的监督”部分中，提出加强对高等学校的巡视，各省（自治区、直辖市）要逐步开展对所属高等学校的巡视。中央和国家机关可结合实际开展对直属单位的巡视。

4. 在“推进行政管理和社会体制改革”部分中，提出要深化社会体制改革，扩大公共服务，完善社会管理。推进教育、卫生事业改革和发展，加强住房改革和建设，健全社会保障体系，努力使全体人民学有所教、劳有所得、病有所医、老有所养、住有所居。

5. 在“加大纠风工作力度”部分中，提出深化农村义务教育经费保障机制改革，确保各项政策的落实。

根据中央纪委对《工作规划》分工方案的意见，教育部将牵头主办的工作有两项，一是切实改进高等学校领导人员作风，提高民主决策和校务公开制度化、规范化水平；二是深化农村义务教育经费保障机制改革。教育部将协办的工作有四项，一是廉政文化建设，二是加强对高校的巡视；三是深化社会体制改革，四是规范涉及农民负担的行政事业性收费管理，治理涉农乱收费。

在年初召开的中央纪委二次全会上，胡锦涛总书记在讲话中指出，当前腐败现象在一些部门和领域易发多发的状况仍未改变，出现一些案件多发的新领域，高校、医院等单位案件呈多发态势。贺国强在报告中第一次明确提出“加强高等院校反腐倡廉建设，健全领导班子科学民主决策机制，加强对财务、基建、采购、科研经费、校办企业的管理和监督，提高校务公开制度化和规范化水平。”按照中央纪委二次全会精神，组局把加强高校反腐倡廉建设作为今年重点工作之一。从三月份开始，组局在教育部直属高校和省部共建高校中组织开展了加强高校反腐倡廉建设专题调研活动，紧密结合高校改革发展和反腐倡廉建设实际，对 8 个重点课题和 18 个一般课题进行调研，共有 91 所高校分 8 个片组参加了研讨活动。各高校高度重视，各片组牵头高校认真负责，积极组织，都及时完成了研究报告。今天上午，还要进行大会交流。会前还收到各地各高校提交的一般课题研究成果 40 篇，已经刻成光盘发给了大家。组局在今年四、五月份分别在北京、厦门和大连召开了加强高校反腐倡廉建设座谈会，广泛听取了部分省市和高校的意见和建议。

在广泛调研的基础上，根据十七届中央纪委二次全会和中央 9 号文件要求，针对当前高校反腐倡廉建设中存在的突出问题，组局组织力量牵头研究起草了《关于进一步加强高等学校反腐倡廉建设的意见》（征求意见稿）已发给大家，这次会上专门安排时间听取大家意见，希望同志们集思广益，共同把这个文件修改好。

关于文件定位，一要有普适性，立足于指导全国各类高校；二要有针对性，重点解决当前急需解决而又有条件解决的问题，立足当前，兼顾长远。要具有可操作性，尽量细化、量化，可衡量、可检查。

这次研讨班对文件征求意见稿进行讨论修改后，还要广泛征求高校党委、行政以及有关业务职能部门的意见，还要和中央纪委、监察部共同讨论，力争将其制定成为具有一定时代意义的文件。

为贯彻落实好《工作规划》，6 月 6 日，部党组专题听取了纪检组汇报，已有初步安排并在具体实施中。主要的内容，一是加强学习宣传完整准确把握中央 9 号文件精神，结合教育系统实际抓好落实。二是在对前三年工作认真总结的基础上，做出今后五年的规划的实施办法。起草两个文件，即教育部党组贯彻落实《工作规划》的实施办法和《关于进一步加强高校反腐倡廉建设的意见》。三是今年是落实规划的统筹之年，要筹备好两个会议，即教育部直属机关党风廉政建设大会和高校反腐倡廉建设大会。

三、认真做好当前各项工作

（一）加强对抗震救灾资金物资的监管

四川汶川强烈地震灾害，使教育系统蒙受了巨大损失。灾害发生后，党中央、国务院高度重视灾区教育的恢复重建工作，中央财政和地方政府已向灾区教育系统拨付了大额救灾资金，各地民众也纷纷为尽快恢复灾区教育捐款捐物。如何管好用好抗震救灾资金物资，党中央、国务院高度重视，社会十分关注。教育部高度重视救灾专项资金物资使用的监督管理，成立了由部党组副书记、副部长袁贵仁为组长的抗震救灾资金物资监督检查领导小组，先后下发了两个关于加强对教育系统抗震救灾资金物资监管的文件，要求教育系统坚决贯彻党中央、国务院的部署，按照中央纪委、监察部等五部委《关于加强对抗震救灾资金物资监管的通知》要求，以对国家、对人民高度负责的精神，切实加强教育救灾专项资金和物资的监管，高度重视灾后重建全过程的监督，确保廉洁救灾，确保救灾款物安全有效地全部用于灾区的教育。

教育纪检监察部门和干部要把抗震救灾工作作为目前最重要最紧迫的任务。要增强大局意识，牢固树立一切工作服从于抗震救灾工作的观念，密切关注、全力支持、积极参与。充分发挥职能作用，加强对教育救灾款物管理使用的监督检查力度，对发现的违法违纪行为，依有关规定，从严从快从重处理。

灾区教育纪检监察部门和干部要按照当地统一部署，充分发挥先锋模范作用，积极投身抗震救灾第一线。不在抗震救灾第一线的同志在关注抗震救灾工作的同时，更重要的是切实做好本职工作，把对灾区人民的深厚感情和抗震救灾的满腔热情投入到实际工作中去，以更加突出的工作成绩支援抗震救灾，支援灾区人民。

（二）做好高校招生工作

今年考生数量多，任务重，要继续实行阳光招生，对特殊类型招生严格把关，既要狠抓关键环节，也要抓薄弱环节，确保招生工作公平、公正。

（三）当前稳定工作任务十分艰巨

今年是全国人民期盼已久的奥运之年，一些不法分子伺机破坏，虽屡屡被揭穿，但仍不死心。国外敌对势力也处心积虑，千方百计在高校做文章。我们一定要协助有关部门做好稳定工作，确保实现平安奥运。

（四）各校从实际出发，认真总结前几年工作

关键是找出容易出问题的薄弱环节，用改革的思路，以体制机制制度创新总揽学校的反腐倡廉建设，深入调研，了解实情，吃透上情，把握下情，做好结合这篇大文章，真抓实干，注重实效，尤其要在完善监督体制机制，建立健全决策权、执行权、监督权相互制约，又相互协调的权力结构和运行机制，最大限度地减少权力寻租的机会，最大限度地爱护、保护广大教育工作者。

同志们，现在离年底只有半年的时间了，高校反腐倡廉建设的各项任务仍然很重，大家一定要振奋精神，进一步增强工作的责任感、紧迫感，结合各地各高校实际，抓好《工作规划》的学习宣传和贯彻落实，高质量地完成年初全国教育纪检监察工作会议部署的各项任务。

综 述

胡锦涛考察北京大学

2008年5月3日，在北京大学建校110周年之际，中共中央总书记、国家主席胡锦涛冒雨来到北京大学考察，代表党中央、国务院向全体师生员工和海内外校友表示热烈的祝贺和诚挚的问候。

上午9时许，胡锦涛一行抵达北京大学，首先前往校史馆参观。在京师大学堂校匾的实物前，在五四运动的大幅图片前，在介绍学校最新科研成果的展板前，在王选汉字激光照排系统的设计手稿前，胡锦涛一次次停下脚步仔细观看并不时询问学校建设和发展情况，对北京大学的办学成绩给予了充分肯定。总书记感慨地说，一个多世纪来，北京大学始终与民族共命运，与时代同进步，走过了不平凡的历程。我们高兴地看到，爱国、进步、民主、科学的光荣传统在北京大学生生不息，勤奋、严谨、求实、创新的优良学风在北京大学代代相传。

随后胡锦涛来到图书馆，许多学生正利用节日假期前来检索资料、阅读书籍，看到大家专心致志学习的情景，总书记十分欣慰。他微笑着与学生们握手，并同大家亲切交谈起来，胡锦涛语重心长地对学生们说，大学时代是人生中最美好的时期。同学们要珍惜宝贵时光，多读书，多思考，多实践。只有不断积累知识，不断深入思考，才能不断进步。总书记叮嘱大家，在学习书本知识的同时，还要积极参加社会实践，把学到的知识转化为服务社会的本领，努力把自己造就成国家和人民需要的优秀人才。

接着胡锦涛来到北大赛克勒考古与艺术博物馆，胡锦涛一边仔细观看展品，一边了解博物馆建设和考古学研究情况。胡锦涛对几位正在修复文物的老师和学生说，我们伟大祖国有着悠久的历史和灿烂的文明。文物考古工作是发掘历史、传承文明的重要工作，考古学是人文社会科学的一门重要学问。希望老师和同学们潜心钻研，刻苦治学，努力取得一流学术成果，为推动我国社会主义文化大发展大繁荣贡献智慧和力量。

在北京大学生命科学学院植物基因工程实验室和干细胞实验室考察时，胡锦涛得知他们在转基因棉花和干细胞研究等方面取得了重大突破，他对科研人员说，我国要在激烈的国际竞争中赢得主动，就必须大力增强自主创新能力。高等院校特别是像北京大学这样的著名学府，在推动自主创新方面负有义不容辞的责任。希望你们从我国现代化建设需要出发，着力攻克重大科学难题，不断突破关键核心技术，努力取得更多的创新成果，培养更多的创新人才，为增强我国科技实力和综合国力再立新功。

胡锦涛很关心外国留学生的学习生活情况。他专门来到学生宿舍看望北京大学—耶鲁大学联合本科生项目培养的学生，勉励同学们充分利用在一起学习和生活的机会，相互切磋，共同进步，努力成长为通晓多种文化、具有国际视野的新型人才。他对外国留学生们说，你们是文化交流的使者，是增进各国人民友谊的桥梁。他希望各国留学生与中国同学相互学习，加强交流，取长补短，共同提高，为促进各国人民友好、推动世界和平与发展作出积极努力。听说不少留学生报名参加北京奥运会志愿服务，胡锦涛十分高兴，并表示在各国人民的大力支持和帮助下，中国一定能够成功举办一届有特色、高水平的奥运会。

时近中午，胡锦涛又来到北京大学英杰交流中心，同师生代表进行座谈。胡锦涛专注地倾听了大家的发言后发表了重要讲话，对北京大学师生提出了殷切希望：一是要大力弘扬爱国主义精神，坚持爱国主义与社会主义的高度统一，时刻心系民族命运、心系国家发展、心系人民福祉，当前要把爱国热情转化为立足岗位、刻苦学习、发奋工作、支持奥运的实际行动，倍加珍惜我国安定团结的良好局面，自觉维护社会稳定，维护国家利益；二是要努力造就高素质人才，希望同学们在深入学习中国特色社会主义理论体系上狠下工夫，在提高综合素质上狠下工夫，在提高实践本领上狠下工夫，努力成为德智体美全面发展的社会主义建设者和接班人；三是要不断创造一流学术成果，着力强化基础研究，重视提高应用研究水平，进一步完善科研体制机制，广泛参与国际学术交流合作，努力创造更多具有重要价值和广泛影响的学术成果；四是要积极培育优良校风，教师要认认真真教书、扎扎实实治学，学生要尊敬师长、关心同学、热爱学校、热心公益，为形成蓬勃向上、文明和谐的校园文化氛围共同努力。胡锦涛强调，面对新形势新任务，北京大学一定要肩负起崇高使命和历史责任，始终高举中国特色社会主义伟大旗帜，坚持正确办学方向，紧密联系改革开放和社会主义现代化建设的伟大实践，以更加广阔的视野、更加开放的姿态、更加执著的努力，加快推进创建世界一流大学步伐，谱写北京大学发展的崭新篇章。

中共中央政治局委员、北京市委书记刘淇，中共中央政治局委员、国务委员刘延东，中共中央书记处书记、中央办公厅主任令计划，教育部部长周济，北京大学党委书记闵维方、校长许智宏等陪同考察。

胡锦涛在河南看望特殊教育学校和农村学校师生

2008年9月，在第24个教师节来临之际，正在河南考察工作的中共中央总书记、国家主席胡锦涛，在河南省委书记徐光春和代省长郭庚茂等陪同下，专程来到一所特殊教育学校和一所农村中学看望师生。胡锦涛代表党中央，向全国广大教师致以节日的问候和崇高的敬意。

9月10日，胡锦涛来到郑州市盲聋哑学校看望师生，这是一所有着330多名在校生、110多名教职工的面向盲聋哑青少年和儿童的特殊教育学校。

总书记首先走进特教老师办公室，同老师们一一握手，询问大家的工作情况。胡锦涛深情地对老师们说，今天是教师节，我们特地来看望特教战线的老师们，长期以来，你们以自己的真挚爱心勤勉工作，付出了常人难以想象的辛劳，为残疾孩子带来了光明、带来了希望，我向老师们表示节日的问候和崇高的敬意。特教事业是一项神圣的事业，从事特教工作的老师应该受到全社会尊敬。希望各位老师进一步增强光荣感和责任感，在这个特殊岗位上作出更大成绩，让残疾孩子得到更多的关爱、受到更好的教育，让他们和其他孩子一样，在祖国大家庭里健康快乐成长。

随后，总书记走进教室看望正在上课的学生。在手工编织室，总书记仔细观看学生们制作的各种手工艺品，并和几个聋人孩子一起编织中国结。在烙画工艺制作室，学生们正在做烙画，总书记高兴地拿起烙笔和聋人孩子一同作画，并在画上烙下“教师节快乐”几个字，作为礼物送给老师们。总书记对孩子们说，北京正在举办举世瞩目的残奥会，残奥会倡导的“超越、融合、共享”理念，就是鼓励残疾人自强不息，积极面对人生，全面融入社会，相信在全社会的热情帮助下，在老师们的精心培育下，加上同学们自己的努力，你们一定能够成为生活的强者，一定会有美好的未来。

9月9日上午，胡锦涛总书记来到焦作市博爱县清化镇高庙中学看望师生，走进高庙中学集体备课室，老师们正在专心备课，总书记的到来让备课室里的气氛顿时热烈起来，老师们纷纷起身向总书记问好。

胡锦涛说，多年来各位老师在农村教育岗位上辛勤耕耘，为培养下一代呕心沥血。在你们的培育下，许多农村孩子实现了自己的梦想。你们的工作很有意义，你们的劳动受到了全社会的尊重。党和政府十分关心广大农村教师，将进一步改善你们的工作和生活条件。希望你们更加热爱农村教育事业，不断提高教书育人水平，为国家培养出更多的有用之才。

农村孩子在学校的学习和生活条件，始终是胡锦涛关注的一件事。离开备课室，总书记又来到学生食堂，了解学生的伙食情况，叮嘱学校负责人一定要把孩子们的伙食搞好。他还特意走进寄宿学生宿舍，看床铺、摸被褥，了解孩子们的住宿情况，要求学校照顾好寄宿学生的生活。

接着，胡锦涛来到操场上，走到正在跳绳孩子们中间与大家一起活动。活动结束后，总书记亲切地询问大家学习和食宿的情况，并勉励同学们要珍惜时光，好好读书，长大以后成为一个对家乡、对祖国有用的建设人才。

中共中央书记处书记、中央办公厅主任令计划，中共中央书记处书记、中央政策研究室主任王沪宁等陪同看望。

温家宝与中国政法大学学生共度五四青年节

2008年5月4日，中共中央政治局常委、国务院总理温家宝应同学们的热情邀请来到中国政法大学，与大家一起共度青年节。

上午10时许，温家宝一行首先来到法学图书馆一层古籍善本室。在这里，温家宝看望了几位在中国政法大学从事教育研究的老专家、老教授，认真观看古籍善本，并向专家们询问法律历史方面的问题。图书馆二层阅览室，同学们正在读书看报、查阅资料。温家宝与大家围坐一起，交流对法治建设的看法。随后，温家宝来到学生宿舍看望大家并与大家亲切交谈。总理对大家说，希望你们发奋学习，既要学好专业，又要开阔视野，成为现代化建设的杰出人才。中午时分，温家宝又走进了学生食堂与同学们共进午餐，他十分关心学生们的生活，边吃边询问饭菜的价钱以及奖学金、助学金的情况。

温家宝对同学们说，依法治国，建设社会主义法治国家不仅是中国特色社会主义的重要内容，而且是成熟的社会主义的标志。发展民主、健全法制、依法治国不仅是我们的治国方略，而且是每一个百姓自身权利和自由的根本保障。如果说发展经济、改善民生是政府的天职，推进社会公平正义就是政府的良心。公平正义的含义很广，从收入分配，到教育权利，但很重要的是司法公正，就是“立法必当求其公，执法必当务其平”。我们常讲的发展经济和社会和谐，其实都离不开法治，法治是基础。

对于法治精神，温家宝说，一是宪法和法律的尊严高于一切；二是法律面前人人平等；三是一切组织和机构都要在宪法和法律的范围内活动；四是立法要发扬民主，法律要在群众中宣传普及；五是有法可依，有法必依，执法必严，违法必究。天下之事，不难于立法，而难于法之必行。

温家宝语重心长地勉励同学们说，你们将来要做法官，要断案，要执法，能否做到公正，十分重要。对一个学法的人来说，要对国家、对社会、对人民有高度的责任感，要有一颗公正的心，首先要爱这个国家。我们今天讲爱国，就是要为振兴中华自强不息，开放兼容，长期奋斗。

中共中央政治局委员、国务委员刘延东，教育部部长周济等陪同看望。

温家宝主持召开国家科技教育领导小组会议

2008年8月29日上午，中共中央政治局常委、国务院总理、国家科技教育领导小组组长温家宝主持召开国家科技教育领导小组第一次会议，听取教育部关于制订《国家中长期教育改革和发展规划纲要》工作情况的汇报，审议并原则通过规划纲要制订工作方案。

中共中央政治局委员、国务委员、国家科技教育领导小组副组长刘延东，国务委员兼国务院秘书长马凯等出席会议。

会议指出，教育事关民族兴旺、人民福祉和国家未来。党中央、国务院历来高度重视教育事业，把教育放在优先发展的战略地位。为了适应全面建设小康社会的新要求，适应国内外发展的新形势，适应人民群众对教育的新期盼，有必要制订国家中长期教育改革和发展规划纲要。

会议强调，规划纲要应从我国现代化建设的总体战略出发，对未来十二年教育改革和发展作出全面规划和部署。一要在优先发展教育、促进教育公平、培养创新型人才、提高教育服务经济社会发展的能力等方面，提出符合国家战略和群众需求、反映教育规律和发展趋势的指导方针。二要贯彻科学发展观，体现面向现代化、面向世界、面向未来，立足国情，改革创新。三要以提高国民素质、建设人力资源强国为核心，科学确定到2020年我国教育改革与发展的战略目标、总体任务和重大部署，对教育规模、结构、质量以及分阶段和分地区的目标提出具体要求。四要综合考虑人口变化、学龄人口结构、经济结构、就业结构和社会发展的特点，对各级各类教育的改革与发展作出专题性规划。五要系统研究基础教育、职业教育、高等教育的体制改革和教学改革、教师培养、教育发展保障等重大问题，找准症结，提出思路，使规划纲要具有战略性、前瞻性、针对性、操作性。

会议强调，《国家中长期教育改革和发展规划纲要》是进入21世纪以来我国第一个教育规划纲要，是指导教育改革和发展的纲领性文件。制订这个规划纲要，是一项十分复杂的社会系统工程。要加强领导，精心组织，广泛听取专家学者、社会各界、学生及家长的意见，重大问题在社会公开讨论，使规划编制过程成为发扬民主、集思广益的过程，成为统一思想、凝聚共识的过程，力争制订出一个人民群众满意、符合中国国情和时代发展要求的高水平规划纲要。

路甬祥、陈奎元、万钢、徐匡迪及国家科技教育领导小组成员参加了会议。

温家宝参加北川中学秋季开学典礼

2008年9月1日上午，正在四川地震灾区考察的中共中央政治局常委、国务院总理温家宝来到设在四川长虹集团培训中心的北川中学临时学校，参加在这里举行的秋季开学典礼。

在庄严的升国旗仪式后，温家宝对师生们说，地震过去整整110天了。北川站起来了，北川中学站立起来了。独立无惧、坚忍不拔，靠自己的双腿站立起来了。这场地震给北川人民，给全校师生带来了很大的磨难，也使我们经受了很大的锻炼。我们懂得一个道理，就是在灾难面前，只要勇敢面对，就一定能够克服困难、战胜灾害，获得新的生活。如果说从这场灾害中我们得到了什么？我以为最重要的是要永远面向光明的未来。正如太阳总会出来一样，未来永远是光明的。

温家宝接着说，在我们举行秋季开学典礼的时候，我们忘不了在这场灾害中死难的同学们、老师们，他们永远铭记在我们心中。我们也懂得一个道理，一个民族的灾难总会由民族的进步来补偿。但这靠谁？靠什么？靠青年，靠青年的努力和奋斗。我相信，北川中学一定会形成一种新的校风，展现一种新的精神面貌，那就是自强不息、奋斗不止！我希望北川中学的同学们、老师们，要用自己刻苦的学习，不屈不挠的精神，高尚的品格，为人民、为人类服务的理想，来赢得尊严、赢得荣誉。我相信北川中学一定能够做到这一点。

温家宝最后说，今天的开学仪式具有象征意义，象征新生活的开始、新的学习的开始。同学们要谨记灾害带给我们的经验、教训，努力学习、奋斗，将来和北川人民一道，把北川建设得更好。这就是我希望你们做的，也相信你们一定会做到。

国务委员兼国务院秘书长马凯、教育部部长周济等陪同参加。

温家宝教师节前夕邀请中小学教师做客中南海

2008年9月9日上午，中共中央政治局常委、国务院总理温家宝在教师节前夕邀请8位来自基层的教师到中南海做客，这8位教师有的来自四川地震灾区，有的长期在中小学工作，有的投身职业教育。

温家宝首先陪同老师们参观了中南海西花厅，这是周恩来总理曾经工作和生活过的地方。

随后，温家宝与老师们来到国务院第四会议室亲切座谈。他说，明天是教师节，我们把老师们请到中南海来做客，用这种方式来庆祝教师节，并借这个机会向全国的老师们表示节日的祝贺。接着，温家宝向大家征求对教育改革和发展中长期规划的意见，请老师们谈谈对这项工作的必要性和意义的认识，更重要的是想听听大家希望制定一个什么样的规划，这个规划应该解决什么问题；在当前教育和教学中，哪些问题是最突出的，是社会最关心的、群众最关心的，也是教师最关心的。老师们畅所欲言，温家宝不时插话并仔细询问。

老师们发言完毕后，温家宝说，教育是国家发展的基石。有一流的教育，才能有一流的人才，才能建设一流的国家。我们必须目光远大，把教育搞上去。办好教育，教师是关键。他对教师们提出几点希望：第一，要志存高远、爱国敬业。人民教师的神圣职责就是传授知识、传承民族精神、弘扬爱国主义，为祖国和人民培养合格的人才。教师要忠诚于人民教育事业。第二，要为人师表。教书者须先强己，育人者须先律己。教师的道德品质和人格对学生有重要影响。要重言教，更要重身教。第三，要严谨督学，与时俱进。教师在教育创新中承担着重要使命，教师富有创新精神，才能培养出创新人才。教师是知识的重要传播者和创造者，连接着文明进步的历史、现在和未来，更应该与时俱进，不断以新的知识充实自己，成为热爱学习、学会学习、终身学习的楷模。

温家宝最后说，百年大计，教育为本；教育大计，教师为本。中华民族素有尊师重教的优良传统，在老师面前，做学生的无论走到哪里，无论做出什么业绩，对老师的感激和爱戴之情永远不会改变。长期以来，我国广大教师特别是广大农村和边远贫困地区的教师，在艰苦清贫的条件下恪尽职守、默默耕耘，为祖国的教育事业无私奉献，涌现出了许多可歌可泣的先进人物，充分体现了陶行知先生当年倡导的“捧出一颗心来，不带半根草去”的崇高精神。这种平凡而伟大的精神，永远值得我们学习和发扬。

中共中央政治局委员、国务委员刘延东，教育部部长周济、国务院副秘书长项兆伦及国务院有关部门负责同志陪同参加。

李长春六一儿童节赴四川地震灾区看望慰问少年儿童

2008年6月1日六一儿童节，中共中央政治局常委李长春专程奔赴四川地震灾区，看望慰问灾区少年儿童，转达胡锦涛总书记的亲切问候，并向灾区转移安置和受伤治疗学生转交中央宣传文化部门赠送的10万台收音机和一批少儿读物、学习用品。他勉励小朋友们在灾害中磨砺意志，在危难中坚韧成长，加倍努力学习，不断增长本领，共同建设美好家园。

下午3时许，李长春一行来到绵阳市第三人民医院看望正在接受治疗的受伤儿童，他详细询问孩子们的受伤情况及家里的灾情，鼓励大家增强信心，好好养伤，争取早日康复，将来更好地建设家乡、报效祖国。李长春向受伤住院的孩子们送上收音机和学习用品，并耐心地为他们调试，希望他们通过收听广播，了解外部世界，丰富病床生活。他叮嘱医务人员，要继续发扬不辞劳苦、连续奋战的作风，精心救治、仔细护理受伤孩子，特别是要悉心照料那些失去父母的孤儿，让他们感受到家庭的温暖、亲人的关爱，帮助他们早日恢复健康。

李长春十分惦念灾区少年儿童学习和生活情况。随后，他来到八一帐篷学校，看望正在这里上课的小学生。在一间宽敞的教室里，孩子们正在上计算机课。他对同学们说，在这场大灾难中，灾区少年儿童经受了巨大的伤痛，也表现出了超常的勇气和力量，有的不顾自身安危抢救同学，有的在危难之中坚持学习，有的在困难面前保持乐观，从你们身上，我们更加深切地感受到了这一代少年儿童的优良品质，看到祖国未来大有希望。李长春勉励同学们化悲痛为力量，鼓足勇气，坚定信心，在抗震救灾的实践中经受磨砺，努力成长为德智体美全面发展的接班人，把家乡建设得更美好。

李长春还看望了地震中抢救学生的教师们，向他们表示真诚感谢。他说，广大人民教师在地震中不顾个人安危，奋力抢救学生，涌现出很多可歌可泣的事迹，表现出人民教师的高尚品德，令人感佩，赢得了全社会的尊敬。他希望灾区广大教师忠诚于党的教育事业，为人师表，教书育人，以崇高的学识魅力和人格魅力鼓舞学生、教育学生，培养中国特色社会主义事业的合格建设者和可靠接班人。李长春叮嘱当地干部和学校领导，要采取各种办法，抓紧启动学校恢复重建工作，尽快为学生营造出良好的学习环境。

中共中央政治局委员、书记处书记、中宣部部长刘云山，教育部部长周济等陪同看望。

李长春会见出席加强和改进高校思想政治理论课工作会议代表

2008年7月8日至9日，中央宣传部、教育部在北京京西宾馆联合召开加强和改进高校思想政治理论课工作会议。7月8日上午，中共中央政治局常委李长春会见会议代表并作重要讲话，对加强和改进高校思想政治理论课工作会议的召开表示热烈祝贺，转达胡锦涛总书记对全国高校思想政治理论课教师的亲切问候。

李长春指出，高校思想政治理论课是对大学生进行思想政治教育的主渠道，对大学生世界观、人生观、价值观的形成有着不可替代的作用，是培养中国特色社会主义事业合格建设者和可靠接班人的重要途径，也是社会主义大学的本质体现。在以胡锦涛同志为总书记的党中央高度重视下，高校思想政治理论课教育工作取得明显阶段性成果。

李长春强调，进一步加强和改进高校思想政治理论课教育，是国内外形势发展的需要，是全社会的期盼，也是高校广大教师、学生的呼唤。要以党的十七大精神为指导，以教材建设和学科建设为基础，以教师队伍建设为重点，以教学方法创新为关键环节，以加强组织领导为保障，全面推进高校思想政治理论课建设，争取经过若干年的努力，把高校思想政治理论课建设成为大学生真心喜爱，终身受益的优秀课程。各级高校党委、广大教师要以这次会议为新的起点，进一步增强责任感、使命感、光荣感，扎实工作，开拓创新，把高校思想政治理论课教学工作提高到一个新水平，为推进中国特色社会主义事业作出更大贡献。

中共中央政治局委员、中央书记处书记、中宣部部长刘云山，中共中央政治局委员、国务委员刘延东，全国政协副主席、中国社会科学院院长陈奎元，以及中央宣传思想工作领导小组成员出席会见活动。

习近平出席第十七次全国高等学校党的建设工作会议

2008年12月19日，中共中央组织部、中共中央宣传部、中共教育部党组在北京联合召开第十七次全国高等学校党的建设工作会议。中共中央政治局常委、中央书记处书记、国家副主席习近平出席会议并作重要讲话。他强调，培养德智体美全面发展的中国特色社会主义合格建设者和可靠接班人，是高校的根本任务，也是高校党的建设的根本任务。各级党委和高校党组织要紧紧围绕这个根本任务，全面贯彻党的教育方针，坚持以人才培养为根本办学理念，继续解放思想，坚持改革创新，在新的历史起点上努力开创高校党建工作新局面，为推进高等教育又好又快发展提供坚强的思想、政治和组织保证。

习近平在讲话中充分肯定了改革开放30年来我国高等教育取得的伟大成就和高校党的建设取得的新进步。他指出，30年来高校党的建设在继承优良传统的基础上不断改革创新，积累了宝贵经验：第一，必须始终围绕高校的改革发展，把人才培养作为根本任务；第二，必须坚持党委领导下的校长负责制，着力完善高校领导体制；第三，必须坚持育人为本、德育为先，切实加强和改进大学生思想政治教育；第四，必须坚持把建设高素质领导班子作为重点任务，不断提高领导高校科学发展的能力和水平；第五，必须着力维护高校稳定，及时化解各种矛盾；第六，必须坚持改革创新精神，始终体现时代性、把握规律性、富于创造性。习近平强调，这些经验反映了高校党的建设规律，体现了时代发展要求，各级党委和高校党组织要长期坚持，在新的实践中不断丰富和发展。

习近平强调，实现高等教育科学发展，关键在于把高校干部队伍和教师队伍建设好，特别是要建设好高校领导班子。各级党委要按照德才兼备、以德为先的用人原则选配高校领导干部，坚决防止和克服重知识素养、轻思想品德，重学术造诣、轻管理能力，重学历资格、轻工作实绩的倾向，真正把那些讲政治、善于办学治校的优秀干部选拔到学校领导班子中来，努力把高校领导班子建设成为坚持社会主义办学方向、善于领导高校科学发展、团结奋进的坚强领导集体。

习近平指出，高校基层党组织建设和党员队伍建设是高校党的建设的基础工程，团结、组织广大师生的凝聚力工程。各级党委和高校党组织要加大力度，坚持不懈地做好抓基层、打基础的工作，充分发挥高校基层党组织的战斗堡垒作用和党员的先锋模范作用。习近平强调，建设一支专兼结合的高素质党务工作和大学生思想政治工作干部队伍，是全面加强高校党的建设、加强和改进大学生思想政治工作的必然要求。要按照德才兼备和专兼结合的原则，选拔和吸引更多政治素质高、思想作风好、热爱党务工作、善于做群众工作、具有较高学术造诣和较强组织管理能力的党员干部和教师从事学校党务工作，特别要选配好党总支书记和支部书记。要建立健全辅导员和班主任队伍的选拔、培养、激励、保障机制，努力创造良好政策环境和工作生活环境，做到政治上爱护、工作上支持、生活上关心，使他们工作有条件、干事有平台、发展有空间，最大限度地调动他们的积极性和创造性。

会议由中共中央政治局委员、中央书记处书记、中央组织部部长李源潮主持，中共中央政治局委员、中央书记处书记、中央宣传部部长刘云山出席会议。

刘延东到教育部工作调研

2008年3月24日下午，中共中央政治局委员、国务委员刘延东来到教育部机关，亲切看望机关工作人员，参观了中国高校毕业生就业服务信息网。她在听取教育部工作汇报后强调指出，教育战线要把学习贯彻党的十七大精神作为首要政治任务，切实贯穿于教育工作全过程和各个方面，坚定不移地走中国特色社会主义教育发展道路。

刘延东指出，教育事业历来中央重视、百姓关心、社会关注，牵动千家万户，惠及子孙后代，是涉及党和国家长远发展的百年大计。她充分肯定了教育工作的巨大成绩，指出以毛泽东、邓小平和江泽民同志为核心的党的三代中央领导集体和以胡锦涛同志为总书记的党中央，高度关注国民素质的提高，把教育放到关系现代化建设和社会主义历史命运的高度，置于优先发展的战略地位，提出了一系列重大指导思想和方针政策。在党中央、国务院的正确领导下，经过新中国成立近60年来特别是改革开放30年全国教育工作者的辛勤耕耘、努力奋斗，我国教育事业取得了历史性的突破，实现了跨越式的发展，为提高全民族的思想道德素质和科学文化素质，促进国家经济建设和社会发展，作出了重大贡献。党的十六大以来，中央把教育摆在更加突出的位置，加大公共财政对教育的投入力度，颁布修订了一批教育法律法规，制定出台了一系列教育改革发展的政策措施，取得了新的令人振奋的重大成就。

刘延东指出，2008年是贯彻落实十七大精神的第一年，是新一届政府的开局之年。我们将迎来改革开放30周年，还要举办北京奥运会和残奥会。党的十七大从中国特色社会主义“四位一体”的战略布局出发，将教育放在社会建设五有目标和改善民生六大任务之首，强调“优先发展教育，建设人力资源强国”，并对教育工作进行了全面部署。今年《政府工作报告》明确提出办好义务教育、职业教育、高等教育三大任务和全面实施素质教育、加强教师队伍特别是农村教师队伍建设、加大教育事业投入三项工作。这些都充分体现了党中央、国务院对教育的高度重视，体现了教育在党和国家全局中的重要地位和作用，也体现了做好教育工作、推动教育发展的现实紧迫性。她希望广大教育工作者进一步增强责任感和使命感，继往开来，与时俱进，把党的十七大和《政府工作报告》确定的教育领域各项工作任务切实落到实处。

刘延东强调，在贯彻落实中央精神中，要深入学习领会十七大精神，始终坚持教育事业发展的正确方向。用中国特色社会主义理论武装头脑、指导实践、推动工作，把科学发展观的要求转化为推动教育事业发展的正确思路、政策措施和体制机制，进一步坚定全面贯彻党的教育方针的信心和决心。要认真总结改革开放30年来我国教育工作的宝贵经验，借鉴和吸取各国的成功做法，围绕基本国情和社会主要矛盾“两个没有变”的条件下，实现什么样的教育发展和怎样发展教育的问题，探索和把握新时期教育发展的科学规律，切实提高教育现代化水平，实现我国教育又好又快发展。要加强调查研究，积极探索教育事业发展的新思路。当前我国教育处在新起点，面临新机遇，需要应对新挑战。处在新起点就要有新思路，面临新机遇就要有新举措，应对新挑战就要有新对策。要立足当前，着眼长远，进行战略性思考，准确分析把握教育的发展趋势，研究提出带有全局性、前瞻性的思想观点、政策措施和对策建议，推动教育的理论创新、制度创新和工作创新。要以求真务实的精神狠抓落实，以改革为动力，以提高质量为核心，以加强薄弱环节为重点，不断开创教育事业发展的新局面。要集中力量办一些给百姓增添信心、给教育界增添动力的事情，努力建设覆盖全民的公平教育、伴随一生的终身教育、资源共享的优质教育，为教育的发展营造良好的舆论氛围和社会环境。她指出，要办好人民满意的教育，首先要努力建设人民满意的教育机关。教育系统要内强素质、外树形象，加强内部建设与管理，树立良好的精神风貌和社会形象。

教育部党组书记、部长周济和国务院有关部门负责同志陪同调研，教育部党组全体成员、部机关司局和部分直属单位主要负责同志参加了汇报会议。

刘延东赴四川地震灾区慰问师生

2008年5月28日—30日，中共中央政治局委员、国务委员刘延东来到四川灾区的彭州市、都江堰市、汶川县、德阳市区、安县和绵阳市区等地，深入中小学、受灾群众安置点和医院，实地了解灾情，考察教育系统抗震救灾和恢复重建工作，亲切慰问受灾师生和群众，看望奋战在抗震救灾一线的工作人员。她要求，全国教育系统要全力以赴支持灾区学校，灾区教育系统要通力奋斗、同舟共济，共建美好新家园。

5月29日上午，刘延东冒雨来到彭州市龙门山学校和通济小学，看望正在上课的师生。她说，这次汶川地震震动中国，感动世界。党中央、国务院十分关心灾区师生，高度评价师生们在抗震救灾中的英勇表现。要认真总结灾区教育系统涌现出的感人事迹，表彰优秀典型，大力弘扬自强不息、团结互助的抗灾精神。

接着，刘延东来到位于震中的汶川县映秀镇漩口中学，她向在这次地震中遇难的师生表示深切哀悼。她说，自然灾害虽然不可抗拒，但中国人民是不可战胜的。她要求加快灾区学校重建步伐，将学校恢复重建纳入当地灾区重建规划优先安排，把学校建成全社会最牢固、最安全的地方。

刘延东十分关心受灾学校的复课问题。在永安镇帐篷学校、德阳三中和长虹培训中心帐篷学校，她慰问在这里寄读的东汽中学、北川中学等学校的师生，详细询问复课和学生学习情况，要求把灾区学生复课作为一件大事来抓。通过搭建帐篷和活动板房、转移安置等方式，设立临时课堂，特别是活动板房要优先考虑学校的需要，帮助灾区学生尽快恢复上课。她要求教育部门妥善细致做好高考和中考工作，抓紧协调有关高校，落实好增加灾区招生计划的政策。对在抗震救灾中表现突出的优秀学生，要给予破格录取。愿意接受中等职业教育的毕业生，都可以就读中等职业学校，都可以享受国家助学金。

5月30日下午，在绵阳八一帐篷学校，刘延东与师生们共度六一儿童节。她向孩子们祝福节日快乐并赠送了学习用品，勉励孩子们自强不息，好好学习，成才报国。她非常关心孩子们在临时教学点的学习生活情况，要求教育部门尽全力为学生们创造一个好的读书条件，保证学生喝上干净的水、吃到卫生的食品、学习在清洁的环境。

随后，刘延东来到四川大学华西医院，探望在地震中受伤的中小学生。她要求，一定要给受伤学生提供最好的治疗，使他们能够早日重返课堂。同时，要帮助他们修复心理创伤，重树生活信心。她强调，对因灾致孤、致残的学生，要给予更多、更周到的关怀和照顾，让他们顺利成长成才。

教育部部长周济等陪同看望。

刘延东考察在京高校奥运场馆并慰问工作人员和志愿者

2008年8月19日上午，北京奥运会进行到第12天，中共中央政治局委员、国务委员刘延东前往北京大学、中国农业大学、北京科技大学和北京师范大学的奥运场馆和训练馆考察，并代表党中央、国务院向工作人员和志愿者的辛勤工作表示慰问。

在奥运会乒乓球单项比赛开始前，刘延东来到北京大学体育馆，看到现场工作人员和志愿者严整有序、朝气蓬勃，刘延东对大家在紧张的工作环境中所表现出的良好精神状态和精湛服务质量给予了充分肯定。刘延东说，我们在各个奥运场馆都能看到志愿者最真诚的微笑，朝气蓬勃的精神，向各国运动员展现了中国未来的希望。从抗震救灾到北京奥运会，社会志愿服务精神的兴盛很好地传递了社会主义的文明价值观，展示了当代青年的风采，也为青年一代的成长提供了很好的机遇。

在中国农业大学体育馆，刘延东对一位来自香港的志愿者说，港澳志愿者的志愿服务精神很令人感动，北京奥运会获得的好评中也有你们的刻苦努力和积极奉献，希望广大港澳志愿者能成为中国人民与世界人民的友好使者，以热情与微笑，为五大洲的朋友送去欢乐和友谊。奥运会不仅是一场体育的盛会，也是一场友谊的盛会，我们要通过奥运会向全世界传递和平与友谊。

高校奥运场馆的运行情况直接关系到北京奥运会的顺利举办，刘延东每到一处，都关切地询问场馆的赛时保障、安全稳定等情况。在北京大学，刘延东对安保指挥中心的完善设施和媒体服务区的周到服务给予了积极评价。在中国农业大学摔跤馆，刘延东一边听取场馆运行团队的介绍，一边详细询问场馆运行、门票销售、食品供应等情况，称赞场馆运行有序，多部门协作配合密切，充分发挥了团队作风。

刘延东表示，北京奥运会赛事已过半，事情越接近成功，越要集中精力认真对待；越是顺利，越要谨慎；越是完美，越要冷静。刘延东勉励各场馆运动团队和志愿者再接再厉，面对良好的局面，在赛事过半的关键时刻，思想上不能有丝毫的麻痹，工作上不能有丝毫的懈怠，查漏补缺，完善措施，尽最大努力，确保实现北京奥运会“有特色、高水平”的庄严承诺。

在考察北京师范大学体育馆时，刘延东对高校奥运场馆的赛后利用十分关注，希望高校重视发挥场馆的作用，加强大学生的身体锻炼和素质教育。在北京科技大学体育馆，刘延东关切地询问残奥会的无障碍设施的准备情况，强调“两个奥运，要同样精彩”。

北京奥运会31个比赛场馆中，有6个建在北京大学、中国农业大学、北京航空航天大学、北京理工大学、北京科技大学、北京工业大学等6所高校。此外，在京高校还为奥运会提供了23个专业训练场馆。

教育部部长周济，北京奥组委、国家体育总局及北京市政府等部门负责同志陪同视察。

刘延东出席全国教育系统抗震救灾先进集体和先进个人表彰大会

2008年9月8日下午，中共中央政治局委员、国务委员刘延东在国务院小礼堂出席全国教育系统抗震救灾先进集体和先进个人表彰大会，她强调，全国教师要广泛深入地学习教育系统抗震救灾先进典型的优秀事迹，大力弘扬伟大的抗震救灾精神，进一步彰显新时期人民教师的高尚师德，做学生爱戴、人民满意的教师。

刘延东首先代表国务院向受到表彰的全国教育系统抗震救灾先进典型和灾区教师、教育工作者致以崇高敬意，向全国辛勤耕耘的广大教师和教育工作者致以节日的问候。

刘延东指出，爱与责任见证师德，热血与汗水铸就师魂。灾区广大教师可歌可泣的英雄壮举和感天动地的崇高精神，集中体现了新时期人民教师的光辉形象和高尚师德，是抗震救灾伟大精神的优秀典范，是广大教师和教育工作者学习的榜样。要学习英雄教师临危不惧、舍生忘死的英勇献身精神，以学生为本、恪尽职守的高度负责精神，不屈不挠、迅速投身重建校园的自强不息精神和万众一心、众志成城的团结奋斗精神。教育行政部门和学校要把教师英雄事迹作为师德教育的鲜活教材，发扬光大抗震救灾的好思想、好作风、好精神，使之成为灾区学校恢复重建和推动教育改革发展的强大精神动力。

刘延东强调，办好教育希望在教师，必须全面落实《教师法》，建设高素质教师队伍。要依法保障教师地位，提高教师待遇，维护教师合法权益。要鼓励优秀人才从事教育工作，加大教师培养培训力度，提高全国特别是农村教师队伍素质，培养和造就一批教育家。要营造良好社会舆论氛围，大力宣传优秀教师先进事迹，让尊师重教蔚然成风，使教师成为全社会最光荣的职业。

刘延东强调，师德是教师职业的灵魂。她希望广大教师做学生健康成长的指导者和引路者、科学知识的传播者和创造者、教育改革创新的倡导者和实践者、良好社会风气的引领者和带动者，自尊自励，埋头苦干，不辜负党和人民的期望和重托。

教育部部长周济及国务院有关部门负责同志，受表彰的全国教育系统抗震救灾先进集体与先进个人代表参加了大会。

刘延东出席第四届高等学校教学名师奖表彰大会

2008年9月10日下午，中共中央政治局委员、国务委员刘延东在北京京西宾馆出席了第四届高等学校教学名师奖表彰大会。她向获奖教师表示祝贺，向全国广大教师和教育工作者致以教师节的问候。她强调，要把教师队伍建设作为高等教育发展的关键环节，努力建设一支师德高尚、业务精湛、富有创造精神和创新能力的高素质教师队伍。

刘延东指出，名师作为高等教育的宝贵资源，发挥了教学示范、科研模范和学风典范作用。表彰杰出高校名师，有助于确立注重教师、注重教学、注重质量的导向，强化教学是学校中心工作的理念，促进教授讲授基础课专业课，带动广大教师把主要精力投入到培养人才上，推动职业教育“双师型”教师培养，有助于提高高等教育质量，建设高水平大学。

刘延东指出，高素质教师队伍是大学的核心竞争力，是提高高等教育质量的关键。高校要把发现、引进、培养优秀人才作为学校发展的战略任务，汇聚高水平的优秀教师，培养中青年学术带头人，建设勇于创新的教学科研团队，带动教师队伍整体水平的提高。她强调，各级政府和高校都要关心教师，服务教师，改善教学和生活条件，解除他们的后顾之忧。要健全法制，完善政策，强化体制机制保障，改革人事和分配制度，激发教师的积极性与创造性，让广大教师干事有舞台、创新有动力、发展有后劲。

刘延东希望广大教师深刻认识肩负的重大使命和历史责任，在教书育人的伟大事业中有更大作为。她勉励教师忠诚于中国特色社会主义伟大事业，忠诚于党的教育事业，忠诚于人民教师的光荣职责；热爱三尺讲台，关爱每一位学生；具有渊博的学识和高深的专业水准；探索创新教书育人的新思路、新方法、新举措；为人师表，师德高尚。

教育部部长周济主持会议，中央和国家机关有关部门负责同志，解放军总参谋部负责同志，第四届高等学校教学名师奖获奖代表等参加了会议。

刘延东在教师节之际考察北京师范大学

2008年9月10日下午，在第24个教师节之际，中共中央政治局委员、国务委员刘延东同志前往北京师范大学看望慰问师生并转达温家宝总理的问候。

刘延东一行首先来到学校主楼参观北师大校史展，在认真听取了工作人员的讲解后，她对北师大悠久的历史、优良的传统、辉煌的办学成就给予高度的评价。随后刘延东来到历史学资深教授何兹全先生的家中，向何先生致以节日的祝贺，并赞扬了像何先生这样的老一辈知识分子对国家、民族的教育事业作出的卓越贡献。接着刘延东同志考察了认知神经科学与学习国家重点实验室，听取了实验室人员介绍了实验室在磁共振脑成像技术及应用、中小学生阅读障碍、汉语儿童英语学习、数学学习与大脑等方面的研究成果。

最后，刘延东来到英东学术会堂与师生代表座谈。她说，北师大作为百年名校，在国内外具有非常高的知名度，有着很高的声誉，一个多世纪以来，培养了一代又一代道德高尚、学业精深的人民教师和一大批国家需要的建设人才，涌现了许多的革命家、教育家、科学家、社会活动家，为党和人民的事业作出了杰出贡献。

刘延东指出，新中国成立以来，特别是改革开放30年以来，党和国家始终把教育摆在优先发展的战略地位。当前我国的教育事业已经站在一个新的历史起点上，各级、各类教育也进入到全面提高教育质量这样一个新阶段。大力倡导尊师重教，不断提高教师的政治地位、社会地位和职业地位，教师正在成为越来越受人们尊重的职业。教师在教育事业中的关键地位和作用比以往任何时候都更加突出。党的十七大提出要建立人力资源强国，建立创新型国家，特别强调要加强教师队伍建设、提高教师素质，这一切都为新时期教师教育的改革发展指明了方向。北京师范大学在实施教育优先发展战略和建设世界一流大学过程中，建设一支高素质的教师队伍是关键。

刘延东对学校工作提出了四点希望：一是要勇挑重担，勇担重任，大力培养一流师资，为基础教育输送优秀的教师，为党和国家培养社会主义教育家。二是要着力创新，不断推进教师教育改革。三是要彰显优势，成为教育科学研究的高水平基地。四是要总结探索，切实做好师范生免费教育工作。

刘延东最后满怀深情地说，教育事业是人类最崇高的事业，教师是太阳底下最光荣的职业，衷心希望北师大弘扬优良传统，牢记党和人民的重托，进一步解放思想，深化改革，不断创新，为国家培养更多优秀的教师，为我国教育事业和科技事业的发展作出新的更大的贡献。

教育部部长周济、国务院副秘书长项兆伦，北京师范大学党委书记刘川生、校长钟秉林等陪同考察。

刘延东出席“长江学者奖励计划”10周年纪念大会

2008年12月5日上午，“长江学者奖励计划”10周年纪念大会在人民大会堂举行。中共中央政治局委员、国务委员刘延东出席大会，并为2007年度“长江学者成就奖”获得者、长江学者特聘教授、讲座教授代表颁发证书。

刘延东强调，要立足科学发展，坚持以人为本，营造良好环境，努力建设一支学风优良、富有创新精神和国际竞争力的高校教师队伍。

刘延东说，“长江学者奖励计划”实施10年来，以造就领军人物带动高校教师队伍建设，以支持科学研究带动学科发展、科技创新和学术繁荣，以奖励计划促进人才理念和制度创新，始终传递着党和国家对于吸引海内外高层次人才投身高等教育事业的殷切期望，取得了丰硕成果，也积累了宝贵经验。一是坚持质量第一，真正选拔出国家需要、学界公认的高层次人才。二是坚持公正公开，科学规范评审程序，严格评价标准，树立良好的公信形象。三是坚持突出重点，注重对中青年优秀人才和学术领军人物的资助，提升了高层次人才培养和教师队伍建设效果。四是坚持制度创新，将人才项目和制度建设有机结合，推动激励创新制度的形成。这些经验今后要认真坚持、发扬光大。

刘延东强调，教师水平决定高等教育质量，高素质教师队伍决定大学的核心竞争力。要以科学发展观为统领，大力加强高校教师队伍建设。要坚持发展是第一要务，把人才资源作为引领学校发展的第一资源；要坚持以人为本，为教师发挥作用创造良好环境；要坚持全面协调可持续的基本要求，构建科学、合理的教师队伍结构；要坚持统筹兼顾的根本方法，正确处理培养、引进和使用的关系。要选好用好学术带头人，创新教师培养方式，完善教师选聘制度、职称评聘制度和奖惩评价制度，进一步营造尊师重教的环境。

刘延东向受聘和获奖的长江学者表示热烈祝贺。她希望长江学者们牢记使命，心系国家、情系教育，在服务祖国发展中实现人生理想；立足一线、言传身教，在培养创新人才中践行神圣职责；勇于探索、开拓创新，在攀登科学高峰中展现聪明才智；求真务实、严谨治学，在建设大学文化中发挥引领作用。

教育部部长周济、中央和国家机关有关部门负责同志及李嘉诚先生出席了纪念大会。

刘延东考察中国教育电视台

2008年12月31日下午，中共中央政治局委员、国务委员刘延东考察了中国教育电视台并发表讲话。她强调，教育媒体要坚持正确舆论导向，充分发挥自身特色，为办好人民满意教育作出贡献。

刘延东先后考察了中国教育电视台播出中心、新媒体中心、学习超市等部门并听取了教育台工作汇报。她说，22年来，中国教育电视台从小到大，传播功能不断扩大，频道从一个发展为多个，方式由传统的媒体发展到传统媒体和新媒体的结合。在这一过程中，始终坚持正确的舆论导向，大力宣传党和国家的教育方针政策，服务学习型社会、服务人力资源能力建设、服务办好人民满意教育，为提高国民素质、促进青少年健康成长，建设覆盖全社会的公共服务文化体系等作出了贡献。特别是今年四川汶川特大地震发生之后，中国教育电视台通过空中课堂频道，全力为灾区师生服务，受到了社会广泛赞誉。

刘延东指出，当前，我国教育事业站在一个新的历史起点上，面临着诸多机遇和挑战。教育媒体作为党和国家重要的宣传思想文化阵地，作为实施科教兴国战略和人才强国战略的新闻宣传机构，责任重大、使命光荣。教育新闻工作者一定要认真学习领会胡锦涛总书记今年6月在考察人民日报社时的重要讲话精神，在实践中不断把工作提高到一个新的水平。

刘延东希望中国教育电视台及全国教育媒体在教育新闻宣传工作中，一要坚持正确舆论导向，增强政治意识、大局意识、责任意识，坚持贴近校园、贴近师生、贴近家长，为教育事业改革发展营造良好氛围。二要充分发挥独特资源优势，找准定位，办出特色，为宣传党的教育方针、办好人民满意教育作出贡献。三要紧紧把握当代青少年心理特点，努力创造更多为青少年所喜爱的优秀作品，积极引导青少年健康成长。四要坚持改革创新，不断创新内容，创新形式，增强教育新闻事业持续发展的活力。五要加强队伍建设，努力建设一支政治强、懂教育、懂传媒、作风正、纪律严的人才队伍。

刘延东指出，办好教育新闻事业需要党委和政府的重视，需要社会各方面的支持。各级党委、政府及有关部门要高度重视教育新闻事业，提供更有力的支持。

刘延东强调，目前国务院正在组织研究制定《国家中长期教育改革与发展规划纲要》，教育媒体要紧紧围绕中心，服务大局，充分发挥舆论引导作用，为制定一个人民群众满意、符合中国国情和时代发展要求的教育规划纲要作出贡献。

教育部部长周济、国务院副秘书长项兆伦等有关方面负责同志陪同考察。

陈至立出席2006—2007学年度国家奖学金颁奖大会

2008年1月17日，2006—2007学年度国家奖学金颁奖大会在北京京西宾馆举行，国务委员陈至立为国家奖学金获奖者颁奖并讲话，强调要激励广大高校学生勤奋学习、努力进取，勇于实践、敢于创新，在德、智、体、美等方面全面发展。

陈至立指出，国家奖学金制度是普通本科高校、高等职业学校和中等职业学校家庭经济困难学生资助政策体系的一项重要内容，充分体现了党和国家对培养拔尖创新人才的高度重视，对于培养拔尖创新人才、加快建设创新型国家和人力资源强国的进程，具有十分重要的作用。国家奖学金获得者是青年学生中的杰出代表，在他们身上体现了青年学生自强自立、坚忍不拔的优秀品质，刻苦钻研、勇于创新的高尚精神，顽强拼搏、奋发进取的精神风貌。她希望广大青年学生信念坚定、志向高远，刻苦钻研、严谨笃学，投身实践、勇于创新，肩负起建设社会主义现代化的重任和复兴中华民族的历史使命。

国家奖学金是面向高校本专科学生设立的荣誉最高、奖金额最大的国家级奖学金项目，每年奖励5万名，奖励标准每生每年8 000元，所需资金全部由中央负担。

中央和国家机关有关部门负责同志，各省（自治区、直辖市）教育、财政部门及部分高校有关负责同志，2006—2007学年度国家奖学金获奖学生代表等参加了会议。

陈至立考察华北电力大学

2008年1月28日下午，国务委员陈至立来到华北电力大学考察并看望学校师生。

陈至立一行首先来到电力系统保护与动态安全监控教育部重点实验室，听取了该重点实验室对复杂大电网保护的重大意义和主要研究方向的介绍。她不时就复杂大电网保护有关问题向专家教授们提出询问，对该实验室的科研工作以及取得的成就给予充分肯定，她对学校紧密结合国家能源战略需求开展科学研究，立足自主创新给予了高度评价。当听到该实验室正在为北京奥运会的安全用电和解决全国电网防覆冰科技难题进行攻关时，她说，现在南方一些电网覆冰问题十分严重，造成高压铁塔倒塌、影响铁路输电等特大灾害，希望学校加紧开展这方面的研究，并鼓励科研人员再接再厉，早日取得成果。

在仿真教学实验中心，陈至立认真听取了学校人才培养有关情况的汇报，对学校充分利用产学研合作培养人才，将先进的仿真技术应用于实践教学，提高学生的实践能力和创新能力，以及对在校生实行岗位资格证书制度给予高度评价。她同时强调，要瞄准未来核电发展的需求，着力进行第三代核电研发和人才培养。

随后，陈至立前往大学生公寓看望留校学生，仔细询问学生的学习和生活情况，详细了解国家奖、助学金和国家助学贷款发放的落实情况。得知学校很好地落实了奖、助、贷、补、减等资助政策，并对留校学生的生活作了妥善安排时，她勉励学生要自信自强、刻苦学习、立志成才，不辜负党和国家的厚望。她强调，党中央、国务院非常关心家庭经济困难学生的学习和生活，有关部门和高校一定要落实好有关国家奖助学金的各项政策措施，妥善安排好留校学生特别是家庭经济困难学生的生活，强化校园安全管理，让留校学生度过一个温馨愉快的春节。她还欣然为大学生题词祝同学们新春快乐、万事如意，并在离开时与学生们合影留念。

教育部部长周济，国务院副秘书长项兆伦，北京市委常委、市委教育工委书记朱善璐，华北电力大学党委书记吴志功、校长刘吉臻等陪同考察。

陈至立出席纪念邓小平同志批示创办广播电视大学30周年暨推进国家终身教育体系建设座谈会

2008年1月31日上午，教育部在人民大会堂召开了纪念邓小平同志批示创办广播电视大学30周年暨推进国家终身教育体系建设座谈会。国务委员陈至立在会上发表了重要讲话。她强调，要深入贯彻党的十七大精神，以科学发展观为指导，充分发挥现代远程教育在建设人力资源强国中的重要作用。

陈至立指出，创办广播电视大学是邓小平同志亲自倡导并批准的。这是邓小平教育思想的伟大实践，是中国高等教育发展史上的伟大创举。30年来，广播电视大学不断探索适应不同学习需求、提供多样化教育服务的新模式，开辟综合运用现代技术手段开展远程教育的新路子和合作办学、整合与共享教育资源的新途径，建立健全有效保障远程教育质量的新机制，为扩大人民群众接受高等教育机会、建设终身学习体系，为我国社会主义现代化建设作出了历史性贡献。广播电视大学已经成为我国现代远程教育的骨干力量，成为我国推进全民学习、终身学习的重要支撑，是我国高等教育的重要组成部分。

陈至立强调，现代远程教育突破时空的限制，使任何人在任何时候、任何地点参与学习成为可能，对于建设人力资源强国具有重要意义。要充分发挥现代远程教育在构建全民学习、终身学习社会和缩小教育差距、促进教育公平等方面的重要作用。她要求，各级政府及教育行政部门要为广播电视大学的发展营造更好的制度与政策环境，提供更加有力的支持；广播电视大学要坚持“扩大开放、保证质量、强化特色、打造品牌”的方针，建设具有中国特色的现代远程开放大学，为建设全民学习、终身学习的学习型社会作出更大贡献。

会议由教育部部长周济主持。中央国家机关有关部门和总参谋部有关负责人，各级广播电视大学代表等参加了会议。

陈至立出席《教育大国的崛起》首发座谈会

为纪念改革开放30周年，研究总结30年来我国教育改革与发展的重大成就和基本经验，由教育部组织撰写、教育科学出版社出版的《教育大国的崛起》一书，于2008年10月6日下午在人民大会堂举行首发座谈会，全国人大常委会副委员长陈至立出席并讲话。

陈至立在讲话中说，在纪念改革开放30年的特殊日子里，《教育大国的崛起》一书的出版，具有重要价值和意义。教育改革开放30年是坚持以邓小平理论、“三个代表”重要思想为指导，贯彻落实科学发展观，积极探索中国特色社会主义教育发展道路的30年。30年来，我们党坚定不移地实施科教兴国战略和人才强国战略，坚持教育优先发展，探索出一条中国特色社会主义教育的发展道路，形成了规模不断壮大、质量不断提高、结构日趋合理、效益显著提高的社会主义教育体系。30年不懈探索，30年铸就辉煌。我国实现了从人口大国向教育大国的历史性跨越，对推进中国社会主义现代化和全面建设小康社会的进程发挥了重大作用。

陈至立指出，改革开放以来中国教育发展的巨大成就雄辩地证明：发展是硬道理，没有发展，就没有教育的强盛。坚持党的领导，贯彻落实党的教育方针，是探索中国特色社会主义教育道路的根本保证；坚持解放思想，从实际出发，锐意创新，是教育改革发展的思想动力；坚持科学发展观，是推进教育事业持续、健康、快速发展的关键；体现广大人民群众的利益，坚持教育公平、提高教育效率，是教育改革的根本价值标准；坚持教育优先发展是教育改革发展的前提；实施素质教育，促进新一代的全面发展，是教育工作的主题。这是我们经过30年的实践探索与理论创新积累的宝贵经验。

座谈会由教育部部长周济主持。全国人大常委会、全国人大教科文卫委员会、全国政协教科文卫体委员会、教育部有关负责同志出席会议。

教育部党组召开务虚会

2008年8月14日—16日，教育部党组召开务虚会，围绕制定《国家中长期教育改革和发展规划纲要》，集中讨论了教育改革和发展战略与政策研究的若干重点课题。与会同志表示，要继续解放思想，坚持改革创新，努力开创新阶段教育工作新局面，为办好人民满意的教育贡献力量。

为期3天的会议中，有关司局围绕农村义务教育学校标准化建设、农村教师队伍建设、农民工子女教育、城市义务教育均衡发展、学前教育发展、职业教育集团化办学的理论与实践、提高高等教育教学质量和创新人才培养水平、科技创新和教育信息化、高校毕业生就业、教育投入的科学依据及制度建设等重点研究课题，着重介绍了阶段性调研成果，并同与会人员一起进行了认真、深入的讨论。

教育部部长、党组书记周济在发言中指出，经过新中国成立59年、特别是改革开放30年的不懈奋斗，我国实现了从人口大国向人力资源大国的历史性转变。在这个过程中，我们实现了全面普及九年义务教育的历史性跨越，农村免费义务教育全面实现。今年秋季开学起又将在全国范围内全部免除城市义务教育阶段学生学杂费；实现了高等教育的历史性跨越，迈入了国际公认的大众化发展阶段；取得了职业教育改革发展的历史性突破，中职和高职教育分别占据了高中阶段教育和高等教育的半壁江山；在教育公平方面迈出了重大步伐；确立了中国特色社会主义教育体制的基本框架，初步探索出了一条中国特色社会主义教育发展道路。当前，我国教育事业的发展正站在一个新的历史起点上，我们面临的新的历史任务，就是实现从人力资源大国向人力资源强国的转变，这又将是一个历史性的转变。

周济指出，我国教育进入了新的发展阶段，呈现出鲜明的阶段性特征：一是我国已经成为人力资源大国，正在向人力资源强国迈进。二是让孩子们有学上的问题初步得到解决，上好学的问题成为突出矛盾；各级各类教育的数量和规模问题已初步解决，质量和结构的问题成为突出矛盾；现代国民教育体系已经基本形成，中国特色社会主义现代化教育体系还有待进一步发展和完善。三是提高教育质量已经成为各级各类教育最为紧迫的任务。我国教育事业的发展已经进入了全面提高质量的新阶段，进入了让孩子们上好学的新阶段，进入了建设人力资源强国的新阶段。

周济指出，教育新阶段引发的前所未有的新需求，既为教育带来了前所未有的发展机遇，也带来了前所未有的严峻挑战。进入新阶段就要有新思路，面临新机遇就要有新举措，应对新挑战就要有新对策。要抓住机遇、迎接挑战、奋勇前进，必须做好三件事：即总结过去、研究现在、谋划未来。总结过去，最重要的是总结30年来我国教育改革开放的历史经验；研究现在，最重要的是研究建设人力资源强国的时代环境；谋划未来，最重要的是谋划教育改革发展的目标、战略和重大政策举措，当前的重要工作就是研究制定《国家中长期教育改革和发展规划纲要》。

周济强调，做好当前和今后一个时期的教育工作，关键是要认真学习贯彻党的十七大精神，深入贯彻落实科学发展观。第一，以优先发展教育、建设人力资源强国为指针。按照建设人力资源强国的要求科学制定教育事业发展目标，建立适应建设人力资源强国要求的教育投入体制和资源配置机制，保障不断增加的教育发展的资源需求。第二，以提高教育质量为核心。实现教育的发展目标、政策重心、资源配置结构和教育工作评价标准的整体性变革，推进教育战线从思想观念、管理方式、导向机制等方面有一个大的变化。第三，以实施素质教育为主题。在目标上，以创新德育工作机制为切入点，以培养学生的创新精神和实践能力为核心；在实施步骤和工作机制上，以义务教育阶段为重点，抓住督导和体育这两个素质教育的突破口，不断扩大战果。第四，以加强教师队伍建设为关键。要全面提高整个教师队伍的素质，重点建设高层次骨干教师队伍，建设高水平的中小学校长和高校领导干部队伍，通过人事制度改革充分调动和发挥广大干部教师的积极性、创造性，特别是要加强农村教师队伍建设。第五，以促进教育公平为基石。要以教育科学发展促进教育公平，以惠民政策保障教育公平，以规范管理维护教育公平。

教育部副部长、党组副书记袁贵仁在总结发言中指出，举办务虚会是履行政府职责的重要内容，是增强全局意识的有效途径，是坚持民主决策的重要方式。是促进互相学习的极好机会。与会同志通过围绕重点研究题目进行集中研讨，进一步了解了教育形势、把握了工作重点、统一了思想认识、明确了工作方向，收到了很好的效果。袁贵仁要求，要进一步深入调研、开阔视野，解放思想、改革创新，求真务实、务求实效，坚持理论与实际相结合、务虚与务实相结合。努力推动教育事业优先发展、科学发展。

教育部党组成员、各司局和直属单位的主要负责同志参加了会议。

教育部召开2009年度工作会议

2008年12月21日—22日，教育部2009年度工作会议在京举行。中共中央政治局委员、国务委员刘延东出席会议并讲话。教育部党组书记、部长周济作会议主报告。

刘延东强调，要以纪念改革开放30周年为新起点，进一步总结经验，坚定方向，解放思想，改革创新，开创教育事业科学发展新局面，办好人民满意的教育，推动建设人力资源强国，为全面建设小康社会、实现中华民族伟大复兴提供强有力的人才保障。

刘延东说，改革开放的伟大时代造就了中国教育的繁荣发展，30年教育实现了大发展、大变革、大跨越。我国建成了世界上最大规模的教育体系，义务教育全面普及，职业教育重大突破，高等教育进入大众化发展阶段，教育改革向纵深推进，教育公平迈出重大步伐，保障条件逐步完善，探索了一条中国特色社会主义教育发展道路，为国家现代化建设作出了不可替代的重要贡献。

刘延东指出，站在新起点上的教育事业，必须深入贯彻落实科学发展观，坚持面向现代化，面向世界，面向未来，服务科教兴国、人才强国和可持续发展战略，立足基本国情，不断改革创新，把握教育发展规律，培养大批高素质拔尖专才和高技能劳动者。一要正确处理教育事业与现代化建设其他事业的关系，坚持把教育放在优先发展的战略地位。二要正确处理公平与效率的关系，坚持把促进教育公平、办人民满意的教育作为国家基本教育政策。三要正确处理规模与质量的关系，坚持把实施素质教育、提高教育质量作为教育工作努力方向。四要正确处理城乡、区域教育发展的关系，坚持推进基本公共教育服务均等化。五要正确处理各级各类教育的关系，构建现代国民教育体系和终身教育体系。六要正确处理政府办学和社会力量办学的关系，坚持在发挥政府主导作用的基础上，调动全社会积极性加快教育发展。七要正确处理客观条件保障与主观奋发努力的关系，坚持以思想新解放和改革新突破实现教育事业更大发展。

刘延东强调，要加强领导，履职尽责，努力做好明年的几项重点工作。一是深入调研，发扬民主，制订好国家中长期教育改革与发展规划纲要。把制订规划与解决当前紧迫问题结合起来，对重大问题坚持试点先行，取得成熟经验后再面上推广。二是为发展农村地区、边远贫困地区和民族地区教育多办实事。巩固农村义务教育普及成果，加快推进中西部地区农村初中校舍改造建设。加快发展农村中等职业教育。三是落实好中央应对世界金融危机的政策措施。切实用好对教育基本建设的新增投入，加强项目规划、施工监管和资金管理，提高经费使用效益。满足人民群众的教育需求，使优质教育资源人民共享。做好对家庭经济困难学生的资助工作，加强高校毕业生就业指导。四是做好维护教育系统稳定工作，加强思想政治教育，帮助师生解决实际困难，排查清除安全隐患，开展创建平安、健康、文明、和谐校园活动。

周济在报告中首先回顾了2008年教育工作。他指出，2008年是党和国家工作很不平凡的一年，也是教育工作很不平凡的一年。在党中央、国务院的正确领导下，教育系统广大干部和师生员工以科学发展观统领全局，全面落实中央各项部署，振奋精神，齐心协力，锐意进取，各项工作扎实推进，取得了新的成绩。

周济指出，改革开放30年来，我国教育改革发展取得了巨大成就，实现了两个跨越，就是九年义务教育全面普及并全面实现免费、高等教育进入大众化发展阶段；一个突破，就是职业教育改革发展取得历史性突破，形成了大规模培养技能型人才的能力；一个重大步伐，就是实现教育公平迈出了重大步伐；一个确立，就是基本确立了中国特色社会主义教育体制的基本框架。作为一个发展中的大国，我们在经济基础薄弱，人口众多，穷国办大教育的情况下，实现了教育大国的崛起，走出了一条中国特色社会主义教育发展道路。

周济强调，在充分肯定成绩的同时，我们必须清醒地认识到，教育事业改革发展和教育工作还存在不少问题，国内外形势发展变化使教育工作面临着诸多新的挑战。我们一定要增强忧患意识，以科学发展观为指导，树立新的思想观念，加强新的战略思考，推出新的政策举措，更加兢兢业业、扎扎实实地做好教育改革和发展各项工作。

周济指出，2009 年教育工作的中心任务是：一要以开展深入学习实践科学发展观活动为主线，促进教育事业优先发展、科学发展。要深刻认识开展学习实践科学发展观活动的重大意义，以“谋划教育事业科学发展、努力办好人民满意教育”为载体，全面贯彻落实学习实践活动的指导思想、目标要求和主要原则，确保学习实践活动取得实效。二要努力制订一个体现时代发展要求，符合中国国情、人民群众满意的高质量的规划纲要。要把研究制定高质量的规划纲要作为开展学习实践活动的重大任务，作为解放思想、形成共识、推进工作的过程，作为全面规划和部署未来 12 年我国教育改革发展的过程。三要以开展学习实践活动为契机，集中力量办好一些让社会公众满意、给教育发展增添动力的事情。要把学习实践活动与贯彻落实中央经济工作会议精神结合起来，保质保量完成中央新增教育投资项目，与贯彻落实党的十七届三中全会精神结合起来，坚持把农村教育放在教育工作重中之重的战略地位。

教育部党组副书记、副部长袁贵仁作总结讲话，教育部党组成员出席了会议，辽宁、海南、北京、福建、山东、四川、上海和广东 8 省市教育厅的负责同志在会上作了经验交流。

撰稿　孙明春

审稿　崔保师　曹国永

教育部 2008 年工作要点

2008 年教育工作的总体要求是：认真学习贯彻党的十七大精神，高举中国特色社会主义伟大旗帜，以邓小平理论和“三个代表”重要思想为指导，深入贯彻落实科学发展观，全面贯彻党的教育方针，提高教育质量，促进教育公平，办好人民满意的教育，努力建设人力资源强国。

一、认真学习贯彻党的十七大精神，推动教育事业科学发展

1. 把学习宣传贯彻党的十七大精神作为首要的政治任务，紧紧围绕主题，武装头脑、指导实践、推动工作，在全国教育系统不断把学习贯彻落实党的十七大精神引向深入。坚持育人为本、德育为先，把社会主义核心价值体系融入国民教育全过程，认真落实党的十七大精神进教材、进课堂、进学生头脑的要求。组织高校哲学社会科学工作者开展党的十七大精神的理论研究和宣传。

2. 以科学发展观统领教育改革发展全局，认真贯彻落实党的十七大对教育工作提出的重大任务和方针政策，推动教育事业科学发展。优化教育结构，促进义务教育均衡发展，加快普及高中阶段教育，大力发展职业教育，提高高等教育质量，推动各级各类教育协调发展。研究制订《2008—2012 年教育振兴行动计划》，全面落实《国家教育事业发展“十一五”规划纲要》，巩固成果、深化改革、提高质量、持续发展。进一步加强教育科学研究，重点抓好教育改革和发展战略与政策研究。

3. 大力加强教育法制建设，全面推进依法治教、依法治校。深入贯彻实施新的《义务教育法》。配合做好制定《教育督导条例》和《考试法》工作，加快起草、修订《学校法》、《终身学习法》、《职业教育法》、《学前教育法》和《学位法》工作进程。切实加强对研究制订教育规章的统筹管理。大力推进依法行政，规范教育行政审批。全面落实“教育系统‘五五’普法规划”。

4. 建立健全保障教育优先发展的机制和制度，进一步推动落实“三个优先”，即：经济社会发展规划要优先安排教育发展，财政资金要优先保障教育投入，公共资源要优先满足教育和人力资源开发需要。研究制定依法落实教育经费“三个增长”的政策措施，保证财政性教育经费增长幅度明显高于财政经常性收入增长幅度。公共教育资源要更多地向农村、中西部地区、贫困地区、边疆地区和民族地区倾斜。发扬艰苦奋斗作风，坚持勤俭办学，提高管理水平，提高经费使用效益。

5. 以改革创新精神推进教育系统党的建设，组织开展好学习实践科学发展观活动。巩固和发展先进性教育成果。加强学校领导班子思想建设和作风建设，提高领导水平和执政能力。大规模培训教育系统干部，大幅度提高干部素质。严格实行民主集中制，健全高校党委领导下的校长负责制。加强学校基层党、团组织建设。着力做好民办高校党建工作。

6. 大力加强教育系统反腐倡廉建设。扎实推进惩治和预防腐败体系建设。认真落实干部监督工作各项任务。严格执行党风廉政建设责任制。加强学校财务管理和内部审计，强化对学校招生、收费、基建、采购、后勤等的管理和监督，深化校务公开。做好直属高校巡视工作。积极推进廉洁教育进校园，加强廉政文化建设。

7. 进一步加强教育部机关建设。积极推进机关转变职能，改进工作作风和工作方法。大力加强调查研究，强化综合协调、信息服务、公文审核、督察督办，提高工作效能。改进文风、会风，精简会议、文件，清理并严格控制评比、评奖、评估和考核等活动。积极推进政务公开。深入推进学习型机关、学习型支部建设。重视青年干部的培养。做好离退休干部工作。做好教育信访工作。

二、切实推进素质教育，进一步把立德树人的任务落到实处

8. 进一步加强和改进未成年人思想道德教育。按照社会主义核心价值体系的要求，把德育有机融入各学科教育教学中，加强中小学思想品德、语文、历史、地理等课程教材建设。深入开展弘扬和培育民族精神月教育活动，积极推进以营造浓厚育人氛围为重点的校园文化建设。广泛开展与学科课程教学相衔接的社会实践活动。大力推进班主任队伍建设。研究制定《中小学德育规程》。加强中等职业学校德育工作，深入开展以敬业、诚信为重点的职业道德教育，着力抓好学生团组织建设。积极推进校外活动场所建设。做好关心下一代工作。

9. 进一步加强和改进大学生思想政治教育。深入推进中国特色社会主义理论体系“三进”工作，修订高校思想政治理论课教材。抓好高校思想政治理论课教师骨干研修和全员培训工作，推动教学方法改革，高质量地实施高校思想政治理论课新课程方案。加强形势政策和国情教育。加强校园网络文化建设和管理。总结推广高校校园文化建设成果，开展大学生先进事迹巡回报告活动。加强辅导员队伍思想建设和组织建设，开展全面的多层次的培养培训。

10. 全面推进并深化基础教育课程改革。颁布修订后的义务教育新课程标准，扩大普通高中新课程改革试验范围，进一步完善工作机制，加强与实施新课程相适应的制度建设。改进和完善中小学教材审查工作。大力推进教学改革，切实减轻中小学学生的课业负担，进一步提高学生综合素质。

11. 进一步加强学校体育工作。以2008年北京奥运会为契机，深入开展全国亿万学生阳光体育运动，上好体育课，大力开展“每天锻炼一小时”活动。全面实施国家学生体质健康标准，激励学生达标争优、强身健体。加强和改进心理健康教育与卫生防病教育，健全学校突发公共卫生事件报告与预警机制。切实提高农村中小学艺术课程开课率和教学质量，开展大学生艺术展演活动。继续加强国防教育和学生军训工作。做好世界大学生冬季运动会筹备工作。

12. 深入推进招生考试和质量评价制度改革。继续完善义务教育就近、免试入学制度。全面实施初中毕业生学业考试与综合素质评价相结合的高中阶段招生考试制度改革，推广将普通高中招生指标均衡分配到区域内初中的办法。深入推进高校招生考试制度改革，将重点放在考试内容改革上，建立健全普通高中学业水平考试，完善学生综合素质评价体系，扩大并深化高校自主选拔录取改革试点工作。稳步推进实施普通高中新课程省份的高校招生考试综合改革，推动高中课改和高考改革的有机衔接。完善对政府、学校、校长、教师及学生的评价机制、评价标准，坚决纠正片面追求升学率倾向。

三、以农村义务教育为重点，促进义务教育均衡发展

13. 切实完善和落实农村义务教育经费保障机制。向全国农村义务教育阶段学生免费提供教科书，全面落实家庭经济困难寄宿生生活费补助政策，提高农村义务教育阶段中小学公用经费保障水平。健全农村中小学预算制度，强化财务管理。落实中央财政以奖代偿的激励政策，推动各地加快化解“普九”债务。在试点的基础上，全面免除城市义务教育阶段学杂费。以流入地政府为主、以公办学校为主，保障进城务工人员子女平等接受义务教育。做好农村留守儿童教育工作。

14. 依法均衡配置公共义务教育资源，加强薄弱学校建设，努力办好每一所学校。巩固和发展“两基”攻坚成果，继续改善中小学办学条件。进一步加强农村寄宿制学校建设，全面实施中西部农村初中校舍改造工程和新农村卫生新校园建设工程。重在制度建设，加强对农村地区寄宿学生的管理工作。鼓励和支持学校开展勤工俭学。继续抓好扫盲工作。

15. 积极发展农村中小学现代远程教育，努力推进“班班通、堂堂用”，让广大中小学学生共享优质教育资源。加强农村中小学现代远程教育资源建设，着力抓好教学光盘的普及和应用，做好教学应用指导和支持服务工作。坚持应用为主，把远程教育与推动实施素质教育、加强教师培训、促进农科教结合、培训农村党员和提高农民素质进一步紧密结合起来。

16．着力提高普通高中教育质量，大力推进高中新课程改革，为培养创新型人才奠定基础。鼓励和引导普通高中注重质量，办出特色、形成风格。重视学前教育，努力发展农村学前教育。关心特殊教育，启动实施中西部地区特殊教育学校建设工程。

17．进一步完善国家教育督导制度。继续做好“两基”国检工作，建立“两基”巩固提高年检复查制度。制定中小学实施素质教育督导工作方案，进行义务教育均衡发展督导评估试点，开展基础教育质量监测，抓好开展阳光体育运动等专项督导检查工作，做好全国中小学生数学学习质量和心理健康状况专项监测工作。开展中等职业教育督导试点工作。健全国家教育督导报告制度。

四、大力发展职业教育，把工作重点放在提高质量上

18．以服务为宗旨、以就业为导向，以提高质量为重点，大力发展职业教育。进一步扩大中等职业教育招生规模，加强对高中阶段教育招生的统筹规划和统一管理，提高高中阶段教育毛入学率。提高高等职业教育质量，着力培养高素质的高技能人才。积极推动东西部之间、城乡之间职业院校的联合招生和合作办学。深化公办职业院校体制和机制改革，积极推广“三段式”办学模式，引导和推动职业教育集团化办学。支持民办职业教育健康发展。

19．健全面向全体劳动者的职业教育培训制度，继续实施职业教育的“四大工程”。充分发挥职业院校的作用，加强现代制造业与服务业急需人才的培养，培育新型农民。广泛开展进城务工人员、农村实用人才和未升学高中毕业生的职业教育培训，加强职工继续教育和再就业培训。

20．深化职业教育教学改革。大力推进校企合作、工学结合，健全并逐步实施中等职业教育顶岗实习一年、高等职业教育顶岗实习半年的制度，努力健全半工半读制度。广泛推行订单培养。完善弹性学习制度。举办全国职业院校职业技能大赛。

21．全面加强职业教育基础能力建设。进一步加大对中等职业教育的投入，启动国家优秀中等职业学校建设计划。继续实施职业教育实训基地建设计划、县级职教中心建设计划、示范性中等职业学校建设计划。大力推进国家示范性高等职业院校建设计划，加强自身建设，注重总结推广，引领全国高等职业教育持续健康发展。

22．积极发展远程教育和继续教育，在试点的基础上，全面部署和努力推进全民学习、终身学习的学习型社会的建设工作。以国民教育体系为依托，充分发挥广播电视大学、自学考试和中国教育卫星宽带网平台等重要作用，积极开展多种形式的成人继续教育和社区教育。

五、切实提高高等教育质量，进一步提高创新人才培养水平

23．深入实施高等学校教学质量与教学改革工程。进一步加大宏观调控力度，相对稳定招生规模，认真做好 2008 年全国高等教育招生计划安排和管理工作，实施支援中西部地区招生协作计划。加强学科专业建设和结构调整，支持校企合作建设国家重点发展领域紧缺人才的学科专业。深化人才培养模式改革，探索以能力培养为核心的教学模式。加强教育教学的实践环节，积极推进学生到企业、事业单位实习实践。建设国家级实验教学示范中心，资助大学生开展创新性实验。组织编写体现新知识、新理论和新技术的高质量教材，继续建设国家级精品课程。健全教授为本科生讲授基础课制度，加强教学团队建设。全面推进高校学风建设。

24．扎实推进高校教学质量评估工作。坚持以评促建、以评促改、以评促管，评建结合、重在建设的方针，高质量完成第一轮评估工作。以加强分类指导为重点，进一步完善本科教学、高职教学的评估指标体系，统筹规划新一轮高校教学评估。开展专业评估和专业认证试点工作。

25．以提高研究生教育质量为中心，启动新一轮研究生教育创新计划。深入推进研究生培养机制改革，进一步完善和落实以科学研究为主导的导师负责制和资助制度。深化研究生招生制度改革，积极推进以初试、复试和推荐免试为重点的改革措施，更加重视创新人才的选拔。做好博士生培养质量的调查与分析，健全学位与研究生教育质量保障体系。深化博士硕士学位授权审核办法改革。深入推进专业学位工作。

26．继续推进高水平大学和重点学科建设，提高我国高等教育水平和竞争力。全面实施“211工程”三期建设，完成“985工程”二期建设，启动“985工程”三期建设，实施优势学科创新平台计划。

27．进一步提高高校自主创新能力。继续加强统筹规划，成立高校创新体系建设及各重大专项协调小组和专家小组，组织全国高校力量，积极参与国家中长期科技规划纲要的实施。加强国家（重点）实验室、国家工程（技术）中心等科技创新基地和大型仪器中心等科技基础条件平台的建设。大力推进产学研结合，促进科技成果向现实生产力转化，积极推进高校为地方经济社会发展服务。继续开展10 000个科学难题征集活动。深入推进高校科技产业规范化。继续办好国家大学科技园。

28．启动新一轮高校哲学社会科学繁荣计划，为社会主义文化大发展大繁荣服务。积极参与马克思主义理论研究和建设工程，深入推进哲学社会科学学科体系和教材体系建设。办好高校哲学社会科学教学科研骨干研修班。加强和改进教育部人文社会科学重点研究基地建设工作。

六、进一步加强教师队伍建设，重点提高农村教师素质

29．深入贯彻落实胡锦涛总书记在全国优秀教师代表座谈会上的讲话精神，把教师队伍建设放在更加突出的战略位置。进一步加强和改进师德建设，广泛开展向全国模范教师学习活动，大力弘扬“学为人师、行为世范”的高尚精神，引导广大教师自觉践行胡锦涛总书记提出的“四点希望”，努力成为受学生爱戴、让人民满意的教师。

30．深化教育人事制度改革。重点做好保障农村义务教育教师工资水平落实工作。研究制定建立统一的中小学教师职务制度的实施意见。建立健全收入分配激励机制，研究制定学校绩效工资分配政策。开展教育系统养老保险制度改革试点，研究教师医疗和住房等社会保障办法。进一步完善中小学编制管理制度，开展高校编制标准研究制订工作。指导学校实施岗位设置管理制度，合理配置教师资源。规范中小学新任教师公开招聘制度，严格教师资格准入制度。

31．深化教师教育改革。继续做好部属师范大学实行师范生免费教育试点工作，支持有条件的地方试行师范生免费教育，积极推进教师教育改革创新，启动实施国家教师教育创新平台建设计划。加强师范类特色专业建设，深入推进教师教育课程教学改革，健全师范生到中小学实习制度。

32．启动新一轮中小学教师培训计划，深入推进全国教师教育网络联盟计划，进一步加强教师特别是农村教师培训工作，提高教师教书育人能力。加强中西部农村和边疆地区骨干教师远程培训，强化中小学班主任和校长培训。修订《中小学教师继续教育规定》。

33．积极推进农村学校教师补充新机制。扎实推进并全力推广农村义务教育阶段教师特设岗位计划。积极推进农村学校教育硕士师资培养计划。健全城镇教师到农村任教服务和定期交流制度。继续完善和落实鼓励和引导高校毕业生到中西部农村义务教育阶段学校任教的政策措施。

34．深入实施中等职业学校教师素质提高计划。进一步加强“双师型”教师培养培训，完善职业学校教师到企业实践制度。继续加强职业院校聘请兼职教师工作。

35．研究制定和组织实施新一轮高层次创新人才计划，深入实施高校人才强校战略。继续完善以学科带头人为核心凝聚创新团队的组织模式，培养和汇聚高校拔尖创新人才。加大吸引海外高层次人才力度，加强高校引智基地的建设和管理。进一步加强青年教师培训。

七、研究解决人民群众关心的教育问题，着力促进教育公平

36．全面落实资助制度，确保家庭经济困难学生都能上得起大学、接受职业教育。推动各地各校落实普通本科高校、高等职业学校和中等职业学校国家奖学金、国家助学金等资助制度，继续完善和落实国家助学贷款政策，全面推进生源地信用助学贷款。建立健全普通高中家庭经济困难学生资助办法。

37. 积极发展民族地区教育，促进区域教育协调发展。加强教育对口支援机制，组织全国教育战线支援西部地区教育发展。加强少数民族双语教学和教师培训，进一步提高民族地区教育的办学质量。加强高校民族班、预科班管理。继续实施少数民族高层次骨干人才培养计划。做好教育支援西藏、新疆工作，切实办好内地西藏班和新疆高中班。

38. 深入实施高校招生“阳光工程”。健全公开透明的招生工作体系，进一步加大信息公开力度，把学校的办学资格、招生计划、学费标准、录取规则、录取过程、录取结果向社会公开。推广和完善平行志愿投档、分段公开征集志愿等录取方式，进一步提高考生和高校满意度。加强对保送生、艺术特长生和高水平运动员等考生考试资格和录取名单的公示和监督。强化研究生招生管理和监督。继续综合治理高校招生环境，坚决制止和有效打击危害考试安全和录取公正的各种违规、欺诈行为，确保国家教育招生考试的公平、公正和安全。

39. 全力以赴积极做好高校毕业生就业工作。加大促进毕业生就业的工作力度，完善国家大学生就业供求信息发布和网上联合招聘制度，推动落实促进大学生充分就业的政策措施。加强毕业生理想信念教育和就业观念教育，采取强有力的政策措施，引导和鼓励毕业生到农村、到基层建功立业。做好家庭经济困难高校毕业生就业帮扶工作。全面加强就业指导服务工作，进一步提高服务水平。

40. 依法从严治教、从严治校，进一步加强规范管理。严格执行义务教育阶段不得举办重点学校或重点班规定，认真研究解决城市义务教育阶段择校问题。加强学籍学历管理，推进各级各类教育学生学籍管理电子化。继续规范教育收费，稳定各级各类学校收费标准，全面推行教育收费公示制度。加强教育经费的严格管理和监督。坚决制止教育乱收费。深入开展创建规范教育收费示范县活动。

41. 深入开展创建和谐校园活动，建设平安、健康、文明的和谐校园。建设和谐校园文化，培育校园文明风尚，激发师生创造活力。大力开展植树活动，建设绿色校园。加强安全教育和法制教育。继续开展学校周边综合治理专项整治行动，维护师生健康和安全。充分发挥思想政治工作优势，及时化解各种矛盾和问题；完善校园安全防控体系和应急管理体系，认真排查并及时整改工作薄弱环节，妥善处理校内突发公共事件；扎实做好各项工作，维护教育系统持续稳定。

八、深入推进教育改革开放，进一步提高教育管理水平

42. 深化教育管理体制和机制改革。进一步加强分区规划、分类指导，支持地方教育综合改革和统筹发展。落实和规范高校办学自主权，促进形成自我发展、自我激励、自我约束机制，鼓励高校科学定位、形成特色。积极推进与国务院有关部门、大型企业集团和地方政府共建教育部直属高校，健全支持行业特色高校发展的长效机制。继续加强省部共建中西部地方高校工作。深入推进高校后勤社会化改革，办好高校学生食堂。

43. 鼓励和规范社会力量兴办教育，引导民办教育健康发展。依法落实国家扶持民办教育发展的政策措施。落实对民办高校督查制度，严格核查民办高校基本办学条件，规范独立学院办学，提高办学质量。继续加强中外合作办学规范管理，注重引进国外优质教育资源。

44. 进一步加强教育国际交流与合作。继续加强教育高层磋商机制建设，深化与外国政府教育部门和联合国教科文组织等国际组织的全方位、多层次教育合作，抓好地区间教育交流与合作平台建设。认真实施“国家建设高水平大学公派研究生项目”，加大对博士生的选派工作力度，特别要加强联合学位项目和联合培养项目的工作力度。支持有条件的高校开展国际间高水平科研合作和联合培养高层次人才，促进高校参与欧盟第七框架计划。鼓励和引导出国留学人员回国工作和为国服务，进一步落实和完善引进海外优秀留学人才的政策措施。积极发展来华留学事业，进一步扩大中国政府奖学金规模，进一步提高来华留学教育质量。继续促进和各国双边学历学位互认。加强教育涉外工作的监管和引导。加强对教育领域国际准则性文件的研究和缔约工作。继续做好与港澳台教育交流工作。

45. 做好以孔子学院为龙头的汉语国际推广工作。继续加强孔子学院的建设和布局，强化管理，切实抓好师资、教材、管理等方面的基础建设，全面带动国外大中小学汉语教学，提高汉语国际推广质量。充分利用2008年北京奥运会等，进一步兴起汉语国际推广的新高潮。制定《汉语国际推广2008—2012年规划》。

46. 全面提高学校语文教育水平，促进社会语言文字应用的规范化。继续推动普通话水平测试的信息化和规范化，扩大汉字应用水平测试试点。研究制订语言文字规范标准。开展中华经典语文诵读活动。推进民族语言文字规范标准建设和信息化。加强国家语言资源监测和语言战略研究，引导社会语言生活和谐发展。

47. 全面实施“金教工程”，建立和完善全国教育系统信息化公共服务和管理体系。积极推进教育电子政务快速发展。大力加强各级各类学校招生、学籍管理、学生资助、办学质量监控、大学生就业、国家公派留学管理和教育涉外监管等应用平台建设，面向社会提供良好信息服务，为加强公共管理、提高教育质量奠定良好信息工作基础。

48. 进一步加强教育新闻宣传工作。充分发挥新闻和宣传的舆论导向作用，加大正面宣传和舆论监督的工作力度。切实加强先进典型宣传、教育政策解读、舆情分析引导和教育对外宣传工作，完善教育新闻发布制度，积极营造教育改革与发展的良好舆论环境。

教育系统抗震救灾

〔**教育部认真贯彻中央政治局常委会议和国务院会议精神，进一步研究部署教育系统抗震救灾工作**〕 5月12日晚，胡锦涛总书记主持召开中央政治局常委会议，会议要求灾区各级党委、政府和中央各有关部门紧急行动起来，把抗震救灾作为当前的首要任务。国务院召开专门会议，对抗震救灾工作作出部署。刘延东国务委员作出重要批示，要求教育部及时了解四川省及地震波及地区教育系统受灾情况，转达对因灾遇难师生的哀悼和对受伤师生的慰问，要求灾区教育系统在当地党委、政府领导下切实做好抗震救灾工作。为贯彻落实中央领导同志指示精神，5月13日上午，在部内主持工作的教育部党组副书记、副部长袁贵仁召开会议，传达中央政治局常委会议、国务院会议和刘延东国务委员重要批示精神，研究部署进一步做好教育系统抗震救灾工作，要求切实把抗震救灾工作作为当前首要政治任务，按照中央统一部署，进一步做好各项工作，为减少地震灾害损失、保障灾区师生生命安全、维护教育系统安全稳定作出积极贡献。在京部领导及有关司局负责人结合各自工作提出了建议。

会议决定：一是根据刘延东国务委员指示精神，迅速转达党中央、国务院领导对地震灾害中遇难师生的哀悼和对受伤师生的慰问。二是实行部领导带班制度，有关司局24小时值班。严格实行责任制，责任到人。三是注意全面收集和掌握教育系统受灾情况，及时向党中央、国务院报告教育系统受灾情况、抗震救灾工作进展情况及抗震救灾工作过程中出现的新情况。四是高度关注师生思想动态，及时宣传各地各校抗震救灾工作以及涌现出来的典型人物和先进事迹，稳定人心，弘扬正气，引导广大师生把思想和行动统一到中央的决策和部署上来。五是在教育系统广泛开展为灾区捐赠活动，动员机关广大干部职工和师生为抗震救灾工作作出贡献。通过教育基金会呼吁社会为灾区学校和学生捐款。

会后，教育部再次发出紧急通知，对加强教育系统抗震救灾工作作出进一步部署。通知要求各地各校一要在当地党委、政府的领导下，迅速组织力量做好抗震救灾及自救、互救工作，全力抢救伤员，确保师生生命安全。对灾区学校特别是中小学寄宿制学校一时难以疏散的学生，要妥善安排到安全地区，确保有饭吃、有衣穿、有干净水喝、有临时住处，并及时与其家长取得联系。各校要关心家中遭遇人员伤亡和财产损失的学生，采取各种措施帮助他们，使他们感受到党和政府的关怀，社会和学校的温暖，增强他们克服困难的信心和决心。要配合有关部门做好伤亡学生家属的安抚工作。二要加强值守应急和信息报送工作。受灾地区和地震波及省份省级教育部门和部属高校要落实好24小时值班和领导带班制度，责任到人，确保24小时通讯畅通。三要及时开展灾后安全排查，做好次生灾害的防范工作。受灾地区和地震波及地区要全面开展学校安全隐患排查工作，对学校校舍、围墙和水、电、气等设施进行全面排查，详细掌握学校受灾程度和受损情况，抓紧抢修受损的设施和设备，严禁使用因灾造成的D级危房和不符合安全要求的水、电、气设施。要高度重视因地震可能引发的一系列次生灾害，做好相关预案，特别是要防范可能引发的山体崩塌、滑坡、泥石流、管道爆裂、气体泄漏等次生灾害。对建在山脚下、河边及泥石流频发地区的学校要密切关注其周边环境变化，坚决防止地质灾害造成人员伤亡。要采取有效措施，切实加强对校内包括实验室各类危险品的检查和管理，排除隐患，维护校园安全和稳定。四要加强正面舆论引导。各地各校要充分利用校园广播、电视、网络等媒体，大力宣传中央的重大决定、重要部署，宣传抗震救灾中涌现出来的典型人物和先进事迹，以鼓舞士气、凝聚人心。要动员教育系统广大师生积极参与公益性救灾募捐活动，为灾区学校重建贡献力量。

5月16日下午，刚刚指导灾区教育系统抗震救灾工作，从四川返回的教育部党组书记、部长周济即主持召开部党组会议，传达中央政治局常委会议、国务院抗震救灾总指挥部会议精神，回顾总结前一阶段教育系统抗震救灾工作，研究部署近期进一步做好抗震救灾工作有关问题。

会议指出，以胡锦涛同志为总书记的党中央非常关心广大师生的生命安全，高度重视学校的抗震救灾工作，胡锦涛、温家宝、刘延东等中央领导同志多次作出重要批示。温家宝总理在四川指挥抗震救灾工作期间，多次深入学校看望慰问师生和救援人员，要求不惜一切代价，尽最大努力，抢救出更多的孩子，充分体现了党和政府对广大师生的亲切关怀。各方面救援队伍克服重重困难，夜以继日地开展工作，挽救了许多学生的生命。

灾区教育系统的教师、干部时刻把学生的生命安危挂在心上，奋不顾身地抢救学生，涌现出许多可歌可泣的感人事迹。全国广大师生员工发扬“一方有难、八方支援”的协作精神，派出教师、干部、医护人员和大学生到救灾一线参与抗震救灾工作，积极献血和捐款捐物。在党中央、国务院的领导下，在四川和其他受灾地区党委、政府的统一指挥下，灾区教育系统抢险救灾工作取得了积极进展。

会议要求，要认真贯彻党中央、国务院关于抗震救灾的统一部署，务必把抗震救灾作为当前最重要最紧迫的任务，不畏艰难，连续作战，团结协作，全力以赴，坚决打胜抗震救灾这场硬仗。当前要切实做好以下工作：继续把救人作为第一位的任务，积极配合有关方面，抓紧做好伤亡人员的搜救工作和失踪人员的核查工作；在各级各类学校全面开展安全检查，对广大学生深入进行防灾知识教育；抓紧筹备灾区学校开学和恢复教学秩序的工作；细化灾区高考、中考和中职招生录取等方面的工作方案；研究拟订受灾学校的恢复重建工作方案；认真开展受灾学生的心理援助，特别是孤儿和残疾学生的救助工作、地震死亡师生家属的抚恤工作；做好灾区学校的稳定和思想政治工作等。

会议强调，要坚持正确舆论导向，切实做好新闻宣传工作，广泛宣传党和政府对广大师生生命安全的高度重视，宣传各地抢险救灾的工作部署，宣传教育系统涌现的好人好事，营造良好的舆论氛围。

会议要求各司局认真做好会议议定事项的落实工作。

〔**教育部抗震救灾和灾后重建工作**〕　2008年5月12日，我国四川省汶川县发生了里氏8.0级强烈地震。这次地震是新中国成立以来破坏性最强、涉及范围最广、救灾难度最大的一次地震。地震发生时，正值上学期间，震区不少学校房屋损毁，造成地震灾区师生重大伤亡。在大灾面前，在党中央、国务院的坚强领导下，教育部迅速启动教育系统突发公共事件应急预案，多次召开紧急会议、下发紧急通知，认真研究部署教育系统抗震救灾工作，采取各项有力措施，努力保障师生生命安全，全力安排灾区学校在最短的时间内复课，取得了抗震救灾的重大胜利。大灾之后，为了使受灾师生能够尽早地回到永久性校舍恢复正常教学，党和政府迅速组织和动员全国力量，帮助灾区开展了大规模的学校灾后重建工作，到2008年底，学校灾后重建已经取得了阶段性成果。

紧急部署抗震救灾工作，妥善安置灾区师生

（一）迅速启动应急预案，部署抗震救灾工作

地震发生后，教育部党组迅速启动自然灾害突发事件应急预案。在5月12日—18日，为贯彻落实中央政治局常委会议、国务院会议和中央领导同志重要指示精神，进一步做好教育系统抗震救灾工作，连续三次发出紧急通知。同时，建立值守应急和信息报送制度，确保24小时通讯畅通，及时准确向国务院抗震救灾总指挥部汇报教育系统有关灾损情况。

1. 5月12日，教育部召开紧急会议，部署教育系统抗震救灾等应急工作；12日下午，教育部发出《关于全力做好地震灾害预防和救助工作的紧急通知》。

2. 5月13日上午，教育部召开紧急会议，专题研究四川省汶川县地震灾害对高考的影响，决定立即启动教育考试突发事件应急预案，并制定详细应对措施；13日，教育部再次发出《关于全力做好抗震救灾工作的紧急通知》。

3. 5月16日，教育部召开党组会议，传达中央政治局常委会、国务院抗震救灾总指挥部会议精神，按照党中央、国务院关于抗震救灾的统一部署，对需要抓紧的几项工作做出了安排。

4. 5月18日，教育部发出了《关于继续做好抗震救灾工作有关事项的紧急通知》，要求各地各校继续做好抗震救灾工作，坚持安全第一，高度警惕并切实防范余震和次生灾害，确保师生生命安全。

5. 5月19日下午，教育部召开党组会议，传达学习胡锦涛总书记在四川抗震救灾工作会议上的重要讲话精神，对贯彻落实国务院关于抗震救灾工作会议特别是“研究部署教育系统进一步做好抗震救灾工作会议”精神的有关问题明确了职责分工，做出了周密部署。

6. 5月19日，袁贵仁同志率领教育部工作组赶赴四川省，协助四川教育厅开展工作并对实际情况进行调研，之后，陈小娅、田淑兰同志又先后赴川。为组织好四川今年高考和中小学复课，又派出专门工作组协助四川工作。

7. 5月20日，下发了《中共教育部党组关于在悼念汶川大地震遇难同胞活动中加强高校学生教育引导工作的紧急通知》（教电〔2008〕233号），要求各地教育部门和高校积极采取措施，引导学生有序参与悼念活动，以实际行动支援抗震救灾，防止因悼念活动引发其他事端。

8. 5月20日晚，教育部紧急召开会议，传达刘延东同志当晚召集会议的精神，进一步明确了职责分工，作出了具体安排。

9. 5月23日下午，教育部党组召开会议，传达中央政治局常委会议、国务院常务会议精神，研究部署进一步做好教育系统抗震救灾的有关工作，会议要求把受灾师生安置和学校恢复重建摆在更加突出的位置，全力以赴做好抗震救灾工作。

10. 5月26日，教育部印发了《教育系统做好灾区师生安置和恢复重建准备工作的方案》的通知，提出了加强安全管理、加强学校卫生防疫、创造条件帮助灾区学生恢复上课、积极开展灾区学生心理援助等十条措施。

11. 5月31日下午，教育部党组召开会议，传达中央政治局会议、国务院常务会议、中纪委会议的精神，研究部署进一步做好教育系统抗震救灾的有关工作，对制订的十条措施作出了周密部署。

（二）紧急拨付抗震救灾专项资金，完善有关教育资助政策

5月14日—30日，教育部先后会同财政部联合印发3个通知，向四川、甘肃、陕西、重庆、云南下达教育抗震救灾专项资金共计1.03亿元，用于灾区特别是中小学抗灾自救、师生应急临时安置、重置必需的教学用具学习用品以及应届高考延考学生的临时安置、学校卫生防疫等方面的支出。

1. 5月14日，财政部、教育部向四川省下达了5 000万元的教育抗震救灾专项资金。用于灾区特别是中小学抗灾自救、师生应急临时安置、重置必需的教学用具学习用品等方面的支出。

2. 5月17日，决定对考上大学的孤残学生免收学费，提供生活费补助；对没能考上大学的孤残学生，实行免费就读中等职业学校和职业技能培训。

3. 5月20日，中国教育发展基金会从社会各界捐赠的资金中安排372.6万元，用于甘肃、陕西两省13个地震重灾县2.48万名普通高中高三学生补助伙食费（每人每天补助10元，补助15天）。5月28日，中国教育发展基金会从社会各界捐赠资金中拨付四川省教育厅1 091.67万元，按每人每天补助10元、补助30天的标准，用于四川21个地震重灾区（区、市）约3.64万名普通高中高三学生伙食费补助。

4. 5月27日，教育部、财政部决定将普通本专科生中来自地震重灾区的农村学生（含县镇）和城市家庭经济困难学生全部纳入国家助学金资助范围，从今年5月起给予每人每月平均200元的资助。

5. 5月29日，财政部、教育部联合印发了《财政部 教育部关于下达2008年教育抗震救灾专项资金的通知》，向甘肃、陕西、重庆、云南四省市下达教育抗震救灾专项资金3 300万元，专项用于四省份地震灾区特别是中小学抗灾自救、师生应急临时安置、重置必需的教学用具学习用品等方面的支出。尤其是对重灾区延考的普通高中三年级学生，要提供必要的学习和考试条件。

6. 5月30日，财政部、教育部联合印发了《财政部 教育关于下达2008年教育抗震救灾专项资金的通知》，再次对四川省下达教育抗震救灾专项资金2 000万元，专项用于该省灾区中小学特别是应届高考延考学生的临时安置、重置必需的教学用品用具以及学校的卫生防疫等方面支出。

7. 6月17日，中国教育发展基金会拨付1 266.08万元，对四川、甘肃地震灾区延期高考的普通高中的高三年级5.9万名学生补助伙食费，每人每天补助10元，补助25天。6月19日，中国教育发展基金会拨付428.05万元，对四川省地震灾区延期高考的市州及高新区直属普通高中的高三年级1.71万名学生补助伙食费，每人每天补助10元，补助25天。

8. 8月30日，经国务院批准，教育部会同财政部联合下发《关于对汶川地震重灾区家庭经济困难学生实施特别资助政策的通知》：对高中阶段家庭经济困难学生免除学费和补助生活费；对高等教育阶段家庭经济困难学生免除学费，并扩大国家助学金资助面。同时要求各地区、有关部门、各学校要对生源地为地震重灾区的高中阶段学校在校生、普通高等学校全日制本专科在校生以及2008年秋季新入学的学生实行“绿色通道”制度。

（三）多种方式给予灾区学生以人文关怀，做好卫生防疫工作

紧急汇集心理健康教育和心理治疗方面的专家学者，为地震灾区培训中小学骨干培训者和中小学骨干教师；组织专家紧急编写了中小学生心理援助读本；与有关部门研究部署完成了孤残儿童教育与安置问题；会同有关部门共同组织地震灾区师生赴俄开展夏令营活动。配合有关部门做好灾区学校防疫工作。加强环境卫生整治，注意食品和饮用水卫生，防止传染病流行蔓延。发放防疫手册，普及卫生防病知识。

1. 教育部派出了由北京大学、北京师范大学的知名专家组成的专家工作组，于5月17日赴四川省受灾地区，培训当地心理辅导教师，指导他们开展心理援助，为地震灾区培训中小学骨干培训者和中小学骨干教师500人。同时，组织设有心理学专业的高校，开通心理咨询热线电话、开展网络咨询。

2. 5月20日，将心理专家紧急编写、人民教育出版社编辑出版的80万册图书《我们一起度过——献给地震灾后的孩子们》，免费送给重灾区的每一位中小学生。

3. 5月21日起，中国教育电视台开播地震灾后心理危机干预系列访谈节目《我们一起度过——献给地震灾后的孩子们》。该节目共15集。

4. 为确保学校复学复课，帮助和支持地震灾区中小学教师队伍建设，教育部利用暑期部署实施了“援助地震灾区中小学教师培训计划”。

5. 配合有关部门做好灾区学校防疫工作。加强环境卫生整治，注意食品和饮用水卫生，防止传染病流行蔓延。发放防疫手册，普及卫生防病知识。

6. 5月22日，将专家紧急编写、人民教育出版社编辑出版的80万册《我们一起度过——中小学生卫生防病知识》，免费送到受灾地区中小学生手中。

（四）采取多项措施，努力恢复教育教学秩序

为能妥善安置受灾师生，让受灾师生尽早复学复课，并有序、有力、有效地开展灾后恢复重建工作，教育部研究制订了一系列相关政策。

1. 认真做好灾区孤、残学生救助工作。核查因灾致孤、致残学生情况，逐一登记造册，摸清底数；对每一名因灾致孤学生以及暂时与家人失去联

系的学生，明确亲属或者老师承担临时监护责任；启动残疾学生教育机构的建设工作；抓紧救治地震中受伤的学生，对在医院接受治疗的学生特别是重伤学生，尽可能多地给予照顾；研究有利于灾区孤、残学生健康成长的长期教育方案和救助政策。5 月 20 日，在民政部门对灾民给予生活补助的基础上，对四川、甘肃、陕西三省地震重灾县高三年级学生每人每天给予 10 元生活补助，到高考结束。5 月 23 日，决定对今年重灾区考上大学的受灾学生提供到校的车船交通费补助。

2. 5 月 28 日，教育部印发了《关于做好地震灾区中等职业学校复学复课、毕业生就业援助和招生工作的通知》。通知指出，一是积极推进受灾地区学校的复学复课工作。二是加大毕业生就业援助力度。三是全力做好 2008 年的招生工作。四是切实做好对口支援工作。五是积极为地震灾区中等职业学校学生复学复课和新生入学等工作提供必要的经费支持。

3. 妥善安排部分灾区学生异地入学。对重灾区需要异地安置的中小学生在当地政府统筹协调下妥善安置。对随父母进城或投亲靠友的中小学生，组织各地教育行政部门制定落实相关政策，帮助他们就近入学。

4. 7 月 14 日印发了《教育部办公厅关于组织实施“援助地震灾区中小学教师培训计划”的通知》，部署实施“援助地震灾区中小学教师培训计划”，主要内容包括：组织实施地震灾区中小学教师暑期国家级培训，组织实施地震灾区中小学教师心理康复教育国家级培训，把支持地震灾区中小学教师培训纳入各地对口支援计划。一是组织实施灾区学校心理康复教育教师培训计划。帮助四川地震灾区教师了解灾后心理康复的教育知识和方法，提高灾区中小学教师开展灾后心理康复教育的能力，促进灾区中小学生心理康复教育科学有效开展。该计划共为地震灾区培训中小学骨干培训者和中小学骨干教师 500 人。二是组织实施灾区学校中小学骨干教师暑期培训计划。7 月 28 日—8 月 28 日举办地震灾区中小学教师国家级培训班。重点安排了心理康复、课程改革及人文、自然、社会、艺术和体育等方面的培训内容。该计划共为灾区学校培训 1 500 名中小学骨干教师。经过培训的教师提高了业务能力，调整了身心状态，为新学期开学后的教育教学工作奠定了基础。三是协调推进相关省（市）组织优秀教师对口支援灾区学校有关工作。教育部办公厅下发了《关于组织实施“援助地震灾区中小学教师培训计划”的通知》中，强调要求各有关省（市）教育行政部门要按照对口支援关系，将灾区中小学教师暑期培训工作作为对口支援的一项重要内容，精心组织实施。

5. 采取倾斜支持措施为地震灾区学校补充新教师。一是特岗教师的招聘录用优先满足灾区学校的需要。教育部、财政部等部门支持四川省为北川等 11 个极重灾区县（市、区）招聘特岗教师 364 名，陕西省为地震重灾区宁强县招聘特岗教师 100 名，甘肃省为文县等 5 个重灾县招聘农村特岗教师 472 名。四川省为极重灾县招聘的特岗教师经过岗前培训，已于 7 月份开始陆续走上地震极重灾区县（市、区）复学复课教学岗位。陕西、甘肃两省为重灾县招聘的特岗教师经过岗前培训，将于秋季开学正式上岗任教。二是免费师范生招聘计划向地震灾区倾斜。为支持地震灾区中小学重建工作，六所部属师大迅速调整免费师范生招生计划，对灾区予以倾斜。北京师范大学专门向四川、甘肃省的地震灾害延考区增加了 32 名免费师范生招收名额；其他部属师大招生计划也作了相应调整。

6. 采取一系列行动和措施保灾区考生安全、高考安全，帮助灾区高考考生渡过难关。一是 6 月 8 日发出《教育部办公厅关于四川省 2008 年普通高考延考区考试时间的复函》和《教育部办公厅关于甘肃省 2008 年普通高考延考区考试时间的复函》，同意灾情严重的四川省六市州 45 个县和甘肃省两市州 17 个县共约 12 万名考生延期高考的方案，安定考生及家长情绪帮助考生渡过难关；二是组织专家为灾区省单独命制高考试题；三是紧急协调全国各高校重新编制计划并增加灾区招生计划，确保灾区考生较去年录取比例有所提高；四是出台优惠政策，对抗震救灾“英雄少年”免试录取。

7. 启动就业援助行动，帮助灾区高校毕业生顺利就业。5 月 22 日，教育部印发了《关于切实做好地震灾区高校毕业生就业工作的紧急通知》，要求迅速摸清底数，确立了“优先安排、重点推荐、保障有岗”的原则，开展对灾区毕业生就业帮扶工作。一是组织全国 20 个省份为四川、陕西、甘肃等重灾区毕业生提供 4 270 个就业岗位。二是要求绝大部分省份对灾区生源毕业生采取举办专场招聘、发放求职补贴等帮扶措施。三是积极帮助四川、陕西、甘肃等重灾区扩大各类基层就业项目规模，优先录用灾区毕业生。

（五）抓紧校舍安全各项工作，确保 9 月 1 日全面复课

为了尽快恢复正常教育教学秩序，帮助受灾学生修复心理创伤、重树生活信心、恢复正常学习生活；稳定灾区群众情绪和维护社会安定，确保在 9 月 1 日前全面复学复课。在确保安全的前提下，通过搭建帐篷或活动板房、转移安置等方式，设立临时课堂；暂不具备条件的地区，抓紧做好各项准备工作，为复学复课创造条件。

1. 教育部、住房和城乡建设部于 6 月 9 日下发了《关于做好学校校舍抗震安全排查及有关事项的通知》，决定在全国范围内对各级各类学校校舍进行一次全面排查。包括对灾区学校校舍的受损情况进行全面排查，禁止使用损毁严重、不符合安全标准的校舍。要求各地积极采取措施，对受损校舍进行维修加固，确保师生生命安全。

2. 6 月 16 日，与住房和城乡建设部局部修订《建筑设防分类标准》。目前，住房和城乡建设部已正式发文，将幼儿园、小学、中学校舍建筑的抗震设防标准由丙类提高到乙类。

3. 7 月 14 日，会同国家发展改革委、住房和城乡建设部制定《汶川地震灾后重建学校规划建筑设计导则》指导灾区学校灾后恢复重建，促进义务教育均衡发展，并为灾后学校规划建设提供科学技术支撑，保证学校新建工程建设质量。同时结合城市防灾总体规划需要，实事求是、因地制宜地将一些学校用作意外灾害发生时的应急避难疏散场所。

4. 7 月 25 日，财政部、教育部联合印发了《财政部 教育部关于下达汶川地震灾区中小学校舍维修加固和仪器设备重置专项补助资金的通知》，向四川、甘肃、陕西三省下达地震灾后恢复重建资金 23.2 亿元，专项用于三省地震灾区中小学校舍的维修加固和教学仪器设备重置（含课桌凳）。

（六）开展抗震救灾和英模事迹的新闻宣传

开展向抗震救灾英雄师生学习活动。教育部党组决定在全国教育系统开展向抗震救灾英雄教师学习的活动。大力表彰抗震救灾英雄师生，大力宣传抗震救灾英雄师生的先进事迹。

1. 在教育部门户网站开辟“全国教育系统抗震救灾”专栏，开展正面宣传，营造良好舆论氛围。

2. 5 月 15 日，教育部及时召开新闻发布会，介绍通过中国教育发展基金会开展捐款活动支援教育系统抗震救灾工作有关情况，并回答了媒体关心的问题。

3. 5 月 16 日，我部有关司局负责人应人民网邀请，就灾区教育系统受灾情况与网友进行了沟通与交流。通过正面的舆论宣传引导，为教育系统抗震救灾工作营造了良好氛围。

4. 5 月 25 日，教育部党组印发了《关于向抗震救灾英雄教师学习的决定》，组织全国教育系统向抗震救灾英雄教师学习。

5. 5 月 26 日，教育部召开例行新闻发布会，向社会介绍了教育系统抗震救灾的工作进展情况，并回答了媒体关心的问题。

6. 5 月 29 日，为深入学习宣传抗震救灾优秀学生和先进集体的感人事迹，教育部发出通知表彰了首批 11 名优秀学生和 3 个先进集体。

按照国家统一部署，组织灾后恢复重建

抗震救灾工作转入全面安置和恢复重建阶段后，教育部按照国家汶川地震灾后重建规划组的统一部署，着力采取多项措施，认真做好教育系统灾后恢复重建工作，到 2008 年年底，地震灾区教育系统灾后重建已经取得初步成果。

1. 编制《汶川地震学校灾后重建规划》

按照胡锦涛总书记的要求，在深入调查，缜密研究，系统开展灾后评估的基础上，科学规划、科学设计、科学施工，有重点、分步骤、高质量地推进恢复重建工作。在国务院抗震救灾总指挥的统一

指挥下，教育部成立汶川地震灾后学校重建工作领导小组，统筹指导和帮助灾区开展灾后学校重建工作，完成了《汶川地震学校灾后重建规划》的编制工作。灾区学校恢复重建的目标是：2009年9月1日前，大部分学校和幼儿园要在永久性建筑恢复正常教学；2010年9月1日前，所有的学校和幼儿园要在永久性建筑恢复正常教学。按照中央的要求，灾区学校的恢复重建要以科学发展观为指导，强调以人为本和全面协调可持续发展，按照促进义务教育均衡发展和各级各类教育协调发展的要求，搞好学校标准设计，编制好灾后学校重建规划，努力把灾区学校建成中西部农村教育发展的典范。按照温家宝总理的要求，要通过恢复重建，把灾区学校建设成为最牢固、最安全、最让家长和群众放心的工程。在灾难发生时学校应该成为群众的避难场所。

2. 按照国务院抗震救灾总指挥部的统一部署，布置教育系统对口支援工作

教育部于6月6日召开了对口支援地震灾区工作视频会议，贯彻落实党中央、国务院关于对口支援地震灾区灾后重建工作的要求，部署教育系统对口支援灾区学校灾后重建工作。同时发出《教育部关于做好教育系统灾后重建对口支援工作的通知》，要求：积极为灾区提供人力、物力、财力、智力等实质性支持。要在灾损评估、危房拆除、维修加固、临时校舍建设、教学设备及生活设施配备、规划编制、建筑设计、专家咨询、工程建设和监理、学生转移安置等方面切实做好对口支援工作。要采取多种形式为灾区中小学生举办暑期夏令营活动，帮助他们度过一个有意义的暑假。要做好中等职业教育的对口支援工作，包括联合招收新生、在校学生的转移学习以及在校毕业生的就业援助等工作，通过支援和受援双方共同努力，使灾区的中等职业教育应届毕业生都能就业，在校学生都能复学，愿意到中等职业学校学习的初高中毕业生都能入学。

教育部还选派直属机关部分中青年干部到受灾县教育部门挂职，帮助、协调和了解灾后重建工作。各支援地区也抽调机关干部和高校中青年教师到受援地区直接参与重建工作。

3. 修订有关标准，编制技术导则，为灾后重建提供依据

按照中央领导批示精神，积极配合住房和城乡建设部、国家质量监督检验检疫局部门对《建筑工程抗震设防分类标准》进行修订，新标准于7月30日颁布实施。同时，住房和城乡建设部、国家发展改革委9月3日批准发布的《农村普通中小学校建设标准》增加了“农村普通中小学校的建设必须确保师生安全。在抗御重大意外灾害时，学校可作为周边地区的紧急避难疏散场所”等内容。

为了贯彻执行国务院《汶川地震灾后恢复重建条例》和《汶川地震灾后恢复重建总体规划》，加强学校灾后恢复重建的指导，教育部会同国家发展改革委、住房和城乡建设部组织清华大学、同济大学等9所教育部直属高校的优秀甲级设计研究院的专家编制出版了《汶川地震灾后重建学校规划建筑设计导则》和《汶川地震灾后重建学校规划建筑设计参考图集》，为灾后学校规划建设提供科学技术支撑，保证学校新建工程的质量，引导汶川地震灾后学校校舍建设，力争实现学校灾后恢复重建标准化、规范化，促进义务教育均衡发展，推动城乡公共服务一体化进城；并结合城市防灾总体规划需要，实事求是、因地制宜地将一些学校用作意外灾害发生时的应急避难疏散场所。

4. 组织新颁布的《农村普通中小学校建设标准》培训

为贯彻实施新颁布的《农村普通中小学校建设标准》，及时指导汶川地震灾区农村中小学校的灾后重建工作，11月中旬，在四川组织召开了《农村普通中小学校建设标准》培训会，参会范围为全国各省级和四川、甘肃、陕西三省51个重灾县教育行政部门负责农村中小学校基建管理工作的人员，对于强化学校安全意识和建设工程质量，提高农村中小学校建设与管理水平，全面推进义务教育均衡发展起到了积极推动、促进和指导作用。

5. 专程派员赴川进行学校恢复重建的协调和指导

抗震救灾工作转入恢复重建阶段以来，我部领

导就重建过程中学校布局布点、重建标准（包括抗震设防建设标准、办学标准、建筑标准等）执行、完中分开等问题提出明确要求，并派员专程赴四川会同四川省教育厅召集部分灾区市、县教育行政部门的负责同志座谈，就上述问题与地方交换意见。一是要严格按照《国务院关于做好汶川地震灾后恢复重建工作的指导意见》中关于“农村地区普通高中、中等职业（技工）学校原则上建在县城，初中建在中心乡镇，小学布局相对集中”的规定，做好布局结构调整工作，提高办学的规模效益。二是要严格按照国家有关重建标准加强管理，确保项目的质量，杜绝建设超标准、豪华学校。三是要采取措施将完中分开，实现初高中单设。

6. 积极推进学校灾后恢复重建工作

截至 2008 年 12 月，进展情况如下：

——开工建设和竣工情况。已开工各级各类建设学校为 2 318 所，建筑面积 1 114 万平方米（维修加固 725 万平方米，新建 389 万平方米，分别占 65%和 35%）；其中，在建学校 1 759 所，建筑面积 660 万平方米；竣工学校 559 所，建筑面积 454 万平方米。规划学校开工率（开工建设学校所数/规划学校所数×100%）为 49%，开工建设的竣工率（竣工建筑面积/开工建设建筑面积×100%）为 41%。

——重建资金到位情况。到位资金 68 亿元，占规划重建资金 550 亿元的 12%。其中，财政资金 32 亿元，对口支援 19 亿元，国际援建和社会捐助 14 亿元，自筹 3 亿元，分别占到位资金的 47%、28%、21%、4%。其中：四川、甘肃、陕西三省的到位资金分别为 62 亿元、4 亿元、1 亿元，占各省规划重建资金的比率分别为 14%、11%、6%。

撰稿　林志华
审稿　陈　锋

〔灾后学校恢复重建取得阶段性成果〕 “5·12”汶川特大地震已经过去一年，记者 5 月 11 日从教育部获悉，在党中央、国务院的高度重视和坚强领导下，在各有关部门的大力支持下，四川、甘肃、陕西三省各级党委、政府认真落实党中央、国务院的决策部署，切实把学校灾后恢复重建工作摆在重要位置，严格落实责任，多方筹措资金，狠抓建设进度与工程质量，积极采取各项措施，有序、有力、有效地推进了灾后学校恢复重建工作，并取得了阶段性成果。

党中央国务院高度重视灾后学校恢复重建

胡锦涛、温家宝等党和国家领导人先后多次赶赴灾区考察学校受灾情况，指导学校恢复重建工作。

2008 年 12 月 27 日，中共中央总书记、国家主席、中央军委主席胡锦涛在绵阳市北川羌族自治县桂溪初级中学看望慰问师生，鼓励同学们要“自强不息、刻苦学习，长大以后更好地报效祖国、服务人民”。胡锦涛还察看了教师办公室、学生宿舍、教学楼重建工地，看望了教师和援建人员。希望老师们继续以高度的责任感做好教书育人工作，使孩子们全面发展、奋发成才。要求援建人员加强施工管理，确保工程质量，把学校建成安全、牢固、经得住历史检验的建筑。

2008 年 9 月 2 日，在汶川地震过去 110 天，灾区大规模恢复重建工作即将展开之际，国务院总理温家宝在汶川映秀镇回答记者提问时指出，要保证医疗条件和孩子们上学。首先，要让教室保暖。对民用住房建设，要求安全、适用、经济、省地。对学校还要加一个条件，就是要让学校成为家长最放心、老师最放心、社会最放心的地方。

2009 年 3 月 15 日—16 日，中共中央政治局委员、国务委员刘延东深入到西南科技大学、安县花荄镇初级中学，看望学校师生，了解灾后教学恢复、学校校舍重建情况。刘延东嘱咐：一定要把学校建成最牢固、让家长最放心的地方，让孩子们在安全的环境中健康成长。

2008 年 12 月 8 日召开的中央经济工作会议指出，支持地震灾区灾后恢复重建是 2009 年经济工作的重点任务之一。2009 年召开的十一届全国人大二次会议政府工作报告也指出：抓紧全面实施灾后恢复重建总体规划，中央财政 2009 年再安排 1 300 亿元灾后重建资金。加快地震灾区学校恢复建设，确保 2009 年年底 95%以上的学生都能在永久性校舍中学习。

教育系统切实做好恢复重建的各项工作

编制《汶川地震学校灾后重建规划》。按照国务院的工作部署，教育部成立了汶川地震灾后学校重建工作领导小组，统筹指导和帮助灾区开展灾后学校重建工作。经过历时两个月的紧张工作，帮助四川、甘肃、陕西三省部署和指导地方编制灾后恢复重建规划，落实《汶川地震灾后恢复重建条例》的要求，按照优化学校布局布点、推进标准化建设、统筹各级各类教育发展、确保校舍安全的原则，在对各地上报规划进行严格审核的基础上构建了规划数据库，完成了《汶川地震学校灾后重建规划》的编制工作，为学校恢复重建工作明确了指导思想、总体目标和建设任务。

修订有关标准，为灾后重建提供依据。按照中央领导批示精神，积极配合住房和城乡建设部对《建筑工程抗震设防分类标准》进行修订，将所有幼儿园、小学、中学的教学用房以及学生宿舍和食堂的抗震设防标准由丙类提高到乙类。在修订《农村普通中小学校建设标准》过程中，增加了"农村普通中小学校的建设必须确保师生安全。在抗御重大意外灾害时，学校可作为周边地区的紧急避难疏散场所"等内容，并依照《建筑工程抗震设防分类标准》等有关国家标准，对学校校舍的选址以及建筑结构、建筑防火、防雷、楼梯等诸多方面的安全防范也作了相应规定。

〔**教育部赴地震重灾区挂职干部圆满完成任务**〕"5·12"汶川特大地震给教育系统造成极为严重的损失。地震发生后，灾区的广大教育工作者临危不惧，英勇顽强，同心同德，忘我抗灾，为保护学生的生命安全作出了重大贡献。党中央、国务院对教育系统的抗震救灾工作高度重视、十分关心。胡锦涛总书记、温家宝总理等中央领导同志时刻牵挂着灾区师生的生命安危，多次作出重要指示。地震过后，在党中央、国务院的坚强领导下，经过全国人民特别是灾区干部群众的艰苦努力，抗震救灾取得了重大阶段性胜利。地震发生后，教育部党组高度关注灾区师生们的生活和复学工作。6 月上旬，为了尽快帮助和促进灾区全面安置和恢复重建，教育部党组做出决定，迅速派一批县处级干部深入到四川、甘肃、陕西 22 个重灾县，帮助开展工作，并作为教育部支援当地抗震救灾和灾后恢复重建工作的一项重要举措。按照部党组指示精神，人事司发出向地震重灾区派遣干部的通知后，立即得到各司局和有关直属单位广大干部的积极响应，在不到一天时间里，各单位就有 100 多位同志报名。在各单位推荐的基础上，经请示部党组同意，挑选出 22 位同志于 6 月 11 日奔赴灾区，帮助灾区教育系统进行灾后重建的工作。

三个月来，赴重灾区工作干部克服困难，协助当地教育行政部门，为恢复重建做了大量的工作，取得了良好的效果。

1. 了解了灾情，沟通了情况，推动了当地灾后重建工作和规划制定的完成。三个月来，赴灾区干部牢记部领导的嘱托，以高度的责任感和使命感投入到工作中，和当地同志并肩战斗，努力推动学校复学复课、重建规划、转移安置、对口支援、延期高考、制定职业教育发展规划、秋季开学等各个阶段中心任务的完成，同时在深入基层调查研究的基础上，及时向部抗震救灾指挥部和有关司局反馈信息、提出问题和建议。期间，平均每人发回报告 10 多篇，每位同志至少有一篇报告被部抗震救灾工作简报采用，有的同志所写的报告得到温家宝总理和中央有关领导同志的批示，有的报告被人民日报内参采用，所反映的情况得到了有关方面的重视，一些意见和建议得到了决策部门的采纳。

2. 想办法、办实事，为灾区解决了一定的困难。三个月来，大家还充分发挥各自的特长，想方设法为灾区办实事。有的同志通过各种渠道帮助解决学校重建资金多达上千万；有的同志帮助灾区学校和国内外学校、机构、团体建立了长期的对口支援和合作交流关系；有的同志努力帮助教育局和学校解决了车辆缺乏、办公设备陈旧和教学设施严重不足的困难；有的同志帮助困难学生解决了学费问题并提供了生活用品；有的同志帮助严重受灾的教师得到生活救助；有的同志为加强宣传，让灾区教育走出去做了大量工作；有的同志协助灾区建立了全面规范的卫生防疫体制；有的同志为保证过渡时期的教学质量，积极推动课题研究，得到科技部领导的认可。

3. 严格要求、统筹考虑，在抗震救灾的艰苦环境中经受了锻炼。三个月在人的一生中不算长，但这特殊时期的三个月对22位同志来说十分重要。三个月来，大家把直接为灾区恢复重建作贡献的机会，也当作在艰苦环境下锻炼自己、磨练意志的难得机会，虚心向基层干部学习，向教育系统的抗震救灾英雄模范学习，既了解了基层的情况，又锻炼了能力、提高了思想政治素质。三个月来，灾区余震不断，仅4级以上的余震就有50多次，有的同志遭遇过泥石流和飞沙滚石，有的同志还遇到撞车事故，但大家没有畏惧过，没有退缩过。有的同志半个多月无法洗澡，有的同志吃饭很少能按时定点，还有不少同志带病坚持工作，有的同志还受了伤，但大家不叫苦、不叫累，始终坚持工作在前线。有的同志家里孩子还小，还有的家里老人需要照料，但家里的牵挂没有使一个人离开过岗位。每一位同志都经受住了考验，意志变得更加坚强。大家普遍反映，这三个月的经历已成为大家一生的宝贵财富。

4. 同甘苦、共患难，与广大基层教育工作者结下深厚友谊。三个月来，22位同志都把自己看作是当地教育部门的一位工作人员，自觉服从当地安排。努力做到到位不越位、帮忙不添乱，想方设法、竭尽全力，踏实工作，为灾区教育的恢复重建作出自己的贡献。大家没有辜负教育部党组和直属机关广大干部群众的重托，所做的工作得到了灾区学校和教育行政部门的充分肯定。结束任务回京之际，四川省教育厅全体领导班子成员集体为大家送行，表达四川省教育系统的感谢之情，许多县市还给部里发来感谢信、寄来锦旗，有的同志被评为当地抗震救灾先进个人，有的同志被聘为政府的教育顾问。三个月来，赴灾区挂职干部和当地干部、教师同甘共苦，在克服困难努力开展工作的过程中结下了深厚友谊。在成都机场托运行李时发现，大多数同志的行李比来时少了许多，有的同志甚至没有了行李，因为大家把对灾区有用的药品、防潮垫、收音机、手电筒、蚊帐、旅行包、夹克衫等必需品都留了下来。大家留下的是希望为灾区奉献一切的真情，带回来的依然是对灾区的牵挂和难以割舍的真情。大家对灾区的感情、对灾区的责任，也体现了教育部抗震救灾工作的指导思想。

9月28日，教育部召开赴“5·12”汶川特大地震重灾区帮助工作总结汇报会，听取赴四川、陕西和甘肃重灾区帮助工作的22位干部的工作情况汇报。部长周济同志出席会议并讲话，副部长李卫红同志、部长助理杨周复同志出席了会议，办公厅、规划司、人事司、基础司、职成司和22位同志所在单位的负责同志参加了会议，会议由李卫红同志主持。在座谈会上，5位同志代表全体赴灾区工作干部做了汇报。大家一致表示，三个月来，在部党组的关心指导下，在人事司、规划司、基础司等机关司局，教育发展基金会、教育电视台、报刊社等直属单位，西南交大、西南财大等直属高校，以及有关驻外教育机构的大力支持、帮助下，在地震重灾区的工作和学习中，使自己得到了成长和锻炼，今后将会以更加饱满的热情，更加昂扬的斗志，更加坚强的意志投入到工作中，为办好人民满意的教育和建设人力资源强国而努力奋斗。

在听取大家的汇报后，周济同志对大家三个月来的工作给予了充分肯定。他指出，大家不辜负教育部党组和全体同志的重托，开赴灾情最重、险情最重、任务最重、问题最重的重灾县市，投入到抗震救灾的第一线，克服了重重困难，圆满完成了部党组交给的任务顺利归来，体现出我们这支队伍是一支特别能战斗的队伍。周济同志最后强调，教育部直接派干部援助灾区的工作已告一段落，但教育系统灾后重建工作还只是一个开始，任务还很重，困难和问题依然很多，教育部将进一步研究对地震重灾区教育重建的援助方案，22位同志还要继续发挥作用。

教育部人事司

附：

教育部赴地震灾区干部名单

姓　名	单　位	处　室	职　务	工作地点
曾　阳	办公厅	秘书处	主任科员	绵竹
王家勤	政法司	法制办公室	副主任（正处级）	汶川
马贵生	人事司	机关与直属单位干部处	副处长	彭州
杨　宇	财务司	预算与审计处	副处长	北川
高学贵	基础司	扫盲教育处	处长	甘肃
马建斌	职成司	成人文化技术教育处	调研员	什邡
李　平	高教司	远距离和继续教育处	调研员	青川
马建通	社科司	社会科学成果处	副调研员	理县
胡志钢	直属司	综合处	处长	陕西
邰忠智	科技司	高新技术处	副处长	平武
高　军	体卫司	综合处	副处长	安县
张映川	语用司	文字应用管理处	副处长	江油
宋　磊	国际司	港澳台办	副调研员	茂县
卢晓斌	学位办	综合处	副处长	剑阁
陈汶特	服务局	生活处	处长	黑水
郝志军	教科所	科研处	副处长	小金
蒋　涛	电视台	三频道	副总监	汉源
陈珂琦	人教社	体育编辑室	副主任（编审）	甘肃
夏鲁惠	高教社	教学研究室	副主任	陕西
焦江方	报刊社	新闻研究中心	副主任	崇州
陈景才	考试中心	考试服务中心	副处长	都江堰
王振亚	贷款办	中小学生资助处	副处长	松潘

〔驻外使领馆教育处组积极参与抗震救灾献爱心活动〕 5月12日四川汶川大地震发生后，为贯彻落实中央和教育部党组关于抗震救灾的一系列指示精神，教育部人事司经商财务司、国际司后，立即发出《关于做好海外学子抗震救灾募捐活动的通知》，要求各驻外使领馆教育处组牢固树立国内外一盘棋的思想，充分发扬“一方有难、八方支援”的精神，保护好海外学子抗震救灾活动的爱国热情，本着自愿原则，尽一份爱心，以实际行动支持灾区人民。

撰稿　吴　强　陈向阳

审稿　谢志敏　许　涛

〔教育部党组印发《关于向抗震救灾英雄教师学习的决定》〕 5月12日，四川汶川发生特大地震，给人民生命财产造成了重大损失。地震灾害发生时，正值学校集中上课时间，灾区学校校舍倒塌严重，师生伤亡惨重，学校损失巨大，全国广大师生员工万分悲痛。在这场特大自然灾害面前，灾区广大教师以灾情为命令，视时间如生命，为保护灾区学生生命安全，为抗震救灾作出了重大贡献，涌现出了一大批英雄人物。为深入学习宣传抗震救灾英雄教师的先进事迹，弘扬新时期人民教师的高尚师德和无私奉献精神，迅速掀起向抗震救灾英雄教师学习活动的热潮，5月25日教育部党组印发了《关于向抗震救灾英雄教师学习的决定》。《决定》

指出，在生死关头，老师们舍生忘死，挺身而出，用自己的血肉之躯拼死保护学生的生命；在危难时刻，老师们不顾个人和家人安危，始终把学生的生命安全放在首位，义无反顾奋力抢救危难中的学生；在困境之中，广大教师强忍悲痛，坚守岗位，竭尽全力，顽强拼搏，历尽艰险，迅速组织受困学生安全转移，投身灾后重建，恢复正常教学。突如其来的特大地震灾害，见证了人民教师的伟大师魂，揭示了人民教师爱与责任的崇高境界。灾难面前，广大教师首先想到的是学生，毫不犹豫地把生的希望留给学生，把死的危险置之度外。他们以英勇无畏和大爱之举，用爱和责任为学生筑起了生命长城，向世人展示了为人师表的精神风貌和崇高的人性光辉。他们用鲜血和生命，践行了人民教师的神圣职责，诠释了人民教师的高尚师德，谱写了人民教师的英雄赞歌。全国教育系统广大教师和教育工作者要以抗震救灾英雄教师为榜样，以对学生的挚爱、对教育事业的责任，以人民教师的人格魅力和学识魅力，教书育人，为人师表，做人民满意的教师，办人民满意的教育。

〔教育系统抗震救灾先进集体和先进个人评选表彰工作〕 根据党中央、国务院关于认真做好抗震救灾工作的统一部署，为表彰先进，弘扬正气，进一步激励教育系统广大干部职工全力投入抗震救灾工作，加强教师队伍建设，促进教育改革发展，教育部会同人力资源和社会保障部及时开展了教育系统抗震救灾先进集体和先进个人的评选表彰工作。一是人力资源和社会保障部、教育部分别于5月30日、6月20日、7月15日分三批联合表彰了“教育系统抗震救灾英雄集体”12个 、“教育系统抗震救灾英雄”30位。被授予“教育系统抗震救灾英雄”的个人享受省部级劳动模范和先进工作者待遇。12个“教育系统抗震救灾英雄集体”中，四川11个，甘肃1个；小学3所，普通中学7所，九年制学校2所。30位“教育系统抗震救灾英雄”中，四川28人，重庆1人，陕西1人；遇难15人；中共党员20人，女性11人，少数民族5人；幼儿园1人，特殊教育学校1人，小学16人，中学10人，九年制学校2人。二是为加大表彰力度，教师节前，以教育部名义单独表彰“教育系统抗震救灾先进集体”90个、“教育系统抗震救灾先进个人”206人。90个“教育系统抗震救灾先进集体”中，四川44个，甘肃4个，重庆8个，陕西6个，云南2个，其他25个省（自治区、直辖市）及新疆生产建设兵团各1个；幼儿园1所，小学26所，普通中学19所，特殊教育学校1所，中等职业教育学校2所，高等学校25所，市县教育局14个，其他教育机构2个；民办学校4所。206名“教育系统抗震救灾先进个人”中，四川126人，甘肃20人，重庆18人，陕西11人，云南4人，其他26个省区市及新疆生产建设兵团各1人；遇难25人；中共党员129人，占62.6%；女性60人，占29.1%；少数民族39人，占18.9 %；幼儿园7人，小学91人，中学51人，高等学校33人，中等职业学校3人，教育行政部门20人，进修学校1人；民办学校4人。

附

教育系统抗震救灾先进集体和先进个人名单

教育系统抗震救灾英雄集体名单（12个）

四川省绵阳市北川中学优秀教师群体
四川省汶川县映秀镇小学优秀教师群体
四川省汶川县漩口中学优秀教师群体
四川省东汽中学优秀教师群体
四川省都江堰市聚源中学优秀教师群体
四川省北川羌族自治县曲山小学优秀教师群体
甘肃省文县范坝初级中学优秀教师群体
四川省汶川县威州中学优秀教师群体
四川省平武县平通镇初级中学优秀教师群体
四川省什邡市红白中心学校优秀教师群体

四川省彭州市龙门山镇九年制学校优秀教师群体

四川省青川县红光乡中心小学优秀教师群体

教育系统抗震救灾英雄名单（30人）

谭千秋　四川省德阳市东汽中学教师

王光香（女）　四川省江油市武通村幼儿园教师

吴忠红　四川省崇州市怀远镇中学教师

罗晓明　四川省德阳市东汽中学教导主任

向　倩（女）　四川省什邡市龙居中心小学教师

李佳萍（女）　四川省北川中学教师

张家春　四川省北川中学教师

连　蓉（女）　四川省汶川县映秀中心校教师

袁文婷（女）　四川省什邡市民主中心小学教师

张米亚　四川省汶川县映秀中心校教师

郑发富　四川省安县花荄镇初级中学校教师

刘继军　四川省什邡市龙居中心小学教师

何智霞（女）　四川省都江堰聚源中学教师

周其祥　四川省绵竹市汉旺学校教师

蒲　斌　四川省都江堰聚源中学教师

周汝兰（女）　四川省彭州市红岩小学教师

王　敏（女）　陕西省宁强县黄坝驿乡中心小学教师

肖晓川　四川省北川羌族自治县刘汉希望小学教导主任

潘俊强　四川省平武县平通镇初级中学政教主任

杨文友　四川省彭州市白鹿镇九年制学校副校长

何　悦（女）　四川省青川县红光乡中心小学教师

朱贵平　四川省北川羌族自治县曲山小学教师

邓丽君（女）　四川省阆中市特殊教育学校教师

刘　勇　四川省绵竹市汉旺学校教师

唐　芳（女）　重庆市梁平县文化镇中心小学教师

谭国强　四川省汶川县映秀中心校校长

肖明清　四川省都江堰市紫坪铺九年制学校校长

文天立　四川省青川县红光乡陶龙村小学教师

付秀银　四川省北川中学教师

杨宗明　四川省苍溪县龙山镇柏杨小学教师

教育系统抗震救灾先进集体名单（90个）

四川省绵竹市清平学校

四川省绵竹市汉旺学校

四川省平武县南坝镇中心小学

四川省平武县平通镇小学

四川省平武县南坝镇石坎中心小学

四川省平武县水观乡中心小学

四川省安县茶坪乡中心小学

四川省安县花荄镇小学

四川省三台县富顺镇塞江小学

四川省三台县中新小学

四川省梓潼县仙峰小学

四川省绵阳市涪城区石洞学校

四川省绵阳市游仙区魏城小学

四川省绵阳市游仙区白蝉小学

四川省绵阳市游仙区剑南路小学

四川省汶川县三江乡中心校

四川省广元市利州区南鹰小学

四川省什邡市龙居中学

四川省安县茶坪乡初级中学

四川省盐亭县中学

四川省绵阳市实验中学

四川省绵阳东辰国际学校

四川省绵阳中学

四川省绵阳南山中学

四川省广元市外国语学校

四川省旺苍中学

四川省彭州市磁峰中学

四川省崇州市鸡冠山乡九年制义务学校
四川省汉源县富林镇初级中学
四川省汉源县第二中学
四川省北川羌族自治县高级职业中学
四川省江油市特殊教育学校
四川大学
四川大学华西医院
西南财经大学
四川音乐学院
成都医学院
成都中医药大学
成都农业科技职业学院
四川省安县教育体育局
四川省绵阳市教育局
四川省阿坝州教育局
四川省青川县教育局
四川省广元市教育局
重庆市梁平县文化镇中心小学
重庆市梁平县礼让镇中心小学
重庆市南岸区怡丰实验学校
重庆医科大学附属第一医院
重庆医科大学附属第二医院
重庆医科大学附属儿童医院
重庆市沙坪坝区教委
重庆市荣昌县教委
陕西省岐山县城关幼儿园
陕西省千阳县红山中学
陕西省宝鸡市渭滨正大计算机培训学校
西安建筑科技大学
陕西省宁强县教育体育局
陕西省略阳县文教体育局
甘肃省成县黄陈中湾小学
甘肃省陇南市武都区桔柑中心学校
甘肃省成县支旗中心小学
甘肃省文县玉垒小学
云南省昭通市教育局
云南省昆明市五华区长春小学
北京师范大学汶川地震应对政策专家行动组
天津医科大学
河北医科大学
山西医科大学第二医院
辽宁省教育基金会
吉林省长春市解放大路学校
哈尔滨师范大学附属中学
同济大学建筑与城市规划学院
江苏省无锡市教育局
浙江省长兴县职教中心学校
安徽医科大学第一附属医院
福建医科大学
南昌大学第一附属医院
山东省济南市教育局
河南省实验小学
华中科技大学同济协和抗震救灾医疗队
湖南省长沙市岳麓区高新博才寄宿学校
中山大学第三附属医院
包头医学院第一附属医院
广西壮族自治区南宁市教育局
海南医学院
贵州省黔南州福泉市第三小学
青海省西宁市城西区教育局
宁夏六盘山高级中学
新疆医科大学第一临床医学院
石河子大学医学院第一附属医院

教育系统抗震救灾先进个人名单（206人）

刘小艳（女） 四川省安县秀水镇第一中心小学

唐春梅（女，羌族） 四川省北川羌族自治县曲山小学

方明飞 四川省都江堰市新建小学

梁爱迪（女） 四川省都江堰市新建小学

刘仪君（女） 四川省都江堰市新建小学

腾德玲（女） 四川省广元市朝天区金台乡小学校长

方秀琼（女） 四川省平武县南坝镇中心小学

任维志 四川省平武县南坝镇中心小学

张　兰（女） 四川省平武县南坝镇中心小学

何清芳（女）　四川省青川县红光乡中心小学
王跃泽　四川省青川县红光乡中心小学
苟小超　四川省通江县洪口镇永安坝村小学
尹　琼（女，藏族）　四川省汶川县映秀小学
母凯贤（羌族）　四川省北川羌族自治县陈家坝初级中学
周培顺　四川省都江堰市聚源中学
李　燕（女）　四川省绵竹市新市学校
李宏勇　四川省平武县平通镇初级中学
乔广平　四川省平武县平通镇初级中学
张辉兵　四川省什邡市红白中心学校
汤　鸿（女）　四川省什邡市红白中心学校
王周明　四川省什邡市红白中心学校
王超军　四川省绵竹市贝贝家双语幼稚园
赵　新　四川省什邡市湔氐中学
许念华（女）　四川省绵竹市职业教育中心
瞿明容（女）　四川省绵竹市遵道镇欢欢幼儿园
蒲　清　四川省盐亭县云溪中心小学
李桂强　四川省安县茶坪乡中心小学校长
张永清　四川省安县睢水镇中心小学
牟廷光（羌族）　四川省北川羌族自治县擂鼓镇中心小学
李　萍（女，羌族）　四川省北川羌族自治县禹里乡中心小学
王朝普（羌族）　四川省北川羌族自治县禹里乡中心小学
邹　静（女）　四川省都江堰市新建小学
王义敏（女）　四川省都江堰市新建小学
张　志　四川省都江堰市新建小学
贾益辉（女）　四川省都江堰市新建小学
程　丹（女）　四川省都江堰市新建小学
高永红　四川省都江堰市新建小学
高小英（女）　四川省都江堰市新建小学
王　琳（女）　四川省都江堰市新建小学
梁华秀（女）　四川省广元市元坝区虎跳镇小学
贺正贵　四川省汉源县富林镇农政小学校长
康明远　四川省江油市河口镇中心小学
郭洪树　四川省江油市雁门小学
彭丽华（女）　四川省江油市建南中心小学
卓耀勇（藏族）　四川省理县薛城镇中心校
王富明（羌族）　四川省理县营盘街小学
蒋国琴（女，羌族）　四川省茂县光明乡中心校
袁丽君（女）　四川省绵阳市富乐实验小学
刘金强　四川省绵阳市游仙区凤凰乡中心小学
杨　超　四川省绵阳市游仙区石马镇中心小学
付润章　四川省绵竹市清平学校校长
戴莉娟（女）　四川省平武县南坝镇石坎中心小学
何小兵　四川省平武县南坝镇中心小学校长
王玉军（羌族）　四川省平武县南坝镇中心小学
龙运伟（羌族）　四川省平武县南坝镇中心小学
杨光李（羌族）　四川省平武县南坝镇中心小学
杨正怀　四川省平武县水观乡中心小学校长
鲁定会（女）　四川省平武县水观乡中心小学
赵　辉　四川省青川县红光乡中心小学校长
毛家邦　四川省青川县楼子乡中心小学校长
白培锋　四川省青川县姚渡镇中心小学校长
冯继兴　四川省三台县塞江中心小学
陈道林　四川省三台县上兴乡中心小学
曾令才　四川省什邡市民主中心小学
何志太　四川省旺苍县五权镇中心小学
杨春贵（藏族）　四川省汶川县草坡乡中心校
高和明（藏族）　四川省汶川县草坡乡中心校
董家富（藏族）　四川省汶川县龙溪乡中心校
王天秀（女，藏族）　四川省汶川县绵池小学
贾正伟（羌族）　四川省汶川县威州小学
张卫东　四川省汶川县雁门乡中心校校长
董雪峰　四川省汶川县映秀小学
罗　伟　四川省雅安市雨城区上里中心校校长
王文翠（女，羌族）　四川省北川羌族自治县

陈家坝初级中学

刘亚春　四川省北川中学校长

张定文（羌族）　四川省北川中学

刘　宁（羌族）　四川省北川中学

周德祥　四川省德阳市东汽中学

谷盛聪　四川省都江堰市聚源中学校长

李秀春（女）　四川省都江堰市向峨九年制学校

包世贵　四川省汉源县富林镇初级中学

李政有　四川省剑阁县沙溪中学

周　强（羌族）　四川省理县通化初级中学校长

刘　鹏　四川省绵阳东辰国际学校

马云辉　四川省绵阳南山中学

吉庆云　四川省绵竹市汉旺学校

曾德萍（女）　四川省绵竹市汉旺学校

陈　冬　四川省彭州市磁峰中学

周世树　四川省彭州市龙门山镇九年制学校校长

陈开凤（女）　四川省彭州市龙门山镇九年制学校

王　谦　四川省平武县南坝中学

任维鼎　四川省平武县南坝中学

侯琪敏（女，羌族）　四川省平武县平通镇初级中学

朱开松（羌族）　四川省平武县平通镇初级中学

丁敬蓉（女）　四川省三台县富顺镇老马学校

孟明福　四川省什邡市红白中心学校校长

康玉龙　四川省什邡市蓥华中学校长

张舜华（藏族）　四川省汶川县漩口中学校长

王福春（藏族）　四川省汶川县漩口中学

周秀华（女，羌族）　四川省汶川县威州中学校长

贯代清（藏族）　四川省汶川县威州中学

贾开锐（女，羌族）　四川省汶川县威州中学

曹　霞（女）　四川省汶川县威州中学

张丽君（女，羌族）　四川省北川羌族自治县高级职业中学

徐正富（羌族）　四川省北川羌族自治县教师进修学校校长

欧阳娅玲（女）　四川省汉源县富林幼儿园园长

谢　丹（女，羌族）　四川省北川羌族自治县曲山机关幼儿园

肖秀芳（女）　四川省绵阳市涪城区教工幼儿园

聂晓燕（女）　四川省汶川县映秀镇幼儿园

石应康　四川大学华西医院院长

郝士昌　四川省阿坝州教育局局长、党组副书记

张道平　四川建筑职业技术学院

舒　敏　四川农业大学

张应辉　成都东软信息技术职业学院

张富明　四川警安职业学院

王汝恒　西南科技大学

罗成书　绵阳师范学院

郭　卫　四川省民航飞行学院

武友德　四川工程职业技术学院

李　原　西南财经大学

杨兴国　四川大学

吴正刚（回族）　四川省理县教育局

李　波　四川省茂县教育局

陈　云　四川省青川县教育局局长

汤朝林　四川省汶川县教育局

柳元兴　四川省梓潼县教育体育局党委书记、局长

雷彩兰（女）　甘肃省成县镡河土蒿小学

镡淑云（女）　甘肃省成县镡河土蒿小学

魏永锋　甘肃省成县红川学区吕坝小学校长

夏银萍（女）　甘肃省康县阳坝小学

王桂英（女）　甘肃省陇南市武都区外纳乡吕赵教学点

高仲成　甘肃省陇南市武都区洛塘新华小学

陈义学　甘肃省康县迷坝乡张台小学

王永东　甘肃省西和县石峡学区高灯教学点校长

刘三录　甘肃省舟曲县南峪学区旧寨小学校长

韩孝先　甘肃省舟曲县石家山小学校长

刘永红（藏族）　甘肃省舟曲县武坪学区校长

罗克宏　甘肃省成县纸坊学区校长
许　伟　甘肃省文县范坝初级中学校长
张付荣　甘肃省文县三中
张兆瑞　甘肃省文县中庙小学
赵　勤　甘肃省舟曲县二中校长
韩乐中（藏族）　甘肃省舟曲县三中校长
张万春　甘肃省舟曲县八楞乡藏族九年制学校
白　玉　甘肃省西和县蒿林学区大苏小学
杨　勇（藏族）　甘肃省迭部县教育局
方徐林　重庆市梁平县礼让镇中心小学校长
龙　辉　重庆市梁平县礼让镇中心小学
吴顺江（女）　重庆市梁平县礼让镇中心小学
吕小义（女）　重庆市梁平县礼让镇中心小学
邓熊英（女）　重庆市梁平县实验小学
刘代英（女）　重庆市梁平县文化镇中心小学
刘晓琼（女）　重庆市梁平县文化镇中心小学
唐小松（女）　重庆市梁平县文化镇中心小学
何文建　重庆市梁平县文化镇中心小学
莫方奎　重庆市大足县天宝小学
邓忠良　重庆医科大学附属第二医院
周发春　重庆医科大学附属第一医院
李　明　重庆医科大学附属儿童医院
罗美娟（女）　重庆医科大学口腔医院
欧　岚　重庆三峡学院
孙泽平　重庆文理学院
项小燕　重庆市开县教育局纪工委书记
李晓明（女）　重庆市万州区教育委员会
郭麦娥（女）　陕西省略阳县高台小学
梁　杰　陕西省略阳县郭镇干河坝小学
田国荣　陕西省略阳县嘉陵小学
赵红卫　陕西省千阳县南寨镇大寨小学
李娅丽（女）　陕西省南郑县城关二中
贾　康　陕西省勉县土关铺乡中心小学
王伟锋　陕西省洋县白石乡中心小学
郭　忠　陕西省宝鸡市金台区硖石二中
李宏琦　陕西省岐山县蔡家坡第一初中
杨　斌　陕西省岐山县京当乡初级中学
潘根梅（女）　陕西省千阳县幼儿园
戴忠祥　云南省昆明市盘龙区龙泉小学
李汝林　云南省昆明市西山区教育局
刘思才　云南省水富县教育局
平　锦　云南省昭通市教育局
蔺桂瑞（女）　首都师范大学
宋诗铎（女）　天津医科大学第二医院
刘宝民　河北省唐山市教育局
刘　强　山西医科大学第一医院
王　平　中国医科大学第四临床学院
姜云东　吉林省教育厅
金宏章　哈尔滨工程大学
戴尅戎　上海交通大学医学院附属第九人民医院
桑志芹（女）　南京大学
叶春阳　宁波大学
王　健　安徽工业大学
李俊玮　福建省教育厅
张元兵　江西中医学院附属医院
江新政　山东省教育厅
董玉民　河南省教育厅
陶海鹰　武汉大学人民医院
孙培文　湖南长沙同升湖国际实验学校
郑希付　华南师范大学
陶格森扎布（蒙古族）　内蒙古师范大学
苏　伟　广西医科大学第一附属医院
张　英　海南医学院附属医院
田　芳（女，土家族）　贵州省贵阳市女子职业学校
侯文龙　西藏自治区教育厅
索昂尼玛（藏族）　青海省称多县教育局
王　琪　宁夏育才中学
陈平波　新疆医科大学第四临床医学院
彭心宇　石河子大学医学院第一附属医院

〔**全国教育系统抗震救灾先进集体和先进个人表彰大会**〕　2008年9月10日是我国第24个教师节。为了进一步弘扬伟大的抗震救灾精神和尊师重教的良好社会风尚，充分体现党和国家对教师队伍建设的高度重视，9月8日，教育部召开全国教育系统抗震救灾先进集体和先进个人表彰大会（电视

电话会），各省（自治区、直辖市）及新疆生产建设兵团设分会场。刘延东国务委员出席会议并作了重要讲话。在主会场参加表彰大会的有先进集体和先进个人代表100人，以及四川、甘肃、陕西、重庆、云南等5省市教育行政部门负责人和有关同志。100名先进集体和先进个人代表中，集体代表41人，个人代表54人，遇难英雄教师家属代表5人。表彰大会由教育部部长周济主持。会上，人力资源和社会保障部副部长杨士秋宣读了《人力资源和社会保障部、教育部关于表彰教育系统抗震救灾英雄集体和抗震救灾英雄的决定》，教育部副部长袁贵仁宣读了《教育部关于表彰教育系统抗震救灾先进集体和先进个人的决定》。先进集体代表——四川省北川中学校长刘亚春、四川省汶川县映秀小学校长谭国强，先进个人代表——陕西省宁强县黄坝驿乡中心小学教师王敏，受灾地区教育行政部门代表——四川省教育厅厅长涂文涛先后发言。发言代表以自己的亲身经历生动再现了地震发生时人民教师挺身而出、舍生忘死的光辉形象，从不同角度诠释了新时期人民教师的高尚师德，以及灾后克服重重困难，积极开展复学复课，顽强拼搏、自强不息的精神风貌，发言感人至深、催人奋进。

刘延东在认真听取代表的发言后作了重要讲话，她代表党中央、国务院向受到表彰的先进集体和先进个人，向全国广大教师和教育工作者表示亲切的慰问和节日的祝贺，充分肯定了教育系统广大教师和教育工作者在抗震救灾斗争中的英雄壮举、高尚师德和突出贡献。要求各级教育行政部门和学校把英雄教师事迹作为师德教育的鲜活教材，发扬光大广大教师在抗震救灾中锤炼和展示的好思想、好作风、好精神，使之成为灾区学校恢复重建和推动教育改革发展的强大精神动力。刘延东强调，办好教育的希望在教师，要把加强教师队伍建设作为推动教育改革与发展的关键举措，进一步形成尊师重教的良好社会风气。要进一步深入学习贯彻总书记讲话精神，认真落实《教师法》的规定，建设高素质教师队伍，培养和造就一批优秀教育家。要依法保障教师的政治地位、社会地位，提高教师待遇和收入水平，维护教师合法权益。要营造良好社会舆论氛围，大力宣传优秀教师先进事迹，让尊师重教蔚然成风，使教师成为全社会最光荣的职业。要以大力宣传抗震救灾斗争中涌现出来的模范事迹为契机，进一步加强和改进师德建设。要突出思想政治教育，提高教师的职业道德水平。要坚决克服教师队伍中的不正之风，净化校园风气。要把师德作为重要内容，纳入教师的考核评价范围，建立健全师德建设的长效机制。希望广大教师要把崇高师德内化为自觉价值追求和行为取向，自尊自励，自警自省，真正作到学高为师、德高为范，作学生健康成长的指导者和引路者，作科学知识的传播者和创造者，作教育改革创新的倡导者和实践者，作良好社会风气的引领者和带动者，树立高尚的精神追求，耐得住清苦，耐得住寂寞，甘为人梯，乐于奉献，以自身的模范行为影响社会，不辜负党和人民的期望和重托。表彰会前，教育部部长周济到代表驻地亲切慰问了出席表彰大会的全体代表。出席表彰大会的先进集体和个人代表在京期间，观看了残奥会开幕式，并参加了有关活动。

撰稿　张　旭　朱保江
审稿　谢志敏　吕玉刚

教育部表彰首批中小学抗震救灾优秀学生和先进集体名单

5月12日发生在四川汶川的特大地震危及了正在上课的中小学师生的生命。在这场特大灾害袭来时，处在极度危险中的灾区中小学生表现出了临危不惧、先人后己、互助友爱、知恩感恩的精神和品德，涌现出了一大批优秀学生和先进集体。

1. 首批授予“抗震救灾优秀学生”称号的是：

阿坝州汶川县映秀镇中心小学　林　浩
绵阳市北川中学　王　亮
成都市温江区玉石乡实验小学　陈　浩
阿坝州汶川县映秀镇漩口中学　马　健
广元市青川县木鱼中学　何翠青
绵阳市北川曲山镇小学　何亚军
成都市都江堰市聚源中学　甯加驰
绵阳市北川县曲山幼儿园　朗　铮
彭州市磁峰中学　雷楚年

阿坝州汶川县映秀镇中心小学　康　洁

成都市都江堰市聚源中学　高　莹

2. 首批授予“抗震救灾先进集体”称号的是：

绵阳市北川县陈家坝学校（初中、小学、幼儿园）

绵阳市安县桑枣中学（初中）

绵阳市北川县曲山镇海光村刘汉希望小学

各级教育行政部门和中小学要把抗震救灾优秀学生和先进集体的感人事迹作为生动教材，通过适合中小学生年龄特点的多种形式，进行热爱中国共产党、热爱社会主义祖国、人民的生命和利益高于一切的教育，在中小学生中弘扬中华民族的伟大精神和美德，把育人为本，德育为先，实施素质教育的工作做得更好。

教育部表彰第二批中小学抗震救灾优秀学生和先进集体名单

根据《教育部关于表彰首批中小学抗震救灾优秀学生和先进集体的决定》作出的分批表彰抗震救灾优秀学生和先进集体的决定，现将第二批中小学抗震救灾优秀学生和先进集体名单公布如下：

1. 第二批授予“抗震救灾优秀学生”称号的是：

四川省绵阳市北川县禹里小学　熊弼呈

四川省成都市都江堰市新建小学　许中政

四川省绵阳市北川中学　朱付敏

四川省阿坝州汶川县漩口中学　杨松尚

四川省德阳市什邡市红白中学　郑小鹏

四川省绵阳市平武县南坝镇石坎乡小学　张春玲

四川省绵阳市北川中学　李　阳

四川省绵阳市北川中学　申　龙

四川省绵阳市北川中学　王佳明

四川省德阳市东汽中学　薛　枭

四川省德阳市东汽中学　卿静文

四川省成都市都江堰聚源中学　贾　龙

四川省阿坝州汶川县漩口中学　佘友富

四川省成都市都江堰中学　梁　强

四川省成都市彭州中学　欧阳宇航

四川省成都市都江堰聚源中学　杨　琳

四川省绵阳市北川中学　刘　刚

四川省广元市利州区东城实验学校　何丹青

四川省德阳市东汽中学　王　波

四川省德阳市什邡市蓥华中学　邓清清

四川省绵阳市北川县民族中学　李剑波

四川省绵阳市安县桑枣干柏村小学　黄　霖

四川省绵阳市江油市雁门小学　李　勇

四川省绵阳市江油市雁门小学　王正武

四川省阿坝州理县中学　张　博

四川省广元市青川职业高级中学　韩加育

四川省广元市剑阁县下寺小学　张庚杰

四川省巴中市通江县永安坝村小学　莘长林

四川省绵阳市平武县平通中学　高志军

四川省绵阳市安县茶坪初级中学　赵　彬

四川省德阳市东汽中学　马小凤

四川省德阳市什邡市蓥华中学　张　强

四川省成都市都江堰聚源中学　冯翰文

四川省成都市崇州市怀远镇中学　王　了

四川省成都市都江堰中兴学校　王海军

四川省成都市彭州市白鹿中心学校　阳玉洁

甘肃省陇南市礼县祁山乡中王小学　童世强

甘肃省陇南市两当县西坡学校　王波波

甘肃省平凉市大寨中心小学　李海科

甘肃省陇南市武都区桔柑乡学校　王　磊

甘肃省文县碧口二中　曲柄年

甘肃省文县一中　杨文超

甘肃省系舟县东山乡石家山小学　韩贵霞

甘肃省天水市秦州区平南中学　安　斌

甘肃省天水市秦州区平南中学　刘鹏杰

陕西省汉中市略阳县高台小学　刘　潮

陕西省汉中市宁强县巨亭乡中心小学　张　强

陕西省宝鸡市金台区西街小学　张晗玙

陕西省宝鸡市渭滨区铁三小　刘茜薇

重庆市梁平县文化镇中心小学　王　樊

重庆市梁平县文化镇中心小学　王　彬

2. 第二批授予“抗震救灾先进集体”称号的是：

四川省绵阳市北川中学

四川省阿坝州汶川县映秀镇小学

四川省阿坝州汶川县漩口中学

教育部表彰第三批中小学抗震救灾优秀学生和先进集体名单

根据《教育部关于表彰首批中小学抗震救灾优秀学生和先进集体的决定》作出的分批表彰抗震救灾优秀学生和先进集体的决定，现将第三批中小学抗震救灾优秀学生和先进集体名单公布如下：

1. 第三批授予“抗震救灾优秀学生”称号的是（88人）：

四川省绵阳市北川中学　任秋明
四川省绵阳市北川中学　唐　奎
四川省绵阳市绵阳中学　金玉珠
四川省绵阳市绵阳中学　周莎莎
四川省绵阳市北川县陈家坝中学　马文华
四川省绵阳市北川县陈家坝中学　母海龙
四川省绵阳市平武县平通初中　路培友
四川省绵阳市平武县南坝初中　王艺凯
四川省绵阳市安县清泉中学　石继东
四川省绵阳市安县兴仁初中　钟　豪
四川省绵阳市安县塔水二小　温　飞
四川省绵阳市江油市阳亭小学　冉　雪
四川省绵阳市实验高中　陈东龙
四川省绵阳市三台县芦溪中学　叶圆圆
四川省绵阳市梓潼县仙峰小学　王　祥
四川省绵阳市梓潼县观义中学　冯　彬
四川省德阳市什邡市红白中心学校　肖兴龙
四川省德阳市什邡市龙居小学　张　帅
四川省德阳市什邡市洛水镇洛城小学　廖　桐
四川省德阳市什邡市洛水中学　陈嘉文
四川省德阳市什邡市洛水中学　刘　宇
四川省德阳市什邡市蓥华镇中心小学　张永锋
四川省德阳市绵竹市城北中学　周　亮
四川省德阳市绵竹市实验学校　刘星蕊
四川省德阳市绵竹市汉旺学校　刘正阳
四川省德阳市绵竹市广济学校　张　涛
四川省德阳市绵竹市实验学校　林长宏
四川省德阳市绵竹市汉旺学校　曹竹君
四川省德阳市罗江县金山中学　郭　沛
四川省德阳市德阳三中　李　游
四川省广元市元坝区朝阳小学　杨　红
四川省广元市旺苍县东城中学　胥劲丰
四川省广元市朝天区转斗小学　苏　杰
四川省广元市青川县木鱼中学　牟　瑶
四川省阿坝州茂县凤仪小学　张兴成
四川省阿坝州茂县中学　袁方国
四川省成都市外国语中学（西区）　黎泽洋
四川省阿坝州汶川县水磨镇第二小学　张勇富
四川省阿坝州汶川县威州小学　文运吉
四川省阿坝州汶川县威州中学　蔡　易
四川省阿坝州汶川县威州中学　万祥亮
四川省阿坝州汶川县漩口百花小学　焦中祥
四川省阿坝州汶川县映秀镇中心小学　周玉烨
四川省阿坝州理县薛城中学　康红瑞
四川省阿坝州茂县中学　白加跃
四川省阿坝州小金县达维中学　杨云川
四川省成都市都江堰市新建小学　岳小龙
四川省成都市青白江区大弯中学　陈　哲
四川省成都市新都区柏水学校　李　好
四川省成都市金堂县隆盛镇希望学校　曹　艳
四川省成都市华西中学　李　序
四川省成都市成师附小（东区）　王　钦
四川省成都市东光实验小学　吴春芳
四川省成都市彭州一中　曹　维
四川省成都市彭州一中　高璟文
四川省凉山州西昌市第五中学　殷崇伟
四川省雅安市荥经县严道一中　郑成可
四川省雅安市雨城区一中　范剑锋
四川省雅安市汉源县二中　徐　泽
四川省雅安市汉源县二中　何　浩
四川省内江市实验小学　黄　雯
四川省宜宾市宜宾县育才中学　侯小轩
甘肃省陇南市宕昌县一中　刘宏栋
甘肃省陇南市宕昌县韩院小学　康强安
甘肃省陇南市文县一中　张　巍
甘肃省陇南市徽县三中　单振飞
甘肃省陇南市武都区教场小学　哈　磊
甘肃省陇南市西和县大桥乡九年制学校　张小成
甘肃省陇南市西和县汉源镇朝阳小学　陈永康
甘肃省陇南市徽县二中　刘　琪

甘肃省陇南市西和县北川初中　徐　嘉

甘肃省陇南市西和县北川初中　柳　芳

甘肃省陇南市文县一中　张　涵

甘肃省陇南市文县一中　王　贤

甘肃省陇南市礼县石桥镇中心小学　王中强

甘肃省陇南市文县石鸡坝小学　陈宏波

甘肃省定西市漳县城关中学　赵　蓉

甘肃省天水市秦州区平南中学　赵　蒲

甘肃省天水市秦州区平南中学　贺　甲

陕西省宝鸡市陈仓区拓石镇中心小学　王　博

陕西省宝鸡市千阳县红山初中　杨　鹏

陕西省宝鸡市金台区石油中学　王万奇

陕西省宝鸡市卧龙寺中学　郑志远

陕西省汉中市略阳县嘉陵小学　兰守宇

陕西省汉中市四〇五学校　宋博超

陕西省汉中市宁强县第二中学　席亚兰

陕西省汉中市宁强县第二中学　席　红

陕西省汉中市略阳县略阳一中　石玉强

2. 第三批授予“抗震救灾先进集体”称号的是（34 个）：

四川省阿坝州营盘街小学

四川省阿坝州理县通化小学

四川省阿坝州汶川县卧龙小学

四川省阿坝州水磨中学

四川省阿坝州绵池中学

四川省绵阳市平武县南坝中学

四川省绵阳市安县高川英才学校

四川省绵阳市江油市太平镇第二中学

四川省德阳市什邡市八角中心小学

四川省德阳市什邡市龙居小学

四川省德阳市绵竹市玉泉学校

四川省德阳市东汽中学高三年级三班

四川省成都市崇州市怀远镇中学

四川省成都市彭州市红岩小学

四川省成都市彭州市白鹿九年制学校

四川省广元市青川县马鹿乡中心小学

四川省广元市青川县乔庄幼儿园

四川省广元市青川县姚渡镇中心小学

四川省广元市利州区北街小学

四川省广元市旺苍东城中学

四川省广元市利州中学

四川省广元市青川县关庄初级中学

甘肃省陇南市文县第一中学

甘肃省陇南市康县豆坪小学

甘肃省陇南市文县范坝初中

甘肃省陇南市文县横丹小学

甘肃省陇南市文县尖山小学

甘肃省陇南市文县石鸡坝初中

甘肃省陇南市文县玉垒小学

甘肃省陇南市康县一中高二（11）班

甘肃省陇南市礼县红河乡花石小学

甘肃省陇南市礼县崖城学区高咀教学点

甘肃省天水市清水县丰望中学

甘肃省天水市第一幼儿园

教育发展统计

2008 年全国教育事业发展统计公报

教 育 部

2008 年是我国发展历史上极不平凡的一年。党中央带领全国各族人民，战胜了年初严重低温雨雪冰冻和 5·12 汶川特大地震造成的巨大灾难，实现了中国人民百年奥运梦想和航天人出舱行走这一历史性突破，各项事业都取得了显著成就。在党中央、国务院的正确领导下，教育系统广大干部和师生员工振奋精神，齐心协力，锐意进取，各项工作扎实推进，各级各类教育取得了新进展。

义 务 教 育

到 2008 年底，实现“两基”验收的县（市、区）累计达到 3 038 个（含其他县级行政区划单位 207 个），占全国总县数的 99.1%，“两基”人口覆盖率达到 99.3%。

由于学龄人口的逐年减少，小学校数、学生数继续减少，学龄儿童净入学率不断提高。2008 年，全国共有小学 30.09 万所，比上年减少 1.92 万所；招生 1 695.72 万人，比上年减少 40.35 万人；在校生 10 331.51 万人，比上年减少 232.49 万人；小学毕业生数 1 864.95 万人，比上年减少 5.22 万人。小学学龄儿童净入学率达到 99.54%；其中男女童净入学率分别为 99.50% 和 99.58%，女童高于男童 0.08 个百分点。

小学教职工略有减少，专任教师有所增加，专任教师学历合格率继续提高。全国小学教职工 613.29 万人，比上年减少 0.09 万人；其中专任教师 562.19 万人，比上年增加 0.93 万人。小学专任教师学历合格率 99.27%，比上年提高 0.16 个百分点，小学生师比 18.38：1，比上年的 18.82：1 有所降低。

由于学龄人口的逐年减少，初中校数、招生数、在校生数和毕业生数略有减少，初中阶段毛入学率和初中毕业生升学率继续提高。2008 年，全国共有初中学校 5.79 万所（其中职业初中 0.02 万所），比上年减少 0.15 万所。招生 1 859.60 万人，比上年减少 8.9 万人；在校生 5 584.97 万人，比上年减少 151.22 万人；毕业生 1 867.95 万人，比上年减少 95.76 万人。初中阶段毛入学率 98.5%，比上年提高 0.5 个百分点。初中毕业生升学率 83.4%，比上年提高 2.92 个百分点。

全国初中专任教师 347.55 万人，比上年增加 0.25 万人。初中专任教师学历合格率 97.79%，比上年提高 0.61 个百分点。生师比 16.07：1，比上年的 16.52：1 有所降低。

普通中小学校办学条件进一步改善。全国普通中小学校舍建筑面积 136 521.37 万平方米，比上年增加 1 201.35 万平方米。小学体育运动场（馆）面积达标校数的比例为 55.88%、体育器械配备达标校数的比例为 50.61%、音乐器械配备达标校数的比例为46.31%、美术器械配备达标校数的比例为44.97%、数学自然实验仪器达标校数的比例为54.70%。普通初中体育运动场（馆）面积达标校数的比例为69.30%、体育器械配备达标校数的比例为66.90%、音乐器械配备达标校数的比例为60.27%、美术器械配备达标校数的比例为59.15%、理科实验仪器达标校数的比例为73.51%。各项办学条件均比上年有所改善。

学前教育与特殊教育

学前教育进一步发展。幼儿园数、在园幼儿数、幼儿园园长和教师数均有增加。2008年，全国共有幼儿园13.37万所，比上年增加0.46万所，在园幼儿（包括学前班）2 474.96万人，比上年增加126.13万人。幼儿园园长和教师共103.2万人，比上年增加8.01万人。

2008年，全国共有特殊教育学校1 640所，比上年增加22所；招收残疾儿童6.24万人，比上年减少0.1万人；在校残疾儿童41.74万人，比上年减少0.19万人。其中在盲人学校就读的学生4.71万人，在聋人学校就读的学生11.71万人，在弱智学校及辅读班就读的学生25.32万人。在普通学校随班就读和附设特教班就读的残疾儿童招生数和在校生数分别占特殊教育招生总数和在校生总数的64.87%和63.27%。残疾儿童毕业人数5.20万人，比上年增加0.17万人。

高中阶段教育

2008年，全国高中阶段教育（包括普通高中、成人高中、中等职业学校）共有学校30 806所，比上年减少449所；招生1 649.12万人，比上年减少1.06万人；在校学生4 576.07万人，比上年增加48.58万人。高中阶段毛入学率74%，比上年提高8个百分点。其中：

全国普通高中15 206所，比上年减少475所；招生837.01万人，比上年减少3.15万人，下降0.38%；在校生2 476.28万人，比上年减少46.17万人，下降1.83%；毕业生836.06万人，比上年增加47.75万人，增长6.06%。

普通高中专任教师147.55万人，比上年增加3.24万人，生师比16.78∶1，比上年的17.48∶1有所降低，专任教师学历合格率91.55%，比上年提高2.25个百分点。普通高中体育运动场（馆）面积达标校数的比例为78.92%、体育器材配备达标校数的比例为78.90%、音乐器材配备达标校数的比例为73.83%、美术器材配备达标校数的比例为74.62%、理科实验仪器达标校数的比例为83.38%、建立校园网的学校占普通高中学校总数的比例为70.91%。各项办学条件均比上年有所改善。

全国成人高中753所，比上年增加11所；在校生12.7万人，比上年减少5.38万人；毕业生9.34万人，比上年减少7.13万人。成人高中教职工0.65万人，比上年减少0.06万人；其中专任教师0.45万人，比上年减少0.03万人。

全国中等职业教育（包括普通中等专业学校、职业高中、技工学校和成人中等专业学校）共有学校14 847所，比上年增加15所。招生812.11万人，比上年增加2.09万人；在校生2 087.09万人，比上年增加100.08万人。其中：

全国普通中等专业学校3 846所，比上年增加45所；招生303.78万人，比上年增加6.49万人；在校生817.28万人，比上年增加35.65万人；毕业生220.56万人，比上年增加18.29万人。教职工40.28万人，比上年增加1.43万人；其中专任教师26.14万人，比上年增加1.24万人。

全国职业高中5 915所，比上年减少1所；招生290.66万人，比上年减少11.52万人；在校生750.32万人，比上年增加25.07万人；毕业生211.63万人，比上年增加20.75万人。职业高中教职工42.78万人，比上年增加1.05万人；其中专任教师31.97万人，比上年增加1.1万人。

全国技工学校3 103所，比上年增加108所；招生161.84万人，比上年增加3.29万人；在校生398.85万人，比上年增加31.7万人；毕业生109.57万人，比上年增加9.91万人。技工学校教职工24.88万人，比上年增加0.88万人；其中专任教师22.07万人，比上年增加1.64万人。

全国成人中等专业学校 1 983 所，比上年减少 137 所；招生 55.83 万人，比上年增加 3.83 万人；在校生 120.65 万人，比上年增加 7.67 万人；毕业生 38.9 万人，比上年增加 0.81 万人。教职工 10.33 万人，比上年减少 0.29 万人；其中专任教师 6.66 万人，比上年减少 0.1 万人。

高 等 教 育

高等教育稳步发展。2008 年，全国共有普通高等学校和成人高等学校 2 663 所。其中，普通高等学校 2 263 所，比上年增加 355 所，成人高等学校 400 所，比上年减少 13 所。普通高校中本科院校 1 079所，高职（专科）院校 1 184 所。全国共有培养研究生单位 796 个；其中高等学校 479 个，科研机构 317 个。

高等教育招生数和在校生规模持续增加。2008 年全国各类高等教育总规模达到 2 907 万人，高等教育毛入学率达到 23.3%。

全国招收研究生 44.64 万人，比上年增加 2.78 万人，增长 6.64%；其中博士生 5.98 万人，硕士生 38.67 万人。在学研究生 128.30 万人，比上年增加 8.80 万人，增长 7.36% ；其中博士生 23.66 万人，硕士生 104.64 万人。毕业研究生 34.48 万人，比上年增加 3.3 万人，增长 10.58%；其中博士生 4.37 万人，硕士生 30.11 万人。

普通高等教育本专科共招生 607.66 万人，比上年增加 41.74 万人；在校生 2 021.02 万人，比上年增加 136.12 万人，增长 7.22%；毕业生 511.95 万人，比上年增加 64.16 万人，增长 14.33%。成人高等教育本专科共招生 202.56 万人，在校生 548.29 万人，毕业生 169.09 万人。全国高等教育自学考试报考 988.82 万人次，取得毕业证书 55.19 万人。

普通高等学校本科、高职（专科）全日制在校生平均规模为8 679人。

普通高等学校教职工 205.10 万人，比上年增加 7.65 万人；其中专任教师 123.75 万人，比上年增加 6.92 万人。生师比为 17.23：1。成人高等学校教职工 8.99 万人，比上年减少 4.64 万人；其中专任教师 5.32 万人，比上年减少 2.7 万人。

成人培训与扫盲教育

2008 年，全国接受各种非学历高等教育的学生 271.85 万人次，当年已结业 437.94 万人次；接受各种非学历中等教育的学生达 5 448 万人次，当年已结业 6 501.57 万人次。

全国职业技术培训机构 16.20 万所；教职工 49.58 万人，其中专任教师 25.29 万人。

成人初等学校 1.41 万所，比上年增加 0.19 万所；毕业生 119.86 万人，比上年减少 13.62 万人；在校生 110.12 万人，比上年减少 11.99 万人。教职工 2.02 万人，比上年减少 0.27 万人，其中专任教师 0.97 万人，比上年减少 0.2 万人。

2008 年，全国共扫除文盲 115.02 万人，比上年增加 19.24 万人；另有 124.96 万人正在参加扫盲学习，比上年增加 21.20 万人。扫盲教育教职工 8.62 万人，比上年增加 1.39 万人；其中专任教师 3.70 万人，比上年增加 0.91 万人。

民 办 教 育

民办教育持续发展。2008 年，全国共有各级各类民办学校（教育机构）10.09 万所，比上年增加 0.57 万所，各类学历教育在校学生达 2 824.4 万人，比上年增加 240.9 万人。其中：民办幼儿园 83 119 所，在园儿童 982.03 万人；民办普通小学 5 760 所，在校生 480.4 万人；民办普通初中 4 408 所，在校生 428.4 万人；民办职业初中 7 所，在校生 0.20 万人；民办普通高中 2 913 所，在校生 240.30 万人；民办中等职业学校 3 234 所，在校生 291.81 万人，另有非学历教育学生 33.21 万人；民办高校 640 所（含独立学院 322 所），在校生 401.3 万人，其中本科生 223.3 万人，专科生 178.0 万人，另有其他形式教育的学生 26.7 万人；民办的其他高等教育机构 866 所，各类注册学生 92.02 万人。

另外，还有民办培训机构 19 579 所，834.76 万人次接受了培训。

2008 年各类教育发展基本情况

全国各级各类学校校数、教职工、专任教师情况

	学校数(所)	教职工数(人)	专任教师数(人)
一、高等教育			
(一) 研究生培养机构 (不计校数)	(796)		
1. 普通高校	(479)		
2. 科研机构	(317)		
(二) 普通高等学校	2 263	2 051 029	1 237 451
1. 本科院校	1 079	1 473 856	856 040
其中：独立学院	322	146 665	103 816
2. 专科院校	1 184	570 651	377 137
其中：职业技术学院	1 036	494 610	328 214
3. 其他机构 (教学点) (不计校数)	(77)	6 522	4 274
(三) 成人高等学校	400	89 892	53 227
(四) 民办的其他高等教育机构	866	40 261	19 121
二、中等教育	90 121	7 059 921	5 811 007
(一) 高中阶段教育	30 806	7 044 498	2 330 506
1. 高中	15 959	5 822 253	1 480 052
普通高中	15 206	5 815 712	1 475 533
成人高中	753	6 541	4 519
2. 中等职业教育	14 847	1 222 245	850 454
普通中专	3 846	402 758	261 402
成人中专	1 983	103 289	66 611
职业高中	5 915	427 826	319 683
技工学校 (2007 年)	3 103	248 814	176 285
其他机构 (教学点) (不计校数)	(2 483)	39 558	26 473
(二) 初中阶段教育	59 315	15 423	3 480 501
1. 普通初中	57 701		3 468 957
2. 职业初中	213	7 615	6 577
3. 成人初中	1 401	7 808	4 967
三、初等教育	349 126	6 239 294	5 668 674
(一) 普通小学	300 854	6 132 903	5 621 938
(二) 成人小学	48 272	106 391	46 736
其中：扫盲班	34 213	86 159	37 006
四、工读学校	74	2 687	1 735
五、特殊教育	1 640	45 990	36 306
六、学前教育	133 722	1 434 211	898 552

注：1. 普通高中的教职工数中包含普通初中的教职工数。

2. "(　)" 内数据为不计校数。

3. 技工学校数据中上海市用的是 2008 年数据。

全国各级各类学历教育学生情况

	毕业生数(人)	招生数(人)	在校生数(人)
一、高等教育			
(一) 研究生	344 825	446 422	1 283 046
博　士	43 759	59 764	236 617
硕　士	301 066	386 658	1 046 429
(二) 普通本专科	5 119 498	6 076 612	20 210 249
本　科	2 256 783	2 970 601	11 042 207
专　科	2 862 715	3 106 011	9 168 042
(三) 成人本专科	1 690 944	2 025 552	5 482 949
本　科	684 506	831 362	2 352 832
专　科	1 006 438	1 194 190	3 130 117
(四) 其他各类高等学历教育			
1. 在职人员攻读博士、硕士学位		133 370	393 816
2. 网络本专科生	901 522	1 472 194	3 558 950
本　科	403 824	535 914	1 446 709
专　科	497 698	936 280	2 112 241
3. 学历文凭考试			
4. 其他	1 398		4 934
二、中等教育	33 605 282	35 087 120	102 043 595
(一) 高中阶段教育	14 260 560	16 491 166	45 760 735
1. 高中	8 453 965	8 370 063	24 889 862
普通高中	8 360 593	8 370 063	24 762 842
成人高中	93 372		127 020
2. 中等职业教育	5 806 595	8 121 103	20 870 873
普通中专	2 205 624	3 037 844	8 172 794
成人中专	388 977	558 314	1 206 459
职业高中	2 116 323	2 906 581	7 503 168
技工学校 (2007 年)	1 095 671	1 618 364	3 988 452
(二) 初中阶段教育	19 344 722	18 595 954	56 282 860
1. 普通初中	18 628 943	18 561 663	55 741 542
2. 职业初中	50 601	34 291	108 168
3. 成人初中	665 178		433 150
三、初等教育	20 998 339	16 957 150	105 665 928
(一) 普通小学	18 649 512	16 957 150	103 315 122
(二) 成人小学	2 348 827		2 350 806
其中：扫盲班	1 150 196		1 249 637
四、工读学校	3 973	4 759	9 631
五、特殊教育	52 035	62 409	417 440
六、学前教育	10 404 654	14 827 145	24 749 600

注：1. 特殊教育学生数中包括普通中小学随班就读的学生。

2. 2008 年技工学校数据用 2007 年数据代替（其中上海市用的是 2008 年数据）。

各级学校毕业生升学率

年份	小学升初中（%）	初中升高级中学（%）	高中升高等教育（%）
1990	74.6	40.6	27.3
1991	77.7	42.6	28.7
1992	79.7	43.6	34.9
1993	81.8	44.1	43.3
1994	86.6	47.8	46.7
1995	90.8	50.3	49.9
1996	92.6	49.8	51.0
1997	93.7	51.5	48.6
1998	94.3	50.7	46.1
1999	94.4	50.0	63.8
2000	94.9	51.2	73.2
2001	95.5	52.9	78.8
2002	97.0	58.3	83.5
2003	97.9	59.6	83.4
2004	98.1	63.8	82.5
2005	98.4	69.7	76.3
2006	100.0	75.7	75.1
2007	99.9	80.5	70.3
2008	99.7	82.1	72.7

注：高中升学率为普通高校招生数与普通高中毕业生数之比。

全国各级各类非学历教育学生情况

	毕（结）业生数（人）	在校生数（人）
总　计	69 395 116	57 198 474
一、高等教育	4 379 383	2 718 453
（一）研究生课程进修班	45 457	56 185
（二）自考助学班	214 769	927 540
（三）普通预科生		26 029
（四）进修及培训	4 119 157	1 708 581
其中：资格证书培训	1 348 997	429 637
岗位证书培训	825 586	298 929
二、中等职业教育	65 015 733	54 480 021
其中：资格证书培训	6 281 129	4 826 241
岗位证书培训	7 292 448	5 514 371
（一）中等职业学校	7 805 778	4 284 637
其中：资格证书培训	2 161 523	1 135 652
岗位证书培训	1 969 471	1 080 532
（二）职业技术培训机构	57 209 955	50 195 384
其中：资格证书培训	4 119 606	3 690 589
岗位证书培训	5 322 977	4 433 839

全国各级民办教育基本情况

	学校数（所）	毕业生数（人）	招生数（人）	在校生数（人）	教职工数（人）	专任教师数（人）	另有其他学生数（人）
一、民办高等教育							
（一）民办高校	640	820 409	1 346 311	4 013 010	304 200	202 562	266 853
本科学生		307 040	669 939	2 232 857			
专科学生		513 369	676 372	1 780 153			
（二）独立学院	(322)	336 552	661 325	2 184 377	146 665	103 816	10 949
本科学生		274 721	583 393	1 963 143			
专科学生		61 831	77 932	221 234			
（三）民办其他高等教育机构	866				40 261	19 121	920 176
二、民办中等教育							
（一）高中阶段教育	6 147	1 494 676	2 048 125	5 321 115	627 435	443 088	
1. 民办普通高中	2 913	789 064	825 634	2 402 983	456 873	337 872	
2. 民办中等职业教育	3 234	705 612	1 222 491	2 918 132	170 562	105 216	332 101
（二）初中阶段教育	4 415	1 273 680	1 476 007	4 285 782	229	153	
1. 民办普通初中	4 408	1 273 142	1 475 387	4 283 780			
2. 民办职业初中	7	538	620	2 002	229	153	
三、民办普通小学	5 760	769 144	796 842	4 804 015	286 070	207 923	
四、民办幼儿园	83 119	3 166 601	5 048 109	9 820 338	808 666	477 130	
另有：民办培训机构（不计校数）	(19 579)				211 577	106 672	8 347 552

注：1.“另有其他学生数”包括：学历文凭考试学生、自考助学班学生、预科生、进修及培训学生数。
2.“(　)”内数据为不计校数。
3. 民办中等职业教育数据中不包含天津市、河北省增加的招生数和在校生数。

各级各类学校女学生

单位：万人

	总计	男学生	女学生	
			人数	占学生总数的比重(%)
一、高等教育				
(一) 研究生	128.30	69.70	58.60	45.67
博　士	23.66	15.45	8.21	34.70
硕　士	104.64	54.25	50.39	48.16
(二) 普通本专科	2 021.02	1 013.36	1 007.66	49.86
本　科	1 104.22	572.56	531.66	48.15
专　科	916.80	440.80	476.00	51.92
(三) 成人本专科	548.29	261.37	286.92	52.33
本　科	235.28	110.67	124.61	52.96
专　科	313.01	150.70	162.31	51.85
(四) 其他各类高等学历教育				
1. 在职人员攻读博士、硕士学位	39.38	26.45	12.93	32.83
2. 网络本专科生	355.90	179.70	176.20	49.51
本　科	144.67	70.86	73.81	51.02
专　科	211.22	108.84	102.38	48.47
3. 学历文凭考试	0.00	0.00	0.00	0.00
4. 其他	0.49	0.25	0.24	48.98
二、中等教育				
(一) 高中阶段教育				
1. 高中				
普通高中	2 476.28	1 293.75	1 182.54	47.75
成人高中	12.70	6.84	5.86	46.16
2. 中等职业教育				
普通中专	817.28	389.03	428.25	52.40
成人中专	120.65	66.07	54.58	45.24
职业高中	750.32	392.73	357.59	47.66
技工学校	398.85	280.55	118.29	29.66
(二) 初中阶段教育				
1. 普通初中	5 574.15	2 934.30	2 639.86	47.36
2. 职业初中	10.82	5.75	5.07	46.84
3. 成人初中	43.32	22.68	20.64	47.64
三、初等教育				
(一) 普通小学	10 331.51	5 538.70	4 792.81	46.39
(二) 成人小学	235.08	110.27	124.81	53.09
其中：扫盲班	124.96	56.69	68.27	54.63
四、工读学校	0.96	0.83	0.13	13.63
五、特殊教育	41.74	27.37	14.38	34.44
六、学前教育	2 474.96	1 363.44	1 111.52	44.91

各级各类学校女教师、女教职工数

单位：万人

	教职工计	其中：女教职工		专任教师计	其中：女专任教师	
		人数	占教职工总数的比重（%）		人数	占专任教师总数的比重（%）
一、高等教育						
（一）研究生培养机构（不计校数）						
1. 普通高校						
2. 科研机构						
（二）普通高等学校	205.10	92.08	44.90	123.75	56.46	45.62
1. 本科院校（含独立学院）	147.39	65.05	44.13	85.60	37.99	44.38
其中：独立学院	14.67	6.99	47.65	10.38	4.93	47.50
2. 专科院校	57.07	26.69	46.77	37.71	18.24	48.37
其中：职业技术学院	49.46	22.99	46.48	32.82	15.78	48.08
3. 其他机构（教学点）（不计校数）	0.65	0.34	52.31	0.43	0.23	53.49
（三）成人高等学校	8.99	4.18	46.50	5.32	2.63	49.44
（四）民办的其他高等教育机构	4.03	1.96	48.64	1.91	0.91	47.64
二、中等教育						
（一）高中阶段教育						
1. 高中						
普通高中	581.57	264.39	45.46	147.55	68.00	46.08
成人高中						
2. 中等职业教育	122.22	54.14	44.30	67.42	32.69	48.49
普通中专	40.28	18.42	45.73	26.14	12.70	48.59
成人中专	10.33	4.60	44.57	6.66	3.21	48.24
职业高中	42.78	19.43	45.42	31.97	15.50	48.49
技工学校	24.88	9.92	39.86			
其他机构（教学点）（不计校数）	3.96	1.77	44.73	2.65	1.28	48.27
（二）初中阶段教育						
1. 普通初中				346.90	167.11	48.17
2. 职业初中	0.76	0.30	39.51	0.66	0.28	42.44
3. 成人初中						
三、初等教育						
（一）普通小学	613.29	335.12	54.64	562.19	316.87	56.36
（二）成人小学						
其中：扫盲班						
四、工读学校	0.27	0.09	34.16	0.17	0.06	36.83
五、特殊教育	4.60	3.11	67.61	3.63	2.63	72.46
六、学前教育	143.42	132.90	92.67	89.86	88.15	98.10

注：普通高中的教职工数中包含普通初中的教职工数。

各级各类学校少数民族学生

单位：万人

	总计	少数民族学生	
		人数	占学生总数的比重(%)
一、高等教育			
（一）研究生	128.30	5.89	4.59
博　士	23.66	0.95	4.00
硕　士	104.64	4.94	4.72
（二）普通本专科	2 021.02	127.99	6.33
本　科	1 104.22	76.30	6.91
专　科	916.80	51.69	5.64
（三）成人本专科	548.29	27.87	5.08
本　科	235.28	13.73	5.83
专　科	313.01	17.09	5.46
（四）其他各类高等学历教育			
1. 在职人员攻读博士、硕士学位	39.38	0.00	0.00
2. 网络本专科生	355.90	14.14	3.97
本　科	144.67	6.27	4.33
专　科	211.22	7.88	3.73
3. 学历文凭考试	0.00	0.00	
4. 其他	0.49	0.03	5.15
二、中等教育			
（一）高中阶段教育			
1. 高中			
普通高中	2 476.28	176.94	7.15
成人高中	56.02	1.40	2.50
2. 中等职业教育			
普通中专	817.28	59.66	7.30
成人中专	120.65	5.34	4.42
职业高中	750.32	31.15	4.15
技工学校			
（二）初中阶段教育			
1. 普通初中	5 574.15	503.28	9.03
2. 职业初中	10.82	2.19	20.28
3. 成人初中			
三、初等教育			
（一）普通小学	10 331.51	1 070.79	10.36
（二）成人小学			
其中：扫盲班			
四、工读学校			
五、特殊教育	41.74	3.24	7.77
六、学前教育	2 474.96	169.68	6.86

注：成人高中数据包括成人初中数据。

各级各类学校少数民族教师、教职工数

单位：万人

	教职工计	少数民族教职工		专任教师计	少数民族专任教师	
		人数	占教职工总数的比重（%）		人数	占专任教师总数的比重（%）
一、高等教育						
（一）研究生培养机构（不计校数）						
1. 普通高校						
2. 科研机构						
（二）普通高等学校	205.10	9.98	4.87	123.75	5.83	4.71
1. 本科院校（含独立学院）	147.39	7.33	4.97	85.60	4.22	4.93
其中：独立学院	14.67	0.49	3.34	10.38	0.31	2.99
2. 专科院校	57.07	2.62	4.59	37.71	1.60	4.24
其中：职业技术学院	49.46	1.97	3.98	32.82	1.20	3.66
3. 其他机构（教学点）（不计校数）	0.65	0.02	3.08	0.43	0.01	2.33
（三）成人高等学校	8.99	0.51	5.67	5.32	0.30	5.64
（四）民办的其他高等教育机构	4.03	0.06	1.49	1.91	0.03	1.57
二、中等教育						
（一）高中阶段教育						
1. 高中						
普通高中	581.57	45.12	7.76	147.55	9.71	6.58
成人高中	1.43	0.07	5.07	0.95	0.05	4.91
2. 中等职业教育	97.34	4.48	4.60	67.42	3.05	4.53
普通中专	40.28	2.44	6.07	26.14	1.58	6.05
成人中专	10.33	0.48	4.66	6.66	0.34	5.15
职业高中	42.78	1.48	3.46	31.97	1.08	3.36
技工学校						
其他机构（教学点）（不计校数）	3.96	0.08	1.93	2.65	0.05	1.90
（二）初中阶段教育						
1. 普通初中				346.90	29.22	8.42
2. 职业初中	0.76	0.09	11.21	0.66	0.08	11.60
3. 成人初中						
三、初等教育						
（一）普通小学	613.29	63.00	10.27	562.19	58.11	10.34
（二）成人小学	10.64	1.67	15.74	4.67	0.39	8.37
其中：扫盲班						
四、工读学校						
五、特殊教育	4.60	0.26	5.62	3.63	0.21	5.73
六、学前教育	143.42	6.37	4.44	89.86	4.26	4.74

注：1. 普通高中少数民族教职工数包括普通初中少数民族教职工数。
2. 成人高中少数民族教职工数包括成人初中少数民族教职工数。

小学学龄儿童入学率

单位：万人

年份	学龄儿童入学率		
	全国学龄儿童数	已入学学龄儿童数	入学率（%）
1965	11 603.2	9 829.1	84.7
1980	12 219.6	11 478.2	93.0
1985	10 362.3	9 942.8	95.9
1990	9 740.7	9 529.7	97.8
1999	12 991.4	12 872.8	99.1
2000	12 445.3	12 333.9	99.1
2001	11 766.4	11 561.2	99.1
2002	11 310.4	11 150.0	98.6
2003	10 908.3	10 761.6	98.7
2004	10 548.1	10 437.1	98.9
2005	10 207.0	10 120.3	99.2
2006	10 075.5	10 001.5	99.3
2007	9 947.9	9 896.8	99.5
2008	9 772.0	9 727.1	99.5

注：1991 年以前的入学率是按 7～11 周岁统一计算的。从 1991 年起入学率是按各地不同入学年龄和学制分别计算的。

高等教育学校（机构）数

单位：所

	计	中央部委			地方部门			民办
		计	教育部	其他部委	计	教育部门	非教育部门	
1. 研究生培养机构	796	374	73	301	422	359	63	
普通高校	479	98	73	25	381	358	23	
科研机构	317	276		276	41	1	40	
2. 普通高校	2 263	111	73	38	1 514	859	655	638
本科院校	1 079	106	73	33	604	533	71	369
其中：独立学院	322							322
专科院校	1 184	5		5	910	326	584	269
其中：高等职业学校	1 036	2		2	770	260	510	264
3. 成人高等学校	400	14	1	13	384	159	225	2
4. 民办的其他高等教育机构	866							866

小学净入学率分省情况

地　区	男女合计			其中：女童		
	校内外学龄人口总数	在校学龄人口总数	入学率（%）	校内外学龄人口总数	在校学龄人口总数	入学率（%）
合　计	**97 719 959**	**97 270 673**	**99.54**	**45 368 876**	**45 178 807**	**99.58**
北　京	645 306	645 306	100.00	301 578	301 578	100.00
天　津	484 142	480 616	99.27	225 761	224 186	99.30
河　北	4 606 341	4 590 987	99.67	2 176 955	2 169 730	99.67
山　西	3 122 812	3 118 527	99.86	1 492 588	1 490 870	99.88
内蒙古	1 444 026	1 440 127	99.73	682 344	680 384	99.71
辽　宁	2 165 953	2 163 593	99.89	1 018 867	1 017 860	99.90
吉　林	1 385 124	1 381 691	99.75	656 681	655 142	99.77
黑龙江	1 896 879	1 885 371	99.39	910 037	904 521	99.39
上　海	566 966	566 480	99.91	262 825	262 607	99.92
江　苏	3 960 286	3 956 186	99.90	1 802 639	1 801 226	99.92
浙　江	3 174 799	3 174 768	100.00	1 459 468	1 459 459	100.00
安　徽	4 937 250	4 929 189	99.84	2 269 754	2 266 106	99.84
福　建	2 355 412	2 354 795	99.97	1 065 518	1 065 270	99.98
江　西	3 907 093	3 904 189	99.93	1 768 516	1 767 077	99.92
山　东	6 133 092	6 129 724	99.95	2 885 980	2 884 410	99.95
河　南	9 950 673	9 942 147	99.91	4 609 884	4 606 688	99.93
湖　北	3 405 920	3 400 823	99.85	1 528 436	1 526 174	99.85
湖　南	4 366 348	4 356 172	99.77	2 024 040	2 019 563	99.78
广　东	9 014 041	8 984 309	99.67	4 060 926	4 047 047	99.66
广　西	4 277 155	4 248 458	99.33	1 972 291	1 958 931	99.32
海　南	844 635	842 455	99.74	367 601	366 678	99.75
重　庆	2 008 040	2 007 657	99.98	949 946	948 952	99.90
四　川	6 007 540	5 955 198	99.13	2 848 716	2 822 671	99.09
贵　州	4 361 660	4 241 494	97.24	2 044 727	2 011 149	98.36
云　南	4 203 209	4 131 483	98.29	1 979 079	1 945 090	98.28
西　藏	300 461	290 222	96.59	143 728	138 827	96.59
陕　西	2 735 145	2 723 806	99.59	1 248 902	1 243 658	99.58
甘　肃	2 492 061	2 470 725	99.14	1 183 953	1 171 980	98.99
青　海	486 510	483 580	99.40	233 412	231 923	99.36
宁　夏	615 975	613 795	99.65	296 736	295 704	99.65
新　疆	1 865 105	1 856 800	99.55	896 988	893 346	99.59

高等教育学校（机构）学生数

单位：人

	毕(结)业生数	授予学位数	招生数 计	其中 应届生	其中 春季招生	在校学生数	预计毕业生数
研究生	**344 825**	**341 154**	**446 422**	**274 529**		**1 283 046**	**438 393**
博　士	43 759	42 217	59 764	23 264		236 617	111 032
硕　士	301 066	298 937	386 658	251 265		1 046 429	327 361
普通本科、专科生	**5 119 498**	**2 082 558**	**6 076 612**	**5 413 894**	**19 510**	**20 210 249**	**5 418 109**
本　科	2 256 783	2 082 558	2 970 601	2 584 863	3 298	11 042 207	2 528 494
专　科	2 862 715		3 106 011	2 829 031	16 212	9 168 042	2 889 615
成人本科、专科生	**1 690 944**	**96 438**	**2 025 552**	**325 743**		**5 482 949**	**1 768 989**
本　科	684 506	96 438	831 362	103 156		2 352 832	780 469
专　科	1 006 438		1 194 190	222 587		3 130 117	988 520
网络本科、专科生	**901 522**	**26 149**	**1 472 194**		**751 733**	**3 558 950**	
本　科	403 824	26 149	535 914		279 144	1 446 709	
专　科	497 698		936 280		472 589	2 112 241	
研究生课程进修班	45 457					56 185	
在职人员攻读博士硕士学位		86 728	133 370			393 816	
学历文凭考试							
电大注册视听生	1 398					4 934	
自考助学班	214 769		335 598			927 540	
普通预科生						26 029	
进修及培训	4 119 157					1 708 581	
留学生	52 745	7 406	71 294		20 109	106 870	

在职人员攻读博士、硕士学位分学科学生数

单位：人

	授予学位数			招生数			在校学生数		
	合计	博士	硕士	合计	博士	硕士	合计	博士	硕士
总计	**86 728**	**1 532**	**85 196**	**133 370**	**1 924**	**131 446**	**393 816**	**9 941**	**383 875**
其中：女	29 427	431	28 996	45 763	544	45 219	129 266	2 688	126 578
哲学	369	8	361	403	23	380	1 170	93	1 077
经济学	2 684	55	2 629	2 987		2 987	7 286	171	7 115
法学	7 827	30	7 797	10 079	112	9 967	26 544	486	26 058
教育学	9 637	19	9 618	15 005	17	14 988	43 168	61	43 107
文学	3 478	71	3 407	5 720	122	5 598	13 625	411	13 214
历史学	300	15	285	410	26	384	992	83	909
理学	2 581	146	2 435	3 333	207	3 126	10 729	726	10 003
工学	35 144	772	34 372	57 916	772	57 144	180 908	4 959	175 949
农学	3 200	56	3 144	6 327	109	6 218	20 055	332	19 723
医学	4 090	161	3 929	5 932	313	5 619	18 373	1 357	17 016
军事学	13		13	18	9	9	79	52	27
管理学	17 405	199	17 206	25 240	214	25 026	70 887	1 210	69 677

普通本、专科分学科学生数

单位：人

	毕业生数			招生数			在校学生数			预计毕业生数		
	合计	本科	专科	合计	本科	专科	合计	本科	专科	合计	本科	专科
总计	**5 119 498**	**2 256 783**	**2 862 715**	**6 076 612**	**2 970 601**	**3 106 011**	**20 210 249**	**11 042 207**	**9 168 042**	**5 418 109**	**2 528 494**	**2 889 615**
其中：女	2 519 858	1 065 165	1 454 693	3 321 962	1 503 470	1 818 492	10 076 592	5 316 558	4 760 034	2 632 954	1 168 913	1 464 041
哲学	1 610	1 610		2 442	2 442		8 316	8 316		1 681	1 681	
经济学	258 968	141 475	117 493	310 117	183 444	126 673	1 028 338	668 269	360 069	265 803	155 622	110 181
法学	208 000	116 100	91 900	191 822	114 942	76 880	695 849	457 098	238 751	202 365	118 122	84 243
教育学	348 848	80 937	267 911	278 674	103 629	175 045	1 042 829	380 564	662 265	331 635	88 788	242 847
文学	740 631	406 946	333 685	927 212	569 106	358 106	3 107 607	2 058 291	1 049 316	805 875	469 039	336 836
其中:外语	314 022	149 693	164 329	354 757	189 393	165 364	1 215 547	706 300	509 247	330 709	164 260	166 449
其中:艺术	267 258	141 806	125 452	392 155	239 582	152 573	1 251 542	825 133	426 409	311 237	178 251	132 986
历史学	12 732	12 732		15 730	15 730		57 444	57 444		13 595	13 595	
理学	253 467	251 610	1 857	313 923	312 069	1 854	1 157 086	1 152 206	4 880	273 960	272 387	1 573
工学	1 841 946	704 604	1 137 342	2 258 245	943 738	1 314 507	7 272 009	3 475 740	3 796 269	1 965 328	797 066	1 168 262
农学	97 740	45 649	52 091	110 877	53 332	57 545	366 827	204 809	162 018	99 574	48 270	51 304
医学	367 491	139 105	228 386	396 021	175 221	220 800	1 515 045	778 706	736 339	391 501	153 687	237 814
管理学	988 065	356 015	632 050	1 271 549	496 948	774 601	3 958 899	1 800 764	2 158 135	1 066 792	410 237	656 555
总计中:师范生	546 410	303 253	243 157	462 989	294 171	168 818	1 810 290	1 184 012	626 278	528 055	301 772	226 283

成人本、专科分学科学生数

单位：人

	毕业生数			招生数			在校学生数			预计毕业生数		
	合计	本科	专科	合计	本科	专科	合计	本科	专科	合计	本科	专科
总计	**1 690 944**	**684 506**	**1 006 438**	**2 025 552**	**831 362**	**1 194 190**	**5 482 949**	**2 352 832**	**3 130 117**	**1 768 989**	**780 469**	**98 8520**
其中:女	890 100	360 591	529 509	1 063 702	446 083	617 619	2 869 231	1 246 147	1 623 084	908 071	392 841	515 230
成人高等学校	**226 522**	**48 222**	**178 300**	**222 080**	**34 291**	**187 789**	**594 126**	**105 770**	**488 356**	**223 816**	**42 331**	**181 485**
哲学							22		22	22		22
经济学	11 780	409	11 371	11 424	864	10 560	31 938	1 764	30 174	11 695	541	11 154
法学	11 359	3 104	8 255	7 272	2 946	4 326	21 040	7 830	13 210	9 822	3 409	6 413
教育学	23 528	9 736	13 792	19 287	8 565	10 722	57 039	26 411	30 628	23 230	10 260	12 970
文学	48 425	19 845	28 580	34 042	14 110	19 932	94 568	43 790	50 778	38 514	16 217	22 297
其中:外语	13 484	7 154	6 330	9 178	4 075	5 103	25 771	13 291	12 480	10 780	5 399	5 381
其中:艺术	8 070	1 726	6 344	7 582	750	6 832	19 974	3 186	16 788	8 699	1 448	7 251
历史学	721	712	9	416	380	36	1 407	1 287	120	681	621	60
理学	8 518	7 426	1 092	4 564	2 231	2 333	14 430	9 236	5 194	5 512	4 257	1 255
工学	30 779	1 824	28 955	56 343	1 183	55 160	134 789	3 777	131 012	41 179	1 500	39 679
农学	907	24	883	918	40	878	2 340	99	2 241	856	24	832
医学	18 668	1 638	17 030	16 483	1 275	15 208	52 312	2 999	49 313	17 893	1 267	16 626
管理学	71 837	3 504	68 333	71 331	2 697	68 634	184 241	8 577	175 664	74 412	4 235	70 177
总计中:师范生	56 646	36 365	20 281	38 416	23 633	14 783	112 246	74 903	37 343	44 194	29 357	14 837
普通高等学校	**1 464 422**	**636 284**	**828 138**	**1 803 472**	**797 071**	**1 006 401**	**4 888 823**	**2 247 062**	**2 641 761**	**1 545 173**	**738 138**	**807 035**
哲学	33		33	130	24	106	525	24	501	105		105
经济学	75 342	22 953	52 389	86 201	29 243	56 958	240 644	84 632	156 012	81 026	25 170	55 856
法学	86 065	58 258	27 807	73 390	53 093	20 297	224 020	167 977	56 043	86 578	64 564	22 014
教育学	89 868	40 016	49 852	99 512	44 931	54 581	278 389	129 002	149 387	96 924	44 985	51 939
文学	241 801	145 911	95 890	241 153	159 699	81 454	669 252	453 083	216 169	250 858	165 859	84 999
其中:外语	78 958	51 482	27 476	77 708	48 327	29 381	215 432	142 694	72 738	80 561	53 157	27 404
其中:艺术	48 149	26 357	21 792	46 561	22 434	24 127	128 784	69 522	59 262	51 876	27 617	24 259
历史学	4 038	3 436	602	3 175	2 755	420	9 887	8 757	1 130	4 000	3 578	422
理学	58 735	48 921	9 814	44 786	34 270	10 516	139 294	112 196	27 098	52 727	43 957	8 770
工学	307 462	115 074	192 388	492 366	169 992	322 374	1 259 364	480 060	779 304	325 660	145 861	179 799
农学	23 511	9 076	14 435	29 590	13 888	15 702	80 283	39 758	40 525	27 505	13 342	14 163
医学	198 738	72 456	126 282	237 007	114 330	122 677	682 166	290 623	391 543	205 494	87 171	118 323
管理学	378 829	120 183	258 646	496 162	174 846	321 316	1 304 999	480 950	824 049	414 296	143 651	270 645
总计中:师范生	245 463	163 895	81 568	218 634	156 493	62 141	643 557	469 702	173 855	249 445	183 338	66 107

网络本、专科分学科学生数

单位:人

	毕业生数			招生数			在校学生数		
	合计	本科	专科	合计	本科	专科	合计	本科	专科
总计	**901 522**	**403 824**	**497 698**	**1 472 194**	**535 914**	**936 280**	**3 558 950**	**1 446 709**	**2 112 241**
其中：女	433 957	199 588	234 369	714 128	273 976	440 152	1 761 991	738 147	1 023 844
哲学	64	64		22	22		65	65	
经济学	39 100	22 538	16 562	58 091	31 529	26 562	154 780	92 439	62 341
法学	132 783	65 365	67 418	148 262	66 319	81 943	415 491	206 589	208 902
教育学	39 812	13 168	26 644	49 331	15 163	34 168	129 833	41 575	88 258
文学	99 972	74 727	25 245	119 614	75 704	43 910	342 681	231 086	111 595
其中:外语	23 292	14 797	8 495	30 343	17 246	13 097	91 392	54 836	36 556
历史学	497	497		823	823		1 764	1 764	
理学	13 100	12 759	341	11 804	10 893	911	32 995	31 609	1 386
工学	107 691	44 119	63 572	227 007	73 594	153 413	492 966	182 542	310 424
农学	10 332	1 228	9 104	17 486	2 977	14 509	39 988	5 652	34 336
医学	32 268	13 675	18 593	61 135	29 706	31 429	150 812	66 429	84 383
管理学	425 903	155 684	270 219	778 619	229 184	549 435	1 797 575	586 959	1 210 616
总计中:师范生	53 293	47 487	5 806	58 845	46 152	12 693	132 221	110 797	21 424

高等教育学校(机构)教职工情况

单位:人

	教职工数											科研机构人员	校办企业职工	其他附设机构人员
	计	校本部教职工												
		计	专任教师						行政人员	教辅人员	工勤人员			
			计	正高级	副高级	中级	初级	无职称						
总计	**2 183 728**	**2 028 131**	**1 311 221**	**133 241**	**362 869**	**463 712**	**273 992**	**77 407**	**312 377**	**210 557**	**193 976**	**33 591**	**44 599**	**77 407**
其中:女	983 605	918 054	600 900	33 404	151 672	224 840	150 324	40 660	140 623	111 765	64 766	12 626	13 630	39 295
普通高校	2 051 029	1 898 086	1 237 451	128 966	342 699	435 640	258 320	71 826	285 735	194 358	180 542	33 252	43 490	76 201
成人高校	92 438	90 735	54 649	1 984	15 674	21 771	12 220	3 000	16 938	10 623	8 525	291	662	750
民办的其他高等教育机构	40 261	39 310	19 121	2 291	4 496	6 301	3 452	2 581	9 704	5 576	4 909	48	447	456

研究生指导教师情况

单位:人

	计	30 岁及以下	31~35 岁	36~40 岁	41~45 岁	46~50 岁	51~55 岁	56~60 岁	61~65 岁	66 岁及以上
总　计	**223 944**	**1 567**	**15 717**	**39 058**	**68 592**	**40 119**	**30 804**	**14 099**	**7 666**	**6 322**
其中:女	55 960	488	4 737	12 145	17 837	9 414	7 073	2 525	1 092	649
分职称:正高级	116 324	72	1 418	8 965	34 207	25 761	22 377	10 722	6 890	5 912
副高级	103 771	896	12 469	29 212	34 051	14 244	8 373	3 354	769	403
中级	3 849	599	1 830	881	334	114	54	23	7	7
分指导关系:博士导师	13 376	2	108	784	3 018	2 284	2 243	1 331	1 537	2 069
其中:女	1 617	1	10	112	388	302	299	165	168	172
硕士导师	171 796	1 542	14 999	34 680	54 044	29 773	21 992	9 586	3 483	1 697
其中:女	49 117	483	4 619	11 452	15 894	8 036	5 836	1 931	600	266
博士、硕士导师	38 772	23	610	3 594	11 530	8 062	6 569	3 182	2 646	2 556
其中:女	5 226	4	108	581	1 555	1 076	938	429	324	211

专任教师、聘请校外教师学历情况

单位:人

	计	博士	硕士	本科	专科及以下
1. 专任教师	**1 311 198**	**153 251**	**412 499**	**713 137**	**32 311**
其中:女	600 883	44 639	204 052	339 712	12 480
正高级	133 241	49 813	30 868	50 530	2 030
副高级	362 869	55 759	85 186	214 064	7 860
中　级	463 708	42 868	169 043	239 947	11 850
初　级	273 990	1 880	96 453	169 028	6 629
无职称	77 390	2 931	30 949	39 568	3 942
2. 聘请校外教师	**387 701**	**38 131**	**112 626**	**219 381**	**17 563**
其中:女	146 897	8 928	44 591	87 189	6 189
正高级	65 437	19 191	19 839	25 294	1 113
副高级	126 824	11 535	36 052	74 958	4 279
中　级	127 428	5 422	37 656	77 246	7 104
初　级	41 655	602	11 084	27 440	2 529
无职称	26 357	1 381	7 995	14 443	2 538
聘请校外教师中:外教	11 056	2 533	3 028	5 389	106

专任教师年龄情况

单位：人

	计	30岁及以下	31～35岁	36～40岁	41～45岁	46～50岁	51～55岁	56～60岁	61～65岁	66岁及以上
总　计	**1 311 221**	**376 889**	**246 667**	**214 158**	**215 310**	**111 176**	**83 265**	**41 436**	**15 216**	**7 104**
其中：女	600 900	215 598	120 640	96 736	86 361	40 339	28 153	9 188	2 993	892
正高级	133 241	32	928	8 082	38 085	29 265	28 438	14 777	8 925	4 709
副高级	362 869	1 336	26 430	87 242	119 193	59 063	41 202	20 731	5 494	2 178
中级	463 712	100 396	166 962	104 734	52 685	20 535	12 227	5 250	754	169
初级	273 992	210 888	44 047	11 517	4 292	1 800	1 003	434	11	
无职称	77 407	64 237	8 300	2 583	1 055	513	395	244	32	48

普通高中校数、班数

	学校数(所)			班数(个)
	合计	高级中学	完全中学	
总计	**15 206**	**6 551**	**8 655**	**431 840**
教育部门和集体办	11 970	5 508	6 462	381 242
民办	2 913	951	1 962	45 251
其他部门办	323	92	231	5 347
城市	**5 918**	**2 418**	**3 500**	**162 515**
教育部门和集体办	4 264	1 851	2 413	138 840
民办	1 496	525	971	20 813
其他部门办	158	42	116	2 862
县镇	**7 526**	**3 476**	**4 050**	**235 531**
教育部门和集体办	6 304	3 089	3 215	213 778
民办	1 149	357	792	20 607
其他部门办	73	30	43	1 146
农村	**1 762**	**657**	**1 105**	**33 794**
教育部门和集体办	1 402	568	834	28 624
民办	268	69	199	3 831
其他部门办	92	20	72	1 339
总计中:其他学校附设班				5 530
独立设置少数民族学校	2 106			8 793

中等职业学校(机构)数

单位:人

	计	中央部门	地方部门			民办
			计	教育部门	非教育部门	
中等职业学校	11 738	67	8 437	6 147	2 290	3 234
其中:普通中等专业学校	3 846	35	2 816	1 518	1 298	995
成人中等专业学校	1 977	20	1 750	1 284	466	207
职业高中学校	5 915	12	3 871	3 345	526	2 032
其他机构(教学点)(不计校数)	2 482	5	2 070	1 390	680	407

注:未含技工学校数据(以后中等职业学校有关表均同)。

成人高中基本情况

单位：人

	学校数（所）	教学班（点）（个）	毕（结）业生数		注册学生数		教职工数		聘请校外教师
			计	其中：女	计	其中：女	计	其中：专任教师	
合计	**753**	**2 346**	**93 372**	**41 940**	**127 020**	**58 629**	**6 541**	**4 519**	**4 073**
职工高中	203	1 118	40 827	20 593	67 720	33 127	3 669	2 428	1 185
农民高中	550	1 228	52 545	21 347	59 300	25 502	2 872	2 091	2 888

初中阶段校数、班数

	学校数（所）	班数（个）				
		计	一年级	二年级	三年级	四年级
总计	**57 914**	**1 022 720**	**342 310**	**335 737**	**331 803**	**12 870**
教育部门和集体办	52 677	928 831	310 147	304 625	302 615	11 444
民办	4 415	82 682	28 633	27 474	25 617	958
其他部门办	822	11 207	3 530	3 638	3 571	468
城市	**7 595**	**208 246**	**69 074**	**67 277**	**66 131**	**5 764**
教育部门和集体办	5 824	169 543	55 917	54 343	54 311	4 972
民办	1 560	35 456	12 122	11 853	10 741	740
其他部门办	207	3 247	1 035	1 081	1 079	52
县镇	**18 738**	**427 343**	**144 803**	**140 917**	**137 640**	**3 983**
教育部门和集体办	17 032	391 063	132 141	128 894	126 265	3 763
民办	1 573	34 252	12 002	11 368	10 724	158
其他部门办	133	2 028	660	655	651	62
农村	**31 585**	**387 131**	**128 433**	**127 543**	**128 032**	**3 123**
教育部门和集体办	29 821	368 225	122 089	121 388	122 039	2 709
民办	1 282	12 974	4 509	4 253	4 152	60
其他部门办	482	5 932	1 835	1 902	1 841	354
总计中：四年制		48 984	11 290	11 915	12 909	12 870
普通中学附设班		11 356	3 757	3 822	3 708	69
其他单位（学校）办班		231	71	80	79	1
独立设置少数民族学校	5	26 522	8 608	8 832	8 945	137

普通初中校数、班数

	学校数(所)			班数(个)				
	合计	初级中学	九年一贯制	计	一年级	二年级	三年级	四年级
总计	**57 701**	**45 811**	**11 890**	**1 020 659**	**341 641**	**335 056**	**331 129**	**12 833**
教育部门和集体办	52 476	43 357	9 119	926 855	309 506	303 977	301 965	11 407
民办	4 408	2 020	2 388	82 634	28 618	27 459	25 599	958
其他部门办	817	434	383	11 170	3 517	3 620	3 565	468
城市	**7 585**	**5 302**	**2 279**	**208 143**	**69 043**	**67 235**	**66 102**	**5 763**
教育部门和集体办	5 815	4 580	1 235	169 460	55 892	54 309	54 288	4 971
民办	1 560	632	928	35 447	12 119	11 850	10 738	740
其他部门办	206	90	116	3 236	1 032	1 076	1 076	52
县镇	**18 662**	**15 951**	**2 711**	**426 604**	**144 573**	**140 672**	**137 382**	**3 977**
教育部门和集体办	16 961	15 108	1 853	390 349	131 919	128 658	126 015	3 757
民办	1 570	751	819	34 233	11 996	11 361	10 718	158
其他部门办	131	92	39	2 022	658	653	649	62
农村	**31 458**	**24 558**	**6 900**	**385 912**	**128 025**	**127 149**	**127 645**	**3 093**
教育部门和集体办	29 700	23 669	6 031	367 046	121 695	121 010	121 662	2 679
民办	1 278	637	641	12 954	4 503	4 248	4 143	60
其他部门办	480	252	228	5 912	1 827	1 891	1 840	354
总计中:四年制初中				48 841	11 250	11 885	12 873	12 833
其他学校附设初中班				11 207	3 699	3 779	3 660	69
独立设置少数民族学校				26 503	8 603	8 827	8 936	137

职业初中校数、班数

	学校数(所)	班数(个)				
		计	一年级	二年级	三年级	四年级
总计	**213**	**2 061**	**669**	**681**	**674**	**37**
教育部门和集体办	201	1 976	641	648	650	37
民办	7	48	15	15	18	
其他部门办	5	37	13	18	6	
城市	**10**	**103**	**31**	**42**	**29**	**1**
教育部门和集体办	9	83	25	34	23	1
民办		9	3	3	3	
其他部门办	1	11	3	5	3	
县镇	**76**	**739**	**230**	**245**	**258**	**6**
教育部门和集体办	71	714	222	236	250	6
民办	3	19	6	7	6	
其他部门办	2	6	2	2	2	
农村	**127**	**1 219**	**408**	**394**	**387**	**30**
教育部门和集体办	121	1 179	394	378	377	30
民办	4	20	6	5	9	
其他部门办	2	20	8	11	1	
总计中:四年制		143	40	30	36	37
其他学校附设初中班		149	58	43	48	
其他单位(学校)办班		231	71	80	79	1
独立设置少数民族学校	5	19	5	5	9	

成人初中基本情况

单位:人

	学校数(所)	教学班(点)(个)	毕(结)业生数		注册学生数		教职工数		聘请校外教师
			计	其中:女	计	其中:女	计	其中:专任教师	
合计	**1 401**	**7 713**	**665 178**	**249 035**	**433 150**	**206 365**	**7 808**	**4 967**	**5 149**
职工初中	72	397	24 631	14 377	19 537	10 896	766	610	362
农民初中	1 329	7 316	640 547	234 658	413 613	195 469	7 042	4 357	4 787

幼儿园园数、班数

	园数（所）		班数（个）	
	计	其中少数民族幼儿园	计	其中学前班
总计	**133 722**	**1 287**	**824 872**	**262 809**
教育部门	27 449	897	368 934	202 158
集体办	18 432	92	71 818	6 541
民办	83 119	294	347 934	50 444
其他部门办	4 722	4	36 186	3 666
城市	**33 165**	**111**	**213 744**	**24 412**
教育部门	4 043	55	45 110	8 157
集体办	2 622	15	16 914	988
民办	23 029	37	123 920	13 530
其他部门办	3 471	4	27 800	1 737
县镇	**36 254**	**292**	**230 805**	**50 916**
教育部门	7 867	170	92 901	32 091
集体办	3 170	11	18 644	1 491
民办	24 506	111	114 072	16 617
其他部门办	711		5 188	717
农村	**64 303**	**884**	**380 323**	**187 481**
教育部门	15 539	672	230 923	161 910
集体办	12 640	66	36 260	4 062
民办	35 584	146	109 942	20 297
其他部门办	540		3 198	1 212
合计中：独立设置幼儿园、小学附设幼儿园、独立设置学前班			601 020	80 270
小学附设幼儿班、学前班			223 852	182 539

高中阶段学生数的构成

	合计	普通高中	成人高中	中等职业教育				
				小计	中等专业学校	成人中专	职业高中	技工学校
学生数(万人)								
1965	622.9	130.8		492.1	52.7	351.8	77.5	10.1
1980	1 720.5	969.8	75.1	675.6	124.3	449.4	31.9	70.0
1985	1 295.7	741.1	139.0	415.6	157.1		184.3	74.2
1990	1 528.6	717.3	47.8	763.5	224.4	158.8	247.1	133.2
2000	2 463.2	1 201.3	32.4	1 229.5	489.5	169.3	414.6	156.1
2001	2 606.3	1 405.0	31.0	1 170.3	457.9	189.2	383.1	140.1
2002	2 889.8	1 683.8	33.5	1 172.5	456.4	153.3	428.1	134.7
2003	3 240.9	1 964.8	21.5	1 254.6	502.4	105.5	455.7	191.1
2004	3 649.0	2 220.4	19.4	1 409.2	554.5	103.3	516.9	234.5
2005	4 030.9	2 409.1	21.8	1 600.0	629.8	112.5	582.4	275.3
2006	4 341.9	2 514.5	17.5	1 809.9	725.8	107.6	655.6	320.8
2007	4 527.5	2 522.4	18.1	1 987.0	781.6	113.0	725.2	367.1
2008	4 545.7	2 476.3	12.7	2 056.7	817.3	120.6	750.3	368.5
比重(%)								
1965	100	21.0		79.0	8.5	56.5	12.4	1.6
1980	100	56.4	4.4	39.3	7.2	26.1	1.9	4.1
1985	100	57.2	10.7	32.1	12.1		14.2	5.7
1990	100	46.9	3.1	49.9	14.7	10.4	16.2	8.7
2000	100	48.8	1.3	49.9	19.9	6.9	16.8	6.3
2001	100	53.9	1.2	44.9	17.6	7.3	14.7	5.4
2002	100	58.3	1.2	40.6	15.8	5.3	14.8	4.7
2003	100	60.6	0.7	38.7	15.5	3.3	14.1	5.9
2004	100	60.8	0.5	38.6	15.2	2.8	14.2	6.4
2005	100	59.8	0.5	39.7	15.6	2.8	14.4	6.8
2006	100	57.9	0.4	41.7	16.7	2.5	15.1	7.4
2007	100	55.7	0.4	43.9	17.3	2.5	16.0	8.1
2008	100	54.5	0.3	45.2	18.0	2.7	16.5	8.1

注:2008年技工学校数据用2007年数据代替(其中上海市用的是2008年数据)。

普通高中学生数

单位:人

	毕业生数	招生数	在校学生数				
			合计	其中:女	一年级	二年级	三年级
总计	**8 360 593**	**8 370 063**	**24 762 842**	**11 825 365**	**8 381 942**	**8 032 063**	**8 348 837**
其中:女	3 941 299	4 023 895	11 825 365		4 027 869	3 838 248	3 959 248
教育部门和集体办	7 476 828	7 452 843	22 084 902	10 621 633	7 463 497	7 186 805	7 434 600
民办	789 064	825 634	2 402 983	1 065 439	826 578	757 587	818 818
其他部门办	94 701	91 586	274 957	138 293	91 867	87 671	95 419
城市	**2 995 947**	**2 944 136**	**8 771 418**	**4 305 277**	**2 946 580**	**2 864 663**	**2 960 175**
教育部门和集体办	2 590 828	2 552 543	7 605 440	3 769 121	2 554 350	2 493 112	2 557 978
民办	351 883	341 627	1 015 412	461 284	341 990	323 139	350 283
其他部门办	53 236	49 966	150 566	74 872	50 240	48 412	51 914
县镇	**4 695 377**	**4 778 623**	**14 070 082**	**6 610 445**	**4 785 970**	**4 548 248**	**4 735 864**
教育部门和集体办	4 301 760	4 350 412	12 828 331	6 065 436	4 357 594	4 160 881	4 309 856
民办	373 653	409 020	1 183 040	515 382	409 178	369 056	404 806
其他部门办	19 964	19 191	58 711	29 627	19 198	18 311	21 202
农村	**669 269**	**647 304**	**1 921 342**	**909 643**	**649 392**	**619 152**	**652 798**
教育部门和集体办	584 240	549 888	1 651 131	787 076	551 553	532 812	566 766
社会力量办	63 528	74 987	204 531	88 773	75 410	65 392	63 729
其他部门办	21 501	22 429	65 680	33 794	22 429	20 948	22 303
总计中:其他学校附设初中班	160 113	87 004	283 832	136 841	87 058	89 555	107 219
重读生			112 569	45 306	11 879	7 167	93 523
重读中:女			45 306		3 974	2 797	38 535
少数民族学生	555 269	630 602	1 769 419	849 205	631 332	568 894	569 193
独立设置少数民族学校	142 922	161 708	449 240	235 981	161 900	141 928	145 412
残疾人			29 884	12 832	9 913	9 805	10 166

中等职业学校（机构）各类学生数

单位：人

	毕业生数		招生数			在校学生数					预计毕业生数
	计	其中：获得职业资格证书	计	其中：初中毕业		计	一年级	二年级	三年级	四年级及以上	
				计	应届毕业生						
一、合计	**4 709 018**	**2 819 264**	**6 436 568**	**5 952 816**	**5 605 398**	**16 813 969**	**6 448 530**	**5 723 724**	**4 516 565**	**125 150**	**5 214 018**
其中：中职全日制学生	4 595 060	2 777 650	6 286 168	5 864 543	5 563 526	16 511 194	6 298 104	5 611 778	4 476 178	125 134	5 089 862
中职非全日制学生	113 958	41 614	150 400	88 273	41 872	302 775	150 426	111 946	40 387	16	124 156
1. 普通中专学生	2 205 624	1 218 422	3 005 884	2 759 289	2 614 456	8 140 834	3 010 480	2 711 745	2 305 436	113 173	2 460 686
2. 成人中专学生	387 071	158 541	524 901	415 574	301 045	1 170 765	527 535	429 651	213 403	176	409 010
3. 职业高中学生	2 116 323	1 442 301	2 905 783	2 777 953	2 689 897	7 502 370	2 910 515	2 582 328	1 997 726	11 801	2 344 322
二、培训学生	**7 805 778**					**4 284 637**					
三、外国留学生	**544**					**1 277**					

中等职业学校(机构)学生分科类情况

单位:人

	毕业生数		招生数			在校学生数	预计毕业生数
	计	其中:获得职业资格证书	计	其中:初中毕业			
				计	应届毕业生		
总计	**4 709 018**	**2 819 264**	**6 436 568**	**5 952 816**	**5 605 398**	**16 813 969**	**5 214 018**
其中:女	2 374 255	1 359 376	3 148 400	2 937 666	2 778 537	8 380 318	2 571 343
农林类	182 245	100 450	268 773	240 576	189 387	626 557	193 892
资源与环境类	41 845	25 105	48 255	38 847	29 364	131 582	48 128
能源类	41 584	18 776	47 683	37 106	32 406	124 034	41 671
土木水利工程类	119 525	71 161	154 787	139 127	130 951	415 263	133 986
加工制造类	1 078 084	733 559	1 571 373	1 473 358	1 407 646	4 221 632	1 302 484
交通运输类	143 466	92 107	258 528	235 185	220 042	623 879	179 752
信息技术类	1 189 204	793 515	1 602 729	1 519 855	1 440 204	4 114 079	1 292 280
医药卫生类	409 167	118 549	538 845	460 051	430 821	1 442 529	425 991
商贸与旅游类	401 255	257 659	557 857	531 723	502 172	1 450 580	442 823
财经类	293 202	181 616	383 607	352 649	336 321	1 019 174	321 276
文化艺术与体育类	251 110	142 835	352 774	331 173	318 554	944 617	272 850
社会公共事务类	142 684	72 077	165 125	146 409	135 777	413 812	143 049
师范类	218 994	115 494	269 157	246 115	238 866	697 803	214 153
其他	196 653	96 361	217 075	200 642	192 887	588 428	201 683

工读学校基本情况

单位:人

	学校数(所)	班数(个)	离校人数	入校人数	在校生数	教职工数	
						计	其中:专任教师
合计	**74**	**450**	**3 973**	**4 759**	**9 631**	**2 687**	**1 735**
其中:女			502	704	1 313	918	639

普通中学教职工数

单位:人

	教职工数						代课教师	兼任教师
	合计	专任教师	行政人员	教辅人员	工勤人员	校办工厂、农(林)场职工		
总计	**5 815 712**	**4 944 490**	**282 631**	**266 288**	**316 031**	**6 272**	**103 309**	**22 227**
其中:女	2 643 900	2 351 084	62 299	121 115	107 266	2 136	54 699	8 534
少数民族	451 246	389 290	20 361	17 666	23 716	213	6 732	1 737
教育部门和集体办	5 287 706	4 551 652	248 933	239 803	242 387	4 931	79 689	13 277
民办	456 873	337 872	28 606	22 810	66 468	1 117	21 700	8 631
其他部门办	71 133	54 966	5 092	3 675	7 176	224	1 920	319
城市	**1 517 396**	**1 233 956**	**101 724**	**88 747**	**90 236**	**2 733**	**34 228**	**10 047**
教育部门和集体办	1 288 500	1 064 402	84 746	75 944	61 312	2 096	26 324	4 984
民办	204 572	150 080	15 123	11 453	27 325	591	7 071	4 847
其他部门办	24 324	19 474	1 855	1 350	1 599	46	833	216
县镇	**2 633 710**	**2 247 657**	**105 535**	**126 484**	**151 366**	**2 668**	**38 680**	**7 956**
教育部门和集体办	2 426 783	2 092 226	94 692	116 980	120 583	2 302	29 003	4 730
民办	192 009	143 732	9 957	8 758	29 200	362	9 117	3 165
其他部门办	14 918	11 699	886	746	1 583	4	560	61
农村	**1 664 606**	**1 462 877**	**75 372**	**51 057**	**74 429**	**871**	**30 401**	**4 224**
教育部门和集体办	1 572 423	1 395 024	69 495	46 879	60 492	533	24 362	3 563
社会力量办	60 292	44 060	3 526	2 599	9 943	164	5 512	619
其他部门办	31 891	23 793	2 351	1 579	3 994	174	527	42

中等职业学校(机构)教职工数

单位:人

	教职工数								聘请校外教师
	计	校本部教职工					校办企业职工	其他附设机构人员	
		计	专任教师	行政人员	教辅人员	工勤人员			
总计	**973 167**	**953 877**	**673 987**	**112 114**	**72 624**	**95 152**	**10 978**	**8 312**	**102 302**
其中:女	442 152	433 819	326 853	38 612	36 004	32 350	4 348	3 985	41 914
正高级	6 950	6 913	5 038	1 677	173	25	12	25	3 795
副高级	158 724	158 365	127 202	24 989	4 981	1 193	105	254	24 119
中级	337 081	335 197	273 089	35 728	22 812	3 568	603	1 281	41 727
初级	260 865	258 771	207 515	21 269	24 608	5 379	879	1 215	17 413
无职称	209 547	194 631	61 143	28 451	20 050	84 987	9 379	5 537	15 248
总计中聘任制:小计	160 487	157 092	111 413	17 285	11 936	16 458	2 275	1 120	
其中:女	72 528	70 921	52 455	6 320	5 584	6 562	1 131	476	
正高级	1 989	1 966	1 479	439	43	5	4	19	
副高级	20 292	20 263	16 624	2 992	520	127	20	9	
中级	49 765	49 573	41 288	5 074	2 898	313	138	54	
初级	42 014	41 789	34 441	3 264	3 448	636	130	95	
无职称	46 427	43 501	17 581	5 516	5 027	15 377	1 983	943	

职业技术培训机构基本情况

单位：人

	学校数（所）	教学班（点）（个）	结业生数		注册学生数		教职工数		聘请校外教师
			计	其中：女	计	其中：女	计	其中：专任教师	
总计	**162 049**	**614 001**	**57 209 955**	**26 843 914**	**50 195 384**	**23 989 705**	**495 848**	**252 881**	**375 980**
职工技术培训学校（机构）	**3 385**	**38 620**	**2 693 125**	**1 175 559**	**2 675 288**	**1 160 961**	**44 962**	**32 412**	**16 294**
教育部门和集体办	1 318	12 637	1 048 307	507 457	1 033 272	488 482	24 640	18 620	6 872
其他部门办	1 012	20 175	1 336 952	521 009	1 338 448	523 531	11 383	7 400	6 504
民办	1 055	5 808	307 866	147 093	303 568	148 948	8 939	6 392	2 918
农村成人文化技术培训学校（机构）	**137 827**	**374 927**	**43 582 242**	**20 133 255**	**36 948 254**	**17 357 065**	**218 263**	**100 725**	**230 212**
教育部门和集体办	134 245	363 112	42 410 674	19 603 731	35 849 634	16 863 997	210 189	96 191	219 412
其中：县办	1 599	11 619	1 506 701	707 974	1 389 548	649 539	14 314	9 505	6 168
乡办	19 918	133 161	20 477 025	9 215 002	16 725 715	7 737 943	71 760	37 608	80 114
村办	112 728	218 332	20 426 948	9 680 755	17 734 371	8 476 515	124 115	49 078	133 130
其他部门办	2 652	10 084	907 119	412 821	836 622	380 856	4 452	2 240	10 064
民办	930	1 731	264 449	116 703	261 998	112 212	3 622	2 294	736
其他培训机构（含社会培训机构）	**20 837**	**200 454**	**10 934 588**	**5 535 100**	**10 571 842**	**5 471 679**	**232 623**	**119 744**	**129 474**
教育部门和集体办	857	13 698	1 183 997	587 393	1 110 135	554 333	14 286	8 600	10 769
其他部门办	2 386	20 696	2 032 370	942 026	1 679 721	837 516	19 321	13 158	17 598
民办	17 594	166 060	7 718 221	4 005 681	7 781 986	4 079 830	199 016	97 986	101 107
总计中：少数民族			3 708 368	1 743 464	3 616 348	1 744 323	15 178	3 946	13 033
培训时间：一周至一个月以下			39 074 674	18 271 875	33 262 438	15 808 586			
一个月至半年以下			13 836 415	6 498 876	12 341 099	5 974 932			
半年以上			4 298 866	2 073 163	4 591 847	2 206 187			
培训形式：资格证书培训			4 119 606	1 788 608	3 690 589	1 702 935			
岗位证书培训			5 322 977	2 363 440	4 433 839	2 031 505			
培训科目：外语			2 177 143	1 221 864	2 204 867	1 145 983			
会计			907 963	575 388	834 174	540 041			
计算机			2 014 036	963 285	1 817 014	932 165			
农业技术			24 810 794	10 995 684	20 134 306	9 187 788			

特殊教育基本情况

单位：人

	学校数（所）	班数（个）	毕业生数	招生数	在校学生数													
					合计	小学阶段						初中阶段				高中阶段		
						一年级	二年级	三年级	四年级	五年级	六年级	一年级	二年级	三年级	四年级	一年级	二年级	三年级
总计	**1 640**	**15 173**	**52 035**	**62 409**	**417 440**	**47 439**	**49 706**	**51 847**	**52 706**	**51 949**	**48 294**	**35 015**	**36 464**	**33 591**	**2 550**	**3 269**	**2 251**	**2 359**
其中：女			18 368	21 781	143 766	16 405	16 804	17 536	17 793	17 471	16 446	12 386	12 748	12 048	1 013	1 268	903	945
视力残疾	36	935			47 113	3 563	4 005	4 317	4 483	4 782	4 608	6 199	6 712	6 984	133	459	312	556
听力残疾	564	8 598			117 116	14 109	13 385	13 958	13 750	13 163	12 281	10 590	10 399	9 279	771	2 224	1 658	1 549
智力残疾	388	5 640			205 803	25 567	26 995	28 497	29 119	28 700	26 279	12 693	13 180	12 097	1 558	584	281	253
其他残疾	652				47 408	4 200	5 321	5 075	5 354	5 304	5 126	5 533	6 173	5 231	88	2		1
特殊教育学校		**14 489**	**13 721**	**21 922**	**153 338**	**23 067**	**19 349**	**18 564**	**17 470**	**16 001**	**14 074**	**12 692**	**11 967**	**10 460**	**1 815**	**3 269**	**2 251**	**2 359**
视力残疾		921			8 434	1 082	897	901	823	832	750	602	552	568	100	459	312	556
听力残疾		8 532			90 022	11 466	10 120	10 259	10 159	9 726	9 122	8 209	7 937	6 852	741	2 224	1 658	1 549
智力残疾		5 036			53 862	10 286	8 131	7 253	6 371	5 330	4 150	3 821	3 442	2 995	965	584	281	253
其他残疾					1 020	233	201	151	117	113	52	60	36	45	9	2		1
小学附设特教班		**665**	**554**	**651**	**4 587**	**801**	**729**	**900**	**818**	**777**	**560**	**2**						
视力残疾		14			115	21	12	25	18	18	21							
听力残疾		66			367	91	56	99	37	50	34							
智力残疾		585			4 033	678	641	760	751	705	496	2						
其他残疾					72	11	20	16	12	4	9							
小学随班就读			**20 040**	**19 524**	**188 831**	**23 571**	**29 628**	**32 383**	**34 418**	**35 171**	**33 660**							
视力残疾					20 358	2 460	3 096	3 391	3 642	3 932	3 837							
听力残疾					19 427	2 552	3 209	3 600	3 554	3 387	3 125							
智力残疾					119 605	14 603	18 223	20 484	21 997	22 665	21 633							
其他残疾					29 441	3 956	5 100	4 908	5 225	5 187	5 065							
普通（职业）初中附设特教		**19**	**71**	**40**	**210**							**94**	**76**	**40**				
视力残疾																		
听力残疾																		
智力残疾		19			210							94	76	40				
其他残疾																		
普通（职业）初中随班就读			**17 649**	**20 272**	**70 474**							**22 227**	**24 421**	**23 091**	**735**			
视力残疾					18 206							5 597	6 160	6 416	33			
听力残疾					7 300							2 381	2 462	2 427	30			
智力残疾					28 093							8 776	9 662	9 062	593			
其他残疾					16 875							5 473	6 137	5 186	79			
合计中：																		
城市	742	8 347	15 144	16 632	120 892	13 950	12 939	12 885	13 516	13 566	12 571	10 785	11 133	10 728	1 657	2 925	2 046	2 191
县镇	815	6 113	17 060	22 058	130 781	15 324	14 721	15 452	14 985	14 951	13 794	13 965	13 991	12 196	810	288	168	136
农村	83	713	19 831	23 719	165 767	18 165	22 046	23 510	24 205	23 432	21 929	10 265	11 340	10 667	83	56	37	32

每十万人口各级学校平均在校生数

单位：人

地区	高等学校	高中阶段	初中阶段	小学	幼儿园
全　国	**2 042**	**3 440**	**4 227**	**7 819**	**1 873**
北　京	6 750	2 843	1 991	4 039	1 388
天　津	4 534	3 492	2 722	4 673	1 730
河　北	1 811	3 703	3 949	6 851	2 004
山　西	1 979	4 238	5 286	9 471	1 775
内蒙古	1 650	3 512	3 640	6 456	1 276
辽　宁	2 621	3 007	3 345	5 508	1 724
吉　林	2 659	2 930	3 381	5 497	1 169
黑龙江	2 352	2 738	3 647	5 185	1 144
上　海	4 371	2 201	2 289	3 178	1 769
江　苏	2 679	3 896	3 650	5 352	2 330
浙　江	2 324	3 161	3 656	6 567	3 149
安　徽	1 658	3 766	5 072	8 505	1 431
福　建	1 937	3 725	4 225	6 902	2 772
江　西	2 062	3 538	3 996	9 705	2 117
山　东	2 071	3 512	3 563	6 757	1 870
河　南	1 648	4 064	5 173	11 075	1 758
湖　北	2 724	4 588	4 598	6 330	1 303
湖　南	1 966	3 345	3 374	7 214	1 667
广　东	1 821	3 468	5 269	10 122	2 459
广　西	1 352	3 021	4 445	9 329	2 247
海　南	1 800	3 218	5 489	10 726	1 610
重　庆	2 192	3 867	4 796	7 968	2 039
四　川	1 637	3 236	4 461	7 984	1 966
贵　州	969	2 544	5 504	12 488	1 962
云　南	1 174	2 367	4 457	9 992	1 984
西　藏	1 279	2 292	4 927	10 980	516
陕　西	2 880	4 675	5 181	7 644	1 470
甘　肃	1 687	3 728	5 427	10 278	1 291
青　海	1 033	3 440	3 754	9 750	1 708
宁　夏	1 610	3 752	4 868	11 290	1 857
新　疆	1 414	3 201	5 083	9 604	1 887

注：1. 高等学校包括普通高等学校和成人高等学校。
2. 高中阶段合计数据包括普通高中、成人高中、普通中专、职业高中、技工学校和成人中专。
3. 初中阶段包括普通初中和职业初中。

各级学校生师比

地区	小学	初中	普通高中	职业高中	普通中专	普通高校		
						全国	本科院校	专科院校
合　计	**18.38**	**16.07**	**16.78**	**23.47**	**31.27**	**17.23**	**17.21**	**17.27**
北　京	13.54	10.83	11.04	13.11	32.89	16.04	16.41	13.47
天　津	13.54	11.54	12.73	15.42	20.39	16.53	16.51	16.57
河　北	15.02	14.16	16.75	22.92	29.56	17.91	17.99	17.75
山　西	16.62	14.82	15.89	21.65	32.30	16.41	16.09	17.01
内蒙古	13.48	13.44	17.66	16.92	26.79	16.93	16.88	17.00
辽　宁	15.67	14.18	17.02	19.08	19.87	17.10	17.35	16.05
吉　林	11.62	13.58	17.79	19.06	19.33	17.27	17.53	15.79
黑龙江	12.59	13.44	15.52	16.08	28.40	17.33	17.71	16.33
上　海	14.42	12.83	11.20	17.85	23.81	16.88	16.78	17.45
江　苏	16.02	14.83	15.15	18.28	36.41	16.09	16.27	15.83
浙　江	19.80	15.73	14.13	21.48	26.10	17.86	17.50	18.64
安　徽	20.73	19.79	21.14	38.94	36.56	18.51	18.43	18.64
福　建	15.41	15.32	14.25		25.04	17.08	17.28	16.66
江　西	21.41	15.41	16.77	25.32	42.51	16.34	16.96	15.45
山　东	16.32	13.07	15.00	20.71	26.20	16.48	16.28	16.87
河　南	21.36	17.53	20.18	24.98	42.21	18.05	18.01	18.13
湖　北	17.92	15.95	18.83	31.72	36.70	17.30	17.15	17.72
湖　南	18.32	12.34	16.46	24.07	48.77	17.68	17.59	17.82
广　东	22.96	20.13	16.42	19.61	29.77	18.68	18.39	19.25
广　西	20.40	18.04	18.55		26.97	17.26	16.96	17.68
海　南	17.24	19.24	17.51	19.62	49.36	19.33	19.56	18.92
重　庆	18.83	18.22	19.23	28.18	54.09	17.43	17.73	16.58
四　川	21.09	18.60	17.86	30.15	33.44	18.21	18.01	18.70
贵　州	23.49	19.53	18.56	32.85	43.33	17.26	16.42	18.84
云　南	19.89	18.17	15.54	23.19	28.95	16.63	16.83	16.20
西　藏	17.24	17.15	17.01		41.88	15.92	16.59	14.05
陕　西	15.84	16.61	18.13	27.96	42.44	17.01	16.80	17.74
甘　肃	19.03	17.88	17.40	24.32	22.33	18.22	18.11	18.48
青　海	19.70	15.15	14.39	56.05	27.14	14.77	13.76	17.93
宁　夏	20.98	17.84	16.70	33.45	43.06	17.38	16.18	20.13
新　疆	15.15	13.31	14.57	16.09	28.01	16.40	16.41	16.37

2008 年教育基本建设投资完成情况

学校类别	投资合计	本年完成投资按资金来源分(万元)							本年竣工建筑面积(平方米)			
		国家预算内			自筹资金			其他	合计	教学及辅助用房	行政办公用房	其他用房
		计	中央	省级	计	其中						
						学校自筹	个人捐资					
总计	**15 856 807**	**7 526 713**	**1 288 237**	**6 238 477**	**7 389 089**	**7 137 629**	**251 460**	**941 004**	**95 870 933**	**55 346 135**	**3 548 665**	**36 976 133**
高等教育学校	6 461 700	924 986	41 480	883 506	5 221 829	5 079 884	141 945	314 884	28 544 627	13 327 010	1 038 282	14 179 335
中等职业学校	1 229 430	701 806	82 452	619 354	446 676	434 419	12 257	80 948	6 677 662	4 102 408	212 761	2 362 493
普通中学	5 107 405	3 642 089	764 272	2 877 817	1 115 138	1 038 502	76 636	350 178	37 026 356	19 730 861	1 316 435	15 979 060
职业初中	36 057	35 185	3 634	31 552	859	859	0	13	269 634	203 002	9 593	57 039
小学	2 456 798	1 872 233	362 799	1 509 434	407 871	395 823	12 048	176 694	20 565 901	15 990 715	854 157	3 721 029
特殊教育学校	61 528	57 566	15 112	42 454	3 529	3 409	120	433	357 634	252 199	13 572	91 863
幼儿园	247 381	122 009	8 812	113 197	114 243	111 852	2 390	11 129	1 173 724	1 015 493	33 556	124 675
其他	256 510	170 840	9 677	161 164	78 945	72 881	6 064	6 725	1 255 395	724 447	70 309	460 639

教育基本建设投资完成情况

学校类别	投资合计	本年完成投资按资金来源分（万元）							本年竣工建筑面积（平方米）			
		国家预算内			自筹资金			其他	合计	教学及辅助用房	行政办公用房	其他用房
		计	中央	省级	计	其中：学校自筹	其中：个人捐资					
合计	15 856 807	7 526 713	1 288 237	6 238 477	7 389 089	7 137 629	251 460	941 004	95 870 933	55 346 135	3 548 665	36 976 133
北　京	208 278	138 454	0	138 454	67 405	67 405	0	2 418	725 746	324 563	83 778	317 405
天　津	213 102	6 353	0	6 353	197 888	197 888	0	8 861	747 828	459 248	54 749	233 831
河　北	680 077	292 346	52 721	239 625	350 172	336 519	13 653	37 559	4 580 273	2 558 855	170 265	1 851 153
山　西	237 165	116 215	19 999	96 216	78 615	66 571	12 044	42 334	1 445 978	778 198	39 651	628 129
内蒙古	553 513	282 180	29 580	252 600	234 415	232 205	2 210	36 918	3 418 146	1 831 186	150 090	1 436 870
辽　宁	370 237	159 260	1 860	157 400	200 688	199 808	880	10 289	2 449 762	1 615 590	73 344	760 828
大　连	60 553	58 604	600	58 004	1 149	1 149	0	800	469 082	427 152	15 316	26 614
吉　林	232 067	78 018	20 556	57 461	145 025	145 025	0	9 025	1 161 539	706 539	52 354	402 646
黑龙江	239 731	115 995	17 336	98 658	123 235	117 608	5 627	502	1 410 153	942 352	47 016	420 785
上　海	490 550	208 732	0	208 732	277 503	277 503	0	4 315	1 511 817	1 107 983	25 848	377 986
江　苏	1 667 318	743 589	3 818	739 771	836 266	827 064	9 203	87 462	6 445 769	3 891 112	352 178	2 202 479
浙　江	886 542	551 112	2 981	548 131	324 200	323 600	600	11 231	4 106 930	2 293 669	174 216	1 639 045
宁　波	142 295	131 179	0	131 179	10 786	10 786	0	330	545 653	346 063	44 363	155 227
安　徽	731 874	268 401	56 691	211 710	360 791	349 714	11 077	102 683	5 966 177	3 570 216	197 251	2 198 710
福　建	461 667	92 959	7 381	85 578	283 766	283 456	310	84 942	2 806 506	1 815 593	74 346	916 567
厦　门	79 037	37 541	220	37 321	26 539	25 812	727	14 957	397 286	252 206	14 554	130 526
江　西	373 893	150 898	58 571	92 328	201 012	193 442	7 571	21 983	3 617 766	2 005 129	129 710	1 482 927
山　东	736 866	257 265	14 560	242 705	414 548	399 931	14 617	65 054	4 641 928	3 065 741	210 026	1 366 161
青　岛	45 847	24 274	0	24 274	21 308	21 269	39	265	291 950	205 520	20 529	65 901
河　南	657 250	248 140	88 842	159 298	371 604	346 038	25 566	37 506	6 251 069	3 373 172	252 226	2 625 671
湖　北	571 892	189 259	35 020	154 239	338 954	328 209	10 745	43 679	3 802 310	1 905 840	152 407	1 744 063
湖　南	532 941	212 833	41 482	171 351	281 594	275 493	6 101	38 514	3 508 344	1 877 399	136 272	1 494 673
广　东	1 287 037	733 825	8 610	725 215	468 630	438 860	29 770	84 582	7 082 768	3 954 386	281 493	2 846 889
深　圳	134 166	128 325	0	128 325	5 840	5 840	0	0	255 426	196 224	20 415	38 787
广　西	483 162	186 443	65 367	121 075	278 016	263 152	14 865	18 703	3 542 054	1 796 142	64 795	1 681 117
海　南	110 166	65 983	11 906	54 077	40 870	37 995	2 875	3 313	538 800	223 612	14 359	300 829
重　庆	391 278	133 601	26 387	107 215	239 511	218 309	21 203	18 166	2 858 322	1 314 362	146 681	1 397 279
四　川	756 998	443 760	167 223	276 536	245 133	230 484	14 649	68 105	4 250 494	2 411 678	136 253	1 702 563
贵　州	261 267	176 887	76 815	100 071	81 218	81 173	45	3 163	2 287 059	1 508 705	19 333	759 021
云　南	655 658	334 940	72 515	262 424	293 574	289 226	4 348	27 145	3 603 988	2 070 710	80 333	1 452 945
西　藏	104 125	99 121	86 469	12 653	146	146	0	4 857	730 753	251 868	14 351	464 534
陕　西	574 825	208 525	32 770	175 755	360 068	345 937	14 130	6 233	4 038 062	2 399 142	123 388	1 515 532
甘　肃	417 979	265 546	150 175	115 371	120 586	117 090	3 495	31 847	3 312 328	2 251 151	137 551	923 626
青　海	81 882	67 043	29 186	37 857	12 286	10 931	1 355	2 554	403 344	132 436	1 990	268 918
宁　夏	133 204	90 083	21 479	68 605	36 333	36 213	120	6 788	507 693	332 375	4 282	171 036
新　疆	255 952	204 238	66 449	137 789	47 790	24 153	23 637	3 924	1 863 958	1 069 041	32 139	762 778
新疆生产建设兵团	36 416	24 788	20 667	4 121	11 628	11 628	0	0	293 872	80 977	813	212 082

2008 年科研活动基本情况

普通高等学校人文、社会科学研究与发展经费情况

单位：百元

		学校数（所）	拨入—合计	拨入—政府项目经费	拨入—科技活动人员工资	拨入—科研基建费	拨入—企事业单位委托项目经费	拨入—金融机构贷款	拨入—自筹经费	拨入—国外资金	拨入—其他收入	支出—合计	支出—内部支出—小计	支出—内部支出—科研人员费	支出—内部支出—业务费	支出—内部支出—科研基建费	支出—内部支出—仪器设备费	支出—内部支出—图书资料费	支出—内部支出—管理费	支出—内部支出—其他	转拨给外单位经费
合计		866	49 357 573	17 573 617.9	9 803 976.6	354 641	12 692 125	117 781	5 790 652	1 622 260	1 402 520	46 005 370	45 424 809	12 274 032	19 138 811	468 414	4 104 224	4 686 694	1 356 020	3 396 614	580 561
按学校隶属关系分	教育部直属院校	73	21 880 300	8 278 316.22	2 302 281.8	0	7 819 576	0	1 334 344	1 296 867	848 915	19 919 337	19 485 770	3 170 320	10 357 418	30 000	1 440 730	1 826 861	727 540	1 932 901	433 568
	其他部委院校	31	1 868 201	788 096	369 292	106 000	357 427	0	184 886	23 181	39 319	1 742 457	1 729 889	395 504	699 558	126 000	210 254	169 125	54 172	75 277	12 568
	地方院校	762	25 609 072	8 507 205.24	7 132 403	248 641	4 515 121	117 781	4 271 422	302 212	514 286	24 343 577	24 209 151	8 708 209	8 081 836	312 414	2 453 240	2 690 708	574 307	1 388 436	134 425
按学校规格分	本科院校	692	48 558 574	17 422 600.2	9 424 300.6	349 931	12 635 013	117 781	5 600 995	1 622 260	1 385 693	45 220 119	44 643 187	11 825 155	18 997 775	457 754	4 032 470	4 630 770	1 340 855	3 358 407	576 931
	专科院校	174	798 999	151 018	379 676	4 710	57 112	0	189 657	0	16 827	785 252	781 622	448 877	141 036	10 660	71 753	55 923	15 165	38 208	3 630
按学校类型分	综合大学	169	18 560 215	6 503 355.94	3 323 256.6	14 340	5 833 665	15 000	1 671 129	730 840	468 628	16 976 761	16 792 462	4 177 861	7 491 522	48 883	1 291 881	1 780 474	533 384	1 468 456	184 299
	理工农医院校	368	11 365 911	3 879 075.69	2 260 059.5	21 237	3 742 692	0	806 799	437 377	218 671	10 171 660	9 951 197	2 750 643	4 452 105	33 008	760 608	911 743	447 445	595 645	220 463
	师范院校	150	9 310 746	3 233 144.88	2 133 169	57 362	1 391 706	102 781	1 542 888	317 071	532 625	9 348 246	9 196 298	2 536 359	3 385 825	164 028	1 123 629	1 174 198	182 270	629 990	151 948
	语文院校	16	1 138 882	393 988	236 242	0	111 404	0	377 535	12 598	7 116	1 079 024	1 077 958	379 474	314 674	19 000	80 683	123 935	23 216	136 977	1 066
	财经院校	71	5 124 715	1 852 821	1 052 171	94 567	1 109 641	0	911 479	32 103	71 933	4 732 695	4 717 185	1 459 847	1 849 041	17 920	437 453	452 396	100 326	400 203	15 510
	政法院校	35	1 225 097	405 102	247 892	45 245	198 296	0	200 874	86 347	41 341	1 231 792	1 231 792	288 657	608 797	61 185	98 582	101 105	22 116	51 349	0
	体育院校	15	824 941	455 104	180 557	120 890	29 942	0	28 633	C	9 815	740 307	733 051	207 245	212 062	113 590	108 773	23 392	13 493	54 496	7 256
	艺术院校	30	1 196 733	605 938	189 223	0	214 734	0	159 232	861	26 746	1 104 045	1 104 025	266 273	569 628	9 800	130 061	55 988	24 825	47 449	20
	民族院校	12	610 332	245 089	181 407	1 000	60 045	0	92 083	5 064	25 645	620 841	620 841	207 673	255 158	1 000	72 553	63 464	8 945	12 049	0

普通高等学校人文、社会科学人力情况

		学校数（所）	社科活动人员（人）					研究与发展人员（人）					研究与发展全时人员（人年）				
			合计	高级	中级	初级	其他人员	合计	高级	中级	初级	其他人员	合计	高级	中级	初级	其他人员
合计		**866**	**398 593**	**147 010**	**156 265**	**89 973**	**5 345**	**176 271**	**92 197**	**60 855**	**22 336**	**883**	**54 071**	**31 196.7**	**17 045**	**5 616.2**	**212.7**
按学校隶属关系分	教育部直属院校	73	58 895	29 667	21 681	6 913	634	31 642	20 838	8 761	1 720	323	11 628	8 163.2	2 895.8	487.9	80.6
	其他部委院校	31	12 869	5 536	4 961	2 219	153	5 635	3 242	1 868	501	24	1 844.8	1 164.5	545.6	129.5	5.2
	地方院校	762	326 829	111 807	129 623	80 841	4 558	138 994	68 117	50 226	20 115	536	40 598	21 869	13 603.6	4 998.8	126.9
按学校规格分	本科院校	692	367 651	138 318	144 802	79 825	4 706	166 949	87 902	57 457	20 764	826	51 697	30 008.5	16 224.3	5 264.2	199.9
	专科院校	174	30 942	8 692	11 463	10 148	639	9 322	4 295	3 398	1 572	57	2 373.7	1 188.2	820.7	352	12.8
按学校类型分	综合大学	169	112 015	44 590	42 408	23 601	1 416	53 293	30 237	16 986	5 673	397	17 567	10 954.7	5 022.7	1 490.4	99.4
	理工农医院校	368	116 516	37 989	47 977	28 643	1 907	45 890	21 891	17 190	6 595	214	12 930	6 768.1	4 562.5	1 559.1	39.9
	师范院校	150	84 464	30 983	32 532	19 956	993	38 759	19 746	13 559	5 317	137	11 944	6 661	3 876	1 368	39.3
	语文院校	16	9 505	3 646	4 140	1 655	64	4 140	2 167	1 500	456	17	1 264.5	804	368.6	87.2	4.7
	财经院校	71	41 358	16 215	16 295	8 390	458	20 581	10 648	7 314	2 584	35	6 077.4	3 406.8	1 995.9	664.5	10.2
	政法院校	35	11 200	4 588	4 404	2 071	137	4 689	2 750	1 440	450	49	1 334.4	840.6	379.7	101.9	12.2
	体育院校	15	5 710	2 228	2 046	1 352	84	2 343	1 301	712	317	13	870.8	538.4	231.6	99.2	1.6
	艺术院校	30	10 778	3 956	3 921	2 708	193	2 473	1 355	688	418	12	940.3	555.1	249.4	131.8	4
	民族院校	12	7 047	2 815	2 542	1 597	93	4 103	2 102	1 466	526	9	1 142.1	668	358.6	114.1	1.4

普通高等学校人文、社会科学研究与发展课题、成果情况

		课题数（项）	当年投入人数（人年）		当年拨入经费（百元）	当年支出经费（百元）	出版专著（部）	发表论文（篇）					应用成果（项）	
				其中：研究生				合计	国内学术刊物		国外学术刊物	港澳台刊物	提交有关部门数	鉴定成果数
									国内外公开发行	国内公开发行				
合计		**171 084**	**64 117**	**11 239**	**28 876 538.09**	**23 431 185**	**10 759**	**304 164**	**222 233**	**76 513**	**4 777**	**641**	**7 570**	**3 905**
按学校隶属关系分	教育部直属院校	48 368	16 846	5 616	16 085 983.32	13 000 057	4 079	71 042	48 452	19 770	2 520	300	3 246	1 490
	其他部委院校	6 101	2 253	449	1 284 287.05	992 089	581	11 177	8 581	2 261	301	34	220	78
	地方院校	116 615	45 018	5 174	11 506 267.72	9 439 039	6 099	221 945	165 200	54 482	1 956	307	4 104	2 337
按学校规格分	本科院校	165 936	61 750	11 222	28 633 668.93	23 221 634	10 587	289 547	211 158	73 001	4 759	629	7 250	3 626
	专科院校	5 148	2 367	17	242 869.16	209 550	172	14 617	11 075	3 512	18	12	320	279
按学校类型分	综合大学	57 806	22 239	5 198	12 001 651.83	10 107 819	3 830	97 793	72 517	23 357	1 659	260	3 401	1 744
	理工农医院校	41 993	15 281	2 626	8 118 110.94	6 363 172	1 750	74 205	50 664	21 993	1 451	97	1 735	1 040
	师范院校	36 598	13 728	1 824	3 962 947.62	3 520 175	2 454	67 912	53 087	14 157	549	119	746	358
	语文院校	3 282	1 523	260	498 319.14	362 414	300	6 520	4 504	1 768	207	41	79	28
	财经院校	19 243	6 462	569	2 459 021.64	1 803 587	1 217	35 247	24 735	9 812	625	75	1 051	577
	政法院校	4 350	1 366	133	652 704.39	367 921	422	10 136	7 569	2 409	132	26	431	84
	体育院校	1 924	1 011	147	369 723.27	259 420	58	2 699	1 874	750	69	6	57	14
	艺术院校	2 747	1 189	247	478 410.03	395 714	355	3 746	2 625	1 076	28	17	47	45
	民族院校	3 141	1 318	237	335 649.23	250 962	373	5 906	4 658	1 191	57	0	23	15

教育综合管理

教育新闻宣传

〔综述〕 2008年教育部重点开展了以下十个方面工作的宣传：一是做好教育系统深入学习贯彻落实党的十七大精神的宣传；二是做好教育部学习实践科学发展观活动的宣传；三是做好改革开放30年教育发展成就的宣传；四是做好教育系统抗震救灾优秀师生先进事迹的宣传；五是做好"两会"期间教育热点问题的舆论引导；六是做好免除城市义务教育阶段学生学杂费工作的宣传；七是做好国家资助家庭经济困难学生政策的宣传；八是做好"全国亿万学生阳光体育运动"的宣传；九是做好大力发展职业教育的宣传；十是做好高校毕业生就业工作的宣传。

一年来，教育部领导在有关新闻宣传件上批示61次，圈阅182次，发表重要文章21篇，出席有关新闻宣传活动47次。教育部新闻办共召开新闻发布会17次、新闻通气会11次、记者见面会1次、协调会5次、审片会1次、新闻策划会2次，组织新闻采访团7路，安排记者采访活动208次，协助各司局发新闻通稿418篇。中央暨首都新闻媒体共刊播教育部新闻4 500余篇次，各大网站多次刊发或转载教育部新闻。

撰稿　赵建武
审稿　续　梅

〔2008年新闻发布会情况〕

场次	发布时间	发布人	主持人	发布内容
1	1月25日	赵沁平　王登峰　李宇明	王旭明	介绍《汉语拼音方案》颁布五十周年纪念活动有关内容及汉语拼音推行情况
2	2月25日	姜沛民　郑富芝　田祖荫　宋永刚　谢志敏	王旭明	介绍五年来我国农村义务教育取得的巨大成就
3	3月14日	周　济　孙霄兵　姜沛民　王月娥　拜秀花	祝寿臣	就"教育公平"问题接受中外记者集体采访
4	3月25日	赵　路　王凤玲　杨玉良　郭新立　张泰青　徐孝民	王旭明	介绍"211工程"十年建设成就及开展三期工程建设的有关情况
5	4月25日	王旭明		介绍全国大学生就业公共服务立体化平台有关情况
6	5月15日	张中原　黄国群　陈希原	王旭明	介绍通过中国教育发展基金会开展捐款活动支援教育系统抗震救灾工作有关情况

续表

场次	发布时间	发布人	主持人	发布内容
7	5月26日	高　洪　刘贵芹　姜　钢　谢志敏	王旭明	介绍教育系统抗震救灾工作有关情况
8	6月20日	赵沁平　张俊芳　黄　尧　靳润成　何秀超　刘建同　刘　桔　刘　欣	王旭明	介绍2008年全国职业院校技能大赛的有关情况
9	6月21日	杨贵仁　刘中军　王家新　万丽君　张凯华	赵建武	介绍2008年高雅艺术进校园活动的有关情况
10	6月25日	王旭明		回顾2008年上半年教育新闻宣传工作，介绍2008年高考工作等近期教育改革与发展的有关情况
11	7月11日	杨贵仁　尹鸿祝　马鸿韬　崔玉鹏　滕国清	王旭明	介绍第三套全国中小学生广播体操有关情况
12	7月25日	崔邦焱　张中原　姜　钢　张光明	续　梅	介绍高校资助政策体系、2007年全国高校资助工作和2008年高校招生、录取、打击高考招生诈骗等教育改革与发展的有关情况
13	8月15日	章新胜　杨贵仁　张秀琴　赵国成	祝寿臣	介绍中国教育开放与国际合作等方面情况
14	8月25日	杨念鲁　刘建同　宋永刚　马文华	续　梅	介绍地震灾区学校复学复课、灾区中等职业学校受灾及对口支援等近期教育改革与发展的有关情况
15	9月25日	张　彦　黄　杨　佟　潇　杨　静	续　梅	介绍北京2008年奥运会及残奥会期间我国大学生志愿者工作有关情况
16	10月27日	王定华　田祖荫　张昭文	续　梅	介绍我国农村教育事业改革发展有关情况
17	11月24日	刘建同　葛　华	续　梅	介绍中央扩大内需加快教育事业发展有关情况

〔**2008年教育部通气会情况**〕

场次	时间	发布人	发布内容
1	4月3日	王登峰　张世平	介绍开展“中华经典诵读”和“中华赞·诗词歌赋创作”活动的背景、意义及具体内容
2	6月27日	王定华	通报近年来我国中小学校安全教育工作的进展情况，并就做好相关宣传工作进行沟通和部署
3	7月18日	崔邦焱	介绍2008年高等学校新生资助工作
4	7月31日	田祖荫	通报免除城市义务教育阶段学生学杂费工作推进情况以及《国务院关于做好免除城市义务教育阶段学生学杂费工作的通知》的政策要点
		杨念鲁	介绍我国义务教育均衡发展有关情况，重点介绍进城务工人员随迁子女就学情况

续表

场次	时间	发布人	发布内容
5	9月3日	吕玉刚	介绍教育部抗震救灾先进集体和先进个人表彰工作有关情况
		杨志坚	介绍“高等学校教学名师奖”及第四届“高等学校教学名师奖”评选表彰情况
		宋永刚	介绍中小学教师队伍建设有关情况和《中小学教师职业道德规范》的修订情况
6	9月3日	王登峰	介绍第11届全国推广普通话宣传周活动情况
7	10月7日	张秀琴	介绍改革开放30年教育交流与合作的有关情况
		姜　钢	介绍改革开放30年高校招生考试工作有关情况
8	10月8日	王定华	介绍改革开放30年义务教育改革发展有关情况
		王定华　朱慕菊　刘贵芹	介绍改革开放30年实施素质教育有关情况
		黄　尧　刘　桔	介绍改革开放30年职业教育与继续教育改革发展有关情况
9	10月9日	刘　桔	介绍改革开放30年高等教育改革发展有关情况
		宋德民	介绍改革开放30年高等教育体制改革有关情况
		武贵龙	介绍改革开放30年高校科技创新有关情况
		郭新立	介绍“211工程”、“985工程”及研究生教育培养机制改革有关情况
		王家勤	介绍改革开放30年教育法制建设有关情况
10	10月10日	宋永刚　赵丹龄	介绍改革开放30年教师队伍建设有关情况
		王登峰　李宇明	介绍改革开放30年语言文字工作有关情况
		崔邦焱	介绍改革开放30年国家资助家庭经济困难学生工作有关情况
11	12月3日	吕玉刚	介绍“长江学者奖励计划”实施背景、改革创新历程和十年来取得的显著成效

教育政务公开

〔**综述**〕 2008年，教育部深入贯彻党的十七大和十七届一中、二中、三中全会精神，在部党组、部依法行政和政务公开领导小组的领导下，把大力推行教育政务公开作为促进教育公平、办好人民满意教育的重要内容，以贯彻实施《政府信息公开条例》（以下简称《条例》）为契机，全面推进教育部政务公开工作，加强组织领导，完善体制机制，创新公开方式，充实公开内容，加大工作力度，强化工作指导，增强公开实效，把政务公开工作提升到了一个新的水平。

一、抓好《条例》学习和人员培训，为实施《条例》营造良好的氛围。按照2007年制定的《教育部机关贯彻〈条例〉学习培训方案》，在2007年工作的基础上，继续加大培训力度，组织实施了一系列的学习培训活动，编印《政务公开工作简报》12期，对各司局、直属单位开展信息公开工作的情况和经验进行了交流。积极组织教育战线参加全国政务公开领导小组等举办的征文活动并报送文章

57篇，其中1篇获得三等奖，1篇获得优秀奖。

二、建立健全各项制度，形成长效机制。2008年2月印发了《教育部机关政府信息公开实施办法》，明确了教育部政府信息公开的领导体制和工作机制，建立了主动公开和依申请公开工作机制，规定了公开的内容范围、方式和程序、监督和保障。之后又陆续制定了政府信息主动公开工作流程、政府信息公开保密审查规范、政府信息内容概述编写规范、政府信息公开申请处理流程和教育部政府信息公开指南等文件，建立了一整套信息公开的制度。根据信息公开的要求，对部机关发文稿纸进行修改，要求在起草公文时即明确信息的公开属性并按公文的审批程序进行运转报批，建立了信息公开属性确认制度并认真落实。将信息公开的有关制度编印成《教育部政府信息公开工作手册》，做到机关干部人手一册。

三、认真梳理存量信息，编制信息公开目录。按照国务院办公厅的要求，于2007年12月正式启动目录的编制工作，认真开展存量信息的清理、保密审查和属性确定等工作。2008年4月编制工作初步完成，共编录信息3 600多条，最早的信息生成于1986年。经部政务公开办公室审议通过后，又组织力量实现了主动公开信息的全部电子化并上网。

四、组织开发信息公开目录管理系统，强化门户网站信息公开功能。2008年初开始着手组织力量开发教育部政府信息公开目录管理和查询系统，4月该系统正式投入使用并与门户网站实现整合。系统采用浏览器/服务器（Browser/Server）结构，具备组合查询、全文检索等功能，为公众查找所需信息带来极大方便。同时在系统中开设政府信息公开意见箱，及时听取公众的意见和建议。

近年来，经过多次改版，教育部门户网站的栏目设置、功能构架和信息内容已基本达到《政府门户网站绩效评估指标体系》（原国家信息化办公室拟定，以下简称《指标体系》）的要求。2008年，根据工业和信息化部发布的新《指标体系》对政府门户网站提出的“内容、性能、设计、安全”四级要求，进一步充实了网站内容，对信息公开、在线办事、公众参与的部分栏目进行了调整，健全了信息处理流程。

在进一步充实门户网站内容的同时，教育部各司局和直属单位也加强了二级网站建设，如国际合作与交流司建立了教育涉外监管网，及时发布留学预警信息，定期更新自费出国留学中介服务机构名单。语言文字信息管理司推动在全国建立语言文字工作系统网站，该系统已开通语言文字网站128家。全国学生资助管理中心开发了全国高校学生资助工作信息管理平台和全国中等职业学校学生信息管理系统，开通了热线电话，接受社会对资助工作的监督和咨询。

五、落实场所，为开展依申请公开工作创造条件。在办公条件比较紧张的情况下，通过对原有办公场所进行装修改造，购置设备，设立了教育部政府信息公开申请受理中心。在受理中心设立信息公告栏、电子信息屏、资料索取点，安排专人负责接待。从2008年5月开始受理公民、法人和其他组织通过各种形式向教育部提出的政府信息公开申请，截至2008年底已初步建立起受理中心统一受理、各司局按照职责分工限期提出答复意见、政务公开办公室统一答复的工作模式。

六、推动直属单位办事公开工作，提高为公众服务的水平。推动直属单位办事公开是2008年我部政务公开工作的重要内容。教育部办公厅将此项工作与深入学习实践科学发展观活动相结合，于2008年11月对25个机关司局和35个直属单位开展了办事公开情况调研。调研采取发放问卷调查表和电话访谈相结合的形式进行。调研结果显示，机关司局均已无面向社会的具体办事项目，35个直属单位中的12家共有22个面向社会的办事项目。

调研表明，教育部面向社会的办事项目具有以下几个特点：一是机关各司局不再承担具体的事务性工作，政府职能得到切实转变。二是事业单位的办事公开涉及学生的报名、学位认证、资助、奖学金评审、就业等诸多方面，为社会提供了较为全面的教育服务。三是办事制度逐步健全，依法办事的意识不断增强。所有面向社会的办事项目均具有明确的法规和政策依据，22个项目中有21个制订出台了与办事项目相关的制度、办法、指南、须知等，公开了办事的程序、地点、时间、收费标准等内容。四是服务社会公众的水平显著提高。如考试中心2008年共接受全国考生的网上报名50多万人次，留学服务中心每年接待留学人员10万人次以上。五是办事公开的总体满意度较高。如教育发展基金会的“基金会受益人评价调查表”显示，受益人对基金会服务的综合评价为最高等级的“好”。拨打资助热线的学生及家长对学贷中心接听热线的工作人员所提供的服务表示非常满意。

同时，针对调研中发现的在办事流程、服务质量、社会评议、监督检查等方面存在的问题，提出了进一步加强和改进办事公开工作的思路和措施。

〔**机关信息公开工作**〕 2008年5月1日《条例》施行以后，按照《条例》要求，教育部机关开展信息公开工作的情况如下：

一、加大工作力度，认真做好主动公开工作。主动公开是政府信息公开的主要方式。教育部采取各种措施，加大主动公开的力度，丰富主动公开的途径，突出主动公开的重点，主动公开工作取得了显著成效。截至2008年年底，教育部通过信息公开目录管理和查询系统主动公开各类公文信息3 793条。其中截至2008年4月30日的存量信息3 440条，占90.69%；5月1日以后的增量信息353条，占9.31%。司局函件984件，占总数的25.94%。

1. 主动公开信息内容丰富，查询方便。将教育部政府信息分为15大类，即政务概况、发展规划、部门规章、教育综合管理、基础教育、职业教育与成人教育、高等教育、体育卫生与艺术教育、教育信息化、干部人事人才、财务与审计、国际合作与交流、语言文字工作、科学研究和其他。主动公开的3 793条政府信息涉及所有类别，其中位列前五位的信息是：高等教育类1 281条，占33.77%；发展规划类405条，占10.68%；国际合作与交流类353条，占9.31%；基础教育类284条，占7.49%；科学研究类279条，占7.36%。所有信息均可按照信息名称、信息索引、生成日期、发文机构、发文字号、信息类别、关键字进行单独查询或组合查询。

2. 主动公开途径多样。一是通过教育部门户网站的政府信息公开专栏公开所有主动公开的公文信息。据统计，专栏自开通以来累计访问量已达4万多次，日均点击率近200人次。二是在教育部门户网站首页的政策文件专栏中及时公开重要政策性信息，2008年总计公开86条。三是通过教育部公报公开信息。2008年共刊发教育部公报12期，公开政府信息148条。四是通过新闻发布会发布信息。2008年全年共召开新闻发布会17次、新闻通气会11次、记者见面会1次、协调会5次，组织新闻采访团7路，安排记者采访活动208次，发新闻通稿418篇。中央暨首都新闻媒体共刊播教育部新闻4 550篇次，各大网站多次刊发或转载教育部新闻。五是通过部门二级网站、专业网站、中国教育报和其他报刊媒体公开信息。据统计，部门户网站2008年共发布新闻、政策等各类信息近2万条，制作各类专题24个。

3. 主动公开信息内容重点突出。2008年，教育部新闻宣传围绕部中心工作，大力宣传改革开放30年教育发展成就、教育部深入学习实践科学发展观活动、教育系统抗震救灾优秀师生先进事迹、免除城市义务教育阶段学生学杂费政策等，主动加强对教育热点和难点问题的引导，为教育改革与发展提供了舆论支持和思想保障。信息公开以涉及人民群众切身利益的事项作为公开的重点。高校招生“阳光工程”自2005年实施以来，一直以信息公开为核心手段，在管理、监督、服务等方面着力建设公正公平、公开透明的高校招生系统工程，得到了社会及舆论的充分肯定。2008年，在继续完善高校招生信息公开体系、确保招生公平公正方面，实施了一些新的举措：一是前移信息公开时段，从考生资格审查时便开展信息公开，接受社会监督；二是拓宽信息公开领域，特别针对小语种、保送生、自主招生、文体特长等特殊类型招生确立了“先公示后测试”的原则，并在教育部全国“阳光高考”信息平台公示了各种特殊类型考生名单4.8万人，做到了未经公示无一人录取、通过公示无一起举报；三是规范、细化信息公开内容，在一些省市制定并试行《高校招生考试信息公开暂行规定》，全过程细化、实化信息公开的具体要求，包括计划名额、分数情况、档案运行轨迹等信息50多项，分门别类，在不同时间以不同方式逐一告之考生和社会；四是扩展信息公开形式，进一步开发电视、报刊、网络、手机等公开载体，完善多渠道信息公开体系，确保各类考生特别是边远地区考生都有适合自己的信息获取方式。

二、依法处理政府信息公开申请，为公众提供高效便捷的服务。2008 年 5 月 1 日—12 月 31 日，教育部共受理公民、法人和其他组织通过各种形式提出的信息公开申请 40 件，其中有效申请 35 件，全部办理完毕。

35 件有效申请中，从申请的主体看，公民申请 32 件，占 91.43%；其他组织申请 3 件，占 8.57%。从申请方式看，当面申请 4 件，占 11.43%；电子邮件 13 件，占 37.14%；信函 8 件，占 22.86%；传真 10 件，占 28.57%。从申请的内容看，涉及招生就业的 13 件，占 37.14%；涉及教育机构设置的 5 件，占 14.29%；涉及教育收费的 4 件，占 11.43%；涉及历史信息的 3 件，占 8.57%；涉及教育综合管理的 3 件，占 8.57%；涉及教师待遇的 2 件，占 5.71%；其他 5 件，占 14.29%。申请内容涉及教育部 13 个业务司局。

从答复和处理情况看，35 件有效申请中同意公开的 28 件，占 80%；不予公开的 7 件，占 20%。不予公开中，“信息不存在”的 1 件，占 2.86%；“非本机关掌握”的 5 件，占 14.28%；“涉及国家秘密”的 1 件，占 2.86%。

三、认真处理与政府信息公开有关的咨询和留言。

1. 接待来人和电话咨询情况。自 2008 年 5 月至 2008 年底，教育部政府信息公开申请受理中心共接待 100 余人次电话及当面咨询。

2. 信息公开意见箱来信及处理情况。自 2008 年 5 月开通至 2008 年底，教育部政府信息公开意见箱共收到 110 封群众来信，其中有实质内容的 77 封，全部转有关司局或省级教育行政部门处理。其中，涉及教师权益的 35 件，占总数的 45.45%，主要反映工资待遇、职称编制等问题；涉及教育政策的 27 件，占总数的 35.07%，主要反映招生、收费、奖助学金发放、教学等问题；其余 15 件，占总数的 19.48%，主要涉及教育办学、学风校风等问题。

3. 网上留言及答复情况。“留言答复”专栏及时听取和答复公众的咨询，公众可通过网上留言询问有关教育政策和信息，也可在网上直接浏览答复内容。2008 年间，门户网站共答复公众留言 308 条。为深度整合留言内容，门户网站还开设了“政策咨询”栏目，就社会普遍关注的政策热点进行解读并集中展示。截至 2008 年底，共针对助学贷款、一费制、免费师范生等 30 个政策热点问题做了深度咨询。

4. 与公众互动的情况。邀请新闻发布人、访谈嘉宾等通过新闻发布会直播、在线访谈、网上调查等形式，在线回答公众的提问，开展在线互动交流。2008 年度门户网站接受公众提问 51 735 人次，网上调查栏目的参与者达 17 247 人次。

〔**推动教育战线信息公开**〕 为了解全国学校开展校务公开的基本情况，推进教育系统信息公开工作，教育部办公厅于 2008 年上半年对 32 个省级教育行政部门和 75 所教育部直属高校开展了校务公开工作情况调研，共收到调研报告 107 份。调研涵盖全国各级各类学校共 406 214 所，其中高等学校 1 875 所，中小学 404 339 所。

调研显示，参加调研的 96.6%的高等学校和 85.6%的中小学已开展校务公开工作，教育部直属院校 100%都开展了校务公开工作，96.9%的省级教育行政部门已出台了指导本地校务公开的文件，62.5%的省级教育行政部门已出台校务公开目录示范文本。实践证明，推行校务公开，为教育事业的改革和发展注入了强大的动力，激发了学校内部的生机和活力，促进了学校的改革发展和稳定，使各级各类学校发生了很大的变化。一些学校将校务公开喻为“学校腾飞发展的推进器”，是“学校和谐稳定发展的强大动力”。调研同时显示，全国校务公开工作中仍存在进展不平衡、机制不够完善、制度不够健全、内容不够全面规范、时效性不强等问题。比如，全国仍有 13.5%的高等学校和 29.4%的中小学尚未制定校务公开的专门制度，还有 30.1%的高等学校和 36%的中小学没有编制校务公开目录，只有约 79%的高校和 22.8%的中小学利用网站开展校务公开工作等。这些问题的存在表明，校务公开的现状还不能完全适应信息公开的要求。

在调研的基础上起草了《全国校务公开调研报告》，印制了《全国校务公开调研报告汇编》。根据调研的情况制订了《进一步推进全国校务公开工作方案》，确立了"提高认识，加强领导；健全制度，规范内容；推广典型，创新形式；强化监督，提高质量"的工作方针，在已有的工作基础上全面推进全国学校的信息公开工作。

《进一步推进全国校务公开工作方案》提出了制定《高等学校信息公开实施办法》（以下简称《实施办法》）的任务。自2008年初启动至2008年底，《实施办法》先后采用多种形式征求了7轮意见，分别听取了各省级教育行政部门、教育部各直属高校、部分地方高校和高教、法律等相关领域专家、部内有关司局等各方面意见。

多次修改后的《实施办法》提出了对高校信息公开的基本要求，明确了高校信息公开的目的、依据、适用范围、原则、职责分工，对高校信息公开的管理体制和工作机制、公开的范围和内容、公开的程序和要求、监督和保障等做出了具体的规定。对于提高高校的管理水平，办好人民满意的教育，保证师生员工和社会公众的知情权、参与权、表达权和监督权，及构建社会主义和谐社会必将发挥积极作用。

撰稿　杜柯伟　李　俊
审稿　牟阳春　安钰峰

教育法制建设

〔**教育立法工作取得较大进展**〕　一是《教育督导条例》立法进展顺利。为保证新修订的《义务教育法》等教育法律、法规、规章和国家教育方针、政策的贯彻执行，教育部起草了《教育督导条例》草案。配合国务院法制办将《教育督导条例》草案上网广泛征求社会各界的意见，并进行了认真修改完善。已提请国务院审议。二是全面启动了《职业教育法》的修订工作。根据全国人大常委会立法工作计划，《职业教育法》修订被列入十一届全国人大常委会立法规划一类项目，要求在本届任期内提请常委会审议。教育部高度重视《职业教育法》的修订工作，专门成立了以部长周济为组长的领导小组，全面启动了《职业教育法（修订草案）》的起草工作。三是初步完成了《考试法》草案的起草工作。根据国务院法制办的委托，教育部牵头起草《考试法》草案，经过广泛征求意见和认真修改，草案已原则通过教育部部务会议审议。四是制定发布了《独立学院设置与管理办法》；与国家档案局联合发布了《高等学校档案管理办法》。五是各地制定或者修改《义务教育法》配套实施办法取得重大进展。北京、吉林、辽宁、陕西、新疆等省（自治区、直辖市）已经制定或修订了新《义务教育法》实施办法；上海、河北等省、市的实施办法地方人大常委会正在审议之中；黑龙江、山西、山东、安徽、湖北、重庆、云南等大部分省（自治区、直辖市）均将新《义务教育法》实施办法列入地方立法计划。

〔**推进依法治教、依法行政**〕　一是根据行政审批制度改革工作部际联席会议办公室的要求，对法律、行政法规、国务院决定设定的教育类行政许可事项和法律、行政法规、国务院决定或者中央文件、部门规章、部门文件设定的教育类非行政许可审批事项再次进行了全面审查和清理，并上报了清理结果。二是依法办理了行政复议案件25件。依法维护了学生和教师的合法权益。三是深入开展"五五"普法活动。认真实施《中央宣传部、司法部关于在公民中开展法制宣传教育的第五个五年规划》和《全国教育系统法制宣传教育的第五个五年规划》，积极开展“法律进学校”活动。各地按照《中小学法制教育指导纲要》，积极推进中小学学生法制教育，北京、上海、天津等地教育行政部门出台了中小学法制教育的具体措施。各地以“法律进学校”活动为契机，大力推进依法治校工作。普法与依法治理向深层次推进，取得了较好成效。

〔《独立学院设置与管理办法》颁布实施〕 2008年2月22日，教育部部长周济签发教育部令第26号《独立学院设置与管理办法》，于2008年4月1日起施行。它的通过和实施，进一步明确了我国高等教育发展的基本政策，有利于探索高等教育多元化办学道路，有利于保护广大学生以及独立学院和举办者等各方合法权益。

独立学院作为高等教育改革发展进程中出现的新生事物，对实现高等教育大众化、深化高等教育改革发挥着重要作用。自2003年《教育部关于规范并加强普通高校以新的机制和模式试办独立学院管理的若干规定》印发以来，独立学院经过四年的摸索和不断规范，基本上走上了一条健康发展的轨道。但是，也出现了一些办学不规范的现象和问题，引起了社会各方面的高度关注。加强独立学院立法工作，实现独立学院管理规范化、法制化成为近年来社会各方面的共同呼声。2004年施行的《民办教育促进法实施条例》明确了公办学校参与举办民办学校的基本政策。2007年党的十七大提出，鼓励和规范社会力量兴办教育。从而进一步明确了独立学院发展的基本思路，为独立学院立法明确了基本指导思想。

《独立学院设置与管理办法》（以下简称《办法》）是在全面贯彻落实党的十七大精神的背景下制定的。《办法》分为总则、设立、组织与活动、管理与监督、变更与终止、法律责任、附则等七章共59条。《办法》在规范独立学院设置与管理方面作出了一系列重大的制度创新。主要表现在：

一是明确了独立学院的属性。《办法》规定，独立学院是一种合作办学的模式，即：独立学院是指实施本科以上学历教育的普通高等学校与国家机构以外的社会组织或者个人合作，利用非国家财政性经费举办的实施本科学历教育的高等学校。同时明确规定：独立学院是民办高等教育的重要组成部分，属于公益性事业。从而从根本上消除独立学院模糊的法律属性，有利于推进高等教育多元化办学模式的形成，有利于独立学院享受民办学校的有关优惠政策，促进独立学院健康发展。

二是明确了独立学院的管理体制。《办法》规定，教育部负责全国独立学院的统筹规划、综合协调和宏观管理。省级教育行政部门主管本行政区域内的独立学院工作，依法履行办学许可证管理、招生简章和广告备案、有关信息发布、年度检查、表彰奖励、违法违规行为查处等职责。

三是明确了独立学院的设置条件。《办法》规定，参与举办独立学院的普通高等学校须具有较高的教学水平和管理水平，较好的办学条件，一般应具有博士学位授予权。参与举办独立学院的社会组织，应当具有法人资格。注册资金不低于5 000万元，总资产不少于3亿元，净资产不少于1.2亿元，资产负债率低于60％。参与举办独立学院的个人，应当具有政治权利和完全民事行为能力。个人总资产不低于3亿元，其中货币资金不少于1.2亿元。独立学院的设置标准参照普通本科高等学校的设置标准执行；设立后的独立学院，应根据核定的办学规模充实办学条件，符合普通高等学校基本办学条件指标的要求。

四是明确了普通高校参与办学的无形资产必须计入独立学院办学总投入以及普通高等学校的相关权益。《办法》规定，普通高等学校主要利用学校名称、知识产权、管理资源、教育教学资源等参与办学。普通高等学校投入办学的无形资产，应当依法作价。根据普通高等学校对独立学院投入的学校名称、知识产权等无形资产，普通高等学校可以按照《民办教育促进法》及其实施条例的规定，从独立学院的办学结余中取得合理回报。

五是明确了参与举办独立学院的社会组织或者个人的有关权益。明确参与举办独立学院的社会组织或者个人，与普通高等学校一样，都是独立学院的举办者之一。独立学院出资人依法可以从独立学院的办学结余中取得合理回报。

六是明确了对学生权益的规定。《办法》规定，独立学院对学习期满且成绩合格的学生，颁发毕业证书，并以独立学院名称具印。独立学院按照国家有关规定申请取得学士学位授予资格，对符合条件的学生颁发独立学院的学士学位证书。独立学院终止时应当首先妥善安置在校学生。独立学院终止时仍未毕业的在校学生由参与举办的普通高等学校托管。毕业后仍可以获得相应的学历、学位证书。

七是明确了普通高等学校对独立学院有一定的指导和管理权。《办法》规定理事会或者董事会不纯粹按出资数额分配人数，保证普通高校的人数。规定普通高校对独立学院院长有优先推荐权。规定普通高校对独立学院的教学和管理有指导权。在明确独立学院的法定代表人为学校安全稳定工作第一责任人的基础上，要求参与举办独立学院的普通高等学校应当根据独立学院的实际情况，积极采取措施，做好安全稳定工作。

八是明确了相关的法律责任。《办法》规定了对举办者虚假出资或者抽逃资金、挪用办学经费以及不按期过户等违法行为进行处罚的法律责任。

此外，《办法》还对已经设立的独立学院规定了相应的过渡措施。

撰稿　黄兴胜
审稿　孙霄兵

全国人大代表建议、全国政协委员提案的承办工作

2008年“两会”期间，教育部共接到全国人大代表建议、全国政协委员提案共1 271件，总量比上年（1 195件）增加76件，增幅为6.36%。其中，全国人大代表建议、议案659件，比上年（633件）增加26件，增幅为4.11%；全国政协委员提案612件，比上年（562件）增加50件，增幅为8.89%。从总体数量上看，仍居国务院各部委的第三位。

建议、提案涉及的主要问题有：完善大学毕业生就业体制；完善农村义务教育投入保障机制，依法保障教育投入，加快农村寄宿制学校建设；切实减轻中小学生课业负担，大力推进素质教育，解决农民工子女教育问题；加强职业教育，推进职业健康发展，构建终身教育体系；进一步深化高等职业教育改革，全面提高劳动者素质；深化高等教育体制改革，提高高等教育质量；加强教师队伍建设，建立健全师资培养制度，建立教师教学评价体系，加强师德师风建设；积极化解高校债务问题，加强对民办高校的管理，促进民办教育可持续健康发展；制定《考试法》、《学校安全法》、《学前教育法》，修改《教育法》、《教师法》、《高等教育法》等。建议、提案的办理工作共涉及教育部24个单位。

教育部党组高度重视建议、提案的办理工作，并将此项工作列入4月党组的重点工作，召开了专题办公会。教育部部长周济对此专门作出重要批示。2008年4月22日，教育部办公厅召开了由承办单位主要领导同志参加的“两会”建议、提案承办工作动员会，教育部党组成员、部长助理郭向远出席会议并讲话。郭向远对教育部2007年建议、提案的办复工作给予了充分肯定，并指出了存在的问题和不足。对做好2008年建议、提案的承办工作，提出如下意见：一要高度重视建议、提案的办理工作。要从办好让人民满意的教育的高度出发，进一步提高对建议、提案办理工作重要性的认识，切实加强领导，把建议、提案办理工作纳入重要议事日程，要通过建议、提案的办理来进一步推进各项工作的开展。二要全面落实人大、政协的办理要求，切实提高办复质量。教育部各承办司局要严格按照上级和教育部要求，规范办理程序，指派专人

负责，要把办理工作与干部年终考核结合起来，进一步调动具体办理同志的积极性。三要切实做到突出重点，做好重点建议、提案的办理工作。四要加强协调和配合，司局之间、司局与办公厅之间要加强沟通交流，共同办理好建议、提案。五是教育部办公厅要加强督促检查，严格把关，切实提高建议、提案的办复质量和效率。

根据教育部党组的要求，进一步充实、修订了有关建议、提案办理工作的制度规定，并制定了《2008年教育部办理全国人大代表建议的工作方案》和《2008年教育部“两会”建议、提案承办要求》，进一步规范了办理工作；在2008年建议、提案的办理工作中，进一步健全和完善了由承办单位办公室统筹协调、各业务处室具体办理、单位领导把关、主管部领导签发的办理工作机制，进一步明确了办理责任；教育部办公厅对办理过程适时进行督促检查，并把办理进程及时上网公布，调动了承办单位工作的积极性，确保了建议、提案的办复质量，提高了办复工作效率。

由于领导高度重视，措施得力，各承办单位克服了任务重、时限紧、人手少的困难，较好地完成了2008年建议、提案承办工作。从全国人大代表、全国政协委员的反馈意见看，代表、委员对教育部建议、提案的办理工作基本表示满意。

撰稿　王进保
审稿　安钰峰

教育纪检监察

〔**教育系统反腐倡廉工作**〕　2008年，各级教育纪检监察部门解放思想、与时俱进、开拓创新，紧紧围绕中心、服务大局，认真履行职责，充分发挥组织协调和监督检查作用，扎实推进党风廉政建设和反腐败各项工作，取得了较好成绩。

一、高校反腐倡廉建设迈上新台阶。党中央、中央纪委十分重视高校反腐倡廉建设。第十七届中央纪委第二次全会首次对高校反腐倡廉工作提出明确要求。中央纪委、教育部、监察部共同印发了《关于加强高等学校反腐倡廉建设的意见》，对加强高校反腐倡廉建设作出了全面部署。《意见》的印发，对进一步加强高校反腐倡廉建设工作发挥了重要作用。教育部党组召开了全国加强高校反腐倡廉建设工作会议，贺国强同志专门听取会议筹备情况汇报并作重要指示，刘延东同志出席会议并作重要讲话。各省（自治区、直辖市）党委教育工作部门将加强高校反腐倡廉建设工作摆上重要日程，采取有力措施，认真抓好落实。各高校紧密结合实际，查找不足，推进改革、完善制度、加强监管，高校反腐倡廉建设呈现出良好局面。

二、反腐倡廉教育展现新气象。各地各高校普遍开展了党风廉政教育主题宣传月、新任领导干部廉政谈话、案例警示教育等经常性活动，反腐倡廉教育的针对性和有效性不断增强。驻教育部纪检组、监察局组织拍摄了教育片——《警示与反思》，全国800多所全日制本科院校组织中层以上领导干部和重点岗位人员观看，收到良好效果。认真开展落实廉洁自律各项规定要求的宣传教育，开展了清理高校领导干部在企业兼职、制止党政干部公款出国（境）旅游等专项工作，取得阶段性成效。在大中小学深入开展廉洁教育，校园廉政文化建设展现出新的面貌。

三、规范教育收费取得新成效。义务教育经费保障机制改革顺利实施，全部免除全国城乡义务教育阶段1.6亿学生的学杂费，义务教育阶段收费和办学行为进一步规范。清理规范义务教育阶段改制学校工作取得明显成效，全国已有1 259所改制学校得到规范。公办高中招收择校生“三限”政策进一步巩固。全国规范教育收费示范县创建活动深入开展，已确定规范教育收费示范县787个。监督检查力度进一步加大，全年共查处各种乱收费1.46亿元，清退违规资金1.15亿元，处理相关责任者2 751人。规范教育收费、治理教育乱收费工作取得新成效，群众满意度不断提高，得到中央领导同志的好评。

四、查办案件工作取得新成果。2008年各级教育纪检监察部门共受理信访举报42 318件，立案查处5 847件，结案5 646件，其中涉案人数6 549人，涉案金额1.35亿元。受党纪政纪处分4 889人，移送司法机关处理307人，挽回经济损失7 055万元。重视发挥查办案件的治本功能，治理商业贿赂长效机制建设稳步推进，预防职务犯罪工作不断加强。

五、反腐倡廉制度建设迈出新步伐。各地各高校认真总结2005—2007年惩治和预防腐败体系工作，不断完善制度，深入开展对党风廉政建设责任制、党内监督条例和“三重一大”制度落实情况的监督检查，反腐倡廉制度的系统性、规范性和执行力不断提高。深入推进行政审批、干部人事、财务管理、基建工程、物资采购、校办企业、招生考试等各项改革，不断完善监管制度，从源头上防治腐败工作深入开展。以制度建设为核心，具有教育系统特点的惩治和预防腐败体系建设稳步推进。

六、监督工作取得新进展。认真落实党内监督条例，领导干部述职述廉、诫勉谈话、函询等制度普遍实行，高校巡视工作不断推进。教育部对16所直属高校开展巡视，并对部分已巡视的高校进行回访，取得了较好的成效。加强对重点部门、重要岗位和关键环节的监督，权力运行监督机制不断健全。高校内部监察工作和审计工作不断规范。深入实施高校招生“阳光工程”，严肃查处个别地方违规招生案件，行政问责力度进一步加大。政务公开、校务公开规范化和制度化水平进一步提高，群众监督作用不断增强。认真开展教育系统抗震救灾资金物资使用情况监督检查，加强对高校奥运场馆建设和运行的监督，圆满完成了各项工作任务。

七、干部队伍建设取得新成就。广大教育纪检监察干部深入学习贯彻党的十七大精神和十七届三中全会精神，以科学发展观为统领，用中国特色社会主义理论体系武装头脑，服务、推动和保证教育事业科学发展的意识进一步增强。通过学习宣传全国教育纪检监察先进集体、先进个人的优秀事迹，广泛开展“做党的忠诚卫士、做群众的贴心人”主题实践活动，加大干部培训工作力度，纪检监察干部作风进一步改进，素质能力进一步提高。深入开展调查研究和廉政理论研究，积极探索教育系统反腐倡廉工作规律，取得较好成果。

撰稿　杨火林

〔**加强高校反腐倡廉建设工作会议**〕　9月23日—24日，教育部党组在京召开加强高校反腐倡廉建设工作会议，深入贯彻党的十七大精神，全面落实十七届中央纪委第二次全会和《建立健全惩治和预防腐败体系2008—2012年工作规划》要求，总结十六大以来高校反腐倡廉工作取得的成绩和基本经验，分析高校反腐倡廉建设面临的形势，部署当前及今后一个时期加强高校反腐倡廉建设的任务。

会议传达了中共中央政治局常委、中央纪委书记贺国强会前听取筹备工作情况后作出的重要指示。中共中央政治局委员、国务委员刘延东出席会议并发表重要讲话。教育部党组书记、部长周济在会上讲话。北京大学、清华大学等9所高校在会上介绍了开展反腐倡廉工作的经验。中央纪委常委、监察部副部长王伟，教育部在京党组成员，中央纪委、监察部有关部门负责人出席了会议。各省、自治区、直辖市和新疆生产建设兵团教育（高校）工委书记、纪工委书记，部分高校党委书记（校长）、纪委书记约300人参加会议。

贺国强在会前听取筹备工作情况汇报时作了重要指示。他对高校党风廉政建设工作给予了充分肯定，认为这些年来特别是党的十六大以来，高校深入推进反腐倡廉各项工作，取得了明显成效。他指出，教育部党组在新学期开学之际，召开加强高校反腐倡廉建设工作会议很有必要，非常及时。他强调，加强高校反腐倡廉建设要在全面推进的基础上突出重点。要进一步总结经验，巩固成果；注意抓好重点领域和关键环节；加强对领导干部的教育、管理和监督；高度重视校园廉政文化建设；加强反腐倡廉理论建设。

刘延东在讲话中对近年来高校反腐倡廉建设工作取得的成绩也给予了充分肯定。她指出，务必要从党和国家工作全局出发，从推动高等教育科学发展的要求出发，进一步增强反腐倡廉工作的使命感和责任感。她强调，要从高校实际情况出发，紧紧抓住问题最突出的重点领域和关键环节，加大治理力度，全面推进反腐倡廉建设。要切实加强管理工作，大力提高管理水平；从重点领域和薄弱环节入手，加大监管力；大力推行校务公开，确保权力规范透明运行；严肃查办案件，坚决惩治腐败；推进廉政文化建设，营造风清气正的校园环境。

周济在会上总结回顾了十六大以来高校反腐倡廉建设主要成绩和基本经验，强调各地各高校要认真贯彻领导讲话精神和《关于加强高等学校反腐倡廉建设的意见》，进一步抓好高校反腐倡廉建设各项工作。一是抓责任，二是抓管理，三是抓风气，四是抓惩处。周济强调，各地各高校要切实在思想认识、工作作风和纪检监察干部队伍建设上下功夫，坚定不移地抓好反腐倡廉建设各项任务的落实，促进高等教育科学发展和高校人才健康成长。

〔**2008年全国教育纪检监察工作会议**〕 1月24日—25日，教育部党组在北京召开全国教育纪检监察工作会议，学习贯彻中央纪委第二次全会精神，总结党的十六大以来教育系统党风廉政建设和反腐败工作，部署2008年工作任务。教育部党组书记、部长周济出席会议并讲话。

周济在讲话中强调，教育系统各级党组织和行政要深刻领会、认真贯彻中央纪委第二次全会精神，从新的历史起点出发，坚定不移地推进教育系统反腐倡廉建设，保证教育事业科学发展。他要求，教育系统各级党组织要担负起全面领导反腐倡廉建设的政治责任，一是抓好学习贯彻，做到认识有新提高，工作有新举措，局面有新改变；二是抓好反腐倡廉总体部署，把各项业务工作与加强反腐倡廉建设的各项措施紧密结合，统筹安排，整体推进；三是抓好责任落实，完善责任分解、责任报告、责任考核、责任追究四位一体的责任制工作机制，认真解决少数领导班子、领导干部对反腐倡廉建设重视不够、对规范管理投入不足的问题；四是抓好纪检监察干部队伍建设，加强对纪检监察干部的培养、交流、选拔、任用，对做出突出贡献的优秀纪检监察干部该表彰的要表彰，该重用的要重用。

会上，中央纪委委员、教育部党组副书记、副部长袁贵仁传达了胡锦涛总书记在中央纪委第二次全会上的重要讲话和贺国强同志工作报告精神。教育部党组成员、中央纪委驻部纪检组组长田淑兰作了工作报告。她强调，今后五年，教育纪检监察工作要着力把握好以下几点：坚持围绕教育事业科学发展大局，努力做好“两个服务”；坚持认真解决损害群众切身利益的突出问题，维护教育公平；坚持统筹推进，重在建设，逐步完善惩治和预防腐败体系；坚持改革创新，不断完善领导体制和工作机制；坚持不断提高自身素质和能力，建设一支高素质的纪检监察队伍。她要求，各高校和各级教育纪检监察部门，要以改革创新精神和求真务实的态度，切实抓好今年各项任务的落实：一要深入开展反腐倡廉教育和廉洁自律工作；二要切实加强教育行风建设，继续治理教育乱收费；三要严肃查处违纪违法案件，建立预防职务犯罪预警机制；四要扎实推进制度体系建设，不断增强制度的系统性、规范性、有效性和可操作性；五要切实加强监督工作，完善高校巡视制度，加强行政监察，深化政务公开和校务公开；六要加强自身队伍建设，提高执纪执法能力。

部党组成员、副部长章新胜，部党组成员郭向远、杨周复出席了会议。部机关处以上干部、直属单位司局级干部，各省、自治区、直辖市教育（高校）纪工委，教育厅（教委）纪检组、新疆生产建设兵团教育局纪委、计划单列市教育局纪委、教育部直属高校、省部共建高校纪委主要负责人参加了会议。

撰稿　李海亮

〔**治理教育乱收费工作**〕 2008年，全国治理教育乱收费工作稳步推进，教育收费和学校办学行为不断规范，有关专项工作取得了阶段性成效，群众对教育行风满意度不断提高。

一、深入推进农村义务教育经费保障机制改革，严禁“一边免费，一边乱收费”。从2008年春季学期开始，中央财政共下拨农村义务教育经费保障机制改革资金578.3亿元，各省也相应安排了专项资金。此项政策惠及全国33.85万多所农村中小学、1.5亿多名农村中小学生。年初，国家审计署通报了2007年对全国16个省份农村义务教育保障经费的审计情况。国务院纠风办对一些违规收费学校进行了重点查处。国家发展改革委组织了重点检查，教育部召开了全国教育厅厅长（教委主任）会议，要求各地进一步健全财务管理制度，确保每笔合理开支有保障、有效益、有监督。春秋两季开学后，部际联席会议组织了专项督查。总的来看，农村义务教育经费保障机制运行平稳，农民教育费用负担进一步减轻。

二、免除城市义务教育学杂费政策顺利实施。国务院决定，从2008年秋季学期起，在全国范围内免除城市义务教育阶段学杂费。中央财政下达免除学费奖励资金31.2亿元，并对工作较好的省份下拨奖励性资金8.6亿元，用于支持这些地方改善学校办学条件。教育部、财政部、国家发展改革委进行了周密部署。各地制定了实施方案。全国城市义务教育阶段免除学杂费工作进展顺利，学校运转正常。

三、义务教育阶段改制学校清理规范工作取得积极进展。为了推动工作，部际联席会议在哈尔滨召开了工作座谈会。会后教育部印发了《关于做好义务教育阶段改制学校清理规范工作的若干意见》。截至2008年12月，全国共有改制学校2 385所，已停办145所，退回公办949所，转为民办165所，实现“四独立”837所。

四、推进区域内义务教育均衡发展，严格规范中小学校办学和收费行为。各地继续加大教育投入，开展义务教育均衡发展状况督导评估工作，实行教师和校长交流和对优质学校和薄弱学校合并等。加强对出版和教辅材料的管理。严禁举办各类收费补习班。

五、严格执行公办高中招收择校生“三限”政策。择校生比例均控制在本校当年招收高中学生计划数的30%以内。除此，不得招收非计划生、自费生和旁听生。从全国统计情况分析看，此项政策执行较好。

六、继续实施高校招生“阳光工程”，稳定高校收费标准。各地加大信息公开力度，巩固高校招生实施“阳光工程”的成果，实行招生资格、计划、录取结果等“八公开”。今后五年学生的学费标准不得提高。坚持服务性收费和代收费的自愿和非营利原则。

七、进一步加强教育收费管理，建立健全治理教育乱收费的长效机制。继续实行教育收费公示、听证制度和校务公开等项制度，严格执行《教育乱收费惩处办法》。搭建“民心网”平台。全力推行警示教育机制、信息公开机制、综合惩治机制、学校经费运转保障机制等长效机制。全国规范教育收费示范县达到787个，占全国县总数的27%。

八、加强教育收费督导检查和案件惩处，保持治理工作的高压态势。全国共派出检查组1.3万个，检查学校24.82万所（次），查处违规收费金额1.46亿元，已清退1.15亿元；全国共查处案件1.2万件，2 751人受到党政纪律处分，其中114名校长被撤职。

〔全国治理教育乱收费部际联席会议〕 2008年2月20日，全国治理教育乱收费部际联席会议第八次会议在国务院第四会议室召开。会议由中央纪委副书记、监察部部长、国务院纠风办主任马馼主持，教育部部长周济代表七部委汇报了近年来治理教育乱收费工作情况，监察部副部长曲万祥代表七部委汇报了2008年治理教育乱收费工作实施意见，部际联席会议其他成员单位分管领导就治理教育乱收费工作向所属系统提出要求，国务委员陈至立出席会议并讲话。陈至立指出，要认真贯彻十七届中央纪委第二次全会精神，坚持不懈地抓好治理教育乱收费工作，促进教育行风进一步好转。

会议认为，本届政府高度重视治理教育乱收费工作，各地区、各有关部门深化了对治理工作特点和规律的认识，形成了以主管部门为主、有关部门配合、齐抓共管的工作机制，建立了有关教育收费的决策听证、公示公开、资金管理等一系列规章制度，不断加大监督检查和惩治力度，教育乱收费蔓延的势头得到有效遏制，人民群众对教育行风的满意度不断提高，治理教育乱收费工作取得明显成效。但是，教育乱收费现象在一些地方和学校仍不同程度地存在，治理教育乱收费工作需要常抓不懈。

会议强调，要继续坚持“惩防并举、标本兼治、统筹兼顾、突出重点”的方针，着力抓好几方面的工作。一要扎实做好农村义务教育经费保障机制改革工作，坚决制止“一边免费，一边乱收费”。二要大力推进区域内义务教育均衡发展，依法保障教育投入，切实加强薄弱学校建设，努力解决城市义务教育择校乱收费问题。三要进一步完善教育、制度、监督并重的预防和治理教育乱收费工作的长效机制。加强对教育工作者的职业道德教育，增强纠正和抵制乱收费的自觉性；继续清理教育收费文件，及时废止不符合国家收费政策的规定，严格教育收费审批权限，进一步规范各类学校收费行为；加大查处力度，对群众反映强烈及顶风违纪、影响恶劣的乱收费案件，要严肃追究责任，公开曝光。四要加强教育经费管理和监督，严格执行预算管理制度，严禁挤占、截留、挪用教育经费，完善学校资金使用公示制度和经常性审计及审计公告制度。

会议要求，各地方、各有关部门对治理工作要高度重视、加强领导，继续把治理工作摆在重要议事日程，继续坚持治理工作的领导体制和工作机制，进一步建立健全工作责任制，坚持不懈地治理教育乱收费。

教育部、纠风办、监察部、国家发展改革委、财政部、审计署、新闻出版总署等治理教育乱收费部际联席会议成员单位有关司局负责人、部际联席会议联络员、办公室成员参加会议。

撰稿　张其华

〔**抗震救灾资金物资监管工作**〕　5·12汶川大地震后，教育部按照中央纪委、监察部的部署，加强对教育系统抗震救灾资金物资监管，确保资金物资管理使用规范合理。

一、建立组织，加强领导。5月21日，教育部党组成员、中央纪委驻部纪检组组长田淑兰向相关司局传达中央纪委、监察部五部委《关于加强对抗震救灾资金物资监管的通知》精神，要求做好抗震救灾资金物资监管工作。5月30日，教育部成立抗震救灾资金物资监督检查领导小组并召开第一次会议，加强对监管工作的领导。部党组副书记、副部长袁贵仁为组长，部党组成员、中央纪委驻部纪检组长田淑兰和部党组成员、部长助理杨周复为副组长，成员单位包括办公厅、发展规划司、财务司、基础教育司和驻部监察局，办公室设在监察局。教育部要求受灾的四川、陕西、甘肃和重庆四地教育行政部门成立抗震救灾资金物资监督检查领导小组，及时上报资金物资监管情况。

二、下发通知，明确要求。5月下旬，教育部下发《关于加强对教育系统抗震救灾资金物资监管的通知》，要求各地教育行政部门和各直属高校认真履行职责，加强领导，高度重视灾后重建全过程的监督，确保廉洁救灾，确保救灾款物安全有效地全部用于灾区教育；要求各地、各部属高校和各级教育基金会募集、管理和分配使用专项资金和社会捐助款物做到程序规范、使用透明、专款专用、拨付及时、监管有力、纪律严明。对发现的违法违纪行为，将按照中央纪委、监察部《抗震救灾款物管理使用违法违纪行为处分规定》从严从重处理。同时，驻部纪检组、监察局向各地各直属高校下发《关于严肃纪律加强对救灾款物监管的通知》，要求教育纪检监察部门认真履行职责，严肃查处救灾款物管理使用中的各类违规违纪行为。

三、深入灾区，监督检查。地震发生后，田淑兰同志即召集部内有关司局和直属单位负责人，听取他们关于抗震救灾资金物资管理使用情况的汇报，要求各部门认真履行职责，管好用好抗震救灾资金物资，决不能出现腐败问题。部领导和监察局等部门负责人先后三次深入灾区，指导检查抗震救灾资金物资监管工作。6月1日—3日，驻部监察局局长刘金平带队赴陕西了解教育系统受灾情况。6月3日—5日，田淑兰同志亲自带队赴四川对抗震救灾资金物资监管情况进行检查。检查组要求灾区各级教育行政部门和学校要建立健全并严格执行各项制度，加强信息公开，严肃工作纪律，确保资金物资全部用于灾区学校建设。灾区复学复课进入重建阶段后，10 月 14 日—16 日，田淑兰同志又带队赴四川、重庆检查抗震救灾资金物资监管情况，要求灾区各级教育行政部门和学校在重建过程中要完善制度、严格程序、加强监督，努力把学校建成当地最安全、最坚固、最让群众放心的地方。驻教育部监察局坚持对部内有关单位抗震救灾资金物资管理使用情况进行动态监控，并定期上报中央抗震救灾资金物资监督检查办公室；驻教育部审计局对救灾资金物资管理使用情况进行了审计检查。

撰稿　王春青

〔**奥运场馆建设监督工作**〕 2008 年是全面考验奥运筹办工作，实现举办“有特色、高水平”奥运会目标的决战决胜之年。根据党中央、国务院的要求和北京奥组委的工作部署，教育部直属高校奥运场馆建设监督工作领导小组办公室紧密结合高校场馆建设和场馆团队运行工作实际，全面落实奥运监督工作要求，精心组织和开展工作，努力为奥运会成功举办提供坚强保证：

一是加强对各场馆设施整改情况的监督检查。落实北京市“2008 工程建设总指挥部”的部署和要求，多次召开会议并深入各场馆工地，检查督促北京奥组委关于场馆硬件设施整改工作进度、质量和任务完成情况。截至 4 月 30 日，全面完成上级下达各项整改任务，并自查和整改场馆设施有关瑕疵百余项，确保各场馆设施和功能可靠完善，达到赛时要求标准，受到北京奥组委，特别是国际奥组委各单项委员会的充分肯定。

二是全面抓好各高校奥运场馆成品保护工作。3 月 17 日，印发《关于切实做好直属高校奥运场馆成品保护工作的紧急通知》，并深入各高校，加强检查指导，组织学校研究完善各项应急预案。组织安全教育，督促检查安保工作责任制、安全值班、安全巡查以及安全重大事项报告等措施的落实。结合北京夏季特点，提前部署防汛工作，采取有效措施，防止场馆出现渗漏，保护比赛设备物资，确保各校场馆安全无误地提供给奥运会使用。

三是强化场馆运行团队的思想建设和内部制度建设。在坚持思想教育贯穿团队运行工作全过程的同时，重点部署和组织对各校团队学习落实党的十七大精神，学习贯彻 1 月 29 日中央政治局会议关于奥运筹办工作的重要指示，以及落实“廉洁办奥运”、“节俭办奥运”方针工作情况的监督检查。配合奥组委、奥监委先后制定下发了《第 29 届奥运会组委会场馆运行监督工作方案》、《第 29 届奥运会组委会工作人员赛时纪律》、《加强监督，确保奥运会、残奥会成功举办的意见》、《关于奥运筹办决战阶段工作人员纪律规定和责任追究办法》、《关于奥运会、残奥会及好运北京测试赛期间请示报告制度》等重大规章制度，并指导各团队结合实际，健全和完善内部工作纪律、岗位职责、协调配合机制、安全保卫、应急方案以及物品采购、资金使用审批、审计监督等与团队运行配套的制度体系，保证各项运行工作制度细化，有章可依，规范运行。3 月 14 日向各校转发《中共北京市纪委、北京市监察局关于严明纪律确保第 29 届奥运会顺利举办的通知》，部署开展赛时纪律专题教育，并组织了专项检查。

四是对赛时各场馆团队运行工作进行了监督检查。8 月 7 日奥运会开幕前夕，重点抽查了中国农业大学、北京科技大学等比赛场馆临战准备工作。奥运会、残奥会期间，先后对各比赛场馆赛事情况进行了日常巡视。按照上级统一要求，坚持值班制度，及时汇报部直属高校各场馆团队运行情况，保证政令畅通。至 8 月 24 日奥运会和 9 月 17 日残奥会闭幕，教育部直属高校的 3 个比赛场馆和 7 个训练场馆运行正常，无一起责任事故和违纪问题发生。

8 月 8 日—24 日奥运会期间，北京大学、中国农业大学、北京科技大学 3 个体育馆共举办奥运正式比赛 367 场次，接待观众 33 万人次，乒乓球、摔跤、跆拳道等各项赛事进展顺利。中国体育代表团在北京大学体育馆获得 4 枚金牌，2 枚银牌，2 枚铜牌；在中国农业大学获得 1 枚金牌，2 枚银牌；在北京科技大学体育馆获得 4 枚金牌，2 枚银牌，1 枚铜牌。9 月 6 日—17 日残奥会期间，北京大学、中国农业大学、北京科技大学 3 个体育馆共举办残奥会正式比赛572场次，接待观众21万人次，乒乓球、轮椅篮球、轮椅橄榄球等各项赛事进展顺利。中国残奥代表团在北京大学体育馆获得13枚金牌，6枚银牌，3枚铜牌；在中国农业大学获得1枚金牌。与此同时，清华大学、中国人民大学、北京师范大学、北京交通大学、北京语言大学等5所高校的7座奥运训练场馆也圆满完成接待国内外运动员相关项目的训练任务。

撰稿　王新民
审稿　曲吉山

教育督导

〔**“两基”新进展**〕　2007年《国家西部地区“两基”攻坚计划》全面完成，西部地区“两基”人口覆盖率达到98%。全国只剩下42个县未实现“两基”。2008年，国家提高了农村义务教育经费保障水平，继续实施中西部地区初中校舍改造工程，为西部地区“两基”攻坚和巩固提高提供强力保障。未实现“两基”地区的各级政府，在国家大力支持下，继续坚持“两基”重中之重地位不动摇，继续加大工作力度，克服困难，努力攻坚。2008年，经国家教育督导团审查，教育部批准，有15个县达到现阶段实现“两基”的各项指标要求，被列入第十五批实现“两基”县名单予以公布，其中有6个县“两基”工作还存在薄弱环节，需要在2009年进行整改和复查。同时，在第十四批实现“两基”的县（市、区）中，有10个需要复查的县。经审查，其中9个县消除了薄弱环节，达到了实现“两基”要求，还有1个县需要再次复查。

截至2008年底，全国实现“两基”的县（市、区）累计达到2 831个，占全国总县数的99.1%；全国“两基”人口覆盖率达到99.3%。西部地区累计有1 049个县（市、区）实现“两基”，占西部地区县（市、区）总数的97.5%，西部地区“两基”人口覆盖率为98.5%。

撰稿　陈卫军
审稿　周　坚

附一

全国第十五批基本普及九年义务教育、基本扫除青壮年文盲县名单
（15个）

四川省　2

理塘县、布拖县

云南省　5

永善县、彝良县、西盟佤族自治县、沧源佤族自治县、福贡县

西藏自治区　5

嘉黎县、仲巴县、萨嘎县、日土县、革吉县

甘肃省　3

广河县、和政县、卓尼县

其中需要复查的县名单
（6个）

西藏自治区　5

嘉黎县、仲巴县、萨嘎县、日土县、革吉县

甘肃省　1

广河县

附二

第十四批“两基”县复查结果
（10个）

一、通过复查的县名单（9个）

贵州省　1

威宁彝族回族苗族自治县

云南省　1

盐津县

西藏自治区　3

那曲县、索县、普兰县

青海省　2

玛沁县、久治县

新疆维吾尔自治区　2

伽师县、于田县

二、需再次复查的县名单（1个）

新疆维吾尔自治区　1

墨玉县

〔**发布《国家教育督导报告》**〕　为推动政府履行教育职责，保障教师合法权益，激励教师教书育人，引导全社会形成尊师重教的良好氛围，国家教育督导团根据国家2002—2007年有关教师基本状况宏观统计数据和2007年全国32万份抽样调查数据，发布了《国家教育督导报告》（以下简称《报告》）。《报告》结合对7个省（自治区）14个县区实地调研情况，对义务教育教师在规模结构、能力水平、权益保障三个方面15项主要指标进行重点分析，全面阐述了近年来全国义务教育教师建设取得重大进展和存在的问题。《报告》指出，从规模结构来看，全国义务教育教师总体规模按现行编制标准基本满足需求，保证了普及九年义务教育目标的实现。其中教师总体配置的生师比逐步下降，农村边远地区教师队伍建设受到重视，教师总体趋向年轻化。但教师配备结构性问题依然突出，中西部农村学校部分学科教师短缺，农村边远地区教师数量不足，难以满足当地义务教育的需要；从能力水平来看，全国义务教育教师师德水平、学历水平和教育教学能力不断提高，家长和学生对教师教育教学工作比较满意。但教师“学非所教”问题严重，教师专业化程度不高，教育教学能力与全面实施素质教育的要求有较大差距。虽然教师学历基本达到任职资格标准要求，但初中教师初始学历合格率低，取得合格学历专业与所教课程不对口等问题突出；从权益保障来看，义务教育教师的工资实现了逐步提高，福利待遇及工作条件有所改善，教师培训工作也有了较大进展。但教师工资水平依然偏低，农村教师在医疗、住房等方面仍面临突出困难，同时部分地区教师培训经费缺乏保障，农村教师工作条件依然偏差。

《报告》认为，义务教育是提高国民素质、建设人力资源强国的奠基工程。建设高素质的教师队伍，对于巩固普及义务教育成果、促进义务教育均衡发展，全面实施素质教育具有重要战略意义。《报告》建议，要建立完善教师资源配置机制，努力满足农村边远地区教育的需要；要进一步改进和完善教师培养培训体系和机制，提高教师整体素质和水平；要保障教师工资福利收入，完善医疗、保险、住房待遇。

2008年12月3日，国家教育督导团将《报告》印发各省（自治区、直辖市）人民政府办公厅。12月5日在《中国教育报》发布了《报告》。

撰稿　崔立双
审稿　林仕梁

〔对宁夏回族自治区进行“两基”国检〕 根据宁夏回族自治区人民政府的申请，国家教育督导团组成国检组，于2008年6月15日—24日对宁夏进行了“两基”国检。国检组由总督学顾问王湛任组长，分赴银川市贺兰县，石嘴山市惠农区，吴忠市利通区和盐池县，固原市原州区，中卫市海原县6个县区，共检查了16个乡镇、51所学校。宁夏自治区主席王正伟参加了汇报会和反馈意见会。教育部副部长、总督学陈小娅出席了反馈意见会并讲话。

国检组高度肯定了宁夏“两基”工作取得的成绩和经验。一是切实把“两基”工作摆在重中之重的地位。自治区党委、政府高度重视“两基”，研究部署工作。各市、县领导对教育工作都有深刻认识。各有关部门明确责任，齐心协力，共同抓“两基”。二是各级政府履行职责，加大教育投入，努力改善办学条件。自治区保证预算内教育经费逐年增长。认真实施国家几项重大工程，成效显著。从2001年起，自治区还相继投入了6亿多元专项资金，实施了一系列义务教育相关工程，使学校校舍和办学条件得到了极大改善。“两基”实现历史性的跨越式发展。三是优化教师队伍，推进教育教学改革。近三年招聘近3 000名“特岗教师”，清理挤占的教师编制1 600余人，增编1 760名，安排了1万多人次的支教教师。实施了“园丁工程”、中小学骨干教师培训和“1135计划”等，培养骨干校长和骨干教师。各级政府安排专项经费，保障新课程改革顺利实施。四是采取切实有效措施，着力提高民族教育水平。实施“百所回民中小学标准化建设工程”，在办学条件、师资水平、教育质量等方面整体提升了民族教育水平。

国检组认为宁夏“两基”主要指标基本符合国家和自治区规定的验收标准。

国检组同时指出宁夏“两基”的主要问题：一是义务教育经费保障机制还不够稳定、健全。自治区2004、2006两年未做到“第一个增长”，有的县区有的年度也存在这一问题。二是办学条件改善还不能适应新形势下的新要求。小学、初中生均校舍面积较低，城市、县镇大班额现象普遍。部分农村中小学寄宿条件紧缺，实验条件与新课程要求有差距。三是中小学教师队伍建设的薄弱环节制约着义务教育水平的提高。教师数量不足、特别是城市教师不足；教师学科结构短缺，难以适应新课程教学的需要；一些地区代课教师数量较大。

国家教育督导团对宁夏的“两基”国检取得显著效果：一是进一步引起了各级政府对“两基”工作的高度重视。二是消除了“两基”工作中薄弱环节。自治区2007年一次性安排教育专项经费2.8亿元，用于弥补“第一个增长”所欠的1.2亿元。

自治区主席王正伟在反馈意见会上表示，“两基”工作是一项永不落幕、永不竣工的长远工程。要继续强化政府责任，巩固提高“两基”成果。从2008年开始，每年区本级财政的超收收入主要用于义务教育，提高生均经费标准和学生生活费补助标准，推进义务教育均衡发展、抓好素质教育、加强教师队伍建设，加大督导力度，保障义务教育持续健康发展。

撰稿 陈卫军
审稿 周 坚

〔开展学生数学学习质量和心理健康状况抽样监测〕 在2007年监测试点基础上，为了解掌握我国不同经济发展水平地区之间和相同经济发展水平地区不同省份之间学生数学学习质量和心理健康的状况，进一步验证数学学科质量监测标准和指标体系，检验数学学科及心理健康领域测评工具，初步形成宏观质量监测中适合我国国情的监测工具编制的原则、技术和方法，完善实施基础教育质量监测的标准化操作规程，2008年教育部督导办和基础教育质量监测中心选取了上海等八省（直辖市）50个县（市、区）900所中小学校，其中抽取了四年级和八年级共36 000名学生为样本，进行了数学学习质量和心理健康状况的监测，并对样本校校长、有关教师及学生进行了问卷调查。本次监测实行了视导员制度，组织国家督学和省督学对样本校的测试工作进行全程视导，确保测试工作严格按照有关规定的程序进行，保证了监测的权威性、客观性、真实性。

撰稿 崔立双
审稿 林仕梁

〔中小学体育卫生工作专项督导检查〕 2008年11月下旬—12月中旬，国家教育督导团组织国家督学和专家，对河北、山西、浙江、安徽、福建、广东、重庆、甘肃8省市学校体育卫生工作进行了专项督导检查。督查组随机抽查了16个市、32个县（市、区）、158所中小学校。

专项督查结果表明，8省市政府认真贯彻落实中央有关文件精神，加强领导，采取了一系列扎实有效的措施，因地制宜地在中小学广泛开展了形式多样的体育运动，学生每天一小时体育锻炼时间基本得到保证，学校卫生管理工作及面貌有了明显变化，各地并探索了一些好的做法和经验。主要表现在：（1）加强领导，健全机制，认真贯彻落实中央关于加强青少年体育工作的要求。（2）广泛开展阳光体育运动，努力保证学生每天锻炼一小时。（3）积极采取措施，加强中小学体育卫生师资队伍建设。（4）努力增加投入，不断改善学校体育卫生办学条件。（5）建立有效评价机制，促进学校体育卫生工作健康发展。

督查中发现的主要问题：（1）8省市农村中小学体育卫生教师普遍缺乏，体育教师兼职比例过大，个别省份达到70%。大部分农村中小学没有配备卫生教师或保健人员。（2）部分省份农村中小学体育卫生办学条件达不到国家基本标准。大部分省份农村中小学体育卫生设施设备严重短缺，所查学校中绝大多数农村中小学没有医务室。少数省份农村中小学体育场地和器材达标率分别低于40%和50%。（3）《国家学生体质健康标准》执行情况不容乐观。8省市所查学校中一些学校特别是农村中小学，由于经费短缺，体育卫生教师不足，不能全面实施《国家学生体质健康标准》，学生体质健康测试工作没有完全落实。

针对各省市存在的问题，国家教育督导团向河北等8省市人民政府印发了《中小学体育卫生工作专项督导检查的意见》，提请8省市人民政府根据《意见》中提出的问题和整改要求，研究制定整改方案，采取措施，切实解决存在的问题。

〔制定《中小学体育工作督导评估指标体系（试行）》〕 根据《中共中央 国务院关于加强青少年体育增强青少年体质的意见》（以下简称《意见》）提出的“各级政府和教育部门要加强对学校体育的督导检查，建立对学校体育的专项督导制度”的要求，教育部在认真研究并广泛征求意见的基础上，制订了《中小学体育工作督导评估指标体系（试行）》（以下简称《指标体系》）。《指标体系》内容包括教育管理、条件保障、评价机制和学生体质状况4个一级指标、11个二级指标、34个三级指标。

教育部在关于印发《中小学体育工作督导评估指标体系（试行）》的通知（以下简称《通知》）中指出：《意见》是新时期党中央国务院加强青少年体育工作的纲领性文件，对于全面贯彻教育方针，全面实施素质教育，具有重要意义。各地要有计划、有步骤开展中小学体育工作督导评估，要根据《指标体系》，结合本地实际，制订中小学体育工作督导评估实施方案。要坚持督政与督学相结合，坚持综合性督导和专项督导相结合。督导检查要严格程序，重在自查整改，提高督导评估的实效性。要落实限期整改、结果公报和问责奖惩等制度。

《通知》要求：督导结果要向社会公布，并作为考核领导干部政绩的重要内容和进行表彰奖励或责任追究的重要依据。国家教育督导团将根据情况，对各地中小学体育工作进行专项督导检查，并通报督导检查结果。

《通知》还要求：各地要及时研究解决督导检查中出现的新情况、新问题，认真总结经验，改进工作方法，不断提高督导水平。

撰稿　马书义
审稿　周　坚

教育信访工作

〔**2008年信访工作基本情况**〕　2008年，教育部信访办共受理人民群众来信、来访和电话信访29 227件，比上年同期减少4 993件，减幅为14.59%。其中：处理群众来信14 110件，比上年同期减少2 456件，减幅为14.83%。群众来信较多的省（自治区、直辖市）为：北京、四川、山东、江苏、河南、湖南、湖北、河北、广东、浙江。接待群众来访4 117人，比上年同期减少2 707人，减幅为39.67%。群众来访人数较多的省（自治区、直辖市）为：北京、黑龙江、河北、河南、山东、吉林、湖南、内蒙、陕西、山西。接听和处理群众电话信访11 000个，与上年同期持平。一年中，就群众反映的教育热点难点问题，编发《人民群众来信来访摘报》3期；就教育系统贯彻落实上级文件精神情况和信访先进经验，编发《信访简报》6期；向中办、国办、中央联席会议办公室和国家信访局，报送各类信息及材料30多份；对群众反映的重要信访问题，向有关单位发交办函27件。

〔**群众信访反映的主要问题**〕　2008年，群众信访反映的突出问题主要有以下几类：（1）民办（代课）教师反映转正、待遇及老有所养等问题2 587件，占来信来访总量的14.19%；（2）检举揭发教育系统领导干部违规违纪问题1 646件，占来信来访总量的9.03%；（3）反映高校招生及研究生招生等问题1 296件，占来信来访总量的7.11%；（4）基础教育中反映中小学布局调整、人事制度改革、学生负担过重、教材教法等问题1 129件，占来信来访总量的6.19%；（5）反映教职工工资福利等问题1 048件，占来信来访总量的5.75%；（6）历史遗留问题941件，占来信来访总量的5.16%。以上六类问题占来信来访总量的47.43%。此外，教育乱收费、企业办学校退休教师待遇、中小学学生伤害及事故纠纷等问题，也是2008年群众反映较突出的问题。

〔**以确保平安“奥运”为工作重点，切实加强部机关信访工作**〕　为了确保2008年北京奥运会、残奥会成功举办，确保“奥运”期间教育系统和部机关平安稳定，主要做了以下几方面工作：一是积极支持和参与中央信访工作督导组有关工作。为教育部副部长李卫红同志（第十九组组长）起草了在中央信访工作督导组培训会议上的讲话和督导工作总结报告；为参与督导的同志编印了《当前教育信访重点问题》资料集；参与广东督导组的工作，督导过程中编写了23期简报。二是按照中央部署，为确保平安“奥运”，结合教育信访工作实际，制订了《奥运期间教育部机关处置信访突出问题及群体性事件应急工作预案》等制度规范，建立了信访联席会议制度和联合接访工作机制。三是先后召开2次教育部处理信访突出问题及群体性事件领导小组全体会议，3次业务司局协调会，5次公安保卫部门协调会，研究部署“奥运”期间部机关信访工作。

〔**不断完善工作制度，创新工作机制**〕 (1) 完善信访工作制度。2008年，先后制订并向部机关印发了《教育部办公厅关于印发〈教育部直属高校（单位）信访问题复查（复核）工作暂行规定〉的通知》、《教育部办公厅关于印发〈奥运期间教育部机关处置信访突出问题及群体性事件应急工作预案〉的通知》；向教育系统印发了《教育部办公厅关于调整教育部处理信访突出问题及群体性事件领导小组成员的通知》。进一步规范了部机关信访复查（复核）工作，完善了信访工作领导体制和应对信访突发问题的工作机制。(2) 创新工作机制。从加强信息反馈工作入手，努力使信访工作关口前移，重心下移。从2008年起，启动了信访信息反馈工作机制。每季度前10天，向给教育部来信和到教育部上访数量排前10位的省（自治区、直辖市）政府及省级教育行政部门，反馈上一季度详细的来信、来访数据统计情况，为地方和基层加强信访工作提供信息服务，从而达到从源头上治理和消除信访问题的目的。

〔**以“事要解决”为工作突破口，切实解决信访突出问题**〕 教育部信访办以“事要解决”为工作突破口，通过健全和完善接访、办信工作制度和工作机制，牢记为民服务宗旨，坚持实事求是，依法办事，通过加大发函交办、督查督办工作力度，协调解决了一批高校招生、学生伤害、学校周边环境治理、家庭经济困难学生资助、教育乱收费等信访疑难问题，切实维护了群众的合法权益。

撰稿 王进保
审稿 安钰峰

关心下一代工作

〔**召开首次教育部直属高校关工委工作会议**〕 为全面贯彻党的十七大精神，以科学发展观为指导，总结交流直属高校关工委工作的经验，分析研究新形势下高校关工委工作面临的新情况和新问题，以改革创新精神推动直属高校关心下一代工作持续健康发展，教育部关工委于2008年11月下旬在北京召开了首次教育部直属高校关工委工作会议。各直属高校分管关工委工作的校领导、校关工委负责人和各省（自治区、直辖市）教育关工委代表共180余人参加了会议。中国关工委主任顾秀莲，教育部党组成员、中央纪委驻教育部纪检组组长田淑兰出席会议并作重要讲话。教育部关工委常务副主任朱新均作了工作报告。西南大学等10所高校以及吉林省高校关工委分别在会上介绍了经验，51所高校进行了书面交流。

会议对以往工作作了认真的回顾与总结。在教育部（国家教委）历届党组的高度重视和大力支持下，教育部关工委成立后注重高等学校关工委自身建设与工作研究。2004年以来，在中央8号和16号文件精神指引下，各高校关工委坚持围绕中心，服务大局，在做好做实工作上狠下功夫，取得的成效更为显著。一是进一步加强了组织、队伍建设。截至2008年，72所直属高校已有71所建立关工委组织，其中47所组织比较健全；有44所高校全部或部分建有二级组织；已形成一支近 2.5 万人（占直属高校离退休总人数的 13.9%）的离退休老同志关心下一代工作队伍，其中核心骨干队伍达到 8 000 余人。二是拓展渠道创新工作。主要在扶持、引导大学生马克思主义理论自学组织学习马克思主义中国化最新成果、培养青年马克思主义者和理论家，努力做好大学生党建工作，充分发挥院系二级关工委组织作用，运用网络开展关心下一代工作，校区与社区联动协同工作等方面进行了探索和实践。

会议对深入贯彻落实党的十七大精神，进一步做好部属高校关工委工作提出意见，总体要求是：全面落实党的十七大要求，以改革创新精神做好高校关心下一代工作。第一，以社会主义核心价值体系引领做好大学生的思想政治教育，是高校关工委的首要任务；第二，以科学发展观为指导，创新高校关心下一代工作；第三，进一步加强队伍建设，建立健全长效机制，为高校关工委工作持续健康发展提供组织保障。

〔紧密围绕党和国家的中心工作，积极开展主题教育活动〕 2008 年，我国教育系统各级关工委按照中央的部署和要求，紧密围绕抗击低温雨雪冰冻灾害、抗震救灾、奥运会残奥会的举办、“神七”的成功飞行和纪念改革开放 30 周年等，深入开展社会主义核心价值体系主题教育活动，取得明显成效。

一是继续举办爱国主义主题读书教育活动。教育部关工委 2008 年成功举办了“五好小公民”——激情奥运、阳光校园主题读书教育征文活动，参与了全国妇联、中央关工委等部门主办的“爱国主义”和“中华魂”等不同内容的主题读书教育活动。吉林省高校关工委总结推广引导大学生自觉组织学习马克思主义中国化最新成果，在 27 所高校建立了 4 345 个自学小组，参加的学生达到 14.4 万多人，占了学生总数的 39.44%。吉林高校关工委的经验得到中央领导同志的充分肯定和高度赞扬，李长春同志作了重要批示。广东省教育厅关工委向社会团体和热心人士筹集资金，购买优秀图书读物赠送学校，积极开展“朝阳读书”活动，参加读书活动的学校遍及全省各个县区。福建省教育厅关工委动员 200 多家企业向 1 000 多所中小学图书馆捐赠 60 多万册图书，其中在武夷山市和莆田市秀屿区建立了福建省读书援助示范市（区），募集了 52 万册援助图书。二是积极参与抗震救灾工作。教育系统各级关工委自觉组织动员老同志，在抗击“5·12”四川汶川特大地震和灾后重建的过程中，发挥老同志的特殊优势和作用。三是充分利用“五老”资源组织宣讲团、报告团，通过作专题报告、召开座谈会、举办图片展览等，用亲身经历向青少年宣传改革开放 30 年的伟大成就。

〔坚持区域协作会议制度，加强长效机制建设〕 经过多年实践和不断完善，教育部关心下一代工作区域协作会议形成制度。2008 年东北、华北、西北、华东、中南、西南六个片区协作会议分别在沈阳、山西、宁夏、宁波、湖南、云南如期召开。通过区域协作会，交流沟通了各地工作经验和情况，分析研究了面临的形势和问题，进一步统一了思想认识，理清了工作思路，达到了相互促进、共同提高。很多地方借鉴教育部关工委的作法，在本省建立了片会制度，有力地推动了基层工作的开展。

2008 年，各地在长效机制方面进行了新的探索。江苏省教育厅印发了江苏省市、县（市、区）教育系统，江苏省高等学校关心下一代工作考核内容和要求，要求全省各市、县教育局和各高校将关工委工作考评结果作为学校年度工作总结的内容之一。安徽、辽宁、河南、江西等省均印发了关于教育系统或高校关工委工作的文件。还有三分之一以上的直属高校，根据学校特点和关工委实际，制订和完善了关工委工作条例或规则。

〔加强组织队伍建设，宣传表彰先进〕 根据工作需要，2008 年 10 月教育部党组对教育部关心下一代工作委员会领导班子进行调整。调整后田淑兰任主任，赵晖任秘书长。一些省（市）教育部门和高校关工委也适时作了调整充实。上海市教育系统关工委在全市各区县和各级各类学校开展了创建“五好关工委”组织活动，要求做到领导班子建设好、骨干队伍作用好、制度建设执行好、活动经常效果好、积极探索创新好。部关工委2008年已评出首批10个市级教育系统“五好关工委”组织，有效地推进了各级关工委的组织建设。

5月中旬，部关工委在京举办了全国高等学校思想政治教育研修班。全国高校从事关心下一代工作的老同志和现职领导260多人参加了学习。10月底，部关工委社区教育中心在济南市举办了第三届社区教育、家庭教育德育工作论坛，有近300人参加。北京市教育系统关工委举办了关工委骨干培训班，区县教育部门、高校和高职中专院校关工委负责人近百人参加了培训。江苏省教育系统关工委连续8年举办关工委骨干培训班，培训骨干3 000余人。

为充分发挥先进典型的示范作用，加大宣传力度，部关工委在中国教育报、《中国德育》杂志上对教育系统关心下一代工作取得的成绩和教育部关工委2007年表彰的部分先进个人和先进集体的模范事迹和成功经验进行了宣传报道。为更好搭建信息交流平台，于11月20日在教育部门户网站上正式建立了教育部关心下一代工作委员会网页。同时继续编好教育部关工委工作简报和简讯，以及理论中心简报、家教简讯、《社区与教育》杂志等。

〔深入开展调查，加强理论研究〕 2008年，各地充分发挥关工委老同志的优势，围绕配合教育部门和学校的中心工作选择课题，做了大量的调研工作。河南省教育厅关工委受教育厅委托在全省组织开展了进城务工人员子女在城市接受义务教育情况的调研。福建教育系统关工委会同省关工委启动了对中小学社会实践基地的调研。北京市教育系统关工委召开对关心下一代优秀调研成果表彰会。浙江省宁波市教育局关工委在全市教育系统关工委组织开展了关心下一代工作的调查研究活动。部分省（自治区、直辖市）还召开了专题理论研讨会。吉林省高校关工委举办了深入学习党的十七大精神专题研讨会。天津在全市教育系统组织开展了“建设关工委工作长效机制”主题研讨。2003年，部关工委委托四川省教育厅关工委牵头组成《关工委工作概论》课题组。经过五年的辛勤工作，2008年上半年，《关工委工作概论》、《关心下一代工作手册》（修订版）出版。

撰稿　郭春开
审稿　赵　晖

档 案 管 理

〔启动教育部档案信息化建设工作〕 自2007年2月开始，在广泛调研并制定周密的实施方案的基础上，教育部办公厅开始实施教育部档案信息化建设工作。

教育部档案信息化建设的基本任务是：以网络支撑为手段，以档案信息资源建设为核心，促进档案保管与档案利用相结合，提高档案信息资源利用水平，实现档案管理的现代化。其工作重点是要做好档案资源的建设，加快档案数据库的建立，为最终实行电子文件与档案的一体化管理奠定扎实的基础。

档案信息化建设的工作基础是档案资源建设，为此，教育部的档案信息化建设采取了分步实施的方式进行建设：一是在向中央档案馆移交档案的过程中，创建1980年前所有档案的档案目录信息数据库和档案全文信息数据库；二是在移交工作告一段落后，启动1981—2006年档案目录信息数据库和档案全文信息数据库建设；三是从2007年开始实行纸质文件与电子文件同步归档工作。信息库全部建设完成后，教育部机关所有人员均可以根据权限在教育部档案管理系统中查询、浏览、下载、打印所需电子档案。

在档案信息化建设过程中，为保证档案信息资源库中文件的齐全和完整，教育部办公厅在部机关大力开展了归档工作秩序的整顿工作，加强了档案资源建设的力度，促进了教育部机关档案工作的可持续发展。

在南京大学等有关单位的支持下，教育部办公厅开发建设了教育部档案查询和管理系统并投入使用，该系统具有档案著录功能，目录输出功能，通用查询功能，全文管理与全文检索功能，图像、录像、录音等多媒体档案信息管理功能，档案信息统计功能，在线档案借阅利用功能，信息发布功能，安全保密功能与系统设置功能，符合教育部档案管理工作的实际需要。教育部档案信息化建设的网络平台依托教育部教育管理信息中心。

在档案信息化建设过程中，为确保涉密档案的安全，教育部办公厅单独建立了涉密档案查询系统。

为推进档案信息化建设和电子文件与纸质文件同步归档工作的开展，教育部办公厅在部机关举办了档案信息化和电子文件归档工作培训，并向机关全体工作人员印发了《电子文件归档使用手册》。

档案的保管与开发利用，是一项重要的基础性工作。在社会日益信息化的今天，作为一种重要的信息资源，档案日益显示出其重要价值。档案工作的信息化建设，是社会发展的需要：一方面，档案工作的信息化，是转变政府工作职能、实现政务公开的需要；是更好更快地为领导进行专题性档案查阅检索的需要；是为机关和教育战线提供高质量档案信息服务、促进机关各司局提高工作效率的需要。另一方面，档案工作的信息化，也是提高档案保管和利用的科技含量，推动档案事业可持续发展的需要。

经使用，教育部档案查询和管理系统在2008年多项专题档案的大批量查询检索中发挥了重要作用。

〔**教育部档案管理网站开通**〕 为进一步加快教育部档案信息化建设的步伐，充分发挥网络资源优势，打造教育部档案查询、利用和管理宣传的有效网络平台，有效保护和利用档案信息资源，提高工作效率，2008年4月，教育部档案管理网站建成并正式投入使用。

网站的创建，历经方案论证、功能分析、模块设计、开发验证、美工处理等不同环节和阶段。教育部档案管理网站设置了教育部历任领导介绍、档案管理、工作动态、档案信息在线查询等版块，实时、生动、全面地反映了教育部档案管理工作的实际。

教育部历任领导介绍版块以图文并茂的形式，展现了建国以来历任教育部主要领导的风采。档案管理版块发布国家及教育部档案管理相关政策文件，转载各主流媒体对教育部档案工作的报道。工作动态版块及时准确地刊登各类工作信息，反映教育部档案工作的最新动态。档案信息在线查询版块则令教育部机关各司局工作人员足不出户，便能在线登陆教育部档案数据库，查找所需档案文件，实现电子文件的上传、浏览、打印、下载。

教育部档案管理网站由教育部办公厅档案处负责日常数据更新和系统维护，是教育部档案信息化建设的重要组成部分，它的开通，加快了教育部档案信息化建设的步伐。

教育部档案管理网站同时设置了保密管理栏目，在部机关保密工作的开展中，该栏目刊发了一系列保密规章制度、工作指导文章和保密检查工作的动态信息，发挥了良好的引导和宣传作用。

〔**实行纸制文件和电子文件同步归档**〕 为做好教育部档案信息化建设工作，推动教育部机关档案工作科学发展，2007年4月，教育部办公厅发布了《教育部办公厅关于做好机关档案电子归档工作的通知》，规定从2007年起，教育部机关各司局在移交年度纸制档案的同时，需将相应的电子文件目录和电子文件全文一并归档。

《通知》要求，各司局按照纸制档案的整理方式立卷后，根据统一分配的用户名和密码，登陆教育部档案管理信息系统，对照实体纸制案卷，按要求在线添加电子案卷目录和卷内文件目录，上传档案电子文件全文或文件的扫描图片，操作成功后打印目录并向教育部办公厅提交实体案卷。

为指导机关各司局准确、高效地做好电子文件同步归档工作，《通知》同时发布了《教育部机关档案网络管理系统应用指南》。《通知》还严格要求涉密文件只在电子档案中列出目录并移交纸制版档案，严格禁止在档案管理系统中上传电子文件及扫描件。

纸制文件和电子文件同步归档制度的实行，改变了教育部机关数十年来传统的档案文件归档方式，创新了归档方式拓展了归档渠道，为教育部档案信息化建设提供了宝贵的数字档案资源。

纸制文件和电子文件同步归档工作将与教育部档案信息化建设一期工程（1949—1980 年教育部历史档案的鉴定、整理和数字化工作）、二期工程（1981—2006 年教育部历史档案的鉴定、整理和数字化工作）相衔接，最终完成教育部全部馆藏档案的信息化建设工作，实现数字化档案的实时在线查询，为教育部档案资源更好的保存、保护和开发利用奠定坚实的基础。

〔教育部机关 2007—2008 年档案案卷归档工作取得新进展〕 在教育部机关各司局各处室的配合下，2008 年，教育部机关各立卷单位按照归档工作要求认真整理并移交了 2007 年形成的档案材料及历年历史遗留档案。

2008 年，教育部机关各司局共形成 2007 年度应归档案卷 705 卷，2007 年以前的历史遗留档案 2 996 卷，共计 3 701 卷。

此前的 2007 年，教育部机关各司局共形成 2006 年应归档案卷 3 561 卷（含国家语委历史遗留档案 2 241 卷）。

在 2007—2008 年两年的时间里，教育部机关各司局共归档案卷合计7 262卷，是 1998—2006 年教育部机关各司局归档案卷数量总和（1 401 卷）的 5.18 倍。

教育部机关档案案卷归档工作取得的积极进展，保证了机关档案的齐全和完整，对教育部档案信息化建设和教育事业的可持续发展具有重要意义。

附：2008 年机关各司局归档数量统计表

司局名称	归档数量统计（卷）		
	2007 年度	2007 年以前历年	合计
办公厅	58	274	332
法规司	15	6	21
规划司	67		67
直属司	2	5	7
人事司	23	546	569
财务司	35	16	51
基础司	17		17
职成司	15	1	16
高教司	29		29
民族司	6	4	10
师范司	9		9
思政司	20		20
社科司	20		20
督导办	5		5
学生司	11	30	41
科技司	37		37
体卫艺司	12		12
语信司	7	25	32
语用司	15	180	195
国际司	290	1 883	2 173
机关党委	1	26	27
学位办	11		11
合计	705	2 996	3 701

〔教育部历史档案整理和移交工作受到表彰和奖励〕 教育部 1949—1980 年档案经鉴定整理并全部数字化后，移交给中央档案馆保管。中央档案馆对教育部移交的档案组织专家进行了认真的检查验收和测试评估，中央档案馆高度肯定教育部所做的工作并致函教育部，对教育部历史档案鉴定整理和数字化工作予以表彰并给予奖励。

中央档案馆在《关于教育部档案移交工作情况

的函》中指出："教育部移交进馆的档案，全宗划分清楚；归档文件材料基本齐全完整；分类清楚，前后一致；保管期限划分比较准确；案卷质量符合标准；检索工具方便实用。"

中央档案馆认为："教育部此次档案移交工作有以下三个比较突出的特点：

一是领导重视。教育部领导高度重视档案移交工作，专门成立了档案移交工作暨档案信息化建设工作领导小组，由办公厅主任担任领导小组组长，研究部署档案整理移交工作，积极落实经费，解决移交工作中遇到的问题。领导小组下设项目组负责具体组织实施，为档案顺利移交提供了有利保障。

二是精心组织。项目组及办公厅档案处为按时完成档案移交工作，多次召开专门会议，制定了周密的工作计划和方案，明确了职责和任务，保证了移交工作有序进行。

三是高度负责。无论是档案鉴定、案卷整理，还是档案的数字化扫描工作，有关人员都本着高度负责的精神，按照规定标准和要求，认真细致地完成每项工作。相关工作结束后，认真总结经验，针对本部特点，对所移交档案今后的提供利用工作提出了建议，为中央档案馆科学地保管和提供利用档案奠定了基础。"

为表彰教育部档案部门在此次档案移交过程中所做的工作，中央档案馆给予教育部 3 000 元的奖励。

〔启动并实施完成向中央档案馆移交 1949—1980 年档案任务〕 根据《中央国家机关向中央档案馆移交档案时间安排》和《国家档案局中央档案馆关于移交进馆档案质量检查办法》的规定和要求，在中央档案馆、国家档案局的指导和帮助下，教育部于 2008 年 5 月全面完成了教育部 1949—1980 年、高等教育部 1952—1969 年和国家语言文字工作委员会 1949—1998 年历史档案的鉴定、整理、数字化和自检工作，并向中央档案馆移交。

历史档案的移交任务包括完成这批档案的鉴定、内容整理和内页处理、编制索引、制作移交目录、更换全部目录页和卷皮、全部扫描处理、全部数据备份、编撰机关历史沿革、大事记等内容。

移交档案工作的组织领导 教育部高度重视向中央档案馆进行历史档案的移交工作，专门成立了教育部历史档案移交工作暨档案信息化建设工作领导小组，由教育部办公厅主任牟阳春同志担任领导小组组长，由教育部办公厅副主任安钰峰同志担任副组长。领导小组下设项目组，成员由办公厅档案处和相关部门的工作人员组成，项目组返聘了曾长期从事档案管理工作的老同志从事鉴定和整理工作，还从教育部直属高校抽调多名专家协助做好移交档案的鉴定、整理、数字化和检查工作。

领导小组及项目组组成人员：

组长：牟阳春

副组长：安钰峰

顾问：荣文珂

项目负责人：蔺海波

项目组成员：张　英　刘泽石　张胜强
曾　轲　许中华　李廷顺
刘　苴　李　娜　孟　凡

为做好教育部历史档案的移交工作，保证历史档案的进馆质量，移交工作领导小组制定了《教育部历史档案整理需求及数字化工作方案》、《教育部对移交档案鉴定的具体要求》和《教育部对移交档案著录、扫描、刻录光盘和原件整理装订的具体要求》，明确了教育部对移交档案鉴定整理和数字化的原则和标准。

教育部为档案移交暨档案信息化建设工作划拨了专项经费，并在办公用房非常紧张的情况下，腾出专用办公室用来进行移交档案的鉴定、整理和数字化工作。

教育部移交档案的整理和数字化工作，自 2007 年 6 月开始施工，至 2008 年 5 月圆满结束。

移交档案的基本情况 此次移交的历史档案分为三个全宗：教育部（1949－1980 年），全宗号 98；高等教育部（1952—1969 年），全宗号 99；国家语言文字工作委员会（1949—1998 年），全宗号 100。

移交的历史档案共 10 759 卷，包含文件目录 126 510 条（件），电子全文扫描图像 1 030 600 页（面），这批档案准确地反映了案卷形成期我国教育事业和语言文字工作的发展历程，具有较高的查考、利用价值。

移交档案的具体情况如下表所示：

教育部向中央档案馆移交档案情况表

全宗号	全宗名称	卷数（卷）	文件目录（条）	全文扫描图像（页）
98	教育部全宗（1949—1980）	6 355	87 718	681 287
99	高等教育部全宗（1952—1969）	2 163	24 004	234 296
100	国家语言文字工作委员会全宗（1949—1998）	2 241	14 788	115 017
合　　计		10 759	126 510	1 030 600

移交档案的鉴定、整理情况　在这次历史档案移交的鉴定、整理和数字化过程中，教育部及时与中央档案馆有关部门沟通，中央档案馆有关部门的负责同志给予教育部大力支持和热情指导，确保了教育部历史档案的鉴定、整理和数字化工作得以顺利进行。

根据《中央档案馆接收档案的标准》、中央档案馆《关于教育部拟向中央档案馆移交档案的整改意见》和中央档案馆《关于教育部移交进馆档案整理的补充意见》等文件要求，并按照中央档案馆利用部和保管部有关专家现场对教育部移交档案检查提出的整改意见，教育部对此次移交的全部档案进行了认真的鉴定和整理，剔除了重复件和部分短期档案，对仍有保存价值的短期档案升入长期卷中。

移交档案的整理和编目情况　为保证移交档案的质量，教育部对此次移交的档案全部更换了案卷封皮；重新核定了卷内目录；更换了全部卷内备考表；重新编排了页码；进行了破损修补；重新打印装订了案卷目录、卷内目录，并形成了以下相关移交材料：

1. 全宗介绍及机构沿革；
2. 簿式案卷目录；
3. 簿式卷内文件目录；
4. 领导批示卷专题目录。

移交档案的数字化情况　根据《中央档案馆档案数字化数据接收基本要求（暂行）》，教育部对经鉴定、整理后的拟移交档案全部进行了数字化处理，目录数据格式为 DBF 文件，图像数据格式为单页 TIFF 格式；档案原件扫描采用三种规格：字迹清晰的采用黑白扫描；字迹模糊或纸张质量差的采用灰度扫描；有中央领导批示的原件、名人名家手迹、套红文头页及加盖公章页采用彩色扫描，并形成了机读案卷目录、卷内目录和图像数据。

移交档案的自检情况　按照《中央档案馆移交档案质量检查内容和评分办法》，教育部对整理和数字化后的档案进行了认真细致的检查，教育部还从教育部直属高等学校抽调多名专家对移交档案进行了历时半年的质量检查。

经认真核查，教育部经整理后的历史档案符合中央档案馆的进馆要求，数字化后的电子档案与纸制档案完全对应，各项技术指标均符合中央档案馆的进馆要求。

教育部 1949—1980 年历史档案的鉴定、整理和数字化工作，为教育部今后的档案移交工作积累了很好的经验，对教育部今后的档案管理工作也提供了很多借鉴。

〔教育部移交档案全宗情况介绍（1949—1980年）〕　基本情况：教育部移交档案全宗号为 98。中央人民政府教育部于 1949 年 11 月 1 日成立，受政务院直接领导和政务院文化教育委员会的指导，掌管全国教育行政事务。

教育部成立后即设立了档案室，由办公厅秘书科领导。1952 年精简机构时，教育部视导司撤销，视导司资料科的一部分工作合并到档案室，档案室改为档案科，由秘书处领导。同年 12 月，高等教育部成立，两部档案室分开，教育部档案室业务范围缩小，划归办公厅公文管理科领导。根据第一届全国人民代表大会第五次会议的决定，教育部于 1958 年 3 月与高等教育部合并，档案室的业务范围扩大，改由办公厅直接领导。1960 年，在办公厅文书档案处下设档案室。

1963 年，教育部再次分设为高等教育部和教育部后，两部档案室仍合署办公，一直到“文化大革命”结束。

国务院科教组时期（1970 年 6 月至 1975 年 1 月），有人兼管档案工作。

1975年教育部恢复后，在文书档案处下设档案室，工作人员3名。

1983年单独设立档案处，工作人员5名。

1998年起，档案处兼负责机关保密工作。

多年来，教育部档案机构在有关部门的领导下，集中统一保管教育部各门类和载体的档案，并提供利用；对各部门文件材料的归档工作进行监督、指导和检查；负责编制重要规章汇编和案卷目录、专题目录索引、本部历年机构演变概况等各种检索工具；按规定向中央档案馆移交档案。

档案的数量与内容：教育部向中央档案馆移交案卷数量为6 355卷。

教育部保管的档案全部为文书档案，案卷内容包括：教育部党组会议、部务会议、工作会议和联合办公会记录、纪要；全国教育工作会议文件；中央、国务院及部领导讲话；全国各级各类学校统计资料；全国高等学校院系调整、系科设置、停办、合并及更改校名等文件；高等教育、中等教育、基础教育、师范教育、民族教育等师资培训、学校发展、课程教材、政治思想教育、招生、学籍、人事任免、工资、福利、人民助学金、对外文化交流与联络、人民来信等材料。

档案的完整情况：1965年5月，根据当时的战备工作需要，教育部集中组织各司局力量，历时三个多月，对部内机关全部档案进行了清理鉴定。

1969年11月，根据领导指示，将档案整体转移到四川省自贡市上海化工学院四川分院保管（代号：六五二工程五分队），并继续进行整理、鉴定工作，工作人员6名；1975年10月，又迁至清华大学绵阳分校保管，工作人员2名。1977年8月22日，档案移回北京，以后逐步实行规范化管理。

教育部曾向中央办公厅、中央档案馆及其它相关单位移交过部分档案，其中包括：

1. 1958年10月，将伪教育部和伪教育部平津区特派员办公处档案共716卷移交给中国科学院历史研究所南京史料整理处（后改称第二历史档案馆）。

2. 1959年4月，向公安部档案处移交国民党教育部、国民党中央训练团、伪教育部平津区特派员办公处档案资料共33卷、卡片1 748张、人物名册3本。

3. 1960年8月—11月，分三批向中央办公厅移交了毛泽东同志1952年批示原稿1份；毛泽东、刘少奇同志的批示稿（1950—1952年）7份；刘少奇同志的批示、讲话记录（原稿或复印件）10份。

4. 1977年4月，向哲学社会科学部政工组移交有关学部工作的文件材料67件。

5. 1978年2月，向中国社会科学院政治部移交该院有关揭批“四人帮”斗争的文件材料42件。

6. 中华全国世界语协会，在“文化大革命”前由对外文委委托外文出版发行事业局代管，1973年，中央决定由国务院科教组接管，1979年5月，经中宣部批示同意，将该会有关文件全部移交外文出版发行事业局继续处理。1979年6月，教育部共移交相关档案材料69件。

7. 1984年7月，向中央档案馆移交1973—1974年、1977—1980年邓小平、胡耀邦、李先念同志的批示和讲话复印件17份。

教育部现存的档案，大部分较完整并经系统整理过，能够基本反映教育事业的发展脉络及教育部有关重大和重要活动。但由于历史原因，也存在部分缺失现象，如：1954年以前因为归档制度不健全，有的重要文件没有保存下来，在整理积存档案的时候，除尽量搜集加以补充外，有的以复制文件代替；“文化大革命”期间，教育领域是“重灾区”，教育事业陷入极度混乱和全面停顿状态，导致这一期间的档案也相对较少，造成不可挽回的损失。

档案的分类：根据中央档案馆《关于教育部拟向中央档案馆移交档案的整改意见》及教育部工作的性质和特点，教育部移交的档案采用年度——组织机构——问题的分类方法进行整理，一个年度一个目录号，每个目录中永久卷在前，长期卷在后，统排流水号。

档案的整理：此次移交的档案，教育部严格按照《中央档案馆接收档案标准》、《关于教育部拟向中央档案馆移交档案的整改意见》及补充意见等相关文件要求，开展了认真的整理和鉴定工作：

1. 移交档案全部为文书档案，以卷为单位排列，采用线装订，并全部更换新卷皮。

2. 案卷排序遵循统一固定的原则，即按照中央审批核定的组织机构排列，每年的党组案卷排在当年案卷的第一位，办公厅案卷排在第二位，所设各业务司局依次排列在后面，外事工作案卷排在最后；同年中有撤销、合并或新增的组织机构，依据当年年末实有机构结合档案实体情况统一排序。

3. 中央领导批示件从1975年开始至1980年均抽出单独组卷，经中央档案馆认可，作为领导批示专卷排列在每一年的年末；1975年以前的案卷，中央领导批示件没有抽出单独组卷，凡有批示内容的，均在案卷标题及卷内标题中注明批示人。

4. 案卷中有中华人民共和国驻苏联使馆留学生管理处（1955—1965年）及中华人民共和国驻捷克斯洛伐克使馆文化管理处（1953—1958年）关于留学生问题的案卷，排在当年各机构之后。

5. 国务院科教组主管原教育部和国家科委的工作，下设办公室、大学组、中小学组、外事组和政工组，此期间的档案数量不多，均以档案实体显示的责任者（以公章为准）为确定组织机构的归属依据。

6. 1977年10月5日至1979年3月22日期间的党组会及办公会会议记录在一本记录本上，为保持档案原件的历史原貌和完整性，未作拆分处理，归档排在1979年办公厅内，案卷题名、卷内目录文件题名一项注明会议种类和起止时间，分别著录。

7. 原件成册的不再装订，直接放在卷盒中，并逐件编号。

8. 全宗中早期文件的文号中数字原为汉语数字，在著录中统一为阿拉伯数字表示。

9. 卷内目录中文件题名后注明“(附：……)”字样的，表明该份文件正文后有附件。

10. 用于全国性教育展览会的照片，均分类编号装在相册中，底片附在照片的后面，相册单独存放，在备注项中注明与相应文书档案的互见号；少量照片、正式出版物及各种介绍信存根等，遵照中央档案馆意见未作扫描备份，在备注中注明。

11. 属于正常工作职能产生的跨年度组卷的文书档案，经中央档案馆认可，按照相关的年度立卷。

（1）针对每一个完整学年形成的档案，归入相应学年的末年。

（2）跨年度的统计表归入标题所示年度的末年。

（3）出国或来华留学、援外项目等外事工作产生的跨年度文件，归入该项目的终止年度。

（4）跨年度的政治运动（肃反运动、整风运动、审干运动等）或涉及个人的专题案卷的整理，采用集中立卷，组成跨年度专卷，每个案卷排在最后结论年度的相应位置。

12. 本次移交的档案为1980年以前的档案，由于时间跨度较大，绝大多数涉密文件已过保密期，按照中央档案馆的要求，文件密级均未在案卷目录及卷内目录中专门标注。

13. 多部委联合发布的文件，卷内目录中仅登录本宗主体机关的责任者及发文号等项目。

14. 考虑到档案的整理应尊重历史原貌，卷内备考表中立卷人一项均未填写，只填写检查人一项，日期为此次移交鉴定整理工作完成之日。

15. 卷内文件凡有字的页均编制了页码：左翻的案卷页码统一编在右上角，右翻的案卷页码编在左上角，铅笔编号，废号以横线划掉。

此次移交进馆的档案全部按中央档案馆规定的要求进行了数字化处理。

〔高等教育部移交档案全宗情况介绍（1952—1969年）〕 基本情况：高等教育部移交档案全宗号为99。

高等教育部历史上分为两个阶段：

1. 1952年11月至1958年2月

1952年11月15日，中央人民政府委员会第十九次会议决定成立高等教育部，归政务院直接领导并在政务院文化教育委员会的指导下工作，负责贯彻执行党的高等教育方针政策，担负专门培养国家高级和中级技术干部的任务，制定高等教育的法令规章，主管全国除高等师范学校、民族院校以外的高等学校的教学、科研工作，师范学校以外的中等专业学校、工农速成中学及有关留学生的派遣、接受和回国等事项。1958年2月，高等教育部与教育部合并。

2. 1963年10月至1966年7月

1963年10月23日，高等教育部与教育部分开，主管有关高等教育、中等专业教育（不包括中师）、留学生管理等方面的工作。1966年7月，高等教育部与教育部合并，此后，未再单独设立高等教育部。“文化大革命”期间，由于教育工作陷于停顿，虽然两部宣布合并，但实际工作仍按旧例运转，至1969年下半年。

1953年高等教育部在办公厅秘书处设立档案室，1954—1955年在办公厅秘书科设档案室，1956—1957年在办公厅文书科设档案室。1958年初，档案室改由办公厅领导。

1963年，高等教育部与教育部分开后，两部档案室仍合署办公，一直到“文化大革命”结束。

档案数量及内容：原高等教育部向中央档案馆移交档案数量为2 163卷。

高等教育部保管的档案全部为文书档案，案卷内容分为综合大学教育、工业教育、农林卫生教育、政治思想教育、中等专业教育、业余高等教育、教学指导、科学研究、学生管理、干部管理、留学生管理、高等学校基建财务、军训、体育、教材等类，包括高等学校领导设置、教学改革、院系调整、政治思想教育、业余教育、师资培养、招生、学籍管理、毕业生分配、学生人民助学金、留学生派遣及来华留学生管理、对外文化交流、教学计划、大纲、课程教材、人民来信等材料。

档案完整情况：高等教育部保存的档案，比较完整地反映了高等教育部的业务工作及重要活动。高等教育部除现存档案外，曾陆续向相关单位移交了部分档案，包括：

（1）1954年9月，根据政务院通知，将保存的原北平文管会及华北高等教育委员会案卷209卷，所属各单位清册、名册1 071册，零散文件33公斤，移交给中国人民大学档案教研室接收整理；

（2）1956年9月，向中共北京市委五人小组清理敌伪政治档案办公室移交伪北平警备总司令部档案17卷，中国大学年刊4本、同学录3本、学生像片6 172张、校友卡片252张、毕业登记簿11本、毕业证书423张。

档案的整理：

1. 案卷中有中华人民共和国驻苏联使馆留学生管理处（1955—1965年）及中华人民共和国驻捷克斯洛伐克使馆文化管理处（1953—1958年）关于留学生问题的案卷，排在当年主管留学生工作机构的案卷之后。

2. 高等教育部与教育部分开后，两部保卫处仍合署办公，归档工作由教育部保卫处负责，经中央档案馆认可，两部的机关保卫工作档案统一归入教育部档案中。

3. 高等教育部与教育部的监察组为合署办公，案卷统一归入教育部档案中。

4. 其余各项与教育部移交档案整理情况相同。

撰稿　雍　信

〔**国家语言文字工作委员会移交档案全宗情况介绍（1949—1998年）**〕　国家语言文字工作委员会是由中国文字改革委员会改组而成。中国文字改革委员会1954年12月23日成立，其前身是中国文字改革研究委员会、中国文字改革协会。中国文字改革委员会和国家语言文字工作委员会均为国务院的直属机构。

1998年7月21日，国务院办公厅印发《教育部职能配置、内设机构和人员编制规定》，确定国家语言文字工作委员会并入教育部，对外保留国家语委的牌子，教育部是主管教育事业和语言文字工作的国务院组成部门。其主要职责是：拟定国家语言文字工作的方针、政策；编制语言文字工作中长期规划；制定汉语和少数民族语言文字的规范和标准并组织协调监督检查；指导推广普通话和普通话测试工作。教育部内设语言文字应用管理司和语言文字信息管理司。语言文字应用管理司的职责是：拟定语言文字工作的方针、政策和中长期规划；监督检查语言文字的应用情况；指导语言文字改革；组织推行《汉语拼音方案》，指导推广普通话工作以及普通话师资培训工作。语言文字信息管理司的职责是：研究并审定语言文字标准和规范，制定语言文字信息处理标准；指导地方文字规范化建设；负责少数民族语言文字规范化工作，指导少数民族语言文字信息处理的研究与应用。

国家语委下设四个直属事业单位：语言文字应用研究所、语文出版社、语文音像出版社、《语文建设》编辑部。

案卷数量和内容的基本情况：此次移交案卷共计 2 241 卷。

中国文字改革协会时期的案卷包括：中国文字改革协会成立大会的开幕词与参加大会的名单、理事和常务理事的名单、协会章程、工作细则、施行拉丁化新文字电报的经验总结报告、会议记录、讨论少数民族拼音文字汇通方案、常用简字表、群众请求入会的介绍信和申请书。

中国文字改革委员会党组的案卷包括：有关党组成员的任命、请示、批复；党组扩大会议会议记录；1980—1982 年临时党委会议记录。

中国文字改革委员会常务委员会及主任、副主任委员会案卷包括：会议记录、工作简报、年度工作计划、报告、总结等。

中国文字改革委员会人事处案卷包括：有关机构编制的报告及批示，有关人事调动、工资方案的文件，年度的各类统计报表。

中国文字改革委员会外事方面的案卷包括：领导率队出访人员组成，派出项目和出国费用外汇额度的批示，每次外事接待的会议记录。

国家语言文字工作委员会的案卷主要包括：国务院将中国文字改革委员会改名为国家语言文字工作委员会的有关文件，中组部对调整国家语委领导班子及党组成员报告的批示，国家语委内部行政人员的编制及下属机构设置的有关文件。

中国文字改革委员会和国家语言文字工作委员会在 1949 年到 1998 年期间关于推广普通话、推广汉语拼音方案，推行简化字方面的主要业务工作案卷内容包括：

（1）国务院发布《关于推广普通话的指示》；中央推广普通话工作委员会成立的请示和批复；中共中央《关于推广注音识字的指示》；关于加强高等师范院校、中等师范学校、职业中学、普通中小学推广普通话工作通知的请示和批复及相关文件的基本要求和实施细则；中央推广普通话工作历次会议纪要、召开方言区城市推广普通话工作经验交流座谈会记录；全国普通话教学成绩观摩资料汇编；全国城市公共交通系统推广普通话经验交流会的会议文件、报告、纪要；关于开展全国推广普通话宣传周活动的通知及首届全国推广普通话宣传周活动在全国各地开展的资料汇编；关于开展普通话水平测试工作的决定及普通话水平测试的等级标准（试行）等。

（2）全国人大批准通过《汉语拼音方案》的历史资料；召开纪念《汉语拼音方案》公布 25 周年、30 周年、40 周年座谈会的会议纪要；关于《汉语拼音方案》在社会各界应用情况的报告；关于改用《汉语拼音方案》作为我国人名、地名罗马字母拼写法的统一规范的报告；发布《汉语拼音正词法基本规则》的有关史料。

（3）国务院公布《汉字简化方案》前后的历史资料（包括汉字的整理简化、异体字的标准、生僻字地名等）；周恩来总理所作的《当前文字改革任务》的报告；有关《简化字总表》颁布的史料；《印刷通用汉字字型表 》的发布；国务院批转国家语委《关于废止〈第二次汉字简化方案（草案）〉和纠正社会用字混乱现象的请示》的通知；重新发表《简化字总表》的通知；发布《现代汉语常用字表》的通知；发布《现代汉语通用字表》的通知；《汉字简化方案》公布 35 周年座谈会会议纪要；中共中央总书记江泽民同国家语委主任柳斌谈对语言文字工作的三点意见；国家语委下发《关于社会用字管理工作的意见》；国家语委邀请部分专家对语文生活中出现“洋文”冲击问题召开研讨会的会议记录；国家语委颁布《城市社会用字管理工作评估指导标准（试行）的通知》；全国人大教科文卫委员会起草《中华人民共和国国家通用语言文字法》的史料；许嘉璐副委员长主持召开对《语言文字法（草案）》中少数民族语言文字问题进行讨论的会议纪要；国家标准局与国家语委联合发布的有关信息处理通用编码字符集的标准。

案卷中还有关于中国文字改革委员会成立机关工会等问题的请示和批复；关于文改会有关房地产协议的案卷等。

档案的完整程度：1960 年 3 月 31 日，中国文字改革委员会的档案按照中央规定正式移交给中央档案馆。目前整理的档案是从 1949—1998 年的，曾经移交的档案不在此次整理之列；“文化大革命”

期间1969—1971年文改会机构撤销，人员赴国务院宁夏“五七”干校，档案未在文改会保存，亦未在此次整理之列。经过整理的档案每卷的内容按要求基本完整。

档案的分类情况：移交档案按年代——组织机构——问题进行分类。对未组成卷的零散文件由专人进行了分类鉴定，分别归类到文件应存放的卷宗里。

档案的整理情况：全部档案统一进行流水编号并编制了案卷目录，每个目录中永久卷在前，长期卷在后，统一排流水号。每个卷都有全宗号、目录号、年代号、保管期限、案卷号、件数、页数、起始日期、截止日期、案卷题目、机构等栏目。每套案卷划分清楚，每一个案卷目录的建立和结束都可以找到依据性文件。文化大革命时期形成的政治运动档案按年度存放，文化大革命之前形成的政治运动以当时的工作结束时间所在年度为准存放。中央领导批示的案卷没有抽出单独组成卷宗，但均在案卷标题及卷内标题中注明批示人。对案卷中的请示与批复、草稿与定稿倒置现象进行了清查，并按要求进行了重新排序；对部分卷内没有文件题名或文件题名不够准确的案卷进行了更正，重新拟写了文件题名，揭示了文件的主题内容；对中央领导批示的文件全部采用了注明的标志；对全部档案一律按要求重新编写了页码；对部分卷内有金属的案卷进行了清理，达到了全部剔出；在备考表中我们已经按照中央档案馆的要求对一些破损、有污迹的文件进行了修补，尽量填全所要求的内容，对于不能填写的项目也分别作了必要的说明；各类卷宗已经按照《文书档案案卷格式》的要求全部更换了卷皮；卷内有复印现象的文件我们也在备考表中予以说明；对一些卷内夹有的零散文件已经按照内容进行了归类整理；对簿式案卷、卷内目录也按照标准形成。

档案的破损和变质情况：由于年代久远、机构的动荡不定和管理欠缺，一些文件长年放置堆积，加之通风不好，破损和发霉的情况比较多。在整理过程中我们尽量使它们恢复原貌，对原文件进行了修补和粘贴、裱糊，力争保持内容完好。

档案的编目方法、检索工具及参考资料：实行现代化管理，采用按年代保管期限建立数据库。做法是卷内目录录入及校对、打印目录，案卷目录录入及校对，扫描质量检查，图像处理、图像处理检查，成品制作、成品质量检查。档案文件的裱糊及装订完全按照中央档案馆的进馆要求和国家档案局的相关档案规定进行。除此之外还有检索的基本工具，如：案卷目录、全引目录、收发文本索引等。

撰稿　雍　信

〔抢救整理原国家语委档案〕　2007年7月至2008年5月，教育部办公厅组织教育部语言文字应用管理司和语言文字信息管理司办公室负责同志、原国家语委办公厅档案处负责同志及有关专家，对原国家语言文字工作委员会自1953年成立至1998年机构改革期间的档案进行了整理和鉴定。这部分档案在原国家语委机构改革后，一直未向新的主管部门教育部办理移交，长期存放在教育部院内一间平房内，受损情况严重。因房屋年久失修，2006年7月，根据教育部办公厅领导指示，为避免雨季来临给这部分档案造成更大的损失，决定将这部分档案移至教育部档案库房保管。

为妥善保存这批历史档案，教育部办公厅随即开展了原国家语委档案的鉴定整理和数字化工作。

一、原国家语委档案整理和鉴定小组人员构成情况

组　长：蔺海波

副组长：魏　丹　陈　敏

成　员：杜永道　李廷顺　郭　红

　　　　范毓美　张　英　刘泽石

二、整理和鉴定小组开展的主要工作

为保证原国家语委档案资料的齐全和完整，整理和鉴定小组逐卷逐件对档案进行了检查和整理。

1. 对大量无登记、无目录的散乱文件，整理鉴定小组成员进行了认真、反复的鉴定和排查，以“能保留则保留”为原则，剔除重复件和普发件，按相应年代、机构重新组卷，个别年代不详的，由专业人员进行了考证。

2. 对原国家语言文字工作委员会档案的保管期限进行了重新确定。为慎重和稳妥，将部分原划

定为短期保存，按时间段计算应销毁的档案升级为长期保存。

3. 档案中的少量音像制品和实物，向中央档案馆移交。

4. 将散件中无移交价值的材料，由整理鉴定小组提出意见，分类造册，分别送交语言文字应用管理司、语言文字信息管理司指定的接收单位保管，对其中小部分超过保管期的重复件和普发件，经语言文字应用管理司和语言文字信息管理司负责人批准后销毁。

〔启动1981—2006年历史档案的整理和数字化工作〕 2008年9月，在实施完成向中央档案馆移交1949—1980年档案的工作任务后，经过认真调研和精心准备，在总结经验的基础上，教育部办公厅启动了1981—2006年历史档案的整理和数字化工作，此项工作，共需鉴定整理和数字化档案三万二千卷，约四百万页。数字化工作中，档案原件扫描全部采用彩色扫描，以保存档案的真实面貌。该项工程的实施，将进一步加强机关档案的信息化建设力度，夯实我部档案整理工作的基础。工程实施完成后，教育部将率先在中央和国家机关实现档案管理的现代化。

〔教育部直属高校档案管理情况调研工作〕 2007—2008年，教育部办公厅对75所教育部直属高等学校档案的管理情况进行了调查研究。调研包括直属高校档案机构的设置情况；档案机构工作人员的年龄分布、文化程度、技术职务情况；包括直属高校档案机构馆藏档案情况、馆藏档案的历史分期情况；包括近年来教育部直属高校档案进馆情况、档案的开放情况；包括直属高校档案机构馆舍建设情况、设备情况等。

调研中发现，教育部直属高等学校的档案管理工作存在重视不够、工作人员文化程度偏低、专业化程度低、档案工作人员的性别结构和年龄结构不合理、档案信息化建设滞后、档案数字化程度低以及档案开放程度不够、档案资源开发与利用程度低以及档案工作经费不足、设备不全、综合条件差等一系列问题。

调研工作形成了《教育部直属高校档案工作调查报告》、《亟待加快发展步伐 提高管理水平》、《高校档案工作如何由边缘走向中心》、《抢抓机遇 迎接挑战 努力开创高校档案工作的新局面》等一系列调研报告，提出了科学发展高校档案工作的对策和建议。

〔《高等学校档案管理办法》发布实施〕 教育部和国家档案局联合制定的《高等学校档案管理办法》（以下简称《办法》）自2008年9月1日起正式实施。

随着我国经济社会和高等教育的迅速发展，高校档案工作的内涵和外延都发生了深刻变化。为适应新形势下高校档案工作发展的需要，2007年初开始，教育部办公厅对原国家教育委员会于1989年颁布的《普通高等学校档案管理办法》进行修订。在中国高等教育学会档案工作分会的支持和帮助下，教育部办公厅书面征求了全国120所不同类型高校的意见，组织部分高校和地方教育行政部门负责档案管理工作的同志进行了讨论，集思广益，形成了修订初稿，并下发高校进一步征求意见。在此基础上，2007年10月，教育部办公厅召集高校档案机构的专家和地方教育行政部门的档案工作负责人，在充分吸收全国高校档案部门意见的基础上，着重对高校档案工作的体制、机构设置、队伍建设、经费和馆库保障、归档范围和奖惩等内容进行了再次修改，凝聚了共识。按照教育部规章制订程序，教育部法制办征求了部内19个司局的意见，并从立法技术角度进行了修改。修订过程中，教育部还与国家档案局对一些条款进行了反复的沟通和协商，充分交换了意见，数易其稿。

《办法》分为总则、机构设置与人员配备、档案管理、档案的利用与公布、条件保障、奖励与处罚、附则，共七章四十三条。《办法》是以1989年10月发布的国家教委第6号令《普通高等学校档案管理办法》为基础修订而成，对高校档案机构的设置与人员配备、管理职责、条件保障以及档案的利用与公布等作出了全面、明确的规定。

《办法》在总则中明确："国务院教育行政部门主管全国高校档案工作。省、自治区、直辖市人民政府教育行政部门主管本行政区域内高校档案工作”。“国家档案行政部门和省、自治区、直辖市人民政府档案行政部门在职责范围内负责对高校档案工作的业务指导、监督和检查”。《办法》首次规定高校档案工作由高校校长领导，并明确其主要职责。这一规定，开创了我国高等院校档案管理体制改革的新纪元。

关于档案机构的设置和人员配备，《办法》明确规定，档案工作人员不仅要“具备档案业务知识”，还要具备“相应的科学文化知识以及现代化管理技能”，突出了人才兴档、人才强馆的理念。《办法》还将学生档案纳入归档范围，而且单独设类，彰显了以人为本和重视民生档案的理念。

《办法》明确指出高校档案机构应“采取多种形式，积极开展档案宣传工作”，“有条件的高校档案机构，可以申请创设爱国主义教育基地”。这些规定，开创了高校档案工作服务的新领域，拓宽了档案工作服务的辐射面。

此外，《办法》还强化了高校档案工作的条件保障，“应将高校档案工作所需经费列入学校预算”，并要求“对不符合档案事业发展需要或不符合档案保管要求的馆库，要及时进行改扩建或者新建”，为高校档案资源体系和服务体系的建设提供了根本保障。

〔《高等学校档案管理办法》宣传贯彻情况〕 2008年9月1日，由教育部和国家档案局联合制订的《高等学校档案管理办法》（以下简称《办法》）开始施行，标志着我国的高校档案工作进入了一个新时期。《办法》颁布实施以来，受到了新闻媒体和社会各界的广泛关注，教育部、国家档案局以及各高等学校专家学者纷纷对《办法》展开研究与解读，各高等学校认真组织学习研讨，狠抓贯彻落实，在全国范围掀起了学习贯彻《办法》的热潮。

媒体广泛关注《办法》的颁布实施《办法》颁布后，新华社、中央电视台、北京电视台、《中国档案报》、《中国教育报》等媒体，以及搜狐、新浪、网易等门户网站予以了宣传报道，《中国档案报》、《中国教育报》等报刊刊发了《办法》全文，各地方档案信息网站以及中国农业大学、北京语言大学、北京航空航天大学、上海交通大学、复旦大学、南京大学、陕西师范大学、成都理工大学等众多高等学校网站给予专题报道。

《中国档案报》发表评论认为，《办法》的发布实施，是促进新时期新阶段高等教育又好又快发展的一项重要举措，为指导新时期新阶段高校档案工作的科学发展提供了法规性的根据，对于加快推进现代大学管理制度建设，深化高校档案工作内涵，提高服务高等教育与经济社会发展的能力和水平，具有十分重要的意义。

《中国教育报》发表了教育部办公厅主任牟阳春同志撰写的解读文章《学习贯彻＜高等学校档案管理办法＞促进高等学校档案工作科学发展》，对《办法》发布的背景、《办法》的特色及现实意义以及如何做好《办法》的学习宣传和贯彻实施工作等方面作了详细的诠释。

网易门户网站介绍了《办法》在高校档案机构设置、档案管理、人员设置、条件保障等方面的新的要求，指出《办法》为社会利用高校档案资源创造了便利条件。各高校官方网站全文刊登了《办法》，并对《办法》发布的重要指导意义进行了评论，认为《办法》明确了高校档案工作的基础性地位和保障机制，突出了高校档案工作科学发展的内涵，指明了高校档案工作服务的方向，为学校档案工作的条件建设提供了法规保障。

专家学者高度评价《办法》《办法》发布后各地档案和高校系统的专家学者，对《办法》在管理体制机制、档案资源建设理念、工作内涵建设及服务方向等方面的措施和规定纷纷进行解读并发表文章，肯定《办法》对高校档案工作开展起到的积极作用。

北京航空航天大学专家把《办法》的新特点归纳为“一二三四”，一即贯穿了一种“依法治档”的思想，二即立足“以人为本”和“与时俱进”两个原则，三即努力构建高校档案管理的组织体系、人员体系、条件体系三个体系，四即突出档案资源建设、档案信息化建设、档案馆建设、档案信息资源开发建设四种建设。

陕西师范大学专家指出，《办法》对高等学校档案进行了重新定义，理顺了高校档案工作的领导体制，淡化了高校档案机构的职级，明确了高校档案工作人员的待遇，规范了高校档案管理工作，改变了档案利用开放的方式，所要求的信息化专项经费为高校数字档案馆建设提供了保障。

《中国档案报》发表评论认为，高校档案“解禁”为社会利用是一次破冰之举，顺应了社会渴望了解、查阅、利用高校档案的心愿，使高校与公众的视线贴得更近。专家学者们一致认为，《办法》在高校档案工作任务、档案归档制度、专业化队伍建设等若干问题的规定，为学校档案工作的发展奠定了坚实的法规基础。

各高等学校认真学习贯彻《办法》，加强学校档案工作建设《办法》发布实施以来，各高等学校积极开展学习宣传和贯彻实施工作，纷纷召开学习贯彻《办法》座谈会，对热点问题进行了讨论，对高校制定自身的档案管理办法实施细则进行研究。

10月10日，北京高校学习贯彻《办法》座谈会在北京师范大学召开，北京大学、清华大学、北京师范大学等17所高校的档案馆馆长以及北京高校档案研究会、北京市教委相关人员参加了会议。会上各高校档案馆长交流了学习经验，并对《办法》的贯彻实施进行了研讨。

12月12日，教育部、国家档案局在复旦大学组织召开贯彻实施《办法》座谈会，复旦大学、上海交通大学、同济大学等8所教育部直属高校档案馆负责人参加了会议。会上，上海市教委办公室负责同志及8所高校档案部门负责人介绍了上海教育系统及各高校贯彻实施《办法》的情况，国家档案局、教育部相关负责同志肯定了上海教育系统对《办法》学习贯彻工作的高度重视、精心组织以及已经取得的成绩，指出各高校要以走向国际的开放眼光，与时俱进、以人为本，抢抓机遇，提高档案管理工作的定位，努力促进高校档案事业的建设，以适应学校和社会发展的需要。

中国农业大学、北京语言大学召开了学习贯彻《办法》培训会，北京航空航天大学在全校范围开展了档案宣传月活动并组织了档案法律法规知识竞赛；上海交通大学开设“科研档案管理岗位业务培训班”和“学习贯彻《办法》暨档案管理岗位技能培训班”，上海理工大学、上海第二工业大学邀请专家宣讲并解读《办法》；陕西师范大学通过发布新闻、悬挂宣传条幅、制作展板等形式广泛宣传《办法》的发布；南京大学、南京工业大学档案馆组织全校档案工作人员认真学习《办法》；桂林电子科技大学在校内开展了档案知识竞赛。此外，西南财经大学、合肥工业大学、浙江师范大学、浙江商业职业技术学院、青岛科技大学、广西师范大学等高等学校都组织了丰富多彩的学习宣传活动。

撰稿　蔺海波

热点关注

改革开放30年见证教育大国崛起

教育经费占GDP4%的由来

1983年年初，教育经费短缺问题在社会各界引起高度关注。为此，中央专门在国家社会科学基金规划研究项目中制定了一个“教育经费占国民生产总值合理比例研究”的重大课题。曾经参与过该课题的王善迈教授在谈到该政策出台时回忆说，“当时我们专家组做过一个表态：教育部、财政部和国家计委提出的观点都不采纳，主要采用联合国教科文组织的统计数据。”根据邓小平提出的2000年中国人均GDP达到800到1 000美元的目标，并依据一个公式计算，专家组最后得出结论：中国政府的教育支出应占GDP的3.87%。后来经过上下多部门的反复研究协商，中央政治局决定，国家财政性教育经费支出占国民生产总值的比例到2000年末达到4%，并将这一决定最终写入了1993年的《中国教育改革和发展纲要》。

“把教育摆在优先发展的战略地位”十四个字来之不易

1988年5月起，中共中央决定研究起草一份有关教育改革和发展的纲领性文件，这份文件就是《中国教育改革和发展纲要》，在近五年的时间里，该纲要起草研讨小组听取了社会各界专家学者近千人的意见，最终于1993年正式发布了这部适应20世纪90年代中国经济社会发展和建立社会主义市场经济体制要求的纲领性教育文件。据参与《纲要》研讨起草的人士回忆：在提“把教育摆在重要发展的战略位置”还是“把教育摆在优先发展的战略位置”上，当时在研讨小组内部就有不同看法，而当向社会各界征求意见时，也确实有教育界以外的人士曾经提出疑问说，把教育摆在优先发展的战略位置，那其他领域怎么办，要不要优先发展？所以，千万不要小看“把教育摆在优先发展的战略地位”这十四个字，这十四个字确实来之不易。

“双轨”变“并轨”，中国高等教育全面走向市场经济的一个嬗变

20世纪80年代末期，一些国有企业或者国家机关开始以“委培”的名义，额外增加一些录取名额留为己用，这种委培方式在以后渐渐演绎为社会行为，出现了“公费生”和“自费生”两种方式并列的现象。在这种情况下，大学为了获取更多经费，也乐意开这个口子，使高考招生逐渐演变成了“双轨制”，一条腿走在“计划”的路上，一条腿走在“市场”的路上。1996年，国家实行高校“并轨”招生，把自费、公费统一起来，“双轨”变“并轨”，这是中国高等教育全面走向市场经济的一个嬗变。

国家使出“吃奶”的劲儿，高校第一年扩招51万

1999年6月，年度国民经济和社会发展计划正在执行当中，中央和国务院作出了一个重大决定：对中国高等教育进行大扩招。据时任教育部发展规划司负责人回忆：1999年6月13日，距离高考只有十多天时，教育部紧急召开的全国扩大招生计划工作会议上，时任教育部副部长的张保庆作报告，按增加50万人这个规模，重新部署了招生计划，最后增加了51万。这一年全国高校招得多毕业得少，整个在校生整体增加了70万人，而之前，全国每年的招生增长数量最多不超过10万人，可以说，国家是把“吃奶”的力气都使出来了。对许多家庭和个人而言，这是一次命运转变的重大契机。

中央政治局讨论决定，高考报名费由1元减为5角

1977年，党中央决定恢复中断已久的全国高考。面对全国上下百废待兴的状态，高考报名费如何收取？据当时参与招生文件起草工作的原教育部学生司有关人员回忆：我们觉得如果要考试，比方要印卷子，要评卷子，总要一部分钱，全靠国家拿也是很困难的。我们希望报名费能定在1元钱。当时中央政治局讨论说，不要增加群众的负担，收5角钱就行了。

从黑屋子、泥台子到普及九年义务教育

穷国办大教育，使得我国教育发展步履维艰、困难重重。难，就难在国家财力有限，教育经费短缺，投入不足。据不完全统计，20世纪80年代初，全国中小学危房占校舍总面积的16%。以人口大省山东为例，当时危房占全省校舍的一半；许多学校甚至没有校舍，上课夏天围着树荫转，冬天围着太阳转，被人称为“影子学校”。1985年5月，改革开放后的第一次全国教育工作会议在北京召开，在这次会议上，《中共中央关于教育体制改革的决定》颁布，根据我国经济和社会发展的新形势，明确提出了在全国有计划、有步骤地普及九年义务教育的任务。《决定》起草过程中，中央派人到全国各地进行调查研究，当时中国农村校舍很破烂，到处是黑屋子、泥台子。据当时参加调研的人士回忆：教育部派调查组到青海调

查，调查人员走进一所学校的教室，小学生全体站立，热烈地鼓掌欢迎，经久不息。调查组请学生坐下，都不坐，一看，原来都没有板凳，孩子们全部站着上课。这次调查后，教育部讨论普及九年义务教育需要的金额，初步算了算大概几千亿元，国家拿不出来。后来把这些问题汇报给中央，中央提出了有计划分步骤地实施措施，就这样把普及义务教育的目标写入了《中共中央关于教育体制改革的决定》。

助学贷款政策逐步完善，贫穷大学生不再为钱发愁

1999年6月28日，国家助学贷款政策正式出台，并先行在京、津、沪、渝4个直辖市以及武汉、沈阳、西安、南京共8个城市进行试点。2000年8月，国务院办公厅转发了中国人民银行等部门《关于助学贷款管理的补充意见》，明确提出将国家助学贷款的区域范围由8个试点城市扩大到全国。据此，不少贫困大学生终于可以圆自己的大学梦了。

10万美元购买“洪水猛兽”国内外引起轰动

1977年中国拨款外汇10万美元，用于我国驻外使领馆购买美国、英国、法国、日本等发达国家的教材，并建立了外国教材讲义交流中心。根据权威部门提供的资料，1974年，中国的外汇储备净值不到1亿美元，与2007年的中国外汇储备净值14 336.11亿美元相比，那个时代的中国外汇储备实在有限，在那样捉襟见肘的情况下，国家从非常紧缺的外汇储备中拿出宝贵的10万美元去购买在“文化大革命”中被视为“洪水猛兽”的外国教材，在国内外引起了不小的轰动。

扩大派遣留学生，打破中国长达10年的封闭局面

1978年6月23日，时任中共中央副主席的邓小平作出了关于扩大派遣留学生的重要指示，由此掀起了中国改革开放新的历史时期留学工作的热潮，打破了中国长达10年的封闭局面。面对一些人对人才流失的担忧时，邓小平指出：“个别人出一点问题也没有什么了不起，即使一千人跑掉一百个，也只占十分之一，还剩下九百个。”当年12月26日，中国第一批派赴美国的52名访问学者抵达了美国。中国此举引起当时外国舆论的广泛关注，“使北京的外交官感到震惊”。他们认为，这“迄今在共产主义世界中尚无先例”，“令人信服地表明中国的政治自信心”。这段历史同样留在第一批52名赴美留学人员之一、现为中国原子能科学研究院研究员的许谨诚记忆中，他回忆说：邓小平访美期间，我和一些留美同学参加了卡特总统夫人在子午线饭店为小平夫人卓琳举办的招待会。招待会后，卓琳把留学生叫到一起，嘱咐我们说，国家派你们来不容易，你们学成后要回国，你们要是不回去的话，小平同志要着急的。

教育督导制度的恢复重建和法规建设

1977年9月，邓小平同志在与教育部负责人谈话时提出：“要健全教育部的机构。要找一些四十岁左右的人，天天到学校里去跑。搞四十人，至少搞二十人专门下去跑。要像下连队当兵一样，下去当‘学生’，到班里听听课，了解情况，监督计划、政策等的执行，然后回来报告。这样才能使情况反映得快，问题解决得快。可以先跑重点大学，跑重点中学、小学。这些就是具体措施，不能只讲空话。”这实际上提出了恢复我国教育督导机构和教育督导制度的设想。1978年初，在王震副总理的建议和推荐下，王季青、苏灵扬、姚文、杨滨四位老同志来到教育部任巡视员，并在中学司设视导室。1983年7月，在全国普通教育工作会议上，教育部提出了《建立普通教育督导制度的意见》。提出县以上教育行政部门都要设立督导机构，并要求先试点，而后逐步实行。1984年8月，国务院批准教育部设视导室，负责巡视、检查和指导帮助全国各地的普教工作。1985年6月教育部任命12位教育部视导员。1986年，六届全国人大四次会议通过的国务院关于第七个五年计划的报告中，明确提出：“要加强教育事业的管理，逐步建立系统的教育评价和监督制度。”1986年9月，国务院办公厅转发国家教委、国家计委、财政部、劳动人事部关于实施《义务教育法》若干问题的意见，明确指出要“逐步建立基础教育督学（视导）制度。国家和地方逐步建立基础教育督学（视导）机构，负责对全国或本地区范围内义务教育的实施进行全面的视察、督促和指导，并协同当地人民政府处理有关实施义务教育的各项问题。”1986年10月，国务院批准教育部视导室更名为国家教委督导司，这标志着我国的教育

督导制度的正式恢复和重新建立。1991年4月，李铁映签署国家教育委员会第15号令，颁布了《教育督导暂行规定》。1993年2月，中共中央、国务院印发《中国教育改革和发展纲要》。提出："各级政府要认真贯彻执行《中华人民共和国义务教育法》及其实施细则……要建立检查、监督和奖惩制度，确保义务教育法的贯彻执行。""建立各级各类教育的质量标准和评估指标体系。各地教育行政部门要把检查评估学校教育质量作为一项经常性任务。要加强督导队伍、完善督导制度，加强对中小学校工作和教育质量的检查和指导。"1993年机构改革，中央编制委员会批准建立国家教委教育督导团，设教育督导团办公室挂靠基础教育司。1995年3月，第八届全国人大第三次会议审议通过的《中华人民共和国教育法》第二十四条规定：国家实行教育督导制度和学校及其他教育机构教育评估制度。1998年7月21日，国务院批准印发《教育部职能配置、内设机构和人员编制规定》，教育督导团办公室成为教育部18个职能司（厅、室）之一。其主要职责是：承办教育督导团的日常工作，组织国家督学对各地中等及中等以下教育的督导评估和检查验收，宏观指导各地的督导工作。1999年6月，《中共中央国务院关于深化教育改革全面推进素质的决定》提出："全面推进素质教育是党和政府的重要职责……建立自上而下的素质教育评估检查体系，逐级考核省、市、县、乡各级党委和政府及其主要领导干部抓素质教育工作情况"。"进一步健全教育督导机构，完善教育督导制度，在继续进行'两基'督导检查的同时，把保障实施素质教育作为教育督导工作的重要任务。"从而确立了教育督导在教育行政管理体系中的地位，为建立有中国特色的教育制度，促进我国教育的振兴和繁荣奠定了基础。1999年8月教育部下发的《关于加强教育督导与评估工作的意见》提出："各级政府和教育行政部门要进一步加强教育督导机构和队伍建设，争取经过几年的努力，从中央到地方初步形成教育督导的法规体系和依法督导的工作程序。"2000年1月3日，中编办下发了《关于原国家教委教育督导团更名的批复》，同意将原国家教委教育督导团更名为"国家教育督导团"。其主要职责是：研究制定教育督导与评估的方针、政策、规章制度和指标体系；对地方人民政府贯彻执行国家有关教育方针政策的情况进行指导、监督、检查、评估，保障素质教育的实施和教育目标的实现。2000年1月26日，教育部印发了《关于转发中央机构编制委员会办公室〈关于原国家教委教育督导团更名的批复〉的通知》，要求加强地方各级教育督导机构和教育督导制度建设，为贯彻落实第三次全国教育工作会议精神，落实教育优先发展的战略地位，全面推进素质教育，作出更大的贡献。2001年6月，国务院印发了《国务院关于基础教育改革与发展的决定》，第39条提出：加强和完善教育督导制度。坚持督政与督学相结合，继续做好贫困地区"两基"评估验收工作，保证验收质量；对已实现"两基"的地区，建立巩固提高工作的复查和督查制度。积极开展对基础教育热点、难点问题的专项督导检查。在推进实施素质教育工作中发挥教育督导工作的保障作用，建立对地区和学校实施素质教育的评价机制。"十五"期间，国家和地方要对实施素质教育的先进地区、单位和个人进行表彰。教育督导制度恢复重建以来，各地十分重视教育督导法规建设。自1995年12月26日深圳市第二届人民代表大会常务委员会第五次会议通过《深圳经济特区教育督导条例》后，1998年7月14日厦门市十一届人大常委会第5次会议也通过了《厦门市教育督导条例》，随着1998年12月24日北京市人民政府第12次常务会议通过《北京市教育督导规定》后，湖南、辽宁、上海、陕西、重庆、新疆、天津、内蒙古、山东、湖北、广东、新疆生产建设兵团、山西、云南、青海、甘肃等省（自治区、直辖市）也相继出台了《教育督导规定》。特别是山东省人大常委会于2000年8月25日经批准了《青岛市教育督导条例》后，于2001年12月7日省第九届人民代表大会常务委员会第二十四次会议又通过了《山东省教育督导条例》。

各界踊跃建言　共绘美好蓝图

——《国家中长期教育改革和发展规划纲要》第一轮征求意见工作综述

“高考理应承担维护社会公平、维系社会稳定的重要责任，这是社会大众对高考的重大期望。”北京师范大学历史学院07级研究生库晓慧在《国家中长期教育改革和发展规划纲要》工作小组办公室组织的“考试招生制度改革”征求意见座谈会上，述说着对教育发展的理解与期待。

正在研究制定的《规划纲要》，是指导未来12年教育改革和发展的纲领性文件。党中央、国务院高度重视《规划纲要》制定工作，要求在制定过程中广纳群言、广集众智，充分听取社会各界意见，努力制定一个让人民群众满意、符合中国国情和时代特点的《规划纲要》。

《规划纲要》第一轮公开征求意见工作自1月7日启动以来，社会各界人士通过各种渠道发表意见建议210多万条，《规划纲要》工作小组办公室及时汇总整理各界人士意见建议，累计编发《〈规划纲要〉公开征求意见每日情况报告》近300万字。

引发民众热议

“1月8日在《中国教育报》上看到《规划纲要》公开征求意见的公告，特别激动，觉得自己作为一名30多年在边远农村工作的教育工作者，有义务把对农村教育的观察、体验和思考写出来，为《规划纲要》提供一点素材。”从小学教师、小学校长到初中校长、学区教研员，甘肃省景泰县中泉乡中泉学区教研员魏烈天从未离开过自己热爱的农村教育事业。于是，他拿出方格信纸，一写就是60多页，从制约实施素质教育的瓶颈，学生综合素质的培养、评价与招生制度改革，到完善农村教师队伍建设的政策建议，连春节都没顾上休息。“大家都把问题分析得详细点，建议提得具体点，《规划纲要》也会更符合实际。”魏烈天说。

公开征求意见公告1月6日发布后，社会各界热烈响应。为进一步问计于民，《规划纲要》工作小组办公室于2月6日召开了第二次新闻发布会，再次发布公告，就社会关注度高、影响教育改革发展全局的4个方面20个重大问题，继续向社会公开征求意见。

据统计，1月6日至2月底，社会各界人士向教育部发送电子邮件1.3万多条、向教育部寄送信件1 100多封、在教育部门户网站发帖1.1万多条、教育部“我为纲要献计献策”征文1 300多篇、中央重要媒体刊发重要文章和意见建议近600篇。这些汇聚在一起的智慧和力量，一封封饱含深情的信件，凝聚着大江南北一颗颗关注教育、关爱教育的赤诚之心。

湖北省监利县教育局局长张晓冰，以一位普通读者的身份，给本报分3次寄来18份意见建议，共计40页纸，长达万言。他在信中说，看到《规划纲要》公开向社会征求意见，非常兴奋。作为基层教育行政工作者，他深感现在中央决策科学民主，希望新的《规划纲要》结合中国实际、符合时代发展特点。

在韩国延世大学教育科学研究院留学的中国留学生张雷生，寄来了专业性很强的征文，并于1月10日在韩中国留学生博士联谊会上发起积极为《规划纲要》献计献策的倡议。短短一周时间，就有近200名留学生通过MSN、QQ留言、电子邮件、电话、信件等形式积极参与。“作为在海外留学的中国留学生，我们有义务、有责任把在外面学到的、感受到的一些值得借鉴的经验和做法回馈给祖国。”张雷生说。

河北省石家庄市军队离退休干部石立山和13位同在第七休养所的老战友，都已年逾七十，他们联合给本报寄来了5 000余字的《关于如何进一步搞好教育体制改革的几点意见》，并在文章首页郑重地签上了14个名字。

“‘广纳群言、广集众智’，充分体现了党中央、国务院以人为本、执政为民的作风，体现了党中央、国务院优先发展教育、建设人力资源强国的坚强决心，赢得了社会各界的高度赞同。大家对制定一个高质量的《规划纲要》有很强的信心。”《规划纲要》工作小组办公室调研组组长、教育部发展规划司司长韩进说。

汇聚群众智慧

在《规划纲要》第一轮公开征求意见期间，一个特殊的部门——《规划纲要》公开征求意见工作组意见收集组进驻位于北京市大兴区的国家教育行政学院，40名中青年专业人员，24小时不间断地收集、分类整理教育部门户网站留言及电子邮件，接收、整理和回复社会公众来信，并及时报送有关领导和纲要调研组。

"我们事先都不知道王晓霞左手手骨骨折，还打着石膏，让她调组，她却坚持要完成任务!"看着王晓霞用从石膏缝隙中伸出的几根手指操作电脑，看着连续几天20小时全负荷工作后水肿的手指，意见收集组第一小组组长李继星深深为之感动。

"我们确立的工作原则是全面收集、专业整理、如实反映、及时报送，不让任何一条有价值的意见从我们的手中遗漏。"意见收集组负责人、中央教科所副所长田慧生说，"我为规划纲要作贡献"是意见收集组每位工作人员的强烈愿望，大家争相报名参与，并以高度的责任感、使命感和奉献精神投入工作。1月7日，公告发布新闻发布会当天，全组通宵未眠，翌日上午便及时报出第一份长达5万多字的意见摘报。

为突出重点，引导社会各界有针对性地展开讨论，第一轮公开征求意见工作分为两个阶段进行。首先根据前期调研，确定了36个专题，广开言路，请社会各界充分发表意见，提出问题。随后，在对这些意见建议进行全面分析整理、认真深入研究的基础上，集中凝练了4个方面20个人民群众关注度高、影响教育改革发展大局的重大关键问题，再次向社会公开征求意见，广集众智，请社会各界针对这些问题出硬招、实招、新招。

"我们必须把教育放在整个国家的战略层面来研究，它关系到每个家庭、每个人，所以就要广泛听取人民群众的意见。"《规划纲要》第一战略专题发展战略研究组组长、上海市教育科学研究院原院长胡瑞文坦言，老百姓对教育有什么需求，应该充分听取，才能把教育搞好。

"读高三的儿子知道我要到教育部参加关于'考试招生制度改革'的座谈会，头天晚上跟我探讨了一个多小时，我们谈到增加科目是否会增加学生负担。儿子还问我，'你们的座谈会有没有高中生参加啊?'"雨润花教育书店的吴彬在座谈会上直接与政策制定者面对面，提出了关于高中文理分科、体育成绩是否计入高考等建议。他说，建议中的一些想法也是他儿子的想法。

高度重视民意，认真吸纳建议，是第一轮征求意见工作的鲜明特色。为充分吸收各界人士的意见建议，使公开征求意见与《规划纲要》专题调研和文本起草有机结合起来，及时将意见建议分类整理、及时报送，充分发挥作用，工作小组每天编发《规划纲要公开征求意见工作情况》材料报《规划纲要》领导小组和工作小组成员参阅，并提供给11个战略专题调研组、文件起草组和深度调研课题组，为《规划纲要》制定的丰富和优化夯实基础。

第一轮征求意见期间，广集众志的渠道立体而多样。公告发布后连续6天，参与《规划纲要》研究制定工作的专家先后作客新华网，介绍相关情况。同时，"谋划教育事业科学发展——我为纲要献计献策"主题征文活动，在教育系统广泛开展。2月23日、25日、27日，《规划纲要》工作小组办公室还分别召开"减轻中小学生课业负担"、"考试招生制度改革"、"加强农村教育"征求意见座谈会，现场征求专家、教师、学生、家长、基层教育工作者、网民等各方代表的意见和建议。

"大家提出的意见和建议，不是谈完了就完了。我们《规划纲要》工作小组办公室会抱着问计于民、求计于大家的态度来做好工作。"《规划纲要》工作小组办公室文件组组长、教育部政法司司长孙霄兵在座谈会上表示。

谋划教育蓝图

"我干了30多年教育，一直在北京，觉得'减负'的话题真的很沉重!""如果教师教学思想端正、教学功底深厚、教学能力强，处处以学生发展为宗旨，科学地设计教育过程，学生的课业负担自然就不重了!"2月23日，在以"减轻中小学生课业负担"为主题的征求意见座谈会上，北京市海淀区中关村中学校长邢筱萍、北京市西城区教育研修学院语文室主任李少毅畅言自己对"减负"的思考和建议，一旁，中国教育学会常务副会长郭振有仔细聆听着。

据《规划纲要》工作小组相关负责人介绍，社会各界对《规划纲要》寄予了很高的希望，大家希望进一步解放思想、实事求是、倾听各方面的意见，以提高人民群众的满意度为重要的参考标志。目前，围绕提出的36个专题和4个方面20个重大问题，社会各界各抒己见，发表了大量有价值的意见和建议，主要集中在：中小学教师队伍特别是农村中小学教师队伍建设；高中文理分科的必要性和可行性；如何减轻中小学生课业负担；考试招生制度改革；农村教育发展和农民工子女教育；如何发展学前教育；如何培养创新人才；解决义务教育优质教育资源分布不均衡、城市择校问题的办法措施；如何深化教育教学方法改革，注重培养学生的社会责任感、实践能力和创造精神；如何改进高等教育质量管理，健全质量标准和质量评价制度。其中农村教师队伍建设和“高中取消文理分科的必要性和可行性”受到广泛关注。

“目前，我们收集社会各界意见渠道是广泛的、多元的，也是畅通的。每一条建议都要有着落，我们都会认真研究。”韩进说，《规划纲要》工作小组和办公室将这些意见和建议及时反馈，集中5天时间进行认真的学习、梳理，对《规划纲要》的文本进行思考。“《规划纲要》到底是什么样的结构？重点是什么？突出什么问题？我们会把每天征求意见的情况送给专家队伍，让他们来研究。”目前，针对梳理出的20个问题，《规划纲要》工作小组办公室又组织了20个深度课题调研组，每一组关注一个问题，深入学校、基层、厂矿实地调研，让《规划纲要》的研究和制定，从起点便带有客观、实际、深入的内涵。

原载2009年2月28日《中国教育报》第1版

温家宝主持召开国家科技教育领导小组会议
研究部署《国家中长期教育改革和发展规划纲要》制订工作

中共中央政治局常委、国务院总理、国家科技教育领导小组组长温家宝主持召开国家科技教育领导小组第一次会议，听取教育部关于制订《国家中长期教育改革和发展规划纲要》工作情况的汇报，审议并原则通过规划纲要制订工作方案。

中共中央政治局委员、国务委员、国家科技教育领导小组副组长刘延东，国务委员兼国务院秘书长马凯等出席会议。

会议指出，教育事关民族兴旺、人民福祉和国家未来。党中央、国务院历来高度重视教育事业，把教育放在优先发展的战略地位。为了适应全面建设小康社会的新要求，适应国内外发展的新形势，适应人民群众对教育的新期盼，有必要制订国家中长期教育改革和发展规划纲要。

会议强调，规划纲要应从我国现代化建设的总体战略出发，对未来12年教育改革和发展做出全面规划和部署。一要在优先发展教育、促进教育公平、培养创新型人才、提高教育服务经济社会发展的能力等方面，提出符合国家战略和群众需求、反映教育规律和发展趋势的指导方针。二要贯彻科学发展观，体现面向未来、面向世界、面向现代化，立足国情，改革创新。三要以提高国民素质、建设人力资源强国为核心，科学确定到2020年我国教育改革与发展的战略目标、总体任务和重大部署，对教育规模、结构、质量以及分阶段和分地区的目标提出具体要求。四要综合考虑人口变化、学龄人口结构、经济结构、就业结构和社会发展的特点，对各级各类教育的改革与发展作出专题性规划。五要系统研究基础教育、职业教育、高等教育的体制改革和教学改革、教师培养、教育发展保障等重大问题，找准症结，提出思路，使规划纲要具有战略性、前瞻性、针对性、操作性。

会议强调，《国家中长期教育改革和发展规划纲要》是进入21世纪以来我国第一个教育规划纲要，是指导教育改革和发展的纲领性文件。制订这个规划纲要，是一项十分复杂的社会系统工程。要加强领导，精心组织，广泛听取专家学者、社会各界、学生及家长的意见，重大问题在社会公开讨论，使规划编制过程成为发扬民主、集思广益的过程，成为统一思想、凝聚共识的过程，力争制订出一个人民群众满意、符合中国国情和时代发展要求的高水平规划纲要。

路甬祥、陈奎元、万钢、徐匡迪及国家科技教育领导小组成员参加了会议。

原载2008年8月30日《中国教育报》第1版

高校科研助力科技奥运

"科技助奥运成功，奥运促高校发展。"7年前，北京申奥首次亮出"科技奥运"牌，7年后的今天，"科技奥运"的蓝图已经绘就。全国先后有50多所高校参与到科技奥运的各项工作中，在奥运历史上写下了浓墨重彩的一笔。

北京奥组委技术部三级项目专家张继伟说，高校开发和应用的大批先进、适用的创新技术成果，结合了北京奥运会建设的重大科技需求，发挥团结协作和联合攻关的优势，在奥运场馆建设、运动科技、数字奥运、奥运交通、赛事准备等方面都作出了突出贡献。

高校创造了科技奥运数个第一

走进北京工业大学体育馆，记者立刻感到豁然开朗，对此，北京工业大学主管场馆建设的副校长张爱林解释说，体育馆内部之所以显得特别高大敞亮，并不是因为体育馆的面积大，而是运用预应力弦支穹顶结构将内部空间"变"大了。

"北工大钢结构学科发挥了优势，应用了自己研究的专利成果，为预应力钢结构这一独特设计方案的实现作出了重要贡献，达到了钢结构体系合理与建筑优美的协调统一。"张爱林说。

预应力的施加使体育馆拥有轻盈外观的同时，"骨架"却依然刚劲有力，完美地契合了在这里举行的羽毛球、艺术体操这两项看似轻柔但又充满力度的运动。

奥运场馆历来是主办国建筑技术水平、实力的展示。在奥运场馆建设中已初步形成14大类的技术创新体系，累计攻关的新技术、新材料、新设备、新工艺技术项目达170多项，其中高校自主创新的科技成果占有很大比例。

"鸟巢"、"水滴"、"吊伞"……这些奥运场馆都以它独有的屋盖形状，吸引着人们的目光。在北京市的12个奥运比赛场馆的新建项目中，5个屋盖结构都采用了天津大学建工学院教授刘锡良国内首创的3项空间结构技术。

当接到北京奥运会老山自行车馆的设计任务时，刘锡良和他的科研团队连续奋战，仅用1个多月的时间就完成了设计任务。在老山自行车馆形似"吊伞"的屋盖结构设计中，他们采用了国内最大跨度133.06米的双层球面网壳结构。该网壳通过钢圈梁支撑于国内首创的"人"字形柱上，造型优美，受力合理，结构先进，节约了钢材。

从场馆、景观设计到建筑节能，从项目信息化管理到智能交通系统……自2001年北京奥运会申办成功以来的7年时间里，高校充分发挥科研优势，承担了数百项课题并将创新成果服务于奥运。

今天，要把这些科技成果一一罗列出来，将是一件非常繁杂的事情。这里有几个"首次"，可以一展高校在服务科技奥运过程中的魅力。

——首次采用"鸟巢"式新型建筑空间结构形式，多项技术堪称世界第一。北京工业大学、清华大学等多所高校参与其中的技术创新。

——首次实现奥林匹克公园中心区域交通"零排放"，周边地区及奥林匹克交通优先路线交通"低排放"目标的实现。北京交通大学、北京理工大学等高校功不可没。

——首次对场馆建设项目进行定期的风险评估，清华大学20多位教授和研究生倾情参与这一课题，打造了奥运历史的一个"第一"。

虽然正值暑假，但是北京交通大学运输学院教师马继辉比平常上课还忙。他每天要到公交调度系统支持中心上班，从早8点到晚8点，有时候晚上还要值夜班。“我主要负责系统的维护、保障和技术支持，一旦有突发事件，我们这里都能第一时间知道，奥运期间，有200多辆救援备用车随时准备，任何一条专线出现情况，10分钟内都将有备用车辆赶到现场。”马继辉告诉记者。

奥运历史上的首创，科技史上的前沿，成为高校承担的奥运项目的最大特色。

服务奥运促进了科研发展

服务奥运也反哺了学校。有关专家指出，北京奥运为高校科研拓展了新阵地，使学校科研意识进一步加强，学术活动和学术交流空前活跃，从而构筑了良好的学术氛围。

近20项科技奥运攻关项目落户北京大学，学校多学科开展联合攻关就是最好的证明。其中的代表就是国家体育总局水上运动管理中心与北京大学湍流与复杂系统国家重点实验室的合作，实现了一种全新的合作模式。

曾几何时，体育科研被认为是跟在教练员、运动员后面，抽抽血、查查尿、出一份结果报告。特别是高校科研参与竞技体育的过程，往往形式大于内容，缺乏深层次的合作。而此次北京大学的科研团队从流体力学、生物医学、认知心理学等多个学科全方位介入国家队的训练，这是非体育学科和运动队的首次直接合作。

合作过程中，北大湍流与复杂系统国家重点实验室主任佘振苏，带着一群二十几岁的年轻人迅速建立创新平台设计小组、水流分析小组、试验小组、数值模拟小组，开始了日夜苦干的科研征程。他为此放下了很多手中的其他科研工作，专门到国家队呆了250多天，从各方面了解训练的相关情况。其他队员们也都忘我地工作，每天工作时间达到12至16小时，有的学生累计工作达1 000多天。

激流回旋国家队的成绩迅速提升，体育总局有关领导感慨地说：“北大人使我们知道了什么叫科技奥运。”北京大学成为中国奥委会“备战2008奥运会科技合作伙伴”，这是唯一一家在内地拥有此称号的单位，佘振苏也被授予“中国奥委会特聘科技专家”称号。

“这次科研工作的创新和突破，实现了跨越学术界和体育界两个不同领域。”佘振苏说，“一方面促进了竞技体育实力的提升，另一方面，丰富了高校相关学科的学术研究领域，产生了许多新的学科增长点，使研究不仅仅局限在体育层面，可以向诸如人体系统工程研究的社会层面拓宽，同时，高校科研队伍也得到了充分锻炼。”佘振苏的4名学生先后被聘为国家队科技助理教练和一线教练。

正是利用了参与奥运科技项目这一平台，通过科技项目的攻关，逐步完善了高校围绕国家任务、社会需求、国际需要做科研的机制与模式，为高校科研的持续发展积蓄和储备了一批人才。

依托“奥运地面公交运力资源优化配置系统”课题，北京交通大学运输学院课题组的师生不断创新，发表了与课题相关的各种研究论文10余篇，培养博士硕士研究生12名，获得软件著作权登记4项。

北京工业大学经管学院教授黄鲁成及其团队依托奥运科技项目，出版专著《奥运科技——我国科技产业新源泉》，发表学术论文60余篇。黄鲁成表示，通过参与奥运科技项目，促进了高校研究机构与社会各个应用单位之间的联系和交流，搭建了理论成果到实际应用的良好平台，不仅提高了参与人员的专业水平和合作经验，也为学校相关科研领域的进一步发展奠定了基础。

高校科研成果赛后继续服务社会

奥运期间，高校科研的创新成果使用将达到一个高峰期，但是奥运会之后，这些创新成果能不能继续发挥作用呢？答案是肯定的。

从1998年以来，北京市开始实施阶段性的控制大气污染的措施，到现在已经进行了14个阶段，几乎每个阶段的举措都有清华大学科研团队的工作成果在背后做科学依据的支撑。“北京市大气污染控制战略与技术”更是被清华大学列为校级重点研究项目。

“老百姓关心的是奥运会之后，北京能否拥有更加长久的蓝天，所以，我们的研究既为北京奥运服务，又面对国家的重大需求，还为今后制定控制大气污染、提升空气质量的措施提供最为直接的依据。”“奥运空气质量保障专家组”成员、清华大学环境系郝吉明院士说，“我相信北京市控制大气污染、提升空气质量的工作会一直开展下去，高校相关的科研也会持续不断地进行下去。”

北京理工大学研制的“零排放”新型奥运电动客车，在奥运会后将被作为北京专线旅游车。而学校的教授们已经开始着手电动环卫车的研发，准备将这套电动汽车的新技术运用到生活中去，服务老百姓。

社会关注度最高的奥运场馆赛后利用问题，一直是历届奥运主办方头疼的难题，殊不知，在规划或改建场馆之初，高校就已经为后期使用埋下了“伏笔”。

在北京理工大学体育馆内，学校党委副书记、副校长杨宾指着密闭的顶部向记者透露其中的秘密，屋顶其实暗藏着上百个玻璃天窗，在以后的体育教学中，开启天窗就可以充分利用自然采光。新增的临时热身馆采用了新颖的拱形钢板承重结构，施工快捷，便于拆卸和再利用。

谈到场馆的后续利用，教育部体育卫生与艺术教育司司长杨贵仁表示，奥运会合理利用高校体育场馆，既实现了开源节流，又可以支持教育，造福广大青少年学生，对于群体工作的开展、大学生体质的增强、高校体育运动水平的提高，都将发挥巨大的积极作用。

事实证明，能参与到奥运会这个国际大型体育盛会，对众多服务奥运会的高校科研人员来说，无疑是最佳的成长和锻炼。

2000年悉尼奥运会结束后，澳大利亚的许多企业因为参与过奥运会，获得了比奥运会之前更好的声誉。对于中国的高校来说，很多针对奥运会进行的科研项目，在奥运会后会有更好的发展前景，因为呈现在他们面前的是更大范围、更广阔的市场需求。

原载2008年8月8日《中国教育报》第1版

加强高校军工科研过程中的保密管理

军工科研是国防事业的重要组成部分，是国家综合实力的重要基础。当前，不少高等院校承担着军工科研任务，一些高校还承担着军工科研项目的生产任务，加强军工科研项目研究及生产过程中的保密管理，关系到学校的利益，关系到国家的安全，还关系到包括高校师生在内的广大人民群众的根本利益。近期，高校发生的一些失密、泄密事件，暴露出高校军工科研生产过程中保密管理方面存在的问题和隐患，提醒我们要时刻做好保密管理工作。

当前，高校军工科研过程中的保密工作面临着比一般的保密工作更加严峻的形势，这主要是由于高校承担军工科研及生产任务的特殊性造成的，主要体现在以下5个方面。

军工科研内容涉及国家众多军事秘密，极具价值，成为敌人关注的重点。高校在科学研究方面一直保持着很强的前瞻性和创新性，承担了大量军工预先研究和军工基础研究项目，掌握很多武器装备研制的基础技术资料，是敌对势力和谍报机关关注的重点，因此，针对高校军工科研工作的窃密活动目标集中，且日益频繁。

军工科研过程信息化程度高，泄密隐患大。军工科研过程主要依靠计算机及办公自动化设备，对应的涉密载体种类多、数量大，涉密内容不断增加，加之各种交流活动频繁，使得工作硬盘和移动存储介质存储了大量的秘密文件资料，这些文件资料一旦接触网络，便有可能瞬间被窃取。

军工科研环境特殊，使敌人有机可乘。承担军工科研任务的项目组，工作时效性较强，科研场所变更频繁，这使得一些项目组对保密设施设备的配备往往不够齐全。究其原因有二：一是心存侥幸，认为不大可能因此出现失密、泄密问题；二是对保密设施设备的投入是否划算认识不清，投入不足。军工科研环境的特殊，还表现在非涉密办公区和涉密科研场所常同在一座楼或左右相邻，进出人员复杂，管理困难。另外，一些项目组在承担军工科研任务的同时，往往还承担着民用的非涉密科研项目，这就使得科研场所和参研人员交叉往来，涉密计算机和非涉密计算机同置一室现象普遍，办公设备和移动存储介质交叉使用的情况严重。

科研参与人员较多，流动性大。高校军工科研项目组的组成人员主要为高校教师和博士、硕士研究生，学生占较大比例，少则几人或十几人，多则三四十人，甚至更多。师生活动范围大，计算机和移动存储介质的使用缺乏规范性。因升学和就业，学生的流动性大，给国家秘密的安全带来了诸多隐患。另外，科研参与人员在项目结束后一般会被调整到其他非涉密项目组，若不加以严格管理，其在涉密的军工科研项目组掌握的涉密技术资料往往容易泄漏。

部分科研涉密人员意识淡薄，警惕性不高。一些高校参与军工科研项目的科研人员对保密安全制度重视不够，不按保密要求工作，对配发的干扰器、屏蔽仪、保密软件不安装、不使用，抱着侥幸心理，经常违规处理涉密文件，做法极为危险，他们却不以为然。

为遏制高校军工科研及生产过程中失密、泄密事件的多发势头，保证国家秘密的绝对安全，高校需要从以下 6 个方面入手，切实做好信息化条件下军工科研生产过程中的保密管理工作。

加强对军工科研保密工作的重视和领导。高校领导应深刻认识军工科研保密工作的重要性，认真担负保密工作责任。保密工作应纳入学校各级领导考核范围，建立问责机制。要保障军工科研保密工作经费的投入，将学校的保密工作做实、做细。高校应建立健全保密管理机构，设立数量足够的保密工作专职岗位，充实高水平的专业技术人员。同时，应积极发挥基层力量，在学院或项目组设立保密干事或联络员，建立自上而下的保密管理责任体系，形成保密管理网络。

将保密管理与军工科研过程管理紧密结合。高校要将保密管理贯穿于军工科研项目申报、立项、实施、验收的全过程，在每一个环节予以控制和监督，使科研工作与保密工作同步进行，保证每一个岗位、每一台机器、每一个磁盘、每一名涉密人员、每一项科研任务都处在严格的保密管理之下。要将保密工作纳入科研项目的阶段性考核当中，建立“项目谁主管，保密谁负责”的保密责任制度。科研项目主管部门应与保密工作主管部门协同一致，加强配合，在科研工作中抓保密，以保密工作促科研。

细化对军工科研涉密人员的管理。高校要在军工项目涉密人员中执行严格的保密责任制度，尽量减少项目组中涉密人员数量和涉密人员对国家秘密的知悉范围，可考虑对某些科研项目拆分后进行降密或解密处理。对科研涉密人员实施动态管理，做好涉密人员的定级、培训、考核、奖惩、脱密等工作。另外，要特别注意对参与军工科研项目的研究生的管理工作，加大教育力度，严格禁止其对个人计算机和移动存储介质的违规操作和使用。

加强军工科研涉密科研场所的管理。高校应采取积极措施，保证军工项目科研场所按保密要求配备保密设施设备，对保密要害部门及部位要安装“三铁一器”，利用摄像头对科研场所进行监控。要做到科研场所与其他办公场所隔离，做好涉密工作人员的出入管理，杜绝非项目参研人员进入军工科研现场。对涉密项目组同时承担非涉密民用项目的现象要彻底清查，明确军工科研任务参研人员范围，明确划分科研工作区域，努力做到两类科研人员和科研场所不重叠，最大限度地减少可能造成泄密的风险隐患。

增强军工科研保密技术防范能力。针对信息化条件下网络窃密的形式和手段，高校应客观评估自身技术防范能力，适当充实学校网络防护硬件设备，配备高级专业技术人才。应做好整体规划，如有需要，可考虑在军工科研场所统一配备使用专业技术工具，提高整体技术防范能力。应对涉密科研人员加强保密技术培训，使其掌握基本的技术防范技能，提高技术防范意识。

保密教育要形式新颖，注重实效。高校要采用多种多样的形式，开展经常性的保密教育。可举办全校范围的保密大讲堂或培训班、进行保密技术与泄密情况现场演示、举办泄密案例巡展、播放保密教育警示片等，有针对性地开展信息化条件下的保密教育。要积极利用电视、报纸、网络等多种媒体，宣传保密工作，使媒体既成为开展工作的主要载体，更成为保密宣传教育的重要窗口。

作者蔺海波、曾轲、张胜强，原载 2008 年 11 月 14 日《中国教育报》

如何做好信息化条件下的高校保密工作

保密工作事关国家安全和利益，是党和国家的一项重要工作。高校保密工作是国家保密工作的重要组成部分，做好高校保密工作，不仅关系着学校的稳定与发展，关系着人民群众的切身利益和社会的和谐稳定，也关系着国家的安全和根本利益。当前，高校保密工作面临着诸多新问题和新挑战，特别是信息化条件下的高校保密工作，形势严峻，任务艰巨，需要我们进行深入的思考，采取有效的措施积极应对。

应高度重视高校保密工作

当前我国高等教育正处在大变革、大发展时期，高校保密工作涉及的领域不仅包括教育考试、对外交流合作、涉密学位论文、高校出版等方面的内容，还包括军工科研生产、校园网与互联网、信息公开等过程中的保密内容，内容非常复杂，必须要有高度的责任感，并且要高度重视，才能做好这项工作。

信息化条件下，高校的保密工作具有这样一些特点：

保密工作的对象更具多元性。信息化条件下，秘密信息的产生、传输、存储，从有形的纸质文件，扩展到无形的声、光、电、磁信息，保密方式从过去单纯的纸制文件保密，扩展到计算机及信息系统和移动存储介质等的保密，难度加大。

秘密信息更具不可控性。随着信息技术和通信技术的发展和应用，秘密信息的可控性越来越低。计算机、数字复印机、传真机等办公自动化设备的使用，使泄密渠道增多，作为日常通讯工具的电话、手机也成为重要的泄密渠道。高科技的发展，使得窃密技术更加先进，方式更加隐蔽，窃密行为更加难以察觉和防范。

泄密造成的危害更具破坏性。U盘及移动硬盘等新型涉密载体，体积小、便于携带，且容量巨大，一旦丢失或者被窃，将导致大量的秘密信息外泄，损失和危害难以估计。而秘密信息一旦在互联网上被公开，造成的后果无法弥补。

高校保密工作存在诸多问题

近年来，随着高校对保密工作的日益重视，高校师生和干部职工的保密意识逐步提高，高校保密工作获得了长足发展。然而，信息化给高校保密工作带来了新问题和新挑战，高校保密工作形势依然十分严峻，泄密事件时有发生。当前，高校保密工作存在5个突出问题。

保密意识不强。通过统计我们发现，近年来高校发生的泄密事件，绝大多数是由于工作人员的保密意识淡薄造成的，主要表现为：思想麻痹，疏忽大意，如将涉密文件、涉密资料随意存放，导致涉密文件和资料丢失或被盗，出差时携带涉密笔记本电脑，造成涉密文件资料被盗或丢失；工作中图省事、图方便，违规操作，如将涉密计算机、涉密笔记本电脑违规连接互联网或局域网，或通过电子邮件、普通传真机传送涉密信息，或在连接互联网的计算机上存储、处理涉密信息，或将移动存储介质在涉密计算机和非涉密计算机之间交叉使用，造成泄密；工作粗心，把关不严，如在互联网上发布信息时审查不严，将涉密信息在网上发布，导致泄密。

保密工作制度落实不到位。近些年来，各高校依照国家有关保密法律法规，结合学校实际，制定了较全面的保密工作规章制度。然而，在实际的保密管理过程中，对于保密规章制度的落实并不到位，保密督促检查欠缺力度，保密管理中还存在一些漏洞和死角。

保密干部队伍建设亟待加强。高校保密工作是一项长期而艰巨的工作，需要有专门的组织机构和专职的保密工作队伍。当前，各高校普遍组建了高校保密工作组织领导机构，设立了校保密委员会，并下设保密委员会办公室，保密工作组织机构比较健全，多数高校配备了专职的保密工作人员。然而，通过调查我们发现，目前高校保密工作队伍人员年龄老化现象严重，同时，懂技术、善管理的业务干部极为缺乏。

非涉密计算机的保密管理存在漏洞和死角。透过近两年来高校发生的泄密事件，我们发现，这些事件大多发生在非涉密计算机上，即在非涉密计算机上存储、处理涉密文件，并导致泄密。这启示我们，高校保密工作既要抓好涉密计算机的保密管理，也要抓好非涉密计算机的保密管理，不能在保密工作中留下漏洞和死角。

保密工作经费缺乏保障。调查发现，目前高校普遍没有设立保密工作经费，保密工作经费大多是临时性划拨，经费来源缺乏制度性的保障。

如何改进和加强高校保密工作

针对当前保密工作的严峻形势，高等学校要充分认识保密工作的重要性和紧迫性，采取切实有效措施，提高综合防范能力，做好保密工作。

强化保密意识，筑牢保密的思想防线。高校发生泄密事件的主要原因在于相关人员保密意识不强。因此，高校保密工作的核心和首要任务，是要狠抓保密意识的提高，切实增强师生员工的敌情观念，筑牢思想防线。保密意识的提高，关键在于教育和宣传。要增强保密教育和宣传的针对性和实效性，把信息化条件下保密工作面临的严峻形势讲透，把保密工作的职责讲清，把泄密的危害和后果讲足，并着重抓好忠诚教育、保密纪律教育和保密知识与技能教育。

加强保密要害部门及部位、涉密计算机及移动存储介质的管理。保密工作线长面广，任务繁杂，工作量大，工作中要坚持有所侧重，在整体推进的基础上突出重点。要紧紧抓住保密要害部门及部位、涉密计算机及移动存储介质两个重点，切实增强保密管理的针对性和实效性，以此带动非涉密计算机及移动存储介质的管理。

深入开展保密检查。保密检查是推动保密工作深入开展、较好地落实保密工作责任的重要手段。高校保密部门要开展经常性的保密检查，发现薄弱环节，堵塞漏洞，消除隐患。对保密要害部门及部位、涉密计算机及移动存储介质要进行重点检查。同时，要加大保密技术装备的推广应用力度，不断提高检查和防范水平。

加强保密队伍建设。要高度重视保密机构队伍建设，配齐、配强保密干部。要把保密队伍建设摆在突出位置，按照政治强、业务精、作风好、纪律严的要求，努力提高保密干部的综合素质，加大保密干部选、用、管的力度，真正把那些政治素质高、工作责任心强、掌握一定专业知识的人员调整充实到保密工作岗位上来，打造一支结构合理、素质优良、作风端正、新老衔接的保密工作队伍，为做好保密工作提供强有力的人才支撑。

作者蔺海波、曾轲、张胜强，原载2008年11月7日《中国教育报》

学习贯彻《高等学校档案管理办法》促进高等学校档案工作科学发展

《高等学校档案管理办法》（以下简称《办法》）由教育部和国家档案局联合签署，以教育部第27号令的形式发布实施。《办法》分为总则、机构设置与人员配备、档案管理、档案的利用与公布、条件保障、奖励与处罚、附则七章，共四十三条。

《办法》的发布实施，是新时期新阶段国家为促进高等教育又好又快发展作出的一项重要举措，是指导新时期新阶段高校档案工作科学发展的法规性文献，对于加快推进现代大学管理制度建设，深化高校档案工作内涵建设，提高档案服务高等教育与经济社会发展的能力和水平，具有十分重要的意义。

一、《办法》发布的背景

《办法》的修订和发布，体现了国家对高校档案工作的关心和重视。

高校档案机构是保存和提供利用学校档案的专门机构，高校档案是支撑高等教育持续健康发展的基石。只有依靠强有力的法制保障，才能从根本上保证高校档案事业不断向前迈进。

随着经济社会和高等教育的快速发展，特别是随着信息技术的迅猛发展，高校档案工作的内涵和外延都发生了深刻变化。目前，我国正由教育大国向教育强国转变，高等教育的发展由注重数量增长转向提高质量、注重内涵建设，高校档案的传统管理模式面临着新的挑战，同时也迎接着新的发展机遇。为使高校档案工作与高等教育同步发展，高校在档案机构建设、档案工作制度建设、人才队伍建设、档案信息化建设等方面必须与时俱进，在继承的基础上不断改革创新，才能促进高校档案事业科学发展，更好地服务学校和社会。

为依法保障高校档案事业可持续的科学发展，2007年年初开始，教育部办公厅对1989年10月以国家教委第6号令的形式发布实施的《普通高等学校档案管理办法》开展了修订工作，书面征求了全国120所不同类型高校的意见，组织部分高校和地方教育行政部门负责档案管理工作的同志进行了讨论，集思广益，形成了修订初稿，并下发高校进一步征求意见。在此基础上，2007年10月，办公厅召集高校档案机构专家和地方教育行政部门档案工作负责人，在充分吸收全国高校档案部门意见的基础上，着重对高校档案工作的体制、机构设置、队伍建设、经费和馆库保障、归档范围和奖惩等内容进行了再次修改，凝聚了共识。

按照规章制订程序，教育部法制办征求了部内19个司局的意见，并从立法技术角度进行了修改。在此期间，国家档案局与我部充分交换了意见，对一些条款进行了反复的沟通和协商，数易其稿。

二、《办法》的特色及现实意义

《办法》对高校档案机构的设置与人员配备、管理职责、条件保障以及档案的利用与公布等作出了全面、明确的规定。大体而言，呈现出以下几个特点：

1. 明确了高校档案工作的体制保障机制

高校档案工作是高等学校重要的基础性工作。《办法》在总则中明确规定："国务院教育行政部门主管全国高校档案工作。省、自治区、直辖市人民政府教育行政部门主管本行政区域内高校档案工作。"这一规定，从根本上解决了教育行政部门和档案业务部门管理体制和职责不够明确的缺陷。

《办法》首次规定高校档案工作由高校校长领导，并明确其主要职责是：（一）贯彻执行国家关于档案管理的法律法规和方针政策，批准学校档案工作规章制度；（二）将档案工作纳入学校整体发展规划，促进档案信息化建设与学校其他工作同步发展；（三）建立健全与办学规模相适应的高校档案机构，落实人员编制、档案库房、发展档案事业所需设备以及经费；（四）研究决定高校档案工作中的重要奖惩和其他重大问题。这一规定，开创了我国高等院校档案管理体制改革的新纪元。

此外，《办法》扩大了适用范围，把成人高等教育档案管理工作纳入其中。这一规定，必将有利于成人高等学校档案管理的规范化。

2. 突出了高校档案工作的内涵建设

为规范高等学校档案工作，《办法》参引了10余个标准或规范，对促进高校档案工作内涵建设具有重要的现实意义。

为适应知识经济和电子信息技术迅速发展的新形势，保证高校档案工作为高校改革与发展和社会建设提供高质量的服务，《办法》指出，高校档案机构要"组织实施档案信息化建设和电子文件归档工作"，并强调指出"高等学校应当对纸质档案材料与电子档案材料同步归档"，突出了时代特征。

《办法》还突出了档案工作的学术性，将"编研、出版档案史料，开发档案信息资源"列入了高校档案机构的管理职责，同时指出"有条件的高校，应当在相关专业的高年级开设有关档案管理的选修课"。

关于档案机构的设置和人员配备，《办法》明确规定，档案工作人员不仅要"具备档案业务知识"，还要具备"相应的科学文化知识以及现代化管理技能"，档案馆领导应"热心档案事业，具有高级专业技术职务任职经历"，"有组织管理能力，具有开拓创新意识和精神"，同时要"年富力强，身体健康"，突出了人才兴档、人才强馆的理念。

3. 强调了高校档案资源建设的"大档案"理念

《办法》将学生档案纳入归档范围，而且单独设类，彰显了以人为本和重视民生档案的理念。

《办法》强调高校档案机构要重视和加强"对于与学校有关的各种档案史料的征集"，突破了传统归档理论的限制。

《办法》还指出，高等学校"归档的档案材料包括纸质、电子、照（胶）片、录像（录音）带等各种载体形式"，这对于高校档案信息资源的全面和完整，对于加大高校档案信息化建设的力度，方便学校和社会利用档案信息资源，具有重要的现实意义。

4. 指明了高校档案工作服务的方向

为促进高校档案工作更好地为高校教学、科研及师生和社会服务，《办法》提出高校档案机构应当为社会利用档案创造便利条件，首次赋予高校档案服务社会的新职能。

《办法》明确指出高校档案机构应充分挖掘档案资源，“采取多种形式（如举办档案展览、陈列、建设档案网站等），积极开展档案宣传工作”，以丰富大学文化和大学精神文明建设的内涵。

《办法》还强调“有条件的高校档案机构，可以申请创设爱国主义教育基地”，这些规定，开创了高校档案工作服务的新领域，拓宽了档案工作服务的辐射面。

5. 强化了高校档案工作的条件保障

为保证高校档案事业的健康可持续发展，为学校和社会提供优质和高水平的服务，《办法》强调，“高等学校应当将高校档案工作所需经费列入学校预算，保证档案工作的需求”，还进一步规定“高等学校应当设立专项经费”，促进档案信息化建设，“加快数字档案馆（室）建设”，提高档案工作服务学校和社会的能力。

《办法》要求，“对不符合档案事业发展需要或不符合档案保管要求的馆库，要按照《档案馆建设标准》（建标 103—2008）的要求及时进行改扩建或者新建”。这些规定，对全国高校具有普遍的针对性，是高校档案资源体系和服务体系建设的根本保障。

三、认真做好《办法》的学习宣传和贯彻实施工作

《办法》的学习宣传和贯彻实施，是高等学校当前的一项重要工作。高等学校要从学校建设和发展的全局对高校档案工作进行宏观的战略性思考，同时，要从微观上联系学校自身的实际，解决好存在的问题。

一是要做好《办法》的学习和宣传工作。各高校要认真学习《办法》，深刻领会《办法》的实质和内涵，充分认识《办法》的实施对推进大学规范化管理和科学发展的重要意义。要积极组织学校各级领导和各部门的负责同志学习《办法》，全面提升档案意识，增强做好档案管理工作的现实责任感和历史使命感，推动高校档案管理工作从传统型向现代化方式转变，以适应高等教育新一轮改革和发展的需要。

二是要做好《办法》的贯彻和落实工作。高等学校要对照《办法》，认真开展调查研究，查找不足，规划好学校档案工作的未来。要把档案工作纳入到学校建设的整体规划当中，采取切实有效的措施，加强对档案工作的领导，加强档案工作的队伍建设、制度建设和基础设施建设，把《办法》的各项规定落到实处，为学校档案工作的发展提供充分的条件保障。

我们衷心希望全国高等学校以学习和宣传《办法》为契机，抓好《办法》的贯彻和实施工作，以与时俱进、改革创新的精神，扎实推进新时期新阶段高校档案工作科学地向前发展，全面提升高校档案服务学校和社会的能力和水平，开创高等学校档案管理、服务与建设的新局面。

作者牟阳春系教育部办公厅主任，原载 2008 年 9 月 26 日《中国教育报》

教育部直属高校档案工作调查报告

高校档案是高校发展记忆的基石，是高校历史的原始记录，作为一种重要的信息资源，高校档案的质量和完整程度影响到我国高等教育甚至整个社会记忆的留存，因此，做好高校档案工作，确保高校档案的齐全、完整与安全，是高校的一项重要基础性工作，具有重要的现实意义和深远的历史意义。

近年来，我国高等教育事业实现了跨越式发展，高校招生规模逐步扩大，与此同时，高校的重要活动、重要会议、重点建设项目、重大科研项目、重大改革工程、重要工作内容与日俱增，高校档案工作面临着巨大的挑战；信息科学和信息技术的迅猛发展，更使高校传统的档案管理模式遇到了巨大的挑战。目

前，与我国高等教育事业跨越式发展的规模和速度相比，高校档案工作的发展较慢，落后于高校发展的整体水平，形成了高校档案工作与高等教育事业的整体发展不同步、不协调的局面。

本文旨在通过对教育部72所直属高校档案事业机构有关情况的调查分析，探讨当前直属高校档案工作中存在的问题，有针对性地提出了一些具体的建议和对策，以期推动我国高校档案工作与时俱进向前发展。

一、教育部直属高校档案工作基本情况分析

1. 机构、人员情况

截至2007年底，教育部直属高校档案事业机构共有72个，其中，档案馆61个，占总数的84.72%，档案室11个，占总数的15.28%；共有档案工作人员1 129人，其中，专职人员750人，兼职人员379人，分别占总人数的66.43%和33.57%。

750名专职人员中，女性531人，占70.80%，男性219人，占29.20%。其中，50岁以上的228人，35～49岁的392人，34岁以下的130人。

表1 直属高校档案事业机构专职工作人员年龄分布情况表

	50岁以上	35～49岁	34岁以下	合计
数量	228人	392人	130人	750人
所占比例	30.40%	52.27%	17.33%	100%

750名专职人员中，有博士研究生6人，硕士研究生108人，研究生班研究生33人，双学士学历9人，大学本科学历389人，大专学历162人，中专学历24人，高中文化水平14人，初中及以下文化水平5人。

表2 直属高校档案事业机构专职工作人员文化程度情况表

	博士研究生	硕士研究生	硕士生班研究生	双学士	大学本科	大专	中专	高中	初中及以下
数量	6	108	33	9	389	162	24	14	5
所占比例	0.80%	14.40%	4.40%	1.20%	51.87%	21.60%	3.20%	1.87%	0.67%

750名专职人员中，档案专业毕业的459人，非档案专业毕业的291人，分别占总数的61.20%和38.80%。

档案专业毕业的459名专职人员中，有博士研究生2人，硕士研究生22人，大学本科学历79人，大专学历48人，中专学历8人，受过档案专业在职培训教育300人。

表3 直属高校档案事业机构专职工作人员档案专业程度情况表

	博士研究生	硕士研究生	大学本科	大专	中专	在职培训教育	合计
数量	2人	22人	79人	48人	8人	300人	459人
所占比例	0.44%	4.79%	17.21%	10.46%	1.74%	65.36%	100%

在750名专职人员中，有研究馆员19人，副研究馆员150人，馆员316人，助理馆员112人，管理员40人，无职称人员113人。

表 4 直属高校档案事业机构专职工作人员专业技术职务情况表

	研究馆员	副研究馆员	馆员	助理馆员	管理员	无职称人员	合计
数量	19 人	150 人	316 人	112 人	40 人	113 人	750 人
所占比例	2.54%	20.00%	42.13%	14.93%	5.33%	15.07%	100%

2. 馆藏档案情况

截至 2007 年底，72 所直属高校档案事业机构馆藏档案案卷共 4 841 129 卷，案卷排架总长度为 106 417米；馆藏以件为保管单位档案共 1 136 424 件，以件为保管单位档案排架总长度为 4 815 米；馆藏录音磁带、录像磁带、影片档案共 37 699 盘；馆藏照片档案共 1 001 638 张；馆藏底图共 293 413 张；馆藏电子档案共 24 330 盘（张），其中磁带 737 盘、磁盘 5 907 张、光盘 17 686 张；馆藏缩微胶片共 6 677 张（幅），其中平片 1 721 张，卷片 4 956 幅。

表 5 直属高校档案事业机构馆藏档案情况表

档案事业机构名称	案卷	案卷排架长度	以件为保管单位档案	以件为保管单位档案排架长度	录音磁带录像磁带影片档案	照片档案	底图	电子档案			缩微胶片	
								磁带	磁盘	光盘		
	卷	米	件	米	盘	张	张	盘	张	张	张	幅
档案馆	4 600 402	101 619	1 130 510	4 748	28 763	961 687	283 329	737	5 894	17 472	1 721	4 956
档案室	240 727	4 798	5 914	67	8 936	39 951	10 084	—	13	214	—	—
总　计	4 841 129	106 417	1 136 424	4 815	37 699	1 001 638	293 413	737	5 907	17 686	1 721	4 956

3. 馆藏档案历史分期情况

截至 2007 年底，72 所直属高校档案事业机构馆藏新中国成立前档案案卷 66 761 卷，以件为保管单位档案 41 750 件，馆藏新中国成立后档案案卷 4 774 368 卷，以件为保管单位档案 1 094 674 件。

表 6 直属高校档案事业机构馆藏档案历史分期情况表

档案事业机构名称	新中国成立前档案		新中国成立后档案		总计	
	卷	件	卷	件	卷	件
档案馆	66 629	41 750	4 533 773	1 088 760	4 600 402	1 130 510
档案室	132	—	240 595	5 914	240 727	5 914
合　计	66 761	41 750	4 774 368	1 094 674	4 841 129	1 136 424
所占比例	1.82%		98.18%		100%	

馆藏新中国成立前档案中，明清档案案卷 810 卷，以件为保管单位档案 8 件，占总量的 0.75%；民国档案案卷 57 308 卷，以件为保管单位档案 41 711 件，占总量的 91.25%；革命历史档案案卷 8 643 卷，以件为保管单位档案 31 件，占总量的 8.00%。

4. 2007 年进馆档案情况

2007 年，72 所直属高校档案事业机构接收档案案卷共 419 656 卷，接收以件为保管单位档案共 121 016 件，接收录音磁带、录像磁带、影片档案共 805 盘，接收照片档案共 146 659 张，接收底图共

20 904 张，接收电子档案共 5 706 盘（张），其中磁带 2 盘、磁盘 649 张、光盘 5 055 张。征集档案共 13 182 卷（件），其中，档案案卷 5 744 卷，以件为保管单位档案 7 438 件；接受寄存档案共 2 067 件。

表 7　直属高校档案事业机构 2007 年进馆档案情况表

档案事业机构名称	接收档案								征集档案		接受寄存档案
	案卷	以件为保管单位档案	录音磁带录像磁带影片档案	照片档案	底图	电子档案					
						磁带	磁盘	光盘			
	卷	件	盘	张	张	盘	张	张	卷	件	件
档案馆	403 478	120 151	690	146 054	20 904	2	649	4 997	5 744	7 438	2 067
档案室	16 178	865	115	605	—	—	—	58	—	—	—
总计	419 656	121 016	805	146 659	20 904	2	649	5 055	5 744	7 438	2 067

5. 2007 年开放档案情况

2007 年，72 所直属高校档案事业机构开放档案共 1 432 328 卷（件），仅占馆藏档案总量 23.96%；开放档案目录共 82.38 万条，仅占机读目录总量 8.18%。

表 8　直属高校档案事业机构 2007 年开放档案情况表

	开放档案		开放档案目录	
	案卷	以件为保管单位档案	案卷级	文件级
	卷	件	万条	万条
数量	1 189 983	242 325	30.41	51.97
总计	1 432 328		82.38	
占总量比例	23.96%		8.18%	

在开放档案中，开放新中国成立前档案共 68 025 卷（件），占馆藏新中国成立前档案总量的 62.69%；开放新中国成立后档案共 1 364 303 卷（件），占馆藏新中国成立后档案总量的 23.24%。

6. 2007 年利用档案情况

2007 年，72 所直属高校档案事业机构利用档案共 198 166 人次，利用档案数量共 500 287 卷（件），占馆藏档案总量的 8.37%。

在利用的档案中，利用新中国成立前档案共 14 007 卷（件），占馆藏新中国成立前档案总量的 12.91%；利用新中国成立后档案共 486 280 卷（件），占馆藏新中国成立后档案总量的 8.29%。

表 9　直属高校档案事业机构 2007 年利用档案历史分期情况表

档案事业机构名称	利用档案人次	利用档案					
		总　量		新中国成立前档案		新中国成立后档案	
	人次	卷	件	卷	件	卷	件
档案馆	190 961	402 750	80 365	13 947	60	388 803	80 305
档案室	7 205	16 363	809	—	—	16 363	809
合计	198 166	419 113	81 174	13 947	60	405 166	81 114
占馆藏总量比例		8.37%		12.91%		8.29%	

7. 馆舍建设及设备情况

截至 2007 年底，72 所直属高校档案事业机构馆舍总建筑面积共计 94 437 平方米，其中，档案库房建筑面积为 47 047 平方米，档案技术用房建筑面积为 3 132 平方米。共配置服务器 94 个、微机 1 146 台、阅读器 1 台；配置复印机 151 台；配置空调机共

76 套（台），其中，集中式空调机 16 套，分散式空调机 60 台；配置去湿机共 343 台；配置消毒设备 39 台，其中，物理方法消毒设备 38 台，化学方法消毒设备 1 台。

表 10　直属高校档案事业机构馆舍建设及设备情况表

	总建筑面积			设备情况													
				缩微设备					电子计算机		复印机	空调机		去湿机	消毒设备	
		档案库房建筑面积	档案技术用房建筑面积	缩微摄影机	冲洗机	拷贝机	阅读器	阅读复印机	服务器	微机		集中式空调机	分散式空调机		物理方法	化学方法
	平方米	平方米	平方米	台	台	台	台	台	个	台	台	套	台	台	台	台
档案馆	89 632	43 893	3 123	—	—	—	1	—	90	1 102	141	16	—	319	37	1
档案室	4 805	3 154	—	—	—	—	—	—	4	44	10	—	60	24	1	—
总计	94 437	47 047	3 132	—	—	—	1	—	94	1 146	151	16	60	343	38	1

二、教育部直属高校档案工作存在的问题

通过调查分析，我们看到，目前教育部直属高校档案工作主要存在以下几个方面的问题。

1. 高校领导对档案工作的重视程度不够

档案工作是高校一项重要的基础性工作，但长期以来，档案工作始终没有得到应有的重视，由此形成了高校档案工作与高等教育事业的整体发展不同步的局面。特别是近些年来，虽然我国高等教育事业实现了跨越式的发展，但高校档案工作却依然发展缓慢，究其原因，关键在于高校领导主要精力大多集中在教学科研、人才培养等方面，对高校档案工作重视不够，档案意识淡薄，没有将档案工作纳入到高校发展的重要议事日程，从而导致高校档案工作发展滞后。

2. 档案工作人员的文化程度偏低，专业化程度较低

目前，教育部直属高校档案事业机构专职档案工作人员的文化程度整体偏低，档案工作人员的学历水平远远低于直属高校专任教师的学历水平。

表 11　直属高校专职档案工作人员与专任教师学历比例比较情况表

	研究生学历	本科学历	专科及以下学历
专任教师	72.77%	26.17%	1.06%
专职档案工作人员	19.60%	53.06%	27.34%

另一方面，教育部直属高校档案事业机构专职档案工作人员的专业化程度较低，这也是导致高校档案事业发展缓慢的重要因素之一。

3. 档案工作人员的性别结构、年龄结构不合理

通过调查分析，我们发现，高校档案工作人员的性别结构和年龄结构均不合理。

首先，女性工作人员比例过高。其次，工作人员的年龄结构偏老龄化。目前，教育部直属高校档案事业机构专职档案工作人员中，50 岁以上的工作人员占总人数的 30.40%，35～49 岁的工作人员占总人数的 52.27%，34 岁以下的工作人员仅占总人数的 17.33%。而据统计，截至 2006 年底，教育部直属高校专任教师队伍中，50 岁以上的教师所占比例为 14.25%，36～50 岁的教师所占比例为 47.77%，35 岁以下的教师所占比例为 37.97%。可见，直属高校档案事业机构专职档案工作人员的年龄结构偏老龄化，不利于高校档案事业的可持续性发展。

4. 档案信息化建设滞后，档案数字化程度低

根据统计资料可知，目前教育部直属高校整体的档案信息化建设滞后，档案数字化程度低，究其原因，一方面在于部分高校领导和档案工作者在思想意识上对档案信息化建设的重要性没有充分的认识，对于档案信息化建设缺乏应有的认识，没有给予充分的重视，对档案管理自动化的必要性、紧迫性感受不深，热情不高，没有建立档案信息化的领导决策机构，也没有将档案信息化建设列入议事日程。另一方面，在技术支持上缺乏操作简单、功能强大的计算机软件，同时受各方面因素的影响，高校档案事业机构编制紧张，待遇较差，难以吸引、留住档案信息化建设所需的人才，因此难以有效地推进档案信息化建设。

5．档案开放程度不够，档案资源开发与利用程度较低

高校档案部门"以藏为主"、"重藏轻用"的现象比较突出，档案资源的开放程度以及开发与利用程度低，档案资源的服务功能未得到充分的发挥。

6．经费不足、设备不全、馆舍条件差

档案工作的开展要有必不可少物质基础，高校需安排一定的专项经费，用于档案库房设施的完善和更新，以保障档案工作的健康持续的发展。目前教育部直属高校对于档案工作的经费投入普遍严重不足，造成高校档案事业机构设备不全，现有设备陈旧老化现象普遍，馆舍条件差。

三、对策与建议

1．高校领导要提高认识，加强对档案工作的领导

档案工作是高校的一项基础性工作，高校领导需更新观念，充分认识高校档案工作对学校发展的重要性，加强对高校档案工作的领导，把档案工作，特别是档案信息化建设纳入学校整体发展规划，纳入学校发展议事日程，在人力、物力、财力上给予大力支持，保障档案工作与学校的其他工作同步发展。高校要增加对档案工作的经费投入，设立专项经费，用于档案信息化建设，积极改善库房条件。

2．大力加强高校档案人才队伍建设

人才是高校档案工作发展的关键，高校档案部门要迅速转变档案部门是"养尊处优"之所，档案馆工作人员思想观念相对落后，视野相对狭窄，创新能力不强的状况，加强学习，解放思想，联系实际，学以致用。要树立强烈的事业心，增强责任感，以改革的思路，开拓的精神，发展的眼光，求实的作风，提高档案工作人员的素质水平和能力，与时俱进，档案馆要由养人部门向效能部门转变，做到人尽其才，馆以才兴。

同时，高校档案部门要通过培养、引进和人才流动，优化档案馆的队伍结构，建设一支具有较高专业素质和综合实力，管理型、技术型、服务型、研究型相融的创新团队，这是兴馆之计，是档案馆做好内涵建设和外延发展，把档案馆事业做大做强的重要基础和有力保障。

3．推进档案信息化建设，努力实现高校档案的现代化管理

高校档案信息化建设，是一项重大而艰巨的任务，高校要把档案信息化建设与学校的发展和改革同等对待。同时，高校档案工作人员要增强加快高校档案信息化建设的紧迫感和责任感，把档案信息化建设工作抓实抓紧抓好。

档案信息化建设要以档案的信息资源为核心，以档案的网络建设为基础，以扩大档案信息资源的开发利用为目标。换言之，资源建设是基础，现代技术是手段，开发利用是目的。为此，我们要加快档案信息化建设的设施建设，加快数据库的建设，加强标准和规范的管理，建设数字化档案馆或档案室。

要把档案信息资源的开发与利用纳入到学校、教育事业和国家的信息化行列中去，为学校、教育事业和社会提供优质高效的服务。同时要拓宽服务方向，拓展服务内容，丰富服务品种，主动服务，做好档案的编研加工，宣传陈列，网络服务等项工作，争取得到社会各界的大力支持。

4．加大档案开放力度，深度开发与利用档案信息资源

高校档案部门应当加大高校档案资源的开放力度，进一步完善档案开放制度，简化利用手续，丰富利用形式，扩展服务范围，努力提高服务水平，最大限度地满足各方面利用档案的需求，实现高校档案的社会共享。在做好档案开放的同时，高校档案部门还应当编制必要的检索工具，提供开放档案目录、全宗指南、计算机查询系统等，积极为利用者查询和使用提供便利。要对档案信息资源进行加工和开发，促进档案信息资源增值服务社会化。

档案收集是档案开放和利用的前提，高校档案部门在加大档案开放力度，深度开发与利用档案信息资源的同时，必须做好档案资料的收集工作。除日常的文书档案外，高校档案部门还要认真做好科研、教学、管理过程中产生的数据、报告、成果等档案的收集，同时注重对知名专家、学者、教授个人档案信息和校史档案进行征集和挖掘，以保证档案收集的系统性、完整性、全面性、真实性，为档案的开放以及档案信息资源的开发与利用提供有利保障。

作者蔺海波、张胜强，原载《学府兰台 如歌岁月》，厦门大学出版社2008年7月出版

关于《中国教育年鉴》编撰工作的探索与思考

《中国教育年鉴》是由教育部办公厅组织编撰，按年度向国内外发布我国教育改革与发展情况的专业性志书。1982年，《中国教育年鉴》问世，成为建国以来出版的第一部教育工作资料工具书，从1987年开始，《中国教育年鉴》按年度出版，迄今已经出版20余卷。

《中国教育年鉴》承担着准确、系统记载我国教育改革与发展历程，鉴往知来，服务现实，保存史料，惠及后代的历史使命，是各级教育行政部门、各级各类学校执行党和国家的教育法律法规与方针政策、做好教育工作的经验总结，是中国教育事业发展进程的真实记录，对我国教育事业的改革和发展起着独特的作用。

经过二十多年的实践，教育年鉴的定位越来越准确，即：它是教育管理决策、教育科研的参考；是教育系统沟通信息、交流经验的园地；是宣传中国教育改革与发展成就的窗口；是为热心关注和研究中国教育的读者提供信息资料的载体。在不断的实践和探索中，教育年鉴已经逐步成为广大教育工作者认识、分析和研究教育问题的重要帮手，成为各级领导、专家学者乃至社会各界了解教育的重要渠道，《中国教育年鉴》还销往部分国家和地区，成为教育使领馆的必备赠书和国外研究中国教育的重要载体。《中国教育年鉴》已因其重要性而得到了社会各界的普遍重视。

近几年来，《中国教育年鉴》在编撰过程中不断探索创新，稳中求变，在继承宝贵经验的基础上不断开拓创新，取得了积极的进展。2005卷《中国教育年鉴》在全国第二届年鉴编校质量评比活动中荣获一等奖，这在教育部年鉴编辑史上是第一次。紧随其后，2006卷、2007卷《中国教育年鉴》又相继在全国第三届、第四届年鉴编校质量评比活动中荣获一等奖，实现了三连冠。我们要认真总结近年来年鉴编撰工作中形成的经验，加以继承并发扬光大，同时要认真查找不足，研究和探讨新形势、新情况下进一步提高年鉴的编撰质量，推动年鉴创新发展的新思路，使年鉴工作上台阶上水平，更好地为教育改革和发展服务，更好地为社会大众服务。

一、开拓创新，近年来年鉴编撰工作取得了新进展

近年来，《中国教育年鉴》的探索创新主要体现在以下六个方面：

第一，领导重视。领导的重视是办好年鉴的关键。从创办开始至今，年鉴的主编一直由办公厅主任担任，办公厅每年都将年鉴编撰工作列入年度工作计划，把年鉴的编撰作为一项重要的工作来抓，主编、副主编对年鉴的编撰工作提前部署，在选题策划、文稿审阅和照片选定以及图片文字说明等各个方面精心指导，严格把关。同时，办公厅领导一直积极帮助年鉴业务部门协调解决工作中的实际问题。年鉴的出版单位、人民教育出版社的领导同样高度重视年鉴编撰和出版发行工作，确保了在出版社任务多而急时，年鉴也能正常出版；人民教育出版社总编室的同志严谨认真、一丝不苟，与年鉴编辑部密切沟通，通力协作。强有力的领导和全体参编人员的辛勤努力、精益求精，保证了年鉴编校质量的高水平和出版发行的顺畅。

第二，目标明确。从2005年开始，《中国教育年鉴》确立了“博大精深”的目标追求。“博”就是内容广博，“大”就是信息量大，“精”是指选材要精当，“深”是指在题材开拓上要有一定的深度。

编出年鉴容易，编好年鉴不易，要真正做到“博大精深”就更不容易，需要编撰人员胸怀全局，既要熟悉和了解党和国家的大政方针，又要熟悉和了解教育改革和发展的实际；既需要一定的文字工作水平和编辑工作技巧，又需要甘于奉献，默默无闻地踏实工作，坐得住冷板凳。

年鉴的编辑工作要求编撰者在视野开阔、思想解放的同时，又要坚定正确的政治方向，坚持正确的舆论导向。为此，一方面需要努力学习党的文件精神，提高政治鉴别力与政策水平，为做好年鉴工作提供思想保障；另一方面需要积极熟悉和了解年度教育工作重点，教育改革与发展中出现的新情况、新问题，教

育创新的新举措、新经验以及教育的难点、热点问题。这样，年鉴的内容才能紧扣时代发展的脉搏，及时反映新世纪新阶段教育的深刻变化，才能切实地为教育决策、研究等部门及社会各界提供可资利用的信息资料。与此同时，编辑工作还要求我们努力学习年鉴编撰理论和编辑业务，努力提高编辑水平和编辑质量。

确立“博大精深”的追求，实际上是为我们自己设计了一个很高的目标，尽管这个目标很高，而且很难说目前我们已经达到了怎样的一个高度，但我们确实是在向这个目标努力，在这个过程中，我们感到自身各方面的能力和水平获得了很好的锻炼和提高。

第三，创新机制。积极做好与各撰稿单位的沟通协调工作。年鉴的一级撰稿单位80多家，二级撰稿单位高达2 000多家。为做好年鉴的编撰工作，加强与一级撰稿单位的沟通联系和工作协调十分重要。2005年起，编辑部建立了特约撰稿人和特约审稿人制度，特约撰稿人多为一级撰稿单位办公室的负责同志，负责本地区、本部门年鉴稿件的组织编写和初审工作；特约审稿人多为一级撰稿单位的负责人，负责本地区、本部门年鉴稿件的统审工作。实践证明，一些省区的稿件在特约撰稿人和特约审稿人的努力下，质量有了十分明显的提高。同时，特约撰稿人和特约审稿人制度的建立，也增进了年鉴编写人员之间的沟通和交流，促进了年鉴稿件撰写任务的及时完成。

第四，狠抓质量。近几年，年鉴的编撰工作在提高质量上狠下了功夫，使年鉴的编撰质量显著提高，获得了社会各界的广泛好评。在年鉴编撰过程中，为精练文字，压缩水分，提高资料的准确性和实用性，我们采取了不少措施。首先是在撰稿前，编辑部编撰出撰稿要目发给各一级撰稿单位，以避免重大事件的遗漏和重复。事实证明，撰稿要目是个纲，纲举才能目张，要目编好了，各撰稿单位写作起来就有了针对性。其次是切实提高编辑工作水平，针对编辑在编审稿件过程中遇到的实际问题，我们编制了《年鉴编辑工作手册》，从编辑部的任务职责、工作流程、工作要点、统审稿件的基本要求，各撰稿单位的注意事项等方面，对年鉴的编撰工作进行详尽的规范。为保证质量，编辑部多次开会，及时沟通有关情况，请有经验的老同志介绍工作方法，并及时改进审稿程序。这些措施，有力地保证了年鉴稿件的高质量。

第五，创新栏目设计，扩大信息量。自2005卷起，《中国教育年鉴》一是增设了“综述”栏目，集中反映不易被某个撰稿单位单独把握而又题材重大、影响深远的教育大事、要事和重要信息，主要以办公厅为撰稿单位。二是增设了“教育新闻宣传”栏目，突出反映教育新闻宣传在教育改革发展中的效用。三是增设了“先进人物和先进集体”栏目，反映教育系统涌现出来的先进人物和先进集体的先进事迹，主要以人事司为撰稿单位。四是增加了“新设机构”，“机关、直属单位和直属高校干部年度任职情况汇总”等内容，受到普遍欢迎。五是增加了“民办教育”栏目，反映民办教育的年度发展情况。

第六，紧扣时代脉搏，增强内容的可读性。在保证年鉴的资料性、权威性和传世性的同时，从读者的角度出发，努力增强年鉴的可读性，使之更加贴近读者的需要，是我们一直在研究和思索的问题。为此，我们不断充实和调整编撰内容，目的是使年鉴能紧扣时代发展脉搏，强化年鉴的信息功能、咨询功能和服务功能，真正做到以读者为本。我们一是设立了“热点关注”栏目，准确地体现出年度工作特点和时代气息，使读者对教育改革与发展的趋势及阶段性特点有了深入的了解和把握；同时，我们精选了有关领导、专家对教育发展过程中热点、重点和难点问题进行总结和探讨的文章，引导读者正确认识有关教育问题。二是精选“资料汇编”栏目内的各项内容，使年鉴切实增强了实用性和可读性。近年来，年鉴还加大了图片稿件的编审力度。年鉴正文前的彩图，虽然只有30多幅，却是全书的门面，照片的选择难度颇大，我们通过各种渠道，广泛收集和甄选，尽力争取全方位、多角度以图像的形式反映年度教育改革与发展的成果，力求文字表述准确，图片主题突出，设计简洁醒目。

近年来，通过以上一些方面的努力和探索，《中国教育年鉴》的编撰工作获得了长足的发展，在全国2 000多家年鉴中脱颖而出，连续三年获得全国年鉴编校质量评比一等奖。

二、解放思想，研究和解决年鉴编撰工作中的实际问题

经过20多年的编撰实践，特别是近年来的探索和创新，年鉴编撰的经验更为丰富，形成了较成熟、较系统的编撰工作体系。当前，随着我国改革开放的

不断深入，我国的教育事业取得了全面、深入的发展，某些领域更是取得了跨越式的发展，有关教育的重大决策、重大活动、重要会议、重点建设项目、重大改革工程、重大科研项目、重要工作内容与日俱增，比以往任何时期都要繁多，亮点不断闪烁。教育系统涌现出的先进人物先进集体也越来越多，与此同时，教育系统的热点和难点问题也更加为人们关注。教育事业的不断向前推进，教育系统在新形势下面临的新情况、新问题，对教育年鉴的编撰工作提出了更高的要求，教育年鉴面临着严峻的挑战。通过思考，我们认为，年鉴编撰和出版发行工作改进和提高的空间还很大，我们必须要进一步解放思想，与时俱进，开拓创新，进一步提高质量和出版水平，认真研究和解决年鉴编撰和出版发行工作中的一些实际问题。

第一，加强学习，坚持正确的政治方向。编撰教育年鉴，是一项重要的基础性工作，是中国特色社会主义教育事业的一项重要内容，参与年鉴编撰的同志要自觉地运用邓小平理论、“三个代表”重要思想和科学发展观的理论和方法去观察事物、研究规律，跟上时代发展的步伐，始终坚持正确的政治方向，年鉴记载的内容必须要与党的路线、方针和政策保持一致，与国家法律法规保持一致，必须围绕教育改革的大局和教育发展的中心工作，这样，才能保持旺盛的生命力。

为此，参加《中国教育年鉴》编撰的全体同志，需要加强对党和国家大政方针的学习，加强对邓小平理论、“三个代表”重要思想和科学发展观的学习，提高思想理论水平，提高政治鉴别力与政策水平，坚持正确的政治方向，坚持正确的舆论导向。需要及时掌握本地区、本部门年度教育工作的重点，发现教育改革与发展中出现的新情况、新问题，总结教育创新的新举措、新经验，梳理教育的难点、热点问题，紧扣时代和教育改革与发展的脉搏，准确记录本地区、本部门的教育发展的新事物、新变化。

第二，树立精品意识，切实提高年鉴的编撰工作质量。质量是年鉴的生命，要做成年鉴精品，必须继续坚持质量第一的原则，统筹内容是否全面，记述是否准确，资料是否翔实，文风是否端正，年度特点和地域特色是否突出等问题，以科学的态度、严谨的作风，努力撰写经得起历史检验的精品。稿件形成后，要仔细推敲，反复打磨，认真加以修改完善。要从年鉴价值和使命的高度，把提高质量作为年鉴编撰工作中的头等大事抓紧抓好。要做到日常事务和一般工作情况不要列入，行文应力避工作总结式的陈述，切忌八股式的堆砌。着重反映教育系统的大事、要事，选择最能反映本地区、本部门年度教育发展变化的条目撰写，注重资料信息的密集度和高质量，强化资料的实用性。条目与栏目应层次清楚，条目标题应与条目内容一致，一事一题，条目内容应文字简约、结构合理、逻辑性强，避免稿件内容重复、交叉甚至矛盾的情况发生。

编撰过程中要注意把好“四道关”。

1. 把好框架设定关。框架是年鉴基本内容的结构体系，也是年鉴的内容大纲，纲举方能目张，框架设定是否科学合理，直接决定整个年鉴内容安排是否层次清晰、逻辑合理，是否能够突出区域或部门特色。

作为国家教育年鉴，要全面记载教育事业的基本情况，就要求在制定年鉴框架时，对教育领域方方面面的情况进行系统梳理，科学分类，确定各个栏目，形成最终框架。由于内容资料的延续性，年鉴的框架结构要相对稳定。同时，为了适应发展需要，体现时代特征，年鉴的框架又要根据事业发展而稳中求变，做到在统筹兼顾，保证内容的完整性的同时，着重反映当年教育改革与发展的特色和亮点并突出各地区、各部门的特点。

2. 把好材料源头关。没有稿件，年鉴编撰就将成为无米之炊。教育年鉴的稿件来源主要有两个渠道：一是教育部机关各司局、各直属单位、各省市教育行政部门中组建的撰稿队伍，向编辑部供稿；二是编辑人员自行组稿。因此，要把好材料源头关，首先要广开稿源，做到宁多勿缺。这就要求编辑人员要主动约稿，组建稳定的供稿队伍，加强稿件的收集工作，同时要加强日常积累，提高自行组稿的能力和水平。要在对大量的材料进行认真分析、整理的基础上，形成第一手材料，为编撰工作奠定基础。把好材料源头关还要注重对材料的筛选。

3. 把好编写规范关。年鉴被人们普遍认为是“官书”，有着很高的权威性，这就要求在编撰过程中要具有很强的规范性。一是要遵循现有各项规范。例如，数字的使用要遵守国家技术监督局制定的《出版物上数字用法的规定》，计量单位的使用遵守《中华人民共和国法定计量单位》及《国际单位制及其应用》的规范，标点符号的使用要遵守《中华人民共和国国家标准标点符号用法》等。二是在年鉴编撰的实践中形成的本专业领域自身的规范，要统一加以遵守。

4. 把好编辑审核关。编撰年鉴是一项系统工程，其内容涉及到多个领域的专业知识。年鉴质量的好坏，很大程度上取决于编辑水平的高低。因此，提高年鉴质量，首先要求编辑人员加强业务学习，提高编撰水平。要不断增强编辑人员责任意识，年鉴肩负的历史使命要求编辑人员务必要具备对历史高度负责的精神，在工作中求真务实、一丝不苟、精益求精。另外，把好编辑审核关还应建立和完善相应的编审制度，并在工作中严格执行。

第三，开拓创新，努力使教育年鉴更好地为教育改革与发展服务。

创新是年鉴编撰的灵魂。只有在实践中不断探索、勇于创新，才能增强年鉴的生机和活力。

1. 调整思路，改进方法，使年鉴内容更加翔实和全面。年鉴工作如果不能在思路和方法上有所突破和创新，就会丧失应有的观察力和敏锐性，无法敏锐地反映教育改革的历史进程。目前，尽管我们在年鉴的框架和内容上进行了相应的调整，但仍然存在框架老化、内容单一、信息量不够丰富等问题。年鉴要常编常新，年鉴的框架结构和条目撰写应随着教育形势的变化而稳中有变，变中求新。对不适应或不完全适应的部分要大胆调整，对新生事物反映不充分的内容要迅速补充，同时要进一步扩大信息源，增加资料和信息的密集度，及时准确地反映教育事业的发展动态和时代特色。

2. 完善工作机制，激发年鉴编辑队伍的活力。要保证年鉴工作蓬勃开展，就必须始终保持一支热爱年鉴事业、政治素质高、业务能力强的编辑队伍。目前，教育年鉴已经形成一支由年鉴编辑部、教育部各司局及直属单位、各省（区）市教育行政部门指定专人组成的编辑队伍。他们分布在不同的地区和单位，都热心年鉴事业，政治坚定，业务熟练，对编辑工作认真负责，整体素质较高，但仍然存在人员流动较大，活力彰显不足等问题。因此，要进一步创新工作机制，充分关心和关注这支队伍的成长和发展。一是进一步健全特约撰稿人和审稿人机制，明确队伍成员的职责，建立成员资源数据库，不断完善、扩大这支队伍。二是建立相互学习交流机制，通过组织培训等方式，多渠道搭建交流平台，加强编撰人员的联系和学习，促进相互了解，实现共同提高。三是建立激励机制，通过开展评比奖励等活动，充分调动这支队伍的积极性，激发创造力，提升整体水平，为年鉴工作提供智力保障。

3. 探索发行的新形式，满足读者需求，完善年鉴的社会功能。随着信息和网络技术的快速发展和普及，电子版年鉴正以其便于存储、携带和检索等特性日渐受到读者的欢迎，必将成为年鉴发行的重要形式。同时，通过网络实现年鉴信息共享，提高信息资源的利用效率，也将成为年鉴信息的重要发布方式。教育年鉴目前的发行方式以传统的纸质出版为主，未能发挥预期的作用。教育部虽然于2005年开通了年鉴网站，实现了部分信息的共享，但信息更新还不够及时。为此，教育年鉴的发行要充分考虑读者的需求及其自身的社会功能，采取相应措施。一是要筹备制作电子版年鉴，二是要完善年鉴网站的建设，促进年鉴信息的网络共享，实现年鉴价值的最大化。

另外，需要进一步提高编撰工作效率，尽可能地缩短编撰周期，及早出版，提高年鉴的实效性；需要更加严格地规范年鉴的语言文字和编撰体例，美化年鉴的表现形式。

《中国教育年鉴》是经世致用的成果，是垂之久远的文化瑰宝，做好教育年鉴的编撰工作意义重大。面对新形势下的新情况和新问题，全体参编人员任重道远，迫切需要进一步增强责任意识和使命意识，在业务上狠下功夫，不断提高年鉴编撰的水平，使之更好地为教育改革与发展服务，为社会大众服务。

作者蔺海波，原载《云梦学刊》2009年第3期

基础教育

管理工作

〔**全国人大常委会开展《义务教育法》执法检查**〕 全国人大常委会于2008年9月组成四个执法检查组对湖北、黑龙江、云南、甘肃四省《义务教育法》实施情况进行执法检查，检查组分别由路甬祥、蒋树声、严隽琪副委员长以及教科文卫委员会主任委员白克明带队。委托河北、内蒙古、安徽、福建、广东、四川、重庆、贵州、陕西、新疆十个省（自治区、直辖市）人大常委会对本行政区域内义务教育的实施情况进行检查。执法检查组重点检查了有关省（自治区、直辖市）农村义务教育的经费保障、教师队伍建设、提高教育质量、促进均衡发展、政府为学校提供安全保障、学校建立安全制度和应急机制情况等。

执法检查结果显示，新修订的义务教育法实施两年来，我国义务教育事业在很多方面取得新进展，已进入全面普及和巩固提高新阶段。主要表现：一是城乡义务教育全面纳入国家财政保障范围，依法实现了真正的免费义务教育，全国义务教育经费增幅较大。二是重视加强农村教师队伍建设，努力提高教师待遇，积极探索建立教师队伍补充、提高新机制。三是义务教育均衡发展方面取得新进展，西部地区“两基”攻坚目标如期实现，农村学校面貌发生较大变化，基本形成以流入地为主、以公办学校为主的安排进城务工人员随迁子女就读的基本格局。四是学校安全工作进一步强化，各级政府部门严格按照国家规定进行校舍建设，提高校舍维修改造资金测算标准、严格学校安全监管，维护学校周边秩序。汶川特大地震发生后，教育、财政、建设等部门立即启动了突发公共事件应急预案，紧急投入抗震救灾工作，并积极采取措施确保灾区学校早日复课。国务院有关部门提高了学校建筑的抗震设防标准。

执法检查组也发现了一些亟待解决的困难和问题。主要是：农村义务教育经费难以满足事业发展的需要，农村教师队伍建设亟待加强，义务教育发展的不均衡性仍然明显，农村中小学校舍和日常管理存在安全隐患。

针对这次执法检查中发现的问题，检查组提出整改建议：一是依法落实义务教育经费“三个增长”，推动农村学校从维持基本运转向提高教育质量转变。二是不断加强农村教师队伍建设，为实施素质教育和提高教育质量提供保障。三是积极推动义务教育的均衡发展，经费投入应继续向农村地区和西部地区倾斜，特别是向贫困地区和办学条件困难的学校倾斜。四是加快全面排查农村中小学校舍安全情况的进度，对未达到抗震要求的所有校舍应适时制定规划予以改造，进一步完善学校安全管理制度。

撰稿　荣　雷
审稿　杨念鲁

〔**农村留守儿童教育工作**〕 据2007年教育事业统计显示，全国义务教育阶段在校生中，农村留守儿童人数为2 037.4万人，其中小学为1 360.8万人，初中为676.6万人，84%的农村留守儿童分布在中、西部地区。加强对留守儿童的关爱和教育日益成为社会的难点和热点问题。教育部根据各地实际情况，不断探索和创新开展农村留守儿童教育工作的新方法和新措施，取得明显成效。

近年来，国家设立专项经费，组织实施“农村寄宿制学校建设工程”、“中西部地区农村初中校舍改造工程”，新建和改扩建一批寄宿制学校，优先满足农村留守儿童就学需求，努力为他们提供良好的学习、生活和监护条件。各地的校外活动场所也根据实际情况，利用场所资源，积极为留守儿童教育提供服务。

为了增强农村留守儿童教育工作的科学性，教育部从2007年开始组织华中师范大学、中国人民大学、北京大学等部属院校和科研机构，对农村留守儿童教育问题开展大规模调查研究。结果显示，留守儿童在就学率、学习兴趣、学习成绩、结交朋友、人生理想等方面与非留守儿童没有明显差异，甚至在某些方面优于非留守儿童，如留守儿童的就学率高于非留守儿童，留守儿童比非留守儿童更懂得感恩等。存在的问题是留守儿童因为家庭教育方面存在缺失导致孤独感较强等。研究针对留守儿童存在的突出问题提出了一系列具体的政策建议和工作措施，形成专题报告。

教育部加强了对各地开展留守儿童教育工作的指导。2008年10月，教育部在合肥市召开部分省（市）教育行政部门主要负责人参加的“留守儿童工作研讨会”，教育部副部长陈小娅强调，要把做好留守儿童教育工作作为学习实践科学发展观的重要内容抓紧抓好，勇于探索，真抓实干，为留守儿童创造良好的学习和生活环境。会议总结了各地一些有效做法和成功经验，探讨当前存在的主要问题和实际困难，对下一步工作提出了明确的措施和目标。

撰稿　高学贵
审稿　杨念鲁

〔国家彩票公益金支持青少年学生校外活动场所建设二期工程启动〕 2008年，经国务院批准，教育部、财政部启动未成年人校外活动场所建设二期工程。从2008年开始到2010年，三年陆续拨付30亿元人民币，专项用于未成年人校外活动场所的建设和管理工作。资金使用主要集中在四个方向：第一，支持尚未有青少年校外活动场所的中西部和贫困地区的县建设一所综合性的未成年人校外活动场所，每个场所支持经费300万元，其中60万元用于设备采购。第二，支持由国家彩票公益金支持建设的青少年学生校外活动场所建设开展公益性活动或运行补助，原则上每个场所每年10万元，从2008年开始到2010年，连续补助三年。第三，对由国家彩票公益金支持建设的，已将建成三年以上的校外活动场所，给与设备更新、维护、重置经费补助，每个场所原则上每年补助20万元，从2008年开始到2010年，连续补助三年。第四，对由国家彩票公益金支持建设的青少年学生校外活动场所的管理者和骨干教师开展国家级培训工作，提高师资队伍水平。

〔中小学幼儿园安全工作〕 2008年，教育部修订和完善了《教育系统事故灾害类突发事件应急预案》，事故灾难类专项预案的内容更加全面，可操作性更强，注重预防为本，救助第一，注重科学性和创新性。在对国内外校车标识管理进行了大量文献调研的基础上，与有关部门联合起草和制订了《校车标识》（国家标准），为进一步统一全国校车外观标识和标牌工作奠定基础。开展安全大检查：2008年1月中央综治委对安徽、湖南校园周边环境治理进行了专项检查；3月国务院组织开展了对湖南、贵州等地低温雨雪冰冻灾害后重建工作专项督查，包括中小学校校舍安全；11月教育部会同建设、安监等部门对河南、山东等地校园周边建筑隐患排查情况进行了督查，并向国务院进行了报告。通过检查，排除了一大批安全隐患，全年学生伤害事故发生起数比2007年下降21.69%，各类安全事故得到有效遏制。认真开展中小学安全教育：3月，教育部与有关部委合作，以“迎人文奥运，建和谐校园”为主题组织开展第十三个“全国中小学生安全教育日”活动，各地结合实际，积极开展公共安全教育与自救逃生演练活动。向西部农村地区中小学校捐赠了保额为30亿元人民币的校园意外伤害保险，向西部农村部分中小学生赠送了20万张安全知识课程表和44 000册安全教育图书。制作了《2008年暑期中小学安全教育专题片》，并于6月30日上午10时通过中国教育电视台专题栏目和中国教育卫星宽带网等媒体，面向全国1亿多中小学生播放了预防地震、溺水、交通和拥挤踩踏的专题安全教育节目。教育部与中央电视台联合制作了有关中小学安全教育的特别节目《开学第一课》，邀请了奥运冠军、著名学者和社会知名人士参加。该节目于9月1日18：55—20：55在中央电视台经济频道（CCTV－2）播出，全国2亿多中小学生收看了节目，在全社会引起了强烈反响，中央各大媒体都给予了持续关注和报道。经广大师生和家长们的强烈要求，该节目在中央一频道进行了重播。主动送培下乡，组织实施了“农村寄宿制学校校长安全专题培训”和“中西部万名农村寄宿制学校校长国家级远程安全专题培训”，共培训1万多名中小学校长。

〔**抗震救灾工作**〕　汶川大地震发生当天，教育部立即印发紧急通知，对抗震救灾工作做出部署。地震发生当天开始执行24小时领导带班值班制度，随时密切关注灾区学校受灾情况。开展每日灾区学生伤亡、学生复课等数据统计工作，随时了解学校受灾最新情况和师生伤亡情况。每天早晚两次报送《灾情信息快报》和《师生伤亡情况统计》，为部领导提供有关数据信息。积极协调联合国儿基会、社会企业单位向灾区学校捐赠帐篷、厕所、水缸等物资。配合建设部门，组织专家研究提出不同地震烈度带学校建设规范，提高现有标准，使学校房屋成为最牢固、最安全的建筑，组织专业设计机构设计中小学校校园规划和校舍建设设计方案，制订学校重建规划，指导灾区及时复课。研究并提出灾后孤残学生教育计划，派员到河北调研唐山大地震后有关工作做法。参与起草《农村中小学校舍建设标准》，参与校舍安全工程的论证和方案制订工作。

〔**学校管理制度建设**〕　研究起草《普通中小学管理规程》（草案第八稿），该《规程》的制订将进一步推进中小学内部管理的规范化、科学化和精细化。4月在杭州召开的全国基础教育工作会议，着重研究和交流了中小学规范管理工作和经验。开展学校管理和规范办学行为的基础科研工作。在山东泰安、广东顺德、重庆、成都青羊区等试点区分别开展了《新形势下学校管理制度建设研究与实践》、《区域内基础教育均衡发展实验研究》、《统筹城乡发展基础教育综合改革实践研究》和《“填谷扬峰”促区域教育高质量均衡发展的机制研究》等课题。按照国务院领导同志和教育部领导在中小学节能减排的有关要求，提出了“缩短暑假、延长寒假”的意见，完成了对河北、山西、内蒙古、辽宁、吉林、黑龙江、陕西、甘肃、青海、宁夏、新疆等北方十一省（自治区）寒暑假调整工作。该项工作减少了因冬季取暖不当造成的学生煤气中毒、夏季多雨造成的学生校外事故隐患，在保障学生生命安全和正常教学的同时，兼顾节能减排、减轻学校取暖经费负担。

撰稿　李建利
审稿　王定华

〔**开展“学习英雄少年，弘扬抗震救灾精神”主题教育活动**〕　2008年8月，教育部、中央宣传部、中央文明办、共青团中央联合印发《关于组织开展2008年“中小学弘扬和培育民族精神月”活动的通知》，要求各地开展以“学习英雄少年，弘扬抗震救灾精神，做一个有道德的人”为主题的教育活动，利用德育课等途径组织中小学生学习“抗震救灾英雄少年”事迹，积极参与“学英雄少年，为奥运添彩，做有道德的人”网上签名活动；组织中小学生观看《“抗震救灾英雄少年”颁奖晚会》光碟；集中组织中小学生撰写感言评论、心得体会，积极参加有关媒体开展的征文活动；组织中小学生开展送温暖、献爱心“三个一”活动；通过学校墙报、板报、广播站等宣传阵地，组织班、团（队）会，开展演讲、征文比赛、成人宣誓等活动，运用音乐、舞蹈等文艺形式，宣传抗震救灾英雄少年事迹，弘扬抗震救灾精神。根据通知要求，各级教育行政部门和中小学校充分发挥地方资源优势，加强领导、精心组织、周密部署，制订具体实施方案，结合本地实际开展了丰富多彩的主题教育活动。

〔**开展四川地震灾区学生心理援助工作**〕 教育部于2008年5月16日召开会议，研究部署灾后中小学生心理援助工作。组织中小学心理健康教育专家指导委员会和学校公共卫生工作专家指导委员会的专家，成立了灾区中小学生心理援助专家工作组，于5月17日赶赴灾区，指导当地的中小学生心理援助工作，实地进行灾后中小学生心理危机干预和辅导，并对当地中小学教师开展心理援助的培训。编写中小学生灾后心理自助手册《我们一起度过——献给地震灾后的孩子们》，赶印80万册，从5月20日起陆续免费送到受灾地区中小学生手中。组织专家录制灾后中小学生心理干预和辅导专题访谈节目，于5月21日和5月22日在中国教育电视台中国教育报道栏目分两期播出。同时，向社会公布部分大学及相关专业机构和媒体的心理咨询热线和网站，面向灾区提供心理援助服务。为使地震灾区中小学心理辅导与心理健康教育纳入正常的教育教学环节，保证科学、有序、持续地进行，教育部于7月印发《关于地震灾区中小学开展心理辅导与心理健康教育的通知》，制订了《地震灾区中小学心理辅导与心理健康教育指导纲要》，对地震灾区中小学生心理辅导和心理健康教育工作进行了全面部署。通过及时有效地开展灾区学生心理援助工作，广大灾区学生的心理康复能力逐步提高，面对灾难和挫折的心理复原力逐步提升，逐步重建起对自我和生活的自信心。

撰稿　战洪丽

审稿　王定华

〔**扫盲教育取得新进展**〕 2000年第五次全国人口普查数据显示，我国的成人文盲率为9.08%，15～50周岁青壮年文盲率降到4%以下。由于我国人口基数大，文盲人口的绝对数量依然不小，青壮年文盲率3.58%。进入新世纪以来，我国持续开展扫盲教育工作，平均每年扫除文盲100多万人。在国务院转发的《国家教育事业发展“十一五”规划纲要》中，提出“到2010年青壮年文盲率降到2%左右”的目标，对扫盲教育工作提出了更高的要求。

2007年底，教育部会同中宣部、国家民委、财政部等12个部门联合印发了《关于进一步加强扫盲工作的指导意见》，要求将扫盲工作纳入到经济和社会发展的总体规划中，并提出了具体的扫盲教育目标，即到2010年，成人文盲率下降到8%以下，15～50周岁青壮年文盲率下降到2%左右；到2015年，成人文盲率降到6%以下，青壮年文盲率控制在1%左右。同时，《意见》还提出改进扫盲教育，提高扫盲质量的指导意见，倡导建立以人为本的扫盲体系，开发、编写、采集形象的、浅显易懂的远程教育资源，加强扫盲队伍能力建设，持续推进脱盲后继续教育。此外，《意见》强调发挥各有关部门的作用，动员全社会力量参与并支持扫盲工作，明确规定了新闻宣传、发展和改革、财政、农业、民族、文化、劳动和社会保障、广播影视、统计、共青团、妇联等部门在扫盲教育工作中的职责。

为了提高各地开展扫盲教育工作的积极性和实效性，中央财政在每年设立800万元的扫盲奖励经费的基础上，于2007年起将扫盲教育中央专项资金提高到5 000万元，增长了近七倍。两年来，扫盲教育中央专项资金在促进各地扫盲工作的实施中发挥了巨大的作用，不仅巩固了每年扫除百万文盲的成果，还带动地方增加对扫盲工作的经费投入，累计金额近四亿元。

2007年，中国政府与联合国教科文组织在北京联合召开亚太地区扫盲会议，来自30多个亚太地区的国家教育部长出席会议，国务委员陈至立到会并发表讲话。在此次会议中，中国推出贵州、内蒙古、广西、云南等四地的扫盲典型案例，印制了《扫盲在中国》宣传画册，制作了我国扫盲教育工作宣传光盘。中国扫盲教育的成绩与经验得到了与会国际代表的高度肯定和一致好评。

撰稿　高学贵

审稿　杨念鲁

课程与教学管理

〔全面推进初中毕业生学业考试与普通高中招生制度改革〕 随着基础教育课程改革的深入推进，初中毕业生学业考试与普通高中招生制度改革（以下简称“中考改革”）基本完成实验阶段的任务，进入全面推广阶段。2008年，全国初中毕业生已全部按新课程要求参加中考。针对近几年各地中考改革的新发展和新情况，教育部总结了各地中考改革的经验，组织召开了“全国中考改革工作研讨暨经验交流会”，海南省、山东省、山东省潍坊市、黑龙江省宁安市、湖南省长沙市、湖北省宜昌市、安徽省合肥市、浙江省嘉兴市以及河北省衡水市出席了会议，介绍了经验。教育部先后印发了《教育部关于深入推进和进一步完善中考改革的意见》和《教育部办公厅关于进一步规范各地中考工作秩序的通知》，要求各省进一步统一思想，加强领导，明确政策，健全制度和机制，确保中考改革顺利推进。教育部要求，各地要对初中毕业生学业考试、考查科目的确定和组织实施提出明确意见；加强中考命题工作的管理和指导；高度重视并积极推进综合素质评价工作；各地在普通高中新生录取过程中既要坚持以学生的学业成绩和综合素质为依据，实行公平竞争、择优录取，还要结合本地实际情况，探索多种有效的普通高中招生办法，特别是要对本行政区域内现行招生考试政策中加分（或降分录取）项目等进行核查，及时纠正一些地方把招生与各种经济因素挂钩的错误做法。

〔扩大普通高中新课程实验范围〕 根据基础教育课程改革的总体部署，2008年2月，教育部批准山西、河南、江西、新疆4省（区）和新疆生产建设兵团从2008年秋季起实施普通高中新课程，至此，实验省份扩大到21个，即东部9个省（市），中部的山西、吉林、黑龙江、安徽、江西、河南、湖南、海南8个省，西部的陕西、宁夏、新疆3个省（区）和新疆生产建设兵团。实验学校达到1万余所，新课程在校生约1 300万人，超过总数的一半以上。

在省（区、兵团）政府的高度重视和直接领导下，各省（区、兵团）分别成立了由省（区、兵团）政府主管领导担任组长的普通高中课程改革工作领导小组，成员单位包括教育、财政、发展改革、人事等部门。为确保实验平稳进入，各省（区、兵团）结合实际，确定了实验工作方案，研制出台了一系列配套文件，加强了制度和机制建设，建立了专业的支持队伍和一批样本校，有针对性地开展了师资培训工作，为实验工作的顺利实施奠定了坚实的基础。

撰稿　李　明

审稿　朱慕菊

热点关注

推进义务教育均衡发展

教育公平的理念古已有之，近年来之所以被人们反复提起，是因为现实生活中有不公平的现象，人们才期盼公平。

教育公平是社会公平的基础，而其中最基本的前提就是办学条件的公平。在此基础上，使城乡之间、不同区域之间的教育发展趋向均衡，实现教育机会均等。我国教育最薄弱环节是农村教育，它几乎涵盖了教育公平中所要解决的所有问题，这个“短板”升高了，我国的教育就走向了相对的公平。所以，回顾改革开放30年来教育公平的发展路径，先要从农村教育迈出的几大步说起。

第一步：起点从改善办学条件做起

改革开放初期，百废待兴。农村学校连最起码的办学条件都不具备，哪敢去奢谈什么公平？在各种资源极度短缺的时期，改善最基本的生存条件成为人们最原始的追求。

“破房子、黑屋子、土台子、泥孩子”，这是20世纪80年代初期农村学校的真实写照。农村学校基本上都是危房，而且是大面积的危房。但在当时，国家没有财力大面积新建校舍。山西省临汾市教育局的老会计秦市义算了一下，如果按照当时的拨款进度，起码要等70年。危房能等吗？孩子能等吗？这位老会计翻山越岭，走村串户，游说村民，“自己的娃娃自己爱，自己的学校自己盖”。在他的感召下，临汾市农村的百姓们出力出钱，学校面貌焕然一新。

秦市义是当年集资办学的一个样本。从1985—1991年，全国通过农民捐集资、发展校办产业等渠道筹措资金1 000多亿元，新建中小学校舍2.75亿平方米，改造破旧校舍1.6亿平方米，消除中小学危房4.23亿平方米，使中小学的危房比重从1985年的16%下降到3%。“人民教育人民办”，改善了学校最基本的办学条件，向教育起点公平的目标迈出了第一步。

第二步：推进从普及义务教育开始

学校办学条件基本改善后，国家积极推行义务教育，为所有青少年提供均等的受教育的机会。1993年，中共中央、国务院颁布《中国教育改革和发展纲要》明确提出了实现“两基”的期限，迈出了实现教育公平的第二步。

农村教育面广，人多，多年积攒的难题也多。如果农村教育面貌得不到改善，那么，实现教育公平就只能是一句空话。农村教育义务教育的难点在西部地区的国家级贫困县。1995年，国家财政拿出39亿元，加上地方政府配套，总计100亿元的资金重点投向了这些地区。这项名为“国家贫困地区义务教育工程”的项目，实施了两期，各级政府投入200多亿元资金，使中西部农村学校的办学条件有了实质性变化。

2000年，中国政府向世界宣布：基本实现了“两基”的目标。这不单是几个指标的完成，是国家为青少年提供了均等的受教育的机会。

在这个时期，农村劳动力结构也发生了变化，大批农民工涌入城市，其子女的教育成了一个难题，他们或留守家乡，或随父母进城。各级政府采取多种措施，为农民工子女提供异地上学的机会。

第三步：差异从投入机制上突破

进入21世纪，尚未实现“两基”的地区困难依然很多，国家予以重点扶持，重点投入。这个时期用于农村义务教育的重点工程和项目很多，上百亿元的工程有：“农村中小学危房改造工程”、“西部‘两基’攻坚计划”、“农村远程教育工程”、“农村寄宿制改造工程”、“中西部农村初中校舍改造工程”……一个接一个工程，使中西部地区的校舍、教学装备、师资培训等等，上了一个大的台阶。

硬件建设上去了，但农村学校公用经费严重不足的矛盾又显现出来。农村税费制度改革后，农村教育费附加和集资项目取消了，学校赖以运转的资金没有了……由此带来的很多难题无法靠学校自身去解决。没有办法，只好通过向学生收取杂费来勉强维系运转。而这样做又从另一个方面增加了农民的负担。在工业化和城镇化进程加快的今天，广大农民希望通过教育来改变子女命运的愿望比以往任何时候都强烈，他们对农村教育寄予厚望。

必须从理顺机制入手，建立起保障农村义务教育持续健康发展的长效机制。2005 年底，国务院印发了《关于深化农村义务教育经费保障机制改革的通知》，将农村义务教育全面纳入了财政的保障范围。

这项重大决策为农村义务教育带来了巨大的实惠，5 年之内，中央和地方各级政府将新增农村义务教育经费 2 182 亿元，其中，中央新增 1 254 亿元，地方新增 928 亿元。这一被誉为“具有里程碑意义”的改革，是迈向教育公平的最坚实的一步。

第四步：保障在免费教育上体现

新机制实施后的 3 年，是义务教育免费步子迈得最快的 3 年。这 3 年，每年都有大的举措出台。

2006 年春，农村义务教育保障机制率先在西部实施，西部农村义务教育学生免除学杂费。农村义务教育经费大幅增长，公用经费大幅提高（5 年之后，农村小学生均公用经费将达到 300 元，初中达到 500 元，是现在的两倍多），困扰农村教育多年的难题得以破解。2007 年春，免除全国农村义务教育学生学杂费，免费提供教科书。对家庭经济困难的学生予以寄宿补助。提高中西部地区农村义务教育学校校舍维修改造标准。2008 年秋，免除城市义务教育学生的学杂费。国家投入保障了公民受教育的基本权利。至此，免费义务教育真正从理想变成了现实。

之后，国家又积极推进城乡教育均衡发展，均衡配置教育公共资源，“农村教师特岗计划”、“农村教育硕士计划”、“师范生免费教育”、“城镇教师下乡支教”等举措相继出台，缓解了农村中小学教师数量不足、素质不高等问题。

在体制上创新，在投入上保障，在发展中求均衡，在均衡中求公平。这就是我国义务教育逐步迈向公平的路径。

原载 2008 年 11 月 12 日《中国教育报》第 4 版

城市义务教育实现学杂费全免
各地采取切实措施保障新学期免费工作顺利实施

9 月 1 日是中小学开学的日子，全国城市义务教育阶段学生从 9 月 1 日起享受学杂费全免。为落实《国务院关于做好免除城市义务教育阶段学生学杂费工作的通知》，全国各地采取多种方式确保今秋免除城市义务教育阶段学生学杂费工作顺利进行。

上海民工子女上民办校免费

作为今年上海市政府实事项目的“60 所农民工子女学校办学设施改造并纳入民办教育管理”项目，目前办学设施改造和审批工作已基本完成，6 万余名农民工子女将从新学期起进入政府委托的民办小学免费读书。这些农民工子女，将免交学杂费、课本和作业本费。上海教育行政部门也将每年对以招收农民工子女为主的民办小学履行合同情况进行年检，并根据各校年检情况，建立健全优胜劣汰的健康发展机制。

新疆 62 万名城市学生受益

免除城市义务教育阶段学生学杂费共涉及新疆维吾尔自治区城市学校 441 所，预计将有 62 万名学生受益。根据自治区规定，在接受政府委托、承担义务教育任务的民办学校就读的学生，享受当地公办学校免除学杂费政策，其学杂费的收取按国家和自治区各级财政补助的数额进行相应抵扣。免除城市义务教育阶段学生杂费的财政拨款要全部用于学校公用经费，不得用于发放教职工工资、津补贴及基本建设等方面开支。

河南不得“先收后退”学杂费

河南省财政厅、教育厅要求做好免除城市义务教育阶段学生学杂费的各项准备工作，一律不得预收学杂费或实行“先收后退”。

河南省要求各地严格执行教育收费公示制度和责任追究制度，对已预收的杂费，当地教育行政部门要督促学校立即退还；对收取后不退、收多退少的，按乱收费严肃处理，追究相关人员的责任，并予以通报。

青海免收信息技术费取暖费

青海省这次免除城市义务教育阶段学生学杂费的主要内容是：从9月1日新学期开始，全省城市义务教育阶段学生全部免收学杂费，杂费中包括信息技术教育费、冬季取暖费。在接受政府委托、承担义务教育任务的民办学校就读的学生，统一按小学每生每年330元、初中每生每年370元标准享受补助。对家庭经济困难的寄宿生按照每生每年小学不低于500元、初中不低于750元标准补助生活费。

安徽严禁各种形式乱收费

为确保城市和农村免费义务教育的顺利实施，安徽省强调严禁任何形式的乱收费行为，其中，农村义务教育阶段学校只允许按规定收取作业本费、寄宿学生住宿费；城市义务教育阶段学校按规定收取教材费和作业本费。农村学校的作业本费小学每生每学期10元、初中每生每学期20元；公办学校的住宿费每学期可收取40元。

新学期严禁学校和教师向学生收取学籍管理费、不足龄费、建校费、补课（教师加班）费等费用。从今年起，各县（市、区）每季度有超过10起以上的乱收费投诉，取消当年教育方面的评优、评先资格。

（记者 计 琳 蒋夫尔 陈 强 郭风波 俞路石）

农村留守儿童教育问题与对策

随着农业产业结构调整和城市化进程的不断加快，农村人多地少的矛盾越来越突出，农村富余劳动力越来越多，大批农村人口纷纷离开土地涌向城市，选择了进城务工的生存发展道路。这种农村人口的大规模流动打破了长期稳定不变的家庭结构，导致父母与子女长期分离，农村出现了大批留守儿童。农村留守儿童作为一个特殊的社会群体，其教育问题是一个关系国家和民族未来的重大问题，正引起社会各界的高度关注。

农村留守儿童教育现状及存在的问题

农村留守儿童是指由于父母一方或双方外出打工而被留在农村，不能和父母生活在一起，需要其他亲人或委托人照顾的17周岁及以下的未成年人。全国妇联日前发布的《全国农村留守儿童状况研究报告》显示，目前全国农村留守儿童约5 800万人，其中14周岁以下的农村留守儿童约4 000多万，在全部农村儿童中，留守儿童的比例达28.29%。留守儿童的父母外出务工，一定程度上改善了家庭经济条件，为子女接受教育提供了较大的空间和可能性。但是，从总体上看，家庭成员尤其是父母角色的长时间缺位，导致大量农村留守儿童缺乏父母的亲情呵护与完整的家庭教育和监管，致使他们在学习、生活、情感、教育等方面存在着诸多问题。主要表现在：

亲情关怀缺失。家庭成员经常性缺位导致的亲情关怀缺失，是留守儿童面临的最大无奈，也是留守儿童各种问题产生的直接原因。据统计，有超过半数的农村留守儿童不能和父母中的任何一方一起生活。留守儿童长期生活在不完整的家庭结构中，不能像其他儿童那样拥有父母的呵护，得到应有的亲情关怀。这种长久的亲情隔离导致很多留守儿童与父母之间的关系生疏，有些子女不愿张口叫其父母，甚至有些还对父母充满了怨恨。

心理问题骤增。由于缺少情感和心理关怀，缺少和父母相处交流的机会，很多留守儿童很少有倾诉和寻求帮助的对象，与外界接触较少或不愿意接触。他们常常表现出情感冷漠、行为孤僻、悲观消极、不善于表达等自闭倾向，存在不同程度的性格缺陷和心理问题，有的自卑懦弱、多疑敏感，有的性格怪异、暴躁叛逆，有的忧郁焦虑、自暴自弃等。长此以往，这些儿童很难树立正常的自我价值观，严重的甚至有轻生倾向。

学习兴趣减低。由于家庭监管的缺失和学校教育的疏忽，多数留守儿童学习较为困难。在平时的学习生活中，他们有的经常课堂违纪，有的撒谎逃学，有的很少参加集体活动，对于学校和学习的兴趣大大降低，甚至个别留守儿童对学校和学习产生抵触情绪，学习成绩下滑较为明显，辍学现象比较严重。

道德意识淡薄。由于家庭教育的缺失，留守儿童在情感上得不到足够的关心，在行为习惯和价值观念上也难以得到父母的引导和帮助，缺乏道德养成教育和纪律约束，容易偏离主流的道德价值观。一些留守儿童出现了道德意识、道德情感、道德行为的偏差，养成了自我中心、自私自利，好逸恶劳、乱花钱、摆阔气等陋习，还有的甚至染上吸烟、酗酒、打架、斗殴等不良嗜好，违法违纪现象较多，有些甚至走上了犯罪道路。

安全问题频出。部分留守儿童因年龄太小，父母又不在身边，缺乏约束和监管，人身安全得不到有效保障，容易出现安全问题。在生活中，有的留守儿童患病得不到及时医治，由溺水、触电、斗殴等引起的意外伤亡事件也屡屡出现。同时，留守儿童还是不法分子侵害的主要目标，特别是留守女童受到侵害的风险更大。近年来，留守儿童被拐卖、拐骗、猥亵的现象时有发生。

农村留守儿童教育问题的原因分析

农村留守儿童教育问题是社会转型的产物和结果，是农村劳动力转移过程带来的问题，与我国经济社会发展的宏观背景和农村基础教育的现存问题交织在一起，既有制度性因素，也有政策性因素；既有学校教育的因素，也有家庭教育、社会教育的因素；既有共性问题，也有个性问题，需要我们认真分析研究。

社会因素。政策性壁垒是导致农村留守儿童教育问题的主要因素。农村剩余劳动力向城市转移是工业化、城市化和现代化发展的必然结果。但是，长期以来我国存在的城乡二元制结构是影响农村剩余劳动力大规模流动的最大障碍，也是影响农村留守儿童教育问题的政策性壁垒。由城乡二元制结构而衍生的城乡隔离的户籍制度，不仅人为形成了城市人与农村人的界限，也加剧了城乡二元经济结构的分化。这种现阶段难以跨越的城乡鸿沟和羁绊，很大程度上限制了人员的自由流动和发展，也对城乡教育产生着重大影响，由此产生的中考、高考户籍地考试制度等一系列限制性政策，使得农村进城务工人员无法长期将子女带在身边，子女不得不在户籍地学习生活。同时，一些地方政府对进城务工人员的子女教育缺乏足够的认识和相应的政策保障措施。有些地方政府部门没有建立外出务工家庭的专门资料，也没有对农村留守儿童做过任何详细统计，更没有明确提出解决问题的相关政策，导致了目前个别地方政府的教育责任缺位。

家庭因素。健全而有效的家庭教育对一个人的健康成长起着至关重要的作用。由于农村留守儿童的父母长期在外，家庭教育的主体由父母变成了其他抚养者，其中绝大多数是年迈的祖父母、外祖父母等祖辈，还有一部分是其他的亲戚。一方面，这些老人一般年龄偏大，身体健康状况较差，文化程度偏低，对孙辈较为溺爱，其他亲戚因为留守儿童不是自己的孩子，可能会出于各种原因放任自流，导致对留守儿童的监管不力甚至根本不管。另一方面，留守儿童寄宿在亲戚家中，很难产生归属感，也容易和亲戚家年纪相近的孩子产生矛盾。这种溺爱或放纵性的家庭环境，使得留守儿童几乎生活在无限制、无约束的状态下，无形中助长了他们自私任性、霸道蛮横、自我中心等极端性格。

家长观念的偏差也是影响留守儿童教育问题的重要因素。一些家长认为让孩子读书，还不如早打工、早赚钱，这种观念无形中降低了对孩子学习的要求，严重影响着孩子的学习进步。部分外出父母因无法长期照顾陪伴孩子，于是更多采取物质的方式进行补偿，使得孩子零花钱的数量增多。处在这个年龄段的儿童，生理心理都还很不成熟，容易受到外界不良现象的影响，手里过多的零花钱往往进一步助长了他们的不良习气。这种监护权的缺失和畸形补偿，对孩子的人格发展、道德发展和个体社会化都会带来负面影响。

学校因素。目前，在很多农村地区，中小学校的办学条件较差，教学设施较为简陋，师资力量薄弱，合格师资紧缺的现象依然存在。一些农村中小学除了讲授文化课的智育教师之外，思想品德、美术、音乐、英语、体育等方面的教师比较缺乏，基本没有专门的心理健康教育教师和生活指导教师，不能为学生尤其是留守学生提供更悉心的关怀和照顾。同时，由于农村教师教学负担过重，一些教师几乎没有与学生的课外交流和谈心活动。这种缺少特殊性、针对性的管理和教育，在很大程度上严重影响了留守儿童的健康成长。

解决农村留守儿童教育问题的基本对策

农村留守儿童教育问题是由我国特定历史时期的多种原因造成的，是社会转型中的成本和代价，这个成本和代价需要家庭、学校、政府和社会共同承担。解决农村留守儿童教育问题，既需要政策、法律和法规的支持和保障，也需要每一个人的关爱，是包括家庭、学校和社会在内的全社会共同的责任。

完善相关法律政策，加大农村留守儿童保护力度。认真贯彻落实《宪法》、《教育法》、《义务教育法》、《未成年人保护法》、《预防未成年人犯罪法》等相关法律法规，加强对儿童权益的保护，使留守儿童享有和其他儿童一样的受教育权、健康发展权、受保护权和参与权等。发挥社会协调机构、法制服务机构的作用，加强对未成年人的法制教育和自我保护教育，依法维护留守儿童的合法权益，为留守儿童创造健康成长的良好法律环境。

强化政府职能，发挥政府主导作用。各级政府要牢固树立科学发展观，统筹城乡发展，采取有效措施着力推进农村经济社会发展，逐步缩小城乡贫富差距。要高度重视农业、农村、农民问题，加大对农业的扶持力度，千方百计增加农民收入，从资金、技术、人才等方面大力支持农村和落后地区经济发展，加快农村基础设施建设，改善农村投资环境，增加农村剩余劳动力就业机会，缩小地区间经济发展水平和义务教育质量的差异。加快户籍制度改革，打破长期以来形成的二元分割体制，逐步弱化或取消与户籍相联系的城乡隔离体制，拆除就业、医疗、住房、教育等制度壁垒，促进城乡居民之间的合理均衡流动。凸显政府的教育责任是促进社会和谐发展、建设法治政府的重要内容。要把农村留守儿童工作纳入国家和地区经济社会发展规划，作为促进城乡发展、实现社会和谐的重要内容，充分发挥政府主导作用，确保农村留守儿童学业有教、亲情有护、安全有保。进一步加大农村教育投入力度，改善农村办学条件，改变不合理的教育资源配置状况，积极推进城乡义务教育均衡发展，切实保障农村留守儿童能够与城市儿童平等享受优质教育资源和服务。

加强学校教育，充分发挥学校在留守儿童教育中的主体作用。学校要从培养社会主义建设者和接班人的高度，全面贯彻落实党的教育方针，牢固树立学校教育、育人为本的教育理念，充分发挥学校在教书育人过程中的主导作用，做到“为了一切学生、为了学生一切”。要切实加强和改进未成年人思想道德建设，注重培养孩子坚定的政治素质、良好的思想品德、健康的心理素质和正确的法纪观念，促进留守儿童德智体美全面发展、和谐发展。深入开展孝敬父母、尊敬师长教育，开展做人做事基本道理和文明行为习惯养成教育，帮助留守儿童初步树立基本的是非观念、法律意识和集体意识，养成孝敬父母、团结同学、遵守纪律、文明礼貌的良好行为习惯。不断加大教师培训力度，大力加强师德建设，从思想政治素质、业务素质等方面提高教师的整体水平。大力加强校园文化建设，经常开展参观、访问、公益劳动等充满人文关怀的集体活动，举办丰富多彩的文娱、体育活动等，营造良好和谐的校园文化氛围。学校要定期与留守儿童的父母或监护人进行沟通，有针对性地开展教育和管理工作。通过开办家长学校，举办留守儿童监护人学习培训班或其他形式的专题讲座，加强对教育者或监护人的培训，努力提高教育者或监护人的水平。要建立齐抓共管、师生参与的留守儿童工作机制，探索实行班主任责任制，负责对留守儿童学习、生活、心理上的指导。学校要建立留守儿童档案，对留守儿童基本情况、留守儿童监护人情况、留守儿童父母外出务工去向及联系方式等要登记造册，全面掌握留守儿童的情况，有针对性实施教育。

强化家庭教育功能，营造温馨生活环境。家庭是孩子的第一课堂，父母是孩子的第一任老师。父母要重视家庭教育的作用，正确处理生产、创收与子女教育的关系，不能以牺牲孩子的成长为代价来换取眼前暂时的利益。要学会了解孩子，不仅要了解孩子的日常生活，更重要的是了解孩子的生理和心理发展，掌握每一时期孩子不同的心理、智力和情感的变化，对他们进行及时的引导教育，真正负起教养孩子的责任和义务。要树立正确的家庭教育观念以及正确的亲子观和育人观，学习掌握科学的教子理念和方法。学会运用科学的激励方式，把精神鼓励和亲情关怀相结合，使留守儿童感受到更多的父母关爱，体会更多的浓浓亲情。

齐抓共管，形成全社会关心留守儿童的良好氛围。农村留守儿童的教育问题，是包括学校、家庭和社会在内的共同责任，需要全社会的关心关注。要广泛动员全社会的力量，调动做好留守儿童教育工作的积极性和主动性，形成齐抓共管、共同参与的工作机制，营造留守儿童健康成长的良好社会环境和氛围。利用电视、电影、网络等宣传手段，呼吁引导全社会对留守儿童的关注、关心与帮助，鼓励支持全社会都要参与留守儿童帮扶教育工作。完善留守儿童的计划免疫和保健管理，将农村基础教育事业发展纳入新农村建设规划之中。大力发展农村和城市职业技术教育，为农村大龄留守儿童创造更多接受职业技术教育的机会。加强教育监护网络建设，强化留守儿童父母、农村社区、村委会、派出所等对留守儿童的监护责任，构建农村中小学生健康发展的教育和监护体系。

此外，要充分发挥妇联组织的特殊作用，广泛开展关爱留守儿童活动，给予留守儿童尤其是没有监护人的留守儿童更多的爱。组织留守母亲接受文化教育、安全教育和心理健康教育，使她们能更好地承担起对留守子女抚养和教育的责任。共青团要组织留守儿童参加团队活动，培养留守儿童先进典型，组织城市儿童和农村留守儿童开展手拉手、献爱心等交流活动，增进友谊，共同成长。妇工委、关工委要发挥优势，积极参与留守儿童的教育工作，组织开展多种形式的帮扶活动，给予留守儿童更多的亲情和关爱。社会各界要通过春蕾计划、希望工程、民政救助，以及实行代理妈妈、举办“四老”学校、设立亲情电话、建设留守儿童活动中心、留守儿童活动之家、“亲情港湾”等形式，探索农村留守儿童社会教育的方式和途径，从多方面、多层次、多渠道帮助农村留守儿童，营造全社会关心、关注、关爱留守儿童的良好环境，为促进农村留守儿童健康成长成才，为培养大批高素质的建设者和接班人贡献自己的力量。

作者系河南省教育厅厅长蒋笃运，原载2008年7月19日《中国教育报》第3版

职业教育与成人教育

〔**全国中等职业学校招生情况**〕 2008年，教育战线深入贯彻落实科学发展观，大力发展职业教育，把加快发展中等职业教育作为深入贯彻落实科学发展观的战略重点，作为整个教育事业改革和发展的战略突破口，采取有力措施，狠抓中等职业学校招生工作。各省级教育行政部门普遍召开专门会议传达教育部2008年度职成教工作会议精神，部署中等职业学校招生工作，采取多种形式，广泛宣传国家大力发展中等职业教育的政策，尤其是中等职业学校国家助学政策；进一步加大高中阶段教育结构调整的力度，把高中阶段教育的增量部分主要用于发展中等职业教育，千方百计拓宽招生渠道，积极组织生源，把未升学普通高中毕业生、复转军人以及进城务工人员等纳入当地年度招生计划；深化招生制度改革，切实做好中职招生服务及管理工作，严格执行招生工作纪律，严格规范招生工作秩序。经过努力，全国中等职业学校实现招生809.31万人，其中北京、上海、吉林、黑龙江、山东、江苏、福建、湖北、河南、海南、重庆、四川、陕西、青海、宁夏等地较好地完成了招生任务。

撰稿　葛维威
审稿　张昭文

〔**中等职业教育基础能力建设规划执行情况**〕为深入贯彻落实《国务院关于大力发展职业教育的决定》中关于加强基础能力建设，建立和完善遍布城乡的职业教育培训网络的精神，国家发改委、教育部等部门联合对中央财政专项资金支持的中等职业教育基础能力建设项目进行了科学规划，印发了《中等职业教育基础能力建设规划（2005—2010年）》，决定在6年内安排60亿元用于支持2 000多所县级职教中心和示范性中等职业学校的建设。

自2005年到2008年，中等职业教育基础能力建设规划项目已安排中央预算内国债资金50亿元，对950多所县级职教中心和1 050多所城市中等职业学校的建设给予了支持。同时，带动地方和学校投入50多亿元，共完成校舍建筑面积740多万平方米，购置设备超过11万套。该规划的实施，较好地支持了项目学校改善办学条件，提升办学能力，支持了我国中等职业教育特别是农村中等职业教育的改革与发展。2008年，全国中等职业学校招生突破810万人，在校生超过2 000万人，提前实现了国务院提出的高中阶段教育中中等职业教育与普通高中教育招生规模大体相当的目标，进一步促进了高中阶段教育的普及。经过几年来的建设，项目学校已经成为当地人力资源开发、就业再就业培训、农村劳动力转移培训、农科教结合、校企合作、技术推广、扶贫开发的重要基地，有力支持了地方特别是县域经济社会的发展，为我国经济社会的健康持续发展作出了重要贡献。

撰稿　刘　杰
审稿　刘建同

〔**认定国家级重点中等职业学校**〕 自2003年以来，教育部逐年开展了国家级重点中等职业学校调整认定工作，有力推动了中等职业学校布局结构调整和基础能力建设，促进了中等职业教育规模扩大和培养能力的提高。2008年12月，教育部组织专家组对各地申报的国家级重点中等职业学校备选学校进行了评审，认定中国音乐学院附属中等音乐专科学校等110所学校达到了国家级重点中等职业学校标准并向社会公布。

撰稿　葛维威
审稿　张昭文

附

2008年认定的国家级重点中等职业学校名单

北京市（1所）
中国音乐学院附属中等音乐专科学校
河北省（13所）
秦皇岛市中等专业学校
唐海县职教中心
磁县职教中心
曲周县职教中心
安新县职教中心
衡水铁路电气化学校
辛集市职教中心
灵寿县职教中心
滦平县职教中心
宣化县职教中心
临西县职业技术教育中心
邢台工程职业技术学校
隆尧县职业技术教育中心
山西省（3所）
山西省工业管理学校
山西省工贸学校
山西省太原市尖草坪区第一职业中学
内蒙古自治区（7所）
乌海市职业技术学校
奈曼旗民族职业中专学校
卓资县职业中学
呼和浩特市机械工程职业技术学校
内蒙古大学艺术学院附属中等艺术学校
呼和浩特市艺术学校
乌兰察布市民族艺术学校
辽宁省（15所）
大连市交通口岸职业技术学校
大连市计算机中等职业技术专业学校
北票市职教中心
北方工业学校
辽中县职业教育中心
锦西工业学校
大连市经济贸易学校
辽宁省服务学校
铁岭工程技术学校
辽宁省辽阳市中医学校
辽宁省工贸学校
建平县职业教育中心
凌源市职业教育中心
葫芦岛市连山区职业教育中心
铁岭市外事学校
吉林省（4所）
长春市体育运动学校
吉林省城市建设学校
桦甸市职教中心
磐石市职教中心
黑龙江省（3所）
大庆建设中专
伊春卫生学校
齐齐哈尔卫生学校
江苏省（3所）
赣榆县金山职业高级中学
苏州评弹学校
扬州文化艺术学校
安徽省（3所）
安徽省濉溪县职业教育中心
安徽建设学校
亳州市第一高级职业中学
福建省（9所）
福建省厦门市集美职业技术学校
福建省石狮鹏山工贸学校
泉州电子科技学校
福建铁路机电学校
福建省泉州市农业学校
福州经济技术开发区职业中专学校
福建商贸学校
福建省惠安开成职业中专
厦门艺术学校
江西省（3所）
赣西高级职业中专学校
江西省于都县职业中等专业学校
江西省安远县中等职业技术学校
山东省（4所）
青岛经济职业学校
威海艺术学校
威海工业技术学校
莒县职业教育中心

湖北省（11 所）
湖北省襄樊市护士学校
湖北省黄冈工程学校
湖北省崇阳县职业教育中心
湖北省武汉市体育运动学校
湖北省蕲春县理工中等专业学校
湖北省荆州市劳动中等专业学校
湖北省武汉市黄陂区职业技术学校
湖北省石首市机电职业中等专业学校
武汉市艺术学校
湖北省十堰市艺术学校
武汉音乐学院附属中等音乐学校
广东省（3 所）
广东省经济贸易技术学校
河源市卫生学校
深圳市宝安职业技术学校
广西壮族自治区（1 所）
广西壮族自治区艺术学校
重庆市（4 所）
重庆市商务学校
重庆铁路运输中等专业学校
重庆工艺美术学校
重庆市涪陵区职业教育中心
四川省（7 所）
南江县小河职业中学
长宁县职业高级中学
成都水电工程学校
大竹县职业中学
眉山科学技术学校
四川省信息通信学校
四川省电子商务学校
贵州省（2 所）
荔波县职业高级中学
遵义县职业教育中心
云南省（3 所）
保山市中等专业学校
文山州民族职业技术学校
大理市中等职业学校
陕西省（2 所）
镇安县职业教育中心
柞水县职业教育中心
甘肃省（6 所）
兰州城建学校
陇南市卫生学校
华亭县职业教育中心
临泽县职业教育中心
景泰中等职业学校
临洮县职业教育中心
宁夏回族自治区（3 所）
宁夏生态工程学校
宁夏水利学校
灵武市职业教育中心

〔**启动新一轮中等职业教育教学改革**〕 为深入贯彻落实党的十七大精神和《国务院关于大力发展职业教育的决定》，提高中等职业教育教学质量和办学效益，推动职业教育更好地适应全面建设小康社会对高素质劳动者和技能型人才培养的迫切需要，实现又好又快发展，2008 年 12 月，教育部启动了新一轮中等职业教育教学改革工作。印发了《关于进一步深化中等职业教育教学改革的若干意见》，要求各地要深入贯彻落实科学发展观，认真贯彻党的教育方针，全面实施素质教育，坚持以服务为宗旨、以就业为导向、以提高质量为重点，面向市场、面向社会办学，增强职业教育服务社会主义现代化建设的能力。进一步更新教育教学观念，坚持育人为本，把德育工作放在首位。深化人才培养模式改革，大力推行工学结合、校企合作、顶岗实习。优化专业设置和结构，推进专业建设规范化。改革教学内容、教学方法，努力形成就业导向的课程和教材体系，加强职业道德教育、职业技能培养和创业教育，全面提高学生就业创业能力。进一步完善教学管理，积极进行制度创新，加快建立就业导向的教学质量评价检查制度，建立提高教学质量的长效机制。

同时，教育部还成立了中等职业教育教学改革专家咨询委员会；完成了 15 个“教育部职业教育教学改革专项课题”成果的评审和汇编出版工作；启动了中等职业学校公共基础课程、部分大类专业基础课教学大纲和“中等职业学校专业目录”等基础性教学文件的修订工作。

撰稿　王扬南　张　磊
审稿　黄　尧

〔**中等职业学校德育课课程改革**〕 为贯彻落实党的十七大精神和《中共中央 国务院关于进一步加强和改进未成年人思想道德建设的若干意见》，加强和改进中等职业学校德育课教学工作，进一步增强德育课教学的针对性、实效性和时代感，在认真总结2001年以来中等职业学校德育课改革经验的基础上，启动了新一轮德育课课程改革工作。2008年12月，教育部印发了《关于中等职业学校德育课课程设置与教学安排的意见》和《关于印发中等职业学校德育课课程教学大纲的通知》。新的课程改革方案将德育课分为必修课和选修课两部分。必修课包括职业生涯规划、职业道德与法律、经济政治与社会、哲学与人生四门课程。心理健康作为选修课纳入德育课课程体系。新课改方案，自2009年秋季入学的中等职业学校一年级新生开始执行。

〔**2008年全国中等职业学校毕业生就业情况统计**〕 教育部职成司对2008年全国中职学校毕业生就业情况进行了统计。统计数据（不含技工学校）表明，2008年，中等职业学校毕业生平均就业率为95.81%，较上年同期下降0.52个百分点。

〔**第五届全国中等职业学校"文明风采"竞赛活动**〕 2008年，组织了以"弘扬民族精神，树立职业理想"为主题的第五届全国中等职业学校"文明风采"竞赛活动。本届活动包括征文比赛、设计比赛、摄影比赛、动漫制作比赛等四类八个项目，参赛的省、自治区、直辖市达到36个，经各地选拔参加全国比赛的学生达24 505人。2008年12月15日，在北京举行了全国中等职业学校"文明风采"竞赛活动颁奖会。教育部党组副书记、副部长陈希出席颁奖会并讲话。陈希指出，要充分认识中等职业学校德育工作的重要性，各地各学校要把立德树人始终作为教育事业的根本任务，把德育始终放在教育工作的首位。陈希强调，要进一步增强中等职业学校德育工作的针对性。他希望教育工作者对中职学生要有更强的爱心、更大的耐心和更多的细心，认真研究学生的特点和职业教育的特点，创造性地做好德育工作，不断增强针对性和实效性。陈希要求有关单位进一步做好组织工作，使这项竞赛活动越办越好，成为中等职业学校德育工作的重要途径和品牌。

撰稿 刘宝民
审稿 王继平

〔**实施"中等职业学校教师素质提高计划"**〕 2008年，中等职业学校教师素质提高计划顺利实施。一是完成中等职业学校骨干教师培训任务。依托全国重点建设职业教育师资培养培训基地举办233期培训班，完成了6 850名专业骨干教师国家级培训任务，并选派了250名成绩优异者赴德国、奥地利进修。推动专业骨干教师省级培训，全年培训近4万人。二是80个重点专业师资培训包项目研发工作取得阶段性成果。各专业项目在调研的基础上，开发了教师专业教学能力标准和培训方案（初稿），确定了专业核心课程和专业教学法教材编写框架。三是落实中等职业学校紧缺专业特聘兼职教师资助项目，中央财政投入2 400万元，资助1 000余所中等职业学校聘请3 000余名特聘兼职教师。在国家项目带动下，10个省（自治区、直辖市）设立了省级财政特聘兼职教师资助项目，共投入约5 000万元，支持近900余所学校聘请了近5 000名兼职教师。

为了加强项目管理，完善项目工作机制，教育部成立了中等职业学校教师素质提高计划专家指导委员，建立和完善了项目管理网络系统，专业骨干教师国家级培训实现"报名－培训－评估"全过程网络管理，同时建立了重点专业师资培训包开发信息管理平台，提高了项目的组织管理效率和水平。全年累计召开了10余次项目研讨交流会，及时跟进项目开发工作，确保项目的顺利实施。8月初，中央财政专项资金共计1亿元全部划拨。各地也进一步加大投入力度，据不完全统计，省级财政用于职教师资队伍建设的经费约2亿元。

〔**继续扩大中职教师在职攻读硕士学位规模**〕 进一步扩大中职教师在职攻读硕士学位规模，2008年招生单位共32个，比上年增加4个，招生专业点达到46个，比上年增加6个，招生计划达到1 665人，比上年增加近500人。据统计，截至2007年，中职教师在职攻读硕士学位已累计招生7 299名，95%以上的毕业生回到学校继续任教，并且发挥了骨干带头作用。

〔**中等职业学校校长培训工作**〕 落实《全国教育系统干部培训“十一五”规划》和2008职成教工作要点，继续实施中等职业学校骨干校长高级研修计划，委托北京师范大学等全国重点建设职业教育师资培养培训基地举办了6期骨干校长高研班，采取国内集中学习、国外考察研修相结合的方式，累计培训120人。按照《全国教育系统干部培训“十一五”规划》的要求，组织筹建中等职业学校校长培训中心。

〔**加强职教师资国际合作与交流**〕 10月13日—14日，教育部与德国国际继续教育和发展协会(InWEnt)联合召开了中德职教师资进修项目交流研讨会，120多名赴德进修的中等职业学校教师交流了国外学习体会和回国教改情况。全年共选派了250名教师、120名校长、20名职教师资基地专业教师赴国外进修学习。

撰稿 郭春鸣
审稿 王继平

〔**举办全国职业院校技能大赛**〕 为深入贯彻党的十七大精神，认真落实党中央、国务院关于大力发展职业教育的方针，进一步深化职业教育教学改革，积极推行校企合作、工学结合、顶岗实习的职业教育人才培养模式，切实加强技能型人才的培养，展示职业院校学生积极向上、奋发进取的精神风采和熟练的职业技能，努力提高全社会对发展职业教育重要意义的认识，营造全社会关心、重视和支持职业教育的良好氛围，按照《国务院关于大力发展职业教育的决定》关于要“定期开展全国性的职业技能竞赛活动”的要求，教育部和天津市人民政府、劳动和社会保障部、人事部、建设部、交通部、信息产业部、农业部、国务院扶贫办、中华全国总工会、共青团中央和中华职教社等部门，于2008年6月28日—30日，在天津联合举办了2008年全国职业院校技能大赛。中共中央政治局委员、国务委员刘延东，中共中央政治局委员、天津市委书记张高丽共同出席开幕式。全国人大常委会副委员长陈至立出席闭幕式，并向获奖单位和获奖选手代表颁发了奖杯和证书。

本届大赛包括高职和中职两个组别，比赛涵盖计算机应用技术、数控技术、电工电子、烹饪、汽车运用与维修、服装设计制作与模特表演、美容美发、模具设计与制造、机电一体化等10个专业类别的24个竞赛项目，参赛选手1 862人。高职组有30个省份147支代表队参赛，其中14个团队获得一等奖，31个团队获二等奖，40个团队获三等奖，56个团体获优秀奖。中职组有37个代表队参赛，决出一等奖149个，二等奖298个，三等奖327个。中职组团体一等奖由上海市获得，江苏省、天津市、广东省获团体二等奖，浙江省、青岛市、北京市、宁波市和大连市获三等奖。大赛组织委员会授予天津市教委特别贡献奖。天津市劳动和社会保障局向相关专业的获奖选手颁发了6个技师职业资格证书和35个高级工职业资格证书。大赛期间，教育部、天津市人民政府、中国职业教育学会等单位还成功地举办了“2008年中国职业教育改革与发展高峰论坛”和“第六届全国职业教育现代化技术装备展览会”等活动。

本届大赛是我国职业教育迄今为止规模最大、项目最多、覆盖面最广、规格最高的一次技能大赛，是一届特色突出、影响广泛、效果显著的大赛，对推动新形势下职业教育又好又快发展具有十分重要的意义。举办职业院校技能大赛，是推动职业院校深化职业教育教学改革、积极推行校企合作、工学结合、顶岗实习的职业教育人才培养模式的重要方式；是加强行业、企业与职业教育紧密联系的有效途径；是激励广大职业院校师生学技成才、切实加强技能型人才培养的良好平台；是树立正确的人才观，营造尊重技能型人才的良好氛围的现实需求。通过举办职业院校技能大赛，把多年来职业教育发展过程中逐步探索出的具有中国特色的“工学结合、校企合作、顶岗实习”的经验和做法加以制度化和规范化，形成“普通教育有高考，职业教育有技能大赛”的局面，既是职业教育适应经济社会发展新形势的需要，对职业教育改革与发展规律的新认识，也是我国教育工作中的一项重大制度创新。通过举办职业院校技能大赛，发掘和宣传技能型人才典型，能够进一步优化政策和舆论环境，在全社会营造尊重技术、尊重人才、尊重劳动、尊重创造的良好氛围，树立“三百六十行，行行出状元”的正确成才观，兴起学习技能、争做技能型人才的热潮，促进我国经济社会和谐发展。

撰稿　葛维威
审稿　张昭文

〔职业教育实训基地建设〕　为深入贯彻落实《国务院关于大力发展职业教育的决定》关于要“实施职业教育实训基地建设计划，在重点专业领域建成 2 000 个专业门类齐全、装备水平较高、优质资源共享的职业教育实训基地”的精神，按照教育部、财政部《关于印发〈中央财政支持的职业教育实训基地建设项目支持奖励评审执行标准〉的通知》的要求，教育部、财政部决定在“十一五”期间共同组织实施职业教育实训基地建设计划，引导和支持各地深入落实“以服务为宗旨、以就业为导向”的办学方针，深化教育改革，努力改善学校办学条件，提升办学水平。截至 2008 年底，中央财政共投入专项资金 23.6 亿元，带动地方和学校投入 30 多亿元，支持了 1 400 个职业教育实训基地的建设，已完成整个职业教育实训基地建设计划任务的 70%。其中，2008 年，财政部安排中央财政 5 亿元，支持了 320 个职业教育实训基地的建设。地方、学校和企业等进一步加大了对职业教育实训基地的经费投入，加强了实训基地的建设、改革与管理，基本形成了中央财政引导，地方政府投入为主，学校、企业和社会多渠道投入建设的中国特色职业教育实训基地建设模式。

通过近年来的努力，各地职业教育实训基地建设取得显著成效，许多职业学校的办学条件得到改善，职业教育的基础能力进一步增强，为加强职业学校学生实践能力和职业技能的培养，有效开展实践和实训环节教学提供了物质条件，为职业教育的改革发展特别是中等职业教育扩大规模、深化改革、提高质量、办出特色提供了有力支持。

〔中等职业教育学生资助政策体系建设与实施进展情况〕　为深入贯彻落实《国务院关于大力发展职业教育的决定》关于建立职业教育贫困家庭学生助学制度的精神，2006 年，财政部、教育部联合印发了《关于完善中等职业教育贫困家庭学生资助体系的若干意见》，对建立和完善中等职业教育贫困家庭学生资助政策体系、国家助学金评审程序、助学金的管理与监督等内容作出明确规定。2007 年，国务院印发《关于建立健全普通本科高校高等职业学校和中等职业学校家庭经济困难学生资助政策体系的意见》，教育部、财政部又联合印发了《中等职业学校国家助学金管理暂行办法》和《中等职业学校学生实习管理办法》两个配套文件，进一步明确了我国中等职业学校以国家助学金为主，以奖学金、学生工学结合、顶岗实习、学费减免等为辅的资助政策体系框架。

2008 年是我国中等职业教育资助政策体系加快完善、加强管理、全面落实的一年。5 月，教育部开通了“全国中等职业学校学生信息管理系统”，建立起统一的中等职业学校学生学籍信息库，利用现代信息技术加强资助工作的规范管理。8 月，教育部召开全国中等职业学校学生资助工作会议，总结了中等职业教育资助工作的经验，研究了工作中存在的主要问题，部署了下一阶段的工作。10 月，又对云南、江苏、甘肃等九个省中等职业学校学生资助工作进行了调研督查。11 月，教育部会同财政部等联合印发了《关于进一步加强中等职业学校国家助学金发放管理工作的通知》，要求严格遵守国家政策规定，及时、足额将国家助学金发放到学生手中，确保国家规定的助学金发放标准不降低、资助范围不缩小。据统计，2008 年中央和地方财政用于中等职业学校国家助学金的经费达到了近 200 亿元。其中，中央经费 98 亿元，地方经费 100 多亿元，惠及 14 000 多所中等职业学校中来自农村和城市家庭经济困难学生约 1 200 万人，占一、二年级学生总数的近 90%。

建立和实行中等职业教育学生资助政策，是党中央国务院为促进教育事业发展特别是加快发展中等职业教育做出的一项重大战略决策和长期制度设计。资助政策的落实，增强了中等职业教育的吸引力，有效地鼓励了更多的青少年就读中等职业学校，有效地促进了中等职业教育规模的扩大，促进了教育发展、社会公平和民生改善。

撰稿　张建敏
审稿　刘建同

〔**中等职业教育抗震救灾和恢复重建工作**〕 5月12日，四川汶川发生特大地震，四川、陕西、甘肃等地震灾区许多中等职业学校校舍倒塌、设施被毁、教学被迫中断。地震发生后，职业教育战线认真贯彻落实中央关于抗震救灾和灾后恢复重建的战略部署，按照教育部党组的要求，坚持“一手抓抗震救灾，一手抓灾后恢复重建”，结合自身特点和实际，夺取了抗震救灾伟大斗争的阶段性胜利。无论是地震灾区还是援助省份，大家团结一致、万众一心，充分发挥中等职业教育东部与西部、城市与农村联合招生合作办学的机制优势，大量转移地震灾区中等职业学校学生到对口支援省市复学复课、顶岗实习和转移就业，确保了地震灾区所有中等职业学校学生秋季学期如期复学复课。

5月28日，教育部印发了《关于做好地震灾区中等职业学校复学复课、毕业生就业援助和招生工作的通知》，及时就地震灾区中等职业教育的抗震救灾和恢复重建工作进行了部署。6月12日，教育部在四川成都召开了由18个对口支援省市和四川18个受援县市参加的“四川地震灾区恢复重建对口支援工作会议”，着重研究部署了对四川地震重灾区中等职业教育的对口支援工作。根据会议安排，18个对口支援省市和18个受援县市进行了现场对口支援洽谈，形成了中等职业教育对口支援的初步方案。7月25日，教育部在甘肃兰州召开“陕甘地震灾区中等职业学校对口支援暨东西部地区联合招生合作办学座谈会”，在总结四川地震灾区恢复重建对口支援工作经验的基础上，就整个地震灾区中等职业教育的恢复重建和对口支援工作进行了研究部署。与此同时，教育部积极会同有关部门根据灾区中等职业教育恢复重建的需求，研究制定了灾区中等职业学校学生特殊资助政策，财政部、教育部印发了《关于对汶川地震灾区家庭经济困难学生实施特别资助政策的通知》，为灾区青少年就读中等职业学校提供了有力地支持。

通过各方面的努力，完成了地震灾区近10万名中等职业学校学生转移复课复学、顶岗实习、就业和入学的计划任务。中等职业教育抗震救灾和恢复重建工作的开展，对于帮助地震灾区发展教育、恢复生产、重建家园和稳定社会发挥了重要作用。

〔**全国中等职业学校学生信息管理系统建设情况**〕 为进一步推动中等职业教育加快发展、深化改革、加强管理，建立全国统一的中等职业学校学生信息管理系统，实行统一电子注册，支持中等职业学校国家助学金的发放和管理，提高中等职业学校招生、资助监管和实习就业等重要业务领域的政务信息化水平，教育部职业教育与成人教育司会同教育部财务司、科技司、资助中心和职教所等单位，积极推进“全国中等职业学校学生信息管理系统”（以下简称“管理系统”）的开发、应用与管理工作。经过需求分析、确定方案、投入开发、阶段评估、试点应用、修改完善、使用培训等步骤，管理系统于2008年5月在全国范围内投入使用。8月，教育部印发了《关于认真做好全国中等职业学校学生信息管理系统应用工作的通知》，对管理系统的应用和管理提出了明确要求，进行了全面部署。管理系统主要包括中等职业学校招生统计、学籍管理、资助监管、实习就业等四个子系统；建立了包括14 000多所中等职业学校和县市级、地市级、省市级和国家教育行政部门的5级系统用户体系，建成了与之相对应的5级学生信息管理系统平台。管理系统的建设与开通，推进了全国统一的中等职业学校学生学籍信息电子档案的建立，在学校招生、学籍管理、资助监管、实习就业等业务领域实现了学生信息采集、审核、上报、存储、查阅、统计等管理环节的电子化和网络化，是我国第一个多功能、全覆盖、现代化的全国中等职业教育管理电子政务系统平台。

管理系统依托“中国职业教育与成人教育网”运行，由教育部职业技术教育中心研究所进行信息系统的运行维护，并与全国学生资助管理中心等单位分别负责国家级信息系统的数据分析、统计、挖掘、处理等信息服务工作。

〔**国家职业教育综合改革试验区建设**〕 为加快适应新时期我国经济社会发展对培养生产、服务和管理一线的高素质劳动者和技能型、应用型人才的迫切需求，更好地推进职业教育深化改革、加快发展、办出特色，提高职业教育服务经济社会发展的能力和水平，近年来教育部按照中央关于大力发展职业教育的精神和有关省市经济社会发展需求以及教育发展实际，与部分省份签订协议，共建国家职业教育综合改革试验区，取得重要进展。

在总结天津国家职业教育综合改革试验区3年来工作的基础上，2008年5月12日和10月17日教育部又分别与四川、河南签署了《四川省人民政府 教育部共建国家职业教育综合改革试验区协议》和《河南省人民政府 教育部共建国家职业教育改革试验区协议》。试验工作的重点内容主要包括：中等职业教育攻坚、加快普及高中阶段教育、加强农村职业教育、职业教育基础能力建设和职教园区建设、创新职业教育人才培养模式、逐步实行免费中等职业教育、推进职业教育体制机制改革等若干重大领域。共建双方成立由省级人民政府和教育部主要领导共同担任组长的试验区工作领导小组，建立共建试验区会商机制，定期召开试验区工作协调会议，研究有关重大政策和重要工作，把握试验方向，推进试验进程，评估试验效果，总结宣传经验，解决存在的问题等。按照协议要求，教育部将对试验区职业教育工作给予支持，特别是在示范性中等职业学校建设、职业教育实训基地建设、县级职教中心建设、教师培养培训、中等职业教育实行免费等项目安排上给予必要的倾斜。

此外，教育部还于2008年7月24日和8月4日，分别与重庆市、湖北省签署了《重庆市人民政府 教育部建设国家统筹城乡教育综合改革试验区战略合作协议》和《湖北省人民政府 教育部共建武汉城市圈教育综合改革国家试验区协议》。这两个协议都把推进职业教育特别是中等职业教育的改革发展作为了重点内容，要求加大工作力度，争取有所突破。同时，教育部还启动了与广西壮族自治区双方共建国家民族地区职业教育改革试验区以及与国务院三峡办、湖北省人民政府、重庆市人民政府四方共建三峡库区职业教育和技能培训试验区的研究工作。

通过2008年的工作，教育部与地方共建的国家职业教育综合改革试验区形成了东、中、西的布局结构，这是新时期改革与发展职业教育的重大举措。通过试验区的先试先行，将进一步密切职业教育与区域经济社会发展的联系，形成具有不同区域特色的职业教育发展模式，为全国职业教育工作提供有益的借鉴，促进职业教育质量、结构、规模、效益的协调，推动职业教育进一步科学发展。

撰稿 刘培俊
审稿 刘建同

〔**行业企业职工教育工作**〕

一、行业企业积极参加国家中长期教育改革发展规划纲要研究制定工作

行业企业积极参加《国家中长期教育改革与发展规划纲要》特别是职业教育发展战略专题和继续教育发展战略专题的研究工作，来自钢铁、交通、电子、农业、铁路、煤炭、机械等20多个行业部门及其所属的30多家大中型企业、职业院校的代表，直接参加了《规划纲要》及其专题组的相关研究工作并提出研究报告。报告明确提出，行业企业职业教育和继续教育的开展直接关系到我国企业技能型人才的培养和职工队伍整体素质的提高，深刻影响到优化我国产业结构和增强企业的核心竞争力，对我国走新型工业化道路，实现经济社会的可持续发展，具有基础性、前瞻性和战略性的重大意义。报告总结了我国近年来推进行业企业教育的成绩、经验和存在的突出问题，提出了从当前到2020年，关于加强和推进我国行业企业继续教育发展的战略目标和政策措施的若干建议。

二、组织实施2007年全国职工教育统计工作

根据教育部办公厅《关于做好2007年全国职工教育统计工作的通知》要求，全国28个省（自

治区、直辖市）的教育行政部门，电力、煤炭、钢铁、铁道、建设、水利、机械等7个试点部门（行业），完成了2007年职工教育统计工作。

统计数据表明，2007年度企业职工参加学历教育和各类培训的共有50 299 273人（86 582 617人次），全员培训率为45.38%，比上年增加1.68个百分点。高级工及以上高技能人员占职工总数的百分比为9.43%，占技能型人员总数的百分比为19%，均比上年有所增加。职工教育培训总经费支出2 087 004万元，占工资总额的1.54%，与上年基本持平。

为做好2007年度职工教育培训统计工作，各地教育行政部门普遍做了大量深入细致的工作。北京、天津、江苏、河北、山西、辽宁、吉林、安徽、江西、湖南、广东、上海、重庆、四川、新疆、西藏、陕西等地方教育行政部门和新疆生产建设兵团，注重基层数据采集质量，按时做好数据汇总、分析和上报工作，确保了全国职工教育统计数据的夯实可靠。

三、组织举办第四届中国培训发展论坛

2008年11月14日—16日，教育部、全国总工会联合25个全国性行业协会在北京中国人民大学举办了《第四届中国培训发展论坛》。同时，还举办了《第六届中国学习型组织高峰论坛》。这次论坛的主题是：纪念改革开放30周年，发挥行业组织优势，促进国际交流合作，推动企业培训和学习型组织建设又好又快发展。原国家教委副主任，中国职业技术教育学会原会长、顾问王明达为论坛致开幕词。教育部副总督学、职业教育与成人教育司司长黄尧作书面主题演讲。各主办单位的领导，有关专家学者和企业家，美国培训发展协会（ASTD）等国际培训机构的负责人，来自全国各地企业、教育培训机构和科研单位的700多名代表参加了论坛。

论坛还为获得由中国培训发展论坛组委会和中国成人教育协会企业教育专业委员会组织的“创建学习型企业优秀单位”荣誉称号的29个企业的代表，以及“纪念改革开放30周年行业企业优秀论文评选”中71篇优秀论文作者颁发奖牌和证书。

撰稿　李一扬
审稿　刘建同

〔社区教育工作取得新进展〕 2008年，全国社区教育实验工作取得新进展。社区教育已成为构建终身教育体系，建设学习型社会，促进和谐社会建设的重要力量，发挥着越来越重要的作用。

一、推动社区教育深入发展的主要措施

（一）组织实验区参加国家中长期教育改革发展规划纲要的研究制定工作。根据《国家中长期教育改革与发展规划纲要》继续教育发展战略专题研究工作的需要，组织部分全国社区教育实验区，以社区居民多样化学习需求为研究方向开展了调研工作，通过典型调查和案例研究，研究分析了社区教育发展的新机制、新模式，并在充分吸收相关部门、行业协会、专家意见基础上，撰写了研究报告。研究报告总结了我国近年来推进社区教育的成绩、经验和存在的突出问题，提出了关于到2020年我国社区教育发展目标和主要任务的政策建议。

（二）确定首批34个全国社区教育示范区。2008年2月，教育部印发《关于确定全国社区教育示范区的通知》，确定了34个全国社区教育示范区。

（三）完成教育部《教育改革和发展战略与政策研究重大课题》实施“支持社区教育发展”战略专题研究。

（四）组织撰写了《中国社区教育发展报告》。

（五）参与国家标准化管理委员会全国服务标准的研究制定工作。与国家标准委、国家发改委等23个部委联合印发了《全国服务业标准2009—2013年发展规划》。

二、组织开展全国社区教育示范街道（乡镇）、示范项目评选工作

中国成人教育协会社区教育专业委员会组织开展了全国社区教育示范街道（乡镇）和示范项目评审工作，全国共有18个省的93个区（其中全国社区教育示范区33个，实验区40个，非实验区20个）申报示范街道161个，示范项目156个。在专家评审的基础上，共确定了119个全国社区教育示范街道，76个示范项目。

三、各地社区教育工作持续发展

2008年10月，浙江省政府办公厅印发《关于开展成人双证制教育培训工作的通知》，决定在全省

范围内组织开展成人“双证制”教育培训工作。《通知》提出，要通过建立成年居民“学分银行”，鼓励和吸引广大成年居民参加多样化的教育培训，努力使成年居民在掌握一技之长、基本适应就业创业技能需要的同时，进一步提高文化水平和学历层次。

2008年7月，福建省委宣传部、省教育厅、省财政厅、省民政厅联合印发了《关于加快我省社区教育的意见》，提出到2010年，全省各设区市的城区社区教育居民参与率普遍达到20%以上，全国社区教育实验区的社区居民参与率普遍达到50%以上。2012年，初步形成覆盖全省城乡的社区教育网络体系。

2008年8月，太原市委、市政府联合印发《关于创建学习型城市的实施意见》，提出要大力完善和丰富社区教育，把社区教育发展纳入县（市、区）经济社会发展整体规划，社区居民参与率达到60%以上，到2012年，创建10个学习型县（市、区）、100个学习型街道（乡、镇）、1 000个学习型社区（村）、2 000个学习型单位、30 000个学习型家庭。

2008年10月，浙江、江苏、上海等三省市联合举办了第六届“长三角”社区教育论坛，签署了《上海市、江苏省、浙江省关于长三角社区教育合作协议》。

四、全国社区教育实验区的教育培训活动取得新成果

各实验区积极面向社区居民开展多种形式的教育培训活动，进一步提高了社区居民的综合素质，推进了社区教育的自身基本建设。根据对87个全国社区教育实验区的调查，2008年实验区居民全员培训率达56.3%，其中，青少年校外培训率达到80.8%，在职职工培训率达到63.9%，进城农民工培训率达到35.8%，下岗失业人员培训率达到75.8%，老年教育培训率达到66.87%；创建学习组织127.5万个，其中学习型家庭122.2万个；2008年全年经费总投入达到近2 236万元，其中日常活动经费达到1 077万元。

〔第四届“全民终身学习活动周”举行〕 2008年10月，以“学习、奉献、快乐”为主题的第四届“全民终身学习活动周”在杭州隆重开幕。教育部副部长陈小娅、中国成人教育协会会长朱新均、杭州市市长蔡奇出席了开幕式。北京、上海、天津、广州、南京、深圳、太原、武汉、沈阳、常州等22个大中城市同步举行。全国人大常委会副委员长陈至立、原副委员长许嘉璐分别为活动周题词：“推进全民终身学习、建设学习型社会”、“实现中华民族伟大复兴，则须人人有其学，优其学，乐于学，终身学。”社会各界群众约600多万人参与了为期一周的活动。活动周的举办，极大地促进了学习型城市建设和终身教育体系的构建。

撰稿　张志坤　蔡　妍
审稿　刘建同

〔农村劳动力转移培训〕 2008年，为进一步推动农民增收，促进社会和谐稳定，教育系统充分利用职业教育和成人教育资源，围绕《国家农村劳动力转移培训工程》，大力实施《教育部农村劳动力转移培训计划》。《教育部2008年工作要点》和教育部召开的2008年度职业教育与成人教育工作会议对教育系统农村劳动力转移培训提出了明确要求，要求健全面向全体劳动者的职业教育培训制度，加强农村人力资源开发和农村富余劳动力转移，不断扩大培训规模，提高培训质量，努力实现农村劳动力转移培训和农民工培训超过3 800万人次的目标。各地教育部门采取积极措施，组织职业学校和成人学校开展农村劳动力转移培训。

教育部与中央统战部联合实施的“温暖工程李兆基基金百万农民培训项目”顺利完成了培训20万拟转移农民的任务，其中转移就业17.7万人，转移就业率达88.5%。

教育部继续参与农业部等六部委共同实施的农村劳动力转移培训“阳光工程”，联合印发了《关于2008年农村劳动力转移培训“阳光工程”实施意见》，并参与了对部分省份实施情况的检查工作。据统计分析，“阳光工程”中约有30%的培训任务由教育系统的职业学校承担，职业学校开设的培训专业一般集中在第二产专业，培训质量高，学员能稳定转移就业。在国务院扶贫办的“雨露计划”和建设部的“建筑工地农民工培训”等农民教育培训

项目中，职业学校也发挥着重要作用。

为积极应对国际金融危机给农民工就业带来的挑战。教育部办公厅印发了《关于中等职业学校面向返乡农民工开展职业教育培训工作的紧急通知》，要求各地教育行政部门动员组织职成学校开展职业教育和技能培训，根据返乡农民工的学习特点，组织返乡农民工就近接受技能培训，提高其技能水平，为返乡农民工的再就业和创业提供有力支持。

2008 年教育系统开展劳动力转移培训 3 949.21 万人次，其中技能性培训 1 396.59 万人次。

〔**农村实用技术培训**〕 2008 年，教育部以学习实践科学发展观为契机，围绕“国家农村实用人才培训工程”，继续推动实施《教育部农村实用技术培训计划》。《教育部 2008 年工作要点》和教育部召开的 2008 年度职业教育与成人教育工作会议要求加强“三教统筹”，促进“农科教”结合，进一步完善县、乡、村农民职成教育和培训网络，推动各地整合城乡教育资源，广泛开展农村实用技术培训，充分满足农村成人多样化学习需求，培育适应社会主义新农村建设需要的新型农民。

2008 年 6 月，教育部职成教司与中国成人教育协会农村成人教育专业委员会在江苏省常州市联合召开了“加强基础能力建设，努力培育新型农民”的研讨会。会议通报了教育部 2007 年“农村实用技术培训计划”和“农村劳动力转移培训计划”的实施情况，交流了一些地方建立健全县域职业教育培训网络，加强基础能力建设的经验和做法，研讨了农民教育培训存在的困难和问题，并对教育部 2008 年“农村实用技术培训计划”和“农村劳动力转移培训计划”的实施提出了具体要求。

2008 年 11 月，教育部职成教司和中国成人教育协会共同商定，由中国成人教育协会表彰了在农村实用技术培训等农民教育培训工作中作出突出贡献的 100 个先进单位和 99 名先进个人，为进一步扩大培训规模、提高培训质量提供了示范，促进了农村成人教育改革和发展。

各地教育部门积极开展农村实用技术培训工作，2008 年全国农村实用技术培训 4 358.22 万人次，教育系统的农村成人文化技术学校培训 4 241.07 万人次，占培训总数的 97.31%，在农民教育培训中发挥着重要作用。

〔**教育战线扶贫和定点扶贫工作**〕 2008 年，教育系统认真贯彻落实《中国农村扶贫开发纲要(2001 年—2010 年)》精神，积极开展教育战线扶贫和定点扶贫工作，取得新的进展。

积极扶持贫困地区教育事业，做好教育战线扶贫工作。2004 年以来，“农村寄宿制学校建设工程”和“农村初中校舍改造工程”向贫困地区予以倾斜，累计为国家级贫困县投入 104.1 亿元；2001 年起，中央财政每年安排转移支付资金 50 亿元，用于支持中西部贫困地区义务教育阶段教师工资发放；2006—2008 年，中央财政累计投入专项资金近 13 亿元，对贫困地区实施农村教师特设岗位计划，已招收特岗教师 59 052 人，覆盖中西部地区 6 402 所农村中小学；2008 年，实施农村义务教育经费保障机制，向贫困地区倾斜，将平均 3 300 米以上的高海拔少数民族自治州义务教育阶段牧区寄宿制学生的补助标准，提高到每人每学年 1 200 元。

2008 年，教育部在河北省涞源、武邑、青龙等 3 个定点扶贫县共落实扶贫专款 205 万元。积极推动 3 个县 149 个村开展整村推进工作；安排 3 名部机关青年干部到定点扶贫县挂职扶贫，加强扶贫县的扶贫和教育改革工作；协调中央广播电视大学和滋根基金会提供技术或资金，扶持定点扶贫县的农民教育工作，帮助农民实现农业增收或转移就业；协调人民教育出版社、高等教育出版社出资 15 万元，慰问了 75 位困难教师和贫困农户，并培训了 60 个贫困家庭劳动力。

撰稿 陈建华 陈亚伟
审稿 张昭文

高等教育

高等学校发展改革

〔**2008年高等学校审批和变动情况**〕 2008年共批准设置和调整的普通高等学校92所，其中教育部批准设置和调整的普通高等学校24所（名单详见附一），批准撤销的普通高校15所（名单详见附二），省、自治区、直辖市人民政府自行审批设立的高等职业学校53所（名单详见附三）。

在教育部批准设置和调整的24所学校中，新设置本科院校18所，其中：专科学校改建为本科院校14所，“独立学院”转设为本科院校4所，（18所学校中公办学校1所，民办学校17所）；本科“学院”更名为“大学”的3所，同层次更名的普通高校3所。

在教育部批准撤销的15所高等专科（职业）学校中，公办学校11所，民办学校4所。

各地自行审批设立的53所高等职业学校中，新设立的高等职业学校45所（其中公办学校25所，民办学校20所），同层次合并的高等职业学校1所，同层次更改名称的高等职业学校7所（其中公办学校4所，民办学校3所）。

在上述92所学校中，公办学校48所，民办学校44所。

撰稿　杨　青
审稿　宋德民

附一

2008年教育部批准设置和调整的普通高等学校名单

计24所

序号	学校名称	主管部门	建校基础名称
一、本科院校（18所）			
（一）专科学校改建为本科院校（14所）			
1	天津天狮学院	天津市教委	民办天狮职业技术学院
2	浙江越秀外国语学院	浙江省教育厅	绍兴越秀外国语职业学院
3	宁波大红鹰学院	浙江省教育厅	宁波大红鹰职业技术学院

续表

序号	学　校　名　称	主 管 部 门	建校基础名称
4	安徽三联学院	安徽省教育厅	民办三联职业技术学院
5	闽南理工学院	福建省教育厅	泉州光电信息职业学院
6	山东英才学院	山东省教育厅	山东英才职业技术学院
7	潍坊科技学院	山东省教育厅	潍坊科技职业学院
8	山东万杰医学院	山东省教育厅	山东万杰医学高等专科学校
9	郑州科技学院	河南省教育厅	郑州科技职业学院
10	郑州华信学院	河南省教育厅	郑州华信职业技术学院
11	湖南第一师范学院	湖南省	湖南省第一师范学校
12	海口经济学院	海南省教育厅	海口经济职业技术学院
13	陕西国际商贸学院	陕西省教育厅	陕西国际商贸职业学院
14	西安思源学院	陕西省教育厅	西安思源职业学院
（二）“独立学院”转设为本科院校（4 所）			
1	辽宁财贸学院	辽宁省教育厅	沈阳师范大学渤海学院
2	大连东软信息学院	辽宁省教育厅	东北大学东软信息学院
3	吉林动画学院	吉林省教育厅	吉林艺术学院动画学院
4	哈尔滨德强商务学院	黑龙江省教育厅	哈尔滨商业大学德强商务学院
二、本科“学院”更名为“大学”的院校（3 所）			
1	北方民族大学	国家民委	西北第二民族学院
2	北京信息科技大学	北京市	北京机械工业学院 北京信息工程学院
3	宁夏医科大学	宁夏回族自治区	宁夏医学院
三、同层次更名院校（3 所）			
1	上海海洋大学	上海市	上海水产大学
2	河南城建学院	河南省	平顶山工学院
3	仲恺农业工程学院	广东省	仲恺农业技术学院

附二

2008 年教育部批准撤销建制的学校名单

计 15 所

序号	学校名称	主管部门
1	北京锡华国际经贸职业学院	北京市教委
2	天津工业职业技术学院	天津市

续表

序号	学校名称	主管部门
3	河北京都高尔夫职业学院	河北省教育厅
4	河北远东职业技术学院	河北省
5	河北职业技术学院	河北省
6	内蒙古财税职业学院	内蒙古自治区
7	鞍山市高等职业专科学校	辽宁省
8	吉林对外经贸职业学院	吉林省教育厅
9	山东水利专科学校	山东省
10	山东军星职业技术学院	山东省
11	广东建华职业学院	广东省教育厅
12	贵州理工职业技术学院	贵州省
13	青海民族师范高等专科学校	青海省
14	青海师范高等专科学校	青海省
15	青海财经职业学院	青海省

附三

2008年省、自治区、直辖市人民政府自行审批设立的高等职业学校名单

计53所

序号	学 校 名 称	主 管 部 门	建校基础名称
一、新设立的高等职业学校名单（45所）			
1	北京社会管理职业学院	北京市	新建
2	北京新圆明职业学院	北京市教委	北京圆明园专修学院（资源）
3	石家庄科技工程职业学院	河北省	石家庄学院正定分院（资源）
4	河北劳动关系职业学院	河北省	邯郸市职工大学
5	石家庄科技职业学院	河北省教育厅	石家庄语言文化交流专修学院（资源）
6	山西经贸职业学院	山西省	山西经济管理干部学院
7	朔州职业技术学院	山西省	新建
8	包头铁道职业技术学院	内蒙古自治区	呼和浩特铁路局包头职工培训基地（资源）
9	辽宁铁道职业技术学院	辽宁省	新建
10	辽宁建筑职业技术学院	辽宁省	沈阳建筑大学职业技术学院（资源）
11	大连航运职业技术学院	辽宁省教育厅	新建

续表

序号	学　校　名　称	主 管 部 门	建校基础名称
12	长白山职业技术学院	吉林省	长白山职业技术学院筹备处（资源）
13	佳木斯职业学院	黑龙江省	佳木斯联合职工大学
14	上海体育职业学院	上海市	上海体育运动技术学院
15	苏州高博软件技术职业学院	江苏省教育厅	新建
16	南京旅游职业学院	江苏省	南京金陵旅馆管理干部学院
17	温州科技职业学院	浙江省	新建
18	浙江横店影视职业学院	浙江省教育厅	新建
19	浙江汽车职业技术学院	浙江省教育厅	新建
20	安徽现代信息工程职业学院	安徽省教育厅	新建
21	民办安徽旅游职业学院	安徽省教育厅	新建
22	徽商职业学院	安徽省	徽商职业学院（筹）
23	马鞍山职业技术学院	安徽省	安徽工业大学职业技术学院（资源）
24	江西中山职业技术学院	江西省教育厅	江西中山电子计算机专修学院（资源）
25	江西枫林涉外经贸职业学院	江西省教育厅	江西枫林理工专修学院（资源）
26	江西泰豪动漫职业学院	江西省教育厅	江西泰豪科技专修学院（资源）
27	山东传媒职业学院	山东省	山东省广播电视系统培训中心（资源）
28	临沂职业学院	山东省	临沂师范学院职业技术学院（资源）
29	枣庄职业学院	山东省	新建
30	烟台工程职业技术学院	山东省	烟台市技术学院
31	德州职业技术学院	山东省	德州市技术学院
32	河南建筑职业技术学院	河南省	河南省建筑职工大学
33	周口科技职业学院	河南省教育厅	周口市海燕职业中等专业学校
34	黄石职业技术学院	湖北省	新建
35	湖南科技工业职业技术学院	湖南省	湖南兵器工业职工大学
36	广西理工职业技术学院	广西壮族自治区教育厅	新建
37	梧州职业学院	广西壮族自治区教育厅	新建
38	广西经济职业学院	广西壮族自治区教育厅	新建
39	海南科技职业学院	海南省教育厅	新建
40	重庆科创职业学院	重庆市教委	重庆信息工程专修学院（资源）
41	重庆建筑工程职业学院	重庆市	重庆城建职工学院
42	四川城市职业学院	四川省教育厅	新建

续表

序号	学　校　名　称	主 管 部 门	建校基础名称
43	四川现代职业学院	四川省教育厅	四川创业学院（资源）
44	毕节职业技术学院	贵州省	毕节学院职业技术学院（资源）
45	云南经贸外事职业学院	云南省教育厅	云南商贸管理进修培训学院（资源）
二、更名的高等职业学校名单（7所）			
1	河北外国语职业学院	河北省	秦皇岛外国语职业学院
2	石家庄理工职业学院	河北省教育厅	石家庄联合技术职业学院
3	民办合肥滨湖职业技术学院	安徽省教育厅	民办安徽明星科技职业学院
4	湖南生物机电职业技术学院	湖南省	湖南生物与机电工程职业技术学院
5	广州番禺职业技术学院	广东省	番禺职业技术学院
6	重庆传媒职业学院	重庆市教委	重庆光彩职业技术学院
7	重庆航天职业技术学院	重庆市	重庆电子职业技术学院
三、合并的高等职业学校名单（1所）			
1	石家庄邮电职业技术学院	河北省	石家庄邮电职业技术学院 河北通信职业技术学院

〔**首次审批独立学院转设为民办普通本科学校的设置**〕　根据《教育部关于"十一五"期间普通高等学校设置工作的意见》和《独立学院设置与管理办法》的有关要求，2008年4月，教育部首次委派全国高校设置委员会（以下简称"高评委"）专家组对提出转设为独立设置的民办普通本科学校（以下简称"转设"）的5所独立学院进行了考察、评议。高评委会议讨论、评议通过了东北大学东软信息学院转设为大连东软信息学院等4所学校的转设申请。此次考察评议工作秉承以下原则：

1. 支持按照《民办教育促进法》及其《实施条例》依法办学、落实法人财产权等法规要求，并达到国家规定的普通本科学校设置条件和标准的独立学院转设。

2. 严格遵循《普通本科学校设置暂行规定》和《独立学院设置与管理办法》等规定的要求及民办普通本科学校的设置程序。

针对独立学院转设中普遍存在的共性问题，为保证转设后的独立学院依法转设、平稳过渡，在征询了多方意见的基础上制定了《独立学院转设之〈终止合作协议书〉内容要求》，指导有关学校撰写《终止合作协议书》。

独立学院转设是一项新的制度设计，此次工作成功探索了转设工作的基本原则和政策要点，为今后将转设纳入常规高校设置评审积累了经验，奠定了良好基础。

〔**审批西部地区高等学校的设置**〕　根据教育部《关于"十一五"期间普通高等学校设置工作的意见》规定的"一年中东部、一年民办、一年西部"的审批节奏，2008年主要进行西部地区高等学校的设置工作。在2008年西部地区高等学校设置工作中遵循的指导思想是：

西部地区高等学校设置工作以科学发展观为指导，以服从、服务于经济社会发展和满足人民群众的需求为宗旨，依据《国家教育事业发展"十一五"规划纲要》以及《教育部关于"十一五"期间普通高等学校设置工作的意见》、《普通本科学校设置暂行规定》的文件精神，以优化布局结构、严格办学条件、提高高等教育质量为重点，加强统筹规划和宏观调控，控制高等学校设置的数量，保证西部地区高等学校设置的质量。

2008年高校设置工作进一步将“把握节奏、控制规模”放到更突出的位置。通过执行各省院校设置“十一五”规划、通盘考虑各地经济社会发展需求、基础教育状况、职业教育发展状况、现有高等教育资源和供需矛盾、省级政府对高等教育的投入水平等因素，加强统筹规划和宏观调控；通过严格掌握高校设置标准和条件、严格坚持高校设置程序，把“提高高校设置审批的质量”落到实处，坚持择优审批，优先支持行为规范、办学质量高的优质学校。

2008年，全国西部12省份中共有9个省（自治区、直辖市）申报设置院校37所，经认真细致的形式审查后，委派全国高等学校设置评议委员会专家组实地考察21所，经全国高等学校设置评议委员会五届三次评议会评议通过，正式设立高等学校18所，筹建1所。

为保证院校设置审批的公正、公开，在专家实地考察和全国高等学校设置评议委员会评议后，通过教育部网站向社会公示评议会通过的高等学校名单。对公示期满无异议的学校，教育部下达正式审批文件。通过这项工作，提高了高校设置审批工作的规范性和公正性，保证了社会公众的知情权和监督权。

撰稿　徐　晴
审稿　宋德民

〔印发《汶川地震灾后重建学校规划建筑设计导则》和《汶川地震灾后重建学校规划建筑设计参考图集》〕 为指导和推动汶川地震灾区学校恢复重建工作，2008年10月24日，教育部协同住房城乡建设部及国家发改委联合印发《汶川地震灾后重建学校规划建筑设计导则》。在此基础上，为帮助和指导各有关方面解读和使用《设计导则》，教育部又协同当地教育行政部门，编制出版了《汶川地震灾后重建学校规划建筑设计参考图集》。

《汶川地震灾后重建学校规划建筑设计导则》贯彻执行国务院关于汶川地震灾区恢复重建的总体规划，对现行中小学、幼儿园校舍规划及建筑设计规范进行了整理汇编，内容上突出可操作性和引导性，在强调和重申现行国家规范和标准重要内容的基础上，结合灾区学校现实发展需要，进一步对有关规范和标准进行了细化、量化和适当的调整，指导汶川地震灾后重建的普通中小学校、幼儿园的规划建筑设计。《设计导则》的印发，为汶川地震灾后重建学校提供规划建筑技术支撑，有助于推进城乡中小学校校舍标准化建设，引导校舍建设简朴、适用，避免奢华浪费和高标准建设校舍，创造适合青少年德、智、体、美全面发展的学校环境。

《汶川地震灾后重建学校规划建筑设计参考图集》收录了经专家精心设计的32所汶川地震灾后重建学校的规划建筑设计方案，内容涉及10所完全小学、3所九年制学校、13所初级中学、6所高级中学及1所幼儿园。《参考图集》通过灾后重建学校规划建筑设计案例，体现《设计导则》的设计标准和要求，既能满足灾区学校恢复重建的现实要求，又能适应国家义务教育学校标准化建设的发展要求，有助于指导各有关方面解读和使用《设计导则》，并作为其他学校建设的参考范例。

撰稿　韩劲红
审稿　张泰青

〔“211工程”建设〕 2008年1月16日，国务院总理温家宝主持召开国务院常务会议，听取高等教育“211工程”建设工作汇报。会议同意进行“211工程”三期建设，要求认真总结经验，明确目标，统筹兼顾，加快高水平大学和重点学科建设，带动我国高等教育整体发展。

根据国务院常务会议精神，国家发展改革委、教育部、财政部于2008年2月19日印发了《关于印发高等教育“211工程”三期建设总体方案的通知》，并联合召开视频会议，部署“211工程”三期建设项目规划编制及论证工作。与此同时，为充分展示“211工程”建设十年取得的辉煌成果，进一步扩大“211工程”的影响，三部委于2008年3月25日联合召开了“211工程”建设新闻发布会，对“211工程”十年建设成果进行了广泛宣传，并收到了较好的社会反响。

各“211工程”学校按照国家发展改革委、教育部、财政部的统一部署，研究制定了学校“211工程”三期建设规划并进行了校内项目论证工作。三部委在组织专家评审的基础上，由国家发展改革委、财政部以及有关部门根据各自职责及分工，按照项目建设程序的规定和财政资金管理办法，对“211工程”三期建设项目进行了审批，并按年度对各自所安排资金的具体项目和用向进行审核后，下达了2008年度计划和预算。

2008年，新增海南大学、西藏大学、青海大学、宁夏大学、石河子大学5所学校列入“211工程”重点建设行列。至此，列入“211工程”建设的学校共112所。

〔**“985工程”建设**〕 2008年是“985工程”二期建设的最后一年。“985工程”学校坚持以国际科技前沿和国家重大需求为导向，以突出特色、实现跨越式发展为宗旨，围绕经济建设和社会发展中的重大问题，建设平台和基地共计372个，其中Ⅰ类基地76个，Ⅱ类基地38个，Ⅰ类平台86个，Ⅱ类平台172个。同时全面实施了人才队伍建设计划，围绕公共服务体系、公共基础设施和实验室等内容进行了一系列的条件支撑建设，不断扩大国际合作与交流，逐步提升国际化水平。截至2008年底，“985工程”二期累计投入建设资金为191.2亿元。

为落实胡锦涛总书记关于加快推进创建世界一流大学步伐的指示精神，明确下一阶段“985工程”的建设目标和建设任务，2008年12月，部署学校认真做好“985工程”二期验收的准备工作，认真总结“985工程”十年建设经验，同时着手进行“985工程”建设方案与研究工作，科学制订“985工程”三期建设规划。

撰稿 赵玉霞
审稿 杨玉良 李 军
郭新立 梁国雄

教育教学管理

〔**首轮高等学校本科教学评估工作顺利完成**〕 根据国务院批转的教育部《2003—2007年教育振兴行动计划》关于建立周期性评估制度，开展周期性评估工作的要求，2003年，教育部启动了普通高等学校本科教学工作水平评估，2008年，此项工作顺利结束。期间，有589所普通高等学校接受了本科教学评估，其中被评为优秀的学校有423所，占71.8%；被评为良好的学校有145所，占24.6%；被评为合格的学校有21所，占3.6%。

一、开展首轮评估的背景及必要性

首先，评估工作是我国高等教育大众化发展阶段全面提高质量的需要。伴随着高等教育规模的持续快速发展，高等学校办学资源全面紧张，教学管理压力明显增大，教育质量备受社会关注。其次，评估工作是政府进一步深化教育管理体制改革，加强对高等教育的宏观管理的需要。再次，评估工作是世界各国保证和提高高等教育质量的重要手段。最后，评估工作是健全中国高等教育质量保障体系的要求。

我国的高等学校教学评估是依法开展的。《高等教育法》第44条规定：“高等学校的办学水平、教育质量，接受教育行政部门的监督和由其组织的评估。”国务院批转教育部的《2003—2007年教育振兴行动计划》明确提出“健全高等学校教学质量保障体系，建立高等学校教学质量评估和咨询机构，实行五年为一周期的全国高等学校教学质量评估制度”。

二、首轮本科评估的指导思想、评估方案和评

估程序

为全面推进评估工作，教育部制定了“以评促建、以评促改、以评促管、评建结合、重在建设”的指导方针。

同时，制定了统一的评估方案，包括7个一级指标（分别是办学指导思想、师资队伍、教学条件与利用、专业教学与教学改革、教学管理、学风、教学效果和一个特色项目），19个二级指标和44个观测点。评估工作分为三个阶段，分别是自评自建阶段、专家进校考察阶段和评估整改阶段。自评自建阶段，即学校根据评估指标体系进行各项建设和改革，并按要求撰写自评报告；专家组进校考察评估阶段，即专家组受教育部委派，对照评估指标体系，对学校进行为期五天的实地考察评估，并根据考察结果做出客观、公正的评估建议结论，提交教育部审议；评估整改阶段，即专家组进校考察评估结束之后，学校根据专家组进校考察评估的意见，制定评估整改方案，以进一步巩固评建结果，建立评估的长效机制，不断改进教学工作，提高教育质量。

三、首轮评估的成效

五年来，教育部实施的高校教学评建工作，意义重大，基本实现了“以评促建、以评促改、以评促管、评建结合、重在建设”的预期目的，有效地提高了高校的办学质量和软件、硬件条件，缓解了扩招后高等教育质量下降的趋势，学校办学实力和教学水平全面跃上一个新的高度。高校本科教学评估工作取得了显著成效，主要表现在以下几个方面：

第一，教学评估有力地强化了整个高教战线的质量意识。

本次评估是各级政府、高校、专家共同努力，涉及面最大、动用人力最多、影响深远的一次质量保证行动。通过评估，高教战线进一步突出了质量是高等教育生命线、教学是高校中心工作的意识，各级教育行政部门和广大高校能够自觉按照国家及区域经济、社会及科技发展需要，积极调整办学方向，梳理发展思路，基本形成了“规模、结构、质量与效益”均衡发展的高等教育格局。

第二，初步形成了具有中国特色的高等教育质量保障制度。

通过十多年的评估积累和本轮全方位的实践，我们国家已基本建立了政府主导、学校自评、专家与师生共同参与的评估制度，基本保证了我国高等教育质量，为构建高等教育质量保障体系奠定了坚实基础。为下一阶段实现建设高等教育强国和人力资源强国的目标提供了有力支撑。

第三，各级政府和高校加大了投入，高校办学条件明显改善。

据对2006年133所参评高校不完全统计，开展评建工作三年来，这些高校生均教学经费、生均教学仪器设备值、生均教学行政用房、生均图书占有量均增长了30%左右。教学评估有效促进了高校师资队伍建设，教师学历结构和职称结构更加合理，教学水平明显提高。

第四，教学评估极大促进了高等教育管理的规范化。

通过评估，各级教育行政部门和高等学校普遍加强了教育质量管理，建立健全了教育教学各项规章制度，建立健全了高校内部质量监控制度和教育教学评价体系，使高校中乱办班以及重科研轻教学、教师教学不够认真等内部教学管理松散的现象基本得到纠正，管理成效比较明显。

四、趋势与展望

在我国，教学评估工作还是个新生事物，加之首轮评估任务重，推进速度快，因此存在一些值得深入研究并切实需要加以解决的问题，如评估方案单一、分类指导不够等。在总结首轮评估工作的经验与不足的基础上，教育部研究制定了下一轮评估工作方案。今后评估工作的改进方向是：要建立健全以高等学校内部质量建设为基础、以政府评估为主导和以社会评价为补充的开放、立体、全面的高等教育质量保障体系，努力使高校的评估从目前的评价学校内部教学活动向评价高等教学质量监控制度转变。新一轮评估工作总体设想是：坚持周期性评估制度；加强分类指导，引导科学定位；运用信息化手段，实现常态和周期性教学质量监控；提高评估服务质量，减轻学校负担；加强社会参与和监督，建立监察和裁决制度。

为此，根据“高等学校本科教学质量与教学改革工程”整体部署，教育部开展了“完善高等学校教学质量定期评估制度”和“研制全国高校教学基本状态数据数据库系统”的立项研究工作，分别有两个课题组进行“完善高等学校教学质量定期评估制度”研究，三个课题组进行“研制全国高校教学基本状态数据数据库系统”。两个项目研究工作都已经产生阶段性成果。根据项目整体安排，教育部将组织分别对“完善高等学校教学质量定期评估制度”和“研制全国高校教学基本状态数据数据库系统”各课题组的阶段性成果进行整合，各形成一套成果。目前有关项目工作正在进行中。

撰稿　王　兴　马　杰
审稿　石鹏建　李志宏

〔**对口支援西部地区高等学校**〕　2008 年 2 月 20 日，教育部、财政部联合印发了《教育部 财政部关于执行“质量工程”2008 年对口支援工作教师进修和干部学习锻炼任务的通知》，部署了“质量工程”2008 年教师进修和干部锻炼工作，确定了 2008 年全年选派受援高校的 699 名教师和干部到支援高校进修和学习锻炼。受援高校普遍反映：质量工程中的对口支援项目极大地推动了受援高校师资队伍和干部队伍的建设，是多年来想做而做不到的，成批量培训教师和干部必将为提高受援高校办学水平奠定坚实的基础。同时，“质量工程”中批准的西北大学等 10 所受援高校建设 30 个数字化教室，建设工作基本顺利，基本可以投入使用。2008 年 12 月，召开了“质量工程”2009 年对口支援工作教师进修和干部学习锻炼任务的专家评审会。为了保证“质量工程”的质量，根据各校实践的情况，教育部高等教育司印发了《关于加强“质量工程”对口支援工作的指导性意见》，以指导教师进修和干部学习锻炼工作。7 月 23 日—25 日，在井冈山大学举办了“2008 年对口支援西部地区高等学校管理人员培训班”。2008 年成立了对口支援专家工作组。2008 年批准了北京理工大学对口支援延安大学，调整天津大学对口支援海南大学(天津大学不再对口支援石河子大学，但继续完成“援疆学科建设计划”的工作)，由华东理工大学对口支援石河子大学。

撰稿　康　凯
审稿　杨志坚

〔**第四届高等学校教学名师奖评选表彰**〕　2008 年，教育部、财政部组织了第四届高等学校教学名师奖的评选表彰工作。经过地方推荐、同行专家网上评审、会议评审三个程序，产生了 100 名教学名师奖获得者。获奖教师中，有长期从事本科教学工作，具有较高学术造诣，注重教学改革与实践，教学水平高，教学效果好的高等学校教授，也有在高等职业教育中坚持教育教学改革，在工学结合、产学合作方面发挥重要带头作用的高素质“双师型”专业教师。这 100 名教师来自全国 90 所高校，其中有 58 名教师来自部（委）属高校，39 名教师来自地方高校，3 名教师来自军队院校。从事普通本科教育的教师 80 名，从事普通高等职业教育的教师 20 名。获奖教师的学科背景涵盖了 11 个学科门类，且有 3 名院士入选。获奖教师平均年龄 53 岁，年龄最大的 71 岁，最小的 40 岁。

9 月 10 日，“第四届高等学校教学名师奖”表彰大会在京西宾馆举行，教育部部长周济主持大会。中共中央政治局委员、国务委员刘延东出席并发表讲话。第四届高等学校教学名师奖获得者、中央有关部委的领导和教育部相关部门负责同志、各省、自治区、直辖市教育行政部门负责人以及在京高校教师、学生代表参加了大会。

撰稿　吴　燕　陈　明
审稿　杨志坚

附

第四届高等学校教学名师奖获奖教师名单

姓　名	单　位	姓　名	单　位
温儒敏	北京大学	马建章	东北林业大学
邓小南	北京大学	孙　毅	哈尔滨工业大学
王稼军	北京大学	吴　坤	哈尔滨医科大学
陈信义	清华大学	赵春晖	哈尔滨工程大学
励杭泉	北京化工大学	张锡勤	黑龙江大学
蔡美峰	北京科技大学	郑时龄	同济大学
王昆扬	北京师范大学	乔守怡	复旦大学
毛振明	北京师范大学	杨国荣	华东师范大学
荣朝和	北京交通大学	郁崇文	东华大学
高晓虹	中国传媒大学	卢家楣	上海师范大学
王　珊	中国人民大学	林志新	上海交通大学
焦永和	北京理工大学	钟　秦	南京理工大学
陈　洪	南开大学	吴镇扬	东南大学
冯亚青	天津大学	武清玺	河海大学
汪　波	天津大学	夏锦文	南京师范大学
肖红叶	天津财经大学	沈其荣	南京农业大学
杜彦良	石家庄铁道学院	应义斌	浙江大学
吕　明	太原理工大学	吴　敏	浙江大学
李志义	大连理工大学	王万良	浙江工业大学
崔福德	沈阳药科大学	杨善林	合肥工业大学
周光辉	吉林大学	林亚南	厦门大学
尹景学	吉林大学	黄志高	福建师范大学
李　冀	黑龙江中医药大学	戚万学	山东师范大学
于修平	山东大学	李　华	西北农林科技大学
魏　琴	济南大学	耿国华	西北大学
蒋有录	中国石油大学（华东）	史仪凯	西北工业大学
张联盟	武汉理工大学	周又和	兰州大学
罗以澄	武汉大学	李承祖	解放军国防科学技术大学
刘耀林	武汉大学	王元元	解放军理工大学
陈传尧	华中科技大学	应大君	解放军第三军医大学
曹凑贵	华中农业大学	王艳国	天津职业大学

续表

姓　名	单　位	姓　名	单　位
黄立宏	湖南大学	李　辉	石家庄铁路职业技术学院
赖明勇	湖南大学	王永安	山西煤炭职业技术学院
官春云	湖南农业大学	王　彤	辽宁交通高等专科学校
石　鸥	湖南师范大学	朱　珠	吉林工商学院
蒋述卓	暨南大学	顾　京	无锡职业技术学院
李　萍	中山大学	眭碧霞	常州信息职业技术学院
詹希美	中山大学	高建宁	江苏经贸职业技术学院
赵克森	南方医科大学	金文兵	浙江机电职业技术学院
詹怀宇	华南理工大学	孙敬华	安徽水利水电职业技术学院
黄维义	广西大学	黄克安	福建对外经济贸易职业技术学院
何向东	西南大学	曾照香	淄博职业学院
孙才新	重庆大学	杨　文	山东英才学院
曹顺庆	四川大学	郭桂义	信阳农业高等专科学校
陈武勇	四川大学	朱光力	深圳职业技术学院
殷孟波	西南财经大学	林若森	柳州职业技术学院
冯晓云	西南交通大学	马乃祥	海南职业技术学院
周　平	云南大学	刘建超	成都航空职业技术学院
房　喻	陕西师范大学	杨金华	云南交通职业技术学院
刘三阳	西安电子科技大学	丑武江	新疆农业职业技术学院

〔**国家教学团队**〕　根据《教育部 财政部关于实施高等学校本科教学质量与教学改革工程的意见》精神，为提高我国高等学校教师素质和教学能力，确保高等教育教学质量的不断提高，在高等学校本科教学质量与教学改革工程中设立了教学团队建设项目。

本项目的实施，旨在通过建立团队合作的机制，改革教学内容和教学方法，开发教学资源，促进教学研讨和教学经验交流，推进教学工作的传、帮、带和老中青相结合，提高教师的教学水平。

本项目采取学校先行建设，省级教育行政部门推荐，教育部组织评审，教育部、财政部联合批复立项的方式进行。在2007年评审、资助100个教学团队基础上，2008年又评审、资助了清华大学“结构力学系列课程教学团队”等300个国家级教学团队。

2008年，通过完善管理制度、强化师资队伍和教材建设、深化教学研究等措施，进一步加强了教学团队的建设、管理，完善和推进了评估制度。在国家级教学团队主页（http://jxtd.zlgc.org/）增设了blog，加强对立项团队的宣传、推广、监督、检查，促进立项团队、立项团队与广大教师的广泛交流，成为国家级教学团队评估验收的一条重要途径。

撰稿　李晓明
审稿　杨志坚

〔**国家精品课程**〕　2008年，共有31个省、自治区、直辖市和新疆生产建设兵团以及77个教学指导委员会和专家组织申报的1 172门课程参加国家精品课程评审，共覆盖本科高校405所。经网络评审和会议评审，共产生了本年度国家精品课程669门，其中本科课程400门，高职高专课程200门，网络教育课程50门，军队（含武警）院校课程19门。

自2003年开始，截至2008年已累计评审出国家精品课程2 467门，其中本科课程1 675门、高职高专课程614门、网络教育课程99门、军队（含武警）院校课程79门，覆盖了全国31个省、自治区和直辖市的547所高校。此外，教育部还与微软、IBM、英特尔、Sun等国际公司合作，共建设精品课程170门。

国家精品课程资源的开放共享初显成效。精品课程建设工作网（www.jpkcnet.com）的日均点击量超过了20万次。国家精品课程资源网（www.jingpinke.com）新版正式上线，汇集了全国高校的优质教学资源，成为服务于广大高校教师和学生的优质教学资源共享服务平台。

撰稿　吴爱华　许明杨
审稿　刘　桔

〔**双语教学示范课程**〕　2008年4月，教育部、财政部联合启动了2008年度双语教学示范课程建设项目，经过同行专家网络评审、网上公示和教育部、财政部联合审批三个程序，评审产生了100门双语教学示范课程。11个学科门类均有课程入选，其中，哲学1门，经济学12门，法学4门，教育学1门，文学3门，历史学1门，理学27门，工学24门，农学4门，医学12门，管理学11门。2008年的双语教学示范课程面向全国所有普通本科院校申报，在评审出的100门课程中，有30门属于非“211工程”院校。

2008年9月，教育部、财政部印发了《关于批准2008年度双语教学示范课程建设项目的通知》。根据文件要求，每门课程资助经费10万元，建设内容包括双语师资的培训与培养、聘请国外教师和专家来华讲学、先进双语教材的引进与建设、双语教学方法的改革与实践、优秀双语教学课件的制作、双语教学经验的总结等。

撰稿　吴　燕　刘泽炀
审稿　杨志坚

〔**大学英语教学改革**〕　大学英语教学改革是“高等学校教学改革与教学质量工程”重要组成部分，实施6年来，取得了重大进展，大学生英语综合应用能力得到了进一步提高，在引领和推动中国高等教育教学改革、全面提高人才培养质量方面，作出了积极的贡献，具有重要的战略意义。

2008年，教育部继续全面推进大学英语教学改革，重点完成以下工作：

一、推进大学英语教学软件全面升级。教育部委托开发的五套大学英语教学软件系统在高校得到了广泛应用，为进一步增强教学软件系统的交互功能，组织开展了大学英语教学软件系统升级工作，软件升级进一步突出了计算机和网络的个性化教学特点，提高了学生自主学习能力，进一步促进了大学英语教学质量的不断提高。

二、进一步加强师资队伍建设。在认真总结大学英语教学改革经验基础上，积极开展师资培训工作，组织大学英语教学改革经验交流活动，组织召开百所学校大学英语教学改革工作会议。进一步加强大学英语教学改革示范点项目建设，以点带面，全面推进大学英语教学改革。

三、推进大学英语四、六级考试机考改革。2008年，重点完成了系统开发与测试、部分试题库建设等项工作，并组织了53所高校5 000名考生参加了大学英语四级机考试点。

基于计算机和课堂的大学英语教学模式改革激发了学生学习英语的兴趣，提高了英语综合应用能力。目前，越来越多的高校认识到这项改革的重要意义，正在积极地推进。

撰稿　刘向虹　刘剑青
审稿　杨志坚

〔**高等学校特色专业点建设**〕　根据《教育部财政部关于实施高等学校本科教学质量与教学改革工程的意见》的总体安排，2008 年 6 月，启动了第三批高等学校特色专业建设点申报工作。中央部委所属高校建设点由中央部委所属高校按照年度规划名额自行遴选推荐；地方高校建设点由各地方教育行政部门按照年度规划名额组织遴选推荐。

2008 年 9 月 28 日，教育部、财政部联合印发《关于批准第三批高等学校特色专业建设点的通知》，批准北京大学汉语言文学专业等 691 个专业点为 2008 年度高等学校特色专业建设点，其中中央财政资金支持建设的 606 个，自筹经费建设的 85 个。

至此，共分三批遴选建设了国家特色专业建设点 1 818 个。按照调整后的本科专业目录，遴选的特色专业建设点覆盖了 11 个专业大类下的 71 个专业二级类，分布在 266 种专业，涉及 557 所本科学校。

撰稿　李　智
审稿　刘　桔

〔**“万种新教材”建设**〕　一、“万种新教材”的评选。按照“坚持分类指导、坚持多样性、坚持新编与修订相结合、坚持突出重点”的原则，集中全国高等学校和出版社的力量，建设供普通高等学校学生使用的一万种高质量教材。通过推广使用这些教材，改变高等学校一些教材内容陈旧、单一的现状，提高高等教育教学质量。

2006 年，教育部从出版社申报的 23 623 种教材中评审确定了 9 723 种教材立项建设。这些教材包括了新编教材和修订教材。

2007 年，教育部又组织了补充申报工作，申报的对象是 2004—2005 年出版、准备在“十一五”期间进行修订的教材（考虑到 2004—2005 年出版的教材还没有进入修订期，2006 年没有安排这批教材申报本项目）。共有 186 家出版社申报了 9 735 种教材。经过专家推荐、上网公示、回收反馈意见、处理有关问题等程序，最终确定了 2 049 种选题补充列入“万种新教材”规划，并于 2008 年 2 月正式立项。加上 2006 年立项的教材，教材选题总数达到 11 765 种。

二、精品教材。作为对“万种新教材”进行立项后管理的一项措施，教育部开展了精品教材的评选工作，评选范围是已经出版的规划教材，评选目的是推动作者和出版社提高规划教材的编写、出版质量。

2007 年和 2008 年，出版社共有 4 213 种已出版立项教材申报精品教材。专家们审读样书后，在“全国普通高等教育教材网”上根据教材评价指标体系进行评议并打分，形成评审意见，最后共有 507 种教材入选精品教材。

三、“全国普通高等教育教材网”。教育部高教司委托全国高等学校教学研究中心建设和维护的“全国普通高等教育教材网（www.tbook.com.cn）”，既可以对“万种新教材”的编写、出版过程进行监控、管理，也是评选、宣传、推荐精品教材的基础平台。到 2008 年底，教材网上的规划教材和其他优秀教材的信息已超过 1 万种。

撰稿　李晓明
审稿　杨志坚

〔**马克思主义理论研究和建设工程进展**〕　作为中央实施马克思主义理论研究和建设工程的重要任务之一，高等学校哲学社会科学重点编写教材工作取得了积极进展。一是为充分反映党的十七大精神，组织专家对四本思想政治理论课教材进行了修订，并出版投入使用。二是继续做好中央负责组织实施的 41 种重点编写教材工作，已经全部完成了所有课题组的招标组建工作。其中，第一批教材已完成编写任务，进入审稿阶段；第二批教材的编写提纲已进入审议阶段；第三批教材正在进行提纲编写工作；第四批重点教材课题组组建工作已经完成。三是继续做好中央五部委联合举办的哲学社会科学教学科研骨干教师培训班工作的同时，积极开展思想政治理论课的教师骨干研修和课程培训工作。

2009 年，在继续做好重点教材编写工作的基础上，将适时启动教育部负责组织实施的 93 种重点教材的招标评审工作。

撰稿　刘向虹　马若龙
审稿　杨志坚

〔**大学生创新性实验计划**〕　为促进高校探索创新性人才培养的新模式，2008 年，教育部继续推进大学生创新性实验计划（以下称计划）的实施。

2008 年，教育部组织了第二批项目参与学校的评审工作，从 107 所申报学校中选出第二批 60 所项目参与学校。2008 年，第一批和第二批项目学校共 120 所上报学生项目 3 546 项，总计资助经费 10 071 万元，其中教育部资助金额 3 040 万元，学校配套 7 031 万元，生均经费 9 523 元。计划实施两年来，累计资助经费 19 020 万元，参与学生总人数 10 313 人。

2008 年 10 月，教育部在中南大学举行了首届全国大学生创新论坛，中国科学院、工程院、科技部和部分省级教育行政主管部门的领导、项目参与高校的教师代表和 240 名学生代表参加了论坛。论坛为大学生搭建了一个学术交流的训练平台，交流和展示了大学生的创新成果。

计划的实施，激发了本科生从事科学研究和创造发明的热情，推动了高校建立学生创新能力的训练体系，提高了学生实践动手能力和创新能力。

撰稿　李茂国　尹　辉
审稿　刘　桔

〔**实验教学示范中心**〕　为进一步推进高等学校实验教学和实验室管理工作的改革与创新，加强学生实践能力和创新精神培养，教育部 2008 年在物理类、化学化工类、生物类、电子电气信息类、机械类、土建类、材料类、环境类、地学类、植物类、动物类、临床技能类、医学基础类、经济管理类、法学类、传媒类、艺术类、综合性工程训练中心、文科综合类等 19 个类别开展国家级实验教学示范中心建设和评审工作，共评审出 141 个国家级实验教学示范中心建设单位。

同时，为了解国家级实验教学示范中心建设进展，更好地发挥其示范辐射作用，教育部于 2008 年 11 月分别在南京、武汉、成都三地分三批组织开展了国家级实验教学示范中心建设系列报告及现场交流会。219 个国家级实验教学示范中心和建设单位分别报告建设进展，有关专家对建设成效进行测评。测评结果显示，多数国家级实验教学示范中心及所在学校，适应新时期人才培养要求，积极整合实验资源，采用现代信息技术促进开放共享，开展创新性实验项目研制，构建科学合理的实验课程体系，引导着高等学校实验室建设和实验教学改革的发展方向。国家级实验教学示范中心建设，带动了各省、高等学校的政策与经费支持，实验条件环境明显改善，极大地调动了师生进行实验教学研究与实验探索学习的热情，本科生的能力培养得到切实加强，为全面提高本科教育教学质量和创新人才培养奠定了良好基础。

撰稿　高东锋
审稿　杨志坚

〔**人才培养模式创新实验区**〕　2008 年 4 月，教育部、财政部联合启动了 2008 年度人才培养模式创新实验区评审工作。经过同行专家网络评审、会议评审、网上公示和教育部、财政部联合审批四个程序，评选产生 100 个人才培养模式创新实验区。具体分布是：创业教育 30 个，软件工程 20 个，文科基础学科 20 个，生命科学与技术 15 个，经济学基础人才培养 15 个，法律 5 个。

2009 年 2 月，教育部、财政部联合印发了《关于批准 2008 年度人才培养模式创新实验区建设项目的通知》。根据《通知》要求，每个实验区资助总经费 50 万元，将分年度拨付，2008 年度为 20 万元。《通知》希望有关高等学校继续推进人才培养模式的综合改革，探索教学理念、培养模式和管理机制的全方位创新，努力形成有利于多样化创新人才成长的培养体系，不断提高人才培养质量，为实施科教兴国战略、建设创新型国家作出更大的贡献。

撰稿　吴　燕　朱洪刚
审稿　杨志坚

〔**工程教育认证试点**〕　2005年5月，为推进我国工程师制度改革，由人事部（现人力资源和社会保障部）牵头，教育部、中国工程院、中国科协、建设部（现住房和城乡建设部）等共18个部门和单位参加，成立了全国工程师制度改革协调小组，共同研究全国工程师制度改革的框架设计，建立与国际接轨的注册工程师制度。注册工程师制度包括工程教育、工程实践、考试注册和管理几个部分，其中工程教育是培养工程师的基础和关键环节。作为注册工程师制度的重要组成部分，国际上很多国家和地区建立了比较成熟的工程教育专业认证体系。为促进工程师的国际互认交流，美国、加拿大、澳大利亚、新西兰、英国等国发起成立了《华盛顿协议》，作为国际间工程教育本科专业的互认协议。2006年2月，全国工程师制度改革协调小组召开会议，分析了工程师国际互认的形势，认为当前我国参与工程师国际互认的主要任务是加入《华盛顿协议》。《华盛顿协议》规定申请加入组织必须已经建立了工程教育专业认证体系并实际开展了工程教育专业认证工作。2006年6月，全国工程师制度改革协调小组决定设立工程教育工作组，由教育部牵头，人事部、建设部、中国工程院和中国科协等共18个部门和单位参加，开始了我国工程教育专业认证体系的建设工作。

根据全国工程师制度改革工作的整体安排，在全国工程师制度改革协调小组工程教育工作组的领导下，2006年，由教育部牵头，人事部、中国工程院、建设部、中国科协等18个行业部门联合成立了全国工程教育专业认证专家委员会，启动了我国工程教育专业认证试点工作。截至2008年，已在机械类、化工类、电气信息类、计算机类、水利类、交通运输类、环境类、轻工食品类、安全类、地矿类等10类专业领域完成了44个专业点的专业认证试点工作，初步建立了我国的工程教育专业认证体系，完成了第一阶段试点工作任务。2009起将转入试点认证工作的第二阶段，公开受理高等学校的专业认证申请，继续完善专业认证文件体系，探索建立适合我国工程教育现状并具有中国特色和国际实质等效性的专业认证体系。

此外，教育部委托建设部从1992年组织开展的土建类专业评估，截至2008年，已经在建筑学、城市规划、土木工程、建筑环境与设备工程、给水排水工程和工程管理等6个专业125个专业点完成了相关评估工作。下一阶段逐渐将土建类专业评估体系纳入工程教育专业认证体系。

撰稿　李茂国　郭永琪
审稿　刘　桔

〔**“国家示范性高等职业院校建设计划”和高等职业教育教学改革**〕　2008年是“国家示范性高等职业院校建设计划”实施的第三年，完成了100所立项建设高职院校的遴选工作，院校所处地区、产业、行业、类型等因素分布均比较合理；进一步推进了各立项建设院校加快校企合作、工学结合的教育教学改革；完成2008年度高职单独招生试点工作，除4个直辖市外，试点范围扩大到8省区20所示范高职建设院校。单独招生试点改善了高等职业教育的生源质量，促进了教学改革，在优化高等教育多元化选拔录取机制等方面作出了有益探索，得到社会各界的广泛认可。

颁布了《高等职业院校人才培养工作评估方案（试行）》并开展了试点评估，《方案》的制定紧紧围绕毕业生就业率与就业质量、“双证书”获取率与获取质量、职业素质养成、生产性实训基地、顶岗实习以及专兼结合教学团队建设等人才培养质量的关键因素，体现了就业导向、校企合作、工学结合的办学要求。方案设计的核心技术是基于“高等职业院校人才培养工作状态数据采集平台”的应用，其数据可真实全面反映高职院校人才培养的基本状况，通过数据的有效分析，促进院校形成自我约束、自我发展的机制，推动教育行政部门完善对高等职业院校的宏观管理，逐步形成以学校为核心、教育行政部门为引导、社会参与的教学质量保障体系，促进我国高等职业教育持续、稳定、健康发展。

按照强化“校企合作、工学结合”的人才培养模式改革，“做中学、做中教”的教学模式改革的政策导向与目标要求，更新了高职国家精品课程、优秀教学团队、教学名师、实训基地等教学项目的评审标准与建设要求。

在2008年全国职业院校技能大赛中高职组赛项设计上，遵循技能竞赛与教学改革相结合的原则，引导了高职教育教学改革方向，体现了“做中学”和“理论联系实际”的教育理念，倡导竞赛项目融入教学计划和课程体系中。高职赛事共有30个省（自治区、直辖市）的147支代表队、406名选手和209名指导教师参加了4个赛项的竞赛。

撰稿 范 唯
审稿 刘 桔

〔**网络教育资源共享平台建设**〕 开展了数字化学习港与终身学习社会的建设与示范，建立了若干个乡镇、社区、行业和企业型数字化学习示范中心，探索现代信息技术条件下终身学习型组织建设的新模式；新增建设了50门网络教育国家精品课程，启动了“网络教育数字化学习资源中心建设”项目，搭建国家数字化学习资源共享平台，建设国家网络教育数字化学习资源中心，进一步推进网络教育资源整合与共享，推动优质教育教学资源向西部和农村延伸；启动了“网络教育统考网上考试系统与题库建设”项目，建设了3.2万道统考课程题库，进一步完善了网上考试系统及题库管理系统，稳步推进了信息化组织管理与技术模式；推进了“现代远程教育信息管理系统”项目实施，加强了“高校网络教育质量监管系统”、“中国远程与继续教育网”和学生、课程、校外学习中心等基础数据库建设，推进网络教育电子政务信息化管理及对社会公众的信息服务和资源服务。

〔**高校现代远程教育试点工作情况**〕 截至2008年底，68所现代远程教育试点普通高校和中央电大积极面向乡镇、社区、行业和企业等开展现代远程教育，学历教育累计招生800多万人（其中2008年招生150万人）；中央电大牵头实施教育部“一村一名大学生计划”，面向农村累计招收网络教育学员15万人；中央电大八一学院和总参学院累计招收网络教育士官学员9万人；试点高校积极参与实施专业技术人才知识更新工程，已与20多个行业系统合作开展专业技术人才继续教育数百万人次；试点高校及公共服务体系建立了覆盖全国所有县市的校外学习中心（点）9 000多个；中央电大现代远程教育公共服务体系初步搭建了面向全国的公共服务支撑平台及体系；全面推进了网络教育部分公共基础课全国统一考试工作，2008年共计报考141万人次，初步实现了跨省市的最大规模的网上报名、网上交费、网上机考和网上预约考试；教育部出台了加强网络教育规范管理的系列政策措施，建设了高校网络教育质量监管系统、中国远程与继续教育网和网络教育基础数据库，推进了网络教育管理信息化。

〔**“继续教育改革和发展战略与政策研究”重大课题的实施**〕 该课题是教育部“教育改革和发展战略与政策研究”的13个重大课题之一，主要是在对普通高校、成人高校、电大、自考等体系各种形式继续教育改革与发展深层次问题、政策性问题和重点行业的需求调研的基础上，系统开展对普通高校、成人高校、电大、自考等体系各种形式与类型的成人继续教育改革与发展的定位、体系、结构、体制、机制、宏观政策与制度保障等政策性和战略性问题的研究。为了提高课题实施的效率和做好顶层设计工作，高教司牵头组织制定了课题实施方案、研究指南、指导性调研提纲及表格等；组织了20多次不同层面的专家研讨会和座谈会，全面部署启动了4个办学体系、12个区域和20多个行业等40多个子课题的研究工作，调动了100多个单位参与该课题研究。

〔**成人继续教育发展基本情况**〕 2007年，普通高等学校办的成人高等教育本专科（函授、业余、脱产）共招生167.73万人，在校生461.08万人，毕业生151.09万人；成人高等学校办的成人高等教育本专科共招生23.39万人，在校生63.07万人，毕业生25.35万人；现代远程教育试点高校

69所（含中央广播电视大学“人才培养模式与开放教育试点”项目），网络教育本专科共招生123.44万人，在校生310.48万人，毕业生82.82万人；全国高等教育自学考试报考956.27万人次，取得毕业证书54.23万人；全国接受各种非学历高等教育的学生252.89万人次，当年已结业412.61万人次；接受各种非学历中等教育的学生达5 554.84万人次，当年已结业6 810.82万人次；全国共扫除文盲95.78万人，另有103.76万人正在参加扫盲学习。

撰稿　刘　英
审稿　刘　桔

〔**高校为农输送人才和服务情况**〕　改革开放30年来，高等农林教育得到快速发展，为农输送人才和服务能力进一步提高。至2007年，举办涉农专业的高等学校已达473所，涉农本科专业点1 493个，涉农高职专业点1 501个，涉农国家一级重点学科26个，二级重点学科60个，涉农博士学位点499个，涉农硕士点1 287个。2007年，涉农专业总招生13.95万人，毕业生11.35万人，在校生人数已达到48.42万人。2003—2007年，高等学校向社会输送了44.8万农林专门人才。在为农培养大批优秀人才的同时，高等学校从建设新农村的大目标出发，坚持送教育下乡和送科技下乡，提升农业科技水平，培养、培训新型农民。据不完全统计，2003—2007年，高等学校累计培训农民202.71万人次，科技成果转化的经济效益达1 249亿元，产生社会效益5 809亿元。

撰稿　高　斌　王启明
审稿　石鹏建

教育部直属高校工作

〔**直属高校巡视工作**〕　2008年，教育部共分四批对16所直属高校开展了巡视工作。其中4月7日—29日，对北京科技大学、山东大学、东华大学、南京农业大学开展了巡视工作；5月7日—29日，对中国传媒大学、上海外国语大学、电子科技大学（因“5·12”汶川特大地震暂停）、西北农林科技大学开展了巡视工作；10月7日—29日，对北京外国语大学、同济大学、西南交通大学、电子科技大学（重新启动）开展了巡视工作；11月4日—26日，对中国地质大学（北京）、东南大学、中国地质大学（武汉）、湖南大学、长安大学开展了巡视工作。

在全面贯彻落实中央精神和认真总结巡视工作经验的基础上，2008年在巡视工作的主要内容中，为进一步突出高校领导班子和领导干部领导学校科学发展的能力这一重点，将原来的“定期体检、发现问题、排除隐患、健康发展”工作定位中后一句调整为“科学发展”，既突出了要用科学发展观来指导巡视工作，又强调了巡视工作的出发点和落脚点在于推动学校的科学发展。

在巡视过程中，各巡视组听取学校党委及有关职能部门工作汇报，列席有关会议，调阅相关资料，个别谈话共2 104人次，召开座谈会共38次，受理群众来信来电共163件次，接待来访共118人次，深入了解了情况，广泛听取了意见，并引入了对学校领导班子进行民主测评的方式，从量化的角度对学校领导班子总体情况进行把握和评价。各巡视组经过综合分析、集体讨论，分别形成了巡视工作报告、巡视反馈意见建议稿和党风廉政建设的专项报告，并向教育部巡视工作领导小组作了专题汇报。在巡视反馈意见中，共向被巡视高校提出整改建议46条。

2008年进一步加强了巡视反馈工作，每次均由教育部直属高校巡视工作办公室相关负责同志陪同巡视组组长到校反馈，巡视反馈分为向领导班子集体反馈和向党政一把手单独反馈两种形式，取得了很好的效果，增强了巡视工作的有效性。

根据教育部巡视工作领导小组关于巡视试点工作回访的统一部署，2008年3月，先后对中南大学、中国政法大学、东北林业大学3所学校进行了巡视工作回访。通过回访了解被巡视学校在巡视工作结束后，根据巡视工作反馈意见，学校整改落实情况，并听取了试点高校对改进巡视工作的意见和建议。

2008年7月27日—28日，在大连召开了教育部直属高校巡视工作暑期交流研讨会。周济、田淑兰同志参加座谈会并作专题报告。巡视专员们围绕在巡视工作过程中发现的共性问题，以及如何进一步加强和改进巡视工作，进行了广泛深入的交流和讨论，会后形成了《教育部直属高校巡视工作成果运用暂行办法》和《2008年教育部直属高校巡视工作研讨会情况报告》等重要文件。

通过巡视，教育部党组对学校改革发展稳定情况和党政领导班子及其主要成员的情况以及存在的主要问题，有了较全面、准确的了解，为决策提供了可靠依据。巡视工作已成为教育部党组在新时期指导直属高校工作的有效抓手，是非常有效的工作方式。通过巡视，促进了被巡视学校的领导班子建设，及时纠正和解决了领导班子及其成员存在的主要问题，增强了领导班子及其成员主动接受监督、自觉维护班子团结的意识。通过巡视，促进了学校事业发展。在巡视工作中，巡视组一方面总结学校好的办学经验，并给予充分肯定，让学校在原有基础上更好发展；同时，通过巡视也掌握了学校改革发展中存在的一些问题和隐患。

撰稿　杨毅仁　何　鹏
审稿　陈维嘉

〔**共建高校工作**〕　2008年，实际完成的工作主要有以下几项：

一、“985工程”三期和“211工程”三期共建工作

1.“985工程”三期重点共建工作启动。2008年7月24日，教育部与重庆市人民政府在重庆举行继续重点共建重庆大学协议签字仪式。

2.“211工程”三期共建工作启动。2008年7月24日，教育部与重庆市人民政府在重庆举行共建西南大学协议签字仪式。这成为“211工程”三期共建工作启动的标志。

二、教育部与有关地方政府、行业部门和企业的共建工作

2008年1月15日，教育部、原国防科工委、湖南省人民政府共建中南大学，教育部、原国防科工委共建电子科技大学，教育部、原国防科工委、陕西省人民政府共建西安电子科技大学的协议签字仪式在教育部举行。这标志着教育部、国防科工局共建教育部直属高校工作正式启动。

三、省部共建地方高校工作

2008年10月17日，河南省人民政府与教育部签订了共建河南大学的协议。

2008年，教育部深入推进省部共建地方高校工作：一是组织专家先后对海南大学、井冈山大学、河南大学3所共建高校的发展战略规划的制订进行咨询指导。二是在宁夏大学组织召开了第五届省部共建工作研讨会。三是在海南大学召开了“省部共建高校战略发展研究”课题研讨会，在2008年9月课题结题并印制成书发行。四是组织动员复旦大学、同济大学等有关直属高校干部支援云南大学新校区建设。

〔**《直属高校07年度事业发展报告》形成**〕　为系统分析直属高校2007年事业发展状况，充分展示直属高校改革发展的最新进展，2008年，教育部直属司组织有关专家通过调研、座谈、收集材料等方式，采取系统分析、分类对比等方法，围绕高等学校基本职能和核心竞争力要素，对2007年直属高校的人才培养、师资队伍、学科建设、科学研究、社会服务等各方面的发展情况进行了深入分析，形成了《教育部直属高校07年度事业发展报告》。

撰稿　田京霭
审稿　牛燕冰

〔建设可持续发展校园研讨会〕 由教育部组织的“建设可持续发展校园研讨会”于2008年1月30日—31日在同济大学召开。国内30余所“985工程”重点建设高校和美国耶鲁大学有关负责人出席。研讨会的主题是“以党的十七大精神和科学发展观为指导，围绕建设节约型、可持续发展的大学校园，创新大学人才培养、科学研究和校园管理体制，积极推进建设资源节约型、环境友好型社会，为实现我国经济社会又好又快发展作出贡献”。教育部副部长吴启迪发表书面讲话。

研讨会上，同济大学介绍了自2003年在全国高校中率先提出“创建节约型校园”后，学校节能管理方面的制度创新以及利用学科优势进行大规模节能技术改造的经验。清华大学介绍了创建“绿色大学”的理念以及建设生态校园所采取的做法和措施。复旦大学、北京师范大学、上海交通大学、浙江大学等高校也作了交流发言，详细介绍了各校在建设可持续发展校园过程中的经验和体会。美国耶鲁大学的代表介绍了该校建设可持续校园的理念和做法。与会代表还实地参观考察了同济大学可持续发展校园建设有关项目。

会议在形成广泛共识的基础上，发表了《建设可持续发展校园宣言》(《同济宣言》)。《宣言》认为，建设节约型、可持续发展校园是全球环境和资源问题对大学发展提出的必然要求；是在国家实施可持续发展战略中高校应该肩负的责任和义务；是高校学习实践科学发展观，实现自身全面协调可持续发展的需要；也是对青年学生进行节约和可持续发展教育的重要手段。高校有着较强的科学研究和技术创新的能力，在全社会中率先实现可持续发展校园建设有着先天的智力资源优势，也有着较强的实践和示范作用。

撰稿 张爱龙 芦小兵
审稿 贾德永

〔中国—密西根大学领导高级研讨班〕 由教育部、国家外国专家局与美国密西根大学共同举办的第二届“中国—密西根大学领导高级研讨班”(密西根班)于2008年5月11日—25日在美国密西根大学成功举办。本届研讨班的主题为“高水平大学建设”，成员以“985工程”重点建设高校的校级领导为主，包括18位高校领导和有关单位负责同志等共22人。

在美期间，研讨班共组织了38场专题报告，考察了近10处教学科研设施及国际著名企业的研发中心，与密西根大学、密西根州立大学、韦恩州立大学3所大学的校级领导、院系负责人、专家学者及当地政府、经济界代表进行了广泛接触，就有关议题进行了深入的研讨和交流。

参团的各高校领导通过在研讨班的交流学习，进一步了解了国外公立大学的管理模式和办学经验；进一步明确了立足中国国情借鉴国外先进经验，建设有中国特色的高水平一流大学的思路；同时也向外方展示了我国高等教育改革与发展的巨大成就，促进了中美两国高等教育的交流与合作。

〔2008年直属高校领导干部培训工作〕 2008年直属高校领导干部培训工作以科学发展观为指导，积极贯彻落实十七大精神，围绕提高教育质量、创建一流大学等高等教育发展主题，进一步加强高校领导干部素质与能力建设、提高高校领导管理水平。2008年直属高校领导干部培训工作分国内培训和海外培训两部分。

2008年国内培训工作重点组织实施了第三十二期高校领导干部进修班和第二十九期、第三十期高校中青年干部培训班，共培训学员309人次。学员主要来自教育部直属高校、省部共建高校的校级领导干部以及全国普通高校中青年后备干部。培训班主要以“贯彻落实十七大精神，学习实践科学发展观”为主题，分别就提高高等教育质量、加强思想政治素质和领导能力建设、高校党建和干部队伍建设、大学质量建设和管理创新等专题开展学习和培训。

2008年国内培训工作按照《2007—2010年培训质量建设工程实施方案》的要求，积极调整培训方案，加强对培训需求的调研和教学方案的设计，进一步提高教学计划的针对性和科学性，创新了培训模式和教学方法，引进了结构化研讨模式，组织了重点课程建设，改进了教学评估方法。这些创新和变化切实提高了干部培训质量，得到了参训学员的肯定，取得了良好的效果。

2008年海外培训工作继续做好由教育部和国家外国专家局共同组织实施的高校领导赴海外培训项目。2008年是第二个高校领导赴海外培训三年计划的最后一年，本年度实际执行海外培训团组5个，其中重点班“中国—密西根大学领导高级研讨班”1个，专题研修班4个（含2007年项目团组1个），另有2个计划中的团组因地震等原因推延到2009年执行。来自教育部直属高校、其他部委有关高校、省部共建高校以及部分地方院校的校级领导共123人次，分别赴美国、英国、加拿大、日本、澳大利亚、新西兰等国家的世界著名大学和高等教育机构进行了培训考察。培训主要围绕“高水平大学建设、教学管理与质量保障体系、优势学科的选择与建设、研究生教育与创新人才培养、高等教育国际化”等主题展开。教育部党组副书记、副部长陈希出席了海外培训项目总结会并讲话。

高校领导赴海外培训项目自2003年启动实施，至今已经持续开展了六年，累计培训了近600名高校校级领导干部，先后访问了美国、加拿大、英国、法国、德国、澳大利亚、新西兰、日本、韩国等国家，在美国密西根大学、哥伦比亚大学、宾夕法尼亚大学、斯坦福大学、莱斯大学、英国剑桥大学、华威大学、澳大利亚悉尼大学等世界一流大学，就当代高等教育改革和发展的主题进行集中学习，就高等教育的热点和难点问题与国际一流专家学者进行交流和讨论。培训项目初步实现了“大规模培训干部，大幅度提高干部素质”的工作目标，在提升我国高校领导管理水平、加快高水平大学建设和高等教育事业的全面进步等方面发挥了积极作用，同时也有效地促进了高等教育的国际交流，宣传了改革开放30年中国高等教育取得的历史性成就，扩大了我国高等教育的国际影响。

撰稿　刘晶玉
审稿　陈维嘉

〔**2008年直属高校领导班子及领导干部年度考核工作**〕　根据中央和教育部党组关于进一步加强高校领导班子和领导干部队伍建设的指示精神，2007年11月，教育部直属司发出《关于做好2007年直属高校领导班子和领导干部年度考核工作的通知》，对直属高校领导班子和领导干部年度考核工作进行了部署。

截至2008年3月底，各直属高校按要求开展了学校领导班子和领导干部年度考核工作。除部分学校因班子换届等原因未开展民主测评外，绝大部分高校按要求对领导班子和领导干部进行了测评。经统计，领导班子平均优秀率为63.56%，党委书记平均优秀率73.58%，校长平均优秀率73.77%。

各直属高校党委都非常重视年度考核工作，把年度考核工作与学习贯彻十七大精神、落实科学发展观、构建社会主义和谐社会相结合，与加强学校领导班子思想政治建设、能力建设、党风廉政建设相结合，真正使年度考核成为学校领导班子和领导干部贯彻执行民主集中制、密切联系群众、自觉接受广大教职工监督、加强管理的一个重要途径。各高校都成立了以党委书记为组长的年度考核工作领导小组，统一认识，明确要求，周密部署，明确考核工作操作程序，严把“大会述职、民主测评、广泛征求群众意见、召开民主生活会”等重要环节，确保考核工作质量和实效。

各直属高校以召开座谈会、个别谈话、问卷调查、基层调研、设立书记校长信箱、发放征求意见表等多种形式，广泛征求对学校领导班子和领导干部的意见和建议，动员广大教职工积极参与年度考核工作，畅通言路，广纳贤言，扩大党内民主，加强群众监督。

各直属高校都按要求召开了年度考核工作专题民主生活会。会前，各校党委通过多种形式广泛征求群众意见，并及时反馈给领导班子成员，领导班子成员有针对性地准备发言提纲。在民主生活会上，结合本职工作和群众意见，深入开展批评和自我批评，认真落实整改措施。中组部、教育部人事司、直属司分别派员参加了有关高校的民主生活会，有关省市高校（教育）工委也派员参加了相关直属高校的民主生活会，加强指导和监督。

部分高校结合学校实际，针对领导班子和领导干部现状，从有利于学校事业发展的角度出发，积极探索有学校自身特色的年度考核和民主测评方法，进一步完善学校领导班子和领导干部考核指标体系。

2007年高校领导班子和领导干部年度考核工作总体进展顺利，达到了预期目的。通过年度考核工作，加强了高校领导班子和领导干部队伍建设，增强了领导班子和领导干部的凝聚力和战斗力，增进了与广大教职工的沟通与交流，推动了学校民主管理进程，密切了党群干群关系。

撰稿　张爱龙　罗军飞
审稿　贯德永

高校思想政治工作

〔**召开第十七次全国高校党的建设工作会议**〕2008年12月19日—20日，中共中央组织部、中共中央宣传部、中共教育部党组联合在北京召开第十七次全国高等学校党的建设工作会议。中共中央政治局常委、中央书记处书记、国家副主席习近平出席会议并作重要讲话。中共中央政治局委员、中央书记处书记、中央宣传部部长刘云山出席会议，中共中央政治局委员、中央书记处书记、中央组织部部长李源潮主持会议。

习近平强调，培养德智体美全面发展的中国特色社会主义合格建设者和可靠接班人，是高校的根本任务，也是高校党的建设的根本任务。各级党委和高校党组织要紧紧围绕这个根本任务，全面贯彻党的教育方针，坚持以人才培养为根本办学理念，继续解放思想，坚持改革创新，在新的历史起点上努力开创高校党建工作新局面，为推进高等教育又好又快发展提供坚强的思想、政治和组织保证。

习近平在讲话中充分肯定了改革开放30年来我国高等教育取得的伟大成就和高校党的建设取得的新进步。他指出，30年来，高校党的建设在继承优良传统的基础上不断改革创新，积累了宝贵经验：第一，必须始终围绕高校的改革发展，把人才培养作为根本任务；第二，必须坚持党委领导下的校长负责制，着力完善高校领导体制；第三，必须坚持育人为本、德育为先，切实加强和改进大学生思想政治教育；第四，必须坚持把建设高素质领导班子作为重点任务，不断提高领导高校科学发展的能力和水平；第五，必须着力维护高校稳定，及时化解各种矛盾；第六，必须坚持改革创新精神，始终体现时代性、把握规律性、富于创造性。

习近平强调，实现高等教育科学发展，关键在于把高校干部队伍和教师队伍建设好，特别是要建设好高校领导班子。各级党委要按照德才兼备、以德为先的用人原则选配高校领导干部，真正把那些讲政治、善于办学治校的优秀干部选拔到学校领导班子中来，努力把高校领导班子建设成为坚持社会主义办学方向、善于领导高校科学发展、团结奋进的坚强领导集体。

习近平指出，高校基层党组织建设和党员队伍建设是高校党的建设的基础工程，团结、组织广大师生的凝聚力工程。各级党委和高校党组织要加大力度，坚持不懈地做好抓基层、打基础的工作，充分发挥高校基层党组织的战斗堡垒作用和党员的先锋模范作用。习近平强调，建设一支专兼结合的高素质党务工作和大学生思想政治工作干部队伍，是全面加强高校党的建设、加强和改进大学生思想政治工作的必然要求。要按照德才兼备和专兼结合的原则，选拔和吸引更多政治素质高、思想作风好、热爱党务工作、善于做群众工作、具有较高学术造诣和较强组织管理能力的党员干部和教师从事学校党务工作，特别要选配好党总支书记和支部书记。要建立健全辅导员和班主任队伍的选拔、培养、激励、保障机制，努力创造良好政策环境和工作生活环境，做到政治上爱护、工作上支持、生活上关心，使他们工作有条件、干事有平台、发展有空间，最大限度地调动他们的积极性和创造性。

中共教育部党组书记、部长周济作了总结讲话。会议期间，陕西省委、浙江大学党委、北京师范大学党委等8个单位作了大会发言。中央和国家机关有关部门的负责同志，解放军总政治部、各省（自治区、直辖市）和新疆生产建设兵团领导和有关部门负责同志，全国部分高校的党委书记、校长参加了会议。

〔组织两所高校开展深入学习实践科学发展观活动试点工作〕 根据中央统一部署，2008年2月—8月，全国23个单位开展了深入学习实践科学发展观活动试点工作。北京师范大学、浙江大学被确定为试点单位。两所高校1 766个党支部、31 337名党员参加了学习实践活动。

教育部党组高度重视，把参与指导两校试点工作列入部党组重点工作，多次召开会议专题研究，认真审改两所学校的试点工作方案，并全程参与指导。4月7日、9日，教育部党组书记、部长周济分别为浙江大学、北京师范大学作试点活动首场学习辅导报告，主管部领导也多次深入两所学校调研指导。

两所高校围绕“党员干部受教育、科学发展上水平、人民群众得实惠”的总要求，围绕“培养什么人，怎样培养人”、“办什么样的大学，怎样办好大学”这两个根本性问题，结合自身实际，凝练实践载体，更新办学理念，找准办学定位，明确办学思路，着力解决了一批影响和制约学校科学发展以及群众反映强烈的突出问题，完善和创新了体制机制，推动了学校科学发展。试点工作取得显著成效，群众满意度测评满意率均在98%以上，为在高校开展深入学习实践科学发展观活动探索了初步经验。在此基础上，两所高校根据教育部下达的《高校深入学习实践科学发展观研究》课题委托任务，系统梳理、总结了试点工作各个环节的步骤、做法、经验和体会，并编辑成书在第十七次全国高校党建工作会议上发放，为在全国高校开展深入学习实践科学发展观活动提供了参考。

〔成立全国党建研究会高校党建研究专业委员会〕 为适应新形势下加强和改进高校党的建设需要，根据全国党建研究会章程的有关规定，经会长会议研究并经第四届理事会第二次全体会议通过，决定设立高校党建研究专业委员会。由教育部党组成员、副部长李卫红任主任委员，北京大学党委常务副书记吴志攀任秘书长。

2008年10月30日—31日，“全国党建研究会高校党建研究专业委员会成立大会暨改革开放30周年高校党的建设工作创新论坛”在北京大学召开，教育部党组成员、副部长李卫红出席会议并讲话，各省（自治区、直辖市）和新疆生产建设兵团党委教育工作部门的负责同志、部分高校的党委书记、组织部长参加会议。

大会宣布了“中国高校党的建设三十年研究”征文活动获奖名单，研究讨论了2009年度工作计划和拟以高校党建研究专业委员会名义设立“高校党建工作创新奖”的实施方案（草案）。

〔召开第十三次全国高校统战工作研讨会〕 2008年11月10日—15日，第十三次全国高校统战工作研讨会在暨南大学召开。中央统战部副部长陈喜庆发来贺信，中央统战部、教育部、广东省委等有关部门负责同志出席大会并作了讲话。会议总结交流了各地各高校深入贯彻落实全国高校统战工作会议精神的经验和做法，研讨了新形势下进一步加强高校统战工作的新思路新对策。来自全国29个省（自治区、直辖市）的124所高校和5个省（自治区、直辖市）党委教育工作部门近200名领导和专家学者参加了会议。

撰稿　孙　棋

〔开展高校辅导员骨干在职攻读思想政治教育专业博士学位试点工作〕 按照《2006—2010年普通高等学校辅导员培训计划》有关安排，2008年是实施高校辅导员在职攻读思想政治教育专业博士学位计划试点工作的第一年。教育部高校辅导员培训和研修基地依托的北京师范大学、东北师范大学、复旦大学、山东大学、武汉大学、陕西师范大学等6所高校承担了首批试点工作任务。来自全国99所高校的246名高校辅导员骨干经本单位推荐和省级党委教育工作部门审核批准，参加了高校辅导员骨干在职攻读思想政治教育专业博士学位选拔考试，最终18名辅导员骨干被录取，其中男性7人，女性11人，均有多年从事辅导员工作的实际经验，在思想政治教育等方面的研究上也有较好的基础，具备较好的马克思主义理论素养。按照教育部的要求，各招生高校相继制订了辅导员骨干在职攻读思想政治教育专业硕士、博士学位的培养目标、培养方案，确立了理论与实践相结合的培养模式，完善了与培养模式相适应的保障机制，确保培养质量。

〔成立全国高校辅导员工作研究会〕 为进一步加强高校辅导员队伍建设，2008年7月10日，中国高等教育学会辅导员工作研究分会成立大会在山东大学召开。大会审议通过了《中国高等教育学会辅导员工作研究分会章程》，选举产生了第一届理事单位、常务理事单位，选举成立了研究分会组织机构。山东大学党委书记朱正昌当选为会长，98所高校为理事单位，其中43所高校为常务理事单位。辅导员研究会将开展大学生思想政治教育及高校辅导员队伍建设相关工作研究、理论研究和政策研究；设立高校辅导员工作研究专家库，组建学术专业委员会；组织高校辅导员工作优秀论文、著作等成果评选工作等；开展交流工作，举办全国高校学生思想政治教育工作论坛等；建设研究分会工作网站，及时发布信息，提供在线服务，搭建网络交流平台；创办内部期刊《高校辅导员》，以促进经验交流，提高学术水平，展示工作成果。成立大会后，举办了2008年全国加强和改进大学生思想政治教育工作高层论坛。

撰稿　韩丽颖

〔开展第三届全国高校校园文化建设优秀成果评选活动〕 2008年7月，教育部思想政治工作司组织开展第三届全国高校校园文化建设优秀成果评选活动，30个省（自治区、直辖市）、462所高校申报成果499项，展现了各地各高校坚持社会主义核心价值体系，深入开展校风建设，大力加强人文素质和科学精神教育，精心组织校园文化活动，积极开拓校园文化建设新载体等方面的新进展、新成效。经专家评审，评出特等奖5项（北京大学：《创新三大典礼，呼应时代主题；提升校园文化，传承大学精神》；清华大学：《积极开展“良师益友”评选活动》；中国农业大学：《地到天边天做界，山登绝顶我为峰》；华中科技大学：《科学为壤，人文浇灌，培养创新高素质人才》；华南理工大学：《廿一载风雨路，廿一载“义工”情》），其他奖项合计185项。12月，召开高校校园文化建设优秀成果表彰暨专题工作研讨会，表彰了第三届全国高校校园文化建设优秀成果评选获奖成果，交流了各地各高校加强校园文化建设的好做法、好经验，研讨了新形势下加强高校校园文化建设的新任务、新对策。

撰稿　赵英丽

〔举办“励志青春——当代大学生在2008”先进事迹报告会〕 2008年11月25日，由中央宣传部、教育部联合主办的“励志青春——当代大学生在2008”先进事迹报告会首场报告在清华大学大礼堂举行。中央宣传部副部长翟卫华、教育部副部长李卫红接见了报告团成员。报告团成员是各省（自治区、直辖市）推荐的优秀大学生代表，是当代大学生身边可亲、可敬、可信、可学的榜样，来自北京大学、清华大学等高校的9名大学生为1 000余名大学生作了精彩感人的报告，他们结合亲身经历，讲述了自己在平凡的生活中不平凡的生活态度和人生追求。首场报告会结束后，报告团先后赴河北、山东、上海等地巡回报告。组织“励志青春——当代大学生在2008”先进事迹报告团巡回报告，进一步深入宣传了2008年大学生群体在成功举办北京奥运会、残奥会以及战胜南方低温雨雪冰冻灾害、拉萨“3·14”打砸抢烧严重暴力犯罪、四川汶川特大地震等一系列重大、突发事件中的良好表现，展示了新一代大学生充满理想、大有可为、值得信赖的崭新精神风貌，引起了广大学生的强烈共鸣。

撰稿　韩丽颖

〔**组织专家赴地震灾区高校开展心理调适教育骨干培训**〕 2008年5月23日—24日，教育部组织普通高等学校学生心理健康教育专家指导委员会的部分专家以及部分高校大学生心理健康教育与咨询专家，深入灾区高校开展心理调适教育骨干培训。6位专家学者分别对绵阳、德阳、彭州、成都等地50多所高校的大学生思想政治教育工作者，特别是心理健康教育专兼职教师、辅导员以及部分学生骨干和大学生志愿者，有针对性地进行了灾后心理康复知识和技能的培训，帮助他们提高灾后大学生心理调适教育的知识水平和实际工作能力，教育引导大学生稳定情绪，保持良好心态，提高心理素质，增强抗挫折能力。300余名四川高校大学生心理健康教育教师、2 100余名辅导员以及500余名学生骨干和大学生志愿者接受了培训。专家组还发放了精心编写的《灾后大学生心理调适教育宣传资料》，宣传普及灾后心理康复知识，并对部分失去亲属的大学生进行了心理安抚和心理调适，对有严重心理问题的数名中学生进行了调适会诊。

撰稿　陈振华

〔**举办全国大学生“迎奥运、讲文明、树新风”礼仪知识电视竞赛**〕 2008年3月，教育部思想政治工作司、共青团中央宣传部、中国教育电视台联合组织开展了全国大学生“迎奥运、讲文明、树新风”礼仪知识电视竞赛活动。经各地教育工作部门和团委选拔推荐，来自全国30个省（自治区、直辖市）和新疆生产建设兵团的39支代表队参加了决赛阶段比赛。5月，全国大学生“迎奥运、讲文明、树新风”礼仪知识电视竞赛决赛在北京举行，武汉大学、东北大学、四川师范大学、西藏大学4支代表队分别获得一、二、三等奖，湖南省委高校工委、清华大学等10个单位获组织奖，教育部副部长李卫红、共青团中央书记处书记贺军科出席决赛并为获奖单位颁奖。各地各高校组织广大学生收看了电视竞赛决赛，引起热烈反响。6月，组织武汉大学等4支高校队伍参加中央文明办“迎奥运、讲文明、树新风”礼仪知识竞赛央视决赛，获组织奖。7月，教育部思想政治工作司、中国教育报、中国教育电视台在北京联合召开“全国高校‘迎奥运、讲文明、树新风’座谈会”，总结活动成果。

撰稿　赵英丽

〔**组织系列大型图片展进校园活动**〕 结合国内形势热点，教育部会同新华社及时组织开展了系列大型图片展进校园活动。2008年5月，“拉萨‘3·14事件’真相暨西藏今昔大型图片展”进校园活动启动仪式在清华大学举行；6月，“抗震救灾，众志成城——2008中国抗震救灾大型新闻图片展”在北京大学正式启动；10月，“分享光荣与梦想——2008北京奥运会大型新闻图片展”进校园活动在清华大学正式启动。全国人大常委会原副委员长热地、教育部部长周济、新华社社长李从军、教育部副部长李卫红、新华社副社长鲁炜等领导高度重视，先后出席了系列大型图片展进校园活动启动仪式并为图片展揭幕。系列大型图片展进校园活动有助于引导大学生进一步了解历史、了解真相，进一步心系民族命运、心系国家发展、心系人民福祉，进一步学习和弘扬奥林匹克精神和志愿精神，进一步坚定在中国共产党领导下走社会主义道路的信心和决心。

撰稿　韩丽颖

〔**举办“文化长者谈人生”系列报告会**〕 2008年4月，中央文明办、教育部、共青团中央联合举办了“文化长者谈人生”大学校园巡讲活动，邀请了文化长者到首都高校去演讲、谈心，与大学生进行心灵上的沟通。4月11日，邀请著名京剧表演艺术家、中国戏剧梅花大奖首位获得者、中国戏剧家协会主席尚长荣教授在北京大学作了题为《激活传统，融入时代——一位戏曲演员的思考与实践》

的报告；4月15日，邀请著名作曲家、全国政协教科文卫体委员会原副主任、中国音乐家协会主席傅庚辰在清华大学作了题为《生活、创作、理想——理想之歌》的报告；4月17日，邀请著名哲学家、中国社会科学院原副院长、学部委员、中华美学学会会长汝信在中国人民大学作了题为《祖国利益高于一切》的报告；4月22日，邀请著名电影工作者、原中央新闻纪录电影制片厂高级记者、摄影师兼编导顾泉雄在北京师范大学作了题为《感恩与期盼》的报告。每场报告会都采取文化长者专题演讲和现场互动交流的形式进行，收到了良好的教育效果，文化长者的人格魅力、思想智慧和人生阅历激励了大学生健康成长。

〔**举办全国道德模范进校园巡讲活动**〕　为弘扬中华民族传统美德，更好地用社会主义核心价值体系教育武装青年学生，2008年4月—5月下旬，中宣部、中央文明办、共青团中央、教育部联合举办了“全国道德模范巡讲——与青年话成长”活动，西藏军区副司令员兼西藏军区总医院院长李素芝、山东省青岛港前湾集装箱码头有限责任公司高级固机经理许振超、江苏省信访局正厅级巡视员张云泉、重庆市沙坪坝区回龙坝镇中心小学退休教师李明素、武汉大学学生黄来女等5位全国道德模范获得者，先后走进高校校园与青年学子对话。他们走上高校讲坛，来到大学生中间，用他们平凡的话语和不平凡的事迹深深打动了青年学子的心。同学们用一阵又一阵热烈的掌声表达了对他们崇高思想境界和优秀精神品质的崇尚和感佩。许多同学表示，一定以道德模范为榜样，做一个有益于祖国、有益于人民的人。

撰稿　孙　棋
审稿　杨振斌　刘贵芹

〔**高校网站建设**〕　根据教育部有关文件要求，遵循中国大学生在线“共建、共创、共管、共用、共享”的建站原则，2008年7月，中国大学生在线网站启动了在线共建频道的重新征选工作。经专家筛选，自12月1日起，53所高校的60个共建频道正式上线展示，内容涵盖精神家园、服务援助、学习学术、娱乐休闲、人文精品和社会实践等6个大类。全部中国大学生在线实名注册用户与会员注册用户（共建频道用户除外）组成大众评委，进行在线投票。投票活动将持续到2009年3月31日。

全国高校百佳网站评选。在教育部指导下，中国大学生在线网站于2008年7月启动了第三届全国高校百佳网站网络评选活动。活动得到了全国高校、大学生群体以及校园网站的广泛关注，共有来自190所高校的531个优秀网站参评。经网站报送、网站初评（实名用户投票和初评专家推荐）、现场终评等环节，共有10个类别的100个网站最终获奖。

创新高校网络文化队伍建设。2008年，教育部在舆情工作、学校论坛管理、校园网络文化建设和中国大学生在线网站建设中，推广建立和培养学生校园网络文化建设和管理队伍，取得了良好效果。部分高校建立网络舆情工作室、网络文化工作室，充分发挥学生的主体作用、创新能力。中国大学生在线网站依托共建频道建设凝聚了60支高校网络文化建设队伍。各地各高校初步构建了以教师为指导、学生为主体的网络文化建设和管理队伍。

撰稿　李永智　许敏敏

〔**召开全国学校及周边治安综合治理工作现场会**〕　2008年6月12日—13日，全国学校及周边治安综合治理工作现场会在湖北武汉召开。中央综治委副主任、中央政法委副秘书长、中央综治办主任、中央综治委学校及周边治安综合治理工作领导小组组长陈冀平出席会议并讲话。领导小组副组长、教育部副部长李卫红就集中开展专项整治行动、切实维护学校安全稳定作了讲话。会议强调，要把全力维护北京奥运会期间学校及周边治安秩序作为当前一项迫切的重要任务，突出工作重点，着眼主动防范，发挥综治工作优势，组织动员社会各方面的力量，进一步做深做细、做实做好。会议对奥运会开幕前集中开展学校及周边治安秩序专项整治行动作出明确部署，并进一步要求必须把维护学校及周边治安整治的责任纳入社会治安综合治理领导责任制。

中央综治委学校及周边治安综合治理工作领导小组及办公室有关负责人，各省、自治区、直辖市和新疆生产建设兵团综治委学校及周边治安综合治理工作领导小组、综治办及教育部门的负责人参加会议。

撰稿 余先亭

审稿 杨振斌 迟刚毅

高校社会科学研究

〔**召开加强和改进高校思想政治理论课工作会议**〕 中宣部、教育部于2008年7月8日—9日在京联合召开加强和改进高校思想政治理论课工作会议。党中央、国务院对召开这次会议非常重视。会前，中央宣传思想工作领导小组专门听取了工作汇报，审定了会议文件。李长春、刘云山、刘延东等中央领导同志对开好会议多次作出重要指示。李长春接见了与会代表并发表重要讲话。李长春在讲话中充分肯定了近几年高校思想政治理论课教育工作取得的明显阶段性成果。他强调，要以党的十七大精神为指导，以教材建设和学科建设为基础，以教师队伍建设为重点，以教学方法创新为关键环节，以加强组织领导为保障，全面推进高校思想政治理论课建设，争取经过若干年的努力，把高校思想政治理论课建设成为大学生真心喜爱、终身受益的优秀课程。刘云山、刘延东、陈奎元等中央领导同志和中央宣传思想工作领导小组成员参加了接见活动。

刘延东在会上作了《加强和改进高校思想政治理论课，用中国特色社会主义理论体系武装大学生》的重要讲话。刘延东在讲话中强调，要按照高举旗帜、遵循规律、改革创新、强化基础的总体思路，着力在抓师资、抓教材、抓教法、抓指导四个方面上下工夫。要选配好、培养好教师，为加强和改进高校思想政治理论课提供人才保证。要与时俱进地完善教材体系，编写好高校哲学社会科学重点教材，进一步加强马克思主义理论学科建设，为加强和改进高校思想政治理论课打好基础。要创新课堂教学方法，加大实践教学力度，重视运用现代教学手段，改进考试考核方式，为加强和改进高校思想政治理论课提供有效手段。要把加强和改进高校思想政治理论课摆在更加重要的位置，进一步提高宏观指导的水平，努力形成整体合力和良好氛围，为加强和改进高校思想政治理论课提供坚强保障。

会议全面回顾总结了《中共中央 国务院关于进一步加强和改进大学生思想政治教育的意见》印发以来加强和改进高校思想政治理论课工作的情况，进一步研究部署了中国特色社会主义理论体系进教材、进课堂、进大学生头脑工作，明确提出了下一步工作的总体要求、总体思路和工作重点。

教育部部长周济作了会议总结讲话。周济在讲话中强调，贯彻落实好中央领导同志的指示精神，一要在思想认识上抓落实，真正把思想统一到中央对加强和改进高校思想政治理论课的决策、部署和要求上来，把教师队伍建设作为工作的重中之重；二要在组织保障和学科建设上抓落实，切实加强思想政治理论课教学科研组织机构建设和马克思主义理论一级学科建设；三要在政策措施上抓落实，要紧紧抓住教师队伍建设这个关键环节和决定因素，着力在落实加强教师队伍建设的各项政策措施上下工夫，特别是要重视做好教师培训工作，完善培训体系，进一步做好岗前培训、课程轮训、骨干教师研修和在职培训。

中央宣传部常务副部长雒树刚主持会议。教育部副部长袁贵仁、李卫红出席会议。上海市科教党委、北京大学、云南省高校工委、清华大学、广东省教育工委、华中科技大学等单位的主要负责同志和华东师范大学优秀教师代表在会上作了经验交流。部分省（直辖市）党委政府分管教育工作的领导、各省（自治区、直辖市）党委宣传部门负责人和教育工作部门主要负责人、部分高校主要负责人以及高校思想政治理论课一线教师代表参加了会见活动和会议。

撰稿　陈　矛

〔印发《关于进一步加强高等学校思想政治理论课教师队伍建设的意见》〕　2008 年 9 月，中宣部、教育部联合印发《关于进一步加强高等学校思想政治理论课教师队伍建设的意见》（以下简称《意见》），对加强高校思想政治理论课教师队伍建设作出全面部署，提出明确要求，强调要建设一支政治坚定、业务精湛、师德高尚、结构合理的教师队伍，努力把高校思想政治理论课建设成为大学生真心喜爱、终身受益的课程。《意见》是在思想政治理论课新课程方案全面实施，新教材建设取得进展，加强教师队伍建设越来越成为提高教学水平的决定性因素的情况下，在广泛调研和征求意见的基础上研究制定的。

《意见》共有六个部分。一是强调了加强思想政治理论课教师队伍建设的重要性、紧迫性，明确了思想政治理论课教师肩负的责任，提出了当前和今后一个时期加强教师队伍建设的总体要求。二是明确提出各高等学校应当建立独立的、直属学校领导的思想政治理论课教学科研二级机构。三是要求认真做好教师的选聘配备工作，提出实行教师任职资格准入制度，从思想政治素质、业务能力和学历层次等方面对思想政治理论课教师提出具体要求。四是强调加强教师队伍的培养培训工作，要求组织好全员培训、骨干培训，鼓励支持教师脱产或在职攻读博士、硕士学位，改革教学方法，增强教学效果，组织教师开展社会实践和国内外学习考察活动。五是强调要进一步明确马克思主义理论学科建设方向，完善二级学科体系，汇聚学科队伍，建设优秀教学团队，使思想政治理论课教师工作有条件、干事有平台、发展有空间。六是对思想政治理论课的学时数、经费投入、教师待遇、考核评估、职务评聘、表彰奖励等都作出了明确、具体的规定，为教师队伍建设提供政策和制度保障。

撰稿　陈　睿

〔组织开展高校思想政治理论课骨干教师研修〕　根据《中共中央宣传部、教育部关于组织高校思想政治理论课骨干教师研修的意见》，教育部与有关部门密切配合，圆满完成了 2008 年高校思想政治理论课骨干教师研修任务。全年共举办六期研修班，培训教师 600 人。参加研修的学员在为期一个月的时间内，围绕学习贯彻党的十七大精神以及加强和改进高校思想政治理论课工作会议精神，深入把握教材的基本内容和精神实质，提高思想政治理论课教育教学质量，听取了中宣部、教育部及有关部门负责同志和专家学者作的近二十场专题报告，观看了方永刚同志先进事迹报告会、抗震救灾英模事迹报告会等录像，还围绕改进教学方法、优化教学手段等，以学员论坛、教学观摩、分组讨论等形式进行深入的研讨和交流，还分赴中国井冈山干部学院、中国延安干部学院进行为期一周的学习考察。学员普遍反映，研修活动内容丰富、主题鲜明、形式多样，理论与实践相结合，针对性和权威性很强。大家一致认为，通过参加研修，提高了思想理论素质和业务能力，进一步增强了责任感和使命感，深入研究了教学内容，一次研修终身受益。教育部部长周济为每期研修班作专题报告，教育部副部长李卫红出席每期研修班结业仪式并讲话。

撰稿　王　杨

〔推进高校思想政治理论课教学方法改革创新〕　征集、评选《马克思主义基本原理概论》“精彩一课”教学片。在总结《毛泽东思想和中国特色社会主义理论体系概论》、《中国近现代史纲要》、《思想道德修养与法律基础》“精彩一课”征集评选工作经验的基础上，组织专家对各地各高校参评的 67

部共计 389 个学时的《马克思主义基本原理概论》教学光盘进行认真评审，共有 8 部教学片计 45 学时入选高校思想政治理论课“精彩一课”。至此，2008 年教育部哲学社会科学研究重大课题（高校思想政治理论课“精彩一课”教学片研究制作）委托研究项目全部完成。入选的“精彩一课”教学片安排在有关网站上供全国高校师生浏览、借鉴。

征集高校思想政治理论课优秀教学案例。7 月下旬开始在全国高校征集思想政治理论课四门课程的优秀教学案例，共收到各地各高校初评后报送的 4 门课程教学案例 1 715份，并从中遴选部分优秀案例作者参加“首届高校思想政治理论课案例教学研讨会”，推动案例教学法在思想政治理论课中的运用。

征集评选高校思想政治理论课“精彩教案”和“精彩多媒体课件”。8 月初开始在全国高校征集“精彩教案”和“精彩多媒体课件”，共收到教案 938 份，多媒体课件 884 份，计划从中遴选出部分“精彩教案”和“精彩多媒体课件”，列入高校哲学社会科学课题一般研究项目并给予一定资助。

撰稿　宋义栋

审稿　杨　光　徐维凡

〔“高校哲学社会科学繁荣计划”一期建设圆满完成〕 2008 年 12 月 22 日，《光明日报》发表了题为《立足长远，科学规划，促进学术繁荣——“2003－2007 年高校哲学社会科学繁荣计划”成就巡礼》的通讯，集中介绍了“高校哲学社会科学繁荣计划”一期建设整体情况。“高校哲学社会科学繁荣计划”于 2003 年正式启动，是教育部贯彻落实党的十六大精神和《中共中央关于进一步繁荣发展哲学社会科学的意见》，推动高校哲学社会科学繁荣发展的一项重大举措。“繁荣计划”通过实施哲学社会科学重大课题攻关计划、人文社会科学重点研究基地建设、哲学社会科学基础设施和信息化建设、哲学社会科学学术带头人培养计划等子项目，经过五年的建设和发展，促使高校哲学社会科学的整体实力显著增强，学科体系日趋完善，团队攻关、整体作战的观念和能力大大增强，研究解决重大理论与现实问题的能力明显提高，参与国际对话的能力与范围大为拓展。突出表现在：

一是产生了一大批具有较高水平的研究成果。哲学社会科学重大课题攻关项目从 2003 年启动以来共立项 233 项，已结项 52 项，在马克思主义中国化的理论和实践、基础研究、应用研究和对策研究方面，产出了一大批高质量成果，充分发挥了引领作用。二是形成了一套较为规范完善的科研项目资助体系。先后设立了重大课题攻关项目、后期资助项目，完善和丰富了项目资助方式；形成由重大课题攻关项目、基地重大项目、后期资助项目、一般项目和应急项目组成的项目资助体系。三是建设了一批“国家队”的研究基地。自 1999 年基地建设启动以来，共设立了 151 个重点研究基地，分布在全国 66 所高校，在制度创新、标志性成果、人才培养、服务社会、学术交流、示范辐射作用等方面成效显著。四是培养造就了一支相当规模、较高水平的教学科研队伍。“繁荣计划”启动实施“高层次创造性人才计划”，设立了青年骨干教师培养计划，设立“高等学校青年骨干教师国内访问学者项目”，共有 1 478 名文科教师作为访问学者由此进入国内高水平大学优势学科进行研修；将哲学社会科学纳入“长江学者奖励计划”实施范围，已聘任哲学社会科学领域长江学者特聘教授 61 位、讲座教授 59 位；设立“新世纪优秀人才支持计划”，共资助哲学社会科学学术带头人 797 名；联合中组部、中宣部、中央党校、解放军总政治部等部委举办哲学社会科学教学科研骨干研修班，已成功举办了 24 期研修班，培训学员 2 484 人。五是基础设施和信息化建设取得显著成效，研究条件大为改善。全国高校人文社会科学研究的专业性门户网站——“中国高校人文社科信息网”（www.sinoss.com）于 2003 年 7 月开通；2004 年，中国高校人文社会科学文献中心（CASHL）启动运行并提供服务；高校哲学社会科学名刊工程于 2003 年启动，对高校学报整体质量的提高起到了积极示范引导作用。六是学术规范和学术风气建设显著加强。2004 年 8 月，教育部发布《高等学校哲学社会科学研究学术规范（试行）》；2006 年 5 月，教育部印发《关于树立社会主义荣辱观，进一步加强学术道德建设的意见》，有力地促进了高校学术道德和学风建设。2006年5月，教育部成立学风建设委员会，使学术规范和学风建设走上了制度化轨道。

“繁荣计划”实施主要成功经验，一是坚持以马克思主义为指导，坚持“二为”方向和“双百”方针，既要把握好正确的政治方向，又要遵循研究规律，促进学术繁荣；二是始终坚持科学研究与学科建设、教学工作、人才培养有机结合，加强科研成果向教学的转化，促进教学内容和教学方法的更新，不断提高人才培养质量；三是坚持以人为本，把人才队伍建设放在突出位置，既要加强对高校哲学社会科学队伍马克思主义理论和党的方针政策的培训，又要尊重学科特点，遵循人才成长规律，重点选拔培养一批具有国际视野、勇于创新的优秀拔尖人才；四是坚持以重大理论与现实问题为研究导向，支持和鼓励哲学社会科学研究理论联系实际，立足国情，面向世界，加强应用研究，提高服务能力，切实为党和人民事业发挥思想库作用；五是大力促进科研体制创新，建立现代科研组织形式，形成团队和集合优势、协同攻关的现代研究格局；六是坚持对哲学社会科学的科学规划，充分发挥重大计划的带动效应和辐射效应，促进高校哲学社会科学研究取得跨越式发展。

为了更好地贯彻落实《中共中央关于进一步发展繁荣哲学社会科学的意见》和教育部《关于进一步繁荣发展高校哲学社会科学的若干意见》，教育部将实施新一轮“高校哲学社会科学繁荣计划”，并计划纳入《国家中长期教育改革和发展规划纲要》。

〔**第二届教育部社会科学委员会成立**〕　第二届教育部社会科学委员会于2008年12月3日在京成立。教育部社会科学委员会是教育部贯彻落实《中共中央关于进一步繁荣发展哲学社会科学的意见》精神，适应我国哲学社会科学事业的需要，推进科研管理决策的科学化与民主化而成立的指导高等学校哲学社会科学工作的咨询机构。社科委自2004年成立以来，在教育部哲学社会科学重大政策、重要文件制订、重大课题攻关项目评审、加强高校学术道德和学风建设、开展哲学社会科学发展状况调研方面做了大量卓有成效的工作，充分发挥了咨询指导作用。

新一届社科委采取“连续聘任，适时增加”的原则，在第四次社科委工作会议上对全体现任社科委委员进行续聘，按学科分为马克思主义理论、哲学、语言文学新闻传播学和艺术学、历史学、经济学、法学、政治学社会学和民族学、管理学、教育学和心理学、综合研究十个学部。社科委将继续发挥作为教育部的“思想库”和“智囊团”的作用，重点开展以下工作：（1）贯彻中央关于繁荣发展哲学社会科学的方针政策，研究高校哲学社会科学繁荣发展的重大问题，对高校哲学社会科学研究发展规划和发展战略、管理举措和体制改革等提出建议和咨询意见，参与教育部哲学社会科学研究重大政策的讨论和制定；（2）参与和指导学科建设规划、社科研究课题立项、优秀人才选拔、优秀成果奖励、重点研究基地建设以及学术道德与学风建设等项工作的评议和评估；（3）促进高校哲学社会科学研究与国家经济建设和社会发展的紧密结合，促进与有关政府部门、企事业单位的合作，促进国际学术交流与合作，促进科研成果的普及转化，促进高校哲学社会科学研究管理体制和运行机制改革。

撰稿　徐青森

〔**开展纪念改革开放30周年理论研究和宣传系列活动**〕　2008年是改革开放30周年。为认真学习宣传贯彻党的十七大精神，总结改革开放伟大成就和宝贵经验，教育部围绕主题，精心组织，陆续开展了一系列纪念改革开放30周年理论研究和宣传活动。

设立纪念改革开放30周年理论研究专项课题。2月至11月，教育部以“学习宣传贯彻党的十七大精神和纪念改革开放30周年”为主题，设立136个哲学社会科学研究专项课题，组织全国高校200余位知名专家学者开展专题研究，产生一批高质量的研究成果。部分成果发表在《人民日报》、《光明日报》和《中国社会科学》等报刊上，产生积极社会反响。

编辑出版纪念改革开放30周年理论研究论文集。11月，教育部社会科学委员会对征集的400余篇论文进行评审，遴选出90余篇高质量论文编成《理论之光——学习宣传贯彻党的十七大精神理论研究专集》和《复兴之路——纪念改革开放三十周年理论研究专集》两部论文集。论文集由高等教育出版社出版发行，各50余万字。论文集分为若干板块进行编排，集中展示了高校30年理论研究成果，展现了我国经济社会发展的改革进程、主要成绩和基本经验。

开办纪念改革开放30周年理论研究专栏。4月至11月，教育部社会科学司与中国教育报社联合在《中国教育报》开办“推进理论创新，繁荣发展哲学社会科学”、“继续解放思想，深入落实科学发展观”、“纪念改革开放30周年系列专论”和“学习胡锦涛总书记‘12·18’重要讲话”4个理论研究专栏，刊登理论文章21篇。从理论与实践的结合上，回顾了30年改革开放的发展历程，总结了30年改革开放的成功经验。

推出《中国高校哲学社会科学发展报告(1978—2008)》丛书。4月—11月，为全面、系统、客观总结改革开放30年高校哲学社会科学发展进程、发展特点和发展成就，教育部社会科学委员会组织百余位高校知名学者，完成了18卷丛书《中国高校哲学社会科学发展报告(1978—2008)》。该丛书涵盖马克思主义、哲学、经济学、管理学、法学、政治学、社会学、民族学、历史学、文学、艺术学、新闻学与传播学、语言学、教育学、心理学、图书馆学、情报学与文献学、国际问题研究以及有关交叉学科。丛书通过对30年中国高校哲学社会科学发展状况予以整体审视，全景式展现了30年中国高校哲学社会科学发展的成就和历程。

召开高校纪念改革开放30周年理论座谈会。12月4日，高校纪念改革开放30周年理论座谈会在北京召开。会议的主题是深入学习贯彻党的十七大精神，深入学习实践科学发展观，总结、宣传改革开放30年的宝贵经验和伟大成就，大力推进中国特色社会主义理论体系研究和宣传。教育部党组成员、副部长李卫红出席会议并讲话。117名教育部社会科学委员会委员和20余位理论专家参加会议，6位专家作专题发言。

撰稿　魏贻恒　陈星平
审稿　杨　光　张东刚

〔**推进高校出版社体制改革**〕　按照中央关于大力推进文化体制改革的精神和工作部署，有计划、有步骤地推进高校出版社体制改革。通过广泛的调研和充分的认证，在2008年启动了第二批高校出版社体制改革工作。11月24日—25日，教育部与新闻出版总署在北京联合召开了“第二次高校出版体制改革工作会议”。中宣部改革办主任张小虎、教育部副部长李卫红和新闻出版总署副署长邬书林出席会议并讲话。武汉大学校领导和清华大学出版社社长分别介绍了出版社体制改革的情况。中宣部体改办负责人解读了有关文件精神。北京语言大学等62所列入第二批高校出版体制改革工作的高等学校的主管校领导和出版社社长参加了会议。

会议总结了试点高校出版社体制改革取得的成绩与经验。会议认为，在教育部和新闻出版总署的部署和指导下，在各试点高校的积极努力下，体制改革试点工作在探索中稳步推进，取得了阶段性成果，19家试点单位根据教育部和新闻出版总署关于转制工作的要求，不同程度地完成了清产核资、资产评估和产权登记，注册有限责任公司，建立现代企业法人治理结构，妥善安置人员，改革内部管理机制，制定和完善企业规章制度等工作。通过体制改革，高校出版社创建了新体制，转换了机制，增强了实力与竞争力，并享受到了优惠的经济政策和出版政策。首批体制改革试点工作为全面推进高校出版社体制改革提供了宝贵的经验，主要是：提高对体制改革重要性紧迫性的认识是前提；对出版社体制改革强有力的领导是关键；制定切实可行的体制改革实施方案是基础；严格规范转制是保障。这些经验对于开展第二批体制改革的高校出版社具有重要借鉴意义。

会议要求，各高校要把高校出版社体制改革放到党和国家的总体战略部署中加以认识，增强改革的自觉性；要把高校出版体制改革放在整个出版体制改革的大局下加以认识，增强改革的责任感；要把高校出版社体制改革放到现代科学技术发展的大背景下加以认识，增强改革的紧迫感；要把高校出版体制改革放到世界大学出版社发展的背景下加以认识，增强改革的信心。坚定信念，增强信心，切实把推进高校出版体制改革工作抓紧抓好，抓出成效。

会议指出，高校出版社体制改革的目标是，形成科学有效的高校出版管理体制；形成充满活力与竞争力的微观运行机制；培育一批具有雄厚实力、较强竞争力和品牌影响力的大型高校出版企业，培育一批向“专、精、特”方向发展并在某一图书领域占有较高市场份额和较强影响力的中小型专业出版企业。高校出版社体制改革的原则是要坚持有利于高等教育事业的发展，有利于促进高校人才培养、科学研究和服务社会三大功能的实现，有利于高校出版单位更好地坚持办社宗旨，有利于解放和发展高校出版生产力。会议强调要在以下八个方面注意研究和做好工作：清产核资、建立和完善法人治理结构、加强出版社国有资产监管、妥善处理人员安置工作、合理确定对学校的投资回报、保持高校出版社领导班子稳定、建立有利于出版社发展的校社关系，以及对融资、股份制改造的对策性研究。

会议还指出，高校在出版社转制为企业后，仍要履行主办单位的职责，要通过有效的管理方式，掌控好“四权”，做好“三保证”，即掌控好出版社重大事项的决策权、资产配置的控制权、对主要领导干部的任免权和出版物内容的终审权；保证出版社正确的政治方向；保证国有资产的保值增值；保证出版队伍的高要求高素质。出版社转制要严格执行国家规定的明确的工作程序规范，积极探索符合高校出版社发展的有效的法人治理结构。

会议认真讨论并修改了《高校出版社体制改革工作规程》。

撰稿　魏小波
审稿　杨　光　徐维凡

高校学生工作

〔**普通高校招生工作**〕　2008年普通高等学校招生报名人数1 060万，实际录取606万人。招生管理更加严格规范，高考改革稳步推进，招生环境得到有效治理。

一、高校招生“阳光工程”进一步深入推进。教育部“阳光高考”信息平台公示了各种特殊类型考生资格名单共4.8万人，再次实现了未经公示者无一人录取，已经公示录取者无一起举报。各地纷纷采取前移信息公开时段、拓宽信息公开领域、细化规范信息公开内容、扩展信息公开形式，完善信息公开体系和招生监督机制，逐步健全纪检监督、程序监督、技术监督和公众监督相结合的多方监督机制，招生违规举报量大幅下降，一些省市和高校实现了“零投诉”。

二、积极探索，稳步推进高考改革。进一步扩大高水平大学自主选拔录取试点校范围和招生规模，68所高校积极探索选拔综合素质高、具有创新精神和潜质的人才。4个直辖市47所高职院校及河北、江苏等8省区的20所国家示范性高职院校进一步探索适合职业教育特点的招生考试改革，取得良好社会效果并进一步积累了经验。江苏省积极配合高中新课改，平稳实施了高考综合改革新方案，高校不再以高考成绩作为唯一录取依据，高中阶段学业水平测试成绩也成为重要的参考依据。

三、招生环境综合治理成效显著。教育部联合解放军四总部共同治理军校乱招生，军校不得再以任何形式招收地方委培生，军校违规招生现象基本根治。根据招生进程不同阶段性特点，教育部开展五次招生预警宣传，同时配合公安机关封堵涉嫌招生诈骗网上信息 5 900 余条，严厉打击社会中介招生诈骗，破获案件 3 起，社会举报仅是 2007 年的 1/10。

四、积极应对汶川地震灾害影响，教育部给予全程、及时业务指导和政策倾斜，四川、甘肃两省录取工作采取了延考区和非延考区“分别考试、分列计划、同期录取”的工作模式，受灾省份高考工作得以平稳顺利进行。

五、不断提高为考生服务的质量和水平。湖南、江苏、浙江、上海、安徽、辽宁等 6 省市实施了本科一志愿平行投档录取方式改革，有效降低考生填报志愿风险，有效减少高校录取断档现象。各地加强政策咨询、录取动态查询、信访接待答疑等服务，切实提高了招生工作的社会满意度。

撰稿　平　伟

〔**成人高校招生工作**〕　2008 年成人高等学校招生报名人数 305 万，实际录取 232 万人。考试违纪舞弊率进一步降低，利用无线电等现代化手段作弊、替考和大规模有组织异地报考等行为得到有效控制；各省（自治区、直辖市）函授站（点）和校外教学点的年度审核备案制度逐步建立和健全，函授教育进一步规范；普通高等学校举办的成人高等学历教育全面停止招收脱产学习形式学生。

撰稿　范卫宏

〔**研究生招生工作**〕　2008 年，全国共有 531 所普通高等学校、293 个科研机构、中央党校及 14 所地方党校招收硕士研究生；共有 264 所普通高校、118 个科研机构及中央党校招收博士研究生。

2008 年，全国报考攻读硕士学位研究生 1 178 273 人（不含军队院校和港澳台生，下同），比 2007 年减少 6.10%。其中应届本科毕业生 687 864 人，占 2008 年应届本科毕业生总数的 27.20%，占报考总数的 58.38%。全国报考攻读博士学位研究生 147 405 人，比 2007 年增加 0.43%。

全国共录取硕士研究生和博士研究生 44 万人，比 2007 年增长 6.34%。其中硕士研究生 38.1 万人，比 2007 年增长 6.90%；博士研究生 5.9 万人，比 2007 年增长 2.85%。

此外，2008 年香港、澳门特别行政区及台湾省人士报考内地（祖国大陆）高校和科研机构研究生的考生共 2 238 人，其中报考硕士生 1 503 人，报考博士生 735 人；录取 1 704 人，其中硕士生 1 147 人，博士生 557 人。

2008 年研究生招生工作有以下特点：

1. 继续扩大初试科目和内容优化调整的范围和力度。进一步扩大了初试科目改革和内容优化的范围，农学门类进行了“4 改 4”的改革，将其业务课一和业务课二实行统一设置，拓宽了考查范围，提高了命题质量；继续推行按一级学科整合初试自命题科目，2008 年自命题科目数量较 2007 年减少 5%。

2. 不断深化复试改革，创新复试方法和手段。一是全国范围内所有招生单位继续加强复试工作的制度化、规范化和程序化；二是部分招生单位不断尝试复试方法，探索建立科学考核体系，丰富、优化复试内容；三是一些招生单位开始注意运用专业化手段进行复试工作。

3. 调整了初试分数线分区，满足不同区域研究生招生单位对生源的需要。

4. 研究生招生考试环境综合整治力度进一步加大。考试之前，教育部会同公安部联合印发了《关于做好 2008 年硕士生考试考务安全工作的通知》，所有省（自治区、直辖市）招生考试管理部门均同公安、信息产业部门建立起了协作联动机制；考试期间，多数省（自治区、直辖市）的无线电管理部门出动测向车，搜索到发射作弊信号的电台 134 个，查获作弊团伙 180 个，移交公安机关 178 个，涉案人员 453 人；考试期间，有关部门通力合作，通过大范围网上搜索，开展了助考、替考非法网站整治工作，还针对涉嫌 QQ 群泄密开展了专项治理，先后查处非法网站 137 个（其中封堵境外网站 54 个），累计过滤相关检索 33.6 万次，删除网上有害信息 3 800 余条，查封涉嫌组织团伙舞弊、考中传送答案的 QQ 号码及 QQ 群共 890 个，对 QQ 群进行监控并处理的信息 21 万余条。

撰稿　陈瑞武
审稿　姜　钢

〔**普通高校毕业生就业工作**〕　2008 年，全国普通高校毕业生规模达 559 万人，比 2007 年增加 64 万人，增幅为 12.9%。在各地、各有关部门、各高校共同努力下，2008 年高校毕业生就业工作克服了宏观就业形势严峻、经济运行不确定、不稳定因素增多、部分地区遭受重大自然灾害带来的不利影响，圆满完成普通高校毕业生就业工作目标任务。截至 9 月 1 日统计，全国普通高校毕业生实现就业人数 413 万人，比 2007 年增加 62 万人，增幅为 17.7%。毕业生初次就业率为 73.8%，比 2007 年增加 2.8 个百分点，其中研究生就业率为 83.9%，本科生就业率为 79.6%，高职（专科）就业率为 68%，一些重点工作取得明显成效。2008 年全国普通高校毕业生就业情况呈现出以下四个特点：

一是面向基层就业的毕业生明显增加。2008 年，中央和地方实施的基层就业项目达到 118 个，项目数比 2007 年增长 26%。中央有关部门除继续实施 2008 年“西部计划”、“三支一扶”计划、“农村教师特岗计划”外，中组部、教育部、财政部、人力资源和社会保障部等联合新启动了“选聘高校毕业生到村任职”项目。2008 年，全国共有 14 万余名毕业生到农村基层服务，比 2007 年增加 44%。同时，重庆、陕西、河南、山东、江苏等地加快完善鼓励毕业生面向基层就业的长效机制，进一步明确了毕业生在基层长远发展的出路。

二是毕业生获取就业信息更加快捷、丰富。2008 年，“全国大学生就业公共服务立体化平台”举办了 22 场全国性网上大型招聘会，为高校毕业生提供就业岗位近 60 万个。同时，教育部首次联合有关部门举办全国民营企业招聘周活动，提供岗位信息 60 多万条。各地也普遍加强了毕业生就业信息服务力度，仅省一级毕业生就业主管部门就开展了 2 000 多场现场双选活动和 1 500 余场网上招聘会。

三是地震灾区毕业生和困难毕业生就业得到积极援助。汶川地震发生后，绝大部分省份对灾区生源毕业生采取了举办专场招聘、发放求职补贴等帮扶措施；四川、陕西、甘肃等重灾区扩大基层项目规模，优先录用灾区毕业生；教育部组织 20 个省份对口支援川、陕、甘三省，提供近 9 000 个就业岗位。同时，各地和高校通过设立援助资金、发放求职补贴、购买公益性岗位等，进一步完善了对就业困难和家庭经济困难的毕业生的帮扶政策。

四是高职院校毕业生就业率较大幅度提升。2008 年，高职院校继续深化教育教学改革，进一步以就业为导向，开展订单式培养、顶岗实习、强化实践环节，毕业生就业能力不断提高。2008 年高职毕业生初次就业率比 2007 年增长 4.7 个百分点。

新形势下进一步做好高校毕业生就业的战略重点和目标任务：

目前，我国已初步形成与社会主义市场经济相适应的高校毕业生就业体制机制，确立了中央和地方两级管理、以地方为主的管理体制，形成了适应新形势需要的促进毕业生就业的政策框架体系，探索了引导和鼓励毕业生面向基层就业的途径和方法，建立并完善了以高校为主体的毕业生就业服务体系，为做好当前和今后一个时期的工作奠定了良好基础。

与此同时，今后一个时期高校毕业生就业形势依然严峻。当前和今后一个时期，高校毕业生就业面临新的压力和挑战，主要包括：（1）全社会就业形势严峻。我国城镇劳动力供大于求的突出矛盾将长期存在，年度供大于求的缺口在 1 400 万左右。（2）高校毕业生总量压力持续增加。2008—2012 年每年普通高校毕业生规模将持续在 600 万～700 万人高位，总量达 3 000 万人，比 2003—2007 年总量 1 738 万人增加 1 262 万人，增幅为 72%。（3）结构性矛盾依然突出。毕业生就业仍集中在东部和大中城市，中西部、农村基层、城市社区缺乏人才的问题仍未得到根本解决。同时，高等教育在学科专业结构、学历层次结构、人才培养质量、学生就业能力等方面与经济社会发展需求仍有较大差距。（4）相当一部分毕业生和家长的就业预期相对社会实际需求尚有一定距离。

2008年，国务院制定的部门“三定”方案，对教育部、人力资源和社会保障部在高校毕业生就业工作上的职能作了调整，明确：毕业生离校前的就业指导和服务工作，由教育部负责；毕业生离校后的就业指导和服务工作，由人力资源和社会保障部负责；毕业生就业政策由人力资源和社会保障部牵头，会同教育部等部门拟定。为此，教育部对如何做好今后高校毕业生就业工作开展了广泛深入的调研，其中包括在4月—8月教育部与人力资源和社会保障部等部门共同开展的16省区专题调研、对国外高校毕业生就业状况调研、对近年来高校毕业生就业工作数据分析研究等，提出了新形势下教育部做好高校毕业生就业工作的思路和目标任务是：贯彻落实党的十七大精神，以科学发展观为统领，以服务高等教育持续健康发展和保持高校稳定为大局，优化高等教育结构，深化教学改革，加强就业指导服务，完善政策体系，不断推动高校毕业生就业工作迈上新台阶。力争毕业生离校时初次就业率水平基本稳定，确保就业人数持续增加；毕业生到基层就业、自主创业数量进一步增加；毕业生就业、创业能力明显提高；就业指导服务水平大幅提升；就业政策体系更加完善，重点领域取得新突破。

撰稿　赵　晶

〔**高等教育学籍学历实现系统化电子注册**〕2008年，构建完成全国普通高等学历教育新生学籍注册、在校生学籍变动、毕业生学历证书注册一体化电子管理系统，建立并不断完善全国高等教育学籍学历数据信息档案库，初步实现普通高等学校学生学籍学历初始化、过程化、网络化管理。全年完成普通高等教育本专科新生学籍电子注册606万，有160多万新生上网查询自已的学籍信息；完成研究生新生学籍网上核对44万；首次完成2007—2008学年度普通高等教育本专科在校生学年电子注册2 018万；2008届高等教育学历证书电子注册831.03万人，其中普通本专科559万，研究生30.97万，成人教育210.15万，网络教育32.49万，自考29.39万。学籍学历电子注册的实施和不断完善，进一步促进了高等教育办学秩序的规范，有效遏制了违规招生、中介欺诈行为。

撰稿　黄雅芝
审稿　张浩明

学位工作与研究生教育

〔**国务院学位委员会第二十五次会议**〕2008年1月14日，国务院学位委员会第二十五次会议在北京召开。33位委员出席了会议。国务委员、国务院学位委员会主任委员陈至立出席并讲话。国务院学位委员会副主任委员、中国科学院院长路甬祥，副主任委员、中国工程院院长徐匡迪，副主任委员、中国社会科学院院长陈奎元，副主任委员、教育部部长周济，副主任委员、教育部副部长赵沁平出席了会议。副主任委员兼秘书长、教育部副部长吴启迪作了《第五届国务院学位委员会工作报告》。会议审议并原则通过了《博士、硕士学位授权审核办法改革方案》，并对全国博士质量调查初步结果的报告进行了研讨。

陈至立在讲话中强调，要贯彻落实党的十七大精神，以增强研究生创新能力为核心，提高研究生教育质量，为建设创新型国家和人力资源强国培养大批优秀创新人才。陈至立说，改革开放以来，我国学位与研究生教育事业发展迅速，已经进入了一个新的历史阶段。29年来，累计授予博士学位24万人、硕士学位180万人，中国特色学位授权审核制度和学位授权体系基本形成，研究生培养条件明显改善，培养质量不断提高，研究生教育实现了持续健康快速发展。陈至立强调，研究生教育作为教育的最高层次，在培养创新人才中具有决定意义。要以增强创新能力为核心，提高研究生教育质量。一要实施研究生教育创新计划，加强科研和实践环节，创新研究生培养模式。二要深入推进研究生培养机制改革，落实以科学研究为导向的导师负责制和资助制，不断完善学位与研究生教育制度。三要加强研究生的思想道德建设和学风建设，增强研究生勤奋学习、严谨治学、为祖国科技事业奉献聪明才智的自觉性。四要进一步加强对学位授权点、研究生培养、学科建设、师资队伍等方面的质量保障体系建设，形成培养单位、政府、用人单位和社会等多层面的、健全的质量监控体系。五要制订好学位授予和人才培养学科专业目录，充分发挥其在优化人才培养结构和学科建设等方面的重要指导作用。六要进一步完善国家对优秀研究生的资助、奖励制度。

会议审议并一致通过了《第五届国务院学位委员会工作报告》。报告总结了第五届学位委员会近五年来的工作情况，主要包括：组织开展了1978—2003年中国学位与研究生教育发展研究和2004—2020年中国学位与研究生教育发展规划战略研究，完成了《中国学位与研究生教育发展报告（1978—2003）》和《中国学位与研究生教育发展纲要（2006—2020）》。开展了第九次、第十次学位授权审核工作，进一步调整优化学位授权体系结构与布局；同时继续深化学位授权审核制度改革，探索新的学位授权审核办法与运行机制。研究建立了博士、硕士学位授权点定期评估制度，并实施了首次评估。积极发展专业学位教育，改善学位体系的类型结构，先后批准设置了会计硕士、体育硕士、艺术硕士、风景园林硕士、汉语国际教育硕士、翻译硕士6种专业学位。对学士学位的工作给予必要的关注和指导，促进博士、硕士、学士三级学位协调发展。组织开展中国医学学位体系及其标准的研究工作。会同教育部启动实施“研究生教育创新计划”，不断改善研究生培养条件，加强研究生创新能力培养，进一步提高研究生培养质量。会同教育部积极开展研究生培养机制改革试点工作，推动研究生培养模式和培养机制的深刻变革。会同教育部、人力资源和社会保障部启动全国博士质量分析研究工作，引导学位与研究生教育战线全面加强质量观念。加快学位工作法制化进程，调整、修订和完善与学位工作相关的规章制度，研究起草了《学位法》（草案）。加强研究生思想政治教育和德育工作，加强马克思主义理论学科建设。着手修订国务院学位委员会学科评议组组织章程，调整学科评议组职能和工作方式、运行机制，依靠专业学位教育指导委员会对各专业学位研究生的培养进行指导和质量监控。积极开展对外合作与交流，推进中外学位互认工作，先后与包括英、法、德等教育发达国家在内的27个国家和地区签署了有关学位、学历互认协议，成功举办第八届《亚太地区相互承认高等教育学历、文凭和学位公约》委员会会议，批准授予42位名誉博士。

〔国务院学位委员会第二十六次会议〕　2008年12月29日—30日，国务院学位委员会第二十六次会议在北京召开。47位委员出席了会议。中共中央政治局委员、国务委员、国务院学位委员会主任委员刘延东出席会议并作了讲话。国务院学位委员会副主任委员、中国科学院院长路甬祥，副主任委员、中国工程院院长徐匡迪，副主任委员、中国社会科学院院长陈奎元，副主任委员、教育部部长周济，副主任委员、教育部副部长赵沁平出席了会议。副主任委员兼秘书长、教育部副部长陈希作了《国务院学位委员会第二十五次会议以来工作进展情况报告及会议议程的说明》。会议审批并原则通过了《国务院学位委员会学科评议组组织章程（修订稿）》、《国务院学位委员会学科评议组第六届成员名单》、《学位授予与人才培养学科目录设置与管理办法》、《社会工作硕士专业学位设置方案》、《教育博士专业学位设置方案》、《2005年博士学位授权学科定期评估责令整改的22个学科点再评估的结果》以及《国务院学位委员会2009年工作要点》。审议并原则通过了《国务院学位委员会第二十五次会议以来工作进展情况报告及会议议程的说明》。对专业学位总体设计研究、博士质量调研分析工作和名誉博士学位授予办法进行了研究和讨论。

刘延东在讲话中总结和回顾了改革开放以来学位与研究生教育工作的成绩和经验，分析了当前学位与研究生教育工作面临的新挑战和新要求，提出当前和今后一段时期，我国学位和研究生教育工作的总体思路是：以邓小平理论和“三个代表”重要思想为指导，深入贯彻落实科学发展观，按照十七大提出的“优先发展教育、建设人力资源强国”的总体要求，立足国际竞争、现代化建设和教育改革发展大局，注重优化结构，注重提高质量，注重制度创新，不断完善有中国特色、符合高层次人才成长规律的学位体系，发挥学位与研究生教育工作在全面建设小康社会中的人才支持作用。在今后的工作中，重点把握好以下几方面：（1）完善结构布局，增强学位与研究生教育工作服务经济社会发展的能力；（2）提高授予质量，带动整个高等教育水平的提升；（3）发挥杠杆作用，引导高校办出特色、办出水平，构建科学合理的高等教育布局；（4）加强改革创新，为高层次人才培养创造良好机制；（5）注重学风建设，优化学位与研究生教育工作的环境。

会议审议并通过了《国务院学位委员会第二十五次会议以来工作进展情况报告及会议议程的说明》。报告指出，2008 年学位工作深入贯彻落实科学发展观，瞄准建设创新型国家和人力资源强国的战略目标，深化改革，切实把提高高等教育质量放在突出位置，大力培养经济、政治、文化、社会建设急需的拔尖创新人才，进一步完善中国特色学位制度，努力推动学位工作又好又快发展。主要完成的工作有：按照国务院的要求和部署，国务院学位委员会进行了调整，组成了以刘延东同志为主任委员的新一届国务院学位委员会。修订《国务院学位委员会学科评议组组织章程》，完成了学科评议组换届的准备工作。制订《学位授予和人才培养学科目录设置与管理办法》（送审稿），规范学科专业目录设置与管理。开展专业学位总体设计研究，研究论证社会工作硕士专业学位和教育博士专业学位的设置问题。进一步做好博士质量分析研究工作，已完成《中国博士质量报告（征求意见稿）》。批准授予 9 位名誉博士，对名誉博士学位授予审批办法进行研究修订。继续全面推进学位制度改革，进一步完善博士、硕士学位授权审核改革办法，陆续部署博士、硕士学位授权审核工作。完成全国学士学位授予情况调研总结工作，为改进学士学位工作、保证学士学位授予质量奠定基础。以提高研究生培养质量、增强研究生创新能力为目标，会同教育部共同推动研究生培养机制改革和研究生教育创新计划的实施。

会议审议并原则通过了《国务院学位委员会 2009 年工作要点》。

撰稿　马　玲

〔**中国博士质量分析**〕 2008 年，国务院学位委员会第二十五次会议对“中国博士质量分析”的调查结果、主要数据、进一步的分析思路和总报告的提纲等进行了审查，高度关切我国博士质量。根据学位委员们的意见，课题组在各专题深入研究的基础上，在报告的总体框架、素材发掘加工、论点与论据统合等方面，对博士培养质量和发展质量的两大部分研究进行了初步整合，组织召开了初稿讨论会、独立专家评议会和咨询会等，提出了《中国博士质量报告》征求意见稿。课题工作始终强调并要求坚持两个特色：一是主要立足于大量的问卷调查、实地访谈和各单位的自评报告，将全面调查与典型分析相结合；二是融合教育部门和人事部门的观念，从培养质量、发展质量两个视角进行综合评价。征求意见稿按照全面贯彻科学发展观，落实以质量为核心的发展要求，分“博士教育进入大国行列”、“树立全面的博士质量观”、“博士培养质量稳定提升”、“博士队伍成为科教兴国的骨干力量”、“博士质量保障体系不断完善”、“展望与对策”共六大部分，对我国博士培养质量、博士发展质量的现状和变化趋势进行了客观评价，系统分析影响了我国博士培养质量的关键因素，提出了博士研究生教育发展的初步对策。《中国博士质量报告》于年底提交国务院学位委员会第二十六次会议进行了审议。

撰稿　张　帅

〔**专业学位教育**〕　一、2008 年在职人员攻读硕士专业学位报考人数近 21 万人。其中，报考人数最多的是工程硕士专业学位，共 83 007 人；其他专业学位的报考人数分别为：法律硕士 17 466 人、教育硕士 30 129 人、工商管理硕士 19 198 人、农业推广硕士 13 283 人、兽医硕士 901 人、公共管理硕士 20 770 人、公共卫生硕士 1 880 人、军事硕士 1 263 人、会计硕士 4 977 人、体育硕士 3 767 人、艺术硕士 6 944 人、风景园林硕士 1 672 人、汉语国际教育硕士 2 429 人、翻译硕士 1 436 人、临床医学（中医师承）博士 338 人、临床医学（中医师承）硕士 479 人。

二、开展专业学位总体设计研究工作。国务院学位委员会第二十三次会议提出要适应经济、社会发展需要，宏观设计、总体规划，积极发展专业学位教育，为此，成立了以人力资源和社会保障部副部长王晓初为顾问、国务院学位办主任杨玉良院士为组长的课题组，借鉴国外经验，结合我国国情，总体设计我国专业学位发展规划，为今后专业学位教育提供明确的发展方向。2008 年，课题组完成了《国外职业学位人才培养情况报告》初稿，《我国专业学位人才培养和需求情况研究报告》进展顺利，开展了我国专业学位总体设计调研并完成调研统计分析工作，初步形成了《我国专业学位发展总体方案》框架。

三、批准设置社会工作硕士、教育博士专业学位。根据《专业学位设置审批暂行办法》，聘请有关专家对设置社会工作硕士、教育博士专业学位的必要性和可行性进行多次论证，提出《社会工作硕士专业学位设置方案》和《教育博士专业学位设置方案》，经国务院学位委员会第二十六次会议审批通过，在我国设置和试办社会工作硕士、教育博士专业学位。

四、开展新增专业学位培养单位申报和审核工作。2008 年新增工程硕士专业学位培养单位 6 个，新增农业推广硕士专业学位培养单位 8 个；批准 4 个单位开展授予建筑学学士学位工作，1 个单位开展授予建筑学学士和硕士学位工作；批准 4 个单位继续行使建筑学学士学位工作，6 个单位继续行使建筑学学士和硕士学位工作；开展法律硕士（J. M）、教育硕士（Ed. M）、体育硕士、汉语国际教育硕士（MTCSOL）、翻译硕士（MTI）、艺术硕士（MFA）、临床医学博士和硕士、口腔医学博士和硕士、公共卫生硕士（MPH）、工商管理硕士（MBA）新增培养单位申请工作，委托有关专业学位教育指导委员会组织专家评审，国务院学位办将根据审议结果，于 2009 年批准一批新增专业学位研究生培养单位。

五、在充分研究论证的基础上，材料工程、电子与通信工程、控制工程、化学工程、工业工程 5 个工程领域的工程硕士专业学位标准于 2008 年开始试行，同时启动了机械工程等 10 个工程领域的工程硕士学位标准的制订工作。对农业推广硕士、风景园林硕士的培养、管理与教学情况进行调研；对部分兽医专业学位培养单位进行教学管理专项检查；开展第二届全国兽医专业学位优秀学位论文评选和表彰工作；继续实行并进一步完善攻读兽医博士专业学位联考制度。

撰稿　陆　敏　雍翠菊　欧百钢

〔**研究生教育创新计划**〕　2008 年，教育部共投入专项经费 2 000 万元，支持 62 家单位组织实施研究生教育创新计划项目 92 项，主要依托设有研究生院的高校承担，也部分支持了其他高校有特色的示范性项目。2008 年批准项目包括：18 个全国博士生学术论坛，27 个全国研究生暑期学校，9 个全国博士生学术会议，25 个研究生国内访学项目，其他涉及创新平台建设、培养机制改革、研究生教育区域合作等项目 14 个。

“5・12”汶川大地震发生后，教育部学位管理与研究生教育司与国家自然科学基金委员会计划局经过协商，结合全国抗震救灾工作需要，追加举办了两个全国研究生暑期学校项目，即“心理援助”和“地质灾害防治”全国研究生暑期学校，分别委托浙江大学和中国地质大学承办。上述两个项目在奥运会后顺利实施，产生了很好的社会影响，受到领导、专家、学员以及媒体的高度评价。为了更好地总结暑期学校成果，“心理援助”暑期学校项目还编辑出版了《震后心理援助指南》一书，组成了心理援助队，参加了心理援助实践工作。

2008 年，《2003—2007 年教育振兴行动计划》圆满结束，教育部学位管理与研究生教育司围绕如何做好新一轮创新计划进行了大量调研和论证，提出了新的工作思路：重点做好研究生暑期学校、博士生学术论坛、访学等品牌项目，进一步促进地方研究生教育创新活动的开展，推进研究生教育创新计划区域合作，鼓励研究生教育的国际交流与合作。在项目管理方面，出台了新的《创新计划项目申报指南》，依托重点高校、重点学科、重点实验室承担项目，项目承担单位相对固定、形成基地；根据学科特点和办学需要，制定项目规划，各基地单位轮流承担项目；充分发挥学科评议组和项目管理专家组的作用，使项目评审更加科学、公正；项目日常管理实行严格的预算、决算制度，每年召开一次年度研究生教育创新计划工作会议，每两年编辑出版一本研究生教育创新计划项目实施报告，及时总结、分析项目的成效和经验，逐步扩大影响和受益面。

撰稿　陆　敏

〔**2008 年全国优秀博士学位论文评选**〕　根据《全国优秀博士学位论文评选办法》，经学位授予单位推荐、省级初选、同行专家通讯评议、专家会复审并在网上公示征询异议后，2008 年 8 月，教育部和国务院学位委员会批准了 2008 年全国优秀博士学位论文名单（100 篇）和提名论文名单（177 篇），向优秀论文的作者及其指导教师颁发了证书。根据《高等学校全国优秀博士学位论文作者专项资金资助办法》，教育部对在高等学校工作的优秀论文作者给予了专项资金资助。

撰稿　张　艳

附

2008 年全国优秀博士学位论文名单

论　文　题　目	作　者	指导教师	学位授予单位
刑法解释的权力分析	林　维	陈兴良	北京大学
任务定势与位置和颜色返回抑制：两个 fMRI 实验	陈　骐	周晓林	北京大学
李群的扭共轭作用和非交换上同调	安金鹏	王正栋	北京大学
量子场论与超弦理论中的微扰散射振幅	吴俊宝	宋行长	北京大学
基于 n 维光谱特征空间的农田干旱遥感监测	阿布都瓦斯提·吾拉木	童庆禧	北京大学
IgA1 分子 O-糖基化酶相关基因多态性与 IgA 肾病易感性的研究	李贵森	王海燕	北京大学
声誉、人力资本和企业理论：一个不完全契约理论分析框架	聂辉华	杨瑞龙	中国人民大学
中国经济周期波动特征及原因研究	贾俊雪	郭庆旺	中国人民大学
碳纳米管生长机理的研究	姜开利	范守善	清华大学，北京协和医学院—清华大学医学部
金属氧化物和硫化物一维纳米材料的合成表征和性能研究	李晓林	李亚栋	清华大学，北京协和医学院—清华大学医学部
线粒体呼吸链膜蛋白复合物 II 的结构测定与分析	孙　飞	饶子和	清华大学，北京协和医学院—清华大学医学部

续表

论 文 题 目	作 者	指导教师	学位授予单位
碳纳米管及相关纳米结构的力学性质研究	王立峰	郑泉水	清华大学，北京协和医学院—清华大学医学部
一维金属/半导体轴向异质结的制备、表征与伏安特性	罗 俊	朱 静	清华大学，北京协和医学院—清华大学医学部
温敏型高分子辅助蛋白质体外折叠的实验和分子模拟研究	卢滇楠	刘 铮	清华大学，北京协和医学院—清华大学医学部
黑洞高能辐射的观测与研究	冯 骅	康克军	清华大学，北京协和医学院—清华大学医学部
环氧化酶-2 功能性遗传变异与食管癌及胃癌易感性相关	张雪梅	林东昕	北京协和医学院—清华大学医学部，清华大学
关联规则属性值域扩展研究	闫 鹏	陈国青	清华大学，北京协和医学院—清华大学医学部
交通行为建模与评价研究——网络均衡分析法	李志纯	黄海军	北京航空航天大学
轴流压气机非定常旋涡流场流态转化条件研究	郑新前	周 盛	北京航空航天大学
一维氧化锌纳米材料的控制合成、结构与性能研究	黄运华	张 跃	北京科技大学
一种新的基于蚂蚁混沌行为的群智能优化算法及其应用研究	李丽香	杨义先	北京邮电大学
葡萄果实中 ACPK1 蛋白激酶的基因克隆和功能的初步鉴定	于祥春	张大鹏	中国农业大学
手性农药对映体分析及土壤中选择性降解行为研究	王 鹏	江树人	中国农业大学
全球化背景下的中国糖业：价格、成本与技术效率	司 伟	王秀清	中国农业大学
无穷维空间上的运费不等式	邵井海	王凤雨	北京师范大学
天道人妖：中古《五行志》的怪异世界	游自勇	郝春文	首都师范大学
《明史·选举志》与明代选举制度考论	郭培贵	南炳文	南开大学
对奇特强子的结构、产生和衰变过程的研究	刘 翔	李学潜	南开大学
等离子体处理制备高效催化剂的基础研究	邹吉军	刘昌俊	天津大学
基于时间序列矩属性的金融波动模型研究	许启发	张世英	天津大学
盐类矿床水压致裂水溶开采的多场耦合理论及应用研究	梁卫国	赵阳升	太原理工大学
三维条件下的岩石破裂过程分析及其数值试验方法研究	梁正召	唐春安	东北大学
当代中国军人退役安置制度研究	罗平飞	田克勤	东北师范大学
冷战与美国的外层空间政策（1945—1969）	张 杨	于 群	东北师范大学
随机微分方程中的参数估计与假设检验问题	蒋达清	史宁中	东北师范大学
基于“C-H-O”体系软化学的碳纳米管的合成、剪裁与催化特性	康振辉	王恩波	东北师范大学
柽柳抗逆分子机理研究与相关基因的克隆	王玉成	杨传平	东北林业大学

续表

论文题目	作者	指导教师	学位授予单位
洋金花治疗银屑病有效部位的化学成分和药理作用研究	杨炳友	匡海学	黑龙江中医药大学
粘弹性流体力学方程组的整体经典解和不可压缩极限	雷　震	周　忆	复旦大学
聚合物/SiO2有机—无机纳米复合微球的制备与表征	陈　敏	武利民	复旦大学
两亲性超支化多臂共聚物的分子自组装及其在生物膜仿生研究中的应用	周永丰	颜德岳	上海交通大学
新型复合吸附剂的吸附特性与机理及其在高效热管型余热制冷中的应用	王丽伟	王如竹	上海交通大学
γ-干扰素在诱导Foxp3促进CD4+CD25-T细胞向CD4+调节性T细胞转化中的作用	王兆军	臧敬五	上海交通大学
光驱动轮烷型分子机器的研究	曲大辉	田　禾	华东理工大学
PAN、PVA静电纺纳米纤维的机理及喷头装置的研究	覃小红	王善元	东华大学
嵌入村庄的学校——仁村教育的历史人类学探究	司洪昌	丁　钢	华东师范大学
摄论学派研究	圣　凯	赖永海	南京大学
翻译文学经典的形成与影响——傅译《约翰·克利斯朵夫》研究	宋学智	许　钧	南京大学
三类新型集成化的基因芯片及其相关仪器的研制	刘全俊	陆祖宏	东南大学
矿山采动裂隙岩体地球物理场特征研究及工程应用	程久龙	刘天放	中国矿业大学
基于动力指纹小波分析的结构损伤特征提取与辨识基本问题研究	曹茂森	任青文	河海大学
光滑球拟酵母中糖酵解效率与丙酮酸合成的调控研究	刘立明	陈　坚	江南大学
计算机视觉、电子鼻、近红外光谱三技术融合的苹果品质检测研究	邹小波	赵杰文	江苏大学
丹参酮IIA的体内外处置与作用靶点发现	郝海平	王广基	中国药科大学
几类非线性随机振动系统动力学与控制研究	黄志龙	朱位秋	浙江大学
异向介质等效电路理论及实验的研究	陈红胜	孔金瓯	浙江大学
五氯酚的土水界面行为及其在毫米级根际微域中的消减作用	何　艳	徐建明	浙江大学
小鼠树突状细胞表面新型免疫抑制性受体DIgR2的功能研究	史丽云	曹雪涛	浙江大学
味水轩里的闲居者：万历末年嘉兴的书画世界	万木春	范景中	中国美术学院
非线性波动方程的间断有限元方法	徐　岩	舒其望	中国科学技术大学
多光子纠缠及其在量子信息中的应用	张　强	潘建伟	中国科学技术大学
分子尺度量子态探测与调控的扫描隧道显微学研究	赵爱迪	侯建国	中国科学技术大学
纳米材料的理论研究及线性标度电子结构方法的发展	向红军	杨金龙	中国科学技术大学

续表

论　文　题　目	作　者	指导教师	学位授予单位
废水生物处理反应器中微生物聚集体表面特性的研究	盛国平	俞汉青	中国科学技术大学
南北朝经学史	焦桂美	徐传武	山东大学
光子静止质量的实验检验	涂良成	罗　俊	华中科技大学
棉花原生质体培养和原生质体对称融合研究	孙玉强	张献龙	华中农业大学
基于能量原理的薄壁箱梁剪力滞理论与试验研究	罗旗帜	刘光栋	湖南大学
猪 4 个新基因的分离、物理定位及 MyoG 基因 SNP 研究	马海明	柳小春	湖南农业大学
《释名》考论	陈建初	蒋冀骋	湖南师范大学
暗能量宇宙学和引力反作用	吴普训	余洪伟	湖南师范大学
若干新型场致电子发射材料的研制及其器件应用基础研究	佘峻聪	许宁生	中山大学
花色苷对胆固醇外流和炎症反应的调控及其分子机制探讨	夏　敏	凌文华	中山大学
插秧机的 DGPS 自动导航控制系统研究	张智刚	罗锡文	华南农业大学
脂肪基质细胞多向分化能力及其在组织工程中应用的研究	林云锋	田卫东	四川大学
集成生化低电压芯片电泳系统的基础理论及关键技术研究	徐　溢	温志渝	重庆大学
电力谐波有源补偿新方法的研究	杜　雄	周雒维	重庆大学
早寒武纪澄江化石库腕足动物研究	张志飞	舒德干	西北大学
电力系统优化调度模型与算法研究	翟桥柱	管晓宏	西安交通大学
水听器阵列波束优化与广义空域滤波研究	鄢社锋	马远良	西北工业大学
动力相似预报的策略和方法	任宏利	丑纪范	兰州大学
钙通道在缺血性神经元死亡和神经调节素-1 调控 GABA 释放中的作用	李晓明	高天明	南方医科大学
分子折叠体的组装及其在分子识别研究中的应用	侯军利	黎占亭	中国科学院上海有机化学研究所
有机小分子催化的直接 Aldol 反应	唐　卓	龚流柱	中国科学院成都有机化学研究所
纳米材料的湿化学合成及新颖结构的自组装构建	孙旭平	汪尔康	中国科学院长春应用化学研究所
时变重力信号的小波分析	胡小刚	柳林涛	中国科学院测量与地球物理研究所
冻土路基传热过程及调控新技术研究	俞祁浩	程国栋	中国科学院寒区旱区环境与工程研究所
海马区神经元和胶质细胞相互作用及其可塑性的研究	戈鹉平	段树民	中国科学院上海生命科学研究院
水稻耐盐相关 QTL，SKC1 的定位、克隆及功能分析	任仲海	林鸿宣	中国科学院上海生命科学研究院
β-Arrestin 调控 Toll 样受体白介素 1 受体的信号转导	王娅娅	裴　钢	中国科学院上海生命科学研究院
AtCaMRLK 和 AtGRP 在拟南芥早期胚胎发育中的功能分析	丁永和	杨维才	中国科学院遗传与发育生物学研究所

续表

论　文　题　目	作　者	指导教师	学位授予单位
多边形微腔激光器和微腔滤波器的研究	陈　沁	黄永箴	中国科学院半导体所
SGOI、SODI新结构材料及其相关技术研究	狄增峰	张　苗	中国科学院上海微系统与信息技术研究所
Mg-Cu-RE合金系的玻璃形成能力及其内生复合材料	麻　晗	卢　柯	中国科学院金属研究所
礼乐传统与中国文论	夏　静	党圣元	中国社会科学院研究生院
声子晶体局域共振带隙机理及减振特性研究	王　刚	温熙森	国防科学技术大学
对偶四元数导航算法与非线性高斯滤波研究	武元新	胡德文	国防科学技术大学
基于对等模式的资源定位技术研究	李东升	卢锡城	国防科学技术大学
军事斗争后勤准备战略指导研究	杨文哲	唐武文	后勤指挥学院
朊蛋白促进胃癌转移的分子机制研究	潘阳林	樊代明	第四军医大学

〔**研究生培养机制改革**〕　2008年，研究生培养机制改革工作取得较大进展，改革范围扩大至47所设有研究生院的高校。国家财政继续安排专项资金，对改革工作给予经费支持。教育部学位管理与研究生教育司部署有关单位对改革工作进行了阶段性总结，研究起草了指导改革工作的若干意见，并为2009年将改革进一步推广到全部中央部委属培养研究生的院校做了准备工作。

撰稿　任增林

〔**国务院学位委员会学科评议组换届和第六届学科评议组成员选聘**〕　根据国务院学位委员会第二十五次会议的有关意见，按照《国务院学位委员会学科评议组组织章程》的规定，2008年12月，国务院学位委员会对第五届学科评议组进行了换届，选聘了第六届学科评议组成员。

经过各学位授予单位、各省市学位委员会、有关主管部门、军队学位委员会、国务院学位委员会委员和第五届学科评议组成员的推荐，国务院学位委员会在综合各方面意见的基础上，按照程序，完成了第五届学科评议组换届和第六届学科评议组成员的选聘工作，并经国务院学位委员会第二十六次会议审议通过。

第六届学科评议组原则上按一级学科或相近几个一级学科设置评议组，并根据学科评议组职能的调整和今后的工作任务，适当调整了学科评议组的数量，重新确定了选聘成员的要求。第六届学科评议组共设置77个评议组，选聘成员856人。其中，续聘上届成员297人，占第五届成员人数的38.9%；年龄分布以55岁以下中青年专家为主，平均年龄51岁，比第五届聘任时的平均年龄下降4岁；选聘成员分布在224个单位，覆盖了近70%的博士学位授予单位。按《国务院学位委员会学科评议组组织章程》的规定，国务院学位委员会委员为学科评议组当然成员，直接参加相关学科评议组的工作。

〔**修订《国务院学位委员会学科评议组组织章程》**〕　学科评议组是国务院学位委员会领导下的学术性工作组织，在学位授权审核、评估和学科专业调整等工作中发挥了重要作用。随着学位与研究生教育工作重心的调整，学科评议组的工作重心和职能也需要作适当调整。根据国务院学位委员会第二十五次会议有关意见，2008年，在反复调研和广泛征求意见的基础上，国务院学位委员会修订了《国务院学位委员会学科评议组组织章程》（以下简称《组织章程》）。

修订后的《组织章程》已经国务院学位委员会第二十六次会议审议批准。本次修订的重点是学科评议组的性质定位、职责和工作方式。修订后，学科评议组定位为“国务院学位委员会领导下的专家组织，从事学位与研究生教育的咨询、研究、监督和审核等工作”；工作职能主要有学位授权审核、学科目录修订、专项咨询、质量监督等，并加强了其在质量监控、学科建设与发展、导师队伍建设方面的作用；在保留原有工作方式的基础上，允许各学科评议组独立开展本学科领域学科建设、人才培养、质量保证等方面的研究工作。本次修订还适当调整了学科评议组的组织方式，规定了学科评议组成员的权利和义务。

撰稿　张　艳

〔研究生院建设及院长联席会〕 研究生院院长联席会2008年年会于10月15日－17日在杭州举行。本次年会的主题是“进一步稳步推进研究生培养机制改革”。教育部学位管理与研究生教育司梁国雄副主任作了《关于研究生培养机制改革思路与对策》的报告；教育部学生司陈瑞武处长介绍了“2009年研究生招生工作部署及改革的思路”。哈尔滨工业大学、复旦大学、浙江大学等研究生院院长分别就本校在推进研究生培养机制改革、确保研究生培养质量的措施和做法进行了大会交流。与会院长结合工作情况，经过认真的讨论，一致认为：改革研究生培养机制，就是要进一步统筹资源，改革研究生选拔机制，优化研究生培养过程，加强研究生导师队伍建设，完善研究生奖助制度，激发管理部门、导师和研究生的内在积极性，建立起研究生教育质量的长效保障机制和内在激励机制，实现研究生教育规模、结构和质量的协调发展。

研究生院院长联席会秘书长、北京大学校长兼研究生院院长许智宏院士在大会讲话中，对我国的研究生教育事业提出了三点建议：一是加强招生机制改革；二是要在稳定规模的基础上，提高效益；三是要提高研究生，尤其是博士生的待遇。会议还听取了清华大学研究生院高策理院长代表“研究型大学研究生院院长赴美访问团”作的考察访问总结报告。

撰稿　赵玉霞

〔“中国学位与研究生教育信息分析”研究〕 根据国务院学位委员会第二十三次会议的意见，国务院学位委员会办公室成立了“中国学位与研究生教育信息分析”课题组。课题组成立以来，开展了大量的工作，于2008年11月完成了《中国学位与研究生教育信息分析报告》，并提交国务院学位委员会第二十六次会议审阅。

《中国学位与研究生教育信息分析报告》分为六个部分，即我国研究生教育发展现状、我国研究生教育发展规模和速度研究、我国研究生教育结构研究、我国研究生教育培养成本分析、结论与政策建议、附录部分。附录部分主要有：中国博士、硕士学位授予情况（1996—2006年），美国学位授予情况，日本学位授予情况，中美研究生专业口径对照研究参考。

该报告收集了大量国内外学位与研究生教育以及经济社会发展方面的数据，并基于这些数据，通过文献分析、焦点组访谈和多种统计方法，对我国研究生教育发展的规模、速度、结构等进行了深入研究。报告采取了更宽的视角，对我国学位与研究生教育发展历程进行实证研究，将研究生教育的发展与经济社会发展的实际阶段相比较，全面分析了我国研究生教育的经济和社会效益。该报告还总结了我国研究生教育发展过程中的经验和问题，对我国学位与研究生教育的发展趋势进行了预测，并提出了相应的政策建议，对我国学位与研究生教育工作具有一定的启迪作用。

撰稿　张　艳

〔中外互相承认学位证书协议签署情况〕 2008年，我国与韩国、古巴签署了关于互相承认学历、学位和文凭的合作协议或备忘录。目前，与我国签署有关互相承认学位协议的国家和地区达34个。相关协议的签订为我国和签约国之间人员往来提供了极大的便利。

〔**名誉博士授予情况**〕 2008年，国务院学位委员会批准授予9位境外著名专家学者、政治家和社会活动家名誉博士学位，其中有前法国总统雅克·勒尔·希拉克、美国哈佛大学校长德路·吉尔平·福斯特等人。名誉博士的授予促进了中国教育、科技、文化、体育等领域的国际和地区交流与合作，对中国的涉外工作以及教育事业的发展也起到了积极的推动作用。

撰稿 李旭东
审稿 杨玉良 李 军
郭新立 梁国雄

附

2008年国务院学位委员会批准授予境外人士名誉博士人员名单

授名誉博士人员名单	国家或地区	授予学校
纳赛尔·阿卜杜拉齐兹·纳赛尔	卡塔尔	重庆大学
田家炳	香港	西安交通大学
布尔哈德·劳呼特	德国	北京科技大学
查良镛	香港	苏州大学
朱棣文	香港	北京大学
德路·吉尔平·福斯特	美国	北京大学
卡里姆·马西莫夫	哈萨克斯坦	武汉大学
李达伟	美国	南开大学
雅克·勒尔·希拉克	法国	外交学院

〔**"优势学科创新平台"建设**〕 "优势学科创新平台"建设是教育部、财政部根据建设创新型国家对人才和科技的要求，充分发挥部分学校学科的综合优势而设立的建设项目。2006年12月，经教育部、财政部审批，先期在行业特色鲜明、优势突出的北京科技大学、中国地质大学、中国矿业大学、中国石油大学和中央财经大学等5校中试点启动了"优势学科创新平台"项目建设。试点学校通过"优势学科创新平台"建设，加大了学科结构调整力度，促进了学科交叉；推动了高层次创新人才的培养；推进了资源共享；充分调动了各方面的积极性，带动了学校整体学科水平的提升；增强了学校解决国家、行业和地区现代化建设中的重大问题的能力；促进了学校为社会、为行业更有针对性地服务。

2008年9月，在师范教育、林、水、交通、化工等领域又新增了部分"优势学科创新平台项目"试点学校，包括：北京交通大学、北京化工大学、北京林业大学、华东理工大学、河海大学、西南交通大学等。此外，还在实施师范生免费教育的北京师范大学、东北师范大学、华东师范大学、华中师范大学、陕西师范大学和西南大学等6所大学，新增建设师范教育"优势学科创新平台"。

截至2008年底，"优势学科创新平台"项目预计累计投入建设资金将达到8.6亿元。

撰稿 赵玉霞
审稿 杨玉良 李 军
郭新立 梁国雄

高校科技及产业

〔**高校科技工作主要数据**〕 2007 年全国高校理工农医学科领域科技工作主要数据指标如下：

一、科技人力

全国高校从事科技活动人数为 39.2 万，其中科学家和工程师 38.2 万人，占 97.4%；研究与发展人员 33.5 万人，其中科学家和工程师 32.7 万人，占 97.6%；全时研究与发展人员 20.1 万人年，其中科学家和工程师 19.6 万人年，占 97.5%。

二、科技经费

2008 年，全国高校通过各种渠道共获得科技经费 654.5 亿元，比上年增长 20.2%。经费主要来自国家自然科学基金及国家各类科技计划以及地方、部门和企事业单位委托项目等。

三、研究与发展机构

2008 年，全国高校现有上级主管部门批准的研究与发展机构 4 054 个，机构中从事研究与发展人员 10.7 万人，其中高级职务人员折合 3.8 万人年，培养研究生 18.7 万人。

四、科技课题

2008 年，全国高校共承担各类科技课题 30.9 万项，其中研究与发展课题 25.8 万项，非研究与发展课题 5.1 万项。当年投入课题经费 505.5 亿元，其中基础研究经费占 22.3%，应用研究经费占 41.4%，试验发展研究经费占 14.0%。

五、国际科技交流

2008 年，高校开展了广泛的国际科技交流活动。全年有 11.7 万人次出席国际学术会议，交流学术论文 7.5 万篇。当年派遣进修访问学者 3.1 万人次，接受进修访问学者 3.0 万人次。

六、科技成果及技术转让

高校包揽国家最高科学技术奖；主持自然科学奖项目 16 项，占总数的 47%；技术发明奖通用项目 30 项，占总数的 81%；获得科学技术进步奖通用项目 69 项，占总数的 38%。

2008 年全国高校共出版科技专著 2 881 部，在国外学术刊物上发表学术论文 12.9 万篇，鉴定科技成果 8 064 项，签订技术转让合同 8 408 项，当年实际收入 19.8 亿元。

2008 年，高校申请专利 4.1 万件，比上年增长 36.7%；获得专利授权 1.9 万件，比上年增长 26.7%，其中获国外专利授权 82 件。

撰稿　高润生

审稿　陈盈晖

〔**教育部科技委战略研究、政策咨询**〕

一、国家中长期教育改革和发展规划纲要战略研究

经国务院批准，《国家中长期教育改革和发展规划纲要（2008—2020 年）》编制工作 2008 年启动，教育部科技司承担高等教育战略研究专题第四子课题高等学校科学研究和社会服务战略研究组织工作。组织有关专家先后召开 16 次座谈会、研讨会，提交了 3 万字的战略研究报告。

二、重大专项

2008 年，西安交通大学承担的“现代大学功能和创新文化研究”和浙江大学承担的“新形势下产学研战略联盟创新与发展研究”科技委重大专项结题验收。研究成果由中国人民大学出版社正式出版，即《现代大学功能和创新文化研究》和《新形势下产学研战略联盟创新与发展研究》两本专著。

2008 年，科技委新立项两个重大专项：“中国大学知识创新及科技产业研究”、“面向创新型国家的领军人才成长研究”，分别由清华大学和上海交通大学承担。

三、重点项目

2008年，教育部科技委围绕高校科技发展战略、区域创新体系建设、产学研结合等问题启动一批重点项目，名单如下：

承担高校	项　目　名　称	项目负责人
北京大学	学科分类研究	周　辉
	高端人才聚集特征与高校人力引进研究	刘　波
	中国高等学校专利分析	张　平
华中科技大学	我国企业自主创新能力的建设与实证研究	王宗军
	我国“中央—区域”科技治理研究	钟书华
	我国知识产权战略实施绩效评价体系	朱雪忠
华东师范大学	基于科技全球化的中国研发产业发展战略研究	杜德斌
	中美学术产出差异的体制性因素比较研究	阎光才
	科技创新型人才的培养模式研究	吴志华
北京交通大学	新时期行业特色院校服务和引领行业发展研究	宁　滨
	以创新型国家建设为背景的行业特色研究型大学发展研究	王建国
	行业特色研究型大学工程教育研究	郝生跃

四、专家建议

2008年共编印12期《专家建议》，反响强烈，受到了有关领导的高度重视和高教系统的广泛关注，国务委员刘延东就第6期《专家建议》——政府对大学系统科技计划资助政策中存在的问题及建议（总第80期）作出重要批示。

12期《专家建议》的题目分别是：（1）关于创新型国家研究型大学建设的建议；（2）中国高校国际科技合作成果的特征分析和政策建议；（3）推动我国高等教育科学分类定位与和谐发展的建议；（4）美韩国内相对欠发达地区的高等教育经验对我国省部共建大学发展的启示与借鉴；（5）产学研战略联盟发展要充分发挥风险投资的重要作用；（6）政府对大学系统科技计划资助政策中存在的问题及建议；（7）关于我国高校SCIE论文的趋势分析与政策建议；（8）高校大额财务负担形成由来及解决对策建议；（9）关于我国大陆SSCI论文的趋势与政策建议；（10）从我国工程师职业发展的现状和未来看我国工程教育的改革；（11）构建中国特色的校企联盟；（12）论自主创新的两重性。

〔**“10 000个科学难题”征集活动**〕　2008年，由教育部、科学技术部、中国科学院、国家自然科学基金委员会联合开展的“10 000个科学难题”征集活动稳步推进，取得了阶段性成果。先期试点的数学、物理学、化学三个学科领域的难题征集告捷，即将出版。天文学、地球科学、基础生物学领域难题征集活动即将进入启动阶段。在2008年12月12日召开的“10 000个科学难题”征集活动领导小组第二次会议上，征集活动领导小组组长、教育部副部长赵沁平，科技部副部长刘燕华，科技部条财司司长王伟中以及教育部科技委主任倪维斗院士等与会领导和征集活动专家指导委员会专家，都给予征集活动充分肯定和高度评价。专家学者认为，“一些征集到的难题在相当程度上代表了我国相关学科的一些主要领域的前沿水平”。

〔**第二届高校科技创新高层论坛**〕　2008年10月19日—20日，由教育部科技委主办、中国矿业大学承办的第二届高校科技创新高层论坛在江苏徐州举行，来自政府有关主管部门、行业学会和协会、大型企业、行业背景院校共104家单位的200余名代表和嘉宾参加了此次论坛。论坛通过《行业背景高校创新和发展徐州宣言》，举行了“煤炭高效开发产学研联盟”揭牌仪式。来自全国30多所高校和有关参会单位20多万字的论文材料汇编成《第二届高校科技创新高层论坛文集》，后由《中国高校科技与产业化》杂志出版。通过本次论坛，行业背景高校就如何推动产学研结合、走出一条特色发展之路等一些问题有了新的收获和体会、新的思路和突破。

〔**2008年度“中国高等学校十大科技进展”**〕2008年“中国高等学校十大科技进展”继续评选，入选项目如下表：

序号	项　目　名　称	主持人	主持单位
1	线粒体超氧炫现象及其产生机制	程和平	北京大学
2	航天器姿态控制新型惯性执行机构技术	房建成	北京航空航天大学
3	小型高精度CMOS天体敏感器技术	张广军	北京航空航天大学
4	硬脆材料复杂曲面零件精密制造技术与装备	郭东明	大连理工大学
5	下一代互联网核心技术国际标准RFC5210（IPv6真实源地址体系结构及测试床）	吴建平	清华大学
6	晚更新世亚洲季风旋回驱动机制和突变事件韵律的研究	汪永进	南京师范大学
7	白血病、红细胞和血小板等血液系统相关疾病研究获整体突破	陈赛娟	上海交通大学
8	光子晶体光纤飞秒激光技术	王清月	天津大学
9	新型铁基高温超导材料的发现及相图研究	陈仙辉	中国科学技术大学
10	MicroRNA对成瘤性乳腺癌干细胞“干性”的调控作用研究	宋尔卫	中山大学

撰稿　朱小萍
审稿　谢焕忠

〔**实验室建设与管理**〕

一、国家实验室和国家重点实验室

1. 2008年，在做好依托4个高校建设国家实验室基础上，积极争取依托高校新增国家实验室建设任务。

2. 积极组织46个高校国家重点实验室和3个教育部重点实验室参加了2008年度工程、材料领域的评估。其中有7个高校国家重点实验室评为优秀，40个实验室为良好。评估结果如下：

1. 工程科学领域		
实验室名称	依托单位	主管部门
优秀类实验室		
电力系统及大型发电设备安全控制和仿真	清华大学	教育部
动力工程多相流	西安交通大学	教育部
摩擦学	清华大学	教育部
牵引动力	西南交通大学	教育部
水沙科学与水利水电工程	清华大学	教育部

续表

1. 工程科学领域		
实验室名称	依托单位	主管部门
良好类实验室		
爆炸科学与技术	北京理工大学	国家国防科技工业局
材料成形与模具技术	华中科技大学	教育部
电力设备与电气绝缘	西安交通大学	教育部
工业装备结构分析	大连理工大学	教育部
轨道交通控制与安全	北京交通大学	教育部
海岸和近海工程	大连理工大学	教育部
海洋工程	上海交通大学	教育部
火灾科学	中国科学技术大学	中国科学院
机械传动	重庆大学	教育部
机械系统与振动	上海交通大学	教育部
机械制造系统工程	西安交通大学	教育部
流体传动及控制	浙江大学	教育部
煤燃烧	华中科技大学	教育部
内燃机燃烧学	天津大学	教育部
能源清洁利用	浙江大学	教育部
汽车安全与节能	清华大学	教育部
汽车车身先进设计制造	湖南大学	教育部
汽车动态模拟	吉林大学	教育部
强度与振动（教育部重点实验室）	西安交通大学	教育部
热科学与动力工程（教育部重点实验室）	清华大学	教育部
数字制造装备与技术	华中科技大学	教育部
水力学与山区河流开发保护	四川大学	教育部
水文水资源与水利工程科学	河海大学、南京水利科学研究院	教育部
水资源与水电工程科学	武汉大学	教育部
土木工程防灾	同济大学	教育部
现代焊接生产技术	哈尔滨工业大学	国家国防科技工业局
轧制技术及连轧自动化	东北大学	教育部

2. 材料科学领域		
实验室名称	依托单位	主管部门
优秀类实验室		
粉末冶金	中南大学	教育部
晶体材料	山东大学	教育部

续表

2. 材料科学领域		
实验室名称	依托单位	主管部门
良好类实验室		
材料复合新技术	武汉理工大学	教育部
超硬材料	吉林大学	教育部
高分子材料工程	四川大学	教育部
光电材料与技术	中山大学	教育部
硅材料	浙江大学	教育部
金属材料强度	西安交通大学	教育部
金属基复合材料	上海交通大学	教育部
凝固技术	西北工业大学	国家国防科技工业局
纤维材料改性	东华大学	教育部
新金属材料	北京科技大学	教育部
新型陶瓷与精细工艺	清华大学	教育部
亚稳材料制备技术与科学	燕山大学	河北省
制浆造纸工程	华南理工大学	教育部

3. 根据国家重点实验室管理办法，先后组织清华大学“水沙科学与水利水电工程”等7个国家重点实验室完成了国家组织的建设计划验收，正式纳入国家重点实验室序列。名单如下：

序号	实验室名称	依托单位
1	水沙科学与水利水电工程	清华大学
2	认知神经科学与学习	北京师范大学
3	电子薄膜与集成器件	电子科技大学
4	华南肿瘤学	中山大学
5	数字制造装备与技术	华中科技大学
6	化工资源有效利用	北京化工大学
7	生物电子学	东南大学

4. 落实国家重点实验室专项经费支持政策，2008年共有部属高校114个国家重点实验室获拨专项经费144 071万元，保证了高校国家重点实验室的稳定运行、开放，促进了实验室的发展。

二、教育部重点实验室建设管理

1. 为加快国家科技创新体系（大学）建设，进一步完善和优化教育部重点实验室的布局，围绕国家经济和社会发展的重大需求，结合科技发展前沿和区域发展特色，2008年新建教育部重点实验室33个，省部共建教育部重点实验室50个。名单如下：

2008年教育部重点实验室立项建设名单

序号	实验室名称	依托单位
1	计算语言学	北京大学
2	固体废物资源化及应急控制工程	清华大学
3	钢铁流程先进控制	北京科技大学
4	理论及计算光化学	北京师范大学
5	城市交通复杂系统理论与技术	北京交通大学
6	医学影像计算	东北大学
7	紫外光发射材料与技术	东北师范大学
8	物质计算科学	复旦大学
9	心律失常分子遗传学	同济大学
10	遗传发育与精神神经疾病	上海交通大学
11	化工过程先进控制和优化技术	华东理工大学
12	言语听觉科学	华东师范大学
13	城市与建筑遗产保护	东南大学
14	煤层气资源与成藏过程	中国矿业大学
15	南方地区高效灌排与农业水土环境	河海大学
16	高效与洁净机械制造	山东大学
17	海洋生物遗传学与基因资源利用	中国海洋大学
18	生物医学分析化学	武汉大学
19	肿瘤侵袭转移	华中科技大学
20	生物靶向治疗	华中科技大学
21	有色金属成矿预测	中南大学
22	水产品安全	中山大学
23	工业聚集区污染控制与生态修复	华南理工大学
24	高速铁路线路结构理论与技术	西南交通大学
25	神经信息	电子科技大学
26	生物流变科学与技术	重庆大学
27	淡水生物生殖与发育	西南大学
28	非平衡物质结构及量子调控	西安交通大学
29	半干旱气候变化	兰州大学
30	航天器设计优化与动态模拟技术	北京航空航天大学
31	微纳测控与低维物理	北京航空航天大学
32	光电成像技术与系统	北京理工大学
33	电驱动与电推进技术	哈尔滨工业大学

2008年立项建设的省部共建教育部重点实验室名单

序号	实验室名称	依托单位	共建单位
1	儿科重大疾病研究	首都医科大学	北京市
2	现代测控技术	北京信息科技大学	北京市
3	免疫微环境与疾病	天津医科大学	天津市
4	工业微生物	天津科技大学	天津市
5	计算机视觉与系统	天津理工大学	天津市
6	分子细胞生物学	河北师范大学	河北省
7	生态环境与信息特种功能材料	河北工业大学	河北省
8	临床神经病学	河北医科大学	河北省
9	结构无机与磁信息材料	山西师范大学	山西省
10	设施园艺	沈阳农业大学	辽宁省
11	先进设计与智能计算	大连大学	辽宁省
12	现代电力系统仿真控制与绿色电能新技术	东北电力大学	吉林省
13	中药有效成分	长春中医药大学	吉林省
14	先进结构材料	长春工业大学	吉林省
15	先进无机功能材料设计合成与应用	黑龙江大学	黑龙江省
16	中药理论与创新药物研究	黑龙江中医药大学	黑龙江省
17	心肌缺血机理与诊疗技术	哈尔滨医科大学	黑龙江省
18	资源化学	上海师范大学	上海市
19	大洋渔业资源可持续开发	上海海洋大学	上海市
20	气象灾害	南京信息工程大学	江苏省
21	针药结合	南京中医药大学	江苏省
22	先进催化材料	浙江师范大学	浙江省
23	竹业科学与技术	浙江林学院	浙江省
24	功能性分子固体	安徽师范大学	安徽省
25	抗炎免疫药理学	安徽医科大学	安徽省
26	作物遗传育种与综合利用	福建农林大学	福建省
27	湿润亚热带生态—地理过程	福建师范大学	福建省
28	作物生理生态与遗传育种	江西农业大学	江西省
29	工业流体节能与污染控制	青岛理工大学	山东省
30	药物关键制备技术	郑州大学	河南省
31	作物生长发育调控	河南农业大学	河南省
32	冶金装备及其控制	武汉科技大学	湖北省
33	功能材料绿色制备与应用	湖北大学	湖北省

续表

序号	实验室名称	依托单位	共建单位
34	发酵工程	湖北工业大学	湖北省
35	中医内科学	湖南中医药大学	湖南省
36	理论化学与分子模拟	湖南科技大学	湖南省
37	智能计算与信息处理	湘潭大学	湖南省
38	器官衰竭防治	南方医科大学	广东省
39	神经遗传与离子通道病	广州医学院	广东省
40	认知无线电与信息处理	桂林电子科技大学	广西壮族自治区
41	珍稀濒危动植物生态与环境保护	广西师范大学	广西壮族自治区
42	海南优势资源化工材料应用技术	海南大学	海南省
43	网络化控制与智能仪器仪表	重庆邮电大学	重庆市
44	儿童发育疾病研究	重庆医科大学	重庆市
45	西南土地资源评价与监测	四川师范大学	四川省
46	西南野生动植物资源保护	西华师范大学	四川省
47	非常规冶金	昆明理工大学	云南省
48	西南山地森林资源保育与利用	西南林学院	云南省
49	轻化工助剂化学与技术	陕西科技大学	陕西省
50	薄膜与光学制造技术	西安工业大学	陕西省

2. 根据《教育部重点实验室评估规则》，组织对化学科学领域 14 个教育部重点实验室进行评估，其中复旦大学“聚合物分子工程”等 3 个实验室为优秀类实验室，北京大学“生物有机分子工程”等 10 个实验室为良好类实验室。评估结果如下：

实验室名称	依托高校
优秀类实验室	
聚合物分子工程	复旦大学
生命分析化学	南京大学
煤科学与技术	太原理工大学
良好类实验室	
生物有机分子工程	北京大学
生命有机磷化学及化学生物学	清华大学
功能高分子材料	南开大学
绿色合成与转化	天津大学
介观化学	南京大学
胶体与界面化学	山东大学
生物医用高分子材料	武汉大学

续表

实验室名称	依托高校
良好类实验室	
农药与化学生物学	华中师范大学
生物无机与合成化学	中山大学
绿色化学与技术	四川大学

3. 根据《高等学校重点实验室建设与管理暂行办法》，组织专家对已满2年建设期的34个教育部重点实验室（含省部共建）进行验收，全部通过验收，并正式挂牌。

〔**"973计划"、国家重大科学研究计划**〕 2008年，科技部共批准74个国家重点基础研究发展计划项目立项，其中教育部作为依托部门的有31项，占总立项数41.9%，高校专家担任首席科学家的有43项，占总立项数58.1%。名单如下：

项目名称	首席科学家	第一承担单位
玉米大豆高产优质品种分子设计和选育基础研究	赖锦盛	中国农业大学
主要粮食作物高产栽培与资源高效利用的基础研究	张福锁	中国农业大学
畜禽产品中有害物质形成原理与控制途径研究	袁宗辉	华中农业大学
农业生防微生物制剂的合成与作用机理及定向改造	邓子新	上海交通大学
设施作物的环境适应机制与产品安全调控的基础研究	喻景权	浙江大学
分布式发电供能系统相关基础研究	王成山	天津大学
大型燃煤发电机组过程节能的基础研究	杨勇平	华北电力大学
高效低成本直接太阳能化学及生物转化与利用的基础研究	郭烈锦	西安交通大学
新型二次电池及相关能源材料的基础研究	吴　锋	北京理工大学
系统级封装的基础研究	毛军发	上海交通大学
认知无线网络基础理论与关键技术研究	张　平	北京邮电大学
新一代互联网体系结构和协议基础研究	吴建平	清华大学
复杂生产制造过程一体化控制系统理论和技术基础研究	柴天佑	清华大学
基于网络的复杂软件可信度和服务质量及其开发方法和运行机理的基础研究	梅　宏	北京大学
混合现实的理论和方法	鲍虎军	浙江大学
基于视觉特性的视频编码理论与方法研究	高　文	北京大学
三江特提斯复合造山与成矿作用	邓　军	中国地质大学（北京）
中国近海碳收支、调控机理及生态效应研究	戴民汉	厦门大学
肿瘤相关分子在癌进展中的多相调控机制	陈志南	中国人民解放军第四军医大学
肿瘤侵袭和转移的恶性生物行为及分子干预	詹启敏	华中科技大学
脑血管疾病发生和防治的基础研究	苏定冯	中国人民解放军第二军医大学

续表

项　目　名　称	首席科学家	第一承担单位
阿片类物质精神依赖的神经生物学机制	马　兰	复旦大学
呼吸系统疾病与损伤基础研究	钟南山	广州医学院
炎症反应的细胞信号转导网络与肿瘤的关系	韩家淮	厦门大学
器官移植的免疫学应用基础研究	郑树森	浙江大学
“肺与大肠相表里”脏腑相关理论的应用基础研究	高思华	北京中医药大学
灸法作用的基本原理与应用规律研究	吴焕淦	上海中医药大学
若干中药成方的现代临床与实验研究	董竞成	复旦大学
环境友好现代混凝土的基础研究	李宗津	东南大学
信息功能陶瓷及其元器件的若干基础问题研究	南策文	清华大学
面向应用过程的膜材料设计与制备基础研究	徐南平	南京工业大学
先进材料性能与结构演化间关系的现代表征方法及科学问题的研究	张　泽	北京工业大学
高分辨率对地观测系统中的高精度实时运动成像基础研究	房建成	北京航空航天大学
飞行器气动力学与光学设计中的关键湍流问题	佘振苏	北京大学
超大规模集成电路制造装备基础问题研究	雒建斌	清华大学
核主泵制造的关键科学问题	雷明凯	大连理工大学
超高速加工及其装备的基础研究	卢秉恒	西安交通大学
防御输变电装备故障导致电网停电事故的基础研究	唐　炬	重庆大学
新一代生物催化和生物转化的科学基础	欧阳平凯	南京工业大学
黑洞以及其它致密天体物理的研究	张双南	清华大学
深俯冲地壳的化学变化与差异折返	郑永飞	中国科学技术大学
惰性化学键的选择性激活、重组及其控制	麻生明	华东师范大学
染色质解码的基础及医学应用基础研究	于文强	复旦大学

2008年，在蛋白质研究、量子调控研究、纳米研究和发育与生殖研究四个领域，根据专家评审结果和专家综合咨询意见，科技部共批准35个重大科学研究计划项目立项，其中教育部作为依托部门的有10项，高校作为第一承担单位的项目20项，占立项总数的57.1%。高校专家担任首席科学家的有20项。名单如下：

项　目　名　称	首席科学家	第一承担单位
抑郁症的蛋白质组学和多肽组学研究	谢　鹏	重庆医科大学
蛋白质翻译后修饰的发生与调控机制及其生理病理效应	陈国强	上海交通大学
与重要疾病相关膜蛋白的结构和功能	施一公	清华大学
癌细胞微环境中蛋白质因子的功能与调控	李鲁远	南开大学
磁性微结构电子态的量子调控研究	金晓峰	复旦大学

续表

项　目　名　称	首席科学家	第一承担单位
单原子/单分子尺度的精确量子表征、检测及其在量子调控中的应用	薛其坤	清华大学
若干关联系统中多重量子序的共存、竞争与调控研究	吴　迪	南京大学
量子信息基本逻辑单元和关键器件的研究	邹旭波	中国科学技术大学
纳米材料与结构在环境气体污染物检测与治理中的应用基础研究	赵修建	吉林大学
节能领域纳米材料机敏特性的关键科学问题研究	谢　毅	中国科学技术大学
面向组织修复与替代的纳米生物材料的研究	丁建东	复旦大学
纳米技术改善难溶性药物功效的应用基础研究	张　强	北京大学
金属/介质纳米异质结构中的局域耦合效应及其在光电转换器件中的应用	徐现刚	山东大学
有机纳米材料在显示器件中的应用及相关原理	黄　维	南京邮电大学
猪诱导多能干细胞（iPS）及其分化发育研究	刘　林	南开大学
调控内胚层组织器官发育的分子机制研究	罗凌飞	西南大学
抑郁症和阿尔茨海默病的神经发育基础研究	毕国强	中国科学技术大学
神经元发育与退行性病变的分子细胞遗传机制	肖　波	四川大学
畜禽肌肉和脂肪发育的分子调控机制研究	袁　立	厦门大学
环境和遗传因素导致男性不育与出生缺陷的分子机制	孙　斐	中国科学技术大学

撰稿　明　媚　明　炬
审稿　武贵龙

〔**国家科技重大专项**〕　2008年，国家科技重大专项正式启动实施。参与重大专项编制工作的高校专家在重大科技专项论证、启动工作中发挥了积极作用，共计有高校专家80余人参加了民口重大专项实施总体专家组和领域专家组，600余人参加了专项课题评审工作。在专项组织工作中保重点，抓突破，将跨高校联合项目作为组织重点，把与企业、地方、行业合作项目作为突破口；高校高度重视，共有150余所高校不同程度参与重大专项的研发。高校已经成为民口重大专项共性研发的主力军，在已启动的11个民口重大专项共性技术中，高校获得了1/3的研究经费，其中水体污染专项高校争取到的经费占43%，转基因专项超过48%，传染病专项高达54%。

〔**国家科技支撑计划**〕　2008年，教育部在“十一五”农社领域支撑计划中共牵头主持在研项目11项，涉及农村信息化、村镇规划及防灾减灾等，共获国拨经费近5亿元；由华中科技大学牵头的“雷电灾害监测预警关键技术研究及系统开发”等6个项目得到国家立项新增支持。

2008年，由教育部组织的“高纯磷化工产品工业化关键技术与装置”获得国家科技支撑计划支持，并依托四川大学等单位具体实施。该项目国家支持经费3 031万元，分7个课题。

撰稿　明　炬　邰忠智
审稿　武贵龙

〔**国家重大科技基础设施建设**〕　“十一五”高校承担国家重大科技基础设施建设项目进入了一个崭新的阶段，“重大工程结构材料服役安全研究评价设施”和“脉冲强磁场试验装置”项目首次由高校牵头建设。其中“脉冲强磁场试验装置”已在

2008年完成了项目初步设计、开工准备等工作，于5月正式启动建设，阶段性任务正在按计划展开，并取得了一些重大的研发成果。2008年10月，“重大工程结构材料服役安全研究评价设施”建设项目完成了可行性研究论证，建设用地基本落实，将于2009年初进入开工建设阶段。

同时，教育部在“中国大陆构造环境监测网络”、海洋科学综合考察船”、“蛋白质组学研究基础设施”和“子午工程”等项目上作为共建部门，积极配合相关部门，参与项目的建设。

撰稿　明　媚　明　炬
审稿　武贵龙

〔**工程（技术）研究中心、工程实验室**〕 2008年，中南大学粉末冶金、北京大学电子出版新技术、浙江大学工业自动化3个国家工程研究中心，在获得国家发改委评估优秀结果基础上，获得了创新能力建设项目继续支持，共计投入国家财政资金3 600万元。

2008年，西南交通大学轨道交通电气化与自动化、北京科技大学板带生产先进装备、第三军医大学免疫生物制品、山东农业大学苹果、浙江林学院木质资源综合利用、福州大学环境光催化、南京农业大学和江苏雨润食品产业集团有限公司肉品质量安全控制、华中科技大学纳米药物、华南理工大学金属材料近净成型、天津大学工业结晶、青岛高校软控股份有限公司和青岛科技大学轮胎工艺与控制、青海盐湖集团和华东理工大学盐湖资源综合利用等12个国家工程技术研究中心获得科技部立项支持，总投资4.445亿元，其中国家拨款6 400万元。

2008年，高校进一步加强创新能力建设，在资源、环境、节能减排、生物产业发展、信息和产业升级等领域，四川大学制革清洁技术、东北师范大学药物基因和蛋白质筛选、吉林大学艾滋病疫苗、陕西师范大学西北濒危药材资源开发、厦门大学醇醚酯化工清洁生产、浙江大学生物饲料安全与污染防控、清华大学抗肿瘤蛋白质药物、北京林业大学林木育种、苏州大学现代丝绸、中国农业大学畜禽动物育种、北京交通大学下一代互联网互联设备、武汉理工大学光纤传感技术、中南大学难冶有色金属资源高效利用、哈尔滨工业大学和山东大学燃煤污染物减排等14个国家工程实验室获得国家发改委立项支持，共计投入国家财政资金1.61亿元。

撰稿　董维国　舒　华　李怀龙
审稿　武贵龙

〔**高技术产业化**〕 2008年，组织高校申报生物育种、信息安全、电子专用设备仪器、新型电子元器件及材料等高技术产业化项目，湖北华中科大信息陶瓷有限公司片式热敏元件相关系列产品产业化、北京库蓝医疗设备有限公司肿瘤低温冷冻手术治疗设备高技术产业化示范工程、北大方正集团有限公司新一代宽带流媒体增值业务支撑平台研发及产业化等项目获得国家支持。

2008年，沈阳东大自动化有限公司选矿过程综合自动化系统高技术产业化示范工程、华工科技产业股份有限公司综合防伪高速激光全息定位烫印材料、北京清软英泰信息技术有限公司基于ASP模式的行业应用平台软件产业化、湖北武大有机硅新材料股份有限公司烷氧基硅烷及其合成光纤光缆专用石英材料高技术产业化示范工程等项目通过验收。

撰稿　李怀龙
审稿　武贵龙

〔**产学研结合**〕

一、六部门推进产学研结合

2008年，六部门组成的“产学研结合工作协调指导小组”出台了《关于推动产业技术创新战略联盟构建的指导意见》，明确了产业技术创新战略联盟的概念，构建联盟的意义、原则和标准。共同起草了《关于进一步促进产学研结合的若干意见》，已形成初稿。

继试点建设“钢铁可循化流程”等4个产学研战略联盟后，为进一步提升产业核心竞争力、支撑区域经济社会发展，六部门积极推动重点领域、地方政府构建产学研战略联盟。根据《指导意见》，对申请试点建设的联盟进行了联合审核，提出了试点联盟的建议名单。

二、省部产学研结合

2008年，广东省、教育部、科技部进一步优化合作环境，创新合作机制，扩大合作规模，提升合作水平，不断推动省部产学研结合工作。制定出台了《广东省人民政府 教育部 科学技术部关于深化省部产学研结合工作的若干意见》；启动实施了省部企业科技特派员行动计划，第一批来自国内55所高校和科研机构的157名具有副高以上职称或者博士学位的科技特派员，已进驻广东154家大中型企业开展工作；联合国家开发银行等单位筹建高新技术产业投资基金；举办了广东省、教育部、科技部产学研结合创新成果展览及“省部高校广东行”系列大型活动。

截至2008年底，参与省部产学研合作的高校增至181所，入粤参与研发和成果转化的省外高校专家教授3 800多名，参与产学研合作的广东企业3 000多家，组建了24个省部产学研创新联盟，建立了112个省部产学研结合示范基地；组织实施了17项产业共性技术重大专项，开展产学研合作项目6 000多项；省部产学研结合专项资金共投入6亿元，带动地方财政投入达40亿元，引导企业投入达600多亿元。据不完全统计，省部产学研结合工作开展以来合作的项目，累计实现总产值5 200亿元，新增利税852.6亿元。

〔**知识产权工作**〕 2008年6月，国务院印发《国家知识产权战略纲要》，教育部就牵头组织了建设若干国家知识产权人才培养基地、设立知识产权二级学科；在高校开设知识产权相关课程、制定并实施全国中小学知识产权普及教育计划；引导公派留学生、鼓励自费留学生选修知识产权专业等项工作落实了工作分工，制定了2009年国家知识产权战略实施推进计划。

撰稿 舒 华
审稿 武贵龙

〔**国家大学科技园建设**〕 2008年，财政部、国家税务总局《关于国家大学科技园有关税收政策问题的通知》开始实施。清华大学科技园等47家国家大学科技园通过税收政策审核并享受税收优惠政策。

截至2008年底，经科学技术部和教育部认定的国家大学科技园共62个，依托其建设的高新技术创业服务中心共20个。据不完全统计，62个国家大学科技园现有孵化面积528.3万平方米，共孵化企业6 574家（其中当年新孵企业1 359家）。在孵企业创造的总收入为295.1亿元，总就业人数128 896人；毕业企业1 958个，创造的总收入293.6亿元。

为迎接改革开放30周年和国家火炬计划实施20周年，各大学科技园对工作进行了总结，委托《中国科技产业》杂志社负责编辑出版了《2008年国家大学科技园专刊（第三辑）》。

撰稿 王 翊 舒 华
审稿 武贵龙

〔**教育部科学技术研究项目**〕 2008年，教育部科学技术研究重点项目共批准立项293项，其中直属高校119项，平均支持强度为10万元；地方高校174项，项目研究经费以地方支持为主，教育部给予一定额度的引导性经费资助。科学技术研究重大项目共批复立项22项，其中包括教育部优秀重点实验室承担4项。

2008年，高等学校科技创新工程重大项目培育资金项目继续实施，紧密围绕国家目标，制定并发布“项目申报指南”，集中支持涉及灾害预防与环境安全、精密、微型与智能仪器、科学仪器平台技术、信息技术及先进制造技术五个领域的研究工作，为高校承担国家重大科技计划任务做好前期预研工作。2008年共立项90项，其中部属高校67项，地方高校15项，其他部门高校8项。

2008年度教育部科学技术研究重大项目立项名单

序号	依托学校	项目名称	负责人
1	北京大学	华北平原水资源模型化研究和不确定性分析	张东晓
2	北京交通大学	新型分布式波分纤分全光交换网结构及关键技术器件的研究	娄淑琴
3	北京化工大学	高效油水分离中空纤维膜的研制	曹兵
4	北京航空航天大学	数字博物馆关键技术与工具研究	齐越
5	中国石油大学（北京）	中国典型海相沉积盆地热动力学与油气成藏	邱楠生
6	中国地质大学（北京）	安徽沿江地区中生代岩浆底侵作用与壳幔混源型岩浆—热液成矿系统	张招崇
7	东北大学	以节能降耗为目标的高能耗装置智能优化控制技术及应用	岳恒
8	东北师范大学	有序介孔复合多酸光催化处理工业污水中有机污染物关键技术研究	郭伊荇
9	华东师范大学	复杂多能级系统的量子相干控制研究	孙真荣
10	东南大学	泥水自循环型除磷脱氮新工艺技术与机理	吕锡武
11	中国矿业大学	循环煤泥水绿色处理与资源化利用技术	刘炯天
12	河海大学	流域生态水文多维机理及耦合模型研究	陈喜
13	江南大学	市政污泥定向产酸及发酵法生产高附加值产品的耦合研究	堵国成
14	南京农业大学	我国农田土壤有机碳库演变及其调控机制	潘根兴
15	厦门大学	近岸水循环陆源输入与藻类固碳关系的研究	高坤山
16	中国海洋大学	中国北方新兴城镇生活污水处理与回用技术研究	王震宇
17	武汉大学	灌区排水资源化再生利用机理与综合调控技术	邵东国
18	中国地质大学（武汉）	西藏雅江流域铜金多金属大规模成矿机制与成矿预测	郑有业
19	中南大学	重金属废水生物制剂直接处理与回用关键技术研究	柴立元
20	重庆大学	城市污水处理厂高效稳定运行共性关键支撑技术研究	郭劲松
21	长安大学	毛乌素沙地降水（蒸发）—包气带水—地下水转化机理与生态效应	王文科
22	兰州大学	民勤地区土壤风蚀过程的观测和预报研究	郑晓静

2008年度高等学校科技创新工程重大项目培育资金项目资助名单

序号	依托学校	项目名称	负责人
1	北京大学	高可信大型数据库系统安全与灾难恢复技术	王腾蛟
2	北京大学	全基因组范围内高效筛选疾病相关基因的微型集成芯片研制	席建忠
3	北京大学	新型饮用水生物稳定性指标研究及其控制技术开发	吴晓磊
4	中国人民大学	大型数据库安全与故障恢复技术	杜小勇
5	清华大学	早期灾难信息监测、预警网络系统技术	袁宏永
6	清华大学	可充电植入式神经刺激器关键技术研究	李路明
7	清华大学	土地政策与房地产金融在经济增长中的作用研究	武康平

续表

序号	依托学校	项 目 名 称	负责人
8	北京师范大学	沙尘暴动力过程的仿真模拟研究	刘连友
9	北京师范大学	普适环境下面向教育服务的信息终端技术	黄荣怀
10	北京交通大学	隧道工程施工期岩溶突水地质灾害监测预警系统研究	白明洲
11	北京邮电大学	球形月球探测机器人关键技术研究	孙汉旭
12	中国地质大学（北京）	天然介质—超富集植物复合生态床去除地下水砷的关键技术研究	郭华明
13	中国农业大学	中国农业重大旱涝灾害成因及农业灾害链研究	潘学标
14	中国农业大学	实现有害气体定量检测的材料制备及技术研究	祁 铮
15	中央财经大学	信息在金融市场中传导机制的仿真和建模分析	张定胜
16	北京中医药大学	指感施压和微阵列传感的中医脉诊信息获取技术	牛 欣
17	华北电力大学	受污染地下饮用水水源地修复与管理技术的研究	刘 磊
18	北京理工大学	新型多能量收集结构 MEMS 微电池关键技术基础	姜 澜
19	北京航空航天大学	压电陶瓷微驱动器关键技术及其应用研究	袁松梅
20	南开大学	利用新型纳米技术去除饮用水中藻毒素和内分泌干扰物的研究	陈 威
21	南开大学	金属亚波长阵列拉曼传感器电磁增强的理论分析与设计	刘海涛
22	南开大学	复合微纳阵列结构的光调控及其应用研究	张国权
23	天津大学	全圆周回转式高精度压电微角度执行器关键技术的研究	赵美蓉
24	天津大学	基于 802．11 的低成本边远乡村远程宽带无线 mesh 接入网络技术	赵增华
25	燕山大学	基于光电传感网络的水环境在线监测及预警技术的研究	毕卫红
26	东北大学	网络化虚拟仪器跨平台及远程控制技术研究	赵 海
27	沈阳工业大学	新型低压兆瓦级多支路三相交流电动机及其最优冗余控制技术研究	张炳义
28	吉林大学	驱动测试控制功能一体化新型压电驱动机构研究	程光明
29	黑龙江大学	室温型高灵敏度碳纳米管膜 NOx 和 CO 传感器	付宏刚
30	哈尔滨工程大学	纤维集成式微干涉仪及其传感技术研究	苑立波
31	复旦大学	基于微流体芯片的绿藻爆发预警系统研究	隋国栋
32	复旦大学	面向微纳体系的智能微型传感器基础及应用研究	孔继烈
33	复旦大学	基于碳纳米管网络结构的纳米场效应传感器	张世理
34	同济大学	高藻湖泊型水源饮用水中藻毒素和内分泌干扰物深度处理技术	邓慧萍
35	上海交通大学	基于异构多机器视觉的自主月球探测机器人	曹其新
36	上海交通大学	环境辐射监测及网络预警技术	王德忠
37	上海交通大学	多元材料兼容的 UV—LIGA 集成制造技术	丁桂甫
38	上海交通大学	微纳尺度光子器件的物理特性	姜 淳
39	东华大学	三维连通纳米氧化钛光催化氧化检测化学需氧量的微流体芯片研制	王宏志
40	上海财经大学	多目标优化理论和随机分析方法在组合投资和衍生产品定价中的应用	梁治安
41	上海大学	光纤 F-P 微腔传感器及其传感网络系统	王廷云

续表

序号	依托学校	项 目 名 称	负责人
42	南京大学	我国持续性灾害天气事件的成因研究	杨修群
43	南京大学	突发性地质灾害预警预报网络系统技术研究	阎长虹
44	南京大学	投资策略演化动力学模型研究及金融时间序列对风险度量模型的应用	秦厚荣
45	东南大学	面向灾害侦测与应急处理的远程控制技术	宋爱国
46	东南大学	异构网络环境下低成本信息终端技术的研究	宋铁成
47	河海大学	富营养化及有机复合污染水源原水高效低耗预处理技术研究	王　超
48	江南大学	饮用水中藻毒素和内分泌干扰物深度处理技术	阮文权
49	南京理工大学	面向饮用水中微量污染物处理的微孔/介孔分子筛合成与应用技术	王连军
50	南京航空航天大学	直线型压电精密驱动技术的研究	黄卫清
51	南京信息工程大学	新一代天气雷达资料集合卡尔曼滤波同化关键技术研究	闵锦忠
52	浙江工业大学	饮用水中藻毒素和典型内分泌干扰物的组合深度处理技术研究	刘维屏
53	中国科学技术大学	农产品中农药、兽药和环境激素残留的微量传感检测方法探索	张青川
54	安徽工业大学	基于二级半转机构轮腿式月球车移动系统研究	余晓流
55	厦门大学	电液动力耦合驱动高精度微喷印关键技术	孙道恒
56	福州大学	饮用水中藻类毒素微小型电化学生物传感器的研究	张　兰
57	南昌大学	鄱阳湖水体中微量氯酚的富集分离及可见光催化还原降解特性研究	黄冬根
58	山东大学	机体中致癌污染物监测新方法及肿瘤预警技术的研究	刘汝涛
59	山东大学	基于 EPON+WiMAX 架构的远程接入和网络多媒体技术	刘　琚
60	中国海洋大学	电动—渗透反应墙技术原位处理地下水硝酸盐污染	彭昌盛
61	中国石油大学（华东）	纳米碳/硅半导体异质结的制备、电学性能及器件设计	薛庆忠
62	河南大学	新型高性能纳米结构光电传感器件研究	杜祖亮
63	武汉大学	金属与半导体复合纳米结构的超快非线性光学效应与量子调控	王取泉
64	武汉理工大学	大型旋转机械装备安全在线监测微型、耐高温光纤光栅传感器技术研究	张东生
65	华中师范大学	支持农村远程教育的低成本网络接入与信息服务关键技术研究	杨宗凯
66	湖南大学	地震监测与预警网格系统关键技术研究	李肯立
67	湖南大学	月球探测移动机器人结构设计与自主导航技术	文桂林
68	湘潭大学	纳米结构分区掺杂与高效微纳热电转换技术研究	钟建新
69	华南理工大学	基于小型低空飞行平台的立体灾害监测和预警技术研究	裴海龙
70	华南理工大学	纳米尺度下钙钛矿型过渡金属氧化物多重铁性的研究	陈晓嘉
71	重庆大学	微污染原水多功能絮凝及协同光催化氧化处理关键技术	吉芳英
72	重庆大学	基于 MEMS 的微型风力发电机系统研究	贺学锋
73	西南大学	超灵敏猪链球菌 2 型特异蛋白电化学免疫传感器关键技术研究及应用	袁　若
74	重庆邮电大学	工业无线通信关键技术研究	王　平

续表

序号	依托学校	项 目 名 称	负责人
75	四川大学	超大规模共享灾难备份与恢复技术	李 涛
76	四川大学	具有不同拓扑结构的规整纳米二氧化硅阵列的制备及其表面性能研究	傅 强
77	电子科技大学	基于射频 MEMS 工艺的晶圆堆叠微封装研究及其应用	马建国
78	电子科技大学	基于 IP 网络的大型数据库安全保障机制与实时灾难恢复技术	秦志光
79	成都理工大学	基于 WEB 的地质灾害监测预警系统开发	许 强
80	西安交通大学	用于脑损伤患者手功能训练的 MEMS 柔性传感器阵列及其系统集成	王 珏
81	西安交通大学	强粉尘活动过程静电场的两相流力学机制	顾兆林
82	西安交通大学	弯曲介观碳原子膜电子自旋轨道耦合及其物理效应研究	张胜利
83	西安电子科技大学	新型高 k 栅纳米 MIS 结构的失效物理与性能评估	刘红侠
84	长安大学	低维介孔 $KTiOPO_4$-SiO_2 纳米复合材料制备及物性研究	李东林
85	西北工业大学	黄河自然灾害信息监测与预警网络系统	张艳宁
86	西北工业大学	基于遥测信息的月球探测机器人动力学参数辨识与故障诊断	黄攀峰
87	西安石油大学	光纤井下地震波勘探监测技术研究	乔学光
88	兰州大学	干旱半干旱区典型极端天气事件形成机理研究	黄建平
89	兰州大学	青藏高原牧区雪灾遥感监测与预警研究	梁天刚
90	新疆大学	新疆干旱区缓变型地质灾害监测、预警网络系统建设	刘志辉

撰稿 杨雪琴 高 明
审稿 谢焕忠

〔**高等学校学科创新引智计划**〕 高等学校学科创新引智计划实施三年来，各引智基地在人才培养、国际合作、学科建设、文化创新等方面效果显著。

据不完全统计，2008 年，在建的 143 个学科创新引智基地（含 17 个培育基地）共引进学术大师 242 名，学术大师在华总时间为 5 462 天，引进学术骨干 1 659 名，学术骨干在华总时间为 31 644 天。海外专家中，诺贝尔奖（包括图灵奖、菲尔兹奖）获得者 15 人，各国国家科学、工程、艺术等学院院士 152 人，地区或国际间组织科学、工程、艺术等学院院士人数 33 人，国际重要学术组织院士或高级会员人数 280 人。海外专家在各学科创新引智基地共作学术报告和学术讲座 3 545 场，授课和培训 9 589 时，指导研究生 4 548 人，参与合作研究 1 519 人。各引智基地共派出 1 636 名学者进行学术访问，派出 551 名博士生与外方联合培养，参加国际学术会议 1 500 人次，共作会议报告 1 487 篇，发表会议论文 1 972 篇，共有 947 人参与国际科技合作研究。各引智基地主办、承办、参与举办国际学术会议 189 场。

2008 年 10 月，国家外国专家局教科文卫专家司、教育部科技司联合在上海召开华东地区“高等学校学科创新引智计划”工作交流会，教育部副部长赵沁平、国家外国专家局副局长李兵到会讲话。会议征集了 24 个引智基地的交流材料，6 个引智基地作了大会发言。

2008 年 12 月，教育部科技司、国家外国专家局教科文卫专家司、浙江省教育厅、宁波市外国专家局共同启动宁波大学“新型通信技术与系统学科创新引智基地”试点工作，建设经费由省、部、局、市共同筹措。

撰稿 杨雪琴 朱正茂
审稿 谢焕忠

〔创新团队与新世纪优秀人才〕 2008年，创新团队项目和新世纪优秀人才支持计划继续实施。经过专家评审、实地考察和网上公示，共支持创新团队72个。经过专家评审和网上公示，共遴选支持新世纪优秀人才938人，其中自然科学领域716人，人文社会科学领域222人。此外，直属高校2008年获得国防科技创新团队11个，总数达到14个。2008年度教育部创新团队名单如下：

带头人	研究方向	单位
彭练矛	纳米器件物理与化学	北京大学
邵元华	生物分析化学中的新技术与新方法	北京大学
赵明辉	免疫炎症介导的肾脏病防治机理及遗传背景研究	北京大学
敖英芳	严重运动损伤的治疗和相关研究	北京大学
王华明	高性能金属材料激光制备与成形	北京航天航空大学
房建成	新型惯性仪表与系统技术	北京航天航空大学
张立群	先进弹性体材料科学与工程	北京化工大学
付梦印	地面无人移动平台运动控制与导航技术研究	北京理工大学
杨志峰	流域水环境、水生态与综合管理	北京师范大学
田金洲	阿尔茨海默病及其神经变性病的中医药防治研究	北京中医药大学
陈洵洪	旱区地下水资源利用与水环境保护	长安大学
许　强	地质灾害评价预测理论与防治技术研究	成都理工大学
全　燮	有毒化学品污染控制新原理与生态风险性	大连理工大学
郭亚军	肿瘤发生发展分子机制及其靶向生物治疗	第二军医大学
陈志南	肿瘤相关分子的分子网络调控	第四军医大学
张义民	重大机械装备的综合设计理论与技术	东北大学
尤肖虎	未来移动通信基础理论与技术	东南大学
李朝晖	光催化基础与应用研究	福州大学
封东来	复杂量子材料机理与应用探索	复旦大学
王振国	高超声速推进技术	国防科学技术大学
刘泽金	高能激光技术	国防科学技术大学
梁迎春	超精密加工与测量技术	哈尔滨工业大学
吴海龙	化学生物传感与计量学	湖南大学
罗　安	输配电先进理论与技术	湖南大学
刘昌胜	新型纳米无机生物材料的可控制备及其应用基础研究	华东理工大学
张树义	中国华东地区野生动物携带重要流行病的研究与监测	华东师范大学
瞿金平	高分子材料成型加工新技术及理论	华南理工大学
吴硕贤	亚热带公共建筑可持续设计关键技术研究	华南理工大学

续表

带头人	研　究　方　向	单　位
邢　达	生物光子学的基础与应用研究	华南师范大学
程时杰	现代电力系统安全技术	华中科技大学
赵书红	猪种质创新与遗传改良	华中农业大学
蒋　青	薄膜与界面性能的尺寸效应	吉林大学
李光鹏	哺乳动物生殖生物学及生物技术	内蒙古大学
胡　征	特定介观体系的可控合成与功能：实验与理论	南京大学
高　翔	发育、衰老与动物模型	南京大学
李建新	凝聚态及交叉科学若干重要问题的理论研究	南京大学
徐九华	难加工材料的高性能加工技术	南京航天航空大学
姜培学	能源动力及高技术领域中热科学与技术问题研究	清华大学
谢道昕	植物细胞信号转导分子机理研究	清华大学
陆建华	宽带无线通信技术及系统集成	清华大学
吴建平	下一代互联网关键技术研究	清华大学
贺克斌	区域复合大气污染与控制	清华大学
蒋宇静	煤矿深部矿压与突水动力灾害机理与防治	山东科技大学
钱跃竑	面向工程问题的 LBM 研究	上海大学
汪小帆	复杂网络动态系统的性能分析与控制	上海交通大学
冯小明	绿色有机合成化学	四川大学
李　涛	精神神经疾病生物表型的确定和分子病因机制研究	四川大学
程安春	西南动物流行性疾病发生及免疫防治机理	四川农业大学
樊赛军	辐射损伤效应的分子与免疫机制及其生物救治技术的研究	苏州大学
王成山	分布式发电微网系统研究	天津大学
练继建	水利工程安全与防灾	天津大学
李建东	宽带无线通信	西安电子科技大学
黄廷林	西北城镇水资源再生利用与水质安全保障	西安建筑科技大学
何雅玲	节能与低品味热能高效利用中的基础科学技术问题研究	西安交通大学
李树茁	中国的性别失衡与公共安全研究	西安交通大学
邓　军	煤层火灾隐患识别及控制新技术的研究与应用	西安科技大学
介万奇	航空航天特种功能材料	西北工业大学
高正红	飞行器综合设计与空气动力学	西北工业大学
罗凌飞	鱼类的生殖与发育研究	西南大学
贾建民	行为决策理论及其在管理中的应用研究	西南交通大学
夏宁邵	传染病诊断与疫苗研究	厦门大学
杨华勇	全断面大型掘进装备关键技术研究	浙江大学

续表

带头人	研　究　方　向	单　　位
赵振锋	高分子材料成型加工及模具技术	郑州大学
姜在兴	油气沉积地质	中国地质大学（北京）
卞正富	与煤炭开采有关的资源与环境保护	中国矿业大学
沈建忠	动物源性食品安全检测与控制技术	中国农业大学
鲍晓军	重油高效转化与优化利用	中国石油大学（北京）
李　萍	符合中医药特点的中药复杂体系药效物质基础与质量控制研究	中国药科大学
何建国	鱼类重要疾病免疫防制研究	中山大学
余学清	肾脏疾病早期预警的生物学标记	中山大学
崔　箭	中国少数民族传统医学	中央民族大学
任　红	乙型病毒性肝炎的临床转归及相关机制的研究	重庆医科大学

撰稿　李　楠　邹　晖　何立芳
审稿　陈盈晖

〔**教育信息化助力抗震救灾**〕　一、中国教育和科研计算机网 CERNET 守护西线保畅通

汶川地震发生后，在教育部的统一部署下，CERNET 成都、重庆等受地震直接影响的地区，启动紧急预案，及时组织抢修，日夜坚守，最大程度地保证了震区高校与外界联络的安全畅通，为维持震区高校的正常教学科研秩序，维护高校稳定和抗震救灾的顺利开展作出了重要贡献。

二、第二代跨欧亚信息网络 TEIN2 传输灾区实时遥感图片

地震发生时，由清华大学负责运行管理的第二代跨欧亚信息网络 TEIN2 及时将意大利拍摄的灾区遥感图片同步传输到中科院对地观测与数字地球中心，为地震灾害空间信息数据分析提供了宝贵数据，发挥了互联网在灾害监测、灾情评估和灾后重建中的重要作用。

三、中国教育卫星宽带多媒体传输网 CEBSat 开通“空中课堂”

中国教育卫星宽带多媒体传输网 CEBSat 利用天网传输优势，紧急捐赠数十台卫星接收设备，冒着余震日夜安装调试，帮助灾区中小学复课。5 月 21 日开播“空中课堂”抗震救灾特别节目，专门为由于汶川地震而无法正常上课的中小学生提供学习辅导、心理辅导、卫生防疫和抗震救灾宣传，维持了灾区学校的正常教学秩序。

〔**教育服务与监管体系信息化建设**〕　2008 年，完善了“教育服务与监管体系信息化建设”组织管理，起草了《教育服务与监管体系信息化建设项目管理暂行办法》和《教育服务与监管体系信息化建设系统运行维护管理办法》，并先期启动了中等职业学校学生管理信息系统建设。该项目得到财政部大力支持，目前正在进行项目启动前的筹备工作。

〔**中国下一代互联网示范工程 CNGI 高校驻地网项目**〕　在国家发改委和中国工程院的统一部署下，组织完成了中国下一代互联网示范工程 CNGI 高校驻地网项目建设。该项目在全国 100 所主要高校建成了一定规模的 IPv6 驻地网，并高速接入 CNGI-CERNET2 主干网。该项目的实施，扩大了我国下一代互联网覆盖范围，增加了 IPv6 用户数量，支持了 IPv6 奥运官方网站、IPv6 TV、VoIPv6、高质量视频会议、HDTV 直播等多项技术试验和应用示范，为进一步实施中国下一代互联

网示范工程，攻克下一代互联网及其重大应用关键技术，实现下一代互联网应用推广和产业化打下了初步基础。

〔**教育科研基础设施 IPv6 技术升级和应用示范**〕 2008 年 11 月 28 日，“教育科研基础设施 IPv6 技术升级和应用示范”项目由国家发改委批复立项。该项目由清华大学、北京大学等 100 所学校共同实施；中国教育和科研计算机网 CERNET 网络中心负责具体协调；教育部作为主管部门统一组织管理，负责项目建设内容的分解落实、进展检查和目标实现，以及国家资金的监督使用。项目建设内容包括：100 所学校校园网 IPv6 技术升级、IPv6 网络支撑技术试商用、IPv6 重大应用示范及国际国内互联和高速网络服务。项目建设期为两年。12 月 1 日，国家发改委下达了有关投资计划，项目总投资 82 609 万元，其中国拨经费 4 亿元。

该项目是国家为应对金融危机、在 2008 年第四季度中央投入的 1 000 亿元中紧急启动的重要项目。项目投资主要用于国产设备及自主知识产权的采购和应用，以达到拉动内需的目的。为尽快达到促进经济增长的预期效果，教育部科技司、规划司、财务司抓紧进度，20 天即完成了项目总体部署、子项目分解、转批部门预算、请拨款等整个部内管理流程。目前，正在进行项目主要设备（交换机、服务器）的统一招标采购，预计 2009 年 4 月左右签订设备采购合同。

〔**教育信息技术标准化**〕 2008 年，教育信息化国家标准制定工作取得进展。“全国信息技术标准化技术委员会教育技术分技术委员会”所研制的“信息技术学习、教育和培训”三项标准经由国家标委会发布，成为国家标准。另有 8 项关于“信息技术学习、教育、培训和测试”的新的国家标准研制任务得到批准。

〔**教育部—英特尔信息技术专项科研基金**〕 “教育部—英特尔信息技术专项科研基金”是教育部为提升我国高校信息技术前沿领域科研水平、加强产学研合作、推动高校自主创新，与英特尔（中国）有限公司联合设立的国际合作科研项目。2008 年，着重推进了 2007—2008 年度项目的申报、评审、监督检查等日常管理工作。本批共有 7 所高校的 12 个项目得到资助，每个项目 4 万美元。

〔**2008 中国教育及科研计算机应用与网络研讨大会**〕 2008 年 4 月 15 日—16 日，教育部科技司、国际司与 SUN 公司在上海联合举办了“2008 中国教育及科研计算机应用与网络研讨大会”。本次大会以“面向参与时代的教育信息化”为主题，在下一代互联网、数字化校园、高性能计算、教育信息化标准、开源在教育中的应用、大学生创新实验等领域展开了深入探讨，国内外教育部门、有关机构及 200 多所高校近 600 位领导和专家参与，促进了教育信息化建设的交流与合作。

撰稿　冯吉兵
审稿　谢焕忠

〔**高校科技产业管理**〕 全面推进高校产业规范化建设工作并取得阶段性工作成果。2008 年，教育部高校产业规范化建设的工作重点主要是督促直属高校建立新型的产业管理体制，推进部属高校组建资产公司。截至年底，72 所部属高校（75 个校区）中，除 6 所产业规模较小的高校经教育部批准暂不组建资产公司外，共有 60 所学校成立了资产公司，其中法人独资企业 39 家，国有独资企业 21 家。

组织对部属高校经营性资产和全资企业改制等情况进行调查摸底。组织专家组对学校经营性资产划转、全资企业改制、高校企业中学校事业编制人员变动等方面情况进行分类分析。截至 12 月 15 日，已报送相关材料的 74 所高校经营性资产总额约为 600 亿元，已划转入资产公司的经营性资产总额约为 200 亿元；全资企业尚有 650 余家；在学校企业中事业编制人员总数近 17 000 人。

大多数高校制定了全资企业改制方案，具体工作正在进行或启动之中。大多数高校已制定或正在制定企业冠用校名的管理办法，部分高校已着手对冠用校名企业进行清理整顿工作。

组织清理校级领导在学校企业的不合规兼职。2008年2月，教育部办公厅印发《关于做好直属高校校级领导在学校企业兼职专项清理工作的通知》，要求不符合教育部规定、在学校企业兼职的校级领导辞去在企业兼任的领导职务。教育部高校产业规范化建设领导小组办公室逐校反馈了不合规的校领导兼职，要求各校于年底前撤出不合规兼职，并将撤出情况报教育部高校产业规范化建设领导小组办公室备案。

组织第一期高校资产经营公司管理骨干培训班，培训课程包括新公司法的制度创新及其对资产公司的影响、高校资产公司的规范管理及运营、国有产权管理与交易、资本市场与高校企业融资、企业并购与资本运作、全资企业改制辅导等，来自120多所高校的240余名代表参加了培训，取得了很好的效果。

加强对教育部直属高校企业及经营性资产的监督管理。按照国家有关法律法规，严格履行直属高校经营性经济行为审批职责。2008年共批复直属高校及所属企业有关经济行为144项，其中教育部发文57件，科技发展中心发文87件；按照审批类型分，公司设立11件，股权转让28件，增减资29件，无偿划转24件，注销公司9件，改制17件，其他事项26件。

〔**高校校办产业统计**〕 组织2007年度全国普通高校校办产业统计工作。对2007年度高校校办产业统计数据进行了汇总和分析，并出版《2007年度中国高等学校校办产业统计报告》一书。2007年，全国高校校办产业收入总额1 373.56亿元，比2006年增加206.25亿元，增长率为17.67%；其中科技型企业收入总额1 180.12亿元，占全国高校校办产业收入总额的85.92%。2007年，全国高校校办产业实现利润总额118.53亿元，比2006年增加59.00亿元，增长率为99.11%；其中科技型企业实现利润总额103.74亿元，占实现利润总额的87.52%。2007年，全国高校校办产业应分配给学校的股利为8.24亿元，比2006年增加0.83亿元，增长率为11.20%。2007年，全国高校校办产业向国家交纳税费57.02亿元，比2006年增加12.29亿元，增长率为27.48%。至2007年末，全国高校校办企业资产总额1 672.24亿元，负债1 072.66亿元，所有者权益599.58亿元。

撰稿 贾一伟
审稿 李建聪

〔**高等学校博士学科点专项科研基金**〕 2008年博士学科点专项科研基金的受理和评审工作从3月开始，到7月完成。共有222所高校申报自然科学类课题7 181项，其中博士生导师基金项目3 076项，新教师基金项目4 105项。通过形式审查的有6 915项。在这6 915项申请课题中，博士生导师课题3 009项，新教师申报3 906项。基金评审采取网络通讯评审和学科组网络复评两级评审的方式进行。网络通讯评审共遴选188所高校6 029位专家参与评审，评审总项次34 575次，平均每位专家评审5.74项。评审专家共反馈评审结果31 514项次，反馈率为91.15%。学科组复评工作分成23个评审组进行，共有68所高校的164位专家参与了复评工作。博导项目进入复评的有1 860项，占参评项目的61.81%；新教师项目进入复评的有2 137项，占参评项目的54.71%。评审采取网上投票的方式进行，投票完成后将各个评审组的投票情况汇总排序。根据专家通讯评审和会议评审结果，按照各个学科的资助比例，从中选取专家组复评得票高和初评得分高的项目确定为资助项目。

2008年高等学校博士学科点专项科研基金资助博士生导师基金项目793项，资助比例为25.78%。其中中央部委所属高校588项，占74.15%；地方高校205项，占25.85%。为支持地方高校科研发展和人才培养，对于资助率比较低的地方高校采取与其所在省（市）教育厅（教委）联合资助的方式予以资助，批准地方高校114个博士生导师申报项目为联合资助。博士生导师基金的资助率为29.49%。资助新教师基金项目1 157项，资助比例为28.19%。

撰稿 金 涛 刘昕民
审稿 周 静

〔**专利工作与科技成果管理**〕　与国家知识产权局商讨启动“2008年国家知识产权局企业专利交流工作委托项目”事宜；推荐四川大学科技园、复旦大学科技园参加专利交流活动；经教育部领导批准，协调教育部作为支持单位参加2008中国专利周的有关活动；组织编写《2008中国高校知识产权年度报告》。截至2008年底，高校共申请专利178 684件。其中2008年度申请专利45 145件，比2007年度增长38%；申请发明专利30 808件，比2007年度增长33.9%，占当年高校专利申请总量的68.2%。截至2008年底，高校共获专利授权78 929件。其中2008年度获授权专利19 159件，比2007年度增长29.7%；获发明专利授权10 265件，比2007年度增长25%，占当年高校授权专利总数的53.6%。

2008年共进行科技成果登记1 153项，其中应用技术成果774项，基础理论成果355项，软科学成果24项。办理国家发明专利加快审查66项。受理、办理科技成果鉴定申请219项，其中社会鉴定项目32项。

2008年继续加强了高校科技查新工作的管理。(1) 完成2007年度教育部科技查新站年检工作汇报。2007年度，57所科技查新站共完成17 576份查新报告，着重对15所教育部科技查新工作站进行现场检查。5月8日召开东南大学等8所高校的江苏地区经验交流会，之后又分别对中国石油大学(北京) 等7所高校进行实地考察。(2) 完成对查新机构评审所用的《科技查新机构评价指标评分说明》和《科技查新机构评审表》调研修改工作。(3) 7月14日—18日，在上海东华大学组织召开高等学校科技查新人员资格培训班，共有近90所高校250多人参加了培训。

设立第四批教育部科技查新站。共有50家高校查新机构申报，经专家评审、实地考察、会议评审，充分考虑地区分布、行业特色等，经教育部批准，决定在东北师范大学等10所高校设立第四批教育部部级科技查新工作站。

〔**高校科技奖励工作**〕　2008年度共受理奖励申报：自然科学奖314项，技术发明奖84项，进步奖574项，推广类奖56项，专利奖25项，合计1 053项；直报国家奖62项。两类合计1 115项。经专家评审和奖励委员会审核，教育部批准2008年度高等学校科学研究优秀成果奖（科学技术）授奖项目289项，其中一等奖117项，二等奖172项。在全部授奖项目中，自然科学奖97项（一等奖43项，二等奖54项），技术发明奖34项（一等奖13项，二等奖21项），科技进步奖145项（一等奖58项，二等奖87项），推广奖10项（一等2项，二等奖8项），专利奖3项（一等奖1项，二等奖2项）。

2008年度组织高校申报国家科学技术奖共88项（人），其中推荐最高奖1人，自然科学奖37项，技术发明奖21项，科学技术进步奖29项。2008年度国家最高奖获得者为北京大学的徐光宪院士（教育部推荐）和首都医科大学附属北京天坛医院的王忠诚院士（北京市推荐）。在2008年度国家科学技术奖授奖项目中，全国高等学校获得国家自然科学奖二等奖16项，占总数（34项）的47.1%，获得国家技术发明奖通用项目30项，占总数（37项）的81.1%，获得国家科学技术进步奖通用项目118项（特等奖1项，一等奖8项，二等奖109项），占总数（182项）的64.8%。国家三大奖通用项目全国高校共获得164项，占总数(253项) 的64.8%。

自国家设立科学技术奖以来，截至2008年，高校获国家自然科学奖共473项，占授奖总数的52.2%；获国家技术发明奖共1 160项，占授奖总数的36.4%；获国家科技进步奖共2 893项，占授奖总数的30.1%。（以上统计不包含国防专用项目）

撰稿　杨健安　万　猛
审稿　周　静

〔**产学研合作**〕　2008年，全国高校入选国家级星火计划86项，占总入选数的5.23%，经费支持1 950万元；入选国家级火炬计划34项，占总入选数的1.81%，经费支持1 020万元；入选国家级新产品计划41项，占总入选数的2.49%，经费支持328万元。

2008年，共有76家机构获得国家技术转移示范机构的称号，高校共19家入选；中国人民大学文化科技园等7家单位被评定为国家级大学科技园。

2008年举行了“中国高校产学研优秀案例”征集及评选活动，共收集高校产学研合作优秀案例220多项，从中预选出190多项准备出版《中国高校产学研合作优秀案例集》，并组织专家评选出十大优秀案例以及“科技创新”和“人才培养”各十大推荐案例。

在2008年度中国国际工业博览会上，由教育部主办、教育部科技发展中心和上海市教委承办的中国高校展区组织了53所高校的466项成果参展。据统计，高校签约项目96项，成交金额4.96亿元。高校展区在本届工博会上获奖18项，占整个工博会全部奖项的40%，其中银奖4项，铜奖8项，创新奖6项；高校展区内部评奖共评出优秀展品一等奖9项，二等奖15项，三等奖22项，15所高校获得优秀组织奖，15位高校参展组织工作人员获得先进个人荣誉。

推进通用汽车公司与中国高校开展国际汽车领域前沿技术研发合作，提升中国高校引进、消化、吸收和再创新能力。2008年3月4日，上海交通大学—通用汽车研究院成立，通用汽车按计划将在未来5年内为研究院投入400万美元，新成立的汽车研究院将以制造技术联合实验室、教育推进伙伴计划（PACE）中心和不断拓展的联合研究项目为主体，在先进汽车技术研发、科研信息和研究人员交流、汽车专业研究生课程创新以及汽车行业培训项目等多个方面开展深度合作，并充分利用通用汽车在全球汽车产业中的技术优势以及上海交通大学在汽车技术方面雄厚的科研实力，力争建成在中国乃至全球都具有一定影响的汽车技术科研和高水平人才培养基地。2008年10月20日，吉林大学教育推进伙伴计划PACE中心成立，通用汽车携手四家跨国公司向吉林大学捐赠价值2.58亿美元的软硬件设备和先进技术培训，通过该计划提供的软硬件及相关培训，学生们可以与通用汽车工程师使用同样的软硬件进行产品设计、制造和检验，从而在毕业后能更好地适应现实环境中的挑战。

教育部科技发展中心与通用汽车公司联合召开四场国际汽车领域前沿技术研讨会，主题分别为锂离子电池技术、储氢材料、电力电子与电机驱动、集装单元化与物料搬运等方向，促成40余项前沿技术研发项目合作，合同金额超过300多万美元。2008年底，评选出2008年度通用汽车中国高校汽车领域创新人才奖一、二等奖获得者15名，获奖者都是在汽车领域基础研究和前沿技术研究中取得重要成果，为企业技术创新作出突出成绩，在国际科技交流与合作中作出重要贡献的高校科研人员。

撰稿　刘红斌　张劲松
审稿　李建聪

〔**科研环境建设**〕“中国学术会议在线”是为优化我国科研创新环境、创新人才培养环境而建立的一个学术会议资源交流与共享的信息化服务平台。2008年，“中国学术会议在线”共预告了会议2 256场，发布会议新闻3 313条，转播学术会议89场，发布会议报告视频2 833部，特邀报告视频398部。发布会议论文摘要31 719篇。全年平均日访问量24 470人次。2008年新开通“会议述评”和“学者访谈”等栏目。对“中国学术会议在线”讲座平台成员高校进行视频采集、上传的技术培训，制作《“讲座平台信息管理系统”使用手册》，录制《讲座平台管理系统使用演示视频》、《讲座平台视频采集加工上传示范》并下发。完成全国20所高校视频点播系统的CDN升级测试和赛尔公司提供的p2p点播服务软件的全网测试。积极争取财政支持，“高校学术视频资源共享示范工程”项目列入国家发改委下一代互联网业务试商用计划，网站改版、点播系统升级工作全面启动。

“中国科技论文在线”作为科研环境建设的重要平台，影响和作用进一步扩大。2008年，继续加强了论文审查、栏目编辑工作，在持续提高已建栏目论文数量的同时，严格控制论文质量。继续完善全文检索功能，调整网站布局，进行结构优化和功能扩展。继续深入开展多维论文的研发工作，完成了OA系统的开发方案和需求分析。发布了“网络时代的科技论文快速共享（2008）”专项研究课题指南，继续推动该项工作的研究和发展。

在高质量地完成了两期试刊后，新闻出版总署批复了网络电子期刊《中国科技论文在线精品论文》的正式刊号。5月正式推出创刊号，2008年共正式出版16期。同时，推出了《中国科技论文在线精品论文》网站，包括“个性化期刊订制”和“期刊订阅”等功能栏目。

截至2008年底，“中国科技论文在线”注册用户199 963人，总访问量以IP计达6 689 848人次；在线发表论文27 086篇，送审论文20 329篇，发布评审结果14 917条，用户在线发表评论2 229条；知名学者栏目已为4 307名优秀学者建立学术专栏，收录论文53 291篇；自荐学者栏目为657名学者建立学术专栏，收录论文6 388篇；“科技期刊”栏目已收录了214家学报的99 283篇论文；名家荐精品栏目论文4 118篇。论文总数已达到188 844篇。

高校实验室资质认定。2008年，国家实验室资质认定高校评审组组织实施了22家实验室资质认定的评审工作，其中首次评审7家，11家复查，2家监督。截至2008年12月，教育部直属及“211”高校中通过国家实验室资质认定（计量认证）实验室达57家。其中综合理化分析实验室30家，工程及专业检测类实验室27家，涉及机械制造、建筑桥梁、环境、司法、纺织、医疗、宝石等多个行业。高校检测实验室在支撑教育科研发展的同时，充分发挥自身人才、设备优势，为社会经济发展提供科学、严谨、公正的检测服务。“三鹿奶粉”事件曝光后，高校评审组紧急配合国家认监委调查核实高校具有“三聚氰胺”检测能力的机构，共推荐12家检测机构，并组织这些机构参加国家认监委三聚氰胺检测能力验证。加强评审员队伍建设，在国家认监委的支持下，组织召开实验室资质认定高校评审组工作会议，会议进一步明确了高校评审组的评审规范。组织所属高校实验室共同参与建设“国家检测资源共享平台”，促进检测机构的社会化服务和检测资源共享。

2008年，“中心”网站运用宣传、报道和服务三大功能，继续为高校科技管理及科研人员提供有价值的资讯服务。网站全年共发布信息10 710条，进行了2次后台系统的更新和升级，进一步完善稳定了网站后台系统；着力加强栏目建设，丰富信息来源，对网站所有的栏目信息进行了全面的整理更新，新建了产学研栏目，增加了11个子栏目，同时确定了各处室负责的栏目和信息员，加强了日常的信息报送工作。2008年，“中心”网站访问总量达到819 841次，平均日访问量约2 240余次，最高月访问量为108 872次。

撰稿 万 猛 曾 艳 林 烨
审稿 李志民

〔**中国教育和科研计算机网建设进展**〕 到2008年底，中国教育和科研计算机网CERNET传输网主干线光纤超过3.2万千米，实际安装传输网设备1.8万千米，机站198个，设备422台。形成了以160×10G密集波分复用（DWDM）为基础，DWDM和SDH自愈环网为业务承载平台的网络结构。CERNET IP地址数为13 631 488个，EDU.CN域名数为3 441个；CERNET网络国际和港澳地区带宽11.5G；CERNET国内与其他互联网单位互联带宽86.2G；CERNET主干网核心带宽达到5～20Gbps；一般带宽达到155M～2.5Gbps；覆盖全国31个省、自治区、直辖市的36个城市，通达全国200多座城市，联网的大学、教育机构和科研单位等超过2 000个，用户超过2 000万人，CERNET已成为世界上最大国家级公益性计算机互联网。

中国下一代互联网示范工程CNGI是国务院批准、国家发改委等七部委联合组织的国家重大项目，由CERNET网络中心牵头和协调建成的CNGI-CERNET2/6IX核心网和CNGI高校驻地网是CNGI示范工程中CNGI示范网络建设的重要组成部分。CNGI示范网络包括覆盖全国22个城市、连接59个核心节点的6个主干网，2个交换中心，273个驻地网。

世界上规模最大的纯IPv6大型互联网主干网CNGI-CERNET2，国际/国内互联中心CNGI-6IX，接入分布在全国20个城市25个CNGI-CER-

NET2 核心节点的 100 个 CNGI 高校驻地网，构成了我国研究下一代互联网技术、开发重大应用、推动产业发展的关键性网络基础设施。

这一基础设施，为我国下一代互联网技术研究、标准制定、产品开发提供了科技创新和成果的测试平台。在国家发改委批复实施的 103 项 CNGI 技术试验、应用示范和产业化项目中，CNGI-CERNET2 为其中的 56 项提供测试验证环境，并为自然科学基金、“973 计划”、“863 计划”和“科技支撑”计划等国家科研计划重大项目的实施提供了技术研发和开发试验环境，为我国参与全球下一代互联网及其应用研究提供了开放性的试验环境。

2008 年 11 月 28 日，国家发改委批复了 2008 年下一代互联网业务试商用及设备产业化重大项目“教育科研基础设施 IPv6 技术升级和应用示范”。该项目由教育部主管，中国教育和科研计算机网 CERNET 网络中心协调，清华大学、北京大学等 100 所学校共同实施，被列入国家拉动内需计划，是 2008 年 CNGI 专项中最大的一项，也是唯一提前启动的重大项目。

撰稿　王　岩

审稿　李志民

热点关注

以改革开放精神创建世界一流大学

中国的发展正在进入一个新的伟大时代。与之相适应，中国高等教育也正在进入一个伟大的新时代。这不仅是呼唤高等教育大众化和教育公平的时代，更是以时代的强音呼唤代表中国文化、科学技术发展水平和高等教育发展水平的世界一流大学的时代。自 1978 年年底开始的 30 年波澜壮阔的改革开放历史进程，使中国在经济社会各个方面的发展都取得了举世瞩目的伟大成就。中国正在不可逆转地走向世界，世界也正在不可阻挡地走进中国，这使中国面临着激烈的国际竞争。建设创新型国家、发展自主创新能力是一个国家的核心竞争力所在，其关键是靠世界一流大学培养出来的具有世界一流创新精神和创新能力的学术领军人物和拔尖创新人才。在经济全球化浪潮日益高涨的今天，在我国深化改革、扩大开放的新时代，创建世界一流大学是关系国家发展的根本性战略问题之一，也是实现科学发展的客观要求。

创建世界一流大学
必须以改革创新精神实现跨越式发展

跨越式发展就是要通过改革创新，在办学理念、办学战略、用人制度和管理体制等各个方面，突破原有的范式，达到一个新的更高的层次

我们必须十分清醒地看到，我们的大学在努力创建世界一流大学，在建设，在发展，在前进。发达国家的大学也在建设，在发展，在前进。我们计划用 20 年达到某个标准，但是它们 20 年后可能会达到一个更高的水平。它们现在前进的步伐并不比我们慢。所以，一流大学的标准是动态的而不是静态的。这里涉及到一个很重要的问题，就是要想真正赶上去，就必须比别人发展得更快，必须通过改革创新实现跨越式发展，使得我们的一流大学同世界一流大学的差距不断缩小，而不是越来越大。跨越式发展说起来容易，做起来并不简单。

尽管不容易，跨越式发展是必要的，也是可能的。跨越式发展是原有的旧平衡的突破和新格局的形成。因此，按照辩证法的思想，跨越式发展是规律性的东西。从中世纪第一所大学——意大利波隆那大学诞生到 17 世纪，国际高等教育中心和科学研究中心一直在意大利和法国等欧洲大陆国家。18 世纪英国的大学在工业革命的浪潮中实现了跨越式发展，在许多方面超过了欧洲的老大学。而19世纪德国教育家洪堡提出并在德国的大学中采取了新的教学与科研相结合的思想，使得德国的大学实现了跨越式发展，成为其他国家学者所向往的学术高地。就是在那个时候，美国学者开始了长达六七十年的留学德国的浪潮，为美国高等教育后来通过跨越式发展超越欧洲大学奠定了基础。

跨越式发展在中国高等教育史上也有过先例。如果说北大在20世纪中国的社会历史进程和高等教育发展中，作出过具有重要历史意义的贡献，也是由于北大经历了几个跨越发展的阶段。从1898年建校到辛亥革命后的一段时间内，北大的发展状况并不是很乐观，学术气氛沉闷，学术水平很低，封建腐朽思想在校内蔓延。1916年蔡元培来到北大后，推动北大进行了一系列重要变革，领导这所大学实现了一个伟大的跨越式发展。他借鉴德国的洪堡思想和世界各国大学的办学经验，强调大学的学术自由，主张对不同学派兼容并包。在当时旧思想占统治地位的情况下，蔡元培的主张兼容了新思想，具有很大进步意义。特别是在用人体制上，蔡元培上任之初就辞掉很多没有学术才能的人，并在很短的时间内把李大钊请来任图书馆馆长，陈独秀任文科学长，理科学长夏元瑮是中国第一个研究相对论物理学的人，还有著名科学家李四光等人。陈独秀等人在当时是喊民主、科学最响的人。李大钊则是在中国第一个举起马克思主义旗帜，系统地接受、传播和实践马克思主义的人。他在蔡元培的支持下成立北京大学社会主义研究会，宣传进步思想，引导社会潮流。这一步跨越非常重要，从办学理念到管理体制和用人机制上的跨越，使得北大产生了很明显的变化，不仅推动了学校的改造，也推动了整个社会的改造与进步。正如著名学者冯友兰先生所说："蔡元培所领导的新北大的出现，好像一座灯塔，使全国的人们看见了光明，认识了前途，看清了道路，获得了希望。"北大在上世纪50年代院系调整以后也实现了一次在当时条件下的跨越式发展。改革开放以来，特别是百年校庆后实施"985工程"以来，北大又同全国高等院校一道实现了一次新的跨越。对于我们这样的发展中国家的大学，跨越式发展是非常重要的。跨越式发展就是要通过改革创新，在办学理念、办学战略、用人制度和管理体制等各个方面，突破原有的范式，达到一个新的更高的层次，不仅努力在人才竞争和科技竞争中占领优势地位，而且在更深层次的竞争中，就是在管理体制和运行机制的竞争中掌握主动权。我们的大学现在努力从世界各地吸引人才，一定要创造出相应的体制和环境，使这些人才能够真正地发挥出聪明才智和创新潜力。

创建世界一流大学与发展先进的文化、科学技术是密不可分的。前者是后者的载体。因此，通过改革创新实现跨越式发展，不仅要体现在办学理念和体制机制上，还要体现在大学日常活动的操作对象上，即文化、科学技术的创新发展。这在发达国家的世界一流大学中比比皆是，那些产生了获得诺贝尔科学奖的成果都是科学技术上的创新和跨越的结果。这在我们这样的发展中国家更具有重要意义。北京大学的王选院士正是绕过了照排的二代机和三代机在机械、光学等方面的巨大技术困难，大胆选择了别人不敢想的第四代激光照排，才取得了成功。西方从1946年发明第一代手动式照排机，花了40年的时间，经过二代机和三代机的兴衰，到1986年才开始推广激光照排机。王选院士1976年提出直接研制第四代激光照排系统，一步跨越了40年，今天看来，最可宝贵的，正是这种具有凌云气概的科学技术跨越。在当今激烈的国际竞争中，要实现创建世界一流大学的目标，这种跨越式的发展精神具有更加重要的意义。

创建世界一流大学
是改革开放时代最重要的强国战略

在目前的高等教育国际化环境下，在中国创建世界一流大学，并不是具体哪所学校的事情，而是涉及国家长远发展根本利益的关键战略问题

当今世界，国际竞争日趋激烈。竞争涉及国家硬实力和软实力的各个领域，包括经济、政治、军事、文化、教育等各个方面。在这一竞争中，影响到一个国家核心竞争力的关键因素之一就是大学。中国加入世界贸易组织后，开放程度进一步提高，面临更加激烈的竞争。在国际竞争中，最具战略意义的要素，如科学、知识、技术、人才等，都是跨国界地流动着的，都是跨国界地组织着的。在这样的国际环境下，要增强我国的国际竞争力，实现科学发展，创建世界一流大学的意义非常深远。

美国在政治、经济、军事上的优势，从一定意义上说是以其学术优势和科技优势为基础的。一位诺贝尔奖获得者曾经说过，美国真正的实力并不在于造了多少汽车和飞机，而在于美国是一个大学林立的国家，具有4 000多所高等院校，其中包括上百所世界知名的研究型大学。2002年，美国联邦储备委员会前主席格林斯潘在一次谈话中，也强调了美国大学在国际竞争力中的重要作用。他认为，美国大学在全世界高等教育中具有领导地位，吸引了世界各国大量优秀人才。美国工程科学院1986年给美国政府的报告显示，1972年美国工程技术领域中35岁以下的年轻教授只有10%是外国人，而到1985年，这个比例就上升到了55%。在工程技术领域中的博士后研究人员里，外国人所占比例高达2/3。在这些来自国外的工程技术专家中，有75%的年轻教授都在申请美国的公民权。该报告指出，这对于美国的科学技术、经济发展及国际竞争力有着至关重要的意义，美国政府在制定移民法规的时候一定要特别重视这一点。世界一流大学的根本功能之一就是会聚各方面的杰出人才，探讨人类社会和科学发展的前沿问题。美国以其众多的世界一流大学从全世界吸引了大量的人才，不仅从发展中国家吸引了大量拔尖人才，也从其他发达国家吸引了大量优秀人才。据统计，欧洲国家每年去美国留学的青年学子中，有一半的优秀人才留在了美国。国际竞争力中的一个核心要素——各个学科的拔尖创新领军人物是跨国界流动的。他们倾向于流动到最有利于发挥他们效用的地方。一流大学为他们的发展提供了相应的学术环境和制度环境。因此，我们一定要把创建世界一流大学作为会聚形成国家核心竞争力的各方面领军人才、建设创新型国家的根本措施。

从这个意义上说，创建世界一流大学必须也应该是一种国家战略、一种国家行为，必须由国家重点支持。德国前总理施密特很明白这个道理。他曾经比较含蓄地表达这样一种看法，就是当德国的大学是世界上最好的大学的时候，也是德国的国势在世界上最强的时候。我想他是指1870年前后那几十年，在那几十年中，德国的大学引领着世界高等教育的潮流。他说："显然，如果我们的大学停留在二流或三流的水平，德国就无法取得绝对一流的研究成就。现在德国没有任何一所高校能够与斯坦福、哈佛或美国、日本的其他一流高校抗衡。从世界水平对比来看，现在德国没有任何一所高校拥有第一次世界大战前，甚至魏玛时期德国高校那种声望。我们的高校在当时是处于世界领先地位。"

在当今激烈的国际竞争环境中，要使中华民族屹立于世界先进民族之林，我们一定要建设能够代表中华民族发展特色和水平的世界一流大学，这应该成为国家战略。在世界历史上，无论是英国、德国、美国，还是其他国家，大学的发展都是与一定的国家政策取向联系在一起的。美国的大学在总体上成为世界一流是在二战以后。1900年到1930年间，世界上92位诺贝尔奖得主中，美国只有4人。到1941年年底，全世界的120多位诺贝尔奖得主中，只有10%左右在美国。而二战以后这几十年来，大部分诺贝尔科学奖获得者都在美国大学里学习或工作过。从1989到1998这10年间，在诺贝尔奖获得者中，美国学者占了2/3。

这与美国的国家科技政策与高等教育政策密切相关：即把一流大学的建设同国家发展与国家安全紧密地结合起来。美国通过其众多的世界一流大学囊括了世界上大量的优秀人才。因此，在目前的高等教育国际化环境下，在中国创建世界一流大学，并不是具体哪所学校的事情，而是涉及国家长远发展根本利益的关键战略问题。要真正建设创新型国家，实现科学发展，就必须把这个问题提到新的高度上来认识。

1998年5月北京大学百年校庆后，国家开始实施的"985工程"，使得中国高等学校创建世界一流大学的努力正式上升为国家战略，这在我国高等教育发展史上具有重要意义。

创建世界一流大学
应当以开放的心态参与国际交流与竞争

我们要善于以清醒的头脑学习和借鉴国际上大学跨越式发展的经验，吸收世界上一切优秀文化成果，以及国际上高等教育发展的一切先进经验

大学是人类文明之花，是人类智慧的结晶。大学的许多办学要素是跨国界流动的。没有世界的眼光，就不会真正理解什么是世界一流大学，更谈不上如何建设了。一个能够实现跨越式发展的民族，必定是一个善于学习的民族，一个深刻认识到学习的力量的民族。翻开罗素的《西方哲学史》，开篇第一句话就是，在全部的人类历史中，最令人惊异的莫过于古希腊文明的突然崛起。作为当今西方发达国家文明源头的古希腊，为什么能够突然崛起？罗素接着写道，其实，早在古希腊文明崛起之前，文明的很多要素就已经存在了几千年了。古埃及、古巴比伦、古印度和古中国远远早于古希腊。希腊文明的崛起主要是一个善于学习的结果，并在学习中借鉴、继承、提高和发展。

因此，我们要善于以清醒的头脑学习和借鉴国际上大学跨越式发展的经验，吸收世界上一切优秀文化成果，以及国际上高等教育发展的一切先进经验。美国的大学能够实现跨越式发展，是与它们善于学习密切相关的。当德国的大学是世界上最好的大学时，很多美国人都去德国留学。在19世纪，美国的这股留学德国的潮流持续了很长时间。分析一下美国高等教育的发展历程可以看出，美国能够成为当今世界的高等教育强国，与美国的大学这种开放的态度是分不开的。美国的大学起源于1636年创立的哈佛学院，哈佛建校初期规模非常小。1860年以前，美国的高等教育发展较为缓慢，200多所院校大多是按照英国大学模式建立的，以培养绅士和传教士为主要任务。通过学习德国的高等教育思想，19世纪60年代以后，美国的高等教育真正实现了跨越式发展。当然，高等教育的发展与国家发展是分不开的。到19世纪60年代美国南北战争结束后，美国政治经济发展的体制性障碍被扫除，社会经济发展迅速。与此相适应，美国的高等教育发展进入了一个全新的阶段，一批新大学应运而生。如约翰·霍普金斯大学、芝加哥大学、斯坦福大学等，都是在这个"美国高等教育历史上第一个大40年"中建立起来的。而这些新建立的院校，可以说是美国新一代的大学，是按照德国洪堡思想建立起来的。它们的创校校长几乎都是留学德国的学者或深受德国洪堡教育思想影响的人。约翰·霍普金斯大学借鉴德国思想，首创大学研究生院，在美国高等教育史上具有里程碑意义。这个时期，美国其他老牌大学也都以开放的心态，开始启用留学德国的学者当校长。在这一点上，美国人是很开放的，哪个国家的东西好，就把它拿来学习、借鉴，并根据美国的实际情况加以运用。按照洪堡思想建立的大学是新型的学校，体现一种新的办学理念。美国的大学不仅学习了德国的洪堡办学思想，而且把这种办学思想制度化。美国的大学把教学与科研相结合的思想理念，体现在大学研究生院的制度建设之中，实现了从思想到制度的跨越。而提出洪堡思想的德国人在这方面却慢了一大步，德国大学最早的研究生院建立于1984年，比美国晚了100多年。

蔡元培先生能够在北大的发展过程中发挥重要作用，原因之一是他有广阔的世界眼光。他早年留学德国，并对欧美许多国家进行过深入的学术访问与考察。斯坦福大学校长来北大演讲的时候说，从一种特定的意义上讲，斯坦福大学、芝加哥大学等在办学理念上与北大具有同源性。他指出，蔡元培先生可以说是缔造北大的重要人物，他留学德国多年，在莱比锡大学和柏林大学，深受德国大学办学思想的影响，他对北大的贡献与他的这种学术背景不无关系。世界著名哲学家、教育家杜威来中国两年多，其中很多时间是在北大讲学。回到美国后，他撰文把北大的蔡元培同牛津、剑桥、哈佛、哥伦比亚的校长作比较。杜威说："拿世界各国的大学校长来比较一下，牛津、剑桥、巴黎、柏林、哈佛、哥伦比亚等，这些校长中，在某些学科上有卓越贡献的，固不乏其人。但是，以一个校长身份，而能领导那所大学对一个民族、一个时代起到转折作用的，除蔡元培而外，恐怕找不出第二个。"杜威的论断是中肯的。蔡元培领导北大实现了一个跨越，使得北大成为中国第一所真正具有现代意义的大学，而且推动了整个社会的改造与进步。这与他的深刻的国际理解和开放的心态是分不开的。

创建世界一流大学
需要营造宽松、活跃的学术氛围

大学应具备宽松活跃的学术氛围，使人们能够在这里对真理进行庄严无畏的追求，使大学能够通过人才培养和知识创新去引领民族精神和社会进步

世界一流大学当然都有一流的学术声誉、若干一流的学科、一流的教师队伍和若干全球公认的学术领军人物（如诺贝尔奖获得者）、一流的生源和一流的拔尖创新人才培养机制、一流的科学研究成果、一流的管理运行机制，以及强大的财政实力和物质技术基础。世界一流大学大多还有对国家和社会进步，乃至对全人类发展的突出贡献。这些都是看得见的硬性指标。国际高等教育界对于这些指标基本上是认同的，尽管在如何测度这些指标上有一些不同的看法。

但是，仅有这些还是不够的，一流大学更重要的还要有一流的办学理念和大学精神、一流的校园文化和软环境。目前，我们对硬件建设给予了应有的重视，但对一流大学应有的良好学术风气、学术精神、

大学文化的关注还不够。大学应该有一种精神，应该有一种宽松、活跃的学术氛围，使得人们能够在这里对真理进行庄严无畏的追求，使大学能够通过不断的人才培养和知识创新去引领民族精神和社会进步。

在这方面，仅靠硬件投入是不行的。

我曾经在报纸上看到一则关于杨振宁和黄昆在西南联大学习的材料。杨振宁讲，即使在办学条件很艰苦的年代里，在西南联大的6年学习生涯对他的一生的影响都非常大。他说："想起在中国的大学生活，对西南联大的良好风气的回忆总使我感动不已。联大的生活为我提供了学习和成长的机会。我在物理学里的爱憎主要是在该大学度过的6年时间里培养起来的。诚然，后来我在芝加哥接触了前沿的研究课题，并特别受到费米教授风格的影响。但我对物理学中的某些方面的偏爱则是在昆明的岁月里形成的。"众所周知，当时组成西南联大的北大、清华、南开的校长们都有非常广阔的学术视野。蒋梦麟、梅贻琦、张伯苓都对大学精神有深刻的理解，努力在学校中创造良好的学术氛围，吸引和造就人才，发挥人才的潜力，引导年轻一代追求科学、追求真理。

对这方面的问题，我们应该作更深入的研究。在过去的近60年时间里，我们培养了多少在世界上有重要影响的、国际公认的大师级的人物？多少人文大师？多少科学大师？存在哪些成功经验和教训？这是值得我们深思的问题。在办学理念上，我们应该探讨如何形成更好的学术氛围和学术土壤，我们不但要能够吸引人才，而且要让他们能够成长并开花、结果，不断产生知识创新和科技创新的成果。为此我们还需要更多的努力，使得我们的大学能够对人类的思想进程、对一个国家的民族精神产生深远影响。

国际经验表明，宽松活跃的学术氛围是世界一流大学成功的基本前提。我在美国斯坦福大学留学的时候，读了一本美国教授鲍尔斯和金蒂斯写的《资本主义美国的学校教育》。该书尖锐批评美国的教育，指出美国的教育实际上是再生产出资本主义的阶级关系和不平等的社会结构。作者采用的是西方马克思主义的分析方法，这本书是非常"左"的一本书，但斯坦福大学能够容忍它。在美国，这种政治上比较保守的大学能够允许这种非常"左"的观点在学校大行其道，这是和它们的大学精神有关的，它们认为大学应该允许人们独立思考。这已经成为大学的一种学术原则。美国终身教职制度的形成，其最初的主要用意就是为了保护学术自由。国际学术界和科学界的普遍观点是，在学术上光有民主还不行。民主的原则之一是少数服从多数。在学术上，一边是9个人一个观点，另一边是一个人一个观点，可也许最后证明那一个人的观点是对的，他拿诺贝尔奖，别人却拿不上。这样的例子在科学史上是很多的。所以，要保护学术自由，给学者以探求真理的空间，给他们创造良好的学术环境，这种大学精神是非常重要的。

创建世界一流大学
必须发挥学校自身优势，办出特色

创建世界一流大学必须根据自己的国情和校情，根据学校的历史传统和优势，扬长避短，异军突起，出奇制胜，彰显自己的个性，办出自己的特色

纵观世界一流大学的发展过程，我们很难找到一个固定的模式。每个世界一流大学都是根据自己的国情和校情，根据自己学校的历史传统和优势，扬长避短，异军突起，出奇制胜，彰显自己的个性，办出自己的特色。

关于建设一流大学和一流学科，中国科学技术大学前校长朱清时曾作过一个很好的发言，他说任何一流大学都有若干学科是一流的，任何一流大学不一定所有学科都是一流的。的确，即使是哈佛大学这样的著名大学，其工程技术学科在美国名牌大学中也不是名列前茅的。有的大学学科非常齐全，例如，康奈尔大学可能是美国学科最为齐全的大学之一，几乎所有的主要学科它都有。还有的大学是另一种办学思路：要办的学科就必须是一流的，要不就不办。例如，普林斯顿大学没有商学院、法学院和医学院，它就把自己已有的各个学科都办好。斯坦福大学的办学理念也是如此，它关于建筑学院的决策就是一个很好的例子。斯坦福大学以前有一个较小的建筑学院，在美国大学的建筑学院分专业排名时，它总是排在第10名左右。学校作了一个研究，比较为使建筑学院进入前5名而进行的投资与将同样多的投资应用于其他学科，例如电子工程、计算机科学技术等建设的效益。结果，学校的决策就是把建筑学院取消，集中精力和资源办好其他学科。这是一种突出特色的办学理念。

《美国新闻与世界报道》在对大学进行排名时有两种分类：一种是综合性质的排名，一种是分学科排名。学科是大学的构成要素，要创建世界一流大学，学科的建设是十分关键的。

世界一流大学不仅在学科设置上各有特色，在教师队伍建设方面也是不一样的。比如，哈佛、斯坦福、普林斯顿这类学校，它们在教师队伍建设中非常严格，只给20%左右的年轻教师终身教职，也就是说，只有20%左右的取得博士学位后到这些学校任教的年轻教师能够在这里获得终身教职。然而，一些州立大学，如伯克利或加州大学系统的其他学校，也都是非常好的学校，它们会给50%至70%的年轻教师终身教职。这是差别很大的做法。在世界一流大学的学科建设和教师队伍建设过程中，由于各个大学的历史传统和方方面面的条件不同，很难找到一个统一的模式。

同样的，一流大学的管理方面也是这样。哈佛同耶鲁、斯坦福、普林斯顿在管理风格上差别很大。

如果只是在这些学校当两年访问学者或者做个学生，可能感受不到这种差别。要认真地去研究它们，就会认识到这种差别。它们的管理模式是非常不同的。在哈佛，学校的各个学院都是相对独立的实体，而"哈佛"就像一个品牌商标贴在各个学院之上。哈佛在管理上更多的是学院分权制，但是，在斯坦福、耶鲁和普林斯顿，校级行政管理机构会发挥很大的管理决策和整体协调作用。英国大学的管理模式与美国大学有相当大的区别，而欧洲大陆的大学又同英国大学很不同。可见，一流大学的管理也有不同的模式。在学科建设、教师队伍建设及管理方面，一流大学存在不同的特色，所以不要力求寻找一种统一的最好的一流大学管理模式。管理理论上有一个基本原则就是"没有最佳的组织方式"。具体到我们的大学，没有一种最好的对所有大学都普遍适用的管理和组织方式，要根据学校各自的历史传统、学科结构、校园文化等特定情况进行管理，突出自己的办学特色。大学没有特色，就没有自己的优势和竞争力。

我们在今天的中国特色社会主义条件下创建世界一流大学，既要借鉴国际经验，更要遵循科学发展观的原则。要用科学发展观指导学校建设的科学定位，回答建设一个什么样的大学、其个性和特色是什么的问题，以便扬长避短，发挥优势，出奇制胜。创建世界一流大学是个长期的奋斗过程，我们必须始终坚持发展是第一要义的基本思想，通过坚持不懈的奋斗向着世界一流的目标前进，为建设创新型国家作出贡献。育人是大学最基本的功能，我们必须始终坚持以人为本，以学生为本，以教师为本，真心实意地关心和爱护师生，培养和造就高质量的师资队伍，培养和造就高素质的拔尖创新人才。创建世界一流大学的核心是学科建设。因此我们必须用科学发展观去处理好基础学科与应用学科的关系，冷门学科与热门学科的关系，长线专业与短线专业的关系，自然科学学科与人文社会科学学科的关系。在人才培养过程中，要用科学发展观去处理好德育为先与全面发展的关系、个性化教育与社会化教育的关系、专业教育与通识教育的关系。要根据当今世界科学发展既高度分化又高度综合这样一种对立统一的趋势，在专业教育中，科学地处理好宽口径与专门化的关系。在学科设置中，要科学处理综合性与突出学科特色的关系。在办学实践中，要处理好教学与科研的关系、教学科研与社会服务的关系、办学的社会效益与经济效益的关系，做到统筹兼顾学校各方面的工作，使学校的发展做到全面协调可持续。

今年是改革开放30周年，也是实施"985工程"10周年。让我们以改革开放的精神，勇于创新，不断进取，把中国创建世界一流大学的伟大事业推向前进。

作者系北京大学党委书记闵维方，原载2008年10月24日《中国教育报》第3版

学术发展是推进研究型大学建设的主线

研究型大学处于高等教育体系的顶层，在很大程度上代表着一个国家大学系统的水平和知识创新能力。

在建设创新型国家和高等教育强国的新阶段，建设高水平研究型大学已经上升到国家战略层面。坚持学术立校，加强学术建设，推进学术发展，是建设高水平研究型大学的必然选择。

学术质量和水平是研究型大学的生命线

大学是社会的人才培养机构和学术组织，学术性是其本质属性。大学的学术包括探究的学术、整合的学术、应用的学术、教学的学术。学术的使命意味着把大学的丰富资源与最急迫的社会问题及其所处的区域联系起来，学术的价值取决于它对国家和世界的服务。研究型大学在近200年的发展历程中，学术使命不断增强，学术内涵不断丰富，学术活动方式不断更新。学术发展是催生研究型大学的原动力，是促进研究型大学发展的内源型推动力，学术质量和水平是研究型大学的生命线。

学术性的强化和学术内涵的拓展，是研究型大学的催生力量。研究型大学诞生的最初动力来源于大学不断增强的学术使命。19世纪初的洪堡改革，使科学研究成为大学的重要功能，学术自由和教学与研究相结合的原则使学术贯穿到教学中，从而催生了研究型大学。19世纪中叶，服务社会成为大学的第三大功能，大学必须根据社会需求从事各种类型的学术研究，学术性延伸到服务社会的功能中。19世纪后半期，美国吸收和发扬了洪堡原则，并注入了发展研究生教育的新理念，开始建设美国的研究型大学群体，“于是美国的高等教育在十几年的时间内，迅速地从早期殖民地时期以来著名的两个半世纪的学院时代，进入大学的时代，这个转变就是独一无二的美国学术革命。”

学术水平的提高和学术力量的增强，使研究型大学成为经济社会发展的发动机。二战期间，美国的研究型大学在尖端军事科技研究领域取得巨大成功，成为“有组织的科学研究”的重要机构和国家的学术中心。二战后，美国科研资助体系不断强化的竞争性，促使研究型大学不断提高学术水平，以获取更多的学术发展资源。20世纪后期，以麻省理工学院为代表的一批美国顶尖研究型大学，利用自身优势，在大学周边建立科技园区或在内部组建公司，“通过一种与学术目标一致的方式将成功的企业与学术资源联系起来”，为经济社会发展提供新的服务，从而出现了一种新模式的研究型大学——创业型大学，并发展出“创业科学”概念体系。创造了硅谷奇迹的斯坦福大学，实施“以学术为基础的产业战略”，丰富和发展了MIT的创业型大学模式，使之适应于文科的学术背景。创业是研究型大学传统学术功能的新发展，学术是创业的根基。

学术性是研究型大学的核心价值和最本质的属性。大学之所以能够保持近千年的充满活力的延续性，最根本的原因在于其学术使命和价值。世界研究型大学发展的历史就是一部学术发展史和学术革命史，它使研究型大学成为学术中心，极大地丰富了教学、科研和服务社会三大功能的学术内涵。学术是贯穿研究型大学三大功能的主线，是实现三大功能的重要基础，是使三大功能有机结合、互相促进的核心力量。研究型大学在科学研究上表现出的高学术水平、在人才培养中体现出的丰富学术内涵和在服务社会中体现出的强学术力量，是其有别于其他大学的重要特征。

学术发展是研究型大学持续创新的根本动力

学术发展是研究型大学教育教学创新的源泉。教学本身是一种学术，而且是研究型大学最重要的学术职责。知识经济时代的大学毕业生将面临着更加复杂的创新任务，迅速增长的信息和知识要求大学培养学生理解知识和不断获取知识的能力，引导学生形成跨学科之间的联系，最终把知识应用于学校之外的生活。当今高等教育教学改革的重点已经转向探究式的教学，通过使学生掌握学术研究的基本方法，为学生开辟获得大量知识的途径，从而使学生成为研究者，使大学成为以学术为共同价值基础的“学者共同体”。研究型大学还承担着一项重要职责，就是培养能够在创新环境中担任重要职责的工程师、管理者和科学家，即不仅是培养合格专业人才的机构，更是培养拔尖创新人才的基地。因此，必须使学生在研究的氛围、广泛的学科体系和学术性的专业架构中接受学术教育，发展学术能力，培养创新能力、创造能力和创业能力，进而提高就业和职业发展能力。人们对研究型大学的一个普遍担心是加强科研会影响教学质量。事实上，正是科研为高质量的教学提供了重要的而且越来越重要的基础。对教师来说，教学和科研都是学术，而学术作为一种知识体系和思维方式是不可分割的。科研能否对教学尤其是本科教学形成正效应，关键在于大学的办学理念、管理模式和教师对教学与科研所付出的创新精神与专业精神。

学术发展是研究型大学科技创新的根本。研究型大学在现代社会中的重要作用来自其独特的功能，而学术发展是其在国家创新体系中发挥独特作用的基础。完善国家创新体系的一个重要前提，就是各个创新主体的准确定位和合理分工，其中研究型大学的定位以知识创新为主，其最大的独特性在于学术性。

当代科学技术在高度分化的同时高度综合并向尖端化发展，深入到经济社会的每一个角落并加快向生产力转变。研究型大学愿意并有能力承担基础研究尤其是国家目标层次的大科学研究，有能力与其他创新主体一道将知识创新成果转化为生产力。研究型大学学术使命的触角将不断前伸到应用技术领域，其作为学术中心和智力源泉的重要性更加突出，将在更广泛的基础研究以及公益性研究方面承担起更大的社会责任。没有学术上的卓越，研究型大学不可能为社会提供高质量的服务。

学术发展是研究型大学服务社会的基础。大学服务社会的功能是通过人才培养、科学研究等学术活动实现的，它本质上是大学的学术责任和学术水平的反映。随着自主创新体系建设的推进，研究型大学在学术上的独立性、客观性和超前性将越来越成为吸引企业合作的主要力量。现代创新活动中，基础研究与应用研究、产品创新之间的界限趋于模糊，从知识成果到技术创新的周期不断缩短，因为主体不同而造成的相互分离的创新环节趋于互相关联，从而使学术研究贯穿到科技创新的全过程。一所成功的研究型大学，必须不断得到社会的资源支持并承担更多的社会责任，与社会各领域建立更加紧密的伙伴关系，这就不得不经常面对学术探索与满足社会需求之间的矛盾。此外，研究型大学也始终处于传统与变革这样一个基本冲突中。要更好地为社会服务，研究型大学必须以一种核心的价值观为基础来处理所面临的矛盾和冲突，这就是学术。脱离了大学自身教育目标和学术价值的社会服务活动可能是有回报的，但往往是短期的，并且对长期发展是有害的。

坚持学术立校是建设高水平研究型大学的战略选择

2006年1月，中共中央、国务院下发《关于实施科技规划纲要、增强自主创新能力的决定》，把建设一批高水平研究型大学提升到国家战略层面。对于有基础、有志于建设高水平研究型大学的高校来说，增强发展的紧迫感和责任感，最重要的是增强学术发展的紧迫感和责任感；聚精会神搞建设、一心一意谋发展，最重要的是搞学术建设、谋学术发展。坚持学术立校，就是要把学术发展作为办学兴校的基本导向，不断完善促进学术发展的体制机制，营造促进学术发展的文化和氛围，追求学术卓越，提高学术水平，依靠学术发展提升教学科研水平和服务社会能力。在经济社会快速变化和发展过程中，研究型大学要适应变化谋变化、融入发展促发展，最重要的是保持坚实的学术基础，不断更新学术活动方式和提高学术水平。

研究型大学的学术发展战略，主要应包括以下6个方面。

追求学术卓越。研究型大学的声誉取决于学术水平，以创新型人才和科技、知识创新推进经济社会进步，促进综合国力提升，是研究型大学服务社会的新内涵。研究型大学必须追求学术的卓越性，不断提升人才培养水平和科技创新能力。

坚持人才强校。人才是学术发展的关键因素。研究型大学要把学术发展作为人才工作的根本出发点，把人才工作与学术发展紧密结合起来，围绕学术发展目标来规划人才工作，根据学术发展要求来完善人才政策，用学术发展水平来检验人才工作成效。

坚持开放活校。学术水平必然是国际范围内的竞争，也必须在服务经济社会发展中得到检验。研究型大学要以促进学术发展为主要目标，通过国际交流与合作提升学术水平；要以国家和区域经济社会发展需求为导向，通过提升学术水平为经济社会发展提供更好的服务，实现自身更好的发展。

坚持文化兴校。文化是大学生命力和社会影响力的深刻体现，是学术发展的深层推动力。研究型大学要用追求学术卓越、勇于创新创造的正确理念和学术文化引导师生的学术活动，营造学生和教师共同参与学术研究、分享学术乐趣、进行创造性学术研究的良好环境。

坚持教授治学。大学的学术使命主要是通过教师的作用来完成的，研究型大学要充分尊重教师在办学中的主体地位，充分发挥教师在学术发展中的主体作用，鼓励教师正确地行使学术权利和积极主动地进行学术创造，使教师把追求学术卓越作为核心价值理念，增强学术发展的主体意识，专注学术发展，勇担学术责任，维护学术尊严，努力创造高水平的学术成果。

完善学术管理。学术管理是大学制度体系的基石，是大学管理的起点和终点。研究型大学要不断完善学术组织和学术管理组织的运行机制，积极探索新的学术组织形式和学术管理模式，推进学术管理机制改革，更好地激发各类学术组织的积极性和创造性，更好地发挥各类学术管理组织的决策和咨询作用。

作者系华南理工大学校长李元元，原载 2008 年 10 月 23 日《中国教育报》第 9 版

大学的根基在于大学的文化

每一种社会组织都有自身的定位与存在价值，大学的定位在于它是社会文明的先导，在传承与弘扬社会文明方面具有重要的价值。从这一定位出发，大学需要营造引导社会发展的良好文化生态。如果没有良好的文化生态，大学也就失去了自身存在的价值，更谈不上发展。从这个意义上讲，大学的根基在于大学的文化，大学社会职能的实现也有赖于大学的文化。

应该看到，目前大学在某些方面还没有完全起到对社会文明的引领作用。比如在学术上的浮躁行为，过分追求功利，忽视办学质量以及一些急功近利的行为。这些问题的存在，使大学的使命有所背离。大学既要融入社会，同时又要保持自身的独立，决不能在融入社会的过程中成为不良现象的俘虏，这是当前大学文化建设要充分引起关注的问题。

中国的高等教育经历了一段时期的发展，逐步从偏重办学规模扩大到注重办学质量的提高。在这一过程中旗帜鲜明地提出了走内涵式发展的道路，大学的内涵式发展，首先是大学的文化建设。近年来，我国推行了“985 工程”、“211 工程”，这些工程不应该只是停留在为专家学者出了多少成果、得了多少奖而沾沾自喜，而应该反思我们自身的差距，反思我们和世界一流大学之间相比较存在的差距。

世界一流大学的优势在哪里？很多人会说他们有很多的名人，他们的毕业生当中出了很多总统、首相，有很多著名的诺贝尔奖获得者和杰出企业家。那么，我们要问他们为什么能出这么多杰出的人才，是因为他们的专家多、教授多、实验室设备好、经费充足？我们承认这些都是必要条件，但不是充分条件，最关键的是因为他们具备良好的大学生态环境、名校的文化传统和教学理念以及主张对新知识的不懈追求、强调自身的发展等。研究这些著名大学的共同点，会对我们的高校有所启发。

大学文化生态是对根本性道理的坚守。莫斯科大学的办学理念是“科学是对真理的清晰认识、启迪和智慧”，莫斯科鲍曼大学的是“勇气、意志、执著和勤奋”，这两所大学都强调人类对真理价值的不懈追求。清华大学的校训是“厚德载物、自强不息”，强调人的道德修养和自强精神；哈工大的校训是“规格严格、功夫到家”，强调对人才培养的基本要求和培养的过程。国内外著名大学的精神往往都遵循一些非常根本性的道理和朴素的原则，并没有很高深的道理和华丽的词藻，但恰恰是这些根本性的道理和朴素的

原则，代表了大学对人类本初性价值与理念的不懈追求。换句话说，本初性、根本性的东西往往是能够经得起检验，是颠扑不破的真理。大学精神随时代的发展而不断被赋予新的内涵，但最基本、最核心的价值追求应该是不变的。

大学创新离不开文化生态的土壤。大学是先进知识的创造之地，科学技术和人文社会科学的创新是大学承担的重要使命。特别是在当前建设创新型国家，提高自主创新能力的社会背景下，大学的创新使命更加明确更加凸显。我们需要很多的创新人才，我们也需要物质和资金的支持，但是有一点根本性的基础绝对不能忽视，那就是大学的创新离不开大学良好的文化生态环境。为了加快创新速度，一些高校请来了一些知名的学者，我认为对我们近期的发展是必要的。但是我们更应该认识到，一个学校的创新成果绝不是一两个人所能够做出的，靠的是一个群体，靠的是一种精神，以及让那些知名的学者发挥作用的土壤，一个学校根本的办学环境是这块土壤，在这块土壤上能不能长出好的人才，这块土壤肥不肥沃，对创新有利还是不利，这是最根本的，也是最重要的。

2004年哈尔滨工业大学曾经发射了一颗卫星，就在今年11月5日学校又发射了一颗卫星，大家看到了这样的成果都为之高兴，但是大家不知道科研人员为此已经付出了十多年的努力，在前面的十多年当中科研人员是默默无闻的。所以我想大学应该为这样的学者提供这样的环境，这些环境对这些学者和人才的培养是非常必要的；所以我们应该坐得住冷板凳，耐得住寂寞，对我们坚守的方向要坚持，对科学的真理要有坚持不懈的探索精神。

一所大学的生态好不好，要看是否有好的学术带头人和优秀的师资队伍。我们看到世界上所有的大科学家，尤其是对人类社会作出突出贡献的大科学家，他们在进行研究的时候首先想到的绝对不是自己的功名利禄，他们是凭着自身的诚信，凭着对社会的责任感，凭着对这种研究的兴趣，甚至有的一生贫困潦倒而无怨无悔地去追求，很多学者甚至是在逝世之后才被社会认可。对于一所大学来说，无论是科学研究还是创新人才培养，首先要做的就是营造、弘扬一种对社会具有承担意识、对科学事业充满热爱的文化氛围。如果大学中的教师和科研人员具备了这种责任感，我想我们的大学会沿着一个正常的渠道去发展，在科学上的创新会取得越来越多的成果，我们的人类社会也会变得越来越文明。

作者系哈尔滨工业大学校长王树国，原载2008年11月10日《中国教育报》第2版

教育系统充分挖潜促进大学生就业

为认真贯彻落实国务院常务会议和国务院办公厅文件精神，积极有效应对当前高校毕业生就业压力，教育部高度重视，积极作为，成立了由部领导牵头的毕业生就业工作领导小组，提前召开了2009年全国高校就业工作会议进行紧急动员和全面部署，下发了应对当前形势的专门文件，充分挖掘教育系统自身的潜力，千方百计促进高校毕业生就业。

鼓励高校毕业生到基层和中西部地区就业。扩大实施“农村义务教育阶段学校教师特设岗位计划”，并建立高校毕业生补充农村教师岗位的长效机制，今后各地中小学教师自然减员空岗全部聘用特岗计划服务期满毕业生；高校毕业生到基层就业，服务期满享受升学优惠政策；参加“选聘高校毕业生到村任职”、“三支一扶”、“大学生志愿服务西部计划”、“农村义务教育阶段学校教师特设岗位计划”等项目的毕业生，服务期满且考核合格的，服务期满后3年内报考硕士研究生初试总分加10分，同等条件下优先录取，高职学生可免试入读成人本科；高校毕业生到基层就业享受学费和助学贷款代偿政策。

鼓励重大科研项目聘用高校毕业生。承担国家和地方重大科研项目的单位要积极聘用优秀高校毕业生，其劳务性费用和有关社会保险补助按规定从项目经费中列支。高校毕业生参与项目期间，其户口、档案可存放在项目单位所在地或入学前家庭所在地人才

交流中心。聘用期满，根据需要可以续聘或到其他岗位就业，就业后参与项目研究期间的工作时间纳入工龄计算，社会保险缴费年限连续计算。

鼓励高校毕业生应征入伍服义务兵役。从2008年起，国家征兵的重点转向各级各类院校的应届毕业生。高校毕业生参军入伍，除享有优先报名应征、优先体检政审、优先审批定兵及优待安置政策外，还享受提前预征、返还学费和代偿助学贷款、优先选拔使用等政策。在考学升学方面，具有高等教育学历的士兵退役后，参加政法院校为基层公检法定向岗位招生时，优先录取；退役后3年内报考硕士研究生初试总分加10分。

优化人才培养结构，加强专业型、应用型人才培养。教育部将在2009年硕士研究生招生工作中，更好地适应国家经济社会发展对高层次、多类型人才的需要，适度增加工学等相对紧缺和应用性较强学科专业的招生规模；更加突出应用型人才培养，增加招收全日制专业学位研究生的规模。同时，教育部将适当扩大普通高校第二学士学位招生规模，适当扩大成人高等教育本科二学历规模，进一步提高学生的综合素质和就业竞争力。

强化高校毕业生就业服务和就业指导。一是加强高校就业指导服务机构建设。教育部要求各高校都要建立就业指导机构，就业指导专职人员要达到1∶500的师生比，就业经费要占到学费的1%，全面实现就业指导机构、人员、经费“三到位”；并按照全程化、全员化、专业化、信息化的“四化”要求，全面提升就业指导服务水平。二是强化对大学生的就业指导，开设就业指导课。教育部已要求各高校将就业指导课程明确列入教学计划，分年级设立相应学分，课程安排不少于38学时。三是为应届高校毕业生提供免费信息服务。教育部全国大学生就业公共服务立体化平台（www.ncss.org.cn）将为2009届高校毕业生举办20余场网络招聘活动，并将联合有关部门共同为2009届毕业生举办“全国民营企业招聘周”、“全国有色金属行业高校毕业生网上招聘周”等一系列行业性、区域性联合招聘活动。四是在就业指导中加强就业政策宣传，以帮助毕业生尽快了解促进毕业生就业各项政策措施的具体内容。五是强化对困难毕业生的就业援助。教育部要求各高等学校特别要重视对家庭经济困难毕业生、汶川地震灾区生源毕业生等困难群体的就业帮扶工作，建立就业帮扶机制，实施“一对一”的就业服务，并根据实际情况，给予路费、通讯费等求职补贴，帮助他们顺利就业。

大力提升高校毕业生就业能力。针对当前形势，教育部要求各高校要采取多项举措大力提升毕业生就业能力。一是紧紧抓住毕业生离校前的教学环节，根据社会需要及时调整教学内容，增加必要的专业培训。二是大力组织以促进就业为目的的实习实践，确保毕业生在离校前都能参加实习实践活动，增强毕业生的岗位适应性。三是加强高等职业院校学生的技能培训。高职院校要普遍实行“订单式”培养，确保学生至少有半年时间的顶岗实习；要实施毕业证书和职业资格证书“双证书”制度，努力使相关专业符合条件的应届毕业生都获得相应的职业资格证书。

原载2009年2月20日《中国教育报》第1版

2008年度国家科技大奖高校喜获丰收

——两位高校院士获国家最高科技奖，技术发明奖3项一等奖被高校囊括

从1月9日举行的2008年度国家科学技术奖励大会上传来喜讯，两位高校院士获国家最高科学技术奖，一位是首都医科大学附属北京天坛医院的王忠诚院士，一位是北京大学的徐光宪院士。在国家三大奖通用项目中，65%的项目由高校获得，在国家技术发明奖中，3项一等奖均被高校摘取。

据统计，全国高校共获得2008年度国家技术发明奖通用项目30项，占授奖总数的81%。两项一等奖分别为大连理工大学和北京航空航天大学获得，且均由教育部推荐。国家技术发明奖专用项目一等奖1

项也被北京航空航天大学获得。

“在更加注重原始创新的国家技术发明奖方面，这次高校取得了重大突破，作为第一完成单位的科技成果获奖比例高达81％。”教育部科技发展中心副主任周静分析说：“这充分说明高校对技术原始创新的重视，多年的深厚积淀使得高校在应用类原始创新方面的能力大幅度提升。国家近年来通过‘211工程’、‘985工程’等对高等教育的投入加大，以及高校更多地承担国家各类科技攻关项目，成效开始逐步显现。”

获得国家技术发明奖的基本条件是国内外首创，一般都要有被授权的发明专利。据了解，北航此次完成的一等奖项目“小型高精度天体敏感器技术”，历经10年研究，并有近40年的学科研究基础，申请发明专利38项（含美国发明专利5项），其中已授权23项。而另一项一等奖获得者大连理工大学完成的项目“硬脆材料复杂曲面零件精密制造技术与装备”，也是历时12年研究，获得3项发明专利，4项技术通过科技成果鉴定，均属“国内首创，国际先进水平”，研究成果已全部获得成功应用。

除了技术发明奖，高校在国家自然科学奖和科学技术进步奖方面也收获颇丰。在自然科学奖一等奖空缺的情况下，高校获得了16项二等奖，占授奖总数的47％；获得了科学技术进步奖通用项目118项，占授奖总数的65％。

作为第一完成单位，北京工业大学今年获得了两项二等奖，学校科技处副处长石照耀说：“高校科研实力的提升与国家经济社会的发展密切相关，充分证明国家对高校的政策支持和经费投入是有效的。而高校以‘211工程’、‘985工程’建设为契机，形成良好的软硬件条件，为承担大项目、作出大成果提供了平台支持，同时拓宽发展视野，瞄准技术前沿，组建跨学科团队，加强内部管理，形成了长期有为的科研发展格局。”

从近几年国家三大奖的获奖情况可以看出，高校的获奖比例在持续增长。2006年度国家三大奖通用项目中高校的获奖比例不到60％，2007年的这个数字是63％，2008年则达到了65％。天津大学科技处副处长秦云波说：“这说明高校的确在国家科技创新体系中发挥了巨大作用，只要抓住经济社会发展需要，争取在某些重点基础研究和应用基础研究领域承担国家重点和重大科技项目，取得一批具有国际影响的原创性科学发现和具有重大社会影响的标志性成果，必将使高校的科技工作迎来更大的发展空间。”

国家最高科技奖获得者、首都医科大学王忠诚院士

作为新中国第一代国际著名神经外科专家和我国神经外科事业的创始人之一，王忠诚是目前世界上唯一完成开颅手术上万例的人，至今仍是世界神经外科手术历史上5项世界纪录的保持者。

王忠诚率先提出了“脑干和脊髓具有可塑性”的观点，对打开医学界的“禁区”——脑干肿瘤手术，起到了决定性的作用。在这一理论指导下，迄今已施行手术1 100余例，手术死亡率低于1.0％。他带领团队已施行髓内肿瘤手术2 500余例，无一例死亡和手术致残，手术水平居世界领先。

王忠诚，1925年12月生于山东烟台，1950年毕业于北京大学医学院，中国工程院院士，现任北京市神经外科研究所所长、北京天坛医院名誉院长、中国医学科学院神经科学研究所所长、首都医科大学博导。

王忠诚为中国神经外科事业发展壮大、走向世界，作出了巨大贡献。如今他仍然工作在医疗、教学和科研一线，为患者、为学生、为医学事业奋斗拼搏。

国家最高科技奖获得者、北京大学徐光宪院士

作为化学家，他的科研成果使中国从稀土资源大国变成生产应用大国，所引发的“中国冲击”成功改写了国际稀土产业格局。

作为教育家，他撰写的重要教材哺育了中国几代化学工作者，仅在北大工作的学生中就涌现了3名院士、3名长江学者特聘教授。

作为年近9旬的老人，他依然活跃在科研前沿，亲赴边远矿区考察，为稀土资源优化利用而操劳。

他就是中国科学院院士、北京大学化学与分子工程学院教授徐光宪。

徐光宪1920年11月生于浙江绍兴，1951年在美国哥伦比亚大学获得博士学位后，先后任北京大学副教授、教授，1980年被增选为中国科学院学部委员（院士）。

徐光宪创建了北京大学稀土化学研究中心和稀土

材料化学及应用国家重点实验室。他曾任亚洲化学联合会主席、中国化学会理事长、国家自然科学基金委员会化学科学部主任等。

原载2009年1月10日《中国教育报》第1版

以科研为主导，师生协同创新

——国务院学位办主任杨玉良院士谈研究生培养机制改革

【核心提示】

●培养机制改革的核心是强调研究生培养要以科学研究为主导。导师招收培养研究生，必须依托其科研工作进行，并为研究生提供“助理研究”的岗位和报酬。

●培养机制改革为学校层面的学科专业结构调整建立起“一主一辅”两个调节手段相配合的调整机制。根据各学科专业的科研需求决定培养规模是主要调控手段，根据学科发展战略需要对某些特殊学科采取倾斜扶持是辅助调控手段。

●改革过程中重点推动了一项制度创新，就是要求改革的学校建立研究生培养创新基金，目的就是统筹使用有关经费，用于扶持资助具有前瞻性但目前暂缺经费的研究项目，以及为构建合理的学科生态而需要加强或发展的学科。

●研究生待遇偏低，难以吸引优秀生源和保证研究生安心学习潜心研究，已经成为提高我国研究生教育质量的一个制约瓶颈。必须在提高培养单位资源配置和资金使用效益的同时，大幅度增加国家投入，改善和提高研究生待遇。

2008年1月19日，全国120万名考生走进考场，参加2008年研究生招生考试。最近有媒体报道，称“从明年开始，中央部委所属院校所有研究生全面收费”，而教育部也很快澄清：“教育部没有出台相关的文件和类似的材料”。为什么要实施研究生培养机制改革？这一改革对于提高研究生教育质量、优化研究生教育结构会产生怎样的影响？本报记者近日采访了国务院学位办主任、教育部学位管理与研究生教育司司长杨玉良院士。

记者：自2006年哈尔滨工业大学、华中科技大学、西安交通大学等3所高等学校开展研究生培养机制改革试点工作以来，在教育部、财政部的推动和支持下，研究生培养机制改革工作取得了较大进展。请问杨司长，如何理解研究生培养机制改革的意义？改革后，导师“有学生无课题”、研究生“有题目无项目”的现象会不会得到根本改善？

杨玉良：2006年哈工大等3所学校实行培养机制改革试点，2007年实施改革高校增至17所；今年，改革已推广到47所设置研究生院的高校；2009年，改革将推广到全部中央部委属院校，同时鼓励各省、自治区、直辖市选择省属高等学校开展改革试点工作。

研究生培养机制改革具有下述几个方面的重要意义和作用：

一是培养机制改革为提高研究生培养质量提供主观动力和客观保障。

提高研究生的培养质量，导师和学生是最活跃的、最主要的因素。培养机制改革的核心是强调研究生培养要以科学研究为主导。导师招收培养研究生，必须依托其科研工作进行，并为研究生提供“助理研究”的岗位和报酬。因此导师对研究生悉心指导、严格要求就不仅仅是出于道义和责任感，同时也关系到导师和学科的切身利益，其提高培养质量的积极性就有了更为坚实、持久的基础。从研究生方面来看，由于研究生的奖助体系得以进一步完善，奖助覆盖面和奖助强度进一步提高，奖助的评定也与研究生学习和科研表现结合起来，研究生的积极性也得到了充分的调动和发挥。两个“积极性”的充分调动就成为提高培养质量的主观动力。没有这两个“积极性”的充分调动，增加的投入、外部的管理以及各种各样的评估评优，都难以收到预期的成效，有的还可能产生负面的影响。

结合高水平的科学研究工作培养研究生是现代研究生教育的成功经验。高水平的科学研究，往往就意味着有高水平的导师、高水平的学科。强调研究生培养要以科学研究为主导，就使得研究生“在研究中学习、在研究中创新”有了客观保障。

二是培养机制改革为改善国家宏观调控提供重要的微观基础。

国家对研究生教育的宏观调控，包括对规模、质量、结构等方面的调控。随着研究生教育事业的发展和政府职能的转变，宏观调控即成为政府管理研究生教育的重要职责和重要手段。国家对规模、质量、结构的各项调控和管理措施往往不能完全达到理想效果，缺乏一个健全、有效的微观基础是重要原因之一。比如国家对研究生规模的调控，往往遇到学校和导师“保规模、争指标”的扩张压力，虽然这与国家的资源配置政策有一定关系，但传统机制下导师招收研究生“利”大“责”轻、“利责失衡”，加之缺乏一种促进研究生培养与科学研究紧密结合的有效机制，使得相当一部分导师脱离科研实际多争招生指标，也是产生上述规模扩张压力的重要原因。通过培养机制改革，形成一个进一步强化导师责任和“科研需求决定招生需求”的新机制，就使国家规模调控具有了一个理性、有效的微观基础。

研究生教育结构中的学科专业结构，也是长期困扰我们的一个重要课题。在学科专业设置、学科专业目录的管理、学位授权点审核、招生计划配置等实际工作中，我们采取了诸如专家评议、限额控制、分数线控制等措施，甚至在必要的时候还要依靠行政手段的直接干预，但一个学科需不需要招收培养研究生、需要招收多少研究生，不论在国家宏观层面还是在学校的微观层面，都是一个争论不息的敏感话题，其结果往往是增加容易减少难，研究生教育的学科专业结构不能很好适应经济社会发展需要的问题仍然不能很好地解决。究其原因，还是因为在学校这个微观层面，缺乏一个理性、有效的调整机制，宏观调控政策由于缺乏微观基础而难以产生预期的政策效果。培养机制改革为学校层面的学科专业结构调整建立起“一主一辅”两个调节手段相配合的调整机制。在这两个调节手段中，根据各学科专业的科研需求决定其研究生培养规模是主要调控手段，学校根据学科发展战略需要对某些特殊学科的研究生培养采取倾斜扶持是辅助调控手段。

由于强调研究生培养与科学研究紧密结合，新的培养机制有效调节了学术型研究生的招生规模。现有培养规模中的其余部分，以及现有培养能力的剩余部分，将逐步转向应用型人才的培养。科研需求较小的研究生培养单位，甚至可能将其主要培养能力转向应用型人才培养。我国研究生教育的类型结构将得到进一步调整优化。

三是培养机制改革是实现研究生教育与国家创新目标紧密结合的重要纽带。

在创新型国家建设过程中，研究生教育承担着创新人才培养和科学技术创新的双重任务。研究生的培养过程是人才培养和科技创新紧密结合的过程，是一项活动密不可分的两个方面。

培养机制改革进一步强化了研究生培养的科研主导机制，将在微观层面使培养单位的研究生培养向其优势学科集中、向高水平的科研任务集中，在宏观层面使研究生教育与国家和地方重点发展的科技领域以及企业立项开展的重大开发改造项目相匹配。国家的教育投入、科技投入在学科结构上将能更好地协同配合，资源配置和使用效益将进一步提高，人才培养和科技创新两个目标的实现都有了更充分的保证。

四是培养机制改革将成为研究生教育体制机制创新的推动力量。

改革研究生培养机制涉及培养单位的招生、培养、学生管理、导师队伍建设、财务管理等方面的工作。培养机制的改革，将全面带动培养单位人事、科研、财务制度的改革，这将是一个紧紧围绕提高研究生培养质量这个核心，明确导向、统合政策、理顺机制的过程，对于各培养单位进一步确立研究生教育工作的地位、作用，进一步加强研究生教育工作都将发挥重要作用。

培养机制改革对国家教育经费投入、招生计划分配、招生政策和招生工作管理、科研经费管理政策等提出了一系列的改革要求。适应培养机制改革需要，围绕提高质量、优化结构这一核心目标，对各相关制度进行改革，将进一步推动我国研究生教育的体制机制创新。

比如在改革过程中，我们就重点推动了一项制度创新，就是要求改革的学校建立研究生培养创新基金。创立该基金的目的，就是统筹使用财政拨付的研究生培养机制改革专项经费、科研项目经费中可用于研究生培养的部分经费、单位自筹经费以及其他渠道投入的经费，用于扶持资助具有前瞻性但目前暂缺经费的研究项目，以及为构建合理的学科生态而需要加强或发展的学科，如人文、基础学科或新兴交叉学科。对于基金的使用也要求引入竞争机制，实行指导教师申请、专家委员会评定。基金资助的项目资金应优先用于招收和培养研究生所需开支的各项经费。

记者：据了解，有的学生和老师对研究生培养机制改革并不十分理解。有人将改革内容总结为“三个多一些”，师生就很容易理解了。能不能这样说，改革的基本思想就是围绕“科研为主导的导师负责制”这一核心，“学校多出一些，教师多筹一些，学生多得一些”？另外，能不能请您介绍一下现在已经实施改革的学校的主要改革措施？

杨玉良：实施改革学校贯彻了关于培养机制改革的原则和要求，以提高研究生培养质量为目标，紧紧围绕建立以科研为主导的导师负责制和资助制这一核心，普遍实行了下述一些改革措施并取得了较好的成效：

1. 强调科研主导。通过导师资格遴选考核、招生计划分配、导师依托科研工作为研究生提供资助和助研岗位等机制，实现科学研究与研究生培养的紧密结合。学科和导师对科研工作重视程度和争取科研项目的积极性进一步提高。

2. 明确导师的责任、权力，实行研究生培养质量导师负责制。

在要求导师对研究生负有资助和指导责任的同时，赋予导师在招生和培养过程中更多的权力，调动了指导教师严格要求、悉心指导的积极性。

3. 合理配置招生计划。采取与科研任务、科研经费挂钩等办法，有效调控了每个导师的招生数量和学科（或学院）的招生规模，优化了学校研究生培养的学科结构。

4. 完善研究生奖助体系。本着“学校多出一些，教师多筹一些，学生多得一些”的思想，通过奖学金、助学金、各种创新与扶持基金等途径，以及实行动态评定和导师参与评定等机制，加大对研究生的奖助覆盖面和奖助强度，强化奖助的激励作用，研究生的生活保障程度和学习、科研积极性有了较大幅度的提高。

5. 根据学校学科布局和发展战略，针对不同学科的特点实行不同的改革政策。如对基础学科或新兴交叉学科给予倾斜和扶持。

6. 对改革研究生培养模式进行探索和尝试。由于培养机制改革科研主导、导师资助等政策的导向和影响，很多培养单位都对研究生培养方案进行修订和调整，更加重视研究生对学科前沿动态的了解，强化对研究生科研能力的培养和训练。也有的单位加大了“直博生”和“提前攻博生”的比例，希望这些学生能尽可能早地进入博士阶段的学习和研究，增加研究生对科研的贡献。部分培养单位还对硕士研究生按照学术型、应用型等进行分类，进一步明确不同类型研究生的目标定位和培养要求，按照分类对课程体系和培养流程进行优化调整。

7. 推动了研究生教育国际化。通过设置专门基金，鼓励和支持研究生参加国际学术会议、参与国际合作，加大与国外一流大学联合培养以及吸引国际知名高校学生来校攻读学位的力度。

8. 通过多渠道筹集资金和对来自国家、学校、导师三方面资金的统筹管理，试点单位对研究生培养的投入力度普遍加大，经费管理和使用效益得到进一步提高。

记者：研究生待遇偏低，难以吸引优秀生源，已经成为提高我国研究生教育质量的一个制约瓶颈。明年开始，所有中央部委属高校都将开展培养机制改革工作。在加大投入、改善和提高研究生待遇方面有何考虑？

杨玉良：对于下一阶段工作的考虑，我简单地概括为三句话，就是加大投入，加强指导，加强研究。

我们推动开展的研究生培养机制改革工作，主要涉及培养单位内部的机制，完善奖助体系、扶持学科发展、鼓励支持创新等需要增加的经费，主要还是依靠培养单位自筹资金，各改革单位都面临比较大的资金压力。因此，我们要对各培养单位的改革工作继续给予专项经费支持。

当然，对培养机制改革工作给予专项经费支持，还只是推动和引导该项工作的一个政策手段。要实现提高研究生教育质量这一目标，国家还需要进一步加大投入。高水平的研究生教育需要高水平的学科支撑。学科建设需要超前、持续的投入支持。单位受自筹资金的能力限制，投入力度有其局限；企业的科技投入必须服务于企业经营目标，不可能在具有基础性和战略性的学科领域发挥主力作用。建设一大批高水平的学科，国家必须加大投入。

提高研究生培养质量，除改革培养机制外，还必须提高生源质量。当前，对优秀博士、硕士生源的竞争已经成为国际间高层次人才竞争的一个组成部分，“得天下英才而育之”已经从教育家的个人理想演变为国家的竞争战略。研究生待遇偏低，难以吸引优秀生源和保证研究生安心学习潜心研究，已经成为提高我国研究生教育质量的一个制约瓶颈。必须在提高培养单位资源配置和资金使用效益的同时，大幅度增加国家投入，改善和提高研究生待遇。

对于承担研究生培养任务的高等学校，国家除给予教育事业费拨款外，还应该给予必要的科研事业费支持。对于有研究生参与的科学研究项目，还应该允许在科研经费中预算合理部分用于支持研究生参与科学研究工作。

研究生培养机制改革范围不断扩大也提出了一些新的问题，需要我们加强研究。比如，改革的高校在目标定位、学科专业结构、研究生培养的层次结构等方面存在的差异对于改革工作有什么影响，博士研究生和硕士研究生的培养机制改革各自具有什么样的特点、应该采取哪些差异化的改革措施，等等。对于改革过程中的这些问题，既要认真研究，又要积极探索。要在科学发展观的指导下，解放思想，鼓励创新，尊重和发挥培养单位的首创精神，形成各具特色和充满生命力的培养机制。

原载2008年11月26日《中国教育报》第2版

纵横之间，大有可为

——特色型大学在科技创新中的地位与作用

特色型大学是一种重要的大学形态，其分类和定位具有比较鲜明的特征，在创新型国家建设中发挥着重要作用。充分认识特色型大学的地位与作用，把握其发展内涵，有利于推进区域创新与行业创新。

纵观现代大学发展史，特色始终是大学办学最主要的目标之一，有特色得以长久生存，特色突出则具有竞争实力。我国的特色型大学是工程教育的主力军、科技创新的突击队，充分认识和把握特色型大学的内涵，不仅对于高等教育合理布局、科学发展具有重要意义，而且是建设世界一流大学以及高水平大学的重要途径之一。

什么样的大学才是特色型大学

大学的共性是崇尚学术、追求真理，具有人才培养、科学研究、社会服务三大主要功能，但具体到每一所大学，其办学的理念、风格、特征、风貌等均有所不同，具有不同的个性，因此产生了各具特色的现代大学。

特色是大学生存之根本，没有特色就没有竞争力。世界著名的一流大学都各具特色，多是在若干领域达到顶尖水平，或是在办学上独具风格。牛津的数学、剑桥的物理学、哈佛的政治经济学科、马萨诸塞理工学院的工程学科都是举世公认的。从国外高校来看，北大兼容并蓄而思想活跃，清华则严谨纯朴而清新俊朗。

笔者以为，特色型大学应是“学科特色突出、布局相对集中、行业背景深厚、服务指向鲜明”的非综合型大学，具有“主流学科优势、专门人才培养、行业特殊贡献、多学科协调发展”的鲜明特征。

今天，高等教育的多元化已成发展趋势，诞生于上个世纪50年代的行业院校需要在新的背景下重新确立发展定位。

学科发展上要继承传统，突出优势，构筑学科尖峰，拓展学科平台。特色型大学要以巩固学科特色为己任，强化优势学科、形成学科尖峰，拓展学科平台、促进学科发展，努力在新兴、交叉、边缘等方面取得新进展，保持长久旺盛的学科竞争力。

培养目标上要立足行业，面向需求，培养实用人才，提升综合素质。特色大学要继续加强与行业、企业的紧密联系，跟踪国家重大战略和市场发展，进一步强化实用复合型创新人才的培养。

服务贡献上要融入创新，参与专项，增强服务能力。特色型大学要参与国家创新体系、区域创新体系的构建，发挥特长和优势，成为产学研紧密结合的参与者、科技成果有效转化的推动者。

怎样理解特色型大学在建设创新型国家中的作用

建设创新型国家，大学是一支重要的支撑力量，而特色型大学则是大学阵营中重要的主体之一。

特色型大学是国家创新体系的重要支撑。

大学行列里，以北大、清华为代表的若干国内一流综合性研究型大学担当着“领头羊”角色，是支撑国家创新体系的第一梯队。而具有深厚行业背景的大学，属于第二梯队，不仅在数量上比重较大，而且在各自的行业领域和特色学科上的优势十分明显。许多特色型大学也同样位列“985工程”、“211工程”行列，是构建国家创新体系不可缺少的一支重要力量。

以全国高校的统计数字为例，综合大学在全国高校中的比重仅占22％，而理工、农林、财经、医药、师范、政法等比重达72％，体育、艺术等其他大学为7％。

区域创新要取得突破，特色型大学不可或缺。

我国在建设创新型国家的进程中，实施了西部大开发、中部崛起、振兴东北老工业基地战略，整体布局逐步完善。国家中长期科技规划提出要建设“各具特色和优势”的区域创新体系，长三角、珠三角、京津唐等富有特色的区域创新体系建设正蓬勃兴起，许多一流研究型大学和区域内的特色型大学，正成为区域创新的有力支持者和积极参与者，大学多元发展布局与科技创新战略规划紧密契合，在区域创新进程中发挥着重要作用。

行业创新能够诞生特色型大学，行业创新也必须依靠特色型大学。

行业创新是目前我国经济体制深层次改革的重点，不仅要依靠政府主导、企业主动、社会支持，更需要依靠知识创新和技术创新来提升、带动。在这个过程中，具有行业背景的特色型大学将是行业创新的主要策源地。

特色型大学不仅是知识创新的主体，也是技术创新的源头。

目前，我国产学研结合以政府为主导、企业为主体、市场为导向、大学积极参与的模式还没有完全建立起来。而在上海、广东等经济发达地区，因为市场驱动、需求协调、氛围成熟，产学研能够较为紧密地结合在一起，特色型大学的作用得到了发挥。

比如上海探索实行“大学校区——科技园区——公共社区”三区联动的模式，大学创新资源与区域重点行业相互匹配，加强大学与区域优势企业合作，建立了产学研联盟，借助相对发达的市场条件，使各种创新因素得以合理配置，各方的利益需求得到统筹协调，产学研有效融合、衔接，为长三角地区的科技创新提供了强有力的人才、知识和技术支撑。

如何在“纵横”之间发展特色型大学

特色型大学的发展，不仅要在纵向上继承传统、发展优势，还要在横向上适应变化、调整战略、实现拓展。

巩固传统特色 当前建设创新型国家的战略重点是走新型工业化的道路，以信息化带动工业化。在优化传统产业结构、增强企业自主创新能力、提升企业核心竞争力的进程之中，行业院校担负的责任不再仅限于培养专门人才，而要成为行业自主创新的“智库”，产生拔尖人才、核心技术和一流成果。

随着我国高等教育毛入学率的逐步提高，人才数量已经不是主要问题，培养质量成为制约发展的主要矛盾。到2020年，国家人力资源的两极化现象将不断加重。一方面，低端劳动力富余，另一方面，高端人才稀缺。而结合市场需求培养特色型创新人才，是解决这一矛盾的主要途径。2007年8月，教育部、国家发改委、财政部、人事部、科技部、国资委出台《关于进一步加强国家重点领域紧缺人才培养工作的意见》，提出要优先支持农林、水利、气象、地质、矿业、石油天然气、核工业、软件、微电子等重点领域的紧缺人才培养。

行业院校要紧抓特色型大学发展的难得机遇，在学科、人才、技术、服务等方面大力拓展、不断提升。

首先，要扎根行业、开阔视野，全面提升学科水平。行业院校的根基在于独具特色的学科体系，无论是农林水利、能源化工、地质矿产，还是装备制造、电子信息、生命医药等院校，都具有本行业领域深厚的学科传统。要使这种传统转化为优势，进而形成学科高峰，就必须瞄准世界一流学科水平，引领行业发展，在源头创新上占据制高点，在核心技术上掌握自主权，以切实解决重大技术创新难题和产业发展瓶颈为突破，打造行业领域顶尖的特色学科，从而实现纵向上的显著提升，塑造一流学科品牌。

其次，要突破局限、强化实践，着力培养拔尖人才。学术大师和拔尖人才的不断涌现，关键之一在于结合重大工程项目的实践，突破工程教育单一化培养模式的局限，加强行业相关领域的内外部联系，按照大科学、大工程的思路，努力提升行业领域的技术创新水平，培养拔尖人才，产生学术大师。

探索新兴特色 特色型大学要保持持久的竞争力，不仅要巩固传统特色，更要拓展新兴特色。

著名的卡耐基·梅隆大学，从 20 世纪 60 年代到 90 年代，预见性地紧抓计算机科学与技术等新兴学科发展的重大机遇，通过调整战略规划，明确了在计算机、机器人、软件工程、信息管理技术等领域重点发展的目标，从一个区域性的中游大学发展成为世界知名的一流大学，在计算机技术和机器人技术上世界领先。在此期间，这所大学的院系设置并不完备，不设医学院、法学院，而是以工程技术特别是计算机等信息技术的发展为核心，构筑了独具特色的学科体系。

我国特色型大学的建设，要在巩固传统特色的基础上，积极发展新兴特色，探索新兴学科、交叉学科、边缘学科的前沿发展，紧跟 21 世纪信息科学、生命科学、材料科学、地球与环境科学、脑与认知科学、数学与系统科学等新兴、交叉、边缘领域学科的发展趋势，结合国家重大专项工程、重要战略发展需求，紧抓机遇、占据先机，着力拓展新兴特色，为特色型大学的发展注入新的生机和活力。

开拓发展特色 开拓发展特色，意味着赋予特色型大学以新的生命力，准确定位、有机协调、整合优势、科学发展。为此，笔者有以下四点思考与建议：

第一，抢抓机遇、有所作为，在竞争中做强特色。我国实施科教兴国、人才强国战略，建设创新型国家的目标已经确立，16 个重大专项启动了中长期科技发展规划的宏伟蓝图，国计民生、国防建设、区域经济、社会发展的各个领域都蕴含着无限机遇。如何应对能源危机、经济危机、自然灾害等，也向特色型大学提出了新的要求和挑战。

第二，深化内涵、对外拓展。大学的内涵发展，要结合师资、学科、教学与科研的实际进行，要在管理和经营上下大功夫，理顺体制、规范机制，以教师队伍建设为抓手，增强核心竞争力。同时，也要与行业、区域以及社会增强互动，了解市场需求，加强协作沟通，获得多方支持，不断拓展贡献服务的渠道和途径。

第三，建立紧密的行业战略联盟。特色型大学行业联盟的成立，对于加强大学与行业的合作、整合大学的优势、承担国家重大战略项目，具有十分重要的作用。要提倡建立紧密的行业战略联盟，反对割裂传统、简单地向综合型“贪大求全”的模式盲目发展。例如，德国在 2003 年由 9 所在工程技术和自然科学专业领域最富传统的高校联合成立了“德国工业大学联盟”（简称 TU9），2006 年建立了协会，包括亚琛工业大学、柏林工业大学、汉诺威大学、慕尼黑大学和斯图加特大学等 9 所。这 9 所大学成立联盟，旨在进一步加强德国工科院校的合作，加强与政府、科研机构和企业之间的合作，提升技术创新的水平。

第四，构筑多元的大学创新文化。大学文化是大学的根，是大学的理念、精神、气质、风骨的融合与体现。巩固特色，对于特色型大学来说，就是要追根溯源，深刻思考特色型大学的历史、现在和未来，形成多元的、各具特色的大学创新文化，彰显大学差异性与包容性并存不悖的特质，构筑富有行业特色的大学创新文化。

作者系西安电子科技大学校长段宝岩，原载 2008 年 11 月 3 日《中国教育报》第 5 版

师 范 教 育

〔**2008年部属师范大学师范生免费工作**〕 根据国务院文件精神，教育部和6所部属师范大学及有关省级教育行政部门在总结2007年工作的基础上，认真做好2008年部属师大免费师范生试点工作。

生源质量稳步提升。6所部属师范大学基本完成提前批次录取的招生任务。2008年免费师范生招生工作进展比较顺利，效果良好。师范生实际招生人数超过2007年。6所部属师范大学已招收免费师范生11 383人，比2007年实际录取人数增加646人。师范专业考生报考踊跃。免费师范生生源数量仍然比较充足，重点线上考生达到招生计划数数倍或十数倍以上，师范生生源质量继续保持良好。6所师范大学在各地录取的免费师范生平均成绩高出省重点线约40.8分。平均最高分数高出省重点线约65.4分，比2007年增加2.2分，高分考生比例略有上升。生源结构基本稳定。6所部属师范大学录取的免费师范生中农村生源占58.8%，男生占37.7%，与2007年相近。在已录取的免费师范生中，中西部生源占90.7%。

教师教育创新迈出新步伐。6所学校抓住机遇，加大改革创新力度，按照培养优秀教师的目标，精心研究制订免费师范生培养方案，改革教师人才培养模式、课程和教学，整合校内优质教学资源，配备最好的师资力量，为师范生提供高质量教学。北京师范大学整体设计了免费师范生教学计划，巩固和加强教师教育特色，强化教育实践环节，将教师职业信念教育贯穿培养全过程。华东师范大学成立了“孟宪承书院”，借鉴牛津、剑桥的学院制方式，营造培养师范生的良好氛围。东北师范大学与东北三省共建“教师教育创新东北实验区”，探索师范大学、地方政府、中小学全方位合作的教师教育新模式。华中师范大学积极推进教师教育课程改革，在改革与强化教育类课程的同时，突出专业课程教学的师范性，以适合中小学教育的需要。陕西师范大学建立教师教学技能实训中心和实验教学示范中心，强化师范生实践能力训练。西南大学继续推进师范生实习支教工作，同时充分发挥教师教育和农业教育的“师农互补”优势，开设有关农业科技类课程，促进免费师范毕业生有效服务农村基础教育和新农村建设。

2008年4月，教育部在华东师范大学召开师范生免费教育工作座谈会，交流6所部属师范大学免费师范生培养工作情况。上海市10位特级教师和校长、9所地方师大校长到会参与研讨师范生培养方案，对6所学校师范生培养工作提出了很好的建议。会议要求6所部属师范大学要面对新形势、新挑战和新机遇，切实落实好优秀教师培养方案，加大教师教育改革力度，落实师范生进行一个学期的实习支教工作，提高师范生培养质量。做改革创新的示范，高质量培养师范生的示范，服务基础教育的示范。

示范作用初步显现。长期以来，国家对师范生采取提前招生、专业奖学金及统一分配等特殊政策，吸引优秀中学生读师范。1997年后，因各种因素，师范生优惠和保障措施逐步取消或有名无实，师范生生源质量总体呈下降趋势，淡化、弱化师范教育现象时有发生。为此，中央决定在部属师范大学试行师范生免费教育，向全国发出一个强烈的信号，必须把教师教育摆在教育事业发展中突出的战略地位，大力加强教师教育队伍建设是全面提高教育质量的保障工程。不少地方围绕“三个有利于”目标，出台了改革措施。北京、上海、湖南、江西、新疆、武汉市和南通市等地已试行师范生免费教育或定向培养农村教师。广东、甘肃、江苏等地对到农村学校任教的本科毕业生实行以奖代补政策，分年度返回学费和住宿费。部属师大师范生免费教育的示范作用已初步显现。

撰稿　于兴国

〔**深入实施“农村义务教育阶段学校教师特设岗位计划”**〕　2008年，“农村义务教育阶段学校教师特设岗位计划”实施工作进展顺利（以下简称“特岗计划”），共招聘特岗教师26 475人。其中，初中教师16 557人，占62.5%；小学教师9 918人，占37.5%。在招聘的特岗教师中，具有本科及以上学历的教师17 946人，占67.8%；具有专科学历的教师8 529人，占32.2%。

在中央和地方的共同努力下，“特岗计划”整体工作进展顺利。2006—2008年，共招聘特岗教师5.9万多人，其中初中教师4万人，占67.7%；小学教师1.9万人，占32.3%。“特岗计划”覆盖492个县，6 402所学校，其中初中3 500多所，小学2 800多所。

“特岗计划”自实施以来，成效明显，受到广大群众的热烈欢迎。实践证明，这是一项一举多得的创举。一是为西部农村学校补充了一大批高素质教师。“特岗计划”有力缓解了农村地区教师紧缺和结构性矛盾，改善了农村学校教师队伍的年龄、学历、学科结构，提高了教师队伍的整体素质，为农村教育发展注入了新鲜血液，增添了新的活力，促进了农村学校面貌的变化。二是教师补充机制的重大创新。“特岗计划”采取省级统筹、公开招聘的办法，吸收高校毕业生从事农村义务教育，严格了用人标准和程序，对于建立教师队伍建设的长效机制，从源头上保证教师队伍整体素质具有深远意义。三是有利于倡导形成正确的就业导向。“特岗计划”是鼓励和引导高校毕业生面向基层就业的重要措施，同时，为广大青年到基层锻炼磨砺、健康成长提供了有利机会和条件。

撰稿　邬　跃　姜　南

〔**修订颁发《中小学教师职业道德规范》**〕　为贯彻落实胡锦涛总书记“8·31”重要讲话精神，激励和引导广大教师向模范教师特别是抗震救灾英模教师学习，树立崇高的职业理想，自觉规范职业行为，做让人民满意的教师，教育部对1997年颁布的《中小学教师职业道德规范》（以下简称《规范》）进行研究修订。经过广泛征求意见，组织专家论证讨论，反复修改，数易其稿，并通过媒体面向社会公开征求意见，正式形成《规范》定稿。此次《规范》修订坚持五个原则：一是坚持“以人为本”；二是坚持继承与创新相结合；三是坚持广泛性与先进性相结合；四是坚持倡导性要求与禁行性规定相结合；五是坚持他律与自律相结合。基本内容有六条，“爱”和“责任”是贯穿其中的核心和灵魂。从公开征求意见情况看，《规范》修订工作得到了广大中小学教师广泛认可和支持，取得积极社会反响。

2008年9月1日，教育部与中国教科文卫体工会联合印发《关于重新修订和印发〈中小学教师职业道德规范〉的通知》，要求各地深入组织学习宣传和贯彻实施《规范》，引导广大教师全面理解新时期教师职业道德规范，增强教师职业的光荣感、责任感和使命感，自觉加强和提高师德素养。9月8日，教育部与中国教科文卫体工会联合召开学习贯彻《规范》座谈会，教育部部长周济讲话，强调《规范》对加强新时期师德建设的重要意义，对学习贯彻《规范》和师德建设工作提出明确要求。

修订颁布新《规范》是我国经济社会和教育发展进入新阶段后教师队伍建设的一件大事，是推进师德制度建设的一项重大举措，对于提高教师队伍整体素质，建设德才兼备的高素质教师队伍具有重要意义。

〔**宣传抗震救灾英模教师先进事迹，弘扬高尚师德**〕　2008年5月12日汶川特大地震灾害发生后，灾区广大教师极力保护学生生命安全，为抗震救灾作出了重大贡献，涌现出了一大批模范人物。根据中央总体部署，教育部参与组织“抗震救灾英模事迹报告会”。教育系统推荐了四川省北川中学校长刘亚春、汶川县映秀镇小学教师董雪峰、彭州市红岩小学教师周汝兰、陕西省宁强县黄坝驿乡中心小学教师王敏4位英模教师。英模教师在首都以及随报告团分赴全国各地巡回报告，引起了强烈反响，赢得了高度赞誉。同时，教育部协调中央主要新闻媒体，采取多种方式，汇总、整理、宣传抗震救灾中涌现出来的英模教师和英模集体的事迹材料，编辑出版《教师感动中国》一书，真实再现了抗震救灾英模教师的感人事迹和高尚情怀。

为进一步深入学习宣传抗震救灾英模教师先进事迹，讴歌新时期人民教师的高尚师德，教育部印发《关于庆祝2008年教师节有关工作的通知》，确定教师节主题为“学习英模教师，弘扬伟大师魂”。各级教育行政部门和各级各类学校按照教育部的统一部署，通过报告会、学习会、座谈会、研讨会等多种形式，大力宣传抗震救灾英模教师的先进事迹和高尚师德，表彰了一批优秀教师和先进集体。如四川省组织评选“教育系统抗震救灾优秀教师、优秀教育工作者和先进集体”，北京市公开评选10名“人民教师”，上海市评选表彰十大“教育功臣”，江苏省评选表彰“千校万师支援农村教育工程”优秀支教教师和先进集体，四川、陕西等省评选表彰“全省师德标兵”。中央各大媒体和地方媒体开辟专栏、制作专题节目，宣传优秀教师先进事迹。通过广泛深入的宣传，弘扬了新时期人民教师的高尚师德，在全社会营造了尊师重教的良好氛围。

撰稿　王海英　赵建军

〔**中小学教师国家级培训计划实施情况**〕　2008年，教育部组织实施以中西部农村为重点的“2008年中小学教师国家级培训计划”（简称“计划”），投入专项经费3 015万元。据不完全统计，共直接培训全国中小学教师36.65万余名，其中县及县以下农村中小学教师约29.7万余名，占总数81.1%。

——“教育部支持西部边远地区骨干教师培训计划”。为让更多的农村教师有机会接受国家级培训，有效提高西部农村中小学教师实施新课程教育教学能力，教育部采取对口支援方式，委托上海对口云南、江苏对口西藏、广东对口广西、浙江对口新疆和新疆生产建设兵团、陕西师范大学对口青海、西北师范大学对口甘肃，“送培到省、送教上门”，共计集中培训西部地区1万余名骨干教师。同时通过光盘及远程教育方式，让西部地区50万中小学教师分享到优质培训资源。

——“普通高中课改实验省教师远程培训计划”。为紧密配合普通高中新课程实验推广工作，采取项目招投标机制，依托全国中小学教师继续教育网、新思考网、百年树人网络技术平台，以计算机网络培训与集中辅导答疑相结合方式，直接为2008年新进入高中课改实验省的山西、江西、河南、新疆及新疆生产建设兵团475个县市2 517所学校培训了8.7万余名普通高中学科教师。山西、吉林、山东、河南等省利用国家级教师培训资源，在当地继续组织了大规模的高中新课程教材远程培训。

——“中西部农村义务教育学校教师远程培训计划”。为充分发挥农村中小学现代远程教育工程设施效益，委托中央电教馆采用以卫星电视播放与集中讨论相结合为主，网络和光盘学习为辅的“天网”、“地网”、“人网”相结合方式，对中西部22个省份及新疆生产建设兵团141个县约25万名农村义务教育阶段语文、数学、体育等学科教师进行了培训。这也是历年来远程培训教师人数最多的一次。此外，中西部100余万名农村教师通过互联网、卫星电视资源下载和光盘等方式分享了培训资源。

——“中小学班主任专项培训计划”。为提高中小学班主任队伍整体素质和工作能力，采取项目招投标机制，依托中国教师研修网网络平台，为全国31省（自治区、直辖市）及新疆生产建设兵团100个县4 425所学校的1.01万名班主任教师提供了50学时的专题培训。培训分两个阶段，先期以“集中培训”方式，培训班主任骨干培训者和远程辅导教师100名，然后以“远程培训与集中辅导答疑”相结合方式，对1万名班主任教师进行为期1个半月的远程培训，其中县及以下农村学校班主任教师7 607名，占总数的76.1%。

——“西部初中骨干体育教师培训计划”。根据中央有关加强学校体育工作文件精神，委托北京教育学院、西北师范大学以“集中培训”方式，分别为西部地区的四川、贵州、云南、重庆、西藏、广西、内蒙、甘肃、陕西、青海、宁夏、新疆12个省（自治区、直辖市）及新疆生产建设兵团592名初中骨干体育教师进行了体育项目基础专业技能与基本教学技能的培训。同时通过构建西部体育教师培训网络平台，使更多的体育教师共享培训课程资源。

“计划”注重体现教师为本，充分调动各方积极性，整合优质资源，创造了灵活多样、生动活泼的教学培训模式，尤其是集中培训与远程培训的有机结合，发挥了现代远程教育的优势，实现了教师培训模式改革的新突破，受到各地教育行政部门和广大中小学教师的普遍欢迎。在国家级教师培训项目的引领带动下，各地结合本地实际，采取有力措施，创新培训模式，积极推动了全国尤其是农村中小学教师培训工作的开展。

撰稿　陈　岚　唐京伟

〔**教育部援助地震灾区中小学教师培训计划**〕为帮助和支持地震灾区中小学教师队伍建设，提高灾区教师教育教学能力，调整身心状态，积极投入灾后重建工作，2008年暑期，教育部组织实施了“援助地震灾区中小学教师培训计划”（简称“援助计划”），主要包括以下内容：

——“地震灾区中小学骨干教师暑期国家级培训计划”。委托西南大学、四川大学、四川师范大学、西华师范大学、四川教育学院5所高校采取集中培训方式，免费培训四川省地震灾区中小学骨干教师1 500名，帮助灾区教师调整身心状态，提高教育教学能力。

——“地震灾区中小学教师心理康复教育国家级培训计划”。委托北京师范大学等高校著名心理学家牵头，教育部中小学心理健康教育专家指导委员会和四川师范大学承担，对灾区500名中小学骨干教师进行了心理康复教育专题培训，为灾区中小学校开展心理康复教育输送了“种子”。

——省际对口援助培训。根据中央要求，重庆、江西、福建、安徽、上海、天津、辽宁等省（市）教育行政部门及西北师范大学通过多种形式对口援助灾区教育，为灾区培训教师近万人。

培训调查问卷显示，参训教师对“援助计划”总体满意度为98.3%。“援助计划”让灾区教师们“带着阴影而来，抱着阳光而归”，对帮助他们恢复身心状态起到了积极有效的作用，有力推动了灾区中小学教师队伍建设和学校灾后重建。

撰稿　周　新　唐京伟

〔**教师资格实施工作情况**〕　教师资格认定工作自1996年开始，历经过渡认定、试点认定两个阶段后，2001年进入全面实施阶段。截至2008年底，全国共有2 072.56万人取得教师资格。

为提高教师资格认定工作信息化水平，科学规范管理教师资格认定工作，2008年2月，教育部印发《关于做好网络版全国教师资格认定管理信息系统使用工作的通知》，在全国范围内启动使用网络版全国教师资格认定管理信息系统。各地教育行政部门分别于春秋两季使用该系统开展了教师资格认定工作，全年认定教师资格108.25万人，其中，幼儿园教师资格70 058人，小学教师资格154 155人，初中教师资格314 323人，高中教师资格414 552人，中职教师资格27 724人，中职实习指导教师资格1 309人，高校教师资格100 414人。网络版信息系统的使用，首次实现了认定机构网上认定、数据实时统计、集中存储、统一管理和网上验证查询等功能。

2008年，教育部继续采用政府集中采购、公开招标方式印制《教师资格证书》，并继续向教师资格申请人免费发放。为加强证书管理，印发了《关于做好教师资格证书申领与发放工作的通知》，要求各省（自治区、直辖市）教育行政部门严格教师资格证书管理，减少证书耗损留存，杜绝证书流失，认真做好教师资格证书申领与发放。

撰稿　刘璇璇

〔**城镇教师支援农村教育工作情况**〕 2006年教育部印发《关于大力推进城镇教师支援农村教育工作的意见》，提出组织县域内城镇中小学教师定期到农村任教等六项具体措施，要求各地把城镇教师支援农村教育工作纳入农村教育发展总体规划并摆在突出位置，因地制宜、创造性地开展工作。2007年，在北京召开城镇教师支教工作座谈会，进一步推进城镇教师支教工作。

目前，城镇教师支教工作已在全国由点到面、普遍开展，逐步制度化。各省都成立了城镇教师支援农村教育工作领导小组，多数省份下发文件，部分省市如北京、山西、福建等结合当地实际，研究制订政策文件，大力推进这项工作。

据不完全统计，2006—2008年，城镇教师支教规模超过5 000人次的有北京、广东等22个省份，其中超过1.5万人次的有云南、广西等4个省份。县域内城镇教师定期到农村任教逐步形成制度，支教规模不断扩大；大中城市教师到农村支教工作取得积极进展；多种形式的智力支教活动普遍开展。

城镇教师支教工作对促进城乡教师资源合理配置，促进义务教育均衡发展起到了积极推动作用。下一步，将进一步加强对各地城镇教师支教工作的督促检查、宣传和指导。

撰稿　邬　跃　姜　南

审稿　管培俊　宋永刚

民 族 教 育

〔**2008年民族教育发展概况**〕 2008年，民族教育全面贯彻党的教育方针和民族政策，用科学发展观统领民族教育工作全局，解放思想，深化改革，实事求是，进一步提高民族教育的办学质量和水平，努力推进民族教育又好又快发展。贯彻落实十七大精神，把科学发展观学习与民族教育实践相结合，积极赴民族地区进行调研；进一步加强民族团结教育工作和内地民族班安全稳定工作；继续加强民族语文教材建设，积极做好双语教学及教师培训工作；进一步抓好高等学校少数民族预科和少数民族高层次骨干人才培养工作；教育对口支援西藏工作稳步推进，办好内地西藏班和新疆高中班。各项工作取得明显成效。

截至2008年底，全国各级各类学校中少数民族在校学生总数为2 199.59万人。其中，普通高等学校的少数民族在校生数为133.88万人，占学生总数的6.23%；普通中学的少数民族在校生数为680.22万人，占学生总数的8.45%；普通小学少数民族在校生数为1 070.79万人，占学生总数的10.36%。全国各级各类学校中少数民族专任教师数已达111.24万人。在中央的大力支持下，通过各级政府和广大教育工作者的艰苦努力，民族地区"两基"攻坚取得了显著成效。2002年民族地区实现"两基"的县只有369个，到2008年底，已增加到674个，占民族地区县总数的96.56%。

撰稿　田晓勤

〔**全国中小学民族团结教育**〕 自2000年正式在全国中小学开展民族团结教育活动以来，在各界引起了积极的社会反响，取得了良好的教育和社会效果。为贯彻落实党的十七大精神，深入抓好对广大青少年学生特别是中小学生的民族团结教育工作，2008年3月，教育部办公厅、国家民委办公厅发出《关于在中小学切实抓好民族团结教育工作的通知》，要求各地"统一思想，提高进一步做好中小学民族团结教育工作的思想认识，加强领导，把中小学民族团结教育工作纳入重要工作安排，将民族团结教育有关课程列入地方课程，加大力度把中小学民族团结教育工作进一步抓好、抓实、抓出成效"。同年12月，教育部办公厅、国家民委办公厅印发《学校民族团结教育指导纲要（试行）》，进一步明确了学校民族团结教育的指导思想、课程性质、基本原则、目标任务、主要内容和实施方案。《指导纲要》明确指出，民族团结教育的指导思想是：全面贯彻党的教育方针和民族政策；坚持育人为本，把民族团结教育贯穿于学校教育工作的各个环节，牢固树立"增强民族团结、维护祖国统一、反对民族分裂"的意识。课程性质是列入地方课程实施的重要专项教育，是学校教育的组成部分。基本原则是要立足引导，重在教育。民族团结教育的目标是，使各族学生思想认识和行为自觉地统一到党和国家的要求上来，增进对中华民族的认同和历史、文化的了解，促进56个民族优秀文化传统的相互交流、继承和发扬；增进各族学生对我国各民族共同缔造伟大祖国历史的认识，增强各族学生维护民族团结、维护国家统一、反对分裂的责任感和自觉性；认识和理解马克思主义关于民族问题的基本理论及党和国家的民族政策；在社会交往中，具备正确对待和处理民族问题的基本素质；自觉维护我国各民族"平等、团结、互助、和谐"的社会主义民族关系，促进各民族的共同进步和祖国繁荣昌盛。民族团结教育的主要任务是，全面贯彻党的教育方针、民族政策，按照素质教育的基本要求，重视中华历史文化和爱国主义教育，加深师生对民族团结必要性和重要性的认识；开展具有民族特色的教育活动，促进各民族之间的平等团结，树立民族自尊心和自豪感，不断增强中华民族的向心力、凝聚力。主要内容包括：正确认识中华和各民族的特征，普及民族知识，树立民族团结意识；知道党和国家的民族政策及其必要性和重要性，了解我国民族问题的基本特点，学习马克思主义和党的民族基本理论，树立马克思主义民族观；从历史的、世界的视野分析和探讨各种民族现象，进一步认识党和国家的民族政策的优越性；联系实际进行思考、探讨，在思想和行为上培养贯彻执行党和国家民族政策的基本素质和能力。《指导纲要》对民族团结教育的组织实施也作了明确的规定，要求中小学设置专门的民族团结教育课程，除课堂教学主渠道外，还要因时因地制宜，灵活选择、使用多种形式、途径和方法开展学校民族团结教育。《指导纲要》同时还指出，民族团结教育是学校、家庭和社会的共同责任，也是一项长期的系统工程。

撰稿　谭玉林
审稿　阿布都

〔举办《全日制民族中小学汉语课程标准（试行）》国家级培训班〕　为帮助广大少数民族中小学汉语教师更好地学习和理解教育部组织制订并于2006年颁布的《全日制民族中小学汉语课程标准（试行）》，教育部民族教育司在总结经验的基础上，2008年采取分片办班的做法，先后在克什克腾旗、延吉市和西宁市举办了内蒙古片、东北片以及青海、甘肃等三个《全日制民族中小学汉语课程标准（试行）》国家级培训班，总计有300多名少数民族汉语教研员和骨干教师参加了培训。分片培训受到民族地区教研人员和汉语教师的欢迎和充分肯定。

撰稿　赵　卫
审稿　张　强

〔内地民族班安全稳定工作〕　西藏“3·14事件”发生后，根据教育部党组的指示，教育部办公厅及时印发了《关于进一步做好内地西藏班（校）学生教育疏导工作，切实维护学校安全稳定的紧急通知》，并先后在北京、辽宁、上海和兰州召开了内地民族班稳定工作会，对“3·14事件”的性质进行了通报，对今后一段时期学校维稳工作进行了部署，会后各有关单位都制定了内地民族班应急预案。5月，组织宣讲组分赴所有内地西藏班（校）和内地新疆班学校，深入开展西藏、新疆是祖国不可分割的一部分，西藏、新疆经济社会发展情况以及党的民族、宗教政策的宣讲活动，保持了学校总体稳定。

〔高校民族学生就业工作〕　为做好首届内地新疆高中班学生大学毕业后的就业工作，教育部、国家民委、公安部、新疆维吾尔自治区人民政府联合印发了《关于做好普通高校招收的内地新疆高中班学生大学毕业就业工作的意见》，鼓励学生面向基层就业和自主创业。有803名首届内地新疆高中班高校毕业生回新疆参加建设。配合西藏协调做好华东师范大学等13所院校招收的非西藏生源毕业生进藏就业工作。2009年，首届高层次人才培养的硕士研究生即将毕业，为了做好就业指导工作，印发了《教育部办公厅关于做好“少数民族高层次骨干人才”研究生就业工作的指导意见》。

〔举办内地西藏班、新疆高中班教师德育培训班〕　为加强内地西藏班、新疆高中班思想政治和德育工作，教育部民族司与西藏自治区教育厅联合主办了内地西藏班政治思想与德育培训班，全国内地西藏班校长及德育教师、18个省教育厅（教委）主管内地西藏班工作的有关处室负责同志共80余人参加了培训。教育部民族司与新疆维吾尔自治区教育厅举办了两期内地新疆高中班政治思想与德育培训班，全国内地新疆高中班学校主管德育工作的校长和德育教师共200人参加了培训。培训进一步促进了办班学校之间的联系与交流，增加了教育工作者对西藏、新疆社会经济、宗教文化、反分裂斗争形势以及党的民族宗教政策的了解。

〔**办好内地西藏班、新疆高中班**〕 2008年圆满完成内地西藏班、新疆高中班招生录取工作，内地西藏初中班录取1 790名、高中班录取1 665名，内地新疆高中班录取5 400名。其中，举办内地新疆高中班的学校，克服了教学、住宿资源满负荷的困难，通过每所学校增加5人、10人的办法，扩招了约400名新疆班学生。为系统研究内地新疆高中班扩招问题，提出下一步工作思路，2008年9月，由中央新疆协调小组办公室牵头，国家发改委、财政部、教育部对内地新疆高中班的扩招工作进行了联合调研，完成了调研报告。调研报告提出在扩招工作中，要考虑在校管理、中学教育、大学教育、就业安置等方面带来的新压力，科学论证合理适度的扩招规模和扩招速度。为加强内地班管理工作，分别在西安临潼和福建厦门召开内地班教育教学研讨会。

〔**对口支援新疆协作计划**〕 对口支援新疆协作计划为高校本科协作计划，已实施了五期，累计招收少数民族学生1.9万余人，已为新疆输送了1万余名高校毕业生，许多毕业生已成为当地各条战线的骨干力量。为加快新疆培养民汉兼通人才，2008年8月，教育部办公厅印发《关于增加内地高校支援新疆协作计划的紧急通知》，增加内地高校支援新疆协作计划885名。

〔**汉语教师培训工作**〕 根据《国务院办公厅转发教育部等部门支援新疆汉语教师工作方案的通知》，2003—2007年，中央财政安排6 000万元，自治区配套1 600万元，培养培训了8 800余名新疆汉语教师。为贯彻落实《国务院关于进一步促进新疆经济社会发展的若干意见》，决定继续实施国家支援新疆汉语教师工作方案，培训方案和经费已基本落实，计划从2009年至2012年，通过内地有关省、市和高校为新疆培训3 300名汉语教师。

〔**内地高校招收少数民族预科班、民族班、少数民族高层次骨干计划情况**〕 高校少数民族预科教育是高等教育的特殊层次，也是我国民族高等教育的鲜明特色之一。目前，我国55个少数民族都有自己的大学生，主要是通过高校举办预科班来实现的。50余年来，已累计培养了近20万预科学生，他们大多已成为少数民族地区各条战线的骨干。2008年完成高校少数民族预科班、民族班2.4万名招生计划，其中普通高校民族班1 660人，预科班24 480人，非西藏生源定向西藏就业420人。2008年，针对四川地震特殊情况，向四川追加了80名少数民族本专科生计划。招收高层次骨干计划硕士研究生2 000人，博士760人。

撰稿　李　彬
审稿　次仁多布杰

民办教育

〔**加强规范管理，促进独立学院健康发展**〕2008年2月29日，教育部在京召开了全国独立学院工作会议。会议主题是贯彻落实《独立学院设置与管理办法》（以下简称《办法》），促进独立学院健康发展。各省、自治区、直辖市教育厅（教委）厅长（主任）和新疆生产建设兵团教育局局长，以及分管独立学院工作的副厅长（副主任、副局长）参加了会议。会议由教育部党组副书记、副部长袁贵仁主持，教育部党组书记、部长周济作了重要讲话，有关司局的负责同志出席了会议。浙江、江西、湖北三省教育厅负责同志介绍了本省规范和引导独立学院健康发展的情况和经验。

独立学院始于1999年，经过几年的实践，已经成为民办高等教育事业的重要组成部分。2008年教育事业统计，全国共有独立学院322所，学历教育在校生218.4万人，占全国民办高等教育在校生总数的54.4%，另有其他形式教育学生1.1万人。为进一步规范独立学院设置与管理，根据《高等教育法》、《民办教育促进法》及其实施条例和国家有关规定，教育部制定并下发了《办法》。这是深入贯彻落实党的十七大“鼓励和规范社会力量兴办教育”的要求，引导和促进独立学院健康发展的一项重要举措。

周济部长在讲话中指出，要以十七大精神为指导，充分认识规范独立学院发展的重要意义。加强规范管理是独立学院健康发展的必然要求，也是以科学发展观指导高等教育健康发展的具体体现。周济要求，要贯彻落实科学发展观，切实加强对独立学院的规范管理。新形势下，独立学院的主要任务是稳定规模、规范管理、提高质量。要坚持独立学院的“优”、“独”、“民”原则。“优”，就是优质高等教育资源参与举办独立学院，提高独立学院办学水平和教育质量；“独”，就是独立学院在法律和制度上的独立地位；“民”，就是进一步明确独立学院的民办属性。周济同时指出，规范管理不是不发展，而是要在切实维护各方利益特别是人民群众根本利益的前提下健康地发展。同时，要按照《民办教育促进法》及其实施条例和《办法》的要求，全面落实对独立学院的各项鼓励和扶持政策，切实保护独立学院及其举办者的合法权益。周济强调，省级教育行政部门要切实加强领导，做好《办法》的贯彻落实工作。要采取有力措施，积极稳妥、分步有序地做好五年过渡期的有关工作。要组织本地区独立学院按照国家有关规定取得学士学位授予权。要针对《办法》施行过程中可能出现的情况，制定切实可行的应急处置预案，切实维护独立学院的安全稳定。

撰稿　金平一
审稿　宋德民

〔**中国民办教育协会成立**〕　2008年5月17日，中国民办教育协会在北京成立。

中国民办教育协会是由全国各级各类民办教育机构和民办教育工作者自愿组成的群众性、行业性社会团体，是非营利性社会组织。采取单位会员和个人会员制。业务主管单位是中华人民共和国教育部。

中国民办教育协会的宗旨是：团结全国各级各类民办教育机构和民办教育工作者，以马列主义、毛泽东思想和邓小平理论为指导，全面贯彻“三个代表”重要思想，全面贯彻党的基本路线，坚持科学发展观，全面贯彻科教兴国、人才强国战略。遵守宪法、法律、法规和国家政策，遵守社会道德风尚。努力贯彻《民办教育促进法》和《〈民办教育促进法〉实施条例》，面向社会开展民办教育科学理论与实践研究，开展行业自律、行业维权与其他行业服务活动，为培养有理想、有道德、有文化、有纪律的社会主义建设者和接班人，提高劳动者素质，促进中国民办教育的健康发展而努力。

依照中国民办教育协会章程，大会选举产生了中国民办教育协会第一届理事会理事和常务理事、会长、副会长、秘书长；选举产生了中国民办教育协会第一届监事会监事和主席、副主席；聘请了协会名誉会长和顾问；决定了协会副秘书长。

会长：陶西平

常务副会长：王佐书

副会长（按姓氏笔画排序，共28位）：丁祖诒、于果、王玉芬、王庆林、任芳、刘林、孙珩超、朱玉、吴志清、张克强、张杰庭、张剑波、李书福、李学春、陈宇、陈万年、陈登斌、周星增、季明明、俞敏洪、胡卫、赵超、秦和、黄藤、黄纪云、谢可滔、廖鸿、瞿延东

监事会主席：胡大白

监事会副主席（按姓氏笔画排序）：王志泽、周延波、曹勇安、黄新茂

秘书长：赵光华

副秘书长（按姓氏笔画排序）：王文源、冯政、吴新秋、金平一、赵泳

撰稿　魏军兰

〔**“中国民办教育协会调研工作会暨国家中长期民办教育改革和发展研讨会”在杭州召开**〕　9月6日—7日，中国民办教育协会在杭州召开“中国民办教育协会调研工作会暨国家中长期民办教育改革和发展研讨会”。与会人员紧紧围绕“国家中长期民办教育改革和发展”这个主题，从多角度进行思考与探讨。

关于民办教育在中国教育事业中的作用问题，与会人员一致认为，民办教育是中国教育事业发展的需要，引导民办教育健康发展，形成公办教育和民办教育共同发展的格局应当是政府的责任，也应作为考核政府政绩的标准之一。

关于民办教育的性质。一是对民办教育的界定。《民办教育促进法》中关于由非国家机关举办、用非财政经费面向社会举办的教育作为民办教育的界定，与会者对此有一些不同的看法。二是民办教育是否还划为营利性和非营利性两类来研究，有些同志认为这样处理，后面一系列的政策问题便于解决，否则在目前的这种体制下会出现困难。

关于加强对民办教育鼓励支持的政策问题。与会者集中就税收政策、法人、融资渠道、发展基金、回报等涉及对民办教育鼓励与支持的相关政策问题，提出了各自的不同看法和意见。

关于民办教育的发展目标问题。很多同志都希望能够明确未来10年民办教育的发展目标，即我们要发展什么样的民办教育，民办教育的鲜明特点是什么。这方面应该进行深入的研究，使民办教育的发展目标更清晰明了。

关于民办学校的教师地位问题。与会者认为民办学校的教师地位问题是当前民办教育发展的重要问题，并提出了几种不同的解决方式。一些意见认为，民办教育类型多，不能泛泛地讲民办学校教师的地位，而应该区别不同情况；也有的举出了一些地区好的做法，认为应该借鉴。

关于加强民办学校管理问题。（1）一些同志建议各级政府设立管理民办学校的机构，有的同志建议教育部设立一个民办教育司。（2）另外一种建议，要求给民办学校更多的自主发展的权利。会议认为，这实际上是两个呼声非常大而又非常矛盾的问题。因此，在本次论坛上，一些同志在发言中就民办教育规范发展的内涵和自主发展的内涵是什么、哪些东西应该由学校自主、通过什么形式自主等涉及民办教育发展中的一些实质性问题，提出了许多重要的观点、建设性意见和建议。

各省民办教育协会负责人、民办教育机构代表、媒体代表、协会领导与调研工作综合组成员等约60人参加会议。

撰稿　王文源

〔**中国民办教育协会民办教育研究院在上海挂牌**〕 2008年11月1日，中国民办教育协会民办教育研究院在上海挂牌成立。为加强民办教育理论和实践研究，结合我国民办教育发展的实际需要，依据《中国民办教育协会章程》规定，明确了研究院的业务范围，认定了机构设置方案。中国民办教育协会常务副会长王佐书出任研究院院长，中国民办教育协会副会长胡卫出任执行院长。

〔**“祥云教师奖励基金”捐赠仪式在四川省都江堰市举行**〕 2008年11月14日，中国民办教育协会“祥云教师奖励基金”捐赠仪式在四川省都江堰市举行。300万元善款捐赠给四川省都江堰市教育局，成立“祥云教师奖励基金”，奖励该市优秀教师；王玉芬副会长捐赠180万元善款，应要求定向转入北川中学。

这项爱心行动是在中国民办教育协会成立大会之前，由大会组委会通过发起“为四川地震灾区人民献爱心‘祥云行动’”，以现场捐赠或认捐的形式，共募集善款480万元。

撰稿　魏军兰

〔**“改革开放30年中国民办教育纪念论坛”在京举行**〕 2008年11月29日，由中国民主促进会中央委员会、中国民办教育协会和人民政协报联合主办的“改革开放30年中国民办教育纪念论坛”在京举行。

论坛分开幕、主题报告“背景与趋势”、主题谈话“30年：足迹回顾与发展展望”三部分。与会专家分别从中国的崛起与民办教育、中国民办教育的新视野与新选择、公共财政视野下民办教育存在的客观必然性、中国教育未来的发展走势与民办教育的挑战和机遇、促进民办教育可持续发展等方面，多角度、多方位地探讨了中国民办教育发展的背景与趋势。民办教育工作者和管理者还就民办基础教育、区域民办教育发展与地方制度创新、民办幼儿教育、社会培训机构、民办高等教育等内容，展开了深入探讨与交流。

中国民办教育协会会长陶西平致开幕词。他指出，这次论坛是在中央正在制定中国教育中长期改革与发展规划纲要的背景下举行的。中国民办教育协会在论坛前夕广泛开展了关于民办教育的调研，有关调研情况汇总将为国家制定中长期教育改革与发展规划纲要提供意见和建议。陶西平会长还向与会者汇报了中国民办教育协会成立以来的工作进展情况。

全国人大常委会常委、全国人大教科文卫委员会副主任委员、民进中央副主席、中国民办教育协会常务副会长王佐书在论坛上指出，改革开放30年来，民办教育迅速实现了历史性的跨越式发展，这是几代民办教育工作者辛勤耕耘的硕果，更是党和国家坚持民办教育与公办教育并举的教育理念，采取一系列重大措施，扎扎实实推动民办教育改革与发展的必然结果。民进党作为参政党始终致力于推动我国教育事业的发展，特别是改革开放30年来，始终把推动民办教育立法、民办教育管理体制改革、民办教师队伍建设和民办教育实践的发展作为履行参政党职能的重点领域，且将一如既往。

教育部发展规划司副司长宋德民到会并讲话。他指出，改革开放30年来民办教育的兴起和发展，是新时期我国改革开放的一项标志性成果。实践表明，发展民办教育事业，对增强国家教育能力，增加教育服务品种，扩大教育资源，促进教育公平，建设全民学习、终身学习的学习型社会，具有不可替代的作用。引导民办教育健康发展，将始终是各级政府公共管理和教育行政的重要职责。

人民政协报社社长、党组书记邬旦生说，《人民政协报》见证了中国民办教育30年走过的风雨历程，记录了中国民办教育发展、壮大的辉煌历史。他认为，促进中国教育改革的发展，不仅是教育工作者的使命，也是新闻人的使命。《人民政协报》的“责任和使命”就是和其他媒体一道，为民办教育的发展提供更加宽松的舆论环境，为助推中国教育包括民办教育的发展贡献力量。

全国政协副主席、民进中央常务副主席罗富和到会祝贺。来自全国各地的民办教育工作者、专家学者及各主要新闻媒体记者等100余人出席了论坛。

论坛由《人民政协报》“教育在线”周刊承办、

正保远程教育集团协办。

〔**组织完成“国家中长期民办教育改革和发展研究”调研工作**〕 2008年7月—12月，中国民办教育协会紧紧围绕“民办教育中长期改革和发展研究”主题，统筹协调力量，动员全国各地各级各类民办教育协会按照6个重点调研专题、5个分类专题开展调研工作。

6个重点调研专题是：(1) 民办教育在国家教育和社会发展中的战略地位和作用；(2) 促进民办教育和公办教育共同发展的政策性建议；(3) 我国民办教育改革发展的地区性差异分析与若干启示；(4) 我国民办教育改革发展的新动向、新特征；(5) 民办学校规范发展与自我约束机制；(6) 国外私立教育成功经验对我国民办教育改革发展的启示和借鉴。

5个分类专题是：(1) 民办高等教育的成绩、经验、存在的问题与政策性建议；(2) 民办中小学教育的成绩、经验、存在的问题与政策性建议；(3) 民办学前教育的成绩、经验、存在的问题与政策性建议；(4) 民办职业培训教育的成绩、经验、存在的问题与政策性建议；(5) 民办社会培训事业的成绩、经验、存在的问题与政策性建议。

为保证调研任务顺利、按时完成，中国民办教育协会成立了由会长陶西平任组长、副会长任副组长的调研报告起草小组，全面开展工作。

至2008年底，完成各类调研报告24份(其中省市调研报告13份，专题报告6份，分类教育调研报告5份)，特约专稿8篇，总文字量达54万字。先后访谈领导、专家45人次(省部级5人)，发放问卷10次，1 500份，组织各类研讨会、座谈会82次，900人次参加，开展实地调研300人次，编发简报48期，并在此基础上形成调研工作总报告。

撰稿　王文源

学校体育、卫生、艺术与国防教育

〔召开迎奥运全国亿万学生阳光体育运动推进会〕 为深入贯彻落实《中共中央 国务院关于加强青少年体育增强青少年体质的意见》，2008年5月8日，教育部在江苏省张家港市召开了迎奥运全国亿万学生阳光体育运动推进会。中央政治局委员、国务委员刘延东同志出席会议并作重要讲话。

会议总结、交流了一年来各地贯彻落实中央7号文件精神和开展阳光体育运动所取得的成绩和经验，展示了中小学体育工作和开展阳光体育运动的成果，分析了当前面临的问题，研究部署了今后一个时期深入贯彻中央7号文件和广泛开展阳光体育运动的措施和计划安排。

〔大力开展全国亿万学生阳光体育运动〕 以2008年北京奥运会为契机，教育部继续组织开展了全国亿万学生阳光体育运动，进一步掀起了全国亿万学生阳光体育运动的高潮：(1) 会同共青团中央、国家体育总局共同启动了以“阳光体育与祖国同行”为主题的第二届全国亿万学生阳光体育冬季长跑活动；(2) 组织创编了《第三套全国中小学生系列广播体操》，丰富了学校大课间体育活动形式和内容，为广大青少年学生提供了科学的锻炼方法；(3) 进一步完善了《国家学生体质健康标准》国家数据库，截至2008年12月20日，统计了31个省（自治区、直辖市）8.7万所学校上报的数据；(4) 先后召开了全国中小学生课外文体活动工程示范区工作会议、钱伟长体育教育思想讨论会、高校体育工作经验交流会议、高校体育部主任培训班等，积极部署和推动各地贯彻落实中央7号文件的各项工作。

〔推进体育教学改革，研究提高教学质量〕 积极采取有效措施深化基础教育课程改革，保障体育教学课时，落实学生每天一小时锻炼时间，加强体育教师队伍建设：(1) 全面实施考试制度，继续推进初中毕业升学体育考试项目与《国家学生体质健康标准》测试项目结合的改革；(2) 组织了第三届全国中小学体育教学观摩展示活动，推动了中小学体育课程的改革；(3) 加大了对西部农村中小学体育教师的培训力度，举办了西部体育骨干教师国家级培训班，对西部13个地区600名体育教师进行了培训；(4) 开展了高等体育学类本科5个专业指导性专业规范的研制工作。研制工作本着多样化与规范性相统一、拓宽专业口径、规范内容最小化和核心内容最低标准原则进行，形成了体育学类专业建设和教学改革的新机制。

〔建立推进青少年体育工作的机制，制订相关配套政策〕 为进一步加强对青少年体育工作的领导，教育部会同中央文明办、国家发展改革委、财政部、卫生部、国家体育总局、共青团中央、保监会七个部门，联合出台了一系列的配套政策和措施：(1) 建立了加强青少年体育部际联席会议制度，明确了各部门的职责和分工；(2) 共同研制了《国家学校体育卫生条件基本标准》、《推进校方责任保险、完善校园伤害事故风险管理机制》、《中小学校体育工作督导评估指标体系（试行）的通知》等系列配套政策，对学校体育的教学管理、条件保障、评价机制和学生体质状况、校园风险预防、学校体育的专项督导评估等方面做出了明确规定。

〔**加强学校体育工作督导检查**〕 2008年11月下旬—12月中旬，教育部组织国家督学和体育教育专家近70人，先后对河北、福建、浙江、山西、安徽、甘肃、广东、重庆8省（直辖市）进行体育卫生工作专项督导检查。督查组听取了当地政府关于学校体育卫生工作的情况汇报，与教育、体育、卫生、人事、财政等相关部门负责人进行座谈，深入到16个市（地），随机抽查了32个县（市、区）的158所学校。检查组通过召开校长、教师、家长座谈会，与教师、学生个别访谈，以及调查问卷和调查表等方式进行实地检查。督导情况表明：(1)各省都能加强领导，健全机制，认真贯彻落实中央关于加强青少年体育工作的要求；(2)所查学校基本能按照国家课程标准的要求开设体育课，全面实行大课间体育活动；(3)不少省市能注意解决农村中小学音体美紧缺学科教师队伍编制等难点问题；(4)努力增加投入，不断改善学校体育卫生办学条件，很多省市投入了专项资金为本地农村及偏远地区学校配备体育器材；(5)建立了有效评价机制，促进学校体育卫生工作健康发展。

存在的问题：(1)部分省市政府对落实中央7号文件重视程度不够，未能结合实际制定具体实施办法；(2)学校体育卫生师资缺乏，兼职教师还相对较多，农村学校、民族学校尤为突出；(3)部分学校体育卫生条件达不到国家基本要求，一些农村学校体育卫生场地设施严重不足，没有医务室，厕所不达标，不能为学生提供合格饮用水，多数农村学校存在食堂操作流程不合理、营业执照办理不全、食堂从业人员健康证明过期等现象；(4)少数学校存在未开足体育课或挤占体育课现象；(5)学生体质健康标准执行情况不容乐观。

撰稿　卢　逊
审稿　杨贵仁

〔**贯彻落实《中共中央 国务院关于加强青少年体育增强青少年体质的意见》，推进学校卫生工作**〕 2008年9月16日，教育部、卫生部联合召开了全国学校卫生工作电视电话会议，教育部部长周济、卫生部部长陈竺在北京主会场出席会议并对学校卫生工作进行全面部署。会议要求，各级教育行政部门和各级各类学校，切实加强学校公共卫生管理，确保学生身体健康和生命安全，要以卫生防疫和食品（饮水）安全为重点，抓好安全教育，落实安全责任，加强安全管理；要大力加强卫生校园建设，为学生提供一个卫生安全、健康向上的育人环境；要加强健康教育，引导学生建立良好的卫生习惯和健康的生活方式；要重点抓好科学营养和预防近视工作，促进学生健康素质的全面提高；要完善和落实学生健康体检制度和学生体质健康监测制度，为开展学校卫生工作提供科学依据。会议强调，教育、卫生行政部门要密切配合，联系本地区的实际，研究制订加强学校卫生工作的具体方案和政策措施，不断完善学校卫生工作保障机制。

〔**出台系列文件，推进学校卫生工作**〕 2008年6月，教育部、卫生部、财政部联合印发《国家学校体育卫生条件试行基本标准》。《标准》是国家对中小学校体育教师、体育场地器材、教学卫生、生活设施、卫生保健室配备以及学生健康体检等方面的最基本要求，是中小学校办学应达到的最基本标准，是教育检查、督导和评估的重要内容。《标准》提出的教学卫生基本标准包括教室面积与布局、课桌椅与黑板配备、教室采光与照明、教室微小气候等；《标准》提出的生活设施基本标准包括学生宿舍设施、食堂布局与基本设施、生活饮用水设施与管理、厕所建筑与基本设施等；《标准》提出的卫生（保健）室建设基本标准包括卫生（保健）室设置、卫生（保健）室人员配备、卫生保健室设施与设备等。

6月，卫生部、教育部联合印发了《中小学生健康体检管理办法》。《管理办法》明确了健康体检的基本要求，规定了健康体检项目，其中除内科、外科、眼科、口腔科和形态、生理功能等常规检查项目外，还将结核菌素试验列为小学、初中入学新生必检项目。《管理办法》明确要求学生健康体检机构在体检结束后，应分别向学生（家长）、学校和当地教育行政部门反馈学生个体健康体检结果与学生群体健康评价结果，对反馈形式、内容、时限等也提出了具体要求。《管理办法》还规定承担学生健康体检的机构必须具有法人资格、持有有效的《医疗机构执业许可证》、由政府举办的公立性医疗机构（包括教育行政部门所属的区域性中小学卫生保健机构），学生健康体检机构必须报经学校主管教育行政部门备案。《管理办法》还对健康体检人员资质、体检场所及仪器设备、健康体检培训与考核、健康体检经费及管理等方面进行了细化规定。

9月，教育部印发《中小学学生近视眼防控工作方案》。《方案》确定了近视眼防控工作基本原则，即坚持预防为主、综合防控、常抓不懈、全员参与原则。《方案》从三个方面提出了综合防控学生近视眼的对策：(1) 加强规章制度建设，规范管理“防近”工作；(2) 开展视力保护宣传教育，培养学生良好的用眼卫生习惯；(3) 积极改善教学条件，为学生创建良好的视觉环境。《方案》强调建立学校领导、教师、学生人人重视、齐抓共管的“防近”工作机制，明确规定了学校各有关部门和人员职责，学生应学习掌握的科学用眼、预防近视等眼保健知识，并以附件形式印发了《中小学学生近视眼防控工作岗位职责》和《中小学学生预防近视眼基本知识与要求》。

12月，教育部印发了《中小学健康教育指导纲要》。《纲要》明确了健康教育指导思想、目标和基本原则。健康教育要坚持健康知识传授与健康技能传授并重原则，健康知识和技能传授呈螺旋式递进原则，健康知识传授、健康意识与健康行为形成相统一原则，总体要求与地方实际相结合原则，健康教育理论知识和学生生活实际相结合原则，做到突出重点、循序渐进，不断强化和促进健康知识的掌握、健康技能的提高、健康意识的形成、健康行为和生活方式的建立。《纲要》确定中小学健康教育内容包括五个领域：健康行为与生活方式、疾病预防、心理健康、生长发育与青春期保健、安全应急与避险。依照小学低年级、中年级、高年级以及初中年级、高中年级，将健康教育划分为五级水平，五级水平互相衔接，完成中小学校健康教育的总体目标。《纲要》规定了健康教育实施途径和课时要求，即通过学科教学、班会、专题讲座、墙报等多种宣传教育形式开展健康教育，学科教学每学期应安排6～7课时，主要载体课程为《体育与健康》，小学阶段还应与《品德与生活》、《品德与社会》等学科的教学内容结合，中学阶段应与《生物》等学科教学有机结合。对无法在《体育与健康》等相关课程中渗透的健康教育内容，可以利用综合实践活动和地方课程的时间，采用多种形式，向学生传授健康知识和技能。

撰稿　张　芯

〔深入开展学校预防艾滋病教育优秀教学现场展示活动〕 2008年4月—11月，教育部组织开展了学校预防艾滋病教育优秀教学课征集评选活动。各地按照有关通知要求，积极组织当地教师参加活动。本次活动共有25个省（自治区、直辖市）报送学校预防艾滋病教育教学课光盘173份，其中初中88份，高中85份。经过有关专家从教学目标、教学内容、教学过程与教学方法、教师素养能力、教学实际效果、现代教育技术使用等六个方面对各参选教师的授课进行评选，评出一等奖11名、二等奖25名、三等奖45名。同时根据各省级教育行政部门组织开展教学课征集评选及报送情况，评出组织奖15名。该活动推动了学校预防艾滋病教育教学研究活动的开展，取得了很好的效果。

11月28日，在北京大学附属中学举行了“2008年世界艾滋病日宣传活动暨全国学校预防艾滋病教育优秀教学现场展示活动”。此项活动旨在利用12月1日“世界艾滋病日”开展宣传活动，进一步推进学校预防艾滋病教育工作广泛、深入地开展。教育部副部长陈小娅出席活动并讲话，国务院防治艾滋病工作委员会办公室、卫生部疾病预防控制局有关负责人以及联合国儿童基金会驻华副代表应邀出席活动并讲话。卫生部、联合国艾滋病规划署驻中国办事处、联合国儿童基金会驻中国办事处、联合国教科文组织驻京办事处有关人员以及全国各地教育行政部门的代表、教师和学生代表近300人参加了活动。活动期间，向获得2008年全国学校预防艾滋病教育优秀教学一等奖的教师和获得组织奖的教育行政部门颁发了证书，北京景山学校教师代表获奖教师发言。与会代表观摩了5位获得一等奖教师在北大附中的现场授课。

〔**全国学校食品卫生安全专项整治行动**〕 2008年10月，教育部办公厅、卫生部办公厅、国家食品药品监督管理局办公室联合下发了《关于开展学校食品卫生安全专项整治行动的通知》，教育部专门召开了全国学校食品卫生安全专项整治行动视频会议，对全国学校食品卫生安全专项整治行动进行部署。各地根据教育部、卫生部、国家食品药品监督管理局统一部署，组织开展了学校食品卫生安全工作的全面排查和整改。

11月下旬—12月，教育部组织国家教育督导团督导组结合中小学体育卫生工作专项督导，对河北、山西、浙江、安徽、福建、广东、重庆、甘肃8省（直辖市）中小学食品卫生工作进行了检查，共实地检查16个市（地）32个县（市、区）的158所学校；2009年1月中旬，教育部、卫生部、国家食品药品监督管理局联合对湖南、广西、海南和陕西4省学校食品卫生专项整治行动进行了督查，共检查10个县（市、区）的58所学校。实地检查显示，近几年来，各地政府及教育行政部门和学校对此项工作越来越重视，学校食品卫生安全管理工作机制不断建立健全，学校食品卫生安全管理不断规范，学校食品卫生管理人员的培训及学校卫生人员的配备工作不断加强，学校食品卫生设施有了较大程度的改善，学校食品卫生安全检查工作不断制度化和规范化。但也发现一些不容忽视的问题，有待于进一步解决。

撰稿　柴海鹰

审稿　廖文科

〔**全国第二届大学生艺术展演活动圆满成功**〕 根据《学校艺术教育工作规程》，全国大学生艺术展演活动每三年举办一届。2009年2月，全国第二届大学生艺术展演活动圆满落下帷幕。本届大学生艺术展演活动的主题是“我和祖国”。活动项目包括艺术表演类（声乐、器乐、舞蹈、戏剧）、艺术作品类（绘画、书法、篆刻、摄影、工艺设计、雕塑、陶艺、DV作品）、高等院校校长书画摄影作品和艺术教育科研论文报告会。

本届大学生艺术展演活动从2007年开始启动，历时一年半，分为三个阶段：第一阶段为全国各高等院校开展活动阶段，本阶段全国高等院校发动参与面达到了80%。第二阶段为各省（自治区、直辖市）组织集中展演活动阶段，有24个省（自治区、直辖市）开展了省级集中展演活动，其余7个省（自治区、直辖市）也派专家到高等院校进行指导检查。第三阶段为现场集中展演阶段。现场展演活动期间，全国31个省（自治区、直辖市）131所高等院校的4 000余名师生参加了在南京举行的为期一周的艺术节目展演，260余所高等院校的近500件学生、校长艺术作品在展览会上展出，70余所高等院校的120余名教师参加了艺术教育科研论文报告会，来自全国的高校艺术教师参加了艺术教育专题座谈会，600余名高等院校校长和艺术教师到现场观摩学习。本届大学生艺术展演活动有三个显著特点：（1）组织发动工作扎实，活动覆盖面广；（2）坚持正确的育人导向，主题鲜明突出；（3）重视宣传工作，注重先进文化的导向性，产生了良好的社会影响。

国务委员刘延东出席了艺术展演活动的闭幕式暨颁奖晚会，代表党中央和国务院对展演活动的成功举办表示热烈的祝贺并发表讲话。教育部部长周济出席了本届展演活动闭幕式暨颁奖晚会并致闭幕词，副部长陈小娅参加了整个展演活动。

各地各高等院校加强领导，认真组织，广泛发动，使得展演活动成为高等院校传播先进文化，弘扬民族精神，建设“向真、向善、向美、向上”的校园文化环境的重要途径，成为对大学生进行爱国主义、集体主义和社会主义教育的有效手段。

〔**成功组织2008年高雅艺术进校园活动**〕 2008年，由教育部、财政部、文化部联合举办的高雅艺术进校园活动进入第四年。高雅艺术进校园活动以“走近大师，感受经典，陶冶情操，提高修养”为主题，设计了组织国家级艺术院团赴高校演出、组织各校学生艺术团到本省高校巡回演出、组织艺术教育专家到中西部地区高等院校举办讲座等形式，深受学生欢迎。

2008年高雅艺术进校园活动共组织10个国家级艺术院团赴22个省（自治区、直辖市）的高等院校，为学生演出167场京剧、话剧、昆曲、芭蕾、交响乐、民族音乐歌舞的经典剧目；组织31个省（自治区、直辖市）的高等院校学生乐团和地方艺术院团到高等院校、中学，为学生演出交响音乐和民族音乐270余场；组织全国高等院校艺术教育专家讲学团到17个省（自治区、直辖市）讲学150余场，讲学内容涉及音乐、舞蹈、美术、书法、戏剧、戏曲、影视、审美等领域。现场问卷调查表明，这项活动受到了学生的热烈欢迎和广泛认同。

10月29日，三部委在北京召开高雅艺术进校园工作座谈会，在认真总结经验的基础上，研讨2009年工作方案。

〔研制下发《教育部关于进一步加强中小学艺术教育的意见》〕 2008年9月5日，教育部下发了《教育部关于进一步加强中小学艺术教育的意见》。《意见》从提高认识、执行课程计划、开展课外艺术活动、加强队伍建设、优化资源配置、完善保障机制6个方面，对进一步加强中小学艺术教育工作提出了16条政策性要求。该文件是今后一个时期推进我国中小学艺术教育改革发展的重要政策依据。

〔召开全国农村学校艺术教育实验县经验交流会暨实验课题总结会〕 为改变我国农村学校艺术教育滞后的面貌，自2000年起，教育部在全国选择58个县开展农村学校艺术教育实验工作。2004年，在全国农村学校艺术教育实验县工作的基础上，《全面建设小康社会背景下全国农村学校艺术教育改革与发展研究》被列为全国教育科学“十五”规划教育部重点课题。2008年，总课题研究任务圆满完成，结题报告书《走向公平的艺术教育》由上海教育出版社出版。

2008年11月上旬，全国农村学校艺术教育经验交流会暨实验课题总结会在广西北流市召开。本次会议全面总结了农村学校艺术教育实验工作的经验和成果，形成了农村艺术教育观念体系：缺失艺术教育的教育是不完整的教育——艺术教育素质观；缺乏艺术素养的学生不是全面发展的学生——艺术教育基础观；让每个农村学生成为艺术教育的受益者——艺术教育公平观；消灭艺术教育的空白点——艺术教育普及观；让每个农村孩子的眼睛亮起来——艺术教育审美观；让艺术教育飘散泥土气息——艺术教育特色观；教育科研是推动艺术教育的杠杆——艺术教育科研观；让学校成为社区文化的亮点——艺术教育开放观。特别是针对当前农村艺术教师短缺的现状，会议总结了加强农村艺术教师队伍建设的经验，具有很好的推广价值。该课题研究是我国基础教育领域一项具有重要价值的改革举措，对于全面推进素质教育具有推广意义。课题研究成果由全国教育科学规划领导小组办公室编入《科研要报》（2008年第10期）。

撰稿　陈蓓蓓

审稿　杨贵仁

〔普通高等学校军事理论课青年教师培训〕 为进一步贯彻落实教育部、总参谋部、总政治部重新修订的《普通高等学校军事课教学大纲》，加强普通高等学校军事理论课青年教师队伍建设，提高军事理论课教学水平，2008年6月16日—20日，教育部、总参谋部、总政治部在南昌航空大学举办了全国普通高等学校军事理论课青年教师培训班，全国160余名具有硕士研究生以上学历的青年骨干教师参加了培训班的学习。此次培训的主要目的是加强青年教师专业知识，完善他们的课程设计，提高他们的授课能力，正确解读《普通高等学校军事课教学大纲》的内容。本次培训聘请了普通高等学校和军事院校的专家教授进行了示范授课。通过培训学习，促进了普通高等学校军事理论课教师教学水平的提高。

〔开展学生军训工作调研〕 为掌握各地贯彻落实教育部、总参谋部、总政治部制定下发的《学生军事训练工作规定》和《普通高等学校军事课教学大纲》的情况，了解当前学生军事训练工作存在的主要问题，促进学生军事训练工作的制度化、规范化建设，2008年5月，教育部、总参谋部、总政治部组成联合调研组，对北京市等18个省（自治区、直辖市）的42所普通高等学校、35所高中阶段学校、8个学生国防教育基地进行了学生军事训练工作调研。调研的主要内容包括各地学生军事训练工作机构设置和人员编配情况、工作制度建立及落实情况等11项内容。在调研中，调研组充分听取了基层的意见和建议，了解了当前学生军事训练工作存在的主要问题，总结了基层好的做法和创新思路。

调研结果表明，截至2008年底，全国92%的普通高等学校和83%的高中阶段学校开展了学生军事训练。学生军事训练工作已进入全面普及阶段，呈现出良好的发展势头。在调研过程中，各省、自治区、直辖市教育行政部门、军事机关和普通高等学校普遍反映，学生军事训练工作是一项利国、利民、利军的大事好事，育人效果十分明显。学生军事训练工作的开展，在社会上引起了强烈反响，得到了各界的普遍欢迎和大力支持。学生军训在取得巨大成绩同时，也存在许多亟待解决的突出问题，制约了学生军训向制度化、规范化方向发展。此次调研工作取得了良好的效果，对于了解学生军训的基本情况，进一步研究有关问题，制定有针对性政策奠定了良好基础。

〔第四届全国普通高等学校国防教育科研论文报告会〕　为提高普通高等学校军事理论课教学和科研水平，进一步推动普通高等学校军事理论课课程建设，2008年10月，在重庆大学召开了第四届全国普通高等学校国防教育科研论文报告会。此次学校国防教育科研论文报告会，受到了各地教育行政部门的高度重视，多数省（自治区、直辖市）教育行政部门首先在本地区进行了论文报送和评选，筛选出优秀论文再报送到全国，不仅完成了教育部部署的工作任务，也促进了本地区普通高等学校军事理论课教学研究工作。报告会共收到由各省、自治区、直辖市教育行政部门、军事机关和普通高等学校选送的有效论文717篇。全国普通高等学校军事教学指导委员会组织有关专家对论文进行了评选，共评出一等奖20篇、二等奖41篇、三等奖61篇和优秀组织奖12个。从本届论文报告会所报送的论文看，广大普通高等学校军事理论课教师和派遣军官十分关注学校国防教育事业的发展和普通高等学校军事理论课课程建设，论文的质量和科研水平有了进一步的提高，集中展示了近年来普通高等学校军事理论教学和军事技能训练的研究成果，推动了普通高等学校国防教育科研工作。

撰稿　谭　钢
审稿　廖文科

教育信息化建设与远程教育

教育信息化建设

〔**网络运行维护与开发**〕 2008年，教育管理信息中心保持了教育部机关网络系统安全平稳地运行，实施了北京奥运期间对教育部门户网站的安全防护，并在网上开展了公众留言、新闻专题、新闻直播工作，制作“改革开放30周年教育改革与发展成就”等专栏，进行“教育部信息公开目录管理和查询系统”应用，利用门户网站开展了教育中长期发展规划纲要制定工作的意见征求。

推动教育电子政务软件开发与应用。2008年，中心组织召开了“2008年教育电子政务（校务）建设工作研讨会”；升级了办公厅的公文与信息交换系统，重新优化了产品框架；重点推动江西、青海、云南、山东、新疆、四川、新疆建设兵团等地的教育公文与信息交换系统建设，试行电子签章应用；承担体育卫生司的“国家学生体质健康数据库”的建设、运营与维护；启动并初步完成电子证书与身份认证系统建设，开展了有关业务的试点应用工作；代表教育部申请了12391教育特服号码作为教育行业的免费服务电话和短消息服务代码并获得信息与工业化部批准。

〔**《教育管理信息化标准》的制定和完善**〕《教育管理信息化标准》覆盖我国各级教育管理部门和各级各类学校管理工作各个方面，为我国各级教育行政部门和各级各类学校管理信息系统建设、学校基础数据建设及教育管理数据信息在全国范围的交流与共享打下了良好的基础，推动了我国教育管理信息化工作健康、规范化发展。2008年，教育部信息化管理中心根据教育管理信息化的发展状况以及《教育管理信息化标准》（以下简称《标准》）在全国范围的推广应用情况，对《标准》的内容和框架又重新进行了修订，从最初的四大部分扩展到六大部分，包括：高等学校管理信息标准（CELTS-33）、中等职业学校管理信息标准（CELTS-34）、普通中小学校管理信息标准（CELTS-35）、幼儿园管理信息标准（CELTS-36）、教育行政部门管理信息标准（CELTS-37）和教育卡标准（CELTS-45）。其中管理信息标准除包括信息集和代码集外，还将信息交换标准、软件设计规范以及应用测试要求一同纳入各标准中。

2008年，中心选择了部分有条件的地区和学校进行示范性的建设，并以此推动《标准》的宣传、推广和应用。截至2008年底，全国共批复了22省、直辖市内的42个地区具有示范区建设资格，其中完成示范区建设的有17个，其他地区正在建设中。为更好地对《标准》实施状况进行监测，中心还开发了《标准》检测软件。

〔**教育信息统计工作**〕 2008年，教育管理信息中心及时和准确地完成了各项教育统计数据汇总工作，其中包括与统计工作相关的统计报表与指标的修订、统计软件的升级、培训与技术服务、数据质量核查及统计数据汇总，并按时完成了各类教育统计资料的编辑出版工作。继续研发“联合国监测千年发展目标的通用数据平台（DevInfo系统）”的本地化系统；完成网络版“中小学技术装备统计系统”和“直属高校项目管理系统”的升级维护。

〔**教育信息化杂志建设**〕　2008年，教育管理中心主办的《中国教育信息化》杂志成功举办了“2008中国教育信息化创新与发展论坛暨中国教育信息化产品应用博览会”，召开了《中国教育信息化》杂志编委会年会，加强了理事会的建设及相关的服务，进一步完善专家数据库，申请成立了“中国教育发展战略学会教育管理信息化专业委员会”。

《基础教育参考》刊物编辑部和理事会于2008年分别在北京、哈尔滨、深圳主办了主题不同的三次“科学发展优质基础教育高层论坛”，为与会者搭建了一个开放、互动、沟通与学习的平台，赢得了广泛好评，已经成为一个优质的品牌。

《世界教育信息》刊物于2008年支持并参与了北京市教委组织的国际教育展览、国家留学基金委2008年来华留学工作会、2008年亚太国际教育会议（上海）、第三届世界比较教育论坛（北京）、“中国国际教育年会”和亚欧论坛终身学习会议等教育界举办的论坛与会议。

〔**教育培训工作**〕　2008年，教育管理信息中心继续承担全国“信息技术应用培训教育工程”（简称ITAT教育工程）及“ITAT教育工程专业级人才培养项目”（简称ITAT—PRO项目）的组织实施，2008年累计培训人数50万人次，组织考试认证11万人次；举办第四届全国ITAT教育工程就业技能大赛，参赛学校近670多所，参赛人数超过9万；组织第八届全国多媒体课件大赛，收集教学课件2 000多个。

撰稿　欧阳航
审稿　戚立亭

中央广播电视大学

〔**概况**〕　中央广播电视大学是基于计算机网络、卫星电视网络，运用文字教材、音像教材、多媒体课件、网络课程等多种媒体，面向全国开展现代远程教育的开放大学。中央电大和全国44所省级电大、949所地（市）级电大分校、1 823个县级电大工作站、59 731个教学班（点），组成了一个统筹规划、分级管理、分工协作的现代远程教育教学系统。设有6个学科学院和直属学院、继续教育学院以及西藏学院、八一学院、总参学院、残疾人教育学院，专设中国电视师范学院、中国燎原广播电视学校、中央广播电视中等专业学校。开设开放教育本科（专科起点）、专科、教育部“一村一名大学生计划”专业70个，其中，开放教育本科（专科起点）专业18个、专科专业36个、教育部“一村一名大学生计划”专业16个。2008年，全国电大开放教育在校生2 249 670人，其中，本科732 752人、专科1 418 325人、教育部“一村一名大学生计划”98 593人。开放教育招生861 236人，其中，本科241 812人、专科569 625人、教育部“一村一名大学生计划”招生49 799人。毕业524 223人，其中，本科195 909人（授予学士学位5 150人）、专科309 918人、教育部“一村一名大学生计划”18 396人。中央电大图书馆藏书7.74万册，电子图书10.04万种。教职工总数451人，其中，专任教师116人，包括教授、副教授66人。

〔**温家宝总理为电大残疾学生题字**〕　2008年9月8日，温家宝总理亲笔为中央电大残疾人教育学院武汉教学点学员董明题字：“董明：身残志坚。”5月31日，董明作为奥运火炬手参与了武汉站的传递。在北京残疾人奥运会期间，董明被任命为北京残奥会形象大使。

〔**刘延东视察中央电大**〕 2008年12月31日，中共中央政治局委员、国务委员刘延东视察中央电大及电教小区，向全国电大师生祝贺新年，并充分肯定了广播电视大学30年改革和发展所取得的巨大成就。她指出"远程教育是朝阳事业"，勉励电大教育战线的同志们要继续努力，积极探索，不断创新，为建设学习型社会、提高全民族素质发挥更大作用，作出更大贡献。教育部部长周济、国务院副秘书长项兆伦、教育部副部长袁贵仁、李卫红等领导陪同视察。

〔**教育部召开纪念邓小平同志批示创办广播电视大学30周年座谈会**〕 2008年1月31日，中央广播电视大学在人民大会堂召开纪念邓小平同志批示创办广播电视大学30周年暨推进国家终身教育体系建设座谈会，国务委员陈至立出席并讲话。她指出，30年来，广播电视大学为社会特别是基层培养了大批应用型高等专门人才，特别是1999年实施中央广播电视大学开放教育以来，在教育思想、教学模式、管理模式和运行机制等方面进行了有益探索，为我国终身教育体系的构建积累了宝贵经验。一是探索了适应不同学习需求，提供多样化教育服务的新模式。二是探索了综合运用现代技术手段开展远程教育的新路子。三是探索了合作办学、整合与共享教育资源的新途径。四是探索了有效保障远程教育质量的新机制。对广播电视大学今后的发展，至立同志提出三点要求：一是要充分发挥现代远程教育在构建全民学习、终身学习社会中的重要作用，二是要充分发挥现代远程教育在发展继续教育中的重要作用，三是要充分发挥现代远程教育在缩小教育差距、促进教育公平中的重要作用。至立同志还要求各级政府及教育行政部门要为广播电视大学的发展营造更好的制度与政策环境，提供更加有力的支持；广播电视大学要坚持"扩大开放、保证质量、强化特色、打造品牌"的方针，建设具有中国特色的现代远程开放大学，为建设全民学习、终身学习的学习型社会作出更大贡献。教育部部长周济主持座谈会。中央国家机关有关部门和总参谋部有关负责人，各级广播电视大学及其合作办学高校负责人、教师和学生代表约120人出席了座谈会。

〔**中央广播电视大学"十一五"期间发展规划**〕 2008年2月13日，教育部印发通知，向各省、自治区、直辖市教育厅（教委）、各计划单列市教育局、新疆生产建设兵团教育局转发了中央电大的《"十一五"发展规划纲要》。《纲要》明确提出要把全国电大系统建设成为国内一流的现代远程教育教学系统。中央电大作为教育部直属的高等学校，要建设成为现代远程教育开放大学和国家远程教育中心。《纲要》还提出了在"十一五"期间实施电大系统推进工程、信息化校园建设工程等六项工程，实施电大文化建设等六项计划。

〔**抗震救灾**〕 2008年5月12日四川汶川特大地震发生后，中央电大动员近300万全国电大师生组织实施对灾区电大援助及抗震救灾工作。据统计，全国电大系统累计捐款捐物达2 000万元支援灾区重建。中央电大向受灾严重电大实施专项援助630万元。在全国电大募集资金120万元，设立"特别助学金"，4所省级电大1 364名受灾学生获得资助。中央电大与中宣部出版局共同策划，由中央电大音像出版社负责录制并出版了《与爱同行——危机与灾难心理援助特别节目》，开展突发性灾难事件的心理援助与教育，填补了国内空白并荣获第二届中华优秀出版物奖"抗震救灾特别奖"。

〔**开展"网络教育数字化学习资源中心建设"项目研究**〕 2008年，教育部、财政部联合下发《教育部 财政部关于批准"网络教育数字化学习资源中心建设"项目的通知》，并批准中央电大牵头承担。项目总负责人为中央电大校长葛道凯教授。主要建设内容包括研究网络教育数字化学习资源共享机制、标准、技术与平台，整合国家和高等学校等已投入建设的网络教育精品课程及相关学习资源，并使用相关支持工具，建设相关系统和资源公共服务平台，推进优质网络教育资源网上开放与共享。项目实施时间为3年。

〔**启动基层电大发展援助项目**〕 2008年，中央电大启动实施“全国基层电大（教学点）发展援助项目”，拟从2008—2010年，分批在全国遴选200所基层电大（含教学点），投入2 000万元人民币，对受援电大专职教师和管理干部开展培训和资源配送工作。

〔**召开中国国际远程教育大会**〕 2008年11月20日—21日，“2008中国国际远程教育大会”在京召开。会议主题：总结成果、解放思想、破解难题、规划未来。教育部高教司和中央电大的负责同志出席开幕式。中央电大校长葛道凯作了《中国电大卅年开放实践与新时期新使命》的主题报告。来自国家教育行政部门的领导、国际国内各界人士以及相关单位的代表共计800余人参加了大会。

〔**开展基于Web2.0的教学模式改革**〕 该项改革主要致力于数字化教学环境和资源建设课题研究，探索学生参与式交互的教学、支持服务、课程团队、技术模式。涉及37个省级电大、186个教学班、517名地方电大各类教师，参与学生达到4 258人。参加课题研究的货币银行学、离散数学两门课程2008年获国家级精品课程。

〔**加强教学评估督导检查**〕 2008年，中央电大出台《开放教育教学评估督导工作规范（试行）》；研制课程教学实施及效果评价标准；开展两次大规模文字教材学生满意度调查，涉及497门课程文字教材、33万多人次，被调查学生对开放教育各专业统设必修课程文字教材整体满意度较高，90.34%的课程平均分集中在80～87分之间。

〔**推进合作办学**〕 中央电大在2008年新增合作高校1所，与中国农业大学开展园艺学本科合作办学。新增合作部委2个，与民政部合作开展应急救援专门人才的培养，与文化部合作开展网络文化管理专门人才的培养。此外，与空军合作筹建空军学院；与英国开放大学合作开发远程教育从业人员培训课程；与人力资源和社会保障部、中国高等职业技术教育研究会等单位开展全口径合作，探讨以证书方式推进电大高职类专业改革，启动“高职类专业双证书改造计划”。

〔**9门课程入选2008年度国家精品课程**〕 2008年，在教育部公布的2008年度国家精品课程名单中，国家精品课程（网络教育）共50门，中央电大劳动法学、国际法（国际公法）、公司财物、货币银行学、西方经济学、综合英语系列课程、经济学基础、离散数学8门课程，深圳电大的物流管理定量分析方法1门课程入选国家精品课程。

〔**中国网电大频道开通**〕 2008年1月1日，中央广播电视大学与中国网（http://www.china.com.cn/）合作开通的中国网电大频道（dianda.china.com.cn）试运行，3月31日正式开通。作为电大面向社会公众的宣传平台和服务咨询窗口，中国网电大频道已经成为各大网站转载电大新闻的源头和宣传电大的重要网络阵地，发挥了电大与社会沟通的桥梁作用。

〔**专题电视栏目开播**〕 2008年2月14日，由中央电大策划组织、地方电大共同参与制作的专题电视栏目《求学人生》在中国教育电视台一套（CETV1）试播，3月31日正式开播。该栏目旨在以全民终身教育为基点，充分利用电大数量庞大的在校生、毕业生和教职工这一人网，吸纳广泛的社会资源，宣传富有中国特色的远程开放教育，扩大电大在全社会的影响力。

撰稿　徐建新
审稿　葛道凯

中央电化教育馆

〔**纪念中央电化教育馆建馆30周年**〕 2008年，值中央电化教育馆建馆30周年之际，原中共中央政治局常委、国务院副总理李岚清同志欣然题词："大力发展远程教育，培养更多的优秀人才，为振兴中华作贡献"。全国人大常委会副委员长陈至立、教育部部长周济分别发来了贺信。

2008年12月6日，中央电化教育馆在北京召开大会，隆重纪念邓小平同志倡导发展电化教育30年，庆祝中央电化教育馆建馆30周年。教育部副部长陈小娅同志，原国家教委副主任柳斌同志，原教育部副部长、中国工程院韦钰院士出席纪念暨表彰大会和庆祝活动。解放军总参作战与训练保障局、武警部队司令部训练部、教育部办公厅等有关司局和直属单位的负责同志出席纪念暨表彰大会。全国各省级电教馆馆长，部分地市、县级电教馆馆长，大中小学、职业学校、成人教育学校和部队院校的获奖教师代表、特邀代表、中央电教馆全体在职和离退休干部职工、新闻媒体的朋友等400多人参加了纪念暨表彰大会和庆祝活动。

教育部副部长陈小娅在大会上作了重要讲话。她深刻分析了全国电教系统面临的形势，对中央电化教育馆提出了希望和要求：（一）积极为制定好《国家中长期教育改革和发展规划纲要》建言献策；（二）以加强农村教育信息化工作为重点，全面推进教育信息化建设；（三）进一步加强教育信息化资源建设，着力推进优质教育资源共建共享；（四）加强队伍建设，提高服务水平。

大会授予江苏省电化教育馆、中南大学现代教育技术中心和宁夏银川第一职业中专学校等137个单位"全国电化教育先进单位"称号；授予李建军、洛桑欧珠等367名同志"全国电化教育优秀工作者"称号。

〔**召开2009年度全国电化教育馆馆长会议**〕 2008年12月6日—7日，2009年全国电化教育馆馆长会议在北京举行。教育部副部长陈小娅出席会议并作了题为《学习实践科学发展观，推进基础教育信息化》的重要讲话。她指出，通过普及信息技术教育，全面实施"校校通"工程和农村中小学现代远程教育工程，我国基础教育信息化环境得到明显改善，已经构建了一个遍及全国农村的现代远程教育网络，初步实现了优质教育资源共享，提高了农村教育质量与效益，促进了义务教育均衡发展。她对电教馆系统提出了希望和要求：（一）进一步加强硬件环境建设，为信息技术的应用普及创造有利条件；（二）继续加强资源建设，大力推进优质教育资源共建共享；（三）大力开展教师培训，努力提高教师教育技术应用能力和水平；（四）加强技术支持服务体系建设，把服务工作做到实处；（五）不断增强自身能力，充分发挥电教馆系统的整体功能作用和优势。她强调，在加强电教馆系统的协作方面，中央电教馆负有重要责任，要在信息沟通、组织协调和业务指导方面发挥龙头作用。对一些重点业务和项目，中央电教馆要牵头组织，统筹协调，团结带领全国各级电教馆，把系统的整体功能作用和优势充分发挥出来。

全国各省、自治区、直辖市电教馆馆长，计划单列市电教馆馆长，新疆生产建设兵团中小学电教馆馆长，部分省会城市和地市、县级电教馆馆长，中央电教馆馆长、副馆长，教育部基础教育资源中心主任、副主任参加会议。

〔**支援四川等地震灾区电教馆恢复重建**〕 2008年5月12日，四川汶川发生了历史罕见的特大地震灾害。中央电化教育馆一方面积极组织馆内党员干部和广大职工以多种方式奉献爱心，捐款捐物；

一方面按照国务院及教育部关于灾后恢复重建、对口支援的部署和安排，组织动员全国电教馆系统对口支援地震灾区的电教机构，帮助他们尽快恢复正常工作秩序和能力。6月5日和7月3日，中央电化教育馆先后发出《关于全国电教馆系统援助地震灾区电教馆的函》和《关于全国电教馆系统支援地震灾区电教馆恢复重建服务能力的函》。全国各地电教馆积极行动起来，为地震灾区电教馆恢复工作能力捐款捐设备，展现了电教馆系统的凝聚力和团结互助精神。经统计，中央电教馆和各省、自治区、直辖市电教馆，计划单列市电教馆共捐款131.2万元人民币，捐助设备价值10万元人民币，捐助资源价值13万元人民币。

撰稿 郭忠民
审稿 陈志龙

〔**“农村中小学现代远程教育工程”深入发展**〕资源建设不断丰富。2008年，由中央电化教育馆整合、发送的IP资源中，中小学教学示例、典型例题、习题、探究活动、拓展资料等课程资源，共更新1 685篇；为农服务的网页更新4 351条；时事动态网页更新12 400条，并及时发送了抗震救灾知识等。中央电化教育馆现代远程教育资源服务部积极采集压缩了购买、捐赠的各种视频资源868小时，并将“工程”购买的课程资源4 129学时、视频资源2 112小时、素材资源7 692条资源和自主开发的Flash动画8 009学时的资源全部按计划整合发送到“工程”项目学校。全年播出IP资源34期，共575GB。资源服务部还将购买和捐赠的“工程”资源共计28 600条，按照基础教育教学资源元数据应用规范（CELTS-42）和中小学课程标准进行编目、整理，并上传至国家基础教育资源网，使该网的资源库教育资源量达843.8GB。截至2008年底，共有42万人在国家基础教育资源网上注册，491万人次搜索，310万人次浏览，日均搜索1.7万人次，日均浏览1万人次。下载次数112万人次，达47 959 GB，日均下载7 000人次、500GB。

支持服务不断加强。截至2008年底，“工程”共注册项目学校266 620所。资源服务部为上述用户提供了优质服务。全年共处理邮件43 400封；创建QQ群71个，用户7 048人；接听电话24 740个，处理手机短信33 400条。

项目培训不断深入。在教育部基础教育二司领导下，中央电化教育馆组织实施了工程项目学校校长专题培训，2008年12月开始在中西部23个省（自治区、直辖市）及新疆生产建设兵团分三批实施，共有23 158名农村中小学校长按照“专题培训”要求参加了本次远程培训。陈小娅副部长在培训前作了重要讲话，李天顺副司长作了“用好现代远程教育，努力提高教育质量”的专题讲座。培训采取了网络在线学习和混合学习（卫星IP收视课程＋自学讨论）两种学习方式，一方面依托“全国中小学教师教育技术能力建设计划”项目网站，为参加培训的校长提供了在线课程点播、下载以及网上讨论和答疑服务；一方面通过卫星IP频道，提供视频课程下载服务和专家答疑反馈。通过多种手段的综合使用，较好地发挥了引领学习的作用，为参训校长提供了全方位的学习支持服务，使“农远工程”设施设备的效益也得到了充分发挥。这是“天网”、“地网”、“人网”三网结合的一次成功尝试，也是深入推进工程应用的成功实践。

工程管理更加规范。由教育部基础教育二司组织、中央电化教育馆建设的工程管理系统于2008年正式投入使用，提高了工程管理力度和管理效益，有力推进了工程管理的科学化和规范化进程。目前，该系统记录了中西部现有389 626所农村中小学（教学点）的基本信息、设备信息、资源信息、教师培训信息和设备应用信息。通过系统的应用，可以方便地对工程的覆盖面、实施进度、完成情况、设备配备及状况、资源拥有和接收情况、各类设备的应用情况进行分析。系统可以对全国和各地区工程的情况进行统计分析，也能对每个学校（教学点）的具体情况进行深入的了解。工程管理信息系统的应用推广，为各级教育行政部门加强工程管理提供了依据和技术支持。

撰稿 费 龙 黄旭光 刘 峰

〔**“2008年暑期中西部农村义务教育学校教师国家级远程培训计划”实施**〕 2008年7月25日—8月4日，由教育部师范司、基础司和体卫司组织，中央电化教育馆承担具体实施工作的“2008年暑期中西部农村义务教育学校教师国家级远程培训计划”在23个省（自治区、直辖市）和新疆生产建设兵团实施。共有141个县（市、州）25.5万名中小学教师参加。培训工作受到教育部领导的高度重视，周济部长出席启动仪式并作重要讲话，陈小娅副部长主持了启动仪式。

本次培训采用以卫星电视为主、网络和光盘学习为辅的远程教育方式，充分发挥了卫星电视、卫星IP传输、互联网、光盘、手机互动等各种培训手段的优势和“农村中小学现代远程教育工程”设施设备的效益。培训中，中央电化教育馆依托“全国中小学教师教育技术能力建设计划”项目网站，为参加培训的教师提供了在线课程点播、下载以及网上讨论和答疑服务，同时，依托手机短信平台和语音电话，为不具备网络条件的教师提供非在线互动服务。此外，组织学科编辑担任各学科讨论管理员，及时汇总、整理参训教师提出的问题，再由学科编辑发布到网络讨论平台。

培训期间，中央电化教育馆组织了5个巡视组分赴吉林、贵州、甘肃、陕西、黑龙江等省进行了巡视。参训教师普遍感到参加本次培训受益匪浅，认为培训内容水准高，切合教育教学的实际需要，可操作性强，帮助他们解决了教育教学当中的一些实际问题，使他们对教育教学工作有了更全面、更深入的认识，提高了自身的能力和素质。

撰稿　杜光胜

〔**“英特尔未来教育基础课程项目”圆满结束**〕 为推动我国农村中小学教育信息化的发展，根据2006年11月教育部与英特尔公司的合作备忘录，教育部基础教育二司与英特尔（中国）有限公司共同组织实施了英特尔未来教育基础课程项目。

2006—2008年，该项目利用“农村中小学现代远程教育工程”为农村初中校配备的计算机教室和设备，采用“培训培训者”、“教师教教师”的培训模式，在河北、山西、辽宁、吉林、黑龙江、安徽、河南、湖北、湖南、广西、四川、宁夏、陕西等13个省、自治区的352个“农村中小学现代远程教育工程”项目实施县（区）的6 021所中小学实施了该项目。

中央电化教育馆作为项目总协调机构，具体组织项目的实施工作，并协调省级项目执行机构、项目专家组、评估组的工作。项目实施以来，共计培训骨干教师159名、主讲教师10 406名、学科教师201 493名，很好地支持了“农远工程”在各地的实施。

撰稿　刘　峰
审稿　王珠珠

〔**“教育部—AMD启明星计算机样板教室”项目圆满结束**〕 2005年10月27日，教育部、AMD公司在人民大会堂共同签署了“AMD与教育部关于支持中西部贫困地区基础教育信息化建设合作备忘录”，项目正式启动。项目执行单位为教育部基础教育司，实施单位为中央电化教育馆，项目捐赠方为AMD（中国）有限公司。

2008年1月17日，教育部、AMD（中国）有限公司在贵州省遵义市遵义县后坝初级中学共同举行了该校的“启明星教室”项目工程竣工典礼，并宣布全国的“启明星教室”项目预定目标任务顺利完成，项目结束。

截至2008年底，该项目在陕西、甘肃、宁夏、新疆、青海、西藏、内蒙古、云南、贵州、四川、广西、海南、重庆、安徽和新疆兵团分三批共建立了30个“启明星教室”。

“启明星教室”项目的有效实施，推动了中西部地区教育信息化的发展，改善了办学条件，促进了信息技术与学科教与学的整合。“启明星教室”的应用，提高了教师信息素养和教学能力，促进了学生学习态度、学习能力和学习成绩的改善。同时，“启明星教室”的建立，也为当地农村经济发展和社会政治文化建设提供了支撑平台。

撰稿　陈　莉
审稿　王晓芜

〔教育部—微软（中国）“携手助学”项目第三届信息技术创新应用主题活动圆满结束〕 2008年12月7日—8日，教育部—微软（中国）“携手助学”项目第三届信息技术创新应用主题活动颁奖仪式在北京举行，标志着第三届创新应用主题活动圆满结束。信息技术创新应用主题活动为教育部—微软（中国）“携手助学”项目的子活动。该活动从2005年开始，至今已举办三届。2008年2月，第三届信息技术创新应用主题活动正式启动，在包括新疆生产建设兵团在内的30个省、自治区、直辖市的100所项目学校举行，这些学校多数为边远地区的农村初中。本届主题活动主要通过“基于项目的学习”的网页评选和“我与奥运”PPT评选两方面内容开展。活动过程采取面对面培训与专家在线指导相结合，对学校参与教师进行了有关PPT制作、网页制作、基于项目的学习、项目计划书制订和项目总结（VCT）制作等方面内容的培训和指导。活动的内容和开展形式受到参与学校及教师的欢迎，他们积极参与到活动评比中来，并提交了一系列出色的作品。

撰稿　陈伟玲

〔《现代常用独体字规范》通过国家语委审定〕 中央电化教育馆于2006年10月在开展《汉字输入与识字教学相整合及其标准化问题研究》的过程中，正式提出并组织有关单位和专家开展了现代常用独体字规范研究。由于汉字独体字多年来一直没有统一的定义和规范，因此，它长期困扰着语文教学的教师、困扰着语文教材和字词典的编写人员，也困扰着汉字编码的研究者。2008年12月，该课题研究结果《现代常用独体字规范》在广泛征求意见的基础上，经教育部语言文字信息管理司组织有关专家多次协调和会商，通过了国家语委语言文字规范（标准）审定委员会的审定。

撰稿　陈庆贵

〔第九届全国中小学电脑制作活动圆满举办〕 作为第二届中国国际青少年动漫周主要内容之一，2008年7月28日—8月2日，由中央电化教育馆、教育部考试中心联合主办的第九届全国中小学电脑制作活动学生作品面试、电脑机器人竞赛暨夏令营在黑龙江省哈尔滨市隆重举行。教育部副部长章新胜同志，黑龙江省委常委、宣传部长衣俊卿同志等出席了动漫周暨哈尔滨第24届世界大学生冬季运动会倒计时200天欢乐庆典。

本届中小学电脑制作活动“评选类项目”包括：电脑绘画、电脑动画、电子报刊、网页、程序设计和电脑艺术设计。共收到全国32个省级教育部门推荐的作品1 659件。经过技术测试、网上公示和专家评审，最终有441件作品分别获得一等奖、二等奖和三等奖。“竞赛类项目”包括：电脑机器人足球竞赛、电脑机器人灭火竞赛和机器人工程挑战赛——破解能源竞赛。25个省级教育部门推荐的158支代表队、230名中小学生参加了比赛。经过比赛，64支队伍分别获得竞赛组各项目的冠亚军及其他奖项。

活动组委会授予山东省教育厅、广东省教育厅等10个省级教育部门最佳组织奖。至此，本届活动历时半年，圆满结束。

撰稿　付　涛

〔第十二届全国多媒体教育软件大奖赛成功举办〕 2008年11月8日，由教育部指导、中央电化教育馆主办的第十二届全国多媒体教育软件大奖赛（以下简称“大奖赛”）颁奖大会在北京隆重举行。教育部副部长、大奖赛组委会名誉主任陈小娅同志出席颁奖大会并作重要讲话。解放军总参军训和兵种部训练保障局、教育部基础教育二司、职业教育与成人教育司、高等教育司、科学技术司、AMD（中国）有限公司等单位的负责同志出席大会。

陈小娅同志指出，随着我国教育信息化的快速推进，全国多媒体教育软件大奖赛应运而生。从1998年到现在，这项大奖赛已经走过了10年的历程。大奖赛从无到有、从小到大，从一个侧面见证着我国教育信息化及教育资源建设的前进足迹。她希望各地教育部门、电教馆等单位，继续将大奖赛作为推进本地区教育信息化建设的一项举措，精心做好组织工作并充分利用大奖赛这个平台，加强地区之间、学校之间、教师之间以及企事业单位之间的协作与交流，合力推动教育教学资源的共建共享，促进我国教育信息化全面协调可持续发展。

本次大奖赛，全国各地共报送作品 3 836 件，通过技术测试并参加专家评审的作品 2 630 件，作品报送数量超过历届。经过技术测试、网上公示、专家评审和现场决赛，共有 746 件作品获奖。

撰稿　施　枫

审稿　王晓芜

教育考试

考务管理

〔**综述**〕 2008年，国家教育考试中心按照国务院和部党组的要求，在各级党委、政府和国务院有关部门、有关司局强有力的支持下，采取多项措施，克服四川汶川特大地震带来的巨大困难，充分发挥部际联席会议作用，坚持以人为本，从维护社会稳定和考生利益出发，部署并开展各项工作。各级考试机构狠抓落实，在有关部门的配合下，重点做好安全保密和考场管理工作，及时查处考试违规行为。2008年国家教育考试考务工作实施平稳，社会反应良好。

四川和甘肃的8个地（市、州）近12万考生因汶川地震延期高考。这是建国以来最大规模的因自然灾害而延期的考试。遵照国务委员刘延东和教育部领导的批示精神，考试中心领导分批带队赶赴现场指导，并与教育部学生司、两省招办密切配合，在社会各界和部队的帮助下，延考于2008年7月3日—5日顺利举行，考生及家长较为满意。

在2008年各项国家教育考试考务工作中，充分利用“十一五”事业发展规划取得的成果，发挥国家教育考试考务管理与服务平台等高科技手段的作用，效果良好。

撰稿　张为舟

〔**国务院部委联动净化考试环境**〕 为净化考试环境，防范和打击利用互联网和无线通讯工具进行涉嫌考试泄密、团伙舞弊、枪手替考和助考、招生诈骗等非法行为，确保国家教育考试平稳进行，2008年5月，在各项国家教育考试前，考试中心和教育部学生司共同牵头召开部际联席会议，优化联合工作制度。教育部、国务院新闻办网络局、公安部治安局、网络安全保卫局、工业和信息化部通信保障局及网络与信息安全管理中心等单位有关负责同志参加会议，专题研究解决方案。会后，各有关部委共同发布文件，提出具体要求，明确要加强部门协作，综合整治，齐抓共管，共同净化考试环境。

〔**国家教育考试考务管理与服务平台建设**〕 国家教育考试考务管理与服务平台工程已完成31个省级招生考试机构的考务指挥中心建设，其中北京、河北、辽宁、黑龙江、河南、陕西等6省市建立了地市级考务指挥中心，实现了国家级、省级、地市级的三级指挥中心建设。16个省（自治区、直辖市）建设了网上巡查系统，各类考试可监控的考场达5万多个。该平台网上巡查、视频指挥、考务综合管理、突发事件应急处置、考生服务等五大功能开始发挥作用。2008年进一步完善了平台建设的整体规划，海外考试考点的监控逐步地纳入到平台的建设中来。特别针对托福网考，要求新建考点配备视频监控设备。2008年6月7日，高考首日，中共中央政治局委员、国务委员刘延东亲临国家教育考试考务指挥中心，通过该平台视频巡查系统检查全国高考的组织工作，了解四川、甘肃、陕西等地震灾区的高考安排情况，听取工作汇报，慰问工作在高考一线的全体同志，对平台建设给予充分肯定。

〔国家教育考试考生诚信档案系统建设〕 为进一步完善国家教育考试考生诚信档案系统，考试中心于2008年4月召开了全国各省级教育考试机构培训会，进行国家教育考试考生诚信档案系统安装部署、使用操作的培训。截至2008年底，已完成20多个省（自治区、直辖市）的部署工作，并开通面向社会查询的网站，为招生高校、用人单位提供诚信记录查询和认证服务。

撰稿 褚庆军

〔四川、甘肃6个地（市、州）延期高考〕 2008年5月12日，四川汶川发生特大地震，四川、甘肃的6个重灾区考生无法如期参加全国统一高考。对此，党中央、国务院及教育部高度重视，刘延东国务委员批示要求做好高考延考工作；周济、袁贵仁、赵沁平等教育部领导对两省延考工作多次指示并亲临灾区视察，指导工作。

教育部学生司、考试中心于5月13日提前进入24小时值班状态，并启动应急预案，先后向四川派出8批工作组，向甘肃派出2批工作组，向陕西派出1批工作组，协调、指导当地做好如期高考和延期高考各项工作。

两省延考报考基本情况

	地（市、州）	县（区）	考点	考场	考生
四川	6	45	81	3 250	96 436
甘肃	2	17	25	810	23 492
总计	8	62	106	4 060	119 928

四川6个地（市、州）中，绵阳、广元、成都、阿坝、德阳的平武、北川、青川、都江堰、汶川、绵竹全部或部分考生分别外迁到绵阳市区、广元市区、成都市区、德阳市区，使用经建设部门鉴定合格的教室，其余的均在当地使用木板房做考场。雅安均在本地使用木板房进行考试。

甘肃陇南市全部在当地使用活动板房，甘南州70%使用教室，其余使用板房。

撰稿 马炳勋

〔印发《国家教育考试突发事件应急预案》〕 2008年1月31日，教育部办公厅印发《国家教育考试突发事件应急处置预案实施办法（暂行）》。文件对国家教育考试工作中可能出现的突发事件以及处置程序进行了规定，包括命题管理、试卷印刷、运送、保管、评卷组织管理等环节出现的试卷（答卷）安全保密事件、考试实施中出现的突发事件，以及网络有害信息等影响考试和社会稳定的其他突发事件。同时，文件要求各级教育行政部门、考试机构结合本地实际情况制订实施细则。4月22日，考试中心在西安召开了全国省级教育考试机构的应急预案培训会。

撰稿 蔡武越

〔印发国家教育考试网上评卷相关规定〕 2008年4月28日，教育部印发了《国家教育考试网上评卷暂行实施办法》、《国家教育考试网上评卷技术暂行规范》、《国家教育考试网上评卷统计测量暂行规范》。

《国家教育考试网上评卷暂行实施办法》明确了工作职责，规范了相关制度和工作流程；《国家教育考试网上评卷技术暂行规范》从软硬件配置、数据格式、信息安全要求、质量监控及专业术语等技术层面提出了明确要求；《国家教育考试网上评卷统计测量暂行规范》规范了误差控制模型、雷同卷的判定、数据统计、评价等方面工作。

〔出台2008年高考、成人高考考务工作规定〕 2008年4月3日，教育部印发了《2008年高等学校招生全国统一考试考务工作规定》。文件对考试工作人员的配备、试卷的印刷、运送与保管、考试实施、评卷与分数报告、考试信息管理以及相关考试工作要求、人员职责等方面作出了规定。

2008年5月上旬，教育部办公厅下发文件，要求各地加强领导，严肃考风考纪，做好外语考试听力测试和网上评卷工作。

〔加强高考安全工作和督考监察〕 2008年5月22日，教育部发出《关于进一步加强2008年普通高等学校招生全国统一考试安全工作的紧急通知》，要求各级教育行政部门、招生考试机构要牢固树立“安全第一”的思想，要确保试卷、考生及考试工作人员的安全，完善突发事件应急预案。

2008 年，考试中心在高考、成人高考、研究生考试、自学考试、大学英语四六级考试期间，共派出 30 个检查组，巡视检查人员 97 人次，对 34 个（次）省（自治区、直辖市）、105 个（次）地（市、县）考试组织管理工作、127 个（次）保密室的安全保密工作、87 个（次）考点的考风考纪情况以及阅卷情况进行了深入细致的巡视检查。

〔**大学英语四六级考试网上评卷组织与管理**〕 2008 年，全国大学英语四六级考试考生人数突破 1 600 万人次，与 2007 年相比增长了 14.3%。评卷工作仍采用网上集中评卷方式，扫描点由吉林、江苏、福建、山东 4 省的考试机构承担。北京、天津、吉林、上海、江苏、浙江、山东、湖北、广东、四川、重庆、陕西等省市的考试机构负责网上评卷的组织与管理工作。

撰稿 刘 勇
审稿 刘军谊

高校入学考试

〔**综述**〕 2008 年全国高考试题质量总体较好，与往年相比，考试形式和难度基本保持稳定，但稳中有变，大部分试题都做了有益的尝试和创新。试题在考查知识的同时，加强了能力的考查；试题注意理论联系实际，贴近生活，关注社会；试题难度适当，具有较好的区分度；试题无科学性问题，参考答案准确、规范，有利于评卷，评分参考合理。

2008 年，海南、宁夏、广东、山东 4 个省区实施课程标准后的第二年高考，江苏省实施课程改革后首次高考。新高考命题进一步突出能力立意，体现课改的理念，加强对学科探究能力的考查，强调平稳过渡。考试内容与高中新课程内容相衔接，突出学科的核心内容和主干知识，体现基础性、时代性和选择性要求；关注对考生情感、态度、价值观的考查。选考模块间试题难度平衡，试题的区分度进一步提高。

2008 年 7 月，召开了全国普通高考试题评价会，对全国高考试题从政治性、科学性、规范性等方面进行了专业分析和评价，形成了《2008 年全国普通高考试题专家评价报告》。

撰稿 任子朝 李 勇

〔**分省命题工作**〕 2008 年全国高考分省命题省市仍保持 16 个，基本稳定。其中，北京、天津、山东、重庆、四川等 5 个省市命制语文、数学（文/理）、英语、文科综合、理科综合，上海、江苏、广东等 3 个省市命制语文、数学（文/理）、英语、政治、历史、地理、物理、化学、生物等学科（上海、广东还命制文科基础和理科基础）；辽宁、浙江、福建、安徽、江西、湖北、湖南等 7 个省命制语文、英语、数学（文/理），陕西省命制数学（文/理）和英语，其他考试科目使用教育部考试中心命制的试题。所有小语种考试仍由教育部考试中心命题。

2008 年，教育部进一步加强对分省命题的指导、培训、监督和评价工作，重点是对实行高中课程改革后高考命题省的管理工作。2008 年 3 月下旬在北京召开了 2008 年课程标准后高考命题培训与交流会，山东、广东、天津、辽宁、江苏、福建、安徽、浙江等 8 省市考试机构的命题管理人员和学科人员 50 余人参加会议，交流学科命题工作的经验，研究和讨论课程改革后高考命题的思路和方向。

撰稿 李 勇

〔**硕士研究生入学考试新增计算机科学与技术学科联考命题**〕 根据教育部办公厅《关于全国硕士研究生统一入学考试计算机科学与技术学科初试科目调整及命题形式改革的通知》，教育部从2009年起对全国硕士研究生统一入学考试计算机科学与技术学科联考的初试科目进行调整。调整后的初试科目为政治理论、外国语、数学（一）和计算机学科专业基础综合。

在上述改革措施下，考试中心承接了新增加的计算机学科专业基础综合（包括数据结构、计算机组成原理、操作系统和计算机网络）考试科目的命题任务。组建了命题教师队伍，编写了《考试大纲》，进行了预命题，成功命制了2009年正式考试用试卷。

〔**政法院校招录培养体制改革试点笔试命题**〕 根据中央政法委《2008年政法院校招录培养体制改革试点工作实施方案》精神，2008年将从军队退役士兵和普通高校毕业生中选拔优秀人才进行专门培养，毕业后到西部和经济欠发达地区的县级人民法院、人民检察院、公安和司法行政机关工作，以提高政法干部队伍的整体素质。培养层次包括专科、本科和研究生。

上述三个培养层次招生考试的笔试包括公务员公共科目考试和教育入学考试。报考专科试点班的考生只参加公务员公共科目考试；报考本科班的考生还需参加民法学的考试；报考法学硕士研究生班的考生还需参加专业综合Ⅰ（含刑法学、民法学）、专业综合Ⅱ（含法理学、中国宪法学、中国法制史）的考试。

考试中心承接了本科班招生民法学、硕士研究生招生专业综合Ⅰ、专业综合Ⅱ三个考试科目的《考试大纲》制定和命题工作。

教育入学考试笔试于8月31日举行，共有17 175人参加了本科班招生民法学的笔试（拟招录1 040人，考录比为16∶1），有1 572人参加了硕士班招生专业综合Ⅰ、专业综合Ⅱ的笔试（拟招录80人，考录比为19∶1）。根据考后考生成绩的统计数据分析，试题难度适中、区分度较好，符合预期设计目标，较好地满足了招生录取的需求。

〔**成人高考**〕 2008年，考试中心根据教育考试国家题库建设规划，继续推进成人高等学校招生全国统一考试的题库建设工作，补充了题库试题，基本达到了成人高考项目的题库建设目标。在2008年的考试中，采取从题库中随机抽取试题组卷用于考试的办法，实现了命题方式的转变。

撰稿 陈 睿
审稿 余仁胜

高等教育自学考试

〔**2008年高等教育自学考试学历教育基本情况**〕 2008年报考989万人次、2 343万科次，与2007年相比增加44万人次和127万科次，分别增长4.61%和5.73%。本科报考585.2万人次（占59.17%），专科报考375.3人次（占37.95%），无法区分专业层次有28.5万人次（占2.88%）；本科报考1 374万科次（占58.64%），专科报考科次899万（占38.37%），无法区分专业层次有70万科次（占2.99%）。首次报考人数182万余人（不含解放军）。

〔**纪念《高等教育自学考试暂行条例》颁布20周年暨优秀自考生表彰大会**〕 2008年12月13日，纪念《高等教育自学考试暂行条例》颁布20周年暨优秀自考生表彰大会在北京召开。第三届全国自学成才奖励基金优秀自考生代表，部分从事自学考试工作的老领导、老同志，各省、自治区、直辖市和解放军高等教育自学考试办公室负责人，来自全国考委专业委员会、助学单位、主考学校和相关部委、行业协会的代表，以及特邀嘉宾和新闻媒体的代表，共计300余人参加了会议。会议回顾了自学考试制度的发展历程，总结了自学考试为我国经济社会的发展、国民文化素质的提高和促进教育公平等方面的成就，表彰了优秀自考生并为优秀自考生代表颁发了证书、奖章。

〔**首届全国十佳自考生评选**〕 为大力宣传和鼓励自考生自强不息、努力上进精神，2008年，全国自考办组织开展了首届“全国十佳自考生”、“单项优秀自考生”和第三届全国自学成才奖励基金优秀自考生的评选、表彰和宣传活动。“全国十佳自考生”是：王振敏（天津）、杨晓宇（辽宁）、张晓玲（山东）、尹波（安徽）、肖中兵（福建）、颜晓华（湖北）、帅育强（重庆）、扎西桑珠（西藏）、周晶（甘肃）、梁建国（解放军）。有35名自考生获得“单项优秀自考生”称号，165名自考生获“优秀自考生”称号。编写“全国十佳自考生”和“单项优秀自考生”事迹报告文学《学习改变命运》第三辑。

撰稿 刘素娟

〔**全国统考课程概况和考试大纲建设**〕 2008年高等教育自学考试全国统考课程共计660门，其中全国考办负责命题课程107门，北京、沈阳、上海、南京、武汉、成都、西安、广州、杭州、哈尔滨、重庆、天津、长春、济南、福州、兰州等16个命题中心共负责命题课程553门。2008年4月—10月，以问卷形式调查了全国自学考试省级命题工作情况，拟定《高等教育自学考试省级命题管理办法》。

初步建立统考课程动态调整机制，停考电厂热能动力工程等专业，将18门统考课程调整为省级命题课程。

配合有关专业委员会，参与完成中文、计算机、护理学、行政管理等专业的33门课程自学考试大纲的修订及审订。

撰稿 东晓华
审稿 柳 博

〔**全国考委第四届专业委员会成立**〕 2008年10月30日，经教育部批准，全国考委第四届专业委员会正式成立，下设15个专业委员会，由165位来自高校、部委、行业和企业的专家组成。本届专业委员会在广泛征求意见的基础上，实现了结构调整，规模得到有效控制；平均年龄降低，实现了年轻化；专业结构进一步优化，具有正高级职称人员占93%；同时吸收、保留了一些学科带头人和知名学者，其中有工程院院士1人、全国政协委员2人、全国人大基本法委员会委员1人、现职校级领导34人。11月29日，全国考委第四届专业委员会全体会议暨成立大会在北京召开，教育部副部长、全国考委副主任赵沁平到会讲话并为委员颁发了聘书，全国考委秘书长、全国考办主任戴家干就自学考试发展情况和工作思路作了介绍。

撰稿 李 颖

〔**专业管理**〕 2008年，22个省、自治区、直辖市和解放军新开考194个专业点，含本科层次92个、专科层次102个，其中经审批开考的新专业32个。至此，全国已开考共计731个专业，其中专科层次377个，本科层次354个；全国已开考共计3 506个专业点，其中专科层次1 673个，本科层次1 833个。

撰稿 杨 榭

〔**自学考试助学组织登记工作情况**〕 2008年，全国注册登记并经教育行政管理部门批准的社会助学组织共有1 336个。其中，普通高校461个，占34%；民办高等教育机构381个（其中民办普通高校105个），占29%；成人高校、部门培训机构以及其他形式的短期培训班494个，占37%。全国共有169万人参加助学。普通高校助学学员74万人，占全部参加助学学员总数的44%；民办高等教育机构助学学员41万人（其中民办普通高校助学学员17万人），占全部参加助学学员总数的24%。在参加助学辅导的学员中，业余学习学员约占53%。

撰稿 贾洪芳

〔**自学考试宣传工作**〕 根据全国考办的部署，各地自学考试机构以《高等教育自学考试暂行条例》颁布20周年为契机，积极开展纪念《条例》20周年座谈会（表彰会）、自考征文、自考宣传周（月）、自考文化节等主题宣传活动。与新浪网、华夏大地教育网联合举办全国性的网络在线访谈活动，为考生答疑解惑，利用《中国教育报》、《中国青年报》等多家媒体进行专题报道。编写《高等教育自学考试宣传画册》、《高等教育自学考试2007年工作报告》、《高等教育自学考试2007年大事记》，编辑出版了《自学考试简报》13期。

撰稿 刘素娟
审稿 鲁欣正

非学历教育考试

〔**全国计算机等级考试（NCRE）**〕 2008年全国计算机等级考试（NCRE）的报考人数达418万（比2007年增长7.2%），获证人数168.4万。截至2008年底，逐年累计报考人数达2 874.4万，累计获证人数达1 073.4万。

2008年，新开考计算机职业英语一级、二级Delphi语言、四级网络工程师、数据库工程师和软件测试工程师5个科目，基于SQL Server数据库的新版上机考试系统分别完成个别考点试点和个别省内试点考试工作。

撰稿 黄啸波

〔**全国英语等级考试（PETS）**〕 2008年，PETS在全国31个省（自治区、直辖市）和解放军总参系统开考，全年考生总人数达110.9万人，比2007年增长10.3%。

教育部考试中心于2006年研究开发的PETS低级别（1级B和1级）计算机辅助口语考试系统在天津、福建两地试点后已正式投入使用。2008年该系统在全国进行推介，云南省于2008年下半年考试中首次使用该系统。

2008年，浙江省公布的《浙江省新课改高考方案》将高考英语听力考试作为2009年新课改高考方案中的一个考试项目，满分为30分。根据《浙江省新课改高考方案》，高考英语听力考试成绩使用PETS-2级听力考试成绩，一年给考生提供两次考试机会，每一考生可自定参加一次或二次考试，取最高的一次成绩记入高考总分，考试成绩两年有效。首次英语听力考试于2008年9月13日顺利举行，浙江省共有33.22万考生参加。

为完善PETS的评价与服务功能，方便考生查询成绩，方便用人单位验证证书真伪，教育部考试中心于2008年底开通了PETS考试成绩（报告单）及证书网上查询系统（chaxun.neea.edu.cn）。

撰稿 吴 莎

〔**全国外语翻译证书考试（NAETI）**〕 全国外语翻译证书考试（NAETI）是教育部考试中心与北京外国语大学合作举办，在全国实施的面向全体公民的非学历证书考试。主要测试应试者笔译和口译能力。目前开设英语和日语两个语种，以后将逐步扩展到其他语种。NAETI分为笔译和口译两大类，英语含四个级别。

全国共有考点46个。2008年，全国37个考点组织了考试，报考总人数2 640人次。

〔**全国外语水平考试（WSK）**〕　全国外语水平考试（WSK）是教育部举办的用于考查国家公派出国留学人员外语水平的标准参照性考试，共包括英语、法语、德语、日语和俄语五个语种。每年6月的第2个周末考英语、德语、法语，12月的第2个周末考英语、日语和俄语。2008年，全国共有考点36个，共报考19 015人次。

撰稿　赵宝华

〔**全国中小学教师教育技术水平考试（NIT—NTET）**〕　2008年，共有259 608名考生参加了在辽宁、江苏、河南、四川、重庆、广西、云南、海南、陕西、宁夏、青海、新疆、西藏等13个省、自治区、直辖市举行的考试，219 232人取得了合格证书。教学人员中级考试在上海和北京进行试考。评价工作服务对象从考生个人扩展到教育行政部门，首次向教育部师范教育司提交了年度数据分析与评价报告。

撰稿　孙显福

〔**全国计算机应用技术证书考试（NIT）**〕　2008年NIT开考三大类别：基础应用类、专业应用类、专业类，共分为《计算机应用基础（Windows XP环境）》等17个模块考试，3月、6月、9月、12月共开考四次。2008年考试人次达到35万，培训机构和考试点达到1 800多个。使用网络化考务管理平台，实现了远程数据的集中管理。

〔**全国计算机职业技能考试（NIT-Pro）**〕　全国计算机职业技能考试2004年开考，分为工程师及高级工程师两个级别。2008年4月、6月、10月、12月分别在全国9个省份的30个直属考试点开考四次，考生近2 000人。

〔**全国青少年计算机考试（YNIT）**〕　2008年6月，原全国少儿计算机考试（YNIT）更名为全国青少年计算机考试（YNIT）。每年3月、6月、9月、12月开考四次，目前开考13个模块。2008年报考人数近5万，获证人数超过3.8万。

2008年成功举办第二届全国少儿计算机考试优秀作品评选活动，这是近年来青少年计算机考试培训成果的一次很好展示。

撰稿　赵英华

〔**剑桥少儿英语**〕　剑桥少儿英语是英国剑桥大学考试委员会为非英语母语国家6至12岁少年儿童提高英语能力而设计的，1996年由教育部考试中心中英教育测量学术交流中心（以下简称中英中心）引进、完善并成为集培训、考试于一体的学习系统，负责在中国的推广。

剑桥少儿英语学习系统在全国30个省份建立了两级管理体制及专家督察队伍。目前，参加剑桥少儿英语考试的人数累计已近200万人次，是全世界参加考试人数最多的国家。现全国持证上岗的教师有3万余人，培训合格的口试考官5 000余人。

2008年10月10日—13日，“2008年全国剑桥少儿英语口试考官组长工作会议”在安徽省合肥市召开。剑桥大学外语部官员Karen Barns女士参加了会议。

〔**中英合作商务管理与金融管理**〕　2008年，在北京、天津等17个省（自治区、直辖市）开考，全年报考科次为12.4万，其中北京报考科次达到58 652个，占报考科次总数的47.26%。

2008年1月，教育部考试中心与剑桥大学国际部签署了“关于在中国合作开展高等教育自学考试商务管理、金融管理专业新项目证书考试会谈备忘录”。

撰稿　韩　雁
审稿　王　莉

海外考试

〔**综述**〕 2008年海外考试考生人数再创历史新高，新增了BJT商务日语能力考试和德国的学习能力考试（TestAS）两个考试项目。全年考生人数（科目）950 695，与2007年的711 852人（科目）相比，考生人数增长33.5%。

撰稿 陈 可
审稿 张 进

〔**托福考试（TOEFL英语作为外国语考试·美国）**〕 2008年在上一年设有考点的基础上增设了19个考点、38个考场。目前，全国共设有网考考点71个、考场125个。全年实施计算机化网络考试41次。至2008年底，全年网考报名总数132 813人，实际参加考试总数121 377人，实际参加考试人数比去年增加近一倍。

撰稿 陈 可

〔**GRE（研究生入学考试·美国）**〕 2008年GRE一般能力双模式考试机考人数为45 037人，比上年度增长20.7%。一般能力双模式纸笔考试（词汇和数学考试）考试2次（6月、10月），考生总人数为43 395人，比上年度增长21.2%。专业测验考试1次（11月），考生总人数为2 209人，比上年度减少7.2%。

撰稿 王 巍

〔**GMAT（工商管理研究生入学考试·美国）**〕 2008年，全国12个（9个兼用、3个专用）GMAT考场共有15 250名考生参加了GMAT机考，比2007年增长51%。

撰稿 陈 可

〔**LSAT（美国法学院入学考试·美国）**〕 2008年组织考试2次，6月报考246人，12月报考320人，考生人数共计566人，比2007年增长25%。

撰稿 解 智

〔**CGFNS考试（外国护校毕业生委员会·美国）**〕 2008年共进行了3次（3月、7月、11月）考试。考生人数93人，比2007年下降120.43%。

撰稿 余 珂

〔**IT（信息技术证书考试·美国）**〕 2008年共有12 911名考生报名考试，比2007年的14 277名减少了11.6%。

撰稿 陈 可

〔**BEC（商务英语证书考试·英国）**〕 2008年协助剑桥大学考试委员会成功举办“亚太地区剑桥商务英语大赛”。

2008年3月，在北京举行了BEC计算机化考试的考务与技术培训，8个考点参加了此次培训。全年纸笔考试两次，考生人数为92 734人，比2007年增长34%；4月12日举行了BEC机考的测试，9月27日和11月2日成功举行了两次BEC机考，考生人数66人。

〔**MSE（剑桥英语主体考试·英国）**〕 2008年适当上调了考点考务费，KET、PET上调20元，FCE上调15元。

全年举行两次考试，考生人数6 044，比2007年增长49%。其中56%的考生来自北京。

〔**IELTS考试（国际英语语言测试系统·英国）**〕 2008年，新增苏州西交利物浦大学考点。原有考点在得到英国文化委员会（BC）的确认后，大多数进行了扩容。全年共举行46次考试，考生人数265 056人，比2007年增长32%。

撰稿 李 彤

〔**LCCIIQ考试（伦敦工商会国际认证·英国）**〕 2008年，新增广州市广播电视大学继续教育学院考点。至此，全国共有23个LCCIIQ考点。全年共举行固定考试3期，全国共有661名考生参加了783科次的考试。为有集体加考需求的华东师范大学、广州市广播电视大学、西安国际经贸人才培训中心、福建省人才培训测评中心举行即期（加考）考试共11次，共有859名考生参加了1 239科次的考试。全年共计考试2 022科次，比2007年下降9%。

撰稿 陈 可

〔**日本语能力测试·日本**〕 2008年，新增新疆大学考点。至此，全国共设有60个考点，分布在24个省（自治区、直辖市）的30个城市。总容量基本维持在25万人左右，基本上缓解了考生报名难的问题。2008年，全国共有245 791名考生（包括残疾人）报名参加考试，比上一年略有减少；缺考率由上年的20.5%减至15.4%。由于日本国际交流基金会的成本增加，经中日双方协商，考试费用由原来的190元提高到350元。

〔**BJT商务日语能力考试·日本**〕 自2008年起，考试中心与日本贸易振兴机构签署协议，开始引进BJT商务日语能力考试，每年于6月和11月举办两次。首批开考院校是北京大学、上海外国语大学、天津外国语学院、广州外语外贸大学、大连外国语学院、中国海洋大学、辽宁大学等7所院校，考试费用为630元。2008年6月考生人数为1 521人，11月考生人数为2 164人。

撰稿 解 智

〔**德福考试（TestDaf，德语作为外国语考试）·德国**〕 2008年，TestDaf考试共举行3次（4月、7月、11月）。全年报考3 596人，比上年增加42.4%。

撰稿 余 珂

〔**学习能力考试（TestAS）·德国**〕 2008年开始引进德国的学习能力考试（TestAS）。该考试由语言测试、核心（能力）测试及专业测试等三个部分组成，适用于申请就读德国大学的非欧盟国家的考生。该考试不设最低分数线，各个高校会根据不同的专业方向将申请人排名，择优录取。

TestAS考试一年进行两次，分别在3月和10月进行。考试形式有两种：OnScreen测试（上机考试）和笔试。通常上午进行上机考试，下午进行纸笔考试。2008年11月22日在北京外国语大学举行首次考试，共有考生65名。

撰稿 陈 可

〔**韩国语水平考试（TOPIK）·韩国**〕 2008年，新增延边大学、哈尔滨师范大学、浙江省教育考试院、西南民族大学、沈阳师范大学和山东大学威海分校等6个考点。至此，全国考点总数达到21个。由于考试成本的增加，考试费用由原来的200元增至300元。2008年共举行考试2次，4个级别报名人数125 154人，比上年增加132%。

撰稿 解 智
审稿 罗 民

教育考试国家题库建设

〔**综述**〕　教育考试国家题库建设共分为三期，2006—2008年8月是一期。题库建设在一期采取了边建设边应用、边应用边完善的策略滚动式发展，圆满完成了一期工程的各项任务，并带来了良好的工作效益和社会效益，特别是在2008年抗震救灾和应急需求中发挥了不可替代的作用。

〔**教育考试国家题库软件系统**〕　题库计算机管理系统是题库建设的基础工程。教育部考试中心专门成立软件开发团队，立足自主研发“教育考试国家题库软件系统”。2008年7月3日，《“教育考试国家题库软件系统”业务需求》通过专家论证。

〔**题库一期工程通过验收**〕　2008年9月—11月，由教育部考试中心有关领导和相关部门组成的“教育考试国家题库验收小组”，采取查阅文档资料、随机访谈、实地考察、向相关部门咨询等形式，分别对题库的制度建设、试题试卷、平台建设、财务状况等方面进行了全面、认真的专项检查，总结题库一期工程建设经验，为二期工程建设提出了建议。

撰稿　关丹丹
审稿　刘　芃

科研与评价

〔**第七届全国教育考试科研讨论会召开**〕　2008年4月25日—26日，第七届全国教育考试科研讨论会在安徽合肥召开，会议主题为“创新考试与评价，促进教育公平”。各省级教育考试机构的考试研究人员和高校的专家学者百余人参加了会议。

〔**教育经济与管理专业教育考试管理硕士生招生与培养**〕　为提高各省级教育招生考试机构命题与管理干部的管理能力和水平，改善全国考试系统一线管理干部的知识结构和科研素质，以适应教育考试事业的改革、发展和创新的需要，2007年9月，经教育部批准，教育部考试中心委托北京师范大学教育管理学院以单独考试形式，主要面向全国及省级教育招生考试机构在职人员，于2008年开始招收和培养“教育经济与管理专业教育考试管理方向”硕士研究生。

2008年，经单位推荐，来自15个省（自治区、直辖市）的58人报名参加了考试，最后录取28人。11月17日，第一届硕士研究生班如期开学。

撰稿　王海东
审稿　韩家勋

〔**升学指导测验**〕　升学指导测验是为高考考生选择填报高等学校专业志愿的服务系统。教育部考试中心从1999年开始研发，2002年正式推出，至今已经为几十万考生填报志愿提供了服务。多年的数据研究表明，该测验具有较高的可靠性和有效性。为了帮助更多的考生正确选择高考志愿，2008 年，教育部考试中心加大了对该测验的宣传和推广力度，全年约有 6.2 万多人参加了测验。

撰稿　张伟明
审稿　马世晔

热点关注

进一步促进教育考试事业科学发展

党的十七大报告从坚持科学发展和促进社会和谐发展的战略全局出发，着眼于国家现代化建设和促进人的发展的需求，把教育当作关系国计民生的首要问题，又基于建设创新型国家和人力资源强国的目标，对教育事业提出了更高要求。当前，全国教育考试系统也在认真思考如何以科学发展观为指导，深化教育考试制度改革、推动教育考试事业科学发展的问题。

由于教育考试对人才培养和教育教学具有监督、监控、筛选、评价和指导作用，在教育改革中一直备受社会关注。一些大规模考试，如中考、高考、研究生入学考试和自学考试等，不仅对学校教育教学过程和人才培养有着直接影响，而且事关众多学生、教师、学校和家庭的利益。因此，按照科学发展观中坚持以人为本、树立全面协调可持续发展的精神，认清当前我国教育考试改革面临的新形势，反思总结 30 年来教育考试事业的成就和问题，探索考试制度改革的新方向，具有重要的现实意义。

一、学习科学发展观，全面认清教育考试制度改革面临的新形势

学习实践科学发展观，首先应全面认清当前我国教育考试制度改革面临的新形势，将教育考试制度改革放在国家社会发展和教育发展的宏观背景中去审视。今年是我国改革开放 30 周年。30 年来，国家的经济、社会、政治、文化和教育领域发生了天翻地覆的变化，改革开放取得重大突破。国家经济实力大幅提升，人民生活水平显著提高，民主法制建设取得了不断进步，政治体制改革稳步推进，行政管理体制、司法体制改革不断深化，文化建设不断开创新的局面。这些成就的取得都与教育密切相关，得益于教育事业发展培养了大量高素质的劳动者和各级各类优秀人才。同时，现代化建设的强烈需求也推动了教育事业的发展，为中国教育的改革与发展开辟了更为广阔的空间。

胡锦涛总书记在十七大报告中，将教育改革与发展作为保障和改善民生的一部分，提出了优先发展教育、建设人力资源强国的战略。这说明在落实科学发展观、构建和谐社会的大背景下，教育的地位和作用更加凸显，教育优先发展的战略地位得到了确立。十七大报告中还明确提出了更新教育观念、深化教学内容方式、考试招生制度、质量评价制度等改革和建设全民学习、终身学习的学习型社会等要求，为教育改革提供了原动力，为教育考试制度改革指明了新方向。目前各级各类教育部门为积极推进从教育大国到教育强国的转变而努力，国家也正在研究制订教育改革与发展中长期规划。其中实施素质教育、提高教育质量、推进教育公平和构建终身教育体系等重要主题，都与教育考试制度改革密切相关。

二、依据科学发展观，认真总结 30 年来教育考试制度的成就与问题

随着我国社会经济和教育事业的全面快速发展，我国教育考试制度改革取得了显著成就，正在大踏步地追赶国际先进水平。教育考试 30 年来发展的主要特征，概而言之就是从行政管理本位向以人为本、更加关注人的全面发展的价值取向转变。具体来说，有

如下六个方面的成就。

第一，考试观念发生变化，招生和考试制度在不断探索中逐步推进。考试理念从当初的强调选拔、分流功能发展到注重评价功能，从管理本位向以人为本、以学生发展为本的价值观念转变。随着社会用人制度和学校培养目标的多元化趋势，招生考试制度从一元化考试向多元化方向发展，考试内容从知识立意向能力立意转变。中考、高考在实行统一考试的基础上，不断探索与学业水平考试及综合素质评价相结合的改革，高校自主招生探索日益深入。研究生入学考试增加专业基础课统考科目，加大复试成绩在录取中的比重。

第二，考试种类日益丰富、考生人数不断创出新高。为服务于经济社会的快速发展和教育需求的多样化，教育考试的种类不断增加，考生人数屡创新高。仅教育部考试中心负责的考试项目，就由最初的高考一项拓展到目前的四大类 40 多项考试，各类考试总规模每年达 6 000 万人次，涉及各个年龄阶段和教育层次。社会证书考试从无到有，发展迅猛，2007 年，全国已经发展到 51 个证书项目，年报考人数达 911 万人次；2008 年，全国高考考生达到 1 050 万人，参加研究生考试人数达到 120 万人。

第三，考试管理的专业化水平显著提高。教育考试由当初的行政管理主导型、工作人员多为临时抽调，发展到包括命题、制卷、考试实施、评阅卷与结果报告、统计分析等各环节的整个考试研发和实施过程，都由考试机构专门人员负责和参与，参照标准、流程和制度规范，误差得到了严格控制，考试管理成为一项专业化很强的技术工作。

第四，科技在考试管理中的应用日趋普遍。由原来的劳动密集型、手工作业为主，到目前的各个环节都使用了现代的信息、通讯和网络技术。考试报名、命题管理、网上阅卷、统计分析等都普遍采用了信息技术手段，各级教育考试考务指挥中心在高考中实现了网上巡查，各种防舞弊手段在高风险考试中广泛应用。信息技术手段保证了考试的安全、科学、高效举行，推动了考试从传统的工作方式向信息化、科技化方式转变。

第五，各类考试学术研究越来越活跃和深入。依托教育测量与统计学及社会学开展考试科学研究，已逐步成为一个专门的研究领域。其中考试史、考试政策、测量技术等各个专题的研究逐渐丰富和深入，拓展了我们对考试现象的认识，并对考试制度建设、一线管理工作提供了理论指导与学术支持。各类专项课题研究、学术会议的组织和学术期刊杂志出版，都大大推动了教育考试的研究深入和深化。

第六，考试机构和队伍从行政管理主导向服务社会、服务教育方向转型。作为教育考试管理的机构，从当初的政府行政部门中逐渐分离分化出来，出现了一批面向行业的考试管理机构。特别是从 2003 年高考施行分省命题以来，多数省份陆续组建了教育考试院，承担本地区教育测评管理和研究任务。考试与评价面向服务市场、服务社会的方向发展趋势日益明显。

回顾教育考试 30 年的发展，既取得了令人振奋的成就，也存在着相当多的问题。当前，最突出的问题表现在教育考试制度的改革步伐和推进速度与人民群众的快速高涨的需求和期望还有相当大的差距。当前，我国教育考试领域还面临着一些突出问题，如教育与考试的关系本末颠倒、以考试代替教育评价等现象。

三、以科学发展观引领，改革我国的教育考试制度

教育考试制度的改革受到诸多社会因素的影响，有教育内部的，也有外部的，还有社会文化传统的因素。需要按照科学发展观的要求，以发展为主题，以体制机制创新为重点，坚持以人为本，统筹兼顾，全面协调可持续发展，从战略角度思考，整体谋划。对考试需要再认识——什么是考试，什么是好的考试，如何改造我们的考试，从单一考试到多元评价，从评价到全面提高教育质量，从人力资源合理配置到建设人力资源强国。需要从考试理念、制度政策和技术方法三个层面上整体推进，不断深化教育考试制度改革。

第一，要树立以人为本的现代考试理念，改造传统考试观念。中国是考试大国，历史悠久，1 300 多年来科举考试的传统，虽有引导全民族重视教育与公平选材的作用，但过分强调考取功名，将考试这种教育手段异化为教育目的，导致考试崇拜、分数崇拜，至今仍然影响着我们的社会文化，成为素质教育贯彻落实的观念性障碍。如何树立现代的、以人为本的考

试理念，特别是以促进学生发展为本的评价观，这就要求我们革除传统考试文化中落后元素，重构考试新文化，更新考试理念。

第二，改革现有教育考试制度，建设教育强国和人力资源强国。新一轮教育改革，呼唤着与之相衔接、协调的内容、形式和评价方式。在高等教育进入大众化阶段，终身教育日益成为社会共识。在构建学习型社会的过程中，在人们接受学历和非学历教育的需求日趋多样化、个性化的时代，根据不同类型、不同层次的教育形式的差异性需求，推进多元化、多样化的教育考试评价制度，建立多渠道、多层次的教育“立交桥”，有利于把国民教育体系和非国民教育体系、各种教育制度和多种办学形式结合起来，形成全方位、立体化的教育格局和相互沟通、交叉互补的教育评价模式。

第三，推进考试公平与教育公平，提高考试管理与服务水平。考试公平是教育公平中的重要一环。考试的设计与实施过程中要按照科学性、规范性、标准化来执行，减少误差和纰漏，是保证考试过程公平的关键。国家考试题库工程于2007年启动，国家教育考试指挥平台建设过半，已经有13个省实现了与国家指挥中心的对接。我们制定了教育考试突发事件应急预案，在今年的四川特大地震灾害中得到了使用。我们与各级考试机构还在杜绝各种考试违规舞弊现象方面制定了很多相应的办法和措施，以确保考试公平和教育公平的落实。

第四，拓展考试与评价服务的空间与领域，办人民满意的教育。随着我国的高等教育进入“大众化”时期，考试机构应该及时从只关注一次考试转变为围绕学生从基础教育进入高等教育的整个时期，拓宽服务范围，使得考试机构在未来的中国教育总体格局中成为桥梁和纽带。这方面国外考试评价机构给了我们很多启示。如美国大学理事会秉持“帮助中学生完成从基础教育到高等教育的过渡”这一理念。除考试之外，还提供了包括面向学生的大学发展规划、升学指导、职业规划、自我评价、寻求财政资助等方面服务，以及帮助中学提高教学质量的学业标准、开展教师培训等。

第五，转变职能，强化服务意识，建设专业化的教育考试与评价服务机构。长期以来，教育考试机构基本上是附属于政府的行政体制之上，管理意识强而服务意识弱，主观意识强而法律意识弱，行政意识强而市场意识弱，这不利于教育考试事业科学发展。实现专业化和职业化发展方向，要不断地进行考试内容与形式改革，开展科学研究，使之成为推动教育考试机构专业化、职业化建设的动力。培植核心竞争力，拥有反映考试和评价研究的智库；建设功能强大和信息完整的数据库，建设科学实用和功能全面的题库，是发展专业化、职业化的考试与评价服务机构必由之路。

总之，我们学习实践科学发展观，应该全面地分析当前我国教育考试事业面临的大形势、大背景，认真反思改革开放30年来教育考试领域的成就和主要问题，坚持以人为本、以学生发展为本的原则，从更新考试理念、创新考试制度和探索考试新技术新方式等层面积极推进改革，推动国家教育考试事业整体发展。

作者系教育部考试中心主任戴家干，原载2008年12月27日《中国教育报》

教育人事管理

综 合 管 理

〔**深化中小学教师职称制度改革**〕 按照中央关于加强人才工作的决定和国务院关于深化职称制度改革的要求，为落实新修订的《义务教育法》建立统一的义务教育教师职务制度的规定，教育部会同人力资源和社会保障部在深入调研、广泛征求意见的基础上，共同研究了有关深化中小学教师职称制度改革的意见。两部多次召开部长专题办公会，并在全国范围内先后召开8次座谈会，分别听取26个省（自治区、直辖市）人事、教育部门，中小学教师、校长代表，部分教育界人大代表、政协委员的意见和建议。党中央、国务院高度重视此项改革，温家宝总理、张德江副总理、刘延东国务委员对此作出专门批示，提出明确要求。2008年10月，国务院第32次常务会听取并原则同意两部关于深化中小学教师职称制度改革的汇报，决定按照试点先行、重点突破、稳步推进的原则，在东、中、西部各选择一个地级市率先进行中小学教师职称改革试点，中小学教师职称制度改革取得阶段性突破。通过改革，将健全制度体系，统一中小学教师职称（职务）系列，并将最高等级设置到正高级；将完善评价标准，坚持重师德、重能力、重业绩、重贡献，把教书育人的工作实绩作为评价的重要依据；将创新评价机制，突出以同行专家评审为基础的水平和能力评价，增强评价结果的公信力；将与事业单位岗位聘用制度相衔接，明确中小学教师职称评审是岗位聘用的重要依据和关键环节，岗位聘用是职称评审结果的主要体现，不再进行岗位结构比例之外、与岗位聘用相脱离的资格评审。中小学教师职称制度改革，作为加强中小学教师队伍建设的一项重要制度保障和突破，将对保障和提高教师政治地位、社会地位、职业地位，促进教师全面发展，提高教育质量，推进素质教育，促进中小学教育健康发展发挥重要作用。

撰稿　黄小华　王光彦

〔**义务教育学校实施绩效工资**〕 2008年12月17日，国务院第41次常务会议审议通过了《人力资源和社会保障部、财政部、教育部关于义务教育学校实施绩效工资指导意见》；12月23日，国务院办公厅转发了上述三部门的指导意见。《指导意见》规定，从2009年1月1日起，义务教育学校实施绩效工资，确保义务教育教师平均工资水平不低于当地公务员平均工资水平：一是义务教育教师规范后的津贴补贴平均水平由县级以上人民政府人事、财政部门，按照教师工资平均水平不低于当地公务员平均工资水平的原则确定；二是绩效工资总量随基本工资和学校所在县级行政区域公务员规范后津贴补贴的调整相应调整；三是义务教育学校实施绩效工资所需经费纳入财政预算，按照管理以县为主、经费省级统筹、中央适当支持的原则，确保所需资金落实到位；四是对义务教育学校离退休人员发放生活补贴；五是对农村学校特别是条件艰苦的学校要给予适当倾斜。12 月 29 日，人力资源和社会保障部、财政部、教育部联合在京召开了全国义务教育学校实施绩效工资工作部署会，对做好这项工作进行了全面部署，提出了明确要求。义务教育学校实施绩效工资是贯彻落实《义务教育法》的具体举措，也是深化事业单位收入分配制度改革的重要内容，充分体现了党中央、国务院对广大教师的关怀，对于依法保障和改善义务教育教师特别是中西部地区农村义务教育教师的工资待遇，提高教师地位，吸引和鼓励各类优秀人才长期从教、终身从教，促进教育事业发展，具有十分重要的意义。

〔**进一步完善中小学编制管理**〕 2001 年 10 月，国务院办公厅转发中央编办、教育部、财政部《关于制定中小学教职工编制标准的意见》。这是新中国成立以来第一部由机构编制、教育、财政部门联合制定的全国性中小学教职工编制标准，对规范中小学编制管理起到了重要作用。近年来，随着教育事业的快速发展，农村中小学基本编制标准偏低、部分农村地区中小学及接收外来务工人员子女较多学校编制偏紧等问题较为突出。为了进一步完善中小学特别是农村中小学编制管理问题，教育部、中央编办、财政部多次进行沟通协商，研究了进一步落实《国务院办公厅转发中央编办、教育部、财政部关于制定中小学教职工编制标准意见》的有关政策措施。按照“总量控制、结构调整、城乡统筹、有增有减”的思路，将从以下几个方面加强和完善中小学教职工编制管理：一是切实加强中小学编制的总量调控与统筹使用；二是进一步改进农村中小学教职工编制核定工作，参照县镇标准核定农村中小学教职工编制；三是认真落实文件规定的增编因素，切实保障编制紧张学校特别是农村寄宿制学校、教学点分散地区配备教职工的基本需求；四是不断完善编制动态管理机制，特别是要及时调整流动人口子女入学较多学校的编制；五是严格规范编制管理，严禁挤占、挪用、截留编制和“有编不补”。通过以上办法，进一步解决好农村中小学基本编制标准偏低、部分农村地区中小学及接收外来务工人员子女较多学校编制偏紧等问题。

撰稿　卢波辉　杨　鸿　郑保国

〔**教育部直属高校基本建立岗位设置管理制度**〕按照教育部岗位设置管理工作的整体部署，2008 年，直属高校根据批复的岗位设置方案，在教育部的政策指导下，全面进入岗位设置实施阶段。至 2008 年底，75 所直属高校全部完成岗位设置与首次人员聘任工作，各项工作进展平稳有序。改革取得了以下几方面的成效：一是在直属高校初步确立了岗位设置管理的基本制度。各校着眼于确立高等学校岗位设置管理的基本制度，构建了岗位设置管理的基本制度框架，制定了比较系统、规范的政策文件，完善了教师、职员、教辅人员、工勤技能人员的聘用与考核办法，以及相关基层学术组织定编、定岗等办法，实现了岗位设置管理的制度入轨。二是为继续深化高校人事制度改革奠定了重要基础。岗位设置管理的实施，为建立与高校分配制度改革相衔接、相配套的政策体系，实施岗位绩效工资制度作了充分准备。同时，实施岗位设置管理改革，客观上要求进行一次全面的岗位聘任工作，这有力推动了高校全面实行聘任制改革的进程，推进了人员分类管理，完善了岗位等级体系，促进了人员由身份管理向岗位管理转变。三是促进了在政府宏观指导下实现高校人力资源管理的自主发展、自我约束。通过实施岗位设置管理工作，强化了高校在实施岗位设置管理工作中的主体地位，进一步增强了高校的责任意识。各直属高校以实施岗位设置管理为契机，更加注重优化配置人才资源，更加注重严格掌握用人标准，更加注重合理确定人力成本，牢固树立岗位资源观念，努力提高用人效益。各校专业技术二级岗位均空出了足够数量，用于今后培养吸引优秀拔尖人才需要；各校明确提出，实施岗位设置后，晋升高级职务要更加注重质量，严格控制数量。四是改革得到了广大教职工的支持和理解，为构建和谐校园发挥了重要作用。岗位设置管理工作涉及面广、关注度高、影响深远。各校在实施中充分认识到这项改革的艰巨性和复杂性，注重统筹协调学校内部各方面的利益关系，充分调动和发挥广大教职工的积极性，坚持以改革促进和谐、以发展巩固和谐、以稳定保障和谐，较好地处理了改革、发展、稳定的关系，有力促进了和谐校园建设。

撰稿　黄小华　王光彦

审稿　谢志敏　吕玉刚

〔**规范直属高校公开选拔副校长工作**〕　根据中央有关干部选拔任用方式改革的总体要求和部署，教育部党组积极探索和推进直属高校公开选拔副校长工作。2001年，先后印发《中共教育部党组关于进一步加强直属高校领导班子和干部队伍建设若干问题的通知》、《中共教育部党组关于在直属高等学校试行公开选拔副校（院）长的通知》。自2002年教育部直属高校开展公开选拔副校长试点工作以来，截至2008年底，中国农业大学、中国海洋大学、西南大学、重庆大学、山东大学、中山大学、华中师范大学，上海交通大学、西安交通大学、华南理工大学、四川大学、中国传媒大学、兰州大学、北京化工大学、中央美术学院、湖南大学、合肥工业大学、中国人民大学等18所高校在行政换届或行政副职调整时，通过公开选拔或竞争上岗方式共选拔任用副校长58名。6年来，教育部通过在直属高校试行公开选拔副校长工作，进一步扩大了选人用人视野，营造了优秀人才脱颖而出的良好氛围，有力推进了高校干部工作的科学化、制度化和民主化，得到了开展试点工作高校广大干部群众的支持和拥护，也产生了积极的社会影响。但是，随着试点工作的逐步深入，一方面需要对直属高校公开选拔副校长工作进行全面、深入、系统的总结分析；另一方面也需要结合直属高校实际，研究制定富有高校特色的、具有较强操作性的公开选拔副校长基本工作规程。

为进一步规范直属高校公开选拔副校长工作，实现规范化和制度化的目标，教育部人事司开展了“教育部直属高等学校公开选拔副校长实践研究”课题，对教育部直属高校公开选拔副校长工作进行全面总结和研究。课题研究对2002—2007年底16所直属高校公开选拔副校长的实践进行了全面梳理、总结分析，对直属高校参与过公开选拔副校长工作的管理骨干和学术骨干以及通过公开选拔方式担任副校长职务的人员进行了问卷调查，认真听取了有关专家以及相关专题研讨会形成的意见和建议，并对国内外公开选拔副校长工作进行了比较分析。2008年7月，“教育部直属高等学校公开选拔副校长实践研究”课题正式结题，主要形成了两大成果：一是课题主报告，二是研究制定了《教育部直属高等学校公开选拔副校长基本工作规程》。课题主报告对教育部试行直属高校公开选拔副校长的工作实践和经验进行了全面总结，深入分析和研究了公开选拔副校长工作的难点和存在的问题，为教育部党组进一步完善直属高校公开选拔副校长工作提供了政策依据。《教育部直属高等学校公开选拔副校长基本工作规程》对直属高校公开选拔副校长工作的基本原则、基本要求和基本工作流程作了全面详尽的规定，对实现直属高校公开选拔副校长工作制度化、规范化的目标，加强政策指导和程序监督，进一步提高直属高校公开选拔副校长工作的质量和水平具有重要指导作用。

撰稿　韩春勇　彭　实

审稿　谢志敏　魏士强

〔**教育部机关与直属单位机构设置及变动情况**〕
一、根据第十一届全国人民代表大会第一次会议批准的国务院机构改革方案和《国务院关于机构设置的通知》精神和有关要求，教育部拟定了教育部主要职责内设机构和人员编制规定。2008年7月10日，国务院办公厅印发了《国务院办公厅关于印发教育部主要职责内设机构和人员编制规定的通知》，明确了教育部职责调整内容，重新核定了主要职责，撤销基础教育司，设立基础教育一司和基础教育二司，确定教育部设立22个内设机构和机关党委、离退休干部局、中华人民共和国联合国教科文组织全国委员会秘书处，原政策研究与法制建设司更名为政策法规司，国际合作与交流司加挂港澳台办公室的牌子，将部内司局级领导职数调整为79名。

二、为贯彻国务院出台的《关于建立健全普通本科高校、高等职业学校和中等职业学校家庭经济困难学生资助政策体系的意见》，2008年1月10日，在全国学生资助管理中心设立“中等职业学校学生资助工作处”，其主要职责为：参与制定和完善中职学生国家助学政策；推动落实中职学生资助政策措施；管理中职学生资助信息；开展中职学生资助政策宣传与咨询；监督检查、考核评估地方中职学生资助工作；开展中职学生资助信访工作，接受举报投诉。

三、为进一步理顺职能，整合力量，加快“教育部全国学生就业公共服务平台”的建设，2008年3月26日，将“中国高校毕业生就业服务信息网”及“全国高校毕业生就业网络联盟”从教育管理信息中心整建制划转全国高等学校学生信息咨询与就业指导中心。

四、为进一步加强高校思想政治教育教师培训和思想政治理论的研究工作，2008年4月8日，在国家教育行政学院成立思想政治教育教研部，其主要职责为：在教育部有关司局的指导下，配合培训部研究、制定全国高校思想政治理论课骨干教师研修班、全国高校辅导员班主任骨干培训班的教学计划；负责组织实施研修班和培训班的培训工作；跟踪调查、研究高校思想政治理论课骨干教师和高校辅导员班主任骨干的培训效果以及培训效果的开发；开展思想政治教育专业学科建设和队伍建设；开展思想政治理论和教育方面的科学研究。学院编制由150名调整为160名。

五、为进一步加强教育国际交流工作，2008年6月26日，中国教育国际交流协会秘书处的编制规模由20名调整为40名，在现有办公室、美非事务部、亚太事务部、欧洲事务部、学术交流与信息部等5个内设机构基础上，增设3个内设机构，分别是综合项目部、财务基金部和境外培训与研修部。综合项目部的主要职责是：根据国家相关政策法规和协会的事业发展规划，提出具有发展前景的创新项目并制定可行性方案；研发、引进和推介国内外优质教育资源项目，引进资金，搭建资本与优质教育资源平台；组织和开展国际教育展览。原附属机构中教国际教育交流中心挂靠在这一部门。财务基金部的主要职责是：编制年度预算和决算；制定财务管理规章制度和会计核算方法；负责日常财会、报销工作；协助审计部门做好财务审计工作；负责固定资产的核算、建账以及报废设备变价处理的核算等相关工作；推动实施财务信息化建设，及时掌握财务收支状况；起草年度财务报告；负责协会的国际交流基金管理工作。境外培训与研修部的主要职责是：规划和提出境外培训工作计划并组织落实；负责与境外具有国家外专局认定的培训资格的组织或学校联系并签订合作项目。原附属机构中国教育国际交流研修中心挂靠在这一部门。

六、为进一步理顺关系，强化特色，提高效率，提升能力，更好地为教育部中心工作和相关司局决策提供有效服务，2008年7月11日，对中央教育科学研究所内设机构进行了调整。(1)取消科辅序列内设机构，将内设机构由原来的科研、科辅、行政、教育文化产业等4个序列调整为研究、行政、教育文化产业等3个序列。(2)研究序列的调整。原教育发展研究部、教育人力资源研究部、学校教育研究部、课程教学研究部、教育理论研究部、心理与特殊教育研究部、教育督导与评估研究中心等7个内设机构调整为教育政策研究中心、教育理论研究中心、基础教育研究中心、课程教学研究中心、教师发展研究中心、教育督导评估研究中心、体育卫生艺术教育研究中心、高等教育研究中心、国际比较教育研究中心、心理与特殊教育研究中心、信息中心（含图书馆）等11个内设机构。(3)行政序列的调整。原“所长办公室”更名为“办公室”；增设“离退休工作处”，将原党委办公室负责的离退休人员的管理服务职能划归此处；原党委办公室、科研管理处、人事处、财务处、国际交流处、总务处、全国教育科学规划领导小组办公室等部门设置保持不变。(4)教育文化产业序列的调整。成立“报刊中心”，规划、协调《教育文摘周报》社、《教育研究》杂志社、《中国德育》杂志社、《大学》杂志社和其他内部刊物的编辑、发行工作；原教育科学出版社、中央教育科学研究所音像出版社设置和管理体制不变。

七、为加强高等教育教学评估有关工作，2008年7月12日，将教育部高等教育教学评估中心专业与专项评估处、综合与培训处分别更名为专业评估处、培训处，增设综合处、信息处，同时，评估中心编制由15名调整为30名。综合处的主要职责是：开展高等教育教学评估政策与法规、评估理论与方法的研究，承担高等学校学科、基地、课程等专项教学评估、评审和认证工作，开展与外国及港澳台地区高等教育评估（认证）社会中介机构的合作与交流，根据政府授权与有关非政府组织和民间机构签订有关高等教育教学评估协议，负责对外宣传工作。信息处的主要职责是：负责高等学校教学基本状态数据的收集、分析和发布，教学基本状态数据库的管理、运行和维护，高等教育教学评估网站的建设和维护，相关评估信息咨询与服务，承担《教育部高等教育教学评估中心工作简讯》编辑和发行工作。

八、根据工作需要，2008年7月22日，对教育部全国高等学校社会科学发展研究中心内设机构进行调整。增设党建和思想政治教育研究室；在“教育部邓小平理论和‘三个代表’重要思想研究中心”秘书处的基础上设立中国特色社会主义理论体系研究室；将美育理论研究室更名为文化美育研究室。党建和思想政治教育研究室的主要职责是：从事高校党建和思想政治教育相关理论与实际问题研究，提出理论研究成果和对策建议；承担高校党建和思想政治教育领域的理论研究和工作研究任务；组织开展高校党建和思想政治教育理论研究学术研讨和培训活动。

九、根据工作需要，2008年9月26日，在全国高等学校学生信息咨询与就业指导中心增设就业网络处、就业服务开发处等2个内设机构，编制由24名调整为31名。就业网络处的主要职责是：负责“全国大学生就业公共服务立体化平台”（“中国高校毕业生就业服务信息网”）网上服务、技术支持和宣传推广；配合有关司局进行高校就业信息化建设的标准制定和实施工作；开展毕业生就业情况数据调查和分析；组织开展毕业生就业网络招聘活动；负责就业电子政务及监测评估系统的开发、维护工作；承担“全国高校就业网络联盟”秘书处的工作。就业服务开发处的主要职责是：统筹规划中心的就业指导和服务工作；参与大学生就业政策的调研；为“全国大学生就业公共服务立体化平台”提供网下服务项目支持；系统开发服务项目，整合各类就业资源，开展深度就业服务；指导高校开展校园招聘活动；组织开展创业教育及培训；指导地方培育和完善就业市场；承担“中国高等教育学会毕业生就业指导分会”秘书处的工作。

十、为适应形势发展需要，经报请中央机构编制委员会办公室批准，2008年12月10日，在人民教育出版社、高等教育出版社分别加挂“课程教材研究所”和“高等教育教材发展研究所”牌子；同意教育部对外汉语教学发展中心对外使用“国家汉办”（英文HANBAN）名称开展工作。

撰稿　潘　逵　张国辉
审稿　谢志敏　许　涛

〔**教育部第六批援疆干部选派工作**〕　2008年，根据中央组织部、人力资源和社会保障部《关于做好第六批援疆干部选派工作有关问题的通知》要求，教育部从部机关和直属高校共选派第六批援疆干部91人，分赴新疆维吾尔自治区和新疆生产建设兵团的教育行政管理部门、高校、中学和医院工作1～3年。教育部第六批援疆干部呈现4个特点：一是选派人数较第五批大幅增加，增幅达35.8%，占中央和国家机关各部委选派总数的28.2%。二是涉及单位多，分别来自部机关和65所部属高校。三是地矿、农、医等学科需求集中，其中涉医专业20人，地矿专业13人，涉农专业10人。四是整体素质较好，具有博士学位的57人，硕士学位的21人，合计占85.7%；具有正高级专业技术职务的14人，副高级专业技术职务的62人，合计占83.5%。2008年，教育部第五批援疆干部与第六批援疆干部交接后已经返回内地工作。由于工作出色，教育部第五批援疆干部集体获“自治区援疆工作先进集体”称号，8人获“自治区优秀援疆干部”称号。

撰稿　钟永萍　吕　杰
审稿　谢志敏　魏士强

2008年教育部机关、直属事业单位、直属高等学校及驻外教育机构干部任免情况

教育部第十一届全国人大代表、全国政协委员名单

第十一届全国人大代表、常委，教科文卫委员会副主任：

吴启迪，中共党员，教育部副部长、党组成员

第十一届全国政协委员：

章新胜，中共党员，教育部副部长、党组成员

赵沁平，中共党员，教育部副部长、党组成员

田淑兰，中共党员，中纪委驻教育部纪检组组长、党组成员

王军伟，民盟盟员、中共党员，高等教育出版社编审

龚亚夫，民盟盟员，人民教育出版社中学英语室主任

教育部机关司局级干部任免名单

姜沛民　8月22日　任教育部副总督学兼基础教育一司司长

郑富芝　8月22日　任基础教育二司司长

朱慕菊　8月22日　任基础教育二司巡视员

黄　尧　8月22日　兼任教育部副总督学

高　洪　8月22日　任教育督导团办公室主任

史丽荣　8月22日　任离退休干部局局长

陈维嘉　11月5日　任直属高校工作司司长

刘贵芹　2月15日　任思想政治工作司副司长

徐永吉　2月15日　任国际合作与交流司副巡视员

于继海　2月15日　任国际合作与交流司副巡视员

安钰峰　4月29日　兼任信访办公室主任

续　梅　6月27日　任办公厅副主任兼新闻办主任

张浩明　6月27日　任高校学生司副司长

张爱龙　7月4日　任直属高校工作司副巡视员

沈　阳　8月4日　任国际合作与交流司副司长

陈　锋　8月22日　任发展规划司副司长

杨念鲁　8月22日　任基础教育一司副司长

王定华　8月22日　任基础教育一司副司长

李天顺　8月22日　任基础教育二司副司长

周　坚　8月22日　任教育督导团办公室副主任

生建学　8月22日　任国际合作与交流司副司长

葛振江　8月22日　任离退休干部局副局长

赵　晖　8月22日　任离退休干部局副巡视员兼教育部关心下一代工作委员会秘书长

刘自成　10月8日　任政策研究与法制建设司副司长

杜柯伟　11月15日　任基础教育一司副巡视员

申继亮　11月15日　任基础教育二司副司长

冯　刚　2月15日　免思想政治工作司副司长

张　文　2月27日　免政策研究与法制建设司副巡视员、法制办副主任

郑增仪　2月27日　免基础教育司副巡视员

于　芳　2月27日　免教育督导团办公室副主任

孙胜伟　2月27日　免离退休干部局副局长

周小琴　2月27日　免离退休干部局巡视员

王旭明　6月27日　免办公厅副主任兼新闻办主任

刘大为　6月27日　免高校学生司副司长

季　平　8月22日　免发展规划司副司长

夏　铸　8月22日　免教育部副总督学

岑建君　8月22日　免国际合作与交流司副司长

孙成华　8月22日　免离退休干部局局长

原永堂　8月22日　免离退休干部局副巡视员兼教育部关心下一代工作委员会秘书长

高文兵　11月5日　免直属高校工作司司长

直属事业单位司局级干部任免名单

对外汉语教学发展中心（孔子学院总部）

王永利 1月3日 任副主任

胡志平 6月27日 任副主任兼孔子学院总部副总干事

中央广播电视大学

李林曙 11月5日 任副校长

张少刚 11月5日 任党委副书记

孙绿怡 11月5日 免副校长

国家留学基金管理委员会秘书处

刘京辉 5月12日 任秘书长

张秀琴 5月12日 免秘书长

人民教育出版社

杨 刚 11月5日 任副总编辑

魏运华 11月5日 任副总编辑

魏国栋 11月5日 免常务副社长

刘意竹 11月5日 免副总编辑

中国教育报刊社

史习江 6月27日 任党委书记兼社长

张新洲 2月27日 任副社长

续 梅 2月27日 任《人民教育》副总编辑

阚延河 2月27日 免副社长

喻 让 2月27日 免《人民教育》副总编辑

赵书生 6月27日 免党委书记兼社长

续 梅 6月27日 免《人民教育》副总编辑

留学服务中心

白章德 7月19日 任主任

安玉祥 2月27日 任副主任

巩 万 8月22日 任副主任

方茂田 7月19日 免主任

全国学生资助管理中心（教育部外资贷款事务中心）

马建斌 8月22日 任副主任

语文出版社

王旭明 6月27日 任社长

史习江 6月27日 免社长

中国大学生、中学生体育协会秘书处

薛彦青 8月22日 任副秘书长

闫国华 8月22日 免副秘书长

撰稿 杨大研 刘立国

直属高校领导干部任免名单

北京大学

周其凤 10月16日 任校长（副部长级）

李 鸣 7月10日 任副校级干部（援疆）

许智宏 10月16日 免校长职务

陈文申 3月13日 免常务副校长职务

清华大学

胡和平 12月25日 任党委书记（副部长级）

陈 希 12月25日 免党委书记职务

中国人民大学

王利明 12月10日 任党委副书记，12月11日任副校长（试用期一年）

牛维麟 12月10日 任纪委书记，12月11日免副校长职务

杨慧林 12月11日 任副校长（试用期一年）

徐志宏 7月10日 任副校级干部（援疆）

王新清 3月6日 免党委副书记、纪委书记职务

冯 俊 12月11日 免副校长职务

北京师范大学

田 辉 7月30日 任党委副书记

董 奇 2月21日 任常务副校长（正局级）

史培军 2月21日 任常务副校长（正局级）

郑 萼 7月30日 免党委副书记职务

中国农业大学

瞿振元 6月23日 当选党委书记（第二次党代会，连任）

张东军 4月16日 任党委副书记，免副校长职务；6月23日当选党委副书记（第二次党代会，连任）

瞿志席 6月23日 当选党委副书记、纪委书记（第二次党代会，连任）

秦世成 6月23日 当选党委副书记（第二次党代会，连任）

柯炳生 1月17日 任校长（副部长级）

傅泽田 4月16日 任副校长（连任）

马寅生 4月16日 任副校长（连任）

孙其信 4月16日 任副校长（连任）

郭 大 4月16日 任副校长（连任）

张建华 4月16日 任副校长

王　涛　4月16日　任副校长

李晶宜　3月13日　免党委常务副书记职务

江树人　3月16日　免常务副校长职务

北京交通大学

颜吾佴　3月13日　任纪委书记

宁　滨　3月13日　任校长

陈　峰　3月13日　任副校长（连任）

李学伟　3月13日　任副校长（连任）

王永生　3月13日　任副校长（连任）

张星臣　3月13日　任副校长

孙守光　3月13日　任副校长

韩满怀　3月13日　免党委副书记、纪委书记职务

谈振辉　3月13日　免校长职务

王稼琼　3月13日　免副校长职务

北京科技大学

罗维东　12月18日　当选党委书记（第十次党代会，连任）

陈　曦　12月18日　当选党委副书记（第十次党代会，连任）

谢　辉　7月23日　任党委副书记，免副校长职务；12月18日当选党委副书记（第十次党代会，连任）

张文明　7月23日　任党委副书记、纪委书记，12月18日当选党委副书记、纪委书记（第十次党代会，连任）

徐金梧　7月23日　任校长（连任）

权良柱　7月23日　任副校长（连任）

谢建新　7月23日　任副校长（连任）

张欣欣　7月23日　任副校长（连任）

张　跃　7月23日　任副校长（连任）

武德昆　7月23日　任副校长（连任）

孙冬柏　7月23日　任副校长

李宝林　7月23日　免党委副书记、纪委书记职务

北京化工大学

王　芳　1月22日　当选党委书记（第九次党代会，连任）

任新钢　1月22日　当选党委副书记（第九次党代会，连任）

王同奇　1月22日　当选党委副书记（第九次党代会，连任）

关昌峰　1月22日　当选党委副书记、纪委书记（第九次党代会）

北京林业大学

王玉杰　7月10日　任副校级干部（援疆）

中央财经大学

侯慧君　12月26日　任纪委书记，免副校长职务

梁　勇　12月26日　任副校长

史建平　12月26日　任副校长

袁　东　12月26日　免纪委书记职务

王国华　10月7日　撤销行政职务

中国政法大学

时建中　7月10日　任副校级干部（援疆）

北京外国语大学

姜绪范　9月25日　任党委副书记、纪委书记

文　君　9月25日　任党委副书记

曹文泽　9月25日　任副校长，免纪委书记职务

周　烈　4月16日　免党委副书记职务

中央美术学院

孙红培　7月7日　任党委副书记、纪委书记

吴长江　7月7日　免党委副书记、纪委书记职务

中国传媒大学

李培元　12月5日　任党委书记

吕学武　5月4日　任副校级干部

陈维嘉　12月5日　免党委书记职务

南开大学

陈学奇　10月9日　免副校长职务

天津大学

于立军　10月9日　免党委副书记职务

大连理工大学

张德祥　7月11日　当选党委书记（第十二次党代会，连任）

孔宪京　7月11日　当选党委副书记（第十二次党代会，连任）

姜德学　7月11日　当选党委副书记（第十二次党代会，连任）

邵龙潭　7月11日　当选党委副书记、纪委书记（第十二次党代会，连任）

吉林大学

陈德文 3月13日 任党委书记（副部长级）

王胜今 6月20日 任党委常务副书记（正厅级）

刘晓民 6月20日 任党委副书记、纪委书记

展 涛 10月16日 任校长（副部长级）

李玉林 6月20日 任常务副校长（正厅级）

赵 继 6月20日 任常务副校长（正厅级）

吴振武 6月20日 任副校长

杜 莉 6月20日 任总会计师（副厅级）

李 凡 7月10日 任副校级干部（援疆）

宫志忠 6月20日 免党委副书记、纪委书记职务（确定职级为正厅级）

周其凤 10月16日 免校长职务

裘式纶 6月20日 免副校长职务（确定职级为正厅级）

复旦大学

杨玉良 12月31日 任校长（副部长级）

王生洪 12月31日 免校长职务

上海交通大学

马德秀 12月13日 当选党委书记（第九次党代会，连任）

苏 明 12月13日 当选党委副书记（第九次党代会，连任）

孙大麟 9月24日 任党委副书记，12月13日当选党委副书记（第九次党代会，连任）

潘国礼 9月24日 任党委副书记，12月13日当选党委副书记、纪委书记（第九次党代会，连任）

徐 飞 9月24日 任党委副书记，12月13日当选党委副书记（第九次党代会，连任）

朱正纲 9月24日 任副校长（连任）

郑成良 9月24日 任副校长，免党委副书记职务

张文军 9月24日 任副校长（连任）

陈 刚 9月24日 任副校长（连任）

林忠钦 9月24日 任副校长（连任）

印 杰 9月24日 任副校长（连任）

蔡 威 9月24日 任副校长（连任）

吴 旦 9月24日 任副校长

潘 敏 9月24日 免党委副书记职务

赵佩琪 9月24日 免党委副书记职务

叶取源 9月24日 免常务副校长职务

张世民 9月24日 免副校长职务

同济大学

李永盛 12月23日 任常务副校长（连任）

陈小龙 12月23日 任副校长（连任）

郑惠强 12月23日 任副校长（连任）

伍 江 12月23日 任副校长

董 琦 12月23日 任副校长

陈以一 12月23日 任副校长

蒋昌俊 12月23日 任副校长

周祖翼 12月23日 免党委常务副书记、副校长职务

杨东援 12月23日 免副校长职务

李国强 12月23日 免副校长职务

赵建夫 12月23日 免副校长职务

华东理工大学

钱 锋 8月1日 任副校长

张玉峰 8月1日 免党委副书记职务

东南大学

刘京南 1月10日 任党委副书记，1月18日免副校长职务

王保平 12月18日 任副校长

中国矿业大学（北京校区）

杨仁树 3月13日 任党委书记，免副校长职务

朱书全 3月13日 任党委副书记、纪委书记

乔建永 3月13日 任校长（连任）

范 迅 3月13日 任副校长，免党委副书记、纪委书记职务

孙继平 3月13日 任副校长（连任）

姜耀东 3月13日 任副校长

王忠强 3月13日 任副校长

张保军 3月13日 免党委书记职务

南京农业大学

陈利根 7月10日 任副校级干部（援疆）

中国药科大学

刘贵友 3月17日 任党委书记

胡金波 3月17日 免党委书记职务

江南大学

张大良 1月18日 当选党委书记（第二次党代会，连任）

朱　拓　1月18日　当选党委副书记（第二次党代会，连任）

周小浦　1月18日　当选党委副书记、纪委书记（第二次党代会）

娄国栋　因年龄原因，不再作为第二次党代会党委副书记候选人

浙江大学

邹晓东　9月25日　任党委副书记

吴朝晖　3月6日　任副校长

庞学铨　9月25日　免党委副书记职务

合肥工业大学

李　廉　7月13日　当选党委书记（第七次党代会，连任）

江　舒　7月13日　当选党委副书记、纪委书记（第七次党代会，连任）

庆承松　7月13日　当选党委副书记（第七次党代会，连任）

张效英　7月13日　当选党委副书记（第七次党代会）

吴玉程　7月1日　任副校长（试用期一年）

厦门大学

朱崇实　11月20日　任校长（连任）

孙世刚　12月18日　任副校长（连任）

吴世农　12月18日　任副校长（连任）

李建发　12月18日　任副校长（连任）

张　颖　12月18日　任副校长（连任）

邬大光　12月18日　任副校长（连任）

赖虹凯　12月18日　任副校长（连任）

韦芳昭　12月18日　任副校长

潘世墨　12月18日　免常务副校长职务

山东大学

仝兴华　4月16日　任党委副书记

徐显明　10月16日　任校长（副部长级）

刘　珂　4月16日　免党委副书记职务

展　涛　10月16日　免校长职务

中国石油大学（华东）

刘　珂　3月27日　任党委书记

王　勇　11月11日　任党委副书记

李兆敏　11月11日　任副校长，免党委副书记职务

郑其绪　3月27日　免党委书记职务

仝兴华　4月17日　免副校长职务

中国石油大学（北京）

雷玉江　9月12日　任党委副书记

张士诚　9月12日　任副校长

武汉大学

李　健　10月16日　任党委书记

顾海良　10月16日　任校长，免党委书记职务

刘经南　10月16日　免校长职务

华中科技大学

路　钢　10月16日　任党委书记

张　晋　7月31日　任副校长

邵新宇　7月31日　任副校长

段献忠　7月31日　任副校长

马小洁　7月10日　任副校级干部（援疆）

朱玉泉　10月16日　免党委书记职务

冯向东　5月17日　免副校长职务

刘　伟　7月31日　免副校长职务

武汉理工大学

刘　伟　6月6日　任党委书记

王威孚　6月6日　免党委书记职务

华中农业大学

张献龙　2月6日　任副校长

周承早　10月9日　任副校长

陈焕春　2月6日　免副校长职务

刘贵友　10月9日　免副校长职务

华中师范大学

蔡红生　7月10日　任副校级干部（援疆）

湖南大学

栾永玉　3月13日　任党委副书记，免副校长职务

曹一家　3月13日　任副校长（试用期一年）

刘金水　3月13日　任副校长（试用期一年）

中南大学

高文兵　10月16日　任党委书记

李　健　10月16日　免党委书记职务

中山大学

颜光美　3月6日　任党委副书记、副校长，12月18日免党委副书记职务

梁庆寅　3月6日　任纪委书记，免副校长职务

黄达人　2月19日　任校长（连任）

汪建平　3月6日　任副校长（连任）

许家瑞　3月6日　任副校长（连任）

许宁生　3月6日　任副校长（连任）

喻世友　3月6日　任副校长（连任），12月18日任党委副书记

黎孟枫　3月6日　任副校长（连任）

陈春声　3月6日　任副校长

徐安龙　3月6日　任副校长

李　萍　3月6日　免纪委书记、副校长职务

华南理工大学

王迎军　7月14日　当选党委书记（第十五次党代会，连任）

杜小明　7月14日　当选党委副书记、纪委书记（第十五次党代会，连任）

吕廷秀　7月14日　当选党委副书记（第十五次党代会，连任）

张振刚　7月14日　当选党委副书记（第十五次党代会，连任）

西南交通大学

顾利亚　1月16日　当选党委书记（第十三次党代会，连任）

王顺洪　1月16日　当选党委副书记、纪委书记（第十三次党代会，连任）

朱健梅　1月16日　当选党委副书记（第十三次党代会，连任）

何云庵　1月16日　当选党委副书记（第十三次党代会，连任）

电子科技大学

罗正祥　1月29日　免副校长职务

西南财经大学

赵德武　6月14日　任校长

刘　灿　6月14日　任副校长（连任）

马　骁　6月14日　任副校长（连任）

卓　志　6月14日　任副校长（连任）

丁任重　6月14日　任副校长（连任）

边慧敏　6月14日　任副校长

曾道荣　6月14日　任副校长

王裕国　6月14日　免去校长职务

重庆大学

李晓红　12月20日　任校长（连任）

张四平　12月31日　任常务副校长（连任）

张卫国　12月31日　任副校长（连任）

杨天怡　12月31日　任副校长（连任）

黄宗明　12月31日　任副校长（连任）

张宗益　12月31日　任副校长（连任）

杨　丹　12月31日　任副校长（连任）

白晨光　12月31日　任副校长

刘东燕　7月10日　任副校级干部（援疆）

陈德敏　12月31日　免副校长职务

舒立春　12月31日　免副校长职务

西南大学

安春元　7月10日　任副校级干部（援疆）

西北农林科技大学

徐养福　4月16日　任党委副书记

孙武学　3月12日　任校长（连任，副部长级）

赵　忠　4月16日　任常务副校长（正厅级）

王　革　4月16日　任副校长（连任）

侯　曦　4月16日　任副校长（连任）

李　华　4月16日　任副校长（连任）

王跃进　4月16日　任副校长（连任）

张雅林　4月16日　任副校长（连任）

吴普特　4月16日　任副校长（连任）

西安电子科技大学

陈治亚　6月24日　任党委书记

李　立　6月24日　免党委书记职务

陕西师范大学

司晓宏　6月14日　任党委副书记

房　喻　6月14日　任校长（连任）

张建祥　6月14日　任副校长（连任）

王　涛　6月14日　任副校长（连任）

赵　彬　6月14日　任副校长（连任）

萧正洪　6月14日　任副校长（连任）

王武海　6月14日　任副校长

周德明　6月14日　免副校长职务

兰州大学

王寒松　3月13日　任党委书记（副部长级）

李正元　7月10日　任副校级干部（援疆）

安黎哲　10月30日　任副校长（试用期满，正式任职）

陈发虎　10月30日　任副校长（试用期满，正式任职）

徐生诚　10月30日　任副校长（试用期满，正式任职）

陈德文　3月13日　免党委书记职务

撰稿　张　宇　钟永萍
吕　杰　彭　实
审稿　谢志敏　魏士强

驻外教育机构领导干部任免名单

驻英国大使馆教育处

田小刚　3月25日　任公使衔参赞（正司级）

王永达　3月25日　另有任用，免公使衔参赞（正司级）

驻德国大使馆教育处

姜　锋　5月1日　任公使衔参赞（副司级）

刘京辉　5月1日　另有任用，免公使衔参赞（正司级）

驻澳大利亚大使馆教育处

王永达　6月6日　任公使衔参赞（正司级）

朱小玉　6月6日　另有任用，免公使衔参赞（正司级）

驻法国大使馆教育处

朱小玉　7月6日　任公使衔参赞（正司级）

白章德　7月6日　另有任用，免公使衔参赞（正司级）

驻瑞典大使馆教育处

张　宁　6月10日　任参赞（正处级）

孙　玲　6月10日　另有任用，免参赞（副司级）

驻旧金山总领馆教育组

邵　巍　7月18日　任参赞衔领事（副司级）

沈　阳　7月18日　另有任用，免参赞衔领事（副司级）

驻纽约总领馆教育组

岑建君　8月23日　任参赞衔领事（副司级）

艾方林　8月23日　免参赞衔领事（正司级）

驻比利时使馆教育处

王鲁新　11月6日　任参赞（副司级）

薛浣白　11月6日　另有任用，免参赞（副司级）

驻多伦多总领馆教育组

方　军　11月9日　任参赞衔领事（副司级）

张林逸　11月9日　另有任用，免参赞衔领事（副司级）

驻休斯顿总领馆教育组

闫国华　12月23日　任参赞衔领事（副司级）

查卫平　12月23日　另有任用，免参赞衔领事（副司级）

撰稿　吴　强　陈向阳
审稿　谢志敏　许　涛

教育管理干部培训工作

〔组织开展处级以上领导干部学习贯彻党的十七大精神集中轮训工作〕　按照中央《关于认真学习宣传贯彻党的十七大精神的通知》精神，根据中央组织部《关于做好县处级以上领导干部学习贯彻党的十七大精神集中轮训工作的通知》的部署，教育部党组印发了《关于组织开展处级以上领导干部学习贯彻党的十七大精神集中轮训工作的通知》。从3月中旬开始，在教育部机关、直属事业单位、直属高校和驻外使领馆教育处（组）分期分批开展了党的十七大精神集中轮训工作。本次集中轮训按照干部管理权限，分工负责，分级实施。主要任务是：按照中央要求，使直属高校、部机关、直属事业单位、驻外使领馆教育处（组）每一位处级以上领导干部分期分批集中脱产轮训一遍。主要内容以学习贯彻党的十七大精神为主题，分为两个方面：一是组织干部认真研读党的十七大文件，以党的十七大报告和党章作为集中轮训的基本教材，原原本本学习，全面准确领会党的十七大精神；二是围绕党的十七大提出的“优先发展教育，建设人力资源强国”的重大战略目标，联系教育工作实际，学习领会、贯彻落实党的十七大对教育工作提出的一系列重大方针政策和新任务新要求。教育部从3月中旬开始对部机关和直属单位处级以上领导干部分阶段进行集中培训，共有600多人参加。教育部党组对此次培训工作高度重视，责成由人事司牵头，办公厅、机关党委、国家教育行政学院共同协助做好筹备和组织工作。培训期间，教育部部长、党组书记周济，副部长、党组副书记袁贵仁，社科院党组副书记、副院长李慎明，中央党校教授、党章党规研究专家叶笃初分别作了专题辅导报告，教育部副部长李卫红主持了开班式和总结会。教育部部长周济在3月28日召开的集中培训班总结会上指出，通过学习讨论，同志们进一步统一了思想，提高了认识，明确了任务，取得了很多收获。一是进一步深化了对党的十七大精神的认识和理解，特别是深化了对党的十七大主题、中国特色社会主义理论体系、科学发展观、以改革创新精神全面推进党的建设新的伟大工程等内容的认识和理解；二是进一步提高了对加强学习的重要性和紧迫性的认识；三是进一步增强了办好人民满意教育的责任感和使命感。

撰稿　杨大研　张　杨　刘立国
王光彦
审稿　谢志敏　许　涛　吕玉刚

〔**组织开展地方分管教育工作市（地）、县（市）长和省级教育行政部门领导干部专题研究班**〕根据《2008年中央组织部委托中央和国家机关有关部委抽调地方党政领导干部参加专题研究班计划》要求，教育部会同中组部于4月22日—28日在国家教育行政学院举办了分管教育工作的副市（州）长“优先发展教育，建设人力资源强国”专题研究班，同时，与分管基础教育的教育厅长（教委主任）研究班联合举办，共培训全国各省（自治区、直辖市）分管教育工作的副市（州）长28人，分管基础教育的教育厅长（教委主任）28人，教育部部长周济、教育部副部长陈小娅出席开班式，为学员作了专题报告。10月24日—30日，教育部会同中组部在国家教育行政学院举办了分管教育工作的副县（市）长“优先发展教育，建设人力资源强国”专题研究班，共培训全国分管教育工作的副县（市）长29人。培训班紧密围绕学习贯彻党的十七大精神，深入学习实践科学发展观，根据各区域教育的特点和要求，为学员提供了包括专题报告、分班专题研讨、大会交流、文化考察等高水平的教学活动，其中有关部门领导、专家共作报告23场。学员普遍反映，这次培训主题鲜明、内容集中、方式灵活有效，使大家在思想认识、工作思路和领导能力等方面都有不同程度的提高，进一步坚定了开创教育发展新局面的信心。

〔**举办高校主要领导干部“学习实践科学发展观”专题研讨班**〕　为深入开展学习实践科学发展观活动，7月20日—26日，教育部配合中组部在中国浦东干部学院举办了高校主要领导干部“学习实践科学发展观”专题研讨班。中央政治局委员、国务委员刘延东出席开班式并讲话，还就高等教育改革发展特别是创建世界一流大学和高水平大学工作召开了两次座谈会，与研讨班全体学员深入座谈交流。中央政治局委员、上海市委书记俞正声为学员作了专题报告。教育部部长周济出席开班式和结业式，并在结业式上作了总结讲话。中组部常务副部长沈跃跃主持开班式并作了动员讲话，中组部副部长李建华主持了结业式。中组部副部长、三所干部学院常务副理事长王尔乘担任研讨班领导小组组长，教育部副部长李卫红和上海市委副书记、中国浦东干部学院理事会副理事长、第一副院长殷一璀担任副组长，具体领导组织研讨班工作。研讨班认真学习领会党的十七大精神，贯彻落实科学发展观，深入研究高校实现科学发展的重大理论和实践问题，提高高校主要领导干部领导高等教育科学发展的能力，推动高校各项事业又好又快发展。这是首次将31所中管高校的党委书记、校长集中在一起进行专题学习研讨，共有62位中管高校领导干部参加。

〔**实施“中西部万名农村寄宿制学校校长远程专题培训项目”**〕 为配合“农村寄宿制学校建设工程”的实施，加强农村寄宿制学校规范化管理，提高农村寄宿制学校管理水平，按照《国务院办公厅转发教育部等部门关于进一步做好农村寄宿制学校建设工程实施工作若干意见的通知》要求，根据《全国教育系统干部培训“十一五”规划》精神，教育部人事司于7月14日—20日在内蒙古举办了农村寄宿制学校校长国家级专题培训示范班，共培训内蒙古农村寄宿制学校校长200人。在此基础上，2008年12月18日—2009年1月7日，教育部人事司会同基础教育一司、财务司，委托中国教师研修网承办，组织实施了“农村寄宿制学校校长国家级远程专题培训”，教育部副部长李卫红出席开班仪式并讲话。本次培训围绕农村寄宿制学校管理特点和规律，以农村寄宿制学校安全、规范管理和质量发展为主题，通过远程网络技术，培训中西部地区23个省（自治区、直辖市）和新疆生产建设兵团的10 100名中小学校长，充分发挥了网络培训优势，提高了培训效率。帮助农村寄宿制学校校长进一步掌握了国家教育法规及寄宿制学校建设的相关政策，进一步增强了安全管理、规范管理意识，进一步提升了在新课改的背景下管理和发展学校的能力和水平。调查结果显示，学员对本次培训的总体满意度达到98.9%。培训也引起社会和媒体的广泛关注，并被评为“2008年中国现代远程教育十大新闻事件”。

〔**开展中小学校长队伍基本情况普查和抽样调查工作**〕 按照中央全面启动新一轮大规模培训干部工作的要求，根据《全国教育系统干部培训“十一五”规划》精神，为准确掌握全国中小学校长队伍的基本状况，为制定加强中小学校长队伍建设的有关政策和项目方案提供依据，教育部人事司委托全国教师教育学会开展中小学校长专业标准研究（含全国中小学校长队伍基本情况调查），并印发了《关于开展全国中小学校长队伍基本情况普查工作的通知》，全面开展首次面向全国的中小学校长队伍基本情况的普查和抽样调查工作，启动中国中小学校长专业标准项目研究工作。7月18日—19日，全国中小学校长队伍情况抽样调查工作部署会暨《中国中小学校长专业标准》研制项目工作会议在上海召开，教育部副部长李卫红出席会议并讲话。

〔**推进中小学校长专题培训工作**〕 教育部人事司指导教育部中学校长培训中心和教育部小学校长培训中心，结合基础教育发展的新形势、新要求，调整培训教学计划，把教育家型校长的成长与要求、学校科学发展观、校园安全、和谐校园等专题作为重要培训内容，培训中小学骨干校长1 102人。在国家教育行政学院举办了第一期全国基础教育改革动态专题研修班，培训全国中小学骨干校长95人。同时，顺利完成2008年度专题培训和合作培训项目：完成中国移动校长培训项目2008年工作，共培训西部地区中小学校长1 200人，培训培训机构教师和管理者50人，并会同中国移动公司研究制订了中国移动中小学校长培训2009－2011年新周期合作项目方案；继续举办联合国儿童基金会“爱生学校的学校管理”项目，培训西部地区中小学校长和教育管理者2 400人次；会同教育部财务司在国家教育行政学院举办两期“农村义务教育学校校长预算管理专题培训班”，培训校长422人；继续支持教育部基础教育司在教育部中学校长培训中心举办四期高中新课程改革实验校校长培训班，培训高中校长220人。

撰稿 张 杨 王光彦
审稿 谢志敏 吕玉刚

高层次人才培养

〔召开长江学者奖励计划10周年纪念大会〕 2008年12月5日，长江学者奖励计划10周年纪念大会在北京人民大会堂顺利召开，中央政治局委员、国务委员刘延东出席会议并作重要讲话。刘延东指出，要立足科学发展，坚持以人为本，营造良好环境，努力建设一支学风优良、富有创新精神和国际竞争力的高校教师队伍。“长江学者奖励计划”实施10年来，始终传递着党和国家对于吸引海内外高层次人才投身高等教育事业的殷切期望，取得了丰硕成果，也积累了宝贵经验。一是坚持质量第一，真正选拔出国家需要、学界公认的高层次人才。二是坚持公正公开，科学规范评审程序，严格评价标准，树立良好的公信形象。三是坚持突出重点，注重对中青年优秀人才和学术领军人物的资助，提升了高层次人才培养和教师队伍建设效果。四是坚持制度创新，将人才项目和制度建设有机结合，推动激励创新制度的形成。这些经验今后要认真坚持、发扬光大。刘延东强调，教师水平决定高等教育质量，高素质教师队伍决定大学的核心竞争力。要以科学发展观为统领，大力加强高校教师队伍建设。要坚持发展是第一要务，把人才资源作为引领学校发展的第一资源；要坚持以人为本，为教师发挥作用创造良好环境；要坚持全面协调可持续的基本要求，构建科学、合理的教师队伍结构；要坚持统筹兼顾的根本方法，正确处理培养、引进和使用的关系。要选好用好学术带头人，创新教师培养方式，完善教师选聘制度、职称评聘制度和奖惩评价制度，进一步营造尊师重教的环境。刘延东向受聘和获奖的长江学者表示热烈祝贺。她希望长江学者们牢记使命，心系国家、情系教育，在服务祖国发展中实现人生理想；立足一线、言传身教，在培养创新人才中践行神圣职责；勇于探索、开拓创新，在攀登科学高峰中展现聪明才智；求真务实、严谨治学，在建设大学文化中发挥引领作用。

“长江学者奖励计划”由教育部和李嘉诚基金会于1998年合作启动实施，旨在延揽海内外中青年学界精英，培养造就具有国际领先水平的高校学科带头人。10年来，“长江学者奖励计划”的实施取得了显著成效，已经发展成为海内外公认的人才品牌。一是以造就领军人物带动高校教师队伍建设。全国115所高校聘任了1 308名长江学者特聘教授和讲座教授，17名华人学者荣获“长江学者成就奖”，38名长江学者当选中国科学院、中国工程院院士，有的还当选第三世界科学院院士和美国科学院外籍院士。通过“长江学者奖励计划”，高校汇聚了一批海内外有影响的学科带头人和科技领军人才，培养了一批高素质青年创新人才，形成了一批优秀创新团队，对推动高校教师队伍整体素质提升发挥了重要作用。二是以支持和激励科学研究带动学科发展、科技创新和学术繁荣。通过实施“长江学者奖励计划”，支持创造了一批关键领域的重大标志性科研成果，推动一批重点学科赶超国际先进水平，促进学科交叉融合和新兴学科的产生。10年来，共有252项由长江学者主持或作为主要完成人参加的科研成果获得国家三大科技奖励。同时还促进了高校国际学术合作与交流，对提升我国高校在世界范围内的学术地位和竞争力发挥了重要作用。三是以奖励计划促进人才理念和制度创新。通过“长江学者奖励计划”，推动高校突破用人机制、收入分配和资源配置等方面传统体制的局限，打破人才单位所有制和职务终身制，形成“以岗定薪、优劳优酬”的新型分配机制。同时还启动实施了一批高层次教育、科技人才计划，对于创新高等教育人才培养和支持体系发挥了重要作用。

教育部部长周济主持大会，著名爱国实业家李嘉诚先生讲话，长江学者代表、清华大学张林琦教授，“长江学者成就奖”获得者代表、中国农业大学教授李宁院士，北京大学校长周其凤院士等先后发言。国家有关部门负责人、长江学者特聘教授和讲座教授代表等200余人出席纪念大会。大会向2007年度长江学者特聘教授、讲座教授和“长江学者成就奖”获得者颁发了证书和奖杯。

〔实施高层次创造性人才计划情况〕 2004年，为贯彻落实全国人才工作会议精神和《2003—2007年教育振兴行动计划》，培养造就一支高素质、高水平的高等学校人才队伍，大力推进高等学校实施人才强校战略，教育部研究制定并组织实施了高等学校“高层次创造性人才计划（2004－2007）”。计划实施以来，第一层次的“长江学者和创新团队发展计划”中，长江学者项目共遴选支持417名特聘教授和360名讲座教授，11名优秀学者荣获长江学者成就奖；创新团队项目共资助245个创新团队，其中“985工程”高校166个，非“985工程”高校79个。第二层次的“新世纪优秀人才支持计划”共资助3 776人，其中“985工程”高校2 508人，非“985工程”高校1 268人。第三层次的“青年骨干教师培养计划”共有六个项目，其中“高校青年骨干教师在职学位提升项目”录取75 805人；“全国优秀博士学位论文作者资助项目”资助246人；“留学回国人员科研启动基金项目”资助留学回国的博士和博士后研究人员5 204人；“高校青年骨干教师出国研修项目”选派高校教师出国研修11 403人；“高校青年骨干教师国内访问学者项目”支持850人；“高校青年骨干教师高级研修班”共举办206个，培训教师约11 360人次。2008年，教育部继续实施高等学校“高层次创造性人才计划”有关人才项目。“长江学者和创新团队发展计划”中的长江学者项目拟遴选支持200名特聘教授、讲座教授和5名“长江学者成就奖”获得者，共有136所高校推荐了520名特聘教授、255名讲座教授候选人，29个单位推荐长江学者成就奖候选人46名，评审工作正在进行中；创新团队项目经过通讯评审、答辩评审和公示，正在对拟资助的72个团队进行现场考察。“新世纪优秀人才支持计划”经过同行专家会议评审和公示，拟资助939名新世纪优秀人才。“青年骨干教师培养计划”中的“高校青年骨干教师在职学位提升项目”、“全国优秀博士学位论文作者资助项目”、“留学回国人员科研启动基金项目”、“高校青年骨干教师出国研修项目”、“高校青年骨干教师国内访问学者项目”、“高校青年骨干教师高级研修班”等六个项目实施进展顺利。为贯彻落实十七大精神，深入学习实践科学发展观，更好地实施人才强国战略，教育部在认真总结高等学校“高层次创造性人才计划（2004－2007）”实施成效的基础上，着眼于高校优秀人才总量增长和整体素质提高，大力加强高校高层次人才队伍建设，结合制订《国家中长期教育改革和发展规划纲要》，进一步研究制订新一期高等学校“高层次创新人才计划”实施方案。

撰稿　栾宗涛　沈国华　周家贵

〔高等学校青年骨干教师国内访问学者项目〕 “高等学校青年骨干教师国内访问学者项目”是教育部实施的“高等学校高层次创造性人才计划”中的重要组成部分，是加强高等学校教师培养培训和队伍建设的重要举措。根据《高等学校青年骨干教师国内访问学者项目实施办法》相关要求，2007年，共有来自501所高校的850名青年骨干教师获得项目资助，到73所高水平学校做访问学者。通过一年的课程学习、参与科研项目，他们开阔了眼界，更新了理论知识，加深了对本学科的前沿和国内外学术动态的了解，提高了自身的科研能力和学术水平，2008年顺利通过考核，完成了研修任务。

2008年，经认真审核，共有来自591所高校的1 159名青年骨干教师获得了国内访问学者项目资助。与2007年相比，人选素质进一步提高，具有硕士及以上学位的占77.5%，比2007年提高8.2个百分点；具有副高以上专业技术职务的占70%。西部和东北老工业基地的人选占51.4%，地方院校人选占95.5%，充分体现了以地方高校为主、向西部和东北老工业基地倾斜的指导思想。

撰稿　张　旭　朱保江

〔引进海外高层次人才工作〕 为进一步推进人才强国战略，加快建设创新型国家的步伐，中央办公厅于2008年12月转发了《中央人才工作协调小组关于实施海外高层次人才引进计划的意见》，中组部会同有关部门研究制订了《引进海外高层次人才暂行办法》等8个配套政策文件。教育部把引进海外高层次人才工作摆在更加突出的位置，采取一系列措施，大力引进海外高层次人才。一是成立部海外高层次人才引进工作小组。根据中央制订的引才办法，教育部牵头负责国家重点学科“千人计划”的实施工作和高校海外高层次人才创新创业基地建设工作。在教育部人才工作协调小组的领导下，专门成立了由部领导任组长、部内7个司局单位组成的部海外高层次人才引进工作小组，主要任务是负责高校引进海外高层次人才工作的组织领导和统筹协调。二是动员部署高校积极参与“千人计划”实施工作。为动员高校积极参与“千人计划”实施工作，教育部分别于2008年7月和9月召开专门会议，动员有关高校认真做好人选的物色推荐工作。2008年12月底，在中组部召开引进海外高层次人才工作会议后，教育部部长周济立即召集出席会议的30多所高水平大学负责人，对引进海外高层次人才工作进行了部署。2009年2月16日—18日，在第十七次直属高校咨询会上，教育部领导再次对高校做好海外高层次人才引进工作进行了动员和部署，要求高校充分发挥自身优势，广泛物色海外高层次人才，通过深入细致的工作，逐一摸排，提高引进人才工作的针对性和实效性。三是认真做好重点学科“千人计划”引才工作。按照中央人才工作协调小组的统一部署和中组部的要求，教育部认真做好重点学科“千人计划”人选的评审推荐工作。2008年，经形式审查和专家评审，从33所高校推荐的110名候选人中，择优遴选了69名候选人作为“千人计划”入选者建议人选报中组部审核。同时经教育部推荐，中组部审核同意，在北京大学、清华大学、华中科技大学、上海交通大学和中国科技大学5所高校建立了首批海外高层次人才创新创业基地。此外，教育部组织驻海外使领馆教育处（组）开展了海外高层次人才统计工作，为中央研究制订“千人计划”提供了重要基础性数据。组织开展“211”高校引才需求调查和国家重点学科、国家重点实验室引才岗位目录调查，汇总引才需求信息2 300多条，人才岗位2 803个（其中国家重点学科1 493个，重点实验室1 310个），初步形成了高校引进海外高层次人才岗位目录。四是召开部长专题办公会议，研究部署教育部贯彻落实海外高层次人才引进计划工作。2009年2月5日，专门召开部长专题办公会议，对做好海外高层次人才引进工作进行了统筹安排和部署。会议讨论审议了《教育部贯彻落实海外高层次人才引进计划工作方案（讨论稿）》，明确了海外高层次人才引进工作的总体思路、目标任务、支持措施、组织实施和工作机制。

撰稿　栾宗涛　沈国华　周家贵
审稿　谢志敏　吕玉刚

国家教育行政学院培训工作

〔综述〕 2008年，国家教育行政学院全面贯彻党的十七大、十七届三中全会精神，以邓小平理论和“三个代表”重要思想为指导，深入贯彻落实科学发展观，集中优势资源，按照教育部党组的总体部署，以完成教育部重点规划培训项目为重点，积极推动“一个中心、四个平台”建设协调发展，取得了令人可喜的业绩，促进了学院各项事业进入科学发展的新阶段。

全年共完成40个培训项目，培训总人数5 396人。新拓展了分管教育工作地市长专题研究班、分管教育工作县市长专题研究班、中小学预算管理专题培训班、高校教务处长及分管教学院长专题研修班、职业院校校长培训班5个培训项目。恢复举办了中断多年的教育厅长班和民办高校校长班。学院自主举办的基础教育改革动态专题研修班被列为教育部规划培训项目。

〔学院培训规模持续扩大，培训质量稳步提高〕 2008年，国家教育学院完成的各类培训项目中，有教育部的培训项目27个，占培训总项的67.5%。培训对象共包括18个类型，涵盖了整个教育领域。其中，高等教育领域的8类，面向教育行政干部的7类，面向基础教育的3类。面向教育行政干部的有很大一部分同时也面向基础教育。按照中央和地方两级分级管理的原则，国家教育行政学院在教育系统干部培训的龙头地位和示范、辐射作用得到了充分体现。此外，学院与北京师范大学联合培养教育管理方向教育博士项目已正式实施，实现了教育干部培训与专业学位教育的衔接。

培训质量建设工程的各项措施得到了落实。一是加强了培训新项目的需求调研和教学计划的细化设计，二是进一步深化了教学模式的改革，三是在院内教学中开展了访谈式评估、网络评估和学员训后追踪评估，四是启动了重点课程开发计划并取得了进展，五是开展了对学院培训历史经验的总结和提炼并取得系列研究成果。

开放办学、合作办学取得实质性进展。通过举办教育干部培训机构管理者和教师研修班，加强了学院与各地教育干训机构之间的联系；承担了中国移动西部中小学校长培训项目执行办公室的工作，负责协调西部12个省（自治区、直辖市）的相关培训项目；与思科、中国移动、神州数码、深圳雅图等多家公司建立了比较稳固或长期的合作关系。2008年，院外办班培训900多人，占培训总人数的17.44%，为以学院为龙头进一步拓展办学空间作了很好的尝试。

〔努力开展科研与合作交流工作〕 2008年，国家教育行政学院跟踪我国教育理论热点与学术前沿，努力开展科研与合作交流工作。2008年学院科研工作取得长足发展，共获院外新立项课题4项。学院教师和研究人员共发表论文113篇，被《新华文摘》、《理论动态》等转载的12篇。出版著作或参编译著12部。独立组织或合作组织3次大型学术交流活动，20多人次出席国内外各类学术会议并交流论文。成功举办高教管理研究会学术年会。学院有5位干部、教师参加了起草《国家中长期教育改革和发展规划纲要》的工作。

学院开拓国际合作项目取得新进展，全年共接待来访42人次，包括8个国家的17所知名大学、国际组织、高等教育机构和跨国企业。2008年10月13日，院长郑树山代表学院与悉尼大学签署了两校合作备忘录，双方拟在人员交流、合作研究、合作培训等方面进行广泛而深入的合作。

〔改善培训条件，加强学院硬件建设〕 学院硬件是学院培训事业的重要载体。2008年，学院对校长大厦进行了重新装修。按照“保质量、保工期、保廉政、保预算、保安全”的总体要求，这项工作在规定的时间内得以完成，极大地改善了学院的办学条件，也为学院进一步发展打下良好的基础。同期完成的连廊建设，发挥了很好的作用。2008年下半年，学院又启动了学员公寓翻修改造的工作。学院自始至终高度重视学院硬件建设，明确要求把装修改造和翻修改造工程都做成高质量的工程、干干净净的工程，整个工程实行全过程跟踪审计，每个工作小组成员都与纪委签订了《廉政责任书》。

〔加强以教师为主体的队伍建设工作〕 2008年，学院进一步加强了以教师为主体的四支队伍建设。一是新一轮聘任更加突出了培训工作的中心地位，新组建远程培训部、科研与合作交流处和思想政治教育教研部，扩大专任教师编制。二是进一步加强了中层干部队伍建设，积极鼓励符合条件人员参加竞聘，5位原中层副职竞聘为正职，8位一般干部竞聘为中层副职，占中层领导干部总数的24%。三是加强了在职培养培训。2008年学院录用3名高校博士毕业生充实到教职工队伍；5位专任教师获得副高级专业技术职务任职资格并聘任到相应专业技术岗位；选派了2位教师到地方教育行政部门和高等学校挂职锻炼，4位教师和干部出国短期进修，1位教师参加了井冈山干部学院骨干教师培训，2位中层干部、3位青年教师参加了高校思想政治课骨干教师培训；1位中层干部参加了教育部机关党校班的学习。

撰稿　张春兰

审稿　韩　旭

先进集体和先进个人

〔**教育部关于表彰全国教育纪检监察先进集体和先进个人的决定**〕　党的十六大以来，教育系统各级纪检监察部门和广大纪检监察干部认真学习贯彻邓小平理论和“三个代表”重要思想，深入贯彻落实科学发展观，全面履行纪检监察职责，紧紧围绕教育改革发展稳定大局，积极开展党风廉政建设和反腐败斗争，为保障服务教育事业持续协调健康发展和人才健康成长作出了重要贡献，涌现出一批爱岗敬业、秉公执纪、无私奉献、成绩卓著、事迹突出的先进集体和先进个人。

为了表彰先进、弘扬正气、振奋精神、鼓舞斗志，深入推进教育系统反腐倡廉建设，教育部决定授予北京大学纪委、监察室等81个单位“全国教育纪检监察先进集体”荣誉称号，授予王健等98位同志“全国教育纪检监察先进个人”荣誉称号。希望受到表彰的集体和个人，珍惜荣誉，谦虚谨慎，戒骄戒躁，再接再厉，为教育系统党风廉政建设和反腐败工作再立新功。

教育系统各级纪检监察部门和广大纪检监察干部要以受表彰的先进集体和先进个人为榜样，深入学习贯彻落实党的十七大精神，进一步增强责任感和使命感，以奋发有为的精神状态，积极进取，开拓创新，努力把教育纪检监察工作提高到一个新水平，为推动教育事业科学发展、努力办好让人民满意的教育作出更大贡献。

附

全国教育纪检监察先进集体和先进个人名单

一、先进集体（81个）

北京市

北京大学纪委、监察室

中国农业大学纪委、监察处

北京外国语大学纪委、监察处

顺义区教育纪工委

天津市

南开大学纪委、监察室

天津财经大学纪委、监察室

河北省

河北科技大学纪委

河北经贸大学纪委

邯郸市教育纪工委、教育局监察室

山西省

中北大学纪委、监察室

山西机电职业技术学院纪委、监察室

忻州市教育局纪检组

内蒙古自治区

内蒙古医学院纪委

辽宁省

辽宁中医药大学纪委
沈阳市委教科纪工委
鞍山市教育局纪检组

吉林省

吉林大学纪委
东北师范大学纪委、监委
长春工业大学纪委

黑龙江省

哈尔滨商业大学纪委
牡丹江师范学院纪委
齐齐哈尔市教育局纪委

上海市

复旦大学纪委、监察室
东华大学纪委、监察审计处
上海大学纪委、监察室
嘉定区教育局纪委

江苏省

南京大学纪委、监察处
南京林业大学纪委
南通大学纪委、监察室
南京市教育纪工委、教育局监察室

浙江省

浙江大学纪委、监察处
杭州电子科技大学纪委
义乌市教育局纪委
宁波市鄞州区教育局纪委

安徽省

合肥工业大学纪委、监察处
安徽大学纪委、监察审计处
马鞍山市教育局纪委、监察室

福建省

福建中医学院纪委
福建农林大学纪委
厦门市教育纪工委、教育局监察室

江西省

江西师范大学纪委、监察审计处
江西电力职业技术学院纪委、监察室
抚州市资溪县教育局纪委

山东省

山东大学纪委、监察处
青岛市教育局纪委、监察室
山东经济学院纪委、监察处
东营市教育局纪委

河南省

华北水利水电学院纪委、监察处
河南理工大学纪委、监察处
河南省新乡医学院纪委
平顶山市教育局纪委、监察室

湖北省

武汉大学纪委、监察部
华中科技大学纪委、监察处
华中农业大学纪委、监察处
武汉市教育纪工委、教育局监察室

湖南省

湖南农业大学纪委、监察室
湘潭大学纪委、监察处
娄底市教育局纪检组、监察室
江华瑶族自治县教育局监察室

广东省

中山大学纪委、监察处
广州中医药大学第二临床医学院纪委
佛山市教育局纪检组

广西壮族自治区

广西师范大学纪委

海南省

海南医学院纪检监察部

重庆市

西南大学纪委
九龙坡区教育纪工委

四川省

四川大学纪委、监察处
电子科技大学纪委、监察处
西南科技大学纪委、监察处
泸州市教育局纪委

贵州省

遵义市余庆县教育局纪检组

云南省

楚雄师范学院纪委

西藏自治区

西藏大学纪委、监察室

陕西省

陕西师范大学纪委
西北工业大学纪委
西安石油大学纪委
渭南市教育局纪检组

甘肃省

兰州交通大学纪委

青海省

海西蒙古族藏族自治州教育局纪检组

宁夏回族自治区

吴忠市教育局纪委

新疆维吾尔自治区

喀什师范学院纪委

二、先进个人（98个）

北京市

王　健　中国人民大学监察处副处长
张爱国　北京林业大学纪委副书记
王佐嗣　首都师范大学纪委办公室主任
周亦慧　北京教育考试院纪委副书记、监察处处长
赵其瑜　东城区教育纪工委副书记

天津市

李希平　天津大学纪委副书记、监察室主任
臧建华　天津师范大学纪委副书记、监察室主任
李　炜　天津市教卫纪工委副处级纪检员

河北省

路远志　河北大学纪委副书记、监察审计处处长
商植桐　河北工业大学纪委副书记、监察处处长
余　蔚　河北理工大学纪委办公室主任、监察审计处处长

山西省

李三红　山西师范大学纪委副书记
郑翠明　太原市教育局纪委书记
李建平　侯马市教育局纪检组组长

内蒙古自治区

袁和平　内蒙古工业大学纪委副书记、监察处处长
关友才　呼伦贝尔市教育局纪检组组长

辽宁省

祖守才　本溪市教育局纪委书记
张晶伟　锦州市教育局纪委书记
邹本福　营口市教育局纪委书记
李国福　铁岭市教育局纪委书记

吉林省

许静爱　延边大学纪委办公室主任
谭绍奇　吉林工商学院纪检监察审计处处长
李　敏　长春市教育局党委副书记、纪委书记
高　伟　吉林市教育局纪委副书记、监察室主任

黑龙江省

于占福　哈尔滨师范大学纪委副书记、监察处

处长

李升平 哈尔滨工程大学纪委办公室主任、监察处副处长

韩　伟 哈尔滨体育学院纪委副书记、监察审计处处长

李雁方 牡丹江市教育局党委副书记、纪委书记

上海市

金志有 上海交通大学纪委副书记、监察处处长

姚慧娥 华东政法大学纪委副书记、监察室主任

王国华 上海水产大学纪委副书记、纪监审办公室主任

许灯宝 卢湾区教育局党工委副书记、纪委书记

周嘉斌 闸北区教育局纪委副书记、监察室主任

江苏省

朱成元 南京农业大学纪委副书记、监察审计处处长

黄溧军 南京师范大学纪委副书记、监察处处长

李玉扬 镇江市教育纪工委书记

刘　军 宿迁市教育纪工委书记

浙江省

蒋金观 浙江工业大学纪委副书记

许富明 浙江工商大学纪委副书记

李伟明 浙江省教育纪工委主任科员

金永毅 绍兴县教育局党工委副书记、纪委书记

陈顺康 永嘉县教育局纪检监察室副主任

安徽省

王泽普 中国科学技术大学纪委副书记

赵　红 安徽师范大学监察处副处长

许敬梅 淮北市教育局监察室主任

福建省

张晓明 福建省教育厅纪检组、监察室干部

苏全藩 龙岩市教育纪工委书记、教育局纪检组组长

陈泉木 泉州市教育局纪检组副组长、监察室主任

郑瑞基 莆田市教育局纪检组副组长、监察室主任

江西省

杨　明 江西中医学院纪委副书记、监察审计处处长

谢福萍 萍乡高等专科学校纪委副书记、监审室主任

周　皓 宜春市袁州区文化教育局纪委书记

山东省

王中枢 山东建筑大学纪委副书记、纪检审办公室主任

张建民 青岛理工大学纪委副书记

王汉东 淄博市教育局纪委正科级检查员

于卫东 枣庄市教育局副局长、纪委书记

河南省

文秋珍 郑州大学纪委副处级纪检员

郭　政 郑州市教育局纪委书记、监察室主任

王书钦 信阳市教育局纪检组组长

张巧雷 南阳市教育局纪委副书记、监察室主任

湖北省

刘怀俊 湖北省高校纪工委副书记、监察室主任

程农垦 黄石市教育局监察科科长

彭晋和 宜昌市教育局纪检组副组长、监察室主任

安邦之 荆门市教育局纪委书记

柴松涛 蕲春县教育局纪委书记

湖南省

彭　斌 中南大学纪委副书记

马爱云 湖南科技大学纪委副书记

石曙红 长沙市雨花区教育局纪委书记

王树华 邵阳市教育局纪委书记

广东省

王录德 中山大学纪委书记、监察处处长

李兴昌 暨南大学纪委副书记、纪监审办公室主任

骆　平 惠州市教育局纪检组组长

广西壮族自治区

刘承伟　桂林医学院纪委副书记、监察室主任
姚成东　北海市教育局监察室主任

海南省

于钦华　华南热带农业大学纪检监察处副处长
关　俊　乐东县教育局监审岗主办科员

重庆市

肖治平　重庆大学纪委副书记、监察处处长
方智慧　黔江区教育纪工委书记

四川省

刘　彤　四川烹饪高等专科学校党委副书记、纪委书记
张化冰　成都市青羊区教育局党委副书记、纪委书记
秦　伟　乐山市教育局纪检组组长
付吉和　洪雅县教科局纪委副书记

贵州省

许光阳　遵义医学院纪委副书记、监察室主任
刘大顺　铜仁地区教育局纪检组组长

云南省

孙崇瑜　云南师范大学监察审计处科长
杨合荣　昆明理工大学纪委副书记、监察室主任

西藏自治区

陈　立　拉萨市教育体育局纪委副书记

陕西省

计新科　西安电子科技大学纪委副书记、监察审计室主任
王培全　西安建筑科技大学监察处正处级监察员
王世森　陕西省教育纪工委调研员
宇文迎宪　咸阳市教育局纪检组副组长、监察室主任

甘肃省

王新民　西北师范大学纪委副书记
王建儒　平凉市教育局纪检组组长

青海省

马生庆　西宁市教育局党委副书记、纪委书记
强生珍　化隆县教育局纪委书记

宁夏回族自治区

刘静波　固原市原州区教育局监察股股长

新疆维吾尔自治区

章　锐　乌鲁木齐市教育局纪检组组长

新疆生产建设兵团

杨平康　石河子大学纪委正科级纪检员

〔关于冯荣传、代江生两位同志的表彰决定暨先进事迹〕　一、关于代江生同志的表彰决定暨先进事迹。2008年6月，人力资源和社会保障部、教育部作出《关于授予代江生同志“全国模范教师”荣誉称号的决定》，号召广大教师和教育工作者向代江生同志学习。代江生，男，1963年7月出生，中共党员，生前任新疆石河子大学动物科技学院养羊学教授、动物科学专业教工党支部书记，新疆生产建设兵团种羊场布局规划、设计、指导的主要负责人。代江生同志热爱教育事业，十几年的教学科研工作中，潜心钻研，悉心讲授，以自己丰富的实践经验和严谨的治学态度赢得学生好评。坚持教学与实践相联系，科研与生产相结合，自1996年起，他坚持到国家级贫困团场——新疆生产建设兵团农九师161团开展科技扶贫项目，用科技知识帮助职工科学养殖，先后获得3项国家和兵团科技进步奖，为促进团场经济发展、提高职工经济收入作出了重要贡献，赢得了兵团干部职工的高度赞誉。因长期过度劳累，2008年3月，代江生同志病倒在161团，经医院诊断，为肝病晚期，生命垂危。7月不幸逝世。

二、关于冯荣传同志的表彰决定暨先进事迹。2008年7月，人力资源和社会保障部、教育部作出《关于追授冯荣传同志“全国模范教师”荣誉称

号的决定》，号召广大教师和教育工作者向冯荣传同志学习。冯荣传，男，汉族，1947 年 12 月出生，1974 年起从事教育工作，生前是安徽省长丰县造甲乡冯巷小学高级教师。2007 年 11 月 15 日上午，正在教室教授四年级语文课的冯荣传同志，猝然倒在讲台上，待救护人员赶到时，他已以身殉职，永远离开了他一生钟爱的教育事业。冯荣传同志从教 34 年，热爱乡村、热爱乡村教育。几十年来，他忠诚于党的教育事业，兢兢业业、为人师表、教书育人；他刻苦钻研，勤奋进取，结合乡村教育实际不断提高教育教学质量；他爱生如子，无私奉献，用自己微薄的收入资助了一批贫困学生完成小学学业；他长期担任班主任，针对不同年龄段学生的特点，摸索了一套独特的教育教学方法，注重赏识教育，创造性地开展学生思想教育工作；他爱校如家，在创建文明校园中身先士卒；他关心同事，采用随堂听课、指导写教案等方式，帮助年轻教师成长。冯荣传同志是一名深受学生爱戴、让学生家长放心、为广大群众敬重的好老师。

撰稿 张 旭 朱保江
审稿 谢志敏 吕玉刚

〔教育部关于追授张昊、张雪峰同学，授予林博同学“全国优秀大学生”荣誉称号的决定〕 张昊、张雪峰、林博三位同学系辽宁医学院 2005 级学生，2007 年 7 月勇救落水少年，张昊、张雪峰不幸遇难，献出年轻而又宝贵的生命。

张昊、张雪峰、林博三位同学在危难时刻挺身而出，舍己救人的英雄事迹在高校和社会各界引起了强烈反响。他们用实际行动展示了当代大学生的良好精神风貌，是当代大学生的优秀代表。为表彰张昊、张雪峰、林博三位同学的英雄事迹，教育部决定追授张昊、张雪峰同学，授予林博同学“全国优秀大学生”荣誉称号。广大青年学生要向张昊、张雪峰、林博三位同学学习，学习他们胸怀祖国、热爱人民的优秀品德，奋不顾身、不怕牺牲的英雄气概，刻苦学习、立志成才的拼搏精神，关爱他人、甘于奉献的高尚情操。

教育部在《决定》中要求，各地教育工作部门和各高等学校要充分认识深入开展向张昊、张雪峰、林博同学学习的重要意义，精心组织、加强领导，把学习三位同学英雄事迹的活动与学习贯彻党的十七大精神结合起来，与贯彻落实中央 16 号文件精神结合起来，广泛开展扎实有效的学习活动，充分发挥先进典型的示范、引导作用，让广大青年学生从张昊、张雪峰、林博同学的感人事迹和高尚品质中受到鼓舞，汲取力量，激励他们进一步提高自身的思想道德素质和科学文化素质，服务祖国，报效人民，成为德智体美全面发展的社会主义合格建设者和可靠接班人。

〔教育部关于授予杨之亚同学“全国见义勇为优秀大学生”荣誉称号的决定〕 杨之亚同学系石家庄铁道学院电气与电子工程分院自动化专业 2004 级学生，2008 年 2 月 15 日冒着生命危险跳入近 3 米深的冰冷河水中，救起了因车祸落水的一家三口，并利用所学的急救常识现场施救，最终挽回了一家人的生命。

杨之亚同学在人民群众生命受到严重威胁的危急关头，不怕牺牲，挺身而出的先进事迹，充分体现了中华民族临危不惧、见义勇为的传统美德，在高校和社会各界引起了强烈反响。他用实际行动展示了当代大学生高度的社会责任感和良好的精神风貌，是当代大学生的优秀代表。为表彰杨之亚同学的先进事迹，教育部决定授予杨之亚同学“全国见义勇为优秀大学生”荣誉称号。广大青年学生要向杨之亚同学学习，学习他奋不顾身、不怕牺牲的英雄气概，学习他心系社会、关爱他人的广阔胸怀，学习他自强自立、奋发向上的进取精神，学习他不为名利、乐于奉献的优秀品质。

各地教育工作部门和各高等学校要精心组织，加强领导，认真开展向杨之亚同学学习的活动，大力加强和改进大学生思想政治教育。要充分发挥先进典型的示范作用，教育和引导广大青年学生自觉以英雄楷模为榜样，牢固树立科学的世界观、人生观和价值观，树立社会主义荣辱观，努力学习科学文化知识，积极加强品德修养，锻炼强健体魄，培养良好心理素质，全面提高自身素质，努力成为德智体美全面发展的社会主义建设者和接班人。

〔**教育部关于授予谭之平同学“全国自强不息优秀大学生”荣誉称号的决定**〕 谭之平，女，土家族，系湖北职业技术学院2006级医学院临床医学专业学生。

谭之平同学从小家庭贫困，父母患病。自16岁起，她勇敢坚强地挑起家庭重担，在十分困难的情况下，坚持一边学习一边照顾贫疾的双亲和年幼的妹妹。初中毕业后辍学务农，后来入城打工、独自经营超市，经过多年的创业和努力，家境有所好转后，谭之平不忘继续上学读书的人生理想，通过勤奋自学，考入湖北职业技术学院。在校期间，谭之平边读书边创业，通过勤工俭学开办餐厅缴学费、养父母，在学习上刻苦用功，成绩优异。尽管生活困难，求学道路艰辛，谭之平依然感激生命，感恩生活，乐于助人，以阳光般的心态和最朴素的善良对待身边的人，发起组建了义工社，坚持课余时间参加公益活动，经常前往福利院和社区帮助老人打理生活。

谭之平同学自强不息、曲折求学、敬老爱亲、回报社会的感人事迹，在社会上引起了强烈反响，彰显了中华民族的传统美德，展示了当代大学生高度的社会责任感和良好的精神风貌，是当代大学生的优秀代表。为表彰谭之平同学的先进事迹，教育部决定授予谭之平同学“全国自强不息优秀大学生”荣誉称号。广大青年学生要积极学习谭之平同学自强不息、创业求学的进取精神，直面困难、积极向上的乐观心态，敬老行孝、回报社会的传统美德，刻苦学习、立志成才的顽强毅力。

各地教育工作部门和各高等学校要精心组织，加强领导，认真开展向谭之平同学学习的活动，充分发挥先进典型的示范作用，教育和引导广大青年学生以先进模范为榜样，自觉践行社会主义荣辱观，大力弘扬中华民族传统美德，努力提高思想道德素质、科学文化素质和身心健康素质，自尊自信，自立自强，服务人民，报效祖国，努力成为德智体美全面发展的社会主义建设者和接班人。

热 点 关 注

“长江学者奖励计划”发展10年回眸

施一公，普林斯顿大学终身教授，迄今在国际权威学术杂志发表学术论文百余篇，获“国际蛋白学会”颁发的鄂文西格青年科学家奖，成为这个奖项首位华裔获奖者；张亚平，中国科学院昆明动物研究所研究员，对基因起源进化的研究，揭示了一些新基因的形成和基因的变异在生物适应进化中的意义，2006年获国家自然科学奖二等奖。

还有舒德干、张伟平、李小文等科学家，他们都是长江学者，是自1998年开始教育部与李嘉诚基金会合作实施的“长江学者奖励计划”的受益者。作为亲历者，他们在各自所在的科研领域取得了很高的成就，为祖国和人民在国际上获得了荣誉；作为历史的见证者，他们也目睹了“长江学者奖励计划”实施10年来为国家会聚、培养和造就学术精英的累累硕果。

“留住、培养和吸引高层次人才是当前的大课题”

1998年5月，江泽民在参加北大百年校庆时明确指出，“大学应该成为科教兴国的强大生力军”，“为了实现现代化，我国需要若干所具有世界先进水平的一流大学”。国家先后实施了“211工程”、“985工程”，加快高水平大学和重点学科建设步伐，高等教育进入了发展的快车道。

没有高水平的教师，就没有高水平的教育。建设一流大学，关键在教师，尤其在于是否拥有一支具有国际领先水平的教师队伍。然而，1998年的高校教师队伍令人堪忧：全国普通高校共有专任教师40.7万人，其中具有博士学位的教师仅占教师总数的4.6%，教师队伍断层严重，高水平学科带头人青黄不接，领军人才匮乏。如果这个问题解决不好，将会直接影响我国高等教育发展特别是高水平大学建设。

全国人大常委会副委员长陈至立在谈到长江学者时说："因为创新是一个民族的灵魂，也是我们能够自立于世界民族之林、能够起到一个大国的作用的关键。因此留住、培养和吸引高层次人才是我们国家面临的一个非常大的课题。"

采取什么措施才能吸引和培养造就优秀拔尖人才？面对严峻的形势和挑战，教育部认为，必须采取超常规的政策和举措，集中优势资源，重点投入，好钢用在刀刃上，选择最可能突破的学科，遴选培养最有可能实现突破的中青年人才。教育部关于高层次人才的战略构想得到了香港著名爱国实业家李嘉诚的鼎力支持，经双方商定，教育部与李嘉诚基金会决定，以创新的机制共同启动实施"长江学者奖励计划"。1998年8月4日，在北京大学未名湖畔，这项具有标志意义的计划正式启动实施。这标志着我国在高层次学术队伍的建设上以全新的机制和状态开始运行。

高层次人才项目和制度创新结合的"试验田"

著名华裔科学家杨振宁把"长江学者奖励计划"称作一个非常了不起的创举。作为一项长远的吸引高端人才的计划，"长江学者奖励计划"十分重视顶层设计，从一开始就将人才项目和制度创新紧密结合，成为高层次人才培养模式创新的"试验田"。该计划包括特聘教授岗位（全职岗位）、讲座教授岗位（非全职岗位）和"长江学者成就奖"3项内容，旨在延揽大批海内外中青年学界精英参与我国高等学校建设，培育、造就一批具有国际领先水平的学科带头人，形成一批优秀创新团队，支持优秀人才在关键领域取得重大标志性科研成果，带动国家重点学科赶超或保持国际先进水平，大力提升我国高校在世界范围内的学术地位和竞争实力。

选什么样的人才成为长江学者？入口把关至关重要。该计划严把入口关，坚持标准，通过专家评审，择优聘任。人选基本条件是科学道德高尚、学术造诣高深，具有创新性构想、战略性思维和国际视野的中青年学界精英。该计划还明确规定，原则上应聘者年龄为自然科学类45周岁以下、人文社会科学类在50周岁以下，国外应聘者一般应担任高水平大学助理教授及以上职位或其他相应职位。

为保证特聘教授的高质量和遴选制度的客观公正，"长江学者奖励计划"制定了一套严格、规范的评审程序，在遴选过程中强化同行专家的评价作用，通过学校初审、海内外通讯评审、同行专家会议评审和顾问组终审4个步骤，确保人选质量。当时在清华大学任教的饶子和教授经过严格的筛选，很荣幸地获得了这个岗位。教育部为饶子和这样的特聘教授每年提供10万元奖金，同时享受学校提供的工资、保险、福利待遇以及科研配套经费支持（其中自然科学类不低于200万元，人文社科类不低于50万元）。

"要抓人才，就是要抓世界级顶尖人才"

长江，吸纳百川而成大江。"长江学者奖励计划"因势而动，并随着时代的变迁迎来新的发展契机。

2004年，为贯彻落实全国人才工作会议精神，大力促进实施人才强国战略，教育部在《2003—2007年教育振兴行动计划》的总体部署中，提出了实施高等学校"高层次创造性人才计划"，第二期计划在保持原有框架内容的基础上，进一步明确了长江学者的工作目标和任务，促进了长江学者聘任与创新团队建设紧密结合，体现了设岗、选人、做事的高度统一，探索了"学科带头人＋创新团队"的人才组织新模式，为人才的发展提供更大的空间。

10年来，在党和国家领导的高度重视和亲切关怀下，在中央有关部门的大力支持下，"长江学者奖励计划"的实施，取得了令海内外瞩目的成就。长江学者已经成为科教兴国战略和人才强国战略实施的一个重要的时代符号。

"我们这个长江学者计划，就是把最关键的问题抓住了。长江学者计划，立意很高，要抓人才，就是要抓世界级顶尖人才。"教育部部长周济表示。

我们来看一组数字：10年来，经过面向海内外公开招聘和严格遴选，全国已有24个省、自治区、直辖市的115所高校共聘任长江学者1 308人，其中特聘教授905人、讲座教授403人（全部从海外招聘），有17名华人学者荣获"长江学者成就奖"。长江学者受聘上岗时，特聘教授平均年龄42岁，讲座教授的平均年龄46岁；特聘教授中，98%具有博士学位，90%以上具有一年以上国外留学或工作经历，直接从海外应聘或回国3年内应聘的有259人。

"'长江学者奖励计划'对学校改善教师队伍建设，对于培养新的学术梯队，对于改革人事制度，对于整个人才培养、学科建设和科学研究，都取得了显著的作用和成绩。现在回忆起来，确实起到了一个里程碑的作用、破冰的作用。"清华大学校长顾秉林深情地回顾说。

截至2007年，共有38名长江学者当选为中国科学院、中国工程院院士，6名长江学者当选为第三世界科学院院士，2名长江学者当选为美国科学院外籍院士，81名长江学者担任"973计划"首席科学家，一批长江学者在国际学术组织担任重要职务，或在国际重要学术期刊担任编委。

在"长江学者奖励计划"的推动下，许多长江学者在一些关键性基础研究领域承担重大课题，取得了一批标志性科研成果。据不完全统计，在*Nature*、*Science*、*Cell*等国际顶尖学术期刊发表论文数十篇。

由长江学者特聘教授主持或参与的科研成果，获得国家自然科学奖一等奖2项、二等奖91项；同时，还有一些长江学者荣获了国际性学术大奖。34名长江学者特聘教授取得的55项重大基础性研究成果分别入选"中国十大科技进展新闻"、"中国基础研究十大新闻"以及"中国高校十大科技进展"。由长江学者特聘教授主持或参与完成的科研成果，获得93项国家自然科学奖，27项国家技术发明奖，132项国家科技进步奖。

此外，长江学者积极推进人文社会科学学术观点和科研方法创新，42名长江学者特聘教授获得高校人文社会科学成果奖共65项，深入研究并回答了经济社会发展中的重大理论和实践问题，为政府部门提供了一批有重要价值的决策咨询报告。如中国人民大学特聘教授王利明，作为《物权法》起草小组的重要成员之一，代表全国高校的法学工作者积极建言献策、贡献研究成果，促进了该法的起草和通过，发挥了法学工作者在推进民主法制建设中的责任和作用。

长江学者发挥了学科建设"突击队长"作用

浙江大学特聘教授何赛灵表示："我们要努力把学科发展好，而且使自己成为引领学术的领军人物。"事实证明，"长江学者奖励计划"通过科学设岗，加大支持力度，聚集优秀人才，发挥长江学者在学科建设中的"突击队长"作用，发展优势学科，培育交叉学科和新兴学科，推动了一批重点学科赶超国际先进水平。

如北大理论生物学中心在长江学者特聘教授的带领下，集中了北大校内数学、物理、化学、生物、力学及信息科学的一批志同道合的优秀科学家，以及国内其他单位及海外的杰出科学家，形成了一个理论生物学研究的交叉学科研究群体，在生物网络动力学、生物分子进化、基因调控、蛋白质作用机制及药物分子设计等方面取得系列进展，成为有一定国际影响的理论与计算生物学研究中心。

"在'长江学者奖励计划'的带动下，在非常出色的年轻教师中开始形成团队，这是长江学者所带来的一些新的变化。"第一批特聘教授、浙江大学校长杨卫感慨地说。

良好的组织生态是优秀人才成长的沃土。"长江学者奖励计划"注重引导长江学者教书育人，提携后学，支持组建创新团队、讲授核心课程、大力培养学术骨干和青年学生，实现了科学研究和人才培养的双赢。截至目前，有67名长江学者领衔的科研团队受到国家自然科学基金委创新研究群体科学基金项目资助，占总数的39.9%；114名长江学者领衔的科研团队受到教育部创新团队项目资助，占总数的46.5%。

长江学者进入一流高校，大学生们受益匪浅。由于长江学者把先进的教育理念引入教学和研究生指导活动中，开发学生潜能，大力提高了学生的创新能力和创业能力。目前，有8名长江学者获得国家教学名师奖，56名长江学者获得国家教学成果奖67项。共有87名长江学者指导的110名博士研究生学位论文入选"全国优秀博士学位论文"。

值得一提的是，"长江学者奖励计划"确立的"按需设岗、公开招聘、竞争上岗、合同管理"和"以岗定薪、优劳优酬"的制度内涵，已经成为我国高校人事分配制度改革的基本思路。正是从该奖励计划开始，各高等学校开始实行全球范围的公开招聘制度，强化合同管理，加大对优秀人才和关键岗位的分配激励力度，高校用人和分配制度这潭"水"活了起来，激发了高校人才队伍的活力。

这一改革充分调动了高等学校人才队伍的积极性、主动性和创造性，为促进高等教育的跨越式发展作出了重要贡献。在“长江学者奖励计划”的示范和引领下，目前，全国共有24个省、自治区、直辖市和许多高等学校相继实施了一批人才计划，采取有力措施，设置关键岗位，加大支持强度，大力吸引、培养中青年优秀拔尖人才。一个具有中国特色的中央、地方、高校层次清晰、定位明确、衔接紧密，促进高等学校优秀人才可持续发展的培养和支持体系初步形成。“长江学者奖励计划”也作为集选才、引才、奖励于一体的高层次人才培养与支持体系，开辟了我国高校人才使用的新模式，为促进高等教育的跨越式发展作出了重要贡献。

原载2008年12月5日《中国教育报》第1版

教育财务与审计

教育部　国家统计局　财政部
关于2007年全国教育经费执行情况统计公告

（2008年11月21日）

一、全国教育经费情况

2007年，全国教育经费为12 148.07亿元，比上年的9 815.31亿元增长23.77%。其中，国家财政性教育经费（包括各级财政对教育的拨款、征收用于教育的税费、企业办学中的企业拨款以及校办产业减免税等项）为8 280.21亿元，比上年的6 348.36亿元增长30.43%。

二、落实《教育法》规定的"三个增长"情况

1. 中央和地方各级政府预算内教育拨款（不包括教育费附加）为7 654.91亿元，比上年的5 795.61亿元增长32.08%。其中，中央财政教育支出1 076.35亿元，按同口径比较，比上年增长76%，高于中央财政经常性收入约28%的增长幅度。

2. 各级教育生均预算内教育事业费支出增长情况。2007年全国普通小学、普通初中、普通高中、中等职业学校、普通高等学校生均预算内教育事业费支出情况是：

（1）全国普通小学生均预算内事业费支出为2 207.04元，比上年的1 633.51元增长35.11%。其中，农村普通小学生均预算内事业费支出为2 084.28元，比上年的1 505.51元增长38.44%。普通小学生均预算内事业费支出增长最快的是西藏自治区（74.64%）。

（2）全国普通初中生均预算内事业费支出为2 679.42元，比上年的1 896.56元增长41.28%。其中，农村普通初中生均预算内事业费支出为2 433.28元，比上年的1 717.22元增长41.70%。普通初中生均预算内事业费支出增长最快的是西藏自治区（61.35%）。

（3）全国普通高中生均预算内事业费支出为2 648.54元，比上年的2 240.96元增长18.19%。普通高中生均预算内事业费支出增长最快的是宁夏回族自治区（47.56%）。

（4）全国中等职业学校生均预算内事业费支出为3 124.01元，比上年的2 465.65元增长26.70%。中等职业学校生均预算内事业费支出增长最快的是海南省（77.23%）。

（5）全国普通高等学校生均预算内事业费支出为6 546.04元，比上年的5 868.53元增长11.54%。

普通高等学校生均预算内事业费支出增长最快的是海南省（59.06%）。

3. 各级教育生均预算内公用经费支出增长情况。2007年全国普通小学、普通初中、普通高中、中等职业学校、普通高等学校生均预算内公用经费支出情况是：

（1）全国普通小学生均预算内公用经费支出为425.00元，比上年的270.94元增长56.86%。其中，农村普通小学生均预算内公用经费支出为403.76元，比上年的248.53元增长62.46%。普通小学生均预算内公用经费支出增长最快的是安徽省（189.97%）。

（2）全国普通初中生均预算内公用经费支出为614.47元，比上年的378.42元增长62.38%。其中，农村普通初中生均预算内公用经费支出为573.44元，比上年的346.04元增长65.71%。普通初中生均预算内公用经费支出增长最快的是安徽省（194.81%）。

（3）全国普通高中生均预算内公用经费支出为509.96元，比上年的449.15元增长13.54%。普通高中生均预算内公用经费支出增长最快的是宁夏回族自治区（133.54%）。

（4）全国中等职业学校生均预算内公用经费支出为718.00元，比上年的595.18元增长20.64%。中等职业学校生均预算内公用经费支出增长最快的是海南省（217.05%）。

（5）全国普通高等学校生均预算内公用经费支出为2 596.77元，比上年的2 513.33元增长3.32%。普通高等学校生均预算内公用经费支出增长最快的是宁夏回族自治区（76.27%）。

三、预算内教育经费占财政支出比例情况

按预算内教育经费包含教育费附加的口径计算，2007年全国预算内教育经费占财政支出49 781.35亿元（2008年《中国统计年鉴》公布数）比例为16.26%，比上年的15.18%增加了1.08个百分点。从全国情况看，有6个省、自治区、直辖市预算内教育经费占财政支出比例比上年有不同程度的下降。

四、国家财政性教育经费占国内生产总值比例情况

据统计，2007年全国国内生产总值为257 306亿元，国家财政性教育经费占国内生产总值比例为3.22%，比上年的3%增加了0.22个百分点。

2007年全国教育经费执行情况监测结果表明，政府教育投入总量继续增加，国家财政性教育经费占GDP的比例以及预算内教育经费占财政支出比例均比上年有所增加，但有一些省、自治区、直辖市没有达到《教育法》规定的教育投入增长要求。

注：1. 公告中所涉及的全国性统计数据，均不包括台湾省、香港特别行政区、澳门特别行政区。

2. 公告中的2007年全国国内生产总值257 306亿元来源于国家统计局2009年1月15日公布的最终核实数；全国财政收入51 321.78亿元和财政支出49 781.35亿元来源于2008年《中国统计年鉴》。

附

2007年全国教育经费执行情况统计表

表一 2007年预算内教育拨款增长与财政经常性收入增长比较

地　区	预算内教育拨款本年比上年增长（%）	财政经常性收入本年比上年增长（%）	增长幅度比较
中　央	76.00	28.00	48.00
北京市	27.45	24.93	2.52
天津市	20.23	19.77	0.46
河北省	31.15	24.66	6.49
山西省	29.08	27.35	1.73
内蒙古自治区	38.97	34.97	4.00
辽宁省	34.32	26.59	7.73
吉林省	35.25	31.45	3.80
黑龙江省	33.51	10.21	23.30
上海市	27.51	27.46	0.05
江苏省	35.66	31.79	3.87
浙江省	23.51	16.3	7.21
安徽省	40.05	55.64	—15.59
福建省	23.13	21.59	1.54
江西省	59.26	29.96	29.30
山东省	39.61	17.9	21.71
河南省	43.91	33.82	10.09
湖北省	46.97	21.25	25.72
湖南省	46.51	34.61	11.90
广东省	26.42	23.57	2.85
广西壮族自治区	30.85	17.15	13.70
海南省	45.84	37.77	8.07
重庆市	40.68	26.96	13.72
四川省	51.21	16.22	34.99
贵州省	41.04	19.23	21.81
云南省	20.11	17.68	2.43
西藏自治区	54.63	35.06	19.57
陕西省	29.78	29.63	0.15
甘肃省	32.97	30.95	2.02
青海省	21.55	13.19	8.36
宁夏回族自治区	69.11	30.99	38.12
新疆维吾尔自治区	27.33	29.06	—1.73

注：预算内教育拨款包括教育事业费、科研经费、基建经费和其他经费。

表二　2007年预算内教育经费占财政支出比例情况

地　区	预算内教育经费（亿元）			预算内教育经费占财政支出比例（%）		
	2006年	2007年	增长比例%	2006年	2007年	增减百分点
总　计	**6 135.35**	**8 094.34**	**31.93**	**15.18**	**16.26**	**1.08**
北京市	250.14	315.97	26.32	19.29	19.16	−0.13
天津市	95.22	113.88	19.60	17.53	16.89	−0.64
河北省	230.21	302.68	31.48	19.50	20.09	0.59
山西省	145.99	189.21	29.61	15.95	18.02	2.07
内蒙古自治区	113.56	159.59	40.54	13.98	14.75	0.77
辽宁省	221.84	295.04	32.99	15.59	16.72	1.13
吉林省	114.98	154.68	34.53	16.01	17.50	1.49
黑龙江省	146.76	196.48	33.88	15.15	16.55	1.40
上海市	255.11	318.21	24.74	14.21	14.59	0.38
江苏省	377.15	507.43	34.55	18.73	19.87	1.14
浙江省	328.11	411.73	25.48	22.29	22.79	0.50
安徽省	172.76	239.53	38.65	18.37	19.26	0.89
福建省	174.87	216.72	23.93	24.00	23.80	−0.20
江西省	115.67	183.76	58.86	16.61	20.30	3.69
山东省	330.27	458.21	38.74	18.01	20.26	2.25
河南省	282.80	406.47	43.73	19.64	21.73	2.09
湖北省	151.91	223.59	47.18	14.51	17.50	2.99
湖南省	180.01	260.93	44.96	16.91	19.23	2.32
广东省	523.32	659.75	26.07	20.50	20.88	0.38
广西壮族自治区	150.87	200.65	32.99	20.68	20.35	−0.33
海南省	34.79	50.30	44.57	19.93	20.51	0.58
重庆市	104.27	146.72	40.71	17.55	19.10	1.55
四川省	227.02	340.83	50.13	16.85	19.37	2.52
贵州省	115.07	163.31	41.93	18.84	20.53	1.69
云南省	180.14	217.50	20.73	20.16	19.16	−1.00
西藏自治区	26.34	40.60	54.13	13.16	14.74	1.58
陕西省	138.19	180.55	30.65	16.77	17.13	0.36
甘肃省	99.98	133.19	33.23	18.91	19.72	0.81
青海省	32.81	40.13	22.32	15.28	14.22	−1.06
宁夏回族自治区	31.26	52.43	67.73	16.18	21.68	5.50
新疆维吾尔自治区	119.65	151.57	26.67	17.64	19.06	1.42

注：表中预算内教育经费含教育费附加。

表三（1） 各级教育生均预算内教育事业费增长情况

单位：元

地 区	普通小学			普通初中			普通高中		
	2006 年	2007 年	增长率（%）	2006 年	2007 年	增长率（%）	2006 年	2007 年	增长率（%）
总 计	**1 633.51**	**2 207.04**	**35.11**	**1 896.56**	**2 679.42**	**41.28**	**2 240.96**	**2 648.54**	**18.19**
北京市	5 401.01	7 316.16	35.46	7 063.76	10 358.08	46.64	7 788.41	9 172.68	17.77
天津市	4 139.48	4 956.36	19.73	4 289.78	5 537.86	29.09	6 011.04	6 605.60	9.89
河北省	1 737.06	2 272.34	30.82	1 703.78	2 350.44	37.95	1 891.36	2 197.55	16.19
山西省	1 506.87	2 057.54	36.54	1 686.86	2 345.91	39.07	2 112.86	2 557.23	21.03
内蒙古自治区	2 294.16	2 946.35	28.43	2 269.05	3 074.74	35.51	2 012.62	2 449.60	21.71
辽宁省	2 221.21	2 841.42	27.92	2 769.06	3 489.78	26.03	2 334.39	3 010.10	28.95
吉林省	2 114.31	3 028.29	43.23	2 130.07	2 917.44	36.96	1 924.20	2 601.16	35.18
黑龙江省	2 781.09	3 548.60	27.60	2 452.29	3 267.33	33.24	2 464.89	2 859.88	16.02
上海市	9 409.78	11 498.99	22.20	10 325.89	13 122.69	27.09	9 585.78	11 498.63	19.96
江苏省	2 473.95	3 679.97	48.75	2 281.50	3 595.85	57.61	2 594.06	3 256.48	25.54
浙江省	2 940.32	3 734.35	27.00	3 798.71	4 795.31	26.24	3 763.69	4 561.95	21.21
安徽省	1 264.00	1 644.73	30.12	1 205.36	1 793.39	48.78	1 394.68	1 636.62	17.35
福建省	1 986.62	2 587.20	30.23	1 945.84	2 608.11	34.04	2 378.59	3 007.78	26.45
江西省	1 163.82	1 666.80	43.22	1 320.60	2 067.24	56.54	1 432.45	1 909.20	33.28
山东省	1 645.46	2 396.58	45.65	2 282.32	3 387.00	48.40	2 122.15	2 571.72	21.18
河南省	948.57	1 392.91	46.84	1 195.42	1 909.95	59.77	1 303.74	1 626.56	24.76
湖北省	1 232.04	1 920.87	55.91	1 422.82	2 213.10	55.54	1 325.05	1 652.99	24.75
湖南省	1 480.02	1 905.43	28.74	1 821.84	2 660.86	46.05	1 703.93	1 847.82	8.44
广东省	1 580.18	2 053.92	29.98	2 119.48	2 742.77	29.41	3 474.74	3 778.38	8.74
广西壮族自治区	1 409.66	1 829.33	29.77	1 497.68	2 032.03	35.68	1 794.81	2 176.04	21.24
海南省	1 602.62	2 175.25	35.73	1 659.91	2 443.25	47.19	2 479.31	2 911.74	17.44
重庆市	1 245.82	1 757.99	41.11	1 500.15	2 143.19	42.87	1 684.57	2 087.42	23.91
四川省	1 139.06	1 681.05	47.58	1 371.03	1 995.44	45.54	1 405.26	1 760.72	25.29
贵州省	1 055.44	1 466.39	38.94	1 190.65	1 741.50	46.26	1 714.30	2 478.40	44.57
云南省	1 500.77	1 798.70	19.85	1 760.62	2 209.16	25.48	2 626.57	2 646.24	0.75
西藏自治区	2 661.58	4 648.19	74.64	2 949.28	4 758.66	61.35	3 789.08	5 105.25	34.74
陕西省	1 523.27	2 128.46	39.73	1 475.79	2 153.55	45.93	1 522.56	1 833.39	20.41
甘肃省	1 363.45	1 774.22	30.13	1 549.88	2 050.82	32.32	1 738.27	2 066.43	18.88
青海省	2 113.94	2 733.17	29.29	2 257.97	2 991.36	32.48	2 886.45	2 910.52	0.83
宁夏回族自治区	1 390.92	1 975.60	42.04	1 838.84	2 623.24	42.66	2 376.94	3 507.46	47.56
新疆维吾尔自治区	2 068.84	2 573.48	24.39	2 526.29	3 271.55	29.50	3 046.86	3 661.56	20.17

表三（1） 各级教育生均预算内教育事业费增长情况（续）

单位：元

地 区	中等职业学校			普通高等学校		
	2006 年	2007 年	增长率（%）	2006 年	2007 年	增长率（%）
总 计	**2 465.65**	**3 124.01**	**26.70**	**5 868.53**	**6 546.04**	**11.54**
北京市	7 595.90	7 603.00	0.09	18 228.36	21 431.73	17.57
天津市	4 636.16	5 562.83	19.99	9 158.63	9 183.86	0.28
河北省	1 966.60	2 468.56	25.52	3 625.97	3 332.89	−8.08
山西省	2 473.64	3 285.39	32.82	3 939.48	4 669.90	18.54
内蒙古自治区	3 162.17	4 168.92	31.84	4 109.84	5 017.39	22.08
辽宁省	3 025.06	3 916.55	29.47	4 386.89	5 137.44	17.11
吉林省	2 760.92	4 127.37	49.49	4 024.89	5 457.51	35.59
黑龙江省	3 939.28	4 710.85	19.59	3 844.39	5 720.07	48.79
上海市	6 620.52	8 887.02	34.23	11 942.85	12 453.98	4.28
江苏省	2 124.47	2 575.15	21.21	5 315.15	6 135.33	15.43
浙江省	3 218.26	4 443.31	38.07	7 154.51	7 413.99	3.63
安徽省	1 281.24	1 716.60	33.98	3 485.29	2 852.95	−18.14
福建省	2 500.14	3 017.05	20.68	4 522.93	5 047.15	11.59
江西省	1 609.56	2 221.44	38.02	2 219.41	3 301.15	48.74
山东省	2 423.58	3 170.55	30.82	3 371.39	4 587.12	36.06
河南省	1 798.05	2 415.19	34.32	4 487.95	4 079.66	−9.10
湖北省	1 122.31	1 583.57	41.10	3 325.72	3 125.25	−6.03
湖南省	1 491.14	2 194.93	47.20	2 722.43	3 393.51	24.65
广东省	3 143.88	3 757.01	19.50	8 272.89	10 597.39	28.10
广西壮族自治区	2 049.45	2 646.08	29.11	4 084.73	5 207.31	27.48
海南省	3 047.19	5 400.45	77.23	2 693.09	4 283.76	59.06
重庆市	1 661.19	2 764.77	66.43	3 597.32	4 418.34	22.82
四川省	1 473.55	2 362.30	60.31	2 352.76	3 209.97	36.43
贵州省	2 249.05	2 597.49	15.49	3 905.26	4 961.03	27.03
云南省	2 766.60	3 731.16	34.86	4 663.75	4 958.68	6.32
西藏自治区	4 234.15	4 827.03	14.00	9 872.67	11 407.18	15.54
陕西省	1 743.24	2 122.32	21.75	3 466.76	3 916.46	12.97
甘肃省	2 656.62	3 097.11	16.58	4 734.26	5 073.55	7.17
青海省	4 368.75	3 945.06	−9.70	7 343.27	7 737.03	5.36
宁夏回族自治区	2 393.41	3 327.59	39.03	5 861.48	8 247.95	40.71
新疆维吾尔自治区	2 937.29	3 730.36	27.00	3 651.19	4 781.39	30.95

表三（2） 各级教育生均预算内公用经费增长情况

单位：元

地区	普通小学			普通初中			普通高中		
	2006 年	2007 年	增长率（%）	2006 年	2007 年	增长率（%）	2006 年	2007 年	增长率（%）
总　计	**270.94**	**425.00**	**56.86**	**378.42**	**614.47**	**62.38**	**449.15**	**509.96**	**13.54**
北京市	1 619.42	2 951.59	82.26	2 460.80	4 963.63	101.71	2 809.14	3 708.31	32.01
天津市	511.94	592.62	15.76	728.88	787.69	8.07	1 391.42	1 393.22	0.13
河北省	171.00	379.32	121.82	235.18	478.28	103.37	391.31	457.72	16.97
山西省	212.01	458.90	116.45	315.56	629.64	99.53	368.81	553.03	49.95
内蒙古自治区	428.87	647.74	51.03	555.95	781.75	40.62	399.08	587.97	47.33
辽宁省	530.01	590.47	11.41	709.92	788.12	11.02	612.94	752.06	22.70
吉林省	330.19	530.27	60.60	399.05	619.29	55.19	418.97	611.19	45.88
黑龙江省	361.76	485.18	34.12	425.24	564.11	32.66	362.61	399.26	10.11
上海市	2 308.80	2 844.93	23.22	2 614.74	3 425.92	31.02	2 589.08	2 959.87	14.32
江苏省	196.38	506.86	158.10	247.24	642.55	159.89	236.49	336.63	42.34
浙江省	434.18	602.53	38.77	642.20	920.22	43.29	797.23	995.08	24.82
安徽省	102.38	296.87	189.97	135.63	399.85	194.81	100.81	185.97	84.48
福建省	308.40	421.30	36.61	402.44	519.68	29.13	333.12	502.32	50.79
江西省	163.96	283.34	72.81	211.50	363.35	71.80	121.97	141.22	15.78
山东省	136.21	370.82	172.24	210.64	568.10	169.70	336.06	314.01	−6.56
河南省	169.76	316.52	86.45	251.97	512.22	103.29	372.84	399.41	7.13
湖北省	153.51	308.81	101.17	206.73	450.25	117.80	195.41	151.83	−22.30
湖南省	208.47	370.60	77.77	279.35	494.36	76.97	392.55	221.28	−43.63
广东省	315.98	449.20	42.16	522.37	732.95	40.31	796.78	878.76	10.29
广西壮族自治区	205.50	308.06	49.91	299.42	474.76	58.56	227.36	226.88	−0.21
海南省	367.11	374.18	1.93	448.32	576.38	28.56	572.21	808.13	41.23
重庆市	464.56	495.35	6.63	599.58	696.97	16.24	573.67	576.05	0.41
四川省	334.49	491.46	46.93	430.62	628.38	45.92	281.99	332.24	17.82
贵州省	139.94	198.56	41.89	246.70	324.60	31.58	234.70	391.32	66.73
云南省	248.94	281.26	12.98	367.02	395.50	7.76	576.79	488.47	−15.31
西藏自治区	409.22	494.57	20.86	361.74	505.01	39.61	486.21	544.77	12.04
陕西省	368.39	519.28	40.96	453.40	657.80	45.08	354.28	354.28	0.00
甘肃省	298.88	300.45	0.53	399.78	454.68	13.73	251.88	343.09	36.21
青海省	524.61	436.96	−16.71	530.32	554.62	4.58	562.00	330.85	−41.13
宁夏回族自治区	288.72	473.99	64.17	467.77	837.91	79.13	539.39	1 259.67	133.54
新疆维吾尔自治区	317.66	445.31	40.18	625.75	726.71	16.13	729.43	974.87	33.65

表三（2） 各级教育生均预算内公用经费增长情况（续）

单位：元

地 区	中等职业学校			普通高等学校		
	2006 年	2007 年	增长率（%）	2006 年	2007 年	增长率（%）
总 计	**595.18**	**718.00**	**20.64**	**2 513.33**	**2 596.77**	**3.32**
北京市	3 946.26	3 335.15	−15.49	11 389.27	12 999.78	14.14
天津市	994.69	1 366.87	37.42	4 458.83	4 466.36	0.17
河北省	334.30	469.54	40.45	974.93	1 043.36	7.02
山西省	464.05	630.78	35.93	1 128.57	1 388.36	23.02
内蒙古自治区	592.13	930.69	57.18	889.36	1 104.92	24.24
辽宁省	845.68	1 019.53	20.56	1 613.14	2 327.31	44.27
吉林省	737.51	850.00	15.25	2 104.04	2 167.53	3.02
黑龙江省	669.93	826.36	23.35	1 158.20	1 350.10	16.57
上海市	1 789.70	2 840.07	58.69	7 043.95	7 106.59	0.89
江苏省	335.73	405.36	20.74	2 227.27	2 274.68	2.13
浙江省	798.58	1 257.33	57.45	2 331.51	2 471.75	6.01
安徽省	178.04	214.55	20.51	671.21	456.47	−31.99
福建省	584.97	596.02	1.89	1 531.68	1 920.72	25.40
江西省	319.28	333.74	4.53	503.11	731.86	45.47
山东省	293.33	436.10	48.67	848.02	956.92	12.84
河南省	533.37	584.75	9.63	1 873.67	1 003.22	−46.46
湖北省	155.58	162.65	4.54	1 367.31	828.95	−39.37
湖南省	161.45	358.12	121.81	840.62	856.91	1.94
广东省	964.44	1 186.31	23.01	3 591.04	5 235.95	45.81
广西壮族自治区	376.01	477.82	27.08	1 444.92	1 662.94	15.09
海南省	863.94	2 739.15	217.05	386.68	628.76	62.60
重庆市	692.32	761.22	9.95	2 045.05	2 636.03	28.90
四川省	302.27	470.42	55.63	1 207.24	1 402.17	16.15
贵州省	527.66	476.55	−9.69	891.12	980.72	10.05
云南省	738.06	1 159.24	57.07	2 100.14	1 988.32	−5.32
西藏自治区	953.85	617.07	−35.31	2 932.52	2 551.06	−13.01
陕西省	363.34	369.66	1.74	1 249.96	1 308.23	4.66
甘肃省	534.91	602.18	12.58	1 551.38	1 534.28	−1.10
青海省	1 361.69	1 184.70	−13.00	1 126.37	1 013.56	−10.02
宁夏回族自治区	632.78	605.20	−4.36	1 238.84	2 183.72	76.27
新疆维吾尔自治区	391.55	724.81	85.11	1 357.19	1 581.48	16.53

〔**继续推进农村义务教育经费保障机制改革**〕 2007年11月底，经国务院批准，教育部、财政部调整完善了农村义务教育经费保障机制改革（以下简称“新机制”）的有关政策。从2008年，这些政策得到全面落实。

新机制的调整主要包括四个方面：一是进一步提高农村义务教育阶段中小学公用经费标准，提高幅度为各省（自治区、直辖市）2007年公用经费标准与基本定额（小学每年每生300元，初中每年每生500元）差距的50%。对辽宁、山东、河北、河南、内蒙古、青海、甘肃等16个北方省份，另行补助公用经费，专门用于解决农村义务教育学校冬季取暖问题，补助标准为生均30元～100元不等。二是提高校舍维修改造补助标准。中西部地区每平方米补助标准提高100元（西部由400元提高至500元，中部由300元提高至400元），对部分高寒、高海拔地区提高至800元～1 000元。三是在2007年秋季学期免费提供国家课程教科书的基础上，向所有农村义务教育学生免费提供地方课程教科书，同时对部分科目教科书实行循环使用。四是进一步落实补助家庭经济困难寄宿生生活费政策（以下简称“一补”）。对中西部地区，中央出台基本补助标准，为小学生每人每天2元，初中生每人每天3元（每年按250天计算），所需资金由中央和地方按照5∶5比例分担；对东部地区中央财政给予奖励性补助。

为全面实施新机制，2008年中央财政共落实资金约554亿元，其中公用经费资金291亿元（含取暖费补助20.6亿元），免费教科书资金173亿元，“一补”资金41亿元，校舍维修改造资金49亿元。地方财政共安排预算资金417亿元，其中公用经费资金202亿元（含取暖费补助11.9亿元），免费教科书资金39亿元，“一补”资金50亿元，校舍维修改造资金114亿元。

新机制政策调整完善后，农民经济负担进一步减轻。据测算，2008年，仅免除学杂费和免费提供教科书，中西部地区平均每个小学生减轻负担230元～270元/年，初中生360元～410元/年；同时享受生活费补助的寄宿生，平均每个小学生减轻负担730元～770元/年，初中生1 110元～1 160元/年。

〔**免除城市义务教育阶段学生学杂费**〕 2008年《政府工作报告》明确提出，要在试点基础上，从2008年秋季学期起全面免除城市义务教育阶段学生学杂费。为积极稳妥地推进这项工作，国务委员刘延东明确要求教育部和财政部等部门一起，在以往工作基础上，开展更加广泛、深入、系统的调研。根据刘延东国务委员的指示精神，教育部组织开展了系统调研工作，同时部署北京、天津、上海、山东、江苏、浙江、安徽、江西、海南、内蒙古、宁夏、河北、广东、湖南、云南、福建等16个省（自治区、直辖市）进行了试点。

根据调研及试点情况，教育部起草并向国务院报送了《教育部关于城市义务教育免除学杂费试点及调研情况的报告》。7月30日，国务院常务会议审议并通过了教育部、财政部提出的全面免除城市义务教育阶段学生学杂费的实施方案。8月12日，国务院印发《关于做好免除城市义务教育阶段学生学杂费工作的通知》，决定从2008年秋季学期开始全面免除城市义务教育阶段学生学杂费。

国务院文件的政策要点主要包括以下四个方面：一是首先解决好免除学杂费问题，城市义务教育存在的其他问题，从实际出发，循序渐进，逐步予以解决。免除学杂费所需资金，中央财政按照5∶5比例对各地予以奖励性支持。二是就进一步保障进城务工人员随迁子女就学提出明确要求，中央财政对进城务工农民工随迁子女接受义务教育问题解决较好的省份给予适当奖励。三是要求各地逐步完善城市义务教育经费保障机制，促进义务教育均衡发展。要逐步做到同一区域内义务教育阶段学校之间教师平均工资水平大体相当，同一区域内义务教育阶段学校运转水平基本相当，加大城市义务教育薄弱学校改造力度，缩小校际间差距。四是要求各地加强省级统筹，切实落实省级责任。

2008年秋季学期，为支持各地做好免除城市义务教育阶段学生学杂费相关工作，中央财政共落实40.1亿元专项资金。其中：秋季学期免除城市义务教育学杂费奖励资金15.4亿元；对全省原已免除城市义务教育学杂费地区的一次性奖励15.8

亿元；进城务工农民工随迁子女公用经费补助6.6亿元；改善农民工随迁子女就读学校办学条件经费2亿元。

免除学杂费政策共惠及约2.6万所城市义务教育阶段学校，2 800万名城市义务教育阶段学生。据测算，城市义务教育免除学杂费后，平均每名学生免交约285元。

〔继续组织实施“中西部农村初中校舍改造工程”〕 中西部农村初中校舍改造工程（以下简称“初中工程”）覆盖中西部12个省（自治区、直辖市）和新疆生产建设兵团、中部6省及河北、海南、吉林、黑龙江等省的部分贫困地区。主要支持非“两基”攻坚县和边境县，适当兼顾少数其他困难地区。

“初中工程”计划实施四年（2007－2010年），规划797个项目县（市、区），占全国县（区、市）总数的27.9%。规划项目学校5 937所，占2007年全国初中总数的1.56%，其中，初中5 320所，九年一贯制学校552所，其他类型学校65所。

“初中工程”于2007年启动，2008年进入全面实施阶段。2007－2008年，“初中工程”共批复下达资金70亿元（包括2008年第四季中央拉动内需新增资金30亿元），累计批复项目学校4 181所，批复建设面积870万平方米。截至2008年12月底，共开工2 492所项目学校，占批复数的97.57%；开工面积524.6万平方米，占批复数的92.6%。开工学校中：在建学校1 099所，占批复学校数的43.03%；在建面积244.8平方米，占批复面积数的43.25%；完工1 393所，占批复数的54.54；完工面积279.8万平方米，占批复数的49.43%。

〔支持42个县完成“普九”工作〕 为扶持西部地区西藏、青海、云南、甘肃、四川5省（自治区）的42个未“普九”县在2010年前如期实现“两基”，教育部、财政部对这些县实现“两基”面临的困难进行了反复研究，决定从2008年起由中央财政安排专项资金，支持这些县继续实施“农村寄宿制学校建设工程”（以下简称“工程”），解决新增学生“进不来”的瓶颈问题，确保如期实现“普九”。

为支持42县的寄宿制学校建设，中央财政计划安排13亿元～15亿元专项资金，2008—2009年分年下达，2008年已下达10亿元。各项目省（自治区）应在2010年前完成建设任务。通过实施“工程”，将新增一批教学、生活用房，满足这些县扩大义务教育规模需要，确保到2010年达到国家“两基”验收标准，初中毛入学率达90%以上，青壮年文盲率降到5%以下。

“工程”在国务院统一领导下，由中央和地方各级政府及有关部门共同组织实施，实行目标管理与项目管理相结合的管理方式。教育部、财政部对各省（自治区）实行目标管理，省级有关部门对“工程”严格实行项目管理。考虑到42个县大多地处高原、高山地区，自然条件恶劣，鼓励这些县在人口相对集中、交通便利、条件较好的地区，异地建设寄宿制学校，避免校舍在原地建设后使用效率不高或闲置浪费的问题。

〔继续组织实施“新农村卫生新校园建设工程”〕 为解决农村中小学普遍存在的校园环境卫生条件差、相关生活设施不够配套等问题，改善农村中小学卫生和生活条件，建设和谐、生态的校园，教育部、财政部、农业部决定从2006起，在河北、福建等10个省份开展以农村中小学改厕治污为主要内容的“新农村卫生新校园建设工程”（以下简称“卫生新校园工程”）的试点工作。2007年，教育部、财政部、农业部又联合下发《关于在全国开展新农村卫生新校园建设工程试点的通知》，“卫生新校园工程”试点工作在全国全面推开。2008年，“卫生新校园工程”的实施得到进一步推进。

“卫生新校园工程”按照“总体规划、专业支撑、确保安全、注重效益”的总体要求，突出重点，集中投入，充分考虑各项目学校的规模状况、地域差异等因素，因地制宜地确定工程建设模式，对农村中小学现有厕所、饮水和食堂等生活设施进行改扩建，改善学校饮水条件，通过“生态厕所＋沼气池＋食堂改灶”或“生态厕所＋沼气净化工程＋食堂改灶”等建设模式，积极探索农村中小学能源综合利用，实现农村学校节能减排，推进节约型社会建设。

工程实施以来，中央财政累计投入 18 亿元，计划实施项目学校 10 445 所，新增厕所面积 128 万平方米，惠及中小学生 738 万人。截至 2008 年底，实际实施项目学校 5 719 所，完工率为 55%，新增厕所面积近 70 万平方米，惠及中小学生 418 万人。其中：2006 年，中央投入专项资金 2 亿元，各地财政配套投入 2 160 万元，实施项目学校 1 426 所，完工率为 97%，新增学生厕所使用面积 12 万平方米，惠及了十个试点省份的中小学生 96 万人；2007 年，中央投入专项资金 8 亿元，各地财政配套安排 1.6 亿元，实施项目学校 3 630 所，完工率为 78%，新增学生厕所使用面积 48 万平方米，覆盖 28 个试点省份的中小学生 269 万人；2008 年 10 月，国家下达中央资金 8 亿元，各地财政配套投入 1.18 亿元，确定项目学校 4 306 所，将新增厕所面积 57 万平方米，惠及中小学 297 万人。

各省高度重视“卫生新校园工程”，都成立了由省（自治区、直辖市）教育行政主管领导担任组长，财政、农业、发改委、规划、建设和卫生等相关部门负责人为主要成员的工程领导小组，制定专门的工作方案，对项目计划、实施时间、审批程序、资金来源、质量管理、部门责任等作出了明确的规定。“卫生新校园工程”试点工作现已初显成效。

“卫生新校园工程”的实施，为学校的教育教学提供了良好的环境条件，在生态、教育、经济、社会等方面取得了明显的效益，对社会主义新农村建设起到了积极的推动作用，是落实党提出的建设“资源节约型、环境友好型”社会的有益尝试。

撰稿　赵应生
审稿　周　为

〔召开首届国家奖学金颁奖大会〕 2008 年 1 月 17 日，2006—2007 学年度国家奖学金颁奖大会在京举行，中央财政拨款 4 亿元，表彰奖励全国 5 万名品学兼优的高校学生。国务委员陈至立为国家奖学金获奖者颁奖并讲话。

陈至立指出，国家奖学金制度是普通本科高校、高等职业学校和中等职业学校家庭经济困难学生资助政策体系的一项重要内容，充分体现了党和国家对培养拔尖创新人才的高度重视，对加快建设创新型国家和人力资源强国的进程，具有十分重要的作用。陈至立强调，建立健全资助政策体系，是建设人力资源强国，培养数以千万计的专门人才和一大批拔尖创新人才的重大举措；是促进教育公平和社会公正的制度保障，充分体现了党和政府对广大青年学生的关怀、爱护和殷切期望。陈至立要求，各地政府、各有关部门要进一步统一思想，提高认识，切实加强对资助工作的领导。各地教育、财政等部门要分工负责，紧密协作，严格管理，强化监督。各高等学校要结合贯彻实施新资助政策体系，进一步加强和改进大学生思想政治工作，把社会主义核心价值体系融入教育全过程，引导学生树立正确的世界观、人生观、价值观、荣辱观；要统筹各项新资助政策和措施，切实做好国家奖助学金评审和管理等各项资助工作，把这项利在当代、功在千秋的好事扎扎实实办好，让党和政府的温暖阳光普照到每一个家庭经济困难学生。

撰稿　周春树　王振亚
审稿　马建斌

〔召开 2007—2008 学年度国家奖学金颁奖大会〕 2009 年 2 月 22 日，2007—2008 学年度国家奖学金颁奖大会在京召开。中共中央政治局委员、国务委员刘延东为国家奖学金获得者颁奖并讲话。刘延东强调，建立健全家庭经济困难学生资助政策体系和国家奖学金制度，是党和国家为建设创新型国家和人力资源强国、实现教育优先发展和促进教育公平的重要举措，要坚决落实各项资助政策措施，保障每一个孩子不因家庭经济困难而失学。

刘延东指出，党和国家始终把坚持教育公益性和促进教育公平作为基本教育政策，切实保障全体人民特别是困难群体的受教育权。近年来，中央和地方各级政府采取了一系列重大举措，建立了家庭经济困难学生资助政策体系，每年资助近 1.8 亿学生。这是国家对困难学生资助强度最大、资助范围最广、财政投入最多的制度安排，是困难学生得实惠最多的制度安排。刘延东强调，教育公平是教育优先发展的前提，是党的执政理念的鲜明体现，是社会主义制度的本质要求，是实现社会公平的重要基础，也是人民群众的要求和期盼。没有教育公平，就没有教育的科学发展，就没有人民满意的教育，就没有社会的和谐稳定。促进教育公平是一项长期艰巨的任务。受国际金融危机影响，这项工作难度进一步加大，但无论遇到多么大的困难，国家促进教育公平的决心不会改变，扶助经济困难学生的政策措施不会改变，保障每一个孩子不因家庭经济困难而失学的承诺不会改变。各级政府、各有关部门要把建立健全资助政策体系作为履行政府公共财政职能的重要内容，努力做到家庭经济困难学生"应助尽助"。要确保资助经费落实到位，扎实推进生源地信用助学贷款，关心特殊困难学生群体，落实好汶川地震重灾区困难学生特别资助政策。

上海交通大学校长张杰院士、西南财经大学于涛同学和北京师范大学张萌同学分别代表高校领导及获奖学生发言。中央和各省（自治区、直辖市）教育、财政部门及部分高校有关负责人，2007—2008学年度国家奖学金获奖学生代表以及部分在京高校师生代表约700人参加会议。

撰稿　郭　鹏　徐　薇
审稿　崔邦焱

〔**推进落实高校家庭经济困难学生资助政策体系**〕　在党中央、国务院的高度重视下，教育部、财政部等有关部门分工协作，密切配合，采取切实有效措施，督促各地、各高校加强国家奖助学金评审、发放和管理，积极推进高校国家助学贷款，大力开展生源地信用助学贷款，扎实做好其他各项资助工作。高校家庭经济困难学生各项资助政策得到全面贯彻落实。

一、国家奖助学金

2008年3月和8月，教育部会同有关部门分别召开了中央部门和地方高校家庭经济困难学生资助工作会议，全面部署2008—2009学年高校资助工作；及时安排下达了国家奖助学金分配名额和经费预算；成立了国家奖学金评审领导小组和评审委员会，组织开展了严格的国家奖学金评审工作。与此同时，进一步加强了对国家奖学金评审、发放的监督和检查。中央有关部门、各地教育、财政部门高度重视国家奖助学金管理工作，进一步加强了组织领导。各高校按照要求，认真组织开展了国家奖助学金评审和发放工作。

1. 国家奖学金。2008年，经过各高校初评，各地教育行政部门、中央有关部门审核，教育部最终评审，全国高校共有49 983名特别优秀的学生获得了国家奖学金。中央财政共安排专项资金4亿元。

2. 国家励志奖学金。2008年，经过各高校初评，各地教育行政部门、中央有关部门评审，全国高校共有56.48万名家庭经济困难且品学兼优的学生获得了国家励志奖学金。中央和地方财政共计安排专项资金28.24亿元，其中，中央财政安排16.16亿元，各省（自治区、直辖市）、计划单列市财政安排12.08亿元。

3. 国家助学金。2008年，全国高校经过评审共有376.66万名家庭经济困难学生获得了国家助学金。中央和地方财政共计安排专项资金72.42亿元，其中，中央财政安排45.97亿元，各省（自治区、直辖市）、计划单列市财政安排26.45亿元。

二、高校国家助学贷款

2008年，教育部会同财政部、中国人民银行、银监会等有关部门进一步加大工作力度，扎实推进国家助学贷款新政策、新机制工作。各地有关部门、各高校采取切实措施，加强了与经办银行的配合，高校国家助学贷款工作取得新的进展。

自2004年6月新政策、新机制实施以来，至2008年12月底，全国高校国家助学贷款的资助金额和资助人数均已超过过去五年的总和，审批贷款学生349.8万人，审批合同金额337.1亿元。其中，2008年新增审批贷款学生67.4万人，新增审批合同金额65.9亿元；连同以前年度办理的国家助学贷款，全国累计审批贷款学生436.1万人，累计审批合同金额407.3亿元。

三、生源地信用助学贷款

根据国务院领导关于大力推进生源地信用助学贷款的批示精神，2008年9月，财政部、教育部、银监会联合印发了《关于大力开展生源地信用助学贷款的通知》，决定在总结2007年5个省份试点经验的基础上，按照自愿的原则，进一步扩大生源地信用助学贷款覆盖省份的范围。2008年的生源地信用助学贷款以国家开发银行为主承办，同时鼓励其他金融机构积极参与。自2008年9月以来，在教育部、财政部等部门的督促指导下，经过各地有关部门和经办银行的共同努力，生源地信用助学贷款工作取得显著进展。2008年，全国有20个省份启动了生源地信用助学贷款，共计审批贷款学生23.9万人，审批贷款合同金额12.6亿元。连同2007年办理的贷款，累计已审批35.2万人，审批合同金额26亿元。

四、其他资助措施。除上述政策和措施外，各高校还按照规定要求，结合本校家庭经济困难学生的实际情况，有组织、有计划地开通了家庭经济困难新生入学的“绿色通道”，开展了临时伙食补贴、校内奖助学金、勤工助学、特殊困难补助和学费减免等其他各项资助工作。2008年，中央财政安排6.4亿元资金，资助来自地震重灾区的家庭经济困难学生18.81万人；安排全国高校家庭经济困难学生临时伙食补贴7.96亿元，资助学生约775万人次；安排中央部属高校临时伙食补贴1.89亿元，资助学生236.25万人；秋季，全国全日制普通高校约有40.84万名家庭经济困难新生通过“绿色通道”顺利入学，占当年全国高校普通本专科招生人数的7.9%。

高校家庭经济困难学生的各项资助政策和措施，有效保障了高校家庭经济困难学生公平地接受高等教育的机会，受到了广大高校学生、家长和社会的高度认可和普遍欢迎。

撰稿　何光彩　费文会
周春树　王振亚
审稿　崔邦焱　马建斌

〔实施汶川地震重灾区家庭经济困难学生特别资助政策〕　汶川特大地震灾害，使广大灾区特别是重灾区家庭经济困难学生的学习和生活受到严重影响。为帮助生源地为地震重灾区的家庭经济困难学生顺利入学并顺利完成学业，2008年8月，经国务院同意，财政部会同教育部印发了《关于对汶川地震重灾区家庭经济困难学生实施特别资助政策的通知》，对生源地为51个地震重灾县的高中阶段和高等教育阶段家庭经济困难学生，在2008年秋季学期至2009年春季学期实施免除学费、补助生活费的特别资助政策。主要内容包括：

一、高中阶段学生

1. 免除学费。在2008年秋季学期至2009年春季学期，对生源地为地震重灾区的高中阶段家庭经济困难学生免除学费。对接收上述范围学生的中等职业学校和普通高中学校，参照相关地区的学费标准，中央财政分别按照一学年每生2 000元和900元的标准一次性安排补助资金。

2. 补助生活费。对生源地为地震重灾区的家庭经济困难普通高中学生安排生活补助，补助标准为一学年每生1 000元，所需资金从中央集中的彩票公益金中安排，通过中国教育发展基金会发放。中等职业学校家庭经济困难学生的生活费补助，继续执行现行国家助学金政策，一学年生均标准仍为1 500元。

二、高等教育阶段学生

1. 免除学费。在2008年秋季学期至2009年春季学期，对生源地为地震重灾区的普通高等学校全日制本专科在校家庭经济困难学生免除学费。中央财政对灾区省份高校和接受灾区学生较为集中的其他省份的高校给予补助，补助标准为年生均4 200元；其余高等院校免除学费的资金，由学校自行安排。

2. 扩大国家助学金资助面。将生源地为地震重灾区的普通高等学校全日制本专科在校生国家助学金政策覆盖面扩大到70%，平均补助标准仍为年生均2 000元。新增资金由中央财政全部负担。各高等院校可根据情况，自行发放特殊困难补助。

为确保汶川地震重灾区家庭经济困难学生特别资助政策落实到位，2008年下半年和2009年年初，财政部会同教育部等部门先后分几批下达了专项资金，其中，中等职业学校家庭经济困难学生免学费补助资金3.86亿元，普通高中家庭经济困难学生免学费补助资金2.04亿元，高校家庭经济困难学生免学费补助资金 7.89 亿元、扩大国家助学金资助面补助资金 2.63 亿元。同时，中国教育发展基金会从中央集中的彩票公益金中安排普通高中家庭经济困难学生生活费补助 2.27 亿元。

高中阶段特别资助政策惠及四川、甘肃、陕西 51 个重灾县高中阶段家庭经济困难学生 42.5 万人，其中中等职业学校 19.8 万人，主要分布在川、甘、陕、苏等 28 个省份就读；普通高中 22.7 万人，主要在本地就读。这些受资助学生约占在校生的 70%。高等教育阶段特别资助政策共计免除了 18.81 万名学生2008—2009 年学年的学费，同时向其中的 13.17 万名学生发放了每人每月平均 200 元的国家助学金。

除中央财政对地震重灾区高中阶段和高等教育阶段学生实施特别资助政策外，参与对口支援的有关省份也安排专项资金，对转移到本地就读中等职业学校和普通高中的地震灾区学生进行资助，有的还为学生在本地就业积极创造条件。如浙江省对来自四川灾区的 3 000 名中职学生进行资助，精心编设班级，专门安排师资，积极为灾区学生顺利学习创造条件、排忧解难。许多高校纷纷通过安排校内奖助学金、发放特殊困难补助、提供勤工助学岗位等措施，加大对来自地震重灾区的家庭经济困难学生的资助。

为确保在抗震救灾中涌现的优秀学生顺利进入大学并完成学业，全国学生资助管理中心于 9 月 22 日发出《关于做好 2008 年保送升入教育部直属高校的抗震救灾优秀学生学费减免工作的通知》，跟踪了解相关高校的落实情况。据有关高校反馈信息，被保送的 20 名抗震救灾优秀学生全部享受了学费减免政策。

汶川地震特别资助政策的实施，充分体现了党和政府对高校受灾学生的关心和爱护，有效地解决了高校受灾学生的学习和生活困难问题，解除了他们的后顾之忧，使他们安心学习、正常生活，受到了广大学生、家长和社会的广泛赞誉。

撰稿　向兴刚　费文会　周春树
王振亚
审稿　徐孝民　崔邦焱　马建斌

〔中等职业学校国家助学金政策落实情况〕 为落实国务院《关于建立健全普通本科高校、高等职业学校和中等职业学校家庭经济困难学生资助政策体系的意见》，促进教育公平，确保广大家庭经济困难学生都能上得起大学、接受职业教育，2008 年，教育部、财政部和地方各级政府做了大量工作，采取了一系列措施，扎实推进中等职业学校国家助学金政策的落实。一是督促地方不折不扣地落实资助政策。4 月，教育部会同财政部联合发文，要求各省务必及时、足额安排地方应承担的资金，资助范围不得缩小，标准不得降低，对象不得改变，确保国家资助政策不折不扣地落实到位。二是会同财政部下达中职国家助学金。2008 年，共下达国家助学金中央资金 98.1 亿元，资助了 1 200 万中职学生。三是开发了全国中等职业学校学生信息管理系统，全国 31 个省（自治区、直辖市）、5 个计划单列市和新疆生产建设兵团约 1.4 万所中等职业学校使用该系统填报学籍和学生资助等信息，为中职学生资助工作提供了有效的技术支持。四是加强督查力度，对地方违规违纪问题进行了查处。

11 月，教育部会同财政部、人力资源和社会保障部印发了《关于进一步加强中等职业学校国家助学金发放管理工作的通知》，对各地落实中职国家助学金政策提出了明确要求，对违规违纪的单位进行了处罚和通报。并就进一步做好中等职业学校国家助学金发放管理工作，提出了以下七个方面的具体要求：一是地方各级政府要严格按照《意见》精神和《通知》规定，不折不扣地落实中等职业学校国家助学金政策，不允许以任何理由改变资助对象、缩小资助范围、降低资助标准。二是各地要加强资助机构和管理队伍建设，提高各级学生资助管理人员的业务能力和管理水平，加快省、地（市）、县、校学生资助专门管理机构的建设，配备专职管理干部和资助信息操作人员，并组织开展资助政策和信息管理操作技能等方面的培训，不断提高各级资助管理人员的业务能力和管理水平。三是各省市教育、劳动保障部门要全面清查中等职业学校办学资质。四是各级教育、劳动保障部门要加强对中职学历教育学籍的监管工作，严格规范中职学籍申报和审核工作，加强对流失学生学籍的监管，杜绝

“双重学籍”现象，加强对“一校两牌”、“联合招生”、“学籍异动”等情况的管理，避免同一学生重复申报国家助学金的现象。五是各级学生资助管理机构要加强对助学金等信息的审核和统一监管，要求地方各级劳动保障部门管理的技工学校要严格按照财政部、原劳动部印发的《通知》要求，将技工学校学生信息逐级上报劳动保障部门和学生资助管理机构，统一纳入全国学生信息系统。六是各级财政、教育、劳动保障部门和学生资助管理机构要加大监督检查力度。《通知》明确教育部、财政部、人力资源和社会保障部、全国学生资助管理中心将联合成立“中等职业学校国家助学金管理专家组”，负责跟踪各地中职学生资助工作动态，分析存在的问题，提出相应的对策建议。七是要严肃查处违法违纪行为，建立中等职业学校学生资助工作奖惩机制。要求各级财政、教育和劳动保障部门应加强对国家助学金的管理，实行专款专用、专账核算，并接受审计、监察部门的检查和社会的监督。

2008 年 8 月，全国学生资助管理中心会同教育部职业教育与成人教育司和财务司，在内蒙古自治区呼和浩特市组织召开了全国中等职业学校学生资助工作会议。全国 31 个省（自治区、直辖市）、5 个计划单列市和新疆生产建设兵团学生资助管理机构和职教管理部门负责人参加了会议。会议通报了 2007—2008 学年度全国中职学生资助政策落实情况；湖北、浙江、内蒙古、海南、上海和重庆等 6 省（自治区、直辖市）代表分别介绍了中等职业教育学生资助工作做法和经验；会议讨论了中职资助工作存在的主要问题与改进措施，并就下一步的资助工作在政策落实、队伍建设、规范管理、信息报送、交流宣传和监督检查等六个方面提出了具体要求，以确保中职国家助学政策不折不扣地落到实处。

为加强中等职业教育国家助学金发放管理与监督工作，确保国家助学金及时、足额发放到学生手中，全国学生资助管理中心设立了中等职业学校国家助学金举报投诉电话，并通过中央电视台、教育部网站等媒体向社会公布，建立了投诉受理工作机制。据统计，全年受理咨询投诉电话 2 808 个。举报投诉受理机制的建立，有力促进了中职国家助学金的规范发放与管理。

撰稿　高庆峰　周春树　王振亚
审稿　徐孝民　马建斌

〔实施中央高校预算拨款制度改革〕 2008 年 10 月，在深入调研和广泛征求意见的基础上，财政部、教育部印发了《关于完善中央高校预算拨款制度的通知》，决定从当年开始全面启动实施中央高校预算拨款制度改革，尽快解决高校扩招以来投入不足的问题，从根本上改变高校财务运行紧张的状况，支持高校提高教育质量、实现可持续发展。

一、改革的目的：以坚持教育公益性质为基本原则，在确保财政投入到位的同时，充分发挥财政投入的宏观政策导向作用，引导高校科学规划、合理定位、特色办学、持续发展，实现科学化、精细化管理的要求。

二、改革的总体思路：完善支持体系，突出高校职能；细化综合定额，体现办学差异；稳定专项投入，明确支持重点；增加绩效拨款，构建激励机制。

三、改革的主要内容

1. 完善支持体系，突出高校职能。围绕“促进事业发展”和“体现社会公平”两大目标，构建事业发展和家庭经济困难学生资助两大内容的财政拨款体系框架。改革后的中央高校预算拨款制度基本框架主要包括两部分：一是“促进事业发展”拨款，包括教学经费、科研经费和社会服务补偿经费，并将教学经费、科研经费进一步细化为基本运行经费、专项经费和绩效拨款；二是“体现社会公平”拨款，主要是以家庭经济困难学生资助为目标的助学拨款。

2. 细化综合定额，体现办学差异。高校基本运行经费是学校日常运行基本保障经费，由人员经费和公用经费构成，按综合定额拨款标准和学生人数核定。高校基本运行经费拨款改革要点是：按照“人员经费统一标准、公用经费体现差异”的原则，细化综合定额拨款标准，完善高校基本支出拨款办法。

3. 增设高校基本科研业务费。主要用于支持高校科研人员尤其是青年教师和研究生在基础科研领域的自由探索、自主创新活动。经费拨款采取因素法核定，在年初部门预算中直接安排，由学校自主选题进行基础科学研究。设立高校基本科研业务费，加大稳定支持力度，有利于营造宽容失败、摒弃浮躁、潜心研究的科研环境，对培养创新型人才、建设创新型国家具有重要意义。

4. 引入绩效拨款机制。为进一步提高财政资金使用效益，按照“目标明确、分类考核、先易后难、稳步实施”的原则，建立与公共财政相适应、科学规范的高校绩效评价体系，引入以绩效为导向的资源配置方式。

5. 增设社会服务补偿经费。为支持高校积极开展社会服务工作，促进区域发展和社会进步，在中央高校预算拨款体系内增设社会服务补偿经费，用于补偿学校社会服务活动部分成本开支。

撰稿　王　俊　徐　薇
审稿　崔邦焱

〔**加强高等学校预算执行与决算审计**〕　为不断增强高校预算编制的科学性，维护预算执行的严肃性，提高决算编制质量，保证教育资源更加优化配置和有效使用，2008 年 7 月 11 日，印发《教育部关于加强高等学校预算执行与决算审计工作的通知》，阐述了开展预算执行审计与决算审计工作的重要意义，明确了预算执行审计与决算审计的主要内容，对做好这项工作提出了具体要求。

撰稿　刘　宜
审稿　胡延品

〔**职业教育实训基地建设计划进展情况**〕　为贯彻落实《国务院关于大力发展职业教育的决定》精神，“十一五”期间，中央财政安排专项资金实施职业教育实训基地建设计划，目标是在重点专业领域建成 2 000 个专业门类齐全、装备水平较高、优质资源共享的职业教育实训基地。2008 年 4 月，教育部会同财政部发出通知，要求各地对已立项的实训基地建设和运行情况进行全面检查验收，加强实训基地管理，发挥基地的使用效益。8 月，与财政部共同聘请专家，对各地申报的项目进行了复核，下达了年度预算资金 5 亿元，支持建设了 320 个职业教育实训基地。2008 年，中央财政支持建设的职业教育实训基地专业范围进一步扩大，在支持数控技术、电工电子、计算机应用、建筑技术、汽车维修、煤矿安全、护理、生物技术等 8 个专业的同时，还支持了物流、化工、能源环保、服装纺织、农副产品加工、种植养殖业及具有本地经济特色、市场需求量大、技能型人才紧缺的其他专业。2004—2008 年，中央财政已累计投入 23.6 亿元，共支持建设了 1 396 个职业教育实训基地项目，占计划建设 2 000 个实训基地任务的 70%。职业教育实训基地建设计划的实施，改善了职业院校办学条件，学校急需的实验实训设备数量有了明显增加，大大增加了学生实践操作机会，为企业培养了急需的技能型紧缺人才。

〔**做好汶川地震灾区教育系统抗震救灾和恢复重建工作**〕　2008 年 5 月汶川特大地震发生后，为了帮助地震灾区教育部门抗震救灾和恢复重建，教育部会同有关部门积极落实救灾资金。一是会同财政部及时下达地震受灾省份教育抗震救灾资金。自 5 月 14 日起，教育部、财政部分三批下达四川、甘肃、陕西、云南、重庆等五省份教育抗震救灾应急专项资金共计 1.03 亿元；为确保汶川地震重灾区中小学秋季学期按时复学复课，7 月，教育部、财政部从中央财政“地震灾后恢复重建基金”中预拨 23.2 亿元，用于补助四川、甘肃、陕西三省 51 个地震重灾县中小学校维修加固校舍和教学仪器设备重置。二是协调中国教育发展基金会及时拨付地震重灾区高三学生生活费补助。为确保地震重灾区普通高中高三年级学生能够正常学习和生活，并以充沛的体力和良好的精神状态迎接高考，中国教育发展基金会分四批下达四川、甘肃、陕西三省地震重灾县高三年级学生生活补助共计 2 882 万元，资助学生达 14 万人次，平均每人补助 230 元。三是对重灾区家庭经济困难学生实施特别资助政策。

撰稿　刘　景
审稿　徐孝民

〔**中、初等学校勤工俭学（校办产业）**〕 2008年全国中、初等学校勤工俭学（校办产业）基本情况：

一、勤工俭学（校办产业）基地情况。2008年，全国有17.67万所中、初等学校开展了各种形式的勤工俭学（校办产业）活动，接纳学生参加劳动实践1.38亿人次。有各类勤工俭学（校办产业）基地21.85万个，比2007年减少2.76万个。其中：农、林、牧、渔基地11.77万个，比2007年减少1.65万个；工业企业基地0.48万个，比2007年减少0.14万个；第三产业网点6.90万个，比2007年减少0.80万个；其他勤工俭学基地2.70万个。

2008年，全国农村学校有各类勤工俭学基地13.80万个。农村寄宿制学校有勤工俭学基地2.17万个，蔬菜、副食品基本自给（满足本校食堂60%以上）的学校0.49万所，部分自给的学校1.21万所。

二、勤工俭学（校办产业）规模及效益。2008年，全国中、初等学校勤工俭学（校办产业）年末资产为202.38亿元，比2007年减少46.92亿元，减少18.82%；负债86.07亿元，资产负债率为42.53%；所有者权益116.31亿元（其中实收资本47.14亿元）。全国从事勤工俭学（校办产业）的各类职工达88.40万人，其中教职工22.50万人。

2008年，全国中、初等学校勤工俭学（校办产业）销售收入及营业额达266.72亿元（农村学校80.87亿元），比2007年减少47.23亿元，下降15.04%。其中：农业销售收入15.94亿元；工业销售收入89.08亿元；第三产业营业额120.16亿元；其他勤工俭学收入41.54亿元。全国勤工俭学（校办产业）净收益达46.13亿元（农村学校21.48亿元），比2007年减少3.66亿元，下降7.35%。

三、勤工俭学（校办产业）收益分配情况。2008年，全国中、初等学校勤工俭学（校办产业）净收益用于补充教育经费的部分为38.20亿元，占勤工俭学（校办产业）净收益的82.81%，比2007年减少3.79亿元，下降9.03%。其中：用于改善办学条件的资金为21.76亿元（农村学校为9.75亿元）；用于劳动实践基地建设2.65亿元。此外，用于师生集体福利的资金为9.08亿元（农村学校为4.37亿元）；用于资助困难学生的资金为4.71亿元（农村学校为2.81亿元），共资助417.80万人（农村学校为291.82万人）。上缴国家税金7.93亿元。

撰稿 张 丽 关 毅
审稿 胡延品

热 点 关 注

政府教育经费分担体制期待创新

■ 我国政府教育投入不足的事实主要有两个方面：一是远低于国际水平，二是无法满足教育发展的基本需要。重经济建设、轻包括教育在内的公共服务支出，是我国政府教育经费投入不足的根本原因。

■ 为了提高政府教育经费投入水平，为建设人力资源强国提供充足的资源，应进一步完善政府收支管理，优化财政支出结构，并强化人民代表大会的财政支出决策者地位，创新政府教育经费分担体制。

■ 我国公共教育经费投入不足的一个重要原因，是教育财政责任过多下放到基层政府，中央和省级政府负担过低。因此，必须建立省级政府为主的教育经费体制。

政府经费无法满足教育发展基本需要

我国政府教育投入不足的事实主要有两个方面：一是远低于国际水平，二是无法满足教育发展的基本需要。

政府教育经费又称公共教育经费。联合国教科文组织对公共教育经费的定义是：地方、地区和国家（中央）政府，包括自治市、自治区政府，用于教育和教育管理的支出总和，但家庭和政府之间的转移支付经费排除在外。在我国目前的统计体系中，还没有公共教育经费这一指标，但有一个指标接近于公共教育经费，即“财政性教育经费”。我国的财政性教育经费由四部分构成：预算内教育经费，各级政府征收的用于教育的税费，企业办学校经费拨款，校办产业、勤工俭学和社会服务收入中用于教育的经费。

一个国家的政府教育经费投入水平受到经济发展水平的制约。国际上一般用公共教育经费占国内生产总值（GDP）的比例这一指标，来计量和评价政府教育经费投入水平。根据联合国教科文组织的统计，2005 年世界政府教育经费占 GDP 的平均比例是 4.9%，其中发达国家 5.5%，发展中国家 4.7%。

早在 1993 年，我国政府就提出，到 2000 年政府教育经费占 GDP 的比例要达到 4%，但这一目标直到 2007 年都没有实现。

我国政府教育经费投入不足，不仅表现在占 GDP 的比例远低于国际水平，更重要的是无法满足教育发展的基本需要。首先，教育基础设施建设投入严重不足，教育债务负担沉重。由于政府没有规范的教育基础设施投入制度，校舍建设和维护改造投入极度匮乏，学校为了应付招生的需要和达到基本的办学条件，只能举债建设。在农村普及九年义务教育、高中和高校扩招的过程中，形成大量教育债务。其次，政府教育经费不足导致落后地区教育经费与发达地区的差距继续扩大。2007 年省（自治区、直辖市）际间小学和初中生均预算内教育经费的极差（最高水平与最低水平之比）分别高达 8.3 和 7.5。此外，由于政府教育经费投入不足，农村地区教师收入普遍偏低，导致农村教师流失，影响师资队伍稳定。

我国政府教育经费投入不足的解释

自上世纪 90 年代以来，我国财政收入占 GDP 的比例偏低，限制了政府的教育投入能力，导致政府教育投入水平偏低。但简单地将我国政府教育投入不足归因于财政收入比例偏低是有问题的，这是因为我国的财政收入口径与国际通行的口径很不一致。国际上的财政收入包括全部的政府收入，而我国统计上的财政收入只是政府收入的一部分。我国的政府收入实际上由三部分构成：预算内收入、预算外收入、制度外收入。如果仅将预算内收入作为政府的收入，实际上大大低估了政府的收入水平。因此，在分析我国政府财政收入时，不能只计算预算内收入，而要将预算外、制度外收入全部纳入政府收入范畴。如果将预算外、制度外收入全部计算在内，我国政府收入占 GDP 的比例将更高。

因此，鉴于我国现行财政收入口径严重偏小，且按偏小的口径政府教育经费投入也应该达到 4%的事实，不能将我国政府教育经费投入不足归因于财政收入占 GDP 的比例偏低。如果说财政收入偏低影响了政府教育经费投入，也只是政府收支管理不规范导致削弱财政统筹能力的问题，而不是政府财力不足的问题。在政府支出的分配中，应该将教育支出优先安排，保障教育事业发展的需要。但长期以来，我国在政府支出的决策中，没有很好地统筹经济与社会发展，重经济建设、轻包括教育在内的公共服务支出，是我国政府教育经费投入不足的根本原因。

此外，我国政府教育经费投入不足，与各级教育经费负担责任的划分不合理也有很大关系。我国 1994 年分税制改革后，中央和省级政府集中了大部分财政收入，但教育、医疗、养老等支出主要由省以下政府承担。这种收支极不对称的收支安排，需要强有力的规范的财政转移支付制度配合，才能均衡地区之间的财政能力和保障下级政府的支出能力。但迄今为止，我国并没有建立起规范有效的财政转移制度，县、乡政府财政责任与财政能力不匹配的问题非常突出。县、乡本来就财力不足，又偏重能短期增加 GDP 的经济建设支出，教育投入就更加不足。财力充足的中央和省级政府没有承担教育经费的主要责任，财力不足的县、乡政府承担主要的教育经费责任，这种教育财政能力与责任间的错位，是造成我国政府教育经费投入不足的重要原因。2006 年我国全部政府教育经费中，中央政府的比例为 10.9%，省级政府的比例为 13.8%。与 OECD 国家及巴西、印度等国 74%以上的比例相比，我国中央和省级政府负担的教育经费比例亟需提高。

我国政府教育经费投入不足，还有一个原因，就是教育法制不健全，政府教育投入的法律规定不能得到有效的执行。1996年开始实施的教育法，对政府教育经费投入有三项重要规定：(1) 国家财政性教育经费支出占国民生产总值的比例应当随着国民经济的发展和财政收入的增长逐步提高；(2) 全国各级财政支出总额中教育经费所占比例应当随着国民经济的发展逐步提高；(3) 各级人民政府教育财政拨款的增长应当高于财政经常性收入的增长。1996年到2007年的12年中，由于1995年国家财政性教育经费支出占GNP(GDP)的比例处于2.32%的谷底，第一项规定有9年得到了执行。第二项规定则执行得很不好。1996年全国财政总支出中教育经费支出的比例为18.29%，是历年来的最高水平，2007年这个比例为16.26%。12年中，这个比例有6年是下降的。第三项规定也没有很好落实。2006年，全国有12个省、自治区教育财政拨款的增长低于财政经常性收入的增长。更为重要的是，教育法对政府教育经费投入的规定没有得到执行，没有哪一级政府承担了违法的责任，不但损害了法律的严肃性，更对政府教育经费投入提供了负面激励，加剧了政府教育经费投入的不足。

建立省级政府为主的教育经费体制

为了提高政府教育经费投入水平，为建设人力资源强国提供充足的资源，笔者认为，应进一步完善政府收支管理，优化财政支出结构，并强化人民代表大会的财政支出决策者地位，创新政府教育经费分担体制。

长期以来，我国存在政府收入多头管理、支出重经济轻民生的问题。政府预算外收入、制度外收入数额庞大，支出由多个部门掌握，没有纳入统一的预算管理，不能真实反映政府收支全貌，干扰公共财政职能的实现。大量政府收支游离预算管理之外，违反公共财政收支规范、透明的规则，不符合财政支出主要用于公共产品和公共服务的要求。因此，应该加快公共财政体制改革，建立规范的政府收支统计和管理制度，将所有政府收入和支出纳入统一预算。在强化政府收支统筹的基础上，继续优化政府支出结构，提高教育支出的比例。

我国《预算法》规定，各级人民代表大会是财政预算的最终决策者。要认真执行《预算法》，完善政府预算程序和决策机制，强化人民代表大会的预算决策权。在预算编制过程中，要有人大代表参与预算控制数的确定，由人大代表和财政官员共同决定下达给教育部门的预算控制数，避免财政部门在控制数环节就挤压教育经费的比例。应该将教育预算草案向社会公开，人大代表、财政官员和教育官员应向公众说明教育预算的依据，解释资金的分配方式和用途。在人大会议上，教育预算要由人大代表进行充分讨论，与政府总预算一起由人大代表表决通过。

我国公共教育经费投入不足的一个重要原因，是教育财政责任过多下放到基层政府，中央和省级政府负担过低。因此，必须创新政府教育经费分担体制，建立省级政府为主的教育经费体制。

我国现行的以分税制为基础的政府收入分配制度，已经将主要收入分配给中央和省级政府，这两级政府具有承担教育经费主要责任的财力。对于我国这样的大国，中央政府承担国防、外交、协调地区发展和利益的责任，距离实施教育的县级政府层级过多，基于效率考虑，不宜过多直接承担教育经费职责。省级政府的主要职责就是提供教育等民生服务，且距离县级政府近，由省级政府承担教育经费主要责任十分合适。国际上的人口大国，如美国、印度、巴西等，也都是省级政府为主的教育经费分担体制。

有关研究表明，造成我国县级义务教育生均经费差异的原因中，省内各县之间差异的影响远大于省际之间的差异。如果省级政府不承担主要责任，很难实现县际之间义务教育的均衡发展。因此，需要创新政府教育经费分担体制，建立省级政府负担为主的政府教育经费体制。

在新体制中，中央政府的主要责任是完善以分税制为核心的财政体制，通过规范的财政转移支付制度均衡省级政府的教育财政能力，并承担各级教育的学生资助经费和高水平大学经费的供给。省级政府的责任是统筹中央政府转移支付和本级政府教育经费，承担省属高校的经费供给，建立规范的县级单位基础教育经费转移支付制度，承担一半以上的基础教育经费，保障区域内各县区的基础教育财政公平。县级政府的责任是承担部分基础教育经费，统筹管理省级转移支付和本级政府教育经费，通过规范的以公平为导向的学校拨款制度，保障县区内基础教育学校间的财政公平。

作者系北京师范大学经济与工商管理学院袁连生，原载2009年2月25日《中国教育报》第3版

中央新增投资用于教育事业

■ 中西部农村初中校舍改造工程安排30亿元

■ 中等职业教育基础能力建设安排10亿元

■ 中西部地区特殊教育学校建设安排4亿元

从教育部新闻发布会上获悉，2008年四季度增加安排的1 000亿元中央投资中，将有44亿元用于教育事业，其中，中西部农村初中校舍改造工程安排30亿元，中等职业教育基础能力建设安排10亿元，中西部地区特殊教育学校建设安排4亿元。3项工程共惠及学校2 000多所，学生100多万人。

国务院召开常务会议决定，推出十项重要措施，进一步扩大内需，促进经济平稳较快增长，其中第四项是加快医疗卫生、文化教育事业发展，中央为此在今年第四季度新增用于教育资金44亿元。

据教育部有关负责人介绍，经研究，其中30亿元用于中西部农村初中校舍改造工程，将新建或改建项目学校1 600多所，校舍面积300多万平方米，并购置约2亿元的生活设施，可满足40多万名新增寄宿生的需求。

中西部农村初中校舍改造工程是为巩固“两基”成果，改善农村学校办学条件，解决留守儿童学习、生活问题而实施的一项重大民生工程。工程主要解决农村初中生活设施紧缺的问题，支持国家扶贫工作重点县、少数民族自治县、革命老区县和边境县的6 000多所学校新建、改扩建校舍1 300万平方米，中央为此将投入专项资金100亿元。2007年和2008年，这一工程已批复下达资金40亿元，累计批复项目学校2 554所。截至目前，所批复项目已基本开工，部分项目已竣工验收并交付使用。

对于中等职业教育安排的10亿元资金，主要用于中等职业学校新建、改扩建校舍和添置教学仪器设备，可以建设实验实训场地约150万平方米，支持360所～370所学校，其中中西部地区学校占80%左右，东部和东北部地区占20%。

2007年3月，国家发改委、教育部、原劳动保障部下发了《关于印发中等职业教育基础能力建设规划（2005—2010年）的通知》，经过几年努力，全国已有近1 600所中等职业学校得到了这笔资金的支持。此次借中央扩大内需的契机，国家发改委和教育部把2010年的年度计划提前在今年年底前下达，而2009年的年度计划将于明年3月前下达资金，这就意味着到明年3月，“十一五”期间中等职业学校基础能力建设规划将全部完成，得到支持的中等职业学校将超过2 200所。

中央安排的中西部地区特殊教育学校4亿元资金，主要用于中西部地区特殊教育学校的建设教学用房，同时还将购置必备教学、康复训练设施。中央资金的投入将带动地方投入约2亿元，预计建设学校120所左右，建设规模达到43万平方米。

按照《“十一五”期间中西部地区特殊教育学校建设规划》，“十一五”期间中央财政计划投入专项资金6亿元，用于支持中西部地区680余所特殊学校的建设。此前，已安排中央预算投资2亿元，共建设学校61所，建设规模约26万平方米，项目建设范围覆盖了中西部22个省（自治区、直辖市）。

教育部有关负责人解释说，这3项工程有几个共同特点：第一，主要用于农村地区，是贯彻落实党的十七届三中全会精神，大力办好农村教育事业，促进教育公平的一项重要举措；第二，主要用于中西部的老少边穷地区以及地震灾区，是促进教育均衡发展的措施之一；第三，都是与“十一五”教育规划紧密衔接的项目，不仅能使100多万名农村孩子在当前直接受益，并且能使成千上万的农村孩子在将来长远受益；第四，工程的资金主要用于基本建设，对于进一步扩大内需、促进经济平稳较快增长将会起到积极推动作用。

据介绍，为了用好44亿元新增资金，教育部已从六个方面做了准备工作。第一，国务院召开工作部署会议之后，教育部立即召开了部长专题办公会，学习领会国务院会议精神，统一思想、提高认识、研究制定具体的落实方案。第二，成立了专门的领导小组，部长周济担任组长，相关部领导担任副组长，相关司局负责同志参加研究、决策项目实施过程中的重要问题。第三，抽调部内骨干力量，成立了专门办事机构，负责项目实施的具体管理工作。第四，迅速布置几项工程项目计划的编制工作，认真把关，确保在规定时间内完成项目编报任务。第五，协调有关部门尽快下达资金，并督促各地提前做好项目准备工作，抓紧时间启动实施。第六，将成立专门的巡查小组，对工程进度、质量和资金使用情况进行督察，保质按期完成建设任务，合规有效地使用好中央资金，坚决避免“豆腐渣工程”和“腐败工程”。

原载 2008 年 11 月 25 日《中国教育报》第 1 版

国际及与港、澳、台教育合作交流

留学工作

〔**出国留学**〕 2008 年度，我国各类出国留学人员总数为 17.98 万人，各类留学回国人员总数为 6.93 万人，在外的留学人员约 100.24 万人，其中 73.54 万人正在国外进行本科、硕士、博士阶段的学习以及从事博士后研究或学术访问等。从 1978 年到 2008 年底，我国各类出国留学人员总数达 139.15 万人，留学回国人员总数达 38.91 万人。

按照“选派一流人才，到国外一流院校、专业，师从一流导师”的工作思路，进一步提高国家公派出国留学派出质量和留学效益。2008 年，国家公派出国留学共录取 12 957 人，其中“国家建设高水平大学公派研究生项目”录取 4 892 人。当年共派出各类公派留学人员 10 297 人，回归率为 98%以上。

12 月 24 日，教育部在人民大会堂召开“纪念改革开放暨扩大派遣留学生工作三十周年座谈会”，全国人大副委员长路甬祥出席会议并讲话。改革开放首批赴美访问学者代表、优秀留学回国人员代表、部分在京高校和有关出国留学工作机构的领导等出席座谈会。此次座谈会全面总结了改革开放 30 年来出国留学工作的发展历程及取得的经验和成绩，分析了出国留学工作面临的新特点和新挑战，探讨了今后一个时期出国留学工作的战略目标及基本思路，在社会上产生了良好反响。

2008 年，教育部继续利用“春晖计划”项目组织并资助在外优秀留学人员服务团组和个人回国开展学术交流、科研合作和人才培养等服务活动。主办第三届“‘春晖杯’中国留学人员创新创业大赛”，建立了由海外优秀留学人才、留学人员创业园、大学科技园区、风险投资机构共同参与的创业平台。本次大赛共有 188 个参赛项目入围，部分项目通过中国留学人员广州科技交流会等实现了项目对接。

教育部联合有关部门于 2008 年 12 月举办了第十一届中国留学人员广州科技交流会，国务委员刘延东出席会议，教育部部长周济和副部长章新胜分别参加了有关活动。在交流会上，教育部举办了“‘春晖杯’中国留学人员创新创业大赛项目洽谈和颁奖大会”、“教育部留学人员回国创业论坛”以及“‘金融危机——机遇与挑战’留学人员座谈会”等活动。与往届相比，出席本届交流会的留学生人数最多、学历层次最高。会议产生了良好影响，为海外优秀留学人员和国内用人单位打造有效沟通平台。

2008 年度，“留学回国人员科研启动基金”共资助 1 863 名年轻优秀留学回国人员，为其在国内的教学、科研工作的启动提供了强有力的经费支持，进一步促进了我国高等学校的学科发展与人才队伍建设。

撰稿　徐培祥　梁　霄
审稿　于继海

〔**来华留学**〕

一、总体统计数据

2008年1月—11月，共有来自189个国家和地区的223 499名各类来华留学人员分布在全国31个省、自治区、直辖市的592所高等院校、科研院所和其他教学机构中学习或毕、结业（以上数据均不含台湾省、香港特别行政区和澳门特别行政区）。

与2007年相比，国家和地区数净增1个（新增5个，分别为马拉维、圣基茨和尼维斯、特克斯和凯科斯群岛、安道尔和美国本土外小岛屿；减少4个，分别为圣文森特和格林纳丁斯、波多黎各、开曼群岛和帕劳）；接受来华留学生的机构增加48个；学生人数增加27 996名，增长14.32%。

2008年是新中国成立以来来华留学生数量最多、生源国家和地区数量最多、接受来华留学生的学校和机构数量最多的一年。

1. 学习期限统计：长期留学生（6个月以上，含6个月）165 002人，占来华生总数的73.83%，人数比2007年增加了20 839人，同比增加了14.46%。短期生（6个月以下）共计58 497人，占来华生总数的26.17%。人数比2007年增加了7 157人，同比增加了13.94%。

2. 按洲别统计：来自亚洲的留学生人数仍然最多，达152 931名，占全年来华留学生总数的68.43%；欧洲32 461名，占14.52%；美洲26 559名，占11.88%；非洲8 799名，占3.94%；大洋洲2 749名，占1.23%。

3. 按国别统计：在189个国家和地区中，来华留学生人数名列前10位的国家有韩国66 806名，美国19 914名，日本16 733名，越南10 396名，俄罗斯8 939名，泰国8 476名，印度8 145名，印度尼西亚7 084名，哈萨克斯坦5 666名，巴基斯坦5 199名。

来华留学生数量超过4 000名的国家还有法国5 059名，蒙古4 774名，德国4 417名。

4. 按类别统计：一是学历生，共计有438所高等学校接受学历教育来华留学生，总数80 005名，占来华生总人数的35.80%。人数比2007年增加了11 792名，同比增加了17.29%。其中：专科生和本科生65 724名，占学历生总数82.15%；有264所院校接受了硕士和博士研究生共计14 281名（硕士研究生10 373名，占12.97%；博士研究生3 908名，占4.88%）。二是非学历生，2008年在华进修或短期学习的非学历生共计143 494人，占来华总人数的64.20%。人数比2007年增加了16 204人，同比增加了12.73%。其中：普通进修生（含语言生）83 779人，占非学历生总数的58.39%；高级进修生1 218人，占0.85%；短期生58 497人，占40.77%。

5. 按学科类别统计：文科143 344名（其中包括汉语类124 574名、艺术类2 835名，其余5 935名为其他文科专业学生），占总人数64.14%；医科28 651名（西医19 233名，中医9 418），占总人数12.82%；经济11 335名，占总人数5.07%；管理10 728名，占总人数4.80%；理科9 978名，占总人数4.46%；工科9 128名，占总人数4.08%；法学4 688名，占总人数2.10%；教育3 395名，占总人数1.52%；历史968人，占总人数0.43%；农学699名，占总人数0.31%；哲学585名，占总人数0.26%。

6. 按地区分布：北京66 316名；上海36 738名；天津12 183名；辽宁11 541名；江苏11 184名；广东9 811名；山东8 944名；浙江7 380名；黑龙江7 108名；湖北6 166名；云南5 786名；吉林5 696名；福建5 121名；陕西4 594名；广西4 372名；四川3 888名；新疆3 411名；河北2 084名；河南2 060名；重庆1 840名；湖南1 629名；内蒙古1 607名；江西1 392名；甘肃728名；安徽693名；海南421名；青海276名；宁夏219名；贵州153名；山西120名；西藏38名。

7. 按经费办法统计：中国政府奖学金生共计13 516人，占来华生总数的6.05%；自费生共计209 983人，占来华生总数的93.95%。

二、中国政府奖学金来华留学生统计数据

根据我国与有关国家之间的教育交流协议和交流计划，我国向171个国家提供了13 516个中国政府奖学金，占来华生总数的6.05%，比2007年增加了3 365人。其中，来自亚洲46国5 628人，占奖学金生总数的41.64%；来自非洲50国3 735人，占27.63%；来自欧洲38国2 628人，占19.44%；来自美洲28国1 221人，占9.03%；

来自大洋洲9国304人，占2.25%。

中国政府奖学金生中，博士研究生1 693名，比2007年增加35.44%；硕士研究生3 979名，比2007年增加了55.79%；本科生4 009名，比2007年增加42.62%；高级进修生571名，比2007年增加8.35%；普通进修生和语言生分别为502名和2 665名，与2007年大体持平。

中国政府奖学金生学习的学科涵盖了文、理、工、农、医、经济、管理、教育、历史、哲学、法律11个门类。其中，文科、工科、医学、经济和管理门类奖学金生的人数均超过了1 000名。文科类4 512名，占奖学金生总人数的33.38%；工科2 692名，占19.92%；医学1 409名，占10.42%；经济1 217名，占9.0%；管理1 137名，占8.41%。

三、自费来华留学生统计数据

共有来自187个国家的209 983名自费留学生在我国的31个省、自治区、直辖市的592所高校和科研院所中学习，占全部留学生的93.95%。比2007年增加了13.29%。

四、重大事项和重要举措

教育部大力促进中央财政对来华留学工作的投入；积极推动中国政府奖学金招生工作的改革；进一步优化来华留学环境，提高来华留学教育质量，完善来华留学相关政策法规及专家咨询机制；继续实行来华留学生教育管理干部培训制度；积极做好来华留学对外宣传工作及留华毕业生工作。重大事项和重要举措如下：

1. 向国务院呈报《关于在“十一五”期间扩大中国政府奖学金规模的报告》，到2010年，中国政府奖学金规模将扩大到2万名。

2. 提高了奖学金留学生生活费标准，使中国政府奖学金吸引力进一步增强。

3. 改革中国政府奖学金招生办法，将一部分名额分配给有关边境省份和高校进行自主招生，鼓励招收硕士以上高层次学生。

4. 在南方风雪冰冻期间、汶川地震期间和“两奥会”召开之际，下大力气确保留学生工作稳定，完善突发事件处理的应急机制，对留学生管理工作提出了更高的要求，发出了《关于加强来华留学生管理工作的通知》。

5. 颁布了《教育部关于外国驻华使、领馆人员随任配偶入我高等学校学习有关规定的通知》，允许驻华使、领馆人员随任配偶入我高等学校时保留依法享有的特权与豁免待遇。

6. 举办2008年留学生管理干部信息系统操作培训班，参训人员299人，分别来自28个省、自治区、直辖市的237所高校、2个省教育厅及1个教育部直属单位。

撰稿　赵灵山
审稿　生建学

〔**加强教育涉外监管**〕　围绕切实维护人民群众利益和提高教育对外合作与交流质量，推动相关工作措施的实施，进一步加大对教育涉外活动的行政监管力度。

为解决自费出国留学活动中的问题，对教育部教育涉外监管信息网开通以来受到国内外各界广泛关注和欢迎的各个品牌栏目，组织专家重新进行设计和调整，拓展网站内容，访问量继续增长，日访问量达6万人，累计已超过6 000万人次，网站“电子政务平台”功能进一步突出，对解决教育涉外活动中信息不对称问题发挥了重要作用。先后就赴英国、新加坡等国家我自费留学活动中出现的问题发布留学预警4期，累计已发布留学预警41期。留学预警对解决留学相关问题发挥了预防和应急救助功能，对维护留学人员的切身利益起到了督促作用，受到我驻外机构的重视以及社会各界更广泛的关注和留学人员的欢迎。根据我驻外机构等的意见，对在自费留学工作中发挥了重要引导作用的33个国家高等学校名单进行及时补充和修改。

为加强对中外合作办学规范管理，促进提高中外合作办学质量，根据教育部党组关于进一步加强对中外合作办学行政监管的指示，推动加强中外合作办学行政监管相关措施的实施。其中，对外开通试运行的“中外合作办学监管工作信息平台”目前提供的信息已包括10个方面，计120万字，基本涵盖中外合作办学工作的主要内容。“中外合作办学颁发证书认证工作平台”已完成开发设计，并从2008年秋季新入学的学生开始实施证书认证注册。

中外合作办学评估方案已制订完成，将在 2009 年上半年先在部分省市试点。中外合作办学评估指标体系和办法，依托教育部学位与研究生教育发展中心在全面总结以前所开展的教学评估基础上制定，注重规范办学和境外优质教育资源的引进，突出办学单位的自我评估和社会监督，推动通过评估形成办学者自律、社会监督与政府管理相结合，符合中外合作办学特点的行政监管模式，并逐步建立具有较强规范性的中外合作办学质量保障体系。

撰稿　陶洪建
审稿　徐永吉

对外合作与交流

〔**对外合作与交流活动**〕　自改革开放以来，我国与世界上 188 个国家和地区建立了教育合作与交流关系。

教育高层往来不断加强，刘延东国务委员先后对俄罗斯、英国、瑞士、日本等国进行重要访问，陈至立副委员长赴美出席“第二次白宫全球扫盲研讨会”等活动。在北京奥运会期间，邀请美、英、德、日和港澳地区的 11 所世界知名大学校长来京观摩奥运会开幕式。

逐步建立和完善教育磋商机制，成功建立中美教育交流高级别工作磋商机制，中俄人文合作委员会工作取得新的突破。着力搭建集团化和区域化教育交流平台，成功举办“首届中国—东盟教育交流周”、“中阿（10＋1）高教合作研讨会”、“中澳国际学生管理及服务研讨会”、“中美数学研讨会”、“中加农业大学校长论坛”等会议，积极推动上海合作组织成员国第二次教育部长会议、中欧教育政策对话等。

积极落实政府间项目，中俄大学校长论坛、俄罗斯高等教育展、中俄中小学生夏（冬）令营、中俄大学生艺术联欢节、中国高校学生俄语大赛等中俄“国家年”项目、“中日青少年友好交流年”项目、中美富布赖特项目、中美网络语言教学项目、中欧语言交流项目、中英西南基础教育项目、古巴政府单方奖项目等政府项目顺利进行，启动“发展中国家公共管理硕士班”项目，签署了援建埃塞俄比亚—中国职业技术学院合作办学项目协议，创造性地推动与发展中国家在人力资源开发方面的合作。

积极参与多边事务，参与 APEC 成员教育合作与交流，参加亚欧会议机制下的有关活动。根据中央对台工作总方针，审慎应对台北 2015 年世界大学生运动会申办要求，积极做好 2009 年哈尔滨世界大学生冬季运动会的各项筹备工作。

完成了与新西兰、秘鲁和智利的自贸区谈判工作。完成与加拿大纽芬兰省签署学历学位互认协议工作，与韩国政府签署了关于高等教育领域学历学位互认谅解备忘录，与古巴政府签署了高等教育学历、文凭、证书的协议。我国已与 34 个国家和地区签订了学历学位互认协议。

汶川地震发生后，灾区儿童得到国际社会和友好国家的广泛关注。为贯彻中央和国务院领导的批示精神，教育部妥善组织了地震灾区 1 018 名中小学生赴俄罗斯疗养、107 名中小学生赴保加利亚和匈牙利疗养，体现了党和政府对灾区少年儿童的关心，增进了国家间青少年的相互了解和友谊。同时积极引导国外教育机构、国际组织及与我有密切合作的跨国公司对灾区的捐助活动，为抗震救灾和灾区重建作出贡献。

撰稿　安　延
审稿　徐永吉

〔**汉语国际推广**〕　2008 年，孔子学院建设和汉语国际推广工作迈出新的坚实步伐，取得了新的重要进展，成绩令海内外瞩目。

一、孔子学院建设

截至2008年底，已在78个国家和地区建立了249所孔子学院和56个孔子课堂，总数达到305所。具体分布是：亚洲26国（地区）90所，欧洲26国103所，非洲14国21所，美洲10国81所，大洋洲2国10所。全年共新设孔子学院44所，孔子课堂35所。

2008年3月，网络孔子学院开始试运行，开设孔子学院论坛、资源中心、名家讲堂、网上中国文化体验中心等10余个栏目。截至2008年底，已上线2 500多个课件。共有770万人次访问网站，来自世界149个国家和地区。在日、俄、意等10国建立了12个广播孔子课堂，播出40多个语种的汉语学习的节目。

孔子学院管理进一步加强，先后制定《孔子学院基本办学标准》、《孔子学院自评估办法》等制度。建立全球229所已运行孔子学院信息卡。先后组织支持美国、加拿大等33个国家召开了孔子学院联席会议。组建总部专项委员会，开展评估督导，组建了由中外大学校长、著名专家学者和社会名流组成的发展规划、教学指导、人力资源促进、文化与经济发展和财务督察等5个专项委员会。2008年10月，组织部分专家赴美、英等13个国家对44所孔子学院进行了巡视调研。此外，还部署各国孔子学院开展自我评估，154所孔子学院提交了自我督导报告。

二、建立总部常务理事会议制度

12月，经国务院批准，正式确立了由11个部委参加的总部常务理事会议制度，定期召开会议研究解决工作中存在的突出问题，整合资源，加强协调，提高效益，完善总部常务理事会组织协调机制。

三、召开第三届孔子学院大学会

12月9日—11日，2008年孔子学院大会在京召开，来自78个国家300余所孔子学院院长和所在大学的校长，国内合作大学书记校长，以及各省教育厅、有关学校、驻外使（领）馆等的代表1 200人参加了大会。刘延东国务委员在大会开幕式上发表了《共同参与、平等合作，把孔子学院越办越好》的主旨演讲。周济部长作工作报告，并作大会总结报告。来自12个部委的常务理事出席大会。大会设立了6个分论坛和10个小组，各国代表围绕“孔子学院与全球化教育”主题，对全球孔子学院发展大计进行深入交流和讨论。

四、国家公派汉语教师和志愿者教师派出

加大汉语教师派出力度，全年共向109个国家派出教师1 557人，其中教育部向86个国家和地区派出国家公派汉语教师298人。加大教师培训力度，培训时间由过去120课时增加到330课时。开展一年制小语种师资培训，培训日、韩、德、法、西、俄等语种师资100人。

2008年共派出志愿者1 865人，超出计划17%。新选派赴美志愿者209名，目前在美志愿者人数达250余名，分布于34个州300多所学校，教授学生达5万多人。

五、汉语国际推广资源建设

将汉语国际教育硕士提升为二级学科，纳入全国研究生统一招生系列。研究制定《汉语国际教育硕士专业学位研究生培养必修课程说明》。

基地建设：在10所重点大学建立了10个汉语国际推广基地。分别是：中国人民大学汉语国际推广研究所、北京大学国际青年汉学家培养基地、北京师范大学汉语国际推广新师资培养基地、北京外国语大学汉语国际推广多语种基地、北京语言大学国际汉语教学研究基地、山东大学中华传统文化研究与体验基地、厦门大学汉语国际推广南方基地、华东师范大学国际汉语教师研修基地、汉语国际推广少林武术基地、汉语国际推广中亚基地。在26个省（自治区、直辖市）建立了105个汉语国际推广中学基地，全年共接待外国来华夏令营学生8 000人次，中小学校长3 000余人次，培训国外汉语教师1 000余人次，派出汉语教师和志愿者近300人。4所基地中学启动孔子课堂建设，55所基地学校申请在23个国家建设86个孔子课堂。

教材资源建设：完成38个语种的《汉语900句》广播教材、《汉语图解词典》，以及法、德、日语版《长城汉语》等。启动《五经》翻译项目，拟用3年时间，完成英、法、德、西、俄等多语种译本。

六、培训国外汉语教师

采取多种形式培养和培训外国本土教师。2008年，通过邀请来华、派专家赴外和远程教育等方式，共培训外国本土汉语教师近16 500多名。组织实施泰国教育部选派教师来华培训项目，100多名预备汉语教师开始为期1年的在华学习。

七、汉语国际考试

2008年，海外汉语考点增至128个，海外考试总人数达31万多人次，是2007年（13万）的2.5倍。考试研发和管理取得新进展，研发各类试题135套，制定《考点管理办法》和《收费管理办法》，编制HSK和YCT考试大纲，组建汉考国际测试技术服务中心。组织首届汉考冬令营，邀请500名学生来华学习参观。

〔**聘请外籍教师**〕 2008年，教育部直属高校聘请的长、短期外籍教师为24 634人次，用于聘请外籍教师的总经费为53 704万元人民币，其中，从中央财政得到的拨款为31 005万元人民币，自筹经费22 699万元人民币。

为了提高教育部所属高等院校聘请外籍教师的效益，继续加强了对国家重点项目、重点学科的支持，通过组织专家对各校申报的项目进行评审，共确定了975个重点项目进行资助。

启动第二期“大学校长海外培训计划”。全年派出4个培训团，共计103名部属高校及其他高校的校级领导分赴美国、英国、加拿大和澳大利亚的大学进行培训，开拓了高校领导的视野，提高了管理水平。

完成国家引进国外智力先进单位、先进个人和贡献奖评选工作。共有1所部属学校、14位个人入选；另有4所部属高校的4名外籍教师获得国家外专局“友谊奖”。

11月，中国高等教育学会引进国外智力工作分会第二次会员代表大会暨2008年年会在武汉大学召开。来自全国100多个会员单位的130名代表出席了会议。

12月，北京高等教育学会引进国外智力研究会2008年年会在昌平召开。来自25个常务理事单位的131名代表参加了会议。

撰稿　杨晓春

审稿　沈　阳

〔**中外合作办学**〕 至2008年，中外合作办学已走上规范、健康、可持续发展的轨道，在深化教育改革、创新办学模式、促进学科建设、提高师资水平、拓宽人才培养途径等方面的推动作用日益突出。继续以《中外合作办学条例》及其实施办法、教育部《关于当前中外合作办学若干问题的意见》、《关于进一步规范中外合作办学秩序的通知》等政策法规及指导性文件为依据，指导各地教育行政部门和教育机构强化对中外合作办学的认识，加深对引进境外优质教育资源的力度。

全国中外合作办学机构和项目的复核工作进入收尾阶段。在2007年完成的部分机构和项目复核工作的基础上，2008年又完成了剩余的涉及12个省市的全部或者部分共计424个机构和项目的复核工作，部分复核结果已正式下达。

继续做好中外合作办学机构和项目的行政许可工作。在原有工作流程基础上细化了受理申请、专家评议、审批发证和备案编号等各个环节，于2008年5月和11月分别启动了由省级教育行政部门批准举办的中外合作办学项目的集中备案编号和由教育部审批的本科以上中外合作办学申请项目的专家评议工作。截至2008年12月，教育部共完成了355个中外合作办学机构和项目的备案编号工作，并新批准设立中国政法大学中欧法学院等1个中外合作办学机构和2个中外合作办学项目。

贯彻依法行政和依法治教的精神，加大政务公开的力度。在教育部网站上建立中外合作办学专栏，及时将与中外合作办学相关的政策法规及指导性文件，以及中外合作办学机构和项目（含内地与港澳台地区合作办学机构和项目）的相关信息在教育部网站对外公布。

撰稿　聂瑞麟　刘　波

审稿　徐永吉

与香港、澳门特别行政区和台湾地区的合作交流

〔与香港特别行政区的合作交流〕

——交流团组计划

应教育部邀请，2008年共有81个团组、约5 000名香港青少年和教育界人士到内地参观访问。

——“华夏园丁大联欢——2008海西之旅”

12月26日—31日，在福建省组织实施了“华夏园丁大联欢——2008海西之旅”活动，共有近400名来自祖国大陆、港澳台地区和新加坡的优秀教师代表参加。教师们通过报告、论坛、观摩、座谈等多种形式和丰富多彩的参观访问活动，领略中华民族的灿烂文化，感受海峡西岸经济区的经济、社会和教育的发展与变化，观赏福建独特的人文景观，增进了华夏园丁的情感交融，促进了华人教师间的教育交流与合作。

——“第九届海外杰青汇中华”活动

在教育部、中央统战部、团中央的支持下，“第九届海外杰青汇中华”活动一行250人于7月先后赴香港、广州、西安、北京等地考察，参加联谊联欢、论坛讲座等形式多样的交流考察活动。7月11日，中共中央政治局常委、全国政协主席贾庆林在人民大会堂接见了“第九届海外杰青汇中华”活动全体团员并发表了重要讲话。

——“根脉相连——香港教师内地交流计划”

委托中山大学承办由香港教育局组织的首期“根脉相连——香港教师内地交流计划”在广州成功举办。来自香港的50名教师参加了此次的培训活动。该计划通过讲座、参观访问与座谈相结合的形式，加深了香港中小学教师对国情的认识，提升了香港国民教育的整体效果。

——“香港领袖生奖励计划：北京国情教育课程班”

2008年3月，由香港教育局主办、中国人民大学承办的新一轮第二期“香港领袖生奖励计划：北京国情教育课程班”在北京成功举办，共约200名师生参加了此次课程班。活动期间，团员们拜访了外交部、北京市人大等政府机关，参观了中国载人航天控制中心，观看了军事表演。

——选派内地教师赴港担任教学指导

应香港教育局的请求，教育部从天津、上海、江苏、浙江、山东、湖北、湖南、广东、广西等地，选派了50位中小学语文、数学教师和幼儿园教师参加第四届“内地—香港教师协作计划”，以驻校交流的形式，赴港开展教学指导工作一年。

——“港澳教育界国庆访京团”

为纪念祖国改革开放30周年，进一步加强港澳教育界对国情的认识与了解，应教育部邀请，2008年9月27日—10月1日，“港澳教育界国庆访京团”一行195人，赴京进行了访问交流活动。期间，访问团参加了天安门广场的国庆升国旗仪式；参观访问了中小学校并与教师座谈；探访了装甲六师，参访了军营，感受了现代化中国军队的恢弘气势；参观了首都博物馆，感受到了中华文明五千年历史的发展；走访了怀柔区的村户，切身感受了改革开放30年来农村的巨大变化；观看了在国家大剧院举办的大型交响音乐会。全国人大副委员长韩启德在人民大会堂亲切接见了全体访京团成员，教育部党组副书记、副部长袁贵仁代表教育部在人民大会堂宴请了全体成员。

——重点交流项目

教育部批准北京大学、清华大学等36所高校策划实施了55个对港重点交流项目，邀请了1 600余名香港师生到内地参加以专题研习、学术论坛、文体竞赛、交流联谊、参观访问等为主要内

容的交流活动。

——汶川地震捐款工作

四川汶川地震后，香港特别行政区政府经立法会批准，设立了支援四川地震灾区20亿元港币的专项资金，用以灾区学校重建工作，充分显示了香港各界人士的爱国情怀。

——招生工作

截至2008年10月，在内地（祖国大陆）普通高等学校及科研院所就读的香港学生共计10 307人，其中博士生393人，硕士生772人，本科生8 306人，预科生776人，插班生60人。

撰稿　宋　波　刘海峰
审稿　丁雨秋

〔**与澳门特别行政区的合作交流**〕　2008年，邀请并接待了28个澳门教育团组。澳门特区教育行政部门负责人，大、中、小学、幼儿园的负责人及行政管理人员、教师，教育社团负责人等约780人来内地交流访问。南京师范大学为澳门的500名中学生举办了一期国情教育课程班，南京大学为澳门的120名大学生举办了一期国情教育课程班。南京师范大学、北京师范大学、华东师范大学分别为澳门的幼儿园园长、小学校长、中学校长和行政管理人员举办了一期研修班，参加研修的人员为75人。南京师范大学为澳门的幼儿园骨干教师举办了一期培训班，参加培训的教师为30人，北京师范大学为澳门的30名中学地理课骨干教师、30名中学科学课骨干教师和30名小学自然课骨干教师分别举办了一期培训班。

邀请50名澳门优秀大中学生来南京参加宁港澳学生交流营活动；邀请50名澳门优秀中小学教师参加在福建举行的华夏园丁大联欢活动；邀请了由澳门教育暨青年局的负责人和中小学校长、优秀教师及教育社团的负责人组成的澳门教育界国庆访京团一行45人来北京交流访问。

根据澳门特区政府教育暨青年局的要求，从山东、四川、辽宁、吉林等4省推荐了20名内地中小学和幼儿园的教师于8月到澳门担任教学指导工作。

委托人民教育出版社为澳门的中小学生编写的《品德与公民》教材及为澳门市民使用的《品德与公民》多媒体材料，已编写完毕正式出版交付使用，并于9月举行了发行仪式。

应澳门特区政府高等教育辅助办公室的邀请，内地高校访问团一行30人访澳，并举办内地高教展览。应澳门特区政府教育暨青年局的邀请，内地20个省、自治区、直辖市教育厅（教委）职业教育处负责人赴澳门交流访问。

2008年，内地高校招收澳门学生1 255人，其中博士研究生24人，硕士研究生197人，本科生887人，预科生144人，插班生3人。在内地高校学习的澳门学生共5 796人。2008年，有1 951名澳门学生获得港澳台地区学生奖学金。

四川汶川地震后，澳门教育界人士通过中央政府驻澳门联络办公室并经中国教育发展基金会向地震灾区捐款近500万元澳门币，用以灾区学校重建工作，充分显示了澳门教育界人士的爱国情怀。

〔**与台湾地区的合作交流**〕　教育部有关直属高校组织实施了65个在祖国大陆举办的形式多样、内容丰富多彩的两岸师生参加的交流项目，如研习营、夏令营、冬令营、专题论坛、文体比赛、学术会议等。应邀参加活动的台湾大学生、研究生、教师和行政管理人员约3 700余人次，其中有近一半的师生是第一次来大陆。大陆参加活动的师生约3 000人次。通过活动，台湾师生领略和体验了祖国的大好河山，民族文化的博大精深，对大陆改革开放后政治、经济、社会、教育、科技等方面取得的巨大成就表示钦佩并留下了深刻的印象。部分师生改变了以往对大陆的偏见。活动的举办也加深了两岸师生间的相互了解，增进了友谊。有的传统项目已连续举办多年，由于有较强的吸引力，已成为品牌和精品。吉林大学举办的台湾学生“北国风情冬令营”活动已连续举办了七届，在台湾大学生中的影响力越来越大，每年都有不少台湾大学生通过不同的形式和渠道向学校提出要求参加活动。再如，厦门大学已连续八年举办了由两岸大学生参加的“闽南文化夏令营”活动，要求参加活动的台湾大学生逐年增加。

两岸高校间的校际交流与合作有了进一步发展，至2008年，大陆已有284所高校与台湾的106所高校签署了校际交流与合作协议。为保证交流的实质性和实效性，从2006年起，两岸知名高校、两岸事务部门负责人每年举行一次研讨会，2008年的第三届会议由四川大学承办，会后发表了共同倡议书。

为进一步完善台胞子女在大陆就读中小学和幼儿园的有关政策，教育部、国务院台湾事务办公室联合对外发布了关于进一步做好台湾同胞子女在大陆中小学和幼儿园就读工作的有关规定，强调“欢迎就读、一视同仁、就近入学、适当照顾”，受到了在大陆台胞的普遍欢迎。

教育部直属高校聘请13名台湾知名人士为名誉教授、客座教授、兼职教授，聘请28名台湾学者任教、讲学、合作研究。

教育部直属高校举办了17个由海峡两岸专家学者参加的两岸学术研讨会。

福建省教育厅举办第二届海峡两岸大学校长论坛活动。

中央电视台和台湾中天电视台在台湾举办由海峡两岸和香港、澳门地区高校参加的“第七届海峡两岸知识大赛”活动。

部分直属高校港澳台事务办公室负责人、大学生体育协会、青年学者访问团分别应邀赴台交流访问。

台湾部分高校学生会干部、社团负责人一行36人首次应邀组团来上海、杭州交流访问。台湾部分中小学教师应邀参加了在福建省举行的华夏园丁大联欢活动。

教育部直属高校党政一把手、在校大学生、研究生和教育部机关、直属单位赴台交流人员约2 000人，其中直属高校党政一把手19人次，在校大学生和研究生约1 800人次。交流内容包括访问考察、参加学术研讨会、合作研究、研修、参加交流营、研习营、文体比赛等。

祖国大陆高校及科研院所招收台湾学生1 973人，其中博士研究生474人，硕士研究生618人，本科生599人，预科生111人，插班生171人。其中中国人民大学、中山大学、华南农业大学各免试录取了一名东莞台商子弟学校的优秀高中毕业生。目前在校的台湾学生共7 031人。2008年，共有1 779名台生获得了台湾学生奖学金。

撰稿　张　栋
审稿　丁雨秋

民间交流

〔**召开年度会议**〕　中国教育国际交流协会2008年度工作会议暨会员大会于2008年1月17日—18日在北京召开，来自全国30个省（自治区、直辖市）教育厅（委）、地方交流协会及高等院校和有关单位的近200名代表参加了会议。

会议的主题是深入贯彻党的十七大精神，以科学发展观为指导，推动中国教育国际交流协会事业又好又快地发展，建设一个在国内外发挥重要作用和影响的具有中国特色非政府教育国际交流组织。教育部章新胜副部长就教育国际交流与合作的形势与政策作了专题报告。中国教育国际交流协会柳斌会长作重要讲话。中央对外联络部党群外事协调局崔建军局长、教育部教育发展研究中心张力主任就新时期中国非政府组织的机遇、挑战和对策、解读十七大关于教育的新的重大部署等作了专题报告。

〔**中国国际教育年会**〕　2008年10月17日—19日，中国教育国际交流协会在北京召开了以“改革、发展、创新、提高”为主题的2008中国国际教育年会——第九届中国教育国际论坛暨2008

中国国际教育展。全国人大副委员长蒋树声出席了开幕式并剪彩，教育部部长助理杨周复、交流协会柳斌会长在开幕式上致词。

年会的论坛包括“中美职教论坛”、“中美大学校长论坛”、“基础教育国际研讨会”和“国际学生流动”四个专题。中外教育界400余位领导、专家、学者共聚一堂，就职业教育与校企合作、高等教育资源共享、基础教育质量与创新、课程开发与国际学生流动等热点问题展开了深入探讨。

10月18日—11月2日，协会组织的2008中国国际教育展先后在北京、济南、郑州、上海、南京、成都、广州七个城市巡回展览。本次教育展除加拿大外交和国际贸易部、加拿大驻华大使馆支持和组织的近70所加拿大大学、学院等各类学校参加的主宾国展团外，英、德、意、法、澳、荷、俄、日、韩、瑞士、新西兰、西班牙、马来西亚、菲律宾、阿根廷等30多个国家的650余所院校也参加了本次展览，参展人数达7万之多。

〔**开展国际多边交流与合作**〕 2008年，在做好“联合国经社理事会特别咨商地位”后续工作的同时，中国国际教育交流协会在7月又获得了“与联合国公共新闻部有联系的非政府组织（DPI/NGO）”地位，并申请与联合国教科文组织建立业务关系。与阿拉伯联盟教科文组织建立合作伙伴关系，双方签署了谅解备忘录，并安排了该组织总干事布斯尼那先生来华访问等一系列活动。

4月，协会协同中国联合国教科文组织全委会和联合国教科文组织北京代表处在北京举办了主题为“弘扬多元文化，共迎北京奥运”的“联合国2008年国际语言年暨第九届国际母语日”庆祝活动。全国各地高校、科研单位、其他教育系统、外国驻华使馆和国际非政府组织等机构，共125名嘉宾和代表出席了本次活动。

2008年9月，协会组团参加了主题为“纪念世界人权宣言诞生60周年”的联合国公共新闻部第61届非政府组织年会。此次会议宣传了我国全民教育的主要成就，介绍了交流协会，加深了对国际非政府组织活动情况的了解，巩固了协会与法国、俄罗斯的合作伙伴关系，提升了协会的国际影响力。

11月，协会参与了“第七届亚欧人民论坛”筹备工作，并承办“亚欧社会保障：趋势和面临的挑战”分会。江波秘书长与马来西亚议员、监督全球化持续发展组织总干事查尔斯·圣地亚哥先生共同主持了分会。

2008年，协会积极参与主题为“可持续发展与绿色奥运”的联合国亚太区域网络第三次会议及展览，还参加了中国联合国协会、中国教科文全委会等组织举办的16次培训与研讨会。向联合国人权理事会提交关于我国公民受教育权状况的报告；参与政府有关部门改革开放30年非政府组织状况调研，并提交了协会有关情况报告。

〔**推动民间教育国际交流取得新进展**〕 2008年，我国高等教育、职业教育领域的对外合作与交流得到进一步拓展。中美联合培养学生“1+2+1”项目稳步推进，已有805名学生参加了该项目，参加的中国大学已达到78所，美国大学有17所。6月，中国国际教育交流协会在云南大学成功举办了第五届中美联合培养学生毕业典礼，教育部副部长章新胜、协会副会长钱一呈在会上发表了重要讲话。

大学校长能力建设项目稳步拓展。2008年，协会与澳大利亚大学协会续签合作协议、举办中澳大学校长研讨会、中澳联合工作小组会议和中澳大学校长联谊会，接待中澳大学校长领导能力建设项目中的澳方校长来华考察活动，组织中澳大学中层领导能力建设项目中的中方人员赴澳访问活动。以中英大学校长领导能力发展项目为基础的“高等教育国际化论坛”在广西南宁召开，协会柳斌会长、杨孟副秘书长参加会议并致词。第一、二、三期中英项目院校代表双方进一步就合作问题进行了充分讨论，并成立了项目院校联谊会。

积极推进高等职业教育国际交流与合作。2008年，协会成功启动“中国高职院校领导能力建设（海外培训）项目”，并得到了财政部专项经费的支持。承办并完成“第二届中韩职业教育论坛”。

中外师生交流规模和影响进一步扩大，中小学教师培训工作进一步加强，工作质量进一步得到提升。2008年，协会全年派出赴国外文化交流或留学的教师、进修人员和学生达2 228人，接待来华留学人员304人，聘请外籍教师86名。国际师生文化交流项目合作的伙伴组织扩大到31个，新增哥伦比亚、哥斯达黎加、突尼斯、埃及、印度、菲律宾6个国家为伙伴组织。以上工作为进一步在有关国家和地区开辟新的交流资源打下了基础，创造了条件。

在2007年成功开展“牵手行动”的基础上，协会2008年在安徽舒城和内蒙古二连浩特两地再次为西部地区培训了200多名中小学英语教师；与美国续签了“中美中小学校长/基础教育领导者能力建设项目”协议；与英国特色学校促进会合作开展了中小学校长能力建设项目；接待了英国中小学校长赴常州、宁波的跟班考察；对2008—2009年21名英国来华志愿者英语教师进行了岗前培训。

协会2008年开展了各类大型中外学生文化活动。成功组织第三届“中华全国日语演讲比赛”，参赛规模进一步扩大，社会关注度和影响力进一步提高。协会3月14日—16日在普陀山举行了第18届“普陀山之春”旅游文化节开幕式暨普陀山“国际修学之旅”，来自25个国家的55名留学生通过活动深度接触了华夏文化。

〔**提高服务水平，做好政府助手**〕 中国国际教育交流协会努力提高政府委托项目的政策把握、专业化程度和服务水平。2008年“艾森豪威尔基金会项目”召开了5次研讨会，举办联谊活动10余次，累计200多人次参加活动。“美中友好志愿者项目”质量进一步提高。承办外交部、教育部和贵州省政府联合主办的“中国—东盟教育交流周”中的教育展和学生夏令营活动。在北京、海口、琼海、博鳌和西安等城市承办了“2008中国‘俄罗斯年’”、“第四届中俄大学生艺术节暨俄罗斯高等教育展”。承办2008 APEC中韩教师计算机研讨会；协助有关部门办理“教育无国界周”国际研讨会暨俄中高校双边科研合作会议；继续与日本霞山会合作开展高层人才进修计划。

〔**会员与行业服务**〕 2008年，中国国际教育交流协会加强了与会员单位的互动和调研，搭建互助服务平台。分别与安徽省教育厅、四川省教育厅、云南大学、青岛大学等13家单位签署了“牵手行动——中西部英语教师培训项目”、“基础教育国际交流示范基地”等10余项合作或共建项目协议。至2008年底，有的项目已建成并启用。

推动教育外事干部队伍能力建设。2008年，协会制定《中国教育国际交流协会外事干部培训总体课程设计体系》，为会员单位提供高水平的培训。召开了“计划单列市、地级市协会经验交流会”，举办了“地方院校教育外事干部培训班”，配合教育部国际司举办“全国教育外事干部培训班”，对教育系统内31个省、自治区、直辖市及75所直属高校的外事干部进行培训。

〔**加强学术信息交流与出版工作**〕 2008年，中国国际教育交流协会组织开展教育部重大研究课题“高等学校继续教育发展及中外比较研究”、“中外教育交流史”和“中澳高等教育国际化基本情况比较研究”等课题。开展中外合作办学认证的调研与实践工作。5月，组织代表团出访美国，对美国认证制度和具体做法开展深入调查研究，并撰写了详细的考察报告。与上海市教育评估院合作，对上海市第二工业大学昆士兰学院进行教育教学评估，已完成初评和自评阶段的工作。

协会其他工作：出版了《中国高等学校大全》（第五版）；继续出版中国教育国际交流协会特刊；创办了国际教育资源网（博众网）及试创办《国际教育时代》电子期刊。

撰稿　卜焕芳

审稿　江　波　吴早凤

中国与联合国教科文组织合作

〔**出席第四十八届国际教育大会**〕　教科文组织第四十八届国际教育大会于2008年11月25日在瑞士举行，国务委员刘延东出席大会。作为第一个主旨发言人，刘延东国务委员作了“推进全纳教育，促进和谐世界建设”的报告。报告得到了教科文组织和与会各国代表的高度重视和热烈反响。

国际教育大会是由教科文组织召开的层次最高、参与国家最多的教育大会，是教育政策对话的重要平台，受到各国政府的广泛重视。本届大会的主题是：“全纳教育：未来之路”。来自全世界153个国家的1 500多名代表与会。会议对4个专题进行了分组讨论；会议通过了《第四十八届国际教育大会的结论和建议》(草案)。

会议期间，刘延东国务委员分别会见了教科文组织总干事和十余个国家的教育部长。

〔**出席白宫全球扫盲会议**〕　9月，由教科文组织和美国政府联合主办的白宫全球扫盲会议第二次会议举行，应美国总统夫人布什·劳拉的邀请，全国人大副委员长陈至立于9月25日出席会议，并作题为“推进全球扫盲：共享自由、和谐与繁荣”的主题发言。陈至立在发言中介绍了中国在扫盲领域所采取的措施及取得的成就，强调中国将一如既往地推动扫盲教育，加强该领域的国际合作与交流，呼吁各国携手为实现全球扫盲和全民教育目标作出新的努力和贡献。与会各国代表对我在教育领域取得的成就给予了高度评价。

会议期间，陈至立会见了松浦晃一郎总干事，双方对教育领域及其他方面的合作取得的成就给予了高度赞赏，对双方进一步加强合作充满了期待。

〔**教科文组织总干事松浦晃一郎访华**〕　应国际奥委会和我国政府邀请，教科文组织总干事松浦晃一郎夫妇一行于8月4日—11日来华出席北京奥运会开幕式并对我国进行访问。

8月9日，中共中央政治局委员、国务委员刘延东在中南海会见了松浦晃一郎一行。刘延东对松浦参加奥运会开幕式并对我国进行访问表示欢迎，对总干事本人为促进中国与教科文组织之间的合作表示感谢。刘延东强调，中国一贯重视教科文组织的作用，高度评价该组织在教育、科技、文化和传播等领域，特别是在全民教育和文化多样性以及自然遗产、非物质文化遗产方面所做的卓有成效的工作。中国愿意与该组织一道为推动全球的教育、科学和文化事业的发展，为共建和谐世界作出进一步的努力。

访问期间，松浦还分别与中国社会科学院院长陈奎元、文化部部长蔡武、国家海洋局局长孙志辉等部门领导就加强相关领域的交流与合作深入交换了意见。松浦一行于8月4日—7日在山东省参观访问。

〔**出席第八届全民教育高层会议**〕　12月，教科文组织与挪威政府联合在奥斯陆举办了第八届全民教育高层会议。教育部副部长章新胜率团出席，挪威总理、塞内加尔总统、约旦王后、挪威哈康王储和约30位教育部长和国际发展与合作部长，以及教科文组织、世界银行、联合国儿童基金会、联合国开发计划署、世界粮农组织等国际组织负责人参加了会议。会议围绕“加强政府管理，致力教育公平”、“招聘及奖励教师”、“全民教育经费：恪守承诺”三个主题进行了讨论。我代表团积极参与会议讨论，介绍了我国全民教育的进展情况及实践经验，圆满地完成了与会任务。

〔**出席第三十二届世界遗产委员会会议**〕　7月，教科文组织在加拿大魁北克召开第三十二届世界遗产委员会会议，教育部副部长章新胜率团出席。会议审议并通过了我国江西三清山和福建土楼世界遗产申报项目，使我国世界遗产地数量增加到37处，位居世界第三。会议期间，我代表团举行了“亚太地区世界遗产培训与研究中心”信息咨询会。世界遗产委员会主席、世界遗产中心主任、保护世界遗产公约咨询机构的代表，以及亚太地区和其他地区的成员国大使等155人出席了会议。我代表团着重宣传了我国在世界遗产保护领域研究与培训所取得的突出成就，认真听取了与会者的建议，并就今后在该领域的合作进行了深入探讨与交流。

〔出席第七届九个人口大国全民教育部长级会议〕 3月，教科文组织在印度尼西亚巴厘岛召开第七届九个人口大国全民教育部长级会议，会议的主题是“促进教师教育与培训”。教育部副部长陈小娅率团出席会议并作了题为“中国中小学教师发展：聚焦农村教师”的主题发言。会议对南南合作特别是九国如何利用该机制加强合作并对南南合作作出实质性贡献等问题进行了探讨，通过了《巴厘宣言》。

〔教科文组织亚太地区世界遗产培训与研究中心成立〕 教科文组织亚太地区世界遗产培训与研究中心揭牌仪式暨世界遗产大讲堂系列活动于7月23日在北京大学举行。该中心的主要职能是通过培训、研究、信息传播和网络建设，加强亚太地区参与世界遗产地申报、保护和管理的专业人员、管理人员、手工艺人等的能力建设，从而促进《保护世界遗产公约》在亚太地区的实施，提高全民的遗产保护意识和整个亚太地区的遗产保护水平以及《世界遗产名录》的平衡性和代表性。国务委员刘延东对中心的成立作出批示。教科文组织总干事致电祝贺。教育部部长周济、教育部副部长章新胜出席活动并讲话。

〔出席教科文组织执行局第179届和第180届会议〕 教科文组织执行局第179届和第180届会议分别于2008年4月1日—17日和9月30日—10月17日在巴黎该组织总部举行。我国执委、教育部副部长章新胜出席了上述会议，并在全会总政策辩论会上发言，阐述了我国对教科文组织重大方针政策的原则立场，对教育、科学、文化、信息传播等重大领域计划执行情况提出了建议和意见。

执行局下设公约与建议委员会继续对所谓涉我人权个案进行审议。

〔出席教科文组织亚太地区35C/5磋商会〕 教科文组织亚太地区35C/5磋商会于5月19日—23日在菲律宾马尼拉举行，中国联合国教科文组织全国委员会副秘书长杜越率团出席了会议。两年一度的C/5地区磋商会是教科文组织制定双年度计划与预算最重要的工作会议，为此，全委会秘书处认真研读有关会议文件，书面征求全委会委员单位和合作伙伴单位的意见，积极参加会议讨论和会下交流，使我国关切的农村教育、高等教育和职业技术教育以及加大遗产保护力度、促进可持续发展等主张列入了会议报告，为我国深入开展相关领域的国际合作打下了基础。同时，根据教科文组织要求，书面回复了有关调查表，对该组织大政方针和各优先领域重大计划提出了建设性意见。

〔接待教科文组织高级官员访华〕 应教育部邀请，教科文组织副总干事Barbosa先生一行于9月17日—22日对我国进行工作访问，并赴四川地震灾区考察。考察期间，四川省副省长黄彦蓉与Barbosa举行了工作会谈，着重就教科文组织参与灾区灾后重建工作进行了磋商。Barbosa还代表教科文组织向在地震灾害和重建工作中表现优异的学校和教师颁发了奖状，受到地方教育系统和教职员工的热烈欢迎。在京期间，教育部部长周济与Barbosa进行了会晤，感谢教科文组织对汶川地震灾区提供的教育和世界遗产紧急援助，感谢副总干事本人此次来访首先到地震灾区考察受灾情况，以表彰学校教师的方式代表教科文组织对在救灾过程中教师们表现的崇高精神致以敬意。

中国科学院院长路甬祥和教育部副部长章新胜分别会见了Barbosa一行，就我国申请建立世界文化与自然遗产空间技术中心和建立多语言学习网络项目交换了意见。

Barbosa 还赴北京师范大学访问，并发表了“教科文组织在当今世界中的作用”的演讲；与国际农村教育研究与培训中心主任朱小曼进行了会谈，出席了该中心网站开通仪式。

应教育部邀请，教科文组织行政助理总干事 Khene 先生于 5 月 24 日—31 日对我国进行工作访问。在京期间，教育部副部长章新胜与 Khene 举行了工作会谈；Khene 分别在北京大学和同济大学发表了题为“中国与教科文组织的合作”的演讲。在苏州期间，与苏州市政府主管领导就该市向教科文组织捐赠建设苏州园林“易园”工作计划进行了具体磋商，并达成一致意见，为该计划顺利获得教科文组织总部委员会和艺术品委员会一致通过奠定了基础。

〔**与教科文组织在人员领域合作**〕 为促进我国与教科文组织在人员领域的合作，保障和拓展我国家利益，尽快提升我国在该组织工作人员、特别是高级人员的数量，使之与我国地位和需要相适应，配合教育部人事司进行了“高级人才后备库”的建设。经过严格选拔，确定了 11 位后备人选，为我国今后向教科文组织推荐高级人员奠定了基础。此外，协助教育部人事司完成了选拔教科文组织 2008 年度“青年专业人员计划”候选人的工作。积极支持和协调教育部政府借调人员竞聘国际职员长期职位，国家海洋局朱文熙通过竞聘正式成为教科文组织亚太地区办事处 P4 级国际职员。

〔**教育领域合作**〕 第三届孔子教育奖颁奖活动与孔子文化节开幕式于 9 月 27 日一并在曲阜举行。2008 年获得该奖项的是南非的“行动升级”项目和埃塞俄比亚成人和非正规教育组织的“识字与更多”项目。

我国向教科文组织执行局提交的“建议设立语言学习空间网络”提案被列入第 180 届执行局会议（2008 年 10 月）议程，审议时得到了与会绝大多数国家的支持，我国提案获得顺利通过。

教科文组织国际农村教育研究与培训中心（INRULED）新址揭牌仪式暨研讨会于 6 月 21 日在北京师范大学举行。6 月 20 日，刘延东国务委员对中心工作作了批示。教科文组织总干事松浦晃一郎先生致信祝贺，教育部部长周济、教育部副部长章新胜、教科文组织驻北京办事处代理主任 Min Bista 先生以及联合国驻华机构、各国驻华使领馆等中外人士 200 余人出席仪式。

与教科文组织亚太地区办事处合作举办了教育信息化政策制订国家研讨会、东亚地区世界可持续发展教育筹备会议、第三届全球对话学校竞赛国际研讨会等；与国内有关机构合作参与主办了亚太教育论坛、中国教科文组织教席工作会议、世界远程教育大会、第七届杭州国际教育创新大会、中国可持续发展项目第九次国家讲习班等。完成了中国全民教育十年中期评估工作，继续开展了省级全民教育监测项目的研究（6 省）；配合商务部和教科文组织驻京办启动了联合国千年目标项下的少数民族教育研究项目（西班牙基金资助）和面向可持续发展教育的创新方法——中国职教课程改革项目等；指导并协同国际农村教育研究与培训中心和教科文组织驻京办开展双年度项目的制订和实施；推荐和协助上海电大申请教科文组织信息技术教育奖并获大奖；组织和完成了四个国家报告的撰写与印刷工作（《教师教育发展报告》、《国家教育发展报告》、《中国全民教育十年中期评估报告》和《中国成人学习与教育报告》）。

四川汶川大地震后积极参与抗震救灾和校园重建工作：落实教科文组织的紧急援助、紧急收集并向有关部门提供防震减灾包括学校建设标准的数据、与教科文组织驻京办共同制定教育重建的项目书、与教科文组织等国际组织驻京办事处组成联合小组赴灾区进行教育考察等。

继续选派教育部相关司局、大学、研究机构的专家学者参加教科文组织及其地区办事处召开的各级各类教育专业会议，如亚洲地区实施全纳政策研讨会（柬埔寨）、高校名录门户网站指导委员会第三次会议（法国）、亚太地区中学创业教育讨论会（泰国）、亚太地区承认高等教育学历文凭地区公约修订工作组会议（泰国）、中等职业技术教育地区研究会议、亚太地区全纳教育筹备会议（印尼）、国际扫盲奖评委会会议（法国）、东亚儿童艺术节（韩国）、第二届教科文组织亚洲青年论坛（韩国）、小区学习中心国际研讨会（印尼）、亚太地区2009年高教大会地区筹备会（中国澳门）、成人教育大会亚太地区筹备会（韩国）、UIS理事会会议（加拿大）、第28届特殊需要教育国际研讨会（日本）、亚洲性别教育网络协调员会议（韩国）等。

〔**自然科学领域合作**〕　教科文组织政府间海洋学委员会第四十一次执理会于2008年6月24日—7月1日在巴黎总部举行，会议主要审议了海委会各项计划的执行情况，确定了海委会2008—2009双年度战略和计划，通过了针对ARGO浮标进入沿海国管辖海域的管理指南等。国家海洋局组团出席了会议。海委会西太分委会第七届大会于2008年5月在马来西亚举行，国家海洋局国际合作司司长张占海当选西太分委会主席，任期至2012年。

水利部组团出席了在巴黎召开的国际政府间水文计划理事会第十八次会议。教科文组织副助理总干事纳吉博士于5月访问了国际泥沙研究培训中心，肯定了泥沙中心在国际泥沙研究领域所发挥的主导作用。水利部与教科文组织共同承担了“联合国开发计划署—西班牙千年发展基金项目”中的黄河流域气候变化与水资源管理研究项目，2009年1月将举行项目正式启动仪式。

国土资源部副部长王寿祥与教科文组织总干事于2月在巴黎签署了《中华人民共和国政府与联合国教科文组织关于在中国桂林建立由教科文组织赞助的国际岩溶研究中心及其运作的协定》。12月3日，国土资源部副部长汪民主持召开了国际岩溶中心第一次理事会会议，审议通过了中心管理办法及2009年工作计划，推选通过了中心主任与学术委员会主任人选。12月15日，举行了国际岩溶中心挂牌成立仪式。第三届世界地质公园大会及展览会于2008年6月在德国举行，我国15个世界地质公园参会。目前我国已有20个世界地质公园。

中国科学院在环境、生态、基础科学研究、生物伦理、科技伦理等诸多领域与教科文组织开展了深入而广泛的国际合作。国际人与生物圈政府间计划国家委员会组团参加了2月在西班牙马德里召开的第三届世界人与生物圈保护区大会，这是该政府间计划自1996年以来的最大规模的集会，会议通过了人与生物圈保护区《马德里行动计划》和《马德里宣言》。目前我国共有28个世界人与生物圈保护区。

“文化与自然遗产空间技术应用中心”已获教科文组织第179届执行局会议审议通过，将提交第35届大会批准。中国科学院遥感中心主任郭华东应邀于11月到教科文组织作了“汶川地震遥感监测”报告，该项目得到了教科文组织的支持。

与全国妇联、中国科协等单位共同主办了第五届欧莱雅“中国青年女科学家奖”评选和颁奖活动，颁奖仪式于12月1日在钓鱼台国宾馆举行，5位青年女科学家获奖。全国人大副委员长、全国妇联主席陈至立出席了颁奖仪式，并启动了“中国青年女科学家奖”新一轮五年合作计划。上海瑞金医院血液学研究所施静艺获得了2008年“教科文组织—欧莱雅青年女科学家奖学金”。

〔**社会与人文科学领域合作**〕　2008年8月8日，中国社会科学院院长陈奎元会见了应邀来访的教科文组织总干事一行，表示希望与教科文组织在共同举办文化活动、国际会议、学术研究和人员交流等方面进行更加深入的合作。黄平教授等专家参加了教科文组织社科领域一系列国际会议，如《保护和促进文化表现形式多样性公约》政府间委员会首次特别会议、东南亚社会政策对话论坛、文化统计指标亚洲高级咨询会议、保护文化多样性政府间委员会第二届会议以及“保护和促进文化表现形式多样性”国际研讨会等。受教科文组织驻北京办事处的委托，出版了《中国西部的文化多样性与族群认同》一书，该书是中国社会科学院开展的“中国西部的文化多样性与族群认同：怎样保护沿丝绸之路的少数民族口头传统”项目的结项成果，主要内容为沿丝绸之路的少数民族口头传统现状报告。

〔**文化领域合作**〕　教科文组织保护非物质文化遗产政府间委员会第二次特别会议于2008年2月18日—22日在保加利亚索非亚召开，会议继续就制定实施《保护非物质文化遗产公约》细则的系列文件进行了审议。《保护非物质文化遗产公约》第二次缔约国大会于6月16日—19日在巴黎举行，会议审议了由保护非物质文化遗产政府间委员会提交的《实施〈公约〉操作指南草案》等文件。此次会议标志着《公约》实施的正式启动。《保护和促进文化表现形式多样性公约》政府间委员会第一次特别会议于6月24日—27日在巴黎举行，此次会议是2007年12月在加拿大召开的第一次常会的延续，该《公约》已有84个缔约方。《保护非物质文化遗产公约》第三次政府间委员会于11月4日—8日在土耳其召开，会议主要就制定实施《保护非物质文化遗产公约》细则的系列文件进行了审议，涉及将原“人类口头和非物质遗产代表作”项目纳入“人类非物质文化遗产代表作名录”、《公约》标识的使用原则等议题。《保护和促进文化表现形式多样性公约》政府间委员会第二次常会于12月8日—12日在巴黎举行，会议主要内容是制定《公约》实施细则。文化部组团出席了上述会议。

“5·12”地震后，参与了对灾区遗产灾情的评估，并为青城山、都江堰和大熊猫栖息地遗产地争取教科文组织紧急援助款8万美元，用于上述遗产地的灾后评估和规划。

与世界遗产中心和国家文物局于6月在陕西省西安市召开了“丝绸之路系列申报世界遗产协商会议”，会议旨在推动丝绸之路跨境系列申报世界遗产进程。参与跨国申报的中亚五国以及阿富汗、伊朗、意大利、日本和蒙古等国代表出席了会议。丝路项目近年来得到关注，教科文组织亦积极推动，我国已数次召开相关会议，在丝路申遗工作中发挥了核心作用。

全球创意城市网络是教科文组织文化部门开展的新项目，该项目旨在提升城市的社会、经济和文化发展，促进当地的创意产业发展，已引起国内很多城市关注。经推荐，教科文组织授予深圳市“设计之都”称号。深圳市于12月在京召开新闻发布会，教育部副部长章新胜出席会议并讲话。

〔**信息传播领域合作**〕 教科文组织全民信息计划政府间委员会第五次会议于4月在巴黎举行，中国科学技术信息研究所所长武夷山出席了会议。科技信息所向全民信息计划政府间委员会在越南召开的“信息伦理会议”提交了国别报告。应教科文组织邀请，科技信息所组织专家参加了该组织网站的评估工作；撰写了全民信息计划成功案例“广东农村信息直通车工程”；完成了教科文组织关于全民信息计划委员会的调查表和“科学技术调查表”等。

撰稿　窦春祥
审稿　方茂田

留学基金管理

〔**国家公派出国留学**〕 国家留学基金管理委员会继续坚持“创新机制，集成资源，突出重点，跨越发展”的原则，紧密结合国家重大发展战略对高层次人才培养的需要，进一步解放思想，创新人才培养机制，调整选派结构，研究生选派规模进一步扩大，实现了留学工作选派层次上的新突破。

2008年共录取各类国家公派出国留学人员12 957人，其中高级研究学者139人，访问学者3 845人，博士后325人，攻读外方博士学位研究生2 496人，中外联合培养博士研究生3 459人，攻读外方硕士学位研究生246人，其他类别2 447人。

1. 深入调研，改进选派办法，做好重点项目的选派工作

(1) 国家建设高水平大学公派研究生项目进入实施的第二年。国家留学基金委严格按照“选派一流的学生，到国外一流的院校（专业），师从一流的导师”的标准和“面向学校需要，依靠学校工

作，服务学校发展”的宗旨开展工作，为确保入选人员质量，做到“选得上，派得出”，根据项目需要，采取国外高校或导师、国内高校、国家留学基金委三级审核方式，组织了三次选拔，第三次选拔中采取先确定候选人、后联系派出的新办法。该项目2008年共录取4 892人，其中攻读外方博士学位研究生2 139人，中外联合培养博士生2 753人，基本达到了该项目设计要求。

（2）积极贯彻落实中央和教育部指示，做好教育系统抗震救灾工作。根据中央领导以及教育部部长周济关于做好美国纽约州立大学资助四川地震灾区150名本科在读生赴美留学一年的指示精神，国家留学基金委迅速启动选拔、派出工作，所选150人于8月15日顺利抵达美国就学。免除了四川、甘肃、陕西三省2008年西部项目的配套经费。

（3）青年骨干教师出国研修项目自2004年设立以来，共录取各类留学人员约13 500人。根据项目实施情况，采取与高校经费按1∶1配套的方式进行，将留学资格有效期由两年调整为一年，进一步加大了博士后选派力度。2008年该项目共录取1 581人。

（4）配合国家区域发展战略，大力推进有关地区高层次和急需专业人才培养。“西部地区人才培养特别项目”2003—2007年共录取各类留学人员近3 000人，2008年录取728人；地方合作项目2008年录取248人。

（5）继续完善互换奖学金项目选派办法，培养非通用语种人才，支持非通用语种本科人才培养基地建设。北京大学、北京外国语学院、上海外国语学院的部分语种在校本科生基本可以做到成班派往国外学习一学年。2008年共派出近700人，涉及50余个国家。

（6）为支持国家大飞机项目，与中国航空工业第一集团公司设立了“合作开展航空工程技术骨干人才培养项目”，计划在三年内共同资助200人赴英国克莱菲尔德大学攻读发动机设计等专业的硕士学位。2008年共录取、派出49人。

（7）高校优秀党务工作者、辅导员班主任和思想政治理论课骨干教师出国研修项目2008年选派规模翻一番，向英、美派出三批共109人。

2. 以提高留学效益为目标，继续坚持签约派出，努力提高服务水平。充分发挥留学人员国内推选单位、驻外使（领）馆教育（文化）处（组）、国内外导师在管理工作中的作用，建立快捷有效的国家公派留学人员多层次管理和服务体系，以应对国外管理复杂形势，为留学人员顺利完成学业提供便利。妥善处理在外留学人员提前、延期、中途回国等各类非正常回国多达700余起。处理逾期和滞留不归等各类违约案例17起。处理多起交通事故（其中3人死亡，1人重伤）、侵犯他人人身权及其他涉及安全的案件。

2008年派出10 297人，到期应回国7 605人，已回国报到7 479人，保持了高达98.34%的回归率。

3. 精心组织、积极稳妥地做好“国家优秀自费生奖学金项目”的实施工作。301名自费留学生经过评审获得2007年国家优秀自费留学生奖学金。该项奖学金的设立影响广泛，反响热烈，进一步激发了广大留学人员的荣誉感和爱国热情。

〔**中国政府奖学金来华留学**〕 继续坚持“扩大规模，提高层次，保证质量，规范管理”的来华留学工作原则，认真完成2008/2009年度中国政府奖学金来华留学生的招生录取和日常管理工作。2008年共有13 516名学生在华学习，达到历史新高。其中，学历生占奖学金生总数的71.63%，比2007年增加了6.46个百分点。2 819名学生已于2008年7月毕业或结业回国，目前共有169个国家的10 697名学生在134所高校中学习。

1. 积极做好中国政府奖学金的招生录取工作

2008/2009年度共计录取新生6 831人，其中学历生4 711人，占录取总数的68.96%，比上一年度增加了15.37个百分点；研究生、高级进修生和学者等高层次学生3 430人，占总数的50.21%，比上一年度增加了8.95个百分点。实现了在扩大中国政府奖学金规模的基础上，提高留学生层次的要求。

自主招生是2008年中国政府奖学金招生工作的一项新举措。为认真贯彻落实中央有关精神，按照为外交全局服务，为建设国际一流大学、打造我国高等教育品牌服务，从我需要出发，结合外方需要，以招生高层次学生为主，提高使用效益的原则，由教育部将新增中国政府奖学金名额分配至42所高校（其中38所“985”学校）和黑龙江、吉林、辽宁、内蒙古、甘肃、新疆、广西、云南和贵州等9个边境省、自治区教育厅用于其自主招生。国家留学基金管理委员会深入调研、精心指导，与自主招生单位密切配合，较好地完成招生工作。高校研究生项目录取941人，其中，博士研究生281人，占录取总数的29.9%；硕士研究生660名，占70.1%。边境省、自治区学历生项目录取1 049人，其中，博士研究生73人，占录取总数的7%；硕士研究生438人，占录取总数的41.8%；本科生538人，占录取总数的51.2%。

2. 认真完成中国政府奖学金年度评审工作

2008年，共有115所高校的5 018名奖学金生参加了中国政府奖学金年度评审。4 958名学生获奖学金继续在华学习，评审通过率为98.78%。被中止奖学金期限一学年的34名，被取消奖学金资格的26名。

3. 继续与有关外国政府和国内企业合作开展奖学金项目的招生工作。共安排录取了合作项目新生37名，其中，巴基斯坦政府奖学金项目23名，华为技术有限公司委托培养项目8名，国家开发银行奖学金项目6名。

4. 首次组织参加了在土耳其伊斯坦布尔市举办的国际教育展，在孟加拉成功举办第三届中国教育展。

〔国际合作与交流〕 按照“三个一流”的标准积极寻求新的国际合作伙伴，继续加强与国际知名教育机构和高水平大学的合作与交流，着力促成有实质内容的项目合作，为国内高校和学生与国外的联系创造条件，搭建平台。

1. 2008年新签、续签合作协议21个。其中，新签英国赫尔大学博士项目，加拿大麦吉尔大学、蒙特利尔大学，爱尔兰大学联合会，德国柏林自由大学博士项目，澳大利亚蒙纳什大学博士项目，以色列农业组织，中法粒子物理实验室项目。已与美国哈佛大学、耶鲁大学、英国牛津大学、剑桥大学、爱丁堡大学、日本早稻田大学、澳大利亚联邦科工组织等60多个国外知名大学和研究机构签署合作协议。

2. 为纪念改革开放30周年，进一步推动国家高层次人才培养，深化中外高校的交流与合作，国家留学基金委与加拿大不列颠哥伦比亚大学共同主办的国际大学校长研讨会于2008年12月4日—5日在中国南京召开。来自加拿大、英国、澳大利亚、新西兰、新加坡、爱尔兰等六国的24所大学及国内55所学校代表200余人参加了研讨会。与会代表就加强研究生培养、推动教授和导师之间的科研合作等方面进行了热烈而深入的讨论，一致同意在教师与学生的交流、共同培养博士研究生、设立双学位和联合学位以及科研合作及学术资源共享等领域寻求实质性合作。会议取得预期成果，并发表了《国际大学校长研讨会联合公报》，会上签署协议、意向书21项。

3. 中国大学生赴英实习项目2007/2008年度先后选派三批赴英实习学生，共108人。

4. 落实教育部与英国科技创新国家办公室签署的《关于高校科研合作的联合声明》，2007/2008年度共有34项活动获准立项，除一人退出申请外，实际有33项活动获得拨款，参加人数89人。

5. 国家留学基金管理委员会与美国“积极行动博士研究生”组织和圣路易斯华盛顿大学三方在中国成功举办第四届“国际研究生奖学金会议”。

撰稿　张　健　卢春生

审稿　刘京辉　李建民　杨新育

汉语国际推广

〔**汉语国际推广和孔子学院建设**〕 2008年，国家汉办总部（孔子学院）以孔子学院建设为龙头的汉语国际推广工作取得新进展，世界各国汉语热继续升温，全球学习汉语人数超过4 000万，孔子学院入选《人民日报》评选的中国改革开放30年科教“十件大事”。

党中央、国务院高度重视汉语国际推广和孔子学院建设。胡锦涛、贾庆林、李长春、习近平、李克强、刘延东等党和国家领导人多次作出重要批示和指示，出席孔子学院活动近20次。胡锦涛总书记亲自出席希腊雅典商务孔子学院、塔吉克斯坦国立大学孔子学院、哥斯达黎加大学孔子学院、秘鲁天主教大学孔子学院等6所孔子学院的协议签署或授牌仪式。中共中央政治局委员、国务委员刘延东亲自担任孔子学院总部理事会主席，亲临孔子学院总部视察工作，主持召开总部常务理事会议和理事全年会议，出席孔子学院大会并发表重要讲话。

孔子学院建设注重质量，稳步发展。截至2008年底，已在78个国家和地区建立了249所孔子学院和56个孔子课堂，总数达到305所。包括：亚洲26国（地区）90所，欧洲26国103所，非洲14国21所，美洲10国81所，大洋洲2国10所。各国孔子学院因地制宜，共开设各类汉语课程6 000多班次，注册学员13万多人，举办各种文化活动2 000余场次，参加者达140余万人。另有40个国家150多个机构提出申办。

孔子学院管理工作取得新进展。孔子学院总部建立了常务理事会议制度，制定了《孔子学院院长指南》、《孔子学院教师任职条件》、《孔子学院基本办学标准》、《孔子学院自评估办法》等制度，建立全球229所孔子学院运营状况信息卡，组建了发展规划、教学指导、人力资源促进、文化与经济发展、财务督察5个专项委员会。同时，开展孔子学院自我评估，154所孔子学院提交了评估报告。

2008年12月，第三届孔子学院大会在北京召开。刘延东国务委员在会上作了题为《共同参与、平等合作，把孔子学院越办越好》的主旨讲演。来自12个部委的常务理事、78个国家和地区的280所孔子学院院长和大学校长、各省教育厅、国内院校、驻外使领馆等中外代表1 200人参加会议。大会以“孔子学院与全球化教育”为主题，探讨孔子学院发展大计，进一步明确了未来方向。

努力创新汉语国际推广模式。2008年，教育部国家汉办成功举办了首届全美中文大会，美国45个州750多名代表参加。汉办2008年与全美外语教学学会、全美中小学中文教师协会、美国亚洲协会、美国独立学校协会和欧盟等签署合作协议，推动汉语进入外国国民教育体系。派遣中国语言文化宣讲团赴美，在36所中小学和教育机构举办宣讲活动60多场，7 000余人参加。举办“汉语桥”国际中小学校长访华之旅活动，接待英、美等国的中小学校长和教育官员800余人、“汉语桥”国际学生夏令营800人访华。“汉语桥”基金共资助50国的700多名学生来华学习汉语，资助64国开展360多个汉语推广项目。

国家汉办汉语国际推广形式灵活多样。2008年7月，汉办与山东卫视合作举办首届“汉语桥”世界中学生中文比赛，来自24个国家的118名代表参赛；与中央电视台合作举办首届在华留学生汉语大赛，来自57个国家的300位留学生代表参赛。8月，与湖南卫视合作举办以“激情奥运、快乐汉语”为主题的第七届“汉语桥”世界大学生中文比赛，来自55个国家的110多名参赛选手参加决赛。北京奥运会期间，在奥运村开设“中文学习区”，为来自100多个国家的5 000多名运动员、官员等提供汉语学习服务。国家汉办历时两年拍摄的首部关于汉字的8集大型人文纪录片《汉字五千年》制作完成，并在中央电视台一套和四套播放，受到国内外观众广泛好评，成为孔子学院的一部精品教材，党和国家领导人李长春、刘延东同志给予充分肯定。

采用流媒体形式，积极拓宽孔子学院发展渠道。2008年3月，网络和广播孔子学院开始运营。截至2008年底，网络孔子学院已上传2 500多个课件，149个国家和地区的770万人次访问该网站，单日最高访问量近7万人次。广播孔子学院在日、意、俄等10国建立的12个广播孔子课堂，播出40多个语种的汉语学习节目，受众遍布全球。

加强汉语国际推广问题调研。国家汉办推出《汉语国际推广战略研究报告》，为汉语国际推广工作提供参考。组织召开10多个专题研讨会，邀请800多名中央各部门、高等学校和省市教育厅的负责人，中外专家学者、孔子学院院长和一线汉语教师及志愿者等代表参加，研讨提高孔子学院办学质量和国际汉语教师质量、改进教材和教学法等问题。此外，还广泛开展实地调研和问卷调查。

〔对外汉语教师、教材和考试〕 2008年，国家汉办汉语教师队伍建设扎实推进，增强教材的针对性和适用性，汉语国际考试的影响力进一步提升。

增加外派教师人数，强化培训力度。2008年，汉办全年共向105个国家派出教师2 000余人，培训时间由120课时增至330课时，培训小语种师资100人。向46个国家派出志愿者教师1 700多人，超出计划17%。制定《汉语教师志愿者管理办法》、《汉语教师志愿者生活待遇管理办法》、《“汉语教师志愿者专项经费”管理办法（试行）》、《关于申请纳入〈国际汉语教师中国志愿者计划〉的暂行办法》等。组织中外院长研修班，全年培训和派出孔子学院院长600多人，培训外国本土汉语教师近2万人。

加大师资培养改革力度。2008年，汉语国际教育专业硕士提升为二级学科，纳入全国研究生统一招生系列，国家汉办研究制定了《汉语国际教育硕士专业学位研究生培养必修课程说明》。在北京大学、中国人民大学、北京师范大学、北京外国语大学、北京语言大学、山东大学、厦门大学、华东师范大学等国内重点大学建立10个汉语国际推广基地。在26个省（自治区、直辖市）建立了105个汉语国际推广中学基地，全年接待外国来华夏令营学生8 000人次，中小学校长3 000余人次，培训国外汉语教师1 000余人次，派出汉语教师和志愿者近300人。

开发多种教材资源。2008年，汉办翻译出版了38个语种的《汉语900句》广播教材、《汉语图解词典》，以及法、德、日语版《长城汉语》等。启动《五经》翻译项目，拟用3年时间，完成英、法、德、西、俄等多语种译本的出版。积极参加法、美、英、澳等国汉语教学资源国际展。与法、英等国签订汉语教材开发和推广协议，开展“国际汉语教学优秀成果评选”活动。全年共向100多个国家上千所学校赠送教材、图书和音像资料130万册。

2008年，汉语国际考试考生人数继续大幅增长。海外汉语考点增至128个，参加汉办举办的各类汉语考试的海外考生总数达31万多人次，是2007年（13万）的2.5倍。国家汉办组建了汉考国际测试技术服务中心，加强试题开发和考务管理。组织首届汉考冬令营，邀请500名考生来华学习参观。

2008年，世界汉语教学学会加快发展，学会会员数量迅速增长，由1 500人增至2 500多人。12月，汉办召开了会员大会，十届全国人大常委会副委员长许嘉璐当选新一届会长。

撰稿　文　琼
审稿　许　琳

热点关注

国家公派出国留学事业30年发展历程

教育对外开放是我国改革开放事业的重要组成部分，对于促进教育事业、经济建设和对外关系的发展具有重要的意义。改革开放30年来，我国教育界同国际教育界的合作交流日益加强，一个全方位、多层次、宽领域的教育对外开放格局已经基本形成，我国留学教育发展迈入了一个崭新的发展时期。

一、1978—1991年的留学教育

1978年12月，党的十一届三中全会召开，政府的工作中心转移到经济建设上来，我国进入了以改革开放为中心的社会主义建设新时期。在这种背景下，我国留学教育也迈进了一个全新的发展时期。

1978年6月23日，中共中央副主席邓小平在听取清华大学工作汇报时作出重要指示，出国留学是我国提高科学技术和现代化水平的重要方法之一："我赞成留学生数量增大，主要是搞自然科学"，"要成千成万地派，不是只派十个八个"，"千方百计加快步伐，路子要越走越宽"。改革开放总设计师这些具有划时代意义的指示，翻开了新时期我国留学教育崭新的一页。

1979年1月，邓小平访问美国，与美国正式签订了中美互派留学生的协议。这一批留美人员的派遣以及中美互派留学生协议的签订，具有划时代的意义。随后，赴英国、德国、法国、日本等西方发达国家的公派中国留学人员也陆续踏上了求学征程，掀起了中国近现代史上最大的出国留学热潮。

1986年12月13日，国务院批转国家教育委员会《关于出国留学人员工作的若干暂行规定》的通知，成为改革开放以来第一份公开发表的关于出国留学工作的法规性文件。文件明确了派遣留学生的政策是对外开放基本国策的一部分，必须长期坚持。国家确定了新的留学方针，即"按需派遣，保证质量，学用一致"，并相应地将国家公派留学人员由以研究生为主转向着重派出进修人员、访问学者；确定建立公派出国留学人员与派出单位签订协议书的制度，以尽可能保证公派留学人员如期回国服务。这一文件的颁布，标志着我国留学教育政策开始走向成熟。

二、1992年以来的留学教育

1992年，邓小平视察南方并发表重要讲话，中国共产党第十四次全国代表大会召开，确立了建立社会主义市场经济体制的目标，改革开放进入了新的发展阶段，留学教育也获得了迅速发展。

在这一阶段，鼓励留学人员回国或者为国服务成为了我国留学工作的一个重点。为了鼓励和吸引留学人员特别是优秀留学人员回国工作或为国服务，政府先后制定并出台了一系列在全国具有指导意义的相关政策、规定和措施，并启动了若干资助项目。例如，1996年教育部正式设立"春晖计划"，支持在外优秀留学人员回国工作或为国服务，以多种方式参加祖国建设。

自1995年开始，国家对留学选派管理体制进行改革。国家教委在1995年2月举行的全国出国留学人员选派工作会议上，提出《改革国家公费出国留学选派管理办法的方案》，实行"公开选拔，平等竞争，专家评审，择优录取，签约派出，违约赔偿"的办法，在江苏、吉林两省进行试点。1996年6月，国家留学基金管理委员会正式成立，标志着政府职能转变和留学管理工作更趋于国际化的思路的形成。

总的来说，1992年以来，我国适时调整出国留学政策，确立了"支持留学，鼓励回国，来去自由"的留学基本原则，建立了新的留学人员选派机制，进一步放宽自费出国留学政策，加大吸引留学人员回国工作的力度。2003年，"国家优秀自费留学生奖学

金”首次设立，体现了国家对广大自费留学生的关怀和期望，我国全方位留学教育的发展战略得以进一步拓展。2004年，国家公派出国留学工作思路确定为：提高层次，扩大规模，保证重点，增强效果。在以往出国留学政策法规的基础上，这一工作思路的确立，标志着我国留学教育政策更加趋于完善。

三、改革开放以来留学教育的历史贡献

改革开放以来，党和政府始终把留学工作作为落实科教兴国、人才强国和建立创新型国家战略的重要组成部分。在改革开放的背景下，在党和政府的指导下，我国留学教育蓬勃发展，方兴未艾。

1978—2007年年底，我国各类出国留学人员总数达121.2万人，出国留学规模由1978年的860人发展到2007年的14.45万人，30年扩大168倍。以留学身份出国在外的留学人员有89.2万人，遍布世界五大洲100多个国家和地区。

自1996年实行新的国家公派出国留学人员选派办法以来，国家公派出国留学人员按期回归率达97%以上。1990年以来，先后设立了“留学回国人员科研启动基金”、“高等学校优秀青年教师资助基金”、“春晖计划”、“长江学者奖励计划”等项目，并建立了21个“国家留学人员创业示范基地”。2003年，教育部设立了“国家优秀自费留学生奖学金”，并在31个国家实施，奖励优秀自费留学生1 100多人。留学人员回国工作或以多种方式为国服务，推动了我国经济社会的快速发展。

1978—2007年年底，我国各类留学回国人员总数达31.97万人，尤其近几年留学回国人员规模呈逐年扩大趋势。在教育、科研领域，77%的高等学校校长、84%的中国科学院院士、75%的中国工程院院士、62%的博士生导师和71%的国家级教学研究基地（中心）主任有过出国留学经历。一大批优秀留学回国人员已成为我国科技、教育、经济、文化等领域的领军人物和建设创新型国家的重要生力军。

原载2008年12月30日《中国教育报》第1版

我国教育全方位多层次对外开放

教育部副部长章新胜在北京国际新闻中心向中外媒体表示，经过30年的发展，我国教育界同国际教育界的合作交流日益加强，一个全方位、多层次的教育对外开放格局已经基本形成，为进一步推动教育事业改革发展奠定了良好的基础。

章新胜介绍说，教育是我国最早对外开放的领域之一，1979年邓小平同志访美所签署的一个重要协议就是关于留学生派遣以及中美科学技术交流合作的协议。章新胜表示，通过30年教育改革开放，我国学习借鉴了各国发展教育的成功经验，实现了教育观念的转变和教育体制的创新，教育面貌焕然一新。

章新胜表示，经过改革开放30年的发展，我国教育对外开放已呈现出一些新特点，这些特点主要表现为：第一，教育面向世界已经成为我国城市、农村各级各类学校以及课程改革的一个重要方面。第二，我国同国外的合作与交流，已经由30年前改革开放之初，主要向国外学习和借鉴国外经验的单向需求，逐步转向双向需求，世界各国对中国在教育合作方面的需求现在发生了非常大的变化。第三，教育开放的战略格局基本形成，已经形成了一个大国是重点、周边是首要、发展中国家是基础、多边国际组织是重要舞台这样一个全方位、多层次、有重点、分步骤的官民并举、双边多边互动的开放格局。第四，中国政府教育部门和国外的教育部门已经建立起了相对稳定的教育磋商机制，教育合作和交流正朝着制度化和机制化的方向持续发展。第五，在各国留学生的比重中，中国都名列前茅，中国已成为世界各国非常欢迎的、努力争取的一个主要生源输出国。同时，中国也成为一个新兴的留学目的地国家，来华留学的增长率超过了出国留学的增长率。此外，汉语国际推广有新突破，汉语教学已经成为世界上最热门的外语教学之一。

对于我国教育对外合作与交流的现状，章新胜用“形成一个架构，搭建两个平台，打通三个渠道”予以概括。所谓“一个架构”就是教育合作协议的签署，目前我国双边和多边合作交流内容不断扩大，已经和世界188个国家和地区以及联合国教科文组织等28个国际组织建立了教育合作和交流关系，签署并正在执行的双边和多边教育合作协议达到154个，正在实施的政府间项目共有77项。“两个平台”，就是设立了多边和双边的政府间以及高校间的磋商机制，同时也构建了若干区域性的教育合作和交流的平台。“三个渠道”，第一个渠道是进一步加强了高层之间的互访和交流合作，互办教育展览，向广大学生和学生家长提供更加公开和透明的信息服务；第二个渠道是学历和学位的互认，现在我国与33个国家和地区签订了学历学位互认的协议；第三个渠道是在高层次人才培养的方面，已经和主要留学目的地国和来华留学的国家建立了机制性的合作，比如中法联合研究生院，中国和俄罗斯的研究生院，中国和日本、中国和美国，以及中英的奖学金计划，等等，进一步推动了高层次人才互惠合作的发展。

原载2008年8月16日《中国教育报》第1版

语言文字工作

〔**国家语委咨询委员会第八次会议**〕 2008年1月4日，国家语委咨询委员会第八次会议在北京召开。全国人大常委会副委员长、国家语委咨询委员会主任许嘉璐，教育部副部长、国家语委主任赵沁平，国家语委咨询委员以及教育部语言文字应用管理司、语言文字信息管理司、语言文字应用研究所和语文出版社的有关负责同志出席了会议。会议由许嘉璐主任主持。教育部语言文字应用管理司和语言文字信息管理司负责人分别向咨询委员会汇报了两司2007年工作情况和2008年的工作安排，并就《汉语拼音方案》发布50周年纪念活动、开展中国语言普查工作等有关问题进行了咨询。

〔**2008年度语言文字工作会议**〕 2月28日—29日，国家语委在北京召开了2008年度语言文字工作会议。国家语委成员单位联络员，部分地方教育厅主管副厅长和民语委副主任，各省级语委办、相关省区民语委办以及各省级语言文字测试中心等单位的负责人共150余人出席了会议。教育部副部长、国家语委主任赵沁平出席会议并发表了题为《深入贯彻落实党的十七大精神，开创语言文字工作新局面，为提升国家文化软实力作出积极贡献》的书面讲话，出席会议的地方教育厅、民语委负责人谈了对语言文字工作的认识，报告了本省（自治区、直辖市）近年的工作思路、工作成绩和下一步的工作计划。教育部副部长、国家语委主任赵沁平作了指示，国家语委副主任、教育部语言文字应用管理司司长王登峰，国家语委副主任、教育部语言文字信息管理司司长李宇明分别作了题为《语言文字工作发展战略》《当今三大语言话题》的专题报告。

〔**国家语委2008年度全体委员会议**〕 2008年4月10日上午，国家语委召开2008年度全体委员会议。教育部副部长、国家语委主任赵沁平，国家语委成员单位的代表、联络员及教育部语言文字应用管理司、语言文字信息管理司、语言文字应用研究所、语文出版社负责人出席了会议。教育部语用司、语信司向国家语委各成员单位通报了两司2007年语言文字工作情况和2008年工作安排。各位委员结合部门实际，介绍了本系统2007年语言文字工作情况和2008年工作设想，并对相关问题进行了沟通和讨论。

4月10日下午，国家语委成员单位联络员、全国推广普通话宣传周领导小组成员单位联络员联席会议召开。会议就贯彻落实国家语委2008年度全体委员会议精神、第十一届全国推广普通话宣传周活动的筹备等工作进行了讨论。

撰稿　魏　丹

〔**《汉语拼音方案》发布50周年纪念活动**〕 1958年2月11日，第一届全国人民代表大会第五次会议批准并决定推行《汉语拼音方案》（以下简称《方案》）。推行50年来，汉语拼音在教育、文化、科技、经济、军事、外交等领域得到广泛运用，作为一种科学、方便、实用的工具，为我国经济和社会生活的现代化提供了便利。

2008年4月21日，纪念《方案》颁布50周年学术研讨会在北京召开。与会代表充分发扬学术民主，畅所欲言，对制定和推行《方案》的历史性成就及经验、如何进一步完善《方案》及其规范标准、如何进一步做好推行工作等进行了广泛研讨。大家一致认为50年来《方案》的制定和推行取得了历史性成就，可以用“重大的决策，辉煌的成就”来概括此项工作。《方案》以普通话为语音基础，照顾了汉语多数方言情况，采用音位互补理论，尽量发挥罗马字母各符号的作用，很好地体现了汉语的整体音位系统，本身具有很大的优越性；《方案》作为语文教育的重要内容，在帮助识字、扫盲、增强阅读和写作能力、学习普通话等方面发挥了巨大作用；《方案》在帮助创制与改进少数民族文字方面发挥了重大作用；汉语拼音被用来编制各种代码和进行排序、索引，并被国际标准化组织确定为用罗马字母拼写中文的国际标准，在中文信息处理、书报文献检索、帮助外国人学习汉语、增进中外交流等方面发挥了重要作用，在现代社会生活和国际上的影响日益显著。同时，与会专家也对如何在新形势下进一步完善《方案》及其应用规范，《方案》在应用中存在的问题以及如何进一步做好推行工作等进行了认真研讨，提出了许多建设性意见。

为总结、展示、宣传《方案》推行50年所取得的成就和经验，进一步做好新时期汉语拼音推行工作，还举办了系列纪念活动。（一）媒体宣传活动。1月25日，召开新闻发布会，向50余家媒体介绍了《方案》颁布50周年纪念活动。截至1月28日，各媒体已刊播相关报道200余篇次。2月6日—10日，组织拍摄的电视专题片《汉语拼音50年》在山东卫视播出，后在中央电视台10频道“探索与发现”栏目播出，音像制品由语文出版社出版发行。新华社发通稿，《人民日报》、《中国教育报》发表评论员文章，中央电视台新闻联播节目播出“本台短评”。（二）“我与汉语拼音”征文活动。活动由语用司与《中国教育报》联合举办，中国语文现代化学会承办。共收到来自全国31个省（自治区、直辖市）的18 934件应征作品，作者有教师、学生、国家机关公务员、企业管理干部、工人、农民、警察等，年龄最小的只有9岁，最大的81岁，民族覆盖汉族、回族、蒙古族、维吾尔族、仡佬族、苗族、满族、朝鲜族等，还有外国留学生投稿并获奖。共评出一等奖10篇，二等奖30篇，三等奖100篇，优秀奖200篇；46家单位获组织奖。（三）汉语拼音教学国际研讨会。2008年10月24日—26日，教育部语用司、基础教育二司及孔子学院总部联合在京举办“汉语拼音教学国际研讨会”，来自全国27个省（自治区、直辖市）的小学语文教师、教研员代表，港澳地区普通话培训测试机构和孔子学院代表，语文教材出版单位、学术团体代表，部分语言学专家学者、对外汉语教师、海外汉语教师共160余人出席了会议。80多人发言，就汉语拼音的基础理论、教学方法和经验、汉语拼音对信息技术的支持和贡献及其推行和社会应用等方面进行了广泛深入的研讨。

撰稿　于　虹　王翠叶　王　奇

〔**语言文字法制建设工作**〕　自2007年11月国家语委在上海召开了语言文字依法管理工作现场会以来，各地贯彻落实会议精神，语言文字依法管理、执法监督工作取得较大进展。

2008年，教育部、国家语委对部分奥运场馆用语用字情况进行了检查；组织专家对北京奥组委场馆《标志用语规范》进行审阅并提出修改意见；组织专家对奥运场馆标志用语用字情况进行检查验收，并向北京奥组委反馈了意见。

根据教育部、国家语委的要求，北京、上海、天津、河北、山东、辽宁等省市教育厅（教委）和语委会同地方人大对所属奥运城市宣传贯彻《国家通用语言文字法》情况进行了检查，并对存在的问题进行了整改。

根据2008年的工作计划，山西、吉林、浙江、湖北、重庆等省市会同人大进行了执法调研；成都市语委、市创建办联合组织了城区社会用字交叉检查；兰州市政府办公厅印发了《兰州市社会用字管理规定》；苏州市率先将语言文字规范化使用列入《苏州市教育督导条例》，推进了地方语言文字规范化工作。

撰稿　魏　丹

〔**城市语言文字工作评估**〕 2008年，教育部语用司继续积极推动地方开展城市语言文字工作评估，评估工作更加受到地方重视，评估质量进一步提高，评估工作成效显著。长春、济南2个一类城市通过评估认定，教育部语用司专门发文，推动相关省（区）部署尚未开展评估的郑州、海口、西宁、拉萨启动评估工作；50个二类城市、79个三类城市通过评估认定。至此，全国共有32个一类城市、159个二类城市、152个三类城市达标，分别占全国一、二、三类城市总数的89%、48%、7.3%。江苏在一、二类城市全部达标后着力推进区域性达标，推动苏州、南通、常州、无锡、扬州等地实现全境城区达标。山东通过评估落实了济南市及所有市区的机构、编制，并通过评估推动了社会用字的全面治理整顿。浙江修改评估指标，突出长效机制建设，对已达标一类城市组织“回头看”落实整改措施，全省普遍开展“示范街”创建活动。广西成为继北京、黑龙江、江苏之后第四个一、二类城市全部达标的省份，并在所有已达标城市落实了语言文字工作办事机构，解决了人员编制。甘肃也把评估工作的着力点放在解决机构、编制等重点、难点问题，2008年通过评估达标的3个城市都落实了机构和编制。所有开展评估工作的地区更加重视以评促建，加强了过程性的检查指导，浙江、甘肃增加了“预评估”环节，广西、陕西、新疆加强了调研督促。

截至2008年底，评估推动建立城市语言文字工作机构70多个，增加行政编制约60个，新设立或增加办公经费数百万元，推动230多个城市开展公务员普通话水平测试。“国家—省—市”三级评估工作队伍、操作办法、评估工作机制体系已经形成，极大促进了法律法规的贯彻执行和语言文字应用水平的提高。

撰稿　张映川

〔**倡导和推进“中华经典诵读活动”**〕 2008年，为配合国务院在法定假日中增列清明、端午、中秋三个传统节日的举措，在2007年基础上继续举办“中华诵·经典诵读大赛”和“中华赞·诗词歌赋创作”活动，旨在通过广泛诵读经典以及对以春节、清明、端午、中秋四个传统节日为主题的原创性诗词歌赋作品的征集，引导广大群众体验中华语言的魅力，提升国家通用语言文字的社会应用水平，进一步挖掘与诠释中华传统节日的文化内涵，弘扬与传承民族优秀文化，建设中华民族共有精神家园。与中宣部、中央文明办、民政部、文化部联合发出《关于以传统节日为主题开展经典诵读和诗词歌赋创作活动的通知》，对活动的开展进行部署。同时，教育部办公厅发出《关于举办中华经典诵读和中华赞·诗词歌赋创作征集等活动的通知》，对全国教育行政部门和各级各类学校开展此项活动提出了具体要求。

清明、端午和中秋期间，分别在江苏、湖南和上海组织了3台“我们的节日——中华经典诵读”主题晚会，邀请国内知名朗诵表演艺术家和群众演员共同演绎了与传统节日文化内涵相关的中华经典诗文，晚会实况于节日期间在中央电视台、中国教育电视台和部分省级卫星电视台播出，受到了社会各界的高度关注和好评。

从2008年4月起，“中华诵·经典诵读大赛”在全国相继启动。24个省（自治区、直辖市）和香港特区报送的179名优秀选手视频参加了全国网络预赛。经过专家评选和网民票选，42名选手晋级全国总决赛。选手们通过“自选篇目诵读”“传统才艺展示”“综合文化素质考核”“指定话题阐述”等比赛环节，充分展示了自身良好的语言文化素质及对传统文化的热爱。“中华诵·经典诵读大赛”全国总决赛暨“中华赞·诗词歌赋创作”颁奖晚会实况已于2009年春节期间（除夕至初六）在中国教育电视台一套播出，取得了良好的社会反响。

“中华赞·诗词歌赋创作”活动共收到来自全国投稿1万余篇，作者从学龄稚童到古稀老人，覆盖各行各业，字里行间洋溢着社会各界群众对诗词歌赋等传统文化表现形式的挚爱以及对“中华赞”活动的积极支持。中国人民大学国学院组成以冯其庸先生为组长的专家组承担了终审工作。87篇获奖作品及部分有特色的应征作品由语文出版社结集出版。

两年多来，“中华经典诵读”活动得到了社会各界群众广泛参与和好评，活动的社会影响力日渐扩大，成为新时期语言文字工作的亮点和新的增长点。

〔**第11届全国推广普通话宣传周活动**〕　2008年5月，教育部、中宣部、人力资源和社会保障部、文化部、国家广电总局、国家语委、解放军总政治部和共青团中央发出《关于开展第11届全国推广普通话宣传周活动的通知》，各地根据《通知》精神，结合地区实际情况对推普周活动进行了精心策划和安排。为配合推普周宣传，全国推普周领导小组办公室制作了以推广普通话形象大使王小丫、王刚为宣传人物的推普周电视公益广告《同一个声音》、《规范汉字，从我做起》，并以“喜迎奥运”“抗震救灾”主题设计了推普周招贴画。

本届推普周的重点行业是旅游和文化系统。各地旅游、文化部门充分利用奥运会召开、法定假日调整和博物馆免费向社会开放对旅游、文博行业发展的促进作用，纷纷开展了具有地区和行业特点的宣传、规范、培训活动。国家旅游局转发了推普周文件，并对各地旅游行业提出语言文字规范化的要求。文化部门将语言文字工作与文化宣传工作有机结合，江苏等地开展了图书馆、博物馆讲解员普通话培训测试工作，着力提升讲解员的普通话应用和服务水平。

9月14日，第11届全国推广普通话宣传周开幕式暨“我们的节日——中华经典诵读·中秋篇”晚会在上海举行。国家语委、中央文明办、文化部、民政部、国家广电总局、解放军总政治部、共青团中央等国家部委有关领导及上海市委宣传部、市文明办等地方职能部门负责人出席开幕式。

推普周期间，全国各地以“构建和谐语言生活，营造共有精神家园”为主题开展了丰富多彩的推普周宣传活动。各地各部门以北京奥运会和残奥会为契机，全面宣传国家语言文字法律法规、方针政策和规范标准，把推广普通话和语言文字规范化宣传与公众的切身利益和普遍关心的问题相结合，注重推普周与语言文字常规工作的衔接和融合，认真组织开展了诸如街头广场宣传咨询、语言文字法律法规培训、社会用语用字大检查、纪念《汉语拼音方案》公布50周年座谈会研讨会、语言文字基本功大赛、普通话水平测试培训和汉字应用水平测试试点、语言文字先进集体评优表彰等形式多样的宣传活动，充分发挥了推普周在语言文字工作中的整合引领作用，进一步拓展了工作思路，扩大了语言文字工作的社会影响力。江苏省组织讲学团，对中小学诵读骨干教师进行培训；广西壮族自治区组织了“推普周宣传大篷车”“农村推普行”等活动，深入基层宣传语言文字法律政策；福建省组织推普志愿者开展“普通话下乡、入户、进社区”活动，将推广普通话纳入社区教育和农村劳动力转移有关培训内容；湖北省配合“农村教师素质提高工程”和“农村教师资助行动计划”，分别对农村中小学教师和农村支教生进行语言文字规范化知识培训；浙江衢州市开展推普示范社区（村）创建成果展示、“百乡千村推普万里行”活动，组织大中学生志愿者深入街道、乡村开展推普活动。

中国自古就有诵读经典，通过诵读掌握经典、传习文化的传统。通过诵读经典诗文，让推广普通话找到为大众喜爱、社会普遍接受、影响力和感染力强的载体形式，是国家语委在新的历史时期借文化大发展大繁荣之势，着力拓展、深化语言文字工作的有益尝试。湖北省委、省政府、宁夏自治区教育厅、江苏省语委、吉林省语委等分别举办了形式多样的“中华经典诗文诵读会”等活动，成为本届推普周的亮点，与推普周活动相得益彰。

第11届全国推普周闭幕式结合三类城市语言文字工作评估，在黑龙江省五大连池市举行。

〔**继续推进学校语言文字规范化工作**〕　2008年，学校语言文字规范化工作在原有基础上又有了新的进展。继2007年国家语委对首批171所国家级语言文字规范化示范校进行认定命名后，全国各地都加快了语言文字规范化示范校创建工作步伐。继北京、天津、河北、山西、辽宁、上海、浙江、安徽、江西、山东、湖北、广西、重庆、四川、贵州、甘肃、宁夏等地开展省级示范校评估后，黑龙江、内蒙古、江苏等省区也相继根据本地实际情况制定了省级示范校评估标准和细则，扎实推动了省级示范校创建工作的有序开展。全国多数省份把创建语言文字示范校的相关要求列入省级教育督导指标体系。本着“分类指导，重在建设；以评促建，重在过程；典型示范，重在实效”的原则，全国已认定省、市级语言文字规范化示范学校 7 000 余所。创建活动使学校语言文字工作在制度化、规范化、科学化轨道上得到进一步发展，全面提升了学校师生的语言文字规范意识和应用水平，成为鼓励各级各类学校深入持久地开展普及普通话和语言文字规范化工作的一种长久有效的激励机制。为继续推进示范校创建活动深入开展，发挥典型学校的示范带动作用，2008 年 10 月，国家语委发出《关于开展第二批国家级语言文字规范化示范校申报、认定工作的通知》，进一步明确了示范校创建活动的基本思路，要求各级各类示范校认真落实“以语文教学为主渠道，并与常规教育教学、各种课外活动及校园文化建设相结合”的基本要求，以全面提高师生语言文字规范化应用水平和建立学校语言文字工作机制为目标，树立典型，以点带面，全面提高。第二批国家级语言文字规范化示范校申报认定和命名表彰工作将于 2009 年下半年进行。

在学校开展中华经典诗文诵读，让优秀传统文化与国家通用语言文字互动，相得益彰，使广大青少年在中华经典美文和优秀传统文化的浸润中受益终身，是新时期语言文字工作推出的又一项新举措。2008 年，教育部办公厅发出《关于举办中华经典诵读和中华赞·诗词歌赋创作征集等活动的通知》，对全国教育行政部门和各级各类学校开展中华经典诵读活动提出了具体要求。很多省市的中小学（幼儿园）在省市语言文字工作部门的指导下，将经典诵读列入校本课程，并将诵读活动与学校的教育教学活动有机融合，充分利用语文课、思想政治课、班会、校本课程、兴趣小组及课外活动等渠道，开展多种形式和主题的诵读活动，面向全体学生进行诵读指导和培训，全面提高了师生的综合素养和语言文字应用水平。黑龙江、江苏、吉林、山东、甘肃、湖北、湖南、广西、重庆等省份将开展经典诵读活动的情况列入创建语言文字规范化示范学校内容。

〔普通话培训测试工作〕 普通话水平测试自 1994 年开展以来，受到社会各界广泛关注。据不完全统计，截至 2007 年底，已有 2 200 多万人次接受测试。为加强测试工作的管理，规范测试流程，降低测试成本，保证测试质量，国家语委从 2006 年起，积极推动信息化技术在普通话水平测试中的应用。目前，“计算机智能评测系统”与“国家普通话水平测试信息管理系统”已进入应用阶段。2008 年，印发了《计算机辅助普通话测试工作规程》，天津、河北、山西、辽宁、吉林、江苏、上海、安徽、山东、江西、湖北、广西、重庆等 13 个省（自治区、直辖市）已成为测试信息化工作的试点地区，在国家普通话水平测试信息化工作小组的指导下有序开展工作，全国接受计算机辅助测试者已近 60 万人次。

为总结试点经验并推进测试信息化工作，2008 年组织了对江苏等部分省份普通话测试培训工作的检查和调研。年内分别召开了第二届全国测试中心主任工作论坛和计算机辅助测试业务研讨和质量分析会议，就进一步开展测试科研、加强测试信息化建设进行了交流、研讨。

2008 年 11 月，财政部和国家发改委发文取消和停止征收 100 项行政事业性收费项目，普通话水平测试等级证书工本费从 2009 年 1 月 1 日起停止征收。为贯彻文件规定，正积极与相关部门协商解决办法，抓紧落实普通话测试等级证书改版工作，为地方提供更好的服务。

撰稿　高　阳

〔汉字应用水平测试〕 汉字应用水平测试是教育部、国家语委推出的语言类标准化水平测试，通过考察汉字的认读、选用、辨误、书写能力来检测相关人员的汉字应用水平，为其职业能力评定提供重要参考。

在 2007 年组织 3 个试点省市测试 2.7 万人的基础上，2008 年，教育部语用司继续扩大试点规模，加大测试推进力度。一是加强组织领导。成立试点工作领导小组，组织召开研讨会，印发《关于 2008 年汉字应用水平测试试点工作的通知》，明确了试点地区的相关组织机构。二是加强科学研究。召开学术研讨会，成立测试实施细则研究课题组，妥善处理了细化测试等级标准、科学进行成绩认定和试题分析等问题；制定了命题原则、制卷方案；进行了命题工作。三是加强培训。组织了试点地区管理人员的研讨培训。四是规范管理。研制、推行测试信息管理系统软件及计算机测试系统，印发了《汉字应用水平测试操作规程指导手册》。

天津、河北、辽宁、黑龙江、上海、江苏、山东、河南、湖南、云南、宁夏11个试点省（自治区、直辖市）语委办、测试实施机构积极组织，于10月25日和11月16日分两批顺利完成实测工作，共测试3.7万人，参测人员覆盖党政机关、学校、新闻媒体、公共服务行业等四大重点领域。

2008年测试结果显示：分数分布比较合理，测试成绩与不同职称、学历、职业人群的实际汉字应用水平有较高的契合度。学历越高，汉字应用水平测试的成绩也越高；不同职业的成绩排序依次为：教师、新闻从业人员、学生、公务员；文科考生明显高于理科考生。对应试者进行调查问卷统计结果显示：89.12%的应试者支持开展此项测试。测试在试点地区产生了积极反响，受到舆论普遍关注，为推动汉字应用水平测试的全面和健康发展积累了经验。

撰稿　张　艳

〔**少数民族教师普通话培训工作**〕 7月—9月，教育部语用司在内蒙古、广西、海南、贵州、云南、西藏、甘肃、青海、新疆等省（自治区）开展少数民族教师普通话培训工作。受语用司委托，上述9省（自治区）教育厅共举办培训班13期，培训少数民族教师1 108人。学员来自9省（自治区）31个地（自治州）偏远贫困的县乡中小学、村小和教学点的维吾尔、藏、蒙古、壮、苗、哈尼、黎等21个民族。经过培训，绝大部分学员参加了普通话水平测试，并达到了当地教育行政部门和语言文字工作部门规定的教师普通话等级标准的要求。

为加强对培训工作的规范化管理，在各地培训工作开展之前，教育部语用司于7月24日发出《关于加强少数民族教师普通话培训管理工作的通知》，在总结过去六年来培训经验基础上，从提高思想认识、加强组织领导和管理、正确把握政策等方面，对2008年和今后一段时期的培训工作提出了明确要求，对各地加强基地建设、师资队伍建设、教材建设和科研工作作出了具体规定。

培训任务下达后，各地高度重视少数民族教师普通话培训工作，发文提出工作要求，研究培训方案，成立了培训工作领导小组，制定了一系列规章制度，强化对培训的过程管理，有的还结合地方实际开展了送教下乡。9省（自治区）和相关地、县三级教育行政部门、语言文字工作部门以及内蒙古阿拉善盟广播电视大学、广西百色学院、海南琼台师范高等专科学校、贵州民族学院、云南旅游学校、兰州城市学院、青海师范大学、新疆教育学院、伊犁师范学院等学校具体承担了今年的培训任务。

撰稿　周道娟
审稿　张世平

〔**中国语言资源有声数据库建设试点工作启动**〕 为全面掌握语言国情，加快普通话推广和语言文字信息化建设，抢救、保存衰危的语言及方言并向社会提供语言资源和口头文化资源服务，国家语委启动了“中国语言资源有声数据库”建设。该数据库将依照统一规范，采集当代中国的汉语方言和带有地方特色的普通话的有声资料，采集中国各少数民族语言及其方言的有声资料，并进行科学的整理加工，长期保存，以便将来深入研究和有效地开发利用。

2007年11月20日，中国语言资源有声数据库建设领导小组成立，教育部副部长、国家语委主任赵沁平担任领导小组组长。2008年3月23日—24日，中国语言资源有声数据库建设方案论证会在北京召开，与会专家对方案初稿进行了深入、细致的研讨，对中国语言资源有声数据库建设的目标、内容、规模、设点、运作模式、应建立的工作规范和技术规范等进行了详细论证。在此基础上，国家语委确定了中国语言资源有声数据库建设的目标和内容，立项研制10余项中国语言资源有声数据库建设的技术规范和工作规范，形成了中国语言资源有声数据库建设试点方案。国家语委拟在具备条件的一些省市先行试点，待取得经验、完善方案后，再逐步推开。

2008年9月17日—18日，由国家语委主办、江苏省语委承办的“中国语言资源有声数据库建设试点暨江苏语言资源保护方案论证会”在南京举行，会议确定了江苏试点的第一批城市、具体启动时间和实施步骤等。2008年10月11日，中国语言资源有声数据库建设试点工作在江苏省苏州市启动，教育部副部长、国家语委主任赵沁平，江苏省副省长、省语委主任何权出席启动仪式并讲话。自2008年10月起，作为江苏省首个“城市语言文字工作评估全面达标市”的苏州市，在国家语委指导、省语委组织下，由南京大学、南京师范大学、苏州大学分别组织专家团队，在苏州城区和常熟市、昆山市3个采录点，开展采录工作。苏州市语委向社会公开征召苏州话发音人，广大市民积极参与，经过考核遴选，最后确定了6名正式发音人。目前采录工作正在顺利进行之中。

〔**《规范汉字表》研制取得重要成果**〕《规范汉字表》研制工作进入重要阶段，已完成征求意见、修改完善和相应的配套工作。2008年3月—5月，根据国务院办公厅秘书三局建议，教育部办公厅向国家语委委员单位发函就《规范汉字表》书面征求意见。国家民委、民政部、人力资源和社会保障部、工业和信息化部、文化部、广电总局、工商总局、质检总局、新闻出版总署、解放军总政治部、中科院、社科院、共青团中央、中华全国总工会、全国妇联等15个委员单位均表示同意发布字表，表示将积极推动字表的实施，同时对字表的制定和实施还提出了一些建议。《规范汉字表（送审稿）》专家委员会根据反馈意见，对字表作了进一步的完善。为了指导社会正确使用《规范汉字表》，教育部语信司组织专家编写了字表的使用指南和配套的应用工具书，为字表的宣传和培训作好了准备。

〔**召开全国语言文字标准化工作会议**〕 2008年11月10日—11日，全国语言文字标准化工作会议在北京召开。全国各省级语委办和语言文字培训测试中心的负责人、有关事业单位负责人、全国语言文字标准化技术委员会各分会负责人出席了会议。教育部副部长、国家语委主任赵沁平发表了题为《树立科学的语言文字规范观，开创语言文字标准化工作新局面》的书面讲话，国家语委副主任、教育部语信司司长李宇明作了题为《做好语言文字标准化工作，为信息时代的中国贡献力量》的会议主报告。会议结合学习实践科学发展观，进行了工作交流和思想大讨论，创新了理论观念，提高了思想认识，明确了在科学发展观统领下做好语言文字标准化工作的目标和方向，提出了树立新世纪的语言观、规范观、工作观，开创语言文字标准化工作新局面的工作任务，为制定2020年语言文字标准化事业中长期规划奠定了良好基础，对国家和地方共同做好语言文字标准化工作具有重要推动作用。

〔**2007年度中国语言生活状况报告发布**〕 2008年，2007年度中国语言生活状况报告发布，这是教育部、国家语委第三次向社会发布年度语言生活状况报告。2007年的中国语言生活，总体上看健康和谐、生动活泼，与国家进步和社会发展步同调合。语言文字工作与文化结合，与教育结合，与信息化结合，为奥运服务，比过去有了更亮丽的社会显示度。语言资源的理念逐步建立，科学保存、保护和开发利用中华语言资源，已成为当今中国一项重要、急迫的任务。本土语言和现实语言生活得到学界和社会的更多关注，语言研究和语言文字工作的触角正向多个社会领域伸展，语言文字问题仍不断形成社会的热点话题。海内外汉语（华语）逐步沟通协调，汉语的国际传播成效显著。国家语言文字工作委员会提出的“构建和谐语言生活”的新世纪工作目标，得到广泛认同与呼应。国家语言资源监测与研究中心对2007年若干媒体和基础教育语文新课标教材的语言文字使用情况进行调查得到的具体数据也同时发布。

〔**汉字字形规范问题**〕 针对汉字字形出现的新情况、新问题，如新字形超出通用字范围，造出一批历史上没有、现今不用的字；古籍数字化用字、大字量编码汉字定形不统一，影响了汉字的标准化、信息化和文化传承等，2008年5月—6月，教育部语信司召开多次会议就汉字字形规范问题进行研讨。来自汉字国际编码、古籍出版与数字化、大型词书编纂、古今文字整理与研究等领域的专家和国家语委老领导提出了四点建议：(1) 通用字和非通用字的字形应区别对待，非通用字不应另造历史上不存在的新字形；(2) 对不同应用对象和范围的汉字字形，可采取不同的处理方式；(3) 非通用字的字形认同，需要在认真研究整理的基础上进行；(4) 国家对汉字字形问题需加强统筹管理，相关部门应建立协作机制，确保政策、标准和应用的协调与统一。来自中宣部、中央外宣办、工业和信息化部、文化部、新闻出版总署、国台办、国家标准委的司局级领导及专家，通过研讨肯定了专家会提出的四点建议，一致认为汉字字形问题关系到汉字信息化和国际标准化、汉字文化传承、海峡两岸文字交流，影响深远，需要高度重视，希望国家语委能牵头制定有关政策，完善有关标准，并表示愿积极做好有关工作。教育部语信司计划启动汉字字形规范和标准的制定工作。

〔**国家语言资源监测与研究中心少数民族语言分中心成立**〕 由教育部语信司、国家民委教育科技司、国家新闻出版总署报刊司与中央民族大学合作共建的“国家语言资源监测与研究中心少数民族语言分中心”于2008年6月23日正式成立并举行揭牌仪式。教育部副部长、国家语委主任赵沁平，国家民委副主任吴仕民，教育部语信司司长李宇明、副司长王铁琨，国家民委科教司司长俸兰，中央民族大学书记、校长鄂义太等出席。赵沁平和吴仕民分别发表了讲话，对中心的成立表示祝贺并对中心的发展提出希望和要求。教育部语信司司长李宇明、国家民委教科司司长俸兰和中央民族大学校长鄂义太在共建协议上签字。赵沁平副部长、吴仕民副主任为中心揭牌。揭牌仪式后，举行了学术委员会会议，对中心的规划和近期立项项目进行了研究和审议。

国家语言资源监测与研究中心自2004年起，陆续建立了平面媒体语言分中心、网络媒体语言分中心、有声媒体语言分中心、教育教材语言分中心和海外华语研究中心。少数民族语言分中心的成立，标志着国家语言资源监测与研究中心的建设在机构方面已基本完成。

〔**为北京奥运会提供语言服务**〕 教育部语信司组织专家为北京奥组委审定了北京奥运会204个代表团的国家和地区名称的汉字笔画序表，确保北京奥运会开幕式运动队顺利有序地入场。为向北京奥运会献礼，国家语委和全国科学技术名词审定委员会联合编译发布了《奥运体育项目名词》，于2008年7月15日召开了新闻发布会。该书由商务印书馆出版，是由我国体育、术语、翻译、语言等学界专家通力合作，根据西班牙加泰罗尼亚术语中心提供的奥运体育项目术语集编译的，涵盖第29届夏季奥运会35个体育项目，共计9 000余词条；以中、英、法、西4个语种对照，体现出各国之间的文化承载与交融，是奥林匹克文化的重要组成部分，也是对北京奥运会作出的重要贡献。此事得到了第29届奥组委的肯定和支持。北京奥组委认为，出版信息丰富、实用性强的《奥运体育项目名词》，有助于体育爱好者、从业者系统学习与规范使用，有利于促进体育术语的规范化。

〔**中国语言生活绿皮书“软性”规范首次发布**〕 国家语委于2008年10月出版发布了《现代汉语通用词表》草案，开创了中国语言生活绿皮书A系列“软性”规范的编制发布体制。该草案给出了现当代社会生活中比较稳定的、使用频率较高的汉语普通话常用词语56 008个，可供汉语教育、中文信息处理和辞书编纂等方面参考、采用。中国语言生活绿皮书A系列是引导语言生活的“软性”规范。语言文字规范标准及其制定有各种不同情况：语言文字标准制定难度大、涉及面广，常需较长的试行试用过程；许多语言文字现象具有弹性，不易在短期内形成共识或不宜有“硬性”规定；有些热点领域急需引导但一时又难以制定出妥帖的标准；

语言文字信息处理等领域需要一些超前性的引导规范。以《中国语言生活绿皮书》A系列的形式发布语言文字“软性”规范，是为了适应语言文字规范标准制定的复杂情况，满足社会语言生活的多种需求，保证规范制定的科学性和时效性。《中国语言生活绿皮书》A系列包括规范草案和研制报告两部分内容。发布规范草案是向社会提供参考，鼓励需要者采用。规范加上“草案”字样，以与国家正式的语言文字标准有所区别。有些“软性”规范通过试用完善后，可以升格为正式标准。发布研制报告，是为了方便人们了解和使用草案，也可听取人们对草案的意见。首部A系列绿皮书的发布，标志着语言文字规范标准形成了由“强制性”、“推荐性”、“引导性”三个梯度构成的体系，使语言文字规范标准的制定和施行更加符合语言文字规律，得到了使用者和专家的肯定。

〔第五届两岸四地中文数字化合作论坛〕 2008年10月23日—24日，第五届两岸四地中文数字化合作论坛在合肥安徽大学顺利举行。来自中国大陆、香港、澳门和台湾的30多位语言文字和信息处理领域的专家学者出席了会议，交流了23篇论文。与会代表围绕编码汉字字际关系整理、简繁汉字转换、两岸四地词语对照、中文信息技术在教学中的应用、IRG工作追踪等进行了交流和讨论。专家学者们表示了强烈的合作愿望，一致认为要在繁简汉字自动转换、异体字整理、字际关系对应等方面制定操作性较强的合作方案并付诸实施，希望论坛形式能够逐步走向经常化、网络化、实践化。

撰稿　王翠叶　王　奇

审稿　李宇明

教材建设与教学仪器研究

人民教育出版社

〔**综述**〕 2008年是人民教育出版社实施《人民教育出版社“十一五”发展规划》的第三年，也是全面落实和扎实推进各项工作的关键之年。一年来，全社紧紧围绕出版体制改革这一中心环节，重点抓好课程标准实验教材的编写、修订、送审和出版工作，积极组织教材培训和服务，努力围绕市场需求研发教学资源，拓展新课标教材和一般图书市场，很好地完成了各项任务。

为了建立一套科学、规范、高效的运行机制，2008年，人民教育出版社不断加强制度建设和内部管理，相继制定发布了《岗位设置管理实施办法》、《资金支出审批暂行规定》、《内部审计工作规定》、《信息系统管理办法》等14项规章制度。根据事业的发展和实际情况的变化，人教社还组织相关职能部门对2008年以前制定的规章制度进行修订，编辑印发了《人民教育出版社规章制度汇编(2008)》。

〔**出版体制改革稳步推进**〕 根据新闻出版总署“2010年年底全面完成中央各部门出版社转企改制任务”的安排和部署，2008年6月，人民教育出版社成立了文化体制改革研究小组。在认真学习领会我国文化体制改革特别是出版体制改革的有关政策和精神的基础上，10月，研究小组分赴江西、湖南、广东、重庆、安徽等在出版体制改革和产业发展方面做得较好的几家地方出版集团，主要就出版社改革转制过程中的流程、改革难点和对国家有关政策的把握情况等进行深入了解。调研期间，除了听取介绍、组织座谈会外，小组成员还到调研单位的物流基地、发行公司、印刷基地、动漫创编基地、下属出版社和多元化经营部门进行了实地考察。

在调查研究、充分论证和广泛征求意见的基础上，文化体制改革研究小组不断修订完善人教社体制改革方案。12月，根据中央机构编制委员会办公室的批复精神，教育部办公厅下发文件，同意人民教育出版社加挂“课程教材研究所”牌子。

〔**深入开展学习实践科学发展观活动，推进教材建设**〕 在学习实践科学发展观活动中，人民教育出版社根据教育部党组的要求并结合工作实际，把“深化体制机制改革，加强主流教材建设”作为活动的载体。2008年10月—11月，由主要社领导带队，分赴江西、江苏等8个省的26个地市，就人教版教材质量、管理和售后服务进行专题调研。通过调研，获得了大量信息，经过整理分析后，人教社更加坚定了建设主流教材的信心，同时，对教材使用中存在的问题也提出了相应的解决办法。

为切实做好新课程的实验和推广工作，确保新课程培训工作与新一轮课改同步推进，2008年，人教社各学科编辑室在课改实验区和即将进入课改的省份举行各种形式的座谈会、研讨会、经验交流会、观摩课等，介绍人教版课标教材的主要特点、编写理念以及配套资源的开发情况。9月，应教育部赴四川地震灾区工作组的要求，人教社还组织小学语文、数学、初中语文、数学、英语等学科的专家，冒着余震的危险，深入汶川大地震重灾区阿坝州理县，对全县330多名中小学教师进行了培训。此外，人教社还通过积极推进网络培训、升级开通培训管理系统、开通人教网“培训网页”、创办《培训工作简报》等有力措施，使人教版教材的培训质量和培训效果再上一个新台阶。

〔**科研工作**〕 本着科研工作和编辑出版本职工作一体化原则，2008年，人民教育出版社不断加强科研管理工作，以科研带动产品的开发和研究，全社承担的六项“十一五”国家和教育部重点课题均已处于研究阶段。国家课题“中小学生学科学业评价标准的研究与开发”取得了实质性进展，绝大多数学科已完成学业评价标准，部分学科已进入实验阶段；国家课题“新课改后各类教材特点的比较研究”已通过中期检查，有17个子课题提交了文本研究报告，各子课题已进入实证研究阶段；教育部重点课题“国外中小学教材有关中国内容的研究”召开了课题报告会和课题研讨会，完善了课题研究方案；国家青年基金课题“课堂教学行为分析与评价”在实验学校采集课堂教学录像，研究各学科课堂教学行为分类系统。此外，“十五”国家重点课题“新基础教育课程教材开发的研究与实验”成果整合已基本结束。

在加强科研管理工作的同时，人教社还先后组织了“生物学教材中科学与人文的结合”、“基于课堂教学实践的教材编写研究”、“科技书稿审读方法与规范”等十余次学术讲座，在全社营造了良好的学术氛围，拓宽了编辑人员的思路和视野，提高了大家的业务素养。

〔**打造长销书和“精品”出版物**〕 2008年，人民教育出版社将成品书的质量检查和重要书稿的印前审读作为工作重点，着力打造了一批长销书和“精品”出版物。

2008年4月，人教社出版的《盛世钟韵》等五种电子音像产品入选新闻出版总署百种“外向型”重点音像制品和电子出版物选题目录，《中小学汉语会话教学视频资源》等两种电子音像产品入选新闻出版总署2008年少数民族语言文字类音像电子出版物重点选题目录；6月，北京市第一批出版工程图书选题论证工作完成，人教社开发的《奥林匹克知识小词典》和《现代汉语小语典》入选北京市出版工程；6月25日，《中日交流标准日本语》首版20周年纪念仪式暨学术研讨会举行，20年间，该书累计发行700万套，读者数量逾千万，为中日两国教育和文化交流作出了巨大贡献；10月，第二届全国“三个一百”原创图书出版工程入选图书评选揭晓，人教社出版的《和而不同：比较教育的跨文化对话》、《亲亲大社会丛书》入选；11月，中国教育报主办的2008年度“全国好书教师评”活动揭晓，人教社出版的《朱永新教育文集》名列“最优秀的教育学术理论图书”、《探究活动报告册》系列名列“最有价值的教辅类图书”；12月9日，由新闻出版总署指导、中国出版集团主办的“改革开放30年最具影响力的300本书”评选揭晓，人教社出版的《民主主义与教育》一书入选。

〔**版权输出与合作编写**〕 2008年，人教社全年对外输出版权共95项，坚持把“走出去”战略落到实处。5月，《现代汉语小语典》出版问世，人教社已经与新加坡圣智学习集团签订协议，授权将《现代汉语小语典》（英汉对照插图版）输往海外。9月5日，在第十五届北京国际图书博览会上，人民教育出版社与韩国语文学社就《朱永新教育文集》（十卷本）韩语版版权输往韩国举行签约仪式，这是我国当代教育家的教育理论著作首次大规模输往海外，必将进一步促进中韩两国之间的文化与教育交流。

除了向海外输出相关中文图书版权外，人民教育出版社2008年还积极与海外相关机构合作，以合作编写、共同开发的形式出版了多种教材和图书。人教社同香港思达出版有限公司共同开发的香港高中《语文》教材已完成必修部分5册学生用书的编写，于2009年9月在香港高中学校使用。2008年9月9日，人民教育出版社与澳门特别行政区教育暨青年局共同编写的《品德与公民》新书首发式在澳门举行，并于2008年秋季开始供澳门小学选用；同时，中学阶段的学生用书、教师用书和多媒体光碟以及供市民使用的相关教材的编写工作相应启动。

〔**网络教材“英语互动趣学堂”上线公测**〕2008年11月28日，人教社基于《英语（新目标）》和创而新（中国）科技有限公司iFlashBook网络平台开发的网络教材“英语互动趣学堂”正式上线公测。这是人民教育出版社与创而新（中国）科技有限公司合作，以全方位、立体化、智能化的方式探索和尝试网络出版的新形态和新的运营模式。

“英语互动趣学堂”充分利用动漫等多媒体形式，采用资源库作后台支持，利用语音识别系统提供人机互动服务，同时教学全过程伴有动态的评价功能。通过“英语互动趣学堂”所提供的“语音听读”、“角色扮演”、“智能问答”等学习功能，学生可以选择自己感兴趣的内容，变被动学习为主动学习。借助动漫情景导图，学生可在真实的语言情境中，准确掌握语言学习的要点，深刻体会和理解英语的运用。同时，学生通过及时有效的语言纠错与评价功能，能大大提高学习语言的能力。

〔**荣获“2008年度中华慈善奖”集体最高荣誉——最具爱心内资企业**〕 在谋求自身快速发展的同时，人民教育出版社还一直致力于社会教育和公益事业，每年都要向老少边穷地区捐赠款项、仪器、设备、图书、光盘等。在2008年“5·12”四川汶川特大地震发生后，人教社视灾区救助如己任，全力以赴，抗震救灾。为了保证四川、甘肃、陕西等重灾区应届高中毕业生顺利完成学业、迎接高考，人教社向中国教育发展基金会捐资1 267万元，用于地震灾区高考考生伙食补助；为了解决灾区学生教科书遗失、毁坏的问题，人教社于5月18日便将连夜赶印出的25万册中小学春季教材免费发放给灾区学生；为了帮助灾区学生度过难关，坚定信心，人教社还组织人员昼夜奋战，先后编写、印制了《我们一起度过——中小学生卫生防病知识》手册、《挺起不屈的脊梁——“抗震救灾中孩子们的感人事迹”之一》、《如何帮助我们的孩子——震区中小学生心理援助教师手册》等书籍，赠送给灾区和全国部分中小学生与教师。据统计，在2008年汶川大地震后，人民教育出版社捐款捐物超过2 500万元。

人民教育出版社用实际行动践行了所承担的教育责任、社会责任，同时也得到了社会各界的认可和尊重。2008年，人教社先后获得中央国家机关工委授予的“抗震救灾先进基层党组织”称号、新闻出版总署授予的“新闻出版行业抗震救灾先进集体”荣誉称号。在12月5日举行的中华慈善大会暨2008年度中华慈善奖表彰大会上，人民教育出版社荣获中华慈善奖集体最高荣誉奖——“最具爱心内资企业”，成为全国出版界唯一获此殊荣的出版社。

撰稿 邓文锋

审稿 李志军 徐 岩

高等教育出版社

〔**全力支援抗震救灾**〕 2008年四川汶川发生里氏8.0级强烈地震后，高等教育出版社全体员工心急如焚，紧急行动，通过多种形式的活动，全力支援抗震救灾。第一时间内积极开展慰问工作，向灾区有关单位、灾区有关高校、社内灾区籍员工表示关心和问候；掀起“送温暖、献爱心”热潮，通过单位自身捐助、内部员工捐助、“特殊党费”捐款、“特殊团费”捐款等多种形式向灾区共捐献资金约400万元，并积极捐物、献血；积极支持灾区新闻出版单位重建工作，对口支援绵阳日报社400

万元；发挥出版单位优势，邀请相关专家，紧急编辑出版心理救助图书，向灾区捐赠了《灾难过后——台湾“9·21”大地震心理重建工作经验》、《灾难心理救助使用手册》、《七彩人生——大学生心理发展丛书》、《大学生危机自救手册》等图书，共计10余万册，帮助灾区人民及有关院校广大师生尽快重建“精神家园”；汇总灾区高校受灾情况，落实各高校所需捐赠图书的品种、数量，向灾区捐赠1 500万码洋教材；高教社承建的“中国大学生在线”网站积极开展高校系统抗震救灾的宣传报道，组织策划以高校抗震救灾活动为主要内容的专题，及时发布有关进展情况，了解受灾学生的心理状况和生活、学习需求，为有关部门做好受灾学生的心理救助工作提供基础信息，受到大学生的关注和欢迎；选派全国高等学校教学研究中心教学研究室常务副主任夏鲁惠同志前往陕西省灾区教育行政部门挂职，帮助当地开展灾后重建有关工作。

〔**完成马克思主义理论研究与建设工程重点教材修订出版任务**〕 2008年，马克思主义理论研究和建设工程重点教材《马克思主义基本原理概论》、《思想道德修养与法律基础》、《中国近代史纲要》、《毛泽东思想、邓小平理论和“三个代表”重要思想概论》，根据党的十七大精神进行了全面修订，高教社配合教育部完成了教材修订后的编辑出版和教师培训工作。根据中央马克思主义理论研究和建设工程办公室安排，高教社的《毛泽东思想、邓小平理论和“三个代表”重要思想概论》课题组对教材又进行了修改，并将《毛泽东思想、邓小平理论和“三个代表”重要思想概论》改名为《毛泽东思想和中国特色社会主义理论体系概论》。新教材的修订完善，为进一步加强和改进大学生思想政治教育，深入推进中国特色社会主义理论体系建设奠定了坚实基础。2008年，高教社主办的《思想理论教育导刊》入选《中文核心期刊要目总览》之政治学（含马列）类的核心期刊，这标志着《思想理论教育导刊》在全国高校思想理论教育教学、马克思主义理论研究宣传和大学生思想政治教育工作领域正发挥着越来越重要的作用，影响力、号召力和凝聚力进一步增强。为纪念改革开放30周年，《思想理论教育导刊》与高校思想政治理论课教学研究中心共同主办了第一届《思想理论教育导刊》论坛——“改革开放30年与高校思想政治教育”理论研讨会，为推进高校思想政治理论课教育教学改革和课程、教材建设，加强马克思主义理论学科建设，改进大学生思想政治教育工作提供大力支持。

〔**加快国际化步伐**〕 2008年，高教社全面落实中国图书“走出去”战略，不断加强对外教材研发与出版工作，共有30本图书分别获得“中国图书对外推广计划”翻译资助和“2009年法兰克福书展中国主宾国图书翻译出版资助项目”翻译资助，共计约156万元。同时，高教社共有14种图书获得“中国图书对外推广计划”2008年下半年重点推荐资格，19种图书获得一般推荐资格，获得推荐的图书可在“中国图书对外推广计划”网站和英文杂志*China Book Review*上作免费宣传，可由政府采购向“中国之窗”赠书。翻译资助与推荐资格的取得，说明高教社向国外出版机构成功输出版权的图书品种、数量不断增多，对外输出成果显著，对高教社进一步加大图书对外推广、加快实施国际化战略具有积极的作用。“中国图书对外推广计划”是中国文化产业“走出去”的重要项目，以滚动资助的方式，鼓励各国出版机构翻译出版中国的图书。

〔**综述**〕 2008年10月，在世界知识产权组织、国家版权局主办的中国国际版权论坛开幕式上，世界知识产权组织和国家版权局共同评选出“世界知识产权组织版权创意金奖”，高教社凭借在版权产业发展和版权保护方面作出的突出贡献，成为唯一一家入围的国内出版机构，荣获“世界知识产权组织版权创意金奖——单位奖”。这是迄今为止世界知识产权组织授予中国的最高奖项，说明高教社近年来依靠版权贸易和版权保护不断扩大发展规模、创造经济效益的同时，获得了良好的社会效益和品牌效应。2008年，在北京市新闻出版局、北京市人事局联合评定的“2008年度北京市新闻出版版权创意成果奖”活动中，高教社荣获该奖项“先进集体”荣誉称号。该奖项旨在鼓励各出版单位及个人积极探索版权创意产业的新思路、新方法，表彰先进、振奋行业精神，充分调动行业及个人的积极性和创造性，推动新闻出版业及版权工作快速健康发展。

2008 年，北京市人民政府外事办公室、北京市民讲外语活动组委会对奥运会、残奥会七年筹办工作中在市民讲外语活动中作出突出贡献、取得突出成绩的单位、集体及个人予以表彰，授予高教社“北京市民讲外语活动优秀组织单位”荣誉称号，以表彰高教社承办“体验英语、共迎奥运——北京市民讲外语系列公益讲座”中作出的贡献。公益讲座自 2007 年 3 月启动以来，成功举办了 50 余场，参加市民达 2.5 万人次。讲座通过校园巡讲、书店巡讲、高等教育出版社固定场地讲座等形式，为北京市民学外语创造了一个崭新的公益平台，为建设“人文奥运”、营造国际化大都市的良好语言环境作出了贡献。

2008 年，中国编辑学会和高等教育出版社主办的《中国编辑》期刊，经有关部门评审，分别荣获“全国中文核心期刊”和“中文社会科学引文索引（CSSCI）来源期刊”，为推动中国编辑资源平台的规划和建设，进一步提升其在业界和学术界的影响力和品牌形象，聚拢、开拓全国出版编辑资源奠定了良好基础。“全国中文核心期刊”系统和“中文社会科学引文索引（CSSCI）来源期刊”系统，是评价一个优秀期刊必备的权威指标，也是评价一个期刊能否科学发展和可持续发展的重要标志。

撰稿　谢　丹
审稿　苏雨恒

教学仪器管理与技术工作

〔**编写《汶川地震灾区板房中小学校教学设备配置指导手册》**〕 2008 年 5 月四川省汶川地震后，灾区中小学校舍及教学仪器设备受到严重损坏，国家有关部门决定修建活动板房学校，尽快实现中小学复学开课。按照教育部基础教育司的要求，教育部教学仪器研究所组织相关专家，从灾区活动板房临时课堂的实际条件出发，以从俭、实用、满足最基本教育教学需要为原则，依据小学科学、数学、物理、化学、生物、地理、音乐、美术等学科课程标准，编写了《汶川地震灾区板房中小学校教学设备配置指导手册》。《手册》提供了实验室布置图及说明，教学仪器及器材配置清单，实验室经费概算，实验室活动及实验题目，阐述了相关实验室的配置要求，帮助和指导了地震灾区活动板房中小学校配置教学仪器设备工作。

〔**编写《义务教育学校实验室标准化建设指导手册》**〕 为做好地震灾区中小学校恢复重建工作，促进中小学校实验室标准化建设，教育部基础教育司、教育部教学仪器研究所 2008 年联合编制了《义务教育学校实验室标准化建设指导手册》。该《指导手册》遵循城乡建设一体化和义务教育均衡发展的理念，以满足中小学教育教学基本要求为原则，以教育部颁布的相关课程标准和配备标准、配备规范为依据，既满足当前教育教学活动需要，又具有一定的前瞻性。该《指导手册》分别提供了小学科学实验室及辅助用房和音乐、美术专用教室，初中理科实验室及辅助用房和地理、音乐、美术专用教室的布局图、布置图和用房要求，提出了相关学科教学仪器设备的配置要求。

〔**“学校化学教学实验废液问题的研究”通过专家评审**〕 2008 年，教育部教学仪器研究所在中央级公益性科研院所基本科研业务费支持下，完成了“学校化学教学实验废液问题的研究”课题。

课题研究结果表明：

1. 在我国，一所高等学校化学实验教学中心危险废液产量为每年几百升～几千升，一所普通高中危险废液产量为每年一百升～六百升。高等学校废液中主要污染物是重金属类、不含卤素有机废液类及废酸类；普通高中则以酸碱废液量最大，其次是重金属废液（主要是含铜、钡、锌废液，其中含铜废液所占比例最大）。

2. 我国社会处理危险废物的设施不完备，废液回收渠道不够畅通；不少高等学校没有建立健全完备的废液管理机制，缺少专项经费支持。普通高中的实验废液基本处于放任自流状态，行政主管部门没有明确的要求和规定。

该课题研究者建议，相关行政主管部门尽快制定关于学校实验室危险废物的管理办法和分类标准，研究和论证在一所高校（或一个地区）建立实验室废物处理站的必要性、可行性和实施方案，加强对危险废物进行资源化和无害化处理的基础设施的规划和建设。

〔**全国教学仪器标准化技术委员会换届**〕 2008年，国家标准化管理委员会批复了全国教学仪器标准化技术委员会的换届申请及第四届全国教学仪器标准化技术委员会的组成方案。第四届全国教学仪器标准化技术委员会（SAC/TC125）由主任委员、副主任委员、总委会委员和六个分技术委员会委员组成。委员来自全国科研院所、检测机构、高等院校、教研部门、装备管理部门、行业协会和企业，共134人。标委会秘书处设在教育部教学仪器研究所。

〔**颁布四项教学仪器设备安全国家标准和十七项教学仪器教育行业标准**〕 2008年，全国教学仪器标准化技术委员会组织起草的《教学仪器设备安全要求总则》、《教学实验室设备实验台（桌）的安全要求及试验方法》、《教学仪器设备安全要求仪器和零部件的基本要求》和《教学仪器设备安全要求玻璃仪器及连接部件》四项国家标准，由国家质量监督检验检疫总局和国家标准化管理委员会批准发布。这四项标准是建国以来国家首次出台的有关教学仪器设备安全的国家标准，必将对规范教学仪器市场、提高教学仪器设备产品质量、保障师生员工的生命安全起到非常重要的作用。

撰稿　金　林
审稿　刘诗海

教育科研、学术活动

中央教育科学研究所

〔**明确功能定位、确定发展目标**〕 根据教育部领导关于把中央教育科学研究所做大做强的指示精神，中央教育科学研究所新一届所领导班子在广泛深入调研的基础上，以科学发展观为指导，结合本所实际，2008年明确提出了中央教育科学研究所的功能定位、发展目标和思路。

中央教育科学研究所的功能定位是“一体两翼”：“一体”是指以科学研究为主体，实现基础研究、应用研究、成果推广的协调发展；“两翼”是指以知识服务和产业创新为翼，即以教育部中心工作为重点的政策咨询服务和以提供标准、模式为重点的教育实践服务；以教育科学出版社为主体，以九刊一报和主业优质培训为增长点，以数字化、网络化产品为突破手段的创新文化产业。中央教育科学研究所的目标定位是“四个立足于”：即立足于国家发展战略，立足于教育部中心工作，立足于区域性、全国性指导，立足于高水平国际交流，把发展的重心转移到提高研究质量上来。中央教育科学研究所的发展思路是：“集中力量办大事”，以应用对策研究为主导，以重大问题为主攻方向，打造国内综合实力最强、国际有影响的国家教育研究所。

一年来，全所一心，团结奋进，改革创新，通过加强内部管理、完善科研人员考核评价机制、机构调整、全员聘任、实施优秀人才支持计划等一系列重要措施，整合资源，凝聚力量，提升综合实力，取得显著成效。

撰稿　史习琳

〔**机构调整与队伍建设工作**〕 为适应国家教育事业改革发展的需要，凸显中央教育科学研究所“一体两翼”的功能定位和发展思路，中央教育科学研究所于2008年7月进行了机构调整和全员聘任工作。机构调整后，内设机构分为研究、行政和教育文化产业3个序列，共24个部门。

研究序列包括：教育政策研究中心、教育理论研究中心、教育督导评估研究中心、基础教育研究中心、高等教育研究中心、国际比较教育研究中心、心理与特殊教育研究中心、体育卫生艺术教育研究中心、课程教学研究中心、教师发展研究中心、信息中心。

行政序列包括：办公室、党委办公室、科研管理处、人事处、财务处、国际交流处、全国教育科学规划领导小组办公室、离退休工作处、总务处。

教育文化产业序列包括：教育科学出版社、电子音像出版社、报刊中心、科技研发中心。

在机构调整的基础上，中央教育科学研究所进行了全员聘任工作。本次聘任工作充分体现了改革创新、择优录用、公开透明、公平公正、务实高效、实事求是的原则，进一步促进了人才队伍建设，干部队伍更加朝气蓬勃，优秀人才不断涌现。为探索人才培养模式，激励为事业发展作出突出贡献的各类人才，中央教育科学研究所实施了“央所人才支持计划”，2008年评选出优秀人才12名，骨干人才20名，青年人才40名。

撰稿　齐亚琴

〔**切实推进四川地震灾区教育重建计划**〕 四川汶川特大地震发生后，中央教育科学研究所积极响应教育部号召，充分发挥专业优势，于2008年6月组成专家组深入灾区，与四川省教育厅、省教科所精心研究制定了全力支持、全程参与汶川地震灾后教育重建的工作方案，制定了心理重建、学校重建、教学重建、校园重建、师资重建、赈灾遗产总结的“六大重建”计划。2008年8月，专家组再赴地震灾区，与四川省教育厅、省教科所一起与省内6个受灾州市、39个重灾市县教育行政部门、教育科研人员，共同研究了积极参与、切实推进灾区教育重建的内容和方法。

一是切实做好心理辅导与心理健康教育工作。根据教育部《关于地震灾区中小学开展心理辅导与心理健康教育的通知》精神，中央教育科学研究所组织了专业力量，协助四川省教育厅制定了《关于加强灾后中小学生心理辅导与心理健康教育工作的实施意见》、《开展地震灾区中小学心理辅导与心理健康教育教师培训实施意见》等相关文件；参照教育部《地震灾区小学、初中、高中学生心理辅导课程目录》，组织编写灾后学生心理辅导与心理健康教育活动手册；协助四川省教育厅制定教师培训方案，并安排专业人员进行相关的教师培训；与地方教育行政部门一起，组建灾后心理辅导与心理健康教育巡回指导组。

二是重点支持“软件”建设。根据调研发现的一些新情况、新问题，中央教育科学研究所提出，把支持地震灾区教育重建的重点放在文化软件的建设上，注重化解师生的心理创伤，消除灾害留下的心理阴影，大力开展积极心理重建；注重对学校的布局、规模、结构、分布的办学理念研究，以提高教育的效率和科学性；注重教学环境从固定教室转到活动板房的实际，深入研究活动板房教学的新特点、新模式；注重校园生活、校园管理和校园文化等方面的重建，构建有利于全面提高学生素质、促进学校可持续发展的校园文化和学校管理氛围；注重利用灾后重建的契机，针对以前师资队伍建设中存在的问题，根据社会的需要，发现新的生长点，提高教师专业化水平；注重对地震后教育重建经验和教训的总结与分析，为国家决策、建立有效的预防和应对机制提供参考。

三是聚合力量，全力支持灾区教育重建。在教育部领导下，中央教育科学研究所与相关职能部门一起，采取切实可行措施，全力支持灾区教育重建工作。地震发生后，中央教育科学研究所提出了灾后教育“六大重建”计划，组织专家组，并派研究人员长期驻扎一线，跟踪灾区教育重建2～3年；先期启动2008年度基本科研业务费专项基金项目《5·12四川汶川大地震灾后教育重建研究》，研究所门户网站及时开辟了“灾区学校重建专家论坛”专栏，充分依靠和发挥四川省教育厅、省教科所及省内21个受灾县的教育行政、科研力量，形成工作网。

撰稿 陈如平

审稿 袁振国

中国教育学会

〔**召开中国基础教育改革与发展30年座谈会**〕根据教育部统一部署，2008年11月，中国教育学会与教育部基础教育一司、二司在北京召开了“中国基础教育改革与发展30年座谈会”。会长顾明远，副会长谈松华、郭永福、李烈，基础教育一司副司长王定华等领导及分支机构专家和中小学校长、学生50余人出席。9位同志在会上畅谈了改革开放30年来我国基础教育取得的辉煌成就和宝贵经验。大家一致认为：改革开放30年是中国教育发展史上发展速度最迅速、变化最深刻、成就最辉煌的时期，探索了一条中国特色社会主义的教育发展道路。我们要珍惜30年教育改革与发展的理论和实践成果，不断推进教育优先发展；坚持解放思想，不断突破体制障碍；坚持“三个面向”，不断开拓创新；坚持以人为本，不断推进教育事业又好又快发展。

〔**召开第21次全国学术年会**〕 在浙江省教育厅和杭州市教育局大力支持下，中国教育学会于2008年11月，在杭州市召开以“中国基础教育改革开放30年回顾与展望”为主题的第21次全国学术年会。教育部原副部长王湛，学会会长顾明远，副会长陶西平、谈松华、郭振有、郭永福、韩绍祥、张绪培、张民生、叶澜、唐盛昌，学术委员会副主任卓晴君等出席，来自全国各地的专家学者、教育行政部门负责人、中小学校长和教师200余人与会。

顾明远会长在开幕词中从教育观念的转变、教育事业的发展、教育制度的创新、教育科学的繁荣四个方面来概括改革开放30年教育的伟大成绩。王湛同志以《关于21世纪初中国教育面临的挑战与对策的几点思考》为题作了主题报告。他指出，在今后相当长一段时期内，中国教育需要努力破解四个方面的突出问题：第一，推进经济社会又好又快发展，教育面临着提高质量和提高普及程度的双重压力。第二，满足人民群众上得起学、上好学的要求，教育面临着经费投入和制度供给两大不足。第三，统筹城乡发展，教育面临着促进均衡与创优树特色两大难题。第四，构建学习型社会，教育面临着完善国民教育体系和建立终身教育体系的双重任务。王湛同志就建设教育强国的对策进行了思考，认为首先要从增强国力与改善民生的结合点上落实教育优先发展的战略地位。其次，要在主体功能区和人口发展功能区规划和建设的背景下提高教育发展的规划水平和统筹能力。再次，要从解决突出问题入手，加强教育制度创新和建设。最后，要从物质与精神两个层面，营造教师成长发展的良好环境。

在年会上，与会同志分别就“基础教育理念的创新与变革”、“基础教育的行政体制改革”、“基础教育教学改革与质量提高”、“基础教育现代学校制度的建立与完善”四个专题进行了研讨和交流。

〔**联合召开第二届中国小学校长大会**〕 2008年11月，中国教育学会与天津市教育委员会、天津师范大学联合在天津召开了第二届中国小学校长大会。全国人大常委会副委员长、民进中央主席严隽琪，教育部副部长、国家总督学陈小娅，天津市人民政府副市长张俊芳，中国教育学会会长顾明远，副会长朱永新、陶西平、郭振有、郭永福、李烈，天津市教委主任靳润成，天津师范大学校长高玉葆，天津市教育学会会长李闻玺，中国工程院院士、天津市科协主席王静康，天津市政府办公厅副主任殷向杰等领导与来自全国各地的研究人员和小学校长1 200余名参会。

此次会议的主题是“学校科学发展与校长时代使命”。严隽琪副委员长在开幕式上致词。她指出，作为教育工作者特别是校长，肩负着十分重要的责任，在承担繁重的教育教学任务的同时，既要认真贯彻执行党的教育方针，又要在推进教育改革中有所突破，还要面对舆论和社会各方面的压力。她希望广大教育工作者要始终坚持教育的公益性，促进教育的公平与公正；始终坚持遵循教育规律，育人为本，因材施教；始终坚持教育理论与教育实践相结合，以理论指导实践，以实践推动理论创新。

顾明远会长在开幕词中强调，小学教育的改革仍然要解放思想，要给每一个孩子提供最适合的教育，让每一个孩子都生动活泼主动地发展。校长是学校的领头人，要用先进的理念来引领教师队伍，使学校不断发展，教育质量不断提高。

教育部副部长陈小娅在讲话中指出，在整个教育事业中，小学校长的岗位非常特殊，职责特别神圣，工作格外重要。校长的教育理念、教育思想、专业素养、管理能力如何，工作开展的效果如何，直接关系到整个小学教育的质量，关系到党和国家教育方针的落实，关系到一代甚至几代人的健康成长，关系到中华民族的未来。她强调，新的历史时代，小学教育要以科学发展观为指导，就是要提升办学理念，明确办学思路，规范办学行为，彰显办学活力；“以学生为本”，把每个学生在原有基础上的获得真正成长放在首位，激发学生学习进步的主动性和自觉性；着眼于学校有质量的可持续的发展、有潜力和有后劲的发展；认认真真办学、安安静静办学、扎扎实实办学；抢抓机遇，不负时代，按照科学发展观要求办好学，肩负起培养中国特色社会主义建设者和接班人的神圣使命。

会议期间，陶西平副会长、王静康院士分别作了《着力提高教育质量》、《解放思想，开拓创新，实现中国小学教育的新发展》专题报告；9 位专家和校长分别在“校长成长与自身建设”、“以人为本与制度创新”、“课程改革与高效教学”专题论坛上作主题发言。

〔**联合召开全国农村教育发展与管理研讨会**〕 2008 年 4 月，中国教育学会、西安市人民政府、陕西省教育厅、《中国教育报》和《人民教育》杂志社共同在西安举办以“农村教育发展与管理的认识与实践”为主题的全国农村教育发展与管理研讨会。教育部基础教育司司长姜沛民专程到会并讲话。

会上，陕西省蓝田县教育局汇报了“素质教育梯次发展管理评价”的研究成果。此研究始于 20 世纪 80 年代蓝田县一农村学校的“教育教学目标管理积分制”改革实验，经过不断总结和完善已在全县实施，推动了素质教育的开展，促进了教育教学质量的提高。

这一研究得到专家和与会者的高度评价。朱小蔓副会长指出：蓝田的“梯次发展管理评价”是基层管理改革创新模式的一个典型案例，其实质就是回归“以人为本”的理念，重视学生独特的个体生命，尊重学生不同的生活经验和差异发展，通过评价观念和评价方式的改革，让每个学生找到适合自己的发展道路。郭振有副会长指出：“蓝田经验”是我国改革开放以来农村教育改革与发展中取得的重要成果之一。它有四个特点：第一，体现了唯物辩证法；第二，体现了科学发展观；第三，产生在一个国家级贫困县，是“穷则思变”的产物；第四，具有示范性。

〔**联合举办第二届两岸青少年社会教育研讨会**〕 2008 年，中国教育学会与中国宋庆龄基金会、台湾省教育会继 2007 年在北京成功举办“首届两岸青少年社会教育论坛”后，于 10 月在台北举行了“第二届两岸青少年社会教育研讨会”。12 位大陆和台湾教育工作者围绕“优化育人环境、奠定人生基础——当前中小学生养成教育面临的困境和思考”这一主题进行深入研讨。教育学会副会长陶西平、副秘书长马建华在研讨会上介绍了北京市把学校教育和社会教育有效连接起来，开展中小学生社会大课堂实践活动的经验，以及大陆地区根据学生的年龄特点，把养成教育纳入或渗透到中小学教育教学全过程的情况和做法。台湾代表介绍了台湾学校融入生活的道德教育，建立良好的学生道德行为、生活习惯与反省能力的经验，引起大陆代表的浓厚兴趣。与会的两岸代表认为，养成教育的终极目标是促进受教育者学会做人、学会认知、学会生活和学会创造。在两岸养成教育的具体做法中，都渗透了从小事做起和从细微处做起的特色，这些做法长期坚持，一定会收到很好的成效。

〔**开展灾后青少年心理援助行动**〕 “5·12”汶川特大地震，震动全国，震惊全世界，也牵动学会全体干部的心。在会长的领导下，学会做了以下工作：（1）学会秘书处积极响应教育部机关党委、中央组织部捐款倡议，共捐款和交纳“特殊党费”19 600 元。（2）震后第 8 天，学会与中华慈善总会、中国医师协会共同向社会发起了“1＋1 灾后青少年心理援助行动”，动员社会广泛捐助，组织专业志愿人员赴灾区参加青少年心理干预行动。经紧张准备，5 月 31 日派出第一支由专业心理、卫生专家组成的志愿队，对转移到成都市温江区复习备考的 3 600 名都江堰市高三学生进行心理辅导。6 月 5 日—7 日，中央电视台“新闻 1＋1 节目”连续介绍此项活动，产生了巨大社会影响。（3）“教师节”期间，顾明远会长一行冒着余震亲赴成都市青羊区、都江堰市和德阳的什邡市等 12 所学校慰问教师，向辛勤工作在第一线的教师们致以节日问候和由衷的敬意。

〔**开展系列活动，为青少年展示才华、健康成长搭建平台**〕 （一）春节前夕，学会与中国教育电视协会、中国文学艺术基金会在北京举办了“魅力校园——第三届全国校园文艺汇演暨第八届全国校园联欢晚会”，第十届全国政协副主席张怀西出席了颁奖大会。

（二）8月，学会与中国书法家协会、宁夏自治区党委宣传部在吴忠市举办了“‘宁夏庆华杯’第二届中国（吴忠）中小学生书法节”。共收到全国30个省、自治区、直辖市作品8 016件，选出优秀作品50件，优秀提名作品50件，入展作品224件。

（三）学会与国家工商总局商标局、中国版权协会联合举办了“‘尚德电力杯’——第二届中国青少年创意大赛暨知识产权宣传教育活动”。7月在烟台举行了初赛，来自全国20个省（自治区、直辖市）的200多支代表队、100多所中小学参加了这项活动，现场产生了创意作品3 000多项。11月在无锡举行总决赛，张怀西副主席出席了颁奖大会。

（四）12月，学会与中国宋庆龄基金会、中国发明协会和全国少工委在京主办了“第六届宋庆龄少年儿童发明奖”活动。共评出金奖30名，银奖88名，铜奖148名，创意奖34名。中共中央政治局委员、国务委员刘延东致信祝贺。全国政协副主席、科技部部长万刚，中国宋庆龄基金会主席胡启立，团中央书记处书记罗梅等领导出席了颁奖仪式。各新闻媒体对上述活动作了大量报道，扩大了学会影响，产生了良好的社会效益。

〔**加强学会自身建设**〕 为总结交流各省市教育学会工作，2008年8月，学会在内蒙古呼和浩特市召开了“全国省市教育学会工作研讨会暨《中国教育学刊》2008年度工作会议”，8个省市学会负责人在会上介绍了经验，《中国教育学刊》编辑部总结了2008年度工作，表彰了先进集体和先进个人。顾明远会长、郭永福常务副会长出席会议并讲话。

成立新的专业委员会，部分分支机构、省市学会顺利换届。(1) 经民政部批准，中国教育学会成立了基础教育评价专业委员会。6月，在京召开了成立大会，选举产生了第一届理事会。学会副会长陶西平为名誉理事长，北京市教科院院长时龙为理事长。(2) 7个分支机构和3个省市学会顺利换届。5月，杨贤江教育思想专委会举行第六次会员代表大会，选举喻立森为理事长、陈如平为秘书长。10月，小学数学专委会举行第七次会员代表大会，选举张卫国连任理事长，杨刚兼任秘书长。同月，高中教育专委会举行第五次会员代表大会，选举王本中连任理事长，赵光华兼任秘书长。11月，音乐教育专委会举行第五次会员代表大会，选举杨瑞敏连任理事长，吴斌兼任秘书长。同月，家庭教育专委会举行第二次会员代表大会，选举赵忠心连任理事长，赵刚兼任秘书长。12月，中学语文教学专委会举行第八次会员代表大会，选举苏立康为理事长，顾之川为秘书长。2月，陕西省教育学会举行第六次会员代表大会，选举杨生枝为会长，李振东为秘书长。9月，西藏教育学会举行第五次会员代表大会，选举教育厅厅长宋和平为会长，韩晓悟兼秘书长。11月，广州市教育学会举行第五次会员代表大会，选举姚继业为会长，熊少严为秘书长。

撰稿　王　燕
审稿　马建华

中国高等教育学会

〔**综述**〕 2008年，中国高等教育学会在教育部党组领导下，以贯彻党的十七大精神、学习实践科学发展观为动力，以纪念和研究中国高等教育改革开放30年为主线，紧密围绕教育部的中心工作，努力推动教育思想与观念的变革和高等教育科学研究水平的提高，开展了大量工作，取得了新的进展。

〔**隆重纪念改革开放30周年，积极开展相关科研活动**〕 2008年11月，中国高等教育学会和黑龙江省人民政府联合主办、黑龙江省教育厅与省高等教育学会承办的以“改革开放和中国高等教育”为主题的“2008年高等教育国际论坛”在哈尔滨市隆重召开。来自美国、俄罗斯等国的高等教育专家和国内部分地区的教育行政部门领导、高校校长或党委书记及高等教育界的专家学者共计300余人出席了论坛。周远清会长就“开放是前提”、“改革是关键”、“质量是中心”、“理念是先导”等问题，对我国高等教育改革开放30年的经验加以总结。与会代表一致认为，改革开放30年，我国高等教育实现了跨越式发展，取得了举世瞩目的巨大成就，积累了丰富的经验。这些使我们今天能够站在一个新的历史起点上，向着建设高等教育强国的目标前进，从而为建设创新型国家和人力资源强国作出新的贡献。

根据教育部的统一部署，2008年11月27日，中国高等教育学会与教育部高教司联合召开“中国高等教育改革与发展座谈会”。来自教育部高教司、科技司、中国高等教育学会等单位和清华大学、中国人民大学、中国农业大学等高校及教育研究机构的十几位领导和专家学者分别从不同的视角，结合工作实际、研究成果和改革开放的亲身经历，畅谈了中国高等教育事业改革发展30年的历史进程和宝贵经验，盛赞改革开放后中国高等教育所取得的辉煌成就。周远清会长以“大改革、大发展、大提高”来概括了我国高等教育发展历史上具有里程碑意义的、为历史所证明的一场伟大的改革发展历程。

中国高等教育学会在2007年启动的“改革开放30年中国高等教育改革发展研究”课题的基础上，经过秘书处组织的一批专家学者的共同努力，以中国高等教育学会名义组编的《改革开放30年中国高等教育发展专题研究》、《改革开放30年中国高等教育改革亲历者口述纪实》分别于2008年10月和12月由教育科学出版社正式出版。

学会系统各单位纷纷召开以“纪念30年”为主题的学会年会和学术研讨会，出版了一批相关的研究成果。四川省高等教育学会等单位还编辑、出版了《跨越——四川高等教育改革发展30年》等书。

〔**继续推动高等教育科学研究**〕 召开《共和国老一辈教育家传略》首发式。2008年4月，中国高等教育学会组编的反映18位共和国老一辈教育家的教育思想和教育实践的《共和国老一辈教育家传略》由高等教育出版社正式出版。9月12日，在庆祝我国第24个教师节之际，中国高等教育学会在教育部举行该书的首发式。陈至立国务委员在首发式的讲话中强调，在奠定新中国教育基础的伟大实践中，涌现出了一大批卓越的教育家，他们的教育思想和教育实践都曾在共和国教育史上写下了辉煌的一笔，具有宝贵价值和重要意义，希望能进一步宣传共和国老一辈教育家，努力营造尊重教育家、学习教育家的氛围，真正把他们的思想、实践和在教育事业中长期起作用的规律性的经验发扬光大，同时为一大批新时期的教育家的造就和成长培养良好的环境。教育部副部长袁贵仁充分肯定了出版此书的意义，他希望教育部各有关司局和直属单位、各高等学校都能够重视对教育史和教育家的研究，重视校史的开发和研究，不断推出高质量、高水平的研究成果。周远清会长以《学习宣传老一辈教育家，忠于人民的教育事业》为题作了发言。

启动了《遵循科学发展，建设高等教育强国》的重大研究项目。2008年1月，中国高等教育学会与高等教育出版社联合组织的题为《遵循科学发展，建设高等教育强国》的重大研究项目正式启动，并随后召开了“建设高等教育强国研究”专家研讨会。会后正式确定的研究项目分为建设高等教育强国的“内涵与特征”、“意义与使命”、“背景与条件”、“教育理念创新”、“体制与机制”、“优化结构”、“质量与水平”、“扩大开放”、“建设高水平大学”、“做强地方本科院校”、“做强高等职业技术教育”、“做强省一级高等教育”等13个课题，并确定了各课题组的构成。

承担了《国家中长期教育改革发展规划纲要》的部分调研任务。根据教育部的部署，学会于2008年7月成立了以叶之红同志为组长的调研工作小组，随后组织开展了一系列调研活动，内容包括：关于高等教育未来挑战与对策的战略思考的调研；关于深化和完善我国高等教育体制改革的专题调研；关于新兴中心城市高等教育改革发展问题的专题调研；关于高等教育质量保障体系建设实践经验专题调研；关于高等教育科学研究为改革发展实践服务的专题调研等。在充分调研的基础上，并结合学会“改革开放30年中国高等教育改革发展研究”大型课题研究，学会汇总编写了专题调研报告并报送教育部领导。专题调研报告受到高度重视，被教育部编入《〈国家中长期教育改革和发展规划纲要〉工作报告》第一期报送教育部《纲要》领导小组、工作小组和各调研小组成员。

正式出版了第一批高等教育学硕士研究生教学参考用书。经过两年的努力，在高等教育出版社的大力支持下，学会依托高等教育研究机构协作组组织相关高等教育研究机构参与编写的“高等教育学硕士研究生教学参考用书”——《院校研究》、《高等教育组织与管理》、《高等学校教学论》、《高等教育心理学》、《高等教育研究方法》等书从2008年9月起陆续出版。

组织了第四届高等教育学优秀博士学位论文的评选、表彰活动。

积极推进《高等学校管理和办学质量标准研究》课题研究。2007年底，学会申报的《高等学校管理和办学质量标准研究》被列入国家社会科学基金“十一五”规划教育学2007年国际课题，2008年，该课题各项工作顺利进行：与子课题组签定了任务书和合同书，征询教育部各有关司局要求和建议，组织了一批专题研讨会，内容涉及学生管理、科研管理、师资管理、信息化管理、国际合作与交流、档案管理、质量保障体系研究等。

组织或与其他单位联合组织了一批专题研讨会。（1）1月11日—13日，学会在北京召开“全国高等教育研究机构协作组会暨第二届全国优秀高等教育研究机构表彰会”，完成了全国高等教育研究机构协作组的换届工作；（2）2008年8月至年底，学会结合教育中长期发展规划纲要的大调研，召开了行业高等教育学会体制改革座谈会、原行业所属高校研讨会、新兴中心城市高等教育发展经验座谈会、全国高等教育研究机构重要科研成果报告会、推进标准化管理及质量保障体系建设报告会等一系列调研、研讨会，并形成了数万字的调研报告，受到部领导和有关部门好评；（3）8月1日—3日，学会在河南焦作召开了“中国高等教育学会第二届个人会员学术年会”；（4）10月18日—19日，学会与北京联合大学联合召开了“2008应用性本科教育国际研讨会”；（5）11月18日，学会与国家师范性高等职业院校建设工作协作委员会、浙江金融职业学院在杭州共同主办了“2008全国百所示范性高职院校文化论坛”，论坛主题为“高职教育文化与可持续发展”；（6）12月20日—21日，学会与国家示范性高等职业院校建设工作协作委员会联合举办“‘百所名高职、百家名企业’合作发展论坛暨国家示范性高等职业院校建设二周年专业改革成果展示会”，受到新闻媒体的广泛关注和集中报道。

中国高等教育学会各学会、分会、专业委员会及分支机构除了召开以“纪念30年、研究30年”为主题或重要内容的学会年会、研讨会，还开展了大量学术和培训活动，主要有：高校党校教育研究分会积极指导各地区开展高校党校干部培训活动，进一步提升了高校党校工作人员的能力和素质；上海市高等教育学会以国家、上海高等教育中长期发展战略规划为重点，组织校长论坛，从不同维度、不同视角就高等教育亟待解决的重要问题展开了深入的探讨；云南省高等教育学会2008年4月获得了联合国教科文组织亚太教育局的翻译授权合同书，翻译《亚太高等教育证书、文凭和学位手册》和《东南亚高等教育》两书；河南省高等教育学会组织相关高校开展河南省高等教育结构、学科专业结构和高等教育人才培养质量的研究活动，为河南省高等教育的健康快速发展提供了参考和借鉴；首都经济贸易大学、国际政治研究专业委员会和北京市社会科学联合会、中国城市发展研究会、亚太城市发展研究会在北京联合发起举办了主题为“奥运后首都国际化进程的新趋势与新挑战”的“2008

城市国际化论坛”，新华社、人民日报等十多家媒体参加了采访报道；江西省高等教育学会坚持为教育行政部门做助手、为高等学校作服务的理念，在积极配合省教育厅有关部门的工作中成绩突出；高等教育管理研究会深入开发2007年年会学术交流成果，正式出版了《现实与理想2008——中国高等教育管理》一书；特殊教育研究分会、国际聋人高等教育网络组（PEN-International）、中国残联职业教育研究会在吉林长春联合主办，长春大学特殊教育研究中心、长春大学特殊教育学院承办了“庆奥运——无声的彩色世界”全国首届聋人大中专学生美术展；辅导员工作研究分会与中国教育报、中国教育电视台共同主办了“2008年度全国高校辅导员年度任务评选”活动。

〔继续推进学会咨询、中介、服务等职能的发挥〕 2008年，中国高等教育学会积极取得教育部各有关司局及其他单位的支持与配合，依靠自身优势，继续推动学会的咨询、中介、服务等职能的发挥。

承办教育部有关司局委托的工作有了较大的增加。(1)按照教育部人事司的要求，在组织共和国老一辈教育家研究宣传活动的基础上，联合中国人民大学“中国大学校长素质”课题组召开有关专家参与的座谈会，完成了题为《提倡教育家办学，鼓励高校领导努力成为教育家》的政策咨询报告；(2)接受教育部高教司委托，承担了《高等教育质量工程年度进展报告》的研究组织、报告撰写任务，目前该研究报告已交付出版社；(3)接受教育部高教司委托，于11月、12月先后在西安、长沙、哈尔滨、杭州等地举办了“高等教育本科特色专业项目建设交流研讨会”；(4)接受教育部高校学生司委托，于10月、11月先后在重庆、长沙等地举办“《普通高等学校学生管理规定》研讨培训班”；(5)承办了教育部高教司组织的“中德高职师资赴德培训班”两期，并组织了培训人员回国后的“中德师资项目汇报会”；等等。

适应高等教育改革与发展的需要，举办了一批骨干教师培训活动。

适应推进高校创业教育的需要，2008年分别在黑龙江、北京、南昌等地举办了多次有关创新创业教育的研讨会或培训班，并协助教育部高教司草拟了《关于在高等学校大力推进创业教育的若干意见（征求意见稿）》。

配合教学质量工程的实施，组编有关教材和推介国家精品课程的工作有了新的进展。一年来，新组编、出版了教材11本，再版教材6本，同时在教育部高教司的支持下，启动了中国高校精品课程推介活动，编辑出版了《中国高校国家精品课程》丛书。

进一步加强了“中国高等教育改革与发展网”的建设与管理，完成了第四次改版与调试工作，为广大高等教育研究工作者提供了学习交流的良好平台。

西部教育顾问活动又有了新进展。2008年10月，学会与中国职业技术教育学会、老干部协会等联合在京召开了第八次西部教育顾问工作会议。根据这次会议安排，西部教育顾问工作秘书处于2008年底至2009年初，组织了120余名西部教育工作者赴广东、香港、澳门等地中小幼教育机构“取经”。以思想帮扶、培训教师为主的西部教育顾问活动已在西部产生了广泛的社会影响。

〔继续加强报刊建设和宣传工作〕 为大力推动群众性教育科研活动的开展，更加广泛地服务于高等教育领域的广大干部、教师的科研活动，2008年，学会注重加大自身宣传，扩大影响，进一步加强与各有关媒体单位的联系，加大对学会重大活动的宣传报道，尤其是关于“高等教育国际论坛”、“评选表彰高等教育学优秀博士学位论文活动”、“共和国老一辈教育家宣传活动”、“中国高等教育改革与发展座谈会”、“‘百所名高职、百家名企业’合作发展论坛暨国家示范性高等职业院校建设二周年专业改革成果展示会”等活动的报道，产生了一定影响，对学会活动的报道达到了一个新的高度。

《中国高教研究》杂志的建设与发展有了新的进展。2008年所发文章被教育论文引用4 006次，比2007年的2 715次又有较大幅度的提高。所发表的一批重要文章，引起教育部领导的关注，分别被《新华文摘》、中国人民大学《报刊复印资料》

全文转发。杂志的发行量稳步增加，社会声誉也在提高。

学会组编的《中国教育科研参考》的影响逐步上升。由于该刊针对性强、信息量大、主题集中，深受读者喜爱，并得到高等教育界的好评。

〔**进一步加强学会的自身建设和对外交流协作**〕2008 年，中国高等教育学会进一步加强了对个人会员的管理工作，不仅保证按时向个人会员寄送《中国高教研究》和《中国教育科研参考》，而且还及时传递学会组织的重大学术活动信息，为他们提供了学习和交流的平台，同时也为推动个人会员的科研活动发挥了积极的作用。

学会秘书处建设得到加强。2008 年，学会迁入文慧园北路中国教学仪器楼办公，办公条件有所改善。同时，学会进一步加强了经费管理，为学会的顺利运行提供了切实的保障。

学会组织建设有了新进展。2008 年，经民政部批准，学会新设立了高等财经教育分会和设计教育专业委员会等 2 个分支机构。目前，学会所属的分支机构总数达到 63 个。

撰稿　李　燕

审稿　张晋峰

教育新闻媒体

中国教育报

〔综述〕 中国教育报在2008年的宣传报道中，努力把握教育改革发展的时代特征，紧紧追随社会生活中的重大事件，“围绕中心，服务大局”，改进和提高宣传报道质量，努力增强宣传报道的引导力。

2008年，中国教育报着力从三方面入手做好教育新闻报道工作：

一、以“教育优先发展，科学发展”为主线，浓墨重彩做好每个阶段的重点报道和宣传报道，体现、发挥报纸“围绕中心，服务大局”的作用和使命。

教育报对教育部中心工作和重点工作的宣传，不仅体现在及时准确地传达中央及部党组的有关精神，更重要的是围绕中心和重点工作，组织好主题宣传报道和重点策划报道。教育报新闻版在2008年先后推出了一系列重点专栏报道，如“冰雪无情、校园有爱”专栏，重点报道教育系统抗击雨雪冰冻灾害；“扎根基层，建功立业”专栏，报道各地积极做好大学生就业工作；“加强教师培训，提高队伍素质”专栏，重点报道中小学教师国家级培训有关情况；“关注城乡义务教育发展”专栏，采用“消息＋问答”的形式，重点报道了上海、厦门、北京、江西、山东等地全面免除城乡义务教育学杂费的有关情况；“学习实践科学发展观，办好人民满意的教育”专栏，重点报道基层教育科学发展，共刊发了28个地方的典型经验。

二、注重把握好教育发展新阶段的基本特征和主要矛盾，反映教育发展的新动向、新态势、新经验、新问题，努力提高舆论引导水平。

教育报以科学发展观为指导，深入研究教育发展新阶段的基本特征、主要矛盾，在宣传报道中以动态的、时代性的眼光和视角不断出新。教育报先后推出了“烟台素质教育从外延到内涵的求索”、“河北霸州创新评价机制推动区域教育均衡发展纪实”、“中国农业大学创新模式支持新农村建设”、“河南省开封县职教集团办学纪实”等报道。

三、以提高亲和力、感染力、吸引力为着力点，增强可读性，改进和提高宣传报道质量。

中国教育报在2007年把“提高舆论引导力放在突出位置”，把坚持以人为本，提高新闻宣传的亲和力、感染力、吸引力作为改进和提高新闻报道质量的总体要求，通过抓重大典型报道，抓热点、难点报道，抓解释性、服务性报道，并不断创新新闻专刊的报道形式和手段，提高宣传报道质量。在及时、准确、大力宣传好中心工作和重点工作的同时，回归和遵循新闻报道规律，在一般性新闻报道中，少发空论，坚持用具体生动的事实说话，注重新闻宣传的实效性。教育报提出，要从一般读者的需求和视角出发，从教师教育工作的身边事、平常事入手，抓好重大主题和重大典型的策划报道；要改进报道形式和方法，给读者讲故事，在报道中见人见事见细节；要转变平铺直叙、面面俱到的报道，强调突出特色抓亮点；除做好工作性报道外，要注重抓涉及广大教师切身利益的民生新闻；转变新闻报道和专、周刊一般化的工作报道、官腔官调、呆板苍白的文风。

〔**抗震救灾报道**〕 在抗震救灾中，教育报编辑部的同志心系灾区人民和广大师生，急灾区师生所急、所想、所需，精心策划，全力以赴，投入大批骨干力量和大量版面进行抗震救灾报道，对教育战线抗震救灾发挥了独特的作用。

四川汶川地震发生后，教育报记者在5月14日就进入灾区采访。他们冒着余震、塌方、堰塞湖和疫情的危险，深入到废墟瓦砾中的校园，深入到临时安置点和帐篷学校，深入到劫后余生的师生中采访；他们每日奔波，经常吃住在车上，晚上忍着闷热和蚊虫叮咬在路旁过夜。但他们克服重重困难，每天第一时间给编辑部发回新闻稿件和图片。

从地震发生的第三天到7月5日灾区延期高考结束，在长达50余天的时间里，教育报共派出由3位总编带队包括本部记者和地方站记者在内的9路记者20人，深入四川、甘肃、陕西等地震重灾区进行采访，从地震救援、心理辅导、复学复课、恢复重建等各个方面进行全方位报道。在编辑部，每天参与报道的夜班编辑和其他工作人员就有20余位。

教育报在新闻一版开辟了“来自抗震救灾一线的报道”、“抗震救灾英雄谱”、“我们能为地震灾区学校做些什么”等重点栏目，除了刊发新华社重点稿件外，共刊发了教育报记者采写的重点稿件269篇。此外，在二版、三版、四版开设“抗灾路上我们肩并肩手挽手”、“危难时刻更显师德光辉”、“抗震救灾我们万众一心”、“纪录非常时期的生命感悟”等专版，共刊发抗震救灾专题或摄影专版62个，刊发通讯、消息、评论、诗歌等近500篇，总计26万多字，50余幅图片。

中国教育报的抗震救灾报道在广大读者和灾区师生之间架起了一座信息桥梁，及时传达了党中央和教育部党组有关抗震救灾的一系列措施和精神，反映了灾区师生和学校所急所需，体现了全国教育工作者心系灾区，一方有难，八方支援，万众一心，众志成城。

〔**奥运报道**〕 中国教育报奥运报道从4月30日开始启动，到9月17日残奥会结束时止，历时5个月。编辑部组织了一场牵涉人力最多、创新特色鲜明、组织保障有力的大型战役性报道。奥运会使中国人百年梦圆，是国家走向繁荣强盛和民主开放的里程碑，也是通过宣传报道弘扬民族精神、爱国激情、国家意识的好时机。因此，在制订报道计划时编委会提出，要体现人文、科技、绿色奥运的主旨，要凸显出教育特色。

教育报的奥运报道主要分为奥运与教育相结合的铺垫报道、奥运重点赛事前瞻、奥运赛事报道、残奥会报道四个阶段。奥运期间每天以整版特刊加一版要闻的方式，对奥运赛事进行了重点的、有特色的报道，共刊发记者采自一线的报道100余篇，编发了36个奥运专版。

撰稿 刘 薇
审稿 刘仁镜

《人民教育》杂志

〔**关注重大问题，策划有影响力的选题**〕 2008年《人民教育》在确立新闻宣传的主题时，特别组织重点报道，密切配合了教育部中心工作。

重点策划和组织了“纪念改革开放30周年”、“学习实践科学发展观”、“基础教育与创新人才培养”、“人才培养模式变革”、“基础教育质量监测”、“名师研究与讨论”、“今天如何做教研员”等一系列选题，密切配合了教育部中心工作，较好地发挥了《人民教育》在全国教育新闻宣传中的主流媒体作用和引领作用。

例如，党的十七大在“全面建设小康社会奋斗目标的新要求”中，明确提出要使“创新人才培养水平明显提高”。《人民教育》抓住创新精神和实践能力培养这一重大教育问题，精心策划了“基础教育与创新人才培养”的选题，从“创新人才与基础教育的使命”、“创新人格的培养”、“学校教育创新”以及“实践能力的核心要素”四个方面着手，组织刊发了6篇重头文章，起到了思想引领作用。

〔**注重思想含量，推出重头宣传**〕《人民教育》13—14期合刊推出“中考制度改革”专辑，紧紧抓住中考制度改革这一教育难点、热点问题，以问题研究、探讨的方式，客观地报道了湖北武汉、山东潍坊、辽宁盘锦、浙江嘉兴、河南济源等地在中考改革及初中生综合素质评价方面的做法，为各地开展这一工作提供了借鉴的经验。

15—16期合刊以《求解世纪方程——素质教育的“中山路”》为题，用近10万字的篇幅，全方位、多角度、立体式地报道了广东省中山市实施素质教育的实验，在全国引起很大反响。

同时，发挥以教育通讯见长的办刊特色，组织采编人员深入教育教学第一线，写出了《用艺术点染生命的底色——广东省深圳市宝安区中小学艺术教育扫描》、《个性教育的深处是精神关怀——记浙江省杭州市学军小学的个性化教育》、《武汉班主任的幸福人生》等长篇通讯报道。这些视角独特、观点鲜明、有思想含量、有新意、有深度的通讯文章，引起了教育行政部门和一线校长、教师的广泛关注。

〔**宣传典型经验，引领教育理念与实践**〕中小学教育教学改革，需要新鲜的教育理念与典型经验的引领，才能不断地推向前进。生本教育是一种根基深厚的学说，广东省有100多所学校开展了“生本教育”实验。《人民教育》及时地捕捉到这一信息，派记者采访了郭思乐教授，认真研读了他的生本教育理论，并且到实验第一线，亲眼看到了令人震撼的课堂，经过深入挖掘与提炼，撰写了《郭思乐和他的“生本教育”》这篇反映生本教育理论与实践的典型经验文章。

文章刊发后，很多地方组织老师和教研员集中学习这篇典型经验，用以指导课程改革与实践。编辑部接到来自全国各地学校和教育局的电话、电子邮件，要求加入生本教育实验。北京、江苏、河北、河南、贵州、江西、湖北、湖南、山西、辽宁、黑龙江、广东等省市的教育局、教研室领导、校长前去学习、参加全国生本教育理论与实践研习班。

〔**加强言论写作，发挥舆论引导作用**〕紧密跟踪教育热点，加强言论写作。在抗震救灾报道中，第一时间撰写评论员文章《师德的博大和光芒》；配合通讯《濮阳之“谜”》，刊发评论员文章《教育改革呼唤“返璞归真”》；编发《京剧进课堂的文化意义》、《三好生评选在哪里迷了路》的述评，年终综述《教育的伟大源于厚重的责任感——2008教育教学热点评析》、《2008，与教学有关的记忆》、《教师该做什么样的研究》，等等。这些形式多样的言论，在许多重大事件、问题面前发出刊物“自己的声音”，及时发挥了主流媒体的舆论引导作用。

撰稿　胡久红

审稿　傅国亮　喻　让

《中国高等教育》杂志

〔**宣传科学发展观，推动高教事业科学发展**〕2008年，刊物的宣传工作以贯彻落实科学发展观为主线，紧密联系高教工作实际，刊发了一批有高度有深度的文章，其中，周济的《推进教育事业科学发展，为建设人力资源强国而奋斗》、李卫红的《深入学习实践科学发展观，开创大学生思政教育新局面》以及署名评论《用心用情学习实践科学发展观》等，都起到了导向作用。与此同时，还特别关注了如何进一步解放思想、坚持改革创新的话题。刊物先后发表了评论性文章《联系高教实际解放思想》、探讨性文章《推进高校新一轮思想解放》等，形成了刊物的一个亮点，引起读者广泛关注。

〔**强调理性求索，提高舆论引导力**〕 2008 年，刊物更加关注高等教育实践和理论中的深层次问题、热点难点问题，引导高教界更多理性求索，并主要抓了以下几个方面的问题：

一是关于要不要、能不能及怎么样建设高等教育强国的话题。继年初发表陈至立文章《认真学习贯彻党的十七大精神，以提高质量为核心，加快从高等教育大国向高等教育强国迈进的步伐》后，刊物又陆续用心组织了一批重点文章，如周远清的《高等教育改革发展的强音：建设高等教育强国》、顾秉林的《研究型大学在建设高等教育强国中的使命与作用》、王建国的《建设高等教育强国的若干思考》，并配发了评论性文章《好字为先，由大变强》等。使刊物对这一话题的探讨具有了高度和深度。

二是用独特视角深层思考、宣传改革开放 30 年高等教育取得的伟大成就、基本经验及新走向。2008 年是改革开放 30 周年，刊物策划了一批纪念文章，如孙霄兵的《高等教育体制改革的历史成就及其发展方向》、林蕙青的《高考 30 年：在改革中前行》、欧阳康的《中国高等教育 30 年的观念变革与实践创新》及评论性文章《为高等教育站在历史新起点喝彩》、《大开放带动高等教育国际地位大提升》、《不断提升高等教育开放水平》等，在高教界产生了较好的影响。

三是以创新人才培养模式为重点，关注教学改革。刊物始终坚持教学改革是高校最核心的改革、是破解高等教育质量难题的关键等理念，并以改革人才培养模式为重点，深入探讨教学改革的理论与实践问题。除精心组织如何培养创新拔尖人才等重点话题外，在多个常规栏目用大量版面刊登教学改革和全面提升教学质量方面的文章。并对如何正确认识高校教学评估的目的、意义和功过，推进评估工作规范化、制度化、科学化给予注视。

〔**守正出新，关注宏观战略思考**〕 精心组织刊发的《从更高更宽视域透析高等教育的属性与功能》（瞿振元）、《高等教育的时代任务：提高质量，促进公平》（钟秉林）、《论如何认识和激发大学活力》（李明）、《在克服浮躁中构建大学创新文化》（朱清时）等文章，都给读者以启迪。还配发了具有鲜明导向性的评论性文章，如《在历史新起点上深化高教改革开放》、《认清高等教育发展的新阶段新特征》等，引发大家深入探讨，起到了很好的宣传效果。

撰稿　李石纯
审稿　陈　浩

《神州学人》杂志及网站

〔**《神州学人》杂志**〕 2008 年，《神州学人》杂志从留学角度出发，推出了“纪念扩大派遣留学生 30 周年”专题；在奥运会和残奥会期间推出“留学生与奥运”专题；还组织策划了“国家建设高水平大学公派研究生项目”等专题。在突发事件和重大事件发生时，如年初的冰雪灾害、4 月的奥运火炬境外传递、5 月的汶川地震、9 月的“神七”上天等，杂志都予以积极响应，及时全面报道了广大海外留学人员对这些事件的回应，真实生动地表现了海外学子在国家灾难和国家荣誉面前展现出的爱国激情。

人物报道突出新闻性，加大信息量，丰富报道形式，推出了一批杰出留学人员代表，如中国十大杰出青年许传玺、2008 年五四青年奖章获得者严望佳、国际电子和电气工程协会（IEEE）微波理论和技术协会国际委员会主席吴柯、哈尔滨工业大学校长王树国等，继续发挥《神州学人》杂志在报道和推出优秀留学人员方面的引领作用。

文苑版块围绕大事及时组织和编辑相关稿件，反映地震和奥运的《国殇》、《五月的深夜》、《在圣彼得堡亲历奥运圣火传递》、《六月义赛》等文章，表达了留学人员对祖国和人民的深厚情感，具有强烈的感染力。

服务栏目推出的主要内容有：国家及中央各部委有关科技、教育、人才等的重大信息报道和解读，各地方省市、高校的服务咨询、招聘信息报道，各地人事部门、留服中心及创业园区的最新动态报道，海外留学人员团体的报道等。

〔**神州学人网站**〕 2008 年，神州学人网站主要着眼于信息平台的拓展及整体建设工作，完成了升级改造工程。改版后共设 12 个频道：新闻、讨论区、社团主页、学人主页、直播·访谈、文苑·摄影、招聘、创业、政策、读书、人物和视频。此外，还设有人才储备/需求信息库、政策数据库、网络视频招聘和现场直播访谈等平台，更加突出出国留学、回国发展特色内容和留学人员需要的信息和服务。

报道方面，成功策划编发了“我与留学”“神州学人心系奥运”征文、留学人员积极参与汶川地震抗震救灾、海外留学生关注奥运、“长江学者奖励计划 10 周年”纪念等专题。

活动方面，组织举行了两场海外高层次人才网络视频招聘会，得到众多海外留学人员的积极响应和参与，取得了令人满意的效果；还举行了两场在线访谈，并且在广州“留交会”上首次使用视频直播，国务委员刘延东、教育部部长周济亲临现场视察指导，通过视频与海外学子直接通话，影响深远。

撰稿　杨　宇
审稿　许　珑

《中国民族教育》杂志

〔**宣传党和国家的教育方针政策**〕 积极配合教育部的工作中心和重点，深入、准确、及时地报道国家的教育方针政策。2008 年，杂志对新修订的《中小学教师职业道德规范》进行了深入的解读，对民族地区教师学习《规范》、领会《规范》的精神实质发挥了引领作用。2008 年秋季学期，全国范围内全部免除城市义务教育阶段学杂费，杂志对此也进行了深度报道。

〔**加强策划，及时开展教育重大选题的宣传**〕 认真做好重大选题的策划。2008 年是改革开放 30 年，杂志连续 5 期报道了民族教育改革开放 30 年来的成就，刊发了《少数民族高等教育改革开放 30 年》、《我国民族教育政策 30 年》等一组文章，充分展现了民族教育 30 年的巨变。

〔**快速反应，做好突发事件的宣传报道**〕 年初的雨雪凝冻灾害对贵州、广西等少数民族地区的学校造成了严重影响。杂志及时刊发了《真情融坚冰——贵州省黔南州教育系统抗击凝冻灾害纪实》一文，对当地教育部门及学校师生抗击冰冻灾害的感人事迹进行了深入的报道。

5 月 12 日，四川汶川发生特大地震。杂志以最快的速度刊发了《大爱无边，众志成城——四川汶川大地震教育系统抗震救灾纪实》报道，并配发了评论和诗歌。9月，编辑部又对灾区学校的复学复课情况进行了跟踪报道，展现了灾区师生在灾难面前顽强不屈、自强不息的精神。

〔**坚持特色，增强民族教育宣传指导性**〕《中国民族教育》坚持走特色化的发展道路，以此来增强竞争优势。

“双语教学”栏目深入探讨双语教学的规律，加强了对汉语新课标的解读。刊发了《汉语教学应充分体现第二语言教学理念》等数篇对双语教学工作具有重要启示和借鉴意义的文章。

“内地办学”栏目围绕内地西藏班（校）、内地新疆高中班、预科班在教育教学、管理等方面的经验进行了深入的报道，刊发了《百年老校育新人——广东省广州市协和高级中学内地新疆班办学纪实》、《浅谈内地民族班（校）学生的文化适应问题》等文章。

西藏拉萨发生“3·14”打砸抢烧暴力事件后，“民族团结教育”栏目刊发了《西藏自古就是中国领土的一部分——访中央民族大学藏学研究院周润年教授》等数篇文章，从思想的高度对读者进行了引领。

“耕耘者足迹”栏目2008年一共宣传了13位少数民族优秀教师的先进事迹，充分展现了少数民族优秀教师的风采。

〔**服务教师，促进教师专业化发展**〕“教师教育”栏目围绕教师培训、灾后教师心理援助等主题，刊发了一系列文章。

“名师谈教学”栏目约请河北衡水中学、北京市十一学校等名师撰稿，刊发了《生成性课堂教学的理论与实践探索》、《学科兴趣及创新思维的培养》等数篇文章，使名师的教学艺术和思想更广泛地惠及民族地区的教师。

“关注新课程”栏目刊发了教育部基础教育课程教材发展中心付宜红、东北师范大学国家基础教育实验中心孔凡哲、中央教科所马延伟等专家学者的文章，引导民族地区的教师转变教育教学理念。

“世界之窗”栏目刊发了《澳大利亚中小学多元文化课程》、《日本学校的防灾教育》等文章，为民族地区教育工作者开阔视野、更新教育理念提供了借鉴和参考。

撰稿　钟慧笑　赵　岩
审稿　傅国亮

中国教师报

〔**紧密配合教育部重点工作，凸显主流媒体引导力**〕《中国教师报》从2008年4月即开始筹备和参与修订《中小学教师职业道德规范》的工作，先通过调查表了解教师的意见，又组织教师建言献策，刊发对教育部师范司相关领导的专访，并在《海外》版配合刊登《外国教师职业道德规范一览》等资料，在新《规范》修订公布后，再组织教师结合日常工作，讨论如何切实贯彻执行。由于报纸在政府和教师之间起到了桥梁、纽带的作用，《中国教师报》对新《规范》的宣传收到了良好的效果。

〔**敏锐关注突发事件，着力弘扬伟大师魂主旋律**〕“5·12”地震发生后，《中国教师报》立即在头版连续刊登《因为我是老师——5·12汶川大地震舍己救生教师群像》，成为那一阶段教师英雄事迹最集中、最全面、最丰富的系列报道。接着，以版面报道为基础，《中国教师报》在最短的时间内将国内主要媒体对英雄教师的报道内容辑录成册，出版了《教师感动中国》一书。该书被教育部推荐为师德学习材料，并在第八届全国高校出版社畅销书评选中荣获“抗震救灾图书特别奖”。2008年教师节到来时，《中国教师报》又刊登了大型报告文学《热血师魂》，生动地刻画了灾难降临时教师们舍生忘死保护学生的动人事迹，塑造了具有典型性的英雄教师群像。该文被新华社、《人民日报》、《光明日报》等国家级媒体转载，中国教育电视台还特约著名播音员配乐朗诵。

〔贴近实际，继续寻找素质教育的基层有生力量〕 2008年，《中国教师报》密切关注各地实施素质教育的新举措和新动向，组织采写了《山东下达“禁补令”》、《重庆綦江：课堂教学改革走出区域均衡之路》、《培训合格公民比高考更重要——李建国和他的文科实验班》等多篇重点报道。特别是头版头条隆重推出的长篇通讯《“课变”——山东兖州一中的“循环大课堂”》，报道了一个敢在高中阶段切实推进素质教育，彻底变革课堂形态的新鲜典型。报道刊登后，每天都有几百人到该校参观学习。

〔张扬个性，策划特刊〕 在纪念改革开放30周年报道中，《中国教师报》独树一帜，从教师的角度出发，通过一个教育记者30年的报道轨迹，重温了30年来几个具有里程碑意义的重大典型报道，讴歌了改革开放30年给中国教育带来的翻天覆地的变化。这个纪念特刊被读者评价为“有个性，有学习价值”。

撰稿 王 琰
审稿 刘堂江

中国教育新闻网

〔概述〕 2008年，中国教育新闻网秉承“以向社会传播教育的声音、促进教育改革与发展为己任”的原则，在保持教育报道权威性的同时，围绕教育部中心工作，充分发挥互联网特性，不断增强吸引力、可读性、亲和力，积极占领网络教育新闻宣传主阵地。

中国教育新闻网充分发挥了网络教育新闻宣传主阵地的作用，首先积极对重大教育事件作出快速反应，掌握话语主动权；其次要对纷杂的信息和声音进行筛选和过滤，努力将权威的声音和正确的信息有效传播出去。

2008年，中国教育新闻网影响力不断扩大，每月平均访问数超过150万人次。

〔抗震救灾报道〕 汶川大地震发生后，中国教育新闻网快速作出反应，围绕教育系统奋力抗震救灾这一主线，第一时间传播正确的灾情信息，及时反映教育系统受灾情况，全面宣传教育系统抗震救灾的感人故事，积极普及防震避震知识。

地震发生后，中国教育新闻网第一时间转发权威地震消息，与此同时，迅速发布防震避震知识，此后，不断以快讯等方式持续发布地震动态信息，当天又将党和政府抗震救灾部署、教育部抗震救灾工作部署等迅速在网上发布，总计发布相关信息100多条。第二天，全面推出汶川大地震专题报道。第四天，又推出教育系统抗震救灾大型专题，同时开通网民祝福专区、寻亲专区、捐助专区等。

在抗震救灾的两个月时间内，中国教育新闻网刊发的相关信息超过2万条，图片1 000多幅，网友留言达数千条。

〔奥运报道〕 2008年8月，北京奥运如期举办，中国教育新闻网紧紧抓住这一盛会，围绕教育系统广大干部师生喜迎盛会、热情参与、奉献奥运这一主线，激发师生的爱国激情和民族自豪感。为此，中国教育新闻网专门推出北京奥运频道，并且进行24小时滚动式报道，先后发布奥运报道1万余条。

为了发挥网络主阵地的作用，增强吸引力、引导力，2008年，中国教育新闻网还推出了中国教育年度新闻人物评选活动，以此展现广大师生无私奉献、辛勤耕耘、刻苦学习、报效祖国的精神风貌，在社会上树立教育良好形象，为办好人民满意的教育创造良好的舆论氛围。这一评选活动受到了网民的极大关注，参与投票的人数超过200万人，投票总数超过400万张。候选人的先进事迹更是感染了众多网民，他们纷纷留言表达钦佩之意，并表示要向年度人物学习。全国人大常委会副委员长陈至立，教育部部长周济、副部长李卫红参加颁奖晚会并为年度人物颁奖。

撰稿　张国华
审稿　翟　博

中国教育电视台

〔综述〕　2008年，中国教育电视台以学习实践科学发展观和构建社会主义和谐社会重要战略思想为统领，积极贯彻落实党的十七大精神，贯彻落实中央文化体制改革的方针政策，坚定不移地继续推进电视台的各项改革事业。

一、围绕党和国家中心工作，打造宣传主阵地，营造良好教育舆论氛围能力不断增强。中国教育电视台2008年全力打造《中国教育报道》栏目，有计划、有步骤、有重点地全面深入报道教育部党组以及各地教育部门和各级各类学校学习党的十七大精神的动态进展和辉煌成就。全面报道灾区教育战线恢复重建工作。奥运宣传着眼教育视角，彰显教育电视台特色。全年累计进行教育新闻宣传18 000分钟，教育专题宣传报道130多期，直播或录播教育部新闻发布会15场。

二、在抗震救灾工作中，勇于承担社会责任，发挥比较优势，彰显国家级媒体独特地位和作用。2008年5月，电视台急灾区师生之所急，克服困难，专门开播“空中课堂”频道抗震救灾特别节目，通过现代远程教育的手段，为灾区中小学生提供学习和心理服务，受到上级领导和社会各界的高度赞誉。

三、积极探索教育传媒遵循的教育特点、媒体理论和市场规律，所创作的各类节目广获社会各界好评。2008年，电视台创办了一批符合“三贴近”要求，符合教育传媒定位，有广泛社会影响力、关注度的教育品牌节目、栏目。推出一系列反映抗震救灾题材的纪录片并荣获多种奖项。如《大爱汶川》荣获国家广电总局“优秀节目”称号、中国广播电视协会电视纪录片类嘉奖；《14：28》荣获2008中国（青海）世界山地纪录片“玉昆仑”奖评选社会类“最佳长纪录片奖”和“社会类纪录片大奖提名奖”、中国广播电视协会电视纪录片类表彰奖；《我们在一起——四川汶川大地震教育战线抗震救灾纪实》获得中国广播电视协会电视纪录片类奖励奖；电视报告文学《热血师魂》在中国高等影视学会颁发的2008年创作类奖项中拔得头筹。此外，《阳光伙伴》电视节目荣获国家广电总局“原创少儿电视节目一等奖”，系列短剧《先下后上》荣获共青团中央、国务院新闻办和中国联通联合颁发的“短剧绿色手机文化建设突出贡献奖”。2008年，中国教育电视台三频道成功转型为以教育历史、人文传播为主的频道，被广电总局主办的权威杂志《中国广播影视》评为2008年度最佳成功转型创新频道。按照“走出去”战略，电视台的汉语文化频道在12月15日成功落地北美麒麟电视。

四、积极进军新媒体，努力形成舆论引导新格局。中国教育电视台从2004年起便开始致力于以“学习超市”为抓手的新媒体建设，力图通过对新媒体空间的快速进入，抢占青少年教育的新阵地，争取包括舆论引导在内的教育主动权。至2008年，圆满完成“学习超市”一期系统建设并稳步推进二期工程，初步建设了新媒体远程教育基本支撑平台——网上学习平台、职教培训平台、学习互动社区、教育资源整合平台。成功策划、举办了“大话奥运”视频直播访谈、改革开放30年“中国教育时代人物”大型网络评选活动、“应对金融危机大学生就业高招征集令”等网络活动，浏览量共计1.738亿次，网络留言达14万余条，在电视台网站运作上实现历史性突破。积极拓展“太阳花在线”项目，在多所大学开展了试点工作，以新媒体联播网形式，丰富了大学生生活，开辟了弘扬社会主义核心价值体系新阵地。

五、安全保障能力显著增强，经受住了一系列突发和重大事件的考验。2008年我国大事喜事较多，重要安全播出保障期时间长、任务重。面对复杂的情况，电视台领导班子正确决策，创造条件完成了盛鸿大厦外电改造工程、UPS配电系统、硬盘播出系统、编码复用系统的优化改造等，并在员工队伍建设、思想政治工作、预案完善和演练上采取一系列坚决措施，保证了全年电视信号传输畅通。由于在奥运期间出色的安全保障工作，被广电总局授予“北京奥运会广播电视安全播出保障工作先进单位”称号。

六、资源整合掀开新篇。2008年，电视台分别与中央广播电视大学、中央电教馆、国际教育交流协会、新疆教育电视台、中国传媒大学签订战略合作伙伴关系意向书。经过近一年合作，电视台与几家兄弟单位的合作正在逐步推进，尤其是与中国传媒大学的合作，双方已经在新闻节目、节目包装、新媒体业务、骨干人才交流等方面取得了实质性进展。

七、积极筹措事业发展基金，确保可持续发展。多年来，电视台广告经营在危难中艰难摸索，寻求特色经营发展之路，2008年最终突出重围，毅然奋起，实现广告经营创收2.13亿元。同时，加强与相关部委沟通和汇报工作。通过不懈努力，在2008年争取到的数字化建设专项拨款达到3亿元，为实现跨越式发展战略目标提供了强有力的经济支持。

八、国家级媒体形象与日俱增。2008年，电视台承接了中组部、中宣部、教育部以及中央文献研究室、奥组委等国家部委、上级单位委派的重要工作，不仅均圆满完成了政治任务，扩大了影响，更赢得了上级领导和社会各界的广泛赞誉。

〔**开办“空中课堂”频道得到正式批准**〕 2008年5月12日，四川汶川发生特大地震，在这个特殊的历史时刻，中国教育电视台专门开播“空中课堂”频道抗震救灾特别节目，通过现代远程教育的手段，为灾区中小学生提供学习和心理服务。“空中课堂”抗震救灾特别节目受到了灾区教育行政部门和广大师生的热烈欢迎，受到上级领导和行业内的广泛赞誉。为了全力推进“空中课堂”频道覆盖站点建设，在教育部的领导下，在财政部和社会各界的支持下，电视台主动筹集资金1 795.9万元，其中，电视台捐助200万元。中宣部《内部通信》2008年第10期对教育台开办“空中课堂”抗震救灾特别节目给予了充分肯定。由于“空中课堂”在抗震救灾时期的突出贡献，在2008年第十届中国电视频道覆盖及收视状况调研成果发布会上被授予唯一的“覆盖公益奖”。鉴于“空中课堂”频道在特殊时期发挥的重要作用，经过电视台的努力争取，国家广电总局在12月12日正式批复，同意电视台正式开办该频道。

〔**积极宣传报道抗震救灾工作**〕 “5·12”汶川地震后，中国教育电视台报告团走遍全国30个省、自治区、直辖市，举行了31场报告会，电视台成功完成了报告会的多媒体播放保障任务。报告会得到了胡锦涛总书记的赞扬。此外，电视台还积极配合中组部干部教育局拍摄制作“汶川地震灾后恢复重建专题培训班”电视节目，并根据中组部指示，将该片复制1万份光碟提供给灾区干部学习使用。

〔**主动宣传报道奥运会**〕 2008年8月8日，举国欢腾，中华民族的百年奥运梦想变成现实，在这个历史时刻，电视台以奥运视角品读奥运，把对青少年进行奥林匹克教育、倡导奥林匹克精神与理想作为报道的主旨思想，推出了《中国教育报道——走进奥运》、《奥运评书》、《奥运有我》、《相约冠军·名将论坛》、《大话奥运》等特别节目，共播出奥运宣传节目约536小时。北京第29届奥林匹克组委会授予电视台“北京奥运会、残奥会体育展示工作突出贡献奖”。在奥组委委托08奥运文化活动影像大赛组委会和北京影视协共同举办的欢庆“08奥运影像大赛”中，电视台更是硕果累累，获得仅有的两个组织奖之一，并获得最佳新闻奖一个、最佳纪录片奖一个、优秀作品奖六个。虽然不是作为奥运的主要报道单位，但中国教育电视台时刻牢记国家级媒体的责任和义务，主动争取，积极攻关，遇到困难不放弃，遇到阻力更不自我抛弃，调动各项资源，最终赢得奥运报道的圆满成功。

撰稿　杨春光

审稿　张志君

北京市教育

概　　况

〔基本情况〕

2008 年各级各类学校校数、教职工、专任教师情况

	学校数（所）	教职工数（人）	专任教师数（人）
一、高等教育			
（一）研究生培养机构（不计校数）	(167)		
1. 普通高校	(50)		
2. 科研机构	(117)		
（二）普通高等学校	85	129 237	55 909
1. 本科院校	62	115 205	49 347
其中：独立学院	5	1 639	1 057
2. 专科院校	23	12 784	5 844
其中：职业技术学院	22	12 455	5 622
3. 其他机构（点）（不计校数）	(5)	1 248	718
（三）成人高等学校	28	3 587	1 553
（四）民办的其他高等教育机构	64	7 835	3 252
二、中等教育	836	92 542	61 762
（一）高中阶段教育	487	92 542	31 731
1. 高中	325	72 693	19 849
普通高中	325	72 693	19 849
成人高中			
2. 中等职业教育	162	19 849	11 882
普通中专	36	5 425	2 631
成人中专	11	758	348
职业高中	72	9 346	5 451
技工学校	43	3 720	3 030
其他机构（教学点）（不计校数）	(18)	600	422
（二）初中阶段教育	349	0	30 031

续表

	学校数（所）	教职工数（人）	专任教师数（人）
1. 普通初中	349		30 031
2. 职业初中			
3. 成人初中			
三、初等教育			
（一）普通小学	1 202	60 944	48 696
（二）成人小学			
其中：扫盲班			
四、工读学校	6	358	216
五、特殊教育	24	1 166	850
六、学前教育	1 266	32 535	18 176

注：普通高中的教职工数中包含普通初中的教职工数。

2008年各级各类学历教育学生情况

	毕业生数（人）	招生数（人）	在校生数（人）
一、高等教育			
（一）研究生	56 567	68 489	197 590
博　士	11 326	14 619	56 673
硕　士	45 241	53 870	140 917
（二）普通本专科	152 179	156 092	585 624
本　科	105 299	113 683	459 045
专　科	46 880	42 409	126 579
（三）成人本专科	95 763	113 083	319 055
本　科	47 920	58 140	168 559
专　科	47 843	54 943	150 496
（四）其他各类高等学历教育			
1. 在职人员攻读博士、硕士学位		16 078	49 433
2. 网络本专科生	590 148	987 669	2 548 697
本　科	237 505	308 017	925 872
专　科	352 643	679 652	1 622 825
3. 其他	14		10
二、中等教育	268 369	243 300	789 433
（一）高中阶段教育	163 667	135 806	464 316
1. 高中	78 468	68 397	219 163
普通高中	78 468	68 397	219 163
成人高中			
2. 中等职业教育	85 199	67 409	245 153
普通中专	27 181	18 404	86 539

续表

	毕业生数（人）	招生数（人）	在校生数（人）
成人中专	4 812	6 066	16 579
职业高中	25 908	20 905	71 468
技工学校	27 298	22 034	70 567
（二）初中阶段教育	104 702	107 494	325 117
1. 普通初中	104 702	107 494	325 117
2. 职业初中			
3. 成人初中			
三、初等教育	112 268	110 440	659 500
（一）普通小学	112 268	110 440	659 500
（二）成人小学			
其中：扫盲班			
四、工读学校	381	369	802
五、特殊教育	1 576	959	7 926
六、学前教育	72 119	85 938	226 681

注：特殊教育学生数中包括普通中小学随班就读的学生。

2008 年各级各类非学历教育学生情况

	毕（结）业生数（人）	注册生数（人）
总　　计	3 165 601	2 247 894
一、高等教育	513 932	474 309
（一）研究生课程进修班	11 284	15 693
（二）自考助学班	49 930	230 077
（三）普通预科生		2 266
（四）进修及培训	452 718	226 273
其中：资格证书培训	59 734	26 024
岗位证书培训	66 162	35 694
二、中等教育	2 651 669	1 773 585
其中：资格证书培训	235 617	175 775
岗位证书培训	390 762	151 834
（一）中等职业教育	80 997	40 126
其中：资格证书培训	37 645	23 340
岗位证书培训	20 845	8 856
（二）职业技术培训机构	2 570 672	1 733 459
其中：资格证书培训	197 972	152 435
岗位证书培训	369 917	142 978

2008 年各级各类民办教育基本情况

	学校数（所）	毕业生数（人）	招生数（人）	在校生数（人）	教职工数（人）	专任教师数（人）	另有其他学生数（人）
一、民办高等教育							
（一）民办高校	15	22 383	22 661	75 010	9 235	4 468	55 697
本科学生		3 334	7 615	29 062			
专科学生		19 049	15 046	45 948			
其中：独立学院	5	1 583	5 594	19 724	1 639	1 057	
本科学生		1 583	5 594	19 724			
专科学生							
（二）民办其他高等教育机构	64				7 835	3 252	259 584
二、民办中等教育							
（一）高中阶段教育	98	7 226	8 057	27 026	4 817	2 885	1 656
1. 民办普通高中	76	5 473	5 668	18 567	3 641	2 307	
2. 民办中等职业教育	22	1 753	2 389	8 459	1 176	578	1 656
（二）初中阶段教育	20	6 061	7 639	21 775			
1. 民办普通初中	20	6 061	7 639	21 775			
2. 民办职业初中							
三、民办普通小学	20	3 155	5 832	26 315	1 753	1 091	
四、民办幼儿园	380	14 577	21 000	56 642	10 205	5 679	
另有：民办培训机构（不计校数）	(1 386)				26 462	10 209	576 817

注：1. “另有其他学生数”包括：学历文凭考试学生、自考助学班学生、预科生、进修及培训学生数；
2. 民办普通高中的教职工和专任教师数中包含民办普通初中的教职工和专任教师数；
3. “( )”内数据为不计校数。

〔**积极配合北京奥运会召开**〕 2008 年是北京奥运工作的决胜之年，北京高校圆满完成了“好运北京”系列体育赛事志愿服务工作，奥运会、残奥会志愿者选拔、培训、确认工作和港、澳、台、侨、外及京外志愿者接待工作。开展了以“文明城市，品质生活”为主题的宣讲实践活动、“微笑北京”——2008 首都大学生志愿者文明行动、“追梦五环”大学生趣味奥运挑战赛、三人制篮球赛、“青春奥运，精彩北京——首都大学生迎奥运专场音乐会”等丰富多彩的文化体育活动，进一步宣传了奥林匹克文化。顺利完成了奥运火炬在北京段传递过程中的火炬手、护跑手任务。奥运期间，组织开展大学生志愿者“我的奥运全记录”系列活动，并成立“奥运志愿者之家”，服务志愿者；同时组织 6 万名高校师生文明观赛，在比赛现场普及奥运知识，感受奥林匹克精神。举办了“奥运与首都教育”征文比赛，出版《北京教育》奥运专刊和《瞭望 2008——北京高校奥运工作》专刊，编辑出版《志愿者访谈录》、《教师访谈录》、《北京高校奥运工作图片册》等一系列成果，以图片、影像、媒体报道、志愿者日记、工作简报汇编的形式全过程、全方位记录首都高校奥运工作历程，留下丰富的奥运精神遗产。

1 月 20 日，“为奥运志愿者加油”——北京高校奥运志愿者 2008 寒假培训活动启动仪式在北京航空航天大学体育馆举行，来自北京航空航天大学等高校的几百名志愿者共同参加此次活动。志愿者代表向北京高校大学生志愿者发出利用寒假不断加强学习、服务奥运的倡议，与会领导向大学生志愿者赠送了奥运培训教材、英语学习卡等培训材料，希望志愿者在参与奥运、奉献奥运的过程中不断加强学习，增强才干，提高素质，为赛会提供高水平的志愿服务，真正把志愿者的微笑打造成北京最好的名片，共同承担起为北京奥运会作贡献的历史责任和光荣使命。

3月2日，北京市委教育工委、北京市教委、共青团北京市委在市教委报告厅隆重召开北京高校2008年奥运会、残奥会筹办工作总结动员大会，举行“北京高校奥运会、残奥会志愿者团队”组建和授旗仪式。北京市委副书记、教育工委书记王安顺出席会议并讲话，北京市委教育工委常务副书记张建明作工作报告。北京奥组委执行副主席李炳华，北京市委副秘书长李福祥，北京团市委书记、北京奥组委志愿者部部长刘剑等领导出席大会，北京各高校领导、教师和志愿者代表参加大会。北京大学、北京航空航天大学、北京工业大学三所高校代表进行大会交流发言，清华大学志愿者和北京科技大学奥运场馆团队教师分别代表高校大学生和教师发言。会上，北京大学等61所高校荣获“2007年度北京高校奥运会、残奥会筹办工作先进单位”、“2007年度北京高校奥林匹克宣传教育工作先进集体”、“2007年度北京高校奥林匹克教育实践工作先进集体”、“2007年度北京高校奥运会志愿者工作先进集体”称号，277名教师荣获“2007年度北京高校奥运会、残奥会筹办工作先进个人”称号。

3月22日，“微笑北京”——2008首都大学生志愿者文明行动启动仪式在清华大学隆重举行。活动以“微笑我奉献，文明我先行”为主题，从3月22日开始，以每周六为统一行动日，一直持续到2008年年底。活动开展期间，北京各高校组织大学生志愿者通过组建文明使者、文明先锋、文明伙伴宣讲团队，引导广大大学生志愿者广泛参与公共文明志愿服务，从言行礼仪、生活习惯、秩序文明、环境卫生、观赛文明等诸多方面向市民传播文明理念，使市民关注提高文明素质，达到文明示范、服务社会、辐射社会的目标。

“微笑北京——2008首都大学生志愿者文明行动”主要包括以下项目：

一是大学生志愿者文明使者行动。组织大学生文明使者利用课余时间、双休日、节假日走出校门，走进中小学、社区、农村、企业、工地、公园等，多途径宣讲文明礼仪，多形式开展文明志愿服务。使市民“处处看得见大学生志愿者的文明宣讲，时时感受到大学生志愿者的文明表率作用，人人产生参与城市文明建设的强烈愿望”，提升城市文明程度。

二是大学生志愿者文明伙伴行动。该项活动主要面向社会弱势群体，组织大学生志愿者深入孤儿院、养老院、特殊教育学校、农民工子弟学校等单位，开展文明宣传教育活动，传播文明礼仪，同时，组织大学生志愿者走上街头，宣讲扶残助残理念。

三是大学生志愿者文明教员行动。组织大学生志愿者走进中小学，充分发挥第二课堂的作用，通过知识竞赛、图片展示等活动，面向全市中小学在校生，开展法律知识、文明礼仪宣传工作。

四是大学生志愿者文明守望者行动。组织大学生志愿者担任文明守望者，在大学校园内，在车站、宾馆、公园、景点处等公共场合，劝阻、纠正各种不文明现象，进行文明传播、秩序维护、交通引导、卫生监督、导游指路、介绍北京、语言服务等服务活动等。

4月29日，北京市委教育工委、北京市教委在北京工业大学奥林匹克体育馆南广场隆重举行“绽放青春，圆梦五环”——首都大学生迎接北京奥运会倒计时100天主题活动。北京市人大常委会副主任李昭玲、北京市政协副主席葛剑平、北京市委教育工委常务副书记张建明、北京工业大学校长范伯元等领导和嘉宾出席本次活动。来自北京工业大学、清华大学、北京大学、中国人民大学、北京师范大学等高校的1 000多名大学生志愿者参加本次活动。本次主题活动将首都高校迎接北京奥运会倒计时100天系列活动推向高潮。

5月16日，北京高校系统奥运会、残奥会驾驶员志愿者培训班在顺义财会培训中心开班。奥组委交通部副部长韩宪洲，市委教育工委副书记王民忠、团市委副书记于庆丰、首都体育学院党委书记李鸿江、交通服务运行团队主任梁海晨等出席开班仪式。此次培训分四期，对北京高校系统的近500名驾驶员志愿者进行培训，重点培训团队建设和外语交流能力。四川汶川大地震发生后，参加培训的驾驶员志愿者纷纷解囊，奉献爱心。

5月底，北京市委教育工委、北京市教委以“追梦五环”为主题开展的包括趣味奥运挑战赛、三人制篮球赛等系列高校师生体育健身活动结束。首都50余所高校上千支队伍报名参赛，直接参与学生10余万人。“追梦五环”——首都大学生趣味奥运挑战赛以“我运动，我健康，我快乐”为活动口号，以大学校园为舞台，大学生可以以宿舍、班级、社团为单位自由组队比赛，比赛内容将趣味奥运项目和奥运知识竞赛有机结合，在趣味活动中普及了奥运知识。

6月6日，“彩虹1+1——我们共同成长”首都大学生爱心援助四川地震灾区活动启动仪式在首都师范大学举行。北京市委教育工委常务副书记张建明、市委教育工委副书记王民忠、北京高校奥运工作办公室主任闫成和北京各高校主管领导出席。此次援助活动以“爱心手机化彩虹，百万学子传真情”为主题，首批援助的对象以受灾地区面临高考的高三学生为主，北京各高校以班级为单位与灾区学生结成对子，通过赠送手机和话费，大学生们免费对灾区高三学生进行高考前的心理抚慰，并有针对性地给予学习上的帮助。

7月19日，北京市委教育工委、北京市教委组织首都大学生奥运志愿者赴甘肃陇南地区进行爱心援助活动，甘肃团省委领导、陇南团市委领导、武都区委领导出席首都大学生奥运志愿者爱心援助活动启动仪式，甘肃省陇南市武都区马街镇中心小学400余名师生代表参加会议。启动仪式上，北京高校奥运工作办公室负责同志代表北京市委教育工委、北京市教委向甘肃陇南地震灾区捐赠价值100余万元的电视、服装等物资，彩虹书屋20个，助养贫困学生45名，向马街镇中心小学的师生捐赠电视机、DVD、奥运福娃光盘、奥运福娃纪念品等。

6月19日，北京高校奥运会驾驶员志愿者工作会议在对外经济贸易大学召开，进一步明确高校奥运会驾驶员志愿者肩负的重任，增强工作的责任感和紧迫感，促进赛时组织管理水平和驾驶员志愿者综合素质的提高。北京奥运会、残奥会驾驶员志愿者工作协调小组组长、团市委副书记于庆丰，北京奥组委交通部副部长韩宪洲，北京高校奥运工作办公室主任闫成，T1、T2交通服务运行团队主任绳同喜，T3交通服务运行团队主任梁海晨等出席会议并作了讲话。会上下发了《关于做好北京高校2008年奥运会驾驶员志愿者工作的意见》，与会高校领导现场签定了《北京高校奥运会、残奥会驾驶员志愿者工作任务书》、《北京高校奥运会、残奥会驾驶员志愿者交通安全责任书》，明确了相关高校所承担的具体任务和要求。

7月9日，在北京奥运倒计时30天来临之际，北京高校奥运工作办公室负责同志走访了北京师范大学、北京外国语大学、北京邮电大学等高校，就各高校奥运冲刺阶段的工作情况、面临的实际困难等进行了调研。

市委教育工委根据各高校暑假在校人数和愿意承担的观众人数，以及学校有无比赛场馆、志愿者主责高校、比赛场馆所在区域、本校工作任务轻重等诸多因素，制定《北京高校奥运观赛组织要求》、《北京高校观赛紧急事件处置方案》、《高校观赛安全责任书》、《奥林匹克教育计划门票发放登记表》，确保门票工作落实到位，每一张门票都要做好登记，落实到人，共分配6万张奥林匹克教育计划门票至北京各高校，组织在校师生到赛场集体观赛。奥运会比赛期间，高校观赛区域秩序井然，表现良好，无意外事故发生。

8月6日—8日，祥云火炬在北京传递，来自首都教育系统的11名火炬手和140名护跑手参与了火炬传递。11名火炬手由市委教育工委、市教委推荐产生，他们当中有高等学校的书记、校长，有在学科领域建树颇丰的著名教授，有因“百家讲坛”而颇受大众欢迎的知名学者，还有奥运专题研究的资深专家和在教育工作第一线的中层干部，以及默默无闻为好运北京赛事服务的大学生志愿者代表、在大学生运动会上屡获佳绩的大学生运动员。

140名护跑手分别从北京81所高校，18区县教育工委、教委，中专学校中推荐产生。从人员构成情况看，大学生101人，教职工19人，中专生

2人，中学生18人；从性别构成上看，男性90名，女性50名；从民族构成上看，汉族130人，少数民族10人；从年龄分布情况看，护跑手年龄最小为16岁，最大为49岁，平均年龄为22.3岁。从选拔推荐情况看，140名护跑手中，优秀大学生运动员39名，其中曾获国际级奖项的学生6名，曾获国家奖项的学生11名，曾获市级奖项的学生13名，曾获校级奖项的学生9名，占总体人数的27.9%；多次组织参与过体育赛事的优秀学生干部42名，占总体人数的30%；优秀志愿者27名，占总体人数的19.2%；专长突出者13名，其中1名在科学技术方面较为突出，曾获国际科技比赛冠军，4名在文艺方面较为突出，均为校级艺术团成员，8名市级三好学生，占总体人数的9.3%；优秀教师19名，均在各自工作岗位上成绩突出，经常从事体育锻炼，身体素质佳，占总体比例的13.6%。

8月6日，为全面记录首都大学生奥运志愿者的风采，按照做好奥运会遗产转化工作的要求，北京市委教育工委、北京市教委联合新华通讯社、搜狐网共同发起首都大学生奥运志愿者“我的奥运全记录”系列活动。该系列活动由北京高校选拔摄影爱好者组建2008大学生志愿者影像服务团队，并聘请新华社2008国家奥林匹克摄影队担任摄影顾问。大学生志愿者影像服务团队深入奥运场馆、公共服务区、车站、街头记录下大学生奥运志愿者的微笑。搜狐网新闻中心和博客频道为“我的奥运全记录”系列活动开设专题博客，通过文字、图片等多种方式记录志愿者的每一天、每一件事，并将优秀的博客文章整理成册，作为奥运遗产永久保存。

8月7日，北京高校“奥运志愿者之家”揭牌仪式在北京工业大学隆重举行。市委教育工委常务副书记张建明，北京工业大学党委书记王守法、副书记张革，重庆团市委副书记张继军，海尔集团、中青校园先锋有限公司、海信集团等企业代表出席此次活动。在志愿者之家，大学生可以上网查阅资料，可以通过电视观看奥运会比赛，阅读10余份当天的报纸、杂志，并准备了急救药箱、备用服装等，为志愿者的工作、学习和生活提供全方位的服务，保障志愿者服务期间正常学习、快乐生活，保证大学生全身心地投入奥运赛时的志愿服务中，为举办一届“有特色、高水平”的奥运会作出贡献。

〔**对口支援灾区教育**〕 2008年，四川汶川地震发生后，北京市教委在北京教育系统广泛开展赈灾募捐工作，累计捐款2.22亿元，其中，特殊党费3 455万元，捐物折合人民币593万元。组织“托起明天的太阳”大型募捐活动，募集8 000余万元款物全部用于支援灾区学校复课和重建。紧急购买教学、生活帐篷，募集中小学教辅和故事类图书及时送往灾区，切实解决灾区人民的实际困难。妥善安置灾区来京借读中小学生，对符合条件的一律免收借读费和学杂费，并为其免费提供学习用品及教材，全市共接收2 000名灾区中小学生来京就读。为高校家庭受灾学生发放临时生活补贴和用品，并优先安排勤工助学岗位，近6 000名大学生受到帮扶。首都高校及时调整灾区招生计划，北京市市属高校优先录取符合条件的灾区高考学生。为灾区新生入学开辟“绿色通道”，将生源地为地震重灾区的北京市普通高校中的全日制本专科在校生100%纳入国家助学金资助范围，确保灾区新生不因家庭经济困难而失学。努力做好灾区生源毕业生就业工作，北京地区2008年有1 198名灾区生源毕业生，1 156人落实去向，落实率达96.49%，高于整体就业率。选派教委机关优秀干部到什邡市教育局挂职锻炼，组织150名什邡市师生来京参加“同心迎奥运，携手创明天”什邡市北京夏令营，安排60名灾区学生来京体验奥运赛事。同时，在全市青少年中开展以“心系灾区，奉献爱心”为主题的爱国主义教育系列活动，对大中小学生加强防震知识教育。

2008年，北京市高校、区县和中小学干部教师多次深入抗震救灾一线，借助首都教育资源优势为抗震救灾工作提供技术支持，特别是在灾后重建的教师支持、心理疏导以及对家庭受灾严重学生帮扶等方面发挥了积极作用。

〔**教育资助工作**〕 2008年，北京市各级各类学校基本形成奖、免、勤、助、贷等多层次、全方位的家庭经济困难学生资助体系。新学年下拨高校、中等职业学校的各类奖助学金 3.7 亿余元，比上一学年增加 4 000 多万元。高中教育资助重点向农村和弱势群体倾斜，增加宏志奖学金受奖比例，奖励高中贫困学生 2.3 万人。为应对物价上涨，给予全市高校学生食堂以及市属高校学生临时补贴 1.02 亿元。

〔**加强教师队伍建设**〕 2008 年，北京市采取措施逐步提高山区教师待遇，不断改善教师工作和生活条件。在城镇优质中小学设立 40 个农村教师研修工作站，接收 1 000 名农村骨干教师进站研修。继续选派 1 000 名城镇优秀教师到农村中小学全职支教一年。继续开展"绿色耕耘"、"春风化雨"、"金色种子"、英语教师专项培训等相关重点工程，全面提升中小学教师队伍的整体素质。加强北京市教育系统高层次人才队伍建设，细化选拔标准，发挥领军人才的引领作用。启动市属高等学校人才强教二期计划，通过教学、科研、管理等方面的人才建设，带动学科水平的整体提高。

〔**加强教育立法、教育督导工作，推进语言文字规范化建设**〕 2008 年，市教委配合北京市人大做好《北京市实施〈中华人民共和国义务教育法〉办法》修订工作，该办法经市人大审议通过，于 2009 年 3 月 1 日正式施行。深入推进依法治校工作，进一步规范各级各类学校教育收费行为，接受国家七部委教育收费专项检查，检查组对所查学校规范收费总体情况给予肯定。依法督政督学工作继续深入。市政府教育督导室组织召开北京市第六次教育督导工作会议，加大对全市教育督导的统筹领导力度。以提高教育质量和促进义务教育均衡发展为重点，进一步加大对教育重点工作的监督检查力度，积极探索高等教育督导评估工作。继续推进党政机关、公共服务行业、大中小学的语言文字规范化建设，加强社会用字监督和管理，积极服务人文奥运建设。

〔**加强学校体育、美育和卫生工作**〕 2008 年，北京市推进学生"每天锻炼一小时"，在全市范围举办篮球等 20 余项学生体育竞赛，启动第二届全国亿万学生阳光体育冬季长跑北京长跑活动。第二次组织全市中小学生体质健康标准测试赛，城八区学生体质健康综合水平明显上升，学生身体健康水平逐年向好的方向发展。从新学年开始，在全市中小学校推行新版"眼保健操"，对中小学生视力保护提出干预措施。自 2008 年始，由政府出资每年安排一次中小学生健康体检。积极推进艺术课程改革，选择 10 个区县 22 所中小学开展京剧进课堂改革试点。

〔**积极开展国际交流与合作**〕 2008 年，北京市举办了第五届北京国际教育博览会，与国外友好城市之间的教育交流合作取得突破性进展。组织 46 个院校赴国外参加教育展，主动宣传北京留学环境。汉语国际推广工作继续加强，北京市汉语国际推广基地扩大至 24 个，在境外承办的孔子学院和孔子课堂达到 61 个。

基 础 教 育

〔**综述**〕 2008 年，北京市坚持把优质均衡发展作为首都基础教育发展的基本追求；坚持把实施素质教育作为首都基础教育的发展主题；坚持把教育改革和创新作为推动首都基础教育发展的根本动力；坚持把教师、校长队伍建设作为推动基础教育事业又好又快发展的关键。

2008 年，北京市教委以学校特色文化构建提升办学水平，促进区域教育形成整体特色。深入推进初中建设工程，在促进学校内涵发展，缩小城乡、校际差异方面取得显著进展。全面启动小学规范化建设工程，1 200 所中小学办学条件明显改善。完成 7 个区初中建设工程实施情况的专项督导，举办全市初中教师教学基本功培训和展示活动。召开第二次"手拉手"活动总结表彰会、北京市随班就读工作支持保障体系工作经验交流会和北京市特教论文评选表彰交流会，启动首届北京市民族团结教育示范学校评选活动。

深化课程改革，减轻课业负担。针对学生过重课业负担状况，提出进一步提高中小学教学质量，切实减轻学生课业负担的意见。稳步推进高中课程改革，启动部分学校自主排课实验。

加快农村学前教育发展，改造建设 50 所农村园活动室和厨房。加强薄弱园建设，启动新一轮市级示范幼儿园与乡镇农村园"手拉手"支教活动。建设 18 个特殊教育基地，促进特殊学前教育发展。

〔**义务教育均衡发展**〕 2008 年，北京市进一步完善义务教育阶段"两免一补"政策，春季开学起，市级投入补助经费 2.3 亿元，对 10 个远郊区县和朝阳、海淀、丰台三个区农村中小学中非农户籍的学生免收教科书费。投入 1.5 亿元重点支持 100 所小学在主要项目上达到新颁办学条件标准，集中改善 140 所农村寄宿制中小学生活条件，为 180 校次农村寄宿制中小学改造食堂、浴室和活动室，并为 140 所农村寄宿制中小学每校配备一部生活用车。积极稳妥做好外来务工人员子女接受义务教育工作，对全市民办学校义务教育阶段学生和经审批合格的自办学校学生补助杂费。

继续积极稳妥地做好来京务工人员随迁子女在京接受义务教育工作。全市公办学校接收外来务工人员随迁子女的比例达到 66.2%。

〔**发展高中教育**〕 2008 年，北京市按照"调整高中布局，实现规模办学；实施课程改革，提高教育质量"的思路，根据学生人数减少的趋势，适应高中课程改革的开展，提高规模办学效益，积极开展高中阶段教育研究，加大对高中教育发展的指导力度。落实"奖、助、贷"制度，重点向农村倾斜、向弱势群体倾斜，不断增加宏志奖学金受奖比例，2008 年共奖励高中贫苦学生 2.3 万人，资助款 1 150 万元，年获奖面占当年高中在校生的 1.55%。

〔**初步建立具有首都特色的义务教育新课程体系**〕 2008 年，北京市全面总结义务教育阶段课程改革 6 年来的经验和成果。义务教育阶段课程改革初步形成首都特色，即"设立专项、区域推进、专家引领、全程监控"；教师教育观念和教学行为发生变革，专业发展得以提高，参加课改实验的学生素质和能力得以持续发展和提高，符合素质教育要求、具有首都特色的义务教育新课程体系初步建立，形成了一批具有科技创新性、时效性和体现多元文化特色、满足地域发展需要的地方课程和教育基地。

〔**积极推进高中课程改革**〕 2008 年，北京市教委启动部分学校自主排课实验工作，启动高中阶段创新人才培养课题，成立首都青少年科技创新学院，首批确立 15 所基地学校，向首批 132 名学生开放 14 所高校 36 个国家重点实验室。实施高中课改专项联合视导，对 5 个区县进行新课程实施和模块教学、综合素质评价的调研。召开"信息化促进教学方式变革"全国研讨会，召开高中学生综合素质评价工作推进会，数字平台完成升级及培训，完成通用技术的初步培训和课程建设工作，新高中会考方案和会考说明如期出台。

〔**努力减轻学生课业负担**〕 2008 年，市教委印发《关于进一步提高中小学教学质量，切实减轻学生课业负担的意见》，要求各区县和学校严格执行新课程计划，不得任意增减科目和各科目的周课时数。从 2008 学年起，各中小学校不得早于 8：00 安排集体教育教学活动。学校的课程安排计划和作息时间表应向学生和家长公布。学校不得统一或变相统一推销、征订教学辅助资料。不得利用寒暑假和其他法定节假日组织学生补课或变相补课。严格禁止学校通过组织补习、辅导向学生收取费用。严格禁止学校、教研机构、校外教育机构等以各种名义组织（在校中小学）学生全员补习文化课程。

〔**规范办学体制改革**〕 2008年，市教委按照《市政府办公厅转发市教委关于进一步深化中小学办学体制改革试点工作意见的通知》、《关于做好规范中小学办学体制改革试点工作有关事项的通知》、《关于对终止办学体制改革试点学校给予支持等有关事项的通知》等文件精神，规范、平稳、有序地开展转制工作。正式批准26所学校终止办学体制改革试点，并转为公办学校，完成转制任务的53%。

〔**完善管理信息系统**〕 2008年，市教委要求全市中小学将CMIS系统的数据录入、维护、更新、上传等工作纳入区县、学校的日常管理，学生基础信息数据较为准确、齐全，全市发放学生卡覆盖所有中小学生。在继续开展电子学籍管理的同时，推行“小升初”、“中招”持卡入学注册工作，通过电子学籍管理方式将以往招生和入学工作中的报名、招生、审批（审核）、入学注册等工作转变成为规范化、程序化、信息化、操作性强的具体工作流程。在各学段新生入学及在校生新学年报到时全部使用CMIS和学生卡，实行电子学籍注册，电子学籍规范化建设步伐不断加快。

〔**推进招生考试制度改革**〕 2008年，北京市完善小学、初中免试就近入学办法，11万名小学生和10.7万名初中生入学工作总体平稳。加大高中招生“推优”力度，6%用于招收初中学校优秀毕业生。扩大中职学校招收未升学高中毕业生比例，完善高等职业教育自主招生试点。对高考招生志愿设计和录取方式进行部分调整，实现高考招生改革的平稳推进。

职业教育与成人教育

〔**综述**〕 2008年，北京市发挥行业企业和优质职业学校各自优势，试点组建职业教育集团。实施职业教育实训基地建设工程，集中建设一批具有较高水平的实训基地。启动第二轮职业教育课程体系改革，校企合作开发课程，促进专业教学标准与职业资格标准有效衔接。进一步调整中等职业学校布局和专业结构。

开展农村社区教育，培养新型农民。重点支持10个农业实用技术实训基地建设，实施新型农民培养行动计划，开展实用技术和农村劳动力转移等各类教育培训达40万人次以上。为10个郊区县配备“大篷车”作为流动课堂，专门面向农民开展社会文化生活教育培训。

学习型城市建设工作取得新进展。初步形成相关单位各司其职、齐抓共管的工作推进机制，分层次、分类别组织“学习型组织理论与实践”培训，指导推动区县、行业、部门和单位开展学习型组织创建活动。组织开展形式多样的市民学习活动，各区县、各行业部门开展各类成人教育培训780万人次。

〔**中等职业教育**〕 2008年，北京市高中阶段教育共有招生学校440所，截至9月5日，录取考生86 739人，普通高中与职技类学校录取结果为7∶3。其中，普通高中录取考生61 988人，中等职业学校录取考生24 751人。中等职业学校中，中专录取11 664人、技校录取5 776人、职高录取4 384人、五年高职录取2 927人。中等职业学校毕业生3.07万人，毕业生一次就业率95%以上。全市中等职业学校开展各种培训28万人次。

基础能力建设。完成2008年度中央财政支持的实训基地项目申报工作；制定10个重点专业实训基地建设标准；加强重点专业实训基地建设，全面改善和提高职业学校实训基地装备水平，建设一批具有较高水平的、为市主导产业人才培养服务的实训基地。建成一批集教学实习、生产实践、技能鉴定和经营服务于一体的实训基地。

专业和布局调整。根据首都经济社会发展、技能型人才培养需求，通过计划、经费投入等调控手段，推进中等职业教育结构布局调整。调整后，具有招生资格的中等职业学校由2007年的159所减少到148所。按照产业结构调整和中等职业人才需求，进一步调整专业结构布局，规范专业备案和设置工作，初步建立起根据劳动市场和职业人才需求设置调整专业的机制。

重点中等职业学校。2008年1月，北京市商务管理学校、北京市自动化工程学校和北京市经济管理学校被教育部认定为国家级重点中等职业学校。12月，经过专家组进校评审，对学校办学方向、基础条件、管理水平、改革创新、质量效益等方面的综合办学水平评估，认定北京市顺义区第一职业学校为北京市重点中等职业学校。

启动北京市职业教育第二轮课程改革。选择15个与北京经济社会发展紧密联系的专业，以课程改革实验项目的形式，深化课程改革。采取校企合作共同开发职教课程，专业教学标准与职业资格标准衔接等方式，积极探索构建“工作过程导向”的职业教育课程体系。组织编写《北京市中等职业学校以工作过程为导向的课程开发实验项目指导手册》，明确课程改革的指导思想、基本原则、核心课程设计、教学指导方案和工作基本程序。成立专家指导小组，指导学校开展课程改革工作。

〔**成人中等教育**〕 北京市教委2008年在全市中等职业学校中继续开展“工学结合、半工半读”人才培养模式实验和“技能＋基础”成人中等学历教育模式的改革试点工作。指导7个“工学结合、半工半读”人才培养模式改革试点校总结试点的经验。召开“技能＋基础”成人中等学历教育模式的改革培训会，组织语文、数学等文化基础课考试，适当扩大试点学校和专业。

〔**农村成人教育**〕 2008年，北京市、区县财政进一步加大对农村成人教育的扶持力度。各郊区县在“三教”统筹、整合教育资源的基础上，加强农村地区成人教育基地建设，使区县、乡（镇）、村三级成人教育基地办学条件得到改善。上半年，投入资金在10个郊区县，重点支持10个农业实用技术实训基地建设工作，建成农民学习先进农业生产技术的基地，推广现代农业科学生产与管理技术的基地、农民致富示范基地。全市各中等职业学校、成人学校和其他教育机构，面向郊区农民积极开展成人中等学历教育，共招收学员1.1万人，开展实用技术和农村劳动力转移等各类教育培训，共培训农民（含农村居民）40万人次以上，其中，农村劳动力转移与就业培训4.5万人，包括1万人实现转移就业。为10个郊区县职业教育和成人教育部门开展农民教育培训配备“大篷车”，作为流动的课堂，面向农民开展现代生产技术、信息技术、安全生产、环境保护、民主法制、职业道德、文明礼仪以及健康生活等社会文化生活教育培训。

〔**学习型城市建设**〕 2008年，北京市教委明确北京市建设学习型城市工作领导小组各成员单位工作职责，进行各项工作任务分解，初步形成各司其职、齐抓共管的工作推进机制。印发《建设首都学习型城市辅导读本》及《北京学习型组织创建工作手册》，分层次、分类别举办“学习型组织理论与实践”培训班，培训工作骨干200人，广泛宣传普及终身学习理论和学习型组织管理理论，营造全民学习、终身学习的氛围。修订《创建学习型机关先进单位评估指标体系》、《创建学习型学校先进单位评估指标体系》、《创建学习型企业先进单位评估指标体系》、《创建学习型社区先进街道评估指标体系》和《创建学习型乡镇先进乡镇评估指标体系》。对怀柔区、昌平区、延庆县创建学习型区县工作和申请参加市级创建学习型学校先进单位的35所学校进行指导；完成13所学校北京市创建学习型学校先进单位的评估任务。完成怀柔区创建学习型城区先进区县的评估。开展形式多样的市民学习活动，继续举办“北京周末社区大讲堂”、“首都市民大讲堂”、“市直机关学习大讲堂”、“网上大讲堂”、“首都科学讲堂”，全年各区县、各行业部门共开展各类成人教育培训780万人次，60%的市民参加各类教育培训活动。

高 等 教 育

〔**综述**〕　2008年，北京市教委继续实施北京高等教育质量工程和创新工程，加快专业结构调整与专业建设，继续推进高职高专实训基地建设和示范性高职院校建设。进一步加强与中央在京高等学校共建合作。

合理调控发展节奏，妥善处理市委、市政府控制高等教育规模的要求、人民群众接受高等教育的需求、高等学校自身发展的诉求之间的关系。2008年，市属普通高等学校研究生教育招生共计6 879人，其中，博士592人，硕士6 287人。市属普通高校本专科招生83 155人，其中，本科生43 363人，专科生（含高职）39 792人。

做好高校毕业生就业工作。2008年，北京地区高校毕业生全员初次就业率94.56%。7 833名毕业生到西部就业，比上年增加2 374人；17 518名毕业生到基层就业（包括北京村官和支教），比上年增加700人。首次评定25个高校示范性就业中心，探索构建更加完善的高校毕业生就业工作体系。

继续推进高校产学研结合，实施北京高等学校科学技术与研究生教育创新工程，进一步优化学科布局，进一步推进产学研结合，根据首都重点发展领域增设部分市级重点实验室和人文社科基地。

增强民办教育统筹协调力度，选派民办高校督导专员兼党建工作联络员，定期开展督导，促进民办高校健康稳定发展。加强民办高校规范管理，定期检查民办高校办学情况，指导协调区县做好民办教育工作。探索建立民办教育发展引导性资助项目长效机制，对依法诚信办学、特色突出的民办高校给予扶持资助。

〔**评选高等学校教学名师**〕　2008年3月，市教委开展评选表彰第四届北京市级教学名师奖暨遴选推荐第四届国家级教学名师奖候选人工作。经过学校推荐、专家评议、市教委审核和公示，决定授予100名教师北京市级教学名师奖。经教育部评审，9所高校的12名教师获第四届国家级教学名师奖。

〔**评选北京市重点学科**〕　2008年4月，市教委公布第二轮北京市重点学科评审结果。在65个学位授予单位遴选设置了347个北京市重点学科和北京市重点建设学科，评审中突出了各校办学特色，进一步调整和优化了学科布局结构。新增重点学科中，中央高校有159个，占45.8%；市属高校有157个，占45.2%；科研机构24个，占6.9%；军队机构7个，占2%。2008年，市教委对原北京市重点学科进行了考核验收。

〔**评选高等学校精品课程**〕　2008年5月，市教委开展2008年度北京高等学校市级精品课程评审工作。共有77所高校申报的386门课程参加评审，经过评审组评议、评审委员会投票及市教委审核、公示等程序，154门课程入选北京市级精品课程。经过教育部评审，29所高校的90门课程入选国家级精品课程。

〔**评审特色专业建设点**〕　2008年6月，市教委开展北京市级特色专业建设点评审工作。在学校推荐基础上，经专家评审小组评议、评审委员会投票及市教委审核并公示，319个专业被评为北京市特色专业建设点。

〔**评选优秀教学团队**〕　2008年7月，市教委公布2008年北京市优秀教学团队名单。在学校先期建设并推荐基础上，经过专家评审小组评议、评审委员会投票以及市教委审核、公示等程序，120个优秀教学团队入选2008年北京市优秀教学团队。经过教育部评审，其中42个团队被评为国家级教学团队。

〔**评审示范性高职院校**〕 市教委发布了《关于实施北京市示范性高等职业院校建设计划的通知》、《关于做好2008年度北京市示范性高等职业院校建设计划项目申报工作的通知》。经申报推荐，市教委、市财政局联合组织专家评审，确定北京信息职业技术学院、北京政法职业学院、北京戏曲艺术职业学院和北京青年政治学院为“北京市示范性高等职业院校建设计划”2008年度立项建设院校。经过教育部评审，北京农业职业学院、北京财贸职业学院被评为国家示范性高职院校。

〔**评定首批高校示范性就业中心**〕 2008年10月30日，市教委评定首批北京地区高校示范性就业中心。该评选本着“公平、公正、公开”的原则，采取审阅材料与集中听取汇报相结合的方式，共评选出北京地区高校示范性就业中心25个。首批共有40所高校参加申报。

〔**评选高等教育精品教材**〕 2008年11月，市教委公布了2008年北京高等教育精品教材评审结果。北京77所高等学校在自评基础上申报1 051个项目参评，经过专家评审、市教委批准，480项教材入选北京高等教育精品教材。市教委给予每项教材奖励5 000元，并建议高校和出版单位分别对教材主编、责任编辑给予不低于市教委额度标准奖励。

〔**评选北京市首届优秀博士学位论文**〕 2008年9月8日，市教委公布了2008年北京市优秀博士学位论文评选结果。在学位授予单位推荐、学科评选组评审和评选专家委员会会议评审的基础上，经市委教育工委、市教委书记主任办公会议批准，最终确定50篇论文为首届北京市优秀博士学位论文。在入选的50篇优秀博士学位论文中，科研单位及军队院校9篇，占优秀论文总数18%；高等学校41篇，其中，中央在京高校34篇，占优秀论文总数68%，市属高校7篇，占优秀论文总数14%。

〔**建立首批联合培养研究生基地**〕 2008年，市教委建立第一批产学研联合培养基地和国内外联合培养基地。首批共有20个基地入选，其中，中央高校15个、市属高校5个。该项工作根据北京市科技中长期发展规划，围绕首都发展重点领域，在部分高校试点工作基础上重点支持北京高校与相关领域单位建立产学研联合培养研究生基地，支持北京高校以联合培养方式选派博士生到国外进行课程学习和科学研究，培养高层次创新人才。

〔**进一步推进招生改革**〕 2008年，北京市加大高职院校自主招生试点的力度，高职自主招生改革试点院校增至11所，招生计划扩大至2 080人；推进农村卫生人才培养的落实工作，为山区、半山区卫生院定向培养医学人才招收72名学生；完善首都医科大学办学条件；在高考志愿填报与录取中实行部分平行志愿改革，完善志愿填报以及录取方式，增加第一志愿落选高分考生的录取机会。

〔**评审实验教学示范中心**〕 2008年，在北京各高校多年建设和自主申报基础上，市教委开展物理类、化学化工类、生物类、电子电气信息类、机械类、土建类、材料类、地学类、植物类、动物类、临床技能类、医学基础类、经济管理类、法学类、传媒类、艺术类、综合性工程训练中心、文科综合类共18个类别的实验教学示范中心的评审工作。经研究，决定35所高校的45个实验教学中心为北京高等学校实验教学示范中心。经过教育部评审，其中11所高校的14个示范中心被评为国家级示范中心。

〔**加强成人高等教育**〕 2008年，北京成人高等教育构建终身教育体系，成人高职“学分银行”试点专业增至9个。市教委规范继续教育（含现代远程教育）管理，评估检查42个在京校外学习中心；组织2008年全国网络教育共同基础课统考；组织完成2008学年成人高等教育新专业评议，21所高校的37个专业通过评议。

撰稿 李 刚 张永凯 李 奕
黄 侃 邵和平 华 蕾
审稿 李 奎 李晓秋

天津市教育

概　　况

〔基本情况〕

2008 年各级各类学校校数、教职工、专任教师情况

	学校数（所）	教职工数（人）	专任教师数（人）
一、高等教育			
（一）研究生培养机构（不计校数）	（18）		
1. 普通高校	（18）		
2. 科研机构			
（二）普通高等学校	55	43 294	26 121
1. 本科院校	29	32 583	18 837
其中：独立学院	10	3 701	2 349
2. 专科院校	26	10 711	7 284
其中：职业技术学院	25	10 158	6 929
3. 其他机构（点）（不计校数）			
（三）成人高等学校	16	2 582	1 461
（四）民办的其他高等教育机构			
二、中等教育	733	70 465	53 386
（一）高中阶段教育	367	70 465	27 081
1. 高中	223	53 610	15 326
普通高中	221	53 596	15 316
成人高中	2	14	10
2. 中等职业教育	144	16 855	11 755
普通中专	40	6 730	4 357
成人中专	23	888	570
职业高中	37	4 284	3 050
技工学校	44	4 833	3 691
其他机构（教学点）（不计校数）	（11）	120	87
（二）初中阶段教育	366	0	26 305

续表

	学校数（所）	教职工数（人）	专任教师数（人）
1. 普通初中	365		26 305
2. 职业初中			
3. 成人初中	1		
三、初等教育			
（一）普通小学	993	45 850	38 474
（二）成人小学			
其中：扫盲班			
四、工读学校	3	114	44
五、特殊教育	21	604	452
六、学前教育	1 614	15 000	9 519

注：普通高中的教职工数中包含普通初中的教职工数。

2008 年各级各类学历教育学生情况

	毕业生数（人）	招生数（人）	在校生数（人）
一、高等教育			
（一）研究生	9 563	12 665	33 753
博士	1 482	1 920	7 303
硕士	8 081	10 745	26 450
（二）普通本专科	101 728	111 048	386 437
本科	49 951	64 000	240 510
专科	51 777	47 048	145 927
（三）成人本专科	31 159	27 511	85 372
本科	12 288	13 122	40 678
专科	18 871	14 389	44 694
（四）其他各类高等学历教育			
1. 在职人员攻读博士、硕士学位		1 773	6 183
2. 网络本专科生	4 538	8 267	12 921
本科	2 291	4 022	7 625
专科	2 247	4 245	5 296
3. 其他			
二、中等教育	238 149	203 356	688 412
（一）高中阶段教育	139 659	119 111	384 920
1. 高中	75 298	58 920	195 034
普通高中	75 230	58 920	195 004
成人高中	68		30
2. 中等职业教育	64 361	60 191	189 886
普通中专	29 567	23 500	88 851

续表

	毕业生数（人）	招生数（人）	在校生数（人）
成人中专	3 050	6 653	10 610
职业高中	18 016	11 977	47 025
技工学校	13 728	18 061	43 400
（二）初中阶段教育	98 490	84 245	303 492
1. 普通初中	98 490	84 245	303 492
2. 职业初中			
3. 成人初中			
三、初等教育	88 171	89 027	520 997
（一）普通小学	88 171	89 027	520 997
（二）成人小学			
其中：扫盲班			
四、工读学校			
五、特殊教育	347	217	2 393
六、学前教育	77 513	84 909	192 864

注：特殊教育学生数中包括普通中小学随班就读的学生。

2008 年各级各类非学历教育学生情况

	毕（结）业生数（人）	注册生数（人）
总　　计	1 262 945	915 114
一、高等教育	107 659	68 287
（一）研究生课程进修班		49
（二）自考助学班	6 664	16 948
（三）普通预科生		
（四）进修及培训	100 995	51 290
其中：资格证书培训	38 211	24 460
岗位证书培训	23 996	10 854
二、中等教育	1 155 286	846 827
其中：资格证书培训	48 008	34 548
岗位证书培训	167 242	140 232
（一）中等职业教育	64 774	17 467
其中：资格证书培训	20 908	13 472
岗位证书培训	4 829	2 616
（二）职业技术培训机构	1 090 512	829 360
其中：资格证书培训	27 100	21 076
岗位证书培训	162 413	137 616

2008 年各级各类民办教育基本情况

	学校数（所）	毕业生数（人）	招生数（人）	在校生数（人）	教职工数（人）	专任教师数（人）	另有其他学生数（人）
一、民办高等教育							
（一）民办高校	15	22 383	22 661	75 010	9 235	4 468	55 697
本科学生		3 334	7 615	29 062			
专科学生		19 049	15 046	45 948			
其中：独立学院	5	1 583	5 594	19 724	1 639	1 057	
本科学生		1 583	5 594	19 724			
专科学生							
（二）民办其他高等教育机构	64				7 835	3 252	259 584
二、民办中等教育							
（一）高中阶段教育	98	7 226	8 057	27 026	4 817	2 885	1 656
1. 民办普通高中	76	5 473	5 668	18 567	3 641	2 307	
2. 民办中等职业教育	22	1 753	2 389	8 459	1 176	578	1 656
（二）初中阶段教育	20	6 061	7 639	21 775			
1. 民办普通初中	20	6 061	7 639	21 775			
2. 民办职业初中							
三、民办普通小学	20	3 155	5 832	26 315	1 753	1 091	
四、民办幼儿园	380	14 577	21 000	56 642	10 205	5 679	
另有：民办培训机构（不计校数）	（1 386）				26 462	10 209	576 817

注：1. “另有其他学生数”包括：学历文凭考试学生、自考助学班学生、预科生、进修及培训学生数；
2. 民办普通高中的教职工和专任教师数中包含民办普通初中的教职工和专任教师数；
3. “（ ）”内数据为不计校数。

〔**举办全国职业院校技能大赛**〕 2008 年 6 月 27 日—30 日，由教育部、天津市政府等 11 家单位联合举办的 2008 年全国职业院校技能大赛在天津举行。中共中央政治局委员、国务委员刘延东，中共中央政治局委员、天津市委书记张高丽共同为大赛启幕，教育部部长周济和天津市市长黄兴国分别致词。全国人大常委会副委员长陈至立出席大赛闭幕式，并向获奖单位和个人代表颁发奖杯和获奖证书。大赛分高职和中职两个组别进行，比赛涵盖计算机应用技术等 10 个专业类别的 24 个竞赛项目，参赛选手 1 862 名。高职组有 30 个省份 147 支代表队参赛，其中 14 个团队获得一等奖；中职组有 37 个省市代表队参赛，团体一等奖由上海市获得。天津市 15 个代表队分别参加高职组和中职组的比赛，获高职组 5 个一等奖、2 个二等奖，中职组获 17 个一等奖、15 个二等奖、12 个三等奖和 6 个优秀奖，并获得团体二等奖。

〔**完成重点校舍资源建设项目**〕 （1）实施天津师范大学、天津工业大学、天津理工大学三校新校区“十一五”建设工程。其中，天津师范大学生活区续建项目竣工并投入使用，津沽学院二期工程完成部分单体建筑；天津工业大学学生公寓、学生餐厅和综合服务楼竣工；天津理工大学图书馆已批复立项，进入基本建设程序。同时，三校新校区水、电、气、热和道路、绿化等综合配套工程基本建成。天津职业大学北辰新校区后续工程全部竣工。（2）完成天津医科大学“211 工程”“十一五”基础设施建设工程，其中包括留学生教育综合楼、学生公寓和医学相关技术学院改扩建工程；建成天津广播电视大学综合楼、商业大学风雨操场、医科大学第二医院门急诊楼；完成天津美术学院土地购置及教学用房改造工程。（3）天津工程师范学院国际交流中心、天津外语学院综合体育馆、天津医科大学总医院医学中心二期等改扩建工程计划施工部位已完成。（4）建成第五十四中学示范校，建成第五十七中学、第十四中学、蓟县二中等示范校主要单体建筑，改善普育学校、第十九中学、育红中学和第四十一中学等历史名校的办学条件。

〔**天津滨海·高校技术转移中心成立**〕 2008年6月23日，天津市新筹建的“天津滨海·高校技术转移中心”开始试运行。该中心是由教育部科技司牵头，天津市教育委员会具体组织，教育部直属高校、天津高校和天津滨海新区有关部门共同参与，面向天津滨海新区企事业单位的一家专门从事科技信息服务、技术转移、技术交易、科技创新平台建设及人才培训的非营利性服务机构。中心的主要任务是整合全国高校科技和人才资源，大力推动高校与天津滨海新区优势产业的全面结合。

〔**加强对外交流与合作**〕 2008年11月，天津市教育代表团访问西班牙、埃塞俄比亚和肯尼亚。市教委接待了法国邦岱翁—索邦—巴黎第一大学校长、澳大利亚墨尔本市高等教育代表团、澳大利亚维多利亚州基础教育代表团，还接待了新加坡国际企业发展局、旅游局以及韩国仁川市教育厅、日本技术士会和以泰国隆财基金会主席赵坤通猜为团长的泰国教育代表团81人来访。天津市教育委员会与韩国仁川市教育厅签署合作协议，促成双方中小学结成十对友好学校并实现校长互访。与英国驻华使馆合作，接受15名英国教师到天津市高中任教。先后举办高水平国际学术会议或论坛19个；派遣15名教师到意大利坎帕尼亚大区学习进修意大利语、建筑学和音乐；接收10名意大利学生到天津市高校学习汉语，进一步提高了天津教育的国际知名度。

〔**加强资助家庭经济困难学生工作**〕 2008年，根据资助学生工作的需要，市教委成立了家庭经济困难学生资助工作领导小组；完成2008—2009学年度国家奖助学金评审和发放工作；接受了审计署对天津市2007—2008学年度普通本科高校、高等职业学校和中等职业学校国家奖助学金工作的审计。2008年，天津市高等学校共评出获得国家奖学金的学生608名，发放国家奖学金486.4万元；评出获得国家励志奖学金的学生9 881名，发放国家励志奖学金4 940.5万元；评出享受国家助学金的学生56 798名，发放国家助学金11 359.8万元；评出获得天津市人民政府奖学金的学生800名，发放政府奖学金640万元。共计发放奖助学金17 426.7万元。2007—2008学年度，中等职业学校享受助学金学生89 396人。其中享受国家助学金学生71 729名，发放国家助学金10 759.35万元；享受市人民政府助学金学生17 667人，发放政府助学金883.35万元，合计发放助学金11 642.7万元。来自汶川地震重灾区的822名中职学生被纳入国家特别资助范围。2007—2008学年度，8 054名高校学生办理了新机制助学贷款，发放贷款12 290.3万元。至2008年底，累计有30 171名学生办理了新机制助学贷款，共计发放贷款45 415万元。44名高校应届毕业生被确认享受“天津市人民政府服务基层奖励金”资格。6 035名高校家庭经济困难新生通过“绿色通道”入学。市教委、天津农村合作银行、天津市教育发展基金会为420名经济困难大学生发放63万元帮困助学金。

〔**天津市大学生运动员在北京奥运会上获得9枚奖牌**〕 在2008年北京奥运会上，天津市9所高校42名大学生运动员参加了跆拳道、排球、游泳、蹦床、田径、柔道、击剑、水球8个大项31个小项的比赛，为中国奥运代表团夺得5枚金牌、1枚银牌、3枚铜牌、2个第四名、2个第五名、1个第六名、1个第七名、1个第八名的成绩，并打破1项游泳世界纪录。

基 础 教 育

〔综述〕 2008年，天津市义务教育入学率继续保持100%，初中巩固率稳定在99.5%以上，15周岁人口初等教育完成率继续达到98%，高中阶段教育入学率达95%，普职比为6∶4。从2008年春季开始，天津市向全市所有义务教育阶段学生免费提供教科书，并试行教科书循环使用。市政府批转市教委《关于进一步做好外来务工人员子女义务教育工作意见》，加强外来务工人员子女接受义务教育的工作管理；全市义务教育学校有外来务工人员子女13万人，占全市义务教育学生的15.76%。继续撤并和规范农村小学教学点，全年撤并教学点103个，完成撤并计划的57%。继续清理整顿改制学校，最后25所改制初中全部停止招生，大批改制学校回到公办学校行列，并顺利完成每区1～2所民办学校的转制工作，实现了市政府提出的在3～5年内完成改制学校清理整顿的工作目标。为实施城乡教育一体化战略，加快促进义务教育均衡发展，市政府转发市教委《关于实施天津市义务教育学校现代化建设标准（2008—2012年）意见》，计划用5年时间，高标准均衡配置教育资源。

〔完善外来务工人员子女义务教育办法〕 5月30日，天津市政府批转印发市教委《关于进一步做好外来务工人员子女教育工作意见》，提出：(1)建立外来务工人员子女接受义务教育的保障机制。外来务工人员子女在津接受义务教育，坚持以流入地政府管理和以公办学校为主的原则，实行属地管理。各区县人民政府要承担外来务工人员子女接受义务教育的责任，将其纳入当地经济社会和教育事业发展总体规划，进行统筹安排。要将外来务工人员子女在津接受义务教育列入教育经费预算，对接收外来务工人员子女的学校，在核拨经费时，要按照生均标准和实际在校生数予以足额拨付，确保学校正常运转。(2)明确外来务工人员子女接受义务教育的政策要求。外来务工人员子女在津接受义务教育，须持有暂住证、原籍户籍证明、务工证明、住（租）房证明、原籍或天津市儿童预防接种证，向暂住地所属区县教育局提出申请，经所在区县教育局审核后，统筹就近安排在公办学校就读。外来务工人员子女在津接受义务教育，在教育教学、学籍管理、教育收费、评优奖励、考试竞赛、文体活动、加入团队组织等方面，与本市学生同等对待，享受与本市学生相同的免收学杂费和免收教科书费政策。(3)加强外来务工人员子女接受义务教育的工作管理。各有关学校不得向外来务工人员子女收取借读费及其他费用。各区县教育局及各有关学校要与公安、劳动等相关部门加强联系，做好有关外来务工人员子女情况的调查统计工作。各有关学校要建立与外来务工人员子女家庭沟通联系的制度，共同做好有关教育工作。市政府教育督导室要对各区县落实外来务工人员子女义务教育工作进行专项督导检查。各区县政府教育督导室要对有关学校落实外来务工人员子女义务教育情况进行专项督导评估。

〔改革初中招生制度〕 为贯彻落实新颁布的《中华人民共和国义务教育法》，经过深入调研论证，市教委2008年制定《2008年天津市初中招生工作指导意见》，通过对区县初中招生工作的指导和管理，巩固和发展初中招生制度改革成果，在整体提高公办初中办学水平的同时，抓住改制学校全面清理整顿的有利时机，大力推进六升七年级免试就近入学，大幅度提升初中就近入学率。在2008年的初中招生过程中，各区采取多种措施严格控制优质高中初中部的招生计划，努力促进初中生源分布的相对均衡，在完善优质高中初中部向小学定向分配招生指标办法的基础上，各区县提高接收推荐生比例，并通过“小学毕业生综合素质评价和成长记录”在初中招生中的充分运用，达到促进公办中小学均衡发展的目标。加强对各类民办学校初中招生的管理，促进其规范办学、规范招生。禁止举行全区范围面向小学毕业生的统一选拔性考试。

〔**改革高中招生制度**〕 2008年，市教委制订了与初中课程改革相配套的《天津市高级中等学校招生制度改革方案（试行）》，对2008年及其以后的招生考试制度改革做出规划。天津市高级中等学校招生制度改革旨在逐步改变以升学考试分数简单相加作为唯一录取标准的做法，促进学生全面发展。本市高级中等学校招生制度改革从以下三个方面入手：(1) 全面考核，择优录取。规定报考市重点高中的考生，在市级考查4个科目中，至少有2个科目成绩达到“良好”等相关要求。本年度，天津市初中毕业生96 036人，参加市级地理、生物、思想品德、历史学业水平考查后，2科成绩为“良好”及以上者达70 770人。招生工作十分平稳，同时也提高了学校和学生对设立的考查学科的重视。(2) 建立机制，促进均衡。建立市重点高中招生指标定向分配制度。河东区、北辰区、塘沽区、大港区承担试验任务，共分配招生指标210个，录取177人，30人享受了降低10分录取的政策。(3) 发展特长，培育特色。建立特色高中校自主招收体育、艺术特长生制度，本年度共招收体育、艺术特长生421人。

〔**建立高中生综合素质评价机制**〕 2008年，市教委制订了与新课程理念相一致、反映课程改革思路，并符合天津市教育发展实际的《天津市普通高中学生综合素质评价方案》。3月4日，召开高中毕业生综合素质评价方案培训会，进行工作部署，并为全市区县教育局局长、中学科科长及校长代表进行操作层面的解读和辅导。为推进综合素质评价制度建设，科学、客观、负责任地评价学生，市教委研究制定了“天津市中学综合素质评价系统”，年底投入使用。学生的成长历程在网上实现动态记录和评价，学校和老师可以通过网络评价系统了解每一个中学生每一阶段的发展状况。为保证评价过程的公平、公正以及评价数据的安全，系统分别设置了系统权限，增强学生评价信息的保密性和真实性。

〔**开通高中选修课空中课堂**〕 为推进普通高中新课程实验，天津市2008年在天津教育科研宽带网建设的远程教育平台上开通了普通高中选修课程空中课堂，市教委直属南开中学、耀华中学、天津一中、新华中学、实验中学等5所高级中学实现了跨校际网上选课。设立空中课堂，实施跨校际网上选课学习，是天津市借助教育技术手段突破地域界限、实现强强联合、解决普通高中选修课开课难的最新尝试，破解了普通高中新课程方案实施中的难题，使学生突破校内课程局限，随时登陆平台，按照学习兴趣广泛选择课程进行在线学习。师生网上远程互动答疑、能力测试、赋予学分，有效适应了新课程标准所要求的“学生多元化发展”的需要。

〔**加强通用技术课基础建设**〕 通用技术课程是与普通高中新课程相伴而生的新课程门类，天津市各区县普遍存在设施不全、师资短缺的问题。2008年，天津市各区县采取多种模式，加强普通高中通用技术课基础建设。统建自建模式：蓟县教育局实施通用技术学科硬件保障工程，共筹集装备款138万元，全县28个通用技术专用教室全部达到正常开课要求。中心辐射模式：南开区教育局投资200万元，在全市率先建立具有区域特色的通用技术教育管理中心，建设专用教室10间，可同时接待300名高中学生学习和实践。区域共享模式：河西区教育局在实验中学、天津四中、北师大天津附中3所示范性高中，重点投入建设设施完备的通用技术专用教室，并向区域内普通高中全面开放。依托高校模式：西青区教育局在天津理工大学工程学院设立西青区普通高中通用技术学科教学实习基地，依靠高等院校科技前沿的新型课程、精良的仪器设备、高素质的教师队伍、雄厚的理论支撑，极大地提升了高中通用技术学科的教学效果。网上辅助模式：一些区县依托网络优势，尝试开辟通用技术学科网上学习平台，在全区范围内共享优质资源。

〔**举办第二届中国小学校长大会**〕 2008年11月17日—19日，中国教育学会、天津市教育委员会、天津师范大学联合在天津大礼堂举办第二届中国小学校长大会，来自全国各地的1 000余名小学校长参加会议。全国人大副委员长、民进中央主席严隽琪出席会议并讲话，教育部副部长陈小娅出席会议并作报告，中国教育学会会长顾明远致开幕词，天津市副市长张俊芳致欢迎词，天津市教委、天津师范大学及中国教育学会等有关部门领导出席会议。会议围绕学校科学发展与校长时代使命的主题，就校长成长与自身建设、以人为本与制度创新、课程改革与高效教学三个专题进行了大会报告和专题论坛。国家督学总顾问、中国教育学会副会长陶西平就“着力提高教育质量”，中国工程院院士、天津大学教授王静康就“对小学教育改革发展的希望”分别作主题报告。代表们就合理配置资源、加强校际合作、倡导高效教学、促进小学教育科学发展等方面在大会交流经验。与会校长分组参观考察天津市11所小学并观摩学校教学活动，参观了天津滨海新区。

职业教育与成人教育

〔**综述**〕 2008年，由教育部、天津市政府等11家单位联合举办的2008年全国职业院校技能大赛于6月27日—30日在天津举行，2008年中国职业教育改革与发展高峰论坛、第六届全国职业教育现代化技术装备展览会等活动与大赛同期举行。2008年，天津市15所首批示范性中职学校建设项目和12个中职学校实训基地建设项目全面启动；11所职业院校（中职6所）的实训基地项目被教育部、财政部批准为2008年中央财政支持的建设项目，获中央财政1 530万元的支持；4所中职学校实训基地建设获国家发改委和天津市发改委专项资金1 200万元的支持；4所中职学校实训基地建设获中央财政支持奖励职业教育实训基地建设项目资金450万元的支持；80名中职学校教师参加国家级骨干教师培训；5名优秀教师被推荐赴德国培训；5所中职学校接收地震灾区陕西省略阳县209名学生来津就读。

2008年，天津市委、市政府决定建设天津职业教育新区，加快启动空客A320、百万吨级乙烯、千万吨级炼油、渤海化工园、金属制品、电子信息产业、金融外包服务、现代物流技能型紧缺人才培养基地建设。天津医学高等专科学校、天津电子信息职业技术学院2所院校被批准为国家级示范性高等职业院校建设单位。5所高职院校被批准为中央财政支持的职业教育实训基地建设单位，获中央财政710万元的支持。

2008年，天津市完成了11个社区的数字化学习中心建设，和平区、河西区被教育部确定为全国社区教育示范区，和平区劝业场街等5个街道被评为全国社区教育示范街道。河西区的“‘512’市民教育”、和平区老年大学的“发挥老年大学优势，发展老年远程教育”、河东区中山门街的“满足居民学习需求，办好中老年文化课堂”3个项目被评为全国社区示范项目。市教委举办了以“学习、快乐、健康、和谐”为主题的天津市第二届社区教育展示周暨2008年天津市全民终身学习活动周。承担教育部“继续教育改革和发展战略与政策研究”课题的两个子课题，即“天津市继续教育改革和发展战略与政策研究”和“天津独立设置成人高校专题研究”的研究工作。继续推进实施天津市普通高等学校成人高等学历教育的检查评估。2008年，天津市在农村实用人才培训和引种（养）、实验、示范、推广等方面取得可喜成果，农村人口培训率达20%以上，农村劳动力培训率达35%以上。年底，教育部职成司和中国成人教育协会共同表彰农村成教先进单位和先进个人，天津市蓟县孙各庄乡成人文化技术学校等5个单位（含个人）受到表彰；天津市宝坻区大钟庄镇成校和蓟县罗庄子镇成校的先进事迹作为典型案例被中组部选入新编写的第三批全国干部培训教材。44家企业被确定为教育部全国职工教育统计数据采集样本企业。

〔**举办天津市中等职业学校技能比赛**〕 2008年3月22日—23日，天津市举办中等职业学校技能比赛暨全国首届职业院校技能大赛选拔赛。此次比赛分为教师组和学生组。学生组开设计算机应用技能、数控技能、汽车维修技能、电工电子技能、烹饪技能、服装设计制作与模特表演6大专业类别27个项目。教师组开设计算机技能、烹饪技能、数控技能、电工电子技能4大专业类别8个项目。全市共有千余名师生参加比赛。比赛以国家颁布的《职业分类大典》和《技术等级标准》为依据，按照教育部颁发的职业院校《专业目录》规定的专业培养目标和专业《教学大纲》要求，并与有关职业资格证书和岗位证书相结合，确定各项目的竞赛内容和标准要求。按照“在普及基础上提高，在提高指导下普及”的原则，教师选手竞赛采用高级技师水平，中职学生采用高级工水平。为使大赛对以后全国职业院校教育教学改革起到引导作用，此次竞赛引进新技术、新工艺，采用生产、服务、管理一线较先进的设施设备及软件技术，充分体现大赛的导向性、社会性、普及性和前瞻性。

〔**与中西部地区合作办学**〕 2008年，天津市积极开展与中西部地区中职学校联合招生、合作办学工作，把与中西部地区联合招生、合作办学作为全国职业教育改革试验与促进中职学校招生工作的一项重要内容。合作办学首先通过两地省、市教育行政部门协商，确定招生学校、招生专业、招生人数，并纳入省市间的合作规划，组织双方学校进行合作洽谈，或中职学校根据总体要求，直接与中西部的学校联系进行自主合作办学。合作办学主要采取“1+1+1”模式，即在对方学校学习1年，在天津市学校学习1年，在企业实习1年。2008年，市教委分别与宁夏、青海、新疆、内蒙古、沧州市等地的教育行政部门签订了《合作办学框架协议书》，同时，还组织天津市的中职学校到山西、青海、甘肃、内蒙古等省区开展合作办学工作。

〔**建立农村成人教育培训证书注册制度**〕 2008年4月30日，天津市教委下发《关于开展农村成人教育培训证书注册工作的通知》，提出各区县要以开展农村成人教育培训证书注册工作为契机，完善落实好本区县成人教育队伍建设方面的总体规划，努力在制度和机制上有所创新，把本区县成人教育队伍建设工作提升到新的水平；各区县要把培训证书注册工作同教师的专业技术职务评审、岗位聘任、个人评优工作，同领导者管理者的任命（聘任）、考核工作，同包括村（居）班子在内的领导机构政绩、事迹考核评价工作紧密结合起来，建立起相应的制度，以推进和完善培训激励机制。《通知》统一了天津市农村成人教育培训证书的管理和使用方法，该证书在天津市教委举办的第二期全市乡镇（街）成人文化技术学校校长培训班首次启用。

〔**启动天津市农民素质提高工程**〕 2008年2月21日，天津市委办公厅下发《关于转发〈天津市农民素质提高工程实施方案〉的通知》。该实施方案提出的总体目标是：2008—2011年，对全市广大农民进行教育培训，使农民素质得到明显提升；到2011年年底，累计培训40万农村实用人才，向非农产业转移农村劳动力30万人，使非农就业率达到72%。该工程的主要任务是实施4大类10个专项培训项目，即农村劳动力转移培训，包括农业富余劳动力转移培训、非农产业职业技能提高培训、旅游服务人员执业技能培训、农村经纪人提升培训；基层管理人员培训，包括万名农村青年人才培训、村干部岗位提高培训；涉农产业人才培训，包括涉农产业人员职业技能培训、农民大中专学历证书教育、万名女带头人培训；农民思想道德素质培训。关于农民素质提高工程的经费保障，天津市农委、市财政局下发《关于对天津市农民素质提高工程教育培训实施财政补贴的通知》规定：只有列入教育培训目录，才能享受补贴政策。天津市教育招生考试院、市广播电视大学、天津海运职业学院等3个单位为该工程的实施责任单位，区县职成教中心、乡镇及村（居）成人文化技术学校为该工程的培训机构。

〔**开展普通高校成人教育检查评估工作**〕 根据2006年天津市成人教育与培训工作要点和《天津市普通高等学校成人教育评估指标体系》文件要求，市教委组织专家组于2007年6月26日—2008年6月13日历时一年，对天津师范大学等19所普通高校成人高等学历教育工作进行评估。天津大学、南开大学、天津医科大学、天津财经大学、天津工程师范学院、天津师范大学6所学校的成人教育工作被评为优秀；天津理工大学、天津体育学院、天津外语学院、天津中医药大学、天津科技大学、中国民航大学、天津美术学院、天津音乐学院、天津城建学院、天津农学院、天津职业大学、天津商业大学12所学校被评为良好。在本次评估中发现，有的学校校本部教学、管理严格到位，而校外函授教育的管理和教学都有待进一步加强；个别学校在管理和教学方面与评估指标体系的要求还存在一定差距。各参评高校认真研究专家组提出的评价意见，并针对存在的问题，制订出整改方案，取得一定成效。

高 等 教 育

〔**综述**〕 2008年，天津市启动了高等学校加快培养急需人才重大研究立项计划，创新产学研合作教育，推动高等教育积极融入天津经济社会发展和滨海新区开发开放建设。天津工业大学、天津科技大学、天津商业大学、天津工程师范学院、天津医科大学、天津师范大学、天津财经大学和天津理工大学8所院校被列为中央与地方共建高校（特色优势学科实验室项目）投资学校，中央对天津市8所高校35个实验室下拨专项资金8 300万元。在教育部2008年“高等学校本科教学质量与教学改革工程”系列项目评审中，天津市5名教师获得国家级教学名师奖；10个团队被批准为立项建设的国家级教学团队；17门本科课程被评为国家精品课程；5门课程被批准为双语教学示范课程；18个本科专业被批准为第三批高等学校特色专业建设点；5个实验教学中心被确定为国家级实验教学示范中心建设单位（公示）。天津理工大学被教育部确定为第二批大学生创新性实验计划项目学校。市教委配合教育部完成天津医科大学、天津科技大学国家级本科教学水平评估专家组入校考察工作。在教育部公布的2008年普通高校本科教学工作水平评估结论中，天津市参评的南开大学、天津大学、天津师范大学、天津城建学院、天津农学院全部为优秀。组织天津市高等学校及专业设置评议委员会对2008年度市普通高校申报的本科专业进行评议。大力推进天津市大学软件学院建设。组织各类学科竞赛，努力提高大学生创新意识和实践能力。3所高校“211工程”三期建设规划编制完成并开始实施，“十一五”综合投资学科建设项目进展顺利，新增博士学位授予单位立项建设规划工作正式启动。

高职教育启动滨海新区技能型紧缺人才培养基地建设工作。天津市共有4所高职院校成为国家示范性高等职业院校建设计划立项单位，共获得中央财政7 900万元的支持。继续加大高职高专精品课程建设力度，10门课程获得国家级精品课程，35门课程被评为市级精品课程。全年共审核批准21所院校新增39个专业。继续推进高职院校硕士学位青年教师引进工作，全市21所独立设置高职学院共引进157名具有硕士学位的研究生，其中136名专业课教师，21名基础课教师。

经全国高等学校设置评议委员会评议通过，4

月，教育部下发《教育部关于同意在民办天狮职业技术学院基础上建立天津天狮学院的通知》，批准民办天狮职业技术学院升格为本科高校，并更名为“天津天狮学院”，2008 年开始招收本科生。

〔**普通高校实行教学质量督导制**〕 2008 年，市教委印发《天津市成立普通高校教育教学质量专家督导委员会的通知》，决定实行天津市普通高校本科教育教学质量督导制。实行教育教学质量督导制旨在深化普通高等教育教学改革，提升天津市普通高校本科教学水平和整体办学实力，巩固和推广本科教学工作水平评估的成果。2 月 29 日，市教委召开天津市普通高校教育教学质量专家督导委员会成立大会，专家督导委员会围绕提高教育教学质量开展工作，两次组织实施天津市普通高校课堂教学调研工作；对全市本科毕业设计（论文）进行全面检查；进行实验教学、大学外语教学改革等专项督导；指导天津科技大学、天津医科大学本科教学自评自建工作；开展新建专业检查。

〔**推进天津市大学软件学院建设**〕 2008 年，天津市教委、市科委、新技术产业园区、天津工业大学等高校着力推进天津软件与信息技术服务业人才培养基地（大学软件学院）的建设工作。市教委印发《关于创新产学研合作教育的若干意见》、《关于推进天津市普通高校加快培养软件人才的意见》，并与市科委、新技术产业园区联合组建了天津软件与信息技术服务业人才培养基地（大学软件学院）教学指导委员会。9 月 8 日成功举行天津市大学软件学院奠基仪式，市委常委、市委教卫工委书记陈超英，副市长张俊芳及各普通高校主管领导和有关部门负责人出席。

〔**出台高校服务滨海新区政策**〕 2008 年 9 月 9 日，市教委与滨海新区管委会联合发布《关于印发〈加强高校与滨海新区合作提升滨海新区科技创新能力的若干政策措施〉的通知》。文件要求高校充分发挥科技和人才优势，促进高等学校与滨海新区优势产业结合，全面提升滨海新区的自主创新能力，加快推动高校科研成果产业化进程。市教委与滨海新区管委会将从四个方面加强高校与滨海新区合作：（1）建立促进高校与滨海新区优势产业结合和成果转化的有效机制；（2）以市场为导向，以产业化为目的，加大投入、多渠道筹集科技资金；（3）实施滨海新区人才支撑规划；（4）搭建高水平科技、信息服务平台，提升滨海新区科技创新能力。9 月 5 日，市教委发布《关于印发〈“滨海新区双百科技特派员计划”的实施方案〉的通知》，其主要内容为：每年从高校遴选 100 名优秀博士研究生、100 名青年教师，到滨海新区创新型或在优势产业中有较大影响的企业担任科技特派员；通过实施科技特派员计划，加快建设以企业为主体、市场为导向、产学研结合的技术创新体系，增强滨海新区企业自主创新能力和核心竞争力，不断提升高等学校服务天津市经济建设和社会发展的综合实力。截至年底，共收集到企业特派员需求 136 人，各高校共推荐特派员 213 人，举行大规模对接会 4 场，已签约并派出特派员 65 人。

〔**高校科研获奖情况**〕 2008 年，天津高校共获国家科技三大奖励 6 项，其中国家技术发明二等奖 2 项，国家科技进步二等奖 4 项。在 2008 年天津市科技三大奖励评审中，高校共获奖 87 项，占获奖总数 39.2%。其中自然科学奖 14 项，占获奖总数 93.3%；技术发明奖 6 项，占获奖总数 60%；科技进步奖 67 项，占获奖总数 34.36%。在 2008 年教育部高等学校科学研究优秀成果奖（科学技术）评审中，天津高校获科技进步一等奖 3 项。天津市地方高校有 18 个课题获国家社科基金项目立项，比上年增长 100%；114 个项目获得国家自然科学基金资助，比上年增长 31%，资助经费 3 392 万元，比上年增长 47.7%。

〔**加强大学生就业工作**〕 2008 年 2 月 29 日，天津市召开 2008 年高校毕业生就业工作会议，副市长张俊芳出席并讲话。会上，市教委、市发改委、市公安局、市人事局、市劳动和社会保障局、市财政局联合印发了《关于做好我市 2008 年普通高等学校毕业生就业工作的通知》，《通知》提出：引导高校毕业生面向基层就业工作，力争取得新进展；大力提升就业服务的水平和质量；积极主动为滨海新区的发展提供人才保障；积极推进以就业和社会需求为导向的高等教育改革；加大对大学生的创业支持和服务；做好家庭经济困难并且就业困难学生的帮扶工作，加强离校后的就业服务；继续推进青年见习基地建设；认真做好思想教育和宣传工作，营造良好舆论环境。2008 年，天津市高校毕业生 113 514 人，其中研究生 9 772 人，本科生 50 905 人，专科（含高职）生 52 837 人。毕业生总数比上年增加 10 194 人，增幅近 10%；高校毕业生总体就业率为 91.02%，其中研究生为 92.15%，本科生为 89.56%，高职生为 92.23%。

撰稿　孟令梅

审稿　林炎生

河北省教育

概　　况

〔基本情况〕

2008 年各级各类学校校数、教职工、专任教师情况

	学校数（所）	教职工数（人）	专任教师数（人）
一、高等教育			
（一）研究生培养机构（不计校数）	(19)		
1. 普通高校	(17)		
2. 科研机构	(2)		
（二）普通高等学校	105	88 603	55 125
1. 本科院校	51	59 600	36 286
其中：独立学院	18	9 892	7 446
2. 专科院校	54	28 820	18 735
其中：职业技术学院	47	23 667	15 349
3. 其他机构（点）（不计校数）	(1)	183	104
（三）成人高等学校	13	1 918	1 184
（四）民办的其他高等教育机构	49	1 677	898
二、中等教育	4 882	407 837	333 661
（一）高中阶段教育	1 697	407 705	139 909
1. 高中	735	324 298	80 824
普通高中	713	323 940	80 668
成人高中	22	358	156
2. 中等职业教育	962	83 407	59 085
普通中专	311	26 023	15 731
成人中专	200	9 053	6 263
职业高中	290	28 128	22 034
技工学校	161	13 133	10 881
其他机构（教学点）（不计校数）	(74)	7 070	4 176
（二）初中阶段教育	3 185	132	193 752
1. 普通初中	3 172		193 632
2. 职业初中	2	34	30
3. 成人初中	11	98	90
三、初等教育			
（一）普通小学	16 205	340 315	316 702
（二）成人小学	384	416	71

续表

	学校数（所）	教职工数（人）	专任教师数（人）
其中：扫盲班	383	383	45
四、工读学校			
五、特殊教育	137	2 932	2 280
六、学前教育	6 383	61 815	42 736

注：普通高中的教职工数中包含普通初中的教职工数。

2008年各级各类学历教育学生情况

	毕业生数（人）	招生数（人）	在校生数（人）
一、高等教育			
（一）研究生	6 520	9 234	25 261
博士	341	486	1 748
硕士	6 179	8 748	23 513
（二）普通本专科	271 335	310 592	1 000 033
本科	101 678	125 702	457 997
专科	169 657	184 890	542 036
（三）成人本专科	78 510	83 380	231 772
本科	20 977	34 144	88 740
专科	57 533	49 236	143 032
（四）其他各类高等学历教育			
1. 在职人员攻读博士、硕士学位		2 523	6 174
2. 网络本专科生			
本科			
专科			
3. 其他			
二、中等教育	1 900 462	1 726 697	5 329 049
（一）高中阶段教育	846 836	925 883	2 585 466
1. 高中	483 362	448 491	1 355 231
普通高中	482 330	448 491	1 351 197
成人高中	1 032		4 034
2. 中等职业教育	363 474	477 392	1 230 235
普通中专	125 208	185 127	464 930
成人中专	30 300	46 037	85 807
职业高中	156 565	175 349	505 077
技工学校	51 401	70 879	174 421
（二）初中阶段教育	1 053 626	800 814	2 743 583
1. 普通初中	1 052 699	800 757	2 741 801
2. 职业初中	277	57	218
3. 成人初中	650		1 564
三、初等教育	813 868	914 423	4 769 781
（一）普通小学	802 024	914 423	4 756 611
（二）成人小学	11 844		13 170
其中：扫盲班	11 687		12 449
四、工读学校			
五、特殊教育	1 070	1 855	12 294
六、学前教育	532 594	996 503	1 391 186

注：特殊教育学生数中包括普通中小学随班就读的学生。

2008年各级各类非学历教育学生情况

	毕（结）业生数（人）	注册生数（人）
总　　计	3 245 068	2 658 119
一、高等教育	52 118	32 814
（一）研究生课程进修班	438	271
（二）自考助学班	5 201	21 283
（三）普通预科生		349
（四）进修及培训	46 479	10 911
其中：资格证书培训	6 744	1 772
岗位证书培训	8 010	628
二、中等教育	3 192 950	2 625 305
其中：资格证书培训	370 775	389 653
岗位证书培训	273 609	234 699
（一）中等职业教育	397 372	199 525
其中：资格证书培训	104 458	69 725
岗位证书培训	84 012	37 652
（二）职业技术培训机构	2 795 578	2 425 780
其中：资格证书培训	266 317	319 928
岗位证书培训	189 597	197 047

2008年各级各类民办教育基本情况

	学校数（所）	毕业生数（人）	招生数（人）	在校生数（人）	教职工数（人）	专任教师数（人）	另有其他学生数（人）
一、民办高等教育							
（一）民办高校	32	41 688	75 230	234 644	16 247	11 797	1 448
本科学生		27 951	49 619	167 360			
专科学生		13 737	25 611	67 284			
其中：独立学院	18	27 960	47 957	164 369	9 892	7 446	593
本科学生		27 951	47 957	164 369			
专科学生		9					
（二）民办其他高等教育机构	49				1 677	898	16 189
二、民办中等教育							
（一）高中阶段教育	406	88 834	111 771	287 972	37 997	26 427	8 675
1. 民办普通高中	137	47 120	38 754	127 509	25 565	19 052	
2. 民办中等职业教育	269	41 714	73 017	160 463	12 432	7 375	8 675
（二）初中阶段教育	227	95 965	72 537	260 796			
1. 民办普通初中	227	95 965	72 537	260 796			
2. 民办职业初中							
三、民办普通小学	277	36 836	27 597	182 319	13 454	9 275	
四、民办幼儿园	1 728	69 002	141 287	247 192	22 188	13 824	
另有：民办培训机构（不计校数）	(1 146)				22 344	5 455	227 379

注：1.“另有其他学生数”包括：学历文凭考试学生、自考助学班学生、预科生、进修及培训学生数；

2. 民办普通高中的教职工和专任教师数中包含民办普通初中的教职工和专任教师数；

3.“（　）”内数据为不计校数。

〔**综述**〕 2008年度，全省教育系统高举邓小平理论和“三个代表”重要思想伟大旗帜，全面落实科学发展观，齐心协力，锐意进取，各项工作扎实推进。以农村教育工作为重点的义务教育得到快速发展，城乡免费义务教育全面实现，农村中小学办学条件显著改善，义务教育均衡发展取得新的突破，总结提出深入推进城市市区义务教育均衡发展的新模式；坚持以就业为导向的职业教育改革发展取得新进展，职业教育基础能力进一步增强，办学方向更加明确；坚持走内涵发展为主的道路，高等教育人才培养质量不断提高；全面加强教师队伍建设，教师队伍素质明显提高；坚持以人为本，积极推进教育公平，积极做好资助贫困生工作，建立健全普通高校和中等职业学校家庭经济困难学生资助政策体系；做好奥运安保等工作，维护了全省教育系统的稳定。

〔**农村义务教育经费保障机制改革**〕 根据财政部、教育部《关于调整完善农村义务教育经费保障机制改革有关政策的通知》精神，全省进一步完善此项改革。(1) 继续免除农村义务教育阶段学生的学杂费，免费提供教科书，并提高农村中小学校生均公用经费水平。(2) 提高农村中小学校舍维修改造补助标准，从每平米400元提高到500元，提高标准所需资金继续由省级财政按1∶1与中央资金配套。(3) 提高贫困寄宿生资助标准和比例，全省农村义务教育阶段享受寄宿生生活费补助的家庭经济困难学生最低控制比例为寄宿生总数的23%，约补助20万名寄宿学生。小学补助标准为每生每年500元，初中为750元。全省共需筹措资金1.4亿元。为保证改革的顺利实施，采取了如下措施。(1) 截至10月底，中央和省级安排的农村义务教育经费保障机制改革资金26.39亿元已全部下拨到县（其中：公用经费20.07亿元；贫困寄宿生生活费1.02亿元；校舍维修改造资金5.3亿元），使寄宿贫困生得到了有效资助。(2) 圆满完成免费教科书招标采购工作，免费提供的教科书已分别于春季和秋季开学前全部到校，保证了学生的正常使用；通过省级集中招标采购，节约资金2 300多万元。筹集资金9 600多万元，为农村中小学生购置了与教科书配套的练习册、英语磁带、地理图册等辅助教材，有效地减轻了学生家长的经济负担。(3) 提早部署校舍维修改造工作。1月28日，省教育厅和省财政厅联合印发了《关于制定2008年农村中小学校舍维修改造规划的通知》，对全省中小学校舍维修改造工作进行了全面部署，督促市、县尽早组织开工建设，及时消除现存危房，确保师生人身安全。本年共改造中小学危房73万平方米。

〔**教师队伍建设**〕 实施师范院校大学生到农村学校顶岗实习工程，制发了《关于进一步加强顶岗实习的意见》。同时制定各项优惠政策，鼓励城镇教师到农村支教。组织特级教师讲学团24人开展了送教下乡活动，对全省3 000名中小学骨干教师进行脱产培训，400名中小学骨干班主任省级培训，600名新教师教学技能培训。为提高中小学教师素质，组织2万名中小学教师参加高师自考培训，使560名高中教师接受研究生教育。为加强中等职业教育师资力量，以建设“双师型”教师队伍为重点，遴选了30个专业的460名专业教师参加国家级骨干教师培训。安排500万元专项资金，在全省9个师资培训基地开展了骨干教师、专业带头人等培训。全省有国家教学团队9个、省教学团队50个。评选省级教学名师20名，现有高校教学名师83人、国家教学名师5人。

〔**实施农村中小学取暖设施改造工程**〕 此项工作是省委、省政府重点关注的工作之一。入冬以来，有关新闻媒体对全省农村中小学冬季取暖问题进行了报道，引起了省委书记张云川、原省长郭庚茂的高度重视，并多次作出重要批示，要求做好农村中小学冬季取暖工作。2月15日，省政府召开常务会议，决定在全省范围内组织实施农村中小学取暖设施改造工程，取消室内生煤炉的取暖方式，做到安全取暖，确保冬季室内温度达到国家规定标准（最低取暖温度14℃以上），确保师生温暖过冬。为确保工程目标的如期完成，省教育厅采取了一系列有效措施。(1) 及时下拨“工程”资金，共筹集资金2.3亿元（其中增量安排1亿元，中小学校舍维修改造项目调剂安排1.3亿元），并于3月

21日将省级资金及时下拨各市、县，为“工程”的顺利启动提供了资金保障。（2）切实加强“工程”管理。3月21日，与省财政厅联合印发了《关于加强农村中小学取暖设施改造工程管理的通知》，对资金筹措、工程管理、工程监督检查等内容进行了全面部署。（3）组织召开了全省工程现场会。7月17日，在石家庄市联合组织召开了全省农村中小学取暖设施改造工程现场会，会上，石家庄、沧州、灵寿、深泽等市、县介绍了典型经验；组织会议代表实地参观了灵寿县部分工程项目学校；主管厅领导对全省“工程”实施再次进行了督促和部署，要求各地充分利用暑假认真组织施工，切实加快工程进度。（4）不断加大督查力度。5月份以来，副省长龙庄伟带领省教育厅、财政厅有关人员，先后到邢台、石家庄、张家口、衡水和沧州等市进行了专项督查调研活动。（5）安排专项资金购置冬季取暖用煤。经省政府批准，已筹集资金1亿元，对取暖期较长、财力困难的县购置冬季取暖用煤给予专项补助，并要求各市、县也要安排专项资金，确保满足农村中小学冬季取暖用煤需要。

〔**慰问四川地震灾区平武县来冀就读学生**〕　按照上级部署，河北城乡建设学校接收四川平武县地震灾区40名学生来校就读“工业与民用建筑”专业。9月4日，省教育厅领导来到河北城建学校慰问灾区来冀就读学生，听取了学校接收灾区学生情况的工作汇报，并与灾区学生亲切座谈。为保证灾区学生不因家庭经济困难而失学并能够在河北安心学习、生活，接收学校全部免除了他们的学费、书本费以及住宿费，并按照国家助学金有关政策，使他们享受每年1 500元的国家资助。在此基础上，河北省对口支援专款还将向就读学生发放每生每年1 500元的生活困难补贴。为了保障学生顺利毕业、就业，接收学校还按照教育部有关要求实行川、冀双注册，并选派经验丰富、能力突出的教师任班主任，安排专、兼职心理辅导教师加强对学生的心理疏导，组织安排形式多样的文体活动，丰富学生的业余文化生活，使他们在河北愉快、健康地学习、生活、成长、成才。

〔**普通高等学校和中等职业学校资助贫困学生工作**〕　此项工作是国务院部署的又一项教育重点工作。为将资助政策落到实处，省教育厅会同省财政厅、劳动和社会保障厅印发了《关于对全省中等职业学校学生资助工作进行专项检查的通知》，对助学金检查工作进行了全面部署。5月和9月，组织有关人员对各市助学金资助情况进行了专项检查。为准确把握受资助的学生人数，组织各市对资助人数进行认真核实，严格落实资助政策。同时，配合省学生资助管理中心，对虚报人数、套取资金的学校予以通报批评。针对中职学生流动大的实际情况，及时调整发放办法，即将原来把资金拨付到校，由学校再拨付到学生资助卡的做法，改为按学校隶属关系，由学校主管部门（或财政局）直接拨付到学生资助卡，减少了中间环节，加快了资金拨付进度，防范了财务风险。本年，下达中央和省级高校奖助学金5.13亿元，其中春季学期资助普通高校贫困学生18.35万人，秋季学期资助22.54万人。共下达春季学期中央和省级中职助学金3.45亿元，资助中职学生61.10万人。

〔**治理教育乱收费**〕　强化对新机制和免除城市义务教育阶段公办学校学生学杂费政策落实情况的监督检查，有效地防止了“一边免费、一边乱收费”现象的发生。严格执行公办高中择校生“三限”政策，进一步规范了学校收费行为。深入实施教育收费“阳光工程”，让家长明明白白交费。加大政策宣传力度，与河北电视台、电台联合录制了以义务教育阶段教育招生收费为主要内容的“阳光访谈”、“阳光热线”等节目。严把春、秋两季开学收费关口，对新机制等惠民政策落实、改制学校清理整顿、高中招生执行“三限”政策、中小学办学行为及教辅资料征订等情况进行了专项检查。

基 础 教 育

〔**推进义务教育均衡发展，促进教育公平**〕 继续实施学区管理体制改革，逐步实现县域内义务教育均衡发展。起草了《河北省农村学区中心校管理工作指导意见》。《意见》进一步细化拓展农村学区中心校的内涵，建立健全中心校管理全学区学校的各项规章制度，进一步做好县域内中小学的设点布局，充分发挥中心校的管理职能，逐步实现县域内义务教育均衡发展。城市地区要大力改善、扶植薄弱学校，通过机制创新，实现高水平基础上的均衡发展。各地选择部分城市区，开展“一拖二”联合校模式的试点工作。筹备全省义务教育均衡发展第三次现场会，研究解决城市地区改善、扶植薄弱学校，通过机制创新实现高水平基础上的均衡发展问题，确保区域内义务教育质量的整体提高。起草了《关于开展评选表彰义务教育均衡发展工作先进县（市、区）的通知》（征求意见稿），引导各地进一步加强城乡薄弱学校建设，努力缩小县（市、区）域内城乡之间、学校之间办学条件、教师队伍、管理水平以及学生受教育机会等方面的差距，使全省所有县（市、区）基本实现区域内义务教育均衡发展的目标任务，全力办好人民满意、均衡和谐的义务教育。

〔**做好义务教育阶段“控辍”工作**〕 (1) 认真执行《关于贯彻落实新〈义务教育法〉依法治理义务教育阶段学生辍学工作的通知》，就全省治理义务教育阶段学生辍学工作做出安排部署，进一步提出了全省“控辍”工作的目标要求和政策措施，并进行了督促检查。(2) 认真解决进城务工农民子女入学问题。配合省农民工办公室全面开展外来务工人员子女入学情况调查，摸清了全省外来务工人员子女接受义务教育的情况。(3) 继续推进义务教育学籍管理电子化。学籍管理软件在全省大部分市运行良好，全省义务教育阶段学籍基本实现了电子化管理。

〔**民族教育和海外同胞教育基金会表彰活动**〕 (1) 深入到围场满族蒙古族自治县开展现场办公活动，解决工作中的实际困难和问题。(2) 深入开展民族团结教育活动，在广大中小学生中大力普及党的民族宗教政策和民族常识，努力维护和推进各民族共同繁荣与进步的大好局面。工作中狠抓“课程、教材、教师”三个关键环节并注意活动的多样性和灵活性，收到了良好效果。(3) 会同省海外同胞教育基金会开展了第十六次优秀师生评选活动，对全省40个国家级扶贫开发工作重点县的280名优秀师生进行了表彰，发放奖金12.4万元，进一步激发和调动了本省贫困地区广大师生的工作和学习热情，有力地促进了本省贫困地区基础教育持续健康发展。

〔**深化基础教育课程改革**〕 出台《河北省2008年初中毕业与升学考试和普通高中招生制度改革的意见》，继续推进初中毕业生升学考试与综合素质评价、创新实践成果评价相结合的综合评价考试升学办法。2008年，各县（市、区）（城市市区由设区市负责）要将所属公办省级示范性高中至少60%的公助生招生指标，原则上下调50分录取，按比例平均分配到每所初中，并纳入本地公助生录取工作统一进行。强化教材选用和骨干教师培训工作。根据教育部对课改实验教材选用的文件精神，按照设区市统一选用、省教育厅具体指导的要求，确定了全省义务教育实验教材，既体现了教材多样化的原则，又保证了相对集中，既符合教育部规定，又符合本省实际情况。全省积极开展骨干教师培训，协调教材出版单位投入资金用于教师培训工作。

〔**加快普及高中阶段教育**〕 按照稳定规模，调整布局，加强管理，努力提高办学水平和办学效益的工作指导思想，进一步扩大优质高中教育资源，又有一批高中学校达到省级示范性高中标准。提出并启动本省普通高中课程改革实施方案。

〔**大力发展学前教育**〕 召开幼教干部座谈会，制定《河北省普及学前三年教育县（市、区）复检标准》，修订了《河北省城市幼儿园分类评定标准》、《河北省农村幼儿园分类评定标准》，进一步巩固、提高本省普及学前三年教育水平。组织普及学前三年教育工作评估验收，使全省基本普及学前三年教育县（市、区）程度进一步提高，全省幼儿园数和在园幼儿数均有一定数量的增长。

〔**特殊教育工作**〕（1）继续推进以“普及特殊教育县”为主要内容的“特殊教育普及工程”。组织进行了普及特殊教育县（市、区）评估验收。（2）加强特殊教育师资队伍建设。促进各特殊教育学校教师教学基本功训练，加强特殊教育师资队伍建设。（3）全面做好特教学校管理工作。组织召开特殊教育学校校长论坛，举办特殊教育学校中层管理人员培训班，全面加强特教学校管理，提高特殊教育办学水平。

〔**规范学校办学行为**〕（1）加强管理制度建设。为进一步规范中小学办学行为，开展了中小学校办学行为检查。通过检查，批评整改了一些违规办学问题较多的学校，切实减轻了学生过重的课业负担，有效推动了基础教育的健康发展。（2）坚决查处违规违纪办学行为。依照有关规定，坚决查处了有的中小学违规招生考试选拔新生的问题；查处了有的公办中学与私立中学联合招生的违规问题；查处了有的学校违规收费行为和违规招生问题。对部分学校的违规违纪行为，及时向全省通报，对全省各级教育行政部门和学校起到了教育和警示作用。

〔**《圆梦2008》与《开学第一课》**〕 9月1日，全省1千多万中小学生观看了中国教育电视台播出的大型公益节目——空中课堂《圆梦2008》，标志着第五个“中小学弘扬和培育民族精神月”启动。通过观看空中课堂《圆梦2008》，广大中小学生重温了北京2008奥运会的一次次感动，进一步了解了成功举办北京奥运会的重要意义，有效地促进了全省中小学进一步弘扬奥林匹克精神，激发爱国热情，增强民族自信心和自豪感，推动了全省中小学民族精神教育工作的深入开展。作为中小学安全教育的特别节目，以“知识守护生命”为主题的《开学第一课》，邀请奥运冠军、著名学者和社会知名人士参加，和来自灾区的孩子一起，通过互动、讲述等寓教于乐的形式，将奥运精神和抗灾精神紧密结合，让应急避险教育深入人心，对广大中小学生在地震、火灾、水灾等灾难面前如何应急避险、守护生命有良好的教育效果，对于加强和改进中小学生命教育工作具有重要启示。此后，全省各中小学校纷纷结合本地、本学校实际，统筹安排新学期开学各项工作，组织实施“中小学弘扬和培育民族精神月”和安全教育工作。

〔**提出中小学公共安全教育标准**〕 9月，省教育厅出台文件，对中小学公共安全教育提出明确标准，要求各学校每学期至少要安排4课时安全教育课堂教学。省教育厅要求，各学校要采取专门课程与在其他学科教学中渗透相结合，课堂教育与实践活动相结合，知识教育与强化管理、培养习惯相结合，学校教育与家庭教育、社会教育相结合，统一要求与结合当地实际积极探索相结合等方法，深入开展安全教育。贯彻课堂教育为主、其他教育形式为辅的原则，做到“计划、课时、师资、读本、考核”五落实。省教育厅还特别强调，学校每学期至少要安排4课时课堂教学，确保完成规定的教育内容，并安排必要时间开展自救自护逃生实践演练活动。学校应当在核实编制标准范围内，积极配备公共安全教育专兼职教师。要把开展安全教育情况纳入学校考核、教师考核内容。学校应聘请司法、公安等有关机关、团体的专业人士，为学生举办法制、治安防范、交通、消防、食品卫生、疾病防控等安全教育讲座，每学期不少于两次。此外，每年3月最后一周的星期一为学生安全教育日，每学期开课的第一周为公共安全教育周。在安全教育日、公共安全教育周期间和节假日前，学校应当采取多种形式，根据季节性多发安全事故情况对学生进行专题安全教育。

〔**认真学习省委领导对教师节的重要批示精神**〕9月10日下午，省教育厅召开党组会议，对省委书记张云川对教师节的重要批示精神进行集中学习，并研究部署下一步教师重点工作。省委教育工委书记、省教育厅厅长刘教民主持会议并指出，省委书记的重要批示充分体现了省委、省政府对教育事业的高度重视，对广大教师和教育工作者的亲切关怀。这一重要批示思想深刻、内涵丰富、要求明确，既从河北富民强省建设全局的高度深刻阐述了教育的重要地位和作用，又充分肯定了广大教师和教育工作者在办学、教书、育人等方面付出的艰辛、作出的贡献，也对全省广大教师和教育工作者提出了更高的要求。为抓好贯彻落实工作，要把教师队伍建设摆在教育工作的突出位置，要投入更多的精力，采取更加切实有力的措施，保障教师的政治地位、社会地位，提高教师的待遇和收入水平，维护教师合法权益，使教师成为最受人尊重的职业。要加大教师培养的力度，鼓励优秀人才从事教育工作，提高农村教师队伍素质，使教师成为最能吸引人才、留住人才的职业。要营造良好社会舆论氛围，让尊师重教蔚然成风，使教师成为太阳下最光辉的职业。要进一步加强和改进师德建设，提高教师的职业道德水平，努力建设一支既是科学知识的传播者和创造者，又是受学生爱戴、人民满意的师德楷模者和道德模范者的师资队伍，为实现教育事业又好又快发展、推进河北富民强省进程作出新的更大贡献。

〔**初中体育学分制改革**〕　针对中小学生“重智育、轻体育，运动不足、体质下降”的问题，教育部推行了初中体育学分制改革，并在全国选取了唐山、武汉、青岛、赤峰等八个城市作为试点，实施效果好的改革试点经验将在全国予以推开。近年来，学生课业负担过重、学习时间过长、运动严重不足已成为学生体质下降的重要原因，“每天一小时体育锻炼”等规定形同虚设。现阶段，全省虽然实行了将体育成绩纳入中招考试范畴，但许多学生往往平时不运动，中考前几个月突击锻炼，而且考什么项目就练什么，这与通过体育考试引导学生健身的初衷背道而驰。为此，按照教育部的部署，唐山市确立了初中体育学分制改革。内容包括：将考试与《国家学生体质健康标准》结合起来，将测试项目趋向多样化（修订后的标准锻炼项目将篮球、排球、击剑等都纳入其中）；中考体育成绩不再由初三的最后一考确定，而是初一、初二的体育成绩也占中考体育分数的一定比例。同时要求，试点学校所进行的体育改革，应以调动学生积极性，使学生通过体育活动养成良好锻炼习惯、提高自身体质健康水平为宗旨。

职业教育与成人教育

〔**积极开展实训基地建设工作**〕　(1) 改进实训基地建设办法，加大支持力度，以统一招标方式，资金重点集中在装备制造、医药化工、现代农业、汽车运用与维修、数控技术应用、电子信息、建材建筑、物流、计算机应用技术、钢铁冶金等领域，进行实训基地项目建设。每个项目的省支持资金在100万元以上，使项目学校的专业实训基地条件迅速得到改善和提升。(2) 在完善评审遴选机制的基础上，与有关部门配合建立了2009—2011年中等职业学校专业实训基地建设项目库，对今后3年全省中等职业教育实训基地建设做出了总体规划。(3) 遴选了部分项目上报教育部，争取国家建设项目资金支持。(4) 做好国家级实训基地设备招标采购工作。(5) 对 2005 年以来国家和省级支持建设的实训基地项目，开展了全面的督促检查，指导各地积极落实实训基地建设计划。

〔**加强师资队伍建设，提高教学实践能力**〕 结合教育部中等职业学校教师素质提高计划的实施，在全省以往职教师资培训工作的基础上，修订了《河北省中等职业教育师资队伍建设意见》，以全面提高职业学校教师素质为中心，以培养专业带头人和骨干教师为抓手，以建设“双师型”教师队伍为重点，加大培训力度。遴选了 30 个专业的 460 名专业教师参加国家级骨干教师培训，组织开展了省级重点专业师资培训、课程和教材开发工作。2008 年共安排 500 万元专项资金，在全省 9 个师资培训基地开展了 28 个专业的 1 600 名骨干教师培训、5 个专业的 150 名专业带头人培训、100 人的中等职业教育教学改革培训和 150 人的中等职业教育管理干部培训。此外，还资助了 22 所中等职业学校特聘了 44 名紧缺专业的兼职教师。

〔**组建省级职教集团**〕 为继续推动本省职业教育走规模化、集约化、连锁化的办学道路，在上年组建 12 个职业教育集团的基础上，根据《关于组建省级职业教育集团的若干意见》，按照审批程序，在反复研究、遴选牵头院校的基础上，本年新审批组建了河北省交通职业教育集团、河北省装备制造职业教育集团、曹妃甸工业职业教育集团。至此，全省已组建 15 个职业教育集团，职教集团的专业设置基本涵盖了本省主导产业和重点行业，能够基本满足重大经济项目对中初级技术人才的需求。

〔**深化教育教学改革**〕 本年把提高质量作为职业教育工作的重点，坚持一手抓发展，一手抓质量，努力实现职业教育数量、质量、结构、效益的协调发展。(1) 召开了中等职业教育教学改革经验交流会议。进一步明确了中等职业教育的目标定位，积极推进由学历教育为主向学历教育与职业培训并重。明确了教学工作的中心地位，强化质量意识和责任。(2) 加快专业结构调整，指导和规范专业建设，做大做强骨干特色专业。(3) 启动精品课程建设计划，评选了一批优质课程和优秀教学能手。(4) 以“半工半读、顶岗实习”为主要内容的工学结合模式改革力度进一步加大，完善了实习就业制度。中职毕业生就业情况良好，全省平均就业率 95%，不少学校的个别专业达 100%。

〔**职教资源整合**〕 (1) 各市对辖区内中等职业教育资源进行统筹整合，提高办学效益和水平。唐山市 11 所中等职业学校已调整为 6 所新学校。张家口市 5 所学校合并完成。保定、邢台、石家庄等市职业教育资源整合方案即将出台。(2) 认真做好双重评估工作。本年全省共有 23 所中等职业学校申报国家级、省级重点职业学校，10 月组织开展了评估工作。

〔**推进终身教育体系和学习型社会建设**〕 落实教育部“成人继续教育和终身教育促进计划”，推动地方进一步扩大社区教育实验区，完善社区学习服务体系；深化农村教育改革，积极推动农村成人继续教育发展。推动各地整合城乡教育资源，完善县、乡、村农民职成教育和培训网络，大力开展农村劳动力转移培训和农村实用技术培训，充分满足农村成人多样化学习需求，培育新型农民。充分发挥行业企业的积极性，大力开展创建学习型企业活动，广泛开展企业职工培训，提高各类从业人员的综合素质。支持职业院校开展成人岗位培训、再就业培训、农民工培训；推动各级各类学校和有关公共文化设施进一步扩展功能，向社会开放，为形成终身教育体系、建设学习型社会作出了贡献。

〔**加强农村实用技术培训和农村劳动力转移培训**〕 贯彻落实“教育部农村劳动力转移培训计划”和“教育部农村实用技术培训计划”。协助有关部门继续开展“农村劳动力转移培训阳光工程”，进一步扩大培训规模，不断提高培训质量。强化“三教统筹”和“农科教”结合，以全省及周边地区当前用工量大的制造、建筑、餐饮、酒店、家政等为重点，大力开展订单培训，推动农村劳动力合理有序转移。2008 年，全省农村实用技术培训 1 000

万人次，劳动力转移培训120万人次。

〔**职业技能大赛**〕 本年，教育部在天津举办了全国中等职业教育技能大赛。省教育厅专门成立了省中等职业教育技能大赛领导小组，选派了12所学校的学生参加了全部项目的比赛。参赛选手通过紧张激烈的竞赛及奋力拼搏，最终取得较好成绩。

高等教育

〔**深入实施高校“双重工程”建设和高水平大学建设**〕 （1）大力加强省属10所骨干大学重点建设工作。指导和帮助河北工业大学顺利完成“211工程”三期建设项目可行性论证工作。扎实推进河北大学、燕山大学省部共建工作。河北大学“十一五”发展规划顺利通过教育部、省政府专家咨询论证。燕山大学国防科学技术学院在组织机构建设、学科建设、重点实验室建设和科学研究等方面都取得了显著成绩。河北农业大学等其他7所省属重点骨干大学综合实力和整体办学水平不断提高。（2）重点学科和高水平大学建设进展顺利。24个强势特色学科（群）和98个省级重点学科建设进展顺利，在人才培养、科学研究和社会服务等方面取得了一系列阶段性成果。切实加强监督检查力度，完成了强势特色学科（群）中期检查验收和重点学科绩效考核工作。

〔**加强高职高专院校为经济建设服务的能力**〕 继续实施国家、省示范性高职高专院校建设遴选工程。组织完成了全省第三批省级示范性高职高专院校遴选工作和国家示范性高等职业院校推荐申报工作。石家庄邮电职业技术学院等5所院校被确定为全省第三批高职高专示范校，省高职高专示范院校达到11所。河北工业职业技术学院正式列入第三批国家示范性高等职业院校建设计划，国家示范性高职院校达到4所。共争取中央财政支持专项经费达1亿元。会同省财政厅组织专家对邢台职业技术学院、石家庄铁路职业技术学院、承德石油高等专科学校进行绩效检查。

〔**加强高职教育实训基地建设**〕 遴选建设省高职实训基地63个。全省推荐8所院校8个专业参加中央财政支持实训基地评选，其中，4所院校4个专业被教育部确定为第五批中央财政支持实训基地，全省中央财政支持的实训基地总数达到18个。

〔**高职高专精品、示范专业和紧缺人才培养项目建设工作**〕 继续加强20个国家级精品和示范专业建设。深入推进24个国家级现代制造业和服务业等紧缺人才培养项目建设工作。组织开展第三批省高职高专示范专业评估验收工作，共评估验收43个专业。

〔**调整优化学科专业布局和科类结构**〕 提高人才培养的适应性和针对性。完成了2008年度高校本专科专业设置备案工作。上报教育部新增本科专业106个，新增目录内专科专业133个。完成了2008年成人高校专业网上审批工作。完成了2009年普通高职高专拟招生专业的审核上报工作。对接十大主导产业需要，组织开展了以品牌特色专业建设为重点的本科教育创新高地建设。遴选建设第二批30个高地和57个品牌特色专业。本省现有本科教育创新高地60个和117个品牌特色专业，其中54个专业列入国家特色专业建设序列。

〔**加强高校精品课程建设**〕 组织开展第二轮2008年精品课程建设，评估省精品课程（参评104门，其中优秀课程11门，良好课程31门，通过课程52门，淘汰课程10门），新增遴选省精品课程

72门。11门课程被教育部评为国家精品课程，国家精品课程达到51门。继续加强河北省高校精品课程网站建设，促进优质资源共享。

〔**加强师资队伍建设**〕 继续组织开展教学团队建设项目，组织遴选第二批河北省高等学校教学团队25个，并择优推荐其中16个参加国家教学团队评选，其中8个被评为国家级教学团队。全省现有国家教学团队9个，省教学团队50个。认真落实教授给本专科生讲授基础课的规定，鼓励名师、名教授上讲台。组织完成了河北省第四届高等学校教学名师奖评选表彰工作，评选省级教学名师20名，其中石家庄铁道学院杜彦良教授、石家庄铁路职业技术学院李辉教授被评为国家级教学名师。全省现有河北省高校教学名师83人，国家教学名师5人。

〔**提高大学生创新精神和实践能力**〕 组织完成了第四批河北省高等学校实验教学示范中心建设项目遴选工作，评出省级实验教学示范中心建设项目22个，其中6个中心被批准为国家级示范中心建设项目。全省省级实验教学示范中心建设项目达到82个，国家级实验教学示范中心建设项目13个。组织实施河北省高等学校大学生创新实验计划项目，评选河北省大学生创新实验计划项目学校10所。燕山大学被教育部、财政部列入第二批大学生创新实验计划项目学校。

〔**推进研究生培养工作**〕 完成研究生招生目标任务。2008年，省属高校研究生招生总数达到9 314人，其中博士生487人，硕士生8 827人。比上年增长11%，比全国平均增长率高5个百分点，居全国省市地方院校第四位。经积极争取，河北省研究生招生由一类地区变成二类地区，生源充足，超额完成9 230人的计划任务。另外，省列计划全日制培养具有研究生同等学力人员申请硕士学位研究生招生373人，也超额完成了目标任务。

〔**高校干部队伍建设**〕 强化规范管理，继续推进干部工作的科学化、民主化和制度化，大规模培训干部，努力提高干部队伍素质。开展高校教学管理干部挂职培训工作，为尽快提高新建本科院校办学质量，从本年起，每年选派一批一线干部到省内重点高校挂职锻炼，在选派时坚持层次一致、岗位一致、专业一致，有效提高了挂职干部的能力。这项工作计划实施3～5年，本年首次选派了30名干部。12月1日，光明日报以《河北：为新建院校打造一池“活水”》为题进行了专门报道。

〔**民办高校年检**〕 9月5日，省教育厅通报了2007年度民办普通高校、非学历高等教育机构和医学类中专年检结果，全省6所民办非学历高等机构被责令停止招生，11所非学历高等教育机构被警告并责令限期整改，5所学校被终止办学并撤销牌子。被责令停止招生的6所民办学校为：河北华侨专修学院、石家庄鸿鹄涉外经济专修学院、河北安格计算机专修学院、河北信息科技专修学院、秦皇岛京北外国语专修学院和衡水秋石政法专修学院。这6家学校将被停止一切招生活动，但仍将做好现有在校学生的教学工作等。被勒令终止办学并撤销牌子的5所学校为：河北新世纪专修学院、河北华文专修学院、石家庄博伦医学专修学院、石家庄华强经贸专修学院、石家庄开拓计算机专修学院。被勒令终止办学的学校须妥善安置现有在校学生，依法进行财务清算，其学校印章、办学许可证等办学手续从2008年7月20日起作废。石家庄冀华美术专修学院等11所学校被要求限期整改并予以警告。这些学校将根据存在的问题，限期整改一年，如逾期仍不合格将依法采取相应措施。另有5所学校因改建民办高职院校已撤销牌子，今后将不能再使用原学校名称招生或进行其他业务。年检结果是省教育厅组织人员深入各学校，对各学校贯彻落实有关政策法规情况、招生就业和教育教学情况、内部管理等状况进行全面分析后确定的。共有61所学校“年检”合格，可继续办学。

撰稿　刘立新

审稿　刘教民　王运峰

山西省教育

概　　况

〔基本情况〕

2008 年各级各类学校校数、教职工、专任教师情况

	学校数（所）	教职工数（人）	专任教师数（人）
一、高等教育			
（一）研究生培养机构（不计校数）	(11)		
1. 普通高校	(8)		
2. 科研机构	(3)		
（二）普通高等学校	69	55 417	34 885
1. 本科院校	25	37 683	23 153
其中：独立学院	8	4 053	3 120
2. 专科院校	44	17 734	11 732
其中：职业技术学院	39	14 939	9 969
3. 其他机构（点）（不计校数）			
（三）成人高等学校	15	3 338	1 966
（四）民办的其他高等教育机构	38	1 932	953
二、中等教育	4 035	246 441	199 810
（一）高中阶段教育	1 328	244 499	78 694
1. 高中	699	203 130	49 657
普通高中	559	202 627	49 262
成人高中	140	503	395
2. 中等职业教育	629	41 369	29 037
普通中专	93	11 412	6 868
成人中专	127	4 477	2 977
职业高中	289	15 351	11 848
技工学校	120	8 835	6 496
其他机构（教学点）（不计校数）	(141)	1 294	848
（二）初中阶段教育	2 707	1 942	121 116

续表

	学校数（所）	教职工数（人）	专任教师数（人）
1. 普通初中	2 427		119 673
2. 职业初中	48	1 626	1 371
3. 成人初中	232	316	72
三、初等教育			
（一）普通小学	17 167	210 066	193 378
（二）成人小学	3 570	3 955	1 312
其中：扫盲班	979	938	456
四、工读学校	2	108	83
五、特殊教育	43	1 337	1 105
六、学前教育	4 486	37 610	24 833

注：普通高中的教职工数中包含普通初中的教职工数。

2008 年各级各类学历教育学生情况

	毕业生数（人）	招生数（人）	在校生数（人）
一、高等教育			
（一）研究生	4 728	6 919	18 938
博士	205	402	1 520
硕士	4 523	6 517	17 418
（二）普通本专科	141 214	147 305	526 756
本科	53 285	67 154	251 133
专科	87 929	80 151	275 623
（三）成人本专科	42 887	43 994	125 917
本科	15 016	22 505	58 137
专科	27 871	21 489	67 780
（四）其他各类高等学历教育			
1. 在职人员攻读博士、硕士学位		1 768	4 492
2. 网络本专科生			
本科			
专科			
3. 其他			
二、中等教育	1 092 016	1 060 710	3 242 257
（一）高中阶段教育	449 344	510 445	1 441 945
1. 高中	262 057	270 394	804 673
普通高中	258 789	270 394	782 937
成人高中	3 268		21 736
2. 中等职业教育	187 287	240 051	637 272
普通中专	77 120	84 221	221 826

续表

	毕业生数（人）	招生数（人）	在校生数（人）
成人中专	8 957	10 527	27 315
职业高中	62 819	98 151	256 518
技工学校	38 391	47 152	131 613
（二）初中阶段教育	642 672	550 265	1 800 312
1. 普通初中	610 377	544 299	1 772 798
2. 职业初中	8 662	5 966	20 891
3. 成人初中	23 633		6 623
三、初等教育	667 026	474 811	3 358 926
（一）普通小学	552 111	474 811	3 213 426
（二）成人小学	114 915		145 500
其中：扫盲班	7 796		8 279
四、工读学校	32	67	192
五、特殊教育	668	1 049	7 890
六、学前教育	240 809	349 903	602 147

注：特殊教育学生数中包括普通中小学随班就读的学生。

2008 年各级各类非学历教育学生情况

	毕（结）业生数（人）	注册生数（人）
总　　计	2 251 776	2 133 336
一、高等教育	32 288	23 170
（一）研究生课程进修班	95	436
（二）自考助学班	1 108	8 406
（三）普通预科生		
（四）进修及培训	31 085	14 328
其中：资格证书培训	8 253	7 845
岗位证书培训	8 085	1 370
二、中等教育	2 219 488	2 110 166
其中：资格证书培训	595 149	560 253
岗位证书培训	380 701	364 360
（一）中等职业教育	215 350	84 745
其中：资格证书培训	80 136	31 458
岗位证书培训	33 673	14 713
（二）职业技术培训机构	2 004 138	2 025 421
其中：资格证书培训	515 013	528 795
岗位证书培训	347 028	349 647

2008 年各级各类民办教育基本情况

	学校数（所）	毕业生数（人）	招生数（人）	在校生数（人）	教职工数（人）	专任教师数（人）	另有其他学生数（人）
一、民办高等教育							
（一）民办高校	14	11 550	25 733	78 141	5 636	4 118	
本科学生		7 815	18 317	61 267			
专科学生		3 735	7 416	16 874			
其中：独立学院	8	7 815	18 317	61 267	4 053	3 120	
本科学生		7 815	18 317	61 267			
专科学生							
（二）民办其他高等教育机构	38				1 932	953	21 744
二、民办中等教育							
（一）高中阶段教育	309	60 317	84 211	219 207	38 171	27 088	4 696
1. 民办普通高中	189	49 361	55 302	158 389	33 186	23 950	
2. 民办中等职业教育	120	10 956	28 909	60 818	4 985	3 138	4 696
（二）初中阶段教育	310	79 550	79 332	266 347	121	95	
1. 民办普通初中	308	79 194	78 883	264 949			
2. 民办职业初中	2	356	449	1 398	121	95	
三、民办普通小学	266	34 707	29 233	210 551	16 719	11 740	
四、民办幼儿园	1 247	57 538	97 808	168 439	14 978	9 357	
另有：民办培训机构（不计校数）	（644）				7 644	4 282	204 723

注：1. “另有其他学生数”包括：学历文凭考试学生、自考助学班学生、预科生、进修及培训学生数；

2. 民办普通高中的教职工和专任教师数中包含民办普通初中的教职工和专任教师数；

3. “（ ）”内数据为不计校数。

〔**教育经费收入与支出**〕 山西省 2008 年全省教育经费收入 332.84 亿元，较上年的 264.99 亿元增长 25.6%。预算内教育经费拨款（不含教育费附加）229.94 亿元，较上年的 174.44 亿元增长 31.82%。各级政府征收用于教育的税费收入达 25.57 亿元，较上年的 15.03 亿元增长 70.17%。企业办学教育经费 1.32 亿元，比上年的 5.24 亿元下降 74.78%。校办产业和社会服务收入用于教育的经费 0.02 亿元，较上年的 0.13 亿元下降 83.52%。民办学校中举办者投入经费 2.52 亿元，较上年的 4.54 亿元下降 44.49%。社会捐集资办学经费 0.79 亿元，较上年的 1.24 亿元下降 35.97%。事业收入 69.70 亿元，较上年的 61.16 亿元增长 13.96%，其中，学杂费收入 48.93 亿元，较上年的 45.89 亿元增长 6.62%。

2008 年教育部门事业性经费总支出 280.43 亿元，比上年的 217.25 亿元增长 29.08%。其中，个人部分支出 177.94 亿元，比上年的 134.67 亿元增长 32.13%；公用部分支出 102.49 亿元，比上年的 82.58 亿元增长了 24.11%。

2008 年教育部门预算内事业性经费总支出 197.46 亿元，较上年的 149.6 亿元增长 31.99%。其中，个人部分支出 151.33 亿元，比上年的 112.88 亿元增长 34.06%；公用部分支出 46.13 亿元，比上年的 36.72 亿元增长了 25.63%。

落实《教育法》规定的“三个增长”情况：

（1）全省各级人民政府预算内教育拨款增长速度与财政经常性收入的增长速度比较（由于 2008

年全省财政经常性收入数据尚未计算出来，所以此处采用一般预算收入计算）

2008年全省各级人民政府预算内教育拨款（不包括城市教育费附加）为229.94亿元，比上年的174.44亿元增长31.81%。同年全省财政一般预算收入为748亿元，比去年增长25.17%，全省预算内教育拨款增长速度高于财政一般预算收入的增长速度6.64个百分点。

（2）各类教育生均预算内教育事业费支出增长情况

2008年，全省普通小学、普通初中、普通高中、职业高中、普通高等学校生均预算内教育事业费支出情况是：

全省普通小学生均预算内教育事业费支出2 690.28元，较上年的2 057.54元增长30.75%。其中，农村普通小学生均预算内教育事业费支出为2 987.28元，比上年的2 237.42元增长33.51%。

全省普通初中生均预算内教育事业费支出3 225.25元，较上年的2 345.91元增长37.48%。其中，农村普通初中生均预算内教育事业费支出3 496.16元，较上年的2 416.58元增长44.67%。

全省普通高中生均预算内教育事业费支出3 111.90元，较上年的2 557.23元增长21.69%。

全省职业高中生均预算内教育事业费支出4 017.06元，较上年的2 463.72元增长63.05%。

全省普通高等学校生均预算内教育事业费支出5 222.33元，较上年的4 669.90元增长11.83%。

（3）各类教育生均预算内公用经费支出增长情况

2008年，全省普通小学、普通初中、普通高中、职业高中、普通高等学校生均预算内公用经费增长情况是：

全省普通小学生均预算内公用经费支出567.56元，较上年的458.90元增长23.68%。其中，农村小学生均预算内公用经费支出602.84元，比上年的503.45元增长19.74%。

全省普通初中生均预算内公用经费支出827.47元，比上年的629.64元增长31.42%。其中，农村普通初中生均预算内公用经费支出904.07元，比上年的686.34元增长31.72%。

全省普通高中生均预算内公用经费支出628.49元，较上年的553.03元增长13.64%。

全省职业高中生均预算内公用经费支出553.77元，较上年的430.75元增长28.56%。

全省普通高校生均预算内公用经费支出1 411.67元，较上年的1 388.36元增长1.68%。

〔开展深入学习实践科学发展观活动〕 按照中央和省委的部署，山西省教育厅从2008年10月中旬到2009年2月底分三个阶段开展了深入学习实践科学发展观活动。厅党组坚持把这次学习实践活动作为一项重大政治任务，作为推动山西教育又好又快发展的一次重要契机，牢牢把握科学发展这个主题，紧紧围绕“党员干部受教育、科学发展上水平、人民群众得实惠”这一总要求，以“认真实施教育协调发展工程，努力办好人民满意的教育”为载体，周密细致组织安排，深入系统学习调研，全面深刻分析检查，扎实有效整改落实，顺利完成了学习实践活动的各项目标任务，取得明显成效，群众满意度达到98%以上。一是在推动全省教育事业发展上形成了共识，进一步增强了贯彻落实科学发展观的自觉性和坚定性。二是找准了影响和制约山西省教育事业科学发展的突出问题，进一步明确了今后的发展思路。三是解决了一些突出问题，取得了一批制度创新成果。四是坚持“两不误、两促进”，推动全省教育事业取得新进展。在总结学习实践活动成果和经验的同时，厅党组还进一步明确了今后努力的方向。一是建立完善学习实践科学发展观的长效机制。二是继续抓好整改落实方案的实施。三是建立保障的促进科学发展新机制。四是进一步改进作风，提高全系统干部贯彻落实科学发展观的能力和水平。

〔召开全省高校党建工作会议〕 2008年2月23日，经省委批准，山西省委组织部、省委宣传部、省高校工委联合召开了全省高校党建工作会议。省委书记张宝顺、副书记金银焕出席会议并作了重要讲话，省委常委、组织部长任泽民主持会议。张宝顺书记指出，以改革创新精神做好高校党建工作，对坚持社会主义办学方向、加强和改进党对高等教育的领导，深入实施科教兴晋和人才强省战略，为新基地新山西建设提供人才保证和智力支持，具有十分重要的意义。他强调，要站在全局和战略高度，进一步增强做好高校党建工作的责任感和紧迫感，全面加强高校党建工作，不断巩固党在高校的领导地位和执政基础。一是以武装头脑、指导实践、推动工作为目标，切实加强中国特色社会主义理论体系教育。二是以提高办学治校能力为目标，切实加强高校领导班子和干部队伍建设。三是以夯实执政基础为目标，切实加强高校基层党组织建设。四是以充分发挥先锋模范作用为目标，切实加强高校党员队伍建设。金银焕副书记强调指出，面对新的形势和任务，各高校必须围绕“办什么样的大学、怎样办好大学”，“培养什么人、如何培养人”这两个重大问题，创造性地加强党的建设。山西大学、太原理工大学、中北大学和山西工程职业技术学院等四所学校党委进行了大会交流。

〔**制定山西教育发展八项重点工程实施意见**〕山西省政府办公厅转发的《山西省教育事业发展“十一五”规划》中明确提出，“十一五”期间，在全省实施教育发展“八项重点工程”，即义务教育水平提升工程、职业教育发展工程、高等教育强校工程、科教兴乡兴县工程、普通高中学校建设工程、德育工程、教育信息化工程和助困保学工程。这八项工程也是省委、省政府确定的“教育协调发展工程”的主要内容。2008 年，在充分调查研究、多方征求意见的基础上，省教育厅代拟了教育发展八项重点工程的实施意见，作为《山西省教育事业发展“十一五”规划》的配套文件，由省政府办公厅印发到各市、各部门和高等学校。

〔**积极组织教育系统抗震救灾工作**〕 2008 年四川汶川特大地震灾害发生后，山西省教育厅积极组织教育系统广大干部师生响应党中央、国务院号召，按照省委、省政府有关要求，大力发扬“一方有难，八方支援”优良传统，急灾区人民之所急，想灾区人民之所想，解灾区群众之所难，以实际行动全力支援抗震救灾，帮助灾区人民共度难关。一是对高校四川籍学生进行深入细致的安抚和帮扶。二是动员全省教育系统积极捐款捐物，向灾区人民伸出援助之手。三是深入开展了学校校舍安全隐患大排查，对排查出的问题逐校建立台账，并立即采取措施予以消除。对存在重大安全隐患的校舍，立即停止使用。严把工程质量关，要求所有新建、改扩建学校要按当地抗震设防烈度提高 1 度进行抗震设防，对已有教学楼要按照此标准进行加固。要求新建学校选址要科学、合理，避开地震断裂带、低洼地、滑坡地、沟口等自然灾害频发地段。对地处易滑坡山体周边的山区学校，立即进行整治和整改。四是积极安置灾区学生到山西省中小学就读。这次地震发生后，山西高校学生也有序开展了各种悼念和捐助活动，充分体现了基层党组织的战斗堡垒作用和深入开展大学生思想政治教育的扎实成效。

〔**加强大学生思想政治教育工作**〕 2008 年，山西省全面完成全省高校思想政治理论课新课程方案实施过渡工作，对教师进行了第二轮全员培训，开展了全省高校思想政治理论课优秀教案、优秀课件的评选。4 月，在晋城职业技术学院召开全省高校心理健康教育工作现场会，推广晋城职业技术学院加强心理健康教育的经验，切实加强大学生心理健康教育。5 月，组织专家对新成立本科高校和独立学院实施新课程方案情况进行了督查指导。11 月，召开了全省加强和改进高校思想政治理论课工作会议，出台了《关于进一步加强和改进高校思想政治理论课工作的若干意见》和《山西省思想政治理论课师资培训五年规划》。切实加强高校精神文明和校园文化建设，组织高校开展“3·14 事件真相”和“抗震救灾”主题展览，启动了山西历史文化进校园百场讨论系列活动，激发大学生热爱家乡、建设祖国、传承和弘扬中华文化的热情。全面加强思想政治教育阵地建设，建成一批大学生心理健康教育咨询中心和思想政治教育主题网站。制定下发了《山西省高校思想政治教育督查指标体系》，开展了对全省高校思想政治工作的评估。

〔**加强未成年人思想道德建设**〕 2008 年，山西省继续推进德育示范学校建设，通过组织验收，

80 所省级德育示范学校获得了省政府表彰。5 月，在大同市举办了全省德育示范校工作论坛。加强中小学班主任队伍建设，开展政工干部和班主任全省流动培训，并组织开展了第四届全省中小学班主任素质展示活动。开展弘扬和培育民族精神月活动，在全省中小学举办了“学习英雄少年，弘扬抗震救灾精神，做一个有道德的人”主题教育活动。下发了《关于加强中小学心理辅导室建设的通知》，做好中小学生心理健康教育工作。加强青少年校外教育项目的建设管理和督查，开展校外教育从业人员的培训，12 月，在阳泉郊区召开全省青少年校外活动场所建设和管理工作现场会，总结交流了阳泉郊区等县（区）活动中心的经验，表彰了 9 个先进集体和 25 个先进工作者。

〔**加强教师队伍建设**〕　2008 年，山西省教育厅认真学习贯彻教育部新修订的《中小学教师职业道德规范》，坚持把师德建设摆在首位，切实加强教师队伍建设。开展教师队伍建设状况专题调研，会同省编办研究制定相关政策，认真解决高校编制不足和中小学有编不补等问题。2007 年，中小学考试录用教师 14 000 余人，高校教师选拔录用近 2 000 人，有效地缓解了山西教师队伍数量不足的问题。积极做好农村中学教育硕士师资培养计划落实工作，10 月在山西师范大学举办了贫困县中学教育硕士师资双向选择签约会。该项工作实施五年来，签约到贫困县中学任教的教育硕士师资达到 336 名，为贫困县中学补充了一批具有研究生学历的教师。大力推进城镇教师支援农村教育工作，年初对阳泉、晋中、古交等地进行城镇教师支援农村教育工作调研，改进和完善了现行的支教办法。加强中小学校长培训，对全省中小学校长进行了一次全面普查，举办了全省中学校长岗位培训班和提高培训班。提高特殊群体和离岗退养民办教师的补贴标准，与省人事厅、财政厅联合下发了《关于调整全省农村老弱病残民办教师长期生活补助费的通知》和《关于解决全省托幼长期临时保教人员退养生活补助问题的通知》，对全省 12 万名普通中小学、盲聋哑学校的班主任教师津贴标准提出新意见，调整了特级教师津补贴标准并全面落实到位。进一步加强高校人事人才工作。组织 2008 年“新世纪百千万人才工程”和“333 人才工程”评选工作，分别推荐省级人选 23 人和 19 人。继续开展教师资格认定工作，新认定各类教师资格 44 470 人，其中幼儿园 4 261 人、小学 11 002 人、初中 11 531 人、高中 15 248 人、中等职业学校 927 人、高等学校 1 501 人。与教育工会联合组织高校进行了全国和全省的五一劳动奖章表彰工作，评选出全国五一劳动奖章获得者 1 名，山西省五一劳动奖章获得者 2 名，一等功 7 名。与山西省老促会联合评选出 25 个晋绥老区县的 123 名教师，授予晋绥儿女支持老区教育奖。

〔**加强学校安全稳定工作**〕　2008 年 2 月，山西省教育厅与各市、各高校分别签订了安全工作责任书，层层分解安全责任，确保责任落实到位。研究制定了《关于做好 2008 年全省中小学（幼儿园）安全管理工作的意见》、《关于开展校车及校园周边道路交通安全集中整治工作的通知》、《关于认真做好学校校舍安全隐患大排查等工作的通知》、《关于进一步做好中小学、中等专业学校安全工作的通知》等一系列安全管理规范性文件。教育厅、省综治委、公安厅、安监局联合对 34 所高校、5 所中专学校、57 所中小学进行了学校安全隐患排查。进一步加强学校及周边环境综合治理工作，与省综治委联合召开了全省学校周边综合治理电视电话会议，安排部署对全省各类学校及周边治安进行专项整治工作，印发了《关于开展学校及周边治安整治工作的实施意见》。对全省各级各类学校校舍进行了抗震安全排查。排查表明，经维修和加固可使用的校舍面积为 1 000 万平方米，存在严重隐患拟拆除的面积为 500 万平方米。此外，积极稳妥做好处理学校突发事件、资助家庭经济困难学生、控制学生食堂饭菜价格上涨、排查和化解学校安全隐患等工作，全省教育系统保持了安全稳定的局面。

〔**建立完善贫困家庭学生资助政策体系**〕　山西省 2008 年在义务教育阶段积极落实农村义务教育经费保障机制，将免费提供教科书扩大到农村义务教育阶段所有学生，普遍提高了家庭经济困难寄宿学生生活补助标准和农村中小学校生均公用经费标准。自秋季开学起，全面免除了城市义务教育阶段学生学杂费。在普通高校以国家助学贷款为主体，国家奖学金、助学金和勤工助学、特殊困难补助、学费减免相结合的高校家庭经济困难学生资助政策体系已经形成，确保了每一位考入公办高校的学生不因家庭经济困难而失去学习机会。在中等职业学校进一步健全贫困家庭学生资助政策体系，不断加大宣传力度，严格资金管理，全省共有62.3万名中职学生享受到国家助学金资助，资助面达到90%以上。

〔**加强教育法制建设**〕 2008年，山西省教育厅广泛开展法制教育宣传学习活动。与省税务局、共青团省委、省禁毒办等部门联合在全省大中小学校中开展了“税法宣传进校园”、禁毒知识预防教育活动，举办了禁毒主题宣传设计大赛。狠抓“依法治校示范校”的创建和规范工作，促进学校办学行为的规范性运作。6月，命名了89所第三批省级“依法治校示范校”，使省级依法治校示范校达到217所。认真开展教育执法检查，4月，教育厅积极配合省人大对《国家通用语言文字法》及山西省的实施办法进行了执法调研，了解了各市法规贯彻执行情况，并对全省二、三类城市语言文字评估工作起到了促进作用。

〔**加强教育交流与合作**〕 加强省筹资金留学回国人员科研资助管理工作，全年共落实资助项目96项，资金515万元。继续强化对自费出国留学中介服务机构和中外合作办学的管理，山西财经大学中德学院、太原师范学院外国语专科部中外合作办学机构获准延期并取得教育部备案编号。加大汉语国际推广力度，山西大学、太原理工大学分别与亚美尼亚布留索夫埃里温国立语言大学和阿富汗喀布尔大学合作开办了孔子学院。制定出台了《2008—2012年汉语国际推广中小学基地工作规划要点》，加强了山西大学附属中学和太原市外国语学校汉语国际推广中学实习基地建设。

基础教育

〔**综述**〕 2008年，山西全省有小学17 167所（其中单人校3 282所），比上年减少2 360所；在校学生321.34万人，比上年减少12.09万人；招生47.48万人，比上年减少6.06万人；毕业生55.21万人，比上年减少2.75万人。其中，民办小学校数266所，在校生21.06万人，分别占小学校数和在校生数的1.55%和6.55%，均比上年有所增加。小学学龄儿童净入学率99.86%，比上年提高了0.32个百分点。小学毕业生升学率为99.67%。小学教职工和专任教师均比上年有所减少，专任教师学历合格率继续提高。全省小学校舍建筑面积1 798.06万平方米，比上年增加5.2万平方米，生均校舍建筑面积5.60平方米，比上年增加0.22平方米。

初中阶段教育（包括普通初中、职业初中）共有学校2 475所，比上年减少84所；在校生数179.37万人，比上年减少8.18万人；毕业生数61.91万人，比上年增加1.51万人。普通初中校数2 427所（含九年一贯制学校），比上年减少82所；在校生177.28万人，比上年减少7.87万人；普通初中毕业生61.04万人，比上年增加1.45万人；专任教师119 673人，比上年减少951人；校舍建筑总面积1 229.07万平方米，比上年增加59.27万平方米。职业初中校数48所，比上年减少2所；在校生20 891人，比上年减少3 138人；毕业生8 662人，比上年增加615人；专任教师1 371人，比上年减少51人；校舍建筑总面积为18.12万平方米。

全省幼儿园 4 486 所，比上年增加 9 所，学前三年毛入园率为 49.4%。特殊教育学校 43 所，在校生 7 890 人，比上年减少 845 人。

〔**启动中小学校舍安全工程**〕 2008 年，省政府启动中小学校舍安全工程，决定用 3 年时间省市县三级筹资 42 亿元对全省中小学校舍进行维修加固改造，基本消除 2008 年底前存在的危房，彻底消除中小学校舍安全隐患；对 2008 年及以后新建和改扩建的中小学校舍严格按照国家制定的中小学校建设标准建设，确保校舍安全。通过努力，将中小学校建成最牢固、最安全、家长最放心的地方。这是建国以来山西省集中投入经费最多的教育建设项目，对于保障师生安全、提高教育水平、促进义务教育均衡发展具有重要意义。

〔**积极落实农村义务教育经费保障机制**〕 2008 年，山西省先后下发了《关于认真做好农村义务教育教科书免费提供和部分教科书循环使用工作的通知》等一系列文件，将免费提供教科书扩大到农村义务教育阶段所有学生，普遍提高了家庭经济困难寄宿学生生活补助标准和农村中小学校生均公用经费标准，解决了农村中小学冬季取暖经费问题。

〔**提升义务教育水平**〕 2008 年，山西省对义务教育标准化建设工作进行了评估验收。截至 2008 年底，全省共有 61 个县区接受了评估验收，省政府表彰挂牌的达标县区达 39 个。大力加强农村寄宿制学校建设，10 月在朔州召开了全省农村义务教育阶段寄宿制学校管理工作现场会，总结推广右玉县、平鲁县寄宿制学校建设和管理经验，并出台了《关于加强农村义务教育阶段寄宿制学校工作的指导意见》。努力改善办学条件，圆满完成了省政府承诺的在大中城市和县镇新建、改扩建 500 所中小学校任务，争取华能集团、国投公司、台塑集团等捐资近亿元用于校舍建设。加强了农村中小学现代远程教育工程资源建设和应用。

〔**加强高中教育**〕 2008 年，山西全省普通高中学校数（含初高中合设）559 所，比上年减少 10 所；招生 270 394 人，比上年增加 9 519 人，增长 3.65%；在校生 782 937 人，比上年增加 12 125 人，增长 1.57%；毕业生 258 789 人，比上年增加 27 041 人，增长 11.67%。其中，民办普通高中学校数 189 所，在校生 158 389 人，分别占普通高中总校数和在校生数的 33.81%和 20.23%。普通高中专任教师 49 262 人，比上年增加 1 636 人；专任教师学历合格率 89.18%，比上年提高 2.7 个百分点。普通高中校舍建筑总面积 1 231.22 万平方米，比上年增加 71.75 万平方米。

普通高中学校建设工程顺利推进，示范高中建设基本完成，2008 年有 39 所普通高中学校接受了省级评估验收，使接受评估验收的学校达到 109 所，经复评挂牌的省级示范高中学校达到 46 所。普通高中新课程实验工作启动，对省、市级普通高中新课程管理者和学科教师 2.8 万人进行了培训，并制订出台了一系列配套措施，确保全省普通新课程实验的全面实施。

〔**加强特殊教育和学前教育**〕 2008 年，全省幼儿园 4 486 所，在园幼儿（包括学前班）60.22 万人，学前三年毛入园率为 49.4%。幼儿园园长和专任教师共 28 026 人，幼儿园校舍建筑总面积 288.34 万平方米。对 6 个县区进行了普及学前三年教育评估验收，全省接受评估验收工作的县区达到 76 个。

2008 年，全省共有特殊教育学校 43 所，在校生 7 890 人，专任教师 1 105 人。启动实施了 49 个特殊教育学校建设项目，其中新建 21 所，改扩建 28 所。

职业教育与成人教育

〔**综述**〕 2008年，山西全省共有中等职业教育学校（包括普通中等技术学校、职业高中、技工学校和成人中专）630所，比上年减少22所；在校学生637 272人，比上年增加14 487人；毕业生187 287人，比上年增加21 672人。普通中等技术学校有93所，比去年增加5所，其中民办学校15所；在校生221 826人，比上年增加241人；教职工有11 113人，其中专任教师6 868人，比上年增加322人；师生比为1∶32.29；学校占地面积510.96万平方米，比上年增加34.65万平方米；校舍建筑总面积为254.36万平方米，比上年增加15.9万平方米。职业高中有289所，比上年减少17所；招生98 151人，比上年减少10 700人，减少9.83%；在校生256 518人，比上年增加16 149人，增长6.72%；毕业生62 819人，比上年增加10 793人，增长20.75%；专任教师11 848人，比上年减少279人；校舍建筑总面积为225.29万平方米，比上年增加0.96万平方米。成人中等专业学校有127所，比上年减少13所；招生10 527人（全日制4 664人，非全日制5 863人），比上年减少7 779人；在校生27 315人（全日制10 434人，非全日制16 881人），比上年增加1 285人；毕业生8 957人，比上年增加2 817人；教职工4 477人，专任教师2 977人。

2008年，山西省的成人高等教育继续以学历教育为基础，重点放在岗位培训、技术教育、短期培训、专业证书教育和大学后的继续教育上。共有成人高等学校15所，比上年减少1所。成人高等学校有教职工3 338人，比上年减少899人，其中专任教师1 966人，比上年减少433人。成人高等教育招生43 994人（其中：本科22 505人，专科21 489人），在校生125 917人（其中：本科58 137人，专科67 780人），毕业生42 887人。2008年，成人高等教育非学历教育中资格证书培训8 253人结业，岗位培训8 085人结业，进修及培训结业31 085人，在校生14 328人。其中民办的其他高等教育机构38个，自考助学班招生6 299人，在校生8 406人，结业生1 108人。成人技术培训学校8 077所，其中职工技术培训学校177所（其中民办25所），农村成人文化技术培训学校7 289所（其中民办24所），其他培训机构（含社会培训机构）611所（其中民办595所）。2008年共培训结业职工、农民200.41万人次，其中结业职工72.35万人次，农民107.74万人次。成人技术培训学校共有教职工23 859人，专任教师10 661人。成人初等学校3 570所，2008年注册学生数14.55万人，结业生数11.49万人，其中扫盲班结业生数0.78万人。共有教职工3 955人，专任教师1 312人；其中扫盲班教职工938人，专任教师456人。成人初中232所，注册学生6 623人次，结业生数23 633人次。教职工316人，专任教师72人。

〔**加大中职招生工作力度**〕 山西省教育厅于2008年4月召开会议进行安排部署，将中职招生任务分解落实到各市、各校，并要求各市宏观调控当地普通高中和中等职业学校的招生规模；组织本省中等职业学校实行城乡联合招生合作办学。6月，在全省开展了招生宣传月活动，省教育厅和省考试管理中心印制《中考指南》60多万份，免费发放到每个考生手中，同时各地及各类中等职业学校利用各种媒体和各种形式开展了声势浩大的宣传活动。11月，针对全省中等职业学校招生缺口较大的情况，省教育厅又召开专题部署会。各级招生部门进一步完善招生录取办法，为学校服务，为学生服务，多次组织补录，基本上做到了绿灯长开。

经过努力，全省中职学校2008年共招生25万人。

〔**成立省级八大职业教育集团**〕 为推动中等职业教育人才培养模式的改革，为经济社会发展更多更好地培养技能型人才，根据山西省产业布局和经济结构调整对技能型人才的需求，山西吸纳62所职业院校、168家企业、21个行业协会和16个科研院所，组建了煤炭、电力、建筑、冶金、旅游、金融、装备制造、材料与信息等8个行业性职业教育集团。3月25日，召开了山西省首批职业教育集团成立大会，省委副书记金银焕、副省长张平向首批成立的八大职业教育集团授牌。

〔**加强职业教育基础能力建设**〕 山西2008年建设县级职教中心和示范性学校32个，实习实训基地7个。教育厅会同省财政厅对全省职业院校国家级实训基地建设及资金使用情况进行了检查，会同省发改委对全省职业教育基础能力建设项目建设情况进行了检查。2008年，有3所学校被教育部认定为国家级重点中等职业学校。

〔**加强职教师资和管理队伍建设**〕 山西2008年确定11个高等院校为首批省级中职学校师资培训基地，派出240名教师参加了国家级培训，组织600名教师参加了省级骨干教师培训，组织300名教师参加了教务管理和心理教育专项培训。开展第二届全省中职学校省级专业带头人、骨干教师评比工作，并且在评比中增加实践操作技能考核，共评选出学科带头人173名、骨干教师354名。加强职业教育管理队伍培训，邀请教育部职成教司同志和专家为中职校长做了专题讲座，举办了中等职业学校教学副校长、教务主任的业务培训班。组织了“全国中等职业学校学生信息管理系统”使用培训，对各市教育局、省直高职和中专学校负责学籍和资助管理的有关人员进行了培训，保证了学籍管理系统和助学金发放工作顺利进行。

〔**开展职业院校学生技能大赛**〕 2008年，山西省教育厅、山西省劳动竞赛委员会、山西省劳动和社会保障厅共同举办了“山西省第二届职业院校技能大赛”。大赛共分电工电子、计算机、烹饪等15个专业，133个学校的845名选手参加了各专业技能比赛项目，共决出一等奖87个，二等奖163个，三等奖234个，优秀指导教师奖484个。比赛结束后，取得优异成绩的选手代表山西参加了全国职业院校技能大赛，在全国37个代表团中取得了总分第17名的成绩。

〔**深化农村教育综合改革**〕 2008年5月，山西教育厅在晋中召开了教育为新农村建设服务暨扫盲工作现场会，研究部署了“十一五”期间推进科教兴乡兴县工程、深化全省农村教育综合改革工作，宣传全省39个科教兴县先进单位和20个农村教育综合改革示范点的典型经验，对扫盲管理人员和教师进行了业务培训，结合山西省实际，就如何深入开展扫盲和扫盲后的继续教育工作提出了意见。

〔**加强农村成人教育**〕 山西省2008年制定了“十一五”农村实用人才培训计划意见，提出了“十一五”期间农村实用人才培训的目标任务和政策措施。全年完成250余万人次职工岗位职业技能培训、330余万人次的农村实用技术培训和80余万人次的农村劳动力转移培训任务。摸清全省文盲底数，建立和完善文盲和脱盲人员档案，完成了2万人的扫盲任务。积极开展多种形式的农村劳动力实用技术培训工作，全省年培训率达到农村劳动力总数的35%以上。实施“一村一名大学生”计划，努力实现每家农户有一名劳动力掌握1～2项实用技术。进一步加强县、乡、村三级成人文化技术学校的组织领导、教师队伍、实习基地等方面的建设，完成每市10%的乡镇和一个县（市、区）分别达到科教兴乡和兴县标准的任务。

〔**加强成人高等教育**〕 2008年2月—5月，山西省对普通高校在晋成人高等教育函授教育辅导站进行了年检，对年检不合格的函授站取消了2008年招生资格。加强煤矿专业人才培养工作，教育厅与省煤炭工业局组织山西省8所煤炭类专业院校，分阶段对山西省煤矿主要安全生产管理人员集中开展煤炭主体专业大专学历提升教育，采取业余或函授教育的方式，开设了煤矿开采技术、煤矿通风与安全、煤矿机电三个专业，学制为两年半，考生参加全国成人高校统一考试，实行单独划线、单独录取、单独开班。所有招生院校统一教学计划、统一教学大纲、统一教材。修完教学计划规定的全部课程，成绩合格者，颁发国家承认的成人高等教育专科毕业证书。共有 4 210 人报名参加考试，达线人数为 3 155 人。为了适应成人高等教育教学改革的要求，在广泛调研和征求意见的基础上，从 2008 年起，将全省成人高等教育专科理工类最短学习年限调整为脱产两年，函授、业余（夜大学）三年。

〔**加强民办教育**〕 山西省教育厅 2008 年制订并请省政府下发了《关于进一步促进我省民办教育发展的意见》和《山西省民办学校办学保证金管理规定》，修订了山西省《民办高等教育机构招生简章和广告备案管理办法》、《民办非学历高等教育机构设置暂行规定》和《民办非学历教育机构退费办法》。进一步规范民办学校的招生行为，组织专家对民办院校进行了评估检查。

高 等 教 育

〔**综述**〕 2008 年，山西全省有普通高等学校 61 所，比上年增加 2 所。普通高等教育共招生 184 316 人（其中：普通本科 52 803 人、独立学院本科 18 317 人、高职高专 80 151 人、五年制高职转入 33 045 人），比上年增加 16 765 人，增长 10.01%；在校生 526 756 人（其中：普通本科 189 866 人、独立学院本科 61 267 人、高职高专 211 049 人、五年制高职转入 64 574 人），比上年的 484 490 人增加 42 266 人，增长 8.72%。毕业生 141 214 人，比上年的 132 101 人增加 9 113 人，增长 6.9%，毕业生人数连续六年呈递增态势。2008 年，山西省的高等教育毛入学率达到 25%。普通高等学校校均规模有较大提高，2008 年达到 8 635 人，比上年增加 423 人，其中 17 所本科院校的校均规模达到 16 500 人，比上年增加 242 人。普通高校有教职工 55 417 人，比上年增加 1 667 人，其中专任教师 34 885 人，比上年增加 1 529 人。普通高校占地面积 2 560.29 万平方米。校舍建筑面积 1 429.14 万平方米，生均校舍建筑面积 27.13 平方米，比上年减少 3.76 平方米。

〔**启动实施新一轮高等教育强校工程**〕 2008 年，山西省教育厅研究制定了山西省普通高校《教学名师评选实施办法》、《大学生创新性实验项目实施办法》、《人才培养模式创新实验区项目实施办法》、《优秀教学团队遴选和建设实施办法》、《优秀创新团队支持计划实施办法》、《中青年拔尖带头人支持计划实施办法》、《优秀青年学术带头人支持计划实施办法》，遴选出教学名师 53 名、省级优秀教学团队 15 个、省级人才培养模式创新实验区 11 个、省级精品课程 59 门、优秀创新团队 3 个、中青年拔尖创新人才 12 人、优秀青年学术带头人 31 人；评选建设高校基础课示范实验室 16 个、高职示范实训基地 18 个；评选并支持大学生创新性实验项目 101 个，受益学生达 4 000 余人，极大地调动了大学生创新实践的积极性。

〔**加强高等教育教学工作**〕 2008 年，山西省高等教育质量保障体系进一步健全，山西财经大学、太原师范学院、忻州师范学院 3 所本科高校通过教育部本科教学工作水平评估，山西综合职业技术学院等 8 所高职院校通过人才培养工作水平评估。教育厅制定出台了山西省高等职业院校《人才培养工作评估实施细则》和《人才培养工作评估操作规程》，选择山西电力职业技术学院和晋中职业技术学院进行试点评估，成为全国第4个通过教育部审核备案准予实施的省份。继续推动高等教育教学改革。组织开展2008年度高校教学成果评审奖励工作，共评选省级教学成果奖141项，其中一等奖27项，二等奖83项，三等奖31项。

〔**加强学科学位建设**〕 2008年，山西省继续加强山西大学省部共建和太原理工大学"211"工程三期建设。新增山西大学等12所学校的40个专业为学士学位授予专业。评估批准太原理工大学阳泉学院国际经济与贸易和太原师范学院吕梁高等专科学校办学点思想政治教育、生物科学3个专业新增为学士学位培养专业。新增山西医科大学法医学、劳动卫生与环境卫生、耳鼻咽喉学3个省重点学科，新增山西大同大学机械设计及理论、教育技术学2个重点扶持学科。

〔**加强研究生教育**〕 2008年，山西全省共有培养研究生单位11个，其中普通高校8个，科研机构3个。全省共计招生6 919人（其中博士生402人、硕士生6 517人），比上年6 364人增加555人，增长8.72%；在学研究生18 938人（其中博士生1 520人、硕士生17 418人），比上年的16 604人增加2 334人，增长14.06%；毕业生4 728人（其中博士生205人、硕士生4 523人），比上年的4 075人增加653人，增长16.02%。

认真实施研究生创新计划。评选出研究生创新项目92项，其中优秀项目22项，投入80万元专项经费对创新项目进行扶持。评选出14篇优秀博士学位论文、26篇优秀硕士学位论文，其中太原理工大学赵阳生教授指导的博士研究生梁卫国撰写的《盐类矿床水压致裂水溶开采的多场耦合理论及应用》被评为全国优秀博士学位论文；山西大学彭堃墀教授指导的博士研究生荆杰泰撰写的《连续变量量子通讯的理论与实验研究》被评为全国优秀博士学位论文提名论文。为发挥导师和团队在研究生教育中的作用，评选出山西大学刘滇生等16名优秀导师和山西大学无机化学学科等3个优秀导师团队。对2007、2008年度评选出的优秀导师和团队给予经费支持和奖励。

〔**加强高校科技创新工作**〕 2008年，山西大学"计算智能与中文信息处理"和太原理工大学"新材料界面科学与工程"两个实验室通过验收，成为教育部重点实验室；太原理工大学"煤科学与技术"教育部重点实验室通过了教育部评估。山西师范大学"结构无机与磁信息材料"实验室成为省部共建重点实验室。山西大学以张靖教授为带头人的科研团队入选国家自然科学基金委创新研究群体，实现了山西省创新研究群体零的突破。高校又有4项成果通过了2008年度国家科学技术奖评审，太原理工大学谢克昌教授主持的"煤的结构特征及其与反应性的关系和调变"获得国家自然科学二等奖，宋建成教授主持的"矿井局部通风群控系统和安全供电关键技术研究及配套设备开发"获得国家科学技术进步二等奖；太原科技大学黄庆学教授主持的"一种空间机构的钢板滚切剪技术与装备"、中北大学肖忠良教授主持的成果获得国家技术发明二等奖。2008年，全省高校共承担国家自然科学基金项目86项，项目经费3 204万元。其中杰出青年基金项目1项（项目经费200万元），国际合作项目1项（项目经费120万元）；国家社科基金项目12项，占全省承担该项目总数的80%，项目经费114万元，占全省的81.4%，其中重点项目1项；教育部人文社科研究一般项目15项。

撰稿 侯文一 张湘滔
审稿 李东福

内蒙古自治区教育

概　　况

〔基本情况〕

2008 年各级各类学校校数、教职工、专任教师情况

	学校数（所）	教职工数（人）	专任教师数（人）
一、高等教育			
（一）研究生培养机构（不计校数）	(9)		
1. 普通高校	(8)		
2. 科研机构	(1)		
（二）普通高等学校	39	33 233	20 946
1. 本科院校	12	20 327	12 482
其中：独立学院	2	501	362
2. 专科院校	27	12 906	8 464
其中：职业技术学院	25	11 609	7 639
3. 其他机构（点）（不计校数）			
（三）成人高等学校	3	849	400
（四）民办的其他高等教育机构	1	9	5
二、中等教育	1 694	149 215	113 427
（一）高中阶段教育	660	147 918	48 219
1. 高中	326	123 485	30 743
普通高中	324	123 351	30 645
成人高中	2	134	98
2. 中等职业教育	334	24 433	17 476
普通中专	87	7 753	4 750
成人中专	64	2 558	1 806
职业高中	149	10 770	7 951
技工学校	34	3 208	2 859
其他机构（教学点）（不计校数）	(72)	144	110
（二）初中阶段教育	1 034	1 297	65 208
1. 普通初中	967		64 166
2. 职业初中	23	1 165	957
3. 成人初中	44	132	85
三、初等教育			
（一）普通小学	3 605	138 962	115 170
（二）成人小学	2 636	5 353	2 413

续表

	学校数（所）	教职工数（人）	专任教师数（人）
其中：扫盲班	2 127	4 645	1 939
四、工读学校	1		
五、特殊教育	27	937	757
六、学前教育	1 664	21 893	14 022

注：普通高中的教职工数中包含普通初中的教职工数。

2008 年各级各类学历教育学生情况

	毕业生数（人）	招生数（人）	在校生数（人）
一、高等教育			
（一）研究生	2 760	3 784	10 722
博　士	126	197	742
硕　士	2 634	3 587	9 980
（二）普通本专科	73 554	97 846	316 700
本　科	31 956	45 636	158 682
专　科	41 598	52 210	158 018
（三）成人本专科	25 247	26 618	69 347
本　科	13 438	12 216	37 684
专　科	11 809	14 402	31 663
（四）其他各类高等学历教育			
1. 在职人员攻读博士、硕士学位		1 841	4 508
2. 网络本专科生			
本　科			
专　科			
3. 其他			
二、中等教育	588 219	570 633	1 719 297
（一）高中阶段教育	272 309	298 143	838 889
1. 高中	188 654	181 627	544 377
普通高中	187 557	181 627	541 084
成人高中	1 097		3 293
2. 中等职业教育	83 655	116 516	294 512
普通中专	35 726	44 497	127 262
成人中专	5 235	6 509	7 515
职业高中	33 971	55 279	134 562
技工学校	8 723	10 231	25 173
（二）初中阶段教育	315 910	272 490	880 408
1. 普通初中	304 293	268 407	862 276
2. 职业初中	6 960	4 083	13 076
3. 成人初中	4 657		5 056
三、初等教育	349 070	250 153	1 647 577
（一）普通小学	272 053	250 153	1 552 708
（二）成人小学	77 017		94 869
其中：扫盲班	21 481		30 767
四、工读学校			
五、特殊教育	563	709	4 072
六、学前教育	158 713	195 505	306 872

注：特殊教育学生数中包括普通中小学随班就读的学生。

2008年各级各类非学历教育学生情况

	毕（结）业生数（人）	注册生数（人）
总　　计	389 387	275 262
一、高等教育	51 968	26 371
（一）研究生课程进修班	256	109
（二）自考助学班		441
（三）普通预科生		1 697
（四）进修及培训	51 712	24 124
其中：资格证书培训	17 092	8 778
岗位证书培训	12 957	5 927
二、中等教育	337 419	248 891
其中：资格证书培训	47 905	20 922
岗位证书培训	74 871	38 943
（一）中等职业教育	109 294	48 491
其中：资格证书培训	31 568	10 272
岗位证书培训	28 307	11 892
（二）职业技术培训机构	228 125	200 400
其中：资格证书培训	16 337	10 650
岗位证书培训	46 564	27 051

2008年各级各类民办教育基本情况

	学校数（所）	毕业生数（人）	招生数（人）	在校生数（人）	教职工数（人）	专任教师数（人）	另有其他学生数（人）
一、民办高等教育							
（一）民办高校	7	175	5 699	10 764	1 211	651	699
本科学生			1 911	1 911			
专科学生		175	3 788	8 853			
其中：独立学院	2		1 911	1 911	501	362	
本科学生			1 911	1 911			
专科学生							
（二）民办其他高等教育机构	1				9	5	32
二、民办中等教育							
（一）高中阶段教育	114	9 823	20 951	50 275	6 595	4 408	6 911
1. 民办普通高中	43	6 507	5 927	17 851	4 212	3 034	
2. 民办中等职业教育	71	3 316	15 024	32 424	2 383	1 374	6 911
（二）初中阶段教育	63	9 957	10 909	32 438	59	33	
1. 民办普通初中	61	9 853	10 811	32 068			
2. 民办职业初中	2	104	98	370	59	33	
三、民办普通小学	70	10 676	6 029	44 873	3 196	2 339	
四、民办幼儿园	1 069	33 326	54 733	98 645	8 818	5 263	
另有：民办培训机构（不计校数）	(192)				1 491	772	33 508

注：1. “另有其他学生数”包括：学历文凭考试学生、自考助学班学生、预科生、进修及培训学生数；

2. 民办普通高中的教职工和专任教师数中包含民办普通初中的教职工和专任教师数；

3. “(　)”内数据为不计校数。

〔**深入开展学习实践科学发展观活动**〕 按照自治区党委的统一部署，从2008年10月开始，内蒙古自治区教育厅（高校工委）组织厅系统干部职工，深入开展了学习实践科学发展观活动。在深入学习、广泛征求意见的基础上，全方位查找了影响和制约教育事业改革发展的主要矛盾和突出问题，研究制定了《内蒙古自治区教育厅（高校工委）贯彻落实科学发展观情况分析检查报告》和《整改落实方案》，有针对性地提出了促进全区教育事业科学发展的思路和举措。

〔**依法推进语言文字规范化**〕 指导锡林郭勒盟、二连浩特市、乌兰察布市顺利通过国家二类城市语言文字工作评估验收，提前两年实现了普通话初步普及、汉字社会应用基本规范的工作目标。年内有近4万余名在校大学生接受了普通话培训测试。举办了全区第二期少数民族汉语教师普通话培训班。联合有关部门组织开展了中华经典诵读比赛，10万余人参加活动。

〔**加强教育对外合作与交流**〕 进一步扩大与蒙古国的教育合作与交流，向蒙古国提供了100名中国政府奖学金名额。选派55名对外汉语志愿者教师赴国外任教。公派30名“西部地区人才培养特别项目”人员出国留学。举办了对外汉语教师培训班和中外合作办学干部培训研讨会。指导内蒙古大学与俄罗斯联邦卡尔梅克国立大学合作建立了“卡尔梅克国立大学孔子学院”。接待了来自古巴以及我国香港特别行政区和台湾地区的4个教育代表团。年内全区各级各类学校共聘请外国专家200多名，在校外籍学生达到1 900多名。

〔**积极推进教育厅机关政府信息公开工作**〕 贯彻落实《中华人民共和国政府信息公开条例》和自治区人民政府、教育部的有关要求，成立了内蒙古自治区教育厅机关政府信息公开领导小组，研究制定了《实施办法》，明确了厅机关政府信息公开工作的原则、内容、范围、程序和监督保障措施。在自治区教育厅门户网站上，开设了政府信息公开专栏，设置了机构职能类、政策法规类、规划计划类、业务类、其他类等五个模块，主动公开了教育厅2002年以来制定形成的近300条政府信息，同步公开了厅机关政府信息《公开目录》、《公开指南》及受理机构、办复程序。年内共受理公开申请3件，全部按时办复。

〔**继续完善贫困生资助制度**〕 全年共发放普通高等院校和高等职业学校国家奖、助学金2.168亿元，资助8.9万余人，资助覆盖面达到31.3%。发放中等职业学校国家助学金2.2735亿元，资助19万余人，覆盖面达到90%以上。同时，生源地国家助学贷款、国家彩票公益金资助普通高中家庭经济困难学生、中国教育电视台彩票公益金资助普通高中贫困学生项目，受益幅度均比上年有所提高。为应对物价上涨，自治区先后拨付4 000多万元专项资金，对全区高校学生食堂给予临时补贴，对高校家庭经济困难学生给予伙食补贴。

基础教育

〔**积极推进中小学校办学条件标准化建设**〕 内蒙古自治区教育厅会同自治区发改委、建设厅，制定印发了《内蒙古自治区中小学校办学条件标准（试行）》，从中小学校设置、规模、用地与建筑设施，教学、办公及生活设备，教师、工作人员和校长配备，教育辅助中心设置等方面，提出了自治区范围内举办普通中小学校应当执行的基本标准。配合中小学校办学条件标准化建设，研究制定了《内蒙古自治区义务教育阶段学校标准化建设工程总体规划（2009～2015年）》。

〔进一步加强中小学校基础设施建设〕 国家农村初中校舍改造工程25个项目、旗县39所项目学校全部开工，年内竣工4所。有35所中小学校纳入国家新农村卫生新校园试点项目。争取到明德项目10个、逸夫基础教育项目学校6所。顺利完成国家三部委实施的农村牧区中小学现代远程教育工程。积极推进解决义务教育阶段20万校外寄宿生生活用房建设工作。

〔加强“两基”巩固提高督导评估工作〕 按照“两基”巩固提高新的督导评估标准，开展了“两基”巩固提高工作先进旗县督导评估，有7个旗县（市区）被评为2008年度自治区“两基”巩固提高工作先进地区。

〔全面推进普通高中课程改革〕 在义务教育阶段课程改革全面推开的基础上，正式启动普通高中新课程改革。成立了领导小组和专家指导组，印发了《关于做好实施普通高中新课程前期准备工作的通知》等系列文件，举办了培训班，对新课改进行了全面部署。

〔积极发展学前教育和特殊教育〕 以自治区政府名义印发了《关于深化幼儿教育改革与发展的指导意见》，明确了今后一个时期全区幼儿教育的指导思想、总体目标和主要措施。会同自治区发改委编制了《全区特殊教育学校建设2008～2015年总体规划》。

〔深入实施中小学校素质教育〕 召开全区校本教研现场会议，推广赤峰市敖汉旗校本教研工作经验，推动校本教研制度建设。制定印发《关于初中毕业考试与高中招生制度改革的意见》，开展学生综合素质评价，弱化应试导向，促进学生全面发展。全区各地积极推行普通高中多样化录取，逐步增加将优质高中招生指标相对均衡划拨到区域内初中的比例。制定印发《关于贯彻落实内政发〔2007〕101号文件的实施细则》，广泛开展青少年阳光体育运动，年内全区所有旗县区均将体育测试列入中考科目。全面完成85个农村牧区旗县“33211工程”专项督导评估工作。成功举办全区第十一届中学生运动会。

〔进一步加强学校管理〕 以加强管理队伍建设和常规管理为核心，组织开展“学校管理先进县（旗市区）”创建活动，对6个申报旗县（市区）进行了前期考察指导，对赤峰市林西县进行了评估验收，起到了以县为单位、突出重点、整体推进学校管理水平逐步提高的作用。

〔推动城镇教师支援农村牧区教育工作〕 与自治区人事厅、财政厅、团委联合印发了《关于开展城镇教师支援农村牧区教育工作的意见》，进一步完善了义务教育城镇学校支援农村牧区学校的长效机制。

〔中小学校长培训工作取得成效〕 承办了全国农村寄宿制学校校长专题示范培训班。分别举办了北京师范大学内蒙古中小学校长培训班、幼儿园园长培训班和中国移动内蒙古中小学校长培训班，共培训校长850多人。

〔推动教师培训机构建设〕 组织专家组对莫力达瓦旗、奈曼旗和锡林浩特市教师进修学校进行了国家级示范性教师培训机构评估。对尚未评估的15所旗县教师培训机构进行了督导检查，评出自治区示范校7所，达标校8所。

〔稳步推进义务教育阶段教师工资待遇保障工作〕 与自治区人事厅、财政厅联合转发了《人事部、财政部、教育部关于进一步做好义务教育学校教师工资待遇保障工作的通知》，提出了全区落实义务教育教师平均工资水平不低于当地公务员平均工资水平的具体意见。

〔进一步落实农村牧区义务教育经费保障机制〕 年内共下达义务教育保障经费15.2亿元，较上年增加5.6亿元；下达免费教科书资金2.03亿元，较上年增加6 572万元。在全国较早实现了义务教育经费保障城乡全覆盖。

职业教育与成人教育

〔进一步加强职业教育基础能力建设〕 研究制订《内蒙古自治区职业教育基础能力建设规划(2009～2015年)》。建设完成重点职业学校、职教中心国家和自治区项目19个，国家级实训基地项目8个。实施职业学校教师素质提高计划，共派出210名专业课教师参加中等职业学校国家骨干教师培训，500人参加自治区骨干教师培训。

〔继续深化职业教育改革〕 大力推进校企合作、工学结合和半工半读试点工作，全区有10所学校参加试点，在多数学校推广了学生顶岗实习一年的经验。与天津、北京、山东、黑龙江等地职业学校开展了多种形式的合作，招生数达到6 000多人。全区职业学校毕业生取得职业资格证书的人数达到2.55万，就业率达到94%以上。建立电子学籍管理系统，为及时掌握中等职业学校学生的全面信息和国家助学金发放等工作奠定了基础。

〔积极扩大职业教育办学规模〕 通过多种形式的宣传动员、控制普通高中招生数量、层层分解招生任务以及把往届初中毕业生、应届高中毕业生和退伍军人全部纳入招生范围等措施，积极扩大招生规模，招生总数与上年持平。

〔成人教育得到进一步加强〕 全年组织农村牧区劳动力转移培训4.3万人，培训进城务工农牧民1万多人，全区城镇职工岗位培训、转岗培训和再就业培训90万人。

高等教育

〔继续改善办学条件，高等教育大众化水平进一步提升〕 自治区直属高等院校本科生均拨付定额从2007年的3 970元增至4 200元，高等教育专项补助经费从2007年的2 500万元增至4 000万元，安排自治区直属高等院校建设贷款贴息经费2亿元。经教育部批准，新建1所高等职业技术院校——包头铁道职业技术学院。截至2008年底，全区有普通高等院校39所（办学实体42个，其中本科12个、高职高专28个、独立学院2个）、成人高等院校2所、广播电视大学1所；全区普通本专科在校生人数达到31.67万人，成人高等教育在籍生6.93万人；高等教育毛入学率达到21.3%，高等教育大众化水平向前迈出坚实的一步。经国家院校设置评审专家委员会审核通过，内蒙古民族高等专科学校和集宁师范高等专科学校升为本科，乌兰察布市卫生学校升为专科。

〔深入实施“质量工程”，高等教育教学质量稳步提高〕 开展了第二届自治区高等教育教学名师奖评选活动，15名教师荣获教学名师称号。两所高等院校的2个教学团队荣获国家级教学团队称号。积极推进精品课程、品牌专业和实验教学示范中心建设，评出自治区级精品课程110门，其中4门课程获评国家级精品课程；评出自治区级品牌专业50个，其中8个专业获得教育部“特色专业建设点项目”资助；8所高等院校的10个基础实验教学中心被评为自治区级实验教学示范中心，其中1个被评为国家级实验教学示范中心。年内新增26个本科专业、73个高职（专科）专业。4所高等院校通过教育部本科教学工作水平评估并全部荣获“优秀”等次，7所高职高专院校接受人才培养工作水平评估并取得积极成效。

〔**继续推进学科建设和研究生教育**〕 2008年，自治区重点学科和重点培育学科分别达到87个和34个，全区高等院校博士、硕士学位授权学科点分别达到52个和352个。在学研究生达15 209人，其中全日制在校研究生10 701人（博士742人、硕士9 959人）。全区专业学位研究生教育也得到较快发展。

〔**高校科技工作取得显著进步**〕 以自治区政府名义召开了全区高等院校科技工作会议，制定了《关于加强高等学校科技工作，增强高等学校科技创新能力的意见》，确定了全区高等院校科技中长期发展目标和“内蒙古自治区高校科技工作争名进位五年发展初步计划”。年内，全区高等院校共获得各级各类科研项目900余项，科研项目经费突破3亿元，达到历史最好水平。全区高等院校获自治区自然科学奖15项、科学技术进步奖20项，有4人荣获自治区中青年科学技术创新奖，内蒙古大学罗辽复教授荣获自治区科学技术特别贡献奖。由神华集团牵头、内蒙古农业大学参加的关于“荒漠化地区大型煤炭基地生态环境综合防治技术”研究项目，被评为2008年度国家科技进步二等奖。内蒙古科技大学研制的具有完全知识产权的大型风力发电机组开始批量生产。年内校办产业完成工业产值约达1.3亿元。

〔**高等职业教育得到较快发展**〕 2008年底，全区独立设置的高职高专院校达到28所，占普通高校总数的66.7%；在校生达15.8万人，占普通本专科在校生的49.9%。包头职业技术学院新增为国家百所示范性高职院校建设单位。新增1个中央财政支持的职业教育实训基地项目。

〔**继续加强高等院校党的建设、思想政治工作及党风廉政建设**〕 配合自治区党委组织部召开了全区民办高等院校党建工作会议。19所驻呼民办高等院校成立了党的基层组织。全区高等院校大学生中党员比例达到11.2%。3个基层党组织被自治区党委授予高等院校党建“五个好”基层党组织，3名同志荣获自治区模范共产党员和模范党务工作者称号。13所驻呼直属高校及教育厅系统1.5万多名党员，自愿交纳特殊党费252万元支援四川灾区。内蒙古大学和内蒙古农业大学分别被确定为“党代会常任制”和“公推直选”试点院校。与自治区党委组织部、宣传部、内蒙古党校联合举办了两期哲学社会科学骨干教师研修班，160多人参加了培训。制定印发了《内蒙古自治区教育厅贯彻落实〈建立健全惩治和预防腐败体系2008～2012年工作规划〉工作方案》，对9所本科院校“三重一大”制度落实情况进行了监督检查，并对这些院校的行风建设情况进行了民主评议。高等院校校园稳定工作得到进一步加强，保持了全区高等院校连续20年的稳定。

〔**民办教育持续健康发展**〕 经教育部审批，成立了两所民办本科独立学院——内蒙古大学创业学院和内蒙古师范大学鸿德学院，并当年完成招生，实现了我区独立学院零的突破。开展了民办学校年检评估工作，指导民办学校健康发展，促进民办学校规范办学。

〔**深入实施高等院校招生阳光工程**〕 2008年，内蒙古自治区率先在全国把实时在线网上填报志愿扩大到本专科全部批次，做到了招生录取中所有信息全程公开、透明。进一步加强对普通高校招生录取工作的监督，制定印发了《关于明确职能职责加强教育招生考试录取监察工作的意见》，协调成立了自治区“高考移民”专项整治工作联席会议，卓有成效地开展了查堵“高考移民”工作。

〔**高等院校毕业生就业情况**〕 2008年，全区高等院校毕业生为75 764人，比上年增加7 263人。截至2008年9月1日，高校毕业生平均就业率为75.06%，较上年提高2.57个百分点。

民族教育

〔**继续抓好各项优惠政策的落实**〕 组织开展了《内蒙古自治区人民政府关于进一步加强民族教育工作的意见》学习宣传活动。2007—2008年，共争取到4 000万元民族教育专项投入，支持89所民族中小学校的有关项目建设。有6个盟市制定印发了贯彻落实自治区人民政府103号文件精神的意见；有10个盟市设立了民族教育专项补助资金和民族教育发展资金，总金额近1 000万元；有6个盟市出台了对蒙古语授课高中生免学费、补助生活费、发放奖学金等优惠政策，地方财政投入近5 000万元；有4个盟市出台了对蒙古语授课在园幼儿实行生活补助政策，地方财政投入600多万元。全区蒙古语授课幼儿园、在园儿童及招生数都有较大提高。

〔**加大“双语”师资和校长培训力度**〕 会同教育部民教司、宋庆龄基金会、盟市教育部门和有关高校，举办了多期“双语”师资和校长培训班。委托盟市教育行政部门举办了蒙古语授课中小学各学科骨干教师培训班，2 000多名教师参加了培训。

〔**加强民族文字教材审查工作**〕 组织研制了《蒙古语授课高级中学语文课程标准（实验稿）》和《蒙古族中小学蒙古语文课程标准（实验稿）》。组织审查蒙古文中小学教材76种645万字，审查《儿童歌曲专集》（CD）中的60首歌曲。根据教育部批准的《蒙古文版本教育资源建设计划书》要求，组织编制了现代远程教育学科教学资源11种、通用专题教育资源22种、蒙古族特色教育资源9种，率先在少数民族地区实现了多学科、全方位、高标准的现代优质教育资源共享。

撰稿　张喜荣　肖彦辉
审稿　奇锦玉

辽宁省教育

概　　况

〔基本情况〕

2008年各级各类学校校数、教职工、专任教师情况

	学校数（所）	教职工数（人）	专任教师数（人）
一、高等教育			
（一）研究生培养机构（不计校数）	(47)		
1. 普通高校	(33)		
2. 科研机构	(14)		
（二）普通高等学校	104	89 848	53 495
1. 本科院校	63	72 331	42 863
其中：独立学院	21	6 394	4 670
2. 专科院校	41	17 517	10 632
其中：职业技术学院	33	13 111	7 983
3. 其他机构（点）（不计校数）	(4)		
（三）成人高等学校	27	5 762	3 271
（四）民办的其他高等教育机构	79	1 342	601
二、中等教育	2 655	224 499	175 154
（一）高中阶段教育	948	224 499	73 785
1. 高中	440	178 925	42 579
普通高中	435	178 899	42 553
成人高中	5	26	26
2. 中等职业教育	508	45 574	31 206
普通中专	128	16 437	10 407
成人中专	1	634	408
职业高中	237	17 746	12 057
技工学校	142	10 757	8 334
其他机构（教学点）（不计校数）	(87)		
（二）初中阶段教育	1 707	0	101 369
1. 普通初中	1 707		101 369
2. 职业初中			
3. 成人初中			
三、初等教育			
（一）普通小学	6 987	173 159	151 039
（二）成人小学	9	13	13

续表

	学校数（所）	教职工数（人）	专任教师数（人）
其中：扫盲班			
四、工读学校	10	351	239
五、特殊教育	75	2 646	2 064
六、学前教育	7 492	56 110	33 604

注：普通高中的教职工数中包含普通初中的教职工数。

2008年各级各类学历教育学生情况

	毕业生数（人）	招生数（人）	在校生数（人）
一、高等教育			
（一）研究生	21 542	25 185	70 063
博　士	1 859	2 608	11 336
硕　士	19 683	22 577	58 727
（二）普通本专科	202 312	239 475	82 0374
本　科	111 074	146 410	561 099
专　科	91 238	93 065	259 275
（三）成人本专科	73 745	92 811	235 860
本　科	34 487	34 747	103 340
专　科	39 258	58 064	132 520
（四）其他各类高等学历教育			
1. 在职人员攻读博士、硕士学位		6 316	19 045
2. 网络本专科生	19 546	48 197	100 234
本　科	11 128	24 145	55 084
专　科	8 418	24 052	45 150
3. 其他	4		
二、中等教育	888 221	910 381	2 736 082
（一）高中阶段教育	424 181	451 870	1 298 509
1. 高中	258 500	244 280	726 301
普通高中	256 952	244 280	724 152
成人高中	1 548		2 149
2. 中等职业教育	165 681	207 590	572 208
普通中专	61 674	74 434	206 802
成人中专	4 804	9 761	22 064
职业高中	63 311	78 835	230 088
技工学校	35 892	44 560	113 254
（二）初中阶段教育	464 040	458 511	1 437 573
1. 普通初中	464 040	458 511	1 437 573
2. 职业初中			
3. 成人初中			
三、初等教育	461 288	393 197	2 369 392
（一）普通小学	459 368	393 197	2 367 350
（二）成人小学	1 920		2 042
其中：扫盲班			
四、工读学校	724	966	2 085
五、特殊教育	770	746	8 972
六、学前教育	306 091	333 416	740 804

注：特殊教育学生数中包括普通中小学随班就读的学生。

2008 年各级各类非学历教育学生情况

	毕（结）业生数（人）	注册生数（人）
总　计	2 388 706	980 041
一、高等教育	101 386	37 315
（一）研究生课程进修班	899	2 909
（二）自考助学班	9 476	29 164
（三）普通预科生		395
（四）进修及培训	91 011	4 847
其中：资格证书培训	22 885	144
岗位证书培训	33 914	58
二、中等教育	2 287 320	942 726
其中：资格证书培训	466 574	45 383
岗位证书培训	78 860	47 713
（一）中等职业教育	224 072	109 322
其中：资格证书培训	54 909	25 955
岗位证书培训	55 513	32 302
（二）职业技术培训机构	2 063 248	833 404
其中：资格证书培训	411 665	19 428
岗位证书培训	23 347	15 411

2008 年各级各类民办教育基本情况

	学校数（所）	毕业生数（人）	招生数（人）	在校生数（人）	教职工数（人）	专任教师数（人）	另有其他学生数（人）
一、民办高等教育							
（一）民办高校	34	26 128	41 779	138 000	10 580	7 526	540
本科学生		15 257	31 114	11 0716			
专科学生		10 871	10 665	27 284			
其中：独立学院	21	15 002	29 270	105 217	6 394	4 670	
本科学生		15 002	29 270	105 217			
专科学生							
（二）民办其他高等教育机构	79				1 342	601	22 613
二、民办中等教育							
（一）高中阶段教育	194	33 797	40 202	110 174	10 707	7 645	4 720
1. 民办普通高中	92	22 820	26 211	72 404	6 257	5 157	
2. 民办中等职业教育	102	10 977	13 991	37 770	4 450	2 488	4 720
（二）初中阶段教育	42	13 383	18 310	52 438			
1. 民办普通初中	42	13 383	18 310	52 438			
2. 民办职业初中							
三、民办普通小学	33	4 529	4 046	24 685	1 641	1 448	
四、民办幼儿园	4 697	96 594	132 822	368 926	33 373	19 035	
另有：民办培训机构（不计校数）	(4 157)				32 164	19 045	814 125

注：1. “另有其他学生数”包括：学历文凭考试学生、自考助学班学生、预科生、进修及培训学生数；

2. 民办普通高中的教职工和专任教师数中包含民办普通初中的教职工和专任教师数；

3. “(　)”内数据为不计校数。

〔深入学习实践科学发展观〕 把学习贯彻党的十七大精神和树立科学发展观、构建社会主义和谐社会等一系列重大战略思想作为理论学习重点，组织领导班子进行理论学习，加大干部教育培训力度，把党员干部的思想行动统一到党的十七大精神上来。组织党员参加“党员走进千家万户”活动，帮助全省 4 198 名学生解决上学难问题。加强基层组织建设，深入开展“保持先进性服务在基层”主题实践活动，着眼于服务基层群众，加强党性锻炼，共落实主题实践活动 87 项。

〔研制辽宁省中长期教育改革和发展规划纲要〕 围绕《辽宁省国民经济和社会发展第十一个五年规划》和《辽宁省教育事业发展“十一五”规划》，对辽宁省教育事业发展“十一五”规划目标、任务、完成情况以及相关政策措施贯彻落实情况进行评估，为制定中长期教育规划纲要奠定了坚实的基础。全面总结改革开放以来辽宁教育事业改革和发展的成绩、经验，分析存在的问题和机遇，全面了解未来 12 年辽宁经济、社会发展对教育的需求，围绕“三大任务”和“三大战略”科学确定辽宁教育发展和战略，启动制定《辽宁省中长期教育改革和发展规划纲要》调研工作。

〔抗震救灾及对口援建工作〕 积极开展灾区少年儿童就学救助工作，安排 570 名四川地震灾区中小学生在辽宁省就学；大连东软信息职业学院接收成都东软信息技术职业学院近 3 000 名学生来大连复课；沈阳音乐学院南校区免费招收百名学生来沈学习。举办“辽宁—四川安县中小学生夏令营”活动，共接待来自灾区的 79 名中小学生在沈阳、大连等地活动；组织教师赴安县讲学等。面向灾区招生计划进行单列，增加招生计划 84 人，其中本科 55 人，高职专科 29 人。做好捐款、援建工作，先后 5 次派干部到灾区慰问，商讨援建、重建方案并选派一人支援当地。组织价值 120 多万元可升降桌椅（6 500 套）、价值 110 多万元的学生运动服（1.7 万套）、价值 12 万元的文具（1 200 套）、棉被 5 000 床以及 1 200 个毛绒玩具等救灾物资运到安县灾区。厅直机关为四川地震灾区捐款 532 089.7 元，广大党员还自愿交纳特殊党费 750 068 元。

〔完善扶困助学政策体系〕 制定《辽宁省扶贫助学体系完善计划》。实施中等职业学校国家助学金制度，对就读中等职业学校一、二年级的农村学生和城市家庭经济困难学生每生每年资助 1 500 元，第三年实行工学结合、顶岗实习。全年安排国家助学金 3.7 亿元，25.8 万人受益。继续做好高校国家（政府）奖助学金发放，发放国家奖学金 1 058.4 万元，奖励学生 1 323 人；发放省政府奖学金 1 200 万元，奖励学生 1 500 人；发放国家励志奖学金 8 000 万元，资助学生 1.6 万人；发放国家助学金 2 亿元，资助学生 10 万人。对高、中等学校（含民办和独立学院）在校学生（包括研究生、本科生、专科生、中专生）提供临时伙食补贴，共安排资金 8 320 万元，补助学生 72 万人。各院校从事业收入中也安排相应的资金用于补贴学生食堂。各市财政局、市属普通高、中等学校参照省定时限、标准、范围，相应落实了对学生食堂和特困学生的临时补贴。努力推进国家助学贷款工作，引入保险机制参与国家助学贷款管理，研究制定信用保险助学贷款业务的运作新模式，扩大生源地助学贷款试点范围达到 17 个贫困县，这项工作得到教育部、财政部的认可和肯定，给予 1 400 万元的奖励。

〔学校体育和艺术教育〕 印发《关于开展高等学校公共体育课程建设的意见》，制定高等学校本专科公共体育课程评价指标体系。改革初中毕业升高中体育考试，由 30 分改为 60 分，增加锻炼项目和体育卫生常识教育内容，将一次性考试改为各学年全程考试。召开全省中小学体育教学改革现场经验交流大会，推广和总结全省中小学体育教学改革成果。举办中小学体育艺术教师基本功大赛，承办教育部的全国亿万学生阳光体育改革现场会。开展亿万学生阳光体育运动，开展大中小学网球、篮球、乒乓球、排球、广播体操等比赛活动，并在全国亿万学生阳光体育推进会议上介绍经验。举办全省体育教师、教研员和卫生保健教师的培训工作，建立学生体质健康监测网络体系。认真组织参加全国第二届大学生艺术展演活动。全省各高等院校报送艺术类节目134个，国画等各类艺术作品800余件，艺术教育科学论文100余篇。开展对校园环境艺术化工程和艺术教育示范县区的第三轮检查评选工作。组织高等院校军事理论教师集中培训工作。

〔**教育国际交流与合作**〕 先后组织第五期大学校领导赴牛津大学培训、8名高等院校重点学科带头人赴牛津大学作访问学者、第三期高等院校领导赴美国密歇根大学培训、4名校领导赴美国密歇根大学作访问学者等活动。积极扩大来辽宁高等院校留学生规模，设立"辽宁省政府外国留学生奖学金"，制发外国留学生奖学金暂行管理办法，组织招收26名国外博士研究生，完成7所高等院校120名中国政府奖学金外国留学生招生任务。外国留学生总数突破万人次，列全国省（市）前4位。积极推进汉语国际推广工作，在已开办5所孔子学院的基础上，沈阳理工大学、沈阳师范大学在俄罗斯和约旦新设立2所孔子学院。完成近8批、100人次的汉语教师和志愿者赴境外授课选派工作。积极引进国外优质教育资源，目前通过教育部复核及审批的中外合作办学项目达到20个，校际交流项目125个。做好公派出国留学选派工作。

〔**民办教育**〕 对全省民办教育发展状况及法律法规落实情况进行全面总结和调研，为实施宏观决策、完善政策、制定中长期发展规划奠定坚实的工作基础。制定进一步加强和改进民办高等院校工作若干政策，建立了省政府民办教育工作联席会议制度。出台辽宁省民办学校章程示范文本，规范全省民办学校的办学章程和备案工作，推动和促进民办学校依法自主办学。对全省10所独立设置的民办高等院校进行年检，制定并落实学历文凭善后工作实施方案，协调组织处理善后工作。促进独立学院健康发展，做好民办高等院校转设工作。

〔**学校安全教育与管理**〕 以省政府名义先后召开学校安全、学校消防安全工作电视电话会议，部署学校安全工作。大力加强学校安全检查、隐患排查和督促整改工作，组织开展学校安全百日督查专项行动等5次大检查，排查一般隐患2 427项，已整改2 059项，整改率85%，排查重大隐患6项。开展安全教育、培训活动，增强广大师生的安全防范意识，提高应对各种突发事件的能力。加强学校及周边治安综合治理，开展平安校园、和谐校园创建活动，开展校车安全整治行动，积极推动全省中小学校方责任险的落实工作。落实国家关于开展学校食品卫生安全专项整治行动的要求，会同卫生厅、食品监管局对14个市70多个幼儿园、中小学和大学进行了抽检，保障了学校食品卫生的安全。制发了教育系统奥运安保工作总体方案等一系列文件，组织开展了教育系统矛盾纠纷和公共安全隐患排查调处行动等三个专项活动，对承担奥运比赛训练服务工作的沈阳体育学院等重点院校和暑假前后、奥运会比赛期间等重点时段加强督导检查。奥运安保期间，没有发生校方责任事故和恐怖袭击事件，辽宁省教育厅因此被省奥运安保领导小组授予"全省奥运安保先进集体"称号。

〔**教育行风建设**〕 大力加强思想道德和纪律教育。加强教育行风建设，深入治理教育乱收费。开展教育收费专项检查，组织开展规范教育收费示范县、学校评比表彰活动。开展行政监察工作，维护了高考公平公正。畅通投诉渠道，认真查办案件。全年省教育厅纪检监察部门收到群众举报投诉256件，全部得到及时处理，并组织查办案件1起，配合有关部门查办案件1起。制定省教育厅党组贯彻落实建立健全惩治和预防腐败体系2008—2012年工作规划实施办法，落实了党风廉政建设责任制。

〔**语言文字工作**〕 重点检查指导沈阳市社会和奥运场馆语言文字规范化工作。完成对营口、锦州、铁岭的城市语言文字评估认定工作。组织全省开展第十一届全国推广普通话宣传周活动。筹建国家普通话测试管理系统辽宁子系统，扩大使用智能语音技术进行普通话水平测试试点，开展汉字应用水平测试试点。部署全省开展中华经典诗文诵读活动，与省委宣传部等六部门联合下发《辽宁省中华经典诗文诵读活动实施意见》，组织编辑《辽宁省经典诵读读本》，组织录制“端午诗会”、“《弟子规》讲解”节目分别在中国教育电视台和辽宁教育电视台播出。开展第三批省级语言文字规范化示范校评选活动，命名62所省级语言文字规范化示范校。组织全省学生汉字书法大赛。部署高等学校开展语言文字评估工作。

基础教育

〔**中小学德育工作**〕 开展“中小学弘扬和培育民族精神月”活动，统一组织全省中小学生收看迎接党的十七大形势教育课，发放国家统一制作的形势教育课光盘；组织班主任和少先队辅导员省级培训；评选2007年辽宁省普通中小学三好学生（优秀团员）、优秀学生干部、优秀团干部、三好班级和普通高中省级优秀学生；组织三个县（区）的班主任利用远程教育资源参加教育部举办的班主任网上培训。

〔**《辽宁省义务教育条例》立法工作**〕 《中华人民共和国义务教育法》于2006年修订完成后，辽宁省及时启动修订《辽宁省九年制义务教育条例》暨起草《辽宁省义务教育条例》立法工作，历时近三年，进行调研论证和二十多次修改，省政府常务会议于2008年6月原则通过后报省人大，三次审议后，11月28日的省人大十一届常委会第五次会议正式通过。这部地方性法规为今后一个时期全省义务教育发展奠定了坚实的法律基础。

〔**义务教育经费保障机制改革**〕 实施农村义务教育阶段学生全部免费提供教科书政策。其中，国家课程教科书由中央财政承担，共2.26亿元；省确定的地方课程教科书由省级财政承担，共1.28亿元。免费提供教科书政策，让264万名学生受惠。提高和扩大农村义务教育阶段困难学生的补助标准和覆盖范围。贫困家庭寄宿生生活费补助标准由原每生每年300元，提高到小学每生每年不低于550元，初中每生每年不低于800元，各市享受补助学生不得低于寄宿生总数的10%，经济欠发达地区不得低于15%，全省投入资金4 000多万元，7万多人受益。市县政府落实了家庭经济困难学生交通费补助和寄宿生住宿费补助。安排落实了农村中小学公用经费，中学生420元/年，小学生300元/年；又按照中央基准定额中学生500元/年，小学生300元/年，分两年将基准定额落实到位。为保证农村中小学冬季取暖，省以上安排取暖补助资金10 074万元。

〔**农村九年一贯制（寄宿制）学校建设和危房改造**〕 按照全省教育工作会确立的新建140所农村九年一贯制寄宿学校的工作目标，省补助资金1.5亿元，已建成和主体完工145所，超额完成“2008年政府工作报告”中建设100所的任务。省安排建设资金5 000万元，支持202所农村学校宿舍等附属设施的建设。全面清理、化解农村“普九”债务，目前清理核实98个县（市、区）、942个乡镇、11 595个村级集体经济组织、7 906所农村义务教育阶段中小学校及教学点，经省审计厅组织的交叉认定，锁定的债务余额为3.84亿元。农村中小学校舍维修做到当年出现的危房当年消灭，建立了危房台账制度。全省共改造D级危房20万平方米，投入资金4亿多元。免除城市义务教育阶段学生学杂费，从2008年秋季学期起，城市义务教育阶段学生全部免除学杂费，108万学生受益，共安排资金1亿元，省以上承担60%。

〔**扎实推进素质教育**〕 积极研究和探索深化基础教育课程改革，组织开展课改教学、教材、课程的调研活动。规范中小学招生工作和中考工作，举办800多人参加的中考命题人员培训班，完善省重点高中、示范性高中指标到校制度，2008年全省指标到校比例达到了75%以上。制发义务教育阶段学生综合素质评价实施指导意见，完善学生综合素质评价体系，营造浓厚育人氛围的校园文化。

〔**促进义务教育均衡发展**〕 研究起草义务教育均衡发展学校建设标准，促进同一区域内中小学生学习条件相对均衡。加强农村九年一贯制寄宿学校建设和管理工作。召开了全省农村九年一贯制寄宿学校管理工作会议，提出学校经费保障和学校管理的实施意见。启动城乡学校手拉手活动，完成150所学校的对接。积极推进农村中小学现代远程教育工程建设与教学应用工作，推进“班班通、堂堂用”，完成对2007年农远工程项目的验收工作。完成农村中小学2008年免费教科书采购任务，保证“按时到书、人手一套”。做到了对进城务工人员子女与城市学生一视同仁，保障进城务工人员子女平等接受义务教育。

〔**中小学师资队伍建设**〕 以提高农村中小学教师整体素质为重点，加强中小学、幼儿园教师培训和行政干部培训。完善教师培训机制，开展了辽宁省“十一五”骨干教师、普通高中课程改革教师等10项省级骨干教师培训。继续实施“一所村小一名大学生计划”、“万名乡镇初中教师本科学历提升计划”、“农村中学教育硕士师资培养计划”和“县以下农村中小学一校一名师范类本科生计划”。举办县区教育局局长培训班，共计135人参加培训；举办“十一五”一、二期中学骨干校长高级研修班，32名高中校长和38名初中校长参加培训。

〔**学前教育、特殊教育、民族教育**〕 启动了乡镇中心幼儿园建设工作，开展了省级示范幼儿园和普及学前教育示范县（市）区检查评估工作，确定了一批省级示范幼儿园和普及学前教育县（市）区。组织力量督导检查各地落实《辽宁省人民政府关于深化改革加快发展民族教育的意见》情况，制定并落实《辽宁省2009年少数民族高层次骨干人才需求计划》，开展少数民族高层次骨干人才培养资格审查和协议签订工作，继续做好内地西藏班、新疆班办学和教育援助青海工作。落实国家特殊教育学校义务教育课程设置实施方案，举办了全省特殊教育学校新课程培训班和推广应用特殊教育资源库培训班；在全省中小学校积极开展北京2008残奥会系列教育活动；把特殊教育学校纳入“双高普九”规划中，对符合条件的学校进行了验收，推动特殊教育学校建设和管理水平的进一步提高。

〔**普通高中教育**〕 深化改革，提高普通高中教育质量。经过深入研究、论证，向教育部报告了《辽宁省普通高校招生考试综合改革方案》，并得到教育部的原则同意，后经省政府常务会议审定，及时向社会公布，推动了高中课改和高考改革的有机衔接。开展普通高中课改情况的全面调研和课改送教下乡活动。积极开展省示范性普通高中和特色普通高中创建工作，评估验收了13所省级示范性普通高中，鼓励和引导普通高中注重质量，办出特色。制发了《辽宁省普通高中学籍管理规定》、《辽宁省普通高中外国学生学籍管理规定》和《加强普通高校所属中小学管理规定》，规范学校学生管理工作和办学行为。召开了全省普通高中课程改革暨普通高中学生综合素质评价工作经验交流会，进一步推动普通高中课改工作的健康发展。

〔**教育督导工作**〕 制定省政府对各市政府2008年度12项教育工作考核指标，提出考核评价办法。推动提高义务教育办学水平的创新计划，即“两类新三片”、“普九”规划实施，对50个县（市、区）进行了调研、审核性预检和正式评估验收，其中4个县（市、区）因故暂缓评估验收，完成46个县（市、区）的评估验收任务。到2008年底，达到省“提高水平”、“双高水平”的县（市、区）占85.9%。对农村初中控辍保学工作进行专项督导检查，2007—2008学年度全省农村初中辍学率2.14%，比上一年度降低了0.03个百分点，辍学率稳定控制3%以内。对42所标准化农村九年一贯制寄宿学校进行评估验收，开展了义务教育学校发展水平监测工作，对全省少数民族教育工作、农村幼儿园（所）建设等进行督导检查和调研。

职业教育与成人教育

〔**示范性职业学校建设**〕 提出高水平职业学校建设目标、建设方案和推进计划，评选出4所省级示范性中等职业学校，有15所中等职业学校被评为国家级重点中等职业学校，超额完成“2008年政府工作报告”中关于建设10所示范性职业院校、力争5～7所成为国家级中等职业学校的任务。加强对职业院校专业结构调整的指导，合理布局，提高职业教育的整体效益。年内建成26个省级中等职业教育品牌专业。

〔**中等职业教育实训基地建设**〕 制定全省实训基地建设总体规划和分年度实施方案，完成申报中央财政支持的职业教育实训基地的省级评审工作，确定10个职业教育实训基地上报教育部和财政部。组织省级财政支持的实训基地评选工作，确定39所城市中等职业学校和38所县级职教中心为当年省财政重点支持项目。

〔**中等职业教育教学改革**〕 邀请上海市的职业教育教学专家介绍上海市中等职业教育课程改革的经验和做法，取得很好的效果。在全国职业技能大赛上取得好成绩。辽宁省共派出89名学生（中职组）参加了“电工电子”、“服装设计与制作”等7个专业20个项目的全部比赛，获得10个金奖、22个银奖、39个铜奖和23个优秀奖，取得了全国团体总分第二名的好成绩。

〔**职业教育信息化建设**〕 加快推进职业教育信息化建设步伐。建设覆盖中等职业教育并联系企业、服务社会的职业教育信息网络，22个省级职业教育信息化建设项目明年将全部投入使用。依托现有各类教育资源，建成20个省级社区教育示范区。

〔**职业教育师资队伍建设**〕 实施中等职业学校教师和校长队伍培训。组织、参加国家级培训，并对全省200名中等职业学校校长进行了培训。依托国家级和省级中等职业教育师资培训基地，完成了数控技术、汽车维修、焊接技术、机加技术、市场营销等15个专业的1 000名骨干教师的培训任务。有84名中等职业学校专业骨干教师获得在职攻读硕士学位的资格。

〔**提高成人教育质量**〕 对74所成人高等教育院校进行了教学工作水平评估；对高等院校函授站进行了检查，报教育部备案255个；对全省现代远程教育校外学习中心检查备案，报教育部备案64个。

〔**农村劳动力转移培训**〕 充分发挥农村职业学校、成人文化技术学校以及各种农业技术推广培训机构的作用，实施“阳光工程”和“教育部农村劳动力转移培训计划”，全年完成了15万人次的培训任务。

高 等 教 育

〔**提高高等教育质量**〕 加大专业建设及结构调整力度，目前本科专业布点1 500多个，专业设置覆盖了所有11个学科门类；高等职业院校专业布点1 600多个，覆盖了19个专业大类；各类成人教育专业布点1 200个。组织开展“辽宁省高等教育质量与教学改革工程”建设。34个本科专业入选第三批国家级特色专业，遴选40个省级示范性本科专业和40个高职品牌专业，确定了90个优秀教学团队（12个被评为国家级教学团队）、70名省级专业带头人、31个省级实验教学示范中心、200门精品课程（15门被评为国家级精品课程），遴选了50名教学名师奖获奖教师（3名获得国家级教学名师奖）。加大了对高等教育教学质量监控。32所学校完成了教育部五年一轮的本科教学工作水平评估；对37所本科学校和独立学院的99个试办专业进行了评估。

〔**重点学科建设**〕 启动“151重点学科工程”（二期）建设。开展考核评估和认定工作，确定一级学科51个、二级学科175个、重点培育学科42个，落实重点学科建设资金3 000万元。公布了高层次创新人才培养计划中“攀登学者”项目人选。大力推进研究生教育创新计划在辽宁的实施，遴选创新计划项目62项，落实项目经费300万元。举办了3个博士论坛，6个研究生学术会议等，营造创新氛围。完善研究生教育质量保障体系，评选出辽宁省优秀博士学位论文21篇。抽取申报新增博士学位授予单位14所学校73个硕士点的292篇硕士学位论文进行质量评估。完成对省内30个学位授予单位98个新增本科专业学士学位授权资格的评审工作。

〔**高等职业教育工作**〕 大力加强示范性高职院校建设和实训基地建设。4所学校被确定为国家级示范性高职院校建设计划单位，6所学校被确定为省示范性高职院校建设计划单位；省财政支持实训基地27个，中央财政支持实训基地4个。审批了辽宁建筑职业技术学院、辽宁铁道职业技术学院和大连航运职业技术学院3所高等职业技术学院。

〔**高等院校科技工作**〕 提升高等院校承担重大项目的能力，科技经费达到30亿元，比去年增长15%。承担“863”计划等国家级项目超过1 400项。获得国家科技奖励11项，占全省总数的44%。繁荣哲学社会科学研究事业，承担国家社科规划项目150项，承担省政府委托重大科研课题7项，培训高等院校哲学社会科学科研骨干500人。科技创新平台建设与区域发展不断融合，新增省部共建重点实验室2个、省级大学科技园1个，校企合作重点共建企业研发中心100个。科技人才队伍建设取得新进展，新增教育部创新团队2个，33人获得教育部“新世纪优秀人才支持计划”的支持，教育厅评定优秀科技人才60人。知识产权工作进展快，预计获得专利授权超过500项，发明专利拥有量达到2 000项。参与企业技术改造项目4 000多项，转化科技成果400多项。高校科技企业实现销售收入超过50亿元，比上年增长20%以上；遴选了10家高科技企业，使其成为上市企业的后备资源；做强做大东北大学等5所大学科技产业集团。落实保障措施。省教育厅共投入科技经费6 000万元，较好地发挥了政府资金的引领作用。

〔**高等院校辅导员队伍建设和大学生思想政治工作**〕 在高等教育系统形成学习宣传贯彻党的十七大精神热潮，大力宣传党的十七大精神，唱响时代主旋律，进行党的十七大宣讲报告20余场。召开高校思想政治理论课工作会议。200 多名教师赴外省考察培训，首期新上岗教师接受了岗前培训，140 人参加骨干教师培训班。通过开展“精彩一课”等评选活动，增强思想政治教育的实效性。免试推荐、保送应届毕业生接受上一层次学历教育，培养本科、硕士、博士层次的辅导员。举办 550 名高校新任辅导员岗前培训。开展“千名辅导员访千家”活动。出台高校辅导员教师职务评审标准，推进专业化队伍建设。精心设计活动载体，促进大学生思想政治教育工作创新。通过加强“辽宁大学生在线联盟”网站建设，开展系列主题教育活动，实现网上网下的互动，提高大学生思想政治教育的主动性和实效性。

〔**加强和改进高等院校党建工作**〕 组织高校开展纪念改革开放 30 年活动和党建课题立项活动。开展高等院校基层党组织建设，下拨高等院校党建活动经费 900 万元；在高等院校组织系统中，开展了“讲党性、重品行、作表率，树组工干部新形象”活动。进一步加强高等院校领导班子建设，出台坚持和完善党委领导下的校长负责制的暂行规定，完成省属所有高等院校领导班子和领导干部年度考核及对后备干部进行考核的任务。配合省委组织部完成部分省属本科高等院校领导班子换届考核、补充调整工作。组建了辽宁建筑职业技术学院、辽宁铁道职业技术学院领导班子。加强民办高等院校党建工作，制定民办高等院校党组织负责人选派和管理实施意见，召开“民办高等院校出资人座谈会”等，确保民办高等院校党组织发挥政治核心作用。为三所民办高等院校选派了党组织负责人兼政府督导专员。

〔**高等院校毕业生就业工作**〕 完善高等院校毕业生就业创业政策体系，建立督查机制，进一步做好困难家庭高等院校毕业生就业援助工作。18 630 名贫困生纳入 2008 年贫困生台账，13 666 名辽宁生源的贫困生获得了求职补助；组织未就业贫困生参加就业见习、免费技能培训，发放生活补贴，设置公益性岗位。全年发放就业援助资金 1 134.505 万元。继续实施“辽宁省县以下农村中小学一校一名师范类本科生计划”，42 个县 1 708 名师范生纳入计划。启动“大学生创业引导计划”，为 160 名高校毕业生发放小额贷款资金 350 余万元，孵化创业项目 215 个，为 800 多名高等院校毕业生办理《高等院校毕业生自主创业证》，带动就业群体近 4 000 人。积极举办各类招聘活动。举办各类校园招聘会 7 505 场。省本级综合就业公共服务平台为 3.45 万名毕业生举办 20 场免费招聘会，网络招聘会 18 场。截至 2008 年底，实现就业 198 258 人，总体年度就业率 89.07%，就业率基本保持稳定。高等院校毕业生就业指导和服务得到进一步加强，高等院校毕业生流动党员教育管理工作成效显著。

〔**增加高等院校投入，加强财务管理**〕 省政府增加安排 1 亿元经费，提高省属高等院校生均预算内教育事业费 200 元左右，力争五年内达到东部地区平均水平。推进国家开发银行“短倒长”贷款置换工作（利用国家开发银行中长期贷款置换省属高校短期商业贷款），缓解高等院校债务压力，将 35 所省属高等院校的 63.8 亿元贷款置换为国家开发银行长期贷款并争取到还款的优惠政策，目前提款进度达到 69%。管理好国内外对教育的贷款和赠款，推进日元贷款人才培养项目 15 所学校、54 名专业教师赴日研修和培训工作。完成日元贷款教学仪器设备 11 个包评标工作，预计签约额为 47 亿日元，占整个采购计划的 90%。完成国家开发银行“辽宁省农村高中基础设施建设贷款”40 所项目学校 7 亿元贷款的提取及发放工作。完成香港邵氏基金 21 批赠款项目建设。加强高等院校财务人员业务培训工作，提高教育系统财务人员政策理论水平和业务素质，提高资金使用效益。

撰稿　井一龙

审稿　李树森

大连市教育

概　　况

〔基本情况〕

2008 年各级各类学校校数、教职工、专任教师情况

	学校数（所）	教职工数（人）	专任教师数（人）
一、高等教育	28	27 458	19 542
（一）研究生培养机构（不计校数）			4 299
1. 普通高校			4 140
2. 科研机构			159
（二）普通高等学校	23	26 078	15 809
1. 本科院校	13	20 213	11 866
2. 专科院校	10	3 170	1 867
其中：职业技术学院	8	2 339	1 429
3. 分校、大专班（点）（不计校数）			
4. 独立学院		2 695	2 076
（三）成人高等学校	6	1 380	847
（四）民办的其他高等教育机构			
1. 学历文凭考试机构			
2. 非学历文凭考试机构			
二、中等教育	386	31 745	25 327
（一）高中阶段教育	188	15 759	11 702
1. 高中	80	8 482	6 950
普通高中	80	8 482	6 950
成人高中			
2. 中等职业教育	108	7 277	4 752
普通中等专业学校	20	2 054	1 287
成人中等专业学校			
职业高中	43	3 038	2 024
技工学校	45	2 185	1 441
其他机构（教学点）（不计校数）			
（二）初中阶段教育	198	15 986	13 625
1. 普通初中	198	15 986	13 625

续表

	学校数（所）	教职工数（人）	专任教师数（人）
2. 职业初中			
3. 成人初中			
三、初等教育	839	20 920	17 806
（一）普通小学	839	20 920	17 806
（二）成人小学			
其中：扫盲班			
四、工读学校	1	42	25
五、特殊教育学校	11	423	333
六、幼儿园	1 432	11 614	6 517

注：成人高等学校校数、教职工数及专任教师数，均未含普通高等学校成人教育学院校数、教职工数及专任教师数。

2008 年各级各类学历教育学生情况

	毕业生数（人）	招生数（人）	在校生数（人）
一、高等教育	104 010	150 874	424 125
（一）研究生	8 087	10 362	29 897
（二）普通本专科	53 478	66 475	230 524
（三）成人本专科	20 140	30 078	71 039
（四）其他各类高等学历教育	22 305	43 959	92 665
1. 在职人员攻读博士、硕士学位	2 773	3 250	9 072
2. 网络本专科生	16 254	40 709	83 593
3. 学历文凭考试	3 278		
二、中等教育	133 810	135 933	410 929
（一）高中阶段教育	73 306	72 836	214 307
1. 高中	40 298	35 004	106 016
普通高中	40 298	35 004	106 016
成人高中			
2. 中等职业教育	33 008	37 832	108 291
普通中专	8 123	8 798	27 519
成人中专	585	855	2 515
职业高中	11 610	12 378	35 806
技工学校	11 900	14 988	40 214
其他机构（教学点）（不计校数）	790	813	2 237
（二）初中阶段教育	60 504	63 097	196 622
1. 普通初中	60 504	63 097	196 622
2. 职业初中			
3. 成人初中			
三、初等教育	62 600	51 081	323 971
（一）普通小学	62 600	51 081	323 971
（二）成人小学			
其中：扫盲班			
四、工读学校	130	178	189
五、特殊教育学校	170	164	1 575
六、幼儿园	43 804	32 527	111 316

2008 年各级各类非学历教育学生情况

	毕（结）业生数（人）	招生数（人）	在校生数（人）
一、高等教育	11 651	4 989	14 939
（一）研究生课程进修班	139		796
（二）自考助学班	4 441	4 989	13 315
（三）普通预科班			307
（四）证书教育			
（五）岗位培训			
（六）进修及培训	7 071		521
二、中等教育	921	225 237	247 813
（一）中等职业教育			
（二）职业技术培训机构	921	225 237	247 813

2008 年各级民办教育基本情况

	学校数（所）	毕业生数（人）	招生数（人）	在校生数（人）	教职工数（人）	专任教师数（人）
一、民办高等教育	8	14 042	19 479	64 360	5 461	3 982
（一）普通高校	8	14 042	19 479	64 360	5 461	3 982
（二）成人高校						
（三）民办的其他高等教育机构						
二、民办中等教育机构	55	14 364	16 341	45 963	3 094	2 037
（一）高中阶段教育	51	13 254	15 400	43 128	2 847	1 832
其中：民办普通高中	20	5 993	6 562	18 998	975	724
民办中等职业教育	31	7 261	8 838	24 130	1 872	1 108
（二）初中阶段教育	4	1 110	941	2 835	247	205
其中：民办普通初中	4	1 110	941	2 835	247	205
民办职业初中						
三、民办普通小学	3	459	396	2 632	285	232
四、民办幼儿园	512	15 388	11 317	47 989	6 297	3 223

〔**教育事业发展情况**〕 2008 年，大连市学前三年幼儿入园率达 91.8%，小学学龄人口净入学率为 99.7%，初中学龄人口净入学率为 99.9%。高中阶段学校招生 7.3 万人，与上年持平，在校生 21.4 万人，比上年减少 0.8 万人，高中阶段毛入学率达 96%。普通高校新增 1 所，办学规模继续扩大；本专科在校生达 23 万人，增长 4.5%；在学研究生近 3 万人，增长 7.1%。成人高等学校本专科在校生达 7.1 万人。高等教育毛入学率达 48%。全市民办非学历教育机构在学人数达 24.8 万人。社会教育水平持续提高。全市 15 岁以上人口识字率达 96%，每万人口普通高校在校生数 450 人，15～64 岁人口平均受教育年限 10.1 年，新增劳动力平均受教育年限 13.4 年。全市教育发展达成的主要指标已跻身副省级城市前列。

〔**教育经费大幅度增加**〕 2008 年，大连市教育经费收入达 56.3 亿元，比上年增长 31.2%，比同期财政支出的增幅高 12.2 个百分点。其中，市本级教育经费达 16.1 亿元，比上年增长 29.2%；各区市县教育总投入达 40.2 亿元，专项资金投入 4.99 亿元。全市教育经费支出总数为 68.94 亿元，比上年增长 26.97%。其中，国家财政性教育经费支出 59.7 亿元，比上年增长 34.4%。全市教育支出数占财政支出总数的 14.6%，比上年提高 1.7 个百分点。全市人均公共教育经费达 1 143 元，比上年增加193元。

〔各类教育的设施水平进一步提高〕 2008年，普通高等学校校舍新增31.7万平方米，学校产权建筑面积达658.7万平方米，生均达31平方米。中等职业学校校舍学校产权建筑面积达193.4万平方米，生均达18.2平方米。普通高中校舍新增1.2万平方米，学校产权建筑面积达151.7万平方米，生均达14平方米。农村教育设施又有新的改观。市、县两级财政投入1.1亿元，在农村建成319所办学设施标准化学校，使农村中小学基本实现办学设施标准化。在北三市和长海县建成5所农村寄宿中小学，生均住宿面积5平方米、食堂面积2平方米，均超过省定标准。全面完成了新建22所农村乡镇公办中心幼儿园的任务，市财政又投入343万元专项资金按标准为这些幼儿园配备了教学设施设备。

〔完善扶困助学体系〕 2008年，大连市财政投入扶困助学资金2.8亿元，除用于实施免费义务教育外，还为4.3万余名中职学生、4 795名大学生发放助学金、奖学金，为1 875名考入大学的高中毕业生发放“寒窗基金”、为3 000名城乡家庭经济困难的义务教育阶段寄宿生提高生活费补助标准（由每年600元分别增到每年2 000元和2 500元），还为特殊教育和高中新疆班的学生增加了伙食补助。

〔加强教师队伍建设〕 2008年，大连市万名教师参加“心系汶川，感悟真爱，铸造仁爱之师”宣讲、评选活动，取得以仁爱之心铸造教师之魂的积极效果。市政府授予徐广松等10人“大连市十大仁爱之师”称号。在建立基础教育教师教育专项经费1 000万元的基础上，市财政增设了职业教育教师培训专项经费1 000万元。市教育局精心安排了名校长培训、骨干教师培训、高中课改培训、外语教师培训等39个中小学教师培训项目和职业教育19个“双师型”教师培训项目。市委、市政府决策，全市投资16亿元，在东北地区率先规范中小学教师的津、补贴，使其待遇达到了当地公务员水平。继续实施城镇教师到农村支教计划、县以下农村中小学一校一名师范本科生计划、师范院校毕业生到农村中小学顶岗实习计划，开展“名师送教下乡”活动和百名农村小学教师进城跟班学习活动，农村中小学师资不足问题有所缓解。

基础教育

〔加强幼儿园教师培训和幼儿教育科学实验〕 2008年，大连市教育局下发《大连市十一五期间幼儿园教师培训工作实施意见》，明确了幼儿园教师培训工作的指导思想、目标任务、类别要求、保障条件等事项，重点开展了农村幼儿教师的基本功培训和全市骨干园长、骨干教师的提升培训。加强幼儿教育科学实验工作，研发了幼儿园数学、人体和科学技术等方面的案例，推动了幼儿园课程与教学改革的进程。

〔进一步落实免费义务教育〕 大连市继2006年农村义务教育开始实行免杂费、免费提供教科书、给予贫困家庭住宿生生活补贴之后，市委、市政府决定，从2008年春季起，全部免除城市义务教育阶段学生杂费，市、县两级财政全年投入了资金1.26亿元。以此为标志，全市义务教育实现了从收费到免费的历史跨越。外来农民工子女也享受了免费教育。

〔继续推进义务教育区域均衡发展〕 （1）进一步完善农村教育经费保障机制，做好公共财政投入均衡。大连市农村中小学公用经费每年1.1亿元和瓦房店市、普兰店市、庄河市、长海县教师津、补贴每年6.3亿元，由市本级转移支付的比例分别增加到70%。（2）继续推行教师交流制度，做好区域师资力量均衡。年内全市中小学交流教师851人，占符合交流条件教师数的16%，其中，交流骨干教师304人，占交流教师总数的35.7%。（3）加快教育信息化建设，促进课程资源均衡。截至2008年，全市建设“农村远程教育工程”项目学校887所，惠及8个涉农县市区一千余所学校，初步形成城乡广域共享的优质教育资源。(4)强化规范管理，做好制度建设保均衡。各区市县贯彻执行重点中学招生“指标到校”政策，使小学六年级择校学生的80%转回本学区初中。继长海县之后，年内，瓦房店市、普兰店市、庄河市的“提高普九”工作全面达到了省定“提高普九”标准。

〔**素质教育取得新进展**〕 2008年，大连市调整了中招考试政策，体育由5分增加到30分，并实行考生成绩保密发放。完善了义务教育阶段学业评价体系，组织进行了全市中小学部分学科的学业质量监测。中小学生行为习惯养成教育得到加强。以甘井子区素质教育基地为代表的校外综合实践活动基地建设继续推进。普通高中课程改革稳步推进，组织完成了课改以来规模最大的对16个学科6 600余名教师的市级学科培训和636名骨干教师的省级学科培训；开展“新课改·新课堂·新教法”教学大赛，评出一等奖55个，二等奖87个，并组织获奖教师代表为全市高中教师作现场展示，推进了课改的深入；借鉴课改先行省市经验，有针对性地研究应对新高考的策略，并对学校进行指导。组织普通高中以“5·12汶川地震”为课题开展研究性学习活动，引导学生关注社会重大事件、弘扬大爱和民族精神。对取得突出成果的94个课题的学生和指导教师给予表彰，并通过网络、会议、选编资料等办法广泛交流。通过调研、专题研讨、项目论证等形式，引导市内公办高中加强创办学校特色工作。年内，又有6所高中通过省级示范性普通高中评估验收，普通高中优质教育资源进一步扩大。中小学生的创新精神和实践能力不断提升，在全国第17届中学生生物奥林匹克竞赛中，大连有2名选手分获1枚金牌和1枚银牌。大连育明高中学生毕震在第39届国际中学生奥林匹克物理竞赛中摘得金牌。

〔**全面实施《国家学生体质健康标准》**〕 2008年，大连市教育局广泛开展阳光体育运动，保证学生每天锻炼1小时。成功承办了第三届全国中小学体育教学观摩展示活动。大连市四十八中学足球队获全国高中足球联赛冠军。大连市十一中学、二十五中学分别获全国中学生健美操比赛团体一等奖。举办首届中小学生合唱节，深化了高雅艺术教学活动；组建“大连市童声合唱团”，首次亮相即博得社会称赞。中小学体育、音乐教师在全省、全国教师基本功大赛中获优异成绩。城区中小学午餐管理工作改观，明确了教育、卫生、物价等部门职责，合理调整了学生餐价格，建立了专项督察和社会监督相结合的管理机制，午餐质量得到改善。

职业教育与成人教育

〔**基本情况**〕 2008年，大连市成人高等教育规模进一步扩大。全市成人高等学校招生3万人，比上年增加1 784人，增长6.3%；在校生达到7.1万人，比上年增加9 112人，增长14.7%。其中：普通高校设置成人高等教育机构14个，招生21 381人，在校生52 557人，在校生数比上年增长16.6%；独立设置成人高校6所，招生8 697人，在校生18 482人，专任教师847人，校舍建筑面积达14.3万平方米。

高等教育自学考试接收报考16.6万科次，年内有3 278人获得本专科证书，累计共77 764人取得本专科证书，其中本科生15 365人，占19.8%。

成人中等专业学校仍只有1所（不计校数），招生855人，在校生2 515人，比上年分别减少487人、559人，减幅分别为36.3%、18.2%。

〔**职业教育大发展**〕 2008年，大连市中等职业教育内涵建设不断加强。为适应全面振兴老工业基地的需求，围绕装备制造、电子技术、软件信息、现代服务业、造船等支柱产业，新增、调整了一批专业设置。调整后，全市中等职业学校共开设近140个专业，基本覆盖了大连市的各行各业。2008年，中等职业学校招生3.7万人，在校生10.6万人，高中阶段招生数职普比为5.1∶4.9，在校生数职普比为1∶1。大连交通口岸学校、大连计算机职业中专和大连经济贸易学校顺利通过全国重点中等职业学校复评工作，大连轻工业学校等4所学校的数控技术等4个专业被定为辽宁省品牌专业。经充分调研论证提出的《大连市职业教育科学发展实施意见》，明确了职业教育布局调整和科学发展的思路。

以“做中学、做中教”为主导，大力开展新一轮人才培养创新工程，全方位推行工学结合、校企合作，初步建起“实训基地网络”，把学生的“学”转向在企业、车间和岗位中“做”，提高了职业教育质量。在全国中等职业学校学生技能大赛上，大连代表队获8枚金牌、11枚银牌、17枚铜牌，金牌总数位列全国37个参赛队的第六。2008年，全市职业学校毕业生就业安置率创记录地达到98%。

〔**为沿海经济带建设服务**〕 2008年，大连市长兴岛临港工业区、瓦房店市、旅顺口区等职业教育中心在进行学历教育的同时，积极开展非学历的岗前培训，为解决失地、失海农民的再就业作出了贡献，为大项目建设提供了急需的合格的劳动力。

〔**成人职业技术培训人数有增长**〕 2008年，大连全市乡镇职校90所（其中省示范性乡镇职校4所、市重点乡镇职校16所），共完成实用技术培训30万人次，农村初中毕业生“9+1”职业培训5 800人，农村劳动力转移培训1.7万人，实现转移就业8 649人。教育部门批准的民办非学历教育机构921个，结业人数22.5万人，在学人数24.8万人，分别比上年增加1.1万人、3.4万人，增长5.3%、15.9%。

〔**社区教育发展良好**〕 2008年，大连市甘井子区被教育部评为全国社区教育示范区，甘井子区椒金山街道等5个街道被评为全国社区教育示范街道；甘井子区、金州区、中山区、沙河口区、西岗区被评为辽宁省社区教育示范区，旅顺口区被评为辽宁省第二批社区教育实验区。

高等教育

〔**继续扩大普通高等教育办学规模**〕 2008年，大连市普通高等教育办学规模持续扩大。与上年比，在学研究生增加0.2万人，本专科在校生增加1万人。新增1所民办大连航运职业技术学院，东北大学东软信息学院转设为大连东软信息学院民办普通本科高校。大连理工大学增设航空航天学院，大连海事大学成立知识产权研究院和国防教育学院，东北财经大学新建萨里国际学院。沈阳音乐学院大连校区投入使用。12月，大连理工大学科技城破土动工。

〔**加强高校党建和思想政治教育工作**〕 2008年3月，大连市委高校工委召开年度工作会议，从落实党的十七大精神、中国特色社会主义理论“进教材、进课堂、进头脑”，推动高校党内民主建设，加强系党组织建设，加强民办高校党的工作管理和指导，进一步加强辅导员、班主任队伍建设，加强高校党建理论和思想政治教育的研究等方面，提出了工作要求。11月，高校工委出台了《关于加强民办高校党的建设和大学生思想政治教育工作实施细则》，12月，高校工委召开会议，总结推广普通高校与民办高校“结对子”活动经验，进一步推动民办高校党建和思想政治教育工作制度化规范化。

〔**普通高校教学科研工作取得好成绩**〕 2008年，大连理工大学编写的《马克思主义基本原理概论》入选2008年国家级精品课。大连理工大学、东北财经大学、大连水产学院、大连外国语学院4所高校的6个教学团队被评为2008年国家级教学团队。大连民族学院本科教学工作水平评估获得优秀成绩，辽宁师范大学、大连医科大学、大连水产学院等院校也接受了教育部本科教学水平评估。大连高校科研成果分获国家技术发明奖1项，国家科技进步二等奖3项，国家自然科学二等奖1项。

〔**加强校企合作**〕 2008年，为了适应大连市及周边地区发展以电动汽车为龙头的汽车整车产业链的总体规划，大连理工大学成立新能源车辆研发中心，并与辽宁省经济委员会签订全面合作协议，与大连市经委签订电动汽车示范运行及产业技术合作协议，与大连客车厂等6家企业签订联合开发电动汽车及配套产品产学研技术合作协议，还与抚顺石油化工公司、中石油辽阳市化分公司等签订石化行业技术联盟协议，与大连冰山集团有限公司签订校企共建技术中心协议书，与中国华录集团有限公司签订校企战略合作协议。9月，大连职业技术学院与英特尔半导体（大连）有限公司合作，开设“英特尔实验班”，首届招生99名学生。这是英特尔公司面向国内高职院校的首个人才培养合作项目。9月24日，辽宁省国际化商务人才培养基地在东北财经大学成立。同日，该校与英国萨里大学共同组建的东北财经大学萨里国际学院成立，该学院作为双方的二级教学单位，实施本科和硕士研究生教育，并面向全国招生。

为强化技能训练，推动就业，大连工业大学与大连市人才服务中心、大连高新产业园区高校毕业生就业服务中心签订协议，建立了“教学实践基地”和“大学生实习实践基地”。为便于择业期内全日制毕业的研究生和大中专毕业生办理就业手续，从7月1日起，市人事局将毕业生接收报到审核权限下放各区市县，毕业生可就近到所在区市县高校毕业生就业服务中心办理就业手续。此外，全市将统一通过大连高校毕业生就业办公网，开展网上实名注册、协议审核、档案查询，为来大连就业的毕业生办理报到和档案接转手续提供优质高效的服务。

汶川地震发生后，大连市积极安排成都东软信息技术学院的3 000名学生来大连复课。6月2日，大连保监局和市委高校工委共同筹划设立大连保险赈灾助学基金，为全体在连的四川灾区大学生每人提供1 000元的一次性资助；对在连的四川灾区特困生每人每月提供200元资助直至其大学本科毕业；利用与各高校建立的“保险教育进大学”平台，为在连的灾区大学生优先提供社会实践机会，同时优先录用灾区毕业生。

撰稿 汤启贤 武玉顺 李 赤 沙北虹
审稿 骆东升

吉林省教育

概　　况

〔基本情况〕

2008 年各级各类学校校数、教职工、专任教师情况

	学校数 （所）	教职工数 （人）	专任教师数 （人）
一、高等教育			
（一）研究生培养机构（不计校数）	（19）		
1. 普通高校	（15）		
2. 科研机构	（4）		
（二）普通高等学校	55	59 035	32 539
1. 本科院校	36	51 678	27 981
其中：独立学院	10	5 942	3 748
2. 专科院校	19	7 357	4 558
其中：职业技术学院	14	5 336	3 218
3. 其他机构（点）（不计校数）			
（三）成人高等学校	18	2 891	1 759
（四）民办的其他高等教育机构	15	1 659	862
二、中等教育	1 985	158 346	119 802
（一）高中阶段教育	728	156 848	51 833
1. 高中	278	122 270	27 478
普通高中	278	122 270	27 478
成人高中			
2. 中等职业教育	450	34 578	24 355
普通中专	49	7 153	4 680
成人中专	85	6 394	4 383
职业高中	185	11 761	7 781
技工学校	131	6 317	5 610
其他机构（教学点）（不计校数）	（69）	2 953	1 901
（二）初中阶段教育	1 257	1 498	67 969
1. 普通初中	1 232		66 724
2. 职业初中	25	1 498	1 245
3. 成人初中			
三、初等教育			
（一）普通小学	6 450	153 377	129 118
（二）成人小学	1 280	16 789	13 213

续表

	学校数（所）	教职工数（人）	专任教师数（人）
其中：扫盲班	1 280	16 789	13 213
四、工读学校	4	133	107
五、特殊教育	46	1 766	1 319
六、学前教育	2 749	23 455	14 891

注：普通高中的教职工数中包含普通初中的教职工数。

2008 年各级各类学历教育学生情况

	毕业生数（人）	招生数（人）	在校生数（人）
一、高等教育			
（一）研究生	12 468	15 054	42 925
博　士	1 966	2 318	8 495
硕　士	10 502	12 736	34 430
（二）普通本专科	117 946	147 628	504 084
本　科	78 082	98 481	371 062
专　科	39 864	49 147	133 022
（三）成人本专科	54 508	66 621	178 917
本　科	27 775	30 358	88 650
专　科	26 733	36 263	90 267
（四）其他各类高等学历教育			
1. 在职人员攻读博士、硕士学位		3 612	9 302
2. 网络本专科生	13 236	14 445	30 947
本　科	12 617	9 593	24 611
专　科	619	4 852	6 336
3. 其他			4
二、中等教育	583 570	579 557	1 725 000
（一）高中阶段教育	260 190	283 225	801 921
1. 高中	168 436	159 882	488 871
普通高中	168 436	159 882	488 871
成人高中			
2. 中等职业教育	91 754	123 343	313 050
普通中专	27 191	31 466	90 477
成人中专	3 849	13 873	22 454
职业高中	38 472	57 607	148 341
技工学校	22 242	20 397	51 778
（二）初中阶段教育	323 380	296 332	923 079
1. 普通初中	315 945	290 893	905 738
2. 职业初中	7 435	5 439	17 341
3. 成人初中			
三、初等教育	355 217	259 418	1 561 119
（一）普通小学	292 573	259 418	1 500 703
（二）成人小学	62 644		60 416
其中：扫盲班	62 644		60 416
四、工读学校	76	107	338
五、特殊教育	560	626	5 621
六、学前教育	150 673	224 360	319 078

注：特殊教育学生数中包括普通中小学随班就读的学生。

2008 年各级各类非学历教育学生情况

	毕（结）业生数（人）	注册生数（人）
总 计	808 378	779 226
一、高等教育	71 939	16 838
（一）研究生课程进修班	1 113	226
（二）自考助学班	2 935	8 270
（三）普通预科生		424
（四）进修及培训	67 891	7 918
其中：资格证书培训	17 011	2 103
岗位证书培训	16 020	1 793
二、中等教育	736 439	762 388
其中：资格证书培训	36 635	34 679
岗位证书培训	32 563	41 610
（一）中等职业教育	64 677	28 605
其中：资格证书培训	21 135	9 313
岗位证书培训	8 544	3 417
（二）职业技术培训机构	671 762	733 783
其中：资格证书培训	15 500	25 366
岗位证书培训	24 019	38 193

2008 年各级各类民办教育基本情况

	学校数（所）	毕业生数（人）	招生数（人）	在校生数（人）	教职工数（人）	专任教师数（人）	另有其他学生数（人）
一、民办高等教育							
（一）民办高校	14	15 874	28 260	96 438	7 640	4 817	1 006
本科学生		14 068	25 012	89 492			
专科学生		1 806	3 248	6 946			
其中：独立学院	10	13 024	24 339	85 237	5 942	3 748	971
本科学生		12 711	23 141	82 708			
专科学生		313	1 198	2 529			
（二）民办其他高等教育机构	15				1 659	862	6 480
二、民办中等教育							
（一）高中阶段教育	91	17 496	23 713	57 285	8 494	5 274	1 747
1. 民办普通高中	29	11 925	8 525	26 159	5 887	3 869	
2. 民办中等职业教育	62	5 571	15 188	31 126	2 607	1 405	1 747
（二）初中阶段教育	29	11 263	15 550	42 387			
1. 民办普通初中	29	11 263	15 550	42 387			
2. 民办职业初中							
三、民办普通小学	16	5 110	4 540	25 967	1 997	1 477	
四、民办幼儿园	1 872	57 543	89 803	136 603	11 232	6 699	
另有：民办培训机构（不计校数）	（1 035）				6 029	4 015	169 834

注：1.“另有其他学生数”包括：学历文凭考试学生、自考助学班学生、预科生、进修及培训学生数；
2. 民办普通高中的教职工和专任教师数中包含民办普通初中的教职工和专任教师数；
3.“（ ）”内数据为不计校数。

〔继续进行农村义务教育经费保障机制改革〕2008年，吉林省为发展农村义务教育，一是落实8.5亿元资金，继续做好免除吉林省农村义务教育阶段232万名学生学杂费工作。二是中央财政落实2.54亿元资金为农村中小学生免费提供国家课程的教科书，小学生国家教科书补助标准每生每学年90元，初中生180元；各地选用的地方教材购买资金由省财政负担，落实资金3 438万元。三是进一步提高对农村家庭经济困难寄宿学生生活费的补助标准。小学生每天每生2元，每年每生500元；初中生每天每生3元，每年每生750元。吉林省共有8万名学生受益，占寄宿学生总数的40%。补助额为0.6亿元，所需资金中央财政承担50%，省财政和县级财政分担50%。四是提高农村义务教育阶段学校经费保障水平，小学由每生每年280元提高到290元，初中由每生每年360元提高到430元。五是提高校舍维修改造单位造价的资金补助标准，每平方米造价补助标准为800元，所需资金由中央财政和省财政按1∶1的比例分担，共投入资金2.9亿元。

〔免除城市义务教育阶段学校学生学杂费〕从2008年秋季学期起，吉林省全面免除城市义务教育阶段公办学校学生学杂费，所需资金中央奖励50%，其余50%由省和各市（州）承担。2008年，中央和省级承担的资金共5 774万元已拨付到位。

〔实施农村初中校舍改造和卫生新校园建设〕2007—2010年，吉林省分三年实施农村初中校舍改造工程。30所学校按规划列入2008年改造任务，并被省政府列为确保完成的10件民生实事之一，所需资金总额为6 019万元，共改造9万平方米校舍。2008年，30所学校改造工程进展顺利，年底前全部完工。按照《教育部、财政部、农业部关于在全国开展新农村卫生新校园建设工程试点工作的通知》要求，吉林省2008年开展了以建设沼气厕所为主的农村卫生新校园建设工程，在45个县（市、区）安排建设48个水冲式学校厕所，所需资金1 700万元由省财政及时下达，11月底前新式厕所全部建成并交付使用。继续做好台塑集团捐资的"明德小学"建设工作，2008年获台塑集团捐赠895万元资金，共建设11所"明德小学"，总投资1 551万元，已全部竣工。

〔"普九"债务化解方案已上报〕2008年，吉林省组织市、县教育部门彻底清查了吉林省农村义务教育阶段学校从1993年1月1日至2005年12月31日的"普九"债务，经审计为23.1亿元。农村义务教育阶段学校的债务总额为9.87亿元，占全省债务总额的42.73%。其中，1998年前的"普九"债务为1.22亿元，1999—2005年的债务为8.65亿元。化解债务的方案省综合改革办公室已报国家，待批复后实施。

2008年，吉林省对解决拖欠中小学教师工资问题高度重视，省政府已制定解决拖欠中小学教师工资问题方案，计划分三年基本解决，其中2009年补发9.067亿元。

〔省特殊教育学校建设工程总体规划已上报〕自2008年起，教育部、国家发改委、中残联启动实施了国家中西部地区特殊教育学校建设工程，工程分三个阶段实施。吉林省组成联合调研组，赴全省9个市州12个县21所特殊教育学校实地考察、调研，并形成《吉林省特殊教育学校建设总体规划》上报教育部。"十一五"期间，吉林省计划完成特殊教育学校校舍建筑面积7.6万平方米。其中新建1.6万平方米，改扩建6万平方米。预计购置教学康复设备1 643台件。预计完成总投资9 836万元，其中申请中央专项资金6 000万元。

〔筹建全省中小学校舍数据库〕2008年，吉林省教育厅成立了"吉林省中小学校舍数据库建设工作领导小组"，制定了《全省各级各类学校校园校舍建设与管理数据库建设工作方案》，深入中小学校，准确采集校舍建设数据，开发了校舍数据库信息平台。在敦化市召开了试点工作部署会议，完成大安市、辽源市和长春市双阳区的试点部署工作。中小学校舍数据库的建立，为吉林省进一步加强校舍安全工作提供了重要的基础和保障。

〔**表彰先进典型**〕 2008年，吉林全省教育系统共有13人享受国务院特殊津贴，39人获得第十届吉林省有突出贡献的中青年专业技术人才称号，34人获第二批吉林省高级专家称号。教育厅开展了教师表彰奖励工作。在2008年的教师节庆祝大会上，授予188人“吉林省支援农村教育先进个人”荣誉称号，授予32人“吉林省支援四川地震灾区教育先进个人”荣誉称号，并给予相应的物质和精神奖励。确定411人为2008年吉林省中小学中青年学科带头人。

〔**加强师资培训工作**〕 2008年，省教育厅开展2004—2008年中小学教师继续教育工作检查。对吉林省新进入高中新课程的12个学科的2.9万名教师开展全员培训，继续做好中小学省级骨干教师的培训和认定，完成新启动的幼儿园骨干教师省级培训80人，开展“送教下乡”活动，组织农村教师省级培训。完成中小学班主任省级培训589人，组织300名教师通过远程培训参加2008年中小学班主任国家级专项培训计划。举办2008年“中小学教师教育技术能力建设计划”骨干培训者省级培训班，完成100名信息技术骨干教师的中级培训和5 000名信息技术专兼职教师的基础培训。积极推进师范院校教育教学改革和教师培训基地建设，建立2007年录取免费师范生电子档案，完成2008年录取免费师范生协议书签订。对全省9所县级教师进修学校开展示范校评估和标准化验收。完成全省小学语文、英语，中学语文、数学四个学科271名教研员培训任务。

〔**语言文字工作**〕 2008年，吉林省教育厅开展了全省及长春市贯彻实施《国家通用语言文字法》和《吉林省国家通用语言文字条例》情况调查，进一步明确了省语委会成员单位的职责，促进了长春市迎接城市评估的准备工作。受教育部、国家语委委托，吉林省组成评估团对长春市语言文字工作情况进行了考查评估，长春市顺利通过一类城市语言文字工作评估。学校语言文字工作取得新进展，在长春市和四平市评估认定一批市级语言文字规范化示范校后，松原市即将完成市级示范校的评估认定工作。长春师范学院等一些高校全面启动创建工作，吉林工程技术师范学院已完成自检自评工作。普通话培训测试工作稳步进行，全年完成41 671个证书的验印工作。计算机辅助测试完成2 000多人。

〔**加强教育法规建设**〕 2008年，吉林省教育厅起草《吉林省义务教育条例（修订草案）》。2008年11月28日，省十一届人大常委会第七次会议修订通过《吉林省义务教育条例》，2009年1月1日起正式施行。召开吉林省教育系统“五五”普法中期总结表彰大会，命名50个先进单位，12个依法维权先进集体，327名先进个人，48所第二批“吉林省依法治校示范校”。按照省法制办《关于清理减少行政审批条件和时限工作的通知》要求，省教育厅在2007年审批时限缩减47%的基础上，2008年又缩减了10%，全年受理办理行政审批项目4 730件，所有项目全部在规定期限内办结。

〔**教育督导评估工作**〕 2008年，教育厅组织实施2007年度教育工作目标管理责任书执行情况的年终评比，制定2008年度教育工作目标管理责任制实施要点及其评估指标体系，加大职业教育督导评估力度，完成了2007年省级重点中等职业学校评估验收结果的汇总分析，对伊通、蛟河等8个县（市）职教中心建设进行专项督导检查，继续组织开展县级政府教育工作督导评估，研究确定13个县（市、区）作为2008年评估对象，组织开展扫盲工作专项督导检查，开展农村义务教育经费保障机制改革专项督导检查，全面深化中小学校督导评估。2008年，吉林省督导评估工作得到国家肯定。一是教育部确定吉林省为“基础教育阶段学校办学质量评估体系研究”分课题“基础教育阶段学校评估指标体系与评估机制研究”的研究单位，全国有8个省（自治区、直辖市）作为承担单位，东北三省只有吉林省一家。二是《中国教育报》以《两把尺子让教育督导大有作为——吉林省抚松县创新督导模式促进教育发展纪实》为题，对抚松县教育督导工作经验作了长篇报道。三是教育部督导办、全国督导研究会全面介绍吉林省督导工作经验。四是受教育部委托，代国家起草拟由国务院颁布实施的与行政法规《教育督导条例》配套的《教育督导工作规程》。

〔**汉语国际推广工作**〕 2008 年，吉林省选派了 23 名对外汉语教师赴美国、新加坡、俄罗斯、日本等国家任教。由国家汉办确定的“汉语国际推广中小学基地学校”工作进展顺利。长春外国语学校汉语国际推广大厦落成并投入使用。吉林市第一中学与韩国全罗北道华山中学签署了合作设立孔子课堂协议，此项目已上报国家汉办。长春市第一外国语中学与日本日章学园合作设立孔子课堂工作处在筹备过程中。吉林俄语专修学院先后与俄罗斯和白俄罗斯的 20 所高等院校建立了校际合作与交流关系，并且在俄罗斯建立了 10 个“汉语培训中心”。

〔**加强教育国际交流与合作**〕 2008 年，吉林省接待了来自美国、加拿大、澳大利亚等国家和地区的教育团组，派出 123 个团组 368 人次出国短期访问和进行学术交流活动，洽谈教育合作交流协议及项目 5 个。积极开展引进国外智力工作，全年共聘请外国文教专家、教师 1 563 人，新增聘请了外国文教专家的院校 14 所。一批引智项目获得国家外国专家局的资金支持，共争取引智项目资金约 500 万元。认真实施《振兴吉林老工业基地急需人才海外培养合作项目》，选拔 34 人赴国外进修研究，其他各类国家公派出国留学项目录取人员 140 人，共争取国家留学基金 2 262 万元。24 名初中毕业生、17 名高中生获得新加坡奖学金，争取国外教育资金约 3 000 万元。

〔**中外合作办学**〕 2008 年，吉林省有 6 个中外合作办学机构和 12 个中外合作办学项目通过了教育部第一批复核，吉林省还将组织 15 所学院参加第二批复核。至 2008 年，吉林全省中外合作办学机构和项目共有 33 个，其中机构 13 个，项目 20 个。13 所高校与国外的 21 所院校建立的中外合作办学机构在校生近万人，12 所中学与国外学校合作创办的国际合作交流班在校生近 5 000 人。来华留学生工作稳步推进，2008 年来华留学生总数达到 5 700 人，比上年增加 561 人。吉林大学、东北师范大学、长春理工大学、吉林师范大学、延边大学和北华大学被教育部列为中国政府奖学金生高校，2008 年吉林省共录取 143 名中国政府奖学金生，获得奖学金资金约为 1 350 万元。

基 础 教 育

〔**改革考试及评价制度**〕 2008 年，吉林省实行初中毕业考试和高中招生考试两考合一，全年共有 20.7 万初中毕业生参加考试。改革中小学生综合素质评价制度，根据学生道德品质、公民素质、学习能力、交流与合作、运动与健康、审美与表现等方面给予客观评定。加快高中阶段考试评价制度改革，实行高中新课程模块教学和学分管理新机制，从学生修习时间、模块考试成绩和学习过程三个方面确定学分，实行学分管理。改高中会考为高中学业考试，采取考试、考查、学分管理相结合的办法，加强对学生学业成绩的考查。研制开发吉林省普通高中学生发展性评价信息化管理软件，通过现代化管理手段，对学生学分认定、学业考试、综合素质评价、体质健康考核四个方面实行规范化管理，并形成高中生在校三年综合素质评价信息库。

〔**进一步减轻学生课业负担**〕 2008 年，吉林省制定下发了《关于进一步减轻中小学生课业负担的紧急通知》，要求各地进一步落实“取消义务教育阶段学校的重点班、快慢班；执行国家和省颁课程计划，保证学生活动时间；严格控制中小学生在校活动总量；义务教育阶段公办学校免试就近入学；加强教学用书和竞赛管理”五个方面的“减负”措施，并实行“减负”责任制、考评制、通报制、举报制四项责任制度。

〔**加强体育、卫生、艺术教育**〕 2008年，吉林省召开了高中学生运动会并组织体育优胜者选拔工作，1 500多名学生参加了比赛，共有5人次，3项目打破吉林省中学生纪录。东北师大附中女队代表国家参加第九届世界中学生越野锦标赛夺得团体冠军。教育厅积极推进阳光工程，组织中小学生每天一小时体育活动和启动全省亿万学生阳光体育运动冬季长跑活动。组织参加第三届全国中小学体育教学观摩展示活动，吉林省获一等奖5人，二等奖6人，三等奖7人，并荣获教学展示质量优秀奖。对全省学校传染病防控工作及学校食品、生活饮用水卫生安全进行专项检查并举办全省学校传染病防控工作培训班。开展全省大学生第二届艺术展演和高雅艺术进校园活动，组织艺术团体为高校免费演出交响乐音乐会10场、芭蕾舞8场。

〔**加强民族教育**〕 2008年，吉林省省属高校少数民族预科生招生计划由2007年的459人增加至761人；与内蒙古对换培养蒙古族大学生招生计划55人；培训西藏日喀则地区高中教师15人，小学教师30人；招收内地新疆高中班91人；招生中对援藏干部子女入学给予适当照顾。教育厅完成了2009年度少数民族高层次骨干人才培养计划硕士考生资格确认工作，确定了朝鲜族农村义务教育2008年秋季和2009年春季免费教材目录，推进朝鲜族专题教育资源建设工作，推进双语教育教学改革，组织7 000多名朝、蒙族高考考生参加中国少数民族汉语水平等级考试，组织朝、蒙族800余名中小学教师参加英语培训、汉语水平等级考试培训和新教材培训。

职 业 教 育

〔**深化职业教育改革**〕 2008年，吉林省积极推进中等职业学校办学模式改革，推广“校企合作、城乡合作、联合办学”。加快人才培养模式改革，继续推行“工学结合、半工半读、订单教育”。积极探索办学体制改革，在“政企合作、教企合作、校企联合、民办公助”等多元办学体制上有所突破。加强实践能力和职业技能培养，推行“双证书”制度。年初组织了省内职业教育教学和科研部门相关领导和专家参加的职业教育教学改革研讨会。

〔**加强学校及实训基地建设**〕 2008年，吉林省中职“百强校”已完成90所，基本实现“百强校”计划阶段性目标。加强对实训基地项目的监督和管理，组织专人对各项目院校实训基地建设项目执行情况进行了全面检查。教育厅认真遴选各地上报的2008年国家和省级财政支持项目，加强与各级主管部门联系，申报国家支持项目13个，申报成功6个，至此国家和省支持项目总数已达到43个。2008年，国家投入7 500万元、地方配套1.2亿元，主要用于支持吉林职教实训基地及装备建设，吉林中等职业学校装备整体水平有了较大提高。

〔**制定职业学校教师培训计划**〕 2008年，吉林省制定了中等职业学校教师年度培训计划，进一步明确了教师培训基地年度任务，将省级培训任务分解到各市州。开展了以“双师型”教师培训为重点的全省职业教育师资培训，并进行了专任教师轮训试点，培训教师共计1 182人。

〔**加强各类职业技能培训**〕 2008年，吉林全省各地中等职业学校积极参与实施制造业和现代服务业技能型紧缺人才培养培训工程、农村劳动力转移培训工程、农村实用人才培训工程、成人继续教育和再就业培训工程。面向社会开展了职业技能鉴定培训、在职职工技能培训、下岗职工再就业培训、部队在职人员、转业人员培训、大学生岗前技能培训、社区培训等。据不完全统计，全省中等职业学校2008年开展各类培训超过120万人次。

〔**组织参加全国职业院校学生技能大赛**〕 2008年，省教育厅组织了全省中等职业学校学生技能大赛暨全国大赛选手选拔赛，9个地区共285名选手参加了比赛，教育厅利用一个月时间，对预选出参加全国大赛的94名选手进行了集中培训。在2008年全国职业院校技能大赛上，吉林省代表团中职组代表队83人，参加了中职组7个类别19个项目的全部比赛。共夺得一等奖1项、二等奖10项、三等奖11项，优秀奖14项，并被大赛组委会授予最佳组织奖。

高等教育

〔**加强本科教育“质量工程”建设**〕 2008年，吉林省遴选确定29位教师为省级教学名师，其中3位教师入选国家教学名师；遴选确定79门课程为省级精品课程，其中12门课程入选国家级精品课程；遴选确定30个教学团队为省级优秀教学团队，其中8个团队入选国家级教学团队；遴选确定9个教学示范中心为省级重点建设实验教学示范中心，其中6个入选国家级实验教学示范中心。推选长春理工大学和北华大学为国家级大学生创新性教育实验区，并成功入选国家级大学生创新性实验计划项目40项。圆满完成第六届高等教育优秀教学成果评审工作。完成省级“十一五”重点建设项目中期检查。对全省高校280余项省级重点学科、重点实验室、实验教学示范中心、大学生创新实践示范基地、示范性软件学院等重点建设项目集中进行了中期检查。东北电力大学等3所高校的3个省级重点实验室被批准确立为省部共建教育部重点实验室。

〔**加强高校评估工作**〕 2008年，吉林省高校顺利完成了教育部自2003年启动、五年一轮的本科教学水平评估工作，达到了预期的目的，取得了明显成绩。除2008年上半年接受评估的3所学校尚未得到教育部给出的评估结论外，其余18所参评院校中有11所院校获得优秀结论，优秀率为62%，优良率达到95%。还有，吉林经济职业技术学院、吉林公安高等专科学校、白城医学高等专科学校等4所高职高专院校，先后顺利通过了教育部委托地方组织的专家组对学校人才培养工作水平评估的实地考察。长春金融高等专科学校按照新《方案》接受的评估试点顺利进行并取得圆满成功。

〔**加强“211工程”和示范性高职院校建设**〕 2008年，吉林省完成了延边大学“211工程”三期建设立项的基础性工作，延边大学“211工程”三期建设正式启动。经严格评审、择优推荐的吉林工业职业技术学院被批准为吉林省第三所国家示范性高职院校建设项目院校。在连续三批国家示范高职院校遴选超过20%淘汰率的情况下，吉林省实现了全额入选。按入选院校数占本省院校总数的比例计算，吉林省仅列北京和天津两个直辖市之后，在全国位居第三，也是仅有的6个100%入选省份之一。该项目的成功，不仅获得国家的巨大财政支持，还向全国展示了吉林高职教育改革与发展的水平，进一步扩大了吉林省高职院校在全国的知名度。

〔**加强高校科研工作**〕 2008年，吉林省召开了全省高校科技工作座谈会，建立了高校科研项目评审专家咨询系统，共收录专家1 328名。教育厅组织高校“十一五”科研规划项目申报立项工作，选育和扶持一批与吉林省支柱、优势、特色产业相关的课题，全年共申报规划项目1 258项。其中，科技项目648项，人文社科项目610项。组织完成省政府与清华大学签署全面合作协议的各项筹备工作。启动第二批省级人文社科基地重点项目评选工作，共遴选确定第二批省级人文社科基地重点项目8个，重点资助研究课题20个。成立吉林省考试技术防范工程研究中心，研究启动东北电力大学“隐型耳机探测装置可行性研究”、长春大学“数字信号传呼型作弊器屏蔽仪”和吉林工程技术师范学院的“隐型无线耳机干扰掩蔽系统的设计与实现”等3个项目，为2008年实现“平安高考”发挥了重要作用。规范高校校办产业统计，推进高校校办产业改制工作。加强高校的科技成果转化力度，启动高校服务社会主义新农村建设和县域经济发展科技对接项目，试点征集高校科技推广项目125项(榆树地区)。

〔**加强学位与研究生教育**〕 2008年，吉林省教育厅加强新增学士学位授权专业审核工作，审核工作覆盖省属普通高校16所，共45个专业。深入实施研究生教育创新计划。2008年，吉林省省属普通高校研究生实际招生5 099人，超额完成计划52人，高于全国平均水平；教育厅组织开展了形式多样的研究生创新计划活动，全年累计组织开展各种学术论坛10余次，学术报告50余场。规范学位证书网上认证工作，修改完善了学位证书网络管理平台——吉林学位网，方便了学位证书的发放和信息查询与管理。规范成人学士学位、二学位、双学位管理工作。启动拟新增学位授权学科建设规划编制工作，组织各有关高校编写《新增博士、硕士学位授予单位立项建设规划》13部，其中申请博士授权单位立项建设规划5部，申请硕士学位授权单位立项建设规划8部。成功组织5万成人考生参加“成人学位外语考试”“同等学力硕士学位全国统考”和“硕士学位全国联考”等三个学位考试，受到国家有关部门的好评和肯定。

〔**促进民办高等教育**〕 2008年，省教育厅以《民办教育促进法》和《民办教育促进法实施条例》为依据，起草了《吉林省人民政府关于促进民办教育健康发展的若干规定(征求意见稿)》。贯彻落实教育部26号令，召开全省独立学院工作会议，制定下发了《关于做好全省独立学院五年过渡期有关工作的通知》，并对五年过渡期工作进行部署。各有关普通高等学校与社会投资方，进一步统一认识，召开理事会或董事会会议，完善董事会制度及其议事规则，对独立学院合作双方已签订的合作办学协议进行审议，对需进行调整的合作办学协议依法调整，进一步明晰双方的权利与义务，妥善处理各方面的关系。教育部正式批复吉林艺术学院动画学院转设为吉林动画学院，成为独立设置的民办普通本科高校。动画学院的转设，为吉林省独立学院的持续健康发展起到了示范和借鉴作用。

撰稿　熊　越
审稿　王青逯

黑龙江省教育

概　　况

〔基本情况〕

2008年各级各类学校校数、教职工、专任教师情况

	学校数（所）	教职工数（人）	专任教师数（人）
一、高等教育			
（一）研究生培养机构（不计校数）	(25)		
1. 普通高校	(17)		
2. 科研机构	(8)		
（二）普通高等学校	78	74 348	41 613
1. 本科院校	34	55 390	30 300
其中：独立学院	8	3 408	2 190
2. 专科院校	44	18 958	11 313
其中：职业技术学院	39	16 783	9 948
3. 其他机构（点）（不计校数）			
（三）成人高等学校	26	3 554	2 113
（四）民办的其他高等教育机构	39	1 847	1 051
二、中等教育	2 995	210 375	170 676
（一）高中阶段教育	1 008	209 652	66 533
1. 高中	482	173 228	39 821
普通高中	445	172 718	39 386
成人高中	37	510	435
2. 中等职业教育	526	36 424	26 712
普通中专	66	7 519	4 069
成人中专	139	6 296	4 427
职业高中	191	11 898	8 827
技工学校	130	10 261	9 068
其他机构（教学点）（不计校数）	(75)	450	321
（二）初中阶段教育	1 987	723	104 143
1. 普通初中	1 910		103 631
2. 职业初中	5	118	105
3. 成人初中	72	605	407
三、初等教育			
（一）普通小学	8 142	179 467	157 436
（二）成人小学	674	950	617

续表

	学校数（所）	教职工数（人）	专任教师数（人）
其中：扫盲班	125	242	125
四、工读学校	1	26	20
五、特殊教育	71	2 295	1 843
六、学前教育	4 466	29 623	17 233

注：普通高中的教职工数中包含普通初中的教职工数。

2008 年各级各类学历教育学生情况

	毕业生数（人）	招生数（人）	在校生数（人）
一、高等教育			
（一）研究生	12 903	15 533	48 890
博　士	1 539	2 152	9 337
硕　士	11 364	13 381	39 553
（二）普通本专科	169 988	197 909	678 139
本　科	93 304	112 712	424 550
专　科	76 684	85 197	253 589
（三）成人本专科	54 410	65 794	172 294
本　科	24 282	26 214	82 396
专　科	30 128	39 580	89 898
（四）其他各类高等学历教育			
1. 在职人员攻读博士、硕士学位		2 787	9 688
2. 网络本专科生	9 079	16 606	28 874
本　科	3 803	5 140	13 873
专　科	5 276	11 466	15 001
3. 其他			
二、中等教育	783 786	781 738	2 465 538
（一）高中阶段教育	310 773	391 745	1 049 983
1. 高中	214 447	209 254	622 818
普通高中	203 680	209 254	611 287
成人高中	10 767		11 531
2. 中等职业教育	96 326	182 491	427 165
普通中专	20 032	42 038	115 559
成人中专	18 641	50 519	78 652
职业高中	36 590	49 506	141 895
技工学校	21 063	40 428	91 059
（二）初中阶段教育	473 013	389 993	1 415 555
1. 普通初中	447 270	389 559	1 393 338
2. 职业初中	520	434	1 121
3. 成人初中	25 223		21 096
三、初等教育	433 481	336 919	2 021 004
（一）普通小学	390 554	336 919	1 982 828
（二）成人小学	42 927		38 176
其中：扫盲班	5 379		2 320
四、工读学校	15	15	75
五、特殊教育	879	1 126	8 332
六、学前教育	338 050	304 428	437 284

注：特殊教育学生数中包括普通中小学随班就读的学生。

2008年各级各类非学历教育学生情况

	毕（结）业生数（人）	注册生数（人）
总　　计	1 056 395	853 261
一、高等教育	56 298	22 275
（一）研究生课程进修班	363	150
（二）自考助学班	3 454	14 991
（三）普通预科生		156
（四）进修及培训	52 481	6 978
其中：资格证书培训	7 723	2 274
岗位证书培训	5 646	2 112
二、中等教育	1 000 097	830 986
其中：资格证书培训	57 968	29 218
岗位证书培训	81 194	62 911
（一）中等职业教育	119 302	42 134
其中：资格证书培训	26 814	7 062
岗位证书培训	33 586	12 349
（二）职业技术培训机构	880 795	788 852
其中：资格证书培训	31 154	22 156
岗位证书培训	47 608	50 562

2008年各级各类民办教育基本情况

	学校数（所）	毕业生数（人）	招生数（人）	在校生数（人）	教职工数（人）	专任教师数（人）	另有其他学生数（人）
一、民办高等教育							
（一）民办高校	16	14 500	31 670	88 206	7 259	4 584	321
本科学生		6 334	19 842	56 071			
专科学生		8 166	11 828	32 135			
其中：独立学院	8	8 792	19 452	56 124	3 408	2 190	321
本科学生		4 755	17 091	46 885			
专科学生		4 037	2 361	9 239			
（二）民办其他高等教育机构	39				1 847	1 051	14 425
二、民办中等教育							
（一）高中阶段教育	149	21 664	40 121	101 224	13 169	9 731	3 631
1. 民办普通高中	84	18 081	18 782	54 639	10 025	7 903	
2. 民办中等职业教育	65	3 583	21 339	46 585	3 144	1 828	3 631
（二）初中阶段教育	80	21 519	21 049	76 339			
1. 民办普通初中	80	21 519	21 049	76 339			
2. 民办职业初中							
三、民办普通小学	32	4 737	3 870	22 717	1 591	1 207	
四、民办幼儿园	3 660	101 800	137 208	214 366	17 339	9 919	
另有：民办培训机构（不计校数）	(1 022)				6 450	4 795	197 773

注：1. “另有其他学生数”包括：学历文凭考试学生、自考助学班学生、预科生、进修及培训学生数；

2. 民办普通高中的教职工和专任教师数中包含民办普通初中的教职工和专任教师数；

3. “(　)”内数据为不计校数。

〔**综述**〕 2008年，黑龙江省的教育发展取得了历史性成就，但由于受历史条件、现实基础等诸多因素制约，在体制机制改革、水平提高、发展保障问题等方面，还面临诸多新的挑战。虽然在100%的人口地区实现了“两基”历史性目标，但“普九”水平不高、义务教育发展不均衡，巩固提高和均衡发展任务仍然艰巨，按照国家新定标准，农村学校抗御灾害能力普遍不达标，每年还产生较大数量新增危房；义务教育阶段主要是初中学生流失的势头尚未从根本上得到遏制。高中阶段虽然毛入学率第一次达到全国平均水平，但还没有完全走出教育发展瓶颈的困境，主要是农村初中毕业生升学率偏低。职业教育规模有所扩大，基础能力建设明显增强，但技能型人才培养质量有待提高，实训设备陈旧落后，无法满足学生实训需要，“双师型”职业教师数量匮乏。高等教育发展支撑力不足。高层次教师外流较多、引进较少，年轻的领军拔尖人才匮乏，省属院校国家“长江学者”特聘教授奇缺，人事关系在黑龙江省高校的21位“两院”院士中70岁以下的仅2人。全省高校专任教师中具有研究生学位的比例39.4%，低于全国平均数。高等教育社会服务功能发挥不够充分，学科专业结构与经济社会发展结合不够紧密，优势学科资源整合力度不够，科技创新平台建设相对薄弱，集成创新能力不强，缺乏有效的产学研合作与科技成果转化机制和政策保障。高等教育事业发展与资金需求的矛盾未能根本缓解，截至2008年，黑龙江省地方高校债务总额已达83.5亿元。

〔**教育经费持续稳定增长**〕 2008年，全省教育事业部门总收入70.2亿元，同比增长15.6 %，其中财政拨款34.1亿元，同比增长29.7%。专项投入2.25亿元，继续对“211工程”建设、高校振兴东北老工业基地项目、重点学科专业建设、重点实验室建设、院校评估、高校质量工程等给予重点保障。生均培养经费拨款增长机制到位1.86亿元。向标准化学校建设、职教实训基地建设、特殊教育学校建设和高中课改倾斜，下达农村义务教育经费保障机制改革专项资金22.5亿元，基本化解了农村“普九”欠债，保证了学校正常教育教学活动的开展。争取国家和省财政投入教育专项资金5亿多元，促进了学校办学条件改善。

〔**巩固提高义务教育**〕 2008年7月16日，省政府下发了《黑龙江省义务教育学校标准化建设工程的实施意见》，颁布了新的建设标准。在鸡西市召开了义务教育标准化学校建设启动会，对2008年后12年标准化学校建设工作作出了部署。完成了24个县级政府教育工作和“双高”普九评估验收。截至2008年底，全省有34个县级政府和企业办学单位通过验收，占总数的24%；有66个县级政府通过督导评估，42个县级政府获优秀单位，占总数的46%。加大“控辍”工作力度，小学生、初中生年辍学率分别控制在0.22%和0.78%以内。全面深化基础教育课程改革，完善了义务教育三级课程体系建设，有力推动了薄弱学校改造。全省农村中小学现代远程教育工程建设任务全面完成。

〔**统筹发展各级各类教育**〕 2008年，黑龙江省普通高中教育事业得到较快发展，全省普通高中校均规模达到1 374人，高中阶段毛入学率达74.71%，较上年增长约12%。初中阶段毕业生升学率持续增长达72%。对全省普通高中校长、骨干教师3 000余人进行了培训。加快省级示范性普通高中建设，对21所申报第四批省级示范高中进行了研评。积极推进高中课改，启动2010年高考方案研制工作。加大《民族教育条例》执法检查力度。利用国家和省特殊教育发展专项资金，改善了8所特教学校的办学条件，有56所特教学校被列入国家中西部特教学校建设项目。建立了省级幼儿园对口支援薄弱园制度、园本教研制度实验区，推动了幼儿园规范化建设。扫盲成果进一步巩固和加强，青壮年文盲率下降到0.91%。认真完成了大冬会组委会交办的各项工作任务。学校体育、卫生与健康教育、艺术教育和国防教育取得新进展。以落实高教强省建设规划为主线，切实提高教育服务经济社会发展的能力。一是启动实施高教强省建设规划。二是加强省属高校创新平台建设，大力加强科技创新人才引进和培养。三是立足为黑龙江省经济社会发展服务，加快实用人才培养。

〔**加强师资队伍建设和国际教育交流与合作**〕 2008年，黑龙江省继续实施“长江学者计划”“龙江学者计划”，推荐2人参加教育部长江学者遴选，推荐龙江学者候选人41人。从海内外公开招聘龙江学者特聘教授52人、讲座教授20人。2008年度，省教育厅及相关部门举办了全省中小学师德论坛，进一步加强了师德教育。以农村教师为重点开展新一轮中小学教师培训，培训近9万人次。2.6万名师范教育类毕业生得到教师资格认定。高校教师继续教育制度逐渐完善，有1万人次的教师完成各类培训，教师整体素质进一步提高。

2008年，黑龙江国际教育交流与合作进一步加强，聘请长期文教专家515人，4所海外孔子学院在汉语培训、促进交流合作等各方面取得了可喜成绩。继续发挥黑龙江省汉语教学优势，选派汉语教师50名。

〔**加大助学工作和就业管理工作力度**〕 2008年秋季学期开始，黑龙江省投入1.15亿元作为免学杂费资金，免除了城市公办义务教育学校学生学杂费。提高农村家庭贫困寄宿生补助标准，资助31.2万人，比2007年增加13.9万人。高校近15万名学生获得国家助学金，占在校生的32%。落实中职学校学生助学金近3亿元，约20万人享受资助。继续实行普通高中助学金制度，资助9.8万人。争取高校财政伙食补贴8 695万元，补贴大中专学生69.39万人。在全国率先制定了《黑龙江省大中专学校毕业生就业工作规则（试行）》，促进了高校就业管理工作的科学化、规范化。2008年，全省高校毕业生18.29万人，截至2008年9月1日，就业率为79.55%。

〔**确保教育环境安全稳定**〕 2008年，黑龙江省加强了高校领导班子思想政治建设和组织建设，班子整体功能得到发挥，先后有15所高校领导班子和领导干部得到调整和配备。在全省范围内开展了“七一”表彰“先优”活动。下发了普通高等学校2008—2010年发展党员规划。切实加强学校安全稳定工作，积极推进依法行政和依法治校工作。高校普遍签订安全稳定工作责任状，落实学校重点要害部位、送子车等集中专项治理，全年学生非正常死亡率同比下降39%，无重大安全责任事故和影响安全稳定的事件发生。

〔**扎实推进素质教育**〕 2008年，省教育厅在全省教育系统广泛开展了十七大精神的宣传和学习。制订了《黑龙江省高校思想政治理论课教学科研人才队伍建设中长期规划（2009—2020年）》。举办了校园文化建设创新论坛和辅导员岗位培训班，472名辅导员参加了培训。以抗震救灾为契机，在大中小学生中开展了爱国主义、集体主义和民族精神教育。以奥运会举办为契机，开展了奥林匹克精神教育。加强了德育队伍建设，对251名中小学优秀班主任进行了表彰。全面落实了基础教育课程改革纲要要求，完善三级课程体系建设。深化以“绿色证书”教育和学生兴趣发展为内涵的校本课程建设，提高校本课程建设水平。扎实推进过程性评价和课改实验区中考工作。以素质教育为导向，强化制度创新、过程管理和指导服务。2008年，黑龙江省课改年级学业考试、综合素质评价和高中招生定校配额制度改革取得突破性进展。

基础教育

〔**综述**〕 2008年，黑龙江省基础教育工作按照全面贯彻党的教育方针、促进教育公平、努力办好让人民满意的教育的要求，切实推进素质教育实施，认真贯彻《义务教育法》，落实“以县为主”管理体制，围绕促进均衡发展这一核心工作，以农村教育为重点，以启动义务教育学校标准化建设工作为载体，以加强学校内涵建设、创办人民满意的义务教育为宗旨，区域义务教育差距进一步缩小，在校学生巩固率稳中有升。在普通高中工作中，全省通过不断调整布局结构，优化资源配置，大力推进课程改革，普通高中的规模、效益进一步提高。本年度黑龙江省教育厅协调财政厅下拨课程改革资金 7 000 万元，专项用于普通高中通用技术教室、实验仪器建设，确保了通用技术课程和理化生新增实验课的开设，保证了课程方案的落实。

截至 2008 年底，全省共有幼儿园 4 466 所，幼儿园和学前班共有幼儿 437 284 人；幼儿园和学前班共有教职工 29 623 人，其中专任教师 17 233 人。小学 8 142 所，在校生 1 982 828 人，毕业生 390 554 人，招生 336 919 人；教职工 179 467 人，其中专任教师 157 436 人。普通中学 2 355 所，其中普通初中 1 910 所，普通高中 445 所；普通中学在校生 2 004 625 人，毕业生 643 794 人，招生 598 813 人；教职工 172 718 人，其中专任教师 143 017 人。普通初中在校生 1 393 338 人，毕业生 436 754 人，招生 447 270 人，专任教师 103 631 人。普通高中在校生 611 287 人，毕业生 207 040 人，招生 209 254 人；专任教师 39 386 人。全省共有特殊教育学校 71 所，其中盲聋哑学校 39 所，弱智学校 6 所。特殊教育在校生 8 332 人，招生 1 126 人；教职工 2 295 人，其中专任教师 1 843 人。

〔在抗震救灾和迎奥运中开展系列教育〕 2008 年，黑龙江省教育厅以抗震救灾为主题广泛开展爱国主义、民族精神、奉献精神和安全意识教育。四川“5·12”大地震后，全省基础教育战线积极开展了奉献爱心捐献活动，共募集资金 4 000 多万元，接纳灾区学生 135 人。2008 年 5 月，省教育厅下发了《关于在抗震救灾时期对中小学生深入进行思想品德教育的通知》，以抗震救灾中涌现出的先进人物和感人事迹为载体，开展了系列教育，特别是针对四川地震的教训，提出了全省中小学安全教育和管理的各项要求。6 月份，下发了《关于转发组织中小学生积极参与“抗震救灾英雄少年”评选投票工作的通知》，在全省中小学生中开展了“抗震救灾英雄少年”投票活动。全省基础教育战线广大师生积极响应党和国家的号召，认真学习抗震救灾中涌现出的英雄人物的先进事迹，爱国主义、人道主义和民族精神得到极大发扬。

2008 年 7 月，黑龙江省教育厅下发了《关于在暑期前开展三项主题教育活动的紧急通知》，利用暑期开展了“迎接奥运会，做好小主人”专题教育活动，并对奥运火炬在本省传递涉及中小学生有关问题进行了部署。8 月份，按照教育部和北京奥组委的要求，全省选派了 220 名优秀高中学生到北京观看奥运比赛，使学生深受教育。省教育厅受到教育部、国家奥组委、国家残奥委的表彰。

〔加强青少年活动场所和标准化学校建设〕 2008 年，黑龙江省投资 880 万元，为 29 个县青少年活动中心配置设备。全省强化青少年活动中心领导干部队伍建设，并选派 40 多名青少年活动中心的领导参加全国培训班，加强校外教育的理论和业务学习。省有关部门紧紧把握青少年活动的热点，在真正体现个性教育、兴趣教育、实践能力和团队精神等活动上下功夫，着力开展了科技、工艺、体育、文艺等活动项目，为形成“校校有特色、人人有特长”打下了基础。2008 年底，又争取国家建设项目 16 个。至此，黑龙江省总计 103 个县区有青少年活动场所。

2008 年，黑龙江省按照“积极进取、实事求是、分区规划、分类指导”的原则，全面启动义务教育学校标准化建设工作并下发了《黑龙江省义务教育学校标准化建设工程的实施意见》。7 月下旬，省政府在鸡西市召开了义务教育均衡发展暨标准化学校建设启动会，程幼东副省长和省教育厅张永洲厅长作了重要讲话。10 月，省教育厅组织省内教育行政、教研、科研和高校人员组成了 5 个调研组，分别对全省 5 个市（行署）和两个企业办学单位，11 个县（市）进行了义务教育学校标准化建设调研工作。

〔**加强控辍工作**〕 2008年，黑龙江省继续加强“控辍”工作力度，如期实现2008年度工作目标。全省各地将义务教育“控辍”纳入党政领导班子考核内容，实行政府、教育“双线”目标责任制，层层签订责任状，落实了政府“控辍保学”的责任目标。此外，全省各级教育行政部门建立了“控辍”学籍管理制度、辍学报告制度、扶贫助学制度，形成了有效的监督机制。县级教育行政部门建立学生电子学籍，实行“两卡一簿”的学籍管理办法，对农村义务教育阶段学生流动情况实施动态监控，从源头上控制学生辍学，有效维护了城乡学龄儿童少年接受九年义务教育的权利。截至年底，全省小学生、初中生年辍学率分别控制在0.22%和0.78%。初中辍学率比2007年降低0.49个百分点。

〔**深化课程改革**〕 2008年，黑龙江省教育厅深化课程改革，完善三级课程体系建设。认真落实国家课程方案，强化了活动类、科学类、艺术类课程教学，保证了各类课程开设的门类和质量。2008年上半年完成了小学阶段《技术》《黑龙江人文与社会》和义务教育阶段《生命教育》地方课程教科书编写和审定工作。2008年秋季学期开始，在全省义务教育阶段学校全面开设了“技术”“黑龙江人文与社会”和“生命教育”地方课程，并且实现了地方课程教材农村地区的免费循环使用。各地加强了以“绿色证书”教育和学生发展为内涵的校本课程建设，培养和发挥本地典型，提高了课程建设和实施水平。另一方面，加强教研方式改革，采取校本教研、联片教研和网络教研等方式，及时化解了一线教师教学中的疑难问题，对促进教师专业发展，提高教学质量产生了积极影响。

〔**扎实推进中考工作**〕 2008年，黑龙江省教育厅、省委省政府纠风办联合下发了《关于做好2008年地市中考考纪考风管理工作的通知》，加强了考风考纪管理。按照省政府文件要求，哈尔滨市、大庆市、黑龙江省森工总局已实行单独命题，其余12个地市采取联合命题，省保密局全程参与联合命题的安全保密工作，2008年全省实现了“平安”中考。各地以素质教育为导向，根据“三个突破”的要求，强化制度创新、过程管理和指导服务，使初中毕业生历史、地理、生物等学业考试、综合素质评价和高中招生定校配额制度改革取得突破性进展。各地全面推广普通高中招生指标均衡分配到初中学校的经验，促进了城乡生源的均衡配置。

〔**加强中小学教材建设和管理**〕 2008年，黑龙江省进一步规范中小学教材建设和管理工作。一是加强了教材管理和指导工作。黑龙江省教育厅分别于2008年4月和9月与省新闻出版局和省出版总社下发了教材征订和管理的指导意见，两次联合召开了2008年秋季和2009年春季中小学教材征订工作会议，分别对教科书（含免费教科书）及循环使用、普通高中课程标准实验教材征订和出版发行工作进行了部署，提出了明确要求。各地教材征订工作认真细致，出版部门及时准确发放，确保了“课前到书，人手一册”。二是加强学辅教材的管理和指导工作。按照黑龙江省人民政府《关于进一步加强农村教育工作的意见》要求，由省教育厅下发文件，推荐了质量较高、符合课程改革要求、有利于学生健康成长的中小学学习辅助材料。各地学校按期公示，家长和学生积极自愿选用。2008年，义务教育新课程《资源与评价》和高中《模块学习资源》已成为满足学生自主学习和家长助学需求的重要载体，为全面减轻学生过重的课业负担、全面提高教育质量和推进素质教育发挥了积极作用。

〔**农村中小学现代远程教育工程建设工作全部结束**〕 2008年4月，黑龙江省教育厅对农村中小学现代远程教育三期工程所有项目县（市）、区的县级验收结果进行了验收汇总。4月6日—22日，省教育厅组成2个验收工作组分别对绥化、牡丹江所有县（市）、区进行了省级验收，参与验收的73所项目学校全部合格。黑龙江省农村远程三期工程设备安装和调试工作的完成，标志着黑龙江省农村中小学现代远程教育工程建设工作已经全部结束。

随着2008年7月全省农村中小学现代远程教育工程管理及应用工作培训会议的召开，全省农村中小学现代远程教育工程工作正式进入全面应用阶段。农村中小学现代远程教育工程的实施对于提高农村中小学的教育教学质量，促进义务教育均衡发展起到了积极作用，全省农村中小学现代远程教育工程建设工作初见成效。

〔**清理农村义务教育“普九”债务**〕　2008年2月，黑龙江省按照教育部财务司《关于报送清理化解农村义务教育普九债务工作有关情况的通知》要求，全面启动清理化解农村义务教育“普九”债务工作。工作初期，由省财政厅牵头，有关部门配合，深入调研，细化政策，初步摸清了债务底数。2008年2月，省政府召开了全省清理化解农村义务教育“普九”债务工作电视电话会议，副省长吕维峰作重要讲话。为确保清理化解“普九”债务资金到位，经省政府批准，省级财政将在2008年和2009年两年的预算中专项安排化解“普九”债务奖励奖金15亿元。省级财政按照市、县和省直农(林)场主管部门化解“普九”债务数额的30%予以奖励。同时，省级财政将根据农村义务教育阶段学生数、学校数、办学成本和财政状况等客观因素确定补助系数。

〔**加强少数民族师资培训、高中课改和教材建设工作**〕　2008年，黑龙江省继续加强少数民族教师培养培训工作。省教育厅积极协调有关部门，扩大招收民族考生规模，加快民族教师人才培养，争取瑞典“希望之星”教师培训援助资金50万元。当年暑期举办了第三届少数民族骨干教师培训班，累计安排6期共480名骨干教师接受了培训，少数民族骨干教师综合素质和适应新课程的能力有了较大提高。

2008年，省教育厅在牡丹江朝中召开了民族普通高中新课改实施现场会，全省20所民族高中代表与会，省教育厅副厅长孟凡杰作重要讲话，会议展示了民族高中课程改革成果，推进了民族高中课改深入进行。2008年，省教育厅协调省财政厅增拨民族文字教材补助经费，保证了民族高中新教材编译和课前到书工作，推进了用本民族语言辅助教学的鄂伦春族、赫哲族学校民族文化课程建设工作。

〔**实施普通高中学生综合素质评价和高中新课改调研工作**〕　按照《黑龙江省普通高中学生综合素质评价方案(试行)》要求，黑龙江省教育厅下发了《关于公布普通高中学生综合素质评价方案中竞赛和获奖项目的通知》，保证了综合素质评价中A等级的公平公正。2008年4月，省教育厅利用半个月时间，依托样本校，在哈尔滨市、齐齐哈尔市、牡丹江市、佳木斯市、大庆市举办了学生综合素质评价案例性培训，全省所有普通高中学校校长、骨干教师3 000余人接受培训，培训内容以光盘形式下发各地。6月中旬，省教育厅在全省开展了综合素质评价工作大检查，全面了解了学校在实施综合素质评价中存在的问题和困难，有力地促进了综合素质评价的开展。

2008年，黑龙江省教育厅抽调人员到先期实施新课改高考省份进行了全面调研，形成了调研报告，并就本省新高考方案形成了初步意见。11月下旬，召集普通高中校长、高校招生部门领导、招生办负责人、教研、科研人员召开了两次新高考方案研讨会，介绍了本省课程方案的研制情况，征求了意见，达成了共识。

〔**开展特殊教育教师信息技术应用大赛和规范学校改制工作**〕　2008年，黑龙江省教育厅承办了第二届全国特殊教育教师信息技术应用大赛，全国500多名教师与会。与会代表考察了哈尔滨市盲聋哑学校和燎原学校的信息技术教育现场。全省所有特殊教育学校均派人观摩了大赛过程，对促进全省特殊教育学校信息技术应用，起到了推动作用。

2008年，黑龙江省各地围绕义务教育均衡发展要求，认真落实《义务教育法》，按照省政府下发的《关于进一步做好中小学教育工作的意见》，依法清理规范学校改制工作。截至2008年5月，全省达到“四独立”的义务教育改制校有35所，占全省改制校总数的30.7%；改制校回到公办校的有63所，占全省改制校总数的55.3%。撤销改制校16所。6月，教育部在黑龙江省召开了全国部分省份义务教育阶段改制学校清理规范工作座谈会。

职业教育与成人教育

〔**综述**〕 2008年，黑龙江全省有中等职业学校396所，在校学生318 294人，专任教师17 530人，兼任或聘请的校外教师1 963人。其中，普通中等专业学校66所，在校学生115 559人，专任教师4 069人，兼任或聘请的校外教师899人；职业高中191所，在校学生141 895人，专任教师8 827人，兼任或聘请的校外教师548人；成人中等专业学校139所，在校学生60 840人，专任教师4 427人，兼任或聘请的校外教师240人。技工学校129所，在校学生92 429人，专任教师7 702人。

2008年，全省职成教育工作坚持以服务经济建设和“三农”为宗旨，以就业为导向，以加强基础能力建设和提高质量为重点，继续实施“村村大学生计划”，完成1 400名招生任务。实施农村实用技术培训工程，完成培训任务100万人次以上。实施农村劳动力转移培训工程，完成40万人培训任务。实施农村致富带头人培训工程，形成了4.5万人的致富带头人队伍。实施回乡初、高中毕业生职业教育与培训工程，20余万人接受培训。实施成人继续教育和再就业培训工程，完成60万人次以上企业在岗职工培训和20余万人次下岗职工再就业培训任务。成功举办3期服务外包领导干部培训班，培训地市、高校和企业领导干部1 000余人，提高职成教育服务经济社会发展的能力。将农村实用人才培养与农业部门的“阳光工程”、国务院扶贫办的“雨露计划”、中华职教社的“温暖工程”、教育部的“农村实用技术培训计划”和“农村劳动力转移培训计划”相结合，大力开展“阳光雨露送温暖”工作，积极推进农科教结合，在结合点上实现理念和机制创新。落实中职学校学生助学金近3亿元，约20万人享受资助，完成了教育部下达的中职18万人招生任务。培养培训9.8万中级技能型人才和5.5万高级技能型人才。利用国家发改委国债项目资金，改善了14所职教学校办学条件。利用中央财政和地方配套资金，支持39所中职实训基地建设。制定30个专业教学指导方案、10个专业的实训基地设备配置标准。创新办学模式，组建了黑龙江省服务外包职业教育集团。选派200名中职骨干教师参加了全国骨干教师培训，对1 000余名中职教师进行了专业技能培训，有力地推动了“双师型”教师队伍建设。

〔**加大实训基地建设**〕 2008年，黑龙江省利用中央财政资金820万元（同时，地方配套资金820万元），支持了大庆交通职业学校、齐齐哈尔市职教中心学校、黑龙江省商务学校、哈尔滨工业美术设计学校、绥化市卫生学校、大兴安岭职业技术学校6所中等职业新进展学校的汽修、电工电子、护理、计算机等5个专业的实训基地建设；利用省职业教育专项资金2 500多万元，重点支持34所中等职业学校的实训基地建设；制定了种植、财会、幼儿教育、焊接、动漫、畜牧兽医、服装设计、园林、旅游服务与管理、口腔工艺10个专业的实训基地设备配置标准。

〔**组建黑龙江省服务外包职业教育集团**〕 为大力推动黑龙江的职业教育，2008年10月，黑龙江省组建服务外包职业教育集团。在职教集团成立大会上，栗战书省长发表重要讲话，充分肯定了搭建集团与园区、学校与企业合作平台，创新职业教育培养服务外包人才的新机制；高度评价通过成立职业教育集团，打破部门和学校的类别界限，推动职业教育资源整合和重组，使学校与企业、行业和园区紧密结合，联合培养人才工作的思路和做法。具体的做法是：由服务外包企业提出人才需求的规格和岗位所需技能的培训内容，学校将企业的培训内容提前设置在课程结构里面，哈尔滨和大庆软件园提供实习实训条件，省财政厅、教育厅利用专项经费购置设备，利用职业院校学生一年实习时间，到园区服务外包产业化实训基地顶岗实习。通过这种校企课程置换和学生到企业顶岗实习实训，在哈尔滨服务外包产业园和大庆服务外包软件园迅速形成人才集聚效应。这种模式一方面可以源源不断地为企业提供人才，降低企业的成本，使企业提前在国内外签订单；另一方面使职业院校课程设置实现了与企业岗位零对接，也解决了学校学生顶岗实习和就业问题。同时，还利用园区、企业和学校的各自优势，实现了资源共享。这是一种双赢的模式，是职业教育主动服务全省经济社会发展，在机制、体制和办学模式上的创新。

〔**加强中职学校评估、专业建设和办学条件改善工作**〕 根据教育部《国家级重点中等职业学校评估标准》要求，黑龙江省2008年对齐齐哈尔市卫生学校等3所学校进行了认真评估，经专家论证，认定上述3所学校已达到国家级重点学校标准，并上报教育部，待复评通过。根据《黑龙江省省级重点职业学校评估标准》，评估认定了齐齐哈尔铁路职业学校和北安市职教中心2所省级重点中等职业学校。

制定下发了《关于开展全省中等职业学校重点专业评估标准》，切实把“以就业为导向、以服务为宗旨”的办学理念贯穿到教学的各个环节之中。制定下发了汽车等33个专业设置指导方案和《关于实施中等职业学校专业设置指导方案的通知》，举办了两期校长培训班，使全省各级各类学校对《方案》内容有了更深的了解，增强了对实施专业能力体系标准的把握能力。

根据省发改委、省教育厅《黑龙江省中等职业学校建设规划》，省教育厅与省发改委密切配合，组织黑龙江省商务学校等14所学校向国家发改委申报了2009年和2010年国债资金建设项目，预计可争取2 600万支持资金。

〔**远程职业教育工作成效显著**〕 黑龙江省2008年下发了《关于加强远程职业教育工作的通知》，调整了远程职业教育工作管理机制，依托黑龙江省广播电视大学开展全省远程职业教育工作。继续扩大远程职业教育试点范围，全省各县（市）至少有2～3个乡镇进行试点，共设立教学点83个，招生6 094人；2008年，黑龙江远程职业教育在校生已达11 031人。加快课件开发，共完成了25个专业307门共计4 095集教学课件。完善教材建设，已编教材7种。黑龙江省远程职业教育的开展填补了我国职业教育远程学历教育的空白，得到了教育部的肯定和好评，经验在全国推广。

〔**落实中等职业学校国家资助政策**〕 在2007年贯彻国务院13号文件《关于建立健全普通本科高校、高等职业学校和中等职业学校家庭经济困难学生资助政策体系的意见》基础上，按省政府批准的全省中等职业教育国家助学金经费测算及分担办法规定要求，2008年，黑龙江全省30万名中职学校学生享受国家助学金补助，占全部在校生的90%。共计投入经费4.53亿元，其中国家2.72亿元，省1.33亿元，市县区0.48亿元。为保证此项工作的顺利实施，2008年5月，省教育厅在黑龙江大学举办了4期国家中职助学政策培训班，共系统培训500余人。同时，根据2006年制定的《黑龙江省中等职业教育贫困家庭学生资助工作实施意见》，结合国家出台的中等职业教育学生资助政策，重新制定黑龙江省中等职业教育学校学生助学金管理办法，对助学金的资金来源、使用范围、评定方式、发放办法及相关责任追究等作出明确规定，确保国家助学金真正用到符合条件的学生身上，帮助家庭经济困难学生完成中等职业教育，切实把国家资助政策落到实处。

〔**中职教育招生实现规模化发展目标**〕 2008年，按照教育部及全省关于统筹管理高中阶段教育学校招生工作的意见精神，教育厅成立省、市两级高中阶段教育学校招生工作领导小组，建立健全省、市、县三级统筹管理高中阶段教育学校招生工作办公室，统筹高中阶段教育学校招生工作。实行目标责任制，层层分解目标，签订责任状；实行招生奖惩机制及招生进度通报与督导检查制度。2008年完成了中等职业教育年招生18万人左右（含技工）的目标，超额完成培养培训9.8万中级技能型人才和5.5万高级技能型人才的任务。

〔**创新中职教育招生办法、招生管理体制和运行机制**〕 2008年，黑龙江中职学校采取春秋两季招生办法，春季由学校自行组织生源，考生直接到学校注册入学。秋季实行“两次集中，一次收尾”的招生办法，即七月、九月安排两次集中录取，十月进行最后一次收尾入学注册。对普通中学初二后和高二后有接受中等职业教育需求的学生，由所在初中或高中学校统一组织到相应的中等职业学校学习。对接受一年教育的，发给中等职业教育学历证书，并纳入当地年度中等职业学校招生计划和年度招生统计范围；对参加短期职业技能培训的，课程结束并通过考核的，发给职业技能培训证书，并帮助他们取得相应的职业资格证书。

在加大贯彻落实省政府《关于大力发展职业教育决定的实施意见》精神的基础上，为进一步突出职业教育技能及专业特色，提高全省中等职业教育教学质量及就业率，省教育厅2008年出台《关于黑龙江省中等职业学校毕业生对口专业开学考试改革意见（讨论稿）》，改革全省现行中职毕业生对口专业升学办法。一是考生总成绩，由招生办负责考核文化课成绩300分，省技能考试成绩200分；毕业生学校负责考核在校期间及实习期间所学专业课及动手实践能力考试操行成绩，用于推荐名额；两项成绩加在一起作为毕业生对口升学的最后录取依据。二是凡参加教育部举办的全国职业技能大赛一、二等奖获得者，省级职业技能大赛一等奖获得者，如有升学愿望，操行成绩合格，经审批公示五天后，可免试升高职本科或专科学习。

高等教育

〔**综述**〕 2008年，黑龙江省共有普通高等学校70所。普通高等教育共招生21.6万人，比上年增加2.03万人，增长10.37%；在校生67.81万人，比上年增加4.32万人，增长6.8%。高等教育毛入学率达到28.03%。普通高校有教职工7.45万人，比上年增加0.22万人，其中专任教师4.17万人，比上年增加0.19万人；具有高级职称的教师占专任教师总数的42.31%，比上年减少了0.96%；具有硕士研究生及以上学历的教师占专任教师总数的39.2%，比上年提高了1.9%。

2008年，黑龙江省制定并出台了《黑龙江省高等教育强省建设规划》，进一步提高高等教育质量和服务经济社会发展能力。高等教育工作以培养高素质人才为着力点，全面实施高等教育教学质量与教学改革工程，提高人才培养质量。继续推进高校精品课程建设，评选出省级精品课80门，国家级精品课10门（累计56门）。组织实施高校人才培养创新实验区、重点专业和实验教学示范中心建设项目。建设省级重点专业70个，累计203个；获得国家级特色专业24个，累计70个；建设省级示范教学中心20个，累计83个；获得国家级示范教学中心6个，累计15个。2008年，有2篇博士论文获全国百篇优秀博士论文奖，5篇博士论文获提名奖。设立了研究生理论创新资助项目，首次评选出50项研究生课程创新项目并给予资金支持，研究生培养质量进一步提高。顺应黑龙江省走新型工业化道路以及产业结构调整对各类高级专业人才的需求，加快紧缺人才培养。继续实施教育为老工业基地振兴服务计划，加大对“高校振兴老工业基地重大项目”的支持力度；继续实施高校科学技术研究、人文社会科学和高职高专学校科研项目计划；进一步推进了科技成果转化，促进高校产业改革和发展；实施省属“211”重点高校建设计划，重点推进10所省属本科高校建成国内同类院校一流大学，不断提高黑龙江省高等教育的整体实力。

〔**8所高校通过教学水平评估**〕 2008年，黑龙江全省3所本科高校、5所高职高专院校完成了教学水平评估工作。黑龙江大学、黑龙江工程学院、牡丹江师范学院通过了教育部评估，黑龙江生物科技职业学院、黑龙江艺术职业学院、齐齐哈尔师范高等专科学校、黑龙江旅游职业学院、黑龙江农垦职业学院通过了省级评估。通过评估，“以评促建、以评促改、以评促管、评建结合、重在建设”的方针得到全面落实，高校办学思想进一步端正，办学定位进一步明确。教学改革进一步深化，高等教育教学质量进一步提高，促进了高校办学优势和特色的进一步形成。

〔**加强高校师资队伍建设**〕 2008年，黑龙江继续开展校、省、国家三级高校教师培训工作，参加教师岗前培训、双语教学能力培训、骨干教师精品课培训、现代教育技术培训、校长培训等不同层次与内容培训的高校教师近1万人次。认真组织实施普通高校教学名师奖建设活动，共评出第四届省级高校教学名师50名，其中高职高专教师21名。2008年，全省获得国家级高等学校教学名师奖的教师有6名，全省国家级高校教学名师奖获得者达19名。认真组织实施了2008年黑龙江省高等学校教学团队建设项目，在校级教学团队建设的基础上，择优评选出41个黑龙江省高等学校教学团队，其中10个被批准为国家级教学团队。

〔**加强高校科技创新工作**〕 2008年，黑龙江全省普通高校共批准科学技术研究项目560项，其中重点项目18项，面上项目459项，指导项目83项；人文社会科学研究批准立项372项，其中重点研究项目12项，一般研究项目229项，指导项目131项。批准高职高专院校科学研究项目111项。2008年度，共有145项科研项目获省高校科学技术奖，496项人文社会科学研究成果获2008年度省高校人文社会科学研究优秀成果奖。共从19所高校中选出预期能在企业转化、产生规模效益的可产业化成果10项，校企合作研发项目20项，并制定相关政策对转化的项目择优予以鼓励支持和资助。

重点加强了高校科技平台建设工作。2008年度，获得批准立项建设教育部省部共建重点实验室3个，即哈尔滨医科大学心肌缺血机理与诊疗技术重点实验室、黑龙江大学先进无机功能材料设计合成与应用重点实验室和黑龙江中医药大学中药理论与创新药物研究重点实验室，并于年底正式开始建设。建设并开通了黑龙江省高校大型仪器设备共享平台。继续在高校中建设好工程技术研究中心这一平台，进一步加强完善已有的26个校企共建工程技术研发中心。这些中心与省内40多家企业建立起长期紧密的科技合作联系，为合作企业提供技术和项目，承担企业和各级政府的科研项目，取得了较好的经济效益和社会效益。目前，省属高校已有4个中心得到教育部批准，列入教育部工程研究中心建设计划。

充分发挥大学科技园的功能和作用。哈尔滨工业大学大学科技园和哈尔滨工业大学与哈尔滨市政府共同组建了“哈尔滨市技术转移中心”。继续进行高校大学科技园区与所在区域的对接工作。2008年11月8日，围绕“科教资源与地方融合发展”的主题，举办首届“哈尔滨南岗·区域发展论坛”。

高校人文社科重点研究基地启动实施，2008年度获得教育部重点基地项目2项，一般项目25项，其中省属学校17项；获得省级重点研究项目12项。结合党的十七大提出的理论与现实问题，组织高校人文社科重点研究基地开展专项研究，共下达省级专项重点研究课题15项。

科研优秀人才队伍建设工作取得新进展。2008年共有12名高校教师入选“黑龙江省普通高等学校新世纪优秀人才培养计划”；68名教师得到“黑龙江省青年学术骨干支持计划”的资助。实施海外学人科研项目计划，批准立项25项；实施科技创新团队计划，向教育部推荐3个创新团队。这些人才计划的实施吸引和稳定了一批优秀教师在高校任教和工作，培养造就了一批年轻的学科带头人和学术骨干。

〔**全面实施高等教育教学质量和教学改革工程**〕 2008年，黑龙江省全面实施高等教育教学质量与教学改革工程，提高人才培养质量。进一步调整高等教育专业结构，完善高校教学质量定期评估制度，推进名师和精品课程建设。组织实施全省高等学校人才培养创新实验区项目，旨在鼓励和支持高等学校进行人才培养模式方面的综合改革。加大教学资源共享力度，推进精品课程与名师课程共享、师资共享、教学资源和设施共享。进一步推动了高等学校教育教学改革工作，尤其是国家、省、校三级质量工程项目的实施，调动了教师投身教学工作的积极性。通过实施“质量工程”，全省高等学校进一步树立了教学工作的中心地位，不断深化教学改革，努力提高教育教学质量，形成了自己的办学优势和特色，使黑龙江省的整体办学实力得到了很大提升。

〔**建设高等教育强省**〕 2008年8月，黑龙江省人民政府出台了《黑龙江省高等教育强省建设规划》，确定了“五个一批”和“五个服务计划”任务，建立了生均培养经费投入增长机制。全省各高校都开展了高教强省建设大讨论活动，制定了本校的建设规划。省教育厅经调研论证起草了高等教育质量工程建设计划、村村大学生培养计划、师范生农村实习支教计划等落实高等教育强省建设规划的18个子计划。同时指导全省高校研究制定了本学校高等教育强省建设实施方案，结合各校实际和当地需要，提出了高等教育强省建设具体实施项目。为确保各项计划的落实，省财政投入高教强省专项经费1.73亿元。其中，“211工程”专项2 000万元，重点学科建设经费2 800万元，重点专业建设经费1 400万元，重点实验室建设经费3 410万元，科研经费544万元，3所专科及高职落实院校评估专项经费1 400万元等。

〔**加强大学生思想政治教育**〕 2008年，黑龙江省积极探索新形势下加强和改进大学生思想政治教育的新方法和新途径。深入贯彻落实中央16号文件精神，以加强辅导员队伍建设为工作重点，举办了两期全省高校辅导员岗位培训班和一期十七大精神专题培训班，全省高校472名辅导员参加了培训。举办了全省“高校校园文化建设创新”论坛，开展了“大学生心理健康教育宣传月”活动，组织编写了全省高校心理健康教育统编系列教材6本。以精品活动为载体，加强高校校园文化建设，组织36所高校2.5万名学生参与了奥运火炬传递；精心选派了12名大学生担任北京奥运会开闭幕式引导员；在全省高校开展了国防教育巡回讲座活动。

〔**加强高校安全保卫和稳定**〕 2008年，黑龙江省周密部署了奥运会期间高校稳定工作。省教育厅完善了奥运期间应急工作预案，做好安全隐患排查和矛盾疏理工作，密切关注信息宣传和监控，加强了值班值宿。奥运会期间，全省各高校保持了稳定，未发生一起群体事件。进一步做好校园安全稳定工作，加强师生防震抗灾救护知识教育和心理健康教育，密切监控师生思想动态，防止发生各类安全事故。各高校认真贯彻《黑龙江省高等学校科技创安规划》，力争在未来几年内，逐步形成以视频监控系统为重点，集成视频监控、红外报警、电子门禁、消防报警、电子巡更、报警求助等多个子系统的科技创安体系，最终建成与“校园110”快速联动及与公安机关快速反应的安全技术防范体系。组织召开了全省教育后勤信息化建设年会并成功举办了东北三省高校后勤校长论坛，使高校后勤改革与管理工作进一步发展，确保高校的稳定和谐。

〔**全力做好毕业生就业工作**〕 2008年，黑龙江省共有高校毕业生182 891人。截至2008年9月1日，全省高校毕业生就业率为79.55%。黑龙江省教育厅加强领导，完善政策，规范管理，健全机制，为毕业生就业创造良好环境和制度保障。针对本省就业工作实际，制定了《黑龙江省大中专学校毕业生就业工作规则》，建立了就业状况定期报告制度，坚持和完善毕业生就业情况通报制度，建立就业工作评估检查制度、高校待就业毕业生信息登记制度和用人单位信息登记制度以及扎根基层、建功立业的优秀人才评选表彰制度。在稳固省内毕业生就业市场的基础上，省教育厅分别在长三角、珠三角、渤海湾地区建立了省级毕业生就业基地。全省高校就业服务信息化建设取得实质性进展，基本普及了就业信息网，充分发挥网络作用，实现信息共享、政策发布、网上招聘、远程面试、指导咨询“五位一体”，为毕业生求职提供高效、便捷的信息服务。同时，加强就业服务队伍建设，全面提高高校就业指导和服务水平。各地市把建立毕业生就业见（实）习基地作为一项重点工作，为提升待就业毕业生就业能力打下基础。

撰稿　崔多立　赵　亮
　　　袁向军　吕子燕
审稿　李君明　李笑冰

上海市教育

概　况

〔基本情况〕

2008 年各级各类学校校数、教职工、专任教师情况

	学校数（所）	教职工数（人）	专任教师数（人）
一、高等教育			
（一）研究生培养机构（不计校数）	(53)		
1. 普通高校	(21)		
2. 科研机构	(32)		
（二）普通高等学校	66	73 068	36 854
1. 本科院校	36	63 982	31 662
其中：独立学院	5	1 084	623
2. 专科院校	30	9 086	5 192
其中：职业技术学院	25	7 447	4 283
3. 其他机构（点）（不计校数）			
（三）成人高等学校	20	2 385	1 255
（四）民办的其他高等教育机构	256	4 773	1 374
二、中等教育	948	86 285	59 759
（一）高中阶段教育	456	86 261	26 618
1. 高中	292	69 348	17 304
普通高中	283	68 886	17 201
成人高中	9	462	103
2. 中等职业教育	164	16 913	9 314
普通中专	73	9 667	5 071
成人中专	35	717	332
职业高中	28	4 186	2 679

续表

	学校数（所）	教职工数（人）	专任教师数（人）
技工学校	28	2 078	1 049
其他机构（教学点）（不计校数）	(5)	265	183
（二）初中阶段教育	492	24	33 141
1. 普通初中	491		33 120
2. 职业初中		16	16
3. 成人初中	1	8	5
三、初等教育			
（一）普通小学	672	51 010	40 964
（二）成人小学			
其中：扫盲班			
四、工读学校	13	583	413
五、特殊教育	29	1 612	1 115
六、学前教育	1 058	33 628	21 680

注：普通高中的教职工数中包含普通初中的教职工数。

2008年上海市各级各类学历教育学生情况

	毕业生数（人）	招生数（人）	在校生数（人）
一、高等教育			
（一）研究生	25 753	32 142	95 498
博　士	4 705	5 945	22 713
硕　士	21 048	26 197	72 785
（二）普通本专科	122 069	143 328	502 899
本　科	66 742	87 128	333 622
专　科	55 327	56 200	169 277
（三）成人本专科	56 870	72 518	213 768
本　科	25 800	45 036	126 512
专　科	31 070	27 482	87 256
（四）其他各类高等学历教育			
1. 在职人员攻读博士、硕士学位		11 383	32 981
2. 网络本专科生	51 366	62 089	161 442
本　科	20 299	14 975	45 995
专　科	31 067	47 114	115 447
3. 其他	193		

续表

	毕业生数（人）	招生数（人）	在校生数（人）
二、中等教育	277 136	228 962	834 292
（一）高中阶段教育	171 113	121 204	408 907
1. 高中	107 317	58 652	207 742
普通高中	95 088	58 652	192 583
成人高中	12 229		15 159
2. 中等职业教育	63 796	62 552	201 165
普通中专	37 124	32 429	120 754
成人中专	4 449	11 469	19 345
职业高中	16 522	13 796	47 817
技工学校	5 701	4 858	13 249
（二）初中阶段教育	106 023	107 758	425 385
1. 普通初中	105 832	107 686	425 141
2. 职业初中	105	72	158
3. 成人初中	86		86
三、初等教育	104 362	123 949	590 561
（一）普通小学	104 362	123 949	590 561
（二）成人小学			
其中：扫盲班			
四、工读学校	1 161	1 323	3 241
五、特殊教育	1 924	1 253	9 074
六、学前教育	97 490	115 099	328 759

注：特殊教育学生数中包括普通中小学随班就读的学生。

2008 年各级各类非学历教育学生情况

	毕（结）业生数（人）	注册生数（人）
总　计	2 646 609	2 603 330
一、高等教育	703 670	586 593
（一）研究生课程进修班	3 214	5 746
（二）自考助学班	11 043	23 602
（三）普通预科生		135
（四）进修及培训	689 413	557 110
其中：资格证书培训	180 450	162 532
岗位证书培训	129 151	80 204

续表

	毕（结）业生数（人）	注册生数（人）
二、中等教育	1 942 939	2 016 737
其中：资格证书培训	203 645	211 659
岗位证书培训	327 442	312 784
（一）中等职业教育	123 519	85 971
其中：资格证书培训	28 092	22 215
岗位证书培训	41 472	24 253
（二）职业技术培训机构	1 819 420	1 930 766
其中：资格证书培训	175 553	189 444
岗位证书培训	285 970	288 531

2008 年各级各类民办教育基本情况

	学校数（所）	毕业生数（人）	招生数（人）	在校生数（人）	教职工数（人）	专任教师数（人）	另有其他学生数（人）
一、民办高等教育							
（一）民办高校	22	23 981	31 505	94 835	6 243	3 699	4 176
本科学生		2 650	7 974	26 908			
专科学生		21 331	23 531	67 927			
其中：独立学院	5	1 007	3 779	14 841	1 084	623	
本科学生		1 007	3 779	14 841			
专科学生							
（二）民办其他高等教育机构	256				4 773	1 374	317 761
二、民办中等教育							
（一）高中阶段教育	79	15 211	7 359	26 341	6 743	4 653	
1. 民办普通高中	72	13 890	6 366	22 886	6 521	4 520	
2. 民办中等职业教育	7	1 321	993	3 455	222	133	
（二）初中阶段教育	47	14 493	16 016	64 027			
1. 民办普通初中	47	14 493	16 016	64 027			
2. 民办职业初中							
三、民办普通小学	87	6 265	17 457	82 189	4 939	3 916	
四、民办幼儿园	299	14 289	21 575	63 846	10 298	5 078	
另有：民办培训机构（不计校数）	(570)				9 835	2 685	1 067 859

注：1. “另有其他学生数”包括：学历文凭考试学生、自考助学班学生、预科生、进修及培训学生数；
2. 民办普通高中的教职工和专任教师数中包含民办普通初中的教职工和专任教师数；
3. “（ ）”内数据为不计校数。

〔**教育经费投入与支出**〕 2008 年，上海市教育部门财政拨款 259.91 亿元。其中，市级财政拨款 57.99 亿元，区县财政拨款 201.92 亿元。全市小学生生均支出 13 594.51 元（其中生均公用经费 3 404.23 元），比上年增加 1 717.43 元，增长 14.46%；初中生生均支出 16 684.29 元（其中生均公用经费 4 296.22 元），比上年增加 2 538.65 元，增长 17.95%；高中生生均支出 20 176.92 元（其中生均公用经费 5 910.19 元），比上年增加 2 866.18 元，增长 16.56%；职校生生均支出 14 749.84 元（其中生均公用经费 4 049.69 元），比上年增加 2 387.06 元，增长 19.31%。

2008 年，上海市从教育费附加宏观调控部分安排 6.8 亿元，用于资助郊区农村和其他经济困难区发展义务教育；安排 1 060 万元用于人口导入区公建配套学校开办费补助，资助区县完成市政府实事工程配套学校和新建住宅小区配套共建学校 57 所，其中，中学 5 所、小学 5 所、幼儿园 47 所；安排 8 105 万元，用于对内地西藏班、新疆班、回民中学专项补助和对口支援云南、西藏；安排 2 亿元，用于支持幼儿园“三年行动”计划，改善幼儿园办学条件；安排 15 065 万元，用于中等职业技术实训基地重点项目建设；安排 19 944 万元，用于职业教育助学金、奖学金。

2008 年，上海市教委通过教育社会事业建设费安排高校专项建设。如安排市委市政府确定的项目 3 000 万元，包括上海财经大学经济学创新平台项目配套经费 2 000 万元，上海交通大学金融学院建设启动经费 1 000 万元；安排中央与地方共建高校特色优势学科实验室地方配套资金 3 045 万元，教育部国家示范性高职建设项目配套资金 1 505 万元；安排 6 000 万元用于高校布局调整配套资金等，帮助高校解决一些急迫问题，逐步改善高校的办学条件。

〔**开展教育政策研究、教育立法与执法等工作**〕 2008 年，上海市教委总结上海教育改革开放 30 年成果，科学分析教育改革与发展的经验和教训。完成“推进上海教育优先发展政策与制度研究”课题研究任务，提出推进上海教育优先发展的政策建议与举措。开展“长三角教育联动发展”2008 年上海市决策咨询课题研究。提出教育系统五年立法规划建议项目，经市人大常委会审定并经市委批准，《上海市终身教育促进条例》《上海市实施〈中华人民共和国义务教育法〉办法》以及《上海市中小学校学生伤害事故处理条例》的制定、修改工作列入市人大常委会五年立法规划正式项目，《上海市教育督导条例》的制定工作列入市人大常委会五年立法规划预备项目。开展贯彻实施《中华人民共和国行政许可法》自查工作和贯彻实施《中华人民共和国义务教育法》行政执法检查。

〔**推进政府信息公开工作**〕 2008 年，上海市教委贯彻《中华人民共和国政府信息公开条例》和新修订的《上海市政府信息公开规定》，积极推进政府信息公开工作。丰富“信息库”，构建“信息链”，内容涵盖各级各类教育。至 11 月，主动公开政府信息 490 条，全文电子化率达 100%。在“上海教育”网开设教育专题栏目 15 个，整合招生、毕业就业、教育实事等事项的各类相关信息 2 048 条，集中向公众提供，体现同一事项信息的完整性、系统性。开展多形式政府信息公开申请和教育政策咨询服务。加强与公众的互动，扩大公众的参与度，通过“上海教育”网站开展网上公示、网上调查、网上讨论、网上征求意见等互动项目 65 项，参与者达 149 217 人次。以信息公开带动办事公开，丰富便民服务内容，将行政许可事项、非行政许可（审批）事项全部上网，并进一步完善各个事项的办理指南。根据阶段性教育服务的特点，开发、整合、利用教育系统网上便民办事项目累计 135 项，为教师、学生、学校和社会人士提供网上服务。积极构建市、区（县）、学校三级信息公开网络。

〔**加强教育财政和教育审计工作**〕 2008 年，上海市教委依法做好教育经费筹措工作，落实义务教育投入“三个增长”的法定要求。完善义务教育经费保障机制，制定义务教育生均公用经费基本标准，义务教育阶段小学、初中生均公用经费基本标准为 1 400 元和 1 600 元。继续做好义务教育阶段

“两免一补”工作和免费教科书工作。深化“以区县为主”义务教育管理体制改革，推进区县统筹义务教育经费，建立义务教育均衡投入机制，并体现向农村、偏远地区和薄弱学校倾斜。依据《义务教育法》教师收入保障规定，采取措施，保障教师收入不低于所在地公务员收入标准，均衡区域内学校之间教师收入，对远郊地区教师给予补贴。关注进城务工人员子女教育，安排专项资金1亿元，解决6万名学生进入本市举办的民办学校就读。建立民办教育专项资金，支持民办教育事业发展。颁布民办中小学财务管理制度和会计核算方法，规范民办教育资金使用和管理。继续推进高校企业改革改制与规范化建设工作，促进建立资产经营公司和推行企业会计制度实施。加强国有资产监管工作，处理解决事业单位历史遗留问题。对教委系统各预算单位实行国库集中支付制度，提高资金的使用效益。加强教育审计，着力防范学校经济风险，提高教育资金使用效益，解决教育改革和发展中出现的突出矛盾。建立工作交流机制，加大审计指导力度，实施各类审计项目。全面配合做好国家审计署上海特派办对上海城市基础教育经费投入、管理使用和执行国家收费政策等情况的审计调查。深入开展审计理论研究工作，加强教育内部审计人员岗位培训。加大审计整改力度以及审计结果运用，对全市教育审计工作开展情况进行检查。

〔**推进上海教育的国际合作与交流**〕 2008年，上海市加强中小学师资交流，推进名师名校长国外培训工作，启动上海市教委与新加坡教育部中小学校长互换交流计划，2位校长赴新加坡学校挂职交流。完成2008年度国家留学基金申报工作，上海市共受理各类申请人员500人，上报基金委348人，录取125人。完成外国留学生市政府奖学金相关工作。全市高校外国留学生购买保险工作执行情况良好。做好奥运期间的高校外国留学生稳定工作。启动“上海市高校外国留学生中国文化体验基地”项目建设，帮助在上海市高校就读的外国留学生更多地了解和体验中国文化，为外国留学生营造良好的文化氛围。加强自费出国留学中介机构监管工作，与公安、工商等有关部门联手对非法进行留学中介活动的机构和个人进行查处。坚持政策引导、以人为本，完善对国际学校的服务，因势利导满足学校发展需求，坚决查处违规办学行为。

〔**加强学校安全稳定工作**〕 2008年，上海市贯彻全国维护稳定工作电视电话会议精神，推进高等院校奥运安保反恐怖工作，加强校园重点区域、要害部位的重点防范，实现实时监控和记录，建立并完善公共突发事件应急联动机制。维护奥运火炬上海传递期间和高校奥运足球训练场地的安全稳定。积极预防和有效化解各类群体性矛盾。继续推进高校“上海市平安单位”建设。完成《上海市大学生安全教育大纲》编写工作。推进2008年高校安全技术防范系统建设。加强应急管理，完成统计调查突发事件应急预案体系建设情况、高校群体性事件趋势分析及对策研究等工作报告。开展高校食堂安全防范专项整治。协调解决松江大学城、临港大学园区周末学生交通出行问题。坚持以学生发展和生命安全为本，以提高学校及周边安全保障水平为抓手，认真实施中小学幼儿园技防设施完善工程，规范校车管理，开展中小学安全风险勘查，继续完善预防未成年人违法犯罪工作体系，推动青少年保护工作不断发展。完成全市中小学幼儿园治安技术防范设施完善工程的市政府实事项目，惠及全市近2 600所中小学幼儿园学生和转为民办体制的农民工子女学校学生总计约170万人。

〔**依法推进语言文字应用管理**〕 2008年，上海市以学习宣传和贯彻实施语言文字法律法规、加强语言文字依法管理为主线，以在全市形成协调有效的语言文字应用管理体制为核心，以迎奥运、中华经典诵读等重大活动为契机，综合运用法律、行政和教育手段，推动社会语言文字应用规范化水平和管理水平的持续提高，为上海以良好的语言文字环境迎接2010年世博会奠定扎实基础。依法开展社会语言文字应用监测与执法，继续加强对新闻媒体用语用字的监测，指导、督促各区县加强对公共场所用语用字的监测与执法，依法开展语言文字工作评估与督导。扎实开展对奥运场馆英文使用的集中检查整治，组织开展对城区英文使用的全面检查整治，编制本市公共场所英译规范。加大投入，大力推进普通话水平测试，为实现在校大学生和中职学生全员参加测试，免除学生测试费，并为此年均投入经费 1 000 万元。继续做好汉字应用水平测试试点工作，共完成对 12 000 多人的试点测试。扎实开展语言文字应用研究，不断拓展宣传广度深度，引导学校和社会共同开展语言文字教育培训。

〔**开展各类主题教育活动**〕 2008 年，上海市在大中小学广泛开展传统节日教育，挖掘传统节日的文化内涵，弘扬民族文化的优秀传统。举办“祭先烈、敬先贤、忆先人——感恩思源 面向未来”上海市青少年学生清明祭奠仪式暨主题教育活动。配合迎接 2010 年上海世博会，围绕“文明的城市，美好的生活”愿景，努力实现“提高城市文明程度和小公民文明素质”的目标。在迎世博 600 天之际，开展迎世博总动员。启动“精彩世博、文明修身”系列活动，开展“迎世博，讲文明，树新风”上海校园文明礼仪大赛、上海百万青少年儿童“迎世博，传递心愿，行动起来”等主题活动。组织开展上海高校师生支援灾区捐助活动、以“抗震救灾奉献爱心，做一个有道德的人”为主题的上海市未成年人“知荣辱、树新风、我行动”道德实践活动启动仪式和网上论坛、网上签名等活动。开展心理救灾工作，组建上海高校突发事件处理和危机干预专家队伍，开展灾区学生心理援助工作。大力宣传抗震救灾先进事迹。邀请都江堰市的 200 名中小学生、258 名教师来沪参加“情系四川 · 爱满浦江 2008‘阳光爱心’夏令营”活动。教师节前后，邀请都江堰市的 31 名英模师生来沪共庆教师节。

基础教育

〔**学前教育**〕 2008 年，上海市教委全面推进学前教育三年行动计划的实施，完成基建项目 112 项。认真完成 2008 年市政府重点工作“郊区新建 50 所幼儿园”，实际新建 52 所，共增加 600 个班级，增收 1.8 万余名儿童。制定《关于做好本市农民工同住子女学前教育工作的若干意见》，切实解决农民工同住子女的学前教育问题。启动民办三级幼儿园的审批工作。加强学前教育内涵建设。开展行政人员、教研员、园长专题培训。做好城郊幼儿园对口交流工作，中心城区 30 所优质幼儿园与 45 所农村幼儿园结对，推进优质教育资源向农村辐射。做好 0—3 岁婴幼儿早期教育指导工作，下发《0—3 岁早期教养指导方案》，推进区县早期教育指导中心、乡镇早期教育指导点建设。全面开展幼儿园保教人员“儿童急症救助”培训工作，近 6 000 名保教人员接受“儿童急症救助”操作技能培训，2 万余名托幼机构保教人员接受“儿童急症救助”知识培训。

〔**推进义务教育均衡发展**〕 大力推进城乡教育一体化发展。上海市 2009—2012 年郊区县基础教育设施规划建设项目 272 个，其中重点建设项目 94 个，总建筑面积 120 万平方米。2008 年，上海市克服学校人财物等资源区域流动的困难和突破以城带乡体制瓶颈，继续实施农村义务教育学校委托管理。市教委总结交流农村义务教育学校委托管理工作经验，组织开展对 20 所农村义务教育学校委托管理工作的中期评估。中期评估结果显示，受援学校办学水平和教育质量明显提高。其中，14 所初中学校中考成绩在所在区县百分位数的平均值较上年提升 5 个百分点。加强义务教育学校内涵建设。组建成立上海市教育学会初中教育管理专业委员会，搭建初中教育教学交流合作与研究的平台。实施免费教科书政策。在 2007 年秋季 10 个郊区实行义务教育阶段免费教科书政策试点的基础上，2008 年春季起，全市向义务教育阶段公办和民办学校中有本市学籍的在校学生（含外省市借读生）

免费提供教科书和作业本。

〔**进一步做好农民工同住子女义务教育工作**〕 2008年，上海市颁布《关于进一步做好本市农民工同住子女义务教育工作的若干意见》，组织郊区县教育行政部门启动农民工同住子女义务教育三年行动计划。市教委认真做好市政府实事项目“完成60所农民工子女学校办学设施改造并纳入民办教育管理”工作，2008年共完成66所农民工子女学校纳入民办教育管理并给予基本成本补贴工作，共接收5万余名农民工同住子女免学杂费和书本费就读，并开展66所民办小学校长的专题培训。会同相关部门联合颁布《关于继续做好上海市农民工同住子女进入义务教育阶段公办学校就读免借读费工作的意见》，降低农民工同住子女进入公办学校就读的条件。

〔**规范和促进民办教育发展**〕 2008年，上海市制定《上海市民办中小学校财务会计管理办法（试行）》和《上海市民办中小学会计核算办法（试行）》。开展民办中小学、幼儿园换发办学许可证工作，指导区县做好以招收农民工同住子女为主的民办小学的设置审批工作。全面完成义务教育阶段公立转制学校体制调整工作，研究开展幼儿园和高中阶段公立转制学校体制调整工作。开展鼓励和支持民办教育发展的相关政策研究。

〔**推进高中教育多样化发展**〕 2008年，上海市推进实验性示范性高中内涵建设。制定《上海市实验性示范性高中发展性评估工作方案》和《上海市实验性示范性高中发展性评估指标体系（征求意见稿）》，引导实验性示范性高中在规范办学行为的基础上，实现主动、自主和多元发展。加强对区县实验性示范性高中建设的指导，实施区县实验性示范性高中备案制度。探索创新人才培养模式。积极探索高中阶段创新人才培养的机制，探索对资优生全面落实素质教育的有效途径和创新人才早期培养的新办学模式。创建高中与高校联合培养创新人才的工作机制。开展高中学业水平考试调研，完善工作方案。

〔**努力办好民族班**〕 2008年，上海市教委组织开展满足内地民族班学生文化需求的调研，采取多种形式拓展和丰富民族班学生文化生活。民族班学生高考录取率居全国前茅，上海市七宝中学、上海交大附中高校录取率达100%。加强民族班的经费投入力度，改善学校办学条件和学生生活。从2008年起，上海西藏初中班生均公用经费从每生每年5 000元提高到6 400元，伙食费标准从每生每年4 800元提高到6 120元，每生每年共计提高2 720元。新疆班学生每生每年提高720元。同时，对西藏班、新疆班学生实行医保，学生参保费60元/生由市教委承担。

〔**深化课程教学改革**〕 上海市2008学年起全市小学起始年级全面推行学习准备期。市教委加强小学准备期相关配套资源的建设，修订《上海市小学学习准备期指导意见》。基本完成《上海市普通中小学课程方案》的修订工作。贯彻《关于深化中小学课程改革加强教学工作的若干意见》，从学校课程管理、教学常规、校本教研、三类课程（基础型课程、拓展型课程、研究型课程）的建设与实施等方面提出具体指导意见和要求。以151所二期课改研究试验基地学校为基础，提升校长落实二期课改理念的专业化水平，提高学校的课程领导力和执行力。启动教研员培训计划，切实提高教研员课程指导力。积极推进二期课改。做好小学五年级、初中九年级和高中三年级推广实施二期课改新课程和使用新教材的工作。扩大循环教材试点工作，在2006年秋季本市600多所公办初中试行音乐教材循环使用的基础上，2008年秋季起初中艺术学科试行教材循环使用。加强社会课程资源的开发，起草《本市中小学幼儿园在课程实施中利用社会课程资源指南》，加强制度建设，形成实施、管理和督促的有效机制。加强基础教育质量监测。开展教育质量监测与评估的研究，探索运用科学的教育质量标准和先进的测评手段评估本市中小学生学业质量。

职业教育与成人教育

〔**实施中职学生助学、奖学政策体系**〕 上海市2008年共有17.5万人次（不含市奖学金1万人）中职学生获得3.72亿元财政资助。其中，16.1万人次获得国家助学金3.24亿元，1.4万人获得专业奖励金0.38亿元，1万人获得市奖学金0.1亿元。来自四川都江堰地震灾区1 182名学生获得1 405万元资助。

〔**实施中职教育深化课改行动计划**〕 2008年，市教委组织编制并颁布了上海市中职学校第二批30个专业的教学标准，包括61个专门化方向、161门专业核心课程标准及257门专门化方向课程标准。2008年秋季新学期起，在学校层面实施推行。已颁布实施的42个专业教学标准，共与221个职业资格挂钩。25门网络课程全部上网试运转，50%以上的学校组织了22 820人次开展网上选学。

〔**加强实训中心的建设与服务**〕 2008年，上海市船舶制造、印刷技术、表演艺术等4个开放实训中心建设项目通过立项审定，至此全市共有80个开放实训中心立项建设项目。2008年上半年即承担完成了53 823人次在校生的实训和45 693人次的社会人员培训，完成在校生参加职业资格鉴定17 674人次，社会人员参加职业资格鉴定39 178人次。

〔**加强中职师资和校长培训**〕 2008年，上海市完成教育部2008年度专业骨干教师素质提高计划选送工作，共选送60名教师参加教育部专业骨干教师国家级培训。全面启动中等职业学校专业骨干教师市级培训工作，启动实施第二届“上海市名校长名师培养工程”，有5名中专校长、36名骨干教师作为后备人选进行培养。2008年有1 145名教师参加在职进修。

〔**推进职教集团化和连锁化发展**〕 2008年，上海市促进已经建立的上海现代护理和交通物流两大职业教育集团做实做强，鼓励两大集团坚持探索校企结合、工学交替，创新技能型人才培养模式，发挥优质资源的辐射效应和品牌学校（专业）的带动功能，探索集团化办学的管理体制、运作机制建设等方面的新突破。完成上海商贸职业教育集团和电子信息职业教育集团组建工作。在嘉定区、徐汇区、闵行区、黄浦区和浦东新区等区进行组建区域职业教育集团调研工作，推进职业教育集团化办学由行业向区域延伸。

〔**做好中职学校对口支援**〕 2008年，上海市20所国家级重点中等职业学校与上海7个对口支援地区职业学校开展教育对口支援合作办学，录取新生2 518人，接受对口支援地区职业学校教师和管理干部301人来沪培训和进修。精心组织，妥善安置都江堰市1 193名新老中职生来沪就读职业学校。按照教育部“教育系统对口支援四川地震灾区恢复重建工作会议”精神和上海市委领导“不讲条件做好灾区坚强后盾”的指示，市教委制定以“国家级重点学校和重点特色专业”为主，提供“经费资助和就业援助”为原则的安置方案，全市共有24所国家级中等职业学校接受了448名来沪转移复学都江堰市学生，招收了745名新生，并安排专列组织都江堰市中职学生来沪。完成首批20名都江堰中职教师在沪参加师资培训工作。

〔**建设终身教育现代信息平台**〕 2008年，上海市根据建设“一个网络体系、一个资源库和一个学习服务平台”的设想，以上海教育资源库为主体，充分整合社区学院和上海紧缺人才培训事务服务中心已有教学资源，初步建立市级终身教育资源库；建设监控展示中心，实现系统实时监控和多媒体展示环境。市教委会同区县鼓励专业部门开发了第一批社区教育网上学习资源，内容包括生活、休闲和工作等三大类，共 37 门课程、202 小时，充实社区教育门户网站数据库，供市民免费学习。

〔**开展社区教育实验工作**〕 2008 年，上海市推进社区学校和乡镇成人学校标准化建设工作。拟定《上海市乡镇成人学校建设标准（讨论稿）》，就乡镇成人学校的校舍、师资队伍建设、信息化、学校管理制度等进行规范。根据教育部的要求，深入开展社区教育实验工作。评出示范街道（乡镇）24 个。开展农村信息化培训，市教委会同市信息委启动实施“千村万户”农村信息化培训普及工程。2008 年，全市开办学员培训班 494 期，22 927 人参加培训并通过考核，为全年计划数的 114.64%；“信息大篷车”、“信息小篷车”共出动 828 次，深入 500 多个村、30 多个工厂，完成宣传普及 101 842 人，为全年计划数的 101.84%。

高 等 教 育

〔**推进辅导员队伍培养工作**〕 2008 年，上海市承办全国高校辅导员工作创新论坛，召开上海高校思想政治教育工作者表彰大会暨第四届上海高校辅导员论坛。出台《关于上海高校辅导员考核工作的实施意见》，完成上海高校辅导员队伍建设的制度构架。开展上海高校学生思想政治教育教师职务聘任工作情况调研，召开上海高校思想政治教育教师职务聘任工作专题研讨会。继续开展辅导员岗前培训和专题培训工作，举办首期高校辅导员高级研修班，在华东师范大学设立研究生辅导员培训基地。完成教育部委托的全国高校辅导员培训教材《大学生网络思想政治教育研究》《高校辅导员职业生涯规划》的编写任务。做好 2008 年高校辅导员在职攻读思想政治教育专业博士学位工作。

〔**探索思想政治理论课教学方法改革**〕 2008 年，上海市落实全国加强和改进高校思想政治理论课工作会议精神，制定《关于进一步加强上海高校思想政治理论课建设若干意见》，启动高校思想政治理论课教师培训方案、高校思想政治理论课建设评估标准等配套文件制定工作，初步构建上海高校“思政课”制度体系。举办第二届思政课教学论坛。组织部分高校进行思想政治理论课教学改革试点，在中班教学、实践教学、考试方法改革等方面进行探索。开展精彩教学案例、精彩多媒体课件、精彩教案等“精彩系列”的征集评选。开展新课程方案实施和新教材使用情况调研，组织思想政治理论课教学测评，总结实施新课程方案和新教材使用情况的主要做法和成效。组织编辑出版教学论文集，依托《思想理论教育》杂志，开辟“思政课”教学方法研究专栏，鼓励思政课教师开展教学科研。编辑出版高校思想政治理论课研究等系列丛书。设立首批“思政课”名师工作室，聘任首批上海高校思想政治理论课指导专家，开展专家与中青年骨干教师“结对带教”计划。举办新上岗青年教师培训班和骨干教师高级研修班。

〔**加强高校内涵建设，提高教育质量**〕 2008 年，上海市教委会同市发展改革委、市财政局对 4 所“985”高校的“985 工程”二期建设项目绩效进行中期检查。同时，启动“211 工程”三期建设工作。继续推进国家级示范性高职院校建设，上海旅游高等专科学校被列为国家级示范性高职建设院校，上海医疗器械高等专科学校被列为国家级示范性高职培育院校。至此，上海共有5所高职高专院校进入国家级示范性高职建设范围。上海市教委积极开展上海高校发展定位规划和学科专业布局结构优化调整工作，以“扶需、扶特、扶强”为抓手，以政府与学校协商互动为运行模式，以“学校为主、政府引导、强化需求、分类指导”为项目实施原则，推进工作机制创新。开展法学等3个研究生教学开放案例库建设，支持研究生公共政治理论课程改革、研究生综合素质系列讲座和大学园区研究生教育等资源共享项目。继续推进“上海研究生联合培养基地”建设工作。监督检查研究生教育质量，推进研究生培养过程检查，开展博士、硕士学位论文抽检“双盲”评议工作。完成全国优秀博士学位论文省级初选暨上海市研究生优秀成果（学位论文）评选工作。加强教学质量监控，指导和配合华东政法大学做好本科教学工作水平评估工作。实施专业布局结构调整和优化，16所市属本科高校申请增设专业43个，同意增设本科专业26个；对187个新建专业进行检查，对其中7个专业限期整改。强化优质教学资源建设，立项建设市教委重点课程259门，评选市级精品课程112门，其中53门获得国家级精品课程称号。评选市级教学名师奖37名，其中6名获得国家级教学名师奖称号；评选建设51个上海市教学团队，其中20个获得国家级教学团队荣誉。建设15个市级实验教学示范中心。立项建设68个本科重点专业，实施第三期教育高地建设。加快创新人才培养模式的探索与实践，继续实施上海大学生创新活动计划，投入1 000万元、资助1 000个大学生创新活动项目，其中两个项目被全国首届大学生创新论坛评为“十个我最喜欢的项目”。上海市教委加强高职院校内涵建设，委托上海市教育评估院组织专家对上海震旦职业技术学院等7所高职高专院校的人才培养工作水平进行实地考察评估。完成2008年度“校企合作培养高技能人才计划”，全市高校完成近1万人次的高技能培训。继续进行高职职业教育公共实训基地第四期建设，投入4 000万元上海市高等职业教育专项经费，立项建设25个基地。继续进行民办高校教学高地第四期建设工作，有17所民办院校的18个项目获得支持，支持经费达2 000万元。开展教学研究工作，启动教育部重大课题“继续教育改革和发展战略与政策的研究”上海子课题的研究工作。

〔增强高校知识创新和服务社会能力〕 2008年，上海市共有17个国家重点学科、4个国家重点（培育）学科通过教育部国家重点学科评估，11所具有博士点的市属高校均已有国家重点学科的布点。开展上海市重点学科（第二期）建设绩效验收工作和上海市重点学科（第三期）建设启动工作。深化高校E-研究院建设工作，已有12个E-研究院启动建设。开展文化艺术大师工作室和文化艺术创新工作室建设。启动建设上海戏剧学院的“余秋雨大师工作室”和上海体育学院的“蔡龙云大师工作室”。启动实施市属高校上海高校创新团队工作，首先启动第一批创新团队20个，其中自然科学类15个，人文社科类5个。开展曙光计划工作，2008年度曙光计划共有133个申报曙光学者，33人申报曙光跟踪。2008年初曙光学者从国家自然科学基金委获得105个申请共3 894.1万元资助。推进省部共建教育部重点实验室和教育部工程研究中心建设工作。推荐上海师范大学“资源化学实验室”和上海海洋大学“大洋渔业资源可持续开发实验室”申报2008年度省部共建教育部重点实验室。上海中医药大学“中药标准化实验室”和上海海洋大学“水产种质资源发掘与利用实验室”结束两年的建设周期，顺利通过教育部组织的专家验收。推荐上海大学“自动化制造装备及驱动技术工程研究中心”、上海理工大学“光学仪器与系统工程研究中心”和上海海事大学“航运仿真技术工程研究中心”申报2008年度教育部工程研究中心。继续实施2009年度高校科研创新项目的立项工作，共有35所本科高校申报1 158个项目。开展新世纪人才、教育部重点项目评审推荐工作。开展上海市第九届教育科学研究优秀成果奖评选，共评出教育决策咨询奖优秀成果20项、教育理论创新奖优秀成果22项、教育改革实验奖优秀成果179项。上海市组织全国高校参展中国国际工业博览会。深入开展产学研合作与科技服务工作，上海高校技术合同认定登记数已达2 318项，成交金额7.96亿元。

〔**强化政府职能，做好高校毕业生就业工作**〕 2008 年，上海高校毕业生就业状况保持良好态势，面向基层就业、自主创业人数稳步提升。至 10 月 20 日，全市高校毕业生签约率为 66.1%，就业率为 91.6%，与上年同期相比基本持平。其中，毕业研究生和本科毕业生的就业率和上年同期基本持平，专科（高职）毕业生就业率略高 1 个百分点。全市共有 2 697 名高校毕业生报名并参加“三支一扶”和“大学生到村任职”项目。其中，“三支一扶计划”正式录取 347 人，“大学生到村任职”项目正式录取 189 人。此外，1 000 余名高校毕业生报名参加西部志愿者计划，正式录取 165 人，在西部志愿者中有 20 名毕业生奔赴四川地震灾区。毕业生自主创业的人数为 230 人，其中研究生 70 人，本科生 138 人，专科（高职）22 人。另据教育部统计口径，2008 年上海高校毕业生面向基层就业的数量约 2.4 万人。

全市高校的 398 名来自地震灾区毕业生，已有 333 名落实就业去向。

〔**构筑人才高地，加强高校师资队伍建设**〕 2008 年，上海市实施高校特聘教授（东方学者）岗位计划，第二轮遴选共设置 50 个东方学者岗位。开展第三批上海市领军人才地方队人选申报、评审工作。继续实施“上海高校选拔培养优青科研专项基金”项目，共有 941 名青年教师获得基金项目，投入资金 2 333 万元。对入选市教委“选拔培养优秀青年教师科研专项基金”2006 年度评选的 1 173 位教师开展党校培训，继续做好 2005 年度“优青基金”获得者项目和发展情况的评估检查工作，进一步完善“优青”培养工程的评价追踪指标体系和数据库建设。完善和改进高校教师职务和其他专业技术职务聘任的有关政策规定，研究高校教师和其他专业技术人员职务聘任的破格政策（绿色通道）。开展兼职高教研究和专职高教研究系列评议工作，完善、改进思政系列评聘政策和操作规程。积极探索分类指导的符合教师教书育人、知识创造和服务社会特点的评价与激励办法。研究建立高校教师（人才）服务平台和建立高校教师岗位信息数据库。委托上海市教育人才交流服务中心承担上海高校人才服务平台研究和建设。开展上海高校教师培训平台整合集成课题研究和方案制订工作。2008 年，上海市教育系统开展第二届“上海市教育功臣”评选表彰工作，评选出 10 位上海市教育功臣。

〔**顺利推行高考招生“平行志愿”政策**〕 2008 年，上海高考招生首年实行“平行志愿”政策。所谓“平行志愿”，即指采用平行志愿院校录取时，考生所选 A、B、C、D 等志愿，它们之间是平行关系。按“分数优先，遵循志愿”的原则投档。将达到批次录取最低控制分数线的考生，按考生成绩从高分到低分的顺序，由计算机对每个考生所填报的平行院校志愿，依次检索。推行“平行志愿”的高考招生工作列为市政府重点工作。上海市科教党委、市教委协调各方利益，精心周密设计方案，规范程序步骤，科学设计、推出制度保障措施，并大力强化宣传工作，营造良好的舆论环境，按照市政府规定的时间节点完成各项工作，实现考生、高校、社会等多方面满意的工作目标，取得良好的社会效果，为深化高考改革积累了成功经验。

撰稿　徐钦福　宣念蜀　沈勉荣
审稿　薛明扬

江苏省教育

概　　况

〔基本情况〕

2008年各级各类学校校数、教职工、专任教师情况

	学校数（所）	教职工数（人）	专任教师数（人）
一、高等教育			
（一）研究生培养机构（不计校数）	（42）		
1. 普通高校	（28）		
2. 科研机构	（14）		
（二）普通高等学校	146	154 001	96 267
1. 本科院校	70	98 745	56 190
其中：独立学院	26	9 826	7 488
2. 专科院校	76	54 313	39 401
其中：职业技术学院	72	52 318	37 967
3. 其他机构（点）（不计校数）	（19）	943	676
（三）成人高等学校	15	2 915	1 652
（四）民办的其他高等教育机构			
二、中等教育	3 771	419 251	347 186
（一）高中阶段教育	1 504	418 719	159 093
1. 高中	949	341 879	99 792
普通高中	737	340 480	98 918
成人高中	212	1 399	874
2. 中等职业教育	555	76 840	59 301
普通中专	155	27 454	20 364
成人中专	85	5 394	3 019
职业高中	173	22 698	18 205

续表

	学校数（所）	教职工数（人）	专任教师数（人）
技工学校	142	16 855	14 549
其他机构（教学点）（不计校数）	(334)	4 439	3 164
（二）初中阶段教育	2 267	532	188 093
1. 普通初中	2 209		187 646
2. 职业初中			
3. 成人初中	58	532	447
三、初等教育			
（一）普通小学	5 233	282 805	254 717
（二）成人小学	206	602	358
其中：扫盲班	31	83	38
四、工读学校	2	85	60
五、特殊教育	113	3 730	2 890
六、学前教育	4 241	96 061	65 748

注：普通高中的教职工数中包含普通初中的教职工数。

2008 年各级各类学历教育学生情况

	毕业生数（人）	招生数（人）	在校生数（人）
一、高等教育			
（一）研究生	25 990	35 011	104 718
博　士	3 377	4 940	19 194
硕　士	22 613	30 071	85 524
（二）普通本专科	380 924	410 705	1 572 632
本　科	163 807	221 234	848 248
专　科	217 117	189 471	724 384
（三）成人本专科	110 949	131 472	365 543
本　科	46 654	60 061	170 800
专　科	64 295	71 411	194 743
（四）其他各类高等学历教育			
1. 在职人员攻读博士、硕士学位		10 600	37 673
2. 网络本专科生	8 510	13 263	22 691
本　科	4 526	7 138	13 465
专　科	3 984	6 125	9 226

续表

	毕业生数（人）	招生数（人）	在校生数（人）
3. 其他			
二、中等教育	1 926 126	1 856 955	5 769 976
（一）高中阶段教育	895 122	991 130	2 976 056
1. 高中	508 246	482 937	1 511 152
普通高中	499 083	482 937	1 498 712
成人高中	9 163		12 440
2. 中等职业教育	386 876	508 193	1 464 904
普通中专	166 834	254 942	741 462
成人中专	16 083	27 863	60 945
职业高中	122 642	103 952	332 859
技工学校	81 317	121 436	329 638
（二）初中阶段教育	1 031 004	865 825	2 793 920
1. 普通初中	1 024 349	865 825	2 782 784
2. 职业初中			
3. 成人初中	6 655		11 136
三、初等教育	865 048	642 287	4 089 164
（一）普通小学	859 130	642 287	4 080 728
（二）成人小学	5 918		8 436
其中：扫盲班	657		1 003
四、工读学校	161	138	294
五、特殊教育	5 173	4 785	30 135
六、学前教育	585 352	729 711	1 776 424

注：特殊教育学生数中包括普通中小学随班就读的学生。

2008 年各级各类非学历教育学生情况

	毕（结）业生数（人）	注册生数（人）
总　计	7 239 665	5 686 790
一、高等教育	209 283	102 515
（一）研究生课程进修班	2 130	1 953
（二）自考助学班	13 662	39 941
（三）普通预科生		494
（四）进修及培训	193 491	60 127
其中：资格证书培训	56 572	21 884

续表

	毕（结）业生数（人）	注册生数（人）
岗位证书培训	50 599	12 851
二、中等教育	7 030 382	5 584 275
其中：资格证书培训	686 007	523 980
岗位证书培训	1 190 354	706 470
（一）中等职业教育	747 424	300 062
其中：资格证书培训	241 100	112 950
岗位证书培训	260 479	71 081
（二）职业技术培训机构	6 282 958	5 284 213
其中：资格证书培训	444 907	411 030
岗位证书培训	929 875	635 389

2008 年各级各类民办教育基本情况

	学校数（所）	毕业生数（人）	招生数（人）	在校生数（人）	教职工数（人）	专任教师数（人）	另有其他学生数（人）
一、民办高等教育							
（一）民办高校	48	76 328	103 766	387 614	18 326	13 136	13
本科学生		42 356	70 502	280 063			
专科学生		33 972	33 264	107 551			
其中：独立学院	26	30 641	48 182	193 353	9 826	7 488	13
本科学生		30 432	48 182	193 353			
专科学生		209					
（二）民办其他高等教育机构							
二、民办中等教育							
（一）高中阶段教育	224	88 626	121 590	336 931	48 767	38 291	7 285
1. 民办普通高中	167	64 858	80 152	229 232	44 558	35 524	
2. 民办中等职业教育	57	23 768	41 438	107 699	4 209	2 767	7 285
（二）初中阶段教育	243	160 201	170 307	503 481			
1. 民办普通初中	243	160 201	170 307	503 481			
2. 民办职业初中							
三、民办普通小学	143	47 989	40 752	251 494	14 245	11 714	
四、民办幼儿园	1 591	150 734	195 723	489 601	34 353	22 446	
另有：民办培训机构（不计校数）	（1 421）				15 012	8 772	912 749

注：1.“另有其他学生数”包括：学历文凭考试学生、自考助学班学生、预科生、进修及培训学生数；
2. 民办普通高中的教职工和专任教师数中包含民办普通初中的教职工和专任教师数；
3.“（ ）”内数据为不计校数。

〔**教育投入与支出**〕 2008年，全省教育经费总收入1 089.46亿元。其中，地方教育经费总收入996.39亿元，比上年增加145.06亿元，增长17.04%，位居全国第二。教育经费总支出1 091.04亿元。其中，地方教育经费总支出992.77亿元，比上年增加154.75亿元，增长18.47%。在总支出中，人员经费支出528.89亿元，比上年增加60.00亿元，增长12.8%，人员经费支出占总支出的53.27%，比上年下降2.63个百分点；公用经费支出417.46亿元，比上年增加85.19亿元，增长25.63%，公用经费支出占总支出的42.05%，比上年增加2.45个百分点；基本建设支出46.42亿元，比上年增加9.56亿元，增长25.94%，基本建设支出占总支出的4.68%，比上年增加0.28个百分点。全省地方各级各类学校校舍面积1.41亿平方米。年末固定资产总额达1 661.32亿元。其中，房屋建筑物1 169.76亿元，专用设备230.70亿元。

〔**加强师资队伍建设**〕 2008年，江苏继续实施“农村学校教育硕士师资培养计划”，选派26名农村教育硕士师资到财政转移支付县农村学校任教。继续组织实施“农村教师素质提升培训工程”，完成1.16万名农村英语、音体美教师和中小学校长的省级培训。评出2008年度优秀青年骨干教师培养对象493人，中青年学术带头人培养对象197人，科技创新团队培养对象30个。全省高校有9名教师入选2007年度教育部“长江学者”特聘教授，分别有5名和39名教师入选省“333工程”第二批中青年首席科学家、中青年科技领军人才，78名教师获省“333工程”科研项目资助，109名教师获“六大人才高峰”第五批高层次人才项目资助，44名教师、14个人才集体被评为“六大人才高峰”五年建设优秀人才和优秀人才集体。完成2008年度教育部“长江学者”特聘教授申报工作。全省382名中小学教师入选江苏省第十批特级教师。表彰了师资队伍建设先进单位53家。积极推进师范教育改革，调整全省师范类招生规模，继续开展五年制师范毕业生“专转本”工作。鼓励和支持南通市、昆山市探索师范生免费教育。进一步加强高校教师培训工作。2008年全省共认定各级各类教师资格48 641人。其中，幼儿园教师资格3 227人，小学教师资格10 781人，中学教师资格25 921人，中等职业学校实习指导教师资格149人，中等职业学校教师资格2 248人，高等学校教师资格6 315人。

〔**实施江苏省研究生培养创新工程**〕 2008年，江苏省投入经费1 000万元实施江苏省研究生创新工程，遴选出301项研究生创新计划项目（其中博士研究生创新计划256项，硕士研究生创新计划45项）。评选表彰99篇江苏省优秀博士学位论文、198篇江苏省优秀硕士学位论文。评选出江苏省研究生教育教学改革研究与实践课题63项。继续举办5个江苏省博士研究生学术论坛。依托南京大学等19所高校建立一批江苏省研究生创新与学术交流中心，涉及20个学科领域。

〔**学校体育、卫生与艺术教育**〕 2008年，江苏省推行了大学新生体质健康测试制度，全年共组织26所高校的10 140名新生进行测试，测试结果按生源地反馈至各市教育局，同时向社会公布。进一步完善学生体育考试制度，明确规定体育考试成绩按5%的比例计入中考总分；完善了“运动与健康”在高中学生综合素质评价中的测试标准，将学生日常体育成绩、体质健康状况、参与体育活动的表现列入评价内容，其结果作为高校录取的重要参考依据。建立了《国家学生体质健康标准》测试、报告和定期公告制度。举办了江苏省第二届大学生艺术展演，118所高校的近6 000名师生参加了省级比赛，校参与率达98.3%。积极开展高雅艺术进校园活动，组织各类演出和学术讲座240场，受益学生30余万人次。10余万中小学生参加全省中小学生卫生知识竞赛。组织全省大学生预防艾滋病主题教育活动，53所高校组织了防艾宣教活动。

〔**招生考试和高校毕业生就业**〕 2008年，江苏省加强对各类教育考试事业的统筹协调，提高招考工作的组织水平和管理质量，安全、平稳地完成2008年高考方案的实施工作。全年共组织各类教育考试58次，各类教育考试报考总规模达526.85万人次。其中，普通高考及对口单招54.62万人，普通高中学业水平测试57.57万人，信息技术考试52万人，研究生考试7.26万人，成人高考18.77万人，“专转本”2.76万人，自学考试学历教育89.10万人次，各类社会证书考试244.77万人。

2008年，江苏省进一步完善政府、学校、社会和用人单位通力协作的工作机制。首批遴选建设13所全省大学生创业教育示范学校，召开了全省高校创业教育工作大会，组织了全省职业规划大赛，举办了各类就业招聘会50场，引导毕业生面向基层就业，扶持毕业生自主创业，帮助家庭经济困难学生顺利就业。全省高校毕业生就业率达94.9%。

〔**教育交流与合作**〕 2008年，江苏省新审核上报本专科中外合作项目35个，17所院校的45个项目以“国际合作试验班”形式招生。支持并促成南京师范大学与美国亚利桑那大学及南京美国大学基金会签署了合作举办“南京国际大学”协议。举办了中德、中芬、中新高等职业教育论坛、中小学校长国际论坛等国际教育论坛。省级教育行政部门全年接待来自北美、欧洲等18个国家和地区的79批政府和教育代表团499人次访问。整合省内高校资源与法国阿尔萨斯9所教育机构共同成立了阿尔萨斯孔子学院。组织有关大学在英国创办江苏汉语中心，开全省中学境外办学先河。年内共有来自154个国家的11 242名留学生，高校新入学来自我国港澳台地区学生5 100多人。全年派出40个团组、1 614名教师赴海外培训。年内新聘外国文教专家2 036人。

〔**民办教育**〕 2008年，江苏省认真贯彻落实国务院办公厅《关于加强民办高校规范管理引导民办高等教育健康发展的通知》和教育部《民办高等学校办学管理若干规定》《独立学院设置与管理办法》精神，在大力促进民办教育发展的同时，切实加强规范化管理。认真开展民办高校招生简章和广告备案工作，严格执行国家有关规定，进一步明确广告内容要求，杜绝虚假、不实宣传。成立了民办高校督导组，采取巡回督导、专项督导等方式，依法监督、检查和指导民办高校的办学行为和办学质量。按照《民办教育促进法》有关规定，及时做好民办高校校长任职的核准和理事长、理事（董事长、董事）的备案工作。

〔**党建和思想政治教育**〕 2008年，江苏省委组织部、省委宣传部、省委教育工委联合召开了第十六次全省高校党的建设工作会议，对53所高校实施了党政领导班子集中考察、同步换届。全年举办了高校院（系）党政负责人培训班、本科高校组织部长培训班、基础教育党建工作培训班等5个培训班，指导江南大学等42所高校开好党代会。对9所高职院基层党组织建设进行考核，评选表彰全省学校先进基层党组织、优秀共产党员、党务工作者，举办了全省高校统战部长培训班，组织举办第十九期高校党外中青年高级知识分子理论培训班。

省教育厅会同省委组织部、省委宣传部、省委党校举办了4期高校哲学社会科学教研骨干研修班，举办“纪念江苏教育改革开放30周年”主题征文活动，组织全省高校参加教育部2008年高校校园文化建设优秀成果评比活动，对全省高校2008年新上岗的近800名辅导员开展系统的上岗培训，培训了400名思想政治理论课骨干教师。

〔**家庭经济困难学生资助**〕 2008年，江苏省义务教育阶段学生继续免收学杂费，为全省城乡722万名义务教育阶段学生免费提供教科书；为义务教育阶段家庭经济困难寄宿生补助生活费，全省平均补助面达寄宿学生总数的10%。按在校生总数10%、平均每人每年1 000元的标准发放了普通高中学生助学金。全省预算安排13.50亿元，为中等职业学校所有一、二年级在校学生提供助学金。省属高等学校向2 273名品学兼优学生发放国家奖学金每生8 000元，向近4万名家庭经济困难的优秀学生发放国家励志奖学金每生5 000元，向近20万名家庭经济困难学生发放国家助学金平均每生2 000元。2008年全省共发放国家助学贷款4.50亿元，获贷学生约9万人。省财政共安排专项资金1.70亿元，对在校学生特别是家庭经济困难学生发放生活补助。

〔**语言文字工作**〕 江苏省2008年成功举办了第十一届全国推广普通话宣传周江苏系列活动、首场国家汉字应用水平试点测试，在全国率先发起经典诵读活动，率先建设中国语言资源有声数据库。全省35个县（市、区）通过了国家三类城市语言文字工作评估。

〔**全力做好对口支援四川绵竹教育工作**〕 2008年四川汶川地震后，江苏省教育厅迅速成立对口支援四川灾区教育工作领导小组，统一部署全省教育系统有力有序有效开展抗震救灾工作。全省各地、各校充分发挥自身优势，积极开展赈灾捐款、义务献血、志愿者服务、接受灾区学生就学、帮助灾区重建校园等活动，全力以赴支持灾区抗震救灾。全省教育系统累计捐款2.45亿元；有27万名党员共缴纳“特殊党费”6 100万元；接受四川地震灾区学生5 403人；认真做好灾区生源地学生的帮扶工作，许多高校为来自灾区的学生提供生活补贴，对家庭受灾学生发放慰问金；全省医学类高校和相关附属医院共派出5支医疗队、100多名医务人员赴灾区开展医疗救护。

基础教育

〔**综述**〕 2008年，江苏全省启动实施农村留守少年儿童食宿条件改善工程和农村合格幼儿园建设工程，基础教育均衡发展水平向纵深迈进。高中教育又有新的发展，幼儿教育继续保持快速发展的好势头。全面深入推进课程改革，考试评价制度改革积极稳步实施。未成年人思想道德建设工作进一步加强，素质教育全面实施的格局基本形成。学前教育在园幼儿数达177.64万。义务教育学龄儿童入学率达99.9%。初中毕业生升学率达96%。高中阶段教育毛入学率达90%。

〔**义务教育均衡发展水平显著提高**〕 2008年，江苏启动实施农村留守少年儿童食宿条件改善工程。省教育厅、财政厅联合印发《关于实施农村留守少年儿童食宿条件改善工程的意见》，当年省财政投入2亿元，在苏北5市选择22个县（市、区）的公办农村初中开展试点，新建一批学生宿舍和食堂，为家庭无监护条件、距离学校较远、确需寄宿的留守少年儿童提供安全的宿舍、卫生的食堂。送优质教学资源到农村教学点。2008年，江苏“送优质教学资源下乡工程”延伸至农村小学教学点，省财政投入600万元，为全省1 737个农村小学教学点配备了1 737套视频播放设备（每套包含1台34寸彩色电视机及1台DVD播放机）和3 474套优质教学资源光盘。此举对提高农村小学教学点的师资教学水平和教育教学质量，进一步缩小城乡教育差距，发挥了十分重要的作用。评选表彰第二批义务教育均衡发展先进县（市、区）。在2006年评选表彰第一批20个县（市、区）的基础上，江苏2008年又评选表彰了南京雨花台区、建邺区，无锡宜兴市、锡山区、南长区，徐州泉山区，常州金坛市，苏州吴江市、高新区、沧浪区，南通海门市、如皋市，连云港海州区、连云区，扬州邗江区、仪征市，镇江京口区，泰州泰兴市，宿迁宿豫区19个义务教育均衡发展先进县（市、区）。

〔**幼儿教育快速健康发展**〕 江苏2008年起启动实施农村合格幼儿园建设工程。省政府安排2亿元专项资金，帮扶苏中苏北经济薄弱地区的1 000所农村公办乡镇中心幼儿园建成为合格幼儿园。省教育厅成立合格幼儿园建设领导小组办公室。2008年10月，省政府召开了全省农村合格幼儿园建设工程实施推进会，农村合格幼儿园建设工程进展顺利，开局良好。按照《关于加强民办学前教育机构管理工作的通知》，江苏民办学前教育机构实行教育部门归口管理。2008 年，江苏教育厅对江苏的民办学前教育机构进行了清理整顿，要求各地逐一审查民办学前教育机构的举办资格，对达不到基本办学条件的学前教育机构，限期整改；对经整改仍不合格的，坚决查禁停办，依法吊销办学许可证；对未经许可的非法民办学前教育机构采取果断措施坚决予以取缔。积极推进 0～3 岁婴幼儿早期教育。2008 年，省教育厅联合省卫生厅、省妇联下发了《关于进一步推进 0～3 岁婴幼儿早期教育工作的意见》，明确了“十一五”期间全省 0～3 岁婴幼儿早期教育的发展目标。到 2012 年，全省 0～3 岁婴幼儿及其家长、看护人员接受早期教育指导率为：苏南地区的城市达 90%以上，农村达 75%以上；苏中地区的城市达 80%以上，农村达 65%以上；苏北地区的城市达 70%以上，农村达到 50%以上（接受早期教育指导率是指 0～3 岁婴幼儿及其家长和看护人员每年至少接受 4 次以上有质量的科学育儿指导）。明确了教育部门牵头，卫生、妇联、计生等部门协同负责的工作机制，在各省辖市、县（市、区）建立早教指导机构，建立并完善 0～3 岁婴幼儿早期教育工作联席会议制度。

〔**高中教育优质均衡发展**〕 2008 年，江苏继续推动星级高中创建。2008 年全省共有 46 所高中申报星级评估，其中 24 所学校申报三星级评估、22 所学校申报四星级评估。经过材料评审，进入现场考察的学校 37 所。为增强评估的透明度和公正性，所有申报学校的自评材料均在网上公示三个月，并要求学校在当地教育网、学校网站同步公示，接受社会监督。到 2008 年底，全省共有三星级以上高中 429 所，其中四星级高中 176 所，三星级高中 253 所；在三星级以上高中就读的学生超过 80%。

〔**深入实施素质教育**〕 深入实施高中课程改革，全面完成第一轮普通高中课程改革实验工作。2008 年 4 月和 9—10 月，省教育厅分两批对全省 13 个市的普通高中课程改革实验工作进行专项视导，同时对各地普通高中学生综合素质评价工作进行抽查，对 3 年来各地实施高中课程改革、开展高中学生综合素质评价工作进行总结、反馈。顺利完成全省第二次义务教育质量测试。2008 年，江苏的此项测试，全省 106 个县（市、区）全部参加。参加质量测试的小学 1 612 所、初中 788 所；参加测试的学生共有 182 225 名。小学测试的科目为语文、数学 2 个学科，初中为语文、数学、英语和科学（包括物理、生物、地理）4 个科目，每人根据抽样组合测试两门学科。积极探索中考评价制度。2008 年 5 月，省教育厅转发《教育部关于深入推进和进一步完善中考改革意见》，对初中生学业考试、初中生综合素质评价、中考命题工作提出了指导性意见，再次重申将热点公办普通高中 50%以上的招生计划，根据初中生毕业生数、办学水平等情况，按比例定向分配到各初中学校，并强调各地必须严格执行热点高中指标生分配政策。对各地中考加分政策和指标性政策进行逐一核查，发布《关于普通高中面向全省招生问题的紧急通知》，纠正各地中考加分及指标生分配政策中不恰当的做法。

〔**未成年人思想道德建设工作全面加强**〕 2008 年，江苏省为大力推进和谐校园文化建设，促进全省中小学、幼儿园健康、协调、可持续发展，根据教育部《关于在全国中小学开展创建和谐校园的意见》，结合实际，在全省中小学、幼儿园和特教学校中开展和谐校园创建活动。省教育厅颁布了评选表彰办法，明确此项工作每两年一次，每次评选 500 所学校。2008 年 7 月 15 日—25 日，省教育厅、省文明办共同举办的“江苏—绵竹中小学生手拉手、同成长”夏令营分别在南京、无锡、常州、苏州、镇江等市举行，来自四川地震灾区的 500 多名学生与江苏省的 500 多名中小学生共同度过了一段快乐、难忘而有意义的暑假。2008 年，省教育厅结合民族精神月开展一系列主题教育活动。如进行“学英雄少年、为奥运添彩、做有道德的人”网上签名暨留言，组织广大中小学生参加网上评选投票；向“抗震救灾英雄少年”和“抗震救灾优秀少年”学习，即时分发《挺起不屈的脊梁——抗震救灾中孩子们的感人故事》，并做好阅读宣传教育工作；以“迎接奥运会，做好小主人”为主题，加强学生奥运礼仪教育等。2008 年，省教育厅举办了江苏省中小学心理健康教育教师第四期培训班，全省县城及以下的 300 余名专职或兼职心理健康教育教师参加了培训。评选表彰了一批省三好学生、优秀学生干部，授予 1 298 名学生“江苏省三好学生”称号，授予 300 名学生“江苏省优秀学生干部”称号。

〔**提升特殊教育办学水平**〕 2008 年，江苏基本完成特殊教育合格学校建设工程。新建一批培智学校，实现了特殊教育全覆盖，全省所有 30 万人口以上的县（区）均已建立特殊教育学校。省财政补助 2 600 万元，地方投入近 2 亿元，已有 96 所特教学校基础设施达标。各地教育局为特教学校配置的通用设备已全部到位。省财政投入 4 000 多万元，完成特教专用设备和图书的购置。举办了“江苏省第五届特殊教育青年教师教学基本功比赛”，举行了全省特教学校教学研究活动。江苏省教育学会特殊教育专业委员会于 2008 年 5 月、11 月分别在南京市盲人学校、扬州市特殊教育学校和常州市光华学校举办了盲校、聋校和培智学校新课程实施教学研究活动。7 月 19 日—30 日，省教育厅委托江苏省特殊教育师资培训中心举办了全省特殊教育学校校长培训班，来自全省 109 所特教学校的校长参加了培训。

〔**民族教育工作取得新的进展**〕 进一步改善了民族中小学办学条件。为使江苏民族中小学的办学条件达到并超过当地同类学校的平均水平，2008 年，江苏省财政在 2007 年投入 413 万元的基础上，再次投入 440 万元帮助 13 所民族中小学实施修建学生餐厅、操场等 16 个建设项目。全省内地西藏、新疆高中班毕业生顺利参加当年高考。2008 年江苏省实施新的高考方案，为了与其他省份内高班保持一致，省教育厅制定了《关于内地新疆班西藏班毕业生参加江苏省 2008 年高考有关问题的通知》，明确了有关政策，保证了全省内高班高考和录取工作的平稳进行。2008 年，全省内高班 487 名考生录取本科 471 人，录取专科 13 人。录取情况好于 2007 年，本科录取率由 2007 年的 90.9%上升到 96.7%，本专科总录取率由 2007 年的 96.4%上升到 99.4%。

职业教育与成人教育

〔**综述**〕 2008 年，全省继续围绕职教富民主题，突出以生为本，坚持好字优先，加快布局调整，优化资源配置，加强内涵建设，促进职业教育与社会教育健康、协调、可持续发展。全省 2008 年有中等职业学校 553 所（其中五年制高职校 33 所，普通中专 122 所，职业高中 173 所，技工学校 140 所，成人中专 85 所），当年招生 50.68 万人（其中面向中西部地区招生 2 万人），在校生总数达 146.53 万人，继续保持中等职业教育与普通高中招生规模大体相当。

〔**推进中等职业教育布局调整**〕 2008 年，江苏省教育厅印发了《关于推进中等职业教育持续健康发展的意见》，要求以市、县为主，整合本地省、市、县属中等职业学校（普通中专、成人中专、技工学校、职业高中等）各类职教资源，优化资源配置，形成集约发展合力。一是调整学校数量。原则上每 30 万人口设置一所中等职业学校。二是扩大优质资源。2010 年，力争全省所有职业学校都达到省优（三星级）标准。全省创建 100 所高水平示范性职业学校。三是形成特色优势。四是拓展服务功能。职业学校都要承担社会培训任务，学历教育与非学历教育并举。2008 年，全省中等职业学校比上年减少70多所。

〔**启动中等职业学校星级评估**〕 2008年，按照《江苏省中等职业学校星级评估标准》，省教育厅整合了中等职业教育原有的各类评估项目，构建了星级评估体系，分一星至五星五个等级。年内，共申报星级评估学校117所（其中，申报三星的学校67所，申报四星的学校50所）。中等职业学校星级评估在全省范围内实现了“四统一”：即统一评估项目，统一评估名称，统一评估标准，统一评估管理。

〔**推进职业学校基础能力建设**〕 推进高水平示范性职业学校建设。江苏省2008年遴选了26所中等职业学校创建为省级高水平示范性职业学校，至此，全省已有70所中等职业学校积极创建高水平示范性职业学校。

推进实训基地建设。江苏省2008年全年申报10个国家级实训基地，申报6个中央国债项目主要用于实训基地建设；遴选、新建25个省级实训基地；年底组织开展了职业学校实训基地专项视导。

加强职教师资培养培训。江苏省2008年全年安排国家级骨干教师培训310人；安排省级骨干教师培训800人（其中专业教师500名、文化课教师300名）；安排800名教师参加新课程培训；围绕全省职业教育重点工作，安排重点工作推进培训900名，包括省级示范专业负责人、省级实训基地负责人、新任职业学校校长等培训，并督促市、县、学校加快完善培训网络。

推进职业学校示范专业建设和课程改革。2008年，省教育厅组织全省职业学校示范专业建设、课程改革视导，新认定24个五年制高职示范专业、122个中等职业教育示范专业、85个课程改革实验点。

〔**建立和完善职业教育技能大赛制度**〕 2008年，江苏省教育厅高度重视学生实践操作能力培养，努力提高职校师生的职业技能。全省职业学校技能大赛在全省7个城市、11所学校同时举行，参加决赛人数达1 673人，是2007年的3倍；竞赛项目拓展到建筑、机械、数控、电工电子、旅游、财会、农业、化工、汽车、计算机、服装等11个类别、27个项目，囊括了一、二、三产业的主要专业大类。在2008年全国职业院校技能大赛中，江苏一举夺得24块金牌、19块银牌和6块铜牌，奖牌总数名列全国第一，金牌（一等奖）总数和团体总分列全国第二。

〔**加强和改进职业学校德育工作**〕 2008年，江苏省依托省职教学会德育分会，加强和改进职业学校德育工作。省教育厅积极推进职业学校公民教育试点，通过课题引领，现场会交流，促进全省40所试点学校深化试点活动；开展职业学校德育“1234工程”，在全省范围内评选了11本优秀德育校本教材、27所德育特色学校和43位优秀班主任，收集了40名优秀毕业生自主创业事迹；在江苏职业教育网站开辟《德育之葩》专栏，交流各地各校开展德育工作经验和教师教育教学心得；以“三创”新江苏精神为评价标准，评选表彰了543名省级“三创”优秀学生和247名省级优秀学生干部。

〔**组织实施非学历教育年检工作**〕 2008年，江苏省按照“谁批准、谁负责”的原则，省、市、县（市、区）分别对所批准成立的民办非学历教育机构进行全面普查与登记。省教育厅直接组织了对80家省属非学历民办教育机构和52家实行备案制的非学历教育机构的全面检查，11个办学机构限期整改，3个办学机构予以注销办学许可证。

〔**启动退役士兵职业技能培训**〕 2008年，江苏省积极开展退役士兵免费职业技能培训，帮助退役士兵实现稳定就业、优质就业、自主创业。2008年省教育厅、劳动和社会保障厅、农林厅共下达培训计划2.5万人。一是建立体系完备、全额免费的退役士兵职业技能培训制度。二是构建水平一流、全面覆盖的退役士兵职业技能培训网络，全省遴选了110所国家级重点职业学校、70所省级以上重点技工学校，覆盖城乡全部市、县，定点开展退役士兵培训工作。三是探索行之有效、保证质量的退役士兵职业技能培训方式，实施针对性教学，推行校企合作，严格规范管理，突出就业创业，着力培养一批具有创业勇气、创新锐气、创优志气的高素质人才。

高 等 教 育

〔**综述**〕 2008年，江苏全省高等教育教学工作深入贯彻落实党的十七大精神，以科学发展观为指导，以实施高等教育“质量工程”为抓手，突出重点，求真务实，开拓创新，全面完成第一轮本科教学水平评估工作，全面深化创新人才培养模式改革，全面完善教学质量保证体系，全面提升高等学校内涵和质量，为高水平高质量推进高等教育大众化、建设教育强省、率先基本实现教育现代化夯实基础。

〔**高校科技创新取得新突破**〕 2008年，江苏全省普通高校拥有科技人力46 138人，投入科技活动人员19 809人。当年全省高校争取科技经费63.7亿元（其中企事业单位委托30.4亿元）。当年全省高校获得科技项目共24 498项（其中企事业单位委托11 128项）。当年共申请专利4 903项（其中发明专利3 473项），授权专利2 231项（其中发明专利1 110项）。当年共签订技术转让合同项目1 321项，实际收入1.9亿元。当年共发表学术论文53 857篇（其中在国外及全国性刊物上发表12 397篇），三大检索系统（SCIE、EI、ISTP）收录17 396篇。当年共有374项科技成果获得奖励，其中国家级奖20项，省部级一、二等奖180项。

〔**加强高校科研创新基地建设**〕 加大重点实验室的建设力度。2008年，江苏省依托苏州大学、中国矿业大学建设的“现代丝绸国家工程实验室”“深部岩土力学与地下工程国家重点实验室”，分别被国家发展改革委员会和科技部批准立项建设。组织依托南京信息工程大学、南京中医药大学建设的“江苏省气象灾害重点实验室”和“江苏省针药结合重点实验室”，申报省部共建重点实验室，获得教育部批准立项建设。依托南京师范大学、南京医科大学建设的“虚拟地理环境教育部重点实验室”和“现代毒理学教育部重点实验室”两个省部共建重点实验室，上半年通过教育部验收并正式开放运行。

重视工程（技术）研究中心建设。2008年，省教育厅组织省属高校申报教育部工程研究中心，遴选出3个工程研究中心上报教育部评审。组织召开高职院校省级工程技术研究开发中心建设经验交流会，总结交流各高校工程技术研发中心建设发展及其实施产学研合作的有关做法与经验。组织对建设期满的省级工程技术开发中心进行验收，依托有关高职院校建设的“江苏省动物药品工程”“江苏省花卉园艺工程”及“江苏省精密制造工程”等3个技术开发中心，经专家组现场评估，全部通过验收。会同省科技厅正式认定南京工业大学科技园和常州市大学科技园为省级大学科技园，同时获得申报国家大学科技园资格。

2008年，省教育厅还印发了《江苏省高等学校哲学社会科学重点研究基地管理办法》。

〔**高校科技服务经济社会发展和产学研合作取得新成效**〕 2008年，省教育厅组织召开了“高校科技工作为建设美好江苏服务研讨会”，教育部副部长赵沁平、江苏省省长助理徐南平院士、教育部科技司领导等出席会议并作专题报告。组织苏北工科院校召开第十二次科技协作会议，交流研讨了进一步加强产学研深层次合作的新思路和新模式。组织高校推荐了一批建设运行情况好且成效明显的产学研合作基地及重大项目，向教育部科技发展中心推荐了一批高校产学研合作优秀典型案例，省属高校有14个案例获得教育部专家组评审通过。组织了2007年度全省高校科技工作为江苏服务情况统计，并将统计结果排名公布，当年各类指标与上一年度相比，有了较大幅度的跃升。引导全省高校积极申报省科技成果转化专项资金项目，全省高校作为成果依托及支撑单位参与的共有40个项目，占81个产学研合作项目总数的近50％。

〔**高校科研管理工作切实加强**〕 2008年，省教育厅组织在宁高校申报省自然科学基金等各类项目596个，立项资助江苏高校自然科学研究重大项目39个、面上项目232个（含青年教师项目96个）、自筹经费项目269个，立项资助江苏高校科研成果产业化推进项目36个，学校自筹经费项目58个。南京师范大学汪永进教授主持的“晚更新世亚洲季风旋回驱动机制和突变事件韵律的研究”项目入选“2008年度高校十大科技进展”。组织申报2008年度教育部“创新团队计划”和“新世纪优秀人才支持计划”，全省6所高校的8个创新团队和14所高校的66名中青年学术骨干入选。根据教育部科技司要求，组织了“改革开放30年的高校科技文集”的征文工作。会同省科技厅组织召开“全省高校院所科技人员创新创业表彰大会”。2008年，江苏全省高校共有43项成果入选全国高校科学技术奖，占全国高校入选项目总数的15％；共有98项成果入选省科技进步奖，占全省成果总数的54.4％。

2008年，省教育厅加强科研管理制度和业绩考核制度的修订和完善，积极探索符合文科科研规律的学术评价体系，逐步建立变单一指标为综合指标、变注重资助为注重奖励、变短期考核为长期考核、数量考察和质量评估相结合的科研评价体系。

〔**召开全省高等学校创新人才培养推进工作会议**〕 2008年12月23日，江苏省教育厅在南京召开了全省高等学校创新人才培养推进工作会议。会议全面总结了“十五”以来全省高校创新人才培养工作取得的成绩和经验，强调必须全面树立育人为本的教育理念；必须始终坚持服务现代化建设的办学宗旨；必须牢固确立教学工作的中心地位；必须不断创新教学工作的体制机制。会议出台了《省教育厅关于深化教学改革加强高等学校创新人才培养工作的意见》。

〔**启动省级人才培养模式创新实验基地和省级教学团队建设**〕 2008年，江苏省首批遴选省级人才培养模式创新实验基地51个，其中本科院校26个，高职高专院校25个。省级创新实验基地建设拓展了教育部大学生创新实验基地的立项范围，强化了建设内涵，加强了分类指导。

高等学校教学团队建设工作旨在通过建立高效的团队合作机制，系统地推动教学内容、教学方法和人才培养模式的改革创新，促进教学研讨与教学经验交流，推进教学工作老中青相结合，发挥传帮带作用。江苏2008年首批遴选45个教学质量高、群体结构优、团队效益突显的省级优秀教学团队，新增国家级教学团队24个，国家级教学团队总数达34个，居全国第二。

〔**提升专业建设水平**〕 2008年，江苏全省高校新增本科专业点111个，其中有12个专业点为首次开设，专业结构得到进一步优化。省教育厅进一步加强专业的规范管理，高职高专专业按教育部的要求全部进行了备案；开展第三轮省级品牌特色专业建设，新增60个品牌专业建设点和137个特色专业建设点。江苏2008年新增国家级特色专业建设点54个，累计达131个，居全国第二。

〔**推进课程与教材建设**〕 江苏2008年全省高校新增省级精品课程300门，省级精品课程总数达到1 010门；新增国家精品课程64门，其中本科43门，高职高专20门，网络课程1门，累计达219门；新增国家双语教学示范课程10门，累计达19门；国家精品课程与双语教学示范课程数量均居全国第二，仅次于北京。通过构建国家、省级、学校三级精品课程体系，创建优质课程资源，加强教学信息环境建设，形成多学科、多课程的网络共享平台。

〔**加强大学生实践创新能力培养**〕 2008 年，省教育厅继续组织开展省级大学生实践创新训练计划立项建设工作，确定立项建设项目 1 018 项，其中本科院校 641 项，高职高专院校 377 项，使全省大学生创新训练计划项目达到了 2 026 项。江南大学、中国矿业大学、南京航空航天大学、南京理工大学四所高校入围第二批国家级大学生实践创新训练计划项目实施高校。举办第三届全国机械创新设计大赛江苏赛区竞赛、首届全国大学生基础力学实验邀请赛暨第二届江苏省大学生基础力学实验竞赛、2008 年全国大学生数学建模竞赛江苏赛区竞赛、第三届江苏省大学生机器人大赛、第九届江苏省高校非理科专业高等数学竞赛、2008 年江苏省 TI 杯模拟电路设计竞赛、全国大学生广告艺术设计大赛作品巡展等，为大学生创新创业提供舞台。组织无锡职业技术学院等 6 所高职院校 9 个队 25 名选手参加在天津举办的全国职业院校技能大赛高职组数控、模具、自动线、机器人等四个项目比赛，获得 2 个一等奖、4 个二等奖、1 个三等奖，获得金牌总数位居全国第三。

〔**继续开展示范高职院校建设**〕 江苏 2008 年新增国家级示范性高职院校 2 所，分别是徐州建筑职业技术学院与南通纺织职业技术学院，总数已达 7 所，居全国各省市之首；新增省级示范性高职院校 8 所，分别是无锡商业职业技术学院、南京交通职业技术学院、江苏畜牧兽医职业技术学院、苏州农业职业技术学院、南京信息职业技术学院、江苏食品职业技术学院、南通职业大学和南京铁道职业技术学院；省级示范性高职教育园区 1 个，为常州高等职业教育园区，含常州信息职业技术学院、常州纺织服装职业技术学院、常州工程职业技术学院、常州轻工职业技术学院和常州机电职业技术学院 5 所学校。江苏的示范性高职院校建设无论在规模还是在建设成效、改革创新深度广度方面都走在全国各省、区、市的前列。

〔**推进职教集团建设**〕 2008 年，江苏省在无锡举办了江苏省职教集团建设发展论坛，总结交流了全省职教集团的建设经验，分析明确了下一步职教集团的建设目标。2008 年，江苏省成立江苏艺术设计职教集团，这是江苏省继经贸、建筑、农林、现代服务、信息、旅游、纺织、化工、机电、汽车职教集团之后的第 11 个职教集团。江苏艺术设计职教集团由苏州工艺美术职业技术学院牵头，江苏省 42 所职业院校和 55 家企业加盟。

〔**加强实践教学资源建设**〕 江苏 2008 年全省高校新增 7 个国家级实验教学示范中心，累计数量达 26 个，在入选数量、学科分布上均名列全国第二，仅次于北京。新增中央财政支持的高职实训基地 7 个，中央财政支持的高职实训基地达到 32 个。新增省级高职实训基地 14 个，省级高职实训基地达到 56 个。2008 年，江苏承办了第二届全国高等学校实验室工作论坛暨国家级实验教学示范中心建设系列报告与交流会。全国各省（自治区、直辖市）教育行政部门负责人、国家级实验教学示范中心（建设单位）主任等近 700 人参加了会议。教育部以江苏为现场，总结推广了江苏优质实践教学资源建设与实践教学改革的经验，以此辐射带动全国，提高高校实践教学改革与实验教学示范中心建设的整体水平。

撰稿 张卫星
审稿 洪 流

浙江省教育

概　　况

〔基本情况〕

2008 年各级各类学校校数、教职工、专任教师情况

	学校数（所）	教职工数（人）	专任教师数（人）
一、高等教育			
（一）研究生培养机构（不计校数）	(20)		
1. 普通高校	(16)		
2. 科研机构	(4)		
（二）普通高等学校	98	75 986	47 795
1. 本科院校	52	53 270	32 925
其中：独立学院	22	10 270	7 922
2. 专科院校	46	21 940	14 398
其中：职业技术学院	42	20 117	13 250
3. 其他机构（点）（不计校数）	(3)	776	472
（三）成人高等学校	12	2 185	1 384
（四）民办的其他高等教育机构	23	2 482	1 018
二、中等教育	3 241	250 973	216 986
（一）高中阶段教育	1 349	250 651	99 194
1. 高中	820	205 538	61 437
普通高中	594	203 645	60 005
成人高中	226	1 893	1 432
2. 中等职业教育	529	45 113	37 757
普通中专	46	4 619	3 485
成人中专	66	2 139	1 336
职业高中	346	28 600	23 398

续表

	学校数（所）	教职工数（人）	专任教师数（人）
技工学校	71	6 316	6 707
其他机构（教学点）（不计校数）	（229）	3 439	2 831
（二）初中阶段教育	1 892	322	117 792
1. 普通初中	1 783		117 588
2. 职业初中			
3. 成人初中	109	322	204
三、初等教育			
（一）普通小学	4 417	182 810	167 847
（二）成人小学	101	246	125
其中：扫盲班	66	125	65
四、工读学校	1	45	34
五、特殊教育	64	1 680	1 413
六、学前教育	10 212	127 635	79 741

注：普通高中的教职工数中包含普通初中的教职工数。

2008年各级各类学历教育学生情况

	毕业生数（人）	招生数（人）	在校生数（人）
一、高等教育			
（一）研究生	8 944	13 691	35 812
博　士	1 401	1 864	7 449
硕　士	7 543	11 827	28 363
（二）普通本专科	203 203	245 330	832 224
本　科	89 838	127 966	466 909
专　科	113 365	117 364	365 315
（三）成人本专科	102 610	104 841	307 886
本　科	45 378	35 973	99 648
专　科	57 232	68 868	208 238
（四）其他各类高等学历教育			
1. 在职人员攻读博士、硕士学位		4 661	13 924
2. 网络本专科生	11 392	17 611	42 859
本　科	10 738	15 038	39 778
专　科	654	2 573	3 081
3. 其他			

续表

	毕业生数（人）	招生数（人）	在校生数（人）
二、中等教育	1 235 034	1 167 502	3 538 961
（一）高中阶段教育	566 905	545 397	1 601 363
1. 高中	320 162	281 878	872 641
普通高中	295 892	281 878	848 152
成人高中	24 270		24 489
2. 中等职业教育	246 743	263 519	728 722
普通中专	36 633	31 275	90 966
成人中专	14 356	17 027	38 096
职业高中	171 810	179 596	502 588
技工学校	23 944	35 621	97 072
（二）初中阶段教育	668 129	622 105	1 937 598
1. 普通初中	538 120	622 105	1 849 851
2. 职业初中			
3. 成人初中	130 009		87 747
三、初等教育	631 005	557 757	3 329 726
（一）普通小学	624 785	557 757	3 322 785
（二）成人小学	6 220		6 941
其中：扫盲班	3 523		3 948
四、工读学校	52	84	150
五、特殊教育	1 603	1 864	12 924
六、学前教育	522 636	574 954	1 593 374

注：特殊教育学生数中包括普通中小学随班就读的学生。

2008 年各级各类非学历教育学生情况

	毕（结）业生数（人）	注册生数（人）
总　　计	5 256 886	4 653 709
一、高等教育	290 272	200 603
（一）研究生课程进修班	3 194	3 624
（二）自考助学班	7 169	44 864
（三）普通预科生		59
（四）进修及培训	279 909	152 056
其中：资格证书培训	75 312	26 308
岗位证书培训	77 371	41 865
二、中等教育	4 966 614	4 453 106

续表

	毕（结）业生数（人）	注册生数（人）
其中：资格证书培训	721 852	647 270
岗位证书培训	807 817	660 874
（一）中等职业教育	361 719	168 843
其中：资格证书培训	167 703	73 350
岗位证书培训	104 668	39 908
（二）职业技术培训机构	4 604 895	4 284 263
其中：资格证书培训	554 149	573 920
岗位证书培训	703 149	620 966

2008 年各级各类民办教育基本情况

	学校数（所）	毕业生数（人）	招生数（人）	在校生数（人）	教职工数（人）	专任教师数（人）	另有其他学生数（人）
一、民办高等教育							
（一）民办高校	35	53 356	76 527	261 790	15 861	11 941	22 980
本科学生		32 399	50 053	181 131			
专科学生		20 957	26 474	80 659			
其中：独立学院	22	32 066	44 563	169 787	10 270	7 922	2
本科学生		30 258	43 641	165 510			
专科学生		1 808	922	4 277			
（二）民办其他高等教育机构	23				2 482	1 018	43 919
二、民办中等教育							
（一）高中阶段教育	314	98 221	98 517	280 728	34 988	26 327	24 272
1. 民办普通高中	187	62 915	62 477	181 947	29 027	22 221	
2. 民办中等职业教育	127	35 306	36 040	98 781	5 961	4 106	24 272
（二）初中阶段教育	175	49 372	75 339	202 561			
1. 民办普通初中	175	49 372	75 339	202 561			
2. 民办职业初中							
三、民办普通小学	212	41 774	58 727	309 115	15 703	11 851	
四、民办幼儿园	8 227	319 086	354 879	1 014 213	83 074	50 761	
另有：民办培训机构（不计校数）	（1 283）				11 492	7 093	883 526

注：1. “另有其他学生数”包括：学历文凭考试学生、自考助学班学生、预科生、进修及培训学生数；
2. 民办普通高中的教职工和专任教师数中包含民办普通初中的教职工和专任教师数；
3. “（ ）”内数据为不计校数。

〔**召开全省教育局长会议**〕 2008年1月30日—31日，浙江省教育局长会议在杭州举行。浙江省副省长郑继伟出席会议并讲话。浙江省教育厅厅长刘希平作了题为《深入学习贯彻党的十七大精神，进一步推进教育科学和谐发展》的主题报告。会议要求全省教育系统深刻理解科学和谐发展这一基本要求，把发展教育的理念加快转变到科学和谐上来，把教育工作的中心加快转移到以内涵建设为主上来，把育人模式加快转换到培养一切孩子和一切孩子的全面发展上来。会议确定2008年重点做好加强教师队伍建设、推进素质教育、促进城乡教育统筹发展、发展职业教育、提高高等教育办学水平、推进教育改革开放、规范办学和学校安全稳定七个方面的工作。会议还提出2008年教育为民办十方面实事：一是从春季入学开始，全部免除义务教育阶段中小学生教科书费；二是从春季入学开始，免除符合入学条件的农民工子女义务教育借读费；三是将义务阶段中小学生日常公用经费最低标准，分别由每生每年330元和230元，提高到每生每年450元和300元；四是从2008年开始，用两年时间全面化解全省义务教育债务；五是培训农村预备劳动力3.5万人左右；六是从2008年开始，用3年时间，为农村中小学培训3.3万名骨干教师，其中2008年培训1万名以上；七是从2008年开始，用2年时间，通过并、转、改，根本解决偏远地区村小办学条件不达标问题；八是资助31个欠发达县和海岛县每所普通高中新建一个通用技术教室；九是为2 800所农村中小学配送图书150万册；十是资助建设10个特殊教育改善教学条件项目。

〔**生均事业费和公用经费均有增长**〕 2008年，浙江省地方教育经费总投入达到797.28亿元，比上年增长12.95%。其中，财政性教育经费投入517.24亿元，比上年增长17.5%，占总投入的比例为64.88%，比上年提高2.52个百分点。

各级学校生均预算内教育事业费增长情况：普通高校8 771.4元，比上年增长18.31%；职业中学5 626.71元，比上年增长25.5%；普通高中5 035.15元，比上年增长10.37%；普通初中5 710.27元，比上年增长19.08%；普通小学4 528.11元，比上年增长21.26%。

各级学校生均预算内公用经费增长情况：普通高校2 835.17元，比上年增长14.7%；职业中学1 693.11元，比上年增长37.14%；普通高中996.66元，比上年增长0.16%；普通初中1 051.34元，比上年增长14.25%；普通小学758.75元，比上年增长25.93%。

〔**省人大常委会首次审议政府教育工作**〕 2008年，浙江省人大常委会采取统一部署、上下联动的方式，听取和审议了浙江教育专项工作报告，这是浙江省人大常委会首次就政府专项工作进行审议。省人大常委会把这项工作作为2008年监督工作的重点，并作为监督工作组织方式上的一项重大创新和探索。省委书记、省人大常委会主任赵洪祝对这项工作非常重视，要求扎实做好，并务求实效。8月，省人大常委会作出《关于全省教育工作情况报告的审议意见》，充分肯定了省教育工作取得的成绩，指出，近年来全省各级政府坚持以科学发展观为指导，认真贯彻执行党的教育方针和教育方面的法律法规，坚持把教育放在优先发展的战略位置，依法治教，大力促进教育公平，在加快发展各级各类教育的基础上，着力推进农村教育和职业教育的发展，许多方面走在全国前列。同时，省人大常委会提出了注重教育经费投入的科学性和有效性、加快推进城乡义务教育均衡发展、加强新情况新问题的研究、继续大力发展职业教育等四方面意见和建议。根据省人大常委会的《审议意见》和省政府的要求，省教育厅主动会同相关厅局，在深入研究的基础上，提出了40项落实省人大常委会《审议意见》的工作措施。11月17日，吕祖善省长主持省政府专题会议，研究《审议意见》的落实情况。11月底，省政府向省人大常委会作了专题书面报告。

〔**积极支援抗震救灾**〕 汶川特大地震发生后，浙江省教育厅迅速成立了由厅长任组长的支援广元抗震救灾及灾后重建工作领导小组，提出用1～2个月的时间，帮助浙江省对口支援的地震极重灾区广元市青川县受灾学校实现全面复课；用2～3年时间，帮助青川县完成学校重建任务。2008 年 6 月 4 日，省教育厅在广元市设立了浙江省教育系统支援灾区重建工作联络站。6 月 6 日，组织 83 名教师组成浙江省赴广元灾区支教团，帮助灾区开展为期一个月的考前辅导、受灾师生心理辅导、临时校舍建设和灾后重建规划指导工作。同时发动全省教育系统捐款捐物。8 月 1 日，青川县全县 53 所中小学校全部实现复课，3.8 万名孩子重新走进了校园。2008 年，浙江省统一接纳 332 名灾区中职学校学生到浙江省经济发达地区重点职业学校就读，第一年全部实行免费教育，并给予每生 4 000 元的补助。热情安置了 1 122 名来浙江省投亲靠友的灾区中小学生，并为在浙江省学习的 3 912 名灾区大学生提供了生活援助，为广元地震灾区毕业生提供了 767 个“爱心岗位”。下半年，省教育厅帮助设计完成了青川县中小学布局调整规划，并经青川县政府审定通过。在 2008 年的抗震救灾工作中，浙江在全国教育系统创造了多个“第一”：第一个向灾区派出工作组，第一个发动全省教育系统为灾区学校复学复课提供教育资源支持，第一个帮助青川及广元在四川实现了全面复课，第一个成批转移接收灾区中职学生，第一个成立赴灾区支教团，第一个帮助受援县制定了重建总体布局规划。在 6 月 6 日教育部召开的全国对口支援地震灾区工作视频会议上，浙江省教育厅作为全国支援方的唯一代表在会上发言。

〔**纪念改革开放 30 周年**〕 2008 年 6 月 15 日，浙江省委教育工作委员会、浙江省教育厅联合下发《关于隆重组织开展纪念教育改革开放 30 周年活动的通知》。同时公布了浙江省教育厅“六个一”系列纪念活动方案：一篇综合文章（发表署名文章，全面展示改革开放 30 年来浙江教育取得的成就）、一次大事评选（开展“30 年教育历程，30 件教育大事”评选活动）、一次征文比赛（组织“我看改革开放 30 年——浙江教育的变迁”征文比赛）、一个系列论坛（组织包括基础教育、职业教育、高等教育、成人教育和课程改革、高考制度等多个论坛）、一个摄影展览（组织“我看浙江教育改革开放 30 年”摄影展）、一场文艺演出（组织全省教育系统纪念改革开放 30 周年文艺演出）。2008 年 11 月 3 日，省委教育工委书记、省教育厅厅长刘希平作了《解放思想、改革开放，全面推进浙江教育科学和谐发展》的主题宣讲报告。

〔**公布了新课改高考方案**〕 2008 年 4 月，经教育部和省政府批准，浙江省公布了新课改高考方案。新课改高考方案的目标是：实行在全科会考基础上的分类测试、分批选拔、综合评价、全面考核、择优录取的选拔模式，逐步建立学业水平测试、综合素质评价和统一选拔考试三位一体的多元化的考试评价体系。其中统一选拔考试改单一考试科目为分类设置考试科目，即在现有文科、理科、艺术、体育等学科分类和实行高中全科会考的基础上，继续坚持以文、理两大科类为主线，以“语文、数学、外语”三门课程为主体，根据高中新课改实际和各类高校人才培养目标上的差异，分三类设置考试科目；高考后，逐类逐批划定分数线、填报志愿。此项改革自 2009 年起实施。此外，英语听力测试和技术考试（包括信息技术和通用技术）实行全省统考，一年提供两次考试机会，由学生自主决定参加考试时间和次数（限定在两次以内），并从中选择一次考试成绩计入总分，成绩两年有效。其他语种的听力测试根据教育部统一安排进行。2008 年，省教育厅已顺利组织了两次英语听力考试和通用技术考试。

〔**继续开展教育科学和谐发展业绩考核工作**〕 2008 年，浙江省教育厅继续开展对设区市教育局的教育科学和谐发展业绩考核工作，并将考核范围扩展到全省各县（市、区）教育局。经过考核，确定舟山市、绍兴市、嘉兴市、衢州市、杭州市 5 个设区市教育局及杭州市上城区、杭州市下城区、宁波市鄞州区、温州市鹿城区、海盐县、平湖市、长兴县、绍兴市越城区、绍兴县、义乌市、龙游县、遂昌县、台州市黄岩区、台州市椒江区、舟山市普陀区 15 个县（市、区）教育局为 2008 年度浙江省教育科学和谐发展业绩考核优秀单位。

〔**建立教育督学责任区**〕 为进一步推进教育督

导制度的改革与创新，2008年5月，浙江省教育厅、浙江省人民政府教育督导室发布了《关于在全省建立督学责任区制度的通知》，决定从2008年起，在全省各市、县（市、区）所辖区域范围内设立督学责任区。每个责任区指定若干名督学负责经常性的督导工作，实行目标责任制，定期提交责任区督导工作报告和随访报告等。同时出台了《浙江省兼职督学聘任办法》。

基础教育

〔**进一步巩固普及15年教育**〕 2008年，浙江省进一步巩固普及学前三年到高中段的15年教育，各级各类教育协调发展，15年教育普及率达到96.2%。

2008年，浙江省共有小学4 417所，比上年减少396所；小学招生55.78万人，在校生332.28万人；小学入学率、巩固率均为99.99%。

全省共有初中1 783所，比上年减少18所；初中招生62.21万人，在校生184.99万人；初中入学率、巩固率分别为99.92%、99.98%。

全省高中段教育（包括普通高中、职业高中、普通中等专业学校、成人中等专业学校和技工学校）共有学校1 123所，其中普通高中学校594所。高中段招生54.54万人（其中普通高中招生28.19万人），在校生为157.7万人（普通高中84.82万人）；普通高中与中等职业教育招收初中毕业生的比例为1.05∶0.95。初中毕业生升入高中段的比例为97.48%，高中段教育毛入学率为91.5%，高中段教育巩固率98.66%，分别比上年提高0.93个、0.5个、0.16个百分点。

全省有幼儿园10 212所，在园幼儿159.34万人，学前三年入园率达到92%。

〔**继续提升农村教育办学条件和教学水平**〕 2008年，浙江省全面展开了第二轮教育对口支援工作。全省42个市、县（市、区）向26个受援县（市、区）提供财政性援助资金2 565.8万元，帮助援建校舍22 491平方米，帮助受援方培训教师9 736人，结对帮助贫困学生1 364人。实施“书香校园”工程，为2 992所农村学校配送了150.9万册图书。资助31个欠发达县和海岛县的95所高中新建了111个通用技术专用教室。顺利完成了第一轮“农村中小学远程教育工程”，五年累计投入专项经费7 000万元，为25个经济欠发达县（市、区）和5个海岛县（区）的农村学校补助配备光盘放像设备2 340套，建设多媒体教室1 070个。确定农村中小学按县镇中小学标准核编，教师编制小学由1∶23提高到1∶21，初中由1∶18提高到1∶16，对小规模学校实行班师比核编。多形式开展各类支教活动，全年有4 400余名中小学教师参加了长期支教，6 000余名教师参加了短期支教。

〔**完善义务教育经费保障机制改革**〕 浙江省从2008年春季学期开始，为全省义务教育学生免费提供国家课程教科书和地方课程教材。4月22日，省教育厅会同省财政厅印发了《关于全面实施义务教育免费教科书和做好部分教科书循环使用的通知》，明确了免费教科书的实施对象、范围、配送、资金分担和循环使用等规定；从2008年春季学期开始，免除符合条件的外来农民工子女借读费，所需经费缺口由县级财政解决。2008年在浙江公办学校有47万名农民工子女免除借读费，减免资金3.4亿元。

〔**开展了九年义务教育经费审计调查**〕 2008年2月—5月，浙江省教育厅组织开展了全省义务教育经费专项审计调查工作。检查范围确定在各市、县（市、区）教育局机关、直属事业单位、人民教育基金会和义务教育阶段各中小学校，重点检查2006、2007两年的义务教育经费保障情况、管理使用情况以及教育收费情况。审计调查按隶属关系，以市、县（市、区）为主负责，组织对所属学校进行自查；各设区市教育局组织对所属各县（市、区）进行复查。省教育厅组成30个检查组对30个县（市、区）进行了抽查。对检查中发现的问题予以全省通报，并限期逐一整改。在审计调查基础上，初步制定了加强中小学预算管理、中小学食堂管理等办法，进一步规范学校财务行为。

〔**出台农村教师任教津贴制度**〕 为加强农村教师队伍建设，鼓励和引导优秀教师到农村任教，促进城乡教育均衡发展。2008年4月，浙江省人事厅、财政厅、教育厅联合出台了《关于实行农村教师任教津贴的通知》，规定全省乡镇（不含城关镇）及以下的义务教育阶段学校、特殊教育学校中正式在编的专任教师可按所聘的岗位和在农村学校任教的年限，从2008年1月1日起每月增加60元至400元不等的任教津贴。其中对在农村任教的特级教师，在本人享受任教津贴的基础上，每月加发500元任教津贴。任教津贴仅限教师在岗时享受，调离农村学校或退休后不再享受。实行农村教师任教津贴所需经费，按学校隶属关系由同级财政承担。省财政对一类地区（欠发达及海岛）实施全额转移支付；对其他地区按一定比例给予转移支付。到2008年12月，浙江省所有市、县（市、区）均执行了这一政策，有17万余名农村教师领到了任教津贴，人均月收入增加230元。

〔**实施农村中小学教师“领雁工程”**〕 为进一步提高农村教师素质，培养一批农村教育的“领雁人”，浙江省决定从2008—2010年，在全省实施农村中小学教师“领雁工程”。该工程计划三年为全省农村中小学至少培训3.5万名骨干教师与校长，其中省、市二级各择优培训1万名，县级培训1.5万名。2008年11月，浙江省教育厅、浙江省财政厅印发了《关于组织实施浙江省农村中小学教师“领雁工程”的通知》，进一步明确了“领雁工程”实施的目标任务，规定集中脱产培训时间不少于2个月、320课时，其中实践培训不少于总学时的二分之一；培训实行双导师制，为每位学员指派一名理论导师和一名实践导师。2008年为“领雁工程”启动之年，全省共培训骨干教师10 800名，其中专业课教师9 000人、德育教师950人、校长850人。省财政准备每年安排5 000万元专项资金予以资助。

〔**调整改造农村小规模学校**〕 为加快推进全省义务教育阶段学校均衡发展，浙江省自2008年开始，计划用两年时间，完成全省6个班（不含6个班）建制以下的农村小学的调整改造任务，通过“并、转、改”等措施，根本解决偏远地区村小办学条件不达标问题。所需经费由各地根据投资计划，纳入义务教育保障机制改革校舍维修改造基金，优先保证，并列入年度预算。省财政对经济欠发达地区实行转移支付。在各地申报的基础上，全省2008年确定调整改造项目1 683个，涉及学校576所，规划总投资11亿元。2008年已建成506个拟保留改造项目，507个拟合并调整项目，实现投资4.2亿元。

〔**召开全省学前教育工作会议**〕 2008年12月23日，浙江省学前教育工作会议在杭州召开。副省长郑继伟出席会议并讲话。会议印发了《浙江省人民政府关于进一步加快学前教育发展全面提升学前教育质量的意见》。会议提出，今后一个时期全省学前教育改革发展的主要目标是：在巩固普及学前三年教育的基础上，全面扩大优质学前教育资源，全面提升学前教育保教质量。到2012年，全省每个乡（镇）都有一所规范的中心幼儿园，85%以上的中心村有幼儿园（班）；85%以上的幼儿在三级及以上等级幼儿园入学；幼儿园教师持证上岗率达到80%以上；学龄前儿童的家长和看护人普遍受到科学的早期教育指导。至2020年，高标准普及学前三年教育，所有幼儿园均达到办园标准，适龄儿童都能接受良好的学前知识教育。2009—2012年，省财政将每年安排学前教育专项资金5 000万元，主要用于农村乡镇中心幼儿园建设以奖代补、民办或农村幼儿园升等奖励、农村低收费规范幼儿园（班）经费补助、幼儿园教师培训等。

〔**加强进城务工人员子女教育**〕 2008年11月17日，浙江省政府印发《关于进一步加强和改进进城务工人员子女教育工作的意见》。文件明确了进城务工人员子女在浙就读的条件，要求按照"以流入地政府为主、以公办学校为主"的原则，将解决进城务工人员子女入学等工作全面纳入当地经济社会发展规划。鼓励和吸引进城务工人员子女特别是外省来浙务工人员子女就读中等职业学校（含职业高中和技校）。文件还就建立健全义务教育证书制度、进城务工人员适龄子女的调查和登记制度、加强进城务工人员子女学校师资队伍建设、加强对民办进城务工人员子女学校的管理和指导、加强对进城务工人员子女的教育和管理等内容作出规定。浙江省设立了进城务工人员子女教育专项资金，支持接纳进城务工人员子女就学较多的地区改善学校办学条件，提高教育质量。2008年浙江省在小学就读的农民工子女有81.22万人，在初中就读的有4.32万人。

〔**加强素质教育**〕 2008年，浙江省教育厅选择11个县（市、区）进行了"轻负担高质量"教学试验，努力构建新环境下的教育教学新模式。引导各地和学校积极落实"后20%"困难学生帮扶制度。实行"教材瘦身"，通过减品种、减内容、减价格，减少教科书2类、29册，作业本33册，作业本内容减少了约20%。继续开展中小学生课外文体活动示范区建设，命名了11个省级中小学文体活动示范区，新增加了33个县（市、区）进行试点。以北京奥运会为契机，组织举办了全省大学生和中小学生的篮球、排球、足球、乒乓球、网球、健美操、田径等项目运动会。开展了以学校为单位的学生体质监测与公布试点，省教育厅对2007年大学新生体质状况按生源市和学校作了内部公布。组织了首届中小学生舞蹈节、首届中小学戏剧展演、第二届大学生艺术展演、全省中小学生美术比赛等全省性艺术活动，制定了《浙江省高雅艺术进校园活动管理办法》，共选送高雅艺术进校园演出145场、专家讲学40场，分赴53所高校、65所中学进行了演出和讲学。

〔**组织"万班千校"中学生篮球赛**〕 为深入推进学生阳光体育活动，2008年3月，浙江省教育厅、浙江省体育局、浙江广播电视集团联合启动了全省首届中学生篮球联赛，赛事历时近一年。联赛分初中、高中两个学段，各设男、女两个组别。赛程共分为五个阶段：第一阶段：万班篮球赛，即各中学在校内组织以班级为单位的篮球比赛。第二阶段：千校篮球赛，即在县（市、区）域内举行由各中学篮球队参加的比赛。第三阶段：市级赛，由各县（市、区）冠军队参加的比赛。第四阶段：分区赛，由各市冠军队参加的南、北区比赛。第五阶段：总决赛，由南、北两区冠亚军参加的比赛（主客场赛制）。全省有2 300余所中学、4.7万余个班级、200万余名中学生参加了前三阶段的篮球联赛，约占全省中学数的97.8%、中学班级数的85.3%、中学生数的77.4%。

职业教育与成人教育

〔**综述**〕 2008年，浙江省共有中等职业教育学校（包括职业高中、普通中等专业学校、成人中等专业学校和技工学校）529所，招生26.35万人，在校生72.88万人，毕业生24.67万人。中职毕业生中获得职业技术证书的人数为16.81万人，比上年增加0.2万人，占毕业生总数的75.5%。

中等职业学校办学条件继续得到改善。2008年中等职业学校生均校舍建筑面积15.5平方米，比上年增加 0.8 平方米；生均图书 23.5 册，比上年增加 0.4 册；生均仪器设备值 2 988 元，比上年增加 391 元。

加强以职工转岗、农民转业为重点的职业培训。2008 年全省共扫除青壮年文盲 0.35 万人。成人技术培训学校 6 788 所，注册学员达 428.42 万人次，结业 460.49 万人次。共有 125.73 万人次通过各种证书培训，比上年增加 26.95 万人次。

〔**启动新一轮职业教育“六项行动计划”**〕　为进一步推进职业教育改革与发展，浙江省政府决定从 2008 年起启动实施新一轮“职业教育六项行动计划（2008—2010）”。省级财政将每年安排专项经费 2.17 亿元，重点用于加快职业教育示范专业和实训基地建设、培养更多高水平“双师型”教师、支持欠发达地区骨干职业学校建设等。新一轮职业教育行动计划包括职业院校助学奖学行动计划、中等职业学校实训基地建设行动计划、中等职业学校师资队伍建设行动计划、县级骨干职业学校建设行动计划、职业教育校企合作行动计划、提升劳动力素质行动计划。

〔**进一步加强中职学校教师队伍建设**〕　2008 年 12 月，浙江省教育厅、省编办、省人事厅、省财政厅联合出台《关于进一步加强中等职业学校教师队伍建设的若干意见》，就浙江省加强和改进中等职业学校教师编制管理、拓宽专业课和实习指导教师引进渠道、建立健全特聘兼职教师制度、在职教师继续教育和业务培训以及完善职业学校教师专业技术资格评价制度等方面作出新的规定，提出中等职业学校的专业课和实习指导教师占专任教师总数的比例要逐步达到 60％左右。2008 年，全省有中等职业教育专任教师 3.11 万人，生师比20.3∶1，专任教师学历合格率为 89.9％，比上年提高 2 个百分点。其中“双师型”教师占专任教师和专业课教师的比例分别达 23.6％、53.6％，分别比上年提高 2.8 个、4.3 个百分点。

〔**加强专业和实训基地建设**〕　2008 年，浙江省大力发展工程技术类专业建设，在政策导向上加强数控技术、机电一体化技术、模具技术、电工电子技术以及物流、会展、园艺等为先进制造业、现代服务业和现代农业服务的相关专业建设，压缩计算机、文秘等部分专业招生，进一步打造职业教育的核心竞争力。到年底，全省加工制造类专业学生占在校生总数的比例为 23％，比 2005 年增加 5.3 个百分点，工程技术类专业（不含计算机类专业）学生占在校生数的比例为 31.1％，比 2005 年增加 6 个百分点，农林类专业在校生数增长较 2005 年超过 1.7 倍。全省新增国家级实训基地 11 个、省级实训基地 31 个、省级综合性公共实训基地 5 个，新增省级示范专业 51 个。

〔**全面推进职业教育课程改革**〕　为提升职业教育质量和内涵，2008 年 12 月，浙江省教育厅印发了《全面推进中等职业教育课程改革指导意见》，明确中职教育课程改革的基本模式，即“公共课程＋核心课程＋教学项目”。按照多元推动、分步推进、自主选择的基本思路，计划先用 2 年时间完成 10～15 个主干专业课程改革，再用 3 年时间完成 15 个左右专业课程改革，初步建立起能与现代产业进步相适应的较为系统的新的职业教育课程标准和课程结构。同时加强教师培训，开展教研活动，使其基本适应课程改革的要求；分步在教学一线实施新课程，初步建立起多样化的课程评价制度；全面推行学分制、分层教学制和毕业生“双证制”，更加突出学生的个性发展。

〔**开展全省首届中等职业学校学生创新创业大赛**〕　2008 年，浙江省教育厅面向普通中等职业学校在校学生开展了全省首届中等职业学校创新创业大赛。比赛分小发明小创造竞赛、创意竞赛、创业计划竞赛三个单元。全省有近百所学校约 400 多名学生创作的 240 余件作品参赛，共评出一等奖 20 项、二等奖 47 项，三等奖 65 项。省教育厅还与省劳动和社会保障厅联合举办了全省中等职业学校师生技能大赛，来自全省 11 个设区市及义乌市的代表队参加了比赛。大赛的举办，充分展示了职业教育办学成果，激发了广大学生的创新精神与创造活力，加强了学生实践技能训练，提升了职业教育办学质量。

〔**开展农村预备劳动力培训并受到中央领导关注**〕 2008年，浙江省共组织3.98万名农村未升学初高中毕业生参加农村预备劳动力培训。浙江省开展农村预备劳动力培训工作的有关情况引起了中央领导的高度关注。10月15日，中共中央政治局委员、国务院副总理张德江同志在中央政策研究室关于浙江省开展农村预备劳动力培训工作的《简报》上作出批示："浙江省对农村未升学的初高中毕业生实施免费培训政策，具有重大战略意义。建议人力资源和社会保障部总结经验，并加强宣传，在全国有条件的省、区、市推广。"

〔**在全省范围开展城乡成年居民"双证制"教育培训工作**〕 2008年11月，浙江省人民政府办公厅印发了《关于开展成人双证制教育培训工作的通知》，决定在全省范围内组织开展成人"双证制"（学历证、国家职业资格证）教育培训工作，争取全省每年有10万名左右的城乡成年居民通过"双证制"教育培训，提高一个学历层次。城乡成年居民参加成人"双证制"教育培训，文化考核合格、"学分银行"累计学分达到规定要求的，经审核，由教育行政部门颁发成人初中或成人职业高中毕业证书，国家承认其成人教育学历。成人"双证制"教育培训工作实行政府统一领导、部门分工负责的管理体制。培训工作所需经费由市、县政府承担，列入市、县财政年度预算。

〔**社区教育工作领先全国**〕 2008年2月，教育部公布了首批全国社区教育示范区，浙江省杭州市下城区、萧山区，宁波市海曙区、鄞州区名列其中。至此，浙江省已有全国社区教育实验区13个，全国社区教育示范区4个，社区教育工作在全国处于领先地位。4月，省教育厅新增杭州市滨江区等12个县（市、区）为省级社区教育实验区，使省级社区教育实验区增加到33个。10月，江浙沪两省一市在上海市闸北区联合举办了第六届长三角社区教育发展论坛，进一步增进了两省一市在社区教育工作中的交流与合作。

〔**开展职业院校学生实习责任保险试行工作**〕为有效防范和化解职业院校学生实习、实训的意外伤害责任风险，进一步推进职业教育工学结合、校企合作，2008年12月，浙江省教育厅发布《关于开展职业院校学生实习责任保险试行工作的通知》，决定在全省中等职业学校、高等职业院校开展学生实习责任保险试行工作。学生实习责任保险保费为每生每学年20元，所需费用在学校经常性事业经费中列支。每生事故赔偿限额40万元，每校每次事故赔偿限额500万元，每所学校累计赔偿限额1 000万元。实施形式为选择保险经纪公司统一购买学生实习责任保险。

高 等 教 育

〔**综述**〕 2008年，浙江全省共有普通高等学校77所（含筹建高职院校1所），其中大学建制的高校11所、普通本科学院19所、普通高等专科学校4所、高职院校43所。省教育厅2008年制定了省示范性高等职业院校建设计划管理暂行办法和项目计划任务书，评选确定20所省级示范性高职建设院校和2所重点培育建设院校。浙江警官职业学院2008年被确定为国家示范高职建设院校。至此，全省共有6所学校成为国家示范高职院校。

2008年，浙江省普通高等教育共招收普通本专科学生26.57万人，比上年增长6.4%；在校生数83.22万人，比上年增长7%。普通高考录取率为75%，比上年提高3个百分点；高等教育毛入学率为40%，比上年提高2个百分点。全省2008年研究生招生13 691人，比上年增长11.1%；在学研究生35 812人，比上年增长14%。其中，博士生招生、在校生分别为1 864人、7 449人。

〔**加强高校建设**〕 2008年4月，经教育部批复同意，宁波大红鹰职业技术学院和绍兴越秀外国语职业学院升格为本科院校，并分别更名为宁波大红鹰学院和浙江越秀外国语学院；5月，上海财经大学浙江学院和同济大学浙江学院正式建校并实现招生；2008年2月，经省政府批准并报教育部备案同意，温州科技职业技术学院、浙江横店影视职业学院和浙江汽车职业技术学院正式建校。

〔**召开高职高专院校书记院（校）长读书会**〕 2008年暑期，浙江省教育厅组织召开全省高职高专院校书记院（校）长读书会，专题研究高职院校校企合作、工学结合问题，省教育厅厅长刘希平作主题报告。读书会通过听取报告、自学、研讨相结合的方式，引导高职院校主要领导进一步深化对职业教育规律和特点的认识，以服务为宗旨、以就业为导向，大力推进工学结合、校企合作为主的新型人才培养模式、教学模式建设，全面提高办学质量和办学水平，促进高等职业教育的持续健康发展。

〔**加强教学管理，努力提高教学质量**〕 2008年，浙江省教育厅正式启用《浙江省高等学校教学质量监控指标体系》，3月，首次发布了高校教学质量监测结果，推动教学质量保障长效机制的建设。省教育厅2008年聘请206名高校、行业和企业专家，成立了18个高职高专专业大类教学指导委员会，加强对全省高职教育的研究、指导和咨询；组织100余位教学专家开展高校教学巡视和教学检查；研究制定了浙江省2008—2010年高职院校人才培养工作评估的实施细则、工作规划和操作规程；启动了2007年学位论文抽检和评优工作；在广泛征求意见基础上，于2008年11月印发了《浙江省教育厅关于进一步加强高等教育自学考试全日制助学管理的若干规定（试行）》；印发了《浙江省教育厅办公室关于进一步规范现代远程教育校外学习中心管理的若干意见》，加强对现代远程教育学习点的监管力度，撤销了管理不规范、办学信誉差的函授站44个。

〔**加强专业及课程建设**〕 2008年，浙江着力研究探索了进一步加强高校专业建设与调整工作的机制与政策，分类提出了鼓励发展、限制增设和逐步削减的专业门类的指导性建议，推动高校专业结构调整，并积极探索高校专业建设的预测、准入、监控、调整和淘汰机制，初步建立起新增设专业及专业招生人数与就业率挂钩制度。2008年，全省增设本科专业88个，高职高专专业100个；评选产生省级本科精品课程99门、高职高专精品课程100门，有47门省级精品课程被评为国家精品课程，占2008年度国家精品课程总数的7.2%，其中高职高专精品课程数量列全国第一。至此，浙江省已有国家级精品课程142门，其中本科68门，高职高专71门。浙江省2008年评选确定了150项省新世纪高等教育教学改革项目，开展了国家实验教学示范中心建设工作，有3个省级示范中心通过2008年国家实验教学示范中心的评审。

〔**加强大学生创新创业能力培养**〕 2008年7月，经浙江省政府同意，浙江省教育厅、省财政厅印发了《关于实施浙江省大学生科技创新活动计划的通知》，决定设立浙江省大学生科技创新基金，数额为1亿元，利用每年产生的利息支持全省普通高等学校大学生科技创新活动。浙江省2008年首批遴选确立了600个大学生科技创新项目，200个大学生创新创业孵化项目，200个大学生科技创新推广项目。启动浙江省人才培养模式创新实验区建设工作，经评审择优确定了30个建设项目，其中18个被教育部评为国家创新人才培养实验区。教育厅着手开展研究生教育创新项目，制定了开展“研究生教育创新示范基地”“研究生科研创新项目”工作方案，推进研究生培养机制改革；组织开展大学生学科竞赛和技能竞赛，全省所有普通高校均有学生参赛，涉及大学生近10万人，有1.2万多名学生参加了省级决赛阶段的比赛，5 400多人获省级奖；6 月，组队参加在天津举行的全国职业院校技能大赛，高职组 8 个代表队参赛，获得了 3 个一等奖（全国 15 个）、3 个二等奖、1 个三等奖，总分列全国各参赛省市第二名。

〔**加强师资队伍建设**〕 为规范各项人才培养计划的实施，2008 年 7 月，浙江省教育厅、财政厅出台了《浙江省高等学校“十一五”期间高层次人才培养计划管理办法》，具体措施包括：浙江高校设“钱江高级人才（省特聘教授）”岗位 50 个，每人每年给予 20 万元特聘教授岗位津贴，每个岗位聘期三年；集中有限资源，在全省高校重点建设 20 个创新团队，每个团队每年资助 50 万元，连续资助 3 年；从本科院校中遴选 300 名优秀中青年学术骨干，从高职高专院校中遴选 200 名优秀中青年专业骨干进行重点培养，每人每年资助 1 万元，连续资助 4 年；实施优秀青年教师资助计划，“十一五”期间计划共培养 1 500 名优秀青年教师，每年 300 人，其中人文社科类教师每人一次性资助 5 000 元，其他学科教师每人一次性资助 1 万元；继续择优选派优秀青年骨干教师 100 人作为访问学者，赴国内高水平大学进行访学活动，每人一次性资助 6 000 元。

2008 年，浙江新增特聘教授 14 人，全省特聘教授达到 38 人；评选省特级专家 15 人，全省特级专家达到 35 人；选派 162 名青年教师到国内重点大学做访问学者，其中 50 人被列入教育部高校青年骨干教师国内高级访问学者资助名单。2008 年，浙江省教育系统有 7 人获省宣传文化系统“五个一批”人才；9 人获得国家杰出青年科学基金资助，其中重点资助、第一层次和第二层次资助分别为 21 人、35 人、134 人；399 人入选省高校优秀青年教师资助计划；154 名青年骨干教师被选派至国内高水平大学做访问学者。有 4 名教师入选国家“第四届高等学校教学名师奖”，全省获此奖项的教师达到 12 名，其中本科教师 9 名，高职高专教师 3 名。教育厅继续推进在杭 37 所高校的教师互聘工作，2008 年全年落实互聘教师 357 人次，比 2007 年度增加 53.9%。

〔**加强科研基地建设，科研成果丰硕**〕 2008 年，浙江省遴选增列了 20 个省重中之重学科和 10 个省人文社科重点研究基地，全省重中之重学科达到 40 个，人文社科重点研究基地达到 21 个。其中省属高校之外高校获得的重中之重学科和人文社科重点研究基地分别有 2 个和 1 个。据对 33 所普通本科高校（含 7 所附属医院）的统计，2008 年全省高校共有 412 项科技成果获得奖励，其中获国家奖 14 项，省部级奖 299 项；获得授权专利 2 235 项，其中发明专利 1 066 项，较上年分别增长 34.08%和 55.21%；出版科技专著 110 部，发表学术论文 29 906 篇，论文发表总数虽较上年略有减少，但在国外学术刊物上发表的论文却比 2007 年增长了 22.37%，被 SCI、EI 收录的论文也分别增长了 13.02%和 15.34%。

〔**积极推进产学研结合**〕 2008 年，省教育厅积极推进建设产学研联盟和工学结合、校企合作，充分利用行政资源为高校和地方搭建合作的平台。2008 年，浙江省教育厅与台州市政府合作建设台州产学研联盟中心，从 3 所高校选派了 3 名博士进驻台州中心，并在该地区开展为期 1 年的科技服务活动，已有 20 多所高校与当地企业签署 120 多个项目，合同资金 1 500 多万元。与杭州市政府签署下沙高教园区与杭州经济技术开发区战略合作协议，推动下沙高教园区的 14 所高校全部与杭州经济技术开发区的企业建立了合作关系。与省中小企业局签署了《校企战略合作框架协议》，通过校企合作，新组建了 7 个职业教育集团。产学研合作开创新局面，据不完全统计，2008 年，全省高校签定技术转让合同 405 项，比 2007 年增长 15.71%。

〔**努力做好高校毕业生就业工作**〕 2008 年浙江全省普通高校毕业生数达到 21.49 万人，比 2007 年增加 2.19 万人，增幅为 11.3%，再创历史新高。2008 年普通高校毕业生初次就业率为 93.24%，比 2007 年上升 0.77 个百分点。其中毕业研究生就业率为 93.82%，比 2007 年下降 1.03 个百分点；本科生就业率为 92.51%，比 2007 年上升 0.89 个百分点；专科高职毕业生就业率为 93.77%，比 2007 年上升 0.82 个百分点。在已就业的毕业生中，有14.2万多名毕业生在非公企业实现就业，占毕业生总数的66.08%。为了向广大高校毕业生和各用人单位提供便捷、高效的信息服务，为企业和毕业生搭建双向选择平台，11月20日，浙江省首期投资500万元的浙江省大学生网上就业市场（http://www.ejobmart.cn、http://www.ejobmart.com.cn）正式开通。该平台是一个365天不落幕的网络就业市场。为杜绝就业率弄虚作假，2008年，浙江省教育厅委托国家统计局浙江调查总队，运用抽样调查的方法，核实2007年全省各普通高校毕业生就业情况。从调查总队反馈的结果表明："上报的就业率数据比较真实反映毕业生的就业情况"。

撰稿　陈　红
审稿　陈　峰

宁波市教育

概　况

〔基本情况〕

2008年各级各类学校校数、教职工、专任教师情况

	学校数（所）	教职工数（人）	专任教师数（人）
一、高等教育	15	10 775	7 287
（一）研究生培养机构（不计校数）			
1. 普通高校	1		
2. 科研机构			
（二）普通高等学校	13	10 140	6 829
1. 本科院校	6	6 746	4 477
2. 专科院校	7	3 394	2 352
其中：职业技术学院	5	2 423	1 785
3. 分校、大专班（点）（不计校数）			
（三）成人高等学校	2	635	458
（四）民办的其他高等教育机构			
1. 学历文凭考试机构			
2. 非学历文凭考试机构			
二、中等教育	484	48 045	37 547
（一）高中阶段教育	261	32 184	22 803
1. 高中	87	10 728	7 601
普通高中	87	10 728	7 601
成人高中			

续表

	学校数（所）	教职工数（人）	专任教师数（人）
2. 中等职业教育	174	21 456	15 202
普通中等专业学校	8	1 236	1 022
成人中等专业学校	14	450	297
职业高中	38	3 627	3 146
技工学校			
其他机构（教学点）（不计校数）		297	258
（二）初中阶段教育	223	15 861	14 744
1. 普通初中	223	15 861	14 744
2. 职业初中			
3. 成人初中			
三、初等教育	564	23 753	20 864
（一）普通小学	564	23 753	20 864
（二）成人小学			
其中：扫盲班			
四、工读学校			
五、特殊教育	6	226	160
六、学前教育	1 293	20 745	11 922

注：普通高中的教职工数包含普通初中数据；技工学校无分省数据。

2008 年各级各类学历教育学生情况

	毕业生数（人）	招生数（人）	在校生数（人）
一、高等教育	51 938	63 528	188 384
（一）研究生	369	770	1 895
（二）普通本专科	35 899	42 804	131 385
（三）成人本专科	15 670	19 954	55 104
（四）其他各类高等学历教育			
1. 在职人员攻读博士、硕士学位			
2. 网络本专科生			
3. 学历文凭考试			
二、中等教育	130 662	143 409	423 734
（一）高中阶段教育	63 829	60 115	180 991
1. 高中	34 230	32 941	100 706
普通高中	34 230	32 941	100 706
成人高中			

续表

	毕业生数（人）	招生数（人）	在校生数（人）
2. 中等职业教育	29 599	27 174	80 285
普通中专	3 177	2 135	6 324
成人中专	557		431
职业高中	25 865	25 039	73 530
技工学校			
（二）初中阶段教育	66 833	83 294	242 743
1. 普通初中	66 833	83 294	242 743
2. 职业初中			
3. 成人初中			
三、初等教育	87 163	79 383	46 988
（一）普通小学	87 163	79 383	46 988
（二）成人小学			
其中：扫盲班			
四、工读学校			
五、特殊教育	60	107	743
六、学前教育	69 525	63 462	212 630

2008 年各级各类非学历教育学生情况

	毕(结)业生数（人）	招生数（人）	在校生数（人）
一、高等教育	108 971	108 971	
（一）研究生课程进修班			
（二）自考助学班			
（三）普通预科生			
（四）证书教育			
（五）岗位培训			
（六）进修及培训	108 971	108 971	
二、中等教育	287 821	691 469	216 639
（一）中等职业教育			
（二）职业技术培训机构	287 821	691 469	216 639

2008 年各级民办教育基本情况

	学校数（所）	毕业生数（人）	招生数（人）	在校生数（人）	教职工数（人）	专任教师数（人）
一、民办高等教育	2	3 743	6 139	13 304	956	653
（一）普通高校	2	3 743	6 139	13 304	956	653
（二）成人高校						
（三）民办的其他高等教育机构						
二、民办中等教育机构	62	15 843	22 210	60 693		
（一）高中阶段教育	35	8 930	9 430	27 258		
其中：民办普通高中	25	7 153	7 548	21 802		
民办中等职业教育	10	1 777	1 882	5 456		
（二）初中阶段教育	27	6 913	12 780	33 435		
其中：民办普通初中	27	6 913	12 780	33 435		
民办职业初中						
三、民办普通小学	78	14 015	14 939	89 148	4 012	3 078
四、民办幼儿园	1 084	48 364	45 065	151 411	13 822	7 914

〔**加强思想道德教育，优化育人环境**〕 2008 年，宁波市教育局广泛开展学生爱国主义、社会主义价值观教育，与宁波电视台共办“阳光季节”电视栏目。召开市第 14 次中小学德育工作会议；在中小学中继续开展“阅读明星”学校和“阅读之星”学生评比工作，有 40 所学校 1.5 万余名学生参加。开展 14 周岁青春期、18 周岁成年人的教育和共青团主题教育活动。宣传“感动宁波高校十大人物”事迹、评选“寄语奥运放飞理想”大学生心得语录、开展“走进明星”大学生暑期社会实践活动。组织高校理论课教师通过专题讲座、知识测验、课堂讨论等形式把十七大精神融入课堂。举办宁波高校“大学生学习十七大征文比赛”。印发《关于开展市级依法治校示范校创建活动的意见》，总结推广依法治校的经验，“平安校园”创建工作延伸至幼儿园和外来务工子弟学校。建立学校及周边教育环境报告反馈制度，开展为期三个半月的高校及周边社会秩序集中整治。出版《高校突发公共事件应急处置与管理》，再版《大学生安全教育案例评析》，编印《宁波市中小学生安全常识读本》，将安全教育纳入教育管理和课堂教学。

〔**深化服务型教育体系，拓展教育服务功能**〕 2008 年，宁波市政府召开深化服务型教育体系会议，颁发《关于深化服务型教育体系加快培养高素质应用型人才的若干意见》。市政府和市教育局着重进行了以下方面工作。(1) 加强应用型专业人才培养基地建设，各基地共开展人才培养模式改革 39 项、教学改革 40 项、课程教材建设 123 项、实验室及实习实训基地建设 55 项。(2) 继续推进高校名师工程，对第三批市高校名师培养对象的教学和科研工作进行考核，首批 6 名“甬江学者”特聘教授到位。(3) 建成职业院校十大实习实训示范基地，评定市特色专业中职学校 6 所，确认首批 4 个建在企业的实习实训示范基地。(4) 调整中等职业教育专业布局，市本级和慈溪等县（市）区初步形成了一批与当地经济发展相适应的特色专业。(5) 召开第三届大学校长与企业家论坛，加强产学研合作。(6) 数字图书馆中心门户网站对外提供服务，建成数字图书馆首批 4 个特色资源库，举办特色数据项目建设专题培训班，评定数字图书馆项目研究课题 40 个。(7) 拓展教育培训，全年培训企业职工 33.4 万人次、农民农业实用技术 18.9 万人次、农村劳动力转移10万人次、农村预备劳动力0.3万人次、其他社会类219万人次，选送278位优秀农民赴高校进修，评估认定21个乡镇（街道）为市首批社区教育示范乡镇（街道）。

〔**强化队伍建设，促进内涵发展**〕　2008年，宁波市教育局实施"十一五"校长培训、名校长带徒活动和骨干校长培训工作。组织在甬高校386名处级及以上干部集中学习十七大精神，推进十七大精神"三进"（进教材、进课堂、进头脑）活动。加强基层党组织建设，举办直属学校（单位）书记理论研讨班，评选产生新一批基层党建先进集体及优秀共产党员。在教师中以援助四川地震灾区为契机，开展"爱与责任"为主题的师德教育，全市党员教师共缴纳"特殊党费"220万元。实施省"领雁工程"，开展农村中小学"百千万"师训工作，选派135名骨干教师参加省级培训、384名骨干教师参加市级培训。举办市中等职业学校首期骨干教师高级研修班。执行新的特级教师津贴标准和农村教师任教津贴。评选产生首届"感动学子十大优秀教师"，产生第四批市中小学名教师63人、第三批市中小学学科骨干教师120人、第二批中职学校优秀"双师型"教师18人。评选推荐省"春蚕奖"38名、省"绿叶奖"15名。举办市第五届青年教师新五项基本功竞赛。制订《宁波市中小学校教职工（代表）大会实施办法》，健全教代会制度，开展"基层基础年"活动，确认36个学校工会为"宁波市先进教工之家"。评选出全市教育系统妇女工作先进集体36个、先进个人41名。

〔**推进素质教育，提升教育质量**〕　2008年，宁波市教育局认真落实《关于进一步推进素质教育减轻中小学生课业负担的若干意见》，严格执行课程计划和标准，实行学校课程计划上网。开展"减负"专项督查，规范办学行为。建立市普通高中通用课程实验基地2个。召开课程改革展示会，对8个县（市）区义务教育课程改革情况进行检查。制定普通高中课程改革评价体系。加强青少年学生综合素质评价，把评价情况作为高中段学校录取的前置条件，记入电子学籍。改进初中毕业生升学体育考试内容、标准及方法，召开市文体工程示范区创建工作现场推进会，5个区（市）成为省首批文体工程示范区，15所中小学被命名为省首批体育特色学校。开展"迎奥运青少年阳光体育"赛事，10所学校开展教育部的京剧进课堂试点工作。组织教育系统第九届艺术节各项比赛。加强学生科技创新教育，举办市第四届中小学生科技节、华东地区青少年机器人比赛，承办第22届省青少年科技创新大赛并夺得9块金牌。实施《宁波市中小学生健康促进行动计划（2008—2010年）》，制订学生健康评价指标，构建学生健康促进及保障机制。推进学校食堂"五常法"管理，做好学校卫生防疫、食品安全和学生常见病防治工作。实施农村中小学生营养餐工程，改善学生营养状况。市区大中小学生基本医疗保险覆盖面达到78%。开展宁波高教实现由大到强转变的课题研究、确定15项重点课题。制定高教教学改革试验区建设方案，开展第二批市级重点专业、第三批市级重点学科评审工作，确定44个市级重点建设专业、28个市级重点学科。

〔**不断深化改革，增强教育发展活力**〕　2008年，宁波市教育局颁发《关于进一步深化中小学办学体制改革试点工作的意见》，稳步推进公办学校办学体制改革和公办学校参与举办民办学校的清理整顿工作，四明中学停止实行"国有民办"试点。理顺部分小学、幼儿园管理体制，市实验小学及市中山艺术幼儿园等原由市本级审批管理的3所幼儿园，改由所在区教育行政部门举办和管理。成立市民办教育协会培训分会。免费培训首批80名流动人口子女学校校长。做好市督学换届工作，开展职业教育、学前教育、学校体育工作及执行课程计划专项督查，在教育局直属普通高中启动"学校发展性督导评估"工作。深化考试、质量评价制度，形成学生综合素质评价与招生录取相结合的机制，完善保送生、推荐生制度。推出"网上阅卷"、"提高体育考试分值""扩大等级重点中学保送"等中考招生改革。举办2008年甬港教育合作论坛，引进9个香港专业技术证书教育。承办首届中国教育国际交流协会地方工作研讨会。首批赴澳大利亚汉语志愿者赴澳就职。剑桥国际高中课程实验班落户镇海中学（蛟川书院）。加强对学校领导、教师出国（境）考察与学生出国（境）交流的管理，审批市属高校、直属学校（单位）人员出国（境）考察交流等出访团队81批次378人。接待35批来自国（境）内外的嘉宾150余人，审批来宁波各类院校、中小学、培训机构等任教的外教365名。审查申请聘请外国专家单位资格的学校和培训机构6家。推进宁波市与中国社会科学院合作，签订16项专项协议。

〔**推进依法治教，规范教育管理**〕　2008年，《宁波市职业教育校企合作促进条例》经市十三届人大常委会第十二次会议、省十一届人大常委会第八次会议审议通过。教育局完成局行政审批事项清理工作，并制定《宁波市教育局行政审批职能归并改革实施方案》。成立市教育局法律咨询专家委员会，为教育管理部门及学校提供法律咨询服务。召开市教育系统反腐倡廉建设工作会议，与直属学校签订党风廉政建设目标管理责任书。落实领导干部任前廉政谈话和述职述廉制度，对12名新提任的校级干部进行集体廉政谈话。加强教育内部审计，对宁波外事学校、甬江职高等4单位主要负责人进行任期经济责任审计，对宁波高校政治思想研究会进行财务审计。加强对招生考试、录取的监控。做好义务教育经费专项审计调查工作。对任期在3年以上的校长进行经济责任审计，初步建立市中小学校长经济责任制度。宁波市从2008年春季起免除符合条件的义务教育阶段学生的课本费、作业本费，全年共为64万名学生免除杂费1.3亿元、课本费和作业本费2亿元。加强中小学收费管理，取消高中代管费项目，实施学校代办服务政策。开展义务教育经费检查，涉及学校、单位240多家。执行公办高中招生“三限政策”。

〔**开展教育解难创优工作，推进民生工程**〕　2008年，宁波市召开市流动人口子女学校办学管理经验交流会，加大服务和管理力度，公办学校接纳外来务工人员子女比例达64.7%。继续开展帮困助学活动，对家庭经济困难学生实施减免和对持特困、低保、社会扶助证的学生补助约1亿元10万人次。对中职一、二年级所有学生发放每人每年1 500元的国家助学金，受惠5.3万余人，涉及经费8 000余万元。630名特教学生享受免费教育，涉及经费100万元。对低收入农户子女上大学补助320万元，受惠764人。开展“情系灾区、爱心奉献”主题教育活动，全市教育系统共向四川地震灾区捐款5 055万元，先后接收灾区学生1 650名来宁波就读。为推进民生工程，宁波市2008年新建校舍69.2万平方米，调整农村中小学布局结构，撤并中小学36所，市联丰中学与宁波四中合并；推进学校标准化建设工程，通过省教育厅标准化验收的学校已占全市学校总数的80%，处于全省领先地位。

基础教育

〔**优质教育资源有了进一步拓展**〕　2008年，宁波市共有省级示范小学122所，示范初中72所，九年一贯制示范学校8所，省级重点普通高中48所（其中省一级重点中学23所、二级重点中学16所、三级重点中学9所），基础教育享受优质教育资源的学生占学生总数的80%。全市拥有正教授级待遇的中学高级教师36人、中小学名教师211人；小学、初中教师高一层次学历比例分别达到87.1%、82%。全市有省一级幼儿园65所，星级以上的幼儿园585所，乡镇中心幼儿园建园率达100%，乡镇中心幼儿园标准化率达85%。幼儿园园长及专任教师学历合格率为97.2%，拥有大专及以上学历的占49.2%。

〔**深化教育改革**〕　2008年，宁波市进一步推进高中招生制度改革，推行网上阅卷，提高体育考试分值，全面实施初中毕业生学业考试与学生综合素质评价相结合的高中招生制度，继续推进重点中学部分招生名额分配到初中学校的保送生制度，并扩大保送生比例。规范办学行为，制订《关于进一步推进素质教育减轻中小学生课业负担的若干意见》，并组织专项督查。召开基础教育课程改革展示会，对8个县（市）区义务教育课程改革情况进行检查。召开市普通高中教育教学工作会议，高中教育质量有了明显提高，高考文理科上线率分别达到89.89％与95.02％，其中文科本科上线率47.5％，理科本科上线率达63.85％，文理科招生录取率达84.58％。

〔**强化德育、科技教育和民族教育**〕 2008年，宁波市继续做好初中学生社会实践活动，启动高中新课程后学生集中去企业、科研机构参加实践活动。加强学生校外实践基地建设，将学生安全体验演练教育内容列入综合素质测评内容。召开市第十四次中小学德育工作会议，表彰宣传中小学德育工作先进集体、中小学校模范班主任及中小学生身边的榜样。组织开展“第五个全国中小学弘扬和培育民族精神宣传月”活动。加强青少年学生科技创新教育。举办宁波市第四届中小学生科技节、承办22届省青少年创新大赛和华东地区青少年机器人比赛。做好新疆班学生在宁波就读工作，加强爱国主义教育、民族教育、人文教育。承办全省新疆班教学表演活动，展示教育教学成果。

〔**建立安全管理长效机制**〕 2008年，宁波市强化落实安全工作责任制，以平安校园建设为抓手，加强专项整治，立足防范监控，积极实施和谐校园建设行动计划，营造安全、文明、和谐、健康的育人环境。全年中小学生非正常死亡人数由2007年的65人下降至45人。学校安全工作获得省、市表彰。

职业教育与成人教育

〔**服务型职业教育体系建设持续推进**〕 2008年，宁波职业教育工作围绕教育部、省教育厅和市教育局工作重点，“以统筹促和谐，以创新求发展，以管理谋效益”，大力构建与经济社会相适应的服务型职业教育体系。全市中等职业学校招收新生3.32万人，中职教育与普通高中招生比例达到50.2∶49.8。全市独立设置的中等职业学校达41所，其中省级以上重点中等职业学校29所，国家级重点职业学校20所，中等职业学校在校生达27 174人（不含各级劳动部门主管的技工学校）。

市政府对各县（市）、区构建服务型职业教育体系的进展情况进行了专项督查。以县（市）、区为主的全市首轮职业教育专业布局调整基本结束，中等职业学校现代化专业建设工程顺利完成，各地形成了布局合理、有序竞争、错位发展的专业格局，建成了市级职业教育10大实习实训示范基地。在完成县级职教中心建设的基础上，全市评估认定了首批市级特色专业中等职业学校，职业教育服务区域块状经济的能力得到有效提升。

〔**职业教育内涵建设持续深入**〕 2008年，宁波全市中等职业教育“走进新课堂、创新新教法”教学改革系列研讨活动成为推进职业教育内涵建设的重要抓手，形成了以专家学术讲座、教师成长论坛、课堂教学观摩、交流互动评议等四大板块为载体，全面推进职业教育教学质量提升和师资队伍建设的新局面。学分制和弹性学制推进工作进展顺利，阶段性考核全部完成。人才培养模式改革不断深化，形成了“工学结合”“产教结合”“学工交替”等人才培养新机制和“三联”等人才培养新模式。以“双师型”教师队伍建设为核心的中等职业学校教师素质提高计划正式启动，进一步提升中职教师的整体素质。中等职业教育德育工作形成了校园文化与企业文化互相融合、学生创新精神与实践能力交替提高、学生创业能力与职业能力互动提升的局面，涌现出宁波甬江职业高级中学白天鹅工程、宁海县职教中心三元整合德育等新模式。

〔**成人教育基础能力建设不断加强**〕 2008年，宁波市成人教育以加强基础能力建设为载体，以拓展农村社区教育为突破口，以深入开展各类教育培训活动为重点，主动服从服务地方经济建设，成人教育事业取得新发展。

各县市区教育行政部门有重点地扶持一批地处经济发展中心区域的乡镇成人学校，在政策、资金、师资、校舍、设施设备等方面给予重点倾斜。截至 2008 年底，全市拥有各级各类成人学校 2 020 所。其中，省示范性成人学校 37 所，省一级成校 23 所，省二级成校 41 所，省三级成校 21 所，市级成人学校 1 所，县级成人教育中心学校（社区学院）11 所，村级（社区）成校 1 886 所。省示范性成人学校数在全省处于领先地位。

〔**拓展社区教育，宣传终身学习**〕 2008 年上半年，宁波市海曙区、鄞州区被评为全国社区教育示范区，市教育局首次组织开展社区教育示范乡镇（街道）评估工作，认定 21 个乡镇、街道为市首批社区教育示范乡镇（街道）。终身学习宣传精彩纷呈。举办"第四届终身学习宣传周"活动，设立一个活动中心区和 10 个县（市）、区城关活动分中心区，100 个乡镇（街道）、1 000 个行政村（社区）活动点，实行市、县、乡、村"四级联动"。活动周期间还举行了向 10 个社区赠书、社区教育活动签约仪式、30 年宁波成人教育成果展等 1 200 多项活动，近 600 家成人学校、非学历培训机构参与活动，参与群众 60 余万人次。

〔**服务经济社会发展能力全方位推进**〕 2008 年，宁波市全年非学历培训达 281.6 万人次。其中，企业职工岗位技能培训 33.4 万人次，农业实用技术培训 18.9 万人次，农村劳动力转移培训 10.1 万人次，农村预备劳动力培训 0.28 万人次，市民及外来民工各类素质培训人数为 219 万人次。成人中等学历教育招生人数为 4 451 人，成人大专以上学历教育招生人数为 7 326 人。企业职工培训项目按规范操作，有序开展。企业职工培训工作启动早，准备充分，并采取专家上门核查的方法，对 23 家投标培训机构资质进行严格把关，对培训过程加强监督检查，至年底，已完成 25 352 名企业职工的培训任务，下发两批补助经费共计 1 199.97 万元。2008 年，宁波市全市完成农村劳动预备教育培训对象 2 746 名，超额完成省下达的 2 500 名指标任务；选送了 278 名优秀农民赴高校进修；教育局继续开展农科教结合工作，全市选送 8 个农科教结合项目，有 5 个项目被市农科教办公室立项。

高 等 教 育

〔**综述**〕 2008 年，在甬高校共 15 所，其中本科院校 6 所，高职高专 7 所，成人高校 2 所。全日制普通高校在校生 13.3 万人，其中研究生 2 275 人，本科生 6.7 万人，专科生 6.4 万人，本专科比例为 51.1∶48.8。成人高等教育在校生 5.5 万人。高等教育毛入学率 48%，比 2007 年增长 2 个百分点。全市高校的占地和建筑面积分别达到 824 万平方米和 405 万平方米，全市高校图书馆藏书总量 902 万册（生均 69 册）、教学仪器设备总值 13.96 亿元（生均 1.06 万元）、固定资产总值 66.4 亿元（生均 5.06 万元）。宁波大红鹰职业技术学院正式升格并更名为宁波大红鹰学院；浙江纺织服装职业技术学院、浙江工商职业技术学院进入 20 所浙江省示范高职行列。

〔**服务型教育体系建设取得新进展**〕 2008 年，宁波市建设了 10 大应用型专业人才培养基地。针对宁波主导产业和支柱产业的需求，通过校际合作、校企合作，全面建设石油化工、生物医药等 10 大应用型专业人才培养基地，共开展人才培养模式改革、教学改革、课程教材建设、实验室及实习实训基地建设 257 项，开设了 50 余个校企深度合作的应用型创新人才试验班。建设 20 大校内外职业教育实习实训基地。职业院校的机械数控、商贸物流等 10 大职业教育实习实训示范基地已全面建成，每个基地设施设备投入在 1 000 万元左右，具有在 5 年内为社会培养培训 2 万名技术工人的能力。首批建在企业的 4 个实习实训示范基地已于 5 月正式挂牌并运行，涉及机电数控、旅游餐饮、汽车维修等行业。启动了宁波市数字图书馆中心网站以及港口物流、纺织服装、新材料和机电塑料模具等4个特色资源库项目建设。宁波高等教育·产学研网站访问量突破11万人次。举办第三届大学校长和企业家论坛，签约各类合作项目100多项。在甬高校已与500余家企业建立了合作关系，纵横向科研经费总量已突破3亿元。2008年，宁波市委、市政府召开了全市深化服务型教育体系建设工作会议，对14个宁波市教育服务经济贡献奖获奖项目进行表彰，出台《关于深化服务型教育体系建设 加快培养高素质应用型人才若干意见》，提出扎实抓好三个平台建设，全面实施五大计划的工作任务。

〔**高等教育开放合作得到新推进**〕 2008年，宁波市与中国社科院签订了战略合作协议以及共建基地、共建研究中心、委托研究课题、合作指导研究生等16项专项协议，首批合作项目已经启动。宁波诺丁汉大学首批本科生毕业，并经教育部批准具备了与英国诺丁汉大学联合开展博士生培养资格。宁波大学已与40多所国外院校建立了校际交流合作关系，成立了宁波市第一个国际执业资格培训机构——加拿大CGA宁波培训中心。宁波职业技术学院与美国PTC公司合作，建立了国内首个PTC职业教育中心。宁波工程学院、宁波大红鹰学院、宁波职业技术学院、浙江纺织服装职业技术学院与香港职业训练局签订了9项专业技术证书合作意向书。宁波大学与台州市三门县科技局、绍兴市嵊州市科技局签订了合作协议。宁波工程学院与镇海区签订科技合作协议。宁波职业技术学院与北仑开发区合作共建“宁波开发区数字科技园”，已有34家企业入驻园区。

〔**高校内涵建设实现新突破**〕 2008年，宁波市高校师资队伍结构不断优化。在甬高校共有专任教师7 287人，其中副高以上2 597人，博士740人。全市共有享受国务院特殊津贴专家29位、省特聘教师4位、省高校教学名师6位、省高校中青年学科带头人50位，4位教师入选国家“百千万人才工程”，9位教师入选省“151人才工程”第一层次。2个团队入选国家级团队。首批6名“甬江学者”特聘教授已经产生。学科专业建设水平不断提升，全市高校拥有省重中之重学科5个、省属高校人文社科重点研究基地2个、省医学重点扶植学科1个、省级重点学科13个；国家人才培养模式改革试验区3个，国家特色专业建设点6个，省级重点专业32个；国家精品（双语教学）课程17门，省级精品课程67门。高校科研水平明显提升，宁波大学与宁波沁园集团合作完成的“节能型饮用水深度处理系列设备的研发与产业化”成果获得2008年度国家科学技术进步二等奖。宁波大学学生在全国“挑战杯”大学生创业计划竞赛中获得金奖，浙江万里学院获批为全国首批34所“KAB创业教育拓展计划”试点高校之一。

撰稿　胡审严　汪维民　章敏杰
王大明　叶宏武
审稿　黄士力　鲁焕清

安徽省教育

概　　况

〔基本情况〕

2008 年各级各类学校校数、教职工、专任教师情况

	学校数（所）	教职工数（人）	专任教师数（人）
一、高等教育			
（一）研究生培养机构（不计校数）	(18)		
1. 普通高校	(16)		
2. 科研机构	(2)		
（二）普通高等学校	104	65 540	43 624
1. 本科院校	42	42 892	27 775
其中：独立学院	11	2 839	2 331
2. 专科院校	62	22 648	15 849
其中：职业技术学院	57	20 687	14 375
3. 其他机构（点）（不计校数）	(4)		
（三）成人高等学校	7	2 867	1 669
（四）民办的其他高等教育机构	7	1 106	607
二、中等教育	4 629	292 860	249 478
（一）高中阶段教育	1 437	292 466	92 676
1. 高中	782	252 154	63 245
普通高中	782	252 154	63 245
成人高中			
2. 中等职业教育	655	40 312	29 431
普通中专	102	11 480	7 579
成人中专	83	2 685	1 621
职业高中	374	18 737	14 263

续表

	学校数（所）	教职工数（人）	专任教师数（人）
技工学校	96	5 735	4 863
其他机构（教学点）（不计校数）	（191）	1 675	1 105
（二）初中阶段教育	3 192	394	156 802
1．普通初中	3 181		156 442
2．职业初中	7	386	356
3．成人初中	4	8	4
三、初等教育			
（一）普通小学	16 116	261 835	251 020
（二）成人小学	154	1 014	755
其中：扫盲班	123	996	743
四、工读学校	3	76	37
五、特殊教育	62	1 276	1 034
六、学前教育	3 232	30 589	20 738

注：普通高中的教职工数中包含普通初中的教职工数。

2008 年各级各类学历教育学生情况

	毕业生数（人）	招生数（人）	在校生数（人）
一、高等教育			
（一）研究生	7 947	13 204	34 982
博　士	991	1 342	4 330
硕　士	6 956	11 862	30 652
（二）普通本专科	191 120	253 183	808 276
本　科	74 911	112 099	399 296
专　科	116 209	141 084	408 980
（三）成人本专科	42 852	68 082	170 990
本　科	15 610	30 106	73 521
专　科	27 242	37 976	97 469
（四）其他各类高等学历教育			
1．在职人员攻读博士、硕士学位		2 741	9 289
2．网络本专科生	862	950	4 099
本　科	511	368	1 272
专　科	351	582	2 827
3．其他			

续表

	毕业生数（人）	招生数（人）	在校生数（人）
二、中等教育	1 830 374	1 871 271	5 421 085
（一）高中阶段教育	744 464	819 621	2 318 057
1. 高中	437 481	435 803	1 337 132
普通高中	437 481	435 803	1 337 132
成人高中			
2. 中等职业教育	306 983	383 818	980 925
普通中专	77 238	101 642	277 085
成人中专	16 741	20 620	47 360
职业高中	175 405	211 346	555 349
技工学校	37 599	50 210	101 131
（二）初中阶段教育	1 085 910	1 051 650	3 103 028
1. 普通初中	1 083 637	1 049 896	3 098 582
2. 职业初中	2 213	1 754	4 380
3. 成人初中	60		66
三、初等教育	1 081 473	849 750	5 239 577
（一）普通小学	1 039 349	849 750	5 203 540
（二）成人小学	42 124		36 037
其中：扫盲班	42 006		35 910
四、工读学校	3	3	20
五、特殊教育	1 644	2 278	16 324
六、学前教育	411 878	565 188	875 334

注：特殊教育学生数中包括普通中小学随班就读的学生。

2008年各级各类非学历教育学生情况

	毕（结）业生数（人）	注册生数（人）
总　计	878 332	616 529
一、高等教育	101 527	96 138
（一）研究生课程进修班	583	1 078
（二）自考助学班	2 350	6 854
（三）普通预科生		187
（四）进修及培训	98 594	88 019
其中：资格证书培训	53 747	3 086
岗位证书培训	19 017	4 921
二、中等教育	776 805	520 391

续表

	毕（结）业生数（人）	注册生数（人）
其中：资格证书培训	93 191	40 167
岗位证书培训	78 821	28 043
（一）中等职业教育	360 331	107 588
其中：资格证书培训	73 615	23 427
岗位证书培训	74 766	26 419
（二）职业技术培训机构	416 474	412 803
其中：资格证书培训	19 576	16 740
岗位证书培训	4 055	1 624

2008 年各级各类民办教育基本情况

	学校数（所）	毕业生数（人）	招生数（人）	在校生数（人）	教职工数（人）	专任教师数（人）	另有其他学生数（人）
一、民办高等教育							
（一）民办高校	26	15 799	43 051	109 766	8 488	5 836	506
本科学生		3 629	16 193	47 585			
专科学生		12 170	26 858	62 181			
其中：独立学院	11	3 629	14 180	42 425	2 839	2 331	
本科学生		3 629	14 180	42 425			
专科学生							
（二）民办其他高等教育机构	7				1 106	607	15 997
二、民办中等教育							
（一）高中阶段教育	322	78 714	120 676	309 476	37 366	26 168	10 124
1. 民办普通高中	166	44 831	57 508	161 654	29 930	21 412	
2. 民办中等职业教育	156	33 883	63 168	147 822	7 436	4 756	10 124
（二）初中阶段教育	283	106 267	133 713	365 852			
1. 民办普通初中	283	106 267	133 713	365 852			
2. 民办职业初中							
三、民办普通小学	223	37 426	19 525	160 340	8 504	5 713	
四、民办幼儿园	2 217	110 214	164 188	308 722	19 022	11 866	
另有：民办培训机构（不计校数）	(130)				2 070	1 170	87 874

注：1. “另有其他学生数”包括：学历文凭考试学生、自考助学班学生、预科生、进修及培训学生数；
2. 民办普通高中的教职工和专任教师数中包含民办普通初中的教职工和专任教师数；
3. “（ ）”内数据为不计校数。

〔**综述**〕 2008年，安徽省普通小学学校16 116所，高中阶段学校1 437所，普通高等院校93所（另有11所独立学院）。义务教育、高中阶段教育、普通高等院校在校生分别为830.7万人、221.7万人（其中中等职业学校在校生88万人）、80.8万人。另外，还有6所成人高等院校，成人高等教育在读学生17万人。全省各类学校有专任教师54.4万人，其中普通高等院校教师4.36万人，高中阶段教师8.78万人，义务教育阶段教师25.1万人。义务教育普及率保持较高水平。全省小学学龄儿童入学率和初中适龄人口入学率分别达到99.84%和99.02%，继续高于全国平均水平。高中阶段教育持续快速发展，毛入学率达到70.27%，比上年提高近9个百分点。职业教育体系更加健全，全省共有高等职业教育在校生40.9万，中等职业教育在校生88万，全年共培训62.5万人次。高等教育规模稳步提升。普通高等院校在校生80.8万人，比上一年度增长10.6%，成人高等院校招生和自考报名人数也有显著增加，高等教育毛入学率达到21.2%，比上年度提高了1.5个百分点。高等教育布局、层次结构和专业设置进一步优化。

〔**教育投入与支出**〕 (1) 教育经费收支情况。2008年，全省全口径教育经费收入共459.1亿元，比上年增加92亿元，增长25.06%。其中财政预算内拨款309.2亿元，占67.35%；各级政府征收用于教育的税费17.6亿元，占3.84%；企业拨款1.6亿元，占0.35%；校办产业、社会服务收入中用于教育的经费0.3亿元，占0.06%；民办学校中举办者投入5.98亿元，占1.3%；社会捐赠2.56亿元，占0.56%；事业收入112.6亿元，占24.52%；其他收入9.27亿元，占2.02%。全省全口径教育经费支出总额450.2亿元，比上年增加80.3亿元，增长21.71%。按隶属关系分，中央部委所属在皖院校教育经费支出19.3亿元，占4.28%；地方各级各类学校经费支出43.98亿元，占95.72%。(2) 教育经费“两个比例”增长情况。全省预算内教育经费支出占财政支出比例为19.23%，比上年下降了0.41个百分点。全省国家财政性教育经费支出317.2亿元，占当年国民生产总值的3.57%，较上年上升了0.25个百分点。(3) 各级各类学校生均预算内教育经费及生均预算内公用经费情况。普通高中为1 970元和364元，分别增长20.36%和95.9%；普通初中为2 527.8元和806元，分别增长40.95%和101.6%；小学为2 083.25元和830元，分别增长26.66%和117.6%；职业中学为2 072.6元和311元，分别增长24.5%和66%。(4) 教育基建情况。省属高等院校基建完成总投资28.54亿元（其中省统筹3 000万元，省、市财政专项安排5 538.8万元，学校自筹23.86亿元，其他3.83亿元）。当年施工面积298.94万平方米，竣工175.73万平方米。全省普通中学、中等职业学校校舍总面积比上年分别增加141.54万平方米、67.69万平方米，职业初中、小学校舍总面积比上年分别减少0.29万平方米、20.06万平方米。

〔**深入学习实践科学发展观活动**〕 从2008年9月开始，省委教育工委、省教育厅作为首批参与单位，开展了为期半年的深入学习实践科学发展观活动。以“推进教育科学发展，服务安徽奋力崛起”为主题，以解决突出问题为抓手，突出实践特色，取得了实实在在的成效。深化了对科学发展观的认识，提高了贯彻落实科学发展观的能力；进一步明晰了推进教育科学发展的总体思路；特别是推动了一些影响教育科学发展的突出问题的解决，比如义务教育均衡发展问题、职教大省建设问题、高等教育改革与发展问题、高校债务问题等。

〔**学生资助工作**〕 2008年，省政府将高校和中职家庭经济困难学生资助工作纳入民生工程。春季和秋季学期，全省中等职业学校共有67.7万人次获国家助学金，资助金额5.08亿元。另外，全省中等职业学校当年共发放校内奖助学金804.9万元，资助学生4.5万人，为2.9万名学生减免学费1 070.3万元。全省高等院校有34.4万人次获得了国家奖学金、国家励志奖学金、国家助学金共4.59亿元。另外，2007—2008学年，高等院校发放校内奖学金、校内助学金、勤工助学金、特殊困难补助、减免学费等1.3亿元，奖励和资助学生20.9万人次。积极做好国家助学贷款工作，着力推进生源地信用助学贷款，助学贷款量高速增长。安徽省全年共有3家银行（农业银行、省农村合作金融机构、国家开发银行）参与发放助学贷款，贷款发放总量3.56亿元、6.94万人次。另外，部分高等院校还为近6 000名学生发放校内无息贷款1 735.6万元。多渠道筹集资金，为全省普通高等院校学生发放临时生活补助8 367万元。普通高中家庭特困学生彩票公益金资助项目稳步推进，中央财政下达2007—2008学年全省资助计划数18 629人，2008—2009学年计划数20 028人，资助标准为每生每学年1 000元。

〔**学校体育卫生工作**〕 深入贯彻《中共中央国务院关于加强青少年体育增强青少年体质的意见》和《中共安徽省委安徽省人民政府关于加强青少年体育增强青少年体质的实施意见》，学校体育卫生工作进一步加强。建立了由省教育厅、省发改委、省财政厅、省卫生厅、省体育局、团省委、省妇联七个部门共同组成的“加强青少年体育工作联席会议”制度，统筹协调青少年体育工作。进一步推行初中毕业生升学体育考试制度。建立并不断完善学生体质健康监测制度和学生体质健康公告制度。进一步完善了《安徽省教育系统突发公共卫生事件应急预案》。建立了中小学体育专项督导制度，推动《国家体质健康标准》的全面实施。以奥运为主题，全面开展“亿万学生阳光体育运动”，推进大课间体育活动，确保学生每天锻炼一小时。建立了阳光体育竞赛制度和阳光体育联赛制度，实施阳光体育奖章制度，广泛开展各种体育竞赛活动。组织了安徽省第三届省级示范普通高中田径运动会、安徽省第六届中小学生健身健美操比赛、全省第五届高校“校长杯”乒乓球比赛、全省大学生足球联赛。会同省体育局举办了全省体育传统项目学校田径、游泳、球类等各项体育竞赛活动。构建学校卫生防疫与食品卫生安全体系，加强学校突发公共卫生事件的防控。重点加强寄宿制学校卫生防疫与食品卫生安全管理，建立学生定期健康体检制度，认真规范学生接种疫苗和入学入托查验接种证工作。与卫生部门合作，积极做好皖北地区教育系统手足口病疫情防控工作，省教育厅被省政府表彰为防治手足口病工作先进集体。

〔**教师队伍建设**〕 全面启动2008—2012年中小学教师继续教育工作，扎实开展2008—2009学年度中小学教师“备好课”专题培训。组织近4.8万名中小学教师参加省级以上各类培训。组织开展第三批省级“教坛新星”评选工作，评选500名省级“教坛新星”。组织开展第九批特级教师评审工作。加强教育管理干部培训，重点做好皖北农村乡镇中心校校长省级培训、市县教育行政干部省级培训和中等职业学校校长省级高级研修工作。完成全省3万余名中小学正副校长的基本情况调查任务。实施中等职业学校教师素质提高计划，对数控技术应用、汽车制造与维修等10个专业（类）的1 407名中等职业学校专业骨干教师进行省级培训。组织225名教师参加国家级培训，7人出国培训，资助特聘兼职教师200人。完善中小学教师资格准入制度，全年共认定各级各类教师资格43 478人。举办了第二届中小学校长论坛活动。启动了新一轮中小学教职工编制核定和义务教育学校实施绩效工资的工作。会同省财政厅、省人事厅出台了《关于高等院校博士后工程实施意见》，在14所省属高等院校首批设定了100个博士后岗位。会同省人事厅开展了高等院校学术人才评价体系改革。重点资助培养了100名高职高专专业带头人，高等院校优秀青年人才基金资助了338项。2名高等院校教师获得国家级教学名师称号，72名教师获得安徽省学术和技术带头人。全省高等院校共选派100多名骨干教师到国内重点高等院校访学培训，选派了30名高职高专教师到新加坡高等院校接受培训。教师节期间，开展了“学习英模教师，弘扬伟大师魂”主题系列活动、“金历乡村教师育人奖”奖励活动、“新星送教到基层，携手共庆教师节”活动。小学师生比1∶20.73，普通初中为1∶19.81，职业初中为1∶12.30，普通高中为1∶21.1，中职学校为1∶35.8，普通高校为1∶18.13。

〔**教育督导工作**〕 会同省委组织部，顺利完成

2007年度县（市、区）党政领导干部教育工作督导考核，评选确定合肥市蜀山区、肥西县、天长市、霍山县、和县、桐城市、歙县7个县（市、区）为首批教育强县（市、区）。在全国率先建立督导报告制度，首次发布了安徽第一号教育督导报告——《安徽省教育督导报告2007——基础教育发展现状》。对芜湖市和宣城市开展了市级政府职业教育工作督导考核试点。

〔**学校和学生安全稳定工作**〕 及时部署和积极应对年初遭遇的冰冻雨雪灾害，及时疏散、安置学生，全省教育系统未造成一起师生伤亡事故和大的财产损失。高等院校维护稳定工作基础进一步夯实。4月7日，省教育厅与省属高等院校签订了维护稳定工作责任书，进一步强化了高等院校主要负责人维护稳定工作责任。5月28日—30日，根据省组委会和相关市组委会的要求，省教育厅圆满完成组织28所高校共10万余名大学生参加奥运火炬传递观看工作的任务。全省高等院校校园内没有发生一起群体性事件，实现了“学生非正常死亡”和“校内群体事件”两个明显下降，受到省委、省政府高度评价和教育部的通报表彰。中小学校学生安全进一步加强。组织全省中小学校开展了安全教育演练、预防溺水教育宣传周、同上一堂安全课、道路交通安全活动周等系列活动，促进安全教育规范化、制度化。加强安全培训和宣传，开展了预防溺水、道路交通安全、消防安全的省、市、县三级培训，把安全培训落实到每所学校、每个教师、每个学生，延伸到每个家庭，确保了安全教育的覆盖面和有效性。

〔**大学生医疗保险和校方责任保险工作**〕 启动实施大学生医疗保险制度改革，是继北京、上海之后全国第三个以省为单位建立大学生医疗保险制度的省份。积极探索建立健全教育系统风险管理服务体系，扎实推进全省校方责任保险工作。目前全省80%的中小学校和部分高等院校、中专学校、民办学校投保了校方责任保险，有效分散转移了在学生意外伤害事故中学校所承担的经济赔偿责任。

〔**国际交流合作**〕 积极开展教育国际合作与交流工作。全年组织各类出访团组15个。举办了中韩国际研讨会；举行了“首届安徽日本文化月”活动和澳大利亚西澳洲政府教育开放系列活动；韩国韩瑞大学分别与淮南师范学院、安庆职业技术学院签订缔结友好学校协议；举办了第七届“亚洲大学校长论坛”，首届“中德应用型高等教育研究与发展论坛”“第五届海峡两岸人事研讨会”。进一步规范外籍专家和教师聘请管理工作。全省教育机构共聘有400位长期外国文教专家和外籍教师。汉语国际推广工作健康发展。省教育厅在安徽师范大学成立了安徽省汉语国际推广中心，设立了友好省州汉语学习奖学金。安徽大学与智利、乌克兰两国合作共建的孔子学院先后揭牌开课。大力支持高等院校申请接收留学生资格，2008年接收外国留学生近540人。

〔**教育纪检监察工作**〕 召开全省教育系统纪检监察工作会议，部署安排全省教育系统党风廉政建设和反腐败工作任务。省委常委、省纪委书记刘春良到会讲话。在加强考试招生、招投标等监督的同时，不断加强对规范教育收费情况的监督。全省教育系统积极组织开展反腐倡廉制度建设推进年活动，共清理反腐倡廉制度7 251项，完善2 190项，废止483项，新建1 188项，有力推动了全省教育系统反腐倡廉制度建设和规范管理工作。

〔**规范办学行为**〕 （1）进一步规范各级各类学校办学行为：①完成了义务教育阶段改制学校的清理工作，2所停办，9所符合“四独立”规定转为民办学校，8所恢复公办；②坚决纠正公办中小学擅自举办实验班并违规收费行为；③禁止各校举办或参与举办向学生收费的各种办班行为；④严格执行公办普通高中招收择校生的“三限”政策；⑤严格规范高等院校收费项目和标准；⑥组织开展全省高等院校招生广告宣传工作的大检查，严厉打击了非法招生中介和招生虚假广告宣传。（2）加大教育乱收费行为监督查处力度，共组织县级以上的检查组246个（次），对52所高等院校、379所高中和义务教育阶段9 000余所学校进行了检查。全年共清退违规收费 214.9 万元，立案 97 件，通报批评 49 人次，给予撤职以上处分 6 人，撤职以下处分 86 人。群众对于教育乱收费的各类投诉比上年下降了 41.36%。

基础教育

〔**综述**〕 全省义务教育进一步巩固提高。基础教育阶段学龄人口持续减少，中小学布局结构进一步调整。全省小学 16 116 所，比上年减少 1 124 所；招生 85 万人，比上年减少 1.4 万人；在校生 520.4 万人，比上年减少 29.1 万人；校均在校生规模 323 人，比上年增加 4 人。初中（含普通初中、职业初中，下同）3 188 所，比上年减少 86 所；招生 105.2 万人，比上年增加 5.7 万人；在校生 310.3 万人，比上年减少 12.0 万人；校均在校生规模为 973 人，比上年减少 11 人。普通高中 782 所，比上年增加 3 所；招生 43.6 万人，比上年减少 1.9 万人；在校生 133.7 万人，比上年减少 1.4 万人；毕业生 43.7 万人，比上年增加 4.1 万人。全年扫除文盲 4.2 万人，青壮年文盲率继续控制在 4%以内。

〔**幼儿及学前教育健康发展**〕 全省幼儿园 3 232 所，比上年增加 183 所。在园幼儿（含学前班）87.5 万人，比上年增加 9.3 万人。幼儿园园长和教师共 2.4 万人，比上年增加 0.2 万人。

〔**义务教育均衡发展**〕 继续贯彻省政府《关于进一步推进义务教育均衡发展的意见》，推进义务教育学校标准化建设，指导各地制定 2008—2012 年分年度、分县（市、区）办学标准化建设工作规划。在增加教育资源总量的同时调整中小学校布局，加强薄弱学校改造，安排教育建设项目，在本地区内均衡配置教育经费、师资队伍、图书仪器设备等，充分发挥了有限的教育资源的作用和效益，缩小了城乡之间、学校之间的义务教育差距，实现了年初确定的标准化学校建设、择校生控制和农村中小学远程教育工程覆盖率的目标。全省各市、县（区）择校生比例均比上年下降 5%以上，农远工程覆盖率达 96%。全省各地切实加强留守儿童和农民工子女教育。全省建设了 2 000 多所寄宿制学校，逐步解决留守儿童的学习、生活和监护等问题，得到教育部肯定。破除户籍限制，排除了农民工子女在所在城市就读高中阶段学校的障碍，《人民日报》载文，认为安徽省的举措是教育公平的局部突破。

〔**义务教育经费保障机制改革**〕 继续将义务教育经费保障机制改革纳入民生工程范畴，改革政策进一步完善，实现了义务教育经费“提标扩面”，即提高了寄宿制贫困生补助标准、公用经费标准和校舍维修改造标准，扩大了享受免费教科书政策的范围。全年共投入资金 46.3 亿元（中央 31.4 亿元、省级 11 亿元、市县 3.9 亿元），约 900 万名城乡义务教育阶段学生受益，生均受益额达 500 多元。向农村 700 多万中小学生免费提供教科书。开展农村义务教育“普九”债务化解试点工作，共核销农村“普九”债务 30.8 亿元。2008 年，省政协在全省范围内组织开展 18 项民生工程实施情况专项调查显示，安徽省实施城乡义务教育经费保障机制改革满意度居第二位，对教育部门的评价居全省各部门前列。

〔**农村中小学危房改造**〕 2007 年以来，全省累计投入中小学校舍维修改造资金 21.77 亿元（其中，中央和省级专项资金 12.93 亿元，开发银行贷款 8.84 亿元），共建设项目 6 386 个，新建校舍 392 万平方米，其中改造 D 级危房 316 万平方米，提前、超额完成省政府确定的2008年年底前改造304万平方米D级危房的任务，彻底解决了积压多年的农村中小学危房改造问题，农村中小学校舍安全状况得到明显改善。积极实施农村初中校舍改造工程、新农村卫生新校园建设工程、青少年校外活动中心建设、明德小学项目和中石化援建项目等。通过实施项目建设，极大地改善了全省中小学尤其是农村义务教育阶段学校的办学条件，优化了中小学布局，提高了办学水平和综合办学效益。

〔**高考方案改革**〕 2009年将首次实行新课程改革背景下的高等院校统一招生考试制度。根据教育部的有关规定和要求，省教育厅研究草拟了《安徽省2009年普通高等学校统一招生考试工作指导方案》，经反复征求意见和修改完善，12月，《方案》已正式获教育部批准。教育部批准的2009年安徽省普通高等学校统一招生考试模式为：3＋文科综合/理科综合＋学业水平测试＋综合素质评价。在《方案》征求社会各界意见过程中，省教育厅就高考指导方案的合法性、合理性、可操作性进行公开听证，广泛听取社会各方面的意见和建议。

〔**高中学业水平测试**〕 从2006年秋季入学的普通高中学生开始，实行普通高中学业水平测试制度，取消现行的普通高中毕业会考制度。制定了《安徽省普通高中学业水平测试方案（试行）》，并于6月28日—29日成功组织实施了首次测试工作。测试工作按照“以市为主、指标分解”模式组织实施，规范了考试流程管理，保证了学业水平考试的公信力。学业水平测试的成绩为各级教育行政、教研部门进行教学管理决策、教学研究和教学指导，开展普通高中办学水平评估，提供了重要依据。

职 业 教 育

〔**综述**〕 2008年初，省政府作出“建设职业教育大省”的战略决策。省教育厅拟定了《安徽省职业教育大省建设规划（2008—2012年） （草案）》，并在广泛征求社会意见后，报省政府待批。全省中等职业学校达559所，在校生达88万人（含技工学校），高中阶段毛入学率为70.27%（含技工学校），比上年提高近9个百分点。在抓好学历教育的同时，各类职业培训也得到快速发展。全省中等职业学校开展各类职业技能培训62.5万人次，学历教育和职业培训并举的职业教育培训体系基本形成。

〔**中等职业学校招生**〕 省教育厅先后下发了《关于切实加强中等职业教育招生工作的通知》等5个文件，切实加强对中等职业教育招生工作的指导。各市、县教育行政部门和中等职业学校狠抓招生工作，促进招生规模扩大和高中阶段教育职普比例协调。全省中等职业学校招生37.26万人（含技工学校3.9万人），高中阶段教育职普招生比例达4.6∶5.4。下发了《关于进一步扩大招收未升学高中毕业生接受中等职业教育的通知》，进一步拓宽了中等职业学校的招生范围，要求各省级示范以上学校招收高中毕业生不少于100人。全省中等职业学校当年共招收未升学高中毕业生26 169人。

〔**中等职业学校基础能力建设**〕 制定《安徽省中等职业学校2008—2012年分类创建计划》。全省示范中等职业学校创建取得新突破，当年有3所学校被教育部认定为国家级重点，14所学校被认定为省级示范，38所学校被认定为合格县（区）职教中心。至2008年年底，全省中等职业学校有国家级重点69所、省级示范50所，合格县区职教中心38所。中等职业教育办学条件继续改善，基础能力进一步提升。34所中等职业学校获得中职基础能力建设项目，涉及建设资金总额达2.23亿元，其中中央财政下达资金1亿元；6所中等职业学校获得中央财政支持的职业教育实训基地项目资金1 600万元，其中中央财政资金900万元；34所中等职业学校获得省级“三重”建设项目，省财政下达资金1 750万元。

〔**中等职业学校教育教学改革**〕 打破部门和行业等界限，依托安徽水利水电职业学院等2所高等职业院校和安徽能源技术学校等4所中等职业学校组建了江淮、工程和能源等6个职教集团，全省职教集团达10个。中等职业学校国际、省际合作办学取得显著成效，与企业合作对接进一步加强。省教育厅先后在阜阳、淮北、巢湖等地举办了三场校企对接会。成功举办第二届全省职业院校技能大赛，36所高职院校及17个市的673名中职、高职学生和中职教师参加比赛。职业教育人才培养质量明显提高，全省中等职业学校毕业生就业率达96.5%。

高等教育

〔**综述**〕 2008年，全省高等教育以扩大规模和提高质量为着力点，继续保持平稳持续发展的良好态势。新成立了1所民办本科院校、1所独立学院和4所高等职业院校。全省共有普通高等院校93所，其中本科院校31所、高职高专院校62所；另有11所独立学院。普通高等院校在校学生80.83万人，各级各类高等教育在学学生137万人，高等教育毛入学率为21.2%，比上年提高1.5个百分点。与全省及区域经济发展相适应，以合肥为制高点，芜湖、蚌埠为支撑，拉动皖南、皖北，辐射全省的高等教育发展新格局初步构建。

〔**高等教育质量工程建设**〕 5月，省教育厅会省财政厅印发了《关于实施高等学校教学质量与教学改革工程的意见》，标志着高等教育省级质量工程的全面启动。省级财政共下达专项资金6 810万元，用于质量工程建设。国家、省和高等院校三方面用于质量工程的总资金达2亿元。全省共有91所高等院校获准设立了质量工程项目。当年立项建设了6所省级示范性高等职业院校和2所省级重点培育单位、190个省级重点学科、93个省级特色专业、50个省级示范实验实训中心、53个教学团队和全省共用的数字图书馆，资助了686项省级教学研究项目，表彰了省级教坛新秀163名、省级教学成果奖351项。安徽机电职业技术学院成为国家示范性高等职业院校重点培育单位。获得国家精品课程4门、双语教学示范课程1门、国家级实验示范中心3个、国家级特色专业23个、国家级教学团队10个，2所高校获得第二批大学生创新性实验计划项目，2位教师获得国家级教学名师称号。

〔**高等院校教学评估和质量监控**〕 2008年，阜阳师范学院等3所本科院校接受了教育部组织的本科教学工作水平评估，均获得优秀成绩；安徽机电职业技术学院等4所高职高专院校完成了高职高专人才培养工作水平评估，3所获得优秀成绩；4所高职高专院校接受了省教育厅组织的人才培养工作评估，3所获得优秀成绩。积极实施研究生教育创新计划，开展了研究生毕业论文质量抽查工作，遴选出首届100篇省级优秀硕士论文。

〔**高等院校教育教学改革**〕 全省高等院校教育教学改革不断深化，学科专业建设继续加强。共有9个国家一级重点学科、9个二级重点学科、4个国家重点培育学科和202个省级重点学科。根据学科专业布局、毕业生就业、经济社会发展和市场人才需求，引导高校开展了新学科专业设置和传统学科专业的调整工作，增设本科专业82个，减少高职高专专业18个，高等院校本科专业达到195种1 296个专业点，高职高专专业达到342种2 274个专业点。省属高校中工学、理学、管理学本科专业比例分别上升了20%左右，高职高专现有专业中电子、制造、材料、环保、旅游等涵盖支柱产业的应用类专业占专业总数的70%以上。与经济社会发展及产业结构调整相适应的专业门类比较齐全的人才培养体系初步形成。

〔**高等院校科技创新与服务社会**〕 中国科学技术大学按照胡锦涛总书记的要求，积极创建世界一流研究型大学；合肥工业大学“211工程”三期立项进展顺利，争取了若干学科进入“985”重点学科创建平台；安徽大学“211工程”三期立项获得省政府同意，规划总投资约5亿元；安徽中医学院获得国家发改委立项的“国家中医临床研究基地”建设，规划总投资约4亿元。此外，新立项建设2个省部共建重点实验室，新申报待批2个教育部工程技术研究中心和20个省级重点实验室。全省高等院校从各种渠道争取科技总经费达到16亿元，承担国家和省部级重大科研项目1 600项，是项目数最多、资助强度最大、资助面最广的一年。其中，宿州学院等5所新建本科院校首次获得国家自然科学基金项目的资助；安徽工业大学获得教育部科技创新工程重大项目培育基金的资助，实现了省属高等院校在该项目上零的突破。全省高等院校获得国家社科基金项目36项、教育部社科项目39项，项目数量和资助经费都有新的增加。有关高等院校积极参与建设“合芜蚌自主创新综合配套改革试验区”。省教育厅联合地方政府共同举办了巢湖市产学研对接会和皖北区域产学研对接会，全省高等院校组团参加了在合肥市举办的中国（合肥）自主创新要素对接会和在黄山市举办的第四届中国国际徽商大会，展示了高等院校以科技服务社会的能力。

〔**高等院校招生录取**〕 顺利实现“平安高考”的目标任务。2008年，全省共有高考考生60.9万人，考生总数居全国第三。普通高等院校共招生27.3万人，成人本专科招生6.8万人，招收研究生1.3万人，与上年相比，分别增长8.3%、19.4%和30%。成功实行了高考填报志愿方式改革，首次试行平行志愿，考生总体满意，社会反响积极。

〔**高等院校毕业生就业工作**〕 2008年全省高等院校毕业生19.9万人，比上年增加1.2万人。在全社会总体就业压力增大和国内外经济社会形势多变的情况下，全省高等院校进一步健全毕业生就业领导体制和完善工作机制，着力加强就业工作内涵建设，深化教育教学改革，强化就业指导和服务，积极促进毕业生面向基层就业。截至年底，全省普通高等院校毕业生平均就业率为91%，高于上年同期水平；到基层就业人数达10.9万人，比上年同期增加1.4万人，占就业总人数的64.2%。

〔**高等院校党建工作**〕 全省共有11所院校顺利召开了党代会。出台了《安徽省省属普通高等学校党务公开和校务公开实施意见》。高等院校院系党政联系会议制度逐步建立并得到坚持，基层党组织的政治核心和监督保障作用进一步得到发挥。党员队伍日益扩大，截至2008年6月底，省属26所普通本科高等院校共有学生党员5.24万人，占在校生总数的14.4%，高于全国平均水平。8月，省委、省政府印发了《关于进一步加强和改进民办高等院校工作的若干意见》，为加强和改进民办高等院校党建工作明确了方向。13所民办高等院校党组织负责人兼督导专员在推进党的建设、维护校园安全稳定、依法行使督导职能等方面发挥了较好作用。

〔**高等院校领导班子建设**〕 省属高等院校领导班子已基本配齐。高等院校干部任期制度和交流制度逐步完善，对部分校级干部实行公开选拔。领导班子的知识结构、年龄结构得到改善。目前，省属高校副厅级以上领导干部的平均年龄为51.3岁，大学以上学历占98.3%，具有副高以上职称的占

73.9%，女干部18人，党外干部10人。干部教育培训工作扎实推进。2007—2008两年间，连续举办多期研修班，419名校级负责人普遍接受了轮训。

〔**高等院校思想政治工作**〕 通过开办辅导员培训班、举办首届校长德育论坛，高等院校思想政治工作队伍尤其是辅导员队伍建设得到进一步加强，思想政治理论课和校园文化建设力度不断加大，形势政策教育、网络思想政治教育、心理健康教育和社会实践活动成效显著。9所高等院校荣获教育部颁发的“校园文化建设优秀成果奖”。12月，省委宣传部、省委教育工委联合召开了全省高等院校思想政治理论课工作会议，出台了《进一步加强高等院校思想政治课理论建设的意见》。

撰稿 崔裕超 邵 明

审稿 程 艺

福建省教育

概　　况

〔基本情况〕

2008 年各级各类学校校数、教职工、专任教师情况

	学校数（所）	教职工数（人）	专任教师数（人）
一、高等教育			
（一）研究生培养机构（不计校数）	(11)		
1. 普通高校	(9)		
2. 科研机构	(2)		
（二）普通高等学校	81	53 521	33 637
1. 本科院校	29	36 314	22 403
其中：独立学院	9	4 549	3 281
2. 专科院校	52	15 953	10 324
其中：职业技术学院	48	14 535	9 365
3. 其他机构（点）（不计校数）	(5)	1 254	910
（三）成人高等学校	7	1 753	982
（四）民办的其他高等教育机构	3	127	66
二、中等教育	2 438	201 396	174 204
（一）高中阶段教育	1 060	201 370	75 444
1. 高中	619	172 264	52 546
普通高中	610	172 244	52 531
成人高中	9	20	15
2. 中等职业教育	441	29 106	22 898
普通中专	350	23 788	18 111
成人中专			
职业高中			
技工学校	91	5 145	4 669
其他机构（教学点）（不计校数）	(43)	173	118
（二）初中阶段教育	1 378	26	98 760

续表

	学校数（所）	教职工数（人）	专任教师数（人）
1. 普通初中	1 353		98 740
2. 职业初中			
3. 成人初中	25	26	20
三、初等教育			
（一）普通小学	8 566	169 868	160 347
（二）成人小学	692	801	317
其中：扫盲班	383	584	227
四、工读学校			
五、特殊教育	64	1 679	1 465
六、学前教育	7 508	52 881	33 774

注：普通高中的教职工数中包含普通初中的教职工数。

2008 年各级各类学历教育学生情况

	毕业生数（人）	招生数（人）	在校生数（人）
一、高等教育			
（一）研究生	6 899	8 781	27 062
博　士	736	1 025	3 928
硕　士	6 163	7 756	23 134
（二）普通本专科	130 379	179 137	562 595
本　科	55 287	85 436	309 250
专　科	75 092	93 701	253 345
（三）成人本专科	30 705	35 485	103 861
本　科	16 499	17 700	52 014
专　科	14 206	17 785	51 847
（四）其他各类高等学历教育			
1. 在职人员攻读博士、硕士学位		2 966	10 459
2. 网络本专科生	8 316	12 678	25 766
本　科	6 308	9 791	20 533
专　科	2 008	2 887	5 233
3. 其他			
二、中等教育	909 135	963 590	2 854 465
（一）高中阶段教育	404 450	467 696	1 336 985
1. 高中	242 422	242 469	749 246
普通高中	242 178	242 469	748 828
成人高中	244		418
2. 中等职业教育	162 028	225 227	587 739
普通中专	125 429	169 543	453 585
成人中专	11 081	19 873	44 725
职业高中			
技工学校	25 518	35 811	89 429

续表

	毕业生数（人）	招生数（人）	在校生数（人）
（二）初中阶段教育	504 685	495 894	1 517 480
1. 普通初中	495 367	495 894	1 512 936
2. 职业初中			
3. 成人初中	9 318		4 544
三、初等教育	515 936	399 088	2 514 137
（一）普通小学	504 960	399 088	2 471 464
（二）成人小学	10 976		42 673
其中：扫盲班	5 792		36 866
四、工读学校			
五、特殊教育	6 167	5 137	34 630
六、学前教育	362 799	447 832	992 722

注：特殊教育学生数中包括普通中小学随班就读的学生。

2008 年各级各类非学历教育学生情况

	毕（结）业生数（人）	注册生数（人）
总　　计	1 750 644	1 564 625
一、高等教育	102 528	60 974
（一）研究生课程进修班	1 140	449
（二）自考助学班	7 655	34 090
（三）普通预科生		552
（四）进修及培训	93 733	25 883
其中：资格证书培训	24 327	8 481
岗位证书培训	34 463	3 232
二、中等教育	1 648 116	1 503 651
其中：资格证书培训	158 516	112 222
岗位证书培训	286 240	230 863
（一）中等职业教育	204 872	156 722
其中：资格证书培训	93 694	59 570
岗位证书培训	49 284	21 120
（二）职业技术培训机构	1 443 244	1 346 929
其中：资格证书培训	64 822	52 652
岗位证书培训	236 956	209 743

2008 年各级各类民办教育基本情况

	学校数（所）	毕业生数（人）	招生数（人）	在校生数（人）	教职工数（人）	专任教师数（人）	另有其他学生数（人）
一、民办高等教育							
（一）民办高校	32	25 136	49 042	140 290	11 810	7 755	11 705
本科学生		11 938	22 909	76 107			
专科学生		13 198	26 133	64 183			
其中：独立学院	9	8 317	18 291	59 461	4 549	3 281	
本科学生		8 306	18 291	59 454			
专科学生		11		7			
（二）民办其他高等教育机构	3				127	66	1 683
二、民办中等教育							
（一）高中阶段教育	183	35 522	45 699	126 952	20 383	15 107	7 879
1. 民办普通高中	101	22 806	24 646	73 844	16 930	12 959	
2. 民办中等职业教育	82	12 716	21 053	53 108	3 453	2 148	7 879
（二）初中阶段教育	104	43 338	54 698	158 690			
1. 民办普通初中	104	43 338	54 698	158 690			
2. 民办职业初中							
三、民办普通小学	135	18 901	15 981	95 389	5 519	4 064	
四、民办幼儿园	4 132	137 933	182 747	432 670	32 024	18 554	
另有：民办培训机构（不计校数）	(256)				3 389	1 646	126 504

注：1. “另有其他学生数”包括：学历文凭考试学生、自考助学班学生、预科生、进修及培训学生数；

2. 民办普通高中的教职工和专任教师数中包含民办普通初中的教职工和专任教师数；

3. “（ ）”内数据为不计校数。

〔**加强教师队伍建设**〕 2008 年，福建省政府颁发了《关于进一步加强中小学教师队伍建设的意见》，在提高农村中小学教职工编制、建立农村教师补充机制、加强教师培训、改善教师待遇、强化教师管理等方面出台了一系列突破性政策措施，在全国产生了较大反响，得到了国务院领导的肯定。省教育厅就此在教育部年度会议上作了经验交流。省委、省政府拿出全年财政增收的一半约 12 亿元，用于提高中小学教师津补贴，确保中小学教师平均工资水平不低于当地公务员平均工资水平。坚持以农村教师队伍建设为重点，积极推进城镇学校与农村学校的对口支援，在农村中小学任教一年以上的占全省城镇晋升高级教师职务总人数的 64%。实施“高校师范专业本科毕业生到经济欠发达县任教奖励计划”，2008 年从省内高校选派了 200 名；实施“农村中小学教育硕士师资培养计划”，2008 年从省内高校录取了 165 名应届本科毕业生到农村任教并在岗完成教育硕士学业；实施“送培下乡”计划，组织开展千名农村骨干教师培训，2008 年培训了 4 000 余名农村教师。2008 年，福建全省小学、幼儿园教师中具有专科学历的比例分别提高到 66.45%、45.45%；初中教师中具有本科学历的比例提高到 63.61%；普通高中、中等职业学校教师具有本科学历的比例分别提高到 91.23%、78.64%。高校教师学历也有明显提高。2008 年，国家引进海外人才计划 1 000 人中，厦门大学 6 人。全省高校专任教师中具有博士学位或高级职称的高层次人才达 1.3 万人，占高校专任教师的比例近40%。职业院校“双师型”教师比例不断提高，达29.5%。

〔**落实教育惠民政策**〕 2008年，福建省对城市义务教育阶段学生免除学杂费，全省安排资金2.8亿元，受益学生89万人。对全省农村义务教育阶段公办学校学生免费提供教科书，全年免费教科书发放总额约3.14亿元。继续补助农村义务教育阶段寄宿学生生活费，省级安排1.98亿元资金，受惠学生53.4万人，并在全省农村义务教育阶段寄宿学校推广“免费营养早餐工程”。实施农村义务教育阶段寄宿生宿舍建设工程，规划投资3.2亿元，实施310个农村义务教育阶段寄宿生宿舍建设工程项目。基本完成现有的农村中小学危房改造任务，限期拆除D级危房56.73万平方米，消除了全省存量D级危房。同时，全省投入6亿元、省级安排2.5亿元设立校舍维修改造资金，新建校舍58.6万平方米，危改校舍41.9万平方米，抗震加固校舍16.7万平方米。

〔**加强闽台教育交流合作**〕 2008年，福建省筹划成立闽台两岸职业教育交流合作中心，探索建立两岸职业教育交流合作试验区。组织实施15对闽台职业院校交流项目，3所中职学校与台湾职业院校进行实质性合作，引进台湾专业教材，聘请台湾院校教师任教，开展师生交流活动。成功举办第二届“两岸大学校长论坛”，进一步打造两岸教育交流合作品牌。成功举办了“华夏园丁大联欢——2008海西之旅”活动。扩大8所本科高校对台单独招生，在闽高校就读台生达805人。开辟在闽台商子女就读绿色通道，进一步落实台商子女在闽就读有关政策，不断做好在闽台商子女就读服务工作。

〔**家庭经济困难学生资助情况**〕 福建省2008年发放高校及中职学校奖助学金6.21亿元，惠及学生34.06万人次。其中发放高校国家奖学金632万元，受惠学生790人；发放励志奖学金6 647万元，受助学生1.33万人；发放高校助学金1.58亿元，惠及学生8.78万人；发放中职学校助学金4.55亿元，惠及学生23.62万人。发放省属高校国家助学贷款7 021.6万元，获贷学生1.4万人。省市财政拨付高校学生伙食补贴6 109万元，惠及学生45.5万人。

〔**加强教育系统党风廉政建设**〕 2008年，福建省教育厅制定下发《福建省教育系统贯彻落实〈建立健全惩治和预防腐败体系2008—2012年工作规划〉实施办法》和《福建省加强高等学校反腐倡廉制度建设的意见》。进一步强化高校党风廉政建设责任制，加强高校招生、基本建设、物资采购、科研立项、职称评审、学科评估等容易产生不正之风和腐败行为的六个关键环节的惩防制度建设。制定下发《福建省教育系统工作人员“十条禁令”》。编制教育系统公共资源市场化配置目录，开展公共资源市场化配置工作督查和点评。制定《福建省校务公开目录示范文本（试行）》，开展校务公开责任追究制试点工作。查处了个别高校领导涉及腐败等案件，纠正一批违规招生、教育乱收费、违反财经纪律等行业不正之风的事件。

〔**积极支持四川抗震救灾工作**〕 2008年，福建省教育厅动员全省教育系统向四川地震灾区捐款1.5亿元，对582名在闽高校就读的受灾地区学生予以资助，对来自灾区的156名高校新生开通入学“绿色通道”，在闽的灾区高校毕业生114人已基本实现就业，做好来闽投亲靠友的565名灾区中小学学生入学安置工作。接收567名四川彭州受灾初中毕业生到福建省中职学校就读，选派18名中小学骨干教师赴灾区中小学支教一年，组织讲师团赴灾区培训小学教师300人，安排4名彭州中职学校骨干教师到福建省中职学校免费跟岗学习培训。同时，在全省学校开展校舍安全隐患的排查与整改，加强了防灾减灾的宣传教育和应急演练。

基 础 教 育

〔**基本情况**〕 2008年，福建省有小学8 566所，比上年减少822所；招生39.91万人，减少2.02万人；在校生247.15万人，减少11.14万人；每万人口小学在校生690.17人；适龄儿童小学入学率99.97%；小学毕业生50.5万人，减少3.01万人；小学教职工16.99万人，其中专任教师16.03万人。全省普通中学1 963所，比上年减少21所。初中招生49.59万人，减少3.17万人；在校生151.29万人，减少4.74万人，每万人口初中在校生422.48人；毕业生49.54万人，减少6.94万人。高中招生24.25万人，减少1.68万人；在校生74.88万人，减少2.8万人，每万人口高中在校生209.1人；毕业生24.22万人，增加0.82万人。普通中学教职工17.22万人，其中专任教师15.13万人。全省特殊教育学校64所，比上年减少1所，在校生3.46万人，减少0.04万人；教职工1 679人，其中专任教师1 465人。全省幼儿园7 508所，比上年减少59所；在园幼儿99.27万人，增加7.34万人；3至未满7周岁幼儿入园率89.24%，每万人口在园幼儿277.21人，教职工5.29万人，其中专任教师3.38万人。

〔**继续推进“两基”巩固提高和“双高普九”（高质量、高水平普及九年义务教育）工作**〕 2008年，福建省以强化农村初中阶段“控辍保学”工作为重点，进一步完善义务教育“控辍保学”工作机制。下发《关于进一步加强农村中小学控辍保学工作的通知》，严格执行控辍保学通报制度和专项督查制度。2008年对8个县（市、区）实施了“双高普九”省级评估验收，全省实现“双高普九”县（市、区）累计已达到54个，覆盖全省人口总数的62.8%。2008年，福建省全面推进义务教育均衡发展，启动实施“农村中小学合格校”评估工作，以区域内义务教育均衡发展为目标，以合格校评估为抓手，大力推进农村及城镇薄弱校“四有”（有符合办学规模要求的校园用地和教学用房；有合格的教师；有合格的实验室、图书馆和配套的教学仪器设备；有卫生安全的食堂和宿舍）工程建设。按照省颁校舍建设和教育技术装备标准要求，制定出台了《关于开展农村中小学合格校建设与评估工作的意见》。提出逐步实现办学条件标准化的目标任务，要求通过“双高普九”验收的县（市、区）在2008年年底前须完成2所农村中小学合格校（每县小学、初中各1所）建设，为推进本地区农村中小学合格校建设提供示范和样本。

〔**进一步做好农民工子女义务教育工作**〕 2008年，福建省将进城务工人员子女义务教育工作列为“落实教育惠民举措、促进教育公平”的重要内容，进一步完善进城务工人员子女就学的政策体系，深入开展“共享蓝天、共建和谐”关爱农村留守流动儿童联合行动，要求在公办学校就读的进城务工人员随迁子女享受同等免学杂费政策，进一步落实农村义务教育寄宿生生活补助政策，为进城务工人员随迁子女、农村留守儿童健康成长创造良好环境。印发《关于加强农民工子弟学校规范管理工作的通知》，要求各市、县（区）本着“谁主管、谁审批、谁负责”的原则，实事求是地制定农民工子弟学校设置标准和审批办法，并开展农民工子弟学校的集中清理登记和整顿规范，坚持扶持和管理并重，促使农民工子弟学校不断提高办学水平和教育质量。2008年，全省义务教育阶段各学校共接收农民工随迁子女近53.2万人，其中初中10.3万人，小学42.9万人，占全省义务教育阶段在校生数的13.3%。其中，在公办学校就读的农民工子女为47.1万人，占农民工就读子女总数的88.5%。

〔进一步发挥中小学现代远程教育工程的作用〕 2008年，福建省教育厅制定出台《福建省农村中小学现代远程教育工程设备管理办法（试行）》，对工程设备应用管理提出规范要求，加强管理，推进工程应用效益的稳步提高。确立10个远程教育"堂堂用"应用研究试点县及3个试点校，省级安排60多万元专项经费用于支持研究工作，通过应用研究，总结推广远程教育"三种模式"教学应用的有效模式，推动远教工程的广泛应用。开展优秀教案和优质课评比活动，评选产生了67件远程教育应用优质课和优秀教案。在闽侯县召开全省远程教育工程应用工作现场会，总结工程管理模式和运行机制、"三种模式"教学应用以及工程可持续发展等方面的典型经验和成功范例，推广应用研究成果。加大对经济困难县的扶持力度，从农村远教工程专项节余资金中安排200万元追加补助20个经济困难县。安排230万元专项资金由省电教馆建设省级基础教育资源中心，进一步推进城乡优质资源的共享，满足农村中小学实施远程教育"堂堂用"对教育教学资源的需求。

〔加强高中教育〕 2008年，福建省下发《关于做好2008年高中阶段招生工作的意见》，要求各地严格执行高中招生计划，控制普高招生规模，促进普职协调发展。2008年全省普通高中实际招生24.25万人，高中阶段普职招生比例大体相当，高中阶段教育毛入学率达76.3%。进一步优化普通高中布局。根据福建省普通高中事业发展需要，教育厅2008年撤并了66所未招生的公办普通高中注册登记资格，并对31所普职兼办的"一校两牌"学校进行了清理归并，调整了普通高中注册登记有关规定，对新设置或复办的公办普通高中仍实行省级注册登记制度并实行网上审批，严格控制普通高中发展节奏；对经设区市教育行政部门批准设立的民办普通高中不再实行省级注册登记，以扶持民办教育发展。继续推进优质高中建设。2008年，省教育厅对已确认的一级达标高中进行复查，并对6所申报"省一级达标高中"的学校进行评估，同时启动新课程背景下示范高中评估标准的修订工作，引导普通高中走内涵发展道路。2008年，全省已有322所达标高中，有75.6%的学生在达标高中就读，较好地满足了广大人民群众接受优质高中教育的需求。进一步规范办学行为。本着"实事求是、分类指导"的原则，省教育厅2008年下发了《关于严格执行中小学校历和作息时间有关规定的通知》，明确规定在学生自愿且不收取任何费用的前提下，高三毕业年级可适当组织周末培优补差和暑期补习，但高一、高二等非毕业年级，不得利用节假日组织学生集体补课，并明确了违反校历和作息时间规定的处罚措施。继续对经济欠发达县高中建设进行扶持。2008年度省级安排的380万元普通高中发展专项资金，绝大部分用于支持19个经济欠发达县的高中添置教学仪器设备。

〔加强幼儿教育〕 2008年，福建省以加强乡镇中心园建设为重点，推动农村幼教事业发展。省级安排246.9万元幼儿教育发展专项资金，全部用于扶持农村乡镇中心幼儿园添置早教设备，提升农村乡镇公办中心园硬件水平及辐射村办园的能力。加强民办幼儿园的管理，在全省组织开展民办学前教育机构的清理整顿工作，引导各地合理做好不合格幼儿园的整改、取缔和幼儿的分流工作，促进民办幼儿教育健康有序地发展。加强省级示范性幼儿园建设，修订《福建省示范性幼儿园评估办法（试行）》和《福建省示范性幼儿园评估标准（试行）》，充分发挥各级示范幼儿园的导向和辐射作用。拓展学前教育领域，制定并出台《福建省0～3岁儿童早期教育实验工作方案》，在全省确定13个省级"0～3岁儿童早期教育实验区"和70所实验基地园，深入探索以社区为依托，以幼儿园为核心，以提高0～3岁儿童家长和看护人员科学育儿水平为重点，向家庭辐射的多元化早教指导和服务模式，为逐步实现学前教育一体化奠定基础。

〔加强特殊教育〕 2008年，福建省加大特教投入，推进特教学校标准化建设，全年安排1 000万元特教经费，重点补助18所独立设置的特教学校和8所附设特教班的普通中小学校，专项用于教学、康复仪器设备和资源教室，改善特教办学条件。完善特教体系，规范教育管理。在抓好三类残疾儿童“普九”巩固提高的基础上，积极推进残疾儿童学前教育和高中阶段教育；在各设区市直属特教学校率先开设学前教育班、中等职业教育班，满足不同年龄阶段的残疾孩子的受教育需求；同时加强管理，做好随班就读工作，进一步规范对三类残疾儿童的筛查和鉴定，根据不同类型残疾学生的特点因材施教，保证每一个特殊儿童都能享受适宜的教育。加强师资队伍建设，提高教育质量，在泉州举办特殊教育学校义务教育课程设置实验方案培训班，聘请参与教育部制定特教课程设置方案的专家莅会举办讲座，200名特殊教育教研员、学校领导和骨干教师参加培训。在全省开展首届特殊教育教师信息技术综合应用能力竞赛，积极促进信息技术在特殊教育学校教育教学中的应用和发展。参加全国特教教师信息技术综合应用能力大赛的福建省选手，有18位参赛选手获奖，获奖人数创历史新高。

〔**加强素质教育和学业监测**〕 2008年，福建省以评价制度改革为抓手，推动素质教育的实施。制定《福建省义务教育阶段学生综合素质评价指标体系》，并在启动初中学籍管理电子软件升级工作的同时，将初中生综合素质评价工作纳入电子软件系统，建立公正、有效、便捷的评价手段和机制，完善全省中小学学生综合素质评价体系，进一步促进课改所倡导的面向全体学生，促进学生全面发展理念的落实。为及时了解课程改革实施6年以来教育教学领域现状和存在的问题，福建省2008年开展义务教育阶段学生学业质量监测与分析，请教育部基础教育课程教材研究中心项目组专家对全省2006年中小学生学业质量抽样测试结果进行评价与指导，为进一步深化福建教育教学改革，提升基础教育教学质量提供依据。

〔**高中新课程改革稳步推进**〕 2008年，面对新课程全面推进和实施新课程改革后的首届高三毕业班，福建省坚持行政持续推进、强化专业指导、注重实践成效，着力提升全省新课程的实施水平。召开全省普通高中新课程实验暨首届高三毕业班工作会议，梳理总结了新课程实施两年来的工作情况，对首届高三毕业班工作进行部署安排。举办全省普通高中新课程学科骨干教师省级培训班，培训总人数达5 500多人，进一步提升高中教师执行新课程的能力。强化专业指导和评估，继续发挥各级教研部门和学科指导组的作用，加强教学领域的研究和专业引领，指导各地和学校围绕教学管理、课堂教学、综合素质评价及教研方式等方面开展深入研究，深化以校为本的教学研究活动，完善新课程的管理制度和运行机制。继续做好新课程的交流和宣传工作，通过“福建高中新课程”网站，组织学科教学指导组成员开发、上传新课程资源，实现资源共享，不定期组织开展网上在线研讨活动，引导全省一线教师、教研员积极参与网络教研活动，网站的访问量已达近千万人次。

〔**加强中小学科技教育工作**〕 2008年，福建省制定《福建省中小学科技教育工作意见》，推动各地进一步重视中小学科技教育，着力培养学生的创新精神和实践能力，提高中小学生的科学素养。省教育厅充分发挥教育电视台等媒体的宣传优势，加强中小学科技教育宣传。在教育电视台开辟科普主题专栏，从7月1日起，每天安排黄金时段播放科普专题片，传播、普及科技知识。加强对青少年科技竞赛活动管理，完善各项竞赛规则，全省中小学生参加国内外科技竞赛活动取得好成绩，有两名选手分别在国际奥林匹克化学和信息学竞赛中获得金牌和银牌；有两名学生分别获第59届英特尔国际科学与工程学大奖赛一等奖和三等奖。在第23届全国青少年科技创新大赛中，福建省学生科技项目总成绩位居全国第四名；在第八届中国青少年机器人竞赛中，福建省代表队金牌总数与广东省并列第一。

〔**规范教科书管理**〕 从2008年春季起，福建全省农村义务教育教科书免费提供和部分教科书循环使用工作顺利实施。省教育厅下发了《关于免费提供农村义务教育教科书和做好部分教科书循环使用工作的实施意见》和《关于做好部分免费教科书循环使用管理工作的通知》，并及时同有关部门研究协调解决免费教科书和教科书循环使用过程中出现的问题，确保所有农村在校学生免费教科书课前到书，人手一册。加强中小学教学用书管理，转发教育部《中小学教学用书目录》，按规定做好中小学用书目录公布和征订的审核把关管理工作，对各设区市中小学秋季教科书选用版本进行指导审核，落实各地教材征订工作，规范各地教材选用行为，及时纠正部分县（区）在教材选用工作中的问题，确保中小学教材使用的稳定性，为基础教育课改的扎实推进提供保障。继续落实《关于加强中小学教辅材料管理工作的通知》精神，建立中小学教辅材料的审读机制和监管机制，结合各地实际，对中小学教辅材料进行认真审读，将审读结果进行公示，供学生自愿选择使用。

职业教育与成人教育

〔**基本情况**〕 2008 年，福建全省有中等职业学校 350 所，比上年减少 14 所；在校生数 49.83 万人，比上年增加 4 044 人；毕业生 13.65 万人，增加 1.28 万人，教职工 2.4 万人，其中专任教师 1.82 万人。职业技术培训学校注册学生人数达 134.69 万人，比上年减少 20 万人。

〔**大力发展中等职业教育**〕 2008 年，福建省把大力发展中等职业教育作为加快普及高中阶段教育的主要措施，加强对高中阶段教育招生的统筹规划和宏观调控，推进初中毕业生合理分流和高中阶段教育协调发展。采取切实措施，动员和组织应往届初中毕业生和未升学高中毕业生以及企业在职员工、复退军人等接受中等职业教育。继续组织一批国家级、省级重点中职学校与西部省（区）开展联合招生、合作办学工作。实施“职业培训与促进就业工程”，指导中职学校充分发挥办学优势，开展形式多样的企业职工技能培训和再就业培训。实施“农村实用人才培训工程”，配合省农办等部门充分利用中职学校和乡镇成人文化技术学校的教育资源，开展农村实用技术培训及农村劳动力转移培训等各类技能培训，2008 年累计培训 119.84 万人次，其中中职学校承担任务的 40%左右。

〔**加强中职学校专业结构调整和重点专业建设**〕 2008 年，省教育厅启动“海峡西岸经济区建设技能型紧缺人才培养实施计划”，引导和推动中职学校加大专业结构调整力度，在软件业、制造业、汽车业等 10 个技能型紧缺人才专业领域，扩大培养规模，加快建立与福建省产业发展相适应的职业教育专业结构和人才培养体系。评审认定 16 个首批中职学校省级技能型紧缺人才培养基地。加强中等职业教育重点专业建设，评审认定 20 个专业、30 个专业点为第六批省级重点专业，全省中职学校省级重点专业总数达 65 个、重点专业点总数达 188 个。通过专业结构调整和重点专业建设，全省中职学校信息技术类、加工制造类、交通运输类、商贸旅游类专业在校生规模分别比 2005 年提高 2.87、49.49、122.12、15.58 个百分点。全省中职学校紧缺人才专业的毕业生达 8.8 万人，占全省中职毕业生总数的 64.47%。

〔**加强中职学校办学模式和人才培养模式改革**〕 2008 年，省教育厅以就业为导向，推动中职学校与行业企业密切合作、共同发展。推动机械、通信、化工等 3 个省级行业型职教集团组建工作，指导泉州、漳州、莆田等设区市根据区域产业发展需要组建了服装纺织、工艺美术、电子、旅游等区域性职教集团。积极推进“学生一年级在一般校（县级职教中心）学习，二年级在重点中职学校学习，三年级在企业顶岗实习”的“三段式”办学模式改革试点工作，全省2008年有132所中职学校开展了此项改革试点。深化教育教学改革，指导3所中职学校与台湾职业院校进行实质性的合作。大力推行校企合作，支持福建工业学校、福建理工学校与国际知名企业——戴姆勒集团合作，共建汽车技术教育基地，共同培养汽车人才。积极推广“订单式”培养，进一步完善中等职业教育顶岗实习制度，扎实推进半工半读试点工作。进一步加强教学管理，改革学籍管理和考核办法，完善中职学校以学分制为主的弹性学习制度，健全全省统一的中职电子学籍管理平台。强化职业技能培养，提高中职学校学生实践能力和就业能力。重视实践教学和实训环节，在中职学校全面推行学历证书和职业资格证书并重的“双证书”制度。举办了全省职业院校技能大赛。加强职业指导和就业服务，着力培养学生的就业创业能力，毕业生越来越受到各行各业的欢迎，福建省2008年中职毕业生就业率达到96.17%。

〔**加强职教基础能力建设**〕 2008年，省教育厅实施县级职教中心建设工程，组织和指导县（市）制定县级职教中心建设规划，安排省级专项经费扶持22个县级职教中心建设，全省已有25个县挂牌成立县级职教中心。加强乡镇成人文化技术学校建设，对52个省级示范乡镇成人文技校予以经费补助。实施示范性中职学校建设工程，指导有条件的国家级重点中职学校创建中等职业教育改革发展国家级示范学校。继续做好国家级、省级重点中职学校的评估认定和推荐申报工作，全省2008年国家级重点中职学校达53所、省级重点中职学校达52所。继续实施中职学校实训基地建设工程，新增7个中央财政支持建设的中等职业教育实训基地，评审确定第二批9个省级示范性实训基地并安排省级财政专项经费予以支持；制定《福建省中等职业省级示范性实训基地建设基本标准（试行》，指导中职学校实训基地标准化建设，指导各设区市依托重点中职学校建设若干个开放共享的专业实训基地。

〔**加强终身教育工作**〕 2008年，省教育厅与省终身教育促进委员会各成员单位通力协作，不断建立健全终身教育管理体制和运行机制。9个设区市均成立了终身教育促进委员会及其办事机构，基本形成以政府为主导、有关部门协同配合、社会团体、各界人士广泛参与的终身教育工作格局。印发了《关于加快发展我省社区教育的意见》，指导和推动全省社区教育工作。扎实推进终身教育各项活动的开展，举办了2008年海峡两岸推进终身教育研讨会暨福建省“9·28终身教育活动日”活动。评选表彰了10个省级社区教育先进单位，确定了19个省级社区教育实验单位，使全省社区教育先进单位、社区教育实验单位总数分别达13个、32个。评选表彰了20个学习型组织先进单位，确定了41个学习型组织创建单位。发挥示范区、先进单位、实验单位的引领和辐射作用，带动社区教育和学习型机关、学习型社区、学习型家庭等各类学习型组织创建活动的广泛开展。

〔**自学考试保证了良好的社会声誉**〕 2008年，福建全省自学考试工作坚持走学历考试与非学历考试并重发展的路子，拓宽办考渠道，积极服务考生、服务基层考办，从严治考、从严办考，取得较好业绩。全省共开考145个专业，其中专科层次专业74个，本科层次专业71个，涵盖文、理、农、工、医、教育、经济、管理、政法等多学科门类，有41所高等院校担任主考学校，与15个厅局、行业合作开考33个专业。各项考试指标比2007年都有所提高，自学考试学历教育报考达68.7万科次，比2007年增加近5万科次。非学历教育各考试项目全年报考761 903人，较2007年增加102 378人，增长15.52%。同时，增加了新托福考试等项目，非学历教育后来居上，成为新亮点。全年无考试安全事故，无重大或群体性考试违规违纪事故，保持了自学考试的良好社会声誉，为提高国民素质和再就业率，保证社会公平公正，作出了重要贡献。

〔**进一步加强扫盲工作**〕 针对福建省文盲率上升问题，为实现福建2010年青壮年和成人文盲率下降到2%和8%的控制目标，省教育厅与各设区市教育局2008年签订扫盲工作责任状，并与省统计局联合成立《福建省文盲人口调查研究》课题组，召开文盲人口调查工作会议，在连江、霞浦、晋江、上杭、尤溪、顺昌、仙游、漳浦等县开展文盲人口调查，促进各地摸清文盲的现状，制定青壮年文盲档案，探索扫盲工作的有效途径。在深入调研的基础上，省教育厅等15个部门联合制定并颁发了《关于进一步加强扫盲工作的实施意见》。省教育厅组织专家修订并出版《福建省扫盲课本》，组织教研人员制定《扫盲教育教学要点》印发各地执行。

高 等 教 育

〔**基本情况**〕　2008年，福建省共有普通高等学校83所。其中，本科院校29所，高职高专院校54所（其中，高等职业技术学院50所，高等专科学校4所）；在校研究生2.71万人，比上年增加1 482人，增长5.79%；本专科在校生56.26万人，增加5.31万人，增长10.42%，本科在校生占本专科在校生比例为54.98%；普通高校专任教师3.36万人，增加2 252人，副教授以上教师占专任教师数的34.63%。

〔**全面组织实施高校服务海西六大工程**〕　2008年，福建省政府办公厅批转了省教育厅等部门《关于实施高等学校本科教学质量与教学改革工程》《高等职业教育服务海峡西岸经济区改革与建设工程》《关于实施闽台教育交流与合作工程的意见》《关于实施福建省高校高层次人才培养与引进工程的意见》《关于实施高等学校服务海峡西岸经济区科技创新与成果转化工程的意见》《关于实施高等学校服务海峡西岸经济区文化建设工程的意见》等高校服务海西“六大工程”。福建省高校2008年强化为经济社会服务意识，主动融入大局，服务大局，把工作重点转移到内涵建设上来，高校服务经济社会发展的氛围更加浓厚，合力进一步形成，服务海西的实效进一步显现。

〔**加强高校党建工作**〕　2008年，福建省组建了省委教育工委高校党建工作领导小组。调整配备了22所高校的55位领导班子成员。开展高校领导干部办学治校能力培训，对2005年以来新提任的高校领导干部进行全面培训。对福建师范大学、福建广播电视大学等一批高校开展经济责任审计。在福建师范大学开展深入学习实践科学发展观活动试点工作，在福建农林大学开展高校干部巡视工作试点。福建师范大学、福建广播电视大学、三明学院、福建中医学院顺利召开党代会。教育厅制定出台了《福建省高校院系党组织工作暂行规定》《关于加强高等学校党的建设工作分类指导的意见》《福建省高等学校党的建设和思想政治工作考评办法》等党建工作规范化文件。2008年，全省高校大学生党员比例达10.53%，比上年提高1.1个百分点，达到全国平均水平。持续做好民办高校党建工作，建立民办高校与公办本科高校的“一对一”交流沟通机制，基本实现民办高校设立党委和选派党组织负责人的“两个覆盖”。

〔**加强思想政治教育**〕　2008年，福建省教育厅坚持用中国特色社会主义理论武装广大师生，认真贯彻省委书记卢展工在厦门大学南强乡村学社来信上的重要批示。广泛深入开展大中专学生服务海西社会实践，组织17支全国重点团队和600支省级重点团队开展10类重点服务项目，参加学生20余万人。在重大活动和重大灾害面前，高校师生表现出强烈的爱国主义热情，展示了良好的精神风貌。坚持思想文化阵地的正确导向，研究出台《加强高校思想政治理论课队伍建设的意见》，组织开展思政课骨干教师海西行活动，加强思想政治理论队伍和学科建设。结合纪念改革开放30周年、庆祝北京奥运会等活动，校园文化更加丰富多彩。重点加强网络文化建设与管理，网络教育工作体系正在形成，建立了一支校园网络监控和引导队伍，较好地发挥了网络在宣传思想教育中的作用。

〔**加强高校统战工作**〕 2008年，结合省市人大、政协换届，来自高校的34位党外同志当选福建省、市一级人大代表，比上届同期人数增长17.2%；187位高校党外同志担任省、市一级政协委员，比上届同期人数增长3.9%。在八个民主党派省级组织新一轮换届选举中，高校共有14人当选了主委或副主委。教育厅组织了1.3万多名高校师生、400多支队伍参加“海西春雨行动”，为社会主义新农村建设服务。

〔**加强重点高校建设**〕 2008年，经省政府批准，教育厅增列漳州师范学院为省级重点建设高校。加大投入，2008—2012年，省财政每年安排2亿元用于重点高校建设。教育厅组织开展高校服务海西建设重点项目申报，遴选确定99个科技创新与成果转化项目和53个经济文化建设与创新项目进行立项建设，制定项目评估与管理办法，加强项目的建设与管理。组织开展厦门大学“985工程”二期和“211工程”三期建设、福州大学“211工程”三期建设的项目论证和申报工作，积极争取国家对福建省“211工程”建设高校的支持力度。

〔**加强高校本科教学工作**〕 2008年，福建省教育厅组织实施高等学校本科教学质量与教学改革工程，遴选确定电子信息工程、光信息科学与技术、土木工程等40个直接为产业发展服务的专业作为省级第三批本科教育特色专业点进行重点建设，其中被评为国家级特色专业点14个。遴选建设轮机工程、水产养殖学、国际金融学等43个在提高教学质量上起带头示范作用的省级教学团队，其中被评为国家级本科教学团队6个。评选结构力学、汽车构造、船舶电气设备及系统等99门省级精品课程，其中被评为国家级精品课程7门。表彰33名教学经验丰富、教学水平高的省级本科教学名师，其中被评为第四届国家级本科教学名师2名。组织评选30个省级实验教学示范中心，并推荐7个参评国家级实验教学示范中心。组织评选省级大学生创新性实验计划项目252项，其中福州大学与福建农林大学入选国家第二批大学生创新性实验计划项目学校名单。组织完成漳州师范学院、福建农林大学、仰恩大学3所高校的本科教学评估工作。完成对闽南理工学院等新建本科院校的办学条件检查。

〔**组织开展高校专业结构调整**〕 2008年，省教育厅组织开展2008年度福建省高校专业结构调整工作，评审表决出70个本科专业和122个专科专业，本科高校重点建设电子信息科学等10大类专业，高职高专院校重点发展电子信息等10大技能型紧缺人才领域的专业。加强了对专业建设的分类指导，促进学校办出特色、办出水平。规范了高校专业设置管理制度，规定新建本科院校首批设置的本科专业不超过6个；举办本科教育未满三年的高校增设本科专业不超过5个；其他本科高校增设本科专业数不超过3个；高职高专院校增设专科专业数不超过5个；本科高校不再增设专科专业；国家和省布控专业原则上不再增设；高职教育类专业限于在武夷学院等9所学校中设置。把就业率作为新增专业的重要依据，探索建立与人才市场、就业市场相适应的专业结构调整机制。

〔**加强高职高专教育**〕 2008年，省教育厅组织实施了福建高等职业教育服务海峡西岸经济区改革与建设工程，遴选确定了省级高职精品专业20个、高职教育教学改革综合试验项目10个、高职教学团队21个、高职精品课程99门、省级教学名师25名，获得国家级高职精品专业1门、高职教学团队1个、高职精品课程2门、教学名师1名。遴选确定省级财政支持的高职实训基地建设项目16个，其中4个被确定为中央财政支持项目。首批组建汽车、软件两个省级行业性职业教育集团。遴选确定福建信息职业技术学院、黎明职业大学、闽西职业技术学院等7所院校为2008年度福建省示范性高等职业院校，其中福建信息职业技术学院被教育部、财政部确定为2008年国家示范性高等职业院校（重点培育）院校。组织制定“2008—2012年福建省高等职业院校人才培养工作评估总体规划”和《福建省高等职业院校人才培养工作评估实施细则》并上报教育部审批备案。组织开展高职院校人才培养工作状态数据的采集及上报工作。组织开展对泉州经贸职业技术学院、福建艺术职业学院人才培养工作新一轮评估方案的试点工作，完成对福州外语外贸职业技术学院的人才培养工作水平正式评估。遴选武夷学院开展现代服务业高职人才培养模式改革试点工作。选拔3 948名优秀高职高专应届毕业生进入本科高等学校继续学习。组织开展对全国26所试点高校在福建省设立的115个远程教育校外学习中心的专项检查。组织完成全省高职院校技能大赛、第二届福建省软件高职院校职业设计技能大赛和2008微软院校IT课程“校园之星”大赛福建赛区比赛。

〔**加强学位与研究生教育**〕 2008年，省教育厅组织完成福州大学等12所高校67个专业申请增列学士学位授权专业的评审工作。组织部署集美大学、漳州师范学院增列博士学位授予单位，仰恩大学、泉州师范学院增列硕士学位授予单位立项建设规划的制定，以及有关高校申请新增博士、硕士学位点前期申报准备工作。组织开展研究生教育创新基地建设工作，评选出30个创新基地建设项目。评选省级优秀博士学位论文30篇，推荐8篇参评全国优秀博士学位论文。组织完成2008年同等学力人员申请硕士学位外国语水平和学科综合水平全国统一考试，报名人数达1 500多人。组织完成2008年在职攻读硕士学位全国统一考试，报名人数近6 000人。组织开展高校学位信息数据统计、审核工作。

〔**加强高校科技创新工作**〕 2008年，福建全省高校新设立2个省部共建重点实验室、1个教育部工程研究中心、7个行业共性技术开发基地，本科高校新立项建设14个科技创新平台，组建了福建省电机产业和环保产业产学研战略联盟。厦门大学醇醚酯化工清洁生产国家工程实验室通过国家验收。全年全省高校获得国家自然科学基金资助206项，占全省的83%；获国家社科基金项目47项，占全省的89%；申请专利638项，比上年增长31%，获得专利授权274项，比上年增长55%。全省高校81项成果获2008年度福建省科学技术奖，其中一等奖7项，占全省的63.6%；二等奖35项（其中高校为第一完成单位的有29项），占全省的59.3%。

撰稿 陈晓风 许志勇
张学强 林 菁
审稿 鞠维强

厦门市教育

概　　况

〔基本情况〕

2008 年各级各类学校校数、教职工、专任教师情况

	学校数（所）	教职工数（人）	专任教师数（人）
一、高等教育	18	13 494	7 858
（一）研究生培养机构	3		
1. 普通高校	2		
2. 科研机构	1		
（二）普通高等学校	15	13 494	7 858
1. 本科院校	5	10 428	5 953
2. 专科院校	10	3 066	1 905
其中：职业技术学院	9	2 754	1 707
3. 分校、大专班（点）（不计校数）			
（三）成人高等学校			
（四）民办的其他高等教育机构			
1. 学历文凭考试机构			
2. 非学历文凭考试机构		127	66
二、中等教育	123	12 212	10 298
（一）高中阶段教育	63	12 212	4 853
1. 高中	32	10 202	3 405
普通高中	32	10 202	3 405
成人高中			
2. 中等职业教育	31	2 010	1 448
中等职业学校	27	1 672	1 187
技工学校	4	306	234
其他机构（教学点）（不计校数）	(7)	32	27
（二）初中阶段教育	60		5 445
1. 普通初中	60		5 445
2. 职业初中			
3. 成人初中			
三、初等教育	302	9 948	9 246
（一）普通小学	302	9 948	9 246
（二）成人小学			

续表

	学校数 （所）	教职工数 （人）	专任教师数 （人）
其中：扫盲班			
四、工读学校			
五、特殊教育	3	137	120
六、学前教育	516	5 393	3 143

2008 年各级各类学历教育学生情况

	毕业生数 （人）	招生数 （人）	在校生数 （人）
一、高等教育	28 405	48 303	146 475
（一）研究生	2 953	3 676	11 779
（二）普通本专科	18 985	34 958	108 919
（三）成人本专科	5 381	5 546	16 538
（四）其他各类高等学历教育	1 086	4 123	9 239
1. 在职人员攻读博士、硕士学位		1 421	5 114
2. 网络本专科生	1 086	2 702	4 125
3. 学历文凭考试			
二、中等教育	51 525	56 746	165 217
（一）高中阶段教育	26 341	31 004	89 108
1. 高中	14 362	14 230	44 580
普通高中	14 362	14 230	44 580
成人高中			
2. 中等职业教育	11 979	16 774	44 528
中等职业学校（机构）	10 194	13 697	38 232
技工学校	1 785	3 077	6 296
（二）初中阶段教育	25 184	25 742	76 109
1. 普通初中	25 184	25 742	76 109
2. 职业初中			
3. 成人初中			
三、初等教育	26 933	30 259	176 167
（一）普通小学	26 933	30 259	176 167
（二）成人小学			
其中：扫盲班			
四、工读学校			
五、特殊教育	116	55	487
六、学前教育	21 974	28 920	70 178

2008年各级各类非学历教育学生情况

	毕（结）业生数（人）	招生数（人）	在校生数（人）
一、高等教育	4 585		8 021
（一）研究生课程进修班	785		105
（二）自考助学班			
（三）普通预科生			101
（四）证书教育	926		
（五）岗位培训	287		1 914
（六）进修及培训	2 587		5 901
二、中等教育	99 020		102 358
（一）中等职业教育	6 227		11 118
（二）职业技术培训机构	92 793		91 240

2008年各级各类民办教育基本情况

	学校数（所）	毕业生数（人）	招生数（人）	在校生数（人）	教职工数（人）	专任教师数（人）
一、民办高等教育	9	6 161	14 217	41 370	3 656	2 484
（一）普通高校	9	6 161	14 217	41 370	3 656	2 484
（二）成人高校						
（三）民办的其他高等教育机构						
二、民办中等教育机构	32	4 682	4 996	15 730	1 342	918
（一）高中阶段教育	10	2 423	1 942	7 005	304	341
其中：民办普通高中	3	495	553	1 798		168
民办中等职业教育	7	1 928	1 389	5 207	304	173
（二）初中阶段教育	22	2 259	3 054	8 725	1 038	577
其中：民办普通初中	22	2 259	3 054	8 725	1 038	577
民办职业初中						
三、民办普通小学	30	6 598	6 471	36 594	1 982	1 560
四、民办幼儿园	248	10 706	14 307	37 148	3 958	2 111

注：1. 中等职业教育非学历教育的学生数采用中等职业学校（机构）统计中培训学生数（无招生数指标），职业技术培训机构未统计招生数；

2. 由于民办普通高中均为完全中学的高中部，初高中教职工数无法划分，因此，民办普通高中的教职工数全部计入民办普通初中。

〔**教育经费投入情况**〕 厦门市2008年教育经费投入52.12亿元，比上年增长15.77%。其中国家财政性教育经费40.55亿元，比上年增长15.17%；占全市生产总值2.6%，比上年增长0.04个百分点。市政府2008年预算内教育拨款34.64亿元，比上年增长16.75%。2008年全市中小学生均预算内公用经费，小学1 131元，比上年增长5.97%；初中1 549元，比上年增长

19.37%；高中 1 869 元，比上年增长 0.56%；职业高中 2 030 元，比上年增长 38.25%。全年免除义务教育学杂费、课本费 6 500 多万元；发放各级各类学生生活费、助学金 3 700 多万元。

〔**扩展义务教育资源**〕 厦门市 2008 年新开办五缘实验学校等中小学 16 所，竣工义务教育建设项目 20 个，竣工工业园区配套学校和新一轮扶持农村义务教育项目 21 个，增加学位 2 万多个。

〔**未成年人思想道德建设工作受到表扬**〕 厦门市 2008 年以第二届全国文明城市考评和全国未成年人思想道德建设测评为契机，积极开展“迎奥运，讲文明，树新风”等道德实践，开展“爱党爱祖国爱人民”主题教育，举办百场爱国主义电影展映、鹭江讲坛进高校等活动，开办网上夏令营和网上家长学校。7 月，中央文明办中试测评组用“重视程度高、材料质量高、工作水平高、服务水平高”评价厦门市开展未成年人思想道德建设的成效，并认为校园心理剧、悄悄话室、爱心网校形式新颖，值得推广。

〔**开展阳光体育运动**〕 厦门市 2008 年把开展亿万学生阳光体育运动作为全面推进素质教育的重要突破口，修订中小学课程实施计划和作息时间安排，推迟中小学上课时间，增加体育课时，开展大课间活动和冬季长跑运动，广泛开展学生体育集体项目竞赛，创建中小学快乐体育园地，保证学生每天有一小时的体育锻炼时间。

〔**积极组织抗震救灾活动**〕 2008 年“5·12”汶川大地震发生后，厦门市教育局迅速开展抗震救灾和对口支援活动。全市师生捐款达 1 600 多万元，邀请四川安县桑枣中学校长叶志平作报告，中职学校接收四川和甘肃地震灾区学生 216 名，教育局选派 3 位心理咨询师赴都江堰等灾区开展心理疏导，选派 3 位中小学骨干教师赴彭州市支教一年，为灾区学校提供计算机、实验仪器、课桌椅等教学设备，为厦门市援建的彭州市清平小学配置所有的教育教学设备。

〔**加强教育对外交流工作**〕 2008 年，厦门理工学院与台湾朝阳科技大学，厦门理工学院与台湾南开科技大学，厦门实验小学与台中光复国小，厦门艺术学校与台湾戏曲学院签订协议，使厦台之间建立校际协作关系的学校达到 15 对。

9 月，厦门市音乐学校艺术团到台中市交流，与台中市双十国中、晓明女中的学生乐团同台演出。11 月，厦门教育局组织大陆 73 名中小学、中职学校校长赴台中市参加第二届海峡两岸百名中小学校长论坛，并商定第三届论坛于 2009 年在厦门市举办，形成海峡两岸教育交流的长效机制。

2008 年，厦门教育局编辑出版《中外合作办学文件汇编》，召开在厦中外合作办学院校座谈会，举办中英职业技术教育研讨会和澳大利亚教育展。选派 8 名教师到美国、新加坡、英国从事汉语教学，选派 20 多名学生赴新西兰、日本、印尼学习交流；接待英国、泰国、日本、新加坡等来访 18 批次 177 人。厦门外国语学校、集美中学、集美小学、集美幼儿园成为福建省海外华文教育基地校。

〔**继续开展“三项主题活动”、加强教师队伍建设**〕 2008 年，厦门教育局把教师岗位大练兵、师德建设和百名校长万名教师进社区进家庭等“三项主题活动”作为促进教师队伍建设的重要举措进一步引向深入，加强其常态化和制度化建设。开展“省师德标兵”“厦门市师德标兵”和“三项主题活动”先进集体、先进个人评选，获奖先进个人签订不从事有偿家教的师德承诺书。组织“三项主题活动”获奖者到农村中小学、幼儿园上示范课，组织师德标兵报告团在全市巡回演讲。

〔**创新名校带动新校工作机制**〕 2008 年，厦门市从厦门一中、双十中学、外国语学校和实验小学等名校抽调骨干教师到新建的五缘实验学校任教，探索新校高起点办学的方式方法，促进新区的经济社会发展。

〔**加强学生安全教育**〕 2008 年，厦门市教育局发放 3 万多册《中小学安全教育读本》《常见自然灾害安全防范手册》，组织30多万名中小学生参加防灾减灾应急疏散演练，开展中小学生“安全隐患我发现”并收到登记表4 826份，设置校园及周边危险警示标志5 246处，排查学校安全隐患1 363条并整改1 337条。根据年底统计，获得“平安校园”称号的学校393所，达标率80%。

基础教育

〔**深入实施中小学课程改革**〕 2008年，厦门市教育局贯彻落实市委市政府关于破解就学难促进教育事业又好又快发展的重大决策部署，以促进教育公平和提高教育质量为主题，深入实施课程改革，创新教学方式方法，建立和完善与新课程实验相适应的新的教学管理制度和运行机制，指导各校将课程改革实验成果转化为常态教学。举办全市第四届高中新课程教学研讨活动，通过多种形式的研讨、交流，引导教师更加注重教材的研究和教学设计、说课、上课、批改作业、辅导以及测试等教学环节的落实，强化联片教研、区域教研和校本教研制度建设，加大普通高中学科模块的教学研究和培训，修订和完善中小学教学管理常规。制订特殊教育教学管理常规指导意见，组织小学各学科教学质量抽样监测和中学各年段质检抽考，通过规范教学常规促进减负增效，切实增强学校的质量意识。

〔**增加了高中优质教育资源**〕 2008年4月，厦门市大同中学和英才学校通过省三级达标高中验收。至此，全市共有一级达标高中12所，二级达标高中8所，三级达标高中8所。根据9月统计，全市普通高中生在三级以上达标高中学习的达到95%，在一级达标高中学习的达到51%。

〔**在公办学校读书的进城务工人员子女已超过一半**〕 2008年，厦门市各中小学以进城务工人员子女进入公办学校为工作重点，进一步巩固和扩大义务教育成果，共新增1.2万个学位接收进城务工人员子女，其中同安区和翔安区对申请就学的进城务工人员子女全部安排到公办学校，思明、湖里、集美和海沧四区实行电脑派位。根据9月统计，在公办中小学就学的进城务工人员子女达到7.1万人，占全市进城务工人员子女（11万人）的64%。其中农民工子女5.8万人，占全市农民工子女（8.8万人）的66%。

〔**初三学生方兴参加第59届英特尔国际科学与工程学大奖赛并获奖**〕 2008年5月，厦门市第五中学初三学生方兴在美国参加第59届英特尔国际科学与工程学大奖赛，其《可引导自然风对流的不对称型地下通道》项目荣获工程类一等奖和工程类最佳奖，编号25043的小行星被命名为“方兴星”。

职业教育与成人教育

〔**做大做强中职学校**〕 2008年，厦门市整合旅游职专、商业学校和交通职专，组建厦门工商旅游学校，总占地面积22.67公顷，建筑面积12万平方米，财政投资2亿元，在校生5 014人。整合同安育才职业中专学校、同安卫生学校和市第二技工学校，组建同安职业技术学校，总占地面积12.20公顷，建筑面积5.7万平方米，财政投资1.2亿元，在校生2 240人。

〔**开展第四批中职学校市级骨干专业评审**〕 2008年5月，市教育局开展厦门市第四批中职学校市级骨干专业评审，共有电子职专等5所学校11个专业申报，经专家评审，确定厦门市第四批中职学校市级骨干专业7个。

〔**推进终身教育和社区教育**〕 2008年9月，2008年海峡两岸推进终身教育研讨会、福建省“9·28终身教育活动日”活动和福建省社区教育工作现场会在厦门举行，来自海峡两岸的与会代表250人参加了会议并参观考察了厦门市的社区教育工作。

高 等 教 育

〔**开展首批高职院校市级精品课程评审**〕 2008年6月，厦门市开展首批高职院校市级精品课程评审，共有厦门理工学院等11所高校26门课程申报，经专家组量化考评和民主投票，确认厦门市首批高职院校市级精品课程15门。

〔**加强师生思想动态和学校安全工作检查**〕 2008年1月、4月、6月、8月，教育局分别组织高校师生思想动态、校园周边治安问题、校地之间矛盾纠纷、师生安定稳定工作检查；协助福建省委教育工委开展高校教师"海西行"活动等高校思想政治工作。

〔**加强民办高校管理**〕 2008年，教育局加强厦门市民办高校招生监督与管理，审核民办高校的办学许可证等资格材料，及时跟踪、制止不良招生行为，及时处理涉及安全稳定的个别特殊紧急情况，协调处理有关退学退费投诉，召开民办高校就业及校企合作座谈会，提出"高职高专院校实施技能培训计划"，进一步规范民办高校办学。

撰稿　郑朝南
审稿　陈江汉

江西省教育

概　　况

〔基本情况〕

2008 年各级各类学校校数、教职工、专任教师情况

	学校数（所）	教职工数（人）	专任教师数（人）
一、高等教育			
（一）研究生培养机构（不计校数）	(12)		
1. 普通高校	(12)		
2. 科研机构			
（二）普通高等学校	82	71 226	47 510
1. 本科院校	33	44 980	28 787
其中：独立学院	13	5 654	4 335
2. 专科院校	49	25 982	18 550
其中：职业技术学院	43	22 994	16 207
3. 其他机构（点）（不计校数）	(1)	264	173
（三）成人高等学校	11	2 604	1 578
（四）民办的其他高等教育机构	15	547	258
二、中等教育	3 277	219 618	191 972
（一）高中阶段教育	1 150	219 507	78 651
1. 高中	553	180 430	49 046
普通高中	540	180 406	49 024
成人高中	13	24	22
2. 中等职业教育	597	39 077	29 605
普通中专	65	8 190	5 369
成人中专	91	3 145	1 552
职业高中	352	18 751	13 747
技工学校	89	8 580	8 631
其他机构（教学点）（不计校数）	(96)	411	306
（二）初中阶段教育	2 127	111	113 321

续表

	学校数（所）	教职工数（人）	专任教师数（人）
1. 普通初中	2 082		113 254
2. 职业初中	1	43	43
3. 成人初中	44	68	24
三、初等教育			
（一）普通小学	12 890	205 668	198 005
（二）成人小学	589	929	561
其中：扫盲班	251	204	68
四、工读学校	1	4	
五、特殊教育	63	796	674
六、学前教育	6 620	47 920	30 447

注：普通高中的教职工数中包含普通初中的教职工数。

2008 年各级各类学历教育学生情况

	毕业生数（人）	招生数（人）	在校生数（人）
一、高等教育			
（一）研究生	4 116	5 775	15 304
博　士	89	163	625
硕　士	4 027	5 612	14 679
（二）普通本专科	264 549	232 140	764 182
本　科	67 695	91 833	346 725
专　科	196 854	140 307	417 457
（三）成人本专科	37 927	41 185	121 184
本　科	16 509	17 194	51 459
专　科	21 418	23 991	69 725
（四）其他各类高等学历教育			
1. 在职人员攻读博士、硕士学位		2 815	7 984
2. 网络本专科生			
本　科			
专　科			
3. 其他			
二、中等教育	1 135 244	1 246 130	3 329 859
（一）高中阶段教育	531 637	577 851	1 581 033
1. 高中	288 056	278 606	823 641
普通高中	286 828	278 606	821 984
成人高中	1 228		1 657
2. 中等职业教育	243 581	299 245	757 392
普通中专	83 796	81 404	228 255
成人中专	5 890	6 679	13 927
职业高中	110 659	135 032	348 101

续表

	毕业生数（人）	招生数（人）	在校生数（人）
技工学校	43 236	76 130	167 109
（二）初中阶段教育	603 607	668 279	1 748 826
1. 普通初中	600 680	668 121	1 744 883
2. 职业初中	202	158	769
3. 成人初中	2 725		3 174
三、初等教育	667 990	746 762	4 261 345
（一）普通小学	654 800	746 762	4 239 268
（二）成人小学	13 190		22 077
其中：扫盲班	4 273		4 091
四、工读学校			
五、特殊教育	1 913	3 125	20 326
六、学前教育	312 507	649 104	924 488

注：特殊教育学生数中包括普通中小学随班就读的学生。

2008 年各级各类非学历教育学生情况

	毕（结）业生数（人）	注册生数（人）
总　　计	429 353	376 582
一、高等教育	47 938	97 119
（一）研究生课程进修班	315	276
（二）自考助学班	5 824	87 373
（三）普通预科生		649
（四）进修及培训	41 799	8 821
其中：资格证书培训	15 409	3 356
岗位证书培训	12 430	1 134
二、中等教育	381 415	279 463
其中：资格证书培训	48 556	22 698
岗位证书培训	101 628	66 800
（一）中等职业教育	156 218	77 659
其中：资格证书培训	40 047	16 347
岗位证书培训	58 794	28 282
（二）职业技术培训机构	225 197	201 804
其中：资格证书培训	8 509	6 351
岗位证书培训	42 834	38 518

2008 年各级各类民办教育基本情况

	学校数（所）	毕业生数（人）	招生数（人）	在校生数（人）	教职工数（人）	专任教师数（人）	另有其他学生数（人）
一、民办高等教育							
（一）民办高校	26	90 743	55 514	162 254	17 841	12 410	68 797
本科学生		11 805	24 224	84 213			
专科学生		78 938	31 290	78 041			
其中：独立学院	13	15 075	25 343	88 038	5 654	4 335	462
本科学生		11 805	22 352	79 911			
专科学生		3 270	2 991	8 127			
（二）民办其他高等教育机构	15				547	258	10 206
二、民办中等教育							
（一）高中阶段教育	387	92 905	110 335	295 292	28 298	19 408	6 774
1. 民办普通高中	180	39 564	45 028	124 056	18 592	13 102	
2. 民办中等职业教育	207	53 341	65 307	171 236	9 706	6 306	6 774
（二）初中阶段教育	138	40 438	45 259	121 222			
1. 民办普通初中	138	40 438	45 259	121 222			
2. 民办职业初中							
三、民办普通小学	63	17 828	9 077	69 945	5 377	3 549	
四、民办幼儿园	5 991	145 204	352 793	543 614	37 617	23 330	
另有：民办培训机构（不计校数）	(30)				84	61	6 339

注：1. “另有其他学生数”包括：学历文凭考试学生、自考助学班学生、预科生、进修及培训学生数；
2. 民办普通高中的教职工和专任教师数中包含民办普通初中的教职工和专任教师数；
3. “（ ）”内数据为不计校数。

〔**综述**〕 2008 年，江西省教育战线广大干部和师生员工勇敢战胜雨雪冰冻灾害、大力支援四川抗震救灾、积极支持成功举办奥运、隆重纪念改革开放 30 周年，妥善应对全球金融危机，是全省教育工作者迎接挑战，经受考验，积极进取，再创佳绩的一年。

2008 年江西省教育经费不断加大、总体实力不断增强。全省教育经费总支出突破 300 亿元，财政性教育支出突破 200 亿元，率先“四个同步”免除了城乡义务教育阶段学生的教科书和学杂费，提高了四个经费拨付和补助标准，在全国产生了良好反响。全省重大教育建设工程和项目顺利推进，城乡中小学办学差距逐步缩小，义务教育开始呈现有利于均衡发展的态势；中等职业教育连续两年超过普通高中招生数，中等层次教育结构日趋合理；高等院校在教育部第一轮本科教学评估中优良率达 88%，高等教育内涵建设已经初见成效。省委教育工委、省教育厅通过深入学习实践科学发展观活动试点工作，以谋划教育事业科学发展，努力办好人民满意教育为目标，加强理论学习，结合工作实践，进一步形成了教育科学发展的共识，增强了领导教育科学发展的能力。在全省教育系统开展了“规范管理年”活动，各级教育行政部门和各级各类学校按照十个方面规范内容，集中治理了一些群众关心的热点难点问题，不断完善教育管理的规章制度，逐步形成覆盖所有工作环节的责任体系。江西教育正朝着又好又快的方向发展。

〔**温家宝总理视察江西财经大学**〕 2008年2月6日，国务院总理温家宝来到江西财经大学，与160多名因冰灾无法回家的同学一起同迎新春佳节，共度除夕之夜。

晚6:00左右，温家宝总理来到食堂，挥手向学生们致意，向同学们致以节日的问候。尔后端起托盘，在自助餐的摊位前盛起了饺子和南昌的地方特色米粉。他端着这些饭菜，坐到同学们中间，边吃边询问他们的学习、生活情况。温家宝嘱咐来自全国各地的同学：一定要给家里打个电话，向父母报个平安，拜个年。温家宝总理说，在座的同学本应回家过年，但由于天气原因，雪灾阻断交通，大家留在学校了，我向大家拜年。温家宝总理指出，几千年来，中华民族历经艰难困苦，不屈不挠，在不断同各种灾害和困难做斗争中成长起来。灾害虽然使我们受到了一些损失，但也使我们懂得许多东西，增强了继续前进的信心、勇气和力量，任何困难都压不倒中国人民。温家宝勉励大学生们：要身在校园里，心想天下事。他说，艰难困苦，玉汝于成。只有经过千锤百炼，才能刚毅果敢，坚强不屈。温总理语重心长对同学们说，遇到困难时，要勇于面对、毫不躲闪，努力克服，大胆前进，这就是每个青年大学生应该树立的人生观和世界观。

〔**抗击雨雪冰冻灾害**〕 2008年1月中旬—2月，我省出现低温雨雪冰冻灾害天气，持续时间长、影响范围广，危害程度大，教育系统蒙受严重损失，特别是农村中小学校舍及基础设施受到严重损坏。据统计，这场雨雪冰冻灾害共造成我省6 715所中小学不同程度受灾，共倒塌校舍3 145间，倒塌面积18万平方米，形成危房31 255间，形成危房面积212万平方米；毁坏供水管道41万米、电路74万米，毁坏课桌椅10万套、图书及教学资料86万册，毁坏教学仪器及远程教育设备10万台（件），造成直接经济损失9.2亿元。

面对突如其来的自然灾害，全省教育系统在省委、省政府领导下，迅速行动起来，发扬大无畏的精神，全力以赴投入到抗冰救灾工作中去：一是各级教育行政部门领导深入灾区第一线指挥抗冰救灾工作，确保了抗冰救灾工作的有序进行。二是采取有力措施，保障师生生命和国家财产安全。各地认真排查校园安全隐患，及时发现和消除存在的问题；各中小学和幼儿园从1月29日起统一停止上课，并妥善安排学生回家。三是全力安排好高校留校学生的学习和生活。各高校认真做好留校学生的后勤保障工作，确保了校内水、电、气和基本生活物资的正常供应，保证了学生食堂饭菜价格和质量，各高校对家庭经济困难学生提供生活补助，开展了多种形式的慰问活动和文娱活动，丰富留校学生的生活。四是加强了中小学生安全教育，重点加强了针对道路交通、防火、防寒、防冻、用电等方面的安全教育，提高了广大中小学生的安全意识。五是加强了学校值班工作，落实了24小时值班制度，确保了通信联络畅通，确保随时随地有足够力量应对各种突发情况，并及时有效处理。

灾情过去后，全省教育系统迅速将工作重点转移到灾后恢复重建上来，及时核实灾情，制定灾后重建规划方案，切实做好救灾复校各项工作。各级教育行政部门和学校，积极调动各方面力量筹措救灾资金，及时修复了因灾损毁的校舍和基础设施，确保了春季正常开学。中央有关部委和省政府对我省教育救灾工作给予了大力支持。教育部、财政部安排我省抗冰救灾资金340万元，省政府安排600万元，为部分重灾学校灾后重建解决了燃眉之急。

〔**情系四川灾区**〕 2008年“5·12”特大地震发生后，江西省委教育工委、江西省教育厅按照省委、省政府的工作部署，迅速作出安排，调集大量人力、物力、财力支援灾区。全省教育系统共向灾区捐款8 720万元；紧急为灾区中小学购买170顶帐篷并及时送达地震重灾区；组织了南昌大学附属医院等相关单位119人次的医护人员、心理咨询师及志愿者赶赴灾区进行抗震救灾工作。

在对口支援四川省小金县方面，为积极促进小金县灾后恢复重建，教育厅制定了江西省对口支援小金县学校建设实施方案，省财政共安排教育资金2.26亿元，其中重建6所学校项目1.89亿元，加固改扩建校舍33栋，拆除学校危房59栋。与小金县人民政府各相关部门密切协作，已派出9名优秀教师到小金县支教三年，并接受小金县366名初高中毕业生到江西省六所中职院校学习。

为安抚在赣就读的四川籍大学生，对因灾需要帮助的学生，通过发放临时补助，优先提供奖学金、助学金、优先安排勤工俭学岗位等方式，帮助他们克服困难。同时争取中央财政安排江西省2008年秋季学期灾区学生补助资金703万元，对来自地震重灾区家庭经济困难的学生免除学费以及扩大资助面等，将特别资助政策落实到灾区每位学生。

〔开展“规范管理年”活动〕 为深入学习实践科学发展观，切实提高管理服务水平，办好让人民满意的教育，2008年，江西省委教育工委、省教育厅在全省教育系统组织开展了“规范管理年活动”，提出了“双十规范”的目标和要求。对教育行政部门，要求实现行政决策、工作运行、信息公开、公共财政管理、民生工程管理、教育收费、信访制度、学生学籍、招生考试、廉政建设十个方面的规范管理；对学校，要求实现民主决策、校务公开、财务、收费、招生、教师、教学、学生、后勤、安全十个方面的规范管理。

为使活动取得实实在在的成效，省委教育工委、省教育厅首先把“规范管理年”活动作为“一把手”工程，在全省教育系统层层建立起规范管理的领导责任制和学校责任制，把促进规范管理的各项任务落实到基层，落实到部门、落实到学校、落实到责任人。其次，动员群众广泛参与，使广大干部群众成为“规范管理年”活动的主体。第三，加大对“规范管理年”活动的宣传力度，并要求在活动过程中务必找准问题、务必突出重点、务必重在整改。

经过全省教育系统一年的共同努力，“规范管理年”活动取得了显著成效。普遍建立起了规范管理的长效机制，一定程度上解决了一些群众关心的热点难点问题，维护了教育系统的安全稳定。

〔加强省情教育〕 根据省委书记苏荣同志关于在青少年学生中加强省情教育的批示精神，2008年省委教育工委、省教育厅在全省大中小学广泛开展了以“热爱江西，建设江西”为主题的省情教育活动。编写了《魅力江西》和《人杰地灵诵江西》，分别作为大学生和中小学生的教育读本。两本省情教育读本按照江西历史发展沿革，全景式地介绍了江西优美的山川地貌、丰富的自然资源、悠久的历史文化和经济发展概况。省情教育作为必修内容，要求各校切实做到课时、教材、考核“三落实”，同时普遍开展丰富多彩的省情教育活动，使广大学生在活动中受教育、长才干、作奉献。

〔精心组织奥运圣火在江西高校新区传递工作〕 2008年，江西省委教育工委、省教育厅周密部署，精心组织，把奥运火炬传递工作作为维护国家利益、展示江西亮点、展示当代青少年精神风貌的一件大事，先后四次召开会议进行研究和部署。工委书记、厅长虞国庆同志多次听取工作情况汇报，亲自参加奥运火炬传递工作方案的研究，亲自到会提出要求，深入到奥运火炬传递现场组织指挥。教育厅组织了10万名大学生，选拔10名火炬手、137名火炬护跑手，组织锣鼓队、鲜花队、女子仪仗队、军乐团等7支表演队伍，制作大小号国旗、奥运会旗14万多面，宣传横幅200多条，彩虹门、热气球20多个，参与奥运火炬南昌境内12公里（其中南昌大学前湖校区校内4.9公里）的传递、欢迎和表演工作，圆满地完成了任务，确保了安全，开奥运火炬在高校校内传递先河，受到中央、省市领导的高度赞扬和嘉奖。

〔聘任15名“井冈学者”〕 2006年，江西省人民政府决定在省属高校设立“井冈学者”特聘教授岗位，正式启动“井冈学者”计划。根据江西省经济社会发展需要及高校学科建设的总体布局，经专家评审认证，共在南昌大学等10所省属高校设立了15个“井冈学者”特聘教授岗位。2008年底，江西省人民政府下发了《关于聘任洪葵等15位学者为江西省高等学校“井冈学者”特聘教授的决定》并颁发了聘书，15位“井冈学者”特聘教授全部聘任到位。“井冈学者”特聘教授聘期三年，在聘期内，以省政府名义每年发给每位“井冈学者”特聘教授奖金20万元。

〔**推进“阳光招考”**〕 江西省2008年招生考试“阳光工程”深入推进，严格执行以“六公开”为主要内容的信息公开制度，完善公开透明的招生考试工作体系。开展“高考直通车”政策宣讲活动，由高招干部和中学教学名师组成宣讲队，利用双休日分赴全省11个设区市的20所中学，与考生和家长面对面宣讲高招政策，行程近万公里，服务考生3万余人。进一步完善高招新闻发布会制度，特别是高招录取期间，邀请20家新闻媒体进驻高招录取现场，全程接受新闻媒体采访报道，及时发布招生考试进展信息。广泛接受社会各界的监督。纪检监察部门全程监督，同时，邀请人大代表、政协委员、教育特邀督导员、考生及家长代表视察参观评卷和录取现场。

〔**加强教师队伍建设**〕 江西省2008年大力培训农村教师，提高农村教师待遇。继续实施“农村中小学骨干教师和农村初中正职校长省级培训计划”，2008年培训农村中小学骨干教师2 000名、校长360余名。启动“农村教学点教师省级培训计划”，2008年首期培训教学点教师1 000名。继续开展定向培养农村中小学教师工作，2008年共录取定向师范生2 500余名。设立艰苦边远地区农村中小学教师特殊津贴，从2008年开始，省财政每年安排1亿元，设立艰苦边远地区农村中小学教师特殊津贴。重视加强普通高中课改实验师资培训工作，举办了“全省普通高中新课程实验网络视频专题培训会”，对全省1 000余名教育行政干部进行培训。组织了全省高中起始年级学科教师及教研员等1.6万人参加暑期国家级远程培训。对全省67所高中课改样本校校长、482所普通高中分管教学副校长进行了专题培训。

〔**积极做好学生资助工作**〕 江西省2008年发放国家助学贷款1.19亿元，实际受贷人数19 768人。采取有效措施控制国家助学贷款违约率，不良率仅为8.99%，不良贷款余额为498.58万元。发放高校国家奖学金1 271人，金额1 016.8万元；高校国家励志奖学金23 451人，金额1.17亿元。全省共发放助学金491 354人，金额5.8亿元。为全省586.5万名义务教育阶段中小学生（包括民办义务教育阶段学生）免除学杂费并免费提供教科书。将国家规定课程免费教科书的补助标准提高到小学每生每年90元、初中每生每年180元。为34.6万名家庭经济困难寄宿学生补助生活费，小学生均补助500元/年，初中生均补助750元/年。2008年秋季，为10 786名新入学贫困生开通入学“绿色通道”，实行“一站式服务”。全省没有一个学生因缴不起学费而辍学。2008年5月，为2 683名四川地震灾区学生发放特殊困难补助，共计693.9万元。其中，中职学校发放909人，金额90.9万元；高校发放1 774人，金额603万元。

基础教育

〔**综述**〕 2008年，江西省基础教育认真落实党的十七大提出的“促进义务教育均衡发展，加快普及高中阶段教育”“重视学前教育，关心特殊教育”的新要求，树立和落实科学发展观，各项工作呈现良好的发展态势。2008年全省小学适龄人口入学率达99.93%，比上年提高了0.1个百分点；全省初中阶段适龄人口入学率达97.8%，比上年提高了0.76个百分点；小学辍学率和初中辍学率分别为0.55%和1.18%，控制在国家规定范围内；高中阶段教育毛入学率达67.3%，比上年提高了3.66个百分点。

〔**义务教育**〕 全省义务教育经费保障机制进一步完善，对所有中小学生全部免除学杂费和免费提供教科书，在全国率先实现“两免一补”城市与农村同步、城市居民子女与进城农民工子女同步、公办与民办同步。与此同时，提高了义务教育生均公用经费标准，小学达300元，初中达到500元；提高了免费教科书的补助标准，小学生每年达90元，初中生每年达180元；提高了家庭经济困难寄宿生补助标准，达到小学每年500元，初中每年750元；提高农村中小学校舍维修改造单价标准，达到每平方米400元。

2008年6月，省教育厅在新余市召开了全省基础教育暨义务教育均衡发展工作经验交流会。各地坚持以流入地政府管理为主，以全日制公办中小学接收为主，在加强农村留守儿童教育工作方面创造了很好的经验。《中国教育报》12月28日头版以《带给孩子家一般的温暖》为题报道了江西省于都、广丰等地关爱农村留守儿童的做法。

继续开展对县级政府教育工作的督导评估，省教育厅、省发改委、省财政厅、省人事厅联合组织，对高安市等20个县（市、区）教育工作进行了督导检查。

〔**高中教育**〕 经省政府同意并报教育部核准，江西省于2008年秋季全面进入普通高中新课程实验。省政府成立了以孙刚副省长为组长，省教育厅、省委宣传部、省发改委、省财政厅、省人事厅、省编办、团省委等单位为成员的“江西省普通高中新课程实验工作领导小组”，省政府办公厅转发了省教育厅等部门制定的《全省普通高中新课程实验实施方案》。市、县政府和学校也成立了相应的组织机构。为保证实验顺利进行，省政府安排新课程实验专项经费320万元。4月10日，省教育厅召开全省普通高中新课程实验工作启动会议，对全省普通高中新课程实验工作进行了全面的部署。8月26日，省政府召开全省普通高中新课程实验工作电视电话会议，对新课程实验工作进行再动员、再部署，副省长孙刚出席会议并作重要讲话。

为了加强对新课程实验的专业指导，省教育厅确定了67所样本学校，成立了由160多名专家组成的专家指导组。抓好教师全员培训，省教育厅制定下发了《江西省普通高中新课程实验师资培训方案》。召开了全省普通高中新课程实验网络视频培训会议，组织全省普通高中起始年级1.6万名教师参加了教育部网络远程教育培训，组织6 000余名高中各学科骨干教师进行了教材使用培训，开展了全省普通高中新课程实验样本校校长培训和其他学校分管教学副校长培训。出台了系列配套文件，为新课程实验的顺利推行提供了制度保障。开展教学调研工作，加强了对高中新课程实验的研究、指导和服务。加强宣传和督查，为新课程实验营造良好氛围。2008年9月，省教育厅召开新闻发布会，就江西省普通高中新课程实验有关情况向社会进行了通报；编印了3.2万册《普通高中新课程实验总动员——新课程实验60问》，免费送至普通高中和市县教育部门；编印27.5万册《江西省普通高中新课程实验20问》，免费送至全省高一年级所有学生；设计印发1 800套普通高中新课程实验宣传画，广泛张贴在全省各地的学校、广场、影院等场所。江西卫视、江西日报等新闻媒体刊登文章，江西教育、江西教育电视台、江西教育网均设置了专栏宣传新课程实验。2008年10月，省普通高中新课程实验领导小组各成员单位组成六个督查组，深入全省各地进行督查，向省政府呈报了督查报告，提出了工作建议，有力地推动了新课程实验的顺利开展。

开展普通高中考察评估，提高高中整体办学水平。根据省教育厅《关于进一步加强普通高中建设与管理，提升普通高中办学水平的意见》要求，省教育厅组织有关专家，对49所一般普通高中和59所省重点建设中学进行了考察评估，拟报省政府审定后确定一批省重点中学。同时，省教育厅将从中确定一批省重点建设中学。

〔**幼儿教育**〕 2008年，江西全省注册的幼儿园共6 620所，全省在园幼儿92.45万人，比上年增长4.85%；入园率52.22%，比上年提高了3.16个百分点。

开展了省级示范园复评工作，南昌铁路第一幼儿园等20所省级优秀示范幼儿园顺利通过复评。开展省级示范幼儿园结对帮扶乡镇中心幼儿园活动，帮扶乡镇中心幼儿园200所。省教育厅举行了全省幼教行政干部和园长骨干教师培训班，培训幼儿教师150人；组织幼儿教师参加全国第四届宋庆龄幼儿教育奖的评选活动，南城县幼儿园谭小丽同志获奖，9名同志荣获提名奖；在部分省级示范幼儿园开展0～3岁婴幼儿早期教育试点工作；依托江西省学前教育网，拓展幼儿教育资源平台，为江西省幼儿教师拓宽视野、交流信息，宣传和推广教科研成果提供了很好的互动平台。

〔**特殊教育和民族教育**〕 2008年，江西全省共建有63所特殊教育学校，在校残疾少年儿童20 326人，比上年增长3%。2008年，省政府从民生工程中安排了3 000万元特殊教育专项经费，用于全省特殊教育学校的设备添置。省编办、省教育厅、省财政厅下发了文件，明确特殊教育学校按平均生师比6∶1核定教职工编制。开展扶残、助残爱心活动。2008年第十八个“全国助残日”期间，省教育厅、省残联联合举行以“点燃希望，成就梦想”为主题的全省“爱心助残”和特殊教育宣传活动启动仪式文艺演出。洪礼和副省长等领导出席启动仪式并作重要讲话，活动现场共募集款项及设备价值47余万元，全部用于特殊教育学校建设和添置设备。

高度重视和做好内地民族班稳定工作。省教育厅成立了全省内地民族班安全稳定工作协调小组，进一步加强了对内地民族班安全稳定工作的领导和协调，确保了全省内地民族班的安全稳定。为支持新疆克孜勒苏柯尔克孜自治州（以下简称克州）加快发展教育、加速培养人才，促进民族地区经济社会又好又快发展，省政府决定从2008年起举办新疆克州高中班。吴新雄省长和凌成兴常务副省长多次就举办克州高中班作出重要批示。省政府办公厅专门下发了《关于印发在我省举办新疆克州高中班协调会议纪要的通知》，确定南昌县莲塘一中为办班学校；招生规模每年100名；由省按年生均8 000元和1个班8个教职工以及每个教职工每年35 000元的标准统筹安排解决办班经费、人员编制和人头费；省发改委和省财政厅共同安排600万元高标准、高质量兴建能容纳300名学生的学习、住宿和活动用房。2008年9月5日首批100名新疆克州高中班学生抵达南昌县莲塘一中，9月8日举办了首届新疆克州高中班开学典礼，史文清副省长出席并作重要讲话。

积极做好对口支援乐安县金竹畲族乡工作。2008年3月，省教育厅副厅长王占铭率有关处室负责同志前往乐安县金竹畲族乡，进行实地调研，研究具体帮扶措施。省教育厅拨出资金23万元，委托江西农业大学开展调查研究，多次到金竹畲族乡进行生产指导和技术培训，共培训村组干部200余人次，培训林农1 300余人次。

〔**德育工作**〕 学习宣传贯彻党的十七大精神，省教育厅下发了《关于全省中小学学习贯彻党的十七大精神的通知》，抓好党的十七大精神进教材、进课堂、进学生头脑的“三进”工作。由省中小学德育办公室牵头，省教育期刊社承办了全省中小学“形势教育大课堂”百题竞答活动，全省近30万中小学生参加竞答活动。开展民族精神教育，四川汶川大地震后，全省中小学校广泛开展了“学习英雄少年，弘扬抗震救灾精神，做一个有道德的人”主题教育活动。大力开展中小学生文明行为的养成教育，开展“迎奥运、讲文明、树新风”宣传教育活动，组织了220名师生到北京观看奥运会。重视加强对中小学生的法制教育，积极开展廉政文化进校园主题教育活动。继续开展省级三好学生和优秀学生干部评选活动，评选表彰了2007—2008年度省级优秀学生32人，省级三好学生和优秀学生干部1 844人。加强中小学和谐校园建设，全省命名了94所中小学为和谐校园。切实加强青少年校外活动场所建设，争取国家支持江西省青少年学生校外活动场所建设项目12个，有78个县（市、区）建有校外活动中心，全省覆盖率达79%。

〔**基础教育各项工程**〕 一是完善农村中小学校舍维修改造新机制。2008年，全省实际下达农村中小学校舍改造资金4.13亿元（其中中央1.91亿元），改造中小学危房75万平方米。

二是实施新农村卫生新校园建设工程。通过因地制宜建设沼气综合利用系统方式，改造农村中小学厕所，改善农村学校的卫生和生活条件，保障广大师生的身体健康。2008 年，继续争取中央在江西省试点，下达资金 3 400 万元，集中建设了 360 所项目学校。

三是启动实施了第三期全省大专院校对口支援贫困县乡农村中小学结对帮扶工程。组织 70 所大专院校支援 384 所农村中小学校，通过工程的实施，改善了农村中小学的办学条件，缩小了城乡教育的差距。

四是实施教育赠款工程。2008 年，江西省接受台塑集团、邵逸夫先生、田家炳先生等各类教育赠款 3 000 万元，建设了明德小学 30 所、邵逸夫学校 6 所、田家炳学校 3 所。

五是实施中小学教师继续教育工程。继续实施“农村中小学骨干教师和初中正职校长省级培训计划”，完成 2 000 名农村中小学骨干教师和 363 名农村初中正职校长免费培训。启动农村教学点教师省级培训计划，首期培训教学点教师 1 000 名。继续做好中小学教师远程培训工作，全省 13 万中小学教师上网参加远程培训。此外，组织 1 700 名教师、400 名班主任、500 名农村寄宿制学校校长参加教育部组织的“中西部农村义务教育学校教师国家级远程培训计划”、“2008 年中小学班主任国家级专项培训计划”、“中西部万名农村寄宿制学校校长国家级远程专题培训”。

职业教育与成人教育

〔**完成中等职业教育年度招生任务**〕 2008 年，江西省各级教育行政部门进一步加强了高中阶段教育的宏观调控，对中等职业学校招生实行目标管理，逐级落实，年终考评。全省各类中等职业学校招生 29.92 万人，继续保持了中等职业学校招生人数多于普通高中的态势，与普通高中招生人数之比达到 52∶48；在校学生 75.74 万人，与普通高中在校生人数之比提高到 48∶52。各级教育行政部门、招生部门、职业院校认真贯彻落实国家有关中等职业学校家庭经济困难学生资助政策，2008 年共资助 38.3 万名学生，吸引了更多的初中、高中毕业生就读中等职业学校，进一步扩大中等职业学校办学规模。

〔**建立职业教育与园区企业对接机制**〕 2008 年 9 月 25 日—27 日，省教育厅召开了全省职业教育“抓对接、促就业、看发展”流动现场会，对抓好全省职业教育与工业园区对接工作作出了具体部署，提出了明确要求，推动全省建立和完善职业教育联席会议制度，形成了政府统筹协调机制；推动组建职业教育集团，形成了工作运行机制；建立职教人才培养与园区企业用工需求调研制度，形成了信息定期发布机制；建立职业学校工学结合、半工半读制度，形成了学校与企业对接的育人与用工机制。促进职业学校与园区企业全方位实行产业对接专业、企业对接育人、岗位对接课程、车间对接基地、师傅对接师资、用人单位对接评估、生产对接科研、工种对接培训、厂长对接班子，加大了校企合作力度，166 家企业与职业学校签订了“订单”培养和校企合作协议。同时，18 家光伏企业与 6 个设区市教育部门合作建立 6 个光伏中等职业教育基地。2008 年全省中等职业学校毕业生 24.4 万人，就业率达 96.4%。“技能型人才培养工程”取得明显成效。

〔**加强中等职业学校学生信息管理工作**〕 2008 年，省教育厅以建立健全中等职业学校学生信息管理系统为契机，进一步加强对中等职业学校招生信息、学籍信息和资助信息的管理。省教育厅成立了“全省中等职业学校学生信息管理系统应用工作小组”，加强了对这一工作的统筹管理。为了熟练掌握并应用这一系统，为全省中职学校各项管理工作提供可靠的信息化支撑，6月17日—20日，省教育厅分4期举办了全省中等职业学校学生信息管理系统应用培训班。省级培训结束后，市、县教育行政部门对所属中等职业学校相关业务工作人员进行了培训，培训工作做到了全覆盖。组织力量对2006年以后入学的中等职业学校学生名单进行了逐一审核，全省70多万名中职学生信息全部录入管理系统。

〔**实施职业教育基础能力建设**〕 2008年，江西省利用中央和省财政性资金1.94亿元建设了77个省级职业教育项目和50个重点专业，其中县级职业教育中心项目23个、省级示范性职业学校项目27个、职业教育实训基地项目27个。利用中央和省财政性资金1 199万元，培训了188名国家级骨干专业教师和1 121名省级骨干专业教师，启动了江西省中等职业学校“特聘兼职教师”资助项目，全省招聘了663名工程技术人员、能工巧匠到中等职业学校任教，中央财政、省财政给予每位教师1.5万元补助。职业学校的办学能力明显提高。

〔**举办中等职业学校技能竞赛**〕 省教育厅于2008年4月10日—5月10日在江西现代职业技术学院等9所职业院校，举办全省中等职业学校第五届技能竞赛节，举行了数控车工技能等39个项目竞赛活动，全省共有181所职业院校、841支代表队、2 308名选手、600多名指导教师参加竞赛。6月28日—30日，2008年全国职业院校技能大赛在天津举行。江西省中职学生组共参加了数控技术、计算机应用技术、电工电子、烹饪、汽车运用与维修、服装设计制作与模特表演、美容美发七个专业类别17个项目的竞赛，获得团体二等奖2个，三等奖2个；个人二等奖3个，三等奖7个。

〔**扩充优质中等职业教育资源**〕 在学校自评、设区市教育行政部门初评的基础上，省教育厅组织专家评估组，于10月19日—24日，开展了国家级重点中等职业学校评估认定工作，11月28日—12月6日，开展了省级重点和省示范中等职业学校评估。经教育部认定安远县中等职业技术学校、于都县职业中等专业学校、赣西高级职业中专学校被评为国家级重点中等职业学校，江西长江科技中等专业学校等8所学校被评为省级重点中等职业学校，萍乡经济开发区职教中心等5所学校被评为省级示范中等职业学校。至此，全省有39所国家级重点、32所省级重点、27所省级示范中等职业学校。

〔**推进成人教育工作**〕 围绕实施“农村劳动力转移培训工程”“农村实用人才培训工程”和“成人继续教育和再就业培训工程”，省教育厅2008年积极主动会同农业、劳动保障、科技等部门，开展农村劳动力转移培训、农民实用技术培训、城镇社区居民培训工作。2008年，赣州市教育局、新余市教育局、临川现代教育学校被教育部职成司和中国成人教育协会授予2008年农村成人教育先进单位。为构建终身教育体系，推动全民学习，建设学习型城市，11月26日，新余市依托新余电大建立了新余市社区大学。

高 等 教 育

〔**综述**〕 2008年，江西省围绕提高高等教育贡献率，着力抓好内涵建设。全省普通高校生均预算内教育事业费比2007年增加200元，安排了1亿元专项经费补助生均拨款偏低的高校，15亿元专项资金化解高校债务。全省高校办学条件明显改善，占地面积、教学行政用房、教学仪器设备值和图书数量与上年相比全面增长。教师队伍建设得到加强，专任教师达到 4.75 万人，其中副高以上占 33.2%，具有博士学位的占 4.5%。高校科技创新能力不断增强，全省高校科技经费达到 7.5 亿元，再创历史新高。景德镇陶瓷学院和江西理工大学的科研成果均获国家科技进步二等奖，这是江西省高校首次一举取得两个国家科技大奖。宜春学院乌索酸标准成为江西省第一个国家级标准样品。高层次人才培养实现突破，整个在校研究生数突破 2 万人。在国家 2008—2015 年新增博士、硕士学位单位立项建设规划工作中，江西获得了 3 个博士单位、1 个硕士单位的立项建设限额，为江西高层次人才培养提供了良好前景。

〔**高等教育工作会议**〕 为了贯彻落实中共江西省委、省政府领导关于发展高等教育的指示，总结全省高等教育工作，特别是实施“质量工程”、加快光伏产业人才培养等工作，省教育厅于 2008 年 10 月 29 日—30 日在南昌召开全省高等教育工作会议。会议就推进下一阶段高等教育工作，以及创建示范性高职院校、深化教育教学的改革进行了研究部署。

〔**重点建设**〕 2008 年，南昌大学“211 工程”建设继续加强。南昌工程学院成为省部共建高校。江西现代职业技术学院入选国家重点培育高等职业院校建设计划项目，成为继南昌大学、井冈山大学、九江职业技术学院之后江西省第四所国家重点支持建设的高校。

〔**质量工程**〕 2008 年，为了配合国家本科“质量工程”的实施，经省政府批准，“江西省高等教育教学质量与教学改革工程”启动，省财政投入 2 000 万元，支持专业建设和队伍建设，评审确定了 160 个省级特色专业和 100 个教学团队。全省高校参与国家“质量工程”项目的申报与建设。全年新增国家级精品课程 5 门、双语示范课程 1 门、教学团队 3 个、一类特色专业 14 个、实验教学示范中心 4 个，大学生创新性实验计划项目 1 个。

南昌航空大学、江西科技师范学院和九江学院接受了教育部的本科评估，分别取得 2 优、1 良（九江学院）的成绩。

〔**人才培养模式改革**〕 2008 年，江西继续实施省级教改课题制度，立项 1 000 个项目，支持高校教师开展大众化背景下人才培养模式、教学内容、教学方法、教学手段以及教学管理改革的研究。开展全省高校第十一批省级教学成果奖评审，从 460 项成果中评选出 100 项成果。

加快人才培养模式改革。在南昌大学、江西师范大学、江西理工大学、井冈山大学、江西公安专科学校等试行导师制，进行人才培养模式、教学管理制度的新探索。举办了“江西省高校首届教学秘书培训班”，培训教学秘书 168 人，收效明显。

加快光伏产业人才培养步伐。南昌大学成立光伏学院。全省高校当年招收光伏专业本科学生 700 名，高职学生 2 100 名。蓝天学院、南昌理工学院、新余高等专科学校、江西中山职业技术学院实行了“订单式”人才培养模式。

〔**教师队伍建设**〕 2008 年，江西遴选 403 名全省高校中青年学科带头人和 654 名骨干教师。举办了 120 多名教师参加的“首届全省高校双语教学师资培训班”，加快培育具有世界眼光和全球意识的高校教师。

组织 64 名高校青年骨干教师到重点大学访学。举办全省高校学籍学历管理人员培训班。组织 2 000 余名高校青年教师参加岗前培训。江西省高校师资培训中心成为“全国高校教师网络培训中心”省级分中心，依托这一平台举办了 14 期培训班，培训骨干教师 118 名。表彰奖励 50 名省级教学名师。

批准高校青年科学基金项目 220 项，资助经费 200 万元。启动高校科技创新团队支持计划，确定第一批 10 个创新团队。

〔**创新创业教育**〕 2008 年，江西深入开展创业教育调研。组织高校创业教育教师和研究人员，分 5 批共计 50 余人次，对九江、萍乡等 8 个地区的 30 多所高校开展了全方位的调研，探索全省高校创业教育的健康发展之路。

以培养高素质人才为着力点，提高学生实践能力和创新创业能力。江西省依托大学生自主创新实验区、人才培养模式创新实验区、实验教学示范中心等阵地，开展实践能力和创新创业能力培养，形成国家、省、学校三个层次的实践能力培养体系。将实践教学改革纳入省级教改课题专项指南，鼓励高校教师开展实践、创新研究。在科技立项时，对于吸收大学生、研究生参与研究的项目给予倾斜。

开展创新竞赛活动。南昌大学在2008年“全国大学生机械创新设计竞赛”中获得两个一等奖；在2008年全国高职院校技能大赛中，江西省高职院校（高职组）参加了全部项目的竞赛，取得良好成绩；38名学生获得“全国大学生英语竞赛”特等奖；在“全国高职高专英语口语大赛”中，蓝天学院获得特等奖和创新表现奖；在“挑战杯”竞赛中，江西赛区组委会获得了由团中央、教育部授予的“优秀组织奖”。

〔**科研平台和科技创新**〕 2008年，江西高校承担重大项目能力显著增强，原始创新能力与水平大幅提升。全省高校共承担各类国家级项目314项，经费12 702万元（其中，国家自然科技基金项目219项，经费5 240万元；“973”和“863”项目各10项，均创历史新高）。2008年全省高校科技经费达到7.5亿元，比2007年增长19%。

在2008年度国家科技进步奖中，江西获得的两项二等奖均来自高校，分别来自江西理工大学、景德镇陶瓷学院。在省政府公示的2008年全省科技成果奖项目中，17项自然科学奖全部为高校所获，84项科技进步奖有15项为高校所获。

产学研合作步伐加快，对经济建设的贡献率大幅提高。全省高校科技经费的60%以上来自于产学研合作，其中重大合作项目155项，经费9 500万元。一批拥有自主知识产权的标志性成果如南昌大学“硅衬底发光二极材料及器件”等产业化进展顺利。

科技创新平台建设取得新进展，科技创新体系更加完善。在学科建设方面，在“十一五”建设199个重点学科的基础上，2008年遴选出20个“重中之重”，再增加投入1 000万元加强建设。新增2个教育部重点实验室和工程技术研究中心、5个江西高校重点实验室和工程技术研究中心。

2008年底，全省高校共有国家级重点学科7个、省（部）级重点学科199个；国家级重点实验室和工程研究中心74个，省级重点实验室和工程研究中心52个；国家大学科技园1个。

科技创新成果丰硕，产生江西省首个国家标准品。国家标准委、国家质检总局2008年授予宜春学院乌索酸标准样品“国家有证标准样品”证书，成为全省第一个国家级标准样品。

〔**学位与研究生教育**〕 2008年，江西研究生培养规模进一步扩大，招生数、在校研究生由上年的4 686人、13 688人增加到2008年的5 819人、15 734人。全省学士学位授权专业由2007年的529个增加到630个。

专业学位教育继续发展。招生种类、招生点由2007年的9种、18个，增加到10种、22个。在校专业学位研究生已达7 936人。全省有权开展高校教师在职攻读硕士学位的高校由2007年的4所增加到12所，增长200%，招生专业由2007年的57个扩大到109个。

研究生教育经费投入增加。全年投入550万元用于示范性硕士点建设；投入130万元用于研究生教育创新基地建设，在12个研究生培养单位建设13个创新基地，促进“产学研结合”培养模式；投入100万元用于研究生教育创新计划的实施。

完成了教育部课题《江西省研究生教育创新的探索与实践》研究工作，形成了《江西省研究生教育创新的探索与实践研究报告》。组织实施了第二批“江西省研究生创新专项资金”项目。组织专家评审立项135个项目，通过课题研究培养研究生的创新精神和实践能力。

2008年5月，教育厅举办了江西省第二届研究生学术论坛，为全省研究生提供了一个高起点、大范围、多领域的学术交流平台。中国科学院院士、国务院学位委员会办公室主任杨玉良和中国科学院院士王梓坤为学术论坛作学术报告。举办了江西省第二期研究生暑期学校。组织了江西省第三届研究生（非英语专业）英语演讲比赛。

组织实施第二批“江西省优秀博士学位论文培育计划”项目。4所博士单位推荐、专家评审，遴选了8个项目进行立项，为江西省实现“全国百篇优秀博士学位论文零突破”打下良好基础。

启动“江西省研究生优质课程建设”项目，在全省高校遴选一批基础较好、适应面宽的课程作为省级研究生优质课程进行建设，并逐步建立和完善全省高校共享平台，实现研究生教育优质资源的共享。省财政继续投入专项经费550万元，重点建设55个省级示范性硕士点。

撰稿 曹连平 傅小军 杜 侦 汤泾洪
杨联愚 黄周村 熊庆任 罗红卫
张桂儿 熊礼森 秦智虹 左江江
审稿 虞国庆 彭世东 刘润保

山东省教育

概　况

〔基本情况〕

2008 年各级各类学校校数、教职工、专任教师情况

	学校数（所）	教职工数（人）	专任教师数（人）
一、高等教育			
（一）研究生培养机构（不计校数）	(30)		
1. 普通高校	(26)		
2. 科研机构	(4)		
（二）普通高等学校	125	134 072	87 432
1. 本科院校	56	88 141	56 157
其中：独立学院	12	5 306	3 521
2. 专科院校	69	45 218	30 851
其中：职业技术学院	64	42 322	28 797
3. 其他机构（点）（不计校数）	(7)	713	424
（三）成人高等学校	23	7 390	4 840
（四）民办的其他高等教育机构	100	5 515	3 370
二、中等教育	4 851	554 535	448 431
（一）高中阶段教育	1 640	554 535	193 023
1. 高中	682	445 545	112 250
普通高中	682	445 545	112 250
成人高中			
2. 中等职业教育	958	108 990	80 773
普通中专	130	20 308	13 224
成人中专	205	10 545	6 687
职业高中	426	49 311	35 970
技工学校	197	24 700	22 283
其他机构（教学点）（不计校数）	(132)	4 126	2 609
（二）初中阶段教育	3 211		255 408

续表

	学校数（所）	教职工数（人）	专任教师数（人）
1. 普通初中	3 211		255 408
2. 职业初中			
3. 成人初中			
三、初等教育			
（一）普通小学	13 503	420 552	387 957
（二）成人小学			
其中：扫盲班			
四、工读学校			
五、特殊教育	144	5 567	4 238
六、学前教育	15 839	109 092	76 635

注：普通高中的教职工数中包含普通初中的教职工数。

2008 年各级各类学历教育学生情况

	毕业生数（人）	招生数（人）	在校生数（人）
一、高等教育			
（一）研究生	13 212	18 531	50 720
博　士	1 423	1 822	6 707
硕　士	11 789	16 709	44 013
（二）普通本专科	411 143	465 593	1 534 009
本　科	170 160	184 970	728 474
专　科	240 983	280 623	805 535
（三）成人本专科	93 079	152 713	355 307
本　科	39 866	65 088	159 797
专　科	53 213	87 625	195 510
（四）其他各类高等学历教育			
1. 在职人员攻读博士、硕士学位		7 590	18 770
2. 网络本专科生	22 016	28 016	66 473
本　科	10 250	12 596	32 892
专　科	11 766	15 420	33 581
3. 其他			
二、中等教育	2 258 849	2 184 817	6 651 854
（一）高中阶段教育	1 178 700	1 102 789	3 314 039
1. 高中	648 601	523 354	1 683 530
普通高中	648 601	523 354	1 683 530
成人高中			
2. 中等职业教育	530 099	579 435	1 630 509
普通中专	114 850	112 842	346 427
成人中专	52 417	54 688	128 976
职业高中	229 518	250 942	745 066

续表

	毕业生数（人）	招生数（人）	在校生数（人）
技工学校	133 314	160 963	410 040
（二）初中阶段教育	1 080 149	1 082 028	3 337 815
1. 普通初中	1 080 149	1 082 028	3 337 815
2. 职业初中			
3. 成人初中			
三、初等教育	1 074 800	1 046 117	6 329 748
（一）普通小学	1 074 800	1 046 117	6 329 748
（二）成人小学			
其中：扫盲班			
四、工读学校			
五、特殊教育	2 085	2 471	19 659
六、学前教育	680 265	916 662	1 751 317

注：特殊教育学生数中包括普通中小学随班就读的学生。

2008 年各级各类非学历教育学生情况

	毕（结）业生数（人）	注册生数（人）
总计	4 954 928	3 216 644
一、高等教育	327 343	77 586
（一）研究生课程进修班	2 711	3 863
（二）自考助学班	5 302	27 365
（三）普通预科生		60
（四）进修及培训	319 330	46 298
其中：资格证书培训	180 486	10 852
岗位证书培训	48 562	15 227
二、中等教育	4 627 585	3 139 058
其中：资格证书培训	534 458	493 262
岗位证书培训	474 670	302 117
（一）中等职业教育	333 882	112 836
其中：资格证书培训	84 661	35 506
岗位证书培训	80 489	23 247
（二）职业技术培训机构	4 293 703	3 026 222
其中：资格证书培训	449 797	457 756
岗位证书培训	394 181	278 870

2008 年各级各类民办教育基本情况

	学校数（所）	毕业生数（人）	招生数（人）	在校生数（人）	教职工数（人）	专任教师数（人）	另有其他学生数（人）
一、民办高等教育							
（一）民办高校	36	71 584	109 782	290 141	25 146	16 594	15 378
本科学生		5 598	23 541	62 632			
专科学生		65 986	86 241	227 509			
其中：独立学院	12	8 620	26 100	71 264	5 306	3 521	
本科学生		4 073	19 155	52 611			
专科学生		4 547	6 945	18 653			
（二）民办其他高等教育机构	100				5 515	3 370	31 256
二、民办中等教育							
（一）高中阶段教育	326	125 840	137 028	385 815	39 484	28 668	23 950
1. 民办普通高中	135	66 343	46 697	154 145	25 523	19 676	
2. 民办中等职业教育	191	59 497	90 331	231 670	13 961	8 992	23 950
（二）初中阶段教育	242	82 754	80 189	250 193			
1. 民办普通初中	242	82 754	80 189	250 193			
2. 民办职业初中							
三、民办普通小学	260	38 547	31 817	220 770	15 133	10 870	
四、民办幼儿园	5 349	157 974	260 838	522 683	39 613	25 921	
另有：民办培训机构（不计校数）	（960）				10 808	6 506	443 624

注：1. “另有其他学生数”包括：学历文凭考试学生、自考助学班学生、预科生、进修及培训学生数；
2. 民办普通高中的教职工和专任教师数中包含民办普通初中的教职工和专任教师数；
3. “（　）”内数据为不计校数。

〔**2008 年教育发展的指导思想和总体思路**〕　2008 年山东省教育工作总的指导思想和目标是：深入贯彻党的十七大精神和省第九次党代会精神，高举中国特色社会主义伟大旗帜，以邓小平理论和“三个代表”重要思想为指导，深入贯彻落实科学发展观。坚持“巩固、深化、提高、发展”的工作方针，将“完善规范、强化管理、抓好落实”作为基本的工作理念，贯穿到机关建设、系统管理和各级各类教育工作之中。坚持教育优先发展，全面贯彻党的教育方针，全面推进素质教育，优化教育结构，促进教育公平，让更多的人接受更好的教育。促进义务教育均衡发展，农村小学、初中适龄人口和残疾儿童少年的毛入学率分别保持在 99%、98%和 95%以上，初中三年保留率保持在 99%以上。加快普及高中段教育，高中阶段毛入学率达到 80%以上。大力发展职业教育，进一步提高中等职业教育在校生占高中段在校生比重。高等教育质量明显提高，普通高等教育在校生达到 148 万人。大力发展专业学位研究生教育，努力适应社会对应用型高层次人才的需要。重视学前教育，学前三年毛入园率达到 55%。发展现代远程教育和继续教育，加快建设全民学习、终身学习的学习型社会。

〔**教育投入进一步加大加强**〕　2008 年，山东省采取发布教育经费执行情况通报、将教育投入情况纳入政府督导指标体系等措施，协调和敦促各级政府依法落实教育经费“三个增长”的政策，强化各级政府教育投入的责任。认真落实教育附加政策，确保征收资金足额按时到位。增加高校生均拨款定额，各专业学生拨款定额平均增加600元，文、理、师（农）、体育、艺术类专业分别达到3 700元、4 000元、4 500元、5 100元、6 400元。加强教育收入的动态管理，保证教育资金落到实处。加大高校专项资金投入。三大重点建设经费提高到3 200万元，科研经费提高到800万元，高教质量工程经费新安排2 000万元，高校较大固定专项经费达到2.2亿多元，较好地支持了高校的学科、专业和课程建设。深化办学投资体制多元化改革，努力形成政府投入、社会捐助、信贷支持的多元化教育投入体系。山东教育基金会把经常性救助与专项救助结合起来，继续实施“三育资助”工程，社会反响良好。明德小学项目健康运行，整体工作在全国名列前茅，项目奖励资金达到1 100万元，被评为年度全国示范省。

〔**教师队伍建设进一步加强**〕 2008年，山东省严格实施教师资格制度，把好教师入口关。2008年全省共认定中等职业学校、中小学、幼儿园教师资格68 427人，高等学校教师资格7 965人。以学习贯彻《中小学教师职业道德规范》为重点，大力开展师德教育，在全省开展了师德师风教育专项活动，针对社会反映强烈的问题，下发了《关于大力开展师德教育禁止中小学教师从事有偿家教的通知》。推动中等师范学校布局结构调整，加快三级师范向二级师范的过渡，有4所学校并入高校。教师培训工作进一步加强，研究开发建设了山东省高中教师远程研修网，先后组织了高中校长素质教育专题、幼儿园园长、义务教育新课程小学骨干教师、中小学教师教育技术能力、省级体育骨干教师、省级骨干班主任等一系列培训。实施农村教师素质提高工程，面向全省乡镇以下农村义务教育学段的5 000名一线教师开展了为期10天的集中培训。实施农村小学校长素质提高工程，培训校长400人。继续利用暑期和节假日开展名师送教下乡活动，提高农村教师实施素质教育的能力。组织了第三批齐鲁名师建设工程人选赴美培训，表彰了10名年度教育创新人物。实施职业院校教师素质提高计划，加强“双师型”教师培养，选拔395人参加了国家级职教师资培训，18人赴德国培训。安排190万元用于中职紧缺专业特聘兼职教师资助计划的实施。开展成人教育管理队伍轮训，提高管理能力和服务水平。继续实施“山东省高校青年教师成长计划”，组织11 600人参加青年教师现代教育技术培训，确定154名青年教师为国内访问学者，173名青年教师参加国外合作培养项目。制定了《关于加强研究生指导教师队伍建设的意见》，明确了导师队伍建设的目标、政策与措施，对研究生导师遴选、培训、考核、监督等方面提出了具体意见和要求。认真组织了高校领域第三批“泰山学者”岗位设置的初选和申报工作，共有11人通过。2008年，全省高校“泰山学者”建设工程第一期实际设岗111个，其中66个岗位的特聘教授已经到位。积极稳妥地推进学校事业单位改革，在高等学校、中等职业学校和中小学中继续开展收入分配改革，推进高校全员聘用制，完善教师职务评审办法，进一步确立重视教学的评审导向，增强了评价工作的客观性和准确性。举办山东省高校教师队伍建设论坛，与会人员对高校教师队伍的现状及建设进行了深入的探讨和研究。

〔**教育督导稳步推进，教育法制建设进一步加强**〕 2008年，山东省教育厅科学制定评估指标体系，严格督导评估程序和方法，顺利完成对市级政府教育工作的专项督导评估，形成《关于2007年度教育工作督导评估情况的报告》，并积极推动将教育工作督导评估结果作为考核领导干部政绩的重要内容。在广泛调研的基础上，研究制定了《对市级政府2008年度教育工作综合督导实施意见》，由省政府办公厅转发各市。积极开展了教育示范县创建工作，对5个县（市、区）进行了验收，示范县（市、区）总数已达35个。圆满完成了“两基”巩固提高的复查工作，并进行了系统总结。开始启动对中小学体育卫生工作的专项督导。确定2008年—2012年教育立法规划建议项目，做好《山东省实施〈义务教育法〉办法》的修订工作。进一步规范行政行为，对规范性文件进行审查和备案。妥善处理相关申诉、诉讼案件，维护利益相关人合法权益。以实施“五五”普法规划为重点，推进法律知识进学校、进课堂。加强青少年法制教育，认真组织山东省首届中小学生法律知识竞赛，促进义务教育阶段《法治教育》课程开设。积极部署第三批省级依法治校示范学校的创建工作。

〔**平安校园建设深入开展，学校稳定局面得到巩固**〕 2008年，山东省教育厅加强学校安全教育工作，狠抓学校常规管理，深入普及安全知识，在第十三个全国中小学安全教育日，开展了“迎人文奥运，建和谐校园”安全教育宣传活动。提高广大师生安全意识和自救自护能力。积极构建校园安全保障长效机制，组织实施学校安全工作大检查，有针对性地排查校舍安全隐患。组织开展学校应急演练，严格学校值班制度，切实提高学校预防和控制突发事件的能力。整顿和规范中小学校车营运秩序，使用校车统一标识，加强校车管理。出台了《关于进一步加强中小学寄宿生管理工作的通知》，就加强中小学宿舍管理作了具体部署。积极应对副食品价格上涨，切实做好学校食堂工作，稳定饭菜价格，关心家庭贫困学生的生活，保持了全省学校的平安稳定。

〔**教育国际交流与合作效果突出**〕 2008年，山东省以友好省州、友好城市等为工作重点，与苏格兰、南非西开普省、美国康州、加拿大BC省、德国巴伐利亚州、韩国庆尚南道在教育合作方面均实现了不同形式和内容的交流，进一步深化了彼此间的友好合作关系。全省已有110多所中小学与美国康州的相应中小学结为姊妹学校关系。与新加坡的政府间合作项目取得了良好进展。省教育厅圆满组织了首届汉语桥世界中学生中文比赛活动，来自24个国家的近百名选手参加了大赛及各种文化体验活动。与加拿大新布伦瑞克省、埃德蒙顿市合作建立孔子学院。确定了山东省实验中学等6个国家汉语国际推广中小学基地。中外合作办学稳步推进，召开了中外合作办学研讨会，上报4个本科项目，审批20个专科项目。2008年新审批29所学校具有接受外国学生（留学生）资格。公派出国留学工作进展顺利，自费出国留学中介机构管理工作得到加强。举办了山东省外国文教专家“教学奖”颁奖仪式暨山东省第四届中外教师外语教学研讨会，24名外国专家和外籍教师获得教学奖。

〔**学生救助体系进一步完善**〕 2008年春、秋季，中央和省财政共安排山东省高校奖学金、助学金预算5.6亿元，全省高校18万多名家庭经济困难大学生得到国家助学金的资助；全省安排国家助学金5.65亿元，资助107万多名中等职业学校学生；全省安排普通高中省政府助学金2.2亿元，28万多名学生享受政府助学金资助。针对学校食堂饭菜价格上涨问题，各级财政安排15亿元，对所有在校大学生和14%的贫困家庭学生予以补助。在严格执行国家奖学金、助学金政策的同时，山东各高校和中等职业学校认真落实多渠道资助政策，按规定提取学费的一定比例用于资助困难学生，积极开展勤工助学，对特困学生实施学费减免和绿色通道政策，确保不让一个学生因家庭贫困而辍学。

〔**国家助学贷款业务稳妥推进**〕 2008年，山东省教育厅加强与农信社合作，拓展国家助学贷款工作，全省各类金融机构累计审批贷款学生人数18.5万名，审批贷款合同金额16.5亿元，累计有17.5万名学生实际获得贷款12.5亿元。积极做好生源地信用助学贷款的开办工作。根据国家要求，结合山东省实际，省政府下发了《关于做好我省生源地信用助学贷款工作的意见》，制定了生源地信用助学贷款资格认定办法和生源地信用助学贷款操作规程，生源地信用助学贷款工作正式启动。

〔**毕业生就业工作扎实推进**〕 2008年，山东省积极落实毕业生面向基层就业项目，选拔856名高校毕业生到农村基层支教，继续实施农村学校教育硕士师资培养计划，在应届本科毕业生中为全省乡镇以下农村中小学选拔了11名农村学校教育硕士师资。加强毕业生就业市场建设，组织了5场以学校为主体的师范类毕业生供需见面会。搭建毕业生就业网络平台，为毕业生和用人单位提供方便。推行师范类毕业生无障碍就业政策，认真做好家庭困难毕业生就业服务工作。截至2008年9月1日，全省师范类高校毕业生总体就业率67.31%，比上年同期上升6.17个百分点。

〔**主动做好对口支援四川地震灾区工作**〕 2008年，山东省积极组织学校参加抗震救灾活动，精心安排灾区学生来鲁就学工作，共接纳3 561名灾区中小学生和中职生来鲁免费就读。各高校加强对受灾学生的救助，共为533人发放国家助学金223.16万元；为1 617人发放临时困难补助和伙食补助，为112人减免学费，安排勤工助学785人，积极做好地震灾区生源高校毕业生就业帮扶工作，较好地稳定了灾区学生的情绪。山东教育基金会开展了“山东省教育系统抗震捐赠三日大行动”，共收到捐助资金1 406万元。

〔**教育行风建设成效明显**〕 2008年，山东省坚持把制度建设作为总抓手，研究制定了《关于山东省高等院校党员领导干部廉洁自律八项规定》《山东省委高校工委山东省教育厅党组贯彻落实〈山东省建立健全惩治和预防腐败体系2008—2012年实施办法〉责任分工方案》等文件，着力构建具有教育系统特点的惩防体系。组织春、秋两季收费检查，进一步规范学校收费。积极开展全省规范教育收费示范县评比活动，对2007年涌现出的23个规范教育收费示范县（市、区）进行了表彰。2008年，全省已有68个规范教育收费示范县（市、区）。严肃查处各类违纪案件和突发事件，认真开展中小学教育行风民主评议，树立教育系统的良好形象。

〔**学习实践科学发展观活动深入开展**〕 按照中央部署，山东省教育厅自2008年10月份开始组织开展深入学习实践科学发展观活动。紧扣“科学发展、富民强省”主题，围绕“全面推进素质教育、建设人力资源强省”这一实践载体，着力转变不适应、不符合科学发展观的思想观念，着力解决教育工作中影响和制约科学发展及群众反映强烈的突出问题，着力构建有利于教育事业科学发展的体制与机制，提高领导科学发展、促进社会和谐的能力。重点就11个社会和群众关心的教育问题展开调研，提出了以素质教育为重点，推进基础教育“基础化”；以就业为导向，推进职业教育“职业化”；以内涵发展为重心，推进高等教育“多元化”；以普通高校为依托，推进成人教育“成人化”的工作思路。

〔**民办教育管理进一步规范**〕 2008年，山东省教育厅选派了24名民办高校督导专员、党建工作联络员，依法对所驻民办高校的工作进行督导、督学和督察，进一步加强了对民办学校的监督和管理。下发了《山东省教育厅关于严格规范民办学校办学秩序的通知》，在严格执行有关收退费政策、依法取得土地使用权、校舍产权、不得面向中小学生举办各类文化同步培训班、招生广告备案等方面作了进一步规范。组织对民办学校、机构进行检查评估，对不合格的学校、机构给予停止办学、缓发办学许可证、吊销办学许可证、取消办学资格等处罚。

基础教育

〔**义务教育经费保障机制进一步完善**〕 2008年，山东省印发了《关于调整完善农村义务教育经费保障机制改革有关政策的通知》，安排补助公用经费资金27亿元，将农村小学生均公用经费定额由240元提高至295元，农村初中由340元提高至445元。为农村义务教育阶段学生免费提供教科书，按小学每生每年90元、初中每生每年180元的标准，向全省农村义务教育阶段学生免费提供国家课程的教科书；从春季学期起，按小学每生每年15元、初中每生每年20元的标准，免费提供地方课程教科书，减轻农民负担11亿元。城市义务教育学校按“一费制”标准，对享受城市低保家庭的学生免费提供教科书。从春季学期起，农村义务教育阶段家庭经济困难寄宿生生活费基本补助标准，由每生每年300元提高到小学每生每年500元、初中每生每年750元，享受补助的困难学生占寄宿生的比例达8%以上，全省各级财政补助寄宿生生活费资金0.6亿元。从2008年冬季起新增农村中小学取暖补助经费，按每生每年50元的标准进行补助，全省各级财政补助资金3.42亿元。全省农村中小学以学校为基本单位编制预算，建立健全农村中小学预算编制制度，各项收支编入县级财政预算。全省普遍实行了“校财局管”办法，为农村义务教育经费保障机制改革顺利实施打下了良好基础。

〔**义务教育均衡发展稳步推进**〕　2008年，山东省研究出台了《山东省普通中小学基本办学条件标准（试行）》《山东省省级规范化学校建设与管理办法》，积极筹备启动中小学校标准化建设工程，促进各级政府合理配置教育资源，引导学校在达到基本办学条件标准的基础上注重内涵发展。完成了第十四批省级规范化学校和期满复评学校验收和复评工作。农村中小学校舍维修改造转入长效机制，对全省中小学校舍安全状况进行了全面普查，全省累计筹集资金14.5亿元，完成313万平方米的校舍维修改造任务。启动农村中小学“211工程”，即“热水、热饭、取暖和改厕”的“两热一暖一改”工程，安排专项经费5 000万元，在首批20个学校试点实施“热水、热饭、取暖”工程，120所学校试点实施“改厕”工程。努力实现义务教育阶段和普通高中学籍管理的对接，在对全省中小学学籍信息系统开发使用情况进行调研的基础上，组织开发了山东省普通中小学电子学籍管理系统。

〔**素质教育得到强力推进**〕　规范办学行为、推进考试评价制度改革。2008年，山东省下发了《关于进一步加强普通高中教育管理工作的通知》和《关于实行初中学生学业水平考试制度深化高中阶段学校招生制度改革的指导意见》，对普通高中的办学主体、招生行为、课程实施、教育评价等方面提出指导性意见；深入推进基础教育考试评价制度改革，对初中学生综合素质评价制度、普通高中招生指标分配制度等内容作了明确的规定，以学业考试取代升学考试，以综合素质评价结果取代中考成绩录取新生。全省各地将普通高中特别是优质高中或省级规范化高中招生指标的50%以上分配到服务区内各初中学校，减轻了义务教育阶段学校的升学竞争，为实施素质教育创建了良好的外部环境。加强高考信息管理，实行高考信息保密制度，纠正片面追求升学率倾向，对违规宣传高考成绩和对学校、教师进行排名排队的3个市级教育行政部门、1个县级教育行政部门、10所学校进行了严肃处理。

强化督查，着力构建规范办学长效机制。2008年，山东省教育厅认真贯彻落实《山东省普通中小学管理基本规范》，将规范学校办学行为督查作为经常性工作，积极构建立体化、全方位的长效督查方式。印发了《2008年度中小学办学行为督导评估方案》，将对学校办学行为随机督查情况作为全省教育工作综合督导评估的一项重要内容。把督导评估作为实施素质教育的重要抓手，要求每个县（市、区）都建立素质教育督导责任区制度，对实施素质教育情况进行全方位监管。

积极推进课程管理和课程建设，启动新一轮基础教育课程改革。2008年，山东省教育厅下发了《关于深化基础教育课程改革全面提高教育质量的意见》等文件，对进一步深化基础教育课程改革进行了部署，对义务教育课程体系建设和普通高中课程设置及教学内容作出了明确规定。启动全省普通高中课程实施水平评估，建立基础教育课程改革学科教学跟进式指导制度，进一步完善定点联系学校制度，重新遴选确定了50所普通高中为新的省级定点联系学校。省政府办公厅转发了《关于进一步加强和改进中小学教材建设与管理工作的意见》，明确中小学教材建设和管理的工作思路，加强了省级教育行政部门对教材选用的调控力度。认真落实中央有关规定，采取单一来源形式进行了义务教育阶段教科书的政府采购，有效地节约了资金。初步建立起了山东省义务教育必修地方课程体系。

多形式开展中小学德育工作，改进和加强大学生思想政治教育。2008 年，山东省教育厅充分发挥学校教育在未成年人思想道德建设中的主渠道、主阵地、主课堂作用，深入开展社会主义荣辱观教育。积极组织和开展了“弘扬和培育民族精神文明月”活动。奥运会期间，组织 660 名优秀师生代表赴京观赛，受到奥组委的表彰。组织菏泽、临沂、德州 3 市 3 000 名农村中小学生暑假参观省科技馆活动。积极开展公益性青少年校外教育活动，吸引社会机构为青少年健康成长服务。深入推进中国特色社会主义理论体系“三进”工作，紧密联系实际进行形势政策教育和国情教育，大学生思想政治教育得到进一步加强和改进。

广泛开展学校体卫艺活动，促进学生全面发展。2008 年，山东省教育厅切实推进“学生阳光体育运动”的开展，加强学校体育教学和课外文体活动工程建设，组织开展冬季长跑等活动，促进中小学生每天一小时体育活动时间的落实。积极配合奥组委和省体育局圆满完成 2008 北京奥运会火炬在山东省的传递工作。继续提高体育课、艺术教育课开课率和教学质量，加强学生课外文体活动。先后举办了中学生运动会、大学生田径、乒乓球、五人制足球等一系列体育赛事，有力地促进了学校课余训练与竞赛工作的开展。举办了大学生艺术展演、服装模特大赛、美术、音乐基本功大赛等，积极开展高雅艺术进校园活动，进一步推动高校艺术教育教学研究工作。继续加强学校国防教育工作，配合军事部门完成了学生军训、高校国防生培养、学生参军等各项工作任务。开展了学校卫生专项检查指导工作，全省各级各类学校年内未发生卫生重大安全事故。

〔**学前教育、特殊教育、民族教育有序开展**〕 2008 年，山东省教育厅召开全省农村学前教育工作研讨会，研究制定了《关于进一步加强农村学前教育工作的意见》，进一步明确了农村学前教育发展目标、任务和具体措施。开展第九届省级示范幼儿园验收工作，共评出省级示范幼儿园 157 所。组织省十佳幼儿园的验收和复评工作，复评十佳幼儿园 11 所。着眼于提高特殊教育质量和实施水平，先后对全省盲校、聋校课程改革与管理改革，特殊教育学校新理念与新技术进行了总结推广。年内完成了内地新疆班、西藏班招生和升学考试任务，加强了内地班的思想政治教育工作和安全工作。

职业教育与成人教育

〔**办学条件不断改善，职教规模有所扩大**〕 2008 年，山东省以服务为宗旨，以就业为导向，大力发展职业教育。继续扩大中职办学规模，加大职业学校布局调整力度，增加优质教育资源。强化高中段职普统筹，使普通高中与中等职业教育招生规模大体相当。积极推进东西部之间、城乡之间职业学校的联合招生和合作办学。在初中毕业生比上年减少的情况下，全省中职招生仍完成了 41.8 万人。正式启动全省中职学校招生、学籍、档案电子信息管理系统，建立了省、市、县、学校四级信息管理运行体系。

〔**职业教育基础能力建设进一步加强**〕 2008 年，山东省继续实施职业教育“十百千”建设工程、基础能力建设项目、专业骨干教师和校长培训工程、30 个经济欠发达县职教中心建设工程。加强职业教育实训基地建设，确定了“十一五”期间山东省重点建设的 200 个职业教育实训基地名单，落实了 2008 年度 16 个省级职业教育实训基地专项资金 2 000 万元，推荐第三批国家级实训基地建设学校25所，安排32所中职学校国家发改委基础能力建设资金5 800万元，顺利完成2008年度中央财政支持的实训基地申报工作，获得中央批准项目13个，专项资金1 780万元。

〔**中等职业教育体制改革不断深化**〕　2008年，山东省的中职教育落实“校企合作”计划，面向市场，面向社会，以就业为导向，主动适应区域经济发展的需要，创新办学模式，鼓励联合办学，促进教学与生产实践相结合。进一步推广“双元制”办学模式，大力提倡“把学校建在车间，把车间建在学校”，积极开展“订单式”培养。教育厅召开了山东省中职教育集团化办学现场经验交流会议，推广了烟台、青岛、淄博等地中等职业教育集团化办学、校企合作、“订单式”培养的经验和做法。组建了船舶制造、汽车制造、软件、建筑等4个省级职教集团，省级职教集团已达到6个。全省新批准68所中职学校和6所技工学校“双证互通”试点学校，进一步促进了职业教育的专业学科教学和技术操作能力的贯通和融合。

教育教学质量不断提高。在2008年全国职业院校技能大赛中，山东代表队共获得一等奖11个、二等奖24个、三等奖299个，有一名学生获得汽车维修项目个人一等奖总分第一名，山东省获优秀组织奖。

〔**成人教育办学秩序日趋规范**〕　2008年，山东省积极发展多种形式、多种层次的成人教育，推进终身教育体系建设，扩大成人教育规模。教育厅完成了年度38所高校新增的205个成人高教专业的审核备案和20所高校新增的38个现代远程教育校外学习中心的检查审批。组织开展了2008年全省成人高等教育品牌专业建设点申报工作和评审工作，确定并公布品牌专业建设点17个。规范成人教育办学秩序，组织完成了对全省650余所成人教育函授站的年检工作。加强对现代远程教育校外学习中心的监管，开展了学习中心的清理整顿工作。积极推进社区教育工作，全省49个市辖区已有27个省级社区教育实验区，3个国家级社区教育试验区，4个国家级社区教育试验区，31个县级市已有4个省级社区教育实验区。加强“三教统筹”，促进“农科教结合”。构建以县级职教中心为龙头，乡镇成人教育学校和普通中小学为依托的农村成人教育培训网络，广泛开展农村劳动力转移培训和农村实用技术培训。全省农村富余劳动力转移就业培训达到500万人次。

高 等 教 育

〔**高等教育规模稳步发展**〕　2008年，山东省根据全省高等教育发展的实际和现有高校的人才培养能力，把握发展节奏，稳步推进院校设置工作，严格控制设置规模，重点对现有高等学校进行办学层次和学科结构的调整和优化，努力适应经济社会发展对各层次人才的需求。潍坊科技职业学院、民办山东万杰医学高等专科学校、山东英才职业技术学院3所院校2008年升格为本科层次，进一步优化了山东省民办高校的层次结构，推动了高等教育办学体制改革的进一步深化。新成立了山东传媒职业学院、临沂职业学院、枣庄职业学院3所高等职业学校，填补了山东省高等职业学校区域及科类布局的空白点，增强了薄弱环节，进一步提高了所在地区培养高级技能型、应用型人才的能力。按照“稳定规模、规范管理、提高质量”的原则，切实做好独立学院的规范管理工作。认真做好高校贷款风险化解工作，积极推进开发银行高校贷款工作进程，第二批9所高校3.4亿元贷款已经到位，有效缓解了部分高校财务运转困难的局面。

〔高校教学质量工程全面推进〕 2008年，山东省实施以教学团队、教学名师、精品课程、品牌专业、特色专业和实验教学示范中心建设为主要内容的教学质量工程，促进优质教育资源共享。全省共评出51个省级教学团队和40名省级教学名师，其中10个教学团队被评为国家级教学团队，6名教师入选国家教学名师；教育部2004年度“新世纪优秀人才入选者”结题验收，省属高校6名入选者全部被评为优秀获得通过；171门课程入选2008年度省级精品课程，30门课程入围国家精品课程，全省高等学校国家精品课程总数达到96门，国家精品课程覆盖学校达到31所；评选出品牌专业和特色专业100个，有25个专业被确定为教育部第二类特色专业建设点；确立30个省级实验教学示范中心，其中6个被教育部确立为国家级实验教学示范中心立项建设项目，至此全省共有66个省级实验教学示范中心，15个国家级实验教学示范中心；加强双语教学示范课程建设，山东大学、青岛理工大学、山东财政学院等学校的3门课程被评选为国家级双语教学示范课程。加强专业建设，不断优化结构，服务全省经济和社会发展，共增设和调整本科专业110余个，专科专业190余个。加大教材建设和教材改革力度，组织了2008年省级优秀教材申报评审工作，其中300本被评为省级优秀教材。继续做好中国高等教育文献保障体系（CALIS）山东省中心建设，进一步提升山东省高等学校图书馆文献资源共建共知共享水平。日照职业技术学院和山东科技职业学院被教育部和财政部列入国家示范性高职院校建设计划，使山东省列入该计划的高职院校达到了6所，居全国第二。认真组织高等学校教学水平评估工作，配合教育部对济南大学等5所院校本科教学工作水平进行评估，组织专家对济南职业学院等15所高职院校进行人才培养工作评估，完成高职院校人才培养工作状态数据平台建设，促进高校建立自我约束、自我发展的机制，构建教学质量监控体系，促进教育教学质量不断提高。

〔“高教强省”计划深入实施〕 2008年，山东省“211工程”建设取得新进展，教育部批准了山东大学、中国海洋大学、中国石油大学等学校的23个重点学科为“211工程”三期重点学科建设项目，2008—2011年总投资2.23亿元。拟定了《山东省实施地方高水平大学建设工程意见》，集中力量建设山东农业大学、山东师范大学、山东科技大学、青岛大学4所省属重点大学，尽快提高办学水平。制定下发了《山东省“十一五”高等学校重点实验室、人文社会科学研究基地建设管理办法》，完善了重点实验室、人文社科基地中期评估指标体系，进一步加强了重点建设项目的管理，组织专家对全省高校的387个重点建设项目和筹建项目进行了中期评估。2008年，省重点实验室获准立项建设26个，全省高校省重点实验室达到35个，省部共建教育部重点实验室新立项建设1个，通过教育部验收2个。

〔不断提升高层次创新人才培养质量〕 2008年，山东省大力实施研究生教育创新计划，研究生创新能力进一步提高，优秀成果取得新突破。启动了研究生教育省级教学成果奖励和研究生联合培养基地建设实施与管理工作，遴选研究生教育创新项目153项，进一步做好优秀学位论文和研究生优秀科技创新成果的评选奖励工作，广泛开展研究生学术活动，组织举办了多期全省性的研究生学术论坛，建设信息管理系统加强学位管理，审核批准了山东警察学院等5所高校新增为学士学位授予单位，积极争取国家给予山东省在新增博士、硕士单位方面的政策倾斜，是全国唯一给予3个新增博士单位的省市。适应社会需要，加快专业学位发展，省政府办公厅下发了《关于进一步加强专业学位研究生教育工作的意见》，提出了专业学位与学术性学位研究生1∶1的在校生发展目标和措施，受到国务院学位办的高度评价。积极组织新增专业学位点申报工作，共有18个学位授予单位申报了10种专业学位共38个学位点。

〔高校科研工作进一步强化〕 2008年，山东省进一步规范高校科研专项经费管理工作，加强高校科研专项经费的监督管理，提高了资金使用效益和高校科研工作保障水平。对科技计划项目评审指标体系和人文社科项目评审指标体系进行了完善，使科研计划项目评审更加规范化。对全省高校科研计划项目评审进行改革，共立项606个。组织申报教育部高等学校科技创新工程重大项目培育资金项目1项，科学技术研究重点项目6项。组织申报教育部人文社科项目，有18所高校50项课题获得了一般项目资助，1所高校参加重大攻关项目答辩，4项课题获后期资助，创本省历年新高。组织申报省软科学课题近300项，有252项获批准立项，获准率达84%。支持高校积极申报省文化产业项目和省社会科学规划项目等。做好省高校优秀科研成果奖申报评审工作，共申报优秀科研成果972项。全省高校共获省科技奖169项，占全省获奖总数的34%；共获省社科奖205项，占全省获奖总数的79.8%。在第十七届全省产学研洽谈会上，省内外高校有100余所参展，提供有推广价值的科技成果达到1 000余项。

撰稿　崔升平
审稿　陈光华

青岛市教育

概　况

〔基本情况〕

2008年各级各类学校校数、教职工、专任教师情况

	学校数（所）	教职工数（人）	专任教师数（人）
一、高等教育			
（一）研究生培养机构（不计校数）			
1. 普通高校			
2. 科研机构			
（二）普通高等学校	18	25 939	16 437
1. 本科院校	10	19 876	12 094
2. 专科院校	8	6 063	4 343
其中：职业技术学院	8	6 063	4 343
3. 其他机构（点）（不计校数）			
其中：独立学院			
（三）成人高等学校	2	1 288	745
（四）民办的其他高等教育机构	60	4 026	1 024

续表

	学校数（所）	教职工数（人）	专任教师数（人）
二、中等教育			
（一）高中阶段教育			
1. 高中			
普通高中	67	10 662	9 103
成人高中			
2. 中等职业教育	99	13 111	9 171
普通中专	7	988	609
成人中专	20	994	676
职业高中	72	10 588	7 468
技工学校			
其他机构（教学点）（不计校数）	3		
（二）初中阶段教育			
1. 普通初中	240	25 396	20 805
2. 职业初中			
3. 成人初中			
三、初等教育			
（一）普通小学	961	34 870	32 403
（二）成人小学			
其中：扫盲班			
四、工读学校			
五、特殊教育	13	547	404
六、学前教育	2 249	14 344	10 297

注：普通高等学校中两所军事院校未作统计。

2008 年各级各类学历教育学生情况

	毕业生数（人）	招生数（人）	在校生数（人）
一、高等教育	92 530	120 833	352 475
（一）研究生	3 561	6 424	16 386
博　士	357	558	1 986
硕　士	3 204	5 866	14 400
（二）普通本专科	73 049	84 399	263 749
本　科	32 299	43 153	158 115

续表

	毕业生数（人）	招生数（人）	在校生数（人）
专　科	40 750	41 246	105 634
（三）成人本专科	15 920	30 010	72 340
本　科			
专　科			
（四）其他各类高等学历教育			
1. 在职人员攻读博士、硕士学位			
2. 网络本专科生			
本　科			
专　科			
3. 学历文凭考试			
4. 其他			
二、中等教育			
（一）高中阶段教育			
1. 高中			
普通高中	43 840	32 947	112 388
成人高中			
2. 中等职业教育	48 221	56 273	181 628
普通中专	3 207	3 203	10 954
成人中专	3 126	6 097	12 702
职业高中	41 053	46 636	156 169
技工学校			
（二）初中阶段教育			
1. 普通初中	64 372	91 007	261 496
2. 职业初中			
3. 成人初中			
三、初等教育			
（一）普通小学	90 096	78 890	477 230
（二）成人小学			
其中：扫盲班			
四、工读学校			
五、特殊教育	266	255	1 488
六、学前教育	60 734	53 834	167 382

2008年各级各类民办教育基本情况

	学校数（所）	毕业生数（人）	招生数（人）	在校生数（人）	教职工数（人）	专任教师数（人）	另有其他学生数（人）
一、民办高等教育							
（一）民办高校	5	20 267	18 426	46 570	5 108	3 509	
本科学生			1 672	3 778			
专科学生			16 754	42 792			
（二）独立学院（不计校数）	(2)	2 716	6 513	18 765	1 728	973	
本科学生		1 349	4 399	12 657			
专科学生		1 367	2 114	6 108			
（三）民办其他高等教育机构	60	20 089	110 000	19 147	4 026	1 024	
二、民办中等教育					8 230	4 900	
（一）高中阶段教育							
1. 民办普通高中	20	1 698	3 571	3 300			
2. 民办中等职业教育	39	15 633	21 636	77 100			
（二）初中阶段教育							
1. 民办普通初中	14	1 900	4 865	9 871			
2. 民办职业初中							
三、民办普通小学	12	1 160	2 400	6 915	693	600	
四、民办幼儿园							
另有：民办培训机构（不计校数）			296 000	156 000	11 330	2 745	

〔**统筹城乡教育发展**〕 2008年，青岛市为促进义务教育城乡均衡发展，缩小城乡差别，出台了《关于建立城区教师到农村支教补贴制度的通知》和《青岛市教育局关于进一步推进城区教师支援农村义务教育学校教育工作的实施意见》，设立城区教师支教专项补贴，对支教教师生活费和交通费等予以经费保障。在2008年教师招聘中，单列支教指标，对各区市下达支教计划，招聘支教教师近500名，在招聘录用教师时向农村学校倾斜，农村五市公开招聘682人，派往农村学校578人。继续开展"特级教师巡回讲学"活动，组织省、市级特级教师讲学团到农村中小学、偏远学校巡回讲学100余场次。

〔**加强教育法制建设**〕 2008年，青岛市教育局修订青岛市教育局规范性文件制定程序和管理办法，重点增强规范性文件制定的计划性。年内完成了3个规范性文件送审工作，制订《青岛市教育局合同审查暂行办法》，对20份合同进行了合法性审查。深入推进行政执法责任制，修订市教育局行政执法和行政执法监督暂行工作办法，并完成市教育局行政许可事项和非行政许可审批事项的清理工作。做好地方立法工作，市教育局有5个项目列入青岛市2008年地方法规制定及修订计划，《青岛市实施〈民办教育促进法〉办法》已经出台，其他4个项目的修订调研工作已完成。12所学校被确定为第三批山东省依法治校示范校。

〔**加强教育督导工作**〕 2008年，青岛市教育局制定了《2008年青岛市区市政府教育工作目标管理绩效考核办法》，进一步引导区（市）政府加大教育投入、推进义务教育均衡发展、落实素质教育等方面的责任。根据山东省素质教育会议精神，对原有的督导评估方案进行了修订，加大了规范办学行为、落实课程方案、实施“阳光体育”以及教师学生评价制度改革等方面的考核评估力度，按照评估方案，对13所区市所属普通高中和8所局属普通高中进行了办学水平督导评估，同时加强对全市中小学校规范办学行为情况督导检查，对违规学校进行了查处。

〔**加强教育科学研究**〕 2008年，青岛市教育局组织了全国、省、市“十一五”滚动课题的申报立项工作，市级课题滚动立项162项。除市级课题滚动立项外，上半年有2项课题被批准立项为全国教育科学“十一五”规划教育部规划课题，5项被立项为省“十一五”教育科学规划重点课题、18项被立项为省规划课题，其中《青岛地方教育史志与岛城历史名校研究》被确定为省重点课题。组织了以“传播·互信·分享·成长”为主题的青岛市中小学校千册（种）教育图书漂流活动，1 037册教育图书开始在遍布全市城乡中小学校的12个漂流圈同时传漂。中小学教师科研工作站招收了第二期访学教师58人，并在平度、青岛经济技术开发区、城阳和市北区各办一个分站。

〔**加强干部教师队伍建设**〕 2008年，青岛市启动了农村五市小学教师素质提升全员培训工程，首期培训五市教师共计1 900人。举办了两期农村初中校长培训班，五市三区共98名农村初中校长参加了培训。7月27日—8月8日，市教育局组织全市67所普通高中学校、15个学科、8 740名教师参加了省教育厅组织的全省普通高中教师新课程全员培训。教育局组织进行了较大规模的校级副职任职资格竞争，确定了25名同志担任校级副职。组织评选青岛市中小学学科带头人86名、青年教师优秀专业人才468名。市教育局属单位有8人被评为青岛市拔尖人才，是历次人选人数最多的。南京路小学校长杨屹荣获山东省2008年度校长系列十大教育创新人物称号。

〔**教育经费投入及支出情况**〕 2008年，青岛市共安排教育专项资金3.7亿元。共安排4 500万元为农村义务教育阶段32万名学生免费提供教科书。调整了完善农村义务教育经费保障机制改革的有关政策，各区（市）共投入166万元，进一步提高农村义务教育阶段家庭经济困难寄宿生的生活费补助标准，达到小学每生每年补助500元，初中每生每年补助750元；全市投入17 635万元（其中市本级安排8 656万元），提高农村义务教育阶段学校的生均公用经费基本标准，达到小学每生每年325元、初中每生每年470元；全市投入资金3 946万元（其中市本级投入资金1 936万元），建立健全农村义务教育阶段学校校舍维修长效机制，将农村义务教育阶段学校校舍维修改造测算单价标准每平方米由300元提高为500元。共投资4 122.3万元改造49所中小学取暖设施，从教育专项资金中安排591万元专项用于全市中小学校校方责任险。全年各级财政用于资助市属高校、普高、中职家庭经济困难学生的奖助学金达1.8亿余元，惠及全市近14万名在校学生。全市免除义务教育阶段71万余名在校生杂费，安排资金近2.4亿元。投入资金81万元，提高全市义务教育段1 600名特殊教育学生生活补助标准，提高至小学每人每年500元，初中每人每年750元。共投入全市农村中小学危房及水泥檩梁改造资金7 400万元，市财力安排专项资金4 650万元，改造农村中小学D级危房6.8万平方米，水泥檩梁校舍14.3万平方米。共安排资金8 723万元，其中加快推进农村中小学（含特教）教学仪器更新工程安排3 000万元，保障合格学校建设1 000万元、农村中小学创建省市规范化学校150万元、积极稳步推行特色学校200万元、继续推进新一轮初中学校建设500万元、加快市区高中学校建设的工作顺利开展共安排3 873万元。

〔**教育基金收入和支出情况**〕 2008年，青岛市教育发展基金会接收捐赠和增值收入共1 211.39万元（含向灾区捐款182.71万元），投放资金和实物778.32万元。投放48.7万元向市内四区3 379名义务教育阶段家庭困难学生发放资助金，其中中学生 1 491 人，每人 200 元；小学生 1 888 人，每人 100 元。投放寒窗基金 54.9 万元，资助了全市 183 名考入普通高校的家庭贫困学生。市教育发展基金会设立专户，对本市教育系统抗震救灾捐款实行专户管理，全市教育系统共为灾区捐款 4 460.45 万元，其中各区、市教体局 3 089.98 万元，驻青高校 1 027.01 万元；局属单位 337.15 万元，社会其他 63 066 元。另外，基金会还为北川来青岛过渡复课的 100 名学生募集社会各界捐赠资金 20 余万元，学生人均 2 000 元。

〔**加强民办教育**〕 2008 年，《青岛市实施民办教育促进法办法（草案）》顺利通过第十四届市政府第四次常务会议和第十四届市人大常委会第六次会议的审议。市政府新批中等职业学校 1 所，高职增加中职办学层次 1 所，新批成人中等专业学校 1 所，中等非学历学校 17 所，试办中等非学历学校转正 11 所。依法规范民办学校管理，25 所学校因生源枯竭或后续办学资金不足停办，3 所学校存在违规办学等问题被限期整改，10 所学校因达不到规定的办学条件停止招生。

〔**加强中外合作办学**〕 2008 年，青岛市新批中外合作办学项目 5 个，至此全市共有中外合作办学机构 19 个，中外合作办学项目 31 个。5 月 21 日，教育部同意批准设立青岛青云韩国学校，已完成选址工作；8 月 19 日，青岛日本人学校建成并开始搬迁；8 月 28 日，青岛第一国际学校举行了开工奠基仪式，该校规划占地 6.67 公顷，办学规模 2 000 人，计划 2009 年 9 月招生。

〔**调整市区学校布局**〕 2008 年 10 月 20 日，青岛市政府对市区部分学校布局进行调整，方案如下：青岛第十一中学的普通高中部（含综合高中）、女专部分别并入青岛第九中学和青岛艺术学校，青岛艺术学校加挂青岛女子职业中等专业学校牌子，青岛第十一中学停办；青岛第十中学并入青岛外事服务职业学校，青岛第十中学停办；青岛第十三中学并入青岛艺术学校，青岛第十三中学停办；青岛中心聋校迁至青岛第六十中学校址办学，青岛第六十中学停办。

基 础 教 育

〔**制定全面推进素质教育决定**〕 2008 年，青岛市认真贯彻落实山东省中小学素质教育工作会议精神，对 12 区市教体局分管局长、全市 68 所普通高中学校校长进行培训。制定了《青岛市人民政府全面推进素质教育的决定》，明确了全面推进中小学素质教育的总体思路和目标，提出全面推进素质教育的重点工作和保障措施。制定了新一轮中小学办学条件标准化建设工作方案，计划用 5 年时间全面完成全市新一轮中小学标准化建设任务。

〔**加强学前教育管理**〕 2008 年，青岛市教育局完善托幼园所收费政策，提出了改革托幼园所收费政策的方案报告。以 12 区市为主、市教育局抽查的原则，启动非法学前教育机构的清理工作，对全市城乡非法举办的学前教育机构进行一次全面检查，对经整改不符合条件的予以取缔。

〔**加强义务教育学校建设**〕 2008 年，青岛市确定了市内四区第二批加强建设的 5 所初中学校：青岛第五十七中学、青岛第三十四中学、青岛第五十中学、青岛第二十二中学、青岛第六十三中学。制定了全市义务教育阶段改制学校清理工作方案并组织实施。将全市义务教育阶段特殊教育学校纳入合格学校建设范围，进一步改善全市特殊教育学校办学条件。出台了《关于进一步加强残疾儿童少年随班就读工作的通知》，在增强区、市管理职能、完善规章制度、加强教师队伍建设等方面提出明确要求。

〔**加强普通高中教育**〕 2008 年，青岛市教育局组织实施新颁布的《山东省普通高中课程设置及教学指导意见（试行）》，重新确定了普通高中课程改革 4 所省级、20 所市级定点联系学校。积极推进初中学业水平考试和普通高中招生制度改革：扩大了将优质高中招生指标分配到初中学校的比例；实行一、二志愿作为平行志愿的政策；以市教育局名义下达文件，严格控制各区、市高中招生普职招生比例；将学生学业水平考试成绩作为学生隐私予以保护；规范招生班额和招生秩序。

〔**加强基础教育教学研究与课程改革**〕　2008年，青岛市教育局在义务教育学段，在原有的地方教材《蓝色家园》和《生命教育》的基础上，组织开发了《环境教育》并顺利通过省教育厅审查。制定了《高初中教学实施与指导意见》《教师教学常规》和《学生学习常规》，从制度上规范教学，从机制上科学实施教学。出台了《青岛市新课程各学科课堂教学指导意见》《青岛市普通高中新课程各学科各模块开设意见》，扎实推进课程改革。

〔**加强中小学生的思想品德教育**〕　2008年，青岛市教育局深入开展改革开放30周年和“百万学生迎奥运”主题教育活动。安排市内四区初中、高中近4.6万名学生参加了学工、学农实践活动。在全国同类城市中率先制订了“普通中小学德育工作评估方案”，作为全市中小学德育工作的指导意见和评价依据。中等职业学校继续实施“文明修身”工程。10月，中国职业教育学会德育工作委员会第二次理事会、中等职业教育德育工作实验基地学校协作会成立大会在城阳职教中心召开，城阳职教中心、青岛旅游学校在会上作了典型发言。

〔**加强中小学生体育、卫生、艺术教育**〕　2008年，教育局拟订《关于加强青少年体育增强青少年体质的贯彻实施意见（讨论稿）》，成立青岛市加强青少年体育工作联席会议。组织帆船特色学校、帆船俱乐部的队员和教练观摩克利伯大帆船活动，组织了帆船夏令营活动，举办了2008年青岛市帆船特色学校（院）、中小学帆船俱乐部学校帆船对抗赛等。进一步推进“阳光体育运动、每天锻炼一小时”和“加强中小学美育、进一步推动2＋1文体活动开展”活动。成功组织了教育系统参加全市奥运火炬和残奥火炬接力活动。

〔**加强现代教育技术装备配备与教育信息网络建设**〕　2008年，教育局实施“青岛市农村中小学校教学仪器更新和特殊教育学校教学仪器配备工程”。从2008年起，青岛市拟用3年时间按照教育部和山东省教育厅发布的教学仪器配备标准，对农村义务教育学校和全市特殊教育学校的教学仪器未达到规范化标准的进行更新和配备。全面实施农村中小学现代远程教育工程，市教育局网络中心通过镜像服务器与国家教育部基础教育资源中心资源库联网，实现农村中小学现代远程教学资源远程同步和实时自动更新。

职业教育与成人教育

〔**综述**〕　2008年，青岛市职业教育公共实训基地正式投入使用，确定了实训基地“公益性服务为主，市场化运作为辅，计划统筹与市场运作相结合”的运行模式。中央财政给予480万元的支持，青岛黄海职业学校、青岛工贸职业学校和莱西职教中心被列为国家级实训基地。全市一、二、三产业专业在校生比例已调整到5∶50∶45，与青岛产业结构基本匹配。进行集团化办学模式改革，组建了电子信息业、金融财会业和汽车维修业三个职教集团。2008年全市中等职业学校共招生6.5万人，其中招收外地生源3.2万人，顺利实现高中阶段职普比例4.9∶5.1的目标。12月中旬，全国职业教育校企合作、工学结合、顶岗实习工作会议在青岛市召开。接收100名北川职业高中的学生到青岛电子学校和山东省轻工工程学校复学，接受甘肃天水市40名学生到青岛经济职业学校就读。

〔**积极开展学生技能考核、竞赛活动**〕　2008年，教育局在中职校组队参加2008年全国中等职业教育技能大赛，青岛共有42位选手参加了中等职业组7个专业20个项目的比赛，取得10个一等奖、17个二等奖、10个三等奖，并以团体总分第六名的成绩荣获团体三等奖，位列计划单列市第一名。出台《关于进一步加强青岛市中等职业学校职业技能竞赛工作的意见》，建立每年举办市级职业技能竞赛制度。

〔**加强农村成人教育和社区教育**〕 2008年，青岛市实施农村实用人才培训工程，促进农村“三教”统筹，“农科教”结合，全年完成对5万名农民的实用技术培训目标。实施农村劳动力转移培训工程，面向农民开展“订单式”培训，提高进城农民工的职业技能。发挥乡镇成人教育学校作用，实施以提高职业技能为重点的成人继续教育和再就业培训工程。

积极开展社区教育，召开全市社区教育工作交流会，承办山东省社区教育座谈会，重视发挥社区教育在构建终身教育体系，促进学习型社会建设中的作用。

高 等 教 育

〔**基本情况**〕 2008年，青岛地区共有学历高校22所，其中普通本科高校8所，独立学院2所，普通高职院校8所，成人高校2所，军事院校2所。各高校共有全日制普通在校生28万人，比上年增加1.2万人。各高校共占地面积1 800公顷，建筑面积888万平方米，比上年增加22万平方米，固定资产总值130.8亿元，比上年增加5.8亿元，其中教学仪器设备总值23.84亿元，比上年增加1.84亿元。中国石油大学（华东）、山东科技大学、青岛农业大学3所高校办学功能进一步完善、办学规模继续扩大、办学优势进一步显现，3所高校普通在校生规模超过6.5万人。中国海洋大学二期工程扎实推进，青岛远洋船员学院与胶南市签署建设新校区项目合作协议，北京电影学院青岛创意媒体学院主体工程基本完工且已通过山东省教育厅验收。

各高校有专任教师17 182人，比上年增加1 754人，其中正高级职称2 003人，比上年增加23人，副高级职称4 572人，比上年增加302人。专任教师中共有专职院士13名，双聘院士30人，比上年增加5人；博士生导师632人，比上年增加74人；具有博士研究生学历的教师2 530人，比上年增加176人；具有硕士研究生学历的教师6 361人，比上年增加80人。

各高校有博士后流动站22个，博士点114个，硕士点486个。共有国家级重点学科13个，省部级重点学科71个，省部级以上研究中心、重点实验室111个。各高校图书馆共有藏书2 136.92万册，比2007年新增136.92万册。

〔**进一步增强科研能力**〕 青岛2008年各高校共承担国家级科研课题314项，省部级科研课题583项，市级科研课题383项；8项科技成果达到国际领先水平，65项达到国际先进水平，51项在国内领先，8项属国内先进；高校科技成果获国家级科技进步奖6项、省部级科技进步奖111项。共向地方转让科技成果118项，有力推动了地方经济建设和社会发展。

〔**继续加强与其他国家的合作与交流**〕 2008年，与青岛高校有合作关系的国家已达到192个。在各高校任教的外籍教师共有346名，有2 325名外籍专家、学者来青岛进行学术交流，有2 551名外籍留学生在各高校留学深造。同时，有742人出国访问、讲学。

〔**成立学生资助管理中心**〕 2008年，青岛共有高校学生23 680人受到奖励和资助，资助金额2 491万元，其中市级财政投入2 376万元。青岛对2008—2009学年在青岛市就读的390名四川地震重灾区学生实施特别资助政策，助学金和免除学费共165.82万元。

撰稿 翟广顺 王宪廷

审稿 徐剑波 王金生

河南省教育

概　　况

〔基本情况〕

2008年各级各类学校校数、教职工、专任教师情况

	学校数（所）	教职工数（人）	专任教师数（人）
一、高等教育			
（一）研究生培养机构（不计校数）	(24)		
1. 普通高校	(15)		
2. 科研机构	(9)		
（二）普通高等学校	94	95 932	64 889
1. 本科院校	43	61 987	41 304
其中：独立学院	10	4 756	3 606
2. 专科院校	51	33 945	23 585
其中：职业技术学院	37	23 268	17 181
3. 其他机构（点）（不计校数）	(11)		
（三）成人高等学校	20	5 910	3 805
（四）民办的其他高等教育机构	15	574	248
二、中等教育	7 208	527 554	448 519
（一）高中阶段教育	2 105	525 862	171 414
1. 高中	924	433 160	103 019
普通高中	908	432 748	102 686
成人高中	16	412	333
2. 中等职业教育	1 181	92 702	68 395
普通中专	160	22 852	14 324
成人中专	232	16 235	10 742
职业高中	584	37 692	29 127
技工学校	205	13 627	12 473
其他机构（教学点）（不计校数）	(202)	2 296	1 729
（二）初中阶段教育	5 103	1 692	277 105
1. 普通初中	4 810		276 205
2. 职业初中			
3. 成人初中	293	1 692	900
三、初等教育			
（一）普通小学	30 214	512 237	485 288
（二）成人小学	11 785	10 635	6 918

续表

	学校数（所）	教职工数（人）	专任教师数（人）
其中：扫盲班	5 409	4 729	2 813
四、工读学校	3	67	53
五、特殊教育	120	3 346	2 789
六、学前教育	5 617	78 639	51 387

注：普通高中的教职工数中包含普通初中的教职工数。

2008 年各级各类学历教育学生情况

	毕业生数（人）	招生数（人）	在校生数（人）
一、高等教育			
（一）研究生	6 645	8 510	23 559
博　士	144	294	974
硕　士	6 501	8 216	22 585
（二）普通本专科	302 492	396 818	1 250 204
本　科	114 808	150 372	565 824
专　科	187 684	246 446	684 380
（三）成人本专科	82 035	110 087	268 811
本　科	26 626	42 198	105 731
专　科	55 409	67 889	163 080
（四）其他各类高等学历教育			
1. 在职人员攻读博士、硕士学位		3 304	6 608
2. 网络本专科生	5 760	25 302	41 708
本　科	2 546	12 355	19 926
专　科	3 214	12 947	21 782
3. 其他	122		3 374
二、中等教育	3 245 348	3 003 938	8 825 301
（一）高中阶段教育	1 227 021	1 352 619	3 817 654
1. 高中	762 352	684 186	2 086 264
普通高中	749 826	684 186	2 072 588
成人高中	12 526		13 676
2. 中等职业教育	464 669	668 433	1 731 390
普通中专	180 306	212 110	604 561
成人中专	42 544	75 813	157 659
职业高中	179 545	289 036	727 577
技工学校	62 274	91 474	241 593
（二）初中阶段教育	2 018 327	1 651 319	5 007 647
1. 普通初中	1 830 655	1 651 319	4 841 994
2. 职业初中	281		
3. 成人初中	187 391		165 653
三、初等教育	2 192 923	1 869 150	10 837 535
（一）普通小学	1 689 027	1 869 150	10 365 983
（二）成人小学	503 896		471 552
其中：扫盲班	105 207		114 513
四、工读学校	78	104	320
五、特殊教育	1 693	3 097	20 743
六、学前教育	757 505	1 162 989	1 645 194

注：特殊教育学生数中包括普通中小学随班就读的学生。

2008年各级各类非学历教育学生情况

	毕（结）业生数（人）	注册生数（人）
总　　计	5 776 604	5 009 417
一、高等教育	302 675	64 985
（一）研究生课程进修班	1 794	2 686
（二）自考助学班	3 372	21 559
（三）普通预科生		2 197
（四）进修及培训	297 509	38 543
其中：资格证书培训	227 736	18 895
岗位证书培训	35 399	2 754
二、中等教育	5 473 929	4 944 432
其中：资格证书培训	366 308	342 776
岗位证书培训	520 816	457 256
（一）中等职业教育	483 739	378 093
其中：资格证书培训	128 005	78 055
岗位证书培训	145 853	101 201
（二）职业技术培训机构	4 990 190	4 566 339
其中：资格证书培训	238 303	264 721
岗位证书培训	374 963	356 055

2008年各级各类民办教育基本情况

	学校数（所）	毕业生数（人）	招生数（人）	在校生数（人）	教职工数（人）	专任教师数（人）	另有其他学生数（人）
一、民办高等教育							
（一）民办高校	21	30 633	63 999	176 507	12 610	8 942	300
本科学生		10 438	23 239	80 886			
专科学生		20 195	40 760	95 621			
其中：独立学院	10	7 264	22 331	71 843	4 756	3 606	
本科学生		6 731	18 292	64 911			
专科学生		533	4 039	6 932			
（二）民办其他高等教育机构	15				574	248	29 332
二、民办中等教育							
（一）高中阶段教育	469	122 229	205 967	508 638	53 970	40 523	54 815
1. 民办普通高中	197	68 599	80 193	229 269	39 811	31 163	
2. 民办中等职业教育	272	53 630	125 774	279 369	14 159	9 360	54 815
（二）初中阶段教育	516	152 882	145 361	424 199			
1. 民办普通初中	516	152 882	145 361	424 199			
2. 民办职业初中							
三、民办普通小学	1 019	85 558	95 968	628 270	34 670	25 280	
四、民办幼儿园	4 117	162 374	334 852	602 669	49 110	30 894	
另有：民办培训机构（不计校数）	(461)				3 165	2 718	213 999

注：1. “另有其他学生数”包括：学历文凭考试学生、自考助学班学生、预科生、进修及培训学生数；
2. 民办普通高中的教职工和专任教师数中包含民办普通初中的教职工和专任教师数；
3. “(　)”内数据为不计校数。

〔**确定年度教育工作方针**〕 2008年1月27日，河南省2008年度全省教育工作会议在郑州召开，全省高等学校党委书记、校长，各省辖市、重点扩权县（市）教育局负责同志，厅机关各处室、厅直属单位主要负责人参加了会议。会议传达贯彻了教育部2008年教育工作会议精神，回顾总结了5年来特别是2007年的教育工作，表彰了2006—2007年度全省教育系统精神文明建设先进集体和先进个人，安排部署了下一个时期特别是2008年全省教育工作。省委常委、宣传部长、副省长孔玉芳，省委高校工委书记、省教育厅党组书记、厅长蒋笃运参加会议并作重要讲话。会议确定2008年全省教育工作总的工作方针是：认真学习贯彻党的十七大精神，高举中国特色社会主义伟大旗帜，以邓小平理论和“三个代表”重要思想为指导，深入贯彻落实科学发展观，全面贯彻党的教育方针，扎实推进素质教育，促进义务教育均衡发展，加快普及高中阶段教育，大力发展职业教育，着力提高高等教育质量，加强教育管理，促进教育公平，推动全省教育事业又好又快发展，努力办好人民满意的教育，为建设人力资源强省作出积极贡献。

〔**开展“三新”大讨论活动**〕 2008年，省委八届八次全会决定在全省开展“新解放、新跨越、新崛起”大讨论活动后，省委于7月22日印发《关于在全省开展“新解放、新跨越、新崛起”大讨论活动的方案的通知》，以学习讨论、查摆问题、整改提高、巩固成果为主要形式，掀起新一轮解放思想的热潮，着力树立科学发展的思想观念、完善科学发展的思路对策、建立完善科学发展的体制机制、解决影响科学发展的突出问题，为开创中原崛起新局面打下牢固的思想基础。省委高校工委、省教育厅高度重视，精心组织，在全省教育系统掀起了轰轰烈烈的大讨论热潮。成立了全省教育系统“新解放、新跨越、新崛起”大讨论活动领导小组办公室，召开了全厅干部大会，制订了大讨论活动总体方案，开通了专题网站，印发了学习材料，召开了一系列专家座谈会，并邀请省社科院刘道兴副院长作专题辅导报告。加强信息交流，编发活动简报，广泛征求意见，认真查摆问题，开好民主生活会，加强督促检查，将大讨论活动引向深入。2008年12月26日，在省委召开的全省“新解放、新跨越、新崛起”大讨论活动总结大会上，教育厅蒋笃运厅长作为全省5个发言单位的代表之一，在大会上作了典型发言，受到了省委省政府的充分肯定。

〔**开展学习实践科学发展观活动**〕 2008年，中共中央印发《关于在全党开展深入学习实践科学发展观活动的意见》后，10月9日，省委印发《关于在全党开展深入学习实践科学发展观活动的实施意见》，决定从2008年10月开始用一年半左右的时间，在全省党员中分批开展深入学习实践科学发展观活动。其中，省直单位从10月开始进行6个月的实践活动。

10月12日，教育厅召开全体党员干部学习实践科学发展观活动动员大会，省委高校工委书记、省教育厅厅长蒋笃运参加会议并作动员讲话。会议印发了《深入开展学习实践科学发展观活动实施方案》。确定全厅的学习实践活动分三个阶段进行。第一阶段从10月—12月上旬为学习调研阶段，重点抓学习培训、深入调研、围绕科学发展进行解放思想讨论三个环节。第二阶段从2008年12月上旬—2009年1月中旬为分析检查阶段，重点抓领导班子专题民主生活会、领导班子分析自查、组织群众评议三个环节。第三阶段从2009年1月中旬—2月底为整改落实阶段，重点抓制定整改落实方案、集中解决突出问题、完善体制机制三个环节。

教育厅在2008年重点抓了第一阶段的工作，并取得了阶段性成果。全厅党员干部思想更加统一、行动更加自觉，实现了干部受教育、发展上水平、群众得实惠的目标。省委学习实践活动领导小组工作办公室和省委指导检查组对教育厅学习实践活动给予了充分肯定。

〔**教育投入有增长**〕 2008年河南省教育经费总投入为656.1亿元，比上年增加106.7亿元，增长19.43%。其中，国家财政性教育经费（包括各级财政对教育的投入、教育费附加、企业办学支出及校办产业用于教育等）为497.7亿元，比上年增加90.1亿元，增长22.1%，占全省教育经费总收入的75.9%。

2008年全省各级政府预算内教育拨款为473.86亿元，比上年增长22.63%。其中全省预算内教育事业费拨款417.6亿元，较上年增长20.67%。

〔**加强教师队伍建设**〕 2008年，河南省教育厅在全省教育系统中深入开展了“教师培训年”活动，并作为一项重要工作来抓。扎实做好高中新课程改革教师培训工作。按照教育部“先培训，后上岗；不培训，不上岗”的原则，开展2008年普通高中新课程骨干教师培训，培训涉及普通高中思想政治、语文、英语等14个学科，全省共选派参训骨干教师2 883名。在秋季开学之前，对进入新课程的高中一年级近4万各学科教师进行了系统的全员岗前培训。

加强师德建设。认真贯彻落实教育部党组在全国教育系统开展向抗震救灾英雄教师学习的活动精神，2008年在全省教育系统开展“大爱无声铸师魂”为主题的师德教育活动。

实施农村教师素质提高工程和河南省中小学名师培育工程。继续实施农村教师素质提高工程，全年共完成培训任务2 146人。同时，采取省、市、县分级落实，集中培训和校本研修相结合，“选上来、送下去”，“请进来、走出去”等多种形式，指导省辖市做好1万名骨干教师培训工作；开展河南省中小学名师培育工程，确定了河南省首批中学名师109名、小学名师103名、幼儿园名师82名。同时，根据各地推荐和培训成绩，经综合考核，确定了564名教师为河南省中小学省级骨干教师，283名教师为河南省幼儿园省级骨干教师。

全面提高高校教师队伍整体素质，在全省高校遴选确定了200名40岁以下，具有副教授职务，工作在教学科研一线，政治素质高、业务水平强的青年骨干教师，以项目为载体的方式进行重点培养。继续在全省高校中实施省级教学团队建设项目，立项建设了33个省级教学团队。

〔**各类民办教育持续发展**〕 2008年，河南全省各级各类民办学校达6 149所，比上年增加1 001所，在校生总数达239.08万人，比上年增加42.2万人，增长21.42%。其中，民办幼儿园4 117所，在园儿童60.27万人；民办普通小学1 019所，在校生62.83万人；民办普通初中517所，在校生42.42万人；民办普通高中197所，在校生22.93万人；民办中等职业学校272所，在校生27.94万人；民办普通高等学校11所，在校生20.29万人；民办高等教育机构注册学生2.78万人。

民办普通高等教育规模进一步扩大，在校生达20.29万人，在校生占普通高等教育在校生总数比例达16.23%，比上年提高0.99个百分点。其中，本科在校生10.92万人，比上年增加1.5万人，增长15.92%。

〔**加强体育、卫生与艺术教育**〕 2008年，河南省围绕推进素质教育，加强学校体卫艺教育工作。认真开展阳光体育运动，精心组织中招体育考试，举办中学生“晨光”体育夏令营活动。积极推动广大中学生参加体育锻炼。实施“河南省中小学图书仪器充实工程”，其中2 500万元用于充实农村中小学体育器材。举办河南省第十五届大学生田径运动会。来自全省74所高校的近1 800名大学生运动员、教练员、领队和工作人员参加了本届赛事。

做好河南省新农村卫生新校园建设工程试点工作。安排资金7 500万元，改善了全省233所农村初中的卫生条件和生活条件，建设了一批和谐生态校园。认真贯彻落实全国学校卫生工作会议精神，制定下发《河南省义务教育阶段学生健康体检实施办法》。明确了义务教育阶段学生健康体检的基本要求、体检项目、经费来源及标准，解决了多年来困扰学校卫生工作的一大难题。

组织开展河南省第二届大学生艺术展演活动。展演活动突出“我和祖国”这一主题，坚持面向全体大学生，展示高等学校艺术教育的丰硕成果，提高了大学生的审美修养和人文素养。继续组织开展高雅艺术进校园活动。邀请中国国家京剧院、中央歌剧院、河南交响乐团和河南民族乐团分别赴河南省18所高校及3所普通高中进行了专场演出。艺术教育专家在9所高校进行了9场艺术教育讲座。

〔**教育国际交流与合作力度不断加大**〕 2008年，河南国家大型汉语国际推广少林武术基地获得国家汉办批准建设，该基地为全国十大汉语国际推广基地之一；郑州大学及其附属中学与美国圣玛丽中学合作建设的孔子课堂、河南大学与美国阿克伦大学合作建设的海外孔子学院获得国家汉办批准并先后揭牌。2008年河南省留学生规模达到2 061人，比上年增长460多人。郑州大学获准成为招收本科临床医学专业（英语授课）留学生的高校，已正式招生。河南省73名教师和管理人员获得国家留学基金资助赴国外留学。66名应届高中毕业生争取“古巴政府单方奖学金”支持赴古巴留学。

〔**开展各种贫困学生资助工作**〕 河南2008年下达高校和中职学生资助经费18.5亿元，受益学生达114万人。其中，高校国家奖学金资助1 857名学生，约占在校生总数的0.2%；国家励志奖学金资助约3.3万名学生，约占在校生总数的3%；国家助学金资助约24万贫困家庭学生，约占在校生总数的22%；中职国家助学金资助89万名全日制在校农村学生和城市家庭经济困难学生，约占一、二年级在校生总数的90%。另外，发放国家助学贷款5.38亿元，资助11.5万名家庭经济困难学生。

〔**加强党风廉政建设**〕 2008年，河南省教育厅以党风廉政建设责任制、治理教育乱收费、招生执法监察、查处违纪案件为重点，切实加强了全省教育系统党风廉政建设。

完善收费政策，努力创造良好的发展环境。进一步加强学校收费管理，规范收费行为。积极开展教育收费清理整顿工作，严格学校收费“收支两条线”管理，不断加大治理教育乱收费工作力度。据不完全统计，2008年因教育乱收费受到党政纪处分169人，其中撤销校长职务10人，查处违规金额940万元。做好规范义务教育阶段改制学校工作，全省141所经省政府批准的义务教育阶段改制学校，恢复公办的80所，改为民办的25所，清理规范的比例达到92.2%，完成了省政府提出的目标任务。

严肃考风考纪，继续推进招生“阳光工程”。2008年，各类考试达到60多次，考生总规模超千万人次。其中，参加普通高考考生总人数达到98.7万人，是河南省历史上最多的一年。为全面优化招生环境，办好人民满意的高考，全省高招继续推进“阳光工程”，严格实行责任制，严格执行招生政策，严肃考风考纪，严格录取管理，认真实施“阳光招生”，坚持“六公开”“六不准”，坚决制止违规招生，严厉打击非法招生，确保了高校招生工作的公平、公正。

〔**积极实施政府信息公开工作**〕 《中华人民共和国政府信息公开条例》在2007年1月27日经国务院第165次常务会议审议通过，温家宝总理签署第492号国务院令予以公布，自2008年5月1日起施行。按照省政府的要求，教育厅及时召开常务会议进行安排部署。一是3月底前印发贯彻落实《中华人民共和国政府信息公开条例》准备工作的通知，编制完成《河南省教育厅政府信息公开实施办法》《河南省教育厅政府信息公开目录》和《教育厅政府信息公开指南》。其中，《教育厅信息公开指南》除及时公开教育厅的工作机构及领导名单、工作机构主要职责、教育厅重点工作、行政规章和规范性文件、教育事业发展规划、事业发展主要数据、突发事件应急预案和预警信息、人事任免、依法需要公开的其他政府信息外，还详细列明教育厅行政许可及办事服务的事项、依据、程序、期限等。二是自5月1日起教育厅全面施行政府信息公开。一方面做到主动公开。凡是不涉密的信息，自形成之日起20日内主动在教育厅网站或者通过新闻媒体向社会公开；另一方面认真落实依申请公开。对于群众申请公开的政府信息，做到15个工作日内答复。三是及时办理网上咨询问题。信息中心专门设置了网上咨询问题办理程序，办公室按照厅领导要求召开会议进行部署，明确工作人员，完善工作制度，确保网上咨询问题办理及时、高效。2008年教育厅共办理网上咨询问题468条，提高了工作的透明度，方便群众知情、查询。

〔**总结改革开放30年河南教育发展成就**〕 30年来，河南省教育事业经历了一段波澜壮阔的辉煌历程和伟大实践，教育面貌发生了翻天覆地的巨大变化，取得了令人瞩目的成就。归结30年来全省教育改革发展成就，可以用“一个确立”“三个转变”“六个跨越”来概括。

“一个确立”。即从全省的省情和经济社会发展的迫切需要出发，把教育放在经济和社会发展的基础性、先导性、全局性的位置，逐步确立了教育事业优先发展的战略地位。

“三个转变”。一是教育体制实现了由适应计划经济到适应市场经济的转变。教育管理体制改革不断深入，基础教育实现了由县、乡、村三级办学，县、乡两级管理向“由地方政府负责、分级管理、以县为主”的管理体制的变革，在城乡建立了免费义务教育制度；职业教育建立了在省政府领导下，分级管理、以省辖市为主、政府统筹、社会参与的管理体制；高等教育形成了中央、省和省辖市三级办学，省和省辖市两级管理，以省为主的管理体制，形成了突出重点、带动全局的发展格局；教育投入体制改革不断深入，以政府投入为主，多渠道筹措教育经费的体制逐步完善；教育行政管理体制改革逐步深化，学校自主办学、自我发展的机制初步形成。

二是教育发展实现了由注重规模扩张到科学发展的转变。在义务教育阶段，从推进“两基”到全面提高义务教育水平，促进义务教育均衡发展；在高中教育阶段，从普通高中、中等职业教育的严重失衡到目前两种教育的发展大体相当，实施职教攻坚和示范性普通高中建设；在高等教育阶段，从规模的扩张到规模与质量并重，实施高水平大学和重点学科建设。经过30年的不懈努力与奋斗，河南省基础教育特别是义务教育基本普及，职业教育实现大发展，高等教育步入大众化阶段，民办教育异军突起，基本解决了人民群众“有学上”的问题，基本解决了教育发展的数量不足和规模偏小问题，教育事业整体发展进入了提高质量、优化结构、提升效益的新阶段。

三是人才培养模式实现了由知识本位到注重提高综合素质的转变。各级教育部门和学校全面贯彻党的教育方针，坚持育人为本、德育为先，中小学德育和高校思想政治工作不断加强和改进。素质教育全面实施，基础教育课程改革、评价制度改革取得突破性进展，各级各类教育更加注重学生创新精神和实践能力培养，更加注重学生的主体性作用，更加注重学生的全面发展，更加注重学生综合素质的提高。

“六个跨越”。一是义务教育实现了由“人民办”到“政府办”的跨越。义务教育的投入政策和投入机制在经历了一系列探索和改革之后，进入了全面保障的新阶段。逐步建立并完善了义务教育经费保障新机制，城乡免费义务教育全面实现，公共财政支撑义务教育的框架初步形成，义务教育真正实现了由人民教育人民办到义务教育政府办的跨越。2007年12月，河南省“两基”工作顺利通过国家验收，全省小学、初中阶段适龄人口入学率分别达到99.94%和98.79%，残疾儿童少年入学率达到85%以上，青壮年文盲率控制在1%以下。

二是职业教育实现了由薄弱徘徊到集团化快速发展的跨越。不断加大投入，采取有效措施大力推进职业教育改革发展，职业教育实现了从计划培养向市场驱动、从政府直接管理向宏观引导、从传统的以升学为导向向以就业为导向的根本性转变。加强重点学校建设，不断优化职业教育资源配置和布局结构；加强职业学校基础能力建设，不断改善职业学校办学条件。组建职教集团，提升职业教育的综合实力和服务能力。职业教育改革发展取得了历史性成就。2008年，全省各类中等职业学校在校生达到171.75万人，是1978年的18.16倍，占高中阶段在校生的比例由1978年的4.8%提高到45.32%。30年来，中等职业学校培养了614.49万名毕业生。

三是高等教育实现了由精英教育到大众化教育的跨越。30年来，河南省高等教育从恢复发展到逐步壮大，不断实现新的跨越。2008年，全省普通高校发展到84所，较1978年增加60所，各省辖市均设置了高校，高校布局与河南经济社会发展的战略布局逐步适应。全省高等教育总规模达到215.44万人，其中普通本、专科在校生125.02万人，较1978年增长45.8倍。在学研究生达到2.36万人，较1978年的138人增长169.66倍。普通高校校均规模由1978年的892人发展到1.31万人，高等教育毛入学率提高到20.5%，进入了大众化发展阶段。在高等教育规模大幅扩大的同时，教育教学质量稳步提升。30 年来，河南省高等教育为各行各业输送了 350 万本、专科毕业生。

四是办学主体实现了由单一的政府办学到多元化办学的跨越。扎实推进办学体制改革，积极发展民办教育，扩大教育交流与合作，使河南省的民办教育和合作办学得到了前所未有的发展。2008 年，全省各级各类民办学校发展到 6 149 所，在校生 239.08 万人。民办普通高校发展到 11 所，本专科在校生 20.29 万人，占全省普通高校在校生的 16.23%。中外合作办学机构和项目达到 180 个，在校生近 6 万人，多元化的办学格局初步形成。

五是教育结构实现了由单一的普通教育体系到比较完备的现代国民教育体系的跨越。经过 30 年的不懈努力和艰苦奋斗，河南省在经济和教育基础相对薄弱、穷省办大教育的情况下，通过与时俱进地推进教育改革与创新，走出了一条具有河南特色的教育发展道路，实现了教育事业的跨越式发展，建立了服务全体社会公民、由各级各类教育所构成的相互沟通、相互衔接、比较完备、基本适应河南省经济社会的教育体系。

六是教育发展推进河南省实现了由文盲、半文盲大省到教育大省的跨越。通过大力扫除青壮年文盲和半文盲，强力实施义务教育、不断扩大各级各类教育规模、优化教育结构等措施，使全省人口整体素质大幅度提升。到 2008 年，全省小学、初中净入学率分别达到 99.91%、99.17%，高中阶段教育毛入学率达到 80.3%，每万人口中高等教育在校生由 1978 年的 5 人提高到 126 人。全省教育人口从 1978 年的 1 753 万增加到 2 870万，人均受教育年限由 1982 年的 5 年提高到 8.7 年。

〔**积极组织开展纪念改革开放 30 周年庆祝活动**〕 2008 年，为纪念改革开放 30 周年，全面回顾总结河南教育战线改革开放以来的历史进程、辉煌成就和宝贵经验，进一步激发全省广大教育工作者坚持改革开放、坚定走中国特色社会主义道路的决心和信心，使社会各界全面了解教育、支持教育，河南省委高校工委、省教育厅组织开展了系列纪念改革开放 30 周年庆祝活动。印发了《省委高校工委省教育厅关于开展纪念改革开放 30 周年庆祝活动的意见》。教育厅办公室与教科所联合编辑出版了《河南教育的历史跨越 1978—2008》一书，蒋笃运厅长任主编，教育厅各位副职厅领导任编委会副主任、副主编，中共河南省委书记、省人大常委会主任徐光春为本书作序、题词，中共河南省委副书记、省长郭庚茂，河南省政协主席王全书也为本书题词。举办改革开放 30 年教育成果摄影展。由中共河南省委高校工委、河南省教育厅、河南省美术家协会、河南省书法家协会、河南省摄影家协会共同主办，河南省教育界书画家协会、河南省高校摄影协会承办的“河南省教育界书法、美术、摄影作品展”，作为全省教育系统纪念改革开放 30 周年举办的重要活动之一，于 11 月 25 日上午在商都艺术馆隆重举行。徐光春、郭庚茂、王全书等主要省领导为作品展题词、作序。省人大常委会，省政协以及省委高校工委、省教育厅、省文联等主要负责同志和部分艺术教育工作者、省会大中专学生代表共 400 多人参加了开幕式。举办了改革开放 30 年河南教育大型征文。该征文以“改革开放与中国特色社会主义教育的形成和发展”为主题，由河南省教育厅主办，河南教育报刊社承办。

基 础 教 育

〔**综述**〕 2008 年，河南省小学净入学率 99.91%，毕业生升学率 97.77%。普通初中净入学率 99.17%，比上年提高 0.38 个百分点；毕业生升学率 69.77%，比上年提高 1.81 个百分点。

高中阶段毛入学率80.3%，比上年提高12.6个百分点。

全省义务教育布局结构更趋合理，校均规模进一步优化。专任教师的学历合格率稳步提高，高学历专任教师比例有较大幅度提升。办学条件显著改善，普通初中大班额现象有所缓解。安排2.1亿元资金对全省城市义务教育阶段学生补助学杂费。从2008年秋季新学期开始，全省城市义务教育阶段学生已全面免除了学杂费。省级筹措“工程”专项资金7 500万元，覆盖6 000所项目学校，实施河南省农村中小学教学仪器设备充实工程。全力做好177所农村初中校舍改造工作，筹措资金改造202所城镇薄弱初中，推进义务教育均衡发展工作取得突破。高中阶段教育规模进一步扩大，普通高中、中等职业教育结构趋于协调。专任教师数量持续增加，专任教师学历合格率进一步提高。办学条件进一步改善，教育信息化水平进一步提高。普通高中新课程实验工作顺利实施，素质教育全面推进。

〔**增加农村义务教育经费**〕 河南省2008年农村义务教育经费投入74.6亿元资金，较2007年总规模的53.4亿元增加21.2亿元。其中，安排19.06亿元，向全部农村义务教育阶段学生免费提供教科书；安排41.14亿元，进一步提高农村义务教育学校生均公用经费基本标准，将农村小学、初中生均公用经费拨款标准分别由上年的176元、274元提高到230元、375元；安排5.76亿元，对农村义务教育阶段家庭经济困难寄宿生补助生活费，农村小学、初中寄宿生生活补助由每生每天1元分别提高到2元、3元；安排8.65亿元，用于农村义务教育阶段中小学校舍维修改造长效机制，农村校舍维修改造补助标准由上年的350元/平方米提高到400元/平方米。2008年春、秋两季开学前，河南省各项新机制资金按照“分项目，按比例”分担的原则，及时足额下达，为农村义务教育阶段学校开学后各项工作的顺利有序开展，提供了强有力的资金支持。

〔**开展义务教育均衡发展示范县（市、区）创建活动**〕 2008年，河南省教育厅加快各县（市、区）义务教育均衡发展步伐。提高普通高中分配生比例，将普通高中招生指标按照不低于40%的比例直接分配到各普通初中；不断完善城镇学校与农村学校对口支援制度和城镇教师到农村学校任教服务、农村教师到城镇学校跟岗学习制度，共组织8 850余名城镇教师参加到农村学校支教活动。为切实巩固“两基”成果，促进义务教育健康协调发展，省政府开展义务教育均衡发展先进县（市、区）创建活动。经各地推荐，组织专家评选，授予新郑市、栾川县、平顶山市卫东区、林州市、辉县市、沁阳市、襄城县、漯河市源汇区、灵宝市、内乡县、睢县等11个县（市、区）“河南省义务教育均衡发展先进县（市、区）”称号。

〔**实施普通高中新课程实验**〕 2008年，河南省教育厅建立了组织领导和专家咨询机构，成立了普通高中新课程实验工作领导小组、专家指导委员会及学科专家指导组。制订了《河南省普通高中新课程实验工作方案（试行）》及配套方案。采取随机抽取专家、集中评审的办法，优中选优，确定了适合河南省实际的普通高中新课程实验教材。召开了全省普通高中新课程实验工作动员暨通识培训大会，对河南省的普通高中新课程实验工作进行了安排部署。普通高中新课程实验工作顺利推进。

〔**加强幼儿与特殊教育**〕 2008年，河南省学前教育进一步发展，幼儿园数、在园幼儿数及幼儿园园长和教师数均有增加。2008年，全省幼儿园5 617所，比上年增加758所。在园幼儿164.52万人，幼儿园教职工7.86万人，其中幼儿园园长和专任教师共5.81万人。

特殊教育继续稳步发展。独立设置的特殊教育学校120所。特殊教育学校和普通中小学随班就读班共招收残疾儿童0.3万人，在校残疾儿童2.07万人。特殊教育学校教职工0.33万人，专任教师0.28万人。

〔**圆满解决进城务工人员子女入学问题**〕 2008年，河南省认真做好进城务工人员随迁子女就学工作。对符合当地政府规定接收条件的进城务工人员随迁子女，按照相对就近入学的原则统筹安排在公办学校就读，免除学杂费、借读费。2008年秋季新学期安排入学16.26万人，入学率达到99.92%，其中入公办学校比率为87.71%。

职业教育与成人教育

〔**综述**〕 2008年，河南省中等职业教育快速发展，招生和在校生数均达到历史最高水平。全省中等职业教育学校1 173所，比上年增加57所。招生67.64万人，比上年增加2.13万人，增长3.25%；在校生171.75万人，比上年增加15.41万人，增长9.86%。通过对招生计划的宏观调控，中等职业教育与普通高中在校生规模差距进一步缩小，招生规模基本相当。中等职业教育的招生数和在校生数分别占高中阶段教育的49.71%和45.32%，分别比上年提高1.57个和2.94个百分点。

〔**省政府召开职业教育攻坚大会**〕 2008年10月17日上午，河南省政府在郑州召开全省职业教育攻坚动员大会，安排部署全省职业教育攻坚工作，推动职业教育跨越发展。各省辖市市长、分管教育的副市长及教育、发展改革、财政、劳动保障等部门的主要负责人参加会议。教育部部长周济、代省长郭庚茂出席会议并作了重要讲话。副省长孔玉芳代表省政府与各省辖市及重点扩权县（市）政府签订了河南省职业教育攻坚目标责任书。会议审议了《河南省人民政府关于实施职业教育攻坚计划的决定（征求意见稿）》，12月5日以豫政〔2008〕64号印发各地、政府各部门执行。会议期间，省政府与教育部签署了共建国家职业教育改革试验区协议，探索中部地区职业教育又好又快发展的有效机制。

〔**努力提高职业学校教育质量和办学水平**〕 2008年，河南省积极探索技能人才培养培训的模式和方法，着力加强现代制造业、现代服务业紧缺的高素质高技能专门人才培养。继续推进职业教育强县创建活动，开展第三批“职业教育强县（市）”创建活动，全省共评出了20余个职业教育强县（市）。有效地调动了各县（市）发展职业教育的积极性，提升了职业教育服务县域经济的能力。同时，充分发挥职业学校在农村劳动力转移培训和农村实用人才培训中的作用，教育厅积极参与组织实施“农村劳动力转移培训工程”和“农村实用人才培训工程”。

〔**加强职教基础能力建设**〕 2008年，河南省安排中等职业教育基础能力建设项目65个，重点扶持建设县级职教中心、示范性学校、实训基地和乡（镇）成人学校建设。其中，中央财政支持实训基地项目9个，基础能力建设项目26个；省财政支持省示范性乡（镇）成人学校30个，切实改善办学条件。

〔**积极组建职教集团**〕 2008年，河南省在原有18个职教集团的基础上，又成立了两个职业教育集团，至此，河南省职教集团数量达到20个。职教集团成员单位716家，其中职业学校298所、行业协会83个、企业309个、科研机构26个。职教集团化办学，促进了校际合作、校企结合和区域合作，创新了办学机制和办学模式，较大幅度地提升了河南省职业教育的社会影响力和竞争力。

高等教育

〔综述〕 2008年，河南省高等教育规模继续扩大。全省普通高校发展到84所，全省高等教育总规模达到195.4万人，其中普通本、专科在校生117.14万人，居全国第5位。在学研究生达到2.35万人，普通高校校均规模发展到2007年的1.29万人，高等教育毛入学率提高到20.5%。高等教育结构得到优化，新设置了河南建筑职业技术学院、周口科技职业学院2所高等职业院校，设置了郑州华信学院、郑州科技学院2所民办本科院校。至此，河南省高等本科院校由31所增加到33所，民办本科院校由1所增加到3所。本科院校校数占高校总数的比例由原来的37.8%提高到39.3%。积极推进高水平大学和重点学科建设，切实提高高等教育质量和科研能力，大力引进高层次人才。

〔加强高水平大学和重点学科建设〕 2008年，河南省郑州大学“211工程”三期建设顺利启动，国家计划安排资金3 700万元。10月17日省政府与教育部签署了共建河南大学的协议，标志着河南省重点大学建设又迈出了重要步伐。高校重点实验室和工程技术研究中心建设成效显著。截至2008年，依托河南省高校建有国家重点实验室培育基地1个，教育部重点实验室1个，省部共建教育部重点实验室7个（2008年新增2个），河南省重点实验室30个（2008年新增5个）。国家工程（技术）研究中心2个，教育部工程研究中心4个，河南省工程（技术）研究中心10个。

〔努力提高高等教育质量〕 2008年，河南省继续实施“高等学校教学质量与教学改革工程”。加强高校教学工作水平评估，教育厅协助教育部完成了对河南财经学院等6所高校的本科教学工作水平评估。至此，在教育部2003年以来开展的新一轮本科教学工作水平评估工作中，河南省共有郑州大学等21所本科院校参加了评估。在已有评估结论的15所学校中，9所院校获得优秀，6所学校良好。据不完全统计，河南已获国家示范性高职院校1所、国家特色专业23个、国家实验教学示范中心2个、国家教学名师1名、国家教学团队5个、国家高职实训基地6个，国家精品课程18门、国家双语教学示范课1门，国家大学生创新实验计划项目学校2所，质量工程国家级项目比往年增加了9项。

引导各高校切实加强新增专业的建设，加大新增专业投资力度，完善教学实验条件，重视师资队伍建设，加强课程改革，对2002年高校新增设招生的普通高等教育本、专科专业进行了评估。为深化课程内容改革，促进优质教学课程资源共享，组织评选建设了76门省级精品课程。

〔加强高校产学研结合〕 2008年，积极推进河南省国家大学科技园建设。河南省国家大学科技园共有入园企业228家，其中高校项目99个，占项目数的43.4%。共有在孵企业190家，高新技术企业43家，累计毕业企业38家。截至2008年10月，入园企业实现技工贸总收入58 793万元、工业总产值45 019万元、税收1 750万元、利润8 042万元，产业基地建设进展顺利，一期工程基本完成。全省高校科研成果显著。五年来，全省高校共承担各级各类课题20 381项，项目经费达21亿元。其中，横向课题4 022项，争取经费9.26亿元。通过技术转让、技术入股、技术服务等方式与国内外企业签订转化项目3 777项，转让合同金额10.41亿元，合作企业年产值突破2 313.2亿元，实现利税95.3亿元，安排就业累计18.6亿人次，河南省高校服务经济建设和社会发展的能力显著增强。

〔**加强高层次人才引进工作**〕 2008年，河南省利用全国第十届科协年会在河南召开的良好机遇，引导高校大力引进“两院”院士和高层次专家。据不完全统计，全年引进院士38位，引进教授40人，博士577人。全省高校在豫工作的“两院”院士和外籍院士已达111人。经过专家评审，确定了12位教授具备特聘教授岗位资格，他们将陆续上岗。全省特聘教授上岗人员累计将达到93位。

〔**加强高校毕业生就业工作**〕 2008年，河南省共有普通高等学校毕业生32.5万人。截至9月1日，高校毕业生就业人数达到25.2万人，较上年同期增加2.3万人。其中面向基层就业人数达19.3万人，占就业总人数的73.26%，较上年增加2.6万人。高校毕业生平均就业率达79.05%，比上年同期略有上升，圆满完成了“确保高校毕业生就业率相对稳定，就业人数和面向基层就业人数明显增长”的工作目标。

完善政策框架体系，进一步优化就业环境。省政府下发了《关于进一步加强我省高校毕业生就业工作的意见》，出台了“九大新政”，力促毕业生就业和创业。积极引导和鼓励高校毕业生面向基层就业。组织选调优秀高校毕业生到农村基层工作；招募高校毕业生到农村从事“三支一扶”工作；招募高校毕业生志愿者参加国家“大学生志愿服务西部计划”和河南省实施的“大学生志愿服务贫困县计划”。深入实施“大学生村干部”计划，建立“大学生村干部”培养机制。河南省选聘“大学生村干部”2.5万人，总量居全国第一。积极搭建就业双选平台，搞好毕业生就业信息服务。举办毕业生就业双向选择洽谈活动10余场，吸引用人单位3 500余家，提供各类就业岗位10万多个。高度重视毕业生就业信息化建设，吸引40多所高校加入全省毕业生就业网站联盟，组织各类网上招聘活动10余次。加强就业指导人员培训，不断提高就业指导队伍素质。积极开展创业教育和实践活动，引导毕业生自主创业。印发了《关于广泛开展高等学校创业教育工作的意见》。全省各级工商部门设立高校毕业生创业服务“绿色通道”，实行优先受理、优先审批、优先发照的“三优先”一站式服务。截至9月1日，全省灵活就业、自主创业毕业生人数达到9.4万人。

撰稿 韩 冰 张小茜
审稿 蒋笃运

湖北省教育

概　况

〔基本情况〕

2008年各级各类学校校数、教职工、专任教师情况

	学校数（所）	教职工数（人）	专任教师数（人）
一、高等教育			
（一）研究生培养机构（不计校数）	(45)		
1. 普通高校	(22)		
2. 科研机构	(23)		
（二）普通高等学校	118	120 816	70 617
1. 本科院校	66	91 644	51 527
其中：独立学院	31	16 762	11 082
2. 专科院校	52	28 493	18 566
其中：职业技术学院	49	26 933	17 428
3. 其他机构（点）（不计校数）	(6)	679	524
（三）成人高等学校	15	2 294	1 576
（四）民办的其他高等教育机构	4	327	95
二、中等教育	3 776	330 768	277 362
（一）高中阶段教育	1 331	329 404	112 557
1. 高中	661	271 673	70 244
普通高中	655	271 629	70 212
成人高中	6	44	32
2. 中等职业教育	670	57 731	42 313
普通中专	298	29 488	19 616
成人中专	41	3 557	2 106
职业高中	123	9 943	7 809
技工学校	208	12 884	11 624
其他机构（教学点）（不计校数）	(71)	1 859	1 158
（二）初中阶段教育	2 445	1 364	164 805
1. 普通初中	2 356		163 666
2. 职业初中	18	615	556
3. 成人初中	71	749	583
三、初等教育			
（一）普通小学	9 302	216 119	201 356
（二）成人小学	216	387	223

续表

	学校数（所）	教职工数（人）	专任教师数（人）
其中：扫盲班	67	34	21
四、工读学校	3	78	53
五、特殊教育	76	1 694	1 427
六、学前教育	2 880	41 920	24 795

注：普通高中的教职工数中包含普通初中的教职工数。

2008 年各级各类学历教育学生情况

	毕业生数（人）	招生数（人）	在校生数（人）
一、高等教育			
（一）研究生	24 003	30 009	82 659
博　士	3 207	4 564	18 534
硕　士	20 796	25 445	64 125
（二）普通本专科	351 854	354 335	1 184 915
本　科	150 651	167 707	635 220
专　科	201 203	186 628	549 695
（三）成人本专科	88 850	88 873	284 903
本　科	39 208	36 724	130 834
专　科	49 642	52 149	154 069
（四）其他各类高等学历教育			
1. 在职人员攻读博士、硕士学位		12 700	31 759
2. 网络本专科生	46 894	41 076	92 309
本　科	16 864	14 823	31 975
专　科	30 030	26 253	60 334
3. 其他			
二、中等教育	1 836 692	1 717 552	5 271 738
（一）高中阶段教育	808 548	940 095	2 607 225
1. 高中	456 451	439 116	1 324 685
普通高中	449 676	439 116	1 321 990
成人高中	6 775		2 695
2. 中等职业教育	352 097	500 979	1 282 540
普通中专	184 163	274 403	719 933
成人中专	18 620	26 638	69 635
职业高中	62 043	89 600	247 726
技工学校	87 271	110 338	245 246
（二）初中阶段教育	1 028 144	777 457	2 664 513
1. 普通初中	960 997	775 634	2 612 455
2. 职业初中	4 654	1 823	7 678
3. 成人初中	62 493		44 380
三、初等教育	758 260	626 247	3 618 706
（一）普通小学	715 128	626 247	3 607 744
（二）成人小学	43 132		10 962
其中：扫盲班	1 602		1 482
四、工读学校	189	245	165
五、特殊教育	1 530	2 183	13 374
六、学前教育	243 306	497 716	742 531

注：特殊教育学生数中包括普通中小学随班就读的学生。

2008年各级各类非学历教育学生情况

	毕（结）业生数（人）	注册生数（人）
总　　计	1 414 829	1 360 040
一、高等教育	115 296	111 883
（一）研究生课程进修班	2 206	2 498
（二）自考助学班	7 567	69 903
（三）普通预科生		1 571
（四）进修及培训	105 523	37 911
其中：资格证书培训	51 380	12 421
岗位证书培训	27 979	13 903
二、中等教育	1 299 533	1 248 157
其中：资格证书培训	181 039	171 084
岗位证书培训	254 706	221 152
（一）中等职业教育	500 322	436 961
其中：资格证书培训	80 430	61 272
岗位证书培训	190 822	164 281
（二）职业技术培训机构	799 211	811 196
其中：资格证书培训	100 609	109 812
岗位证书培训	63 884	56 871

2008年各级各类民办教育基本情况

	学校数（所）	毕业生数（人）	招生数（人）	在校生数（人）	教职工数（人）	专任教师数（人）	另有其他学生数（人）
一、民办高等教育							
（一）民办高校	42	91 529	104 165	315 171	22 453	14 616	6 720
本科学生		41 993	48 687	164 541			
专科学生		49 536	55 478	150 630			
其中：独立学院	31	68 355	78 556	244 634	16 762	11 082	5 749
本科学生		41 652	46 816	159 117			
专科学生		26 703	31 740	85 517			
（二）民办其他高等教育机构	4				327	95	12 627
二、民办中等教育							
（一）高中阶段教育	268	66 895	99 821	267 492	25 938	17 635	18 567
1. 民办普通高中	150	39 481	46 405	135 248	18 916	13 519	
2. 民办中等职业教育	118	27 414	53 416	132 244	7 022	4 116	18 567
（二）初中阶段教育	141	26 133	37 577	105 874	3	3	
1. 民办普通初中	140	26 101	37 565	105 827			
2. 民办职业初中	1	32	12	47	3	3	
三、民办普通小学	93	13 319	9 601	67 041	5 221	3 840	
四、民办幼儿园	2 054	78 660	171 933	295 867	24 208	13 499	
另有：民办培训机构（不计校数）	（245）				3 015	2 151	87 035

注：1. “另有其他学生数”包括：学历文凭考试学生、自考助学班学生、预科生、进修及培训学生数；

2. 民办普通高中的教职工和专任教师数中包含民办普通初中的教职工和专任教师数；

3. “（ ）”内数据为不计校数。

〔省部共建武汉城市圈教育综合改革国家试验区〕 2008年8月4日，教育部部长周济、湖北省省长李鸿忠分别在部省合作协议文本上签字，确立在武汉城市圈实施教育综合改革试验。主要包括探索教育管理新体制、统筹协调新机制、科学发展新模式，促进各级各类教育协调发展，使武汉城市圈率先在我国中部地区基本实现教育现代化，为实施促进中部地区崛起战略和推进武汉城市圈“两型社会”建设提供人才保障和智力支撑，为全国教育改革发展提供依据。

〔完善和推进农村义务教育经费保障机制改革〕 2008年，湖北省教育厅会同省财政厅制定下发《关于调整完善农村义务教育经费保障机制改革有关政策通知》，进一步完善有关政策，提高保障水平。2008年，全省共预算安排农村义务教育新机制资金37.4亿元。其中，中央25.4亿元，省级9.7亿元，市（州）0.9亿元，县（市）1.4亿元，省本级预算安排资金占地方承担部分的81%。2008年实际安排家庭经济困难寄宿生生活补助资金4.65亿元，将补助标准提高。学生每年在校天数均按250天计算，提高后的标准即：小学每生每年500元，初中每生每年750元。从2008年秋季学期开始，将国家课程免费教科书的补助标准提高为小学每生每学年90元，初中每生每学年180元。安排农村义务教育阶段中小学生均公用经费20.73亿元，将农村义务教育阶段中小学生均公用经费分别提高到400元和250元，县镇中小学分别提高到415元和265元。安排校舍维修改造资金4.03亿元，将单位校舍改造成本由原来的300元/平方米提高到400元/平方米。

〔实施城市义务教育免学杂费工作〕 2008年10月13日，湖北省人民政府常务会议听取并审议通过省教育厅关于贯彻《国务院关于做好免除城市义务教育阶段学生学杂费工作的通知》的情况汇报。10月28日，省政府印发《关于做好免除城市义务教育阶段学生学杂费工作的通知》，规定免除学杂费政策范围是城市义务教育阶段公办学校学生和在接受政府委托、承担义务教育任务的民办学校就读的学生，这些民办学校学生按照当地公办学校免除学杂费标准享受补助，免除部分由当地财政给予补助。湖北省城市义务教育免学杂费标准为初中每生每年400元，小学每生每年210元。免除城市义务教育学杂费的资金来源，在中央以奖代补的基础上，由省下放统筹落实，省和省以下各级财政予以安排。县级市（含所辖街道办事处）和12个县改区承担的资金全部由省财政承担；大中城市（含所辖县级区）按省、市、区2∶5∶3比例分担。全省共安排城市义务教育免学杂费资金1.61亿元。其中，中央下达湖北省以奖代补资金8 032万元，省级配套3 133万元，市（州）级3 506万元，县级1 393万元。

〔做好农村义务教育“普九”化债工作〕 2008年，省教育厅制定《湖北省化解农村义务教育“普九”债务实施方案》，召开全省化解“普九”债务工作电视电话会议，举办“普九”化债政策培训班，明确化债目标、化债原则、资金来源、激励机制和兑现方式。决定从2008年起用2年时间，化解全省经审计认定的30.74亿元“普九”债务。其中，2008年化解审计界定债务余额的60%，2009年化解审计界定债务余额的40%。至12月，全省全面完成债务的清理和落实债权人工作，整体进入数据上报和偿还债务阶段。

〔组织实施“农村初中改造工程”〕 根据国家发展改革委员会、教育部《中西部农村初中校舍改造工程总体方案》的总体规划，湖北省共有47个县（市）纳入此工程实施范围，规划4年投入5.5亿元，改造638所农村初中学校。2007年9月和2008年5月，国家分别批复湖北省“工程”项目73个和202个，累计批复投资2.46亿元（2007年0.57亿元，2008年1.89亿元）。2008年12月，中央新增投资计划批复湖北省农村初中校舍改造工程项目175个，批复投资1.8亿元。截至2008年12月31日，2007年和2008年批复的275个项目已全部开工，其中完工项目246个，完工率为89.5%。

〔**加强对家庭经济困难学生资助**〕　2008年，中央和湖北省级财政投入6.36亿元，使24.3万省属高等院校家庭经济困难学生获得国家奖助学金资助；投入资金9.85亿元，使77万名中职学生获得国家助学金资助。各地落实生源地信用助学贷款4亿元，资助家庭经济困难学生7万人。高等院校落实新机制国家助学贷款2.5亿元，资助家庭经济困难学生6万人。通过多种渠道积极吸纳社会力量参加捐资助学活动，筹措3 000万元资助家庭经济困难学生。全年共向省属高等院校家庭经济困难学生发放生活补贴5 953万元，落实学生临时性生活补贴7 866万元。

〔**实施"农村教师资助行动计划"**〕　2008年3月，湖北省教育厅组织召开全省"农村教师资助行动计划"工作会议，安排部署2008年资教生的报名和签约工作。4月，组织开展"播种希望与未来——农村教师资助行动计划"巡回报告会，组织16名优秀资教生代表分成4个小组，赴全省高校和中小学校开展了40场巡回报告，30 000余人听取了报告。5月26日，省教育厅组织在华中师范大学进行了集中面试签约活动，省内外百余所高校的6 000余名大学毕业生参加了面试，与湖北省的县（市）教育局签订了资教协议。经审核，共签约选派2 691人（"特岗计划"1 862人）资教生到71个县市（"特岗计划"22个县市）的900多所农村学校任教。2008年选派的资教生来自全国25个省市区的170所本科院校，选派规模数、生源省份、选派学校数均为历年来最多的一次。为进一步加强对资教生的跟踪服务管理，鼓励广大资教生扎根基层，安心工作，省教育厅领导先后到随州市、孝感市、咸宁市等地看望慰问资教生。还选派了19名优秀资教生赴英国参加为期两周的培训学习。

〔**继续实施"农村教师素质提高工程"**〕　2008年，省教育厅研究制定了《湖北省"农村教师素质提高工程"工作手册》，修订培训方案和安全预案，完善培训组织方式和测评方法，健全培训教学管理工作规范，调整培训课程设计思路，优化学科专家及培训师资队伍，拓展培训学习内容。执行教育部国家级远程计划，洪湖市等9个项目县（市）共有15 346名农村教师参加培训，培训合格率为99.8%，郧县等4县（市）400名班主任参加了班主任远程培训。

组织巡回讲学，促进城乡交流。11月，组织9个特级教师讲学团分赴枣阳市、郧县、天门市、宜昌市夷陵区、崇阳县、鄂州市梁子湖区、监利县、广水市、孝感市孝南区9个县（市、区）巡回讲学，通过上示范课、现场辅导、课题研究、网上交流等形式帮助农村中小学教师提高教育教学能力，5 650名农村中小学教师参加培训活动。

〔**继续实施"楚天学者计划"，加强高层次创新型人才队伍建设**〕　2008年，湖北教育厅印发《"楚天学者计划"实施工作有关事项通知》，对楚天学者的评审方式进行探索和创新，进一步规范管理。本年度评审过程中，收到29所高校申报的"楚天学者计划"岗位申请130个，学者候选人97个。1月—6月，"楚天学者计划"共设岗40个，评选楚天学者47人。教育厅积极开展海外人才引进工作，印制楚天学者宣传手册，广泛宣传发布。在对海外"楚天学者"人选进行初步遴选的基础上，9月，省教育厅参加湖北省海外人才招聘代表团，赴法国、美国招聘高层次人才，现场签约18人。举办学者讲坛，促进学术交流。6月28日、12月11日，第三届、第四届楚天学者讲坛分别在三峡大学、湖北大学举行，9个学科的23人（次）"楚天学者"以及部分高校人事部门负责人与会，分享学术研究进展与成果，交流"楚天学者计划"项目管理经验。展开履职调研，强化聘期管理。11月，教育厅召开"楚天学者计划"高校负责人座谈会，听取高校对计划实施过程中的意见和建议。印发《楚天学者履职情况调查表》，及时掌握"楚天学者"履职情况。

〔**城市语言文字评估**〕　2008年，湖北省语言文字委员会、省教育厅组织专家评估团分别完成了对孝感市、恩施自治州、仙桃市三个市（州）的城市语言文字工作评估。通过考查党政机关、学校、新闻媒体和主要公共服务行业四个重点领域的20

多个单位和场所，经过汇总分析和量化评分，三市均顺利通过评估。2008 年 12 月，宜城市顺利通过评估，成为全省第一个通过语言文字工作评估的三类城市。

〔**继续实施“世界著名科学家来鄂讲学计划”**〕“世界著名科学家来鄂讲学计划”是我国首个由省级教育行政部门组织实施的海外高层次专家学者引智项目。2008 年立项 74 项，有 53 位著名科学家来湖北省讲学。其中，诺贝尔奖获得者 3 人，外国科学院院士 21 人，其他类别世界著名科学家 29 人。共举行学术报告 118 场、学术座谈 128 场，15 位著名科学家受聘为特聘教授、客座教授、名誉教授，签署科研合作协议 10 项。

〔**启动全省“学生阳光体育运动”冬季长跑**〕根据教育部《关于开展第二届全国亿万学生阳光体育冬季长跑活动的通知》，省教育厅、省体育局、团省委联合发出了《关于开展全省学生阳光体育冬季长跑活动的通知》，动员全省各地和学校积极响应国家的号召，认真组织实施冬季学生体育锻炼和长跑活动。2008 年 10 月 24 日，湖北在全国率先举行了学生冬季长跑活动启动式，武汉地区 50 余所高等院校的校领导和 2 000 余名学生共同走向运动场参加长跑活动。

〔**教育政风行风专项治理**〕 参加政风行风热线工作。6 月 3 日—6 日为湖北省教育厅政风行风热线上线时间，教育厅按照路钢厅长特别提出的“对群众反映的问题，一周内必须限时回复”的要求，对热线反映的问题及时调查，认真办理并回复。

抓好中小学民主评议“回头看”工作。省教育厅把“回头看”作为抓行风建设的落脚点、阶段重点和新起点，要求各中小学重点评议学校行评中发现但还没有解决的问题，认真进行分析，没有及时整改规范以及“反弹、回潮”的问题作为重点进行整改，对行评中作出的承诺，逐一检查兑现情况，认真兑现承诺。深入治理教育乱收费。2008 年，全省共查处教育乱收费案件 237 件，涉及乱收费金额 947.68 万元，清退资金 888.2 万元，处理责任人 126 人。同时，积极推动规范教育收费示范县（市、区）创建活动，全省又有 16 个县（市、区）被评为规范教育收费示范县（市、区）。

基础教育

〔**加强未成年人思想道德教育**〕 2008 年，湖北省教育厅在中小学开展“弘扬中华优秀传统文化、构建和谐校园”的主题教育活动。与省文明办、团省委和省妇联联合在全省未成年人中开展了“做一个有道德的人”的主题实践活动，活动内容为“感恩长辈”、“和谐校园”“奉献社会”和“小道德模范”。开展中小学生向汶川灾区献爱心、向抗震救灾小英雄学习的活动，向全省各市、县免费发放《抗震救灾英雄少年》书籍，通过 e21 网站和政务网，向全省刊发教育部表彰的抗震救灾英雄少年名单，号召青少年向他们学习，并组织网上投票活动。

以“迎奥运、我参与、我奉献”为主题，与省委宣传部、省新闻出版局和物价局联合开展“青少年爱国主义读书教育活动”，共有 70 多个县（市、区）、300 多万青少年参加。与湖北省精神文明办公室联合开展“暑期集中行动”计划，为学生营造轻松、愉快、健康、和谐的成长环境。根据全国奥组委和教育部的安排，组织了 220 名中学生和教师到北京参观奥运比赛活动。

〔**清理义务教育改制学校**〕 2008 年，经省人民政府同意，教育厅对全省义务教育学校进行“民办公助”“公办民助”等形式的办学体制改革试验进行清理，并提出规范管理的意见。清理的原则是：义务教育改制学校，原则上恢复公办学校性质，按义务教育公办学校的管理办法办学。对非财政性经费比例大，恢复公办学校性质有困难，符合举办民办学校条件的义务教育改制学校，由县（市、区）教育行政部门申请，报县（市、区）人民政府批准，可转为民办学校，按照《民办教育促进法》规定办学。截至2008年12月，全省共清理规范义务教育阶段改制学校54所，其中恢复公办学校性质的有33所，转为民办的有14所，停止办学的7所。

〔**加强省级示范中学的发展和管理**〕 2008年，在学校自评和市（州）评估推荐的基础上，教育厅组织专家组对团风中学和潜江中学进行了办学水平综合督导评估，经专家组综合评议，认定两所高中基本达到省级示范高中的标准，在湖北教育信息网、省教育厅门户网站进行为期一周的公示后，2008年10月，省教育厅、省政府教育督导室发文授予上述两所高中“省示范中学”称号。

完成了部分申报省级示范高中学校的正式考察工作，分批次组织专家组对武汉市育才高中等10所学校进行了正式考察。组织开展复评工作，按照4年一复评的要求，对武钢三中等13所已授牌的省级示范高中进行了复评，进一步加强对省级示范高中的管理。

〔**编制完成特殊教育学校建设规划**〕 2008年，湖北省编制完成《湖北省特殊教育事业发展规划及特殊教育学校建设总体规划》和《湖北省特殊教育学校“十一五”期间项目建设方案》。《方案》提出了“两纵两横”的特殊教育学校发展思路。“两纵”，就是确保义务教育教学质量向纵深发展，并由义务教育阶段的特殊教育向学前和高中阶段延伸；“两横”，就是努力使适于接受教育的自闭症、脑瘫以及其他类型残疾儿童都能入学，并由普通教育向职业教育转变。

〔**推进“五改五建”工程改善农村寄宿制学生生活条件**〕 2008年，湖北省农村学校后勤管理、保障、服务工作的主要任务是落实“五改五建”〔即改厨、改气（沼气）、改水、改厕、改圈（猪圈），建餐厅、建澡堂、建车棚、建晒衣架、建洗漱间〕工程，着力解决农村寄宿制学校学生“五难”，实现“五个告别”。即让农村寄宿制学校学生告别自带腌菜坛子，解决学生吃菜难、吃菜贵的问题，降低学生的就学支出，让学生在校健康成长；让农村寄宿制学生告别喝生水、洗冷水的历史，解决学生喝开水难、洗热水澡难的问题；让农村寄宿制学生告别又脏又臭的旱厕，解决学生如厕难，环境卫生差的问题；让农村寄宿制学生告别风餐露食、站着吃饭的历史，解决学生就餐条件差，吃饭无餐厅的问题；让农村寄宿制学生告别两人挤睡一张床，盖一床被的历史，解决学生住宿条件差、就寝难的问题。

〔**校方责任保险工作全面启动**〕 2008年8月，湖北省教育厅、省财政厅、省保险监管局制定《关于推行校方责任保险建立校园伤害事故风险管理机制的实施意见》，从十个方面明确校方责任险推动和运作过程中的一些问题：（1）投保的范围；（2）投保的时限；（3）保费的标准；（4）保费来源和缴款方式；（5）承保公司的确定与选择；（6）推行校方责任险的基本原则；（7）成立校方责任险工作领导小组进行组织协调；（8）校方责任保险由各级校办产业管理部门来抓；（9）明确了学校的校长是安全工作第一责任人；（10）建立数据共享、信息沟通制度。8月28日，省校方责任保险工作领导小组召开全省校方责任保险工作会议。截至12月，全省校方责任保险工作开展有序，义务教育阶段投保率近100%。

职业教育与成人教育

〔**中等职业教育办学规模不断扩大**〕 2008年，湖北全省共有各类中等职业学校684所（公办学校360所，民办学校118所，另有技工学校206所），中等职业教育招生达到49万人（含技工学校10万人，下同），比2003年招生20.57万人增长140%；高中阶段招生普职比从2003年的6.6∶3.4转变为2008年的4.8∶5.2。高中阶段毛入学率达到78.1%。中等职业教育在校生规模达到125万人，高中阶段在校生普职比从2003年的7.3∶2.7转变为2008年的5.5∶4.5。

〔**创新职教办学体制**〕 2008年，湖北省鼓励通过"股份合作""公办民助""国有民办""项目融资"等多种形式积极吸引民间资金，探索以公有制为主导、产权明晰、多种所有制并存的职业教育办学体制。支持有条件的地方积极组建职业教育集团，走规模化、集团化、连锁化办学的路子，提高办学效益。咸宁市的崇阳县、嘉鱼县、赤壁市的多元投资带来当地职业教育的快速发展。黄石市、十堰市、随州市、天门市的职教中心建设也突破体制性障碍，优化了职教资源配置。

〔**职业教育相关制度与法规建设稳步推进**〕 2008年9月30日，湖北省人大通过《湖北省实施〈中华人民共和国职业教育法〉办法》，推进职业教育依法办学、依法管理。湖北省还着力推进中等职业教育有关工作的改革创新和制度建设：(1)加强中等职业学校招生改革与制度建设，对高中阶段教育招生实行统筹规划和管理，对初中毕业生去向分流实行年度通报制度；(2)推进中等职业学校家庭经济困难学生资助工作制度建设，逐步建立和完善了以国家助学为主，以奖学金、学生工学结合、顶岗实习、学校减免学费等为辅的资助政策体系；(3)大力推进工学结合、校企合作培养模式改革与制度建设，建立健全顶岗实习制度；(4)加强"双师型"教师队伍培养培训规划与制度建设，制定了教师定期到企业实践制度。

〔**评审省级示范中等职业学校、品牌专业、实训基地建设工程**〕 2008年9月，省教育厅会同省财政厅发布《关于实施湖北省中等职业教育实训基地建设工程的通知》《关于实施湖北省示范中等职业学校建设工程的通知》《关于实施湖北省中等职业学校品牌专业建设工程的通知》。省教育厅、省财政厅于10月31日—11月5日组成专家组，共评审出湖北省机械工业学校等29所学校为省级示范中职学校，武汉铁路桥梁学校等8所学校为省级示范中职学校备选学校，湖北省医药学校药物制剂等62个专业为省级品牌专业，湖北省工业经济学校煤矿等74个基地为省级实训基地。湖北省将根据各地建设情况于2008—2010年分年分步予以实施。

〔**加强中等职业学校基础能力、教师队伍、学校、专业建设**〕 2008年，湖北教育厅实施县级职业教育中心建设工程，配合省发展改革委员会争取国家专项建设资金4 900万元，省级配套投入1 600万元，重点建设了33所中等职业学校。实施实训基地建设工程，配合省财政厅争取财政部投入980万元，省财政列支1 000万元，重点建设省级实训基地中等职业学校20个。实施品牌专业建设工程，省财政列支400万元，重点建设16个品牌专业。实施职业院校教师素质提高工程，安排310名骨干教师参加国家级培训；国家财政投入310万元，省财政投入200万元，组织全省1 000多名骨干教师参加专业培训，100多名中等职业学校校长和职业教育与成人教育管理干部参加了省教育厅组织的培训班。实施省级示范学校建设工程，与省财政厅联合评审并公示了29所省级示范学校，省财政安排资金1 600万元支持省级示范学校建设。评选重点中等职业学校和重点专业。推荐上报国家级重点中等职业学校11所，评选省级重点中等职业学校4所，评选省级重点专业27个。

〔**中等职业学校毕业生就业工作情况**〕 2008年，湖北省进一步加大中等职业学校学生就业工作力度，确保中等职业学校毕业生更好地走上就业岗位。据统计，2008年全省中等职业学校毕业生26万人，就业24.98万人，就业率96.1%。就业去向为：第一产业5%，第二产业50%，第三产业45%。各专业大类的就业情况为：农林类95.1%、资源与环境类95.3%、能源类97%、土木水利工程类98.5%、加工制造类99.3%、交通运输类96.5%、信息技术类97.2%、医药卫生类96.4%、商贸与旅游类93.2%、财经类91.2%、文化艺术与体育类95%、社会公共事务类93%、其他类93%。

〔**加大职业培训工作力度**〕 2008年，教育厅对全省教育系统开展农村劳动力转移培训及农村实用技术培训情况进行了专题调研，并结合各地实际，制定了工作方案；各市（州）进行教育资源整合，逐步建立健全了县、乡镇、村三级农村教育培训网络体系。在培训工作中，教育厅重点做了以下工作：

创新培训模式，提高农村劳动力转移培训水平。大力推行校企合作、“订单”培训，通过学校与企业签订用人合同，按要求组织教学、培训，变“推销”型就业为“订单”式就业。注重培训与职业资格证书鉴定相结合，职业院校建立职业技能鉴定站，为开展职业技能鉴定创造有利条件。充分运用已经建立的农村中小学现代远程教育卫星网络系统，加强农村劳动力转移培训和实用技术培训资源的开发和现代教育手段的运用，在农村职业学校设立卫星信号接收点，让农民能够就近、低成本地接受职业培训。

加大对初中毕业、高中毕业未升学的“双后生”（指未升入上一年级的初、高中毕业生）的培训工作力度。全省2008年参加高考50万人，录取32万人左右，仍有近18万人未升学。2008年，全省教育系统完成了新增农村劳动力即未升入上一年级的初、高中毕业生近10万人的培训任务。

高 等 教 育

〔**建立健全高等院校基层党建工作制度和长效机制**〕 2008年，湖北省教育厅起草制定《湖北高等院校党委落实基层党建工作责任制考评细则》，对高等院校党建工作进行考核。完善高等院校党代会制度，配合省委组织部选择3所高等院校开展党代会常任制试点。对设党委常委会的高等院校，要求建立党委常委会向党委全委会定期报告工作并接受监督的制度，推行党委全委会讨论决定重大问题和任用重要干部票决制。推进高等院校党委组织部工作制度建设。在高等院校党务干部队伍中深入开展“讲党性、重品行、作表率，树组织工作干部新形象”集中教育活动，倡导服务基层、民主开放、公平公正、效率效益等新的理念，调动广大党务干部的探索勇气、进取精神和创造潜能，努力把高校党务部门建设成为高校机关的模范部门，把党务干部队伍建设成为讲党性、重品行、作表率的过硬队伍。

〔**深入推进思想政治理论课教师队伍建设**〕 2008年，湖北省实施思想政治理论课教师学历提升计划，把思想政治理论课教师纳入到湖北省哲学社会科学教学科研骨干培养计划。以提高教学效果为目标，通过专家辅导、精彩示范课等方式，开展思想政治理论课新课程培训，2008 年有思想政治理论课教师近 1 000 人次参加培训。截至 12 月，全省思想政治理论课教师队伍达到 2 740 人。其中，专职 1 749 人，兼职 991 人；副高以上职称 1 404 人，占总数的 51%；硕士研究生以上学历 1 553 人，占总数的 56%，其中博士研究生学历 359 人，比例达到 13%。教学测评显示，思想政治理论课开课率达到 100%，学生到课率达到 98%，学生满意率达到 85%以上。

〔**加大本科品牌专业和特色专业点建设工作力度**〕 2008 年，教育厅召开全省本科院校品牌专业建设工作总结会，交流高校第一批立项建设的专业开展品牌专业建设工作的经验。通过学校申请、专家现场考核验收，武汉大学等 21 所高校的“信息安全”等 52 个本科专业被确定为湖北省高等学校第一批本科品牌专业；按照“思想先进、目标明确、改革领先、师资优化、设备先进、教学优秀”的要求，教育厅组织开展 2008 年全省高校本科品牌专业立项建设推荐申报工作，经评审确定华中科技大学等 16 所院校的 43 个本科专业为 2008 年度立项建设的品牌专业。

向教育部申报推荐并获得批准，武汉大学等 27 所院校的 40 个专业点被批准为国家第三批特色专业建设点，其中省属 19 所高等院校有 21 个。全省共有 105 个本科专业被教育部、财政部批准为国家级特色专业建设点，其中省属本科院校有 39 个。

〔**加强精品课程建设**〕 2008 年，湖北省评审武汉大学等 45 所院校的“中国古代文学史”等 161 门课程为 2008 年省级精品课程；武汉大学等 16 所院校的“误差理论与测量平差基础”等 56 门课程被评为 2008 年国家级精品课程，华中科技大学等 6 所高校的“生物化学”等 8 门课程被评为 2008 年度国家双语教育示范课程。截至 2008 年 12 月，在全省评审确定了 782 门课程为省级精品课程，196 门课程被评为国家级精品课程。

〔**加强高素质教学团队建设**〕 2008 年，湖北省评审确定武汉大学“遥感科学与技术专业教学团队”等 62 个团队为湖北省 2008 年度省级高等学校教学团队；推荐华中科技大学“工程力学教学团队”等 23 个教学团队申报 2008 年度国家级教学团队，其中 22 个团队得到批准。湖北省高等院校国家级教学团队的数量和年度新增团队的数量，连续 2 年位居全国第三位。2 所省属本科学校（湖北大学、武汉科技大学）、2 所高等职业学院（武汉职业技术学院和武汉船舶职业技术学院）的教学团队被评为国家级教学团队。2008 年，在全省高职院校设立了 2 批共 85 个“楚天技能名师”教学岗位，有关高职院校从省内外的企业中聘请了 31 名专业技术人才。

〔**加强教学改革和实训基地建设**〕 2008 年，湖北教育厅评审确定武汉职业技术学院的“微生物技术及应用”等 25 个专业为湖北省第五批教学改革试点专业。评审确定武汉船舶职院“船舶焊接技术职业教育实训基地”等 26 个实训基地为 2008 年省级实训基地；十堰职业技术学院的“艺术设计”等 6 个实训基地被评为 2008 年中央财政支持的国家实训基地，获得中央财政建设经费 860 万元。截至 2008 年，全省 22 所高等职业院校的 31 个实训基地被确定为国家级职业教育实习实训基地，获得中央财政 5 740 万元的支持。

〔**组织实施示范性高等职业院校建设工程**〕 2008 年，湖北省教育厅批准襄樊职业技术学院等 7 所院校为 2008 年省级示范性高等职业院校建设单位，武汉铁路职业技术学院、湖北职业技术学院被教育部、财政部批准为 2008 年国家示范性高等职业院校建设立项单位。截至 2008 年 12 月，全省立项建设的省级示范性高等职业院校已有 15 所，其中武汉职业技术学院等 4 所院校被教育部、财政部确定为国家级示范性高职院校建设单位，获得中央财政建设经费 9 300 万元。2008 年 10 月，省教育厅召开湖北省示范性高等职业院校建设工作会议交流经验，成立湖北省示范性高等职业院校建设工作协作会，并组织专家对省级立项建设单位的示范性建设工作方案进行全面审定。

〔**组织开展人才培养模式的改革与创新**〕 2008年，湖北省在全省高等院校确定410项省级教学研究项目，组织各校广大教师和教育教学管理工作者开展教育教学理论与实践的探索与研究。支持学校开展人才培养模式和教育教学方式、方法和手段的改革与创新，武汉大学开展的“三创”（创新、创造、创业）人才培养模式、华中科技大学的“启明学院”、湖北大学“楚才学院”、武汉工程大学提出的“三实一创”（实习、实验、实践、创新）人才培养模式改革试验等取得较好成效。2008年，中南政经政法大学、长江大学入选教育部第二批大学创新实验计划项目学校，一批教学改革项目入选教育部人才培养模式创新实验区。

〔**启动“湖北省普通高等学校优势特色学科建设工程”**〕 2008年5月，湖北省在全国首次进行了高校优势学科、特色学科的评审工作。共评出湖北省省属高校优势学科76个（一级学科23个、二级学科53个）、特色学科66个（一级学科6个、二级学科60个），在鄂中央部委院校、军事院校省级重点学科155个（一级学科70个、二级学科85个）。

〔**促进高等院校科技成果转化**〕 2008年，湖北省教育厅开展多方面调研，会同有关高等院校人文社科重点研究基地起草制定高校产学研合作行动计划和高校科技服务湖北的考核评价体系，探讨加强高校与市（州）、企业科技合作的措施办法，充分发挥高校在建设以企业为主体、产学研结合的技术创新体系中的基础和支撑作用，实现高校科技优势与湖北发展战略需求的精确对接。

会同省经济委员会、省科技厅、中国社会科学院武汉分院承办“第四届中国·湖北产学研合作项目洽谈会”。会上展出技术成果3 500项，比上届净增800项；签约项目420个，投资总额70.1亿元，比上届增长50%，比第一届增长5.47倍。

〔**加强科技创新平台建设**〕 2008年，湖北省正式立项建设水库移民研究中心（三峡大学）、湖北省服饰艺术与文化研究中心（ 武汉科技学院）、鄂北区域发展研究中心（襄樊学院）、湖北师范学院语言学研究中心、鄂东教育与文化研究中心（黄冈师范学院）5个湖北省高等院校人文社会科学重点研究基地。教育厅会同省科技厅批准组建了“消化系统疾病湖北省重点实验室”（武汉大学）“工程结构分析与安全评定湖北省重点实验室”（华中科技大学）“工业生物技术湖北省重点实验室”（湖北大学）“冶金工业过程系统科学湖北省重点实验室”（武汉科技大学）“水电机械设备设计与维护湖北省重点实验室”（三峡大学）“智能机器人湖北省重点实验室”（武汉工程大学）“污染物分析与资源化技术湖北省重点实验室”（湖北师范学院）“法庭科学湖北省重点实验室”（湖北警官学院）8个湖北省重点实验室。对建设期满的11个湖北省重点实验室进行了验收评估，评出优秀实验室2个、合格实验室9个。2008年，湖北大学的功能材料绿色制备与应用、武汉科技大学的冶金装备及其控制、湖北工业大学的发酵工程3个实验室被教育部批准为省部共建教育部重点实验室，并开始立项建设。

〔**举办湖北省第三届大学生艺术节**〕 2008年4月—11月，湖北成功举办了历时近8个月的湖北省第三届大学生艺术节，各校报送的参评作品达2 000余件。艺术节期间，教育厅组织了湖北高校普及交响乐活动；协助安排国家京剧院和东方歌舞团举办了8场专场演出；举办了武汉市第三届大学生电影节和2008“艺苑杯”湖北高等院校音乐教育专业大学生基本功比赛暨湖北高等院校音乐专业大学生民族器乐比赛。

〔**深入实施高校招生录取“阳光工程”**〕 2008年，湖北省普通高校招生录取工作分常规录取和补录两个阶段，常规阶段录取333 024人，补录阶段录取13 169人，录取新生未报到注销30 982人，实际录取考生315 185人。全省2008年成人高校招生计划85 275人，报考84 809人。其中，专科起点本科计划38 385人，报考20 117人；高中起点本科计划4 971人，报考4 572人；高中起点专科计划41 919人，报考60 120人。2008年全省共有86 380名考生报考在鄂51个硕士研究生招生单位（含军校），比2007年的87 611人减少1 231人，降幅1.41%。全省46个招生单位（不含军校）共录取25 673名硕士研究生，录取人数比国家在录取前下达给湖北省的招生规模多267人。

湖北省2008年高校招生录取工作中深入实施“阳光工程”。坚持严格执行招生政策，维护高校招生公平公正。严格执行各批次录取控制分数线，不录取政策规定之外的批次线下考生。严格招生管理，考生一经正式录取不能退档，不能换录。严格计划管理，高校招生计划全部在教育部规定的网上管理系统中编制、执行和管理，严禁高校无计划招生、严禁高校违规招生。

坚持公开一切应该公开的信息，最大限度满足考生知情权。一是公开投档分数线，及时公布各批次院校第一志愿投档线。二是公开录取信息，及时提供考生电子档案自由可投、已经投档、院校在阅、预录取、预退档、录取待审、录取等7种运行状态，考生登陆湖北招生信息网和到县（市、区）招办就可及时查询自己的电子档案运行状况以及院校的退档理由。三是公开征集志愿，对各批次所有未完成的招生计划面向全体符合条件的考生公开征集志愿，并严格从高分到低分投档录取。四是公开录取现场信息，将录取现场招生信息、录取进程、录取分数和考生注意事项等提供给新闻媒体，及时向社会发布。

〔**稳步推进高校毕业生就业工作**〕 湖北省2008年共有普通高等院校毕业生42.13万人。其中，研究生毕业2.49万人，本科毕业生16.94万人，专科毕业生22.8万人。截至2008年12月31日，全省已就业毕业生达381 870人，就业率为90.43%。其中，研究生就业22 988人，就业率为92.62%，本科毕业生就业153 481人，就业率为90.61%，高职高专毕业生就业205 401人，就业率为90.06%。

实施高等院校毕业生项目计划，引导和鼓励高校毕业生面向基层就业。2008年，湖北省“三支一扶”（支农、支医、支教、扶贫）招录3 241人，招录选调生1 350人，“一村一名大学生”1 063人，“村官”826人。省教育厅负责的“农村教师资助行动计划”有4 800多人报名，经面试、体检、考核等环节，共选派2 691人到全省的乡镇中小学任教。

加强校企合作，推进就业市场建设。2008年3月，教育厅组织了全省高等院校毕业生供需见面月活动。共举办各类招聘会40场，参加企业2 319家，提供就业岗位6.5万多个，入场学生近14万人。3月20日，湖北省高等院校毕业生就业指导中心与武汉东湖高新开发区组织部联合举办武汉地区高等院校和东湖新技术开发区校企交流会，武汉大学、华中科技大学等21所省部属高校和18个高新区企业参加了会议。通过总结推广湖北工业大学和荆门市的典型经验，推动就业实习基地建设。全省已有50%的高校在省内外建立了多种形式的就业实习基地。

〔**规范学籍学历管理工作**〕 2008年省教育厅完成湖北省高等学校2008级新生学籍注册工作，其中注册普通高等教育新生381 258人，成人高等教育新生88 851人，网络高等教育新生52 504人。完成2008届毕业生学历证书电子注册工作，其中注册普通高等教育毕业生学历电子证书447 400人，成人高等教育毕业生86 038人，网络高等教育毕业生24 779人。完成普通高等教育本专科生在校生学籍学年电子注册，截至12月31日，125所在鄂普通高等学校对783 236人进行了学籍学年电子注册。

10月，省教育厅召开全省高校负责人会议，传达学习全国高等院校学年电子注册工作研讨会暨培训会议和全国高等院校毕业生学历证书图像采集会议精神，在鄂普通高等院校（含军事院校、独立学院）校领导、学籍学历管理部门负责人参加会议。

撰稿 邓荣 邓辉 代云
邱月琴 董勇
审稿 蔡民族 陈安丽

湖南省教育

概　　况

〔基本情况〕

2008年各级各类学校校数、教职工、专任教师情况

	学校数（所）	教职工数（人）	专任教师数（人）
一、高等教育			
（一）研究生培养机构（不计校数）	（16）		
1. 普通高校	（12）		
2. 科研机构	（4）		
（二）普通高等学校	115	93 303	57 651
1. 本科院校	43	57 839	34 222
其中：独立学院	15	5 499	4 561
2. 专科院校	72	35 464	23 429
其中：职业技术学院	63	31 543	20 965
3. 其他机构（点）（不计校数）			
（三）成人高等学校	17	2 287	1 455
（四）民办的其他高等教育机构	30	1 933	1 067
二、中等教育	4 996	343 374	285 012
（一）高中阶段教育	1 589	343 190	111 213
1. 高中	758	288 498	72 875
普通高中	742	288 168	72 607
成人高中	16	330	268
2. 中等职业教育	831	54 692	38 338
普通中专	46	5 653	3 427
成人中专	103	5 347	3 302
职业高中	538	32 644	22 197
技工学校	144	9 217	8 298
其他机构（教学点）（不计校数）	（109）	1 831	1 114
（二）初中阶段教育	3 407	184	173 799
1. 普通初中	3 387		173 650
2. 职业初中	1	42	40
3. 成人初中	19	142	109
三、初等教育			
（一）普通小学	13 929	265 680	250 229
（二）成人小学	32	73	72

续表

	学校数（所）	教职工数（人）	专任教师数（人）
其中：扫盲班	32	73	72
四、工读学校	1	58	44
五、特殊教育	50	1 338	1 015
六、学前教育	5 517	58 230	31 310

注：普通高中的教职工数中包含普通初中的教职工数。

2008 年各级各类学历教育学生情况

	毕业生数（人）	招生数（人）	在校生数（人）
一、高等教育			
（一）研究生	10 982	14 876	46 815
博　士	1 135	1 809	8 187
硕　士	9 847	13 067	38 628
（二）普通本专科	244 706	292 060	952 330
本　科	94 593	131 806	479 378
专　科	150 113	160 254	472 952
（三）成人本专科	67 683	97 355	250 108
本　科	21 632	28 191	76 882
专　科	46 051	69 164	173 226
（四）其他各类高等学历教育			
1. 在职人员攻读博士、硕士学位		3 709	14 283
2. 网络本专科生	10 037	21 372	44 585
本　科	5 889	8 343	21 531
专　科	4 148	13 029	23 054
3. 其他			
二、中等教育	1 527 781	1 453 384	4 277 851
（一）高中阶段教育	748 836	734 039	2 128 227
1. 高中	435 957	392 351	1 203 610
普通高中	429 998	392 351	1 195 442
成人高中	5 959		8 168
2. 中等职业教育	312 879	341 688	924 617
普通中专	64 426	53 334	167 134
成人中专	24 045	26 475	62 084
职业高中	180 967	200 679	534 273
技工学校	43 441	61 200	161 126
（二）初中阶段教育	778 945	719 345	2 149 624
1. 普通初中	774 204	719 148	2 143 743
2. 职业初中	54	197	384
3. 成人初中	4 687		5 497
三、初等教育	704 363	847 528	4 585 106
（一）普通小学	702 820	847 528	4 584 411
（二）成人小学	1 543		695
其中：扫盲班	1 543		695
四、工读学校	40	124	151
五、特殊教育	1 551	2 443	13 990
六、学前教育	437 716	825 608	1 059 470

注：特殊教育学生数中包括普通中小学随班就读的学生。

2008 年各级各类非学历教育学生情况

	毕（结）业生数（人）	注册生数（人）
总　计	926 374	407 154
一、高等教育	156 150	94 532
（一）研究生课程进修班	991	1 731
（二）自考助学班	18 602	76 564
（三）普通预科生		999
（四）进修及培训	136 557	15 238
其中：资格证书培训	49 505	5 241
岗位证书培训	26 681	1 655
二、中等教育	770 224	312 622
其中：资格证书培训	90 917	45 793
岗位证书培训	93 127	50 716
（一）中等职业教育	206 297	108 811
其中：资格证书培训	81 999	37 928
岗位证书培训	48 139	18 382
（二）职业技术培训机构	563 927	203 811
其中：资格证书培训	8 918	7 865
岗位证书培训	44 988	32 334

2008 年各级各类民办教育基本情况

	学校数（所）	毕业生数（人）	招生数（人）	在校生数（人）	教职工数（人）	专任教师数（人）	另有其他学生数（人）
一、民办高等教育							
（一）民办高校	28	31 244	61 885	183 568	13 022	9 472	9 654
本科学生		10 627	35 372	111 081			
专科学生		20 617	26 513	72 487			
其中：独立学院	15	10 529	28 976	94 845	5 499	4 561	
本科学生		10 529	28 976	94 845			
专科学生							
（二）民办其他高等教育机构	30				1 933	1 067	17 895
二、民办中等教育							
（一）高中阶段教育	470	153 748	144 438	401 978	34 316	23 496	29 291
1. 民办普通高中	149	58 166	41 558	136 184	19 515	14 482	
2. 民办中等职业教育	321	95 582	102 880	265 794	14 801	9 014	29 291
（二）初中阶段教育	137	67 923	61 671	178 295			
1. 民办普通初中	137	67 923	61 671	178 295			
2. 民办职业初中							
三、民办普通小学	117	16 680	19 842	109 503	7 600	4 999	
四、民办幼儿园	4 752	179 231	391 010	555 695	45 676	24 276	
另有：民办培训机构（不计校数）	(206)				2 507	1 482	101 202

注：1. “另有其他学生数”包括：学历文凭考试学生、自考助学班学生、预科生、进修及培训学生数；

2. 民办普通高中的教职工和专任教师数中包含民办普通初中的教职工和专任教师数；

3. “（　）”内数据为不计校数。

〔**概述**〕 2008年，湖南省教育系统克服年初冰灾带来的种种困难，深入贯彻落实科学发展观，紧紧围绕建设教育强省的总体目标，按照省委、省政府的部署和要求，全面启动了义务教育均衡发展、职业教育基础能力建设、高等教育质量与创新、教师队伍素质整体提升等四个专项计划，圆满完成了年初预定的各项教育工作目标任务，推动教育强省建设工作取得了明显进展。幼儿教育规模进一步扩大，在园人数首次突破100万，达到105.95万人，比上年增长13%。义务教育普及程度得到巩固，全省小学、初中适龄人口入学率分别为99.77%、99.54%。高中阶段教育普及步伐加快，初中升高中阶段的比例为82.42%，比上年提高0.77个百分点，毛入学率约为78.48%，比上年提高14个百分点。职业教育稳步推进，高职招生达到17.10万人，比上年增长3.94%；在校生达40.10万人，比上年增长15.9%。高等教育持续发展，普通本专科招生30.87万人，比上年增长5.99%；研究生教育招生14 876人，比上年增长5.59%。

〔**积极开展抗冰救灾和学校灾后重建工作**〕 2008年1月中旬以来，湖南遭受百年难遇的冰雪灾害，全省教育系统直接经济损失高达25.20亿元。面对突如其来的灾情，湖南各级教育行政部门和学校迅速行动起来，众志成城，全力投入到抗冰救灾之中，采取紧急疏散学生、强化校园安全保障等措施科学应对，尽可能将灾害损失降到最低程度。同时，千方百计筹集专项救灾重建资金，及时组织灾后学校恢复重建，确保了受灾学校春季如期顺利开学和正常运转。全省先后共投入4.66亿元，新建、改扩建校舍面积85 167平方米，维修校舍面积115.50万平方米，购置设备3 761万元，修复了全部受损供水供电设施。

〔**深入学习实践科学发展观活动**〕 根据中央和省委学习实践活动领导小组的具体安排，2008年10月上旬以来，湖南省教育厅、中共湖南省委教育工委切实加强组织领导，严格活动要求，强化组织措施，推动学习实践活动各个阶段工作的全面有序深入开展。学习调研阶段，坚持集中学习讨论和个人自学相结合，召开了教育厅党组中心组理论学习会、机关处室与直属单位分组学习会，邀请专家作辅导报告。厅委班子成员带头作学习辅导报告，并组织厅机关与直属单位深入基层开展调查研究。分析检查阶段，召开了党外人士座谈会、部分学校代表座谈会以及厅机关、直属单位干部职工、离退休老同志座谈会，发放征求意见函，并在湖南教育门户网站开辟专栏，广泛征求社会各界对湖南省教育厅工作和全省教育发展的意见建议。厅委领导班子按照“讲党性、重品行、作表率”要求召开了专题民主生活会，厅机关和直属单位各党支部（党委）都召开了专题民主生活会，全面查找目前存在的突出问题，明确发展思路，研究制定了解决问题的具体措施。整改落实阶段，围绕服务基层和促进发展，认真听取各方意见，研究制定了整改落实方案，着力解决了一批宏观政策层面与职能范围的突出问题以及与人民群众切身利益密切相关的问题，完善了有利于促进科学发展的教育行政管理体制机制，建立健全了体现科学发展观要求的规章制度。

〔**建立建设教育强省投入保障监督机制**〕 2008年，湖南省政府办公厅下发了《关于建立建设教育强省投入保障监督机制的意见》，提出建立教育投入监督措施，建立起指标清晰、责任明确、监督有力的教育强省投入保障监督制度。这一机制的建立，有利于督促各级政府按照建立公共财政体制的要求，用更多的精力、更大的财力发展教育事业，科学配置教育资源，提高教育经费使用效益，确保建设教育强省目标的如期实现。2008年，湖南省本级年初预算达21.37亿元，比上年增加3.57亿元；全省新增教育投入约40亿元。

〔**开展建设教育强省专项督查**〕 2008年7月，湖南省委督查室牵头组织省教育厅、省发改委、省财政厅等有关部门，组成7个督查小组，深入14个市州、19个县市区，开展了为期一个星期的建设教育强省工作专项督查。督查情况表明，全省上下基本形成了优先发展教育的共识，建设教育强省工作取得了阶段性进展。截至12月底，14个市州除怀化外，都召开了高规格的建设教育强市（州）工作会议，出台了建设教育强市（州）的相关配套文件，初步构建起建设教育强市（州）、教育强县（市、区）的教育投入保障机制。据统计，全省14个市州2008年年初预算实现了大幅度增长，其中8个市州预算内经费增长幅度均在14%以上，最高达到28.6%。

〔**加强教师队伍建设**〕 2008年，湖南省教育厅以实施教师队伍素质整体提升计划为抓手，重点着力提高农村教师队伍素质，其经验得到教育部的充分肯定。积极推进师范生免费教育，共招收2 334名优秀初中毕业生作为五年制大专层次农村小学教师免费定向培养对象；首批招收180名优秀高中毕业生作为本科层次农村小学教师进行免费培养。切实加强了教师和校长岗位培训，先后组织1.1万名在职中小学教师通过电大远程网络教育进行学历提升培训，省本级直接培训中小学骨干教师和中学校长2 640人。进一步加快了职业教育“双师型”教师队伍建设，新增6个职业院校教师专业技能认证培训基地，遴选出253名优秀专业教师作为省级专业带头人进行重点培养；明确了28个高等职业教育省级教学团队进行重点建设，并争取中央财政重点支持76所中职学校特聘294名优秀兼职教师。认真抓好高校学术梯队和骨干教师建设，先后选拔高校学科带头人培养对象105人和中青年骨干教师培养对象179人；评选第三届湖南省普通高校教学名师32人，立项建设50个普通高校省级教学团队；启动了“高校创新团队建设计划”，遴选并重点支持高校优秀中青年学术骨干组建了23个省级创新团队。

〔**学校体育卫生艺术工作**〕 2008年4月，湖南省政府召开了全省学校体育工作会议。会议印发了《中共湖南省委、湖南省人民政府关于加强我省青少年体育增强青少年体质的实施意见》，明确了各级党委政府部门和各类学校的工作责任，建立和完善了学校体育、卫生、艺术工作保障机制及其评价督查制度。年内，省教育厅成立了湖南省高等学校体育教学指导委员会，举办了全省中小学校突发公共卫生事件防控知识培训班，与省卫生厅联合开展了全省中小学校食品卫生和饮用水安全专项检查，成功举办了2008年湖南省中学生独唱、独奏、独舞比赛高中组决赛和全省第二届大学生艺术展演活动。

〔**加强教育对外交流与合作**〕 2008年，湖南省以高层次创新人才培养和合作科研为重点，进一步扩大了公派出国留学规模，共有122人公派出国留学；中南大学等10余所高校招收各类国外留学生和港澳台学生人数近3 000人，其中攻读学位的留学生近1 000人，均比上年有较大幅度增长；共有26所示范性中学聘请了56名外教，在湘学校工作的外籍教师达到600余人；先后选派56名汉语教师志愿者分赴泰国、美国、新加坡等海外孔子学院从事汉语教学；按照“四个确保”要求，即确保政治安全、确保人身安全、确保食宿安全、确保各项工作万无一失，精心筹划、周密安排，成功地承办了第七届“汉语桥”世界大学生中文比赛，共有来自55个国家、72个预赛赛区的110名选手参加了本届大赛，受到教育部、国家汉办的充分肯定和比赛选手的高度赞扬。

〔**民办教育事业发展迅速**〕 2008年1月，湖南省政府在邵阳市武冈召开全省民办教育工作会议。会议表彰了一批全省民办教育先进集体和个人，研究部署了今后一段时期全省民办教育的发展思路和工作重点，出台了《湖南省人民政府关于促进民办教育发展的决定》，极大地鼓舞和调动了非公有资本投资教育的积极性，有力促进了全省民办教育事业的持续健康发展。到2008年底，全省共有民办学校5 533所，在校生人数达143.60万人，教职工总数10.30万人，固定资产总值达到142.60亿元，共有8所民办学校被评为国家和省级示范性学校。在2008年教育部开展的普通高等学校人才培养水平评估中，湖南信息科学职业学院等2所民办普通高等职业学院被评为“优秀”等级。

〔**加大对家庭经济困难学生的资助**〕 2008年，湖南省认真落实国家有关家庭经济困难学生资助政策，并将民办学校学生纳入资助体系，先后累计发放国家励志奖学金、助学金、助学贷款14.22亿元，大学生、中职学生受助比例分别达到25%、95%；启用彩票公益金2 200万元，资助经济困难高中学生2.30万人；财政安排3.43亿元贫困寄宿生补助生活费，资助义务教育阶段学生51.48万名，确保了无一人因贫失学。

〔**保质保量完成各类招生考试工作**〕 2008年，湖南坚持以人为本，深入实施招考阳光工程，先后共组织各类考试40余次，考生总规模达231.30万人次，比上年增长13.4%，组织录取各类新生44.20万人，增长6.5%。特别是普通高校招生考试取消了往年"点名录取"、"降分录取"等优惠政策，并严格执行相关招生录取办法，最大限度地压缩了违规招生空间，受到社会各界的普遍认可。与此同时，成人高考增幅继续保持全国前列，报考人数180 607人，比上年增加17 633人，增长10.8%。研究生考试逐步趋于稳定，2008年硕士研究生的考生人数为49 462人，录取考生13 005人；博士生的报考人数（不包含国防科技大学）5 062人，录取考生1 800人。自学考试呈现出新一轮发展的良好势头，全省共有554 712人次报名参考，累计报考1 775 220科次，分别比上年增长36.4%和47.3%。社会考试发展势头强劲，9项非学历证书考试考生比上年增加87 185人次，增长9.67%。

〔**进一步加大高校毕业生就业工作力度**〕 2008年，湖南省采取有力措施推动大学生顺利就业。一是加强就业指导教育。根据教育部新颁布的《大学生职业发展与就业指导课程教学要求》，组织编写了《大学生职业发展与就业指导》教材，督促大部分高校将大学生职业发展与就业指导作为必修或必选课程纳入教学计划。二是积极搭建就业服务平台。在指导与督促各高校举办校园招聘活动的同时，根据不同地域、不同专业和不同行业特点，先后举办了湘鄂黔边区、湘中、湘南高校毕业生供需见面会和医卫、师范、农林水等专场供需见面会，并依托毕业生就业省际合作机制，与长三角、珠三角等经济发达地区进一步深化了合作关系，大力推荐毕业生出省就业。三是加强就业信息服务。积极开发了新的就业信息管理系统，将原有的"湖南省普通院校毕业生就业管理信息系统"升级为"湖南省大中专院校毕业生就业办公信息系统"，并督促92所高校建立了毕业生就业信息网。四是鼓励高校毕业生面向基层就业、创业。先后选拔490名应届毕业生到农村乡镇和城市街道工作，招募182名志愿者到西部地区基层单位服务，并选派了300人到乡镇从事"三支一扶"工作，1 410人到村任职。五是全力帮扶地震灾区生源毕业生和就业困难毕业生及时就业。共为四川地震灾区毕业生支出专项经费80余万元，帮助1 024名灾区生源毕业生中的绝大部分毕业生落实了就业单位。据统计，全省高校2008届毕业生已就业224 402人，在普通高校毕业生总量比上年增长14.53%且就业形势更加严峻的情况下，就业率达到75.28%，与上年同期基本持平。

基础教育

〔**义务教育全面进入免费时代**〕 2008年，湖南省按照国务院的要求和部署，切实加强组织领导，及时调度资金，严格经费管理，进一步完善农村义务教育经费保障机制，全部免除了农村义务教育阶段学生课本费，提高了农村义务教育阶段学校经费保障水平，将家庭经济困难寄宿生生活补助小学生提高到500元，初中生提高到750元。同时，将城市义务教育免学杂费工作列入省政府2008年为民办实事工程，从春季学期起全部免除了城市义务教育阶段学生的学杂费。这一切标志着湖南义务教育全面进入免费时代。2008年湖南省共落实义务教育保障资金39亿元，共有669.70万名城乡义务教育阶段学生从中受益，其中城区义务教育阶段在校学生82.80万人；14.40万名进城务工经商随迁子女100%同等享受了免学杂费政策。

〔**完成了730所农村合格学校的建设**〕 2008年，湖南省将农村合格学校建设作为推进义务教育均衡发展的突破口，列入2008年为民办实事项目，组织省教育厅、省财政厅等有关部门成立专门班子，制订专题方案，建立管理台账，督促落实资金来源，如期完成了首批730所合格学校的建设任务。全省共投入资金10.01亿元，扩大校园面积35.90万平方米，建设教学生活用房122.40万平方米，扩大体育场地及绿化面积184.50万平方米，添置教学仪器设备253.80万件（套），可满足新增51 190人住宿生的生活学习。长沙、常德、邵阳、湘潭等8个市州在完成省定实事项目的同时，还自行安排建设合格学校544所。

〔**全面部署农村“普九”债务化解工作**〕 2008年年初，湖南省加强部门协调与配合，按照“先本后息、分段计息、息不转本”原则，准确清理、审计核实与锁定全省农村“普九”债务余额为48.40亿元，并督促各级教育行政部门和学校积极配合筹措化债专项资金，确保农村义务教育健康发展。至12月底，全省按中央、省、市县各承担三分之一的原则，落实化债专项资金38.80亿元。其中中央基本确定下拨补助资金15.60亿元；省政府设立专项资金14.40亿元；市州、县市区安排偿债资金8.80亿元。

〔**圆满完成首轮“两项督导评估考核”**〕 根据《湖南省教育督导条例》和省委、省政府有关规定，2008年5月—9月，湖南省教育督导室组织人员，先后对35个县（市、区）的政府教育工作及党政领导干部的教育实绩，进行了督导评估考核。至此，分三年圆满完成了对125个县级行政单位的首轮“两项督导评估”工作，共督促各地追加教育经费7.29亿元，其中2008年追补、返还2007年教育经费2.79亿元。14个县市区基本理顺教师人事管理体制，有效地强化了县级政府及其主要领导干部的办学责任和教育工作职责。

〔**加快发展普通高中教育**〕 2008年，湖南省坚持一手抓普通高中新课程改革实验，一手抓普通高中特色教育实验学校建设，着力提升全省普通高中教育整体发展水平。制定了《关于实施普通高中学业水平考试制度的意见》，对学业水平考试的指导思想、性质和功能、组织和管理、结果运用等方方面面作出了详细规定，拟自2009年起全省开始实施。下发《湖南省普通高中新课程模块学生选修指导意见》和《湖南省普通高中新课程选修课程教学指导意见》，进一步明确了新课程选修的指导原则、基本要求、管理办法等。支持湘乡市二中成功创办省级特色教育实验中学，并加紧研制《湖南省普通高中特色教育实验学校建设基本条件》。与此同时，继续推进农村贫困地区和民族贫困地区省示范性高中建设，认定桑植县一中等4所学校为省示范性高中。

〔**规范与促进学前教育持续发展**〕 2008年，湖南省教育厅下发《关于促进农村学前教育发展的指导意见》，制定《湖南省合格幼儿园办园标准》和《湖南省简易幼儿园基本条件》，指导与督促各地加大对学前教育的投入，大力改善农村幼儿园办园条件，加强师资队伍建设，不断提高教育质量。同时，积极开展学前三年教育先进县（市、区）创建活动，以县域为单位整体推进学前教育发展，先后共有23个县（市、区）申报，其中岳麓区、安化县、北湖区、芙蓉区等4个单位受到表彰奖励。大力推进省示范性幼儿园建设，先后确认6所幼儿园通过专家组检查与评审，至此，省级示范性幼儿园累计达到47所。

〔**教育援藏援疆工作**〕 2008年，湖南省认真制定了“十一五”教育援藏项目规划，计划“十一五”期间投入资金1 052万元，为西藏山南地区第一高级中学援建教学综合楼，培训行政管理干部28人、教师和教育行政人员240人，资助特困学生80人，援助项目在2009年全面启动。积极做好对口支援新疆吐鲁番地区教育工作，与吐鲁番地区行署签订对口援助中等职业学校协议，决定由湖南师大等省内8所高等院校按照“无偿援助，自愿量力，共同协作，突出重点，务求实效”的原则，帮助吐鲁番地区中等职业学校提高教学质量，提高办学层次。同时，切实加强内地西藏班、新疆班管理，努力提高教育质量。西藏班2008年高中毕业生参加全国统考取得好成绩，167名应届高中生参加高考，上线考生162人，上线率97%，比上年提高2个百分点，其中录取本科院校155人，占92.8%，专科院校7人，占4.2%。

职业教育与成人教育

〔**深入推进省级职业教育重点项目建设**〕 2008年，湖南省本级投入6 000万元，遴选确定了第二批职业教育“十一五”省级重点建设项目。其中省级示范性高职学院4所，示范性中职学校19所，示范性县级职教中心16个，重点实习实训基地7个，职业院校教师专业技能认证培训基地6个，示范性乡镇农校35所，精品专业71个，精品课程72门，专业带头人253名。在有序推进省级重点建设项目布点的同时，2008年10月—11月，省教育厅组织开展了2007年度入围省级重点建设项目年度检查，切实加强了省级重点项目建设的过程管理。

〔**积极争取国家级职业教育重点建设项目**〕 2008年，湖南认真组织了第三批国家示范性高职院校申报工作，湖南工业职业技术学院成功跻身第三批国家示范性高职院校行列。积极申报2008年度高职国家精品课程，共有14门高职课程被评为国家精品课程。国家级示范性高职院校和国家级精品课程总数分别排名全国第5位、第4位。与此同时，认真推荐湖南网络工程职业技术学院等22所职业院校申报中央财政支持的职业教育实训基地项目，其中12所职业院校入围，争取项目预算经费2 030万元。组织长沙财经职业中专等部分学校申报中等职业学校基础能力建设国债投资项目及新增中央预算内投资项目，32所中等职业学校共获得中央预算内专项建设资金9 140万元支持。

〔**大力推进职业教育办学模式改革**〕 2008年，湖南根据本省十大优势产业、五十个产业集群以及现代服务业发展的趋势与要求，以提升产业核心竞争力为目标，以条件较好的高职院校为龙头，以产业领域内的规模企业和高中职院校为主体，以合作项目和专业群建设为纽带，以自愿和互利共赢为原则，积极稳妥推进职业教育集团化办学，初步构建起职业教育对接产业发展的新机制。先后组建湖南现代物流职教集团等6家职教集团，共有353家单位加盟，其中企业201家、职业院校113所、其他机构39家；共投入专项经费117万元，开展合作项目58个，校企深度合作、互利共赢、共生发展的局面初步显现。

〔**积极推进“模块式”教学改革试点**〕 2008年，湖南在职业教学中认真组织“模块式”教学改革的理论研究和实践探索，在国内外职业教育“模块式”教学比较研究、“模块式”教学模式构建、“模块式”教学模式与学分制实施等方面取得了积极进展。“模块式”教学是对传统课程与教学的全面改造。湖南初步开发出了4个专业“模块式”教学课程标准和教学大纲，并在4所高职学院的试验专业进行了深入实践，将试点范围扩大到了2所中等职业学校。2008年年底，省教育厅成功举办了全省“模块式”教学骨干培训班，来自全省62所高职学院和部分中职学校的150余名骨干教师参与了研讨培训，初步形成“模块式”教学改革的骨干队伍。

〔**深入开展职业院校人才培养水平评估**〕　2008年，湖南认真组织怀化职业技术学院等17所高职学院参加高职学院人才培养工作水平评估，其中怀化职业技术学院、湖南铁路科技职业技术学院等15所高职学院被评为优秀等级，湘西民族职业技术学院、湖南民族职业学院被评为良好等级。至此，在全省已完成第一轮评估的50所高职学院中，获得优秀等级的达41所，优秀率82%。与此同时，根据教育部《高等职业院校人才培养工作评估方案》，湖南省教育厅制定了《湖南省高等职业院校人才培养工作评估实施细则》及《湖南省高职院校2008－2015年人才培养工作评估总体规划》，2008年完成了人才培养状态数据的采集工作，并在湖南理工职业技术学院、湖南电气职业技术学院开展试点工作，着手部署并启动了新一轮职业院校人才培养水平评估。

〔**建立职业院校技能竞赛制度**〕　2008年，湖南省教育厅、省劳动和社会保障厅等7厅委联合印发《关于举办2008’湖南省职业院校春季技能竞赛暨参加2008年全国职业院校技能大赛的通知》，明确从2008年起，每年分上下学期举行两次职业院校技能大赛，覆盖所有专业大类。4月和11月下旬，先后成功举办了2008年全省职业院校春季和冬季技能竞赛。6月28日—29日，在天津举行的全国职业院校学生技能大赛中，湖南省选派的49名选手参加了高职组4个项目、中职组15个项目的个人和团体比赛，共获得一等奖5个、二等奖14个、三等奖12个，参赛项目获奖率达100%，参赛选手获奖率达94%。

〔**积极参与农村劳动力转移培训阳光工程**〕　2008年，湖南省职业院校继续积极参与六部委农村劳动力转移培训“阳光工程”，共有257所职业院校成为第五批“阳光工程”培训基地，占全省培训基地总数的36.4%，培训农民工7.88万人，占全省培训总量的34.2%。

高 等 教 育

〔**高水平大学和重点学科建设**〕　2008年，湖南省中南大学、湖南大学、国防科技大学、湖南师范大学开始全面启动“211工程”三期建设，四校的“211工程”三期建设方案均顺利通过专家论证并获得国家主管部门批复同意，国家总投入将达到3.22亿元。与此同时，湖南省进一步加强省级重点学科的建设与管理，全年共投入重点学科专项建设经费超过1亿元，其中省教育厅投入3 000万元，比上年增加24%。召开全省重点学科建设与管理研讨会，推动学校和学科将建设重点引导到凝炼方向、构筑平台和培育队伍上来。

〔**进一步加强普通高等学校本科专业结构调整**〕　2008年，湖南省教育厅出台《关于进一步加强普通高等学校本科专业结构调整工作的意见》，提出以湖南经济社会发展需求和大学生就业率为主要依据，优先发展与湖南十大重点扶植、重点发展产业密切相关的专业以及毕业生就业形势好的专业，大力发展与新农村建设及两型社会建设相适应的专业，积极培育和增设新兴、边缘、交叉学科专业，鼓励和支持发展与国计民生、国家安全、国家利益密切相关的专业等。同时，严格控制布点过多、毕业生就业率过低的专业增设新点，坚决撤并重复布点过多、社会需求量明显下降、办学水平不高、办学效益较低的专业点等。经评审并报教育部审核或批准，全省24所本科院校增设本科专业59个，12所独立学院增设本科专业27个，3所专科学校增设7个专业，另有1个专业调整修业年限，1个专业予以撤销。

〔**全面启动高校省级质量工程项目建设**〕 2008年，湖南省教育厅印发了《关于实施湖南省普通高等学校教学质量与教学改革工程的意见》，全面启动普通高等学校省级质量工程项目建设。共遴选并立项建设省级特色专业198个，省级精品课程100门，省级教改项目312项，省级实践教学示范中心40个，省级优秀实习基地60个，大学生研究性学习和创新性实验计划项目314个，省级教学团队50个，省级教学名师32名，省青年教学能手97名，省优秀教研室98个。同时，组织全省高校积极申报国家质量工程项目，在2008年教育部和财政部批准立项的项目中，湖南省入选高等学校特色专业建设点24个，国家级实验教学示范中心建设单位7个，国家级精品课程20门，国家级教学团队14个，国家级教学名师5名，双语教学示范课程3门，5所高校列入大学生创新性实验计划项目学校，全省入选国家质量工程项目的数量位居全国前列。

〔**全面实施研究生教育创新工程**〕 2008年，湖南按照“深化改革、优化结构、创新机制、提高质量”的工作思路，全面实施研究生教育创新工程，立项资助54个学位与研究生教育教改研究项目；进一步加强“创新基地”建设，积极探索研究生培养机制改革，依托株洲时代新材料科技股份有限公司建设10个研究生培养创新基地；启动首次研究生科研创新项目申报工作，共评选150个研究生科研创新项目，有效地促进了研究生创新能力培养；进一步完善研究生教育质量保证体系，共抽样检查博士、硕士学位论文555篇，评选优秀博士学位论文30篇，优秀硕士论文150篇，并从中推荐19篇博士学位论文参加2009年全国优秀博士论文评选。2008年，全省在校全日制研究生达到46 815人，非全日制在学研究生18 484人，分别比上年增长7.19％、25.2％。

〔**进一步夯实高校科技创新平台基础，科研成果丰硕**〕 2008年，湖南高校科技创新平台基础进一步夯实。全年共新增1个国家工程实验室和5个教育部重点实验室，新立项35个“湖南省普通高等学校重点实验室”和16个“湖南省普通高校哲学社会科学重点研究基地”。特别是中南林业科技大学“南方林业生态应用技术实验室”立项为国家工程实验室，实现了省属高校国家重点实验室“零”的突破。中南大学“粉末冶金国家工程研究中心”在国家工程研究中心首次评估中排名第一。科技攻关能力进一步增强。全省高校2008年共新增国家自然科学基金项目455项、国家杰出青年科学基金项目3项、国家社会科学基金项目85项，分别占全省新增总量的98％、100％和91％。全省高校全年共参与获得国家科技进步奖特等奖1项、获得国家科技奖9项、获得省科技进步一等奖12项，分别占全省获奖总数的100％、53％和80％；获得教育部科技进步奖12项，其中一等奖8项。另外，中南大学校长黄伯云院士领衔的“C/C复合材料航空刹车副国家重点工业化实验项目”，获得“国家高技术产业化十年成就奖”；湖南大学钟志华院士和中南大学何清华教授获得省科学技术杰出贡献奖。与此同时，产学研合作进一步推进。2008年启动并遴选确定了21个“湖南省高校产学研合作示范基地”，支持和引导高校与企业、科研院所、工业园区建立全面的战略合作关系，围绕湖南重点支柱产业发展中的关键和共性技术建设一批产学研合作基地；合作承办了2008中国（长沙）科技成果转化交易会；组织中南大学、湖南大学、湖南师范大学等八所本科高校与湘西自治州政府联合召开州校科技合作大会，为湘西自治州经济社会发展注入科技创新的强大推力。

〔**中宣部、教育部推介了湖南高校思想政治理论课建设工作经验**〕 2006年以来，湖南高校始终坚持以高质量实施思想政治理论课“05新方案”为重点，以增强教学实效性为目标，大力推进思想政治理论课改革与创新。省教育厅2008年先后召开专题会议安排部署新课程统一开课工作，全省72所高校的党政领导承担了新生基础课的部分教学任务；共培训教师近9 000人次，基本实现全员培训上岗的目标；组织开展高校思想政治教育优秀网站（页）评选、“精彩一课”教学示范片评选、多媒体课件制作竞赛等活动，开展了高校思想政治教育课题单独立项工作，把有关新课程教学中的重点、难点、热点问题研究的47项课题列入省社科基金项目予以资助。2008年7月，在全国加强和改进高校思想政治理论课工作会议上，中宣部、教育部推介了湖南高校思想政治理论课建设工作经验。有关调查也表明，湖南大学生对思想政治理论课教学效果“满意”或“比较满意”的达到85%以上，对思想政治理论课教师“满意”和“比较满意”的达90.3%。

撰稿　杨金洪　刘　慧　周　军
朱日红　张和生　樊国斌
黎佑甫　潘　军　贺星辉
汪忠明　刘　婕
审稿　汤汉文　陈飞跃　王俊良

广东省教育

概　　况

〔基本情况〕

2008 年各级各类学校校数、教职工、专任教师情况

	学校数（所）	教职工数（人）	专任教师数（人）
一、高等教育			
（一）研究生培养机构（不计校数）	(31)		
1. 普通高校	(23)		
2. 科研机构	(8)		
（二）普通高等学校	125	110 034	69 223
1. 本科院校	54	76 831	46 922
其中：独立学院	17	10 210	7 333
2. 专科院校	71	33 203	22 301
其中：职业技术学院	67	30 970	20 934
3. 其他机构（点）（不计校数）			
（三）成人高等学校	19	9 378	5 503
（四）民办的其他高等教育机构	42	1 737	905
二、中等教育	5 196	487 655	417 644
（一）高中阶段教育	1 853	487 655	170 285
1. 高中	1 036	412 801	110 758
普通高中	1 018	412 718	110 689
成人高中	18	83	69
2. 中等职业教育	817	74 854	59 527
普通中专	363	36 826	25 254
成人中专	35	2 161	1 431
职业高中	191	12 893	10 377
技工学校	228	21 283	21 334
其他机构（教学点）（不计校数）	(82)	1 691	1 131
（二）初中阶段教育	3 343		247 359

续表

	学校数（所）	教职工数（人）	专任教师数（人）
1. 普通初中	3 334		247 359
2. 职业初中			
3. 成人初中	9		
三、初等教育			
（一）普通小学	19 271	476 680	416 608
（二）成人小学	105	105	
其中：扫盲班	105	105	
四、工读学校	2	227	47
五、特殊教育	67	2 262	1 717
六、学前教育	10 533	191 444	111 597

注：普通高中的教职工数中包含普通初中的教职工数。

2008 年各级各类学历教育学生情况

	毕业生数（人）	招生数（人）	在校生数（人）
一、高等教育			
（一）研究生	16 174	21 121	58 833
博　士	2 327	3 121	11 466
硕　士	13 847	18 000	47 367
（二）普通本专科	282 469	384 481	1 216 390
本　科	118 967	183 601	650 329
专　科	163 502	200 880	566 061
（三）成人本专科	129 315	159 472	444 980
本　科	43 723	47 251	147 531
专　科	85 592	112 221	297 449
（四）其他各类高等学历教育			
1. 在职人员攻读博士、硕士学位		6 617	21 061
2. 网络本专科生	17 503	24 718	55 705
本　科	11 948	13 845	32 281
专　科	5 555	10 873	23 424
3. 其他			
二、中等教育	2 313 202	3 073 209	8 333 239
（一）高中阶段教育	883 231	1 269 573	3 354 414
1. 高中	535 275	668 073	1 818 204
普通高中	534 880	668 073	1 817 646
成人高中	395		558
2. 中等职业教育	347 956	601 500	1 536 210
普通中专	175 336	299 950	751 907
成人中专	14 291	17 529	45 359

续表

	毕业生数（人）	招生数（人）	在校生数（人）
职业高中	55 673	80 642	203 505
技工学校	102 656	203 379	535 439
（二）初中阶段教育	1 429 971	1 803 636	4 978 825
1. 普通初中	1 429 971	1 803 636	4 978 825
2. 职业初中			
3. 成人初中			
三、初等教育	1 868 785	1 315 880	9 565 708
（一）普通小学	1 867 640	1 315 880	9 564 740
（二）成人小学	1 145		968
其中：扫盲班	1 145		968
四、工读学校	121	131	248
五、特殊教育	3 484	3 588	25 125
六、学前教育	975 273	1 181 290	2 323 511

注：特殊教育学生数中包括普通中小学随班就读的学生。

2008 年各级各类非学历教育学生情况

	毕（结）业生数（人）	注册生数（人）
总　　计	2 045 747	1 894 513
一、高等教育	186 711	124 138
（一）研究生课程进修班	2 992	4 330
（二）自考助学班	11 516	37 280
（三）普通预科生		844
（四）进修及培训	172 203	81 684
其中：资格证书培训	42 827	20 159
岗位证书培训	20 357	8 219
二、中等教育	1 859 036	1 770 375
其中：资格证书培训	273 318	210 971
岗位证书培训	356 040	277 758
（一）中等职业教育	500 273	399 459
其中：资格证书培训	140 433	96 077
岗位证书培训	203 822	163 233
（二）职业技术培训机构	1 358 763	1 370 916
其中：资格证书培训	132 885	114 894
岗位证书培训	152 218	114 525

2008 年各级各类民办教育基本情况

	学校数（所）	毕业生数（人）	招生数（人）	在校生数（人）	教职工数（人）	专任教师数（人）	另有其他学生数（人）
一、民办高等教育							
（一）民办高校	45	48 202	123 708	341 148	22 721	15 565	312
本科学生		9 441	47 993	139 304			
专科学生		38 761	75 715	201 844			
其中：独立学院	17	15 799	54 025	160 334	10 210	7 333	182
本科学生		9 441	43 163	125 233			
专科学生		6 358	10 862	35 101			
（二）民办其他高等教育机构	42				1 737	905	23 840
二、民办中等教育							
（一）高中阶段教育	273	56 926	106 448	263 750	53 735	36 805	9 959
1. 民办普通高中	115	24 115	33 678	88 510	44 300	31 181	
2. 民办中等职业教育	158	32 811	72 770	175 240	9 435	5 624	9 959
（二）初中阶段教育	646	112 320	199 366	504 914			
1. 民办普通初中	646	112 320	199 366	504 914			
2. 民办职业初中							
三、民办普通小学	821	190 767	244 443	1 360 827	77 996	55 967	
四、民办幼儿园	7 386	417 270	482 741	1 249 323	135 564	78 424	
另有：民办培训机构（不计校数）	（1 216）				15 330	7 870	924 963

注：1.“另有其他学生数”包括：学历文凭考试学生、自考助学班学生、预科生、进修及培训学生数；
2. 民办普通高中的教职工和专任教师数中包含民办普通初中的教职工和专任教师数；
3.“（ ）”内数据为不计校数。

〔**教育事业发展**〕 2008 年，广东省教育工作紧紧围绕发展与和谐两大主题，扎实开展解放思想学习讨论活动和深入学习实践科学发展观活动，继续解放思想，坚持改革创新，努力破解教育科学发展难题，全面实现全省城乡免费义务教育，高中阶段毛入学率达到 72%，高等教育毛入学率达到 27%，解决中小学代课人员和教师工资福利待遇问题取得较大进展，师资队伍建设有新的加强，促进了全省教育事业的科学发展、优先发展，为广东省经济社会发展作出了新的贡献。

〔**教育投入**〕 2008 年，全省地方教育经费总投入 1 166 亿元，比上年增长 8.62%。其中，财政性教育经费为 801 亿元，比上年增长 21%。财政性教育经费占地方生产总值的比例为 2.24%，比上年提高了 0.08 个百分点。预算内教育经费 753 亿元，比上年增长 20.94%，全省财政经常性收入为 3 287.15 亿元，比上年增长 19.59%，预算内教育经费增长高出财政经常性收入增长 1.35 个百分点。

各级学校生均预算内教育事业费支出和公用经费支出情况见下表：

项　　目	2007 年	2008 年	增长(%)
一、生均预算内教育事业费支出（元）			
普通小学	2 053.92	2 470.06	20.26
普通初中	2 742.77	3 206.87	16.92
普通高中	3 778.38	4 311.32	14.10
普通高校	10 597.39	10 622.18	0.23
二、生均预算内公用经费支出（元）			
普通小学	449.2	543.91	21.08
普通初中	732.95	834.51	13.86
普通高中	878.76	1 074.21	22.24
普通高校	5 235.95	5 133.69	－1.95

〔**解决中小学代课人员和教师工资福利待遇问题**〕 2008 年初，组织开展了全省中小学代课人员和教师工资福利待遇问题调研，提出了解决问题的政策建议。根据省政府办公厅 57 号、58 号文件要求，下半年又会同有关部门开展全省中小学代课人员和教师工资福利待遇情况调查摸底工作，制定并发布了经济欠发达地区“代转公”招录考试大纲，2009 年 1 月 10 日举行了首次“代转公”招录考试。

〔**体育、卫生、艺术和国防教育工作**〕 成功举办广东省第九届中运会。体育测试全面纳入中招考试范畴。全省学校食品卫生安全工作总体情况平稳。2008 年 12 月 8 日—12 日，国家教育督导团中小学体育卫生工作专项督导检查组检查后认为，广东省的学校体育卫生工作，跻身全国先进行列。加强艺术教育师资队伍建设，组织全省第二届大学生艺术展演、“高雅艺术进校园”、学校艺术教育展演等活动，促进了学校艺术教育的普及与提高。组织开展全省学生军训工作，完成大学生征兵任务，在教育部、总参谋部、总政治部联合调研组的两次检查中均得到了肯定。

〔**学生助学工作**〕 义务教育“两免一补”（向农村义务教育阶段的贫困家庭学生免费提供教科书、免除杂费，并给寄宿生补助一定生活费）工作稳步推进。2008 年全省“两免”学生共 1 230.29 万人，省、市、县三级政府财政“两免”补助资金共 59.26 亿元。从 2008 年春季学期起，在享受生活费补助政策的学生中按 20%的比例界定为特殊困难学生，按小学每生每年 500 元、初中每生每年 750 元的标准给予生活费补助，其余学生按每生每年 200 元标准补助，所需资金全部由省财政承担。2008 年省财政生活费补助资金 2.78 亿元，100.9 万名学生受惠。落实中职学校国家助学金制度，2008 年有 42 万名中职学生受益。完善高校各项资助政策，全省 108 所普通高校（包括民办高校和独立学院）163 555 名学生享受到近 3 亿元国家奖学金、国家励志奖学金、国家助学金的资助，108 所高校新增 6.95 万人获得 3.81 亿元国家助学贷款。

〔**教育装备建设**〕 统筹规划经济欠发达地区 15 个地级市的工程项目，统筹安排 2007 年新装备工程省财政专项补助经费 3 000 万元和各地自筹资金 3 000 万元，制定 2008 年义务教育装备建设专项补助经费 8 000 万元的安排方案，改善全省经济欠发达地区农村中小学实验教学条件。召开全省高校教育装备工作会议，对第二批广东省普通高校重点实验室进行现场验收，加强高校实验室和仪器设备管理。落实标准化采购管理流程，依法加强对政府采购代理机构的管理，规范内部管理，2008 年完成政府采购项目 372 个，计划支出资金 10.47 亿元，实际支出 9.46 亿元，节约 1.01 亿元，节约率达 9.69%。

〔**教育审计工作**〕 2008 年，全省教育系统共开展各项审计工作 21 241 项，促进增收节支 47 444 万元。省教育厅被国家审计署评为全国内审工作先进单位。

〔**语言文字工作**〕 全面启动二类城市语言文字工作评估，茂名、梅州、中山三个城市率先启动迎评工作并通过了评估认定。举办第二十期省级普通话水平测试员资格考核培训班，124 名学员通过了考核，成为省级普通话水平测试员。佛山、中山、梅州完成公务员普通话测试。全省全年普通话水平测试量超过12万人次。开展了第十一届全国推广普通话宣传周活动。广东语言文字网增设了视频新闻、普通话测试管理系统等4个栏目，发表稿件数量为2007年的4倍多。

〔**教育系统党风廉政建设**〕 扎实开展全省高校和省教育厅机关纪律教育学习月活动，积极开展廉政文化进校园活动，进一步提高了全省教育系统广大党员干部和师生的廉洁意识。制定了《关于2008年广东省加强高校反腐倡廉建设的工作意见》，制定校务公开量化考评办法，出台多项执法监察新举措，进一步健全了党风廉政制度。积极开展民主评议政风行风活动，扎实推进治理商业贿赂专项工作，大力加强招生考试执法监察，进一步提高了监督效能。继续加大办案工作力度，2008年，省教育纪工委立案10件10人，其中涉及处级干部6人；处分10人，其中处级干部4人；审理批复高校案件8件8人，涉及处级干部7人。重点查处了2008年普通高校招生体育学科考试舞弊案件。查处学校违规收费金额237.69万元，处理教育乱收费责任人29人。

〔**高中教育**〕 普及高中阶段教育工作成绩显著，全省高中阶段教育招生达到126.6万人（其中普通高中招生66.8万人、中职学校招生59.8万人），比去年增加11.2万人，增幅为9.7%；全省高中阶段教育在校生达到336.4万人（其中普通高中在校生181.8万人，中职学校在校生154.6万人），比去年增加27.3万人，增幅为8.8%；高中阶段教育普职比为54∶46，基本实现了普通高中与中职学校比例大体相当；全省户籍适龄人口高中阶段教育毛入学率达到72%，比2007年提高近6个百分点。韶关市率先在欠发达地区实现普及高中阶段教育目标。

〔**建立高中阶段教育招生统一服务平台**〕 通过平台建立了全省初中毕业生基本信息数据库，库内已有1 500多所初中、123万名初中毕业生数据。2008年，全省在该平台进行招生录取的中等职业学校589所、技工学校171所、五年制大专14所。第一阶段（集中录取阶段）录取了81.87万学生，其中普通高中59.76万（普通高中学校招生由各市教育部门组织，通过平台报送数据），中职学生22.11万。第一阶段集中录取结束后，平台继续向中职学校开放，由各校通过平台的初中毕业生数据库自行组织生源进行录取，扩大招生对象到往届初中毕业生、进城务工人员、高中毕业生等。截至2008年11月底，通过平台共录取917 380人，其中普通高中录取606 298人，中职学校录取311 082人。

〔**推进“建校扩校工程”**〕 2008年，全省普通高中学校新增建筑面积82万平方米，中职学校新建、扩建面积86万平方米，另有40万平方米在建。省“十一五”规划重大项目“中等职业技术教育工程”第一批（2008年度分解计划）共72所中职学校建设项目已下达，共计投入资金24亿元，建筑面积达440万平方米。

〔**学校基础能力建设**〕 2008年新增示范性高中129所，另有9所申报省一级的普通高中接受评估。完成123所“省重”、“国重”中等职业技术学校的复评复查工作。建设中等职业技术教育国家级实训基地8个，全省总数达到26个。2007年年底到2008年，省专项资金拨款2.2亿元支持公共实训中心建设。中等职业学校骨干教师参加省级培训2 000多人次，国家级培训300人次，“双师型”教师比例得到提高。

〔**普通高中新课程实验改革进一步深化**〕 继续推进普通高中新课程改革、素质教育的深入开展以及高考改革方案的实施。普通高中学校进一步深化教学与课程改革，整合、开发教学资源，丰富课程内容，完善课程管理体系，改进课堂教学方法，促进教师教学方式和学生学习方式的转变，培养学生的创新精神和实践能力，将学生的升学与成长有机结合起来，实现学生、教师、学校的共同发展，逐步形成良好的教育生态环境。

基 础 教 育

〔**综述**〕 继2007年秋季在全国率先实现农村全免费义务教育后，2008年春季全省城镇实施免费义务教育，全面实现了全省城乡义务教育阶段学生免缴学杂费、课本费的目标。

农村义务教育学校危房改造工程省级总验收及复查。截至2008年7月，全省共拆除危房415万平方米，拆除率达100%；维修危房299万平方米，维修率达100%；新建校舍共竣工405万平方米，竣工率达到95%。

制定广东省义务教育“千校扶千校”行动计划实施方案。计划在珠江三角洲地区和全省地级市城区、县城所在地组织1 000所义务教育阶段学校，采用“一帮一”方式，对口帮扶欠发达地区农村、城镇薄弱学校。

〔**迎接和宣传2008年北京奥运会**〕 组织中小学开展奥林匹克教育，组织全省中小学参加教育部与奥组委联合主办的“北京2008奥林匹克教育优秀案例征集活动”，经过严格评选，全省共有4所中小学入选《北京2008奥林匹克教育优秀案例集》，省教育厅被授予优秀组织奖，并受到奥组委表彰。

〔**办好内地西藏班、新疆高中班**〕 全省2008年内地新疆高中班招生945人，比2007年增加65人，在校生3 056人，比2007年增加649人。2008年暑假开通了全国唯一的广州至乌鲁木齐新疆班学生专列。5所学校有西藏班，在校学生共795人，其中初中生732人，高中插班生63人。

〔**中小学德育工作**〕 召开全省创新发展未成年人思想道德建设工作经验交流会，总结推广广州市荔湾区德育工作经验；成功举办首届全省中小学德育创新评奖活动，126项成果获奖；成功举办全省“聚焦课堂，提高中小学思想道德素质”教学经验总结交流活动，280个课例获优质课奖；成功举办第二届全省优秀班主任专业能力大赛，67名班主任获奖；印发中小学心理健康教育四个规范性文件，培训教师48 224人，推进心理健康教育，建立预防、预警、干预工作机制；开展“感受建设成就 感悟时代精神”纪念改革开放30周年主题教育系列活动；推动创建“书香校园”活动，202所中小学校被评为省级“书香校园”；以专业成长为主题，加强班主任和校长骨干队伍建设；128个德育课题结题，德育工作的科学性进一步提高。

〔**农村教师队伍建设**〕 启动“高校毕业生到农村从教上岗退费”政策，建立起农村教师补充的新机制。实施“师范生实习支教、置换农村教师培训”政策，初步建立起师范生培养和农村教师培训一体化、互助共赢的机制。继续实施“农村山区教师攻读教育硕士学位学费补助计划”和“农村学校教育硕士师资培养计划”，农村教师学历水平得到进一步提高。

〔**教师及校长培训与交流**〕 完成2 000名中小学骨干教师和1 500名高中新任教师培训。英特尔未来教育项目培训中小学教师1.2万名。组织广州市、深圳市、惠州市、潮州市400名骨干班主任参加了“2008年中小学班主任国家级专项培训计划”。开展“百千万人才工程”省级培养对象的遴选工作，加强中小学骨干教师和骨干校长的培养，第三期和第四期共524人正在培养当中。创新校长培训和干训工作，组织23名中学校长赴英国培训，清远、梅州、肇庆、云浮150名校长参加农村初中校长提高培训班，300名中小学校长、50名中职学校校长接受提高培训，选派60名农村中小学校长在省内挂职锻炼，100名校长分赴上海、江苏、湖北等名校进行异地跟岗体验学习。举办市、县教育局长学习研讨班。完成“2008年对口支援广西壮族自治区农村教师专项培训”国家项目。

〔**初步建立教育经费投入的长效机制**〕 从2008年春季学期起逐步提高农村中小学公用经费标准。农村“普九”债务化解试点工作铺开。职业技术教育生均综合定额拨款制度改革方案正在完善。教育收费政策进一步完善。

〔**中小学教职员工编制管理**〕 2008年2月，省教育厅会同省编办、财政厅、人事厅印发《广东省中小学教职员编制标准实施办法》，编制管理工作更加符合教育事业发展需要。4月，省教育厅会同省编办、财政厅、人事厅和省残联印发《广东省特殊教育学校教职员编制标准实施办法》，在全国范围内率先出台关于特殊教育学校教职员编制管理的规范性文件。

〔**基础教育课程改革**〕 总结并推广了广东实验中学等一批课程改革实验区的先进经验。建立校本教研基地和新课程实验样本学校，为全省中小学课程改革提供了一批示范基地和示范学校，促进了教学质量的提高。实施新修订的《广东省中小学地方教材编写审定管理办法》，确保地方教材质量。2008年共审议地方教材21套，其中立项7套、初审7套、审定7套。

〔**教育督导工作**〕 截至2008年年底，全省有6个市被评为“教育强市”，30个县（市、区）被评为“教育强区”，221个镇（街道）被评为“教育强镇（街道）”。区域教育现代化试点评估工作启动。

职 业 教 育

〔**中等职业技术教育战略性结构调整**〕 省教育厅与省劳动和社会保障厅联合下发了《关于印发珠江三角洲各市中等职业技术学校和技工学校招收东西两翼与粤北山区学生的实施办法的通知》。各地积极探索、创新生源转移的方式与途径。2008年珠三角地区中等职业技术学校共招收欠发达地区应届初中毕业生15万人，超额完成了计划。

〔**创新办学机制和人才培养模式**〕 职教集团建设稳步推进。“三段式”联合办学取得突破。工学结合人才培养模式改革进一步推开。全省共有178所中职学校实施工学结合、顶岗实习培养模式。校企合作、“订单”培养等改革措施逐步实施，项目教学法、一体化教学法等得到推广，“双证书”制度逐步落实，探索出了“顺德职教模式”等现代职业技术教育发展的新思路。

〔**实施智力扶贫工作**〕 广东省委省政府首次在教育系统中等职业技术学校实施贫困家庭子女免费接受职业技术教育的优惠政策，与“1+1+1”三段式联合办学结合开展。15个地级市共36所中等职业技术学校承担智力扶贫生第一年的培养任务，6 240名农村贫困学生获得资助，有效推进中等职业技术教育战略性结构调整工程。

〔**中职教育教学改革成绩**〕 全省中职学校毕业生参加已开考的职业资格证书考证率保持在98%以上，其中85%获得中级技能证书、5%获得高级技能证书，就业率继续保持在96%以上。2008年全国中等职业教育技能大赛中，我省选手取得了12个一等奖、9个二等奖、19个三等奖的优异成绩，并获大赛团体二等奖、优秀组织奖，获奖率在全国处于领先位置。

高等教育

〔**高等教育办学结构**〕 2008年，全省有普通高校108所，其中本科院校37所，高职高专71所。另有独立学院17所。全省独立设置的民办普通高校27所，占全省普通高校总数的25%，在校生15万人，占全省普通高等教育在校生总数的12.35%。市属高校33所，占全省普通高校总数的30.56%，普通本专科在校生31万人，占全省普通高等教育在校生总数的25.72%。独立学院共招生5.25万人，其中招收本科生4.33万人；独立学院在校生15.53万人，比上年增加3.67万，其中在校本科生12.42万人。根据“稳步发展、规范管理”的方针，积极支持中山大学、华南理工大学、华南师范大学和其他国内著名大学设立校外学习中心。2008年，全省已有49所试点高校设立了246个远程教育学习中心（点），在校生30.7万人左右。

〔**高等教育自学考试**〕 2008年共组织4次自学考试，开考专业129个（本科专业65个，专科专业64个），开考课程1 528门次，累计报考745 340人次、1 575 254科次，毕业26 735人（本科13 412人，专科13 323人）。全省高等教育自学考试报考人数和毕业生人数在全国都处于领先水平。

〔**高等教育教学质量和办学水平**〕 2008年，全省高等院校新增2家学士学位授权单位、195个授权专业，新增国家级示范高职建设院校和国家重点培育高职院校2所；入选教育部、财政部高等学校教学质量与教学改革工程等国家级项目118项，其中精品课程47门，实验教学示范中心5个，教学名师6人，教学团队15个，第三批特色专业33个，大学生创新实验计划单位2个，中央财政支持实训基地4个。

〔**高校创新能力建设**〕 广东高校工程技术研究（开发）中心顺利启动，高校科技创新平台体系进一步完善。育苗工程计划顺利实施，优秀青年创新人才培养和科研创新团队建设迈出新步伐。产学研结合和科技成果转化力度进一步加大，高校服务地方经济社会发展的效能明显提高。2008年，全省高校获国家自然科学基金项目806项，经费超过2.5亿元，较上年分别增长20.7%和11.5%；专利申请量和授权量较上年分别增长3.6%、50.9%，其中发明专利申请量和授权量同比分别增长5.6%、39.6%；2007年度获国家自然科学奖二等奖3项、国家技术发明奖2项，创历史新高，高校原始创新能力和科技创新实力有较大提高。高校人文社科研究实力和水平进一步提高，获国家社科基金项目85项、资助经费752万元，分别占全省总数的96.6%和96.4%。获教育部人文社会科学研究一般项目110个、资助经费642万元，分别排名在全国第三、四位，地方高校获项目数排名全国第一。

〔**高层次人才培养和引进**〕 召开了全省高校高层次人才工作会议，对新时期高校高层次人才队伍建设工作作出全面部署。继续实施“珠江学者特聘教授岗位计划”，2008年新增特聘教授岗位1个，新上岗特聘教授2人，全省高校珠江学者特聘教授已达26人。积极推进“千百十工程”建设，在全省高校开展第三、四批“千百十工程”培养对象考核工作，遴选出989人作为第五批培养对象进行重点培养。发挥广东省高等学校人才引进专项资金的作用，引进了一批学术造诣深、科研能力强的高层次人才。对全省高校近两年引进的41名高层次人才进行项目资助，金额达1 500万元。

〔**高校思想政治工作**〕 完成对广东外语外贸大学等19所高校思想政治理论课建设的评估，创新思想政治理论课教师队伍建设体系，完善课程教学教材体系建设，加强思想政治教育理论研究，高校思想政治理论课建设水平居全国前列。在全国范围内率先构建大学生信用档案体系，促进了大学生思想道德素质的提高。

〔**高校毕业生就业**〕 2008年，全省参加就业的高校毕业生共296 322人，比上年同期增加77 527人；截至2008年9月1日的初次就业率为90.24%，比上年同期提高了1.64个百分点。

〔**高校领导班子建设**〕 举办暑期读书班、解放思想学习论坛和高校领导干部出国培训班，组织70多名高校领导干部和220多名高校中层干部参加培训和学习，增强领导高校科学发展的能力。全面推行高校领导班子任期制和任期目标考核，公推公选20名优秀人才担任本科高校副职领导职务，抓好高校领导班子的调整配备工作，高校领导班子建设逐步进入制度化、科学化、规范化的轨道。组织实施高校干部交叉挂职工作，加大后备干部培养和锻炼的力度，加强本科与高职院校之间的交流与合作，高校领导班子建设的人才储备得到有效扩充。

〔**高校党的建设**〕 五邑大学等十余所高校召开党代会或党员大会顺利完成党委换届，全省15所民办高校建立了党的组织并配备了专职党务工作者。全省高校以贯彻落实科学发展观为主题，认真开展解放思想学习讨论活动，进一步加强了高校党的理论武装。高校党组织、党员积极参加抗震救灾工作，组建了23支抗震救灾队伍奔赴四川地震灾区，开展医疗防疫、心理救援等服务。党组织关系在省委教育工委的42所高校共有80 087人交纳了特殊党费，共计1 242万元。

撰稿 王 创 徐仕敏 张振超
审稿 文传道

深圳市教育

〔**基本情况**〕

2008年各级各类学校校数、教职工、专任教师情况

	学校数（所）	教职工数（人）	专任教师数（人）
一、高等教育	9	6 417	3 585
（一）研究生培养机构（不计校数）	(4)	663	337
1. 普通高校	(4)	663	337
2. 科研机构			
（二）普通高等学校	4	4 731	2 744
1. 本科院校	1	2 239	1 340

续表

	学校数（所）	教职工数（人）	专任教师数（人）
2. 专科院校	2	2 429	1 369
其中：职业技术学院	2	2 429	1 369
3. 分校、大专班（点）（不计校数）	(1)	63	35
（三）成人高等学校	1	621	292
（四）民办的其他高等教育机构	1	402	212
1. 学历文凭考试机构	1	402	212
2. 非学历文凭考试机构			
二、中等教育	296	29 106	22 081
（一）高中阶段教育	76	29 106	8 595
1. 高中	57	26 044	6 605
普通高中	57	26 044	6 605
成人高中			
2. 中等职业教育	19	3 062	1 990
普通中等专业学校	3	219	155
成人中等专业学校	3	291	195
调整后中等职业学校	2	433	308
职业高中	5	848	624
技工学校	6	1 271	708
其他机构（教学点）（不计校数）			
（二）初中阶段教育	220		13 486
1. 普通初中	220		13 486
2. 职业初中			
3. 成人初中			
三、初等教育	342	35 816	28 540
（一）普通小学	342	35 816	28 540
（二）成人小学			
其中：扫盲班			
四、工读学校	1	187	19
五、特殊教育	1	295	171
六、学前教育	865	28 483	15 761

注：1. 2008年减少民办的其他高等教育机构一所（广东建华职业技术学院）；
2. 普通高中的教职工数包含普通初中数据；
3. 技工学校无分省数据；
4. 2008年工读学校教职工包括不在编教职工数，与其他年度不可比。

2008年各级各类学历教育学生情况

	毕业生数（人）	招生数（人）	在校生数（人）
一、高等教育	20 674	29 550	89 835
（一）研究生	1 948	2 557	7 783
（二）普通本专科	11 616	17 803	56 892

续表

	毕业生数（人）	招生数（人）	在校生数（人）
（三）成人本专科	7 110	9 190	25 160
（四）其他各类高等学历教育			
1. 在职人员攻读博士、硕士学位			
2. 网络本专科生			
3. 学历文凭考试			
二、中等教育	90 937	126 439	339 650
（一）高中阶段教育	32 800	47 382	125 534
1. 高中	22 479	32 397	84 823
普通高中	22 479	32 397	84 823
成人高中			
2. 中等职业教育	10 321	14 985	40 711
普通中专	100	145	660
成人中专	3 371	3 872	10 022
调整后中等职业学校	1 889	2 443	7 070
职业高中	2 867	3 738	9 954
技工学校	2 094	4 787	13 005
（二）初中阶段教育	58 137	79 057	214 116
1. 普通初中	58 137	79 057	214 116
2. 职业初中			
3. 成人初中			
三、初等教育	88 805	98 525	585 852
（一）普通小学	88 805	98 525	585 852
（二）成人小学			
其中：扫盲班			
四、工读学校	37	51	98
五、特殊教育	306	240	982
六、学前教育	65 231	71 062	191 222

注：其他各类高等教育学生数未包含成人高校举办的学生数。

2008 年各级民办教育基本情况

	学校数（所）	毕业生数（人）	招生数（人）	在校生数（人）	教职工数（人）	专任教师数（人）
一、民办高等教育	1	922	1 618	5 181	402	212
（一）普通高校	1	922	1 618	5 181	402	212
（二）成人高校						
（三）民办的其他高等教育机构						
二、民办中等教育机构	162	20 463	36 992	91 687	7 699	5 395
（一）高中阶段教育	20	4 381	7 130	16 921	7 699	5 395
其中：民办普通高中	20	4 381	7 130	16 921	7 699	5 395

续表

	学校数（所）	毕业生数（人）	招生数（人）	在校生数（人）	教职工数（人）	专任教师数（人）
民办中等职业教育						
（二）初中阶段教育	142	16 082	29 862	74 766		
其中：民办普通初中	142	16 082	29 862	74 766		
民办职业初中						
三、民办普通小学	87	36 815	48 792	270 067	15 785	11 375
四、民办幼儿园	803	57 789	63 956	168 863	25 234	13 933

注：1. 民办高校是广东新安职业技术学院，2008 年数据包括了广州校区数据；
2. 民办普通高中的教职工数和专任教师数包含民办普通初中数据。

〔**综述**〕 2008 年，深圳市有各级各类学校 1 515 所（其中：公办学校 457 所，占 30.17%，民办学校 1 058 所，占 69.83%），比上年增加 44 所，增长 3%。实际招生 325 867 人（其中：公办学校招生 171 679 人，占 52.68%，民办学校招生 154 188 人，占 47.32%），比上年增加 17 797 人，增长 5.8%。毕业生 265 990 人（其中：公办学校毕业 148 743 人，占 55.92%，民办学校毕业 117 247 人，占 44.08%），比上年增加 17 720 人，增长 8.5%。在校学生 1 207 639 人（其中：公办学校在校生 665 623 人，占 55.12%，民办学校在校生 542 016 人，占 44.88%），比上年增加 60 910 人，增长 5.3%。教职工 100 304 人，增长 9%，其中专任教师 70 157 人，增长 8.1%。

高等教育。全市普通高等学校 8 所，比 2007 年减少 1 所（暨南大学中旅学院为二级学院，不单独计学校数）。招生 20 360 人（研究生 2 557 人，本科 6 751 人，专科 11 052 人），增长 8.26%。毕业生 13 568 人（研究生 2 462 人，本科 3 787 人，专科 7 319 人），增长 5%。在校学生 64 675 人（研究生 7 783 人，本科 24 584 人，专科 32 308 人），增长 9.8%。教职工 5 796 人，增长 6.2%，其中专任教师 3 293 人，增长 5%。成人高等学校 1 所（深圳电视大学）。成人高等教育（包括深圳电视大学、深圳大学成教学院，深圳职业技术学院、深圳信息职业技术学院、广东新安职业技术学院的函授部）招生 9 190 人，毕业生 7 110 人，在校学生 25 160 人，教职工（仅电视大学）621 人，其中专任教师 292 人。

基础教育。全市小学 342 所（其中：公办 255 所，占 74.56%，民办 87 所，占 25.44%）；小学招生 98 525 人（其中：公办 49 733 人，占 50.48%，民办 48 792 人，占 49.52%），增长 0.4%；毕业生 88 805 人（其中：公办 51 990 人，占 58.54%，民办 36 815 人，占 41.46%），增长 4.8%；在校学生 585 852 人（其中：公办 315 785 人，占 53.90%，民办 270 067 人，占 46.10%），增长 1.85%。小学在校生中户籍生 155 130 人，占 26.48%；非深户籍 430 722 人，占 73.52%。小学学龄儿童入学率和小学毕业生升学率继续保持 100%。教职工 35 816 人，增长 5.4%，其中专任教师 28 540 人，增长 4.9%。

全市普通初中 220 所（其中：公办 78 所，占 35.45%，民办 142 所，占 64.55%）；初中招生 79 057 人（其中：公办 49 195 人，占 62.23%，民办 29 862 人，占 37.77%），增长 6.95%；毕业生 58 137 人（其中：公办 42 055 人，占 72.34%，民办 16 082 人，占 27.66%），增长 15.2%；在校学生 214 116 人（其中：公办 139 350 人，占 65.08%，民办 74 766 人，占 34.92%），增长 5.8%。初中在校生中户籍生 93 140 人，占 43.50%；非深户籍 120 976人，占 56.5%。专任教师 13 486人，增长 10.5%。

全市普通高中 57 所（其中：公办 37 所，占 64.91%，民办 20 所，占 35.09%）；招生 32 397 人（其中：公办 25 267 人，占 79.7%，民办

7 130 人，占 22.01%），增长 15%；毕业生 22 479 人（其中：公办 18 098 人，占 80.51%，民办 4 381 人，占 19.49%），增长 8.6%；在校学生 84 823 人（其中：公办 69 577人，占 78.49%，民办 18 246 人，占 21.51%），增长 10.5%。高中在校生中户籍生 66 577 人，占 78.49%；非深户籍 18 246 人，占 21.51%。专任教师 6 605人，增长 17.2%。

全市学前教育机构 865 所，增加 46 所。招生（含学前班，下同）71 062 人，增长 12%；离园幼儿 65 231 人，增长 10.3%；在园幼儿 191 222 人，增长 12.8%；教职工 28 483 人，增长 10.8%，其中专任教师 15 761 人，增长 9.6%。

职业与成人教育。中等职业学校 20 所（含技工学校 7 所），招生 13 819 人，毕业生 8 575人，在校学生 37 221 人。教职工 3 062 人，其中专任教师 1 990 人。成人中学 2 所，注册学生 2 867 人，毕业生 1 528 人，在校学生 2 867人。

〔**教育经费投入有较大增长**〕 2008 年全市教育经费总投入 143.99 亿元，比上年增加 15.18 亿元，增长 11.78%。其中，预算内教育经费投入 100.44 亿元，比上年增加 13.51 亿元，增长 15.54%。

2008 年全市财政一般预算收入 800.36 亿元，比上年增加 142.3 亿元，增长 21.62 %；同年全市财政教育经费（含附加）投入 108.42 亿元，比上年增加 14.64 亿元，增长 15.61%。财政教育经费拨款增长低于财政一般预算收入增长（低了 6.98 个百分点）。

2008 年普通高校生均预算内教育事业费 25 909 元，比上年增加 122 元，增长 0.47%；职业高中生均预算内教育事业费 14 193 元，比上年增加 1 310 元，增长 10.17%；普通高中生均预算内教育事业费 15 462 元，比上年增加 203 元，增长 1.33%；普通初中生均预算内教育事业费 11 898 元，比上年增加 1 740 元，增长 17.13%；普通小学生均预算内教育事业费 8 665 元，比上年增加 1 380 元，增长 18.94%。

2008 年普通高校生均预算内公用经费 11 836 元，比上年减少 1 207元，下降 9.25%；职业高中生均预算内公用经费 2 176 元，比上年减少 146 元，下降 6.29%；普通高中生均预算内公用经费 3 733 元，比上年减少 651 元，下降 14.85%；普通初中生均预算内公用经费 2 453 元，比上年增加 491 元，增长 25.03%；普通小学生均预算内公用经费 2 016 元，比上年增加 563 元，增长 38.74%。

〔**加强教育督导工作**〕 2008 年，深圳市教育局紧紧把握教育均衡、优质发展主题，进一步健全督导制度，拓展督导领域，优化督导队伍，提高督导质量和实效。（1）2008 年 10 月—11 月，深圳市连续对全市 6 个区开展大规模的义务教育均衡发展督导，形成近 10 万字的督导报告，反馈各区政府，并上报市政府，充分发挥了监督、检查、评估、指导的职能。（2）2008 年，深圳市共有 26 所普通高中获得“广东省普通高中教学水平优秀”称号。市教育局认真开展等级学校评估和办学效益评估，着力指导示范性高中迎接督导验收工作，研制《深圳市义务教育学校教学水平评估方案》，做好等级学校幼儿园复评前期准备工作。（3）加强队伍建设，进一步提高督学人员的工作水平。2008 年，教育局组织专职督学参加国家级培训，开展教育督导工作交流，组织督学参加省督导室交办的各项工作。

〔**义务教育“双免”惠及 77 万学子**〕 根据国家和广东省城镇义务教育免费政策，深圳市从 2008 年春季学期起实行免费义务教育，对在深圳义务教育阶段学校就读且符合就读条件和免费资质的适龄儿童少年免收义务教育杂费和课本费。与国家和广东省有关政策比较，深圳市增加了免费项目，扩大了免费对象范围，对公办、民办学校实行统一的免费补助标准。截至 2008 年 11 月 13 日，按照深圳市春季义务教育阶段在校生确定符合免费政策资格人数 353 071 人、秋季 417 796 人计算，深圳市 2008 年共落实了免收书杂费市财政补助资金 170 827 532.5 元。

〔**特区外村小改造动工 89 所、完工 26 所**〕 根据深圳市政府办理《转发特区外96所原村办小学标准化改造工作方案的通知》要求，宝安、龙岗、光明新区在完成设备实施配置的基础上，2008年抓紧推进村小校舍改造工程相关工作。至2008年年底，96所原村办小学校舍改扩建学校已全部完成立项工作，市财政共审批概算资金6.12亿元，已下达校舍改扩建政府投资项目资金3.37亿元；已动工建设89所，其中改造维修类26所，完工26所，改扩建类学校动工61所。为推进此项工作，教育局及时向市领导和有关部门通报改造工作的进展情况，共编制了5期《特区外96所原村办小学标准化改造简报》。

〔**加快新建5所寄宿制高中**〕 2008年，在市领导的重视和协调下，深圳市寄宿制高中建设进展较大：第六高级中学用地范围内原两块未办理转地手续的地块，有一块于2008年4月已办好转地手续；基本落实第七高级中学建设用地与民主村工业用地重叠的解决途径。为加快推进5所新建寄宿制高中（第五、第六、第七、第八、第九高级中学）建设用地的征地拆迁补偿进度，经市政府开会协调，前期工作及建设交由项目所在地的宝安、龙岗两区政府实施。7月4日已将5所寄宿制高中建设的前期工作交给宝安、龙岗两区，9月28日完成5所学校前期已发生费用的审计工作，10月龙岗区政府指定龙岗区工务局为第六、第九高级中学的建设主体，并于10月20日得到了市发改局的同意批复。12月8日宝安区政府指定宝安区教育局为第五、第七、第八高级中学前期工作的建设主体。

〔**基础教育课程改革形成特色经验**〕 深圳市实施基础教育课程改革实验已经6年，6年来深圳市基础教育发生了深刻变化，呈现出良好发展态势，已进入向纵深发展的关键时期。市教育局2008年3月份印发《深圳市基础教育课程改革实验总结经验交流材料选编》和《深圳市基础教育课程改革实验总结学校典型经验交流材料选编》，对全市基础教育课程改革总结工作产生了积极的推动作用。组成6个调研组，对全市基础教育课程改革进行阶段性总结，完成了总体研究报告和教师专业发展、校本课程建设、教学质量监控等6个专题报告及《深圳市深化课程改革的指导意见（初稿）》。11月3日—7日，教育部专家组对深圳市普通高中新课程实验工作进行调研，充分肯定了深圳市在高中课改中积极探索学段制、选修制、走课制、单元制和导师制等做法，并对深圳市鲜明的课改地方特色和校本特色、课改实验区的实验功能不断增强等表示赞赏。

〔**开展现代学校制度建设**〕 深圳市教育局2008年初召开了全市现代学校制度建设年度工作会议，《关于制订和完善学校章程的指导意见》《深圳市学校规程》提纲形成初稿。3个试验区和8所市直试验校都形成了试验方案，全面开展试验工作。南山区以民主管理、契约管理、扁平管理为试验，对现代学校制度建设进行了扎实有效的探索与实践。

〔**加强德育工作**〕 2008年，深圳市教育局开展全市德育基地建设发展规划调研，提出德育基地发展策略、布局规划和实施建议。以抗震救灾为契机，组织开展“爱祖国、爱人民、爱社会主义”主题教育活动和“心系灾区、关爱他人”，学习抗震救灾英雄人物、先进典型，以及生命教育，生存教育等活动。“深圳关爱行动”“深圳市未成年人道德教育活动月”“弘扬和培育民族精神月”“法制教育宣传周”等，已成为广东省推广的德育活动品牌。罗湖外语学校等4所学校开展全人教育基金“ICAN”课程试点，中小学心理健康网站“心灵蓝天”浏览量超过21万人次，15所学校被评为省“书香校园”。教育局与市总工会合办全市优秀班主任专业技能大赛，选派的两名参赛选手在省班主任大赛中获得全胜的佳绩。在10月9日召开的全省创新发展未成年人思想道德建设工作经验交流现场会上，深圳市的德育基地规划调研制定、抗震救灾主题教育等工作受到省厅领导的表扬。

〔**加强中职校的建设和投入**〕 2008年，深圳市加大职业教育投入力度，加强基础能力建设和内涵建设。安排城市教育费附加用于职业教育的比例不低于30%，进一步改善中等职业学校办学条件，增强培养面向先进制造业和现代服务业高技能人才的能力，支持市电子技术学校、宝安职业技术学校申报中央财政支持的职业教育实训基地建设项目，支持龙岗职业技术学校申报通用汽车实训基地项目，推荐宝安职业技术学校申报国家级重点职业学校，支持电子技术学校、行知职业技术学校做好国家级重点职业技术的复评工作，将深圳市成人中等专业学校更名为深圳市第二职业技术学校、改制为财政全额拨款的全日制中等职业学校、易地新建办学规模为3 000人的学校。成立学生资助管理中心，资助贫困学生并为其减免学费，2008年春季学期，全市有15 304名中等职业学校学生获得国家助学金，资助金额1 158.2万元，为820人共减免学费121.2万元。选派29名中职学生参加2008年全国职业院校技能大赛，3个项目获一等奖，5个项目获二等奖，为历史最好成绩。

〔**加强成人教育办学机构管理**〕 2008年，深圳市教育局处置了深圳世华商贸专修学院和深圳振西科技商贸专修学院两个非法办学机构，并妥善处理了其终止办学后的相关事宜，维护了社会稳定；清理撤销了宝安、龙岗成人文化技术学校下设的190多个教学点，对于其他办学条件较好、达到培训中心设置标准的教学点，根据社会需求，并经请示市政府同意，由区教育行政部门按程序审批，颁发办学许可证；督促所辖民办教育机构进行了民办非学历教育登记年检。2008年5月与市民政局联合颁发《关于依法规范我市民办非学历教育培训机构办学资格的通知》，敦促已换领民办学校办学许可证尚未办理民办非企业单位登记的30家机构尽快办理民办非学历教育登记；恢复广告备案制度，为进一步加强深圳市面向社会招生的成人教育办学机构的招生宣传管理，规范招生简章和广告备案的手续；与市地税局稽查分局联合举办成人教育机构税法宣讲会，对民办教育机构法人代表和财务人员进行税法宣讲，敦促其自觉提高纳税意识，加强财务管理，依法纳税、依法办学；加强对培训机构的日常管理，积极为培训机构做好各项服务工作，并开展了对教育培训机构下设教学点有关问题的调研工作，完善培训机构分教点有关管理规定。

〔**出台“午托班”配套管理办法**〕 2008年，深圳市以市教育局牵头联合相关部门成立课题组，对“午托班”问题进行专题调研。课题组对全市400多所公办学校学生食堂现状进行普查，发放问卷调查19万份。市政府常务会12月4日审议并原则通过《深圳市校外午托机构管理办法》，明确主管部门和相关管理部门职责，规范午托机构的设立条件、举办形式、权利义务和法律责任。与此配套的《深圳市义务教育就近入学管理办法》《深圳市中小学生校外配餐管理办法》，完善了以家庭、学校、社会为三大途径共同解决午餐午休问题的必要条件，使中小学生午餐午休问题步入有法可依、规范管理的轨道。

〔**市政府发文扶持学前教育**〕 2008年12月4日，深圳市政府常务会审议并原则通过《关于学前教育发展的若干意见》和《深圳市学前教育管理办法（试行）》，明确了学前教育的地位作用，确定了发展指导思想和总体要求，提出了一系列促进学前教育发展的规范管理要求和扶持鼓励政策，从操作层面对学前教育管理提出了系统的规定和要求。这两个文件成为深圳建市以来首个关于学前教育发展的纲领性文件和首部管理法规，构建了深圳学前教育发展新模式。

〔**积极组织抗震救灾和对口援建工作**〕 2008年“5·12”汶川大地震发生后，深圳市教育局全面贯彻落实中央和省、市抗震救灾工作精神，研究颁发了一系列文件，组织心理咨询教师和支教教师“两支队伍”，慰问四川灾区籍在深师生“两个群体”，接收灾区学生620多名。广泛开展抗震救灾主题教育，全市教育工作者捐款人民币5 969.913万元，港币5.858 9万元，捐献学生服价值49万元，党员交纳“特殊党费”300.3万元，全市“学生慈善一元捐”活动募得120多万元。根据市对口办的安排，为贵州、西藏、宁夏等地培训校长骨干教师98人，组织宝安、南山98所学校开展“深圳市学生爱心捐助”活动，捐书18万册，运往甘肃、贵州等地，收到很好的社会效果。2008年，深圳市教育局被评为“全国东西扶贫先进单位”。

〔**将2008年定为“学校安全隐患治理年”**〕 2008年，在市委教育工委书记李意珍的高度重视和亲自参与下，教育局着力抓了校车、校舍、设施、消防、活动、饮食、用电、用气、网络、周边等10个安全重点，先后召开5次全市学校安全管理工作专项会议，对学校安全隐患分门别类进行治理整改。特别是民办学校安全管理现场会，从根本上提高了投资人、校长的安全意识，为保证学校安全责任到位、投入到位、措施到位，起到了重要作用。

〔**加强党风廉政建设和政风行风建设**〕 2008年，教育局在市教育系统认真开展干部思想作风整顿活动，着力解决责任不到位、工作不落实、管理不严格等问题。全年专门抽调工作人员开展政风行风评议“回头查”，获得市行评团第二评议组98分的“满意”测评结果。7月组织开展了“说说身边勤廉事”讲演比赛，讴歌了一批勤政务实、廉洁奉公的好干部、好校长、好教师、好家长。南山区教育局机关实施“五书”（计划书、任务书、督办书、问责书和嘉奖书）制度；福田区教育局开展以“创新、为民、和谐、清廉”为主要内容的文明科室创建活动，落实廉政守则、服务承诺、限时办结等便民制度。市教育局9月下旬召开“三纪”（党纪、政纪、法纪）教育专题报告会，特邀中纪委宣教室主任李本刚就学习理解党的十七大精神作辅导报告。

〔**加强民办教育的管理**〕 2008年1月，市教育局颁布《深圳市民办教育机构设置标准（试行）》，上半年完成了全市民办中小学校办学规模的重新核定。根据《深圳市民办教育管理若干规定》的要求，积极协调市劳动和社会保障局牵头制定《深圳市民办学校教师最低工资标准》，已协助完成全市民办中小学、学前教育机构抽样调查。2008年顺利开展了全市民办学校首次年检工作，不断完善民办中小学信息公告制度，首次在市内主流媒体发布《深圳市民办中小学校办学信息公告》，通过市、区两级官方网站，公告了所有民办中小学校2007年度财务审计主要数据。为维护和保障民办学校教师合法权益，在全市首次开展了民办学校教师聘用合同专项检查。

〔**接受国际学校的管理权限**〕 从2008年起，国际学校管理权限由教育部、广东省下放到市教育行政部门，深圳市确定了“适应发展、合理布局，资源整合、多方推进，稳定规划、加快建设，完善制度、加强管理”的国际学校建设指导思想，完成了《外籍人员子女学校教职工及学生名单备案指南》等4项备案程序，教育部已批准深圳日本人学校正式开学，同意对深圳南山国际学校申办复审。

〔**市招考办荣获多项先进称号**〕 深圳市2008年高考、中考人数创历年新高，高考26 261人（含高职类），本科录取11 800人、录取率达到52%，创历史最好成绩，市领导作出批示给予充分肯定。义务教育阶段学校招生刚性执行市政府“1+5”文件，实行“六公示”“六承诺”制度，在上年南山区率先实行网上预报名之后，福田区、罗湖区和宝安区也相继效仿。全市2008年比2007年多提供近5 000个高中学位，其中市、区公办普高共新增50个班3 000多个学位。2008年全市27 970人报名参加成人高考，比上年增长36%，共招生21 767人，录取率为78%。在籍自考考生总数已发展到近60万人。市招考办被教育部和全国考办评为“全国高校招生工作先进单位”“全国高等教育自学考试先进集体”，并荣膺“深圳市文明单位”称号。

撰稿　罗赵华

审稿　周仕清

广西壮族自治区教育

概　　况

〔基本情况〕

2008年各级各类学校校数、教职工、专任教师情况

	学校数（所）	教职工数（人）	专任教师数（人）
一、高等教育			
（一）研究生培养机构（不计校数）	（11）		
1. 普通高校	（11）		
2. 科研机构			
（二）普通高等学校	68	46 174	27 545
1. 本科院校	28	29 036	16 637
其中：独立学院	9	3 361	2 424
2. 专科院校	40	17 138	10 908
其中：职业技术学院	32	12 792	8 399
3. 其他机构（点）（不计校数）			
（三）成人高等学校	7	2 509	1 598
（四）民办的其他高等教育机构			
二、中等教育	3 084	228 968	183 919
（一）高中阶段教育	976	228 811	66 316
1. 高中	496	190 958	40 950
普通高中	493	190 766	40 813
成人高中	3	192	137
2. 中等职业教育	480	37 853	25 366
普通中专	415	33 581	21 053
成人中专			
职业高中			
技工学校	65	4 218	4 305
其他机构（教学点）（不计校数）	（4）	54	8
（二）初中阶段教育	2 108	157	117 603

续表

	学校数（所）	教职工数（人）	专任教师数（人）
1. 普通初中	2 075		117 468
2. 职业初中	2	11	11
3. 成人初中	31	146	124
三、初等教育			
（一）普通小学	14 590	243 695	218 042
（二）成人小学	489	1 443	931
其中：扫盲班	261	835	566
四、工读学校	3	38	26
五、特殊教育	56	1 024	761
六、学前教育	4 585	40 735	23 916

注：普通高中的教职工数中包含普通初中的教职工数。

2008 年各级各类学历教育学生情况

	毕业生数（人）	招生数（人）	在校生数（人）
一、高等教育			
（一）研究生	4 447	6 008	16 570
博　士	84	155	508
硕　士	4 363	5 853	16 062
（二）普通本专科	110 662	157 920	484 189
本　科	37 136	61 412	215 822
专　科	73 526	96 508	268 367
（三）成人本专科	62 532	60 765	143 654
本　科	24 135	27 114	60 577
专　科	38 397	33 651	83 077
（四）其他各类高等学历教育			
1. 在职人员攻读博士、硕士学位		2 481	6 073
2. 网络本专科生			
本　科			
专　科			
3. 其他			
二、中等教育	1 091 462	1 317 487	3 571 151
（一）高中阶段教育	391 885	554 641	1 448 801
1. 高中	234 498	262 833	759 205
普通高中	234 161	262 833	757 048
成人高中	337		2 157
2. 中等职业教育	157 387	291 808	689 596
普通中专	126 070	237 607	567 765
成人中专	5 507	11 369	17 950

续表

	毕业生数（人）	招生数（人）	在校生数（人）
职业高中			
技工学校	25 810	42 832	103 881
（二）初中阶段教育	699 577	762 846	2 122 350
1. 普通初中	695 820	762 825	2 119 362
2. 职业初中	31	21	61
3. 成人初中	3 726		2 927
三、初等教育	798 370	765 621	4 470 690
（一）普通小学	767 242	765 621	4 448 079
（二）成人小学	31 128		22 611
其中：扫盲班	5 555		4 258
四、工读学校	31	9	23
五、特殊教育	1 493	2 360	15 507
六、学前教育	531 183	812 018	1 071 517

注：特殊教育学生数中包括普通中小学随班就读的学生。

2008 年各级各类非学历教育学生情况

	毕（结）业生数（人）	注册生数（人）
总　　计	439 468	326 582
一、高等教育	79 922	42 964
（一）研究生课程进修班	51	472
（二）自考助学班	3 466	13 416
（三）普通预科生		1 188
（四）进修及培训	76 405	27 888
其中：资格证书培训	20 770	12 497
岗位证书培训	15 680	8 496
二、中等教育	359 546	283 618
其中：资格证书培训	72 477	43 049
岗位证书培训	64 940	41 994
（一）中等职业教育	182 911	125 970
其中：资格证书培训	70 250	40 571
岗位证书培训	47 431	38 796
（二）职业技术培训机构	176 635	157 648
其中：资格证书培训	2 227	2 478
岗位证书培训	17 509	3 198

2008 年各级各类民办教育基本情况

	学校数（所）	毕业生数（人）	招生数（人）	在校生数（人）	教职工数（人）	专任教师数（人）	另有其他学生数（人）
一、民办高等教育							
（一）民办高校	21	7 580	31 658	85 790	6 882	4 638	130
本科学生		2 914	14 395	44 932			
专科学生		4 666	17 263	40 858			
其中：独立学院	9	2 914	14 395	44 932	3 361	2 424	
本科学生		2 914	14 395	44 932			
专科学生							
（二）民办其他高等教育机构							
二、民办中等教育							
（一）高中阶段教育	253	48 481	72 175	190 288	17 763	11 580	16 674
1. 民办普通高中	97	20 204	20 698	61 735	9 396	6 919	
2. 民办中等职业教育	156	28 277	51 477	128 553	8 367	4 661	16 674
（二）初中阶段教育	146	27 395	27 157	78 331			
1. 民办普通初中	146	27 395	27 157	78 331			
2. 民办职业初中							
三、民办普通小学	225	18 964	19 115	108 026	6 528	4 783	
四、民办幼儿园	3 957	117 930	215 788	356 986	28 253	16 150	
另有：民办培训机构（不计校数）	（44）				474	286	12 535

注：1. “另有其他学生数”包括：学历文凭考试学生、自考助学班学生、预科生、进修及培训学生数；

2. 民办普通高中的教职工和专任教师数中包含民办普通初中的教职工和专任教师数；

3. “（ ）”内数据为不计校数。

〔**综述**〕 2008 年，广西壮族自治区共有幼儿园 4 585 所，比上年增加 536 所；在园人数为 1 071 517 人，比上年增加 48 077 人；专任教师 26 982 人，比上年增加 75 人。全区有小学 14 590 所，比上年减少 283 所；教学点 10 763 个，比上年减少 335 个；在校学生 4 448 079 人，比上年减少 76 759 人；专任教师 218 042 人，比上年增加 2 205 人；小学入学率为 99.33%，比上年增加 0.25 个百分点；辍学率为 1.73%，比上年增加 0.51 个百分点。有普通初中 2 075 所，比上年减少 67 所；在校学生 2 119 362 人，比上年减少 53 084人；专任教师 117 468 人，比上年减少 372 人；毛入学率为 105.4%，比上年增加 1.07 个百分点；辍学率为 5.53%，比上年增加 1.64 个百分点。

全区有普通高中 493 所，比上年减少 29 所；在校学生 757 048 人，比上年增加 2 358 人；专任教师 40 813 人，比上年增加 948 人。中等职业学校（不含技工学校）415 所，比上年增加 12 所；在校学生 585 715 人，比上年增加 45 164 人；专任教师 21 061 人，比上年增加 812 人。高中阶段的毛入学率约为 57%，比上年增加 5.3 个百分点。

全区有高等学校 74 所，比上年增加 2 所。其中普通本科院校 19 所，独立学院 9 所，高职高专 39 所，独立设置的成人高校 7 所。全区各类高等教育在校学生 644 413 人，比上年增加 43 473 人，增幅 7.23%。其中研究生在校学生 16 570 人，比上年增加 1 437人；普通高等教育本专科在校学生

484 189 人，比上年增加 49 842 人；成人高等教育本专科在校学生 143 654 人，比上年减少 7 806 人。高等教育毛入学率为 16%。

全区有独立建制的民族学校 165 所。其中民族小学 52 所，壮文小学 68 所，民族中学 43 所（含壮文初中），民族高等院校 2 所。全区各级各类学校在校少数民族学生数及其所占比例分别为：学前教育 34.51 万人，占 32.21%；小学 155.03 万人，占 34.85%；普通初中 76.19 万人，占 35.95%；高中阶段教育（不含技工学校）46.22 万人，占 34.42%；高等教育 22.24 万人，占 34.51%。少数民族专任教师数及其所占比例分别为：小学 9.07 万人，占 41.61%；普通中学 5.93 万人，占 37.46%；中等职业学校 0.45 万人，占 21.39%；普通高等院校 0.59 万人，占 21.45%。

全区有民办学校 4 601 所，比上年增加 617 所；在校学生 819 059 人，比上年增加 65 936 人，增幅为 8.76%。其中：民办幼儿园 3 957 所，比上年增加 612 所；在校学生 356 986 人，比上年增加 54 166 人。民办小学 225 所，比上年增加 8 所；在校学生 108 026 人，比上年增加 1 417 人。民办初中 146 所，比上年减少 15 所；在校学生 78 331 人，比上年减少 11 546 人。民办高中 97 所，比上年减少 15 所；在校学生 61 735 人，比上年减少 3 307 人。民办中等职业学校（不含技工学校）156 所，比上年增加 25 所；在校学生 128 553 人，比上年增加 2 311 人。民办高校 20 所（其中独立学院 9 所），比上年增加 2 所；在校学生 85 428 人，比上年增加 22 895 人，增幅为 36.61%。

〔**教育经费总收入和总支出**〕 2008 年，广西教育经费总收入为 347.62 亿元，比上年增加 71.36 亿元，增长 25.83%。国家财政性教育经费收入为 265 亿元，比上年增加 58.8 亿元，增长 28.51%。其中，预算内教育经费 250.93 亿元，比上年增加 58.67 亿元，增长 30.52%。

2008 年，广西教育经费总支出 341.98 亿元，比上年增加 69 亿元，增长 25.28%。其中，事业性经费支出 337.57 亿元，比上年增长 73.18 亿元，增长 27.68%。

〔**加强教育人事制度改革**〕 2008 年，广西自治区教育厅会同自治区人事厅开展岗位设置工作调研，草拟了《广西壮族自治区高等学校岗位设置结构比例指导标准》《广西壮族自治区中等职业学校岗位设置结构比例指导标准》《广西壮族自治区普通中小学校、幼儿园岗位设置结构比例指导标准》。会同自治区编办开展中等职业学校编制情况调研，草拟了《广西壮族自治区中等职业学校编制标准》。重新核定了全区 37 所高等学校编制。推动实行专业技术职务“评聘结合”，逐步扩大高校职称自主评聘的范围和权利，落实高校用人自主权。

〔**学生资助工作**〕 2008 年，广西自治区 74 所高等学校评选发放国家奖助学金等共计 3.26 亿元；国家助学贷款新增实际发放金额为 2.10 亿元；减免来自汶川地震灾区贫困生学费 212.35 万元，并发放各类困难补助 33.99 万元；发放中等职业学校（含技工学校）国家助学金 5.50 亿元；增设职教特定人员学费资助、特定专业第三年生活费补助和中等职业学校政府奖学金等三项新资助政策，全年共发放 5 000 万元。全区继续大力开展资助贫困家庭新生上大学工作，各级财政累计发放资助贫困生上大学款项共 3 417 万元，其中，自治区本级财政 1 000 万元，市级财政 1 077 万元，县级财政 1 340 万元，共资助贫困生 3.58 万人。社会各界继续积极开展捐资助学活动，截至 2008 年底，共筹集发放助学资金 4 157 万元，资助 2.62 万人。

〔**教育督导**〕 2008 年，自治区教育厅制定《广西壮族自治区“两基”巩固提高工作计划》，经自治区人民政府批准印发全区实施。开展对县级政府及县级党政主要领导干部教育工作督导考核，考核结果为 28 个县（市、区）评定为优秀，60 个县（市、区）评定为良好，11 个县（市、区）评定为合格。开展对全区农村中小学现代远程教育工程、国家彩票公益金扶持青少年学生校外活动场所工程执行情况的督导评估和全区中小学体育专项督导检查。完成第六届自治区人民政府督学和特约教育督导员换届工作，选聘自治区人民政府督学 53 名、特约教育督导员 7 名。

〔**学校体育卫生与艺术教育**〕 2008 年，自治区党委、自治区人民政府印发《自治区党委 自治区人民政府关于加强青少年体育增强青少年体质的实施意见》。教育厅广泛开展青少年阳光体育运动，举办全区第八届中学生运动会，组织评估认定 359 所"自治区级卫生优秀学校"，举办广西第二届大学生艺术展演活动，承办教育部在广西北流市召开的全国农村学校艺术教育工作经验交流现场会暨实验课题总结会。

〔**语言文字工作**〕 2008 年，广西自治区教育厅完成对贵港、河池、崇左、来宾 4 市城区语言文字工作的评估，至此，广西如期完成 14 个市国家一、二类城市语言文字工作评估任务。组织开展第十一届全国推广普通话宣传周活动，"推普周宣传大篷车"深入基层宣传。举办"广西首届中华经典诵读大赛"，并组织一、二等奖选手参加"全国中华经典诵读大赛"，分别获得一等、二等、三等奖，获奖率达 100%，成为进入总决赛成绩最好的省份之一，自治区语言文字工作委员会办公室获大赛组织奖。启动计算机辅助普通话水平测试试点工作，广西大学等 9 个单位成为全区首批试点单位。实施"少数民族教师普通话培训"项目，共培训 100 多名农村中小学教师。年内，全区组织普通话水平测试 120 895 人（次）。

〔**教育国际交流与合作**〕 2008 年，广西全区 33 人被国家留学基金委公派出国留学项目录取，派出 20 名中学英语教师赴加拿大培训，全区各学校聘请长期外籍教师 117 人，共邀请外籍人员 122 人来广西参观访问、进行教育文化交流；广西高校招收外国自费留学生 1 948 人，其中学历生 632 人，长期进修生和语言生 1 316 人，短期进修生 183 人；分别派出 25 名、72 名汉语志愿者教师赴菲律宾、泰国教授汉语。自治区教育厅与越南河内大学签署了共办孔子学院的谅解备忘录。实施 2008—2009 学年古巴政府单方奖学金项目，共选派 77 人赴古巴留学。

〔**教育科学研究**〕 2008 年，自治区教育厅主持和参与研究国家或省部级课题 17 项，其中，《环北部湾区域协调发展》《广西高等教育学科专业结构调整的理论与实践研究》获 2008 年广西社会科学一等奖。协助国务院发展研究中心中国发展研究基金会实施的《广西贫困地区寄宿制小学学生营养改善项目》得到了温家宝等党和国家领导人的重视和批示。完成了教育部重大项目广西子课题《广西义务教育均衡发展及其评价体系研究》。完成了教育部社科司和中央教科所牵头的重大项目《促进教育公平的阶段性目标及政策措施》子课题《促进广西教育公平的阶段性目标及政策措施研究》。组织申报全国教育科学规划"十一五"课题 57 项；组织评审广西"十一五"规划 2008 年度教育科学课题 1 313 项，批准立项 448 项；委托重点课题 15 项；抽查立项课题开题论证书 150 余项；督促、指导立项课题开题 400 多项，组织"十五"规划课题结题鉴定 116 项，"十一五"规划课题 17 项。完成了《广西通志・政府志》《广西通志・教育志》《广西大百科・教育分篇》撰写和统稿工作。启动了《广西教育发展报告》《广西教育事业数据分析》项目，编制完成了《2002—2007 广西教育事业数据分析》和《1998—2007 广西教育发展报告》。

基 础 教 育

〔**制定了广西基础教育事业科学发展三年计划（2008—2010年）**〕 2008年，自治区教育厅根据自治区党委、政府的要求，结合全区基础教育事业发展的实际情况，制定了《广西基础教育事业科学发展三年计划（2008—2010年）》，明确提出了今后三年基础教育事业发展的目标任务、总体要求、基本原则和主要措施。

〔**农村义务教育经费保障机制改革**〕 2008年，全区继续深化农村义务教育经费保障机制改革。一是进一步提高农村义务教育阶段中小学公用经费标准。2008年，广西将农村义务教育阶段中小学生均公用经费标准提高为农村小学每生每年225元、农村初中每生每年375元、县镇小学每生每年240元、县镇初中每生每年390元。二是提高免费教科书补助标准，完善相关采购工作。从2008年春季学期起，广西进一步提高国家免费教科书的补助标准，按小学每生每年90元、初中每生每年180元核定，并建立起部分科目免费教科书循环使用制度。加强对免费教科书采购管理，由自治区统一实行公开招标采购。三是全面落实家庭经济困难寄宿生生活费补助政策，制定了《广西农村义务教育阶段家庭经济困难寄宿生生活补助费管理暂行办法》。从2008年起，广西农村义务教育阶段家庭经济困难寄宿生的生活费基本补助标准为小学每生每年500元，初中每生每年750元；享受比例按农村义务教育阶段寄宿生全区平均数65%确定，其中民族自治县、边境县（含享受民族自治和边境待遇县）实行全覆盖。四是适当提高农村义务教育阶段中小学校舍维修改造测算单价标准。从2007年起，中央提高对广西农村义务教育阶段中小学校舍维修改造测算单价标准，每平方米由400元提高到500元。五是将接受政府委托、承担义务教育任务的农村民办学校学生纳入政策覆盖范围。从2008年秋季学期起，广西对接受政府委托、承担义务教育任务的农村民办学校就读学生，按公办学校学生免学杂费标准享受补助，同时免费提供教科书，并对家庭经济困难寄宿生补助生活费。

〔**免除城市义务教育阶段学校学生学杂费**〕 从2008年秋季学期开始，广西实施免除城市义务教育阶段学生学杂费政策。中央、自治区及市、县（市、区）各级政府共投入补助资金17 847.52万元。其中，免学杂费资金7 476.11万元，补助公用经费资金6 039.06万元，校舍维修改造资金4 050万元，免费教科书资金81.18万元，补助家庭经济困难寄宿生生活费资金201.17万元。通过实施免学杂费政策，2008年全区城市小学生人均减少教育费用支出114元，城市初中生人均减少教育费用支出165元。

〔**义务教育工程项目建设**〕 2008年，全区完成了本年度农村初中校舍改造工程、校舍维修改造长效机制项目、新农村卫生新校园建设工程、边境线0～3公里范围兴边富民行动大会战教育项目、桂西五县基础设施建设大会战、中西部地区特殊教育学校建设工程等专项工程建设，投入资金共95 011万元。其中，中央资金5.7亿元，自治区资金3.5亿元，市、县及其他资金3 009万元。建设项目学校1 906所，新建校舍面积110万平方米，维修改造校舍面积12万平方米，新建沼气池239座。

〔**义务教育课程改革**〕 2008年，全区深入推进义务教育课程改革，组织送教下乡和小学语文、数学，初中语文、数学、英语共5科课程改革探究课现场教学评选。印发广西2008年中考指导意见，审批各地级市中考实施方案，分别与各地级市签订中考责任状。组织全区中考各科命题骨干培训暨教学质量分析、中考巡视检查、中考评卷质量抽查和命题质量检查。

〔**普通高中教育**〕 2008年，按照每个县办好一所示范性普通高中的要求，广西督促未有示范性普通高中的32个县（市、区）按标准创建示范性普通高中。确定富川瑶族自治县高级中学、灌阳高中、德保高中3所学校为全区示范性普通高中，全区示范性普通高中达到100所。编印《广西普通高中课程改革学习手册（二）》，指导各地各学校做好普通高中课程改革准备工作。

〔**学前教育**〕 2008年，全区财政投入160万元支持31所幼儿园采购设备，改善办学条件；投入40万元进行首期全区幼儿教育管理人员培训班和首期幼教类教师“21世纪园丁工程”培训。评估验收自治区示范幼儿园2所，全区示范幼儿园达到63所。

〔**特殊教育**〕 2008年，全区财政投入135万元支持26所特殊教育学校采购设备，改善办学条件；投入65万元对全区特殊教育师资及管理人员进行培训，其中选送30名特教学校校长到吉林、江苏、广东等省进修学习。启动“中西部特殊教育学校项目建设工程”，2008年共实施了桂林市全州县特殊教育学校、河池市金城江区特殊教育学校、北海市特殊教育学校、玉林市特殊教育学校、贺州市特殊教育学校、桂林市培智学校等7个项目。

〔**中小学教师培养培训**〕 2008年，全区有普通高等师范院校6所（其中本科师范院校3所，专科师范院校3所），举办教师教育专业的其他普通高校6所，教育学院2所，普通中等师范学校3所，教师进修学校70所。2008年教师教育专业毕业生14 062人，招生11 462人。区教育厅组织评选了2008年度广西教师教育精品课程，支持广西师范学院、玉林师范学院、河池学院、钦州学院、贺州学院推行师范生顶岗实习支教，开展师范生基本功大赛。全年累计有4 212名教师接受了自治区级集中培训，6.10万名教师参加了国家和自治区级远程培训。

〔**中小学校长培训**〕 2008年，区教育厅选送20名优秀中小学校长参加国家级培训；组织自治区级中小学骨干校长培训130名；开展中国移动西部农村校长培训项目，共培训农村义务教育阶段学校骨干校长110名；开展清华伟新远程教育扶贫中小学在线项目校长培训，集中培训了广西平果县、德保县等20个国家扶贫开发工作重点县中小学校长260名，并为这260所中小学校提供清华大学现代远程教育平台的教育资源；开展中西部农村寄宿制学校校长国家级远程专题培训，全区800所寄宿制学校正职校长参加培训。

〔**中小学德育工作**〕 2008年，区教育厅组织中小学校深入开展以“养成良好习惯，告别不文明行为”为主题的“寻找不文明习惯，改正不文明习惯”道德实践活动。组织参与“抗震救灾英雄少年”评选投票工作，共有252万名中小学生参与评选投票，总投票数位居全国第八。组织第四个“中小学弘扬和培育民族精神月”活动，586.38万名中小学生参加活动，约占学生总数的80%。

〔**进城务工农民子女教育和“留守儿童”教育**〕 2008年，广西完成了进城务工农民子女及农村“留守儿童”接受义务教育现状两项专题调研，并提出了进一步完善弱势群体接受义务教育的相关政策和长效机制。区教育厅认真落实国家和自治区相关规定，继续加强进城务工农民子女教育和“留守儿童”教育工作。2008年，全区中小学共接收进城务工农民子女26.40万人，其中公办中小学校接收20.50万人，占接收人数的77.7%；全区中小学共接收农村“留守儿童”145.30万人，约占义务教育阶段学生的22%，其中初中生41.10万人，小学生104.20万人。

职业教育与成人教育

〔**制定了广西中等职业教育科学发展三年计划（2008—2010年）**〕 2008年，自治区教育厅根据自治区党委、政府的要求，结合全区中等职业教育发展的实际情况，制定了《广西中等职业教育科学发展三年计划（2008—2010年）》，明确提出了广西2008—2010年三年中等职业教育发展的总体目标、主要任务和主要措施。

〔**职业教育攻坚取得初步成效**〕 2008年，广西自治区党委、政府对职教攻坚工作高度重视，郭声琨书记、马飚主席多次对推进职教攻坚工作作出重要指示并深入职业学校检查指导。自治区、市、县成立了职业教育攻坚工作领导小组，分别召开攻坚动员会，层层签订攻坚责任状，扎实推进职教攻坚工作，取得初步成效。一是超额完成招生计划，招生总数29.18万人，突破了年度招生28万人的计划数。二是完成攻坚经费总投入数，各市财政共投入9.00亿元，为任务数7.44亿元的121%。三是项目建设陆续开工，各市规划建设210万平方米教学用房，年底建成面积86万平方米，占规划数的40.98%。四是落实资助学生政策，加大对家庭经济困难学生资助力度。五是加大师资培训，实施《广西职业教育攻坚期间中等职业教育管理干部培训（培养）工作规划》和《广西中等职业学校教师2008年至2010年自治区级培养培训实施计划》，完成了国家级培训项目任务和自治区级培训工作。

〔**大力加强中等职业学校基础能力建设**〕 经自治区人民政府第14次常务会议通过，把中等职业学校专项建设作为2008年度自治区为民办十件实事中的“教育惠民工程”之一。2008年，自治区财政安排中等职业教育基础能力建设专项经费1.50亿元，用于支持中等职业学校实训基地建设、师资队伍建设和校长培训以及教育教学改革。按照职教攻坚决定的规定，2008年，各地各学校须筹措攻坚经费14.06亿元，其中地方各级财政投入7.44亿元、学校筹集3.63亿元、吸收社会投资3.00亿元。2008年，各地财政实际投入9.00亿元。

〔**加强中等职业教育教学改革**〕 2008年，广西各职业学校以就业为导向，加大专业设置调整力度，加强课程改革和教材建设，改进教学方法，实行“订单式”培养，推进弹性学习制度，推广和完善“一年学基础、一年学技能、一年顶岗实习”的中等职业教育人才培养模式，促使学生在取得学历证书的同时获取职业资格证书。由于专业调整和教学改革的推进，职业学校学生培养质量进一步提高，毕业生就业率连年攀升，2008年全区中等职业学校毕业生就业率达到96%，比2007年高1个百分点。对广西交通运输学校等11所国家级重点学校进行教学水平评估，评估结果均为优秀。教育厅积极举办各种形式的职业技能大赛，使之制度化、规范化。2008年，广西自治区职业院校代表队在全国职业院校技能大赛中取得优异成绩，团体总分在全国各地37个代表队中排名第13位。

〔**加强中等职业学校管理干部和教师队伍建设**〕 2008年，广西制定并实施了《广西职业教育攻坚期间中等职业教育管理干部培训（培养）工作规划》和《广西中等职业学校教师2008－2010年自治区级培养培训实施计划》。评估确定了15个中等职业教育师资培训基地。遴选了289名中等职业学校专业骨干教师参加国家级培训。举行了有2 004名专任教师和500多名校长参加的自治区级培训。引进了新加坡淡马锡基金会1 000万元人民币，分三年实施“广西中等职业学校管理干部和教师培训资助项目”。

〔**加强高等职业教育示范建设**〕 2008年，广西机电职业技术学院被确定为国家重点培育高职院校，南宁职业技术学院国家示范性高职院校建设进入验收阶段，柳州职业技术学院正在开展国家示范性高职院校建设。2008年，广西获得3个2008年中央财政支持的高职实训基地建设项目，认定了20个自治区示范性高等职业教育实训基地、10个自治区示范性建设高等职业教育实训基地。

〔**承接“温暖工程李兆基基金百万农民培训”任务**〕 2008年，广西全区13个市的54个县级中职学校承接国家四部委“温暖工程李兆基基金百万农民培训”任务，共接受赠款1 500万元，完成5万人培训任务，合格率98.3%，培训后转移到二、三产业就业43 507人，就业率达87%。

高等教育

〔**制定了广西高等教育科学发展三年行动计划（2008—2010年）**〕 2008年，自治区教育厅根据自治区党委、政府的要求，结合全区高等教育发展的实际情况，制定了《广西高等教育科学发展三年行动计划（2008—2010年）》，明确提出了广西2008—2010年三年高等教育发展的指导思想、基本原则、目标任务和政策措施。

〔**加强高等学校党建工作**〕 2008年，广西在全区21所本科院校和11所专科院校开展了《广西壮族自治区高等学校实行党委领导下的校长负责制的实施办法（试行）》贯彻落实情况调研活动。举办了高校领导干部办学治校能力专题研修班，40名高校党委书记、校长赴清华大学进行了学习培训。规划了“十一五”期间高校中层干部赴区外高校挂职锻炼工作，选派了13名高校中层领导干部到北京科技大学、武汉大学挂职锻炼。指导高校做好发展党员工作。实施“大学生党的基本知识教育工程”。加强对民办高校党建工作的指导和支持，《教育部简报》（2008年第55期）以《广西民办高校党组织负责人、督导专员切实履行职责，全面加强民办高校党的建设和督导工作》为题报道了广西选派民办高校党组织负责人工作的相关情况。

〔**加强大学生思想政治教育**〕 2008年，广西在全区教育系统开展继续解放思想大讨论活动。组织和发动高校师生为灾区献爱心。加强思想政治教育队伍建设，共有300多名辅导员分别接受国家级和自治区级培训。启动全区普通高校心理健康教育辅导与咨询中心建设工程。开展了广西高校思想政治理论课精品课程建设工作。举办了首届全区高校思想政治理论课青年教师基本功大赛。制定下发了《广西学校周边治安综合治理工作市级考核指标》。出台了全区高校安全文明校园考评办法。组织指导高校参加“全国、全区文明单位”申报工作。举办了全区“迎奥运讲文明树新风”礼仪知识大赛，组队参加全国大学生“迎奥运讲文明树新风”礼仪知识大赛。开展了全区高校校园文化建设评比，推出了20多个自治区级优秀校园文化成果，其中4所高校的校园文化成果获得教育部奖励。

〔**积极推进高等学校质量工程建设**〕 2008年，广西出台《自治区教育厅 财政厅关于实施广西高等学校教学质量与教学改革工程的意见》。13个专业点成为教育部第三批特色专业建设点。安排了1 200万元专项经费，对桂林医学院等9所高校的部分专业进行改造。新增自治区级精品课程80门，其中10门课程成为国家精品课程。桂林电子科技大学成为第二批“国家大学生创新性实验计划”学校。广西大学经济与管理实验中心、广西师范大学物理学实验教学中心、桂林电子科技大学机电制造技术综合工程训练中心、桂林工学院水污染控制实验教学中心等4个实验教学中心获得2008年国家级实验教学示范中心建设单位。认定了21个自治区级实验教学示范中心，15个自治区级实验教学示范建设中心。广西大学中国—东盟自由贸易区复合型创业人才培养模式改革实验基地获得国家级人才培养模式创新实验区建设项目。2名教师获第四届国家教学名师奖。评选表彰了18名自治区级高校教学名师，6个教学团队成为国家级教学团队，遴选了50个自治区级教学团队。广西师范大学、广西医科大学和广西师范学院3所高校获教育部本科教学工作水平评估优秀等级。完成了6所高职院校的高职高专人才培养工作水平评估。启动了广西本科高校第二批对口支援工作和广西高职院校对口支援工作。确定了371项“新世纪广西高等教育改革工程”“十一五”第四批立项项目。广西医科大学“组织学与胚胎学”课程获得广西首门国家级双语教学示范课程。

〔**学位与研究生教育发展取得重大突破**〕 2008年，国务院学位委员会将广西列入研究生教育发展Ⅳ类省份，下达广西在2008—2015年新增博士、硕士学位授予单位的立项建设单位限额为3个博士学位授予单位和1个硕士学位授予单位。这标志着广西学位与研究生教育发展取得重大突破。2008年，广西启动了658项广西研究生教育创新计划项目，确定了4个广西第二批研究生教育创新人才联合培养基地，开展2008年度自治区优秀硕士研究生评选工作，开展2008年度硕士研究生学位论文抽样检查工作，新增贺州学院和钦州学院为学士授予权单位，批准广西财经学院10个专业和河池学院4个专业为学士授权专业。

〔**加强高等学校科技创新和服务**〕 2008年，广西全区高校共有国家重点学科、重点研究机构18个，自治区重点研究机构16个，广西高校重点学科100个，广西高校重点实验室（基地）90个。全区高校科研与发展经费达到4.4亿元、科技活动人员2.54万人、科技活动经费5.9亿元、承担科技课题1.07万项，项目研究经费支出3.9亿元。广西大学作为项目牵头单位（第1名）和广西师范大学作为项目参与单位（第5名）的项目均获得了2007年度国家科技进步二等奖。2008年，全区以“以项目为纽带，签协议、造声势、出成果、见效益”为主题实施全区高校“三对创新行动计划”，积极实践“校市合作”“校企合作”，主动服务地方工业建设和区域工业化建设，在雨雪冰冻灾害期间，20所大中专院校主动组织了1 000多人次专家和科技人员深入灾区应用先进的科学知识、实用技术和仪器设备，为100多万灾区群众开展各种灾后恢复生产建设的技术服务和指导。

〔**加强高等学校教师队伍建设**〕 2008年，广西全区高校专任教师具有硕士学位以上的人数达到12 206人（其中博士1 928人，硕士10 278人），具有硕士学位以上的人数占专任教师的比例为42.1%，比2007年的39.9%增长了2.2个百分点。全区高校具有高级职称的教师9 551人（其中正高2 107人，副高7 444人），具有高级职称的教师占专任教师的比例为32.9%（其中正高7.2%，副高25.6%），比2006年的32.2%提高了0.7个百分点。2008年，广西教育厅加强了高校高层次人才选拔培养工作，组织高校系统选拔推荐2007年度广西“新世纪十百千人才工程”人选、选拔推荐自治区第三批人才小高地高校候选团队、选拔推荐享受国务院特殊津贴专家；组织评选了60位教师作为2008年度“广西高校优秀人才资助计划”资助人选（本科高校41名，高职高专19名）；组织推荐了65名高校骨干教师赴区外重点高校访学；组织开展高校拔尖创新人才培养问题的专题调研。

〔**加强高等学校毕业生就业工作**〕 2008年，广西印发了《广西高校毕业生就业工作评估体系》和《高校毕业生就业工作奖励暂行办法》，建立了就业工作督查评估和表彰激励机制，加强就业指导人员培训，积极开展无形市场和有形市场招聘活动，取得了新的进展。截至2008年9月1日，全区区内高校的毕业生为 116 051 人，比上年同期增加 8 319 人，增长率为 7.72%；全区高校毕业生就业总人数为 105 203 人，总体就业率为 90.65%，比上年同期提高 0.36 个百分点。其中，毕业研究生就业率为 91.66%，比上年同期提高 2.25 个百分点；本科毕业生就业率为 88.5%，比上年同期下降 0.82 个百分点；高职高专毕业生就业率为 91.64%，比上年同期提高 0.89 个百分点。

〔**加强高等学校后勤工作**〕 2008 年，广西在继续鼓励高校探索后勤改革模式和建立因校制宜、各具特色的后勤保障机制基础上，以学生食堂和学生公寓为核心，认真贯彻落实国家和自治区对高校后勤的各项优惠政策，确保高校和社会稳定服务。2008 年，广西共落实中央和自治区对学生和学生食堂临时补贴 10 218 万多元，其中学生临时补贴 4 611 万元，学生食堂补贴 5 607 万多元。各高校结合各自实际，采取减免食堂承包经费、租金等一系列措施，有效地缓解了物价上涨给高校学生生活、学校食堂正常运营带来的不利影响。2008 年，广西组织实施高校学生食堂和学生公寓标准化评估建设，完成了《广西高等学校标准化学生食堂评估标准》和《广西高等学校标准化学生公寓评估标准》等一系列评估标准体系的制定和组织实施工作。

民 族 教 育

〔**少数民族高层次骨干人才计划实施情况**〕 2008 年，广西完成少数民族高层次骨干人才培养计划广西生源地考生报名资格确认 1 300 多人，完成了录取硕士生 225 名、博士生 66 名的招生计划。

〔**大学民族预科班招生情况**〕 2008 年，广西在校的少数民族预科学生为 1 069 人，年度完成招生计划率为 95.97%。11 个世居少数民族中的壮族、瑶族、苗族、侗族、京族、毛南族、水族、仡佬族，完成了招生计划。录取的少数民族学生生源地分布覆盖 50 个老、少、边、山、穷的县和自治县，其中女生 687 人、男生 382 人，按照文、理、工、医分班，集中在广西民族大学预科教育学院办学。

〔**中小学寄宿制民族班**〕 到 2008 年年底，广西承办中小学寄宿制民族班的学校有 152 所，在校生为 34 870 人。其中，小学 27 所 6 750 人，初中 79 所 18 630 人，高中 46 所 9 490 人。从 2008 年起，自治区将初中、小学寄宿制民族班纳入“广西农村义务教育阶段家庭经济困难寄宿生生活补助”项目。

〔**加强壮汉双语文教学**〕 2008 年，广西继续加强对壮汉双语文教学工作的管理和指导。一是组建壮汉双语文教学督导组，对全区 100 多所中小学校进行壮汉双语教学工作专项督查，指导壮文学校以“以壮为主、以壮促汉、壮汉结合、壮汉兼通”十六字方针开展壮汉双语教学。二是切实加强对壮文专项补助资金的使用管理，自治区财政厅、教育厅联合下发了《壮文专项补助资金管理暂行办法》。三是加强壮汉双语师资的培训。年内举办了壮语文基础知识培训班、上林县壮汉双语文师资培训班各一期。四是加强壮文教材建设，按时按质完成壮文教材的编写、编译、出版任务，满足壮文学校用书的需要。五是举办了 2008 年全区小学讲壮文故事比赛，全区 24 个开展壮汉双语教学工作的县共选派 68 名选手参加比赛，较好地推动了自治区开展壮汉双语教学。

撰稿　吴国友　赵益真　李晓勇
审稿　高　枫

海南省教育

概　　况

〔基本情况〕

2008 年各级各类学校校数、教职工、专任教师情况

	学校数（所）	教职工数（人）	专任教师数（人）
一、高等教育			
（一）研究生培养机构（不计校数）	(2)		
1. 普通高校	(2)		
2. 科研机构			
（二）普通高等学校	16	10 615	6 653
1. 本科院校	6	7 311	4 366
其中：独立学院	1	1 010	536
2. 专科院校	10	3 304	2 287
其中：职业技术学院	9	2 789	1 886
3. 其他机构（点）（不计校数）			
（三）成人高等学校	1	99	63
（四）民办的其他高等教育机构			
二、中等教育	681	46 099	37 397
（一）高中阶段教育	216	46 051	13 286
1. 高中	110	39 327	8 838
普通高中	110	39 327	8 838
成人高中			
2. 中等职业教育	106	6 724	4 448
普通中专	24	2 274	1 214
成人中专	7	237	149
职业高中	61	2 562	1 868

续表

	学校数（所）	教职工数（人）	专任教师数（人）
技工学校	14	1 651	1 217
其他机构（教学点）（不计校数）	(8)		
（二）初中阶段教育	465	48	24 111
1. 普通初中	460		24 108
2. 职业初中			
3. 成人初中	5	48	3
三、初等教育			
（一）普通小学	2 741	57 975	52 578
（二）成人小学	550	794	279
其中：扫盲班	367	192	79
四、工读学校			
五、特殊教育	4	147	107
六、学前教育	832	10 312	5 726

注：普通高中的教职工数中包含普通初中的教职工数。

2008 年各级各类学历教育学生情况

	毕业生数（人）	招生数（人）	在校生数（人）
一、高等教育			
（一）研究生	476	773	2 128
博　士	21	26	92
硕　士	455	747	2 036
（二）普通本专科	23 391	39 735	126 355
本　科	8 360	18 100	60 964
专　科	15 031	21 635	65 391
（三）成人本专科	7 794	8 591	23 657
本　科	2 660	3 046	8 086
专　科	5 134	5 545	15 571
（四）其他各类高等学历教育			
1. 在职人员攻读博士、硕士学位		312	1 160
2. 网络本专科生			
本　科			
专　科			
3. 其他			

续表

	毕业生数（人）	招生数（人）	在校生数（人）
二、中等教育	226 107	265 892	738 099
（一）高中阶段教育	69 606	106 141	273 869
1. 高中	45 461	53 067	154 774
普通高中	45 461	53 067	154 774
成人高中			
2. 中等职业教育	24 145	53 074	119 095
普通中专	16 261	21 855	59 924
成人中专	451		93
职业高中	3 558	20 605	36 655
技工学校	3 875	10 614	22 423
（二）初中阶段教育	156 501	159 751	464 230
1. 普通初中	155 861	159 751	463 780
2. 职业初中			
3. 成人初中	640		450
三、初等教育	176 222	109 846	909 439
（一）普通小学	171 102	109 846	906 369
（二）成人小学	5 120		3 070
其中：扫盲班	890		1 040
四、工读学校			
五、特殊教育	246	380	2 533
六、学前教育	52 778	82 558	136 018

注：特殊教育学生数中包括普通中小学随班就读的学生。

2008 年各级各类非学历教育学生情况

	毕（结）业生数（人）	注册生数（人）
总　　计	216 362	158 625
一、高等教育	1 313	1 803
（一）研究生课程进修班		
（二）自考助学班		940
（三）普通预科生		112
（四）进修及培训	1 313	751
其中：资格证书培训	183	
岗位证书培训		

续表

	毕（结）业生数（人）	注册生数（人）
二、中等教育	215 049	156 822
其中：资格证书培训	11 941	8 806
岗位证书培训	19 724	17 681
（一）中等职业教育	35 325	22 918
其中：资格证书培训	7 296	4 083
岗位证书培训	16 853	14 770
（二）职业技术培训机构	179 724	133 904
其中：资格证书培训	4 645	4 723
岗位证书培训	2 871	2 911

2008 年各级各类民办教育基本情况

	学校数（所）	毕业生数（人）	招生数（人）	在校生数（人）	教职工数（人）	专任教师数（人）	另有其他学生数（人）
一、民办高等教育							
（一）民办高校	6	5 064	13 073	35 108	3 085	1 775	940
本科学生			5 378	12 403			
专科学生		5 064	7 695	22 705			
其中：独立学院	1	93	4 805	12 492	1 010	536	
本科学生			4 805	11 830			
专科学生		93		662			
（二）民办其他高等教育机构							
二、民办中等教育							
（一）高中阶段教育	56	3 995	8 925	21 486	4 731	2 940	199
1. 民办普通高中	23	2 466	4 134	11 032	3 853	2 471	
2. 民办中等职业教育	33	1 529	4 791	10 454	878	469	199
（二）初中阶段教育	84	8 857	10 903	29 706			
1. 民办普通初中	84	8 857	10 903	29 706			
2. 民办职业初中							
三、民办普通小学	79	12 100	6 933	74 945	5 522	3 475	
四、民办幼儿园	700	26 659	43 410	84 383	7 973	4 327	
另有：民办培训机构（不计校数）	(85)				247	219	11 906

注：1. “另有其他学生数”包括：学历文凭考试学生、自考助学班学生、预科生、进修及培训学生数；
2. 民办普通高中的教职工和专任教师数中包含民办普通初中的教职工和专任教师数；
3. “（ ）”内数据为不计校数。

〔**教育投入与支出情况**〕 海南省2008年全省教育经费总投入为92.90亿元，比上年增长22.56%。全省国家财政性教育经费投入为68.7亿元，比上年增长24.91%。预算内教育经费总投入为60亿元，比上年增长23.38%。单纯投入教育部门的预算内教育经费为57.20亿元，比上年增长33.46%。其中，预算内教育事业费拨款为48.26亿元，比上年增长28.93%；基建拨款为5.25亿元，比上年增长97.81%。

2008年全省教育经费总支出为89.84亿元，比上年增长20.98%。全省教育及其他部门办高等学校教育经费支出为16.40亿元，比上年增长8.7%；全省教育及其他部门办中等职业学校教育经费支出为9.60亿元，比上年增长19.4%；全省教育及其他部门办中学教育经费支出为25.80亿元，比上年增长36.65%；全省教育及其他部门办小学教育经费支出为23.55亿元，比上年增长14.99%。

〔**各级各类学校生均办学条件**〕 2008年，海南省小学生均占地面积46.65平方米，生均校舍面积5.64平方米，生均教学仪器设备283.63元，生均图书11.2册，百名学生拥有计算机2.67台；普通中学生均占地面积41.94平方米，生均校舍面积9.40平方米，生均教学仪器设备877.92元，生均图书14.20册，百名学生拥有计算机6.86台；中等职业学校生均占地面积35.04平方米，生均校舍面积11.81平方米，生均教学仪器设备1 934.36元，生均图书16.04册，百名学生拥有计算机10.76台；普通高校生均占地面积105.57平方米，生均教学行政用房11.40平方米，生均教学仪器设备5 174.65元，生均图书69.79册，生师比18.43∶1，具有研究生学位教师占专任教师比例为40.39%。

〔**教育部部长周济抵琼调研**〕 2008年12月14日下午，教育部部长周济在海南省委副书记、省长罗保铭、副省长姜斯宪陪同下来到海南省农业学校和海口市第一职业中学调研。周济对海南省重点支持、发展职业教育，以及海南职业教育“三段式”模式培养经验，特别是为涉农专业学生免费教育，对培养农村基层党组织和致富“双向带头人”的村官班，发展农村职业教育中的经验做法表示充分肯定，并希望海南继续为全国职业教育创造好经验。12月15日上午，周济部长参加海南大学50周年校庆暨创建“211工程大学”启动仪式并作重要讲话，要求海南大学结合科学发展观，把“服务为宗旨、贡献中发展”作为历史定位，将海南大学的特色和海南省实际情况相结合，切实服务于海南的现代化建设，建立一所有特色、高水平的综合性大学。

〔**堵截高考移民**〕 2008年，海南省继续加大治理“高考移民”力度，提前对年龄在18～25岁之间的人员进行户籍摸查，掌握报名人数，做好应对可能出现的突发问题的充分准备。各市县招办注意收集各类要求报名考生的户籍、学籍情况，以便在严格执行报名规定的前提下，妥善处理好个别高中阶段在海南省就读并取得学籍，因各种原因户籍迁入时间不符合规定的考生的报考问题，有效化解了社会矛盾。继续落实“谁主管、谁审查、谁确认、谁负责”和“按部门、分项目”的审查办法，实行“岗位责任制、责任追究制”，由各部门分口审查，共同把好报名资格、享受政策照顾加分资格和不限报资格的审查关。在报名资格审查中，81名考生因户籍、学籍、学历等问题被取消了报名资格。在享受政策照顾加分考生资格审查中，经有关部门审查，共有240名考生不符合所申请项目的加分要求，审查合格率为95%。在“不限报”考生的资格审查中，经过省人事劳动保障厅、省民政厅和省教育厅审查，有11名考生不符合“不限报”条件被确认为“限报”考生。

〔**扩大中小学教师绩效工资发放范围**〕 在2007年实施绩效工资的基础上，海南省2008年将教师绩效工资发放范围由义务教育阶段教师扩大到高中阶段教师和退休教职工。从2008年开始比原计划提前一年兑现中小学教师绩效工资，由人均150元/月提高到300元/月。同时进一步加强对学校、教师工作业绩的考核，初步实现绩效工资发放与考核等级挂钩。

〔**各级各类学校专任教师数和学历合格率均有提高**〕 2008年，海南省小学专任教师52 578人，比上年增加233人；学历合格率为99.44%，比上年提高0.08个百分点。初中专任教师为24 108人，比上年增加953人；学历合格率为97.92%，比上年提高0.39个百分点。普通高中专任教师8 838人，比上年增加495人；学历合格率为89.29%，比上年提高3.07个百分点。中等职业教育专任教师3 797人，生师比30.45∶1，比上年的29.95∶1明显增高。高等学校专任教师6 716人，比上年增加826人，增长14.9%。

〔**教育移民（扶贫）工程**〕 2008年，海南省委、省政府把教育扶贫（移民）列入未来5年重点民生工程，计划在2008—2010年总投入3.70亿元予以推进，新增2.70万个优质学位，把地处边远、贫困和生态核心保护区的义务教育阶段中小学生整体迁移到条件较好的县市城区或乡镇读书。工程得到了香港言爱基金的大力支持，2008年，言爱基金捐款1.10亿元，省级财政投入6 500万元，加上市县一级政府的投入，总投资1.90亿元，在陵水、保亭、五指山、琼中、白沙5个国贫市县和昌江、屯昌、定安、乐东、东方5个省贫市县试点实施，建设10所主要用于接收教育扶贫（移民）学生的九年一贯制学校，计划新增用于接受教育扶贫（移民）优质学位16 200个。10所项目学校将在2009年5月底前竣工，2009年秋季学期投入使用。

〔**教师节评优表彰及慰问活动**〕 2008年，在我国第24个教师节来临之际，海南省组织开展全省教育系统评优表彰工作，有30位先进个人受到省政府的表彰，10人获得“第六届海南省中小学‘十佳校长’”称号，10人获得“第六届海南省‘中学十佳班主任’”称号，10人获得“第六届海南省‘小学十佳班主任’”称号。9月9日上午，省委书记、省人大常委会主任卫留成在副省长、省教育工委书记姜斯宪的陪同下前往桂林洋高校新区看望慰问教职员工；省委副书记、省长罗保铭到海南职业技术学院、省农业学校、海南中学看望慰问教职员工；省政协主席钟文到保亭黎族苗族自治县慰问，向广大教师职工致以节日的问候和祝愿。9月9日下午，副省长姜斯宪到临高县文澜江中心学校和临高中学对教师进行了慰问，看望了学校的优秀教师代表。9月10日上午，省政府举行庆祝2008年教师节暨教育系统先进个人表彰大会，省委副书记、省长罗保铭，省委常委、常务副省长方晓宇，省委常委、秘书长许俊，省人大常委会副主任王法仁，副省长姜斯宪，省政协副主席王路出席会议。

〔**加强教育收费管理**〕 2008年，海南省教育厅召开了治理教育乱收费厅际联席会议，起草并下发了《海南省2008年规范学校收费、进一步治理教育乱收费工作实施方案》。结合春秋季开学检查，要求各市县广泛开展对学校收费的自查和抽查。同时，联合省纠风办、省物价局组成4个检查组，对海口、三亚、定安等12个市县近50所学校的收费情况进行了检查，对市县收费检查工作及“两免一补”执行情况进行了督察。继续抓好改制学校清理整顿工作。继续巩固执行公办高中招收择校生“三限”政策。制定下发了全省学校行风民主评议工作方案。积极参播“政风行风热线”节目，专门就教育收费、中招、高招等事宜进行政策宣讲、咨询、受理投诉。继续设立治理教育乱收费投诉电话，及时处理乱收费行为。

〔**加强教育督导**〕 2008年，海南省教育厅对2007年9个县级政府教育工作督导评估意见进行整理，将督导评估结果在《海南日报》上向社会公告。对省农垦实验中学、乐东保显学校办学水平督导评估情况进行通报。对中小学办学水平督导评估方案进行修订，将修订后的《海南省普通初级中学规范化学校督导评估方案》《海南省普通小学规范化学校督导评估方案》印刷成册，免费发放到全省3 381所初中和小学。召开全省中小学规范化学校督导评估指标学习培训班。配合国家教育督导团做好对海南省三亚市、海口市琼山区和美兰区、五指山市基础教育质量的监测工作。加强县级教育督导干部队伍建设。对儋州市、三亚市、琼海市等市县新申报“省一级普通高中（完全中学）”、“省规范学校”的学校进行前期检查指导。

〔**加强体育、卫生与艺术教育**〕 2008年，海南省教育厅组织做好海南省中学生足球代表团访问韩国济州道工作。认真贯彻落实中央7号文件精神，起草了《中共海南省委 海南省人民政府贯彻落实〈中共中央国务院关于加强青少年体育增强青少年体质的意见〉的实施意见》，大力推行《学生体质健康标准》工作，抓好初中毕业生升学体育考试工作，组织开展各类学生体育竞赛活动，深入开展学生阳光体育运动，学生体质不断得到增强。积极开展学校防治传染病、地方病健康教育工作，加大食品卫生安全监管工作，确保学生身体健康。积极抓好学校艺术工作，扎实推进校园文化建设和社会主义精神文明建设。加强国防教育法规建设，进一步规范普通高校、高级中学和中等职业学校学生军训工作。

〔**努力资助贫困学生就学**〕 2008年，海南省教育厅逐步完善国家高校助学贷款机制，2008年实际发放高校学生贷款总金额1 495.14万元。开展生源地助学贷款调研，出台了生源地助学贷款实施方案。中等职业学校学生国家助学金政策落实到位，制定《海南省中等职业学校家庭经济困难学生资助实施方案》及实施细则，从制度上基本解决家庭经济困难学生接受中等职业教育问题。2008年春季资助中等职业教育学生59 439人，拨付资金7 551万元。抓好彩票公益金项目和复星光彩基金资助项目，资助贫困优秀高中生长效机制逐步形成。

〔**加强教育国际交流与合作**〕 2008年，省教育厅成功接待俄罗斯学生冬令营代表团和上海六国合作组织成员国学生代表团。完成海南省2008年申报公派留学和地方合作项目受理工作。启动了新加坡淡马锡基金会在琼资助骨干英语教师出国进修项目。2008年选拔高中生43人及基础教育教职员团10人随教育部组织全国优秀高中生代表和基础教育教职员团赴日执行友好交流访问任务。抓好做好对外汉语工作，组织了2008年国家公派汉语教师和美国关键语言教师项目汉语教师人选的选拔推荐工作。

〔**加强教育信息化建设**〕 2008年，省教育厅组织对2007年实施农村中小学现代远程教育工程的儋州、乐东、东方、五指山4个市县进行了省级验收工作。会同省发改委、财政厅制定《海南省农村中小学现代远程教育工程应用年活动方案》，从重视硬件建设为主转向重视管理和应用为主。举办第一届全省农村中小学远教工程资源应用说课比赛，极大地提高了农村中小学校的办学条件水平。召开了全省中小学校教育信息化工作会议，起草了《关于加快推进海南省中小学“校校通”工程建设的实施意见》，并与中国电信海南分公司签订了海南省中小学“校校通”信息联网合作协议书。推动定安县的“校校通”工程建设，中心小学以上23所学校接入海南教育网。召开教育系统电子政务工作会议，加强电子政务的应用，推进无纸化办公。组织教师参加“首届全国课题实验学校中小学（幼儿园）教师优质课评选活动”。做好教育厅门户网站建设工作。

〔**加强语言文字工作**〕 2008年，省教育厅组织海南师范大学、海南大学三亚学院、琼台师范高等专科学校、海南外国语职业学院开展普通话水平测试工作，测试1 500多人。选派两名省级测试员参加国家级测试员培训班并均获通过。认真组织海南省学校开展纪念《汉语拼音方案》公布50周年系列纪念活动，协办“我与汉语拼音”征文比赛和组织师生收看中央电视台有关节目。认真组织在海南省开展全国第十一届推普周有关各项活动，主题是奥运期间语言环境建设。根据教育部要求，建立省语言文字网。

〔**努力做好教育信访工作**〕 2008年，省教育厅全年接待来访群众169批次、820人，接收来访信件467件，办理上级交办事项21件，下函交办53件。厅党组专门召开两次专题研究会，对信访工作进行部署。组织各大中专院校、市县教育局进行了3次矛盾排查化解工作，共排查出师范生就业、高考移民、学校管理体制改革、师生权益保障、民办教师、教育系统干部违纪6类较为突出的问题60件。实行领导包案处理重大疑难信访事项，使案件得到化解或终结，越级上访状况通过大接访工作得到了改善。花大力气切实解决省挂牌督办的历史遗留师范类毕业生就业问题，至2008年12月底，全省已安排中师生上岗1.1万人。

〔**民办教育学校和在校生数**〕 海南2008年全省有各级各类民办学校925所，各类在校学生达258 042人，比上年增加24 652人。其中：民办幼儿园700所，在园儿童84 383人，比上年增加9 597人；民办普通小学79所，在校生74 945人，比上年减少6 396人；民办普通初中84所，在校生29 706人，比上年减少1 701人；民办普通高中23所，在校生11 032人，比上年增加1 397人；民办中等职业学校33所，在校生10 454人，比上年增加2 257人；民办高等院校5所（其中本科院校1所，高等职业学校4所）；民办教育普通本专科学生43 307人（其中本科12 403人，专科30 904人）；独立学院1所，在校生12 492人（其中本科11 830人，专科662人）。

〔**积极配合省行政审批改革工作**〕 2008年，海南省教育厅积极配合省法制办、省政务服务中心等有关部门做好省教育厅行政许可和其他行政审批项目进入省政务服务中心的各项筹备工作。2008年6月底成立省教育厅行政审批办公室。进一步修改省教育厅拟进入省政府政务中心行政审批事项办事指南，汇总18项行政审批事项涉及的法律法规，印制各类申请表格，协助省政务服务中心做好审批事项的办事指南。开展省教育厅第二批拟进入省政府政务中心集中办理行政审批事项的调研工作，有8项行政许可和行政审批项目进入省政务中心集中办理。按省政府令第216号规定做好省教育厅行政管理事项下放工作，共下放8项行政管理事项（4项属于行政管理事项，4项属于学校移交）。为更好指导市县做好下放的行政管理事项的对接工作，印发了《海南省教育厅下放行政管理事项市县对接实施工作指导方案》《关于认真做好下放行政管理事项市县对接实施工作的通知》等文件。

〔**农垦中小学校移交地方管理**〕 2008年，海南省教育厅全力配合做好海南农垦系统中小学校移交地方政府管理工作，积极与省财政、人事、编制、农垦总局等部门联系沟通，按时完成《海南农垦中小学校移交地方管理工作方案（代拟稿）》的起草工作，先后在省农垦改革实施领导小组的审议、省政府的审议中较早获得通过。之后，又抓紧起草了陵水县、屯昌县试点工作方案，使省教育厅牵头组织的试点工作及时开展。

基础教育

〔**进一步推进规范化中小学创建工作**〕 2008年，海南省印发了《海南省教育厅关于进一步推进义务教育阶段规范化学校创建工作的通知》，明确了5年内的创建工作目标，主要有：2008年各市县及省农垦总局10%的义务教育阶段学校要达到市县“规范化学校”标准，以后每年达标学校比上年增加5%左右，5年内全省90%以上义务教育阶段学校进入市县“规范化学校”行列，其中10%的学校达到省“规范化学校”标准。同时，开展普通高中“省一级学校”创建工作，5年内全省各市县及农垦总局重点高中要全部达到“省一级学校”标准。以中小学校规范化学校创建工作为重要抓手，通过组织中小学校开展规范化学校创建工作，教育行政部门依据指标体系进行评估验收，促进中小学校规范管理，全面提高办学水平和质量。各市县相应制定规范化学校创建工作方案，陆续开展本地区的培训活动，扎实推进本地区规范化学校创建工作。

〔**农村义务教育经费有提高**〕 2008 年，海南省提高农村中小学的生均公用经费基本标准，小学生由每生每年 199 元提高到每生每年 249.50 元；初中生由每生每年 295 元提高到每生每年 397.50 元。2008 年杂费补助资金投入 2.60 亿元，投入公用经费补助资金 9 511.40 万元，135.50 万名学生（未含农垦系统）受益。提高财政免费提供教科书补助标准，实施范围是全省义务教育阶段公办学校学生，2008 年投入资金 15 161 万元，120 万名学生受益。提高寄宿生生活费补助标准，小学生由原来每生每年补助 300 元提高到每生每年补助 500 元，初中生由原来每生每年补助 500 元提高到每生每年补助 750 元。进一步完善校舍维修改造长效机制。从 2008 年起，提高农村义务教育阶段中小学校舍维修改造的测算单价标准，每平方米由 300 元提高到 400 元。

〔**启动农村初中校舍改造工程**〕 2007 年，教育部、国家发展改革委《关于编报中西部农村初中校舍改造工程建设规划的通知》下达后，海南省教育厅与省发改委有关部门组织力量对全省农村初中校舍改造工程进行摸底，并逐步完成了各市县项目审核、工程资金测算、建设计划编制与上报等工作。2008 年举行了项目的启动仪式。根据工程项目建设总规划和分年度计划，2007—2008 年，海南省规划建设 8 个项目市县，57 所项目学校，总投入 8 877.70 万元，计划新建校舍 86 934 平方米。2008 年，资金已经全部下达到项目县，保亭、陵水、琼中、五指山 4 个项目市县已经动工。

〔**启动新农村卫生新校园建设**〕 作为全国试点省之一，海南省于 2008 年 5 月 28 日在定安开展全省“新农村卫生新校园建设”试点工作。其中，中央资金 1 000 万元，规划全省 50 所中小学新农村卫生新校园项目建设，加大校园沼气工程建设力度，创建生态循环校园。省教育厅与省财政厅、省农业厅协同完成了 50 所项目学校的资金测算，并将资金及时下达各市县。2008 年，34 所项目学校在建，3 所已竣工并投入使用，其他尚未开工。

〔**加强中小学德育**〕 2008 年，海南省教育厅组织评选了 2007—2008 学年“海南省三好学生”和“海南省优秀学生干部”，组织开展传唱《海南新童谣》活动，引导中小学争先创优、健康成长。开展第五次“中小学弘扬和培育民族精神月”活动，组织中小学师生赴京观看奥运会赛事，开展爱国主义、集体主义教育。组织开展青少年科技创新大赛、科技活动月系列活动和绿色学校创建活动，提高青少年科技创新和环境保护意识。继续开展中小学心理健康教育工作，提高德育的科学性和有效性。组织 2008 年中小学校长德育论坛，举办“家庭教育讲坛”，加强青少年校外活动中心的建设和管理，进一步建立健全学校、家庭、社会三位一体教育网络。2008 年，国家扶持海南省 15 个青少年活动中心项目中的 6 个项目已经对外开放，3 个项目基建工程完成，其余项目除万宁市以外均已开工建设。

〔**加强基础教育课程改革**〕 2008 年，省教育厅加强对课改实验的领导，健全保障和决策机制。调整充实了课改实验工作领导小组及其办公室。重建了基础教育课程改革实验研究项目组。召开课改工作总结表彰大会，全面总结高中课改经验，继续深化高中新课程实验工作。以保亭、乐东两个民族市县作为定点扶持单位，采取对口交流、活动优先等措施，扶持薄弱地区和薄弱学校，全面提高全省课改实验水平。召开全省高中课改推进工作会议和全省校本课程展示交流评比现场会，组织本省专家和骨干教师对宁夏、福建、江苏和上海等省市区进行了专题学习考察。参加教育部召开的全国课改经验交流会并作经验介绍。

〔**普通高中规模稳步增长**〕 海南 2008 年全省

普通高中共有学校110所，与上年持平；招生53 067人，比上年增加3 277人，增长6.58%；在校生154 774人，比上年增加8 363人，增长5.71%。海南普通高中平均班额58.43人，比上年的58.10人增加0.33人，大班额比例仍然偏高。2008年全省普通高中班数共有2 649个，其中大班和超大班1 604个，占总班数的比例为60.55%。56～65人的大班1 025个，所占比例为38.69%，比上年降低0.16%，66人以上的超大班579个，所占比例为21.86%，比上年降低1.43%。2008年普通高中专任教师8 838人，比上年增加495人。生师比为17.51∶1，比上年的17.55∶1略有降低。专任教师学历合格率为89.29%，比上年提高3.07个百分点。积极落实培养贫困优秀高中学生计划。除美籍华人林汉克先生继续捐助办好海南中学“宏志班”外，中央文明办也给海南省安排“西部助学工程”项目，给予海南中学、国兴中学各1个“宏志班”，学生在读期间费用全免。建设银行也捐助海南省200名贫困优秀高中学生，并从中评选“成长先锋”。经海南省教育厅与省财政厅、省民政厅协商，从2008年起提高了对海南中学、国兴中学少数民族特招班学生的资助标准。

〔**加强幼儿和特殊教育**〕 海南2008年全省共有幼儿园832所，比上年增加23所。在园（包括学前班）人数136 018人，比上年增加6 066人。学前教育毛入园率达到46.9%，比上年提高了2.47个百分点。幼儿园园长和专任教师共6 804人，比上年增加120人。2008年，省教育厅组织幼教专家完成《海南省幼儿园教育指导（下册）》的评审工作，送交出版社出版发行。开展了2008年学前教育机构年审工作，进一步规范学前教育办学行为。组织开展六一儿童节慰问活动，罗保铭省长、姜斯宪副省长等省领导亲自参加了慰问活动。召开“以园为本”教研制度建设项目专题培训及经验交流会。

海南2008年全省共有特殊教育学校4所，与上年持平。特殊教育招生380人，在校学生2 533人，分别比上年增加67人和333人。在普通学校随班就读及附设特教班的残疾儿童、少年招生和在校生分别占特殊教育招生和在校生总数的百分比为78.95%和75.64%。省教育厅2008年开展了主题为“扶残助学，共建和谐社会”的爱心助残活动，号召每个中小学生节约1元钱，捐款资助家庭困难的残疾少年儿童。组织开展第十八次“全国助残日”活动。

〔**加强教材管理**〕 在基础教育新课程完成一轮实验的基础上，为加强新课程实验用书的选用管理，省教育厅2008年针对海南省正在使用的中小学教材版本进行了广泛的调研，共涉及12个年级、33个学科的教材，对各版本教材的优缺点和问卷情况进行汇总分析，使一些订量偏小、师生评价不高、后续培训服务跟不上的教材从2008年秋季的起始年级退出海南省市场。印发《2008年秋季海南省中小学教学用书目录》，供中小学选用。从2008年春季开始，海南省义务教育阶段部分学科教材首次实施循环使用制度。小学有《科学》等4个学科，初中有《音乐》等4个学科的教材列入循环使用的范围。

〔**加强中小学学籍管理**〕 2008年，海南省教育厅继续开展学籍清理整顿工作，严密监控各地学籍管理情况，督促规范管理，巩固学籍清理整顿工作成果。在市县初审的基础上组织7个调查组，对报名参加海南省2008年高考，申请按“小学或初中在我省毕业，毕业时本人及其法定监护户口在我省，高中阶段在省外就读”的规定，给予不限报资格的197名学生的小学或初中学籍情况逐一复查。筹划建设全省性的中小学电子学籍管理系统，2008年已完成技术方案的制定工作，并向省财政厅申请到项目经费。

职业教育与成人教育

〔**职业教育投入**〕 2008年，海南全省职业教育投入共计4.60亿元。其中，中央财政投入0.90亿元，实施职业教育基础能力建设项目5个，建设专业性实训基地3个，资助中等职业学校学生62 925万人；省政府投入1.70亿元，建设6个县级职教中心、3所重点骨干学校和1个共享型实训基地，配套资助中职生；海口、三亚等市县财政共投入2亿元用于本地职业学校、职教中心校舍建设、设备购置和资助中职学生。

〔**加强中等职业学校基础能力建设**〕 海南省继2007年重点建设10个县级职教中心后，2008年万宁、陵水、定安、五指山、临高和白沙6个市县职教中心兴建教学楼、学生宿舍和饭堂1.89万平方米，增加学生座位5 000个，初步完成全省16个县级职教中心建设，实现了“每个县（市、区）都要重点办好一所起骨干示范作用的职教中心”的目标。2008年，省工业学校建成定安塔岭校区，省高级技工学校建成老城新校区、省经济技术学校建成桂林洋新校区，省交通学校建成白水塘新校区，省银行学校建起了新的学生宿舍楼。中等职业学校办学能力再上一个台阶。

〔**深化职业教育教学改革**〕 2008年，海南省积极推行“三段式”职教模式，促进市县职业学校与省级职业学校联合办学，出台了《关于推行“三段式”教育的实施意见》，制定了《中等职业教育“三段式”升级转段实施办法》。2008年有5 000多名学生在市县职业学校完成了“三段式”第一段学习任务，顺利转到省属和城市职业学校学习。积极推动职教集团化办学，海南省机电职教集团、旅游职教集团、商贸职教集团、农业职教集团、工业职教集团、财经职教集团相继成立。实行涉农专业免费教育试点工作，省农业学校、省通什农业学校招收了650名种植、养殖涉农专业免费生。开设“村官班”，重点培养农村致富带头人和基层组织带头人。推行半工半读、工学结合、顶岗实习制度，解决学生实习操作训练和毕业就业问题。

〔**加强中等职业教育师资队伍建设**〕 2008年，海南省大力实施中等职业学校教师素质提高计划。省财政拨给了专项资金450万元用于特聘专业教师。各中专学校、市县职业学校通过调配、招聘，新增教师300多人。教育厅组织市县教育部门和学校，在天津工程师院等高校特聘了58名“双师型”教师，扩大了教师队伍。选派了20名专业骨干教师参加国家级培训。选派272名专业骨干教师到省外高校进行省级培训。同时，在省内开展新教师培训、新教材培训和各类培训，使1 700多名教师得到理念、业务和素质方面的提高。

〔**加强中等职业教育学籍管理**〕 2008年，省教育厅在全省各中职学校开展全面的学籍清理整顿工作。成立了工作机构，强化校长管理责任，采取学校清理自查，教育厅检查验收。对新生备案、学籍登记、学生留级、休学、退学、转学、辍学和学生半工半读、勤工俭学、顶岗实习等审核审批程序进行了规范，清理了开除、退学、流失的1.1万人学籍，制止了学校多报学生名单领取财政生均定额经费、多领国家助学金，封堵了省外学生通过中职进行高考移民的路子，使学生管理工作逐步规范。全面启用全国中等职业学校学生管理系统，通过管理系统对职业学校学生进行实名制全面登记审核，杜绝学校虚报学生人数、空挂学籍现象。

高 等 教 育

〔**加强高水平大学建设**〕 2008年12月底，经国务院批准，海南省海南大学顺利进入国家“211工程”大学建设行列。海南大学编制的《海南大学十年发展规划》，获得教育部专家组的一致肯定；拟定了《海南大学“211工程”大学建设项目可行性研究论证报告》；启动了6个重点学科的建设；初步完成了长江学者的遴选工作，已与候选人达成引进意向，并报教育部审批；积极开展校际合作，争创办学优势，已与天津大学、中国人民大学、中国农业大学、武汉大学、南昌大学等高校签订了合作协议，为海南大学“211工程”大学立项建设的全面启动奠定了基础。海南职业技术学院顺利进入百所国家示范性高职院校建设行列。该院已完成国家示范性高职院校实施方案的修订工作并已获教育部批准，国家下拨的项目建设经费已经到位。这两件事是海南省高等教育具有里程碑意义的历史事件，标志着海南省高等教育整体办学水平和综合实力有了质的提升，为海南省高等教育的持续健康发展构建了崭新的平台。2008年，省教育厅启动了省市共建琼州学院工作，加快推进琼州学院三亚校区建设。

〔**加强高校党建工作**〕 2008年，省教育厅加强对学校学习贯彻党的十七大精神的指导，进一步加强党员干部的思想政治建设。召开了省第十次高校党的建设工作会议。配合省委组织部对海南广播电视大学、琼州学院、海南软件职业技术学院、琼台师范高等专科学校、海南外国语职业学院、海南经贸职业技术学院的领导班子进行了调整配备，选拔了一批优秀年轻干部，使高校领导班子得到进一步充实和加强。进一步加强民办高校党建工作，制定了《关于进一步加强民办高校党的建设工作的实施意见》。配合省委组织部进一步理顺民办高校党组织的隶属关系，派驻政府督导专员或党委书记赴民办高校任职，加强对民办高校党组织的日常管理和工作指导，使民办高校党组织机构进一步健全、管理逐步规范、活动逐渐正常、作用进一步发挥。

〔**加强大学生思想政治教育**〕 2008年，省教育厅举办了三期海南省高校哲学社会科学骨干研修班，参加研修的教师达到257人。进一步加强思想政治理论课建设，举办了第二届高校思想政治理论课公开教学比赛，有效地促进了高校思政课教学水平的提高。召开了省高校思想政治理论课教学指导委员会全体委员会议。进一步加强大学生心理健康教育，召开了海南省大学生心理健康教育工作研讨会。认真组织开展了“迎奥运讲文明树新风”礼仪知识电视竞赛活动。组队参加全国“迎奥运、讲文明、树新风”礼仪知识电视竞赛海南省选拔赛活动，荣获第一名。研究部署2008年全省大学生暑期社会实践活动，以科技、文化、卫生“三下乡”为主旋律的大中专学生暑期社会实践活动按计划部署实施。

〔**实施高等教育质量工程**〕 2008年，海南省教育厅开展了第四届普通高等学校教学名师奖评选工作，授予8名教师省级教学名师奖；推荐海南职业技术学院马乃祥教授参加国家级教学名师奖评选并顺利当选。组织了2008年度省级精品课程的评选，20门课程被评为省级精品课程；推荐3门本科课程和2门高职高专课程参加国家精品课程的评选。开展了2008年度省级特色专业评审工作，5个专业被确定为省级特色专业，推荐3个专业申报国家级特色专业建设点并全部被评为国家级特色专业建设点。组织了2008年度省级教学团队的评选工作，有 6 个教学团队被评为省级教学团队，推荐 2 个教学团队申报国家级教学团队，海南职业技术学院畜牧专业群教学团队被评为国家级教学团队。指导海南师范大学申报第二批国家大学生创新实验计划。海南省高等教育教学评估中心正式挂牌成立。成立了海南省高职院校人才培养工作评估专家委员会。组织了新办本科专业评估工作。

〔**学历证书电子注册**〕 2008 年，海南省教育厅认真审核各类高等教育毕业生学籍资格，顺利完成 2008 年各类高等教育学历证书电子注册工作，共注册 32 566 人。其中研究生教育 445 人（博士 21 人，硕士 424 人）；普通本专科教育 23 539 人（本科 8 436 人，专科 15 103 人）；成人教育 8 582 人（本科 821 人，专升本 2 512 人，专科 5 249 人）。按时完成 2008 年普通本专科特殊类型（专升本和五年一贯制）数据审核上报工作，并完成各高校普通本专科新生学籍电子注册以及研究生、成人教育新生学籍网上核对工作。组织高校按时完成 2008 年普通本专科学生学年电子注册工作。整理补报教育部 2004 年至 2007 年海南省原中等师范教育学校初中起点五年一贯制专科毕业生学历证书电子注册人数共计 3 804 人。

〔**加强学位与研究生教育**〕 2008 年，海南省教育厅调整、改组了新一届海南省学位委员会组成人员和新一届学科评议组成员。基本完成学位和研究生教育五年发展规划编制工作。研究生教育创新计划正式实施，着力开展四项工作：研究生创新科研课题申报，优秀博士、硕士学位论文评选，研究生学位论文抽查，研究生联合培养基地建设。2008 年，海南省研究生创新科研课题申报评审工作和优秀博士、硕士学位论文评选工作已经结束，研究生学位论文抽查工作和研究生联合培养基地建设工作基本完成。

〔**加强高校实验室建设**〕 2008 年，海南省教育厅组织开展了省级实验教学示范中心评审工作。共评出 10 个省级实验教学示范中心。海南大学海洋生物实验教学示范中心被评为国家级实验教学示范中心。

〔**桂林洋高校区建设**〕 桂林洋高校区建设进展顺利，2008 年共完成投资额 5.40 亿元，完成教学楼、辅助教学楼和学生公寓、学生食堂项目的建筑面积 19.75 万平方米。目前已有 3 所高校 2.20 万名学生进驻，部分高校办学空间不足的矛盾得到缓解。

〔**普通高校 2008 年招生情况**〕 2008 年，海南全省共有 49 742 人报名参加高考，比 2007 年增加 7 424 人。其中：文史类考生 16 887 人，比上年增加 2 480 人；理工类考生 30 815 人，比上年增加 4 975 人；艺术类考生 802 人，比上年增加 129 人；体育类考生 995 人，比上年增加 264 人；对口招生类考生 243 人，比上年减少 424 人。在报名的考生中，“限报生” 273 人，比去年减少 313 人。全国本专科 1 091 所高校在海南省计划招生 38 216 人，其中，本科计划招生 18 326 人，专科高职计划招生 19 890 人。本专科实际录取了 40 244 人，比原计划多录取了 2 028 人。其中，本科提前批录取了 872 人，本科第一批录取了 6 334 人，本科第二批录取了 8 541 人，本科第三批录取了 3 541 人；专科高职批录取了 20 956 人。本科录取率为 38.8%，本专科录取率 80.9%。

撰稿　徐光锋
审稿　胡光辉

重庆市教育

概　　况

〔基本情况〕

2008年各级各类学校校数、教职工、专任教师情况

	学校数（所）	教职工数（人）	专任教师数（人）
一、高等教育			
（一）研究生培养机构（不计校数）	(13)		
1. 普通高校	(11)		
2. 科研机构	(2)		
（二）普通高等学校	47	45 596	28 398
1. 本科院校	22	34 470	21 238
其中：独立学院	7	5 277	3 433
2. 专科院校	25	11 126	7 160
其中：职业技术学院	22	9 279	5 948
3. 其他机构（点）（不计校数）			
（三）成人高等学校	7	2 015	1 178
（四）民办的其他高等教育机构	8	1 271	733
二、中等教育	1 656	144 120	121 687
（一）高中阶段教育	578	144 036	47 511
1. 高中	278	119 660	28 991
普通高中	268	119 637	28 985
成人高中	10	23	6
2. 中等职业教育	300	24 376	18 520
普通中专	25	3 190	2 105
成人中专	56	3 053	1 858
职业高中	139	11 566	8 742

续表

	学校数（所）	教职工数（人）	专任教师数（人）
技工学校	80	4 531	4 541
其他机构（教学点）（不计校数）	（61）	2 036	1 274
（二）初中阶段教育	1 078	84	74 176
1. 普通初中	1 057		74 126
2. 职业初中			
3. 成人初中	21	84	50
三、初等教育			
（一）普通小学	7 575	130 550	119 161
（二）成人小学	761	1 299	602
其中：扫盲班	414	727	359
四、工读学校	6	92	61
五、特殊教育	41	802	670
六、学前教育	3 582	25 463	15 507

注：普通高中的教职工数中包含普通初中的教职工数。

2008 年各级各类学历教育学生情况

	毕业生数（人）	招生数（人）	在校生数（人）
一、高等教育			
（一）研究生	8 925	12 376	35 005
博　士	585	1 098	4 301
硕　士	8 340	11 278	30 704
（二）普通本专科	99 747	136 747	450 008
本　科	56 710	76 275	279 994
专　科	43 037	60 472	170 014
（三）成人本专科	38 373	49 947	132 391
本　科	15 339	14 643	47 115
专　科	23 034	35 304	85 276
（四）其他各类高等学历教育			
1. 在职人员攻读博士、硕士学位		3 624	9 983
2. 网络本专科生	20 030	44 375	81 770
本　科	12 973	24 141	49 507
专　科	7 057	20 234	32 263
3. 其他			

续表

	毕业生数（人）	招生数（人）	在校生数（人）
二、中等教育	668 510	882 970	2 455 307
（一）高中阶段教育	278 225	409 641	1 102 896
1. 高中	157 145	215 513	557 634
普通高中	156 906	215 513	557 405
成人高中	239		229
2. 中等职业教育	121 080	194 128	545 262
普通中专	30 811	39 696	113 853
成人中专	17 793	18 556	66 748
职业高中	45 405	94 118	246 354
技工学校	27 071	41 758	118 307
（二）初中阶段教育	390 285	473 329	1 352 411
1. 普通初中	389 032	473 329	1 350 451
2. 职业初中			
3. 成人初中	1 253		1 960
三、初等教育	488 353	347 639	2 269 729
（一）普通小学	467 435	347 639	2 243 916
（二）成人小学	20 918		25 813
其中：扫盲班	2 882		4 064
四、工读学校	100	106	179
五、特殊教育	1 919	2 006	12 172
六、学前教育	235 470	380 458	574 187

注：特殊教育学生数中包括普通中小学随班就读的学生。

2008 年各级各类非学历教育学生情况

	毕（结）业生数（人）	注册生数（人）
总　计	2 570 410	2 424 318
一、高等教育	63 570	38 306
（一）研究生课程进修班	1 660	1 355
（二）自考助学班	7 110	22 759
（三）普通预科生		2 207
（四）进修及培训	54 800	11 985
其中：资格证书培训	17 061	5 615
岗位证书培训	10 668	2 373
二、中等教育	2 506 840	2 386 012

续表

	毕（结）业生数（人）	注册生数（人）
其中：资格证书培训	90 905	54 164
岗位证书培训	241 106	200 745
（一）中等职业教育	160 147	63 804
其中：资格证书培训	50 982	14 813
岗位证书培训	43 097	18 995
（二）职业技术培训机构	2 346 693	2 322 208
其中：资格证书培训	39 923	39 351
岗位证书培训	198 009	181 750

2008 年各级各类民办教育基本情况

	学校数（所）	毕业生数（人）	招生数（人）	在校生数（人）	教职工数（人）	专任教师数（人）	另有其他学生数（人）
一、民办高等教育							
（一）民办高校	14	18 270	27 839	80 856	8 365	5 206	9 640
本科学生		8 334	13 094	41 659			
专科学生		9 936	14 745	39 197			
其中：独立学院	7	12 522	19 458	60 777	5 277	3 433	2 313
本科学生		8 334	13 094	41 659			
专科学生		4 188	6 364	19 118			
（二）民办其他高等教育机构	8				1 271	733	10 205
二、民办中等教育							
（一）高中阶段教育	94	23 755	33 742	103 490	10 239	7 139	6 857
1. 民办普通高中	19	4 448	8 165	20 235	5 117	3 827	
2. 民办中等职业教育	75	19 307	25 577	83 255	5 122	3 312	6 857
（二）初中阶段教育	91	12 258	23 245	60 371			
1. 民办普通初中	91	12 258	23 245	60 371			
2. 民办职业初中							
三、民办普通小学	158	10 533	8 460	50 448	2 980	2 060	
四、民办幼儿园	2 395	70 697	136 193	226 554	16 806	9 380	
另有：民办培训机构（不计校数）	(238)				2 294	1 353	64 787

注：1. “另有其他学生数”包括：学历文凭考试学生、自考助学班学生、预科生、进修及培训学生数；

2. 民办普通高中的教职工和专任教师数中包含民办普通初中的教职工和专任教师数；

3. “（ ）”内数据为不计校数。

〔**概述**〕（1）重庆市人民政府和教育部签订了部市战略合作协议，重庆市成为全国唯一的国家级统筹城乡教育综合改革试验区，改革试验工作全面启动。（2）继农村实现免费义务教育后，免除了城市义务教育阶段学生学杂费，惠及城乡学生370万人。（3）初中毕业生升入高中阶段教育比例达到86.5%，比上年增加2个百分点，在校生规模达到106.7万人。（4）中等职业教育继续保持强劲发展势头，招生19.4万人，在校生规模达51万人，中等职业教育招生规模与普通高中大体相当。（5）高等教育毛入学率达到25%，比2007年增加2个百分点，在校生规模达到68万人；大学城校园建设完成投资14亿元，入驻高校8所，入住师生10万人。（6）民办教育政策实现历史性突破，出台了促进民办教育发展的十条政策，在全国首创建立了重庆市教育担保有限责任公司。（7）家庭经济困难学生得到有力资助，全年拨付资助经费近11亿元，资助各类学生达450万人次，其中享受免费中职教育的学生16万人。（8）农村教师待遇进一步改善，落实补助资金11.4亿元，从10月起对义务教育学校教师每月补助500元，惠及37万中小学在职和离退休人员。（9）素质教育向纵深推进，“和谐育德”工程、“2+2”项目培养计划、红歌传唱、经典诵读、“阳光体育运动”、“高雅艺术进校园”等取得明显成绩。（10）产学研结合取得重大成果，高校获国家科技进步奖占全市的75%，国家重大基础研究项目实现“零”的突破，推进了3G芯片的产业化。

〔**统筹城乡教育综合改革**〕 2008年7月24日，重庆市人民政府和教育部签署了《建设国家统筹城乡教育综合改革试验区战略合作协议》，内容包括多项提高教育发展水平、健全城乡一体的公共教育服务体系的政策和措施。中共中央政治局委员、重庆市委书记薄熙来会见了教育部部长周济一行，并出席了签字仪式。周济部长、王鸿举市长分别在部市合作协议文本上签字。部市合作协议内容涉及城乡教育布局结构改革、城乡基础教育改革、城乡职业教育改革、高等教育改革、师资队伍建设制度改革、招生考试评价制度改革、城乡教育信息资源共享机制改革、教育帮扶机制改革、教育经费保障机制等9大板块。今后5年，重庆累计投入500亿元用于协议合作项目。同时，教育部将加强对重庆市教育改革发展的指导和支持，在安排项目和资金时对重庆予以倾斜。通过部市合作，重庆统筹城乡教育改革将努力达到以下目标：（1）健全统筹城乡教育发展的体制机制；（2）建设长江上游教育中心和西部教育高地；（3）提供全国统筹城乡教育发展示范和借鉴。教育部与重庆市成立部市战略合作领导小组，组长由周济和王鸿举共同担任，并建立每年召开一次专题研究重庆教育改革发展重大问题的高层协商会议制度。8月11日，市政府第14次常务会议通过了《重庆市统筹城乡教育综合改革试验实施方案》，改革试验工作全面启动。

〔**编制重庆市中长期城乡教育改革和发展规划纲要**〕 2008年11月，重庆市被确定为国家9个先行制定《中长期教育改革和发展规划纲要》的省市之一。按照国务院部署和市委市政府要求，深入研究分析当前我市教育改革和发展面临的困难与突出问题，理清发展思路，明确指导思想、基本原则、目标任务和主要措施，在体制机制改革上力求取得突破，制定一个人民群众满意、经得起历史检验、体现时代发展要求，具有国家背景、西部个性、重庆特色，符合重庆发展需要的高水平的规划纲要。按照“加强领导、精心组织，深入调研、集思广益”的编制工作原则和“主题鲜明、操作性强，目标明确、措施有力，逻辑清晰、结构合理”的规划纲要要求，一是确定部分区县和学校先行开展规划纲要编制，为编制全市规划纲要提供了借鉴。二是先后赴江苏、上海、辽宁等省市进行了考察调研，确定了12个重大战略专题调研项目，在渝高校、区县教育行政部门和教研机构共25个单位分别开展调研，形成了综合调研报告。三是在对市教委、西南大学和市教科院分别起草的《规划纲要》文本予以整合并多次讨论修改后，形成了规划纲要初稿。

〔**教育投入与支出**〕 2008年全市共投入教育经费265.63亿元，比上年增加34亿元，增长约

15%。全市财政性教育经费投入171.64亿元，比上年增加31.94亿元，增长约23%。财政性投入占全市教育经费总投入的65%，比上年提高约5个百分点。2008年年初，市本级财政预算教育经费23.56亿元，比上年增加5.7亿元，增长31.98%。此外，市财政局多方筹集经费3.7亿元用于各类教育。

〔**教育人事制度改革**〕 积极稳妥推进事业单位岗位设置。分别制定了义务教育、高等教育、其他非义务教育学校岗位设置实施办法，指导审核了市属高校、委直属单位岗位设置方案。推进职称评审改革，对中学、中职、高职高专三个高级职称评审体系进行了修改完善。机构编制工作取得新成效，全市教育系统共增加编制8 494个，其中区县中小学6 008个，市属高校和委直属单位2 486个。

〔**高校党建工作**〕 召开了全市高校党建工作会议，明确了当前和今后一个时期全市高校党建工作"抓党建，促'三风'，建'三高'"的总体思路。将民办高校党组织关系全部划转到市委教育工委，并积极做好向民办高校选派党委书记和政府督导专员的相关工作，民办高校的党建工作逐步走上了规范化的轨道。研究制定了《重庆市高校党组织"五个好"考评标准》，积极开展"五好"基层党组织创建活动。积极研制普通高等学校院系级党组织建设暂行办法。完成了对新组建的市教育信息技术与装备中心班子的组建和干部配备工作，对部分高校和委直属单位领导班子进行了调整。组织青年人才论坛5个子论坛和1个分论坛活动，被评为"优秀组织单位"。举办了近200人参加的第10期"高校党委书记、校（院）长暑期读书班"。选派了24名高校干部和委机关处室负责人赴日本研修学习、17名高校主要领导和1名委机关处室负责人赴瑞典研修。

〔**教育法制建设**〕《重庆市学生申诉办法》自2008年2月1日起施行。积极推进《重庆市学校安全条例》《重庆市民办教育促进条例》立法课题研究、起草和《重庆市义务教育实施条例》修订工作。对市教委负责实施的行政许可与非许可类项目进行了全面清理，由37项调整为28项；对市教委施行了10年以上的市政府规章和施行5年以上的规范性文件进行了清理，提出了处理和修订意见。开展了法制培训，加强普法教育，编辑了《现行教育法律法规规章选编》，大力开展法律进机关、进校园活动，命名了48所"重庆市依法治校示范校"，委机关被评为"重庆市学法用法示范机关"。

〔**教师队伍建设**〕 农村教师队伍整体素质稳步提升。启动实施农村学校教师素质提升五大工程计划。一是在重庆电视台科教频道开设"空中课堂"，对19万农村中小学（含农村区县的城镇中小学）教师开展远程全员通识培训。二是启动实施农村新转新聘教师全员岗位技能培训，完成400名新转新聘教师每人不少于80学时的市级集中脱产培训。三是启动实施村小教师市级专项培训计划，以课堂教育教学能力为重点，完成254名村小教师（语文、数学各104名，体育46名）的市级岗位技能强化培训。四是实施贫困地区中小学英语教师专项培训计划，由香港田家炳基金会专项基金扶助，首批对160名培训者和4个贫困区县300名一线英语教师开展专项培训。五是将农村义务教育阶段学校教师特设岗位计划纳入全市乡镇人才队伍建设计划统筹实施，为农村学校补充教师793名。

中等职业学校教师队伍建设全面加速。市教委、市劳动和社会保障局联合印发《关于开展中等职业学校教师全员培训工作的通知》，组织编写具有典型重庆特色的中等职业学校教师全员培训统一教材，启动实施500名中等职业学校管理干部、培训者培训，首批完成5 000名教师培训任务。启动实施中等职业学校8个专业500名专业教师新技术培训，以及150名中等职业学校班主任专项培训。市财政设立专项资金，设置中等职业学校"特聘教师"岗位450个，按每个岗位1万元/年的标准发放"特聘教师"岗位津贴，实行中等职业学校外聘教师政府买单、学校使用，在一定程度上缓解了全市职业教育专业教师紧缺的矛盾。

高层次人才队伍建设全面加强。全市评选命名100名高校中青年骨干教师、30名中小学骨干校长、30名中小学（中等职业学校）学科带头人，评选认定500名第四批市级中小学骨干教师。启动实施“首批重庆市高等学校优秀人才支持计划”“重庆市高校优秀青年教师国内研修资助计划”。认真做好2008年享受政府特殊津贴人员推荐选拔工作，全市高校共有519名教师被评为重庆市第二届学术技术带头人，303名教师为重庆市第二届学术技术带头人后备人选（不含军事院校人数。全市共评选学术带头人741名，后备人选447名，高校分别占70.04％、67.79％）。开展高校新进师资培训工作，共有1 897人参加培训。推荐43名高校教师为高等学校青年教师国内访问学者，接收73名教师做“三峡之光”访问学者。中小学（中等职业学校）校长、骨干教师培训力度得到切实加强。77名校长参加了市教委与北京大学联合举办的中小学骨干校长高级研修班，90名校长参加了“中国移动西部农村中小学校长培训项目”，95名校长参加了第四期“中小学骨干校长培训”，159名校长参加了第22、23期高（完）中校长提高培训班，遴选28名校长到教育部校长培训中心参加培训。完成1 130名中小学骨干教师培训，550名中等职业学校骨干教师培训，600名已评市级骨干教师再提高培训，音乐、美术、体育、健康教育学科各50名骨干教师培训，组建重庆市首个中小学（中等职业学校）名师工作室。全市大中小学名师梯级队伍建设得到进一步加强。

〔**体育卫生艺术教育**〕 加强和改进中小学体育工作。促进中小学开足上好体育课，全面实行大课间体育活动制度，确保学生每天锻炼一小时。开展体育、艺术、科技“2＋2”项目实验工作，培养学生掌握2项体育运动技能、具备1项艺术特长和1项科技创新能力。完善学生体质健康评价制度，在全市各级各类学校普遍推行《国家学生体质健康标准》测试、报告和定期公告制度。将中招体育成绩由30分提高到50分。积极推进高考体育尖子生加分资格认定改革，进一步精选项目、提高标准、调整分值、从严管理。抓好《市委、市政府关于加强青少年体育增强青少年体质的意见》的拟订工作，为加强今后一个时期学校体育卫生工作提供强有力的政策保障。成功举办重庆市第二届大学生运动会。抓好建设“健康重庆”相关规划工作，《重庆卫生校园专项行动计划》和1 000片学校塑胶场地建设工程纳入建设“健康重庆”的整体规划。

切实加强中小学卫生工作。加强食物中毒和传染病防控工作管理，健全专项培训、专项检查、定期通报、责任追究、事件报告和查验预防接种证等六项制度。会同市卫生局对12个区县的38所农村寄宿制学校进行了突发公共卫生事件专项检查。推进中小学健康教育教学改革，编写《重庆市中小学健康教育实用基础教案》，印制1.1万册免费赠送全市中小学。会同市卫生局、市爱卫办研究出台卫生与健康促进示范学校评估细则，认真开展重点中学示范食堂达标评比。在21个区县开展了口腔健康教育专项工作，在主城9区中学开展了青春期健康教育工作，在沙坪坝区、江津区开展预防艾滋病健康教育工作，在涪陵区等6区县开展结核病健康教育工作，在全市中小学开展了“预防近视，科学用眼”网络知识竞赛活动，并向10个区县配发眼保健操光碟和挂图。

加强学校艺术教育工作。在全市教育系统广泛开展了红色经典歌曲传唱活动。在教育系统机关和各级各类学校广泛开展“祖国在我心中”爱国主义教育歌曲大合唱活动的基础上，分别举办了区县教育部门、市教委直属单位、大学生大合唱展示活动，成功承办以合唱红色经典歌曲为形式的重庆市庆祝建国59周年万人大型歌咏会。举办了重庆市第二届大学生艺术展演活动、重庆市第三届“少儿才艺大赛”“高雅艺术进校园”活动。开展经典诵读活动，成功筹办重庆市大中小学生风雅颂经典诵读晚会。加强学校国防教育，积极开展学生军训活动，开展重庆市第一届学校国防教育论文评选，举办了重庆市高校军事理论课教师培训班。

〔**教育国际合作与交流**〕 举办了“2008中国（重庆）国际教育展”“德中同行”“中美教师教育国际学术研讨会”等9个大型交流活动。接待了来自12个国家和地区的19个代表团、共200人来渝访问交流。组织20余团次、数百名师生出国考察交流。接待和组团参加了“渝台师生会山城活动”

和“探索台湾之美活动”，密切了对台教育交流。国外来渝留学生 2 175 人（比去年增加 332 人）。向 204 名外国留学生发放重庆市政府外国留学生市长奖学金共 400 万元。479 人获国家公派出国留学资助经费 6 227 万元。新建了卢旺达基加利教育学院孔子学院和多哥洛美大学孔子学院，向 12 个国家派出汉语教师及志愿者 80 人。新增合作办学机构 1 个，依法中止了合作办学机构 1 个、项目 3 个。现有合作办学机构和项目共 18 个，在校生数近 6 000 人。各级各类学校聘请了长短期外国文教专家和教师 2 052 人。首次表彰了 24 名优秀外籍教师。实施了“偏远地区中小学英语教师培训”“亚洲企业领导力发展计划”“震后中小学生心理康复”等项目。通过“春晖计划”引进“澳大利亚博士团”和“日本博士团”17 人，签订了合作协议 51 份。44 名中美友好志愿者来渝服务。批准科爱赛等两校在渝试办国际学校。重庆一中国际部顺利进驻国际学校园。

〔**民办教育**〕 2008 年 7 月 14 日召开了重庆市民办教育工作会议，下发了《重庆市人民政府关于促进民办教育发展的意见》，在西部率先提出了支持民办教育发展的“十条政策”：（1）落实民办教育发展的土地、建设、财税优惠政策；（2）创建民办教育资本运作和投融资体制；（3）合理确定民办学校收费标准；（4）建立社会资本投入和取得合理回报机制；（5）建立政府财政性经费扶持民办教育的制度；（6）形成有利于完善民办教育师资队伍的保障机制；（7）保障民办学校学生与公办学校学生享有同等权利；（8）支持民办高校扩大招生规模；（9）鼓励民办高校提升办学层次；（10）营造有利于民办教育发展的社会氛围。

投资融资渠道有重大创新。2008 年，市政府资助民办中职学校学生经费 1 200 万元、安排民办义务教育阶段学校在校生保障经费 3 200 万元；积极研制民办高校财政投入方案。组建了重庆市教育担保有限责任公司，为全市教育特别是民办教育搭建起有效的融资平台，为解决民办教育融资难的问题进行了开创性的探索。

规范管理出台重要制度。出台了《重庆市民办高中阶段学历教育学校办学管理规定》《重庆市民办高等学校办学管理规定》，修订并印发了《重庆市民办中等职业学校设置标准（试行）》，为进一步规范民办学校管理提供了制度保障。

解决历史问题有重要进展。（1）积极研制妥善解决我市义务教育阶段民办学校办学有关问题的实施方案，借鉴“普九清欠”的方式解决农村义务教育阶段民办学校相关问题，依法保障人民群众子女接受义务教育，保护举办者的合法权益。（2）明确了市教委直属学校参与举办的民办学校的清理整改方案，下发了《关于进一步做好义务教育阶段改制学校清理整顿规范工作的通知》，改制学校清理规范工作全面推进。

〔**安全稳定工作**〕 进一步落实安全稳定工作责任制，完善了全市教育系统突发事件应急预案，扩大了校方责任险推行范围。对全市教育系统安全稳定工作先进集体和个人进行了表彰奖励。开展了矛盾纠纷大排查活动、安全生产百日检查行动、火灾隐患排查整治行动、校园周边治安秩序整治行动、校车专项整治行动等一系列活动，开展大规模专项督导检查活动 6 次，及时整改了安全隐患，妥善化解了社会矛盾。开展了安全教育月等多种形式的宣传教育活动，向全市学校下发安全教育知识读本、挂图、光碟 5 万余套，宣传资料 20 万余份。加强了学校师生应对自然灾害和逃生自救知识教育，普遍开展了安全演练。共举办校长培训班 23 期，培训近 1 000 人。信访工作扎实有效，妥善处理了全市教育系统群体性集访事件 64 批次、1 200 多人次，及时将突发性群体性事件化解在基层，有效地维护了教育系统稳定。

〔**抗震救灾工作**〕 “5·12”地震后，全市迅速组织校舍隐患排查，及时停止使用危房，有效地保障了师生的安全。对全市教育系统受损房屋进行了鉴定评估，加强灾后重建工作。积极开展对四川重灾区的援助工作，为四川省教育系统捐款 50 万元，市教委机关干部职工捐款 6.5 万元，党员干部另交纳“特殊党费”9.17 万元。对在重庆市就读的重灾区学生特别资助 1 800 万元，惠及学生 6 100

人，接收灾区 4 566 名中小学生到重庆市就学。组建心理援助队赴四川灾区和重庆市梁平县、铜梁县等地进行心理抚慰。1 位教师获“全国抗震救灾英雄”称号；18 人被评为“全国教育系统抗震救灾先进个人”，8 个单位被评为“全国教育系统抗震救灾先进集体”。

〔**学生资助**〕 加大普通高中贫困家庭学生资助力度，共资助 2.93 万人，资助经费 3.43 万元。将小学、初中贫困家庭寄宿生生活补助标准由每生每天 1 元分别提高到 2 元和 3 元，共投入 3.5 亿元，惠及学生 49.61 万人，占寄宿生总数的 55%。继续对义务教育家庭经济困难女童实施“零收费”入学政策，资助 2 582 万元，惠及学生达 43 万人。安排资金 100 万元，从 2008 年秋季学期起，对全市特殊教育学校学生每天免费供应一袋鲜牛奶。

〔**语言文字工作**〕 全面开展经典诵读活动。在全市大中小学广泛开展以传统节日为主题的经典诵读活动，举行了“中华魂·爱国情——重庆市端午节经典诵读文艺汇演”，开展了大中小学经典诵读优秀节目评选。组织参加全国“中华诵·经典诵”总决赛并取得优异成绩。继续推进二、三类城市语言文字工作评估。通过分类指导、实地考查、综合评估，全市共有八个区县在今年顺利通过市级评估。开展社会规范用语用字执法检查，促进了用语用字的社会规范性。普通话水平测试工作有新进展。新建智能测试站 5 个，共测试 6 万余人次。协助教育部开展“网络语言、外语词、字母词”的使用情况专题调研，积极促进语言文字工作与人民群众实际生活的结合。

基础教育

〔**综述**〕 重庆市基础教育以统筹城乡义务教育均衡发展、加快普及提高高中教育和学前教育、深化基础教育课程改革、全面落实素质教育为重点，在进一步加强学校德育工作、推动中小学标准化建设、推进考试评价制度改革、健全学生资助制度、规范学校办学行为，深入推进素质教育等方面取得了新的进展。

〔**城乡免费义务教育**〕 在全部免除农村义务教育阶段学杂费、免费提供国家课程教科书、建立农村义务教育经费保障机制的基础上，全市从 2008 年秋季起，进一步免除了城镇义务教育阶段学生的学杂费，并对家庭经济困难学生实行“两免一补”（指政府向义务教育阶段贫困家庭学生免费提供教科书、免除杂费，并给寄宿生补助一定生活费的一项资助政策）政策，提高了生均公用经费标准和家庭贫困寄宿学生“生活补助费”标准，提高了免费教科书补助标准，提高了校舍维修改造补助标准，扩大了免费项目和享受范围，建立了困难学生资助体系，保障了城乡所有适龄儿童少年都能免费接受义务教育。同时，重庆市《关于促进民办教育发展的意见》进一步明确了义务教育阶段民办学校学生的杂费、公用经费与公办学校执行同一政策，市和区县按标准给予补助等相关规定。至此，重庆市全面贯彻落实《中华人民共和国义务教育法》关于实施义务教育不收学费、杂费等规定，使适龄儿童和少年“上学难、上学贵”的问题基本得到解决。

〔**办学条件改善**〕 （1）实施“农村寄宿制学校建设工程”和“农村初中校舍改造工程”。计划安排寄宿制学校建设工程项目学校 89 所，总投资 0.63 亿元，已竣工 61 所；中央累计批复全市“农村初中校舍改造工程”项目学校 114 个，总投资 2.39 亿元，已竣工 47 所。两项工程剩余项目将在

2009 年 8 月底前完工，2009 年秋季投入使用。(2) 2008 年安排专项资金 1.38 亿元，实施了幼儿教育设施设备工程（0.1 亿元）、农村中小学饮水设施改造工程（0.3 亿元）、新农村卫生校园建设工程（0.58 亿元）、阳光体育设施工程（0.4 亿元）。(3) 积极争取捐赠项目。落实了 2008 年台湾台塑集团“明德小学”项目 12 个，赠款 1 080 万元；落实香港邵氏基金第 21 批项目 5 个，赠款 490 万港币。

〔**义务教育均衡发展**〕 健全了城乡学校“百校牵手”“捆绑发展”等对口帮扶机制。对口帮扶工作的实施以 3 年为一周期，首批确定了 17 个对口帮扶区县，192 所学校开展了对口帮扶活动，支援学校共派出教师 465 名，干部 105 名。对口学校向支援学校派出教师 204 名，干部 53 名。支援区县和学校向对口区县和学校捐赠约 350 万元教育教学设备、图书等，直接捐助对口区县改善学校办学条件和贫困学生帮扶资金达 214 万元。一年来，开展研究课 345 节，听课观摩 4 700 人次，支援学校为对口学校举办专题报告 46 场，与对口学校 3 500 多名贫困学生开展了“一帮一”手拉手活动。启动城乡教师任职交流试点工作，选派 100 多名中级职称以上优秀教师到农村学校支教。组织重庆市名师、中小学特级教师、中学研究员级教师到农村学校讲学支教。选送 770 名高校师范专业大学生到 15 个边远贫困地区的中小学进行顶岗实习支教。“以城带乡”的统筹发展使农村学校和薄弱学校的办学条件进一步改善，教育教学观念进一步转变，办学行为进一步规范，教师队伍素质进一步提高，促进了农村学校和薄弱学校素质教育的实施和全市城乡教育的均衡发展。

〔**教育信息化建设**〕 市电化教育馆和教学仪器管理处合并组建为市教育信息技术与装备中心，更好地发挥现代教育信息技术与装备对城乡教育统筹发展的促进作用。截至 2008 年底，建成开通了市与区县互联互通的教育资源管理、远程教育管理、OA 办公三大平台，开通了重庆市基础教育资源网、重庆教师研修网，初步搭建了远程教育应用实验区管理、分析与评价平台，启动了全市中小学学籍管理平台建设工作。截至 2008 年底，全市中小学实验室和各功能室增至 32 894 间，图书馆（室）图书藏量增至 5 409.4 万册，电子阅览室增至 950 所，中小学教学仪器设备配齐率分别为 95% 和 97%。创新设立农村中小学现代远程教育应用研究实验区 15 个、实验校 100 所；举办国家级及市级信息技术相关培训 9 次，培训 2.28 万人次；举办了重庆市首届中小学教师应用教育技术网络大赛和第四届农村中小学教师运用信息技术、现代远程教育资源开展学科赛课说课活动，参加市级竞赛的教师达 500 多名。

〔**教育督导工作**〕 召开了“两基”工作总结表彰大会，表彰了推进“两基”工作先进区县 15 个、先进集体 50 个、先进个人 100 名。进一步推进“督政”“督学”工作，印发了《区县政府教育工作督导评估指标体系》。对酉阳县“两基”巩固提高工作进行了复查。开展了义务教育均衡发展督导评估试点。对城市义务教育经费保障机制改革和中小学体育卫生工作进行了专项督导检查。接受了国家体育卫生工作专项督导检查，检查组给予重庆“领导重视、思路清晰、措施有力、成效显著”的评价。推出了北碚“委托评估”新模式。对 2007 年区县教育投入保障情况进行审核和通报。规范了中等及中等以下学校检查评估工作，减轻了基层迎检负担。印发了《重庆市人民政府督学聘任管理办法》，进行了市政府督学换届，开展了教育督导干部培训。启动了市基础教育质量监测中心筹建工作。

〔**规范办学行为**〕 以收费、招生等问题为重点，通过专门电话受理投诉、开展明查暗访、参加“阳光重庆”节目等方式，加大规范办学行为工作力度，严肃查处了一批违规补课行为，清退违规收费 251.08 万元。受理教育投诉 648 件，比 2007 年下降 24.6%。对高考部分加分规定进行了调整和规范，有利于招生考试的公平公正。印发了《重庆市义务教育阶段学籍管理办法（试行）》《重庆市中小学档案管理暂行办法》，进一步规范了学校学籍和档案管理。

〔**普通高中教育**〕 全市普通高中学校在校学生55.7万人，毕业生15.7万人。全市普通高中招生首次突破20万人，达到21.6万人，初中毕业生升入普通高中比例为55.4%。各区县积极调整普通高中学校布局结构，优化教育资源配置，规模效益逐步显现。全市成建制的普通高中学校由1997年的281所调整为2008年的268所。市级重点普通高中由直辖初的38所增加到86所。2008年，全市重点普通高中在校学生达26.5万人，占普通高中学生总数的51%，主城区优质普通高中覆盖面达到65%。

〔**课程改革**〕 制订了开展初中毕业生综合素质评价、用一定比例招收“综合素质评价+特长”突出的学生、降低中考难度等招生考试政策，充分发挥了考试对推进素质教育的导向作用。建立了中小学教材审读制度。组织大学教授、中小学一线教师和教研员对全市义务教育阶段使用的国家课程标准实验教材和地方课程教材进行了审读，进一步精选了中小学教材，全市中小学主流教材正在逐步形成。初步构建起具有重庆特色的地方课程体系。在义务教育阶段设置了巴渝风情、公共安全、民族团结等8大系列地方课程，供学校选用。农村义务教育阶段课程改革向纵深发展。綦江县探索总结出的“区域性整体推进课程改革”经验，促进了区域内学校教育教学质量的整体提升。

〔**德育工作**〕 推进“和谐育德”教育创新工程。加强课程德育工作，制定了《重庆市中小学课程德育指导纲要》，开展了以“诚信”“文明”“感恩”“责任”“热爱生命”为主题的班会优质课大赛，初步建立了围绕主题构建序列性优秀主题班会课程资源的新机制。加强校园文化建设，出台了《重庆市中小学校园文化建设实施意见》，涌现出了南开中学、兼善中学、谢家湾小学、珊瑚小学等一批校园文化建设先进学校。加强德育队伍建设，健全了以班主任队伍建设为重点的德育队伍培训及表彰激励机制。举办了全市班主任基本功大赛，评选表彰了市级优秀班主任、优秀德育工作者各100名。建立了德育督导评估制度，制定了《重庆市中小学德育督导评估细则》。在全市中小学开展学生综合素质评价，促进了学生自我养成教育和思想道德素质的提高。开展了“迎奥运，创‘三星’”“学习礼仪知识，争做文明公民”“规范文明言行从我做起”“民族精神月”“抗震救灾”等的系列主题教育活动。德育信息化建设进一步加强。优化了重庆德育网网站功能，提升信息交互能力，为整合全市德育课程资源、加强德育工作指导发挥了积极作用。

〔**农民工子女入学**〕 市委办公厅、市政府办公厅下发了《关于进一步做好农民工子女农村留守儿童接受义务教育工作的通知》，进一步明确了职责，健全了工作和经费保障机制，并简化了入学手续。全市接受农民工子女学校数量从2007年的322所增加到406所，共接受了农民工子女19.8万人，占城市义务教育阶段学生总数的9.15%。

〔**扫盲工作**〕 建立了“基础扫盲、巩固提高和社区学习中心”三位一体的扫盲教育体系，开展了流动人口和新市民扫盲课题研究，全市青壮年非文盲率达到99.58%。

职业教育与成人教育

〔**综述**〕 全市参与学历教育的中等职业学校302所，在校生51万人，占高中阶段在校生总数的48.1%。其中，由市教委审批管理的中等职业学校（班）229所，在校生40万人；由市劳动和社会保障局审批管理的技工学校73所，在校生11万人。全市现有国家级重点中等职业学校47所，市级重点中等职业学校37所，县级职业教育中心33所。全市中等职业学校开设了13个大类、460余个专业。2008年全市中职招生19.4万人，中职毕业生11万人，其中来自农村的新生劳动力占10万人左右，一次性就业率达到97%，就业稳定率达到75%。积极转移富余劳动力。全市教育系统完成农村劳动力转移培训15.7万人次、农村实用技术培训427万人次、再就业人员培训8.3万人次、移民技能培训15万人次。

〔**招生工作**〕　改革创新招生办法。率先开展高职院校自主招收优秀应届中职毕业生试点工作，积极开展与四川地震灾区联合办学，认真实施农村卫生人员中专学历教育计划，首批西藏昌都藏族学生顺利安置到我市就读中职学校。强化规范招生秩序。取消了40所学校的中职招生资格，查处了16所学校的违规招生行为，4名校长被撤职或免职。继续稳定招生规模。全市完成中职招生19.4万人，初中毕业生升入高中阶段教育的比例达到86%以上，在校生达到51万人，高中阶段普职教育发展规模继续保持大体相当。

〔**办学模式**〕　(1)推广“城校互动、资源共享”模式。到2008年底，重庆职教基地共有职业院校30所，在校学生10.4万人，初步形成了“城中有校、校中有城、城校融合、协调发展”的格局。(2)推行“园校互动、校企融合”。在10个区县开展了“园校互动、校企融合”试点，推进了工业院校与职业学校建设互动，职业学校与工厂企业融合。(3)推进“城乡互动、联合办学”模式。58所试点学校选择紧缺专业，开展“一年在农村职业学校学习、一年在城市职业学校学习、一年在企业顶岗实习”的办学试点。

〔**教学质量**〕　实施“重庆市中等职业教育质量工程”。出台了《重庆市中等职业学校教学水平评估指标》，对20所达标中等职业学校开展了教学水平评估。建立了“部门联动、社会支持、学校参与”举办职业学校技能大赛的工作机制，成功举办了重庆市第一届中等职业学校职业技能大赛，创新了职业教育人才评价与选拔机制。积极调整专业结构，打造精品专业。建立了重庆市中职教育教学咨询专家库，成立了中职教学指导委员会。启动中职精品课程建设，逐步建立了精品课程和优质教材网络平台。

〔**基础能力建设**〕　一是优质学校建设步伐加快。新增重庆市商务学校等4所国家级重点中职学校，新增重庆市石柱职教中心等6所市级重点中职学校。10所“创重”学校多方投入1.5亿元改善办学条件。二是中等职业教育经费投入力度加大。国家发改委安排全市基础能力建设专项资金8 100万元，市级财政安排实训基地建设专项资金2 000万元，使我市中职学校的基础条件得到有效改善。

〔**学生资助工作**〕　2008年9月，重庆市政府办公厅下发了《关于进一步做好中等职业学校家庭经济困难学生资助工作的通知》，市教委和市财政局联合下发了《关于认真做好中等职业学校家庭经济困难学生资助工作的通知》，进一步简化了资助程序，明确了监管责任，方便了群众办理。在落实中职学生“普惠制”和“五类学生”资助政策的基础上，在永川、渝中、江北、南岸、大渡口、双桥6个区开展了免费中等职业教育试点。6个试点区筹集资金2 400万元，共有7 200人享受了免费中等职业教育。免费中职加快了试点地区高中阶段教育普及进程，6个区完成中职招生4.4万人，比2007年增长15%。共计拨付全市中职学生资助经费7.49亿元，惠及学生34.2万人，占在校生总数的77%。

高 等 教 育

〔综述〕 截至2008年10月，全市共有学位授予单位19所（含军队院校）。其中，博士学位授予单位7所，硕士学位授予单位15所，学士学位授予单位19所。各类在校研究生44 988人（不含军队院校），其中全日制在校研究生35 005人，非全日制攻读学位人员9 983人。全市高校共有博士学位授权一级学科33个，二级学科199个，硕士学位授权一级学科97个，二级学科644个。包括高校教师、中职教师在内的招收非全日制研究生的专业学位达到15种。一级学科国家重点学科3个，二级学科国家重点学科31个（含一级学科覆盖），市级重点学科149个。

在渝普通本科高校设置本科专业11个学科门类，专业196种，专业点674个，其中2008年度重庆高校增设本科专业点41个（部属高校5个，市属高校36个）。增设专业主要集中在工学学科，其中重庆大学物流工程、重庆师范大学艺术教育、四川外语学院印地语翻译和四川美术学院景观建筑设计等5个专业为重庆市第一次设置并已从秋季学期开始招生。组织开展了高等学校质量工程市级项目申报评审和国家级项目的推荐申报工作。

新组建了重庆科创职业学院和重庆建筑工程职业学院。更名2所，重庆电子职业技术学院更名为重庆航天职业技术学院，重庆光彩职业技术学院更名为重庆传媒职业学院。万州区和涪陵区管辖的3所高等职业院校正在划转市直管。高等职业教育招生总数为6万人，占普通本专科招生数的42.9%，校均招生人数为0.24万。高等职业教育毕业生数为4.2万人，占普通本专科毕业生数的42.4%，校均毕业生数为0.17万。全市高等职业教育服务地方经济建设的能力进一步增强。在4.2万毕业生中，80%以上毕业生在相应行业、企业就业，就业率达86%。同时各高等职业院校积极开展实用性培训，为各单位培养人才达3.5万人次。认真贯彻落实教育部《关于全面提高高等职业教育教学质量的若干意见》的各项要求，进一步提高了各高等职业院校的办学思想和办学定位。特别是“以服务为宗旨，以就业为导向，走产学结合之路”的办学思想进一步明确，“校企合作，工学结合”的办学模式进一步加强。

〔质量工程〕 召开了直辖后首次高等学校质量工程项目建设研讨会，《关于实施重庆市普通高等学校教学质量与教学改革工程的意见》经广泛征求意见和多次修改后基本成熟。对重庆市高等学校专业设置和人才培养规模情况全面统计后汇编成书，向高校进行了信息发布。2008年共新增专业71个。新增市级精品课程71门（累计256门）、国家级13门（累计40门），市级特色专业建设点25个（累计78个）、国家级16个（累计40个），国家大学生创新性试验计划项目学校2所（累计3所）。新增国家示范性高等职业院校1所（累计3所）。

首次实施市级示范高职院校建设计划，确定立项建设学校2所、重点培育学校1所。新增市级实验教学示范中心11个（累计40个）、国家级5个（累计9个），首次实施实验教学示范中心立项培育单位计划，确定培育单位5个；新增国家级双语示范课程3门（累计5门）。进一步推进学分制改革试点，新增试点学校6所（累计10所）。立项市级教学团队43个（累计81个），申报国家级教学团队8个，批准立项7个（累计8个），其中西南政法大学李昌麒教授的经济法教学团队是我国唯一的国家级经济法学教学团队。创新教改项目立项评审制度，打破按照申报等级分级评审的惯例，改由根据项目研究质量和答辩情况确定项目立项等级。批准市级教改重大项目 25 个，重点项目 147 个、一般项目 275 个。举办了直辖后首次全市高等教育教学成果培育报告会、首次全市高等教育教材建设与管理工作会、实验教学工作经验交流会。组织评选第三届市级高等教育教学成果 210 项，奖励经费增至 260 万元。

〔**研究生教育**〕　研究生教育创新计划全面实施。评选 13 个重庆市研究生教育创新基地予以建设；制定《重庆市研究生教育优质课程建设管理实施意见》，评选 60 门重庆市研究生教育优质课程，建立优质课程资源共享机制。研究生培养质量稳步提高，2 篇博士学位论文入选本年度全国百篇优秀博士学位论文，评选重庆市优秀博士学位论文 34 篇，优秀硕士学位论文 100 篇。

〔**学科建设**〕　对 144 个市级重点学科进行了中期检查评估（另有 5 个学科免评），评估结果优秀 76 个、合格 59 个，限期整改 9 个。22 个评估结果为优秀的市级立项建设重点学科被确立为重点学科。

〔**学位工作**〕　完成重庆市学位委员会换届工作。完成了立项建设新增博士、硕士学位授予单位评估工作，确定近期立项建设新增博士学位授予单位 2 个，硕士学位授予单位 1 个，中期及中长期立项建设新增博士学位授予单位 4 个。开展了新增学士学位授予专业的评审工作，新增学士学位授予专业 54 个。协办了全国第六届博士生学术年会，承办了重庆市首届高层次人才专场招聘会。

〔**科技工作**〕　科技平台建设取得新进展。在渝高校国防重点学科实验室实现零的突破（国家重点实验室累计达 4 个），新增教育部重点实验室 3 个（累计 17 个）。对 16 个市级重点实验室进行了综合评估验收（高校市级重点实验室累计 60 个），新增国家工程技术研究中心 1 个（累计 5 个），新申报教育部工程技术研究中心 3 个。大学城资源共享平台进入正式建设的新阶段。

科研项目及经费资助有新突破。2008 年，在渝高校获国家自然科学基金项目 360 个（比上年增长 26.76%），国家资助经费首次突破亿元大关。新增国家“973”项目 3 项，新增国拨科研经费 2.1 亿元。重庆医科大学实现了市属高校承担“973”项目零的突破。承担“国家科技重大专项”实现了零的突破，在渝高校获得“国家科技重大专项”各级课题 16 项，经费 1.42 亿元。市属高校和在渝高校获单项课题经费均创新高，分别达到 4 000 万元和首次超过亿元。审批 2008 年市教委科技计划立项申报项目 277 项，受理申报 2009 年度科技计划项目 608 项。

基础研究与技术创新取得新成果。2008 年，在渝高校获得国家科技进步二等奖 6 项、重庆市科学技术成果奖 91 项。第三军医大学和重庆康卫生物科技有限公司联合研制的胃病疫苗通过 III 期临床总结评审，是全市第一个具有自主知识产权的国家一类新药；重庆工学院的发明专利“栅式位移传感器”获第十届中国专利金奖，实现了重庆市中国专利金奖零的突破，也实现了全国地方高校该奖项零的突破。

产学研结合取得新突破。首次启动校企合作对接交流机制，与市经委联合主办了重庆市第一届产学研对接交流会，搭建了高校与企业互动交流平台。首次启动重庆高校优秀成果转化资助专项计划，资助项目共 33 项，其中重大项目 5 项各资助 100 万元，重点项目 28 项各资助 20 万～50 万元。首次启动高等职业技术院校应用技术推广中心建设，立项建设 9 个。高校与相关企业、科研院所建立的重点产学研战略联盟达到 12 个。在重庆高交会暨军博会上，签约合同 8 项，合同金额 8 480 万元。重邮信科通信技术有限公司挂牌成立，科研成果进入产业化快车道。重庆医科大学孵化出的高科技企业海扶（HIFU）技术有限公司荣获国家高技术产业化十年成就奖。

〔**哲学社会科学**〕　全市普通高校获国家社科基金项目 42 项、批准经费 569 万元，教育部一般项目 45 项，后期资助项目 3 项。评审下达市教委人文社会科学研究项目 257 项。对全市第一批 16 个重点研究基地 2003 年以来的建设情况进行了全面评估，促进了经费等支持政策的落实、管理体制的创新和研究水平的提高。将全市哲学社会科学教学科研骨干研修纳入新一轮重庆市干部培训体系，作为市委党校的主体班次，并编制了专项经费预算，确保经费投入；全年共举办研修班 3 期，培训 200 余人。积极营造学术氛围，开展了以“中国·重庆改革 30 年成就、改革、发展”为主题的系列学术活动，举办大型专场研讨会 4 场。

〔**思想政治教育**〕 举办了高校辅导员上岗培训班和工作研修班，分别培训 400 人和 65 人。开展了辅导员队伍建设督查工作，评选表彰了市级优秀思想政治教育工作者 132 名、优秀辅导员 76 名。创新性地采取分章“说课”、互动交流和示范教学的模式，对全市高校 468 名思想政治相关课程专职教师进行了全员培训。大学生思想政治教育针对性进一步增强。开展了新形势下学校思想政治工作调研。加强了大学生心理健康教育，组织编写了《大学生心理成长导引》。成立重庆市高校网络文化建设与管理协会，加强了网络文化建设与管理。承担了教育部“大学生思想政治教育测评体系”项目研究，形成了阶段性成果。开展了大学生“青春倡廉”和“十大感动重庆人物进校园”等宣传教育活动。思想政治理论课教学水平进一步提高。对高校实施思想政治理论课新课程方案情况进行了全面督查调研，成立了高校思想政治理论课教学指导委员会专家指导组，开展了市级“精彩教案”“精彩多媒体课件”以及优秀教学案例评选活动和教学观摩活动。在重庆工学院开展“科学实践观”进课堂试点，得到中央有关领导的肯定。

〔**学籍管理**〕 (1) 学历证书电子注册工作顺利完成，其中普通 102 574 人，成教 39 574 人，网络教育 13 541 人。(2) 新生学籍电子注册工作顺利进行，目前全市大部分高校都已上传新生学籍数据，各项工作有序推进。(3) 学籍日常管理工作更加规范，各高校在办理转学及退学的相关手续时，按照规定程序操作，没有出现大的违规违纪现象。(4)“专升本”工作稳步推进，按照教育部文件规定执行，通过严格把关、规范程序和精心组织，全市共录取“专升本”学生 2 237 人。

〔**毕业生就业指导**〕 鼓励和引导面向基层就业毕业生 3 600 余人，比去年同期增加 35%；邀请专家开展培训指导，促进毕业生自主创业。加强高校毕业生就业市场建设，举办了各种类型集中双选活动共 52 场，校园小型招聘活动 1 000 余场次。全力帮扶灾区籍毕业生就业，举办了灾区籍毕业生专场双选会，发放了就业援助卡 5 000 张，聘请专家为部分灾区毕业生开展了免费职业测评。加强了高校就业指导服务工作队伍建设，组织了系统培训，开展了就业指导服务工作优秀论文评选活动。全市高校毕业生 11.18 万人，年终就业率达 90% 以上。

〔**校区建设**〕 全年竣工高校校舍 170 万平方米，其中大学城校区 130 万平方米。大学城新增入住高校 2 所，累计达 7 所，新入住师生 3 万人，累计达到 8 万人。进一步加强市属学校建设项目招投标管理与监督，建设项目招标率达到 100%，公开招标率达到 87.7%。

〔**成人高等教育**〕 对有关高校在渝设置的 29 个校外学习中心（点）进行了检查评估，完成了对高校在渝设置成人高等教育函授站（点）的检查、备案工作，加强了高等学校设置及调整成人高等教育本专科专业的管理。首次召开了全市成人高等非学历教育经验交流会。全市成人高等教育在规范管理中稳步发展，在校生达 12.8 万人。

〔**学生资助**〕 全市共安排普通高校国家奖学金、励志奖学金和助学金 2.56 亿元，惠及学生 20.56 万人次；全年共发放生源地信用助学贷款和国家助学贷款 3.15 亿元，惠及学生 5.4 万人，共安排各类助学贷款利息和风险补偿金 0.5 亿元；安排全市大中专家庭经济困难学生临时生活补助经费 0.51 亿元，惠及学生 35.68 万人。

撰稿　代远红

审稿　彭智勇

四川省教育

概　　况

〔基本情况〕

2008年各级各类学校校数、教职工、专任教师情况

	学校数（所）	教职工数（人）	专任教师数（人）
一、高等教育			
（一）研究生培养机构（不计校数）	(37)		
1. 普通高校	(20)		
2. 科研机构	(17)		
（二）普通高等学校	90	95 432	59 174
1. 本科院校	42	70 438	42 669
其中：独立学院	12	10 142	6 346
2. 专科院校	48	24 994	16 505
其中：职业技术学院	41	21 131	13 811
3. 其他机构（点）（不计校数）			
（三）成人高等学校	26	3 593	2 236
（四）民办的其他高等教育机构	32	2 015	1 117
二、中等教育	5 772	375 626	318 128
（一）高中阶段教育	1 467	374 869	122 920
1. 高中	776	314 058	79 006
普通高中	775	314 058	79 006
成人高中	1		
2. 中等职业教育	691	60 811	43 914
普通中专	278	25 238	15 695
成人中专	42	4 802	3 129
职业高中	251	19 895	15 843

续表

	学校数（所）	教职工数（人）	专任教师数（人）
技工学校	120	10 080	8 567
其他机构（教学点）（不计校数）	（88）	796	680
（二）初中阶段教育	4 305	757	195 208
1. 普通初中	4 162		194 553
2. 职业初中	12	439	379
3. 成人初中	131	318	276
三、初等教育			
（一）普通小学	13 993	333 343	307 687
（二）成人小学	1 105	2 516	670
其中：扫盲班	592	876	493
四、工读学校	3	70	58
五、特殊教育	93	1 777	1 478
六、学前教育	8 425	68 726	41 827

注：普通高中的教职工数中包含普通初中的教职工数。

2008年各级各类学历教育学生情况

	毕业生数（人）	招生数（人）	在校生数（人）
一、高等教育			
（一）研究生	17 109	21 614	65 199
博　士	1 796	2 557	11 218
硕　士	15 313	19 057	53 981
（二）普通本专科	247 707	301 786	991 072
本　科	112 245	152 102	556 016
专　科	135 462	149 684	435 056
（三）成人本专科	84 360	108 858	274 062
本　科	29 531	30 799	88 784
专　科	54 829	78 059	185 278
（四）其他各类高等学历教育			
1. 在职人员攻读博士、硕士学位		8 131	21 217
2. 网络本专科生	37 149	59 121	108 563
本　科	14 909	22 626	50 963
专　科	22 240	36 495	57 600
3. 其他			

续表

	毕业生数（人）	招生数（人）	在校生数（人）
二、中等教育	1 927 952	2 317 757	6 311 703
（一）高中阶段教育	763 925	1 062 156	2 637 723
1. 高中	457 714	503 016	1 412 178
普通高中	456 714	503 016	1 411 178
成人高中	1 000		1 000
2. 中等职业教育	306 211	559 140	1 225 545
普通中专	129 394	223 466	524 860
成人中专	38 721	32 763	78 430
职业高中	97 280	234 140	477 647
技工学校	40 816	68 771	144 608
（二）初中阶段教育	1 164 027	1 255 601	3 673 980
1. 普通初中	1 118 303	1 251 676	3 615 083
2. 职业初中	2 123	3 925	10 598
3. 成人初中	43 601		48 299
三、初等教育	1 430 378	1 004 385	6 607 197
（一）普通小学	1 253 417	1 004 385	6 488 221
（二）成人小学	176 961		118 976
其中：扫盲班	40 553		41 262
四、工读学校	183	321	389
五、特殊教育	5 312	6 333	41 739
六、学前教育	842 656	1 006 479	1 597 919

注：特殊教育学生数中包括普通中小学随班就读的学生。

2008 年各级各类非学历教育学生情况

	毕（结）业生数（人）	注册生数（人）
总　计	3 787 439	3 000 028
一、高等教育	224 918	77 970
（一）研究生课程进修班	5 184	1 835
（二）自考助学班	6 564	22 576
（三）普通预科生		2 102
（四）进修及培训	213 170	51 457
其中：资格证书培训	67 668	7 701
岗位证书培训	46 884	5 777

续表

	毕（结）业生数（人）	注册生数（人）
二、中等教育	3 562 521	2 922 058
其中：资格证书培训	136 357	88 664
岗位证书培训	188 154	223 528
（一）中等职业教育	425 511	140 025
其中：资格证书培训	86 353	47 510
岗位证书培训	57 974	33 092
（二）职业技术培训机构	3 137 010	2 782 033
其中：资格证书培训	50 004	41 154
岗位证书培训	130 180	190 436

2008 年各级各类民办教育基本情况

	学校数（所）	毕业生数（人）	招生数（人）	在校生数（人）	教职工数（人）	专任教师数（人）	另有其他学生数（人）
一、民办高等教育							
（一）民办高校	23	24 702	59 673	161 224	14 638	9 075	904
本科学生		9 668	26 657	84 829			
专科学生		15 034	33 016	76 395			
其中：独立学院	12	16 674	36 718	111 814	10 142	6 346	
本科学生		9 668	26 657	84 829			
专科学生		7 006	10 061	26 985			
（二）民办其他高等教育机构	32				2 015	1 117	36 441
二、民办中等教育							
（一）高中阶段教育	329	117 052	195 493	452 860	36 611	24 262	57 410
1. 民办普通高中	75	17 625	23 360	60 467	16 890	11 831	
2. 民办中等职业教育	254	99 427	172 133	392 393	19 721	12 431	57 410
（二）初中阶段教育	158	39 283	59 731	163 935	46	22	
1. 民办普通初中	157	39 255	59 670	163 748			
2. 民办职业初中	1	28	61	187	46	22	
三、民办普通小学	674	41 677	42 569	244 102	11 587	8 967	
四、民办幼儿园	7 101	325 846	414 599	731 202	48 363	27 556	
另有：民办培训机构（不计校数）	(552)				3 583	2 592	144 919

注：1. “另有其他学生数”包括：学历文凭考试学生、自考助学班学生、预科生、进修及培训学生数；
2. 民办普通高中的教职工和专任教师数中包含民办普通初中的教职工和专任教师数；
3. “（ ）”内数据为不计校数。

〔**年度工作方针**〕 以党的十七大精神为指导，认真落实教育部年度工作会和省委九届四次全会的安排部署，坚持科学发展，坚持改革创新，巩固和提高基础教育，促进义务教育均衡发展，大力发展中等职业教育，加快普及高中阶段教育，着力提高高等教育质量，努力做强四川教育，办好人民满意的教育。

〔**教育投入与支出**〕 2008 年全省教育经费投入总额为 738.64 亿元，比上年增长 31.23%。其中：在川的中央属学校经费 81.32 亿元，增长 30.17%，地方属学校经费 657.32 亿元，增长 31.36%；全省教育财政预算内拨款 498.46 亿元，比上年增长 40.38%；多渠道投入的经费总额为 240.18 亿元，比上年增长 15.59%。

全省地方教育预算内生均教育事业费支出情况

类别＼项目	生均教育事业费（元）	生均公用经费（元）
普通高校	4 000.78	2 068.18
普通中学	2 511.85	888.49
职业高中	2 773.56	573.97
小　　学	2 230.71	703.50

〔**学习实践科学发展观活动**〕 根据省委深入学习实践科学发展观活动试点工作领导小组的统一安排部署，4 月—8 月，省委教育工委、省教育厅开展了学习实践科学发展观活动。试点工作分为三个阶段：学习提高、调查研究阶段；分析检查、找准问题阶段；解决问题、完善制度阶段。省委教育工委、省教育厅把开展学习实践科学发展观活动作为加强机关自身建设、推进四川教育事业科学发展的难得机遇，明确目标、加强领导、精心组织。通过开展集中大学习、大讨论、大调研，围绕实现教育事业又好又快的八大问题进行深入思考研究，进一步把握科学发展观的内涵和本质，牢固以科学发展观为指导、推进教育事业科学发展的理念；通过召开民主生活会，开展群众评议，分析检查、找准突出问题；在此基础上，结合行政效能建设，制定整改方案，找到解决问题的办法和措施，形成解决问题的机制和体制。学习实践活动的深入开展，统一了干部职工的思想，起到了凝聚人心、提高认识、加强机关党的建设、促进事业发展的作用，收到了较好效果。

〔**应急抢险，紧急救援**〕 “5·12”汶川特大地震发生后，面对突如其来的严重灾情，中共四川省委教育工委、省教育厅迅速做出反应。5 月 12 日下午即紧急行动，启动应急机制；地震当晚，迅即成立教育系统抗震救灾工作领导小组，下设信息联络组、救灾应急组、后勤援助组、高考应急组、宣传教育组、机关内保服务组等 6 个组（转入安置阶段后，增设遇难学生工作组、复学复课工作组）。在通讯联络中断、各地情况不明的状况下，连夜果断派出 4 个工作组，深入都江堰、德阳、绵阳等重灾区，实地查看学校受灾情况，掌握第一手资料；并在此基础上，迅速发出一系列紧急通知和指令，安排布署抗震救灾工作，指挥灾区学校自救和互救。5 月 13 日上午，召开机关干部大会，严明工作纪律，确保应急指挥及时通畅和协调高效。

灾后抢险救人阶段，省委教育工委、省教育厅领导率队先后数十次深入各重灾区学校了解灾情，看望师生，指导救灾工作；及时提出明确的指导意见，紧急下拨专项资金 6 570 万元，动员全省教育系统干部职工捐款 9 235.45 万元、捐赠价值 3 004.56 万元的物资支援灾区。同时充分发挥高校优势，组建医疗救护、心理援助、房屋勘查、地质灾害评估、治安维护等志愿者队伍 836 支，派出近 6 万名师生深入重灾区开展救助和服务工作。

〔**灾区学生转移安置**〕 地震发生后，灾区学生安置工作是当务之急。省委教育工委、省教育厅千方百计地统筹协调安置灾区学生。按照《四川省人民政府办公厅关于规范转移我省灾区学生到外省（区、市）就读的通知》要求，制定下发《四川省教育厅关于做好转移灾区学生到外省就读工作的指导意见》，按要求做好转移安置学生到省外过渡安置就读各项工作。至 8 月底，灾区 5 338 名中小学生、7 255 名中职学生有组织转移到省外；省内学校累计安置灾区学生 5 万余名（其中在省内成建制异地安置阿坝州中小学生 8 600 余人)。

〔**学生复学复课**〕 随着群众安置阶段各项工作的深入，中央和省委、省政府要求，9 月 1 日灾区学校必须全面复学复课。胡锦涛总书记、温家宝总理等中央领导多次就此作出重要指示，四川省委九届五次全会将“尽快恢复教学秩序，9 月 1 日新学年开始所有学校全面复学复课”写入会议决议，向全省人民作出了庄严的承诺。

省委教育工委、省教育厅把确保 9 月 1 日复学复课作为教育战线的重大政治任务和抗震救灾的重中之重。教育、建设、财政等部门通力合作，做好灾区学校灾损评估和校舍维修加固工作，加快活动板房建设进度，统筹解决好复学复课所需师资和设备设施。省教育厅采取了以下措施：(1) 加强领导，制定应急预案。成立了抗震救灾工作领导小组，制发指导性文件，周密部署、精心安排，全力指导、督促各地抗震救灾、异地安置、灾后复课和重建等工作。针对可能出现的各种情况，要求各级教育行政部门和学校逐县逐校制定应急预案，充分利用和合理安排各种资源，采取利用企业培训场地、社会成人培训资源、机关用房、租借民间房屋等办法，解决应急情况下的复学复课缺少校舍等问题。同时，省教育厅派出十多名干部，由厅领导带队，于 8 月 26 日进驻 6 个重灾区，深入部分重灾县帮助和督促复学复课工作。(2) 保障地震灾区学校复学复课师资。通过支教和招聘等方式，落实灾区教师 3 862 人。其中：省教育厅统筹安排支教教师 1 501 人，在省内非地震重灾区选派优秀教师支教 182 人；实施“特岗计划”为地震灾区学校招聘特岗教师 1 319 人；省外对口支援省（市）选派优秀教师 285 人；省内其他非地震灾区选派优秀教师对口支教 51 人。(3) 加固校舍，搭建板房，添置学习用具，确保复学复课设施设备。中央和地方财政共安排全省重灾区校舍维修加固和教学仪器设备重置专项资金 23 亿元，全省灾区计划维修加固校舍 600.4 万平方米，搭建板房 213.2 万平方米，重置课桌椅 64.5 万套，添置黑板 2.8 万块，添置学生用床 13.4 万张。(4) 做好灾区师生心理辅导和援助工作。重视灾区师生心理援助工作，组织灾区中小学骨干教师系列心理辅导与心理健康教育培训活动，2 300 余名骨干教师、校长参加了部、省级培训以及有关研修和夏令营活动，促进了灾区中小学教师自身心理的恢复、疏导和调适。开展灾区中小学生灾后心理康复教育，顺利完成灾区 644 名中小学生赴俄罗斯、50 名灾区学生到匈牙利疗养的相关工作。(5) 抓好灾区学校卫生防疫工作。地震造成灾区学校生活环境及卫生基础设施（食堂、厕所、宿舍、污水排放沟等）严重破坏。省教育厅按照省抗震救灾指挥部的部署，狠抓了灾区学校卫生防疫工作，确保了灾后学校无大疫。针对灾区学校开学后校园内部和周边环境面临的新问题、新情况，省教育厅要求各地各校健全相关制度，加强管理，确保校园有序、文明、和谐。

2008 年 9 月 1 日，四川汶川地震灾区所有学校全部复学复课。51 个重灾县 5979 所中小学校[其中板房学校（点）1 732 所] 全面复学复课。灾区 339.99 万名学生（包括计划招收新生 64.68 万人）中，在未毁损校舍复学复课的学生有 33%；在维修加固校舍复学复课的有 38%；在板房复课和以其他方式复学复课的有 28.4%；在异地复学复课的学生有 0.6%。51 个重灾县中共有 19 369 名中小学生在异地复学复课。其中在广东、上海等 25 个省市复学复课 8 081 人，在省内自贡、泸州等 16 个市、州异地复学复课 11 288 人。同时，特别重视因灾残疾儿童和孤儿的入学问题，对肢残儿童、孤儿给予了特殊关爱。6 个重灾市州中，因灾肢残学龄阶段儿童 317 人，学龄阶段孤儿 436 人。重灾区 6 市州中职学校 25.98 万余学生（其中新生 115 905 人），通过在未受损校舍、维修加固校舍、板房学校、异地复学复课等形式，9 月 1 日按时开学。重灾区 21 所高校中，17 所高校在原址复学复课，4 所高校省内异地复学复课，13 万多名高校学生实现全面复学复课。

〔**普通高校招生考试**〕 “5·12”地震发生时，距离普通高校招生考试仅 20 余天，全省高考各项工作受到严重影响。在省政府强有力的指挥下和教育部的精心指导下，四川迅速开展抗震保考工作，克服时间紧、任务重、通讯不畅、余震不断、次生灾害接连发生等重重困难，精心组织完成了中国高考史上史无前例的两次高考，圆满实现平安高考目标。2008年6月7日，除重灾区部分县（市、区）外，全省137个县（市、区）如期参加2008年普通高考；7月3日—4日，延考区45个县（市、区）举行普通高考，都江堰、平武、北川、青川、汶川等5个县市，全部或部分考生异地高考，并为4名德阳籍伤残考生在重庆一家医院设置了特殊考场。全省报考普通高校的考生517 560名，其中非延考区考生421 126名，延考区考生96 434名。全国共有1 470所院校在川招生，年初教育部下达招生计划279 335名，震后教育部追加10 524名，招生总计划达到289 859名。其中非延考区各类招生计划233 499名，延考区各类招生计划56 360名。2009年各普通高校在川共录取新生306 873名。采取的主要措施：（1）分析灾情，科学决策。震后5天内制定了重灾市（州）延期高考的应急方案和工作预案，经教育部批准，作出了受灾严重地区延期高考的决定，取消了全省高考外语听力考试。（2）精心部署，狠抓落实。省教育厅全厅动员，全面部署，涂文涛厅长亲自坐镇现场指挥，其他厅领导带领精干人员，分赴全省各地巡视检查考试情况，奋力推进抗震保考工作。各地按照要求，加强领导，落实责任，相关部门充分发挥职能作用，认真履行各自的职责，确保了各考点组织有序，食宿安全、防疫到位，通讯畅通，水电正常，杜绝了各种意外事故的发生。（3）细化方案，确保考生安全。制定完善考试工作方案和应急预案。强化高考用房（试卷保密室、考点、考生食宿点）抗震专项鉴定工作，对鉴定达不到要求和可能发生次生灾害的考点强行调整。延考区不适宜在楼房高考的考点全部搭建了活动板房，并配套相应的防暑降温设施，保证考生在安全舒适的环境下参加高考。制定了防余震临机处置办法，在考点内运动场等空旷地带设立临时防震安全场所，划定考场疏散区域，设立应急疏散通道，考前组织考生、监考员和工作人员进行了防震疏散演练；加强监考员培训，把保证考生安全作为监考员的基本要求；召开了考生和家长座谈会，进行防震教育和心理疏导。（4）采取非常措施，确保试卷安全。按照“分级管理，分级负责”原则，对各地安全保密工作进行了拉网式检查。在试卷（答卷）领取、运送、保管、分发、考试、返卷过程中，强化安保措施；对延考区设在活动板房的保密室，增加人力，实行24小时武警守护。在阿坝州道路严重损毁的情况下，协调抗震指挥中心，动用6架直升飞机往返运送高考试卷，这是我国高考史上首次飞机送卷。

〔**灾后学校恢复重建**〕 明确提出“坚持科学重建，振兴四川教育”的指导思想，制定了《学校恢复重建规划》实施方案，细化目标任务，落实责任主体，建立工作机制，实行工期倒排，全力推进项目实施。

根据国务院《汶川地震灾后恢复重建总体规划》以及国家发展改革委、教育部等11部委印发的《汶川地震灾后恢复重建公共服务设施建设专项规划》，全省国家认定的39个重灾县需恢复重建各级各类学校3 340所。其中：义务教育阶段（含小学和初中）2 742所，普通高中112所，中等职业教育133所，高等教育22所，特殊教育21所，幼儿园250所，其他（教育事业单位）60所。规划新建面积1 579万平方米，维修加固713万平方米。估算总投资487.5亿元（含教学仪器设备及附属基础设施，下同）。根据省政府批准的规划，省定12个重灾县需恢复重建学校1 213所，估算总投资37亿元。88个一般受灾县规划恢复重建学校5 000余所，估算总投资92亿元。攀西“8·30”地震后，攀枝花仁和区、盐边县、凉山会理县3个受灾县规划恢复重建学校160所，估算总投资7.85亿元。

省教育厅成立了学校恢复重建工作领导小组，下设8个指导小组，设立专门办公室，抽调精干人员专职从事学校灾后恢复重建工作。根据不同地区和学校特点加强分类指导，推进高初中分设，优化学校布局，狠抓建设标准，狠抓建设进度，狠抓建设质量，强化预算和资金监管。至2008年底，全省39个重灾县已落实资金128亿元；完成重建学校201所，占规划数的6%；在建学校1 386所，占规划数的41.5%。

〔**教育对口支援**〕 6月12日，教育部在成都召开教育系统对口支援四川地震灾区恢复重建工作会议，研究部署教育系统对口支援地震灾区工作，周济部长作重要讲话。根据国家和四川省关于教育系统灾后恢复重建对口支援的工作部署，四川省教育厅印发了《教育系统灾后恢复重建对口支援工作指导意见》，将省外省内对口支援工作有机结合，全面推进灾区学校复学复课，重点抓好中等职业教育对口支援，扎实推进灾后重建进程。

按照统一部署，18个省对口支援18个重灾县：上海－都江堰，福建—彭州，重庆—崇州，北京—什邡，江苏—绵竹，河南—江油，辽宁—安县，河北—平武，山东—北川，浙江—青川，黑龙江—剑阁，湖北—汉源，广东—汶川，吉林—黑水，湖南—理县，安徽—松潘，江西—小金，山西—茂县。省政府建立了对口支援联系机制，省教育厅负责上海对口支援都江堰的衔接、协调和联系工作。教育部派出18名干部深入18个重灾县帮助工作，省教育厅建立对口处室、单位与教育部下派地震灾区（18个重灾县）干部联系制度，加强联系沟通，听取意见和建议，关心他们的工作和生活。

省政府办公厅印发了《汶川特大地震灾后恢复重建省内对口支援工作实施意见》，组织省内13个市州对口支援重灾乡镇：宜宾—广元朝天区，达州—绵阳游仙区，南充—绵阳梓潼县，乐山—德阳中江县，凉山—德阳罗江县，泸州—广元元坝区，自贡—广元苍溪县，内江—绵阳盐亭县，资阳—绵阳三台县，攀枝花—广元旺苍县，眉山—阿坝州九寨沟县，广安—雅安宝兴县，遂宁—阿坝州金川县。对口支教是其中主要任务之一。

〔**“8·30”地震**〕 2008年8月30日16时30分，四川攀枝花市仁和区、凉山彝族自治州会理县交界发生6.1级地震，攀枝花仁和区、盐边县、凉山会理县3县受灾严重。受地震及余震影响，攀枝花、凉山部分中小学校不同程度受灾，校舍受损。

灾情发生后，四川省委教育工委、省教育厅迅速成立“省教育厅攀枝花—凉山抗震救灾工作小组”，统筹指导两地教育系统抗震救灾工作。省教育厅涂文涛厅长、唐小我副厅长带领工作组赶赴灾区，调查了解灾情，指导救灾工作。为确保师生生命安全，两地适时调整教学计划，攀枝花全市、凉山州会理县各中小学（含幼儿园）延迟至9月8日开学。延迟开学期间，抓紧做好校舍安全鉴定和排危工作，对鉴定需加固维修和拆除的校舍，采取紧急措施、分步实施，同时，收集调运教学帐篷879顶，及时运往受灾学校（攀枝花364顶、凉山州会理县515顶），并采取借用校舍、搭建帐篷和活动板房等多种形式确保学校恢复开学，妥善安置受灾师生。学校灾后重建工作按规划进行。

〔**改革开放30周年教育成就**〕 1978—2007年，全省小学学龄儿童入学率从95.1%提高到99.5%；初中毛入学率从20%提高到100%；高中阶段教育毛入学率从不到10%提高到64.62%；高等教育毛入学率从不到1%提高到21%以上；学前教育毛入园率从极低水平起步，2007年3—5岁幼儿毛入园率达到62.69%。全省人均受教育年限达到7.82年。较好地满足人民群众对教育的多层次需求，区域之间、城乡之间、内地和民族地区之间，义务教育阶段的发展差距逐步缩小。

30年来，四川教育实现了五个重大转变。（1）教育功能实现重大转变。通过坚持科学发展，形成促进教育公平的发展格局；实施教育民生工程，解决群众关注的热点难点问题；坚持公正公开，形成促进教育公平的制度环境，教育的公益性、公共性、公平性日益凸显。（2）教育结构实现大转变。义务教育进入普及巩固新阶段，基础教育水平全面提升；职业教育不断壮大，在中等和高等教育中已占有半壁江山；高等教育迈入大众化，人才培养和社会服务能力明显增强。（3）教育体制实现重大转变。建立起省、市、县分级管理教育的体制，以财政拨款为主、多渠道筹措教育经费的投入体制，政府为主、社会各界共同参与的办学体制以及通过人才市场自主择业的毕业生就业机制，有效调动各级政府和社会办学积极性。（4）人才培养模式实现重大转变。教育教学改革、招生和考试评价制度改革不断深入，队伍建设成效显著。素质教育实践进入整体推进、重点突破、全面展开的新阶段，形成了促进学生思想道德、科学文化、健康素质协调发展的良好格局。(5) 教育对外开放实现重大转变。教育国际交流与合作向全方位、广领域、高层次拓展，对教育以及经济社会发展产生了强大促进作用。

回顾教育改革开放的实践，有六个方面重要经验。(1) 坚持优先发展、科学发展，确立教育战略地位和作用。(2) 坚持把握方向、明确目标，确保教育方针和办学方向。(3) 坚持以人为本、公平为要，不断满足人民群众日益增长的教育需求。(4) 坚持立足省情、统筹兼顾，协调推进各级各类教育健康持续发展。(5) 坚持解放思想、实事求是，按照教育发展规律办教育。(6) 坚持教育宗旨、改革创新，大力推进素质教育。

〔**教育民生工程**〕 2008 年省教育厅继续大力实施教育民生工程，落实教育惠民政策。

一是义务教育经费保障机制工作全面推进。全面落实农村义务教育“两免一补”，对城市义务教育阶段学生全面免除学杂费。中央和省拨付新机制经费 58.02 亿元，其中：预算内公用经费补助资金 29.42 亿元，免费教科书资金 15.43 亿元，寄宿学生生活补助资金 7.3 亿元，校舍维修改造资金 5.87 亿元。农村义务教育阶段免收学杂费学生达 948 万人，并全部免费获得教科书，占义务教育阶段学生总数的 90 %以上；城市义务教育阶段免收学杂费学生达 95.4 万人，占义务教育阶段学生总数的 9%；补助寄宿贫困学生生活费 132 万人，约占义务教育阶段寄宿学生总数的一半。

二是实施《民族地区教育发展十年行动计划》，加大对民族地区义务教育阶段学生的资助力度。完成理塘、布拖两个县“普九”目标，做好民族地区寄宿制学生工作，新增寄宿制学生 4 万人，寄宿制学生规模达到 37 万人，对 27.27 万名贫困寄宿制学生发放了生活补助并免费提供卧具。

三是关爱留守学生，启动实施乡村教育发展留守儿童寄宿制学校建设工程。全省 17 个市的 200 个留守儿童寄宿制学校项目动工建设，其中 95 个项目竣工；提请省政府办公厅下发《关于切实解决中小学大班额问题的通知》，促进解决乡村学校“大班额”、“大通铺”问题；做好农民工子女接受义务教育和特殊教育工作，编制特殊教育“十一五”建设规划，组织制定 2008—2010 年全省特殊教育事业发展规划，全省农民工子女接受义务教育在校学生达到 37.7 万人，特殊教育在校残疾学生达到 3.9 万人。

四是全面落实高校和中职贫困生资助新政策。中央和省下达高校、中职国家助学金 9.34 亿元，奖励国家奖学金 2 842 人，资助国家励志奖学金 2.75 万人，资助国家助学金 28.75 万人，高校家庭经济困难学生占在校生总数 28%以上；中职学校国家助学金资助学生 68.9 万人，资助家庭特别困难高中学生 21.28 万人，其中地震重灾区高中生 17.90 万人。国家实施汶川地震灾区家庭经济困难学生特别资助政策，为灾区 70%以上学生免除学费并发放助学金，资助经费 4.01 亿元。畅通“绿色通道”，落实校内资助措施，确保家庭经济困难学生顺利入学并完成学业；同时与国家开发银行四川省分行、四川省农村信用合作社联合社合作，积极推进生源地信用助学贷款工作。

五是做好 2008 年高校毕业生就业工作，实现就业 22.87 万人，比上年净增就业人数 2.80 万人，就业率 85.15%。

六是确保灾区学生安全温暖过冬。紧急统筹御寒物资，协调省民政厅向灾区学生分配下拨 1 万套御寒衣服和 1 万床被子；积极开展御寒衣被捐赠活动；及时调拨专项补助经费，安排 1 140 万元补助经费，完善板房校舍配套设施，多方采取防风防寒措施；加强督促检查，切实解决灾区学生过冬困难。

〔**学生思想政治和德育工作**〕 以纪念改革开放 30 年为契机，以学习宣传抗震救灾精神和北京奥运会精神为主线，加强中小学德育工作，加强青少年学生校外活动场所建设和管理，开展系列教育活动。在全省藏区学校集中开展“爱祖国、反分裂、促和谐”的爱国主义主题教育活动，加强藏区中小学爱国主义教育。2008 年，省教育厅评选表彰 142 名抗震救灾优秀中小学生。评选表彰 50 名四川省普通高中“三好”学生，597 名四川省普通高中

"三好"学生，481 名四川省普通高中优秀学生干部，200 个四川省普通高中先进班级。

召开全省加强和改进大学生思想政治教育工作会议，总结中央 16 号文件下发以来，全省加强和改进大学生思想政治教育的成绩和经验，分析存在的主要问题，明确今后一个时期的主要任务。组织高校师生参与"迎奥运、讲文明、树新风"礼仪知识竞赛活动，四川师范大学在全国大学生礼仪知识电视竞赛中获得第三名，同时作为代表全国高教系统的四支队伍之一参加全国奥运礼仪知识电视竞赛。组织开展 2008 年高校师生思想状况滚动调查。指导高校开展校园文化活动和社会实践活动，大学生思想政治教育不断改革创新教学方法，精心搞好思想政治理论课建设，形势政策教育、社会实践、校园文化建设蓬勃开展，大学生心理健康教育深入推进，校外教育活动更加丰富多彩。全省大学生思想政治工作呈现出坚持导向性、突出创新性、注重统筹性的鲜明特点。评选表彰 2005—2007 年度大学生思想政治教育先进集体 99 个、先进工作者 104 名，优秀辅导员 82 名，并表彰了 288 名抗震救灾优秀大学生。2008 年全省高校有 5 项校园文化建设成果获教育部校园文化建设优秀成果奖，其中一等奖 2 项。

〔**教师队伍建设**〕 以民族地区和农村地区教师队伍建设为重点，继续实施中小学教师素质提升"三大计划"。培训省级骨干教师 5 787 名，培训民族地区校长、教师 1.34 万人，组建省级骨干教师讲师团送教下县，培训农村教师 3 678 人。遂宁市船山区等 9 个县（市、区）被列入教育部农村教师国家级远程培训项目，8 779 名教师接受培训。

以岗位设置管理为重点，继续推进教育人事制度改革。突出管理干部队伍建设，有效提高干部综合管理水平。开展中小学校长、教育局长省级培训，对全省各市（州）、县教育局长 182 人进行集中培训；举办了中小学校长任职资格、提高培训等 200 多期培训班，1.1 万余人次参加培训。

加强高等学校师资队伍建设，做好高层次人才队伍建设工作。开展第八批四川省学术和技术带头人及后备人选、四川省有突出贡献的优秀专家的推荐选拔工作。7 人成为第四届国家级教学名师，40 人成为省级高等学校教学名师，19 个教学团队被评为国家教学团队，50 个教学团队被评选为省级教学团队。

全省继续加强师德师风建设。在抗震救灾斗争中，教育系统涌现出大批英雄模范，他们在灾难面前表现出的奋不顾身、无私无畏的动人事迹和高尚品德，赢得了党和政府的高度评价、人民群众的广泛赞誉。我省 44 个单位被教育部授予教育系统抗震救灾先进集体称号，127 位同志被授予教育系统抗震救灾先进个人称号，20 个单位被省委省政府授予"四川省教育系统抗震救灾模范集体"称号，30 位同志被授予"四川省教育系统抗震救灾模范"称号，5 位同志被追授"四川省教育系统抗震救灾模范"称号，另有一大批同志受到省委教育工委、省教育厅表彰。

〔**学校安全稳定工作**〕 省委教育工委、省教育厅始终把维护教育系统的安全稳定放在突出位置。针对全省教育系统工作实际，省委教育工委、省教育厅坚决贯彻落实中央、省委、省政府部署，落实责任，完善应急处置预案，加强对学生的教育引导，强化各类安全保卫稳定措施。根据学校安全工作的特点，全力开展校舍危房的排查，做好灾损校舍的维修改造，着力抓好学校防火、防雷、防交通事故，加强学生防灾知识教育和心理健康教育，提高应对灾害保证安全的能力；通过开展警校共育和校园周边综合治理，有效保障了学校安全。

〔**教育督导**〕 开展"两基"攻坚过程督导和评估验收，完成对 26 个县级政府教育工作的督导评估，促进各级政府教育工作责任的落实。开展对学校体育工作和地方教育督导工作的专项督导，保证了重大教育政策的顺利执行。成都市青羊区、金牛区、新都区、郫县，自贡市自流井区、绵阳市涪城区、泸州市龙马潭区、绵竹市、汶川县、西昌市 10 个县（市、区）被省政府评为"四川省教育工作先进县"。

〔**对外交流与合作**〕 继续开展"西部地区人才

培养特别项目"、古巴全额奖学金等国际交流合作项目，做好境外震后救助捐款项目，宣传四川教育抗震救灾工作。完成国家汉办的汉语教师志愿者及国家公派汉语教师招募、遴选、培训和管理工作。

民 族 教 育

〔**"两基"攻坚工作**〕 2008年，继续加大力度实施"民族地区教育发展十年行动计划"，结合"富民安康"和"牧民定居"计划实施，全年投入资金5亿元，启动250个校舍建设项目，其中128个项目竣工；扩大贫困寄宿制学生生活费补助范围，提高补助标准，27.27万学生受益；如期实现理塘、布拖两县"普九"目标，分期分批开展"两基"复查，巩固"两基"成果，全省178个县实现"两基"，人口覆盖率达到99.64%。继续做好成都46中、德阳东电中学、绵阳普明中学甘孜高中班招生工作，就读的甘孜高中班学生数达到600人。

抓好"教教分离"工作，维护藏区稳定。开展四川藏区教育发展状况调研，撰写了《四川藏区教育发展研究报告》报教育部。

〔**民族文字教材建设**〕 开展春、秋两季教材审查，审查中小学彝文理科教材教参15种，文科教材教参20种。完成《小学彝数学实录光盘》的实录、审查、出版工作，填补了彝族地区一类模式小学数学教学光盘的空白；完成《四川省中小学彝汉词典》的编译和出版工作。

〔**民办教育**〕 《四川省〈中华人民共和国民办教育促进法〉实施办法》于2008年7月25日审议通过并于10月1日施行。根据该办法，为进一步理顺管理关系，省教育厅将民办非学历高等教育机构53所、民办非学历初等教育机构13所、民办普通高级中学1所下放到市教育局管理。依法规范民办学校办学行为，加强指导和管理，重点开展了民办学校、独立学院、民办非学历高等教育机构章程及招生广告审核备案工作，制定下发《四川省民办非学历高等教育机构设置标准（试行）》。

2008年，全省各级各类民办学校14 003所，其中高等学历教育学校11所、独立学院12所、民办二级学院20所、非学历高等教育学校及机构58所，高、初中普通中学229所，中等职业学校261所，小学1 747所，幼儿园10 106所，中、初等民办教育机构1 559所；民办学校在校学生达226.87万人；教职工10.59万人；民办学校资产总值达150.72亿元。经全省各级劳动保障行政部门审批的民办职业培训学校1 468个，在校培训人数达50.10万人，教职工1.26万人。

〔**机关行政效能建设**〕 根据省委、省政府统一部署，开展省教育厅机关行政效能建设，促进机关转变作风。清理和调整行政审批项目，省教育厅行政审批项目通过取消、调整和下放等方式由38项调减为6项，即：试办独立学院初审；中外合作办学机构、项目（筹设、正式设立）审批；自费出国留学中介服务机构资格初审；举办国际教育展览许可；高等学校境外办学审批；开办外籍人员子女学校初审。认真落实首问负责制度，全面推行限时办结制度，严格执行责任追究制度。省教育厅组织开展了实践"特别讲大局、特别讲付出、特别讲实干、特别讲纪律"专题活动，强化服务意识，转变工作作风。

基 础 教 育

〔**综述**〕 全省基础教育以巩固提高为重点，突出农村教育和民族地区教育，继续深化基础教育课程改革，推进招生与考试制度改革，全面推进素质教育，完善义务教育就近、免试入学制度，推进义务教育均衡发展。2008年，由于学龄人口的变化，义务教育阶段学生数有所减少。全省义务教育阶段在校学生1 012.16万人，比上年减少49.41万人。全省共有普通小学1.40万所，在校生648.82万人，小学学龄儿童入学率99.13%，其中：女童入学率99.09%；初中4 174所（其中职业初中12所），在校生362.57万人（其中职业初中1.06万人）；特殊教育学校93所，比上年增加5所，特殊教育（含随班就读）在校生4.17万人；普通高中775所，在校生141.22万人，比上年减少2.22万人。

〔**农村义务教育经费保障机制改革**〕 全面落实义务教育经费保障机制，从春季学期起，将生均免学杂费标准和生均预算内提高公用经费保障水平补助资金拨款标准，合并为生均预算内公用经费基本标准，农村小学达到每生每年263元、初中403元。化解农村义务教育"普九"债务68.46亿元，占锁定债务余额的84.58%。积极完善"两免一补"政策，对农村义务教育阶段学生全部免除学杂费，全部免费提供教科书；提高农村义务教育阶段寄宿学生生活费补助标准并扩大补助范围；2008年秋季起，全部免除城市义务教育阶段学生学杂费，建立部分科目免费教科书的循环使用制度。

〔**义务教育均衡发展**〕 统筹规划，实施中西部农村初中改造、新农村卫生新校园建设、校舍维修改造等重大项目，改善城乡薄弱学校办学条件。以乡村教育发展留守儿童寄宿制学校建设为契机，促进解决农村留守儿童、进城务工人员子女接受义务教育问题。继续开展"义务教育示范县"创建工作，启动建设中小学电子学籍管理系统，规范学校管理。通过支教和招聘等方式补充灾区教师3 862人，招聘2 278名"特岗计划"教师赴地震灾区、民族地区和边远山区任教，有效缓解地震灾区及边远艰苦地区师资紧缺矛盾。制定城镇教师支援农村教育的十项政策保障措施，大力推行校长和教师资源定期交流和优化配置，全省160多个县建立了城镇教师支援农村教育工作制度，3.2万名城镇教师奔赴农村支教。学校装备和信息技术教育进一步加强，新建网络教室843间，新装备计算机学校770所。

着力解决中小学大班额问题。5月，四川省人民政府办公厅发出《关于切实解决大班额问题的通知》，提出坚持"政府主导、以县为主、统筹规划、分步实施"的原则，通过重点解决特大班额、从严控制新生班额、逐步化解大班额，用三年左右时间基本解决全省大班额问题。具体任务和措施如下：（1）认真履行政府办学责任，加强学校建设和资源配置。加强城镇学校规划建设，及时新建和扩建必需的中小学校，扩大城镇学校容量；合理布局农村校点，小学校点设置保证学生单程行走不超过1.5公里或单程行走时间不超过1小时，初中加强寄宿制学校建设，提高农村学校教育质量，努力缩小城乡教育差距。（2）加强学校管理，规范招生办学行为。严格学校招生管理，合理确定中小学校生源范围和在校生规模；规范学校办学行为，城镇小学不得占用校内资源举办幼儿园和学前班，中小学举办寄宿制不能挤占教学用房和功能用房，不能盲目引导学生住校，普通高中禁止占用学校资源举办复读班和补习班；在解决大班额问题过渡时期，加强学校安全工作。（3）建立健全中小学校班额情况定期报告制度，及时掌握情况，加大督导检查力度。

〔**普通高中教育**〕　按照稳定规模、努力提高质量的总体要求，推进普通高中教育事业健康发展。省教育厅印发了《关于做好2008年省级以上示范性普通高中招生改革工作的通知》，全省省级以上示范性普通高中招生计划切块分配到校率达到21.1%。汶川地震发生后，及时制定高中毕业会考应急预案，顺利组织实施普通高中毕业会考。

〔**幼儿教育**〕　全面落实《幼儿园教育指导纲要（试行）》，清理整顿民办学前教育机构，1 161所教育机构限期整改，依法取缔非法办学机构88所。“普三”试点工作取得阶段性成绩，19个试点县基本建立起覆盖乡、村的学前三年教育体系，全省3—5周岁适龄儿童毛入园率达到62.97%。做好省级示范性幼儿园建设工作，复查、评估验收16所示范性幼儿园，使全省省级示范性幼儿园达215所。地震灾后，在成都、德阳、绵阳3个市的7个县（区）建立流动幼儿园（点），开展灾后幼儿心理健康、幼儿课程教学以及幼儿教育管理重建等方面工作。

〔**素质教育**〕　基础教育招生考试制度和学生评价方式改革继续推进，减轻中小学生课业负担。贯彻落实《中共中央国务院关于加强青少年体育增强青少年体质的意见》，保证中小学生每天有1小时体育活动时间、开齐开足体育课，努力提高体育教师素质。抓住北京奥运会契机，让广大青少年参与到奥运会中来，认真组织开展中小学生阳光体育运动，激励广大青少年走进操场、走进阳光、走进大自然、“达标争优、强健体魄”，积极争当阳光体育奖章获得者。成功举办四川省大学生篮球比赛。

职业教育与成人教育

〔**综述**〕　按照省委的统一部署，把推进职业教育加快发展放在更加突出的位置，以中等职教为重点，大力实施职业教育攻坚，加快普及高中阶段教育。加强和改善职业学校办学条件，切实规范学校管理，提高中职教育质量与水平。2008年中等职业教育共有学校699所；招生53.4万人，比上年增加3.12万人；在校生122.74万人，比上年增加10.87万人。

〔**全省职业教育攻坚动员大会**〕　5月12日上午，省委、省政府在成都召开全省职教攻坚动员大会。会议由省长蒋巨峰主持，省委书记、省人大常委会主任刘奇葆作重要讲话，教育部部长周济专程来蓉参会并代表教育部与省长蒋巨峰签署了“省部共建国家职业教育综合改革试验区”的协议。成都市、广元市党政主要负责人及德阳现代职业教育集团董事长作了经验交流发言。各市地州党委、政府及教育行政部门主要负责人、分管领导出席会议。会前，省政府制定并出台了《四川省人民政府关于实施职业教育三年攻坚计划的决定》，并与各市地州人民政府签订了《实施职业教育攻坚目标责任书》。

会议提出，全省将在3年内筹措攻坚经费100亿元，大力发展中等职业教育，提高高等职业教育质量，发展职业技术培训，加强基础能力建设，实现四川由职教大省向职教强省的跨越。同时，省部共建国家职业教育综合改革试验区，以推进全省职业教育管理体制、办学体制、投入体制改革。具体攻坚目标如下：（1）在办学规模上攻坚。把中职作为重中之重，确保2010年全省初中毕业生升学率达到90%以上，职普招生比达到5.2∶4.8，中职学校在校生在现基础上增加50万人，达到160万人。同时，全力提高高等职业教育质量，努力扩大城乡职业培训规模。(2) 在突出就业导向上攻坚。促进各级各类职业院校办出水平突出特色，建立与市场适应的人才供需链接。(3) 在创新办学体制、机制上攻坚。大力发展民办职业教育，加快公办职业学校体制创新，全力推动职业教育向规模化、集团化、连锁化方向发展。(4) 在改进教育模式上攻坚。全力推进校企结合、产教结合、工学结合，全面推行两个“三段式”培养模式，即：“一年学基础、一年学专业技能、一年定岗实习”或“一年在农村学习、一年在城市学习、一年在企业实习”。(5) 在提升基础能力上攻坚。到 2010 年中职学校的生均校园、校舍、师资、设备等基本达到教育部颁发的《中等职业学校设置标准》，高职院校基本达到国家相关规定的标准。重点建设 120 个县级职教中心、100 个实训基地、30 个高技能人才培训基地，25 万以上人口的县应建设 1 个办学规模、办学条件基本达到省重点中职学校标准的县级职教中心。(6) 在强化支持保障上攻坚。切实建立完善职教攻坚经费保障机制，全省职教攻坚 3 年筹措 100 亿元。积极建立政府购买职业教育培训服务的制度，发挥职教攻坚经费的效能。

〔**实施职教攻坚计划**〕 在“5·12”汶川地震中，全省职业教育遭受重大损失，从经济社会发展和教育改革发展的实际出发，省教育厅明确提出，贯彻落实省委、省政府实施职教攻坚战略部署的决心不动摇、攻坚工作不放松、攻坚任务不改变。

积极落实对 6 类特定人员和藏区中职学生给予学费资助的规定，努力提高职业学校的办学能力和社会吸引力。全省财政投入资金 7 805.5 万元，免除 78 055 名农村特困、城镇低保、库区移民、扶贫异地安置家庭的子女及退伍士兵、孤残学生等 6 类中职一、二年级学生和藏区阿坝州、甘孜州、凉山州木里县的中职一、二年级学生学费。

经过艰苦努力，灾区中职学校顺利实现秋季全面复学复课目标；完成中职招生 53.4 万人（含技工校），其中与东部沿海地区合作办学培养学生 3 万余名。全省高中阶段毛入学率达到 70.7%，比上年 64.62%提高了 6 个百分点。

〔**基础能力建设**〕 县级职教中心和实训基地建设投入明显增加，农村中职学校和县域职教培训网络建设受到高度重视。中央和省两级财政全年投入职教经费 1.95 亿元，全省已建有 46 个县级职教中心和示范中职学校、17 个实训基地。41 个中职基础能力建设项目纳入国家启动内需提前执行的基础能力建设规划。

〔**职业教育教学改革**〕 制定国家职业教育改革实验区实施方案报教育部。落实职业学校办学自主权，深化学校内部管理体制改革，支持各地建设职教基地，组建行业性、区域性职教集团，推行工学结合、顶岗实习、校企结合的人才培养模式。地震灾后组队参加全国职业院校技能大赛，获得了 5 金、16 银共 39 个奖项的好成绩。

〔**农村劳动力转移培训**〕 积极开展农民工培训和实用技术培训。以县为单位，成建制、大规模开展失业返乡农民工技能培训，全年培训农民工 206 万人，实用技术培训 200 多万人次，充分发挥了职业学校在农民工培训中的主力军作用。

高等教育

〔**综述**〕 以实施质量工程和教学水平评估为抓手，切实调整和优化学科专业结构，深化高校教育教学改革，深入推进示范性高职院校建设，加强教学质量监控保障体系建设，全面提高高等教育质量。2008年，全省共有研究生培养单位37个，普通高等学校78所，独立学院12所，成人高校22所。全省高等教育总规模达到143.89万人，高等教育毛入学率为22%。全省招收研究生22 614人，在学研究生65 199人；普通本专科招生32.83万人，比上年增长10.34%，普通本专科在校生99.11万人，比上年增长7.91%。

〔**教学工作**〕 大力实施“质量工程”，学科专业建设进一步加强。全省一级学科省级重点学科达到76个，二级学科省级重点学科达到283个；新增立项国家精品课程23门，省级精品课程211门；国家特色专业建设点37个，省级特色专业建设项目70个。四川音乐学院、西南石油大学顺利通过本科教学水平评估，全省第一轮本科评估全面结束。加强高校实践教学改革，培养大学生创新精神和实践能力。组织开展大学生电子设计、数学建模、机械创新设计、高职院校技能大赛等竞赛活动。在第三届全国大学生机械创新设计大赛中获得三个全国一等奖，两个二等奖，首次取得该项赛事一等奖零的突破。

〔**高职院校建设**〕 四川电力职业学院、绵阳职业技术学院顺利入选国家示范高职学院，中央投入4 500万元支持两校建设，全省纳入国家建设的示范性高职院校达到6所，位居全国第二。推动高等职业教育实训基地的建设，新增国家级高职高专实训基地建设项目7个。在全国首次高职院校技能大赛中，取得数控、机器人等5个项目三等奖的成绩。

〔**成人高等教育**〕 加强高校成人教育管理，规范高校办学行为。审定并公示高校现代远程教育在川设立校外学习中心和成教校外站点，完成了高校成教专业、新增站点的评审工作。

〔**学位与研究生教育**〕 开展新增学士学位授权单位和专业的审核工作，新增学士学位授予专业122个。制定下发《四川省人民政府学位委员会关于同意举办独立学院的普通高校开展独立学院学士学位授予工作的通知》，规范独立学院学士学位授予管理工作。建立开通“四川省学位与研究生教育创新网”，承办“川滇渝研究生教育管理创新论坛”，积极开展研究生教育创新计划和区域合作。

〔**科技工作**〕 加强高校科研平台建设，2008年新增教育部省部共建重点实验室2个、四川省重点实验室7个、四川高校重点实验室6个，新增四川省教育厅人文社会科学重点研究基地2个。促进产学研结合，全省高校取得一大批重大科技成果，其中获得2008年度四川省科技进步奖的比例约占全省获奖总数的40%；推广转化科技成果近500项，在生产中取得社会经济效益超过45亿元。据不完全统计，全省高校新增各类科技项目超过5 000项，预计获得科技经费超过18亿元，社会科学研究经费超过1.5亿元。

〔**毕业生就业工作**〕 2008年全省高校毕业生人数持续增长，83所高校有毕业生26.86万人，比上年增加3.2万人，增长13.5%。全省实现毕业生就业22.87万人，就业率达到85.15%，比去年净增就业2.79万人，就业率提高一个百分点。

2008年高校毕业生就业呈现出“三快三平稳”的特点，即在省内就业的毕业生人数快速增长，15.53万毕业生在省内就业，占67.91%；到非公有制单位就业的毕业生人数快速增长，占57.22%，非公有制单位已成为高校毕业生就业的主渠道；到基层就业的毕业生人数快速增长，占已就业毕业生人数的35.03%；特大地震灾害使四川灾区各级党政机关、事业单位出现严重人才空缺，到公有制单位就业的毕业生人数平稳增长，达6.37万人；继续升学深造的毕业生人数平稳增长，达1.30万人；灵活就业与自主创业的毕业生人数平稳增长，达1.91万人。

撰稿 丁念友 陈 玲

审稿 涂文涛

贵州省教育

概　　况

〔基本情况〕

2008 年各级各类学校校数、教职工、专任教师情况

	学校数（所）	教职工数（人）	专任教师数（人）
一、高等教育			
（一）研究生培养机构（不计校数）	(8)		
1. 普通高校	(7)		
2. 科研机构	(1)		
（二）普通高等学校	45	27 211	18 037
1. 本科院校	22	18 580	11 990
其中：独立学院	8	2 308	1 950
2. 专科院校	23	8 631	6 047
其中：职业技术学院	18	6 397	4 479
3. 其他机构（点）（不计校数）			
（三）成人高等学校	5	909	555
（四）民办的其他高等教育机构	3	38	6
二、中等教育	3 034	167 115	148 827
（一）高中阶段教育	773	165 919	42 715
1. 高中	456	148 292	30 284
普通高中	456	148 292	30 284
成人高中			
2. 中等职业教育	317	17 627	12 431
普通中专	97	6 828	4 510
成人中专	21	1 768	1 148
职业高中	141	5 805	4 396

续表

	学校数（所）	教职工数（人）	专任教师数（人）
技工学校	58	2 934	2 194
其他机构（教学点）（不计校数）	(38)	292	183
（二）初中阶段教育	2 261	1 196	106 112
1. 普通初中	2 170		105 076
2. 职业初中	46	996	911
3. 成人初中	45	200	125
三、初等教育			
（一）普通小学	13 107	208 798	200 024
（二）成人小学	9 433	28 036	6 324
其中：扫盲班	9 199	27 259	6 018
四、工读学校	4	82	73
五、特殊教育	49	819	695
六、学前教育	1 960	20 079	12 095

注：普通高中的教职工数中包含普通初中的教职工数。

2008 年各级各类学历教育学生情况

	毕业生数（人）	招生数（人）	在校生数（人）
一、高等教育			
（一）研究生	2 458	3 327	9 083
博　士	60	94	294
硕　士	2 398	3 233	8 789
（二）普通本专科	66 050	85 712	267 526
本　科	28 385	40 107	147 996
专　科	37 665	45 605	119 530
（三）成人本专科	28 919	32 254	87 963
本　科	10 427	17 347	47 198
专　科	18 492	14 907	40 765
（四）其他各类高等学历教育			
1. 在职人员攻读博士、硕士学位		880	2 748
2. 网络本专科生			
本　科			
专　科			
3. 其他			

续表

	毕业生数（人）	招生数（人）	在校生数（人）
二、中等教育	885 467	1 145 717	3 032 036
（一）高中阶段教育	247 098	392 378	956 826
1. 高中	161 279	212 253	562 138
普通高中	161 279	212 253	562 138
成人高中			
2. 中等职业教育	85 819	180 125	394 688
普通中专	48 571	76 640	195 432
成人中专	2 793	9 046	16 900
职业高中	24 230	75 470	144 393
技工学校	10 225	18 969	37 963
（二）初中阶段教育	638 369	753 339	2 075 210
1. 普通初中	624 484	748 412	2 055 674
2. 职业初中	10 344	4 927	14 757
3. 成人初中	3 541		4 779
三、初等教育	999 480	722 009	5 001 339
（一）普通小学	763 062	722 009	4 697 910
（二）成人小学	236 418		303 429
其中：扫盲班	202 993		263 974
四、工读学校	544	571	727
五、特殊教育	1 116	2 265	15 186
六、学前教育	349 472	623 254	737 988

注：特殊教育学生数中包括普通中小学随班就读的学生。

2008 年各级各类非学历教育学生情况

	毕（结）业生数（人）	注册生数（人）
总　　计	3 224 993	3 335 228
一、高等教育	30 231	33 708
（一）研究生课程进修班	52	434
（二）自考助学班	292	1 463
（三）普通预科生		1 034
（四）进修及培训	29 887	30 777
其中：资格证书培训	9 138	9 464
岗位证书培训	2 498	2 498

续表

	毕（结）业生数（人）	注册生数（人）
二、中等教育	3 194 762	3 301 520
其中：资格证书培训	90 489	95 062
岗位证书培训	119 021	131 817
（一）中等职业教育	551 233	550 786
其中：资格证书培训	48 994	45 669
岗位证书培训	94 828	92 737
（二）职业技术培训机构	2 643 529	2 750 734
其中：资格证书培训	41 495	49 393
岗位证书培训	24 193	39 080

2008年各级各类民办教育基本情况

	学校数（所）	毕业生数（人）	招生数（人）	在校生数（人）	教职工数（人）	专任教师数（人）	另有其他学生数（人）
一、民办高等教育							
（一）民办高校	9	5 098	13 281	44 758	2 674	2 217	
本科学生		4 537	10 871	40 446			
专科学生		561	2 410	4 312			
其中：独立学院	8	4 537	10 871	40 446	2 308	1 950	
本科学生		4 537	10 871	40 446			
专科学生							
（二）民办其他高等教育机构	3				38	6	
二、民办中等教育							
（一）高中阶段教育	169	18 309	40 452	86 358	10 237	6 914	6 201
1. 民办普通高中	99	11 846	13 874	36 082	7 978	5 543	
2. 民办中等职业教育	70	6 463	26 578	50 276	2 259	1 371	6 201
（二）初中阶段教育	222	22 538	31 284	88 685			
1. 民办普通初中	221	22 520	31 284	88 685			
2. 民办职业初中	1	18					
三、民办普通小学	305	25 733	28 378	164 894	6 817	5 825	
四、民办幼儿园	1 266	54 349	139 846	195 099	11 311	5 731	
另有：民办培训机构（不计校数）	(126)				1 089	600	44 724

注：1. “另有其他学生数”包括：学历文凭考试学生、自考助学班学生、预科生、进修及培训学生数；
2. 民办普通高中的教职工和专任教师数中包含民办普通初中的教职工和专任教师数；
3. “（　）”内数据为不计校数。

〔**综述**〕 2008年，贵州省有普通初中1 635所，比上年减少17所，九年一贯制学校535所，比上年减少2所；在校生2 055 674人，比上年增加41 564人；招生748 412人，比上年增加38 618人；专任教师105 076人（其中高等学校专科毕业及以上学历的103 238人），比上年增加3 215人。全省有职业初中46所，比上年减少13所；在校生14 757人，比上年减少13 574人；招生4 927人，比上年减少4 032人；专任教师911人（其中高等学校专科毕业及以上学历的899人），比上年减少661人。全省有小学13 107所，比上年减少538所，教学点4 296个，比上年减少254个；在校生4 697 910人，比上年增加34 774人；招生722 009人，比上年减少13 236人；专任教师200 024人（其中高中阶段毕业及以上学历的194 519人），比上年增加8 033人，小学适龄儿童入学率为97.24%，比上年下降1.33个百分点。全省在园幼儿737 988人，比上年增加5 398人；教职工20 079人，比上年增加1 410人（专任教师12 095人，比上年增加802人）。全省有工读学校4所，在校生544人，比上年增加86人，专任教师73人，比上年减少2人；特殊教育学校49所（其中盲聋学校12所，弱智儿童学校6所），在校生15 186人，专任教师695人。

全省有普通高中456所，比上年减少29所，普通高中在校生562 138人，比上年增加16 265人，招生212 253人，比上年增加11 068人；专任教师30 284人（其中高等学校本科毕业及以上学历的27 199人），比上年增加1 058人。全省有中等职业学校259所，毕业生75 594人，招生161 156人，在校生356 725人，专任教师10 405人。其中普通中专学校61所（中等技术学校47所，中等师范学校14所），毕业生42 624人，招生66 640人，在校生171 559人，专任教师3 647人；成人中等专业学校21所，成人中等专业教育毕业生2 728人，招生9 046人，在校生16 900人，专任教师1 148人；职业高中学校141所，毕业生24 230人，招生72 625人，在校生144 393人，专任教师4 396人；调整后中等职业学校（职教中心）36所，毕业生6 012人，招生10 000人，在校生23 873人，专任教师863人。

研究生培养单位8个，招生3 327人，在校生9 083人（其中，博士生294人，硕士生8 789人），比上年增加717人。普通高等学校37所（其中，本科院校14所，专科院校23所），在校生267 526人（其中本科147 996人，专科119 530人），比上年增加25 834人；专任教师18 037人，比上年增加1 073人。

成人高等教育在校生87 963人，其中5所成人高等学校（含教育学院1所）在校生17 617人（含教育学院12 629人），另有普通高等学校中招收的成人在校生70 346人。

〔**全省教育经费投入与支出情况**〕 2008年贵州省教育经费总投入271.76亿元，比上年增长31.2%。其中：国家财政性教育经费230.78亿元，比上年增长38.1%；民办学校中举办者投入0.84亿元，比上年下降4.55%；社会捐赠办学经费0.76亿元，比上年增长8.57%；事业收入36.03亿元，比上年增长9.02%，其中学杂费收入24.36亿元，与上年基本持平；其他收入3.35亿元，比上年下降37.62%。

全省财政预算内教育经费拨款215.84亿元，比上年增长37.96%。

各级各类学校生均预算内教育事业费支出情况：普通小学生均预算内教育事业费1 852.96元，比上年增长26.36%，其中农村小学生均预算内教育事业费1 768.6元，比上年增长24.84%。普通初中生均预算内教育事业费2 310.83元，比上年增长32.69%，其中农村初中生均预算内教育事业费2 212.34元，比上年增长39.2%。普通高中生均预算内教育事业费2 774.66元，比上年增长11.95%。普通中等职业学校生均预算内教育事业费3 052.44元，比上年增长17.61%。普通高校生均预算内教育事业费5 243.47元，比上年增长5.69%。

各级各类学校生均预算内公用经费支出情况：普通小学生均预算内公用经费403.33元，比上年增长103.13%，其中农村小学生均预算内公用经费397.66元，比上年增长104.69%。普通初中生均预算内公用经费 638.85 元，比上年增长 96.81%，其中农村初中生均预算内公用经费 652.56 元，比上年增长 111.50%。普通高中生均预算内公用经费 462.9 元，比上年增长 18.29%。普通中等职业学校生均预算内公用经费 768.61 元，比上年增长 61.17%。普通高校生均公用经费 1 157.96 元，比上年增长 18.07%。

〔教育事业基建投资完成情况〕

（一）实际完成投资情况

2008 年，贵州省实际完成教育投资 261 266.7 万元，比上年增加 82 505.9 万元，增长 32%。其中，高等教育实际完成投资 98 622.4 万元，比上年增加 21 626.2 万元，增长 22%；中等职业教育实际完成投资 6 952 万元，比上年减少 1 979.3 万元，下降 28%；基础教育实际完成投资 155 692.3 万元，比上年增加 62 859 万元，增长 40%。

（二）新增固定资产情况

2008 年全年新增固定资产共计 214 796.1 万元。其中：高等教育 56 700.8 万元，中等职业教育 8 884 万元，基础教育 149 211.3 万元。

（三）校舍建设情况

2008 年贵州省教育事业房屋施工建筑面积 296.6 万平方米，比上年增加 68.1 万平方米，增长 23%；竣工房屋建筑面积 228.7 万平方米，比上年增加 54.1 万平方米，增长 24%。其中：高等教育房屋施工建筑面积 84.7 万平方米，比上年增加 3.6 万平方米，增长 4%，竣工房屋建筑面积 50.1 万平方米，比上年增加 8.7 万平方米，增长 17%；中等职业教育房屋施工建筑面积 6.3 万平方米，比上年增加 0.2 万平方米，增长 2%，竣工房屋建筑面积 4.6 万平方米，比上年增加 1.3 万平方米，增长 27%；基础教育在建房屋建筑面积 205.5 万平方米，比上年增加 64.3 万平方米，增长 31%，竣工房屋建筑面积 174 万平方米，比上年增加 44.2 万平方米，增长 25%。

〔省财政新增教育专项资金 3.66 亿元〕 为加快贵州省教育事业发展，2008 年省政府决定从省级财政增收资金中增加投入教育专项资金 3.66 亿元，其中高等教育投入 3.08 亿元，基础教育投入 4 130 万元，职业教育 1 680 万元，主要用于上述各类学校改善办学条件、基本设施建设、省级特岗教师工资补助及教师周转房住房建设补助等。

〔继续实施省属高校发展贴息资金政策〕 为了进一步贯彻落实省人民政府 2001 年第 121 期省长办公会议纪要精神，继续改善省属高校学校办学条件，帮助省属高校上规模、上水平，2008 年贵州省继续实施省属高校发展贴息资金政策，下达省属高校基本建设贴息资金 1 500 万元，安排贴息贷款项目 17 个，计划建筑面积 453 586 平方米，总投资 78 913 万元。

〔抗击凝冻灾害〕 2008 年寒冬，一场历史罕见的凝冻天气突击我省全境，给国家和人民造成巨大损失。全省 5 877 所学校遭灾，倒塌校舍 624 间 3.79 万平方米，形成危房 37.68 万平方米，损坏供水设施 142.8 万平方米、供电设施 94.7 万平方米、教学仪器 4.04 万台、课桌凳 1.26 万套、图书 13.6 万册，直接经济损失 4.2 亿元。面对如此严重灾害，我们在省委、省政府的坚强领导下，团结带领广大教职员工艰苦奋战，现已取得抗灾阶段性胜利。截至 3 月 3 日，已累计安排学校灾后恢复重建资金 4 478 万元（其中中央补助 800 万元，省级财政 2 000 万元，地县财政及其他 1 678 万元），修复受损水电设施 200 万米，95%的受灾学校供水供电设施已修复，因灾形成的 D 级危房已开始拆除。受损设施及时修复，为学校按时开学创造了条件，全省各级各类学校均于 3 月 1 日前按时开学上课，学生无一因灾辍学，学校工作运转正常，秩序井然。全省各级各类学校能在遭受凝冻灾害后的短期内修复受损设施按时开学上课，我们着重抓了以下工作。一、建立应急组织机构，领导靠前指挥。凝灾发生后，我们根据省委、省政府的指示，迅即成立了由厅领导班子成员及厅相关处室主要负责人组成的防范雪凝灾害工作领导小组，下设办公室。各市（州、地）、县教育局也成立了相应的抗灾领导机构，组织指挥抗灾救灾工作。厅领导班子全体成员兵分几路，率队奔赴省直高校和开阳、万山、雷山、瓮安等特重灾县查看学校灾情，指导抗灾救灾。厅领导同志带领有关同志深入贵阳市区省直各高校了解因灾滞留学生情况，实地查看学校凝冻灾情，共商应对措施：由厅拨款70.5万元，补助留校学生生活费，保证他们不受冻、吃上饭、喝上水、过好春节；因校制宜，采取有力措施，保证用电、用水、用气、用餐、防滑、值班、夜巡等，确保师生安全和学校稳定。各市（州、地）县教育局，特别是县教育局，在局长指挥下，全体干部职工总动员，分片深入学校检查指导抗灾和灾后恢复重建工作。由于领导同志身先士卒、靠前指挥，使抗灾工作有力推进，学校工作迅速正常运转。二、迅速启用信息应急机制，及时掌握灾情动态。凝灾初露时，省厅便及时向各市（州、地）教育局发出紧急通知，要求各地两日内速将学校受灾情况报送省教育厅，省厅汇总后快速报告省委、省政府和国家教育部。随着凝冻灾情的发展，我们又向各市（州、地）教育局发出抓紧对灾情的检查核实工作，准确掌握学校受灾的广度、深度，速报省厅。至2月3日，便核实了如上所述的全省教育系统凝冻灾情，为我们开展灾后恢复重建工作提供了依据。三、科学制定方案，迅速开展灾后恢复重建工作。本着先易后难、先急后缓的原则，提出恢复重建总体目标：春季开学（3月1日）前，各级各类学校要修复受损水电设施，保证师生用水用电；完成轻度受损校舍、操场、运动场、围墙、校门等配套设施修复工作，封闭所有可能危及师生人身安全的危房，确保学校按时开学，工作正常运行。3月起，启动危房拆除重建及严重受损的其他设施重建工作；8月底前，完成危房拆除、改建、重建任务，全面恢复受灾学校正常运行；9月，组织进行灾后恢复重建工作检查验收。为保上述目标如期实现，严格实行目标责任制：在省委、省政府的领导下，省教育厅会同有关省直部门负责指导全省教育系统灾后恢复重建工作；地方政府对本地灾后恢复建设工作负总责，地方教育主管部门具体组织实施；省直高校行政机构为本校恢复重建的责任主体。现在，各地已按此规划采取有效措施积极推进。四、积极筹措资金，为灾后恢复重建工作提供财力支撑。于2月下旬已及时下拨灾后重建资金4 478万元，其中中央补助专款800万元，省级财政农村义务教育救灾专项补助资金2 000万元，地县财政及其他资金1 678万元，并明确这批资金为受灾救急，全部用于受灾学校校园内水电等基础设施的维修及受灾校舍的小规模修缮。对因灾倒塌或形成的D级危房，应结合“农村薄弱学校改造工程”及其他专项工程、捐赠工程统筹布置，优先安排，于今年秋季开学时投入使用。这次罕见的凝冻灾害，使我们经受了考验和检验，同时也引起不少反思：一是防灾意识淡薄。总认为贵州“冬无严寒、夏无酷暑”，从没想过会遇如此严重凝冻的无情袭击，对抗击重灾没有思想准备；二是学校设施对重凝冻的抗力弱，一般都是按“冬暖夏凉”常态设计、选材、施工，在常态下不会产生异变，但对今年如此罕见的凝冻则招架不了，使许多屋面开裂渗水，地面、墙面起壳脱落，水管爆裂、电路中断。三是抗灾应急预案乏力，从学校到教育行政领导机关，应急指挥系统欠健全、措施欠完善、物资储备短缺，突遇紧急情况，则是运作欠畅。上述反思，提示我们：一、必须增强防患意识，居安思危。全省近千万人口分别汇集在数千所各级各类学校，其安危冷暖皆依托于学校，倘遇不测，必会酿成严重后果。因此，从学校到教育行政领导机关，应从战略高度考虑各种可能的突发事件，如洪涝、冰雪、地质、食品卫生、疫情、集体活动……各个方面的安全问题，应有全面分析预测，克服侥幸心理和麻痹思想，防患未然。二、必须健全突发事件应急处置机制，做到未雨绸缪，处变不慌。市（州、地）、县、校层层都应在全面分析预测易发事件的基础上，科学制定多套应急预案，建立应急指挥系统，并对预案实施进行必要的演练，保证遇事时应急队伍拉得出来，冲得上去，作到安全、快速、高效、有序，把事件危害降到最低程度。三、必须修定学校各项设施、设备技术标准，提高对重灾的抗力。要严把学校土建工程中的设计、建材、施工、验收关，确保工程质量；要加强对学校校舍及各种设施安全的日常检查、维护、保养工作，及时排除安全隐患，把不安全因素消灭在萌芽状态，确保学校师生安全，使教师安居乐教，学生安居乐学，学生家长放心，社会安宁和谐。

〔**非义务教育阶段学生资助工作取得突破性进展**〕 1. 高校学生资助工作：贵州省2008年全面贯彻落实国家新资助政策，开通高校新生国家助学贷款“绿色通道”，成功引进河南省国家助学贷款信息管理系统，建立了贵州省国家助学贷款网络管理中心，全省高校国家奖学金、国家励志奖学金、国家助学金、国家助学贷款共资助家庭经济困难学生11.75万人，资助金额达3.65亿元。

2. 中职学生资助工作：成功建立和使用了中职学生资助信息管理系统，共录入资助学生信息58万人次，全年完成资助中职学生44.3万人次，资助金额达3.33亿元。

3. 普通高中特困生资助工作：正式建立了县镇以下普通高中家庭经济特别困难学生资助制度，全年用中央彩票公益金资助高中特困生1.81万人，资助金额达1 815.6万元。

2008年贵州省共发放高校、中等职业学校和普通高中学校学生资助资金7.16亿元，是贵州省历年来非义务教育阶段资助人数和金额最多的一年。

〔**成功举办中国—东盟教育交流周活动**〕 2008年7月26日至8月1日，外交部、教育部、贵州省政府联合主办的“中国—东盟教育交流周”系列活动在贵阳举行，这是贵州教育国际交流史上的一件大事。来自东盟国家和澳大利亚的33所国外高校以及联合国教科文组织、东盟秘书处等14个机构、国内39所大学参加了“中国—东盟国家大学校长暨国际学生流动论坛”、“中国—东盟高教合作圆桌会议”、“中国—东盟国家教育展”、“中国—东盟教学资源展”等活动，来自中国和东盟国家的100多名学生参加了“中国—东盟青少年夏令营”和“中国—东盟青少年艺术节”。交流周活动的举办，为中国与东盟国家扩大教育交流合作拓展了空间、搭建了平台，为增进中国与东盟之间多元文化的理解，为增进人民之间的友谊、增进青少年之间的交流奠定了基础。交流周期间开通了“中国—东盟教育信息网”，签订了50多项校际合作意向，设立了部分东盟学生奖学金。

基础教育

〔**综述**〕 2008年，贵州省“两基”进一步巩固提高。下发《关于进一步完善农村义务教育经费保障机制改革有关政策的通知》，投入“新机制”（即农村义务教育经费保障机制）资金37.5亿元，其中中央资金27.6亿元，地方分担9.9亿元。通过政府采购，春秋两季各为630余万名农村中小学生免费提供教科书。通过进一步加大迎“国检”工作力度，下大力抓好控辍保学，加强中小学教师队伍建设、中小学校管理、校园文化建设等工作，并派遣人员进行驻县指导，查缺补漏，整改完善。通过着力解决流动人员子女入学、农村留守儿童以及残疾儿童少年入学等问题，保障“国检”预检顺利完成，为2009年6月正式接受国家“两基”督导检查做好充分准备。

2008年，贵州省的基础教育在注重数量发展的同时，更加注重质量的提高。评选出27所中小学校为全省中小学实施素质教育评价试点工作先进学校，将示范高中复查与素质教育评价结合起来，进一步推动中小学实施素质教育评价工作取得新成效，继续扩大标准化学校建设试点范围。

2008年，通过创新思路，贵州省的基础教育有四项工作成为亮点。一是德育工作形式多样，针对性和实效性进一步提高。全省中小学弘扬和培育民族精神月系列活动富有创意、丰富多彩，得到教育部充分肯定；召开了全省中小学德育工作研讨暨现场交流会。二是中小学安全工作进一步夯实。召开了有关厅局参加的校园安全工作会议；举行了全省中小学安全知识竞赛，共有400多万名中小学师生参赛；联合省公安厅开展了中小学女学生安全工作的专项督促检查，切实保障女学生人身安全。三是校园文化建设工作初步驶入发展轨道。成功举办了全省中小学校园文化建设经验交流现场会议，通过理论探讨和以会代训的方式，在全省掀起了关注、重视校园文化建设工作的热情。四是普通高中教育工作出新招。成功举办了高水平、高规格、大规模的全省第三届普通高中校长论坛，出版了校长论坛论文集和反映示范高中建设成果的《新思路 新跨越》的图册；顺利推进了音乐、美术、体育、信息技术四个学科的课程改革实验试点工作，深获教育部的好评。

〔**进一步完善农村义务教育经费保障机制**〕 从2007年秋季学期开始，中央进一步调整完善了农村义务教育经费保障机制工作的有关政策。2007年底新机制各项补助资金下达贵州省后，贵州省均及时下达各地。尤其是2007年12月中旬，收到国家免费教科书扩大覆盖面退费有关文件通知后，省教育厅连续召开两次紧急会议，下发了有关文件，做了大量周密细致的工作，确保了整个退费工作按计划在2008年春季学期开学前全部完成。近几年来，贵州省一直坚持由省财政厅、省教育厅联合行文，每年均对免费教科书计划下达及工作推进提出明确要求，严格执行政府采购有关规定，确保免费教科书政策的顺利实施。

完善了新机制政策后，贵州省资金投入的力度进一步加大。2008年贵州省获得中央新机制资金28.01亿元，省级分担资金8.19亿元，市县级分担资金1.54亿元，共计37.74亿元，力度之大，前所未有。

〔**圆满完成“农村义务教育薄弱学校改造工程”建设任务**〕 建设“农村义务教育阶段薄弱学校改造工程”项目学校300所被列为2008年省委、省政府“十件实事”之一，省教育厅高度重视此项工作，制定了切实可行的实施方案：1. 严格实行目标管理；2. 提前下达资金控制数，先期进行项目审核。3. 及时召开工作调度会；4. 坚持月报制度，及时掌握工程进展动态；5. 强化督查，狠抓项目“大户”和“拖后腿”项目；6. 组织全省“薄改工程”年度检查验收。至2008年11月底，贵州省“农村义务教育阶段薄弱学校改造工程”项目学校300所的任务提前圆满完成，共建设校舍295 135.6平方米，完成投资16 727.94万元。

〔**提高寄宿生生活补助标准并扩大补助面**〕 2008年度，贵州省农村义务教育阶段贫困寄宿生生活费补助面由初中阶段扩大至小学阶段，补助标准也由原来的200元/生·年提高为小学生500元/生·年、初中生750元/生·年。中央和省级补助资金按照5∶5比例分担，共4.5亿元，补助人数共计629 138人次，其中小学生89 268人次、初中生539 870人次。

〔**再建“农村寄宿制学校建设工程”项目学校80所**〕 2008年，贵州省获中央“农村寄宿制学校建设工程”预留奖励资金7 000万元，再建农村寄宿制学校80所。至此，从2004年起，中央共在贵州省83个县投入该工程专项资金达9.7亿元，为1 124所农村学校新建校舍204万平方米，配置学生用床共计44.2万张。

〔**“农村初中校舍改造工程”加快推进**〕 贵州省从2007年起开始实施“农村初中校舍改造工程”，以帮助2002年前实现“两基”的县加强农村初中学生生活设施建设，该工程2008年被国家列为“促进经济较快平稳发展”的重要举措。至2008年底，中央已下达贵州省“初中工程”资金33 212万元，已建或在建项目学校186所，建设校舍面积计50.8万平方米。

〔**“新农村卫生新校园建设工程”启动**〕 贵州省于2008年开始实施“新农村卫生新校园建设工程”，该工程建设内容重在改厕治污，推广使用沼气。为确保工程实施卓有成效，贵州省首先在息烽、遵义两县进行了建设试点工作，并将试点成果向全省推广。当年国家共下拨贵州省该工程专项资金7 500万元，工程覆盖了贵州省除贵阳中心城区以外的所有85个县（市、区、特区），已建和在建项目学校达368所。

〔**普通高中教育持续稳定发展**〕　2008年，贵州省普通高中招生212 253人，普通高中在校学生人数达到562 138人，比2007年的545 873人净增16 265人，高中阶段毛入学率达47.9%。在普通高中教育规模不断发展的同时，贵州省十分重视普通高中办学效益和教学质量的同步提升，2008年继续开展省级示范性普通高中建设和评估工作，新增省级示范性普通高中6所，全省示范性普通高中达到57所，进一步扩大了优质普通高中教育资源。

为迎接2010年全省普通高中课程改革，贵州省2008年在179所普通高中进行音乐、美术、体育与健康和信息技术4门学科试点，大力开展普通高中校长和教师培训。

〔**举办优质课巡回展示**〕　为展示中小学课程改革的成果，进一步深化基础教育课程改革，优化中小学课堂教学，提高教育教学质量，贵州省教育厅在2008年10月举办了全省义务教育阶段优质课巡回展示。展示活动涉及小学语文、音乐和中学历史、生物四个学科。活动采取专家评课和专题讲座相结合的形式进行，执教者均为近年来在全国、全省优质课竞赛中获一等奖的教师，一定程度上代表了贵州省中小学各学科教学的最高水平。特聘评课专家队伍由各学科国家级骨干教师、学术带头人、特级教师组成。展示活动行程一千多里，听课教师近三千人，取得了可喜的成绩，得到了市（州、地）教育部门领导和广大听课教师的充分肯定。

〔**在贵阳、遵义进行校方责任保险试点**〕　为建立和完善校园意外伤害事故风险管理机制，根据国家有关文件精神，贵州省教育厅、省财政厅、省保险监督管理局2008年制定了《贵州省校方责任保险管理工作暂行办法》，决定先在贵阳市、遵义市义务教育阶段学校先行试点，然后逐步推开。保险责任范围为因校方责任导致学生人身伤害，依法应由校方承担的经济赔偿责任。义务教育阶段学校学生保险费为每生每年人民币5元，所需费用由学校公用经费开支。

职　业　教　育

〔**综述**〕　2008年，贵州省新增高等职业院校1所，中等职业学校15所，截至年底，贵州省已建成高等职业院校18所，另有10所普通高校举办职业教育；中等职业学校317所；职业技术培训机构上万个。形成了学历与培训并举、中职与高职衔接、普教与成教沟通的办学机制。建成了层次完善、专业门类齐全、初具规模的职业教育与培训体系。职业教育特别是中等职业教育快速发展，2008年，全省中等职业教育和高等职业教育招生总规模接近30万人，分别占据了高中阶段教育和高等教育的半壁江山。中等职业教育在校生人数达到40万人，提前两年实现了“十一五”末期目标。职业教育投入不断加大，基础能力建设得到了加强。2008年，中央财政通过国债资金项目、实训基地建设、示范性高职院校建设等项目渠道，向贵州省职业院校投入资金近亿元，建设中等职业学校基础能力建设项目30个、实训基地8个。省级财政投入职业教育专项经费6 000万元，建设县级职教中心项目26个，省属职业院校建设项目8个，重点、示范性职业院校建设项目6个；组织实施“教师素质提高计划”，450名专业骨干教师分数控、旅游等7个专业开展了为期1个月的省级培训。至2008年年底，省级专项经费投资建设的26个县级职教中心已全部开工建设，部分已完工投入使用。

2008年，贵州省各市、县级财政投入职业教育专项经费也有所增加。通过高职院校人才培养水平评估和示范性高等职业学校建设的深入推进，全省高职院校办学水平进一步提高。职业教育坚持以服务为宗旨、以就业为导向，面向社会、面向市场办学，大力推行校企合作、订单培养、工学结合、顶岗实习等人才培养模式，不断深化教育教学改革，职业教育质量有了明显提高，2008年全省中职毕业生平均就业率达93.9%，高职毕业生就业率达90.5%。职业教育办学体制改革进一步深化，在旅游、电子电工、农业等专业领域探索启动了集团化办学模式。职业院校的作用充分发挥，进城务工人员、农村实用人才、未升学高中毕业生和返乡农民工的职业教育和培训广泛开展。职业教育服务经济社会的能力明显增强，现代制造业与服务业急需的技能型人才培养得到进一步加强。2008年，贵州省各级职业院校为社会输送各种类型高、中级技能人才10万余名，完成农村劳动力转移培训12.5万人、农民实用技术培训350余万人次。

〔**中职学校学生参赛成绩有所突破**〕 通过专业实训基地建设及使用，贵州省职业学校学生的动手能力和专业技能得到明显增强。2008年6月省教育厅组织了一支30人的参赛队伍赴天津参加全国职业教育技能大赛，贵阳交通技工学校两名学生获汽修组二等奖，另有省建材学校、省电子工业学校等学校参赛学生获得模特表演、电子电工等项目比赛三等奖六项，参赛成绩较往年有所突破。

〔**重点、示范性职业院校建设取得新进展**〕 2008年，贵州省重点、示范性职业院校建设力度进一步加强，荔波县职业高级中学、遵义县职教中心被教育部认定为国家级重点中等职业学校，水城县职业技术学校、贵阳铁路工程学校、麻江县职业高级中学、黔东南州民族中等职业技术学校、思南县中等职业学校被教育厅认定为省级重点中等职业学校，黔南职业技术学院、安顺职业技术学院、贵州警官职业技术学院、贵州轻工职业技术学院、遵义职业技术学院顺利通过教育部高职院校人才培养水平评估。

高 等 教 育

〔**综述**〕 2008年，贵州省接受教育部本科教学工作水平评估的贵州大学、贵州师范大学被评为“优秀”等次。遴选了教学名师11名、示范性本科专业33个、精品课程34门、教改项目75项，推荐申报并获得国家级本科精品课程2门，填补了贵州省无国家级本科精品课程的空白。贵州大学农业生物实验教学中心、遵义医学院临床技能实验教学中心被教育部批准为国家级实验教学示范中心建设单位，使贵州省国家级实验教学示范中心增加为3个。国家民委和贵州省人民政府在北京正式签署省部共建贵州民族学院的协议，贵州民院的改革与发展步入了快车道。在全省部分高校启动“候鸟”型高层次人才的引进工作。做好“211工程”三期建设工作，在省教育厅指导下，贵州大学按照国家要求遴选并上报重点学科建设等有关材料，已被国家发改委等部门批准立项并获得国家3 500万元专项经费支持。建立了三个研究生教育创新基地，提高研究生的实践能力和创新能力，提高培养质量。组织对前三批42个省级重点学科建设情况进行检查，促进学科建设质量的提高。

〔**评选首批全省高校“感动校园十大人物”**〕 自2006年起，贵州省连续举办了三届“多彩校园·闪亮青春”大学生校园文化活动月，开展了一系列大学生喜闻乐见、寓教于乐的活动，已成为贵州省大学生思想政治教育的品牌工程。2008年的活动月推出了高校“感动校园十大人物”评选等八项活动。“感动校园十大人物”的评选和表彰旨在配合贵州省公民道德建设工程主题创建活动，发挥身边先进典型的教育引导作用和示范带动作用，通过可亲、可敬、可学的榜样和感人事迹对大学生进行实实在在的思想政治教育。本次评选活动分为校级初评推荐和省级终评表彰两个环节。初评期间，全省高校积极发动，广大师生踊跃参与，共举办“感动校园人物”评选活动达100余场次，有20余万人次参与了“感动校园十大人物”的网络投票及各种活动。

〔**建立贵州省高等学校思想政治理论课教师培训基地**〕　2008年，贵州省在贵州师范大学建立了贵州省高等学校思想政治理论课教师培训基地，并下拨了5万元建设经费。培训基地的主要职责是：研究高校思想政治理论课教师培养培训规律，在省教育厅指导下具体组织开展全省高校思想政治理论课教师培训，组织开展全省高校思想政治理论课教学研讨和经验交流。

〔**建立高校公安派出所和警务室，推进警务进校园工作**〕　在省委、省政府的领导和关心下，2008年12月，省编办、省公安厅、省教育厅联合下发了《关于贵州高校公安机构体制改革的实施意见》，通过高校与地方的共同努力，在3所高校建立派出所4个，在17所高校23个校区建立了警务室。高校派出所（警务室）建立后，开展了校园周边治安整治工作，侦破了一些刑事治安案件，一些长时间以高校为目标的犯罪团伙被摧毁，广大师生安全感得到增强，有力地维护了高校的稳定安全。

〔**切实推进普通高校招生“阳光工程”深入实施**〕　2008年贵州省招生工作认真实施科学招生、阳光招生、公平招生、廉洁招生、满意招生、平安招生，采取了以下的新思路、新举措：

一、实行高考网上报名。

二、实行考生知分知位知线填报志愿方式，在全省各媒体公布考生每分成绩排位和分数线，帮助考生更直观、更有针对性地填报志愿。

三、增加考生准考证功能，准考证既可查找考点考场，又可查询考试成绩和录取信息等，从而便捷了考生，提高了招生工作的透明度和获取信息的快捷性。

四、积极争取优质计划，缓解升学矛盾。在教育部的大力支持下，抢抓机遇，全力做好争取高校招生计划工作。二本以上省外院校2008年在贵州省增加招生计划8 476人。

五、进一步加大考风考纪治理力度，在全省236个考点的8 195个考场全部安装屏蔽器，强化部门联动机制，会同公安、无线电管理部门有效打击高科技作弊行为。

民族教育

〔**综述**〕　2008年，贵州省有独立设置的民族本科院校2所、民族专科院校2所、民族高等职业技术院校3所、民族中等职业学校19所（含民族中等师范学校4所）、民族普通中学117所，职业初中3所、民族小学151所、民族幼儿园13所，共计310所，比2007年增加了26所。在校生共341.74万人，占全省学生总数的38.81%；共有教职工16.03万人，占全省教职工总数的38.01%；专任教师14.07万人，占全省专任教师总数的37.24%。教育厅2008年组织专家编译了布依汉、彝汉两种文字材料并建立了省“双语”教材编译专家库，继续在遵义医学院和黔南医学专科学校举办少数民族班，完成2008年少数民族高层次骨干人才招生、2009年度少数民族高层次骨干人才计划硕士、博士生资格审查工作，积极联系对口帮扶贵州省的四个计划单列市，建立和启动了“校长提高计划”即建立选派校长挂职锻炼制度，表彰第十批支援基层教育工作人员，选派第十一批支援基层教育工作人员赴基层支教，举办了全省教育系统民族教育管理干部培训班及苗（西部方言）、彝两语种民汉“双语”教学骨干教师培训班，制定并下发《关于大力推进各级各类学校民族民间文化教育的意见》，与省民委、省人事厅共同表彰各类学校开展民族民间文化教育先进集体和个人，举办第二届全省民族高中校长论坛。

〔**大力推进民族民间文化教育**〕 2008年，在全省评选出23所民族民间文化教育项目学校并召开现场会的基础上，教育厅制定了《关于大力推进各级各类学校民族民间文化教育的意见》，进一步规范和深入推进全省民族民间文化教育。为总结五年来全省民族民间文化教育的开展，教育厅、民委及人事厅联合表彰了各类学校开展民族民间文化教育先进集体25个和先进个人50名。

〔**第二届全省民族高中校长论坛**〕 2008年，贵州省第二届民族高中校长论坛在剑河县召开，此次论坛主题为民族高中办学特色与民族文化传承。省教育厅、省民委相关领导、处室人员、相关州、市（县）教育局、民宗局及民族高中校长共89名代表参加了论坛。论坛交流了经验、介绍了情况、增进了友谊、增强了校长的时代使命感，坚定了办好民族高中的信心和决心。通过这一平台，相互交流办学体会，总结成败得失，使民族高中步入良性发展的轨道，成为民族地区青少年走向成才之路的金色桥梁。会议决定第三届民族高中校长论坛下年在松桃举办，主题为民族高中发展面临的机遇与挑战。

〔**“校长提高计划”启动**〕 为提高农村中小学教育教学质量的问题，贵州省2008年制定并启动了“全省农村中小学校长提高计划”，计划用五年左右的时间以挂职锻炼形式培养1 000余名校长。经与省外深圳等几个城市联系，同意接受贵州省农村中小学校长挂职锻炼半个学期至一个学期。贵州2008年分春季和秋季学期共选派189名农村中小学校长赴深圳、宁波、青岛、大连、北京、上海六市挂职锻炼。校长们得到了理论指导和实践锻炼，直接看到和学到了发达城市学校的管理、教育教学理念及方法，收获颇丰，感受很深。

教师教育

〔**概况**〕 至2008年底，贵州省具有教师培养职能的高等院校有11所，其中普通本科8所，普通专科2所，成人高校1所；有专任教师5 512人；普通高校师范类在校生68 076人，其中本科38 656人，专科29 420人；成人高校普通师范类在校生2 173人，其中专科2 173人。有中等师范学校14所，专任教师975人。

至2008年底，全省共有中小学专任教师33.54万人，比上年净增12 306人。其中，有小学专任教师200 024人，生师比23.49∶1（农村教师141 126人，占总数的70.55%）。有普通初中专任教师105 076人，生师比19.56∶1（农村教师42 277人，占总数的40.23%）。有普通高中专任教师30 284人，生师比为18.56∶1（农村教师980人，占总数的3.24%）。此外，全省共有中小学代课人员9 034人，比上年减少3 669人。其中，有小学代课人员8 026人（农村代课人员有7 564人，占小学代课人员总数的94.24%），有中学代课人员 1 008 人（农村代课人员有 371 人，占中学代课人员总数的 36.81%）。

2008 年底，贵州省小学、普通初中、普通高中专任教师学历合格率分别为 97.25%、98.25% 和 89.81%，分别比上年净增 0.28、0.76、2.26 个百分点。其中，农村小学、初中、高中专任教师学历合格率分别为 96.43%、97.84% 和 80.31%，分别比上年净增 0.45、1.08、5.17 个百分点。全省小学教师专科学历以上、初中教师本科学历以上、高中教师研究生学历或硕士学位人数分别占总数的 62.61%、40.17% 和 0.82% ，分别比上年净增 6.49、7.56、0.25 个百分点。

〔**组织师德建设系列活动**〕 为加强贵州省中小学教师队伍师德建设，省教育厅 2008 年组织开展以“学习英模教师，弘扬伟大师魂”为主题的师德教育系列活动。一是组织 6 个检查组分赴贵阳、遵义等六个市（州、地），对 12 个县的 40 余所学校师德专项教育开展情况进行检查，有力推进各地师德专项教育活动的开展；二是召开全省师德经验交流会，编印了《贵州省师德教育经验交流材料汇编》；三是举办全省师德教育辅导教师培训，并举行全省《新时期师德修养》统一考试，参考教师达 32 万余人；四是制定下发了《省教育厅关于建立中小学教师师德建设长效机制的意见》。

〔**继续推进新一轮“贵州省中小学教师继续教育（2006—2010）”**〕 2008 年，省教育厅继续推进全省新一轮中小学教师继续教育工程，着力推动全省中小学教师进行“决战课堂，新教材大练兵”课堂教学技能训练。制发系列文件，组织开展全省中小学教师课堂教育教学技能大赛并进行“中小学骨干班主任”、“学科骨干教师”、“教育名师培训对象”、 “中英项目”等项目培训近 5 000 余人。

〔**全面启动“农村教师素质提升工程”**〕 为加大农村中小学教师培训力度，省教育厅 2008 年全面启动“农村教师素质提升工程”，并安排经费 250 万元，重点对全省 50 个国家扶贫开发工作重点县的农村中小学校长、教导主任、骨干教师、紧缺学科教师等进行了培训。

〔**招聘“农村义务教育阶段学校特设岗位教师”8 500 余名**〕 为加强农村义务教育阶段学校教师队伍建设，逐步解决教师总量不足和结构不合理问题，2008 年贵州省争取中央财政支持，继续实施国家“农村义务教育阶段学校教师特设岗位计划”，并参照该项计划模式，实施了省、地、县三级“农村义务教育阶段学校教师特设岗位计划”。面向社会公开招聘录用了 8 578 名大学生到遵义等 8 个市（州、地）28 个县（市、区）的农村小学和初中任教，其中国家计划 4 389 名，省计划 1 249 名，地计划 1 150 名，县计划 1 790 名。

〔**继续实施“万名城镇教师支援农村学校计划”**〕 为优化教师配置，促进城乡教育均衡发展，贵州省 2008 年继续实施为期五年（2006—2010）的“万名城镇教师支援农村学校计划”。经考核，2007—2008 学年度全省共有 2 274 名支教人员获得省教育厅颁发的支教考核合格证书。2008—2009 学年度全省 9 个市（州、地）共选派了 2 365 名城镇学校教师到农村中小学校支教 1 年。

撰稿　段志茹　常　青　曹宝杰　陈　净　周忆江
　　　李春妍　朱　琴　邹联克　周明才　童　刚
　　　黄　燕　罗忠勇　欧阳嘉　高　琦　吴作然
　　　吴　西　任世晟　王应刚　黄克勇　周玉林
审稿　赵廷昌

云南省教育

概　　况

〔基本情况〕

2008年各级各类学校校数、教职工、专任教师情况

	学校数（所）	教职工数（人）	专任教师数（人）
一、高等教育			
（一）研究生培养机构（不计校数）	(17)		
1. 普通高校	(11)		
2. 科研机构	(6)		
（二）普通高等学校	59	36 255	23 276
1. 本科院校	24	24 997	15 703
其中：独立学院	7	3 289	2 146
2. 专科院校	35	11 258	7 573
其中：职业技术学院	23	6 735	4 348
3. 其他机构（点）（不计校数）			
（三）成人高等学校	2	1842	898
（四）民办的其他高等教育机构			
二、中等教育	2 721	199 725	170 742
（一）高中阶段教育	898	199 249	59 994
1. 高中	460	169 569	38 278
普通高中	460	169 569	38 278
成人高中			
2. 中等职业教育	438	29 680	21 716
普通中专	94	11 170	7 090
成人中专	136	3 744	2 538
职业高中	171	10 842	8 666
技工学校	37	3 509	3 173
其他机构（教学点）（不计校数）	(72)	415	249
（二）初中阶段教育	1 823	476	110 748

续表

	学校数（所）	教职工数（人）	专任教师数（人）
1. 普通初中	1 812		110 324
2. 职业初中	11	476	424
3. 成人初中			
三、初等教育			
（一）普通小学	16 573	239 302	226 795
（二）成人小学	70	2 104	587
其中：扫盲班		1 564	373
四、工读学校	1	48	39
五、特殊教育	25	747	583
六、学前教育	3 085	37 011	23 178

注：普通高中的教职工数中包含普通初中的教职工数。

2008年各级各类学历教育学生情况

	毕业生数（人）	招生数（人）	在校生数（人）
一、高等教育			
（一）研究生	5 194	6 905	20 084
博　士	271	450	1 711
硕　士	4 923	6 455	18 373
（二）普通本专科	79 311	110 319	347 732
本　科	38 127	58 536	203 978
专　科	41 184	51 783	143 754
（三）成人本专科	50 495	58 256	162 183
本　科	15 205	26 025	71 514
专　科	35 290	32 231	90 669
（四）其他各类高等学历教育			
1. 在职人员攻读博士、硕士学位		2 248	7 368
2. 网络本专科生			
本　科			
专　科			
3. 其他	1 041		971
二、中等教育	901 857	1 122 038	3 098 701
（一）高中阶段教育	291 232	415 241	1 086 884
1. 高中	173 903	212 007	594 703
普通高中	173 903	212 007	594 703
成人高中			
2. 中等职业教育	117 329	203 234	492 181
普通中专	54 623	83 407	205 260

续表

	毕业生数（人）	招生数（人）	在校生数（人）
成人中专	2 715	3 147	7 705
职业高中	45 898	80 592	200 949
技工学校	14 093	36 088	78 267
（二）初中阶段教育	610 625	706 797	2 011 817
1. 普通初中	605 241	703 090	2 000 076
2. 职业初中	5 384	3 707	11 741
3. 成人初中			
三、初等教育	930 747	729 101	4 675 318
（一）普通小学	732 309	729 101	4 510 366
（二）成人小学	198 438		164 952
其中：扫盲班	125 912		95 518
四、工读学校	58	53	128
五、特殊教育	2 519	4 525	24 576
六、学前教育	482 742	692 941	895 716

注：特殊教育学生数中包括普通中小学随班就读的学生。

2008 年各级各类非学历教育学生情况

	毕（结）业生数（人）	注册生数（人）
总　计	5 640 231	4 383 039
一、高等教育	50 202	25 224
（一）研究生课程进修班	861	1 961
（二）自考助学班		
（三）普通预科生		2 173
（四）进修及培训	49 341	21 090
其中：资格证书培训	20 132	13 017
岗位证书培训	6 231	4 795
二、中等教育	5 590 029	4 357 815
其中：资格证书培训	332 160	200 642
岗位证书培训	275 942	127 118
（一）中等职业教育	492 527	221 473
其中：资格证书培训	202 041	105 457
岗位证书培训	85 302	28 758
（二）职业技术培训机构	5 097 502	4 136 342
其中：资格证书培训	130 119	95 185
岗位证书培训	190 640	98 360

2008年各级各类民办教育基本情况

	学校数（所）	毕业生数（人）	招生数（人）	在校生数（人）	教职工数（人）	专任教师数（人）	另有其他学生数（人）
一、民办高等教育							
（一）民办高校	15	10 767	28 060	78 180	6 359	3 906	13 042
本科学生		6 048	13 745	45 879			
专科学生		4 719	14 315	32 301			
其中：独立学院	7	6 048	13 745	45 879	3 289	2 146	153
本科学生		6 048	13 745	45 879			
专科学生							
（二）民办其他高等教育机构							
二、民办中等教育							
（一）高中阶段教育	98	15 743	29 391	71 749	8 583	5 990	1 995
1. 民办普通高中	59	8 927	11 383	29 163	6 210	4 540	
2. 民办中等职业教育	39	6 816	18 008	42 586	2 373	1 450	1 995
（二）初中阶段教育	86	12 094	14 950	42 262			
1. 民办普通初中	86	12 094	14 950	42 262			
2. 民办职业初中							
三、民办普通小学	139	12 006	21 118	100 396	4 997	3 868	
四、民办幼儿园	2 109	89 025	183 762	272 524	20 208	11 492	
另有：民办培训机构（不计校数）	(55)						20 792

注：1．“另有其他学生数”包括：学历文凭考试学生、自考助学班学生、预科生、进修及培训学生数；
2．民办普通高中的教职工和专任教师数中包含民办普通初中的教职工和专任教师数；
3．“（　）”内数据为不计校数。

〔**综述**〕 2008年，云南省教育系统以纪念改革开放30年为契机，认真学习党的十七大精神和十七届三中全会精神，全面建设基础教育、职业教育、高等教育和继续教育的现代教育体系，全面推进办学体制改革、管理体制改革、后勤社会化改革、国际化办学体制和机关管理体制改革，民办教育加快发展，引资办教积极推进，政府减政放权，学校办学自主权不断扩大，中小学校长公选、教师全员聘任和绩效分配制度改革全面展开，非义务教育学校的后勤社会化深入推进，国际交流与合作取得新进展。高校工委和教育厅机关全面深化干部人事制度改革，成立了云南省招生考试院，在高校工委设立了组织部、宣传统战部和大学生工作部，在教育厅设立了发展规划处和学校保卫后勤处，进行了高校工委和教育厅机关处级干部全面竞任履职的改革，在全国率先推行机关党委班子直选，组织研究并实施了普及13年教育的试点工作。作为素质教育的基础工程，启动了“生命教育、生存教育、生活教育”（以下简称“三生教育”）。“三生教育”在州市的试点和在高校的全面实施取得明显成效，得到了教师、学生、家长的广泛认同和社会各界的认可，得到了中央领导和教育部、省委的肯定。学校德育工作有了进一步推进，校园和谐稳定得到进一步加强。各级党委、政府全面加强对教育改革发展的领导，充分调动教育系统干部职工的积极性、创造性，教育改革与发展的政策环境、投资环境、建设环境、管理环境、育人环境有了进一步改善。各级各类教育毛入学率明显提高。2008年，高等教育毛入学率达到16.17%，比2007年的14.61%提高了1.56个百分点。高中阶段教育毛入学率52%，比上年的45.71%增长了6.29个百分点。初中学龄人口毛入学率为102.21%（入学率为87.09%），比上年的99.63%（85.22%）增加了2.58（1.87）个百分点。小学学龄儿童毛入学率为107.31%（入学率为98.29%），比上年的106.64%（97.59%）提高了0.67（0.7）个百分点。

〔**教育投入与支出**〕 2008年，云南省国内生产总值5 700亿元，国家财政性教育经费投入占国内生产总值的比例为4.95%，比上年的4.66%增长0.29个百分点，全省财政支出1 470.7亿元，地方预算内教育经费支出（含教育费附加）占财政支出的比例为19.02%，比上年降低0.15个百分点。

全省地方教育投入342.3亿元，比上年增长24.13%。其中：财政预算内教育事业费拨款222.55亿元，比上年增长25.24%，科研经费（科技三项费）拨款0.44亿元，其他教育经费拨款40.08亿元，基建拨款5.83亿元；各级政府征收并用于教育的税费11.3亿元，比上年增长22%；企业办学经费1.43亿元，比上年增长410.71%；校办产业、勤工俭学和社会服务收入用于教育的经费0.71亿元，比上年减少5.33%；社团和公民个人办学经费0.48亿元，比上年减少73.33%；捐集资收入2.26亿元，比上年减少6.61%；事业收入50.07亿元（其中学杂费收入38.41亿元）；其他收入7.14亿元。

全省地方教育经费总支出339.27亿元，比上年增长23%，其中地方教育部门教育经费总支出311.79亿元，比上年增长24.19%。

地方教育部门及其他部门预算内教育事业费、基建经费支出226.34亿元。预算内教育事业费支出220.51亿元，其中公用经费支出62.46亿元，占事业费支出的28.33%。普通高等学校预算内教育事业费支出23.37亿元，其中公用经费支出12.52亿元，占事业费支出的53.57%；中等专业学校预算内教育事业费支出7.08亿元，其中公用经费支出2.89亿元，占事业费支出的40.82%；普通中学预算内教育事业费支出71.91亿元，其中公用经费支出16.11亿元，占事业费支出的22.4%；职业中学预算内教育事业费支出5.62亿元，其中公用经费支出1.2亿元，占事业费支出的21.35%；普通小学预算内教育事业费支出91.9亿元，其中公用经费支出18.58亿元，占事业费支出的20.22%；幼儿园预算内教育事业费支出3.27亿元，其中公用经费支出0.28亿元，占事业费支出的8.56%；特殊教育预算内教育事业费支出0.46亿元，其中公用经费支出0.16亿元，占事业费支出的34.78%。

〔**抗御雨雪冰冻灾害情况**〕 2008年1月10日起，云南遭遇了持续一个多月的雨雪冰冻灾害，受灾州市达12个，受灾县（区）69个，受灾中小学2 409所；校舍倒塌1 201间，倒塌校舍面积60 165.6平方米；形成危房8 411间，危房面积414 428.7平方米，其中D级危房396 604.7平方米；毁坏其他建筑设施100 784.67平方米；毁坏供水设施103 8264平方米；毁坏供电设施138 205平方米；毁坏教学仪器设备479台，毁坏课桌椅7 235套，毁坏图书35 536册。直接经济损失30 699.50万元，其中受灾校舍直接经济损失26 628.51万元。灾情发生后，省级及时下拨救灾专项资金2 650万元，其中1 750万元用于受灾的12个州、市中小学校舍的恢复重建。雨雪冰冻灾害对中小学校舍损毁严重，2008年底，省教育厅将雪灾造成的D级危房根据损毁程度的轻重排列顺序，下拨灾区校舍维修改造资金7 000万元。

〔**抗御“3·21”、“8·21”盈江地震灾害情况**〕 2008年3月21日20时36分55秒，云南德宏州盈江县（北纬24.36°，东经97.40°）发生Ms 5.0级地震，震中位于盈江县城西南41公里、距中缅边境4公里的浪速村与铜壁关乡一带。21日20时47分34秒、21时45分55秒、22时2分28秒、22时20分，又连续发生四次余震，震中为盈江县太平镇芒允村，震级分别为2.9级、4.0级、3.8级、3.9级。据统计，地震波及盈江县太平镇、弄璋镇、铜壁乡和昔马镇4个乡镇和农垦集团3个农场23个行政村，受灾14 319户66 824人。其中教育系统受灾72校11 399人，倒塌校舍92平方米，受损校舍面积20 193平方米，直接经济损失2 168.08万元。

2008年8月21日20时20分53秒，云南德宏州盈江县（北纬24.9°，东经97.9°）发生Ms 4.9级地震，20时24分32秒盈江县（北纬24.9°，东经97.8°）发生Ms 5.9级地震。德宏州三县两市、保山市龙陵、腾冲两县，受灾学校563所，校舍倒塌79间，倒塌校舍面积6 952平方米；新增危房3 478间，面积399 177平方米；毁坏其他建筑2 636米；毁坏教学仪器设备58台，毁坏课桌椅623套，受伤1人。直接经济损失26 239.4万元。

灾情发生后，秦光荣省长带领有关厅局负责人第一时间赶赴灾区慰问灾民，指挥抗震救灾。省教育厅紧急召开党组会议，传达省委、省政府抗灾救灾的重要指示精神，研究部署相关工作。省教育厅领导先后赶赴灾区视察灾情，指导当地教育行政主管部门和学校做好抗灾救灾工作，迅速部署和组织人员抢险救灾。“3·21”、“8·21”地震使德宏州校舍受损严重，省级及时下拨抗震救灾资金4 000万元（其中德宏州2 900万元，保山市1 100万元），专项用于抗震救灾和恢复重建，同时省教育厅积极向省政府、教育部争取恢复重建资金，并在年底安排校舍维修改造资金时给予受灾地区倾斜支持。

〔**抗御“5·12”地震灾害情况**〕　2008年5月12日14时28分4秒，云南省德宏州盈江县（北纬31°，东经103.4°）发生Ms 8.0级地震。据统计，云南省昭通市、楚雄州、丽江市、迪庆州部分县市造成不同程度受灾，云南灾区Ⅵ度区主要是昭通市的水富县、绥江县、永善县和盐津县，涉及4县16个乡镇134个村委会122 480户546 261人，受灾148 009人，其中8人重伤、49人轻伤，1人死亡，倒塌房屋922 516平方米，损毁面积3 318 811平方米，直接经济损失168 310万元。其中教育系统受灾学校602所，倒塌校舍7 566平方米，损毁校舍320 483平方米，受伤2人，死亡1人，直接经济损失18 217.02万元。省级及时下拨抗震救灾资金230万元，民政救灾专款3 000万元，专项用于学校抗震救灾和恢复重建；省委在中央返回云南的“特殊党费”中安排5 417.6万元，地方自筹1 075.4万元，专项用于昭通地震灾区学校恢复重建。同时省教育厅积极向省政府、教育部争取恢复重建资金，并在年底安排校舍维修改造资金时给予地震灾区倾斜。

〔**抗御“8·30”会理地震波及云南灾害情况**〕　2008年8月30日16时30分，四川省攀枝花市仁和区、凉山彝族自治州会理县交界处（北纬26.2°，东经101.9°）发生6.1级地震，震中离云南楚雄州永仁县城34公里，楚雄州各县市震感强烈，其中，元谋、永仁、武定、牟定、大姚五个县受灾严重。据统计，“8·30”地震造成楚雄州境内十县（市）6人死亡，47人重伤，184人轻伤。学校遭受了严重损失，679所学校受灾，受灾校舍面积382 829平方米，其中：倒塌校舍49间，倒塌面积3 843平方米，新增危房7 706间，面积342 448平方米，其中B级危房109间，建筑面积5 914平方米，C级危房329间，建筑面积27 712平方米，D级危房7 268间，建筑面积317 874平方米；毁坏其他建筑16 117.7平方米；毁坏教学仪器设备150台，毁坏课桌椅3套，受伤1人，直接经济损失24 739.09万元。灾情发生后，根据省委、省政府的统一部署，常务省长罗正富、副省长高峰先后赶赴灾区慰问灾民，指挥抗震救灾。省教育厅紧急召开党组会议，传达省委、省政府抗灾救灾的重要指示精神，研究部署相关工作。省教育厅领导先后赶赴灾区视察灾情，指导抗震救灾工作，迅速部署和组织人员抢险救灾。省级及时下拨抗震救灾资金1 100万元，专项用于抗震救灾和恢复重建，同时省教育厅积极向省政府、教育部争取恢复重建资金，并在年底安排校舍维修改造资金时给予灾区倾斜。

〔**抗御“11·2”泥石流灾害情况**〕　2008年11月1日—2日，云南省楚雄、昆明等地普降大到暴雨，特别是其间的特大暴雨，造成楚雄彝族自治州、昆明市7个县（市、区）不同程度受灾。据统计，灾害造成楚雄州的楚雄市、双柏县及昆明市的东川区、宜良县、富民县、寻甸回族彝族自治县、禄劝彝族苗族自治县民房倒塌128户348间，损坏827间，农作物受灾4 533公顷。因灾死亡20人、失踪42人。280所学校受灾，倒塌校舍14间516平方米；损坏校舍2 155间102 579平方米，受伤1人，死亡2人，失踪10人。在基础设施中，有围墙6 588立方米、挡土墙8 720立方米，道路710平方米、球场3 321平方米、水池1 208立方米、水管520米受到损坏。20套教学仪器、10台电脑、418册图书受到损坏，直接经济损失8 481万元。

省级及时下拨民政救灾专款予楚雄州1 000万元、昆明市300万元，专项用于抗震救灾和恢复重建，同时省教育厅积极向省政府、教育部争取恢复重建资金。

〔**抗御“12·26”瑞丽、宜良地震灾害情况**〕 2008年12月26日4时20分，在云南瑞丽市（北纬24.07°，东经97.78°）发生Ms 4.9级地震。震中位于瑞丽市、陇川县与缅甸交界的瑞丽市勐秀乡一带，震源深度5公里，距瑞丽市城区8公里。虽然震级不高，但由于震源较浅，距离市区较近，当地人口密度较大（每平方公里399人），而且又属于“8·21”盈江地震之后的叠加型地震，因此灾损严重。此次地震造成德宏州1市1县10 512户49 789人受灾，受伤19人（其中重伤3人，轻伤16人）；房屋倒塌99间，重损4 965间、中损4 638间、轻损15 625间；学校、卫生、水利、交通、电力、通信等基础设施不同程度受到损坏，直接经济损失3.6亿元。教育系统104所中小学校受到不同程度的损坏，倒塌校舍601平方米，损毁房屋69 199平方米，直接经济损失3 874.08万元。2008年12月26日2时19分，在云南昆明市宜良县、官渡区、呈贡县交界处（北纬25°00′，东经103°00′）发生Ms 4.3级地震。震中位于宜良县汤池镇一带，距昆明市区32公里，距宜良县城18公里。地震造成昆明市宜良县两个乡镇3所学校受灾，受损校舍17间450平方米，全部为原鉴定的D级危房，致使危险程度加剧，直接经济损失6万元。

灾情发生后，省委书记白恩培、省长秦光荣、常务副省长罗正富等领导立即作出批示，要求德宏州和昆明市迅速组织力量，摸清地震造成的损失，扎实做好防震减灾和抗震救灾工作，及时抢救伤员、转移安置受灾群众。省教育厅立即研究部署相关工作，及时发布地震受灾信息。厅领导火速作出指示，要求立即启动应急预案，做好教育系统抗震救灾工作。

基 础 教 育

〔**综述**〕 全省基础教育事业健康发展，普及程度稳步提高。以加强农村教育为重点，九年义务教育得到进一步普及、巩固和提高。2008年，西盟、福贡等5个县按规划实现“普九”，超额完成省委、省政府确定的目标任务。目前，全省“普九”县（市、区）达126个，“普九”人口覆盖率提高到94.7%。全省扫除青壮年文盲12.6万人，青壮年文盲率控制在5%以内。深化农村义务教育经费保障机制改革，全面免除农村义务教育学校学生602万人的教科书费，对210万名贫困寄宿制学生提供生活费补助。通过实施农村寄宿制学校建设工程、农村中小学现代远程教育工程、西部农村初中校舍改建工程和部分农村中小学校舍危房改造工程，农村学校办学条件得到进一步改善。

〔**中小学布局结构调整成效明显**〕 2008年，全省普通中学2 272所，比上年减少9所，校均规模为 1 142 人。其中，普通高中 460 所，比上年减少 5 所；普通初中 1 812 所，比上年减少 4 所。职业初中 11 所，校均规模为 1 082 人。普通小学 16 573 所，比上年减少 590 所。其中，完全小学 12 933 所，比上年减少 942 所，教学点 14 034 个，比上年减少 1 537 个，小学校均规模为 272 人。布局结构调整取得明显成效。

〔农村中小学现代远程教育工程顺利实施〕 完成了 2007 年国家下达的农村中小学现代远程教育工程建设任务，完成了设备安装、教师培训、省级验收等项工作，所有农村初中、完全小学、教学点都按规定的三种模式配置了现代远程教育设备，覆盖率达 100%。同时，完成了安宁市、南华县、祥云县、古城区、香格里拉县、德钦县、泸水县等试点县（区）“班班通”工程建设的前期准备工作。

〔中小学教师队伍建设取得新成效〕 为加强全省教师队伍建设，省政府投入 500 万元作为教师培训专项经费。争取到教育部西部农村骨干教师培训经费 400 万元，国家级中西部农村义务教育学科教师远程培训经费 7 万元，班主任远程培训经费 4 万元。建立了 15 个远程培训实验区。实施云南加强教师队伍建设“5122 工程”和教育部西部农村骨干教师培训工作，完成了第一期 1 500 名农村学校教学骨干的培训任务，完成各类教师培训 15 余万人次。对 8 所教师进修学校进行了评估，其中 4 所进修学校晋升为省级示范校（总数达 18 所），4 所晋升为一级进修学校（总数达 44 所）。为全省 8 个县市培养了 39 名农村教育硕士。与教育部直属 6 所师范大学签订免费师范生协议 514 份。实施“特岗教师计划”的县（市、区）由 2007 年的 50 个增加到 66 个，招聘教师指标增加到 5 900 名。通过规定程序，2008 年共招聘了 5 989 名特岗教师。加上 2006、2007 年度的招聘数，全省特岗教师已达 1.44 万名，2008 年获得中央专项资金 2.75 亿元。

〔高中阶段教育招生规模进一步扩大，结构更加合理〕 高中阶段教育招生规模继续扩大，共招收高中阶段教育学生 41.52 万人，其中，普通高中 21.20 万人，中等职业学校（含技工学校）20.32 万人。中等职业教育招生规模比上年增加 2.31 万人，增长 12.81%。高中阶段在校生达 108.69 万人，其中，普通高中 59.47 万人，中等职业学校 49.22 万人，普通高中与中等职业教育在校生比例为 1∶0.83。

〔全省义务教育部分免费教科书循环使用〕 根据《财政部 教育部关于调整完善农村义务教育经费保障机制改革有关政策的通知》、《教育部 财政部关于全面实施农村义务教育教科书免费提供和做好部分教科书循环使用工作的意见》等文件的要求，结合云南实际，省教育厅、省财政厅制定下发了《云南省义务教育部分免费教科书循环使用暂行办法》。从 2008 年春季学期起，小学阶段的《科学》、《音乐》、《美术》、《信息技术》4 个科目的国家课程免费教科书和初中阶段的《音乐》、《美术》、《体育与健康》、《信息技术》4 个科目的国家课程免费教科书纳入循环使用范畴。从 2008 年秋季学期起，云南省义务教育阶段地方课程免费教科书全部纳入循环使用范畴。《暂行办法》明确规定，循环使用的免费教科书属国家公共财产，各地及学校应当将其列为学校的教育装备资源，统一编号，集中管理；不属于学生个人所有，使用者无权自行处置。《暂行办法》对循环教科书的品种、使用周期、供给范围、需求补充、责任追究等做出了具体规定，对教育行政部门、学校、校长、班主任、学科教师、学生的使用管理责任进行了具体规定，明确了“满足需求、避免浪费”的基本原则和“循环使用 3 年、每年补充 1/3”的基本思路。

〔农村学前教育得到进一步规范〕 云南省教育厅结合全省学前教育蓬勃发展的形势，制定下发了《关于进一步规范农村学前班工作的指导意见》，明确了学前班的性质和管理体制，要求落实管理责任；对学前班的办班条件、办班形式、保教行为、收费行为等进行了全面的规范。《指导意见》指出，农村学前班依然是当前和今后一个时期全省发展农村学前教育的主要途径和措施，发展农村学前班的主要责任应当由县、乡两级政府及村委会承担，同时根据《中华人民共和国民办教育促进法》的规定，积极鼓励、大力支持社会力量举办农村学前班，并允许其取得合理回报，形成公办和民办齐头并进、加快发展的格局。《指导意见》提出，农村学前班实行以县为主、乡镇为辅的管理体制。县级人民政府及其教育行政部门统筹规划县域内农村学前班发展，负责制定当地农村学前班办班基本条件及其标准，举办示范性农村学前班；乡镇人民政府及其承担教育教学管理任务的单位，根据县级人民政府及其教育行政部门制定的办班基本条件和标准，做好农村学前班办班审批工作，并报县级教育行政部门备案，充分利用中小学布局调整后的义务教育资源，动员、组织村委会大力发展农村学前班。《指导意见》还对农村学前班学制、班额、课时、教学、收费、事业统计、保教人员配置等作出了明确要求。

职业教育与成人教育

〔**综述**〕 2008年5月，云南省人民政府办公厅印发了《云南省加快中等职业教育发展行动计划》，就发展中等职业教育提出了明确的任务和措施要求，指导全省各地中等职业教育的改革与发展，全省中等职业教育在加快发展中实现了几个历史性的突破：（1）全省中等职业学校招生20.32万人，首次突破年招生20万人大关；（2）中等职业教育在校生规模达49.22万人；（3）省级财政安排中等职业教育经费1.5亿元；（4）连续两年实施中等职业学校“特聘教师”制度；（5）全省中职学校一、二年级学生全部享受1 500元国家资助，中央和省级财政助学金额达4.51亿元；（6）深化办学体制改革，创新办学模式，成立了12个职教集团。

〔**中等职业学校校舍改扩建掀起新高潮**〕 在大力发展中等职业教育行动计划中，大理州率先行动，先后投资4亿多元，新建搬迁4所中职学校，采取置换、融资、引资、集资等投资渠道，新征土地、新建校舍面积14万平方米，在一两年内建成了4所崭新的现代化校园，2008年全部实现搬迁办学，在全省起到了示范作用。2007年启动的曲靖市现代职教中心建设工程，2008年顺利推进，该中心规划用地4平方公里，在校生10万人，计划投资25亿元。楚雄州全面启动职教中心建设项目，征地2 000亩，计划建设校舍46.44万平方米，2008年已完成一期投资4.8亿元，完成建筑面积37.6万平方米。昆明市投资2亿多元，改扩建中职学校校舍3万多平方米。玉溪市投入资金2亿多元，改扩建玉溪工业财贸学校、玉溪农业职业技术学院等几所学校，2008年已投入使用。普洱市正在动工兴建市职教中心，征地474亩，计划投资3.3亿元，建筑面积12.8万平方米。此外，还有几个州市正积极规划筹建本地区职教中心或职教园区。大理、红河、文山、临沧、普洱、德宏等州市，投入中等职业教育经费都达历年新高。

〔**创新办学模式，组建职教集团**〕 7月，经省政府同意，由省教育厅、省经济委员会、省劳动和社会保障厅、省政府国有资产监督管理委员会联合制定并印发了《关于组建职业教育集团的若干意见》，指导全省组建职教集团。截至12月，全省已组建了云南工业职业教育集团、交通职业教育集团、冶金职业教育集团、农业职业教育集团、经济管理职业教育集团、艺术职业教育集团、轻工业职业教育集团、旅游职业教育集团，以及玉溪烟草职业教育集团、玉溪工业财贸职业教育集团、玉溪旅游职业教育集团、昆明市农业职业教育集团12个职教集团（州市 4 个）。

〔**实施中等职业学校特聘教师制度**〕　为加强中职学校实践教学，缓解师资不足和专业课程教师紧缺问题，省政府决定 2007—2010 年设立云南省中等职业学校“特聘教师”岗位 1 000 个，每年安排 1 500 万元专款，每个岗位按 1.5 万元/年的标准发放津贴。“特聘教师”不占学校编制，由学校按程序向社会公开聘请专业技术人员和生产一线有实践经验的能工巧匠到学校任教。2008 年，全省聘请了 1 038 名特聘教师（含一岗多人），有效缓解了专业课教师紧缺的矛盾，提高了教师的专业素质和教学能力。

〔**全面实施资助工作，中等职业学校招生和在校生增加**〕　2008 年，国家和省加大了对中等职业学校家庭贫困学生的资助力度，对一、二年级中等职业学校学生每人每年给予 1 500 元的资助，共有 30 多万名中职学生获得资助，资助金额达 4.51 亿元。2008 年云南中等职业学校招生任务为 20 万人，实际完成招生数 20.32 万人，比上年增加 2.31 万人，在校生达到 49.22 万人，比上年增加 6.01 万人，全省中等职业学校在校生与普通高中在校生比例达 0.83：1。

〔**加强实训基地建设，强化学生实践技能训练**〕截至 2008 年，云南省有 29 所职业院校被国家确定为中央财政支持建设的职业教育实训基地项目学校，共计获得中央财政支持资金 4 770 万元，加上省、地、县及学校配套，整个项目设备采购金额为 8 940 万元。在国家重点支持建设实训基地的同时，绝大多数中等职业学校自身也在加强实习、实训场地的建设，不断强化学生实践技能和动手能力训练，努力提高岗位适应能力。

〔**广泛开展联合办学，促进学生就业**〕　多年来，职业学校普遍实行“校校联合”、“校企联合”的办学形式，近年来已经发展到与省外学校、省外企业乃至国外学校联合办学。联办方式大多采取“2＋1”形式，即学生在当地学习 2 年，外地学习和顶岗 1 年；有的学校实行“1＋2”、“2.5＋0.5”、“2＋2”等不同形式。据部分省属学校和 8 个州市上报的 99 所学校情况统计，近三年来，这批学校联合办学培养的总人数为 64 551 人，其中与省内学校联合办学培养的人数为 23 045 人，与省外学校联合办学培养的人数为 11 310 人，与国外学校联合办学培养的人数为 194 人，与省内企业联合办学培养的人数为 20 906 人，与省外企业联合办学培养的人数为 9 096 人。以上数据仅占全省中等职业学校的 1/3，依此推算，全省每年联合办学培养的人数大约占当年在校生总数的 10%左右。参与联合办学培养的学生毕业后多数能留在当地就业，完全可以自谋职业，自食其力。2008 年 4 月，省教育厅建成“云南省中职毕业学生就业服务网”，点击数达上千万人次。6 月，省教育厅和玉溪市教育局等部门，在玉溪举办了首届“云南·上海中等职业教育校企合作暨人才交流洽谈会”，邀请来自上海的 27 家行业、企业，与省内 126 所中职学校洽谈，共有 18 家企业与 58 所学校签订联合办学协议及人才供需合同，协议输送学生 11 850 人。

〔**广泛开展农村适用技术培训和农村劳动力转移培训**〕　全省乡、村两级成人文化技术学校充分发挥培育新型农民的主阵地作用，广泛开展科技培训和科技示范，把培植新兴产业、推广优良品种、开发特色产品、增加农民收入作为农村成人教育的工作重点，以在乡劳动者为主要培训对象，结合当地农业产业结构调整需要，与农业、科技等部门通力合作，大力开展农业科技试验、示范、培训、推广工作，同时开展多种形式的思想道德教育和文化生活教育，全年培训农民约502 万人次，培训人次占农村劳动力总数的 25%，年计划完成率为 100%。另外，在各级政府的统一领导下，按照政府统一领导、部门各司其责、学校组织培训、农民广泛受益的原则，积极组织实施农村劳动力转移培训工作。广泛宣传动员、发动中等职业学校和农村成人文化技术学校，积极参与农村劳动力转移培训，教育系统培训人数超过 100 万人，占全省培训人数的比例超过 20%，在提高农村劳动力素质和就业技能、促进农村劳动力向非农产业和城镇转移、增加农民收入、推动城乡经济社会协调发展、加快全面建设小康社会等方面发挥了积极作用。

高等教育

〔**综述**〕 高等教育毛入学率由2007年的14.61%增长到16.17%，全省高等教育进入了大众化阶段。文山师专、保山师专实现专升本，西南林学院更名为西南林业大学。

办学条件得到改善。省财政加大了对全省高等教育的投入。部分在昆高等院校呈贡新校区建设顺利推进，入住学生达1.7万名。全省高等院校固定资产值136.4亿元，教学科研仪器设备值25.8亿元，图书3 103万册，占地面积2 883万平方米，教学及辅助用房554.4万平方米。

教师素质不断提升。2名教授荣获国家级教学名师称号，29名教师荣获“云南省高等学校教学名师”称号。启动首届省级教学团队评选，高等院校11个教学团队被评为“省级教学团队”。全省高等院校有教职工38 097人，专任教师24 174人，其中具有副高以上职称的8 837人，具有硕士学位以上学历的9 130人，分别占专任教师的36.6%、37.8%。

教育教学质量不断提高。深入实施高等教育“质量工程”，课程、专业、学科等建设得到加强。云南大学等18所学校的20个专业被评为省级特色专业，另有11个本科专业点被评为国家第三批高等学校特色专业建设点。获国家级“精品课程”5门、省级“精品课程”重点建设50门。评选出10个云南省本科院校实验教学示范中心、10个高等职业院校示范性实习实训教学基地。在五年一轮的本科教学工作水平及高职高专人才培养评估中，云南农业大学、大理学院经教育部专家组评估，获得优秀。

教育对外开放不断扩展。全省高校已与46个国家、地区和国际组织建立了教育合作关系，已建立5所孔子学（院）堂，在云南大学等11所高等院校设立了11个国际人才培养基地。全省高等院校在28个小语种公共外语教研室的基础上新建11个，语种已覆盖泰语、老语、缅语、越语、柬埔寨语；高校44名小语种教师由教育厅资助出国学习进修；云南民族大学等4所学校5门小语种专业被评选为省级重点建设专业。

〔**召开全省高等教育改革与发展工作会议**〕 8月26日，中共云南省委、云南省人民政府召开全省高等教育改革与发展工作会议，省委书记白恩培、省长秦光荣亲自到会并分别作了重要讲话，下发了《中共云南省委 云南省人民政府关于深化改革大力发展高等教育的决定》。会议决定加大对高等教育的投入，提出要加强高校基础设施、重点学科、科研平台、高水平教师队伍“四项建设”，深化办学体制、管理体制、教育教学、后勤社会化“四项改革”，加快推进高等教育国际化进程，到2012年，全省高等教育毛入学率达到22%，把云南大学建成国家50强高校，把昆明理工大学等2～3所高等院校建成国家百强学校，使云南高等教育的整体水平和竞争力迈入西部省区先进行列。

〔**组建了终身教育服务中心**〕 根据《云南省教育厅关于组建云南省终身教育服务中心的批复》，在云南省首次组建由云南省人民政府主办、云南省教育厅主管，对云南省各类终身教育提供服务、管理、规划和指导的教育服务和办学机构——云南省终身教育服务中心。该中心设在云南广播电视大学。

〔**院校设置增多**〕 2008年，全省有普通高等学校59所，成人高等学校2所。经省人民政府批准并报教育部备案，新组建民办高等职业学院云南经贸外事职业学院。按教育部要求，7所独立学院计入普通高等学校数。普通高等学校从51所增加到59所。云南广播电视大学与云南国防工业职业技术学院合并办学，实行一套班子、两块牌子，统筹规划，统一管理。

〔**高等院校重点学科建设和学位授予工作得到加强**〕 根据《省委、省政府关于大力促进高等教育发展的决定》精神，省教育厅及时制定下发了《云南省教育厅关于印发云南省高校重点学科建设实施意见的通知》，修订了重点学科建设管理办法。为加强各高等学校学科建设的指导和监督工作，启动了"十一五"省级重点建设学科的中期检查评估工作。另外，经过答辩评审，在专家咨询意见基础上，结合云南实际，遴选出西南林学院、云南财经大学、云南民族大学列入国家立项建设新增博士学位授予单位；云南中医学院、云南艺术学院、大理学院列入省级立项建设新增博士学位授予单位。

〔**高等院校科技基础平台建设取得新进展**〕 新增昆明理工大学"非常规冶金"、西南林学院"西南山地森林资源保育与利用"两个教育部的省部共建重点实验室。云南大学"自然资源药物化学"和昆明理工大学"有色及稀贵金属先进材料"两个教育部的省部共建重点实验室顺利通过教育部专家验收，并向教育部推荐申报立项两个工程研究中心。截至2008年底，全省高等院校建立国家及省部级重点实验室11个，国家及省部级工程研究中心6个，省级重点实验室11个，11个博士后流动站和一批产学研联合基地。高等院校已拥有相当数量的主要用于科研的大型精密仪器和系统设备。省教育厅还根据云南省重点产业和经济社会发展需要，启动建设了25个云南省高校重点实验室、11个云南省高校工程研究（技术）中心，作为国家及省部级重点实验室和工程研究（技术）中心的后备建设项目。

〔**高等教育投入力度明显加大**〕 《中共云南省委 云南省人民政府关于深化改革大力发展高等教育的决定》指出，从2008年起，由省财政拨款的高等院校实行"综合生均定额＋专项经费"并逐年增长的投入新机制，生均财政拨款在2007年基础上增加800元，本科生生均平均达到4 500元，专科生生均平均达到2 600元，并按照在校生规模每年递增10%逐年增加经费。省财政从2008年起每年增加2亿元高等教育经费投入，连续安排5年，用于高等院校提高教学质量，加强重点学科和科研平台、名师队伍、教育国际化建设等。为加快高校基础设施现代化建设，特别是呈贡高校新校区建设进程，省财政安排20亿元，专项用于呈贡高校新校区建设。

〔**10所院校的18位党政主要领导人首次实行公开选拔**〕 楚雄医药高等专科学校、曲靖医学高等专科学校、保山中医药高等专科学校、云南国土资源职业学院、云南交通职业技术学院、云南农业职业技术学院、云南司法警官职业学院、云南省政法干部学校8所院校升格为副厅级机构，德宏师范高等专科学校、丽江师范高等专科学校、临沧师范高等专科学校明确为副厅级机构。对8所新升格院校的党委书记、院（校）长和丽江师范高等专科学校、临沧师范高等专科学校的党委书记共18个职位实行了公开选拔，从而在改革高校校级领导选拔任用体制上有了新突破。

〔**1所高等学校被评为"国家示范性高等职业院校建设计划"立项建设院校**〕 根据《教育部 财政部关于确定国家示范性高等职业院校建设计划2008年度立项建设院校的通知》，昆明冶金高等专科学校被评为2008年度"国家示范性高等职业院校建设计划"立项建设院校，项目建设期为3年。此前，云南交通职业技术学院已进入国家示范性高职院校建设行列。

〔**2名教授荣获"第四届高等学校教学名师奖"**〕 根据《教育部 财政部关于表彰第四届高等学校教学名师奖获奖教师的决定》，云南大学周平教授、云南交通职业技术学院杨金华教授获"第四届高等学校教学名师奖"。

民族教育

〔**综述**〕 在实现“两基”目标的126个县中，民族自治县和民族自治地方县有77个，占“普九”县总数的61.1%。同时，民族大学、民族中专、民族中学、民族小学、民族幼儿园等各级各类民族学校健康发展。民族在校生人数快速增长，民族教育体系不断完善。各民族都有了本民族的中专生、大学生或硕士、博士生。在民族地区实施明德小学建设项目工程，在不通汉语的民族地区开展双语教学，实施民族贫困地区中小学教师综合素质培训，全面推进中小学民族团结教育活动，开展多层次教育对口支援，实施少数民族高层次人才培养，民族教育出现了持续健康稳定发展的新局面。

〔**教育对口支援健康发展**〕 完成了第七批和第八批的100名赴滇支教教师的轮换工作。以省政府名义举行了隆重的迎送仪式，省政府、省教育厅领导向上海优秀支教教师颁发了奖状、支教证书和生活补助。5月，德国汉斯·赛德尔基金会新任中国处处长朗格先生和上海师资培训中心主任郑百伟一行7人，赴丽江考察了中德合作师资培训基地，双方进行了工作会谈，对今后的合作交流提出了建设性意见。6月，教育厅组织有关人员及丽江、大理、红河等3个基地中德合作教师培训基地负责人回访上海进行工作会谈，进一步加强与上海市和德国汉斯·赛德尔基金会的教育合作交流。在文山州、普洱市开展白玉兰远程网布点工作，上海投入250万元，建61个网点和两个计算机教室，年内已完成61个网点项目建设工程并进行了抽验工作。同时，省内各层次教育对口支援工作也稳步发展。昆明市、玉溪市、曲靖市3个市对口帮扶迪庆、怒江、临沧、昭通4个州市的100所中小学（其中中学58所，小学42所）；各州、市所辖县内自定帮扶结对学校共128所，（其中中学69所，小学59所）；各州、市、县学校间互相结对支援；省内高等院校对口支援贫困地区发展基础教育等各层次的教育对口帮扶工作得到持续健康发展。根据滇沪教育对口支援合作协议，2008年云南省分5批选送相关人员赴上海进行了培训：（1）选派20名州县教育局长赴上海挂职锻炼2个月；（2）选派20名曾参加上海培训且结合实际所撰论文获一等奖的校长、教师赴上海参加为期10天的高级研修班；（3）选派红河师范学校、大理民族师范学校、丽江教育学院3个教师培训基地领导赴上海参加上海首次举办为期10天的高级研修班；（4）选派36名小学校长赴上海培训2个月；（5）选派10名州市教育督导干部赴上海培训10天。通过培训，提高了干部教师的综合素质。

〔**双语教师和民族贫困地区中小学教师综合素质培训成绩斐然**〕 双语教师的培训比往年加大了力度。（1）2008年1月，首次对7个人口较少民族的200名民族教师进行了为期10天的省级培训。（2）7月20日—8月10日，利用暑期对14个民族18个语种的300名双语教师进行了为期20天的培训。培训内容包括新的教育理念、新课改教材教法、新形势下教育改革与发展信息以及汉语拼音普通话、民文民语等。两期培训班结束，学员的普通话和民文民语水平得到了显著提高。（3）会同省教育厅世行贷款办于12月举办了为期5天的12个项目县104名双语教学“培训者”培训班。截至2008年9月，全省已有120个县的30.4万名中小学教师参加了教育部启动的民族贫困地区中小学教师新一轮综合素质培训。培训采用了五步学习培训法：第一步通过学习教材，找出困扰或影响自己提高教学水平的问题；第二步分析问题存在的原因；第三步制定解决问题的计划或方案，并将方案拿到教研组、年级组或学习小组讨论，再修改和完善；第四步，将计划或方案付诸实践，检验其有效性和可行性，通过总结再实践；第五步，对前四步的学习和实践进行再总结，进一步提高认识，并逐步升华到理论的高度。培训对推进新课改，帮助教师形成新的课程观、教材观、教学观和评价观，进而提高教学质量，产生了积极影响。

〔**双语教学和教材建设成效显著**〕 截至2008年底，全省开展双语教学的有16个州市、88个县、14个民族、18个文种、学校4 167所，接受双语教学学生总数达208 768人，占88个县小学在校生3 362 431人的6.2%，占开展双语教学学校在校生的52.9%。双语教师11 311人，占开展双语教学县专任教师156 883人的13.3%，双语教学规模不断扩大。编译了13个民族12个语种26本小学四年级语文少数民族语言文字民文教材，少数民族语言文字教材建设得到明显加强。

〔**明德小学建设项目初见成效**〕 2008年全省明德小学捐建指标共50个，实际建设42所学校，分布在楚雄州、大理州、曲靖市、保山市、昭通市。台塑集团捐款2 250万元，省级配套563万元，州市级配套4 713万元。新增校舍面积5 755.24平方米。完成了1 856套图书、8 400套课桌椅、336个讲台、45个多媒体教室、52台教师用计算机、479台学生用计算机的统一招标采购工作。2008年，项目建设得到台企的充分肯定，经捐资方考评获得了整体推进一等奖和软体建设一等奖。曲靖马龙和宣威两所学校的沼气池建设获单项奖，并在全国年会上作了经验交流，受到了表彰。

撰稿 张必广 和福生
审稿 黄 强

西藏自治区教育

概　　况

〔基本情况〕

2008年各级各类学校校数、教职工、专任教师情况

	学校数（所）	教职工数（人）	专任教师数（人）
一、高等教育			
（一）研究生培养机构（不计校数）	（3）		
1. 普通高校	（3）		
2. 科研机构			
（二）普通高等学校	6	2 990	1 877
1. 本科院校	3	1 877	1 173
其中：独立学院	0	0	0
2. 专科院校	3	651	431
其中：职业技术学院	1	310	201
3. 其他机构（点）（不计校数）	（3）	462	273
（三）成人高等学校			
（四）民办的其他高等教育机构			
二、中等教育	126	12 273	11 293
（一）高中阶段教育	30	12 273	3 133
1. 高中	23	11 528	2 592
普通高中	23	11 528	2 592
成人高中			
2. 中等职业教育	7	745	541
普通中专	6	673	493
成人中专	1	60	36
职业高中			
技工学校			
其他机构（教学点）（不计校数）	（3）	12	12
（二）初中阶段教育	96	0	8 160

续表

	学校数（所）	教职工数（人）	专任教师数（人）
1. 普通初中	96		8 160
2. 职业初中			
3. 成人初中			
三、初等教育			
（一）普通小学	885	18 715	18 087
（二）成人小学			
其中：扫盲班			
四、工读学校			
五、特殊教育	1	36	31
六、学前教育	83	1 131	757

注：普通高中的教职工数中包含普通初中的教职工数。

2008 年各级各类学历教育学生情况

	毕业生数（人）	招生数（人）	在校生数（人）
一、高等教育			
（一）研究生	120	204	520
博　士		2	3
硕　士	120	202	517
（二）普通本专科	5 840	8 520	29 409
本　科	3 635	4 749	19 055
专　科	2 205	3 771	10 354
（三）成人本专科	2 189	2 832	6 400
本　科	858	2 243	4 472
专　科	1 331	589	1 928
（四）其他各类高等学历教育			
1. 在职人员攻读博士、硕士学位		16	45
2. 网络本专科生			
本　科			
专　科			
3. 其他			
二、中等教育	58 358	70 173	205 016
（一）高中阶段教育	16 819	20 705	65 096
1. 高中	14 383	15 486	44 093
普通高中	14 383	15 486	44 093
成人高中			
2. 中等职业教育	2 436	5 219	21 003
普通中专	2 322	5 099	20 649

续表

	毕业生数（人）	招生数（人）	在校生数（人）
成人中专	114	120	354
职业高中			
技工学校			
（二）初中阶段教育	41 539	49 468	139 920
1. 普通初中	41 539	49 468	139 920
2. 职业初中			
3. 成人初中			
三、初等教育	55 622	50 937	315 214
（一）普通小学	52 721	50 937	311 832
（二）成人小学	2 901		3 382
其中：扫盲班	2 901		3 382
四、工读学校			
五、特殊教育	8	18	217
六、学前教育	3 901	7 562	1 4667

注：特殊教育学生数中包括普通中小学随班就读的学生。

2008 年各级各类非学历教育学生情况

	毕（结）业生数（人）	注册生数（人）
总　　计	8 480	3 200
一、高等教育	100	
（一）研究生课程进修班		
（二）自考助学班		
（三）普通预科生		
（四）进修及培训	100	
其中：资格证书培训		
岗位证书培训	100	
二、中等教育	8 380	3 200
其中：资格证书培训	1 692	729
岗位证书培训	2 012	2 153
（一）中等职业教育	8 380	3 200
其中：资格证书培训	1 692	729
岗位证书培训	2 012	2 153
（二）职业技术培训机构		
其中：资格证书培训		
岗位证书培训		

2008 年各级各类民办教育基本情况

	学校数（所）	毕业生数（人）	招生数（人）	在校生数（人）	教职工数（人）	专任教师数（人）	另有其他学生数（人）
一、民办高等教育							
（一）民办高校							
本科学生							
专科学生							
其中：独立学院							
本科学生							
专科学生							
（二）民办其他高等教育机构							
二、民办中等教育							
（一）高中阶段教育	3	140	37	345	62	51	
1. 民办普通高中	3	140	37	345	62	51	
2. 民办中等职业教育							
（二）初中阶段教育	4	284	137	412			
1. 民办普通初中	4	284	137	412			
2. 民办职业初中							
三、民办普通小学	6	523	496	2 173	102	69	
四、民办幼儿园	20	1 586	1 961	4 520	346	151	
另有：民办培训机构（不计校数）							

注：1. “另有其他学生数”包括：学历文凭考试学生、自考助学班学生、预科生、进修及培训学生数；
2. 民办普通高中的教职工和专任教师数中包含民办普通初中的教职工和专任教师数；
3. “（　）”内数据为不计校数。

〔**教育投入与支出**〕　为加强教育经费管理，提高经费使用效益，进一步提高教育经费分配的透明度和科学性，自治区按照国家的政策法规，根据发展需要，相继出台《西藏自治区教育经费预算核定办法》、《关于深化农村义务教育经费保障机制改革实施意见》等一系列政策措施，建立了“财力渠道不变，预算核定到校，支出统筹安排，经费集中管理”的农村中小学教育经费保障新机制；制定了中小学校舍维修改造、农村中小学公用经费支出、保障农村义务教育投入、地（市）县投入教育经费管理、中小学教职工工资保障等一系列实施办法和细则，健全和完善了教育事业经费保障机制和教育财务管理制度。在 2007 年对全区农牧民子女实行免费义务教育的基础上，对所有义务教育阶段学生实行了免费义务教育，标志着西藏城乡统筹的义务教育普惠制度全面实现，是西藏继农牧区义务教育经费保障机制改革后的又一重要民生工程。

2008 年全区教育投入达到 49.58 亿元。各级各类教育基建经费总投入 10.13 亿元，其中教学点改造 1.19 亿元，小学规范化建设 2.4 亿元，初中寄宿制学校建设工程 2.65 亿元，高中建设 3.1 亿元，幼儿园建设 0.1 亿元，职业教育 0.2 亿元，高等教育 0.5 亿元。义务教育阶段中小学公用经费标准逐步提高，学校运转保障能力不断增强，小学年生均公用经费由 100 元提高到 150 元，初中年生均公用经费由 150 元提高到 250 元。

〔**维护稳定、反对分裂**〕　2008 年，自治区教育厅坚持以人为本、以学生为中心、以教师为主体，坚决维护祖国统一与民族团结，坚决反对分裂，切实抓好教育系统维护稳定工作。按照中央和自治区党委、政府关于处置拉萨“3·14”严重暴力犯罪事件的决策部署，积极应对，认真查办，加强调研督导，组织宣讲，加强宣传与教育引导，制定并完善应急预案。具体做法，一是高度重视，迅速排查，加强防控；二是先后组成多个工作组，由厅领导带队分赴各地（市）、各大中专院校和拉萨市各相关学校调查了解师生思想动态，指导各部门和各学校维护稳定工作，查原因、找症结、强教育、释疑惑、重措施、堵漏洞、除隐患；三是组织专家、学者对全区大中小学生（含内地西藏班学生）进行问卷调查，并进行综合分析；四是紧紧围绕区党委政府的决策部署和教工委、教育厅的中心工作开展督查调研，切实转变工作作风，坚持重心下移、面向基层、服务群众，大兴求真务实之风，统筹兼顾、突出重点、集中力量、狠抓落实，多次组成由厅领导带队的工作组赴各地（市）、各边远县、乡基层学校调研学校维护稳定工作情况、教育目标完成进展情况，现场研究，现场办公，把工作做深做细做扎实；五是配合教育部组成联合宣讲团6个小组，赴全国20个省市的27所内地西藏班（校）开展“认清拉萨‘3·14’打砸抢烧事件真相，深入开展反分裂斗争”为主题的宣读活动并进行有关调研，确保了内地西藏班（校）的稳定。在教育部门全系统开展为期两个月的“反对分裂、维护稳定、促进发展”主题教育活动，成立维稳工作领导小组，实行“一把手负责制”，坚持值班制度、领导带班制度、日报告和零报告制度等，高度警惕，高度防范，确保了全区教育系统的安全稳定。

〔**内地办学、合作交流和教育援藏**〕 2008年，西藏内地办学规模进一步扩大，内地西藏班（校）在校生规模达18 640人；区教育厅加强了内地办学督导工作，学校管理及教育质量进一步提高。10月，在拉萨举办了内地西藏班（校）思想政治和德育工作骨干教师培训班。

教育合作交流与教育援藏工作稳步发展。教育厅2008年完成“西部地区人才培养特别项目”实施方案，选拔9名（8人已通过国家留学基金委评审）赴海外短期留学人员，为西藏大学、拉萨师专聘请7名外籍教师，推选24名学生参加“中日政府高中生交流项目”赴日交流，协调落实拉萨师专与丹麦哥本哈根国际教育交流合作中心新一轮项目合作，继续实施职业教育领域与德国技术合作项目；增加北京教育学院、首都师范大学为“十一五”拉萨师范高等专科学校对口支援单位，“十一五”国内对口支援西藏高校单位由35所增至37所。

〔**加强教材编译工作**〕 2008年，自治区教育厅以新课改为中心，加强教材建设，深入推进基础教育新课程改革。全年共完成21种新课改藏语文教材、教辅用书的编写工作和22种新课改教材、教参、教辅资料等的翻译工作，审查义务教育新课改教材29种、地方教材2种，完成25种教材、教参、教辅用书及高中藏语文课程标准的录入排版工作，完成了小学《思想品德》、初中《思想政治》修订编写和全区中小学教材征订工作，中小学生用书得到充分保障。

〔**全面推行双语教学**〕 2008年，西藏教育部门和各级各类学校在教育教学工作中，认真贯彻执行党的民族语言政策和国家、自治区法律法规，全面推行双语教学体系，高度重视藏语文的学习、使用和发展。在中小学课程设置上，藏语文是必修课程，藏语文总课时小学为1 296课时，初、高中各为540课时。为加强内地西藏班（校）的双语教学，自治区教育厅每年从区内学校抽调藏语文教师，派往各内地西藏初、高中班（校）从事藏语文教学，20多年来，累计派出藏文教师1 350多人，确保了内地西藏班（校）藏语文教学工作的正常进行。按照“三个面向”的要求，坚持“三个有利于”标准，积极探索中小学“双语”教学改革，在重视藏语文教学的前提下，加强汉语文教学，适时开设外语课程。截至2008年底，西藏实施双语教学的小学有885所、教学点1 100个，在校学生297 872人，占全区小学在校生总数的95.52%；实施双语教学的中学有117所，其中在校初中学生

134 374 人，占初中在校生的 96.03%，在校高中学生 39 589 人，占高中在校生的 88.78%。

〔**加强学校德育、党建和法制建设**〕 2008 年，西藏坚持德育为先、育人为本，进一步加强改进教师和大中小学生思想政治建设工作。结合反分裂斗争的新情况新特点，区教育厅制定实施《关于进一步加强教师队伍思想政治工作的意见》、《关于进一步加强大学生思想政治工作的意见》和《关于进一步加强和改进中小学思想政治工作的意见》。加强基层党团组织建设，积极开展爱国主义、反分裂斗争、“四观”“两论”和民族团结教育，积极开展校园文化建设。11 月，召开了全区教育系统思想政治工作会议。认真贯彻落实党风廉政建设责任制，积极开展治理教育乱收费工作，认真查办各类举报案件，积极推进“廉政文化进校园”活动。

认真开展深入学习实践科学发展观活动，部署周密，学习认真，调研扎实，收效明显。按照自治区党委的统一部署，教工委、教育厅深入学习实践科学发展观活动于 2008 年 9 月下旬正式启动，着眼于党员干部受教育、科学发展上水平、社会稳定见成效、人民群众得实惠，围绕办好人民满意的教育和立德树人的根本任务，厅机关和直属事业单位 11 个党支部、203 名党员全员全程参与，经过认真扎实的学习调研、分析检查和整改落实，实现了在提高认识解放思想上有新飞跃，在明确思路提升能力上有新进步，在解决突出问题改善民生方面有新成效，在领导班子建设创新体制机制上有新突破。

基础教育

〔**综述**〕 2008 年，自治区教育厅以“两基”巩固提高为重点，科学规划，扎实实施，全面推进基础教育协调快速发展。拟订《中共西藏自治区委员会 西藏自治区人民政府关于加快九年义务教育发展的意见》和《西藏自治区九年义务教育发展规划》，完成西藏教育事业“十二五”规划项目测算工作，加快全区九年义务教育发展规划编制工作。全力组织实施“两基”攻坚计划，加强过程督导和复查工作，规范“两基”材料档案建设工作。革吉、日土、仲巴、萨嘎、班戈、嘉黎和比如 7 县通过全区“普九”督导验收，改则、巴青、安多、聂荣 4 县实现脱盲目标，全区扫除青壮年文盲县达到 73 个，扫盲人口覆盖率提高到 100%，“普九”县达到 70 个，“普九”人口覆盖率达到 96%。全区 74 个县完成扫盲，扫盲人口覆盖率达到 100%，青壮年文盲下降到 2.4%。学前教育和特殊教育得到特别关注，安排专项资金完成 62 个县级幼儿园建设，基本实现了县县有幼儿园的目标，农牧区学前一年教育和城镇三年学前教育发展加快，受教育率分别达到 30%和 15%，特殊学校在校生全部实行“两免”“三包”政策。

〔**义务教育均衡发展**〕 2008 年，西藏以地方法律形式正式确定政府举办义务教育的主体责任，将城乡义务教育全部纳入免费教育范围，规定城乡义务教育经费保障机制，确定“就近入学”“两免一补”原则，对流动人口子女接受义务教育坚持以公办学校为主、以流入地为主，实行与当地学生同等对待政策，将“三包”政策上升到法律地位予以确定。高度重视义务教育均衡发展，对农牧区教育实施倾斜政策，新增教育经费向农牧区地县边远基层学校倾斜，逐步加强农牧区师资力量，优化教育资源配置的布局结构；进一步完善贫困生资助制度体系，建立健全资助机构，成立自治区资助中心，各地、县均相应成立学生资助管理中心，开展学生资助管理日常工作。各项资助工作进展顺利。

〔**扎实推进素质教育**〕 2008 年，自治区教育厅组织实施了阳光体育冬季长跑活动，认真组织实施全区中考学生体育加试与高考体育专业加试测试工作，加强体育教师培训，“确保学生每天锻炼一小时”得到进一步落实。以养成教育为中心，以学校食品安全为重点，高度重视学校卫生防疫与食品安全工作，加强学生健康教育，制定并完善自治区寄宿制学校突发公共事件应急预案，开展学校食品安全专项整治活动，加强学校食堂管理及学生床上用品质量监督管理，积极开展学校防治碘缺乏病、预防艾滋病健康教育宣传活动，做好中小学生近视眼防控工作，抽样测试 3 680 名大中小学生体质健康状况，圆满完成教育部学生体质健康监测网络的监测工作。

以增强学生审美体验和审美能力为目标，重视学校美育工作，组织参加全国第二届大学生艺术展演活动、开展全区第二届大学生艺术展演活动；周密组织高雅艺术进校园活动，开展高雅艺术讨论、举行专题交响音乐演奏活动，成功举办了教育系统纪念改革开放三十周年大型文艺汇演。

牢固树立“关注生命、安全第一”的意识，高度重视学校安全稳定与国防教育工作。签订年度安全目标责任书，建立健全学校安全应急机制和安全预案。切实贯彻落实公安机关维护校园及周边治安秩序“八条措施”、教育部做好中小学安全工作“六条措施”和学校道路交通安全“八条措施”，完善校园安全联防制度、专项督查制度，定期开展学校安全隐患排查工作，实施学校安全月事故通报制度，严格落实安全责任追究制度，高度重视学生道路交通安全、饮食安全和消防安全，对学生密集场所、重要设施设备、学生宿舍建筑内商用场所等的隐患排查与治理工作提出了具体要求并进行日常督查。通过课堂、讨论、参观、广播、宣传栏、校报等形式，广泛深入宣传交通、消防、饮食、传染病、预防溺水、拥挤踩踏、预防地震、雷击、火灾、紧急避险等人身安全知识和科普卫生知识，将安全教育渗透到学校教育教学的各个环节。增强学生国防意识，周密布置学生军训工作，加强学生国防教育。积极参与抗震救灾活动，将灾区师生所受影响降到最低。仲巴 6.8 级、当雄 6.6 级地震和部分地区雪灾发生后，教工委、教育厅按照自治区的安排部署，及时组织工作组深入灾区调研情况，调拨抗震救灾物资，紧急调运灾区 3 500 床棉被、采购活动板房，对灾区受损学校进行评估，科学规划重建、修复方案，单独追加基本建设投入，迅速启动灾区学校重建工作，确保灾区师生不受冻、不挨饿、正常的教育教学秩序不受影响；向广大师生发放防震知识手册，组织紧急避险演练，检查并开通所有安全通道；重视学生心理引导工作。

〔**加强教育信息化建设**〕 2008 年，西藏学校教育电视“班班通”新建 62 所、完善 340 所，计算机教室新建 13 间；至年底，全区共建成计算机教室 133 个、“校校通”卫星收视点 983 个、教育资源“班班通”系统 508 个，配备教学光盘播放系统 1 763 个。全区大多数中小学和教学点都拥有了现代化教学手段，57%的乡镇小学实现了教育资源“班班通”。教育厅完成自治区教育信息化管理平台规划和基础教育资源库基础搭建，确定林芝县和类乌齐县为 2008 年中小学班主任国家级专项培训项目县，200 名中小学班主任接受了国家级培训。开展国家级课题《农村中小学现代远程教育环境下应用模式的案例研究》的研究工作，5 所中小学被国家确定为项目研究学校。积极开发富有区域特色的教育资源，现已完成小学一至三年级藏语文、数学、科学、藏汉双语版多媒体教学资源研制工作，并开始配发学校使用，使偏远山村、牧区的孩子享受到优质教育教学资源。

〔**加强基础教育师资队伍建设**〕 2008 年，西藏全年有 83 名中学骨干体育教师、小学校长、高中校长及地市县教育局长参加国家级培训或研修，100 名教师参加全区中小学教师教育信息技术培训，1 200 名中小学骨干教师参加教育部“送培进藏”培训（江苏省承担），100 名中学校长到江苏挂职培训，90 名农村小学校长参加中国移动西部农村小学校长培训。2008 年，全区小学、初中、高中专任教师学历合格率分别达到 97.5%、97.7%、92%，其中小学专任教师中大专以上学历达到 76.5%，初中专任教师中本科以上学历达到 65.9%。

职业教育与成人教育

〔**综述**〕 2008年，西藏以巩固和扩大职业教育发展成果为重点，大力发展职业教育。基础能力建设进一步加强，2008年全区重点建设了12个县级职教中心、6个中等职业技术学校和西藏职业技术学院实训基地。深化招生制度和教学改革，加大联合办学力度，扩大中职学校招生自主权，实施订单培养模式，加强专业设置与市场需求结合，规范实习管理，强化实践能力和职业技能。对口高职招生500名。逐步提高中等职业技术学校的办学水平。

围绕社会主义新农村建设，继续推进“四大工程”，充分发挥县级职教中心、农村成人学校和农村中小学的作用，进一步健全农村职业成人教育网络，全年有3万余成人参加了各类职业教育培训。

〔**加强中等职业教育师资队伍建设**〕 2008年，西藏全区有6所中等职业技术学校，教职工745人。成立了“西藏自治区高等职业院校人才培养工作评估专家委员会”，组建了自治区高等职业院校人才培养工作评估专家库，拟定了《西藏自治区高等职业院校人才培养工作评估实施细则》和《西藏自治区高等职业院校人才培养工作评估操作规程》。

〔**加强职业教育基础建设**〕 2008年，西藏自治区积极推进职业教育基础建设，累计完成西藏职业技术学院一、二、三期基建项目投资10 757万元、实训基地建设项目602.6万元。落实全区中等职业技术学校实训基地及设备购置项目780万元，落实11个县级职教中心建设项目职教专款1 014.7万元，安排西藏职业技术学院和全区6所中等职业技术学校、12个县级职教中心年度职教专款3 785万元；安排发展远程教育专款500万元；安排3 000万元集中采购中小学教学仪器设备，全区中小学教学仪器设备配备达标率达到85%以上。

〔**落实国家中职学生助学政策**〕 2008年，为保障家庭经济困难学生顺利完成学业，自治区制订颁发了《西藏自治区人民政府关于贯彻落实国务院建立健全普通本科高校、高等职业学校和中等职业学校家庭经济困难学生资助政策体系意见的实施意见》，现已形成“国家助学贷款、国家和政府奖学金、助学金、勤工助学、学费减免、困难补助、绿色通道、社会资助相结合”的多元化家庭经济困难学生资助体系，确保了家庭经济困难学生都能够安心学习、完成学业。2008年国家资助西藏的奖、助学金达3 000多万元。在实施各项资助过程中，西藏教育厅坚持严格审核，合理分配国家奖助学金名额和资金，中央下达的奖助资金以及自治区财政的配套资金，都能按照相关规定发放到学生手中。自2007年开始，自治区高校和中等职业学校均从事业收入中提取10%的经费，用于学费减免、国家助学贷款风险补偿、校内无息借款、校内奖、助学金和特殊困难补助。每年西藏各高校自行安排各类助学资金达260万元，约有4 000余名家庭经济困难学生受益。凡是考入区内外高校、中职学校的农牧民困难生、城镇低保生和企业困难家庭职工子女，均免收学费和住宿费。对考入高校的农牧民困难生、城镇低保生和企业困难家庭职工子女，实行了多项资助政策，确保其顺利完成学业。

高 等 教 育

〔**综述**〕 近年来，西藏以提高高等教育教学质量和人才培养质量为中心，实施高等教育质量工程。2008年，西藏民族学院举行建校50周年大庆活动，中共中央总书记、国家主席、中央军委主席胡锦涛，中共中央政治局委员、国务委员刘延东致信祝贺；西藏自治区党委政府派代表团参加庆祝活动。年内，西藏大学进入国家教育部“211工程”行列，中共中央政治局委员、国务委员刘延东致信祝贺。

2008年，自治区6所高校有在校生2.94万人，高等教育入学率达到19.7%，其中有藏族等少数民族学生2.33万人，占高校在校生总数的79.25%；高等院校具有硕士以上学历的教师比例上升到25%，副教授以上职称教师529人。全区3所本科高校有硕士学位授予点18个，在校硕士研究生520人。

〔**加强就业指导与服务**〕 2008年，西藏坚持实施“阳光就业”政策，按照国家和自治区的规定和要求，积极做好高校毕业生就业指导相关服务工作。西藏2008年高校应届毕业生达11 118人，较上年增加3 115人。鉴于西藏就业渠道窄、人才市场容量小、就业压力大、就业观念滞后的现状，为做好高校毕业生就业指导相关服务工作，教育厅就业指导中心一方面研究西藏就业环境和形势，提早收集整理毕业生数据，为自治区和有关部门提供决策依据，并参与高校毕业生就业工作实施方案的制订、修改和组织实施工作，另外大力宣传西藏自治区高校毕业生就业制度改革政策、规定，参加高校毕业生政策宣讲工作，积极收集并发布各类就业信息，协助有关部门组织实施高校毕业生公招考试相关工作。2008年，西藏全面升级改造高校毕业生就业信息网，首次将“就业指导课”纳入高校教学计划，逐步推行高校毕业生双证制度，启动特困毕业生援助和就业服务工作，高校毕业生择业观念和心态正在发生积极变化，就业能力和创业能力持续增强，应届毕业生就业率达到88.95%。2008年，西藏积极探索师范毕业生就业制度改革，推进师范毕业生就业工作顺利进行，拉萨市中小学教师双向选择、公开招考试点工作取得圆满成功，其他定向师范毕业生就业工作进展顺利，600多名非师范毕业生经过考录和培训后已到基层中小学工作。

〔**加强学科建设与科研工作**〕 2008年，在西藏大学、西藏民族学院新增财务管理等5个本科专业，完成2009年拟招生的73个专科、高职专业的备案审批，推荐西藏大学农牧学院“植物学教学团队”为国家级教学团队，西藏大学临床医学、西藏民族学院汉语言文学专业为教育部第三批特色专业建设点，确定西藏大学农牧学院“植物学教学团队”等3个教学团队为2008年度自治区级教学团队，西藏大学临床医学等6个专业为自治区级特色专业建设点；推荐国家精品课程3门，评选自治区级精品课程11门，自治区级精品课程达到41门；推荐西藏大学“信息技术实验教学中心”为2008年度国家级实验教学示范中心。

高校科研水平进一步提高。2008年，西藏建立和完善了高校人文社会科学研究项目管理制度，制定了《西藏自治区高等学校人文社会科学研究项目管理规定》，启动自治区高校人文社科研究项目，组织申报高校人文社科研究项目63项、教育部人文社科研究一般项目32项，其中5项获2008年教育部科学技术研究重点项目立项、8项获自治区科技项目立项，推荐8项科研项目为2009年教育部科学技术研究重点项目。

〔**西藏大学被列入“211工程”**〕 近年来，西藏大学通过自治区和教育部共建，办学条件得到极大改善，学科建设不断发展，学校总体面貌发生了巨大变化：建筑面积由26.8万平方米增加到38.9万平方米；教学实验设备由不足2 000万元增加到1.2亿元；办学规模由不足4 000人增加到8 000人；新办了建筑学、交通运输、土木工程等本科专业，填补了西藏高等教育无工科教育的空白，形成了涵盖经济学、法学、教育学、文学、历史学、理学、工学、农学、医学、管理学10大学科门类的学科体系，有力地提升了西藏大学的办学水平和社会服务能力。2008年12月16日，经国家教育部认定，西藏大学被确定为“211工程”重点建设大学。

撰稿　韩晓悟

审稿　宋和平

陕西省教育

概　　况

〔基本情况〕

2008 年各级各类学校校数、教职工、专任教师情况

	学校数（所）	教职工数（人）	专任教师数（人）
一、高等教育			
（一）研究生培养机构（不计校数）	(51)		
1. 普通高校	(24)		
2. 科研机构	(27)		
（二）普通高等学校	88	94 196	53 740
1. 本科院校	51	74 312	42 217
其中：独立学院	12	5 194	3 377
2. 专科院校	37	19 884	11 523
其中：职业技术学院	35	17 967	10 778
3. 其他机构（点）（不计校数）	(8)		
（三）成人高等学校	19	5 243	2 970
（四）民办的其他高等教育机构	13	1 032	409
二、中等教育	3 359	250 070	207 261
（一）高中阶段教育	1 296	248 057	89 010
1. 高中	620	198 344	52 302
普通高中	615	198 259	52 223
成人高中	5	85	79
2. 中等职业教育	676	49 713	36 708
普通中专	54	6 646	3 889
成人中专	23	1 717	920
职业高中	336	21 603	14 860
技工学校	263	19 089	16 601
其他机构（教学点）（不计校数）	(73)	658	438
（二）初中阶段教育	2 063	2 013	118 251

续表

	学校数（所）	教职工数（人）	专任教师数（人）
1. 普通初中	1 968		116 903
2. 职业初中			
3. 成人初中	95	2 013	1 348
三、初等教育			
（一）普通小学	14 185	196 323	180 898
（二）成人小学	4 720	6 167	3 152
其中：扫盲班	4 276	5 099	2 879
四、工读学校	1	44	28
五、特殊教育	34	768	598
六、学前教育	2 813	36 845	23 226

注：普通高中的教职工数中包含普通初中的教职工数。

2008 年各级各类学历教育学生情况

	毕业生数（人）	招生数（人）	在校生数（人）
一、高等教育			
（一）研究生	18 902	24 119	74 413
博　士	1 803	2 773	13 560
硕　士	17 099	21 346	60 853
（二）普通本专科	217 294	264 951	839 658
本　科	104 730	131 569	477 708
专　科	112 564	133 382	361 950
（三）成人本专科	49 420	57 350	165 320
本　科	24 777	25 959	82 489
专　科	24 643	31 391	82 831
（四）其他各类高等学历教育			
1. 在职人员攻读博士、硕士学位		6 060	22 562
2. 网络本专科生	24 076	39 983	78 456
本　科	17 823	23 618	50 534
专　科	6 253	16 365	27 922
3. 其他	6		575
二、中等教育	1 425 565	1 309 210	3 754 120
（一）高中阶段教育	585 508	693 906	1 798 005
1. 高中	331 419	322 017	948 044
普通高中	330 531	322 017	946 919
成人高中	888		1 125
2. 中等职业教育	254 089	371 889	849 961
普通中专	46 050	52 987	165 060

续表

	毕业生数（人）	招生数（人）	在校生数（人）
成人中专	5 041	5 228	10 350
职业高中	123 434	198 454	415 455
技工学校	79 564	115 220	259 096
（二）初中阶段教育	840 057	615 304	1 956 115
1. 普通初中	687 886	615 304	1 941 810
2. 职业初中			
3. 成人初中	152 171		14 305
三、初等教育	746 378	431 794	2 982 514
（一）普通小学	617 895	431 794	2 864 809
（二）成人小学	128 483		117 705
其中：扫盲班	74 058		58 744
四、工读学校	24	23	104
五、特殊教育	1 447	1 653	8 827
六、学前教育	229 598	351 617	550 900

注：特殊教育学生数中包括普通中小学随班就读的学生。

2008年各级各类非学历教育学生情况

	毕（结）业生数（人）	注册生数（人）
总　　计	2 178 477	1 940 435
一、高等教育	129 716	105 240
（一）研究生课程进修班	1 649	1 276
（二）自考助学班	19 180	51 788
（三）普通预科生		367
（四）进修及培训	108 887	51 809
其中：资格证书培训	17 177	4 515
岗位证书培训	25 295	13 136
二、中等教育	2 048 761	1 835 195
其中：资格证书培训	134 143	112 354
岗位证书培训	155 695	148 963
（一）中等职业教育	377 762	105 682
其中：资格证书培训	47 182	25 176
岗位证书培训	30 339	14 250
（二）职业技术培训机构	1 670 999	1 729 513
其中：资格证书培训	86 961	87 178
岗位证书培训	125 356	134 713

2008年各级各类民办教育基本情况

	学校数（所）	毕业生数（人）	招生数（人）	在校生数（人）	教职工数（人）	专任教师数（人）	另有其他学生数（人）
一、民办高等教育							
（一）民办高校	29	41 225	80 187	214 618	20 123	11 259	37 632
本科学生		7 764	30 462	90 051			
专科学生		33 461	49 725	124 567			
其中：独立学院	12	5 398	20 481	61 322	5 194	3 377	
本科学生		5 398	20 032	60 873			
专科学生			449	449			
（二）民办其他高等教育机构	13				1032	409	21 726
二、民办中等教育							
（一）高中阶段教育	277	63 458	98 982	226 802	23 536	15 779	14 590
1. 民办普通高中	124	31 339	36 186	97 767	15 524	11 223	
2. 民办中等职业教育	153	32 119	62 796	129 035	8 012	4 556	14 590
（二）初中阶段教育	102	36 726	42 654	125 935			
1. 民办普通初中	102	36 726	42 654	125 935			
2. 民办职业初中							
三、民办普通小学	201	22 026	14 910	106 433	8 521	5 676	
四、民办幼儿园	2 165	74 054	156 102	269 861	23 123	14 031	
另有：民办培训机构（不计校数）	(749)				10 252	4 171	261 471

注：1. "另有其他学生数"包括：学历文凭考试学生、自考助学班学生、预科生、进修及培训学生数；
2. 民办普通高中的教职工和专任教师数中包含民办普通初中的教职工和专任教师数；
3. "（　）"内数据为不计校数。

〔**年度工作方针**〕　2008年陕西省教育具体抓好九个方面的工作：（1）认真学习贯彻党的十七大精神，推动教育事业科学发展；（2）切实推进素质教育，进一步把立德树人的任务落到实处；（3）以农村义务教育为重点，促进义务教育均衡发展；（4）加快普及高中阶段教育，着力提高普通高中教育质量；（5）大力发展职业教育，把提高质量放在突出位置；（6）重点实施高等学校教学质量与教学改革、重点学科建设、科技创新等三大工程，着力提高高等教育质量和服务社会能力；（7）以提高农村教师素质为重点，进一步加强教师队伍建设；（8）深入推进教育改革开放，进一步提高教育管理水平；（9）努力解决人民群众关心的教育热点问题，着力促进教育公平。

〔**党风廉政建设**〕　教育纪工委召开全省教育系统纪检监察工作会议，部署了2008年反腐倡廉工作任务，表彰奖励了一批教育系统纪检监察先进集体和个人。印发了《2008年全省教育纪检监察工作要点》，同时按照省委、省政府要求，教育纪工委制定了《省委教育工委、省教育厅2008年党风廉政建设和反腐败工作目标管理责任分解表》，将反腐倡廉工作任务进行分解，责任层层落实到人。

源头上预防腐败。一是以全省高校所发生的案件为教材，在高校范围内进行预防教育。二是对成人高校招生、普通高校招生、中专招生进行监督，确保了招生录取工作"阳光工程"的实施。三是共考核26个单位高校领导班子，进行廉政鉴定39人次，与新任校级领导签订《廉政承诺书》10人次。

四是依据《陕西省高等学校基建工程招投标管理办法》、《陕西省高等学校物资设备采购管理办法》，对2008年秋季和2009年春季全省义务教育教材选定工作和教育厅教育项目集中采购招标、陕西省2007年中央职业教育实训基地建设实验实训仪器设备采购等工作实施监督，加强了对重大工程建设和集中采购项目的监督检查工作。

坚决查办案件。上半年，省教育纪工委共接到来信来访145件（次），上级转来156件，其中初核11件，立案4件，处分9人，挽回经济损失76.45万元。

处理教育乱收费问题。一是典型引路，积极开展创建规范教育收费示范县活动。经评审组研究决定，咸阳市彬县、宝鸡市太白县、宝鸡市千阳县等9个县（市）为陕西省2007年度“规范教育收费示范县（区）”并予以表彰。二是深入开展春季开学收费检查和自查自纠专项活动，由省教育厅规范教育收费办公室下发了《关于做好2008年春季开学后教育收费检查工作的通知》，组成督查组，先后对渭南市、咸阳市、宝鸡市9个县（区）进行了督查，确保了全省2008年度春季开学工作平稳、规范、有序。同时，进一步建立健全规范教育收费工作长效机制，实行收费公示制度，对教育收费的政策和标准及时在省、市各大新闻媒体、报刊上进行了公示，主动接受媒体、社会和舆论监督，做到学校收费政策家喻户晓，收费标准人人皆知。对违规收费案件，严肃查处，严格规范办学行为。三是按照国务院纠正行业不正之风办公室《关于2008年纠风工作实施意见的通知》以及在学校开展民主评议行风活动的有关精神，省教育厅、省政府纠风办制定了《陕西省2008年民主评议高等学校行风工作实施方案》，把教育行风建设不断引向深入。

搞好纪检监察干部培训。上半年，省教育纪工委先后组织教育系统三批40名纪检监察干部，赴中国教育纪检监察学会长沙培训班培训；省教育纪工委还组织高校审计骨干人员参加了中国教育审计学会举办的全国教育系统审计人员后续教育审计南昌培训班，全面提升了全省教育系统纪检监察干部和审计人员的业务素质。

按照中央五部委《关于加强对抗震救灾资金物资监管的通知》、省纪委《关于严明纪律确保抗震救灾工作顺利进行的紧急通知》及教育部《关于加强对教育系统抗震救灾资金物资监管》的精神要求，由省教育纪工委派出两个检查组，分别对受灾比较严重的汉中市、宝鸡市教育系统抗震救灾资金物资监督管理工作情况进行了检查。

〔**稳定安全工作**〕 关于维持稳定工作召开了8次高等院校党委书记、校长和教育行政部门的紧急会议，强化了工作措施，落实了维护稳定责任，对维护全省教育系统特别是高校的稳定安全起到了关键性作用。

2008年物价持续上涨，给高等院校学生食堂带来了前所未有的压力，省教育厅主动做工作，一是召开了主管食堂工作负责人会议，出台了相关补助政策，保证了学生食堂饭菜价格稳定，质量不低。二是编发了物价方面的宣传资料，在学生中进行宣传讲解。三是深入到西北政法大学、工业职业技术学院等高校做学生的工作，成立学生伙食管理委员会，让学生参与食堂管理的全过程。四是组成了8个检查组，由省委教育工委、省教育厅领导带队深入各高等院校检查指导，加大了对食堂的补贴力度，保证了学生食堂的平稳运行。

安排全省各级各类学校，结合“5·12”地震进一步加强对学生的应急避险教育，各级各类学校普遍开展了地震知识教育活动，并进行了一次紧急状态下的疏散演练，使广大学生大大增强了应急避险的意识和能力。

为能举办好奥运会，陕西省对学校稳定安全工作进行了具体部署，下发了《关于做好教育引导学生有序参与奥运圣火在陕传递的紧急通知》，制定印发了《省委教育工委教育厅奥运会期间维护我省教育系统稳定安全工作方案》，落实了具体措施，并及时派出7个检查组分赴34所高校检查指导，确保了火炬的顺利传递，确保了奥运会期间全省教育系统的大局稳定。

〔**抗震救灾和灾后恢复重建工作**〕 5·12汶川大地震发生后，省委教育工委、省教育厅迅速启动应急预案，当日下午即召开紧急会议，研究应对措施并及时下发通知，连夜派出3名领导干部带队赶赴灾区一线，查看灾情，指导抗震救灾工作。由于反应快捷、部署周密、措施得力，虽然地震造成1 847间校舍倒塌，但全省学校没有一名师生因校舍倒塌或疏散不力而死亡，最大限度地保障了广大师生的生命安全。中央领导和省委、省政府领导对此予以高度评价。

高等院校的274名建筑专家、研究生和省委教育工委、省教育厅的机关干部，分成11个工作组，及时深入灾区，核查灾情。省委教育工委、省教育厅主要领导人13次深入灾区，检查灾情，为灾后恢复重建提供了重要依据。

各地采取多种形式，及时恢复了正常教育教学秩序。特别是在四川、甘肃已决定推迟灾区高考的情况下，面对余震不断发生的严峻形势，陕西省克服重重困难，果断决策，精心安排，确保了地震灾区高考、中考如期顺利进行。对此，国务委员刘延东给予了高度评价。

积极筹措资金，及时拨付B、C级危房维修加固资金6.85亿元，在暑期全部完成了灾区中小学校舍维修加固工作，保证了秋季正常开学。

科学编制灾后恢复重建规划，组织专家3次对40个灾区县的恢复重建规划进行了专项审定，首批117个重建项目正在抓紧实施。

在地震中涌现出了一批临危不惧、舍己救人的英雄群体，特别是宁强县黄坝驿中心小学教师王敏被中共中央、国务院、中央军委授予“全国抗震救灾模范”荣誉称号，受到了中央领导的亲切接见。

组织了地震重灾区宁强、略阳两县93名中小学生赴俄罗斯疗养，既有利于这些中小学生恢复身心健康，又增进了中俄友好关系。

在特大地震灾难面前，全省教育系统充分发扬了一方有难、八方支援的传统美德，为灾区捐款5 636.99万元。其中，省委教育工委、省教育厅机关及其直属单位捐款53.2万元，缴纳特殊党费29.27万元，捐赠衣被1 239件。全省高等院校缴纳特殊党费896.55万元。西安交通大学第一、第二附属医院和第四军医大学还先后派出医疗队，西安建筑科技大学先后派出2批专家团赶赴四川灾区支援了灾区重建。

基础教育

〔**中小学德育工作**〕 结合贯彻落实党的十七大精神，落实科学发展观，把立德树人作为教育最重要的工作，以社会主义核心价值体系贯穿于中小学德育工作全过程，在全省中小学广泛开展了“形势教育大课堂”等系列活动。坚持年报制度，加强中小学校德育常规、活动常规、学生工作常规、班主任工作常规等德育工作常规制度建设，逐步实现中小学校日常德育工作的科学化、制度化和规范化，并逐步建立和完善德育工作校本研训制度。在认真落实教育部《关于加强中小学班主任工作的意见》及陕西省的实施意见、全面做好中小学德育队伍建设工作的同时，下发了《陕西省教育厅关于评选全省中小学优秀班主任的通知》，首次在全省表彰了207名省级优秀班主任，树立了一批教书育人、管理育人、服务育人的典范，充分发挥了中小学班主任在学校教育工作中的骨干作用。在2007年率先实现全省104座国有博物馆对中小学生无限次免费开放的基础上，省教育厅又与省文物局联合举办了全省“庆祝5·18国际博物馆日，百万中小学生走进博物馆”活动启动仪式，在中小学广泛开展博物馆教育“十个一”活动。全年建成15所县级青少年校外活动中心的任务基本完成，同时，成功举办了全国青少年校外教育活动场所项目培训班和3期省级青少年校外活动场所管理人员培训班。以北京召开奥运会为契机，在全省中小学校继续深入地开展奥林匹克教育活动，组织10所奥林匹克示范校的220名优秀中学生赴京观看了奥运会。以“学习英雄少年，弘扬抗震救灾精神，做一个有道德的人”为主题，在全省中小学广泛开展了第5个“中小学弘扬和培育民族精神月”活动。评选表彰“三好学生”410名和“优秀学生干部”274名。

〔**教育督导工作**〕 3月下旬至4月上旬，省政府教育督导团组织省级有关部门负责人和省督学参加，对全省10个市本级及杨凌示范区和32个县（区）的义务教育工作进行了专项督导检查，重点检查了义务教育经费投入、校长教师队伍归口管理、教育督导机构建设情况等三方面内容。共查出2007年不到位的教育经费2.3亿元，检查期间追回2 350万元，中小学校长没有归口管理的有4个市、11个县（区），中小学教师招聘录用没有归口管理的有5个市、14个县（区），多数市、县（区）的教育督导机构建设也存在问题。至年底，所查处的问题基本解决，大多数市和县（区）补拨了不到位的教育经费。多数县（区）理顺了校长和教师队伍管理体制，加强了教育督导机构建设。对宜君县、洛川县、长武县、米脂县义务教育均衡发展工作和延川县、金台区、吴起县、靖边县、旬阳县的“双高普九”工作进行了评估验收；对宜君县、洛川县、长武县、延川县、金台区、吴起县、旬阳县等7个县的县级领导干部履行教育职责情况进行了督导评估。对宁强县、南郑县、彬县、秦都区、碑林区、新城区等县（区）义务教育巩固提高工作进行了过程性督导，进一步推动了县级政府义务教育责任的落实。印发了《中小学实施素质教育督导评估指标体系》。这一指标体系主要在六个方面有所创新，一是增加了学生操行合格率指标，二是增加了学生实验操作合格率指标，三是增加了校园文化建设指标，四是增加了学生食堂、公寓管理指标，五是增加了教师培训和科研经费指标，六是增加了校长、副校长听课指标。评估认定宝塔区东关小学等10所学校为素质教育优秀学校。东关小学实施素质教育措施得力，成效显著，得到了教育部副部长陈小娅、陕西省副省长朱静芝、教育厅厅长杨希文等领导的充分肯定。为进一步推动教育督导工作，在延安市宝塔区召开全省2008—2009年义务教育均衡发展和“双高普九”工作部署与培训会，19个县（区）主管县长、教育局长、督导室主任参加。对民生“八大工程”教育项目实施情况进行了督导检查；对灾后重建工程教育项目实施情况进行了督导检查；对市、县督学进行了一次培训。

〔**薄弱学科建设**〕 针对课改实施的薄弱环节，在深入调研的基础上，省教育厅制定了《关于进一步加强薄弱学科建设，全面实施课程改革的意见》，要求各地从课程管理、师资培训、条件改善、加强投入等方面，对小学英语、信息技术、科学、体音美，初中综合实践活动课、思想品德与社会、艺术及高中的通用技术等相对薄弱学科加强建设，保证开齐课程、开足课时，保证学生全面发展。举办了初中思想品德课研训会；开办了省级薄弱学科研训班，邀请省内外专家对小学科学等5个学科的1 200多名基层教师和教研员进行了培训，并要求受培训者回去后承担再培训的任务。

〔**高中课程改革**〕 高中课改进展顺利。一是制定印发了《陕西省普通高中课程改革学生学籍管理系统》文件，有力地推动了学校信息化建设和教育教学管理现代化建设的工作步伐和实施水平。二是制定印发了《陕西省教育厅关于普通高中课程改革若干问题的实施意见》和《陕西省教育厅、财政厅、人事厅、编办关于进一步推进普通高中课程改革的意见》，针对高中课改中出现的突出问题，提出了改进措施和明确要求。三是开展了全省普通高中新课程实施调研视导活动，由40多名教研和管理人员对包括省级课改样本校、省级标准化高中和农村薄弱高中在内的58所学校的课改工作进行了全面深入的调研和视导，有效推进了课改的不断深入，受到了基层学校和教师的广泛欢迎。四是制定印发了《陕西省普通高中新课程学科课程标准教学要求（试行）》，有效地指导了学校的实施和15个学科的教学工作的开展。五是为顺利实施普通高中学业水平考试工作，制定出台了《陕西省普通高中学生学业水平考试实施意见（试行）》、《陕西省普通高中理化生实验操作考核实施细则（试行）》以及《陕西省普通高中学生学业水平考试工作安排意见》等系列文件。六是启动了陕西省普通高中新课程优质课评选展示活动，通过发挥先进教师和优质课的示范引领作用，进一步提高了广大教师对新课程的认识和实践能力。

〔**加快义务教育均衡发展**〕 出台了《关于加快义务教育均衡发展的意见》，提出了实施经费保障、校舍建设、条件装备、教师周转房、校长教师队伍建设、远程教育、特殊群体子女就学保障、教育服务体系建设等八项工程，制定了推进义务教育均衡发展的具体措施。普及实验教学工作进展顺利。创建验收“普实”县10个，复验6个，累计创建验收“普实”县91个，普及率85.05%。基础教育专网建设正式启动，西安、汉中、咸阳三个试点市工作全面铺开。全省85%的县区电教站实现标准化建设目标，教育信息化工作力量大大加强。制定下发了《关于加强当前中小学招生考试工作有关问题的紧急通知》，明确要求各地加强对中小学招生工作的监管，严格遵守“就近免试入学”原则，不允许举行任何形式的招生考试，高中学校不得举办复读班，坚决取缔各类重点班。制定了《陕西省农村义务教育阶段免费教科书循环使用管理办法》，决定从2008年秋季开始，在全省农村义务教育阶段实行免费教科书循环使用制度。

〔**改善中小学办学条件**〕 顺利启动了农村中小学配套设施建设工程。2008年，投入省级基础教育专项经费8 776万元，集中采购配置农村中小学教学仪器设备（含体育器材）和图书资料，计划装备560个初中图书室和600个小学图书室，采购装备教学仪器设备小学160套（校），初中120套（校）。为适应经济社会发展和城镇化建设进程，保障城镇适龄儿童和进城务工人员子女接受义务教育的权利，启动了全省城镇寄宿制学校建设试点项目。全年累计下达20个城镇寄宿制建设项目，省级共补助资金1亿元。危房改造工程项目进展顺利。上年中央和省级投资2.32亿元，规划建筑面积48.3万平方米，启动了513所农村中小学的危险校舍改造建设工作，至年底建设项目全部完工。寄宿制学校建设加快进行。2007年底，中央批复陕西寄宿制项目学校57所。总建筑面积7万平方米，总投资5 720万元。据2008年10月底统计，完工39所4.9万平方米，学校数和面积数分别达到全年任务的68.42%和69%；在建18所，2.1万平方米。进行农村初中校舍改造工程。2007年11月，国家发改委、教育部下达陕西省“初中工程”建设项目34个，规划建筑面积6.79万平方米，总投资5 428万元。截至10月底，陕西省34个建设项目中，完工项目20个，完工土建面积4.11万平方米，分别占全年任务的58.82%和60.53%；在建项目14个。省财政投入专项资金2.75亿元用于中小学生活设施改造项目建设，目前在全省103个县396所项目学校采用锅炉供暖、定点供暖或集中供暖方式改善学生取暖条件，改造学生食堂、厕所、饮水等设施的工作也顺利启动。

〔**留守儿童教育管理工作**〕 关注农村留守儿童的教育管理问题。安康市石泉县探索出的“党政统筹、部门联动、学校为主、家庭尽责、社会参与、儿童为本”的“六位一体”留守儿童教育管护长效工作机制，受到社会高度关注。3月，陕西省在石泉召开了现场会议，总结了石泉加强留守儿童教育的典型经验，向全省进行推广，并在全国基础教育工作会和农村留守儿童工作研讨会上进行了交流，引起较大反响。新华社、《中国妇女报》、《中国教育报》、《陕西日报》、陕西电视台、《西安晚报》、《三秦都市报》等多家媒体进行了深入采访报道。通过内参的报导，石泉的经验也引起了中央有关领导和教育部、省政府领导的关注，国务委员刘延东对此作出重要批示，肯定了石泉的做法；省长袁纯清、副省长朱静芝也分别作出重要批示。

职业教育与成人教育

〔**中等职业学校招生**〕 2008年，陕西省为完成教育部下达的34.5万人的中职招生任务，采取了许多行之有效的办法：一是教育厅多次与省劳动保障厅和各市教育部门进行沟通、协调和落实，将34.5万人的招生任务逐级分解下达；二是在全省职业教育工作会议上，对全省中等职业学校招生工作进行专题部署，明确了任务，落实了责任；三是安排了全省中等职业学校春季招生工作，共招收春季生4.5万人，占全年招生任务的13%；四是继续狠抓与东部地区职业学校的联合招生合作办学工作，计划安排省内88所中等职业学校与北京市、天津市、山东省、江苏省等省市的59所中等职业学校开展合作办学，共招收16 291名学生，其中，东西部合作办学8 938人，城乡合作办学7 353人；五是大力开展全省中等职业学校招收未升学高中毕业生的工作，对未升学高中毕业生实行免试、注册入学，共招收3.62万人。由于措施得力，2008年共招生34.82万人，超额完成了教育部下达的招生任务。

〔**“民生八大工程”职业教育项目实施工作**〕 职业教育项目位列“民生八大工程”10大重点项目之首，为了推动职业教育项目实施，主要做了以下四项工作：(1) 省政府召开“民生八大工程”实施动员电视电话会议后，省教育厅即组织力量对“职业教育项目”及其子项目经费需求进行测算，并在此基础上形成了《陕西省“民生八大工程”职业教育项目规划（2008—2012年）》和六个子项目的《实施方案》，两个文件已正式印发。(2) 在全省职业教育工作会议上，对2008年职业教育项目实施工作进行专题部署，省教育厅将项目任务分解到各市和职业学校，明确任务，提出要求。(3) 省教育厅根据《总体规划》、《实施方案》和省教育厅、财政厅关于下达“民生八大工程”职业教育项目建设任务的相关部署，认真组织了2008年职业教育项目申报和评审工作，共申报项目244个，最终评出95个。(4) 省教育厅组成由厅领导带队的5个督导检查组，对全省11个地市的“民生八大工程”职业教育项目实施情况进行了专项督导检查和调研，共解决问题45件，有力地促进了职业教育项目的实施。(5) 至年底，全省职业教育项目任务基本完成：新建并重点支持了18所县级职教中心建设任务；完成15所省级示范性中等职业学校项目立项和建设任务；新建成22个专业性实训基地、5个综合性职业教育实训基地；新建成48个省级中等职业学校示范专业和12个精品专业；依托西北农林科技大学等7个省级职教师资培训基地，完成全省中等职业学校骨干教师1 200人的培训任务。

〔**实施“人人技能工程”和“一网两工程”**〕 根据《陕西省职业教育实施“人人技能工程”总体规划（2007—2010年）》的总体要求和2008年全省职业教育年度工作会议精神，对2008年“工程”实施任务（全省教育系统承担短期培训任务9万人）进行了分解，并进一步明确和强化了“工程”实施工作的各项政策措施，加强了对“工程”实施工作的检查和指导。至年底，全省教育系统共培训未升学初、高中毕业生10.25万人，超额完成了任务。在实施过程中，涌现出了一批县（区）先进典型，像南郑县、旬阳县、商南县、神木县、韩城市、眉县、彬县等县（区），领导重视、措施得力、培训规模大、效果好，培训规模均在1 000人以上。

继续推进“一网两工程”的实施，全年共完成劳动力转移培训101.2万人，完成实用技术培训

106.5万人，继前3年后再次实现了“双百万”的培训目标。

〔**职业教育集团化办学**〕 省教育厅召开了陕西机电、电子、化工、经贸、现代服务等五大职业教育集团成立大会。省教育厅、省信息产业厅、省粮食局、省工交办、省石化行业办、渭南市政府等有关部门、地区负责人出席了会议。职业教育集团的成立，对于探索新形势下陕西省职业院校实现资源共享、与企业优势互补的新模式，深化职业教育教学模式改革，加快职业教育发展，打造陕西职业教育品牌具有现实意义。

〔**全国职业院校技能大赛**〕 教育部、天津市人民政府、劳动和社会保障部等12个政府单位和部门于2008年6月下旬在天津市举办2008年全国职业院校技能大赛，来自全国31个省、自治区、直辖市和计划单列市以及新疆生产建设兵团的2 000余名选手参加了比赛。陕西省组团参赛，56名选手（中职组45人）分别参加了中职组7个专业19个项目和高职组3个专业4个项目的比赛，共获得一等奖4个、二等奖6个、三等奖14个；团体总分居全国第16位，比2007年提升8个位次。

〔**中等职业学校师资队伍建设**〕 印发了《陕西省教育厅关于做好2008年省级中等职业学校骨干教师培训的通知》，对2008年的师资培训工作进行了重点部署。西安交通大学、西北农林科技大学、陕西科技大学、陕西工业职业技术学院、陕西交通职业技术学院、杨凌职业技术学院、陕西教育学院等七所高等院校分别承担了机械加工技术、计算机及应用、电工电子、数控技术应用、汽车驾驶与维修等15个专业的省级师资培训计划。暑期师资培训共培训师资886人，冬季师资培训共培训师资303人，再加上国家级中职学校骨干教师培训的335人，全年超额完成年初确定的中等职业学校骨干教师培训任务。

高 等 教 育

〔**大学生思想政治教育工作**〕 在全省高校集中组织开展了教师和学生思想政治状况的滚动调查，并形成调研报告上报教育部。专题召开大学生思想政治教育基地建设工作会议，对5个教育基地的工作进行了全面安排。依托延安大学教育基地，广泛开展延安精神教育活动，先后分期分批组织了近4 000名大学生到延安参加暑期社会实践活动。加强“陕西大学生在线”网站建设，召开了网站建设专题工作会，使“陕西大学生在线”成为各高校共同参与建设的大型门户网站，至年底已有49个共建频道，网站的影响不断扩大，点击率逐步提高。着力加强大学生心理健康教育工作。一是举办了两期骨干教师培训班，培训骨干120余人；二是7月份召开了全省高校大学生心理健康教育工作会议，对心理健康教育工作进行了全面部署；三是组织编写了《大学生心理健康教育教程》，从秋季起在全省高校推广使用；四是确定了5所高校，对2008级新生统一进行心理健康普查测试工作。开展了第二轮高校思想政治教育研究立项工作，确立了22项研究选题。同时，对第一轮思想政治教育研究成果编印成书下发高校。

〔**高等院校教学宏观管理工作**〕 2008年，省教育厅加强了高等院校教学宏观管理：对2007年度评估的12所本科院校的整改工作进行了督导；对2006年度11所本科院校评估整改工作进行了全面检查，对其中3所高等院校选派了专家组进行实地考察。对8所高等职业院校的人才培养工作进行了评估，对已评估的10所高等职业院校的整改情况进行了检查和回访。陕西省参加国家第一轮本科教学水平评估的27所高校取得了21优、5良1合格的好成绩，获优率77.8%，高出全国平均水平7.3个百分点。为确保高职院校人才培养评估工作顺利开展，根据教育部新的评估方案，拟订了《陕西省高等职业院校人才培养工作评估实施细则》、《陕西省高等职业院校人才培养工作评估工作规程》以及《陕西省高等职业院校人才培养工作评估规划》。

〔**优质教学资源建设**〕 按照《高等学校教学名师评审指标体系》要求，对59所高等院校推荐的104名教学名师候选人进行了评审，最终授予51名教师“陕西省普通高等院校教学名师”称号，其中5人获得了国家“教学名师奖”，获奖数量居全国第4位。至此，陕西高等院校共有省级教学名师204人，其中国家级教学名师24人。按照择优、分类指导、公平公正三原则，共评出100门省级精品课程，其中24门课程被评为国家级精品课程。到2008年，陕西省共有560门省级精品课程，其中110门课程被评为国家级精品课程。为提高高校教师素质和教学能力，确保高等教育教学质量的不断提高，在全省范围内开展了省级教学团队建设项目评审工作，2008年产生省级教学团队50个，其中15个团队入选国家级教学团队。为加强专业建设，凸显特色，评选产生了50个省级特色专业，其中31个被评为国家级特色专业。为培养学生的自主学习能力，充分利用现代教育技术，构建个性化的大学英语教学模式，提高学生的英语综合应用能力尤其是听说能力，在全省普通高校设立大学英语教学改革示范点项目，首次遴选了5所高校进行试点。

〔**高等教育教学改革工作**〕 根据教育部2008年1号文件精神，开展了省级人才培养模式创新试验区建设项目评审工作，产生20个省级人才培养模式创新试验区，有力地带动了陕西省本科高校在人才培养方面的改革和发展。全年共审批通过了28所高等院校的57个本科专业、40所高等院校的114个专科专业为2009年新增专业，促进了高等院校专业结构的优化，加强了高校内涵建设。继续推进学分制试点改革工作，及时协调处理了学分制试点工作中出现的问题，如5所试点院校学分制收费问题，协调有关方面得到及时解决；同时组织专家对西安交通大学等6所高等院校学分制试点情况的进行了检查。采用会议评审与实地考察相结合的方式，产生省级实验教学示范中心21个，其中11个参加教育部组织的国家级示范中心评选，进一步促进了高校加强教学实验硬件条件建设。

〔**科研创新平台建设**〕 2008年陕西坚持“突出特色和唯一性”原则加快科技创新平台建设，无论从数量上还是质量上都实现了历史性的突破，使平台建设不仅服务于高校知识创新，同时为高校科技成果在陕转化奠定基础。2008年，在省属高校新立项建设了“轻化工助剂化学和技术”、“薄膜与光学制造技术”2个省部共建教育部重点实验室；“能源化工工程技术”、“特渗低渗油气田开采技术”、“晶体生长设备与控制技术”3个教育部工程研究中心。新建15个省“13115”科技创新工程研究中心和5个省级重点实验室。为了推动高校哲学社会科学事业繁荣发展，加快哲学社会科学研究基地立项建设和管理工作，陕西适时启动了第二批高校哲学社会科学重点研究基地建设计划，立项建设了西部农村发展研究中心、长安历史文化研究中心、西部民族音乐研究中心、民办教育研究中心等11个人文社会科学重点研究基地。科研创新平台建设为科研凝练方向、申请项目、与企业合作提供了平台，对促进科研水平提高具有重要意义。到2008年，依托陕西高校建设的国家重点实验室8个，国家级工程技术研究中心7个，教育部重点实验室13个，教育部工程中心12个，省级重点实验室68个，省级工程技术研究中心38个，省“13115”科技创新工程技术研究中心25个。教育部人文社科研究基地2个，陕西（高校）哲学社会科学重点研究基地30个，省级技术研究院5个，科研综合实力排到全国第四位。

〔**高等院校科研成果**〕 高等院校科研取得了丰硕成果。发表论文25 686篇，出版专著580部。

主持或参与的科研成果获2008年国家科技奖共14项，其中西安交通大学李长久教授主持的“热喷涂涂层形成机制、结构与性能表征的应用理论研究”获自然科学二等奖（一等奖空缺）；中国人民解放军第四军医大学樊代明教授主持的“胃癌恶性表型相关分子群的发现及其序贯预防策略的建立和应用”获科技进步一等奖；长安大学参与完成的“多年冻土青藏公路建设和养护技术”获科技进步一等奖；由西安音乐学院承担的省教育厅支持的产业化培育项目“中国拉弦乐器——系列秦胡的研制与应用”获科技进步二等奖。2008年陕西省科学技术奖奖项中，高校获陕西省科学技术奖100项，占全省奖励总数的50%，其中一等奖20项，占全省71.4%；二等奖44项，占全省58.8%；一、二等奖总数占全省62.5%。为了激励广大科研工作者，2008年省教育厅经各学校推荐，专家评审、奖励委员会审定及公示，还评出2008年度陕西高校科学技术奖获奖项目107项，其中一等奖42项，二等奖43项，三等奖22项。另外，据2008年10月底统计，高校申请专利1 533项，授权633项，拥有专利数3 211项。

〔**高等职业教育**〕 陕西工业职业技术学院申报2008年度“国家示范性高等职业院校建设计划”获得成功，至此，陕西国家级高等职业教育示范院校数量增加到3所。同时评建了省级示范性高职院校3所，进一步引导高职院校加强内涵建设，提高人才培养质量。开展了省级高职高专实训基地项目建设。为了强化实践教学，提高高职高专院校学生职业能力素质，开展了省级高职高专实训基地建设计划，在5所院校建设了省级高职实习实训基地。为了切实加强高职高专教育专业建设，优化专业结构，深化教学改革，提高人才培养质量，计划用5年左右时间，建设120个左右重点专业，整体提高全省高等职业教育质量。2008年陕西在高职高专院校中确定了37个重点专业进行重点建设。为深入贯彻《国务院大力发展职业教育的决定》，全面掌握全省高等职业教育的发展现状，进一步提升高等职业教育服务于陕西区域经济社会发展的能力，开展了全省高等职业教育情况调研，并在调研的基础上，形成《陕西省高等职业教育亟待解决的几个问题》和《陕西省高等职业教育情况调研报告》。

撰稿　魏天纬　刘伟宾
审稿　曹普选

甘肃省教育

概　　况

〔基本情况〕

2008 年各级各类学校校数、教职工、专任教师情况

	学校数（所）	教职工数（人）	专任教师数（人）
一、高等教育			
（一）研究生培养机构（不计校数）	（17）		
1. 普通高校	（9）		
2. 科研机构	（8）		
（二）普通高等学校	39	30 708	18 581
1. 本科院校	18	22 364	12 767
其中：独立学院	5	2 288	1 542
2. 专科院校	21	8 344	5 814
其中：职业技术学院	15	5 563	4 057
3. 其他机构（点）（不计校数）			
（三）成人高等学校	10	1 474	959
（四）民办的其他高等教育机构	30	483	226
二、中等教育	2 553	151 066	132 272
（一）高中阶段教育	852	150 853	52 752
1. 高中	481	127 172	35 553
普通高中	480	127 143	35 524
成人高中	1	29	29
2. 中等职业教育	371	23 681	17 199
普通中专	133	11 885	7 990
成人中专	40	1 832	974
职业高中	123	5 578	4 745
技工学校	75	4 147	3 314
其他机构（教学点）（不计校数）	（29）	239	176
（二）初中阶段教育	1 701	213	79 520

续表

	学校数（所）	教职工数（人）	专任教师数（人）
1. 普通初中	1 623		79 439
2. 职业初中	11	9	7
3. 成人初中	67	204	74
三、初等教育			
（一）普通小学	13 424	145 597	141 371
（二）成人小学	6 412	14 716	4 686
其中：扫盲班	5 497	13 404	4 078
四、工读学校			
五、特殊教育	15	458	341
六、学前教育	2 405	16 851	11 380

注：普通高中的教职工数中包含普通初中的教职工数。

2008 年各级各类学历教育学生情况

	毕业生数（人）	招生数（人）	在校生数（人）
一、高等教育			
（一）研究生	5 649	7 502	21 580
博　士	600	810	2 953
硕　士	5 049	6 692	18 627
（二）普通本专科	75 051	105 091	331 895
本　科	37 317	58 203	195 006
专　科	37 734	46 888	136 889
（三）成人本专科	28 548	30 656	87 970
本　科	11 520	13 053	40 475
专　科	17 028	17 603	47 495
（四）其他各类高等学历教育			
1. 在职人员攻读博士、硕士学位		2 496	5 707
2. 网络本专科生	1 064	6 456	10 851
本　科	896	5 340	8 992
专　科	168	1 116	1 859
3. 其他	18		
二、中等教育	734 761	851 038	2 408 545
（一）高中阶段教育	281 278	364 632	985 725
1. 高中	194 485	210 511	618 729
普通高中	194 146	210 511	618 253
成人高中	339		476
2. 中等职业教育	86 793	154 121	366 996
普通中专	48 132	68 107	178 395

续表

	毕业生数（人）	招生数（人）	在校生数（人）
成人中专	6 266	7 861	15 583
职业高中	21 091	53 883	115 387
技工学校	11 304	24 270	57 631
（二）初中阶段教育	453 483	486 406	1 422 820
1. 普通初中	451 348	486 386	1420 194
2. 职业初中	20	20	45
3. 成人初中	2 115		2 581
三、初等教育	824 361	411 003	3 063 052
（一）普通小学	485 899	411 003	2 689 631
（二）成人小学	338 462		373 421
其中：扫盲班	188 296		214 723
四、工读学校			
五、特殊教育	1 664	2 051	13 443
六、学前教育	146 164	211 117	337 843

注：特殊教育学生数中包括普通中小学随班就读的学生。

2008 年各级各类非学历教育学生情况

	毕（结）业生数（人）	注册生数（人）
总　　计	1 215 930	1 088 268
一、高等教育	102 326	42 911
（一）研究生课程进修班	258	589
（二）自考助学班	4 807	14 216
（三）普通预科生		1 646
（四）进修及培训	97 261	26 460
其中：资格证书培训	21 584	4 857
岗位证书培训	23 515	4 990
二、中等教育	1 113 604	1 045 357
其中：资格证书培训	91 316	44 466
岗位证书培训	208 110	191 431
（一）中等职业教育	137 192	76 638
其中：资格证书培训	40 323	12 585
岗位证书培训	36 366	21 325
（二）职业技术培训机构	976 412	968 719
其中：资格证书培训	50 993	31 881
岗位证书培训	171 744	170 106

2008年各级各类民办教育基本情况

	学校数（所）	毕业生数（人）	招生数（人）	在校生数（人）	教职工数（人）	专任教师数（人）	另有其他学生数（人）
一、民办高等教育							
（一）民办高校	6	7 406	12 294	39 280	2 637	1 819	190
本科学生		3 689	9 750	29 139			
专科学生		3 717	2 544	10 141			
其中：独立学院	5	6 398	9 750	32 777	2 288	1 542	190
本科学生		3 689	9 750	29 139			
专科学生		2 709		3 638			
（二）民办其他高等教育机构	30				483	226	6 221
二、民办中等教育							
（一）高中阶段教育	87	12 062	21 038	50 484	3 967	2 874	1 326
1. 民办普通高中	58	10 374	10 657	30 985	2 736	2 039	
2. 民办中等职业教育	29	1 688	10 381	19 499	1 231	835	1 326
（二）初中阶段教育	14	2 522	4 073	10 322			
1. 民办普通初中	14	2 522	4 073	10 322			
2. 民办职业初中							
三、民办普通小学	21	1 369	1 130	6 913	632	425	
四、民办幼儿园	969	35 718	57 055	102 566	5 922	3 590	
另有：民办培训机构（不计校数）	(415)				3 735	2 236	93 290

注：1. “另有其他学生数”包括：学历文凭考试学生、自考助学班学生、预科生、进修及培训学生数；

2. 民办普通高中的教职工和专任教师数中包含民办普通初中的教职工和专任教师数；

3. “（ ）”内数据为不计校数。

〔**年度工作思路**〕 2008年，甘肃省教育工作的总体思路是：认真学习贯彻党的十七大和省第十一次党代会精神，以邓小平理论和“三个代表”重要思想为指导，深入贯彻落实科学发展观，继续普及和巩固九年义务教育，推进义务教育均衡发展；大力发展职业教育，加快普及高中阶段教育；稳步扩大高等教育规模，着力提高高等教育质量，努力推进西部教育强省建设。根据这一思路，重点抓的工作是：(1) 认真学习贯彻党的十七大精神，推动教育事业又好又快发展；(2) 巩固“两基”成果，提高义务教育发展水平；(3) 大力发展中等职业教育，加快普及高中阶段教育；(4) 稳步扩大高等教育规模，着力提高高等学校办学水平和办学质量；(5) 不断加强中小学教师队伍建设，开展师范生免费教育试点工作；(6) 大力推进素质教育，促进学生全面发展。

〔**认真学习实践科学发展观**〕 根据省委的统一部署，甘肃省教育厅参加了省第一批深入学习实践科学发展观活动。从2008年9月开始，到2009年2月基本结束。甘肃省教育厅党组、高校工委高度重视学习实践科学发展观活动，专门成立了领导小组，制定了实施方案，紧紧围绕“推进西部教育强省建设，办人民满意的教育事业”这一主题，坚持“抓调查摸底，高起点开局；抓思想发动，全系统行动；抓重点环节，全方位推进；抓调查研究，找突出问题；抓整改落实，促事业发展”的原则，把开展学习实践活动作为解放思想、应对挑战、化解矛盾、破解难题、推动发展的重大契机，不断将学习实践活动推向深入。

学习实践活动开展以来，甘肃省教育厅通过举办各类理论学习班、培训班、辅导讲座、召开学习交流研讨会等方式，引导和帮助广大党员干部深刻理解和全面把握科学发展观的科学内涵、精神实质和根本要求，增强贯彻落实科学发展观的自觉性和坚定性，着力转变不适应不符合科学发展观的思想观念。厅领导主动带队，结合分管工作，对带有全局性、普遍性的工作展开深入调研，采取各种形式向社会征求全省教育改革发展意见，结合纪念教育改革开放30周年开展“一人一策”建言献策活动，着力研究解决影响和制约教育事业科学发展的突出问题，效果良好。

〔**积极组织抗震救灾**〕 5月12日，四川汶川发生了Ms 8.0级特大地震。受其波及影响，甘肃省陇南市和甘南州等10个市州普遍受灾。甘肃省教育系统因地震灾害造成16名学生遇难，187名学生和8名教师受伤，8 682所学校受灾，直接经济损失达56.34亿元。地震灾害发生后，甘肃省教育厅迅速行动，成立了抗震救灾工作领导小组，厅领导分头带队到灾区查看灾情，慰问师生，指导抗震救灾和复课工作。紧急下拨陇南市和甘南州两个重灾区中小学救灾应急经费530万元，争取财政部、教育部教育系统抗震救灾资金1 500万元，下达8个重灾县校舍维修加固和设备仪器重置资金3.1亿元，发动厅机关和厅直单位职工捐款40.37万元，捐物1.7万余件，缴纳“特殊党费”23.27万元。积极做好地震灾区学生来甘肃省就读的相关工作，来自四川、陕西和甘肃省重灾区的230名学生分别在甘肃省12个市（州）的部分县（市、区）的70所中小学就读。尽最大努力将地震灾区职业学校的学生转移到异地学习或实习、就业，共转移8 000余名灾区学生到异地接受中等职业教育。积极做好地震重灾区家庭经济困难学生资助工作，财政部、教育部及中国教育发展基金会共下达拨付甘肃省地震重灾区特别资助政策资金共计7 541.7万元，资助学生89 970人。协调民政部门分配解决灾区学校复课帐篷4 202顶，建设部门安排活动板房20 212间，使灾区绝大多数因灾停课学校及时复课，对稳定灾区群众情绪和维护社会安定起到了积极的作用。

受地震灾害影响，陇南市和甘南州学校严重受损，为确保考生人身安全和考生的考试质量，省政府作出了陇南市和甘南州的17县市区延期进行高考的重大决定，涉及考生23 492人。“一年两次高考”在我省高考史上尚属首次，对考试组织和招生录取工作是极大的考验。为此，甘肃省教育厅根据甘肃省委、省政府和教育部的有关要求，一手抓抗震救灾，一手抓平安高考，制定印发了《关于进一步加强2008年普通高等学校招生全国统一考试防震安全工作的紧急通知》、《甘肃省2008年普通高校招生统考防震预案》、《甘肃省关于灾情严重的陇南市和甘南州延期举行2008年普通高考的实施意见》，对非延考区和延考区的考试安全、考试组织、招生录取等工作进行了严密部署，确保了“两次高考”的安全平稳进行。在此基础上，针对高考录取压力大的实际，为满足广大考生升学愿望，甘肃省教育厅积极协调争取招生计划，成效显著。教育部按增加2%的数量下达在甘肃省招生的省内外普通高校计划招生127 479名，同时教育部同意外省高校按不低于110%的比例在甘肃省招生，省内独立学院和高职高专学校按增加20%的计划录取。最终，甘肃省共录取新生148 356人，比原计划增招20 877人，录取率达到50.7%，是近年来的最好水平。在录取工作中，甘肃省采用了延考区和非延考区单独填报志愿、单独划线、单列计划、单独录取，录取时间同步进行的办法，保证了“延考区考生得实惠、非延考区考生不吃亏”。

科学规划重建工作，抽调50多名高校基建和建筑设计专家分赴地震灾区指导灾区教育系统编制、学校重建规划方案和校园规划等工作。全面开展学校建筑特别是中小学校舍安全问题大排查，对受损校舍进行维修加固，共新建校舍689.8万平方米，维修加固138.0万平方米。结合灾后重建，积极开展重灾区学校布局结构调整工作，撤并了8个重灾县区的200多所学校和教学点。

在这场特大地震灾害中，甘肃省受灾市（州）教育战线的全体干部和广大教师，在地方党委、政府的统一领导下，全力开展抗震救灾工作，表现出了超人的勇气和以学生为本的高度责任感，涌现出了一大批抗震救灾先进人物和典型事迹。陇南市文县范坝中学校长许伟和武都区外纳乡吕赵教学点教师王桂英被甘肃省委宣传部确定为甘肃省抗震救灾先进事迹报告团成员，在甘肃省各地进行了巡回宣讲，他们的感人事迹和高尚师德深深地感染了全省广大教育工作者。灾区学生在灾难面前，临危不惧、先人后己、互助友爱、知恩感恩的精神和品德，体现了当代学生良好的精神风貌。甘肃省 4 名学生被中央文明办、教育部、共青团中央、全国妇联授予“抗震救灾英雄少年”和“抗震救灾优秀少年”称号，26 名学生和 12 所学校（班级、幼儿园）分别被教育部评为“抗震救灾优秀学生”和“抗震救灾先进集体”。

〔**实施六大教育工程**〕　为进一步落实科教兴省、人才强省战略方针，推进甘肃省教育事业又好又快发展，中共甘肃省委、甘肃省人民政府在全省大力实施六大教育工程，即“品德教育工程”、“扫盲教育工程”、“校舍安全工程”、“高等教育工程”、“教师素质工程”和“职业教育工程”。省教育厅认真研究制定了实施方案，省财政已投入专项资金 1 350 万元。专项资金按照统一规划、单独预算和专款专用的原则，实行项目管理。

〔**加强民族教育**〕　2008 年，甘肃省教育厅协调“八协”（八省自治区蒙古语文工作小组）、“五协”（藏、青、川、甘、滇五省区藏族教育协作办公室）和新疆教育厅完成了对等招生计划，新疆、青海、内蒙古 2008 年共为甘肃省民族地区培养 36 名双语学生。积极推进“双语”教学工作，继续开展全省民族中小学汉语课程标准骨干教师和“双语”类骨干教师培训，研制开发东乡县小学汉语多媒体辅助教学光盘（第一册），使“双语”教学工作逐步适应基础教育课程改革的要求。加强藏区教育工作，制定了“藏区教育发展意见”和“加强藏区教育青少年教育方案”，提出促进藏区教育发展的具体措施和意见。

〔**加强教育法制建设**〕　2008 年，甘肃省教育厅积极推进甘肃省的教育立法工作，制定了《甘肃省职业教育发展条例（草案）》并提交省人大审议。甘肃省人大已将《甘肃省语言文字工作条例》、《甘肃省民办教育发展条例》和《甘肃省实施〈中华人民共和国义务教育法〉办法》列入本届人大立法规划。广泛开展法制宣传活动，积极推进“法律进学校”，加强青少年学生法制宣传教育，切实提高青少年法律素质。积极推进教育系统依法行政工作，实行“依法治教”、“依法治校”。顺利通过省依法治省办的中期督查验收，荣获甘肃省“五五”普法中期先进集体称号。

〔**加强学校体育艺术卫生工作**〕　2008 年，甘肃省成功举办甘肃省第一届大学生运动会，共设 7 个大项 105 个小项，有 39 个高校代表团近 6 000 名运动员、教练员参加，在全省引起热烈反响。组织六个评估组对 39 所高校贯彻落实中央 7 号文件和《学校体育工作条例》等进行评优检查，有力地推动了学校体育工作的健康发展。防控各级各类学校和托幼机构的食品卫生和肠道传染病等，对全省学校手足口病防治工作进行专项督导检查，学校卫生防疫工作进一步加强。积极开展中小学近视眼防控工作，下发了《中小学生近视眼防控方案》。广泛开展学生艺术活动，积极推进 2008 年高校和中学普及高雅艺术活动，受到广大师生热烈欢迎。

〔**加强教育国际交流与合作**〕　2008 年，甘肃省多方争取，引进外资援助项目 445 万余元。加大公派留学工作力度，西北师范大学和兰州交通大学从 2008 年起承担中国政府奖学金来华留学生的培养项目，2008—2009 学年度招收 129 名政府奖学金学生来甘学习，结束了甘肃省省属高校无中国政府奖学金来华留学生的历史。在甘肃省学习的各类留学生达到 400 余名。进一步做好外国文教专家聘请与管理工作，有 5 所学校和培训机构获得聘请外国文教专家资格，在甘工作的外籍专家和语言教师突破 400 人，达到了中等发达省份的水平。

〔**加强语言文字工作**〕　2008 年，甘肃的金昌、武威、定西、白银四个国家二类城市，兰州市的皋兰县和永登县两个国家三类城市，分别通过了省、市两级语言文字评估验收。语言文字规范化示范校创建活动深入开展，已建成国家级示范校12所、省级示范校18所、市州级示范校255所。以“构建和谐语言生活，营造共有精神家园”为主题的语言文字宣传活动得到推进，“中华诵·经典诗文诵读视频展播活动”和“中华赞·诗词歌赋创作征集活动”社会反响强烈。

〔**新增教育工程项目**〕 2008年，教育部安排甘肃省第二十一批邵逸夫赠款470万元，安排项目学校6所。王永庆先生捐款2 160万元，安排甘肃省项目学校48所。新农村卫生新校园建设项目下达甘肃省项目建设资金3 000万元，在13个市（州）共安排42个试点县。“诺基亚手牵手”早期儿童教育项目首期在崆峒区、张家川县各投入资金300万元。争取“儿基会”投入884万元，在甘开展49所爱生学校项目试点。农村中小学现代远程教育工程通过省级验收，实现了农村中小学现代远程教育工程在甘肃省农村中小学的100%覆盖，427万学生从中受益。

〔**加强教育督导**〕 2008年，甘肃省组织专家组对全省6所民办高校、独立学院进行了首轮调研督导，并将督导结果作为年度各院校招生计划指标分配的依据，对促进民办高校、独立学院完善管理、提高教育质量和办学水平起到积极作用。启动基础教育质量监测工作，修改完善了义务教育监测操作系统和操作程序，对兰州市安宁区等五县区开展了基础教育质量监测工作，效果良好。启动了中小学新一轮综合督导评估工作，并对近400所中英项目学校进行督导评估，对卓尼县等13个县中英项目学校督导开展情况进行了省级督查指导。

〔**教育审计受表彰**〕 2008年，甘肃省教育系统共完成审计和审计调查项目2 642项，审计资金总额51.4亿元，查出有问题资金3 710万元，提出合理化建议585条，促进增收节支8 388万元。在全国内部审计“双先”表彰暨经验交流会议上，甘肃省教育厅被国家审计署授予了2005—2007年“全国内部审计先进单位”荣誉称号，甘肃省教育厅审计处被省审计厅授予了“全省内部审计先进单位”的称号。

〔**加强教育乱收费治理**〕 2008年，甘肃省教育厅切实纠正损害群众利益的行为，落实治理教育乱收费厅局际联席会议制度，分工负责，齐抓共管，构建起规范教育收费的管理体制。深入开展创建“规范教育收费示范县”活动，举办治理教育乱收费宣传活动，积极宣传国家及省规范教育收费的政策，营造治理教育乱收费工作良好氛围。春季和秋季开学后对教育收费进行专项检查，严肃处理，坚决制止各种形式的乱收费行为，广大群众对教育收费的投诉率下降，不少地方实现教育收费“零投诉”，保障了广大人民群众的利益。

〔**加强学校安全稳定和周边环境治理工作**〕 2008年西藏发生“3·14”暴力事件，北京奥运会火炬在法国传递受阻，中国举办北京奥运会，维护安全稳定工作尤为繁重。面对这些突发事件，甘肃省教育厅坚决贯彻“稳定压倒一切”的思想，与党中央保持高度一致，认真贯彻中央的部署和省委指示，及时启动应急预案，坚持24小时值班制度和领导带班制度，每天实行“零报告”。特别是在“3·14”暴力事件后，专门组织工作组进驻有关院校指导维护安全稳定工作，确保了教育系统高度稳定，维护了教育改革发展的良好局面。继续做好中小学安全管理工作，努力创建和谐校园。及时发布安全工作预警通知，指导学校做好防范工作，联合公安、交通、卫生等部门排查隐患，对全省中小学食品卫生、预防一氧化碳中毒等安全问题进行专项检查。大力开展学校及周边治安综合治理专项整治行动，先后对14个高校进行了集中整治，切实解决高校周边治安秩序存在的突出问题，取得了明显实效。

〔**加强对家庭经济困难学生的资助工作**〕 2008年，甘肃省深入开展生源地国家助学贷款工作，进一步完善贷款政策、规范贷款程序，建立了24个具有独立法人资格的学生资助管理中心，贷款工作有序展开。2008 年签订贷款合同 4.2 万人，实际发放新增贷款 4 万多人，发放金额 2.1 亿元；续发贷款 2.3 万多人，续发金额 1.1 亿元。2008 年，甘肃省普通高校共有 83 195 名优秀的本专科学生和家庭经济困难学生获得奖、助学金 1.17 亿元，资助面平均占在校生的 29%。同时，为全省 39.4 万余名农村和城市家庭经济困难学生发放各类助学金 2.89 亿余元。

基础教育

〔**加强“两基”攻坚工作**〕 2008 年，甘肃省筹备召开了全省“两基”攻坚暨捐资助学总结表彰大会和 2008 年全省“两基”攻坚推进会，推动“两基”攻坚工作深入开展。对未实现“两基”的 8 个县采取“一县一策”的办法进行攻坚，积极协调、确定 10 个大型企业对口帮扶 8 个“两基”攻坚县，确保 2008—2010 年实现“两基”目标的 8 个县如期完成攻坚任务。2008 年，在国家的大力支持和帮助下，广河、和政、卓尼 3 个县的“两基”工作顺利通过了国家检查验收，如期实现了“两基”目标。至此，甘肃省实现“两基”的县市区达到 82 个，“两基”人口覆盖率达到 96.71%。制定并实施《关于进一步加强扫盲工作的意见》，大力开展“十百千万扫盲工程”，即在 10 个县各选 10 个乡镇，每个乡镇选 10 个村（组），共十县、百乡（镇）、一千个村（组）开展扫盲试点工程，切实推进扫盲工作。

〔**加强普通高中教育和幼儿教育**〕 2008 年，甘肃省围绕高中课改，以走进高中课改为主题，成功举办了“甘肃省教育学会高中教育专业委员会 2008 年年会暨走进高中课改校长论坛”。以评促改、以评促建，对 6 所省级示范性普通高中进行了督导评估，对 7 所申报创建省级示范性普通高中的学校进行检查评估。充分发挥省级示范性幼儿园示范辐射作用，启动“省级示范性幼儿园走进社区，为散居儿童和家庭提供早期服务”研究课题，为 100 多名儿童和 300 多名家长提供优质的早期服务。

〔**开展中小学布局结构调整**〕 2008 年，甘肃省召开全省基础教育工作会议，现场参观学习了酒泉市金塔县、肃州区开展中小学布局结构调整、优化教育资源的经验。甘肃省“以创办寄宿制中小学为突破，高中阶段学校向县城集中、初中向中心乡镇集中、教学点向中心村集中、新增教育资源向城镇集中”的中小学布局结构调整工作模式，正在全省逐步推开。

〔**加强基础教育课程教材建设**〕 2008 年，甘肃省召开两次教材审定会议，审定通过国家课程辅助学习资源和甘肃省地方课程教材 60 多本。编制印发 2008 年秋季和 2009 年春季国家课程相关的辅助学习资源和地方课程的教学目录，选定新一轮甘肃省义务教育国家课程教材，确定今后三年甘肃省义务教育课程标准实验教学用书目录。下发《甘肃省义务教育新课程教材培训工作指导意见》，明确了新课程教材培训的原则、目标、形式、要求。

〔**加强中小学教师队伍建设**〕 2008 年，甘肃省积极稳妥地实施农村义务教育阶段学校教师特设岗位计划，公开招聘 2 603 名高校毕业生到 41 个“两基”攻坚县以下的农村学校任教，是 2007 年录取人数的两倍。教育厅认真贯彻落实省政府“省属师范院校本科毕业生到农村中小学任教以奖代补政策”，制定具体的实施方案，为 2009 年全面贯彻落实工作做好准备。进一步规范职称评审工作，出台了《甘肃省事业单位中小学（幼儿园）教师专业内部等级岗位任职条件（试行）》和《甘肃省事业单位高等学校教师专业内部等级岗位任职条件（试行）》。

〔**加强农村义务教育经费保障机制改革和城市义务教育阶段学生免除学杂费工作**〕 甘肃省从2008年秋季学期开始，免除全省46万城市义务教育阶段学生的学杂费，向城市义务教育阶段学校低保家庭和残疾人家庭的5.8万名学生免费提供了教科书，在全省城乡实现了免费义务教育。进一步提高农村义务教育阶段学校公用经费补助标准，免费教科书覆盖范围扩大到义务教育阶段全部农村学生共385万名。全年共投入资金25.77亿元，其中补助公用经费11.38亿元，寄宿生生活补助资金4.26亿元，免费教科书资金4.74亿元，校舍维修改造长效机制资金3.1亿元，中央补助义务教育阶段学校取暖费2.29亿元。对全省各市州农村义务教育阶段经费保障机制改革工作进行了专项检查、督导，确保新机制的各项政策措施落到实处。

〔**加强中小学德育工作**〕 2008年，甘肃省教育厅全力抓好中小学德育工作，完善中小学德育课程建设，将影视教育纳入中小学教学计划，向中学生推荐21批优秀电影，发挥优秀影片育人功能。开展各类针对性强的专题宣传和综合实践活动，组织开展甘肃省第九届“陇原十佳少年”、“陇原百名好少年”评选活动，举办以“做一个有道德的人”为主题的“知荣辱、树新风、我行动”未成年道德实践活动，开设“中小学心理健康教育”专栏，为中小学生心理健康教育搭建网络平台。组织两批灾区中小学生赴俄罗斯疗养，促进了中俄两国教育、文化的交流。

职业教育与成人教育

〔**狠抓招生工作**〕 2008年，甘肃省在职业学校招生过程中坚持一手抓省内职业学校招生，一手抓地震灾区职业学校学生转移培训，共完成招生15万人，在校生达到41万余人，比上年增加3.76万人，高中阶段毛入学率达到60%。部分市州教育行政部门和职业学校在招生工作中创新机制增活力，狠抓招生求突破，效果良好。平凉市教育局采取“三个一”（实行一个目标管理，引入一套平等的市场竞争机制，全市招生树立“一盘棋”的思想）和“两个不限”（招生对象不限，招生时间不限）的工作措施，狠抓招生工作。平凉市教育局还与各县区和市直职业学校签订招生目标责任书，列入年终考核指标，规范招生市场，加强对高中阶段招生的统筹领导和宏观调控，取得了良好效果，超额完成了招生任务。

〔**实施中等职业教育管理体制改革**〕 根据甘肃省人民政府2008年第5次、第13次常务会精神，从2008年开始，甘肃省逐步进行职业教育资源整合，进一步理顺职业教育管理体制，解决职业教育办学责权不清晰、部门办学、条块分割造成低水平重复建设和“小而全”的问题，形成全省办职业教育的合力，促进职业教育加速发展。2008年，甘肃工商学校等10所中等职业学校和甘肃林业职业技术学院等5所高等职业院校参与了管理体制改革，为布局结构调整、资源重组、资源共享奠定了基础。同时，甘肃省艺术学校和甘肃农业职业技术学院已经整体移交甘肃省教育厅管理。

〔**加强重点中职学校建设**〕 2008年，国家认定兰州城建学校、陇南卫生学校、临泽县职业中专、华亭县职业中专、临洮县职教中心、景泰县职专等6所中等职业学校为国家级重点中等职业学校；甘肃省认定陇西职业中专、泾川县职教中心、兰州市卫生学校和兰州园艺学校等4所职业学校为省级重点中等职业学校。至此，甘肃省共建成国家级重点中等职业学校41所，省级重点中等职业学校38所。

〔**加强实训基地建设**〕 2008年，国债项目共安排甘肃省8 900万元，用于支持30所中等职业学校的基础能力建设，一定程度上改善了职业学校校舍紧缺的现状。中央财政职业教育实训基地建设项目安排1 570万元支持甘肃省9个职业教育实训基地建设，省级职教专项安排1 500万元支持24所县级职教中心实训基地建设，专业包括除数控技术、电工电子应用技术等人才需求量较大、就业稳定的专业外，还包括了化工应用技术、物流等具有甘肃特色的专业。截至2008年，甘肃省中等职业学校共有百万元以上实训基地51个。

〔**加强职教师资培训**〕 2008年，教育部安排甘肃省180名国家级职教师资培训名额，其中有5名出国深造的名额，每名培训教师中央财政补助1万元培训经费，出国深造教师补助3万元，共计195万元，涉及30多个专业。省内依托西北师范大学、兰州理工大学、兰州城市学院等院校开展省级职教师资培训，近500名中职学校骨干教师接受了培训。

〔**开展职业技能大赛**〕 2008年6月底，教育部等部委组织了全国职业学校职业技能大赛。甘肃省13所学校派出41名选手参加了数控、烹任等18个专业的比赛，取得了3个三等奖、24个优秀奖的好成绩。同时，为全面展示甘肃省中等职业学校的教学成果，进一步推动中等职业学校的教育教学改革，7月份，省教育厅与省劳动与社会保障厅、省卫生厅联合组织了省级职业技能大赛，竞赛项目涉及电工电子技术、计算机应用技术、会计事务与操作、数控技术、护理等5个专业。

高等教育

〔**稳步扩大高等教育规模**〕 根据甘肃省高等教育毛入学率偏低和人民群众渴望接受优质高等教育资源的实际，在确保教育质量的前提下，甘肃省积极争取招生计划，稳步扩大高等教育规模。2008年，甘肃省34所高校共招生11.09万人，在校生达到33.19万人，分别比上年增加1.23万人和3.59万人，高等教育毛入学率达到20%。高层次人才培养规模进一步扩大。2008年，甘肃省普通高校共招收研究生7 502人，在校生达到21 580人，分别比上年增长750人和2 739人。

〔**积极开展教育评估**〕 2008年，教育部对兰州商学院和甘肃农业大学等两所本科院校进行了本科教学水平评估。至此，五年一轮的本科教学水平评估在甘肃省圆满完成。受教育部委托，甘肃省对陇南师范高等专科学校、武威职业学院、定西师范高等专科学校、兰州资源环境职业技术学院、甘肃建筑职业技术学院5所高职高专院校进行了人才培养工作水平评估；同时，按照新的教育部高等职业院校人才培养工作评估方案，制订了甘肃省实施办法，选择兰州职业技术学院和甘肃交通职业技术学院两所高职高专院校进行了试点评估。对甘肃农业职业技术学院和甘肃畜牧工程职业技术学院等两所院校首届毕业生教育质量进行了考核验收。

〔**加强高校师资队伍建设**〕 2008年，甘肃省进一步强化教学中心地位，加强师资队伍建设。举办了甘肃省高职高专院校教学管理干部和骨干教师培训班，重点对高职课程开发、人才培养模式改革、教学管理、精品课程建设等内容进行了指导培训。评选出“省级教学名师”10名，国家评选出“国家级教学名师”1名，使全省“国家级教学名师”达到4名，“省级教学名师”达到40名。同时通过表彰奖励，推动了高等学校师资队伍的建设和学术带头人的培养。授予35名教师“青年教师成才奖”，该项奖励对高等学校中青年教师的培养起到了非常重要的作用。

〔**加强实验室和实习实训基地建设**〕 2008年，甘肃省不断加大高校基础课实验室投入力度，与甘肃省财政厅共同实施“甘肃省高等学校实验室建设工程”，并已争取省财政专项资金8 000万元，重点用于支持高校建设和改造一批基础课实验室，努力改善实验教学条件。加快高校实验教学示范中心建设进度，甘肃省已建成国家级实验教学示范中心6个，省级实验教学示范中心22个。

〔**加强精品课程建设**〕 2008年，甘肃省深化教学内容和教学方法改革，加强高校课程建设。2008年，共建成国家级精品课程2门，省级精品课程61门，使甘肃省高校省级精品课程达到301门，国家级精品课程达到11门。精品课程在全省高校免费开放共享，极大推动了各高校在教学队伍、教学内容、教学方法和手段等方面的教育教学改革。

撰稿　焦鹏宁

审稿　白继忠

青海省教育

概　　况

〔基本情况〕

2008 年各级各类学校校数、教职工、专任教师情况

	学校数（所）	教职工数（人）	专任教师数（人）
一、高等教育			
（一）研究生培养机构（不计校数）	(5)		
1. 普通高校	(3)		
2. 科研机构	(2)		
（二）普通高等学校	9	6 242	3 368
1. 本科院校	4	5 081	2613
其中：独立学院	1	160	114
2. 专科院校	5	1 161	755
其中：职业技术学院	5	1 161	755
3. 其他机构（点）（不计校数）			
（三）成人高等学校	2	620	401
（四）民办的其他高等教育机构			
二、中等教育	550	28 401	25 380
（一）高中阶段教育	197	28 401	11 701
1. 高中	138	23 429	7 515
普通高中	138	23 429	7 515
成人高中			
2. 中等职业教育	59	4 972	4 186
普通中专	32	2 364	1 770
成人中专	4	511	408
职业高中	7	225	201

续表

	学校数（所）	教职工数（人）	专任教师数（人）
技工学校	16	1 872	1 807
其他机构（教学点）（不计校数）	(9)		
（二）初中阶段教育	353	0	13 679
1. 普通初中	353		13 679
2. 职业初中			
3. 成人初中			
三、初等教育			
（一）普通小学	2 556	28 115	27 318
（二）成人小学	1 326	1 295	311
其中：扫盲班	1 326	1 295	311
四、工读学校			
五、特殊教育	10	148	121
六、学前教育	374	4 701	2 676

注：普通高中的教职工数中包含普通初中的教职工数。

2008 年各级各类学历教育学生情况

	毕业生数（人）	招生数（人）	在校生数（人）
一、高等教育			
（一）研究生	388	596	1 588
博　士	24	28	94
硕　士	364	568	1 494
（二）普通本专科	9 753	13 767	42 177
本　科	4 775	6 810	25 148
专　科	4 978	6 957	17 029
（三）成人本专科	4 160	6 001	13 270
本　科	2 262	3 789	8 415
专　科	1 898	2 212	4 855
（四）其他各类高等学历教育			
1. 在职人员攻读博士、硕士学位		611	673
2. 网络本专科生			
本　科			
专　科			
3. 其他			

续表

	毕业生数（人）	招生数（人）	在校生数（人）
二、中等教育	124 259	145 526	401 646
（一）高中阶段教育	51 336	77 812	194 415
1. 高中	33 651	38 824	108 140
普通高中	33 651	38 824	108 140
成人高中			
2. 中等职业教育	17 685	38 988	86 275
普通中专	9 686	21 898	48 030
成人中专	1 826	3 621	8 621
职业高中	2 286	5 449	11 266
技工学校	3 887	8 020	18 358
（二）初中阶段教育	72 923	67 714	207 231
1. 普通初中	72 923	67 714	207 231
2. 职业初中			
3. 成人初中			
三、初等教育	119 380	93 110	595 925
（一）普通小学	69 450	93 110	538 193
（二）成人小学	49 930		57 732
其中：扫盲班	49 930		57 732
四、工读学校			
五、特殊教育	178	286	2 442
六、学前教育	57 373	71 355	94 274

注：特殊教育学生数中包括普通中小学随班就读的学生。

2008年各级各类非学历教育学生情况

	毕（结）业生数（人）	注册生数（人）
总　计	352 281	324 853
一、高等教育	14 317	1 875
（一）研究生课程进修班		
（二）自考助学班	520	886
（三）普通预科生		989
（四）进修及培训	13 797	
其中：资格证书培训	2 543	
岗位证书培训	9 167	
二、中等教育	337 964	322 978

续表

	毕（结）业生数（人）	注册生数（人）
其中：资格证书培训	30 965	21 557
岗位证书培训	10 849	1 501
（一）中等职业教育	32 942	14 755
其中：资格证书培训	14 764	5 742
岗位证书培训	10 639	1 501
（二）职业技术培训机构	305 022	308 223
其中：资格证书培训	16 201	15 815
岗位证书培训	210	

2008 年各级各类民办教育基本情况

	学校数（所）	毕业生数（人）	招生数（人）	在校生数（人）	教职工数（人）	专任教师数（人）	另有其他学生数（人）
一、民办高等教育							
（一）民办高校	1	111	606	2 042	160	114	
本科学生		111	606	2 042			
专科学生							
其中：独立学院	1	111	606	2 042	160	114	
本科学生		111	606	2 042			
专科学生							
（二）民办其他高等教育机构							
二、民办中等教育							
（一）高中阶段教育	8	473	1 047	2 596	321	202	
1. 民办普通高中	6	368	638	1675	268	167	
2. 民办中等职业教育	2	105	409	921	53	35	
（二）初中阶段教育	3	334	273	949			
1. 民办普通初中	3	334	273	949			
2. 民办职业初中							
三、民办普通小学	5	306	755	2 332	176	118	
四、民办幼儿园	287	8 981	21 669	34 476	2 826	1 540	
另有：民办培训机构（不计校数）	（211）				338	36	132 693

注：1.“另有其他学生数”包括：学历文凭考试学生、自考助学班学生、预科生、进修及培训学生数；
2. 民办普通高中的教职工和专任教师数中包含民办普通初中的教职工和专任教师数；
3.“（ ）”内数据为不计校数。

〔**教育投入**〕　2008年全省预算内教育经费拨款53.24亿元，比上年增长36.03%；经常性财政收入68.72亿元，比上年增长16.72%；预算内教育经费拨款比例高于财政经常性收入19.31个百分点。

〔**中小学重点项目建设**〕　实施农村初中校舍改造工程、中西部特殊学校建设、中小学实验图书装备和职业学校基础能力建设等重点项目，全年完成投资4.16亿元，建设学校332所，改扩建校舍37.3万平方米，进一步改善了办学条件。加强在建项目管理，与省建设厅等部门研究出台了加强校舍防震抗震措施，对全省学校建筑安全隐患进行了集中排查，确保了广大师生的生命财产安全。

〔**教育交流与合作**〕　组织省内高等院校、科研院所及企事业单位的教学科研人员申报国家留学基金委公派出国留学项目。经过评审，4名长期在教学和科研一线工作的人员被录取为国家公派出国留学人员。经过选拔考试，有27名石油天然气、能源交通、电力、畜牧、中藏药、高原生态植物保护、钾肥等领域的专业技术人才和中学英语骨干教师，被确定为2008年西部项目出国人员。全省教育系统共聘请外国文教专家63名，比2007年增加了13名；接收来华留学生224名，比2007年增加了68名。

组织全省职业技术教育团访问日本和韩国，通过访问，青海省西宁卫生职业技术学校、青海交通职业技术学院和日本铃鹿短期大学、韩国京畿工业大学建立了友好关系，签订了培养学生协议，西宁卫生职业技术学校6名学生赴日本学习。日本小岛冲压工业株式会社与青海省人民政府达成协议，每年选送若干名应届大中专毕业生赴日本小岛冲压工业株式会社研修，截至目前，青海省已选送了3批54名毕业生赴日研修。第四批17名学生计划2009年3月份按期到日本研修。根据中国政府和古巴政府间签订的“古巴政府单方奖学金项目”的有关协议，经过层层筛选，录取44名应届高中毕业生分两批赴古巴留学，录取的专业分别为西班牙语、医学、护理、教育学和旅游学。

〔**体育、艺术、卫生和国防教育**〕　组织举办了青海省第十三届大学生运动会、第十四届中学生运动会。组织开展了“全国亿万学生阳光体育运动冬季长跑活动”和高雅艺术进校园活动。组织青海省奥林匹克教育示范学校220名师生赴京观摩2008年北京奥运会部分项目比赛。积极参与第六届环青海湖国际自行车赛的各项工作。会同省体育局举办了全省体育传统项目学校体育教师培训班和全省健美操大众锻炼标准比赛。举办了全省学校食品卫生安全、学校常见病预防工作校长、教师培训班。和省军区学生军训办公室印制下发了青海省学生军训工作文件汇编手册。组织参加了由教育部、解放军三总部在西安举办的全国高校军事理论课教师培训班。

〔**毕业生就业情况**〕　2008年全省普通高等院校毕业生达到27 400人，其中省外高校青海生源毕业生17 254人［本科毕业生8 325人、专科（高职）毕业生8 929人］、省属高校毕业生10 146人［研究生407人、本科毕业生4 810人、专科（高职）毕业生4 929人］。高校毕业生总数比2007年增加了2 600多人，增幅为10.5%，留在省内就业的毕业生约1.6万人。按教育部要求统计的青海省高校毕业生的初次就业率为76.4%，其中研究生初次就业率为73.9%，本科生初次就业率为76.0%，专科（高职）初次就业率为77.0%。

〔**高等院校和中等职业学校学生资助工作**〕　按照青海省高等院校认定贫困生的有关标准统计，贫困生约占在校生总数的45%，贫困生人数在1.9万人左右，其中特困生约0.9万人，约占在校生总数的21%。2008年向高等院校、中等职业学校和普通高中发放各项奖助学金、生活困难补助和国家助学贷款等各种资金共计1.31亿元，使全省高等院校、中等职业学校绝大部分贫困生得到了不同程度、不同形式的资助。按照国家助学贷款新机制要求，制定实施了《青海省生源地信用助学贷款实施办法》。

〔**治理教育乱收费工作**〕　认真贯彻落实全国治

理教育乱收费部际联席会议精神，年初印发了《关于做好2008年全省治理教育乱收费工作的安排意见》，坚持“谁主管、谁负责”原则，明确全年规范和治理教育收费工作的主要任务和工作要求，以西宁市、海东地区、海西州格尔木市、德令哈市等地区为重点，切实抓好规范教育收费、进一步治理教育乱收费工作。2008年，全省组成县以上检查组110个，检查中小学628所（其中高中210所，义务教育阶段学校418所），高等院校8所。查出教育乱收费案件9件，查处违规收费金额10.97万元，已全部清退到位。对教育乱收费的6所学校、3位校长给予通报批评。表彰化隆等20个县（区）为首批“青海省规范教育收费示范县（区）”。

基础教育

〔**“两基”攻坚和巩固提高工作**〕 制定了《青海省“两基”攻坚县（2008—2010年）寄宿制学校建设规划》，争取国家资金3.28亿元，用于未“普九”9个县寄宿制学校建设。青海省政府召开了“两基”攻坚工作会议，与地方政府签订了“两基”攻坚责任书，落实各项目标责任，加强过程性督导检查，全面推进攻坚工作，9个县已完成扫盲的自查和验收。对化隆等6个县“两基”巩固提高工作进行复查，对共和等8个县（市、区）进行县级政府教育工作督导评估，启动了“两基”迎“国检”的前期准备工作。全省学龄儿童入学率达到99.4%，初中毛入学率达到95.7%，15～50周岁的非文盲率达到97.6%。

〔**义务教育经费保障机制改革工作**〕 从2008年春季开始，提高了免费教科书年补助标准，由原来的每学年小学70元提高到90元，初中140元提高到180元；提高西宁、海东地区农村义务教育阶段家庭经济困难寄宿生的生活费基本补助标准，小学每生每年补助500元，初中每生每年补助750元；提高农村义务教育阶段中小学公用经费基本标准，县镇小学每生240元，农村小学每生225元，县镇初中每生390元，农村初中每生375元。从2008年秋季起，全省全部免除城市义务教育阶段学杂费小学每生每年330元、初中每生每年370元。

2008年，全省已下达义务教育经费保障机制各类资金4.29亿元（不含农村义务教育经费保障机制中校舍维修改造资金）。其中下达全年农村牧区中小学提高公用经费保障水平经费1.82亿元；寄宿生生活补助费1.45亿元，全省有16.05万名寄宿生享受到生活补助；非寄宿贫困学生助学金413.9万元，享受助学金的学生达到18.31万人；全年免费教科书经费7 572万元，农村牧区义务教育阶段全部学生65.03万人、城市低保家庭子女及进城务工人员子女中家庭经济困难学生1.47万人，共计66.5万人享受到免费提供的教科书；今年秋季全省城市免除学杂费学生人数为13.1万人，已下达资金2 248万元。另外，通过积极争取，解决了农牧区中小学取暖经费资金6 463.5万元，义务教育寄宿制学校食堂燃煤补助资金3 000.3万元，寄宿制学校食堂灶具、餐具购置经费1 899万元。

〔**中小学布局结构调整工作**〕 在认真调研的基础上，青海省教育厅、发改委、财政厅制定并报请省政府办公厅转发了《关于全省农村牧区中小学布局结构调整工作的指导意见》，按照从实际出发、尊重教育规律、尊重群众意愿、尽力而为的原则，优化中小学布局结构，探索民族地区教育发展的新路子，支持推动海南州布局结构调整和全省民族地区教育科学发展示范区建设，推进农牧区相对集中办学，提升教育效益和质量，促进城乡教育均衡发展。

〔**中小学德育工作**〕（1）召开了全省中小学德育工作会议，总结了全省十余年来加强中小学德育工作的经验和做法，分析了存在的问题、面临的形势和挑战，并结合省情实际，制定出台了《关于新形势下进一步加强中小学德育工作的若干意见》，明确了今后一个时期加强未成年人思想道德建设和中小学德育工作的目标、任务、方法和措施，表彰了100名先进德育工作者、中小学优秀班主任和优秀思想政治课教师。（2）各地结合实际，以各种形式广泛开展了“弘扬和培育民族精神”、“纪念改革开放30周年，我与祖国同行”、“形势教育大讲堂”、“迎奥运、添爱国豪情”、“祖国意识、法制意识、团结意识教育”、“省情教育”、向四川汶川地震灾区献爱心等一系列活动。及时向各地配发了由教育部制作的400余套“形势教育大讲堂”光盘供各地刻录下发，还向各地发放了教育部编印的5 000册抗震救灾小英雄宣传册，收到了较好的宣传效果。

〔**中小学教师队伍建设**〕（1）认真实施义务教育阶段教师特岗计划，招聘了865名合格教师，充实到全省38个县的368所基层学校任教。利用教育部师资培训项目、联合国儿基金会项目、英特尔未来教育项目、国家语委少数民族教师汉语培训项目、省人事厅基层中小学教师培训等项目，开展多种形式的中小学教师短期培训，全年累计培训中小学骨干教师5 998人次。（2）从全省推荐的16名获得省部级表彰的人选中遴选了8名优秀教师，组成青海省中小学优秀教师师德先进事迹报告团，赴全省各地做巡回报告11场，万余名中小学师生聆听了事迹报告，扩大了宣传覆盖面，引起了强烈反响。（3）进一步规范了特级教师管理工作。对全省在岗特级教师进行了核查，对2003年制定的《中小学特级教师评选及管理办法》进行了修订，并和省人事厅、省财政厅会签下发，进一步规范了特级教师评选工作的各项程序，明确了特级教师职责、权利和义务，同时明确了对特级教师进行考核的事宜，规范了特级教师管理。

〔**教学改革工作**〕召开了全省中小学教学质量工作会议、推广湟中县基础教育课程改革经验现场会，重点总结了青海省实施基础教育课改经验，推广了湟中县课改的经验，对进一步加强校本教研工作和教学管理、提高教学质量提出了要求，进一步深化基础教育课程改革。召开了全省现代远程教育现场会，总结推广经验，促进现代远程教育应用与效益的进一步发挥。

〔**学校安全工作**〕不断推进中小学校园周边治安综合治理和“平安校园”创建工作，召开了全省学校及周边治安综合治理工作领导小组成员单位和省中小学安全管理工作联席会议，对中小学校全年安全工作、校园周边治安综合治理、平安校园创建工作进行了部署。全省已有近2 900所中学被当地综治部门或党委、政府命名为“平安校园”。四川汶川地震发生后，又制定了《全省中小学安全隐患集中排查整治实施方案》，全省各地共排查1 789所中小学校，对排查出的安全隐患要求各地集中进行整治。省教育厅还会同省消防局共同制定了规范性文件《全省教育系统消防安全管理办法》，并在西宁市虎台中学进行了集中模拟演练。制定了关于开展对学校及周边环境进行专项整治的安排意见，并由省综治委下发，省各相关部门及各地积极行动开展专项治理，各地特别是西宁市中小学周边环境有了明显改善。

职业教育与成人教育

〔**综述**〕 2008年全省职业教育成人教育全面贯彻落实科学发展观，以服务为宗旨，以就业为导向，采取有力措施，扩大中等职业教育办学规模，加强基础能力建设，深化体制机制改革，提高教育教学质量。省内中等职业教育招生3.1万人，全省中等职业学校在校生规模达到6.79万人，创全省中等职业教育招生规模和办学规模的历史新高，中等职业教育占高中阶段教育招生及在校生的比例分别为46.08%和38.44%，比2007年提高了1.58和4.74个百分点。职业教育人才培养水平进一步提高，中等职业学校一次性就业率达98%，其中59%的学生实现了省内就业。全省教育系统面向社会开展各类职业培训达到30.8万人次。

〔**基础能力建设**〕 2008年中央和省级财政对全省职业教育的投入达15 300万元，其中省级职教专项投入由上年的2 000万元增加到6 200万元，争取国家各类职教专项资金9 100万元，本着集中投入、重点扶持的工作思路，重点支持了部分骨干学校和实训基地建设，16所职业院校得到扩建，新增8.8万平方米的校舍和2 660万元的实训设备，部分职业院校的办学条件得到极大改善。同时得到德国汉斯·塞德尔基金会的援助，在海西州职业技术学校等4所学校中新建了焊接等4个专业实训室。为加强青海省职业院校实训基地建设，对2004—2007年中央财政支持建设的青海省职业院校实训基地进行了全面检查，编制了《青海省2008年职业教育实训基地建设方案》，完成了《青海省职业教育发展项目（科威特政府贷款）可行性研究报告》的编制等各项前期工作。

〔**办学体制机制改革工作**〕 在已推行的中等职业学校东西部联合办学的基础上，与天津市教委在天津市联合召开了天津市、青海省中等职业学校联合招生合作办学洽谈会，青海省11所中等职业学校分别与15所天津市重点中等职业学校签订了联合招生合作办学协议。与省劳动和社会保障厅联合组织青海省部分中等职业学校赴营口大型企业考察，7所学校就毕业生就业和在校生顶岗实习问题与营口市就业局签订了用工协议，推动了中等职业学校面向社会、面向市场办学，积极探索了校企合作、工学结合、顶岗实习工作的新办学机制。与日本铃鹿短期大学联合召开了两次中日福利教育国际学术交流会议，西宁卫生职业技术学校与日本铃鹿短期大学建立合作办学关系。省内六州职业学校与地处西宁、海东的职业学校也广泛开展了城乡联合招生合作办学工作，各职业学校广泛开展了“一年在省内或者农牧区职业学校学习、一年在东部或城市职业学校学习、一年在企业实习”的分阶段、分地区完成教学任务的“三段式”的办学模式和“一年学基础知识、一年学职业技能、一年顶岗实习”的工学结合“三段式”的办学模式。各中等职业学校已与近400个省内外企业建立了良好的校企合作关系，据统计，2008年东西部、城乡校际和省内外校企合作办学的规模达15 371人，占全省中等职业学校办学总规模的22.63%，校际、校企联合办学规模创历史新高。其中赴省外职业学校、企业学习的达7 573人，占联合办学总规模的49.3%。在广泛开展两个“三段式”的办学模式的基础上，组建了机械、化工、水电3个省级职业教育集团，6所中等职业学校、52个企业成为集团成员单位，推动全省中等职业教育向规模化、集团化、连锁化方向发展。

〔**教师队伍建设**〕 继续实施了“中等职业学校教师素质提高计划”，有计划、分层次地开展了中等职业学校国家级和省级培训工作，全年培训国家级骨干教师42名，省级骨干255名，共培训专任教师297名，占专任教师总数的12.5%。其中42名骨干教师分期、分批到20个全国重点建设职教师资培养培训基地参加了计算机网络技术、烹饪等17个专业的国家级培训；255名骨干教师分别赴天津工程技术师范学院、天津中德职业技术学院、广东技术师范学院等国家级职业教育教师培训基地参加了省级培训，其中德国汉斯·塞德尔基金会为青海省免费培训了116名骨干教师，包含2名赴德国进行为期3个月的培训，5名教师接受了为期8个月的转型培训，全省职业教育师资力量得到进一步加强。

〔**教育教学质量**〕 将职业学校学生职业理想、职业道德教育和职业技能的培养作为职业学校教育教学质量的重要内容来抓，年初西宁市第一职业技术学校藏族学生索南东智火海救人的先进事迹感人至深，省委教育工委、省教育厅及时做出了《关于授予索南东智“青海省优秀学生”荣誉称号的决定》，并召开了索南东智同学先进事迹表彰会，教育部做出了《关于授予索南东智“舍己救人的优秀学生”荣誉称号的决定》。在全省中等职业学校2008届毕业生中评选出137名中等职业学校三好学生和112名优秀学生干部。在教育部的指导下，在各职业学校开展了第五届中等职业学校“文明风采”竞赛活动，重点加强了以敬业和诚信为重点的职业道德教育，增强德育工作的针对性、实效性和时代感。同时要求学校强化专业技能培养，提高综合职业能力，举办了2008年青海省中等职业学校技能大赛，省内11所中等职业学校117名学生参加比赛。在该项比赛中获奖的35名学生参加了在天津举办的“2008年全国职业院校技能大赛”中职组7个专业类别17个竞赛项目的比赛，经过激烈角逐，青海省获得1个一等奖、2个二等奖，6个三等奖，26个优秀奖，总分66分，列云南、新疆、内蒙、宁夏、甘肃、贵州、西藏之前。

高等教育

〔**综述**〕 2008年青海省高等教育办学实现历史性突破，青海大学进入国家“211工程”重点大学建设行列，开启了青海高等教育发展的新历程，青海民族学院更名为青海民族大学，青海畜牧兽医职业技术学院启动实施了国家百所示范高职院校建设项目。截至2008年底，全省高等院校在校生规模达到5.68万人，其中普通本专科生4.22万人、成人本专科生1.33万人、研究生1 588人（含科研机构研究生）。2008年普通高等院校在青海招生2.89万人，录取率达到69.7%，比2007年提高0.99个百分点，高等教育毛入学率达到24.34%。

〔**实施质量工程**〕 青海师范大学的“物理实验教学示范中心”被列为国家级实验教学示范中心，获中央建设资金50万元；同时，立项建设省级实验教学示范中心11个。有2个特色专业列为国家级特色专业，各获中央建设资金20万元，目前在建国家级特色专业达6个。在全省高等院校积极实施大学生科技创新实验项目，青海大学成为全国大学生科技创新实验项目建设单位，获中央建设资金20万元，立科技创新实验项目20个。积极争取省财政专项建设资金700万元，用于高等院校省级重点学科和重点实验室建设。组织专门力量，对2004年立项建设的第三批6个省级重点学科和4个省级重点实验室进行了评估验收，达到了预期目标。在教育部的指导下，组织省内外专家对青海大学省部共建教育部重点实验室——青藏高原生物技术实验室进行了评估验收。积极寻求青海大学、青海师范大学与澳门理工学院、澳门旅游学院、澳门科技大学在高级护理和旅游专业人才培养、外语师资培训和科研方面的合作，开局良好。组织完成了2008年高等院校中青年教师教学竞赛活动，31名高等院校教师获竞赛优秀奖。出台了《青海省教育厅关于进一步加强高等院校学科专业建设的意见》，明确了青海省高校今后一个时期学科专业设置和建设及专业布局结构调整的指导思想、原则、目标任务和要求。组织召开了本科教学“质量工程”经验交流会，认真总结交流了自实施本科教学“质量工程”以来的成功经验和做法，寻找了存在的问题和差距，明确了今后的工作任务。进一步加强学位和研究生教育工作，对2003年以前获批的29个硕士点进行了评估，启动了拟建博士授予单位的规划工作。

〔**高等院校师资队伍建设**〕 加强教学团队建设，今年获批2个国家级教学团队，各获中央建设资金30万元。立项建设27个省级教学团队，已形成了国家级、省级、校级三个层次的教学团队建设格局。组织完成了2008年全省高等院校教师名师奖评选工作，有5位高等院校教师获“青海省第二届高等院校教师名师奖”称号。组织推荐国内高等院校访问学者27人，每人获国家资助资金8 000元。完成30门国家级精品课程教师培训，共321名教师接受培训，组织250名教师参加高等院校中青年教师岗前培训。通过实施高层次人才培养项目和西部地区人才培养特别项目等渠道，资助了高等院校37名教师攻读博士、32名教师攻读硕士，选派了27人到发达国家留学。推荐2名高等院校教师列入教育部“新世纪优秀人才支持计划”，获国家科研支持经费40万元。同时，积极组织推荐5名高等院校教师申报2009年教育部“新世纪优秀人才支持计划”项目。组织召开了2008年高等院校师资工作座谈会，交流了经验，寻找了差距，提出了整改措施，明确了工作重点。高等院校干部选拔任用机制改革深入进行，首次从省属高校拿出11个职位面向全国公开选聘处级干部。

〔**高等院校思想政治工作**〕 青海大学成立了省情研究中心，加强思想政治教育和省情教育。将高等院校社科部（系）统一更名为思想政治理论课教学科研部，加强思想政治理论课教学和研究。对高等院校辅导员进行了全员任职培训，组织开展了思想政治理论课优秀论文评选等活动，马克思主义中国化最新成果“三进”工作全面加强。修订完善了《青海省高等院校党建思政评估标准》。改革思政系列职称评审办法，成立专门评审委员会，做好思政系列教师职称评审工作。

〔**高等院校稳定工作**〕 全省教育系统特别是高等院校把维护学校稳定作为首要的政治任务，坚决贯彻中央和省委、省政府决策部署，先后开展了“四个讲清楚”和增强“三个意识”主题教育活动，宣传了索南东智、格智和熊宁等先进典型，并不断总结成功经验，积极探索建立和维护学校稳定工作长效机制。所有这些措施在维护学校稳定工作中发挥了重要作用，被教育部作为成功经验向全国推介。

〔**高等院校科研工作**〕 三所本科院校共有172个科研课题获得立项，争取到科研经费3 200多万元，并有一项成果获省科技进步一等奖、三项成果获省科技进步二等奖。青海大学、青海交通职业技术学院和青海畜牧兽医职业技术学院还分别与地方政府、企业建立了科技合作关系。青海大学和西宁市人民政府、海北州人民政府就人才培养和科技合作签订了协议，和青海华鼎集团实现共建实验室和科研合作；青海昆玉集团和青海交通职业技术学院就“宝玉石鉴定与加工技术专业”实现校企合作共建，订单培养人才；青海畜牧兽医职业技术学院与天露乳业集团等企业建立了校企合作培养人才的长效机制。

〔**学籍管理**〕 举办了2期高校学籍管理人员培训班，就《普通高等院校学籍管理规定》（教育部第21号令）及在校生学籍管理注册进行了辅导培训。顺利完成了2008年20 956名新生网上注册工作和2008年14 421名本专科毕业生资格审查工作，使学历证书实现了网上注册。按照教育部的要求，安排部署了56 779名在校生学籍网络化管理工作。

民族教育

〔**综述**〕 2008 年，青海省全面贯彻党的民族政策，加大民族地区“两基”攻坚力度，优化民族地区中小学布局结构，加强“双语”教学，提升教师素质，提高教育质量。少数民族中小学生达到 45.53 万人，占全省中小学生总数的 53.35%；全省共有民族中小学 1 423 所，占全省中小学数的 46.79%；少数民族小学入学率 98.5%，其中民族自治地区为 99.35%，青南三州为 98.6%。

〔**双语教学**〕 针对民族中小学“双语”教育质量不高的问题，在深入调研的基础上拟定了《关于大力推进“双语”教学工作的决定》，报省政府批转实施。继续推行少数民族汉语水平等级考试，编译完成藏文教材 36 种，基本完成教育部 2008 年度农村中小学现代远程教育藏语教学资源青海部分编译制作任务。加强“双语”教师培训工作，2008 年省内培训了 50 名全省民族中学校长、210 名民族中小学藏语文教师。

〔**对口支援与交流合作工作**〕 (1) 选派了 220 名民族中小学骨干教师和 18 名校长、教育行政管理干部到辽宁培训挂职，落实了 100 名民族预科生招生计划。(2) 在浙江师范大学培训了 50 名民族小学数学教师。(3) 青海省教育厅与天津市签订了《天津市教委、青海省教育厅“十一五”期间教育交流合作备忘录》，全省 8 个州（地、市）教育局、8 所高等院校、8 所职业学校与天津市的区（县）教育局、高等院校、职业学校签订了协议，教育合作交流工作全面启动。(4) 异地办班工作成效显著，省内外知名高中面向青海省民族地区招生 600 名，缓解了民族地区优质高中资源供给不足的矛盾。

〔**民族团结教育**〕 (1) 省教育厅会同省民委联合转发了《教育部办公厅、国家民委办公厅关于在中小学切实抓好民族团结教育工作的通知》和《关于在全省中小学切实加强民族团结教育的意见》等符合和适应科学发展观的政策性文件。对加强民族团结教育的必要性、重要性和迫切性以及目标任务、领导机构等方面提出了具体要求。(2) 下发了《关于做好全省民族中学维护稳定工作的紧急通知》和《关于切实加强维护我省民族中小学稳定工作的紧急通知》等文件，对全省民族中小学的维护稳定工作提出了具体的要求，维护了学校稳定。

撰稿　丁生东
审稿　王予波

宁夏回族自治区教育

概　　况

〔基本情况〕

2008 年各级各类学校校数、教职工、专任教师情况

	学校数 （所）	教职工数 （人）	专任教师数 （人）
一、高等教育			
（一）研究生培养机构（不计校数）	(3)		
1. 普通高校	(3)		
2. 科研机构			
（二）普通高等学校	15	8 365	4 915
1. 本科院校	7	6 237	3 511
其中：独立学院	2	698	447
2. 专科院校	8	2 128	1 404
其中：职业技术学院	8	2 128	1 404
3. 其他机构（点）（不计校数）			
（三）成人高等学校	1	109	65
（四）民办的其他高等教育机构			
二、中等教育	430	33 000	28 502
（一）高中阶段教育	145	32 859	11 858
1. 高中	93	27 895	8 215
普通高中	93	27 895	8 215
成人高中			
2. 中等职业教育	52	4 964	3 643
普通中专	15	1 483	895
成人中专	4	297	175
职业高中	19	1 204	1 005

续表

	学校数（所）	教职工数（人）	专任教师数（人）
技工学校	14	1 760	1 428
其他机构（教学点）（不计校数）	(21)	220	140
（二）初中阶段教育	285	141	16 644
1. 普通初中	284		16 518
2. 职业初中	1	141	126
3. 成人初中			
三、初等教育			
（一）普通小学	2 202	33 457	32 829
（二）成人小学	549	2 321	1 220
其中：扫盲班	549	2 321	1 220
四、工读学校			
五、特殊教育	6	181	161
六、学前教育	286	5 375	3 460

注：普通高中的教职工数中包含普通初中的教职工数。

2008 年各级各类学历教育学生情况

	毕业生数（人）	招生数（人）	在校生数（人）
一、高等教育			
（一）研究生	655	961	2 455
博　士	4	14	27
硕　士	651	947	2 428
（二）普通本专科	15 238	21 746	70 454
本　科	7 499	12 430	41 478
专　科	7 739	9 316	28 976
（三）成人本专科	9 292	9 489	25 316
本　科	2 271	3 673	9 273
专　科	7 021	5 816	16 043
（四）其他各类高等学历教育			
1. 在职人员攻读博士、硕士学位		189	878
2. 网络本专科生			
本　科			
专　科			
3. 其他			

续表

	毕业生数（人）	招生数（人）	在校生数（人）
二、中等教育	162 885	207 535	530 038
（一）高中阶段教育	68 678	97 241	23 3118
1. 高中	43 245	47 952	137 208
普通高中	43 245	47 952	137 208
成人高中			
2. 中等职业教育	25 433	49 289	95 910
普通中专	11 333	17 423	38 536
成人中专	3 745	3 713	5 943
职业高中	6 251	20 030	33 616
技工学校	4 104	8 123	17 815
（二）初中阶段教育	94 207	110 294	296 920
1. 普通初中	92 871	108 586	291 970
2. 职业初中	1 336	1 708	4 950
3. 成人初中			
三、初等教育	123 226	110 155	697 860
（一）普通小学	113 757	110 155	688 697
（二）成人小学	9 469		9 163
其中：扫盲班	9 469		9 163
四、工读学校			
五、特殊教育	74	181	1 420
六、学前教育	53 893	77 300	113 279

注：特殊教育学生数中包括普通中小学随班就读的学生。

2008 年各级各类非学历教育学生情况

	毕（结）业生数（人）	注册生数（人）
总　　计	185 821	178 031
一、高等教育	24 420	27 306
（一）研究生课程进修班	24	32
（二）自考助学班		
（三）普通预科生		1 177
（四）进修及培训	24 396	26 097
其中：资格证书培训	4 390	4 850
岗位证书培训	11 784	12 132
二、中等教育	161 401	150 725

续表

	毕（结）业生数（人）	注册生数（人）
其中：资格证书培训	20 191	14 185
岗位证书培训	13 333	12 822
（一）中等职业教育	46 551	26 934
其中：资格证书培训	19 048	12 751
岗位证书培训	7 611	6 110
（二）职业技术培训机构	114 850	123 791
其中：资格证书培训	1 143	1 434
岗位证书培训	5 722	6 712

2008 年各级各类民办教育基本情况

	学校数（所）	毕业生数（人）	招生数（人）	在校生数（人）	教职工数（人）	专任教师数（人）	另有其他学生数（人）
一、民办高等教育							
（一）民办高校	4	2 131	5 256	14 509	1 451	975	4 123
本科学生		915	3 669	9 174			
专科学生		1 216	1 587	5 335			
其中：独立学院	2	915	2 451	5 565	698	447	
本科学生		915	2 451	5 565			
专科学生							
（二）民办其他高等教育机构							
二、民办中等教育							
（一）高中阶段教育	16	1 559	3 984	8 862	1 091	823	161
1. 民办普通高中	12	1 544	2 318	6 383	844	658	
2. 民办中等职业教育	4	15	1 666	2 479	247	165	161
（二）初中阶段教育	5	2 810	3 599	9 670			
1. 民办普通初中	5	2 810	3 599	9 670			
2. 民办职业初中							
三、民办普通小学	8	828	783	5 152	305	243	
四、民办幼儿园	191	12 826	17 843	33 511	2 886	1 752	
另有：民办培训机构（不计校数）	(8)				151	130	11 697

注：1. “另有其他学生数”包括：学历文凭考试学生、自考助学班学生、预科生、进修及培训学生数；
2. 民办普通高中的教职工和专任教师数中包含民办普通初中的教职工和专任教师数；
3. “（　）”内数据为不计校数。

〔**加强中、小学校舍建设改造**〕 宁夏自治区2008年安排D级危房改造资金近5 000万元，使全区义务教育阶段学校近10万平方米D级危房得到全部改造。自治区统筹安排改善办学条件资金2.8亿多元，用于全区农村中小学教学仪器设备和学生用床、学生课桌椅的配备。

实施“农村初中校舍改造工程”和“农村寄宿制学校建设工程”中央奖励资金项目。宁夏“农村初中校舍改造工程”2008年完成中央投资6 680万元，共改造22所学校学生生活设施，新建校舍面积6.8万平方米；“农村寄宿制学校建设工程”中央安排奖励资金5 600万元，共改造学校26所，改造校舍面积7.4万平方米。实施“明德小学”建设项目。2008年台湾台塑集团安排捐赠资金775万元，援建学校9所，新建校舍面积1.8万平方米。实施校舍维修改造长效机制项目。2008年中央、自治区共安排资金6 666万元，改造学校67所，改造校舍面积6.6万平方米，其中因地震新增的1.3万平方米的D级危房全部列入改造计划。实施“新农村卫生新校园建设工程”。中央安排建设资金700万元，对22所学校厕所进行综合改造，并实施沼气利用。实施标准化高中建设工程，自治区安排建设资金1.66亿元，扩建3所高级中学，新建2所高级中学。实施中小学标准化操场改造项目。积极协同财政，对104所中小学运动场地实施标准化改造。完成湖畔小学移交。完成宁夏育才中学二期和六盘山高级中学扩建后教学仪器设备招标配备。根据学校实际教学需要，争取自治区财政增加采购资金1 500万元，共完成2 800万元采购任务，有效地保障了两所学校教学活动正常开展。

〔**完善义务教育经费保障机制及资助体系**〕 2008年，宁夏提高义务教育阶段学校公用经费标准，使农村小学公用经费达到254元、初中达到390元；县城小学达到320元、初中达到460元；城市小学达到346元、初中达到480元，并从2008年开始，对民办学校按照当地公办学校公用经费标准进行补助。2008年，共安排全区中小学公用经费31 996万元。对农村中小学公用经费增加每生75元的取暖费，共安排取暖补助资金5 801万元。

提高义务教育阶段学校家庭经济困难寄宿生生活费补助标准，小学每生每年由280元提高到500元，初中每生每年由280元提高到750元，全区享受寄宿生生活费补助学生6万多人，全年安排寄宿生生活费补助资金4 332万元。

2008年，已对全区义务教育阶段99万名学生全部免除杂费，其中，对80万名贫困家庭学生免费提供教科书和自治区确定的教辅材料，对近7万名贫困家庭寄宿学生补助了生活费。

〔**化解义务教育债务**〕 2008年自治区承担的化解乡镇教育债务资金7 559万元全部落实到位，完成两年内化解自治区审计厅审计核实的17 294万元乡镇教育债务目标。

根据国家和自治区关于化解“普九”债务要求，在化解乡镇教育债务的基础上，2008年完成全区义务教育“普九”债务72 760万元的化解任务，化解资金由自治区和市、县（区）按比例分担，其中自治区承担的化解“普九”债务资金50 091万元全部到位。经过两年努力，全区义务教育阶段债务90 054万元全部得到化解。

〔**设置特岗教师**〕 2008年，宁夏自治区继续实施农村特岗教师岗位计划，下发了《自治区教育厅、财政厅、人事厅、编办关于实施2008年农村义务教育阶段学校教师特设岗位计划的通知》和《宁夏回族自治区“农村学校教师特设岗位计划”实施方案》，为农村招聘特岗教师1 000名，全部分配到14个市县（区）及移民吊庄乡镇200多所农村学校工作。

〔**加强教师队伍建设**〕 根据自治区人事厅“关于做好2008年职称评审工作的通知”精神，自治区教育厅对2008年高教、中专、中小学（幼儿园）系列教师职称评审工作进行了安排。2008年全区评出高教系列正副教授、讲师264人，中专系列高级讲师、讲师42人，中小学系列高级教师734人。

全区中小学骨干教师培养计划深入推进，编印了《优秀教师事迹选编》，建立健全中小学教师继续教育管理体制，扎实推进全员岗位培训考核工作，举办6期全区中小学幼儿园教师继续教育自治区级培训班。有2 631名支教队员参加宁南山区支教，教师队伍整体素质进一步提高。

〔**加强语言文字工作**〕　2008年自治区教育厅会同宣传部、文明办、民政厅、文化厅在全区开展“雅言传承文明，经典浸润人生”经典诗文诵读活动，举办了庆祝第二十四个教师节经典诗文诵读晚会，选送部分节目参加了国家语委举办的经典诗文诵读活动决赛，3名师生获奖，自治区语委办获优秀组织奖。5—9月，组织五市分阶段，重点展开对教育教学、机关公务、新闻媒体、公共服务等用语用字的规范整治，为迎接自治区五十大庆，努力构建和谐的语言生活环境。加强培训测试管理，规范操作程序，拓展对象范围。2008年全区9 274名各类人员参加了普通话培训测试，其中大中专学生7 679名、公务员200名、社会人员1 395名。2008年，宁夏自治区被国家语委确定为汉字应用水平测试试点的11个省（区）之一。教育厅按照国家语委的要求结合全区实际制定了实施方案，及时召开了试点工作会议，举办了测试管理者和应试人员培训班，11月，组织了首批1 500名教师、学生、编辑、记者、广告业等人员参加了国家统一的汉字应用水平测试。

基础教育

〔**加强中小学德育工作**〕　2008年，自治区教育厅转发教育部《关于印发“初中思想品德课和高中政治课贯彻党的十七大精神的指导意见”的通知》，要求各级学校切实落实好十七大精神进教材、进课堂、进学生头脑。推荐7所学校报批2008年“中国移动爱心图书馆（室）”项目学校。自治区宣传部、文明办、教育厅、团委、妇联联合下发了《关于组织全区青少年参加“全国百万青少年‘我承诺：做一个有道德的人’网上签名活动”》的通知和《关于组织开展2008年“中小学弘扬和培育民族精神月”活动》的通知，决定开展“学习英雄少年，弘扬抗震救灾精神，做一个有道德的人”主题教育活动。教育厅组织对第二批申报创建自治区级德育示范校的65所学校进行了评估验收。坚持实施“德育工作七个一计划”，即“每所学校建设一个过硬的领导班子，培养一支过硬的班主任、辅导员队伍，每所学校都有一个健全完善、工作得力的德育工作体系，中小学每周上好一节中华民族传统文化课、学生每周背一首中国古典诗词，每个市、县（区）建设一个青少年校外活动场所，开辟一个爱国主义教育基地”。开展校园文化建设，涌现出了一批育人氛围浓郁、办学特色鲜明的学校。

〔**加强中小学心理健康教育**〕　2008年，宁夏教育厅加强和改进中小学心理健康教育，进一步发挥心理健康示范学校的作用。结合4月份的“心理健康周”和10月份“心理健康教育月”活动，全面作好中小学心理健康教育工作。9月下发了《自治区教育厅关于开展第三个心理健康教育月活动的通知》，以“关注心灵健康，促进全面发展”为活动主题，通过专题讲座、观看影片、开展心理知识宣传等活动提高广大师生对心理健康教育的认识。汶川地震后特别重视对四川灾区来宁就学学生的心理健康教育工作，开展了对接收灾区学生班级班主任的心理健康教育培训工作，对灾区学生集中的学校，将信心树立、走出阴影、面向未来等内容作为对学生进行心理健康教育工作的重点。

〔**“两基”顺利通过国检**〕　为了做好“两基”迎国检工作，深入包片市县（区），安排专人下基层蹲点指导；广泛开展“控辍保学”工作，促进入学率特别是农村初中学校的毛入学率提高，辍学率降低；做好扫除青壮年文盲工作，召开全区扫盲工作会议，对各地15周岁以上的文盲进行了摸底排查，建立了扫除文盲人口底册，协调自治区公安厅、统计局对全区15～50周岁青壮年人口文化程度进行了重新核实；配合自治区政府教育督导室组织“两基”档案的督查指导，按国检的要求，做到档案的严谨、规范、齐全，数据准确；4月下发《自治区教育厅关于认真解决义务教育阶段学校“大班额”问题的通知》，制定化解“大班额”问题的意见，新招收的学生严格按照规定的班额分班，不得造成新的“大班额”。6月，全区“两基”工作顺利通过国家教育督导团评估验收。

〔**实施基础教育“质量立校”战略**〕 2008年，宁夏启动实施了“基础教育学校综合管理质量工程”。2008年7月下发《宁夏基础教育学校综合管理质量工程方案》，确定大武口区、利通区、青铜峡、金凤区、兴庆区、中宁县、彭阳县7县（区）为首批试点县（区）。优质普通高中教育资源显著提高。以办好每一所学校为目标，强化教育管理，提高教师的教学能力，促进学校从注重硬件建设向软件建设转变，全面提高基础教育学校办学质量。

〔**创建教育强县（市、区）**〕 2008年，宁夏教育厅按照宁夏创建教育强县（市、区）的目标规划，深入相关的县（市、区）进行创建教育强县（市、区）的检查指导。在先期考察的基础上，从11月24日起，完成对平罗县、灵武市、中宁县、银川市西夏区教育强县（市、区）工作的评估验收，确认上述四县（市、区）达到教育强县（市、区）的标准并认定为教育强县（市、区）。至此，全区有12个县（市、区）实现了教育强县（区）目标，占全区县（市、区）总数的55%，银川市、石嘴山市所辖各县（市、区）均已通过自治区人民政府的验收，全区一半的县（市、区）成为教育强县（市、区）。

〔**对初中毕业生实行评价制度的改革**〕 2008年，宁夏对初中毕业生实行激励性评语加成绩的评价机制和成长记录袋制度，注重对学生的过程性和成长性评价。制定下发《自治区教育厅关于2008年深化初中毕业暨高中招生考试制度改革的通知》，继续增加优质普通高中招生指标，分配到初中学校的招生录取比例，由上年的30%增加到35%；扩大等级制试点的范围，在每市选取一个县（区）实施初中毕业考试与高中招生成绩等级制试点的基础上，每市再选定一个县（区）进行成绩等级呈现，使每市最少有两个县（区）实行初中毕业生学业考试成绩和综合素质评价结果以等级呈现。

〔**加强基础教育科研工作**〕 2008年宁夏教育科研坚持为教育行政决策服务，为基层教育教学改革服务。完成“宁夏教育人才队伍建设研究”、“发挥教育在人才培养中的基础性作用研究”、“关于加强育才学校、六盘山高级中学管理工作的指导意见”、“宁夏人口教育与全面建设小康社会研究”、“宁夏中小学布局结构调整意见”等研究报告。教育厅对全区“十一五”国家级立项课题38项、自治区级立项课题199项进行咨询指导，保证了课题研究的顺利实施；为全区广大教育工作者搭建交流学习平台，编辑出版发行《宁夏教育科研》四期。承担世界银行贷款/英国政府赠款“西部地区基础教育发展”项目《学校发展规划、参与式教师培训》、《提高宁夏贫困地区农村学校教育质量与效益行动研究》的课题，深入宁夏中卫县、西吉县实验校，对学校开展的《农村校本课程开发》和《校本教研行动研究》进行咨询与检查指导。

〔**大力开展中小学师资培训**〕 宁夏教育厅2008年依据《中小学教师继续教育规定》和《宁夏回族自治区专业技术人员继续教育规定》，按照统一管理、统一内容、统一考核的要求，组织实施了以提高教师课堂教学技能为重点内容的全区中小学幼儿园教师继续教育全员岗位培训考核工作，全区各市、县（区）及厅直学校有822名教研员和一线教师参加，为市、县（区）、校本培训提供师资，同时指导、督促各市、县（区）开展市、县（区）及校本培训。

根据《宁夏中小学教师教育技术能力建设计划

实施意见（2006—2010年）》确定的目标任务，4月中旬举办了第三期中小学教师教育技术主讲教师培训班，全区各市、县（区）的71名学科骨干教师和培训考核基地的教师参加了培训。2008年共有925名教师参加了培训，1 717名教师参加了教师教育技术能力全国统一的初级考试；2 480名一线学科教师参加了英特尔未来教育培训项目的培训，并取得了合格证书，广大教师应用现代教育技术与学科整合的能力显著提高。

4月，启动实施《宁夏回族自治区农村教师能力建设行动计划》。《计划》确定了五项主要任务：(1) 实施农村骨干教师队伍建设计划；(2) 实施农村教师专业发展计划；(3) 实施农村校本研修建设计划；(4) 实施农村学校教育管理和质量建设计划；(5) 实施"百校牵手"城镇学校帮扶农村学校计划。2008年遴选了首批162名农村骨干教师完成第一阶段的集中培训学习任务，160名优秀特岗教师参加自治区级培训；组织189所农村初中校长参加了自治区级提高培训；实施"百校牵手"城镇学校帮扶农村学校计划，在全区选择了100所办学水平好、师资力量强、教育质量高的城市中小学与100所农村学校结成对口帮扶关系，建立长期稳定的城乡联动机制，为提高农村教育质量，促进全区城乡教育均衡发展提供有力支撑。

对全区各市、县（区）461名尚未取得岗位培训证书的中小学校长进行了培训，统一颁发岗位培训合格证书；选派10名中小学校长参加教育部组织的脱产培训。在自治区党委组织部人才处的大力支持和配合下，选派115名中小学校长到东部发达省、市挂职学习，全区中小学校长现代教育管理水平稳步提升。1月19日—26日，在全区选派了30名农村小学校长赴重庆参加了"宋基会"项目校长培训。同时承办了教育部2008年"中国移动西部农村中小学校长培训"项目的启动仪式，教育部人事司领导参加了启动仪式。6月27日—7月9日在银川举办了"中国移动西部农村中小学校长培训"宁夏中小学校长培训班，来自全区各市、县（区）的80名农村中小学校长参加了培训。

按照教育部师范司的安排部署，9月—12月分别组织青铜峡市、大武口区、惠农区、同心县、海源县、原州区、西吉县、中卫市8个市、县（区）的1 423名农村中小学教师、200名班主任、250名农村寄宿制学校校长参加国家级的远程培训。同时选派40名初中体育骨干教师参加教育部举办的为期10天的体育教师培训班。

〔**教育信息化发展良好**〕 宁夏2008年全区农村中小校光盘教学"班班通"的比例达到35%，全区农村中心小学以上学校都以不同方式接入互联网。建设并开通宁夏数字化资源服务平台，全区远程教育领域和服务范围得到有效拓展，教育信息化公共服务体系逐步完善，为广大师生提供了更为丰富的教育教学资源和便捷有效的学习平台，有力地促进了全区数字化教育教学资源的应用水平，教育信息化综合效益日益凸现。教育厅3月份开展了全区教师信息技术培训工作，聘请国内知名专家教授讲课，有近200名教师参加培训。组织第八届全区中小学生电脑作品评选活动，全区有175所学校、2 000余名学生参加比赛，提高了中小学生教育信息水平和素质。12月初在银川举办全区基于数字化教育资源下的教研员教学应用培训班，推动教育资源在中小学校的普遍应用，促进教育信息化发展。向英特尔公司为学校争取60台计算机援助项目，清华同方教育技术研究院向自治区中小学捐赠《中国多媒体教学学报》上网阅读卡，协助千乡万才公司在宁夏召开年度工作会，举办了四期千乡万才宁夏暑期夏令营活动，全区有千乡万才会员学校44所。

〔**加强幼儿和特殊教育**〕 宁夏教育厅2008年8月召开全区学前班教师培训会，10月下发《自治区教育厅关于召开全区幼儿园教育主题观摩研讨会的通知》，组合全区学前幼儿教育现场观摩会，各市、县（区）学前幼儿教育管理干部、部分幼儿园的园长观摩了银川、石嘴山、吴忠等地办园规范、管理水平较高的幼儿园。关注农村学前幼儿教育，推进农村乡镇中心幼儿园建设。开展全区幼儿教育调研，加大农村学前教育工作力度，规范学前班教材，进一步规范幼儿园、学前班的办学行为，指导并规范民办幼儿园办学行为，提高学前幼儿教育水平，提供良好的学前教育环境，提高学前幼儿入园（班）率。

积极争取“国家中西部地区特殊教育学校建设工程”项目，国家批复银川市、吴忠市、西吉县三个项目，改善宁夏自治区特殊教育办学条件，提高残疾儿童的受教育水平。会同自治区发改委完成《宁夏回族自治区“十一五”期间特殊教育学校建设规划》制定工作，并已上报国家教育部和国家发改委。

职业教育与成人教育

〔**东西部中等职业教育联合招生合作办学**〕2008年，宁夏职业教育山东工作站成立，教育厅4月9日在银川市和固原市成功举办了宁鲁中等职业教育合作办学招生就业洽谈会，山东61所中等职业学校与宁夏自治区20多所职业院校签订了具体的联合招生合作办学协议，签约人数达到14 200人。为提高东西部合作办学声誉，展现东西部合作办学的成果，6月10日—16日，宁夏自治区教育厅组织宁夏在沿海地区学习和成功就业人员12人，分两组深入隆德、西吉、海原等10个市县进行演讲，受到各市县教育局、学生家长和学生的好评。宁夏通过学历教育和短期培训赴东部职业学校学生已达1.7万人，教育厅顺利完成了合作办学任务。

〔**加强职业学校基础设施建设**〕 2008年，宁夏全区职业教育实验基地正式开工建设，县级职教中心进一步整合资源，提升能力。自治区从中央财政为五所中职学校（宁夏机电工程学校、宁夏交通学校、宁夏生态工程学校、宁夏农业学校、灵武市职教中心）的实训基地项目争取建设资金790万元。截至2008年，共为中等职业学校争取建设项目36个，改善了全区中职学校基础能力。积极向财政厅争取120台公用待废小汽车用于自治区10所职业学校汽车维修专业教学。资金和设备的投入，有效改善了宁夏职业学校的办学条件，增强了办学活力，为全区职业教育基础能力建设奠定了良好基础。

〔**加强中职学校学籍管理和毕业生资格审查**〕2008年，教育厅认真落实教育部关于中等职业学校学籍管理实行网上管理上报的要求，组织全区各种高等职业院校学习管理系统，根据教育部的要求认真组织上报工作，按时完成了中等职业学校学籍和助学金系统的信息上报工作。2008年，经过毕业生资格审核已取得毕业生资格的中职毕业生共2.3万余人。全区已签定就业合同的毕业生达90%以上，一些职业学校和骨干专业毕业生签约率达100%，就业出现了供不应求的局面。

民 族 教 育

〔**综述**〕 2008年，宁夏有自治区独立设置挂牌的民族学校221所，其中回民小学177所，回民中学42所，少数民族预科学校1所，民族高校1所，已基本形成了从基础教育到高等教育较为完善的民族教育体系。各级各类学校少数民族在校生52.4万人，占全区在校生总数的38%，比2001年提高了4.33个百分点，高于全区回族人口的自然比例。其中，回族小学生占全区小学生总数的45.1%，初中学生占33.89%，普通高中生占26.82%，区属高校本专科生占25.67%。全区普通高等学校招生回族考生的录取比例达到33.9%。

〔“百所回民中小学标准化建设工程”一期顺利完成〕 宁夏“百所回民中小学标准化建设工程”一期历时8年，工程总投资已达3.2亿元，其中自治区政府投资8 000万元；市、县投资2.4亿元，于2008年顺利完成。为了加快自治区民族教育发展步伐，2008年9月，自治区党委、政府做出决定，用7～8年时间，继续实施二期“百所回民中小学标准化建设工程”，努力实现民族教育再上新台阶。

〔宁夏大学民族预科教育学院发展顺利〕 2008年，宁夏大学民族预科教育学院有教师35人，师生比为1∶31.66。其中，少数民族教师有26人，占教师总数的74.29%；取得高校教师资格证书的教师比例为100%。2008年宁夏高校民族预科学院在校生1 482人，学生民族成份、地区来源覆盖蒙、回、维、彝、壮、藏等35个少数民族、19个省区。学生来源学校由2007年的10所院校发展到目前的16所院校，其中宁夏高校3所，外地高校13所（其中教育部直属高校7所）。学院启动预科学院教师教改科研立项平台建设工作，投资9万元立项资助了42项教学科研项目。开展了预科学院青年教师教学技能比赛活动，调动了教师工作积极性。针对2008年3月14日“藏独”分子的突发事件，制定了《宁夏大学民族预科教育学院重大紧急事件应急预案》。积极配合公安机关、国家安全部门的工作，及时提供相关信息。经过不懈努力，学院所有西藏、新疆学生顺利完成了学业，没有出现任何问题。

汶川地震发生后，学院有17名家在地震重灾区的少数民族学生，2名羌族学生成为孤儿。学院领导分批慰问家在灾区的学生，通过帮助联系家人、实行一对一的感情培护、开展“温暖周末”活动、发放生活补贴、聘请心理咨询师进行疏导等措施，缓解学生的心理压力。学院出台了《民族预科教育学院学生紧急疏散演练方案》、《民族预科教育学院学生安全隐患排查方案》。在银川市田家炳高级中学组织1 440名预科生进行了防震紧急疏散演练，增强了学生对地震逃生方法的感性认识。

2008年，民族预科教育学院被评为“宁夏回族自治区第六次民族团结进步先进集体”，民族预科教育学院党支部被评为“2007—2008年度全区思想政治工作先进集体”。

高 等 教 育

〔综述〕 2008年，宁夏自治区高等教育以实施本科教学“质量工程”和国家示范性高职院校建设为契机，大力加强内涵建设，增强高校办学实力，提升全区高等教育的办学层次和水平。开展高校科研项目立项，建立了宁夏高等学校学科建设和科研项目评审工作专家库，加强高校科研项目管理，在科技创新、争取重大科研项目等方面搭建平台，开展了研究生教育创新计划和优秀硕士论文评选工作。

〔加强高校党务工作〕 2008年，自治区教育厅召开第十六次全区普通高等学校党的建设工作会议，表彰奖励了15个全区普通高等学校“先进基层党组织”和25名“优秀党务工作者”。会同自治区党委组织部下发了《关于进一步加强和改进普通高校学生党员发展工作的意见》。召开全区普通高校领导班子建设座谈会，印发了《关于进一步加强高等学校领导班子建设的意见》（征求意见稿）和《宁夏回族自治区高等学校实行党委领导下的校长负责制的实施办法》（征求意见稿）。呈请自治区党委下发了《关于调整自治区高等院校党组织隶属关系的通知》，对全区高等学校党组织隶属关系进行了调整和明确。建立了自治区党委常委联系高校制度，积极邀请自治区领导到高校指导学校办学，协调解决学校改革发展中的问题和困难。

〔**加强大学生思想政治教育工作**〕 2008年，自治区教育厅第一次以自治区名义召开全区普通高校加强和改进思想政治理论课工作会议，表彰奖励20名优秀思想政治课教师。举办了2期全区普通高等学校思想政治理论课教师培训班，培训高校思想政治理论课教师60人。对全区高校学生思想政治工作优秀学术论文进行了认真遴选，编辑出版了全区第一部高校思想政治工作研究专著《润物无声》，为全区高校思想政治工作的发展与创新提供了理论支持。开展了思想政治理论课“精彩一课”和“优秀课件”征集评选表彰活动。认真组织开展“大学生发展状况”课题研究工作，形成了8个子课题研究报告，并提出了具有较强针对性的建议和对策，为宁夏高等教育发展规划提供了科学的决策参考。组织实施了2008年全区各级各类学校学生“孝敬父母月”系列活动，全区各级各类学校积极制定切实可行的实施方案，坚持把“孝敬父母月”活动与落实自治区“思想道德建设年”结合起来。举办了全区普通高等学校“歌颂青春·践行使命”大型主题教育活动，表彰了全区普通高等学校50名“三好学生”、20名“优秀学生干部”和15个“优秀班集体”。会同自治区党委组织部、宣传部、编办两次深入全区15所普通高校开展党建、思想政治工作和领导班子建设专题调研并形成了调研报告。开通了“宁夏大学生网”，加强与教育部、各省（市）教育网站及区内各高校校园网站的链接，进一步拓宽了大学生思想政治教育新途径。组织全区15所普通高等学校师生参加庆祝自治区成立50周年喜迎奥运活动。组织动员全区普通高等学校师生向四川地震灾区自愿捐款近90万元。会同自治区团委、学联组织实施以“勇担强国使命，共建和谐家园”为主题的全区大中专院校学生暑期“三下乡”社会实践活动。根据教育部统一安排，开展了全区高校师生思想政治状况滚动调查，向教育部上报了调查报告。全年实行了节假日“24小时值班制度”、“24小时通信联系畅通制度”和“零报告制度”，先后4次深入开展了全区高校不稳定因素拉网式排查工作，19次召开维护高校稳定工作专题会议，对全区高校维护稳定工作进行了周密安排和部署，确保了全区高校稳定。

〔**加强高校学生心理健康教育**〕 2008年，宁夏教育厅依托宁夏大学生心理健康教育研究中心，举办全区高校学生心理健康教育暨心理咨询师资培训班，开展大学生心理危机预防和干预工作，开展全区普通高校2008级新生心理普查工作，建立新生心理档案。组建心理咨询专家团队，依托网络平台开设五个大学生心理咨询信箱和两部心理危机干预热线电话，及时为大学生提供心理咨询和指导服务。

〔**高校招生考试办法有所改进**〕 2008年，宁夏教育考试工作紧紧围绕以人为本，科学发展，构建和谐社会，促进教育公平的总体目标，强化考试安全，规范考试管理，提高效能建设，确保平安高考，维护公平公正。普通高校招生“阳光工程”取得新进展，按志愿录取未完成招生计划的学校，实行公开在网上征集志愿的办法，将以往由招生考试部门调剂变为考生自行选择院校和专业，高职（专科）补录计划首次面向社会重新征集志愿。创新自学考试工作思路，按照科学发展观要求停考20个专科专业、新增5个专科专业面向社会开考、在高职院校实施自学考试本科段专业考试，引进了“采购与供应管理职业证书考试项目”。成人高校招生考试体现以人文本，将专升本组考形式由原来的全区统一在兴庆区设置考点组织实施调整为在五个地市级政府所在地设置考点组织实施。

〔**高等教育办学层次全面提升**〕 根据《自治区教育厅、财政厅关于实施高等学校本科教学质量与教学改革工程的若干意见》，教育厅2008年启动了自治区级本科优势特色专业建设、自治区高等学校教学团队、大学生创新性实验计划等有关高等教育质量工程项目并开展了首批高职骨干师范专业的评估认证。全区已建设自治区精品课程122门，自治区实验教学示范中心17个，自治区本科优势特色专业11个，自治区高职教育骨干示范专业19个，自治区高校教学团队5个；已立项建设自治区教学改革项目25个、大学生创新性实验计划项目20个；评选表彰自治区教学名师19人。本年度有3个本科特色专业、2个实验教学示范中心、一个教学团队、一个大学生创新性试验计划项目学校进入国家级项目行列。全区高校中现有国家级教学名师1人，国家级教学团队1个，国家级精品课程1门，国家级实验教学示范中心3个，国家级数字化教室3个，国家级本科优势特色专业9个，国家级大学生创新试验计划项目20项。2008年，全区进入国家示范性高职院校建设计划项目学校已达2所。

〔**加强学位与研究生教育**〕 2008年，教育厅组织全区本科普通院校开展2008—2015年学科和学位点中长期规划工作。实施研究生教育创新计划，2008年立项新项目6项，向国务院学位办上报了2009年宁夏回族自治区申请立项项目及经费申请报告，争取国务院研究生教育创新计划区域合作项目经费50万元。开展了优秀硕士论文评选工作。采取外省专家匿名评审办法，全区高校共推荐62篇硕士毕业论文，45篇论文获得了优秀等次，占推荐论文的72.6%。完成了2008年度在职研究生考试考务组织工作。组织3 000多人参加了2008年度在职研究生考试工作。

〔**加强高等教育对外交流与合作**〕 2008年，教育厅组织实施“西部项目”及各类国家公派留学项目。2008年共有71人申报“西部项目”，经评审面试，共录取41名人员出国研修，其中访问学者27人，中学英语教师11人，高等教育行政管理人员3人。推荐1人参加国家公派留学项目，5人参加“新加坡南洋理工大学高校英语教师进修项目”，其中2名“新加坡南洋理工大学高校英语教师进修项目”申请人通过评审被录取。各类项目录取总人数比2007年增加了3人。做好日常对外交流与合作工作。审核批准高校接收外国留学生128人，其中宁夏大学101人，宁夏医学院27人；加强外教聘请管理工作，督促学校完成“十一五”外籍文教专家聘请计划，“十一五”以来首次完成了年度聘请计划；为8所高校及中学全额拨付资助外国文教专家聘请专项经费96.5万元。配合自治区外国专家管理局做好聘请外国专家单位资格核查及年检工作，共对4所学校聘请外国专家单位资格进行了实地核查。根据教育部和国家留学基金委的安排，组织实施了2008年“古巴政府单方奖学金”项目报名、评审和培训工作。共选派73名高中毕业生和1名在职人员赴古巴留学。

撰稿 陈惠英

审稿 陈晓栋

新疆维吾尔自治区教育

概　　况

〔基本情况〕

2008年各级各类学校校数、教职工、专任教师情况

	学校数（所）	教职工数（人）	专任教师数（人）
一、高等教育			
（一）研究生培养机构（不计校数）	（12）		
1. 普通高校	（9）		
2. 科研机构	（3）		
（二）普通高等学校	37	26 731	15 755
1. 本科院校	16	17 731	10 033
其中：独立学院	5	653	476
2. 专科院校	21	9 000	5 722
其中：职业技术学院	16	7 166	4 739
3. 其他机构（点）（不计校数）			
（三）成人高等学校	8	5 030	2 898
（四）民办的其他高等教育机构			
二、中等教育	2 009	149 469	125 801
（一）高中阶段教育	681	149 372	45 790
1. 高中	444	127 092	28 735
普通高中	444	127 092	28 735
成人高中			
2. 中等职业教育	237	22 280	17 055
普通中专	75	8 649	5 381
成人中专	23	2 285	1 966
职业高中	82	3 807	2 586

续表

	学校数（所）	教职工数（人）	专任教师数（人）
技工学校	57	7 539	7 122
其他机构（教学点）（不计校数）	(36)		
（二）初中阶段教育	1 328	97	80 011
1. 普通初中	1 315		79 994
2. 职业初中			
3. 成人初中	13	97	17
三、初等教育			
（一）普通小学	4 159	149 629	132 797
（二）成人小学	424	3 432	1 006
其中：扫盲班	371	2 657	805
四、工读学校			
五、特殊教育	10	420	313
六、学前教育	1 915	20 902	11 938

注：普通高中的教职工数中包含普通初中的教职工数。

2008年各级各类学历教育学生情况

	毕业生数（人）	招生数（人）	在校生数（人）
一、高等教育			
（一）研究生	2 786	3 523	10 317
博　士	132	166	595
硕　士	2 654	3 357	9 722
（二）普通本专科	54 290	65 313	230 971
本　科	25 776	32 378	131 689
专　科	28 514	32 935	99 282
（三）成人本专科	25 758	18 658	54 888
本　科	11 833	6 703	21 521
专　科	13 925	11 955	33 367
（四）其他各类高等学历教育			
1. 在职人员攻读博士、硕士学位		538	1 786
2. 网络本专科生			
本　科			
专　科			
3. 其他			

续表

	毕业生数（人）	招生数（人）	在校生数（人）
二、中等教育	562 039	611 623	1 742 569
（一）高中阶段教育	189 637	261 958	676 493
1. 高中	135 240	147 914	418 701
普通高中	135 240	147 914	418 701
成人高中			
2. 中等职业教育	54 397	114 044	257 792
普通中专	32 537	62 098	150 715
成人中专	3 840	8 271	18 675
职业高中	6 454	21 610	41 611
技工学校	11 566	22 065	46 791
（二）初中阶段教育	372 402	349 665	1 066 076
1. 普通初中	371 858	349 665	1 064 849
2. 职业初中			
3. 成人初中	544		1 227
三、初等教育	560 488	328 647	2 208 042
（一）普通小学	349 300	328 647	2 012 004
（二）成人小学	211 188		196 038
其中：扫盲班	172 022		182 070
四、工读学校			
五、特殊教育	859	840	5 574
六、学前教育	156 135	269 371	395 252

注：特殊教育学生数中包括普通中小学随班就读的学生。

2008 年各级各类非学历教育学生情况

	毕（结）业生数（人）	注册生数（人）
总　计	1 686 997	1 804 163
一、高等教育	127 367	2 583
（一）研究生课程进修班		154
（二）自考助学班		521
（三）普通预科生		
（四）进修及培训	127 367	1 908
其中：资格证书培训	32 947	506
岗位证书培训	16 965	331
二、中等教育	1 559 630	1 801 580

续表

	毕（结）业生数（人）	注册生数（人）
其中：资格证书培训	52 055	30 250
岗位证书培训	22 099	17 483
（一）中等职业教育	100 863	29 032
其中：资格证书培训	35 246	13 272
岗位证书培训	9 122	2 841
（二）职业技术培训机构	1 458 767	1 772 548
其中：资格证书培训	16 809	16 978
岗位证书培训	12 977	14 642

2008 年各级各类民办教育基本情况

	学校数（所）	毕业生数（人）	招生数（人）	在校生数（人）	教职工数（人）	专任教师数（人）	另有其他学生数（人）
一、民办高等教育							
（一）民办高校	8	2 389	5 976	21 941	1 488	1 076	
本科学生		1 581	3 653	14 687			
专科学生		808	2 323	7 254			
其中：独立学院	5	1 618	3 653	14 687	653	476	
本科学生		1 581	3 653	14 687			
专科学生		37					
（二）民办其他高等教育机构							
二、民办中等教育							
（一）高中阶段教育	45	6 262	8 907	25 882	3 823	2 423	1 336
1. 民办普通高中	36	4 587	4 569	14 978	3 287	2 171	
2. 民办中等职业教育	9	1 675	4 338	10 904	536	252	1 336
（二）初中阶段教育	37	5 765	6 315	19 267			
1. 民办普通初中	37	5 765	6 315	19 267			
2. 民办职业初中							
三、民办普通小学	37	6 445	6 334	36 482	2 167	1 731	
四、民办幼儿园	819	35 060	57 513	101 936	8 788	4 762	
另有：民办培训机构（不计校数）	(8)				28	22	1 113

注：1. “另有其他学生数”包括：学历文凭考试学生、自考助学班学生、预科生、进修及培训学生数；
2. 民办普通高中的教职工和专任教师数中包含民办普通初中的教职工和专任教师数；
3. “（ ）”内数据为不计校数。

〔**综述**〕 在党中央、国务院和自治区党委、人民政府高度重视下，截至2008年底，新疆维吾尔自治区已有各级各类学校8 076所，在校学生4 404 784人（不含成人技术培训学校、成人初等学校学生数），其中少数民族学生2 542 856人，占在校学生总数的57%。全区有普通高等学校32所，在校学生230 971人，其中少数民族学生84 641人，占36%；中等职业学校（不含技工学校）180所，在校学生211 001人，其中少数民族学生98 510人，占46%；普通高中444所，在校学生418 701人，其中少数民族学生160 238人，占38%；普通初中1 315所，在校学生1 064 849人，其中少数民族学生660 992人，占62%；小学4 159所，在校学生2 012 004人，其中少数民族学生1 304 441人，占64%；特殊教育学校10所，在校学生5 574人，其中少数民族学生3 286人，占58%；幼儿园1 915所，在园幼儿395 252人，其中少数民族幼儿212 302人，占53%；成人中学13所，在校学生1 227人，其中少数民族学生1 227人，达100%。

基础教育

〔**基础教育实现了“两基”**〕 2008年9月，自治区通过了国家教育督导团对“两基”工作的过程性督导，全区已有92个县、市、区普及了九年义务教育，“两基”人口覆盖率达99.8%，“两基”攻坚目标基本实现。产生了新一届政府督学70人，调整充实了教育督导队伍。

〔**基础教育概况**〕 2008年，全区普通高中444所，比2007年减少10所；在校学生418 701人，比2007年增加1.3%；专任教师28 735人，比2007年增加2.7%；教师学历合格率85.37%，比2007年增加2.1%。普通初中1 315所，比2007年减少61所；在校学生1 064 849人，比2007年减少4.6%；专任教师79 994人，比2007年减少0.3%；教师学历合格率98.81%，比2007年增加0.8%。普通中学校舍建筑面积1 223.1万平方米，比2007年增加5.2%。小学4 159所，比2007年减少430所；在校学生2 012 004人，比2007年减少2.3%；专任教师132 797人，比2007年减少0.6%；教师学历合格率99.44%，比2007年增加0.2%；校舍建筑面积904.5万平方米，比2007年减少0.4%。特殊教育学校10所，比2007年增加1所；在校学生5 574人，比2007年减少12.9%；专任教师313人，比2007年增加5%；校舍建筑面积4.9万平方米，比2007年增加4.3%。幼儿园1 915所，比2007年增加264所；在园幼儿395 252人，比2007年增加9.2%；专任教师11 938人，比2007年增加3.9%；校舍建筑面积169.3万平方米，比2007年增加9.4%。小学学龄儿童入学率99.55%，比2007年增加0.3%；初中阶段适龄少年入学率93.88%，比2006年增加1.56%；初中毕业升入高中阶段（不含技工学校）升学率71.14%，比2007年增加2.1%。

〔**进一步完善以县为主的农村义务教育管理体制**〕 继续贯彻《自治区人民政府关于完善农村义务教育管理体制的实施意见》，明确县级政府对农村义务教育的管理责任。落实县级教育行政部门对农村中小学校长、教师的管理职能，实现教育行政部门对教师继续教育的归口管理。实行了新的农村义务教育经费保障机制，农村义务教育经费保障机制资金16.9亿元，比2007年增加5.76亿元。小学和初中公用经费补助标准提高到生均225元和375元（其中县镇达到240元和390元），全区公用经费6.7亿元、取暖费1.6亿元，从根本上缓解了中小学办学经费紧张的状况。

〔**努力改善办学条件**〕 2008年自治区下达了基建投资编制计划，累计落实各项投资5 348万元，申请自筹基建投资计划1.7亿元，用于校舍建设。自治区加强农村寄宿制建设项目学校的指导与管理，加紧实施农村初中校舍改造等专项工程，继续做好邵逸夫赠款、逸挥赠款、台塑公司捐建学校的建设和管理，建立全区校舍管理信息平台和信息数据库。做好日元贷款人才培养项目管理、实施以及设备采购等工作。完成全区2008—2009年迎"国检"教学仪器设备招标采购，制定了全区中小学教育条件装备标准，全面开展了教育条件装备标准化工作。

〔**加强教师队伍、教材建设，深化课程改革**〕 自治区完成了县（市）幼儿园园长和骨干教师的培训，制定了特殊教育教师培训方案，落实了第一批特教学校教师培训资金，启动了特教教师培训计划，从各地选派50名特教教师，赴南京特教职业技术学院培训。组织编写了特教教材，完成了义务教育小学阶段维语语文聋哑教材和初中教材的编写。争取中央特教补助经费30万元。

进一步深化基础教育课程改革。2008年9月，自治区高中课程改革全面启动。高中课程分为选修和必修，新生不再面临期中、期末考试的压力，取而代之的是每学年四次学段考试。课改必修科目分8个学习领域15个科目，各门学科分若干学习模块教学。为更好地适应课改后的教学工作，自治区分批选派教师参加各级培训，并出台了与课程改革的配套制度，在学科教学、学分管理、综合素质评价、课程评估、高考改革方面形成了政策指导体系。确定了普通高中课程改革实验样本学校，组织了汉语、维吾尔语、哈萨克语高中教师新课程教材网络全员培训和教务管理系统培训。

〔**自治区统一中考**〕 2008年，自治区和兵团全部实行中考统一考试。首府乌鲁木齐市是全疆唯一自行组织、自行命题的地区。全市共有27 273名学生参加中考，比去年增加4 225人。为配合高中新课程改革，2008年乌鲁木齐全面推行了中考等级录取政策，中考体育总分由原来的30分增加到50分，保送生和推荐生由原来的20%扩大到35%，其中保送生占15%，推荐生占20%。在保持2007年中等职业学校与普通高中招生3∶7的基础上，2008年达到3.5∶6.5。

〔**远程教育覆盖九成农村学校**〕 2008年，自治区成立了中小学远程教育中心，进一步促进了自治区教育信息化建设的发展。"新疆中小学教师技术能力建设"计划全面实施，年内完成了7 000余人的网络培训任务和200余人次的项目管理人员培训。继续完善"新疆基础教育资源库"建设，5.2万张同步教学光盘发到全区试点学校，推动了自治区"双语"教学和光盘教学的进展；启动了与中国移动公司新疆分公司"教育信息化全面合作协议"，推进了教育系统信息化建设。到2008年底，自治区86个县（市）的6 000余所农村中小学实现了远程教育"三种模式"的覆盖，94%的农村中小学与城市中小学同步享受优质教育资源。自治区建成农村中小学教学光盘播放点2 101个、卫星教学接收点4 785个、计算机教室1 268间。进一步改善了新疆远程教育网，建立了15个地州市远程教育直播点、300余所中小学直播听课点和1 500个在线直播点，逐步实现了"三种模式"的互联互通。同时，还通过卫星、互联网和有线电视，传输教学和教育电视节目。"新疆教育卫星宽带网"每年播出的教学资源总量达3 000小时左右。"新疆基础教育资源库"拥有汉语、维吾尔语、哈萨克语教育资源756小时。

〔**进一步实施素质教育**〕 2008年，自治区召开了中小学德育工作现场经验交流及德育示范、达标学校命名表彰大会，开展对中等职业学校德育专项督查的前期试点工作。以自治区党委、人民政府名义颁布了《自治区贯彻〈中共中央国务院关于加强青少年体育增强青少年体质的意见〉的实施意见》，组织开展全区"百万学生阳光体育冬季长跑活动"，在大、中、小学生中广泛开展各类体育、音乐、美术类教学评优、竞赛活动，组织文艺汇演、艺术展演，加强校园文化建设、国防教育，学生体质健康监测，要求中小学校配备兼职校医，促进学生全面发展。联合财政厅、建设厅、科协、团委，分两个调研组，开展了青少年校外活动场所建设专项调研，对全区14个县（市）校外活动场所的资金使用、场馆建设与管理进行督查。和田县、墨玉县等14个县市获得国家援建项目。自治区每个县市都有一所青少年校外活动中心，校外活动场所在推进素质教育中发挥了重要作用。

〔**加强中小学安全教育**〕 自治区制定下发了《进一步贯彻中小学公共安全教育指导纲要 认真开展中小学安全教育实施意见》，制作完成了预防地震自然灾害教学光盘，组织编写、印制了中小学汉、维、哈三个语种的安全教育读本19.3万册、挂图12.8万套，每校30本、挂图20套。同时，加大了中小学安全教育督查力度，组织5个专家组，历时20天，赴全区15个地、州、市的25个县（市）78所中小学，开展了安全教育检查。联合公安、安监、建设等部门，对昌吉回族自治州、石河子市15所中小学、幼儿园内外环境治理进行抽查。

〔**加大教育事业投入**〕 2008年，党中央、国务院和自治区党委、人民政府从政策、财力上给予新疆自治区教育工作高度重视和支持，破解了困扰教育事业发展的许多难题。自治区对教育专项投放达到33亿元，投入力度前所未有。自治区党委常委主席联席会议先后近十次专题研究重大教育发展问题，在自治区党委、人民政府高度重视下，农村“普九”欠债全部化解，中小学D级危房改造专项经费已经落实，城市义务教育免除学杂费得以实现，高校贷款化解工作也已启动，农村义务教育保障机制资金和职业教育专项经费大幅增加，农村中小学办学条件极大改善；小学和初中公用经费补助标准提高到225元和375元，自治区239万名农村义务教育阶段学生享受这一政策，覆盖面达100%；农村（含县镇）义务教育阶段家庭经济困难寄宿生生活费补助标准提高到小学每生每学年500元，初中每生每学年750元。自治区24.94万名贫困寄宿生享受这一政策。

安排财政支持教育资金187.7亿元，增长32.3%，自治区教育投入增长率高于全区生产总值和财政收入增长率。自治区城乡免费九年义务教育全面实现，按免除学杂费标准，小学每生每学年补助144元，初中每生每学年补助196元。进城务工人员随迁子女也享受此项政策。

〔**贫困家庭学生资助工作**〕 为确保家庭经济困难学生顺利完成学业，2008年，中央和自治区高度重视家庭经济困难学生资助工作，采取了多种措施。（1）发放国家奖学金、励志奖学金和国家助学金。共有36.6万人次获得国家奖、助学金，发放奖、助学金3.31亿元。其中328人获得国家奖学金，奖金标准为8 000元/学年/生，资金共262万元；有10 512人次获得国家励志奖学金，标准为5 000元/学年/生，资金共3 999万元；有102 304人次获得高等院校国家助学金，平均标准为2 000元/学年/生，资金共9 846万元；有253 261人次（含技工学生）获得中职助学金，资助标准为1 500元/学年/生，资金共18 995万元。（2）稳定学生食堂饭菜价格。2008年，中央和自治区对普通高校家庭经济困难学生进行了临时伙食补贴，中央下达10.4万人次的临时伙食补贴，资金1 242万元；自治区下达39.2万人次的临时伙食补贴，资金3 924万元。（3）对汶川地震重灾区学生特别资助。中央和自治区共下达特别资助经费485.44万元，其中自治区为643名重灾区高等院校学生补助了268.24万元的学费和住宿费；中央为600名重灾区高等院校学生和132名中等职业学校学生补助了217.2万元的学费和生活费。

〔**全面实行免费义务教育**〕（1）解决了农村学生上学难、上学贵的问题。2008年，自治区农村义务教育经费保障机制改革共投入经费16.9亿元，其中中央资金12.61亿元，自治区本级资金3.07亿元，地县财政资金1.26亿元。自治区对242.7万名中小学生免费提供教科书，占教育部门办学义务教育阶段学生总数的 90%，比 2006 年净增 14.7 万人；共有 24.94 万名贫困寄宿生享受生活补助，占全区寄宿生总数的 86%，比 2006 年净增 3.94 万人；共有 239 万名农村义务教育阶段学生享受生均公用经费补助，覆盖面达到 100%；校舍维修改造资金由 2006 年的 1.46 亿元提高到 2008 年的 3.64 亿元，涨幅达 149%。实施新的农村义务教育经费保障机制后，为每个只有一名小学寄宿生的贫困家庭每年减轻经济负担 590 元，为每个只有一名初中寄宿生的贫困家庭每年减轻经济负担 930 元。（2）城市免除学杂费工作顺利实施。从 2008 年秋季学期开始，在全区范围内全部免除城市义务教育阶段学生学杂费。2008 年秋季自治区下达义务教育阶段免学杂费资金 5 035 万元，各地均足额落实配套资金，并拨付到各学校。同时，不断扩大“两免一补”政策惠及面，落实进城务工农民子女和城市弱势家庭子女接受义务教育扶持政策，进一步解决了进城务工人员随迁子女就学问题。

〔**全面推进“农村初中校舍改造工程”**〕 2008 年，自治区共有 30 个县（市）纳入“农村初中校舍改造工程”，分配中央专项资金控制额度 4 亿元。自治区财政安排 2 亿元配套资金，分四年到位。“农村初中校舍改造工程”规划涉及 40 个项目县（市）的 173 所中小学，项目总投资 6 亿元。自治区人民政府出台了《关于对教育工程实行优惠政策的通知》。出台了“工程”实施办法及资金、土建、设备采购管理办法。开展项目学校建筑设计对口支援。举办培训班，提高项目县（市）基建专干业务水平。推行社会中介审计，加强监管，确保资金合理使用。截至 2008 年底，全区共有 79 所学校开工建设，开工率达到 77.45%，其中：在建项目学校 45 所，完工项目学校 34 所，完工率为 33.33%。2008 年新增 40 所项目学校中，已有 17 所开工建设。

职业教育与成人教育

〔**基本情况**〕 截至 2008 年底，职业院校共 255 所，其中高等职业院校 16 所，中等职业学校 239 所（技工学校 50 所）；职业院校在校生总数达 28.91 万人，其中高职院校在校生 6.26 万人，中等职业学校在校生 22.65 万人（技工学校 3.36 万人）；教职工总数 21 907 人，其中专任教师 20 124 人；初中毕业升入高中阶段升学率 71.14%，中职教育占高中阶段教育的 37.56%。

安排中职招生计划近 14.5 万人，而普通高中招生 13.8 万人，全区中职与普通高中招生计划比为 5.2∶4.8，中职招生计划首次超过普通高中招生规模。

努力推动高等职业教育发展，充分发挥国家示范性高职院校的辐射作用，启动了高职示范建设项目和高职特色示范专业建设项目，制定了新的高职人才培养评估方案，率先通过国家批准试点评估。新疆轻工职业技术学院被列入第三批国家示范高职培育建设单位。

〔**各项职业培训全面推进**〕 （1）大力开展农业富余劳动力转移就业培训。自治区党委出台了《关于加强农业富余劳动力转移就业工作的意见》，制定了转移就业培训补贴办法。在全区，特别是南疆三地州实施“一户一人”（“一户一技工”）转移就业和“一年一户一人一技”致富技能工程。（2）协调推进城镇下岗失业人员的创业培训。实施《城镇下岗失业人员技能再就业计划》和《能力促创业计划》。根据市场需求和劳动者就业意愿，开展职业技能培训和鉴定。健全和完善创业促就业工作体系，推行“技能＋创业”培训模式。为创业人员提供项目开发、就业指导、小额信贷、后续扶持等“一条龙”服务。(3)加强高技能人才队伍建设。实施《新技师培养带动计划》，推行高技能人才校企合作培养新模式。重点抓好培养示范基地建设。积极开展职业技能竞赛，拓宽高技能人才成长通道。(4)大力推进职业资格证书制度。实施《国家技能资格导航计划》。推进企业初次认定工作，开展企业技能人才评价试点。加快了职业技能鉴定机构即县级机构建设。(5)以现有县、乡普通中学和中等职业学校为基础，逐步推进劳动预备制培训点建设，面向未能升学的初、高中毕业生进行实用技能培训，全区已建立劳动预备制培训点161个，全年组织3.47万名初、高中毕业生开展劳动预备制培训。

〔**加大职业教育的经费投入**〕 2008年，新疆政府职业教育专项预算达14 081万元，使用情况：配套中央项目经费9 676万元，其中职业院校家庭经济困难学生资助及高职高专学生励志奖学金3 524万元；配套国家级示范性职业院校建设项目资金3 927万元；配套中央中等职业教育基础能力建设项目资金1 800万元；职业教育实训基地建设经费425万元。实施职业教育规划项目资金4 405万元。

2008年，新疆争取了中央资金30 447万元，其中中等职业教育基础能力建设项目资金7 300万元，中央财政支持的职教实训基地项目资金1 330万元，国家示范性高职院校建设项目资金3 330万元，国家职业院校家庭经济困难学生助学金17 057万元，职教实训设备购置及校舍维修项目1 430万元。另外，新疆劳动和社会保障部门2008年投入14 029万元，用于各职业教育园区高技能人才公共实训基地建设和自治区八大支柱产业实训基地建设。

〔**提高职业教育基础能力建设**〕 2008年，新疆政府对自治区职业教育实训基地建设项目共投入资金9 100万元（其中中央国债资金7 300万元，自治区职业教育专项资金1 800万元），支持疏勒县等29所职教中心列入自治区中等职业教育基础能力建设“十一五”规划。重点支持吐鲁番地区技工学校等8所职业院校实训基地建设，投入1 755万元（其中中央资金1 330万元，自治区职教专项资金425万元）。支持新疆职业大学等50所职业院校改善办学条件和设备购置，投入4 345万元（其中中央资金1 430万元，自治区职教专项资金2 915万元）。支持自治区四大职教园区高技能人才公共实训基地建设，自治区投入14 029万元。在中央和自治区的关心支持下，各地不断加大投入，职业院校办学条件明显改善。

〔**成立特色林果业示范培训中心**〕 2008年3月，新疆特色林果业示范培训中心在阿克苏职业技术学院成立。示范中心全面推行“校企合作、工学结合”人才培养模式，大力开展新科技、新技术培训。通过实施“特色林果业百乡千村万户实用人才培训工程”，加大环塔里木地区林果业实用人才队伍建设，为自治区农村经济和社会发展、构建和谐新疆提供强力人才支持和智力保障。

〔**建立职业教育校企合作机制**〕 2008年，自治区首次召开了职业院校与企业合作办学人才供需“订单”培养洽谈会，教育、劳动和社会保障等部门、职业院校、企业共868名代表参加会议。48所职业院校与自治区165家大中型企业在会上达成了合作意向，签订了合作办学协议。命名了9家职业教育实训基地示范企业，并颁发了牌匾。

〔**举办职业技能竞赛**〕 2008年，自治区举办了12个一级和二级技能竞赛，10万人参赛，15名选手获“全国和自治区技术能手”称号，受到表彰奖励。举办了自治区中等职业教育技能比赛暨全国中等职业教育技能大赛新疆区预赛，设立了电子电工、计算机应用技术、数控技术、汽车运用与维修、烹饪、美容美发、服装设计制作与模特表演等七大类19个比赛项目，全疆43所中等职业学校参赛，选手353名。5个参赛单位获团体奖，71名选手分别获一、二、三等奖。选出41名优秀选手，组成新疆代表队参加全国职业院校学生技能大赛，获得二等奖2个、三等奖12个、优秀奖24个。

高 等 教 育

〔**努力提高高等教育质量**〕 组织开展了精品课程评审和高等学校教学名师奖评选工作，评选出新疆大学孙文磊等13名教师为自治区级教学名师；组织开展了自治区级教学成果奖的评审，评出第五届自治区教学成果奖39项，其中一等奖5项，二等奖10项，三等奖24项；启动了自治区级高校实验教学示范中心建设，批准新疆大学“生物学实验教学示范中心”等10个实验教学中心为2008年自治区级实验教学示范中心。组织专家评选确立新增高职高专专业26个；伊犁职业技术学院、巴音郭愣职业技术学院通过了区内外专家的人才培养水平评估；新疆轻工职业技术学院进入“国家示范性高等职业院校建设计划”；评选出2008年自治区级高职院校教学名师6人，新疆农业职业技术学院丑武江荣获国家级教学名师奖。完成了第四轮职业教育实训基地建设项目设点院校遴选工作。组织自治区高职院校参加首次“高职组”全国职业院校技能大赛。组织高等院校开展科研项目立项建设工作，25所高等院校推荐的163项项目中，推荐立项项目133项，资助总额400万元。启动自治区高等院校大学英语教学改革研究项目立项，首批立项15项。有74项通过了自治区高等院校科研计划项目结题验收，获优秀（A级）32项，良好（B级）35项，合格（C级）7项。对2006年立项项目进行了中期检查，101个项目中，优秀（A级）34项，良好（B级）56项，合格（C级）11项。促进了自治区高等教育的持续、协调、健康发展。

〔**大学生赴基层实习支教**〕 2008年，自治区加大了推进大学生赴基层学校实习支教计划力度。增派新疆农业大学民语言专业学生赴阿克苏地区柯坪县基层学校实习支教；联系区外高等师范院校来自治区实习支教取得了突破性进展，区内外13所本科院校的6 000余名学生在自治区开展实习支教工作。西北师范大学180名高年级师范生到阿克苏地区实习支教，实现了区外院校来自治区实习支教零的突破。经与陕西、甘肃等省教育厅及部分高师院校协商，达成了内地省十余所高师院校选派高年级师范专业学生来自治区实习支教意向。自治区提高了实习支教补助费，生活补贴由2007年的每人每月200元提高到400元，2008年，自治区拨付各高校实习支教补助经费996.62万元。

〔**推进高等院校招生“阳光工程”**〕 2008年，自治区有16.80万名考生参加高考，比2007年增加1.32万人，创历年之最。1 200余所院校在疆招生，共录取考生9.92万人，录取率为59%，居全国中等水平。自治区高考招生呈现出新的特点。（1）对招生考试公平、公正的认识进一步提高。（2）创新工作机制，保证招生录取公开、公平与公正。高等院校招生首次在第二志愿实行平行志愿；实行包片包干，采用高科技手段防范作弊，建立网上诚信和视频会议系统，促使考生诚信意识不断增强，考风考纪进一步好转。（3）严查“高考移民”。查出“高考移民”936人，其中59人取消录取后入学资格。（4）建构立体交叉监督网络。（5）强化新闻舆论监督。（6）建立健全监督管理机制。严格执行招生工作“六公开”和“六不准”要求。（7）打造信息公示和查询平台。发挥“新疆招生网”、《新疆招生与考试》主渠道作用，通过新闻媒体公开信息，最大限度地满足社会和考生的知情权。（8）严格招生政策和录取标准。从严执行加分政策，对优秀学生、“民考汉”、“汉考民”等考生实行照顾，划出部分区内院校招生计划，照顾录取925名南疆三地州考生。（9）营造公开、公平、公正氛围。建立健全招生监督机制和责任追究制度，使录取工作在制度规范和严格监督下阳光进行。（10）加大了对非法中介、招生诈骗行为的打击力度。自治区出台了《新疆维吾尔自治区国家教育考试突发事件应急处置预案实施细则（暂行）》和《新疆维吾尔自治区国家教育考试突发极端事件应急处置具体办法》，开展了专门培训和演练，保证了高校招生"阳光工程"的深入实施。

〔**努力做好高等院校毕业生就业工作**〕 2008年，自治区高等院校毕业生就业率达到70%以上。其中毕业研究生2 891人，比2007年增加703人，增幅达24.32%。毕业研究生已就业2 111人，就业率为73.02%；师范类本科毕业生14 263人，比2007年增加609人，增幅为4.27%。师范类本专科毕业生已就业11 235人，就业率为78.77%。到基层和非公有制单位就业的毕业生人数比2007年提高了10%。为扩大高校毕业生就业率，自治区采取了以下有力措施。(1) 开展高等院校毕业生就业督查。(2) 对地震灾区高等院校毕业生就业援助。汶川地震后，自治区按照"优先安排、重点推荐、保障上岗"原则，腾出100个就业岗位，帮助灾区毕业生就业；自治区教育厅对全国地震灾区在新疆高校学习的受灾学生每人发放500元补助金，有灾区生源的高等院校均采取发放补助金和生活补贴等措施；自治区教育厅、人事厅、乌鲁木齐市人事局联合主办，四川驻疆办事处协办，在乌鲁木齐市人才服务中心举办了"震灾无情 爱在首府——援助灾区学子，爱心送岗主题公益活动"现场招聘会。(3) 建立高等院校毕业生就业见习基地。在5个地州、10个县（市）、20个单位建立了高校毕业生就业见习基地，安排700余名高等院校毕业生到基地见习。(4) 推行技能培训，增强毕业生就业能力。按市场和就业需求，在各院校推行"双证书"（学历证书和职业资格证书），利用课余和假期举办技能培训、创业培训和强化少数民族大中专毕业生汉语言能力培训。(5) 建立校企合作机制。共有9所高等院校与昌吉州人事局签定了合作协议书，建立校企合作就业机制和联席会议制度，进一步拓宽了高等院校毕业生就业渠道，也为企业培养了专门人才。

〔**282名高等院校毕业生到村任职**〕 自治区以高等院校应届毕业生为重点，选聘了282名高校毕业生到村任职。其中，从区内全日制普通高校本科以上毕业生中选聘90名；从区外院校毕业生中选聘60名到伊犁哈萨克自治州尼勒克县，塔城地区托里县，阿勒泰地区吉木乃县，阿克苏地区乌什县，和田地区墨玉县，克孜勒苏柯尔克孜自治州阿克陶县，喀什地区疏勒县、莎车县条件较好的村任职；从全区各地已经在村任职的全日制普通高等院校大专以上毕业的优秀村干部中转聘100名；从参加"三支一扶"、"志愿服务西部计划"等活动期满的高等院校毕业生中选聘32名。

到村任职的高等院校毕业生为"村级组织特设岗位"人员，系非公务员，工作管理及考核比照公务员规定进行，由乡镇党委、政府负责。人事档案由县、市人事部门所属人才服务机构免费代理，户口落在任职的县、市政府所在地，党团组织关系转至所在村。到村任职高等院校毕业生生活补贴、津贴、养老社会保险、基本医疗保险、人身意外伤害保险、采暖补贴（夏季高温补贴）、一次性安置费和交通购置补贴及岗前培训费等由自治区财政专项安排。

民族教育

〔**综述**〕 继续实施"少数民族高层次骨干人才计划"，共录取博士研究生96名，硕士研究生241名。自治区加强了高等教育民文和特色教材建设，资助立项18套教材，分配项目资助经费54.5万元。自治区党委、人民政府出台了《关于进一步加强少数民族学前和中小学"双语"教学工作的若干意见》；启动了《自治区“双语”教育十年规划》课题研究；开展了自治区“双语”课堂教学示范月远程同步直播活动；构建了“双语”教师培训教材体系，组织编写了中小学“双语”教学《汉语》母语文教材，修订、改版了学前“双语”教材和1998年版《汉语》教材，制作了汉语强化培训课件资源。国家、自治区投入巨资，启动了“国家少数民族‘双语’幼儿园建设工程”，小学“双语”教师补充计划相继启动；农村学前“双语”教师聘用经费提高到800元，并解决了“三金”问题，大大提高了学前“双语”教师岗位的吸引力；启动了以南疆为重点的“自治区贫困地区学前‘双语’教师培养、培训计划”，首批招收575名学前教育特培生，1 111名学前教师在地州接受培训；出台了中等师范学校学前“双语”教育专业培养指导方案；启动了学前教育专业高年级学生实习支教试点，500余名新疆幼儿师范学生赴南疆实习支教。开展“双语”教师培训质量建设年活动，选拔2 292名少数民族教师参训，有力地缓解了学前“双语”教师的紧缺状况。同时，组织8 000余人次教师培训学员学历提升考试。2008年，国家加大了对新疆少数民族“双语”幼儿教育的扶持力度，重点实施“双语”幼儿园建设工程和保障工程，投入到喀什、和田、克尔克孜自治州及阿克苏地区柯坪县、乌什县等地县学前“双语”教育扶持资金4亿元。重点建设“双语”幼儿园214所，2亿元用于少数民族“双语”幼儿园发展保障，投入到喀什、和田、克尔克孜州、阿克苏、伊犁、塔城、阿勒泰七地州及托克逊县、吐鲁番市、伊吾县、巴里坤县、木垒县、温泉县、若羌县、尉犁县、和静县九县市，用于“双语”幼儿园可持续发展。投入学前“双语”教师工资补助、幼儿伙食补助、幼儿读本补助、基础设施建设补助资金1.03亿元。

自治区面向初中毕业生、未升学普通高中毕业生群体招生，凡受过九年义务教育的青年，只要愿意，不管是应届还是历届，均可到中职学校学习。南北疆之间职业教育合作办学进一步推进，喀什地区3 702名少数民族初、高中毕业生通过合作办学进入乌昌地区中等职业学校，喀什地区给予每名学生500元学费补助，乌昌地区职业院校为这批学生减免了部分学费、住宿费，并优先推荐其就业。

新疆区内初中班完成5 412人的招生任务。到2008年9月，区内初中班在校生规模达1.5万人，办班学校17所。72%的毕业生升入内地新疆高中班，未升入内地新疆高中班的毕业生进入区内高中班学习。

内地新疆高中班共录取新生5 412人，比2007年增加412人，其中少数民族学生占90%。农牧民子女录取比例达68%，比2007年提高了近3个百分点。共有16名“双语”口语大赛获奖者和3 150名农村计划生育领证家庭子女享受了加分奖励政策。到9月，内高班在校生已达1.75万人，办班城市28个，办班学校50所。1 400余名内高班毕业生高考总录取率达95%，本科录取率达91%。中央财政专项解决了内高班扩招基建、交通工具费；各办班城市承担了内高班经常性经费，年生均经费超过国家规定的6 000元标准，绝大部分城市达到万元；首届近千名内高班大学毕业生一次就业率达75%。

新疆区内高中班完成了745人的招生任务，农牧民子女录取比例提高到90%。截至2008年9月，新疆区内高中班在校生905人，办班城市8个，办班学校8所。

〔**重点扶持南疆三地州教育事业**〕（1）以推进塔什库尔干县实现“两基”为重点，加快扶持南疆地区，特别是山区、边远县做好“两基”巩固提高工作。通过改扩建县镇学校，改善办学条件，使边远山区学生寄宿就学。（2）通过加大高中阶段学生助学力度，扶持南疆三地州扩大中职教育规模，加大与内地职业院校和北疆职教发达地区对口帮扶力度，使南疆三地州初中毕业升高中学生比例由2006年的21.58%提高到2012年的50%左右。（3）重点支持南疆三地州及阿克苏地区乌什县、柯坪县率先普及学前“双语”教学；进一步完善南疆三地州农村中小学现代远程教育，实现远程教育设施在“双语”教学中班班通、堂堂用；扶持南疆地区改扩建汉语言中小学校，稳步扩大“双语”教学覆盖面；通过重点扶持南疆三地州地、县两级“双语”教师培训、扩充“双语”教师编制、扩大实习支教和对口支教规模等，改变南疆“双语”教师“一缺两低”（缺少“双语”教师，教师“双语”水平低、教学质量低）的状况。

〔**加强农村教师队伍建设**〕 开展了地区级中小学及学前少数民族45岁以下“双语”教师全员培训；推进实施自治区“人才储备编制暨农村义务教育阶段学校教师特设岗位计划”，面向全国公开选拔2 347名“特岗”教师，安排到77个县市农村学校任教；开展新一轮教育对口支援，表彰122名“自治区优秀支教教师”；全年实习支教学生4 000余人次，提高了支教学生生活补贴。协调内地高校学生来疆支教，西北师范大学首批180名高年级学生赴阿克苏地区实习支教。拓展农村教师培训规模，全年培训教师9万余人次，其中远程培训7.2万余人次，“送教下乡”培训6 500人次。农村中小学中青年骨干教师培训、班主任培训、教育技术能力培训全面开展，教师培训覆盖面进一步扩大。开展了农村“代课教师”问题调研，建立了少数民族教师“双语”教学补充新机制。

〔**强化中小学教师继续教育**〕 自治区共组织完成“教育部　浙江省援助新疆中小学教师培训计划”、“中西部农村义务教育学校教师国家级远程培训计划”、“西部中小学初中体育教师培训计划”和“新进高中课改省区高中教师新课程远程培训工程”4项部级重点教师培训项目；完成“新疆中小学中青年骨干教师培训计划”、“新疆中小学班主任培训计划”、“特岗”教师岗前培训、民语言高中骨干教师新课程培训、“自治区学前‘双语’师资培训工程”、“新疆中小学教师教育技术能力建设计划”6项自治区级重点师资培训项目，完成了“英特尔·未来教育”项目培训、“国家贫困地区少数民族汉语教师普通话培训”、“联合国—儿基会爱生学校师资培训”3项国家级专项师资培训。同时，深入开展中小学教师继续教育，打破了传统集中培训模式，通过远程培训、校本培训，送教培训等方式，扩大了教师培训覆盖面。2008年，新疆各类教师培训92 390人次，其中远程培训72 252人次，集中培训7 918人，“送教下乡”培训6 430人次，组织研讨课5 790人次。

撰稿　程　彬
审稿　唐晓冰

新疆生产建设兵团教育

概　况

〔**基本情况**〕

2008年各级各类学校校数、教职工、专任教师情况

学校类别	学校数（所）	教职工数（人）	专任教师数（人）
合　计	704	44 066	34 472
一、普通学校	701	43 035	33 816
1. 普通高校	4	4 143	2 497
其中：本科			
研究生			569

续表

学校类别	学校数（所）	教职工数（人）	专任教师数（人）
其中：博士生			
硕士生			
2. 中等职业学校	22	1 841	1 075
其中：中等技术学校	20	1 704	985
中等师范学校	1	111	74
职业高中	1	26	16
其他机构（教学点）	3		
3. 普通中学	258	17 674	14 271
其中：高中	69		4 348
初中	189		9 923
4. 小学	245	16 522	14 272
5. 幼儿园	172	2 855	1 701
二、成人学校	3	1 031	656
1. 成人高校	2	947	586
其中：普通高校成教院	2		
2. 成人中专学校	1	84	70
其中：教师进修学校			

2008 年各级各类学历教育学生情况

学校类别	毕业生数（人）	招生数（人）	在校生数（人）
合　　计	152 033	162 329	576 285
一、普通学校	147 720	155 738	560 498
1. 普通高校	9 112	12 118	41 581
其中：本科	6 693	8 222	31 797
研究生	449	704	1 998
其中：博士生	23	38	96
硕士生	426	666	1 902
2. 中等职业学校	7 182	13 361	33 367
其中：中等技术学校	6 844	12 560	32 022
中等师范学校	37	519	705
职业高中	31	96	198
其他机构（教学点）	270	186	442
3. 普通中学	63 930	68 207	202 408
其中：高中	21 153	20 151	61 728
初中	42 777	48 056	140 680
4. 小学	45 875	36 094	238 625
5. 幼儿园	21 621	25 958	44 517
二、成人学校	4 313	6 591	15 787
1. 成人高校	4 123	3 365	10 638
其中：普通高校成教院	3 139	2 834	9 465
2. 成人中专学校	190	3 226	5 149
其中：教师进修学校			

〔**综述**〕 2008年国家下达新疆生产建设兵团研究生计划677人，其中博士35人、硕士642人，比2007年增加111人，增长19.61%。博士计划完成108.57%，硕士计划完成102.33%，学生报到率均为100%。下达兵团普通高等教育本专科生计划12 211人，其中本科8 209人，专科4 002人，比2007年增长811人，增长7.11%，其中本科增加109人，专科增加702人。本科计划完成7 751人，学生报到率为94.42%；专科计划完成3 033，学生报到率为75.78%。

〔**接受邵逸夫捐款**〕 2008年邵氏基金继续捐赠新疆兵团教育事业，捐赠240万港币用于建设4个中学项目。自1994年以来，兵团共获邵氏教育捐赠项目13批，累计捐助金额6 700万港元；安排项目157个，总投资35 400万元，新建改扩建校舍356 699平方米。邵氏赠款不仅大大支持了兵团教育事业，还有效地带动了兵团各师团对教育的投入。

〔**继续实施西部人才培养特别项目**〕 2008年是兵团实施第二轮“西部人才培养特别项目”的最后一年。兵团加大了项目宣传力度，共选派35名各类教师和科研人员出国进修访问学习，其中中学英语、高级行政管理两个子项目派出20人，较好地完成了年初计划。兵团自2003年实施该项目以来，在教育部、国家留学基金委员会秘书处的大力支持下，已录取各类留学人员171人，其中子项目录取77人。截至2008年底已派出103人，其中子项目派出58人。

〔**启动了2008年古巴政府单方奖学金项目**〕根据2007年10月16日教育部与古巴高教部、教育部签署的《2008—2011年度教育交流协议》，2008年兵团启动了古巴政府单方奖学金项目，选派符合条件的青年学生赴古巴留学，由古巴政府全额资助。为做好选派工作，兵团制定了《新疆生产建设兵团2008年古巴政府单方奖学金项目实施方案》，下发了遴选工作的通知，召开协调会议，并在兵团新绿洲网、兵团教研网上公布选拔信息。为了保证选派人员的质量，采取以“个人申请、专家评审、心理专家测试、择优录取”的选拔原则，严格选拔标准（高中生项目必须为高考二本线以上），严格程序，共选派了16名高中生和1名在职人员赴古巴留学深造。

〔**王盛水贫困女童助学基金会继续资助兵团贫困高中学生**〕 为资助贫困家庭学生完成学业，2008年中国老教授协会副会长王盛水教授设立的“王盛水贫困女童助学基金”第三批资助兵团农三师民族中学20名优秀贫困高中女生，每人每年资助500元，从高一连续资助到高三，共计金额3万元。至此，王教授已资助兵团三批贫困学生，60名高中贫困学生受到资助，资助总金额为9万元。

〔**加大治理教育乱收费力度**〕 2008年兵团各级党政继续加大治理教育乱收费工作力度，注重发挥兵团治理教育乱收费局际联席会议的作用，认真落实治理教育乱收费工作目标责任制，春秋两季开学后对学校收费情况进行专项检查，重点对落实义务教育经费保障机制、在职教师有偿补课行为、中小学教辅材料管理等方面进行检查。通过加大检查和宣传工作力度，学校收费行为得到进一步规范，群众投诉大幅度减少，教育乱收费治理工作取得明显成效。全年共计清查出违规收费金额125.636 1万元，清退125.636 1万元，通报批评2人次，撤职4人，其中包括撤职2名校长。

〔**加强纪检监察和纠风工作**〕 2008年，围绕学习贯彻党的十七大精神，兵团教育局机关不断加强纪检监察和纠风工作，努力推进惩治和预防腐败体系建设，先后研究制定出台了《兵团教育局（体育局）党风廉政建设责任书》、《教育局（体育局）对不正当交易行为集中进行自查自纠实施方案》、《贯彻落实中共中央“预防和惩治腐败体系2008—2012年工作规划”任务分工意见》等一系列文件、规定。教育局加强与兵团监察局、纠风办、兵团治贿办等有关部门的协调工作，主动争取支持，互通情况，确保各专项工作得以顺利实施。此外，利用网络加强反腐倡廉教育，在国家主流论坛上发贴（网评）2篇。

基础教育

〔**完善义务教育经费保障新机制**〕 按照国务院的要求，在财政部、教育部的大力支持下，2008年兵团调整完善了团场义务教育经费保障机制改革有关政策。(1)“两免一补”政策覆盖面扩大，标准提高。向团场义务教育阶段所有学生近30万人免费提供教科书，同时扩大免费品种，提高国家课程免费教科书的补助标准，从小学生均70元/年、初中生均140元/年提高到小学生均90元/年、初中生均180元/年；全部免除团场义务教育阶段学生的学杂费，受惠学生37.89万人；对团场义务教育阶段家庭经济困难寄宿学生给予生活费补助（小学600元/年、初中900元/年），受惠面由55%上升到74%，受惠学生由3.78万人扩大到5.22万人，新增受惠学生1.44万人；提高团场中小学生均公用经费补助基本标准，提前落实并超过全国农村中小学公用经费基准定额，小学生均达到425元/年,初中生均达到660元/年。(2)落实并逐步完善兵团团场义务教育阶段中小学校舍维修改造长效机制。在做好校舍普查的基础上，全年共安排专项资金4 600万元，用于团场义务教育学校危房改造。(3)积极推进团场中小学预算编制改革，制定《兵团团场义务教育学校预算管理暂行办法》，进一步完善团场中小学预算制度，加强了团场中小学财务管理的规范化，提高了学校的管理水平。(4)加大了教育经费的审计力度，兵团教育局、审计局、财务局联合下发了《关于做好教育审计工作的通知》和《关于加强和规范建设工程项目全过程审计的意见》，对兵团12个师23个团场2007年度义务教育经费保障及使用管理情况进行了审计。新机制在兵团的全面实施，切实减轻了团场职工的教育负担，团场义务教育全面纳入了公共财政保障范围，从根本上消除了团场孩子因为家庭经济困难而辍学的现象，有效地巩固了“两基”成果。据统计，2008年免除学杂费和向全体学生免费提供教科书后，团场小学生平均减负198元、初中生减负312元；同时享受寄宿生生活补助的团场小学生平均减负达798元、初中生均减负达1 212元。

〔**团场初中校舍改造工程**〕 2008年，国家投入专项资金2亿元，从2007年至2010年分四年在兵团实施“团场初中校舍改造工程”，用于支持80个团场的92所项目学校初中生活设施的建设。2008年在兵团各级党政的支持下，在各部门通力合作和项目单位及建设单位的共同努力下，“工程”进展顺利。2008年实施建设34所项目学校的99个单体土建项目，新建校舍面积81 700平方米，资金投入8 175万元。截至年底，34个项目学校的99个单体工程已全部开工。其中竣工项目学校28个，竣工面积68 465平方米，占批复面积的83.8%，完成投资6 885万元，占批复资金的84.9%；6个项目学校在建，累计在建面积14 046平方米，累计完成投资5 849万元。

〔**团场中小学水冲式厕所建设工程**〕 2008年，兵团党委继续将“团场中小学水冲式厕所建设工程”纳入为职工群众办“十件实事”计划中，共安排建设团场学校水冲厕所80座，建筑面积17 812平方米，总投资1 713.6万元，其中兵团本级1 280万元，师团配套433.6万元。通过一年的实施，所有项目均已竣工，大大地改善了项目学校的卫生条件。

〔**校舍安全排查**〕 根据教育部、住房和城乡建设部《关于做好学校校舍抗震安全排查及有关事项的通知》，兵团对教育系统校舍进行了拉网式排查及对校舍抗震设防进行鉴定，在此基础上对校舍危房进行三次核实，为兵团制定兵团学校校舍抗震加固改造和校舍维修改造方案及学校建设规划提供了基本的依据。2008年，兵团教育系统有校舍446.8万平方米，未达到2001年抗震设防标准的校舍为196.8万平方米，占总面积的44%。其中危房面积44.5万平方米，占总面积的10%；D级危房面积12.4万平方米，占危房面积的27.6%。

〔**启动城市义务教育保障机制工作**〕 在充分做好城市义务教育阶段学生免杂费工作调研的基础上，兵团从2008年秋季开学起，全部免除在城市举办的义务教育学校学生学杂费。2008年秋季学期共免除城市义务教育阶段学生学杂费513.4万元，其中中央专项437万元，兵团本级财政76.4万元，免杂费的标准按照自治区"一费制"的标准（小学144元/生・年，初中196元/生・年）来执行，受惠学生74 549人；同时向城市家庭经济困难学生31 750人免费提供教科书，每人补助标准为小学90元/生・年，初中180元/生・年，兵团2008年共拨付专项资金396.2万元，确保了城市义务教育阶段学生不因贫困失学、辍学。

〔**兵团援建自治区少数民族"双语"幼儿园工程**〕 2008年，新疆生产建设兵团与新疆维吾尔自治区人民政府签署了《兵团援建自治区少数民族"双语"幼儿园工程协议书》。根据协议，2008—2012年，兵团每年承担"工程"建设资金700万元，五年共承担"工程"建设资金3 500万元，用于资助喀什地区、和田地区、克孜勒苏柯尔克孜自治州、塔城地区、阿勒泰地区、哈密地区、阿克苏地区、巴州、博州、昌吉新建27所乡镇少数民族"双语"幼儿园。

〔**开展中小学教育教学检查**〕 2008年6月30日，兵团教育局下发了《关于开展中小学教育教学工作检查的通知》。在团场完成教育教学工作自查和各师教育局对所属学校开展全面检查的基础上，兵团教育局组成三个检查组，于11月21日—30日对一师、三师、四师、六师、十师、十三师所属21所学校，采取了听汇报、查阅资料、推门听课、召开师生座谈会、实地查看等方式，对中小学规范办学行为、师资队伍建设、德育工作、安全工作、阳光体育运动、学前"双语"教学等工作进行了检查，并对中小学教育教学工作取得的主要成绩、存在的主要问题和加强兵团教育教学管理工作建设情况进行了通报。大家认为，兵团基础教育应由规模发展转变到内涵发展上来，应更加关注优先发展、内涵发展、协调发展、规范发展，在深化改革、加强管理、提高质量上下功夫，努力办好让职工群众满意的教育。此次检查对进一步加强和规范兵团中小学各项管理工作、整体提升兵团中小学办学水平起到了促进作用。

〔**兵团少数民族中小学及学前"双语"教学工作**〕 为深化少数民族教育改革，提高少数民族教育质量，培养大批政治可靠、民汉兼通的少数民族人才，进一步加强少数民族中小学及学前"双语"教学工作，2008年6月2日，兵团召开了兵团少数民族"双语"教学工作电视电话会议，对兵团少数民族中小学及学前"双语"教学工作提出了全面要求。会议出台了《兵团关于加强少数民族中小学及学前"双语"教学的意见》和配套文件等5个文件。为贯彻落实会议精神，兵团教育局对兵团少数民族中小学及学前"双语"教育进行了专项调研，详细了解了兵团少数民族中小学及学前"双语"教育的基本情况；落实了学前"双语"教学补助专项经费。各师根据文件精神也制定了相应规定及配套措施。

〔**加大中小学校长培训力度**〕 根据教育部《中小学校长培训规定》，兵团2008年加大了校长队伍培训的力度，举办各类校长培训班六期，共培训中小学校长476人次。其中，举办任职资格培训班两期，培训中小学校长104人；在华东师范大学举办中小学校长提高培训班一期，培训50人；由教育部、中国移动通信有限公司联合实施"中国移动西部农村中小学校长培训项目"培训班一期，培训40人；农村寄宿制学校校长远程培训100人；"农远工程"项目学校校长远程培训150人。同时，组织参加国家级培训校长32人。

〔**加大中小学少数民族教师双语培训力度**〕 兵团从加强管理、提高培训质量入手，2008年进一步加大了"双语"教师培训力度。（1）将2008年定为"中小学少数民族'双语'教师培训工作质量建设年"，启动实施"双语"教师培训工作质量建设工程，结合对"双语"教师培训工作的评估情况，对培训工作进行了有重点的检查、整改、提高。(2) 认真总结前几期培训工作经验，针对存在的问题，开展了对“双语”培训工作的专题调研，加大了政策研究工作力度，出台了《兵团中小学少数民族“双语”教师培训教学质量评价标准》(试行) 和《兵团中小学少数民族“双语”教师培训教学实习工作管理暂行办法》。为了提高质量，便于管理，将承担少数民族“双语”教师培训任务的6所院校减少为4所院校。(3) 举办了“双语”教师汉语基本功大赛，以展示“双语”教师的学习成果及各院校培训效果。经过两年的脱产学习，在兵团教育学院、塔里木大学、兵团电大、兵团民族师范学校、石河子师范学校参加第二期“二年制”脱产学习的237名中小学少数民族“双语”教师，一次性结业217人，结业率为91.6%。有76人通过自治区专设的自学考试“双语教育”专业考试，其中62人通过毕业设计合格后，可以领取“双语教育”专业本科毕业证，14人可以领取“双语教育”专业专科毕业证。

〔**认真执行教师特设岗位计划**〕 2008年国家下达兵团特岗教师计划400名，兵团认真执行并采取了如下措施。(1) 认真总结经验，完善政策。制定下发了《兵团2008年农村义务教育阶段学校教师特设岗位计划实施方案》。(2) 认真组织招聘工作。共有6 021人报名应聘，经过审查，有4 550人符合初审条件进入考试；招聘工作坚持公平、公正、公开的原则，并邀请兵团人事局、编办、各师教育局派人全程参与、监督招聘工作；应聘者要通过教育理论考试、课堂教学技能测试、体检等程序，平等竞争，招聘工作规范有序。(3) 加强岗前培训，制定详细培训计划，聘请有经验专家对被正式录取的教师进行了为期15天的岗前培训，当年共有386名特岗教师持报到证上岗。

职业教育与成人教育

〔**兵团中等职业学校办学规模稳步扩大**〕 2008年，兵团认真统筹区域内的高中阶段招生工作，下大力气调整高中阶段教育结构。兵团中职学校积极面向初中毕业生、未升学普通高中毕业生、复转军人等群体招生，当年中职招生人数达1.65万人，顺利完成2008年教育部下达兵团的1.6万中职招生任务；在校生规模由2005年的20 412人增加到2008年的38 516人，增幅为89%；校均在校生规模由2005年的704人扩大到2008年的1 675人，增幅为138%，扩大了兵团高中阶段职业教育规模，调整了兵团高中阶段教育结构。

〔**加强中职教师培训**〕 2008年，兵团组织54名中职学校专业骨干教师赴山西大学、华中科技大学、湖北工业大学等职教师资基地参加国家级和兵团级培训，10名教师在国家级培训过程中因成绩优秀被评为优秀学员，优秀率达到50%。2名学员获得赴德国进修的机会。兵团首次开始实施紧缺专业特聘兼职教师资助项目，中央和兵团共设立20万元专项经费，2008年资助15个专业特聘兼职教师34名，为不断完善兼职教师聘用制度，创新职业学校用人机制打下了坚实基础。

〔**参加全国中等职业教育技能大赛再创佳绩**〕 2008年，经过兵团中职学校和兵团的层层选拔，由兵团工贸学校、石河子工程技术学校和石河子职业技术学院40名学生组成的兵团代表队，在由教育部、信息产业部、交通部、天津市政府等12个单位联合举办的2008年全国职业院校技能大赛中，共参加了高职学生组数控技术、机电一体化2类2个比赛项目和中职学生组汽车维修、电工电子技术、数控技术、服装设计制作与模特表演、烹饪、计算机技术等6类17个竞赛项目的比赛，荣获奖项总数36个，其中，二等奖4个，三等奖9个，优秀奖23个。兵团代表队的获奖总数已连续两年在西北地区名列前茅。通过组织中职学校参加技能大赛，兵团职业院校更加重视培养学生实践能力和职业技能，教师提高实践教学能力的积极性不断增强。

〔**兵团中等职业学校办学水平进一步提高**〕 2008年，兵团重点中职学校和兵团级重点专业评估工作相继启动。截至2008年底，共建成国家级重点中职学校4所，兵团级重点中职学校3所，占中职学校总数的30%；在6所学校建成6个兵团级重点专业、11个重点专业点的同时，完成11个中央财政支持的职业教育实训基地建设，进一步加强了中职学生实践能力的培养。

〔**团场实用人才培养"万名中专生计划"顺利实施**〕 兵团农业局、人事局、财务局、教育局、劳动和社会保障局从2007年启动团场实用人才培养"万名中专生计划"。该项计划主要依托农业广播电视学校，充分运用多种途径和手段，发挥现代远程教育网络的作用。到2008年，已为团场培养6 000余名具有中专学历的从事种植、养殖、加工等生产活动的种养能手、经营管理能人、能工巧匠和连队科技人员等实用型人才。

高等教育

〔**高等学校本科教学质量和教学改革工程增加新项目**〕 2008年，兵团高校在"高等学校本科教学质量和教学改革工程"项目立项上有新突破。(1) 塔里木大学的农学专业被教育部批准为第三批高等学校特色专业建设点；(2) 石河子大学的经济与管理实验中心被教育部批准为2008年度国家级实验教学示范中心建设单位；(3) 石河子大学被教育部、财政部列为国家第二批大学生创新性实验计划项目建设学校，涉及国家大学生创新性实验计划20项。

〔**兵团高校新增专业和精品课程**〕 2008年，经兵团高等学校专业设置评审委员会评审，教育部审核批准兵团高校新增汉语言、应用物理学、国际经济与贸易、中国少数民族语言文学、通信工程5个本科专业和食品机械与管理、纺织品检验与贸易、工程造价、汽车技术服务与营销4个高职专业。新增专业于2009年正式招生。

2008年经兵团精品课程专家组评审并经教育局审核，兵团确立并建设10门兵团级本科精品课程和4门高职精品课程。至此，兵团已建设的兵团级本科精品课程有20门，高职高专精品课程9门，有2门省级课程入选国家精品课程。

〔**石河子职业技术学院列入国家示范性高等职业院校立项建设院校**〕 2008年7月，石河子职业技术学院被教育部、财政部批准为2008年国家示范性高等职业院校建设计划立项建设院校，重点建设食品加工技术、农业机械应用技术和灌溉与排水技术（节水方向）三个专业，获得了三年总额度为1 700万元的国家资金投入，本年度计划投入资金额度为940万元，从而为兵团高等职业教育发展提供了有利机遇。

〔**加强高校对口支援工作**〕 2008年12月30日，经教育部批准，华中理工大学与石河子大学正式确立了对口支援关系。这是继北京大学、天津大学之后第三所对口支援石河子大学的内地高校。

〔**高校科研工作**〕 2008年，石河子大学获得教育部科学技术研究重点项目立项3个，获取国家支持科研经费6万元。这三个立项项目分别为：盛金良主持的《绵羊beta-防御素在肠道抗感染作用研究》；李景彬主持的《加工番茄自动分选装置的关键技术研究》；谭勇主持的《新疆红景天种质资源及其药材质量控制研究》。石河子大学的杨兴全和冯建荣教授入选2008年度教育部新世纪优秀人才支持计划。

〔**举办全国第二届大学生艺术展演兵团选拔赛**〕 为选拔兵团高校优秀节目和作品参加教育部举办的全国第二届大学生艺术展演，兵团在石河子大学举办了全国第二届大学生艺术展演兵团选拔赛，评选出充分体现兵团大学生文化艺术创作风采和水平的包括美术、书法、摄影作品等多项内容的获奖展品43件参加全国展演，其中石河子大学有6件参赛作品分获全国大赛一、二等奖，有6名教师分获优秀指导教师一、二等奖。

〔**高校学生资助工作**〕 2008 年，兵团高校学生资助工作顺利进行。石河子职业技术学院被列入中央部门所属高校，享受国家高校学生资助政策，所有资助经费由中央财政全部承担；2008 年，兵团 4 所高校享受国家奖学金、国家励志奖学金、国家助学金人数共计 11 113 人，资助总金额达 2 652.2 万元。其中享受国家奖学金人数达 244 人，资助金额达 195.2 万元；享受国家励志奖学金人数达 944 人，资助金额达 472 万元；享受国家助学金人数达 9 925 人，资助金额达 1 985 万元。

撰稿　尹若强

审稿　高继宏

香港特别行政区教育情况简介

香港共有学校 2 211 所（含英基和国际学校），其中中学 528 所，小学 668 所，幼儿园 1 015 所，特殊学校 62 所。共有教师 64 116 人，其中中学 28 634 人，小学 23 695 人，幼稚园 10 384 人，特殊教育学校 1 403 人。共有学生 1 039 794 人，包括中学 480 775 人，小学 410 516 人，幼儿教育 140 783 人，特殊教育 7 720 人。

2007 至 2008 财政年度，香港特区政府在教育方面的开支总额达到 550 亿港元。占政府所有开支的 23.2%，占香港本地生产总值的 3.4%。政府教育方面经常性开支为 475 亿港元，其中 22.4%用于小学，36.4%用于中学，27.4%用于高等教育，13.8%用于其他类教育项目等。

一、香港国民教育创新里程

2008 年 10 月 15 日上午，香港特区行政长官曾荫权在立法会上发表了题为《迎接新挑战》的 2008—2009 年度施政报告。报告专门详细阐述了青少年国民教育问题。报告强调了对青少年开展国民教育的重要性，强调从政府建制内学校的课程设置、教学内容上推动国民教育。提出要增拨资源开展两地交流，成立政府与民间合作的“薪火相传”平台推动国民教育，并动员社会团体共同推动青少年国民教育，设立“青年国民教育资助计划”，资助并支持团体举办以青少年为主要对象的大型国民教育活动，培养爱国爱港的情怀。

香港教育局 2009 年将投放 6 700 万港元推动国民教育，使得每年资助香港学生回内地交流的数量由现在的 5 000 名扩大到 37 000 名，并且将逐年增加。

“薪火相传”国民教育系列平台的建立是贯彻落实胡锦涛主席关于“青少年是香港的未来和希望，也是国家的未来和希望。我们要重视对青少年进行国民教育，加强香港和内地青少年的交流，使香港同胞爱国爱港的光荣传统薪火相传”重要讲话精神的具体体现。该平台旨在结合学界及社会各志愿团体，共同推行国民教育工作。“薪火相传”国民教育系列委员会七名执行主席分别为中华青少年历史文化教育基金执行委员会主席伍淑清、香港教育工作者联会会长杨耀忠、新世界发展有限公司执行董事郑志刚、香港青少年发展联会主席陈振彬、香港青年联会首席参事姚祖辉、香港青年交流促进联会主席龙子明、和富社会企业会长李宗德。

二、鼓励师生积极参加“建国六十周年”活动

香港教育局呼吁师生，积极参加各项“建国六十周年”活动，加深对祖国的认识，为国家的发展作出贡献。

香港教育局举行了“改革开放三十年专题研习奖励计划”颁奖礼暨“建国六十年国民教育活动”。以 2009 年建国六十年为契机，推出一系列名为“迈向建国六十年 开创祖国新里程”的国民教育活动系列及资源网站。教育局邀请本地及内地著名专家学者，就国家在经济、教育、科技、外交等不同层面的最新发展为教师举办共 17 场专题研讨会。

撰稿　宋　波　刘海峰
审稿　丁雨秋

澳门特别行政区教育情况简介

根据澳门特区政府教育行政主管部门教育暨青年局和高等教育辅助办公室2008年公布的统计资料，2008年澳门特区的非高等教育机构和高等教育机构的数目和2007年比较没有改变。幼儿园、小学、中学、职业技术学校、特殊教育学校、成人学校等非高等教育机构仍为86所，在校学生数为83 790人，班级数为2 501个，教师数为4 739人，平均每班人数为33.5人，师生比是1∶19。高等教育机构仍为10所，共开设了近300余个不同专业的博士、硕士、学士、高等专科学位及文凭课程，注册学生数约为27 000人。

根据2008年澳门特区政府行政长官的施政报告，2008年澳门特区政府积极推动非高等教育工作，以既有的规划和相关研究为基础，继续修订非高等教育制度的相关法规，加大资源投入，完善15年免费教育、学校的教育环境以及教学人员的工作条件，促进课程与教学的变革以及教育品质保障机制的建设，从制度和具体措施上为学生的学习成功和教师的专业发展提供有效的支持，并整合社区教育资源，发展回归教育，提高澳门市民的文化素质。具体包括持续优化教育体制，全面完善免费教育，持续加大资源投放，创建优良成长环境，推进课程教学变革，有效支援学校发展，全面关顾学生需求，促进学生全面发展，完善教育工作条件，推动教学人员成长，推进持续教育发展，促进终身学习风尚等。

2008年，澳门特区政府在高等教育领域按照既定的方针，促进高等教育多元化发展，支持各院校提升整体素质，逐步走向国际化。各高校按各自的定位发展，修订和开办多个课程。师资队伍进一步优化，有来自世界各地的教师任教，具有博士学位教师的比例有所提高。招生标准相应提高。学校增加资源投入，发展重点科研项目，并服务社会。除继续跟进高教法规的修订工作外，政府还十分重视学生的全人发展，支持院校加强通识和人文精神教育，培养具备扎实专业知识，广博学文，有独立思考能力和人文素质的新一代青年。包括促进高教多元发展，鼓励开办特色课程，持续优化师资队伍，适度提高招生水平，重点发展科研项目，贡献力量服务社会，强化教学素质管理，修订高教法律制度，拓展对外交流合作，提升院校国际地位，完善校园硬体建设，优化行政管理程序，提倡人文精神教育，鼓励市民升学进修等。

撰稿　张　栋

审稿　丁雨秋

文件选编

人力资源和社会保障部 教育部关于表彰教育系统抗震救灾英雄集体和抗震救灾英雄的决定

（2008年5月30日）

各省、自治区、直辖市人事厅（局）、劳动保障厅（局）、教育厅（教委），新疆生产建设兵团人事局、劳动保障局、教育局：

5月12日14时28分，四川省汶川县发生8.0级特大地震。面对这场突如其来的特大自然灾害，在党中央、国务院、中央军委的坚强领导下，全党全军全国各族人民全力投入抗震救灾工作，抗震救灾斗争取得重大阶段性成果。灾区广大教师以灾情为命令，视时间如生命，为保护灾区学生生命安全，为抗震救灾作出了重大贡献，涌现出了一大批可歌可泣的英雄集体和个人。

为表彰先进，弘扬正气，进一步激励教育系统广大干部职工全力投入抗震救灾工作，人力资源社会保障部、教育部决定，授予四川省绵阳市北川中学优秀教师群体、四川省汶川县映秀镇小学优秀教师群体“教育系统抗震救灾英雄集体”荣誉称号；授予周汝兰、王敏同志“教育系统抗震救灾英雄”荣誉称号，追授谭千秋同志“教育系统抗震救灾英雄”荣誉称号。被授予“教育系统抗震救灾英雄”荣誉称号的人员，享受省部级劳动模范和先进工作者待遇。希望受表彰的英雄集体和个人，珍惜荣誉，谦虚谨慎，发扬成绩，在今后的工作中取得更大的成绩。

当前，抗震救灾形势依然严峻，任务十分艰巨，仍处在刻不容缓的紧要关头，全国教育系统广大教师和教育工作者，要以受表彰的英雄集体和个人为榜样，紧密团结在以胡锦涛同志为总书记的党中央周围，积极投身抗震救灾、重建校园、恢复教学、提高教育质量的工作中去，坚持一手抓抗震救灾工作、一手坚定不移地抓教育改革发展，为夺取抗震救灾斗争的全面胜利贡献力量。

教育系统抗震救灾英雄集体名单

四川省绵阳市北川中学优秀教师群体

四川省汶川县映秀镇小学优秀教师群体

教育系统抗震救灾英雄名单

周汝兰　四川省彭州市红岩小学教师

王　敏　陕西省宁强县黄坝驿乡中心小学教师

谭千秋　四川省德阳市东汽中学教师

人力资源和社会保障部 教育部关于表彰第二批教育系统抗震救灾英雄集体和抗震救灾英雄的决定

（2008年6月20日）

各省、自治区、直辖市人事厅（局）、劳动保障厅（局）、教育厅（教委），新疆生产建设兵团人事局、劳动保障局、教育局：

5月12日14时28分，四川省汶川县发生8.0级特大地震。面对这场突如其来的特大自然灾害，在党中央、国务院的坚强领导下，全国各族人民全力投入抗震救灾工作，抗震救灾斗争取得了重大阶段性胜利。灾区广大教师以灾情为命令，视时间如生命，为保护灾区学生生命安全，为抗震救灾作出了重大贡献，涌现出了一大批可歌可泣的英雄集体和个人。

为表彰先进，弘扬正气，进一步激励教育系统广大教师和教育工作者全力投入抗震救灾工作，人力资源和社会保障部、教育部决定，授予四川省汶川县漩口中学优秀教师群体等5个集体“教育系统抗震救灾英雄集体”荣誉称号；追授四川省江油市武通村幼儿园教师王光香等9位同志“教育系统抗震救灾英雄”荣誉称号；授予四川省北川县刘汉希望小学教师肖晓川等8位同志“教育系统抗震救灾英雄”荣誉称号，享受省部级劳动模范和先进工作者待遇。希望被授予荣誉称号的英雄集体和个人，珍惜荣誉，发扬成绩，在今后的工作中取得更大的成绩。

当前，抗震救灾仍在继续，灾后重建与恢复正常教学工作任务艰巨繁重。全国教育系统广大教师和教育工作者，要以受表彰的英雄集体和个人为榜样，紧密团结在以胡锦涛同志为总书记的党中央周围，积极投身抗震救灾、重建校园、恢复教学、提高教育质量的工作中去，坚持一手抓抗震救灾工作、一手坚定不移地抓教育改革发展，为夺取抗震救灾斗争的全面胜利贡献力量。

教育系统抗震救灾英雄集体名单

（5个）

四川省汶川县漩口中学优秀教师群体

四川省东汽中学优秀教师群体

四川省都江堰市聚源中学优秀教师群体

四川省北川羌族自治县曲山小学优秀教师群体

甘肃省文县范坝初级中学优秀教师群体

教育系统抗震救灾英雄名单

（17人）

王光香（女）　四川省江油市武通村幼儿园教师

吴忠红　四川省崇州市怀远镇中学教师

罗晓明　四川省东汽中学教导主任

向　倩（女）　四川省什邡市龙居中心小学教师

李佳萍（女）　四川省北川中学教师

张家春　四川省北川中学教师

连　蓉（女）　四川省汶川县映秀中心校教师

袁文婷（女）　四川省什邡市民主中心小学教师

张米亚　四川省汶川县映秀中心校教师

肖晓川　四川省北川羌族自治县刘汉希望小学教导主任

潘俊强　四川省平武县平通镇初级中学政教主任

杨文友　四川省彭州市白鹿镇九年制学校副校长

何　悦（女）　四川省青川县红光乡中心小学教师

朱贵平　四川省北川羌族自治县曲山小学教师

邓丽君（女）　四川省阆中市特殊教育学校教师

刘　勇　四川省绵竹市汉旺学校教师

唐　芳（女）　重庆市梁平县文化镇中心小学教师

人力资源和社会保障部 教育部关于表彰第三批教育系统抗震救灾英雄集体和抗震救灾英雄的决定

（2008年7月15日）

各省、自治区、直辖市人事厅（局）、劳动保障厅（局）、教育厅（教委），新疆生产建设兵团人事局、劳动保障局、教育局：

5月12日14时28分，四川省汶川县发生8.0级特大地震。面对这场突如其来的特大自然灾害，在党中央、国务院的坚强领导下，全国各族人民全力投入抗震救灾工作，抗震救灾斗争取得重大阶段性胜利。灾区广大教师以灾情为命令，视时间如生命，坚持人民利益高于一切，为保护灾区学生生命安全，为抗震救灾作出了重大贡献，涌现出了一大批可歌可泣的英雄集体和个人。

为表彰先进，弘扬正气，进一步激励教育系统广大教师和教育工作者全力投入抗震救灾工作，人力资源和社会保障部、教育部决定，授予四川省汶川县威州中学优秀教师群体等5个集体“教育系统抗震救灾英雄集体”荣誉称号；追授四川省安县花荄镇初级中学校教师郑发富等5位同志“教育系统抗震救灾英雄”荣誉称号；授予四川省汶川县映秀中心校校长谭国强等5位同志“教育系统抗震救灾英雄”荣誉称号，享受省部级劳动模范和先进工作者待遇。希望被授予荣誉称号的英雄集体和个人，珍惜荣誉，再接再厉，在今后的工作中取得更大的成绩。

当前，抗震救灾形势依然严峻，灾后重建与恢复正常教学工作任务艰巨繁重。全国教育系统广大教师和教育工作者，要以受表彰的英雄集体和个人为榜样，紧密团结在以胡锦涛同志为总书记的党中央周围，坚决贯彻党中央、国务院的决策部署和要求，积极投身抗震救灾、重建校园、恢复教学、提高教育质量的工作中去，坚持一手抓抗震救灾，做好灾区生产自救和恢复重建工作；一手抓经济社会发展，克服一切困难，排除一切险阻，扎扎实实做好各项工作，为夺取抗震救灾斗争的全面胜利贡献力量。

教育系统抗震救灾英雄集体名单

（5个）

四川省汶川县威州中学优秀教师群体
四川省平武县平通镇初级中学校优秀教师群体
四川省什邡市红白中心学校优秀教师群体
四川省彭州市龙门山镇九年制学校优秀教师群体
四川省青川县红光乡中心小学优秀教师群体

教育系统抗震救灾英雄名单

（10人）

郑发富　四川省安县花荄镇初级中学校教师
刘继军　四川省什邡市龙居中心小学教师
何智霞（女）　四川省都江堰聚源中学教师
周其祥　四川省绵竹市汉旺学校教师
蒲　斌　四川省都江堰聚源中学教师
谭国强　四川省汶川县映秀中心校校长
肖明清　四川省都江堰市紫坪铺九年制学校校长
文天立　四川省青川县红光乡陶龙村小学教师
付秀银　四川省北川中学教师
杨宗明　四川省苍溪县龙山镇柏杨小学教师

中央文明办 教育部 共青团中央全国妇联关于开展向“抗震救灾英雄少年”和“抗震救灾优秀少年”学习活动的通知

（2008年6月26日）

各省、自治区、直辖市中央文明办、教育厅（教委）、团委、妇联，新疆生产建设兵团文明办、教育局、团委、妇联：

6月26日，中央文明办、教育部、共青团中央、全国妇联表彰了林浩等20名“抗震救灾英雄少年”和马小凤等30名“抗震救灾优秀少年”。为了更好地发挥“抗震救灾英雄少年”和“抗震救灾优秀少年”的榜样作用，激励广大未成年人奋发向上、健康成长，现决定在未成年人中开展向“抗震救灾英雄少年”和“抗震救灾优秀少年”学习活动。

学习活动要按照把社会主义核心价值体系融入国民教育和精神文明建设全过程的总体要求，落实进一步加强和改进未成年人思想道德建设的主要任务，引导广大未成年人学习“抗震救灾英雄少年”和“抗震救灾优秀少年”先进事迹和可贵精神，汲取成长的力量，从身边小事做起，从一点一滴做起，树立远大志向，养成良好品德，掌握过硬本领，锻炼强健体魄，努力成长为德智体美全面发展的中国特色社会主义事业的合格建设者和接班人。

要引导广大未成年人学习他们坚强勇敢的可贵精神，走一条自强不息的人生道路；引导广大未成年人学习他们团结互助的可贵精神，在日常学习和生活中，心中有他人、心中有集体，尽自己所能帮助别人，服务集体；引导广大未成年人学习他们乐观向上的可贵精神，努力在各种环境下，坚定对生活、对未来的信心和希望，勤奋学习、快乐生活、全面发展。

各地文明办要组织协调宣传媒体，积极宣传“抗震救灾英雄少年”和“抗震救灾优秀少年”的感人事迹，运用丰富多彩的文艺形式，歌颂他们的精神和品德，营造学习宣传的良好社会氛围。各地教育行政部门和中小学校要把“抗震救灾英雄少年”和“抗震救灾优秀少年”的感人事迹作为生动的教材，把学习抗震救灾优秀学生的感人事迹与日常学校的德育工作结合起来，通过组织报告会、演讲会、文艺演出、出板报、写心得等多种形式，组织开展好学习活动。各地共青团和少先队组织要通过团日、队会，开展主题教育活动，引导中学生团员和少先队员参与从身边小事做起的学习“抗震救灾英雄少年”和“抗震救灾优秀少年”的实践。各地妇联组织要充分发挥家庭教育指导服务机构和网络的作用，动员和引导家长运用“抗震救灾英雄少年”和“抗震救灾优秀少年”的感人事迹教育好子女。

学习宣传“抗震救灾英雄少年”和“抗震救灾优秀少年”的事迹，要遵循未成年人的成长规律和教育规律，特别注意对未成年人的保护，主要引导广大未成年人着重学习英雄少年的精神和品德。

教育部 住房和城乡建设部关于做好学校校舍抗震安全排查及有关事项的通知

（2008年6月8日）

各省、自治区、直辖市教育厅（教委）、建设厅（建委）：

2008年5月12日，我国四川省汶川县发生了里氏8.0级强烈地震。地震造成不少中小学校房屋倒塌，造成灾区师生重大伤亡，校舍及仪器设备损毁严重。为了提高各级各类学校防震减灾能力，消除安全隐患，切实保障广大师生安全，经研究决定，在全国范围内对各级各类学校校舍进行一次全面排查。现就有关事项通知如下：

一、深入开展学校校舍抗震安全排查

各地教育行政部门要迅速行动起来，在当地政府领导下，与建设等部门联合，结合当地抗震设防要求，组织各级各类学校（含幼儿园、教学点以及辖区内的中央部委属高校，下同）对教学楼、学生宿舍、食堂、厕所、浴室等公共建筑设施进行一次安全隐患大排查。通过查阅档案和实地踏勘等方式对学校的每栋建筑物、构筑物等设施进行逐项检查，特别是要将2001年以前建设的砖混结构的学校校舍，作为此次排查工作的重点。对排查出的问题要逐校逐栋建立资料库。对存在安全隐患的校舍，要立即停止使用，并委托有相应资质的单位进行抗震鉴定，根据鉴定结果制定出抗震加固方案，及时改造加固。各地教育和建设行政部门要密切配合、统筹协调、科学安排，确保此次校舍抗震安全排查工作取得实效。教育部、住房和城乡建设部将适时检查本通知落实情况；对违反国家法律法规，造成校舍质量事故的，将依法追究有关领导和当事人的责任。

二、大力开展防震减灾宣传教育

各级教育行政部门要在各级各类学校中迅速开展防震减灾宣传教育工作，把防震减灾知识纳入中小学生教科书和各级学校学生课外读物中，在当地建立防震减灾科普示范学校。加强各级各类学校防震减灾宣传员的培训，组织防震减灾宣讲团，在各级各类学校中开展经常性的科普宣讲活动。

三、编制应急预案，开展应急演练，提高地震应急水平

各级教育行政部门要指导各级各类学校科学编制、修订地震应急预案，突出以人为本，要以减少人员伤亡作为应急工作的核心，落实好应急防范措施，明确应急工作程序、层级管理职责和协调联动机制，做到临震不乱、决策科学、行动迅速、处置有力。加强地震应急预案和应急工作检查，加强应急培训，适时组织地震应急演习，检验反应能力，力争使地震应急预案更加科学、实用，增强各级各类学校综合防御能力。

四、高度重视，统一组织

各地要高度重视这次学校校舍抗震安全排查工作，要成立相应的领导小组，请政府分管领导任组长，有关部门参加，做到责任明确、任务到人，切实保证此次校舍抗震安全排查工作顺利进行。

各地学校校舍抗震安全排查及整治情况要在9月1日前报教育部与住房和城乡建设部。

教育部 财政部关于印发《国家奖学金评审办法》的通知

（2007年12月27日）

各省、自治区、直辖市教育厅（教委）、财政厅（局），各计划单列市教育局、财政局，新疆生产建设兵团教育局、财务局，有关部门（单位）教育司（局）、财务司（局）：

为进一步做好国家奖学金评审工作，确保评审工作的公开、公平、公正，根据财政部、教育部印发的《普通本科高校、高等职业学校国家奖学金管理暂行办法》（财教〔2007〕90号）的有关规定，教育部、财政部研究制定了《国家奖学金评审办法》。现印发给你们，请参照本办法，制订本地区、本部门的国家奖学金评审办法，认真做好国家奖学金评审工作。

特此通知。

国家奖学金评审办法

第一条 为规范国家奖学金评审行为，保证评审工作公平、公正、依法进行，确保评审结果的权威性，特制定本办法。

第二条 教育部、财政部成立评审领导小组，设立评审委员会。

评审领导小组由教育部、财政部有关领导组成，全面领导评审工作，研究决定有关评审工作的重大事项，负责聘请评审委员会组成人员，批准评审委员会提交的国家奖学金评审意见。

第三条 评审委员会由具有代表性、权威性的领导、专家和学者组成，每届聘期三年，具体负责评审工作，向评审领导小组提出国家奖学金评审意见。

评审委员会设主任两人，副主任两人，委员若干人。根据评审工作需要，评审委员会下设若干个评审小组和工作组。各组设组长一人，组长和成员不少于五人。

第四条 国家奖学金实行等额评审，具体评审工作由评审委员会以书面审查方式进行。

第五条 评审委员会依照《普通本科高校、高等职业学校国家奖学金管理暂行办法》（以下简称《暂行办法》）规定的程序和要求进行，坚持客观、公正、公平的原则，对国家奖学金评选材料进行审查，并提出评审意见。

第六条 评审委员会组成人员在评审工作中应遵循以下职责：

（一）在评审过程中，认真审阅评审材料，听取其他评审委员的意见，在平等的气氛中提出评审意见；

（二）发现与评审对象存在直系亲属关系、直接经济利益关系或有其他可能影响评审工作的情形，应当主动向评审领导小组申请回避；

（三）不得利用评审委员的特殊身份和影响力，单独或与有关人员共同为评审对象获奖提供便利；

（四）严格遵守保密规定，不得擅自披露评审结果、其他评审委员的意见和相关的保密信息。

第七条 国家奖学金评审工作按照下列程序进行：

（一）召开预备会。由评审领导小组主持，全体评审委员参加。评审领导小组向评审委员介绍情况，提出评审工作要求。评审委员会向各评审小组宣布评审工作程序和有关工作要求。

（二）开展评审工作。评审委员按照要求对各地区、各部门和高校上报的评审材料进行书面审查，提出评审意见。

第八条 评审委员对各地区、各部门和高校上报的评审材料进行审查的主要内容包括：

（一）各中央主管部门、各省级教育行政部门、各高校是否按照规定的要求上报了完整的材料；

（二）各高校、各中央主管部门和省级教育行政部门是否严格按照规定程序进行了国家奖学金的初评和审核工作；

（三）入选学生的综合表现是否符合《暂行办法》规定的基本条件。

第九条 评审小组发现中央部门主管司局、省级教育行政部门和高校在初评和审核工作中有下列第（一）、第（二）条情形时，应报请评审委员会同意后，要求其限期改正后重新报送评审材料；发现下列第（三）条情形时，应不予通过审查，由评审小组写出书面意见，报评审委员会审定：

（一）评选程序违反规定的；

（二）所提供的评审材料、数据不完整或不真实的；

（三）推荐的候选学生不符合《暂行办法》规定的国家奖学金申请基本条件的。

第十条 各评审小组完成评审工作后，由评审委员会汇总各评审小组的评审意见，形成评审报告，经评审委员会主任签字同意，报评审领导小组审批。

第十一条 评审领导小组评审同意后，由教育部向各有关中央部门主管司局、各省级教育行政部门、教育部各直属高校批复评审意见。

第十二条 教育部在主要新闻媒体上公布获奖学生名单。

第十三条 教育部批复评审意见后，各高校向获奖学生颁发国家统一印制的国家奖学金荣誉证书，并一次性发放国家奖学金。

教育部 财政部关于调整外国留学生奖学金生活费标准的通知

（2008年6月4日）

各省、自治区、直辖市教育厅（教委），有关部门（单位）教育司（局），有关高等学校：

近几年，我国经济平稳快速发展，改革开放取得重大进展，国际地位和影响显著提高，对外国留学生的吸引力也越来越大，来华留学生人数不断增加，在国际上培养了一大批了解中国、热爱中国文化的年轻人，为中外友好架起了一座重要的桥梁。随着经济的持续发展，我国接受来华学习的中国政府奖学金留学生规模将继续增长，为体现我国政府对留学生的关心，经研究，决定在国家财力许可的条件下，充分考虑留学生的生活需要和近期物价上涨的因素，对中国政府奖学金外国留学生享受的奖学金生活费标准进行调整。现将具体事宜通知如下：

一、自2008年1月1日起，对享受我国政府全额奖学金在华学习的留学生生活费标准进行调整：本科生和汉语进修生每人每月人民币1 400元，硕士研究生和普通进修生每人每月人民币1 700元，博士研究生和高级进修生每人每月人民币2 000元。

请各有关高等学校接此通知后，即将2008年1月起生活费增加部分补发给在校学习的奖学金生。

二、2008年1月1日以后入学的新奖学金生，在华学习时间满一学年的，第一个月发放一次性安置费1 500元；学习时间不满一学年的，第一个月发放一次性安置费1 000元。

三、教育部已将2007/2008学年度奖学金生生活费于2007年12月核拨至各接收奖学金生高等学校。

四、请有关学校认真做好宣传教育工作。此次中国政府较大幅度提高奖学金生的生活费标准，充分体现了中国政府对广大留学生的关心和爱护，希望留学生珍惜宝贵的机会和时间，遵守学校纪律，努力学习，成为了解中国、学有所成、对自己祖国建设有用的人才。

教育部 卫生部 财政部关于印发《国家学校体育卫生条件试行基本标准》的通知

（2008年6月9日）

各省、自治区、直辖市教育厅（教委）、卫生厅（局）、财政厅（局），新疆生产建设兵团教育局、卫生局、财务局：

根据《中共中央 国务院关于加强青少年体育增强青少年体质的意见》（中发〔2007〕7号）的要求，为保障中小学校体育、卫生工作的正常开展，保证广大中小学生健康成长，教育部、卫生部、财政部在调查研究、多方论证的基础上，研究制订了《国家学校体育卫生条件试行基本标准》（以下简称《标准》）。本《标准》是国家对中小学校体育教师、体育场地器材、教学卫生、生活设施、卫生保健室配备以及学生健康体检等方面的最基本要求，是教育检查、督导和评估的重要内容。

现将《标准》印发给你们，作为加强青少年体育、增强青少年体质的重要举措，列入当地学校整体建设发展规划之中，认真组织实施。各级教育督导部门应加强对本《标准》实施情况的督导检查，对学校体育卫生基本条件不达标的，要限期整改。各地在《标准》实施过程中如出现问题，请及时报告教育部。

附件：

国家学校体育卫生条件试行基本标准

根据《中共中央 国务院关于加强青少年体育增强青少年体质的意见》（中发〔2007〕7号）要求，为保障中小学校体育、卫生工作的正常开展，保证广大中小学生健康成长，依据《学校体育工作条例》、《学校卫生工作条例》以及现有涉及中小学建筑、教学卫生、生活卫生等方面的相关标准和政策规定，制订本《国家学校体育卫生条件试行基本标准》（以下简称《标准》）。

本《标准》适用于全日制小学、初级中学、高级中学（含中等职业学校、民办中小学校）。本《标准》从体育教师、体育场地器材、教学卫生、生活设施、卫生保健室配备以及学生健康体检等方面明确了开展学校体育卫生工作所必不可少的条件，是国家对开展学校体育卫生工作的最基本要求，是中小学校办学应达到的最基本标准，是教育检查、督导和评估的重要内容。各地应当按照本《标准》对中小学校进行核查，尚未达到本《标准》的，应积极创造条件，使其尽快达到标准要求。各地在新建和改扩建中小学校时，应当按照本《标准》进行建设和配备。少数因特殊地理环境和特殊困难达不到本《标准》规定的部分要求的地区，应制定与之相应的办法，确保学校体育场地的需要。

各地应当在本级人民政府领导下，积极创造条件，增加投入，不断改善学校办学条件。鼓励有条件的地区根据本地实际情况，制订高于本《标准》的学校体育卫生条件标准。

一、中小学校体育教师配备基本标准

（一）任职资格

中小学体育教师必须经过体育专业学习或培训，获得教师资格证书，并且每学年接受继续教育应不少于48个学时。

（二）配备比例

学校应当在核定的教职工总编制数内，根据体育课教育教学工作的特点，按照教学计划中体育课授课时数和开展课外体育活动的需要，配备体育教师。小学1～2年级每5～6个班配备1名体育教师，3～6年级每6～7个班配备1名体育教师；初中每6～7个班

配备1名体育教师；高中（含中等职业学校）每8～9个班配备1名体育教师。

农村200名学生以上的中小学校至少配备1名专职体育教师。

二、中小学校体育场地、器材配备基本标准

（一）体育场地

1. 小学

运动场地类别	小学		
	≤18班	24班	30班以上
田径场（块）	200米（环形）1块	300米（环形）1块	300米～400米（环形）1块
篮球场（块）	2	2	3
排球场（块）	1	2	2
器械体操＋游戏区	200平方米	300平方米	300平方米

2. 九年制学校

运动场地类别	九年制学校		
	≤18班	27班	36班以上
田径场（块）	200米（环形）1块	300米（环形）1块	300米～400米（环形）1块
篮球场（块）	2	3	3
排球场（块）	1	2	3
器械体操＋游戏区	200平方米	300平方米	350平方米

3. 初级中学

运动场地类别	初级中学		
	≤18班	24班	30班以上
田径场（块）	300米（环形）1块	300米（环形）1块	300米～400米（环形）1块
篮球场（块）	2	2	3
排球场（块）	1	2	2
器械体操区	100平方米	150平方米	200平方米

4. 完全中学

运动场地类别	完全中学			
	≤18班	24班	30班	36班以上
田径场（块）	300米（环形）1块	300米（环形）1块	300米（环形）1块	400米（环形）1块
篮球场（块）	2	2	3	3
排球场（块）	1	2	2	3
器械体操区	100平方米	150平方米	200平方米	200平方米

5. 高级中学（含中等职业学校）

运动场地类别	高级中学（含中等职业学校）			
	≤18 班	24 班	30 班	36 班以上
田径场（块）	300 米（环形）1 块	300 米（环形）1 块	300 米（环形）1 块	400 米（环形）1 块
篮球场（块）	2	2	3	3
排球场（块）	1	2	2	3
器械体操区	100 平方米	150 平方米	200 平方米	200 平方米

注：1. 300 米以上的环形田径场应包括 100 米的直跑道，200 米的环形田径场应至少包括 60 米直跑道。
2. 田径场内应设置 1～2 个沙坑（长 5～6 米、宽 2.75～4 米，助跑道长 25～45 米）。
3. 器械体操区学校可根据实际条件进行集中或分散配备。
4. 因受地理环境限制达不到标准的山区学校，可因地制宜建设相应的体育活动场地。

（二）体育器材

1. 小学体育器材

（1）12 个班（含 12 个班）以下

序号	器材名称	单　位	配备数量	备　注
1	接力棒	支	6～8	
2	小栏架或钻圈架	付	8～10	
3	发令枪	支	1	
4	标志杆（筒）	根	4	
5	秒　表	块	2	
6	跳高架	付	1	
7	跳高横竿	根	2	★
8	山羊或跳箱	台	1	
9	助跳板	块	1	
10	小沙包	只	20	★
11	垒　球	只	20	★
12	实心球	只	20	★
13	投掷靶	只	1	
14	皮　尺	卷	1	
15	小体操垫	块	20	★
16	低单杠	付	1	
17	爬竿或爬绳	付	1	
18	毽　子	只	40	★
19	短跳绳	根	40	★
20	长跳绳	根	8	★
21	小篮球	只	20	★

续表

序号	器材名称	单　位	配备数量	备　注
22	小篮球架	付	1	
23	小足球或软式排球	只	20	★
24	小足球门或排球架	付	1	
25	乒乓球台	张	1	
26	乒乓球拍或板羽球或羽毛球拍	付	20	★
27	乒乓球或羽毛球网架	付	2	
28	乒乓球或板羽球或羽毛球	只	20	★
29	录音机	台	1	
30	肺活量测试仪	台	1	

（2）13 个班（含 13 个班）以上

序号	器材名称	单　位	配备数量	备　注
1	接力棒	支	8	
2	小栏架（或钻圈架）	付	10	
3	发令枪	支	1	
4	标志杆（筒）	根	8	
5	秒　表	块	3	
6	跳高架	付	1	
7	跳高横竿	根	2	★
8	山　羊	台	1	
9	跳　箱	付	1	
10	助跳板	块	2	
11	小沙包	只	20	★
12	垒　球	只	20	★
13	实心球	只	20	★
14	投掷靶	只	2	
15	皮　尺	卷	1	
16	大体操垫	块	6	
17	小体操垫	块	20	★
18	低单杠	付	2	
19	高单杠	付	1	
20	肋　木	间	1	
21	平　梯	架	1	
22	爬竿或爬绳	付	1	

续表

序号	器材名称	单　　位	配备数量	备　　注
23	毽　子	只	40	★
24	短跳绳	根	40	★
25	长跳绳	根	8	★
26	小篮球	只	20	★
27	小篮球架	付	2	
28	小足球	只	20	★
29	小足球门	付	1	
30	软式排球	只	20	★
31	排球架	付	2	
32	乒乓球台	张	2	
33	乒乓球拍或板羽球或羽毛球拍	付	20	★
34	乒乓球或羽毛球网架	付	2	
35	乒乓球或板羽球或羽毛球	只	20	★
36	录音机	台	1	
37	肺活量测试仪	台	2	

注：标注“★”的器材为低值易耗器材设备，应及时补充。

2. 中学体育器材（含九年制学校、初级中学、完全中学、中等职业学校、高级中学）

（1）12个班（含12个班）以下

序号	器材名称	单　　位	配备数量	备　　注
1	接力棒	支	8	
2	跨栏架	付	10	
3	发令枪	支	1	
4	标志杆（筒）	根	8	
5	秒　表	块	2	
6	跳高架	付	1	
7	跳高横竿	根	2	★
8	山羊或跳箱	台	1	
9	助跳板	块	1	
10	垒　球	个	24	★
11	实心球	个	24	★
12	铅　球	个	8	
13	皮　尺	卷	1	
14	小体操垫	块	24	★

续表

序号	器材名称	单　　位	配备数量	备　　注
15	低单杠	付	1	
16	高单杠	付	2	
17	高双杠	付	1	
18	剑（刀）	柄	24	★
19	棍	根	24	★
20	短跳绳	根	48	★
21	长跳绳	根	12	★
22	拔河绳	根	1	
23	篮　球	只	24	★
24	篮球架	付	2	
25	足球或软式排球	只	24	★
26	足球门或排球架	付	1	
27	排球架	付	2	
28	乒乓球台	张	1	
29	乒乓球拍或羽毛球拍	付	24	★
30	乒乓球或羽毛球	只	24	★
31	乒乓球或羽毛球网架	付	1	
32	录音机	台	1	
33	肺活量测试仪	台	2	

（2）13个班（含13个班）以上

序号	器材名称	单　　位	配备数量	备　　注
1	接力棒	支	12	
2	跨栏架	付	10	
3	发令枪	支	1	
4	标志杆（筒）	根	8	
5	秒　表	块	3	
6	跳高架	付	1	
7	跳高横竿	根	2	★
8	山　羊	台	1	
9	跳　箱	付	1	
10	助跳板	块	2	
11	垒　球	个	24	★
12	实心球	个	24	★

续表

序号	器材名称	单　　位	配备数量	备　　注
13	铅　球	个	12	
14	皮　尺	卷	1	
15	大体操垫	块	8	
16	小体操垫	块	24	★
17	低单杠	付	2	
18	高单杠	付	2	
19	低双杠	付	2	
20	高双杠	付	2	
21	肋　木	间	2	
22	平　梯	架	1	
23	剑（刀）	柄	24	★
24	棍	根	24	★
25	短跳绳	根	48	★
26	长跳绳	根	12	★
27	拔河绳	根	1	
28	篮　球	只	24	★
29	篮球架	付	3	
30	足　球	只	24	★
31	足球门	付	1	
32	软式排球	只	24	★
33	排球架	付	3	
34	乒乓球台	张	2	
35	乒乓球拍或羽毛球拍	付	24	★
36	乒乓球或羽毛球	只	24	★
37	乒乓球或羽毛球网架	付	1	
38	录音机	台	1	
39	肺活量测试仪	台	2	

注：标注“★”的器材为低值易耗器材设备，应及时补充。

各中小学校都应根据学校班级的规模设置体育器材室一间。

三、中小学校教学卫生基本标准

（一）教室

1. 普通教室人均使用面积：小学不低于1.15平方米，中学不低于1.12平方米。

2. 教室前排课桌前缘与黑板应有2米以上距离。

3. 教室内各列课桌间应有不小于0.6米宽的纵向走道，教室后应设置不小于0.6米的横行走道。后排课桌后缘距黑板不超过9米。

（二）课桌椅

1. 教室内在座学生应每人一席。

2. 每间教室内至少应设有2种不同高低型号的课桌椅。

（三）黑板

1. 黑板应完整无破损、无眩光，挂笔性能好，便于擦拭。

2. 黑板下缘与讲台地面的垂直距离：小学为0.8～0.9米，中学为1～1.1米；讲台桌面距教室地面的高度一般为1.2米。

（四）教室采光

1. 单侧采光的教室光线应从学生座位左侧射入，双侧采光的教室主采光窗应设在左侧。

2. 教室墙壁和顶棚为白色或浅色，窗户应采用无色透明玻璃。

3. 教室采光玻地比（窗的透光面积与室内地面面积之比）不得低于1∶6。

（五）教室照明

1. 课桌面和黑板照度应分别不低于150LX和200LX，照度分布均匀。自然采光不足时应辅以人工照明。

2. 教室照明应配备40瓦荧光灯9盏以上，并符合节能环保要求。灯管宜垂直于黑板布置。教室照明应采用配有灯罩的灯具，不宜用裸灯，灯具距桌面的悬挂高度为1.7～1.9米。

3. 黑板照明应设2盏40瓦荧光灯，并配有灯罩。

（六）教室微小气候

1. 教室应设通气窗，寒冷地区应有采暖设备。

2. 新装修完的教室应进行室内空气检测，符合《室内空气质量标准》的可投入使用，并保持通风换气。

四、中小学校生活设施基本标准

（一）学生宿舍

1. 学生宿舍不应与教学用房合建。男、女生宿舍应分区或分单元布置。一层出入口及门窗，应设置安全防护设施。

2. 学生宿舍的居室，人均使用面积不应低于3.0平方米。

3. 应保证学生一人一床，上铺应设有符合安全要求的防护栏。

4. 宿舍应保证通风良好，寒冷地区宿舍应设有换气窗。

5. 学生宿舍应设有厕所、盥洗设施。宿舍设室外厕所的，厕所距离宿舍不超过30米，并应设有路灯。

（二）学校集体食堂

1. 学校食堂应取得卫生许可证。食堂从业人员应取得健康证明后方可上岗。

2. 食堂应距污染源25米以上。

3. 食堂应有相对独立的食品原料存放间、食品加工操作间、食品出售场所。

4. 食堂加工操作间最小使用面积不得小于8平方米；墙壁应有1.5米以上的瓷砖或其他防水、防潮、可清洗的材料装修的墙裙；地面应由防水、防滑、无毒、易清洗的材料装修；配备有足够的通风、排烟装置和有效的防蝇、防尘、防鼠、污水排放以及存放废弃物的设施和设备。

5. 食堂应当有洗刷、消毒池等清洗设施设备。采用化学消毒时，需具备2个以上的水池（容器），不得与清洗蔬菜、肉类等设备混用。

（三）学校生活饮用水

1. 学校必须为学生提供充足、安全卫生的饮水以及相关设施。

2. 供学校生活用水的自备井、二次供水的储水池（罐），应有安全防护和消毒设施，自备水源必须远离污染源。

3. 采用二次供水的学校应取得有效的二次供水卫生许可证后方可向学生供水。

（四）学校厕所

1. 新建教学楼应每层设厕所。独立设置的厕所与生活饮用水水源和食堂相距30米以上。

2. 女生应按每15人设一个蹲位；男生应按每30人设一个蹲位，每40人设1米长的小便槽。

3. 厕所内宜设置单排蹲位，蹲位不得建于蓄粪池之上，并与之有隔断；蓄粪池应加盖。小学厕所蹲位宽度（两脚踏位之间距离）不超过18厘米。

4. 厕所结构应安全、完整，应有顶、墙、门、窗和人工照明。

五、中小学校卫生（保健）室建设基本标准

（一）卫生（保健）室设置

1. 卫生室是指取得《医疗机构执业许可证》的学校卫生机构，承担学校预防保健、健康教育、常见病和传染病预防与控制、学校卫生日常检查并为师生提供必要的医疗服务。

2. 保健室是指未取得《医疗机构执业许可证》的学校卫生机构，在卫生专业人员指导下开展学校预防保健、健康教育、常见病和传染病预防与控制、学校卫生日常检查。

3. 寄宿制学校必须设立卫生室，非寄宿制学校可视学校规模设立卫生室或保健室。

（二）卫生（保健）室人员配备要求

1. 寄宿制学校或600名学生以上的非寄宿制学校应配备卫生专业技术人员。卫生专业技术人员应持有卫生专业执业资格证书。

2. 600名学生以下的非寄宿制学校，应配备保健教师或卫生专业技术人员。保健教师由现任具有教师资格的教师担任。

3. 卫生专业技术人员和保健教师应接受学校卫生专业知识和急救技能培训，并取得相应的合格证书。

（三）卫生保健室设施与设备

1. 卫生室。

（1）卫生室建筑面积应大于40平方米，并有适应学校卫生工作需要的功能分区。

（2）卫生室应具备以下基本设备：视力表灯箱、杠杆式体重秤、身高坐高计、课桌椅测量尺、血压计、听诊器、体温计、急救箱、压舌板、诊察床、诊察桌、诊察凳、注射器、敷料缸、方盘、镊子、止血带、药品柜、污物桶、紫外线灯、高压灭菌锅等。

2. 保健室。

（1）保健室建筑面积应大于15平方米，并有适应学校卫生工作需要的功能分区。

（2）保健室应具备以下基本设备：视力表灯箱、杠杆式体重秤、身高坐高计、课桌椅测量尺、血压计、听诊器、体温计、急救箱、压舌板、观察床、诊察桌、诊察凳、止血带、污物桶等。

六、中小学生健康检查基本标准

（一）基本要求

每年对在校学生进行一次健康体检，并建立学生健康档案。地方教育行政部门和学校应选择符合相关要求的保健和医疗机构承担学生体检工作。

（二）健康体检项目

1. 问诊：既往病史，近期发热、咳嗽史或其他明显不适症状。

2. 内科检查项目：心、肺、肝、脾、血压。

3. 眼科检查项目：裸眼远视力、沙眼、急性传染性结膜炎。

4. 口腔检查：牙齿、牙周。

5. 外科检查项目：头、颈、脊柱、四肢、皮肤、淋巴结。

6. 形态指标：身高、体重。

7. 肝功能：谷丙转氨酶、胆红素。

8. 结核菌素试验。

（三）学生健康体检结果评价与反馈

学生健康体检单位在体检结束后，应进行个体与群体健康评价，并向学生、学校、教育行政部门反馈健康评价结果，分析学生主要健康问题，提出改善学生健康状况和进一步检查的建议。

（四）学生健康体检机构资质

1. 具有法人资格，并持有《医疗机构执业许可证》的保健和医疗机构，经向教育行政部门备案后，方可承担中小学生定期健康体检工作。

2. 设有专门的预防性健康体检科室及辅助功能设施，具有独立于诊疗区之外的健康人群体检场所。

（五）体检经费

健康检查费用标准由省级相关部门确定。义务教育阶段学生健康体检的费用由学校公用经费开支，其他学生健康检查费用由省级政府制定统一的费用标准和解决办法。

卫生部 教育部关于印发《中小学生健康体检管理办法》的通知

（2008年6月27日）

各省、自治区、直辖市卫生厅局、教育厅（教委），新疆生产建设兵团卫生局、教育局：

为贯彻落实《中共中央 国务院关于加强青少年体育增强青少年体质的意见》精神，做好中小学生健康体检的管理工作，根据《学校卫生工作条例》、《国家学校体育卫生条件试行基本标准》、《预防性健康检查管理办法》等有关规定要求，卫生部、教育部联合制定了《中小学生健康体检管理办法》。现印发给你们，请遵照执行。

本通知自印发之日起施行。

中小学生健康体检管理办法

为贯彻落实《中共中央 国务院关于加强青少年体育增强青少年体质的意见》精神，根据《学校卫生工作条例》、《国家学校体育卫生条件试行基本标准》、《预防性健康检查管理办法》的规定要求，特制定本管理办法。

一、健康体检基本要求

（一）新生入学应建立健康档案。学校应组织所有入学新生进行健康体检，建立健康档案。小学新生可在家长或监护人的陪伴下前往指定的健康体检机构或由健康体检机构人员前往学校进行健康体检。

（二）在校学生每年进行一次常规健康体检。

（三）在校学生健康体检的场所可以设置在医疗机构内或学校校内。设置在学校内的体检场地，应能满足健康体检对检查环境的要求。

二、健康体检项目

（一）病史询问。

（二）体检项目。

1. 内科常规检查：心、肺、肝、脾；

2. 眼科检查：视力、沙眼、结膜炎；

3. 口腔科检查：牙齿、牙周；

4. 外科检查：头部、颈部、胸部、脊柱、四肢、皮肤、淋巴结；

5. 形体指标检查：身高、体重；

6. 生理功能指标检查：血压；

7. 实验室检查：

（1）结核菌素试验*；

（2）肝功能**：谷丙转氨酶、胆红素。

注：“*”小学、初中入学新生必检项目；

“**”寄宿制学生必要时到符合规定的医疗机构进行的体检项目。

其他项目应根据国家相关法律、法规、规定所要求开展的检查项目或根据地方具体情况，进行适当增补，涉及实验室和影像学检查必须在医疗机构内完成。

三、健康检查结果反馈与档案管理

（一）学生健康体检机构在体检结束后，应分别向学生（家长）、学校和当地教育行政部门反馈学生个体健康体检结果与学生群体健康评价结果。

（二）健康检查结果的反馈形式。

健康体检机构以个体报告单形式向学生反馈健康体检结果；以学校汇总报告单形式向学校反馈学生体检结果；将所负责的体检学校的学生体检结果统计汇总，以区域学校汇总报告单形式上报当地教育行政部门，当地教育行政部门再逐级上报。

（三）健康体检报告单内容。

1. 个体报告单内容应包括学生个体体检项目的客观结果、对体检结果的综合评价以及健康指导建议；

2. 学校汇总报告单内容应包括学校不同年级男

女生的生长发育、营养状况的分布、视力不良、龋齿检出率、传染病或缺陷的检出率，不同年级存在的主要健康问题以及健康指导意见；

3. 区域学校汇总报告单内容应包括所检查学校学生的总体健康状况分析，包括生长发育、营养状况的分布、视力不良、龋齿检出率、传染病或缺陷检出率以及健康指导意见。

（四）健康体检报告单的反馈时限。

个体报告单应于健康检查后2周内反馈学生；学校汇总报告单应于检查后1个月内反馈给学校；区域学校汇总报告单应于检查后2个月内反馈当地教育行政部门。

（五）学生健康档案管理。

学校和教育行政部门应将学生健康档案纳入学校档案管理内容，实行学生健康体检资料台帐管理制度；应根据学生健康体检结果和体检单位给出的健康指导意见，研究制订促进学生健康的措施，有针对性地开展促进学生健康的各项工作。

四、健康体检机构资质

（一）机构条件。

1. 具有法人资格、持有有效的《医疗机构执业许可证》、由政府举办的公立性医疗机构（包括教育行政部门所属的区域性中小学卫生保健机构）；

学生健康体检机构必须报经学校主管教育行政部门备案；

2. 能独立开展学生健康检查工作；

3. 能对学生健康检查状况进行个体和群体评价、分析、反馈，并提出健康指导建议；

4. 有独立、固定的办公场所和足够的学生健康检查场所、工作条件和必备的合格的医疗检查设备与检验仪器；

5. 有健全的规章制度、有国家制定或认可的医疗护理技术操作规程。

（二）人员要求。

1. 体检岗位设置合理，管理职责明确；

2. 有足够的与学生健康体检项目相适应的管理、技术、质量控制和统计人员；按体检项目确定从事健康体检的人员，每个体检项目不得少于1人（其中：检验人员不少于2人）；

3. 具有与学生健康检查工作和学生常见病防治有关的知识和经验；

4. 专业技术负责人应熟悉本专业业务，技术人员的专业与学生健康检查的项目相符合；

5. 内科、外科、口腔科、眼科检查及实验室检验的人员必须具有相应的专业技术职务任职资格；各专业体检医师至少有1人具有中级以上专业技术职务任职资格；

6. 具有中级以上专业技术职务任职资格的人员不得少于从事学生健康检查总人数的30%。

（三）场所设置基本要求。

具有独立于医院诊疗区之外的健康人群体检场所，设有专门的检查室及辅助功能设施：

1. 有学生集合场地，并设有室内候诊区（不小于20平方米）；

2. 男女分开的内科、外科检查室（各不少于1间）；

3. 眼科、口腔科检查室；

4. 化验室、消毒供应室；

5. 男、女卫生间。

体检场所应按照《医院消毒技术规范》的要求进行消毒处理，符合《医院消毒卫生标准（GBl5982—1995)》中三类环境的消毒卫生标准，保证卫生安全。医疗废物处理应符合国务院《医疗废物管理条例》的规定。生物样本的采集和留存应符合国家有关卫生标准的规定和相关检验技术规范的要求；生物样本的运输应按照国家相关规定执行。

（四）仪器设备。

学生健康体检所需的医疗检查设备与检验仪器的种类、数量、性能、量程、精度能满足工作需要，并能良好运行，定期校验；仪器设备有完整的操作规程。

1. 实验室基本设备：

(1) 分光光度计；

(2) 恒温箱；

(3) 离心机；

(4) 电冰箱；

(5) 高压灭菌设备；

(6) 显微镜；

(7) 紫外线灯。

2. 体检基本设备：

(1) 听诊器；

(2) 血压计；

(3) 身高坐高计;

(4) 体重秤(杠杆式);

(5) 对数灯光视力表箱;

(6) 检眼镜片箱;

(7) 口腔科器械(平面口镜、五号探针);

(8) 全自动或半自动生化仪;

(9) 诊察床;

(10) 与开展的诊查科目相应的其他设备。

体检器具的消毒应符合《医院消毒卫生标准(GBl5982—1995)》中的医疗用品卫生标准的规定。

(五) 其他。

1. 学生体检表由各省(区、市)卫生行政部门统一制定;

2. 健康体检机构应有良好的内务管理,检查仪器放置合理,便于操作,配有必要的消毒、防污染、防火、控制进入等安全措施;

3. 检测方法应尽可能采用国际、国家、行业或地方规定的方法或标准;

4. 编制有质量管理体系文件,并严格开展质量控制;

5. 为检验样品建立唯一识别系统和状态标识,应当编制有关样品采集、接收、流转、保存和安全处置的书面程序;

6. 体检报告按照规定书写、更改、审核、签章、分发、保存和统计;

7. 开展健康体检的机构应按照有关规定收取体检费用。

五、健康体检经费及管理

(一) 义务教育阶段学生健康体检的费用由学校公用经费开支,学生健康体检经费管理(拨付)办法由省级教育、财政部门共同制定。

(二) 义务教育阶段的学生健康体检具体费用标准由省级财政、物价、教育、卫生等相关部门根据本管理办法确定的健康体检项目,以及当地教育、卫生状况和经济发展水平确定。

(三) 非义务教育阶段的学生健康体检费用标准和解决办法,由省级人民政府统一制定。

六、健康体检培训与考核

各省(区、市)落实本管理办法,参加学生健康体检的机构及人员必须进行统一培训,统一体检标准。县级以上卫生行政部门负责组织健康体检人员的培训、考核。健康体检人员必须经培训考核合格后方可上岗。

教育部 中国教科文卫体工会全国委员会关于重新修订和印发《中小学教师职业道德规范》的通知

(2008年9月1日)

各省、自治区、直辖市教育厅(教委)、教科文卫体(教育)工会,新疆生产建设兵团教育局、教育工会,有关部门(单位)教育司(局):

为贯彻落实党的十七大精神和胡锦涛总书记“8.31”重要讲话精神,进一步加强教师队伍建设,全面提高中小学教师队伍的师德素质和专业水平,在广泛征求意见的基础上,对1997年国家教委和全国教育工会联合印发的《中小学教师职业道德规范》进行了修订,现予印发,并就学习宣传和贯彻实施工作提出如下要求:

一、充分认识新时期加强教师职业道德建设的重要意义

教师是人类灵魂的工程师,是青少年学生成长的引路人。教师的思想政治素质和职业道德水平直接关系到中小学德育工作状况和亿万青少年的健康成长,关系到国家的前途命运和民族的未来。加强中小学教师职业道德建设,提高教师的师德素养,对于确保党的事业后继有人和社会主义事业兴旺发达,全面建设小康社会，构建社会主义和谐社会，实现中华民族伟大复兴，具有十分重要的意义。

长期以来，广大教师教书育人，敬业奉献，赢得了全社会的尊重，教师队伍中不断涌现出一批又一批可歌可泣的模范人物。在今年发生的四川汶川大地震中，震区广大教师奋不顾身地保护学生，表现了崇高的师德精神。在新形势下修订并重新印发《中小学教师职业道德规范》，对于激励和引导广大教师向全国教育系统的模范教师，特别是抗震救灾英模教师学习，树立崇高的职业理想，自觉规范思想行为和职业行为，做让人民满意的教师，具有重要的现实意义。

二、全面准确地理解《中小学教师职业道德规范（2008年修订）》的基本内容

《规范》的基本内容继承了我国的优秀师德传统，并充分反映了新形势下经济、社会和教育发展对中小学教师应有的道德品质和职业行为的基本要求。《规范》对教师的职业道德起指导作用，是调节教师与学生、教师与学校、教师与国家、教师与社会相互关系的基本行为准则。《规范》不是对教师的全部道德行为和教育教学工作的要求，不能取代学校的其他各项规章制度。《规范》的许多内容是《中华人民共和国教师法》相关条文的具体化，各地教育行政部门和学校在学习贯彻时应注意和教育法规的学习结合进行。

三、认真做好《中小学教师职业道德规范（2008年修订）》的学习宣传和贯彻实施工作

1. 各级教育行政部门、教育系统工会和中小学校要高度重视，并认真组织好《规范》的学习宣传。要通过开展主题学习、研讨会、座谈会等形式多样和扎实有效的教育活动，组织广大教师深入学习和贯彻《规范》，帮助广大教师全面了解新时期教师职业道德的基本要求，统一思想认识，规范职业行为，全面提高师德素养，营造良好的教书育人环境。学校领导要言传身教，率先垂范。

2. 各级教育行政部门、教育系统工会和学校要把贯彻实施《规范》列入师德建设的重要议事日程，结合当地的实际情况，制订具体的实施办法和工作计划。要将学习《规范》的内容和要求列入教师的继续教育计划，把教师贯彻落实《规范》的情况列为教师岗位责任制的要求，定期考核检查。

各地学习贯彻《规范》的情况请及时报送教育部师范教育司。

中小学教师职业道德规范
（2008年修订）

一、爱国守法。热爱祖国，热爱人民，拥护中国共产党领导，拥护社会主义。全面贯彻国家教育方针，自觉遵守教育法律法规，依法履行教师职责权利。不得有违背党和国家方针政策的言行。

二、爱岗敬业。忠诚于人民教育事业，志存高远，勤恳敬业，甘为人梯，乐于奉献。对工作高度负责，认真备课上课，认真批改作业，认真辅导学生。不得敷衍塞责。

三、关爱学生。关心爱护全体学生，尊重学生人格，平等公正对待学生。对学生严慈相济，做学生良师益友。保护学生安全，关心学生健康，维护学生权益。不讽刺、挖苦、歧视学生，不体罚或变相体罚学生。

四、教书育人。遵循教育规律，实施素质教育。循循善诱，诲人不倦，因材施教。培养学生良好品行，激发学生创新精神，促进学生全面发展。不以分数作为评价学生的唯一标准。

五、为人师表。坚守高尚情操，知荣明耻，严于律己，以身作则。衣着得体，语言规范，举止文明。关心集体，团结协作，尊重同事，尊重家长。作风正派，廉洁奉公。自觉抵制有偿家教，不利用职务之便谋取私利。

六、终身学习。崇尚科学精神，树立终身学习理念，拓宽知识视野，更新知识结构。潜心钻研业务，勇于探索创新，不断提高专业素养和教育教学水平。

教育部 卫生部关于印发《本科医学教育标准—临床医学专业（试行）》的通知

（2008年9月16日）

各省、自治区、直辖市教育厅（教委）、卫生厅（局），新疆生产建设兵团教育局、卫生局，教育部有关直属高等学校，卫生部有关直属单位：

为进一步提高医学教学质量，规范医学教育管理，教育部、卫生部委托中国高等教育学会医学教育专业委员会根据我国医学教育的实际情况，参照国际医学教育标准，研究制订了《本科医学教育标准—临床医学专业（试行）》（以下简称《标准》）。经部分院校自评检测，教育部、卫生部审核，并经过全国医学教育工作会议讨论修改，现将《标准》印发给你们，请遵照执行。

本《标准》以五年制本科临床医学专业为适用对象，提出该专业教育必须达到的基本要求，是该专业教育质量监控及教学工作自我评价的主要依据。教育部将根据此《标准》组织开展对本科临床医学专业的认证工作。

请各省级教育行政部门将本通知转发至所属有关高等学校。各有关高等学校在依据本《标准》开展教学工作自评中，如有意见和建议，请及时反馈给教育部高等教育司，以便适时调整《标准》。

本科医学教育标准—临床医学专业（试行）

前　言

医学教育的根本目的是为社会提供优质的医药卫生人力资源。加强医学教育质量保证工作，是培养高质量人才、为人民提供更好的卫生保健服务和构建以人为本的和谐社会的需要。

1998年，经世界卫生组织和世界医学协会批准，世界医学教育联合会建立了“医学教育国际标准”项目。2001年6月，世界医学教育联合会执行委员会通过并发布了《本科医学教育全球标准》。在这个标准的基础上，世界卫生组织西太区办事处制订的区域性医学教育标准《本科医学教育质量保证指南》也于2001年7月出版。

2002年，教育部召开医学教育标准国际研讨会，研究国际医学教育标准，部署国际标准“本土化”的研究工作。会后，教育部、卫生部设立专门项目，委托中国高等教育学会医学教育专业委员会组建了“中国医学教育质量保证体系研究课题组”。课题组以《中华人民共和国高等教育法》、《中华人民共和国执业医师法》为依据，在总结我国医学教育合格评估、优秀评估、教学工作水平评估和七年制医学教育教学与学位授予工作评估经验的基础上，提出了本科临床医学专业都必须达到的各项教育要求，研究拟订了《本科医学教育标准—临床医学专业（试行）》。本标准已经教育部、卫生部批准。

本标准以修业五年为基本学制的本科临床医学专业教育为适用对象，只对该专业教育工作的基本方面提出最基本要求。本科医学教育是整个医学教育连续体中的第一个阶段，其根本任务是为卫生保健机构培养完成医学基本训练，具有初步临床能力、终身学习能力和良好职业素质的医学毕业生；为学生毕业后继续深造和在各类卫生保健系统执业奠定必要的基础。医学毕业生胜任临床工作的专业能力要依靠毕业后医学教育、继续职业发展和持续医疗实践才能逐渐形成与提高。本标准全国通用，但承认不同地区和各个学校之间的差异，尊重各个学校自主办学的权利。本标准转变指导方式，不提出具体的教学计划、核心课程、教学方法等方面的强制性规定，为各学校的个性发展及办学特色留下充分的改革与发展的空间。本标准反映了医学教育面对的国际趋势、国内环境和社会期待，是制订教育计划的依据和规范教学管理的参照系，各医学院校都应据此制订自己的教育目标和教育计划，建立自身教育评估体系和教育质量保障机制。本标准用于医学教育的认证工作，一般情况下该过程包括学校自评、现场考察、提出认证建议和发布认证结论等实施步骤，不适用于医学院校的排序。

"中国医学教育质量保证体系研究课题组"在研究拟订《本科医学教育标准—临床医学专业（试行）》过程中，以教育部有关医学教育政策为依据，借鉴了1994年以来各项教育评估的指标体系。同时，为促进我国医学教育能与世界医学教育协调发展，课题组以世界医学教育联合会2003年版本的《本科医学教育全球标准》、世界卫生组织西太平洋地区《本科医学教育质量保障指南》和国际医学教育组织《全球医学教育最基本要求》为参照，并参考了有关国家的医学教育的标准与要求。

第一部分　本科临床医学专业毕业生应达到的基本要求

医学毕业生的质量是衡量医学院校教育质量的最终标准。本科临床医学专业教育的目标是培养具备初步临床能力、终身学习能力和良好职业素质的医学毕业生。毕业生作为一名医学从业人员，必须有能力从事医疗卫生服务工作，必须能够在日新月异的医学进步环境中保持其医学业务水平的持续更新，这取决于医学生在校期间获得的教育培训和科学方法的掌握。

一、思想道德与职业素质目标

（一）遵纪守法，树立科学的世界观、人生观、价值观和社会主义荣辱观，热爱祖国，忠于人民，愿为祖国卫生事业的发展和人类身心健康奋斗终生。

（二）珍视生命，关爱病人，具有人道主义精神；将预防疾病、驱除病痛作为自己的终身责任；将提供临终关怀作为自己的道德责任；将维护民众的健康利益作为自己的职业责任。

（三）树立终身学习观念，认识到持续自我完善的重要性，不断追求卓越。

（四）具有与病人及其家属进行交流的意识，使他们充分参与和配合治疗计划。

（五）在职业活动中重视医疗的伦理问题，尊重患者的隐私和人格。

（六）尊重患者个人信仰，理解他人的人文背景及文化价值。

（七）实事求是，对于自己不能胜任和安全处理的医疗问题，应该主动寻求其他医师的帮助。

（八）尊重同事和其他卫生保健专业人员，有集体主义精神和团队合作开展卫生服务工作的观念。

（九）树立依法行医的法律观念，学会用法律保护病人和自身的权益。

（十）在应用各种可能的技术去追求准确的诊断或改变疾病的进程时，应考虑到病人及其家属的利益，并注意发挥可用卫生资源的最大效益。

（十一）具有科学态度、创新和分析批判精神。

（十二）履行维护医德的义务。

二、知识目标

（一）掌握与医学相关的数学、物理学、化学、生命科学、行为科学和社会科学等基础知识和科学方法，并能用于指导未来的学习和医学实践。

（二）掌握生命各阶段的人体的正常结构和功能，正常的心理状态。

（三）掌握生命各阶段各种常见病、多发病的发病原因，认识到环境因素、社会因素及行为心理因素对疾病形成与发展的影响，认识到预防疾病的重要性。

（四）掌握生命各阶段各种常见病、多发病的发病机理、临床表现、诊断及防治原则。

（五）掌握基本的药理知识及临床合理用药原则。

（六）掌握正常的妊娠和分娩、产科常见急症、产前及产后的保健原则，以及计划生育的医学知识。

（七）掌握全科医学基本知识，掌握健康教育、疾病预防和筛查的原则，掌握缓解与改善疾患和残障、康复以及临终关怀的有关知识。

（八）掌握临床流行病学的有关知识与方法，理解科学实验在医学研究中的重要作用。

（九）掌握中国中医学（民族医学）的基本特点，了解中医学（民族医学）诊疗基本原则。

（十）掌握传染病的发生、发展以及传播的基本规律，掌握常见传染病的防治原则。

三、技能目标

（一）全面、系统、正确地采集病史的能力。

（二）系统、规范地进行体格及精神检查的能力，规范书写病历的能力。

（三）较强的临床思维和表达能力。

（四）内、外、妇、儿各类常见病、多发病的诊断、处理能力。

（五）一般急症的诊断、急救及处理能力。

（六）根据具体情况选择使用合适的临床技术，选择最适合、最经济的诊断、治疗手段的能力。

（七）运用循证医学的原理，针对临床问题进行查证、用证的初步能力。

（八）从事社区卫生服务的基本能力。

（九）具有与病人及其家属进行有效交流的能力。

（十）具有与医生、护士及其他医疗卫生从业人员交流的能力。

（十一）结合临床实际，能够独立利用图书资料和现代信息技术研究医学问题及获取新知识与相关信息，能用一门外语阅读医学文献。

（十二）能够对病人和公众进行有关健康生活方式、疾病预防等方面知识的宣传教育。

（十三）具有自主学习和终身学习的能力。

第二部分　本科临床医学专业教育办学标准

四、宗旨及目标

（一）宗旨及目标

在执行国家教育方针的过程中，医学院校（指独立设立的医学院校和综合大学中的医学院）必须依据社会对医学的期望和区域发展需要，明确其办学宗旨和目标。包括：办学定位、办学理念、发展规划、培养目标和质量标准等。

（二）宗旨及目标的确定

医学院校的办学宗旨和目标的确定需通过各方面人员的认真讨论，得到上级主管部门的同意，使全校师生周知。

〔注释〕

● 教育宗旨和目标可以包括本地区、本校的政策和特殊性问题。

● 各方面人员包括学校的领导、医学院的行政管理人员、教职人员、学生、用人部门以及政府主管部门或学校的主办者。

（三）学术自治

医学院校要依据修订本科专业教学计划的原则意见，根据各自的发展要求，制订课程计划及实施方案，合理规划人员聘用和教育资源配置。综合大学中的医学院应该得到大学社会人文学科及自然学科的学术支持，同时努力加强大学各学科间的融合。

（四）教育结果

医学院校必须根据上述毕业生应达到的基本要求，制订合适的培养目标和教育计划，通过教育计划的实施和学业成绩评定，确定学生在有效修业期内完成学业并达到上述要求，颁发毕业证书、授予医学学士学位。

五、教育计划

医学院校制定的教育计划要与培养目标相适应，注重课程设置与教学方法的协同，调动教师的主观能动性，促进学生主动学习的积极性。

（一）课程计划

1. 医学院校必须依据医疗卫生服务的需要、医学科学的进步和医学模式的转变，制订符合本校实际的课程计划。

2. 制订课程计划需要教师、学生的参与和理解。

3. 课程计划要明确课程设置模式及基本要求。

4. 医学院校应积极开展纵向或（和）横向综合的课程改革，将课程教学内容进行合理整合。课程计划必须体现加强基础，培养能力，注重素质和发展个性的原则，课程设置应包括必修课程和选修课程，两者之间的比例可由学校根据实际确定。

（二）教学方法

医学院校必须积极开展以“学生为中心”和“自主学习”为主要内容的教育方式和教学方法改革，注重批判性思维和终身学习能力的培养，关注沟通与协作意识的养成。

〔注释〕

● 教学方法包括教与学的方法，鼓励应用引导式、问题式、交互式等模式。

● 进入生物医学课程、临床医学课程教学阶段，鼓励采取小班、小组方式教学。

（三）科学方法教育

医学院校要在整个教学期间实施科学方法及循证医学原理的教育，使学生养成科学思维，掌握科学研究方法。

（四）思想道德修养课程

医学院校必须在课程计划中安排思想道德课程。

（五）自然科学课程

课程计划中必须安排自然科学课程，为医学生学习医学科学的基础理论、基本知识、基本技能打下基础。

〔注释〕

● 自然科学课程通常包括数学及物理、化学等。

（六）生物医学课程

课程计划中必须安排适量的生物医学课程，为医学生学习临床专业课程打下坚实基础。

〔注释〕

● 生物医学课程，通常包括人体解剖学、组织学与胚胎学、生物化学、生理学、分子生物学、细胞生物学、病原生物学、医学遗传学、医学免疫学、药理学、病理学、病理生理学等课程的内容，还包括体现这些生物医学内容的整合课程等形式的课程。

（七）行为科学、人文社会科学以及医学伦理学课程

1. 课程计划中必须安排行为科学、社会科学和医学伦理学课程，以适应医学科学的发展和医疗卫生服务需求。

2. 课程计划中要安排人文素质教育课程。

〔注释〕

● 行为科学、人文社会科学以及医学伦理学课程，通常包括心理学、社会医学、医学社会学、医学伦理学、卫生经济学、卫生法学、卫生事业管理等学科的内容。

● 人文素质教育课程通常包括文学艺术类、医学史等知识内容。

（八）公共卫生课程

课程计划中必须安排公共卫生课程，培养学生的预防战略和公共卫生意识，使其掌握群体保健的知识和技能。

〔注释〕

● 公共卫生课程通常指预防医学和（或）卫生学等课程，涵盖流行病学、卫生统计学、健康教育、初级卫生保健以及劳动卫生与职业病学、卫生毒理学、环境卫生学、营养与食品卫生学、儿少卫生学、妇幼保健学等有关内容。

（九）临床医学课程

1. 课程计划中必须安排临床医学课程及临床实践教学，提倡早期接触临床，利用模拟教学进行临床操作基本技能的初步训练。

2. 课程计划中必须制订临床毕业实习大纲，安排不少于48周的毕业实习，确保学生获得足够的临床经验和能力。

〔注释〕

● 临床医学课程，通常包括诊断学、内科学（包括传染病学、神经病学、精神病学）、外科学、妇产科学、儿科学、眼科学、耳鼻咽喉科学、口腔医学、皮肤性病学、麻醉学、急诊医学、康复医学、老年医学、中医学、全科医学、循证医学等课程的内容和临床见习，还包括体现这些临床医学内容的整合课程等形式的课程。

● 临床能力包括病史采集、体格检查、辅助检查、诊断与鉴别诊断、制定和执行诊疗计划、临床操作、临床思维、急诊处理、沟通技能等。

（十）课程计划管理

1. 医学院校必须有专门的职能机构负责课程计划管理，这一职能机构承担在医学院校领导下的课程计划制订操作、信息意见反馈、规划调整等具体工作，主持课程计划的实施。

2. 课程计划管理必须尊重教师、学生和其他利益方代表的意见。

（十一）与毕业后和继续医学教育的联系

教育计划必须考虑到与毕业后医学教育的有效衔接，并使毕业生具备接受和获取继续医学教育的能力。

六、学生成绩评定

（一）学业成绩评定体系

医学院校必须建立学生学业成绩全过程评定体系和评定标准，积极开展考试方法的研究，应用和借鉴各种先进的考试方法，如多站的客观结构化临床考试、计算机模拟病例考试等。对学生考核类型及成绩评定方法有明确的规定和说明，以便全面评价学生的知识、技能、行为、态度和分析与解决问题能力、获取知识能力及人际交流能力。

〔注释〕

● 评定体系包括形成性和终结性评定。形成性评定包括测验、观察记录、查阅实习手册等，终结性评定包括课程结束考试及毕业综合考试等。

（二）考试和学习之间的关系

评价活动必须围绕培养目标和课程的目的与要求，有利于促进学生的学习。提倡进行综合考试，以鼓励学生融会贯通地学习；提倡学生自我评估，以促

进学生主动学习能力的形成。

〔注释〕

●考试频次和类型应注意发挥考试对学习的导向作用，避免负面作用。

（三）考试结果分析与反馈

在所有考试完成后必须进行基于教育测量学的考试分析，要将分析结果以适当方式反馈给有关学生、教师和教学管理人员，并将其用于改进教与学。

〔注释〕

●考试分析包括整体结果、考试信度和效度、试题难度和区分度，以及专业内容分析。

（四）考试管理

管理部门必须制定有关考试具体的管理规章制度、建立专门的组织、规定相应的人员负责。医学院校应该对教师开展考试理论的培训，以提高命题、考试质量。

七、学生

（一）招生政策

1. 医学院校的招生工作必须根据教育主管部门的招生政策，制定本校招生的具体规定。

2. 招生规模必须依据社会需求、教育资源、行政法规合理确定。

3. 招生章程必须向社会公布，包括院校简介、招生计划、专业设置、收费标准、奖学金、申诉机制等。倡导通过网络向考生说明课程计划。

〔注释〕

●高等学校本科招生工作在国家招生计划调控下，在当地教育行政主管部门的领导下进行。

●教育资源应考虑到毕业后医学教育对临床教育资源的占用。

（二）新生录取

1. 医学院校必须贯彻国家的招生政策。

2. 在保证招生质量的前提下，注意学生群体的多样性，不存有歧视和偏见。

（三）学生支持与咨询

1. 医学院校必须建立相应机构，配备专门人员对学生提供必需的支持服务。

2. 必须就课程选修、成绩评定向学生提供咨询和指导服务，对学生在学习、心理、就业、生活、勤工助学等方面予以指导。

〔注释〕

●学生支持服务包括医疗卫生，就业指导，为残障学生提供合理的住宿，认真执行奖学金、贷学金、助学金、困难补助等助学制度，为学生提供经济帮助。

（四）学生代表

1. 医学院校必须吸收和鼓励学生代表参与学校管理、教学改革、课程计划的制订和评估以及其他与学生有关的事务。

2. 支持学生依法成立学生组织，指导鼓励学生开展社团活动，并为之提供必要的设备和场所。

〔注释〕

●学生组织包括学生自我管理、自我教育、自我服务的相关团体。

八、教师

（一）聘任政策

医学院校必须实施教师资格认定制度和教师聘任制度，配备适当数量的教师，保证合理的教师队伍结构，适应教学、科研、社会服务的需求；必须明确规定教师职责；被聘任教师必须具有良好的职业道德及与其学术等级相称的学术水平和教学能力，承担相应的课程和规定的教学任务；必须定期对教师的业绩进行评估检查。

〔注释〕

●教师数量必须符合学校的办学规模和目标定位，满足教学、科研、教学改革需求的需要。

●教师队伍结构包括医科教学人员与非医科教学人员、全职与兼职教师、教师职务及学位比例等。

（二）师资政策及师资培养

医学院校必须保障教师的合法权利和有效履行教师职责。有明确的师资政策并能有效执行，保证教学、科研、服务职能的平衡，认可和支持有价值的业务活动，确保人才培养的中心地位；必须建立教师直接参与教育计划制订和教育管理决策的机制，使教师理解教学内容和课程计划调整的意义；必须制订教师队伍建设计划，保证教师的培养、考核和交流，为教师提供专业发展机会。

〔注释〕

●服务职能包括卫生保健系统中的临床服务、学生指导、行政管理及其他社会服务工作。

●对有价值的业务活动的认可应通过奖励、晋升或酬金来实现。

●师资交流应包括教师在本学科领域内、学科领域间以及校际、国际交流，特别强调医学院内临床医学与基础医学教师间的沟通交流。

九、教育资源

（一）教育预算与资源配置

1. 医学院校必须有足够的经济支持，有可靠的经费筹措渠道。教育经费投入应逐年增加，教学经费投入必须保证教育计划的完成。

2. 依法建立健全财务管理制度，明确教育预算和资源配置的责任与权利，严格管理教育经费，提高教育投资效益。

〔注释〕

●学校收取的学费应当按照国家有关规定管理和使用，其中教学经费及其所占学校当年会计决算的比例必须达到国家有关规定的要求。

●教育经费预算视各医学院校或区域的预算惯例而定。鉴于医学教育成本较高，医学院校生均拨款额度标准应高于其他学科。

（二）基础设施

1. 医学院校必须有足够的基础设施供师生的教学活动使用，对基础设施定期进行更新及添加，确保教育计划得以完成。

2. 使用先进科学仪器装备实验室，保证医学实验教学、技能训练的完成。

〔注释〕

●基础设施应包括各类教室及多媒体设备、小组讨论（学习）室、基础实验室和实验设备、临床示教室、临床模拟技能实验室及设备、教学考核设施、图书馆、信息技术设施和因特网接入、文体活动场所、学生公寓等。

（三）临床教学基地

1. 医学院校必须拥有不少于1所三级甲等附属医院，医学类专业在校学生与病床总数比应达到1∶1。

2. 建立稳定的临床教学基地管理体系与协调机制，确保有足够的临床教学基地满足临床教学需要。

3. 加强对临床教学基地的教学基础设施的建设。

4. 加强与城市社区卫生服务中心、乡镇卫生院、疾病预防与控制机构建立良好稳定的业务关系，为全科医学和公共卫生的教学提供稳定的基地。

5. 临床教学基地必须成立专门机构，配备专职人员，负责临床教学的领导与管理工作，建立完善的临床教学管理制度和教学档案，加强教学质量监控工作，特别是加强对临床能力考试的管理。附属医院和教学医院病床数必须满足临床教学需要。

〔注释〕

●临床教学基地按与医学院的关系及所承担的任务，基本上可以分为附属医院、教学医院和实习医院三类。教学医院必须符合下列条件：有省级政府部门认可为医学院校临床教学基地的资质；学校和医院双方有书面协议；有能力、有责任承担包括部分临床理论课、见习和实习在内的全程临床教学任务；有临床教学规章制度、教学组织机构和教学团队；有一届以上的毕业生证明该医院能够胜任临床教学工作。

（四）图书及信息服务

医学院校必须拥有并维护良好的图书馆和网络信息设施，必须建立相应的政策和制度，使现代信息和通讯技术能有效地用于教学，使师生能够利用信息和通讯技术进行自学、获得信息、治疗管理病人及开展卫生保健工作。

（五）教育专家

1. 医学院校必须有教育专家参与医学教育的决策、教育计划的制订和教学方法的改革。

2. 建立与教育专家联系的有效途径，能证实在师资培养和医学教育中发挥教育专家的作用。

〔注释〕

●教育专家是医学院校研究医学教育问题、过程和实践的专门人才，包括具有医学教育研究经历的教师、管理专家、教育学家、心理学家和社会学家等。教育专家可由学校的某一教育单位提供，也可以从其他高校或机构聘请。

（六）教育交流

1. 医学院校可与其他高等教育机构建立合作及学分互认的机制。

2. 必须提供适当资源，促进教师和学生进行地区及国家间的交流。

〔注释〕

●学分互认机制可通过医学院校之间认可课程来实现。

十、教育评价

（一）教育评价机制

1. 医学院校必须建立教育评价体系，使领导、行政管理人员、教师和学生能够积极参与教育评价活动，形成有效的教育质量监控运行机制，以确保课程计划的实施及各个教学环节的正常运行，并能及时发现问题和解决问题。

2. 教育评价必须覆盖各个教学环节，其重点是对教育计划、教育过程及教育结果状况的检测。

（二）教师和学生的反馈

医学院校必须确定相应机构，系统地搜集和分析教师与学生的反馈意见，以获得有效的教学管理信息，为改进教学工作提供决策依据。

（三）利益方的参与

1. 医学院校的教育评价必须有领导、行政管理人员、教职人员和学生参与。

2. 教学评价必须有政府主管部门、用人单位、毕业后教育机构的积极参与，并考虑他们对教育计划提出的改进意见，让他们获知教育评价的结果。

（四）毕业生质量

1. 医学院校必须建立毕业生质量调查制度，从医学毕业生工作环境中搜集改进教育质量的反馈信息。

2. 必须将毕业生的工作表现、业务能力、职业素质及就业情况等有关信息，作为调整教育计划和改进教学工作的主要依据。

十一、科学研究

（一）教学与科研的关系

1. 医学院校必须明确科学研究是学校的主要功能之一，设立相应管理体系，制定积极的科研政策、发展规划和管理办法。

2. 必须为教师提供基本的科学研究条件，营造浓厚的学术氛围，提倡创新和批判性思维，促进教学与科研相结合。

3. 提倡教师将科研活动、科研成果引入教学过程，通过科学研究培养学生的科学思维、科学方法及科学精神。

4. 必须加强对医学教育及管理的研究，为教学改革与发展提供理论依据。

（二）教师科研

医学院校教师应当具备相应的科学研究能力，承担相应的科研项目，取得相应的科研成果。

〔注释〕

● 科研项目、科研成果：包括国家级，省（市）部级以及校级科研项目与成果、教学研究项目与成果。

（三）学生科研

1. 医学院校必须将科学研究活动作为培养学生科学素养和创新思维的重要途径，采取积极、有效措施为学生创造参与科学研究的机会与条件。

2. 课程计划中必须安排适当的综合性、设计性实验，为学生开设学术讲座、组织科研小组等，积极开展有利于培养学生科研能力的活动。

十二、管理和行政

（一）管理

1. 举办医学教育的高等学校必须建立医学教育管理机构，承担实施教学计划等职能。

2. 建立科学的教学管理制度及操作程序。

3. 设立学术委员会、教学委员会等组织，审议教学计划、教学改革及科研等重要事项。

（二）医学院校领导

医学院校必须明确主管教学的领导在组织制定和实施教育计划、合理调配教育资源方面的权利。

（三）行政管理人员

医学院校必须建立结构合理的行政管理队伍，行政管理人员必须承担相应的岗位职责，执行相应的管理制度，确保教学计划及其他教学活动的顺利实施。

（四）与卫生部门的相互关系

医学院校必须主动与社会及政府的卫生相关部门加强联系和交流，争取各方面对人才培养的支持。

〔注释〕

● 卫生相关部门包括卫生保健服务体系、医学研究机构、健康促进组织、疾病控制机构和卫生行政管理及协调机构等。

十三、改革与发展

（一）发展规划

医学院校必须定期回顾和检查自身发展规划。

（二）持续改革

医学院校必须依据国家医药卫生服务体系改革及医学科学发展，不断进行教学、科研和医疗服务的改革，以适应社会不断发展变化的需要。

〔注释〕

● 医学院校必须随着社会的发展、科学的进步和文化的繁荣，在总结和分析的基础上，定期审查和修订学校既定的政策、制度、规划等方面，不断完善学校管理体制。

●医学院校必须定期调整培养目标、教育计划、课程结构、教学内容和方法，完善考核方法，以适应不断变化的社会需求。

●医学院校必须依据教师数量和结构、经费投入、教学设施等教学资源配置和卫生人力需求情况，定期调整招生规模，使医学类专业保持适宜的招生数量，以促进医学教育的可持续发展。

中宣部 教育部关于进一步加强高等学校思想政治理论课教师队伍建设的意见

(2008年9月23日)

各省、自治区、直辖市党委宣传部、教育厅（教委），新疆生产建设兵团党委宣传部、教育局，有关部门（单位）教育司（局），教育部属各高等学校：

为深入贯彻落实党的十七大精神，落实《中共中央 国务院关于进一步加强和改进大学生思想政治教育的意见》（中发〔2004〕16号），充分发挥思想政治理论课作为大学生思想政治教育主渠道的作用，进一步推动中国特色社会主义理论体系进教材、进课堂、进学生头脑工作，不断提高大学生的思想政治素质，现就进一步加强高等学校思想政治理论课教师队伍建设提出如下意见。

一、加强高等学校思想政治理论课教师队伍建设的重要性紧迫性和总体要求

1. 思想政治理论课教师是高等学校教师队伍的一支重要力量，是党的理论、路线、方针、政策的宣讲者，是大学生健康成长的指导者和引路人。进一步加强思想政治理论课教师队伍建设，提高教学水平，用中国特色社会主义理论体系武装大学生，用社会主义核心价值体系引领各种社会思潮，把他们培养成德智体美全面发展的社会主义建设者和接班人，对于全面实施科教兴国战略和人才强国战略，确保实现全面建设小康社会、加快推进社会主义现代化的宏伟目标，确保中国特色社会主义事业兴旺发达、后继有人，具有十分重大而深远的意义。

2. 改革开放以来特别是党的十六大以来，各地各高等学校采取多种措施加强思想政治理论课教师队伍建设，取得了较好成效，积累了一定经验。广大思想政治理论课教师爱岗敬业、勤奋工作，取得了明显成绩。但是，从总体上看，思想政治理论课教师队伍的状况，还不能很好地适应新形势新任务的需要。特别是一些学校不同程度地存在对思想政治理论课认识不足、重视不够；教师队伍整体素质有待提高，数量不足，优秀中青年学术带头人缺乏；学科支撑薄弱，教学科研组织亟待规范等问题。在思想政治理论课新方案全面实施，教材建设取得突破性进展的情况下，加强教师队伍建设、提高教师队伍的素质和水平，显得尤为迫切。

3. 要把思想政治理论课教师队伍建设纳入教育事业发展和人才队伍建设的总体规划，加强领导，统筹安排。坚持以马克思列宁主义、毛泽东思想、邓小平理论和“三个代表”重要思想为指导，深入贯彻落实科学发展观，以教学科研组织建设为平台，以选聘配备为基础，以培养培训为抓手，以学科建设为支撑，以制度建设为保障，以实现教学状况明显改善为目标，培养一批坚持正确的政治方向、理论功底扎实、善于联系实际的教学领军人物、中青年学术带头人和骨干教师，努力建设一支政治坚定、业务精湛、师德高尚、结构合理的教师队伍。

4. 思想政治理论课教师要全面提高思想政治素质和业务素质。要以方永刚同志为榜样，牢固树立坚定的理想信念，不断提高为思想政治理论教育事业服务的责任感和使命感；努力学习、刻苦钻研，不断增强马克思主义理论素养和人文社会科学知识基础；深入实践，了解学生，提高教学艺术和教学能力；注重道德修养，提升精神境界，做教书育人的典范。

二、大力加强高等学校思想政治理论课教学科研组织建设

5. 建立健全教学科研组织机构。各高等学校应当建立独立的、直属学校领导的思想政治理论课教学科研二级机构。该机构是思想政治理论课教学部门和马克思主义理论研究机构，又是马克思主义理论学科点的依托单位。其职责是：统一管理思想政治理论课教师，负责思想政治理论教学、科研、社会服务和相关管理工作；负责马克思主义理论学科建设、人才培养和教学科研梯队建设等工作。

6. 选配好教学科研组织负责人。将思想政治理论课教学科研组织负责人遴选配备和培养培训工作，纳入学校干部队伍建设规划。要选拔政治强、业务精、作风正、懂管理的学术带头人和骨干教师，作为思想政治理论课教学科研组织负责人。

三、认真做好高等学校思想政治理论课教师的选聘配备工作

7. 各高等学校要根据专任为主、专兼结合的原则，按照学生人数以及实际教学、科研和社会服务的需要，合理核定专任教师编制，配备足够数量和较高质量的思想政治理论课教师。本专科思想政治理论课专任教师要总体上按不低于师生 1∶350—400 的比例配备。

8. 实行教师任职资格准入制度。思想政治理论课教师必须坚持正确的政治方向，热爱马克思主义理论教育事业，具有良好的思想品德，有扎实的马克思主义理论基础和相应的教学水平、科研能力。新任教师原则上应是中国共产党党员，具备相关专业硕士以上学位，工作期间应兼职从事班主任或辅导员工作。在事关政治原则、政治立场和政治方向问题上不能与党中央保持一致的，不得从事思想政治理论课教学。

9. 不断充实教师队伍。马克思主义理论学科点教学科研人员，应当从事思想政治理论公共课教学；学科带头人应当成为思想政治理论公共课程的教学带头人。建立开放、灵活的人才配置机制，吸引、鼓励校内相关专业学术带头人和教学骨干，专职或兼职承担思想政治理论课教学任务，积极争取从社会各界聘任理论研究、教学单位和实际部门的专家学者和领导干部承担一定的思想政治理论课教学。注意发挥离退休哲学社会科学著名专家学者在思想政治理论课教育教学中的作用。有条件的高等学校应积极探索建立校际之间的教学协作机制。

四、切实加强高等学校思想政治理论课教师队伍的培养培训工作

10. 建立和完善培训体系。各地各高等学校要制定教师培训规划，建立和完善有重点、分层次、多形式的培训体系，努力使培训工作经常化、制度化。重点深化岗前培训、课程轮训、骨干教师研修和在职培训。坚持先培训后上岗，着力提高新任教师适应岗位要求、胜任本职工作的能力。坚持每次开课前的全员再培训，做到先培训后开课。继续做好高校思想政治理论课骨干教师和全国高校哲学社会科学教学科研骨干研修工作。各地各高等学校要从实际出发，开展形式多样的教师培养培训工作，努力提高教师的理论素养、教学水平和科研能力。

11. 切实提高教学水平。思想政治理论课教师要以教材为教学基本遵循，在教材体系向教学体系转化上下功夫，真正做到融会贯通、熟练驾驭、精辟讲解。要紧密联系改革开放和社会主义现代化建设的伟大实践，了解和掌握大学生思想政治状况，探索符合教育教学规律和大学生特点的教学方法，提倡启发式、参与式、互动式、案例式、研究式教学。多用喜闻乐见的语言、生动鲜活的事例、新颖活泼的形式，活跃课堂气氛、启发学生思考，把科学理论讲清楚、说明白。定期评选思想政治理论课“精彩一课”和“精品课程”，定期组织教学观摩活动，推广先进教学方法，促进优质教学资源建设和共享。重视发挥多媒体和网络等信息技术的重要作用，倡导在教学中使用新技术新手段，逐步实现教学手段现代化，开发网络教育资源，形成网上网下教学互动、校内校外资源共享。积极探索科学的考试考核方法，重点考查学生的思想政治素质和道德品质。

12. 组织开展社会实践和学习考察活动。各地各高校要积极创造条件，组织教师开展社会实践、学习考察和学术交流活动，使教师进一步了解国情，了解世界，开阔视野，丰富教学素材。

13. 开展继续教育，提高教师整体素质。各高等学校要制定教师继续教育计划，把组织教师在职学习作为主要途径，使广大教师边工作边提高。适时安排教师通过脱产或半脱产进修、名师指导、国内外学术交流等形式到重点高等学校进修深造。鼓励支持教师脱产或在职攻读博士、硕士学位，提升队伍的学位学历层次。每年安排指标招收思想政治理论课专任教师在职攻读马克思主义理论学科博士学位。力争经过几年的努力，使全国高等学校思想政治理论课教师的学历层次和整体素质有明显提高。

五、为高等学校思想政治理论课教师队伍建设提供学科支撑

14．大力加强马克思主义理论学科建设。根据马克思主义理论学科的性质、特点和要求，进一步凝练学科方向，把为思想政治理论课教学服务作为学科建设的重要任务，做好硕士生、博士生和专业学位研究生的培养及教师培训工作，为马克思主义理论研究和思想政治理论课教育教学培养高水平的人才。完善二级学科体系，为思想政治理论课提供对应支撑。进一步汇聚学科队伍，建设优秀教学团队，使思想政治理论课教师工作有条件、干事有平台、发展有空间，增强责任感和归属感。

15．加强科研能力的培养。将思想政治理论课的课程建设、教材建设、教学方法改革、教师队伍建设、学科建设以及教学中重要理论和实际问题的研究等作为重要选题，列入国家教育科学研究和人文社会科学研究规划中，项目单列，单独评审，单独检查，推出一批高水平的思想政治理论教育教学研究成果。各地各高等学校要设立专门项目，开展科学研究，不断提高思想政治理论课教师的科研能力。

六、切实为高等学校思想政治理论课教师队伍建设提供政策和制度保障

16．完善教学管理制度，建立健全教学保障机制。按照学分学时对应原则，确保思想政治理论课的教学时数。要以中班教学（每班100名学生左右）为主体，组织开展教学活动。建立教学督导制度，加强教学质量的管理和监督。各地各高等学校要建立思想政治理论课教学专项经费，列入预算，并随着学校经费的增长逐年增加。各高等学校要根据本校实际，将思想政治理论课教师的岗位津贴和课时补助等纳入内部分配体系统筹考虑，确保思想政治理论课教师的实际平均收入不低于本校相关专业院系教师的平均水平。

17．完善实践教学制度。要从本科思想政治理论课现有学分中划出2个学分、从专科思想政治理论课现有学分中划出1个学分开展本专科思想政治理论课实践教学。要探索实践育人的长效机制，提供制度、条件和环境保障，确保不流于形式。各类博物馆、纪念馆、展览馆、烈士陵园等有教育意义的场所，要对开展思想政治理论课实践教学实行免票。

18．完善教师队伍建设的考核评价体系和教师职务评聘体系。各高等学校要制定思想政治理论课教师工作考核的具体办法，健全考核体系。考核结果要与教师的职务聘任、晋级、奖惩等挂钩。考核不合格的，要待岗学习；不能胜任的，要转岗分流。根据思想政治理论课教师岗位职责要求，进一步完善专业技术职务评聘标准，注重考核教学能力和教学实绩。教学研究成果和社会调研报告凡被有关部门采纳、发挥了积极作用的，应作为职称评定的依据。

19．完善教师表彰奖励机制。在教育系统各类教师表彰体系中，要对思想政治理论课教师的评比确定相应比例，进行统一表彰，增强教师的责任感和荣誉感。要及时发现、树立思想政治理论课教师先进典型，加大宣传、推广力度。

20．要建立高等学校思想政治理论课教育教学测评体系，进一步完善《普通高等学校本科教学水平评估方案（试行）》，把思想政治理论课建设作为高等学校教学水平评估体系的重要组成部分，列为二级指标，加大其权重和显示度。凡思想政治理论课教学达不到基本要求的，该校教学水平测评不能评为优秀等级。要将思想政治理论课教师队伍建设作为考核高等学校工作的一项重要内容，作为考核高等学校领导班子工作水平和工作绩效的重要依据。要充分发挥高校各级党组织和广大党员在思想政治理论课教育中的政治核心、战斗堡垒作用和先锋模范作用。

各地各高等学校要根据本意见，结合实际，制订具体实施意见和细化方案。

教育部 财政部关于批准 2008年度国家精品课程建设项目的通知

（2008年9月29日）

各省、自治区、直辖市教育厅（教委），新疆生产建设兵团教育局，有关部门（单位）教育司（局），解放军总参谋部，部属各高等学校：

为贯彻落实《教育部 财政部关于实施高等学校本科教学质量与教学改革工程的意见》（教高〔2007〕1号）和《教育部关于进一步深化本科教学改革全面提高教学质量的若干意见》（教高〔2007〕2号）精神，按照2008年度高等学校本科教学质量与教学改革工程项目申报工作要求，经过网络评审、专家会评以及上网公示，决定批准2008年度国家精品课程普通高校650门、军队院校（含武警）课程19门（名单见附件）。现予公布。

一、国家精品课程荣誉称号有效期5年。期间，课程内容要按照规定上网，取消登录用户名和密码，向全国免费开放。用户可登录“高等学校本科教学质量和教学改革工程”网（www.zlgc.edu.cn），点击“国家精品课程建设”，或直接登录“全国高等学校精品课程建设工作”网（www.jpkcnet.com），浏览国家精品课程内容和了解全国精品课程建设工作的相关信息。

二、有关高等学校要按照《教育部办公厅关于印发〈国家精品课程建设工作实施办法〉的通知》（教高厅〔2003〕3号）和《教育部办公厅关于〈国家精品课程建设工作实施办法〉补充规定的通知》（教高厅〔2004〕13号）要求，进一步加强课程建设，不断改善网络条件，更新和完善课程网上教学资源；及时了解掌握课程教学内容的辐射效果，收集分析用户的反馈意见，统计课程网站的点击率；在有效期内，接受教育部组织的年度检查。军队院校的国家精品课程由总参谋部负责管理。

三、各级教育行政部门和高等学校要重视“质量工程”的组织实施，进一步巩固教学工作的中心地位，继续加大经费投入并给予政策支持，推进优质资源的建设与共享。高等学校要充分利用国家精品课程的优质资源和建设经验，推进本校课程改革，不断提高教学质量。

四、未经著作权人许可，任何人不得将国家精品课程内容用作商业目的活动。

附件：

2008年度国家精品课程名单

一、本科国家精品课程（以学科为序，共400门）					
序号	一级学科	二级学科	课程名称	学校名称	负责人
1	法学	法学类	刑法学	北京师范大学	赵秉志
2	法学	法学类	商法学	吉林大学	徐卫东
3	法学	法学类	刑法学	清华大学	张明楷
4	法学	法学类	法理学	苏州大学	周永坤
5	法学	法学类	刑法学	西北政法大学	贾　宇

续表

序号	一级学科	二级学科	课程名称	学校名称	负责人
6	法学	法学类	宪法学	浙江大学	林来梵
7	法学	法学类	民法学原理	中国政法大学	王卫国
8	法学	法学类	国际私法	中南财经政法大学	刘仁山
9	法学	公安学类	刑事侦查学	中国人民公安大学	郝宏奎
10	法学	公安学类	警察格斗	江苏警官学院	陈　博
11	法学	公安学类	审讯学	四川警官学院	陈　真
12	法学	马克思主义理论类	中国近现代史纲要	北京大学	康沛竹
13	法学	马克思主义理论类	民族理论与民族政策	中南民族大学	许宪隆
14	法学	社会学类	社会学研究方法	华中师范大学	江立华
15	法学	社会学类	蒙古民俗	内蒙古师范大学	敖　其
16	法学	社会学类	社会调查方法	南京大学	风笑天
17	法学	社会学类	新疆民俗文化概论	新疆大学	热依拉·达吾提
18	法学	社会学类	人类学田野调查实习	中山大学	周大鸣
19	法学	政治学类	国际政治经济学	北京大学	王正毅
20	工学	材料类	材料导论	北京化工大学	励杭泉
21	工学	材料类	高分子材料成型原理	东华大学	沈新元
22	工学	材料类	机械工程材料	华南理工大学	朱　敏
23	工学	材料类	耐火材料工艺学	武汉科技大学	顾华志
24	工学	材料类	材料工程基础	武汉理工大学	谢峻林
25	工学	材料类	材料力学性能	西南交通大学	戴光泽
26	工学	材料类	材料结构分析	中南大学	姜　锋
27	工学	测绘类	大地测量学基础	解放军信息工程大学	吕志平
28	工学	测绘类	误差理论与测量平差基础	武汉大学	邱卫宁
29	工学	地矿类	沉积岩石学	长江大学	何幼斌
30	工学	地矿类	生产测井原理	长江大学	郭海敏
31	工学	地矿类	采矿学	东北大学	王　青
32	工学	地矿类	爆破工程	武汉理工大学	王玉杰
33	工学	地矿类	采油工程	中国石油大学（北京）	张士诚
34	工学	地矿类	钻井工程	中国石油大学（华东）	管志川
35	工学	电气信息类	电力电子技术基础	北方工业大学	张卫平
36	工学	电气信息类	计算概论	北京大学	代亚非
37	工学	电气信息类	计算机导论与计算机伦理学	北京航空航天大学	熊　璋
38	工学	电气信息类	编译技术	北京航空航天大学	张　莉
39	工学	电气信息类	电气工程导论	北京交通大学	范　瑜
40	工学	电气信息类	光电成像原理与技术	北京理工大学	白廷柱

续表

序号	一级学科	二级学科	课程名称	学校名称	负责人
41	工学	电气信息类	c/c++程序设计	成都理工大学	孙淑霞
42	工学	电气信息类	电子材料	电子科技大学	张怀武
43	工学	电气信息类	生物医学信号处理	电子科技大学	饶妮妮
44	工学	电气信息类	通信原理	电子科技大学	李晓峰
45	工学	电气信息类	控制系统仿真与CAD	东北大学	薛定宇
46	工学	电气信息类	数据库技术与应用	东北师范大学	李雁翎
47	工学	电气信息类	电子电路基础	东南大学	刘京南
48	工学	电气信息类	综合电子系统设计	东南大学	胡仁杰
49	工学	电气信息类	计算机原理	国防科技大学	唐玉华
50	工学	电气信息类	操作系统	国防科技大学	邹　鹏
51	工学	电气信息类	EDA技术	杭州电子科技大学	孙玲玲
52	工学	电气信息类	自动控制系统	河南理工大学	余发山
53	工学	电气信息类	电力系统继电保护原理	华北电力大学（保定）	王增平
54	工学	电气信息类	电气工程基础	华中科技大学	尹项根
55	工学	电气信息类	光纤光学	华中科技大学	刘德明
56	工学	电气信息类	通信电子线路	华中科技大学	严国萍
57	工学	电气信息类	计算系统基础	南京大学	陈道蓄
58	工学	电气信息类	数字逻辑电路	南京理工大学	王建新
59	工学	电气信息类	电工技术与电子技术	清华大学	唐庆玉
60	工学	电气信息类	计算机系统结构	清华大学	郑纬民
61	工学	电气信息类	数字图像处理	山东科技大学	曹茂永
62	工学	电气信息类	数据结构	上海交通大学	俞　勇
63	工学	电气信息类	光学信息技术	上海理工大学	庄松林
64	工学	电气信息类	数字色彩	深圳大学	田少煦
65	工学	电气信息类	电路分析	首都师范大学	关　永
66	工学	电气信息类	计算机系统结构	同济大学	张晨曦
67	工学	电气信息类	自动控制原理	武汉科技大学	吴怀宇
68	工学	电气信息类	数字信号处理	武汉理工大学	刘　泉
69	工学	电气信息类	自动控制理论	西安理工大学	刘　丁
70	工学	电气信息类	并行计算与多核程序设计	浙江大学	陈天洲
71	工学	电气信息类	软件工程	浙江大学	陈　越
72	工学	电气信息类	电工电子学	中国石油大学（华东）	刘润华
73	工学	电气信息类	现代交换原理	重庆邮电大学	张治中
74	工学	公安技术类	笔迹检验	中国刑事警察学院	韩丹岩
75	工学	公安技术类	工业企业防火	中国人民武装警察部队学院	傅智敏

续表

序号	一级学科	二级学科	课程名称	学校名称	负责人
76	工学	工程力学类	弹性力学及有限单元法	河海大学	邵国建
77	工学	工程力学类	材料力学（含工程力学）	华南理工大学	黄小清
78	工学	工程力学类	理论力学	西南交通大学	杨翊仁
79	工学	海洋工程类	船舶建造工艺学	武汉理工大学	王呈方
80	工学	航空航天类	飞机总体设计	北京航空航天大学	武　哲
81	工学	航空航天类	航空发动机燃烧学	西北工业大学	范　玮
82	工学	化工与制药类	化工热力学	广西大学	童张法
83	工学	化工与制药类	化学工程与工艺专业实验	华东理工大学	乐清华
84	工学	化工与制药类	化工分离过程	天津大学	姜忠义
85	工学	环境与安全类	环境工程原理	清华大学	胡洪营
86	工学	机械类	机械制造技术基础	长春理工大学	张树仁
87	工学	机械类	工程训练	大连理工大学	梁延德
88	工学	机械类	机械制造装备设计	大连理工大学	关慧贞
89	工学	机械类	液气压传动与控制	贵州大学	黄　放
90	工学	机械类	机械设计基础	国防科技大学	尚建忠
91	工学	机械类	机械设计	哈尔滨工业大学	宋宝玉
92	工学	机械类	机床数控技术	南京航空航天大学	游有鹏
93	工学	机械类	工程材料与机械制造基础（金工）	山东大学	孙康宁
94	工学	机械类	互换性与技术测量	山东理工大学	韩进宏
95	工学	机械类	工程制图	深圳大学	胡　琳
96	工学	机械类	金属工艺学	天津大学	杨玉虎
97	工学	机械类	测试技术	武汉理工大学	江征风
98	工学	机械类	液压伺服与比例控制系统	燕山大学	孔祥东
99	工学	机械类	机械基础实验	重庆大学	宋立权
100	工学	交通运输类	现代空中交通管理	北京航空航天大学	张　军
101	工学	交通运输类	交通安全工程	北京交通大学	肖贵平
102	工学	交通运输类	路基路面工程	长安大学	沙爱民
103	工学	交通运输类	路基路面工程	东南大学	黄晓明
104	工学	交通运输类	交通管理与控制	西南交通大学	罗　霞
105	工学	林业工程类	木材学	中南林业科技大学	吴义强
106	工学	能源动力类	工程流体力学	东北电力大学	周云龙
107	工学	能源动力类	传热学	哈尔滨工业大学	谈和平
108	工学	能源动力类	发动机排放污染及控制	湖南大学	龚金科
109	工学	能源动力类	能源动力装置基础	华中科技大学	黄树红

续表

序号	一级学科	二级学科	课程名称	学校名称	负责人
110	工学	农业工程类	农业机械学	华南农业大学	罗锡文
111	工学	农业工程类	胶粘剂与涂料	西南林学院	杜官本
112	工学	轻工纺织食品类	纺织材料学	东华大学	于伟东
113	工学	轻工纺织食品类	服装设计	东华大学	刘晓刚
114	工学	轻工纺织食品类	包装容器结构设计与制造	湖南工业大学	刘跃军
115	工学	轻工纺织食品类	畜产食品工艺学	华南农业大学	蒋爱民
116	工学	轻工纺织食品类	食品化学	江南大学	杨瑞金
117	工学	轻工纺织食品类	食品加工机械与设备	江苏大学	马海乐
118	工学	轻工纺织食品类	服装材料学	闽江学院	陈东生
119	工学	轻工纺织食品类	畜产品加工学	南京农业大学	周光宏
120	工学	轻工纺织食品类	制浆造纸工艺学	山东轻工业学院	陈嘉川
121	工学	轻工纺织食品类	皮鞋工艺学	陕西科技大学	弓太生
122	工学	轻工纺织食品类	食品技术原理	天津科技大学	赵　征
123	工学	轻工纺织食品类	印刷概论	武汉大学	万晓霞
124	工学	生物工程类	酶工程	华东理工大学	魏东芝
125	工学	生物工程类	发酵工程	华中科技大学	余龙江
126	工学	生物工程类	发酵工程原理与技术	江南大学	陈　坚
127	工学	生物工程类	生物反应工程	天津科技大学	贾士儒
128	工学	水利类	水工建筑物	河海大学	任旭华
129	工学	水利类	工程水文学	武汉大学	宋星原
130	工学	水利类	港口水工建筑物	重庆交通大学	王多垠
131	工学	土建类	建筑设计	东南大学	王建国
132	工学	土建类	基础工程	湖南大学	赵明华
133	工学	土建类	建筑设计	清华大学	朱文一
134	工学	土建类	建筑环境学	上海理工大学	黄　晨
135	工学	土建类	混凝土结构基本原理	同济大学	顾祥林
136	工学	土建类	建筑理论与历史	同济大学	常　青
137	工学	土建类	城市规划原理	同济大学	唐子来
138	工学	土建类	高层建筑结构设计	西安建筑科技大学	史庆轩
139	工学	土建类	水文学	西安建筑科技大学	黄廷林
140	工学	土建类	隧道工程	中南大学	彭立敏
141	工学	武器类	坦克学	北京理工大学	闫清东
142	工学	武器类	水雷兵器原理	西北工业大学	张效民
143	工学	仪器仪表类	卫星导航系统	哈尔滨工程大学	赵　琳
144	工学	仪器仪表类	误差理论与数据处理	合肥工业大学	陈晓怀

续表

序号	一级学科	二级学科	课程名称	学校名称	负责人
145	工学	仪器仪表类	控制工程基础	清华大学	董景新
146	工学	仪器仪表类	光电图像处理	天津大学	刘文耀
147	管理学	工商管理类	企业财务报表分析	对外经济贸易大学	张新民
148	管理学	工商管理类	企业仿真综合运作	广东商学院	曾小彬
149	管理学	工商管理类	管理学	湖南大学	陈　收
150	管理学	工商管理类	组织行为学	昆明理工大学	段万春
151	管理学	工商管理类	高级财务管理	南京大学	杨雄胜
152	管理学	工商管理类	创业管理	南开大学	张玉利
153	管理学	工商管理类	公司治理学	南开大学	李维安
154	管理学	工商管理类	市场营销学	上海财经大学	晁钢令
155	管理学	工商管理类	成本会计	上海财经大学	潘　飞
156	管理学	工商管理类	财务管理	上海对外贸易学院	杨淑娥
157	管理学	工商管理类	运营管理	上海交通大学	季建华
158	管理学	工商管理类	财务管理学	天津财经大学	韩传模
159	管理学	工商管理类	质量管理学	同济大学	尤建新
160	管理学	工商管理类	基础会计	浙江财经学院	沃　健
161	管理学	公共管理类	行政管理学	北京大学	张国庆
162	管理学	公共管理类	行政学原理	武汉大学	丁　煌
163	管理学	公共管理类	公共管理学	武汉大学	黎　民
164	管理学	管理科学与工程类	管理学	北京化工大学	张英奎
165	管理学	管理科学与工程类	决策支持系统导论	东华大学	宋福根
166	管理学	管理科学与工程类	工程合同管理	东南大学	李启明
167	管理学	管理科学与工程类	管理信息系统分析与设计	华中科技大学	蔡淑琴
168	管理学	管理科学与工程类	信息系统分析与设计	江西财经大学	徐升华
169	管理学	管理科学与工程类	灰色系统理论	南京航空航天大学	刘思峰
170	管理学	管理科学与工程类	工程成本规划与控制	天津大学	王雪青
171	管理学	管理科学与工程类	信息计量学	武汉大学	邱均平
172	管理学	管理科学与工程类	物流管理信息系统	武汉科技学院	夏火松
173	管理学	农业经济管理类	土地管理学	华中农业大学	张安录
174	管理学	农业经济管理类	农业企业经营管理学	西南大学	王　钊
175	管理学	图书档案学类	档案管理学	广西民族大学	黄世喆
176	管理学	图书档案学类	信息资源建设	武汉大学	肖希明
177	教育学	教育学类	化学教学论	安徽师范大学	江家发
178	教育学	教育学类	外国教育史	北京师范大学	张斌贤
179	教育学	教育学类	德育原理	河南大学	刘济良

续表

序号	一级学科	二级学科	课程名称	学校名称	负责人
180	教育学	教育学类	电视教材编导与制作	华南师范大学	徐福荫
181	教育学	教育学类	信息技术与课程整合	华中师范大学	赵呈领
182	教育学	教育学类	多媒体教学软件设计与开发	天津师范大学	王志军
183	教育学	教育学类	比较教育学	西南大学	陈时见
184	教育学	教育学类	课程与教学论	西南大学	靳玉乐
185	教育学	体育学类	大学体育	北京大学	郝光安
186	教育学	体育学类	奥林匹克运动	北京体育大学	任　海
187	教育学	体育学类	排球	河南师范大学	许瑞勋
188	教育学	体育学类	健美操	华南师范大学	黄宽柔
189	教育学	体育学类	体适能评定理论与方法	上海体育学院	陈佩杰
190	教育学	体育学类	运动心理学	天津体育学院	姚家新
191	教育学	体育学类	民族传统体育	云南师范大学	饶　远
192	教育学	体育学类	户外运动	中国地质大学（武汉）	杨　汉
193	经济学	经济学类	证券投资学	北京工商大学	杨德勇
194	经济学	经济学类	中国税收	东北财经大学	马国强
195	经济学	经济学类	西方经济学	湖南大学	刘辉煌
196	经济学	经济学类	国际贸易实务	南开大学	刘重力
197	经济学	经济学类	经济学原理	清华大学	钱颖一
198	经济学	经济学类	金融投资学	山东大学	胡金焱
199	经济学	经济学类	金融工程学	上海交通大学	吴冲锋
200	经济学	经济学类	政治经济学	首都经济贸易大学	文　魁
201	经济学	经济学类	西方经济学	武汉大学	马　颖
202	经济学	经济学类	西方经济学	西北大学	任保平 范王榜
203	经济学	经济学类	微观经济学	浙江大学	史晋川
204	经济学	经济学类	财政学	中国人民大学	郭庆旺
205	经济学	经济学类	国际税收	中国人民大学	朱　青
206	经济学	经济学类	货币金融学	中南财经政法大学	朱新蓉
207	理学	材料科学类	材料化学	北京师范大学	李　奇
208	理学	大气科学类	大气探测学	兰州大学	张文煜
209	理学	地理科学类	经济地理学	华东师范大学	曾　刚
210	理学	地理科学类	遥感地学分析	南京师范大学	黄家柱
211	理学	地理科学类	土地信息系统	武汉大学	刘耀林
212	理学	地理科学类	旅游地理学	中山大学	保继刚
213	理学	地质学类	结晶学与矿物学	中国地质大学（北京）	李胜荣

续表

序号	一级学科	二级学科	课程名称	学校名称	负责人
214	理学	地质学类	沉积学及古地理学	中国地质大学（北京）	陈建强
215	理学	地质学类	构造地质学	中国地质大学（武汉）	曾佐勋
216	理学	电子信息科学类	数据结构与算法	北京大学	张　铭
217	理学	电子信息科学类	大学计算机基础	山东大学	郝兴伟
218	理学	电子信息科学类	信息论与编码理论	西安电子科技大学	王育民
219	理学	海洋科学类	海洋调查方法	中国海洋大学	鲍献文
220	理学	化学类	有机化学	北京化工大学	杜洪光
221	理学	化学类	中级无机化学	北京师范大学	朱文祥
222	理学	化学类	普通化学及实验	大连理工大学	孟长功
223	理学	化学类	物理化学及实验	大连理工大学	王新平
224	理学	化学类	普通化学	桂林工学院	刘长久
225	理学	化学类	基础化学实验	湖南大学	蔡炳新
226	理学	化学类	普通化学	吉林大学	周伟红
227	理学	化学类	有机化学	陕西科技大学	李小瑞
228	理学	化学类	大学化学	上海交通大学	印　杰
229	理学	化学类	无机化学（工科）	天津大学	崔建中
230	理学	化学类	普通化学	同济大学	吴庆生
231	理学	化学类	化学综合设计实验	西南科技大学	霍冀川
232	理学	化学类	分析化学	扬州大学	胡效亚
233	理学	化学类	有机化学（生物医药类）	中南大学	罗一鸣
234	理学	环境科学类	环境化学	南开大学	孙红文
235	理学	环境科学类	环境海洋学	中国海洋大学	高会旺
236	理学	生物科学类	细胞生物学	北京师范大学	桑建利
237	理学	生物科学类	生态学	东北师范大学	杨允菲
238	理学	生物科学类	组织学与解剖学	河北师范大学	段相林
239	理学	生物科学类	遗传学	河南师范大学	卢龙斗
240	理学	生物科学类	分子生物学	华中农业大学	郑用琏
241	理学	生物科学类	植物学	西北大学	赵桂仿
242	理学	生物科学类	生命科学导论	厦门大学	罗大民
243	理学	数学类	概率论	北京大学	陈大岳
244	理学	数学类	高等数学	北京航空航天大学	郑志明
245	理学	数学类	数值分析	大连理工大学	于　波
246	理学	数学类	高等数学	合肥工业大学	朱士信
247	理学	数学类	复变函数	湖州师范学院	刘太顺
248	理学	数学类	泛函分析	内蒙古大学	孙　炯

续表

序号	一级学科	二级学科	课程名称	学校名称	负责人
249	理学	数学类	代数与几何	清华大学	张贺春
250	理学	数学类	数学分析与习题课	苏州大学	谢惠民
251	理学	数学类	金融衍生物定价理论	同济大学	姜礼尚
252	理学	数学类	数学建模	厦门大学	谭　忠
253	理学	数学类	高等数学	郑州大学	李梦如
254	理学	数学类	数值分析	中南大学	韩旭里
255	理学	天文学类	天体物理概论	中国科学技术大学	向守平
256	理学	统计学类	概率论与数理统计	西安科技大学	丁正生
257	理学	统计学类	概率论与数理统计	中国科学技术大学	缪柏其
258	理学	物理学类	力学	北京大学	舒幼生
259	理学	物理学类	量子力学	北京大学	程檀生
260	理学	物理学类	大学物理	北京交通大学	吴　柳
261	理学	物理学类	大学物理	大连理工大学	余　虹
262	理学	物理学类	双语物理导论	东南大学	恽　瑛
263	理学	物理学类	大学物理实验	复旦大学	张新夷
264	理学	物理学类	大学物理实验	华中科技大学	熊永红
265	理学	物理学类	近代物理实验	吉林大学	韩　炜
266	理学	物理学类	普通物理学	苏州大学	晏世雷
267	理学	物理学类	大学物理实验	中南大学	徐　慧
268	理学	心理学类	管理心理学	河南大学	赵国祥
269	理学	心理学类	实验心理学	华东师范大学	杨治良
270	理学	心理学类	心理健康教育系列课程	华中师范大学	刘华山
271	历史学	历史学类	中国古代史	安徽师范大学	裘士京
272	历史学	历史学类	史学导论	复旦大学	章　清
273	历史学	历史学类	国际关系史	吉林大学	刘德斌
274	马克思主义理论课程和思想品德课类	马克思主义理论课程和思想品德课类	毛泽东思想、邓小平理论和“三个代表”重要思想概论	安庆师范学院	汪青松
275	马克思主义理论课程和思想品德课类	马克思主义理论课程和思想品德课类	毛泽东思想、邓小平理论和“三个代表”重要思想概论	北京师范大学	王炳林
276	马克思主义理论课程和思想品德课类	马克思主义理论课程和思想品德课类	马克思主义基本原理概论	大连理工大学	洪晓楠

续表

序号	一级学科	二级学科	课程名称	学校名称	负责人
277	马克思主义理论课程和思想品德课类	马克思主义理论课程和思想品德课类	毛泽东思想、邓小平理论与“三个代表”重要思想概论	复旦大学	顾钰民
278	马克思主义理论课程和思想品德课类	马克思主义理论课程和思想品德课类	马克思主义基本原理概论	南京航空航天大学	王　岩
279	马克思主义理论课程和思想品德课类	马克思主义理论课程和思想品德课类	中国近现代史纲要	武汉大学	宋　俭
280	马克思主义理论课程和思想品德课类	马克思主义理论课程和思想品德课类	马克思主义祖国观、民族观、宗教观、文化观教育概论	西藏大学	刘庆慧
281	马克思主义理论课程和思想品德课类	马克思主义理论课程和思想品德课类	中国近现代史纲要	西南交通大学	鲜于浩
282	农学	动物生产类	毛皮学	东北林业大学	张　伟
283	农学	动物生产类	家畜育种学	华中农业大学	刘　榜
284	农学	动物生产类	动物营养学	浙江大学	刘建新
285	农学	动物医学类	动物生物化学	东北农业大学	李庆章
286	农学	动物医学类	兽医外科学	东北农业大学	王洪斌
287	农学	动物医学类	兽医寄生虫学	南京农业大学	李祥瑞
288	农学	环境生态类	生态学	福建农林大学	林文雄
289	农学	环境生态类	园林规划设计	南京林业大学	王　浩
290	农学	环境生态类	生态学	南京农业大学	胡　锋
291	农学	森林资源类	森林植物学	北华大学	杜凤国
292	农学	森林资源类	森林资源经营管理	北京林业大学	亢新刚
293	农学	水产类	鱼类增养殖学	上海海洋大学	李应森
294	农学	植物生产类	遗传学	华南农业大学	刘向东
295	农学	植物生产类	作物栽培学	华中农业大学	胡立勇
296	农学	植物生产类	设施园艺学	华中农业大学	别之龙
297	农学	植物生产类	园艺作物育种学	南京农业大学	侯喜林
298	农学	植物生产类	作物育种学	南京农业大学	盖钧镒 洪德林
299	农学	植物生产类	普通园艺学	山东农业大学	高东升

续表

序号	一级学科	二级学科	课程名称	学校名称	负责人
300	农学	植物生产类	作物栽培学	扬州大学	张洪程
301	农学	植物生产类	烟草栽培学	云南农业大学	吴伯志
302	农学	植物生产类	植物保护学	浙江大学	叶恭银
303	文化素质教育课程类	文化素质教育课程类	大学美育	北方工业大学	史仲文
304	文化素质教育课程类	文化素质教育课程类	中国历史地理	北京大学	韩茂莉
305	文化素质教育课程类	文化素质教育课程类	大学生社会实践	北京科技大学	陈　曦
306	文化素质教育课程类	文化素质教育课程类	唐宋诗词鉴赏	东南大学	王步高
307	文化素质教育课程类	文化素质教育课程类	中国古代礼仪文明	清华大学	彭　林
308	文化素质教育课程类	文化素质教育课程类	生命科学导论	武汉大学	黄诗笺 谢志雄
309	文化素质教育课程类	文化素质教育课程类	西方文化概论	武汉大学	赵　林
310	文学	外国语言文学类	大学英语	北京科技大学	张敬源
311	文学	外国语言文学类	大学英语	河北大学	温荣耀
312	文学	外国语言文学类	大学英语跨文化交际	黑龙江大学	严　明
313	文学	外国语言文学类	俄语视听说	黑龙江大学	王铭玉
314	文学	外国语言文学类	大学英语	华中科技大学	樊葳葳
315	文学	外国语言文学类	法语阅读	南京大学	张新木
316	文学	外国语言文学类	大学英语	南京航空航天大学	吴鼎民
317	文学	外国语言文学类	基础法语	上海外国语大学	曹德明
318	文学	外国语言文学类	英汉口译	四川大学	任　文
319	文学	外国语言文学类	中级德语	同济大学	黄克琴
320	文学	外国语言文学类	英语语言学	武汉理工大学	许之所
321	文学	外国语言文学类	当代语言学	厦门大学	杨信彰
322	文学	外国语言文学类	大学英语	扬州大学	俞洪亮
323	文学	外国语言文学类	大学英语	中南林业科技大学	邓联健
324	文学	新闻传播学类	新闻学概论	复旦大学	李良荣
325	文学	新闻传播学类	网络传播	南京大学	杜骏飞
326	文学	新闻传播学类	广播电视节目制作	中国传媒大学	高晓虹
327	文学	艺术类	电视学概论	北京师范大学	于　丹
328	文学	艺术类	蒙古舞	内蒙古大学	赵林平

续表

序号	一级学科	二级学科	课程名称	学校名称	负责人
329	文学	艺术类	油画技法	南京艺术学院	陈世宁
330	文学	艺术类	室内设计	清华大学	郑曙旸
331	文学	艺术类	水墨人物画技法	西安美术学院	杨晓阳
332	文学	艺术类	整合与创新设计	浙江大学	陈　纯
333	文学	艺术类	标志设计	浙江工业大学	周　旭
334	文学	艺术类	电视艺术学	中国传媒大学	高　鑫
335	文学	艺术类	台词基础课	中央戏剧学院	徐　平
336	文学	艺术类	20 世纪西方音乐	中央音乐学院	钟子林
337	文学	中国语言文学类	中国古代文学史	北京师范大学	郭英德
338	文学	中国语言文学类	中国文学批评史	复旦大学	黄　霖
339	文学	中国语言文学类	大学语文	华东师范大学	谭　帆
340	文学	中国语言文学类	古代汉语	南京大学	高小方
341	文学	中国语言文学类	文学概论	南京大学	周　宪
342	文学	中国语言文学类	现代中国文学	南开大学	罗振亚
343	文学	中国语言文学类	中国古代文学	陕西师范大学	张新科
344	文学	中国语言文学类	美学	首都师范大学	王德胜
345	文学	中国语言文学类	写作学	四川师范大学	马正平
346	文学	中国语言文学类	中国现当代文学史	武汉大学	陈国恩
347	医学	法医学类	法医学	复旦大学	赵子琴
348	医学	法医学类	法医物证学	中国医科大学	王保捷
349	医学	护理学类	康复护理学	福建中医学院	陈立典
350	医学	护理学类	临床应用护理学	天津医科大学	赵　岳
351	医学	护理学类	社区护理学	中南大学	何国平
352	医学	基础医学类	人体解剖学	北京大学	周长满
353	医学	基础医学类	医学形态实验学	南京医科大学	季晓辉
354	医学	基础医学类	组织学与胚胎学	山东大学	高英茂
355	医学	基础医学类	局部解剖学	山东大学	王怀经
356	医学	基础医学类	医学免疫学	山东大学	孙汶生
357	医学	基础医学类	人体寄生虫学	山东大学	何深一
358	医学	基础医学类	医学微生物与免疫学	汕头大学	李康生
359	医学	基础医学类	神经生物学	首都医科大学	徐群渊
360	医学	基础医学类	病理学	浙江大学	来茂德
361	医学	基础医学类	医学分子生物学	中南大学	胡维新
362	医学	基础医学类	麻醉药理学	遵义医学院	喻　田
363	医学	口腔医学类	口腔颌面医学影像诊断学	北京大学	马绪臣

续表

序号	一级学科	二级学科	课程名称	学校名称	负责人
364	医学	口腔医学类	口腔粘膜病学	上海交通大学	周曾同
365	医学	口腔医学类	口腔正畸学	四川大学	赵志河
366	医学	临床医学与医学技术类	眼科学	北京大学	黎晓新
367	医学	临床医学与医学技术类	内科学	长治医学院	魏　武
368	医学	临床医学与医学技术类	妇产科学	复旦大学	丰有吉
369	医学	临床医学与医学技术类	耳鼻咽喉科学	复旦大学	王正敏
370	医学	临床医学与医学技术类	外科学	哈尔滨医科大学	姜洪池
371	医学	临床医学与医学技术类	医学影像学	南方医科大学	张雪林
372	医学	临床医学与医学技术类	耳鼻咽喉—头颈外科学	山西医科大学	王斌全
373	医学	临床医学与医学技术类	医学影像学	上海交通大学	陈克敏
374	医学	临床医学与医学技术类	耳鼻咽喉科学	首都医科大学	韩德民
375	医学	临床医学与医学技术类	妇产科学	中国医科大学	张淑兰
376	医学	临床医学与医学技术类	神经病学	中南大学	肖　波
377	医学	临床医学与医学技术类	传染病学	中南大学	范学工
378	医学	临床医学与医学技术类	临床生物化学	重庆医科大学	涂植光
379	医学	药学类	临床药理学	安徽医科大学	李　俊
380	医学	药学类	中药炮制学	江西中医学院	龚千锋
381	医学	药学类	中药鉴定学	辽宁中医药大学	翟延君
382	医学	药学类	药物设计学	山东大学	徐文方
383	医学	药学类	生物制药工艺学	中国药科大学	高向东
384	医学	药学类	药物分析	中国药科大学	张尊建
385	医学	药学类	药事法规	中国药科大学	邵　蓉
386	医学	预防医学类	环境卫生学	华中科技大学	杨克敌
387	医学	预防医学类	流行病学	郑州大学	胡东生
388	医学	预防医学类	医学统计学	中山大学	方积乾
389	医学	中医学类	伤寒论	北京中医药大学	王庆国
390	医学	中医学类	温病学	广州中医药大学	林培政
391	医学	中医学类	中医外科学	上海中医药大学	陈红风
392	医学	中医学类	内经选读	上海中医药大学	周国琪
393	医学	中医学类	针灸学	天津中医药大学	石学敏
394	医学	中医学类	方剂学	浙江中医药大学	连建伟
395	哲学	哲学类	西方哲学	北京师范大学	韩　震
396	哲学	哲学类	现代西方哲学思潮	东北师范大学	韩秋红
397	哲学	哲学类	西方哲学史	复旦大学	俞吾金
398	哲学	哲学类	中国哲学史	黑龙江大学	张锡勤

续表

序号	一级学科	二级学科	课程名称	学校名称	负责人
399	哲学	哲学类	宗教学概论	武汉大学	段德智
400	哲学	哲学类	宗教学导论	中央民族大学	牟钟鉴

二、高职高专国家精品课程（以专业类为序，共200门）

序号	课程名称	负责人	院校名称	所属专业类	所属省份
1	金属工艺综合技能实训	王红英	深圳职业技术学院	材料与能源类	广东
2	机械制造基础	钱建辉	邢台职业技术学院	材料与能源类	河北
3	电厂锅炉	屈卫东	郑州电力高等专科学校	材料与能源类	河南
4	发电厂电气部分	刘　燕	兰州工业高等专科学校	材料与能源类	甘肃
5	高分子材料成型加工技术	杨小燕	南京化工职业技术学院	材料与能源类	江苏
6	电路	石　生	太原电力高等专科学校	材料与能源类	山西
7	铁氧体生产工艺技术	任新民	宜宾职业技术学院	材料与能源类	四川
8	采购与供应管理	其日格夫	青岛职业技术学院	财经类	山东
9	进出口单证实务	杨金玲	天津对外经济贸易职业学院	财经类	天津
10	企业纳税实务	刘洪宇	长沙民政职业技术学院	财经类	湖南
11	企业 ERP 沙盘应用	赵建新	浙江经济职业技术学院	财经类	浙江
12	实用会计基础	张艳萍	深圳职业技术学院	财经类	广东
13	会计综合实训	董京原	山西省财政税务专科学校	财经类	山西
14	电子商务基础实践	闵　敏	常州信息职业技术学院	财经类	江苏
15	市场营销学	徐盈群	浙江工商职业技术学院	财经类	浙江
16	物流企业管理	朱占峰	商丘职业技术学院	财经类	河南
17	工商模拟市场实训	阚雅玲	番禺职业技术学院	财经类	广东
18	证券投资分析	赵迪琼	南宁职业技术学院	财经类	广西
19	财务管理实务	孔德兰	浙江金融职业学院	财经类	浙江
20	物流管理综合实务	王自勤	浙江经济职业技术学院	财经类	浙江
21	物流市场调研与开发	章建新	天津职业大学	财经类	天津
22	税法	杨则文	番禺职业技术学院	财经类	广东
23	营销策划技术	章金萍	浙江金融职业学院	财经类	浙江
24	网络营销实务	方玲玉	长沙民政职业技术学院	财经类	湖南
25	电子商务实务	胡华江	金华职业技术学院	财经类	浙江
26	现代金融概论	郭福春	浙江金融职业学院	财经类	浙江
27	配送管理实务	胡国良	长春汽车工业高等专科学校	财经类	吉林
28	智能卡技术	毛丰江	深圳职业技术学院	电子信息类	广东
29	IC 版图设计	赵　杰	深圳职业技术学院	电子信息类	广东
30	嵌入式单片机技术与应用	丁桂芝	天津职业大学	电子信息类	天津

续表

序号	课程名称	负责人	院校名称	所属专业类	所属省份
31	3D 网络游戏开发实践	徐守祥	深圳信息职业技术学院	电子信息类	广东
32	电子线路板设计	宋　荣	深圳职业技术学院	电子信息类	广东
33	Windows CE 嵌入式系统	王晓春	深圳职业技术学院	电子信息类	广东
34	电子组装工艺	王应海	苏州工业园区职业技术学院	电子信息类	江苏
35	Linux 操作系统服务器管理	秦　文	深圳信息职业技术学院	电子信息类	广东
36	程控交换设备	李斯伟	广州民航职业技术学院	电子信息类	广东
37	路由与交换	沈海娟	杭州职业技术学院	电子信息类	浙江
38	网络设备的安装与调试	杨欣斌	东营职业学院	电子信息类	山东
39	智能楼宇弱电设备安装与调试	周志德	无锡职业技术学院	电子信息类	江苏
40	表面组装技术及工艺管理	涂用军	广东科学技术职业学院	电子信息类	广东
41	. NET Web 应用程序设计	王凤岭	南宁职业技术学院	电子信息类	广西
42	计算机网络技术与应用	杨　斌	顺德职业技术学院	电子信息类	广东
43	JSP 程序设计	刘志成	湖南铁道职业技术学院	电子信息类	湖南
44	移动通信	郑智华	深圳职业技术学院	电子信息类	广东
45	Visual C#. NET 程序设计	梁　曦	浙江水利水电专科学校	电子信息类	浙江
46	实用网络技术	王志梅	温州职业技术学院	电子信息类	浙江
47	表面贴装工艺设计与管理	王亚盛	威海职业学院	电子信息类	山东
48	软件编程（Java 方向）	陈显刚	长春职业技术学院	电子信息类	吉林
49	智能电子产品设计与制作	马汝星	金华职业技术学院	电子信息类	浙江
50	交互式多媒体制作	赵　益	宁波职业技术学院	电子信息类	浙江
51	计算机应用基础	吴振峰	湖南大众传媒职业技术学院	电子信息类	湖南
52	基层常用法律文书制作	白　彦	浙江警官职业学院	法律类	浙江
53	民事诉讼法原理与实务	唐长国	浙江警官职业学院	法律类	浙江
54	船艇执勤	臧建忠	公安海警高等专科学校	公安大类	浙江
55	警务特种驾驶技战术	柳　实	北京警察学院	公安大类	北京
56	治安案件事故处理	张先福	山西警官高等专科学校	公安大类	山西
57	道路交通事故处理	杜心全	浙江警察学院	公安大类	浙江
58	经济数学	陈笑缘	浙江商业职业技术学院	公共基础类	浙江
59	实用养老机构管理	陈卓颐	长沙民政职业技术学院	公共事业类	湖南
60	文献信息检索	陈萍秀	成都航空职业技术学院	公共事业类	四川
61	社会救助	刘　晓	长沙民政职业技术学院	公共事业类	湖南
62	环境工程制图	王存海	邢台职业技术学院	环保、气象与安全类	河北
63	交通运输安全管理与控制	沈斐敏	福建交通职业技术学院	环保、气象与安全类	福建
64	汽车传动系统技术及检修	贺　萍	深圳职业技术学院	交通运输类	广东
65	汽车发动机机械系统诊断与检修	潘伟荣	广东交通职业技术学院	交通运输类	广东

续表

序号	课程名称	负责人	院校名称	所属专业类	所属省份
66	地基基础施工与检测	务新超	黄河水利职业技术学院	交通运输类	河南
67	桥涵施工技术	匡希龙	湖南交通职业技术学院	交通运输类	湖南
68	船体识图与制图	彭晓兰	九江职业技术学院	交通运输类	江西
69	铁路信号基础设备维护	张仕雄	武汉铁路职业技术学院	交通运输类	湖北
70	汽车维护	张葵葵	湖南交通职业技术学院	交通运输类	湖南
71	飞机铆接装配与机体修理	白冰如	西安航空职业技术学院	交通运输类	陕西
72	牵引电器的检查与维护	张　琳	湖南铁道职业技术学院	交通运输类	湖南
73	道路交通安全违法行为处理	蔡黎明	上海公安高等专科学校	交通运输类	上海
74	电力机车电气线路的调试	彭　涛	湖南铁道职业技术学院	交通运输类	湖南
75	轻轨与地铁施工技术	张　冰	哈尔滨铁道职业技术学院	交通运输类	黑龙江
76	社区安全防范	赵广浩	上海公安高等专科学校	交通运输类	上海
77	工程机械柴油机维修工艺	王　毅	贵州交通职业技术学院	交通运输类	贵州
78	餐饮管理	饶雪梅	番禺职业技术学院	旅游类	广东
79	餐饮经营管理	刘致良	深圳职业技术学院	旅游类	广东
80	西点制作技术	钟志惠	四川烹饪高等专科学校	旅游类	四川
81	前厅运行与管理	吴　玲	江西旅游商贸职业学院	旅游类	江西
82	饭店前厅服务与管理	李　丽	广东轻工职业技术学院	旅游类	广东
83	旅游礼宾礼仪	王　晞	桂林旅游高等专科学校	旅游类	广西
84	模拟导游	江　波	湖南网络工程职业学院	旅游类	湖南
85	旅行社经营与管理	陈　昊	沈阳职业技术学院	旅游类	辽宁
86	蔬菜生产技术	胡繁荣	金华职业技术学院	农林牧渔类	浙江
87	大田作物制种技术	王海波	新疆农业职业技术学院	农林牧渔类	新疆
88	中兽医基础与临床	汪德刚	郑州牧业工程高等专科学校	农林牧渔类	河南
89	插花与花艺设计	谢利娟	深圳职业技术学院	农林牧渔类	广东
90	园艺植物保护	程亚樵	河南农业职业学院	农林牧渔类	河南
91	动物微生物	李　舫	山东畜牧兽医职业学院	农林牧渔类	山东
92	动物传染病防治技术	刘振湘	湖南环境生物职业技术学院	农林牧渔类	湖南
93	食用菌栽培	周希华	潍坊职业学院	农林牧渔类	山东
94	园林规划设计	赵建民	杨凌职业技术学院	农林牧渔类	陕西
95	农业机械	肖兴宇	黑龙江农业工程职业学院	农林牧渔类	黑龙江
96	家具表面装饰工程设计与施工	张志刚	黑龙江林业职业技术学院	农林牧渔类	黑龙江
97	园艺作物病虫害防治	张红燕	黑龙江农业工程职业学院	农林牧渔类	黑龙江
98	牛羊生产	张　力	江苏畜牧兽医职业技术学院	农林牧渔类	江苏
99	包装结构与模切版设计	孙　诚	天津职业大学	轻纺食品类	天津
100	鞋类生产工艺	卢行芳	浙江工贸职业技术学院	轻纺食品类	浙江

续表

序号	课程名称	负责人	院校名称	所属专业类	所属省份
101	食品生物化学	王仁雷	江苏食品职业技术学院	轻纺食品类	江苏
102	染色技术	潘云芳	南通纺织职业技术学院	轻纺食品类	江苏
103	塑料注射成型	戴伟民	常州轻工职业技术学院	轻纺食品类	江苏
104	印刷工艺	王利婕	深圳职业技术学院	轻纺食品类	广东
105	食品加工技术	李秀娟	日照职业技术学院	轻纺食品类	山东
106	食品理化检验技术	杜淑霞	广东轻工职业技术学院	轻纺食品类	广东
107	服装结构与工艺	陈汉东	武汉职业技术学院	轻纺食品类	湖北
108	药事管理实务	吴海侠	广东食品药品职业学院	生化与药品类	广东
109	药品质量检测技术综合实训	张　虹	山西生物应用职业技术学院	生化与药品类	山西
110	涂料分析与检测	彭建兵	顺德职业技术学院	生化与药品类	广东
111	中药炮制技术	王和平	浙江医药高等专科学校	生化与药品类	浙江
112	化工单元操作	许　宁	南京化工职业技术学院	生化与药品类	江苏
113	化工产品定性定量分析	陈亚东	宁波职业技术学院	生化与药品类	浙江
114	药理学	俞月萍	浙江医学高等专科学校	生化与药品类	浙江
115	植物组织培养应用技术	石文山	滨州职业学院	生化与药品类	山东
116	中药制剂检验技术	梁延寿	山西生物应用职业技术学院	生化与药品类	山西
117	药用植物识别技术	莫小路	广东食品药品职业学院	生化与药品类	广东
118	水工建筑物	王英华	浙江水利水电专科学校	水利类	浙江
119	景观规划设计	刘永福	广西职业技术学院	土建类	广西
120	混凝土结构	尹维新	太原电力高等专科学校	土建类	山西
121	建筑工程造价	孙咏梅	浙江水利水电专科学校	土建类	浙江
122	建筑装饰装修构造	冯美宇	山西建筑职业技术学院	土建类	山西
123	建筑结构	徐锡权	日照职业技术学院	土建类	山东
124	设计素描	陈　杰	徐州建筑职业技术学院	土建类	江苏
125	混凝土结构工程施工	王付全	黄河水利职业技术学院	土建类	河南
126	工程招投标与合同管理	杨　锐	徐州建筑职业技术学院	土建类	江苏
127	建筑节能技术	方建邦	徐州建筑职业技术学院	土建类	江苏
128	建筑施工技术	张亚英	北京工业职业技术学院	土建类	北京
129	桥跨结构施工	李　辉	四川建筑职业技术学院	土建类	四川
130	建筑工程项目管理	银　花	内蒙古建筑职业技术学院	土建类	内蒙古
131	基础工程施工	张　健	四川电力职业技术学院	土建类	四川
132	建筑工程计量与计价	冯桂云	河南工业职业技术学院	土建类	河南
133	散打格斗	林荫生	福建警察学院	文化教育类	福建
134	会展英语	黄晓彤	深圳职业技术学院	文化教育类	广东
135	商务德语	杜九仙	天津中德职业技术学院	文化教育类	天津

续表

序号	课程名称	负责人	院校名称	所属专业类	所属省份
136	职业人文基础	李向明	长沙民政职业技术学院	文化教育类	湖南
137	旅游越南语视听说	李太生	南宁职业技术学院	文化教育类	广西
138	翻译技巧	钟书能	广东外语艺术职业学院	文化教育类	广东
139	思想道德修养与法律基础	金　雁	湖州职业技术学院	文化教育类	浙江
140	综合韩语	安美善	威海职业学院	文化教育类	山东
141	基本护理技能	邢爱红	山东医学高等专科学校	医药卫生类	山东
142	常用护理技术	张连辉	襄樊职业技术学院	医药卫生类	湖北
143	正常人体结构	贾明昭	天津医学高等专科学校	医药卫生类	天津
144	成人护理	李　晶	天津医学高等专科学校	医药卫生类	天津
145	隐形眼镜验配技术	王海英	天津职业大学	医药卫生类	天津
146	基础护理技术	周更苏	邢台医学高等专科学校	医药卫生类	河北
147	牙体雕刻技术	张　梅	上海医药高等专科学校	医药卫生类	上海
148	固定义齿工艺技术	马　莉	唐山职业技术学院	医药卫生类	河北
149	外科护理技术	李国芳	襄樊职业技术学院	医药卫生类	湖北
150	眼科临床与检测	郑　琦	上海医药高等专科学校	医药卫生类	上海
151	护理基本技术	庄华英	常德职业技术学院	医药卫生类	湖南
152	商业店面与橱窗设计	叶国丰	浙江商业职业技术学院	艺术设计传媒类	浙江
153	陶瓷粉彩装饰	李文跃	江西陶瓷工艺美术职业技术学院	艺术设计传媒类	江西
154	二维动画制作	顾严华	深圳职业技术学院	艺术设计传媒类	广东
155	越剧唱腔	支　涛	浙江艺术职业学院	艺术设计传媒类	浙江
156	家纺艺术设计	姜淑媛	南通纺织职业技术学院	艺术设计传媒类	江苏
157	产品工学设计	李　煜	深圳职业技术学院	艺术设计传媒类	广东
158	计算机装饰效果图设计与制作	刘淑婷	温州职业技术学院	艺术设计传媒类	浙江
159	漆艺	翁纪军	上海工艺美术职业学院	艺术设计传媒类	上海
160	声乐	翟红锦	泰州师范高等专科学校	艺术设计传媒类	江苏
161	单片机应用技术	张永枫	深圳职业技术学院	制造类	广东
162	典型零件数控加工工艺编制及实施	顾　京	无锡职业技术学院	制造类	江苏
163	汽车底盘系统检修	戚晓霞	威海职业学院	制造类	山东
164	使用加工中心的零件加工	王志平	常州轻工职业技术学院	制造类	江苏
165	典型焊接接头焊条电弧焊实作	杨　跃	四川工程职业技术学院	制造类	四川
166	数控切削加工	来建良	浙江机电职业技术学院	制造类	浙江
167	机床控制系统的连接与检查	张　铮	无锡职业技术学院	制造类	江苏
168	机械零部件造型与测绘	孙燕华	无锡职业技术学院	制造类	江苏

续表

序号	课程名称	负责人	院校名称	所属专业类	所属省份
169	汽车舒适与安全系统检修	李春明	长春汽车工业高等专科学校	制造类	吉林
170	零件几何量检测	武友德	四川工程职业技术学院	制造类	四川
171	数控编程与零件加工	侯维芝	河北工业职业技术学院	制造类	河北
172	特种加工技术	周旭光	深圳职业技术学院	制造类	广东
173	零件数控铣削加工	林若森	柳州职业技术学院	制造类	广西
174	机械制图与测绘	李　文	威海职业学院	制造类	山东
175	PLC 控制系统编程与实现	郭　健	邢台职业技术学院	制造类	河北
176	数控机床调试、安装与维修技术	孙慧平	宁波职业技术学院	制造类	浙江
177	汽车发动机检修	卢　明	柳州职业技术学院	制造类	广西
178	成型设备操作与调试	马　广	金华职业技术学院	制造类	浙江
179	自动变速器诊断与维修	陈开考	浙江经济职业技术学院	制造类	浙江
180	使用 UG 软件的机电产品数字化设计与制造	袁　锋	常州轻工职业技术学院	制造类	江苏
181	过程检测与控制技术应用	金文兵	浙江机电职业技术学院	制造类	浙江
182	PLC 控制系统设计、安装与调试	罗光伟	四川工程职业技术学院	制造类	四川
183	数控机床机械部件(构造)的装调	黄晓敏	重庆工业职业技术学院	制造类	重庆
184	单片机原理及应用	韩　莉	平顶山工业职业技术学院	制造类	河南
185	数控车削加工及质量保证	陈洪涛	四川工程职业技术学院	制造类	四川
186	船舶电站组建与调试	王文义	武汉船舶职业技术学院	制造类	湖北
187	船用车削类零件的数控编程与加工	邹新宇	武汉船舶职业技术学院	制造类	湖北
188	数控编程与加工技术	马雪峰	常州机电职业技术学院	制造类	江苏
189	汽车制造工艺	么居标	北京电子科技职业学院	制造类	北京
190	生产线控制技术	杜　东	天津中德职业技术学院	制造类	天津
191	汽车拆装与调整	叶　波	十堰职业技术学院	制造类	湖北
192	集散控制系统应用	常慧玲	山西工程职业技术学院	制造类	山西
193	电机及机床电气控制	王建明	天津轻工职业技术学院	制造类	天津
194	矿山生产机械操作与维护	韩治华	重庆工程职业技术学院	制造类	重庆
195	煤矿供电	梁南丁	平顶山工业职业技术学院	资源开发与测绘类	河南
196	矿井通风防尘	王育军	昆明冶金高等专科学校	资源开发与测绘类	云南
197	道路线路施工测量	李孟山	石家庄铁路职业技术学院	资源开发与测绘类	河北
198	矿井通风	王永安	山西煤炭职业技术学院	资源开发与测绘类	山西
199	工程测量	李聚方	黄河水利职业技术学院	资源开发与测绘类	河南
200	煤矿开采方法	郑光相	平顶山工业职业技术学院	资源开发与测绘类	河南

续表

三、网络教育国家精品课程（共50门）			
序号	课程名称	申报单位	课程负责人
1	国际经济法	南京大学	肖　冰
2	劳动法学	中央广播电视大学	叶静漪
3	邓小平教育思想	西南大学	黄蓉生
4	国际法（国际公法）	中央广播电视大学	梁淑英
5	战略人力资源管理	北京师范大学	王建民
6	物流管理定量分析方法	深圳广播电视大学	胡新生
7	行政管理学	东北财经大学	张军涛
8	信息安全管理	浙江大学	陈天洲
9	公司财务	中央广播电视大学	荆　新
10	工程造价管理	同济大学	徐　伟
11	货币银行学	中央广播电视大学	魏建华
12	世界贸易组织概论	对外经济贸易大学	薛荣久
13	公共经济学	浙江大学	戴文标
14	西方经济学	中央广播电视大学	侯荣华
15	高级商务英语	中山大学	夏纪梅
16	商务英语写作	对外经济贸易大学	常玉田
17	综合英语系列课程	中央广播电视大学	刘占荣
18	中国古典文学（上）	中国传媒大学	刘丽文
19	中国现代文学名著导读	北京大学	商金林
20	电视摄影构图	中国传媒大学	李兴国
21	中国古代史	陕西师范大学	王双怀
22	民俗学	北京师范大学	万建中
23	中国古代文学史专题	福建师范大学	郭　丹
24	数字电路与逻辑设计	华中科技大学	欧阳星明
25	电力电子技术	浙江大学	潘再平
26	非线性电子线路	中国传媒大学	沈　琴
27	多媒体技术	北京理工大学	李小平
28	计算机通信网	北京邮电大学	文福安
29	C语言程序设计	北京交通大学	赵　宏
30	数据结构与算法设计	北京理工大学	高　飞
31	互联网及其应用	重庆大学	吴中福
32	建筑结构抗震	同济大学	李国强
33	构造地质学	中国石油大学（华东）	戴俊生

续表

序号	课程名称	申报单位	课程负责人
34	工程地质	重庆大学	刘新荣
35	钢结构	同济大学	何敏娟
36	幼儿园课程	华东师范大学	朱家雄
37	心理学导论	华东师范大学	梁宁建
38	学校管理学	北京师范大学	高洪源
39	铁路行车组织	北京交通大学	何世伟
40	机械工程控制基础	华中科技大学	吴　波
41	机械原理	西北工业大学	葛文杰
42	工程制图	华东理工大学	林大钧
43	画法几何及工程制图	西南交通大学	王广俊
44	园林植物造景设计	西南大学	秦　华
45	植物学	四川农业大学	丁春邦
46	药理学	中国医科大学	蔡际群
47	经济数学基础	中央广播电视大学	李林曙
48	离散数学	中央广播电视大学	李伟生
49	有机化学	中国石油大学（华东）	姜翠玉
50	线性代数	北京大学	冯荣权

四、军队院校（含武警）国家精品课程（共19门）

序号	一级学科	二级学科	课程名称	学校名称	负责人	课程类型
1	战略学	军事战略学	战略	国防大学	朱成虎	任职教育研究生
2	数学	应用数学	数学建模与数学实验	国防科学技术大学	吴孟达	本科
3	军队指挥学	作战指挥学	作战指挥与司令部工作	石家庄陆军指挥学院	吴朝全	任职教育
4	外国语言文学	外国语言学及应用语言学	大学英语	信息工程大学	王德军	本科
5	土木工程	结构工程	钢筋混凝土结构	理工大学	夏志成	本科
6	军队指挥学	军事通信学	军事综合信息网原理与设备	西安通信学院	杨世平	本科
7	军事后勤学与军事装备学	军事装备学	地空导弹制导技术	防空兵指挥学院	万明杰	任职教育
8	兵器科学与技术	军事化学与烟火技术	化学侦察技术	防化指挥工程学院	陈海平	本科
9	哲学	马克思主义哲学	马克思主义哲学原理	南京政治学院	何怀远	本科
10	艺术学	音乐学	军旅声乐	解放军艺术学院	李双江	本科 任职教育

续表

序号	一级学科	二级学科	课程名称	学校名称	负责人	课程类型
11	药学	药理学	药理学	第二军医大学	缪朝玉	本科
12	临床医学	外科学	外科学	第四军医大学	窦科锋	本科
13	军队指挥学	军事教育训练学	军事素质基础综合训练	装甲兵工程学院	薛志华	本科
14	船舶与海洋工程	轮机工程	舰船动力装置原理	海军工程大学	曾凡明	本科
15	航空宇航科学与技术	航空宇航推进理论与工程	飞机推进系统原理	空军工程大学	何立明	本科
16	计算机科学与技术	计算机应用技术	计算机仿真技术	空军航空大学	李小奇	本科
17	电气信息类	雷达工程	雷达信号处理与终端技术	空军雷达学院	汤子跃	本科
18	战役学	军种战役学	第二炮兵战役理论及作战运用	第二炮兵指挥学院	王晓东	任职教育
19	军队指挥学	密码学	计算机密码学	武警工程学院	杨晓元	本科任职教育研究生

教育部 新闻出版总署关于进一步推进高校出版社改革与发展的意见

（2008年12月29日）

有关省、自治区、直辖市教育厅（教委）、新闻出版局，有关高等学校：

为贯彻落实党的十七大关于推动社会主义文化大发展大繁荣的精神，充分发挥高校出版社在科教兴国战略中的重要作用，提高高校出版社的整体实力与竞争力，开创高校出版社工作新局面，现就进一步推进高校出版社的改革与发展提出如下意见：

一、明确高校出版社的定位、指导思想和主要任务

1. 高校出版社是我国社会主义教育事业和出版事业的重要组成部分，是先进文化生产力的重要方面军，是建设社会主义精神文明的重要阵地，是实现科教兴国战略、推动高等教育事业发展的重要力量。高校出版社在传播先进文化，传递知识信息，促进教书育人，培养和造就德智体美全面发展的社会主义建设者和接班人等方面具有重要的作用。

2. 高校出版社要高举中国特色社会主义伟大旗帜，以邓小平理论和“三个代表”重要思想为指导，深入贯彻落实科学发展观，坚持为人民服务，为社会主义服务的方向，坚持百花齐放、百家争鸣的方针，坚持解放思想，实事求是，与时俱进，坚持服务教育、服务社会、繁荣学术、培育人才的办社宗旨，坚持把社会效益放在首位，实现社会效益和经济效益统一的原则，坚持依托高校、面向市场，坚持深化改革、开拓创新，坚持突出主业、科学发展。

3. 高校出版社要努力承担积累传承文化，推动社会发展进步的历史责任。要做好高等教育、基础教育、职业教育和继续教育等需要的各类教材和教学用书的出版工作，在出版物数量、出版物质量、出版物结构和出版物载体等各方面满足各级各类学校教育教学的需要。要出版研究和解决我国经济建设、政治建设、文化建设、社会建设中重大问题的学术著作，促进我国哲学社会科学及自然科学研究的繁荣和发展。要以出版高质量的教材和学术著作，推进高等学校的教学科研和学科建设，提高高等学校学术水平和教师队伍素质，促进高等学校人才培养、科学研究和社会服务等功能的实现。为提高全民族思想道德素质和科学文化素质提供更多的精神产品。

二、推进高校出版社健康发展

4. 建设符合我国教育事业发展需要的学科门类齐全、地域布局合理、具备多种出版权、协调发展的具有中国特色的高校出版体系，逐步形成多层次的高校出版格局。努力创建国际知名、国内一流的高校出版社，这类出版社应具有一定数量的原创性、奠基性、前沿性、并在国内外有较大影响的一流出版物，拥有一流的作者和编辑队伍，具备一流的综合出版能力和雄厚的经济实力，具有一流的现代化出版手段和一流的社会服务水平，建有科学高效的运行机制和管理体系。建设一批拥有自主知识产权的知名品牌、有一定市场竞争力和国际影响力、大而强的出版企业；建设一批专业特色强，学术水平高，在相关专业出版领域中有较大影响的小而精的专业出版企业。

5. 制订高校出版社的发展规划。各高校要按照我国高校出版社的发展格局和本校的发展规划，对本校出版社进行准确、科学的定位，确定发展目标、发展思路和措施。各高校都要将出版社建设成与本校办学水平相匹配的高校出版社。具有多种出版权的高校可整合出版资源，优势互补，形成相对优势，提高出版产业集中度。各高校出版社要转变发展方式，创新发展机制，增强发展动力，提高发展质量，做到既有较快的增长速度，又注重提高增长的质量和效益，提高人均产值和人均效益；根据市场化、产业化和社会化的要求，进一步优化出版社内部机构，优化产品结构；全面提高综合实力、市场竞争能力和抗风险能力，提升高校出版产业水平。

6. 增强高校出版社的自主创新能力，形成优秀原创出版物生产的长效机制。高校出版社要大力提高原始创新能力、集成创新能力和引进消化吸收再创新能力。要牢固树立“发挥优势、突出特色、塑造品牌”的出版理念，规划和实施“品牌工程”，形成系列化、多层次、多学科、多媒体、有一定市场竞争力的精品出版物群；形成反映各出版社特色和优势的精品系列，树立高校出版社的整体品牌形象；通过品牌的培育和制作，形成精品生产的长效机制。

7. 推进高校出版社的数字化和网络化进程。高校出版社要积极利用数字技术改造传统出版的生产、管理和传播方式，积极参与建设数字出版综合业务平台。重视新型媒体的开发和应用，推动传统出版形式与现代出版形式的互动融合，鼓励以互联网、移动通讯网和数字电视为载体的图书、音像制品、电子出版物和期刊等数字产品的开发、制作、出版和销售。鼓励开展基于网络的多种出版发行活动。

8. 拓展高校出版社的国际交流。高校出版社要大力实施“走出去”战略，不断加大对外出版交流，扩大自主版权的输出，推广我国优秀的传统文化和高水平的学术研究成果；要采取多种形式，积极组织创作、翻译、出版一批国际市场需要的高质量出版物，占领和拓展海外市场；要积极稳妥地引进我国教育需要的各类教材和教学用书，以及国外先进科学文化等方面的出版物。支持和鼓励有竞争实力的高校出版社在境外设立出版机构，开展出版活动。

9. 营造高校出版社健康发展的良好环境。要合理配置高校出版资源，允许和鼓励出版资源向专业特色突出、市场化程度高、综合实力强的高校出版社集中和流动。积极支持信誉良好、经济实力强的高校出版社跨地区、跨媒体经营，通过联合、兼并、重组等提高高校出版产业的集中度。研究和解决影响高校出版社发展中出现的问题，会同有关部门制定符合高校出版社发展实际的经济政策，为高校出版社创造良好的经济发展环境。高校要建立有利于高校出版社发展的体制模式，为其创造宽松的发展环境，在人力、物力和财力等方面给予必要的支持。各高校应将出版社的经济收益主要用于出版社的自身建设和再生产，以及教材、学术著作的出版补贴。进一步加强中国大学出版社协会的建设，充分发挥其桥梁与纽带的作用，提高其服务和协调的能力，促进高校出版社的整体发展。

三、深化高校出版社体制改革

10. 明确体制改革的总体要求。高校出版社的体制改革要有利于坚持办社宗旨，有利于发挥高校出版工作者的积极性，有利于高校出版社增强活力、壮大实力、提高竞争力。高校出版社的体制改革要符合高校出版社的发展规律，着力解决制约发展的深层次矛盾和问题，全面推进体制机制创新，解放和发展文化生产力，推动形成有利于出精品、出人才、出效益的出版发展环境。

11. 建设具有中国特色的高校出版体制。高校出版社的体制以企业体制为主，极少数高校出版社可以保留事业体制。转为企业的出版社要创新体制，转换机制，面向市场，增强活力，出版多类别、多层次、多媒体教材，满足学习型社会和终身教育需求，不断提高经营能力和市场竞争力。极少数实行事业体制的出版社要在确保学校扶持基础上，根据国家有关规定规范运营，转换机制，增强活力，改善服务，出版面向校内和特定行业所需出版物。

12. 规范高校出版社的转制。转制为企业的高校出版社是国有一人独资公司。高校是其出版社的主办方。学校或学校资产经营有限公司是出版社的出资人，出版社的资产由学校资产管理委员会进行管理与监督。学校要按照现代企业制度的要求，进一步完善产权制度，明确出资人权利，建立资产经营责任制；切实加强对出版社经营方向、资产配置、重大决策、重要干部的管理和监督；要确保国有资产安全，防止国有资产流失。转制为企业的高校出版社要建立科学合理的法人治理结构，采用适应市场需求、调控有力的经营管理模式，实行企业财务、税收、社会保障和劳动人事制度，成为自主经营、自负盈亏、自我约束、自我发展的市场主体。一些实力和竞争力较强的高校出版社可逐步建立以内涵式发展为主的专业出版集团。

13. 深化高校出版社内部改革。进一步推进出版社劳动人事、收入分配和社会保障等方面的改革。高校出版社须实行全员聘用（聘任）制度，按需设岗，公开招聘，择优聘用，严格考核。出版社须与受聘人员签订聘任合同。高校要积极探索和大胆尝试符合出版行业规律和高校出版社发展特点的薪酬制度和激励机制，要结合本校的实际及出版社的经济效益，确定出版社主要领导的薪酬；按照效率优先、兼顾公平和生产要素参与分配的原则，确定以岗位绩效工资为主要内容的出版社整体的工资制度和分配方式。

四、完善高校出版社管理

14. 建立健全主管主办负责制和属地管理相结合的高校出版管理体制。遵循党委领导、政府管理、行业自律、企事业单位依法运营的原则，进一步完善主管主办责任制和属地管理相结合的管理体制。教育部负责对高校出版社进行宏观指导和宏观管理。新闻出版总署对高校出版社实施行业管理和市场监管。高等学校承担主办单位的管理职责。

15. 加强对高校出版社的管理和指导。各地新闻出版行政部门对本行政区域内高校出版社履行属地管理职责，要把对高校出版社的管理纳入到出版行政管理的范围。各省（区、市）教育行政部门要对高校出版社加强指导和监督；随时掌握和研究高校出版社出版物的总量、结构、质量和效益，督促出版社优化结构，提高质量，增加效益；要定期研究高校出版动向，引导高校出版社健康发展；要协调和配合学校、属地出版行政部门加强对高校出版社的管理。

16. 明确高校对其出版社的管理职责。高校要督促出版社认真贯彻执行党的路线、方针和政策，遵守国家的法律和有关规定，保证出版社坚持正确的办社宗旨和出版导向。学校应选拔政治责任心强，思想素质高，熟悉出版工作，遵纪守法，善经营、会管理的人担任高校出版社的主要负责人，并保持相对稳定。学校要通过有效的管理方式，掌控出版社重大事项的决策权、资产配置的控制权、对主要领导干部的任免权和出版物内容的终审权，切实负起国有资产保值增值的监管责任。

17. 建立健全高校出版社内部管理机制，提高管理水平。高校出版社必须严格遵守国家有关法律法规和政策，遵守各项出版管理规定，依法从事出版活动；要建立和完善各项内部管理制度，并把各项管理规定落实到出版的各个环节，保证正确的出版导向、出版物的高品位和高质量；要提高出版社出版管理的自动化水平和能力，掌握现代科学技术，运用现代信息技术成果，加快高校出版社管理的数字化和网络化进程。

五、加强高校出版社队伍建设

18. 建立合格的高校出版社队伍。高校出版社队伍是我国社会主义先进文化的重要建设者之一。高校出版社要适应出版业快速发展的要求，不断提高高校出版从业人员的业务水平。高校出版社队伍要牢固树立政治意识、大局意识和责任意识，不断增强政治敏锐性，提高政治鉴别力，自觉树立马克思主义新闻出版观、良好的职业精神和职业道德。

19. 建立高校出版从业者准入、退出制度。高校出版社的主要负责人必须参加新闻出版行政部门组织的岗位培训，持证上岗；一般从业人员应具备国家规定的新闻出版职业资格条件。对失职渎职、违规违纪、造成重大经济损失的人员要坚决予以清理。

20. 建立健全高校出版社队伍建设机制。高校要切实重视出版社领导班子的建设，组建一个各有所长、凝聚力强、善于科学决策、团结协作的领导班子；要在高校出版社中探索和逐步实行职业经理人制度，确保高校出版社领导的专业性、职业性和稳定性；要建立出版社人才选拔培养的机制，为出版社培养更多优秀的高级复合型管理人才。加强高校出版人力资源能力建设，实施人才培养工程，加强出版社经营管理、专业技术和版权贸易等各方面专业人才队伍的建设，努力建设一支高水平、高素质的职业化出版队伍，为高校出版社可持续发展提供有力的保障。

中华人民共和国教育部令（第26号）

（2008年2月22日）

《独立学院设置与管理办法》已于2008年2月4日经教育部部务会议审议通过，现予发布，自2008年4月1日起施行。

教育部部长　周　济

独立学院设置与管理办法

第一章　总　则

第一条　为了规范普通高等学校与社会组织或者个人合作举办独立学院活动，维护受教育者和独立学院的合法权益，促进高等教育事业健康发展，根据高等教育法、民办教育促进法、民办教育促进法实施条例，制定本办法。

第二条　本办法所称独立学院，是指实施本科以上学历教育的普通高等学校与国家机构以外的社会组织或者个人合作，利用非国家财政性经费举办的实施本科学历教育的高等学校。

第三条　独立学院是民办高等教育的重要组成部分，属于公益性事业。

设立独立学院，应当符合国家和地方高等教育发展规划。

第四条　独立学院及其举办者应当遵守法律、法规、规章和国家有关规定，贯彻国家的教育方针，坚持社会主义办学方向和教育公益性原则。

第五条　国家保障独立学院及其举办者的合法权益。

独立学院依法享有民办教育促进法、民办教育促进法实施条例规定的各项奖励与扶持政策。

第六条　国务院教育行政部门负责全国独立学院的统筹规划、综合协调和宏观管理。

省、自治区、直辖市人民政府教育行政部门（以下简称省级教育行政部门）主管本行政区域内的独立学院工作，依法履行下列职责：

（一）独立学院办学许可证的管理；

（二）独立学院招生简章和广告备案的审查；

（三）独立学院相关信息的发布；

（四）独立学院的年度检查；

（五）独立学院的表彰奖励；

（六）独立学院违法违规行为的查处；

（七）法律法规规定的其他职责。

第二章　设　立

第七条　参与举办独立学院的普通高等学校须具有较高的教学水平和管理水平，较好的办学条件，一般应具有博士学位授予权。

第八条　参与举办独立学院的社会组织，应当具有法人资格。注册资金不低于5 000万元，总资产不少于3亿元，净资产不少于1.2亿元，资产负债率低于60%。

参与举办独立学院的个人，应当具有政治权利和完全民事行为能力。个人总资产不低于3亿元，其中货币资金不少于1.2亿元。

第九条　独立学院的设置标准参照普通本科高等学校的设置标准执行。

独立学院应当具备法人条件。

第十条　参与举办独立学院的普通高等学校与社会组织或者个人，应当签订合作办学协议。

合作办学协议应当包括办学宗旨、培养目标、出资数额和方式、各方权利义务、合作期限、争议解决办法等内容。

第十一条　普通高等学校主要利用学校名称、知识产权、管理资源、教育教学资源等参与办学。社会组织或者个人主要利用资金、实物、土地使用权等参与办学。

国家的资助、向学生收取的学费和独立学院的借款、接受的捐赠财产，不属于独立学院举办者的出资。

第十二条　独立学院举办者的出资须经依法验资，于筹设期内过户到独立学院名下。

本办法施行前资产未过户到独立学院名下的，自本办法施行之日起1年内完成过户工作。

第十三条　普通高等学校投入办学的无形资产，应当依法作价。无形资产的作价，应当委托具有资产评估资质的评估机构进行评估；无形资产占办学总投入的比例，由合作办学双方按照国家法律、行政法规的有关规定予以约定，并依法办理有关手续。

第十四条　独立学院举办者应当依法按时、足额履行出资义务。独立学院存续期间，举办者不得抽逃办学资金，不得挪用办学经费。

第十五条　符合条件的普通高等学校一般只可以参与举办1所独立学院。

第十六条　设立独立学院，分筹设和正式设立两个阶段。筹设期1至3年，筹设期内不得招生。筹设期满未申请正式设立的，自然终止筹设。

第十七条　设立独立学院由参与举办独立学院的普通高等学校向拟设立的独立学院所在地的省级教育行政部门提出申请，按照普通本科高等学校设置程序，报国务院教育行政部门审批。

第十八条　申请筹设独立学院，须提交下列材料：

（一）筹设申请书。内容包括：举办者、拟设立独立学院的名称、培养目标、办学规模、办学条件、内部管理体制、经费筹措与管理使用等。

（二）合作办学协议。

（三）普通高等学校的基本办学条件，专业设置、学科建设情况，在校学生、专任教师及管理人员状况，本科教学水平评估情况，博士点设置情况。

（四）社会组织或者个人的法人登记证书或者个人身份证明材料。

（五）资产来源、资金数额及有效证明文件，并载明产权。其中包括不少于500亩的国有土地使用证或国有土地建设用地规划许可证。

（六）普通高等学校主管部门审核同意的意见。

第十九条　申请筹设独立学院的，审批机关应当按照民办教育促进法规定的期限，作出是否批准的决定。批准的，发给筹设批准书；不批准的，应当说明理由。

第二十条　完成筹设申请正式设立的，应当提交下列材料：

（一）正式设立申请书；

（二）筹设批准书；

（三）筹设情况报告；

（四）独立学院章程，理事会或董事会组成人员名单；

（五）独立学院资产的有效证明文件；

（六）独立学院院长、教师、财会人员的资格证明文件；

（七）省级教育行政部门组织的专家评审意见。

第二十一条　独立学院的章程应当规定下列主要事项：

（一）独立学院的名称、地址；

（二）办学宗旨、规模等；

（三）独立学院资产的数额、来源、性质以及财务制度；

（四）出资人是否要求取得合理回报；

（五）理事会或者董事会的产生方法、人员构成、权限、任期、议事规则等；

（六）法定代表人的产生和罢免程序；

（七）独立学院自行终止的事由；

（八）章程修改程序。

第二十二条 独立学院的名称前冠以参与举办的普通高等学校的名称，不得使用普通高等学校内设院系和学科的名称。

第二十三条 申请正式设立独立学院，审批机关应当按照民办教育促进法规定的期限，作出是否批准的决定。批准的，发给办学许可证；不批准的，应当说明理由。

依法设立的独立学院，应当按照国家有关规定办理法人登记。

第二十四条 国务院教育行政部门受理申请筹设和正式设立独立学院的时间为每年第三季度。省级教育行政部门应当在每年9月30日前完成审核工作并提出申请。

审批机关审批独立学院，应当组织专家评议。专家评议的时间，不计算在审批期限内。

第三章 组织与活动

第二十五条 独立学院设立理事会或者董事会，作为独立学院的决策机构。理事会或者董事会由参与举办独立学院的普通高等学校代表、社会组织或者个人代表、独立学院院长、教职工代表等人员组成。理事会或者董事会中，普通高等学校的代表不得少于五分之二。

理事会或者董事会由5人以上组成，设理事长或者董事长1人。理事长、理事或者董事长、董事名单报审批机关备案。

第二十六条 独立学院的理事会或者董事会每年至少召开2次会议。经三分之一以上组成人员提议，可以召开理事会或者董事会临时会议。

理事会或者董事会会议应由二分之一以上的理事或者董事出席方可举行。

第二十七条 独立学院理事会或者董事会应当对所议事项形成记录，出席会议的理事或者董事和记录员应当在记录上签名。

第二十八条 独立学院理事会或者董事会会议作出决议，须经全体理事或者董事的过半数通过。但是讨论下列重大事项，须经理事会或者董事会三分之二以上组成人员同意方可通过：

（一）聘任、解聘独立学院院长；

（二）修改独立学院章程；

（三）制定发展规划；

（四）审核预算、决算；

（五）决定独立学院的合并、终止；

（六）独立学院章程规定的其他重大事项。

第二十九条 独立学院院长应当具备国家规定的任职条件，年龄不超过70岁，由参与举办独立学院的普通高等学校优先推荐，理事会或者董事会聘任，并报审批机关核准。

独立学院院长负责独立学院的教育教学和行政管理工作。

第三十条 独立学院应当按照办学许可证核定的名称、办学地址和办学范围组织开展教育教学活动。不得设立分支机构。不得出租、出借办学许可证。

第三十一条 独立学院必须根据有关规定，建立健全中国共产党和中国共产主义青年团的基层组织。独立学院党组织应当发挥政治核心作用，独立学院团组织应当发挥团结教育学生的重要作用。

独立学院应当建立教职工代表大会制度，保障教职工参与民主管理和监督。

第三十二条 独立学院的法定代表人为学校安全稳定工作第一责任人。独立学院应当建立健全安全稳定工作机制，建立学校安全保卫工作队伍。落实各项维护安全稳定措施，开展校园及周边治安综合治理，维护校园安全和教学秩序。

参与举办独立学院的普通高等学校应当根据独立学院的实际情况，积极采取措施，做好安全稳定工作。

第三十三条 独立学院应当按照国家核定的招生规模和国家有关规定招收学生，完善学籍管理制度，做好家庭经济困难学生的资助工作。

第三十四条 独立学院应当按照国家有关规定建立学生管理队伍。按不低于1∶200的师生比配备辅导员，每个班级配备1名班主任。

第三十五条 独立学院应当建立健全教学管理机构，加强教学管理队伍建设。改进教学方式方法，不断提高教育质量。

第三十六条 独立学院应当按照国家有关规定完善教师聘用和管理制度，依法落实和保障教师的相关待遇。

第三十七条 独立学院应当根据核定的办学规模充实办学条件，并符合普通本科高等学校基本办学条件指标的各项要求。

第三十八条 独立学院对学习期满且成绩合格的学生，颁发毕业证书，并以独立学院名称具印。

独立学院按照国家有关规定申请取得学士学位授予资格，对符合条件的学生颁发独立学院的学士学位证书。

第三十九条 独立学院应当按照国家有关规定建立财务、会计制度和资产管理制度。

独立学院资产中的国有资产的监督、管理，按照国家有关规定执行。独立学院接受的捐赠财产的使用和管理，按照公益事业捐赠法的有关规定执行。

第四十条 独立学院使用普通高等学校的管理资源和师资、课程等教育教学资源，其相关费用应当按照双方约定或者国家有关规定，列入独立学院的办学成本。

第四十一条 独立学院收费项目和标准的确定，按照国家有关规定执行，并在招生简章和广告中载明。

第四十二条 独立学院存续期间，所有资产由独立学院依法管理和使用，任何组织和个人不得侵占。

第四十三条 独立学院在扣除办学成本、预留发展基金以及按照国家有关规定提取其他必需的费用后，出资人可以从办学结余中取得合理回报。

出资人取得合理回报的标准和程序，按照民办教育促进法实施条例和国家有关规定执行。

第四章　管理与监督

第四十四条 教育行政部门应当加强对独立学院教育教学工作、教师培训工作的指导。

参与举办独立学院的普通高等学校，应当按照合作办学协议和国家有关规定，对独立学院的教学和管理工作予以指导，完善独立学院教学水平的监测和评估体系。

第四十五条 独立学院的招生简章和广告的样本，应当及时报省级教育行政部门备案。

未经备案的招生简章和广告，不得发布。

第四十六条 省级教育行政部门应当按照国家有关规定，加强对独立学院的督导和年检工作，对独立学院的办学质量进行监控。

第四十七条 独立学院资产的使用和财务管理受审批机关和其他有关部门的监督。

独立学院应当在每个会计年度结束时制作财务会计报告，委托会计师事务所依法进行审计，并公布审计结果。

第五章　变更与终止

第四十八条 独立学院变更举办者，须由举办者提出，在进行财务清算后，经独立学院理事会或者董事会同意，报审批机关核准。

独立学院变更地址，应当报审批机关核准。

第四十九条 独立学院变更名称，应当报审批机关批准。

第五十条 独立学院有下述情形之一的，应当终止：

（一）根据独立学院章程规定要求终止，并经审批机关批准的；

（二）资不抵债无法继续办学的；

（三）被吊销办学许可证的。

第五十一条 独立学院终止时，在妥善安置在校学生后，按照民办教育促进法的有关规定进行财务清算和财产清偿。

独立学院举办者未履行出资义务或者抽逃、挪用办学资金造成独立学院资不抵债无法继续办学的，除依法承担相应的法律责任外，须提供在校学生的后续教育经费。

第五十二条 独立学院终止时仍未毕业的在校学生由参与举办的普通高等学校托管。对学习期满且成绩合格的学生，发给独立学院的毕业证书；符合学位授予条件的，授予独立学院的学士学位证书。

第五十三条 终止的独立学院，除被依法吊销办学许可证外，按照国家有关规定收回其办学许可证、印章，注销登记。

第六章　法律责任

第五十四条 审批机关及其工作人员，利用职务上的便利收取他人财物或者获取其他利益，滥用职权、玩忽职守，对不符合本办法规定条件者颁发办学许可证，或者发现违法行为不予以查处，情节严重的，对直接负责的主管人员和其他直接人员，依法给予行政处分；构成犯罪的，依法追究刑事责任。

第五十五条 独立学院举办者虚假出资或者在独立学院设立后抽逃资金、挪用办学经费的，由省级教育行政部门会同有关部门责令限期改正，并按照民办教育促进法的有关规定给予处罚。

第五十六条 独立学院有下列情形之一的，由省级教育行政部门责令限期改正，并视情节轻重，给予警告、1至3万元的罚款、减少招生计划或者暂停招生的处罚：

（一）独立学院资产不按期过户的；

（二）发布未经备案的招生简章或广告的；

（三）年检不合格的；

（四）违反国家招生计划擅自招收学生的。

第五十七条 独立学院违反民办教育促进法以及其他法律法规规定的，由省级教育行政部门或者会同有关部门给予处罚。

第七章 附 则

第五十八条 本办法施行前设立的独立学院，按照本办法的规定进行调整，充实办学条件，完成有关工作。本办法施行之日起5年内，基本符合本办法要求的，由独立学院提出考察验收申请，经省级教育行政部门审核后报国务院教育行政部门组织考察验收，考察验收合格的，核发办学许可证。

第五十九条 本办法自2008年4月1日起施行。此前国务院教育行政部门发布的有关独立学院设置与管理的文件与本办法不一致的，以本办法为准。

中华人民共和国教育部 国家档案局令（第27号）

（2008年8月20日）

根据档案法和有关规定，教育部和国家档案局制定了《高等学校档案管理办法》，现予公布，自2008年9月1日起施行。

教育部部长 周 济

国家档案局局长 杨冬权

高等学校档案管理办法

第一章 总 则

第一条 为规范高等学校档案工作，提高档案管理水平，有效保护和利用档案，根据《中华人民共和国档案法》及其实施办法，制定本办法。

第二条 本办法所称的高等学校档案（以下简称高校档案），是指高等学校从事招生、教学、科研、管理等活动直接形成的对学生、学校和社会有保存价值的各种文字、图表、声像等不同形式、载体的历史记录。

第三条 高校档案工作是高等学校重要的基础性工作，学校应当加强管理，将之纳入学校整体发展规划。

第四条 国务院教育行政部门主管全国高校档案工作。省、自治区、直辖市人民政府教育行政部门主管本行政区域内高校档案工作。

国家档案行政部门和省、自治区、直辖市人民政府档案行政部门在职责范围内负责对高校档案工作的业务指导、监督和检查。

第五条 高校档案工作由高等学校校长领导，其主要职责是：

（一）贯彻执行国家关于档案管理的法律法规和方针政策，批准学校档案工作规章制度；

（二）将档案工作纳入学校整体发展规划，促进档案信息化建设与学校其他工作同步发展；

（三）建立健全与办学规模相适应的高校档案机构，落实人员编制、档案库房、发展档案事业所需设备以及经费；

（四）研究决定高校档案工作中的重要奖惩和其他重大问题。

分管档案工作的校领导协助校长负责档案工作。

第二章 机构设置与人员配备

第六条 高校档案机构包括档案馆和综合档案室。

具备下列条件之一的高等学校应当设立档案馆：

（一）建校历史在50年以上；

（二）全日制在校生规模在1万人以上；

（三）已集中保管的档案、资料在3万卷（长度300延长米）以上。

未设立档案馆的高等学校应当设立综合档案室。

第七条 高校档案机构是保存和提供利用学校档案的专门机构，应当具备符合要求的档案库房和管理设施。

需要特殊条件保管或者利用频繁且具有一定独立性的档案，可以根据实际需要设立分室单独保管。分室是高校档案机构的分支机构。

第八条 高校档案机构的管理职责是：

（一）贯彻执行国家有关档案工作的法律法规和方针政策，综合规划学校档案工作；

（二）拟订学校档案工作规章制度，并负责贯彻落实；

（三）负责接收（征集）、整理、鉴定、统计、保管学校的各类档案及有关资料；

（四）编制检索工具，编研、出版档案史料，开发档案信息资源；

（五）组织实施档案信息化建设和电子文件归档工作；

（六）开展档案的开放和利用工作；

（七）开展学校档案工作人员的业务培训；

（八）利用档案开展多种形式的宣传教育活动，充分发挥档案的文化教育功能；

（九）开展国内外档案学术研究和交流活动。

有条件的高校档案机构，可以申请创设爱国主义教育基地。

第九条 高校档案馆设馆长一名，根据需要可以设副馆长一至二名。综合档案室设主任一名，根据需要可以设副主任一至二名。

馆长、副馆长和综合档案室主任（馆长和综合档案室主任，以下简称为高校档案机构负责人），应当具备以下条件：

（一）热心档案事业，具有高级专业技术职务任职经历；

（二）有组织管理能力，具有开拓创新意识和精神；

（三）年富力强，身体健康。

第十条 高等学校应当为高校档案机构配备专职档案工作人员。

高校专职档案工作人员列入学校事业编制。其编制人数由学校根据本校档案机构的档案数量和工作任务确定。

第十一条 高校档案工作人员应当遵纪守法，爱岗敬业，忠于职守，具备档案业务知识和相应的科学文化知识以及现代化管理技能。

第十二条 高校档案机构中的专职档案工作人员，实行专业技术职务聘任制或者职员职级制，享受学校教学、科研和管理人员同等待遇。

第十三条 高等学校对长期接触有毒有害物质的档案工作人员，应当按照法律法规的有关规定采取有效的防护措施防止职业中毒事故的发生，保障其依法享有工伤社会保险待遇以及其他有关待遇，并可以按照有关规定予以补助。

第三章 档案管理

第十四条 高等学校应当建立、健全档案工作的检查、考核与评估制度，定期布置、检查、总结、验收档案工作，明确岗位职责，强化责任意识，提高学校档案管理水平。

第十五条 高等学校应当对纸质档案材料和电子档案材料同步归档。文件材料的归档范围是：

（一）党群类：主要包括高等学校党委、工会、团委、民主党派等组织的各种会议文件、会议记录及纪要；各党群部门的工作计划、总结；上级机关与学校关于党群管理的文件材料。

（二）行政类：主要包括高等学校行政工作的各种会议文件、会议记录及纪要；上级机关与学校关于人事管理、行政管理的材料。

（三）学生类：主要包括高等学校培养的学历教育学生的高中档案、入学登记表、体检表、学籍档案、奖惩记录、党团组织档案、毕业生登记表等。

（四）教学类：主要包括反映教学管理、教学实践和教学研究等活动的文件材料。按原国家教委、国家档案局发布的《高等学校教学文件材料归档范围》

（（87）教办字016号）的相关规定执行。

（五）科研类：按原国家科委、国家档案局发布的《科学技术研究档案管理暂行规定》（国档发〔1987〕6号）执行。

（六）基本建设类：按国家档案局、原国家计委发布的《基本建设项目档案资料管理暂行规定》（国档发〔1988〕4号）执行。

（七）仪器设备类：主要包括各种国产和国外引进的精密、贵重、稀缺仪器设备（价值在10万元以上）的全套随机技术文件以及在接收、使用、维修和改进工作中产生的文件材料。

（八）产品生产类：主要包括高等学校在产学研过程中形成的文件材料、样品或者样品照片、录像等。

（九）出版物类：主要包括高等学校自行编辑出版的学报、其他学术刊物及本校出版社出版物的审稿单、原稿、样书及出版发行记录等。

（十）外事类：主要包括学校派遣有关人员出席国际会议、出国考察、讲学、合作研究、学习进修的材料；学校聘请的境外专家、教师在教学、科研等活动中形成的材料；学校开展校际交流、中外合作办学、境外办学及管理外国或者港澳台地区专家、教师、国际学生、港澳台学生等的材料；学校授予境外人士名誉职务、学位、称号等的材料。

（十一）财会类：按财政部、国家档案局发布的《会计档案管理办法》（财会字〔1998〕32号）执行。

高等学校可以根据学校实际情况确定归档范围。归档的档案材料包括纸质、电子、照（胶）片、录像（录音）带等各种载体形式。

第十六条 高等学校实行档案材料形成单位、课题组立卷的归档制度。

学校各部门负责档案工作的人员应当按照归档要求，组织本部门的教学、科研和管理等人员及时整理档案和立卷。立卷人应当按照纸质文件材料和电子文件材料的自然形成规律，对文件材料系统整理组卷，编制页号或者件号，制作卷内目录，交本部门负责档案工作的人员检查合格后向高校档案机构移交。

第十七条 归档的档案材料应当质地优良，书绘工整，声像清晰，符合有关规范和标准的要求。电子文件的归档要求按照国家档案局发布的《电子公文归档管理暂行办法》以及《电子文件归档与管理规范》（GB/T 18894—2002）执行。

第十八条 高校档案材料归档时间为：

（一）学校各部门应当在次学年6月底前归档；

（二）各院系等应当在次学年寒假前归档；

（三）科研类档案应当在项目完成后两个月内归档，基建类档案应当在项目完成后三个月内归档。

第十九条 高校档案机构应当对档案进行整理、分类、鉴定和编号。

第二十条 高校档案机构应当按照国家档案局《机关文件材料归档范围和文书档案保管期限规定》，确定档案材料的保管期限。对保管期限已满、已失去保存价值的档案，经有关部门鉴定并登记造册报校长批准后，予以销毁。未经鉴定和批准，不得销毁任何档案。

第二十一条 高校档案机构应当采用先进的档案保护技术，防止档案的破损、褪色、霉变和散失。对已经破损或者字迹褪色的档案，应当及时修复或者复制。对重要档案和破损、褪色修复的档案应当及时数字化，加工成电子档案保管。

第二十二条 高校档案由高校档案机构保管。在国家需要时，高等学校应当提供所需的档案原件或者复制件。

第二十三条 高等学校与其他单位分工协作完成的项目，高校档案机构应当至少保存一整套档案。协作单位除保存与自己承担任务有关的档案正本以外，应当将复制件送交高校档案机构保存。

第二十四条 高等学校中的个人对其从事教学、科研、管理等职务活动所形成的各种载体形式的档案材料，应当按照规定及时归档，任何个人不得据为己有。

对于个人在其非职务活动中形成的重要档案材料，高校档案机构可以通过征集、代管等形式进行管理。

高校档案机构对于与学校有关的各种档案史料的征集，应当制定专门的制度和办法。

第二十五条 高校档案机构应当对所存档案和资料的保管情况定期检查，消除安全隐患，遇有特殊情况，应当立即向校长报告，及时处理。

档案库房的技术管理工作，应当建立、健全有关规章制度，由专人负责。

第二十六条 高校档案机构应当认真执行档案统计年报制度，并按照国家有关规定报送档案工作基本情况统计报表。

第四章 档案的利用与公布

第二十七条 高校档案机构应当按照国家有关规定公布档案。未经高等学校授权，其他任何组织或者个人无权公布学校档案。

属下列情况之一者，不对外公布：

（一）涉及国家秘密的；

（二）涉及专利或者技术秘密的；

（三）涉及个人隐私的；

（四）档案形成单位规定限制利用的。

第二十八条 凡持有合法证明的单位或者持有合法身份证明的个人，在表明利用档案的目的和范围并履行相关登记手续后，均可以利用已公布的档案。

境外组织或者个人利用档案的，按照国家有关规定办理。

第二十九条 查阅、摘录、复制未开放的档案，应当经档案机构负责人批准。涉及未公开的技术问题，应当经档案形成单位或者本人同意，必要时报请校长审查批准。需要利用的档案涉及重大问题或者国家秘密，应当经学校保密工作部门批准。

第三十条 高校档案机构提供利用的重要、珍贵档案，一般不提供原件。如有特殊需要，应当经档案机构负责人批准。

加盖高校档案机构公章的档案复制件，与原件具有同等效力。

第三十一条 高校档案开放应当设立专门的阅览室，并编制必要的检索工具（著录标准按《档案著录规则》（DA/T18—1999）执行），提供开放档案目录、全宗指南、档案馆指南、计算机查询系统等，为社会利用档案创造便利条件。

第三十二条 高校档案机构是学校出具档案证明的唯一机构。

高校档案机构应当为社会利用档案创造便利条件，用于公益目的的，不得收取费用；用于个人或者商业目的的，可以按照有关规定合理收取费用。

社会组织和个人利用其所移交、捐赠的档案，高校档案机构应当无偿和优先提供。

第三十三条 寄存在高校档案机构的档案，归寄存者所有。高校档案机构如果需要向社会提供利用，应当征得寄存者同意。

第三十四条 高校档案机构应当积极开展档案的编研工作。出版档案史料和公布档案，应当经档案形成单位同意，并报请校长批准。

第三十五条 高校档案机构应当采取多种形式（如举办档案展览、陈列、建设档案网站等），积极开展档案宣传工作。有条件的高校，应当在相关专业的高年级开设有关档案管理的选修课。

第五章 条件保障

第三十六条 高等学校应当将高校档案工作所需经费列入学校预算，保证档案工作的需求。

第三十七条 高等学校应当为档案机构提供专用的、符合档案管理要求的档案库房，对不适应档案事业发展需要或者不符合档案保管要求的馆库，按照《档案馆建设标准》（建标 103—2008）的要求及时进行改扩建或者新建。

存放涉密档案应当设有专门库房。

存放声像、电子等特殊载体档案，应当配置恒温、恒湿、防火、防渍、防有害生物等必要设施。

第三十八条 高等学校应当设立专项经费，为档案机构配置档案管理现代化、档案信息化所需的设备设施，加快数字档案馆（室）建设，保障档案信息化建设与学校数字化校园建设同步进行。

第六章 奖励与处罚

第三十九条 高等学校对在档案工作中做出下列贡献的单位或者个人，给予表彰与奖励：

（一）在档案的收集、整理、提供利用工作中做出显著成绩的；

（二）在档案的保护和现代化管理工作中做出显著成绩的；

（三）在档案学研究及档案史料研究工作中做出重要贡献的；

（四）将重要的或者珍贵的档案捐赠给高校档案机构的；

（五）同违反档案法律法规的行为作斗争，表现突出的。

第四十条 有下列行为之一的，高等学校应当对直接负责的主管人员和其他直接责任人员依法给予处分；构成犯罪的，由司法机关依法追究刑事责任。

（一）玩忽职守，造成档案损坏、丢失或者擅自销毁档案的；

（二）违反保密规定，擅自提供、抄录、公布档案的；

（三）涂改、伪造档案的；

（四）擅自出卖、赠送、交换档案的；

（五）不按规定归档，拒绝归档或者将档案据为己有的；

（六）其他违反档案法律法规的行为。

第七章 附 则

第四十一条 本办法适用于各类普通高等学校、成人高等学校。

第四十二条 高等学校可以根据本办法制订实施细则。

高等学校附属单位（包括附属医院、校办企业等）的档案管理，由学校根据实际情况自主确定。

第四十三条 本办法自2008年9月1日起施行。国家教育委员会1989年10月10日发布的《普通高等学校档案管理办法》（国家教育委员会令第6号）同时废止。

中共教育部党组关于学习贯彻胡锦涛总书记在北京大学师生代表座谈会上重要讲话精神的通知

（2008年5月4日）

各省、自治区、直辖市党委教育工作部门、教育厅（教委），新疆生产建设兵团教育局，有关部门（单位）教育司（局），部属各高等学校：

5月3日，在北京大学建校110周年前夕，中共中央总书记、国家主席胡锦涛来到北京大学考察，与北京大学师生代表进行座谈并发表了重要讲话。这是对全国广大教育工作者和青年学生的巨大鼓舞。胡锦涛总书记的重要讲话，充分体现了中央大力实施科教兴国、人才强国战略的坚定决心，充分体现了中央对教育事业的高度重视、对广大教育工作者和青年学生的亲切关怀和殷切期望。胡锦涛总书记的重要讲话，高屋建瓴，内涵深刻，意义深远，对于推进新时期我国教育事业特别是高等教育的改革发展，具有极其重要的指导意义。当前，教育战线要紧密结合学习贯彻党的十七大精神、深入贯彻落实科学发展观，认真学习贯彻胡锦涛总书记重要讲话精神。现就学习贯彻胡锦涛总书记重要讲话精神有关要求通知如下：

一、要以科学发展观统领教育事业发展全局，坚持优先发展教育，建设人力资源强国。教育是民族振兴的基石。要提高我国的综合国力和国际竞争力，要实现又好又快发展，要牢牢把握自己的命运，说到底，必须不断提高全民族的思想道德素质和科学文化素质，尤其必须造就一支庞大的高素质人才队伍。坚持教育优先发展是我们党和国家提出并长期坚持的一项重大方针，是增强我国综合国力和国际竞争力的根本途径，是不断提高全民族思想道德素质和科学文化素质的必然要求，是建设创新型国家、建设人力资源强国的必然选择。全国教育战线要以胡锦涛总书记重要讲话为行动指南，充分认识党的十七大对教育事业提出的新的更高要求，充分认识教育事业改革发展面临的新机遇、新挑战，加强教育改革和发展的战略思考和政策研究，努力办好人民满意的教育。

二、要高举中国特色社会主义伟大旗帜，坚持正确办学方向，加快推进创建世界一流大学和高水平大学的步伐，提升我国高等教育的整体质量。高等学校一定要按照胡锦涛总书记重要讲话的要求，肩负起崇高使命和历史责任，始终高举中国特色社会主义伟大旗帜，坚持正确办学方向，继承优良传统，借鉴国外经验，发挥自身优势，紧密联系改革开放和社会主义现代化建设的伟大实践，不断提高教育质量和办学水平。创建世界一流大学和高水平大学，关系到党和国家事业的全局，关系到建设创新型国家和增强国家的综合国力。要以更加广阔的视野、更加开放的姿态、更加执著的努力，切实推进“985工程”和“211工程”建设，加快推进创建世界一流大学和高水平大学的步伐，谱写我国高等教育改革发展的崭新篇章。

三、要按照胡锦涛总书记提出的“四点希望”，提高各级各类学校特别是高等学校的人才培养质量。要大力弘扬爱国主义精神。坚持育人为本、德育为先，把立德树人作为教育的根本任务，加强和改进学生思想政治工作，把社会主义核心价值体系融入国民教育全过程，引导学生树立正确的世界观、人生观、价值观、荣辱观，努力培养德智体美全面发展的社会主义建设者和接班人。要不断深化广大教师和学生对我国历史和国情的认识，对改革开放30年伟大进程的认识，进一步增强民族自尊心、自信心和自豪感，进一步坚定跟党走中国特色社会主义道路、实现中华民族伟大复兴的信念。当前，要着力把广大教师、学生的爱国热情转化为立足岗位、刻苦学习、发奋工作、支持奥运的实际行动，倍加珍惜我国安定团结的良好局面，自觉维护社会稳定，维护国家利益。要努力造就高素质人才。要教育、引导广大学生在深入学习中国特色社会主义理论体系上狠下功夫，在提高综合素质上狠下功夫，在提高实践本领上狠下功夫，培养党和人民事业发展需要的优秀人才。要不断创造一流学术成果。充分发挥大学作为基础研究、原始创新的重要阵地的作用，着力强化基础研究，重视提高应用研究水平，完善科研体制机制，广泛参与国际学术交流合作，更好地推动高校科研为提高我国自主创新能力服务，为改革开放和社会主义现代化建设服务。要积极培育优良校风。要把加强师德建设摆在重要位置，使广大教师做到认认真真教书，扎扎实实治学，带头营造良好的学术风气；要重视校园文化建设，开展多种形式的校园文化活动，形成蓬勃向上、文明和谐的校园文化氛围。

四、要迅速行动起来，掀起学习宣传和贯彻胡锦涛总书记重要讲话精神的高潮。要充分利用广播、电视、网络、报刊等媒体，大力宣传胡锦涛总书记重要讲话的重大意义和精神实质。各级教育行政部门和各级各类学校，特别是高等学校要认真制定学习计划，提出明确举措和要求，通过组织召开各种类型的报告会、学习会、座谈会、研讨会等各种途径和方式，深入学习贯彻胡锦涛总书记重要讲话精神，紧密结合教育战线和本地区、本单位的工作实际，研究制定推进教育改革发展的总体规划和切实措施，切实将讲话精神转化为推进教育改革发展的强大动力。

请各地和我部属高校将学习贯彻情况及时报告我部。

中共教育部党组关于向抗震救灾英雄教师学习的决定

（2008年5月25日）

5月12日，四川汶川发生里氏8.0级强烈地震，给人民生命财产造成了重大损失。地震灾害发生时，正值学校集中上课时间，灾区学校校舍倒塌严重，师生伤亡惨重，学校损失巨大，全国广大师生员工万分悲痛。

在这场特大自然灾害面前，灾区广大教师以灾情为命令，视时间如生命，为保护灾区学生生命安全，为抗震救灾作出了重大贡献，涌现出了一大批英雄人物。在生死关头，老师们舍生忘死，挺身而出，用自己的血肉之躯拼死保护学生的生命；在危难时刻，老师们不顾个人和家人安危，始终把学生的生命安全放在首位，义无反顾奋力抢救危难中的学生；在困境之中，广大教师强忍悲痛，坚守岗位，竭尽全力，顽强拼搏，历尽艰险，迅速组织受困学生安全转移，投身灾后重建，恢复正常教学。

突如其来的特大地震灾害，见证了人民教师的伟大师魂，揭示了人民教师爱与责任的崇高境界。灾难面前，广大教师首先想到的是学生，毫不犹豫地把生的希望留给学生，把死的危险置之度外。他们以英勇无畏和大爱之举，用爱和责任为学生筑起了生命长城，向世人展示了为人师表的精神风貌和崇高的人性光辉。他们用鲜血和生命，践行了人民教师的神圣职责，诠释了人民教师的高尚师德，谱写了人民教师的英雄赞歌。他们的英雄事迹可歌可泣，令人震撼，催人奋进，集中体现了新时期人民教师的光辉形象、崇高的师德风范和时代精神，在全社会产生了极大反响，赢得了高度赞誉，在地震废墟中矗立起令世人景仰的巍巍丰碑。他们是人民教师的杰出代表，是全国人民心目中的英雄，是全国广大教师和教育工作者学习的榜样。

为深入学习宣传抗震救灾英雄教师的先进事迹，弘扬新时期人民教师的高尚师德和无私奉献精神，教育部党组决定在全国教育系统开展向抗震救灾英雄教师学习的活动。学习他们生死关头，临危不惧，舍生忘死，奋不顾身，拼死保护学生的英勇献身精神；学习他们危难时刻，坚守岗位，忠于职守，不畏艰难险阻，奋力抢救学生的拼搏奉献精神；学习他们大灾面前，化悲痛为力量，振奋精神，不屈不挠，迅速投身重建校园，恢复正常教育教学秩序的自强不息精神。全国教育系统广大教师和教育工作者要以抗震救灾英雄教师为榜样，以对学生的挚爱、对教育事业的责任，以人民教师的人格魅力和学识魅力，教书育人，为人师表，做人民满意的教师，办人民满意的教育。

全国教育系统要迅速掀起向抗震救灾英雄教师学习活动的热潮。各级教育行政部门和各级各类学校要按照统一部署，大力表彰教育系统在抗震救灾中涌现出来的英雄教师，广泛深入宣传他们的英雄事迹。通过报告会、学习会、座谈会、研讨会等多种形式，深入组织学习抗震救灾英雄事迹，特别是英雄教师的典型事迹和崇高精神。要把英雄事迹作为爱党、爱国、爱社会主义教育和师德教育的重要内容和生动教材。通过学习，进一步激励广大教师和教育工作者，化悲痛为力量，积极投身抗震救灾、重建校园、恢复教学、提高教育质量的工作中去，使抗震救灾精神成为推动教育改革发展的强大精神动力。

让我们在党中央、国务院的坚强领导下，万众一心，众志成城，克服一切困难，排除一切险阻，坚决夺取抗震救灾斗争的全面胜利！

中共教育部党组关于认真学习贯彻胡锦涛同志在抗震救灾先进基层党组织和优秀共产党员代表座谈会上重要讲话精神的通知

（2008年7月2日）

各省、自治区、直辖市党委教育工作部门、教育厅（教委），新疆生产建设兵团教育局，部属各高等学校党委：

6月30日，中共中央召开了抗震救灾先进基层党组织和优秀共产党员代表座谈会。中共中央总书记、国家主席、中央军委主席胡锦涛出席座谈会并发表重要讲话。讲话全面回顾了抗震救灾斗争中我们党实施坚强领导、各级党组织和广大共产党员发挥中流砥柱作用的情况，精辟揭示了伟大抗震救灾精神的科学内涵和重大意义，深刻总结了抗震救灾斗争中充分发挥党组织和党员、干部作用给我们提供的宝贵经验和重要启示，对加强和改进党的建设提出了明确要求。讲话高屋建瓴、思想深邃、催人奋进，具有很强的思想性、理论性和指导性，对于推进党的建设新的伟大工程和中国特色社会主义伟大事业，对于进一步做好教育系统抗震救灾和改革发展工作、办好人民满意的教育具有重要的指导意义。现将全国教育战线学习贯彻胡锦涛同志重要讲话精神有关要求通知如下：

一、认真学习、深刻领会讲话的精神实质和基本要求。要在组织原原本本学习讲话的基础上，着重引导教育系统广大党员、干部和师生员工深刻认识我们党87年来团结带领人民战胜各种困难和风险顽强奋进的光辉历程；深刻认识党的坚强领导、各级党组织和广大共产党员所发挥的中流砥柱作用是抗震救灾斗争能够迅速取得重大阶段性胜利最重要的一个原因；深刻认识伟大抗震救灾精神的科学内涵和重大意义；深刻认识在总结抗震救灾斗争中所取得的重要启示；深刻认识以改革创新精神全面推进党的建设新的伟大工程是夺取抗震救灾斗争全面胜利、推动经济社会又好又快发展的坚强保证，进一步增强做好各项工作的责任感。

二、大力弘扬抗震救灾精神。胡锦涛同志在重要讲话中阐述的万众一心、众志成城，不畏艰险、百折不挠，以人为本、尊重科学的伟大抗震救灾精神，是爱国主义、集体主义、社会主义精神的集中体现和新的发展，是我们党和军队光荣传统和优良作风的集中体现和新的发展，是中华民族民族精神在当代中国的集中体现和新的发展。抗震救灾精神是党和人民极为宝贵的精神财富。要在教育系统大力弘扬抗震救灾精神，大力宣传抗震救灾英雄模范事迹特别是优秀师生的高尚品德和感人事迹，使之转化为自力更生、艰苦奋斗、重建家园的坚定意志，转化为办好奥运、建设祖国的实际行动，转化为推动科学发展、促进社会和谐的强大力量，为夺取抗震救灾全面胜利和推进教育改革发展提供强大精神动力。

三、以改革创新精神全面推进教育系统党的建设。当前，抗震救灾工作进入安置受灾群众和恢复重建阶段，实现今年经济社会发展预期目标进入关键时期，北京奥运会开幕在即，形势逼人，任务艰巨。教育战线各级党组织要全面贯彻党的十七大精神，以邓小平理论和“三个代表”重要思想为指导，深入贯彻落实科学发展观，大力弘扬抗震救灾精神，坚决贯彻落实中央决策部署，紧紧围绕一手抓教育抗震救灾、一手抓教育改革发展，以改革创新精神全面推进党的建设新的伟大工程，在各项工作中更好地发挥党委的领导核心作用、基层党组织的战斗堡垒作用、领导干部的模范带头作用、共产党员的先锋模范作用，为夺取抗震救灾斗争全面胜利、推动教育事业又好又快发展提供坚强保证。

四、高度重视，精心组织，切实抓紧抓实抓好讲话精神的学习贯彻。各地党委教育工作部门和各级各类学校党组织要把学习贯彻胡锦涛同志重要讲话精神作为当前和今后一个时期重要的政治任务，认真制定学习计划，提出明确要求和措施，通过组织召开党委中心组会议以及报告会、学习会、座谈会、研讨会等各种形式，并以支部为单位安排一次组织生活，把党员、干部和师生员工等认真组织起来，开展丰富多彩的学习讨论活动，深化对讲话精神的学习和理解。要认真贯彻落实省区市和中央部门主要负责同志会议精神，紧密结合本地、本校实际，研究制定进一步做好抗震救灾和教育改革发展工作的规划和措施，把学习贯彻讲话精神落实到具体工作中，切实做好抗震救灾和恢复重建各项工作，切实做好北京奥运会筹办各项工作，切实做好推动教育改革发展各项工作。

各地教育部门和部属高校学习贯彻胡锦涛同志重要讲话精神的情况，请及时报告我部。

中共教育部党组关于印发《教育部工作规则》的通知

（2008年12月29日）

部内各司局、各直属单位：

根据新修订的《国务院工作规则》的有关精神和要求，结合我部工作实际，对2004年制定的《教育部工作规则》进行了修订，现将新修订的《教育部工作规则》印发给你们，请认真贯彻执行。

教育部工作规则

第一章 总 则

一、为规范教育部工作，切实履行教育部职能，根据有关法律法规和《国务院工作规则》，结合教育部工作实际，制定本规则。

二、教育部工作的指导思想是，高举中国特色社会主义伟大旗帜，以邓小平理论和“三个代表”重要思想为指导，深入贯彻落实科学发展观，全面贯彻落实党的教育方针，坚持解放思想、实事求是、与时俱进，努力把教育部建设成为行为规范、运转协调、公正透明、廉洁高效的政府部门。

三、教育部工作的准则是，围绕中心、服务大局，立足当前、着眼长远，实行科学民主决策，坚持依法行政，推进政务公开，健全监督制度，加强廉政建设。

第二章　领导职责

四、部领导要认真履行宪法和法律赋予的职责，执政为民，忠于职守，求真务实，勤勉廉洁。

五、实行部长负责制。部党组按照党章规定履行职责，发挥领导核心作用。

六、部长全面负责教育部的工作。副部长、部长助理协助部长，按分工负责处理分管工作；受部长委托，负责其他方面的工作或专项任务，并可代表教育部对外参加活动；工作中的重要情况和重大问题，要及时向部长报告。

党组书记全面负责部党组工作，党组成员根据分工，履行职责。

七、部长出国、出差、脱产学习等期间，委托一名副部长主持日常工作。副部长出国、出差、脱产学习等期间，由部长或经部长同意委托其他部领导负责所分管工作。

八、各司局（单位）主要负责人领导本司局（单位）的工作，领导班子其他成员协助主要负责人开展工作。

各司局（单位）要各司其职，各尽其责，顾全大局，团结协作，维护政令统一，切实贯彻落实教育部各项工作部署。

第三章　认真履行行政职能

九、加快行政职能转变，深化机构改革，推进管理和服务创新。

十、加强教育行业监管，完善行政执法、行业自律、舆论监督、群众参与相结合的监管体系。

十一、加强教育工作管理，统筹规划、协调管理全国教育事业。完善加强教育管理的有关政策和法律、法规，依法管理和规范教育系统各项相关事务，深化教育改革，推进教育发展，妥善处理各类矛盾，维护教育系统秩序和社会稳定，健全突发事件应急管理机制。

十二、强化教育公共服务。完善有关政策措施，健全教育服务体系，健全教育服务的监管和绩效评估机制，增强教育服务能力，合理配置教育资源，促进教育公平，推进教育基本公共服务均等化。

第四章　实行科学民主决策

十三、健全重大事项决策的规则和程序，完善群众参与、专家咨询和集体决策相结合的决策机制。

十四、实行重大事项集体决策制度。凡涉及贯彻落实党和国家路线方针政策的决策和部署，教育改革和发展的重要方针政策措施，国务院委托起草的行政法规草案，制定和修改部门规章，重要人事任免、重大项目安排和大额资金的使用等重大事项，由部党组会或部长办公会讨论决定。

十五、拟以教育部名义实施的重大决策事项、有关重要规范性文件和其他行政行为，都必须经过深入调查研究，并经专家或研究、咨询机构等进行必要性、可行性和合法性论证；涉及法律问题的事项，应当征求部法制工作机构的意见；涉及相关部门的，应当充分协商；涉及地方的，应当事先听取意见；涉及重大公共利益和群众切身利益的，应当采取座谈会、论证会、社会公示等形式广泛听取利益各方的意见和建议，必要时应举行听证会。

十六、实行重大决策督查制度。各司局（单位）必须坚决贯彻落实部党组会或部长办公会讨论决定的重大事项，及时跟踪和反馈执行情况。有关职能部门要加强督促检查，确保政令畅通。

第五章　坚持依法行政

十七、严格按照法定权限和程序履行职责，行使行政权力，不断提高依法行政能力。

十八、根据教育事业改革和发展的总体需要，制定部门规章，向国务院建议并通过国务院提出法律议案，制定行政法规，修改或废止不相适应的行政法规、行政措施或决定。

十九、制定部门规章和规范性文件，必须从维护国家全局利益和群众根本利益出发，符合宪法、法律和国务院的行政法规、决定、命令，并征求相关部门的意见；涉及两个及以上部门职权范围的事项，应提请国务院制定行政法规、发布决定和命令，或与相关部门联合制定规章和其他规范性文件。其中，涉及群众切身利益、社会关注度高的事项及重要涉外、涉港澳台事项，应当事先请示国务院；部门联合制定的重要规章及规范性文件发布前须经国务院批准。部门规章应当依法及时报国务院备案。

二十、严格按照有关法律规定制定部门规章，规范规章的起草、审核、审议程序。部门规章草案由部法制工作机构审查或组织起草。部门规章的解释和报请国务院备案工作由部法制工作机构承办。

二十一、加强依法行政的教育和培训，不断提高依法行政的自觉性。规范行政审批行为，加强行政执法工作；严格执行执法责任制和执法过错追究制，有法必依、违法必究，公正执法、文明执法。

第六章　推进政务公开

二十二、大力推进政务公开和校务公开，认真贯彻落实《中华人民共和国政府信息公开条例》，健全信息发布制度，完善各类公开办事制度，提高工作透明度。

二十三、教育部制定的政策，除需要保密的外，应及时公布。

二十四、凡涉及群众切身利益、需要群众广泛知晓的事项以及法律和国务院规定需要公开的其他事项，均应通过教育部门户网站、教育部公报、新闻发布会以及报刊、广播、电视等方式，依法、及时、准确地向社会公开。

第七章　健全监督制度

二十五、自觉接受全国人大及其常务委员会的监督，认真负责地报告工作，接受询问和质询；自觉接受全国政协的民主监督，虚心听取意见和建议；认真及时办理全国人大议案、代表建议和全国政协委员提案。

二十六、依照有关法律的规定，自觉接受司法机关实施的监督，自觉接受监察、审计等部门的监督。对监督中发现的问题，要认真查处和整改并向国务院报告。

二十七、加强教育行政系统内部监督，健全监督制度。严格执行行政复议法和规章备案制度，及时撤消或修改违反法律、行政法规的规章和其他规范性文件，纠正违法或不当的行政行为，并主动征询和听取地方教育行政部门和学校的意见、建议。

二十八、虚心接受新闻舆论和群众的监督。对新闻媒体报道和各方面反映的涉及教育工作的重大问题，要积极主动地查处和整改并向国务院报告。

二十九、重视群众来信来访工作，进一步完善信访制度，确保信访渠道的畅通。部领导要亲自阅批重要的群众来信，办公厅和各司局（单位）要认真受理群众来信来访，办公厅要建立信访督办责任制度，对各司局（单位）的信访工作情况予以督促检查。

三十、推行行政问责制度和绩效管理制度，明确问责范围，规范问责程序，严格责任追究，提高执行力和公信力。

第八章　加强廉政建设

三十一、坚持从严治政。对职权范围内的事项要按照程序和时限积极负责地办理，对不符合规定的事项要坚持原则不得办理；对因推诿、拖延等官僚作风及失职、渎职造成影响和损失的，要追究责任；对越权办事、以权谋私等违规、违纪、违法行为，要严肃查处。

三十二、严格执行财经纪律，规范公务接待，不得用公款送礼和宴请，不得接受地方、学校的送礼和宴请。艰苦奋斗、勤俭节约，切实降低行政成本，建设节约型机关。

三十三、领导干部要廉洁从政，落实党风廉政建设责任制，严格执行中央有关廉洁自律的规定，不得利用职权和职务影响为本人或特定关系人谋取不正当利益；要严格要求亲属和身边的工作人员，不得利用特殊身份拉关系、谋私利。

第九章　会议制度

三十四、实行党组会、党组民主生活会、党组学习中心组会、党组务虚会、部长办公会、部长专题办公会等会议制度。根据工作需要，召开司局级干部会、处级以上干部会、全体党员大会和全体干部职工大会。教育部工作中的重大事项必须经过部党组会或部长办公会讨论决定。

三十五、党组会由党组书记召集和主持，参加会议人员除党组成员外，办公厅主任、人事司司长、直属机关党委常务副书记、纪检组负责日常工作的副组长一般列席，还可根据会议议题需要，请有关司局、直属单位主要负责人列席。党组会实行民主集中制原则，会议主要任务是：研究贯彻落实党和国家的路线方针政策的决策和部署；研究制定有关教育改革和发展的重要方针政策措施；讨论决定有关人事问题；讨论、研究加强党组自身建设问题等。

党组会一般每周召开一次，会议议题由党组成员提出，报党组书记审定。会议议定的事项，形成党组会纪要，由党组书记签发。

三十六、党组民主生活会由党组书记召集和主持，一般每年召开一次。

党组中心组学习会议由党组书记主持，每个季度一次，议题由直属机关党委商有关司局提出建议，报党组书记审定。

党组务虚会由党组书记召集和主持，根据工作需要适时召开，一般每年召开一次。

三十七、部长办公会由部长召集和主持，参加会议人员除部领导和办公厅主任外，监察局负责人一般列席，还可根据会议议题需要，请有关司局（单位）主要负责人列席。会议主要任务是：研究、决定重大教育工作事项，讨论国务院委托起草的行政法规草案和教育部门规章等。

部长办公会根据工作需要适时召开，会议议题由部领导提出，报部长审定。会议议定的事项，形成部长办公会纪要，由部长签发。

三十八、部长专题办公会由部领导召集和主持，有关司局（单位）负责人参加。部长专题办公会根据工作需要不定期召开，会议议定的事项，形成部长专题办公会纪要，由主持会议的部领导签发。

三十九、部领导因故不能出席部党组会、部长办公会等重要会议，应向党组书记或部长请假。其他列席人员请假，由办公厅汇总后向部长报告。

四十、教育部及各司局（单位）召开的工作会议要减少数量，控制规模，厉行节约，严格审批。各司局（单位）召开的计划内会议，应当于上一年度11月底之前将会议计划报送办公厅，由办公厅协调汇总，提请部党组会审定后实施；计划外会议一般不再安排，因特殊原因确需安排的从严审批。全国性会议应当尽量采用电视电话会、网络视频会等快捷、节俭的形式召开。

第十章　公文审批

四十一、教育部各类公文，应当符合党中央、国务院及《教育部关于公文处理的若干规定》的规定。

四十二、除国务院领导同志交办事项和必须直接报送的绝密事项外，一般不得直接向国务院领导同志个人报送公文。报送国务院的请示性公文，如与其他部门有分歧意见，经主动协商不能达成一致的，应当列出各方理据，提出办理建议。

四十三、以教育部党组名义印发的上行文，经分管的部党组成员审核后，由党组书记签发。

以教育部名义印发的上行文，经分管的副部长审核后，由部长签发。

以办公厅名义印发的上行文，须经有关部领导审核同意。

四十四、以教育部党组名义印发的平行文、下行文，一般由党组成员签发。其中，重要的规范性文件，经党组书记审阅后送印；涉及重大问题的，由党组书记签发。

以教育部名义印发的平行文、下行文，一般由分管部领导签发。其中，重要的规范性文件，经部长审阅后送印；涉及重大问题的，由部长签发。

以办公厅名义印发的平行文、下行文，由办公厅主任或副主任签发。其中，重要的规范性文件，副主任签发后须经主任审阅后送印；涉及重要事项的，须报请分管部领导审核同意。

四十五、需向国务院领导同志报告工作的签报，由办公厅负责统一报送。报送国务院领导同志的签报，由部领导审签；报送国务院分管领导同志办公室的签报，由办公厅主任签发。

四十六、各司局（单位）报送部领导的公文，除有特殊要求需直接报送外，均须经办公厅统一登记运转。报请部领导审批的请示类文件一律不得分送。部领导及其秘书一般不直接接受司局（单位）的报文。

四十七、部领导及办公厅领导对呈请批示的各类公文，要及时批阅，对报请审批的公文，一般应批示明确意见。

四十八、严格执行公文会签制度。主办司局（单位）起草的公文，涉及其他司局（单位）职能范围内的事项，应主动与有关司局（单位）协商，取得一致意见并会签后，送办公厅审核。经协商不能达成一致的，主办司局（单位）应列明各方意见及理据，提出办理建议，连同文稿一并送办公厅报部领导协调或审定。主办司局（单位）起草的重要规范性文件，凡涉及行政相对人权利义务，或者规定审批、核准、资格、处罚等内容的，须经部法制工作机构审核并会签。

四十九、除办公厅外，各司局（单位）一律不得对外正式行文。

第十一章　纪律和作风

五十、坚决贯彻执行党和国家的路线方针政策以及工作部署，严格遵守纪律，令行禁止。

五十一、坚决执行部党组的决定，如有不同意见可在部内提出，在没有重新做出决定前，不得有任何与部党组决定相违背的言论和行为；代表教育部发表讲话或文章，个人发表涉及未经部党组研究决定的重大问题及事项的讲话或文章，事先须经部党组同意。

五十二、发布涉及教育方面的重要工作部署和重要问题、与群众利益密切相关事项的信息，要按照有关程序经过严格审定，重大情况要及时向部党组报告。

五十三、严格遵守保密纪律和外事纪律，严禁泄露国家秘密、工作秘密等，坚决维护国家的安全、荣誉和利益。

五十四、做学习的表率，努力把部机关建设成为学习型机关。

五十五、深入基层，调查研究，了解情况，指导工作，解决实际问题。下基层要轻车简从，减少陪同，简化接待。

五十六、部领导和司局（单位）负责人在安排工作时，应按照工作分工和职责，优先保证出席党中央、国务院以及中央党政军群等有关部门举行的会议和活动。除部党组统一组织安排的活动外，部领导一般不出席礼仪庆典活动，不为会议活动发贺信、贺电，不题词；因特殊需要发贺信、贺电和题词，一般不公开发表。

五十七、部领导和司局（单位）负责人要严格执行请销假制度。部长离京外出，应事先向国务院办公厅报告；其他部领导离京外出应事先报告部长，由办公厅通报其他部领导。

司局（单位）负责人的出差计划，应提前五个工作日报办公厅，由办公厅报分管部领导或部长审批；如因特殊情况临时出差，需事先经分管部领导同意。各司局（单位）必须保证至少一名领导班子成员在机关内处理日常工作。

五十八、教育部机关要进一步改进管理方式和工作作风，推行电子政务，提高工作质量和效率，建立权责一致、分工合理、决策科学、执行顺畅、监督有力的行政管理体制，努力把教育部建设成政治强、作风正、工作出色的机关。

教育部关于全力做好地震灾害预防和救助工作的紧急通知

（2008年5月12日）

各省、自治区、直辖市教育厅（教委），新疆生产建设兵团教育局，部属各高等学校：

5月12日，四川省汶川县等地发生了重大地震灾害，波及周边地区。为确保师生生命安全，迅速做好地震灾害预防和救治工作，现紧急通知如下：

一、各级教育行政部门和各级各类学校要根据受灾情况，紧急启动应急预案。在当地政府的统一领导下，积极与有关部门密切配合和沟通，全面负责本单位应对突发自然灾害的处置工作。

二、各受灾地区教育系统要迅速组织力量，首先做好本单位的抢险救灾及自救、互救，全力以赴抢救伤员，尤其是要把中小学校和幼儿园作为重点，采取有效措施，确保师生生命安全。

三、各级教育行政部门和各级各类学校要迅速与当地政府救灾指挥部取得联系，确认灾害预报，协助有关部门对易于发生次生灾害的地区和设施采取紧急处置措施并加强监控，及时发布预防通知，宣传地震灾害预防和救助知识，防止衍生灾害的发生。

四、各地可根据灾情和灾害预报，相应调整学校的教学安排，必要时可以采取停课等措施，组织学生紧急避灾疏散。学校特别是中小学寄宿制学校对于一时难以离校疏散的学生，要统一妥善安排到安全地区，并保持与家长的联系。要保持与在外实习学生的联系，做好相关防范工作。各学校要加强在校师生的安全保护，并注意学校水、电、气等主要基础设施的安全防护和国家重要财产的保护，加强学校安全保卫工作，防止发生治安事件。

五、各级教育行政部门和各级各类学校要及时向当地党委和政府报告灾情和工作情况。要及时做好宣传、教育和引导工作，沉着应对，防止谣传、误传引发恐慌情绪，维护学校秩序，保持学校稳定。重要情况请及时报教育部。

教育部关于全力做好抗震救灾工作的紧急通知

（2008年5月13日）

各省、自治区、直辖市教育厅（教委），新疆生产建设兵团教育局，部属各高等学校：

北京时间5月12日14时28分，我国四川省阿坝藏族羌族自治州汶川县发生7.8级强烈地震。陕西、甘肃、宁夏、青海、山西、山东、河南、湖北、湖南、重庆、贵州、云南、西藏、江苏、北京等省区市普遍有震感。这次地震灾害损失巨大，四川、陕西、甘肃、重庆、云南等地伤亡人数众多，学生伤亡严重。

灾害发生后，党中央、国务院高度重视。中央强调，灾情就是命令，时间就是生命。全国教育系统特别是灾区教育部门和各级各类学校要坚决贯彻落实中央要求，紧急行动起来，把抗震救灾作为当前的首要任务，不怕困难，顽强奋战，全力抢救伤员，切实保障灾区师生生命安全，尽最大努力把地震灾害造成的损失减少到最低程度。

一、全国教育系统特别是受灾地区教育部门和各级各类学校要在当地党委、政府的领导下，迅速组织力量做好抗震救灾及自救、互救工作，全力抢救伤员，确保师生生命安全。对灾区学校特别是中小学寄宿制学校一时难以疏散的学生，要妥善安排到安全地区，确保有饭吃、有衣穿、有干净水喝、有临时住处，并及时与其家长取得联系。各学校要关心家中遭遇人员伤亡和财产损失的学生，采取各种措施帮助他们，使他们感受到党和政府的关怀、社会和学校的温暖，增强他们克服困难的信心和决心。要配合有关部门做好伤亡学生家属的安抚工作。

二、要加强值守应急和信息报送工作。受灾地区和地震波及省份省级教育部门和部属高校要落实好24小时值班和领导带班制度，责任到人，确保24小时通讯畅通。有关地方和高校要将值班安排尽快报送教育部总值班室。要通过各种有效途径，及时了解掌握本行政区域内教育系统的人员伤亡（包括死亡、受伤、重伤、被埋、失踪师生人数，区分中小学、中等职业学校和高校）、财产损失、救灾进展、存在困难与问题、有关对策建议、学校稳定及师生动态，及时准确向当地党委、政府和教育部报送信息。未受地震波及省份省级教育部门和部属高校要及时报送积极开展支援灾区抗震救灾、做好来自灾区学生安抚工作、学校稳定及师生动态等信息。

三、要及时开展灾后安全排查，做好次生灾害的防范工作。受灾地区和地震波及地区要全面开展学校安全隐患排查工作，对学校校舍、围墙和水、电、气等设施进行全面排查，详细掌握学校受灾程度和受损情况，抓紧抢修受损的设施和设备，严禁使用因灾造成的D级危房和不符合安全要求的水、电、气设施。要高度重视因地震可能引发的一系列次生灾害，做好相关预案，特别是要防范可能引发的山体崩塌、滑坡、泥石流、管道爆裂、气体泄漏等次生灾害。对建在山脚下、河边及泥石流频发地区的学校要密切关注其周边环境变化，坚决防止地质灾害造成人员伤亡。要采取有效措施，切实加强对校内包括实验室各类危险品的检查和管理，排除隐患，维护校园安全和稳定。

四、要加强正面舆论引导。教育系统宣传部门和新闻单位要严格遵守新闻宣传纪律。要切实做好稳定人心工作，加强校园舆情监控，防止谣传、误传引发恐慌情绪，维护学校秩序，确保社会大局稳定。要坚持正面宣传和教育引导，充分利用校园广播、电视、网络等媒体，大力宣传中央的重大决定、重要部署，宣传抗震救灾中涌现出来的典型人物和先进事迹，多做鼓舞士气、凝聚人心的工作。要动员教育系统广大干部和师生员工积极参与公益性救灾募捐活动，为灾区学校重建贡献力量。

灾区教育系统广大干部和师生员工一定要坚持人民利益高于一切，奋不顾身地投入到抗震救灾第一线，急人民群众之所急，解人民群众之所难，把党和政府的关怀送到每一个受灾师生中去。全国教育系统一定要大力发扬“一方有难、八方支援”的精神，万众一心、众志成城，迎难而上、百折不挠，共同夺取抗震救灾斗争的胜利。

教育部关于印发《教育系统做好灾区师生安置和恢复重建准备工作的方案》的通知

（2008年5月26日）

各省、自治区、直辖市教育厅（教委），各计划单列市教育局，新疆生产建设兵团教育局，部属各高等学校：

按照中央部署，我部制定了《教育系统做好灾区师生安置和恢复重建准备工作的方案》，现印发你们，请遵照执行。执行中遇到的问题请及时报告我部。

教育系统做好灾区师生安置和恢复重建准备工作的方案

5月22日，中央政治局常委会召开会议，明确提出要继续把抗震救灾作为当前最重要最紧迫的任务，扎扎实实做好各项工作。当前，抗震救灾已逐步转入全面安置和准备恢复重建的阶段。教育系统要坚决贯彻党中央、国务院的部署，认真落实各项救助政策措施，切实做好灾区师生安置工作和学校重建准备工作。

一、高度警惕和切实防范余震和次生灾害，始终把师生生命安全放在第一位。

1. 主动与有关部门密切联系，及时掌握并切实防范余震和各种次生灾害。

2. 有余震和次生灾害威胁的地区，要周密部署学校防灾工作，制订细致的应急预案，组织必要的应急演练，进一步增强学生自防、自护、自救能力。

3. 密切配合公安、消防部门，建立警校联系制度，组织教师和高年级学生开展夜间值班或巡逻，确保临时校舍、师生临时居住点和校园的安全，严防火灾事故和治安案件的发生。

各地教育部门和学校要认真做好隐患排查和安全预警工作，强化学校安全管理工作责任，开展安全教育，切实保障师生生命安全。

二、切实加强学校卫生防疫工作。

1. 密切配合卫生部门，加强对灾区学校、安置点环境的清理消毒和卫生防疫工作。采取切实措施，认真做好食品安全和饮水安全工作。

2. 做好灾后饮食卫生、环境卫生、预防食物中毒和传染病知识的宣传教育，特别是要教育学生做好个人卫生。

3. 加强疫情监测，一旦发现传染病例，立即报告，迅速采取有效防控措施。

4. 依托教育部门已经组织的学校卫生防疫专家

指导组，为灾区学校卫生防疫提供咨询、指导、培训及直接的卫生服务。

各地教育部门和学校要全面开展夏季爱国卫生运动，加强各级各类学校食品、饮用水、环境等方面的卫生工作，预防食物中毒和传染病的发生。

三、积极创造条件帮助灾区学生恢复上课。

1. 在确保安全的前提下，通过搭建帐篷或活动板房、转移安置等方式，设立临时课堂；暂不具备条件的地区，要抓紧做好各项准备工作，逐步复学复课。

2. 启动“活动板房临时课堂计划”，按照当地抗震救灾指挥部统一部署，根据安置点学生、教师数量和构成，考虑高考、中考及中小学复课等因素，提出活动板房需求和使用安排。

3. 做好复课后的教学安排，维护好教学秩序。组织优秀教师志愿者支援灾区学校教学，农村学校教师特设岗位计划安排要优先满足地震灾区县的需要，在教材、教学设施设备等方面给予支持和保障。对散居在家和其他地方的学生要做好登记，并通过适当方式提出学习要求。充分利用广播、电视等媒体开展远程教育教学。

4. 加强中等职业教育的对口支援，大量转移灾区中等职业学校学生到各地就学、实习和就业。

5. 各地教育部门和学校要积极接收灾区学生入学，并提供生活补助。

四、积极开展灾区学生心理援助工作。

1. 发挥教育部门派出的中小学生心理援助专家工作组的作用，有计划有步骤地对灾区中小学教师进行普遍培训，组织并依靠广大中小学教师，利用已编印的灾后心理援助手册和已开通的心理热线及专业网站，实现灾区学生心理援助工作的全员覆盖。

2. 灾区省级教育部门要加强对心理援助队伍的组织协调，统一管理，加强对进入灾区从事心理援助的组织和人员从业资质核准，杜绝对同一学生进行多次采访、心理咨询等活动。

五、认真做好灾区孤、残学生救助工作。

1. 抓紧核查因灾致孤、致残学生情况，逐一登记造册，摸清底数。

2. 对每一名因灾致孤学生以及暂时与家人失去联系的学生，都要明确亲属或者老师承担临时监护责任。

3. 立即启动残疾学生教育机构的建设工作。

4. 抓紧救治地震中受伤的学生，对在医院接受治疗的学生特别是重伤学生，要给予充分关心和慰问，尽可能多地给予照顾。

5. 抓紧研究有利于灾区孤、残学生健康成长的长期教育方案和救助政策。

六、妥善做好灾区学生升学考试工作。

1. 组织各方面力量为参加今年高考和中考的重灾区学生无偿提供复习和生活条件，可成建制转入有关学校或者安排活动板房以及其他安全场所复习迎考。

2. 全力保障考点和学生复习迎考的安全，制订考场防震应急预案，在考场周围设立临时防震避难场所，并做好防震演练。

3. 教育部统筹协调各有关高校增加灾区招生计划。对在抗震救灾中表现突出的考生将予以破格录取。

4. 在当地政府的统一安排下，尽快制订中考安排。重点高中招生计划要向灾区倾斜，优先录取抗震救灾中表现突出的考生。愿意接受中等职业教育的灾区学生，都可进入中等职业学校学习，并全部纳入国家助学金资助范围。

七、切实做好灾区学生资助和帮扶工作。

1. 生源地在地震灾区的各高等学校、中等职业学校和普通高中学校，都必须严格落实国家的一系列资助政策，迅速、及时、足额将资助资金发放到灾区学生手中。

2. 各级各类学校要了解掌握家在灾区学生有关信息，给予更多的经济资助，积极开展心理疏导和人文关怀。

3. 按照“优先安排，具体帮助，保障上岗”的原则，全力做好家在灾区的高校和中职毕业生的就业工作。加大对家在灾区毕业生的就业援助服务和扶持力度，对家庭受灾严重、经济困难的毕业生给予求职补助，对求职困难的毕业生提供“一对一”的就业援助。

八、积极做好灾区学校恢复重建准备工作。

1. 尽快做好教学设施的评估鉴定工作。密切配合建设部门组织有关建筑评估鉴定专家，做好灾区学校教学设施的评估鉴定工作，对学校建筑进行安全级别分类，未经鉴定评估或鉴定评估不合格的不得使用。鉴定评估要提取样品，保留影像、建筑数据等资料，为灾后重建工作提供科学依据。

2. 重新规划新学校建设。教育部将密切配合建设部门，尽快组织专家研究提出不同地震烈度带学校建设规范，提高现有标准，使学校房屋成为最牢固、最安全的建筑；组织专业设计机构设计中小学校校园规划和校舍建设设计方案；在当地政府的统一领导下制订好学校重建规划。

九、抓紧落实教育系统对口支援灾区工作。

对口支援地的省级教育部门要按照国务院关于对口支援灾区工作的统一安排部署，在当地党委和政府领导下，迅速和受援地教育部门取得联系，建立专门的联合工作班子并指派人员专职负责。特别是要在师生安置、复学复课、职业教育、学生就业、恢复重建等方面提供人力物力支持。要在着力解决迫切问题基础上，注重灾区教育长远发展需要。

十、开展向抗震救灾英雄师生学习活动。

教育部党组决定在全国教育系统开展向抗震救灾英雄教师学习的活动。大力表彰抗震救灾英雄师生。大力宣传抗震救灾英雄师生的先进事迹。各地教育部门和学校要组织师生认真学习英雄师生的先进事迹，把抗震救灾作为一次深刻的师德教育和思想政治教育抓紧抓好。

各地教育部门和学校要认真贯彻落实党中央和国务院要求，一手毫不松懈地抓抗震救灾，一手坚定不移地抓教育改革发展，战胜种种困难，夺取抗震救灾和教育事业发展的胜利。

教育部关于加强对教育系统抗震救灾资金物资监管的通知

（2008年5月30日）

各省、自治区、直辖市教育厅（教委），新疆生产建设兵团教育局，部属各高等学校：

四川汶川强烈地震灾害，使教育系统蒙受了巨大损失。灾害发生后，党中央、国务院高度重视灾区教育的恢复重建工作，中央财政和地方政府已向灾区教育系统拨付了大额救灾资金，各地民众也纷纷为尽快恢复灾区教育捐款捐物。如何管好用好抗震救灾资金物资，党中央、国务院高度重视，社会十分关注。教育系统要坚决贯彻党中央、国务院的部署，按照中央纪委、监察部等五部委《关于加强对抗震救灾资金物资监管的通知》要求，以对国家、对人民高度负责的精神，切实加强教育救灾专项资金和物资的监管，高度重视灾后重建全过程的监督，确保廉洁救灾，确保救灾款物安全有效地全部用于灾区的教育。现就有关事项通知如下：

一、切实加强组织领导。我部成立了由部党组副书记、副部长袁贵仁为组长，部党组成员、中央纪委驻部纪检组组长田淑兰和部党组成员、部长助理杨周复为副组长的抗震救灾资金物资监督检查领导小组。四川等受灾地区各级教育部门也要建立相应的领导机构，切实加强组织领导，认真履行职责，迅速开展工作。

二、做好对募集款物的监管。各级教育行政及纪检监察、审计等部门，要做好教育系统各基金会等部门抗震救灾资金物资募集工作的监督检查，尊重捐赠者的意愿，保证资金物资通过正常渠道全部及时合理用于灾区教育。

三、健全制度，规范程序。各地教育行政部门要按照国家的有关规定，从实际出发，建立健全符合教育系统特点的抗震救灾资金物资管理的规章制度，制定和执行救灾款物筹集、分配、拨付、发放、使用等具体管理办法，做到手续完备、专账管理、专人负责、专户存储、账目清楚。要严格规范教育救灾资金物资使用管理的工作程序，确保运行简捷有序，堵塞管理使用过程中的漏洞，使救灾款物真正用于灾区教育、用于受灾师生。

四、合理使用，公开透明。各地教育行政部门要按照国家专项资金管理的有关规定，合理安排，科学调度，强化监督，确保教育系统抢险救灾、灾后重建等财政专项资金及时足额拨付到位。要采取切实措施，配合有关部门抓好对灾区学生各项资助和帮扶政策的落实，保证资助帮扶专项资金全部用于灾区学生。要坚持专款专用、重点使用、合理分配的原则，确保救灾款物使用效益。要建立教育救灾款物信息披露制度，把公开透明原则贯穿于救灾款物管理使用的全过程，主动公开救灾款物来源、种类、数量、去向，自觉接受群众的监督。教育系统救灾款物的发放，除紧急情况外，都要坚持调查摸底、民主评议、张榜公示、公开发放等程序，做到账目清楚、群众知情满意。

五、专项审计，全程跟踪。教育系统内部审计机构要积极参与、主动开展对教育救灾款物的审计监督，要对教育救灾资金物资的筹集、分配、拨付、使用及效果进行全过程跟踪审计。重点查处滞拨滞留，随意分配、优亲厚友，损失浪费、弄虚作假，截留克扣、挤占挪用、贪污私分等问题。

六、专项检查，严明纪律。教育系统各级纪检监察部门要充分发挥职能作用，加强对教育救灾款物管理使用情况的监督检查。畅通群众举报渠道，做到有诉必应、有错必纠、有责必问、有案必查。对发现的违法违纪行为，要按照中央纪委监察部颁布的《抗震救灾款物管理使用违法违纪行为处分规定》，迅速查办，从严从重处理，并将处理情况及时报告我部。

近日，我部将派出专项检查组，对有关省市和部门抗震救灾资金物资募集和管理使用情况进行检查。

教育部关于成立教育部汶川地震灾后学校恢复重建工作领导小组的通知

（2008年6月6日）

各省、自治区、直辖市教育厅（教委），新疆生产建设兵团教育局，各有关部门（单位）教育司（局），部属各高等学校：

为了进一步落实党中央、国务院关于做好灾后恢复重建工作的总体部署，经研究，决定成立教育部地震灾后学校恢复重建工作领导小组，按照国务院抗震救灾总指挥的工作部署，统筹指导、协调和帮助灾区开展灾后学校恢复重建工作。现就有关事项通知如下：

一、成员名单

组　长：周　济　部　长

副组长：袁贵仁　副部长

陈小娅　副部长

杨周复　部长助理

成　员：牟阳春　办公厅主任

韩　进　发展规划司司长

吴德刚　人事司司长

陈伟光　财务司司长

姜沛民　基础教育司司长

黄　尧　职业教育与成人教育司司长

管培俊　师范教育司司长

杨贵仁　体育卫生与艺术教育司司长

刘金平　监察局局长

张泰青　发展规划司副司长

领导小组下设办公室，负责领导小组的日常事务，以及协调联络和信息汇总、报告等工作。主任由韩进兼任。

二、主要任务

领导小组的主要任务是：落实国务院抗震救灾总指挥部的工作部署，组织地震灾区学校重建问题的调查研究，指导组织学校建设标准修订、灾区学校建设推荐方案计划，指导编制学校恢复重建规划编制工作，研究制定恢复重建的有关政策措施、协调对口支援工作等。领导小组设下列工作组：

（一）学校建设标准与推荐方案设计组

负责组织研究修订学校建设标准，配合有关部门，修订灾区学校抗震设防标准，提高抗震等级，明确结构体系和设计、施工质量要求，研究提出灾区学校恢复重建规划设计的指导意见。组织设计并遴选若干体现先进教育理念，适合城镇、平原、山区等不同情况的中小学、幼儿园、中等职业学校的校舍及校园建设规划方案，供灾区学校恢复重建选择。

（二）灾害损失与重建评估组

负责收集详尽的地震灾区学校师生伤亡、校舍受损情况，对灾区学校的损失进行评估，为编制灾区学校重建规划提供依据。

（三）规划编写组

负责按照国务院抗震救灾总指挥部灾后重建规划组的要求，指导和帮助灾区教育行政部门组织编写灾区学校恢复重建规划文本，组织相关机构和专家就灾后重建的相关政策和配套措施等进行研究，提出意见，完成各阶段相关工作。

（四）资金支持与项目监管组

负责组织、协调落实学校恢复重建工作的资金支持和有关条件保障，指导灾区加强对多渠道重建资金的统筹。在项目实施阶段组织对资金安排使用、项目招投标程序等方面进行监管。

（五）教师保障组

负责落实灾区学校恢复重建的教师需求；组织选派干部到受灾地区挂职协助工作。

（六）对口支援组

负责按总指挥部对口支援统一部署，组织协调教育对口支援工作和高等学校对口帮扶工作。

同时，成立由离退休老同志和有关专家组成的专家顾问组。

三、工作机制

（一）坚持以地方为主，有关工作组充分尊重灾区地方政府和教育行政部门的意见，形成顺畅、有效的沟通机制。

（二）工作组按照分工指导，协调、帮助灾区开展学校恢复重建工作，着重指导和帮助灾区做好学校恢复重建的统筹工作。

（三）各工作组指定专职人员，并有相对脱产的人员专门负责此项工作。

（四）定期召开领导小组会议，及时召开工作组会议，编发工作简报，加强各级领导小组和工作组间的沟通和协调，及时发布相关信息。

（五）注意收集基层工作的有益经验和措施，及时总结推广。

各受灾省级教育行政部门也要迅速成立灾后学校恢复重建领导机构，并加强与我部的联系，在当地党委和政府直接领导下，统筹做好当地灾后学校恢复重建工作。

教育部关于做好教育系统灾后恢复重建对口支援工作的通知

（2008年6月6日）

各省、自治区、直辖市教育厅（教委），新疆生产建设兵团教育局，有关部门（单位）教育司（局），部属各高等学校，其他部门（单位）所属高校：

根据党中央、国务院关于开展对口支援地震灾区灾后恢复重建工作的总体部署，现就做好教育系统对口支援地震灾区灾后学校恢复重建工作通知如下：

一、总体要求

按照对口支援灾区工作的总体安排，支援方要按照受援地区灾后恢复重建的总体部署和实际需要，各尽所能积极为灾区提供人力、物力、财力、智力等实质性支援；受援方要自力更生，艰苦奋斗，积极组织自救和重建工作。支受援双方要密切配合。

二、主要任务

教育系统对口支援灾后学校恢复重建工作，要做好以下几方面工作：一是帮助灾区做好学校重建规划，特别是帮助做好学校合理布局和选址工作。要按照推进义务教育均衡发展、实施素质教育和促进各级各类教育协调发展的要求，建设符合标准的坚固安全的学校。二是帮助灾区9月1日前实现全面复学复课。选派优秀教师支教，帮助配备所需的活动板房、课桌凳、教学仪器设备、图书资料等各类保障条件。统筹协调部分灾区学生的异地入学入托工作。帮助安排好灾区学生的暑期活动。三是支持灾区中等职业教育发展。加强中等职业学校的对口支援，重点要通过将中等职业学校学生转移到各地学习或实习、联合招收和合作培养中职学生、为灾区中职毕业生就业提供帮助等形式，帮助灾区中等职业学校的恢复和重建。要帮助灾区开展农民和农民工培训。四是帮助恢复和建设校舍与校园，选派管理人员和专家等支持学校重建工作，帮助灾区教育迅速恢复。五是对口支援双方协商的其他内容，如科技支持服务等。

三、工作安排

各有关省（区、市）教育行政部门，要按照中央确定的灾后重建工作对口支援关系，在当地党委和政府的统一领导下，动员组织本省教育系统积极开展对口支援地震灾区教育系统的工作。

部属各高校和其他部门（单位）所属高校要充分发挥人才和科技优势，积极参加所在地教育行政部门统一组织的对口支援工作和教育部安排的专项工作。

其他暂未安排任务的省（区）教育系统的对口支援意愿，在与灾区省级教育行政部门协商基础上，由灾区省级教育行政部门统筹安排。

与灾区已有支援或合作关系的学校和单位要继续做好支援工作。

四、工作要求

（一）落实组织机构和人员，加强统一管理。各支援省份和受援地区教育行政部门要根据当地政府的统一安排，紧急行动起来，分别成立或指定专门的机构，领导和协调对口支援工作。

部属各高校和其他部门（单位）所属高校也要指派专人负责此项工作。

（二）建立工作机制，加强协调配合。在省级政府的统筹安排下，各支援省份教育行政部门要立即与受援地教育行政部门取得联系，启动对口支援工作。支援省份和受援地的教育行政部门要分别指派专人负责，建立直接紧密、及时有效的协作机制，共商对口支援工作方案，明确各自责任，落实对口支援任务，保障对口支援工作有力有序有效的开展。

（三）注重长远发展，讲求工作实效。支受援双方要从教育长远发展需要出发，把优化学校布局，推进义务教育均衡发展放在突出位置，共同做好灾后重建规划，严格遵守经批准的灾后学校重建规划，特别是规划确定的布局、选址、建设标准和选定的学校推荐设计方案，着力做好标准化学校建设，防止盲目建设和形象工程，确保学校建设质量。

（四）加强统筹管理，提高经费使用效益。支援方要将对灾区的各种形式的经费支持纳入到当地政府对口支援资金的总体安排中，使对口支援的经费得到切实保障，受援方要加强对多渠道资金的统筹管理、科学安排、管好用好，提高使用效益。

（五）做好信息报送工作。各支援省份和受援地区的教育行政部门、部属各高校和其他部门（单位）所属高校，要及时向当地省级政府和教育行政部门报送工作进展情况、有关经验及存在的问题和困难，同时报告我部。

教育部关于贯彻落实中央会议精神进一步做好教育系统抗震救灾和教育改革发展工作的意见

（2008年7月1日）

各省、自治区、直辖市教育厅（教委），新疆生产建设兵团教育局，有关部门（单位）教育司（局），部属各高等学校：

6月13日，党中央、国务院在北京召开了省区市和中央部门主要负责同志会议。这次会议是在国际国内形势出现不少新的复杂因素、党和国家工作面临不少新的严峻挑战的情况下召开的一次十分重要的会议。胡锦涛总书记、温家宝总理发表了重要讲话，明确提出了夺取抗震救灾全面胜利、推动经济社会又好又快发展、成功举办北京奥运会等工作的总体要求和主要任务。会议要求，要深入贯彻落实科学发展观，紧密围绕全党的中心任务，坚持一手抓抗震救灾，一手抓经济社会发展，确保各项任务的胜利完成。

教育系统要认真学习领会、深入贯彻落实中央会议精神，一手抓教育抗震救灾，一手抓教育改革发展，全力做好教育系统抗震救灾、推进教育改革发展、筹办北京奥运会的相关工作。为了进一步贯彻落实好会议精神，做好当前教育系统有关工作，现提出以下意见：

一、加大力度，狠抓落实，确保灾区学校在9月1日复学复课

1. 做好灾区学校的灾损评估、维修加固工作。准确的灾损评估是确保灾区学校能够在9月1日按时开学的基础，也是编制恢复重建规划的基本依据。经国务院抗震救灾总指挥部同意，住房和城乡建设部、教育部、财政部、中国地震局正在部署灾区中小学校舍评估工作。四部门制定的《学校震损校舍评估标准（试行）》即将印发。灾区各级教育行政部门和学校要积极主动地配合有关部门对校舍受损情况进行评估鉴定。经鉴定确认不能修复或没有修复价值的危房应尽快拆除，以免威胁师生安全。对受损情况不严重的校舍，政府有关部门将在评估调研的基础上组织维修加固，并争取在暑期修复加固一批校舍，各地教育行政部门和学校要努力做好校舍维修加固的配合与服务工作。

2. 抓紧建设临时校舍。对受损严重或在近期不能修复的校舍，灾区各级教育行政部门要协调有关部门在9月1日前完成以活动板房为主的临时校舍建设任务。活动板房主要满足教育教学用房的需要，同时也应满足学生宿舍、食堂、厕所以及教师生活用房的基本需要。临时校舍使用前要对卫生防疫、消防设施、环境安全等进行全面检查，确保良好的教学环境和安全的生活环境。

3. 同步配置基本教学生活设施。在做好过渡性校舍建设的同时，要同步配置好黑板、课桌椅、教科书、教学仪器设备、图书资料、远程教育设备以及体育、卫生设施，配齐基本的生活设施，保证基本的办学条件。

4. 抓紧落实灾区学校教师配备工作。各级教育部门要积极配合有关部门尽快落实灾区学校教师配备工作，切实保证教育教学需要。要抓紧做好2008年“农村义务教育阶段学校教师特设岗位计划”招聘录用工作，优先满足灾区学校的需要。根据灾区需要，组织优秀教师支援灾区学校。实施援助灾区教师培训计划，做好灾区教师心理援助和专业培训工作。

5. 妥善安排部分灾区学生异地入学。继续做好转移到对口支援省市学习的中等职业学校学生的相关工作。对重灾区需要异地安置的中小学生要在当地政府统筹协调下妥善安置。对随父母进城或投亲靠友的中小学生，各地教育行政部门要制定落实相关政策，关心帮助他们就近入学。转移安置学生原学籍所在地教育行政部门和学校要加强对他们的管理。对转移安置的少数民族学生，要尊重他们的风俗习惯。

6. 认真做好灾区教师慰问抚恤工作。要认真做好对灾区教师特别是抗震救灾英模教师、受伤教师以及遇难教师家属的慰问抚恤工作，关心教师的切身利益，妥善安排好教师的生活和工作。

二、精心安排，周密部署，抓紧做好灾区教育恢复重建工作

1. 抓紧做好教育恢复重建规划的编制工作。灾区学校恢复重建的目标是：2009 年 9 月 1 日前大部分学校和幼儿园要在永久性建筑恢复正常教学，2010 年 9 月 1 日前所有学校和幼儿园要在永久性建筑恢复正常教学。恢复重建规划要深入贯彻落实科学发展观，坚持以人为本，着力推进义务教育均衡发展，促进各级各类教育协调发展。通过恢复重建，把灾区每所学校建成最牢固、最安全、最让家长和群众放心的工程。

2. 严格按照标准进行学校建设。学校的建设规模要执行原建设部、国家计委、教育部发布的《城市普通中小学校校舍建设标准》、三部委重新修订并即将联合发布的《农村普通中小学校建设标准》以及原国家教委、国家计委发布的《全日制普通中等专业学校校舍规划面积定额（试行）》等。学校体育卫生设施的建设，要执行教育部、卫生部、财政部联合发布的《国家学校体育卫生条件试行基本标准》。校舍抗震设防，要严格执行住房和城乡建设部与有关部委即将联合发布的《建筑工程抗震设防分类标准》。学校建筑设计，严格执行工程建设强制性标准，并符合教育部与住房和城乡建设部等即将发布的《汶川地震灾后新建学校规划建设设计导则》的要求；同时教育部将组织评选学校校舍建筑设计优秀推荐方案，推进学校校舍标准化建设。

3. 合理规划学校布局。教育重建规划要统筹纳入灾区城镇、农村建设等恢复重建总体规划，充分考虑经济社会发展需要、学龄人口及未来发展趋势，按照方便学生就学、有利于提高教育质量和优化教育体系结构的原则，合理确定学校布局。

4. 高度重视重建学校的选址工作。要在地方政府的领导和统筹规划下，请有资质的勘察单位对地质情况进行评估，科学确定重建学校的选址。学校应当避开地震活动断层或者生态脆弱和可能发生洪灾、山体滑坡、崩塌、泥石流、地面塌陷等灾害的区域以及传染病自然疫源地。

5. 加强重建工程设计、施工和监督。要参照《教育部办公厅 国家发展改革委办公厅关于进一步加强中西部农村初中校舍改造工程质量管理的通知》（教财厅〔2008〕2 号），严格执行基本建设程序，严格实行项目法人负责制，选聘具备资质的建筑设计单位、施工企业、监理公司分别对工程进行设计、施工、监理。达到招标规模标准的，必须招标。加强监督检查，实行建设项目公示制，公开项目建设规模、内容以及项目的勘察、设计、施工、监理单位，接受新闻媒体和群众监督。

6. 加强救灾资金物资监管。要按照《教育部关于加强对教育系统抗震救灾资金物资监管的通知》（教监〔2008〕9 号）的要求，切实加强教育救灾专项资金和物资的监管，确保廉洁救灾，确保救灾款物安全有效地全部用于灾区教育。

三、突出重点，统筹兼顾，全面做好教育系统抗震救灾工作

1. 抓紧做好全国校舍安全隐患排查工作。各地教育行政部门要配合有关部门按照《教育部 住房和城乡建设部关于做好学校校舍抗震安全排查及有关事项的通知》（教发〔2008〕19 号）的要求，高度重视本地区学校建筑特别是中小学校舍安全问题，对各级各类学校校舍进行一次安全隐患大排查，委托有相应资质的单位进行抗震鉴定，对存在安全隐患的校舍，要立即停止使用，并根据鉴定结果制订抗震加固方案。

2. 全面加强学校安全教育。汶川地震的经验教训表明，防灾知识教育和应急演练对于灾害来临时减少师生伤亡至关重要。全国教育系统在暑假前要集中开展一次安全教育，组织一次应急演练。要在认真组织广大学生统一收看 2008 暑期中小学安全教育专题片的基础上，进一步结合各地实际，切实做好有针对性的安全教育和应急演练。各地要总结安全教育和演练的经验，并对学校交通安全以及预防地震、防火、溺水、防止踩踏事故、公共卫生预防等应急工作做出相应的调整和完善。

3. 切实做好灾区学生资助工作。为保证考上大学的贫困家庭子女和受灾地区学生都能入学，国家将在现有资助政策基础上进一步研究制定对灾区学生的特别资助政策。政策出台后，各地教育行政部门和学校要认真贯彻落实，及时足额将各项资助资金发放到学生手中，确保来自地震重灾区的普通高等学校、高中阶段学校农村学生和城市家庭经济困难学生顺利入学并完成学业。

4. 认真组织灾区重建对口支援工作。支援省市教育系统要按照中央对口支援工作的总体安排，在支援方和受援方政府的统一领导下，按照《教育部关于做好教育系统灾后重建对口支援工作的通知》（教发〔2008〕18号）要求，积极为灾区提供人力、物力、财力、智力等实质性支持。在灾损评估、危房拆除、维修加固、临时校舍建设、教学设备及生活设施配备、规划编制、建筑设计、专家咨询、工程建设和监理、学生转移安置等方面认真做好对口支援工作。要采取多种形式为灾区中小学生举办暑期夏令营活动，帮助他们渡过一个有意义的暑假。做好中等职业教育的对口支援工作，包括联合招收新生、在校学生的转移学习以及就业援助等工作，通过支援受援双方共同努力，使灾区的中等职业教育应届毕业生都能就业，在校学生都能复学，愿意到中等职业学校学习的初高中毕业生都能入学。

5. 大力弘扬抗震救灾精神。要认真学习贯彻胡锦涛总书记6月30日在抗震救灾先进基层党组织和优秀共产党员代表座谈会上的重要讲话，大力弘扬万众一心、众志成城，不畏艰险、百折不挠，以人为本、尊重科学的伟大抗震救灾精神，广泛开展向抗震救灾英雄学习活动，要深入学习宣传抗震救灾英雄模范人物特别是优秀师生的高尚品德和感人事迹，进一步加强青少年学生思想道德建设和教师队伍师德建设，提高师生思想道德水平。

四、高度重视，维护稳定，为北京奥运会的成功举办做出贡献

1. 认真做好以奥运为主题的思想教育和文明礼仪教育。要认真贯彻6月27日中央政治局会议的要求，以伟大抗震救灾精神和迎接奥运、参与奥运作为学校思想政治工作的生动教材，引导青少年学生把学习弘扬抗震救灾中焕发出来的伟大精神转化为办好奥运，建设祖国的实际行动。要广泛开展“迎奥运、讲文明、树新风”活动和丰富多彩的群众性文化体育活动，继续以为祖国争光、为奥运添彩为主题，开展当好东道主、热情迎嘉宾活动。要把做好奥运会志愿者作为学生一次难得的社会实践活动，有针对性地加强爱国主义教育、文明礼仪教育，形成讲文明、重礼仪、团结友善、热情好客的文明风尚。

2. 大力加强学校安全稳定工作。要认真落实今年4月全国维护教育系统安全稳定工作电视电话会议精神，进一步落实学校安全稳定工作责任制，细化维护学校安全稳定的各项工作预案，进一步加强安全稳定隐患排查和网络信息监控，切实解决好教师和学生最关心、最直接、最现实的实际问题，确保当前及奥运会期间学校安全稳定。

3. 精心落实举办奥运会的相关工作。有关学校要积极配合奥组委做好设在学校的奥运场馆的运作和管理工作，注重做好场馆内外突发事件处置工作，落实奥运安保工作的部署和要求。会同奥组委做好学生观赛门票的组织管理工作。

五、立足本职，扎实工作，全面推进教育改革发展

1. 抓紧进行《国家中长期教育改革和发展规划纲要》（以下简称《规划纲要》）调研起草工作。研究制定《规划纲要》是贯彻落实党的十七大精神的重要举措，关系到今后教育改革和发展全局。各地教育行政部门和各级各类学校要积极行动起来，大力开展教育改革与发展的大调研、大讨论，积极为《规划纲要》起草献计献策。

2. 做好全国城乡义务教育学校免除学杂费工作。要进一步完善和落实农村义务教育经费保障机制，继续做好城市义务教育免除学杂费的调研和试点工作，进一步完善相关政策措施，根据国务院的统一部署，从今年秋季起全面免除城市义务教育阶段学生学杂费。

3. 做好高校招生和就业工作。继续实施高校招生“阳光工程”，加大信息公开力度，确保招生考试公平、公正，确保招生平稳顺利进行。要继续引导和鼓励毕业生到基层建功立业，加大促进毕业生就业工作力度，落实促进毕业生充分就业的各项政策措施。

4. 做好中等职业学校的招生工作。要进一步强化对高中阶段教育招生工作的统筹管理，完善中等职业学校资助政策体系，增强中等职业教育吸引力，完成好年初确定的招生计划。加强统筹协调，积极推动东西部之间、城乡之间职业院校的联合招生和合作办学。

5. 做好家庭经济困难学生资助制度落实工作。要落实普通本科高校、高等职业学校和中等职业学校国家奖学金、国家助学金等资助制度，继续完善和落实国家助学贷款政策，大力开展生源地信用助学贷款工作。同时，建立健全普通高中家庭经济困难学生资助办法。

教育部关于地震灾区中小学开展心理辅导与心理健康教育的通知

（2008年7月23日）

北京、天津、河北、山西、辽宁、吉林、黑龙江、上海、江苏、浙江、安徽、福建、江西、山东、河南、湖北、湖南、广东、重庆、四川、陕西、甘肃等省、直辖市教育厅（教委）：

5·12汶川特大地震发生以来，全国各个系统的心理治疗和心理健康工作者深入灾区对陆续复课的中小学生及时进行心理援助工作，取得了积极的成效。目前，对灾区中小学生的心理干预已经度过了应急期，大部分心理援助志愿者也开始陆续撤出灾区，灾区中小学9月将如期开学，地震灾区中小学心理辅导与心理健康教育将纳入正常的教育教学环节，科学、有序、持续地进行。现将有关工作通知如下：

一、切实加强地震灾区中小学心理辅导与心理健康教育的组织管理和统筹协调

灾区省级教育行政部门要依据教育部中小学心理健康专家指导委员会和学校公共卫生专家指导委员会制订的《地震灾区中小学心理辅导与心理健康教育指导纲要》（见附件1），科学指导和统筹协调本行政区域内的灾区中小学心理辅导与心理健康教育工作，制订实施计划，与9月开学工作一起部署。要及时掌握灾区特别是重灾区地州市中小学心理辅导与心理健康教育的开展情况，根据需要和可能，协调安排有资质的心理辅导与心理健康教育的专家团队深入到灾区地州市进行指导和培训。

地州市特别是县级教育行政部门要根据当地中小学学生和教师情况，依据省级教育行政部门的实施计划，对中小学心理辅导与心理健康教育工作做出详细安排，向省级教育行政部门提出需要心理辅导与心理健康教育的专家团队的需求，并做好专家团队培训当地教师和深入学校对学生进行直接心理辅导和心理健康教育的安排。

灾区各级教育行政部门要有部门负责这项工作，并提供人财物的保障。要加强协调和管理，既要统筹好各个方面的资源和力量，又要劝阻不够资质的团体和个人进入中小学。要对中小学心理辅导与心理健康教育的效果进行监控和评估，及时发现问题，妥善解决和调整。

承担对口支援的省级教育行政部门要根据对口受灾县教育行政部门的需求，派出专家团队对中小学心理辅导与心理健康教育工作进行有效支援，并注意不给灾区增加负担。

教育部已委托中小学心理健康专家指导委员会和学校公共卫生专家指导委员会组成专家团队加强对这一工作专业指导，中央教科所也将协助四川省教育厅做好相关实施工作。

二、保证灾区学校正常有序地开展心理辅导与心理健康教育

灾区中小学是心理辅导与心理健康教育工作的实施主体，要在教育教学计划中予以安排，参照教育部中小学心理健康专家指导委员会和学校公共卫生专家指导委员会制订的《地震灾区小学、初中、高中学生心理辅导课程目录》（见附件2），认真开展心理辅导与心理健康教育的各项工作。

学校开展这项工作要坚持科学性，面向全体学生分阶段、分人群组织实施，创设灾后心理辅导的良好校园环境，建立尊重、平等、接纳的心理辅导氛围。要在课时上适当安排专门的时间开展心理辅导与教育活动。要观察和掌握学生的心理状况，及时发现问题，对需要帮助的学生进行个别辅导。对工作中的困难和问题，要及时向上级教育行政部门反映，寻求支持和指导。

校长、分管校长、班主任、思想品德课教师、体育卫生教师是灾区学校开展心理辅导与心理健康教育工作的重要力量，各级教育行政部门和对口支援的省级教育行政部门要加强和协助对他们的培训和指导，保证他们能长期有效地开展这项工作。被选派参加过各级教育行政部门组织培训的教师是灾区学校开展心理辅导与心理健康教育工作的骨干力量，学校要创造条件，为他们按照在培训中学到的知识和方法，开展心理辅导与心理健康教育提供保证。

三、发挥教育系统的优势，为灾区中小学心理辅导与心理健康教育提供专业支持

教育部中小学心理健康专家指导委员会和学校公共卫生专家指导委员会将调动教育系统的专业力量，制订实施心理辅导与心理健康教育的专业要求，通过手册、网站、热线电话、电视、光盘等多种形式和途径提供心理辅导与心理健康教育的教育资源，并根据灾区教育行政部门提出的需求提供科学指导。提倡设有心理学类专业的高等学校，通过网站、热线电话等多种形式和途径解答灾区中小学教师的问题，为灾区中小学生提供心理辅导服务。

根据需要到灾区的专家工作组要在当地教育行政部门的统筹协调下，对灾区中小学开展的心理援助工作进行现场指导，对需要重点帮助的学生进行专门的心理辅导。

附件 1

关于地震灾区中小学开展心理辅导与心理健康教育的指导纲要

为对地震灾区中小学生进行科学、有序、持续的心理辅导与心理健康教育，依据《中小学心理健康教育指导纲要》，在总结灾后心理应急援助工作的基础上，制定本纲要。

一、总体要求

地震灾区中小学生的心理辅导与心理健康教育要以科学发展观为指导，坚持以人为本，根据中小学生生理、心理发展的特点与规律，运用学校心理健康教育和创伤心理学的基本理论和方法，帮助中小学生充分调动内在的心理资源和力量，重建心理内部的平衡，逐步、稳定地恢复正常的学习和生活。

二、基本原则

1. 坚持科学性。地震灾区中小学生的心理辅导与心理健康教育是一项专业性很强的工作，必须遵循中小学生灾后心理康复的发展阶段和过程，把握灾后中小学生心理康复的特点和规律，科学、有序、持续地进行。要在专家的指导下、结合各个年龄阶段学生的身心发展特点开展工作，避免对学生造成再次伤害。

2. 坚持面向全体学生。根据每个学生受地震影响的不同程度开展形式多样、针对性强的心理辅导活动。以学生为主体，充分调动他们的积极性和主动性，逐步提高中小学生的心理康复能力。尊重每个学生灾后表现出的不同身心反应，以平等、接纳、真诚和同感的态度对待每一个学生，避免给学生贴标签。

3. 坚持分阶段开展。地震灾区中小学生的心理辅导与心理健康教育要在重点对受灾学生的心理创伤程度进行诊断、转介和治疗后，转向发现、建构和发挥学生积极的心理品质和内在心理力量，培养学生良好的心理素质，实现灾后心理重建中他助和自助的结合。

4. 坚持分人群开展。在面向全体学生开展多种形式的心理辅导与教育活动的同时，重点关注丧亲、孤残以及个别心理问题较严重的学生，及早地鉴别、诊断并开展个别咨询和治疗，避免个别学生发展成创伤后应激障碍，对其一生带来负面影响。

三、工作目标

1. 地震灾区中小学生的心理辅导与心理健康教育工作的总目标是：建立工作的长期机制，转化全体学生灾后出现的各种心理行为问题，充分开发他们的潜能，提升学生面对灾难和挫折的心理复原力，培养积极、乐观、向上的心理品质，帮助学生深刻认识生命的意义和价值，促进学生人格在灾难面前的升华。

2. 地震灾区中小学生的心理辅导与心理健康教育工作的具体目标是：帮助学生积极地面对并转化灾后的各种负面情绪，学习有效的情绪管理方法；正确地认识、评价并悦纳自我，发现自己身上的正向心理资源，重建对自我和生活的自信心，增强承受挫折和适应环境的能力；重建良好的同伴关系和师生关系，提高人际沟通能力，增强归属感和认同感；坦然面对灾难，发现生命的积极意义，珍惜每一天的生活；更懂得关爱自己和他人，学习正确处理人与人、人与社会、人与自然的和谐关系；发现、鉴别少数灾后身心反应特别强烈的学生，以尊重、接纳的态度给予科学、有效的心理咨询和治疗，必要时转介到相关的专业机构，使他们尽快摆脱地震带来的阴影，逐渐恢复正常的学习和生活。

四、主要内容

地震灾区中小学生的心理辅导与心理健康教育的主要内容包括：普及心理健康和创伤心理学的基本知识要点，帮助学生以正常、接纳的眼光看待自己灾后出现的各种心理行为问题；感受并获取周围环境中的社会支持；学习有效的沟通技巧，重建人际关系；正确认识并调整灾后出现的各种负面情绪；积极地看待灾难和各种挫折；初步掌握心理保健的常识等。其重点是帮助学生在灾后心理、学习和社会技能等方面掌握必要的常识，并学习基本的应对方法和技巧。

小学低年级的主要内容包括：帮助学生认识并适应周围的新环境，在与同伴、老师的相互支持中建立新的认同感和安全感；认识灾后出现的恐惧、悲伤、愤怒等各种情绪，并在老师的带领下恰当地表达并调整情绪；增强对地震等灾难的认识，提高地震逃生意识和能力，增强可控制感；正确认识灾后注意力不集中等问题，提升学习的自信。

小学高年级的主要内容包括：帮助学生在与同伴、老师的相互支持中建立新的认同感和安全感；正确认识灾后出现的各种负面情绪，并学习简单的情绪管理方法；增强对灾难本身的认识，了解每一个人在灾难面前的力量和具体的行动，增强可控制感和自我价值感；练习地震逃生等技能，增强危机应对的意识和能力；认识死亡，体验生命的意义和价值；掌握学习方法，感受学习的乐趣；正确地认识和评价自我，提高面对灾难和挫折的耐受力。

初中年级的主要内容包括：帮助学生感受并主动获取外在的支持和帮助；逐步学会认识、调整和转化灾后出现的愤怒、悲伤、内疚等各种情绪；加强自我认识和自我悦纳；以平和的心态看待灾后出现的各种学习问题，增强学习技能，发展学习能力；积极与同学、老师和家长沟通，建立新的人际关系；提高在灾难和挫折面前的心理复原力；以积极的心态看待灾难和生活意义。

高中年级的主要内容包括：帮助学生珍惜现有的人际关系，并建立新的人际关系；能主动地认识并转化灾后出现的愤怒、恐惧、悲伤、内疚等各种情绪；加强自我认识和自我悦纳；增强危机意识，了解危机的积极意义，从容面对各种危机，提高问题解决能力；了解生命的意义，学会将苦难转化成奋斗的动力；提高在多重压力下努力学习的能力，掌握高考考前心理调整的方法；提高在灾难和挫折面前的心理复原力，增强对未来的生涯规划。

五、途径和方法

采用多种途径和方法开展地震灾区中小学生的心理辅导与心理健康教育，不同受灾严重程度的地区，应根据本地区学生的实际特点和需要灵活地选择和使用，要充分发挥各种方式和途径的综合作用，提高灾后心理辅导与教育的效果。应根据学生的年龄特点采用合适的形式开展灾后心理辅导，小学以游戏和活动为主，初中以活动和体验为主，高中以体验和调适为主。

面向全体学生开设灾后心理健康教育活动课或专题讲座。包括小组讨论、角色扮演、行为演练、游戏辅导、影片欣赏和价值观辨析等方法，旨在普及灾后心理健康教育科学常识，帮助学生掌握灾后心理调适的方法，重建积极的心理品质。要注意防止灾后心理辅导教育学科化和标签化的倾向。

开展班级团体辅导。根据全班学生的特点，设计、开发班级团体主题和活动方案，开展各种生动活泼、体验性强的活动，通过师生的参与和互动，促进学生对自我的了解，体验支持和被支持，增强安全感和自信心。应注意在班级团体辅导活动中发现并鉴别特别需要帮助的学生，对他们实施个别咨询和辅导，必要时转介到相应的专业心理机构。班级团体辅导应由受过专门团体辅导训练的心理老师开展。

开展个别咨询与辅导。开设心理咨询室，由受过专业心理咨询训练的心理老师对学生开展一对一的心理诊断、咨询、辅导和矫治工作。对于有严重心理问题的学生，应及时鉴别并转介到相关专业机构。

地震灾区中小学生的心理辅导与心理健康教育要与日常学科教学有机地融合。学科教学中应渗透心理辅导和教育的内容，要挖掘各学科中隐性的心理辅导的教育内容，与显性的灾后心理辅导教育内容有效整合，并予以贯彻落实。

要充分利用班、团（队）会、校会、网络、墙报、板报等形式，全方位、全过程地开展灾后心理辅导与教育。

地震灾区中小学生的心理辅导与心理健康教育要渗透于教育教学的每一个环节，实现全员参与。

附件 2

地震灾区小学、初中、高中学生心理辅导课程目录

（一）小学

年级	第一学期	第二学期
一年级	灾后心理篇： 第一课：我们在一起 第二课：战胜恐惧（一） 第三课：战胜恐惧（二） 第四课：悲伤时怎么办？ 第五课：面对灾难我可以做什么 灾后学习篇： 第六课：注意力不集中怎么办 社会技能篇： 第七课：我的新同伴 第八课：我的老师	灾后心理篇： 第一课：认识地震等灾难 第二课：地震逃生演习 第三课：面对悲伤 第四课：快乐地生活 灾后学习篇： 第五课：我爱学习 第六课：集中我的注意力 社会技能篇： 第七课：一定要坚持 第八课：快乐的集体
二年级	灾后心理篇： 第一课：我们在一起 第二课：战胜恐惧 第三课：面对愤怒 第四课：悲伤时怎么办？ 第五课：面对灾难我可以做什么 灾后学习篇： 第六课：我能集中我的注意力 社会技能篇： 第七课：勇敢的我 第八课：我的好同伴	灾后心理篇： 第一课：认识地震等灾难 第二课：地震逃生演习 第三课：面对悲伤和死亡 第四课：快乐地生活 灾后学习篇： 第五课：我的学习方法 第六课：合理利用时间 社会技能篇： 第七课：我的情绪 第八课：我能行
三年级	灾后心理篇： 第一课：我们在一起 第二课：战胜恐惧 第三课：转化愤怒 第四课：面对悲伤和自责 第五课：灾难面前我可以做什么 灾后学习篇： 第六课：提高学习效率 社会技能篇： 第七课：认识我自己 第八课：我的好同学	灾后心理篇： 第一课：认识地震等灾难 第二课：地震逃生演习 第三课：面对悲伤和死亡 第四课：生命的意义 灾后学习篇： 第五课：增强记忆有诀窍 第六课：边听边记 社会技能篇： 第七课：学会关心别人 第八课：挫折伴我成长
四年级	灾后心理篇： 第一课：我们在一起 第二课：战胜恐惧 第三课：转化愤怒 第四课：面对悲伤和自责 第五课：灾难面前我可以做什么 灾后学习篇： 第六课：学习助我成长 社会技能篇： 第七课：自信的我 第八课：我的老师和同学	灾后心理篇： 第一课：认识地震等灾难 第二课：地震逃生演习 第三课：面对悲伤和死亡 第四课：生命的意义 灾后学习篇： 第五课：增强记忆的诀窍 第六课：复习与预习 社会技能篇： 第七课：学习调节我的情绪 第八课：接纳别人

续表

年级	第一学期	第二学期
五年级	灾后心理篇： 第一课：我们在一起 第二课：战胜恐惧 第三课：转化愤怒 第四课：面对悲伤和内疚 第五课：灾难的积极意义 灾后学习篇： 第六课：学会解决问题 社会技能篇： 第七课：认识我自己 第八课：我的老师和同伴	灾后心理篇： 第一课：认识地震等灾难 第二课：地震逃生演习 第三课：面对悲伤和死亡 第四课：生命的意义 灾后学习篇： 第五课：当我学习不如别人时 第六课：自我检查 社会技能篇： 第七课：克服自卑心理 第八课：集体中有我
六年级	灾后心理篇： 第一课：我们在一起 第二课：战胜恐惧 第三课：转化愤怒 第四课：面对悲伤和内疚 第五课：灾难的积极意义 灾后学习篇： 第六课：合理利用时间 社会技能篇： 第七课：无私的我 第八课：我爱母校	灾后心理篇： 第一课：认识地震等灾难 第二课：地震逃生演习 第三课：面对悲伤和死亡 第四课：生命的意义 灾后学习篇： 第五课：考试策略 第六课：正确面对考试 社会技能篇： 第七课：我能独立生活了 第八课：感谢我的老师、朋友和家人

（二）初中

年级	第一学期	第二学期
初一年级	灾后心理篇： 第一课：我们在一起 第二课：战胜恐惧 第三课：面对愤怒 第四课：悲伤和自责的处理 第五课：从灾难中的学习 灾后学习篇： 第六课：设计我的学习 社会技能篇： 第七课：我的中学新同学 第八课：自信的我	灾后心理篇： 第一课：地震逃生演习 第二课：面对悲伤和死亡 第三课：正确面对情绪 第四课：生命的意义 灾后学习篇： 第五课：浓缩课堂精华 第六课：成为一个爱学习的人 社会技能篇： 第七课：认识我自己 第八课：独立地做决定
初二年级	灾后心理篇： 第一课：我们在一起 第二课：战胜恐惧 第三课：面对愤怒 第四课：悲伤和自责的处理 第五课：了解并接纳现在的我 灾后学习篇： 第六课：静心学习 社会技能篇： 第七课：沟通从心开始 第八课：和谐相处，互相支持	灾后心理篇： 第一课：地震逃生演习 第二课：正确面对情绪 第三课：提高问题解决能力 第四课：生命的意义 灾后学习篇： 第五课：开启创造之门 第六课：他山之石 社会技能篇： 第七课：站在抉择的路口 第八课：学会承担责任

续表

年级	第一学期	第二学期
初三年级	灾后心理篇： 第一课：我们在一起 第二课：战胜恐惧 第三课：面对愤怒 第四课：悲伤和自责的处理 第五课：了解并接纳现在的我 灾后学习篇： 第六课：轻装上阵 社会技能篇： 第七课：冲突的化解 第八课：有意义地度过每一天	灾后心理篇： 第一课：地震逃生演习 第二课：正确面对情绪 第三课：提高问题解决能力 第四课：生命的意义 灾后学习篇： 第五课：温故知新 第六课：考前心理的调整 社会技能篇： 第七课：笑面挫折 第八课：我的未来不是梦

（三）高中

年级	第一学期	第二学期
高一年级	灾后心理篇： 第一课：我们在一起 第二课：战胜恐惧 第三课：面对愤怒 第四课：悲伤和内疚的处理 第五课：了解并接纳现在的我 灾后学习篇： 第六课：调整心态投入学习 社会技能篇： 第七课：换位思考 第八课：我的新集体	灾后心理篇： 第一课：正确面对情绪 第二课：从容面对各种危机 第三课：提高问题解决能力 第四课：生命的意义 灾后学习篇： 第五课：时间管理 第六课：学习助我成长 社会技能篇： 第七课：抵制香烟 第八课：提高压力应对能力
高二年级	灾后心理篇： 第一课：我们在一起 第二课：战胜恐惧 第三课：面对愤怒 第四课：悲伤和内疚的处理 第五课：了解并接纳现在的我 灾后学习篇： 第六课：从容解决各种学习问题 社会技能篇： 第七课：众志成城 第八课：积极人生	灾后心理篇： 第一课：正确面对情绪 第二课：从容面对各种危机 第三课：提高问题解决能力 第四课：生命的意义 灾后学习篇： 第五课：学而不思则罔 第六课：知识就是力量 社会技能篇： 第七课：压力的缓解 第八课：多难中的崛起
高三年级	灾后心理篇： 第一课：我们在一起 第二课：战胜恐惧 第三课：面对愤怒 第四课：悲伤和内疚的处理 第五课：了解并接纳现在的我 灾后学习篇： 第六课：温故知新 社会技能篇： 第七课：危机＝危险＋机会 第八课：人生的积极意义	灾后心理篇： 第一课：正确面对情绪 第二课：从容面对各种危机 第三课：提高问题解决能力 第四课：生命的意义 灾后学习篇： 第五课：轻装上阵 第六课：考前心理调适 社会技能篇： 第七课：挫折中的奋起 第八课：我的未来我做主

教育部关于进一步加强考研辅导活动管理的通知

（2008年1月4日）

各省、自治区、直辖市教育厅（教委）、高等学校招生委员会，新疆生产建设兵团教育局，有关部门（单位）教育司（局），各研究生招生单位：

《教育部办公厅关于严禁研究生招生单位举办考研辅导班的通知》（教学厅〔2004〕15号）印发以来，有关单位认真落实通知精神，采取有力措施进行治理，取得了初步成效。但近一段时期，仍发现有一些社会机构以所谓考研辅导的名义蒙骗学生，获取不当利益，有的甚至没有办学许可手续，有些所谓的辅导班不择手段，恶性竞争；有些社会辅导活动公然在高校设点招揽生源，有的甚至长期租用高校内部设施；一些高校教职工组织、参与考研辅导活动的现象仍然存在。上述种种现象，不仅危害学生利益，干扰招生工作环境和秩序，也影响高校教育教学秩序，严重者甚至会影响教育公平，亟待加强监管并依法整治。现就有关要求通知如下：

一、高度重视做好考研辅导活动监管和整治工作

地方各级教育行政部门和研究生招生管理部门要切实提高对规范考研辅导活动重要性的认识，高度重视做好相关工作。高校及广大教职工要充分认清参与考研辅导活动的弊端和危害，提高思想认识，增强责任意识，自觉抵制各类考研辅导活动，共同坚决制止考研辅导现象的蔓延。

二、明确对社会培训机构举办考研辅导活动的监管责任

教育行政部门要按照《民办教育促进法》及其实施条例的规定落实对社会培训机构举办考研辅导活动的监管责任。社会培训机构须严格按照办学许可证核定的办学内容进行教育教学活动，不得擅自开展考研辅导活动。社会培训机构确需跨省（区、市）进行教育教学活动的，须经两地省级教育行政部门分别审核同意。对发布虚假招生简章（广告）骗取钱财或管理混乱，社会影响恶劣的，当地教育行政部门或者其他有关部门要依据《民办教育促进法》责令其限期改正，并予以警告；有违法所得的，没收非法所得；情节严重的责令停止招生，吊销办学许可证；构成犯罪的依法追究法律责任。

三、坚决清理、取缔在高校内部进行的考研辅导活动

高校内部任何部门和工作人员不得举办或参与举办考研辅导活动，不得向社会培训机构提供举办考研辅导活动的场所和设施，严禁社会培训机构进入校园以张贴简章、广告等各种方式进行考研辅导培训的招生宣传和组织活动，以维持高校正常教育教学秩序。

四、考试大纲编写人员、命题人员须严守纪律

考试大纲编写人员、命题人员不得公开其参与命题、考试工作的身份或以考试及命题参与者的身份从事教学、学术及各种社会活动，不参加任何形式的有关研究生招生考试的补习和辅导活动，不以任何形式透露试题的内容、命题工作情况和从事有关考试内容方面的任何咨询。

五、加强对高校教职工和学生的教育、引导和管理

高校要加强对广大教职工特别是命题人员的保密教育和纪律培训，要求教师恪守职业道德，自觉抵制社会不正之风的诱惑，把精力集中到校内教学上，努力提高教学质量。高校教职工不应参与社会上组织的各种考研辅导活动和编写考研辅导书籍或资料，不得组织学生参加社会上的各种考研辅导活动。高校要对备考的学生进行专门的教育活动，引导学生认真学习，注重平时积累，提高自身素质和能力，具备真才实学，自觉抵制片面应试倾向。尤其要帮助他们克服过度依赖考研辅导活动的心理，纠正盲目参加考研辅导活动的倾向，谨防受骗上当。

六、加大监管力度，及时消除隐患

各级教育行政部门、研究生招生管理部门和各级教育纪检监察部门要把考研辅导活动的治理工作作为当前国家教育考试环境综合整治的重要内容，纳入工作部署，加大监管力度。社会机构举办考研辅导活动情况要列入年检内容，对于违反规定的办学单位，审批机关按《民办教育促进法》相关规定予以严肃处理，对于未经许可非法举办考研辅导活动的机构和个人，当地教育行政部门要及时将有关情况报告工商、公安、税务、物价等职能部门，并配合有关部门坚决予以制止和取缔。

教育部关于深入推进和进一步完善中考改革的意见

（2008年4月3日）

各省、自治区、直辖市教育厅（教委），新疆生产建设兵团教育局：

随着基础教育课程改革的深入推行，中考改革（即初中毕业生学业考试与普通高中招生制度改革）工作已经基本完成实验阶段的任务，进入全面推广阶段，2008年全国所有初中毕业生都应按新课程要求参加中考。为贯彻《义务教育法》提出的“改革考试制度，并改进高级中等学校招生办法，推进实施素质教育”规定，落实党的十七大报告提出的“更新教育观念，深化教学内容方式、考试招生制度、质量评价制度等改革，减轻中小学生课业负担，提高学生综合素质”的要求，教育部2008年工作重点要求全面实施中考改革，现就深化改革工作提出以下意见：

一、进一步统一思想，充分认识中考改革对落实素质教育的重要作用

当前，我国已全面普及九年义务教育，进入提高教育质量，建设人力资源强国的新阶段。全面实施素质教育是落实以人为本的科学发展观、提高义务教育质量、促进义务教育均衡发展的必由之路，建立与新课程相适应的评价与考试制度是实施素质教育的关键性制度建设。近四年来，各地在推进中考改革的工作中，按照我部“改变以升学考试科目分数简单相加作为唯一录取标准的做法，力求在初中毕业生学业考试、综合素质评价、高中招生录取三方面予以突破”的要求，积极探索，稳妥推进，在中考改革的各个关键环节形成了许多符合素质教育要求、操作性强的做法，基本构建了与新课程相适应的中考制度，为在全国全面实施中考改革奠定了基础。各地涌现了一批先进典型，在这些地方，学校、教师、学生充满了活力，素质教育得到较好落实，课程改革逐步深化。但是，仍有一些地区和学校不同程度地存在考什么教什么、机械重复训练、唯分数录取、恶性竞争生源、以升学率作为评价学校和教师唯一标准的错误做法，增加了学生学业负担，损害了学生的身心健康，误导了中小学教学改革的方向，影响了课程改革的全局。因此，全面实施中考改革，成为落实科学发展观，全面贯彻党的教育方针，促进义务教育均衡发展，全面实施素质教育的关键环节。

二、明确政策，健全制度，形成机制，全面推进中考改革

各省级教育行政部门应根据《教育部关于积极推进中小学评价与考试制度改革的通知》（教基〔2002〕26号）并结合实际情况，提出本省（区、市）进一步深化中考改革的指导意见和明确要求。要在学业考试、综合素质评价以及普通高中招生等方面明确改革政策，积极推进制度和机制建设。

初中毕业生学业考试、考查科目的确定和组织实施，应由省级或地（市）级教育行政部门提出意见。要适当减少考试科目，探索行之有效的考查方式，切实减轻学生的学业负担。考试、考查方式应鼓励采用纸笔测验、开卷考试、实验操作、听力测试、成果展示以及面试答辩等多种形式。各地应积极创造条件，逐步增加对学生动手操作能力、实践探究能力、创新思维能力的考查和评估，并根据考查方式多样的特

点，逐步建立并完善相应的管理规范及制度。

各省级教育行政部门要加强对中考命题工作的管理和指导，要有计划、有步骤地建立中考命题人员资格认定、命题与审题人员分离、阅卷过程监测、试卷质量评价反馈等制度；地（市）级教育行政部门组织命题的，应在命题结束后报省级教育行政部门备案并接受督查，形成命题质量监控保障机制。鼓励采取联合命题或委托命题等多种方式，逐步建设命题专业队伍，不断提高命题水平。学业考试的命题要严格依据学科课程标准，加强试题与社会实际和学生经验的联系，注重考查学生对基础知识的掌握以及在具体情境中分析和解决问题的能力，坚决杜绝设置偏题、怪题。

为转变部分地区仍以升学考试科目分数简单相加作为普通高中录取新生唯一标准的做法，应逐步实行以等级形式呈现学业考试成绩。

开展对学生综合素质的评价是中小学评价与考试制度改革的突破性环节，应贯穿在学生接受教育的全过程，教育行政部门要予以高度重视，加强工作研究与指导，不断总结经验并积极推进，形成规范的制度。综合素质评价内容应包括道德品质、公民素养、学习能力、交流与合作、运动与健康、审美与表现等方面。评价方式要坚持学生自评、互评、班主任及任课教师等都参与评价的做法，要注重客观事实，坚持激励上进的导向，引导和促进学生全面而有个性地发展。积极推广采用成长手册、电子档案等形式记录学生的成长历程，评价过程应程序清楚、公开，有利于监督和公平公正。各地教育行政部门和学校要主动向家长和社会介绍、宣传综合素质评价的意义、做法，争取认同、支持和参与。

普通高中招生要切实改变将分数简单相加作为高中录取唯一标准的做法。必须坚持综合评价、择优录取的原则，应将初中学业考试成绩和综合素质评价结果作为普通高中招生的主要依据，将优质高中名额中的大部分均衡分配到普通初中，同时积极推行多种形式的招生录取办法。各地应根据本地实际情况，采取划等统招、差额投档、推荐保送、特长录取及必要的面试考查等多种招生办法，逐步扩大普通高中学校招生自主权。

三、加强领导，确保中考改革顺利推进

各省级教育行政部门要认真交流总结本地中考改革的先进经验和成功做法，将经过实践检验证明是可行、有效的做法形成政策和措施，大力推广宣传，形成引导改革的主流舆论；要在教育行政部门统筹下，加强各部门之间的协调配合，为中考改革提供必要的条件保障，确保改革工作的顺利推进。中考改革涉及千家万户人民群众的利益，关乎教育的公平，应予以高度重视，要通过加强制度建设，实行严格的公示制度、诚信制度、监督制度和考核评估制度，确保公正、公平、公开，杜绝腐败。同时为防止发生各种泄密、舞弊等事件，要制定并完善各种管理措施，避免考试过程中发生安全事故。

要向全社会积极宣传中考改革的各项政策和措施，主动接受学生、家长和社会的监督，对有关投诉或意见要认真答复、解决，要引导社会树立正确的教育观、人才观，争取社会各界对中考改革的理解与广泛支持。

教育部关于公布北京大学、清华大学等198所普通高等学校本科教学工作水平评估结论的通知

（2008年4月8日）

各省、自治区、直辖市教育厅（教委），新疆生产建设兵团教育局，部属有关高等学校：

2007年，我部组织专家组对北京大学、清华大学等198所普通高等学校本科教学工作水平进行了评

估。2008年3月，根据评估工作整体安排，我部召开了“教育部普通高等学校本科教学工作评估专家委员会”全体委员会议，对进校考察专家组的评估结论建议进行了认真审议。经全体委员投票确定：北京大学、清华大学等160所学校本科教学工作的评估结论为优秀（见附件1）；唐山师范学院、河北科技师范学院等38所学校本科教学工作的评估结论为良好（见附件2）。

希望各有关高等学校按“以评促建、以评促改、以评促管、评建结合、重在建设”的工作方针，认真研究专家组的考察评估意见，巩固和发展教学工作成果，进一步做好改革和建设工作，提高教学质量，努力培养具有创新精神和实践能力的高素质人才。

附件1：

高等学校本科教学工作水平评估优秀学校名单

北京大学	清华大学	北京理工大学	北京科技大学
北京工商大学	北京邮电大学	北京电子科技学院	中国农业大学
北京中医药大学	北京语言大学	中国传媒大学	北京物资学院
外交学院	北京体育大学	中央美术学院	中央戏剧学院
中国戏曲学院	北京电影学院	北京舞蹈学院	中央民族大学
中国政法大学	华北电力大学	南开大学	天津大学
天津农学院	天津师范大学	天津城市建设学院	河北大学
河北工程大学	河北科技大学	华北煤炭医学院	承德医学院
中北大学	内蒙古医学院	沈阳航空工业学院	沈阳理工大学
辽宁科技大学	辽宁石油化工大学	沈阳医学院	大连外国语学院
沈阳体育学院	鲁迅美术学院	沈阳大学	大连民族学院
辽宁医学院	吉林化工学院	吉林农业大学	长春中医药大学
长春师范学院	长春税务学院	黑龙江科技学院	大庆石油学院
齐齐哈尔大学	复旦大学	同济大学	上海交通大学
华东理工大学	上海中医药大学	上海财经大学	苏州大学
南京理工大学	南通大学	盐城工学院	南京农业大学
中国药科大学	淮阴师范学院	盐城师范学院	苏州科技学院
南京审计学院	浙江大学	浙江林学院	杭州师范大学
安徽大学	安徽工程科技学院	安徽师范大学	安庆师范学院
淮北煤炭师范学院	安徽财经大学	安徽建筑工业学院	福州大学
集美大学	福建中医学院	福建师范大学	江西中医学院
赣南师范学院	江西财经大学	中国海洋大学	山东科技大学
青岛科技大学	青岛理工大学	山东建筑大学	山东轻工业学院
山东理工大学	青岛农业大学（原莱阳农学院）	山东中医药大学	山东师范大学
聊城大学	鲁东大学	山东工艺美术学院	河南科技学院
河南大学	信阳师范学院	华中科技大学	长江大学
武汉理工大学	湖北中医学院	湖北师范学院	湖北汽车工业学院
咸宁学院	长沙理工大学	暨南大学	华南理工大学
广州医学院	广东药学院	湛江师范学院	星海音乐学院

深圳大学	广东商学院	广东工业大学	南方医科大学
广东海洋大学	右江民族医学院	海南师范大学	重庆交通大学
西南大学	西南政法大学	西南交通大学	电子科技大学
成都理工大学	西南科技大学	成都信息工程学院	四川理工学院
西华大学	川北医学院	遵义医学院	贵阳中医学院
贵州民族学院	昆明医学院	云南中医学院	西藏大学
西安交通大学	西安工业大学	西安石油大学	陕西科技大学
西安工程大学	延安大学	陕西理工学院	宝鸡文理学院
西北政法大学	西安美术学院	西安财经学院	西北民族大学
青海大学	宁夏大学	塔里木大学	北方民族大学（原西北第二民族学院）
喀什师范学院	伊犁师范学院	新疆财经大学	新疆艺术学院

附件2：

高等学校本科教学工作水平评估良好学校名单

唐山师范学院	河北科技师范学院	河北体育学院	山西中医学院
通化师范学院	长春工程学院	哈尔滨学院	齐齐哈尔医学院
上海应用技术学院	江苏警官学院	淮阴工学院	三江学院
南京晓庄学院	淮海工学院	浙江科技学院	淮南师范学院
赣南医学院	宜春学院	潍坊学院	安阳师范学院
南阳师范学院	洛阳师范学院	湖北经济学院	湖南工程学院
佛山科学技术学院	玉林师范学院	重庆文理学院	长江师范学院
绵阳师范学院	内江师范学院	攀枝花学院	遵义师范学院
黔南民族师范学院	玉溪师范学院	曲靖师范学院	咸阳师范学院
甘肃中医学院	天水师范学院		

教育部关于推行实施《第三套全国中小学生系列广播体操》的通知

（2008年7月3日）

各省、自治区、直辖市教育厅（教委），新疆生产建设兵团教育局：

为推动全国亿万学生阳光体育运动的深入开展，丰富学校大课间体育活动形式和内容，为广大青少年学生提供科学的锻炼手段，我部组织创编了《第三套全国中小学生系列广播体操》，决定自2008年9月1日起在全国普通中小学校（含特殊教育学校）、中等职业学校中推行实施。

《第三套全国中小学生系列广播体操》是在借鉴第一、二套全国中小学生系列广播体操成功经验的基础上，经过充分调查研究和科学实验，针对广大中小学生身心发展规律和特点研制的。本套系列广播体操由“七彩阳光”、“希望风帆”、“舞动青春”、“放飞理想”等四个操组成，具有鲜明的教育性、健身性、科学性、适应性、艺术性和新颖性。

中小学生广播体操是学校体育教学和体育活动的重要内容，是促进学生积极参加体育锻炼、养成良好锻炼习惯、进行集体主义教育的有效形式。各级教育行政部门和学校要充分认识中小学生广播体操的重要意义，认真组织好本地区、本学校第三套全国中小学生系列广播体操的宣传、培训、教学、比赛、评比等推广和实施工作，切实加强大课间体育活动的规范管理，促进阳光体育运动的深入广泛开展。

教育部关于印发《中小学学生近视眼防控工作方案》的通知

（2008年9月3日）

各省、自治区、直辖市教育厅（教委），新疆生产建设兵团教育局：

为贯彻落实《中共中央 国务院关于加强青少年体育增强青少年体质的意见》（中发〔2007〕7号），切实加强学生视力保护工作，实现中央7号文件提出的通过5年左右的时间，使我国青少年近视的发生率明显下降的工作目标，特制定《中小学学生近视眼防控工作方案》及《中小学学生近视眼防控工作岗位职责》、《中小学学生预防近视眼基本知识与要求》（原《中小学学生近视眼防治工作方案（试行）》同时废止），并提出以下工作意见。

1. 充分认识做好保护视力、预防近视工作（以下简称“防近”工作）的重要性，把“防近”工作作为贯彻落实中央7号文件，推进素质教育，促进青少年身心健康的重要内容，按照《中小学学生近视眼防控工作方案》要求，切实将“防近”工作抓实、抓细、抓出成效。

2. 将学生“防近”工作提上议事日程，纳入部门工作计划，结合本地实际，制定落实《中小学学生近视眼防控工作方案》的工作规划和实施意见，确保实现中央7号文件提出的“防近”工作目标。

3. 加大投入力度，切实改善中小学教室采光与照明、课桌椅配置、黑板等教学条件，主动协调卫生行政部门定期对学校教学卫生状况进行监督与监测，保障教学设施和条件符合《国家学校体育卫生条件试行基本标准》及相关卫生标准，为学生建立良好的视觉环境。

4. 加强与卫生、质量监督管理、新闻宣传及妇联、共青团、社区等部门和机构的沟通与协作，充分发挥各有关部门在保护青少年视力中的作用，形成多部门齐抓共管，相关机构协同配合，共同做好学生视力保护工作的合力。

5. 将学校“防近”工作开展情况、学生视力监测及近视眼发病率控制情况纳入学校体育卫生专项督导检查内容，定期开展督导检查。

6. 及时总结推广落实《中小学学生近视眼防控工作方案》的典型经验和做法，通过发挥先进典型的示范作用，以点带面，推动学校“防近”工作深入有效开展。

附件：

中小学学生近视眼防控工作方案

为贯彻落实《中共中央 国务院关于加强青少年体育增强青少年体质的意见》（中发〔2007〕7号）精神，加强保护学生视力的工作，特制定本工作方案。

一、工作原则

1. 坚持预防为主原则。把近视眼防控（以下简称“防近”）的重点放在预防工作上，面向全体学生实施预防措施，有效预防近视眼的发生，降低学生近视眼新发病率。

2. 坚持综合防控原则。针对导致近视眼发生的多种因素，采取综合防控措施。切实减轻学生课业负担，控制学生近距离用眼时间；改善教学卫生条件，创建良好的视觉环境；普及视力保护知识，培养学生科学用眼习惯；落实学生体育活动时间，促进学生积极参加体育锻炼。

3. 坚持常抓不懈原则。把“防近”工作作为学校日常工作，按照不同年龄、学段要求，将其贯穿教育教学各个环节中，坚持常抓不懈，促进“防近”工作经常化、制度化。

4. 坚持全员参与原则。充分发挥全体教师和家长、社区的作用，建立教师全员参与，学校、家长、社区联动的机制，形成共同做好学生“防近”工作的合力。

二、工作措施

（一）加强规章制度建设，规范管理“防近”工作。

1. 将学生视力保护工作纳入学校管理、教师管理和班级管理内容，按照《中小学学生近视眼防控工作岗位职责》（见附1），落实各有关部门和人员的职责，并作为年终考核、班级评优评先的依据，以此形成学校领导、教师、学生人人重视，齐抓共管的“防近”工作机制。

2. 制定科学规范的学生在校作息制度。严格按照规定的课程计划，安排每周课程和作息时间。依据学生学习和生活规律，按照静动结合、视近与视远交替的原则安排每天课程与活动。保证小学生每天睡眠10小时，初中学生9小时，高中学生8小时。

3. 切实减轻学生课业负担。改进教学方法，提高课堂教学的质量和效率，切实做到不拖堂。严格控制考试的科目与次数，限制课外作业量。不随意增加学科教学学时，不占用节假日、双休日和寒暑假组织学生上课。学校要统筹学生的家庭作业时间，小学一、二年级不留书面家庭作业，小学其他年级书面家庭作业控制在60分钟以内；初中各年级不超过90分钟。

4. 建立健全眼保健操制度。将每天两次眼保健操时间纳入课表，组织学生认真做好眼保健操。

5. 根据教室采光照明情况和学生视力变化情况，每月可调整一次学生座位。根据学生身高变化，及时调整其课桌椅高度。

6. 建立视力定期监测制度。每学期对学生视力状况进行两次监测，做好学生视力不良检出率、新发病率等各类指标的统计分析，对有视力下降趋势和轻度近视的学生进行分档管理，并有针对性地实施相关“防近”措施。

7. 坚持学生每天一小时体育锻炼制度。保质保量上好体育课，认真开展大课间体育活动和丰富多彩的户外体育活动，切实保证学生每天参加一小时体育活动。

（二）开展视力保护宣传教育，培养学生良好的用眼卫生习惯。

1. 按照《中小学学生预防近视眼基本知识与要求》（见附2），在学校师生及家长中，广泛、深入开展视力保护宣传教育。

2. 每月利用广播、宣传栏等多种形式，经常性宣传科学用眼、预防近视等眼保健知识，培养学生爱眼、护眼意识，养成正确的读写姿势和用眼卫生习惯。

3. 每学期开学初和学期结束放假前，通过品德与生活课或体育与健康课、主题班队会等，集中对学生进行一次保护视力教育，使之与经常性“防近”宣传教育有机结合，促使“防近”宣传教育经常化、制度化。

4. 教师应将培养学生良好用眼卫生习惯贯穿于整个课堂教学中，随时纠正学生不良读书写字姿势，帮助学生建立良好的用眼卫生习惯和行为。课间督促学生到室外活动或远眺。

5. 通过家长会、家长信等多种形式向家长宣传保护视力、预防近视的知识和方法，指导和督促家长为学生提供有利于视力保护的学习环境、控制学生近距离用眼时间（看书、写字、看电视、用计算机时间达45分钟，应休息10～15分钟时间）、及时纠正不良的用眼卫生习惯、视力下降时要及时到正规医院就医。

6. 每年6月6日的“全国爱眼日”，开展形式多样、内容丰富的“防近”宣传活动，积极争取和动员专业机构、新闻媒体的参与，扩大宣传的效果。

（三）积极改善教学条件，为学生创建良好的视觉环境。

1. 保证教室内所有学生合理的用眼距离，教室前排课桌前缘与黑板应有2米以上距离，后排课桌后缘与黑板的水平距离：小学不超过8米，中学不超过8.5米。

2. 按国家规定的标准要求，提供与学生身高相符合的课桌椅，每间教室内应预置1—3种不同型号的课桌椅（有条件的学校应配置2种以上型号的课桌椅），或配备可调试课桌椅。

3. 教室黑板应完整无破损、无眩光，挂笔性能好，便于擦拭；黑板下缘与讲台地面的垂直距离：小学为0.8～0.9米，中学为1～1.1米；讲台桌面距教室地面的高度一般为1.2米。

4. 教室采光应符合国家相关卫生标准。单侧采光的教室光线应从学生座位左侧射入，双侧采光的教室主采光窗应设在左侧；教室墙壁和顶棚为白色或浅色，窗户应采用无色透明玻璃；教室采光玻地比（窗的透光面积与室内地面面积之比）不得低于1∶6（新建教室采光玻地比应达到1∶4）。

5. 教室照明应配备40瓦荧光灯9盏以上，且灯管应垂直于黑板；教室照明应采用配有灯罩的灯具，不宜用裸灯，灯具距桌面的悬挂高度为1.7～1.9米；黑板照明应另设2盏横向40瓦荧光灯，并配有灯罩；课桌面和黑板照度分布均匀，照度应符合国家标准（建筑照明设计标准GB50034—2004）要求。自然采光不足时应及时辅以人工照明。

附：1. 中小学学生近视眼防控工作岗位职责

2. 中小学学生预防近视眼基本知识与要求

附1：

中小学学生近视眼防控工作岗位职责

一、学校领导

1. 确定一名校级领导主管学生近视眼防控（以下简称“防近”）工作，并明确相关部门工作职责。

2. 按照《中小学学生近视眼防控工作方案》的要求，结合学校实际情况，制订相应的“防近”工作计划和措施。

3. 将学生“防近”工作纳入学校年度工作计划，并在年终对学生“防近”措施落实情况进行检查和总结。

4. 督促学校有关部门和人员履行“防近”工作职责，落实具体的“防近”措施。

5. 定期研究学生视力保护工作，协调解决“防近”工作中存在的问题，及时总结推广班级“防近”经验。

二、体育卫生或思想教育管理部门

1. 负责制订学校“防近”宣传教育计划，组织班级开展形式多样的“防近”宣传活动。

2. 管理学生“防近”工作，将学生“防近”工作纳入学生管理和班级评比监督内容。

3. 组织每学期对学生视力状况进行两次监测。

4. 组织开展师生眼保健操培训与评比工作。

三、教学管理部门

1. 按照规定的课程计划，合理安排每周课程和作息时间。按照静动结合、视近与视远交替的原则安排每天课程与活动。

2. 严格控制各学科的测验和考试次数，督促任课教师按时下课，做到不拖堂、布置课外作业适量。

3. 督促教师做到板书、多媒体课件字迹清晰端正、大小适当，容易辨认。

4. 按照国家有关要求，将学生每天一个小时体育锻炼时间列入教学计划，将上下午眼保健操时间排入课表。

四、总务后勤部门

1. 及时检查、修理及更换老化的灯管，确保教室采光照明符合国家标准，照度分布均匀。

2. 定期安排教室墙壁粉刷，维护教室墙壁清洁，并监督采用低彩度、高亮度的材料进行粉刷。

3. 选用耐磨无光泽材料的黑板，并定期维护，确保黑板表面完整无破损、无眩光，挂笔性能好，便于擦拭。

4. 根据学生身高，合理配置课桌椅。保证每间教室内至少有2种以上不同高低型号的课桌椅。配备可调试课桌椅的，要配合班主任及时根据学生身高，调节课桌椅高度。

5. 为卫生（保健）室或学生活动室配备视力表灯箱，并标出5米线。有条件的学校还可为每间教室配备标准对数视力表，标出5米线。

五、班主任

1. 掌握班级学生的视力变化情况，配合校医（保健教师）做好对有视力下降趋势和轻度近视学生的分档管理工作。

2. 教育并督促学生养成良好的用眼卫生习惯，及时纠正不正确的读、写姿势。做到读、写姿势和握笔方法正确，眼睛距书本三十厘米左右，写字一小时要休息片刻，不躺在床上看书，不在行进的车中看书，不在暗弱或强光下看书、写字。

3. 督促学生课间休息时到室外活动或远眺，积极参加体育活动，保证每天有一小时的体育锻炼。

4. 根据教室采光照明情况和学生视力变化情况，每月至少调整一次学生座位。及时根据学生身高，调节课桌椅高度。

5. 督促任课教师按时下课，做到不拖堂或利用各种方式变相占用学生课间休息时间，不随意多留课外作业。

6. 定期与家长联系，督促家长配合做好子女的视力保护工作。每学期至少利用一次家长会或其他形式向家长宣传有关近视眼的防治知识，告诫家长注意控制学生在家用电脑、看电视时间，保证必要的睡眠时间。学生视力有变化时要及时与家长取得联系。

7. 督促并指导学生每天上下午认真做好眼保健操。

8. 组织班级干部、红十字青少年、卫生员共同做好班级的视力保护工作。

六、任课教师

1. 按照国家课程标准和相关教学要求组织教学，按时下课。

2. 教学过程中，合理控制学生近距离用眼时间，及时纠正不正确的阅读、写字姿势，促进学生养成良好的用眼卫生习惯。

3. 教学过程中，做到板书字体清晰、字迹规范；

使用多媒体课件教学时，要调整好字体大小、颜色和光线强度，做到字体、背景简明清晰，对比度明显。

4. 严格控制测验和考试次数，按照规定要求布置课外作业，控制学生作业量。

5. 配合班主任督促学生课间休息时间到室外活动或远眺。

6. 配合班主任督促并指导学生按照要求认真做好眼保健操。

七、校医（保健教师）

1. 负责拟订学校“防近”工作的计划，并报学校领导批准实施。

2. 每学期利用广播、黑板报、墙报等各种形式向师生进行经常性保护视力的宣传教育。

3. 每学期组织学生进行2次视力检查，详细记录，及时统计，分析视力减退的主要原因，对视力不良的学生进行分类管理。

4. 学生视力发生变化时，要及时通知班主任，并提出具体指导意见。

5. 经常到教室检查学生用眼卫生、教室的采光照明、课桌椅配置调整以及眼保健操实施等情况，发现问题及时向有关部门提出改进意见。

6. 定期对生活委员或卫生员、红十字青少年进行保护视力、预防近视知识培训，指导他们在班级中开展“防近”工作。

7. 培训、指导师生眼保健操工作，使之学会并掌握眼保健操的正确做法。

附2：

中小学学生预防近视眼
基本知识与要求

近视是屈光不正的一种。表现为能看清近处的东西，看不清远处的东西，是由于进入眼球的光线不能聚焦在视网膜上，而是落在视网膜前面导致的。不良的视觉环境，读书写字时光线不足，近距离用眼时间过长，读写姿势不正确等是造成近视发生或发展的重要原因。

保护视力，预防近视，必须了解预防近视眼的基本知识，树立爱眼、护眼意识，养成良好的用眼卫生习惯。

一、保持正确读写姿势

1. 读书写字身体要坐正，保持眼睛与书本距离为33～35厘米左右（一尺）、胸前与桌子距离应约一拳、握笔的手指与笔尖距离应3厘米左右（一寸）。

2. 写字时执笔角度要合适，用铅笔、钢笔写字时笔杆与纸面的角度在40～50度之间，用毛笔写字时力求笔杆直立。

3. 不歪头或躺着看书，不走路看书，不在晃动的车船上看书。

二、选择良好的用眼视觉环境

（一）读书写字视觉环境要求。

1. 读书写字时要有充足的光线，窗户光线及台灯灯光要从左前方射来。不要在过亮、过暗的光线下读写（如太阳直射光线下、傍晚光线不足时）。

2. 尽量不用铅芯过细的笔写作业，铅芯要软硬适中，作业用纸要洁净，书写字体不要过小。

3. 选择适宜的桌椅读书写字，书桌高度以到上腹部附近为宜。

（二）看电视的视觉环境要求。

1. 看电视时，人与电视机应保持三米以上距离（或保持电视画面对角线5倍以上距离）。

2. 电视屏幕的高度应与看电视人的视线平行或稍低一些。

3. 电视机要放在背光的地方。

4. 电视的光亮度要合适，不能过亮或过暗。

（三）操作电脑视觉环境要求。

1. 电脑屏幕最好背向或侧向窗户，避免出现反光现象。

2. 电脑操作台应低于一般课桌的高度，座椅最好高低可调。电脑屏幕中心应与胸部在同一水平线上。

3. 电脑屏幕与眼睛之间距离应不低于50厘米，视线应略低于平视线10～20度。

4. 电脑操作间的光线不应太弱或太强（12平方米的房间安装一盏40瓦日光灯即可达到所需的照度）。

三、养成良好的用眼卫生习惯

1. 连续近距离用眼时间不能过长，应控制在40～50分钟。课间休息时要注意放松眼睛，应到教室外活动或凭窗远眺或闭目养神。

2. 看电视或操作电脑时间不能过长。连续看电视或操作电脑40～50分钟左右，应休息一下眼睛，或闭目养神或做眼保健操，也可到室外运动或向远处眺望。

3. 不玩或少玩游戏机。偶尔玩一下时要注意眼睛与游戏机的距离不能太近，持续时间不要超过半小时。

四、坚持做眼保健操

1. 每天上下午要做一次眼保健操。

2. 做眼保健操应注意双手干净，做到穴位准确、手法正确、力度适当。

五、保证睡眠、均衡营养、加强锻炼

1. 睡眠要充足，保证眼睛得到充分休息。小学生每天睡眠10小时，初中学生9小时，高中学生8小时。

2. 不挑食、不偏食，均衡饮食，保证营养全面。

3. 多吃蔬菜瓜果，常吃富含维生素A食品（如胡萝卜、菠菜、动物肝脏、杏、枇杷等）。

4. 多到户外活动，多参加球类运动，多观察树木花草，多享受大自然的青山绿水，使眼睫状肌得到放松。

六、定期检查视力，配戴合适的眼镜

1. 每学期要检查两次视力，出现视力下降时，要尽快到医院眼科做进一步的检查。

2. 如果确认已患近视，要及时到医院验光配镜。不要到不正规的眼镜店配镜。不追求过高的矫正视力，矫正视力达到5.0即可。

3. 不要互相借戴眼镜。每个人的屈光度数、瞳孔距离不相同，互相借戴眼镜会出现眼疲劳等症状，影响视力，有害无益。

4. 16岁以下的儿童少年配戴隐形眼镜要慎重。

教育部关于进一步加强中小学艺术教育的意见

（2008年9月5日）

各省、自治区、直辖市教育厅（教委），新疆生产建设兵团教育局：

美育是国家教育方针的有机组成部分，艺术教育是学校实施美育的基本途径，是素质教育不可或缺的重要内容。随着我国基础教育水平的不断提高和素质教育的全面推进，中小学校艺术教育有了较快发展，艺术教师队伍严重不足的状况有所缓解，艺术教育教学质量逐步提高，课外艺术教育活动普遍开展，中小学生的审美素质得到提升。但是从我国基础教育发展的整体水平来看，艺术教育仍然是学校教育中的薄弱环节。一些地方和学校没有把艺术教育摆上应有的位置，艺术课程开课率不足、活动形式单一、教师短缺、资源匮乏等情况不同程度存在着。艺术教育的滞后，制约了基础教育的均衡发展和素质教育的全面推进。

为全面贯彻教育方针，全面实施素质教育，促进中小学生健康成长，现就进一步加强中小学校（含高中和中等职业学校，下同）艺术教育提出如下意见。

一、进一步提高认识，把艺术教育摆上应有的位置

1. 艺术教育对于提高学生审美修养、丰富精神世界、发展形象思维、激发创新意识，促进青少年健康成长具有重要的作用。加强中小学校艺术教育是全面贯彻教育方针、全面实施素质教育的必然要求。地方各级教育行政部门和中小学校要进一步提高对学校艺术教育的重要性认识，切实把艺术教育摆在学校教育应有的位置上。

2. 中小学校艺术教育要以全面提高教育教学质量为中心，以农村学校为重点，实现区域内的均衡发展。要坚持教育公平的原则，让每个学生都成为艺术教育的受益者。要坚持正确的育人导向，把社会主义核心价值体系融入到生动丰富的艺术教育活动之中，使之内化为学生的自觉精神追求，帮助学生形成正确的价值观和审美观；要通过艺术教育让学生接受中华民族和世界各民族优秀文化艺术的滋养，培养深厚的民族情感，为建设中华民族共有精神家园奠定基础。

二、严格执行课程计划，提高艺术教育教学质量

3. 开齐开足艺术课程，是保证艺术教育质量的前提。根据《义务教育课程设置实验方案》，九年义务教育阶段艺术类课程占总课时的9%～11%（总课时数为857～1 047课时），各省级教育行政部门在制订本地区课程实施计划时，应按照上述规定设置艺术类课程，课时总量不得低于国家课程方案规定的下限。条件较好的学校按九年义务教育阶段艺术类课程占总课时的11%开设艺术类课程，其他学校开设艺术类课程不低于总课时的9%；其中，初中阶段艺术类课程开课不低于艺术课程总课时数的20%。普通高中按《普通高中课程方案（实验）》的规定，保证艺术类必修课程的6个学分（相当于108课时）。非艺术类中等职业学校艺术类必修课程不少于72课时。有条件的地区和学校要开设丰富的艺术类选修课供学生选择性学习。

4. 中小学校艺术类课程应执行国家发布的课程标准，选用国家审定通过的有关教材，并加强教学质量检测。要积极探索艺术课程评价改革，并将评价结果记录在学生成长档案中，作为综合评价学生发展状况的重要内容以及学生毕业和升学的参考依据。

5. 要加强艺术教育教研、科研工作。省、市（地）和县（区）要充分依靠本地区教研、科研机构，多渠道配备音乐、美术学科专（兼）职教研员。各地要以条件较好的学校为依托，建立艺术教研基地，定期组织艺术教研活动。

三、开展课外艺术活动，营造良好校园文化艺术环境

6. 开展课外艺术活动要因地制宜，讲究实效。要大力开展小型、灵活、多样的艺术活动，民族地区的学校要积极开展具有少数民族特色的课外艺术活动。省、市、县各级教育行政部门要积极创造条件，定期举办中小学生艺术节，学校应每年举办一届形式多样的校园艺术节。

7. 要加强对艺术活动的管理。任何部门和学校不得组织学生参与商业性艺术活动或商业性庆典活动，不得组织学生参加企业、媒体或其他社会团体举办的有收费营利行为的艺术竞赛等活动。学校不得组织学生参加社会艺术水平考级活动，社会艺术水平考级的等级不得作为学生奖励或升学的依据。

8. 组织群体性艺术活动，要明确安全管理工作的职能部门和责任人，建立安全责任制度，制订应对突发事件的处置预案，切实加强安全管理，确保中小学生人身安全。校园内不得出现有悖于素质教育、不利于青少年儿童健康成长的文化现象。

四、加强队伍建设，提高艺术教育师资水平

9. 各地要根据国家课程方案规定配备艺术教师。城市和有条件的县、镇（乡）学校要以专职艺术教师为主，农村学校可以专、兼职教师相结合，镇（乡）中心小学以上的学校至少要配备音乐、美术专职教师各一名；普通高中和中等职业学校应按规定课时及教学需要配备专职艺术教师。

兼职艺术教师由具有一定艺术基础或艺术特长的其他学科教师兼任，要逐步实行兼职艺术教师培训上岗制度，兼职艺术教师队伍要保持相对稳定。

10. 各地要建立激励机制，制定相关政策，支持、鼓励城镇学校艺术教师、中青年艺术教师和骨干艺术教师到农村学校任教。可采取“走教”、“支教”、“巡回教学”、“流动授课”、“定点联系”、“对口辅导”等多种形式，解决农村学校艺术教师短缺、教学质量不高的问题。

11. 各地要针对本地区艺术教师缺额情况，发挥和依托普通高校，特别是师范院校以及教师进修院校等教育机构的资源优势，为本地培养合格的中小学校艺术教师。要以提高农村艺术教师质量为重点，把艺术教师培训纳入本地教育事业发展规划和教师培训工作计划，有计划、有步骤地开展艺术教师全员培训，不断提高培训质量。艺术教师应和其他学科教师享受同等待遇，艺术教师组织、辅导课外活动应合理计入工作量。

五、优化资源配置，改善艺术教育教学条件

12. 各地要在办学经费中保障用于改善艺术教育设备设施、添置和更新消耗性器材、举办校园艺术活动等经费。要按照相关规定，检查本地本校的艺术教育设施、设备、器材的达标情况，及时查漏补缺，添补有关器材设备，并结合校舍改造、扩建工程等项目，积极创造条件配置音乐/美术专用教室。学校要管好、用好艺术专用教室和有关器材，提高使用效益。

县级教育行政部门要在当地政府的规划、协调下，把艺术教育纳入推进义务教育均衡发展的有关项目之中，切实改善艺术教育教学条件。

13. 各地要充分利用现代信息技术手段缓解中小学校，特别是农村学校艺术教育资源的不足。学校要根据课堂教学和课外活动的需要，提供便利条件，支持、鼓励、辅导艺术教师用好教学光盘等多媒体设备，用好农村远程教育网资源，并根据本地实际，不断丰富网络艺术教育资源。

14. 各地要依托社会文化场所免费或优惠开放的相关政策，充分开发利用地方和社区的艺术教育资源，丰富学校艺术教育的内容和形式。鼓励、支持开发具有本地特色的艺术教育资源。

六、加强管理，完善艺术教育保障机制

15. 各地要加强对学校艺术教育的管理，完善艺术教育保障机制。各级教育行政管理部门要有管理艺术教育的相关职能部门和人员。教育行政部门和教研部门之间要相互协调、配合，建立科学、有序、高效的管理机制。要充分发挥各级艺术教育委员会、教育学会所属艺术学科专业委员会等社团机构的人才资源优势，提高艺术教育水平。

16. 要进一步加强艺术教育的督导工作。各级教育督导机构要将艺术教育列为教育督导的重要内容，通过各种形式的督导，督促地方政府、教育行政部门和学校全面贯彻教育方针，自觉推进美育和艺术教育，全面实施素质教育。

教育部关于印发《中小学健康教育指导纲要》的通知

（2008 年 12 月 1 日）

各省、自治区、直辖市教育厅（教委），新疆生产建设兵团教育局：

为贯彻落实《中共中央 国务院关于加强青少年体育增强青少年体质的意见》（中发〔2007〕7 号）对健康教育提出的工作要求，特制定《中小学健康教育指导纲要》（原《中小学健康教育基本要求》同时废止），现印发给你们，请认真遵照执行。

中小学健康教育指导纲要

为贯彻落实《中共中央 国务院关于加强青少年体育增强青少年体质的意见》（中发〔2007〕7 号）对健康教育提出的工作要求，进一步加强学校健康教育工作，培养学生的健康意识与公共卫生意识，掌握健康知识和技能，促进学生养成健康的行为和生活方式，依据《中国公民健康素养—基本知识与技能（试行）》及新时期学校健康教育的需求，特制定本纲要。

一、指导思想、目标和基本原则

1. 以邓小平理论和“三个代表”重要思想为指导，按照科学发展观的要求，全面贯彻党的教育方针，认真落实健康第一的指导思想，把增强学生健康素质作为学校教育的基本目标之一，促进学生健康成长。

2. 健康教育是以促进健康为核心的教育。通过有计划地开展学校健康教育，培养学生的健康意识与公共卫生意识，掌握必要的健康知识和技能，促进学生自觉地采纳和保持有益于健康的行为和生活方式，减少或消除影响健康的危险因素，为一生的健康奠定坚实的基础。

3. 学校健康教育要把培养青少年的健康意识，提高学生的健康素质作为根本的出发点，注重实用性和实效性。坚持健康知识传授与健康技能传授并重原则；健康知识和技能传授呈螺旋式递进原则；健康知识传授、健康意识与健康行为形成相统一原则；总体要求与地方实际相结合原则；健康教育理论知识和学生生活实际相结合原则。做到突出重点、循序渐进，不断强化和促进健康知识的掌握、健康技能的提高、健康意识的形成、健康行为和生活方式的建立。

二、健康教育具体目标和基本内容

中小学健康教育内容包括五个领域：健康行为与生活方式、疾病预防、心理健康、生长发育与青春期保健、安全应急与避险。

根据儿童青少年生长发育的不同阶段，依照小学低年级、小学中年级、小学高年级、初中年级、高中年级五级水平，把五个领域的内容合理分配到五级水平中，分别为水平一（小学 1—2 年级）、水平二（小学 3—4 年级）、水平三（小学 5—6 年级）、水平四（初中 7—9 年级）、水平五（高中 10—12 年级）。五个不同水平互相衔接，完成中小学校健康教育的总体目标。

（一）水平一（小学 1—2 年级）

1. 目标

知道个人卫生习惯对健康的影响，初步掌握正确的个人卫生知识；了解保护眼睛和牙齿的知识；知道偏食、挑食对健康的影响，养成良好的饮水、饮食习惯；了解自己的身体，学会自我保护；学会加入同伴群体的技能，能够与人友好相处；了解道路交通和玩耍中的安全常识，掌握一些简单的紧急求助方法；了解环境卫生对个人健康的影响，初步树立维护环境卫生意识。

2. 基本内容

（1）健康行为与生活方式：不随地吐痰，不乱丢果皮纸屑等垃圾；咳嗽、打喷嚏时遮掩口鼻；勤洗澡、勤换衣、勤洗头、勤剪指甲（包含头虱的预防）；不共用毛巾和牙刷等洗漱用品（包含沙眼的预防）；不随地大小便，饭前便后要洗手；正确的洗手方法；正确的身体坐、立、行姿势，预防脊柱弯曲异常；正确的读写姿势；正确做眼保健操；每天早晚刷牙，饭后漱口；正确的刷牙方法以及选择适宜的牙刷和牙膏；预防龋齿（认识龋齿的成因、注意口腔卫生、定期检查）；适量饮水有益健康，每日适宜饮水量，提倡喝白开水；吃好早餐，一日三餐有规律；偏食、挑食对健康的影响；经常喝牛奶、食用豆类及豆制品有益生长发育和健康；经常开窗通气有利健康；文明如厕、自觉维护厕所卫生；知道蚊子、苍蝇、老鼠、蟑螂等会传播疾病。

（2）疾病预防：接种疫苗可以预防一些传染病。

（3）心理健康：日常生活中的礼貌用语，与同学友好相处技能。

（4）生长发育与青春期保健：生命孕育、成长基本知识，知道“我从哪里来”。

（5）安全应急与避险：常见的交通安全标志；行人应遵守的基本交通规则；乘车安全知识；不玩危险游戏，注意游戏安全；燃放鞭炮要注意安全；不玩火，使用电源要注意安全；使用文具、玩具要注意卫生安全；远离野生动物，不与宠物打闹；家养犬要注射疫苗；发生紧急情况，会拨打求助电话（医疗求助电话：120，火警电话：119，匪警电话：110）。

（二）水平二（小学3—4年级）

1. 目标

进一步了解保护眼睛、预防近视眼知识，学会合理用眼；了解食品卫生基本知识，初步树立食品卫生意识；了解体育锻炼对健康的作用，初步学会合理安排课外作息时间；初步了解烟草对健康的危害；了解肠道寄生虫病、常见呼吸道传染病和营养不良等疾病的基本知识及预防方法；了解容易导致意外伤害的危险因素，熟悉常见的意外伤害的预防与简单处理方法；了解日常生活中的安全常识，掌握简单的避险与逃生技能；初步了解生命的意义和价值，树立保护生命的意识。

2. 基本内容

（1）健康行为与生活方式：读书写字、看电视、用电脑的卫生要求；预防近视（认识近视的成因、学会合理用眼、注意用眼卫生、定期检查）；预防眼外伤；不吃不洁、腐败变质、超过保质期的食品；生吃蔬菜水果要洗净；人体所需的主要营养素；体育锻炼有利于促进生长发育和预防疾病；睡眠卫生要求；生活垃圾应该分类放置；烟草中含有多种有害于健康的物质，避免被动吸烟。

（2）疾病预防：蛔虫、蛲虫等肠道寄生虫病对健康的危害与预防；营养不良、肥胖对健康的危害与预防；认识传染病（重点为传播链）；常见呼吸道传染病（流感、水痘、腮腺炎、麻疹、流脑等）的预防；冻疮的预防（可根据地方实际选择）；学生应接种的疫苗。

（3）生长发育与青春期保健：人的生命周期包括诞生、发育、成熟、衰老、死亡；初步了解儿童青少年身体主要器官的功能，学会保护自己。

（4）安全应急与避险：游泳和滑冰的安全知识；不乱服药物，不乱用化妆品；火灾发生时的逃生与求助；地震发生时的逃生与求助；动物咬伤或抓伤后应立即冲洗伤口，及时就医，及时注射狂犬疫苗；鼻出血的简单处理；简便止血方法（指压法、加压包扎法）。

（三）水平三（小学5—6年级）

1. 目标

了解健康的含义与健康的生活方式，初步形成健康意识；了解营养对促进儿童少年生长发育的意义，树立正确的营养观；了解食品卫生知识，养成良好的饮食卫生习惯；了解烟草对健康的危害，树立吸烟有害健康的意识；了解毒品危害的简单知识，远离毒品危害；掌握常见肠道传染病、虫媒传染病基本知识和预防方法，树立卫生防病意识；了解常见地方病如碘缺乏病、血吸虫病对健康的危害，掌握预防方法；了解青春期生理发育基本知识，初步掌握相关的卫生保健知识；了解日常生活中的安全常识，学会体育锻炼中的自我监护，提高自我保护的能力。

2. 基本内容

（1）健康行为与生活方式：健康不仅仅是没有疾病或不虚弱，而是身体、心理、社会适应的完好状态；健康的生活方式（主要包括合理膳食、适量运动、戒烟限酒、心理平衡）有利于健康；膳食应以谷类为主，多吃蔬菜水果和薯类，注意荤素搭配；日常生活饮食应适度，不暴饮暴食，不盲目节食，适当零食；购买包装食品应注意查看生产日期、保质期、包装有无涨包或破损，不购买无证摊贩食品；容易引起食物中毒的常见食品（发芽土豆、不熟扁豆和豆浆、毒蘑菇、新鲜黄花菜、河豚鱼等）；不采摘、不食用野果、野菜；体育锻炼时自我监护的主要内容（主观感觉和客观检查的指标）；发现视力异常，应到正规医院眼科进行视力检查、验光，注意配戴眼镜的卫生要求；吸烟和被动吸烟会导致癌症、心血管疾病、呼吸系统疾病等多种疾病；不吸烟、不饮酒。常见毒品的名称；毒品对个人和家庭的危害，自我保护的常识和简单方法，能够远离毒品。

（2）疾病预防：贫血对健康的危害与预防；常见肠道传染病（细菌性痢疾、伤寒与副伤寒、甲型肝炎等）的预防；疟疾的预防；流行性出血性结膜炎（红眼病）的预防；碘缺乏病对人体健康的危害；食用碘盐可以预防碘缺乏病；血吸虫病的预防（可根据地方实际选择）。

（3）心理健康：保持自信，自己的事情自己做。

（4）生长发育与青春期保健：青春期的生长发育特点；男女少年在青春发育期的差异（男性、女性第二性征的具体表现）；女生月经初潮及意义（月经形成以及周期计算）；男生首次遗精及意义；变声期的保健知识；青春期的个人卫生知识；体温、脉搏测量方法及其测量的意义。

（5）安全应急与避险：骑自行车安全常识；常见的危险标识（如高压、易燃、易爆、剧毒、放射性、生物安全），远离危险物；煤气中毒的发生原因和预防；触电、雷击的预防；中暑的预防和处理；轻微烫烧伤和割、刺、擦、挫伤等的自我处理；提高网络安全防范意识。

（四）水平四（初中阶段）

1. 目标

了解生活方式与健康的关系，建立文明、健康的生活方式；进一步了解平衡膳食、合理营养意义，养成科学、营养的饮食习惯；了解充足睡眠对儿童少年生长发育的重要意义；了解预防食物中毒的基本知识；进一步了解常见传染病预防知识，增强卫生防病能力；了解艾滋病基本知识和预防方法，熟悉毒品预防基本知识，增强抵御毒品和艾滋病的能力；了解青春期心理变化特点，学会保持愉快情绪和增进心理健康；进一步了解青春期发育的基本知识，掌握青春期卫生保健知识和青春期常见生理问题的预防和处理方法；了解什么是性侵害，掌握预防方法和技能；掌握简单的用药安全常识；学会自救互救的基本技能，提高应对突发事件的能力；了解网络使用的利弊，合理利用网络。

2. 基本内容

（1）健康行为与生活方式：不良生活方式有害健康，慢性非传染性疾病（恶性肿瘤、冠心病、糖尿病、脑卒中）的发生与不健康的生活方式有关；膳食平衡有利于促进健康；青春期充足的营养素，保证生长发育的需要。保证充足的睡眠有利于生长发育和健康（小学生每天睡眠时间10个小时，初中生每天睡眠时间9个小时，高中生每天睡眠时间8个小时）；食物中毒的常见原因（细菌性、化学性、有毒动植物等）；发现病死禽畜要报告，不吃病死禽畜肉；适宜保存食品，腐败变质食品会引起食物中毒；拒绝吸烟、饮酒的技巧；毒品对个人、家庭和社会的危害；拒绝毒品的方法；吸毒违法，拒绝毒品。

（2）疾病预防：乙型脑炎的预防；疥疮的预防；肺结核病的预防；肝炎的预防（包括甲型肝炎、乙（丙）型肝炎等）；不歧视乙肝病人及感染者；艾滋病的基本知识；艾滋病的危害；艾滋病的预防方法；判断安全行为与不安全行为，拒绝不安全行为的技巧；学会如何寻求帮助的途径和方法；与预防艾滋病相关的青春期生理和心理知识；吸毒与艾滋病；不歧视艾滋病病毒感染者与患者。

（3）心理健康：不良情绪对健康的影响；调控情绪的基本方法；建立自我认同，客观认识和对待自己；根据自己的学习能力和状况确定合理的学习目标；异性交往的原则。

（4）生长发育与青春期保健：热爱生活，珍爱生命；青春期心理发育的特点和变化规律，正确对待青春期心理变化；痤疮发生的原因、预防方法；月经期间的卫生保健常识，痛经的症状及处理；选择和佩戴适宜的胸罩的知识。

(5) 安全应急与避险：有病应及时就医；服药要遵从医嘱，不乱服药物；不擅自服用、不滥用镇静催眠等成瘾性药物；不擅自服用止痛药物；保健品不能代替药品；毒物中毒的应急处理；溺水的应急处理；骨折简易应急处理知识（固定、搬运）；识别容易发生性侵害的危险因素，保护自己不受性侵害；预防网络成瘾。

（五）水平五（高中阶段）

1. 目标

了解中国居民膳食指南，了解常见食物的选购知识，进一步了解预防艾滋病基本知识，正确对待艾滋病病毒感染者和患者；学会正确处理人际关系，培养有效的交流能力，掌握缓解压力等基本的心理调适技能；进一步了解青春期保健知识，认识婚前性行为对身心健康的危害，树立健康文明的性观念和性道德。

2. 基本内容

(1) 健康行为与生活方式：食品选购基本知识；中国居民膳食指南的内容。

(2) 疾病预防：艾滋病的预防知识和方法；艾滋病的流行趋势及对社会经济带来的危害；HIV 感染者与艾滋病病人的区别；艾滋病的窗口期和潜伏期；无偿献血知识；不歧视艾滋病病毒感染者与患者。

(3) 心理健康：合理宣泄与倾诉的适宜途径，客观看待事物；人际交往中的原则和方法，做到主动、诚恳、公平、谦虚、宽厚地与人交往；缓解压力的基本方法；认识竞争的积极意义；正确应对失败和挫折；考试等特殊时期常见的心理问题与应对。

(4) 生长发育与青春期保健：热爱生活，珍爱生命；青春期常见的发育异常，发现不正常要及时就医；婚前性行为严重影响青少年身心健康；避免婚前性行为。

(5) 安全应急与避险：网络交友的危险性。

三、实施途径及保障机制

（一）学校要通过学科教学和班会、团会、校会、升旗仪式、专题讲座、墙报、板报等多种宣传教育形式开展健康教育。学科教学每学期应安排6—7课时，主要载体课程为《体育与健康》，健康教育教学课时安排可有一定灵活性，如遇在下雨（雪）或高温（严寒）等不适宜户外体育教学的天气时可安排健康教育课。另外，小学阶段还应与《品德与生活》、《品德与社会》等学科的教学内容结合，中学阶段应与《生物》等学科教学有机结合。对无法在《体育与健康》等相关课程中渗透的健康教育内容，可以利用综合实践活动和地方课程的时间，采用多种形式，向学生传授健康知识和技能。

（二）各地教育行政部门和学校要重视健康教育师资建设，把健康教育师资培训列入在职教师继续教育的培训系列和教师校本培训计划，分层次开展培训工作，不断提高教师开展健康教育的水平。中小学健康教育师资以现有健康教育专兼职教师和体育教师为基础。要重视健康教育教学研究工作，各级教研部门要把健康教育教学研究纳入教研工作计划，针对不同学段学生特点，开展以知识传播与技能培养相结合的教学研究工作。

（三）各地应加强教学资源建设，积极开发健康教育的教学课件、教学图文资料、音像制品等教学资源，增强健康教育实施效果。凡进入中小学校的自助读本或相关教育材料必须按有关规定，经审定后方可使用；健康教育自助读本或者相关教育材料的购买由各地根据本地实际情况采取多种方式解决，不得向学生收费增加学生负担。大力提倡学校使用公用图书经费统一购买，供学生循环使用。

（四）要重视对健康教育的评价和督导。各地教育行政部门和学校应将健康教育实施过程与健康教育实施效果作为评价重点。评价的重点包括学生健康意识的建立、基本知识和技能的掌握和卫生习惯、健康行为的形成，以及学校对健康教育课程（活动）的安排、必要的资源配置、实施情况以及实际效果。各地教育行政部门应将学校实施健康教育情况列入学校督导考核的重要指标之一。

（五）充分利用现有资源。健康是一个广泛的概念，涉及生活的方方面面，学校健康教育体现在教育过程的各个环节，各地在组织实施过程中，要注意健康教育与其他相关教育，如安全教育、心理健康教育有机结合，把课堂内教学与课堂外教学活动结合起来，发挥整体教育效应。

（六）学校健康教育是学校教育的一部分，学校管理者应以大健康观为指导，全面、统筹思考学校的健康教育工作，应将健康教育教学、健康环境创设、健康服务提供有机结合，为学生践行健康行为提供支持，以实现促进学生健康发展的目标。

教育部关于进一步深化中等职业教育教学改革的若干意见

（2008年12月13日）

各省、自治区、直辖市教育厅（教委），各计划单列市教育局，新疆生产建设兵团教育局，有关部门（单位）教育司（局）：

为贯彻落实党的十七大精神和《国务院关于大力发展职业教育的决定》（国发〔2005〕35号），提高中等职业教育教学质量和办学效益，推动职业教育又好又快发展，更好地适应全面建设小康社会对高素质劳动者和技能型人才的迫切需要，现对进一步深化中等职业教育教学改革提出如下意见：

一、进一步提高对深化教育教学改革紧迫性和重要性的认识

1. 进入新世纪以来，我国中等职业教育坚持以服务为宗旨、以就业为导向的办学方针，事业快速发展，规模不断扩大，改革不断深化，质量和效益明显提高，站在了一个新的历史起点上。在新的形势下，全面建设小康社会、构建社会主义和谐社会，对职业教育提出了新的更高要求。广大人民群众渴望让子女“上好学”，对职业教育的质量有了更高期盼。各地要深入贯彻落实科学发展观，把发展职业教育特别是中等职业教育摆在更加突出的位置，一手抓规模扩大，一手抓质量提高，采取强有力的措施，推动中等职业教育实现规模、结构、质量和效益的协调发展。

2. 教育教学改革是职业教育改革的核心，是实现职业教育又好又快发展的关键环节。2000年教育部印发《关于全面推进素质教育深化中等职业教育教学改革的意见》以来，我国中等职业教育教学改革不断深化，探索并积累了丰富的经验。但从总体上看，中等职业教育教学思想观念、人才培养模式、教学内容和方法、德育工作的针对性、实效性等方面还不能很好地适应经济社会发展对高素质劳动者和技能型人才培养的要求。深化中等职业教育教学改革，提高教育质量和技能型人才培养水平，是当前和今后一个时期职业教育工作面临的一项重要而紧迫的任务。

二、坚持以服务为宗旨、以就业为导向，进一步更新教育教学思想和观念

3. 深化中等职业教育教学改革，必须以邓小平理论和“三个代表”重要思想为指导，深入贯彻落实科学发展观，认真贯彻党的教育方针，全面实施素质教育；坚持以服务为宗旨、以就业为导向、以提高质量为重点，面向市场、面向社会办学，增强职业教育服务社会主义现代化建设的能力；深化人才培养模式改革，更新教学内容，改进教学方法，突出职业道德教育和职业技能培养，全面培养学生的综合素质和职业能力，提高其就业创业能力。

4. 树立正确的人才观和质量观。要切实转变教学观念，正确处理学生综合素质提高和职业能力培养的关系，正确处理学生文化基础知识学习与职业技能训练的关系。坚持以人为本，关注学生职业生涯持续发展的实际需要，培养他们具有良好的职业道德，掌握必要的文化知识和熟练的职业技能，德、智、体、美全面发展，成为中国特色社会主义事业的建设者和接班人。

三、坚持育人为本，把德育工作放在首位

5. 抓质量首先要抓德育。要进一步落实《中共中央 国务院关于进一步加强和改进未成年人思想道德建设的若干意见》（中发〔2004〕8号）和《中等职业学校德育大纲》的要求，遵循中等职业学校学生身心发展的规律，增强新形势下中等职业学校德育工作的主动性、针对性和实效性。要把社会主义核心价值体系融入到职业教育人才培养的全过程。要切实加强对德育工作的组织和领导，努力拓展新形势下德育工作的有效途径，加强对学生的教育管理，大力加强

德育工作队伍建设。

6. 进一步加强学生思想道德教育。深入进行爱国主义、集体主义、社会主义和中华民族精神教育，大力加强公民道德教育，注重学生文明行为习惯、良好道德品质和遵纪守法意识的养成。突出以诚信、敬业为重点的职业道德教育，帮助学生树立科学的世界观、人生观和价值观，培养学生爱岗敬业的优良品质。要积极探索新形势下做好职业学校学生思想道德教育的新途径和新方法，把思想道德教育融入学生专业学习的各个学科，渗透到教学、实习和社会服务各个环节。

7. 加强和改进德育课教学。德育课是学校德育工作的主导渠道，是对学生进行思想道德教育的主阵地。德育课教学要紧密联系社会实际和学生生活实际，突出育人特色，进一步体现职业教育的特点，把传授知识与陶冶情操、养成良好的行为习惯结合起来。要认真落实《教育部关于中等职业学校德育课课程设置与教学安排的意见》，确保德育课课时，使用国家规划教材。要加强德育课教学研究，改革德育考核办法，及时总结和交流教学经验，促进德育课教学质量的提高。

四、改革人才培养模式，大力推行工学结合、校企合作、顶岗实习

8. 工学结合、校企合作、顶岗实习，是具有中国特色的职业教育人才培养模式和中等职业学校基本的教学制度。当前的重点是要建立行业、企业、学校共同参与的机制，采取有效措施，进一步完善学生到企业顶岗实习的制度，努力形成以学校为主体，企业和学校共同教育、管理和训练学生的教学模式。

9. 明确实习任务，规范实习管理。要认真执行《中等职业学校学生实习管理办法》的有关规定和要求。实习期间，要建立健全辅导员制度，定期开展团组织活动，加强思想政治教育和职业道德教育，保证身心健康。学校要与企业共同组织好学生的相关专业理论教学和技能实训工作，处理好学生“工”与“学”的关系，保证学生顶岗实习的岗位与其所学专业面向的岗位群基本一致。在确保学生实习总量的前提下，学校可以根据实际需要，集中或分阶段安排实习时间。

五、优化专业设置和结构，推进专业建设规范化

10. 适应市场需求，灵活设置专业。要面向就业市场，根据产业结构调整的实际，建立符合行业企业人力资源需求、与区域经济结构相适应的专业结构。积极发展面向新兴产业、现代服务业和就业前景良好的专业，教育部将制订和发布新的《中等职业学校专业目录》。要进一步拓展“职业院校制造业和现代服务业技能型紧缺人才培养培训工程”相关专业领域，扩大工程的覆盖面。适应建设社会主义新农村、培养“有文化、懂技术、会经营”的新型农民的需要，开发相关专业。

11. 完善专业设置管理，推进专业建设规范化。建立中等职业学校专业人才培养与需求预测服务机制，制订和实行专业设置标准，完善专业设置管理，及时更新专业目录，引导和规范专业建设。加强国家重点建设专业和示范专业点建设。各级教育行政部门要选择一批基础条件好、特色鲜明、办学水平和就业率高的专业点进行重点建设，优先支持在工学结合等方面优势突出的专业点。确定一批精品专业点、特色专业点，形成国家、省、学校三级重点专业建设体系。

六、改革教学内容、教学方法，增强学生就业和创业能力

12. 深化课程改革，努力形成就业导向的课程体系。推动中等职业学校教学从学科本位向能力本位转变，以培养学生的职业能力为导向，调整课程结构，合理确定各类课程的学时比例，规范教学。积极推进多种模式的课程改革，促进课程内容综合化、模块化，提高现代信息技术在教育教学中的应用水平。中等职业学校公共基础课程，要按照培养学生基本科学文化素养、服务学生专业学习和终身发展的功能来定位。

13. 加强学生职业技能培养。要高度重视实践和实训教学环节，突出“做中学、做中教”的职业教育教学特色。加大专业技能课程的比重，专业技能课程（含顶岗实习）的学时一般占总学时的三分之二。要按照相应职业岗位（群）的能力要求，采用基础平台加专门化方向的专业课程结构，设置专业技能课程。课程内容要紧密联系生产劳动实际和社会实践，突出应用性和实践性。进一步推进学生在取得学历证书的同时获取职业资格证书工作。广泛开展职业院校技能竞赛活动，使技能竞赛成为促进教学改革的重要抓手和职业教育制度建设的一项重要内容。

14. 加强创业教育。要在职业生涯教育和职业指导中加强创业教育，突出对学生创业精神、创业意识和创业实践能力的培养。有条件的学校要开设创业教育和创业实训相关课程。要通过案例剖析、知识讲座、企业家现身说法、宣传中等职业学校学生创业事迹等多种方式，增强创业教育的针对性和实用性。要加强创业教育师资的培养和配备，提高创业教育水平。

七、进一步完善教学管理，积极进行制度创新

15. 适应人才培养模式改革的需要，深化教学管理、教学组织和学籍管理等制度改革。积极推行弹性学习制度，继续推动以学分制为核心的教学制度改革，建立“学分银行”，鼓励工学交替，允许学生分阶段完成学业，为实行工学结合、校企合作、顶岗实习提供制度保障。要进一步扩大中等职业学校在招生注册、学籍管理、考试考核、转专业、转校、毕业和培训证书发放等方面的自主权，建立更加灵活的学籍管理和教学管理制度。

16. 加快建立就业导向的教学质量评价检查制度。坚持以就业为导向、以能力为本位的教学质量评价观，改进考试考核方法和手段，建立具有职业教育特点的人才培养与评价的标准和制度，建立和完善定期评价检查制度。要把教学质量、教学改革成效作为对中等职业学校评价检查的重要内容，以评促建，以评促改，规范教学，促进教学质量的提高。

八、加强教学保障条件建设，建立提高教学质量的长效机制

17. 提高师资队伍整体素质，充分发挥教师在教学改革中的重要作用。要完善中等职业学校教师进修和继续教育制度，促进教师深入生产实践，提高教师的实践教学能力。进一步优化教师的素质结构，提高“双师型”教师的比例。要积极开展新课程改革培训，促进教师更新观念，强化教师对现代课程理念、现代教育技术的学习和应用。教师要重视研究学生智能结构、水平差异与个性需求，适应以学生为主体的教学角色的转变。探索建立激励机制，鼓励职教教师积极投身教学改革，表彰在教学领域做出突出贡献的教师。

18. 加强中等职业教育教材建设，保证教学资源基本质量。建立健全教材编写、选用与审定机制，加强精品课程和教材开发，教育部将组织评选 1 000 门精品课程和 2 000 种左右精品教材。充分发挥全国中等职业教育教材审定委员会的作用，建立健全教材课堂准入制度。德育课、文化基础课等必修课教材统一由国家规划并组织编写，专业技能课程教材实行国家与地方（区域）规划相结合。部分大类专业的基础课程和重点建设专业核心课程的教材由国家统一组织编写。积极开发实训课程与实际操作指导教材。大力推动仿真、多媒体课件等数字化教学资源开发，积极组织各类选修课程的开发。

19. 加强中等职业学校实训基地建设，不断改善实习实训基地条件。积极推进校内生产性实训基地建设，满足实习实训教学的需要。要加强校企合作，充分利用企业的资源优势，共建实训基地。各地要统筹规划，紧密结合地区支柱产业、新兴产业和特色产业的发展，优先建设重点专业、示范专业实训基地，集中力量建设好紧缺人才培养专业实训基地，努力推进资源共建共享。

20. 加强领导，确保中等职业教育教学改革工作顺利进行。地方各级教育行政部门和中等职业学校要切实加强对教学工作的领导，强化教学管理和制度建设，加大并优先保证教学投入。要把教学质量作为考核教育行政部门和中等职业学校工作业绩的重要指标。要重视职业教育教学研究工作，充分发挥教研工作在教学改革工作中的作用。要建立和完善市（地）级以上职业教育教科研机构，有条件的县要建立职业教育教研机构或配备专职的教研人员。探索和建立有利于全面推进素质教育，深化职业教育教学改革，提高教育质量的工作机制。

教育部关于做好义务教育学校教师绩效考核工作的指导意见

（2008年12月31日）

各省、自治区、直辖市教育厅（教委）、新疆生产建设兵团教育局：

为深化教育人事制度改革，推进义务教育学校绩效工资制度顺利实施，加强教师队伍建设，促进教育事业科学发展，现就做好义务教育学校教师绩效考核工作提出如下意见。

一、充分认识绩效考核工作的重要意义

经国务院同意，自2009年1月1日起，首先在义务教育学校实施绩效工资分配政策，这是坚持教育优先发展战略的又一重大举措，是加强教师队伍建设具有里程碑意义的一件大事，充分体现了党中央、国务院对教育事业的高度重视，对广大教师的亲切关怀。对于依法保障教师收入水平，激发广大教师积极投身教书育人事业，吸引和鼓励优秀人才长期从教、终身从教具有重大意义。

做好教师绩效考核工作是义务教育学校实施绩效工资制度的必然要求。绩效考核结果是绩效工资分配的主要依据。义务教育学校实施绩效工资分配改革，必须建立符合教育教学规律和教师职业特点的教师绩效考核制度，为绩效工资分配更好地体现教师的实绩和贡献、更好地发挥激励功能提供制度保障。

做好教师绩效考核工作是加强教师队伍建设的重要基础。科学有效地实施教师绩效考核，是全面贯彻党的教育方针、深入实施素质教育的重要举措，是提高教师队伍整体素质、促进教师队伍科学发展的关键环节，是完善教师激励约束机制、努力构建充满生机与活力的教师人事制度的重要任务，对于加强教师队伍建设，充分调动广大教师的积极性、主动性和创造性，具有极其重要的导向作用。

地方各级教育行政部门和义务教育学校要充分认识做好教师绩效考核工作的重要意义，将其作为一项重要而紧迫的任务，采取切实有效措施，全面建立教师绩效考核制度，深入推进教师绩效考核工作，为深化义务教育学校岗位绩效工资制度改革，加强教师队伍建设创造有利的条件。

二、全面把握绩效考核工作的基本要求

实施绩效考核工作，要以邓小平理论和“三个代表”重要思想为指导，深入贯彻落实科学发展观，全面贯彻党的教育方针，以服务和促进义务教育的科学发展为目标，以提高教师队伍素质为核心，以促进教师绩效为导向，着力构建符合教育教学和教师成长规律、导向明确、标准科学、体系完善的教师绩效考核评价制度，促进广大教师为全面实施素质教育、办好人民满意的教育贡献智慧和力量。

实施绩效考核工作应遵循以下基本原则：

尊重规律、以人为本。尊重教育规律，尊重教师的主体地位，充分体现教师教书育人工作的专业性、实践性、长期性特点。

以德为先，注重实绩。完善绩效考核内容，把师德放在首位，注重教师履行岗位职责的实际表现和贡献。

激励先进，促进发展。鼓励教师全身心投入教书育人工作，引导教师不断提高自身素质和教育教学能力。

客观公正，简便易行。坚持实事求是、民主公开，科学合理、程序规范，讲求实效、力戒繁琐。

三、科学确定绩效考核的主要内容

教师绩效考核的内容主要是：教师履行《义务教育法》《教师法》《教育法》等法律法规规定的教师法定职责，以及完成学校规定的岗位职责和工作任务的实绩，包括师德和教育教学、从事班主任工作等方面的实绩。

师德主要考核教师遵守《中小学教师职业道德规范》的情况，特别是为人师表、爱岗敬业、关爱学生的情况。在考核中，要明确规定，教师不得以任何理由、任何方式有碍完成教育教学任务，不得以非法方式表达诉求、干扰正常教育教学秩序、损害学生利益，并将此作为教师绩效考核合格的必备的基本要求。

教育教学主要考核教师从事德育、教学、教育教学研究、教师专业发展的情况。德育工作是每个教师应尽的责任，要结合所教学科特点，考核教师在课堂教学中实施德育的情况；教学工作重点考核教学工作量、教学准备、教学实施、教学效果，以及组织课外实践活动和参与教学管理的情况；对教学效果的考核，主要以完成国家规定的教学目标、学生达到基本教育质量要求为依据，不得把升学率作为考核指标，要引导教师关爱每个学生，特别是学习上有困难或品行上有偏差的学生。教育教学研究工作重点考核教师参与教学研究活动的情况。教师专业发展重点考核教师拓展专业知识、提高教育教学能力的情况。

班主任是义务教育学校教育教学工作中的重要岗位。班主任的工作任务应作为教师教学工作量的重要组成部分，要鼓励教师尤其是优秀骨干教师积极主动承担班主任工作，使他们有热情、有时间、有精力，高质量高水平做好班主任工作，当好学生的人生导师，促进学生德智体美全面发展。要强化对班主任工作的考核，重点考核其对学生的教育引导、班级管理、组织班集体和团队活动、关注每个学生全面发展的情况。

各地要从实际出发，围绕考核内容，建立健全科学完善的教师绩效考核指标体系。指标体系的建立要符合全面实施素质教育的要求，体现课程改革的方向，正确发挥对教师的激励导向作用，充分体现考核指标的激励性和约束性的有机统一。

四、积极探索绩效考核的有效方法

各地要积极探索、创新绩效考核的机制与方法，规范考核程序，健全考核组织。绩效考核工作一般由学校按规定的程序与年度考核结合进行，可采取定性与定量相结合，教师自评与学科组评议、年级组评议、考核组评议相结合，形成性评价和阶段性评价相结合等方法，同时适当听取学生、家长及社区的意见。要充分发挥校长、教师和学校在绩效考核中的作用。

要不断完善绩效考核载体。可采取指标要素测评、业务知识测试、建立教师发展档案、开展争先创优活动等多种形式，完善教师绩效考核载体，通过多种形式，全面反映教师的业绩和贡献。

各地在教师绩效考核中要坚持公平公正、公开透明，充分发扬民主，增强绩效考核工作的透明度和考核结果的公信力。

五、高度重视绩效考核结果的合理运用

绩效考核结果要作为绩效工资分配的主要依据。对履行了岗位职责、完成了学校规定的教育教学工作任务的教师，全额发放基础性绩效工资；对有突出表现或做出突出贡献的教师，视不同情况发放奖励性绩效工资。要根据绩效考核结果，合理确定奖励性绩效工资分配等次，坚持向骨干教师和做出突出成绩的教师倾斜，适当拉开分配差距。

绩效考核结果也要作为教师资格认定、岗位聘任、职务晋升、培养培训、表彰奖励等工作的重要依据。

教师对考核结果有不同意见，可以通过正常渠道向学校考核工作组织和学校主管部门申诉。

六、切实加强绩效考核的组织领导

绩效考核是一项复杂的系统工程，政策性强，涉及面广，关系到广大教师的切身利益。地方教育行政部门要高度重视，精心部署，认真组织实施。

省级教育行政部门要根据本指导意见精神，结合本地区实际，科学制定本省（区、市）绩效考核办法，认真分析和解决绩效考核中存在的问题，不断总结和推广绩效考核的典型经验，努力提高绩效考核工作的水平。地（市）教育行政部门要切实加强实施工作的指导与监督检查。县级教育行政部门具体负责本地义务教育学校教师绩效考核组织实施工作，要根据上级有关规定，制订本地具体实施办法，指导学校制订教师绩效考核实施方案，切实做好教师绩效考核实施工作。与此同时，各地也要积极完善校长及其他教职工的绩效考核工作。

切实做好深入细致的教师思想工作。要严肃考核工作纪律，对工作不负责任，考核失真失实的，实行责任追究。要不断探索和完善绩效考核方法，努力提高绩效考核的科学性，保证绩效考核机制的有效运行，充分发挥绩效考核在加强教师队伍建设，促进全面实施素质教育中的重要作用。

教育部办公厅 国家民委办公厅关于印发《学校民族团结教育指导纲要（试行）》的通知

（2008年11月26日）

各省、自治区、直辖市教育厅（教委）、民（宗）委（厅、局），各计划单列市教育局、民（宗）委（局），新疆生产建设兵团教育局、民宗局：

为深入贯彻《国务院关于深化改革加快发展民族教育的决定》和《中共中央国务院关于进一步加强民族工作加快少数民族和民族地区经济社会发展的决定》精神，落实《教育部关于贯彻落实〈中共中央 国务院关于进一步加强民族工作加快少数民族和民族地区经济社会发展的决定〉做好民族教育工作的通知》要求，开展和加强学校的民族团结教育工作，现将《学校民族团结教育指导纲要（试行）》印发给你们，请遵照执行。

学校民族团结教育指导纲要（试行）

我国是各族人民共同缔造的统一的多民族国家。在新时期，在科学发展观指导下，实现我国经济社会事业又好又快发展、促进我国的团结统一和繁荣富强、全面构建和谐社会等，都要求必须大力加强学校的民族团结教育工作。在各级各类学校扎实抓好以马克思主义民族观、党和国家的民族政策为重点内容的民族团结教育工作，培养各族学生的民族团结意识，提高各族学生维护祖国统一、民族团结、反对分裂的自觉性，增强各民族的向心力和凝聚力，是关系中华民族伟大复兴的战略任务，是巩固和发展“平等、团结、互助、和谐”的社会主义民族关系，维护社会稳定和国家统一的必然要求。根据《中华人民共和国宪法》、《中华人民共和国民族区域自治法》、《中华人民共和国教育法》、《爱国主义教育实施纲要》、《中共中央 国务院关于进一步加强民族工作加快少数民族和民族地区经济社会发展的决定》、《国务院关于深化改革加快发展民族教育的决定》和《中共中央 国务院关于加强和改进未成年人思想道德建设的若干意见》有关精神和规定，为在新时期进一步加强和规范各级各类学校的民族团结教育工作，在认真总结经验的基础上，特制定本纲要。

一、民族团结教育的指导思想、课程性质和基本原则

1. 开展学校民族团结教育工作，必须高举中国特色社会主义伟大旗帜，坚持以邓小平理论、“三个代表”重要思想和科学发展观为指导；全面贯彻党的教育方针和民族政策；坚持育人为本，把民族团结教育贯穿于学校教育工作的各个环节，牢固树立“增强民族团结、维护祖国统一、反对民族分裂”的意识。

2. 民族团结教育课程是根据国家统一要求列入地方课程实施的重要专项教育，是学校教育的组成部分。

3. 开展学校民族团结教育，要立足引导，重在教育。遵循各族学生的认知特点和身心发展规律，注重理论与实践相结合，有重点、分层次、有针对性地进行教育。坚持专项教育与在其他学科教学中的渗透相结合；课堂教育与寓教于乐的实践活动相结合；掌握知识、培养能力与正确人生观、价值观的养成相结合；过程、方法与目标相结合；学校教育与家庭、社会教育相结合；统一要求与体现各民族和地区的特点相结合；贴近生活、贴近实际、贴近学生情感。开展民族团结教育工作，要做到由浅入深，循序渐进，不断巩固，注重实效。

二、民族团结教育的目标与任务

4. 民族团结教育的目标是，使各族学生思想认识和行为自觉地统一到党和国家的要求上来，增进对中华民族的认同和历史、文化的了解，促进56个民族优秀文化传统的相互交流、继承和发扬；增进各族

学生对我国各民族共同缔造伟大祖国历史的认识，增强各族学生维护民族团结、维护国家统一、反对分裂的责任感和自觉性；认识和理解马克思主义关于民族问题的基本理论及党和国家的民族政策；在社会交往中，具备正确对待和处理民族问题的基本素质；自觉维护我国各民族“平等、团结、互助、和谐”社会主义关系，促进各民族的共同进步和祖国繁荣昌盛。

5. 民族团结教育的主要任务是全面贯彻党的教育方针、民族政策，按照素质教育的基本要求，重视中华历史文化和爱国主义教育，加深师生对民族团结必要性和重要性的认识。不断丰富学校民族团结教育的内容和形式，使各族学生牢固树立正确的祖国观、民族观、文化观；加强“三个离不开”（汉族离不开少数民族，少数民族离不开汉族，各少数民族之间也相互离不开）教育；了解和把握在处理影响民族团结问题的事件中坚持“四个维护”（维护人民利益，维护法律尊严，维护民族团结，维护祖国统一）原则；开展具有民族特色的教育活动，促进各民族之间的平等团结，树立民族自尊心和自豪感，不断增强中华民族的向心力、凝聚力。

三、民族团结教育的主要内容

6. 民族团结教育的主要内容包括：正确认识中华和各民族的特征，普及民族知识，树立民族团结意识；知道党和国家的民族政策及其必要性和重要性，了解我国民族问题的基本特点，学习马克思主义和党的民族基本理论，树立马克思主义民族观；从历史的、世界的视野分析和探讨各种民族现象，进一步认识党和国家的民族政策的优越性；联系实际进行思考、探讨，在思想和行为上培养贯彻执行党和国家民族政策的基本素质和能力。

7. 开展民族团结教育必须贯彻育人为本的原则，必须从不同地区的实际和各族学生不同年龄阶段身心发展的特点出发，分阶段、分层次、有重点、有针对性地设置具体教育内容。要把不同学段的民族团结教育内容有机地整合起来，统筹安排。

☆小学中年级阶段（三、四年级）

	内　容　标　准
民族知识启蒙教育	①了解我国是一个由56个民族组成的统一的多民族社会主义国家； ②知道中华民族是由56个民族共同组成的大家庭，中华民族是我国56个民族的总称； ③初步了解56个民族的基本特征； ④了解自己所属民族的分布区域、人口数量，以及语言、文字及主要的文化特点和风俗习惯等； ⑤形成民族团结的基本意识。

☆小学高年级阶段（五、六年级）

	内　容　标　准
民族知识常识教育	①了解56个民族组成的地域分布及居住特点； ②了解各民族的主要风俗习惯； ③了解56个民族语言文字特点； ④知道各民族著名人物； ⑤了解各民族在文化艺术、科技等方面的特色与成就； ⑥知道中华各族人民凭借勤劳、勇敢和智慧，共同开拓了祖国的疆土，发展了祖国的经济和文化； ⑦了解各民族之间应当平等相待以及各民族人民需要和谐相处，共同进步； ⑧形成“促进民族团结、维护国家统一、反对民族分裂”必要性的基本认识。

☆初中阶段（七、八年级）

	内　容　标　准
民族政策常识教育	①了解党和国家制定的坚持民族平等、维护民族团结、实行民族区域自治、培养少数民族干部和各类人才、发展民族地区经济和科教文卫事业、各民族有使用和发展本民族语言文字的权利、各民族有保持和改革本民族风俗习惯的权利、依法保障少数民族宗教信仰自由等民族政策的基本内容； ②知道党和国家制定上述政策的历史背景和取得的巨大成就； ③正确认识与对待党和国家的民族政策，在日常生活中，能遵循并运用民族政策分析和解决实际问题，进一步树立和巩固促进民族团结、维护国家统一、反对民族分裂的意识。

☆高中阶段（普通高级中学十、十一年级）

	内 容 标 准
民族理论常识教育	①学习和掌握我们党关于民族问题的基本理论，具备一定的理论素养； ②从中华民族的历史演变、现状和特点，了解我国现阶段民族问题的特点及其原因，牢固树立马克思主义民族观； ③初步了解世界各国多民族国家进退兴衰的历史和现状，在比较中进一步认识我们党和国家民族政策的优越性，坚定中华民族伟大复兴的信心。

☆高中阶段（中等职业技术学校一、二年级）

	内 容 标 准
民族理论常识实践教育	①学习马克思主义和党的民族理论，提高理论素养； ②从中华民族的历史演变、现状和特点，了解我国现阶段民族问题的基本国情及其原因，牢固树立马克思主义民族观； ③初步了解世界各国多民族国家进退兴衰的历史和现状，在比较中进一步认识我们党和国家民族政策的优越性，坚定中华民族伟大复兴的信心； （以上标准在整体篇幅中可适当压缩） ④对在职业生涯中注意贯彻党的民族政策的重要意义有较全面的认识； ⑤在职业生涯和交往中具备较强正确处理民族关系的能力。

四、民族团结教育的实施途径和方法

8．中小学要设置专门的民族团结教育课程。学校是对各民族学生进行民族团结教育的重要场所，应将民族团结教育的各项活动规范有序安排，保证活动质量。要通过课堂教学、专题教育活动和实践活动等多种方式，把民族团结教育贯穿到小学至高中教育阶段的教学、育人全过程中，特别要发挥好课堂教学主渠道的作用，确保教学时间和教学质量。要因地制宜组织好教学活动，教学活动形式的选择要符合各族学生的年龄特征，将课堂教学和实践活动有效结合起来，在学习和生活中践行马克思主义祖国观、民族观、文化观，增强中华民族大家庭的民族自豪感。

9．除课堂教学主渠道外，不同学校应根据自身的实际情况，因时因地制宜，灵活选择、使用多种形式、途径和方法开展学校民族团结教育。注意发挥各种民族团结教育方法和途径的综合作用，提高民族团结教育的效果。要充分利用班会、团队活动、升旗仪式、专题讲座、墙报、板报等方式，组织开展“民族知识、绘画与手工、演讲、民族歌舞”等丰富多彩生动活泼的竞赛活动；定期表彰民族团结先进校、班集体和个人；相关学科渗透，与学校艺术教育与素质教育紧密结合起来；组织师生参观互访，相互学习，积极开展各民族学生之间结对帮学等活动。

10．民族团结教育是学校、家庭和社会的共同责任。各级各类学校、家庭和社会要密切配合，充分利用各种社会资源、自然资源，从学生所在地域的实际生活中捕捉有教育意义的内容。要通过地域性民族特点的介绍，使学生知道家乡的民族特色、风俗文化，关心本地区民族的经济与社会的发展变化，尊重各民族的风俗习惯。同时，通过对各地区民族特点和发展现状的了解，振奋民族精神，凝聚各民族人民的力量，不断增强不同民族学生对中华民族优秀文化的认同，不断增强民族自尊心、自信心和自豪感。

11．融合多种教育资源，加强民族团结教育基地建设。各地要充分利用现有资源，如博物馆、纪念馆、文物古迹等，建立民族团结教育基地，有效配置文本资源（如图书、报纸、杂志、照片、地图、图表等）和音像资源（如电影、电视节目、录像、VCD、磁带和各类教育软件）。聘请各民族为民族团结进步事业做出突出贡献的先进模范人物为顾问或校外辅导员，充分发挥民族团结教育基地的作用，保证民族团结教育工作的顺利和有效开展。

五、民族团结教育的师资培养与培训工作

12. 开展学校民族团结教育，师资队伍建设和师资培训工作是关键。要致力培养一支爱党爱国，政治上与党中央保持高度一致，有比较丰富的人文社会科学知识、民族知识和民族理论素养，具备一定的思想政治教育经验，献身民族团结教育事业的教师队伍。

13. 应对承担民族团结教育的教师组织专门培训。各级各类学校的校长、政教主任、团队工作者和思想品德课教师及相关学科教师，都可以承担民族团结教育的教学工作。教育部和国家民委将组织有关专家编写民族团结教育方面的教师培训用书，并有计划、分期分批地培训民族团结教育的骨干教师。各级教育行政部门和学校要积极组织教师从事民族团结教育的专业培训，并把民族团结教育的教师培训列入当地和学校师资培训计划以及在职教师继续教育的培训系列。

14. 各级教育行政、民族工作部门和学校要根据本地教师队伍建设规划和教育教学实际，制订本地区民族团结教育教师队伍建设的具体计划。根据各级各类学校实际情况，逐步建立在主管校长领导下，以政教主任、思想品德课和思想政治课教师、班主任和团队干部为主体，聘请一定数量的兼职教师，全体教师共同参与的民族团结教育教师队伍。

15. 各级教育行政、民族工作部门和学校要根据学科建设、教材建设和教师骨干队伍建设的长远需求，采取切实可行的具体措施。如开展岗前培训、教学研究、集体备课、集体教研、教学竞赛和教学经验交流等，有计划地组织优秀教师考察学习、参加学术会议、调查研究，不断提高教师从事民族团结教育的思想素质和业务水平。对各学科教师要提出民族团结教育的具体要求，使每个教师将民族团结教育自觉地渗透到学校教育教学活动的各个环节，充分发挥教师的主导作用，增强民族团结教育的效果。

六、民族团结教育的组织实施

16. 加强对学校民族团结教育工作的指导与管理。民族团结教育工作是学校工作的重要组成部分，各级教育行政、民族工作部门要进一步加强对做好民族团结教育工作的领导，把民族团结教育工作纳入重要工作安排。加强工作指导、制订相应管理办法，积极组织各级各类学校开展民族团结教育工作，帮助学校解决工作中的问题和困难，使学校民族团结教育工作朝着科学化、规范化和制度化的正确方向发展。

17. 各级教育行政、民族工作部门都应有相关机构和人员专门负责或分管学校民族团结教育工作，各级教（科）研部门要积极配合、支持搞好学校民族团结教育。各级各类学校要建立由分管校长负责、有关职能部门相互配合、学校有关教师具体实施的民族团结教育工作机制。要加强对学校民族团结教育工作的日常检查和督促工作，定期举行学校民族团结教育的总结与表彰。各级教育行政部门和学校必须保证民族团结教育课程的时间安排，小学和初中阶段每学年要保证10～12个学时的教学活动时间，高中阶段的普通高中每学年保证8～10个学时的教学活动时间，高中阶段的中等职业技术学校每学年保证12～14个学时的教学活动时间。

18. 加强民族团结教育教学资源建设。在学校开展民族团结教育活动，不是权宜之计，而是一项长期的战略任务，同时又是一项政策性很强的工作。为此，各地开展民族团结教育活动的文本和音像教材等，由教育部和国家民委组织专家编写和制作，经全国中小学教材审定委员会民族团结教育教材审查专门委员会审定后统一使用。未经审定的有关民族团结教育方面的资料、图书、音像等一律不得进入学校。上述教材的使用由地方各级教育行政部门纳入课程教材使用规划予以落实。同时，要重视和加强民族团结教育教师教学网络资源库的建设和共享。

19. 各级教育科研单位和学校要加强民族团结教育的教研活动和课题研究。把民族团结教育研究列入当地课题研究规划，及时总结和交流研究成果。学校在进行民族团结教育教学活动时，要从学生实际出发，采用多种方法，提高教育质量。学校要充分调动教师的积极性，有针对性地开展民族团结教育的校本研究；坚持理论与实践相结合，通过带课题培训与合作研究等方式，推广优秀科研成果。

20. 要重视对学校民族团结教育活动的评价和督导工作。各级教育行政、民族工作部门要制订科学的民族团结教育评价方案，加强对教学效果的考察考评工作，切实保障学校民族团结教育活动不流于形式、不走过场。

21. 民族团结教育是一项长期的系统工程。这也是一项政治性强、政策性强、涉及知识面广的教育工作。各级教育行政、民族工作部门和学校要注意从政治的高度掌握政策，既要积极稳妥做好把关、指导工作，又要统筹安排、加强协调，积极争取相关部门的配合支持，妥善解决教育、教学活动中的有关问题。同时，各地教育行政、民族工作部门和学校要及时总结经验，发现问题，推广典型，以便为深入推进这项工作创造更好的条件。

教育部办公厅关于做好选聘高校毕业生到村任职相关工作的通知

（2008年4月22日）

各省、自治区、直辖市教育厅（教委），新疆生产建设兵团教育局，部属各高等学校：

按照中共中央组织部、教育部、财政部、人力资源和社会保障部《关于印发〈关于选聘高校毕业生到村任职工作的意见（试行）〉的通知》（组通字〔2008〕18号）要求，现就教育系统做好选聘高校毕业生到村任职工作的有关事项通知如下：

一、充分认识选聘高校毕业生到村任职工作的重大意义

选聘高校毕业生到农村任职工作，是党中央作出的一项战略决策，是贯彻党的十七大精神、深入贯彻落实科学发展观的一项重要举措。做好这项工作，对于加快推进社会主义新农村建设，培养有知识、有文化的新农村建设带头人，培养造就经过基层实践锻炼、对人民群众有深厚感情的党政干部后备人才；对于全面贯彻党的教育方针，进一步加强和改进大学生思想政治教育，鼓励青年学生走深入基层、与工农群众相结合、与社会实践相结合的成长道路，培养德、智、体、美全面发展的社会主义建设者和接班人；对于做好高校毕业生就业工作，促进高等教育的持续健康发展，办好人民群众满意的教育，都具有十分重要的意义。教育系统要把做好选聘高校毕业生到村任职工作作为重要职责，采取切实措施，认真做好选聘高校毕业生到村任职各项相关工作。

二、加强组织领导，切实做好教育动员和报名选聘工作

省级教育行政部门和高校要以高度的政治责任感，高度重视，切实加强组织领导。各省级教育行政部门主要负责人、高校的一把手都要亲自抓这项工作。要把选聘高校毕业生到村任职工作作为加强大学生思想政治教育的重要抓手，通过开展丰富多彩、富有成效的思想教育活动，引导毕业生树立到基层建功立业、基层大有作为的价值观、成才观；既要大力做好重点动员工作，又要坚持自觉自愿原则，鼓励学生党员特别是思想政治素质好、作风踏实、吃苦耐劳、具备组织协调能力、身体健康的毕业生踊跃报名，配合有关部门切实做好公开选聘、资格审查、竞争择优、组织考察等工作，确保把有志向、有热情、有奉献精神的毕业生选拔出来。

三、全面落实教育系统的各项优惠政策，形成积极的政策导向

各地教育行政部门和高校要为到村任职的毕业生落实好涉及教育系统的每一项优惠政策。要会同有关部门落实好符合条件的毕业生的助学贷款代偿政策以及考研加分和优先录取的政策。鼓励各地和各高校在国家优惠政策的基础上，因地制宜出台更为优惠的奖励措施和政策，进一步加大对到村任职毕业生的政策支持力度。要积极配合有关部门研究高校毕业生到村任职工作遇到的新情况，进一步完善相关政策措施。

四、采取综合措施，为毕业生和服务地提供持续的服务和支持

各地教育行政部门和高校要满腔热情地关心到农村基层任职的高校毕业生，要隆重举办欢送仪式和表彰活动，配合有关部门认真开展多种形式的岗前培训，并针对毕业生任职过程中的实际需要，提供农业生产、农村管理等方面的专项培训；高校要与到村任职的毕业生保持联系，定期走访，关心他们的思想和生活；鼓励有条件的高校与毕业生服务地“结对子”，提供教育、科技、信息化等全方位的支持，大力促进服务地新农村建设。

五、开展“基层就业、激情创业”宣传活动，营造良好舆论氛围

各地和高校要以选聘高校毕业生到村任职工作为契机，在4月—5月集中开展“基层就业、激情创业”宣传活动，掀起新一轮面向基层就业、创业的宣传高潮。要对宣传活动认真策划，精心组织，充分利用广播、电视、报刊、网络等现代传媒，以及校刊、广播、校园网等校园媒体，在社会上和高校中宣传高校毕业生到农村任职和到基层就业的重大意义，宣传毕业生到基层就业创业的优惠政策，宣传毕业生在基层艰苦奋斗、创业成才的感人事迹，引导毕业生投身基层、建功立业，鼓励毕业生锐意进取、勇于创业，形成基层就业创业光荣的良好氛围。

六、继续实施好有关基层就业项目，进一步拓宽基层就业渠道

各地教育行政部门和高校要在配合做好选聘高校毕业生到村任职工作的同时，继续实施好2008年“农村义务教育阶段学校教师特设岗位计划”、“大学生志愿服务西部计划”和“三支一扶计划”等项目。各地要创造性地开展工作，结合当地实际继续实施地方项目，进一步扩大毕业生到基层就业的规模，进一步建立和完善工作机制，引导和鼓励更多的优秀毕业生投身广大基层建功立业、成长成才。

教育部办公厅关于做好地震灾区中等职业学校复学复课、就业援助和招生工作的通知

（2008年5月28日）

各省、自治区、直辖市教育厅（教委），各计划单列市教育局，新疆生产建设兵团教育局：

为贯彻落实党中央、国务院关于抗震救灾的部署，按照我部印发的《教育系统做好师生安置和恢复重建准备工作的方案》，现就做好地震灾区中等职业学校学生复学复课、毕业生就业援助和招生工作通知如下：

一、积极推进受灾地区学校的复学复课工作

要在确保师生安全的前提下，通过以下方式尽快分期分批复学复课：一是对校舍进行安全勘查和修缮加固，符合安全标准后，就地复课；二是搭建帐篷或活动板房，设立临时课堂；三是将学生转移到本省内其他学校学习；四是将学生转移到对口支援地区的中等职业学校学习。

二、加大毕业生就业援助力度

按照“优先安排、具体帮助、保障上岗”的原则，抓紧做好地震灾区中等职业学校毕业生的就业服务和援助工作。对于在校期间已签订就业协议的毕业生，学校要积极帮助他们与协议用人单位接洽并落实就业岗位；对于没有签订就业协议的毕业生，学校要实行“一对一”的就业服务，主动联系用人单位，开辟就业渠道，帮助他们顺利就业。各地教育行政部门特别是对口支援地区要加大对地震灾区毕业生的服务和扶持力度，帮助2008年应届毕业生都能顺利就业。

三、全力做好2008年的招生工作

要加强领导和组织工作，以多种方式扩大中等职业教育招生规模。愿意接受中等职业教育的地震灾区初中毕业生，都可以进入中等职业学校学习。未升入高等学校的普通高中毕业生，都可在中等职业学校进行一年的学习，毕业时获得中等职业学校毕业证书和相应的职业资格证书。

四、切实做好对口支援工作

要按照国务院关于对口支援地震灾区工作的统一部署，在当地党委、政府领导下，采取有力措施，切

实加强对口支援工作，大量转移地震灾区中等职业学校学生到各地就学、实习和就业。要把帮扶中等职业教育作为教育系统对口支援的重要任务，团结合作，共同努力做好地震灾区中等职业学校的复学复课工作、毕业生就业工作、招生就学工作和恢复重建工作。

五、积极为地震灾区中等职业学校学生复学复课和新生入学等工作提供必要的经费支持

要以政府财政投入为主，广泛动员社会各界关心和支持地震灾区中等职业教育学生的安置和灾后重建工作。

教育部办公厅关于开展《国家中长期教育改革和发展规划纲要》制定工作的调研并提出建议的通知

（2008年10月16日）

各省、自治区、直辖市教育厅（教委），新疆生产建设兵团教育局：

8月29日，温家宝总理主持召开的国家科技教育领导小组第一次会议，审议并原则通过《国家中长期教育改革和发展规划纲要》（以下简称《规划纲要》）制定工作方案。10月14日，刘延东国务委员主持召开工作小组会议，审议《规划纲要》调研工作方案，对《规划纲要》制定工作进行部署。目前《规划纲要》制定工作已全面启动，请你们尽快组织教育行政部门和各级各类学校为制定《规划纲要》开展调研，提出政策建议。现将具体事项通知如下：

一、《规划纲要》的主要任务

《规划纲要》是指导我国未来十二年教育改革和发展的纲领性文件。其主要任务是，要在优先发展教育、促进教育公平、培养创新型人才、提高服务经济社会发展的能力方面提出符合国家战略和群众要求、反映教育规律和发展趋势的指导方针；要以提高国民素质、建设人力资源强国为核心，科学确定到2020年我国教育改革与发展的战略目标、总体任务和重大部署，对教育规模、结构、质量以及分阶段和分地区的目标提出具体要求；要综合考虑人口变化、学龄人口结构、经济结构、就业结构和社会发展特点，对各级各类教育的改革和发展作出专题规划。

二、开展调研的主要内容

1. 本地区教育改革发展的主要成绩、基本经验，典型案例分析。

2. 本地区教育改革和发展面临的突出矛盾和问题。

3. 本地区近年来推进教育改革发展的重大政策措施及成效。

4. 国家近年出台的重大教育政策措施在本地区的实施成效及存在的问题。

5. 面向未来十二年本地区教育改革和发展的目标、重大政策措施。

6. 对国家今后十二年教育改革发展的方针、目标、重大政策措施的意见和建议。在本届政府任期内需要国家解决的重大问题及重大工程项目、政策建议。

为制定好《规划纲要》，《规划纲要》工作小组办公室拟定了《国家中长期教育改革和发展规划纲要调研工作方案》，初步拟定十一个重大战略专题、三十六个子课题（见附件）作为重点调研内容，供你们研究时参考。

三、工作要求

制定《规划纲要》是一项十分复杂的社会系统工程。要贯彻科学发展观，体现面向现代化、面向世界、面向未来；要立足国情，改革创新；要具有战略性、前瞻性、针对性和操作性。各省级教育行政部门要高度重视调研工作，加强领导，精心组织，周密部署，切实抓实抓好。要抽调专门人员成立调研组，组织高素质的调研队伍，集中时间和精力，开展调研工作。要广泛听取地方各级教育行政部门、各级各类学校的政策建议，广泛征求学生、家长及社会各界的意见建议，广纳群言，广集众智。调研要突出存在问题，突出工作思路，突出政策措施，突出改革创新。

请于12月30日前将综合调研报告（字数不超过2万字）或专项政策建议（突出政策可行性）、典型案例分析报告提交教育部。调研工作中可将调研情况包括工作安排、重要观点、意见建议等以简报的形式及时上报。提供非机密的纸质材料时，请将材料的电子版发至《规划纲要》工作小组办公室调研组的电子信箱。

并请将负责此项工作联络员的姓名、单位、职务、联系电话在11月5日前传真教育部。

附件

十一个重大战略专题及三十六个子课题

第一专题：教育发展总体战略研究

本专题主要目的是研究提出2012年、2020年我国教育发展和改革的战略目标和指导方针。有4个子课题。

1. 教育改革和发展的基本经验、阶段性特征与主要矛盾和问题研究

主要研究内容：改革开放以来我国教育发展的主要成就和基本经验；我国教育政策的演变；目前教育中存在的主要矛盾和突出表现；社会关注的热点难点问题；教育发展的阶段性特征。

2. 国际教育发展研究

主要研究内容：国际教育发展的宏观趋势；发达国家和新兴国家教育发展道路与模式分析；各国优先发展教育的战略措施与案例研究；我国教育的国际地位与竞争力。

3. 中国特色社会主义现代化教育体系研究

主要研究内容：对我国教育体系历史发展与现状的分析与评价；对国外教育体系的比较与借鉴；中国特色社会主义教育体系的基本特征；各级各类教育之间的衔接和协调；完善教育体系和优化教育结构的政策和措施。

4. 教育发展指导方针与战略目标研究

主要研究内容：2012年、2020年我国全面建设小康社会对各级各类人才需求预测；人民群众对教育需求；我国教育优先发展、科学发展的指导方针与基本原则；2012年、2020年我国教育发展总体目标及各级各类教育发展目标；实现2012年、2020年我国教育发展战略目标的思路与对策。

第二专题：推进素质教育研究

本专题在2005—2006年素质教育系统调研的基础上，重点针对实施素质教育的体制性障碍和政策性问题，提出进一步推进素质教育分阶段实施的目标和保障目标实现的重大政策、重点项目，力争在一两个方面有所突破。有4个子课题。

5. 素质教育基本目标与实施途径研究

主要研究内容：全面建设小康社会目标对人的素质的要求和素质教育的时代内涵；2012年、2020年素质教育的工作目标；素质教育现状及经验分析；进一步推进素质教育的对策研究。

6. 社会主义核心价值体系融入国民教育全过程研究

主要研究内容：以社会主义核心价值观为统领的、适应时代发展要求的德育理念与整体思路；国际社会德育理念与实践的发展趋势；整合知识、能力、情感态度价值观的课程德育；德育社会实践基地和机制建设；重视实践经历的德育评价；体现育人特色的现代学校管理与制度体系；以德育专业化为目标的教师队伍建设；学校心理咨询工作研究。

7. 人才培养模式改革与减轻中小学生过重课业负担研究

主要研究内容：教育如何适应经济、社会的发展；基础教育课程、教学改革与人才培养模式的改革；学生科学素养、科学兴趣、创新精神与实践能力培养；建立具有中国特色的基础教育质量保证体系；初中、高中、大学招生和中考、高考制度改革；关于减轻中小学生过重课业负担的治标和治本之策；面向全体学生，因材施教，激发每一个人的创造性与培养创新型人才。

8. 实施素质教育的政策与制度研究

主要研究内容：社会用人制度与劳动工资制度改革；建立便于学习者选择和沟通的教育体系和教育制度；学校、家庭、社会相配合的素质教育实施体制；

政府在素质教育实施中的责任及问责制度研究。

第三专题：基础教育发展战略研究

本专题要研究提出2020年发展目标，针对基础教育发展的重大问题和突出矛盾提出解决思路，提出本届政府在基础教育方面要达到的目标、实施的重大项目和采取的重大政策举措。有5个子课题。

9. 义务教育发展研究

主要研究内容：义务教育发展现状分析；2012年、2020年义务教育巩固提高目标；全面实施城乡免费义务教育；义务教育均衡发展；义务教育生源变化和布局调整；义务教育学校标准化建设；义务教育质量监测与保障。

10. 普通高中教育发展研究

主要研究内容：2012年、2020年普通高中发展任务和目标；普通高中发展途径和发展机制；普通高中教育区域发展战略；普通高中教育有关政策研究；特色高中建设。

11. 学前教育发展研究

主要研究内容：学前教育事业发展现状及问题；2012年、2020年学前教育事业发展目标和战略重点；学前教育管理体制与政府责任；学前教育保障机制；学前教育管理。

12. 特殊教育研究

主要研究内容：特殊教育发展目标、途径；特殊教育政策、制度；特殊教育课程改革。

13. 农民工子女教育研究

主要研究内容：农民工子女特点与发展趋势；我国工业化、城市化对农民工随迁子女就学的影响；农民工随迁子女中考、高考问题；大中城市义务教育资源现有承载力及需求变化趋势；解决农民工子女教育问题的战略选择。

第四专题：职业教育发展战略研究

本专题要研究提出2020年发展目标，针对职业教育发展的重大问题和突出矛盾提出解决思路，提出本届政府在职业教育改革发展方面要达到的目标、实施的重大项目和采取的重大政策措施。有2个子课题。

14. 职业教育发展研究

主要研究内容：2012年、2020年职业教育包括中等职业教育和高等职业教育发展的指导思想、目标任务和发展重点；构建中国特色的职业教育体系，健全覆盖城乡的职业教育和培训网络；适应工业化和信息化融合发展需要，大力培养生产、服务和管理一线需要的技能型人才；加快培养社会主义新农村建设需要的新型农民；促进劳动就业工作和农村劳动力有序转移；增加职业教育经费投入，加强职业教育的基础能力建设，完善中等职业学校学生资助政策体系，推进农村免费中等职业教育；加强职业教育教师队伍建设；大力发展民办职业教育，形成公办、民办职业教育共同发展的格局；针对职业教育发展中的突出问题和主要矛盾，提出政策建议和解决措施。

15. 职业教育体制机制与培养模式改革研究

主要研究内容：深化职业教育办学体制和管理体制改革；建立行业、企业、学校共同参与的机制，进一步发挥行业企业在职业教育和培训中的重要作用；深化职业教育教学改革，加强专业、课程和教材建设；推行工学结合、校企合作、顶岗实习的职业教育人才培养模式；推进东部对西部、城市对农村中等职业学校联合招生合作办学；推动职业教育集团化办学；推广职业教育两个“三段式”办学模式；加快公办职业院校内部管理体制改革；建设职业教育质量保障体系；职业教育与职业资格证书制度。

第五专题：高等教育发展战略研究

本专题要研究提出2020年发展目标，针对高等教育发展的重大问题和突出矛盾提出解决思路，提出本届政府在高等教育方面要达到的目标、实施的重大项目和采取的重大政策举措。有4个子课题。

16. 高等教育科学发展研究

主要研究内容：2012年、2020年高等教育发展总体目标与指导思想；规模、结构、质量、效益协调发展，以及高等教育层次、科类和布局结构现状分析与优化的基本思路、具体举措；世界一流大学、国内高水平大学和各类型“强校”建设；高等教育发展的制度环境和体制问题；促进高等学校办出特色。

17. 提高高等教育人才培养质量研究

主要研究内容：高等教育人才培养现状分析，特别是本科教育人才培养存在的主要问题；高等教育人才培养目标、理念、社会需求、培养模式、教学内容方法改革、质量保障与评估体制、机制；高等教育人才培养的国际比较研究；培养创新型人才、提高人才培养质量的体制、机制创新与重大政策措施。

18. 研究生教育的发展与改革研究

主要研究内容：研究生教育现状分析；研究生教育规模与结构目标；研究生培养模式改革；研究生教育培养及运行机制改革；研究生教育质量保障体系建设；进一步加强专业学位教育；研究生教育发展的形势与政策建议。

19. 高等学校科学研究与社会服务研究

主要研究内容：高等学校在建设创新型国家中的地位和作用；高等学校科学研究与社会服务现状、问题；高等学校产学研相结合；提高高等学校科学研究和社会服务能力的思路、政策、举措；加强高等学校与科研院所的合作；繁荣发展高等学校哲学社会科学研究的现状、问题、思路、举措。

第六专题：继续教育发展战略研究

本专题要研究提出2020年继续教育发展的指导思想、战略目标和主要任务，针对继续教育中的重大问题和突出矛盾提出解决思路和重大政策举措，提出本届政府在继续教育方面要达到的主要目标、实施的重大项目和采取的重大政策举措。有3个子课题。

20. 继续教育现状与需求研究

主要研究内容：终身学习背景下继续教育的重要性、紧迫性；未来经济社会发展对继续教育的需求；继续教育发展现状的分析，包括供给状况，规模、结构、模式、效益等；当前继续教育发展中的主要问题。

21. 继续教育国际比较研究

主要研究内容：国际上继续教育发展趋势及可资借鉴的成功经验，重点包括国外继续教育制度和法制、“立交桥”建设、质量保障机制、评价激励机制以及投入机制等。

22. 继续教育发展目标与制度政策保障研究

主要研究内容：2012年和2020年继续教育发展的战略定位、指导方针、战略目标和重点领域；以终身教育思想为指导，以能力建设为核心，面向社会需求，推进继续教育改革发展的重大项目和政策举措，包括完善体系与构建“立交桥”、加强制度和法制建设、创新管理体制、改革继续教育模式、建立继续教育质量保障、评价和激励机制、构建继续教育资源平台与促进资源整合等。

第七专题：教育公平与协调发展研究

本专题要研究提出2020年教育公平与教育协调发展政策目标，针对进一步促进教育公平与教育协调发展中的重大问题和突出矛盾提出解决思路，提出本届政府在促进教育公平与教育协调发展方面要达到的阶段性目标、实施的重大项目和采取的重大政策举措。有3个子课题。

23. 促进教育公平研究

主要研究内容：社会主义初级阶段国情下教育公平的基本要求，教育公平与教育发展；教育公平方面的重要进展与突出问题；进一步促进教育公平的战略思路、阶段性目标及重大举措。

24. 促进教育协调发展研究

主要研究内容：教育与经济社会的协调发展；各级各类教育规模、结构、质量、效益的协调发展；城乡教育和区域教育的协调发展；合理配置公共教育资源，公共教育资源向中西部地区、农村地区、贫困地区倾斜的制度建设与专项举措。

25. 支持民族地区教育发展问题研究

主要研究内容：支持民族地区教育发展的专项举措；民族地区办学特色与双语教学；民族地区师资队伍培养；民族教育与文化保护和国家安全；民族院校建设。

第八专题：教育改革与制度创新研究

本专题主要目的是要研究制定教育改革的总体思路、整体方案和重大措施，完善与全面建设小康社会新要求相适应的教育体制，推进教育改革开放，提高教育管理水平，进一步探索新形势下中国特色社会主义教育发展道路。有5个子课题。

26. 教育体制改革研究

主要研究内容：中央和地方管理教育的责任权利与教育管理体制改革；政府和市场在提供教育公共服务中的作用与办学体制改革；转变政府职能，提高教育管理水平；因地制宜分类指导；教育综合改革试验区。

27. 中国特色现代学校制度研究

主要研究内容：中国特色现代学校制度特别是现代大学制度的基本内涵；高等学校办学自主权；高等学校内部治理结构与自我约束自我规范；高等学校的行政权力与学术权力关系；克服高校行政化倾向。

28. 民办教育发展问题研究

主要研究内容：民办教育发展的历程；民办教育发展的现状及其面临的瓶颈问题；国外私立教育发展的经验；中国民办教育未来发展的定位与思路；中国

民办教育发展制度创新设计；推进我国民办教育健康发展的政策举措。

29．教育法制建设研究

主要研究内容：教育法制建设的发展历程；依法治教和依法治校；保障和促进受教育机会平等；推动和促进相关主体的权利保障；增强教育法律法规的适用性；健全和完善教育法律体系。

30．教育对外开放研究

主要研究内容：教育对外开放的总体目标、指导方针和思路；政府间、国际组织教育交流与合作；加强高等学校人才培养与科技国际合作，提高出国留学效益，发展来华留学；积极参与国际服务贸易，创新国际教育服务模式和途径；引进海外优质教育资源，提高人才培养水平和科技创新能力；加快汉语走向世界；国际教育交流与合作的法规、监管和质量保障体系；国际交流与合作的组织和制度创新。

第九专题：教师队伍建设研究

本专题要研究提出2020年教师队伍发展目标，针对教师队伍建设中的重大问题和突出矛盾提出解决思路，提出本届政府在教师队伍建设方面要达到的目标、实施的重大项目和采取的重大政策举措。有3个子课题。

31．中小学教师队伍建设研究

主要研究内容：到2020年教师队伍建设的总体目标；提高教师地位和待遇的重大政策；义务教育教师公务员制度；完善教师资格制度；教师编制管理改革；推进和推广特岗计划，创新教师补充机制；中小学教师任用制度改革；加强农村教师队伍建设的政策举措；班主任的培养培训和激励机制；校长队伍能力建设。

32．高等学校教师队伍建设研究

主要研究内容：高校人事制度改革；高层次人才队伍建设；高校教师继续教育制度；高校教师任用制度和评价激励机制；加强高校教师队伍建设的政策举措。

33．教育家办学与教师教育创新研究

主要研究内容：教育家成长规律；培养造就教育家的体制机制环境；倡导教育家办学的政策措施；建立现代教师教育制度；教师教育体系运行机制；教师培养模式改革；教师教育课程与教学改革；免费师范教育与教师教育创新；教师培训与终身学习制度；支持师范教育改革与发展的政策措施。

第十专题：教育发展保障条件与机制研究

本专题具体围绕教育投入机制、教育信息化建设等支撑国家中长期教育改革和发展的保障条件与机制开展调研，研究提出2020年发展目标，针对当前存在的重大问题和突出矛盾提出解决思路，提出本届政府在以上方面要达到的目标、实施的重大项目和采取的重大政策举措。有2个子课题。

34．教育投入机制研究

主要研究内容：教育投入保障水平与国家发展；国家中长期公共教育投入水平；实现财政性教育经费占GDP4％目标的政策措施；建立和完善确保教育优先发展的以政府投入为主、多元化的教育经费投入机制；完善制度措施，建立公开、公正、公平的教育经费分配机制；加强管理，提高公共教育经费使用的规范性、安全性和有效性；进一步完善家庭经济困难学生资助政策体系；进一步完善税收优惠政策，支持教育事业发展。

35．教育信息化建设研究

主要研究内容：教育信息化建设与应用现状分析；教育信息化建设可持续发展策略；2012年、2020年教育信息化建设战略方针、指导思想、发展思路、总体目标、重大工程和政策建议。

第十一专题：教育系统党的建设研究

36．教育系统党的建设研究

主要研究内容：各级各类学校党的建设的基本现状及问题；2012年、2020年加强教育系统党的建设的主要任务和重要举措；充分发挥党组织在学校教育改革和发展过程中的保证作用；维护高等学校稳定；加强学生党建工作的任务和举措。

根据《规划纲要》制定的需要，还可增加重大战略专题开展研究。

资 料 汇 编

2008 年全国十大教育新闻

一、胡锦涛总书记考察北京大学，发表重要讲话提出四点希望

5 月 3 日，在北京大学建校 110 周年之际，中共中央总书记、国家主席胡锦涛到北京大学考察，并发表重要讲话。胡锦涛在讲话中提出了四点殷切希望：要大力弘扬爱国主义精神；要努力造就高素质人才；要不断创造一流学术成果；要积极培育优良校风。

二、国家选聘 10 万大学生“村官”，为新农村建设培养骨干力量

3 月 20 日，五部门召开选聘高校毕业生到村任职工作座谈会。经中央同意，从 2008 年开始，用 5 年时间选聘 10 万名高校毕业生到村任职。胡锦涛总书记对大学生“村官”回信作出重要批示，鼓励大学生积极投身新农村建设。这对加快推进社会主义新农村建设和引导大学生基层建功立业具有重大而深远的战略意义。

三、四川汶川发生特大地震，灾区师生英雄事迹受表彰

5 月 12 日 14 时 28 分，四川汶川发生 8.0 级特大地震。灾区师生用生命和爱心谱写了惊天动地的壮歌，展现了当代教师的师魂和当代青少年的精神风貌，他们的英雄事迹受到中央表彰和全社会的高度评价。党中央、国务院情系灾区、高度重视灾区师生的生命安全和复课救灾工作。9 月 1 日，灾区师生全面复课。

四、城市义务教育学生免除学杂费，全国城乡义务教育实现全免费

7 月 30 日，温家宝总理主持召开国务院常务会议，会议决定从今年 9 月 1 日开始，在全国范围内全部免除城市义务教育阶段学生学杂费。对享受城市居民最低生活保障政策家庭的义务教育阶段学生，继续免费提供教科书，对家庭经济困难的寄宿学生补助生活费。至此，全国城乡义务教育实现全免费，对进一步强化政府对义务教育的保障责任，推动义务教育均衡发展和促进教育公平具有重要意义。

五、北京第 29 届奥运会成功举办，教育战线贡献广受社会赞誉

8 月 8 日，北京第二十九届奥林匹克运动会隆重开幕，来自 204 个国家和地区的 1 万多名运动员在五环旗下同场竞技。教育战线师生贡献广受社会赞誉。高校科研为科技奥运提供了重要智力支持，高校奥运场馆成为比赛和训练的重要基地。170 万名志愿者大部分来自各级各类学校。“鸟巢一代”用热情、真诚、良好的服务，赢得国际国内的广泛赞誉，志愿者的微笑成为北京奥运会上“最美的名片”。

六、国家中长期教育规划纲要启动，制订规划 12 年教育改革发展蓝图

8 月 29 日，国务院总理温家宝主持召开国家科技教育领导小组第一次会议，审议并原则通过《国家中长期教育改革和发展规划纲要》制订工作方案，提出要制订出符合国家战略和群众需求、反映教育规律和发展趋势的规划纲要。规划纲要将对我国未来 12 年教育改革和发展作出全面规划和部署。

七、天水高考作弊案告破，5 名被告受到严肃处理

10 月 30 日，甘肃天水高考舞弊案一审公开宣判，涉案的 5 名被告分别被判处 5 个月拘役至 3 年有期徒刑。被告人蒋鑫与霍继刚、王梦义、赵晓峰分别为 20 名山东籍考生和 2 名不符合报名条件的天水籍考生办理了高考报名手续，从而使该部分考生非法取得了考试资格，参加了高考。

八、中央新增投资44亿用于教育，三项工程惠及百万农村学生

11月23日，中央决定，在今年第四季度增加安排的1 000亿元投资中，将44亿元用于教育事业，其中中西部农村初中校舍改造工程安排30亿元，中等职业教育基础能力建设安排10亿元，中西部地区特殊教育学校建设安排4亿元。3项工程共惠及农村学校2 000多所，学生100多万人。这是贯彻落实党的十七届三中全会提出的“大力办好农村教育事业”精神、促进教育公平的一项重要举措。

九、义务教育教师绩效工资改革实施，确保教师工资不低于当地公务员

12月17日，国务院常务会议审议并原则通过《关于义务教育学校实施绩效工资的指导意见》，决定从2009年1月1日起，在全国义务教育学校实施绩效工资，确保义务教育教师平均工资水平不低于当地公务员平均工资水平，同时对义务教育学校离退休人员发放生活补贴。这对于吸引和鼓励各类优秀人才长期从教、终身从教，促进教育事业发展具有重要意义。

十、纪念改革开放30年，教育实现跨越式发展

12月18日，中共中央召开纪念党的十一届三中全会召开30周年大会。改革开放30年，是我们党和国家面貌发生翻天覆地巨大变化的30年，也是我国教育面貌发生翻天覆地巨大变化的30年。党中央、国务院确立了教育优先发展的战略地位，把一个有着2亿多学生的世界上最为庞大的教育体系以崭新的面貌带入了新时期新阶段，我国从人口大国转变为人力资源大国，正在向人力资源强国迈进。

2008中国教育年度新闻人物

抗震救灾英雄师生群体：热血师魂永不褪色

【主要事迹】

“5·12”汶川大地震的发生，震惊了世界。面对灾难，灾区师生奋力抗争，与死神赛跑，与生命较量。

谭千秋，德阳市汉旺镇东汽中学教导主任，他的身体被楼板死死压住，但身下护着的学生却安然无恙；汤鸿，什邡市红白镇中心学校老师，两只胳膊下各夹着一个孩子，身子下还护着几个，她的身体却早已冰冷；杜正香，绵阳市平武县南坝小学老师，趴在塌下的一根钢筋水泥横梁下的瓦砾里，一手拉着一个孩子，胸前还护着3个孩子……我们的学生更是一个个英雄少年，个头矮小的9岁小学生林浩，背出一个又一个同学；身体并不健壮的马健硬是徒手挖掘4个小时，把同学救出，背上了山……还有更多的老师，我们无法一一点出，还有更多的学生，我们无法用笔触尽染。这一刻，大爱无声，却绚丽如虹。

【颁奖词】

这是共和国历史上刻骨铭心的一页！这是中国教育史上一座永久的丰碑！在汶川大地震撕裂中华大地的一刻，我们的教师用生命和鲜血诠释了师者最伟大的爱。我们的学生用勇敢和担当展现了新一代的风采！

让中华大地永远记住他们——“5·12”抗震救灾英雄师生群体！

南开大学教授、中国科学院院士 申泮文：化学家领衔教学国家队

【主要事迹】

执教68年的著名化学家、中国科学院院士申泮文，2008年伊始又有了新任务：培养一支教学领域的国家队。

作为我国当代无机化学学科奠基人之一，申泮文带领南开大学无机化学创新教学团队，入选教育部、财政部批准的我国首批国家级教学团队。作为团队带

头人，申泮文院士长期致力于推进教学的传帮带，给青年教师创造条件，把他们推到教学和科研的第一线，如今他的团队中有院士，有长江学者，还有国家级教学名师，先后获得3项国家级教学成果一等奖。

不仅如此，长期从事基础化学课教学工作的申泮文院士还几十年如一日，坚持为本科生讲课。他设计出的新的化学专业教学改革方案，深受同行赞赏。

在申泮文院士看来，领衔国家队不仅是一种荣誉，更是一种沉甸甸的责任。

【颁奖词】

他是我国当代无机化学学科奠基人之一，他是一位可敬的老人，他是一位智慧的科学家，他是一位永葆激情的团队带头人，他90多岁依然坚守教学第一线。

申泮文，老骥伏枥，志在千里！

新疆石河子大学教授

代江生：他心里没给名利留位置

【主要事迹】

他是新疆石河子大学动物科技学院遗传育种教研室教授，多年来在条件艰苦的新疆边境牧场科技扶贫，积劳成疾，罹患重症肝炎，2008年7月21日去世。

新疆生产建设兵团农九师161团，是一个贫困的边境牧业团场，也是石河子大学对口支援的科技扶贫单位。1996年以来，代江生两次作为特派专家到161团驻点开展“科技扶贫”。代江生有多次脱产攻读博士的机会，然而，当院里需要教师下基层去做“吃力不讨好”的科技扶贫工作时，代江生两次选择了去基层。

代江生多次主持、参加过教育部和国家级研究课题，2007年获得国家科技进步二等奖。在代江生的辛勤工作下，161团的品种改良工作取得了巨大成功。到1998年，161团肉羊场已经成为农九师的养羊基地。2007年，通过人工授精技术，代江生改良羊3.4万只，为团场增加经济效益300多万元。

【颁奖词】

他是一个青年知识分子，面对多次攻读博士的机会，他选择到基层科技扶贫。他是一个大学教授，面对教学和科研，忘我工作，将生命之火留在人间。

代江生，用生命唱响科技扶贫的赞歌。

清华大学博士生

梁苏会：用微笑诠释志愿者精神

【主要事迹】

北京奥运会、残奥会期间，她是一名为志愿者服务的志愿者——作为志愿者服务助理在国家游泳中心保障场馆志愿者的衣食住行，连续服务近50天。

作为场馆临时团总支副书记、志愿者业务口临时团支部书记，梁苏会还承担了共青团组织的工作，为广大志愿者青年团员服务。无论是回收、反馈志愿者意见建议，还是组织本业务口志愿者团队建设，梁苏会都在其中发挥出积极作用，使“水立方”志愿者成为一个团结向上的集体，出色完成了志愿服务任务。

2008年9月29日，北京奥运会、残奥会总结表彰大会在人民大会堂召开，梁苏会代表100多万奥运会、残奥会志愿者发言。

【颁奖词】

她是一名博士生，身在校园，心系社会。

她积极服务社会，用爱心和行动向社会、向他人输送温暖和关怀。

梁苏会，一个用微笑向世界诠释北京奥运志愿者风采的代表。

陕西省大荔县赵渡初中教师

邓健：三尺讲台写就大爱篇章

【主要事迹】

他因小儿麻痹导致终身残疾，遭遇夫妻离异，女儿身患绝症……面对接踵而至的挫折与考验，陕西省大荔县赵渡初中教师邓健，在不幸中死死地扼住了命运的咽喉，在大荔库区群众中筑起了一座心碑。

1999年，大学毕业的邓健主动要求到当时条件最艰苦的库区乡镇大荔县赵渡初中当了一名教师。他发誓要把自己的青春奉献给这里的孩子，奉献给库区这片热土。由于能吃苦，肯钻研，他硬是把枯燥的数学课讲得如行云流水。为了尽量不因自己行动不便而耽搁孩子们的时间，邓健不知摔了多少回跤，终于学会了骑自行车。

邓健说：乡亲们把娃儿交到老师手里，就是把希望交到了老师手里。教不好娃娃，咱对不起乡亲们的这份情意。

【颁奖词】

他身有残疾，屡遭不幸，却意志坚强、不坠青云之志；他刻苦钻研，为教育事业甘奉青春。从当教师的第一天起，人生的不幸没有消磨掉他对生活的热情、对学生的爱、对教育事业的忠诚。

邓健，三尺讲台写春秋，大爱无声铸师魂.

青海省湟中县汉东乡下麻尔村教师

马复兴：他用双臂书写精彩人生

【主要事迹】

马复兴从小失去双手，但他身残志坚，1981年开始在下麻尔村小学教书至今，在青藏高原一个偏僻的山村小学书写了28个春秋。

下麻尔村是个回族聚居村，为了让孩子们上学，他不知走了多少路，说了多少话。执著常令人感动，热心会融化坚冰。渐渐地，村里背书包的孩子越来越多，教室里传出的读书声越来越洪亮，人们对知识的观念慢慢在变，村子也越来越有生机……如今，全村适龄儿童入学率、巩固率均达到100%。不仅如此，得益于小学时期马老师打下的好基础，这个村还走出了一批大学生。今年，包括他的小女儿在内，下麻尔村又有5名学生考上大学。“女儿考上了师范学院，我希望她将来也能成为一名老师。”马复兴说。

【颁奖词】

他在青藏高原一个小山村的三尺讲台上耕耘了28个春秋。他从来没有品味过举手之劳的轻松；他记不清资助过多少贫困孩子上学；马复兴以执著的信念，以对孩子们无私的付出，以面对困难自强不息的精神，让自己的人生路平凡而精彩。这就是马复兴，他用双臂书写人生！

上海师范大学音乐学院辅导员

孙雅艳：用音符串起孩子的希望

【主要事迹】

6次赴广西百色地区，2 000封山里孩子的信，13万多元，资助38个学生……沉甸甸的数字背后，饱含着上海师范大学音乐学院辅导员孙雅艳长达8年对革命老区孩子的关爱。

2007年9月3日，作为中国青年志愿者扶贫接力计划的志愿者，孙雅艳第六次南下百色，到最偏远的田阳县玉凤镇坤平中学当艺术老师。她主动承担了绘画和音乐等课程，想尽办法把课堂变得生趣盎然。组建校园合唱团，排练元旦文艺晚会，天籁般的童音在山谷中回荡，山里娃在艺术的熏陶中认识了美、感受了美。

为了解学生的家庭和心理状况，她在学校里开办了阳光聊天室，把全校170名学生挨个找来谈心。利用周末，她步行几个小时的山路去家访，收集贫困生情况，发布到爱心网站上，争取社会帮扶。

【颁奖词】

她曾6次赴广西百色地区，坚持8年援助老区儿童；她收藏了2 000封山里孩子的信，捐赠13万多元，资助38个学生。

孙雅艳，用青春和爱心播撒阳光，温暖了一个又一个孩子的心灵！

内蒙古赤峰市回音聋儿康复乐园校长

孙月光：让聋哑儿告别无声世界

【主要事迹】

16年来，孙月光凭着自己的坚毅和顽强，让160多名聋哑儿童在她的博爱中健康成长，由无声世界迈向了有声世界。

1993年春季，在赤峰市元宝山区一所农村小学做教师的孙月光毅然辞去了教学的职务，给一名9岁的聋哑儿童梁海当上了家庭教师，从此走上特殊教育这条路。1997年，在元宝山区残联的支持下，孙月光创办了回音聋儿康复乐园。聋哑儿童康复是一个艰辛而漫长的过程，她为此付出了多少辛酸和汗水，没有人能说得清。现在照顾聋哑儿童已经成为孙月光生活中的全部，无论是学习中的困难，还是生活中的烦恼，她都用其博爱的胸怀包容着一切。

【颁奖词】

她恪守着自己的承诺，用心、用爱，更是用超乎想象的坚定，牵手160名聋哑儿童走进有声世界。她创业建园、含辛茹苦，由一个农家女成了聋哑孩子们的好妈妈。

孙月光，用一片真情真爱，演绎了一曲现代《月光曲》。

山东省济南市吴家堡镇曹家圈村大学生村官孟帅：愿做黄河滩边一株柽柳

【主要事迹】

2004年9月，孟帅作为团山东省委的选调生，被选派到曹家圈村任村党支部副书记，当上了村官。

从孟副书记、小孟副书记，到小孟、孟呀，这是3年中黄河滩边淳朴村民对孟帅称谓的变化。

曹家圈村是一个只有105户人家、355口人的小村，村集体唯一的经济来源是两方鱼塘，而每年几千元的承包费连两委成员的基本工资都保证不了。

孟帅决定以修路为突破口，树立村两委的新形象。他天天泡在路上，经过孟帅和村民的艰苦劳动，路面整修到8米宽，彻底改变了晴天一身土，下雨两脚泥的状况，村民进出村比以往缩短了四五里的路程。曹家圈接纳了孟帅，孟帅也彻底融进了曹家圈。

【颁奖词】

他是黄河边的柽柳，不论土地多么贫瘠，他都能把根扎深；他是当代大学生的代表，不论城市生活多么优越，他毅然选择了乡村。

孟帅，帅在人生的理想与追求！

安徽省长丰县造甲乡冯巷小学教师冯荣传：人生最伟大的谢幕

【主要事迹】

2007年11月15日11点10分，离放学的时间还有5分钟，冯荣传正在黑板上书写最后一行生字，突然，身子一歪，倒在了黑板前。闻讯赶来的同事呼喊着他的名字，然而，已经办好退休手续，再有一个月就要离开讲台的冯荣传再也没有醒来。

冯荣传爱岗敬业，从教34年来，不管值班与否，每天总是第一个来到学校，最后一个离开。他对待学生如同自己的孩子，不仅利用休息时间义务为学生补课，刮风下雨背学生过河，还用自己微薄的收入资助了一批贫困学生完成小学学业。他遗留下来的一本私账里，密密麻麻记载了很多笔为学生垫付的学费、书本费等支出，还有几张泛黄发旧的学生家长写的借据，数额最小75元，最大535元，总计3 000多元。而2000年之前，冯荣传的收入每月只有三四百元。

【颁奖词】

他一生爱教育，爱得痴迷；他一生爱孩子，把学生当作儿女。他在三尺讲台上完成了人生最伟大的谢幕！

冯荣传，春蚕到死丝方尽，蜡炬成灰泪始干。

云南省福贡县石月亮乡九年一贯制学校校长陈再春：让“石地”变成“绿洲”

【主要事迹】

在云南偏远的穷山沟里，陈再春带领师生在学校周边的田间地头种菜、养猪、养鱼、酿酒……把贫瘠的“石地”变成了“绿洲”。从此，学校越办越红火：学生生活有保障了，学习热情提高了；教师工作有干劲了，教学质量提高了；学生的劳动观念和动手能力养成了，综合素质也提高了。就这样，这所原本穷得出了名的山村学校，因全面“脱贫”而声名远播。

这一翻天覆地的变化，其发端仅为1.5万元的勤工俭学启动资金，其发展靠的则是山、是水、是教育者的智慧和信念，而其背后，是一个基础薄弱的农村学校在国家对西部贫困地区义务教育大力投入的同时，对不等不靠、积极作为，最为朴实而又用心良苦的诠释。“我们还要发展沼气，建大棚、饲料加工厂……不仅为学生服务，还为当地老百姓服务。”陈再春说。

【颁奖词】

他从一个贫瘠的小山村走出，又在另一个穷山沟里扎根。他将“校园脱贫梦”变成现实，又率师生把“石地”变为“绿洲”。陈再春，一个普通的山村学校校长，用信念和执著谱写着西部教育之歌！

2008年度中国高等学校十大科技进展

（入选项目按主持单位拼音顺序排序）

①北京大学

线粒体超氧炫现象及其产生机制

活性氧（ROS）在细胞生理和多种重大疾病病理过程中起重要作用，超氧阴离子是线粒体内ROS的最初生成形式。北京大学分子医学研究所程和平研究组发明了用于实时、原位探测的线粒体定位的超氧荧光探针，发现了一种新的细胞超氧生成事件，命名为“超氧炫”（superoxide flashes）。此研究让人们第一次“看见”线粒体超氧产生过程，大大提高了亚细胞ROS信号检测的时空精确性，为认识ROS信号、细胞代谢、药物开发、衰老、健康与疾病过程中ROS等开启了新的研究方向。研究成果《*Superoxide Flashes in Single Mitochondria*》于2008年7月25日以配图论文形式在*Cell*杂志发表（*Cell*. 2008;134:279-290），受到科学界同行广泛关注。《*Nature Chemical Biology*》杂志和《*Nature Methods*》杂志均在Research Highlight中对该研究的重要意义进行了介绍。

②北京航空航天大学

航天器姿态控制新型惯性执行机构技术

姿态控制惯性执行机构是高分辨率、长寿命遥感卫星平台的核心技术。磁悬浮飞轮和控制力矩陀螺是我国新一代航天器姿态稳定和姿态机动急需的新型惯性执行机构，国外长期严密技术封锁，是我国高分辨率遥感卫星和大型航天器亟待解决的“卡脖子”问题。

在多项国家重点科研课题支持下，北京航空航天大学“新型惯性仪表与系统技术”团队经过十多年攻关，在国内开辟了航天器姿态控制磁悬浮惯性执行机构的新技术方向，提出了基于空间五自由度主动控制混合磁悬浮轴承的惯性执行机构设计理论和方法，突破了磁悬浮支承和高速高精度驱动两大核心技术，发明了新型磁悬浮姿控/储能两用飞轮、磁悬浮反作用飞轮、单框架和双框架磁悬浮控制力矩陀螺，达到国际先进水平，为我国各类高精度长寿命遥感卫星和大型航天器姿态控制惯性执行机构由机械轴承飞轮向磁悬浮飞轮的跨代发展奠定了坚实的技术基础。相关技术可推广应用于风力发电和分布式供能、高能量密度电机、电动汽车、航空发动机、核离心机、潜艇推进电机等关键领域。“卫星新型姿控储能两用飞轮技术”获2007年度国家技术发明一等奖，已申请国家发明专利81项，其中授权52项，又获2008年何梁何利基金科学与技术成就奖。

③北京航空航天大学

小型高精度CMOS天体敏感器技术

北京航空航天大学等单位完成的项目——“小型高精度CMOS天体敏感器技术”受国家民用航天重大科研计划、国家“863”计划、国家“211工程”建设项目，及多个国防基础科研计划资助，历经十年，并有近40年的学科研究基础。

该项目发明了天体敏感器量值传递新方法和新装置，建立了完善的量值传递体系；发明了全新的天体敏感器质心跟随成像体制，发明了信息处理专用芯片及系列硬件装置；发明了4种小型化高性能天体敏感器光学成像系统；发明了一系列星图快速识别与跟踪新方法，发明了电注入星图的天体敏感器功能测试装置；发明了天体敏感器系列航天型号产品，主要性能指标国际领先，为实现我国航天器小型化、高精度自主运行提供了重要技术途径与更新换代产品。

该项技术是军民两用技术，已应用于我国7项重大航天型号和空间计划、4项新一代航天武器研制计划、星敏感器校准设备国家建标、近20家国防工业和科研部门关键技术攻关，在2家航天工业部门实现了成果转化，并在10余家民口企业中创造了重大经济效益。申请发明专利38项（含美国发明专利5项），已授权23项，在SCI和EI收录源期刊发表论文70余篇，撰写国防科技报告百余份。（获2008年国家技术发明一等奖。已评出，未公布。）

④大连理工大学

硬脆材料复杂曲面零件精密制造技术与装备

具有高性能要求的石英陶瓷类硬脆材料复杂曲面零件是典型的高技术产品，其精密制造方法、技术和装备，涉及多个学科，为我国重大工程所急需。

大连理工大学历时12年，研究出了高性能硬脆材料复杂曲面零件精密制造的理论与方法、五种工艺技术与装备，主要包括：面向性能的复杂曲面逐点可控数字化制造新原理；径小孔深、结构复杂的薄壁零件法向厚度和外廓形精密测量方法和仪器；按物理性能误差反求几何补偿量的方法以及修磨加工工艺与装备；有微裂纹缺陷的硬脆材料零件充气加压强度筛选方法与设备；硬脆陶瓷材料零件与金属连接环的高精度可靠连接的粘接工艺与设备。该系列成套技术获得3项发明专利，4项技术通过科技成果鉴定，均属“国内首创，国际先进水平”。成果已全部获得成功应用，解决了具有高性能要求的石英陶瓷类硬脆材料复杂曲面零件的制造难题，取得了巨大的社会和经济效益。（获2008年国家技术发明一等奖。已评出，未公布。）

⑤清华大学

下一代互联网核心技术国际标准 RFC5210

（IPv6真实源地址体系结构及测试床）

当前互联网体系结构对分组的源地址不进行验证，带来了网络安全、管理和计费等多方面的问题。清华大学吴建平团队完成的下一代互联网核心技术国际标准于2008年6月获得国际标准化组织IETF批准，成为RFC 5210：Source Address Validation Architecture（SAVA）Testbed and Deployment Experience（源地址验证体系结构及试验网）。这也是我国获得的第一个试验类（Experimental）RFC。

IPv6源地址验证技术可以有效地为下一代互联网提供可信任的网络层基础设施：防止以伪造源地址为基础的各类网络攻击例如反射式分布式拒绝服务攻击等；使互联网中的攻击和流量容易追踪；有助于实现基于真实源地址的计费、网管和测量；可以为安全服务和安全应用的设计提供技术基础。对落实国家下一代互联网发展战略和国家中长期科技发展规划，对提高我国下一代互联网技术创新能力、促进信息产业实现跨越式发展，对提高我国在下一代互联网领域的国际竞争地位，都具有重要的战略意义。

⑥南京师范大学

晚更新世亚洲季风旋回驱动机制和突变事件韵律的研究

亚洲季风气候波动直接影响占世界人口一半以上居民的生存环境，研究季风变迁历史，探求其规律具有重要的理论和现实意义。南京师范大学以汪永进教授为首的教育部创新团队长期从事亚洲季风研究工作。2001年研究成果被美国科学促进会专家委员评选为近十年发表在《科学》所有领域最具影响的31篇论文之一，收录在“《科学》杂志精选论文”里。

2008年，该团队在亚洲季风气候研究领域又取得重大进展。借助于亚洲季风典型影响区域——长江中下游梅雨带上的洞穴石笋，以汪永进教授为首的专家们论证了亚洲季风变化与太阳辐射变化周期同步进行，这一成果对古气候学界长期持有的“滞后说”提出挑战。同时发现，千年尺度的气候振荡事件始终贯穿于冰期/间冰期旋回中，其频率与持续时间具有很好的重现性特征，这对未来气候的预测具有重要意义。

著名古气候学家Jonathan Overpeck and Julia Cole在《自然》上撰文对该项研究成果给予了高度评价，称该项研究成果对理解亚洲季风具有不可估量的价值（an invaluable resource for understanding the Asian Monsoon）。

⑦上海交通大学

白血病、红细胞和血小板等血液系统相关疾病研究获整体突破

2007年12月至2008年10月期间，上海交通大学医学院附属瑞金医院血液学研究所在白血病、红细胞和血小板相关疾病等研究领域获得全方位重大进展，在PNAS、Blood、PLoS ONE、Oncogene、Leukemia、JBC和J Immunol等著名国际学术杂志发表12篇研究论文，另在SCI收录的国内期刊发表论文2篇，获得专利授权4项。

他们率先应用全反式维甲酸和三氧化二砷联合治疗初发急性早幼粒细胞白血病（APL）的7年随访研究表明5年无复发生存率达95%，使APL成为国际上第一个可治愈的急性髓系白血病。研究人员还首次用现代生化和分子手段阐明中药复方黄黛片治疗白血病的“君、臣、佐、使”的配伍原则，并发现和证明了维甲酸诱导基因-I（RIG-I）是髓系造血的负性调控因子，介导维甲酸诱导分化治疗白血病的作用。他们还发现转录因子GATA-2的突变可能是慢性粒细胞白血病急变的最关键基因之一，为理解肿瘤的多步骤发病原理和靶向治疗提供了典范。

此外，还发现和克隆了新的白血病相关致癌融合基因 NUP98/IQCG，发展了新的恶性血液疾病分子诊断的手段。尤为可喜的是，在红细胞疾病的研究领域也有了重大进展，除发现 RigK（维甲酸诱导分化基因 K）在定向红系造血和成红细胞血岛形成过程中起关键作用外，还发现 miR-144 在珠蛋白合成中起精细的调控作用。此外还发现整合素 3RGT 短肽可有效抑制血小板黏附和活化，为抗血栓治疗提供了新的策略。

⑧天津大学

光子晶体光纤飞秒激光技术

超短脉冲激光技术从上世纪 80 年代开始，经历染料飞秒激光和固体飞秒激光的发展，开辟了飞秒激光的应用时代。但其昂贵的成本，庞大的结构，复杂的操作严重阻碍了飞秒激光的应用。所以，探索新机理，突破现有飞秒激光局限，研制新一代飞秒激光成为世界范围内热门研究课题。

随着光子晶体光纤的问世，新一代飞秒激光研究于 2000 年后蓬勃发展起来。天津大学与国际同步开展了这一研究，取得一系列重大研究成果：利用光子晶体光纤，在国际上首次实现了飞秒激光在 400—700 纳米宽带连续可调谐，这是目前其他技术无法达到的；在国际上首次研制成功保偏大模场面积光子晶体飞秒激光振荡器，创造了 70 飞秒该技术当前最短脉宽纪录；研制成功国际上首台全光子晶体光纤飞秒激光放大系统，创造了 39 飞秒该技术当前最短脉宽纪录；将该技术率先用于太赫兹波和微纳加工，为其开辟了一个新的技术途径。

光子晶体光纤飞秒激光技术的发展以其低廉的成本，能抗击外部环境影响的封闭式结构，无需繁琐调试的集成化以及高功率高光束质量等突出优势决定了其工作的稳定性、可靠性、简约性和普及性，从而将开创一个飞秒激光应用普及的新时代，在众多的基础学科、高新技术、国防应用以及大科学工程中发挥其不可替代的重要的独特作用。

⑨中国科学技术大学

新型铁基高温超导材料的发现及相图研究

高温超导研究具有广泛的应用价值与科学价值。1986 年，IBM 研究实验室的物理学家柏诺兹和缪勒发现了临界温度为 35 开尔文的镧钡铜氧超导体。这一突破性发现导致了一系列铜氧化物高温超导体的发现。柏诺兹和缪勒也因此荣获 1987 年度诺贝尔物理学奖。自那以后，铜基高温超导电性及其机理成为凝聚态物理的研究热点，但其超导机制至今仍未解决。科学家们都希望在铜基超导材料以外再找到新的高温超导材料，从而能够从不同的角度去研究高温超导机制。

2008 年 3 月 25 日，中国科学技术大学陈仙辉教授小组在国际上最先报道了在氟掺杂的钐氧铁砷化合物中发现高于 40 开尔文的超导电性（43 开尔文）。该材料为第一个临界温度超过 40 开尔文的非铜氧化物超导体，突破了麦克米兰极限（麦克米兰曾经断言，传统超导临界温度最高只能达到 39 开尔文，被称为麦克米兰极限），高于 40 开尔文的临界转变温度有力地说明了该体系属于非传统高温超导体。该工作发表在今年 6 月 5 日的英国《自然》杂志上。《自然》杂志审稿人对该工作给出了高度评价："这是一篇坚实可靠的论文，开辟了氟掺杂 ROFeAs 化合物的领域。这一工作表明了超导转变温度（在常压下）高于 40 开尔文。这项工作是坚实可靠的，有助于该领域基础的创建。"《*Nature Chemistry*》、《*Nature China*》和《*Asia Materials*》将这一工作作为亮点进行了介绍和报道。随后，陈仙辉教授小组进一步发现该体系临界转变温度可达到 54 开尔文并且提出了该体系的电子相图。与此同时，陈仙辉教授小组还与国际上众多知名研究小组就关于铁基超导体的机理开展了广泛的合作研究。

人们相信，新铁基高温超导体的发现，将会给高温超导机理的研究带来新的曙光，这将激发科学界新一轮的高温超导研究热潮。

⑩中山大学

MicroRNA 对成瘤性乳腺癌干细胞"干性"的调控作用研究

中山大学附属第二医院乳腺外科的宋尔卫教授率领的研究团队首次揭示了决定乳腺肿瘤干细胞基本生物学特性的重要机制，发现微小分子 RNA（MicroRNA）对这些细胞的自我增殖，多向分化和生成肿瘤的能力起着关键的调控作用。这是宋尔卫教授于 2003 年的研究成果被 Science 杂志选为"年度全球十大科技突破"的代表性成果后，在小分子 RNA 研究领域的再次突破。该项目获得国家自然科学基金委、教育部和科技部等多部门的联合资助，成功地结合了近年来生物医学领域的两大研究热点——肿瘤干细胞和微小分子RNA的研究。

肿瘤干细胞又称为肿瘤启动细胞，它们具有成体干细胞的某些功能特征，包括自我增殖和多向分化的能力，称为“干性”。肿瘤干细胞虽然只占实体恶性肿瘤细胞群体中的一小部分，但是它们不仅在肿瘤形成和发展中起着重要作用，而且更是恶性肿瘤发生全身转移，耐受化疗和放疗等常规治疗，以导致治疗后肿瘤复发的根源。肿瘤干细胞的功能特征大都是它们所具有的“干性”所赋予的。微小分子RNA过去曾被认为是细胞内多余的垃圾RNA，但近年发现它们是调控真核细胞基因表达的关键分子，影响着多种细胞生物现象。

宋尔卫教授的研究成果以论著形式发表在2007年12月的Cell杂志，引起了国内外学者的广泛关注，《*Nature Biotechnology*》和《*Cell Stem Cell*》等顶尖学术杂志进行了专题评述，认为该成果不仅为阐明恶性肿瘤发生发展的机制提供了新线索，还将为发展针对肿瘤干细胞的新型抗肿瘤治疗方法奠定基础。

原载《中国教育报》2008年12月31日第3版

高校获2008年度国家技术发明奖项目

一等奖通用项目2项

序号	获奖编号	项目名称	主要完成人	学校
1	F-216-1-01	硬脆材料复杂曲面零件精密制造技术与装备	郭东明、贾振元、康仁科、王永青、盛贤君、余慧龙	大连理工大学
2	F-219-1-01	小型高精度天体敏感器技术	张广军、江　洁、魏新国、樊巧云、张晓敏、刘付成	北京航空航天大学

二等奖通用项目28项

序号	获奖编号	项目名称	主要完成人	学校
1	F-201-2-01	西南地区玉米杂交育种第四轮骨干自交系18-599和08-641	荣廷昭、潘光堂、黄玉碧、曹墨菊、高世斌、兰　海	四川农业大学
2	F-203-2-01	中国地方鸡种质资源优异性状发掘创新与应用	康相涛、王彦彬、田亚东、李　明、孙桂荣、黄艳群	河南农业大学
3	F-211-2-01	食品、农产品品质无损检测新技术和融合技术的开发	赵杰文、黄星奕、邹小波、蔡健荣、刘木华、陈全胜	江苏大学
4	F-212-2-01	新型功能中空纤维膜制备技术及其产业化应用	肖长发、安树林、杜启云、李新民、刘建立、胡晓宇	天津工业大学
5	F-212-2-02	优质天然高分子材料超细粉体化及其高附加值的再利用	徐卫林、李　毅、郭维琪、崔卫钢、李文斌、欧阳晨曦	武汉科技学院
6	F-213-2-01	粒子过程晶体产品分子组装与形态优化技术	王静康、尹秋响、王永莉、张美景、侯宝红、郝红勋	天津大学
7	F-213-2-03	完全预分散—动态硫化制备热塑性硫化橡胶的成套工业化技术	张立群、田　明、田洪池、伍社毛、朱玉俊、于晓宁	北京化工大学

续表

序号	获奖编号	项目名称	主要完成人	学校
8	F-213-2-04	以脂肪酶为催化剂的绿色化学合成工艺	谭天伟、陈必强、王　芳、于明锐、邓　利、聂开立	北京化工大学
9	F-213-2-05	高纯度井冈霉素生物催化生产井冈霉醇胺的产业化技术开发	郑裕国、沈寅初、陈小龙、薛亚平、裘国寅、傅业件	浙江工业大学
10	F-213-2-06	不同工况反应与蒸馏集成技术及其在化工中间体生产中的应用	乔　旭、崔咪芬、汤吉海、张进平、周新基、曹宏生	南京工业大学
11	F-214-2-01	纳米晶磷酸钙胶原基骨修复材料	崔福斋、冯庆玲、李恒德、王继芳、俞　兴、蔡　强	清华大学
12	F-215-2-02	多元复合稀土钨电极及其制备技术	聂祚仁、胡福成、周美玲、李炳山、杨建参、彭　鹰	北京工业大学
13	F-215-2-03	基于微生物基因功能与群落结构分析的硫化矿生物浸出法	邱冠周、刘学端、柳建设、刘新星、黎维中、王　军	中南大学
14	F-216-2-01	一种空间机构的钢板滚切剪技术与装备	黄庆学、孙斌煜、孟进礼、曹一兵、张其生、马立峰	太原科技大学
15	F-217-2-01	三维协调的新一代电网能量管理系统关键技术及应用	张伯明、孙宏斌、吴文传、郭庆来、汤　磊、王　鹏	清华大学
16	F-217-2-03	电厂锅炉多种污染物协同脱除半干法烟气净化技术	骆仲泱、高　翔、岑可法、倪明江、周劲松、方梦祥	浙江大学
17	F-219-2-01	非硅 MEMS 技术及其应用	陈文元、赵小林、丁桂甫、陈　迪、张卫平、孙方宏	上海交通大学
18	F-219-2-02	低功耗铁氧体磁芯及新型节能磁性元器件	张怀武、刘颖力、张瑞标、赵　淳、苏　桦、杨青慧	电子科技大学
19	F-220-2-01	基于网络融合的流媒体服务新技术	戴琼海、陈　峰、刘烨斌、杨敬钰、徐文立、尔桂花	清华大学
20	F-220-2-02	构件化应用服务器核心技术与应用	梅　宏、杨芙清、黄　罡、王千祥、周明辉、曹东刚	北京大学
21	F-231-2-01	耦合式城市污水处理新技术及应用	赵建夫、夏四清、张亚雷、周岳溪、杨殿海、顾国维	同济大学
22	F-236-2-01	宽带无线移动 TDD-OFDM-MIMO 技术	张　平、陶小峰、李立华、田　辉、张建华、王　莹	北京邮电大学
23	F-236-2-02	TD-SCDMA 终端核心芯片平台关键技术及应用	郑建宏、申　敏、李贵勇、陈贤亮、黄俊伟、杨小勇	重庆邮电大学
24	F-236-2-03	小型化高性能微波无源元件与天线	毛军发、金荣洪、耿军平、尹文言、李晓春、李征帆	上海交通大学
25	F-239-2-01	难沉降煤泥水的矿物-硬度法绿色澄清技术及高效循环利用	刘炯天、祁泽民、王永田、冯　莉、曹亦俊、韩　锴	中国矿业大学

续表

序号	获奖编号	项目名称	主要完成人	学校
26	F-251-2-01	基于计算机视觉的水果品质智能化实时检测分级技术与装备	应义斌、王剑平、饶秀勤、蒋焕煜、徐惠荣、陈永兴	浙江大学
27	F-252-2-01	矿井（隧道）复杂地质构造探测装备与方法研究	彭苏萍、杨　峰、朱国维、王怀秀、赵　伟、苏红旗	中国矿业大学（北京）
28	F-253-2-01	组织工程化组织构建关键技术研发与应用	曹谊林、崔　磊、刘　伟、周广东、李　宏、张文杰	上海交通大学

高校获2008年度国家自然科学奖项目

二等奖16项

序号	获奖编号	项目名称	主要完成人	学校
1	Z-101-2-03	电磁材料结构多场耦合非线性力学行为的理论研究	郑晓静、周又和	兰州大学
2	Z-103-2-02	功能纳米材料的合成、结构、性能及其应用探索研究	李亚栋、王　训、彭　卿、孙晓明、李晓林	清华大学
3	Z-103-2-03	碳硼烷及其金属碳硼烷的合成、结构和反应	谢作伟	香港中文大学
4	Z-103-2-04	新型规则纳米孔材料的分子工程	裘式纶、朱广山、李晓天、张宗弢、方千荣	吉林大学
5	Z-104-2-03	生命与环境协调演化中的生物地质学研究	殷鸿福、谢树成、杨逢清、童金南、王永标	中国地质大学（武汉）
6	Z-105-2-03	抗生素代谢工程的基础研究	邓子新、白林泉、周秀芬、孙宇辉、陈　实	上海交通大学
7	Z-106-2-01	雌激素和三苯氧胺诱发妇科肿瘤的分子机制	尚永丰、张　华、伍会健、尹　娜、易　霞	北京大学
8	Z-106-2-03	介导肝脏损伤与再生的天然免疫识别及其调控机制	田志刚、魏海明、孙　汭、张　建、郑晓东	中国科学技术大学
9	Z-107-2-01	鲁棒控制系统设计的参数化方法与应用	段广仁、关新平、刘国平、张焕水、高会军	哈尔滨工业大学
10	Z-107-2-02	国际通用 Hash 函数的破解	王小云、于红波	山东大学
11	Z-107-2-04	非经典计算的形式化模型与逻辑基础	应明生	清华大学
12	Z-107-2-05	混沌反控制与广义 Lorenz 系统族的理论及其应用	陈关荣、吕金虎、周天寿、陆君安	香港城市大学
13	Z-108-2-02	用于纳电子材料的碳纳米管控制生长、加工组装及器件基础	刘忠范、张　锦、朱　涛、吴忠云	北京大学

序号	获奖编号	项目名称	主要完成人	学校
14	Z-109-2-01	电力大系统非线性控制学	卢 强、梅生伟、孙元章、刘 锋	清华大学
15	Z-109-2-02	煤的结构特征及其与反应性的关系和调变	谢克昌、李文英、冯 杰、王宝俊、卢建军	太原理工大学
16	Z-109-2-03	热喷涂涂层形成机制、结构与性能表征的应用理论研究	李长久、王卫泽、李京龙、李文亚、王豫跃	西安交通大学

2008年度人才培养模式创新实验区名单

序号	学校	负责人	项目名称
1	北京大学	李四龙	哲学人才培养创新实验区
2	北京大学	孙祁祥	培养世界一流经济学本科生教育实验区
3	清华大学	史宗恺	清华大学创业教育创新实验区
4	清华大学	孙家广	清华大学软件拔尖创新人才培养实验区
5	清华大学	张荣庆	清华大学生物学创新人才培养实验区
6	北京交通大学	查建中	国际化创业型工程与管理复合型人才培养模式创新实验区
7	北京交通大学	卢 苇	精英型国际化软件工程师培养模式创新实验区
8	北京师范大学	张 健	汉语言文学人才培养模式创新实验区
9	北京师范大学	王英典	生物技术人才培养模式创新实验区
10	北京师范大学	李 翀	经济学基础人才培养实验区
11	中国政法大学	李树忠	法学人才培养模式改革实验班
12	中央民族大学	文日焕	中国少数民族语言文学人才培养模式创新实验区
13	中央民族大学	苍 铭	历史学研究型人才培养模式创新实验区
14	中国人民公安大学	刘 舒	安全防范工程专业人才培养模式创新实验区
15	北京航空航天大学	董青春	北航创业管理培训学院
16	北京工业大学	侯义斌	北工大-Xilinx软件工程（嵌入式系统方向）应用人才联合培养模式创新实验区
17	首都医科大学	彭师奇	创新型药学人才培养实验区
18	首都师范大学	刘新成	历史学科教学和科学研究人才培养模式创新实验区
19	南开大学	陈志强	研究—实践型历史教学和人才培养模式创新实验区

续表

序号	学校	负责人	项目名称
20	南开大学	刘　方	生命科学与技术创新人才培养模式的改革与创新
21	燕山大学	赵永生	机械工程“学研产互动”与“做中学”创业型人才培养模式创新实验区
22	内蒙古大学	孟克吉雅	蒙古语言文学专业人才培养模式创新实验区
23	大连理工大学	李志义	立体化创业教育人才培养模式创新实验区
24	大连理工大学	沈宏书	工程型软件精英人才培养模式创新实验区
25	东北大学	朱志良	实用性高级软件人才培养模式创新实验区
26	辽宁大学	林木西	国家经济学基础人才培养模式创新实验区
27	吉林大学	李俊江	吉林大学经济学人才培养模式创新实验区
28	东北师范大学	王　确	文史哲复合型教师人才培养模式创新实验区
29	哈尔滨工业大学	徐晓飞	软件人才培养模式创新实验区
30	黑龙江大学	张政文	基于专业教育深化改革的创业教育人才培养模式创新实验区
31	复旦大学	臧斌宇	国际化创新型软件人才培养模式实验区
32	同济大学	周兴铭	国际化软件工程人才培养模式创新实验区
33	上海交通大学	马德秀	人才培养模式创新实验区—创新创业大讲堂
34	上海交通大学	傅育熙	基于 CDIO 的软件工程人才培养模式创新实验区
35	上海交通大学	张雪洪	应用型、复合型生物人才培养模式创新实验区
36	华东理工大学	涂善东	基于 CSSO 的全程创业教育新模式
37	华东师范大学	余伟民	史学人才培养模式创新实验区
38	华东师范大学	谭　帆	综合性中文人才培养模式创新实验区
39	上海财经大学	刘永章	财经人才创业教育创新实验区
40	上海对外贸易学院	俞光虹	本科大学生创业教育基地
41	华东政法大学	朱榄叶	开放型国际法律人才培养模式创新实验区
42	南京大学	陈道蓄	南京大学软件工程人才培养模式创新实验区
43	南京大学	丁　帆	南京大学中文研究型人才培养模式创新实验区
44	南京大学	洪银兴	南京大学经济学人才培养集成创新模式实验区
45	东南大学	郑家茂	基于知行合一理念的创新创业人才培养实验区
46	东南大学	邓建明	工程应用型软件人才培养实验区

续表

序号	学校	负责人	项目名称
47	江南大学	张大良	江南大学创业教育实验区
48	江南大学	陈　坚	生物工程专业高水平创新创业人才培养模式实验区
49	中国药科大学	姚文兵	生物医药创业型人才培养实验区
50	南京航空航天大学	吴庆宪	南京航空航天大学创业教育实验区
51	苏州大学	路建美	理工结合模式培养化学化工科技创业人才实验基地
52	南京师范大学	朱晓进	中文拔尖人才培养模式创新实验区
53	南京财经大学	凌迎兵	南京财经大学创新创业型人才培养模式创新实验区
54	浙江大学	吴秀明	以国家人才培养基地为依托的复合型创新性“大中文”人才培养实验区
55	浙江大学	何钦铭	工程型、国际化软件工程人才培养创新实验区
56	宁波大学	赵　伐	“平台·模块·窗口”式大学生自主创业教导模式创新实验区
57	温州大学	林娟娟	创业型人才培养温州模式创新实验区
58	浙江万里学院	钱国英	基于合作性学习教学改革的创业教育人才培养模式创新实验区
59	厦门大学	董槐林	软件工程人才培养模式创新实验区
60	福建师范大学	郑家建	福建师范大学中文基地人才培养模式创新实验区
61	福建师范大学	李建建	福建师大经济学基地人才培养模式创新实验区
62	江西财经大学	廖进球	江西财经大学创业型人才“两层次”培养模式创新实验区
63	山东大学	彭实戈	金融—数学跨学科交叉应用型人才培养实验区
64	中国海洋大学	温海深	水产养殖学专业创业型人才培养模式创新实验区
65	河南大学	耿明斋	自主学习型经济学人才培养模式创新实验区
66	武汉大学	陈　伟	历史学人才培养模式创新实验区
67	武汉大学	王建波	生命科学与技术复合型人才培养模式创新实验区
68	武汉大学	曾国安	理论经济学高端人才培养模式改革与创新实验区
69	中南财经政法大学	吴汉东	解纷专家型人才培养模式创新实验区
70	华中科技大学	骆清铭	CDIO型光电工程创新创业人才培养实验区
71	华中科技大学	周艳红	生命科学与技术人才培养模式创新实验区
72	武汉理工大学	程森成	基于职业发展教育的全程化大学生创业教育模式创新实验区
73	华中农业大学	张启发	生命科学与技术人才培养模式创新实验区

续表

序号	学校	负责人	项目名称
74	华中师范大学	彭南生	历史学研教双优型人才培养模式创新实验区
75	中南大学	徐建军	中南大学创业教育人才培养模式创新实验区
76	中南大学	陈启元	基于学生能力成熟度模型的软件人才 CDIO 培养模式创新实验区
77	中南大学	夏家辉	国家生命科学与技术人才培养基地——基因科学与技术产业化点人才培养创新实验区
78	湖南大学	陈　收	大学生创业型人才阶梯嵌入培养模式创新实验区
79	湖南大学	林亚平	面向企业需求的“做中学”软件人才培养模式创新实验区
80	湖南大学	刘辉煌	经济学创新人才培养实验区
81	湖南师范大学	李育民	“三结合”理念下历史学人才培养模式创新实验区
82	中山大学	朱孔军	中山大学本科生创业教育实验区
83	中山大学	王金发	生命科学与技术人才培养模式创新实验区
84	华南理工大学	韦　岗	电子信息类专业创业型精英人才培养模式创新实验区
85	华南理工大学	闵华清	华南理工大学软件人才培养模式创新实验区
86	广西大学	韦　化	中国—东盟自由贸易区复合型创业人才培养模式改革实验基地
87	重庆大学	陈蜀宇	软件人才培养模式创新实验区
88	西南大学	王小佳	农学类专业“顶岗实习支农”创业型人才培养模式创新实验区
89	西南政法大学	张玉敏	复合型知识产权应用人才培养模式创新实验区
90	四川大学	陈　放	四川大学“国家生命科学与技术人才培养基地”跨学科人才培养模式创新实验区
91	云南大学	李　彤	基于 CDIO 的国际化、工程化软件人才培养创新实验区
92	云南大学	叶　辉	生命科学与技术人才培养模式创新实验区
93	西安交通大学	丘　进	创业教育基地
94	西安电子科技大学	龙建成	电子信息类大学生创业人才培养模式创新实验区
95	西安电子科技大学	陈　平	面向产业需求的软件工程专业人才培养模式创新实验区
96	西北农林科技大学	梁宗锁	生命科学与技术人才培养模式创新实验区
97	陕西师范大学	李西建	国家文科基地（中文）创新实验区
98	西北工业大学	周兴社	国际化工程型软件人才培养创新实验区
99	西北大学	陈　峰	历史学人才培养模式创新实验区
100	兰州大学	王希隆	兰州大学历史学人才培养模式创新实验区

2008年具有普通高等学历教育招生资格的高等学校名单

教育部按语：

为加强高等教育的宏观管理，引进社会监督机制，增强政府信息服务功能，确保普通高等学历教育必要的规格、质量和正常的办学秩序，现将2008年具有普通高等学历教育招生资格的高等学校、独立学院和分校办学点的名单（截至2008年4月8日）予以公布。

本名单按学校所在地、办学类型、科类等排列，分为四部分，第一部分是普通本科院校（共755所）；第二部分是普通高职院校（共1 169所）；第三部分是经国家批准设立的独立学院（共315所）；第四部分是经国家审定的分校办学点（共95个）。不含军事院校和港澳台高校。除本次公布的高等学校名单外，其他任何机构（包括经批准筹建的高等院校）均不具备普通高等学历教育的招生资格。对于违规招生的单位，其所招学生的学籍、发放的毕业证书国家均不予承认。请今年参加普通高等学校统一招生考试的考生在报名前注意查询本名单，以免失误。

在公布的普通高等学校和独立学院的名单中，对办学条件低于限制招生（黄牌）规定要求的学校，在其校名前以“*”号标注（共10所），主管部门必须严格控制学校今年的招生规模，并切实增加投入，充实办学条件；对2007年违规、违纪招生和办学的学校，在其校名前以“▲”号标注（共2所），主管部门必须严格控制学校今年的招生规模，并切实加强监督管理，规范招生、办学秩序。

今后，对本科教学水平评估不合格，以及违规、违纪招生和办学的高校，也继续按照暂停招生（红牌）或限制招生（黄牌）进行处理并予以公布。

2008年具有普通高等学历教育招生资格的高等学校名单

一、普通本科院校（共755所）

北京市（58所）

北京大学
中国人民大学
清华大学
北京交通大学
北京科技大学
北京化工大学
北京邮电大学
中国农业大学
北京林业大学
北京中医药大学
北京师范大学
北京外国语大学
北京语言大学
中国传媒大学
中央财经大学
对外经济贸易大学
中国政法大学
华北电力大学
中国石油大学（北京）
中国地质大学（北京）
中国矿业大学（北京校区）
中央民族大学
中国人民公安大学
北京协和医学院
北京体育大学
北京航空航天大学

北京理工大学
北京工商大学
北京联合大学
北京工业大学
北方工业大学
首都医科大学
首都师范大学
首都经济贸易大学
国际关系学院
中央戏剧学院
中央美术学院
中央音乐学院
北京电子科技学院
外交学院
中国劳动关系学院
中国青年政治学院
中华女子学院
北京服装学院
北京建筑工程学院
北京印刷学院
北京信息科技大学
北京石油化工学院
首钢工学院
北京农学院
首都体育学院
北京第二外国语学院
北京物资学院
中国音乐学院
中国戏曲学院
北京电影学院
北京舞蹈学院
北京城市学院

天津市（19 所）

南开大学
天津大学
天津工业大学
天津科技大学
天津理工大学
天津医科大学
天津中医药大学
天津师范大学
天津财经大学
中国民航大学
天津商业大学
天津城市建设学院
天津农学院
天津工程师范学院
天津外国语学院
天津体育学院
天津音乐学院
天津美术学院
天津天狮学院

河北省（33 所）

河北大学
河北工业大学
燕山大学
河北理工大学
河北科技大学
河北工程大学
河北农业大学
河北医科大学
河北师范大学
河北经贸大学
中国人民武装警察部队学院
中央司法警官学院
防灾科技学院
华北科技学院
石家庄铁道学院
石家庄经济学院
河北建筑工程学院
北华航天工业学院
华北煤炭医学院
承德医学院
邢台学院
廊坊师范学院
唐山师范学院
河北科技师范学院
河北金融学院
河北传媒学院
河北体育学院

邯郸学院
衡水学院
石家庄学院
唐山学院
保定学院
河北北方学院

山西省（17所）

山西大学
太原理工大学
中北大学
太原科技大学
山西农业大学
山西医科大学
山西师范大学
山西财经大学
山西大同大学
太原工业学院
山西中医学院
长治医学院
运城学院
太原师范学院
长治学院
晋中学院
忻州师范学院

内蒙古自治区（10所）

内蒙古大学
内蒙古科技大学
内蒙古民族大学
内蒙古工业大学
内蒙古农业大学
内蒙古师范大学
内蒙古医学院
赤峰学院
呼伦贝尔学院
内蒙古财经学院

辽宁省（40所）

大连理工大学
东北大学
大连海事大学
辽宁大学
大连大学
沈阳大学
沈阳理工大学
辽宁工程技术大学
沈阳工业大学
沈阳建筑大学
辽宁石油化工大学
大连交通大学
辽宁科技大学
沈阳农业大学
中国医科大学
大连医科大学
辽宁中医药大学
沈阳药科大学
辽宁师范大学
沈阳师范大学
渤海大学
东北财经大学
大连民族学院
中国刑事警察学院
沈阳化工学院
辽宁工业大学
大连工业大学
沈阳航空工业学院
辽宁科技学院
沈阳工程学院
大连水产学院
辽宁医学院
沈阳医学院
鞍山师范学院
大连外国语学院
沈阳体育学院
鲁迅美术学院
沈阳音乐学院
辽东学院
辽宁对外经贸学院

吉林省（25所）

吉林大学

东北师范大学
延边大学
北华大学
长春大学
长春理工大学
长春工业大学
吉林农业大学
长春中医药大学
吉林师范大学
东北电力大学
吉林化工学院
吉林建筑工程学院
长春工程学院
吉林农业科技学院
吉林医药学院
长春师范学院
白城师范学院
通化师范学院
吉林工程技术师范学院
吉林华桥外国语学院
长春税务学院
吉林工商学院
吉林体育学院
吉林艺术学院

黑龙江省（25所）

东北林业大学
哈尔滨工业大学
哈尔滨工程大学
黑龙江大学
佳木斯大学
齐齐哈尔大学
哈尔滨理工大学
东北农业大学
黑龙江八一农垦大学
哈尔滨医科大学
黑龙江中医药大学
哈尔滨师范大学
哈尔滨商业大学
大庆石油学院
黑龙江工程学院
黑龙江科技学院
哈尔滨学院
齐齐哈尔医学院
牡丹江医学院
大庆师范学院
牡丹江师范学院
哈尔滨体育学院
黑龙江东方学院
绥化学院
黑河学院

上海市（31所）

复旦大学
同济大学
上海交通大学
华东理工大学
东华大学
华东师范大学
上海外国语大学
上海财经大学
上海大学
上海理工大学
上海海事大学
上海工程技术大学
上海海洋大学
上海中医药大学
上海师范大学
华东政法大学
上海海关学院
上海建桥学院
上海政法学院
上海电机学院
上海第二工业大学
上海应用技术学院
上海电力学院
上海对外贸易学院
上海金融学院
上海立信会计学院
上海体育学院
上海音乐学院
上海戏剧学院

上海商学院
上海杉达学院

江苏省（44 所）

南京大学
东南大学
中国矿业大学
河海大学
江南大学
南京农业大学
中国药科大学
南京理工大学
南京航空航天大学
苏州大学
扬州大学
江苏大学
江苏科技大学
南京邮电大学
南京工业大学
南京林业大学
南京医科大学
南京中医药大学
南京师范大学
徐州师范大学
南京财经大学
南通大学
南京信息工程大学
西交利物浦大学
徐州工程学院
江苏工业学院
淮阴工学院
常州工学院
南京工程学院
金陵科技学院
淮海工学院
盐城工学院
徐州医学院
盐城师范学院
南京晓庄学院
淮阴师范学院
苏州科技学院
江苏技术师范学院
南京审计学院
江苏警官学院
南京体育学院
南京艺术学院
三江学院
常熟理工学院

浙江省（30 所）

浙江大学
宁波大学
浙江工业大学
杭州电子科技大学
浙江理工大学
浙江中医药大学
浙江师范大学
杭州师范大学
浙江工商大学
嘉兴学院
中国计量学院
浙江科技学院
宁波工程学院
浙江海洋学院
浙江林学院
温州医学院
湖州师范学院
台州学院
绍兴文理学院
浙江传媒学院
浙江财经学院
浙江警察学院
中国美术学院
丽水学院
温州大学
浙江树人学院
浙江万里学院
宁波诺丁汉大学
宁波大红鹰学院
浙江越秀外国语学院

安徽省（31 所）

合肥工业大学

中国科学技术大学
安徽大学
安徽理工大学
安徽工业大学
安徽农业大学
安徽医科大学
安徽师范大学
安徽财经大学
安徽建筑工业学院
安徽工程科技学院
安徽中医学院
皖南医学院
蚌埠医学院
淮北煤炭师范学院
安庆师范学院
安徽科技学院
阜阳师范学院
淮南师范学院
合肥师范学院
宿州学院
皖西学院
巢湖学院
滁州学院
铜陵学院
池州学院
合肥学院
安徽新华学院
黄山学院
蚌埠学院
安徽三联学院

福建省（20所）

厦门大学
华侨大学
福建农林大学
集美大学
福州大学
仰恩大学
福建医科大学
福建师范大学
厦门理工学院
福建工程学院
福建中医学院
漳州师范学院
泉州师范学院
福建警察学院
龙岩学院
三明学院
莆田学院
闽南理工学院
闽江学院
武夷学院

江西省（20所）

南昌大学
江西理工大学
东华理工大学
华东交通大学
南昌航空大学
江西农业大学
江西师范大学
江西财经大学
井冈山大学
景德镇陶瓷学院
南昌工程学院
南昌理工学院
江西中医学院
赣南医学院
上饶师范学院
赣南师范学院
江西科技师范学院
宜春学院
九江学院
江西蓝天学院

山东省（45所）

山东大学
中国海洋大学
中国石油大学（华东）
济南大学
聊城大学
鲁东大学

青岛大学

烟台大学

山东科技大学

青岛科技大学

青岛理工大学

山东建筑大学

山东理工大学

山东农业大学

青岛农业大学

山东中医药大学

山东师范大学

曲阜师范大学

山东轻工业学院

潍坊学院

山东交通学院

潍坊医学院

泰山医学院

滨州医学院

济宁医学院

临沂师范学院

德州学院

山东经济学院

山东财政学院

山东工商学院

山东警察学院

山东政法学院

山东体育学院

山东艺术学院

山东工艺美术学院

青岛滨海学院

烟台南山学院

滨州学院

枣庄学院

菏泽学院

泰山学院

济宁学院

山东万杰医学院

潍坊科技学院

山东英才学院

河南省（33 所）

郑州大学

河南大学

河南科技大学

河南理工大学

河南工业大学

河南农业大学

河南师范大学

华北水利水电学院

郑州轻工业学院

安阳工学院

郑州航空工业管理学院

黄河科技学院

河南工程学院

平顶山工学院

中原工学院

南阳理工学院

洛阳理工学院

河南中医学院

新乡医学院

信阳师范学院

周口师范学院

安阳师范学院

南阳师范学院

洛阳师范学院

商丘师范学院

河南财经学院

河南科技学院

许昌学院

平顶山学院

新乡学院

黄淮学院

郑州华信学院

郑州科技学院

湖北省（35 所）

武汉大学

中南财经政法大学

华中科技大学

武汉理工大学

中国地质大学

华中农业大学

华中师范大学

中南民族大学
湖北大学
长江大学
江汉大学
三峡大学
武汉科技大学
湖北工业大学
武汉工程大学
武汉科技学院
武汉工业学院
湖北汽车工业学院
荆楚理工学院
湖北中医学院
郧阳医学院
湖北师范学院
黄冈师范学院
孝感学院
湖北第二师范学院
湖北经济学院
湖北警官学院
武汉体育学院
湖北美术学院
武汉音乐学院
湖北民族学院
襄樊学院
咸宁学院
黄石理工学院
武汉生物工程学院

湖南省（28所）

中南大学
湖南大学
湘潭大学
吉首大学
湖南科技大学
长沙理工大学
南华大学
湖南工业大学
湖南农业大学
湖南中医药大学
湖南师范大学
长沙学院
湖南理工学院
湖南城市学院
湖南工程学院
湖南工学院
中南林业科技大学
长沙医学院
湘南学院
衡阳师范学院
湖南涉外经济学院
湖南商学院
湖南人文科技学院
湖南科技学院
怀化学院
湖南文理学院
邵阳学院
湖南第一师范学院

广东省（37所）

中山大学
华南理工大学
暨南大学
汕头大学
深圳大学
五邑大学
广东工业大学
华南农业大学
广东海洋大学
广州中医药大学
南方医科大学
华南师范大学
广东外语外贸大学
广州大学
北京师范大学—香港浸会大学联合国际学院
肇庆学院
东莞理工学院
茂名学院
仲恺农业工程学院
广东医学院
广州医学院
广东药学院

韶关学院
湛江师范学院
惠州学院
嘉应学院
韩山师范学院
广东金融学院
广东商学院
广东警官学院
广州体育学院
广州美术学院
星海音乐学院
广东技术师范学院
广东培正学院
佛山科学技术学院
广东白云学院

广西壮族自治区（19 所）

广西大学
桂林电子科技大学
广西医科大学
广西师范大学
广西民族大学
桂林工学院
广西工学院
广西中医学院
桂林医学院
右江民族医学院
广西师范学院
玉林师范学院
河池学院
广西财经学院
广西艺术学院
贺州学院
百色学院
钦州学院
梧州学院

海南省（5 所）

海南大学
海南师范大学
海南医学院
琼州学院
海口经济学院

重庆市（15 所）

重庆大学
西南大学
重庆交通大学
重庆邮电大学
重庆医科大学
重庆师范大学
重庆工商大学
西南政法大学
重庆科技学院
重庆工学院
长江师范学院
四川外语学院
四川美术学院
重庆三峡学院
重庆文理学院

四川省（30 所）

四川大学
西南交通大学
电子科技大学
西南财经大学
西南民族大学
成都理工大学
西华大学
西南科技大学
四川农业大学
成都中医药大学
四川师范大学
西华师范大学
中国民用航空飞行学院
西南石油大学
成都信息工程学院
四川理工学院
泸州医学院
川北医学院
成都医学院
内江师范学院

四川文理学院
乐山师范学院
四川警察学院
成都体育学院
四川音乐学院
攀枝花学院
宜宾学院
绵阳师范学院
西昌学院
成都学院

贵州省（14 所）

贵州大学
贵州师范大学
贵阳医学院
遵义医学院
贵阳中医学院
毕节学院
遵义师范学院
黔南民族师范学院
贵州财经学院
贵州民族学院
安顺学院
凯里学院
贵阳学院
铜仁学院

云南省（17 所）

云南大学
昆明理工大学
云南农业大学
云南师范大学
云南财经大学
云南民族大学
西南林学院
昆明医学院
云南中医学院
曲靖师范学院
玉溪师范学院
楚雄师范学院
红河学院
云南警官学院
云南艺术学院
大理学院
昆明学院

西藏自治区（3 所）

西藏大学
西藏藏医学院
西藏民族学院

陕西省（39 所）

西安交通大学
长安大学
西安电子科技大学
西北农林科技大学
陕西师范大学
西北工业大学
西北大学
延安大学
西安理工大学
西安建筑科技大学
西安科技大学
西安石油大学
西安工程大学
西安工业大学
西安外国语大学
陕西科技大学
西安邮电学院
陕西中医学院
西安医学院
宝鸡文理学院
咸阳师范学院
渭南师范学院
陕西理工学院
榆林学院
西安财经学院
西北政法大学
西安体育学院
西安美术学院
西安音乐学院
西安文理学院

西京学院
商洛学院
西安翻译学院
西安培华学院
安康学院
西安欧亚学院
西安外事学院
西安思源学院
陕西国际商贸学院

甘肃省（13所）

兰州大学
西北民族大学
兰州理工大学
兰州交通大学
甘肃农业大学
西北师范大学
甘肃中医学院
天水师范学院
陇东学院
兰州商学院
甘肃政法学院
兰州城市学院
河西学院

青海省（3所）

青海大学
青海师范大学
青海民族学院

宁夏回族自治区（5所）

宁夏大学
北方民族大学
宁夏理工学院
宁夏医学院
宁夏师范学院

新疆维吾尔自治区（11所）

新疆大学
石河子大学
新疆农业大学
塔里木大学
新疆医科大学
新疆师范大学
喀什师范学院
伊犁师范学院
新疆财经大学
新疆艺术学院
昌吉学院

二、高职（专科）院校（共1169所）

北京市（22所）

北京青年政治学院
北京科技经营管理学院
北京工业职业技术学院
北京电子科技职业学院
北京信息职业技术学院
北京戏曲艺术职业学院
北京京北职业技术学院
北京经贸职业学院
北京经济管理职业学院
北京劳动保障职业学院
北京政法职业学院
北京培黎职业学院
北京北大方正软件职业技术学院
北京农业职业学院
北京汇佳职业学院
北京交通职业技术学院
北京财贸职业学院
北京现代职业技术学院
北京科技职业学院
北京经济技术职业学院
北京吉利大学
北京社会管理职业学院

天津市（25所）

天津职业大学
天津医学高等专科学校
天津滨海职业学院
天津渤海职业技术学院
天津公安警官职业学院

天津现代职业技术学院
天津工程职业技术学院
天津电子信息职业技术学院
天津机电职业技术学院
天津轻工职业技术学院
天津对外经济贸易职业学院
天津青年职业学院
天津中德职业技术学院
天津石油职业技术学院
天津冶金职业技术学院
天津城市职业学院
天津交通职业学院
天津工艺美术职业学院
天津艺术职业学院
天津开发区职业技术学院
天津铁道职业技术学院
天津海运职业学院
天津生物工程职业技术学院
天津城市建设管理职业技术学院
天津国土资源和房屋职业学院

河北省（53所）

沧州医学高等专科学校
承德石油高等专科学校
河北工程技术高等专科学校
石家庄医学高等专科学校
邢台医学高等专科学校
承德民族师范高等专科学校
沧州师范专科学校
河北化工医药职业技术学院
河北工业职业技术学院
沧州职业技术学院
石家庄铁路职业技术学院
张家口职业技术学院
邢台职业技术学院
河北能源职业技术学院
保定职业技术学院
石家庄职业技术学院
邯郸职业技术学院
河北机电职业技术学院
石家庄外经贸职业学院
河北司法警官职业学院
河北交通职业技术学院
河北建材职业技术学院
唐山科技职业技术学院
廊坊职业技术学院
保定电力职业技术学院
石家庄信息工程职业学院
石家庄邮电职业技术学院
石家庄东方美术职业学院
河北公安警察职业学院
石家庄联合技术职业学院
石家庄计算机职业学院
河北软件职业技术学院
*石家庄外事职业学院
石家庄外语翻译职业学院
石家庄工商职业学院
唐山职业技术学院
石家庄外国语职业学院
秦皇岛职业技术学院
秦皇岛外国语职业学院
唐山工业职业技术学院
石家庄法商职业学院
河北省艺术职业学院
河北石油职业技术学院
河北通信职业技术学院
河北女子职业技术学院
渤海石油职业学院
石家庄科技信息职业学院
河北政法职业学院
衡水职业技术学院
河北旅游职业学院
冀中职业学院
保定科技职业学院
石家庄科技工程职业学院

山西省（44所）

太原电力高等专科学校
吕梁高等专科学校
运城幼儿师范高等专科学校
山西省财政税务专科学校
山西警官高等专科学校

太原大学
山西华澳商贸职业学院
山西生物应用职业技术学院
北岳职业技术学院
晋城职业技术学院
山西工程职业技术学院
山西建筑职业技术学院
山西兴华职业学院
山西同文外语职业学院
山西工商职业学院
山西交通职业技术学院
晋中职业技术学院
山西运城农业职业技术学院
太原旅游职业学院
山西管理职业学院
山西旅游职业学院
*潞安职业技术学院
临汾职业技术学院
山西金融职业学院
山西体育职业学院
山西警官职业学院
山西国际商务职业学院
山西机电职业技术学院
山西戏剧职业学院
山西财贸职业技术学院
山西信息职业技术学院
*太原城市职业技术学院
阳泉职业技术学院
山西电力职业技术学院
忻州职业技术学院
山西林业职业技术学院
山西综合职业技术学院
山西水利职业技术学院
长治职业技术学院
山西艺术职业学院
山西煤炭职业技术学院
山西老区职业技术学院
山西经贸职业学院
朔州职业技术学院

内蒙古自治区（27 所）

集宁师范高等专科学校
内蒙古民族高等专科学校
内蒙古丰州职业学院
内蒙古建筑职业技术学院
包头职业技术学院
河套大学
包头钢铁职业技术学院
兴安职业技术学院
内蒙古警察职业学院
内蒙古体育职业学院
内蒙古北方职业技术学院
锡林郭勒职业学院
内蒙古交通职业技术学院
包头轻工职业技术学院
呼和浩特职业学院
科尔沁艺术职业学院
通辽职业学院
内蒙古电子信息职业技术学院
乌兰察布职业学院
乌海职业技术学院
内蒙古科技职业学院
赤峰职业技术学院
内蒙古机电职业技术学院
内蒙古经贸外语职业学院
内蒙古化工职业学院
内蒙古商贸职业学院
包头铁道职业技术学院

辽宁省（39 所）

辽宁交通高等专科学校
抚顺师范高等专科学校
锦州师范高等专科学校
铁岭师范高等专科学校
朝阳师范高等专科学校
辽宁警官高等专科学校
阜新高等专科学校
渤海船舶职业学院
抚顺职业技术学院
大连职业技术学院
营口职业技术学院
辽宁农业职业技术学院
大连商务职业学院

盘锦职业技术学院
辽阳职业技术学院
辽宁经济职业技术学院
辽宁广告职业学院
锦州商务职业学院
沈阳职业技术学院
大连东软信息技术职业学院
大连艺术职业学院
辽宁机电职业技术学院
沈阳航空职业技术学院
辽宁信息职业技术学院
辽宁装备制造职业技术学院
辽宁石化职业技术学院
辽宁林业职业技术学院
辽宁体育运动职业技术学院
辽宁美术职业学院
辽河石油职业技术学院
大连软件职业学院
大连翻译职业学院
辽宁商贸职业学院
大连枫叶职业技术学院
辽宁金融职业学院
辽宁职业学院
辽宁地质工程职业学院
辽宁铁道职业技术学院
辽宁建筑职业技术学院

吉林省（18所）

白城医学高等专科学校
长春汽车工业高等专科学校
长春医学高等专科学校
长春金融高等专科学校
吉林公安高等专科学校
长春东方职业学院
辽源职业技术学院
吉林交通职业技术学院
吉林电子信息职业技术学院
长春职业技术学院
吉林司法警官职业学院
吉林农业工程职业技术学院
吉林工业职业技术学院
松原职业技术学院
长春信息技术职业学院
吉林铁道职业技术学院
白城职业技术学院
长白山职业技术学院

黑龙江省（44所）

大庆医学高等专科学校
齐齐哈尔高等师范专科学校
鹤岗师范高等专科学校
哈尔滨金融高等专科学校
黑龙江幼儿师范高等专科学校
黑龙江畜牧兽医职业学院
黑龙江农垦职业学院
黑龙江建筑职业技术学院
伊春职业学院
黑龙江林业职业技术学院
齐齐哈尔职业学院
大庆职业学院
牡丹江大学
鸡西大学
黑龙江农业工程职业学院
黑龙江司法警官职业学院
黑龙江农业职业技术学院
黑龙江生物科技职业学院
黑龙江民族职业学院
七台河职业学院
黑龙江工商职业技术学院
黑龙江信息技术职业学院
黑龙江北开职业技术学院
黑龙江农垦林业职业技术学院
哈尔滨华夏计算机职业技术学院
黑龙江公安警官职业学院
黑龙江农垦农业职业技术学院
哈尔滨铁道职业技术学院
黑龙江农业经济职业学院
黑龙江三江美术职业学院
黑龙江艺术职业学院
黑龙江商业职业学院
哈尔滨现代公共关系职业学院
大兴安岭职业学院

哈尔滨电力职业技术学院
哈尔滨职业技术学院
黑龙江旅游职业技术学院
黑龙江煤炭职业技术学院
黑龙江生态工程职业学院
黑龙江交通职业技术学院
哈尔滨应用职业技术学院
*哈尔滨科学技术职业学院
黑龙江粮食职业学院
佳木斯职业学院

上海市（30所）

上海医疗器械高等专科学校
上海出版印刷高等专科学校
上海医药高等专科学校
上海旅游高等专科学校
上海公安高等专科学校
上海电影艺术职业学院
上海东海职业技术学院
上海新侨职业技术学院
上海工艺美术职业学院
上海震旦职业学院
上海城市管理职业技术学院
上海托普信息技术职业学院
上海农林职业技术学院
上海中侨职业技术学院
上海思博职业技术学院
上海民远职业技术学院
上海欧华职业技术学院
上海邦德职业技术学院
上海中华职业技术学院
上海工会管理职业学院
上海建峰职业技术学院
上海电子信息职业技术学院
上海行健职业学院
上海体育职业学院
上海济光职业技术学院
上海交通职业技术学院
上海工商外国语职业学院
上海海事职业技术学院
上海科学技术职业学院
上海立达职业技术学院

江苏省（76所）

南京森林公安高等专科学校
连云港师范高等专科学校
泰州师范高等专科学校
镇江市高等专科学校
江苏畜牧兽医职业技术学院
连云港职业技术学院
南通纺织职业技术学院
南通航运职业技术学院
苏州工艺美术职业技术学院
南京工业职业技术学院
无锡商业职业技术学院
扬州市职业大学
徐州建筑职业技术学院
无锡职业技术学院
民办明达职业技术学院
南通职业大学
苏州职业大学
沙洲职业工学院
泰州职业技术学院
南通农业职业技术学院
无锡科技职业学院
九州职业技术学院
苏州托普信息职业技术学院
南京化工职业技术学院
南京铁道职业技术学院
江阴职业技术学院
紫琅职业技术学院
宿迁职业技术学院
金肯职业技术学院
建东职业技术学院
南京信息职业技术学院
江苏经贸职业技术学院
应天职业技术学院
硅湖职业技术学院
淮安信息职业技术学院
无锡南洋职业技术学院
钟山职业技术学院
南京交通职业技术学院

江南影视艺术职业学院
常州信息职业技术学院
常州纺织服装职业技术学院
江苏联合职业技术学院
炎黄职业技术学院
苏州农业职业技术学院
苏州工业园区职业技术学院
无锡工艺职业技术学院
江苏食品职业技术学院
徐州工业职业技术学院
常州机电职业技术学院
常州轻工职业技术学院
江苏信息职业技术学院
南京机电职业技术学院
南京特殊教育职业技术学院
江苏海事职业技术学院
江苏农林职业技术学院
无锡城市职业技术学院
扬州环境资源职业技术学院
健雄职业技术学院
江苏财经职业技术学院
金山职业技术学院
苏州工业职业技术学院
苏州港大思培科技职业学院
昆山登云科技职业学院
南京视觉艺术职业学院
盐城纺织职业技术学院
常州工程职业技术学院
江海职业技术学院
正德职业技术学院
苏州经贸职业技术学院
扬州工业职业技术学院
江苏城市职业学院
苏州卫生职业技术学院
*盐城卫生职业技术学院
太湖创意职业技术学院
苏州高博软件技术职业学院
南京旅游职业学院

浙江省（44所）

公安海警高等专科学校
浙江水利水电专科学校
浙江医药高等专科学校
浙江医学高等专科学校
浙江交通职业技术学院
温州职业技术学院
宁波职业技术学院
金华职业技术学院
浙江国际海运职业技术学院
浙江长征职业技术学院
嘉兴南洋职业技术学院
浙江艺术职业学院
浙江经贸职业技术学院
浙江建设职业技术学院
浙江警官职业学院
浙江金融职业学院
浙江机电职业技术学院
浙江旅游职业学院
浙江工业职业技术学院
浙江广厦建设职业技术学院
浙江商业职业技术学院
宁波城市职业技术学院
浙江经济职业技术学院
杭州职业技术学院
浙江工商职业技术学院
浙江东方职业技术学院
台州职业技术学院
丽水职业技术学院
湖州职业技术学院
嘉兴职业技术学院
义乌工商职业技术学院
浙江纺织服装职业技术学院
杭州万向职业技术学院
衢州职业技术学院
绍兴托普信息职业技术学院
浙江育英职业技术学院
宁波天一职业技术学院
浙江工贸职业技术学院
浙江同济科技职业学院
浙江邮电职业技术学院
浙江体育职业技术学院
浙江电力职业技术学院

台州科技职业学院
温州科技职业学院

安徽省（61所）

马鞍山师范高等专科学校
安徽中医药高等专科学校
安庆医药高等专科学校
安徽医学高等专科学校
亳州师范高等专科学校
淮北职业技术学院
安徽商贸职业技术学院
淮南职业技术学院
安徽水利水电职业技术学院
芜湖职业技术学院
淮南联合大学
安徽警官职业学院
安徽职业技术学院
民办万博科技职业学院
铜陵职业技术学院
安徽城市管理职业学院
安徽工业职业技术学院
安徽工商职业学院
安徽邮电职业技术学院
宿州职业技术学院
六安职业技术学院
安徽艺术职业学院
合肥通用职业技术学院
安徽国防科技职业学院
安徽林业职业技术学院
安徽新闻出版职业技术学院
民办安徽文达信息技术职业学院
安徽财贸职业学院
安徽电气工程职业技术学院
安庆职业技术学院
安徽公安职业学院
滁州职业技术学院
池州职业技术学院
民办安徽明星科技职业学院
安徽广播影视职业技术学院
芜湖信息技术职业学院
安徽工贸职业技术学院
安徽国际商务职业学院
马鞍山职业技术学院
徽商职业学院
民办安徽旅游职业学院
安徽冶金科技职业学院
阜阳职业技术学院
安徽机电职业技术学院
安徽工业经济职业技术学院
安徽交通职业技术学院
安徽电子信息职业技术学院
民办合肥经济技术职业学院
安徽体育运动职业技术学院
安徽审计职业学院
民办合肥财经职业学院
阜阳科技职业学院
亳州职业技术学院
安徽中澳科技职业学院
巢湖职业技术学院
宣城职业技术学院
民办安徽外国语职业技术学院
合肥共达职业技术学院
蚌埠经济技术职业学院
安徽绿海商务职业学院
安徽涉外经济职业学院

福建省（52所）

泉州医学高等专科学校
厦门医学高等专科学校
宁德师范高等专科学校
福建商业高等专科学校
厦门华夏职业学院
福州英华职业学院
泉州纺织服装职业学院
福建华南女子职业学院
黎明职业大学
福建交通职业技术学院
漳州职业技术学院
德化陶瓷职业技术学院
福州黎明职业技术学院
福州外语外贸职业技术学院
福州职业技术学院

泉州信息职业技术学院
厦门城市职业学院
福建警官职业学院
福建生物工程职业技术学院
福建艺术职业学院
福州海峡职业技术学院
福建体育职业技术学院
宁德职业技术学院
厦门华天涉外职业技术学院
厦门软件职业技术学院
厦门演艺职业学院
闽北职业技术学院
厦门兴才职业技术学院
福州科技职业技术学院
泉州经贸职业技术学院
福建对外经济贸易职业技术学院
闽西职业技术学院
福州软件职业技术学院
泉州华光摄影艺术职业学院
三明职业技术学院
福建金融职业技术学院
湄洲湾职业技术学院
福建农业职业技术学院
厦门海洋职业技术学院
福建信息职业技术学院
福建水利电力职业技术学院
福建电力职业技术学院
福建林业职业技术学院
漳州天福茶职业技术学院
武夷山职业学院
泉州理工职业学院
漳州卫生职业学院
漳州吉马印刷职业技术学院
漳州城市职业学院
福建卫生职业技术学院
厦门南洋职业学院
厦门东海职业技术学院

江西省（49所）

南昌师范高等专科学校
江西中医药高等专科学校
江西公安专科学校
新余高等专科学校
萍乡高等专科学校
景德镇高等专科学校
九江职业大学
江西泰豪动漫职业学院
江西枫林涉外经贸职业学院
江西中山职业技术学院
江西工业职业技术学院
九江职业技术学院
江西生物科技职业学院
江西服装职业技术学院
江西航空职业技术学院
江西赣江职业技术学院
▲江西科技职业学院
江西工程职业学院
江西制造职业技术学院
江西先锋软件职业技术学院
江西外语外贸职业学院
江西青年职业学院
*宜春职业技术学院
江西应用工程职业学院
抚州职业技术学院
江西建设职业技术学院
江西经济管理职业学院
江西渝州科技职业学院
江西艺术职业学院
江西工业贸易职业技术学院
江西旅游商贸职业学院
江西交通职业技术学院
江西工业工程职业技术学院
江西信息应用职业技术学院
江西环境工程职业学院
上饶职业技术学院
江西机电职业技术学院
江西大宇职业技术学院
江西电力职业技术学院
江西城市职业学院
江西现代职业技术学院
江西农业工程职业学院
赣西科技职业学院

江西财经职业学院
江西应用技术职业学院
鹰潭职业技术学院
江西护理职业技术学院
江西司法警官职业学院
江西陶瓷工艺美术职业技术学院

山东省（69 所）

山东中医药高等专科学校
淄博师范高等专科学校
山东电力高等专科学校
山东医学高等专科学校
菏泽医学专科学校
山东畜牧兽医职业学院
曲阜远东职业技术学院
莱芜职业技术学院
青岛职业技术学院
聊城职业技术学院
山东劳动职业技术学院
日照职业技术学院
威海职业学院
山东商业职业技术学院
济宁职业技术学院
山东现代职业学院
淄博科技职业学院
青岛求实职业技术学院
山东协和职业技术学院
青岛黄海职业学院
山东外事翻译职业学院
山东华宇职业技术学院
山东力明科技职业学院
东营职业学院
潍坊职业学院
烟台职业学院
山东科技职业学院
滨州职业学院
青岛恒星职业技术学院
山东城市建设职业学院
烟台汽车工程职业学院
山东司法警官职业学院
山东服装职业学院
泰山职业技术学院
山东交通职业学院
淄博职业学院
青岛港湾职业技术学院
山东工业职业学院
济南铁道职业技术学院
山东信息职业技术学院
山东圣翰财贸职业学院
德州职业技术学院
烟台工程职业技术学院
枣庄职业学院
临沂职业学院
山东传媒职业学院
山东化工职业学院
山东商务职业学院
济南工程职业技术学院
山东杏林科技职业学院
山东旅游职业学院
山东经贸职业学院
德州科技职业学院
山东水利职业学院
济南职业学院
潍坊工商职业学院
山东大王职业学院
山东凯文科技职业学院
山东外国语职业学院
枣庄科技职业学院
青岛飞洋职业技术学院
山东药品食品职业学院
山东电子职业技术学院
山东丝绸纺织职业学院
山东外贸职业学院
山东铝业职业学院
青岛酒店管理职业技术学院
菏泽家政职业学院
山东胜利职业学院

河南省（51 所）

铁道警官高等专科学校
河南财政税务高等专科学校
河南工业贸易职业学院

河南工业职业技术学院
河南公安高等专科学校
河南机电高等专科学校
河南检察职业学院
河南交通职业技术学院
河南经贸职业学院
河南农业职业学院
河南商业高等专科学校
河南司法警官职业学院
河南职业技术学院
河南质量工程职业学院
鹤壁职业技术学院
黄河水利职业技术学院
济源职业技术学院
焦作大学
焦作师范高等专科学校
开封大学
漯河医学高等专科学校
漯河职业技术学院
南阳医学高等专科学校
平顶山工业职业技术学院
濮阳职业技术学院
三门峡职业技术学院
商丘科技职业学院
商丘医学高等专科学校
商丘职业技术学院
嵩山少林武术职业学院
信阳农业高等专科学校
信阳职业技术学院
许昌职业技术学院
永城职业学院
郑州电力高等专科学校
▲郑州电力职业技术学院
郑州电子信息职业技术学院
郑州工业安全职业学院
郑州交通职业学院
郑州经贸职业学院
郑州信息科技职业学院
郑州旅游职业学院
郑州牧业工程高等专科学校
郑州师范高等专科学校
郑州澍青医学高等专科学校
郑州铁路职业技术学院
郑州职业技术学院
中州大学
周口职业技术学院
河南建筑职业技术学院
周口科技职业学院

湖北省（52所）

湖北中医药高等专科学校
郧阳师范高等专科学校
湖北财经高等专科学校
武汉工贸职业学院
武汉商业服务学院
恩施职业技术学院
武汉职业技术学院
黄冈职业技术学院
长江职业学院
十堰职业技术学院
湖北职业技术学院
襄樊职业技术学院
鄂州职业大学
沙市职业大学
武汉船舶职业技术学院
江汉艺术职业学院
湖北艺术职业学院
湖北开放职业学院
湖北国土资源职业学院
湖北水利水电职业技术学院
湖北生物科技职业学院
黄冈科技职业学院
咸宁职业技术学院
武汉科技职业学院
武汉工业职业技术学院
湖北生态工程职业技术学院
武汉警官职业学院
随州职业技术学院
武汉信息传播职业技术学院
武汉外语外事职业学院
武汉电力职业技术学院
武汉民政职业学院

鄂东职业技术学院
武汉铁路职业技术学院
三峡电力职业学院
湖北财税职业学院
武汉航海职业技术学院
湖北三峡职业技术学院
武汉工程职业技术学院
湖北城市建设职业技术学院
湖北轻工职业技术学院
湖北交通职业技术学院
荆州职业技术学院
武汉语言文化职业学院
武汉商贸职业学院
长江工程职业技术学院
仙桃职业学院
武汉交通职业学院
武汉软件工程职业学院
湖北科技职业学院
湖北青年职业学院
黄石职业技术学院

湖南省（68所）

怀化医学高等专科学校
益阳医学高等专科学校
湖南中医药高等专科学校
邵阳医学高等专科学校
湖南财经高等专科学校
湖南公安高等专科学校
长沙航空职业技术学院
湖南环境生物职业技术学院
永州职业技术学院
长沙民政职业技术学院
湖南铁道职业技术学院
湖南工业职业技术学院
湖南大众传媒职业技术学院
湖南信息职业技术学院
湖南女子职业大学
湖南交通职业技术学院
湖南软件职业学院
常德职业技术学院
长沙电力职业技术学院
湖南水利水电职业技术学院
湖南现代物流职业技术学院
湖南交通工程职业技术学院
湖南铁路科技职业技术学院
湖南工艺美术职业学院
湖南九嶷职业技术学院
湖南民族职业学院
湖南科技经贸职业学院
湖南工程职业技术学院
湖南信息科学职业学院
衡阳财经工业职业技术学院
湖南石油化工职业技术学院
保险职业学院
湖南化工职业技术学院
潇湘职业学院
怀化职业技术学院
岳阳职业技术学院
湖南理工职业技术学院
湖南安全技术职业学院
长沙师范学校
湘西民族职业技术学院
益阳职业技术学院
湖南同德职业学院
湖南机电职业技术学院
湖南艺术职业学院
湖南电气职业技术学院
湖南外国语职业学院
株洲职业技术学院
长沙通信职业技术学院
湖南城建职业技术学院
湖南体育职业学院
长沙环境保护职业技术学院
湖南网络工程职业学院
长沙职业技术学院
长沙商贸旅游职业技术学院
邵阳职业技术学院
湖南对外经济贸易职业学院
湖南司法警官职业学院
长沙南方职业学院
张家界航空工业职业技术学院
湖南生物与机电工程职业技术学院

湖南商务职业技术学院
湖南科技职业学院
湘潭职业技术学院
郴州职业技术学院
娄底职业技术学院
湖南电子科技职业学院
湖南都市职业学院
湖南科技工业职业技术学院

广东省（71 所）

广州航海高等专科学校
肇庆医学高等专科学校
民办南华工商学院
私立华联学院
广州民航职业技术学院
顺德职业技术学院
广东水利电力职业技术学院
佛山职业技术学院
番禺职业技术学院
广东交通职业技术学院
广东松山职业技术学院
广东农工商职业技术学院
广东轻工职业技术学院
潮汕职业技术学院
深圳职业技术学院
广东新安职业技术学院
广州科技职业技术学院
广州工程技术职业学院
广州南洋理工职业学院
广州涉外经济职业技术学院
广州工商职业技术学院
东莞南博职业技术学院
肇庆工商职业技术学院
惠州经济职业技术学院
珠海城市职业技术学院
广东邮电职业技术学院
肇庆科技职业技术学院
深圳信息职业技术学院
广东行政职业学院
广州华南商贸职业学院
广州铁路职业技术学院
广州体育职业技术学院
江门职业技术学院
揭阳职业技术学院
汕头职业技术学院
清远职业技术学院
广东亚视演艺职业学院
广东科贸职业学院
广东司法警官职业学院
广东工贸职业技术学院
广东文艺职业学院
茂名职业技术学院
中山职业技术学院
广州科技贸易职业学院
广州华立科技职业学院
广东纺织职业技术学院
中山火炬职业技术学院
广州现代信息工程职业技术学院
广东理工职业学院
广东科学技术职业学院
广东工程职业技术学院
广东省外语艺术职业学院
广州城市职业学院
罗定职业技术学院
广东建设职业技术学院
河源职业技术学院
广东体育职业技术学院
汕尾职业技术学院
广东岭南职业技术学院
广东女子职业技术学院
广东机电职业技术学院
广东财经职业学院
阳江职业技术学院
南海东软信息技术职业学院
珠海艺术职业学院
广州康大职业技术学院
广东食品药品职业学院
广州城建职业学院
湛江现代科技职业学院
广州松田职业学院
广州珠江职业技术学院

广西壮族自治区（39所）

桂林航天工业高等专科学校
柳州医学高等专科学校
桂林师范高等专科学校
柳州师范高等专科学校
南宁师范高等专科学校
桂林旅游高等专科学校
广西警官高等专科学校
广西体育高等专科学校
邕江大学
广西机电职业技术学院
柳州职业技术学院
南宁职业技术学院
广西职业技术学院
广西英华国际职业学院
河池职业学院
北海宏源足球职业学院
北海职业学院
广西演艺职业学院
广西东方外语职业学院
广西电力职业技术学院
广西工业职业技术学院
北海艺术设计职业学院
广西农业职业技术学院
贵港职业学院
广西建设职业技术学院
柳州运输职业技术学院
广西水利电力职业技术学院
广西交通职业技术学院
桂林山水职业学院
广西工商职业技术学院
广西生态工程职业技术学院
广西经贸职业技术学院
广西城市职业学院
广西国际商务职业技术学院
百色职业学院
柳州城市职业学院
广西工程职业学院
广西理工职业技术学院
梧州职业学院

海南省（10所）

琼台师范高等专科学校
海南职业技术学院
海南软件职业技术学院
海南经贸职业技术学院
海南政法职业学院
海南万和信息职业技术学院
三亚航空旅游职业学院
海南外国语职业学院
三亚城市职业学院
海南科技职业学院

重庆市（25所）

重庆电力高等专科学校
重庆三峡医药高等专科学校
重庆医药高等专科学校
重庆电子职业技术学院
重庆工业职业技术学院
重庆工程职业技术学院
重庆信息技术职业学院
重庆警官职业学院
重庆巴渝职业技术学院
重庆海联职业技术学院
重庆城市管理职业学院
重庆城市职业学院
重庆青年职业技术学院
重庆正大软件职业技术学院
重庆机电职业技术学院
重庆民生职业技术学院
重庆工商职业学院
重庆水利电力职业技术学院
重庆工贸职业技术学院
重庆三峡职业学院
重庆电子工程职业学院
重庆光彩职业技术学院
重庆财经职业学院
重庆科创职业学院
重庆建筑工程职业学院

四川省（48所）

成都纺织高等专科学校

四川烹饪高等专科学校
成都电子机械高等专科学校
四川中医药高等专科学校
阿坝师范高等专科学校
康定民族师范高等专科学校
民办四川天一学院
成都航空职业技术学院
四川托普信息技术职业学院
四川国际标榜职业学院
成都农业科技职业学院
四川电力职业技术学院
内江职业技术学院
四川华新现代职业学院
成都艺术职业学院
成都职业技术学院
四川职业技术学院
眉山职业技术学院
泸州职业技术学院
成都东软信息技术职业学院
宜宾职业技术学院
雅安职业技术学院
四川管理职业学院
四川工程职业技术学院
四川工商职业技术学院
乐山职业技术学院
四川邮电职业技术学院
四川航天职业技术学院
四川化工职业技术学院
四川水利职业技术学院
南充职业技术学院
四川建筑职业技术学院
四川文化产业职业学院
四川科技职业学院
四川机电职业技术学院
达州职业技术学院
四川交通职业技术学院
四川文化传媒职业学院
四川司法警官职业学院
四川警安职业学院
四川信息职业技术学院
广安职业技术学院
四川商务职业学院
绵阳职业技术学院
四川财经职业学院
四川艺术职业学院
四川城市职业学院
四川现代职业学院

贵州省（23 所）

黔南民族医学高等专科学校
遵义医药高等专科学校
六盘水师范高等专科学校
黔西南民族师范高等专科学校
贵州商业高等专科学校
贵州警官职业学院
贵州交通职业技术学院
贵州航天职业技术学院
贵州电子信息职业技术学院
贵州亚泰职业学院
贵阳护理职业学院
*黔西南民族职业技术学院
贵州轻工职业技术学院
贵州科技工程职业学院
贵州电力职业技术学院
铜仁职业技术学院
遵义职业技术学院
安顺职业技术学院
黔东南民族职业技术学院
黔南民族职业技术学院
六盘水职业技术学院
*贵阳职业技术学院
毕节职业技术学院

云南省（34 所）

昆明冶金高等专科学校
云南医学高等专科学校
保山中医药高等专科学校
曲靖医学高等专科学校
楚雄医药高等专科学校
昭通师范高等专科学校
文山师范高等专科学校
保山师范高等专科学校

思茅师范高等专科学校
临沧师范高等专科学校
德宏师范高等专科学校
丽江师范高等专科学校
云南林业职业技术学院
云南体育运动职业技术学院
云南爱因森软件职业学院
云南新兴职业学院
昆明工业职业技术学院
云南经济管理职业学院
云南交通职业技术学院
*云南文化艺术职业学院
云南热带作物职业学院
云南农业职业技术学院
云南机电职业技术学院
云南北美职业学院
云南能源职业技术学院
西双版纳职业技术学院
昆明艺术职业学院
玉溪农业职业技术学院
云南司法警官职业学院
云南国土资源职业学院
云南科技信息职业学院
昆明扬帆职业技术学院
云南国防工业职业技术学院
云南锡业职业技术学院

西藏自治区（3所）

拉萨师范高等专科学校
西藏警官高等专科学校
西藏职业技术学院

陕西省（37所）

西安电力高等专科学校
西安航空技术高等专科学校
陕西工业职业技术学院
杨凌职业技术学院
西安东方亚太职业技术学院
延安职业技术学院
汉中职业技术学院
商洛职业技术学院
西安职业技术学院
咸阳职业技术学院
陕西经济管理职业技术学院
西安铁路职业技术学院
陕西服装艺术职业学院
陕西邮电职业技术学院
西安高新科技职业学院
西安三资职业学院
宝鸡职业技术学院
陕西航空职业技术学院
陕西电子信息职业技术学院
西安科技商贸职业学院
陕西电子科技职业学院
陕西财经职业技术学院
陕西交通职业技术学院
陕西铁路工程职业技术学院
陕西能源职业技术学院
陕西职业技术学院
西安航空职业技术学院
西安汽车科技职业学院
陕西旅游烹饪职业学院
西安海棠职业学院
陕西纺织服装职业技术学院
陕西青年职业学院
铜川职业技术学院
陕西警官职业学院
安康职业技术学院
渭南职业技术学院
陕西国防工业职业技术学院

甘肃省（21所）

兰州工业高等专科学校
张掖医学高等专科学校
平凉医学高等专科学校
合作民族师范高等专科学校
陇南师范高等专科学校
定西师范高等专科学校
甘肃联合大学
兰州石化职业技术学院
兰州外语职业学院
甘肃农业职业技术学院

甘肃畜牧工程职业技术学院
兰州资源环境职业技术学院
兰州职业技术学院
酒泉职业技术学院
甘肃警察职业学院
甘肃林业职业技术学院
甘肃交通职业技术学院
武威职业学院
甘肃建筑职业技术学院
甘肃工业职业技术学院
甘肃钢铁职业技术学院

青海省（5所）

青海畜牧兽医职业技术学院
青海卫生职业技术学院
青海建筑职业技术学院
青海警官职业学院
青海交通职业技术学院

宁夏回族自治区（8所）

宁夏职业技术学院
宁夏建设职业技术学院
宁夏司法警官职业学院
宁夏财经职业技术学院
宁夏工业职业学院
银川科技职业学院
宁夏民族职业技术学院
宁夏工商职业技术学院

新疆维吾尔自治区（21所）

新疆工业高等专科学校
新疆维吾尔医学专科学校
和田师范专科学校
新疆兵团警官高等专科学校
新疆警官高等专科学校
乌鲁木齐职业大学
新疆机电职业技术学院
新疆轻工职业技术学院
克拉玛依职业技术学院
新疆农业职业技术学院
新疆建设职业技术学院
伊犁职业技术学院
新疆能源职业技术学院
昌吉职业技术学院
阿克苏职业技术学院
新疆天山职业技术学院
新疆石河子职业技术学院
新疆交通职业技术学院
新疆现代职业技术学院
巴音郭楞职业技术学院
新疆职业大学

三、2008年具有普通高等学历教育招生资格的独立学院名单（共315所）

北京市

首都师范大学科德学院
北京工商大学嘉华学院
北京邮电大学世纪学院
北京工业大学耿丹学院

天津市

天津外国语学院滨海外事学院
天津体育学院运动与文化艺术学院
天津商业大学宝德学院
天津医科大学临床医学院
南开大学滨海学院
天津师范大学津沽学院
天津理工大学中环信息学院
北京科技大学天津学院
天津大学仁爱学院
天津财经大学珠江学院

河北省

河北大学工商学院
河北理工大学轻工学院
河北科技大学理工学院
华北电力大学科技学院
河北工程大学科信学院
河北工业大学城市学院
燕山大学里仁学院
石家庄铁道学院四方学院

河北农业大学现代科技学院
河北医科大学临床学院
华北煤炭医学院冀唐学院
河北师范大学汇华学院
河北经贸大学经济管理学院
石家庄经济学院华信学院
中国地质大学长城学院
北京化工大学北方学院
北京中医药大学东方学院

山西省

太原理工大学现代科技学院
中北大学信息商务学院
太原科技大学华科学院
山西农业大学信息学院
山西医科大学晋祠学院
山西师范大学现代文理学院
山西大学商务学院
山西财经大学华商学院

辽宁省

渤海大学文理学院
沈阳大学科技工程学院
大连理工大学城市学院
沈阳工业大学工程学院
沈阳航空工业学院北方科技学院
沈阳理工大学应用技术学院
大连工业大学艺术与信息工程学院
大连交通大学信息工程学院
沈阳建筑大学城市建设学院
辽宁科技大学信息技术学院
辽宁石油化工大学顺华能源学院
沈阳化工学院科亚学院
东北大学东软信息学院
沈阳农业大学科学技术学院
中国医科大学临床医药学院
大连医科大学中山学院
辽宁医学院医疗学院
辽宁中医药大学杏林学院
沈阳医学院何氏视觉科学学院
辽宁师范大学海华学院
东北财经大学津桥商学院
东北大学大连艺术学院
沈阳师范大学渤海学院

吉林省

长春大学光华学院
长春大学旅游学院
东北师范大学人文学院
长春工业大学人文信息学院
长春理工大学光电信息学院
吉林建筑工程学院城建学院
吉林建筑工程学院建筑装饰学院
吉林农业大学发展学院
吉林师范大学博达学院
长春税务学院信息经济学院
吉林艺术学院动画学院

黑龙江省

哈尔滨师范大学恒星学院
哈尔滨商业大学德强商务学院
大庆石油学院华瑞学院
东北农业大学成栋学院
哈尔滨理工大学远东学院
黑龙江大学剑桥学院
哈尔滨商业大学广厦学院
哈尔滨工业大学华德应用技术学院
黑龙江工程学院昆仑旅游学院

上海市

上海外国语大学贤达经济人文学院
复旦大学上海视觉艺术学院
上海师范大学天华学院
同济大学同科学院

江苏省

东南大学成贤学院
江南大学太湖学院
南京大学金陵学院
中国矿业大学徐海学院
南京理工大学紫金学院
南京航空航天大学金城学院

南京理工大学泰州科技学院
南京师范大学泰州学院
中国传媒大学南广学院
南京医科大学康达学院
南京中医药大学翰林学院
南京信息工程大学滨江学院
苏州大学文正学院
苏州大学应用技术学院
苏州科技学院天平学院
江苏大学京江学院
扬州大学广陵学院
徐州师范大学科文学院
南京邮电大学通达学院
南京财经大学红山学院
江苏科技大学南徐学院
江苏工业学院怀德学院
南通大学杏林学院
南京工业大学浦江学院
南京师范大学中北学院
南京审计学院金审学院

浙江省

浙江师范大学行知学院
宁波大学科学技术学院
浙江大学城市学院
浙江大学宁波理工学院
浙江工业大学之江学院
杭州电子科技大学信息工程学院
浙江理工大学科技与艺术学院
中国计量学院现代科技学院
浙江海洋学院东海科学技术学院
浙江林学院天目学院
温州医学院仁济学院
浙江中医药大学滨江学院
杭州师范大学钱江学院
湖州师范学院求真学院
绍兴文理学院元培学院
温州大学瓯江学院
浙江工商大学杭州商学院
嘉兴学院南湖学院
浙江财经学院东方学院
温州大学城市学院

安徽省

安徽大学江淮学院
安徽农业大学经济技术学院
阜阳师范学院信息工程学院
安徽工程科技学院机电学院
安徽工业大学工商学院
安徽建筑工业学院城市建设学院
安徽医科大学临床医学院
安徽师范大学皖江学院
淮北煤炭师范学院信息学院
安徽财经大学商学院

福建省

厦门大学嘉庚学院
集美大学诚毅学院
福建师范大学协和学院
福建师范大学闽南科技学院
福建农林大学东方学院
福州大学阳光学院
福州大学至诚学院
福建农林大学金山学院

江西省

南昌大学科学技术学院
南昌大学共青学院
江西师范大学科学技术学院
江西农业大学南昌商学院
江西财经大学现代经济管理学院
华东交通大学理工学院
江西理工大学应用科学学院
东华理工大学长江学院
南昌航空大学科技学院
景德镇陶瓷学院科技艺术学院
江西中医学院科技学院
赣南师范学院科技学院
江西科技师范学院理工学院

山东省

青岛理工大学琴岛学院

烟台大学文经学院
中国石油大学胜利学院
山东科技大学泰山科技学院
青岛农业大学海都学院
山东经济学院燕山学院
山东财政学院东方学院
中国海洋大学青岛学院
济南大学泉城学院
曲阜师范大学杏坛学院
聊城大学东昌学院
山东师范大学历山学院

河南省

河南大学民生学院
河南师范大学新联学院
新乡医学院三全学院
信阳师范学院华锐学院
河南科技学院新科学院
河南理工大学万方科技学院
中原工学院信息商务学院
安阳师范学院人文管理学院
河南农业大学华豫学院
河南财经学院成功学院

湖北省

武汉大学东湖分校
华中师范大学汉口分校
华中科技大学武昌分校
武汉科技大学中南分校
湖北大学知行学院
武汉科技大学城市学院
三峡大学科技学院
江汉大学文理学院
湖北工业大学工程技术学院
武汉工程大学邮电与信息工程学院
武汉科技学院外经贸学院
武汉工业学院工商学院
中南民族大学工商学院
长江大学工程技术学院
长江大学文理学院
湖北工业大学商贸学院
湖北汽车工业学院科技学院
郧阳医学院药护学院
湖北民族学院科技学院
湖北经济学院法商学院
武汉体育学院体育科技学院
湖北师范学院文理学院
襄樊学院理工学院
孝感学院新技术学院
华中科技大学文华学院
中南财经政法大学武汉学院
中国地质大学江城学院
武汉理工大学华夏学院
华中师范大学武汉传媒学院
华中农业大学楚天学院
武汉大学珞珈学院

湖南省

湘潭大学兴湘学院
湖南工业大学科技学院
湖南科技大学潇湘学院
南华大学船山学院
湖南商学院北津学院
湖南师范大学树达学院
湖南农业大学东方科技学院
中南林业科技大学涉外学院
湖南文理学院芙蓉学院
湖南理工学院南湖学院
衡阳师范学院南岳学院
湖南工程学院应用技术学院
湖南中医药大学湘杏学院
吉首大学张家界学院
长沙理工大学城南学院

广东省

北京师范大学珠海分校
电子科技大学中山学院
华南师范大学增城学院
广东工业大学华立学院
北京理工大学珠海学院
广州大学松田学院
吉林大学珠海学院

东莞理工学院城市学院
中山大学新华学院
中山大学南方学院
华南理工大学广州汽车学院
华南农业大学珠江学院
广东外语外贸大学南国商学院
广东商学院华商学院
广东海洋大学寸金学院
广东技术师范学院天河学院
广州大学华软软件学院

广西壮族自治区

广西大学行健文理学院
广西师范大学漓江学院
广西师范学院师园学院
广西工学院鹿山学院
桂林电子科技大学信息科技学院
桂林工学院博文管理学院
广西中医学院赛恩斯新医药学院
广西民族大学相思湖学院
北京航空航天大学北海学院

海南省

海南大学三亚学院

重庆市

重庆大学城市科技学院
西南大学育才学院
四川外语学院重庆南方翻译学院
重庆师范大学涉外商贸学院
重庆工商大学融智学院
重庆工商大学派斯学院
重庆邮电大学移通学院

四川省

电子科技大学成都学院
成都理工大学工程技术学院
成都理工大学广播影视学院
成都信息工程学院银杏酒店管理学院
四川师范大学文理学院
四川师范大学成都学院
四川外语学院成都学院
四川大学锦城学院
西南财经大学天府学院
四川大学锦江学院
四川音乐学院绵阳艺术学院
西南科技大学城市学院

贵州省

贵州大学科技学院
贵州大学明德学院
贵阳中医学院时珍学院
遵义医学院医学与科技学院
贵阳医学院神奇民族医药学院
贵州师范大学求是学院
贵州财经学院商务学院
贵州民族学院人文科技学院

云南省

云南大学滇池学院
云南大学旅游文化学院
昆明理工大学津桥学院
云南师范大学商学院
云南师范大学文理学院
昆明医学院海源学院
*云南艺术学院文华学院

陕西省

西安交通大学城市学院
西北大学现代学院
西安建筑科技大学华清学院
西安财经学院行知学院
陕西科技大学镐京学院
西安工业大学北方信息工程学院
延安大学西安创新学院
西安电子科技大学长安学院
西北工业大学明德学院
长安大学兴华学院
西安理工大学高科学院
西安科技大学高新学院

甘肃省

西北师范大学知行学院

兰州商学院陇桥学院
兰州交通大学博文学院
兰州商学院长青学院
兰州理工大学技术工程学院

青海省

青海大学昆仑学院

宁夏回族自治区

宁夏大学新华学院

新疆维吾尔自治区

新疆大学科学技术学院
新疆农业大学科学技术学院
新疆财经大学商务学院
新疆医科大学厚博学院

四、2008年具有普通高等学历教育招生资格的分校办学点名单（共95个）

北京市

北京科技大学延庆分校

天津市

天津市工会管理干部学院

河北省

张家口教育学院
石家庄职工大学
中国环境管理干部学院
河北管理干部学院
河北青年管理干部学院
河北地质职工大学

山西省

广播电影电视管理干部学院
山西职工医学院
山西煤炭职工联合大学
山西煤炭管理干部学院
山西青年管理干部学院
山西政法管理干部学院

吉林省

吉林省教育学院
吉林省经济管理干部学院

辽宁省

辽宁文化艺术职工大学
辽宁公安司法管理干部学院

黑龙江省

鹤岗矿务局职工大学
哈尔滨市职工医学院
黑龙江省农垦管理干部学院
黑龙江省政法管理干部学院
黑龙江省教育学院
佳木斯市教育学院

江苏省

江苏教育学院
南京人口管理干部学院
江苏省青年管理干部学院
江苏省省级机关管理干部学院
江苏职工医科大学

浙江省

浙江工业大学浙西分校
浙江教育学院
宁波教育学院

安徽省

安徽经济管理干部学院

福建省

福建教育学院
福州教育学院
福建经济管理干部学院
福建财会管理干部学院
福建政法管理干部学院

江西省

江西医学院上饶分院

新余钢铁有限责任公司职工大学
南昌钢铁有限责任公司职工大学
江西教育学院
南昌教育学院
赣南教育学院
江西行政管理干部学院

山东省

青岛远洋船员学院
山东省贸易职工大学
山东省水利职工大学
山东省经济管理干部学院
山东省农业管理干部学院
山东省青年管理干部学院
山东省工会管理干部学院
山东省教育学院
潍坊教育学院
山东省聊城教育学院

河南省

河南教育学院
开封教育学院
河南政法管理干部学院
河南卫生职工学院
第一拖拉机制造厂拖拉机学院
平顶山教育学院

湖北省

丹江口工程管理局职工大学
湖北省经济管理干部学院
十堰教育学院
荆州教育学院
武汉冶金管理干部学院

湖南省

株洲市职工大学
南方动力机械公司职工工学院
长沙教育学院
湘潭教育学院

广东省

广东教育学院

广西壮族自治区

广西壮族自治区经济管理干部学院
广西政法管理干部学院
广西壮族自治区卫生管理干部学院
广西教育学院
南宁地区教育学院

重庆市

重庆教育学院

四川省

中国工程物理研究院职工工学院
四川教育学院

贵州省

贵州教育学院

甘肃省

甘肃机械电子职工大学
白银有色金属公司职工大学
兰州教育学院
兰州航空工业职工大学
兰州铁路工程职工大学

陕西省

陕西工运学院
陕西航天职工大学
西安航空职工大学
西安飞机工业公司职工工学院
西安铁路工程职工大学
西安电力机械制造公司机电学院
陕西省建筑工程总公司职工大学
西安外贸职工大学
陕西教育学院

新疆维吾尔自治区

新疆教育学院

2008年具有成人高等学历教育招生资格的成人高等学校名单

教育部按语：

为保证成人高等教育教学质量，维持正常的办学秩序，进一步完善社会监督机制，并向广大考生提供准确的报考信息，现将2008年具有成人高等学历教育招生资格的成人高等学校名单予以公布。这次向社会公布2008年具有招生资格的成人高校共332所，名单按学校所在地排序，包括广播电视大学、职工（农民）高等学校、管理干部学院、教育（教师进修）学院及独立设置的函授学院。除本次公布的成人高等学校及具有函授、夜大学办学资格的普通高校之外，任何其他机构均不具备成人高等学历教育招生资格。请2008年报考成人高等学校的考生注意查阅本名单，以免失误。

注：中央广播电视大学经教育部批准面向全国举办专科和专科起点本科远程开放教育，不通过全国成人高考招收学生，不包括在此名单中。

北京市（**20**所）

国家检察官学院
国家法官学院
公安部管理干部学院
民航管理干部学院
北京市职工体育运动技术学院
北京市建设职工大学
北京市房地产职工大学
北京市西城经济科学大学
北京市丰台区职工大学
北京广播电视大学
北京教育学院
北京市东城区职工业余大学
北京市总工会职工大学
北京市海淀区职工大学
北京市崇文区职工大学
北京宣武红旗业余大学
北京市石景山区业余大学
北京市朝阳区职工大学
北京市机械工业局职工大学
北京医药集团职工大学

天津市（**14**所）

天津市工会管理干部学院
天津市职工经济技术大学
天津市政法管理干部学院
天津市财贸管理干部学院
天津市广播电视大学
天津市管理干部学院
天津市渤海化工职工学院
天津市南开区职工大学
天津市红桥区职工大学
天津市建筑工程职工大学
天津市河东区职工大学
天津市河西区职工大学
天津市和平区新华职工大学
天津物资管理干部学院

河北省（**7**所）

河北地质职工大学
河北青年管理干部学院
河北管理干部学院
石家庄职工大学
河北省广播电视大学

张家口教育学院
中国环境管理干部学院

山西省（15所）

山西煤炭职工联合大学
阳泉市教育学院
山西青年管理干部学院
山西政法管理干部学院
山西煤炭管理干部学院
山西省广播电视大学
长治市教育学院
山西省吕梁市教育学院
山西省职工工艺美术学院
太原钢铁（集团）有限公司职工钢铁学院
山西机电职工学院
太原化学工业集团有限公司职工大学
山西兵器工业职工大学
广播电影电视管理干部学院
山西职工医学院

内蒙古自治区（3所）

包头市职工大学
鄂尔多斯教育学院
内蒙古自治区广播电视大学

辽宁省（19所）

海军职工大学
辽宁公安司法管理干部学院
阜新矿务局职工大学
大连市广播电视大学
沈阳机械工业职工大学
辽宁文化艺术职工大学
阜新煤炭职工医学专科学校
辽宁财贸职工大学
辽宁广播电视大学
大连市教育学院
朝阳职工工学院
沈阳市广播电视大学
鞍山钢铁集团公司职工大学
抚顺石油化工公司职工大学
辽宁兵器工业职工大学
本溪钢铁公司职工工学院
大连工人大学
大连职工大学
抚顺矿务局职工工学院

吉林省（15所）

吉林化学工业公司职工大学
延边职工大学
吉林省经济管理干部学院
吉林广播电视大学
长春教育学院
吉林省教育学院
梨树农村成人高等专科学校
延边黎明农民大学
吉林职工医科大学
通化钢铁公司职工大学
长春职工医科大学
长春市建筑职工业余大学
长春职工大学
长春广播电视大学
通化市职工大学

黑龙江省（21所）

哈尔滨市广播电视大学
黑龙江省社会科学院职工大学
黑龙江省经济管理干部学院
黑龙江省商业职工大学
黑龙江省广播电视大学
佳木斯市教育学院
牡丹江市教育学院
黑龙江省绥化地区教育学院
黑龙江省教育学院
黑龙江省政法管理干部学院
哈尔滨市职工医学院
黑龙江省农垦管理干部学院
黑龙江省职工体育运动技术学院
大庆石油化工总厂职工大学
黑龙江兵器工业职工大学
哈尔滨航空职工大学
黑龙江省直属机关职工大学
齐齐哈尔市建设职工大学

齐齐哈尔市职工大学
鹤岗矿务局职工大学
哈尔滨市职工大学

上海市（17所）

上海医药职工大学
上海市广播电视大学
上海职工医学院
上海工商学院
上海青年管理干部学院
上海纺织工业职工大学
上海市静安区业余大学
上海市经济管理干部学院
上海市黄浦区业余大学
上海市虹口区业余大学
上海科技管理干部学院
上海市卢湾区业余大学
上海市徐汇区业余大学
上海市长宁区业余大学
上海市宝山区业余大学
上海市普陀区业余大学
上海市杨浦区业余大学

江苏省（13所）

空军第一职工大学
江苏教育学院
江苏省青年管理干部学院
江苏省省级机关管理干部学院
江苏省广播电视大学
扬州教育学院
南京市广播电视大学
常州市职工大学
南京市职工大学
江苏职工医科大学
南京人口管理干部学院
南通市工人业余大学
江苏电力职工大学

浙江省（11所）

浙江教育学院
宁波市广播电视大学
浙江嘉兴教育学院
浙江经济管理职工大学
浙江省广播电视大学
金华教育学院
温州市工人业余大学
杭州成人科技大学
杭州市工人业余大学
浙江省省级机关职工业余大学
宁波教育学院

安徽省（5所）

淮南市职工大学
合肥职工科技大学
合肥市职工大学
安徽经济管理干部学院
安徽省广播电视大学

福建省（7所）

福建教育学院
福建经济管理干部学院
福建省广播电视大学
福州教育学院
福建财会管理干部学院
福建政法管理干部学院
厦门市广播电视大学

江西省（10所）

江西教育学院
赣南教育学院
江西经济管理干部学院
江西省广播电视大学
南昌市职工科技大学
南昌钢铁有限责任公司职工大学
新余钢铁有限责任公司职工大学
江西行政管理干部学院
南昌市业余大学
南昌教育学院

山东省（17所）

山东省工会管理干部学院
山东省聊城教育学院

山东省广播电视大学
兖州矿区职工大学
山东省青年管理干部学院
青岛市广播电视大学
山东省贸易职工大学
山东财政职工大学
山东省经济管理干部学院
青岛远洋船员学院
潍坊教育学院
山东兵器工业职工大学
山东省水利职工大学
新汶矿务局职工大学
山东省农业管理干部学院
山东省教育学院
烟台教育学院

河南省（19 所）

磨料磨具工业职工大学
焦作职工医学院
河南政法管理干部学院
河南卫生职工学院
河南省广播电视大学
平顶山教育学院
开封教育学院
河南教育学院
驻马店教育学院
郑州市职工业余大学
河南省安阳钢铁公司职工大学
长城铝业公司职工工学院
河南省化工职工大学
洛阳市职工科学技术学院
第一拖拉机制造厂拖拉机学院
洛阳轴承厂职工大学
洛阳有色金属职工大学
新乡市纺织职工大学
开封市职工业余大学

湖北省（9 所）

湖北省直属机关业余大学
荆州教育学院
武汉冶金管理干部学院
湖北省广播电视大学
宜昌市教育学院
武汉市广播电视大学
湖北省经济管理干部学院
丹江口工程管理局职工大学
十堰教育学院

湖南省（16 所）

益阳教育学院
衡阳工业职工大学
长沙工业职工大学
湖南省广播电视大学
湖南有色金属职工大学
湖南纺织职工大学
湖南金融技术职工大学
湖南经济管理干部学院
南方动力机械公司职工工学院
湘潭教育学院
长沙教育学院
中钢集团衡阳重机职工大学
株洲市职工大学
长沙职工大学
湖南工业科技职工大学
湘西民族教师进修学院

广东省（13 所）

广东新华教育学院
广东省广播电视大学
广东社会科学大学
广东青年管理干部学院
广州市广播电视大学
广东教育学院
深圳市广播电视大学
湛江教育学院
广州金桥管理干部学院
韶关市职工大学
汕头市业余大学
广东省国防工业职工大学
南海成人学院

广西壮族自治区（7 所）

广西壮族自治区经济管理干部学院

广西壮族自治区卫生管理干部学院
南宁地区教育学院
广西政法管理干部学院
广西教育学院
桂林市职工大学
广西壮族自治区广播电视大学

海南省（1所）

海南省广播电视大学

重庆市（7所）

重庆市广播电视大学
重庆化工职工大学
重庆交电分公司职工大学
重庆冶金成人学院
重庆电力职工大学
重庆职工会计专科学校
重庆教育学院

四川省（22所）

中国科学院成都分院职工大学
成都市职工大学
南充市职工大学
四川教育学院
四川省广播电视大学
四川经济管理干部学院
四川农业管理干部学院
中国工程物理研究院职工工学院
广元职工医学院
四川省职工运动技术学院
四川省东方动力职工大学
成都电力职工大学
成都市广播电视大学
四川核工业职工大学
四川科技职工大学
四川省化工职工大学
成都电子职工大学
国营涪江机器厂职工大学
成都冶金职工大学
第五冶金建设公司职工大学
成都工业职工大学
成都飞机工业公司职工工学院

贵州省（4所）

贵州教育学院
贵州航空工业职工大学
贵州广播电视大学
贵州机械工业职工大学

云南省（2所）

南方电力职工大学
云南广播电视大学

陕西省（17所）

西安市职工大学
西安市广播电视大学
陕西工运学院
陕西省广播电视大学
陕西省宝鸡教育学院
陕西教育学院
宝鸡市职工大学
陕西省建筑工程总公司职工大学
西安电力机械制造公司机电学院
陕西电子工业职工大学
陕西兵器工业职工大学
西安飞机工业公司职工工学院
西安航空职工大学
陕西航天职工大学
西北电业职工大学
西安铁路工程职工大学
西安外贸职工大学

甘肃省（10所）

甘肃省广播电视大学
兰州教育学院
兰州服装职工大学
白银有色金属公司职工大学
兰州铁路工程职工大学
甘肃机械电子职工大学
银光化学材料厂职工大学
甘肃核工业职工大学
金川有色金属公司职工大学

兰州航空工业职工大学

青海省（2所）

青海省联合职工大学
青海省广播电视大学

宁夏回族自治区（1所）

宁夏回族自治区广播电视大学

新疆维吾尔自治区（8所）

和田地区教育学院
新疆生产建设兵团教育学院
喀什教育学院
新疆教育学院
新疆维吾尔自治区广播电视大学
阿克苏教育学院
新疆维吾尔自治区钢铁公司职工大学
新疆生产建设兵团广播电视大学

2008年教育大事记

1月4日 国家语委咨询委员会第八次会议在北京召开。全国人大常委会副委员长、国家语委咨询委员会主任许嘉璐，副主任朱新均，教育部副部长、国家语委主任赵沁平等同志出席了会议。

△ 教育部印发《教育部2008年工作要点》。

△ 教育部印发《关于进一步加强考研辅导活动管理的通知》。

1月4日—5日 教育部党组成员、中央纪委驻教育部纪检组组长田淑兰赴重庆进行工作调研。期间，召开了部分直属高校纪委书记座谈会、部分省市教育厅纪检组长座谈会，并考察了重庆大学虎溪校区。

1月6日 教育部召开落实农村中小学免费教科书工作会议，教育部副部长陈小娅出席会议并在讲话中强调，免费教科书的选用一定要保证高水平、高质量，要适合学生使用。

1月8日 2007年度国家科学技术奖励大会在人民大会堂召开。党和国家领导人胡锦涛、温家宝、李长春、习近平、李克强出席大会并为获奖代表颁奖。在2007年度国家科学技术奖授奖项目中，全国高等学校获得国家自然科学奖26项，占总数的66.7%；国家技术发明奖27项，占通用项目总数的69.2%；国家科学技术进步奖117项，占通用项目总数的60.9%。此外，国家技术发明奖（专用项目）一等奖（1项）被高校获得。

△ 教育部在广东佛山召开国家督学和专家座谈会，专题研究东部地区基础教育发展问题。教育部副部长陈小娅出席了会议。教育部总督学顾问、部分国家督学和专家参加了座谈会。

△ 教育部、财政部印发《关于落实高校学生食堂补贴措施的通知》。

1月8日—9日 2008年全国高等教育招生计划工作会议在北京召开。教育部副部长袁贵仁在讲话中指出，2008年试行“支援中西部地区普通高校招生协作计划”，从招生计划增量中专门拿出3.5万人，安排给高等教育资源丰富、办学条件较好的11个省份，由其所属高校指定到高等教育资源缺乏、升学压力较大的5个中西部省份招生，承担“协作计划”任务的学校均为公办本科院校。会议对2008年全国高等教育招生计划作出了部署，确定2008年全国普通高校本专科招生计划599万人（其中普通本科300万人，高等职业教育299万人）；研究生招生计划安排44.9万人（其中博士5.9万人，硕士39万人）。各省（自治区、直辖市）教育厅（教委），计划单列市教育局，新疆生产建设兵团教育局及中央部门教育司（局）主管招生计划工作的领导及有关部门的负责同志参加了会议。

1月10日 教育部部长周济带队先后到九三学社中央和民盟中央汇报教育工作，九三学社中央主席韩启德，副主席邵鸿、赖明，民盟中央主席蒋树声，副主席张梅颖、李重庵、索丽生听取汇报，教育部副部长吴启迪、部长助理郭向远一同前往。

△ 教育部印发《关于普通高中新课程省份深化高校招生考试改革的指导意见》。

1月11日 教育部部长周济带队到民革中央汇报教育工作，民革中央主席周铁农，副主席傅惠民、何丕洁听取汇报，教育部副部长赵沁平、部长助理郭向远一同前往。

△ 教育部印发《关于做好2008年普通高等学校招生工作的通知》。

1月13日 2008年全国电化教育馆馆长会议在北京召开，教育部副部长陈小娅出席会议并讲话。

1月14日 国务院学位委员会第25次会议在北京召开。国务委员、国务院学位委员会主任委员陈至立出席会议并讲话。中国科学院院长路甬祥、中国工程院院长徐匡迪、国务院学位委员会副主任委员陈奎元、教育部部长周济分别主持了会议，教育部副部长吴启迪作了《国务院学位委员会2007年工作报告及2008年主要工作说明》。

1月15日 教育部、国防科工委共建电子科技大学，以及两部门分别同湖南省人民政府、陕西省人民政府共建中南大学、西安电子科技大学的协议签字仪式在京举行。教育部部长周济、副部长赵沁平，国防科工委主任张庆伟，副主任陈求发，湖南省长周强，副省长郭开朗，陕西省副省长朱静芝出席签字仪式。

△ “第四次亚太经合组织（APEC）教育部长会议预备会”在陕西西安召开，教育部副部长章新胜出席会议并致词。本次会议以“21世纪的技能——回顾过去迈向未来”为题，围绕外语教学、数学和科学教学、职业和生涯教育、信息技术教育和体制改革等议题展开讨论，会议成果将为2008年6月在秘鲁首都利马召开的“第四次APEC教育部长会议”奠定基础。

1月15日—26日 应美国汤姆森科技信息集团及日本文部科学省邀请，教育部副部长吴启迪率团访问了美国、日本。在美国期间，吴启迪与汤姆森科技信息集团和工程信息公司高层进行了会谈；访问了夏威夷州、哥伦比亚大学、宾夕法尼亚大学、杨伯翰大学等机构和学校，介绍中国教育发展情况，并着重介绍了《中国高等学校学术文摘》项目的意义、发展目标、发展思路；为夏威夷州教育界人士做了有关中国教育发展的演讲。在日本期间，吴启迪访问了日本文部科学省、斯普格林出版公司日本总部以及有关大学，研讨促进双方教育领域全方位合作等事宜。

1月16日 中共中央政治局常委、国务院总理温家宝主持召开国务院常务会议，听取高等教育“211工程”建设工作汇报。会议指出，面向21世纪、重点建设100所左右高等学校和一批重点学科的“211工程”实施以来，经过十多年的努力，“211工程”学校人才培养质量不断提高，学科建设取得明显成效，创新能力得到提升，一些学科接近国际先进水平，产生了一大批有影响的成果，我国高等教育整体实力显著增强。会议同意进行“211工程”三期建设，要求认真总结经验，明确目标，统筹兼顾，加快高水平大学和重点学科建设，带动我国高等教育整体发展。

1月17日 2006—2007学年度国家奖学金颁奖大会在京举行，国务委员陈至立为国家奖学金获奖者颁奖并讲话，强调要激励广大高校学生勤奋学习，努力进取，勇于实践，敢于创新，在德、智、体、美、劳等方面全面发展。会议指出，近年来国家出台了奖助学金、助学贷款、勤工助学、特殊困难补助、学费减免等一系列资助政策。国家奖学金是面向高校本专科学生设立的荣誉最高、奖金额最大的国家级奖学金项目，每年奖励5万名，奖励标准每生每年8 000元，所需资金全部由中央负担。中央和各省（区、市）教育、财政部门及部分高校有关负责人，获奖学生代表参加会议。

△ 教育部部长周济带队到民进中央汇报教育工作，民进中央主席严隽琪，副主席刘新成、朱永新，教育部副部长陈小娅，部长助理郭向远一同前往。

△ 中央财政下拨2008年高校国家奖助学金43.99亿元。其中，国家奖学金4亿元，国家励志奖学金16.16亿元，秋季学期国家助学金23.83亿元。

1月21日 教育部部长周济带队到民建中央汇报教育工作，民建中央主席陈昌智，副主席张榕明、马培华、辜胜阻听取汇报，教育部党组成员、驻教育部纪检组组长田淑兰，部长助理郭向远一同前往。

△ 教育部印发《关于表彰全国教育纪检监察先进集体和先进个人的决定》。

△ 教育部印发《第十四批基本普及九年义务教育、基本扫除青壮年文盲县名单》。

△ 教育部印发《基本普及初等义务教育县名单》。

1月23日 教育部印发《关于追授高富浪同学“全国优秀大学生”荣誉称号的决定》。

1月24日 教育部在北京召开全国教育纪检监察工作会议，学习贯彻中央纪委第二次全会精神，总结党的十六大以来教育系统党风廉政建设和反腐败工作，部署2008年工作任务。教育部部长周济出席会议并讲话，教育部副部长袁贵仁传达了胡锦涛总书记在中央纪委第二次全会上的重要讲话和贺国强同志工作报告精神。教育部党组成员、中央纪委驻教育部纪检组组长田淑兰代表部党组做了工作报告。

1月24日—28日 教育部副部长陈小娅赴福建、云南进行工作调研。期间，在厦门市主持召开了城市免费义务教育座谈会，听取了福建省教育厅以及福州、厦门、泉州、三明、龙岩五个地市关于城市免费义务教育工作的汇报。

1月28日 国务委员陈至立来到华北电力大学考察调研。教育部部长周济陪同考察。

△ 教育部印发《2007年度高等学校专业设置备案或审批结果》。

1月29日 教育部部长周济带队到台盟中央汇报教育工作，台盟中央主席林文漪，副主席汪毅夫、吴国祯、黄志贤，教育部副部长李卫红，部长助理郭向远参加会谈。

1月30日 2007年度教育优秀教育新闻颁奖式在京举行，教育部部长周济出席颁奖式并讲话。此次评出一等奖47名、二等奖70名、三等奖80名。同时，评出优秀专题奖10名、优秀版面奖10名、优秀论文奖10名、优秀教育新闻特别奖15名。中宣部、国务院新闻办、中华全国新闻工作者协会等有关部门负责人，中央有关部委新闻发言人，中央暨首都新闻单位的领导，及来自中央暨首都新闻媒体的近200名记者出席了此次颁奖仪式。

△ 教育部印发《关于做好2008年农村义务教育阶段学校教师特设岗位计划工作的通知》。

1月30日—31日 由教育部组织的“建设可持续发展校园研讨会”在同济大学召开。会议在形成广泛共识的基础上，发表了《建设可持续发展校园宣言》。国内30余所“985工程”重点建设高校负责人和美国耶鲁大学有关人员出席了会议。教育部副部长吴启迪发表了书面讲话。

1月31日 纪念邓小平同志批示创办广播电视大学30周年座谈会暨推进国家终身教育体系建设座谈会在人民大会堂举行。国务委员陈至立出席座谈会并讲话，强调要深入贯彻党的十七大精神，以科学发展观为指导，充分发挥现代远程教育在建设人力资源强国中的重要作用。教育部部长周济主持了座谈会，教育部副部长吴启迪到会发言。

△ 由中国教育报、中国教育电视台联合主办，教育科学出版社协办的2007中国教育年度新闻人物评选活动在京揭晓。方永刚、张光斗、阿木冬·吐鲁甫、王结、周主信、于丹、李明素、阮文发、张晓、高明10人当选2007中国教育年度新闻人物。

2月1日 教育部公布《2008年普通高等教育高职高专专业设置整理情况》。

△ 教育部印发《关于下达2008年部属高校普通高等教育招生计划的通知》。

2月2日 教育部部长周济带队到致公党中央汇报教育工作，致公党中央主席万钢，副主席王钦敏、杨邦杰、严以新、李卓彬，教育部副部长袁贵仁、部长助理郭向远参加会谈。

2月5日 为贯彻落实党中央、国务院关于灾后重建工作的部署和要求，做好雪灾毁损校舍建设和危房改造工作，财政部、教育部印发《关于预拨2008年春季学期农村中小学校舍维修改造中央专项资金的通知》，拨付了2008年春季学期农村中小学校舍维修改造中央专项资金。

2月13日 教育部印发《关于追授杨继斌同学“全国优秀大学生”荣誉称号的决定》。

2月15日 教育部部长周济带队到农工党中央汇报教育工作，农工党中央主席桑国卫，副主席陈宗兴、汪纪戎，教育部副部长赵沁平，部长助理杨周复参加会谈。

△ 教育部印发《关于做好灾区开学前中小学安全工作的紧急通知》。

2月19日 教育部在京召开全国省级教育行政部门主要负责同志会议。教育部部长周济在会上讲话，教育部副部长袁贵仁主持会议。会议部署了进一步做好农村义务教育经费保障体制有关工作，并就免除城市义务教育阶段学生学杂费有关问题进行了座谈讨论。

2月20日 全国治理教育乱收费部际联席会议在京召开。国务委员陈至立出席会议并讲话。教育部部长周济，教育部党组成员、中央纪委驻教育部纪检组组长田淑兰出席了会议。

△ 教育部党组印发《关于进一步加强和改进同民主党派工作联系的通知》。

2月21日 教育部印发《关于做好高校受灾家庭经济困难学生资助工作的通知》。

2月22日 教育部部长周济签署中华人民共和国教育部令第26号，发布《独立学院设置与管理办法》，自2008年4月1日起施行。

△ 教育部、国家发展改革委印发《关于编报2008年普通高等教育分学校分专业招生计划的通知》。

2月27日 中央综治委学校及周边治安综合治理工作领导小组2008年第一次全体会议在京举行。会议要求，各地要以确保北京奥运会成功举办为重点，落实涉及奥运会的各项社会管理措施，维护学校持续安全稳定。会议听取了教育部副部长李卫红通报的2007年全国学校及周边治安综合治理工作情况及2008年工作安排。

2月27日—29日 全国学校体育场馆向公众开放工作会议在湖北召开。教育部副部长陈小娅出席了会议。在湖北期间，还出席了第二届全国大学生艺术展演活动和大学生冬季运动会火炬传递秘书长会议，并考察了华中师范大学。

2月28日 国家语委在北京召开2008年度语言文字工作会议。教育部副部长赵沁平出席会议并讲话。

2月28日—29日 教育部和卫生部在北京联合召开全国医学教育工作会议。会议提出，要努力办好人民满意的医学教育，努力建设医学教育强国，促进“人人享有基本医疗卫生服务”重大战略目标的实现，为提高全民健康水平服务。全国人大常委会副委员长韩启德、教育部部长周济、卫生部部长陈竺出席会议并讲话。财政部、人事部、总后卫生部、全国残疾人联合会等有关部门及有关专家200余人出席会议。教育部副部长吴启迪主持了会议并作大会总结。

2月29日 教育部在北京召开全国独立学院工作会议。会议主题是贯彻落实《独立学院设置与管理办法》，促进独立学院健康发展。独立学院始于1999年，据2007年统计，全国共有独立学院318所，在校生186.6万人，占全国民办高等教育在校生总数的53.4%；其中，独立学院本科在校生165.7万人，占全国民办本科高等教育在校生总数的88.7%。教育部部长周济作了重要讲话，会议由教育部副部长袁贵仁主持，教育部有关司局负责人就《独立学院设置与管理办法》出台的依据、过程、主要制度、工作要求等问题进行了阐述。各省、自治区、直辖市教育厅（教委）和新疆生产建设兵团教育局有关负责同志参加了会议。

2月29日—3月1日 教育部在京召开全国教育新闻宣传工作会议。教育部副部长李卫红传达了全国宣传思想工作会议精神，并就如何学习贯彻党的十七大精神和全国宣传思想工作会议精神，做好教育新闻宣传工作等问题提出了具体要求。来自全国各省、自治区、直辖市的教育报刊有关负责同志及《人民教育》杂志、《中国教师报》、《中国民族教育》杂志各地通联站及部分地方教育行政部门的负责人参加了会议。

3月1日 教育部部长周济、副部长章新胜赴黑龙江会见了国际大体联主席基里安一行，听取了哈尔滨第二十四届世界大学生冬季运动会筹备工作和黑龙江省教育厅有关工作的汇报，考察了雪上比赛场地和东北林业大学。

3月4日 教育部、财政部在北京联合召开高校食堂工作视频会议。会议明确要求，进一步完善高校学生伙食补贴办法，认真做好高校学生食堂工作，切实稳定饭菜价格和质量。教育部部长周济和财政部副部长张少春出席会议并讲话，会议由教育部副部长袁贵仁主持。在京中央部门所属高校、教育部直属高校以及教育部和财政部有关司局主要负责人，各地教育行政部门、财政部门和部分高校有关人员参加了会议。

△ 教育部办公厅公布《2007年认定的国家级重点中等职业学校名单》。

3月5日 第十一届全国人民代表大会第一次会议在人民大会堂开幕。国务院总理温家宝向大会作政府工作报告时指出，要坚持优先发展教育，没有全民教育的普及和提高，便没有国家现代化的未来。要让孩子们上好学，办好人民满意的教育，提高全民族的素质。

3月6日 中俄人文合作委员会教育合作分委会第八次会议在北京召开。会议由分委会中方主席、中国教育部副部长章新胜与分委会俄方主席、俄联邦教育署署长布拉耶夫共同主持。双方总结了分委会第七次会议以来的工作进展情况，就两国在教育领域的合作前景以及通过举办教育领域的各项活动来共同丰富中俄战略协作伙伴关系内涵等问题交换了意见，商定在平等互信的基础上，继续推动和深化符合两国和两国人民根本利益的教育合作。两国共同签署了《中俄人文合作委员会教育合作分委会第八次会议纪要》。会后，中俄人文合作委员会中方秘书长、教育部部长周济会见了俄罗斯联邦教育署长布拉耶夫。双方对中俄双边关系和中俄“国家年”活动给予了高度评价，并就委员会和中俄教育合作下一阶段重点工作广泛而深入地交换了意见。

3月10日 财政部、教育部发出通知，要求中央、地方财政共拿出16亿元对全国2 000万名本专科生、研究生在2008年3至6月间每人每月补贴20元。

△ 教育部印发《关于做好2008年学校安全隐患排查治理工作的通知》。

3月10日—12日 由联合国教科文组织举办的九个发展中人口大国全民教育部长级会议在印度尼西亚巴厘岛召开。会议的主题是“促进教师教育与培训”。以教育部副部长陈小娅为团长的中国教育代表团出席了会议。会上，陈小娅代表中国教育部作了题为《中国中小学教师发展：聚焦农村教师》的主题发言。与会代表交流了各自国家在吸引、留住教师，加强教师教育与培训，促进信息技术在教师培训中的应用以及改善教师就业条件等方面的经验和面临的挑战，讨论了联合国教科文组织、九个人口大国以及南南合作成员国之间在教师教育和培训领域的行动计划，通过了会议宣言。

3月11日 教育部在京举办高校心理健康教育培训班开班仪式，教育部副部长李卫红出席研讨班并讲话。

3月12日 中央政治局委员、重庆市委书记薄熙来率领重庆市有关领导到教育部商谈工作，教育部部长周济，副部长李卫红，部长助理郭向远、杨周复，重庆市市长王鸿举，常务副市长黄奇帆参加会谈。

△ 财政部、教育部决定在已经给予普通高校学生伙食补贴的基础上，再拨出专项资金，对家庭经济困难学生增加伙食补贴，并要求各地财政部门、教育部门迅速将补贴发放到学生手中，切实做好高校学生临时补贴发放工作。

△ 教育部办公厅印发《关于批准第五批“国家理科基础科学研究和教学人才培养基地”的通知》。

3月14日 教育部部长周济出席第十一届全国人民代表大会第一次会议新闻中心举行的第十场中外媒体集体采访活动，就我国着力促进教育公平、努力办好人民满意教育情况接受了中外记者采访。

3月18日—19日 教育部党组成员、中央纪委驻教育部纪检组组长田淑兰赴湖南进行工作调研。在湖南期间，田淑兰分别到湖南大学、中南大学考察了学校重要创新平台。

3月20日 中央财政拨付3亿元用于资助中西部地区县镇和农村普通高中家庭特困学生。这次3亿元资金的发放范围，包括中西部的22个省、自治区、直辖市和新疆生产建设兵团，惠及30万名学生和6 016所普通高中，涉及的经办账户有6 000多个。并且在2008年春季开学时，资助款发放到每一位应接受资助的困难学生手中。

△ 中央组织部会同教育部、财政部、人力资源和社会保障部召开选聘高校毕业生到村任职工作座谈会。中共中央政治局委员、中央书记处书记、中组部部长李源潮在会上指出，要切实做好选聘高校毕业生到村任职工作，为社会主义新农村建设培养骨干力量。经中央同意，中央组织部等有关部门决定，从2008年开始，用五年时间选聘10万名高校毕业生到村任职。

3月24日 中共中央政治局委员、国务委员刘延东到教育部调研。在听取教育部工作汇报后，刘延东强调要深入学习贯彻十七大精神，努力办好人民满意的教育。

3月25日—30日 教育部党组成员、中央纪委驻教育部纪检组组长田淑兰赴香港进行工作访问。在港期间，田淑兰与香港特别政府教育局就香港的廉洁教育进行了座谈，拜访了香港中联办纪检组。

3月26日 国家副主席习近平在人民大会堂会见了到访的美国哈佛大学校长德鲁·吉尔平·福斯特一行。双方就进一步加强中美教育交流与合作交换了意见。习近平说，中国政府将继续坚持把教育放在优先发展的战略地位，坚定不移地实施科教兴国和人才强国战略。教育和青年交流是中美两国人民增进相互了解和友谊的重要桥梁，也是推动中美关系健康、稳定发展的重要力量。改革开放以来，中国政府选派并资助了大量留学人员到美国学习，同时欢迎美国青年人来中国留学。同日，中共中央政治局委员、国务委员刘延东在中南海会见了美国哈佛大学校长德鲁·吉尔平·福斯特一行，双方就进一步加强中美教育交流与合作交换了意见。教育部部长周济会见时在座。

3月28日 教育部作出决定，授予索南东智同学“舍己救人的优秀学生”荣誉称号。

3月30日 教育部部长周济赴甘肃省进行调研。期间，周济部长出席了兰州大学党委书记任免宣布大会并讲话，听取了教育工作有关情况的汇报，考察了甘肃省电力学校。

3月31日 教育部、公安部等部门联合举行了全国中小学生第十三个安全教育日主题宣传教育活动。此次安全教育日的主题是“迎人文奥运，建和谐校园”。教育部副部长陈小娅在讲话中指出，中小学安全工作是教育的头等大事，是办好人民满意教育的基础和前提。各地教育行政部门要按照《中小学幼儿园安全管理办法》的有关规定，进一步健全重大隐患治理、重大危险源监控制度，完善预报、预警、预防和应急体系，严格落实各项安全管理措施，努力为中小学生创建一个平安、健康、文明、和谐的成长环境。

3月31日—4月1日　2008年度职业教育与成人教育工作会议暨中等职业学校招生工作会议在北京举行。会议总结交流了五年来职业教育工作的成绩和经验，研究分析职业教育改革与发展面临的新形势、新机遇，部署2008年的职业教育工作。教育部部长周济、副部长吴启迪出席会议并讲话。

△　教育部高等教育司和高等教育评估中心在京联合召开了“规范评估工作提高评估质量”研讨会。会议的主题是进一步规范教学评估工作，严肃教学评估纪律，提高教学评估质量，维护教学评估声誉，圆满完成首轮教学评估任务。教育部副部长吴启迪到会讲话。来自14所参评高校的领导和进校考察评估专家代表参加了会议。

4月1日　中央组织部、中央宣传部、教育部在京召开到村任职高校毕业生代表座谈会，中共中央政治局委员、中央书记处书记、中央组织部部长李源潮在听取了已到村任职的4名高校毕业生代表的发言，并高度评价了大学生“村官”的奋斗业绩和感人精神。教育部部长周济、中宣部副部长孙志军、清华大学党委书记陈希分别在会上发言。30多名应聘高校毕业生代表参加了座谈会。

4月2日　由教育部、美国国务院、美国教育部联合举行的首次中美副部级教育磋商会在美国首都华盛顿召开。此次磋商会旨在落实两国教育部于2006年签署的《关于进一步扩大教育合作与交流的谅解备忘录》中关于建立定期高层磋商机制的内容。教育部副部长章新胜率团赴美出席了会议。美国教育部部长斯佩林斯会见并宴请了章新胜副部长。

4月3日　教育部部长周济在人民大会堂与到访的阿拉伯联合酋长国内阁事务部部长共同签署了《中华人民共和国教育部与阿拉伯联合酋长国高教科研部高等教育和科研合作备忘录》，旨在推动我国与阿联酋在教育领域的合作。温家宝总理与到访的阿联酋副总理出席了签字仪式。

△　教育部部长周济在北京与到访的文莱教育部长阿卜杜拉·拉赫曼一行举行了工作会谈。双方就促进两国教育合作与交流、加强中文青少年交流和汉语国际推广等进行了富有建设性的会谈。

△　教育部、财政部、中国保险监督管理委员会印发《关于推行校方责任保险 完善校园伤害事故风险管理机制的通知》。

△　教育部印发《关于深入推进和进一步完善中考改革的意见》。

△　教育部公布《2008年暂停招生（红牌）和限制招生（黄牌）高等学校名单》。

4月6日　中共中央政治局委员、国务委员刘延东主持召开会议，教育部部长周济、副部长袁贵仁、赵沁平、陈小娅、李卫红等同志就免除城市义务教育学杂费、维护高校稳定等有关工作进行了汇报。

4月7日　教育部部长周济赴浙江调研浙江大学试点开展深入学习贯彻科学发展观活动的有关情况。期间，他听取了省教育厅有关工作汇报，参观了杭州中等职业学校。

△　教育部副部长吴启迪在北京与来访的苏格兰教育及终身学习部长菲奥纳·希斯罗普一行举行了工作会谈。双方就促进苏格兰与我国在教育领域的交流、加强高校科研和人才培养合作、拓展职业教育和终身教育合作及推广汉语教学等议题深入交换了意见。会后，吴启迪副部长与希斯罗普部长分别代表教育部和苏格兰政府签署了促进教育领域战略合作的谅解备忘录。

4月8日　教育部部长周济会见了来华访问的新西兰教育部长克里斯·卡特一行。周济部长与卡特部长代表各自政府签署了《中华人民共和国政府与新西兰政府关于在高等教育领域内相互承认学历和学位的协议》，并共同启动了中国—新西兰博士研究生互换奖学金项目。根据中国—新西兰博士研究生奖学金项目，双方每年将向对方10名学生提供为期3年的博士学位奖学金。

△　教育部公布《2008年具有普通高等学历教育招生资格的高等学校名单》。

△　教育部公布《北京大学、清华大学等198所

普通高等学校本科教学工作水平评估结论的通知》。

4月9日 教育部印发《关于高等职业院校人才培养工作评估方案的通知》。

4月10日 国家语委召开2008年度全体委员会议。教育部副部长、国家语委主任赵沁平，国家工商行政管理总局副局长王东峰等出席了会议。

△ 教育部印发《关于做好2008年全国硕士研究生录取工作的通知》。

4月11日 教育部在华东师范大学召开了免费师范生教育工作座谈会，就免费师范生培养方案进行了深入的研讨。教育部副部长陈小娅在讲话中指出，师范院校应认真领会师范生免费教育这项国家政策的重大意义，做改革创新的示范，高质量高水平地培养未来教师，更好地服务基础教育。

△ 教育部办公厅印发《关于近期几起中小学安全事故的紧急通报》。

4月13日 教育部部长周济在北京会见了来访的巴基斯坦高等教育委员会主席拉赫曼。双方就巴基斯坦—中国工程技术大学项目、高层次人才培养以及汉语国际推广等事宜进行了会谈。

4月14日—15日 2008年全国基础教育工作会议在杭州举行。教育部副部长陈小娅在讲话中指出，过去五年我国以农村义务教育为重点的基础教育取得了重大成就。以"两基"攻坚的实现为标志，义务教育从基本普及实现了全面普及；以农村义务教育经费保障机制改革为标志，义务教育全面纳入了公共财政保证范围；高中教育实现了快速发展，学前教育和特殊教育被摆到了更加重要的位置，走出了一条有中国特色的义务教育发展道路，实现了中国教育史上的历史性跨越，从而使我国基础教育特别是义务教育站在了新的历史起点上。来自全国31个省市自治区教育行政部门主管基础教育工作的负责人出席了会议。

4月15日 教育部在浙江省杭州市召开支持西部边远地区教师培训专项计划实施工作会议，正式启动了2008年中小学教师国家级培训计划。2008年中小学教师国家级培训计划由教育部支持西部边远地区教师培训专项计划，普通高中课改实验省教师远程培训计划，中西部农村义务教育学校教师远程培训计划，中小学班主任专项培训计划和中小学体育教师培训计划等五个部分组成。教育部副部长陈小娅出席会议并讲话。

△ 教育部印发《关于追授张昊、张雪峰同学，授予林博同学"全国优秀大学生"荣誉称号的决定》。

4月16日 教育部部长周济会见了来华访问的新西兰高等教育兼科技部长彼得·豪格森一行。双方回顾了近年来双边教育交流的进展，肯定了中新政府间签署《学历学位互认协议》和启动中新博士研究奖学金项目的积极意义，并同意进一步推动双方在科研以及高层次人才培养等方面的合作。

△ 中国教育发展基金会、教育部体育卫生与艺术教育司与广州宝洁有限公司，在京联合宣布"全国学校健康教育计划新阶段（2008—2012年）"正式启动。广州宝洁有限公司向中国教育发展基金会捐赠750万元。

4月16日—17日 "第二届教师资格制度国际学术研讨会"在北京师范大学举行，教育部副部长陈小娅出席研讨会并讲话。目前，我国取得教师资格人数近二千万。

4月17日 教育部部长周济会见了美国思科公司董事会主席兼首席执行官约翰·钱伯斯等思科公司多位高层领导。双方就思科公司进一步加大对中国教育的支持力度等问题交换了意见。

△ 教育部职业教育与成人教育司、职教中心研究所、高等教育出版社三方签署协议，进一步整合资源推进职业教育教学改革和教材建设。根据签署的新合作协议，三方将主要在开展职业教育教学理论研究与改革实践、开发精品课程和精品教材、开展中等职业学校教师培训工作等方面继续合作。

4月18日 2008年"农村义务教育阶段学校教师特设岗位计划"招聘工作全面启动。2008年农村"特岗"教师的实施范围和规模与前两年相同，继续在湖北、广西、海南等12个省份和新疆生产建设兵团招聘"特岗"教师，总量比2007年有所增加。

4月18日—19日 教育部部长周济赴云南考察。期间，周济考察了西部地区"两基"攻坚和中等职业教育工作，还考察了昆明市、昭通市的中小学校和中等职业学校。

4月21日 中国—新西兰第六次联合工作组副部级磋商会议在京召开。会议期间，双方就政府奖学金项目、学生交流、质量保障、高等教育合作、汉语教学等议题进行了深入磋商，并一致同意继续扩大并加深以上领域的合作。会议由教育部副部长章新胜和新西兰教育部秘书长凯伦·苏维女士共同主持。

4月22日　“全国地市（州）长及教育厅长（主任）专题研究班”在国家教育行政学院举行开班典礼。教育部部长周济出席开班典礼，并作了题为“优先发展教育，建设人力资源强国”的报告。

△　教育部办公厅印发《关于做好选聘高校毕业生到村任职相关工作的通知》。

4月23日　教育部有关负责人就近期媒体所报道的深圳市对金融高管子女中考加分问题明确表态，认为深圳市对金融高管子女中考加分的做法，有违教育公平和国家现行教育政策，已责成深圳市予以调查和纠正。教育部要求各地全面清理和规范中考招生中随意加分的违规做法，以确保广大青少年平等接受教育的权利。

△　教育部印发《关于做好2008年中等职业学校招生工作的通知》。

4月24日　教育部部长周济在北京与到访的欧盟科技委员让奈·博托什尼克举行会谈。会后，双方签署了《中国—欧盟清洁与可再生能源学院意向书》。

4月25日　马克思主义理论研究和建设工程工作会议在京召开。教育部部长周济，副部长袁贵仁、李卫红出席会议。周济、袁贵仁在会上发表讲话。

△　由全国高校毕业生就业网络联盟主办的全国大学生就业公共服务立体化平台启动仪式在京举行。中共中央政治局委员、国务委员刘延东到教育部视察中国高校毕业生就业服务信息网，就加强以信息化服务为重点的大学生就业公共服务，全力以赴做好高校毕业生就业工作提出明确要求。教育部部长周济宣布平台正式启动并讲话。

4月26日—27日　中宣部、教育部在京召开地方哲学社会科学教学科研骨干研修工作会议。

4月27日　中央综合办、中央维稳办、教育部、北京奥组委联合召开了维护教育系统稳定工作电视电话会议，中共中央政治局委员、国务委员刘延东出席会议并讲话。教育部部长周济主持会议，教育部副部长李卫红出席会议。

△　全国农村教育发展与管理研讨会在西安召开。本次研讨会旨在通过对全国农村教育发展面临的新形势和相关管理实践经验的研讨，探寻在新课改改革和农村义务教育经费保障体制改革实施的新形势下，不断提高农村教育质量、推进教育均衡发展的新途径。

4月28日　教育部发出关于中小学幼儿园安全工作2008年第2号预警通知，指出各地正进入初夏汛期，抗灾能力较差的农村学校在接到有关部门重大气象和地震灾害预报后，可以适当调整上学时间，严防灾害导致师生伤亡。

4月28日—29日　教育部副部长陈小娅出席了在武汉市召开的全国中小学预防近视眼工作会议并讲话。期间，陈小娅就湖北省免费义务教育工作进行了调研，考察了湖北省黄冈市团风县团风小学、黄冈市实验小学、湖北省黄州中学、黄冈高中。

4月30日　教育部发出2007—2008学年度学校突发公共卫生事件防控工作第三次预警通知，要求各地教育部门和学校要加强与当地疾病控制部门和卫生监督部门的联系与沟通，采取切实措施，认真做好手足口病等肠道传染疾病和食物中毒的预防与控制工作。

5月3日　在北京大学建校110周年前夕，中共中央总书记、国家主席胡锦涛来到北京大学考察，在与北京大学师生代表进行座谈时提出了四点殷切希望：要大力弘扬爱国主义精神；要努力造就高素质人才；要不断创造一流学术成果；要积极培育优良校风。中共中央政治局委员、北京市委书记刘淇，中共中央政治局委员、国务委员刘延东，中共中央书记处书记、中央办公厅主任令计划等同志陪同。教育部部长周济参加了考察活动。

△　教育部部长周济在京会见了应邀来华出席北京大学建校110周年庆典活动的俄罗斯莫斯科大学校长萨多夫尼奇院士一行。

5月4日　国务院总理温家宝考察了中国政法大学，并与学生共度“五四”青年节。中共中央政治局委员、国务委员刘延东陪同，教育部部长周济参加了考察活动。

△　中央组织部在北京召开青年科技创新创业人才座谈会。中共中央政治局常委、国家副主席习近平在座谈会上强调，我们党带领人民正在建设的中国特色社会主义，是中国历史上前所未有的非常伟大、非常豪迈、非常壮丽的事业，是承前启后、继往开来的事业，是任重道远、始终面向青年的事业。座谈会由中共中央政治局委员、中央书记处书记、中央组织部部长李源潮主持。中共中央政治局委员、全国人大常

委会副委员长、中华全国总工会主席王兆国，中共中央政治局委员、国务委员刘延东出席了座谈会。座谈会上，六位青年科技创新创业人才代表汇报了他们的成绩和体会。

△ 中共中央政治局常委李长春出席了在东北大学召开的高校加强和改进思想政治理论课工作座谈会。他强调，要认真学习领会胡锦涛总书记在北京大学师生代表座谈会上的重要讲话精神，坚持教书育人、育人为本的方针，以改革创新精神不断推进高校思想政治理论课教学工作，提高大学生的综合素质，培养德智体美全面发展的社会主义事业建设者和接班人。期间，李长春同志就加强和改进高校思想政治理论课与辽宁高校师生代表座谈。

△ 北京大学举行北大建校110周年暨实施“985工程”十周年庆祝大会。全国人大副委员长韩启德、全国政协副主席张梅颖、全国人大原副委员长彭佩云、全国人大原副委员长何鲁丽、全国政协原副主席罗豪才、教育部副部长赵沁平等出席大会。

5月4日—6日 教育部副部长章新胜率团出席了在德国柏林举行的第一届亚欧教育部长会议，会议的主题为“面向未来的亚欧教育与培训”，议题为亚欧高等教育合作、教育和劳动市场等。章新胜副部长首先以会议协办国代表的身份，就亚欧高等教育合作做了主旨发言。本次会议是在亚欧会议（ASEM）框架下举办的首次教育部长会，来自22个国家的教育部长、7个国家的教育部副部长出席了会议，会议成果将正式提交2008年10月在北京举行的亚欧峰会。会间，章新胜还分别与泰国、丹麦、韩国的教育部长举行了双边会谈。

5月5日 教育部部长周济主持召开教育部党组会议，认真学习讨论胡锦涛总书记在北京大学师生代表座谈会上的重要讲话。会议强调，要紧密结合学习贯彻党的十七大精神，深入贯彻落实科学发展观，认真学习贯彻胡锦涛总书记重要讲话，为办好人民满意教育，建设人力资源强国做出积极贡献。会前，中共教育部党组印发《关于学习贯彻胡锦涛总书记在北京大学师生代表座谈会上重要讲话精神的通知》。

△ 教育部印发《2007年全国教育事业发展统计公报》。

5月6日 教育部在京召开2008年全国普通高校招生考试工作电视电话会议，部署2008年全国普通高校招生考试工作。教育部部长周济，教育部党组成员、中纪委驻教育部纪检组组长田淑兰在北京主会场出席会议并讲话。教育部副部长陈小娅主持会议。

△ 教育部在京召开规范评估工作提高评估质量主题研讨会，教育部部长周济出席会议并讲话。会议强调，要进一步统一思想，规范管理，严肃纪律，提高质量，维护形象，扎实做好评估收尾工作，圆满完成本轮评估任务。

5月7日—9日 中共中央政治局委员、国务委员刘延东在江苏省深入学校、科研院所、高新技术企业和文化事业单位进行调研。在听取了有关工作汇报后，她强调，要认真学习贯彻党的十七大精神，全面落实科学发展观，在转变观念中改革创新，在更新思路中真抓实干，在大胆实践中破解难题，通过思想的新解放和改革的新突破，推动教育、科技、文化、体育事业的新发展。

5月8日 迎奥运全国亿万学生阳光体育运动推进会在江苏省张家港市召开。会议全面总结了一年来贯彻落实《中共中央国务院关于加强青少年体育增强青少年体质的意见》、开展“全国亿万学生阳光体育运动”的情况，并研究部署了下一阶段加强青少年体育、增强青少年体质的有关工作。教育部部长周济在会上强调，要认真贯彻落实十七大精神，以科学发展观为指导，进一步统一思想、提高认识，继续大力推进全国亿万学生阳光体育运动，努力开创学校体育工作新局面。中共中央政治局委员、国务委员刘延东在讲话中强调借北京奥运会东风扎实推进青少年体育，增强青少年体质。

5月10日 教育部作出决定，授予何晓波、刘峰同学“全国见义勇为优秀大学生”荣誉称号。

5月12日 四川省汶川县等地发生了重大地震灾害，胡锦涛总书记主持召开中央政治局常委会议，对抗震救灾工作作出部署。中共中央政治局委员、国务委员刘延东作出重要批示，要求教育部及时了解四川省及地震波及地区教育系统受灾情况。正在四川考察工作的教育部部长周济立即赶往灾区，指导当地教育系统救灾工作。5月13日上午，教育部副部长袁贵仁召开在京部领导及有关司局负责人会议，研究部署进一步做好教育系统抗震救灾工作。

△ 四川省职业教育攻坚动员大会在成都市召开。教育部部长周济在讲话中强调，要以大力发展中

等职业教育为战略突破口，把职业教育体制改革和制度创新作为建设职业教育强省的先导，积极探索职业教育发展的新路子，努力建设辐射西部、面向全国、融入世界的教育发展高地，为西部乃至全国提供宝贵的经验。教育部部长周济与四川省人民政府省长蒋巨峰签署了《“省部共建国家职业教育综合改革试验区”协议》。

△　教育部“2008年全国普通高校招生网上咨询周”活动在“阳光高考”信息平台上正式启动。

5月14日　2008年国家社科基金年度项目评审工作会议在京召开。中央政治局委员、书记处书记、中宣部部长、全国哲学社会科学规划领导小组组长刘云山出席会议并讲话。

△　经教育部批准，河北、辽宁、江苏、浙江、湖南、广东、四川、新疆等8省区2008年将在部分国家示范性高等职业院校立项建设单位，开展单独招生改革试点工作。

5月15日　国家副主席习近平，中共中央政治局委员、国务委员刘延东在人民大会堂分别会见了到访的美国耶鲁大学校长莱文一行。双方就进一步加强中美教育交流与合作等问题交换了意见。

5月17日　教育部做出决定，授予杨之亚同学“全国见义勇为优秀大学生”荣誉称号。

△　中国民办教育协会在京正式成立，这是我国民办教育领域第一个经过法定程序由政府正式批准成立的全国性行业组织。国家总督学顾问陶西平当选为协会会长。全国人大常委会副委员长陈至立给大会发来贺信。教育部副部长袁贵仁到会讲话。

5月19日—20日　教育部党组成员、中央纪委驻教育部纪检组组长田淑兰赴河北考察2008年普通高等学校招生全国统一考试准备工作。其间，田淑兰听取了河北省、保定市教育考试院关于高考准备工作的情况汇报。

5月19日—23日　教育部副部长袁贵仁率教育部工作组赴四川地震灾区，协助教育系统开展抗震救灾工作。期间，他陪同温家宝总理考察了安置在绵阳长虹集团培训中心的北川中学和绵阳九州体育馆的帐篷学校；考察了四川大学、西南交通大学、西南财经大学、西南科技大学、成都中医药大学，江油市西屏初中、太平二中、太平街小学、江油特教学校以及高新区实验中学帐篷学校、西南财经大学天府学院灾区学生安置点；讨论确定了《关于做好四川省2008高考工作的意见》、《关于开展地震灾区中小学生心理援助工作的意见》、《关于灾区孤儿救助工作的意见》、《关于地震灾区学生资助的意见》、《关于加强教育系统防震救灾宣传工作的意见》、《关于进一步做好灾区学校安全防疫工作的意见》和《关于灾后学校重建的初步考虑》等文件。

5月20日　教育部部长周济会见了来华访问的博茨瓦纳教育部部长恩凯泰一行。双方探讨了双边教育交流与合作的情况，特别是来华留学生的合作。

5月22日　教育部部长周济会见了俄罗斯联邦教育署长布拉耶夫一行。

5月23日　中共中央总书记、国家主席、中央军委主席胡锦涛在京举行俄罗斯总统梅德韦杰夫访华欢迎仪式，教育部部长周济出席会谈和签字仪式。

△　国务委员、中俄人文合作委员会中方主席刘延东会见了陪同俄罗斯总统梅德韦杰夫访华的俄政府副总理、委员会俄方主席茹科夫。刘延东首先感谢俄方对中国四川汶川大地震救灾工作提供的及时有效支持和援助，高度评价在两国元首的关心下中俄战略协作伙伴关系和两国人文合作取得的成果，充分肯定了中俄人文合作委员会成立以来各领域的工作，表示愿与俄方共同努力，充分发挥中俄人文合作委员会的作用，进一步推进中俄人文合作，落实好人文领域“国家年”活动机制化项目，办好2009年“俄语年”和2010年“汉语年”，为提高中俄战略协作伙伴关系水平、为增进中俄两国人民的友谊作出不懈努力。

△　教育部与新华社联合举办的拉萨“3·14事件”真相暨西藏今昔大型图片展进校园活动启动仪式在清华大学举行。全国人大常委会原副委员长热地、教育部部长周济、新华社社长李从军出席仪式并为图片展揭幕，教育部副部长李卫红到会讲话。

5月23日—24日　教育部灾区心理援助教师培训计划在四川师范大学开班，20多位专家学者授课，300名骨干培训者和教师接受培训。

5月24日　教育部副部长章新胜出席国家汉办与加拿大BC省谅解备忘录签字仪式。

5月25日　中共教育部党组印发《关于向抗震救灾英雄教师学习的决定》。

△　教育部印发《关于做好2008—2009学年度现代远程教育试点高校网络高等学历教育招生工作的

通知》。

5月26日 教育部印发《教育系统做好灾区师生安置和恢复重建准备工作的方案》。

5月26日—31日 教育部副部长陈小娅率教育部工作组前往四川成都、德阳、绵阳及所属都江堰、彭州、绵竹、什邡、安县等地震灾区，深入帐篷学校、转移学生集中安置点看望慰问受灾师生，实地调研了十余所学校，了解师生灾后生活安排、学校复课、心理辅导、卫生防疫、高考准备及活动板房的建设等问题。

5月27日 教育部部长周济在人民大会堂与韩国教育科学技术部部长金道然共同签署了《中华人民共和国教育部与大韩民国教育科学技术部关于高等教育领域学历学位互认谅解备忘录》。本备忘录旨在推动中韩高教领域的合作，为中韩高校增进合作交流提供政策支持，协议的签署标志着中韩教育交流又迈上了一个新台阶。

△ 由人力资源和社会保障部、教育部、全国总工会和全国工商联共同举办的“2008全国民营企业招聘周”启动仪式在北京举行，全国各地及100个大中城市同时启动招聘周活动。中共中央政治局委员、国务院副总理张德江对此次活动作出重要批示。中共中央政治局委员、国务委员刘延东发来贺信。全国政协副主席、全国工商联主席黄孟复宣布活动正式启动，人力资源和社会保障部部长尹蔚民、教育部部长周济等出席启动仪式并讲话。

5月28日 教育部副部长章新胜会见了来华访问的刚果（布）高教部长奥塞比一行。

△ 由中共中央统战部、教育部、劳动和社会保障部、农业部共同组织实施“温暖工程李兆基基金百万农民培训”项目，教育部承担了20万名农民的培训任务，实施地区为广西、四川、云南、陕西4省区和河北3个定点扶贫县。截至2008年3月底，已完成20万名农民的培训任务，转移就业17.7万人，转移就业率达88.5%。

△ 教育部办公厅印发《关于做好地震灾区中等职业学校复学复课、就业援助和招生工作的通知》。

5月28日—30日 教育部部长周济陪同中共中央政治局委员、国务委员刘延东赴四川指导教育系统抗震救灾。

5月29日 教育部印发《关于表彰首批中小学抗震救灾优秀学生和先进集体的决定》。

5月30日 人力资源和社会保障部、教育部印发《关于表彰教育系统抗震救灾英雄集体和抗震救灾英雄的决定》。

△ 教育部办公厅、国家发展改革委办公厅印发《关于进一步加强中西部农村初中校舍改造工程质量管理的通知》。

△ 教育部下发通知，要求教育系统坚决贯彻党中央、国务院的部署，按照中央纪委、监察部等五部委《关于加强对抗震救灾资金物资监管的通知》要求，切实加强教育救灾专项资金和物资的监管，高度重视灾后重建全过程的监督，确保廉洁救灾，确保救灾款物安全有效地全部用于灾区的教育。

6月1日 中共中央政治局常委李长春来到四川地震重灾区，代表党中央、国务院与灾区少年儿童共度“六一”儿童节。教育部部长周济陪同考察。

△ 中共中央政治局委员、国务委员刘延东来到北京市海淀区巨山小学看望师生们。当得知巨山小学80%的学生都是家在外地的进城务工人员子女时，刘延东对孩子们能在北京接受良好的教育感到十分高兴。随后，刘延东委员看望了海淀培智中心学校智障的孩子们和北京市海淀区温泉镇北京老年医院里接受康复治疗的地震灾区伤员。

6月2日 人力资源和社会保障部、教育部决定授予四川省绵阳市北川中学优秀教师群体、四川省汶川县映秀镇小学优秀教师群体“教育系统抗震救灾英雄集体”荣誉称号；授予周汝兰、王敏同志“教育系统抗震救灾英雄”荣誉称号，追授谭千秋同志“教育系统抗震救灾英雄”荣誉称号。

6月3日—8日 教育部副部长赵沁平赴陕西和四川，检查、指导两省2008年高考准备以及教育系统抗震救灾有关工作。期间，听取了陕西省教育厅负责同志的有关工作汇报，与朱静芝副省长就有关问题交换了意见；实地考察了勉县第二中学和宁强县标准化高中的高考考场。听取了四川省教育厅负责同志的有关工作汇报；实地考察了广元市朝天中学等9所中小学，分别看望慰问了师生，观摩考察了高考学生应急演练及避险场所；在成都出席了国家教育考试指挥平台视频汇报会；考察了四川大学。

6月4日 教育部、财政部印发《关于调整外国留学生奖学金生活费标准的通知》。

△ 教育部公布《2007年度长江学者特聘教授、讲座教授和长江学者成就奖获奖者名单》。

△ 教育部印发《关于切实防范洪涝等自然灾害确保中小学生安全的紧急通知》。

6月6日 中共中央政治局委员、国务委员刘延东在中南海亲切会见全国抗震救灾优秀教师代表，她强调，全国教育系统要广泛宣传抗震救灾英雄，大力弘扬抗震救灾精神，使之成为加快灾区学校恢复重建和教育改革发展的强大动力。

△ 教育系统灾后重建对口支援工作电视电话会议在京召开。中共中央政治局委员、国务委员刘延东出席会议并会见了全国抗震救灾英雄报告团优秀教师代表。教育部部长周济，副部长袁贵仁、陈小娅等陪同会见。

△ 教育部印发《关于做好教育系统灾后恢复重建对口支援工作的通知》。

6月7日 教育部部长周济和教育部党组成员、中央纪委驻教育部纪检组组长田淑兰陪同中共中央政治局委员、国务委员刘延东前往考试中心，看望高考一线的工作人员，并通过国家教育考试指挥平台视频巡查系统检查全国高考组织工作。

6月8日—11日 教育部副部长陈小娅赴甘肃陇南及所属武都区、成县、文县、康县等地震灾区，实地考察了中小学校的受灾情况，深入帐篷学校看望慰问了受灾师生，听取了当地教育部门负责同志的情况汇报，就有关问题进行了调研。

6月9日 因受灾原因，四川、甘肃两省人民政府慎重研究并经教育部同意，两省重灾区62个区县的延期高考定于7月3日至5日举行，考试科目顺序不变。

△ 教育部、卫生部、财政部印发《国家学校体育卫生条件试行基本标准》。

6月11日 教育部选派22名干部奔赴四川、甘肃、陕西22个地震重灾县（市）帮助地方开展工作。

6月11日—12日 “亚太经合组织（APEC）第四次教育部长会议”在秘鲁首都利马召开，教育部副部长章新胜率中国教育代表团出席，来自APEC组织的19个经济体参加了会议。本次教育部长会议的主题是“面向全民的素质教育：21世纪的能力和技能”，四个分议题为：外语教学、数学和科学教育、生涯和技能教育、信息通信技术与教育体制改革。期间，章新胜同志分别会见了加拿大、澳大利亚、新西兰、马来西亚、新加坡、韩国等代表团团长；与秘鲁教育部长Jose Antonio Chang举行了会谈；访问了利马天主教大学和圣马可斯大学。

6月12日 教育系统对口支援四川地震灾区恢复重建工作会议在成都召开。教育部部长周济强调，要深刻认识对口支援对灾区恢复重建的重要意义，带着对灾区人民群众的深厚感情，把对口支援工作放在当前整个教育工作的突出位置，全力以赴、狠抓落实，尽最大努力帮助灾区学校进行灾后恢复重建。当日，对口支援单位与受援单位进行了对接洽谈。

6月12日—13日 全国学校及周边治安综合治理工作现场会在湖北武汉召开。会议强调，要把全力维护北京奥运会期间学校及周边治安秩序作为当前一项迫切的重要任务，着眼主动防范，发挥综合治理工作优势，进一步优化校园周边环境。中央综治委副主任、中央综治办主任、中央综治委学校及周边治安综合治理工作领导小组组长陈冀平，教育部副部长李卫红出席现场会并讲话。

6月13日 教育部印发《关于表彰第二批中小学抗震救灾优秀学生和先进集体的决定》。

6月16日 教育部办公厅印发《关于全国硕士研究生统一入学考试计算机科学与技术学科初试科目调整及命题形式改革的通知》。

6月17日 教育部有关方面负责人向媒体通报了2008年全国高考期间考风考纪有关情况。据初步统计，2008年全国高考考试期间查获的违规人数2 645人，占考生总人数的万分之二点六，高考违规率近十年来首次降低到万分之三以下。截至6月16日，各地教育部门和公安机关共破获涉及高考安全和团伙舞弊案件34起。教育部有关方面负责人表示，教育部正与有关部门协调配合，对参与考试违规人员予以严肃处理。

△ 教育部办公厅印发《关于组织实施西部初中骨干体育教师国家级培训的通知》。

6月17日—19日 教育部副部长李卫红赴福建调研。期间，李卫红同志出席了第六届海峡项目成果交流会开幕式，考察了福州大学、福州医科大学、福州中医学院、福建农林学院。

6月19日 教育部、国家发展改革委、财政部、文化部、国家广电总局印发《关于进一步开展中小学影视教育的通知》。

6月20日 人力资源和社会保障部、教育部印发《关于表彰第二批教育系统抗震救灾英雄集体和抗震救灾英雄的决定》。

6月21日 联合国教科文组织国际农村教育研究与培训中心迁址揭牌仪式暨研讨会在北京师范大学举行。教育部部长周济、副部长章新胜等出席仪式。联合国教科文组织总干事松浦晃一郎致信祝贺。国际农村教育研究与培训中心是联合国教科文组织设在我国的二类国际中心，也是联合国教科文组织设立的唯一从事农村教育研究和培训的国际机构。该中心在全民教育框架下开展国际农村教育经验推广交流，开展国际农村教育人力资源培训，广泛服务于联合国教科文组织会员国，特别是亚太地区和非洲的发展中国家。

△ 教育部印发《关于做好2008年全国普通高等学校招生录取工作的通知》。

6月21日—24日 教育部副部长陈小娅赴宁夏回族自治区进行"两基"国家督导检查，会见了自治区党委书记陈建国、主席王正伟，出席了督导检查组向自治区人民政府反馈督导意见的会议并讲话。期间，陈小娅同志考察了银川市、中卫市、中宁市的8所农村中学、幼儿园和移民吊庄学校，并代表教育部看望慰问了在宁夏六盘山中学和育才中学安置复课的四川省青川县、绵竹市的300余名师生。

6月23日 人力资源和社会保障部、教育部决定授予代江生同志"全国模范教师"荣誉称号，享受省部级劳动模范和先进工作者待遇。

6月24日 全国部分省份义务教育阶段改制学校清理规范工作座谈会在哈尔滨召开，教育部党组成员、中纪委驻教育部纪检组组长田淑兰在会上强调，教育系统要进一步统一思想，加强领导，切实推进各地改制学校清理规范工作向前开展，力争年内基本完成义务教育阶段改制学校的清理规范任务。

△ 中宣部、中央文明办、教育部等部门发出通知，启动暑假全国大中专学生志愿者"三下乡"社会实践活动。

△ 教育部印发《关于表彰第三批中小学抗震救灾优秀学生和先进集体的决定》。

6月25日 中共中央政治局委员、国务委员刘延东在人民大会堂出席了"汉语桥——美国中小学校长访华之旅"欢迎仪式并致辞。刘延东在致辞中强调，中美两国开展语言教学交流与合作，符合双方的共同利益，也将造福于全世界。

6月26日 中共中央政治局委员、国务委员刘延东主持召开会议，研究《国家中长期教育改革和发展规划纲要》制定工作。教育部部长周济、副部长袁贵仁、部长助理郭向远出席。

6月27日 由中央文明办、教育部、共青团中央、全国妇联共同主办的"抗震救灾英雄少年"颁奖晚会——《英雄少年》在中央电视台举行。中共中央政治局常委李长春，中央政治局委员、中宣部部长刘云山，中共中央政治局委员、国务委员刘延东出席颁奖晚会并为"抗震救灾英雄少年"颁奖。教育部部长周济、副部长李卫红出席了颁奖晚会。

△ 卫生部、教育部印发《中小学生健康体检管理办法》。

△ 教育部印发《关于做好2008年全国成人高校招生工作的通知》。

6月28日—30日 由教育部、天津市政府、人力资源和社会保障部、农业部等11个部门联合举办的2008年全国职业院校技能大赛在天津举办。来自全国37个省、自治区、直辖市和计划单列市以及新疆生产建设兵团的2 000余名参赛选手，分别在10个专业类别、24个竞赛项目展开激烈角逐。14个团队获高职组一等奖，上海市获高职组团体一等奖。中共中央政治局委员、国务委员刘延东，中共中央政治局委员、天津市委书记张高丽，全国人大常委会副委员长陈至立出席开幕式。

6月30日 为贯彻落实胡锦涛总书记提出的"将灾害预防等科学知识纳入国民教育"的重要指示精神，进一步加强中小学安全教育，保证同学们度过一个平安而又有意义的暑假，教育部通过中国教育电视台专题栏目、中国教育卫星宽带网和教育部门户网站等相关网络媒体，面向全国中小学生播放预防地震、溺水、交通事故和奥运安全专题节目，全国中小学生同上一堂安全课。教育部部长周济在安全教育课开课之际，向全国中小学生发表了讲话。

△ 教育部副部长章新胜会见了来华访问的阿尔及利亚高教科研部秘书长穆罕默德·格拉斯一行。双方就2008—2010年高等教育和科学研究领域合作执行计划交换了意见，并达成了共识。

△ 教育部副部长李卫红赴四川调研。期间，李卫红同志在西南财经大学宣布了教育部关于西南财经大学校长的任免决定，考察了西南财经大学“灾区爱心学校”，看望了教育部赴四川灾区工作干部并讲话。

△ 教育部办公厅印发《关于组织实施2008年暑期中西部农村义务教育学校教师国家级远程培训的通知》。

7月1日 由国家体育总局、教育部举办的首期全国体育传统项目学校体育师资国家级培训班在首都体育学院开班。

△ 教育部印发《关于贯彻落实中央会议精神进一步做好教育系统抗震救灾和教育改革发展工作的意见》。

7月2日 中共中央政治局委员、国务委员刘延东在人民大会堂接见了香港“青年科技教育文化交流团”全体成员。

△ 教育部部长周济与法国驻华大使苏和先生以交换文本方式签署了《“法国中文国际班”项目行政协议》。该项目将在法国现行中小学体系内，依托相关学校开设中文班。除汉语课外，数学等其他科目也将用汉语教授，以满足法国青少年学习汉语的需求。首批13个班将于2008年9月在法国8个学区进行试点。

△ 中共教育部党组印发《关于认真学习贯彻胡锦涛同志在抗震救灾先进基层党组织和优秀共产党员代表座谈会上重要讲话精神的通知》。

△ 教育部办公厅印发《关于2007—2008年度学校突发公共卫生事件防控工作第四次预警通知》。

7月3日 教育部印发《关于推行实施〈第三套全国中小学生系列广播体操〉的通知》。

7月4日 教育部召开省级教育行政部门主要负责人视频会议，动员全国教育系统认真贯彻落实6月13日中央召开的省区市和中央部门主要负责同志会议精神，要求教育系统一手抓教育抗震救灾，一手抓教育改革发展，全力做好教育系统抗震救灾、推进教育改革发展、筹办北京奥运会等相关工作。教育部部长周济出席会议并讲话。

7月6日 清华大学马克思主义学院成立。教育部部长周济、中共中央文献研究室主任冷溶、中宣部副秘书长路建平等领导出席成立大会。

7月8日 教育部印发《关于认真做好2008年高等学校新生资助有关工作的通知》。

7月8日—9日 中宣部、教育部联合召开了加强和改进高校思想政治理论课工作会议。中共中央政治局常委李长春接见了会议代表。中共中央政治局委员、国务委员刘延东在工作会议上发表了讲话。教育部部长周济作了会议总结。教育部副部长袁贵仁、李卫红出席了会议。

7月11日 为进一步加大教师培训力度，提高教师教育教学能力和整体素质，促进基础教育改革和素质教育的实施，教育部启动实施了“2008年中小学教师国家级培训计划”。教育部副部长陈小娅主持了启动仪式，部长周济出席仪式并作了重要讲话。“2008年中小学教师国家级培训计划”是教育部加强农村中小学教师队伍建设的示范性项目，教育部拨出专项经费3 000多万，直接培训全国中小学教师30余万名。

△ 人力资源和社会保障部、教育部印发《关于追授冯荣传同志“全国模范教师”荣誉称号的决定》。

7月12日 2008年中央财政划拨专项经费2 400万元，支持907所中职学校的紧缺专业特聘3 010名兼职教师。教育部、财政部日前下达中职教师素质提高计划2008年度项目任务，研究确定了中职学校专业骨干教师国家级培训任务分配方案，并审核批准了各地中职学校紧缺专业兼职教师资助计划。

7月14日 教育部印发《关于加强高等学校预算执行与决算审计工作的意见》。

△ 教育部办公厅印发《关于组织实施“援助地震灾区中小学教师培训计划”的通知》。

7月14日—18日 教育部副部长陈小娅赴贵州、四川调研。在贵州期间，陈小娅同志听取了贵州省教育厅负责同志关于“两基”工作和农村义务教育保障新体制实施情况的工作汇报。在四川期间，陈小娅同志受教育部党组的委托，看望慰问了教育部赴地震灾区工作干部；出席了四川省政府召开的全省学校全面复学复课工作会议并讲话；先后与省政府、省教育厅负责同志就四川省地震灾区教育系统灾后恢复重建规划工作进行了商谈。

7月15日 教育部部长周济、副部长章新胜在北京看望了即将启程赴俄参加疗养活动的四川、甘肃、陕西地震灾区中小学生代表。

△ 第五届全国地方师范大学联席会议在贵州师

范大学召开，教育部副部长陈小娅出席会议并讲话。全国32所省属师范大学和6所教育部直属师范大学领导，部分特邀院校代表就推进教师教育改革发展、全面提高教师教育质量进行了研讨。

△ 人力资源和社会保障部、教育部印发《关于表彰第三批教育系统抗震救灾英雄集体和抗震救灾英雄的决定》。

7月16日 中共中央总书记、国家主席、中央军委主席胡锦涛在中南海看望即将赴俄罗斯疗养的地震灾区中小学生代表，希望他们好好休息，好好疗养，尽早恢复身心健康。

△ 在共青团中央等部门主办的抗震救灾先进团组织和优秀团员、团干部、第七届中国十大杰出志愿者和志愿服务集体、抗震救灾英雄志愿服务集体和英雄志愿者表彰大会上，新一批赴灾区大学生志愿者服务团队誓师出征。中共中央政治局委员、全国人大常委会副委员长王兆国出席大会，并为全国西部计划抗震救灾志愿者服务团，全国大学生志愿者“三下乡”赴灾区的清华大学、北京大学、中国人民大学、北京师范大学服务队授旗。

7月16日—17日 教育部副部长、国家语委主任赵沁平赴吉林省延边朝鲜族自治州进行民族语言文字信息化工作调研。期间，听取了延边大学负责同志的有关工作汇报，考察了延边大学朝鲜语学院建设情况，听取了朝鲜语语料库建设方案的汇报。

7月17日 人民教育出版社、四川出版集团联合捐建彭州市红岩九年制学校协议签字仪式在成都举行。两家单位共捐款1 500万元，对口支援红岩九年制学校重建。教育部副部长陈小娅、四川省副省长黄彦蓉等领导出席了签字仪式。

7月19日—20日 教育部在上海师范大学召开“全国中小学校长队伍情况抽样调查工作部署会暨《中国中小学校长专业标准研究》项目工作会议”，教育部副部长李卫红出席会议并讲话。

7月19日—22日 中共中央政治局委员、国务委员刘延东和中共中央政治局委员、上海市委书记俞正声一同深入上海高校、科研院所、高新技术企业和科学园区进行调研。刘延东同志在调研时强调，科教兴则国家兴，科教强则国家强，要以邓小平理论和“三个代表”重要思想为指导，全面贯彻落实科学发展观，牢固树立科技是第一生产力、人才是第一资源的思想，深入实施科教兴国战略，着力打造世界一流大学和高水平大学，为建设创新型国家作出贡献。

7月20日 近100万张奥林匹克教育门票将发放给全国中小学生。奥林匹克教育门票主要面向“北京2008中小学生奥林匹克教育计划”实施对象定向发售，包括该年龄段的青少年运动员。

7月20日—26日 中组部、教育部在中国浦东干部学院举办高校主要领导干部“学习实践科学发展观”专题研讨班。中共中央政治局委员、国务委员刘延东出席开班式并讲话。她强调，要认真总结改革开放30年来我国高等教育事业的重大成就和基本经验，深刻认识高等教育面临的新形势、新任务，提出了按照十七大的要求，以科学发展观统领高等教育工作、走中国特色高等教育发展道路的总体部署和政策思路，对加强高校领导干部队伍建设提出新的期望和要求。教育部部长周济在结业式上讲话。全国政协副主席万钢出席开幕式。中组部、国家发改委、教育部、国务院研究室、上海市委有关负责同志出席开班式，中管高校党委书记、校长参加研讨班的学习讨论。

7月21日 教育部办公厅、卫生部办公厅、国家中医药管理局办公室印发《关于撤销专科层次中西医结合专业设置的通知》。

7月23日 联合国教科文组织亚太地区世界遗产培训与研究中心成立揭牌仪式在北京大学举行。教育部部长周济，中国联合国教科文组织全国委员会主任、教育部副部长章新胜等出席并致词。

7月24日 教育部与重庆市人民政府签署《建设国家统筹城乡教育综合改革试验区战略合作协议》，内容包括多项提高教育发展水平，健全城乡一体的公共教育服务体系的政策和措施，使重庆成为首个部市共建缩小城乡和区域差距的“试验田”。中共中央政治局委员、重庆市委书记薄熙来出席了签字仪式。教育部部长周济、重庆市市长王鸿举分别在部市合作协议文本上签字。仪式上，教育部和重庆市还签署了共建重庆大学、西南大学协议。

7月25日 陕甘地震灾区中等职业学校对口支援暨东西部职业教育联合招生合作办学座谈会在甘肃兰州召开，教育部部长周济出席并讲话。甘肃省委副书记、省长徐守盛，副省长郝远，教育部有关司局负责人参加了会议。

7月26日 由外交部、教育部和贵州省政府联合主办，贵州大学、中国教育国际交流协会和中国教学仪器设备总公司共同承办的首届“中国—东盟教育交流周”正式拉开帷幕。中共中央政治局委员、国务委员刘延东为“中国—东盟教育交流周”活动专门发来贺辞。教育部部长周济发来贺信。教育部副部长章新胜，贵州省常委、常务副省长王晓光，中国驻马来西亚大使刘健，联合国教科文执行局主席亚伊，以及来自东盟秘书处等机构、东盟各国教育部和驻华使馆官员、国内外大学校长和参加中国东盟夏令营的学生出席了开幕式。

7月27日—28日　2008年教育部直属高校巡视工作研讨会在大连理工大学举行。本次研讨会是教育部党组学习贯彻全国巡视工作会议精神的实际行动，对于加强和改进直属高校巡视工作具有积极的促进作用。教育部部长周济，教育部党组成员、中央纪委驻教育部纪检组组长田淑兰出席会议并讲话。

7月28日　教育部公布《2008年“红”牌成人高等学校名单》。

7月30日　国务院总理温家宝主持召开国务院常务会议，研究部署全面免除城市义务教育阶段学生学杂费工作。会议决定，从2008年秋季学期开始，在全国范围内全部免除城市义务教育阶段学生学杂费。对享受城市居民最低生活保障政策家庭的义务教育阶段学生，继续免费提供教科书，对家庭经济困难的寄宿学生补助生活费。

△　教育部教育援外基地在贵州大学揭牌。教育部教育援外基地的主要任务是配合教育部教育援外任务，发挥自身优势和特色开展工作，承担来华、出国培训项目，选派援外教师、建立援外教师人才库以及承担其他部委委托的援外项目。教育部副部长章新胜出席揭牌仪式。

△　教育部在京召开直属机关第四次党风廉政建设会议，部署贯彻落实《建立健全惩治和预防腐败体系2008—2012年工作规划》。教育部党组书记、部长周济出席会议并讲话。

8月1日　由教育部、云南省人民政府、中国福利会等联合主办的“第八届宋庆龄奖学金颁奖典礼”在昆明举行。中国福利会副主席鲁平、教育部副部长陈小娅等领导为70名获奖者代表颁发荣誉奖章和证书。

8月2日　中共中央政治局委员、国务委员刘延东在人民大会堂看望即将赴匈牙利、保加利亚疗养的四川汶川地震灾区中小学生。刘延东代表党中央和国务院向同学们表示诚挚慰问，赞扬他们在灾难面前表现出的坚强乐观、乐于助人的优秀品质，勉励同学们发奋图强，成才报国，希望同学们在匈保两国好好疗养，展现中国儿童的良好精神风貌，成为增进两国人民友谊的小使者。教育部部长周济、外交部部长助理吴红波参加了看望活动。

8月4日　教育部与湖北省人民政府商定共建“武汉城市圈教育综合改革国家试验区”。教育部部长周济、湖北省省长李鸿忠分别在部省合作协议文本上签字。

8月6日　国务院农村综合改革工作小组与试点省（区）人民政府签订了《清理化解农村义务教育“普九”债务责任书》，继续强化省级统筹责任，确保农村“普九”债务得到全部化解，确保不发生新的农村义务教育债务以及化债过程中农村社会和谐稳定。

8月7日　教育部、国务院学位委员会印发《关于批准2008年全国优秀博士学位论文的决定》。

8月8日　举世瞩目的第二十九届北京奥林匹克运动会开幕式在国家体育场隆重开幕，来自204个国家和地区的1万多名运动员在五环旗下同场竞技。教育战线师生贡献广受社会赞誉。高校科研为科技奥运提供了重要智力支持，高校奥运场馆成为比赛和训练的重要基地。170万名志愿者大部分来自各级各类学校。

8月9日　中共中央政治局委员、国务委员刘延东在中南海会见了联合国教科文组织总干事松浦晃一郎。刘延东对松浦晃一郎参加奥运会开幕式并对我国进行访问表示欢迎，感谢他积极促进中国与教科文组织之间的合作。刘延东强调，中国一贯重视教科文组织的作用，高度评价该组织在教育、科技文化、传播等领域，特别是在全民教育和文化多样性以及自然和文化遗产、非物质文化遗产方面所做的卓有成效的工作。中国愿意与该组织一道为推动全球教育、科学、文化事业发展和共建和谐世界做出进一步努力。

8月11日　国务委员、北京奥组委副主席刘延东会见了来京出席北京奥运会开幕式及相关活动的美国微软公司董事长比尔·盖茨一行。她指出，微软公司多年来与中国的高等院校和科研机构建立了良好合作关系，在计算机技术开发、人员培训和软件外包等领域取得了良好的业绩，带动了中国计算机操作系统及相关产业的发展。希望在科技创新和人才培养等多个领域继续加强合作，推动相关产业发展。在农业良种、重大疾病防控等方面做出努力，为世界范围内消除贫困、推动人类文明进步做出贡献。

8月12日 教育部印发《中小学体育工作督导评估指标体系（试行）》。

8月14日—16日 教育部党组召开务虚会，围绕制定《国家中长期教育改革和发展规划纲要》，集中讨论了教育改革和发展战略与政策研究的若干重点课题。与会同志表示，要继续解放思想，坚持改革创新，努力开创新阶段教育工作新局面，为办好人民满意的教育贡献力量。教育部部长周济强调，做好当前和今后一个时期的教育工作，关键是要认真学习贯彻党的十七大精神，深人贯彻落实科学发展观。教育部副部长袁贵仁在会上作总结发言。

8月15日 教育部副部长章新胜出席2008北京国际新闻中心举行的新闻发布会时表示，经过30年的发展，我国教育界同国际教育界的合作交流日益加强，一个全方位、多层次的教育对外开放格局已经基本形成，为进一步推动教育事业改革发展奠定了良好的基础。

8月16日 在宁夏回族自治区成立50周年大庆前夕，中共中央政治局常委、国务院总理温家宝看望在宁夏退休支边老教师，慰问干部群众。

8月18日 教育部、财政部在青海西宁召开了西北五省区免除城市义务教育阶段学生学杂费工作会议，具体部署2008年秋季学期开始的全面免除城市义务教育阶段学生学杂费工作。内蒙古、陕西、宁夏、甘肃、西藏、青海、新疆和新疆生产建设兵团的教育、财政等部门负责人出席了会议。教育部副部长陈小娅出席会议并讲话。

△ 教育部印发《刘延东国务委员在天津职业教育工作座谈会上讲话》。

△ 教育部公布《2008年全国职业院校技能大赛获奖名单》。

8月19日 中共中央政治局委员、国务委员刘延东先后来到北京大学、中国农业大学、北京科技大学和北京师范大学4所高校的奥运场馆和训练馆视察运行情况，并慰问相关工作人员和赛会志愿者。

8月20日 教育部部长周济与国家档案局局长杨冬权签署中华人民共和国教育部、国家档案局令第27号，发布《高等学校档案管理办法》，自2008年9月1日起施行。

8月22日 教育部、财政部印发《关于表彰第四届高等学校教学名师奖获奖教师的决定》。

8月23日 国务院决定，从2008年秋季学期开始，在全国范围内全面免除城市义务教育阶段学生学杂费。为确保这项工作顺利推进，教育部、财政部在京召开片会，学习、领会国务院文件精神，全面部署华北、华东、中南、东北地区城市义务教育免除学杂费工作。教育部部长周济出席会议并讲话。

8月24日 教育部印发《关于授予谭之平同学“全国自强不息优秀大学生”荣誉称号的决定》。

8月28日 十一届全国人大常委会第四次会议在人民大会堂举行第三次全体会议，听取全国人大常委会执法检查组关于检查未成年人保护实施情况的报告。吴邦国委员长出席会议，会议由路甬祥副委员长主持。

△ 教育部在北京召开在大学毕业生中开展廉洁教育座谈会，传达学习中央领导同志对北京大学在大学毕业生中开展廉洁教育的重要批示精神，交流研讨对大学生开展廉洁教育的经验做法和新思路。教育部党组成员、中央纪委驻教育部纪检组组长田淑兰出席并讲话。

△ 教育部就2008年教师节的有关活动安排及工作要求发出通知，提出2008年教师节的主题是“学习英模教师，弘扬伟大师魂”。

8月29日 中共中央政治局常委、国务院总理、国家科技教育领导小组组长温家宝主持召开国家科技教育领导小组第一次会议，听取教育部关于制订《国家中长期教育改革和发展规划纲要》工作情况的汇报，审议并原则通过规划纲要制订工作方案。提出要制订出符合国家战略和群众需求、反映教育规律和发展趋势的规划纲要。规划纲要将对我国未来12年教育改革和发展作出全面规划和部署。中共中央政治局委员、国务委员、国家科技教育领导小组副组长刘延东，国务委员兼国务院秘书长马凯等出席会议。会议指出，教育事关民族兴旺、人民福祉和国家未来。党中央、国务院历来高度重视教育事业，把教育放在优先发展的战略地位。为了适应全面建设小康社会的新要求，适应国内外发展的新形势，适应人民群众对教育的新期盼，有必要制订国家中长期教育改革和发展规划纲要。

△ 秋季学期开学在即，为确保地震灾区学生顺利入学，经国务院同意，财政部、教育部下发通知，对地震重灾区的高中阶段和高等教育阶段家庭经济困难学生在2008—2009学年实施特别资助政策。

9月1日 中共中央政治局常委、国务院总理温家宝来到北川中学临时学校，参加正在这里举行的秋季开学典礼。

△ 中共中央政治局委员、国务委员刘延东赴辽宁省进行调研。她强调要深入贯彻落实科学发展观，坚定不移地实施科教兴国和人才强国战略，采取切实措施，办好每一所学校，教好每一个学生，大力推进义务教育均衡发展。要注重改革创新，推动教育事业和科技事业又好又快发展。期间，还参加了沈阳市辽中县六间房九年一贯制学校开学典礼并考察了东北大学。

△ 四川省政府召开新闻发布会。四川省委教育工委书记、教育厅厅长涂文涛在会上介绍了四川2008年秋季复学复课情况。四川省灾区51个重灾县5 979所中小学校已为全面复学复课做好了准备，新生入学所需的校舍、教育教学设施设备等已准备就绪。

△ 教育部、中国教科文卫体工会全国委员会印发《关于重新修订和印发〈中小学教师职业道德规范〉的通知》。

△ 教育部印发《关于做好2009年招收攻读硕士学位研究生工作的通知》。

9月2号 教育部副部长陈小娅一行在陕西省副省长朱静芝的陪同下，深入陕西重灾区汉中检查指导开学工作，并出席了宁强县高寨子镇罗村坝小学开学典礼。陈小娅强调，各级各类学校要把安全教育放在重要地位，确保学生安全学习，健康成长。

9月3日 教育部印发《中小学学生近视眼防控工作方案》。

9月5日 教育部印发《关于进一步加强中小学艺术教育的意见》。

△ 教育部印发《关于举办全国第三届中小学生艺术展演活动的通知》。

9月8日 全国教育系统抗震救灾先进集体和先进个人表彰大会在中南海小礼堂举行。中共中央政治局委员、国务委员刘延东在表彰大会上强调，全国教师要广泛深入地学习教育系统抗震救灾先进典型的优秀事迹，大力弘扬伟大的抗震救灾精神，进一步彰显新时期人民教师的高尚师德，做学生爱戴、人民满意的教师。教育部部长周济，副部长袁贵仁、陈小娅出席。

△ 国家发展和改革委员会等七部委印发《关于开展全国教育收费专项检查的通知》，部署全国第六次教育收费专项检查工作，以进一步规范教育收费行为，减轻群众负担。

△ 由教育部和中国教科文卫体工会联合召开的学习贯彻《中小学教师职业道德规范》座谈会在京举行。教育部部长周济出席座谈会并发表讲话。座谈会由教育部党组成员、部长助理郭向远主持。抗震救灾英模教师代表、中小学教师代表、教育专家出席了座谈会。

9月9日 中共中央政治局常委、国务院总理温家宝邀请八位来自基层的中小学教师，参观中南海，并进行座谈。中共中央政治局委员、国务委员刘延东，教育部部长周济参加了会议。

9月10日 第24个教师节来临之际，正在河南考察工作的中共中央总书记、国家主席、中央军委主席胡锦涛，在河南省委书记徐光春和代省长郭庚茂等陪同下，专程来到郑州市盲聋哑学校和焦作市博爱县清化镇高庙中学看望师生。胡锦涛代表党中央，向全国广大教师致以节日的问候和崇高的敬意。

△ 中共中央政治局委员、国务委员刘延东出席第四届高等学校教学名师奖表彰大会。北京大学温儒敏等100名教师获奖。刘延东向获奖教师表示祝贺，向全国广大教师和教育工作者致以教师节的问候。她强调，要把教师队伍建设作为高等教育发展的关键环节，努力建设一支师德高尚、业务精湛、富有创造精神和创新能力的高素质教师队伍。教育部部长周济主持会议。科技部党组书记、副部长李学勇，解放军副总参谋长马晓天等同志出席会议。

△ 中共中央政治局委员、国务委员刘延东到北京师范大学，看望首批免费师范生，并向全校师生员工和全国教师送上节日祝福。

9月14日 中共中央政治局委员、国务委员刘延东赴宁夏调研，看望了宁夏城乡中小学校师生，考察了宁夏大学的科研院所。她强调，要全面贯彻落实科学发展观，在新的历史起点上深入实施科教兴国和人才强国战略，培养更多优秀人才，增强自主创新能力，为西部地区加快发展提供强有力的科技和人才支撑。

9月16日 全国人大常委会义务教育法执法检查组第一次全体会议在北京人民大会堂举行。全国人大常委会委员长吴邦国作出重要批示，强调九年义务教育仍是本届人大监督重点。全国人大常委会副委员长王兆国、路甬祥、蒋树声出席了会议。

△ 教育部与卫生部联合召开全国学校卫生工作电视电话会议，这是贯彻落实《中共中央国务院关于加强青少年体育增强青少年体质的意见》的一次重要会议。会议的主要任务是，深入贯彻落实科学发展观，切实加强学校卫生工作，促进青少年学生健康成长。教育部部长周济、卫生部部长陈竺出席会议并讲话，会议由教育部副部长陈小娅主持。

△ 教育部副部长章新胜会见了到访的负责教育与文化事务的美国助理国务卿葛俪·阿美瑞一行。双方就进一步加强中美教育交流与合作交换了意见，并就设立两国本科生暑期交流项目签署了备忘录。根据此次签署的备忘录，双方将于2009年暑期起，互派30名大学本科生到对方国家进行为期21天的学习、旅行和文化活动。

9月20日 中国科学技术大学举行建校50周年纪念会，全国人大常委会副委员长、中科院院长路甬祥，全国政协副主席王志珍，全国人大常委会原副委员长彭珮云出席了庆祝大会。教育部副部长章新胜、科技部副部长曹健林等到会祝贺。中共中央总书记、国家主席、中央军委主席胡锦涛致信祝贺。同日，中国科学技术大学举行座谈会。中共中央政治局委员、国务委员刘延东出席并讲话，她要求中国科学技术大学认真学习贯彻胡锦涛总书记贺信精神，在推进高等教育科学发展、服务国家重大战略需求、造就高素质科技人才、创造高水平科研成果等方面有更大作为，在建设创新型国家和人力资源强国的进程中创造新的业绩。

9月22日 教育部、国家体育总局、共青团中央印发《关于开展第二届全国亿万学生阳光体育冬季长跑活动的通知》。为全面贯彻落实《中共中央国务院关于加强青少年体育增强青少年体质的意见》精神，教育部、国家体育总局、共青团中央决定在2008年10月26日至2009年4月30日举办以“阳光体育与祖国同行”为主题的第二届全国亿万学生阳光体育冬季长跑活动。

△ 应美国总统夫人劳拉·布什的特别邀请，全国人大常委会副委员长陈至立在纽约出席白宫全球扫盲会议，并作了“推进全球扫盲，共享自由、和谐与繁荣”的主题发言。

△ 国家汉办与澳大利亚维多利亚州教育部联合建立维州汉语教师培训中心签约仪式在北京举行。维州汉语教师培训中心将是国家汉办在海外建立的政府间合作汉语教师培训中心。

9月23日 中宣部、教育部印发了《关于进一步加强高等学校思想政治理论课教师队伍建设的意见》，强调要建设一支政治坚定、业务精湛、师德高尚、结构合理的教师队伍，努力把高校思想政治理论课建设成为大学生真心喜爱、终身受益的优秀课程。

9月23日—24日 加强高校反腐倡廉建设工作会议在京举行，中共中央政治局委员、国务委员刘延东出席会议并作重要讲话。

9月24日 参加宁夏回族自治区成立50周年庆祝活动的中央代表团，分成3个分团赴宁夏各地市看望、慰问各族干部群众。中共中央政治局常委、中央纪委书记、中央代表团团长贺国强到固原市回民中学考察。宁夏回族自治区党委书记陈建国、自治区主席王正伟等陪同。

9月26日 中共中央政治局委员、国务委员刘延东赴河南考察教育工作。在郑州大学，刘延东首先视察了该校的化学和材料两个国家级实验教学示范中心。她在听取了郑州大学校领导的汇报后，又考察了郑州师范高等专科学校。中共河南省委书记徐光春、代省长郭庚茂、教育部部长周济和国务院有关部门同志陪同考察。

9月28日 由教育部选派赴地震重灾区帮助工作的22名工作人员在圆满完成了部党组交给的任务后，于国庆前夕返回北京。教育部召开总结会，听取22名工作人员在灾区工作情况汇报。教育部部长周济出席会议并讲话。

△ 北京化工大学建校50周年庆祝大会在北京会议中心隆重举行。中共中央政治局委员、国务委员刘延东为校庆发来贺信。教育部部长周济在会上致辞。

△ 教育部、财政部印发《关于立项建设2008年国家级教学团队的通知》。

△ 教育部、财政部印发《关于批准2008年度双语教学示范课程建设项目的通知》。

△ 教育部、财政部印发《关于批准第三批高等学校特色专业建设点的通知》。

9月29日 教育部、财政部印发《关于批准2008年度国家精品课程建设项目的通知》。

10月5日 西藏民族学院举行了庆祝建校50周年大会。中共中央总书记、国家主席、中央军委主席胡锦涛致信祝贺。全国人大常委会副委员长热地在讲话中说："希望西藏民族学院认真学习贯彻胡锦涛总书记贺信精神，以50年校庆为契机，加快推进创建一流民族院校步伐，进一步加强对学生的爱国主义和民族团结教育，努力培养更多的少数民族合格人才，为促进西藏改革发展稳定发挥更大的作用。"

△ 中共中央政治局委员、国务委员刘延东出席中国人民大学复校30周年座谈会，并视察学校工作。她指出，要深入总结改革开放30年的宝贵经验，进一步提高质量，办出特色，多出人才，多出成果，努力建设以人文社会科学为主的世界一流大学。

10月6日 为纪念改革开放30年，研究总结30年来我国教育改革与发展的重大成就和基本经验，由教育部组织撰写的《教育大国的崛起》一书首发座谈会在人民大会堂举行，全国人大常委会副委员长陈至立出席并讲话。

△ 教育部办公厅印发《关于下达2009年"少数民族高层次骨干人才"研究生招生计划的通知》。

10月7日 非洲孔子学院建设工作会议在孔子学院总部召开。来自非洲13个国家17所孔子学院和3所孔子课堂的院长及其所在学校校长应邀与会。中外代表就非洲孔子学院建设现状、社会功能、外派汉语教师选拔要求等多项议题进行了交流与研讨。教育部部长周济接见了与会代表。

10月8日 中共中央政治局委员、国务委员刘延东在中南海会见了英国剑桥大学校长艾莉森·理查德一行，双方就进一步加强中英教育交流与合作交换了意见。刘延东积极评价和充分肯定剑桥大学与我国教育界和科技界的交流与合作。刘延东感谢理查德校长对中英两国教育交流与合作，特别是高校间人才培养和科研合作方面作出的努力，并预祝她访华圆满成功。

10月9日 党中央、国务院和中央军委决定，授予彭州市白鹿镇九年制学校等11个集体荣获"全国抗震救灾英雄集体"荣誉称号，成都信息工程学院学生蒙祖海（水族）等24人荣获"全国抗震救灾模范"荣誉称号，通江县洪口镇永安坝村小学教师苟晓超被追授"全国抗震救灾模范"荣誉称号。

△ 教育部部长周济会见了来华访问的利比亚总人民委员会教育秘书（即教育部长）阿布杜·伽戴尔·穆罕默德·巴格达迪博士一行。

10月9日—12日 中国共产党第十七届中央委员会第三次全体会议在北京举行，中央委员会总书记胡锦涛作了重要讲话。全会审议通过了《中共中央关于推进农村改革发展若干重大问题的决定》。随后，教育部党组书记、部长周济主持召开部党组会议，传达学习党的十七届三中全会精神，对贯彻落实全会精神，进一步做好农村教育工作进行了研究讨论。会议强调，要认真学习贯彻全会精神，扎实推进农村教育事业的改革发展。

10月11日 中国语言资源有声数据库建设试点工作在江苏省苏州市启动。教育部副部长赵沁平，江苏省副省长何权出席仪式并讲话。

10月11日—12日 2008年全国成人高校招生统一考试举行，全国有302万名考生参加考试，计划招生210万人。

10月13日 共青团中央、教育部、全国少工委和中央电视台在人民大会堂举行中国少年先锋队建队59周年纪念大会。表彰第十三届"全国十佳少先队员"、第九届"全国十佳少先队辅导员"和第八届"全国十佳少先队志愿辅导员"。全国政协副主席孙家正为全国十佳少先队员颁发奖章和证书。同时受到表彰的还有在抗震救灾和抗击雨雪冰冻灾害中表现突出的26名少先队员和10名少先队辅导员，他们分别荣获"全国十佳少先队员"特别奖和"全国十佳少先队辅导员"特别奖。

△ 教育部部长周济会见了到访的爱沙尼亚教育与研究部部长托尼斯·卢卡斯一行，双方就进一步加强中爱教育交流与合作交换了意见，并共同签署了《中爱教育协议》。

△ 教育部召开深入学习实践科学发展观活动动员大会。教育部党组书记、部长、部学习实践活动领

导小组组长周济对教育部直属机关开展深入学习实践科学发展观活动进行全面动员。他在大会上强调，紧密结合教育改革发展实际，确保学习实践活动取得实效。

10月14日 2008年万名中小学班主任国家级远程培训在北京正式拉开帷幕。教育部将组织完成对万名班主任教师50学时的专题远程培训工作。教育部部长周济出席开班仪式并讲话。来自北京市部分区县的一线班主任教师代表，及全国31个省（区、市）100个项目县的1万名班主任教师通过网络远程视频会议形式参加了开班仪式。

10月15日 由教育部和商务部联合设立、北京大学和清华大学承办的发展中国家公共政策硕士研究生项目在北京大学启动，来自埃及、埃塞俄比亚、加纳等15个亚非发展中国家政府部门的26名高级行政官员成为该项目首批留学生。

10月17日 河南职业教育攻坚大会在郑州召开，教育部部长周济出席会议并与河南省代省长郭庚茂共同签署了《河南省人民政府与教育部共建国家职业教育改革试验区协议》。

△ 由中国教育部和俄罗斯联邦教育署联合主办的2008中俄大学校长论坛在北京大学开幕。本次论坛的主题为“社会变革与高等教育发展——大学教育的质量保证和提升”，与会的高校管理者将围绕在新的历史时期高等教育如何保证和提升教育质量，如何适应社会变革并促进社会变革等议题展开深入研讨。中国教育部副部长李卫红和俄罗斯联邦教育署副署长罗日杰斯特文斯基分别代表双方致词。北京大学、清华大学等12所国内知名高校和莫斯科大学、喀山大学等13所俄罗斯知名院校的校长出席了本次论坛。

△ 教育部办公厅、卫生部办公厅、国家食品药品监督管理局办公室发出《关于开展学校食品卫生安全专项整治行动的通知》，决定联合开展学校食品卫生安全专项整治行动。

10月18日 2008年是黄炎培先生诞辰130周年，为纪念这位中国近现代职业教育的开拓者，由中华职业教育社与南京工业职业技术学院联合主办的“黄炎培与中国职业教育”高层论坛暨《黄炎培日记》首发式在南京市开幕。中共中央政治局委员、国务委员刘延东致信祝贺。刘延东在贺信中充分肯定了黄炎培先生为我国职业教育发展作出的重要贡献。刘延东指出，站在新的起点上，我国职业教育事业面临着前所未有的良好发展机遇。中共中央、国务院高度重视职业教育，强调要把职业教育放在更加突出、更加重要的战略位置。黄炎培先生铜像落成仪式在南京工业职业技术学院举行。全国政协副主席、全国工商联主席黄孟复出席仪式并为铜像揭幕。

△ 中央美术学院迎来建校90周年。中央政治局委员、国务委员刘延东发来贺信。教育部和文化部也分别发来贺电。

10月19日 以“学习、奉献、快乐”为主题的“2008全民终身学习活动周”在浙江省杭州市拉开帷幕。

10月19日—21日 2008世界开放与远程教育论坛在上海召开。来自世界五大洲45个国家的百余名开放大学校长和百余家国内外远程教育机构成员齐聚上海，围绕“开放远程教育的未来与学习型城市建设”开展研讨。此次论坛探讨的面向未来教育发展的主题，与联合国教科文组织致力于帮助成员国家开发远程教育潜能，以及国际认可的发展目标的使命高度相关。教育部副部长章新胜出席闭幕式并讲话。

10月20日 教育部举行深入学习实践科学发展观活动专题辅导报告会。教育部党组书记、部长、部学习实践活动领导小组组长周济作了题为《关于教育事业科学发展若干重要问题的思考》的辅导报告。周济在报告中强调，一定要用科学发展观来思考、研究我国教育改革和发展中的重大理论和实践问题，以改革为动力，以加强薄弱环节为重点，进一步推动教育事业优先发展、科学发展，努力办好让人民满意的教育。

10月22日 中共中央政治局委员、国务委员刘延东主持召开《国家中长期教育改革和发展规划纲要》制定工作座谈会，就如何进一步做好规划纲要研究制定工作听取专家意见，进行座谈交流。刘延东强调，要以对党、国家和人民高度负责的精神，努力制定一个体现时代发展要求、符合中国国情、人民群众满意的高质量的规划纲要。

10月22日—24日 应哈萨克斯坦教育和科学部长图伊梅巴耶夫邀请，中国教育部部长周济率中国政府教育代表团对哈进行了访问，并出席在哈首都阿斯塔纳举行的上海合作组织成员国第二次教育部长会议。周济还分别与俄罗斯、吉尔吉斯斯坦、塔吉克斯坦三国教育部门负责人举行双边会谈，并考察了哈萨克斯坦欧亚大学孔子学院。

10月23日　党的十七届三中全会通过的《中共中央关于推进农村改革发展若干重大问题的决定》提出了实现“农村人人享有接受良好教育的机会”的历史性任务，对新世纪新阶段农村教育工作进行了全面部署。

10月24日—26日　教育部语言文字应用管理司、基础教育二司及孔子学院总部联合在京举办“汉语拼音教学国际研讨会”，纪念《汉语拼音方案》发布50周年。

10月25日　华北电力大学建校50周年庆祝大会在北京举行。教育部副部长袁贵仁出席庆祝大会并讲话。

10月29日　教育部召开全国学校食品卫生安全专项整治行动视频会议。会议对学校食品卫生安全专项整治行动进行动员和部署，从10月下旬到12月底开展学校食品卫生安全专项整治行动。教育部副部长陈小娅出席会议并讲话。

10月30日　中央财政已经下拨2008年农村中小学公用经费（取暖费）补助资金20.6亿元，专项用于北方地区农村义务教育阶段中小学校冬季取暖支出。

△　全国党建研究会高校党建研究专业委员会在京成立，教育部副部长李卫红出席成立大会并讲话。

△　甘肃天水高考舞弊案一审公开宣判，涉案的5名被告分别被判处5个月拘役至3年有期徒刑。被告人蒋鑫与霍继刚、王梦义、赵晓峰分别为20名山东籍考生和2名不符合报名条件的天水籍考生办理了高考报名手续，从而使该部分考生非法取得了考试资格，参加了高考。

10月31日　全国部分省市农村留守儿童工作研讨会在安徽省合肥市召开，教育部副部长陈小娅出席会议并讲话。来自安徽、湖北、江西、重庆和陕西等5省市教育部门的负责同志，就进一步做好农村留守儿童教育工作进行了深入研讨。

11月2日　全国未成年人思想道德建设工作经验交流会在杭州召开。中共中央政治局常委李长春对会议作出重要批示，强调要进一步增强责任感、使命感和紧迫感，关爱孩子、关心成长、关注未来，以更加饱满的精神、更加务实的作风、更加扎实的工作，努力培养和造就千千万万中国特色社会主义事业的合格建设者和可靠接班人，为开创未成年人思想道德建设工作新局面作出新的贡献。会议表彰了首批全国未成年人思想道德建设工作先进城市、先进单位、先进工作者。教育部、团中央、全国妇联、中国关工委的负责同志作了大会发言。

11月3日　教育部部长周济会见了来访的德国罗伯特·博世基金会理事长哈姆博士和德国各州文教部长联席会议秘书长THIES先生。德国各州文教部长联席会议是中国教育部对德开展教育合作的长期伙伴，多年来，双方在支持语言教学以及中小学校和学生交流方面开展了多项合作。

△　教育部部长周济会见了来访的挪威高教科研部部长陀拉·艾斯兰德一行，双方就中挪教育交流合作交换了意见。

△　教育部部长周济会见了来访的荷兰教育、文化和科技部部长罗纳尔多·布拉斯特克一行，双方就中荷教育交流合作交换了意见。

11月4日　教育部和微软公司在北京签署“携手助学”项目二期和“长城计划”三期的合作协议。教育部部长周济、微软公司首席研究与战略官克瑞格·蒙迪等出席签约仪式。“携手助学”项目旨在支持中国基础教育和师范教育，帮助提升中国基础教育信息化水平，项目二期签署的五年合作主要围绕创新教师、创新学校和创新学生3个方面展开。“长城计划”旨在帮助提升中国高校计算机基础研究水平和人才培养质量，为期三年的“长城计划”三期合作将在科研合作、人才培养、课程建设3个方面系统地展开。

△　由国家工商总局、教育部、人力资源和社会保障部支持，中国个体劳动者协会主办的“自主创业我先行——全国高校大学毕业生创业报告会”启动仪式和首场报告会在北京大学隆重举行。教育部副部长赵沁平出席仪式。

△　教育部副部长陈小娅会见了到访的新加坡社会发展、青年及体育部政务部长符喜泉一行，陈小娅同志简要介绍了中国学前教育政策及规划等情况，特别是师资培训、办学模式等方面的情况。双方表示两国在学前教育领域的交流与合作有很大的空间和潜力，愿意进一步积极推动双方实质性合作。

11月6日　教育部部长周济与到访的保加利亚

副总理兼教育科学部部长丹尼埃尔·沃尔切夫举行会谈。双方签署了《中华人民共和国教育部与保加利亚教育和科学部2008—2011年教育合作协议》。

△ 国务院决定，任命陈希为教育部副部长。

△ 曾宪梓教育基金会第三期“优秀大学生资助奖励计划”2008年度颁奖大会在人民大会堂举行。来自内地35所高校的1 750名优秀贫困大学生获得总额为630万元人民币的资助。至2008年，基金会向教师和大学生颁发的奖金总额已逾1亿元人民币。

11月6日—7日 中央纪委研究室和中央纪委驻教育部纪检组联合主办的改革开放30周年反腐倡廉理论与实践研讨会暨全国高等学校廉政研究机构第三次联席会议在广州大学举行，中央纪委副书记张惠新，教育部党组成员、中央纪委驻教育部纪检组组长田淑兰等出席开幕式并讲话。

11月7日 由中宣部、中央文明办、教育部、民政部、文化部、国家语委等6部委联合主办的“2008中华经典诵读活动”正式启动。

11月8日 由教育部指导、中央电化教育馆主办的第12届全国多媒体教育软件大奖赛颁奖大会在北京举行。此次从全国报送的3 836件作品中，评出746件作品。

11月10日 由教育部、中国科协、香港周凯旋基金会共同举办的第八届“明天小小科学家”奖励活动颁奖典礼在人民大会堂举行。60名学生分别获得一、二、三等奖。

△ 全国语言文字标准化工作会议在京召开，会议对语言文字标准的制定程序、编写原则、推行方式等进行了讨论。截至目前，我国已先后研制发布了200多项语言文字标准，其中汉语150多项，少数民族语言文字50多项。

11月10日—12日 教育部副部长李卫红赴河南，就促进农村教师职业发展为主题，围绕农村中小学教师职称（职务）制度改革等进行专题调研。在豫期间，李卫红还到郑州市、焦作市及农村中小学校，召开座谈会，与各级教育行政部门领导和农村中小学校长、教师们交谈，并视察了郑州大学等高校。

11月11日 教育部副部长章新胜会见了来华访问的老挝教育部副部长李杜·波宝一行，章新胜同志向客人介绍了我国改革开放30年来在教育领域所取得的成就、经验以及面临的任务，双方认为两国在教育领域的合作与交流前景十分广泛，愿意继续加强在专业职能技术教育领域的合作，联合培养实用技术专门人才，促进两国教育合作迈上新台阶。

11月13日 教育部、国家语委发布了《2007年中国语言生活状况报告》。

△ 教育部部长周济在京会见加拿大驻华大使罗岚先生，并与其续签《中加学者交换项目谅解备忘录》。此项目从1973年设立至今，共有近500名中方学者通过该项目赴加，近400名加方学者来华学习。

11月15日 从2008年度教育部人文社会科学基金一般项目评审工作中获悉，2008年教育部共受理申报材料12 677项。经过评审，共有1 289项课题获得立项资助，经费总额达7 700多万元。

11月15日—16日 中共中央政治局常委、国务院总理温家宝到四川绵阳地震灾区，深入乡村农户、企业学校，看望慰问灾区群众，实地考察灾后恢复重建工作。

11月16日—21日 中共中央政治局委员、国务委员刘延东赴英国访问。期间与英国创新、大学和技能大臣德纳姆会谈。双方就加强教育、科技领域合作深入交换意见，达成广泛共识。会谈后，刘延东出席了中国教育部、科技部分别与英国创新、大学和技能部签署关于进一步推动教育交流与合作的联合声明、关于科学与创新联合声明，以及中国科技部与英国研究理事会签署谅解备忘录的仪式。此外，刘延东还考察了伦敦纳米技术中心和格雷科特女子中学，并会见了英国议会下院议长马丁以及旅英华侨华人、留学生、中资企业代表，出席了旅英华人教授、专家、学者座谈会，听取对中国教育、科技改革发展的意见和建议。20日，出席了诺丁汉大学举办的现代中国国际研讨会并发表演讲，介绍中国改革开放以来的发展情况。访问期间，刘延东考察了剑桥大学、诺丁汉大学、华威大学、韦斯特伍德中学和卡尔汉姆科研中心联合欧洲环项目等教育和科研机构。

11月17日 国际职业技术教育论坛在杭州开幕。教育部副部长、中国联合国教科文组织全国委员会主任章新胜到会并讲话。来自世界14个国家近百名政府官员、专家学者参加了研讨会。

△ 2008创业周暨全球创业周中国站主题活动之一的“高校校长圆桌会议”在上海对外贸易学院举行。来自全国部分知名高校的校长就新形势下高校创

业精神培育与高等教育发展这一话题进行了深入的探讨。教育部副部长赵沁平、上海市副市长沈晓明出席了会议。

△　以“学校的科学发展与校长的时代使命”为主题的第二届中国小学校长大会在天津开幕。全国人大常委会副委员长、民进中央主席严隽琪，教育部副部长陈小娅等出席会议并讲话。来自全国各地的700余名小学校长参加了此次盛会。与会校长们还就校长成长与自身建设、以人为本与制度创新、课程改革与高效教学三个专题展开讨论。

11月17日—19日　教育部在京举行直属高校关工委工作会议，会议总结交流了直属高校关工委工作经验，分析研究新形势下高校关工委工作面临的新情况和新问题，以改革创新精神，推动直属高校关心下一代工作持续健康发展。中国关心下一代工作委员会主任顾秀莲出席会议并讲话。

11月19日　财政部、国家发展改革委发出通知，决定自2009年1月1日起，在全国统一取消和停止征收10项教育行政事业性收费：义务教育杂费（已于2008年9月1日起停止征收），义务教育借读费，公派出国留学人员学位及文凭认证费，公派出国留学人员报名费和评审费，学位与研究生教育评估费，学位证书工本费，高等学历文凭工本费，外语、计算机等级考试证书工本费，国家普通话水平等级证书工本费，高校保送生综合能力考试考务费。

11月19日—21日　“中阿（10+1）高教合作研讨会”在扬州召开，会议讨论并通过了“中阿（10+1）大学校长圆桌会议”《扬州宣言》。第一，建立了中阿高教合作机制；第二，设立共同奖学金；第三，中方20所高校与阿方16所高校签署102份合作意向书；第四，促进中阿青少年的文化、艺术交流。

11月21日　“高等学校深入开展学习实践科学发展观座谈会”和中国高教学会师资管理研究分会、薪酬管理研究分会2008年联合年会在海南省海口市举行。教育部副部长李卫红出席，期间，李卫红还考察了海南大学。

△　教育部、国家统计局、财政部公布《2007年全国教育经费执行情况统计公告》。

11月23日　中央决定，在2008年第四季度增加安排的1 000亿元投资中，将44亿元用于教育事业，其中中西部农村初中校舍改造工程安排30亿元，中等职业教育基础能力建设安排10亿元，中西部地区特殊教育学校建设安排4亿元。3项工程共惠及农村学校2 000多所，学生100多万人。这是贯彻落实党的十七届三中全会提出的“大力办好农村教育事业”精神、促进教育公平的一项重要举措。

11月24日　教育部、新闻出版总署在京联合召开第二次高校出版体制改革工作会议。在首批19家高校出版社试点基础上，北京语言大学出版社等61家出版社列入第二批转制出版社。

11月25日　全国部分省份加快推进农村初中工程和特教工程建设工作部署会议在昆明举行。这次会议是由教育部和发展改革委联合召开的。教育部副部长陈小娅、地处南方的中西部12个省（区、市）教育和发改部门的代表参加了会议。

△　中宣部、教育部举行“励志青春——当代大学生在2008”先进事迹报告会。中宣部副部长翟卫华主持报告会，教育部副部长李卫红出席报告会并讲话。

11月25日—28日　联合国教科文组织第48届国际教育大会在瑞士日内瓦举行，中共中央政治局委员、国务委员刘延东应邀出席大会并作主旨发言。她指出，本次大会以“全纳教育：未来之路”为主题，体现了对每个人受教育权利的尊重和保护，顺应了时代要求和未来趋势。她呼吁与会各方促进共识，注重行动，探索创新，深化合作，表示中国政府将在推进本国全纳教育的同时，通过向发展中国家提供奖学金和培训教师等方式，努力为全纳教育在全球范围的发展作出贡献。包括中国教育部长周济在内的1 500余名世界各国政府官员和教育专家出席了会议。

11月24日　教育部办公厅印发《关于中等职业学校面向返乡农民工开展职业教育培训工作的紧急通知》。

11月26日　教育部办公厅、国家民委办公厅发布《学校民族团结教育指导纲要（试行）》。

11月27日　教育部高等教育司、中国高等教育学会在京联合举办了“中国高等教育改革与发展30年座谈会”。

11月28日　2009年国家公派出国留学选派工作会议于在重庆召开。会议总结了2008年国家公派出国留学工作情况，公布了2009年国家留学基金资助出国留学选派计划。

△ 教育部在北京大学附属中学举行"2008年世界艾滋病日宣传活动暨全国学校预防艾滋病教育优秀教学现场展示活动"，旨在利用12月1日"世界艾滋病日"开展宣传活动，进一步推进学校预防艾滋病教育工作广泛、深入开展。教育部副部长陈小娅出席活动并讲话。

11月29日 纪念中国成人教育改革发展三十周年暨2008年中国成人教育协会年会在北京召开。会议全面总结了我国成人教育改革开放三十年来所取得的历史性成就，进一步明确了在新的历史起点我国成人教育的责任、使命与改革、创新的发展方向。会议表彰了一批全国农村成人教育先进单位和社区教育先进个人。教育部副部长陈希出席会议并讲话。

12月1日 2009年全国普通高校毕业生就业工作视频会议暨全国高校毕业生就业联合招聘月在北京启动。教育部部长周济在会上讲话，国家语委主任、教育部副部长赵沁平主持了会议。

△ 教育部印发《中小学健康教育指导纲要》。

12月2日 哈尔滨第24届世界大学生冬季运动会在北京举行新闻发布会，公布哈尔滨大冬会火种采集仪式和火炬传递路线。哈尔滨大冬会组委会副主席、教育部副部长章新胜出席。

△ 由教育部和德国国际继续教育和发展协会联合举办的中德职教师资进修项目交流研讨会在重庆召开，该计划将组织6 850名教师参加国际级培训，选派250名教师出国进修。

△ 陕西省榆林市定边县堆子梁学校发生了因燃煤取暖不当造成10余名小学四年级女生一氧化碳中毒死亡的特大事故。教育部发出紧急通知，要求各地切实做好农村寄宿制学校冬季取暖的安全防范工作。

12月3日 教育部社会科学委员会第四次工作会议在北京召开。本次会议的主题是，学习贯彻党的十七大和十七届三中全会精神，深入学习实践科学发展观，大力推进中国特色社会主义理论体系研究和宣传，全面总结高校哲学社会科学30年来的发展成就和基本经验，以改革创新精神谋划高校哲学社会科学进一步繁荣发展。教育部副部长袁贵仁到会讲话，教育部副部长李卫红主持会议。

△ 国家教育督导团印发《国家教育督导报告2008（摘要）》。

12月4日 国际大学校长研讨会在南京召开。教育部副部长、国家留学基金管理委员会主任章新胜出席会议并作了主旨发言。与会代表就加强研究生培养、推动教授和导师之间的科研合作等方面进行了热烈而深入的讨论，会议取得了预期成果并发表了《国际大学校长研讨会联合公报》。国家留学基金管理委员会与国外高校签署了9项合作协议，国内外高校签署协议、意向书12项。来自外方的24所大学及国内清华大学、南京大学等"985工程"、部分"211工程"高校和部分西部地区省属高校共55所学校代表200余人参加了研讨会。

△ 高校纪念改革开放30周年理论座谈会在京举行，教育部副部长李卫红出席座谈会并讲话。目前，在哲学社会科学的队伍、项目、经费、成果、获奖等方面的数量上，高校均占全国的85%以上，是我国哲学社会科学当之无愧的主力军。

12月5日 第五届中国青少年科技创新奖颁奖大会在人民大会堂举行。香港中文大学王玲、澳门镜平学校中学部梁嘉俊等4名港澳地区学生与96名内地学生一起领奖，获此殊荣。中共中央政治局委员、全国人大常委会副委员长王兆国，中共中央政治局委员、国务委员刘延东接见了全体获奖学生并为获奖学生颁奖。

△ 长江学者奖励计划10周年纪念大会在人民大会堂举行。中共中央政治局委员、国务委员刘延东出席大会，为2007年度"长江学者成就奖"获得者、长江学者特聘教授、讲座教授代表颁发证书，并作重要讲话。她强调，要立足科学发展，坚持以人为本，营造良好环境，努力建设一支学风优良、富有创新精神和国际竞争力的高校教师队伍。"长江学者奖励计划"是教育部与香港李嘉诚基金会于1998年共同启动实施的高层次人才计划。目前共有115所高校聘任了1 308位长江学者，17位专家学者获得"长江学者成就奖"。教育部部长周济、教育部副部长李卫红出席了会议。

△ 霍英东教育基金会第十一届高等院校青年教师基金及青年教师奖颁奖大会在人民大会堂举行。来自全国132所高等院校的236名青年教师获得总额为286.9万美元的奖励。全国政协副主席郑万通、教育部副部长袁贵仁、霍英东教育基金会理事长霍震寰先生等出席大会并为获奖教师代表颁奖。全国高校的获奖教师代表及北京地区的20余所高校领导等200多

人参加了大会。霍英东教育基金会是由已故全国政协副主席、香港著名实业家霍英东先生出资1亿港币与教育部合作，于1986年成立。它是国内成立较早，以发展教育事业、培育人才为宗旨的教育基金会。

12月6日　由中央电化教育馆、教育部基础资源中心主办的纪念邓小平同志倡导发展电化教育30年暨全国电教系统表彰大会在京举行。中央电教馆成立30周年庆祝活动同时举办。教育部副部长陈小娅出席并讲话。表彰大会上，江苏省电化教育馆等137个单位获得“全国电化教育先进单位”称号，李建军等367名优秀工作者受到表彰。

△　以“改革开放30年与中国法治发展”为主题的第二届中国法治论坛开幕式暨第二届钱端升法学研究成果奖颁奖大会在人民大会堂举行。24项获奖成果中高校占22项。据介绍，30年来，我国的法学院系从6个发展到600多个，法学专业在校生从不足1 000人发展到60多万人，法学研究生从100余人发展到4万多人。法学教育为国家培养输送了大批法官、检察官、律师及其他法律专业人才。

△　以“改革开放30年与践行科学发展观”为主题的第二届中国职业教育振兴论坛在京开幕。本次论坛由全国政协科教文卫体委员会发起，教育部、人力资源和社会保障部、中华职教社联合举办。100余名来自地方政协、教育部门、人力资源和社会保障部门以及职业院校、行业企业的代表出席了会议。

12月6日—7日　中共中央政治局委员、国务委员刘延东赴广西调研，考察了广西的高等教育、职业教育和基础教育，深入边境民族地区农村中小学校，了解教育教学情况，察看校舍建设，亲切看望师生员工。她强调，要深入学习贯彻科学发展观，认真落实党的教育方针和民族政策，解放思想，改革创新，推动民族教育事业跨越式发展，为促进各民族共同繁荣发展提供有力的智力支持和人才保障。教育部部长周济、国家民委主任杨晶和国务院办公厅、国家发展改革委、科技部、财政部、国务院研究室等有关部门负责同志陪同考察。

12月9日　中共中央政治局委员、国务委员、孔子学院总部理事会主席刘延东出席了第三届孔子学院大会。她在讲话时强调，要坚持共同参与，平等合作，积极探索，提高质量，努力办好每一所学院，教好每一个学生，把孔子学院提高到一个新水平。教育部部长周济主持会议，孔子学院总部理事会成员、来自78个国家和地区的249所孔子学院所在大学校长和孔子学院院长、中方承办院校负责人参加会议。

△　教育部、财政部在北京联合召开国家奖学金评审工作会议，部署2007—2008学年度全国高校国家奖学金评审工作。教育部部长助理、国家奖学金评审小组副组长杨周复出席并讲话。

12月10日　教育部印发《关于中等职业学校德育课课程设置与教学安排的意见》。

12月13日　教育部党组召开扩大会议，传达学习中央经济工作会议精神。教育部党组书记、部长周济主持会议，强调要紧密结合学习贯彻党的十七大和十七届三中全会精神、紧密结合深入学习实践科学发展观活动，认真贯彻落实中央经济工作会议精神，锐意进取，扎实做好2009年教育改革发展的各项工作，以优异成绩迎接新中国成立60周年。

△　教育部印发《关于进一步深化中等职业教育教学改革的若干意见》。

12月14日　教育部部长周济在海南省调研职业教育，在听取了海南省农业学校校长陆红有关海南农业职业教育集团的成立及办学、招生情况介绍后，他强调，要把眼光瞄准农村，通过多种形式，为新农村培养一批懂农业管理和农村科技、能在农村留得住的基层党组织和致富“双带头人”。期间，周济还参观了海口市第一职业中学，听取了海南机电职业教育集团、海南旅游职业教育集团等职教集团龙头示范校校长的汇报并参观了办学展览。

12月15日　海南大学喜迎50华诞并进入国家“211工程”建设行列。中共中央政治局委员、国务委员刘延东发来贺信。教育部部长周济代表教育部向海南大学全体师生及海内外校友致以热烈的祝贺。

△　第五届全国中等职业学校“文明风采”竞赛活动颁奖会在北京举行。教育部副部长陈希出席并为获奖者颁奖。此次活动共有14 892名学生的13 692份作品和8 025名教师、214所学校获奖。

12月15日—18日　教育部副部长陈希赴四川、西藏考察工作。在四川期间，陈希同志考察了西南财经大学、四川大学、电子科技大学、西南交通大学。在西藏期间，出席了西藏大学改扩建工程竣工暨进入“211工程”重点建设行列庆祝大会。

12月16日　教育部副部长陈小娅出席了中共中

央政治局委员、国务委员刘延东主持召开的国务院会议。会议听取了《全民科学素质行动计划纲要》实施情况的汇报。

12月17日 国务院常务会议审议并原则通过《关于义务教育学校实施绩效工资的指导意见》，决定从2009年1月1日起，在全国义务教育学校实施绩效工资，确保义务教育教师平均工资水平不低于当地公务员平均工资水平，同时对义务教育学校离退休人员发放生活补贴。这对于吸引和鼓励各类优秀人才长期从教、终身从教，促进教育事业发展具有重要意义。

12月18日 纪念党的十一届三中全会召开30周年大会在人民大会堂举行。中共中央总书记、国家主席、中央军委主席胡锦涛在会上发表重要讲话。改革开放30年，是我们党和国家面貌发生翻天覆地巨大变化的30年，也是我国教育面貌发生翻天覆地巨大变化的30年。党中央、国务院确立了教育优先发展的战略地位，把一个有着2亿多学生的世界上最为庞大的教育体系以崭新的面貌带入了新时期新阶段，我国从人口大国转变为人力资源大国，正在向人力资源强国迈进。

△ 教育部将对中西部万名农村寄宿校校长进行远程培训。此次培训旨在配合“农村寄宿制学校建设工程”的实施，加强农村寄宿制学校规范化管理。

12月19日 中共教育部党组发出通知，要求各地教育部门和各级各类学校要把学习贯彻《胡锦涛在纪念党的十一届三中全会召开30周年大会的讲话》作为关系全局的一件大事来抓，认真组织好学习。

12月19日—20日 中共中央组织部、中共中央宣传部、中共教育部党组在北京召开第十七次全国高等学校党的建设工作会议。中共中央政治局常委、中央书记处书记、国家副主席习近平出席会议并作重要讲话。他强调，培养德智体美全面发展的中国特色社会主义合格建设者和可靠接班人，是高校的根本任务，也是高校党的建设的根本任务。各级党委和高校党组织要紧紧围绕这个根本任务，全面贯彻党的教育方针，坚持以人才培养为根本办学理念，继续解放思想，坚持改革创新，在新的历史起点上努力开创高校党建工作新局面，为推进高等教育又好又快发展提供坚强的思想、政治和组织保证。会议由中共中央政治局委员、中央书记处书记、中央组织部部长李源潮主持。中共中央政治局委员、中央书记处书记、中央宣传部部长刘云山出席会议。教育部党组书记、部长周济在会议总结讲话中强调，要认真学习贯彻落实习近平同志在会议上的重要讲话精神，不断开创高校党建工作新局面，努力推动高等教育又好又快发展。中央和国家机关有关部门的负责同志，解放军总政治部、各省区市和新疆生产建设兵团领导和有关部门负责同志，全国部分高校的党委书记、校长参加了会议。

12月19—21日 “百所名高职、百家名企业”合作发展论坛暨国家示范性高等职业院校建设两周年专业改革成果展示会在京开展。全国100所国家示范性高等职业院校与近140家企业代表参加了展示会。

12月20日 “中日青少年友好交流年”中方闭幕式在北京航空航天大学举办，国务院总理温家宝、日本前首相福田康夫出席闭幕式。教育部副部长赵沁平出席了闭幕式相关活动。2008年是中日和平友好条约缔结三十周年，也是两国政府共同确定的“中日青少年友好交流年”。

12月20日 教育部党组召开廉政建设座谈会，对2007年12月至2008年12月期间直属高校新任（连任、转任）的29位党委书记和校长进行廉政谈话。教育部党组书记、部长周济出席会议并讲话，教育部党组成员、中央纪委驻教育部纪检组组长田淑兰主持会议。

12月20日—21日 哈尔滨第24届世界大学生冬季运动会在哈尔滨师范大学举行火炬传递启动仪式。中共中央政治局委员、国务委员刘延东出席启动仪式。

12月21日 第六届“宋庆龄少年儿童发明奖”颁奖活动在北京举行。中共中央政治局委员、国务委员刘延东为此次活动发来贺信。本届发明作品涉及领域广泛，包括了节能、环保、医学、健康、建筑、交通等诸多方面。“宋庆龄少年儿童发明奖”是经国家科技部立项的科技类评奖常设项目，由中国宋庆龄基金会、中国发明协会、中国教育学会、全国少工委共同主办。全国政协副主席、科技部部长万钢，中国宋庆龄基金会主席胡启立与来自全国各地的获奖学生、辅导教师及组织单位代表近500人参加了颁奖活动。

△ 中共中央政治局委员、国务委员刘延东赴黑龙江哈尔滨工业大学、哈尔滨师范大学、中俄科技城调研教育科技工作时指出，青少年体育是群众体育事

业的重要组成部分，要把加强青少年体育作为建设人力资源强国的基础性工程，不断增强青少年体育强身健体意识，广泛开展丰富多彩的青少年体育活动，切实提高青少年体能素质，促进青少年健康成长和全面发展。黑龙江省委书记吉炳轩、省长栗战书陪同考察。

△ 教育部关心下一代工作委员会在京举行2009年度全体委员会，提出2009年要重点抓好农村关心下一代工作。教育部党组副书记、副部长袁贵仁出席会议，教育部党组成员、中纪委驻部纪检组长、教育部关工委主任田淑兰主持会议。

12月21日—22日 教育部2009年度工作会议在京举行。中共中央政治局委员、国务委员刘延东出席会议并讲话。教育部部长周济出席了会议，并在讲话中强调，要全面贯彻党的十七大和十七届三中全会精神，以邓小平理论和“三个代表”思想为指导，深入贯彻科学发展观，全面贯彻党的教育方针，继续解放思想，坚持改革开放，谋划发展，提高质量，促进公平，加强管理，办好人民满意的教育，努力建设人力资源强国。教育部副部长袁贵仁作了会议总结。

12月22日 中共中央政治局常委、中央书记处书记、国家副主席习近平主持召开大学生“村官”代表座谈会并作重要讲话。他强调，各级党组织和有关部门要认真贯彻落实胡锦涛同志关于大学生“村官”的重要批示，切实关心大学生“村官”的成长成才，着力构建大学生“村官”工作长效机制，努力使大学生“村官”下得去、待得住、干得好、流得动。中共中央政治局委员、中央书记处书记、中央组织部部长李源潮出席会议。中央和国家机关负责同志，各省区市和新疆生产建设兵团党委组织部推荐的34名优秀大学生“村官”参加会议。参加座谈的数十位大学生“村官”踊跃发言。

△ 教育部和文化部联合举行2009年新年音乐会。中共中央政治局委员、国务委员刘延东出席音乐会。

12月23日 由中国研究生院院长联席会主办的纪念中国恢复研究生招生培养30周年座谈会在北京大学举行，教育部副部长赵沁平出席座谈会，来自国务院学位办、北京大学、清华大学、中国科学院、中国农业大学等单位的相关负责人出席座谈会，就我国研究生教育的过去与未来进行深入探讨。据统计，改革开放30年来，我国已由研究生教育的小国迅速跨入世界研究生教育大国的行列。招生数从1982年的11 080人发展到2007年的418 592人，年均增幅15.64%；研究生学位授予人数从1982年的5 786人发展到2007年的307 746人，年均增幅17.23%；研究生导师数量也获得了迅速增长，国家重点一级学科和二级学科都得到了强有力的发展。

△ 《国家中长期教育改革和发展规划纲要》咨询专家组第一次全体会议在京举行。中共中央政治局委员、国务委员刘延东主持了会议并在讲话中强调，要尊重科学，发扬民主，做好教育规划纲要研究制定工作。教育部部长周济、副部长袁贵仁、部长助理郭向远出席了会议。

12月24日 中日两国政府在京举行了大连外国语学院申请的日本对华文化无偿援助政府换文签字仪式。根据协议，日方将向大连外国语学院提供3 670万日元的日语学习器材。中国教育部副部长章新胜、日本驻华特命全权大使宫本雄二分别代表两国政府签字。

△ 教育部副部长章新胜与来访的埃塞俄比亚教育部国务部长温德沃松·可罗夫在京签署了《中华人民共和国教育部与埃塞俄比亚联邦民主共和国教育部关于埃塞—中国职业技术学院合作办学项目协议》。根据协议，两国教育部以中国高等职业学校的办学模式，将职业技术学院办成中国与非洲国家在职业教育领域合作办学的示范性学校。此项目将成为中国在国外开展的最大的政府间合作办学项目。

△ 教育部 财政部印发《关于进一步加强中小学财务管理工作的意见》。

12月25日 十一届全国人大常委会第六次会议在人民大会堂举行第三次全体会议，审议全国人大常委会执法检查组关于检查义务教育法实施情况的报告、关于检查劳动合同法实施情况的报告等。提请全国人大常委会审议的义务教育法执法检查报告指出，我国农村义务教育经费虽有较大增长，但保障还是低水平的，难以满足事业发展的需要。吴邦国委员长出席会议。陈至立副委员长主持会议。

△ 教育部部长周济陪同中共中央政治局委员、国务委员刘延东赴广东，出席第十一届留学人员科技成果交流会，期间，考察了广州大学城建设工作，出席了深圳博物馆新馆开馆暨改革开放30年成就展开

幕式。

12月25日—28日 中央人才工作协调小组在北京召开海外高层次人才引进工作会议。中共中央政治局委员、中央书记处书记、中央组织部部长李源潮指出，要进一步解放思想、创新机制，积极引进海外高层次人才，为建设创新型国家、实现全面建设小康社会奋斗目标提供人才支持。中央组织部副部长李智勇主持会议。教育部、科技部等部门负责同志出席会议并发言。

12月26日 由商务部、教育部、人力资源和社会保障部联合举办的2009年全国国家级经济技术开发区高校毕业生网络招聘会在京开幕。教育部部长助理杨周复出席开幕式并讲话。

12月27日 全国治理教育乱收费部际联席会议在京召开了督查工作汇报会。教育部党组成员、中央纪委驻教育部纪检组组长田淑兰主持会议，中央纪委常委、监察部副部长、国务院纠风办副主任屈万祥作总结讲话。为了深入推进全国治理教育乱收费工作，进一步规范教育收费行为，10月20日至11月8日，由国家发改委、教育部、国务院纠风办等7部门联合组织的全国治理教育乱收费部际联席会议各成员单位相关司局领导带队，组成6个督查组，对北京、安徽等12个省市治理教育乱收费工作进行了重点督查。督查表明，被检查省份教育收费行为进一步规范，学生的不合理负担进一步减轻，人民群众的满意度不断提高，治理教育乱收费工作取得了明显的阶段性成效。

△ 由对外经济贸易大学承办的第二届高水平特色型大学发展论坛年会在京举行，教育部直属的26所具有突出办学特色的高水平大学参会。教育部副部长陈希出席论坛并讲话。

12月27日—29日 中共中央总书记、国家主席胡锦涛考察四川地震灾区亲切看望学生。胡锦涛在四川省委书记刘奇葆和省长蒋巨峰等陪同下，先后来到绵阳、德阳、成都、阿坝等地的重灾区，深入重建工地、企业车间、农村村寨、受灾群众集中安置点和学校、卫生院，实地了解灾后恢复重建和群众生产生活情况，看望慰问灾区干部群众和各地援建人员，代表党中央向大家致以亲切的问候和新年的祝福。

12月28日 由中宣部、中央文明办、教育部、民政部、文化部和国家语委联合主办的“中华诵·经典诵读大赛”全国总决赛暨“中华赞·诗词歌赋创作”颁奖晚会在中国传媒大学举行。经过专家评审组筛选，黄如传、杭丽霞等87人分获“中华赞·诗词歌赋创作”古体诗词组、新诗组、散文组、赋组、楹联组一、二、三等奖和优秀奖。

△ 首届“中国十佳大学生村官”评选在清华大学举行了颁奖典礼。“中国十佳大学生村官”代表、在校大学生代表、各地团委和党委组织部门代表出席会议并作了典型发言。

12月29日 国务院学位委员会第26次会议在北京召开。中共中央政治局委员、国务委员、国务院学位委员会主任委员刘延东出席会议并讲话。她强调，学位工作坚持服务国家经济社会发展大局，坚持立足本国实际与借鉴外国经验相结合，坚持把质量作为学位工作的生命线，坚持依靠和发挥专家作用，坚持制度创新，科学把握学位工作规律，在实践中形成了宝贵经验。

12月30日 由人力资源和社会保障部、教育部、全国总工会、共青团中央、全国妇联、中国残联联合推出的“2009年就业服务系列活动”在北京启动。此次就业服务系列活动主要是在高校毕业生离校前后的不同时期，组织开展校企对接、民营企业招聘周、网络大招聘等活动，帮助高校毕业生实现就业。教育部部长助理郭向远出席启动仪式并讲话。

12月31日 中共中央政治局委员、国务委员刘延东来到中国教育电视台考察，并向全国广大教育工作者发表新年电视讲话。教育部部长周济，副部长袁贵仁、李卫红陪同考察。

△ 教育部印发《关于做好义务教育学校教师绩效考核工作的指导意见》。

前进中的中国教育事业

中央广播电视大学

校长葛道凯慰问残疾学员董明

中央电大八一学院主办的《星光远程教育》杂志被誉为士官的“精神家园”

党委书记阮智勇亲赴地震灾区，向官兵赠送心理援助光盘

全国广播电视大学职工摄影展在中华世纪坛举行

葛道凯校长出席教育部新闻发布会，介绍电大士官远程教育工作

中央广播电视大学是基于计算机网络、卫星电视网络，运用文字教材、音像教材、多媒体课件、网络课程等多种媒体，面向全国开展现代远程教育的开放大学。

中央电大和全国44所省级电大、949所地（市）级电大分校、1 823个县级电大工作站、59 731个教学班（点）组成一个统筹规划、分级管理、分工协作的现代远程教育教学系统。设有6个学科学院和直属学院、继续教育学院以及西藏学院、八一学院、总参学院、残疾人教育学院，专设中国电视师范学院、中国燎原广播电视学校、中央广播电视中等专业学校。

学校开设开放教育本科（专科起点）、专科、教育部“一村一名大学生计划”专业70个，其中，开放教育本科（专科起点）专业18个、专科专业36个、教育部“一村一名大学生计划”专业16个。开放教育在校生2 249 670人，其中，本科732 752人、专科1 418 325人、教育部“一村一名大学生计划”98 593人。开放教育招生861 236人，其中，本科241 812人、专科569 625人、教育部“一村一名大学生计划”招生49 799人。毕业524 223人，其中，本科195 909人（授予学士学位5 150人）、专科309 918人、教育部“一村一名大学生计划”学生18 396人。

中央电大图书馆藏书7.74万册，电子图书10.04万种。教职工总数451人，其中，专任教师116人，包括教授、副教授66人。

植根教育 服务社会
www.hep.com.cn
高等教育出版社55周年志庆
与中国教育共同成长
不断锐意进取，只为奉献更多
55年，我们始终如一，努力成为优质教学资源研发、集成、服务基地，做中国教育的坚实脊梁
高等教育出版社
HIGHER EDUCATION PRESS
55周年
1954-2009

中国教育电视台

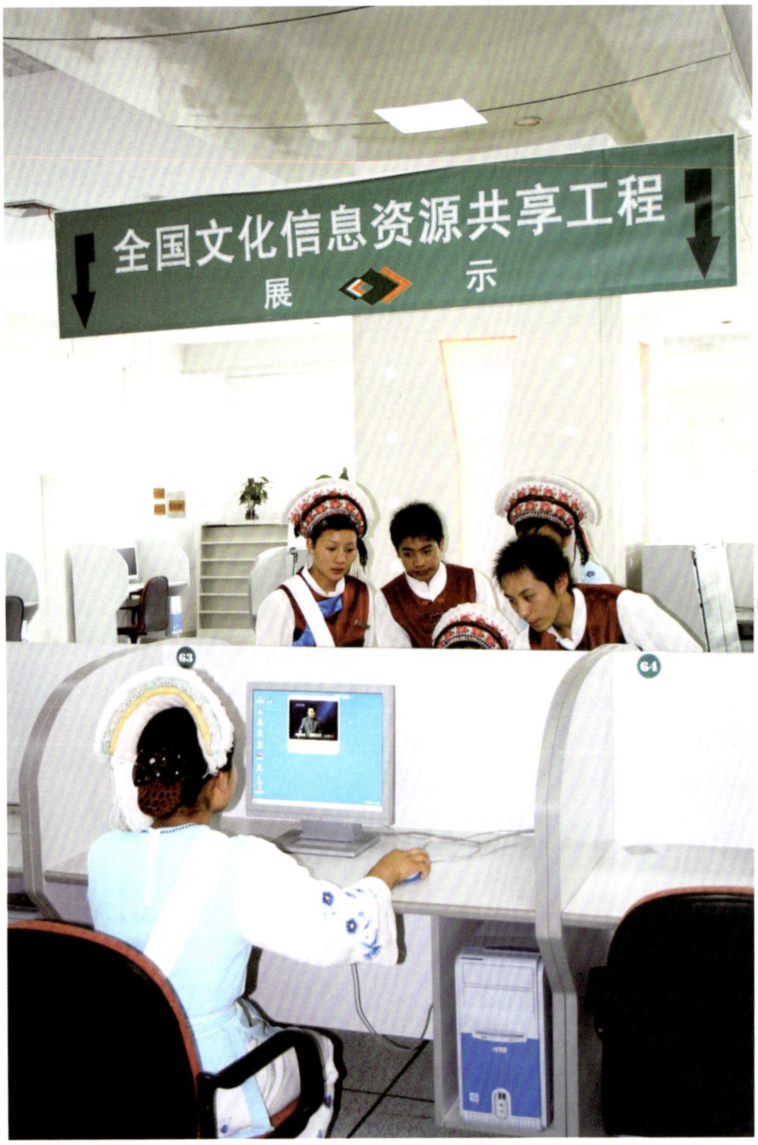

少数民族大学生收看文化共享工程传播的优秀节目

中国教育电视台于1986年10月1日正式播出，英文简称CETV，是中国唯一的国家级专业电视媒体、党和国家重要的宣传思想文化阵地、实施科教兴国战略和人才强国战略宣传的公益性教育电视平台、国家教育信息的交流平台，肩负着宣传党和国家教育方针、提高国民教育文化素质、促进广大青少年健康成长、推动社会主义文化大发展大繁荣的使命，在创建社会主义和谐社会、构建覆盖全社会的公共教育文化服务体系等方面具有重要的作用。

中国教育电视台现有中国教育一频道、中国教育二频道、中国教育三频道、中国教育空中课堂频道、汉语文化频道、早期教育频道和全国农村党员干部现代远程教育卫星数字专用频道共七个电视频道，拥有全国最大的卫星宽带传输网和国家教育新媒体平台，形成了以电视传播为一翼、以远程宽带网传输平台和“学习超市”新媒体平台为一翼，互联网、报纸等配合支撑的多媒体传播格局，在全社会，特别是最边远、最基层、最广大受众中的影响力和媒体公信力不断提升。2008年，中国教育电视台荣获“北京奥运会、残奥会体育展示工作突出贡献奖”、“2008年度中国动漫游戏行业未成年人保护与教育工作先进单位”等光荣称号，另有多类节目屡获表彰，如《大爱汶川》荣获国家广电总局“优秀节目”称号、中国广播电视协会电视纪录片类嘉奖；《14:28》荣

大型新闻资讯节目——中国教育报道

青春万岁——庆祝建军85周年

灾区师生收看“空中课堂”特别节目

获2008中国（青海）世界山地纪录片“玉昆仑”奖评选社会类“最佳长纪录片奖”和“社会类纪录片大奖提名奖”、中国广播电视协会电视纪录片类表彰奖；《我们在一起——四川汶川大地震教育战线抗震救灾纪实》获得中国广播电视协会电视纪录片类奖励奖；电视报告文学《热血师魂》在中国高校影视学会颁发的2008年创作类奖项中夺得头筹；《阳光伙伴》荣获国家广电总局“原创少儿电视节目一等奖”；系列短剧《先下后上》荣获共青团中央、国务院新闻办和中国联通联合颁发的“短剧绿色手机文化建设突出贡献奖”等。

近年来，中国教育电视台积极开展新媒体多网络融合技术的跟踪研究和应用，在平台建设规划等方面，采用国内外最先进技术打造“学习超市”远程教育互动平台，为构建与不断完善终身学习体系而努力。

中国教育电视台坚持服务于学习型社会，服务于人力资源的能力建设，服务于办好人民满意教育的办台宗旨，立足公益性教育电视平台的定位，以构建全球最大的学习型平台、创建一流国家教育电视传媒为目标，努力把中国教育电视台办成学生的空中课堂、教师的学习园地、群众的精神家园、党和政府的重要舆论阵地。

《走进奥运》直播现场

记者在一线进行采访报道

八一学院送教到神仙湾

中国教育报刊社

中国教育报刊社是国家教育行政部门直属的教育新闻机构，同时也是我国最重要的教育主流媒体，现编辑出版“两报四刊两网”：《中国教育报》、《人民教育》杂志、《中国高等教育》杂志、《神州学人》杂志、《中国民族教育》杂志、《中国教师报》、中国教育新闻网、神州学人网站。

本着“政治家办报”的要求，“两报四刊两网”确立并始终坚持“为全党全国工作大局服务，为教育改革发展服务，为师生员工服务”的办报办刊宗旨，紧紧围绕国家教育行政部门的中心工作，大力宣传党中央关于教育工作的方针和决策，宣传国家教育行政部门确定的教育政策和工作部署，传播教育信息，交流工作经验，报道先进典型。

“两报四刊两网”坚持正面报道为主，把正面报道做大做强，坚持把握正确导向，唱响主旋律。中国教育报刊社政策宣传准确到位，一大批稿件受到中央宣传部门、国家教育行政部门和有关部门领导的表彰与好评，受到广大读者赞誉。“两报四刊两网”的权威性、指导性不断提升，在教育新闻宣传中发挥了主力军、主阵地、主流媒体的作用，为我国教育改革发展作出了重要贡献。

在宣传贯彻国家教育行政部门一系列教育决策部署中，“两报四刊两网”围绕中心，精心策划，消息、言论、通讯、图片等多体裁并用，使各时期的报道重点突出，既有广度又有深度。在宣传报道中，不跟风，不乱炒作，牢牢把握政策导向，不仅直接宣传了国家的教育方针政策，而且对其他社会媒体的一些不良报道起到了屏蔽、引导和澄清的作用，净化了教育舆论环境。

“两报四刊两网”不断以突出的行业特色赢得广大读者，成为中国教育领域最具权威性、最具影响力的教育传媒大系。

教育科学出版社

教育理论

图 书 出 版 的 旗 帜

第二届优秀出版物奖获奖作品

☆《共同的关注——素质教育系统调研》
素质教育调研组编著　开本：16 开　定价：28.00 元
ISBN　978-5041-3630-1

☆《共同的关注——素质教育系统调研(续)》
素质教育调研组编著　开本：16 开　定价：36.00 元
ISBN　978-5041-3630-1

政策、实践大剖析
专题、调研大展示
焦点、难点大讨论
全面性 · 系统性 · 真实性

“三个一百”原创工程入围作品

☆《教育活动的社会学分析——一种教育社会学的研究》
谢维和　著　开本：16 开　定价：57.00 元
ISBN　978-7-5041-3983-2
一部原创教育社会学研究力作，全面阐述教育社会学的基本理论以及教育活动的社会意义

☆《学习共同体——文化生态学习环境的理想架构》
郑　葳　著　开本：16 开　定价：28　.00 元
ISBN　978-7-5041-3757-9

探求一种新型的学习环境——学习共同体，提升学习者在教育场域中的生命品质

教育科学出版社
ESPH　Educational Science Publishing House

地　址：北京市朝阳区安慧北里安园甲9号
邮　编：100101
电　话：(86)-(010)-64989501　64989009
传　真：(86)-(010)-64891796　64989080
网　址：http://www.esph.com.cn

北京科技大学

University of Science and Technology Beijing

体育馆

美丽的校园

北京科技大学系1952年由北洋大学等5所国内著名大学的部分系科组建而成，现已发展成为以工为主，工、理、管、文、经、法等多学科协调发展的全国重点大学，是全国正式成立研究生院的高等学校之一，1997年首批进入国家“211工程”建设行列。学校原隶属于冶金工业部，1998年划转为教育部直属高校。2006年，学校成为国家“优势学科创新平台”建设项目试点高校。

建校50多年来，学校逐步形成了“学风严谨，崇尚实践”的优良传统，为社会培养各类人才10万余人，其中许多已成为国家政治、经济、科技、教育等领域尤其是冶金、材料工业领域的栋梁和骨干，学校因此被誉为“钢铁摇篮”。罗干、刘淇、徐匡迪、黄孟复等党和国家领导人，31名中国科学院院士和中国工程院院士，以及宝钢、鞍钢、首钢、武钢、方正、联想等著名企业的领导人都曾在校学习或工作。

学校现由10个学院及研究生院、体育部、管庄校区、天津学院、延庆分校组成，有44个本科专业，109个硕士学科点，另有MBA（含EMBA）、MPA和19个领域的工程硕士专业学位授予权，48个博士学科点，11个博士后科研流动站，冶金、材料、机械、矿业等领域的12个全国重点学科学术水平蜚声中外。2008年底，在籍各类学生总数3万余人。

学校拥有一支治学严谨的教师队伍，教职工总数2 903人，其中专任教师1 665人中有中国科学院院士7人，中国工程院院士2人，“长江学者奖励计划”特聘教授12人、讲座教授2人，国家杰出青年基金获得者14人次。具有正高级专业技术职务的教师405人，副高级专业技术职务的教师555人。

学校科研实力雄厚，现有2个国家级重点（专业）实验室，1个国家工程研究中心，1个国家工程技术研究中心，17个部委级重点实验室、研究中心。1978年以来，学校共有1 000余项科研成果获国家、省部级等各种奖励，其中国家级奖励100余项。据教育部统计，两期“211工程”建设期间，学校获国家科技进步一等奖4项。特别是2007年，学校牵头承担了国家重大科技基础设施项目——重大工程材料安全服役研究评价设施，并负责筹建国家材料服役安全科学中心。

今天，北京科技大学全体师生正满怀信心，迈着坚定的步伐，向着“把北京科技大学建设成为以工为主，工、理、管、文、经、法等多学科协调发展，规模适度，特色突出，国内一流，国际知名的高水平研究型大学”的目标而奋进。

主楼

学生公寓二期工程

首都医科大学

目标：国内一流，国际知名
——首都医科大学50年建设成绩斐然

大学第一课–医学生宣誓

首都医科大学建于1960年，是北京市重点高等院校，著名泌尿外科专家、两院院士、全国人大常委会原副委员长吴阶平教授为首任校长。

建校近50年来，首都医科大学秉承“扶伤济世、敬德修业”的校训，发扬“爱国奉献、艰苦奋斗、救死扶伤、严谨求实”的校风，不断发展壮大，已成为国内有重要影响的医科大学。现有基础医学院、公共卫生与家庭医学学院、化学生物学与药学院、生物医学工程学院、中医药学院、卫生管理与教育学院、护理学院、燕京医学院、继续教育学院、国际学院等10个学院；有宣武医院、附属北京友谊医院、附属北京朝阳医院、附属北京同仁医院、附属北京天坛医院、附属北京安贞医院、附属复兴医院、附属北京佑安医院、附属北京儿童医院、附属北京口腔医院、附属北京安定医院、附属北京妇产医院、附属北京中医医院和康复医学院（中国康复研究中心）等14所临床医学院、附属医院。近年来，首都医科大学依托强大的临床资源，又成立了首都医科大学神经外科学院、眼科学院、耳鼻咽喉科学院3个专科学院和28个专科学系。

王忠诚——2009年国家最高科学技术奖获得者

学校现有院士6人，特聘院士8人，正高职称1 098人，其中教授379人，全日制在校生8 373人。有8个国家重点学科，2个国家重点（培育）学科，有一批北京市重点学科和重点建设学科。有1个教育部省部重点实验室，2个教育部省部共建重点实验室，4个北京市重点实验室。有41个博士学位授权点，78个硕士学位授权点，2个博士后科研流动站。有4门国家级精品课程，4个国家级特色专业，2个国家级优秀教学团队，2个国家级创新人才培养试验区，1个国家级实验教学中心。是国家生命科学与技术人才培养基地、卫生部全科医学培训中心、新医药北京市技术转移中心、首都卫生管理与政策研究基地。近5年来，承担了国家“973计划”、“863计划”、国家自然科学基金、北京市自然基金等科研项目1 030项，其中国家级科研项目328项；获得各类各级奖励107项，其中国家科技进步二等奖7项、北京市科学技术进步一等奖3项。

首医人豪情满怀，正在向着国内一流、国际知名医科大学的目标进发。

首任校长吴阶平（中）

图书馆大厅

学校一角

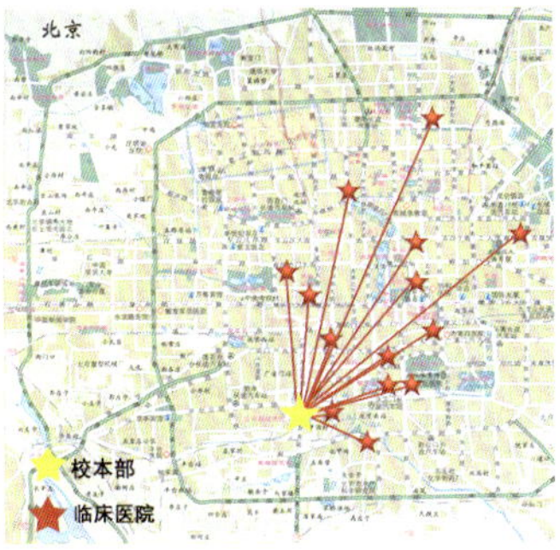

临床医学院和附属医院分布图

改革创新，科学发展，共铸朝阳教育事业新篇章！

——北京市朝阳区教育发展纪实

朝阳区学生参加国庆六十周年
庆典鼓乐队表演

朝阳区是发展中的教育大区，也是北京市教育工作先进区。截至2008年底，共有各级各类学校700余所。公立学校229所，学生约15万人，教育总量约占全市的1/10。近年来，朝阳区委、区政府高度重视教育事业发展，始终将教育放在优先发展的战略地位，以办人民满意教育为目标，以扩大优质资源为突破口，实施“规划优先、投入优先、政策优先”，深化改革，深入推进素质教育，不断实现义务教育的均衡化与高中、职业教育的优质化。

朝阳区深入推进以“完善和创新学校教学管理，全面提升教师教学能力”为主要内容的质量工程，将素质教育落实到实处。2008年8月，北京八十中学机器人小组荣获全国机器人比赛VEX项目一等奖，并于2009年5月进入美国机器人锦标赛前四强

适应区域发展定位的布局初步形成

朝阳区通过整合资源，创新机制，教育布局更加合理，逐步建立起适应当前区域发展定位的教育规划。目前，基础教育趋向均衡，城乡教育、校际差距不断缩小，规模校、职业学校建设力度不断加大，知名品牌学校不断进驻，优质教育资源供给能力不断扩大。近三年，通过科学布局、优化整合，共整合办学条件较差的学校32所，稳步引进了湖北黄冈中学、北师大实验中学等多所区外名校，开办了陈经纶中学分校等优质学校16所。

2007年8月8日，奥林匹克博物馆馆长加贝特先生接受呼家楼中心小学学生敬赠的奥林匹克扑克牌

“同一个世界，同一个梦想”——朝阳区芳草地国际学校召开学校运动会

骨干群体不断扩大

大力推进“双名工程”（名校长、名教师），组建了31个名校长工作室和特级教师工作室，涌现出以张德庆为代表的骨干校长30余名，区级各类骨干由占专任教师的6.7%提升到目前的12.29%；全区各类骨干总量达到4 224人，占专任教师总量的36.69%。

国际教育优势明显

除了17所公办学校国际部具有招收外籍学生的资格外，由外国人投资只允许招收外籍子女的国际学校，绝大多数都设立在朝阳区。借助这一优势，朝阳区各中小学校在办学思想、课程体系、教师素质、校园文化氛围等方面不断与国际教育接轨，已初步能够接纳来自世界各地的求学者。一批适应多种语言教学、满足各种需求的特色优质学校逐步崛起。

朝阳区自2004年启动“双名工程”以来，为名校长、名教师搭建多种成长平台，多渠道促进高层次骨干群体迅速成长。图为朝阳区中小学校长赴美国培训

北京市求实职业学校

书法课

林安杰校长

北京市求实职业学校占地面积5.88万平方米、建筑面积3.47万平方米。开设文秘、计算机网络技术、民航服务等专业，其中，文秘专业为北京市中等职业学校骨干特色专业、北京市专业创新团队。教职工185人，其中，高级专业技术职务32人，“双师型”教师52人。教师全部为本科及以上学历，其中，研究生学历4人，硕士8人，研究生课程班毕业15人。学历教育在校生2 573人，毕业生466人，招生921人，长短期培训4 228 人次。

美丽的校园

2008年3月9日，求实学校召开网络专业校企互动课改研讨会。会议根据学校实际和专业特点，围绕学校网络专业校企互动课程改革的目标、任务及措施进行研讨，确定教师全员参与、全员培训的合作理念，校企共同制订、落实典型性工作任务的教学方案。来自华为-3com公司、苹果公司、联想公司、奥多比系统软件有限公司的企业代表参加会议。

2008年6月27日—30日，在全国职业院校技能大赛上，求实职业学校2006级两名学生以北京赛区第一名的成绩代表北京市参加比赛，获得中职组企业网络搭建与应用项目一等奖。至此，求实学校计算机网络专业学生连续两年代表北京市参加全国职业院校技能大赛，并蝉联一等奖。

2008年10月22日—28日，求实学校师生赴新加坡开展文化交流活动。师生一行28人参观了华盛顿学院、大马希工艺学院、新加坡国立大学、明康航空培训学校等高等院校，并走进新加坡中小学课堂，和新加坡学生一起上课、联欢，感受西方文化教育氛围。

2008年 12月14日，“求实杯”第二届亚洲商业计划书比赛大会在求实学校举办，来自日本2所学校和中国3所学校共8个队参加比赛。经过评比，大阪市立天王寺商业高等学校学生的作品获得最优秀奖，北京市东城区职业教育中心学校和河北省高碑店第一职业高中学校的两队选手获得优秀奖，求实学校、大阪市立鹤见商业高等学校和大阪市立天王寺商业高等学校学生获得评委特别奖。

教学楼一角

参观intel 中心

乐团成立20周年

北京市日坛中学

2007年12月25日，赵欣校长在分校召开的校长领导力研讨会上发言

北京市日坛中学建立于1963年，1978年被朝阳区政府确定为朝阳区重点中学，是一所正在全面建设着的现代化、国际化市级高中示范学校。学校位于北京中央商务区CBD的核心地带，毗邻使馆区，与著名的秀水街隔路相望。

2002年8月，学校获得北美教育质量认证机构CITA的认证，成为该国际组织在北京地区仅有的两所会员学校之一；加入了联合国教科文组织；学校具有政府批准的招聘外籍教师和招收外国留学生的资格。

取得的成果

学校先后被评为“北京市示范性普通高中”、“全面实施素质教育规范管理先进校”、“北京市基础教育系统电化教育优类校”、“北京市教育科研先进校”、“北京市中小学

新校一角

我校学生赴加拿大留学团合影

教师运动会

科技教育示范学校”、“北京市健康促进校”、“北京市‘十五’继续教育校本培训示范学校”、“北京市文明礼仪示范校”、“全国学校艺术教育先进单位”，连续7年荣获市区“首都文明单位”称号。

学校特色

高质量、科研型、综合性、开放式，有突出艺术和科技教育特色的、与国际教育融通的现代化教育示范校。

发展规划

以优质的普通教育为重点，面向学习型社会，构建多元教育的服务平台，基本实现“两个全面”，即对内为中外学生提供全面的教育服务，对外向社会提供全面的教育服务平台。到2013年，成为名副其实的CBD地区教育文化传播服务中心，成为具有一定国际影响力的国家级知名中学。

教师培训

地址：北京市朝阳区建外光华西里4号
邮编：100020
电话：010-65072260
网址：rtzx.bjchyedu.cn

2005年12月30日，在新年联欢会上向全体教师展示示范校铜牌

北京市和平街第一中学

北京市和平街第一中学建于1960年，初名和平街中学，1969年更名为北京市和平街第一中学。1971年改为完全中学；1977年经北京市教育局批准，定为区级重点中学；2005年经市教委认定，成为北京市示范性普通高级中学。2002年以来，和平街一中从占地约1.2万平方米，发展为一校三址、总占地面积约6.1万平方米的典雅学府；校址分布在和平家园小区和北苑家园小区，地处奥运社区。学校现有教学班59个，其中初中班21个，高中班38个，学生总人数2 286人。

学校多年来一直遵循“加强基础，拓宽知识，培养能力，发展特长，全面育人，让每一个学生在自信中成长”的办学思想，立足学生成长成才的需求，以“诚、智、礼、信”为标准加强学生修养，培养学生的责任意识，并通过开展丰富多彩的主题教育活动，引导学生积极实践，逐步内化为自身的行为习惯，提高学生的文明素养。学校的金帆合唱团、管乐团、民乐团、科技社团及篮球队在艺术教育、科技教育和体育活动中发挥着龙头作用，形成了学校艺术、体育和科技教育自身的特色。

和平街一中以高水平的师资、高质量的教学、良好的校风和典雅优美的校园环境，赢得了良好的社会声誉。学校中、高考重点率在朝阳区名列前茅。学校教师甘于奉献，热爱教育工作，执教能力强，积极开展科研活动，教育教学成果显著。

经过师生共同努力，学校先后被评为“国家绿色学校”、“北京市德育工作先进集体”、“北京市精神文明先进单位”、“北京市教科研先进学校”、“北京市科技教育示范校”、“北京市全面实施素质教育规范管理学校”、“北京市健康促进校”等。

我校在成功创建北京市示范性普通高中的基础上，继续把工作重点放在实施优质教育上，在全面推进素质教育的同时不断深化课程改革，继续发扬和平街一中的优良传统，弘扬团结协作、甘于奉献、务实高效、勇于创新的“和一精神”，为形成“和谐规范、生动鲜活、健康快乐、无为而治”的学校特色而不断努力！

地址：朝阳区和平街八区十六楼
邮编：100013
电话：84291142
网址：www.phs.bj.cn

北京市陈经纶中学

校长张德庆

北京市陈经纶中学是国家公立学校，为北京市首批示范性普通高中。始建于1921年，历经崇祯学园、女四中、朝阳中学三个发展阶段。目前一校三址办学，分为本部、嘉铭、帝景三校。

目前学校正处在示范校建设第三阶段，我们将按照“坚定走内涵式发展学校之路”的目标，以“培养个性化学生，成就个性化教师，建设个性化学校”为宗旨，完成“办学个性化、施教科学化、校园数字化、规模集团化、学习国际化”的办学任务，围绕有效课堂和减负提质，继续落实“因材施教、科学施教、快乐施教”的教育方针。

陈经纶中学落实“实施做人德育，创建青春校园”各项工作，倡导学生尊重老师、学习老师、质疑老师、超越老师，戴上健康的皇冠，装上知识的马达，睁开理性的双眼，插上科技和艺术的翅膀，翱翔在知识经济时代，成长为国家英才和栋梁，全面践行“爱生、和谐、效率、品质”的质量目标。

学校已成为“全面育人、办有特色”的一流学校，先后被授予“全国精神文明建设先进单位”、“全国体育工作先进校”、“全国电化教育技术实验校”、“首都平安示范校园”、“首都教育系统奥运工作先进集体”、“北京市科技活动示范校”、“北京市体育活动传统校”、“北京市教科研工作先进校”、“北京市校园环境示范校”、“朝阳区先进基层党总支”等荣誉称号。

帝景风貌

经纶外语节

“母亲万岁”——五爱教育主题校会

本部风貌

北京工业大学附属中学

北京工业大学附属中学创建于1957年，原名102中；1971年成立完全中学，1982年更名为北京工业大学附属中学，1987年与垂杨柳二中合并。学校现一校三址办学，总占地面积约7.13万平方米，建筑面积5万多平方米。学校各种设施齐全，硬件全市一流。现有2 200多名学生，207名教职工，其中特级教师8人、全国优秀教师1人、高级教师47人、市区级骨干教师42人。学校中高考成绩连续多年在朝阳区名列前茅，并获朝阳区高中教学成果优秀奖。2004年被评为北京市示范高中校，2006年被授予2008奥林匹克教育示范校称号。2008年，李军校长获得奥组委颁发的奥运突出贡献奖和朝阳区奥运个人功勋金质奖章。

学校办学以科技为主，艺体为辅，是全国科技活动示范校、体育锻炼达标市级先进单位和田径先进传统校、德育整体改革实验全国课题先进学校、北京市奥运教育先进校、北京市教育科研先进学校。在各类竞赛中，师生荣获国家奖项98人次，市区级奖项734人次。

工大附中秉承“团结、民主、宽松、和谐，不内耗；严谨、勤奋、求实、创新，敢争先”的精神，正在为建设一所办学条件现代化、科学管理人文化、教师队伍专业化，具有和谐的学校文化、鲜明的办学特色、一流的教育质量、显著的示范作用，全市一流、国内知名、面向世界的示范高中而不断努力奋进。

华腾园分校大门

富力城校区

陈立华校长

北京市朝阳区
实验小学

北京市朝阳区实验小学始建于1956年，是一所有着50年历史、不断焕发青春的现代化实验学校。学校前身为幸福村中心小学，更名为朝阳区实验小学后的第一任校长是全国特等劳动模范、特级教师马芯兰。学校现任校长陈立华在教育教学管理上形成了独特的风格，是中学高级教师、北京市学科带头人。

学校以“敦品、励学、达才、成德”为校训，“专家治校、科研强校”的双翼，把全体师生引向了培养创造型人才的广阔天地，欢乐、幸福是校园生活的主题。学校建有一流的舞蹈形体、书法美术等专业教室，建有天文演示厅、游泳馆、绿茵足球场等活动场地。网管中心500多个信息点使每间办公室、教室与国际互联网相连，为师生打开了瞭望世界、感受时代的窗口，连通了汲取最新最广阔知识的高速公路，彰显着朝阳区实验小学充满时代特色的校园魅力。

享誉全国的“马芯兰教学法”促进和带动了学校各学科教育教学的发展，有40%的中青年教师成长为市、区骨干教师，组成了一支力量雄厚的师资队伍。学校独立承担的教育部规划课题《校园网络环境下学生合作学习方式的研究》取得优秀成果；出版了《小学生创造性学习教学法》、《小学数学教学与创新能力培养》、《观察阅读与小学生作文》等教育专著；教师撰写的近千篇学科论文荣获市级及以上奖励；“十一五”期间独立承担市、区科研立项课题3项，参加市哲办、市规划办重点科研项目2个，赢得社会的广泛认可；学校自主开发的“数字化校园系统”获得国家版权认定的软件著作权。

学校先后与英国、美国、法国、印度等国家建立对外交流友好关系，组织接待外国教育同行的参观、交流与互访活动，并与新疆库尔勒华山学校、内蒙古扎赉特旗中心小学、张家口下东营小学等建立手拉手合作项目，共享优质教育资源。

谁画得好

学校教学楼

开放的网络空间

读书开放空间

科技开放大厅

可爱的窗花娃娃与英国奥组委主席塞巴斯蒂安·科在开放艺术空间

白家庄小学始建于1956年，是北京市朝阳区的一所示范学校。学校始终以“为学生创建一个乐园”为目标，以“志在一流”为动力，培养造就了一批批优秀毕业生，受到社会的广泛赞誉。

悠久的历史、深厚的底蕴、良好的声誉，促进了白家庄小学的飞速发展。在各级政府和教委的支持下，现已发展成为一所规模较大的现代化学校，率先实现了集团化办学。学校拥有一校四址，总占地面积约2.56万平方米，共有76个教学班，208名教职工，近2 400余名学生。

面对新的教育发展形势，学校以“尊重教育”为指导理念，以独特的“人文化、开放式、探讨型、自行性”为管理特点，逐渐形成了鲜明的办学风格和文化特色。横跨四校的集团化管理体系与教学督导体系，使学校的办学质量不断攀高，优势人力资源与教育资源辐射全校，促进四个校区均衡优质发展。

白家庄小学毕业生所特有的“热情、文雅、孝敬、谦恭”的礼仪风范，“冷静、宽容、虚心、自信”的心理品质，“善问、能查、好做、乐比”的学习特点，“善表达、乐沟通、易适应、

北京市朝阳区白家庄小学

尊重文化展厅

能组织”的交往能力，得到上级主管部门的极大肯定，受到家长、社会的极大赞誉。

白家庄小学是联合国教科文组织“EPD”项目首批实验校，先后被评为“全国优质品牌学校”、“全国管理创新品牌学校”、“全国学校文化建设优秀校”、“首都文明单位”、“北京市奥运教育示范学校”、“北京市科研管理先进校”、“北京市文明礼仪示范校”、“北京市绿色学校”、“朝阳区示范校”、“朝阳区小学教学管理先进校”、“朝阳区师德管理先进校”、“朝阳区校园环境示范校”、“朝阳区文明单位”等，区政府督导室评定我校为“素质教育成绩突出和发展显著学校”及“素质教育规范管理先进校”。

力求搭建多方位、多角度、多层次的展示平台，使每一名学生都能体验成功的快感，并获得最大限度的发展，这是学校永远的追求！

地址：北京市朝阳区三里屯南路40号
邮编：100020
电话：65074746
网址：www.tfbx.net
邮箱：bxpengyou@163.com

文化楼一层以“牌楼、门楼”为主题

国际残奥会主席到访学校，与祖雪媛校长合影

文化楼中的童谣课程

北京市朝阳区
星河实验小学

星河一角——吉祥物海豚

月满兰馨润星河

北京市朝阳区星河实验小学是区教委的直属校，坐落在朝阳区朝阳北路四季星河路。学校占地1万多平方米，郁郁葱葱的花草、层叠起伏的园林式景致陶冶着每个人的情操。星河的育人环境是开放式的，教室窗户宽大明亮，具有良好的视野；每个教室都有阳台，每个阳台都有自己独特的风景。教学硬件设施先进，专业教室齐备，因特网向全校师生开放，校园短信平台打开了家校往来的通路，滚动的液晶显示屏时刻展示着校园日新月异的变化。

在全国知名教育专家马芯兰校长的带领下，学校砥砺出“博学、明德、强身、励志”的校训；孕育了“耐得住寂寞，经得住挫折，

首届导师团成立

校长马芯兰

守得住成功，心平气和工作”的优良校风；形成了“以减轻学生负担、提高教学质量、促进学生全面发展的马芯兰教育教学思想为突破口，以开发自己研制的、独有的特色校本课程为途径，以数字化为依托，构建高水平的教育教学研究型国际知名品牌学校”的办学特色和“以人为本，开放办学”的治校思想。

建校以来，学校各项工作依托数字化建设，实现了全面稳定的发展。校本课程科研课题研究作为学校的核心工作，所开发的思维、书法、形体等校本课程带动了教育教学水平的全面提升，通过实施“师德工程”、“名师工程”、“青年教师塑造工程”及“导师团”等系列活动，打造了一支爱岗敬业、能力突出的高素质教师队伍，并涌现出一批市、区级骨干教师。星河实验小学也因教育教学质量高、办学有特色、办学成绩优异，受到社会各界及各级领导的高度赞许。

马芯兰校长与孩子们在一起

马芯兰校长进行板书讲评

全校课间操比赛

地址：朝阳区朝阳北路四季星河路1号院
邮编：100123
电话：85560416
网址：xinghe.bjchyedu.cn

北京市朝阳区 和平街幼儿园

园长

北京市朝阳区和平街幼儿园成立于1958年，是北京市首批、朝阳区第一所一级一类幼儿园。1999年与胜古庄幼儿园合并，成为朝阳区第一所一园两址的幼儿园；2002年被评为北京市贯彻《幼儿园教育指导纲要》试点园；2003年10月被评为朝阳区示范幼儿园，11月被评为朝阳区彩虹伞早教示范基地；2004年被评为北京市社区早教示范基地；2005年，被评为北京市示范幼儿园。

近年来，幼儿园以“继承、发展、创新”为办园指导思想，经过积极的探索实践，逐步形成了幼儿园美术教育的特色，确立了“以美育人，让生命之花绚丽多彩”的办园理念，通过美育提升生活的品质和生命的价值。让教师成为心灵美、行为美、拥有健康心态的教师；让孩子成为拥有良好习惯、自主自信、乐于交往、善于创造想象的儿童。

幼儿园现拥有北京市劳模1名，北京市骨干教师2名，北京市优秀教师3名，北京市辛勤育苗奖获得者1名，朝阳区“五一”劳动奖章获得者2名，朝阳区青年拔尖人才1名，朝阳区学科带头人2名，朝阳区骨干教师6名，朝阳区“十佳”幼儿教师2名，朝阳区师德标兵1名，幼儿园骨干教师6名，每年都有大量的论文获国家、市、区级各种奖项，承担中国学前教育研究会“十五”课题研究，参与北京市《快乐与发展》等书籍的编写工作。

地址：朝阳区和平家园八区六号楼（南园）
　　　朝阳区胜古北路南三号　（北园）
邮编：100013（南园）　100029（北园）
电话：64211548（南园）　64425482（北园）
网址：www.hpjbaby.com.cn

北京市朝阳区
安华里第二幼儿园

园长郭文英

北京市朝阳区安华里第二幼儿园成立于1992年，隶属朝阳区教委，一园三址、一园两制，是北京市一级一类幼儿园、市级示范幼儿园、北京市社区儿童早期教育示范基地，同时也是北京幼师、中华女子学院、首都师范大学学前教育实习基地。幼儿园占地面积约1.04万平方米，建筑面积约0.72万平方米，拥有多媒体教室、幼儿音体教室、美工专业教室、C.P.M游戏室、幼儿图书馆等多项教学辅助设施。幼儿园有大班、中班、小班、托班、早教班、周末亲子班等多种教学班，以全日制、半日制、周末亲子班及社区早期教育开放咨询等多种办园形式服务于儿童、家长及社会。

幼儿园以“建特色品牌园所，塑和谐优质团队，育健康快乐儿童”为办园理念，以家园合作养成教育、0—3岁社区儿童早期教育等为办园特色，坚持“以发展来吸引人、以事业来凝聚人、以工作来培养人、以业绩来考核人”的管理理念，倡导“做有

团结向上的教师队伍

幼儿园的大门

青年教师在研究

我们的种植园多美呀

思想的教师、做研究型的教师、做快乐的教师”，营造鼓励、欣赏的氛围，搭建研讨、展示的平台，促进干部队伍、教师队伍迅速成长，打造出一支高素质的人才队伍。目前幼儿园教师中，中学高级教师占7%、幼教高级教师占7%、幼儿园高级教师占66%，其余为一级教师；全国优秀教师1名，北京市学科带头人1名，市级骨干教师2人，区学科带头人3名，区级骨干教师4名，区优秀青年教师9人，区级以上骨干教师占教师总数的40%；全体教师均为大专以上学历，其中本科以上学历占75%，研究生学历占12.5%。

幼儿园先后获首届全国科研兴校示范基地、全国中小学科研兴园示范基地、北京市教科研先进幼儿园、北京市“十五”继续教育园本培训示范园、巾帼文明示范岗、朝阳区师德建设先进单位等荣誉称号。出版了由郭文英园长主编的科研兴教丛书《幸福的事业》、《架起家园共育的彩虹桥》等著作。

园级家委会参与幼儿园环境建设

地址：北京市朝阳泉华西里一区23号
邮编：100011
电话：64251691
网址：www.anhua2you.com

园长和孩子一起看书

北京市朝阳区三里屯幼儿园

园长兼党总支书记颜磊

北京市朝阳区三里屯幼儿园始建于1958年，坐落在北京市朝外大街。全园占地面积4 202平方米，分为教学区、生活区、户外活动区、教研办公区、后勤服务区等功能区域，为打造优良科学的现代化教学系统，培养孩子们德、智、体、美、劳全面发展提供了有力的保障与支持。合理的区域划分和功能设置使每一名孩子都能健康开心，每一位家长都能满意安心，每一位教师都能工作称心。

建园50多年来，从提高和不断发展完善中国幼儿教育的目标出发，三幼推出实行了一系列具有典型代表性的教育改革措施和幼儿教育活动，形成了鲜明的办园特色，得到家长和社会的好评。

三幼始终以《规程》、《纲要》精神为指导，以教科研为先导，以“一切为了孩子，为了孩子一切，为了一切孩子”为办园宗旨，坚持采取与时俱进的合乎社会发展、教育建设及人才培养的儿童观、课程观、教育价值观，为孩子服务，为家长服务，赢得社会各界的好评与家长的信任与欢迎。坚持以园本教研为核心，将教育理念与办园特色相结合，不断优化完善教学质量体系，大力发展办园特色，旨在打造管理科学民主、队伍素质优良、保教质量一流、育人环境突出、办园特色鲜明、促进幼儿身心和谐健康发展的富有朝气的北京市示范幼儿园。

三幼始终遵循“以质量求生存，以特色促发展”的办园思想，以健康领域为突破口，促进幼儿身心健康和谐发展。幼儿园坚持开展体育教研工作，使教研与特色教育紧密结合，以幼儿体能测试为依据，开展丰富多彩的户外体育游戏和体育区域活动。编辑出版了《三里屯幼儿园体育特色篇》、《三里屯幼儿园体育游戏篇》、《三里屯幼儿园体育风采篇》、《小朋友迎奥运——奥运知识启蒙读本》等书籍，参加了全国创造性幼儿体操编排等活动。园内先后开办了网球、游泳、健美操、围棋、跆拳道、轮滑等体育特色班；在朝阳区最先推出幼儿户外区域活动、亲子体育活动“大家一起动动动”、幼儿每月一游、周末远足等特色体育活动。随着不断的研究与实践，幼儿园逐步丰富拓宽健康教育的内容，将体育特色重新定位为“身体、心理、社

幼儿课间操

亲子运动会

幼儿运动会

幼儿武术操

幼儿活动区游戏

会适应三维健康教育”，即遵循《纲要》中健康领域教育目标，以“我参与、我健康、我快乐”为宗旨，以开展丰富多彩的幼儿健康教育活动为载体，发挥幼儿的积极性、主动性，促进师幼及园所的可持续发展。

经过多年的辛勤耕耘，如今的三里屯幼儿园已成为“北京市示范幼儿园”、“北京市社区儿童早期教育示范基地”、“北京市《纲要》试点园”、“北京市对外重点参观单位”、“国家级语言文字规范化示范园”、“全国妇联心系好儿童家长学校”；1991年被北京市体委命名为“北京市体育特色幼儿园”。三里屯幼儿园为整个幼教系统水平的提高作出了卓越的贡献，为下一代受教育质量的提升奠定了坚实的基础，也为飞速发展的首都北京增添了靓丽的色彩。

园容园貌

园长与体操表演的幼儿

地址：朝外大街吉庆里三号楼
电话：65520801
邮编：100020
网址：www.yeyslt.com

开学典礼——武警升旗

园容园貌

教学活动

每月一游——秋季采摘

北京市朝阳区青少年活动中心

1991年5月，由朝阳区少年宫和朝阳区青少年科技馆合并组建的朝阳区青少年活动中心，是一所以培养孩子兴趣、挖掘孩子潜能、促进特长人才成长为目的的公益性校外教育单位。

朝阳区青少年活动中心在全面推进素质教育、促进青少年健康成长方面，发挥着自己独特的教育优势，为孩子们的健康成长创建了优良的校外发展环境，使他们能够在课余闲暇时间积极参与到健康有益的校外活动中来。目前，活动中心为孩子们开设的活动项目有艺术类、科技类、体育类、图书类等50余项，共有各类兴趣小组近千个，每年吸引着近万名5—18岁的孩子参加。活动中心积极搭建各种展示平台，先后成立了舞蹈队、民乐队、合唱团、科技模型表演队、“机器人”表演队、武术队、乒乓球队、棋队、打击乐表演队等高层次的校外活动团体，使孩子们能够尽情地展现自我，创造人生的价值，知识和技能也获得了快速的提高。此外，在区教委的领导和支持下，每年策划组织全区学生科技节、学生艺术节、学生合唱节和大型青少年群众教育活动，参加活动的学生每年都达到近10万人。

现任领导班子成员

富有激情的青年教师群体

活动中心有一支高水平的师资队伍，有特级教师1名、市级学科带头人2名、区级和校级骨干教师9名。这些骨干教师分别在北京市乃至全国校外教育的武术、书法、美术、音乐、舞蹈、科技、教育研究等方面取得了较大的成绩，发挥着积极的带头作用。在他们的精心培育下，学员在近年来的各种竞赛、评比、表演中取得了优异成绩，其中获全国正式比赛一、二、三等奖达1537人次，获北京市正式比赛一、二、三等奖达1293人次。

在满足不同孩子兴趣需要的基础上，活动中心特别注意创建具有自己特色的优质活动项目。所策划组织的中小学生科技论坛活动，成为朝阳区的标志性活动，并于2000年被北京市教委定名为“北京市中小学生金鹏科技论坛活动”，成为全市的重点科技活动项目。

站在新的起跑线上，朝阳区青少年活动中心将像自己的名字一样，迎着朝阳出发，继续创造校外教育事业更加辉煌壮丽的明天。

古筝小组

舞蹈小组

地址：北京市朝阳区延静西里19楼
邮编：100025
电话：65060549
传真：65025721
网址：cyxw.bjchyedu.cn

中国教学仪器设备总公司

创建30周年

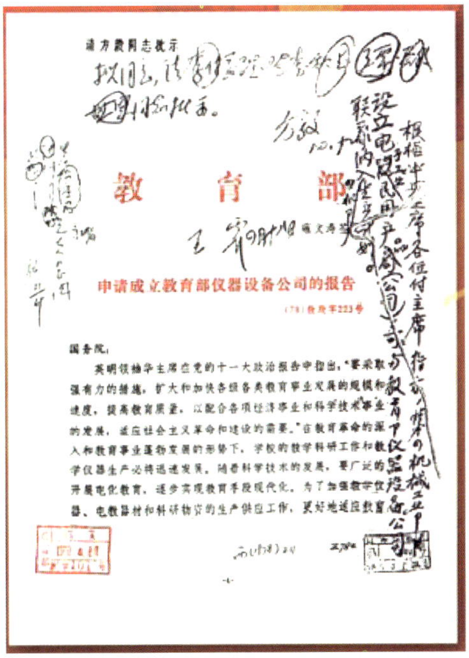

请方毅同志教示

教　育　部

申请成立教育部仪器设备公司的报告

(78)教计字223号

国务院：

英明领袖华主席在党的十一大政治报告中指出，"要采取强有力的措施，扩大和加快各级各类教育事业发展的规模和速度，提高教育质量，以配合各项经济事业和科学技术事业的发展，适应社会主义革命和建设的需要。"在教育革命的深入和教育事业蓬勃发展的形势下，学校的教学科研工作和教学仪器生产必将迅速发展。随着科学技术的发展，要广泛的开展电化教育，逐步实现教育手段现代化。为了加强教学仪器、电教器材和科研物资的生产供应工作，更好地适应教育

中国教学仪器设备总公司创建于改革开放伊始的1978年，经时任国务院副总理的李先念、王震、余秋里、谷牧以及负责科教工作的方毅、康世恩同志等多位国家领导人批示，批准创建并纳入国家建设发展规划。

自创建之初，总公司就肩负起为各级各类院校筹措配备教学仪器设备的任务，并迅速发挥出良好效能，取得突出业绩。

20世纪90年代，国家逐步由计划经济向市场经济转轨。公司经历步入市场大潮的艰难痛苦的磨砺过程，在市场经济中站稳了脚跟，逐步成长为真正独立自主经营的经济实体，并不断发展壮大。

进入21世纪，公司借助教育迅猛发展的机遇，把握国内、国际两个市场、两种资源，重点发展出口业务、招标和投标业务、代理进口业务及国际展览业务，为国内重点大学、国家级重点实验室以及各级各类院校提供了累计上百亿元的教学科研仪器及现代远程教育等设备；同时，通过贸易合作、直接参与境外投标等方式，总公司将国产优质教学仪器销往亚、欧、美、澳和非洲等地区数十个国家，实践着"中国教仪走向世界"的目标。

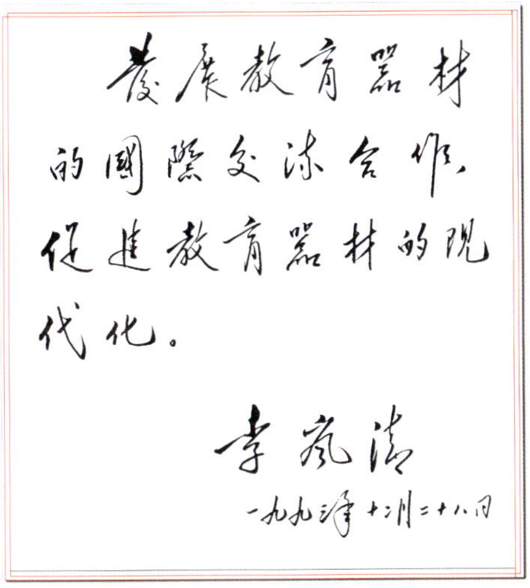

截至2008年底，总公司国有净资产（所有者权益）已由最初的国家投资300万元人民币增长到超亿元；年经营规模超过7个亿，是国内规模最大的专营科教仪器的综合性企业。

中教仪总公司创建30年，源于教育，服务教育，在为教育服务的同时不断发展壮大，始终奉行"为教育提供最好的服务"的一贯宗旨，为教育事业的发展作出了贡献。

2008年8月，高教学会周远清会长出席公司成立30周年庆典时与公司领导合影

2007年5月，公司与外商签署供货协议

静海县中小学素质教育基地校园

静海县第一中学

蓬勃发展的天津静海教育

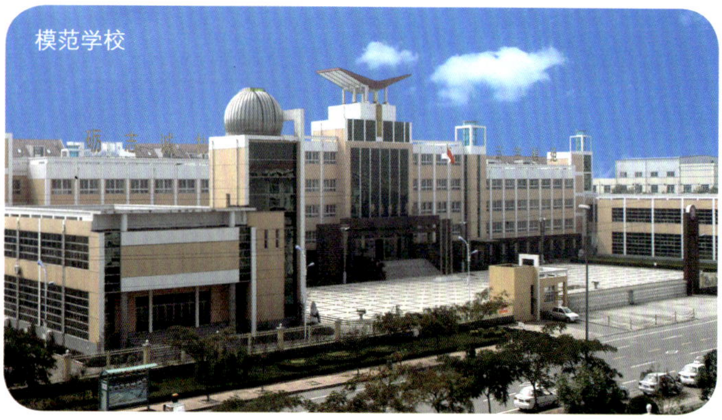

模范学校

静海县位于天津市西南，距市区40公里，人口54万，面积1 414.9平方公里。全县有各级各类学校167所，在校学生87 650人；幼儿园256所，在园幼儿21 308人；在职干部教师7 082人。近几年来，静海县坚持以中国特色社会主义理论为指导，深入贯彻落实科学发展观，全面落实教育优先发展的战略地位，大力加强教育现代化强县建设，教育事业实现了又好又快发展，呈现出健康、稳定、繁荣、发展的生动局面。学校先后荣获全国基础教育先进县、教育工作先进县、幼儿教育先进县、德育工作先进县、全国文明单位、全国未成年人思想道德建设先进单位等25个国家级和127项（次）市县级先进称号。大力实施校舍楼房化、设备现代化、信息网络化、配套标准化、管理规范化建设工程，校舍楼房化面积达到61.8万平方米，占全县学校建筑面积的95.8%；教学仪器设备、图书资料、信息技术设备均达到天津市一类标准。全面加强干部教师队伍建设，扎实开展“十百千”、“百校行”、“作风建设年”、“万名教师进万家”、“师德建设年”、“三名工程”等系列活动，提高干部的执行力、创造力和公信力，引导教师“有追求、有实力、有成就”，涌现出市级以上劳动模范23人次、优秀教师483人次，特级教师11名，国家级教学竞赛一等奖获得者68人次。全面实施素质教育，突出实践育人、班级育人、环境育人特色，德育工作进入全国先进行列。2005年承办了全国班集体建设高级论坛，2006年承办了全国校园文化建设高级论坛。连续举办22届学生艺术节、体育节，2009年在天津市中小学田径运动会和长跑比赛中荣获团体总分第一名，在全国初中学生女子足球比赛中荣获冠军。学前教育、九年义务教育各项质量指标位居全市前列，2009年高考本科上线率达到77.1%。职业教育每年培养毕业生、培训生4 000多人。成人教育累计培训80万人次，推广农业新品种78个，有力促进了全县经济发展和社会进步。

学生艺术节

2008年田径运动会团体操表演

唐山工业职业技术学院

高瑞华副市长陪同中华职教社陈广庆总干事一行考察学院

唐山工业职业技术学院建于2001年，现有五系三部，共设34个专业，设有数控技术、电气自动化、艺术设计等五个专业群。各类在校生7 800人，连续多年招生就业进出两旺，就业率达92%以上。

学院通过整合资源，兼并、买断、接收14个中小企业和学校，建成了教学区、实习区、生活区，形成了“前校后厂、产学一体育人才，贴近区域、多元办学求发展”的办学特色。通过开放办学，构建了集团化办学模式，以开放办学吸纳社会资源，以开放式教学充分利用教育资源，培育了教育化的生产环境，企业化的教育环境，被国内知名职教专家誉为“唐山模式”。

学院先后承建8个国家级项目，是承担全国数控专业紧缺人才培训任务90所院校之一；是百所职业院校推进实施职业资格证书制度国家试点单位；是全国农民工培训示范基地建设单位；是中华职教社“全国温暖工程培训基地”单位；是河北省十所示范性高职院校建设单位之一；数控实训中心、电子电工和自动化实训基地先后建成中央财政支持奖励的职教实训基地；艺术设计专业是国家高职高专改革试点专业、河北省示范专业；数控技术、电气自动化、酒店管理三个专业是省级示范专业；是连续多年的河北省职业教育先进单位。

南荷兰省副省长达惠丝来院参观考察

翟海魂副厅长为学院牵头的
曹妃甸工业职教集团授牌

学院被批准成为河北省重点建设的示范性高职院校

学院专业教师到德国培训学习

和谐发展的邢台教育

邢台市位于河北省南部，地处太行山脉和华北平原交汇处，东与山东省接壤，西同山西省毗邻，辖2个县级市、15个县、4个区，总面积12 486平方公里，总人口680万。

邢台历来有尊重知识、尊重人才、重视教育的优良传统。“十五”以来，邢台教育走过了一条不同寻常的跨越式发展之路。全市现有各级各类学校2 959所，在校学生129.5万人，教职工总人数8.3万人（专任教师7.1万人）。

基础教育实现了增量提质双跨越。通过实施农村中小学布局调整和危房改造等项目工程，改造了1 052所学校，新建校舍117万平方米，改造危房27万平方米，全部消除了2002年核查出的13.4万平方米的D级危房。义务教育得到巩固提高，目前正在向均衡化方向发展，全市小学、初中学龄人口入学率分别达到99.78%和99.31%。由“普九”向“普十五”延伸工作扎实推进。目前，全市学前三年幼儿入园率达到85%以上，普及学前三年教育工作得到巩固提高。2000年以来，各县市区规划建设了一批规模大、办学条件好、教育质量高的优质高中，并由此带动了县域内整个基础教育的发展。高中段毛入学率达到76.8%，省级示范性高中由“十五”初的2所增加到24所，位居全省第4位。全市普及特殊教育县已达16个，数量位居全省第二位。

邢台市2009年3月以来开展的送教下乡活动已让14 539名农民学员直接受益

职业教育异军突起，出现招生与就业两旺的大好局面。2003年以来，全市共向异地和当地非农产业转移中职毕业生和经过培训的农村劳动力达19.5万人；有275.2万人次接受了农村实用技术培训，保证了本市地方经济对专门技能工人的需求。全市中等职业学校目前达到87所，其中国家级重点中等职业学校12所。全日制中等职业学校在校生由2000年的61 899人增加到136 216人。近三年，全市中职招生量每年都在4万人以上。河北省15个职教集团牵头单位，已有3家落户邢台。邢台职业技术学院2006年成为全国首批28所“国家示范性高等职业院校建设计划”立项建设院校之一。

高等教育的办学规模和办学水平迈上了新台阶。目前，全市已形成“一本四专一电大”的高教格局。全市高校拥有国家级精品课程4门，2个国家级高职、高专教学改革试点专业，2个教育部技能紧缺型人才培训基地。高校在校生由“十五”初的1.38万人增加到5.26万人，毛入学率由9.5%提高到23%，教育部主办的第三次全国新建本科院校教学工作研讨会特意选在邢台召开。

全市教育教学质量显著提高，人民群众对教育的满意度越来越高。市教育局于2008年分别荣获“全国未成年人思想道德先进单位”和“全国精神文明建设工作先进单位”荣誉称号。

为了把邢台教育进一步做大做强，邢台市教育部门于2009年启动了校园文化建设、职教园区建设以及农村教师“安居工程”建设等三项重点工作。目前，校园文化建设已初见成效，未来几年将大大促进学校内涵发展；市区和皇寺新区职教园区建设均已取得不同程度进展，建成后，该园区将成为生态环境优美、基础设施完善、教学管理规范、生活服务现代化的职业教育城，为做大做强职业教育打下良好基础；农村教师“安居工程”建设正扎实推进，该项目完全竣工后，将实现每位有需求的农村教师在城镇都有住房的目标，从而调动广大农村中小学教师的积极性，推动邢台教育事业全面均衡发展。

邢台市职教园区开工奠基仪式

2009年以来，邢台市各县（市、区）扎实推进农村中小学教师“安居工程”建设项目

邢台市庆祝第25个教师节暨第三届邢台市“十大杰出园丁”表彰大会

庆祝河北教育报刊社建社60周年

开拓进取 勇创辉煌

——充满希望的河北教育报刊社

2008年是《河北教育》创刊暨河北教育报刊社成立60周年。60年来，河北教育报刊社的事业取得了长足发展，由建社初期的一本《河北教育》，发展到拥有《河北教育》、《初中生周报》、《小学生必读》、《农村青少年科学探究》等多种报刊的综合出版单位。

60年来，《河北教育》（半月刊）面向基础教育阶段教育行政干部、学校管理人员、教师，发挥教育系统宣传主阵地作用，权威解读教育政策，指导全省基础教育阶段学校管理与教育教学工作实践，为促进教育事业又好又快发展创造舆论环境。坚持传播先进教学理念，精选最新教改成果，服务一线教师需求，在推动全省教育教学改革和发展中，发挥了重要的作用，被评为“中国期刊方阵双效期刊”，并多次被评为“河北省优秀期刊”。

1984年9月创刊的《初中生周报》（周三刊），帮助学生学会学习、学会做人、学会生活，成为一代代初中生步入人生征途的向导，迈向科学官殿的桥梁，获得“中国优秀少儿报刊金奖”称号。1991年1月创办《小学生必读》（旬刊），以帮助学生养成良好学习习惯，指导学生掌握正确学习方法，关注学生良好品德和行为习惯的形成为宗旨，生动活泼，童趣盎然，先后被评为“中国期刊方阵双效期刊”“北方优秀期刊”“河北省优秀期刊”，今年又跻身国家新闻出版总署向全国青少年推荐的199种优秀期刊之列。2007年改版后的《农村青少年科学探究》，紧密配合中学理科教学，展示和交流探究性活动成果，普及最新科技知识，极大地增强了学生科学探究的兴趣。

综合教学楼

大连工业大学

朱蓓薇教授获2005年国家科学技术发明二等奖

大连工业大学创建于1958年，是东北地区唯一以轻纺为特色的多科性大学。经过51年的建设，学校已经成为我国培养现代消费产业人才的重要基地。

学校总占地面积约69万平方米，总建筑面积48万平方米。现有专任教师848人，其中教授126人，副教授311人。目前全日制在校生18472人，其中研究生947人，留学生93人。设有15个学院和两个教学部，38个本科专业、19个高职专科专业。有28个硕士点，6个工程硕士点，轻工、食品、纺织3个学科是博士学位授权立项建设一级学科。

学校建有全国高等学校特色专业建设点2个，辽宁省示范专业6个，辽宁省实验教学示范中心2个。学校所属的服装学院被评为中国十大服装名校。近年来，承担国家级教学改革项目4项，国家精品教材奖1项，获省级优秀教学成果奖20项，省级精品课程22门。学校是辽宁省省属高校中首批获得教育部本科教学工作水平评估优秀的学校。

学校本科毕业生就业率一直保持在92%以上，研究生就业率在98%以上。2007年被共青团中央、全国青联与国际劳工组织共同命名为第二批大学生KAB创业教育基地。在全国首届诺基亚青年创业计划大赛中，学校以第1名的成绩获得金奖。近年来，学生科技文化活动获得省部级以上奖励600余项。在北京奥运会开幕式和闭幕式礼仪引导员选拔中，学校有24名学生入选，是全国入选人数最多的高校。

学校现有2个国家级特色专业，5个省级重点学科，4个辽宁省高校重点实验室，4个省级中心。2006年，服装设计与工程、艺术设计两个专业被评为A+级，进入全国相同专业前5%领先行列。

近年来，学校承担国家“973”、“863”项目和国家自然科学基金项目78项；发表学术论文4 203篇，其中被SCI、EI、ISTP检索系统收录368篇；获得授权的国际、国家专利283项；科研成果获省级以上奖励51项，其中，学校作为第一完成单位获得国家技术发明二等奖两项。

学校有1名教授荣获2008年何梁何利基金科学与技术创新奖；2名教授被评为全省仅有20名的辽宁省攀登学者；有3名教授获辽宁省教学名师奖；有4个团队被确定为省级高校创新团队，有3个团队被评为省级教学团队。

学校聘请诺贝尔化学奖获得者科特·伍思里奇博士、法国时装协会主席戈巴克等数十位国际知名专家学者作为学校的名誉教授或客座教授。2005年起引进中法高等教育交流史上最大的项目，陆续接受法国135名计算机硕士来校留学。

体育馆

目前，学校正在向优势学科达到全国一流水平、国内知名并有一定国际影响的有特色、高水平的教学研究型大学迈进！

校园一角

学校正门

研究生公寓

主校门

观海平台

学生公寓夜景

大連醫科大學

大连医科大学位于旅顺南路海滨观光带中段，占地面积151万平方米，建筑面积38万平方米。学校设有12个博士专业、50个硕士专业、13个本科专业、8个专科专业，已经发展成为以医学为主，文学、理学、管理学、法学等多学科发展的医科大学。

学校领导班子

学校现有教职工及医护人员4 500余人，其中正高级职称590余人，副高级职称690余人，博、硕士研究生导师580余人。在校学生中有博士、硕士研究生2 200余人，本专科生6 700余人，外国留学生900余人。

学校现有国家重点学科1个，辽宁省重点学科一级学科1个，二级学科15个，3个博士后科研流动站，1个一级学科博士学位授权点，12个二级学科博士学位授权点，5个一级学科硕士学位授权点，50个二级学科硕士学位授权点。现有1个部级研究机构，1个部级实验室，6个辽宁省重点实验室，6个辽宁省高校重点实验室。

学校广泛开展国内外的交流与合作，先后与美国纽约州立大学、乌克兰第聂伯国立医科大学等27个国家和地区的85所高校和38个科研院所建立了合作关系。

学校现有两所直属附属医院，8所非直属附属医院，120个实践教学基地。直属附属医院均为三级甲等医院。多层螺旋CT冠状动脉成像技术和心房颤动的导管射频消融治疗技术分别达到国际和国内领先水平。

校园全景

富锦市
教育事业跨越前进

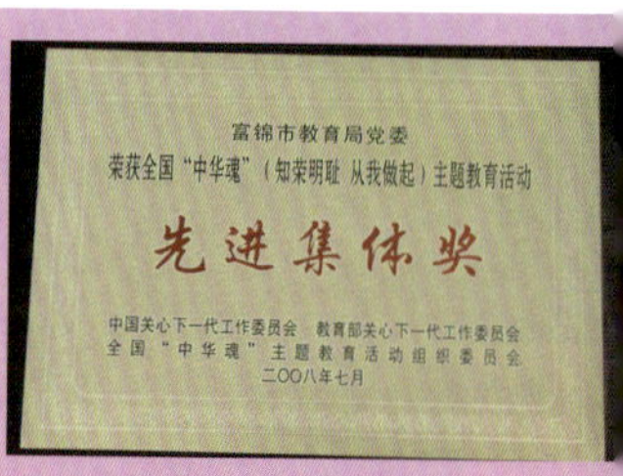

党委书记、局长韩欣呈

富锦市地处黑龙江省东北部三江平原腹地，总面积8 227平方公里，人口46.4万。富锦市具有悠久的历史，灿烂的文化，素有“富饶三江、锦绣大地、北国粮都、生态天堂”的美誉。全市现有各级各类学校60所，其中高中2所，初中13所，36所完全小学，3个教学点，中心示范幼儿园一所，特殊教育学校一所，民办学校一所，职业技术学校一所，进修学校一所，电大一所。

市委书记刘臣（左二）做客人民网参加“农村集中办学富锦模式”访谈

教育局获得全国教育管理科研成果优秀奖

领导班子

2004年，富锦市在黑龙江省率先实施寄宿制集中办学，以“三年建设，四年完善”为目标，对农村学校布局进行统一的规划，依托十个乡镇，建设了十大教育园区。经过三年建设，到2007年此项工程圆满完成。三年时间共投入资金11 478万元，完成了26所学校教学楼、宿舍楼、食堂等硬件设施的建设，建筑总面积达到90 918平方米，3万多名学生搬进宽敞明亮的新教学楼，1万多名学生住进了公寓式宿舍楼。2006—2008年投入资金3 159万元，对学校的厕所、道路、操场、围墙、大门等配套设施进行了完善。2008年又投入资金1 183万元，对初中理化生实验室和小学科学实验室进行了改扩建，并对实验室、音体美室、微机室、多媒体教室等教学仪器进行更新、补充和装备。几年来，累计投入资金达到1.5亿多元。

《中国教育报》、《黑龙江日报》、《黑龙江教育报》、《中国农村教育》、《求是》杂志主办的《红旗文稿》等多家媒体对富锦市集中办学成效进行了专题采访报道。2005年，在教育部举办的全国义务教育均衡发展推进会上，富锦市代表黑龙江省在大会上发言，作了《以创新为动力，走集中办学之路，实现均衡与公平》典型经验介绍，受到了教育部、各省教育厅领导、专家们的赞扬与肯定。副省长程幼东称赞：“富锦市寄宿制集中办学已经走在了全国教育的前列，是引领全省教育改革的一面旗帜。”2006年，在全省推进义务教育发展现场会上，富锦市作了《统筹优化教育资源，探索均衡发展模式，提高农村义务教育水平》典型经验介绍，得到了原省长张左已的点名表扬。2008年11月17日，富锦市市委书记刘臣参加人民网“发展中国论坛——农村义务教育”在线访谈，富锦市集中办学经验被称为“农

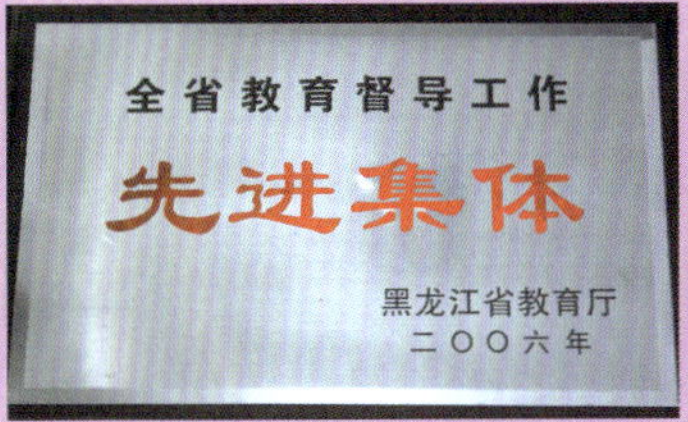

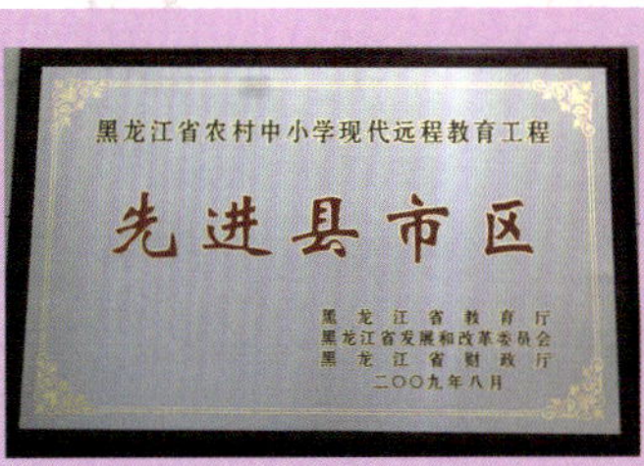

村义务教育富锦模式”。11月29日，中央政研室机关党委书记诸家勇，《学习与研究》杂志社主编、社长石太林，中央政研室经济局副局长、经济学家白津夫，《学习与研究》杂志社处长、博士张云鹏一行四人组成的中央调研组来到富锦市对集中办学情况调研，称赞富锦市的农村义务教育是全国的一面旗帜，并决定将富锦的办学经验在全国予以推广。

集中办学后
第六中学壮观的教学楼

自2007年开始，教育局新一届领导集体提出了“建快乐和谐校园，办人民满意教育”理念，确立了富锦市教育事业未来的发展方向。在这一理念的引领下，富锦市深入实施了塑造名学校、名校长、名教师的“三名工程”和学生学习习惯、生活习惯、行为习惯这“三个习惯”培养工程，以“校园五节”（外语节、科技节、艺术节、体育节、读书节）为载体，积极开展以育人为本，以德育为首，以培养学生创新精神和实践能力为重点的素质教育。构建了一个以完成三级课程、落实三维目标为基础，以转变教师教学方式和学生学习方式为着力点，以养成学生良好的学习习惯、行为习惯、生活习惯为重点的教育发展新模式。以本土意识为轴线的多元化、异彩纷呈的教育特色，拉动了整体教育发展。呈现出了校校有亮点、校校有创新、校校有成果的喜人态势。走出了一条适合本土文化特征的有富锦品位的内涵发展之路。四小的“双语教学”、九小的“民族精神教育”、十小的“感恩教育”、十一小的“快乐读写”、十二小的“艺术教育”、一中的“精英教育”、三中的“心理健康教育”、六中的“科普教育”、锦山中学的“人文环境教育”、向阳川中学的“三教统筹”等办学特色争芳斗艳，形成了挖掘富锦自身优势、积淀富锦文化精髓、培育富锦教学特色、打造富锦教育品牌的整体新思路。

市长周宏（左一）陪同教育厅长张永洲（右一）检查教育工作

几年来，富锦市在教育改革的进程中不断探索，教育事业得到了长足的发展，获得了诸多荣誉。2007年顺利通过省政府“两基”验收，获得全省督导工作先进集体。2008年教育局被全国关工委、国家教育部关工委授予全国“中华魂”主题教育活动先进集体，获得全省招生考试工作先进集体、黑龙江省工会宣传工作先进集体。2009年获得全省农村中小学现代远程教育工程先进县市区，被中国教育学会授予“全国教育管理科研成果优秀奖”，在全国教育行政部门中仅有富锦教育局一家获此殊荣。尤为可喜的是，富锦市在2009年高标准通过了省政府“双高普九”复检，在全省县级市中率先实现了“双高普九”。

省示范性高中第一中学

在今后的工作中，富锦市的教育事业将以科学发展观为统领，高标准定位，全方位规划，从进一步完善科学化、规范化、制度化的管理抓起，在保证公平教育、均衡教育的基础上，打造更富内涵、更有特色、更加优质的富锦教育，在创办人民满意教育的伟大事业中不断进取，开拓向前。

校园文化丰富多彩

上海市教

上海市教育考试院成立于1995年，主要承担上海市义务教育阶段以后的各级各类教育考试招生工作。其主要职责是：贯彻执行党和国家关于教育考试和招生工作的各项方针、政策和法规；开展教育考试的科研和开发；深化教育考试制度的改革；组织实施教育考试与招生工作方案；促进与境外考试机构的交流合作，开拓多层次、多规格的考试项目。

上海市教育考试院党委书记、院长李瑞阳教授

建院十多年来，在各级党委和政府的关心、指导下，上海市教育考试院历届领导和全体职工积极开拓，锐意进取，使招生考试事业不断取得进步。目前，每年组织各级各类考试达40多次，参加考试的人次数近190万。在“深化改革、拓展服务、科学发展、确保稳定”方针的指导下，上海市教育考试院在推行高校招生平行志愿模式、推进中招综合评价与多元录取、实施高等教育自学考试管理的“上海模式”等方面进行了积极有益的探索；在积极推进招考手段现代化方面，率先实现了网上报名并实行网上阅卷和网上咨询活动；在贯彻落实招生考试“阳光工程”方面，努力做到政策宣传到位、信访渠道通畅，不断提升服务水平；积极开展招生考试的理论和应用研究，出版了学术刊物《招生考试研究》，并承担了教育部及上海市等各级课题近20项；重视对外交流与合作，与英国、美国、日本、澳大利亚等国的考试服务机构加强了友好交往，注重学习和借鉴国外的先进经验和技术，并就合作开设考试项目等事宜进行探讨切磋，取得了可喜的成果。

育考試院

上海市委副书记市长韩正，副市长沈晓明视察高招录取工作现场

近年来，在精神文明建设和平安建设等方面，全院上下同心协力，在改革中奋进，在务实中创新，在求索中发展，情系考生、服务大局，社会满意率和认可度较高，先后荣获了“上海市教卫党委系统文明单位”、“上海市平安单位”、“上海市先进保密工作集体”等称号。

为适应新形势、新定位、新要求，上海市教育考试院坚持以科学发展观为统领，以办人民满意的招生考试为宗旨，坚持“公平公正、规范有序、阳光招生”的原则，增强责任意识、服务意识和创新意识，在加强自身建设、破解难题、优化服务、开拓创新上下工夫，深化各项改革，促进招考事业的全面协调可持续和统筹发展，为上海加快推进“四个率先”、加快建设“四个中心”和社会主义现代化国际大都市作出应有的贡献。

上海市教育考试院

地址：上海市钦州南路500号　邮编：200235

总机：021-64511200

上海招考热线：www.shmeea.com.cn

www.shmeea.edu.cn

中国矿业大学

矿大男篮勇夺第十一届cuba总冠军

国家大学科技园揭牌仪式

南湖校区主体工程竣工典礼暨百年校庆筹备工作启动仪式

校企战略联盟合作协议签字仪式

中国矿业大学坐落在历史悠久的文化名城江苏徐州，是教育部直属的全国重点大学，是首批具有博士、硕士学位授予权的单位，是国家“211工程”和“985工程”优势学科创新平台项目重点建设的高校之一。学校自创办以来，已经走过了坎坷曲折、成就辉煌的百年历程。2009年10月18日隆重举行了建校百年庆典大会，海内外校友和社会各界人士莅临学校，共襄盛典。

百年孕育桃李，百年薪火相传。中国矿业大学的前身是创办于1909年的焦作路矿学堂，这是中国建立最早并延续至今的矿业高等学府。她起步于太行之阳、河水之东，经过福中矿务大学、私立焦作工学院、国立西北工学院、国立焦作工学院、中国矿业学院、北京矿业学院、四川矿业学院、中国矿业学院的变迁，始终以开发矿业、开采光明、建设祖国、造福人类为己任，已为国家建设培养了16万多名毕业生，取得了众多高水平的科研成果。在新中国建立前的40年里，著名教育家蔡元培、石油矿业专家孙越崎、著名地质学家翁文灏等，曾分别担任焦作工学院的名誉校董、董事长或常务董事。作为新中国建立后的第一所矿业高等学府，学校聚集了全国一流的矿业精英，从这里走出了20多位两院院士，走出了20多位省部级领导，为新中国培养了大批经济建设的急需人才。

目前，学校有9个一级学科博士点、14个一级学科硕士点，50个博士点、100个硕士点、62个本科专业；现有9个国家重点学科、4个部级重点学科、13个省级重点学科，有8个“长江学者特聘教授”设岗学科，11个博士后科研流动站。学校校园占地面积约294.2万平方米，其中文昌校区约103.67万平方米、南湖校区约190.53万平方米，校舍建筑面积100余万平方米；学校建有2个国家重点实验室、1个国家工程研究中心、1个国家级实验教学示范中心和1个国家大学科技园。学校现

百年学府　盛世辉煌

有19个学院，各类在校学生4.2万多人，在职教职工3 000多人，有6名中国工程院院士、2名首届全国百名高校教学名师奖获得者、1名首届中国青年科学家奖获得者和1名“全国优秀博士后”获得者。改革开放以来，学校先后获国家级教学成果奖13项（其中一等奖3项），国家级精品课程3门，国家特色专业建设点3个，有14篇博士论文入选全国百篇优秀博士论文。进入新世纪以来，学校先后承担各类科研项目8 064项，其中国家级科技项目319项；先后获得国家级科技成果奖26项，省部级科技成果奖246项；申请专利779项，授权500项；出版各类著作497部。学校先后与德、英、澳、美等国的50多所高校和科研机构建立了交流合作关系，并成功举办了多次国际学术会议。

面向新的百年，中国矿业大学将围绕国家战略需求，以及服务社会主义现代化建设和地方经济社会发展的需要，深入贯彻落实科学发展观，解放思想，深化改革，发挥学校支持和引领能源、矿业、区域经济发展的创新人才培养、科学研究和技术创新基地的作用，为全面建设小康社会，实现中华民族的伟大复兴作出更大的贡献。

国家重点实验室评审会

大学生艺术团《长征组歌》参加江苏省大学生艺术展演活动

举行校庆倒计时一百天仪式

校旗搭乘神舟七号飞船遨游太空返校迎接仪式

中央电视台《异想天开》栏目来校拍摄机器人舞蹈大赛

镜湖湖畔风景

中国传媒大学南广学院

中国传媒大学南广学院是中国传媒大学为拓展学校品牌优势，经教育部批准设立的四年制、本科层次独立学院，2004年9月16日举行揭牌仪式暨首届新生开学典礼。中国传媒大学原校长刘继南教授任南广学院院长，南京美亚教育投资有限公司副董事长江浩任南广学院董事长。

学院位于古都南京景色秀丽的方山风景区，规划用地约110.7万平方米。校园一期工程建设占地54万平方米，已建校舍33万平方米；二期工程规划建设实训大楼6.7万平方米、影视基地2.5万平方米、传媒文化与教育国际交流中心2.2万平方米，已于2008年8月28日开工。

学院共设有语言传播系、新闻传播系、艺术传播系、广播电视系、动画系、媒介管理系、国际传播系、信息技术系、艺术设计系、摄影系、语言文学系（基础部）和数字媒体系12个系，开设33个本科专业，约90多个专业方向，涵盖传媒文化产业的各个领域，现有在校生10 569人。

学院坚持以人为本，依据学院发展的总体规划，实施人才强校战略，致力于师资队伍结构的优化和整体素质的提高。学院现在不仅拥有一大批在教育界、传媒界享有盛名、卓有成果的老教授，还拥有许多富于创

新精神、立足学科前沿的中青年学科带头人和充满活力、昂扬向上的青年教师，已逐步建立起一支创新能力强、教学水平高、师德品质好的师资队伍。截至2009年3月，学院共有教职工805人，其中专任教师581人。另从国内外业界学界聘请了224位教授、专家任兼职教师。

学院依托中国传媒大学独具特色的教育资源和雄厚的师资力量，致力于为全国广播电视等信息传播领域培养具有国际视野、创新精神和实践能力，富有社会良知和责任感的应用型本科传媒人才。学院的发展目标是：到2020年或更长一段时间，把学院建设成为具有鲜明特色的教学型、综合性、国际化的高等院校，成为传媒界重要的应用型本科人才培养基地、媒体从业人员继续教育基地和学院派影视节目创研制作基地。

学院面向全国招收普通类和艺术类学生，学生毕业后颁发国家承认的中国传媒大学南广学院毕业证书，2007级以前（含2007级）毕业生经中国传媒大学学位委员会审核，符合学位授予条件者，授予中国传媒大学学士学位证书；自2008级学生开始，经中国传媒大学南广学院学位委员会审定，符合学位授予条件者，授予中国传媒大学南广学院学士学位证书。

浙江师范大学

师大新姿

浙江师范大学是一所以教师教育为主的多科性省属重点大学，位于国家历史文化名城浙江金华市，占地约220万平方米。现有18个学院61个专业和5个一级学科、63个二级学科硕士点、6个专业学位硕士点，是中职教师在职攻读硕士学位研究生培养单位。全日制本专科在校生25 500余人，研究生4 300余人，各类成教生15 000余人；在职教职工2 600余人，专任教师1 400余人，其中中国科学院院士1人、共享两院院士5人，国家突出贡献专家1人，享受国务院特殊津贴26人，入选“国家新世纪百千万人才工程”1人、教育部“新世纪优秀人才支持计划”4人、教育部高校教学指导委员会4人，具有正高职称教师260余人、副高职称教师650余人，具有博士学位教师460余人。53年办学历程中，学校先后为社会培养各类人才20万余人，其中10万余人分布在教育战线，浙江省在职特级教师和一级重点中学校长有近一半毕业于师大。

近年来，浙江师范大学以科学发展观为指导，以学科建设为龙头，教学、科研齐头并进，各项事业蒸蒸日上，现有3个省级重中之重学科、3个省高校人文社会科学重点研究基地、1个省级社会科学重点研究基地、1个省级非物质文化遗产研究基地、15个省级重点学科；3个国家级特色专业建设点、8个省级重点专业、6个省级重点建设专业；1个国家级教学团队、2门国家级精品课程、1门国家级双语教学示范课程；1个省部共建教育部重点实验室、1个国家级实验教学示范中心。2005年，学校在教育部本科教学工作水平评估中获得优秀，并获2项国家级教学成果奖；2009年，学校再获2项国家级教学成果奖，并被批准成为博士学位授予权立项建设单位。

浙江师范大学坚持开放办学，先后与40多个国家的92所高等院校或教育机构建立了合作交流关系。作为教育部“教育援外基地”，学校长期承担教育援非高层培训工作，已培训来自非洲40多个国家的300余位教育官员。2006年，经教育部批准，学校获中国政府奖学金来华留学生招生资格。2007年，学校先后在乌克兰、喀麦隆建立了孔子学院。

充满生机和活力的浙江师范大学将秉承“砺学砺行、维实维新”的校训，朝着建成“综合性、高水平、特色鲜明的教学研究型大学”的目标阔步前进。

浙江省委书记、省人大常委会主任赵洪祝来校视察

丰富多彩的校园文化活动

图文信息中心

美丽的校园

厦门医学高等专科学校

厦门医学高等专科学校是在始建于1953年的厦门卫生学校基础上，于2007年3月经国家教育部批准成立的一所公办普通高等专科学校。学校位于“国际花园城市”——厦门，坐落在美丽的环岛路旁、广播山下，依山面海，环境优美，是求学治学的好地方。学校占地面积14.1万平方米，建筑面积6万余平方米，设有校本部和两所条件较好的附属医院：一所是三级乙等综合性医院，有四个厦门市重点学科；一所是二级达标口腔专科医院，拥有进口口腔综合治疗机103台，设病床25张，仪器设备总值1 500余万元。校本部设有基础部、临床医学系、口腔医学系、护理系、信息管理系、药学系等一部五系。开设临床医学、口腔医学、口腔医学技术、护理学、卫生信息管理、生物制药技术、药物制剂技术、眼视光技术等8个专科专业以及护理等6个中等专业，同时开展医护类成人学历教育和职业培训。目前，各类全日制在校生5000余人。

学校是国家级技能型紧缺人才培养基地；护理学专业是全国示范专业；口腔专业是省级精品专业，口腔专业实训中心是省级重点实训基地；“全口义齿工艺技术”、“妇产科护理”、“人体解剖与组织胚胎学”等三门课程是省级精品课程，“牙体雕刻工艺技术”是市级精品课程；口腔专业教学团队是省级教学团队，团队负责人是省级教学名师。

学校秉承“德厚立人，术湛立业”的校训，以“质量卓越，特色鲜明”为目标，努力为厦门市的社会进步、经济发展和海峡西岸经济区建设作出积极贡献。

学校全景

美丽的校园

江西中医学院

校园全景

江西中医学院创建于1959年，是一所以中医药教育为主体，教学、科研、医疗、产业协调发展，产学研结合特色鲜明的高等院校。学校紧紧围绕打造中医药强校的目标，坚持“惟学、惟人、求强、求精”的校训，在人才培养、科学研究和社会服务等方面取得了显著成效，成为江西省中医药教育、医疗和科研的中心。

学校坐落于南昌市，占地面积153.9万平方米，形成了研究生、本科生、高职（大专）生、外国留学生和港澳台学生的多层次办学体系，各类在校生1.5万人。建有博士后科研工作站，有本科专业20个，硕士学位授予点20个。经江西省人民政府批准，列入2008—2015年新增博士学位授予单位建设规划。学校教育教学改革成绩斐然，拥有教育部人才培养模式创新实验区1个，教育部高等学校特色专业建设点2个，国家精品课程1门，江西省优质课程（精品课程）7门，省级品牌专业5个、特色专业4个、教学团队3个、实验教学示范中心4个。2007年，在教育部本科教学水平评估中获得优秀。

学校现有省部级以上科研平台8个，省部级重点学科12个。近5年，学校先后承担各级各类科研项目787项，其中国家级科研项目65项，在研项目合同经费11 908.18万元；获国家发明专利23项，新药（保健品）证书及临床批件20项，有38项科技成果获得奖励，其中国家科技进步二等奖1项、省部级奖13项。

学校大门

教学楼

学校领导班子

建校50周年校庆典礼

山东省语言文字工作委员会

（一）山东省城市语言文字工作评估取得进展

2008年11月，山东省教育厅、省文明办、省语委组成语言文字工作评估专家团，分别对济南市和莱芜市党政机关、学校、新闻媒体、公共服务行业四大领域进行了实地检查评估后，评估团认定：济南市和莱芜市实现了“普通话初步普及，汉字的社会应用基本规范”的工作目标；济南市、莱芜市、青岛胶州市和青岛开发区通过语言文字工作评估达标；召开了二类城市、三类城市语言文字工作评估现场观摩会，树立典型，推广经验；滨州、潍坊、淄博、日照、烟台、泰安已全面启动自评工作。

（二）山东省社会用字管理工作实现突破

社会用字管理工作是城市语言文字评估工作的重点和难点。省语委因势利导，同省文明办、省建设厅、省工商局积极沟通，联合下发了《关于在全省户外广告牌匾专项整治工作中加强用字规范管理的通知》，将社会用字管理纳入文明城市创建活动、全省城乡环境综合整治活动和户外广告牌匾统一整治工作；与省工商局联合召开全省社会用字管理调度会，部署全省社会用字管理工作。各市积极落实，仅济南市半年来就整治广告牌匾几万块，青岛、莱芜、滨州等市也积极行动，成效显著。社会用字管理的难点得到重大突破，城市语言文字评估达标的含金量明显增大，受到教育部的肯定和赞扬。

2008年11月23日，济南市一类城市语言文字工作评估汇报会

2008年11月28日，莱芜市二类城市评估莱芜市实验中学汇报会

2008年9月11日，山东省语委副主任、省教育厅副厅长杨瑛在中华经典诗文诵读活动山东赛区总决赛暨推普周启动仪式上致辞

2008年11月16日，汉字应用水平测试现场

（三）山东省语言文字规范化示范校创建活动有序进行

全省广泛开展了语言文字规范化示范校创建活动，委托青岛、烟台、淄博、泰安、济宁、日照等13个市初选出239所省级示范校。另有5所高等学校通过评估达标，4家普通话培训测试机构通过评估达标。

（四）山东省第十一届全国推广普通话宣传周活动

2008年9月14日—20日，是第十一届全国推广普通话宣传周。9月12日上午，山东省第十一届全国推广普通话宣传周新闻发布会在济南举行。同日下午，全国“推普周”山东省启动仪式举行，省教育厅、省语委、省文明办、共青团山东省委等负责同志出席。“推普周”期间，组织发动全省大中小学学生和社会各界人士参加“我们的节日——中华赞•诗词歌赋创作征集活动”，开展“《我与汉语拼音》征文活动”和《汉语拼音的推行与应用》论文评选等活动。各地围绕“构建和谐语言生活，营造共有精神家园”的宣传主题，开展了内容丰富、形式多样、群众喜闻乐见的推广普通话宣传活动。

（五）山东省语言文字水平测试工作稳步推进

加强测试管理力度。2008年全省参加普通话水平测试人数超过40万，测试量居全国之首。作为教育部确定的计算机辅助普通话测试试点省，推行了智能化语音测试。全省已有青岛、淄博和山东大学等4所高校开展试点并取得令人满意的效果，2008年测试量达35 023人次。汉字应用水平测试试点成功举行。11月16日，12个考点、118个考场的3 397人参加了测试。省语委办精心部署，确保测试工作严肃、规范、有序进行。

（六）山东省“十一五”语言文字应用科研项目立项工作正式启动

为加强科研工作力度，提升科研水平，制订下发了《山东省语言文字应用科研项目管理暂行规定》《山东省语言文字应用科研项目（范围）指南》等文件，开展语言文字科研项目立项，收到申报课题77项。

2008年9月11日，中华经典诗文诵读活动山东赛区总决赛现场

地 址：山东省济南市青年东1号
文教大厦1066室
邮 编：250011
电 话：0531-81758335

郑州大学

校长申长雨

党委书记郑永扣

2006年6月30日—7月2日，国家验收专家组成员对学校“十五”“211工程”建设项目进行总体验收

2004年，省部共建郑州大学签字仪式

郑州大学由原郑州大学、郑州工业大学、河南医科大学于2000年7月合并组建而成，是一所涵盖文、理、工、医、经济、管理、法、史、哲、教育、农等11大学科门类的综合性大学，是河南省唯一的国家“211工程”重点建设高校和省部共建高校。学校现有4个校区，总占地面积约432.9万平方米，设有43个院（系），5个附属医院，93个本科专业，224个硕士点，7个专业硕士学位点；81个博士点，12个博士后科研流动站。有6个国家级重点（培育）学科，137个省级重点学科。有省部级以上重点科研机构49个，其中2个国家工程研究和技术推广中心，2个国家药品研究基地，5个教育部重点实验室、工程研究中心和人文社科重点研究基地。校本部现有全日制本科生4.2万人，各类研究生1.2万人。有专任教师3 100余人，其中两院院士24人（专职3人，双聘21人），教授578人，教育部高等教育教学指导委员会委员31人，国家级有突出贡献中青年专家16人，获国务院政府特殊津贴专家177人，国家教学名师2人，具有博士学位的教师1 300多人。学校与美国、英国、法国等40多个国家和地区的130余所高校建立了广泛的合作关系。目前，学校正向着建成国内一流、国际知名、具有区域示范作用的高水平大学的目标奋力迈进。

华中科技大学

学校全景图

我们毕业了

2008年12月17日，校领导及师生参观“辉煌巨变——华中科技大学改革开放三十年图片展”

2008年7月13日，包括7名院士在内的50余名物理学界一流专家学者相聚我校国际学术交流中心，参加香山科学会议第327次以“精密测量物理和方法”为主题的学术研讨会

2008年，学校以邓小平理论和“三个代表”重要思想为指导，深入贯彻落实科学发展观，按照“抓目标、抓质量、抓人才”的工作方针，以“一流教学，一流本科”建设为主线，注重内涵发展，积极探索创新人才培养模式，继续完善科技创新体系，增强社会服务能力，学校各项事业蓬勃发展，向创建世界知名高水平大学的目标又迈出了坚实的步伐。

党建和大学生思想政治工作 进一步加强基层组织和干部队伍建设，提高党组织的凝聚力和战斗力。全年共有18个基层党组织举行了换届选举工作。对9个院系开展“院系党政领导班子建设调研”工作，推动二级单位建立健全以党政联席会议制度为核心的领导体制和工作机制。积极推进院长（系主任）、党总支书记任期目标责任制的实施，面向海内外公开招聘生命学院和机械学院院长。

教学工作 以人才培养模式改革为重点，全面实施教学质量与教学改革工程，切实抓好校、省和国家三级的教学质量工程。参加我国医学专业首次认证，医学办学条件和教学质量受到国内外专家的高度评价。

师资队伍与学科建设 全面推进“211工程”“985工程”建设。“211工程”三期中央专项资金规划数1.29亿元，主要用于12个重点学科项目建设和创新人才培养项目、队伍建设项目。加快“985工程”建设，为迎接二期国家验收和三期启动做好充分准备。在湖北省首次设立优势、特色学科评审工作中，5个一级学科、7个二级学科被评为湖北省优势学科；1个一级学科、5个二级学科被评为湖北省特色学科。17个一级学科（涵盖78个二级学科）、20个二级学科被批准为湖北省重点学科。

科研工作 全年到账科研经费约9.3亿元，千万元以上级项目8项，百万级项目106项，科技论文数量与质量保持全国高校前列。

社会服务 加强校企、校地合作，服务区域发展。积极探索由大型骨干企业出资在学校建立研发基地、组建联合研发团队等更紧密的长期合作模式，建立“校企合作委员会”“企业专家委员会”等合作制度。强化与广东省与江浙地区合作，积极参与“广东地区省部产学研合作计划”。“数字化制造装备产业共性技术研究”获批产学研联盟项目。

积极开展对外联络工作，助力学校发展。翰名教育科学基金会萧恩明先生捐资330万美元支持学校创新研究院建设，捐建创新研究院恩明楼；丝宝集团梁亮胜先生捐资2 200万港元，与学校合作成立了华中科技大学—丝宝教育与科技创新促进中心（启明学院）；武汉钢铁（集团）公司投资2 000万元，与学校共同组建了华中科技大学—WISCO联合实验室。开发整合校友资源，成立了华中科技大学校友企业家协会。

学校科技产业稳健发展，成立了“华中科技大学经营性资产管理委员会”，代表学校履行国有经营性资产出资人的职责，明确了经营性资产管理架构方案，进一步理顺了学校产业管理体制。

2008年4月25日，德国驻华大使施明贤及夫人一行访问我校同济医学院

武汉工程大学
邮电与信息工程学院

武汉工程大学邮电与信息工程学院是武汉工程大学按照新机制和新模式创办的、以实施全日制普通本科教育为主的独立学院，是国家教育部首批确认的具有办学资格的一所以培养通信、电子、材料、化工、经济和管理等学科领域高级应用型专门人才为主的普通高等院校。

学院注册地址为湖北省武汉市虎泉街366号，设有武昌校区和邮科院校区。武昌校区位于武汉工程大学老校区；邮科院校区位于武汉市洪山区邮科院路88号，由武汉邮电科学研究院参与联合办学。两个校区环境幽雅，交通便利，是莘莘学子学习生活的理想场所。学院注重发挥武汉工程大学建校近40年形成的办学优势和武汉邮电科学研究院的科研优势，由“武汉•中国光谷”首席科学家、被誉为“中国光纤通信之父”的赵梓森院士任学院名誉院长。现设有理、工、经、管、文、法等6个学科门类，37个本科专业和9个专科专业，在校学生8765人。

学院深入学习实践科学发展观，把握科学发展观的科学内涵和精神实质，提高思想认识，增强责任意识。按照教育部相关文件精神，积极探索新形势下独立学院的办学模式和运行机制，努力实现学院的可持续发展。学院注重和谐校园建设，以院风建设为重点，提升全院师生员工的凝聚力；以教风建设为重点，加强教职工爱岗敬业教育；以学风建设为重点，加强学生诚信求是教育。认真贯彻落实奖、贷、助、补等资助政策，加大对贫困学生的资助力度；关注学生心理动态，深入细致开展心理健康教育工作；积极开展丰富多彩的校园文化活动，促进学生全面发展。在团中央、全国学联举办的“2008年中国大学生自强之星”评选活动中，学院学生陈迪萌荣获“中国大学生自强之星”荣誉称号。2008年，学院学生在全国大学生数学建模竞赛中荣获省级一等奖一项、三等奖两项；在“兴发杯”湖北省第二届高校大学生化学实验技能竞赛上获二等奖一项、三等奖一项、优秀奖一项；湖北省民办高校团委书记代表会议、湖北省第十五届外语翻译大赛决赛（笔译组）等大型赛会也在学院成功举办，学院的办学质量和办学声誉得到了社会的进一步认可。

国旗护卫队飒爽英姿

2008大学生革命传统教育实践团

湖北民办高校团委书记代表会议在学院举办

学院网址：www.witpt.edu.cn
电子邮箱：ydy@mail.wit.edu.cn
地　址：湖北省武汉市虎泉街366号
邮政编码：430073
联系电话：027-87194539（兼传真）

校门

华中科技大学 武昌分校

华中科技大学武昌分校系国家教育部2000年8月批准成立的全日制本科层次普通高校，坐落于黄埔军校武昌分校旧址。占地面积约57万平方米，建筑总面积40.7万平方米。校内现代教学与生活设施体系完善，校园绿化率达58%。建有数控、光信息、通信、网络、新闻传播和模拟法庭等46个基础及专业实验室，图书馆藏书量120万册。

“促进学生全面发展”是学校最根本的办学宗旨，学校坚持“以人为本，关爱师生”的办学理念，遵循“保证质量，大胆创新”的办学方针，坚持“办好大众化高等教育，为社会培养和输送应用型人才”的办学定位，按照“夯实理论基础，强化实践环节，突出专业特色”的标准构建高素质应用型人才培养体系，注重培养学生的专业素养、行为规范、职业素养，重视实践教学环节和学生动手能力的培养。学校率先在大陆成立了首家台资企业人才培养基地。

截至2008年6月，学校为国家和社会共输送1.93万名本专科毕业生，每年毕业生一次性就业率达到85%以上；在全国数学建模竞赛、全国周培源大学生力学竞赛、全国大学生英语竞赛、中国机器人大赛、机械创新设计大赛等国家和省级大赛中，学校共有近200人次获得殊荣。

学校迭膺湖北“信用合格”、“美誉学校”和“综合实力百强”殊荣。学校将以创新精神，努力探索大众化教育新模式，为构建和谐校园与和谐社会，继续谱写教育新篇章。

体育馆

图书馆

数控实训基地

院长 覃有土

中南财经政法大学武汉学院（简称武汉学院）是经教育部批准成立的独立学院，实施全日制普通本、专科学历教育。武汉学院坐落在武汉市洪山区，地处南湖之滨，与狮子山隔湖相望，紧邻“中国光谷”，周边高校云集，交通便捷，人文环境好、学习氛围浓。校内绿树成荫，风景优美，教学设施配套，生活设施齐全，建有标准田径场、足球场、大学生活动中心等体育设施；有1.8万平方米的图书馆，4 200平方米的信息中心，有校园电子网络系统、电教及语音教学设备、综合模拟实验室等现代化的教学设施；学生寝室宽带网、电话、电脑桌、衣柜、卫生间、洗漱间等生活设施一应俱全。

武汉学院现设有财会系、法律系、经济系、工商管理系、金融系、信息系、外语系、新闻与艺术系共8个系，已开设有38个本、专科专业，在校学生8 000余人。原中南财经政法大学副校长、博士生导师覃有土教授担任武汉学院院长。武汉学院以不断提高教学质量为工作重点，建立健全了教学质量评估、监控和保障体系，成立教学督导室，聘请学科专家教授每天深入课堂，检查和指导教学；重视基本理论训练、重视实践教学环节，以培养“技能过硬、特长突出、素质优良、行为

中南财经政法大学
武汉学院

教学研讨会

规范”，具有创新能力、实践能力与创业能力的应用型、实用型、专业化人才为目标；武汉学院大力推进专业建设、课程建设与教材建设，着力打造专业与学科特色，积极探索人才培养模式的改革与创新，形成了教学管理的制度化、规范化、科学化，形成了教风与校风良性互动、学风与班风相互促进的格局；武汉学院切实加强管理队伍与教师队伍建设，充分发挥中南财经政法大学的人力资源优势，引进了一批具有高职称、高学历的人才，大力培养教学骨干，把教师队伍建设作为提升教学质量的关键，作为教学管理工作中长抓不懈的大事，严格按教育部关于独立学院教育工作合格评估指标体系的要求，力争在“十一五”期间使武汉学院跻身于全国高水平独立学院之列。

武汉学院十分注重学生思想政治教育工作，有专职辅导员全方位管理学生的日常行为规范、学习纪律、思想政治工作等，并切实加强学生传统思想品德教育，培养学生高尚的人文情怀和良好的公民意识；重视“第二课堂”和社会实践活动，挖掘学生潜力，发挥学生特长，努力提高学生综合素质；重视就业工作，以就业服务为突破口，努力办让学生满意、让家长满意、让社会满意的大学；武汉学院党校定期组织学生参加培训，积极发展学生党员，提高学生的政治思想觉悟，为社会主义现代化建设培养有理想、有道德、有文化、有纪律的接班人；学院每年定期举行“校园文艺展示月”、“校园体育活动月”、“一二·九”纪念系列比赛活动等，为创建和谐校园、人文校园起到了良好的导向作用。有“水榭亭香”学生论坛、大学生艺术团、文学艺术联合会、校园之声广播站、体育协会、书法协会、英语协会、计算机协会、音乐舞蹈协会、动漫协会、创业者协会等20多个学生社团组织，开展了丰富多彩的文体活动，培养了一批在武汉地区高校中很有影响力的社团骨干，校园文化欣欣向荣。

大学生艺术团

图书馆

学生军训

东一门

武汉职業技術學院

WUHAN INSTITUTE OF TECHNOLOGY

湖北高职教育著名品牌　　中部高职教育改革先锋　　国家重点建设示范性高职院校

武汉职业技术学院是国家教育部批准独立设置、湖北省人民政府主办、湖北省教育厅直属的全日制普通高等学校，办学历史最早可以追溯到1972年。学校被教育部列为国家重点建设示范性高职院校、国家紧缺人才培训基地、全国职业教育师资培训重点建设基地；被湖北省人民政府列为湖北省高技能人才培养示范基地，是全国职业教育先进单位、首届全国高等职业院校就业“星级示范校”、全国高职院校就业质量50强、湖北省分行业十强、湖北省高校毕业生就业工作先进集体、科技服务湖北先进单位。

贯标工作管理评审会

■求质固本

质量是生命，育人为根本。学校坚持“管理以人为本，办学以教师为本，教学以学生为本，人才培养以能力为本”的理念，在融合教育部人才培养工作水平评估标准的同时，全面贯彻实施ISO质量体系标准，确立了双证率、就业率、社会满意率、学生满意率等“四率”质量目标，在全国率先开办了国家质量管理认证专业，以优质服务和优异业绩诠释优质教育的内涵。

全国高职院校就业质量50强

首届全国高等职业院校就业“星级示范校”

■致用图新

学校以科学发展观为指导，坚持高等职业技术教育方向，最大程度满足社会对高职教育多样化的需求，最大程度满足学生求知、求技、求职等多方面的需要，努力实现教育与生产（企业）相结合、教育与科研开发相结合、理论与实践相结合，创新人才培养模式，改革专业课程模式，注重学以致用、实用够用，在产学研以及校企深度融合、工学结合、“订单式培养”等方面取得了理论研究和实践成果。

■开放整合

学校坚持自力更生，注重开放整合，先后进行了三次大规模合并重组，发起并成立三个职业教育集团，采用新技术、新设备、新工艺，依托行业开放办学，整合国内外教育资源。学校面向全国招生和就业，与200多家企业和机构长期开展产学研合作，400多名校友在国外学习和工作。

■示范先行

在30余年“自加压力，争创一流”的精神感召下，学校坐拥“武汉•中国光谷”的中心地利，抢占了高职教育发展的战略高地，开创了区域化、国际化、现代化办学的成功范例，缔造了湖北高职教育的著名品牌，成为中部高职教育改革先锋，并作为国家示范性建设高职院校在全国高职教育领域产生了重要影响，发挥了社会辐射功能和示范效应。

校长马必学在第二次全国产学研会议上作经验交流

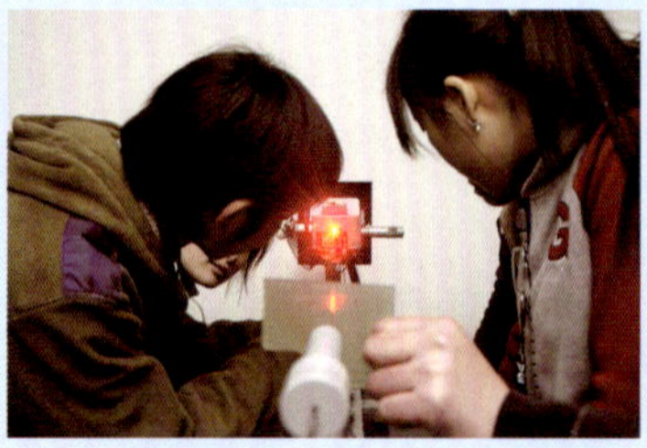
学生在光电子技术实训中心进行菲涅耳双棱镜干涉实验

富士康班学生在SMT项目教学基地进行手机主板的生产实习

芬兰留学生在校学习交流

首任校长丁颖塑像

华南农业大学

华南农业大学是广东省和农业部“九五”、“十五”共建“211工程”全国重点大学，已有100年的办学历史。校园坐落在素有“花城”美誉的广州市，占地约550万平方米，校舍总建筑面积130万平方米，环境优美，景色宜人，是读书求学的理想校园。

华南农业大学在近百年的办学历程中，形成了优良的办学传统、鲜明的办学特色和“修德、博学、求实、创新”的优良校风，建立了研究生教育、本科教育和继续教育多层次多形式的办学体系。学校学科门类齐全，有86个本科专业，9个博士学位授权一级学科，13个硕士学位授权一级学科，49个博士学位授权点，76个硕士学位授权点，5个国家重点学科，1个国家重点（培育）学科，5个农业部重点学科，3个广东省一级重点学科，14个广东省二级重点学科和1个国家林业局重点学科。

学校拥有雄厚的师资力量。现有教职工2 900多人，其中中国科学院院士1人，国务院学位委员会学科评议组成员5人，“长江学者奖励计划”特聘教授2人、讲座教授1人，广东省高等学校特聘教授6人，国家杰出青年基金获得者2人，教育部跨世纪优秀人才2人，国家级“千百十工程”人才5人，国家级教学名师1人，国家级教学团队2个，教授、副教授900多人，博士生导师191人，硕士生导师644人。

毛泽东题字

校史展览馆（五号楼）

学校拥有开展教学和科学研究的良好条件。现有9个博士后科研流动站，120多个教学科研实验室，2个农业部重点开放实验室，2个教育部重点实验室，5个广东省重点实验室，4个广东省教学重点实验室，5个广东省普通高校重点实验室，1个国家级实验教学示范中心，9个广东省高校实验教学示范中心，2个教育部工程研究中心，2个国家级基地，2个广东省人文社科重点研究基地。拥有国家级精品课程7门、省级精品课程17门、广东省名牌专业9个。农业部植物新品种测试分中心（广州）、农业部畜禽产品质量监督检验测试中心（广州）、农业部转基因植物及植物用微生物环境安全监督检验测试中心（广州）、广东农村政策研究中心和广东省木材及木制品产品质量监督检测中心均设在学校。

学校坚持党的教育方针和社会主义办学方向、教育理念，本科教学管理实行学分制、双学位、主辅修专业制，注重加强基础，优化结构，重视全面素质，努力把学生培养成为基础知识扎实、实践能力强、知识面广、适应现代化建设需要的具有创新精神的高级专门人才。

历经近百年发展后的华南农业大学，将充分发挥地处改革开放前沿、毗邻港澳的区位优势，积极适应社会主义新农村建设和广东率先基本实现社会主义现代化的需要，按照“适度规模、提高质量、节约增效、创新制度、和谐发展”的方针，到“十一五”末期，建设成为以农业科学为优势、生命科学为特色，立足广东、面向全国，农、工、文、理、经、管、法等多学科协调发展的高水平教学研究型大学，并向国际知名、国内一流研究型综合性大学的目标迈进！

洪泽湖碧水如镜

2005年11月7日—10日，暨南大学成功承办第一届亚洲大学生田径锦标赛

2008年7月18日，国务院侨办李海峰主任(左二)在国侨办文宣司刘辉司长(右一)、胡军校长(左三)、蒋述卓书记(左一)的陪同下参观校史展

2007年12月，在教育部组织的本科教学工作水平评估中，暨南大学获得优秀

暨南大学

暨南大学是中国第一所由国家创办的华侨高等学府，是目前内地培养港澳台侨学生数量最多的大学，是国家“211工程”重点综合性大学，直属国务院侨务办公室领导。

素有“华侨最高学府”之称的暨南大学，建校至今共培养了来自世界五大洲127个国家和香港、澳门、台湾3个地区的各类专门人才20余万人。2007年，在教育部组织的本科教学工作水平评估中，暨南大学被评为优秀。2008年，国家正式启动“211工程”三期建设，学校8个项目被确定为国家立项重点学科建设项目。

学校现设有21个学院，49个系， 69个本科专业；有134个硕士学位授权学科，6个博士学位授权一级学科，39个博士学位授权二级学科。学校拥有4个国家级重点学科、2个广东省一级学科重点学科、10个广东省二级学科重点学科。有国家工程中心1个，教育部工程中心2个，省、部级重点实验室9个。目前，学校有各类学生35 320人，其中，在校全日制学生24 652人，博士、硕士研究生6 353人，本科生17 511人 。在校的华侨、港澳台和外国学生达12157人。

学校在广州、深圳、珠海三地设有四个校区，并正在广州筹建新的校区，校园占地总面积169.52万平方米。学校图书馆藏书295.35万册。

学校积极开展对外学术和教育交流，已同世界五大洲140多所高等院校和文化机构签订了双边协议或建立了学术交流关系。学校在香港和澳门分设办事处，并在香港设立了教育基金会。

学校师资力量雄厚，有专任教师1 677人，其中中国科学院院士1人，中国工程院院士4人，博士生导师297人，教授390人，副教授590人。

在新的世纪和新的百年，暨南大学将继续坚持“面向海外，面向港澳台”的办学方针，坚持“质量是生命、创新是灵魂”的办学理念，与时俱进，开拓创新，为实施“侨校+名校”的发展战略，为建设特色鲜明、海内外知名的研究型大学而奋斗。

佛山科学技术学院

主动服务地方 突出特色办学

学院现任领导班子

邹采荣校长为丁肇中博士颁发名誉教授聘书

佛山科学技术学院地处历史文化底蕴深厚、经济社会发展活力强劲的广东佛山，是一所省市共管、以市为主的全日制普通高等本科院校。建校50多年来，学校积极探索地方综合性大学的办学之路，坚持“育人为本、质量立校、特色办学”以及“教学是立校之本，科研是强校之路，人才是发展关键”的办学理念，以本科教学工作为中心，以学科专业建设为重点，以科研促进教学，不断提高教育教学质量，立足地方，面向基层，充分发挥在服务区域经济社会发展中的重要作用。建校50多年来，学校已为地方经济社会发展培养各类专业人才9万余人。

学校紧密结合地方经济社会发展需要，开展教学研究、科学研究和科技成果转化，取得明显效果。学校先后获国家级教学成果二等奖1项；获省级教学成果奖17项；2门课程被评为省级精品课程；4种教材成为“十一五”国家级、部委级教材规划选题，1种教材获教育部“精品教材”称号。动物医学被评为国家级特色专业建设点；预防兽医学被评为省级重点扶持学科，预防兽医学实验室为省高校科研型重点实验室。2003年以来，学校承担国家级项目39项，其中国家自然科学基金项目21项，国家社会科学基金项目4项，国家星火计划项目9项；承担省部级项目139项，粤港关键领域攻关项目 2 项，市厅级项目228项；获得省级及市厅级各类奖项107项。

学校重视国际交流与合作，先后与英国、美国、德国、新西兰、澳大利亚、莫桑比克以及中国香港等10余所国（境）外高校建立了友好校际关系，进行长期的学术交流、科研合作,联合培养研究生，促进了学校人才培养和整体学术水平的提高。目前已有数百名毕业生到国外攻读学位，近百名在职教师出国做访问学者或攻读学位。

近年来，学校大力推进各项管理制度改革，人才培养质量进一步提高，学科和科研工作进一步推进，国际合作进一步发展，广大师生员工的凝聚力和向心力进一步增强，学校总体呈现出和谐稳定、蓬勃发展的良好态势。2007年，以良好成绩通过教育部本科教学水平评估；2008年，学校成功举办了建校50周年系列庆祝活动；2009年，学校在申报新增硕士学位授予单位工作中取得突破性进展。

清风楼

校园一角

50周年校庆文艺晚会

私立华联学院

私立华联学院的前身是1990年由原华南师范大学日语教授侯德富带领几个老教授创办的华联实用外语科技职业学校，1992年经广州市教委批准，开始筹建私立华联大学。1994年经广东省人民政府批准，正式成立广东私立华联学院。学院是全国最早获省一级教育主管部门批准创办的六所民办大学之一，也是广东省获正式批准的第一所民办大学。

侯德富校长被评为2008年度中国十大创新人物

经19年艰苦奋斗，已经建成下设7个学院、17个系、44个专业，有在校生9 000余人，拥有一支400多人、以老教授为骨干、中青年教师为基础、专兼职互补、职称结构合理的相对稳定的教师队伍，自有土地72万平方米，自有校舍建筑约13万多平方米，固定资产4亿多元，在社会上享有较高知名度的民办大学。

校长侯德富教授

私立华联学院以全面贯彻党的教育方针，以为中华民族的伟大复兴培养德智体美全面发展的人才为己任，确立陶行知教育思想为办学指导思想，建立全员育人、全方位育人、全过程育人的立体思想政治教育体系，着重抓综合素质的提高，让学生学会做人，学会生存，学会学习，学到基本知识。

2003年，学校入选《中国教育报》遴选的中国名校600家，同年被评为广东省首届“十佳民办高校”；2005年荣获“陈香梅教科文奖”和中国成人教育协会颁发的“中国民办教育创新与发展贡献奖”；2006年被评为广东省民办高校就业竞争力十强学校；2008年被网络评为全国民办高校50强。私立华联学院校长侯德富教授被第八届年度人物征评组委会评为2008年度“十大创新人物”，同时被中国关工委评为“中国关心成长卓越贡献人物”，私立华联学院亦被评为“全国关心成长模范学校”。

学院第二届董事会成员

2005年9月，学院校长侯德富在北京人大会堂领取教育创新与贡献奖

广西医科大学

学校全景

广西医科大学坐落在广西壮族自治区首府南宁市，前身是创建于1934年的广西省立医学院，是全国建校较早的22所医学院校之一，是全国最早定点招收外国留学生、港澳台学生和华侨学生的8所医学院校之一，是全国有资质开展全英授课的30所高校之一，是广西壮族自治区人民政府重点建设的5所大学之一。

学校历史悠久、特色鲜明、医学门类齐全，拥有学士、硕士、博士多个培养层次，是广西医学教育、医学研究、临床医疗和预防保健的中心。学校现有21个二级学院，2个教学部，10所附属“三级甲等”医院，有44个教学实习基地，其中第一附属医院、第三附属医院、第五附属医院是全国“百佳医院”。学校设有11个本科专业，1个七年制临床医学专业，4个一级学科和39个二级学科硕士点，9个二级学科博士点，3个博士后科研流动站；有国家级特色专业建设3个。现有全日制在校生10 368人，其中本科生5 110人，硕士生1 844人，博士生165人，留学生407人。在编教师3 647人，其中教授322人，副教授562人，博士251人，硕士740人，博士生导师86人，硕士生导师409人，享受国务院政府特殊津贴专家68人。

学校重视科学研究与教学相结合，为广西地方性疾病、多发病的防治研究作出了重要贡献。在血红蛋白研究、蛇毒研究、心血管疾病防治、妇科肿瘤研究、肝脏移植、断指再植、外周血造血干细胞移植等研究领域达到国内或国际先进水平。

2008年，学校获教育部本科教学工作水平评估优秀成绩。目前，全校师生员工秉承“厚德励志，博学弘医”的校训，“造就本省人才，为本省之用”的办学传统，以国家发展战略和广西经济社会发展人才需求为导向，将通过实施科学发展三年计划，积极构建“立足广西，面向全国，辐射东盟，走向世界，努力建设区域性具有特色优势，以医学为主，理、工、文、管、法等学科协调发展的教学研究型医科大学”。

音乐广场夜景

图书馆

重庆市渝北区实验中学

整洁的校园

第二十九届文化艺术节

区委区政府领导视察学校

重庆市渝北区实验中学前身位于原江北县两路镇义学路，解放前曾为正中中学，解放后由人民政府接管改为小学。由于学校发展日新月异及拆县建区，历经12次更名最终定名为重庆市渝北区实验中学。学校环境幽雅，交通便利，人文氛围得天独厚。校园内花木掩映，窗明几净，空气清新，环境宜人。田径场、篮球场、室内外排球场规范适用，综合楼独具风采；微机室、多媒体教室、电子监控系统、“班班通”工程建设质量高；教学实验仪器齐备，图书资料10余万册；地网、天网、终端闭路系统覆盖全校教室；学生公寓敞亮舒适，现代气息浓厚。

学校现有高、初中教学班56个，学生3400余人，教职工240人。享有行业津贴的市特级教师1人、区十大名师1人、区市骨干教师31人。教学以新课程改革为契机，提出了“全员性”、“全面性”、“过程性”、“细节性”、“活动性”、“创造性”原则。贯彻“以理论为先导，以学生为主体，以知识过手为出发点，以学法指导为着力点，以智能开发为着眼点，以创新养成为闪光点”的策略，实现课堂教学行为“七控制”。

学校近年承担国家一级子课题研究5个，区、市级课题10余个，有的已取得阶段性成果，有的已顺利结题。教师参加优质课大赛、基本功大赛，获区、市级奖75人次，获“课改先进个人”及其他单项奖181人次，论文获区、市、国家级奖326篇，论文发表188篇，学校集体获奖96项。学生参加各种知识竞赛获国家、市、区级奖约占全区的40%；科技、征文、体育、艺术等竞赛获奖1400余人次，多为国家、市级一、二等奖；排球、田径获市二级运动员称号32人。

学校自实行教学评估以来，连续15年获得全区办学水平评价一等奖。近十年，每年中考上线人数居渝北区第一。高中教育自1998年开办以来，在起点低、生源差的情况下，历年高考升学率仍居同类学校前茅。学校拥有“重庆市文明礼仪示范学校”、“重庆市教改实验先进单位”、“重庆市体育传统项目名校”、“重庆市校务公开先进集体”、“重庆市科技活动先进单位”、“重庆市家长学校先进单位”、“重庆市教育创新典范学校”、“全国少年排球（乙组）第一名”、“全国群众体育工作先进集体”、“全国创新管理改革品牌学校”等众多殊荣。基本形成了学生“合格+特长”、教师“达标+风格”、学校“规范+特色”的办学格局。

目前，学校正以“厚德、笃学、尚思、进取”的校风，“敬业、爱生、博学、善教”的教风，“励志、崇真、勤奋、创新”的学风为巨大动力，与朝阳一起上路，搏击教育春潮，在千帆竞渡中尽展新的风采。

市教科所专家来学校指导工作

召开四川省汶川大地震灾后重建研讨会

举办纪念改革开放30周年系列学术活动

举行复校暨78级入校30周年纪念活动

西南财经大学

西南财经大学是教育部直属的国家“211工程”重点建设大学，坐落在享有“天府之国”美誉的成都平原，由光华、柳林两个校区组成，总占地面积153.3万平方米。作为全国最早创建金融学科的院校之一，经过半个多世纪的建设和发展，学校已形成了以经济学、管理学为主体、以金融学为重点、多学科协调发展的办学特色，构建起以银行、保险、证券期货为主体，其他相关学科支撑的大金融优势学科群，成为国家经济学、管理学高层次人才培养的重要基地，国家和西部地区金融、经济、管理科学研究的重要基地及西部财经学科国际交流的中心。

学校设有27个学院（中心、部），拥有金融学、政治经济学、会计学和统计学等4个国家级重点学科；有理论经济学、应用经济学和工商管理等3个博士学位授予权一级学科及6个硕士学位授权一级学科，并设有理论经济学、应用经济学和工商管理3个博士后流动站。

学校拥有一支高质量的教师队伍。近年来，学校共引进260余名海内外优秀人才，其中，引进“长江学者”3名，特聘海外院长6名，引进全职海外博士55名，特聘讲座教授和课程教授38名。

当前，学校紧紧抓住高等教育发展机遇，坚持走特色发展之路，走国际化之路，走改革创新之路，办学实力不断增强。面向新机遇，西财人昂首跨入第三次创业历程，正朝着建设国内一流、部分学科国际知名的高水平研究型财经大学迈进。

学校领导与灾区学生交谈

学校领导集体

70周年校庆大型文艺汇演——《弦歌七秩》

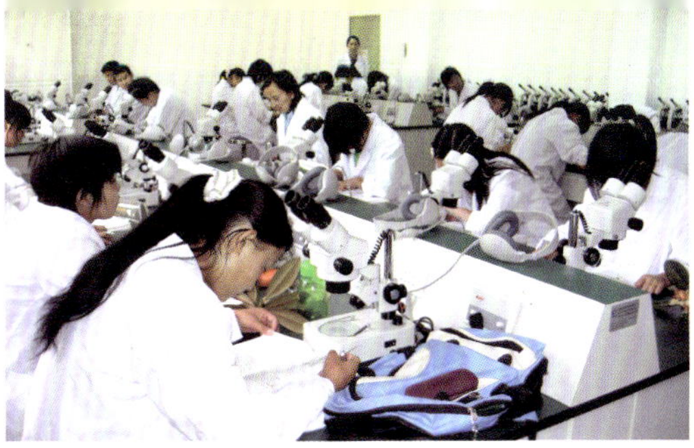

实验教学

颁发硕士学位

云南师范大学

云南师范大学的前身是创办于1938年的国立西南联合大学师范学院。作为西南联大在昆明的唯一遗脉，云南师范大学在70年的办学历程中，秉承西南联大“刚毅坚卓”的校训，立足边疆，服务于云南基础教育和经济社会发展，已培养各级各类人才10余万人，被誉为“红土高原上的教师摇篮”。

学校占地约245.2万平方米，共有全日制本科生及硕士、博士研究生1.8万余人，成人教育学生1.5万余人；在校教职工2 100余人，其中有国家突出贡献专家、国务院特殊津贴获得者等，还包括国家“百千万人才工程”、中国科学院“百人计划”、教育部“新世纪优秀人才支持计划”入选者等一大批专家学者。学校设有21个学院、37个科研机构，覆盖文、史、哲、法、教、管、理、工、经济九大学科门类，拥有教育部重点实验室、教育部工程研究中心、国家太阳能热水器质检中心、国家级优秀教学成果奖、国家级精品课程、国家特色专业建设点、国家级实验教学示范中心等。近年来，学校共承担了包括国家“863计划”项目、国家科技攻关项目、“973”国家重大基础研究前期专项计划等在内的各级各类科研项目。学校是中国支持周边国家汉语教学的10所重点大学之一、首批代表国家赴国外创建孔子学院的大学之一、对东南亚国家进行汉语师资培训的4个基地之一等，并先后同美国、德国、英国等国家和地区的64所国外大学和科研机构建立校际交流关系。

改革发展中的云南师范大学

学校遵循高等教育发展规律，积极改革人才培养模式，重视学生素质的提高。在全国大学生“挑战杯”课外科技作品竞赛、数学建模竞赛中，历年来成绩均位居全国高师院校前列，连续9年获全国大中专学生志愿者暑期“三下乡”社会实践先进单位，涌现出一批全国“先进班集体标兵”、全国高校“优秀学生社团”、云南省“兴滇人才”以及在雅典、北京奥运会和残奥会上获得金、银、铜牌等奖项的先进集体和学生。学校先后获得国务院“民族团结进步模范单位”、教育部“依法治校示范校”、“全国普通高校本科教学工作水平评估优秀学校”等荣誉。

在新的历史阶段，学校坚持科学发展，以建成师范性、综合化、开放式、有优势的省属重点大学，进入全国省属师范大学的先进行列作为发展目标，励精图治，为建设一所高质量的以教师教育为特色的教学研究型大学而不懈奋斗。

优美的校园环境

西北大学

校长乔学光教授

党委书记孙勇教授

舒德干教授荣获2003年国家自然科学奖一等奖

西北大学肇始于1902年的陕西大学堂，1912年始称西北大学，1923年8月改称国立西北大学。1937年抗战爆发后，国立北平大学、国立北平师范大学、国立北洋工学院等内迁来陕，组成国立西安临时大学，1938年更名为国立西北联合大学，1939年8月复称国立西北大学。

建国初期，西北大学为中央教育部直属的综合大学，1958年归属陕西省主管，1978年被确定为全国重点大学。现为国家“211工程”重点建设院校、国家西部地区“一省一校”计划重点支持建设院校、陕西省和教育部共同建设的全国重点大学。

学校坐落于西安市，现有北校区、桃园校区、南校区三个校区，总占地面积约157.3万平方米。现设25个院（系），71个本科专业。共有10个博士学位授权一级学科，4个专业学位授权点以及1个高等学校教师在职攻读硕士学位授权点，2个一级学科国家重点学科（其中1个为培育学科）和4个二级学科国家重点学科，3个国家级教学团队、3名“长江学者奖励计划”特聘（讲座）教授，13个博士后科研流动站。学校拥有1个国家重点实验室，1个国家工程技术研究中心，3个国家级实验教学示范中心，7个国家级人才培养基地并设有国家大学生文化素质教育基地，25个部（省）级重点实验室、工程技术研究中心及人文社科研究基地。现有教职工2 400余人，其中中科院院士2人，国家和省级有突出贡献专家38人，国家级教学名师3人。在校学生2.4万余人，其中全日制研究生5 300余人，外国留学生700余人。

新中国成立以来，学校共为国家培养各类专业人才10余万名，其中绝大多数已成为所在行业、部门、地区的业务骨干、学术带头人和领导干部。学校被誉为“中华石油英才之母”、“经济学家的摇篮”。学校与解放军总政治部签订协议，是解放军后备军官培养首批试点院校之一。

学校每年承担国家“973计划”、“攀登计划”、“863计划”、重点科技攻关计划及国家自然科学基金等国家级项目百余项。

学校历来重视对外科技文化交流，已与美、日、英、法、德等20余个国家及香港、台湾地区的100余所大学、科研机构建立了友好合作关系。

长安校区启真湖

西北工业大学

西北工业大学坐落于古都西安，设有航空学院、航天学院、航海学院、材料学院、机电学院、力学与土木建筑学院、动力与能源学院、电子信息学院、自动化学院、计算机学院、理学院、管理学院、人文与经法学院、软件与微电子学院、国家示范软件学院、生命科学院、教育实验学院、明德学院、继续教育学院、网络（远程）教育学院、试飞员学院、体育部、国际教育学院等23个院部，设有54个本科专业，101个硕士点、57个博士点和12个博士后流动站。有13个一级学科学位授权点，并具有工商管理硕士（MBA）、公共管理硕士（MPA）及工程硕士3种专业学位授予权。有两院院士6人，双聘院士9人；“长江学者奖励计划”特聘教授13人；博士生导师380人；教授、副教授等高级职称人员1400余人。

学校现有国家重点学科13个，原国防科工委重点学科16个，陕西省重点学科35个。设有基础研究院、国防研究院、西北工业技术研究院和国际项目管理研究院等。有省部级以上重点实验室25个，其中国家级重点实验室6个，国家专业实验室4个。拥有全国最大的无人机研究与发展中心。图书馆藏书205万册，为国家一级情报信息与检索中心。

领导班子合影

学校已经基本形成了以国防科技研究为主要特色，以国民经济建设发展为牵引，兼顾基础研究与应用研究，涵盖国防建设主要研究领域，同时兼顾国家优先发展学科领域的创新体系；形成了三航（航空、航天、航海）、3M（材料、力学、机械）、3C（计算机、控制、通信）学科群、理科群和“管文经法”学科群的学科“集群模式”。

学校将锐意改革，开拓创新，为建设国际知名高水平研究型大学而努力奋斗！

建校七十周年庆典大会

青海大学

党委书记乔正孝赴清华大学考察

青海大学坐落于青海省西宁市，是一所国家重点支持，清华大学对口支援，教育部和青海省共同建设的地方多科性大学。

2008年是青海大学“教学水平建设年”。在喜迎建校50周年之际，学校实现了跻身国家“211工程”重点建设大学行列的目标。地质勘查工程和预防医学专业被批准为高等学校特色专业建设点。省部共建青藏高原生物技术教育部重点实验室和第三批省级重点实验室“水利水电实验室”、“高原建筑材料实验室”和“临床医学实验室”通过验收；获批了“物理实验教学中心”等6个省级实验教学示范中心和“青藏高原生物技术实验室”等3个省级重点实验室。

科技厅和校领导及相关专家深入田间对“青春38”小麦的田间长势进行观摩

加拿大女王大学凯瑟曼教授

学校全面开展了“教学水平建设年”系列活动，内容涵盖课程建设、教学研究、师资培养等方面，收到了良好效果。2008年，学校投入100万元，加强了第四轮校级课程建设工作。依照“分层次、有目标、有重点”的原则，重点建设了6门一类课程、10门二类课程和17门三类课程。通过重点建设，逐步使学校课程建设质量递次推进，稳步提高，为早日实现国家级精品课程的突破奠定基础。年内，有26项校级教育教学研究课题通过验收，其中15项获得优秀。新设立校级研究课题23项，在2008年青海大学教学成果奖评审中，有7项教学成果被推荐参加2009年青海省高等教育教学成果奖的评审。

学校组织完成了作物遗传育种等4个拟新增博士学位授权点、动物学等31个拟新增硕士学位授权点的各项申报材料的准备工作；接受了省学位办对2001—2003年度新增作物遗传育种学等10个硕士学位授权点的评估工作。新增“地质工程”、“测绘工程”等4个本科专业，本科专业由57个增加到61个，使学校学科门类、专业结构更加趋于合理。

截至2008年12月底，全校获批科研项目110项，总经费2 525万元。学校中青年科研基金项目资助71项，资助经费100万元；国家大学生创新性实验计划项目20项，资助经费20万元。与此同时，申报藏区项目20项，申报经费43 692万元。

2008年，学校引进博士研究生5名，硕士研究生50人，使学校的博士硕士分别达到38人和391人。教师中具有研究生以上学历的比例达到37.2%，队伍结构得到进一步改善。在此基础上，学校鼓励和支持中青年教师在职攻读高层次学历和外出进修。2008年，选送300余名教师学习深造。

学校狠抓大学生就业工作，完成了《青海大学毕业生就业工作自查报告》、《青海大学毕业生就业结构分析与对策》，全年全校组织召开各种招聘会70余场，毕业生就业率（含灵活就业）达到81.9%。认真落实奖助学金、国家助学贷款、勤工助学、绿色通道四项措施。全年累计发放各类奖助学金894.2万元，获奖助学生6 506人。

学校的目标是：用10年左右的时间，达到西部地区“211工程”重点建设大学的中等水平，到2058年建校100周年时，建成国内知名、特色鲜明的教学研究型高原名校。

抗震救灾医疗队

石河子大学

石河子大学位于新疆维吾尔自治区石河子市，由农业部部属院校石河子农学院、石河子医学院、新疆生产建设兵团师范专科学校、新疆生产建设兵团经济专科学校于1996年合并组建成立。2008年，学校实行中央与新疆生产建设兵团共建、以新疆生产建设兵团管理为主的管理体制，是拥有文、理、农、医、经、管、法、史、教多学科的综合大学。2000年8月，被确定为“国家西部重点建设高校”，2004年5月，教育部与新疆生产建设兵团共建石河子大学。2008年被确定为国家“211工程”重点建设高校。

学校占地面积187万平方米，校舍面积91万平方米，实验室面积17万平方米。拥有实验农场1个，教学实验中心43个，校外实习基地142个；附属医院3个，教学医院26所。图书馆藏书278万册。校园绿化覆盖率达到43%。石河子大学现有博士学位授权点4个，硕士专业学位授权点5个，硕士学位授权点从7个达到53个，博士后流动站（工作站）3个，本科专业从19个增至66个，办学层次显著提高；建成11个省部重点学科、3个省部共建重点实验室、1个教育部工程中心、2个兵团重点实验室、27个研究所（研究中心）和两大产业化工程中心。

石河子大学下设19所学院，1所护士学校。全校35个科研所或中心，6个兵团重点实验室。各学院共设47个系（部），69个本科专业，第二学士学位专业2个，专科专业13个；硕士学位点53个，博士学位点4个，博士后流动站2个，博士后科研工作站1个；4个硕士专业学位点及高校教师在职攻读硕士学位点13个，高职专业10个；农业部、新疆维吾尔自治区及兵团重点学科11个，农学专业成为国家首批高校特色专业建设点，作物学教学团队进入首批国家级教学团队行列。国家精品课程2门，自治区本科精品课程12门，兵团本科精品课程10门，校级本科精品课程43门，校级一类课程80门。《石河子大学学报》（自然科学版）为中国科技核心期刊、新疆特色科技期刊，被国家科技期刊同行评比为先进集体。

学校迎新年暨进入“211”重点建设高校庆祝大会

学校首届MBA开学典礼

至2008年，学校有教职工2 614人，专任教师1 526人，其中特聘中国工程院院士2人、教育部“长江学者奖励计划”特聘教授1人、国家级教学名师1人、“绿洲学者”6人，教授142人，副教授442人。国家“百千万人才工程”1人，教育部新世纪优秀人才6人，“绿洲学者”特聘教授6人，享受国务院政府特殊津贴专家80人，国家人事部、农业部突出贡献中青年专家58人，自治区优秀专家8人，兵团学术技术带头人91人，教师中具有硕士、博士学位教师比例由合并初的7.7%达到55.96%。在校学生30 032人，其中博士研究生96人，硕士研究生1 810人，普通本科学生20 499人，普通专科学生1 490人，在职研究生333人，成人学生5 319人，外国留学生199人。

领导班子

石河子大学经过对多年办学实践的总结，从学校的实际出发，确立了独具特色的办学定位：“立足兵团、服务新疆、面向全国。”

新疆乌鲁木齐市水磨沟区教育局

新校舍

水磨基石

坐落在新疆首府乌鲁木齐市中心城区的水磨沟区，始建于1956年。随着城市的北扩东移，以往的城乡交界处已成为首府政治、文化、交通的中心。为适应城市建设的需要，区委区政府立足区情，确立了将水磨沟区打造成为“中心商务区，都市工业区，休闲旅游区，生态宜居区”这样一个品牌城区的发展目标。全区人民在党的领导下辛勤努力，不懈奋斗，区域经济和社会各项事业取得了瞩目的成绩。

在这片神奇的土地上，在这个美丽的城区中，大家公认：最阳光、最灿烂的笑脸是孩子，最新颖、最漂亮的建筑是学校。进入21世纪，特别是近5年来，水磨沟区的教育事业有了飞速的发展。百年大计，教育为本，科研兴教，科教兴区。区委领导以科学发展观为指导，切实落实优先发展教育的战略，从全区教育布局入手，对教育资源进行

香港、水磨沟、深圳南山区第二届“同题异教”研讨活动（乌鲁木齐会场）

了科学的规划和整合，加大教育投入，对农村、企业移交的中小学重组；对接收的危房、危墙、危厕彻底改造，对现有的紧缺校舍及时维修扩建；对教育行政、教育管理、队伍建设和教学质量加强指导，力争为驻区30万百姓提供最优质、最公平、最满意的教育，为提高国民素质打下最坚实的基础。

如今的校园里，高楼矗立，几净窗明，书声琅琅，欢歌笑语。全区2000余名教职工教书育人，爱岗敬业，4万余名中小幼学生勤奋刻苦，努力学习，共享着改革开放30年来的教育成果。

如今的水磨沟区，大街小巷，绿树成荫，鸟语花香。全区33所中小学校和48家幼儿园分布在水磨沟区的8个街道办事处、1个风景管理委员会的7大教学片区中。街道、社区、农村、企业、机关、学校都积极融入到社会主义现代化建设中，为建设一个文明、健康、富裕的新城区在尽心，为构建一个稳定、平安、和谐的水磨沟区而尽职。

双语大赛

双语教学

香港、水磨沟、深圳南山区第三届“同题异教”研讨活动（香港会场）